LEGERER

Henry A.
Kissinger
MEMOIREN

1973-1974
Band 2

Für Nancy

Henry A. Kissinger

MEMOIREN

1973-1974
Band 2

C. Bertelsmann Verlag

Die amerikanische Originalausgabe ist unter dem Titel
»Years of Upheaval« im Verlag Little, Brown and Company erschienen.

Die Karten und ein Schema des Auswärtigen Amtes der Vereinigten Staaten
befinden sich am Schluß dieses Bandes.
Die Karten wurden von Fehrenbach/Künzel & Co GmbH nach Vorlagen gezeichnet,
die der Verlag Little, Brown and Company freundlicherweise zur Verfügung stellte.
Das Register für alle Bände der Memoiren folgt am Schluß des letzten Bandes.

Aus dem Amerikanischen von Hans-Jürgen Baron von Koskull.

Redaktion: Dr. Dieter Struss, Grafing bei München
Gesamtherstellung: Mohndruck Graphische Betriebe GmbH, Gütersloh
ISBN 3-570-00710-3 · Printed in Germany

Vorwort

Das Zusammentreffen ungewöhnlicher äußerer Umstände hat dazu geführt, daß mir in Richard Nixons zweiter Amtsperiode die Leitung der Außenpolitik der Vereinigten Staaten anvertraut wurde – in einer Periode beispielloser Umwälzungen, wie wir sie in diesem Jahrhundert noch nicht erlebt hatten. Ein Präsident, der eben den zweitgrößten Wahlsieg in der Geschichte unseres Landes errungen hatte, verlor sein Amt in einer Revolution, die er selbst ausgelöst hatte und trotz größter Anstrengungen nicht mehr unterdrücken konnte. Parallel zum Auflösungsprozeß des amerikanischen Präsidentenamts unter Nixon kam es zu einer Explosion im Nahen Osten, zu Konflikten mit unseren Verbündeten, zu einer Energiekrise, zur Beilegung des Vietnam-Konflikts und zu einer mit Erbitterung geführten innenpolitischen Kontroverse um die Beziehungen der Vereinigten Staaten zur Sowjetunion. Zu Beginn von Nixons zweiter Amtszeit hatten wir geglaubt, daß wir an der Schwelle einer schöpferischen neuen Ära in der Weltpolitik stünden. Nur selten war es möglich erschienen, so viele verschiedene außenpolitische Probleme gleichzeitig zu lösen wie jetzt. Doch schon nach wenigen Monaten erlebten wir einen alptraumhaften Zusammenbruch der Autorität der eigenen Regierung und sahen uns in ein verzweifeltes Ringen verwickelt, um unsere äußeren Feinde daran zu hindern, diese Umstände zu einem Angriff gegen die Sicherheit der Vereinigten Staaten und anderer freier Völker auszunutzen.

Nixons erste Amtszeit (1969 bis 1973) – das Thema des ersten Bandes meiner Memoiren – war in gewissem Sinne eine Reifzeit gewesen. Die Regierung hatte trotz heftiger Auseinandersetzungen um die Entwicklung in Indochina die Ereignisse entscheidend beeinflussen können und dazu beigetragen, dem Netz der internationalen Beziehungen zwischen den Supermächten eine neue Struktur zu geben. Unsere Außenpolitik in der zweiten Amtsperiode des Präsidenten, die im Spätsommer 1974 abrupt zu Ende ging, stellte uns plötzlich vor Aufgaben, die nur ein ausgereiftes Staatswesen erfüllen kann. Angesichts der geschwächten Autorität unserer Exekutive war es ungeheuer schwierig, jeder Herausforderung zu begegnen, denn die Welt erwartete von den Vereinigten Staaten, daß sie auch weiterhin ihre Verantwortung als Führungs- und Schutzmacht der Demokratien wahrnahmen.

Watergate hat in allen Dimensionen unseres außenpolitischen Handelns ernste Auswirkungen gehabt, was beweist, daß nur ein starker Präsident eine schöpferische Außenpolitik gestalten und durchsetzen kann. Es ist uns aber dennoch gelungen, an unserem außenpolitischen Kurs festzuhalten und sogar einige beachtliche Erfolge zu erringen. Die diplomatischen Bemühungen der Vereinigten Staaten im Nahen Osten während des Oktober-Kriegs von 1973 und in der Folgezeit haben zur Einleitung eines Friedensprozesses beigetragen, der mit wesentlichen Erfolgen und gewissen Rückschlägen bis zum heutigen Tage andauert. Wir haben außerdem den Grund für die erfolgreiche Bekämpfung der Energiekrise gelegt. Es war eine Zeit schwerer Prüfungen, aber der Staatsmann hat nicht das Recht zu verlangen, daß seine Dienste nur in ruhigen Zeiten in Anspruch genommen werden.

Während der Jahre, über die in diesem Band berichtet wird, haben sich auch meine Perspektiven verändert, und zwar nicht nur als Folge unserer innenpolitischen Umwälzungen. Am 22. September 1973 wurde ich zum Außenminister ernannt, nachdem ich Nixon viereinhalb Jahre im Weißen Haus als Berater des Präsidenten in Fragen der Nationalen Sicherheit gedient hatte. Als Außenminister war ich für einen viel umfassenderen Problemkreis verantwortlich als der Nationale Sicherheitsberater. Der letztere kann sich den Luxus erlauben, nur die Fragen zu behandeln, die ihm besonders wichtig erscheinen. Jetzt mußte ich vor allem versuchen, die Außenpolitik möglichst gegen die innenpolitische Katastrophe abzuschirmen. Diese mir durch die Umstände und den nationalen Überlebenswillen aufgezwungene Aufgabe ist mir in vielen Fällen durch den Konsens der beiden politischen Parteien erleichtert worden, der die internationalen Verpflichtungen der amerikanischen Regierung in einem vor Störungen geschützten Raum zu erfüllen ermöglichte.

Die Darstellung der Außenpolitik in der Periode vor Nixons Sturz ist eine noch komplexere Aufgabe, als sie es unter normalen Voraussetzungen wäre. Motive und Stimmungen lassen sich noch schwieriger erkennen als in der vorangegangenen Periode. Natürlich kann ich die Ereignisse nur so beschreiben, wie ich sie gesehen habe. Dies ist ein Bericht meiner Vorstellungen und Überzeugungen, der in der Relation zu dem beurteilt werden muß, was andere dachten und fühlten und was sich aus den Dokumenten ergeben wird, die meinen Mitarbeitern und mir nicht zur Verfügung stehen, weil sie zum Teil in ausländischen Archiven liegen. Ich werde ein mit Anmerkungen versehenes Exemplar dieses Buches zu meinen Akten nehmen, das Historikern zur Verfügung stehen soll, die sich eingehender mit dieser Periode beschäftigen wollen. Diese Memoiren sagen dem Leser, wie sich die Probleme einem Beteiligten dargestellt haben, der an den Entscheidungen mitgewirkt hat. Ich habe mich aufrichtig – und wie ich hoffe, gewissenhaft – darum bemüht, meine Darstellung der Ereignisse ausreichend zu dokumentieren.

Ich bin dem Außenminister, dem Direktor der Central Intelligence Agency, dem politischen Unterstaatssekretär für Verteidigung und dem Berater des Präsidenten für Angelegenheiten der Nationalen Sicherheit und ihren Stäben dankbar für ihre Hilfe bei der Durchsicht und Freigabe vertraulichen Materials und der Zitate. Ich habe die von ihnen erbetenen Korrekturen vorgenommen. Präsident Nixon hat mir freundlicherweise die Erlaubnis gegeben, aus seinen Präsidentschaftsakten zu zitieren.

Zu ganz besonderem Dank bin ich den Mitarbeitern verpflichtet, die mir zur Seite gestanden haben, seit wir gemeinsam in der amerikanischen Regierung gearbeitet haben. Ohne ihre Fachkenntnisse und Hingabe hätte diese Arbeit nicht entstehen können. Peter W. Rodman, mein Freund, Vertrauter und Mitarbeiter seit mehr als zehn Jahren, hat als Lektor einen wesentlichen Beitrag geleistet. Er hat einen großen Teil der Forschungsarbeiten übernommen und mir mit klugen Ratschlägen geholfen. William G. Hyland hat mit seiner Forschungsarbeit und seinen Kenntnissen über Westeuropa und die Sowjetunion Entscheidendes beigetragen. Rosemary Neaher Niehuss hat sich eingehend mit dem Nahen Osten und der Energiekrise beschäftigt, die das Thema eines großen Teils dieses Buches sind, und mir damit ungemein wertvolle Dienste geleistet. Sie hat dieses umfangreiche Material mit großem Geschick und unermüdlichem Fleiß in eine überschaubare Form gebracht. Mary E. Brownell hat mit großem Fachwissen, Urteilsvermögen und Geduld die Unterlagen für die verschiedensten Themen vorbereitet, von Chile bis Watergate und zur Energiekonferenz in Washington.

William D. Rogers und Winston Lord haben mir erlaubt, an ihre Freundschaft zu appellieren und sie zu bitten, das Manuskript zu lesen. Ihrem guten Rat hat das Buch viel zu verdanken. Harold Evans hat hervorragende Redaktionsarbeit geleistet. Sein gutes Gefühl für Komposition und seine unermüdlichen Angriffe gegen das Überflüssige haben sich bezahlt gemacht. Brent Scowcroft, Leonard Garment, David Ginsburg, John Freeman, Alan Greenspan, Peter Glenville und Diane Sawyers haben Teile des Manuskripts gelesen und wertvolle Anregeungen gegeben.

Meine persönliche Assistentin, Christine Vick, hat all diese Arbeiten überwacht und koordiniert. Da sie sogar meine Handschrift lesen kann, war sie verantwortlich für das mit der Maschine geschriebene Manuskript. Chris hat das Entstehen dieses Buches über die verschiedenen Stadien hin verfolgt, sie hat es verstanden, die Primadonnen zu besänftigen, die darin erwähnt werden, hat für die Einhaltung der Termine gesorgt, niemals ihre gute Laune verloren und war, kurz gesagt, unersetzlich. Diane Tinker, Moira Dawson, Cathy Buchanan, Linda Komornik und Christie Best haben an der Schreibmaschine hervorragende Arbeit geleistet.

Kein Verfasser darf von seinem Verleger tatkräftigere Hilfe erwarten als die, die Little, Brown and Company mir hat zuteil werden lassen. Ich danke Genevieve Young für die verständnisvolle (und eindringliche) Lektoratsarbeit und Betsy Pitha für ihre Fahnenkorrekturen. Dick Sanderson hat mir hervorragende Karten zur Verfügung gestellt, und Melissa Clemence hat ein ausgezeichnetes Register hergestellt.

Meine Mitarbeiter und ich danken der Kongreßbibliothek, in der meine vertraulichen Papiere aufbewahrt werden, für die Zuvorkommenheit und Hilfe von Daniel J. Boorstin, des Kongreßbibliothekars, und den hilfsbereiten Mitarbeitern der Manuskriptabteilung, Dr. Paul

T. Heffron als Chef, John Knowlton, Richard Bickel, Joseph Sullivan, Grover Batts, Mary Margaret Wolfskill und Michael J. McElderry.

Mein verspäteter Dank geht auch an Harry Zubkoff, dessen Sammlung von Zeitungsausschnitten und Analysen im Luftfahrtministerium allen Angehörigen der amerikanischen Regierung seit vielen Jahren wertvolle Dienste geleistet hat. Auch die Forschungen meiner Mitarbeiter für den ersten Band meiner Memoiren und das jetzt vorliegende Buch sind durch diese Arbeit wesentlich unterstützt worden.

Ich widme dieses Buch meiner Frau Nancy, die meinem Leben eine neue Dimension gegeben hat.

Ich bin für den Inhalt dieses Buches ebenso verantwortlich wie für mein politisches Wirken, das es beschreibt.

Washington D. C.
November 1981

I. Neue Hoffnungen

Entscheidung am Schwimmbecken

Im August 1973 zeigte sich Kalifornien von seiner prächtigsten Seite. An jedem Morgen ließ ich mich vom Schreibtisch auf die Veranda hinter meinem Büro in San Clemente, dem Weißen Haus an der Westküste, hinauslocken und beobachtete, wie die Sonne mit ihren wärmenden Strahlen den über dem Ozean liegenden Nebel auflöste. Hin und wieder sah ich dann die schlanke, leicht nach vorn gebeugte Gestalt eines Mannes am Rand des Steilhangs entlangschlendern, unter dem nur noch ein schmaler Strand das Festland von der Weite des Pazifiks trennt. In dieser Stille und Abgeschiedenheit mußte Richard Nixon die Qualen des letzten Abschnitts seiner politischen Laufbahn ertragen. Jenseits der Grenzen seines nach allen Seiten abgeschirmten Zufluchtsorts war die Stimmung im ganzen Land von hitzigen Spekulationen über die Frage geprägt, ob er sich als Präsident würde behaupten können. Er selbst machte einen ruhigen Eindruck und sprach kaum von Watergate – und wenn, dann enthielten seine Äußerungen nichts wesentlich Neues. Man mußte Nixon schon gut kennen, um in dem in die Ferne gerichteten Blick und in der starren Melancholie seines Gesichts den inneren Aufruhr zu spüren, der ihn gepackt hatte.

Am Nachmittag des 21. August rief mich Julie Nixon-Eisenhower an und fragte mich, ob meine Kinder, Elizabeth und David, zum Schwimmen mit der Familie Nixon kommen wollten. Kurz darauf rief sie noch einmal an und forderte mich auf, die Kinder zu begleiten. Ich holte meine Badehose und ging von meinem Büro, vorbei am Hubschrauber-Landeplatz, zur Casa Pacifica, einer im spanischen Stil erbauten Villa, die von den Quartieren der Mitarbeiter des Präsidenten durch mächtige Zypressen und eine hohe weiße Mauer getrennt war. Hier wurde ich von Manolo Sanchez begrüßt, dessen uneingeschränkte Bewunderung für seinen Herrn und Meister die weitverbreitete Meinung widerlegte, daß niemand für seinen Kammerdiener ein Held sein kann. Bald kam auch Nixon heraus und sprang zu mir und meinen Kindern ins Wasser. Kurz darauf bat er mich an die flache Seite des Schwimmbeckens, um mit mir über seine für den folgenden Morgen angesetzte Pressekonferenz zu sprechen. Es war nicht das erste Mal, daß mein Chef in einer ähnlichen Umgebung gewichtige Fragen mit mir besprach. Im April 1970 hatte mir Nixon in Camp David, während er selbst schwamm und ich am Rande des Beckens entlang ging, seine

Entscheidung mitgeteilt, den Vorstoß amerikanischer Truppen in die kambodschanischen Bereitstellungsräume zu befehlen.

Ich setzte mich auf die Stufen des Schwimmbeckens, während der Präsident der Vereinigten Staaten auf dem Rücken liegend im Wasser plätscherte. Zunächst besprachen wir ganz sachlich einzelne Antworten, die er auf außenpolitische Fragen geben wollte. Doch dann sagte er unvermittelt und ohne Wärme oder Begeisterung: »Ich werde die Pressekonferenz damit eröffnen, daß ich Ihre Ernennung zum Außenminister bekanntgebe.« Es war das erste Mal, daß er mit mir über dieses Thema sprach.

Ich hatte allerdings schon vorher von seiner Absicht gehört. Durch Watergate war die bis dahin unbestrittene herausragende Position der Mitarbeiter des Weißen Hauses ins Wanken geraten. Mein Einfluß innerhalb der Regierung stützte sich allein auf die Autorität des Präsidenten, die jedoch durch die endlosen Enthüllungen über zum Teil kindliche, zum Teil aber auch illegale und geradezu lächerliche Verhaltensweisen Nixons schweren Schaden genommen hatte. Alexander Haig, der im Mai zum Stabschef des Präsidenten berufen worden war, hatte mir im Frühsommer – offenbar aus eigenem Antrieb – gesagt, daß er keine andere Lösung als meine Ernennung zum Außenminister sähe. Der damalige Außenminister, William P. Rogers, sollte im Spätsommer ohnedies aus seinem Amt ausscheiden. Haig hielt mich über den Inhalt seiner quälenden Gespräche mit Nixon zu diesem Thema auf dem laufenden; es kann Nixon nicht leichtgefallen sein, diese Entscheidung zu treffen, denn sie zeigte – vielleicht noch deutlicher als alle Schlagzeilen, die Watergate in der Presse machte –, wie angeschlagen die Stellung des Präsidenten war. Es war nie seine Absicht gewesen, das Amt des Außenministers in die Hände einer starken Persönlichkeit zu legen. Im Wahlkampf von 1968 hatte er ausdrücklich erklärt, daß das Weiße Haus die Richtlinien der Außenpolitik bestimmen werde. So war es bisher auch gewesen. Wenn Nixon sich nun bereit fand, von diesem Grundsatz abzugehen, dann zeigte er dadurch, wie schwach er geworden war.

Ich drückte etwas kleinlaut meine Hoffnung aus, sein Vertrauen zu rechtfertigen. Es war der müde Versuch, den Schein zu wahren und so zu tun, als gewähre der Präsident mir damit eine besondere Auszeichnung. In Wirklichkeit wußte Nixon ebenso gut wie ich, daß es keine Alternative gab.

Am folgenden Morgen rief mich der stellvertretende Außenminister, Kenneth Rush, an. Er beglückwünschte mich und versicherte mich der vollen Unterstützung aller Mitarbeiter des Ministeriums – eine großzügige Geste, besonders da Rush zweifellos wußte, daß ohne Watergate er und nicht ich Bill Rogers' Nachfolge angetreten hätte.[1] Auch von Rogers erhielt ich telefonische Glückwünsche; es war ein höfliches, aber kurzes Gespräch. Anschließend sah ich mir die Pressekonferenz im Fernsehen an.

Nixon hatte eben angefangen zu sprechen, als mich eine gute Freundin, die berühmte und schöne norwegische Schauspielerin Liv Ullmann, aus Oslo anrief, um eine Angelegenheit zu besprechen, die ich heute vergessen habe. Ich erklärte ihr, daß ich jetzt nicht lange Zeit hätte, da der Präsident gerade in diesem Augenblick eine wichtige Erklärung im Fernsehen abgäbe. Ich wollte es vermeiden, ihr den Inhalt der Erklärung mitzuteilen, deshalb mußte ich ihr noch ein paar Sätze sagen, so daß, als ich den Hörer auflegte, der Teil der Erklärung des Präsidenten, in dem er mich erwähnt hatte, schon vorüber war. Nachdem Nixon das Ausscheiden von Rogers mit freundlichen und warmherzigen Worten kommentiert hatte, gab er in knapper Form meine Ernennung bekannt: »Dr. Kissingers Qualifikationen für diesen Posten sind, wie ich glaube, meine Damen und Herren, Ihnen allen sowie all denen, die uns am Fernsehen und Radio zuhören, wohl bekannt.« Worin die Qualifikationen bestanden, sagte er nicht. Als ich das Ferngespräch beendete, hatte ich es versäumt, meine Ernennung zum Außenminister aus dem Munde des Präsidenten zu vernehmen.

Während mein Büro von telefonischen Glückwünschen überflutet wurde, ging Nixons Pressekonferenz mit einer Befragung über Watergate weiter. Ich nahm die Glückwünsche mit gemischten Gefühlen entgegen. Unter anderen Umständen hätte mich dieses Ereignis zutiefst befriedigen können, jetzt aber erfüllte es mich mit großer Sorge, denn die Pressekonferenz brachte mit dramatischer Deutlichkeit zum Ausdruck, wie sehr die Regierung der Vereinigten Staaten unter Druck stand. Wir unternahmen die größten Anstrengungen, den Zerfall der amerikanischen Außenpolitik zu verhindern, während Nixons Präsidentschaft und mit ihr die ganze Autorität der Exekutive sich aufzulösen begann. Ich mußte jetzt ein Amt übernehmen, von dem ich niemals geglaubt hatte, daß es in meiner Reichweite läge; und doch war mir nicht zum Feiern zumute. Immer wieder mußte ich an den einsamen, von allen Seiten angegriffenen und sich hinter einer Mauer der Unnahbarkeit verbergenden Richard Nixon denken, der nur wenige Meter von hier entfernt mit seinen Problemen kämpfen mußte, während ich den Gipfel meiner politischen Laufbahn erreicht hatte.

Eine verpaßte Gelegenheit

Es war alles so ganz anders gekommen, als wir 1973 gehofft hatten. Bei Jahresbeginn waren unsere Aussichten glänzend gewesen; nur selten hatte die Amtszeit eines Präsidenten in einer so günstigen außenpolitischen Lage angefangen.

Im Januar 1973 schien mit der Beendigung des Vietnam-Krieges ein Jahrzehnt schwerer innenpolitischer Auseinandersetzungen zu Ende zu gehen. Mit überwältigender Stimmenmehrheit hatte Nixon die Wahlen im November gewonnen und damit die ungewöhnliche Gelegenheit erhalten, an alle Männer und Frauen guten Willens zu appellieren und die Wunden zu heilen, welche die Nation in diesem Krieg davongetragen hatte. Das durch die Vietnam-Debatte erzeugte Mißtrauen war noch nicht verflogen, aber die Gegner unserer Politik waren zum Teil durch die schweren Prüfungen dieser Zeit erschöpft und zum Teil verwirrt durch eine neue Atmosphäre, in der die Schlagwörter, welche die öffentliche Meinung während eines Jahrzehnts beherrschten, ihre Bedeutung verloren hatten. Wir hofften, unsere kritischen Kriegsgegner würden sich schließlich durch die Beendigung des Krieges beruhigen lassen, auch wenn sie die von uns verwendeten Taktiken weiterhin in Frage stellten. Wer sich auf unsere Seite gestellt hatte, konnte jetzt stolz darauf sein, daß die Ehre der Nation durch die Opfer, die wir gebracht hatten, bewahrt worden war. Zwar mochte Nixon noch immer von seinen ständigen Befürchtungen bedrängt werden, die ihm einredeten, jeder Erfolg sei vergänglich, aber er war jetzt stärker und sicherer, als es ihm seine lebenslange Angst vor der Katastrophe bisher erlaubt hatte. In Wirklichkeit stand ihm keine starke Opposition mehr gegenüber. Bei den Wahlen hatte er in allen Staaten bis auf einen die Stimmenmehrheit gewonnen. Jetzt durfte er hoffen, alle Seiten könnten aus den schweren Belastungen der vergangenen zehn Jahre die Lehre ziehen, daß eine Gesellschaft nicht durch den Sieg einzelner Gruppierungen über andere, sondern durch die Versöhnung dieser Gruppierungen miteinander an Größe gewinnt.

Vielleicht waren unsere Erwartungen zu hoch gespannt, aber wir waren überzeugt, daß die Vereinigten Staaten jetzt die Gelegenheit für eine kreative Außenpolitik erhalten würden. Endlich durften wir uns als geeintes Volk Aufgaben zuwenden, an deren Erfüllung uns die im Vordergrund stehende Beschäftigung mit Indochina gehindert hatte. Politische Führer haben gewöhnlich das Schicksal, von ihrem Vorgänger unlösbare Probleme oder Verpflichtungen übernehmen zu müssen, die ihre eigene Dynamik entwickeln. So hatte der Krieg in Vietnam Nixons erste Amtsperiode schwer belastet. Jetzt hatten wir plötzlich den Eindruck, daß es auf vielen Gebieten der internationalen Politik Möglichkeiten für schöpferische Aktivitäten gäbe.

• In den Beziehungen zu unseren Verbündeten, den demokratischen Industriestaaten des Atlantischen Bündnisses und Japan, hatte Nixon während seiner ersten Amtszeit den heftigen Streit mit Frankreich beendet, er hatte dafür gesorgt, daß die Stationierung amerikanischer Truppen in Europa nicht mehr durch politische Angriffe im Kongreß gefährdet wurde, und es war ihm gelungen, die guten Beziehungen innerhalb des Bündnisses über die »Erschütterungen« hinweg aufrechtzuerhalten, die wir unseren Verbündeten durch Amerikas neue Initiativen gegenüber ihren kommunistischen Gegnern zugemutet hatten. Die politische und wirtschaftliche Stärke Europas und Japans forderten zu neuen Initiativen heraus, um die gemeinsame Zukunft und die gemeinsamen Grundwerte der Demokratien zu bestätigen.

• Während Nixons erster Amtsperiode hatten wir die Beziehungen zu beiden kommunistischen Giganten, zur Sowjetunion und der Volksrepublik China, verbessert. Ihr gegenseitiges Mißtrauen und ihre Furcht voreinander würden es ihnen erschweren, der ideologischen Feindschaft uns gegenüber eine konkrete Form zu geben; keine der beiden Mächte durfte uns zu sehr herausfordern, ohne uns ihrem Todfeind in die Arme zu treiben. Befreit von den schweren Belastungen des Vietnam-Krieges, konnten sich die Vereinigten Staaten nun Aggressionen widersetzen, welche die internationale Ordnung bedrohten. Angesichts seines überwältigenden Mandats hatte Nixon die Möglichkeit, umfassende und grundsätzliche außenpolitische Verhandlungen zu führen.

• Im Nahen Osten begann Ägypten sich von der Sowjetunion abzuwenden. Eine zielstrebige amerikanische Außenpolitik und Strategie hatten zu dieser Entwicklung beigetragen, die jetzt einmalige Aussichten für eine Friedensdiplomatie bot.

• Da sich das Ansehen Amerikas nach der Beilegung des Vietnam-Konflikts gefestigt hatte und die Beziehungen zwischen den Supermächten besser geworden waren, konnte sich die Regierung Nixon nun auch vertrauensvoll der Dritten Welt zuwenden. Wir planten eine neue politische Linie gegenüber Lateinamerika und beabsichtigten, auf dieser Basis neue Formen für die Zusammenarbeit zwischen Industrienationen und Entwicklungsländern zu finden.

Ich selbst hatte Anfang 1973 das Gefühl, die Kämpfe der ersten Amtszeit längst hinter mich gebracht zu haben. Die bürokratischen Zwänge und persönlichen Rivalitäten, die ein so unumgänglicher Teil des Lebens in Washington sind, hatten für mich viel von ihrer Bedeutung verloren, denn ich hatte mich entschlossen, Ende des Jahres von meinem Posten zurückzutreten.

Ich glaubte zurücktreten zu dürfen, weil sich die Vorstellung von einer neuen Periode in der Außenpolitik ohne die Überschattung durch einen Krieg, der die Nation in zwei Lager spaltete, sich mit der Überzeugung verknüpfte, daß der Byzantinismus während Nixons erster Amtszeit aufhören müßte. Die Macht dürfte sich nicht länger in den Händen der Berater des Präsidenten konzentrieren, die ohne Wissen der übrigen Regierungsmitglieder handelten. Mein Freund, der ehrwürdige und kluge David Bruce, erklärte, daß ich es, wenn mir daran gelegen sei, unserem Erfolg Dauer zu verleihen, anderen überlassen sollte, die von mir begonnenen Aufgaben zu Ende zu führen. Sobald wir die amerikanische Außenpolitik auf ein gesundes Fundament gestellt hatten, würde sie in diesem Sinne institutionalisiert werden müssen. Wenn wir ein Erbe hinterlassen wollten, ohne unsere Vorstellungen mit Gewalt durchzusetzen, dann würden wir den ständigen Beamten des Außenministeriums und des Auswärtigen Dienstes größere Verantwortlichkeit übertragen müssen – was, wie Bruce recht deutlich sagte, nicht geschehen konnte, solange ich alle Entscheidungen von meinem Büro im Weißen Haus aus beherrschte.

Wenn es mir auch schwerfiel, so mußte ich ihm doch zustimmen. Es gab natürlich auch noch andere Gründe, die seine Argumente stützten. Als Folge meiner geheimen Reise nach China 1971 hatte ich meine bisherige Anonymität aufgeben müssen und es dadurch Nixons Kritikern ermöglicht, seine Leistungen in den Schatten meiner Erfolge zu stellen. Zwar habe ich diesen Prozeß nicht bewußt gefördert, aber es gab auch keine Beweise dafür, daß ich mich solchen Tendenzen widersetzt hätte. Im Anschluß an diese Zeit hat man im Weißen Haus kaum eine Gelegenheit vorübergehen lassen, mich in die Schranken zu weisen, und zwar während der indisch-pakistanischen Krise, während der Vorbereitungen für das Gipfeltreffen von 1972 in Moskau und während der Schlußphase der Vietnam-Friedensverhandlungen.[2]

Nixon hatte nicht unrecht; als Sicherheitsberater des Präsidenten war ich zu sehr ins Licht der Öffentlichkeit gerückt. Die schwer zu definierenden engen Beziehungen zwischen dem Präsidenten und seinem Berater waren zu stark belastet, so daß ich nicht länger als Nabe des komplexen Systems der politischen Aktivität des Präsidenten hätte fungieren können, der die reguläre Bürokratie umgehen wollte – falls ein solches System noch weitere vier Jahre hätte aufrechterhalten werden können, was ich bezweifle.

Darüber hinaus war der Mitarbeiterstab des Sicherheitsberaters umgegliedert worden, und ich hatte keine Lust, das alte Spiel noch einmal aufzunehmen, in dessen Verlauf neue Mitarbeiter um ihren Einfluß in den verschiedenen Positionen kämpften. Der große Überlebende, Verteidigungsminister Melvin R. Laird, hatte erklärt, daß er rechtzeitig vor den Wahlen 1972 zurücktreten wolle. Er wurde im neuen Jahr von dem sehr verständigen Elliot Richardson abgelöst, mit dem ich gut zusammengearbeitet hatte, als er in den Jahren 1969 bis 1970 Unterstaatssekretär war. Nach seinem Wahlsieg entließ Nixon den Direktor der CIA, Richard Helms, was er schon lange beabsichtigt hatte. Er ernannte Helms zum Botschafter im Iran und bestimmte James R. Schlesinger zu seinem Nachfolger. Nixon hatte ihn als tüchtigen Verwaltungsbeamten im Budgetbüro und während seines energischen Verhaltens bei der Beilegung einer Kontroverse, bei der es um Atomwaffenversuche ging, als Chef der Atomenergiebehörde kennengelernt. Außenminister Rogers war im Verlauf der großen Säuberungsaktion verschont worden, weil er darum gebeten hatte, zu einem von ihm gewählten Zeitpunkt ausscheiden zu dürfen, womit zum Ausdruck kommen sollte, daß er nicht ein Opfer der allgemeinen Kabinettsumbildung geworden war. Nixon entsprach seinem Wunsch, hatte jedoch zunächst die Absicht, ihn im Laufe des Sommers durch seinen neuen Stellvertreter, Kenneth Rush, abzulösen.

Vor ein paar Jahren hatte ich dem damaligen Redenschreiber des Präsidenten, William Safire, auf dem Höhepunkt irgendeines bürokratischen Streits gesagt, daß meine Erfolge nur vorübergehend wären und auf schwachen Füßen stünden. Um meinen Einfluß zu bewahren, mußte ich *jeden* Kampf mit der Bürokratie gewinnen; um meiner Autorität den Boden zu entziehen, brauchte ein Kabinettsmitglied nur *einen* Erfolg zu erzielen. Auf die Dauer ließ sich meine Position unter solchen Voraussetzungen nicht halten.[3] Mir war das während einer ganzen Amtsperiode des Präsidenten gelungen, es hatte aber keinen Sinn, das Schicksal noch einmal angesichts einer neuen, tüchtigen und psychisch unverbrauchten Gruppe von Mitarbeitern herauszufordern.

Aus all diesen Gründen wollte ich 1973 nur noch so lange im Amt bleiben, bis der Friede in Indochina hergestellt war, bis wir im Europa-Jahr in der Zusammenarbeit mit den demokratischen Industrienationen eine neue Initiative ergriffen hatten und das neue Dreieck Moskau–Washington–Peking gefestigt war. Ich hatte mit einigen engen Freunden vorsichtige Vorgespräche geführt und dabei daran gedacht, nach dem Ausscheiden aus meinem politischen Amt in Washington vielleicht einen Forschungsauftrag am All Souls College in Oxford zu übernehmen. Nancy Maginnes hatte sich bereit erklärt, meine Frau zu werden; unsere Heiratspläne mußten jedoch als Folge der jetzt über uns hereinbrechenden Krisen ein paarmal verschoben werden.

Ich weiß natürlich heute nicht, ob ich alle meine Absichten tatsächlich verwirklicht hätte oder ob meine politischen Aufgaben mich so in Anspruch genommen hätten, daß ich nicht hätte ausscheiden können. Ich kann auch nicht nachweisen, ob unsere Vorstellungen und Hoffnungen für die Zukunft sich hätten verwirklichen lassen. Es hat keinen Sinn, über derartige Möglichkeiten zu spekulieren. Alle unsere Berechnungen wurden sehr bald durch die elementare Watergate-Katastrophe über den Haufen geworfen.

Aber am 24. Januar 1973, vier Tage nach Nixons zweiter Amtseinführung, überquerte ich die enge Straße zwischen dem Weißen Haus und dem alten Exekutivgebäude dennoch in gehobener und erleichterter Stimmung, um die dort wartenden Journalisten über die eben zustande gekommene Vietnam-Vereinbarung zu unterrichten. Nachdem ich die Abschnitte dieser Vereinbarung einzeln erläutert hatte, schloß ich meine Ausführungen mit einem von mir tief empfundenen Appell, die nationale Versöhnung herbeizuführen:

> Der Präsident hat gestern gesagt, daß wir wachsam bleiben müssen, und das werden wir tun, wir werden uns aber auch um positive Erfolge bemühen. Und was uns hier zu Hause betrifft, so sollte es jetzt klar sein, daß in diesem Krieg niemand das Monopol auf Besorgnisse und daß in diesen Diskussionen niemand das Monopol auf die richtigen moralischen Einsichten gehabt hat. Und nun, da wir endlich zu einer Vereinbarung gelangt sind, in der die Vereinigten Staaten ihren Verbündeten nicht die politische Zukunft diktieren, einer Vereinbarung, in der die Würde und die Selbstachtung aller Parteien bewahrt werden sollte, während die in Indochina gerissenen Wunden heilen können, dürfen wir damit beginnen, auch die Wunden Amerikas zu heilen.

Ein spanischer Dichter hat einmal geschrieben: »Reisender, es gibt keinen Weg; Wege entstehen durch Schritte.« In jenem flüchtigen Augenblick der Unschuld – der für die Regierung Nixon so wenig charakteristisch war – hatten wir die Überzeugung, daß wir in der zweiten Amtszeit dieses Präsidenten den Weg gehen würden, den uns unsere Hoffnungen wiesen, und daß dieser Weg uns in eine bessere Zukunft führen werde.

II. Ein Besuch in Hanoi

Eine der ersten Aufgaben für 1973 war die Konsolidierung der Friedensvereinbarung für Vietnam, die am 27. Januar in Paris unterzeichnet worden war, wozu ich auf eine der ungewöhnlichsten diplomatischen Reisen meiner politischen Laufbahn ging, zu meinem ersten Besuch in Hanoi. In der Hauptstadt unserer erbitterten Gegner, die den Krieg in

Indochina und schmerzliche Umwälzungen in den Vereinigten Staaten verursacht hatten, wollte ich mit den nordvietnamesischen Führern über die strikte Einhaltung der Pariser Vereinbarungen sprechen, die ich mit Le Duc Tho ausgehandelt hatte. Auf dieser Basis wollte ich die Möglichkeiten für positivere Beziehungen zwischen unseren beiden Ländern ausloten.

Die Pariser Vereinbarungen

Die Vereinbarungen zur Beendigung des Krieges und Wiederherstellung des Friedens in Vietnam waren möglich geworden, als Nordvietnam nach zehn Jahren eines erbittert geführten Kampfes und vier Jahren ergebnisloser Verhandlungen akzeptierte, was es bis dahin entschieden abgelehnt hatte: das Fortbestehen der Regierung in Saigon. Die Vereinbarungen bestimmten den sofortigen Waffenstillstand in ganz Vietnam, bei dem alle Truppen in den von ihnen zu diesem Zeitpunkt besetzten Stellungen bleiben sollten. Dazu wurden der Abzug aller noch in Vietnam befindlichen amerikanischen Streitkräfte (das waren etwa siebenundzwanzigtausend Mann) und die Entlassung aller Kriegsgefangenen in Indochina vereinbart. Das Einschleusen von Truppen und Material durch Hanoi nach Südvietnam wurde untersagt. Eine internationale Kontrollbehörde sollte die Einhaltung der Waffenstillstandsbedingungen überwachen und die Versorgung der in ihren Stellungen verbleibenden Streitkräfte mit Ersatzmaterial auf dem Wege über vorher festgelegte Grenzübergänge regulieren. Eine weitere Bestimmung legte erneut den 17. Breitengrad als provisorische militärische Demarkationslinie zwischen Nord- und Südvietnam fest, untersagte alle militärischen Bewegungen über diese Linie hinweg und ließ einen zivilen Verkehr nur zu, soweit sich die vietnamesischen Parteien darüber einigten. Außerdem erklärte sich Hanoi bereit, seine Streitkräfte aus Laos und Kambodscha abzuziehen und das Territorium dieser Länder nicht als Basis für militärische Aktionen gegen Südvietnam zu benutzen. Eine endgültige politische Regelung für Südvietnam wurde künftigen Verhandlungen zwischen den vietnamesischen Parteien vorbehalten.

Die Vereinigten Staaten hatten sich entschieden darum bemüht, den Krieg in Laos und Kambodscha ebenso zu beenden wie in Vietnam. Nordvietnam hatte sich einer solchen Lösung ebenso entschieden widersetzt, und zwar unter dem Vorwand, daß dies Sache der Völker von Laos und Kambodscha sei. Diese Besorgnis um die Souveränität der Nachbarn Nordvietnams hätte Eindruck gemacht, wenn sie nicht so neu gewesen wäre; augenscheinlich galt sie nur dem Abzug der Streitkräfte Hanois, nicht aber ihrer Invasion, denn Zehntausende nordvietnamesischer Soldaten hatten seit zwanzig Jahren systematisch den Frieden und die Souveränität von Laos und Kambodscha verletzt und befanden sich noch immer dort.

Am Schluß erklärte Le Duc Tho sich bereit, einen Waffenstillstand in Laos herbeizuführen. Nach »Konsultationen« mit den kommunistischen Streitkräften in Laos (den Pathet Lao, die in Wirklichkeit Hanoi unterstanden), verpflichtete Le Duc Tho sich im Oktober 1972 dazu, daß die Regierung Hanois dreißig Tage nach Inkrafttreten des Waffenstillstands in Vietnam auch in Laos einen Waffenstillstand herbeiführen werde. Anfang Januar verkürzte Le Duc Tho diesen Zeitraum auf fünfzehn Tage.

Was nun Kambodscha betraf, so weigerte er sich kategorisch, bestimmte Zusagen zu machen. Er begründete seine Haltung – wie sich herausstellte, zu Recht – mit der Behauptung, daß Hanoi bei seinen kommunistischen Verbündeten in Kambodscha, den Roten Khmer, zu wenig Einfluß habe. Bei unseren von September 1972 bis einschließlich Januar 1973 geführten Gesprächen versicherte mir Le Duc Tho immer wieder, daß es, wenn der Krieg in Vietnam beendet sei, »keinen Grund« dafür gäbe, den Krieg in Kambodscha fortzuführen.[1] Aber Hanoi wollte sich nicht offiziell festlegen, sondern gab nur zu verstehen, daß es »nach Beendigung des Vietnam-Krieges aktiv zur Wiederherstellung des Friedens in Kambodscha beitragen« werde. Nachdem wir unsere Verhandlungspartner monatelang vergeblich bedrängt hatten, gelangte Nixon schließlich zu der Überzeugung, daß sich mehr nur durch eine Fortführung des Krieges in Vietnam erreichen ließe. Doch offensichtlich hätten wir in den Vereinigten Staaten keine Unterstützung für eine Politik gefunden, die es uns erlaubt hätte, nur wegen Kambodscha eine im übrigen akzeptable Vereinbarung über Vietnam weiter hinauszuschieben. In diesem Fall hätte der Kongreß uns mit Sicherheit alle für Kambodscha *und* Vietnam benötigten Geldmittel gestrichen. Außerdem waren die kambodschanischen Kommunisten nach Auffassung unserer Botschaft in Phnom Penh sowie unserer Militärexperten nicht in der Lage, sich ohne die militärische Unterstützung der Nordvietnamesen länger zu halten, die ihnen jedoch nach den Bestimmungen der Pariser Vereinbarungen untersagt war.

Darüber hinaus bemühten wir uns darum, unsere Position durch zwei weitere Schritte zu festigen. Erstens überredeten wir den kambodschanischen Präsidenten, Lon Nol (wenigstens zum fünften Mal innerhalb von drei Jahren), zum Waffenstillstand in Kambodscha aufzurufen und den einseitigen Verzicht auf alle offensiven militärischen Operationen zu erklären. Zweitens überreichte ich Le Duc Tho vor der Abzeichnung der Pariser Vereinbarungen eine Erklärung, die besagte,

> wenn angesichts der bevorstehenden Regelung für Kambodscha dort offensive militärische Operationen unternommen würden, welche die gegenwärtige Lage gefährdeten, dann widersprächen solche Operationen dem Geist des Artikels 20 (b) der Vereinbarungen und den Voraussetzungen, auf welche sich die Vereinbarungen gründeten.

Mit anderen Worten: Wenn die Roten Khmer die Ausrufung des Waffenstillstandes durch Lon Nol nicht beachteten, würden die Vereinigten Staaten die kambodschanische Regierung auch weiterhin militärisch unterstützen. Le Duc Tho gab mir zu verstehen, daß er den Sinn begriffen hatte.

Die Pariser Vereinbarungen mit all ihren Widersprüchlichkeiten spiegelten die Kräfteverhältnisse in Vietnam nach dem heftigen Ringen des Jahres 1972 wider. Wie bei allen Friedensregelungen kam es hier darauf an, dieses Gleichgewicht der Kräfte zu bewahren. Wir machten uns keine Illusionen darüber, daß Hanoi auf längere Sicht die Absicht hatte, sich ganz Indochina zu unterwerfen. Während der Schlußphase der Verhandlungen im November und Dezember 1972 habe ich Nixon diese meine Auffassung wiederholt vorgetragen.[2] Aber ich war auch überzeugt davon, daß unsere Bevölkerung einer Verlängerung des Krieges, um noch militärisch Entscheidendes bewirken zu können, nicht zustimmen würde. Im August 1972 hatte mir der Präsident von Südvietnam, Nguyen Van Thieu, gesagt, daß Nordvietnam, wenn der Krieg weiterginge, im Dezember 1973 schwächer sein werde als im März 1972 – eine nur geringfügige Verbesserung unserer Lage. Und alle unsere politischen Experten waren überzeugt, daß der neu gewählte Kongreß vom Januar 1973 an die finanziellen Mittel für den Krieg streichen werde, was zunächst den Antrag der Regierung auf zusätzliche Mittel zur Finanzierung der Kosten betreffen würde, welche die Abwehr der von Hanois Frühjahrsoffensive im Jahr 1972 verursachte.

Wir konnten also vor dem endgültigen Zusammenbruch nicht einmal mit einer Atempause rechnen. Deshalb hofften wir auf eine annehmbare Lösung. Die Unterhändler auf unserer Seite waren sich des Umstandes schmerzlich bewußt, daß die Vereinbarungen große Risiken in sich bargen. Es war uns aber doch gelungen, viel günstigere Bedingungen auszuhandeln, als die meisten für möglich gehalten hätten. 1972 waren unsere Kritiker zu dem Schluß gekommen, daß Hanoi sich auf keinen Fall mit weniger zufriedengeben werde als dem Sturz unseres Verbündeten, der Regierung Thieu in Saigon. Das hatten wir vermeiden können. Ein nichtkommunistisches Südvietnam hatte jetzt zumindest eine Überlebenschance. Wir glaubten, daß die Vereinbarungen die richtige Mischung aus für Hanoi günstigen und ungünstigen Vertragsbedingungen enthielten, um das unsichere Gleichgewicht der Kräfte in Indochina aufrechterhalten zu können. Diese Chance war mit Sicherheit größer, wenn es zu einer Vereinbarung kam, als wenn wir angesichts der zunehmenden Ablehnung in den Vereinigten Staaten und der zu erwartenden Beschneidung unserer Geldmittel durch den Kongreß einen Krieg weiterführten, über dessen Ausgang nichts sich mit Sicherheit sagen ließ.

Im achten Kapitel werde ich die Frage behandeln, ob es realistisch gewesen ist, zu erwarten, daß wir die richtige Mischung aus günstigen und ungünstigen Vertragsbedingungen für Hanoi zusammenstellen könnten. Wir glaubten, daß es so sei, und hatten auch gute Gründe für solche Erwartungen. Zunächst genügt der Hinweis auf unsere Absicht, mit den Pariser Vereinbarungen ein politsch wirksames Instrument in Kraft zu setzen. Das war auch meine Haltung, als ich am 7. Februar 1973 aus Washington abreiste, um eine elf Tage dauernde Reise nach Asien zu unternehmen, die mich in die Hauptstadt unseres bisherigen Feindes, Nordvietnam, in die Hauptstädte der befreundeten Länder Thailand und Laos und zu einem neuen Freund, der Volksrepublik China, führen sollte.

Während meiner Vorbereitungen für die Reise nach Hanoi waren meine Gefühle allerdings nicht von den freudigen Erwartungen getragen, die meine Geheimreise nach China begleitet hatten, denn damals durfte ich nach geduldiger Vorarbeit mit einem Durchbruch rechnen. Jetzt fehlte auch der dramatische Aspekt der Verhandlung mit einer Großmacht, den ich während meiner ersten Reise nach Moskau empfunden hatte. Schließlich durfte ich auch nicht damit rechnen, in Hanoi so freundschaftlich empfangen zu werden wie bei meinen zahlreichen Besuchen in europäischen Hauptstädten, oder auf das Verständnis zu stoßen, das mir bei meinen Konsultationen in Tokio trotz aller höflichen Förmlichkeiten von den Japanern entgegengebracht worden war – denn sie wußten, daß wir gemeinsame Ziele verfolgten. Während der vergangenen vier Jahre hatte ich mich so gründlich wie irgend möglich über die Nordvietnamesen informiert und versucht, mir ein zutreffendes Bild von ihrem Charakter zu machen. Sie erschienen zugleich egozentrisch und aggressiv, unerhört tapfer und unglaublich hochmütig. Welches ist die Mischung von Eigenschaften, die ein Volk befähigten, über seine Nachbarn zu herrschen, die etwa die gleichen Eigenschaften haben und über die gleichen Voraussetzungen verfügen? Wodurch hatte Rom seine Vorrangstellung unter den italienischen Stadtstaaten errungen, was hatte Preußen die Vorherrschaft in Deutschland oder Großbritannien den Vorrang in Europa verschafft? Ohne Zweifel haben hier zahlreiche physische Faktoren eine Rolle gespielt. Aber materielle Elemente brauchen den Anstoß durch immaterielle Kräfte, durch Selbstvertrauen und Hingabe. Über solche Fähigkeiten verfügte Hanoi in reichem Maße – zu unserem Unglück.

Die Vietnamesen hatten jahrhundertelang unter chinesischer Herrschaft gelebt, ohne ihre kulturelle Identität zu verlieren – eine geradezu unerhörte Leistung. Sie hatten die französische Besetzung überdauert und waren während dieser ganzen Zeit überzeugt gewesen, daß es ihre Aufgabe sei, das Erbe des französischen Imperiums in Indochina anzutreten. Es fehlte ihnen die Humanität ihrer laotischen Nachbarn, sie verfügten nicht über die Anmut und den Charme der Kambodschaner; sie wollten die Vorherrschaft nicht durch anziehende Eigenschaften gewinnen, sondern durch unbeugsame Entschlossenheit. So waren sie in erster Linie auf sich selbst bezogen, nahmen auf physische Schwierigkeiten keine Rücksicht und rechneten nicht mit Wahrscheinlichkeiten, die im Normalfall beachtet werden müssen, wenn Machtkämpfe ausgetragen werden. Und weil zu jeder Zeit mehr Vietnamesen bereit waren, für ihr Land zu sterben, als wir bei unseren Freunden voraussetzen konnten, wurde ihr Nationalismus zur Geißel für jeden, den sie angriffen, auch für ihre Nachbarn.

Unbesiegbares Selbstvertrauen und Verachtung alles Fremden waren bei den Vietnamesen mehr als eine Leidenschaft. Dieser Hochmut ermöglichte es ihnen, andere Völker – sogar die wenigen, die sie unterstützten – mit kühler Überlegenheit zu manipulieren. Weil sie es so wollten, wurde ihre Hauptstadt während eines Zeitraums von mehr als zehn Jahren Mittelpunkt internationaler Besorgnis. Was wir für unverschämte Unaufrichtigkeit hielten, war für sie die ihrem Verständnis entsprechende Definition der Wahrheit; was den politischen Zielen Hanois diente, war für sie eine historische Notwendigkeit. Wie ein Chirurg mit dem Skalpell sezierte Hanoi die Psyche der Amerikaner und suchte nach schwachen Stellen. Dabei legte es den Finger auf unser nationales Schuldgefühl, unser Bestreben, endgültige Antworten zu finden, unseren Idealismus und beurteilte mit der gleichen kühlen Distanziertheit die Wertvorstellungen seiner Sympathisanten, die es ebenso zu täuschen suchte wie seine Feinde. Unser Unglück war es gewesen, an diese politischen Führer und ihre Zwangsvorstellungen zu geraten.

Unser indonesischer Alptraum würde vorübergehen; die Nachbarn Hanois waren jedoch in einer weniger glücklichen Lage. Die Nähe Nordvietnams verurteilte sie dazu, dem permanenten Schrecken ausgesetzt zu sein. Wir konnten angesichts des bevorstehenden Kriegsendes aufatmen, sie aber wußten, daß es mit ihrer Freiheit zu Ende sein würde, wenn wir den Frieden mit dem Abzug unserer Truppen besiegelten. Während man sich in Washington freudigen Erwartungen hingab, wurde die Unruhe derer, die sich auf uns verlassen hatten, immer größer, je näher unsere Mission den Grenzen jenes unversöhnlichen Landes kamen, das seine Aggressionen unter der Maske des Opfers durchführte.

Ein Besuch in Bangkok

In dem großen Bogen, der sich vom Mittelmeerraum über den Nahen Osten zur Küste des Indischen Ozeans, durch den indischen Subkontinent und über ganz Südostasien erstreckt, ist es nur Thailand gelungen, im neunzehnten Jahrhundert nicht als Kolonie besetzt zu werden, und zwar, weil es verstand, die konkurrierenden Kolonialmächte vorsichtig und unmerklich zu manipulieren. Die geographische Lage des Landes zwischen den kolonialen Interessensphären Frankreichs und Großbritanniens machte es allerdings zu einem natürlichen Pufferstaat zwischen den europäischen Kolonialreichen. Doch eine solche Lage hatte in den meisten Fällen dazu geführt, daß ein solches Gebiet aufgeteilt wurde, nicht aber zu dessen Unabhängigkeit.

Und doch lassen sich solche Möglichkeiten niemals automatisch realisieren. Thailand war unabhängig geblieben, weil seine politischen Führer die geographische Lage des Landes geschickt ausnutzten, um angesichts der Rivalitäten zwischen physisch stärkeren Staaten die relative eigene Selbständigkeit zu gewinnen; weil es eine kulturelle Identität besaß, die gegenüber allen Subversionsversuchen der Nachbarländer relativ immun war, und vor allem, weil es in seiner Politik die Elastizität eines Bambusschößlings, aber auch dessen Härte zeigte.

Im Zweiten Weltkrieg hat Thailand sich auf die Seite von Japan gestellt, als Japan durch seine Eroberungen die Vormachtstellung in Südostasien errang; als die Niederlage Japans unabwendbar geworden war, wechselte Thailand auf die Seite der Alliierten über. Es vollzog diesen Frontwechsel mit solcher Selbstverständlichkeit und Eleganz, daß man darin nicht Verrat, sondern den natürlichen Entschluß eines selbstbewußten Nationalismus sehen mußte. Thailand hatte augenscheinlich einen unerschöpflichen Vorrat an politischen Führern, die dazu befähigt waren, ihrer Politik diejenige Nuance zu verleihen, die sie unter den gegebenen Umständen brauchten. Wenn sich die Lage änderte, trat der jeweilige Führer von der politischen Bühne ab (aber ohne dabei seine Ehre zu verlieren). In jeder Situation fand sich die richtige Persönlichkeit, und sie alle haben es als ihre Aufgabe angesehen, die Unabhängigkeit Thailands zu bewahren. Mein Freund Lee Kuan Yew, der hochintelligente Premierminister von Singapur, wiederholte oft, daß wir achtgeben müßten, wenn die mit uns befreundete Führung in Thailand abgelöst würde, denn dann müßten wir trotz aller offiziellen Dementis mit einem grundsätzlichen Wandel der thailändischen Politik rechnen.

Doch während Thailand in seinem Verhalten gegenüber entfernten Mächten flexibel bleiben konnte, war sein Spielraum für Manöver gegenüber Angreifern an der eigenen Grenze geringer. Die thailändischen Politiker sind niemals von der Überzeugung abgewichen, daß es notwendig sei, sich der Eroberung Indochinas durch Hanoi zu widersetzen, denn darin läge für das Überleben Thailands eine tödliche Bedrohung. Fanatische Sympathisanten Nordvietnams in fernen Ländern mochten glauben, daß die herrschenden Politiker in Hanoi die unschuldigen Opfer einer ausländischen Aggression seien und sich gegenüber ihren Nachbarn friedlich verhalten würden, sobald der Vietnam-Konflikt beigelegt war. Die Führung in Thailand hatte diese Illusionen nicht; ihr Land hatte nicht deswegen überlebt, weil es sich von Wunschdenken hatte leiten lassen. Sie war sich darüber klar, daß ein Sieg Hanois über Südvietnam automatisch zur kommunistischen Vorherrschaft in Kambodscha und Laos führen würde. Dadurch mußte sich der Druck auf Thailand, besonders auf die Nordost-Provinz, verstärken, die Thailand erst im vergangenen Jahrhundert hinzugewonnen hatte und wo die kulturellen Beziehungen zu Laos noch eng waren. Thailand wollte sich nicht allein der Stärke, Disziplin und Entschlossenheit Nordvietnams entgegenstellen. Es hatte sich zwar niemals unnötigen Risiken ausgesetzt, erlaubte es jedoch 1962 dem amerikanischen Präsidenten John F. Kennedy, einen Verband Marine-Infanterie als Gegengewicht gegen den nordvietnamesischen Druck auf Laos ins Land zu schicken. Thailändische Soldaten haben Schulter an Schulter mit uns in Vietnam gekämpft. Von 1966 an hat Thailand uns für den Vietnam-Krieg Luftbasen zur Verfügung gestellt. Es schickte Freiwillige (und gelegentlich sogar reguläre Streitkräfte) zur Unterstützung der neutralistischen Regierung nach Laos, sobald die Nordvietnamesen und der Pathet Lao dem Mekong zu nahe kamen, der die Grenze zwischen Laos und Thailand bildete.

Die politischen Führer Bangkoks haben – gemäß der thailändischen Tradition, nach der man sich auf ein fernes, aber starkes Land stützt, um einer nahe gelegenen Gefahr zu begegnen – so verhalten, weil sie sich nicht vorstellen konnten, daß die Vereinigten Staaten sich einen verlorenen Krieg leisten könnten. Unsere zunehmend schärfer werdenden innenpolitischen Auseinandersetzungen um eine für sie deutlich erkennbare Bedrohung verwirrte sie. Zunächst taten sie diese Entwicklungen als das unerklärliche Manöver unvernünftiger Ausländer ab. Aber als die Pentagon-Papiere der ganzen Welt ihre sorgfältig abgewogene Teilnahme am Krieg in Indochina offenbarten, entwickelten die vorsichtigen Politiker in Bangkok ernste Zweifel, die auch ihr Verhalten unmerklich beeinflußten.

Man kann nicht behaupten, daß die Führung Thailands die Pariser Vereinbarungen begeistert begrüßt hat. Die Thailänder konnten nicht ganz verstehen, weshalb eine Großmacht auf einen Kompromiß mit einem kleinen Tyrannen eingegangen war, der schließlich nur regionale Bedeutung hatte. Sie setzten sich für alles ein, was die weitere Unabhängigkeit Südvietnams und die Neutralität von Laos und Kambodscha an der thailändischen Grenze zu garantieren schien. Aber sie kannten die Nordvietnamesen aus Erfahrung zu gut und standen der Lernfähigkeit des Menschen zu skeptisch gegenüber, um eine zeitweilige und, wie man hoffte, möglichst lange andauernde Schwäche Hanois mit einem Sinneswandel zu verwechseln. Die Thailänder waren davon überzeugt, daß Hanoi über kurz oder lang wieder nach der Hegemonie streben werde, und wollten es daher von den Grenzen ihres Königreichs ablenken. Für sie hing alles davon ab, ob die Vereinigten Staaten zur Aufrechterhaltung des Gleichgewichts der Kräfte in Indochina beitragen würden, dessen Störung unsere Interventionen ausgelöst hatten.

So überraschte es mich nicht, als ich in Bangkok auf ernste Bedenken stieß. Premierminister Feldmarschall Thanom Kittikachorn verstand es, seine berechnende Intelligenz im besten Thai-Stil hinter einem sanften und gewichtigen Äußeren zu verbergen. Damit gewann er Zeit zum Überlegen und für die Abwehr unüberlegter und zu hoher Forderungen, mit denen er bei den Amerikanern rechnen zu müssen glaubte. Er verließ sich ganz auf die Vereinigten Staaten. Als der Kongreß im Juni 1973 alle weiteren amerikanischen militärischen Operationen in und um Indochina durch ein Gesetz verbot, versteckte sich Thanom hinter einer jener anonymen Maßnahmen, durch welche die Thailänder signalisieren, daß sie sich einer neuen Lage angepaßt haben.

Als ich am 9. Februar 1973 mit Thanom zusammentraf, verhielt er sich nicht so, als sei der Ausgang vorherbestimmt. Er verfolgte immer noch die Strategie des vergangenen Jahrzehnts und wollte vor allem zwei Fragen beantwortet wissen: Wie würden wir auf eine Verletzung der Vereinbarungen durch die Nordvietnamesen reagieren? Und wie starke militärische Verbände würden wir in Südostasien, besonders in Thailand, lassen, um zur Aufrechterhaltung des Gleichgewichts der Kräfte in diesem Gebiet beizutragen? Ich erklärte, daß wir die Bestrebungen Hanois ganz kaltblütig beurteilten und massive Verletzungen der Vereinbarungen durch Nordvietnam keinesfalls hinnehmen würden. Andererseits hoffte ich, bei meinem Besuch in Hanoi die Bereitschaft der Nordvietnamesen zur friedlichen Zusammenarbeit fördern zu können.

Was nun die militärische Präsenz der Vereinigten Staaten in Südostasien betraf, so war ich mir in dieser Frage nicht ganz sicher, weil sehr viel von der innenpolitischen Situation in den Vereinigten Staaten abhing. Deshalb versuchte ich, die Antwort zu verschleiern. Ich sagte, daß nach Abschluß des Waffenstillstands und entsprechend unserer innenpolitischen Situation einige Verbände abgezogen würden. Wir würden jedoch starke Kräfte in diesem Gebiet zurücklassen, denn sonst müßte Hanoi eine Aufforderung zum Angriff erkennen. Es gibt, glaube ich, für solche allgemein gehaltenen Aussagen keine Alternative, wenn man vor theoretischen Schwierigkeiten steht, die sich nur in der Praxis lösen lassen. Und zum Entsetzen der Völker Südostasiens waren die thailändischen Befürchtungen besser begründet als meine Versicherungen, durch die ich sie zu beruhigen versuchte.

Das Dilemma in Kambodscha

Es besteht kein Zweifel daran, daß Kambodscha das verlassene Waisenkind des Friedensschlusses in Vietnam gewesen ist. Die im Hinblick auf dieses Land getroffenen Vereinbarungen waren die am wenigsten bindenden, und die kambodschanischen Kommunisten waren die fanatischsten und unversöhnlichsten. Die nichtkommunistischen Kambodschaner haben, obwohl sie allgemein als passiv und friedfertig gelten, von allen indochinesischen Völkern vielleicht am heldenhaftesten gekämpft und dabei am wenigsten Hilfe von außen erhalten.

1973 hoffte ich immer noch, daß wir den Krieg beenden könnten, ohne unsere Verbündeten im Stich zu lassen, und war entschlossen, noch einmal zu versuchen, einen Waffenstillstand für Kambodscha auszuhandeln. Zur Vorbereitung meiner Gespräche in Hanoi und Peking traf ich mich in Bangkok mit unserem Botschafter in Kambodscha, Emory C. (Coby) Swank. Mein Besuch in Phnom Penh war nicht vorgesehen, denn hier sollte Vizepräsident Spiro T. Agnew ebenso Station machen wie in Saigon. Das Prestige des Vizepräsidenten sollte die südvietnamesische Regierung und den Präsidenten Thieu geneigter machen, die Pariser Vereinbarungen zu unterzeichnen. Angesichts des unversöhnlichen Hasses, mit dem Thieu mich verfolgte, hätte ich in Saigon ohnedies nichts bewirken können. Andererseits konnte ich nicht die beiden anderen Hauptstädte Indochinas besuchen und Saigon auslassen. So mußte ich auf die Reise nach Phnom Penh verzichten und in Bangkok über die Zukunft Kambodschas sprechen – was offenbar ein böses Vorzeichen war.

Botschafter Swank war im Hinblick auf Indochina alles andere als ein Falke, befolgte mit Überzeugung und allen ihm zur Verfügung stehenden Mitteln die vom Kongreß verfügten Einschränkungen und war dabei nicht frustriert wie ich, als ich zusehen mußte, wie an dieses mutige Volk der Würgegriff angelegt wurde. Wir hatten unsere Meinungsverschiedenheiten, wie dies unter vernünftigen und ernst zu nehmenden Persönlichkeiten normal ist, aber ich achtete seine Fachkenntnisse, seine Ehrlichkeit und seine Tüchtigkeit. Swank glaubte zwar nicht an eine militärische Lösung, täuschte sich aber auch nicht über den Charakter unserer Feinde. Er war überzeugt, daß die Roten Khmer den totalen Sieg erringen wollten, und zwar ohne Rücksicht auf die Pariser Vereinbarungen oder den von Lon Nol einseitig erklärten Waffenstillstand. Und darin wurden sie von Hanoi unterstützt. Eine zweiundvierzigtausend Mann starke nordvietnamesische Armee befand sich nach seinen Angaben noch in Kambodscha – eine eindeutige Verletzung des Artikels 20 der Pariser Vereinbarungen.[3] Die überwältigende Mehrheit dieser Truppen (fünfunddreißigtausend Mann) waren im Rahmen des Versorgungssystems von Hanoi für Südvietnam eingesetzt, und dieser Truppeneinsatz wiederum verletzte die Bestimmungen, die sich gegen die Aufrechterhaltung von Truppenbasen und die Infiltration in den indochinesischen Ländern richtete. Die Hälfte der im Lande stehenden siebentausend Mann starken Kampftruppen unterstützten und versorgten die Roten Khmer.[4] Im Gegensatz dazu befand sich in Kambodscha militärisches und ziviles amerikanisches Hilfspersonal in Stärke von weniger als zweihundert Mann, und dieses Personal mußte sehr scharfe, vom Kongreß erlassene einschränkende Bestimmungen beachten (über die wir im einzelnen im achten Kapitel sprechen werden). Es gab keinerlei Anzeichen für einen nordvietnamesischen Truppenabzug; vielleicht war es noch zu früh, aber wenn sich die Lage nicht änderte, dann stellte dies die schwerste Verletzung der Vereinbarungen durch Hanoi dar.

Was nun den ehemaligen neutralistischen kambodschanischen Führer, Prinz Norodon Sihanouk, betraf, der in Peking im Exil lebte, so glaubte Swank, daß er jede Bedeutung verloren und keine Gefolgschaft mehr in Phnom Penh habe und daß sowohl die Kommunisten als auch die führenden Politiker in der Regierung ihm mißtrauten. Swank drückte die Hoffnung aus, daß man ihm erlauben werde, Lon Nol zu sagen, weder ich noch einer meiner Mitarbeiter würden während meines bevorstehenden Besuches in Peking etwas mit Sihanouk zu tun haben.

Wie wir sehen werden, nahm Swank damit eine etwas härtere Haltung gegenüber Sihanouk ein als ich, was angesichts der Umstände, unter denen Swank in Phnom Penh agieren mußte, und unter der Berücksichtigung der Leidenschaften, von denen die politischen Gruppierungen in Kambodscha ergriffen waren, verständlich war. Swank sagte mir, daß Lon Nol bereit sei, mit jedem außer Sihanouk zu verhandeln; mit Hanoi, mit den Roten Khmer oder mit Peking. Die Haltung Sihanouks gegenüber Lon Nol war die gleiche. Beide waren eventuell bereit, abzutreten, wenn sie nur den verhaßten Gegner mit in den Abgrund ziehen konnten.

Die gewaltigen Ruinen von Angkor Wat im Nordwesten Kambodschas haben den Historikern lange Zeit Rätsel aufgegeben. Was war mit der großartigen Zivilisation ihrer Schöpfer geschehen? Weshalb ist sie spurlos untergegangen, nachdem sie eine Zeitlang die Kulturen in allen Nachbarländern in den Schatten gestellt hatte? Niemand hat bisher eine überzeugende Erklärung dafür gefunden. Ich überlegte mir, ob es möglich sei, daß die Kambodschaner gelegentlich von einem selbstmörderischen Wahnsinn befallen werden. Sihanouk und Lon Nol hatten während ihres ganzen Lebens harmonisch zusammengearbeitet und kämpften jetzt für ihre gegenseitige Vernichtung, anstatt sich um einen

Kompromiß in den im Grunde recht trivialen Meinungsverschiedenheiten zu bemühen. Es fiel ihnen leichter, ihr Land den traditionellen Feinden Kambodschas auszuliefern oder einer Gruppe wilder Fanatiker im eigenen Lande, die sie beide fürchteten und verachteten. Lon Nol war praktisch der Chef einer Regierung Sihanouk ohne den Prinzen. Vor der Absetzung Sihanouks war Lon Nol sein Premierminister und sein Verteidigungsminister gewesen. Als solcher hatte er sich der Korruption schuldig gemacht und von den nordvietnamesischen Versorgungswegen zu deren Bereitstellungsräumen profitiert. Sihanouk wiederum hatte uns aufgefordert, diese Bereitstellungsräume zu bombardieren, und die Führer der Roten Khmer in Abwesenheit zum Tode verurteilt. Aber 1973 hofierten diese beiden kambodschanischen Aristokraten die Roten Khmer, die sie haßten, und die Nordvietnamesen, die sie zu beherrschen suchten. Es ist wahrscheinlich nur selten vorgekommen, daß eine persönliche Feindschaft vernünftige Überlegungen in so verhängnisvoller Weise unmöglich gemacht hat. Beide Führer hätten ihren Konflikt überleben, eine würdige Rolle spielen und ihrem Volk einen Holocaust ersparen können, wenn sie ihren persönlichen Zwist und ihren Hochmut den dringenden Bedürfnissen der Nation untergeordnet hätten. Weil sie dazu nicht in der Lage waren, haben sie sich selbst und Kambodscha zum Untergang verurteilt.

Dieser blinde Haß stellte auch 1973 das Haupthindernis dar, das sich unseren Verhandlungen mit Sihanouk entgegenstellte. Im vergangenen November hatte ich dem stellvertretenden chinesischen Außenminister Tschiao Kuan-hua gesagt, daß wir mit den Chinesen zusammenarbeiten wollten, um den Krieg in Kambodscha so zu beenden, daß Sihanouk dabei eine wichtige Rolle spielen konnte.[5] Aber falls Sihanouk seinen traditionellen Balanceakt zwischen den verschiedenen Bewerbern um die Macht in Kambodscha fortsetzte, wollte ich auch noch einige Bewerber übrigbehalten. Solange Sihanouk selbst der nominelle Führer der einen Gruppe, der Roten Khmer, blieb, die unbedingt den totalen Sieg erringen wollte, verurteilte er sich zur Bedeutungslosigkeit, wenn der Krieg weiterging, oder zur totalen Unterwerfung, wenn die Roten Khmer ihn gewannen. Zwar verlangten wir nicht, daß Lon Nol im Amt blieb, aber es lag im eigenen Interesse Sihanouks, daß die von Lon Nol repräsentierten nichtkommunistischen Kräfte in irgendeiner Form überlebten. Allenfalls würde Sihanouk zu einem Strohmann werden, auf den man verzichten konnte und dessen einziger Nutzen darin bestand, die Rechtmäßigkeit einer von den Kommunisten beherrschten Regierung in Kambodscha zu bestätigen. Wenn er diese Aufgabe erledigt hatte, würde man ihn mit Sicherheit fallenlassen (und das ist dann auch wirklich geschehen).

Auch im Hinblick auf die Nützlichkeit militärischer Operationen mit dem Ziel, zu einem Waffenstillstand zu gelangen, den wir beide für unbedingt notwendig hielten, hatten Swank und ich geringe Meinungsverschiedenheiten. Swank glaubte, ein Waffenstillstand ließe sich eher erreichen, wenn der militärische Druck der Vereinigten Staaten so gering wie möglich gehalten würde. Ich war bereit, diese Hypothese zu prüfen, aber wenn sie sich als falsch erwies, dann wollte ich unbedingt militärischen Druck ausüben. Die Erfahrung hatte mich gelehrt, daß wir bei einer Konfrontation mit den indochinesischen Kommunisten nur dann aus der Sackgasse herauskommen würden, wenn für sie die Alternative noch unangenehmer war. Doch bis jetzt war dies nur ein theoretisches Argument. Lon Nol hatte eben erst die einseitige Feuereinstellung erklärt. Die Roten Khmer hatten den Waffenstillstand abgelehnt, aber sowohl Swank als auch ich hofften immer noch, dies wäre nicht ihr letztes Wort. Wir waren so optimistisch, zu glauben, daß noch nicht alle Möglichkeiten einer Lösung für Kambodscha erschöpft seien.

Ebenso wie Lon Nol gab Swank Verhandlungen durch Hanoi den Vorzug. Ich hatte meine Zweifel und hielt Peking für den besser geeigneten Vermittler. Für die nächste Zukunft mochte die Methode Lon Nols die besseren Aussichten haben, aber strategisch würde sich so weniger erreichen lassen. Hanoi wollte Kambodscha zum Satelliten Nordvietnams machen. Die Nordvietnamesen wollten Kambodscha beherrschen, die Versorgungswege im Süden öffnen und Südvietnam dadurch demoralisieren, indem sie den Eindruck erweckten, daß die Vorherrschaft Nordvietnams in Indochina auf die Dauer unvermeidbar sei. China andererseits war vor allem an einem unabhängigen Kambodscha interessiert. Peking wollte Phnom Penh nicht als Satelliten Hanois sehen. Es gab unabhängigen Staaten in Südostasien den Vorzug, nicht einer Region, die von Nordvietnam beherrscht wurde, dem von Moskau abhängigen historischen Gegner Chinas. Das entsprach auch unseren Interessen. Außerdem war diese Konstellation entscheidend wichtig für das Überleben Südvietnams. Ich wollte deshalb über Peking verhandeln (und das beinhaltete auch eine politische Rolle für Sihanouk, der seine Basis in Peking eingerichtet hatte). Es war jedoch nicht notwendig, sofort eine Entscheidung zu fällen. Während meiner bevorstehenden Gespräche in Hanoi und Peking würde ich feststellen können, was möglich war.

Ein Besuch in Vientiane

Schon seit Jahren hatte ich die aus Vientiane kommenden Berichte über die dortigen Kämpfe gelesen, und, wie es so oft geschieht, hatte sich in meiner Vorstellung eine Beziehung zwischen der Bedeutung der Ereignisse und der Größe des Ortes gebildet; der Begriff »Vientiane« weckte Bilder von einer lebendigen Metropole im Belagerungszustand. In Wirklichkeit ist Vientiane eine stille, staubige, heiße Provinzstadt, die von sanften, friedlichen Menschen bewohnt wird. Der Lebensrhythmus ist gelassen, die Atmosphäre versöhnlich; Laos hat keinen sehnlicheren Wunsch, als alleingelassen zu werden. Doch gerade diesen Wunsch wollte ihm sein unbarmherziger nordvietnamesischer Nachbar nicht erfüllen.

Die Hauptstadt von Laos, Vientiane, liegt an den Ufern des Mekong-Flusses, der die Grenze zu Thailand bildet. Es kommt nur selten vor, daß eine Hauptstadt am äußersten Rand des Territoriums eines Landes liegt und die Stadtgrenze auch die Grenze zu einem anderen

Land bildet. Man gewann den Eindruck, als ob die Laoten aus Furcht vor ihren nordvietnamesischen Nachbarn so weit wie möglich vor deren bedrohlichem Schatten ausgewichen seien und die unmittelbare Anlehnung an Thailand eine Garantie für das Überleben von Laos sei.

Seit Ende der fünfziger Jahre war Laos das Opfer seiner geographischen Lage gewesen. Die entmilitarisierte Zone (DMZ) am 17. Breitengrad in Vietnam verhinderte die massive direkte Infiltration Nordvietnams nach Südvietnam ohne flagrante Verletzung der Genfer Vereinbarungen von 1954. Nach der gewundenen Logik der Nordvietnamesen war die Umgehung der entmilitarisierten Zone durch das Territorium eines anderen Landes augenscheinlich legitimer, obwohl die Neutralität von Laos in den gleichen Vereinbarungen feierlich garantiert worden war. Nun hatte man durch den Dschungel in der Südhälfte von Laos den Ho-Tschi-Minh-Pfad geschlagen, der in Wirklichkeit aus einem ganzen Netz von Verkehrswegen bestand. Ebenso wie in Kambodscha eignete sich Hanoi hier ganz einfach das Territorium eines Nachbarn an und vertrieb die örtliche Bevölkerung. Und ebenso wie in Kambodscha wurden die Amerikaner, die Laos bei der Bewahrung seiner Unabhängigkeit helfen wollten, beschuldigt, einen Krieg, der durch eine unrechtmäßige nordvietnamesische Besetzung dorthin getragen worden war, auf ein friedliches Land »auszudehnen«. Doch den Nordvietnamesen genügte die Besetzung der südlichen Hälfte von Laos noch nicht: 1961 bewaffneten sie eine kommunistische Gruppe, die Pathet Lao in der Nordostecke des Landes, und marschierten selbst mit einer sechstausend Mann starken Kampftruppe ein.

Während Hanoi sich unaufhörlich um die Vorherrschaft bemühte, blieb die Politik Amerikas ambivalent. In den fünfziger Jahren unterstützten die Vereinigten Staaten entsprechend der damals herrschenden antikommunistischen Stimmung eine prowestliche Regierung in Vientiane, die angeblich das ganze Territorium kontrollierte. Währenddessen erprobte Hanoi seine im Laufe der Zeit zum Stereotyp werdende Taktik und drängte Laos zur Bildung einer Koalitionsregierung unter dem Neutralisten Prinz Souvanna Phouma – der in Wirklichkeit ein überzeugter Nationalist war. Die Kennedy-Regierung akzeptierte diese Formel, obwohl es dadurch notwendig wurde, Marine-Infanterie nach Thailand zu schicken, um 1962 eine Besetzung von ganz Laos durch Hanoi zu verhindern. Hanoi behandelte diese Vereinbarungen mit charakteristischem Zynismus und stellte damit den Weltrekord in der Nichtbeachtung schriftlicher Vereinbarungen auf.

Auf der Genfer Konferenz von 1962 erhielt Laos den neutralistischen Premierminister und die neutralistische Regierung, die Hanoi für dieses Land gefordert hatte; alle ausländischen Truppen sollten über internationale Kontrollpunkte abgezogen werden. Doch weder diese Bestimmungen noch die Tatsache, daß sogar die Sowjetunion und die Volksrepublik China Souvanna Phouma anerkannten, konnten Hanoi davon abhalten, sich die beiden Nordostprovinzen zu nehmen und die Kontrolle dieses Gebiets seinen kommunistischen Handlangern, dem Pathet Lao, zu überlassen. Das Gebiet, durch das der Ho-Tschi-Minh-Pfad führte, blieb jedoch von nordvietnamesischen Streitkräften besetzt. Was nun den Abzug ausländischer Truppen betraf, so verließen alle sechshundert amerikanischen Berater das Land auf dem Wege über die internationalen Kontrollpunkte. Von den sechstausend Nordvietnamesen ließen sich genau vierzig (ja, vierzig) repatriieren. Das ist höchstwahrscheinlich die routinemäßige Austauschquote gewesen, oder es handelte sich um Offiziere, die einen Erholungsurlaub in Hanoi brauchten. Die Nordvietnamesen unternahmen nicht einmal den Versuch, so zu tun, als hielten sie sich an die Genfer Vereinbarungen, während sie vor der ganzen Welt lautstark über die Sünden der amerikanischen Intervention lamentierten. Mit jedem Jahr erhöhte sich die Zahl der auf laotischem Boden stationierten Nordvietnamesen. 1973 standen sechzigtausend nordvietnamesische Soldaten in Laos, die das gesamte an Vietnam grenzende Gebiet besetzt hielten.

Es überrascht daher nicht, daß Premierminister Souvanna Phouma und seine Kollegen, die uns am 9. Februar begrüßten, die Pariser Vereinbarungen dank böser Vorahnungen mit gedämpften Hoffnungen betrachteten. Seit der Unterzeichnung der Pariser Vereinbarungen waren kaum zwei Wochen vergangen, aber schon war spürbar, daß man sich ihrer Einhaltung nicht sicher sein konnte.

Die Nordvietnamesen verachteten bürgerliche Vorstellungen von Legalität so sehr, daß sie es nicht einmal für notwendig hielten, zu heucheln und offiziell anzuerkennen, daß eine von ihnen unterschriebene Vereinbarung gewisse Verpflichtungen beinhaltete. Le Duc Tho hatte mir in Paris eine schriftliche Erklärung übergeben, nach der fünfzehn Tage nach Unterzeichnung der offiziellen Vereinbarungen ein Waffenstillstand in Laos beginnen sollte. Diese Frist war verstrichen, aber nichts deutete darauf hin, daß die Zusage erfüllt werden sollte. Ganz unerwartet hatte Hanoi den Waffenstillstand vom Abschluß einer *politischen* Vereinbarung abhängig gemacht, ohne dafür auch nur die geringste legale Rechtfertigung zu haben, und im klaren Widerspruch zu Le Duc Thos schriftlicher Erklärung. Dann leistete sich Hanoi einen weiteren für die Nordvietnamesen so typischen Zynismus. Es behandelte Souvanna Phouma jetzt nicht mehr als Führer der neutralistischen Partei, sondern entdeckte plötzlich eine neue »neutralistische« Gruppe, von der sogar seine engsten Freunde bis dahin nichts gehört hatten. Die Handlanger der Nordvietnamesen erklärten außerdem kategorisch, sie würden kein Dokument unterzeichnen, das die amerikanische Intervention nicht verurteilte. Auf diese Weise bestätigten sie die entstellende Interpretation Hanois, daß der Konflikt mit Inkrafttreten des legalen Instruments beendet sei und die Vereinigten Staaten deshalb nicht mehr das Recht hätten, die Einhaltung der Vereinbarungen mit militärischen Mitteln zu erzwingen.

Souvanna Phouma war entschlossen, solche Bedingungen nicht zu akzeptieren. Er hatte hartnäckig für die Unabhängigkeit des Landes gekämpft. In seiner verzweifelten Lage war er zwar bereit, sich von den Vereinigten Staaten und Thailand helfen zu lassen, aber sein dringendster Wunsch war es, daß Laos kein Zankapfel der internationalen Politik mehr wäre. Liebenswürdig und ungewöhnlich höflich verkörperte er die Tugenden eines Volkes, das seinen Beitrag zur Geschichte der

Menschheit mehr durch die Grazie seiner Lebensart als durch kriegerische Qualitäten geleistet hatte. Auch hätte Laos eine Konfrontation mit einem Gegner niemals bestehen können, der an Köpfen siebenmal so zahlreich war. Täglich den militärischen und politischen Erpressungen Hanois ausgesetzt, bildete das Land keine Ausnahme von der Regel, daß keine Nation, die es unmittelbar mit Hanoi zu tun hatte, sich Illusionen machte wie so viele in unserer Friedensbewegung, die Nordvietnam für eine friedliche nationalistische Macht und das Opfer eines sinnlosen und willkürlichen amerikanischen Drucks ansahen.

Souvanna war bereit, seinen riskanten und komplizierten Balanceakt fortzusetzen und weiter an Friedensverhandlungen teilzunehmen. Er wollte auch das Risiko eingehen, über neue Bedingungen zu verhandeln. Darüber hat er sich niemals beschwert oder beklagt. Von uns erwartete er nur, daß wir das Gewicht des amerikanischen Einflusses nicht von der Waagschale nahmen.

Am Abend des 9. Februar gab er ein Essen für die amerikanischen Gäste in seiner einfachen Villa am Stadtrand von Vientiane. Sie sah aus wie die Residenz eines französischen Staatsbeamten, ohne den Luxus, den man in einem Präsidentenpalais erwartet. Gegen Ende der Mahlzeit erhob sich Souvanna und brachte einen beredten und bewegenden Trinkspruch aus, eine Zusammenfassung der Hoffnungen und Befürchtungen aller Indochinesen, die in Ruhe gelassen werden wollten und von uns Unterstützung erwarteten:

> Dr. Kissinger und meine Freunde, wir heißen Sie zu dieser kritischen Zeit in unserer Geschichte in Laos willkommen. Das Überleben von Laos hängt von Ihnen ab. Aber Sie haben breite Schultern. Wir sind überzeugt: Sie werden unseren Nachbarn verständlich machen, daß wir nur den Frieden wollen. Wir sind ein sehr kleines Land; wir stellen für niemanden eine Gefahr dar. Wir verlassen uns darauf, daß Sie ihnen begreiflich machen, daß das laotische Volk nach seiner Tradition und nach seiner Religion ein friedliches Volk ist. Wir wollen nur unsere Souveränität und Unabhängigkeit bewahren. Wir fordern unsere Nachbarn auf, uns auf diesem Fleckchen Erde, das uns von unserem altehrwürdigen Königreich übriggeblieben ist, in Frieden leben zu lassen. In unserem alten Königreich lebten siebzehn Millionen Menschen; heute sind es nur noch drei Millionen.
>
> Wenn die Nordvietnamesen unter Druck gehalten werden, werden sie verstehen, daß eine Verletzung der Vereinbarungen ein Risiko für sie bedeutet, und werden vielleicht die Vereinbarungen respektieren. Laos muß in Frieden leben. Die Vereinigten Staaten können nicht wünschen, daß seine Bemühungen mit der Vorherrschaft Nordvietnams in Indochina enden. Das war das Bestreben Ho Tschi Minhs, der als Beherrscher von Indochina an die Stelle der Franzosen treten wollte . . .
>
> Wir müssen daher darauf vertrauen, daß unsere großen Freunde, die Amerikaner, uns helfen, zu überleben. Wir hoffen und träumen, daß dieser Wunsch in Erfüllung geht.

Wie rührend die Erwartung, daß ein Land, von Vientiane so weit entfernt, wie es auf diesem Globus nur möglich ist, dem nächsten Nachbarn von Laos dessen friedliche Absichten verständlich machen könnte, denn angesichts der Haltung dieses Nachbarn würde dessen Aggressivität sich nur noch steigern, wenn wir auf die Dauer die Freiheit eines so weit entfernten Volkes zu verteidigen beabsichtigten.

Vielleicht lag es daran, daß die Rede von Souvanna mir deutlicher zeigte, als es in einer offiziellen Verhandlung zum Ausdruck kommen konnte, auf wie schwachen Füßen diese Hoffnungen standen und welcher Art unsere Verantwortlichkeiten waren, daß ich mit meiner Antwort an die Würde meines Gastgebers nicht heranreichen konnte. Meine Worte waren vielleicht zu sehr auf uns selbst bezogen, als könnten pedantische Versicherungen eine geradezu geistige Bedrängnis erleichtern – wenngleich ich mich durchaus mit dem Thema beschäftigte, das meine laotischen Gastgeber am meisten interessierte:

> Eure Hoheit, diese bewegenden Worte, die Sie gesprochen haben, finden meine volle Zustimmung. Sie haben mir eine schwere Verantwortung auferlegt. Ich habe die Ehre gehabt, vier Jahre in meiner gegenwärtigen Stellung zu dienen, und große Schwierigkeiten liegen hinter uns. Wir haben diese lange Reise nicht unternommen, um am Beginn einer neuen Amtsperiode unsere Freunde zu verraten – nach einem Wahlkampf, in dem es gerade um die Frage ging, ob die Vereinigten Staaten auch weiterhin zu ihrer Überzeugung stehen würden.

Am folgenden Morgen vor dem Abflug nach Hanoi verlangte ich in einer öffentlichen Ansprache die strikte Einhaltung der Pariser Vereinbarungen und einen baldigen Waffenstillstand in Laos.

Jetzt, da ich dies schreibe, befindet sich Laos unter kommunistischer Herrschaft. Mehr als vierzigtausend vietnamesische Soldaten halten das Land besetzt. Souvanna steht unter Hausarrest. Zwischen zehntausend und dreißigtausend politische Gefangene werden zur »Umerziehung« in Arbeitslagern festgehalten. Der Stamm der Hmong (Meo), dessen Angehörige mit unserer Hilfe gegen die Nordvietnamesen gekämpft hatten, wird systematisch ausgerottet, in einigen Fällen sogar mit Giftgas. Hunderttausende Laoten sind, von Angst und Schrecken gepeinigt, nach Thailand geflohen.

Alles, was seit 1973 geschehen ist, hat mich in der Überzeugung bestärkt, daß die Vereinigten Staaten bei dem Versuch, die Unabhängigkeit kleiner Länder in Südostasien zu bewahren, nichts Unedles getan haben. Amerika hat keine Ursache, sich des Widerstandes gegen die Unterdrücker der Schwachen zu schämen, auch wenn wir uns schließlich Ziele gesetzt hatten, die wir nicht erreichen konnten. Aber noch heute kann ich mich nicht an die wehmütigen Worte Souvannas erinnern, ohne ein Gefühl der Scham zu empfinden, weil Amerika seine Hoffnungen auf unsere wirksame Unterstützung gegen einen unersättlichen Feind nicht erfüllen konnte.

Ein gespenstischer Besuch in Hanoi

Als ich am 10. Februar in Hanoi landete, hatte ich das Gefühl, meinen Fuß auf den Mond zu setzen. Während sich der Krieg im Laufe eines

Jahrzehnts vom Kreuzzug in einen nationalen Alptraum verwandelte, hatten die kühlen Drahtzieher in Hanoi das amerikanische Zögern und unsere Zweifel an uns selbst für ihre Zwecke ausgenutzt. Pilgerfahrten amerikanischer Kriegsgegner in dieses Mekka der revolutionären Rechtschaffenheit wurden zur Routine. Nordvietnam war es gelungen, sich als unschuldiges, friedliebendes Land darzustellen, das von brutalen, fremden Mächten bedrängt wurde. Seine Unterhändler in Paris hinterließen mit ihren Erklärungen den Eindruck, amerikanischen Regierungen läge nichts am Frieden und hätten große Möglichkeiten versäumt. Hanoi hatte begriffen, daß ein wichtiges Schlachtfeld im Bewußtsein der Amerikaner lag, und nutzten die sich ihnen hier bietenden Gelegenheiten geschickt aus. Man kann den Fanatikern, die sich in ihrer Jugend dem Kommunismus zugewendet hatten, eine gewisse Achtung nicht versagen. Sie hatten heldenhaft für ihre Überzeugung gelitten, hatten entschlossen, hingebungsvoll und tapfer zuerst gegen die Japaner, dann gegen die Franzosen und schließlich gegen die Amerikaner gekämpft und alle diese Gegner auf dem Schlachtfeld und durch eine geschickte psychologische Kriegführung erschöpft.

Wir hatten diese Fanatiker schließlich zu einem schwachen Kompromiß gezwungen, aber es gehörte mehr Gutgläubigkeit dazu, als ich aufbringen konnte, sich davon überzeugen zu lassen, daß sie sich an ihre Zusagen halten würden. Der Zweck meiner Reise nach Hanoi im Februar 1973 war es, alle Tendenzen zu fördern, die für einen friedlichen Wiederaufbau sprachen und die Fortführung des Krieges sinnlos erscheinen ließen, den Frieden zu stabilisieren, soweit dies mit dem guten Willen der Vereinigten Staaten geschehen konnte, und vor den ernsten Konsequenzen für den Fall zu warnen, daß diese Hoffnungen enttäuscht würden.

Die Boeing 707 der Luftflotte des Präsidenten landete auf dem etwa achtzig Kilometer nördlich von Hanoi gelegenen militärischen Flughafen Noi Bai. Es war ein grauer, nebliger Morgen. Das Gelände um den Flughafen war eben und unbewohnt. Überall sah man die Bombenkrater von den Angriffen unserer B-52, durch welche fast alle Gebäude und Startbahnen zerstört worden waren, wenngleich die Landebahn so weit wieder hergestellt war, daß unsere Maschine auf dem noch unebenen Boden ausrollen und halten konnte.

Le Duc Tho begrüßte mich fast herzlich. Dieser störrische, durch nichts von seinen Überzeugungen abzubringende Revolutionär und ich hatten im Verlauf der sich über fast vier Jahre hinziehenden Geheimverhandlungen in Paris eine eigenartige Beziehung zueinander entwickelt. Auf einer Ebene hat er mich zweifellos als den Vertreter einer »imperialistischen« Macht gehaßt, die Nordvietnam um sein vermeintliches Geburtsrecht betrügen wollte – um die Vorherrschaft in ganz Indochina. Als echter Leninist verachtete er die bürgerlichen Vorstellungen vom Wert des Kompromisses, die ich vertrat. Zeitweilig hatte ich mich schwarz darüber geärgert, wie er unsere öffentliche Meinung zu manipulieren und unsere Selbstachtung zu erschüttern versuchte; die Unverfrorenheit seiner Täuschungsmanöver innerhalb und außerhalb des Konferenzzimmers war manchmal empörend. Zugleich mußte ich aber Le Duc Thos Feinsinnigkeit, Scharfsinn und eiserne Selbstdisziplin bewundern. In all den Jahren, in denen er mit mir verhandelt hat, hat er nie seine Haltung verloren und niemals einen Fehler gemacht. Er ist auch immer höflich geblieben – bis auf eine Ausnahme; im Mai 1972, als es den Anschein hatte, daß der Sieg Nordvietnams kurz bevorstand, ließ er sich zu einer Unverschämtheit hinreißen.[6] Drei Jahre lang hatte er jeden Fortschritt bei den Verhandlungen blockiert. Als die Niederlagen Hanois im Jahre 1972 ihn zum Einlenken zwangen, handelte er flexibel und ohne zu zögern.

Was Le Duc Tho wirklich von mir hält, werde ich erst erfahren, wenn Hanoi ein Gesetz erlassen hat, das die freie Meinungsäußerung garantiert. Jedenfalls hat er es gegen Ende der Verhandlungen für richtig gehalten, sich nach außen hin umgänglich und höflich zu zeigen. Auf dem Militärflughafen begrüßte er mich mit freundlichem Lächeln, fast als handelte es sich um ein Treffen von Kriegsveteranen aus einem längst beendeten Krieg. Er nahm mich bei der Hand und führte mich in eine schäbige kleine Baracke mit zerbrochenen Fenstern neben der Landebahn. Bei einer Tasse Tee führten wir ein unverbindliches Gespräch. Dann bestiegen wir ein leichtes sowjetisches Transportflugzeug vom Typ An-24 und flogen in fünfundzwanzig Minuten zu dem internationalen Flughafen Gia Lam bei Hanoi, der mir aus den militärischen Lageberichten der vergangenen Jahre durchaus bekannt war. (Die B-707 konnte in Gia nicht landen, weil die Startbahnen dort nicht lang genug sind.)

Die Anlagen dort waren schwer beschädigt. Unsere Bomber vom Typ B-52 hatten die Hauptlandebahnen schwer getroffen. Es stand nur noch die vordere Fassade des Kontrollturms; durch die Fensterhöhlen konnte man den Himmel sehen. Hier wurden wir von einigen Beamten in Empfang genommen und fuhren in einem aus sowjetischen Wolga-Limousinen bestehenden Konvoi in die Stadt. Es waren die einzigen Kraftfahrzeuge, die ich während meines Besuchs zu Gesicht bekam.

Beide Flughäfen lagen nördlich des Roten Flusses. Hanoi lag auf seiner Südseite und sah aus wie eine verschlafene französische Provinzstadt. Die beiden Flußufer waren nur durch Pontonbrücken miteinander verbunden. Die Stahlkonstruktion der berühmten Paul-Doumer-Brücke über den Roten Fluß, die in den Kriegsberichten so oft als Beweis dafür erwähnt worden war, daß unsere Luftangriffe wirkungslos wären, war schließlich während der Bombenangriffe zu Weihnachten zerstört worden.

Das Gelände nördlich des Flusses war mit Bombenkratern übersät und sah aus wie eine Mondlandschaft. Als wir jedoch in die Stadt Hanoi kamen, machte alles einen durchaus friedlichen Eindruck. Man konnte sofort erkennen (und dieser Eindruck wurde einige Wochen später von überraschten Journalisten bestätigt)[7], daß die Stadt selbst von unseren Bombenangriffen praktisch verschont geblieben war, und zwar im Gegensatz zu den Behauptungen der Gegenseite, nach denen unsere Bombenangriffe zu Weihnachten ein barbarischer Terrorakt gewesen waren. An den Straßen, die wir entlangfuhren, war das einzige beschädigte Gebäude das Haus des französischen Generaldelegierten, das einige Monate vorher während der Pariser Verhandlungen zufällig getroffen worden war – womit wir uns weder bei unseren Gesprächspartnern noch bei unseren französischen Gastgebern beliebt gemacht hatten. Wir vermißten hier aber auch das geschäftige Leben, das wir aus Saigon gewohnt waren. Ein Besucher von einem anderen Planeten wäre nie auf den Gedanken gekommen, daß beide Städte von Menschen des gleichen Volkes bewohnt waren. Auch hätte er nicht beurteilen können, aus welcher Hauptstadt die Invasionsarmeen gekommen waren, die jeden Nachbarn in Schrecken versetzt und die Aufmerksamkeit der ganzen Welt auf sich gezogen hatten – was beweist, daß Vertrauen und Disziplin und nicht nur materielle Stärke entscheidende Vorteile bieten.

Die im südfranzösischen Stil erbauten Häuser in Hanoi befanden sich in einem trostlosen Zustand. Man konnte deutlich sehen, daß nach der Erlangung der Unabhängigkeit vor fast zwanzig Jahren keine städtebaulichen Maßnahmen mehr ergriffen worden waren. Auf den breiten, von Bäumen gesäumten Straßen wimmelte es von Radfahrern. Hin und wieder sah man einen in der Sowjetunion gebauten Lastwagen, aber keine Privatautos. Die Straßen waren fast menschenleer. Die Behörden hatten es den im Laufe der vergangenen Jahre evakuierten Bewohnern noch nicht erlaubt, zurückzukehren. Die Menschen machten einen ernsten, ruhigen, distanzierten und uninteressierten Eindruck. Wie widersinnig kann sich Heroismus darstellen! Was diese bescheiden aussehenden Männer und Frauen auch veranlaßt haben mag, zu kämpfen und ihre Leiden mit solcher Geduld zu ertragen, man konnte es nicht in ihren Gesichtern lesen. Sie schienen sich kaum für unseren Kraftwagenkonvoi zu interessieren, wenngleich seine Länge ihnen gesagt haben muß, daß hier ein wichtiges Ereignis stattfand.

Auf der Fahrt durch Hanoi war auch unsere Stimmung durch einen seltsamen Gleichmut gekennzeichnet. Mein Besuch war das Ende einer langen Reise, er hatte jedoch keinen sofort erkennbaren Zweck. Seit der Zeit, zu der unsere Verhandlungen in die entscheidende Phase getreten waren, hatten Le Duc Tho und das Politbüro großes Interesse für meinen Besuch in ihrer Hauptstadt gezeigt. Der Grund dafür ließ sich nicht leicht erkennen. Es konnte nicht das Verlangen sein, auf die gleiche Stufe mit China gestellt zu werden, das Breschnew veranlaßt hatte, mich in Moskau nach meiner Geheimreise nach Peking zu empfangen. Für eine solche Haltung waren die führenden Politiker in Hanoi zu selbstbewußt. Sie wären niemals in Versuchung geraten, ihre eigene Bedeutung zu unterschätzen. Wollten sie uns jetzt in Sicherheit wiegen, bevor sie eine neue Eroberungswelle in die Wege leiteten? Das war möglich, aber es wäre eine zweischneidige Taktik gewesen. Für die Vereinigten Staaten kam es darauf an, zu demonstrieren, daß wir alles getan hatten, um eine Versöhnung herbeizuführen, bevor wir – wenn es notwendig werden sollte – die Einhaltung der Pariser Vereinbarungen mit anderen Mitteln durchzusetzen suchten. Sollte Hanoi jetzt wirklich bereit sein, das verzweifelte Ringen zu beenden, das ein Menschenleben lang gedauert hatte, um sich nun um die Befriedigung der dringenden Bedürfnisse des vietnamesischen Volkes zu bemühen? Le Duc Tho hatte das behauptet, und wir wollten uns die Richtigkeit dieser Behauptung beweisen lassen.

Unsere Alternativen waren jedenfalls klar definiert. Ich war nach Hanoi gekommen, um unter anderem zu zeigen, daß man in den Vereinigten Staaten an einer Versöhnung interessiert war – was den Nordvietnamesen jedoch gleichgültig war. Wir hofften, die politischen Führer in Hanoi davon überzeugen zu können, daß eine Wiederaufnahme der militärischen Operationen keinen Sinn habe, und wollten die strikte Einhaltung der Pariser Vereinbarungen von ihnen verlangen. Aber im tiefsten Inneren wußte ich und mußte es immer deutlicher erkennen, daß sie sich von Worten nicht beeindrucken ließen. Irgendwann würden wir auf die Probe gestellt werden. Wir würden unsere Entschlossenheit beweisen müssen. Zugleich mußte ich versuchen, angesichts zweier Unwägbarkeiten eine friedliche Entwicklung zu fördern und Anreize dafür zu geben: War Hanoi fähig, eine Neuorientierung seiner Wertmaßstäbe vorzunehmen und wirtschaftlichen Problemen eine höhere Priorität einzuräumen als in seiner ganzen bisherigen Geschichte? Und würde der Kongreß uns in unseren Bemühungen unterstützen?

Ich begriff, oder hatte vielmehr das unbestimmte Gefühl, daß ich, der Vertreter einer Großmacht, in dieser Stadt, in der alle normalen Voraussetzungen für ein modernes Leben fehlten, in seltsamer Weise im Nachteil war. Im Vordergrund des öffentlichen Bewußtseins der Vereinigten Staaten hatte während der vergangenen Jahre Vietnam gestanden, aber auf die Dauer war dieses Land für uns nur ein kleiner Fleck auf der Landkarte und ein entlegenes Gebiet, für dessen Sicherheit wir wenigstens teilweise verantwortlich waren. Andererseits war das epische Schauspiel, das die Führer in Hanoi aufführten, für sie das einzig Wichtige. Sie konnten uns unverhältnismäßig hohen Schaden zufügen, der sich durch keinen Gewinn ausgleichen lassen würde, wenn sie den Krieg wieder aufnahmen oder unseren innenpolitischen Frieden bedrohten. Etwas Positives konnten sie für uns aber nicht tun. Sie waren zu ichbezogen, um Außenpolitik im Rahmen eines internationalen Systems zu begreifen, zu arrogant, um an den guten Willen eines Verhandlungspartners zu glauben, und zu ehrgeizig, um sich bei der Verfolgung ihrer politischen Ziele zugunsten einer besseren Verständigung eine gewisse Zurückhaltung aufzuerlegen. Und so war ich mir auf der Fahrt nach Hanoi in beunruhigender Weise des Umstandes bewußt, daß ich hier im besten Fall Nachteile vermeiden und nur hoffen konnte, Vietnam werde im öffentlichen Bewußtsein des amerikanischen Volkes bald in den Hintergrund treten.

Ich wurde in einem im Stadtzentrum von Hanoi gelegenen eleganten, zweistöckigen Gästehaus untergebracht, der ehemaligen Residenz des französischen Generalgouverneurs von Tonkin. Meine Mitarbeiter bezogen größtenteils das Reunification Hotel, ein schäbiges altes Gebäude auf der anderen Straßenseite, dessen Wände mit Graffiti beschmiert waren, und zwar meist in russischer Sprache – kulturelle Hinterlassenschaft der verschiedensten sowjetischen Hilfsmissionen. Die Bedienung in dieser Unterkunft ging offenbar davon aus, daß alle Ausländer potentielle Spione wären, deren Aufenthalt sich dadurch abkürzen ließ, wenn man jedes Verlangen nach den elementarsten Bequemlichkeiten mißachtete.

Le Duc Tho begleitete mich in mein Zimmer und verabschiedete sich dann höflich, um mein erstes Zusammentreffen mit Premierminister Pham Van Dong vorzubereiten. Da uns bis dahin noch etwas Zeit blieb, beschlossen meine Mitarbeiter und ich, einen Spaziergang zu unternehmen, was dem nordvietnamesischen Protokollbeamten ebenso peinlich war wie den Angehörigen des amerikanischen Geheimdienstes, die uns zu unserem Schutz begleiteten. Doch hier erlebte ich zum ersten Mal, daß die Nordvietnamesen von ihrer sonst üblichen Vorsorge im Stich gelassen wurden. Man hatte nicht an diese Möglichkeit gedacht, und es gab deshalb auch keine entsprechenden Anweisungen. So hinderten uns die am Hoteleingang aufgestellten Wachen auch nicht daran, das Gebäude zu verlassen. Wir schlenderten Straßen entlang, auf denen kaum irgendwelche Kraftfahrzeuge verkehrten und die deshalb einen altmodischen und ruhigen Eindruck machten. Die Menschen, denen wir begegneten, gingen still ihren Beschäftigungen nach. Zwei kleine Seen bildeten das Zentrum von Hanoi. Wir gingen an ihren Ufern entlang und wurden uns dabei bewußt, daß wir die ersten amerikanischen Beamten waren, die sich hier seit zwei Jahrzehnten frei bewegen durften, während wenige hundert Meter von uns entfernt andere Amerikaner als Kriegsgefangene, noch hinter Stacheldraht, ihr grausames Los ertragen mußten.* Die Menschen, denen wir begegneten, betrachteten uns ohne sichtbare Emotionen. Ihre Haltung war weder feindlich noch freundlich. Sie behandelten uns, als seien wir irgendwelche seltsamen Mutationen, die mit ihnen nichts zu tun haben könnten. Vor einem Gebäude war eine riesige Anschlagtafel angebracht, und eine Landkarte darauf zeigte die von den Herrschern in Hanoi so bezeichneten »befreiten Gebiete« im Süden. Die Einzeichnungen begünstigten zwar ein wenig die Nordvietnamesen, waren aber nicht ganz falsch. Ich überlegte mir, wie die Menschen in Nordvietnam darauf reagierten; wenn man an die Opfer dachte, die sie im Laufe von zwanzig Jahren gebracht hatten, dann war der Gewinn nur sehr gering.

Als wir wieder bei meiner Unterkunft eintrafen, bekamen wir die Vorliebe der Nordvietnamesen für strenge bürokratische Regeln zu spüren, und unser Flirt mit dem Unerwarteten rächte sich. Am Eingang wurde jeder aufgefordert, seinen Paß zu zeigen, bevor er hineingelassen wurde. Meine Mitarbeiter hatten keine Schwierigkeiten, denn man hatte ihnen schon am Flughafen Identitätskarten übergeben. Doch zu meinem Unglück besaß ich kein solches Dokument. In einem totalitären kommunistischen Staat werden bürokratische Regeln streng befolgt; in Hanoi ist ein Abweichen von diesen Regeln unvorstellbar und löst Zwangsmaßnahmen aus. Man verweigerte mir den Zutritt. Der nordvietnamesische Posten hatte noch nie etwas von mir gehört. Das wirft vielleicht ein schlechtes Licht auf die Klatschspalten der Zeitun-

* Die Pariser Vereinbarungen vom 27. Januar sahen die schubweise Entlassung aller Kriegsgefangenen parallel zum Abzug der amerikanischen Truppen aus Südvietnam vor, und zwar innerhalb von sechzig Tagen. Die Entlassungen hatten begonnen, würden aber nicht vor dem 27. März beendet sein.

gen in Hanoi, aber auch dieser Umstand war kein Trost für mich. Ich verlieh meinem Unwillen mit der für mich so bezeichnenden Bescheidenheit und Zurückhaltung Ausdruck. Ein inzwischen herbeigerufener Offizier zögerte ebenfalls, gegen die Bestimmungen zu verstoßen. Die Verhandlungen mit der Wache dauerten zwanzig Minuten, erst durch Le Duc Thos Einschreiten wurde ich davor bewahrt, die Nacht auf der Straße zu schlafen. Einer meiner Mitarbeiter erwähnte die Angelegenheit später gegenüber einem nordvietnamesischen Protokollbeamten. Dieser entschuldigte sich nervös und erklärte, der Chef einer Delegation erhielte niemals eine Identitätskarte – in Anerkennung seines Sonderstatus! Offenbar hatte es bisher auch noch kein Delegationschef gewagt, einen Spaziergang zu unternehmen. Am Schluß wurde mir doch noch ein Ausweis ausgestellt, den ich wie meinen Augapfel hütete.

Meine Unterbringung war großzügig, aber ein wenig exzentrisch. Die Dimensionen meines Schlafzimmers waren geradezu majestätisch; es wurde durch einen Wald von Beleuchtungskörpern erhellt, die von der Decke hingen. Leider gab es für jede Lampe einen besonderen Schalter, und diese Schalter waren über das ganze Zimmer verteilt. Vor dem Zubettgehen mußte ich sie alle mit wechselndem Erfolg suchen – aber keiner war vom Bett aus erreichbar, zu dem ich schließlich in völliger Dunkelheit zurückkehrte. In das Bett hineinzukommen war auch keine einfache Aufgabe. Allabendlich fand ich es sauber aufgeschlagen vor. Mein Schlafanzug war zurechtgelegt, ein Buch, das ich gerade las (von Henry Fairlie über die Amtszeit Präsident Kennedys), lag auf dem Kopfkissen. Das einzige Hindernis war ein Moskitonetz, das man über das ganze Bett gespannt und so fest unter die Matratze gesteckt hatte, daß ich nicht hineinkommen konnte, ohne die Matratze aufzuheben und das ganze Arrangement durcheinanderzubringen. Die Folge war, daß ich von einem Mückenschwarm in mein Bett verfolgt wurde.

Im Badezimmer lief nur kochend heißes Wasser in die Wanne, es gab aber keinen Stöpsel für das Abflußrohr. Über dem Waschbecken befand sich nur eine Kaltwasserleitung. Meine Gastgeber hatten sich wirklich um meine Bequemlichkeit bemüht, aber Nordvietnam war ein kleines Land mit begrenzten technischen Möglichkeiten und trug die Lasten eines ungeheuer umfangreichen militärischen Apparates. Man durfte auch nicht vergessen, welche Anstrengungen die Vereinigten Staaten unternommen hatten, sein Wirtschaftsgefüge zu zerschlagen. Dennoch litt ich unter einem gewissen Verfolgungswahn und verdächtigte meine Gastgeber des teuflischen Versuchs, an mir ihre psychologische Kriegführung fortzusetzen – besonders da ich jeden Morgen um 5.30 Uhr geweckt wurde, weil die Bürger von Hanoi auf dem Platz vor meinem Schlafzimmerfenster zur obligatorischen Morgengymnastik zusammenkamen.

Ich hatte darum gebeten, daß man mir eine bestimmte Zeit für die Besichtigung von Kulturdenkmälern zur Verfügung stellte, wie ich das immer tat, wenn ich ein Land zum ersten Mal besuchte. Le Duc Tho begleitete mich höflich auf diesen Ausflügen. Auch er fand diese Unternehmungen belehrend, denn er hatte sich bisher noch niemals Zeit dafür genommen und kannte diese Dinge nicht. Zuerst besuchten wir das historische Museum von Hanoi, eine vor allem von den Franzosen zusammengetragene Sammlung historischer Altertümer. Das von den Nordvietnamesen neu geordnete Museum berichtete von alten Schlachten gegen die Chinesen oder gegen kleinere Nachbarn, von großen Wanderzügen und Rebellionen. Jedes Ausstellungsstück war mit einer Tafel gekennzeichnet, auf der der Ausgrabungsort angegeben wurde. Le Duc Tho fand das faszinierend, vor allem, weil die Ausgrabungsstellen ihn an in der Nähe gelegene Gefängnisse erinnerte, wo er als Guerilla-Führer von den Franzosen eingesperrt worden war. Der alte Revolutionär interessierte sich offensichtlich viel mehr für seinen Kampf zur Schaffung einer neuen Kultur als für die Erinnerungen an eine alte. Er gab mir einen detaillierten Bericht über die relativen Vor- und Nachteile der Einzelhaft in verschiedenen Gefängnissen und wenig hilfreiche Ratschläge dazu, wie ich mich am besten als vietnamesischer Bauer verkleiden könnte.

Am folgenden Tag besuchten wir eine Kunstsammlung. Ich muß gestehen, daß sie mich ziemlich enttäuscht hat. Ich gewann den Eindruck, daß dieses talentierte Volk seine Substanz in einer Geschichte unaufhörlicher Kämpfe verbraucht hatte, wobei ihm weder Zeit noch Energie übriggeblieben waren, sich mit den freundlicheren Dingen des Lebens zu beschäftigen.

Pham Van Dong

Als wir uns schließlich ernsteren Gesprächen zuwandten, befanden wir uns sehr bald in der Lage von Überlebenden einer langen Vendetta, die widerwillig zu dem Schluß gekommen sind, daß sie einander nicht vernichten können und sich deshalb um eine erträgliche Koexistenz bemühen müssen, wenn auch ohne Überzeugung oder wirkliche Hoffnung. Wir waren uns beide des Diktats der Klugheit wohl bewußt, aber keine Seite konnte die Erinnerungen an die Vergangenheit abschütteln, und die Vertreter Hanois waren nicht in der Lage, ihre leidenschaftlichen Gefühle zu unterdrücken. Alle Versuche, Freundlichkeit zu zeigen, wirkten gezwungen und erforderten eine solche Anstrengung, daß nur neue Spannungen entstanden; die geringste Meinungsverschiedenheit führte meist dazu, das dahinter stehende Mißtrauen und die grundsätzliche Ablehnung der Gegenseite deutlich werden zu lassen.

Die Mitglieder der nordvietnamesischen Verhandlungsdelegation zeigten sehr bald, daß sie die unverschämte Art nicht aufgegeben hatten, die wir schon seit Jahren nur zähneknirschend hatten ertragen können. Mein Partner bei diesen Gesprächen war Pham Van Dong, seit fast zwanzig Jahren Premierminister der Demokratischen Republik von Vietnam. Aber der Umstand, daß ich es hier mit einer neuen Persönlichkeit zu tun hatte, änderte nichts an dem mir schon vertrauten Stil der überlegenen Herablassung oder der Täuschungsversuche, die sich hinter einer Pseudomoral zu verbergen suchten.

Ich war im Januar 1967 auf Pham Van Dong aufmerksam geworden, als er Harrison Salisbury von der *New York Times* ein brillantes Interview gegeben hatte, in dem er erklärte, weshalb Hanoi davon überzeugt wäre, daß es einen Krieg gegen die stärkste Weltmacht gewinnen könnte. Dong hatte erklärt, die Ungleichheit der militärischen Kräfte sei illusorisch; die Nordvietnamesen seien entschlossen, gegebenenfalls über Generationen weiterzukämpfen; die materielle Überlegenheit Amerikas könnte sich jedoch nur über eine begrenzte Zeitspanne auswirken. Nordvietnam werde ganz einfach länger durchhalten.[8] Pham Van Dong sollte recht behalten – und das hatte er in nicht geringem Maße einer amerikanischen Militärstrategie zu verdanken, die massiv genug war, um unsere internationale Position zu gefährden, aber nicht ausreichte, um eine Entscheidung zu erzwingen.

Der unversöhnliche und hochintelligente Pham Van Dong hatte während der dann folgenden Jahre unser Bewußtsein unterwandert und gelegentlich auch unser Gewissen. Seine in regelmäßigen Abständen wiederkehrenden delphischen Erklärungen hatten in der Öffentlichkeit bestimmte Erwartungen geweckt und die Hoffnungen der Regierung erschüttert. Anfang 1972 hatte er gesagt, alles Reden von einem Kompromiß entspräche der »Logik eines Gangsters«. Als es gegen Ende des Jahres 1972 zu einem Kompromiß kam, interpretierte er ihn in einem Interview mit einem amerikanischen Journalisten in höchst tendenziöser Weise und trug damit zum Abbruch der Verhandlungen bei.[9] Während der letzten Phase der Verhandlungen war es Pham Van Dong, in dessen Namen die wichtigsten Mitteilungen Hanois für Präsident Nixon abgegeben wurden.

Der drahtige, kleine, aufmerksame Pham Van Dong, der mit scharfem Blick auf jedes Täuschungsmanöver gefaßt war, verlangte praktisch, daß die Beweislast für jede Behauptung eines Erzkapitalisten bei diesem läge. Er begrüßte mich auf den Stufen des prächtigen Gebäudes, das man heute als das Haus des Präsidenten bezeichnet. Es war der Sitz der französischen Kolonialverwaltung für ganz Indochina gewesen und festigte in der Vorstellung der sehr aufmerksamen vietnamesischen Untertanen die Überzeugung, daß die Grenzen Indochinas auch in Zukunft mit denen des französischen Kolonialreiches zusammenfallen sollten. Der vietnamesische Expansionismus, der schon vor der französischen Herrschaft für die Nachbarn Vietnams ein Alptraum gewesen war, bekam durch die Kolonialherrschaft einen neuen Anstoß und eine neue Legitimation. Wir betraten eine geräumige Empfangshalle und setzten uns für das erste informelle Gespräch im Halbkreis zusammen – wie in China. Ebenso wie dort ergab sich auch hier die Gelegenheit, mit subtilen Andeutungen die Stimmung der Teilnehmer zu testen.

Das Treffen begann in freundlicher Atmosphäre, als Pham Van Dong und ich unsere ernste Absicht bekundeten, unsere Beziehungen auf eine neue Basis zu stellen, und uns verpflichteten, unermüdlich für die Verwirklichung dieses Ziels zu arbeiten. Aber dann schlug der Premierminister einen schärferen Ton an. Weniger als zwei Wochen nach Unterzeichnung der Pariser Vereinbarungen machte er die finstere Andeutung, daß der Krieg von neuem beginnen könnte. Wenn sich für unsere neuen Beziehungen keine solide Basis errichten ließ, die sich auf unsere beiderseitigen Interessen gründete, dann wären nach seiner Meinung die Pariser Vereinbarungen »nur eine vorübergehende Stabilisierung der Lage, nur eine Atempause«. Aber er qualifizierte diese Erklärung sofort durch die Anfügung, daß Hanoi einer solchen Entwicklung der Lage nicht den Vorzug geben würde. Als überzeugter Leninist stimmte er meiner etwas irrelevanten Antwort freudig zu, wir würden unsere neuen Beziehungen auf der Grundlage der gegebenen Tatsachen beginnen. Pham Van Dong konnte der Versuchung nicht widerstehen, zu dem Thema seines Interviews mit Harrison Salisbury zurückzukehren: »Wir Vietnamesen, die wir in diesem Gebiet leben, werden auf ewige Zeiten hier bleiben. Aber Sie kommen von der anderen Seite des Ozeans. Sollten wir diese Tatsache nicht auch in Rechnung ziehen?« Mit anderen Worten lautete seine Frage: Wann würden wir Südvietnam sich selbst überlassen? In meiner Antwort brachte ich bewußt die Tatsache zum Ausdruck, daß Nordvietnam ein eigenes, souveränes Land sei: »Deshalb sind wir auf lange Sicht – trotz allem, was in dieser Zeit geschehen ist – keine Bedrohung für Ihre Unabhängigkeit.« Aber Pham Van Dong war ebenso wenig wie Le Duc Tho geneigt, seine Position ohne Gegenleistung aufzugeben, auch wenn es sich nur um eine theoretische Frage handelte. Auch konnte er sich nicht einer versteckten Warnung enthalten und sagte, daß die Entschlossenheit Hanois unerschütterlich wäre: »Aber wir sollten darüber noch nachdenken.«

Es dauerte daher nicht lange, bis Pham Van Dong meine schwache Hoffnung zerstörte, er könnte sich als zweiter Tschou Enlai erweisen und gemeinsam mit uns eine alte Feindschaft in eine neue Zusammenarbeit verwandeln. In diesem Sinne war er kein Verhandlungspartner und konnte es auch nicht sein – Vietnam war nicht China. Pham Van Dong war der Vertreter eines Volkes, das als Folge seiner starren Unnachgiebigkeit überlebt hatte; Tschou Enlai war der Führer eines Landes, das seinen Platz in der Geschichte seiner kulturellen Überlegenheit und der majestätischen Großartigkeit seines Verhaltens verdankte. Pham Van Dongs Stärke lag in der Monomanie, mit der er die Bestrebungen seines Landes verfolgte; Tschou war die Verkörperung des chinesischen Geistes in seiner Überzeugung, daß das Verhalten Chinas für die übrige Welt eine große moralische Bedeutung habe. Auch Tschou war ein Revolutionär, aber er war aus dem Stoff, aus dem die großen Menschenführer gemacht sind.

Heute ist klar, daß Pham Van Dong uns in Sicherheit wiegen wollte, um es Nordvietnam zu ermöglichen, die Eroberung Indochinas ohne Behinderung durch die Vereinigten Staaten zu vollenden. Tschou Enlai handelte aus der Überzeugung, daß die Sicherheit Chinas – wenigstens angesichts der unmittelbaren Bedrohung durch die Sowjetunion – davon abhing, daß sich die Vereinigten Staaten entschieden für das globale Gleichgewicht der Kräfte einsetzten. Für Pham Van Dong war die Begegnung mit mir ein taktisches Manöver im größeren Rahmen eines revolutionären Ringens. Er war bereit, die Beziehungen zu Amerika zu verbessern, wenn er damit, wie er in unseren Vorgesprächen schon angedeutet hatte, freie Hand in Indochina bekam; wenn sich das nicht erreichen ließ, sollte der Kampf weitergehen. In keinem Fall jedoch sah Hanoi einen Vorteil in einer Stärkung der Macht und des Selbstvertrauens der Vereinigten Staaten. Tschou Enlais politische Ziele ließen sich strategisch mit den unseren vereinbaren, wenigstens für die voraus-schaubare Zukunft; seine Strategie setzte gemeinsame Interessen voraus, die zu verteidigen sich auch nach unserer Auffassung lohnte. Weit von dem Wunsch entfernt, die internationale Position und die nationale Selbstsicherheit Amerikas zu unterminieren, hat Tschou im Laufe der Zeit in diskreter Weise versucht, beides zu stärken.

Nach dem ersten Schlagabtausch gingen Pham Van Dong und ich mit unseren Mitarbeitern in einen offiziellen Konferenzraum. Das Zimmer war mit schweren Möbelstücken ausgestattet, die Vorhänge waren zugezogen. Hier setzten wir uns gegenüber an einen Tisch, und es kam sofort wieder zu einer Kontroverse. Der nordvietnamesische Premierminister begrüßte mich offiziell mit einer kurzen Ansprache und gab mit höflichen Worten seiner Hoffnung auf gute Ergebnisse Ausdruck. Ich antwortete:

> Wir vertreten selbstverständlich verschiedene Ideologien, und es wäre sinnlos, das nicht zuzugeben, aber wir haben mit unseren Kontakten zu anderen Ländern bewiesen, daß dies kein Hindernis für gute Beziehungen und eine aktive Zusammenarbeit sein muß. Aus historischer Perspektive ist ein starkes und unabhängiges, selbstbewußtes Vietnam mit den nationalen Interessen Amerikas keineswegs unvereinbar. Wir sind zum Teil deshalb in einen Krieg gegeneinander geraten, weil es falsche Vorstellungen auf beiden Seiten gegeben hat. Wir glaubten, dieser Krieg werde von einem Zentralbüro aus geführt, das sich nicht in Indochina befand. Und vielleicht haben Sie gewisse Lehren aus Ihrer Geschichte gezogen, die nicht ganz richtig gewesen sind. Aber unter welchen Voraussetzungen wir auch gehandelt haben, unser Interesse in Indochina liegt in der Aufrechterhaltung der Unabhängigkeit und Souveränität der Länder Indochinas, und das widerspricht nach unserer Überzeugung nicht Ihren Interessen.

Pham Van Dong war alles andere als begeistert von den Grundsätzen, für die einzutreten ich ihn aufgefordert hatte. Die Unabhängigkeit und Souveränität eines der anderen Länder Indochinas war in der Vergangenheit kaum irgendwann das politische Ziel Nordvietnams gewesen. Auch für die Zukunft war das nicht im entferntesten seine Absicht. Außerdem konnte er sich gewiß nicht mit unserer Auffassung einverstanden erklären, daß Südvietnam ein souveränes Land war. Aber er übte in diesen Fragen eine für ihn uncharakteristische Zurückhaltung. Was er nicht unwidersprochen lassen durfte, war meine Behauptung, Nordvietnam könnte Fehler gemacht haben:

> Ich glaube, daß wir darüber, was in jüngster Zeit zwischen uns geschehen ist – und Dr. Kissinger hat es als ein Mißverständnis bezeichnet –, wiederholt unsere Auffassungen zum Ausdruck gebracht haben.Und ich bin überzeugt, daß wir das, was wir getan haben, auch haben tun müssen.

Mit anderen Worten: Nur *wir* hatten uns falsche Vorstellungen gemacht. Aber wie schon zuvor verflüchtigten sich die Wolken wieder sehr schnell. Dong fuhr fort:

> Das ist Vergangenheit, es ist vorüber, und wir sollten daraus für die Gegenwart und die Zukunft unsere Schlüsse ziehen. Und wir sollten uns in diesem Geist, von dem wir draußen gesprochen haben und in dem wir unser Gespräch in diesem Raum fortführen, vom Kriege abwenden und dem Frieden zuwenden ... von der Konfrontation zur Versöhnung übergehen, wie es in den Vereinbarungen festgelegt ist, und ... neue Beziehungen anknüpfen, solide Beziehungen auf einer Basis, über die sich die beiden Parteien geeinigt haben und die auf über eine lange Zeit zu erreichende Ziele gerichtet sind, wie sie Dr. Kissinger eben genannt hat. Was uns betrifft, so werden wir unbeirrt in diese Richtung gehen – das heißt, wir werden die in den von uns unterzeichneten Vereinbarungen übernommenen Verpflichtungen erfüllen, wir werden uns an alle Bestimmungen der Vereinbarungen halten.

Leider entsprachen die Aktionen seines Landes nicht Pham Van Dongs beredten Worten. Für uns gab es drei Verhandlungsgegenstände; die Einhaltung der Pariser Vereinbarungen, die Normalisierung der Beziehungen und den wirtschaftlichen Wiederaufbau. Kaum hatten wir uns dem ersten Fragenkomplex zugewendet, als wir schon erkennen mußten, daß Hanoi nicht die Absicht hatte, mit den Pariser Vereinbarungen zum ersten Mal in seiner Geschichte vertraglich übernommene Verpflichtungen einzuhalten.

Der in den Pariser Vereinbarungen festgelegte Waffenstillstand war am 27. Januar um Mitternacht Greenwich-Zeit in Kraft getreten. Doch schon unmittelbar danach trafen Meldungen über Verletzungen dieses Waffenstillstands ein, da beide Seiten versuchten, noch in den letzten Stunden vor seinem Inkrafttreten möglichst große Geländegewinne zu machen; die dabei entstandenen Gefechte dauerten noch Tage an. In dieser ersten Zeit haben sich beide Parteien schuldig gemacht und den Buchstaben und den Geist der Vereinbarungen verletzt. Saigon war damals noch militärisch stärker und begegnete allen feindlichen Angriffen mit entsprechenden Kräften; dabei nahm es mehr Ortschaften in Besitz, als es verlor. Aber von da an zeigte sich Nordvietnam bereit und fähig, die feierlichen Verpflichtungen, die es eben unterzeichnet hatte, in gröbster Weise zu verletzen.

Der internationale Kontrollapparat stieß sofort auf Behinderungen durch die kommunistische Seite. Hanoi weigerte sich, die offiziellen Kontrollpunkte zu bezeichnen, über die allein entsprechend den Vereinbarungen militärische Ausrüstung unter internationaler Aufsicht nach Südvietnam gebracht werden durfte. Augenscheinlich glaubten die Nordvietnamesen, wenn sie sich der internationalen Kontrolle entzogen, müßten sie auch eine andere Bestimmung nicht einhalten, nach der nur die Stückzahl militärischer Ausrüstungsstücke nach Südvietnam gebracht werden durfte, die gegen verbrauchtes Material im Verhältnis 1:1 ausgetauscht wurde. In flagranter Verletzung seiner Verpflichtungen ging die Versorgung der nordvietnamesischen Streitkräfte über den Ho-Tschi-Minh-Pfad, der jetzt nicht mehr von amerikanischen Flugzeugen angegriffen wurde, massiv weiter, und zwar in einem beängstigenden Ausmaß und rascher als während des Krieges.

Was nun die politischen Vereinbarungen betraf, so hatte es Saigon durchaus nicht eilig damit, den in den Vereinbarungen vorgesehenen Nationalen Rat für nationale Versöhnung und Einmütigkeit zu bilden; Hanoi wiederum vereitelte jedes Gespräch über Wahlen – die von diesem Rat überwacht werden sollten –, denn die Nordvietnamesen wußten, daß sie sie verlieren würden. Zwar hat sich keine vietnamesische Partei dadurch ausgezeichnet, daß sie den politischen Verpflichtungen mit besonderem Eifer nachgekommen ist, aber es kann kein Zweifel daran bestehen, daß das illegale Einschleusen von Ausrüstung und Personal durch Hanoi, das unmittelbar nach Eintreten des Waffenstillstandes begann, die Gesamtlage entscheidend beeinflußt hat und allen angeblichen Verletzungen der Pariser Vereinbarungen durch Saigon, die später von den Apologeten Hanois ins Feld geführt worden sind, vorausgegangen ist.

Um unsere Haltung zu untermauern, hatte ich eine Zusammenstellung der von den Nordvietnamesen während der zwei Wochen nach der Unterzeichnung der Pariser Vereinbarungen begangenen Verletzungen mitgebracht. Die Liste ließ keinen Zweifel daran, daß sich Hanoi an *keine* der Bestimmungen gebunden fühlte, die es eben erst unterzeichnet hatte. Wir hatten die unwiderlegbaren Beweise für zweihundert schwerwiegende Vertragsverletzungen auf militärischem Gebiet. Die flagrantesten waren das Einschleusen von einhundertfünfundsiebzig Lastwagen am 6. Februar durch die entmilitarisierte Zone und die Heranführung von zweihundertdreiundzwanzig Panzern nach Südvietnam durch Laos und Kambodscha. Das Durchfahren der entmilitarisierten Zone mit Militärfahrzeugen verletzte den Artikel 15 (a), auf dessen Formulierung wir fast zwei Monate verwendet hatten und der jeden Verkehr mit militärischen Fahrzeugen verbot; der Verkehr mit zivilen Fahrzeugen erforderte die Zustimmung Saigons. Hier war aber auch die ausdrückliche Bestimmung verletzt worden, daß neue militärische Ausrüstungsgegenstände nur als Ersatz für verbrauchte im Verhältnis 1:1 nach Südvietnam gebracht werden durften, und zwar ausschließlich über die vorher festgelegten internationalen Kontrollpunkte (Artikel 7). Das Verlegen von Panzern durch laotisches und kambodschanisches Gebiet verletzte den Artikel 20, nach dem alle ausländischen Truppen aus Laos und Kambodscha abgezogen werden mußten und diese Länder nicht als Basis für Übergriffe gegen andere Länder benutzt werden durften. Als die Panzer Südvietnam erreichten, verletzten sie außerdem Artikel 7 der Vereinbarungen, nach dem das Heranführen neuen Kriegsmaterials untersagt war.

Pham Van Dog und Le Duc Tho ließen sich nicht aus der Ruhe bringen. Mit der Unverfrorenheit, die ich aus den Verhandlungen in Paris so gut kannte, begründeten sie die Verletzungen mit völlig irrelevanten Darstellungen, die sich aber glänzend dazu eigneten, das ganze Problem zu verwirren.

Es gibt eine Geschichte von einem Jura-Professor, der seinen Studenten erklärt, wie ein Verteidiger jede Chance wahrnimmt. Wenn der

Mandant beschuldigt wird, einen schwarzen Topf gestohlen zu haben, dann sollte man antworten: »Mein Mandant hat nichts gestohlen. Jedenfalls war es nicht ein Topf, den er gestohlen hat, und der Topf war nicht schwarz.« Le Duc Tho, dem Pham Van Dong die Beantwortung überließ, bediente sich der gleichen Methode. Er sagte, es habe keine Verletzungen gegeben, und die Lastwagen, die über die entmilitarisierte Zone gekommen seien, hätten zivile Güter transportiert. Auch das bedeutete natürlich eine Verletzung der Vereinbarungen, nach denen zivile Transporte der Zustimmung Saigons bedurften. Und die einschränkenden Bestimmungen über die Versorgung der Truppe mit Ersatzteilen im Artikel 7 wären sinnlos gewesen, wenn Hanoi sich der internationalen Kontrolle dadurch entzöge, indem es einfach erklärte, daß es sich bei diesem Material um zivile Güter handelte. Was nun die Panzer betraf, so bestritten Le Duc Tho und Pham Van Dong meine Behauptung halbherzig, versprachen aber, die Angelegenheit zu überprüfen. Dann erklärten sie, vielleicht seien die Panzer zur Zeit der Unterzeichnung der Vereinbarungen schon unterwegs gewesen. Das war natürlich im Hinblick auf das Verbot, sie nach Südvietnam zu bringen, völlig irrelevant. Der stellvertretende Außenminister Nguyen Co Thach, der die technischen Protokolle in Paris mit Botschafter William H. Sullivan ausgehandelt hatte, kam auf die schlaueste Idee. Er meinte, wahrscheinlich hätte man diese Lieferungen so nötig gebraucht, daß auch die Panzer für den Transport von zivilen Gütern für die Bevölkerung eingesetzt worden seien.

Es war erstaunlich, wie sehr sich Hanoi jetzt um das Wohl der in seinem Herrschaftsbereich lebenden knapp zwei Millionen Südvietnamesen sorgte; während des Krieges war davon wenig zu spüren gewesen. Ich hatte das unangenehme Gefühl, daß wir auf die Probe gestellt wurden; wenn wir in der Frage der Truppenversorgung und der Infiltration nicht bald eine Entscheidung erzwangen, dann würde der Krieg weitergehen, sobald Hanoi seine Vorbereitungen dafür abgeschlossen hatte, und wir hätten nichts erreicht als eine kurze Atempause für den Abzug unserer Streitkräfte.

Ebenso enttäuschend verlief unser Gespräch über das Schicksal der amerikanischen Soldaten, die in Gefangenschaft geraten oder vermißt waren. Uns waren wenigstens achtzig Fälle bekannt, in denen amerikanische Soldaten lebend in Gefangenschaft geraten und anschließend verschwunden waren. Unsere Kenntnisse stammten entweder von Funksprüchen dieser Gefangenen, die kurz vor der Gefangennahme aufgenommen worden waren, oder von Fotografien und Namen, welche die Kommunisten selbst veröffentlicht hatten. Doch die Namen dieser Männer standen nicht auf den Kriegsgefangenenlisten, die man uns nach Unterzeichnung der Vereinbarungen übergeben hatte. Warum? Waren sie tot? Wie waren sie gestorben? Waren sie vermißt? Wie hatte das nach der Gefangennahme geschehen können? Ich machte meine Gesprächspartner besonders auf die neunzehn Fälle aufmerksam, in denen die kommunistische Presse Fotos der Gefangenen veröffentlicht hatte. Pham van Dong erklärte, ohne näher auf unsere Fragen einzugehen, daß die uns übergebene Liste vollständig sei; die Erfahrung habe gezeigt, daß es angesichts des schwierigen Geländes in Indochina lange Zeit dauern würde, vielleicht ein Jahr, bis genauere Informationen zur Verfügung stünden. Er sagte allerdings nicht, was das Gelände mit dem Verschwinden der Gefangenen zu tun hätte. Wir haben niemals eine Erklärung dafür bekommen, was mit den Gefangenen geschehen sein könnte, deren Fotos in kommunistischen Zeitungen erschienen waren. Ebenso wurde uns nichts über die Flugzeugbesatzungen mitgeteilt, die nach ihren Funksprüchen sicher in feindlichem Gebiet gelandet waren.

Um uns zu beruhigen, erklärte Le Duc Tho sich bereit, zwanzig Kriegsgefangene zu Ehren meines Besuchs vorzeitig zu entlassen, und gab mir die Gelegenheit, diese Gefangenen aus einer Liste herauszusuchen. Ich hatte keine Unterlagen dafür, um die Auswahl unter denen zu treffen, die schon so lange Zeit die Gefangenschaft hatten ertragen müssen. (Gefangene, die sich am längsten in den Lagern befanden, wurden ohnedies als erste entlassen.) An diese Zusage hat sich Hanoi gehalten; mit der ersten Gruppe wurden zwanzig Kriegsgefangene zusätzlich entlassen.

Am unzugänglichsten waren die Nordvietnamesen in allen Fragen, die Laos und Kambodscha betrafen. Der Artikel 20 der Pariser Vereinbarungen bestimmte ausdrücklich, daß »fremde Länder« alle militärischen Aktivitäten in Laos und Kambodscha einstellen und alle ihre Streitkräfte aus deren Gebiet abziehen sollten.[10] In einer zusätzlichen schriftlichen Vereinbarung waren Le Duc Tho und ich übereingekommen, daß vietnamesische und amerikanische Truppen im Sinne dieses Artikels »ausländische Truppen« waren. Wenn Worte irgend etwas bedeuteten, dann ergab sich daraus der sofortige Abzug der Nordvietnamesen aus Laos und Kambodscha und das Ende der Verwendung laotischen und kambodschanischen Territoriums für Militärbasen, Bereitstellungsräume oder Durchgangsstraßen.

Schon in der Anfangsphase meiner Gespräche mit Pham Van Dong zeigte es sich, daß die Nordvietnamesen entschlossen waren, dem Artikel 20 jede Bedeutung zu nehmen. Nach ihrer Auffassung würde der hier verlangte Abzug, für den in den Vereinbarungen keine Vorbedingungen vorgesehen waren, nicht nur einen Waffenstillstand in Laos und Kambodscha, sondern auch eine politische Lösung in diesen *beiden* Ländern erfordern. Da die politischen Forderungen der Kommunisten praktisch auf eine Machtübernahme durch die Pathet Lao in Laos und einen totalen Sieg der Roten Khmer in Kambodscha hinausliefen, würde der Abzug der nordvietnamesischen Truppen, wenn überhaupt, erst stattfinden, nachdem er irrelevant geworden und die Entscheidung zugunsten der kommunistischen Seite gefallen war. Hanoi schlug daher praktisch Verhandlungen mit sich selbst oder bestenfalls mit seinen kambodschanischen und laotischen Handlangern über die Einhaltung von Vereinbarungen mit uns vor. Eine politische Lösung in Laos oder Kambodscha – über die zu sprechen sich Le Duc Tho in Paris geweigert hatte – konnte unmöglich eine Vorbedingung für die Erfüllung von Verpflichtungen sein, die damit in keinem Zusammenhang standen und ihrer Bedeutung nach keinesfalls so qualifiziert werden durften.

Diese empörenden Interpretationen durch Hanoi waren für Kambodscha besonders verhängnisvoll. Verhandlungen über einen Waffenstillstand in Laos fanden wenigstens statt, und Hanoi hatte uns zugesagt – was eine solche Zusage auch immer wert war –, sie innerhalb von fünfzehn Tagen zum Abschluß zu bringen. Aber die Roten Khmer in Kambodscha weigerten sich, mit einem Vertreter der nichtkommunistischen Seite zu sprechen. Ihre Reaktion auf die einseitige Waffenstillstandserklärung durch Lon Nol bestand in der Wiederaufnahme einer militärischen Offensive. Wir waren das Risiko eingegangen, ohne offizielle Vereinbarungen für Kambodscha in Vietnam Frieden zu schließen, weil der amerikanische Kongreß wegen Kambodscha allein keinen Aufschub zugelassen hätte und weil unsere Experten in der Auffassung übereinstimmten, daß sich die Roten Khmer ohne fremde Hilfe nicht würden halten können. Wenn sie, wie es die Vereinbarungen erforderten, auf die Unterstützung durch nordvietnamesische Kampftruppen und militärische Ausrüstung verzichten mußten, dann war eine Kompromißlösung wahrscheinlich. Wenn aber die nordvietnamesischen Truppen in Verletzung der Pariser Vereinbarungen in Kambodscha blieben, dann verschob sich das Gleichgewicht der Kräfte zugunsten der Roten Khmer. Darüber hinaus deuteten alle unsere Untersuchungen – die letzte Ende Januar durch den britischen Antiguerilla-Experten Sir Robert Thompson – darauf hin, daß eine Machtübernahme durch die Kommunisten in Kambodscha alle Chancen für ein Überleben Südvietnams vernichten werde, weil hier eine weitere feindliche Front entstünde und ein Seeweg für den Transport militärischen Nachschubs über Sihanoukville geöffnet würde.

Aus den Memoiren Sihanouks haben wir inzwischen erfahren, daß die Roten Khmer, die die Pariser Vereinbarungen als Betrugsmanöver ansahen, die nordvietnamesischen Truppen aufgefordert hatten, Kambodscha zu räumen.[11] Sie blieben also dort in Verletzung des Artikels 20 *und* gegen den Wunsch ihrer Feinde und ihrer eigenen Verbündeten, die sie in den Gesprächen mit uns als Alibi benutzten.

Ich brauche nicht zu sagen, daß meine Antwort an Pham Van Dong scharf war. Das sei alles schön und gut, sagte ich sarkastisch, und es sei besonders interessant, festzustellen, welche Sorgen sich Hanoi um die Souveränität seiner Verbündeten machte. Es sei jedoch bizarr, zu behaupten, Hanoi könnte keine einseitige Entscheidung zum Abzug von Truppen treffen, die es auf eigene Initiative in dieses Land geschickt habe, und zwar obwohl sich Nordvietnam erst vor zwei Wochen dazu verpflichtet hätte. Da Hanoi seine Streitkräfte ohne die Zustimmung der legitimen Regierungen in diese Gebiete geführt habe, könnte es sie jetzt auch auf eigenen Entschluß wieder abziehen.

Man kann nicht behaupten, daß meine Argumente einen tiefen Eindruck hinterlassen hätten. Andererseits hatte uns die Erfahrung gelehrt, daß Hanoi nicht immer bei seiner ursprünglichen Haltung blieb; schließlich hatte es eine ähnliche Haltung gegenüber Südvietnam aufgegeben. Das einzige »Zugeständnis«, zu dem wir unsere Gesprächspartner sofort bewegen konnten, war Le Duc Thos Versprechen, er werde »seinen Einfluß« für einen baldigen Waffenstillstand in Laos einsetzen. Diese Zusage machte er uns jetzt schon zum dritten Mal. Zu dem Waffenstillstand in Laos kam es schließlich am 22. Februar, aber erst nachdem Bombenflugzeuge vom Typ B-52 nordvietnamesische Truppenkonzentrationen in Laos angegriffen hatten. Die Begleitmusik dazu lieferten die empörten Nachrichtenmedien und im amerikanischen Kongreß vorgetragene Proteste, in denen behauptet wurde, wir hätten den Krieg weiter »ausgedehnt«. Aber auch nach dem Waffenstillstand zog Hanoi seine Truppen nicht aus Laos ab.

Die Unnachgiebigkeit der Nordvietnamesen verurteilte Kambodscha zu seinem langen Leidensweg. Pham Van Dong und Le Duc Tho behaupteten, daß Vietnam mit Kambodscha nichts zu tun habe – auch das war eine flagrante Verdrehung der Tatsachen; aus diesem Grund brauchten sie sich auch nicht um den von Lon Nol erklärten De-facto-Waffenstillstand zu kümmern. Lon Nols Angebot, mit Hanoi oder den Roten Khmer zu sprechen, wiesen sie verächtlich zurück und verharrten auf der gleichen Haltung, die sie schon 1970 eingenommen hatten – sie verlangten den Sturz der kambodschanischen Regierung. Wie zu der Zeit, als die Vietnam-Verhandlungen in eine Sackgasse geraten waren, bestanden sie darauf, die politische Struktur in Phnom Penh zu zerschlagen, bevor irgendwelche Gespräche beginnen könnten. Danach wären solche Gespräche allerdings völlig sinnlos gewesen. Hanoi unternahm sogar nicht einmal den Versuch, sich für eine Koalitionsregierung in Kambodscha auszusprechen, sondern verlangte die Machtübernahme durch die Kommunisten. Ganz unvermittelt machte Le Duc Tho den Vorschlag, ich sollte mit Sihanouk sprechen, äußerte sich selbst aber nur sehr unbestimmt über den Status des Prinzen und seinen gegenwärtigen Aufenthaltsort. So gab er mir deutlich zu verstehen, daß die Roten Khmer für die Zukunft von Kambodscha die entscheidende Rolle spielen sollten. Als Fachmann des Politbüros für die anderen Länder in Indochina äußerte Le Duc Tho sich sehr herablassend über Sihanouk. Er machte sich dabei über die Vorliebe des Prinzen für ein luxuriöses Leben lustig und berichtete spöttisch über Sihanouks letzten Besuch in Hanoi. Dann zeigte er uns einen Propagandafilm über eine Reise Sihanouks durch das von den Kommunisten besetzte Gebiet in Kambodscha und wollte damit unter Beweis stellen, daß Sihanouk von den Roten Khmer nur geduldet würde. Für Le Duc Tho sollte Sihanouk nur das Werkzeug sein, die Regierung Lon Nol zu demoralisieren und zu unterminieren.

Doch Le Duc Tho schätzte die Gefügigkeit der Roten Khmer falsch ein, die keineswegs Hanoi nach dem Muster des Pathet Lao als Handlanger dienen wollten. Vielleicht war er aber auch bereit, den Roten Khmer zunächst die Autonomie zu gewähren, denn die unmittelbare Folge eines Sieges der Roten Khmer wäre die Unterminierung der Regierung in Saigon gewesen, die nicht lange überleben konnte, wenn die Kommunisten in Kambodscha an die Macht gelangten. Wie sich später herausstellte, hatte Hanoi ein bewährtes und wirksames Rezept für den Fall, daß sich die unabhängig gewordenen Roten Khmer zu eigenwillig gebärdeten. Weniger als vier Jahre nach dem Sieg der Roten Khmer von 1975 besetzte Nordvietnam das kommunistische Kambodscha mit seinen Truppen und ging dabei ebenso bedenkenlos vor wie Mitte der sechziger Jahre gegenüber den neutralen Kambodschanern unter Sihanouk und 1970 unter Lon Nol.

Wir waren bereit, uns über eine echte Koalitionsregierung in Kambodscha zu einigen, bei der Sihanouk das Zünglein an der Waage bilden konnte. Aber Hanoi setzte sich entschieden für eine kommunistische Regierung ein, in deren Rahmen Sihanouk nur die Rolle eines Strohmannes spielen konnte, der sehr bald wieder ausgebootet werden würde. Ebenso wie in Südvietnam sollte es nach den Vorstellungen von Hanoi unsere Aufgabe in diesen Verhandlungen sein, unseren Verbündeten zu stürzen. Es war diese standhafte Weigerung der Kommunisten, einem Waffenstillstand zuzustimmen, ob er nun mit oder ohne vorangegangene Verhandlungen zustande kam, oder ernsthaft über Kambodscha zu verhandeln, die uns im Verein mit der neuen militärischen Offensive der Roten Khmer veranlaßte, die Bombardierungen kambodschanischen Gebiets im Februar wiederaufzunehmen. Unsere Absicht bestand darin, ein Gleichgewicht der Kräfte zu schaffen, das den Kommunisten die Hoffnungen auf eine militärische Lösung nahm und sie daher zum Kompromiß zwang. Dieser Versuch scheiterte, als der Kongreß im Juni 1973 alle weiteren militärischen Operationen der Vereinigten Staaten in Indochina untersagte. (Über unsere diplomatischen Bemühungen, den Krieg in Kambodscha 1973 zu beenden, berichte ich ausführlich im achten Kapitel.)

Zu einer politischen Lösung in Laos wollte die Führung in Nordvietnam nicht klar Stellung nehmen. Im Verlauf der Gespräche sagte Pham Van Dong, sie könnte etwa neunzig Tage nach Beginn eines Waffenstillstandes gefunden werden; erstaunlicherweise widersprach Le Duc Tho dieser Auffassung, bat um eine private Zusammenkunft mit mir und machte mir dabei den Vorschlag, daß künftig nur wir beide über Kambodscha und Laos verhandeln sollten, weil sein Premierminister mit den Einzelheiten nicht vertraut sei. Eine politische Lösung für Laos wurde schließlich erst am 14. September 1973 gefunden. Die neu gebildete Koalitionsregierung hielt sich unter Schwierigkeiten über zwei Jahre, bis sie schließlich in dem allgemeinen Debakel von 1975 stürzte. Ebensowenig wie 1962 haben die Nordvietnamesen auch nicht andeutungsweise den Versuch gemacht, ihre Verpflichtungen zu erfüllen und die dort stationierten Truppen abzuziehen. Vierzig- bis fünfzigtausend nordvietnamesische Soldaten blieben in Laos, und zwar auch, nachdem die nach der absurden Interpretation der Pariser Vereinbarungen durch Hanoi erforderlichen Voraussetzungen erfüllt waren.

Wirtschaftshilfe

Die einzige Forderung in den Pariser Vereinbarungen, die zu erfüllen Pham Van Dong bereit war, richtete sich an uns; es war die von den Vereinigten Staaten zu leistende Wirtschaftshilfe. Aber auch hier versuchte er den Eindruck zu erwecken, als täte uns Hanoi einen großen Gefallen, wenn es unser Geld annähme. Der Eifer der Nordvietnamesen ging auch nicht so weit, daß sie ihre hochmütigen Verhandlungsmethoden modifizierten. Sie gaben uns zu verstehen, daß es ihr gutes Recht sei, wirtschaftliche Unterstützung von den Vereinigten Staaten zu verlangen. Wenn wir sie daran erinnerten, daß die Voraussetzung dafür die Einhaltung der anderen Vertragsbestimmungen durch Hanoi war, lehnten sie das empört als Einmischung in die inneren Angelegenheiten Nordvietnams oder als unannehmbare politische Bedingungen ab.

Wie es dazu gekommen ist, daß aus einem freiwilligen amerikanischen Angebot ein nordvietnamesisches »Recht« wurde, zeigt zumindest das Ausmaß, in dem die beiden Gesellschaftssysteme eine jeweils andere Sprache sprachen, aber auch die Fähigkeit der Nordvietnamesen, Unverschämtheit zu einer Kunst hochzustilisieren. Unser Angebot, Wirtschaftshilfe zu leisten, entsprang einer widersprüchlichen Mischung aus Idealismus und einer materialistischen Interpretation der Geschichte, nach der wirtschaftliche Motive angeblich die politischen Entscheidungen beherrschten. Es gibt vielleicht keine andere große Nation, der die Ausübung ihres gewaltigen Machtpotentials so unangenehm ist wie den Vereinigten Staaten. Wir haben seit jeher dazu geneigt, den Krieg als etwas »Unnatürliches« anzusehen, als eine Unterbrechung unseres Strebens nach Frieden, Wohlstand und Freiheit. Keine andere Gesellschaft hat es bisher für ihre nationale Pflicht gehalten, sich am Wiederaufbau eines besiegten feindlichen Landes zu beteiligen; nach dem Zweiten Weltkrieg haben wir diese Verpflichtung zum zentralen Element unserer Außenpolitik gemacht. In Vietnam glaubten wir, es sei ein Mittel, einen unbesiegten Gegner zum Kompromiß zu bewegen. Die Kehrseite dessen, was wir für positive politische Ziele halten, besteht in der Schwierigkeit, einen unumgänglichen Konflikt in den Griff zu bekommen, wenn man es mit revolutionärem Übereifer und Männern zu tun hat, für die der Sieg wichtiger ist als wirtschaftlicher Fortschritt und die sich durchsetzen wollen ohne Rücksicht auf den materiellen Preis, den sie dafür bezahlen müssen. Jahrelang haben wir uns in unserer Indochina-Politik mit diesen Problemen herumschlagen müssen. Wir hatten eben begonnen, unsere Streitkräfte in Südvietnam aufzubauen, als Präsident Lyndon Johnson Hanoi im April 1965 ein Programm für den wirtschaftlichen Wiederaufbau nach dem Kriege vorlegte. Wir wissen nicht, ob Nordvietnam in diesem Angebot das erste Symptom für das Nachlassen unserer Entschlossenheit gesehen hat (und es daher genau das Gegenteil von dem bewirkte, was wir beabsichtigt hatten) oder ob es für sie ein Beweis für die Unfähigkeit bürgerlich denkender Menschen gewesen ist, Hingabe an ein revolutionäres Ziel zu verstehen. Jedenfalls hat Nordvietnam auf dieses Angebot nicht reagiert.

Die Regierung Nixon hat die Motivation Hanois anders begriffen, glaubte aber, ein solcher humanitärer Vorschlag könnte sich beruhigend auf die amerikanische Innenpolitik auswirken. Sie zögerte daher nicht lange, dem Beispiel ihrer Vorgänger zu folgen. Am 18. September 1969 erneuerte Nixon in einer versöhnlichen Rede vor der Generalversammlung der Vereinten Nationen das Angebot, Nordvietnam und den anderen Ländern in Indochina Wirtschaftshilfe zu leisten, erreichte damit jedoch ebensowenig wie Johnson. Ohne uns davon entmutigen zu lassen, legten wir im Sommer 1971 während meiner Geheimverhandlungen mit Le Duc Tho einen neuen Wiederaufbauplan vor. Le Duc Tho nahm ihn zur Kenntnis, ohne Interesse dafür zu zeigen. Am 25. Januar 1972 erneuerte Nixon das Angebot vor der Öffentlichkeit als Teil eines umfassenden Vorschlags. Am folgenden Tag unterrichtete ich die Presse und erklärte, daß wir bereit wären, mehrere Milliarden Dollar für den Wiederaufbau in Indochina einschließlich Nordvietnam zur Verfügung zu stellen. Der außenpolitische Lagebericht des Präsidenten vom 9. Februar 1972 ging noch stärker auf Einzelheiten ein: »Wir sind bereit, ein umfassendes Fünfjahresprogramm für den Wiederaufbau mit dem Einsatz von siebeneinhalb Milliarden Dollar in Verbindung mit einer Friedensvereinbarung in die Wege zu leiten, an dem Nordvietnam mit bis zu zweieinhalb Milliarden Dollar beteiligt werden könnte.« Auf meiner Pressekonferenz am 26. Oktober 1972, bei der ich erklärte, daß der Friede vor der Tür stünde, wiederholte ich das Angebot. Ich erneuerte es auf einer Pressekonferenz am 24. Januar 1973, und Nixon bestätigte es am 31. Januar 1973.

Inzwischen hatte sich das Interesse Hanois für unseren Vorschlag verstärkt. Die Nordvietnamesen wollten nicht zugeben, daß sie den Krieg aus wirtschaftlichen Gründen beenden wollten. Als sie sich jedoch aus militärischen Gründen zum Waffenstillstand gezwungen sahen, waren sie bereit, wenn auch noch nicht mit sehr großem Interesse, möglichst große Hilfeleistungen von uns anzunehmen. Bezeichnenderweise sahen die Nordvietnamesen darin kein Eingehen auf unser Angebot, sondern formulierten ihren Wunsch als Reparationsforderungen. Die Vorstellungen Hanois von angemessenen Hilfeleistungen waren auch nicht durch übertriebene Bescheidenheit gekennzeichnet; Le Duc Tho verlangte für Hanoi einfach das gesamte Paket von 7,5 Milliarden Dollar, das wir für ganz Indonesien vorgesehen hatten. Auf dieses Ansinnen wollten wir nicht eingehen. Wir hatten unsere Hilfe angeboten, weil schon zwei Regierungen diesen Vorschlag gemacht hatten, und besonders, weil wir glaubten, damit einen Anreiz für die strikte Einhaltung der Vereinbarungen zu geben. Wir erklärten jedoch ausdrücklich, unser Angebot wäre die praktische Verwirklichung eines traditionellen amerikanischen Grundsatzes; es wäre ein freiwilliger Akt und keine »Verpflichtung«, um Hanoi für irgend etwas zu entschädigen. Nach einem wochenlangen Tauziehen reduzierten wir die nordvietnamesischen Forderungen auf 3,25 Milliarden Dollar. Sie sollten die Verhandlungsbasis für weitere Gespräche sein, und zwar unter der Voraussetzung, daß der Kongreß das Programm genehmigte.

Die hier relevanten Dokumente waren die Pariser Vereinbarungen und eine Botschaft des Präsidenten. Artikel 21 der Pariser Vereinbarungen lautete:

> Die Vereinigten Staaten erwarten, daß diese Vereinbarungen eine Ära der Versöhnung mit der Demokratischen Republik von Vietnam und mit allen Völkern Indochinas einleiten werde. Im Verfolg ihrer traditionellen Politik werden die Vereinigten Staaten dazu beitragen, die

Wunden des Krieges zu heilen sowie die Demokratische Republik von Vietnam und ganz Indochina nach dem Kriege wieder aufzubauen.

Diese Zusage wurde in der Erwartung gemacht, daß der Krieg zu Ende ginge und anschließend eine Ära der Versöhnung möglich würde. Gegenüber Le Duc Tho habe ich wiederholt ausdrücklich darauf hingewiesen, daß jede Wirtschaftshilfe sowohl die Zustimmung des Kongresses *als auch* die Einhaltung der Pariser Vereinbarungen durch Hanoi voraussetzte.

Unsere Absicht, Hilfe zu leisten und den Umfang dieser Leistungen sogar zu erweitern, war bekannt und bei vielen Gelegenheiten vor der Öffentlichkeit erklärt worden. Was damals noch geheimgehalten wurde, war ein Telegramm Nixons an Premierminister Pham Van Dong über das Verfahren, Artikel 21 in Kraft zu setzen. Um zu unterstreichen, daß die Hilfeleistungen freiwillig waren und sich insofern von den offiziellen Verpflichtungen, die mit den Vereinbarungen übernommen wurden, unterschieden, waren Le Duc Tho und ich übereingekommen, die Botschaft am 30. Januar 1973, drei Tage nach der Unterzeichnung der Vereinbarungen, im Austausch für eine Liste von in Laos festgehaltenen amerikanischen Kriegsgefangenen zu übergeben. Als die Nordvietnamesen an dem vereinbarten Tag keine Liste der amerikanischen Kriegsgefangenen in Laos vorlegten, wiesen wir unseren Vertreter in Paris an, die Note noch nicht zu übergeben. Dadurch lösten wir eine sofortige Reaktion aus. Die laotische Kriegsgefangenenliste wurde am Nachmittag des 1. Februar übergeben. Wie vereinbart, überreichten wir den Nordvietnamesen Nixons Botschaft an Pham Van Dong am gleichen Tag.

Das von meinem Stab und mir entworfene Schreiben des Präsidenten enthielt Vorschläge für ein Verfahren zu Verhandlungen über die Wirtschaftshilfe. Während meines Besuches in Hanoi sollte es allgemeine Gespräche über die Grundsätze geben, die zur Einsetzung eines gemeinsamen Wirtschaftsausschusses führten. Die Aufgabe dieses Ausschusses würde es sein, ein detailliertes Hilfsprogramm auszuarbeiten. (Der gemeinsame Wirtschaftsausschuß begann seine Gespräche am 15. März in Paris.) Nixons Botschaft sprach von einem Betrag (von etwa 3,25 Milliarden Dollar) für einen Zeitraum von fünf Jahren als einer angemessenen »vorläufigen« Summe, die noch genehmigt und über deren Verwendung zwischen beiden Ländern im einzelnen gesprochen werden müßte. (Die Lieferung von Nahrungsmitteln war in der gesamten Summe eingeschlossen.) Außerdem hieß es in Nixons Brief ausdrücklich, die Ergebnisse der Beratungen der gemeinsamen Wirtschaftskommission müßten dem Kongreß vorgelegt werden, wie dies für alle Auslandshilfsprogramme gilt, nachdem sie mit einer ausländischen Regierung abgesprochen sind. Ein Absatz des Schreibens wies ausdrücklich auf diese Bedingung hin: »Es versteht sich von selbst, daß die in der Note des Präsidenten an den Premierminister erwähnten Empfehlungen des gemeinsamen Wirtschaftsausschusses von jedem Mitglied in Übereinstimmung mit seinen eigenen verfassungsmäßigen Bestimmungen in Kraft gesetzt werden.«

Le Duc Tho, dem es in keiner Situation an Unverfrorenheit mangelte, wollte mich im Januar darüber belehren, was eine Note unseres Präsidenten enthalten dürfte. Er behauptete, eine solche Qualifikation gehöre nicht in die Botschaft des Präsidenten; unsere Verpflichtungen dürften an keine Bedingungen geknüpft sein. Ich wies darauf hin, daß unser Gesetzgebungsverfahren unabhängig von den vielleicht bequemeren Entscheidungsprozessen in Hanoi zu den Tatsachen gehörten, mit denen man sich abfinden müßte. Wir kamen Le Duc Tho so weit entgegen, daß wir das Erfordernis für die Zustimmung des Kongresses auf einer besonderen Seite erläuterten, die gleichzeitig überreicht wurde und das gleiche Gewicht hatte. Le Duc Tho hat daraus augenscheinlich gewisse Rückschlüsse gezogen. Nun konnte Hanoi den Brief des Präsidenten ohne diesen Zusatz veröffentlichen, und das ist später auch geschehen. Damit hatten unsere Gegner wieder eine Möglichkeit, uns Doppelzüngigkeit vorzuwerfen.

Das Politbüro war sich so sicher, unsere innenpolitischen Zwänge zu unserem Nachteil ausnutzen zu können – und angesichts einer zehnjährigen Erfahrung war das nicht unrealistisch –, daß es sich auch einer weiteren Verpflichtung zu entziehen suchte, die allerdings in meinen Gesprächen mit den Nordvietnamesen ebenso real und ebenso klar formuliert war. Als ich die Presse am 24. Januar 1973 über den Inhalt der Vereinbarungen unterrichtete, wies ich darauf hin, daß wir über ein Hilfsprogramm für Nordvietnam erst verhandeln würden, wenn »sichtbare Fortschritte bei der Verwirklichung der Vereinbarungen gemacht worden sind«.

Nach Beendigung des Krieges wurde die Regierung nicht mehr so stark unter Druck gesetzt, gegenüber Hanoi Zugeständnisse zu machen; viele, die uns gedrängt hatten, unsere Wirtschaftshilfe anzubieten, um dadurch die Beendigung des Krieges zu beschleunigen, waren jetzt, als im Kongreß darüber abgestimmt werden sollte, von dieser Idee viel weniger begeistert. Auch der öffentlichen Meinung, die einen Sieg lieber gesehen hätte als den Kompromiß, gefiel die Vorstellung nicht, daß wir eine Regierung unterstützen sollten, deren Brutalität nach den Berichten der zurückgekehrten Kriegsgefangenen jetzt deutlich erkannt wurde. Nixon befand sich daher auf sicherem Boden, als er mich anwies, meinen Gesprächspartnern in Hanoi erneut klarzumachen, daß die amerikanische Hilfe von der strikten Beachtung der Pariser Vereinbarungen, insbesondere im Hinblick auf den Abzug aus Kambodscha, abhing. Etwas anderes konnten die Nordvietnamesen nicht erwarten. Wenn der Krieg nicht beendet wurde, dann konnte auch die »Nachkriegsperiode« nicht beginnen, und niemand durfte behaupten, daß die Zeit für den Wiederaufbau nach dem Krieg gekommen wäre.

Wie vorauszusehen, wies Pham Van Dong dieses Argument zurück. Er trug eine bemerkenswerte Auffassung vor, als er meinte, unser Verlangen, Hanoi sollte sich an die von ihm selbst unterzeichneten Vereinbarungen halten, bedeutete, daß wir »politische Bedingungen« stellten. Unsere Hilfe sollte »bedingungslos« gewährt werden. Mit anderen Worten, es stünde Hanoi frei, die amerikanische Wirtschaftshilfe dafür zu benutzen, den schon lange bestehenden ehrgeizigen Plan einer Eroberung Indochinas in Verletzung gerade der Vereinbarungen zu verwirklichen, die uns nach ihrer Auffassung verpflichteten, diese Mittel zur Verfügung zu stellen.

Was die Nordvietnamesen jedoch am meisten empörte, war die nach unserer Verfassung erforderliche Zustimmung des Kongresses. Ich hatte nach Hanoi eine umfangreiche Dokumentensammlung mitgebracht, um die Nordvietnamesen über die von der amerikanischen Verfassung vorgeschriebene Verfahrensordnung zu unterrichten. Diese Sammlung bestand aus siebenundfünfzig eng mit der Maschine beschriebenen Seiten über das amerikanische Verfahren für die Genehmigung von Geldmitteln in der Exekutive und der Legislative, die verschiedenen Typen bilateraler und multilateraler Hilfsprogramme, an denen sich die Vereinigten Staaten beteiligt hatten, und aus den Texten aller relevanten Gesetze (einschließlich der vom Kongreß geforderten Einschränkungen im Hinblick auf die Hanoi zu gewährende Hilfe). Hier waren auch die verschiedenen Projekte aufgeführt, die für ein vietnamesisches Hilfsprogramm in Frage kamen.

Schließlich enthielt das Aktenpaket eine Zusammenstellung scharf formulierter Äußerungen führender Kongreßabgeordneter und Senatoren, die sich skeptisch zum Problem der Auslandshilfe im allgemeinen geäußert hatten. Diese Dokumente übergab ich Pham Van Dong. Er tat sie mit einer Handbewegung ab und behauptete, so schwierige juristische Fragen nicht durchschauen zu können (obwohl er große Geschicklichkeit darin bewiesen hatte, während des Krieges die Meinung der Abgeordneten *gegen* die Regierung zu manipulieren). Außerdem verdächtigte er mich, ich wollte ihn übertölpeln:

> Vor allem möchte ich meinem Mißtrauen Ausdruck verleihen . . . Ich werde sehr offen und geradeheraus mit Ihnen sprechen. Jeder weiß, daß die Vereinigten Staaten für den Krieg in Vietnam große Geldsummen ausgegeben haben. Man spricht von etwa 200 Milliarden Dollar; und das in einer Lage, in der, wie man behaupten darf, der Kongreß diesem Krieg nicht voll zugestimmt hat. Damals, während des Krieges, war die Beschaffung von Geldmitteln so leicht (Gelächter), und jetzt, da wir ein ganz legitimes Problem zu lösen haben . . . erklären Sie, es sei sehr schwierig.

Er erklärte immer wieder, nicht zu glauben, daß diese legislativen Hindernisse etwas anderes seien als Vorwände, mit deren Hilfe wir uns unseren »Verpflichtungen« entziehen wollten:

> Wir sollten es nicht für notwendig ansehen, in die ganze Komplexität, den Dschungel der juristischen Fragen einzusteigen. Für mich ist das sehr schwer zu verstehen. Natürlich, wenn man sich sträuben will, dann sind die juristischen Aspekte ein Mittel zum Zweck.

Ich muß sagen, daß ich mich niemals überzeugender für die Vorrechte des amerikanischen Kongresses in die Bresche geschlagen habe als bei dieser Gelegenheit. Meine Kritiker im Kongreß, die mich später dafür gescholten haben, daß ich ihre legislativen Verantwortlichkeiten nicht ernst genug nähme, wären stolz auf mich gewesen. Wie nicht anders zu erwarten war, kamen wir schließlich überein, den gemeinsamen Wirtschaftsausschuß einzusetzen, der überlegen sollte, wie unsere wirtschaftlichen Beziehungen entwickelt werden könnten, um ein Hilfsprogramm zur Vorlage im Kongreß auszuarbeiten.

Wir sprachen auch über die Normalisierung der diplomatischen Beziehungen zwischen Hanoi und Washington und über die bevorstehende internationale Konferenz, die in Paris abgehalten werden sollte, damit die Pariser Vereinbarungen auf internationaler Ebene anerkannt würden, kamen dabei aber zu keinen konkreten Ergebnissen. Hanoi war noch nicht bereit, offizielle Beziehungen aufzunehmen, und wollte auch noch keine Büros einrichten, die keinen offiziellen diplomatischen Status hatten. Wir machten eine Reihe von Vorschlägen in dieser Richtung, die sie jedoch alle zurückwiesen. (Amüsanterweise stimmten die Chinesen wenige Tage darauf einem ähnlichen Vorschlag zu.) Offenbar glaubte Hanoi mit der für die Nordvietnamesen typischen Selbstüberschätzung, daß es eine besondere Auszeichnung für amerikanische Diplomaten wäre, die sie sich erst verdienen müßten, wenn sie ebenso wie ihre westeuropäischen Kollegen – und wahrscheinlich auch die sowjetischen – in der Hauptstadt Nordvietnams als gesellschaftliche Außenseiter ein äußerst ungemütliches Leben führen dürften. Was nun die internationale Konferenz betraf, so kam es Hanoi in erster Linie darauf an, den Generalsekretär der Vereinten Nationen möglichst wenig zu beteiligen, wenn nicht gar ganz auszuschalten. Schließlich fanden wir eine Lösung, bei der er seine Würde wahren konnte und die auch die Empfindlichkeit der Nordvietnamesen im Hinblick auf ihre nationale Souveränität berücksichtigte.

Auf dem Abschlußdiner sprach Pham Van Dong davon, wie sehr ihn mein Besuch und die Ergebnisse unserer Gespräche »entzückt« hätten – allerdings kann ich auch heute beim Lesen der Niederschrift dieser Ansprache trotz des zeitlichen Abstandes nicht genau erkennen, welches die Ursache seines Entzückens gewesen ist. Ich selbst habe Hanoi in düsterer Stimmung, aber doch nicht ganz ohne Hoffnung verlassen.

Nach einem zehn Jahre mit großer Erbitterung geführten Krieg durfte man vielleicht nicht viel mehr erwarten. Hanoi und Washington hatten sich tiefe Wunden geschlagen; bei den Nordvietnamesen waren es physische, bei uns psychische Wunden, und deshalb heilten sie vielleicht schwerer. Unsere Gastgeber hatten uns höflich behandelt, aber es war noch zu früh, um von ihnen eine Änderung ihrer Grundhaltung zu erwarten. Bei der Verwirklichung der Vereinbarungen verwendeten sie die gleichen Methoden, mit denen sie ihren Krieg geführt hatten; sie versuchten, bis an die Grenzen des Möglichen zu gehen, sie stellten unsere Toleranz auf eine harte Probe, verletzten dabei wesentliche Vertragsbestimmungen und versuchten festzustellen, wo sich ein neues Kräfteverhältnis herstellen ließ. Doch trotz all unserer Zweifel waren wir entschlossen, große Anstrengungen für eine friedliche Weiterentwicklung zu unternehmen; der Krieg hatte so viel Leid gebracht, daß wir uns nicht leichten Herzens auf eine neue Konfrontation einlassen durften. Man konnte gewisse Hoffnungen daran knüpfen, daß Hanoi durch den Nationalismus der Nordvietnamesen veranlaßt werden könnte, bessere Beziehungen zu Washington zu entwickeln, um einen größeren Handlungsspielraum gegenüber seinen beiden kommunistischen Schutzherren in Peking und Moskau zu gewinnen. Vielleicht war das störrische Verlangen Pham Van Dongs nach Wirtschaftshilfe ein Anzeichen dafür, daß die Herrscher in Hanoi auch an die Möglichkeit dachten, ihr eigenes Gesellschaftssystem aufzubauen, anstatt Eroberungsfeldzüge gegen ihre Nachbarn zu führen. In diesem Fall waren wir zur Zusammenarbeit bereit. Meine Erfahrungen hatten mich aber auch skeptisch werden lassen; ich verließ Hanoi zwar entschlossen, aber nicht sehr optimistisch. Auf dem Wege zum Flughafen von Gia Lam überquerte ich die gleiche Pontonbrücke und flog dann in einer sowjetischen Transportmaschine zum Flughafen Noi Bai, wo das Flugzeug des Präsidenten auf uns wartete. Als wir es bestiegen hatten, atmeten wir erleichtert auf. Das feuchte Klima, die spartanische Einfachheit und das mit Händen zu greifende Mißtrauen erzeugten zusammen eine so bedrückende Atmosphäre in Hanoi, wie ich sie noch in keiner anderen Hauptstadt erlebt hatte. Das mißtrauisch ausweichende Verhalten der nordvietnamesischen Führung machte einen echten Dialog so unmöglich, wie ich es bei Gesprächen mit anderen kommunistischen Führern noch nie erlebt hatte. Ich schrieb einen vorsichtigen Bericht für Nixon, in dem ich meine nüchterne Einschätzung über die vermutlichen Auswirkungen der Pariser Vereinbarungen wie folgt zusammenfaßte:

> Sie haben im Grunde zwei Alternativen, und das habe ich ihnen (und auch den Chinesen) ganz offen gesagt. Sie können die Vietnam-Vereinbarungen als Offensivwaffe benutzen, sie aushöhlen, auf Saigon Druck ausüben und uns vor harte Entscheidungen stellen. In diesem Fall würden sie unsere Gefangenen entlassen und den Abzug unserer Truppen abwarten, bevor sie wirklich eindeutig Flagge zeigen. Sie würden ihre Streitkräfte in Laos und Kambodscha belassen, und zwar entweder mit Hilfe einer Verschleppungstaktik bei den Verhandlungen oder unter offener Verletzung der Vereinbarungen – und sie würden sehr bald mit einer neuen Offensive beginnen. In diesem Fall würden sie damit rechnen, daß uns für eine entsprechende Reaktion die innenpolitische Basis oder die Entschlußkraft fehlten.
>
> Die zweite Option wäre, die Vereinbarungen grundsätzlich einzuhalten und den Versuch zu unternehmen, politische Ziele im Rahmen einer schrittweisen Evolution zu verwirklichen. Dabei würden sie konstruktivere Beziehungen zu uns begrüßen, unsere Wirtschaftshilfe suchen und sich auf die Wiedererstarkung ihrer Wirtschaft und den Aufbau des Sozialismus im Norden des Landes konzentrieren. Ihren indochinesischen Verbündeten würden sie sagen, daß sie ihre Ziele mit politischen und psychologischen Mitteln verfolgen sollten. Sie würden, kurz gesagt, einen friedlicheren Weg verfolgen und historische Kräfte für sich arbeiten lassen, wenigstens während der nächsten Jahre.
>
> Natürlich behaupten die Nordvietnamesen, sich für die zweite Option entschieden zu haben, aber das bedeutet nichts. Aus den Gesprächen konnte ich nicht erkennen, ob ihre gewaltigen Verluste, die Isolierung von ihren Verbündeten und die Aussichten auf Wirtschafts-

hilfe dazu führen werden, eine Atempause einzulegen. Für sie selbst wäre es am erstrebenswertesten, beide Optionen miteinander zu vereinen; die Vereinbarungen unbeachtet zu lassen, um ihre Ziele zu verfolgen, und die Beziehungen zu uns zu verbessern, um unsere Wirtschaftshilfe zu bekommen. Unsere wichtigste Aufgabe ist es, sie davon zu überzeugen, daß sie zwischen diesen beiden Wegen wählen müssen. Das war die wichtigste Aufgabe meiner Reise. Ich habe ausdrücklich darauf hingewiesen, daß eine Entscheidung für die erste Option eine neue Konfrontation mit uns bedeuten würde und daß sie nicht gleichzeitig mit Wirtschaftshilfe rechnen und Indochina vereinnahmen können. Wenn sie auf der anderen Seite Zurückhaltung übten und ihren Verpflichtungen nachkämen, wären wir bereit, die Beziehungen mit ihnen ebenso zu normalisieren, wie wir es mit Peking getan hätten, und wir würden uns jeder Einmischung in die politische Selbstbestimmung Indochinas enthalten ohne Rücksicht darauf, wie sie sich manifestierte.

Einen solchen Übergang in die richtigen Bahnen zu leiten, wäre auch unter den günstigsten Voraussetzungen sehr schwierig gewesen. Es erforderte ein geeintes Land und eine starke, zielbewußte, disziplinierte amerikanische Regierung, fähig, entschlossen zu handeln und das delikate Gleichgewicht der Risiken und Anreize aufrechtzuerhalten, aus denen die Pariser Vereinbarungen bestanden. Watergate sorgte sehr bald dafür, daß uns diese Voraussetzungen fehlten.

III. China: Ein weiterer Schritt vorwärts

Ein Wiedersehen mit Peking

Von Hanoi flog ich zunächst nach Hongkong, um eine Ruhepause von achtundvierzig Stunden einzulegen. Wenn ich ein kommunistisches Land hinter mir lasse (China bildet hier vielleicht eine Ausnahme), erlebe ich jedesmal ein überwältigendes Gefühl der Erleichterung. Die farblose Eintönigkeit, die erstickende Konformität, die Gleichgültigkeit gegenüber der Einzigartigkeit der menschlichen Persönlichkeit – das alles erzeugt, sobald man dieser Atmosphäre entronnen ist, ein plötzliches Nachlassen der Spannungen und das Gefühl einer fast ausgelassenen Heiterkeit. In Hanoi war es, wie ich schon gesagt habe, am bedrückendsten. Im krassen Gegensatz dazu erinnerte einen die Genußsucht des materialistischen Hongkong nur allzu deutlich an die Vielschichtigkeit des menschlichen Geistes.

Die Chinesen gaben mir während meines Aufenthaltes in Hongkong durch eine kleine Aufmerksamkeit zu verstehen, daß ich mit ihrem guten Willen rechnen konnte, und dabei zeigte sich wieder, wie vergeblich der Versuch ist, die Denkweise eines Volkes zu ergründen, das eine dreitausendjährige Erfahrung darin hat, seinen Besuchern Respekt einzuflößen. Wir hatten die Chinesen aus politischem Taktgefühl nicht von meinem Zwischenaufenthalt unterrichtet, da Hongkong eine britische Enklave auf dem chinesischen Festland ist. Wir wollten die obligatorischen chinesischen Fluglotsen, wie bei meinen früheren Besuchen, in Shanghai an Bord nehmen, dazu hätten wir allerdings einen großen Umweg machen müssen.

Die Chinesen haben Lebensart, aber auch einen sehr tüchtigen Geheimdienst. Ohne die Zwischenlandung in Hongkong zu erwähnen, schlugen sie uns vor, die Lotsen in Kanton abzuholen, was viel bequemer war. Um uns die Bedeutung dieser kleinen Umdisposition vor Augen zu führen, erklärte uns der dienstälteste chinesische Vertreter in Hongkong (der Bürochef der *New China News Agency*), daß in der britischen Kronkolonie nichts geschah, was nicht in Peking registriert wurde. Er erkundigte sich in unserem Konsulat nach der Zeit meines Abfluges, um mich am Flughafen zu verabschieden, was er dann auch tatsächlich tat.

Am Nachmittag des 15. Februar 1963 landeten wir in Peking. Es war meine fünfte Reise ins Reich der Mitte. Die Stadt war mir inzwischen schon ganz vertraut geworden. Sicherlich trug die Beendigung des Vietnam-Krieges dazu bei, daß ich diesmal mit besonderer Herzlichkeit empfangen wurde. Die Chinesen sahen sich jetzt nicht mehr genötigt, um der Solidarität mit ihrem in einen Krieg verwickelten nordvietnamesischen Verbündeten willen zurückhaltend zu sein. Unsere Gastgeber standen zur Begrüßung an den Stufen der Gangway und applaudierten, als wir die Maschine verließen. Von hier fuhren wir über die breiten Einfallstraßen zu dem staatlichen Gästehaus in Peking, in dem wir untergebracht waren, und zum erstenmal erwiesen uns, als wir das Tor passierten, die Wachposten eine militärische Ehrenbezeigung. Von diesem Tage an wurden wir überall, wo Wachen postiert waren – auch in der Großen Halle des Volkes –, mit militärischen Ehren begrüßt.

Sehr bald nach meinem Eintreffen kam der chinesische Premierminister Tschou En-lai in das Gästehaus und fragte jeden von uns, was er tun könnte, um uns den Aufenthalt so angenehm wie möglich zu machen. Die Chinesen sind zwar weniger formell als die Japaner, aber ihr Gefühl für Anstand ist ebenso subtil und hoch entwickelt. Die richtige Antwort auf diese Frage ist »nichts«, denn damit bestätigt man, daß die chinesische Gastfreundschaft nichts zu wünschen übrig läßt. Wenn es sich nicht vermeiden läßt, um etwas zu bitten, dann ist ein Wunsch am besten, mit dem die Gastgeber nicht hätten rechnen können. Eine meiner Sekretärinnen, die dem Premierminister auf seine Frage nicht unbedingt hätte antworten müssen, sagte, sie wünschte sich zum Essen eine Peking-Ente – ein Gericht, das uns selbstverständlich bei allen bisherigen Besuchen vorgesetzt worden war. Sie hatte damit einen durchschlagenden Erfolg. Solange ich im Amt war, haben wir bei keinem unserer folgenden Besuche mehr Peking-Ente zu essen bekommen – eine kleine Lektion, aus der wir lernen sollten, daß die Chinesen über Selbstverständlichkeiten nicht belehrt zu werden brauchten.

Doch abgesehen von dieser kleinen protokollarischen Panne bemühten sich die Chinesen mit der denkbar größten Zuvorkommenheit um uns. An dem Abend, an dem uns ein Kulturprogramm geboten werden sollte, ersparten sie uns die Vorstellung einer jener bombastischen Revolutionsopern, deren langweilige Primitivität sich nur ertragen läßt, wenn man zwischendurch ein Schläfchen einlegen kann. (Um in keine peinliche Lage zu geraten, muß man allerdings aufwachen, bevor die Lichter wieder angehen. Bundeskanzler Helmut Schmidt, der bei einer solchen Gelegenheit seinen Gürtel gelockert hatte, um bequemer zu sitzen, soll damals diesen Augenblick verpaßt haben und erst aufgewacht sein, als der Beifall einsetzte. Er hatte einige Schwierigkeiten, gleichzeitig seine Hosen festzuhalten und zu applaudieren.)

Diesmal bestand das Kulturprogramm aus einer Aufführung westlicher und chinesischer klassischer Musik durch das städtische Orchester von Peking, das nach der Kulturrevolution neu gegründet worden war. Es unternahm den Versuch – und ich nehme mir die Freiheit, mich so auszudrücken –, die 6. Sinfonie von Beethoven zu spielen. Auch meine große Sympathie für alles Chinesische kann mich nicht veranlassen zu behaupten, daß die chinesischen Musiker in ihrem Element waren, als sie nach der verhängnisvollen Unterbrechung durch die Kulturrevolution versuchten, die »Pastorale« aufzuführen; es gab Augenblicke, in denen ich nicht erkennen konnte, was gespielt wurde und an welcher Stelle der Partitur sich das Orchester befand. Aber das wichtigste war die Symbolik; Tschou En-lai wollte sein Land modernisieren, die Fesseln der jüngsten Vergangenheit Chinas abstreifen und es nicht nur westlicher Technologie öffnen, sondern den Chinesen auch den Wert der westlichen Kultur verständlich machen, aus der diese Technologie sich entwickelt hatte. (Aber er war seiner Zeit vorausgeeilt. Im folgenden Jahr kam die Revolutionsoper wieder zu ihrem Recht. Tschou En-lai war todkrank, und man hörte bis nach dem Tode des Vorsitzenden Mao kaum noch etwas von einer Modernisierung oder der Öffnung nach Westen.)

Tschou war wie immer faszinierend, schlagfertig, straff, gewandt und humorvoll. Er begrüßte mich herzlich, und sein ausdrucksvolles Gesicht zeigte, daß er keinen Dolmetscher brauchte. (Trotzdem bestand er darauf, daß meine Worte ins Chinesische übersetzt wurden, und verschaffte sich dadurch den Vorteil, daß er sie zweimal hörte und so Zeit gewann, um sich seine Antwort zu überlegen.) Sein Verständnis für die internationalen Realitäten war bewundernswert. In den neunzehn Monaten, die wir uns kannten, hatte sich zwischen Tschou und mir ein kameradschaftliches Verhältnis entwickelt – man hätte fast von einer persönlichen Zuneigung sprechen können:

> Ich glaube, der Premierminister hat festgestellt (sagte ich bei Beginn unseres ersten Gesprächs), daß ich jetzt in seiner Gegenwart besonders gehemmt bin.
>
> *Tschou En-Lai:* Warum?
>
> *Dr. Kissinger:* Weil ich in seiner Presseerklärung gelesen habe, ich sei der einzige Mensch, der eine halbe Stunde mit ihm reden kann, ohne etwas zu sagen.
>
> *Tschou En-Lai:* Ich glaube, ich habe gesagt anderthalb Stunden.

Dieses freundliche Wortgeplänkel zeigte, daß China, nachdem wir mit Vietnam Frieden geschlossen hatten, die Annäherung an uns beschleunigen konnte, ohne dadurch in eine peinliche Lage zu geraten. Die zunehmende Freundlichkeit der chinesisch-amerikanischen Beziehungen wurde mit Sicherheit auch durch die militärischen Maßnahmen der Sowjetunion beeinflußt. Die Zahl der an der chinesischen Grenze stationierten sowjetischen Divisionen war von 21 im Jahr 1969 auf 33 im Jahr 1971 und 45 im Jahr 1973 angewachsen. Eine Gefahr, der man gemeinsam begegnen muß, räumt alle Trivialitäten fort. Weitere Fortschritte in unseren Beziehungen waren daher wünschenswert, um zu demonstrieren, daß wir an der territorialen Integrität Chinas interessiert waren. In unserem Notenwechsel vor meiner Reise hatte ich vorgeschlagen, die folgenden Themen auf die Tagesordnung zu setzen: »Die Normalisierung der Beziehungen, die gegenwärtige Weltlage und die künftige Politik in Süd- und Südostasien in der Nachkriegsperiode.« Für Tschou waren diese Themen noch nicht weit genug gefaßt. Er sagte, »andere, beide Seiten interessierende Themen können ebenfalls besprochen werden«. Es zeigte sich sehr bald, auf welches Thema es ihm ankam, auf die Errichtung diplomatischer Vertretungen in unseren beiden Hauptstädten.

Seit den Zwischenfällen an der sowjetisch-chinesischen Grenze im Jahre 1969, die uns deutlich gezeigt hatten, wie wichtig die Wiederaufnahme der Beziehungen zu Peking war, waren wir ein großes Stück vorangekommen. Es hatte mehr als anderthalb Jahre gedauert, einen Vermittler zu finden, dem beide Seiten vertrauten. Zunächst glaubten wir, es wäre für China am angenehmsten, den Kontakt mit uns über ein kommunistisches Land aufzunehmen, und deshalb entschieden wir uns für Rumänien. Es stellte sich jedoch heraus, daß die Chinesen befürchteten, die Sowjets hätten in den osteuropäischen kommunistischen Parteien einen zu großen Einfluß. Wichtige Mitteilungen erreichten uns in der Folge über Pakistan, das einzige Land der Welt, das sowohl mit den Vereinigten Staaten wie auch mit China verbündet war.

Bei meinem geheimen Besuch in Peking im Juli 1971 nahmen wir wieder eine direkte Verbindung auf und entschlossen uns zur Reise des Präsidenten nach China. Aber beide Seiten waren immer noch zu vorsichtig, um ihre Beurteilungen der internationalen Lage auszutauschen. Während meines zweiten Besuchs im Oktober 1971, den ich unter dem Vorwand unternahm, die Reise des Präsidenten Nixon vorzubereiten, begannen Tschou En-lai und ich ein vertrauliches Gespräch über die wichtigsten Fragen der Weltpolitik. Das Paradoxe bei diesen Bemühungen um eine Analyse einer gemeinsamen Außenpolitik war die Tatsache, daß Peking nach der offiziellen Auffassung der Vereinigten Staaten keinen völkerrechtlichen Status besaß. Offiziell erkannte Washington die Republik China auf Taiwan (Formosa) als rechtmäßige Regierung Chinas an; wir hatten ein Verteidigungsbündnis mit Taiwan, und amerikanische Streitkräfte waren auf der Insel stationiert. Taiwan betrachtete überdies die Volksrepublik China als eigenes Territorium. Doch Peking hatte uns trotz dieses Affronts gegen den eigenen völkerrechtlichen Status ins Spiel gebracht, um einen Kräfteausgleich gegen die sowjetische Bedrohung an seiner Nordgrenze zu bewirken. Angesichts dieser Bedrohung durch die Sowjetunion entschloß sich Peking, die gegen seine Souveränität gerichtete Beleidigung zu ignorieren. In dem am Ende des Nixon-Besuchs im Februar 1972 veröffentlichten Kommuniqué einigten wir uns mit den Chinesen über einen sorgfältig formulierten Wortlaut, in dem wir die Existenz eines ungeteilten China grundsätzlich anerkannten, eine endgültige Lösung dieses Problems aber der Zukunft überließen. Die Meinungsverschiedenheiten im Hinblick auf Taiwan wurden dem im Shanghai-Kommuniqué so bezeichneten Widerstand gegen hegemoniale Bestrebungen anderer Staaten in Asien untergeordnet. Es gab nur ein Land, zu dem die Rolle eines solchen Bösewichts paßte, die Sowjetunion. Mit anderen Worten, China und die Vereinigten Staaten brachten ihre gemeinsame Auffassung zum Ausdruck, daß es notwendig sei, ihre Außenpolitik aufeinander einzustellen, um das Gleichgewicht der Kräfte in der Welt zu garantieren.

Der Besuch im Februar 1973, ein Jahr nach der historischen Reise Nixons, begann unter günstigen Voraussetzungen. Nicht nur der Vietnam-Krieg lag hinter uns, sondern Nixon war mit überwältigender Mehrheit wiedergewählt worden. Deshalb rechneten die Chinesen damit, daß sie es in den kommenden vier Jahren mit einer starken Führung in den Vereinigten Staaten zu tun haben würden. So hielten wir uns nicht lange mit Taiwan auf. Ich erklärte, wir würden – wie wir schon im Shanghai-Kommuniqué angedeutet hatten – nach Beendigung des Krieges in Vietnam unsere dort stationierten Streitkräfte, die uns bis dahin den Rücken gestärkt hatten, abziehen. Tschou meinte dazu, daß China nicht die Absicht habe, Taiwan »zu dieser Zeit« mit Gewalt zu befreien. Mit diesen Erklärungen glaubten beide Seiten, genug gesagt zu haben, und wandten sich globalen Fragen zu.

Für Tschou stand hier die Sowjetunion im Mittelpunkt. Wir diskutierten die Probleme mit einer Offenheit, wie man sie auch unter engen Verbündeten nur selten findet. Zudem ließ sich der Konflikt mit der Sowjetunion weder rückgängig machen, noch konnte China allein damit fertig werden. In den Beziehungen zwischen kommunistischen Ländern liegt eine besondere Ironie darin, daß die kommunistische Ideologie, die seit jeher für sich in Anspruch nimmt, alle internationalen Konflikte beenden zu können, gerade diese Konflikte unauflöslich gemacht hat. In Systemen, die von sich behaupten, auf der absoluten Wahrheit gegründet zu sein, kann es nur eine einzige autorisierte Interpretation geben; der Anspruch einer anderen Macht, die Vertreterin der orthodoxen Lehre zu sein, ist eine tödliche Herausforderung. Auf dieser Ebene ging es im Meinungsstreit zwischen Moskau und Peking darum, wer die Liturgie bestimmte, welche die politische Orientierung kommunistischer und radikaler Parteien in der ganzen Welt inspirieren sollte. Diese Dimension des Konflikts ließ sich nur lösen, wenn sich die eine Seite der anderen vollkommen unterordnete, und das war unmöglich; die eine Seite mußte über die andere den totalen Sieg davontragen, und das war nach Pekings Auffassung Moskaus Ziel.

Der Konflikt zwischen der Sowjetunion und China ging jedoch über ideologische Fragen weit hinaus; es war ein grundsätzlicher Konflikt. Die gemeinsame Grenze der beiden riesigen Kontinentalmächte war sechstausendvierhundert Kilometer lang und erstreckte sich in einem weiten Bogen von den eisigen Tundren Sibiriens bis in die zentralasiatische Wüste. Sie verlief durch Landstriche, in denen die Wiege von Eroberern aus beiden Ländern gestanden hatte, von Hunnen, Mongolen und Kosaken, und sie hatten sich in weiten Regionen die Souveränität ohne Rücksicht auf die Rasse oder Sprache der Bewohner geteilt. Die beiderseits der Grenzlinie lebenden Völker sprachen im allgemeinen die gleiche Sprache, die sich jedoch sowohl vom Russischen als auch vom Chinesischen unterschied. Damit vergrößerten sich die Unsicherheiten und die potentiellen Feindseligkeiten beider Regime. In der Weite dieses nicht genau zu bestimmenden Raumes ist die Souveränität im heutigen Sinne ein neues Phänomen. Die Grenzlinie hat sich im Lauf der Geschichte immer wieder nach beiden Seiten hin verschoben, wie es das Machtstreben und die militärische Stärke der miteinander konkurrierenden Kräfte bewirkten. Ein großer Teil Zentralasiens war erst im 19. Jahrhundert von den Zaren annektiert worden und befand sich jetzt im Herrschaftsbereich der neuen Herren im Kreml, die das Erbe ihrer Vorgänger zurückgewiesen haben – bis auf deren Eroberungen. Allein diese Gegebenheiten hätten China und Rußland dazu verurteilt, einander feindlich gegenüberzustehen. Daß ein ideologischer Konflikt und persönliche Eifersucht hinzukamen, ließ die angeborene Rivalität zur Zwangsvorstellung werden.

Kein sowjetischer Führer konnte die demographischen Realitäten übersehen. Fast eine Milliarde Chinesen drängen gegen die Grenze, die ihre Regierung nicht offiziell anerkennt. In chinesischen Schulbüchern werden große Teile Sibiriens als chinesisches Territorium bezeichnet. Den Chinesen stehen in Sibirien nur dreißig Millionen Russen gegenüber, in einem so unwirtlichen und rauhen Gebiet, daß die Russen es im Verlauf ihrer Geschichte nur unter Zwang und mit Hilfe der Arbeit dorthin verbannter Strafgefangener kolonisieren konnten. Als ich 1974 nach einem Aufenthalt in Tokio, Osaka und Seoul Wladiwostok besuchte, stellte ich zu meiner Überraschung fest, daß es keine von Leben erfüllte asiatische Stadt, sondern eine europäische Provinzstadt ist. Die Entfernung von Wladiwostok nach Honolulu ist geringer als nach Petersburg, und Peking liegt viel näher als Moskau. Damals begann ich zu verstehen, weshalb die Furcht vor der Isolation bei den sowjetischen Führern, wenn sie an China denken, fast zu Hysterie werden kann.

Aber auch kein chinesischer Führer durfte die strategischen Realitäten übersehen. Die beträchtliche Zunahme der seit 1969 entlang der chinesischen Grenze stationierten sowjetischen Streitkräfte, die mit einem Arsenal modernster Massenvernichtungswaffen ausgerüstet waren, ließ kaum erwarten, daß die Sowjets die Absicht hatten, eine versöhnlichere Haltung anzunehmen. Die Konfrontation zwischen der Sowjetunion und China war Ausdruck einer für lange Zeit programmierten geopolitischen Kraftprobe.

Die militärische Überlegenheit der Sowjetunion ließ sich durch Verhandlungen nicht beseitigen. Sie würde wahrscheinlich über Jahrzehnte weiter bestehen, während das demographische Übergewicht der Chinesen für alle Zeiten festgeschrieben war. Selbst wenn die Sowjets ihre Streitkräfte im Rahmen eines hypothetischen Abkommens hier und dort verringerten, konnten sie jederzeit innerhalb weniger Wochen zurückkehren. Und kein »Kompromiß« in der Sache der chinesischen Gebietsansprüche an der Grenze konnte etwas daran ändern, daß sich das Ungleichgewicht zwischen sowjetischer und chinesischer Macht in Asien in der nächsten Generation irgendwann zugunsten einer größeren Ausgewogenheit änderte, um sehr bald wieder umzuschlagen. Dann würde die Zukunft Sibiriens immer mehr vom guten Willen Pekings abhängen, den keine chinesische Regierung auf die Dauer garantieren konnte. Eine ungeschickte amerikanische Außenpolitik oder Demonstrationen unserer Schwäche könnten eine Annäherung Chinas an die Sowjetunion zur Folge haben. Doch welche äußeren Formen diese Koexistenz auch annehmen sollte, man würde sie wahrscheinlich niemals als naturgegeben und dauerhaft ansehen. Allerdings könnte eine solche Phase lange genug dauern, um uns schweren Schaden zuzufügen.

Die chinesischen Führer, die zu den intelligentesten Interpreten der weltpolitischen Lage gehören, denen ich begegnet bin, hatten diese Realitäten sehr deutlich erkannt. Für sie gab es keinen Kompromiß mit der Sowjetunion, der sich für sie nicht nachteilig auswirken mußte. Nach ihrer Auffassung war es das Minimalziel der chinesischen Staatskunst, die Annäherung jeder anderen größeren Nation an die Sowjetunion zu verhindern. Noch besser wäre es, wenn sie solche Länder davon überzeugen könnten, wie vorteilhaft es für sie sei, sich auf die Seite Chinas zu stellen. Nach den Erfahrungen, die sie mit Ausländern gemacht hatten, hielten sie es nicht für ausgeschlossen, daß andere ihre Differenzen auf Kosten eines ohnmächtigen China beilegten. Während meines geheimen China-Besuchs im Jahre 1971 hatte Tschou sogar ausdrücklich auf die Möglichkeit hingewiesen, daß Europa, die Sowjetunion, Japan und wir zu dem Entschluß kommen könnten, China wieder aufzuteilen. Allerdings erklärte er, daß derartige Bestrebungen, denen sich sein Land mit Erfolg widersetzen könnte, ihn nicht interessierten. Diese Haltung war charakteristisch: China suchte seine Sicherheit darin, daß es den Ruf pflegte, extrem unberechenbar zu sein, und versuchte daher den Eindruck zu erwecken, daß es seine Ehre und Integrität um jeden Preis verteidigen werde, und das würde es vermutlich auch tun. China verhielt sich so, als ob es durch das geringste Zugeständnis auf eine schlüpfrige, abschüssige Bahn geraten könnte und sich daher entschlossen gegen alle derartigen Tendenzen wehren müsse, die eine offene Herausforderung für das Überleben der Nation seien. Die nationale Sicherheit war für China gleichbedeutend mit der Isolierung der Sowjetunion. Dazu war es notwenig, China ein möglichst großes Übergewicht zu schaffen – was unter anderem die rasche Wiederherstellung guter Beziehungen zu den Vereinigten Staaten bedeutete.

Diese klare und entschlossene Haltung der chinesischen Führung hat es uns erleichtert, uns gegenüber Peking zu öffnen; sie hat diese Beziehungen später aber auch kompliziert. Denn unsere parallel laufenden Bemühungen um das strategische Ziel, das sowjetische Machtstreben einzudämmen, schlossen es nicht aus, daß wir im Stil, in der Taktik und auch in unseren Vorstellungen andere Wege gingen. Für die Chinesen war ideologische Starrheit eine Methode, innenpolitische Probleme zu beherrschen, und eine Waffe, von außen wirkende Pressionen abzuwehren; hier ergänzten sich die Innen- und die Außenpolitik. Aber wir, die wir eben einen Krieg in Vietnam beendet hatten, der eine innenpolitische Zerreißprobe gewesen war – die Friedensliebe der amerikanischen Führung war eine innenpolitische Schlüsselfrage gewesen –, konnten es uns nicht leisten, den Eindruck zu erwecken, daß wir mit dem Gedanken einer Konfrontation spielten. Die Regierung Nixon war bereit, die militärischen Risiken auf sich zu nehmen, die notwendig waren, um die Sowjetunion an der Fortführung ihrer expansionistischen Politik zu hindern. Wir konnten diesen politischen Kurs aber weder zu Hause noch gegenüber unseren Verbündeten in Europa und Japan durchsetzen, wenn wir nicht demonstrierten, daß wir jede mit unserer Ehre zu vereinbarende Anstrengung unternommen hatten, eine Konfrontation zu vermeiden. Auch hatten wir die Hoffnung nicht aufgegeben – mochte sie noch so schwach sein –, daß die Stabilisierung der Beziehungen zwischen den Vereinigten Staaten und der Sowjetunion, die uns 1972 gelungen war, im Lauf der Zeit die Atmosphäre beruhigen würde, wenn das Rüstungsgleichgewicht und die Zurückhaltung auf der weltpolitischen Bühne sich auswirkten. Wir durften nicht vergessen, daß die Nationen, die über Waffen zur Vernichtung der Menschheit verfügen, die moralische Pflicht haben, auf diesem Planeten zu koexistieren. Die amerikanische Taktik war deshalb notwendigerweise komplexer, subtiler und weniger aggressiv als das chinesische »Schattenboxen« – wie es Mao in einem späteren Gespräch sarkastisch genannt hat.

Es gab aber auch grundsätzlich Unterschiede in den chinesischen und amerikanischen Auffassungen zu internationalen Beziehungen. China stand in der großen klassischen Tradition der europäischen Staatskunst. Die kommunistische Führung in China beurteilte die Erfordernisse des Gleichgewichts der Kräfte kühl und ohne sich von Emotionen belasten zu lassen. Bei ihnen hatten die Ideologie oder die Gefühle des einzelnen kaum einen Einfluß. Sie waren Wissenschaftler des Gleichgewichts, Künstler der Relativität. Sie hatten begriffen, daß die Kräfte, zwischen denen ein Gleichgewicht hergestellt werden mußte, in ständigem Fluß waren, und daß man in dem Bemühen um die Bewahrung des Gleichgewichts den sich verändernden Umständen Rechnung trage müßte. Nur ein Grundsatz stand unverrückbar fest: Keine Nation durfte auch nur vorübergehend stärker sein als die Kräfte, die man vereint gegen sie stellen konnte, denn in jenem flüchtigen Augenblick, in dem man diesen Grundsatz verließ, konnten Unabhängigkeit und Identität unwiderruflich verlorengehen. China wollte sein Überleben nicht von dem guten Willen eines anderen, zu mächtig gewordenen Staates abhängig machen. Deshalb war es entschlossen, sich gegen jede potentielle Gefahr zu stellen, und betrachtete es als einen

Verzicht auf seinen Führungsanspruch, wenn es einem potentiellen Gegner erlaubte, eine eindeutige Überlegenheit zu gewinnen.

Doch die Vereinigten Staaten verfügten nicht über den begrifflichen oder historischen Rahmen für eine so kaltblütige Politik. Es hat sich erwiesen, daß die verschiedenen Strömungen im außenpolitischen Denken Amerikas nicht eine Haltung gefördert haben, welche die Politik auf eine Basis stellte, wo nationale Interessen und Machtverhältnisse abgewogen werden. Die Amerikaner begnügen sich mit einer idealistischen Tradition, welche die Verwirklichung großer politischer Ziele in den Vordergrund stellt; dazu gehören alle Bestrebungen, demokratische Tendenzen auf der ganzen Welt zu fördern oder die Verwirklichung der Menschenrechte durchzusetzen. Der amerikanische Pragmatismus verlangt, daß »Unruheherde« erkannt und beseitigt werden, wie es »der jeweiligen Lage entspricht«. Mit anderen Worten: Diese Haltung setzt voraus, daß man die Entwicklung abwartet, bevor man etwas unternimmt – das genaue Gegenteil der chinesischen Haltung. Es gibt eine Tradition, nach der internationale Konflikte mit juristischen Auseinandersetzungen verglichen werden. Für ihre Lösung werden deshalb auch juristische Mechanismen eingesetzt, ein Verfahren, das die Chinesen als naiv empfinden, für die das Völkerrecht die Widerspiegelung und nicht der Ursprung des globalen Gleichgewichts ist. Das Erbe der historischen Unverwundbarkeit Amerikas läßt uns den Grundsatz des Gleichgewichts der Kräfte mit äußerstem Mißtrauen betrachten. Das gleiche gilt für das sich daraus ergebende Prinzip, gegen die Gefährdung dieses Gleichgewichts müsse rechtzeitig etwas unternommen werden (solange diese Gefährdung noch nicht deutlich zu erkennen ist), um zu verhindern, daß die Ereignisse eine Dynamik entwickeln, die, wenn überhaupt, nur aufgehalten werden kann, wenn man gewaltige Opfer auf sich nimmt. Wir, Angehörige der Regierung Nixon, hielten es für unsere Pflicht, das amerikanische Volk von der Notwendigkeit eines Gleichgewichts der Kräfte zu überzeugen. Sie setzte eine Außenpolitik voraus, in der unser Gewicht der schwächeren Seite zur Verfügung gestellt werden mußte, und zwar auch in einem Konflikt zwischen kommunistischen Staaten, mit deren innenpolitischen Praktiken wir nicht einverstanden waren. Wir mußten also einen sowjetischen Angriff gegen China verhindern und etwas dagegen unternehmen, falls er geführt wurde.

Doch selbst wenn es uns gelang, unsere Öffentlichkeit über diese intellektuelle Hürde zu bringen, waren die Interessen und Perspektiven Chinas und der Vereinigten Staaten so verschieden, daß es sorgfältiger Konsultationen bedurfte, um unnötige Irritationen zu vermeiden. Die ideologische Gegnerschaft Moskaus gegenüber Amerika hatte eine lange Geschichte; jedes leninistische Lehrbuch bezeichnet es als das Böse schlechthin. Die sowjetische Ideologie kennt jedoch keinen festen Zeitplan für unsere Vernichtung; nach den Vorstellungen der Sowjets muß sich der Kampf gegen uns nach den jeweils gegebenen Möglichkeiten richten. Während wir daher für die Sowjetunion eine ebenso eindeutige Gefahr darstellten wie China, war die Bekämpfung dieser Gefahr in unserem Fall ein Langzeitproblem. Die Vereinigten Staaten waren der Sowjetunion 1973 noch militärisch überlegen und würden es, was die potentiell zu mobilisierende Stärke betraf, auch für eine unbestimmte Zukunft bleiben.

Die Vereinigten Staaten verfügten deshalb über einen weiteren Handelsspielraum als China. Man durfte damit rechnen, daß die Sowjetunion eine direkte Konfrontation mit uns scheuen würde, wenn wir unsere Entschlossenheit nur deutlich genug zeigten; wir mußten auch nicht damit rechnen, vor ultimative Forderungen gestellt zu werden. Eine auf ihr eigenes Staatsgebiet beschränkte Sowjetunion bedeutete für die Vereinigten Staaten keine Bedrohung, mit der wir nicht hätten fertig werden können. Die Gefahr für uns lag darin, daß das Tempo der sowjetischen Aufrüstung die globale Abenteuerlust der Sowjets dazu reizen könnte, sich gegen andere zu wenden. Anders als die Chinesen waren wir auch ohne fremde Hilfe stark genug, den sowjetischen Waffen Gleichwertiges entgegenzusetzen und sowjetische Abenteuer zum Scheitern zu bringen. Mit der überlegenen Produktionskapazität der Vereinigten Staaten und unserer Verbündeten waren wir fähig, mehr zu produzieren als die Sowjets, und wenn wir das, was in unserem Interesse lag, richtig begriffen – angesichts der jüngsten Entwicklungen ist das kein geringes Erfordernis –, dann besaßen wir die Mittel, Aggressionen einzudämmen. Die Vereinigten Staaten konnten sich daher Zeit lassen und abwarten, wie sich das sowjetische System weiterentwickelte, solange sie es in festen Grenzen hielt, während es sich damit abplagte, mit den diesem System angeborenen Zwängen fertig zu werden.

Peking konnte sich einen solchen Luxus nicht leisten; es war viel unmittelbarer bedroht. Für die Chinesen würde die Gefahr ironischerweise am größten sein, wenn es seine eigenen inneren Spaltungen überwunden hatte und anfing, stetig wirtschaftlich zu wachsen. Dann würde die Sowjetunion vor die Tatsache gestellt, daß China an einem deutlich im voraus erkennbaren Punkt zu einem Hindernis werden würde, das sich nicht mehr beseitigen ließ, besonders in Verbindung mit anderen Ländern, die Moskau in das Lager seiner Gegner trieb. Sobald Chinas Wirtschaftswachstum es von anderen unabhängig gemacht hatte, würde der Kreml in die gefährliche Versuchung geraten, einen Präventivangriff zu führen – wenn China nicht bereit sein sollte, der Sowjetunion drastische Zugeständnisse zu machen. Die Sowjetunion brauchte keine Zunahme ihrer militärischen Kapazität, um China anzugreifen, auch wenn sie (im Jahre 1973) noch nicht stark genug war, es mit dem Westen aufzunehmen. Die chinesische Führung konnte die Lage jedoch auch anders darstellen. Sie konnte sich mutig und entschlossen zeigen und argumentieren, daß Moskau im Osten nur eine Scheinfront aufgebaut habe und in Wirklichkeit den Westen angreifen wolle – eine gute Verhandlungsgrundlage. Aber die Chinesen waren viel zu intelligent, um die Gefahr zu unterschätzen, in der sie sich befanden. Ihr Handeln widersprach ihren Worten (und die erwähnten theoretischen Überlegungen wurden ohnedies nicht mit großer Überzeugungskraft vorgetragen). Welches daher auch unser Motiv für Verhandlungen mit den Sowjets gewesen sein mochte und wie tiefgründig wir sie auch erläuterten, Peking konnte keinen Vorteil darin erblicken, die Entscheidung hinauszuschieben, die es als unausweichlich ansah und auch nicht durch eigene Maßnahmen vermeiden konnte, es sei denn, die Chinesen waren bereit, sich selbst zur permanenten Schwäche zu verurteilen.

In den Beziehungen der Vereinigten Staaten zur Sowjetunion erblickten die Chinesen keine Vorteile für sich, wohl aber manches Risiko. Selbst wenn die Chinesen zu Nixon und mir als den Vertretern unseres Landes ein gewisses persönliches Vertrauen hatten, so konnten sie doch nicht sicher sein, wie unsere Nachfolger den Handlungsspielraum, den wir zwischen Peking und Moskau gewonnen hatten, ausnutzen würden. Im übrigen wird kein vernünftiger Staatsmann die Sicherheit seines Landes vom persönlichen Vertrauen zu Individuen abhängig machen. Nach Auffassung der Chinesen brauchte sich China um seinen strategischen Alptraum eines amerikanisch-sowjetischen Kondominiums um so weniger Sorgen zu machen, je schlechter die Beziehungen zwischen den Vereinigten Staaten und der Sowjetunion waren. Die Verhandlungsposition Chinas gegenüber beiden Supermächten wäre in diesem Fall nur besser.

Diese theoretischen Überlegungen bekamen für Peking nach Beendigung des Krieges in Vietnam eine besondere Bedeutung. Solange Hanoi in einem grausamen, gegen die Vereinigten Staaten geführten Krieg vom Kreml bewaffnet wurde, gab es natürlich eine Grenze bei der Herstellung guter Beziehungen zwischen Moskau und Washington. Gelegentlich ergriff Amerika in Indochina drastische Maßnahmen, durch die die Sowjetunion gezwungen wurde, zu reagieren, wenn auch nur mit einen gewissen Abbau der diplomatischen Kontakte zu uns. Als großer Diplomat war Tschou En-lai durchaus nicht unglücklich darüber, daß der Krieg in Vietnam unsere Optionen einschränkte. Die Beendigung des Konflikts hatte deshalb die gegenteilige Wirkung. Die Zahl der Optionen Amerikas nahm zu, und die Vereinigten Staaten verfügten ohnedies über mehr Möglichkeiten als China. Wir unterhielten sowohl zu Moskau als auch zu Peking engere Beziehungen als diese beiden zueinander – ein beunruhigender Umstand für ein Land, das seit Jahrhunderten die Rivalitäten zwischen Ländern manipuliert hatte, die nach seiner Auffassung von Barbaren bewohnt wurden.

Tschou En-lai war viel zu klug, um das chinesische Dilemma deutlich erkennen zu lassen. Er wußte, daß, wenn die Vereinigten Staaten und China parallele Analysen der Weltlage artikulieren konnten, miteinander zu vereinbarende Aktionen automatisch folgen würden; und wenn nicht, bedeuteten verbale Beteuerungen nur sehr wenig. Deshalb verbrachten Tschou und ich lange Stunden damit, unsere Interpretationen so detailliert miteinander zu vergleichen, wie dies nicht einmal zwischen Ländern, die einander täglich konsultieren, möglich ist. Darüber hinaus geschah dies mit der Offenheit, die die beste Garantie dafür war, daß sich die Unterschiede in der Perspektive überbrücken ließen.

Tschou brachte seine Besorgnisse nur in Bruchstücken und in der Form von Fragen zum Ausdruck: Würden wir die Eindämmungspolitik auch in Asien für wichtig halten? Oder würden wir unsere Sicherheit darin suchen, daß sich die beiden kommunistischen Giganten gegenseitig erschöpften? Waren wir bereit, uns nach Beendigung des Vietnam-Krieges dem sowjetischen Expansionismus energisch zu widersetzen? Oder würde der Westen versuchen, die Sowjets zu beschwichtigen, um »den ungesunden Gewässern der Sowjetunion . . . ein Gefälle nach Osten zu geben« – das heißt, die Sowjets zu einer weiteren Bedrohung Chinas zu ermutigen oder diese wenigstens hinzunehmen?

In Wirklichkeit war das Dilemma, in dem sich Tschou befand, ein anderes. Die idealistischen Amerikaner und sogar die glühenden Antikommunisten unter ihnen würden wahrscheinlich nicht auf den Gedanken kommen, zynisch und absichtlich einen Konflikt zwischen China und der Sowjetunion heraufzubeschwören. Es könnte aber auch sein, daß amerikanische Führer wie Nixon, die sich grundsätzlich für das Gleichgewicht der Kräfte einsetzten, nicht ihrer Überzeugung gemäß handeln konnten, nach der die Vereinigten Staaten ein vitales Interesse daran hatten, zu vermeiden, daß China zerschlagen oder gedemütigt wurde – weil dieses Land kein Verbündeter, sondern noch vor kurzem ein Feind gewesen war, und nichts darauf hindeutete, daß es sich zu einer Demokratie entwickeln könnte.

Was nun Nixon und mich betraf, so mußte unsere Politik gegenüber Moskau stets das nationale Interesse der Vereinigten Staaten berücksichtigen, das nach unserer Auffassung die territoriale Integrität Chinas einschloß. Sollte es der Sowjetunion gelingen, die Machtstellung Chinas wesentlich zu erschüttern, dann wären die Auswirkungen auf das globale Gleichgewicht der Kräfte kaum weniger katastrophal als bei der Eroberung durch die Sowjetunion. Sobald sich erkennen ließe, daß die Vereinigten Staaten eine Aggression größeren Umfanges in Asien nicht verhindern könnten, würde Japan beginnen, sich von uns zu distanzieren. Angesichts eines sowjetischen Kolosses, das den Rücken frei hätte, sich ausschließlich auf den Westen zu konzentrieren, würde Europa das Vertrauen verlieren, und alle neutralistischen Tendenzen dort würden sich verstärken. Auch Südostasien würde diesem Trend folgen. Die radikalen Kräfte im Nahen Osten, Südasien, Afrika und sogar in den lateinamerikanischen Ländern würden die Oberhand gewinnen. Aus diesem Grund durften wir die Sowjets unter keinen Umständen zu einem Angriff gegen China ermutigen. Wir hatten nach meiner Auffassung keine andere Wahl, als China zu helfen, einem solchen Angriff Widerstand zu leisten.

Ich wußte aber auch, daß solche Vorstellungen Anfang der siebziger Jahre für die meisten politischen Führer und die öffentliche Meinung in Amerika noch neu waren und nicht der Stimmung im Land entsprachen, und wies den chinesischen Premierminister ausdrücklich darauf hin, daß Nixon und ich uns keine Illusionen über die Motive der Sowjets machten und daß sich China durch die taktischen Manöver, die unsere Strategie gelegentlich erforderte, nicht irreführen lassen sollte:

> Es gibt zwei theoretische Möglichkeiten. Die eine besteht darin, (daß die sowjetischen Führer) aufrichtig darum bemüht sind, die Spannungen in der Welt abzubauen. Wenn sie zutrifft, liegt sie in unserem gemeinsamen Interesse . . .

Die zweite Möglichkeit wäre, und ich glaube, alles deutet mehr in diese Richtung, daß die Sowjetunion entschlossen ist, zur Erreichung der folgenden Ziele eine flexiblere Strategie zu entwickeln: Westeuropa dadurch zu demoralisieren, daß die Illusion des Friedens geschaffen wird; mit Hilfe amerikanischer Technologie das Ungleichgewicht zu überwinden, das noch zwischen der militärischen und der wirtschaftlichen Kapazität der Sowjetunion besteht; es den Vereinigten Staaten zu erschweren, seine militärische Kapazität aufrechtzuerhalten, indem die Sowjets eine Atmosphäre der Entspannung schaffen und damit die Gegner isolieren, die sich durch eine solche Entspannungspolitik nicht täuschen lassen.
(»Wie China«, unterbrach mich Tschou. »Ich wollte nicht ganz so deutlich werden«, antwortete ich und fuhr fort:)
Was ist nun unsere Strategie? . . . Wir halten die zweite Interpretation der sowjetischen Absichten für bei weitem wahrscheinlicher. Erstens, und ich will ganz offen mit Ihnen sprechen, denn Sie werden das auch aus Ihren eigenen Berichten wissen: Wir haben als Folge des Vietnam-Krieges eine sehr schwierige innenpolitische Periode hinter uns. Wir haben deshalb bei vielen Gelegenheiten manövrieren und auf eine direkte Konfrontation verzichten müssen. Aber jetzt, nach Beendigung des Vietnam-Krieges, besonders, wenn die gefundenen Regelungen nicht zur Quelle ständiger Konflikte für die Vereinigten Staaten werden, können wir zu den fundamentalen Problemen unserer Außenpolitik zurückkehren. Doch selbst während der vergangenen Periode, und der Premierminister muß das festgestellt haben, haben wir immer mit äußerster Heftigkeit auf direkte Herausforderungen der Sowjetunion reagiert . . .
Was ist nun unsere Strategie? Zunächst müssen wir unsere eigene Bevölkerung hinter uns bringen, und zwar durch einen großen außenpolitischen Erfolg, damit man uns zutraut, vernünftig handeln zu können. Zweitens mußten wir den Vietnam-Krieg unter Bedingungen beenden, die nicht als eine Schande für Amerika angesehen werden dürften. Drittens wollen wir unser militärisches Establishment modernisieren, besonders die strategischen Streitkräfte . . . Viertens wollen wir die Sowjetunion schließlich in eine Position manövrieren, in der deutlich erkennbar wird, daß sie der Provokateur ist. Fünftens müssen wir unser Volk an gewisse Vorstellungen gewöhnen, die ihm völlig fremd sind.

Diese »neuen Vorstellungen« bestanden darin, daß die Vereinigten Staaten ein vitales nationales Interesse am globalen Gleichgewicht der Kräfte im allgemeinen und an der territorialen Integrität Chinas im besonderen hatten und unter Umständen Herausforderungen begegnen müßten, auch wenn wir völkerrechtlich nicht dazu verpflichtet waren.

Bei meiner Erläuterung der amerikanischen Außenpolitik suchte ich dem chinesischen Premierminister zugleich deutlich zu sagen, daß China und die Vereinigten Staaten parallele Strategien verfolgen müßten trotz der Taktiken, die den jeweils in ihren Ländern herrschenden Umständen entsprachen. Wie schon gesagt, hatten die Vereinigten Staaten kein Interesse an einer Politik der unnachgiebigen, undifferenzierten Konfrontation mit der UdSSR, was China zweifellos besser gefallen hätte. Wir hielten es nicht für gut, daß Amerika zu einer Karte wurde, die Peking ausspielen konnte. China mußte auf die amerikanische Unterstützung gegen eine direkte sowjetische Bedrohung seiner Unabhängigkeit oder territorialen Integrität rechnen können; wir durften aber nicht zulassen, daß die Chinesen uns in eine unnötige Konfrontation hineinmanövrierten. So komplex die Aufgabe auch sein mochte, eine solche Taktik in die Tat umzusetzen, für uns war es immer günstiger, mit Moskau oder Peking engere Beziehungen zu unterhalten, als es die beiden kommunistischen Staaten untereinander taten – von dem Ausnahmefall eines sowjetischen Angriffs gegen China abgesehen.

Aus den gleichen Gründen mußten auch wir der Versuchung widerstehen, unsererseits die chinesische Karte zu spielen. Wenn wir unsere Fäden zu China enger knüpften, um die Sowjetunion zu reizen, dann gingen wir damit das doppelte Risiko ein, die Sowjetunion zu einem Präventivkrieg gegen China anzuregen – und so die Katastrophe herauszufordern, die wir vermeiden wollten – und Peking den beunruhigenden Eindruck zu vermitteln, daß wir, da wir die engeren Beziehungen zu China angeknüpft hatten, um der sowjetischen Starrheit zu begegnen, diese Bindungen wieder aufgeben könnten, wenn sich die Sowjets zu Zugeständnissen bereit fänden. Dann würde China nicht nur ein Gewicht auf der Waagschale, sondern ein Verhandlungsobjekt werden – und das wäre mit den Notwendigkeiten unvereinbar, die uns zu einer Annäherung an China geführt hatten.

Ich wies meinen Gesprächspartner darauf hin, daß wir trotz der chinesischen Vorbehalte auch weiter Verhandlungen mit Moskau führen würden, die nach unserer Auffassung im gemeinsamen Interesse lagen. Wir würden aber Peking im voraus davon unterrichten, den chinesischen Standpunkt ernst nehmen und keine gegen China gerichteten Vereinbarungen treffen. Ich sagte, daß wir drei Arten von Vereinbarungen mit der Sowjetunion aushandeln wollten: Abkommen, die die Spannungen in Krisengebieten wie Berlin verringerten, was, wie wir glaubten, in erster Linie unserer Seite nützen würde; Vereinbarungen, deren Ziele im beiderseitigen und allgemeinen Interesse lagen wie etwa die jüngst getroffenen über eine Begrenzung der strategischen Rüstung; und technisch nützliche Abkommen ohne größere politische Bedeutung, etwa über den kulturellen und wissenschaftlichen Austausch und über den Handel (innerhalb eines strengen strategischen Kontrollsystems, wobei der Umfang des Warenaustausches von der jeweiligen politischen Lage abhängig gemacht werden sollte).

Der chinesische Premierminister, dem keine Nuance entging, unterbrach mich: »Man kann aber auch sagen, daß dies der sowjetischen Politik entspricht, deren Ziel es ist, Westeuropa in Sicherheit zu wiegen und zu demoralisieren.«

»Ich gebe zu, daß beide Seiten auf bestimmte Tendenzen setzen«, sagte ich. »Die Sowjetunion glaubt, sie könnte Westeuropa demoralisieren und uns lähmen. Wir glauben ... daß wir mit dieser Politik die Handlungsfreiheit gewinnen, die wir brauchen, um dort Widerstand zu leisten, wo wir am ehesten mit Aggression und Druck rechnen müssen.«

Tschou En-lai hatte hier keine Zweifel. Er forderte uns auf, bei der Bildung einer antisowjetischen Koalition die Führung zu übernehmen. Sie sollte sich von Japan über China, Pakistan, den Iran und die Türkei bis nach Westeuropa erstrecken. Das Konzept war richtig, ließ sich aber nicht allein durch einen Appell an unsere Verbündeten verwirklichen. Nixon und ich waren uns der Bedeutung der Türkei, Pakistans und des Iran bewußt – aber die nächsten fünf Jahre würden zeigen, wie gering das Verständnis in Amerika für eine Politik war, welche die wichtigsten Verbündeten im Rahmen eines globalen Gleichgewichts der Kräfte betrachtete. (1974 verordnete der Kongreß ein Rüstungsembargo gegen unsere türkischen Verbündeten. Eine Unterstützung Pakistans scheiterte an der Opposition im Kongreß und dem Mangel an Interesse in der Öffentlichkeit, während die Regierung im Iran stürzte, ohne daß die neue amerikanische Regierung etwas dagegen unternehmen konnte.) Auf Europa und Japan mußte mit delikateren Mitteln eingewirkt werden, denn die europäischen Länder wollten in vielen, das globale Kräftegleichgewicht betreffenden entscheidenden Fragen weder auf den Rat der Chinesen noch auf den der Vereinigten Staaten hören. Doch hätten die amerikanischen Konservativen feststellen müssen, daß der chinesische kommunistische Premierminister die Weltlage in vielen Punkten ganz ähnlich beurteilte wie sie. Er hielt es für lächerlich, mit der Sowjetunion zu verhandeln. Nach seiner Auffassung waren die expansionistischen Tendenzen aus dem sowjetischen System nicht fortzudenken, und Verhandlungen konnten nur zur Verwirrung führen. Was Amerika auch tat, China würde seine Aufgabe darin sehen, die Motive der Sowjets bloßzulegen und damit den intellektuellen Rahmen für eine konzertierte Opposition zu schaffen.

Es war nicht leicht, in diesem Teil der Gespräche den richtigen Kurs zu halten, besonders da Tschou En-lai sehr klar die Vieldeutigkeit unserer Politik erkannt hatte. Einerseits mußten wir flexibel bleiben, um sicherzustellen, daß die Vereinigten Staaten nicht durch inneren oder äußeren Druck paralysiert wurden, wenn man ihnen die Schuld an den bestehenden Spannungen zuschob. Es war aber auch richtig, daß die Entspannung, wie Tschou erklärte, den Westen in Sicherheit wiegen und den Sowjets den Rücken freimachen könnte, um auf China Druck auszuüben und den allgemeinen Widerstandswillen zu unterminieren. Wo lag das größere Risiko? Diese Frage ist niemals endgültig beantwortet worden; weder in unserem Dialog mit den chinesischen Führern noch in unserer innenpolitischen Debatte, weil Watergate sehr bald seine eigenen Zwänge fühlbar machen sollte.

Die weltpolitische Großwetterlage

Von diesen Perspektiven ausgehend – ähnliche Voraussetzungen, unterschiedliche Umstände und parallel laufende Strategien –, besprachen Tschou En-lai und ich die internationale Situation. Da es sein wichtigstes Ziel war, die Macht der Sowjetunion einzudämmen, unterstützte der alte Revolutionär alles, was den Zusammenhalt und die Stärke der nichtkommunistischen Welt stärkte, und zwar ohne Rücksicht auf die Ideologien, die von den wichtigsten Ländern vertreten wurden.

So hatte Tschou zum Beispiel in den neunzehn Monaten, die seit meinem ersten Besuch vergangen waren, gegenüber Japan eine vollkommene Kehrtwendung vollzogen. Damals hatte er, wie ich berichtet habe, Japan als potentiell aggressive Nation angesehen, die sich mit anderen zusammentun könnte, um China aufzuteilen, und hatte uns beschuldigt, bewußt den japanischen Militarismus wieder aufleben zu lassen. In der Öffentlichkeit und im Privatgespräch tadelte er das zwischen den Vereinigten Staaten und Japan abgeschlossene Sicherheitsabkommen. Im Februar 1973 warnte Tschou zwar noch formal vor dem japanischen Militarismus, behandelte Japan jedoch praktisch wie einen potentiellen Verbündeten.[1] (China und Japan hatten die diplomatischen Beziehungen auf unsere Anregung wiederaufgenommen, als der japanische Premierminister Kakuei Tanaka China im September 1972 besuchte.) Jetzt erkannte Tschou En-lai an, daß die Bindungen Japans an die Vereinigten Staaten die dort noch vorhandenen militärischen Tendenzen abbremsten und den Japanern das unbedingt notwendige Gefühl der Sicherheit gaben. Er machte mich darauf aufmerksam, daß er seine Angriffe gegen das Sicherheitsabkommen eingestellt hatte. In der Tat setzte sich China jetzt entschieden für eine möglichst enge Zusammenarbeit zwischen den Vereinigten Staaten und Japan ein. Der Vorsitzende Mao gab uns später den freundlichen Rat, um den Stolz der Japaner nicht zu verletzen, sollte ich bei jedem Besuch Pekings auch in Tokio Station machen. Wir hatten schon vorher erkannt, daß dies unbedingt notwendig sei. Als ich aus meinem Amt als Außenminister ausschied, hatte ich Tokio häufiger besucht als irgendeine andere Hauptstadt.

Über Westeuropa sprachen wir im gleichen Zusammenhang; bei unseren Gesprächen ging es in erster Linie um die Eindämmung der Sowjetunion. Da das Studium der europäischen Geschichte mein Spezialgebiet war und ich viele politische Führer in Europa kannte, durchlöcherte mich Tschou mit Fragen nach der europäischen Politik, nach den dort üblichen politischen Methoden, Verfahren und Persönlichkeiten. Er konnte nicht verstehen, weshalb Europa sein großes wirtschaftliches Potential nur so ungern in militärische Stärke ummünzen wollte oder weshalb ein Kontinent, der sich auch selbst hätte verteidigen können, das Bündnis mit einem so weit entfernt gelegenen Alliierten brauchte.

Es war klar, daß sich China, wenn es über vergleichbare Rohstoffquellen und industrielle Kapazitäten verfügte, niemals in eine ähnliche Abhängigkeit begeben würde. Weil Tschou der Auffassung war, Europa sei wirtschaftlich stark, militärisch schwach und psychologisch schwankend, drängte er uns dazu, klare Prioritäten zu setzen. Er erklärte, daß Schwierigkeiten im transatlantischen Handel der Zusammenarbeit bei der Verteidigung gegen die Sowjetunion niemals im Wege stehen dürften. Die amerikanische Europa-Politik müsse klug genug sein, um zwischen Form und Inhalt, zwischen einer natürlichen Bestätigung der Unabhängigkeit und unzuverlässiger Unterwürfigkeit zu unterscheiden. Besonders wachsam müßten wir gegenüber dem französischen Präsidenten Georges Pompidou sein. Das französische Streben nach Unabhängigkeit könnte uns zwar irritieren, wir würden aber niemals vergessen, daß Frankreich von allen europäischen Ländern die stärkste Außenpolitik triebe, was fraglos die Sicherheit des Westens stärke. Tschou erklärte ausdrücklich, daß, so unbequem die französischen Taktiken von Zeit zu Zeit auch sein mochten, wir doch niemals vergessen dürften, daß ein starkes Frankreich auch dafür sorgte, die Versuchung Deutschlands einzudämmen, sich der Sowjetunion anzunähern. Denn Tschou teilte die Auffassung anderer Verbündeter Westdeutschlands, daß Bundeskanzler Willy Brandts Ostpolitik (seine Ostverträge mit der Sowjetunion, der DDR und Polen) das Risiko enthielt, das, was als persönliche Geste begonnen hatte, in einem ungehemmten deutschen Nationalismus enden zu lassen, der Europa demoralisieren würde.

Tschou En-lai hielt große Stücke auf den britischen Premierminister Edward Heath. Unser Gespräch über Heath gab Tschou die Gelegenheit, mir zu erklären, daß die Chinesen im allgemeinen konservative Politiker höher einschätzten als sozialistische, denn bei ersteren war die Gefahr geringer, sich von den Sowjets täuschen zu lassen, außerdem waren sie, wenn sie sich um eine starke Verteidigung bemühten, einem geringeren innenpolitischen Druck ausgesetzt. Tschou fürchtete, besonders die europäischen Länder könnten in Versuchung geraten, die »ungesunden Gewässer« Moskaus in östliche Richtung abzuleiten. Die Chinesen erwarteten, und das ließ sich hier deutlich erkennen, von den Vereinigten Staaten die Abwendung dieser Gefahr. Auf welchem Wege das geschehen sollte – und es fragt sich, ob sie es wirklich von uns erwartet haben –, haben sie uns nie gesagt.

Nachdem wir uns darüber geeinigt hatten, daß es im beiderseitigen Interesse läge, die sowjetische Macht einzudämmen, erschien Indochina in einem ganz neuen Licht. Tschou begriff, daß, wenn sich die Pariser Vereinbarungen als unwirksam erweisen sollten, es zu einer von zwei ungünstigen Entwicklungen kommen müßte: Entweder würde der Krieg wiederaufgenommen werden, und damit begänne das chinesische Dilemma von neuem, durch das sowohl die Beziehungen der Volksrepublik China zu uns wie auch zu Nordvietnam gefährdet würden, zu einem Land, dem er im übrigen zutiefst mißtraute. Doch nach Auffassung Pekings wäre es noch gefährlicher, wenn Hanoi kampflos die Vorherrschaft in Indochina gewönne, die Vereinigten Staaten international als Papiertiger in Mißkredit brächte und an der chinesischen Südgrenze einen mächtigen vietnamesischen Staat schüfe, der nach seiner geschichtlichen Überlieferung chinesenfeindlich sein müßte und der, was die Versorgung mit Rüstungsgütern beträfe, ganz von der Sowjetunion abhängig wäre.

Auf diesem Gebiet liefen die amerikanischen und chinesischen Interessen fast parallel. Ein vereintes kommunistisches Vietnam, das die Vorherrschaft in Indochina gewonnen hatte, war für die Chinesen ein

Alptraum, auch wenn es aus ideologischen Gründen nicht möglich war, dies offen auszusprechen. Tschou war daher durchaus aufrichtig, wenn er versicherte, daß ihm viel an der strikten Einhaltung der Pariser Vereinbarung läge, denn wenn das geschah, dann konnte es Hanoi nicht gelingen, die Vorherrschaft in Indochina zu gewinnen, und Nordvietnam wäre von drei unabhängigen Pufferstaaten, Laos, Kambodscha und Südvietnam, umgeben. Es ist interessant festzustellen, daß Tschou En-lai von Anfang an ähnliche Waffenstillstandsbedingungen vorgeschlagen hatte, wie sie in den Vereinbarungen festgelegt waren, deren Einhaltung es der Regierung in Südvietnam unbedingt ermöglicht hätte, zu überleben. Anders als viele unserer innenpolitischen Gegner hat er uns niemals dazu gedrängt, Thieu zu stürzen und an seiner Stelle eine von Hanoi vorgeschlagene Marionettenregierung einzusetzen.

Als wir zum Thema Laos und Kambodscha kamen, wandte Tschou zunächst seine Lieblingstaktik an, um sich von Hanoi zu distanzieren. Es war die gleiche Methode, die er schon in den Krisen des Jahres 1972 erfolgreich erprobt hatte. Er behauptete, über die Vorgänge in diesen beiden Ländern nicht genau unterrichtet zu sein – was recht unwahrscheinlich war, wenn man bedenkt, mit welcher Sorgfalt die Chinesen sich auf jedes Treffen mit amerikanischen Politikern vorbereiten und eine wie lange Geschichte ihr Land mit Indochina verbindet. Aber diese Behauptung erlaubte ihm, sich in die Zweideutigkeit zu flüchten, so daß er sich nicht deutlich über seine Differenzen mit Hanoi äußern mußte. Wie sich herausstellte, kam es Tschou auf praktische Ergebnisse an. Für Laos hoffte er, daß die Friedensverhandlungen zwischen der königlich laotischen Regierung und den Pathet Lao vorankommen und mit einer wirklich neutralen Koalition enden würden. Hier würde China einen baldigen Waffenstillstand begrüßen. Er sprach mit großer Hochachtung von dem laotischen König Savang Vatthana als einem »patriotischen und ehrlichen« Mann und unterstützte die Legitimität des neutralistischen Premiers Souvanna Phouma. Der König gehörte natürlich nicht zu den bei den Nordvietnamesen besonders geliebten Persönlichkeiten. Mit anderen Worten: China unterstützte unsere Bestrebungen in Laos, ein neutrales, friedliches und von Hanoi unabhängiges, nichtkommunistisches Regime zu errichten.

Tschou lüftete auch den Zipfel eines Schleiers, der für uns über einem der eigenartigsten Vorhaben Chinas während des Vietnam-Krieges gelegen hatte. Über fast zehn Jahre hatten chinesische Truppen im nördlichen Laos eine Straße durch die unwegsamen Berge und Dschungel an der Grenze zwischen beiden Ländern gebaut. Bis zu zwanzigtausend chinesische Soldaten waren, geschützt durch chinesische Luftabwehrbatterien, an diesem Projekt auf dem Territorium eines anderen souveränen Staates beschäftigt gewesen. Souvanna versicherte uns wiederholt, daß diese Arbeiten gegen den Wunsch von Laos ausgeführt wurden; die Chinesen hingegen behaupteten, sie seien vorher vereinbart worden. Mir ist es niemals gelungen, die völkerrechtliche Lage zu entwirren. Souvanna weigerte sich, öffentlich zu erklären, daß der Bau dieser Straße nicht genehmigt sei; wir konnten nicht feststellen, ob ihn seine Furcht zu dieser Haltung veranlaßte oder ob er etwas wußte, was er nicht sagen wollte. Peking wiederum weigerte sich, die Behauptung zu beweisen, daß Laos dem Unternehmen zugestimmt hatte, und auch hier wußten wir nicht, ob uns die Chinesen nur das Recht streitig machten, uns nach dem Grund ihrer Aktivitäten nahe der Grenze zu erkundigen, oder ob keine eindeutigen Beweise für solche Vereinbarungen vorlagen.

Im Februar 1973 interessierte uns jedenfalls die legale Grundlage für den Bau der Straße in Laos durch die Chinesen viel weniger als ihr strategischer Zweck, und zu diesem Thema äußerte sich Tschou nun ganz klar. Während des größten Teils des Krieges hatten wir geglaubt, daß über diese Straße die unter der Kontrolle von Hanoi stehenden Pathet Lao versorgt werden sollten. Es hatte amerikanische Pläne für ihre Bombardierung gegeben, die jedoch nie zur Ausführung kamen. Erst im Lauf der Zeit mußten wir feststellen, daß über diese Straße keine Versorgungsgüter transportiert wurden und sie an der Flanke der vorrückenden Nordvietnamesen gelegen war. Nun erläuterte ich meine Theorie, indem ich Tschou von den Befürchtungen Thailands berichtete, die Straße könnte gegen dieses Land gerichtet sein. Er antwortete, daß China an guten Beziehungen zu Bangkok interessiert sei; der Bau der Straße werde weitergehen, die Straße werde aber weit vor der thailändischen Grenze enden. Wenn das richtig war, dann konnte der einzige Zweck dieses Unternehmens nur sein, Hanoi in Schranken zu halten und nötigenfalls zu bedrohen. Während all der Jahre des Vietnam-Krieges hatte Peking in Laos in der Flanke der vorrückenden Nordvietnamesen eine Basis errichtet, um von dort aus die mögliche Beherrschung ganz Indochinas durch seinen angeblichen Verbündeten zu verhindern!

Die Tatsache, daß China sich jetzt von Hanoi distanzieren wollte, wurde noch deutlicher, als wir uns Kambodscha zuwandten. Offiziell nahm China eine ähnliche Haltung ein wie Hanoi: Es unterstützte die formal vom Prinzen Norodon Sihanouk geführte kommunistische Rebellion. Aber an diesem Punkt endete die Ähnlichkeit. Hanoi behandelte Sihanouk als ein eben noch zu tolerierendes Anhängsel der kommunistischen Roten Khmer; Tschou En-lai hingegen räumte dem Prinzen die erste Stelle ein. Aus diesem Grunde wollte – und konnte – Tschou nicht wie Pham Van Dong und Le Duc Tho von uns verlangen, daß wir die Regierung Lon Nol in Phnom Penh stürzten. Tschou kannte die Verhältnisse in Kambodscha zu genau und wußte, daß der Erfolg von Sihanouks Balanceakt davon abhing, ob es auch weiterhin zwei miteinander konkurrierende Kräfte gab, die gegeneinander ausbalanciert werden konnten. So war es allzu verständlich, daß Tschou sagte:

> Ich meine nicht, daß die Kräfte, die er (Lon Nol) vertritt, nicht zählen ... Wir denken uns etwas bei unseren jeweiligen Orientierungen. Es ist für Kambodscha unmöglich, jetzt vollständig rot zu werden. Wollte man das versuchen, dann würde es zu noch größeren Problemen führen.

Es war erstaunlich, daß ein politischer Führer des Landes, das sich selbst als leuchtendes Vorbild aller revolutionären Kräfte betrachtete, erklärte, seine Probleme könnten zunehmen, wenn ein anderes Land vollständig kommunistisch würde. Aber er hatte recht. Eine solche Entwicklung würde Sihanouk überflüssig machen, Saigon demoralisieren und Indochina praktisch den Nordvietnamesen in die Hände spielen.

Die Haltung Tschous zeigte uns, daß wir vielleicht doch noch zu einer praktischen Übereinkunft kommen könnten. Wenn die durch Lon Nol vertretenen Kräfte eine endgültige Regelung überlebten, dann gäbe es noch Themen, über die man sprechen konnte. Wenn unsere Grundsatzbedingung – daß diejenigen, die sich auf uns verlassen hatten, nicht unter kommunistische Herrschaft gerieten – erfüllt wurde, dann bestand die Möglichkeit, daß Sihanouk eine wichtige und vielleicht entscheidende Rolle als Bindeglied zwischen den miteinander konkurrierenden Kräften übernahm, um zwischen ihnen den Ausgleich zu schaffen. Ich schlug deshalb ein sofortiges Treffen zwischen einem Vertreter der Regierung Lon Nol und Sihanouks Premierminister Penn Nouth vor, um Verhandlungen über die Struktur einer künftigen Koalition aufzunehmen. Ich sagte, daß wir nicht darauf bestehen würden, Lon Nol selbst an einer solchen Regierung zu beteiligen, solange die von ihm geführten Kräfte darin vertreten waren.

Tschou meinte dazu, daß Kambodscha ein kompliziertes Problem sei und es sich hier nicht nur um einen Bürgerkrieg handelte; auch von außen kommende Kräfte (und hier meinte er die Nordvietnamesen) seien darin verwickelt. In der von Sihanouk geführten Aufstandsbewegung gäbe es obendrein zahlreiche Gruppen mit unterschiedlichen Auffassungen (was bedeuten sollte, daß die Roten Khmer jeden Kompromiß ablehnten). Nicht alle an der Revolte Beteiligten waren damit einverstanden, daß Sihanouk die von mir dargestellte zentrale Rolle übernahm (und damit wollte der chinesische Premierminister sagen, daß die Roten Khmer ihn bestenfalls als Strohmann ansahen). Tschou erklärte sich jedoch bereit, den interessierten Parteien und vor allem Sihanouk unsere Ideen »in unserer (der chinesischen) Version« vorzutragen. Mit anderen Worten, bei der Erläuterung unserer Haltung (welche die Führung in Hanoi vor wenigen Tagen entschieden abgelehnt hatte) wollte er sich bis zu einem gewissen Grad mit ihr identifizieren. Er sagte, daß er, wenn er sich mit den interessierten Parteien beraten hätte, sich wieder mit uns in Verbindung setzen werde. Zum ersten Mal übernahm China eine aktive Rolle im Ramen der indochinesischen Friedensverhandlungen.

Dafür gab es gute Gründe. Das Interesse Chinas an Kambodscha, das in eigenartiger Weise mit dem unseren parallel lief, war sehr viel stärker. Daß sich Hanoi an die Pariser Vereinbarungen hielt, war für uns in erster Linie wichtig, weil es unsere globale Glaubwürdigkeit stärkte. Für China ging es dabei um die nationale Sicherheit, da eine stark gerüstete bedeutende Macht mit einer Bevölkerung von fast fünfzig Millionen Menschen an der chinesischen Südgrenze entstand, deren fanatische Führung mit der Sowjetunion verbündet war. In diesem Sinne war Kambodscha Indochinas Achse; wenn es zusammenbrach, dann war die Auflösung Südvietnams und daher auch die Vorherrschaft von Hanoi sicher. Tschou war deshalb weniger um einen Sieg der Roten Khmer besorgt als um die Möglichkeit, daß eine Struktur mit den besten Voraussetzungen entstand, Kambodscha unabhängig und neutral zu erhalten. Er begriff, daß wir ein gemeinsames Problem hatten. Wir mußten die Leidenschaften der kambodschanischen Parteien besänftigen, damit sie sich in ihrem Bruderhaß nicht gegenseitig vernichteten und dadurch jede Hoffnung auf ein Überleben ihres Landes zerstörten.

In unseren Zielen seien wir uns einig, sagte Tschou. Fraglich sei nur, wie wir sie erreichen sollten. Ich nahm diese Gelegenheit wahr, Tschou daran zu erinnern, weshalb eine vernünftige Lösung für die Vereinigten Staaten, aber auch allgemein so wichtig wäre, und zwar aus Gründen, die weit über Indochina hinausgingen:

> Würde Amerika sich vorzeitig aus Südostasien zurückziehen, dann hätte das katastrophale Folgen ... Die schwierigste Aufgabe, vor der Präsident Nixon in seiner zweiten Amtszeit steht, liegt darin, daß Amerika auch weiterhin die Verantwortung für das globale Gleichgewicht der Kräfte übernehmen muß, und das bedeutet die Fortführung einer antihegemonialen Politik durch die Vereinigten Staaten. Die Vereinigten Staaten dürfen daher keine Politik treiben, die das isolationistische Element in Amerika unterstützt.

Tschou hat dem nicht widersprochen, sondern sich in den folgenden Monaten so verhalten, als wäre er, der Repräsentant Chinas, der gleichen Meinung.

Die Verbindungsbüros

Je deutlicher es wurde, daß die Vereinigten Staaten und China mit ihrer Außenpolitik parallele Interessen verfolgten, desto notwendiger wurde es auch, die Kommunikationsmöglichkeiten zwischen den beiden Regierungen zu verbessern. Da noch keine offiziellen diplomatischen Beziehungen zwischen den Vereinigten Staaten und China bestanden (weil Amerika Taiwan als rechtmäßige chinesische Regierung anerkannte), hatten wir bisher über zwei Kanäle miteinander verkehrt. Die normalen Kontakte waren über Paris abgewickelt worden, wo Huang Zhen Botschafter der Volksrepublik China war, ein ehemaliger General und Veteran des Langen Marsches, Mitglied des Zentralkomitees der Chinesischen Kommunistischen Partei. Ich kannte ihn gut als Gesprächspartner bei zahlreichen geheimen Zusammenkünften. Normalerweise wurde der Kontakt durch unseren Botschafter in Frankreich, Arthur Watson, aufrechterhalten. Aber in der Regierung Nixon, wenigstens während Nixons erster Amtszeit, gingen spezielle Botschaften an ausländische Regierungen über Geheimkanäle, die unter der unmittelbaren Aufsicht des Weißen Hauses standen. Eine solche Verbindung zu China stellten wir über die chinesische Mission bei den Vereinten Nationen in New York her, die seit 1971 von dem bemerkenswerten Huang Hua geleitet wurde (der später das Amt des Außenministers übernahm).

Zunächst legte Peking Wert darauf, daß die Verhandlungen über Paris geführt wurden. Die Mission bei den Vereinten Nationen wurde nur in dringenden Ausnahmefällen eingeschaltet. Vielleicht wünschte man auf chinesischer Seite nicht, daß wir die Vorteile einer chinesischen Botschaft genossen, ohne das Land diplomatisch anerkannt zu haben. Sehr bald jedoch waren rasche Verbindungen notwendig, um wichtige und vertrauliche Gespräche führen zu können, so daß beide Seiten den Begriff der »Dringlichkeit« großzügiger interpretierten. In der Zeit von November 1971 bis Mai 1973 reiste ich sehr häufig im geheimen nach New York, um mich mit Huang Hua zu treffen, gewöhnlich in einem von der CIA zur Verfügung gestellten »sicheren Haus« im Zentrum Manhattans, wo wir uns in einem heruntergekommenen Appartement trafen, dessen Spiegelwände darauf schließen ließen, daß es früher zu weniger prosaischen Zwecken benutzt worden war.

Aber diese romantische Umgebung ließ, was die diplomatische Logistik betraf, manches zu wünschen übrig. Darüber hinaus mußten Peking und Washington, wenn unsere gemeinsame strategische Analyse richtig war, auf dramatische Weise zeigen, daß sich beide Nationen einander wirklich genähert hatten. Vom Standpunkt Pekings aus – und wenn man es richtig verstand, auch nach unserer Auffassung – signalisierten solche Gesten, daß die Vereinigten Staaten einen gegen China ausgeübten militärischen Druck nicht unbeeindruckt hinnehmen würden.

Als ich im Februar 1973 nach Peking kam, brachte ich noch keinen detaillierten Plan für die Verbesserung der nach außen sichtbaren Kontakte mit. Ich hatte vorgehabt, einen bescheidenen ersten Schritt vorzuschlagen, wie etwa ein amerikanisches Handelsbüro in China; denn wir waren immer noch überzeugt, daß Peking kein Büro in Washington einrichten wollte, solange sich die Vertretung Taiwans in der amerikanischen Hauptstadt befand. Ganz unerwartet beschloß jedoch Tschou En-lai, einen größeren Schritt zu tun und zwischen unseren beiden Ländern de facto diplomatische Beziehungen herzustellen. Mit dem im Reich der Mitte traditionellen Geschick verstand er es, das Gespräch mit mir so zu führen, daß der Anschein erweckt wurde, der Vorschlag käme von mir – was schmeichelhaft war und mich am Erfolg beteiligte, aber nur teilweise richtig war.

Bei unserem Gespräch über bilaterale Beziehungen erwähnte ich den Wert einer ständigen Kontaktstelle. Tschou zeigte sich vorsichtig interessiert und fragte, ob ich eine Vorstellung davon hätte, wie eine solche Stelle einzurichten sei. Konsulate lehnte er ab; sie wären ihm zu technisch gewesen. Auch der Vorschlag, Handelsvertretungen einzurichten, schien ihm nicht zu gefallen. Offensichtlich ging es ihm in erster Linie um politische und nicht um Wirtschaftsbeziehungen. Deshalb machte ich jetzt den Vorschlag, Verbindungsbüros einzurichten, wie sie für Hanoi vorbereitet waren, dort aber kategorisch abgelehnt wurden. Nach Pham Van Dongs Auffassung hatten wir uns das Privileg noch nicht verdient, dauernde Kontakte mit seiner Regierung aufzunehmen und ständig von ihren Vertretern belästigt zu werden. Tschou horchte auf. Mein Vorschlag war nicht sehr präzise, und ich wollte auch keine Gegenleistung Washingtons anbieten, denn ich war mir sicher, daß Pekings Vertreter so lange nicht erscheinen würden, wie Taiwans Vertreter in Washington saßen.

Tschou sagte, daß er »meinen« Vorschlag, ein Verbindungsbüro einzurichten, in Erwägung ziehen werde. Ich war mir nicht bewußt, offiziell einen solchen Vorschlag gemacht zu haben, aber am folgenden Tag »nahm er ihn an«. Er fügte jedoch noch einen besonderen Akzent hinzu. China *werde* Gegenseitigkeit verlangen: Auch in Washington müsse ein chinesisches Verbindungsbüro eingerichtet werden. Er sagte, er sei bereit, sofort über die technischen Einzelheiten zu sprechen – und bewies damit, daß er gründlicher über unseren »Vorschlag« nachgedacht hatte als wir selbst. Die von ihm vorgeschlagenen Verbindungsbüros waren, wie ein Beobachter meint, »regelrechte Botschaften, denen nur diese Bezeichnung fehlte«.[2] Das Personal sollte diplomatische Immunität haben; es sollten eigene, abhörsichere Nachrichtenverbindungen hergestellt werden; die Missionschefs sollten wie Botschafter behandelt werden und den Gedankenaustausch zwischen beiden Regierungen übernehmen. Sie würden nicht dem offiziellen diplomatischen Korps angehören, aber das hatte auch seine Vorteile, denn es erlaubte eine besondere Behandlung, ohne daß wir dabei gegen das etablierte Protokoll verstießen.

Zunächst sollten Berufsdiplomaten mittleren Ranges die Leitung der Verbindungsbüros übernehmen. Nach einigen Überlegungen kamen Nixon und ich überein, David K. E. Bruce zum Leiter dieses Büros zu ernennen, einen unserer fähigsten Botschafter, der in der amerikanischen Öffentlichkeit hohes Ansehen genoß. Diese Ernennung würde zeigen, welche Bedeutung wir ihr beimaßen, und wir wollten ihm auch die geheimsten Informationen anvertrauen. Daß er auf Routineaufgaben verzichten mußte, an denen ein weniger gut geeigneter Mann vielleicht die Bedeutung dieser Stellung gemessen hätte, würde ihn nicht stören. Er besaß die Klugheit und Erfahrung, um den Erfolg der wichtigsten Aufgaben des Verbindungsbüros zu garantieren; er mußte die jeweiligen Auffassungen beider Regierungen, die sich auf einander entgegengesetzte Ideologien beriefen, taktvoll aufeinander abstimmen, obwohl diese Auffassungen auf eine diametral entgegengesetzte historische Basis gründeten, während sich die Regierungen jetzt aus praktischen Gründen gezwungen sahen, einen ähnlichen außenpolitischen Kurs zu verfolgen.

Tschou En-lai revanchierte sich durch die Ernennung des bisherigen Botschafters in Paris, Huang Zhen. Ich hatte zu diesem warmherzigen und empfindsamen Menschen, dessen Hobby die Malerei war, eine herzliche Zuneigung entwickelt. Wie alle chinesischen Diplomaten war er äußerst diszipliniert. Trotzdem gelang es ihm immer wieder, die hinter seinen Anweisungen stehenden und nicht deutlich auszusprechenden Absichten zu vermitteln. Er war ein Meister in seinem Beruf, besonders während der schwierigen Phase der Vietnam-Verhandlungen, und konnte dem guten Willen der Chinesen Ausdruck verleihen, ohne dabei seine Regierung gegenüber ihrem mißtrauischen Verbündeten in Hanoi zu kompromittieren. Er verstand es, Vertrauen zu wecken, und zwar auch, als wir später durch schwierige Perioden gehen mußten, verursacht durch innenpolitische Schwierigkeiten beider Länder. Beide Seiten demonstrierten die Bedeutung, die sie der Weiterentwicklung ihrer Beziehungen beimaßen, indem sie jeweils ihre besten Männer zu Missionschefs ernannten.

So fanden wir eine praktische Lösung für das Dilemma: Unsere unterschiedlichen Auffassungen zu Taiwan verhinderten die vollständige Normalisierung der Beziehungen, während unsere gemeinsame Sorge um das Gleichgewicht der Kräfte regelmäßige und enge politische Kontakte erforderte. Der Grundsatz, daß offizielle diplomatische Beziehungen erst nach einer Einigung über Taiwan aufgenommen werden könnten, blieb unangetastet. Aber Realität war, daß die offizielle Aufnahme diplomatischer Beziehungen am 1. Januar 1979 im wesentlichen nur noch daraus bestand, auf die Tafeln an den Eingängen der Verbindungsbüros jetzt die Bezeichnung »Botschaft« zu schreiben. In weniger als zwei Jahren waren wir von den ersten, zaghaft mit der Hand geschriebenen Noten, die durch Mittelsmänner überbracht wurden, zu engen politischen Beziehungen gekommen, die sogar enger waren als diejenigen der meisten Länder, die schon seit langem Botschaften in Peking unterhielten.

Eine Begegnung mit Mao

Solange er lebte, war der Vorsitzende der Kommunistischen Partei Chinas, Mao Tse-tung, von einem Schleier des Mysteriums und der Verehrung umgeben, ganz ähnlich den Kaisern, an deren Stelle er getreten war. Er lebte in einem bescheidenen Haus innerhalb der Mauern des alten kaiserlichen Palastes in der »verbotenen Stadt«. Seine Aussprüche wurden von unseren chinesischen Gastgebern ehrfürchtig zitiert, so, als wären sie in der Lage, auch seine dunkelsten Äußerungen zutreffend zu interpretieren. Sogar Premierminister Tschou En-lai behauptete, daß alle kritischen Entscheidungen von Mao getroffen würden, und gelegentlich unterbrach er eine Sitzung mit mir, um sich angeblich Anweisungen vom Vorsitzenden zu holen. Wenn er dann nach seiner Rückkehr in eine kernige, leidenschaftliche, revolutionäre Rhetorik verfiel, dann durfte man glauben, daß er es, wie er selbst behauptete, auf Maos ausdrücklichen Befehl tat und dessen Haltung wiedergab. Ich war mir jedoch niemals ganz sicher, ob sich Tschou En-lai damit von Mao Tse-tung distanzieren oder seinen Worten ein größeres Gewicht verleihen wollte.

Damals sah man Maos Porträt überall in Peking; Anschlagtafeln und öffentliche Gebäude waren mit seiner Kalligraphie bedeckt; man spürte überall, daß er den von ihm geschaffenen Staat ganz persönlich beherrschte. Die besondere Betonung dessen, was eine einzelne Persönlichkeit bedeutet in einem marxistischen System, das theoretisch materiellen Faktoren und historischen Kräften die entscheidende Bedeutung zumißt, war erstaunlich. Man hatte das Gefühl, die titanenhafte Persönlichkeit, die aus bescheidenen Ursprüngen zu solcher Macht aufgestiegen war und fast ein Viertel der Menschheit beherrschte, vertraue nicht auf die Dauerhaftigkeit der Ideologie, in deren Namen er seine Siege erfochten hatte. Er forderte die Götter heraus und strebte nach der Unsterblichkeit in der Verehrung durch jene Millionen, die schon unter so vielen Eroberern gelitten und so viele erzwungene Veränderungen ihrer Lebensumstände erfahren hatten, daß sie über diese Ereignisse nur durch ihre Leidensfähigkeit, ihren praktischen Sinn und ihre alles durchdringende humane Haltung hinwegkommen konnten.

Mao spürte die Vergänglichkeit seines Ruhms und wußte, daß Speichellecker sein Vertrauen am wenigstens verdienten. Er fürchtete, das gleiche Schicksal zu erleiden wie der erste Kaiser Ch'in Shih Huang-ti, der China während einer Regierungszeit von vierzehn Jahren revolutioniert hatte, um dann in Vergessenheit zu geraten, wie alle, die glauben, Chinas Lebensrhythmus ändern zu können. Deshalb hat Mao vielleicht gerade das beschleunigt, was er unter allen Umständen vermeiden wollte. Durch den Versuch, seinem Land die permanente Revolution aufzuzwingen, hat er auch die historische Sehnsucht der Chinesen nach Kontinuität wiederbelebt. Das chinesische Volk hat das Überleben nicht seiner Begeisterungsfähigkeit, sondern seiner Ausdauer zu verdanken, und zwar nicht in einer sprunghaften, sondern in einer stetigen Weiterentwicklung. Es ist groß geworden, weil es in sich in einzigartiger Weise Kultur, gesunden Menschenverstand und Selbstdisziplin vereinigt hat. Seine bedeutendsten Führer werden früher oder später von dieser geduldigen Masse von Individualisten assimiliert, die zwar bereit sind zu leiden, nicht aber ihr innerstes Wesen preiszugeben, und die verstehen, auch wenn sie es nicht artikulieren können, daß in China nur derjenige wirklich Bedeutung erlangt, der geschichtliche Aufgaben auf ein menschliches Maß zurückführen kann. Die Chinesen sind begabt, aber auch skeptisch; ehrgeizig, aber auch der Tatsache bewußt, daß die Intuition eines einzelnen Menschen, und mag sie auch noch so gewaltig sein, keine Antwort auf die komplexen Fragen geben kann, welche die Geschichte uns stellt.

Es liegt eine bemerkenswerte Ironie darin, daß der politische Führer, der in den Herzen seiner Landsleute überlebt zu haben scheint, nicht der heroische Übermensch ist, der die Revolution in China gemacht hat, sondern sein viel weniger bekannter Jünger, Tschou En-lai, der im Hintergrund und ganz unauffällig dafür gearbeitet hat, die Kontinuität des Lebens und nicht die Permanenz des Umsturzes sicherzustellen.

Doch im Februar 1973 bestand kein Zweifel daran, wer an erster Stelle stand. Mao überragte alle und jeden. Ausländer empfing er nur selten; wenn, dann waren es ausnahmslos Staatsoberhäupter oder kommunistische Parteifunktionäre höchsten Ranges. Ich war Mao nur einmal im Gefolge Nixons während des ersten Präsidentenbesuchs in Peking begegnet. Die Einladung war plötzlich erfolgt, denn für Empfänge bei Mao gab es keine protokollarisch festgelegten Vereinbarungen. Zum Teil deswegen nicht, da man bei dem angegriffenen Gesundheitszustand des Vorsitzenden nicht voraussagen konnte, wann er in der Lage sein würde, Besucher zu empfangen. Es lag aber auch eine bestimmte Absicht dahinter, denn eine solche Distanziertheit erzeugt eine Atmosphäre des Geheimnisvollen und ist ein Attribut der Majestät. Allerdings brauchte Mao keine künstlichen Mittel, um die Ausstrahlung seiner Persönlichkeit zu verstärken. Bei seinem Zusammentreffen mit

Nixon spürte ich die autoritäre Kraft, die von ihm ausging, fast physisch. Er beherrschte den ganzen Raum in einer Weise, wie ich es außer bei Charles de Gaulle noch nie erlebt hatte.

Diesmal wurde ich am 17. Februar während eines Gesprächs mit Tschou En-lai im staatlichen Gästehaus zur Audienz befohlen. Es war gegen elf Uhr abends, denn Tschou war ein typischer Nachtarbeiter, und wir hatten fast täglich noch eine Arbeitssitzung nach dem Abendessen. Wir trafen uns im staatlichen Gästehaus, denn Tschou machte es sich zur Gewohnheit, mich – trotz des großen Unterschiedes im protokollarischen Rang – ebensooft aufzusuchen, wie ich zu ihm ging. Plötzlich wurde die würdige Haltung unserer Gesprächspartner durch das Erscheinen von Miss Wang Hairong, einer Mitarbeiterin des Ministers für auswärtige Angelegenheiten, gestört. Sie war angeblich mit Mao verwandt, wirkte wie ein aufgeschrecktes Reh und trieb ihre persönliche Bescheidenheit so weit, daß man fast den Eindruck hatte, sie sei unsichtbar.

Sie überreichte Tschou eine Notiz. Er fuhr mit seinen Erläuterungen der politischen Motive der Sowjetunion fort, wechselte aber nach einer Minute das Thema und sagte: »Ich habe Ihnen etwas mitzuteilen. Der Vorsitzende Mao hat Sie eingeladen, ihn zu besuchen. Sie können Ihren Mitarbeiter, Mister Lord, mitnehmen.« Damit waren alle anderen Angehörigen meiner Mission ausgeschlossen. So ergab sich hier für Winston Lord die Gelegenheit, zum ersten Mal zusammen mit Mao auf einem Foto zu erscheinen; bei Nixons Zusammentreffen mit Mao im Jahre 1972 war er der Protokollführer gewesen, wir hatten jedoch die Chinesen gebeten, seinen Namen nicht im Kommuniqué zu nennen und ihn auch nicht auf den offiziellen Fotos erscheinen zu lassen, um das Außenministerium nicht zu brüskieren, weil kein Vertreter des Auswärtigen Amtes an diesem Treffen teilgenommen hatte.

Mao ließ seine Besucher immer in chinesischen Wagen abholen, und die Chinesen ließen es nicht zu, daß sie von amerikanischen Sicherheitsbeamten begleitet wurden. Wir bestiegen Tschous altes, 1930 gebautes Automobil und fuhren über die breiten Avenuen, die vom staatlichen Gästehaus in die zu dieser späten Stunde schon fast menschenleere Stadtmitte führte. Bevor wir den Tien-An-Men-Platz und die Große Halle des Volkes erreichten, wendeten wir nach links und kamen durch ein altes chinesisches Tor mit roten Säulen und einer langen zinnoberroten Mauer, die parallel zu der breiten Durchgangsstraße verlief. Der Weg führte uns über etwa anderthalb Kilometer an hinter grauen Mauern stehenden, bescheidenen Häusern vorüber, dann an einem Seeufer und auf der anderen Straßenseite an einzelnen Wohnhäusern in bürokratischem, sowjetischen Stil vorbei. Maos Residenz war bescheiden wie die eines mittleren Funktionärs. Wir hielten vor einem überdachten Hauseingang. Es ließ sich nicht feststellen, ob besondere Sicherheitsmaßnahmen getroffen worden waren. Nach unserem Eintreten durchquerten wir ein kleines Wohnzimmer und einen breiten Korridor und trafen dann auf Mao, der vor einigen im Halbkreis aufgestellten, mit braunem Stoff überzogenen Stühlen stand. Über das ganze Zimmer waren Bücher verstreut, auf dem Boden vor Mao, auf den zwischen den Armlehnen der Stühle stehenden kleinen Tischen und auf den Regalen an den Wänden.

Mao begrüßte uns mit ein paar freundlichen Worten, während chinesische Fotografen Aufnahmen machten. Später erfuhren wir, daß die Berichte in der chinesischen Zeitung *People's Daily* am folgenden Tag immer ein gutes Barometer für die Bewertung unserer Beziehungen waren. Diesmal, im Februar 1973, berichtete *People's Daily* mit roten Schlagzeilen über unser Treffen, und auf der ersten Seite waren zwei Fotos abgedruckt; die amerikanisch-chinesische Freundschaft hatte grünes Licht.

Der Zweck dieses Empfangs war es, darauf hinzuweisen, daß die Freundschaft zwischen den Vereinigten Staaten und China noch zu Maos Lebzeiten wiederaufgenommen werden sollte. Mao kam sofort auf dieses Anliegen zu sprechen. Während wir auf unsere Stühle zusteuerten und die Fotografen noch im Zimmer waren, sagte er: »Ich sehe nicht schlecht aus«, und sprach damit aus, was ich dachte, denn er machte jetzt wirklich einen gesünderen Eindruck als bei dem Treffen mit Nixon vor einem Jahr – »aber Gott hat mir eine Einladung geschickt.« Es klang in diesem Augenblick nicht einmal paradox, daß der Führer des volkreichsten atheistischen Staates, der Dialektiker des Materialismus, die Gottheit erwähnte. Kein anderes Wesen von niedrigerem Rang hätte es wagen dürfen, das Lebenswerk des großen Vorsitzenden zu unterbrechen. Noch beeindruckender war jedoch die kühle Sachlichkeit, mit der Mao über das bevorstehende Ende seiner Herrschaft sprach und damit andeutete, daß es dringend notwendig sei, jetzt alle die Angelegenheiten zu ordnen, die seines persönlichen Mitwirkens bedurften.

Wie im vergangenen Jahr bei Nixons Besuch verwickelte mich Mao in einen scherzhaft geführten sokratischen Dialog und ließ dadurch die Akzente, die er setzen wollte, spontan und zufällig erscheinen. Was er mir mitzuteilen hatte, schien willkürlich aus der Eingebung des Augenblicks zu kommen, doch bald erkannte ich, daß er bei der Erörterung einer Reihe von Direktiven für seine Untergebenen einem klar geordneten Gedankengang folgte. Mit einer dieser Anordnungen zog Mao einen Schlußstrich unter die Vergangenheit. Er sagte, die beiden amerikanischen Präsidenten Harry Truman und Lydon Johnson seien während der letzten zwei Wochen gestorben. Mit ihnen seien auch die alte China- und die alte Vietnam-Politik begraben worden. Dann forderte er mich in seiner bekannten, etwas spöttischen Art heraus: »Damals waren Sie gegen uns ... und wir waren gegen Sie. Also sind wir zwei Feinde.« Er lachte.

»Zwei ehemalige Feinde«, erwiderte ich.

Aber das genügte Mao noch nicht: »Heute bezeichnen wir die Beziehungen zwischen uns als Freundschaft«, erklärte er.

Dieser Gemeinplatz erhielt jedoch sofort eine besondere Bedeutung, als Mao einen Grundsatz der chinesischen Staatskunst erläuterte: Das Manövrieren um kleine Vorteile sei kurzsichtig, und wir dürften nichts tun, was das gegenseitige Vertrauen untergraben könnte. »Lassen Sie uns keine falschen Worte sprechen und nicht mit Tricks arbeiten«, sagte er. »Wir stehlen nicht Ihre Dokumente. Sie können sie absichtlich irgendwo liegenlassen und uns auf die Probe stellen«, sagte er lächelnd, deutete aber nicht an, wo wir diesen Test durchführen sollten und wie sich feststellen ließ, daß die Chinesen unser Vertrauen nicht mißbraucht hätten. Es hätte keinen Sinn, kleine Risiken einzugehen, meinte Mao, und da er schon bei diesem Thema war, stellte er auch den Nutzen umfangreicher Operationen der Geheimdienste in Frage. Der Wert ihrer Arbeit wurde nach seiner Auffassung überschätzt. Wenn sie wüßten, was die politischen Führer wissen wollten, kämen ihre Berichte herein »wie Schneeflocken«. Wenn es aber um wirklich wichtige Dinge gehe, dann versagten sie gewöhnlich. Er behauptete, daß der chinesische Geheimdienst über Lin Piaos* Komplott ebensowenig gewußt hätte wie über meinen Wunsch, nach Peking zu kommen. Mao glaubte, wir hätten mit unseren Nachrichtendiensten die gleichen Probleme.

Kurz gesagt, große Ziele erfordern eine weitblickende Politik und keine taktischen Manöver. Unsere beiden Länder standen vor der Aufgabe, trotz ideologischer Differenzen zu gemeinsamem Handeln zu finden. Darin, so meinte Mao, müßten beide Seiten ihren Grundsätzen treu bleiben und die Verwirklichung gemeinsamer Ziele anstreben. Er erinnerte sich daran, daß Nixon ihm 1972 gesagt hatte, bei der Annäherung zwischen China und den Vereinigten Staaten handelten beide jeweils in ihrem eigenen Interesse und stimmte dieser Auffassung zu. Mao ging noch einen Schritt weiter und meinte etwas zynisch, wir könnten die innenpolitische Unterstützung für unsere Zusammenarbeit mit China stärken, wenn beide Länder gelegentlich ein kleines Geplänkel veranstalteten, solange wir selbst solche kleinen Ausfälle nicht zu ernst nähmen:

> Wenn wir die gleichen Ziele verfolgen, dann wollen wir uns gegenseitig keinen Schaden zufügen ... Aber in der Praxis kann es vorkommen, daß wir Sie eine Zeitlang und Sie uns eine Zeitlang kritisieren wollen. Dahinter stehen, wie Ihr Präsident gesagt hat, ideologische Einflüsse. Sie sagen: »Fort mit den Kommunisten!« Wir sagen: »Fort mit den Imperialisten!« Manchmal sagen wir so etwas. Es wäre falsch, das nicht zu tun.

Der Vater der kommunistischen Revolution in China, Mao Tse-tung, der sein Volk von Grund auf verändert hatte, um die Reinheit der Lehre zu wahren, gab sich große Mühe, mich davon zu überzeugen, daß die Schlagworte, die an jeder Mauer in China zu lesen waren, bedeutungslos seien und daß das nationale Interesse in der Außenpolitik über den ideologischen Differenzen stünde. Ideologische Schlagworte seien eine Fassade, hinter der die Rücksicht auf das Gleichgewicht der Kräfte stünde. Man erwartete von beiden Seiten, daß sie ihren Grundsätzen treu blieben, aber jede Seite habe die Verpflichtung, dafür zu sorgen, daß sie das im nationalen Interesse unbedingt Notwendige nicht behinderten – eine klassische Definition des modernen Macchiavellismus.

* Maos ehemaliger Verteidigungsminister, Lin Piao, der auch als Nachfolger des Vorsitzenden genannt worden war, starb im September 1971 bei einem Flugzeugabsturz. Er befand sich angeblich auf der Flucht in die Sowjetunion, nachdem seine gegen Mao gerichtete Verschwörung aufgedeckt worden war.

»Ich glaube, wir müssen beide unseren Grundsätzen treu bleiben«, pflichtete ich ihm bei. »Es würde die Lage in der Tat nur verwirren, wenn wir die gleiche Sprache sprächen.«

Wir setzten unser Gespräch über die Weltlage in diesem fast heiter-scherzhaften Ton bis 1.30 Uhr morgens fort. Mao war überzeugt, daß die Bedrohung durch die Sowjetunion durchaus real sei und zunähme. Er warnte vor einer falsch verstandenen Entspannungspolitik, die den Widerstand gegen den sowjetischen Expansionismus schwächen und die Völker im Westen verwirren müßte. Die Vereinigten Staaten und Europa sollten der Versuchung widerstehen, »die ungesunden Gewässer nach Osten umzuleiten«. Diese Strategie werde keinen Erfolg bringen, denn auch der Westen werde im Lauf der Zeit überschwemmt werden. Die Vereinigten Staaten und China müßten zusammenarbeiten, was die Institutionalisierung unserer Beziehungen erfordere. Die Einrichtung der Verbindungsbüros in beiden Hauptstädten wäre eine richtige Entscheidung. Er empfahl dringend die Vermehrung der Kontakte und die Ausweitung des Handels und bezeichnete den gegenwärtigen Zustand als »bedauerlich«.

Mao meinte, die Vereinigten Staaten könnten den gemeinsamen Interessen am besten dienen, wenn sie in der Weltpolitik eine führende Rolle übernähmen. Er meinte damit die Schaffung eines gegen die Sowjetunion gerichteten Bündnisses. Die Zeit, zu der Peking das amerikanische Bündnissystem als Werkzeug des Imperialismus gebrandmarkt hatte, war lange vorüber; jetzt herrschte hier die Auffassung, daß es die wichtigste Stütze der internationalen Sicherheit sei. Außerhalb der Vereinigten Staaten stationierte amerikanische Truppen, die von den Chinesen über Jahrzehnte geschmäht worden waren, übernahmen jetzt eine nützliche Aufgabe, falls sie sich an der richtigen Stelle befanden. Der Vorsitzende kritisierte unseren Truppenaufmarsch in Asien nur deshalb, weil nach seiner Ansicht kein strategischer Plan dahinterstand. Diese Truppen seien zu sehr über ein weites Gebiet »verstreut«. Ebenso wie Tschou wies auch Mao auf die Bedeutung einer engen Zusammenarbeit der Vereinigten Staaten mit Westeuropa, Japan, Pakistan, dem Iran und der Türkei hin. Er sagte, wir sollten unser Verteidigungssystem ausbauen und die fundamentale Bedrohung (durch die Sowjetunion) nicht aus dem Auge verlieren. Dabei dürften wir mit unseren Verbündeten über Kurzzeitprobleme nicht in Streit geraten. Schließlich empfahl er dringend, den Zusammenhalt unter den demokratischen Industrienationen zu stärken:

> Was nun Sie, Europa und Japan betrifft, so hoffen wir, daß Sie zusammenarbeiten werden. Gelegentlich mag es richtig sein, sich zu streiten und zu kritisieren, es ist aber dringend erforderlich, in den grundsätzlichen Fragen zusammenzuarbeiten.

Doch obwohl sich der Vorsitzende in erster Linie mit außenpolitischen Fragen beschäftigte, konnte er nicht darauf verzichten, auch auf die Probleme einzugehen, welche die Innenpolitik Pekings im vergangenen Jahr belastet hatten und, wie so oft in der Geschichte Chinas, augenscheinlich ihrer eigenen Dynamik folgten. Mehrmals sprach Mao von dem Druck, den radikale Kräfte auf ihn auszuüben suchten, aber er tat es, wie dies für einen Asiaten typisch ist, nur andeutungsweise, so daß mein unbeholfenes westliches Gehirn die Bedeutung seiner Worte nicht sofort begreifen konnte. »Sie wissen, China ist ein sehr armes Land«, sagte Mao. »Wir besitzen nicht viel. Was wir im Überfluß haben, sind Frauen.«

Da ich glaubte, Mao habe einen Scherz gemacht, antwortete ich entsprechend: »Es gibt aber doch keine festgesetzten Quoten für sie und auch keine Steuern.«

»Wenn Sie sie haben wollen, können wir Ihnen ein paar überlassen, vielleicht einige zehntausend«, parierte Mao.

»Aber natürlich auf freiwilliger Basis«, unterbrach uns Tschou.

»Wenn Sie sie aufnehmen«, fuhr Mao fort, »dann werden sie bei Ihnen eine Katastrophe herbeiführen, aber Sie könnten uns wesentlich damit entlasten.« Er lachte schallend.

Doch Mao war sich noch nicht ganz sicher, daß ich ihn verstanden hatte. Ein paar Minuten später kehrte er zum gleichen Thema zurück: »Wollen Sie unsere chinesischen Frauen haben? . . . Wir können dafür sorgen, daß sie in Ihrem Land alles durcheinanderbringen und Ihnen schweren Schaden zufügen.« Da Amerikaner im allgemeinen schwer von Begriff sind, kehrte Mao noch einmal zu diesem Thema zurück, aber jetzt wußte ich, daß er etwas Bestimmtes sagen wollte, hatte aber noch nicht ganz begriffen, was. Später hat es mir Bette, Winston Lords Frau, erklärt. Sie sagte mir, daß die Lage in China durchaus nicht so stabil sei, wie es den Anschein hätte; mit den Frauen sei Maos Ehefrau, Tschiang Qing, die Führerin des radikalen Flügels der Kommunistischen Partei, gemeint. Sie habe China in Unruhe versetzt und die gegenwärtige Politik in Frage gestellt.

Es waren jedoch nicht einzelne Persönlichkeiten, welche die chinesische Innenpolitik am meisten belasteten. Was Mao in den letzten Tagen seines Lebens die größten Sorgen bereitete, war das jahrhundertealte Dilemma der Modernisierung Chinas. China hat seine geschichtliche Bedeutung häufiger durch die Kraft seines Beispiels und seine kulturelle Überlegenheit gewonnen als durch die Demonstration physischer Stärke, durch welche die politische Geschichte Europas gekennzeichnet ist. China hat in Asien über Jahrhunderte eine vorherrschende Stellung eingenommen und deshalb keine Erfahrungen mit den Begriffen des Gleichgewichts der Kräfte oder der souveränen Gleichheit innerhalb der eigenen Einflußsphäre gesammelt. (Um so bemerkenswerter ist es, wie gut die Chinesen mit diesen Begriffen umgehen konnten, als die übrige Welt ihnen keine andere Möglichkeit ließ.) Die Chinesen haben andere Gesellschaften nicht als Kräfte angesehen, denen gegenüber ein Gleichgewicht herzustellen sei, sondern sie haben diese Gesellschaften in gewisser Weise als unterlegen und tributpflichtig betrachtet. Die Vorstellung von der unendlichen Überlegenheit und Majestät des Reiches der Mitte war eine solche Selbstverständlichkeit, daß seine Herrscher es oft für klug gehalten haben, ihren Vasallen wertvollere Geschenke zu machen, als sie selbst in der Form von Tributzahlungen von ihnen erhielten.

Es war für die Chinesen ein furchtbarer Schock, als sie im neunzehnten Jahrhundert die Erfahrung machen mußten, daß die Barbaren im Westen über eine Technologie verfügten, mit deren Hilfe sie dem Reich der Mitte und anderen asiatischen Staaten ihren Willen aufzwingen konnten. Doch während Japan auf die gleiche Herausforderung mit dem Entschluß reagierte, sich selbst um jeden Preis zu modernisieren (und dabei auf fast an ein Wunder grenzende Weise ihre Individualität bewahren konnten), war China nicht bereit, seine Kultur aufs Spiel zu setzen, die seinen Anspruch auf Größe begründete. Die moderne Technologie ist allumfassend; die mit ihr verbundene Standardisierung bringt die Tendenz zur Uniformierung mit sich. Für die Chinesen ist es eine abstoßende Vorstellung, so zu werden wie alle anderen. So haben Technologie und Modernisierung China in einem Maß bedroht wie keine andere Nation, denn hier wurde der Kern des chinesischen Wesens herausgefordert, sein Anspruch auf Einzigartigkeit.

So hat China ganz bewußt nicht den gleichen Weg gehen wollen wie Japan. Es verkapselte sich in seinen Traditionen und verließ sich auf seine überragende diplomatische Geschicklichkeit und Selbstsicherheit, um die verhaßten (und gefürchteten) fremden Teufel abzuwehren. Damit hatten die Chinesen in der Tat größere Erfolge als alle anderen Nationen, in denen sich die kolonisierenden Europäer einrichteten. China machte sich die Rivalitäten und die Habsucht der imperialistischen Mächte zunutze und bewahrte sich dabei eine größere Unabhängigkeit als jedes andere Land in vergleichbarer Lage.

Maos Revolution zeigte die gleiche historische chinesische Ambivalenz. In einzigartiger Weise war sie ein Aufstand gegen all die chinesischen Wertvorstellungen, zugleich aber auch ihre Bestätigung. Der Maoismus suchte, Chinas Vergangenheit zu überwinden, betrachtete aber ebenso wie der traditionelle Konfuzianismus die Gesellschaft als ein durch ethische und erzieherische Normen bestimmtes Instrument, auch wenn die nun verkündete Doktrin des Bauernsohnes aus der ländlichen Provinz Hunan den Lehren des Konfuzius diametral entgegengesetzt war. Das Ziel der großen Kulturrevolution, die Mao 1966 entfesselte – und wo sonst als in China könnte sich ein blutiger politischer Umsturz als »kulturelles« Ereignis bezeichnen? –, bestand gerade in der Vernichtung jener Elemente der Modernität, die nicht in China wurzelten; die Kulturrevolution war ein Angriff gegen westliche Einflüsse und eine Bürokratisierung, die China einzuebnen und in einer universalen Kultur aufgehen zu lassen drohte.

Als wir uns im Februar 1973 trafen, hatte der greise Vorsitzende erkannt, daß sein jüngstes großartiges Konzept zwar in dramatischer Weise die Unabhängigkeit seines Landes bewußtmachte, China aber zugleich zur politischen Ohnmacht verdammte. Er wußte jetzt – wenn diese Erkenntnis vielleicht auch nur vorübergehend war –, daß ein China, das sich auf die Dauer von der übrigen Welt isolierte, an Bedeutung verlieren und unsäglichen Gefahren ausgesetzt werden würde.Mit einem Anflug von Melancholie sagte er, China müsse im Ausland in die Schule gehen. Er hatte die Kulturrevolution beendet und sagte traurig, das chinesische Volk sei »sehr starrköpfig und konservativ«. Jetzt wäre es Zeit für die Chinesen, fremde Sprachen zu lernen, und er unterstrich damit nur die Notwendigkeit des oben Gesagten. Auch die Aufführung der Beethoven-Sinfonie symbolisierte diese Notwendigkeit. Er wiederholte, er werde eine größere Zahl von Chinesen zum Studium nach Übersee schicken. Er selbst nähme jetzt englischen Unterricht. Es müsse auch etwas dafür getan werden, die chinesische Schriftsprache zu vereinfachen, um den Chinesen das Verständnis fremder Ideen zu erleichtern.

Doch Mao Tse-tung war zu alt, um jetzt eine neue Revolution gegen die Instinkte seiner Partei durchzuführen und sich damit gegen die Traditionen seines Volkes zu wenden, in denen auch er selbst verwurzelt war. Ein Jahr nach seinem Gespräch mit mir wandte er sich von den spätabends in seinem Arbeitszimmer erläuterten Maximen wieder ab oder erlaubte es wenigstens anderen, es zu tun. Tschou En-lai war aus dem Amt ausgeschieden, und ein weiteres Jahr später wurde Deng Xiaoping von den Kräften gestürzt, denen Mao sich 1973 augenscheinlich widersetzt hatte. Damit verzögerte sich die Modernisierung, welche Maos eine Seite als unbedingt erforderlich anerkannt hatte. Hat nun Mao die Radikalen der später so bezeichneten Viererbande ermutigt, oder haben sie seine zunehmende Hinfälligkeit ausgenutzt? Wahrscheinlich haben beide Umstände eine gewisse Rolle gespielt. Mao hat bis zu seinem Tode mit den Unvereinbarkeiten und Widersprüchen seiner Revolution gerungen, mit den Problemen, die auch für die ganze Geschichte Chinas bezeichnend sind.

Der Aufenthalt in Peking nach meinem Gespräch mit Mao war vergleichsweise enttäuschend. Am folgenden Tag besprach ich mit Tschou En-lai die Einzelheiten der Einrichtung von Verbindungsbüros. Ich unterrichtete ihn über unsere Pläne für neue diplomatische Initiativen in Europa und dem Nahen Osten. Tschou En-lai hatte sich bereit erklärt, zwei amerikanische Piloten freizulassen, deren Maschinen während des Vietnam-Krieges in den chinesischen Luftraum geraten waren. Es gab in China aber auch noch einen anderen Gefangenen: John Downey, der 1950 im Rahmen einer Operation des Geheimdienstes festgenommen und zu einer lebenslänglichen Gefängnisstrafe verurteilt worden war. Das Urteil gegen Downey war inzwischen abgemildert worden, so daß er Ende 1973 mit seiner Entlassung rechnen konnte. Aber Tschou machte eine Andeutung, daß sich die Entlassung beschleunigen ließe, wenn wir eine humanitäre Begründung vorlegten. Einen Monat später erkrankte Downeys Mutter – und wir teilten Tschou En-lai diese Tatsache mit. Downey wurde am 12. März 1973 entlassen. Damit konnte ein Schlußstrich unter die letzten menschlichen Belastungen einer Periode der Feindseligkeit zwischen den Vereinigten Staaten und der Volksrepublik China gezogen werden.

Schlußbetrachtungen

Auf dieser Asien-Reise war ich zum ersten Mal ins Ausland gegangen, ohne vom Alptraum des Vietnam-Krieges belastet zu sein. In Hanoi hatte ich besorgniserregende Eindrücke empfangen; in Peking zeichneten sich positive Möglichkeiten für den Fall ab, daß wir jetzt unsere Aufmerksamkeit einer schöpferischen Außenpolitik zuwandten. Wir verbesserten unsere Beziehungen zu Moskau und Peking, wenngleich man in beiden Hauptstädten eine eindeutigere Haltung der Vereinigten Staaten lieber gesehen hätte – aber vielleicht lag gerade darin der Grund für den Erfolg unserer Bemühungen. In meinem noch im Flugzeug auf dem Heimflug aus dem Fernen Osten entworfenen Bericht für Nixon hieß es:

> Wenn wir unsere Aufmerksamkeit ganz bewußt beiden Hauptstädten zuwenden, dann sollte es uns auch gelingen, weiterhin unseren *mao tai* zu genießen und unseren Wodka zu trinken. Peking, das schließlich auch für die Zukunft mit der Feindschaft zwischen China und der Sowjetunion rechnet, hat keine andere echte Alternative, als in uns ein Gegengewicht zu sehen (wenn sich auch die Chinesen in jüngster Zeit um eine Rückendeckung in Japan und Westeuropa bemüht haben). Und Moskau braucht uns zum Beispiel in Europa und auf wirtschaftlichem Gebiet.
>
> Der Balanceakt ist aber dennoch schwierig, weil er uns zunehmend vor harte Entscheidungen stellen wird. Wir können Peking als Gegengewicht gegen Moskau nichts nützen, wenn wir uns aus der Weltpolitik zurückziehen, unsere Verteidigungsanstrengungen verringern oder auf der internationalen Ebene passiv bleiben. Mao und Tschou drängen uns zu einer aggressiveren amerikanischen Präsenz und erwarten von uns, daß wir uns den sowjetischen Plänen auf verschiedenen Gebieten entgegenstellen, die Beziehungen zu unseren Verbündeten enger knüpfen und unsere Verteidigungsfähigkeit aufrechterhalten. Sollten die Chinesen den Eindruck gewinnen, daß wir den inneren Neigungen eines leicht beeinflußbaren Teiles des Kongresses, der Öffentlichkeit und der Presse folgen, dann würden wir zweifellos eine scharfe Kehrtwendung in der Haltung Pekings erleben. Sie und ich haben allerdings der Führung der Volksrepublik China im privaten Gespräch versichert und diese Zusage auch öffentlich wiederholt, daß wir beabsichtigen, auch weiterhin Verantwortung auf internationaler Ebene zu tragen.

Den Zusammenhalt und die Selbstsicherheit Amerikas sicherzustellen, die für eine solche Rolle in der Weltpolitik notwendig sind, war die wichtigste Aufgabe der Regierung der Vereinigten Staaten während Nixons erster Amtszeit gewesen – und das Bemühen darum hat uns gelegentlich in arge Bedrängnis gebracht. Nun hofften wir, in der zweiten Amtszeit dem Ringen der ersten Perspektive und Bedeutung zu verleihen. Wir glaubten, mit dem Besuch in Peking einen bedeutenden Schritt in Richtung auf eine bessere Zukunft getan zu haben. In Wirklichkeit war es das letzte normale außenpolitische Unternehmen, bevor wir in den Abgrund von Watergate stürzten.

IV. *Die Auswirkungen von Watergate werden deutlich spürbar*

Ein unsanftes Erwachen

Der Augenblick, in dem sich alle Hoffnungen auf eine Heilung der Wunden zerschlugen, läßt sich zeitlich genau festlegen. Es war ein Wochenende Mitte April 1973.

Am Freitagabend, dem 13. April, verlieh mir der Federal City Club in Washington, dessen Mitglieder meist der Demokratischen Partei angehörten, mit einer Geste des guten Willens die von ihm gestiftete Auszeichnung für Verdienste im öffentlichen Leben. Ich durfte diese Anerkennung als hoher Beamter und Vertreter der Regierung Nixon entgegennehmen. Die gleiche Ehre wurde dem bekannten republikanischen Senator John Sherman Cooper zuteil. Der Federal City Club in Washington wurde Anfang der 60er Jahre gegründet, um gegen die Aufnahmebestimmungen in dem angesehensten, prestigebewußten, konservativen Metropolitan-Club zu protestieren. Führende Persönlichkeiten aus der Regierung Kennedy und mit ihnen sympathisierende Journalisten waren aus dem Metropolitan-Club ausgetreten und hatten, wenige Blocks davon entfernt, im Sheraton-Carlton-Hotel einen neuen Club ins Leben gerufen. Leider entsprachen die der Neugründung zur Verfügung stehenden Geldmittel nicht dem Idealismus ihrer Gründer. Die Räumlichkeiten bestanden aus einem großen Speisezimmer, einer Bar und einer kleinen, zwischen hohen, unschönen Bürohäusern eingeklemmten Terrasse.

Die Regierung Nixon zeigte für beide Clubs kaum Interesse. Ihre wichtigsten Mitglieder hielten den Federal City Club für zu liberal und mißtrauten ihm deshalb. Der Metropolitan-Club dagegen gehörte für ihren Geschmack zu sehr zum Establishment. Nichts zeigte deutlicher, wie sehr diese Regierung innerhalb des Gemeinwesens der amerikanischen Hauptstadt und ihres politischen Lebens isoliert war – und dieser Umstand sollte sich auf das Überleben der Regierung verhängnisvoll auswirken.

An jenem Abend hatte sich eine Gruppe bedeutender Persönlichkeiten versammelt. Fast alles, was in Washington Rang und Namen hatte, war gekommen, um zwei führende Republikaner zu ehren – mit Ausnahme anderer hochrangiger Mitglieder der Nixon-Regierung, die erst kürzlich mit der zweitgrößten Stimmenmehrheit in der Geschichte der Vereinigten Staaten wiedergewählt worden waren. Senator Cooper und ich forderten die Versammlung in unseren Ansprachen auf, die Einheit der Nation zu stärken. Ich sprach über die Hoffnung, daß die amerikanische Außenpolitik nach Beendigung des Vietnam-Krieges den himmelstürmenden Idealismus der Regierung Kennedy (der ich kurze Zeit an untergeordneter Stelle gedient hatte) mit der unsentimentalen Verfolgung unserer nationalen Interessen durch die Regierung Nixon vereinen könnte:

Als Nation sind wir durch die Erkenntnis erschüttert worden, daß wir nicht unfehlbar sind, und es ist schmerzlich gewesen, festzustellen, daß wir unsere politische Jungfräulichkeit verloren haben – vorausgesetzt, wir haben sie je besessen. Später als jede andere Nation haben wir festgestellt, wo unsere Grenzen liegen. Durch die Erkenntnis dieser Grenzen haben wir den ersten Schritt auf dem Weg zur politischen Reife getan, aber darin liegt auch die Gefahr, daß wir diese Lektion zu gründlich lernen; daß wir nicht nur begreifen, daß wir nicht alles tun können, sondern uns auch der Illusion hingeben, daß wir nichts mehr bewirken könnten.

Nichts ist heute so dringend notwendig wie ein ernstes und verständnisvolles Gespräch darüber, wohin wir gehen, denn wenn wir die Fähigkeit verlieren, große Zusammenhänge zu erkennen, dann können wir nur noch verwaltet, aber nicht mehr regiert werden. Ich habe zum ersten Mal vor zehn Jahren die Regierung auf einem hohen Niveau erlebt, das war zu einer Zeit, die man heute vielfach verächtlich als zu draufgängerisch, übermäßig optimistisch und sogar als ein wenig arrogant bezeichnet. Zum Teil ist diese Kritik gerechtfertigt, doch damals herrschte ein in seinem tiefsten Wesen amerikanischer Geist, und das bedeutete, daß Schwierigkeiten eine Herausforderung und nicht ein Alibi sind, daß Menschen nicht nur an ihrem Erfolg, sondern auch nach ihren angestrebten Zielen beurteilt werden, daß es besser ist, nach den Sternen zu greifen, als es sich in der Mittelmäßigkeit bequem zu machen. Vor allem waren sich die damals im Amt befindliche Regierung und ihre Gegner des Umstandes bewußt, daß sie gemeinsam nach dem gleichen Ziel strebten und sich nicht in einem permanenten, unversöhnlichen Streit befanden.

Zu einer Zeit, die als eine Periode der großen Revolution in die Geschichte eingehen wird, braucht die Welt auch weiterhin unseren Idealismus und unsere Zielstrebigkeit, und diesen Anforderungen ist der Anfang der sechziger Jahre herrschende Geist eher gerecht geworden als manches, was wir in unserer gegenwärtigen Verfassung erleben.

In den zwanziger Jahren waren wir Isolationisten, weil wir glaubten, wir wären zu gut für diese Welt. Heute besteht die Gefahr, daß wir uns vor der übrigen Welt zurückziehen, weil wir glauben, wir seien nicht gut genug für sie. Das Ergebnis ist das gleiche, und die Konsequenzen würden ähnlich sein. Deshalb ist es an der Zeit, unseren Bürgerkrieg zu beenden.

Selbstverständlich sollten wir unseren Optimismus durch Sinn für das Tragische dämpfen und unserem Idealismus Bescheidenheit und Realismus entgegenstellen. Aber wir haben die ideologischen Debatten satt, was wir am dringendsten brauchen, ist die Einigkeit, von der Senator Cooper gesprochen hat; sie ist die Voraussetzung dafür, daß wir die Zukunft meistern und die Vergangenheit überwinden.

Diese Worte fanden das herzliche Verständnis meiner Zuhörer. Man spürte eine Atmosphäre des guten Willens, der Versöhnlichkeit und des allmählich aufkommenden Optimismus.

Am folgenden Tag, Samstag, dem 14. April, gab es für mich ein unsanftes Erwachen. Ich befand mich noch in der versöhnlichen Stimmung des vergangenen Abends und dachte daran, auf welches freundliche Verständnis ich bei meinen Zuhörern gestoßen war, als mich Leonard Garment in meinem Büro im Weißen Haus anrief. Was er mir sagte, wirkte auf mich niederschmetternd.

Len Garment gehörte zu jener kleinen Gruppe liberaler Republikaner, die Nixon in sein Gefolge aufgenommen hatte, um sich mit einem gewissen Schutzanstrich zu versehen, aber auch, weil sie der sanfteren und gefühlvolleren Seite seines Wesens entsprach. Wie ihre konservativen Kollegen – zum Beispiel der Redenschreiber Patrick Buchanan – glaubten einige »Liberale«, nur sie seien die Vertreter des »wahren« Nixon. Garment war allerdings zu klug für ein so gefühlsbetontes Fehlurteil. In Wirklichkeit gab es nämlich gar keinen wahren Nixon; in dem gleichen Individuum rangen mehrere unvereinbare Persönlichkeiten um die Vorherrschaft. Die eine war idealistisch, rücksichtsvoll und großzügig, eine zweite rachsüchtig, kleinlich und emotional. Es gab einen nachdenklichen, philosophischen, stoischen Nixon; und es gab einen ungestümen, impulsiven und unberechenbaren. Manchmal wurde er von der einen Seite seines Charakters beherrscht, dann wieder von einer anderen, und gelegentlich befand er sich in einem leicht zu erschütternden Gleichgewicht. Man konnte sich niemals darauf verlassen, welchen Nixon man bei der nächsten Begegnung antreffen würde. Es war auch nicht geraten, eine impulsiv gegebene Anweisung zu befolgen, ohne sich zu versichern, daß auch der nachdenkliche Nixon das Problem durchdacht hatte. Weil die Berater im Weißen Haus, die sehr dazu neigten, solche Anweisungen gründlich zu befolgen, nicht begriffen, was im Umgang mit dieser komplexen Persönlichkeit notwendig war, hat Watergate eine solche Dynamik entwickelt. Seltsamerweise rückte Nixons nachdenkliche, analytische Seite besonders in Krisenzeiten in den Vordergrund, während es den Anschein hatte, daß ruhige Perioden die dunkleren Leidenschaften seines Wesens entfesselten.

Garment hatte Nixon als Partner in einem New Yorker Anwaltsbüro kennengelernt. Len war ein vielseitig begabter Mann. In der Welt der Kunst war er ebenso zu Hause wie in der seines Berufs als Jurist. Er war ein begeisterter Klarinettist, und daß sich die Regierung Nixon in so großem Maß für die Förderung der Geisteswissenschaften durch den Staat eingesetzt hat, ist in erster Linie sein Verdienst. Wenn es ihm seine Anständigkeit auch erschwert hat, sich in dem rücksichtslosen Ringen um Prestige in den Reihen der hohen Regierungsbeamten durchzusetzen, so wies sie ihm doch eine sehr bedeutungsvolle Rolle als Gewissen des Präsidenten und Vertrauten seiner Freunde an. Seine Amtsbezeichnung, Sonderberater des Präsidenten, klang zwar recht großartig, wies ihm aber keinen besonderen Verantwortungsbereich zu; so hatte er auch nicht die Möglichkeit, regelmäßig mit dem Präsidenten zu sprechen, und es fehlte ihm ein durch einen genauen Zeitplan geregeltes Arbeitsprogramm.

Grundsätzlich richtet sich der Einfluß eines Mitarbeiters im Weißen Hause nicht nach seiner Amtsbezeichnung. Mancher gutgläubige Neuling hat sich durch die Zusage ständigen Kontakts mit dem Präsidenten dazu verführen lassen, eine solche Stellung anzunehmen. Aber der Einfluß auf die Entscheidungen des Präsidenten hängt mehr davon ab, welche Anforderungen in der Praxis an ihn gestellt werden als von der theoretischen Möglichkeit, an Gesprächen im Ovalen Zimmer teilzunehmen. Ein Präsident kann sich noch so sehr darum bemühen, jedem gerecht zu werden, gewöhnlich ist er durch einen gedrängten Terminkalender überfordert. Die Probleme, mit denen er es zu tun hat, verlangen mehr Entscheidungen, als er mit gutem Gewissen treffen kann. Jedes Gespräch, das in seinem Zeitplan nicht vorgesehen ist, wird, mag es auch noch so anregend oder instruktiv sein, sehr bald zur Plage. Wenn der Berater mit den Maßnahmen der Bürokratie einverstanden ist, dann ist ein Gespräch mit ihm Zeitverschwendung. Hat er etwas dagegen einzuwenden, dann entsteht, auch wenn er den Präsidenten von seiner Meinung überzeugt, die Schwierigkeit, die Unterstützung der Bürokratie zu gewinnen und den neuen Vorschlag durchzusetzen. Ich kann mich nicht daran erinnern, daß irgendein Berater ohne einen genau festgelegten Verantwortungsbereich nicht schließlich von den Kollegen an die Wand gedrückt worden ist, die für die tägliche Abwicklung der Regierungsgeschäfte verantwortlich waren. Kein Mitarbeiter im Weißen Haus sieht es gern, wenn seine Kollegen ihm dazwischenreden. Den für die Aufstellung des Terminkalenders Verantwortlichen wird es im Lauf der Zeit immer schwerer fallen, neue Verabredungen einzubauen.

Durch sein selbstloses Verhalten und weil er von seinen Mitarbeitern hoch geachtet wurde, konnte Garment diese Schwierigkeiten für sich selbst weitgehend abbauen. Aber dennoch war der Umstand, daß er an Einfluß gewann, immer ein Zeichen dafür, daß Nixon sich in einer schwierigen Lage befand und jemanden brauchte, der ihn stützte. Wir hatten festgestellt, daß Nixon sich in den letzten Tagen immer häufiger mit Garment getroffen hatte, obwohl wir nicht wußten, was besprochen worden war. Um mir das zu sagen, kam Garment am 14. April in mein Büro.

In seiner so harmlos erscheinenden, gelassenen Art ließ er sich auf die mit blauem Stoff bezogene Couch an der Wand fallen, von der aus man durch die bis an die Decke reichenden Fenster auf den großen Rasenplatz vor dem Weißen Haus und die Pennsylvania Avenue sehen konnte. Ich saß neben meinem Schreibtisch auf einem rechtwinklig zur Couch aufgestellten Sessel. Garment, der nie lange auf den Busch zu klopfen pflegte, begann das Gespräch mit einer Frage, auf die es kaum eine objektive Antwort geben konnte: »Haben Sie den Verstand verloren?«

Ohne auf eine Antwort zu warten, gab mir Garment einen vorsichtig formulierten, erstaunlichen und erschütternden Bericht und sagte, schon nach wenigen Tagen werde man meinen Aufruf zur nationalen Versöhnung als flehentliche Bitte um Gnade auffassen, und wir würden in eine Krise geraten, neben der die ganze Aufregung um Vietnam trivial erscheinen müßte. Nixons alte Feinde würden die Waffe in die Hand bekommen, nach der sie schon die ganze Zeit gesucht hatten. In dem Tornado der Verdächtigungen, der uns bevorstand, würde mein Appell an einen durch die klare Erkenntnis unserer nationalen Ziele gedämpften Idealismus hohl oder sogar zynisch klingen. Es könnte sogar geschehen, daß der Ausgang der letzten Wahlen rückgängig gemacht würde, denn uns stünde ein Kampf auf Leben und Tod bevor.

»Watergate« würde sich wahrscheinlich zu einem riesigen Skandal ausweiten; die mit diesem Fall verbundenen Enthüllungen gingen in ihrer Komplexität weit über den Einbruch in das Büro des nationalen Komitees der Demokratischen Partei im Watergate-Hotel hinaus. Garment berichtete, daß es auch noch andere vom Weißen Haus sanktionierte Einbrüche gegeben habe, mit denen man die verschiedensten Zwecke verfolgt habe. Einige dieser Vorfälle seien noch nicht restlos aufgeklärt. Es habe auch einen Plan gegeben, einzelne Persönlichkeiten zu entführen, die Demonstrationen gegen den Nationalkonvent der Republikanischen Partei veranstalten wollten, und sie nach Mittelamerika auszufliegen. Man habe Prostituierte angeworben, um Delegierte der Demokratischen Partei für den Nationalkonvent zu kompromittieren und zu erpressen. Garment sagte, daß diese ganze »schmutzige Angelegenheit« viele Dimensionen habe, und er nur einen Teil davon kenne. Das alles hätte nicht ohne die Mitarbeit höchster Regierungsstellen geschehen können. Garment vermutete, der Sonderberater des Präsidenten, Charles W. Colson, wäre wahrscheinlich der »böse Geist«, der hinter allem stand. Aber das Ausmaß der Verfehlungen ließ es unmöglich erscheinen, daß die Berater des Präsidenten, H. R. (Bob) Haldeman und John Ehrlichman, die in der Presse den Spitznamen »The Germans« hatten, nichts davon gewußt haben sollten. Aber hier gab es einen dunklen Punkt, denn Haldeman und Ehrlichman konnten, wie jeder wußte, Colson nicht ausstehen. Und wenn Haldeman und Ehrlichman beteiligt waren, war es fast nicht vorstellbar, daß nicht auch der Präsident etwas wußte.

Wer auch der Schuldige gewesen sein mochte, nach Auffassung von Garment konnten nur die radikalsten Maßnahmen und das uneingeschränkte Eingeständnis des Versagens die Katastrophe abwenden. Doch wenn der Präsident auch nur indirekt beteiligt war, würde man sich nicht zur Offenlegung aller Zusammenhänge entschließen, denn die Regierung könnte sich dann unter einer Sturzflut von Enthüllungen zu Tode bluten, welche Nixons zahlreiche Gegner, die er sich im Lauf der Jahre gemacht hatte, mit Vergnügen ausnützen würden. Garment war überzeugt, die Regierung müßte jetzt von Grund auf erneuert werden, und zwar sowohl personell als auch organisatorisch. Nixon selbst würde sich an die Spitze dieser Reformbewegung stellen müssen, um rücksichtslos alles auszumerzen, was von diesen Fäulnisbakterien infiziert war, und das amerikanische Volk dazu aufrufen, einen Neubeginn zu wagen.

Ich war wie vor den Kopf geschlagen. Irgend jemand im Weißen Haus hatte unbestimmte Vorstellungen des Präsidenten, die man nur als unreif und kindisch bezeichnen konnte, in die Tat umgesetzt; und damit war unser gesellschaftlicher Zusammenhalt und die Fähigkeit der Vereinigten Staaten, ihren internationalen Verantwortlichkeiten gerecht zu werden, aufs Spiel gesetzt worden. Vier Jahre lang war ich über alle beunruhigenden Umwälzungen hinweg, die als Folge des Vietnam-Kriegs über uns hereingebrochen waren, im Amt geblieben. Mein Ziel war ein geeintes Amerika gewesen, das sich nun endlich konstruktiven Aufgaben zuwenden konnte. Und jetzt würde die seit zehn Jahren durch innere Spaltungen geschwächte Gesellschaft als Folge dieser Sinnlosigkeiten von neuem zerrissen werden. Ich fühlte mich wie ein Schwimmer, der sich eben aus einer gefährlichen Strömung gerettet hat, um aus der vermeintlichen Sicherheit durch neue und noch gefährlichere Wirbel in die offene See hinausgezogen zu werden.

Ich war zutiefst beunruhigt, als ich die Folgen für unsere Außenpolitik bedachte. Die Handlungsfähigkeit einer Nation ist abhängig von ihrer Stärke, ihrem Ansehen und ihrer Grundsatztreue. Um diese Qualitäten mit Sorgfalt und Urteilsvermögen zur Wirkung zu bringen, bedarf es der vom Vertrauen der Öffentlichkeit getragenen Autorität. Aber wenn Garment recht hatte, mußten wir damit rechnen, daß die politische und moralische Autorität des Präsidenten dahinschwinden würde. Unser Traum von einer neuen Ära der Kreativität würde höchstwahrscheinlich ins Nichts zerfließen. Wir würden sogar die größten Schwierigkeiten haben, das Erreichte zu bewahren – wie zum Beispiel die Beilegung des Konflikts in Indochina. Hier bestand eine ganz reale Gefahr. Ein Autoritätsverlust der Vereinigten Staaten würde die Aggressoren herausfordern. Das delikate Gleichgewicht der Kräfte in Regionen, wo es entscheidend auf die Mitverantwortung Amerikas ankam, würde an Stabilität verlieren. Wir würden nicht mehr in der Lage sein, in Konflikten zu vermitteln und unsere Freunde zu ermutigen. Unsere Außenpolitik wäre von Stagnation bedroht, und wir wären zu einem Rückzugsgefecht verurteilt, um das vollkommene Scheitern all unserer Bemühungen zu verhindern.

Während der folgenden Monate wurde Watergate – und darunter verstand die öffentliche Meinung damals noch ebenso wie ich selbst den Einbruch am 17. Juni – bei den Stabsbesprechungen im Weißen Haus, an denen ich teilnahm, niemals erwähnt. Die Berater des Präsidenten im Weißen Haus sind einerseits dazu verpflichtet, für eine gemeinsame Aufgabe zusammenzuarbeiten, wenn es aber um die Gunst und Aufmerksamkeit des Präsidenten geht, sind sie Konkurrenten. Das letztere Ziel steht häufig im Vordergrund – wenigstens war das so, solange Nixon im Weißen Haus residierte. Jeder Berater verteidigte hartnäckig seinen Verantwortungsbereich, und das war am ehesten möglich, wenn er auf einem bestimmten Gebiet allein zuständig war.

Im Weißen Haus unter Nixon gab es daher eine totale Trennung zwischen den Belangen der Innen- und der Außenpolitik. Die Beziehungen der verschiedenen Präsidentenberater zueinander waren wie die von Gefangenen, die in Nachbarzellen eingesperrt sind. Sie hören vielleicht etwas von den Vorgängen nebenan, können sich aber nicht daran beteiligen und erfahren auch keine Einzelheiten. So habe ich zum Beispiel niemals an den innenpolitischen Beratungen teilgenommen, und Ehrlichman, dessen Arbeitsbereich die Innenpolitik war, beteiligte sich niemals an den außenpolitischen Gesprächen. Haldeman, der an allen Sitzungen teilnahm, beschränkte sich auf Probleme der Innenpolitik und der Öffentlichkeitsarbeit. An den täglichen Stabsbesprechungen nahmen sowohl die außenpolitischen als auch die innenpolitischen Berater teil, sie beschäftigten sich dabei aber nur mit Fragen der Öffentlichkeitsarbeit. Wirklich entscheidende Probleme wurden bei solchen Gelegenheiten niemals behandelt.

Ich war mir natürlich der Tatsache bewußt, in einer wie beklemmenden Atmosphäre wir hier arbeiten mußten. Die Gründe dafür lagen in der Persönlichkeit des Präsidenten und den heftigen, gelegentlich sogar ungesetzlichen Angriffen der kritischen Kriegsgegner. Hier hatte ich auch die dunkle Seite von Nixons Charakter kennengelernt. Aber ich habe es im Sommer 1972 nicht für möglich gehalten, daß das Weiße Haus in den Watergate-Skandal verwickelt sei; ich akzeptierte die öffentliche Stellungnahme des Pressesekretärs Ronald L. Ziegler, der erklärt hatte, an diesem »drittklassigen Einbruchsversuch« sei kein Mitarbeiter des Weißen Hauses beteiligt. Die jeden Morgen stattfindenden Stabsbesprechungen schienen die Richtigkeit dieser Erklärung zu bestätigen. Nur ein paar jüngere Angehörige des Stabes erwähnten Watergate und taten das auch nur, um sich darüber zu beklagen, wie unfair die Presse sei. Daß Haldeman, der den Vorsitz hatte, diesen Beschwerden in onkelhaftem Ton zustimmte, schien meine Vermutung zu bestätigen, daß nichts Ernstes geschehen sei.

Im Sommer 1972 fragte ich Haldeman einmal, was Watergate überhaupt zu bedeuten habe. »Das möchte ich auch wissen«, erwiderte er und wechselte das Thema. Ein anderes Mal erwähnte ich Watergate gegenüber John Ehrlichman. Ende Januar 1973 war ich auf der Straße ganz zufällig dem ehemaligen Berater des Präsidenten Johnson, Joseph Califano, einem alten Freund aus der Oppositionspartei, begegnet und hatte mich ein paar Minuten mit ihm unterhalten. Als ich – etwas zu selbstsicher – behauptete, die Demokraten würden sich wohl kaum von ihrer katastrophalen Wahlniederlage erholen können, meinte Califano, Watergate werde der Demokratischen Partei neuen Aufschwung geben. Man dürfe nicht glauben, daß die Richter von der öffentlichen Meinung unbeeinflußt bleiben würden. Die Medien hatten sich so intensiv mit Watergate beschäftigt, daß man damit rechnen müßte, in dem gegen die Einbrecher von Watergate geführten Gerichtsverfahren würden die Richter energisch durchgreifen und weitere Enthüllungen erzwingen. Ich informierte Ehrlichman von dem Inhalt dieses Gesprächs. Ehrlichman, den es ärgerte, daß die Medien mich gewöhnlich freundlicher behandelten als die »Germans«, neigte dazu, mir jedesmal eine Abfuhr zu erteilen, wenn ich mich der Dreimeilenzone seines innenpolitischen Zuständigkeitsgebiets näherte. Jetzt schnaubte er verächtlich: »Wunschdenken! Wenn sie sich nur darauf verlassen, dann werden sie noch dreißig Jahre in der Opposition bleiben.«

Rückblickend muß ich sagen, daß ich schon Anfang 1973 Grund genug hatte, mir Sorgen zu machen, vor allem wegen Nixons Verhalten. Es fiel mir immer schwerer, ihn für außenpolitische Fragen zu interessieren, und seine Geistesabwesenheit zeigte sich so deutlich, daß sie mich hätte beunruhigen sollen. Früher hatte er sich auch in ruhigen Zeiten intensiv mit der Außenpolitik beschäftigt, um der täglichen Routine der Verwaltungsaufgaben zu entgehen, die ihn langweilten. Jetzt war es schwierig, ihn zu einer Stellungnahme zu meinen Denkschriften zu bewegen. Ich bekam sie ohne die bisher üblichen zahlreichen Randbemerkungen des Präsidenten zurück, die mir sagten, daß er sie sorgfältig gelesen hatte. Nur bei einer Gelegenheit hatte Nixon jeden einzelnen Abschnitt eines Optionspapiers verändert und es damit vollständig unbrauchbar gemacht.

Ich führte diesen Mangel an Interesse darauf zurück, daß der Präsident wie üblich nach einem großen Erfolg unter Depressionen litt. Solange ich ihn kannte, erzeugten fehlende Spannungen in ihm nicht Arbeitseifer, sondern Lethargie. Seine ausgefallensten Entschlüsse hat Nixon in ruhigen Perioden und nicht als Reaktion auf Krisensituationen gefaßt. Ruhige Zeiten schienen sein inneres Gleichgewicht zu stören, das er augenscheinlich nur finden konnte, wenn er unter Druck stand.

Ich erinnere mich nur an ein einziges Gespräch mit Nixon während dieser Zeit, das unmittelbar etwas mit Watergate zu tun hatte. Anfang April 1973, als der Sonderausschuß des Senats zur Untersuchung der Beteiligung des Präsidenten unter dem Vorsitz des Senators Sam Ervin (der Watergate-Ausschuß) zusammentrat, waren wir in San Clemente. Eines Nachmittags rief mich der Präsident in sein Büro und fragte mich, ob Haldeman als Zeuge aussagen sollte. In meiner Naivität antwortete ich, das wäre ein Eingeständnis der Schuld, und nur diejenigen, die selbst etwas von dem Einbruch gewußt hätten, sollten als Zeugen vernommen werden. Damals deutete nichts in der Haltung des Präsidenten darauf hin, daß er sich der Widersprüchlichkeit meines Vorschlags bewußt war. Ganz ruhig meinte er, daß ich Haldeman meine Meinung dazu sagen sollte, ein Ansinnen, dessen Zweideutigkeit mir erst mehrere Wochen später bewußt wurde. Als ich mit Haldeman sprach, hörte auch er mich ganz ungerührt an und empfahl mir dringend, Ehrlichman das gleiche zu sagen. Ehrlichman zuckte nur mit den Schultern wie jemand, dessen Geduld gerade eben noch meine unglaubliche Unerfahrenheit in politischen Dingen ertragen, aber sehr bald erschöpft sein könnte.

Jetzt, da wir mit der Explosion der Watergate-Bombe rechnen mußten, überlegte ich mir, welche Möglichkeiten Nixon noch hätte. Ich zweifelte an der von Garment vorgeschlagenen Lösung und konnte mir nicht vorstellen, daß sich Nixon an die Spitze einer Reformbewegung stellte, um in seiner eigenen Regierung eine rigorose Säuberungsaktion durchzuführen. Auch war es durchaus nicht sicher, daß ein solches Verfahren zum Erfolg führen würde. Eine massive Säuberung im fünften Amtsjahr eines Präsidenten muß starke Zweifel an der Urteilsfähigkeit dieses Präsidenten wecken, der solche Mißstände nicht schon viel früher aufgedeckt hat. Darüber hinaus glaubte ich, daß Garments Diagnose ein solches Verfahren ausschlösse. Wer Nixons Methoden kannte, mußte wissen, daß er zur Verwirklichung eines jeden Plans einen energischen Stabschef brauchte und daß er die Angelegenheit hinauszögern würde, wenn nicht Männer, zu denen er Vertrauen hatte, einen gewissen Druck auf ihn ausübten. Um ihn aus seiner Reserve herauszulocken, bedurfte er der Unterstützung zuverlässiger Berater. Mit anderen Worten, nur Haldeman hätte Nixon dazu bewegen können,

Haldeman zu entlassen, und damit durfte man nicht rechnen. Wenn Haldeman auch nur indirekt an der Sache beteiligt war, gab es niemanden, der unseren Chef dazu bewegen konnte, seine psychologischen Barrieren zu überwinden. Nach Garments Diagnose stand die Regierung augenscheinlich vor einer langen Periode großer Schwierigkeiten, und niemand konnte vorhersehen, wohin diese Entwicklung lief.

Wenn diese Annahme zutraf, dann hielt ich es für meine Pflicht, alle von der Katastrophe nicht betroffenen Kräfte zu sammeln, um mit ihnen gemeinsam die sich nähernde Probe zu bestehen. Ich bat daher Garment um die Erlaubnis, einige Persönlichkeiten im Weißen Haus zu verständigen, deren Rechtschaffenheit und Integrität uns helfen würde, das Vertrauen der Öffentlichkeit zu bewahren. Ich dachte dabei besonders an George Shultz und Arthur Burns. Garment war einverstanden. Ich berief deshalb für Sonntagabend eine Sitzung ein, da beide Männer erst zu dieser Zeit zur Verfügung standen.

Am Samstagabend, dem 14. April, nahm ich an dem einmal jährlich von den Korrespondenten des Weißen Hauses veranstalteten Essen teil. Der nominelle Ehrengast ist bei dieser Gelegenheit der Präsident mit seinem Kabinett. Ich sagte »nominell«, weil es in jeder Amtszeit eines Präsidenten irgendwann dazu kommt, daß der Präsident der täglichen Belästigungen durch die Presse überdrüssig wird und die Gesellschaft der Journalisten kaum mehr ertragen kann. Bei Nixon war dieser Zustand schon sehr bald erreicht. Es gehört nicht zu den von der Verfassung vorgeschriebenen Pflichten des amerikanischen Präsidenten, sich die sarkastischen Reden anzuhören, die bei solchen Veranstaltungen gehalten werden. Deshalb verzichtet der Präsident meist auf die Teilnahme. Nixon wollte durch seine Abwesenheit unterstreichen, daß er keinen Wert auf Journalisten legte, die über den Präsidenten zu berichten hatten – und damit verschärfte er nur die feindseligen Gefühle und die Empfindlichkeit, die zwischen ihm und der Presse herrschten.

Doch diesmal beschloß der Präsident, der Einladung zu folgen. Der Abend verlief ohne besondere Zwischenfälle. Ich kann mich jedenfalls an keinen peinlichen Vorfall erinnern, aber die Atmosphäre war äußerst gespannt. Nach dem Essen veranstalteten einige Zeitungen Parties in verschiedenen Räumen des Hotels. Ich nahm an einer dieser Gesellschaften teil und wurde dort plötzlich ans Telefon gerufen. Es war der Präsident, und er klang sehr aufgeregt. Es war nichts Ungewöhnliches, daß Nixon mich zu den unmöglichsten Zeiten anrief und mir seltsame Fragen stellte, um sofort wieder einzuhängen. »Sind Sie damit einverstanden«, fragte er, »daß wir eine Wagenburg um das Weiße Haus errichten?«

Aus der Flut der Enthüllungen über Watergate wissen wir heute, daß am gleichen Tage eine erregte Besprechung zwischen Nixon, Haldeman, Ehrlichman und dem ehemaligen Generalstaatsanwalt und Wahlkampfmanager, John Mitchell, stattgefunden hatte. Ich wußte davon damals noch nichts. Heute würde ich gern berichten können, daß ich dem offensichtlich verzweifelten Präsidenten etwas Hilfreiches oder Konstruktives gesagt hätte. Aber wenige Berater besitzen den Mut, ihrem Präsidenten zu sagen, daß sie nicht wissen, wovon er spricht, oder daß sie aus seiner Frage entnehmen müssen, er neige zu melodramatischen Übertreibungen. Ich war an jenem Abend auch gar nicht in der Stimmung, das zu tun, sondern murmelte irgend etwas Unverbindliches, was Nixon verständlicherweise als Zustimmung deutete. »Gut«, sagte er, »wir werden die Wagenburg um das Weiße Haus errichten.«

Ohne diese geheimnisvolle Metapher näher zu erläutern, hängte er den Hörer ein. Hätte ich nicht wenige Stunden zuvor das Gespräch mit Garment geführt, dann hätte ich nicht gewußt, was den Präsidenten so erregte.

Zutiefst betroffen unterrichtete ich John Ehrlichman, als dieser mich wegen irgendeiner Nebensächlichkeit am Sonntag, dem 15. April, anrief, von Garments Besorgnissen. »Garment«, antwortete Ehrlichman ganz ruhig, »ist ein Super-Kernreaktor. Hören Sie nicht auf ihn. Unser Hauptproblem besteht darin, John Mitchell klarzumachen, welche Verantwortung er hat.« Natürlich Mitchell! War er der Hauptverantwortliche für den Einbruch im Watergate-Hotel – oder hatte man sich entschlossen, ihn zum Sündenbock zu machen? Ich stellte mir diese Frage, ohne sie auch nur im entferntesten beantworten zu können. Jedenfalls stand fest, daß, wenn Mitchell beteiligt war, sich der Skandal nicht mehr eindämmen lassen würde. John Mitchell, Inbegriff der Loyalität, hätte niemals etwas unternommen, wenn er nicht davon überzeugt gewesen wäre, daß er die Wünsche des Präsidenten erfüllte. Welche Hypothese man auch überdachte – die von Garment, nach der Colson der Schurke war, den Haldeman und Ehrlichman unterstützt hatten, oder die von Ehrlichman, der jetzt offenbar Mitchell die Schuld gab –, Watergate mußte die Nation in ihren Grundfesten erschüttern. Es war ganz einfach unvorstellbar, wenigstens für uns, die wir wußten, nach welchen Methoden im Weißen Haus gearbeitet wurde, daß Nixons Paladine in einer Angelegenheit selbständig gehandelt hatten, die für den Präsidenten so schwerwiegende Folgen haben konnte.

Wenn daher nicht zweifelsfrei bewiesen werden konnte, daß der Präsident nicht beteiligt war, standen wir in kürzester Zeit vor einer monumentalen institutionellen Krise. Der Präsident war schwer angeschlagen. Welch unvorstellbaren Ausgang die Sache auch nehmen mochte, Nixon würde das System, nach dem er arbeitete, von Grund auf ändern müssen. Er würde die Regierungsgeschäfte im Weißen Haus nicht mehr von seinen persönlichen Beratern beherrschen lassen können, die den normalen Beamtenapparat in seinen Funktionen störten oder übergingen. Bei der Umbildung seines Regierungsapparats nach den Wahlen hatte er von ihm für vertrauenswürdig gehaltene, politische Beauftragte in jedes wichtige Ministerium gesetzt, um das Kabinettsmitglied, das dieses Ministerium nominell leitete, zu überwachen; diese Leute würden jetzt ihren Einfluß, wenn nicht sogar ihre Positionen verlieren. Eine Schwächung der Machtposition des Weißen Hauses wurde immer wahrscheinlicher. Daher war es unbedingt erforderlich, rasch eine Methode zu entwickeln, bei der es weniger auf die an der Spitze gefaßten einsamen Entschlüsse ankam. So nützlich das bisherige Verfahren auch gewesen sein mochte, um die Vietnam-Periode durchzustehen, jetzt war ihm die moralische, psychologische und politische Basis entzogen.

Am Abend des gleichen Sonntags, dem 15. April, traf ich mich mit George Shultz und Arthur Burns in dem im Weißen Haus untergebrachten Büro von Shultz. Damals war Shultz zugleich Finanzminister und wirtschaftspolitischer Berater des Präsidenten. Burns war Vorsitzender des Bundesfinanzausschusses, hatte aber einen viel größeren Einfluß, als diese Amtsbezeichnung vermuten ließ. Das Debakel, in das die Nixon-Regierung später geriet, hat den Umstand verschleiert, daß auch Männer und Frauen hineingerissen worden sind, die sich durch außergewöhnliche Charakterfestigkeit und Intelligenz auszeichneten.

Shultz war dem Kabinett als Arbeitsminister beigetreten, war in das Amt für Management und Budget versetzt worden, als dieses Amt an den politischen Entscheidungen beteiligt wurde, und hatte im Sommer 1972 John Connallys Nachfolge als Finanzminister angetreten. Ich bin im öffentlichen Leben niemandem begegnet, für den ich größere Hochachtung und Zuneigung empfunden habe. Als hervorragender Analytiker, besonnener und selbstloser Mann hat Shultz durch seine Integrität und Urteilsfähigkeit den Mangel an Theatralik wettgemacht, mit der manche seiner weniger in sich selbst ruhenden Kollegen ihren Erfolg sichern wollten. Er hat nie versucht, sich persönliche Vorteile zu verschaffen. Weil er nie die Zuständigkeit anderer in Frage stellte, vor allem aber wegen seiner hervorragenden fachlichen Leistungen, wurde er zum beherrschenden Mitglied eines jeden Ausschusses, in dem er mitgearbeitet hatte. Gewöhnlich wurde er am Ende der Ausschuß-Sitzungen gebeten, die Ergebnisse zusammenzufassen – und verschaffte sich dadurch einen Einfluß, den er nicht angestrebt hatte. Wenn ich einen Amerikaner nennen sollte, dem ich das Schicksal einer Nation in einer Krise anvertrauen würde, dann wäre es George Shultz.

Arthur Burns konnte man leicht unterschätzen. Wenn er nachdenklich an seiner Pfeife sog, während er über irgendein Problem nachdachte, konnte man ihn für einen etwas exzentrischen, geistesabwesenden Akademiker halten, und er war auch wirklich dreißig Jahre Professor an der Columbia University gewesen. Seine gewählte Ausdrucksweise konnte bei seinen Zuhörern den Eindruck erwecken, daß sein Gehirn zu langsam arbeitete. Aber Burns hatte die seltene Gabe, sofort zum Kern jeden Problems zu kommen. Er war hochintelligent und unglaublich hartnäckig und erwies sich als einer der verschlagensten bürokratischen Nahkämpfer in Washington. Unter den Präsidenten Eisenhower und Nixon hatte er, während er ruhig seine Pfeife stopfte, sorgfältige Beobachtungen angestellt und wußte jetzt, wie eine Regierung funktioniert. Er hatte geduldig daran gearbeitet, sich den notwendigen Rückhalt für seine Position aufzubauen. Während der Zeit, in der ich ihn beobachtet habe, hat er ein paar Schlachten verloren. Aber das bedeutet nicht, daß diejenigen von uns, die er gewöhnlich ausmanövriert hat, ihm ihre Bewunderung versagen, die seiner Integrität, Hingabe und subtilen Intelligenz gilt.

Als ich meinen beiden Kollegen anvertraute, was Garment mir mitgeteilt hatte, wollten sie mir zunächst nicht glauben. Aber wir alle hatten das Gefühl, dieser Katastrophe ohnmächtig gegenüberzustehen. Wir kannten noch nicht das Ausmaß des drohenden Skandals. So vereinbarten wir, uns gegenseitig über alles zu unterrichten, was wir in Erfahrung bringen konnten. Wir wollten einander den Inhalt von Gesprächen mit dem Präsidenten mitteilen, soweit es diese gemeinsamen Sorgen betraf, um nötigenfalls die Ratschläge zu erteilen, über die wir uns geeinigt hatten. Wir wollten Verfahren und Initiativen entwickeln, um das Vertrauen des amerikanischen Volkes zu seiner Regierung auch in einer innenpolitischen Krise zu bewahren. Die Amtszeit des Präsidenten sollte schließlich noch vier Jahre dauern. Vielleicht erscheint es anmaßend, aber wir glaubten, uns sei die Aufgabe zugefallen, für die Regierung unserer Nation soviel moralische Substanz zu retten wie möglich.

Das Erbe von Vietnam

Bevor ich mit einem Bericht über die weitere Ausdehnung der Watergate-Affäre fortfahre, muß ich noch etwas über die Zusammenhänge sagen. Die umfangreiche Literatur über Watergate – sie hat sich zu einem Industriezweig entwickelt – behandelt dieses Thema zum größten Teil wie eine persönliche Verirrung Richard Nixons, als habe es keine Begleitumstände gegeben. Tatsächlich ist Watergate getrennt von der durch Zwangsvorstellungen belasteten Persönlichkeit Nixons undenkbar. Aber es gibt auch noch tiefere Ursachen. Historiker, die nicht berücksichtigen, welche destruktive Wirkung der Krieg in Vietnam auf die amerikanische Politik, den Geist und den Zusammenhalt der Vereinigten Staaten gehabt hat, werden Watergate nicht begreifen können.

Die Vereinigten Staaten hatten ihr Engagement in Vietnam während Kennedys Amtszeit mit 16000 Beratern, mit Idealismus und missionarischem Geist begonnen; alles erzeugte einen außergewöhnlichen Aktivismus. Man glaubte, daß die kommunistische Aggression in Indochina die Speerspitze einer von dem monolitischen, chinesisch-sowjetischen Block beherrschten und aktivierten homogenen Ideologie sei. Die Regierung Johnson intensivierte unser Engagement und schickte mehr als 50000 amerikanische Soldaten in den unwirtlichen Dschungel Südostasiens, um sich hier einem Gegner entgegenzustellen, der, wie man glaubte, auf Befehl Moskaus und Pekings eine Theorie über den Revolutionskrieg in der Praxis erproben sollte. Doch Hanoi handelte im großen und ganzen aus eigenem Antrieb, was ihm allerdings nicht ohne die Unterstützung durch die beiden kommunistischen Großmächte, besonders durch die Sowjetunion, möglich gewesen wäre.

Die enttäuschenden Fehlschläge, welche die Regierung Johnson hatte hinnehmen müssen, ließen sie zum Opfer schwerer Vorwürfe werden, und die Lage verschlimmerte sich, als viele Politiker, die an den Entscheidungen über die Teilnahme der Vereinigten Staaten am Krieg in Indochina beteiligt waren, so demoralisiert wurden, daß sie sich praktisch den Kritikern anschlossen, die sie selbst und ihren Präsidenten vernichtet hatten. Doch ihre ursprünglichen Vorstellungen waren nicht so falsch gewesen, wie es ihnen erschien, als sie das Vertrauen zu ihren eigenen Entschlüssen verloren hatten. Die politischen Führer in Hanoi waren alles andere als wohlmeinende Nationalisten, als die sie so oft von leichtgläubigen Sympathisanten dargestellt worden sind; sie waren kalte, brutale Revolutionäre, entschlossen, die Herrschaft über ganz Indochina zu gewinnen. Die Auswirkungen eines nordvietnamesischen Sieges auf die künftige Freiheit und nationale Unabhängigkeit in Südostasien mußten verheerend sein, besonders dort, wo die Regierungen viel weniger fest im Sattel saßen als zehn Jahre später. Die viel verspottete Domino-Theorie, die *alle* nichtkommunistische Regierungen in diesem Gebiet vertraten, erwies sich schließlich als richtig.

Ob der strategische Gewinn einen so massiven amerikanischen Einsatz in Vietnam gerechtfertigt hat, muß rückblickend bezweifelt werden. Aber wenn amerikanische Streitkräfte eingesetzt sind, dann gibt es für sie kein anderes logisches oder vertretbares Ziel als den Sieg. Die Regierungen der Präsidenten Kennedy und Johnson haben sich zwischen ihren Überzeugungen und Hemmungen in die Enge treiben lassen; sie haben für diesen Krieg so massive Kräfte aufgewendet, daß sie damit unsere globale Position aufs Spiel setzten, haben aber dann durch ihr Zögern bei der praktischen Durchführung ihres Vorhabens den Erfolg unmöglich gemacht. Sie haben uns in Indochina gebunden, um eine weltweite Verschwörung zu zerschlagen, und es dann versäumt, eine militärische Lösung zu erzwingen, weil sie fürchteten, damit einen neuen Weltkrieg auszulösen – eine Befürchtung, die wahrscheinlich ebenso übertrieben war wie die ursprüngliche Beurteilung der Lage. Es gibt keine Belohnung dafür, daß man einen Krieg verliert, weil man sich zurückgehalten hat; ein Versagen besänftigt weder die eigenen noch fremde Kritiker.

Es muß aber auch gesagt werden, daß diese Fehlleistungen mehr Mitgefühl als Spott verdienen, denn die Aufgabe, die wir uns gestellt hatten, war zu neuartig und das ganze Unternehmen zu ungewohnt. Die Männer, die für unsere Beteiligung am Vietnam-Konflikt verantwortlich waren, sind weder leichtfertig noch gefühllos gewesen. Sie haben das amerikanische Prestige in einem räumlich begrenzten Konflikt eingesetzt, dessen strategische Bedeutung diesen Einsatz nicht lohnte, und damit mehr riskiert als sie beabsichtigten. Doch geschah es in den edelsten Absichten; die Ereignisse haben später die Auffassung bestätigt, daß die Unfähigkeit der Vereinigten Staaten, etwas gegen eine Aggression zu unternehmen, weitreichendere, katastrophale Konsequenzen haben könnte. Die weltweite Unruhe, die dem endgültigen Zusammenbruch der nichtkommunistischen Regierungen in Indochina folgte, hatte nicht wenig mit dem Verlust des Vertrauens zu der stabilisierenden Rolle Amerikas zu tun; die sowjetische Aggressivität verstärkte sich mit der zunehmenden Schwäche der Vereinigten Staaten; eine Zeitlang hatte es den Anschein, daß sich alle politischen Konflikte nur mit militärischen Mitteln lösen ließen. Und das grausige Schicksal, das die Völker Indochinas seit 1975 erlitten haben – die Massenmorde, die Konzentrationslager, die politische Unterdrückung und die Bootsflüchtlinge – spricht heute das Schlußurteil zu der Frage, ob die wirkliche Amoralität des Indochina-Konflikts in unserem Widerstand gegen den Totalitarismus oder darin gelegen hat, daß wir unsere Freunde im Stich gelassen haben.

Als die Regierung Nixon im Januar 1969 in ihr Amt eingeführt wurde, zweifelte man daran, daß es vernünftig sei, mehr als fünfhunderttausend amerikanische und fast hunderttausend verbündete Soldaten in Vietnam kämpfen zu lassen. Die Truppen waren aber dort. Fünfunddreißigtausend Amerikaner waren schon gefallen. Wir hielten es für richtig, daß sich die Vereinigten Staaten aus diesem Konflikt lösten. Noch vor der Amtsübernahme beschlossen wir, die amerikanischen Streitkräfte so rasch wie möglich aus Vietnam abzuziehen.* Die Nixon-Regierung hatte zudem begriffen, daß Peking und Moskau ihre Politik durchaus nicht aufeinander abstimmten, sondern sich in einem erbitterten geopolitischen und ideologischen Ringen gegenseitig bekämpften. Die Schwierigkeit bestand darin, gemäß dieser Beurteilung der Lage zu handeln, während wir unseren internationalen Verpflichtungen nachkamen und die nationale Ehre bewahrten.

Wir hatten keine extravagante Definition für den Begriff Ehre: Wir waren bereit, unsere Truppen abzuziehen, weigerten uns aber, eine mit uns verbündete Regierung zu stürzen. Wir wollten den Ausgang eines sich in Freiheit vollziehenden politischen Prozesses in Südvietnam akzeptieren, auch wenn dadurch Persönlichkeiten und Institutionen ihre Funktion einbüßten, denen wir den Vorzug gaben. Wir weigerten uns jedoch, die von Hanoi praktisch geforderte bedingungslose Kapitulation hinzunehmen, die Opfer des amerikanischen Volkes dadurch lächerlich zu machen, daß wir uns an der Einsetzung eines kommunistischen Regimes beteiligten, diejenigen zu verraten, die auf die Zusicherungen unserer Vorgänger vertraut hatten, und damit das Vertrauen der übrigen Welt zu Amerika zu erschüttern.

Aber eine politische Entwicklung in Freiheit war gerade das, was Hanoi unter allen Umständen verhindern wollte. Seine störrischen und fanatischen Führer hatten nicht ein Leben lang gekämpft und gelitten, um den Erfolg dieses Kampfes von einem Wahlverfahren abhängig zu machen, das sie im eigenen Lande noch nie praktiziert hatten. Sie waren überzeugte Revolutionäre und professionelle Guerilla-Kämpfer, deren Methode die Ermattungsstrategie war. Sie glaubten an das Gleichgewicht der militärischen, psychologischen und politischen Kräfte, und zwar in dieser Reihenfolge. In ganz Indochina hatten sie zielbewußt, ja sogar heroisch dafür gekämpft, unsere militärstrategischen Pläne zu vereiteln, unsere Truppen zu demoralisieren und unsere südvietnamesischen Verbündeten zu besiegen. In den Verhandlungen mit uns gingen sie um keinen Millimeter von ihren Grundsatzforderungen ab: dem bedingungslosen Abzug amerikanischer Streitkräfte aus Indochina und zugleich dem durch uns bewirkten Sturz der mit uns verbündeten südvietnamesischen Regierung. Und sie gingen von diesen Forderungen nicht ab, bis sie militärisch erschöpft waren.

* Ich hatte im Januar 1969 in der Zeitschrift *Foreign Affairs* einen Artikel mit meinen Ideen zu diesem Thema veröffentlicht, den ich vor meiner Ernennung zum Nationalen Sicherheitsberater durch Nixon geschrieben hatte. Darin kritisierte ich die Strategie der Regierung Johnson und machte den Vorschlag, das Problem auf zwei Wegen anzugehen: Die Vereinigten Staaten und Nordvietnam sollten über die militärischen Fragen verhandeln (beiderseitiger Truppenabzug, Waffenstillstand und Rückgabe der Kriegsgefangenen), während die südvietnamesischen Parteien die politischen Probleme untereinander regelten.[1]

Der nationale Zusammenhalt der Vereinigten Staaten hatte um die gleiche Zeit eine Zerreißprobe zu bestehen. Angesichts der Strategie der Selbstbeschränkung, der zwei Präsidenten gefolgt waren – Johnson aus Furcht vor einer Ausdehnung des Konflikts, Nixon, um sich Handlungsspielraum für einen ehrenvollen Abzug zu verschaffen –, mußte sich der Krieg in die Länge ziehen und blieb sein Ausgang unbestimmt. Die Herauslösung der Vereinigten Staaten aus diesem Konflikt bei gleichzeitiger Wahrung der nationalen Ehre mußte für eine Öffentlichkeit, der man im Namen eines abstrakten und unbeweisbaren Ziels der Aufrechterhaltung der amerikanischen Glaubwürdigkeit in der Welt immer noch Opfer abverlangte, ein verwirrendes Problem sein. Viele junge Leute, die die Last des Wehrdienstes auf sich nehmen mußten, fanden sich in einem schmutzigen Krieg wieder, der in einem fernen Land mit Methoden geführt wurde, die mit ihren Idealen unvereinbar waren. Zum ersten Mal in der Geschichte konnte jedermann allabendlich die Häßlichkeit dieses Krieges am Fernsehschirm miterleben. Tausende anständiger und patriotischer Amerikaner aus allen Schichten der Bevölkerung sahen sich veranlaßt, gegen ein Unternehmen zu protestieren, das so große Opfer an Menschenleben forderte. Aber auch alle in dieser Zeit durchgeführten Meinungsumfragen ließen erkennen, daß der größte Teil der amerikanischen Öffentlichkeit nicht bereit war, eine regelrechte demütigende Niederlage hinzunehmen. Die Folge war ein innenpolitisches Patt, das keine Lösung erkennen ließ und zu einer zunehmenden Vergiftung der Atmosphäre führte.

Solange das Unentschieden dauerte, wurde das Klima in erster Linie durch die Haltung von zwei Gruppen bestimmt, das außenpolitische Establishment in den Vereinigten Staaten und die Rassenbewegung, der sich eine winzige Minderheit angeschlossen hatte.

Die Führungsgruppe in Amerika, die in den vierziger Jahren die Schlacht gegen den Isolationismus gewonnen hatte und sich während der ganzen Nachkriegsperiode dafür einsetzte, daß die Vereinigten Staaten eine verantwortliche Rolle in der Weltpolitik übernahmen, war durch den Vietnam-Krieg zutiefst demoralisiert worden. Diese Männer hatten ihr Land in den sechziger Jahren in diesen Krieg der nicht klar definierten Ziele geführt, der mit zweifelhaften Methoden ausgetragen werden mußte. Als er sich festfuhr, verloren sie den Mut. Die klaren Zielsetzungen, welche die großen außenpolitischen Initiativen Ende der vierziger Jahre beflügelt hatten, ließen sich für Indochina nicht finden. Der Marshall-Plan, das Hilfsprogramm für Griechenland und die Türkei, das Atlantische Bündnis und der Wiederaufbau Japans standen im Einklang mit unseren eigenen innenpolitischen Erfahrungen. Diese Wirtschaftsprogramme bestätigten offensichtlich die Grundsätze des New Deal, nach denen die politische Stabilität wiederhergestellt werden konnte, wenn man die Lücke zwischen den Erwartungen und der wirtschaftlichen Realität schloß. Und unsere Bündnispolitik ging auf die Erfahrungen zurück, die wir zur Zeit der nationalsozialistischen Herrschaft in Deutschland gemacht hatten: Man erkannte, daß die Kriegsgefahr von großen Armeen ausging, die über eine international anerkannte Demarkationslinie hinweg angriffen. Diese politischen

Grundsätze hatten sich nach dem Kriege in Europa und Japan glänzend bewährt. Dort hatten politische Institutionen eine lange Tradition. Die Überwindung des durch den Zweiten Weltkrieg verursachten wirtschaftlichen Zerfalls ermöglichte die sofortige Wiederherstellung eines vitalen politischen Lebens. Da eine militärische Bedrohung nur von einer offenen Aggression ausgehen konnte, war es möglich, den Begriff der Sicherheit anhand des militärischen Stärkeverhältnisses zu definieren.

Diese Voraussetzungen fehlten in Indochina. Dort gab es keinen massiven Angriff regulärer Streitkräfte über eine klar festgelegte Grenze hinweg, sondern das Einsickern feindlicher Streitkräfte durch den weglosen Dschungel. Mit einer seltsamen Scheu gegenüber der Legalität blieb die einzige Grenzlinie in Indochina, die von Hanoi verhältnismäßig selten verletzt wurde, die entmilitarisierte Zone zwischen Nord- und Südvietnam entlang dem 17. Breitengrad, die in den Genfer Vereinbarungen von 1954 festgelegt worden war. Als Kompensation für diese für sie uncharakteristische Verbeugung vor dem Völkerrecht umgingen die Nordvietnamesen die entmilitarisierte Zone, indem sie ihre Nachschubstraßen in neutrale Länder verlegten, die ihrerseits nur in Frieden gelassen werden wollten. Der Ho-Tschi-Minh-Pfad führte durch laotisches Gebiet; in Kambodscha wurden Bereitstellungsräume eingerichtet. Aber noch unsinniger war die Tatsache, daß viele innenpolitische Kritiker des Vietnam-Krieges diese Logik akzeptierten. Wann immer wir auf diese groben Verletzungen des Völkerrechts und die Bedrohung unserer Streitkräfte reagierten, indem wir versuchten, die rechtswidrig angelegten Versorgungswege zu unterbrechen, welche die Aggression und den Expansionismus Nordvietnams ermöglichten, wurden *wir* beschuldigt, die Neutralität von Kambodscha und Laos verletzt zu haben – Gegenstand einiger der erbittertsten innenpolitischen Kontroversen in diesem Krieg.

Auch die innenpolitische Lage in Vietnam entsprach nicht den bei uns geläufigen Vorstellungen. In diesem Krieg ging es nicht um die Unterstützung einer bestimmten Regierung, sondern um die Legitimität *jeder* nichtkommunistischen Struktur. Viele Amerikaner neigten dazu, die Regierung, die wir verteidigten, nach den Maßstäben unserer Verfassung zu beurteilen, die sich kaum auf einen Bürgerkrieg in einem Entwicklungsland mit völlig anderen historischen Erfahrungen anwenden ließen. Im Westen hatte die Nation vor dem Staat existiert und ihn hervorgebracht. In vielen Entwicklungsländern ist es umgekehrt gewesen; hier hatte der Staat versucht, den Menschen das Gefühl zu vermitteln, sie gehörten einer Nation an. Unter solchen Verhältnissen ist die Regierung oft der einzige Ausdruck der nationalen Identität; innenpolitische Kämpfe werden zum Ringen um die absolute Macht; es gibt keine geschichtliche Erfahrung mit einer loyalen Opposition, ohne die eine blühende Demokratie undenkbar ist. So kann der Versuch, unter Zwang eine verfassungsmäßige Regierung einzusetzen, unter Umständen das zerstören, was an innerem Zusammenhalt in einem solchen Volk vorhanden ist.

So war es auch in Indochina. Südvietnam war 1954 aus einer nur widerwillig vollzogenen Teilung des Landes entstanden und bemühte sich darum, eine Nation zu werden, während ein Angriff von Guerilla-Streitkräften, die von Hanoi aufgestellt und geführt wurden – und daran besteht heute kein Zweifel mehr –, die noch nicht festgefügte Gesellschaftsstruktur zerriß. Die südvietnamesische Führung, die durch einen von den Vereinigten Staaten unterstützten Staatsstreich 1963 an die Macht gekommen war, kämpfte verzweifelt um das Überleben angesichts einer Invasion mit zunehmend stärker werdenden Kräften von außen. Die tüchtigsten Beamten wurden von den kommunistischen Guerillas systematisch ermordet, und bald stand die Wirtschaft des Landes vor dem Ruin. Während sich nun die Regierung in Saigon diesen Herausforderungen stellen mußte, denen sie in ihrer massiven Wucht nicht gewachsen war, wurde sie von ihrem fernen Verbündeten, den Vereinigten Staaten, einem ständigen Druck ausgesetzt, Reformen durchzuführen. Man kann es fast als ein Wunder bezeichnen, daß Südvietnam sich angesichts solcher Zwänge behauptet hat und sogar stärker geworden ist. Dadurch werden wir gezwungen, die Zähigkeit dieser Menschen anzuerkennen. Sie haben gezeigt, welchen Preis sie dafür zu zahlen bereit waren, nicht von den brutalen, totalitären Machthabern in Hanoi regiert zu werden.

Aber diese ganze Entwicklung entsprach natürlich in keiner Weise den Erwartungen der führenden Liberalen in Amerika, welche die Intervention in Indochina geplant und vorbereitet hatten. An eine erfolglose Strategie gekettet – vielleicht aber auch an einem Konflikt beteiligt, in dem es keinen Sieger geben konnte –, verloren sie ihre Selbstsicherheit und Zielstrebigkeit. Zuerst verzichteten sie auf den Sieg und gaben dann den Glauben an die Möglichkeit ernsthafter Verhandlungen mit dem Ziel eines vernünftigen Kompromisses auf. Schließlich kamen sie zu der Überzeugung, daß das Nachkriegsamerika in seiner Rolle als führende Weltmacht einen schweren Rückschlag erlitten hatte und dieser Aufgabe daher nicht mehr gerecht werden könnte.

Diese moralische Selbstaufgabe mußte für unser Land und für die Nationen überall auf der Welt, die sich auf uns verließen, weitreichende Folgen haben. Daß diejenigen, die für das Engagment der Vereinigten Staaten in Indochina verantwortlich waren, jetzt dafür eintraten, den Krieg zu beenden, sprach für ihren Realitätssinn. Daß sie sich aber weigerten zuzugeben – was eher ein Zeichen für ihr Schuldgefühl war –, daß ein Verhandlungsfrieden die Geschlossenheit der Nation verlangte, die sich bei solchen Verhandlungen hinter ein Minimalprogramm stellen mußte, verwandelte unseren Abzug aus Indochina in einen Alptraum. Keine Unterhändler und am wenigsten die hartgesottenen Revolutionäre aus Hanoi werden irgendwelchen Vereinbarungen zustimmen, solange sie wissen, daß ihr Gegenspieler bestimmte Forderungen nicht aufrechterhalten kann, weil innenpolitischer Druck auf ihn ausgeübt wird. Die Legende, daß das Hindernis für eine Beilegung des Konflikts die Kurzsichtigkeit unserer Regierung, wenn nicht sogar Schlimmeres wäre und nicht die Unversöhnlichkeit des Aggressors, wurde zum Schluß sogar von den Leuten übernommen, die bisher hinter unserer Außenpolitik gestanden hatten. Damit gab das alte außenpolitische Establishment seine wichtigste Verpflichtung auf, der öffentlichen Diskussion über unsere internationalen Verantwortlichkeiten mit einem ausgewogenen Urteil und Langzeitperspektiven zu helfen.

Als Folge dieser Selbstaufgabe wurde die sogenannte Friedensbewegung von einer relativ winzigen Gruppe von Radikalen manipuliert, die in der breiten Öffentlichkeit praktisch keine Unterstützung hatte. Für den harten Kern der Nonkonformisten ging es in Vietnam nicht darum, ob es klug gewesen sei, daß sich die Vereinigten Staaten irgendwo engagiert hatten, sondern um die Gültigkeit der amerikanischen Außenpolitik im allgemeinen und natürlich auch um die der amerikanischen Gesellschaftsstruktur. Für sie war der Krieg ein Symptom für ein böses, korruptes, militaristisches, kapitalistisches System. Den Vietkong betrachteten sie dagegen als eine fortschrittliche Bewegung, Nordvietnam als ein schwer bedrängtes, heldenhaftes, revolutionäres Land und den Kommunismus als die Zukunft Indochinas, wenn nicht sogar aller Entwicklungsländer in der Welt. Über unser Vorgehen in Kambodscha waren sie nicht empört, weil der Krieg damit auf die Bereitstellungsräume ausgedehnt wurde, von denen aus die Nordvietnamesen fünf Jahre lang Tausende südvietnamesische und amerikanische Soldaten getötet hatten, sondern weil sie fürchteten, es könnte Erfolg haben. Die Sorge um die Zukunft der vietnamesischen, kambodschanischen und laotischen Bevölkerung unter dem Kommunismus wurde verächtlich als durchsichtiger Vorwand dafür abgetan, einen in verderblicher Absicht geführten Krieg fortzusetzen. Aus dem gleichen Grund wurden unsere Befürchtungen, die globale Glaubwürdigkeit der Vereinigten Staaten könnte darunter leiden, was sich nachteilig auf die internationale Sicherheit auswirken werde, in radikalen Kreisen so interpretiert, daß wir die Völker Indochinas als Schachfiguren im Rahmen einer amerikanischen Gesamtstrategie mißbrauchen wollten. In diesem Sinne wurde die Schwächung der amerikanischen Position in der Weltpolitik sogar als Beitrag zum Weltfrieden begrüßt.

Dieser kleinen, aber zunehmend militanten Gruppe bedeutete ein Sieg Nordvietnams keinen bedauerlichen Verlust, sondern war moralisch wünschenswert. Er sollte durch Verhandlungen nicht abgemildert, sondern durch die bedingungslose Kapitulation in brutaler Weise deutlich gemacht werden. Man betrachtete die Demütigung der Vereinigten Staaten in jener weit entfernten Weltgegend als Lehrbeispiel für die Amoralität der führenden Rolle, die Amerika nach dem Kriege in der Welt übernommen hatte, und als willkommenes Instrument zur Demoralisierung des gesamten amerikanischen Establishments – der Wirtschaft, der Arbeitnehmer, der akademischen Welt, der Medien und des Kongresses –, das als ein Hindernis auf dem historischen Marsch in eine fortschrittliche Zukunft betrachtet wurde. Das war der arrogante Ton der moralischen Überlegenheit, mit dessen primitiver Diktion nachgewiesen werden sollte, daß die politischen Ziele der Nonkonformisten alles andere als verächtlich seien.

Während des letzten Jahres der Amtszeit des Präsidenten Johnson sanken Stil, Methoden und Rhetorik der Gegner des Vietnam-Krieges auf ein Niveau der Gehässigkeit und Bosheit hinab, von dem sich unser öffentliches Leben bis heute noch nicht ganz erholt hat. Im Präsidentschaftswahlkampf von 1968 erreichten die Angriffe gegen eine so warmherzige und grundanständige Persönlichkeit wie Hubert Humphrey eine Schärfe und Bitterkeit, an die er sich nur mit Tränen in den Augen erinnern konnte.

Alle diese Tendenzen wurden durch Richard Nixons Wahl in tragischer Weise verstärkt. Nixon war wahrscheinlich der einzige politische Führer, der sich aus dem Vietnam-Krieg zurückziehen konnte, ohne unter den Konservativen eine Revolte auszulösen. Aber seine politische Laufbahn in der Republikanischen Partei hatte ihn zum Erzfeind der am meisten verantwortlichen Demokraten gemacht. Die Opposition radikaler Kräfte gegen den Krieg nahm daher zu und vereinigte sich bei vielen, die sonst für den Radikalismus nichts übrig hatten, mit dem gegen Nixon gerichteten Haß. So steigerte sich die Leidenschaft der Kriegsgegner immer mehr und konnte auch von den Kräften nicht besänftigt werden, die sich angeblich für zivilisiertere Formen der Diskussion und Bürgerverantwortung einsetzten. Das Verlangen der letzteren, eine Schuld zu sühnen, die im Rückblick stark übertrieben worden ist oder gar nicht existierte, verlängerte den Krieg. Es zerschlug auch für immer das bestehende außenpolitische Establishment, dessen Mitglieder zwischen der von der Regierung getragenen Politik, die sie nicht zu unterstützen wagten, und einer radikalen Opposition zerrieben wurden, die sie nicht in ihren Reihen sehen wollte. Die Radikalen wollten die Mitglieder des Establishments für ihre angeblich früher begangenen Fehler bestrafen, sosehr diese sich auch darum bemühten, sich von ihrer Vergangenheit zu distanzieren.

Im Verlauf dieser Entwicklung ging jedes Verständnis für die Komplexität der Aufgabe verloren, welche die Regierung Nixon von ihren Vorgängern übernommen hatte. Es bedurfte einer energisch durchgeführten Strategie, die sich auf das Verständnis der Öffentlichkeit stützen konnte. Man mußte sich rasch genug aus Vietnam zurückziehen, um die amerikanische Öffentlichkeit zu beruhigen, aber langsam genug, um Hanoi an den Verhandlungstisch zu bringen, und am Konferenztisch mußte man Flexibilität zeigen, ohne zu vergessen, daß es einen Punkt gab, über den hinauszugehen unsere nationale Ehre nicht zuließ. Der fortdauernde innenpolitische Druck machte – welche Motive auch dahinterstehen mochten – diese Aufgabe zur Qual. Am Ende von Nixons erster Amtsperiode hatte jede vernünftige Diskussion über Vietnam praktisch aufgehört; die Debatten über dieses Thema im Kongreß und in den Medien wurden mit hemmungslosen Beschuldigungen und Gegenbeschuldigungen ausgetragen, und es kam zu Demonstrationen und Gewalttätigkeiten an den Universitäten und gelegentlich auch auf der Straße.

Diese häßlichen, in den Vereinigten Staaten ausgetragenen Kämpfe waren eine nationale Tragödie. Immer wieder ging es darum, wer »für« und wer »gegen« den Krieg sei – eine bedeutungslose Frage. Nixon war entschlossen, unsere Beteiligung an diesem Krieg zu beenden, und das hat er auch getan. Er weigerte sich jedoch, Millionen von Menschen einer blutigen kommunistischen Tyrannei auszuliefern, die sich auf unsere Hilfe verlassen hatte, weil er glaubte, ein so verächtliches Fehlverhalten werde den neo-isolationistischen Tendenzen in den Vereinigten Staaten neue Nahrung liefern, das amerikanische Volk demoralisieren und in den Vereinigten Staaten die Furcht vor internationalen Verantwortlichkeiten wecken. Er war überzeugt, ein so geschwächtes Amerika werde Verbündete entmutigen, die sich auf uns verließen, und unsere Gegner zu neuen Abenteuern ermutigen. Und er sollte recht behalten. Die Katastrophe des Jahres 1975 führte nicht nur zu den Schrecken des Völkermords in Indochina; von Angola bis Äthiopien und vom Iran bis nach Afghanistan mußten die Vereinigten Staaten Demütigungen hinnehmen, die Sowjetunion unternahm eine geopolitische Offensive, die sich mit nichts vergleichen ließ, und überall ließen sich Unsicherheit, Instabilität und Krisen erkennen.

Ich will hier nicht noch einmal auf die vielfältigen Argumente eingehen, die in der von Emotionen geladenen Atmosphäre jener Zeit im Verlauf der Debatte über diesen Krieg vorgetragen worden sind. Ich selbst habe an dieser Debatte teilgenommen. Ihr intellektueller und moralischer Wert wird erst beurteilt werden können, wenn eine gewisse Zeit darüber vergangen ist. Welches auch die auf den verschiedenen Seiten vertretenen Positionen gewesen sein mögen, es war eine nationale Katastrophe, daß die Diskussion 1972 in einen Angriff auf die Motive ausartete und damit die öffentliche Auseinandersetzung vergiftete, ohne die eine demokratische Gesellschaft nicht denkbar ist. Unsere Kritiker beanspruchten für sich das Monopol auf Friedensliebe und behaupteten, jede andere Überlegung sei nur ein lächerlicher Vorwand für Töten um des Tötens willen. Der systematisch herbeigeführte Vertrauensschwund lenkte uns von dem Thema ab, über das die nationale Diskussion hätte geführt werden sollen.

Anfang der siebziger Jahre brauchte Amerika vor allem ein komplexes Verständnis für die neuen Realitäten; statt dessen wurden dem amerikanischen Volk nur die Kategorien einer simplen Schwarzweißmalerei angeboten. Amerika brauchte ein besseres Geschichtsverständnis; statt dessen erklärten seine Kritiker, alle negativen Entwicklungen in der Welt seien die Folgen der bösen Absichten der amerikanischen Führung. Die Vietnam-Debatte machte einen Reifungsprozeß unmöglich; sie war Ausdruck einer Flucht in die Nostalgie; sie nährte die Illusion, daß Amerika seine moralische Integrität verloren habe und unsere Schwierigkeiten durch die Rückkehr zu einfachen Grundsätzen beseitigt werden könnten. Welche Fehler wir auch begangen haben mochten, unsere Schicksalsfragen ließen sich nicht so einfach lösen. Ein durch Selbstanklagen geschwächtes Amerika würde dem Chaos Tür und Tor öffnen und die innere Spaltung nur noch vertiefen.

Nixons Reaktion steigerte die allgemeine Verbitterung. Der Präsident war überzeugt, daß er es mit einer gegen ihn gerichteten Verschwörung zu tun habe. In Wirklichkeit folgte er bei seinem Bemühen um die Beendigung des amerikanischen Engagements in Südostasien einer kühneren Politik, als sie irgendein ernstzunehmender Kritiker vor seiner Amtsübernahme anzubieten gewagt hatte.[2] Nixon war zutiefst empört über das, was er als den Zynismus prominenter Demokraten ansah, die Amerika in diesen Krieg hineingeführt hatten und jetzt ihr Schuldgefühl dadurch zu beschwichtigen suchten (oder ihre berufliche Laufbahn nicht gefährden wollten), in dem sie einen Präsidenten angriffen, der uns aus dem Krieg herauszuführen versuchte. Er war erstaunt über das gefühllose Desinteresse am Schicksal der vietnamesischen, kambodschanischen und laotischen Bevölkerung unter der Herrschaft von Kommunisten, die für sich die moralische Überlegenheit in Anspruch nahmen. Und er war – mit Recht – am meisten empört darüber, daß die Radikalen zu Methoden des politischen Drucks und der Sabotage griffen, die bis an die Grenze der Legalität oder darüber hinaus gingen. Dazu gehörten der Terrorismus des Weather-Untergrunds, das Bombenlegen in Forschungsinstituten von Universitäten, der Diebstahl zahlreicher Geheimdokumente der Regierung, das unautorisierte Durchsickernlassen geheimer militärischer Operationen und Verhandlungspositionen und der an junge Leute gerichtete Aufruf, sich der Wehrpflicht zu entziehen oder zu desertieren, um nur die schlimmsten Auswüchse zu erwähnen.

Es gibt keine Entschuldigung für die ungesetzlichen Methoden, die unter dem Sammelbegriff Watergate ans Licht gekommen sind. Ein Präsident darf seine eigenen Fehler nicht mit den Übergriffen seiner Gegner entschuldigen. Es ist seine Pflicht, das Niveau zu heben, moralische Maßstäbe zu setzen und Brücken zu seinen Gegnern zu bauen. Nixon hat sich zu einem solchen Großmut nicht durchringen können. Man kann aber diese Periode nicht verstehen, wenn man die Gehässigkeit, Selbstgerechtigkeit und gelegentliche Brutalität einiger Feinde Nixons übersieht.

Die Animositäten des Präsidenten und die seiner Gegner haben sich gegenseitig aufgeladen. Und wenn wir aus Watergate lernen können, welche Folgen der Mißbrauch der Vollmachten eines Präsidenten haben kann, dann müssen wir daraus auch die Lehre ziehen, daß die Opposition in einer funktionsfähigen Demokratie durch ihr Gefühl für Anstand, durch die Anerkennung der Grundwerte der Nation und die Erkenntnis, daß ein unqualifizierter Angriff gegen Institutionen und Motive die Fähigkeit der Nation, sich zu regieren, lähmen kann, in Grenzen gehalten werden muß.

Watergate spitzt sich zu

Zwei Tage nach dem dramatischen Wochenende, an dem ich erkennen mußte, was Watergate bedeutete, am Dienstag, dem 17. April, gab Nixon im Weißen Haus ein Essen für den italienischen Premierminister Giulio Andreotti, bei dem Frank Sinatra auftrat. Einer der Gäste an meinem Tisch sagte mir, der Präsident sei wenige Stunden vor dem Essen (es war um 16.42 Uhr gewesen) in das Pressezimmer gekommen und habe erklärt, daß er vor einem Monat eine neue Untersuchung des Watergate-Einbruchs angeordnet hätte; diese Untersuchung hätte »in der Wahrheitsfindung echte Fortschritte« gebracht. Im Gegensatz zu seinen bisherigen Anordnungen werde das Personal des Weißen Hauses jetzt die Erlaubnis erhalten, vor dem Watergate-Ausschuß des Senats auszusagen; kein schuldiger Angehöriger des Stabes des Weißen Hauses würde vor Strafverfolgung geschützt werden. Nixon und seine innenpolitischen Berater hatten offenbar geglaubt, diese Erklärung werde so geringe außenpolitische Folgen haben, daß sie mich weder vorher noch nachher davon unterrichteten. Der Mann, der mir diese Mitteilung machte, ein treuer Anhänger Nixons, war überzeugt, daß mit der Erklärung des Präsidenten der Fall Watergate abgeschlossen sei. Augenscheinlich kannte man jetzt die Schuldigen und durfte die ganze Angelegenheit den Gerichten überlassen.

Angesichts der Tatsachen, die ich durch Len Garment erfahren hatte, zweifelte ich daran, daß es so einfach sei. In Wirklichkeit sollte die Erklärung des Weißen Hauses in erster Linie den Beginn eines Ringens auf Leben und Tod zwischen Nixon und seinem Berater John Dean signalisieren. Dean war der Mann, von dem Nixon fürchtete, daß er sich gegen ihn wenden werde. Jetzt warf Nixon ihm den Fehdehandschuh hin, indem er erklärte, ihm keine Immunität zu gewähren. Damit versuchte er, ihm jede Hoffnung zu nehmen, daß er sich mit dem Staatsanwalt einigen und damit seine Haut retten könnte.

Das Essen fand in einer festlichen und entspannten Atmosphäre statt. Das Weiße Haus glich der *Titanic;* ein Teil des Schiffs war schon überflutet, aber die Passagiere waren sich der Gefahr noch nicht bewußt. Das Orchester spielte weiter. Im übrigen war es das letzte »normale« Staatsdinner zu Nixons Amtszeit. Anschließend traf ich mich mit Sinatra auf einer kleinen Party, an der auch Vizepräsident Spiro T. Agnew teilnahm.

Dort wurde ich vom Präsidenten angerufen. Er fragte mich, was ich von seiner Rede hielte. Da ich glaubte, Nixon brauchte, wie schon so oft, eine Selbstbestätigung, gratulierte ich ihm zu seiner Tischrede beim Staatsdinner. Doch er hatte an etwas ganz anderes gedacht. Er verlangte meine Stellungnahme zu der Watergate-Erklärung. Ich sagte, daß ich nicht beurteilen könnte, welche Wirkung sie haben werde, denn ich wüßte nicht, wer betroffen sei oder was der Zweck der Erklärung gewesen wäre. Nixon antwortete, daß seine Weigerung, den Betroffenen Immunität zu gewähren, »alle kleinen Jungen die Gottesfurcht lehren« werde, falls sie den Versuch machen sollten, sich ihrer Verantwortung dadurch zu entziehen, indem sie sie ihren Kollegen aufbürdeten. Als Nixon spürte, daß ich zögerte, fragte er mich ganz unvermittelt, ob er Haldeman und Ehrlichman entlassen sollte; er sei verzweifelt, auch nur diese Frage stellen zu müssen. Ich war wie vor den Kopf geschlagen. Es war schon schlimm genug, daß Garment solche Spekulationen angestellt hatte, aber wenn Nixon selbst diese Auffassung vertrat, dann mußte er sich in tödlicher Gefahr befinden. Ich sagte, daß ich nicht genug wüßte, um das zu beantworten. Doch mit einer Formulierung, von der ich niemals abgewichen bin, wagte ich, ihm einen Rat zu geben: Was auch immer letzten Endes getan werden müßte, sollte sofort getan werden, um das langsame Ausbluten zu beenden.

Als ich den Hörer auflegte, kam Agnew ins Zimmer und fragte mich, was ich über Nixons Watergate-Erklärung dächte. Auch ihm sagte ich,

ich könne die Folgen nicht ermessen. In einem etwas verächtlichen, gefühllosen Ton meinte Agnew, Nixon täuschte sich, wenn er glaubte, die Entlassung Haldemans und Ehrlichmans vermeiden zu können. Er werde glücklich sein, wenn er sich selbst retten könnte.

Agnews scharfe Bemerkung zeigte mit dramatischer Deutlichkeit die auf einer bestimmten Ebene fast unvermeidliche Ambivalenz in den Beziehungen zwischen den beiden einzigen Beamten unserer Regierung, die vom ganzen Volk gewählt werden. Zu Beginn einer jeden Amtszeit werden die Vizepräsidenten als Partner des Präsidenten freudig begrüßt; der neue Regierungschef erklärt, daß er den Fehler all seiner Vorgänger nicht wiederholen werde, den Vizepräsidenten – wie Nelson Rockefeller das genannt hat – zu einem »Ersatzteillager« zu machen. Man verspricht ihm wichtige Aufgaben bei der Formulierung und Ausführung der Politik. Mit seltenen Ausnahmen sind solche Erwartungen immer enttäuscht worden, und zwar zum mit der Zeit immer deutlicher sichtbar werdenden Ärger des Vizepräsidenten, der damit einen ewigen Kreislauf in Gang setzt, indem er die natürliche Unsicherheit des Präsidenten erhöht und ihn veranlaßt, noch mehr Distanz zu wahren. Natürlich, weil es ein übermenschliches Maß an Selbstverleugnung verlangt, sich in Gegenwart eines Mannes zu entspannen, für den der größte Augenblick im Leben die Todesstunde des Präsidenten sein kann, und Männer, die eine solche Fähigkeit zur Selbstverleugnung haben, werden nicht Präsident.

Es gibt aber auch ein dem bürokratischen System in Amerika immanentes Hindernis, das der Absicht im Wege steht, dem Vizepräsidenten große Verantwortung zu übertragen. Der Vizepräsident ist das einzige Mitglied der Exekutive, das vom Präsidenten nicht entlassen werden darf. Wenn man ihm einen ständigen Aufgabenbereich zuteilt, dann verläßt man sich dabei auf seine ständige Bereitschaft, sich unterzuordnen; kommt es zu politischen Meinungsverschiedenheiten, dann ist die Fähigkeit des Präsidenten, den Vizepräsidenten zum Nachgeben zu zwingen, falls der für einen bestimmten Amtsbereich zuständig ist, begrenzt. Deshalb müssen Vizepräsidenten im allgemeinen nebensächliche Aufgaben auf den verschiedensten Gebieten übernehmen, oder ihre Tätigkeit wird in jedem einzelnen Fall nur auf eine bestimmte Dauer festgelegt. Dadurch wird die Artikulierung einer klaren, kohärenten politischen Position und die Errichtung einer bürokratischen Basis verhindert. (Als Nelson Rockefeller Vizepräsident war, erzählte er lachend, er läse aufmerksam alle Todesanzeigen, um festzustellen, wann er an der Spitze einer amerikanischen Abordnung zu einem Staatsbegräbnis ins Ausland geschickt werden könnte.)

Der Vizepräsident nimmt natürlich an allen Sitzungen des Nationalen Sicherheitsrats teil, wo über die wichtigsten politischen Entscheidungen beraten wird. Aber niemand, der in solchen Beratungen Sitz und Stimme hat, kann viel erreichen, wenn er nicht über den entsprechenden Mitarbeiterstab verfügt, um die angesprochenen Probleme weiter zu verfolgen. Der Vizepräsident unterstützt entweder die Auffassung der Mehrheit und verstärkt damit die vorgefaßte Meinung der anderen Regierungsmitglieder, er habe in Wirklichkeit nichts zu sagen, oder er vertritt einen eigenen Standpunkt, aber dafür fehlt es ihm gewöhnlich an taktischen Detailkenntnissen, und er riskiert, als Störenfried angesehen zu werden. In den wenigen Fällen, in denen Agnew eine Haltung einnahm, die der des Präsidenten widersprach, wurde er von der folgenden Sitzung ausgeschlossen, auch wenn Nixon sich schließlich der Meinung seines Vizepräsidenten anschloß. Nixon wollte nur deutlich machen, daß er die Entscheidungen fällte.

Die Präsidenten werden außerdem auch von ihren Mitarbeitern im Weißen Haus zu einer solchen Haltung ermutigt. Diese Männer und Frauen verdanken ihren Einfluß ausschließlich der Tatsache, daß sie zur nächsten Umgebung des Präsidenten gehören. Sie verteidigen ihre Vorrangstellung eifersüchtig gegenüber *allen* Außenseitern. Bei ihnen kommt es in erster Linie auf die Loyalität gegenüber dem Präsidenten an, eine Haltung, die durch den täglichen persönlichen Umgang gefördert wird; das gemeinsame Ertragen aller Belastungen, denen das Weiße Haus ausgesetzt ist, führt zur Stärkung dieser Bindungen. Der Präsident und seine Mitarbeiter werden von den gleichen Kritikern und Journalisten bedrängt; sie kämpfen gegen die gleichen, ihnen oft lästigen Bürokratien und werden von den gleichen Interessengruppen unter Druck gesetzt. Dadurch entsteht eine gemeinsame Interessenlage, die dazu führt, daß diese Gruppe von Menschen eine Front gegen alle bildet, deren Loyalität autonome Ursprünge hat und die, was noch schlimmer ist, von anderen Motiven getrieben werden.

Diese Haltung richtet sich zwar nicht selten auch gegen die Mitglieder des Kabinetts, aber diese können sich wenigstens damit trösten, für viele Problembereiche verantwortlich zu sein, mit denen der Präsident nichts zu tun haben *will,* weil ihm dafür die Mitarbeiter fehlen oder weil die Probleme selbst zu kontrovers sind. Jeder Minister hat außerdem seinen eigenen umfangreichen Beamtenapparat, der mehr oder weniger loyal hinter ihm steht. Der Vizepräsident verfügt jedoch nicht über derartige Sicherungen, und deshalb ist er das natürliche Opfer des Ehrgeizes der Mitarbeiter im Weißen Haus. Jeder entschiedene Versuch, sich durchzusetzen, birgt in sich das Risiko, seinen ehrgeizigsten Plan scheitern zu lassen: daß der Präsident ihn bei den nächsten Wahlen als seinen Nachfolger vorschlägt.

Im Verhältnis zwischen Nixon und Agnew waren alle diese Tendenzen deutlich zu erkennen, ja, der Charakter beider Männer führte dazu, alle latenten Spannungen zu akzentuieren. Nixon war ein Einzelgänger und litt unter chronischem Mißtrauen. Zunächst hielt er Agnew für einen politischen Stümper. Da Nixon stets gefürchtet hat, von stärkeren Persönlichkeiten in den Schatten gestellt zu werden, hat er sich vielleicht aus diesem Grund entschieden, ihn zu seinem Vizepräsidenten zu machen. Später setzte er ihn als Feuerwehrmann ein, der stellvertretend für den Präsidenten Angriffe führen und Gefühle zum Ausdruck bringen sollte, die Nixon zwar teilte, aber nicht selbst zu artikulieren wagte. Er hat niemals geglaubt, daß Agnew geeignet sei, seine Nachfolge anzutreten. Einmal hat Nixon gesagt, und das war nicht nur als Scherz gemeint, daß Agnew seine Lebensversicherung gegen ein Attentat sei.

Agnew seinerseits war ungewöhnlich stolz. Er spielte seine Nebenrolle mit großer persönlicher Würde. Daß er nicht im voraus von meiner Geheimreise nach China unterrichtet worden war, hat ihn tief gekränkt. Nach meinem Urteil war er viel intelligenter und feinsinniger, als man ihn im allgemeinen einschätzte. Aber die Enttäuschungen, die er erleben mußte, veranlaßten ihn, sich in sich selbst zurückzuziehen. An jenem Abend hatte ich das Empfinden, er sei nicht gerade verzweifelt bei dem Gedanken, daß die Mitarbeiter im Weißen Haus, die ihm das Leben schwergemacht hatten, nun vom Sockel gestürzt werden könnten. Während der ganzen Anfangsphase des Watergate-Skandals distanzierte sich Agnew in auffallender Weise. Und als er selbst ins Fegefeuer geworfen wurde, distanzierten sich das Weiße Haus und auch Nixon ihrerseits von ihm.

Am 17. April konnte sich noch niemand einen solchen Ausgang vorstellen. Aber der Umstand, daß Agnew seinen Chef mit einer so eiskalten Haltung im Regen stehenließ, deutete doch auf die bevorstehende Katastrophe hin. Ein Vizepräsident, dem etwas daran liegt, die Nachfolge anzutreten, hätte sich nicht so scharf geäußert, wenn er nicht davon überzeugt gewesen wäre, daß Nixon bei der Nominierung des nächsten Kandidaten 1976 keinen entscheidenden Einfluß haben würde.

Ein anderer Mann, den ich um Rat fragte, war Bryce Harlow. Harlow hatte schon zum Stab des Präsidenten Eisenhower gehört und war in den ersten Jahren der Präsidentschaft Nixons für die Beziehungen des Weißen Hauses zum Kongreß verantwortlich gewesen, bevor er sich Ende 1970 ins Privatleben zurückzog. Er stammte aus Oklahoma, hatte einen typischen, etwas schleppenden Akzent, ein freundliches Wesen und wachsame Augen. Sein Leben als Erwachsener hatte er damit zugebracht, die Gesellschaft in Washington abwechselnd als aktiver Teilnehmer und als stiller Beobachter zu studieren. Ich habe niemals daran gezweifelt, daß es nicht zu Watergate gekommen wäre, wenn Nixon mehr Vertrauen zu Harlow und Leuten seines Schlages gehabt hätte. Harlow hatte keine sehr lebhafte Phantasie, war aber ein sehr umsichtiger und besonnener Mann. Er wußte, was man sich in Washington leisten konnte, und hatte begriffen, auf welchen Gebieten man sich Zurückhaltung auferlegen mußte, wenn die Demokratie keinen Schaden nehmen sollte. Er hatte ein tiefes Verständnis für die Bedeutung des Präsidentenamtes, seine Macht und seine Würde, und wußte, welche hohe Verantwortung damit verbunden war. Seine fundamentale Loyalität gegenüber dem Präsidenten wurde nur begrenzt durch seine persönliche Integrität, seine Achtung vor unseren Institutionen und dem Pflichtgefühl gegenüber der Nation. Angesichts einer solchen Haltung sah sich Bryce durch ehrgeizige junge Männer an den Rand gedrängt, die sich auch dort gefügig zeigten, wo es nicht wirklich notwendig war, und sich rücksichtslos nach vorn drängten, wenn ihre Karriere unerwartet gefährdet schien.

Ich unterrichtete Harlow kurz von dem, was ich wußte, und fragte ihn, was nach seiner Ansicht geschehen sei. »Irgendein Idiot«, sagte er in seiner bedächtigen Art, »ist in das Ovale Zimmer gekommen und hat das, was er dort hörte, wörtlich genommen.« Nach seiner Meinung hätte sich so etwas auf die Dauer nicht vermeiden lassen. »Wäre es nicht diesmal dazu gekommen, dann wäre bei der nächsten Gelegenheit etwas noch Schlimmeres geschehen.« Die Methoden des Präsidenten seien zu unberechenbar und die Atmosphäre im Weißen Haus zu paranoid gewesen. Eine Säuberungsaktion könnte günstige Auswirkungen auf die Nation haben und Nixon zu einem großen Präsidenten machen. Sogar Harlow glaubte zu diesem Zeitpunkt noch nicht an eine wirkliche Gefahr für den Präsidenten selbst, und zwar zum Teil wahrscheinlich deshalb, weil der Sturz eines Präsidenten und der darauf folgende Zusammenbruch des Ansehens der Exekutive so katastrophale Folgen haben mußten, daß man an eine solche Entwicklung nicht einmal denken durfte. Ebenso wie Garment glaubte er, daß Watergate die Möglichkeit böte, reinen Tisch zu machen und den Regierungsapparat von unerwünschten Elementen zu befreien.

»The Germans«: Haldeman und Ehrlichman

Die Medien neigten dazu, H. R. Haldeman und John Ehrlichman als preußische Exerziermeister darzustellen, die mit frivolem Sadismus für die Betroffenen unangenehme Anweisungen aus dem Ovalen Zimmer, in die Tat umsetzten. Von mir behauptete man im allgemeinen, ich sei das leuchtende Gegenbeispiel, und glaubte, sie hätten es »auf mich abgesehen«. Ich trug den hellen Hut (des Western-Helden) und sie den schwarzen des Bösewichts. Ich beantwortete die Anrufe der Journalisten; ich traf mich mit vielen führenden Kritikern aus dem Kongreß, der akademischen Welt und den Medien bei privaten Veranstaltungen und war sogar mit einigen von ihnen befreundet und hörte mir sogar die Ansichten oppositioneller Kräfte an. Ob meine Gesprächspartner einen Dialog als Zeichen der Zustimmung angesehen haben, oder ob ich sie durch zweideutige Äußerungen getäuscht habe, läßt sich, nachdem eine so lange Zeit darüber verstrichen ist, nicht mehr sagen. Wahrscheinlich war es eine Kombination aus beidem.

Die Vorstellungen, die man im allgemeinen von meiner Stellung im Weißen Haus gehabt hat, sind eine grobe Vereinfachung der Aufgaben aller Beteiligten. Haldeman und Ehrlichman steckten durchaus nicht immer unter einer Decke; in mancher Hinsicht waren sie Rivalen. Im großen und ganzen lagen die Ansichten Ehrlichmans eher auf der liberalen Seite des Spektrums; er bemühte sich aufrichtig um die Substanz und stellte sich hinter humane und fortschrittliche innenpolitische Bestrebungen. Bei unseren internen Beratungen setzte er sich für die Reduzierung der Verteidigungsausgaben in einem von mir nicht mehr zu vertretenden Ausmaß ein, um Mittel für soziale Programme freizubekommen. In mehreren Fällen mußte ich bei Nixon gegen seine Einmischung in meinen Zuständigkeitsbereich protestieren. Ehrlichman war von dem Protest der Studenten nach dem Vorstoß in die kambodschanischen Bereitstellungsräume zutiefst betroffen. Seine drei Kinder waren unter den Jugendlichen, die sich an den Krawallen in den Universitäten beteiligten, und ihre Sorgen bedrückten auch ihn. Aber niemand konnte im Weißen Haus ohne das Wohlwollen des Präsidenten überleben, und Nixons Gunst hing von der Bereitschaft des einzelnen ab, sich an dem paranoiden Kult des starken Mannes zu beteiligen. In den Gesprächen mit Nixon hörte man ständig von der Verschwörung der Presse, der Feindschaft des Establishments und dem Hochmut der Akademiker in Georgetown, und wenn man solchen Auffassungen widersprach, mußte man es mit dem Ausschluß aus dem inneren Kreis bezahlen.

Eine aggressive Ausdrucksweise und Konfrontationstaktiken entsprachen eigentlich nicht Ehrlichmans Wesen. Jeder Mitarbeiter des Präsidenten gerät in die Versuchung, mehr Einfluß zu gewinnen, indem er den Launen seines Herrn nachgibt. Ehrlichman neigte zur Übertreibung und glaubte, jede Andeutung des Präsidenten in die Tat umsetzen zu müssen. Als Verantwortlicher für die innenpolitischen Vorhaben Nixons stand er bei allen Kraftproben in vorderster Front. Auf die immer virulenter werdenden Protestdemonstrationen, das massive Durchsickern des Inhalts geheimer Dokumente und die häufiger werdenden illegalen Aktionen der Abweichler reagierte Ehrlichman mit einem manchmal übertriebenen Eifer und einer Überheblichkeit, die ihn später teuer zu stehen kamen.

Ehrlichmans Verhalten mir gegenüber war durch eine Mischung aus kameradschaftlichem Wohlwollen und gereizter Eifersucht gekennzeichnet. Er respektierte meine Ansichten, nicht aber die Selbstsicherheit, mit der ich sie vortrug. Aber er wäre ein Übermensch gewesen, wenn er sich nicht darüber geärgert hätte, wie verschieden wir von den Medien behandelt wurden. Er war schon zu lange Nixons Gefolgsmann, so daß der Präsident bei ihm keine gesellschaftlichen Kontakte und kein Verhalten hätte dulden können, die in meinem Fall als angeborene, ererbte Defekte behandelt wurden. Zwischen seiner unerlaubten Versöhnlichkeit und der Sorge um das politische Überleben hin und her gerissen, machte Ehrlichman aus der Not eine Tugend. Er gab sich hochmütig und herablassend. Außenseiter hielten ihn für arrogant, aber was ihn wirklich belastete, war seine Ambivalenz.

Irgendwie tröstete er sich damit, daß er so tat, als sei er wachsamer gegenüber Nixons Feinden als meine jungen akademischen Mitarbeiter, und um diesen Eindruck zu verstärken, führte er die Untersuchung von Fällen, in denen vertrauliche Informationen preisgegeben worden waren, um meine Mitarbeiter zu belasten. In Wirklichkeit waren darin aber nur Sticheleien und keine ernstzunehmenden Herausforderungen zu erkennen. Trotz gelegentlicher Spannungen waren die Beziehungen zwischen Ehrlichman und mir im wesentlichen freundlich. Ich achtete seinen guten Willen und seine Tüchtigkeit, und er bewunderte meine einflußreiche Stellung ebenso, wie er mich darum beneidete.

Haldeman war aus härterem Holz geschnitzt. Er gehörte schon seit zehn Jahren zu Nixons Gefolge und kannte sehr genau den komplexen Charakter und die Schwächen seines Meisters. Trotz seiner im Grunde konservativen Einstellung interessierte er sich kaum für Politik. Zwar bewunderte er Nixon aufrichtig, hielt es aber für seine wichtigste Aufgabe, die Wogen von Nixons Emotionen zu glätten und nach außen hin den Eindruck zu erwecken, daß die Staatsführung einen stetigen, ruhigen Kurs verfolgte, der sich durch nichts aus dem Gleis bringen ließ.

Überzeugt, daß der äußere Anschein die Realität entscheidend beeinflussen könnte, folgte Haldeman Nixons fast alptraumhafter Überzeugung, daß alle seine Schwierigkeiten aus einer unzureichenden Öffentlichkeitsarbeit resultierten, und stärkte den Präsidenten gelegentlich sogar darin. Wie Nixon meinte auch er, diese Öffentlichkeitsarbeit stellte in erster Linie ein technisches Problem dar. Nixon hat sich niemals von der irrigen Annahme befreien können, nur die Untüchtigkeit seiner Presseabteilung sei dafür verantwortlich zu machen, daß er in der Öffentlichkeit nicht das gleiche Ansehen genoß wie John F. Kennedy. Dabei vergaß er, daß er nach dem ersten Jahr seiner Amtszeit in den Meinungsumfragen viel günstiger abgeschnitten hatte als sein zum Märtyrer gewordener Vorgänger im Amt. Haldeman neigte dazu, das politische Handeln mit Verfahrensfragen und die Substanz der Probleme mit der Methode zu verwechseln, mit welcher diese Probleme dargestellt wurden. In den Gesprächen des Präsidenten mit seinem Stabschef wurde ein großer Teil der Zeit auf die Frage verwendet, wie man die Presse manipulieren könnte – ein Unternehmen, das zum Scheitern verurteilt war, solange beide sich weigerten, der vernünftigsten und einzig möglichen Strategie zu folgen und einen ernsten, ehrlichen und fortlaufenden Dialog mit den verhaßten, gefürchteten und im geheimen beneideten Vertretern der Medien zu führen.

Diese Weigerung war um so bemerkenswerter, als Nixon und Haldeman sehr gut zu begreifen schienen, daß zwischen persönlichen Kontakten und Glaubwürdigkeit ein wesentlicher Unterschied bestand. Eine Flut von Denkschriften ergoß sich aus dem Ovalen Zimmer und dem Büro von Haldeman auf die unseligen Mitarbeiter des Weißen Hauses, um sie darüber zu belehren, welchen »Kurs« sie gegenüber der Presse zu verfolgen hätten und wie unbotmäßige Journalisten zu bestrafen seien. Die Strafe bestand gewöhnlich im Verbot von Kontakten der Beamten zu solchen Journalisten (das die meisten von uns in den meisten Fällen nicht beachteten). Gelegentlich bestand dieser »Kurs« in dem Versuch, einen politischen Rivalen auszuschalten, aber häufiger enthielten Haldemans Anweisungen eine Aufzählung der unvergleichlichen Qualitäten unseres Chefs. Da man glaubte, daß ich als Mitglied des Akademikerzirkels in Georgetown über besondere gesellschaftliche Kontakte verfügte (bevor ich nach Washington kam, hatte ich keinen dieser Leute gekannt), war ich der Adressat einer unverhältnismäßig großen Zahl dieser Elaborate.

Ich habe nie begriffen, weshalb die anderen Mitarbeiter Nixons nicht das gleiche Verhältnis zu den Medien in Washington herzustellen suchten wie ich. Dabei muß ein gewisser Mangel an Selbstvertrauen eine Rolle gespielt haben, eine Schwäche, die man mir nur selten zum Vorwurf gemacht hat. Vor meiner Ernennung zum Sicherheitsberater hatte ich noch nie eine offizielle Pressekonferenz gegeben, aber dann hatte ich Erfolg damit und wurde im Weißen Haus so behandelt, als hätte ich besonders gute Beziehungen zur Öffentlichkeit. Meine Kollegen meinten, mein Erfolg läge vielleicht darin begründet, daß ich zur sogenannten Efeu-Liga gehörte und Anfang der sechziger Jahre kurze Zeit für die Regierung Kennedy gearbeitet hatte. (Das Weiße Haus unter Kennedy hat bei mir keine besondere Begabung für die Öffentlichkeitsarbeit entdeckt und mich in sicherem Abstand von allen Vertretern der Medien gehalten.) Jedenfalls wurde ich ermutigt, mit den Medien gute Kontakte zu halten, aber dann nahm man es mir übel, daß ich bessere Beziehungen zur Presse entwickelte als meine Kollegen.

Später hat man Haldeman vorgeworfen, er habe auf Nixon, indem er ihn isolierte, einen verhängnisvollen Einfluß ausgeübt. Das war ungerecht. Nixon hat sich selbst isoliert. Er scheute es, neue Bekanntschaften zu machen, und konnte Untergebenen, die eine andere Meinung vertraten als er, keine direkten Befehle geben. Wenn er zum ersten Mal mit einem Unbekannten zusammentraf, dann versuchte er alle Spannungen zu vermeiden, indem er jeder Meinung seiner Gesprächspartner zustimmte. Haldemans umständliche Verfahren entsprachen seinem Bemühen, diese Schwächen zu kompensieren. Der Zugang zum Präsidenten wurde erschwert, weil Nixon sich ständig darüber beklagte, daß er zu oft irgendwelche Leute empfangen müßte – obwohl solche Begegnungen auf das Allernotwendigste reduziert wurden. An jedem Treffen mit einem Außenseiter nahm auch ein Mitarbeiter des Weißen Hauses teil, um dafür zu sorgen, daß Zusagen des Präsidenten eingehalten wurden (und um gelegentlich dafür zu sorgen, daß bestimmte Ansinnen abgelehnt wurden). Die Arbeit im Weißen Haus wurde soweit wie möglich in der Form von Denkschriften erledigt, weil Nixon seine wirkliche Meinung eher schriftlich als im direkten Gespräch zum Ausdruck brachte.

Mitarbeiter, in deren Gegenwart er sich sicher fühlte, dienten dem Präsidenten oft als Blitzableiter, an denen er seine nervösen Spannungen abreagierte. Man konnte stundenlang dasitzen und Nixon zuhören, wenn er laut dachte. Dann legte man hin und wieder ein Holzscheit aufs Kaminfeuer, betete im stillen um eine Krise, durch welche sich die Spannung lösen könnte, und wartete darauf, daß irgendein unvorsichtiger Kollege zufällig ins Zimmer kam, um einen abzulösen. Aber keiner von uns hat Nixon mit dem gleichen Verständnis stundenlang zuhören können wie Haldeman. Und wenn Haldeman schließlich scheiterte, weil er die Wünsche des Präsidenten zu wörtlich genommen hatte, dann muß ich doch auch den Eindruck festhalten, daß viele Anweisungen, die in der Hitze des Gefechts gegeben wurden, niemals über den gelben Notizblock hinausgekommen sind, auf dem Haldeman sie pflichtgetreu notierte, als warte ihre Ausführung nur auf den Augenblick, da er das Ovale Zimmer verließ.

Haldemans Desinteresse an Politik hatte seine Vorteile. Man konnte sich darauf verlassen, daß er den Präsidenten gewissenhaft von allem unterrichten würde, was man ihm auftrug, ohne seinen Bericht mit eigenen Vorurteilen zu entstellen. Ich habe ihn nicht selten dazu benutzt, dem Präsidenten Auffassungen vorzutragen, die nicht Nixons Vorstellungen entsprachen, weil dieser den Übermittler schlechter Nachrichten wahrscheinlich nicht so leicht abweisen würde wie denjenigen, von dem diese Nachrichten stammten, und weil Haldeman alles tun würde, um dafür zu sorgen, daß Nixon sich auch mit Themen beschäftigte, die ihm unangenehm waren (vorausgesetzt, es gelang einem, Haldeman davon zu überzeugen, daß eine Nichtbeachtung des Problems dem Präsidenten schaden würde). Haldeman hatte keinen persönlichen Ehrgeiz; sein Ehrgeiz erfüllte sich in der Stellung, die er innehatte, und weil er nichts Höheres anstrebte, brauchte er sich an keinem bürokratischen Gerangel hinter den Kulissen zu beteiligen.

Und doch lagen in dieser fast übermenschlichen Selbstbescheidung die Wurzeln des schließlichen Untergangs der Regierung Nixon. Haldeman hatte keine gründlichen innenpolitischen Erfahrungen; sein Verständnis für die Angemessenheit, das Ausmaß und die Grenzen der Vorrechte des Präsidenten entsprach nicht der Aufgabe, die er sich selbst gestellt hatte. Seine zweite Schwäche lag in der Art und Weise, mit der er auf die unaufhörlichen Schwankungen in der Stimmung des Präsidenten reagierte. Seine kühle und disziplinierte Haltung in diesem Zusammenhang war zweckbestimmt; von seinen Untergebenen verlangte er zum Teil deshalb unbedingten Gehorsam, weil er sich die Möglichkeit offenhalten wollte, offensichtlich abwegige Anordnungen des Präsidenten nicht zu befolgen. Aber es gibt zwei Möglichkeiten, Untergebene zu disziplinieren: Man kann sie motivieren, damit sie selbst die Anordnungen ihres Vorgesetzten befolgen wollen, oder man kann eine Hierarchie einsetzen, in deren Rahmen es unvorstellbar ist, daß ein Befehl in Frage gestellt wird, weil kein Untergebener das Privileg hat, sich ein unabhängiges Urteil zu bilden. Haldeman hatte sich zu dem letzteren Verfahren entschlossen. Er wählte zu seinen Mitarbeitern Miniaturausgaben seiner selbst – Männer und Frauen (meist waren es Männer) ohne politische Vergangenheit, deren Loyalität durch die Rangordnung bestimmt und deren Hingabe durch die Möglichkeit gesichert wurde, an großen Ereignissen teilzunehmen.

Aber Männer ohne Vergangenheit sind unzuverlässige Führer in die Zukunft. Sie verfallen in Euphorie, wenn man ihnen weitreichende Vollmachten zugesteht, und geraten in Panik bei dem Gedanken an den Verlust solcher Vollmachten. Während Nixons Regierungszeit hat es im Weißen Haus zu viele anmaßende Mitarbeiter gegeben; sie versuchten, die durch die zu hohen Anforderungen Haldemans entstandene Spannung dadurch zu mildern, daß sie ihre eigenen Untergebenen tyrannisierten, ebenso aber auch die Ministerien, die ihnen technisch durchaus nicht unterstellt waren. So verschlimmerten sich die Folgen von Haldemans Richtungslosigkeit durch die gleiche, aber noch stärker ausgeprägte Tendenz bei einer Gruppe seiner Mitarbeiter.

Die Haltung der Angehörigen des Stabes im Weißen Haus gegenüber dem Präsidenten glich derjenigen einer Werbeagentur gegenüber einem vornehmen und temperamentvollen Kunden – und die meisten dieser Leute kamen ursprünglich auch wirklich aus dieser Branche. Die Leute waren im Hinblick auf bestimmte Direktiven vielleicht verschiedener Ansicht und versuchten, zu hohe Anforderungen nach den für sie geltenden Maßstäben herabzusetzen, aber schließlich wurden sie danach beurteilt, mit welchem Geschick sie schwierige Aufgaben bewältigten. Sie hatten dafür zu sorgen, daß die Maschine lief, waren aber nicht dafür verantwortlich, ein gleichmäßiges Tempo zu garantieren, und als sie ins Schleudern kam, erhöhten sie die Geschwindigkeit, mit der sie sich dem Abhang näherte, anstatt sie rechtzeitig abzubremsen.

In den Beziehungen zwischen Haldeman und mir waren die Spannungen vorprogrammiert. Er war ein Konservativer aus dem kalifornischen Mittelstand, belastet mit den Ressentiments, dem Mißtrauen und dem versteckten Neid, die für diese Leute so typisch sind. Er hatte bis dahin nur selten eine Persönlichkeit meiner Herkunft kennengelernt und niemals regelmäßig mit solchen Persönlichkeiten zu tun gehabt (allerdings war ich mit dem von ihm so verachteten Establishment nicht so eng verbunden, wie er glaubte). Er war Nixon, nachdem dieser bei der Gouverneurswahl 1962 geschlagen worden war, treu geblieben, als nur ein wirklicher Außenseiter einem geschlagenen Kandidaten, der kaum Zukunftsaussichten zu haben schien, noch die Treue bewahrt hätte. Er glaubte aufrichtig an Nixons große Mission, und so muß es ihn verwirrt haben, wie ein Neuling, ein Mann des Rockefeller-Teams, der sich bisher konsequent gegen Nixon gestellt hatte, eine so prominente Stellung eroberte. Er hat aber nur selten gezeigt, daß er mich beneidete. Die Erklärung dafür, daß wir relativ normale Beziehungen zueinander entwickelten, lag darin, daß er in mir keinen Konkurrenten sah. Er betrachtete meine nach seinem Gefühl übertriebene Leidenschaft für Politik mit amüsierter Toleranz. Für ihn war in der Tat alles, was über das normale Interesse für die Substanz hinausging, übertrieben. Gelegentlich kam es zwischen uns zu Zusammenstößen, wenn er auf seinem Vorrecht bestand, den Zugang zum Präsidenten in einer nach meiner Auffassung unvernünftigen Weise zu regeln, oder wenn er die Belange der Öffentlichkeitsarbeit so sehr in den Vordergrund stellte, daß sie nach meiner Überzeugung der Politik schadeten. Aber zu solchen Meinungsverschiedenheiten kam es viel seltener, als man es bei der Zusammenarbeit zwischen einem Stabschef und einem Berater für die Fragen der nationalen Sicherheit erwartet hätte.

Haldemans Haltung mir gegenüber war im Grunde ein Spiegelbild der Haltung Nixons. Wenn mich Haldeman in unangenehmer Weise bedrängte, konnte ich sicher sein, daß er damit irgendeiner Absicht des Präsidenten entsprach. Denn obwohl Nixon immer so tat, als stünde er über der Sache, hatte er in Wirklichkeit nichts gegen das Tauziehen, das sich zwischen Außenminister Rogers und mir entwickelte. Gewöhnlich wurde Haldeman angewiesen, sich auf meine Seite zu stellen, aber auch dafür zu sorgen, daß niemals eine Frage endgültig entschieden wurde. (Und natürlich konnte ich nicht wissen, was man Rogers hinter meinem Rücken gesagt hatte.) Darüber hinaus war Nixon überzeugt, daß meine besonderen Talente sich am besten entwickeln würden, wenn er mich im ungewissen ließ. Wie schon gesagt, sorgte er immer wieder dafür, daß ich über seine Absichten, Prioritäten oder seine Einstellung zu mir gewisse Zweifel entwickelte.[3]

Doch Anfang 1973, als ich zurücktreten wollte, waren die durch solche Praktiken entstandenen Spannungen zum größten Teil geschwunden. Deshalb waren auch meine Gefühle gegenüber Haldeman und Ehrlichman in der zweiten Aprilhälfte 1973 mit einer gewissen Wehmut gemischt. Auch wenn es gelegentlich zu Reibungen gekommen war, waren wir doch im Verlauf turbulenter Jahre Kollegen gewesen. Mir waren ihre Hoffnungen und auch ihre ehrliche Bereitschaft zu dienen durchaus bewußt. Ich kannte ihre Frauen und Kinder und mochte sie gern und hatte ein besseres Gefühl für die Umstände, aus denen sich fast unmerklich das Krebsgeschwür von Watergate entwickelt hatte, als die meisten anderen Kollegen. Das Weiße Haus ist gleichzeitig Goldfischglas und Isolierstation. Die Fische schwimmen in einem Behälter, dessen Wände nach außen hin undurchsichtig sind. Man kann sie beobachten, wenn auch nicht unbedingt verstehen, aber sie selbst sehen nichts. Isoliert von der Außenwelt leben die Bewohner des Weißen Hauses nach den Regeln ihrer internen Koexistenz oder nach den Vorstellungen, die sie sich von der Außenwelt machen. Diese Vorstellungen wichen im Weißen Haus während Nixons Amtsperiode zunehmend stärker von der Wirklichkeit ab, bis die Unvereinbarkeit zwischen beiden Welten unerträglich wurde; das Goldfischaquarium zerbrach, und seine Insassen schnappten in einer ihnen feindlichen Atmosphäre nach Luft.

So schlugen auch Haldeman und Ehrlichman Ende April 1973 ohnmächtig um sich und konnten die Bedeutung dessen, was geschah, nicht ermessen, ja, sie konnten nicht einmal beurteilen, inwieweit sie selbst dafür verantwortlich waren. Als die Tage vergingen, ohne daß sie entlastet wurden, festigte sich in mir die Überzeugung, daß sie ihre bisherige Rolle ausgespielt hatten – auch wenn sie nominell auf ihren Posten bleiben würden. Die Autorität eines Präsidentenberaters gleicht derjenigen eines Raubtierdompteurs. Er beherrscht die Situation, weil er dafür sorgt, daß er nicht angegriffen wird; auch wenn er einen ersten Angriff überlebt, hat er die Voraussetzung seiner Herrschaft eingebüßt. Jeder Befehl wird zu einem Kampf, eine Zermürbung der Kräfte ist unausweichlich. Als der Einbruch ins Watergate-Hotel bekannt wurde und man glaubte, sie seien darin verwickelt, waren Haldeman und Ehrlichman auf unabsehbare Zeit dazu verurteilt, um ihre Position zu ringen, weil viele, die sich für benachteiligt hielten, jetzt ihre Macht auf die Probe stellen würden. Und der Präsident würde der ständigen Auseinandersetzungen bald überdrüssig werden. Er würde nicht immer wieder seine Anweisungen an aufsässige Minister von neuem bestätigen wollen. Gerade um sich das zu ersparen, hatte er Haldeman und Ehrlichman mit so weitreichenden Vollmachten ausgestattet.

Als der April zu Ende ging, hatte ich Grund zu glauben, Haldeman und Ehrlichman würden überhaupt nicht überleben. In fast jedem Gespräch machte Nixon in der für ihn charakteristischen Art irgendwelche Andeutungen, hinter denen die Frage stand, ob er seine beiden engsten Mitarbeiter entlassen sollte – eine eigenartige Frage, denn Nixon sagte mir niemals die Gründe dafür, warum er daran dachte, sich von den Männern zu trennen, die ihm zehn Jahre zur Seite gestanden hatten. Während der ganzen Watergate-Krise hat mir Nixon niemals seine Version der Ereignisse mitgeteilt. Privat nahm er die gleiche Haltung ein wie an der Öffentlichkeit und behauptete, bei jeder neuen Enthüllung erführe er Dinge, von denen er nichts gewußt habe, und sei gezwungen, mit dem Skandal so fertig zu werden, wie dieser sich der Öffentlichkeit darstellte, denn er hätte keine Kenntnis der Einzelheiten.

Am 21. April rief mich Nixon von Key Biscayne aus an und sagte mir, Haldeman und Ehrlichman seien zum Wochenende nach Camp David gefahren, um dort über ihre peinliche Lage nachzudenken. Sie seien verzweifelt. Der Präsident bat mich, sie anzurufen und ihnen moralisch den Rücken zu stärken. Ich kannte Nixon jetzt gut genug, um zu ahnen, daß ich ihnen nicht nur psychologischen Beistand leisten, sondern sie auch auf den vom Präsidenten gewünschten Kurs steuern sollte, und zwar um so mehr, als er mir in düsterem Ton erklärt hatte, er plane etwas Entscheidendes. Er müßte, wie er sagte, nur den richtigen Augenblick abwarten. Im Verlauf der nächsten Tage sprach ich mehrmals mit Haldeman und Ehrlichman. Ich hörte ihnen in ihrer Bedrängnis mit Verständnis zu, ohne ihnen wirklich helfen zu können. Denn ebenso wenig wie der Präsident selbst waren seine engsten Mitarbeiter bereit, mir genau zu sagen, was geschehen war. Sie stellten Vermutungen über ihre Überlebenschancen an, sprachen aber nicht über die Umstände, durch die sie in dieses Dilemma geraten waren, und ich weiß bis heute noch nicht, ob sie alles wirklich begriffen. Was später die Sammelbezeichnung Watergate erhielt, war die Summe einer Reihe unvermittelter Entscheidungen, aus Andeutungen bestehender Gespräche und nicht aufeinander abgestimmter Aktionen verschiedener Personen, die zum Teil Konkurrenten im internen Ringen um die Gunst des Präsidenten waren und aus diesem Grund eifersüchtig die Teilinformationen hüteten, an die sie im Ovalen Zimmer oder in dessen Nähe gekommen waren.

Was von diesen unzusammenhängenden Ereignissen während der Untersuchungen ans Licht kommen würde – und was noch wichtiger war, welche Aktionen wirklich ungesetzliche Handlungen darstellten –, schien für Haldeman und Ehrlichman im dunkeln zu liegen. Sie hatten ihr Verhalten nicht als »vertuschen«, sondern als Mittel zum Schutz einer gewählten Regierung angesehen, die trotz der Gegner, die ihrer Ansicht nach dem nationalen Interesse schadeten, noch viel erreichen mußte. Es bereitete ihnen keine Schwierigkeiten, sich mit meiner inzwischen stereotypen Empfehlung einverstanden zu erklären, daß alles, was schließlich doch geschehen mußte, unverzüglich getan werden sollte. Aber offenbar glaubten sie nicht, daß ihr Rücktritt eine solche unbedingte Notwendigkeit sei; deshalb gäbe es auch keinen Grund, diese Entscheidung sofort zu treffen. Sie glaubten augenscheinlich, daß sie ihre Posten nur verlieren würden, wenn man sie überführen könnte, kriminelle Handlungen begangen zu haben. Ich hingegen war überzeugt, daß ihr Überleben von strengeren Maßstäben abhing. Aber ich wußte zu wenig, um sagen zu können, welche Aussichten sie hatten. Außerdem war das nicht meine Aufgabe. Hier mußte der Präsident selbst die Entscheidung fällen, sosehr er sich auch darum bemühte, sie zu vermeiden.

Für diejenigen, die sich darum bemühten, die Handlungsfähigkeit der Regierung zu erhalten, wurde Watergate täglich zu einer größeren Belastung; sie gerieten in zunehmende Bestürzung und Verwirrung, während die unmittelbar Betroffenen von Panik ergriffen wurden. Wir saßen jetzt alle gemeinsam in einem Fahrzeug, das im Nebel außer Kontrolle geraten war; aber wir hatten verschiedene Vorstellungen. Diejenigen, die das Steuer hätten ergreifen können, sahen sich durch Ahnungslosigkeit und eine frustrierende Mischung aus Mitleid, Loyalität und Schrecken daran gehindert; sie sahen die Landschaft schemenhaft an sich vorüberziehen. Diejenigen, die wußten, auf welchen Abgrund wir zusteuerten, waren durch die Furcht gelähmt, daß sie bei einem plötzlichen Halt aus dem Fahrzeug geschleudert werden könnten.

In dieser Atmosphäre trat ich zehn Tage nach dem Essen im Federal City Club, bei dem ich in meiner Tischrede so hoffnungsvolle Gedanken geäußert hatte – die heute naiv erschienen –, im großen Ballsaal des Waldorf-Astoria Hotels in New York anläßlich des alljährlich von der Associated Press gegebenen Lunchs ans Rednerpult, um nach meiner vierjährigen Amtszeit die erste größere öffentliche Rede zu halten. Ihr Inhalt sollte die Bekanntgabe der neuen Initiative der Regierung Nixon gegenüber den demokratischen Industriestaaten sein: Es war der Beginn des sogenannten Europa-Jahrs. Der Grundgedanke war, daß das westliche Bündnis der Generation nach dem Zweiten Weltkrieg neue Aufgaben stellen und sie artikulieren müßte; die militärische Verteidigung blieb entscheidend, war aber augenscheinlich keine genügend motivierende Kraft mehr. Die Nationen, die für gemeinsame demokratische Werte eintraten, sollten sich in der Neubestätigung gemeinsamer Ideale und gemeinsamer politischer Ziele zusammenfinden, wenn wir den Zusammenhalt dieser Völker in einer neuen Ära der Ost-West-Politik, der Wirtschafts- und Energieprobleme und angesichts eines sich verändernden militärischen Gleichgewichts bewahren sollten.* Meine Rede wurde durchaus freundlich aufgenommen, aber aus den anschließend an mich gerichteten Fragen konnte man erkennen, was uns bevorstand. Meine Zuhörer interessierten sich für ganz andere Dinge als unsere neue Initiative. Sie wollten etwas über die Schwierigkeiten beim Waffenstillstand in Vietnam, über meine persönlichen Pläne und über Watergate wissen.

Über Vietnam werde ich an anderer Stelle sprechen.** Was meine persönlichen Pläne betraf, so benutzte ich die Gelegenheit anzudeuten, daß ich am liebsten jetzt aus dem Amt ausscheiden würde. Ich wies aber auf die Tatsache hin, daß ich es für meine Pflicht hielt, so lange zu bleiben, bis wir die gegenwärtige innenpolitische Krise überwunden hatten:

> Ich habe immer geglaubt, mein Amt in einem Augenblick zur Verfügung stellen zu sollen, in dem eine wichtige Aufgabe erfüllt worden

* siehe 5. Kapitel, Das Europa-Jahr
** siehe 8. Kapitel, Indochina: Der Anfang vom Ende

ist und die Übergabe der Verantwortung unter Voraussetzungen erfolgen kann, welche die Kontinuität sicherstellen und aus denen erkennbar wird, daß ich meine Position nicht allein aus persönlichen Motiven innegehabt habe, obwohl es immer schwierig ist, sie von den sachlichen Motiven zu trennen.

Doch gerade jetzt darf ein höherer Regierungsbeamter nicht über seinen Rücktritt reden, bevor die Rahmenbedingungen für die Zukunft deutlicher erkennbar werden. Alles hängt natürlich auch davon ab, was der Präsident für die Pflicht seiner Mitarbeiter hält.

Ich war verpflichtet, im Amt zu bleiben – konnte aber nicht sagen, wie lange; ich persönlich glaubte, es würden noch einige Monate sein.

Die Fragen zu Watergate ließen sich nicht so leicht beantworten. Inzwischen hielt ich es für wahrscheinlich, daß Haldeman und Ehrlichman zum Rücktritt gezwungen würden; andernfalls mußte der Präsident ihre Befugnisse stark beschneiden. Aber mir kam es darauf an, alles zu tun, um auch für die Zukunft eine konstruktive Außenpolitik zu ermöglichen. Deshalb mußte ich mich auf den Standpunkt stellen, daß die Autorität der Exekutive in keiner Weise gelitten hätte. Darüber hinaus taten mir die Männer leid, die lange Zeit meine engen Mitarbeiter gewesen waren. Meine aus dem Stegreif gegebene Antwort behandelte alle diese Themen:

Was nun den Fall (Watergate) betrifft, so kenne ich viele der Leute, über die in der Presse berichtet wird, persönlich und kenne sie natürlich anders, als sie dort dargestellt werden. Es ist schwierig, diese Ereignisse nicht als abscheulich zu empfinden, diese Tragödie, in die so viele Menschen hineingeraten sind, weil sie – aus welchen Gründen auch immer – gewisse Dinge getan oder angeblich getan haben. Ohne irgend etwas präjudizieren zu wollen, sollte man wenigstens Mitgefühl für sie erwarten können.

In der Außenpolitik wird viel davon abhängen, wie das Ausland die Regierungsautorität in diesem Lande beurteilt und wie weit die Öffentlichkeit unseren außenpolitischen Zielen zustimmt.

Für mich ist es keine Frage, daß der Präsident, wie er öffentlich erklärt hat, auf einer vollständigen Aufklärung der Tatsachen bestehen wird. Aber wenn das gelungen ist und die für die Menschen tragischen Konsequenzen gezogen worden sind, dann wird das Leben in diesem Lande weitergehen. Dann müssen wir uns fragen, ob wir uns eine Orgie der Beschuldigungen und Gegenbeschuldigungen leisten können, oder ob wir nicht daran denken sollten, daß die Vereinigten Staaten viel länger bestehen werden als irgendeine einzelne Krise. Und wir sollten überlegen, ob wir denn nicht alle die Verpflichtung haben, nicht zu vergessen, daß der Glaube an unser Land lebendig bleiben muß und daß die Verheißungen dieses Landes einen dauernden Wert besitzen.

Es zeigte sich, daß dieser Augenblick sich kaum für eine neue außenpolitische Initiative oder einen Appell an das Mitgefühl eignete. Die Medien berichteten über meine Antworten zum Problem Watergate, brachten aber fast nichts über meine sorgfältig vorbereitete Rede zum Europa-Jahr – zum Teil wegen einer organisatorischen Panne; um

Spannungen zwischen dem Weißen Haus und dem Außenministerium zu vermeiden, hatte Nixon mir vorgeschlagen, das Thema meiner Rede nicht vorher bekanntzugeben. Deshalb war die Presse auch nicht im voraus unterrichtet worden. So brachte nur die *New York Times* einen ausführlichen Bericht und lobte meinen Aufruf zur Neubelebung des Bündnisses. In der *Washington Post* war meine Antwort zu Watergate an den Beginn der politischen Nachrichten gestellt worden, während das Thema Europa-Jahr in den letzten Absätzen behandelt wurde. Einige Leitartikel behandelten meine Rede sogar als Manöver, um die Aufmerksamkeit der Öffentlichkeit von Watergate abzulenken.

Ein Leitartikel in der *Washington Post* vom 26. April unterschied zwischen Mitgefühl und Schuldzuweisung, die es unbedingt geben müßte. Die Zeitung wandte sich gegen den Gedanken, daß die Autorität und das Ansehen des Präsidenten im Ausland und in den Vereinigten Staaten nur dadurch gerettet werden könnte, indem man das normale Funktionieren der Regierung gegen den Watergate-Skandal abschirmte. Alles – einschließlich des Europa-Jahres und der gesamten Außenpolitik – sei zweitrangig gegenüber der Forderung, daß Nixon »die ganze Wahrheit enthüllen« müßte. Nur dadurch ließe sich die Autorität des Präsidenten wiederherstellen:

> Richard Nixon kann alles, was die Nation und er selbst jetzt dringend brauchen, dadurch wiederherstellen, daß er dem amerikanischen Volk alle Tatsachen anvertraut. Er befindet sich gegenwärtig in einer äußerst peinlichen Lage, und nichts, was ihn betrifft, betrifft nicht auch uns alle. Wir glauben, daß die Lage sich wieder normalisieren lassen wird. Aber wir glauben auch, daß dies nur geschehen kann, wenn er alle Anstrengungen unternimmt, das Vertrauen der Öffentlichkeit zurückzugewinnen, das für das Funktionieren des Präsidentenamtes dringend erforderlich ist, und daß er dieses Vertrauen nur zurückgewinnen kann, wenn er nach der ganzen Wahrheit sucht und sie enthüllt . . . Darin liegt für ihn die einzige Hoffnung, um für sich selbst und für das Amt des Präsidenten das öffentliche Vertrauen zurückzugewinnen.

Die *New York Times* vom gleichen Tage zweifelte sogar daran, daß es richtig sei, jetzt Mitgefühl zu zeigen.

> Wenn Mister Kissinger von der Tragödie spricht, »in die so viele Menschen hineingeraten sind«, die an Watergate beteiligt waren, kann er dann wirklich unberührt von der Tragödie bleiben, die über diejenigen gekommen ist, die nicht hoffen dürfen, von dieser Regierung amnestiert zu werden, weil sie nicht im Kampf um die politische Macht, sondern aus Protest gegen einen Krieg, den sie als amoralisch ansahen, gegen das Gesetz verstoßen haben?
>
> Das Vertrauen zu diesem Land zu Hause und im Ausland läßt sich am besten dadurch wiederherstellen, daß der Präsident ohne zu zögern demonstriert, daß es hier nur einen einzigen Maßstab für die Rechtsnormen gibt und auch die Mächtigsten ebenso bestraft werden können wie die Schwächsten – wobei die immer anzustrebenden Qualitäten des Mitgefühls und der Nachsicht ohne Ansehen der Person zu gewähren sind.

So wurde Watergate mit Vietnam in Verbindung gebracht, das in der Tat die wirkliche Ursache dieser Entwicklung gewesen war.

Während die Medien glaubten, ich hätte zuviel Mitleid mit meinen Kollegen, meinten viele Mitarbeiter im Weißen Haus, ich wäre zu weit gegangen, wenn ich von menschlichen Tragödien sprach, als ob sie schon eingetreten wären. George Shultz sagte mir, Ehrlichman sei überzeugt, daß er seine Position halten könnte, während Haldeman schlechte Aussichten hätte. Len Garment sagte, daß er keine Vorstellung davon hätte, was als nächstes geschehen könnte und wer für das, was man jetzt wüßte, verantwortlich sei. Auch er hatte nur ganz unbestimmte Vorstellungen davon, aus welcher Richtung neue Enthüllungen über uns hereinbrechen würden.

Am Wochenende vom 28. bis zum 29. April fuhr ich aus persönlichen Gründen nach New York, vor allem, um mich mit meiner zukünftigen Frau, Nancy, zu treffen. Am Sonntagnachmittag, dem 29. April, rief mich Nixon aus Camp David an. Er war so verzweifelt, daß ich ihn kaum verstehen konnte. Er sagte, daß er eben Haldeman und Ehrlichman um ihren Rücktritt gebeten habe. Der Justizminister Richard Kleindienst hatte ebenfalls seinen Rücktritt angeboten. John Dean war entlassen. Der Präsident sagte, daß er mich jetzt mehr als je zuvor brauchte, und hoffe, daß ich jeden Gedanken an einen Rücktritt aufgegeben hätte. Die Nation müßte zusammengehalten und durch die Krise geführt werden.

Meine Einstellung zu Nixon ist immer ambivalent gewesen, eine Mischung aus Distanziertheit und Achtung, Mißtrauen und Bewunderung. Ich war überzeugt, daß er selbst im Mittelpunkt des Watergate-Skandals stünde, auch wenn er nicht alle Einzelheiten kannte. Er hatte die Atmosphäre geschaffen und die Beteiligten zu der Haltung angeregt, die die Krise unvermeidlich machten. Und doch gab es auch einen anderen Nixon, eine beachtliche Persönlichkeit, und diese Tatsache hat es ihm ermöglicht, alle Schicksalsschläge zu überleben. Ich bewunderte die Selbstdisziplin, mit der er es fertigbrachte, trotz der chaotischen Kräfte, die in seinem Inneren miteinander rangen, eine klare politische Linie zu entwickeln. Mich rührte die Verletzlichkeit einer Persönlichkeit, die den starken Mann spielen wollte, der nicht ihren natürlichen Veranlagungen entsprach und im Widerspruch zu einer durchaus vorhandenen Sanftmütigkeit stand. Bei all seiner Zwiespältigkeit hatte er unsere Nation mit bemerkenswertem Mut durch eine schwere Krise geführt. Er hatte die Initiative für eine riskante, weitreichende und schöpferische Neuorientierung unserer Außenpolitik ergriffen. In unseren Beziehungen zu China war ihm ein dramatischer Durchbruch gelungen, und er hatte eine Entwicklung eingeleitet, die zu positiveren Beziehungen zur Sowjetunion führte. Er hatte versucht, Amerika von dem historischen Erbe zu befreien, das unser Land dazu geführt hatte, sich entweder zu stark im Ausland zu engagieren oder sich vollständig zu isolieren. Die bei Nixon festzustellende eigenartige Mischung aus Berechnung, Verschlagenheit, Idealismus, Empfindsamkeit, Geschmacklosigkeit, Mut und Draufgängertum weckte bei seinen engsten Mitarbeitern das Gefühl, daß sie ihn beschützen müßten – bei den Menschen, die er selbst mehr oder weniger manipulierte und gegeneinander ausspielte.

So war es scheinbar ganz natürlich, daß ich verständnisvoll mit ihm sprach und ihm empfahl, nicht zu vergessen, welche wichtigen Aufgaben noch vor ihm stünden – und daß er, nachdem er seine Haltung wiedergewonnen hatte, in seiner indirekten Art einen Appell an mich richtete, der zugleich in gewisser Weise eine Erpressung war: »Ich hoffe, daß Sie mir jetzt, da Ehrlichman ausscheidet, helfen werden, die nationale Sicherheit zu wahren.«

Ich wußte nicht, was er damit sagen wollte, sondern war so verwirrt, daß ich die Antwort schuldig blieb. Zunächst vermutete ich, daß seine Äußerung wie so oft keine konkrete Basis hatte. Am Abend des gleichen Tages traf ich mich mit meinem alten Freund und Mentor Nelson Rockefeller und erzählte ihm davon. Woran könnte Nixon gedacht haben? »An nichts«, antwortete Rockefeller, der durchaus bereit war, den Präsidenten der Vereinigten Staaten zu unterstützen, sich aber nicht dazu überwinden konnte, die persönliche Antipathie abzuschütteln, die er nach einer länger als zehn Jahre dauernden Rivalität gegenüber Nixon entwickelt hatte. »Er versucht, Ihnen Angst zu machen.«*

Am nächsten Vormittag, Montag, dem 30. April, bat Haldeman die dienstältesten Angehörigen des Stabes des Weißen Hauses zu einer Besprechung in sein Büro. Hier versammelten sich Haldeman, Ehrlichman, Shultz, Roy Ash (der Leiter des Verwaltungs- und Budgetbüros) und ich. In würdiger Haltung erklärte Haldeman, er und Ehrlichman hätten sich entschlossen zurückzutreten, um dem Präsidenten die Erfüllung der Aufgaben zu ermöglichen, die uns alle ins Weiße Haus gebracht hätten. (Weder er noch Ehrlichman erwähnten mit einem Wort, daß Nixon sie zu diesem Schritt aufgefordert hatte.) Er sagte, daß diejenigen von uns, die auf ihrem Posten blieben, ihre Anstrengungen verdoppeln müßten; wir hätten wichtige Aufgaben zu erfüllen, und der Präsident brauchte uns mehr denn je. Im Namen meiner Kollegen antwortete ich, wir wüßten, einen wie großen Teil ihres Lebens die beiden Männer für diesen Dienst geopfert hätten; wir würden unser Bestes tun und wünschten ihnen alles Gute.

Am gleichen Abend trat Nixon im Fernsehen auf und gab die sofortige Regierungsumbildung bekannt. Man merkte ihm an, wie erregt er war. Aus seinen Worten ließ sich nicht erkennen, ob damit eine Ära zu Ende ging; man konnte sich jedenfalls nicht vorstellen, daß es diesem vollkommen verstört wirkenden Mann gelingen würde, eine neue Ära heraufzuführen. Er bestritt zwar jede Schuld, aber seine Haltung konnte niemand von seiner Unschuld überzeugen. Er lieferte nicht die kühle Aufzählung von Tatsachen, auf die manche von uns gehofft hatten, aber auch keine entschiedene Verteidigung dessen, was geschehen war. Vielmehr setzte er sich mit dem, was er sagte, zwischen zwei

* Am folgenden Morgen zeigte es sich, daß Nixon über die Tonbandaufzeichnungen gesprochen hatte. John Ehrlichman deutete mir an, daß er mir gewisse, die »nationale Sicherheit« betreffende Unterlagen übergeben wollte. Ich weigerte mich, sie anzunehmen, und wandte mich an den designierten Justizminister, Elliot Richardson, mit dem Vorschlag, daß er dieses Material in Verwahrung nehmen sollte.

Stühle, und anstatt die Katastrophe abzumildern, malte er sie an die Wand. Niemand, der diesen verzweifelten und zutiefst besorgten Nixon sah, konnte sich dem Eindruck entziehen, daß ihm die Zügel aus der Hand geglitten waren.

Wie nach jeder wichtigen Ansprache des Präsidenten rief ich ihn an, um ihm Mut zuzusprechen. Seine ihm rührend treu ergebene Sekretärin, Rose Mary Woods, war am Apparat. Haldeman hatte sie bis dahin mehr oder weniger ausgeschaltet, um selbst bestimmen zu können, wer den Kontakt mit dem Präsidenten aufnehmen dürfte. Jetzt war sie wieder in Nixons Nähe gerückt und zu einer seiner engsten Vertrauten geworden. Sie sagte mir, der Präsident sei zu erregt, um ans Telefon zu kommen. Sie würde ihm meine guten Wünsche ausrichten.

Aber der Abend ging nicht zu Ende, ohne mir noch ein letztes, für mich schwer verständliches Erlebnis zu bescheren. Die Volksrepublik China richtete gerade ihr Verbindungsbüro in Washington ein. Schon vor Wochen hatte mich die chinesische Vorausabteilung zusammen mit anderen amerikanischen Freunden zu einem Abendessen am 30. April im Restaurant Yenching Palace eingeladen. Von einer Absage wollten die Chinesen nichts hören. Sie verschoben den Beginn ganz einfach auf zehn Uhr abends, um mir die Möglichkeit zu geben, die Ansprache des Präsidenten anzuhören.

Wir trafen uns in festlicher Atmosphäre, und es wurden die üblichen Trinksprüche auf die gegenseitige Freundschaft und Zusammenarbeit ausgebracht. Unsere kommunistischen chinesischen Gastgeber konnten offenbar nicht begreifen, daß eine Nation ihre oberste Führung aus Gründen vernichten würde, wie sie in den bisher veröffentlichten Enthüllungen sichtbar wurden. Auch etwas nur im entferntesten Vergleichbares war für sie unvorstellbar. Ihnen ging es jetzt vor allem darum, daß diese Krise möglichst schnell überwunden wurde, um die Beziehungen zwischen den Vereinigten Staaten und der Volksrepublik China weiterentwickeln zu können. Mein Gastgeber, Botschafter Han Xu, brachte einen Trinkspruch auf die Krise aus, die Präsident Nixon so mutig gemeistert habe. Er sah es als selbstverständlich an, daß das Problem Watergate ein für allemal erledigt sei.

Diesmal irrten sich die sonst so feinfühligen Chinesen mit ihrer Analyse. Unsere Leidenszeit hatte eben erst begonnen.

Die Umbildung der Regierung Nixon

Die dramatische Rede Nixons am Abend des 30. April beschleunigte nur die Auflösung der Regierung. Watergate hatte sich zu einer Zwangsvorstellung entwickelt, von der die ganze Nation ergriffen wurde. Der verzweifelte Nixon hatte auf dem Bildschirm den Eindruck eines von schweren Sorgen belasteten Mannes gemacht, der versucht, den gegen ihn gerichteten Vorwürfen auszuweichen, nicht den eines Regierungschefs, der eine Krise beherrscht. Seine Behauptung, daß Haldeman und Ehrlichman zwei der hervorragendsten Staatsdiener seien, die er kennengelernt habe, ließ sich kaum mit der Entscheidung vereinbaren, sie gehenzulassen. Seine Andeutung, daß seine engsten Mitarbeiter und John Mitchell ihn über die wichtigsten Entwicklungen über Jahre hinweg nicht unterrichtet hätten, konnte einige seiner Zuhörer nicht überzeugen und war für andere ein Anzeichen der Schwäche. Nixon wäre wahrscheinlich besser beraten gewesen, auf die Ansprache zu verzichten und nur die Regierungsumbildung bekanntzugeben.

Aber kein noch so geschickt inszenierter Auftritt im Fernsehen hätte die Wirkung der Enthüllungen abmildern können, mit denen die amerikanische Öffentlichkeit jetzt überschüttet wurde: Einzelheiten über den Einbruch und das Abhören der Telefone im Watergate-Hotel, der Einbruch in die Praxis des Psychiaters von Daniel Ellsberg, die Verschleierungsmanöver, der Einsatz von Untersuchungsbehörden der Regierung mit dem Ziel, politische Gegner einzuschüchtern, und kindliche Eskapaden wie etwa die Liste der unerwünschten Personen. Dabei handelte es sich in Wirklichkeit um eine Liste derjenigen Persönlichkeiten, die nicht zu Staatsdinners ins Weiße Haus eingeladen werden sollten – solche Listen hat, ohne daß irgend jemand darüber spricht, jede Regierung. Die unreifen jüngeren Mitarbeiter des Weißen Hauses aus der zweiten Garnitur brachten es fertig, aus dieser letzten Trivialität einen Riesenskandal zu machen, der die ganze Nation empörte.

Es war erschütternd, den Zerfall einer Regierung zu beobachten, die noch vor wenigen Wochen fest im Sattel gesessen hatte. Der Präsident war wie gelähmt und glich einem Mann, dessen Alpträume Wirklichkeit geworden sind. Sein ganzes Leben war von bösen Vorahnungen überschattet gewesen, und die Furcht vor der Katastrophe schien bei ihm die gleichen Proportionen anzunehmen wie das Unvermögen, diese Katastrophe enger zu begrenzen. Solche Stimmungen hatten ihn vor allem belastet, wenn alles zu gelingen schien. Jetzt war die Katastrophe in dem Augenblick eingetreten, da er augenscheinlich vor seinen größten Erfolgen stand; um ihn her stürzte eine Welt zusammen. Wie eine Gestalt aus einer griechischen Tragödie handelte er seinem Wesen entsprechend und führte damit seine eigene Vernichtung herbei. Ich bin überzeugt, daß er aufrichtig geglaubt hat, die Ereignisse seien so abgelaufen, wie er sie darstellte, und nach dieser Version war er von ungetreuen Gefolgsleuten im Stich gelassen worden. Und man muß zugeben, daß zwischen seinen Absichten und der Strafe, die er auf sich nehmen mußte, ein deutliches Mißverhältnis besteht. Jeder, der ihn kannte, wußte, daß die rauhe Seite seines Wesens ein Produkt seiner Phantasie war und daß er sich in seinen Tagträumen oft so verhielt, wie es rücksichtslose Politiker tun, wenn sie in Bedrängnis sind. Er glaubte, seine Vorgänger zu imitieren, aber darin sollte nicht das Kennzeichen seiner Regierungszeit bestehen.

In den auf Nixons Ansprache am 30. April folgenden Wochen fragten mich viele meiner Freunde – manche voller Hoffnung, andere in tiefer Besorgnis –, wann Nixon einen der für ihn so charakteristischen heftigen Gegenangriffe führen werde. Er selbst deutete zwar gelegentlich an, es tun zu wollen, hat aber offenbar niemals ernsthaft daran gedacht. Nachdem die befürchtete Katastrophe eingetreten war, schien er sie nur noch ertragen zu können und mußte die Ereignisse in der Reihenfolge über sich ergehen lassen, die von seinen Kritikern bestimmt wurde. Er scheute sich, darüber hinwegzukommen, indem er auf einmal die ganze Wahrheit sagte – weil er sie wirklich nicht kannte, weil er sie im Unterbewußtsein verdrängte oder weil er erkannt hatte, daß er sich schon technisch der Behinderung der juristischen Wahrheitsfindung schuldig gemacht hatte. Aber ebenso weigerte er sich, seine Verteidigung einem mit der hohen Politik in Washington vertrauten Anwalt zu übergeben – zum Teil sicher deshalb, weil es ihm peinlich war, in eine Lage geraten zu sein, in der er einen solchen Anwalt brauchte. So verhielt er sich auch weiterhin passiv, teilte sein Wissen mit niemandem, verteidigte sich halbherzig mit Ausflüchten und Halbwahrheiten, nahm die Regierungsgeschäfte ohne die notwendige Konzentration wahr und ließ es an der Wachsamkeit und dem Tatendrang fehlen, welche die Erfolge seiner ersten Amtsperiode ermöglicht hatten.

In den Wochen nach dem Ausscheiden von Haldeman und Ehrlichman ernannte er John Connally, Melvin Laird und Bryce Harlow zu Beratern des Weißen Hauses. Diese Männer, die das politische Leben in Washington genau kannten, sollten die Regierung durch ihre Fachkenntnisse konsolidieren und ihr zu neuem Ansehen verhelfen. Sie hätten mit Sicherheit wertvolle Beiträge leisten können, aber Nixon war selbst nicht mehr in der Lage, wirklich weitreichende Entschlüsse zu fassen. Er institutionalisierte seine Regierung nicht, sondern zog sich grollend in seine privaten Ängste zurück. Nachdem er ausgezeichnete Männer als Mitarbeiter ins Weiße Haus geholt hatte, wußte Nixon nicht, welche Aufgaben er ihnen zuteilen sollte, und ohne besondere Anweisungen erwiesen sie sich als wenig hilfreich. Nach wenigen Monaten traten sie daher wieder zurück.

In seiner immer bedrückender werdenden Einsamkeit brauchte Nixon vor allem einen Mann, der ihn gegen den Konflikt abschirmte, den er jetzt immer weniger selbst zu lösen bereit war – was sich in der Entscheidung, Alexander Haig anstelle von Haldeman zum Stabschef des Präsidenten zu ernennen, zeigte.

Al Haig und ich waren schon seit mehr als vier Jahren Kollegen. Als Nixon mich im November 1968 gebeten hatte, den Posten des Präsidentenberaters für Angelegenheiten der Nationalen Sicherheit zu übernehmen, hielt ich es für wichtig, in meinen Mitarbeiterstab einen Soldaten aufzunehmen, der dem Weißen Haus und nicht dem Pentagon verantwortlich war. Bis dahin hatte es einen Verbindungsoffizier der Joint Chiefs of Staff gegeben, und ich wollte diese Einrichtung beibehalten. Aber dieser Offizier würde natürlich die Auffassungen vertreten, die in den vom Pentagon eingereichten Papieren zum Ausdruck kamen. Was ich nach Beendigung des Vietnam-Krieges brauchte, war ein Offizier, der meinem Stab angehörte, aber das Vertrauen der Militärs genoß, der den militärischen Standpunkt erläutern konnte, ohne dadurch gebunden zu sein, und der zugleich in der Lage sein würde, dem Verteidigungsministerium die Auffassungen des Weißen Hauses vorzutragen. Diese Anforderungen waren schwer zu erfüllen. Der damalige Vorsitzende der Joint Chiefs of Staff, General Earle Wheeler, war überzeugt, daß ich als ehemaliger Universitätsprofessor am besten mit einem Offizier auskommen würde, der höhere akademische Grade an berühmten Universitäten erworben hatte. Da ich selbst gelehrt hatte, schätzte ich die Fähigkeiten der Leute mit solchen akademischen Graden etwas geringer ein, wußte aber wenigstens ungefähr, was mich erwartete. Ich hatte eigentlich an einen Mann mit praktischen Erfahrungen gedacht, der sich an der Front bewährt hatte und deshalb mit den komplexen Aufgaben operativer Planungen vertraut war. Mein ehemaliger Lehrer, Fritz Kraemer, empfahl mir jedoch Alexander M. Haig jr., der als Oberst dem Stab der Militärakademie West Point angehörte. Auch meine Freunde Joe Califano und Robert McNamara hielten ihn für sehr geeignet; sie kannten ihn aus der Zeit, als er während Kennedys und Johnsons Amtsperiode im Pentagon Dienst getan hatte. Da Haig mir nun von konservativen und liberalen Politikern empfohlen worden war, bot ich ihm nach einem persönlichen Gespräch die Stellung an.

Sehr bald hätte ich auf Haigs Mitarbeit nicht mehr verzichten können. Er disziplinierte meine anarchischen Neigungen und brachte Ordnung und Methodik in den aus talentierten Primadonnen bestehenden Stab des Nationalen Sicherheitsrats. Zum Jahresende ernannte ich ihn offiziell zu meinem Stellvertreter. Während Nixons erster Amtsperiode hat er sich als mein Mitarbeiter bewährt. In Krisenzeiten ließ er sich nicht erschüttern, er besaß ein klares Urteilsvermögen, war geschickt im Umgang mit der Bürokratie und ein unermüdlicher Arbeiter.

Selbstverständlich kann niemand, der sich den harten politischen Auseinandersetzungen im Weißen Haus aussetzt, überleben, wenn er nicht auch selbst über ein gewisses Maß an Rücksichtslosigkeit verfügt; das gilt besonders für das Weiße Haus unter Nixon. So konnte ich auch nicht übersehen, daß Haig entschlossen jeden zur Seite drängte, der an seiner Stelle meine Aufmerksamkeit in Anspruch zu nehmen versuchte. Er neigte dazu, die Kontakte der anderen Mitarbeiter mit mir einzuschränken, um selbst die Verbindung zur Außenwelt zu halten. Allerdings habe ich ihn zum Teil dazu ermutigt, um genügend Zeit zu haben, mich auf wichtige Fragen zu konzentrieren. Andererseits hat er es aber auch sicher verstanden, meinen Untergebenen das Gefühl zu geben, daß er der anständige Kerl sei, der verstand, meine hohen Anforderungen und mein etwas unausgeglichenes Wesen in Grenzen zu halten verstand. Er mühte sich eifrig darum, seine persönlichen Beziehungen zuerst zu Haldeman und Ehrlichman und dann zu Nixon zu festigen. Ich zweifle nicht daran, daß sie ihn für loyaler hielten als mich. Mit der Zeit überlegte ich mir sogar, ob Haig Nixon immer widersprochen hat, wenn der letztere behauptete, ich sei ein unruhiger Geist, dem stabilere Persönlichkeiten Zügel anlegen müßten; oder ob Haig etwas dagegen eingewendet hat, meinen Chef in dieser Richtung zu unterstützen, so daß Haig und Nixon gewissermaßen zu Partnern wurden, wenn es darum ging, mein Temperament zu zügeln.

Aber ich will damit eigentlich nur sagen, daß ich Haig als eine bedeutende Persönlichkeit anerkannte. Eine der nützlichsten Methoden für einen Chef des Stabes besteht darin, den Eindruck zu erwecken, daß unangenehme Befehle von einem schwer zu befriedigenden gemeinsamen Vorgesetzten kommen, den man schon so weit besänftigt hat, wie es möglich ist; diese Taktik habe ich auch selbst in meinen Beziehungen zu Nixon angewendet. Und auch ich hatte nie Einwände erhoben, wenn andere mich als den guten Geist des Weißen Hauses bezeichneten. In diesem Sinne schlug mich Haig mit meinen eigenen Waffen.

Was nun Haigs Beziehungen zu Nixon und dessen persönlichem Gefolge betraf, so ist es angesichts der im Weißen Haus herrschenden psychologischen Atmosphäre nicht leicht zu sagen, wo die Trennungslinie zwischen der nur durch minimale Befangenheit eingeschränkten Zustimmung, die für die erfolgreiche Arbeit in meinem Büro notwendig ist, und der Ermutigung solcher Befangenheit mit dem Ziel, den persönlichen Ehrgeiz zu befriedigen, liegt. Vielleicht hat auch Haig diese Trennungslinie nicht immer ganz deutlich erkannt. Während der stürmischen Schlußphase der Vietnam-Verhandlungen von 1972, als ich stärker in das Scheinwerferlicht der Öffentlichkeit geriet, was meine persönliche Beziehung zu Nixon belastete, hat Haig sich stärker an Nixon angeschlossen, und zwar zum Teil aus Überzeugung (denn er hätte einer militärischen Lösung wahrscheinlich den Vorzug gegeben), zum Teil aber auch als Reaktion auf einen Loyalitätskonflikt im Verhältnis zu mir als seinem unmittelbaren Vorgesetzten und zu seinem Oberbefehlshaber, dem Präsidenten, dem zu dienen seine Pflicht war. Dadurch entstanden sehr starke Spannungen zwischen Haig und mir, die in einigen mit großer Schärfe geführten Ferngesprächen zum Ausdruck kamen. Doch zum Schluß traten diese Dinge gegenüber meiner Bewunderung für Haigs Integrität, Mut, Intelligenz und Patriotismus in den Schatten.

Zu Beginn von Nixons zweiter Amtsperiode äußerte Haig den Wunsch, seine Karriere in der Armee fortzusetzen, und Nixon und ich erklärten uns, wenn auch ungern, damit einverstanden. Wenn Haig zu lange Zeit in einer Stabsstelle zubrachte, dann gefährdete er damit seine weitere Karriere, auch wenn die Stellung sehr hoch war. So wurde er jetzt zum stellvertretenden Chef des Stabes der Armee ernannt und damit zum Viersterne-General befördert, ein unerhört rascher Aufstieg, denn noch vor vier Jahren war er nur Oberst gewesen.

Am Abend des 2. Mai 1973 rief mich Rose Mary Woods an. Sie sagte mir, daß Nixon Haig für die Dauer von ein oder zwei Wochen zum Stabschef des Weißen Hauses ernennen wollte. Er hätte Bedenken wegen meiner Reaktion, denn es wäre mir vielleicht unangenehm, meinen ehemaligen Untergebenen jetzt als Vorgesetzten akzeptieren zu müssen. Sie hoffte, daß, wenn Nixon mir am folgenden Morgen seinen Entschluß mitteilte, ich es ihm nicht zu schwer machen würde; ich sollte doch daran denken, wie schmerzlich ihm die Entlassung von Haldeman und Ehrlichman sei. Jetzt müßte man ihm den Rücken stärken und ihn unterstützen. Natürlich behauptete sie, ohne Wissen ihres Chefs aus eigenem Antrieb anzurufen (höchstwahrscheinlich stand er neben ihr und flüsterte ihr zu, was sie sagen sollte).

Das war typisch für Nixon. Er fürchtete die Konfrontation und zog es vor, ein solches Problem auf indirektem Wege zu lösen. Dabei konnte er sich genau vorstellen, wie ich reagieren würde. Ebenso charakteristisch war der Versuch, sich die Sache durch eine so alberne Geschichte zu erleichtern, die ihm über die erste Hürde helfen sollte. Wer Nixon kannte, wußte, daß er auch noch nach ein bis zwei Wochen einen Stabschef brauchen würde. Solange der Fall Watergate noch nicht zu den Akten gelegt war, brauchte er diese Unterstützung dringender als je zuvor. Ich hatte solche kleinen Spielchen schon öfter erlebt und mich gelegentlich daran beteiligt: Schwer zu verdauende Entschlüsse wurden mit einem Zuckerguß überzogen, wobei zuerst das Grundsätzliche festgelegt wurde, um dann die Zustimmung zu den Maßnahmen zu erreichen, die getroffen werden mußten.

Nixon hatte mich, wie üblich, psychologisch richtig beurteilt. Es ist immer schwierig, die Beziehungen zu einem Untergebenen in ihr Gegenteil zu verwandeln. Angesichts von Haigs Interesse für Fragen der nationalen Sicherheit war es durchaus möglich, daß es jetzt zu sachlichen Meinungsverschiedenheiten zwischen uns kam. Ich erkannte aber auch an, daß die Lage es erforderte, die sonst in der Bürokratie geltenden Regeln außer acht zu lassen. Hier ging es auch nicht mehr um innerbürokratische Rivalitäten. Wenn eine nationale Katastrophe vermieden werden sollte, dann mußte der Zusammenhalt innerhalb der Regierung wiederhergestellt werden, insbesondere in ihrem Zentrum, dem Weißen Haus. Nixon hatte sich während seiner ganzen ersten Amtsperiode auf Haldeman gestützt; er konnte ohne einen starken Chef des Stabes, der ihn gegen die alltäglichen Verwaltungsprobleme abschirmte und seine Entscheidungen in die Tat umsetzte, nicht auskommen. Watergate machte es ihm unmöglich, diesen Posten mit einer ganz neuen Persönlichkeit zu besetzen. Außerdem war niemand so gut dafür geeignet wie Haig, der mit Nixons Charakter, seiner Arbeitsweise und seinen psychischen Bedürfnissen vertraut war. Ich beschloß daher, gute Miene zum bösen Spiel zu machen und es allen Beteiligten zu erleichtern, sich in das Unvermeidliche zu fügen.

Haig war so taktvoll, mich am folgenden Morgen anzurufen. Er sagte, daß er den Posten nicht ohne meinen Segen annehmen werde; im übrigen sei es ja nur für etwa eine Woche. Das war natürlich ebenso unsinnig wie die Behauptungen von Rose Wood. Angesichts der Tatsache, daß Haig aufrichtig darum bemüht war, seiner Regierung zu dienen, würde er dem Präsidenten niemals eine Bitte abschlagen, was ich auch davon halten sollte. Auch würde er, wenn er sich einmal im Weißen Haus eingerichtet hatte, seinen Posten nicht nach wenigen Tagen wieder verlassen können; die Gründe für seine Ernennung würden noch über längere Zeit weiterbestehen. Schließlich war Haig der einzige, der für diese Position in Frage kam. Als ich ihm sagte, daß er die Ernennung annehmen sollte, auch wenn sie wahrscheinlich das Ende seiner militärischen Laufbahn bedeutete, entsprach dieser Rat meiner Überzeugung. Haig erwiderte, daß er bei seinen Aufklärungsunternehmungen in Vietnam nicht nur seine Karriere, sondern auch sein Leben riskiert hätte; er habe nicht das Recht, seinen in große Schwierigkeiten geratenen Oberbefehlshaber im Stich zu lassen. Damit hatte er in für mich beschämender Weise recht.

Nach diesem Vorgeplänkel rief mich Nixon an (denn er scheute noch immer die direkte Konfrontation). Mit unwahrscheinlicher Geschicklichkeit hatte er ein unwiderlegbares Argument für Haigs Ernennung gefunden: Er hatte sich dazu entschlossen, um meinen Einfluß zu *stärken* – und diese Maßnahme richtete sich ausgerechnet gegen Agnew. Der Präsident behauptete, daß nur Haig Agnew davon abhalten könnte, »seine Nase in diese Dinge zu stecken. Nun, das kann Agnew nicht tun – wir dürfen das nicht zulassen.« Es war irrsinnig, sich vorzustellen, daß der Präsident einen starken Stabschef brauchte, um sich eines Vizepräsidenten zu erwehren, der kaum etwas zu tun hatte, nur über einen winzigen Mitarbeiterstab verfügte und gar nicht in der Lage war, »seine Nase in irgend etwas zu stecken«. Jedenfalls erklärte Nixon, ich könnte versichert sein, daß ich auch weiterhin in der Außenpolitik die führende Rolle spielen würde: »Sie und ich werden das schon machen. Ich muß nur jemanden haben, der das tun kann, damit – und das ist das komische daran – Sie und ich das andere tun können, verstehen Sie?« Ich antwortete, die verschiedenen Zuständigkeitsbereiche würden sich in der Praxis schon auseinanderhalten lassen. Nixon schien sichtlich erleichtert, als ich ihm sagte, daß ich Haig dringend empfohlen hätte, den Posten anzunehmen.

So wurde Haig Stabschef des Weißen Hauses. Für die Nation war er ein Glücksfall. Mit seiner Energie und Disziplin hat er für den Zusammenhalt der Exekutive gesorgt und dazu beigetragen, daß die Regierung Watergate überstand, ohne vollkommen auseinanderzufallen. Er hat einen verzweifelten Präsidenten von psychologischem Ballast befreit und das getan, ohne auf jede Voreingenommenheit Nixons einzugehen. Er hat dafür gesorgt, daß Nixons Wünsche und Befehle von seinem Regierungsapparat überprüft wurden, der den Präsidenten sachlich über die Erfordernisse des nationalen Interesses unterrichten konnte.

Haigs erste Amtshandlung bestand darin, jede Willkür zu unterbinden. Er hatte begriffen, daß es nicht mehr möglich – und auch niemals empfehlenswert gewesen – war, zu erklären, daß gewisse Entscheidungen als Folge unwiderruflicher Befehle des Präsidenten getroffen worden seien. Deshalb bemühte er sich ernsthaft darum, die Entscheidungsprozesse auf eine breitere Basis zu stellen. Am 18. Mai gab er auf einer Sitzung des Rumpfkabinetts bekannt, daß der Status der Mitglieder des Kabinetts erhöht worden sei und der Präsident die Vollmachten der Mitarbeiter im Weißen Haus beschnitten hätte. Umbesetzungen innerhalb des Weißen Hauses würden vorbereitet, man werde sich aufrichtig darum bemühen, die Beziehungen zum Kongreß zu verbessern.

Selbstverständlich hat Watergate einige dieser Maßnahmen erzwungen. Aber es ist eine Tatsache, daß Haig eine nur undeutlich erkannte Notwendigkeit in die Tat umgesetzt und einem demoralisierten Apparat wieder einen klaren Weg gewiesen hat. Keine interne Umstrukturierung konnte jedoch mit dem Zerfall Schritt halten, der durch die nicht enden wollenden Enthüllungen, Krisen und Untersuchungsverfahren in Gang gekommen war. Dennoch hat Haig seinem Land in einer gefährlichen Lage einen großen Dienst erwiesen, und man muß ihm diese Tat zur Ehre anrechnen.

Während der folgenden fünfzehn Monate haben Haig und ich harmonisch und sehr eng zusammengearbeitet. Es kam dabei zwar gelegentlich zu kleinen Streitigkeiten um die Zuständigkeit wie etwa darum, wer bei Nixons Moskau-Besuch 1974 im Kreml das Schlafzimmer neben dem des Präsidenten beziehen sollte – aber das waren Kleinigkeiten. Haigs Zuständigkeitsbereich war die Innenpolitik. Ich war verantwortlich für die Außenpolitik und die nationale Sicherheit. Ich besprach mit Haig alle wichtigen Vorschläge, die ich dem Präsidenten machte, und er hielt mich auf dem laufenden über entscheidende innenpolitische Entwicklungen, besonders über Watergate, soweit sie Auswirkungen auf die Außenpolitik haben konnten. Gemeinsam mit anderen Persönlichkeiten versuchten wir, daß Staatsschiff auf Kurs zu halten, während der Kapitän allmählich von der Kommandbrücke gedrängt wurde. Dabei haben Leute wie George Shultz, Arthur Burns, William Simon, Leonard Garment, James Schlesinger, Anne Armstrong und andere, die unsere nationale Tragödie als Aufruf zur Pflichterfüllung empfanden, Hervorragendes geleistet und durch ihr Verhalten den Fortbestand und die Grundwerte unserer Nation gesichert.

Das Abhörsystem

Es war, als lebten wir auf einem Vulkan. Diejenigen unter uns, die bestrebt waren, die Funktionsfähigkeit der Regierung zu erhalten, wußten niemals, wann es zur nächsten Eruption kommen würde. Fast jedes Gespräch mit Haig, Garment oder den verschiedenen Anwälten endete mit der Frage: Ist jetzt wirklich alles aufgeklärt? Und die Antwort lautete immer wieder, daß niemand es wissen könnte. Man konnte nicht abschätzen, welcher unbekannte Angehörige des Stabes noch versucht hatte, seine Gefolgschaftstreue durch ungesetzliche oder unsaubere Aktivitäten unter Beweis zu stellen. Fast zwei Monate wurden wir von einer Flut neuer Enthüllungen überschüttet, die nicht enden zu wollen schien.

Zu den sensationellsten gehörte, daß Nixon alle seine Gespräche seit Anfang 1971 auf Tonband aufgezeichnet hatte. Ich erfuhr davon wenige Wochen, nachdem Haig den Posten des Stabschefs übernommen hatte. Er riet mir, mir jedes Wort zu überlegen, das ich im Ovalen Zimmer äußerte, denn dort sei ein durch die Stimme einzuschaltendes Tonaufnahme-System installiert.

Nur Haldeman und sein Stellvertreter, Alexander Butterfield, der diese Geräte bediente, scheinen von ihrer Existenz etwas gewußt zu haben. Wahrscheinlich hat man auch Ehrlichman nicht eingeweiht. Nixon kam auf diesen Gedanken, als er im Weißen Haus eine von Präsident Johnson installierte Abhörvorrichtung vorfand. Er ließ sie zunächst ausbauen, hielt aber eine solche Einrichtung später wahrscheinlich für sehr praktisch, als er selbst in Indiskretionen verwickelt wurde, durch die er zum Schurken in der Regierung gemacht werden sollte. (Er vergaß, daß Johnsons System vom Schreibtisch des Präsidenten aus eingeschaltet werden konnte, was es ermöglichte, vor, während, und, wenn notwendig, nach jedem Gespräch eine bestimmte Auswahl zu treffen.) Auch während Kennedys Amtszeit scheinen gelegentlich Gespräche abgehört worden zu sein.[4]

Es war beabsichtigt, Nixons Tonbänder in dessen offizieller Bibliothek aufzubewahren, wo sie der späteren historischen Forschung zur Verfügung gestellt werden sollten. Haldeman schreibt, daß Nixons Motiv in der Absicht gelegen habe, sich vor Mitarbeitern zu schützen, die Äußerungen zu dementieren versuchten, die sie in mit dem Präsidenten geführten Gesprächen gemacht hatten. Für diesen Schutz hat Nixon einen hohen Preis gezahlt. Soweit der amerikanische Truppenvorstoß nach Kambodscha seine Entscheidung beschleunigt hat, bin ich wahrscheinlich, ohne es selbst zu wissen, Anlaß und Objekt dieses Unternehmens gewesen. Nixon wollte damit verhindern, daß ich bei Entscheidungen, an denen ich teilgenommen hatte, als der »gute Junge« angesehen wurde.[5] Offensichtlich hatte Nixon nicht begriffen, daß sein eigener Gesprächsstil und das Ausmaß, in dem sich romantische Vorstellungen und Wirklichkeit in seinem Bewußtsein vermischten, ihm selbst gefährlich werden könnten – und zwar nicht so sehr juristisch wie historisch. Selbst weniger komplexe Persönlichkeiten als Nixon hätten vielleicht Schwierigkeiten, ein so schonungsloses und wörtliches Zeugnis zu überleben wie über Jahre hinaus aufgezeichnete und aus dem Zusammenhang gerissene spontane Äußerungen oder ausführliche Gespräche – besonders wenn die Zeugen, welche die wirkliche Bedeutung ihres Inhalts erläutern könnten, nicht mehr zur Verfügung stehen. Da die Tonbandgeräte durch das akustische Signal der Stimme eingeschaltet wurden, beherrschte sie auch derjenige nicht mehr, der sie hatte einbauen lassen. Diese Falle war in ironischer Weise symbolisch für die Atmosphäre im Weißen Haus, das außer Kontrolle geraten war; ein Übermaß an Vertrauen zu einem mechanischen Vorgang als Ergebnis einer Überbewertung der wörtlichen Befolgung von Anordnungen bewirkte das Entstehen von Dokumenten, die das, was sie bewirken sollten, zerstörten – das geschichtliche Bild des Präsidenten Nixon, das er mit einer solchen Leidenschaft kultivierte.

Jeder, der Nixons Ausdrucksweise kannte, konnte nicht daran zweifeln, daß er hier auf einer Zeitbombe saß. Seine oft überstürzten, zweideutigen und gelegentlich emotionalen Äußerungen mußten den Historiker schockieren und täuschen. Nixons Methode, seine Ziele auf Umwegen zu verfolgen, ließ sich von einem Außenseiter nicht richtig beurteilen. Es war unmöglich zu sagen, womit er seinen Gesprächspartner nur auf die Probe stellen wollte und was er wirklich ernst meinte; und kein Außenstehender könnte eine Anordnung, die er befolgt wissen wollte, von einem Gefühlsausbruch unterscheiden, den man ignorieren durfte – und vielleicht sogar ignorieren sollte.

Ich weiß nicht, wie Nixon diese Tonbänder ausgewertet hätte, wenn seine Amtszeit als Präsident normal verlaufen wäre, und bezweifle, daß irgend jemand sich Gedanken über das Problem gemacht hat, Gespräche abzuschreiben, die über sieben Jahre hinweg geführt worden waren, gar nicht zu reden von den Schwierigkeiten, dieses Material zu ordnen. Ein befreundeter Psychiater hat mir einmal erzählt, er hätte das, was seine Patienten ihm sagten, nur so lange auf Band aufgenommen, bis ihm klar wurde, »daß man eine Stunde braucht, um ein einstündiges Gespräch anzuhören«. Außerdem muß man daran zweifeln, daß die Bänder für den Historiker, der die Ausdauer hat, sie abzuhören, einen wirklichen Wert besitzen. Was könnte ein Uneingeweihter objektiv mit dieser Sammlung aus Überlegungen und kurzen Ausrufen, seltsamen Indiskretionen, gemischt mit hochfliegenden Gedanken, Bemerkungen, die mit dem Problem des Augenblicks nichts zu tun hatten, aber Ausdruck Nixons jugendlicher Vorurteile waren, anfangen, wenn man bedenkt, daß jedes Wort von dem einzigen Menschen gesprochen worden war, der sich im Zimmer befand und wußte, daß die Abhörvorrichtung existierte – und daher alles produzieren konnte, was seine Phantasie ihm in diesem Augenblick eingab? Bei jedem Gespräch kommt es auf den Zusammenhang und das Verständnis der wechselnden Stimmungen und ausgefallenen Taktiken Nixons an. Wenn man sie unberücksichtigt läßt, dann wird alles zu einem sinnlosen Geschwätz – vielleicht faszinierend und unterhaltsam, aber für das Verständnis der Handlungen des Präsidenten zum größten Teil bedeutungslos.

Eines der bei Nixon beliebtesten Manöver war es zum Beispiel, eine Sitzung einzuberufen, wobei er die Auffassung aller Teilnehmer genau kannte oder ihre Stellungnahme vorher mit ihnen abgesprochen hatte, während der einzige, der eine andere Meinung vertrat, sie frei äußern konnte. In diesem Fall tat er zunächst so, als habe er seine Meinung geändert und stimme den Auffassungen des Abweichlers zu, um sich dann von seinen Parteigängern zu seinen wirklichen Ansichten bekehren zu lassen, mit denen er diese Szene manchmal schon vorher geprobt hatte, um seinen Gegner schließlich völlig zu isolieren. Man mußte schon eine starke Persönlichkeit sein, um bei seiner Auffassung zu bleiben, wenn die Gegenargumente den Präsidenten offensichtlich überzeugt hatten.[6]

Wenn die eigenen Worte des Präsidenten für die historische Forschung unergründlich sind, dann befindet sie sich bei den Antworten seiner Gesprächspartner auf ebenso schlüpfrigem Boden. Ein Präsidentenberater muß wissen, welchen Wert es hat, in einer Nebensächlichkeit die Zustimmung des Präsidenten zu bekommen, und ob es sich lohnt, dafür die Rückendeckung des Präsidenten in seinem Verantwortungsbereich zu verlieren. Präsidenten wollen recht behalten. Aber es war besonders verführerisch, Nixon recht zu geben, wenn er laut dachte, denn die Erfahrung hatte seine Mitarbeiter gelehrt, daß seine extravagantesten Behauptungen nur selten einen konkreten Hintergrund hatten. Zweifellos haben viele von uns, die zum inneren Kreis gehörten, zu Äußerungen geschwiegen, denen wir in einer abstrakten intellektuellen Diskussion widersprochen hätten; gelegentlich diente unser Beitrag den Bedürfnissen des Augenblicks – und die bestanden manchmal darin, sich möglichst bald verabschieden zu können, ohne das Gesicht zu verlieren – und sollte nicht einer sorgfältigen Überprüfung standhalten können.

Nachdem ich von der Existenz der Abhörvorrichtung erfahren hatte, wurde mir im Rückblick manches klar, und zwar harmlose Dinge, aber auch gewisse Methoden, mit denen der Gesprächspartner übertölpelt werden sollte. So war ich zum Beispiel Zeuge fast aller Gespräche des Präsidenten mit ausländischen Politikern, offiziell als Protokollführer. In einer bizarren Denkschrift instruierte Haldeman die Angehörigen des Stabes 1971, in den Protokollen der Gespräche des Präsidenten nicht zu viel Wert auf die konkreten Details zu legen; wir sollten uns mehr auf die Atmosphäre und den persönlichen Eindruck konzentrieren. Das war eine jener Anweisungen, die ich unbeachtet ließ. Ich sorgte wenigstens dafür, daß ein möglichst vollständiges Protokoll zustande kam, und hielt es für eine unzumutbare Belastung, wenn der Präsident selbst das Protokoll diktierte. In diesem Fall würde man sich auch kaum auf seine Richtigkeit verlassen können, und das sagte ich auch Haldeman. Aber er klärte mich nicht über die anderen Methoden des Präsidenten, ein wortgetreues Protokoll herzustellen, auf.

Aber auch andere, hinterhältigere Verhaltensweisen wurden mir klar, als ich von der Existenz der Abhörvorrichtung erfuhr. Viele Gespräche, die mir seinerzeit sinnlos erschienen waren, wurden jetzt verständlich. Ich erinnerte mich an Gelegenheiten, bei denen der Präsident mich daran hindern wollte, mich von einem bestimmten Kurs zu distanzieren, oder den Beweis dafür brauchte, daß ich irgendeinem komplizierten Plan zugestimmt hatte. So wurde ich zum Beispiel an dem Tage, an dem Nixon die Bombenangriffe auf Nordvietnam und die Verminung nordvietnamesischer Gewässer befahl, fünf Minuten vor Unterzeichnung dieses Befehls in sein Arbeitszimmer im Exekutivgebäude gerufen. Hier traf ich Haldeman, der mir alle Argumente vortrug, die sich dagegen vorbringen ließen, und zwar im Gegensatz zu allem, was in der vergangenen Woche gesagt worden war. Nixon saß schweigend dabei. Ich verteidigte den Entschluß und erklärte, daß es jetzt zu spät sei, ihn zu ändern. Dann machte ich Haldeman den Vorwurf, sich in eine Angelegenheit eingemischt zu haben, die außerhalb seines Zuständigkeitsbereichs lag. Nun unterzeichnete Nixon den Befehl, ohne ein Wort dazu zu sagen. Das Tonband wird die Gegenargumente Haldemans, meine mit Überzeugungskraft vorgetragenen Empfehlungen und Nixons Schweigen zeigen.[7]

Doch wie Watergate nur zu deutlich bewies, kann niemand über einen Zeitraum von Jahren den Inhalt eines jeden Gesprächs, das im Laufe des Tages geführt wird, vorher manipulieren. Schließlich fängt sich die Spinne im eigenen Netz. Auch ohne Watergate hätten die Tonbänder Nixons Ansehen schweren Schaden zugefügt, und zwar um so mehr, je länger ihre Veröffentlichung hinausgeschoben worden wäre, weil man sich dann nicht mehr an Nixons besondere Eigenarten erinnern würde. Wäre alles gelaufen wie geplant und wären die Bänder erst posthum veröffentlicht worden, dann hätte Nixon die ungewöhnliche Leistung vollbracht, noch nach seinem Tod Selbstmord zu begehen.

So unwahrscheinlich es klingen mag, ich glaube nicht, daß mich das Abhörsystem 1973, nachdem ich davon wußte, veranlaßt hat, in meinen Gesprächen mit Nixon eine andere Haltung einzunehmen als bisher. Er war so sehr auf Beistand angewiesen und so einsam, unsere nationale Sicherheit hing so weitgehend von seiner Regierungsfähigkeit ab, daß es für mich wichtiger war, das Richtige zu tun und zu sagen, als Rücksicht darauf zu nehmen, ob meine Worte von der Nachwelt gehört und gelesen werden könnten, wenn ihr innerer Zusammenhang nicht mehr erkennbar war.

Ende Juni, in der Woche, als der ehemalige Berater im Weißen Haus, John Dean, in einer Fernsehübertragung vor dem Watergate-Ausschuß des Senators Sam Ervin gegen Nixon aussagte, wurde ich wieder an die Tonbänder erinnert. Haig sagte mir, man dächte daran, ein Tonband freizugeben, dessen Inhalt der Aussage widerspräche. Er selbst hatte sich bisher noch keines dieser Bänder angehört. Die Anwälte, die augenscheinlich einige Bänder bekommen hatten (wer sie ihnen gegeben hat, habe ich nie erfahren), glaubten, daß sie Dean in einem wichtigen Punkt eine Falschaussage nachweisen könnten. Ich warnte Haig und sagte ihm, die Freigabe eines entlastenden Tonbandes werde dazu führen, daß das ganze System bekannt würde, und dann werde das Gericht zweifellos die Freigabe aller Tonbänder verlangen. So etwas dürfe nur geschehen, wenn Nixon selbst bereit sei, es zu tun. Ich habe von diesem Vorhaben nichts mehr gehört und weiß nicht, ob man meine Warnung beachtet hat oder ob die Anwälte zu der Überzeugung gekommen waren, daß das Band ihnen doch nicht so viel nützen könnte, wie sie zunächst geglaubt hatten.

Dann wurde ich wieder an das Abhörsystem erinnert, als seine Existenz am 16. Juli im Fernsehen vor dem Ervin-Ausschuß von Alex Butterfield öffentlich bekannt gegeben wurde. Ich unterhielt mich mit Bryce Harlow darüber; er sagte, daß seine Frau begeistert sei, denn der schlaue Nixon habe auch diesmal seine Gegner überlistet. Die Tonbänder würden ihn mit Sicherheit entlasten. Harlow und ich waren nicht so optimistisch. Wir wußten nicht, was die Tonbänder zum Thema Watergate enthielten. Aber nach allem, was wir über die Reaktionen des Präsidenten bei Erfolgen und Mißerfolgen wußten, rechneten wir damit, daß die Freigabe der Bänder ungeahnten Schaden anrichten würde.

An dem Tag, an dem Alex Butterfield die Existenz der Bänder öffentlich bekanntgegeben hatte, war ich von Nelson Rockefeller in dessen Wohnung in Washington zum Abendessen eingeladen. Er glaubte, daß die Bänder sofort vernichtet würden. Dieses System sei ein Vertrauensbruch gegenüber jedem, der das Ovale Zimmer betreten hatte. Da niemand alle Bänder abhören und überprüfen konnte, ermöglichten sie eine Art selektive Erpressung durch Nixon und seine Anhänger oder durch jeden, dem sie schließlich zur Verfügung standen. Nixon lag jedoch damals mit Lungenentzündung in einem Krankenhaus. Er hat uns nicht um Rat gefragt, und als er entlassen wurde, war es zu spät; ein gerichtliches Verfahren mit dem Ziel, die Bänder zu beschlagnahmen, war eingeleitet worden.

Rückblickend muß man sagen, daß Nixon von diesem Augenblick an als Präsident unhaltbar geworden war. Solange sich seine hochrangigen ehemaligen Mitarbeiter in ihren Aussagen widersprachen, gab es eine gewisse Möglichkeit, daß sich die Krise nach den Anhörungen im Senat im Sande verlief, weil die Angelegenheit die Öffentlichkeit langweilte und es unmöglich war zu sagen, welche der einander widersprechenden Aussagen den Tatsachen entsprach. Mit dem Bekanntwerden des Abhörsystems im Weißen Haus war diese Möglichkeit ausgeschlossen. Die anfängliche Empörung über die Praktizierung des geheimen Abhörens erweckte den Eindruck, daß Nixon sich etwas ganz Unerhörtes hätte zuschulden kommen lassen. Daß auch seine Vorgänger Abhörsysteme verwendet hatten, blieb unbeachtet. Aber wenn auch schon zu früheren Zeiten im Ovalen Zimmer abgehört worden war, dann war diese Tatsache doch nicht in so peinlicher Weise an die Öffentlichkeit gedrungen. Und was noch wichtiger war: Es hatte niemals einen Anlaß dafür gegeben, mit Hilfe solcher Tonbänder zu entscheiden, ob ein Präsident und seine engsten Mitarbeiter an einer strafbaren Handlung beteiligt gewesen seien. So wurde jetzt aus Watergate eine erbitterte Kraftprobe zwischen dem Präsidenten auf der einen und den Untersuchungsausschüssen des Kongreßes sowie dem im Mai ernannten Sonderstaatsanwalt auf der anderen Seite, wobei Nixon für sich in Anspruch nahm, über die Bänder zu verfügen, indem er sich auf den Verfassungsgrundsatz der Gewaltenteilung berief.

Welches auch die Feinheiten der juristischen Debatte gewesen sein mögen, Nixon mußte sich vorwerfen lassen, Informationen zurückzuhalten, die dem Anschein nach alle Verdachtsmomente endgültig aufklären konnten. Von nun an ging es nicht mehr um die relative Glaubwürdigkeit der verschiedenen Zeugen, sondern um den Versuch des Präsidenten, Beweismittel zurückzuhalten. Gleichgültig, wie sein Einspruch entschieden werden mochte, der Einspruch als solcher – vorausgesetzt, daß es eine Schuld gab, die verborgen werden sollte – vernichtete, was von der moralischen Stellung Nixons noch übriggeblieben war. Sechs Monate nach den Wahlen, die er mit der zweitgrößten Stimmenmehrheit der amerikanischen Geschichte gewonnen hatte, war er zum wehrlosen Opfer seiner selbst geworden.

Die »Klempner« und das Abhören von Telefongesprächen

»Was hat er gewußt? Wann hat er es erfahren?« Diese Fragen des Senators Howard Baker wurden zum Grundtenor der im Fernsehen übertragenen Watergate-Anhörungen des Sonderausschusses unter Senator Ervin. Als der Umfang der Untersuchungen und Beschuldigungen anwuchs, wurden immer mehr Angehörige des Weißen Hauses aufgefordert, über eine immer größere Zahl von Entscheidungen Auskunft zu geben. Der Einbruch und die Verschleierungsmanöver im Watergate-Hotel und der Einbruch in der Praxis des Psychiaters von Ellsberg wurden nun auch mit umstrittenen außenpolitischen Entscheidungen in Verbindung gebracht, mit denen sie nichts zu tun hatten. Die Bombardierungen in Kambodscha und geheime Operationen in Chile wurden in den gleichen Topf geworfen und untersucht, um im Verlauf von quasi gerichtlichen Verfahren grundsätzliche oder politische Auffassungen zu rechtfertigen. So mußte auch ich als Sicherheitsberater während der fraglichen Periode in die Kontroverse hineingezogen werden. In den ersten Phasen der Katastrophe von Watergate hatten Nixons

Feinde ein rechtmäßiges Interesse daran, die Aufmerksamkeit in erster Linie auf ihn zu richten und die für die Außenpolitik Verantwortlichen aus der Schußlinie zu nehmen. Je schwächer jedoch Nixons Position wurde, und noch mehr nach seinem Ausscheiden aus dem Amt, wurden die wenigen Überlebenden des Debakels zu Zielscheiben derjenigen, die aus Watergate emotionales Kapital schlagen wollten. Diese kleine Minderheit, die jetzt ihren Groll zum Ausdruck bringen wollte, tat nun manchmal so, als habe es keinen Präsidenten gegeben, der Entscheidungen traf, sondern nur einen Sicherheitsberater.

Ich werde mich an anderer Stelle mit Kambodscha und Chile befassen. Von dem Einbruch im Watergate-Hotel und in der Praxis des Psychiaters von Ellsberg habe ich nichts gewußt. Die Kritiker haben sich aber besonders intensiv mit den Bemühungen um den Schutz von Informationen im Bereich der nationalen Sicherheit befaßt. Um der Vollständigkeit willen werde ich dieses Thema hier behandeln.

Das Büro des Berates für Angelegenheiten der Nationalen Sicherheit muß sich selbstverständlich mit der Wahrung militärischer und diplomatischer Geheimnisse beschäftigen. Eine Nation, der man nicht zutraut, daß sie den Inhalt vertraulicher Mitteilungen geheimhalten kann, verliert die Fähigkeit, auf diplomatischem Gebiet tätig zu werden. Sie gerät bei Verhandlungen in eine äußerst unangenehme Lage und muß auf wichtige Informationen verzichten. Wenn jedes Informationsgespräch sofort bekannt wird, bevor die Reaktion der anderen Seite festgestellt werden konnte, dann können freimütige Gespräche, die für die Klärung der Positionen so notwendig sind, nicht stattfinden. Die Diplomatie wird zum Grabenkrieg. Wenn der Inhalt interner Überlegungen durchsickert, dann gewinnen die Regierungen fremder Staaten einen Vorteil, und vertrauliche Beratungen zwischen dem Präsidenten und seinen Kabinettskollegen sind nicht mehr möglich.

Regierungen neigen zweifellos dazu, das politisch Peinliche mit dem für die nationale Sicherheit Notwendigen zu verwechseln – und bei der Nixon-Regierung war diese Haltung vielleicht stärker als bei den meisten anderen. Die Fairneß gebietet es jedoch anzuerkennen, daß seit dem amerikanischen Bürgerkrieg nur wenige Regierungen stärker angegriffen worden sind, und es hat niemals derart systematische Versuche gegeben, ihre Politik durch zivilen Ungehorsam zu behindern. Auch ist die Sabotage legitimer und wohl durchdachter politischer Maßnahmen durch das tendenziöse Durchsickernlassen von vertraulichen Informationen während eines Krieges in einem solchen Umfang noch nicht möglich gewesen.

Als Sicherheitsberater hielt ich es für mein Pflicht, diese undichten Stellen zu verstopfen. Wir mußten der Welt, und zwar sowohl unseren Freunden als auch unseren Gegnern, beweisen, daß wir auch während einer erbittert geführten innenpolitischen Kontroverse eine ernstzunehmende Außenpolitik führen konnten und daß wir vertrauenswürdig und in der Lage waren, die Geheimnisse anderer zu wahren. Wenn unsere Regierung nichts dagegen unternahm, daß gestohlene Dokumente in den Medien veröffentlicht wurden, dann wurde das Vertrauen zur Regierung und ihrer Verhandlungsfähigkeit unterminiert.

Dieses Problem wurde im Juni 1971 besonders akut, als siebentausend Seiten aus vertraulichen Akten über Indochina aus der Regierungszeit der Präsidenten Kennedy und Johnson, die sogenannten Pentagon-Papiere, an die Presse übergeben wurden. Durch keines dieser Dokumente wurde die Regierung Nixon belastet oder in eine peinliche Lage gebracht. Man hätte sie vielmehr dazu benutzen können, nachzuweisen, daß wir ein schmutziges Erbe hatten übernehmen müssen, und einige Mitarbeiter im Weißen Haus empfahlen tatsächlich derartige Maßnahmen. Anfangs glaubte ich sogar, unsere eigenen Leute seien für diese Indiskretion verantwortlich, weil sie die Papiere zu eben diesem Zweck benutzen wollten. Als ich von ihrer Veröffentlichung erfuhr, rief ich Haig von Kalifornien aus an und verlangte die strenge Bestrafung des Schuldigen.

Doch Nixon hielt es von Anfang an für falsch, seinen Vorgängern die Schuld für den Vietnam-Krieg in die Schuhe zu schieben. Nach seiner Auffassung schuldete er Rücksicht sowohl denjenigen, die viele Jahre ihres Lebens für diesen Kampf gegeben hatten, als auch den Familien der Gefallenen, und wollte ihre Opfer nicht als den Fehler eines Präsidenten in Mißkredit bringen. Als Lohn für seine Anständigkeit haben später viele, die an der Entscheidung beteiligt waren, Truppen nach Vietnam zu schicken, den zivilen Ungehorsam ermutigt, der es uns so schwer gemacht hat, diese Truppen wieder abzuziehen. Als nun die Pentagon-Papiere veröffentlicht wurden, blieb Nixon bei seiner Haltung. Er lehnte eine parteiliche Reaktion ab und stellte sich auf den Standpunkt, daß, wenn man nichts gegen eine so massive und illegale Preisgabe von geheimen Informationen unternahm, man Schleusentore öffnete, die Regierung unterminierte und das Vertrauen anderer Nationen verspielte. Aber seine Besorgnisse waren nicht nur theoretischer Natur. Wir standen zu diesem Zeitpunkt kurz vor meiner Geheimreise nach Peking, führten vertrauliche Gespräche mit Hanoi und glaubten, kurz vor einem Durchbruch zu stehen – wenn wir uns auch darin täuschten –; und wir versuchten festzustellen, ob es möglich sei, ein Gipfeltreffen mit Moskau zu veranstalten. Außerdem führten wir zahlreiche wichtige Verhandlungen, bei denen es zum Beispiel um ein Berlin-Abkommen und um SALT ging. Alle diese Vorhaben würden aufs Spiel gesetzt, wenn wir jetzt den Eindruck erweckten, unsere Regierung befände sich auf der Flucht und die Disziplin des Regierungsapparates habe sich aufgelöst. Es war allerdings klar, daß der Diebstahl und die Veröffentlichung der Pentagon-Papiere in den Rahmen einer politischen Kriegführung gehörten, deren Ziel es war, uns zur Annahme von Bedingungen bei der Beilegung des Vietnam-Konflikts zu zwingen, die wir für unehrenhaft hielten.

Ich teilte Nixons Auffassungen und habe ihn höchstwahrscheinlich darin bestärken können. Damals glaubte ich ebenso wie jetzt, daß unser Regierungssystem jeden Zusammenhalt verlieren werde, wenn jeder Präsident seine Vollmacht, Geheimhaltungsbestimmungen aufzuheben, dazu benutzte, um das Ansehen seiner Vorgesetzten herabzusetzen, oder wenn er den Schutz von Geheimdokumenten in den Dienst der Parteipolitik stellte. Ich war fest davon überzeugt, daß die Exekutive sich ganz entschieden gegen einen solchen massiven Vertrauensbruch stellen müßte, und war mir über die juristischen Maßnahmen klar, die in der Absicht getroffen werden konnten, die Veröffentlichung gerichtlich untersagen zu lassen; offiziell bin ich zu dieser Frage nicht konsultiert worden, hielt die Entscheidung aber für richtig.

Doch bevor ich darüber in der Zeitung gelesen hatte, wußte ich nichts von dem Einbruch der »Klempner« des Weißen Hauses im Büro des Psychiaters von Daniel Ellsberg, der zugegeben hatte, die Pentagon-Papiere gestohlen zu haben. Dieser Einbruch war schmutzig, kindisch und sinnlos, denn durch ihn wurde das Gerichtsverfahren gegen die Person verhindert, die sich der Mißachtung der Gesetze gegen illegale Veröffentlichungen auch noch rühmte. Ich habe bis heute Schwierigkeiten zu verstehen, welche Überlegungen hinter diesem Einbruch gestanden haben; hätten die Aufzeichnungen des Psychiaters bewiesen, daß Ellsberg unzurechnungsfähig war, dann hätten sie seinem Verteidiger und nicht dem Staatsanwalt geholfen. Aber so töricht die Sache im Hinblick auf ihre praktischen Auswirkungen war, so unverzeihlich war sie in moralischer Hinsicht; ein vom Weißen Haus angeregter Einbruch, hinter dem auch nicht der Schein der Gesetzmäßigkeit stand, kann nichts anderes als eine Schande sein.

Die »Klempner«, die so bezeichnet wurden, weil sie undichte Stellen schließen sollten, waren John Ehrlichmans Büro unterstellt. Hier standen die Dinge ebenso wie bei anderen Aspekten des Watergate-Skandals, zum Beispiel bei der Schwarzen Liste; der kindische Name, den man dieser Gruppe gegeben hatte, hat mehr dafür getan, sie finsterer Machenschaften zu verdächtigen, als das, was diese Leute wirklich angerichtet haben. An sich war es nichts Besonderes, daß zwei Mitarbeiter des Stabes im Weißen Haus damit beauftragt wurden, festzustellen, auf welchem Wege vertrauliche Nachrichten an die Öffentlichkeit gelangten. Wahrscheinlich ist Nixon auf diese Idee gekommen, weil sein Mißtrauen gegenüber dem damaligen Direktor des FBI, J. Edgar Hoover, immer stärker wurde. 1971 war Nixon überzeugt, daß Hoover die Untersuchungen, mit denen man ihn beauftragte, nachlässig durchführte und vor nichts zurückschreckte, wenn er einzelne Personen vernichten wollte, die er ablehnte oder gegen die er ein persönliches Vorurteil hatte, während er Verdächtige schonte, zu denen er gute persönliche Beziehungen unterhielt. Nixon glaubte, da Hoover mit Ellsbergs Schwiegervater befreundet war, würde er eine Aufklärung des Diebstahls der Pentagon-Papiere verhindern. Darüber hinaus glaubte Nixon, daß Hoover durchaus fähig sei, mit dem Wissen, das er sich im Verlauf seiner Tätigkeit in diesem Amt angeeignet hatte, den Präsidenten zu erpressen. So wollte Nixon den ihm unbequemen Hoover nach den Präsidentschaftswahlen von 1972 so schnell wie möglich loswerden und ihm keine Geiseln an die Hand geben, mit deren Hilfe dieses Vorhaben vereitelt werden könnte.*

Das Auffallende an den »Klempnern« war nicht ihre Existenz, sondern die Tatsache, daß solche Aufgaben zwei typischen jungen Leuten

* Hoover starb Anfang Mai 1972.

aus dem amerikanischen Mittelstand übertragen wurden, die keine nachrichtendienstliche Ausbildung genossen hatten. Egil Krogh und David R. Young sahen aus wie Reklamebilder des anständigen, idealistischen jungen Amerikaners. Und im Grunde waren sie das auch. Krogh kannte ich nur flüchtig, hatte aber David Young nach Washington gebracht, nachdem ich ihn in Nelson Rockefellers Büro kennengelernt hatte. Ich machte ihn zu meinem persönlichen Assistenten, weil ich jemanden brauchte, den ich für fähig, integer und loyal hielt. Young konnte sich auf diesem Posten nicht halten, weil er Schwierigkeiten mit dem ihm weit überlegenen Haig hatte, der sorgfältig darüber wachte, wer den persönlichen Kontakt mit mir aufnahm, und weil ich Young mit der Arbeit, die in dieser Stellung von ihm verlangt wurde, überfordert hatte. Im Januar 1971 wurde Young in das Lagezimmer des Weißen Hauses versetzt, wo er Routineaufgaben erledigen mußte – was ihn verständlicherweise nicht befriedigte, und so war er froh, als Ehrlichman ihn im Juli 1971 während meiner Geheimreise nach China in sein Büro holte. Bei meiner Rückkehr sagte man mir, Young habe jetzt die Aufgabe übernommen, das System zu überprüfen, wie Geheimsachen für die Öffentlichkeit freigegeben wurden – und zunächst stimmte diese Angabe auch. Daß sich Ehrlichman für Young entschieden hatte, war zum Teil die Folge kleiner Eifersüchteleien unter den Angehörigen des Stabes im Weißen Haus; er selbst nutzte jede Gelegenheit, zu behaupten, daß er besser wisse als ich, wie man begabte Männer einsetzen müßte. Mir wiederum gefiel es nicht, daß Ehrlichman einen meiner Mitarbeiter in meiner Abwesenheit und ohne mich zu fragen in sein Büro versetzt hatte. Von dieser Stelle aus oder im Rahmen seines Aufgabenbereichs – ich habe das niemals genau feststellen können – fand David Young seinen Weg zu den »Klempnern«.

Die eigentlich sinnlose Frage, ob ich etwas von der Existenz der »Klempner« gewußt hätte, wurde in der kafkahaften Atmosphäre von Watergate zum Anlaß einer weiteren Kontroverse. So unglaublich es für einen Außenstehenden auch klingen mag, es ist schwer zu rekonstruieren, was man nach der Ansicht seiner Kollegen in einem verzweigten Beamtenapparat gewußt hat. Natürlich war ich mir darüber klar, daß Ehrlichmans Büro sich mit der Untersuchung undichter Stellen befaßte. Allerdings hat man mir mit Bedacht Einzelheiten verschwiegen, es sei denn, mein Büro war direkt betroffen. Ich habe nicht gewußt und habe mir vielleicht auch nicht die Mühe gemacht, mich darüber zu orientieren, daß es eine besondere Gruppe gab, die undichte Stellen finden sollte, und daß die Mitglieder dieser Gruppe praktisch keine anderen Pflichten hatten. Ich glaubte vielmehr, daß Angehörige des Stabes den Auftrag für solche Untersuchungen erhielten, wenn ein konkreter Einzelfall es erforderlich machte, und daß zu diesen Leuten auch Krogh und Young gehörten; es ist jedoch denkbar, daß Krogh und Young angenommen haben, ich hätte gewußt, was ihre einzige Beschäftigung war. Aber selbst wenn ich es gewußt hätte, wäre es mir nicht unzulässig erschienen, daß das Weiße Haus vertrauliche Informationen durch eine dafür beauftragte Gruppe schützen ließ, solange sich die Tätigkeit dieser Leute im gesetzlichen Rahmen hielt. Ich glaube auch bis heute nicht, daß unter Berücksichtigung der damaligen Verhältnisse der Einsatz der »Klempner« – abgesehen von dem erwähnten Einbruch – ungesetzlich oder unangemessen gewesen ist.*

Bei einer weiteren Episode, an der auch ich beteiligt war, ging es um das Abhören von siebzehn Telefonen in der Zeit von Mai 1969 bis Februar 1971. Ich habe darüber im ersten Band meiner Erinnerungen berichtet, komme aber hier darauf zurück, weil es 1973 bekannt wurde. Bei den geheimnisvollen »Angelegenheiten der nationalen Sicherheit«, von denen Nixon am Abend vor Haldemans und Ehrlichmans Rücktritt gesprochen hatte, handelte es sich um die Tonbänder, auf denen die abgehörten Gespräche aufgenommen waren. Diese Tonbänder wurden, ohne daß ich es wußte, in Ehrlichmans Panzerschrank aufbewahrt und, als Ehrlichman zurücktrat, vom FBI beschlagnahmt; anschließend wurde ihr Inhalt bekannt. 1973 und 1974 kam es aus diesem Anlaß zu einer Kontroverse. Man brachte die Abhörmaßnahmen mit Watergate in Verbindung, um zu beweisen, daß in der Regierung Nixon eine ausgesprochene Neigung zu ungesetzlichem Verhalten bestanden habe.

Hier ist furchtbar geheuchelt worden. Man hat die Legende verbreitet, die elektronische Überwachung sei eine Erfindung der Nixon-Regierung gewesen. Das ist natürlich absurd. Das Abhören von Telefonen ist vielleicht verabscheuungswürdig, aber diese Praxis ist ebenso verbreitet wie das Telefon selbst und fast ebenso alt. In allen größeren westeuropäischen Demokratien – und zu ihnen gehören Großbritannien, Frankreich und die Bundesrepublik Deutschland – werden Telefone von den Geheimdiensten und Untersuchungsbehörden abgehört, und zwar in einem Umfang, der das, was die Regierung Nixon auf diesem Gebiet getan hat, weit in den Schatten stellt. Aber damit nicht genug. Unter früheren Präsidenten beider Parteien sind augenscheinlich viel häufiger Telefonleitungen angezapft worden, und man hat sich damals weniger gut vor Übergriffen schützen können als zur Amtszeit des Präsidenten Nixon, in der es relativ selten vorkam, obwohl seine Feinde diese wenigen Fälle mit besonderem Eifer auszuschlachten suchten. Die Vollstreckungsbehörden haben uns bei Nixons Amtsantritt das folgende gesagt, und es gibt umfangreiche Veröffentlichungen, die diese Auskunft bestätigen: Franklin Roosevelt hat wahrscheinlich Telefonleitungen anzapfen lassen, um die Aktivitäten der Mitarbeiter des Weißen Hauses, isolationistische Politiker, politische Gegner und Journalisten zu überwachen. Solche Praktiken hat es bis zu Nixons Amtsübernahme in großem Umfang gegeben.[9] Das Anzapfen der Telefonleitungen, das von den für die nationale Sicherheit verantwortlichen Behörden in den Jahren 1969 bis 1971 veranlaßt worden ist, entsprach den zu jener Zeit geltenden administrativen und rechtlichen Bestimmungen; eine gerichtliche Anordnung für solche Operationen war erst nach einer Entscheidung des Obersten Gerichtshofs aus dem Jahre 1972 erforderlich.[10]

Es ist unbestritten, daß das Anzapfen von Telefonleitungen verabscheuungswürdig ist. Das gilt aber auch für die bewußte und nicht ge-

* Das »Klempner-Problem« ist auch später immer wiederaufgetaucht. Siehe 18. und 24. Kapitel.

nehmigte Preisgabe militärischer und diplomatischer Geheimnisse im Krieg. Wer Anfang 1969 für die nationale Sicherheit verantwortlich war, wurde von seinen Vorgängern, insbesondere aber auch von den Präsidenten Eisenhower und Johnson, gewarnt. Sie teilten ihm mit, daß sich im Beamtenapparat gefährliche Praktiken eingebürgert hätten. Leute, die mit der Regierungspolitik nicht einverstanden waren, glaubten, sie sabotieren zu können, wenn sie unter Verletzung bestehenden Rechts vertrauliche Informationen weitergaben. Wir fanden diese Warnung bestätigt, als Verhandlungspositionen, militärische Informationen und Nachrichten über innenpolitische Überlegungen in besorgniserregender Zahl von den Medien veröffentlicht wurden. Die Medien stellten sich auf den Standpunkt, daß sie keine andere Verantwortung gegenüber dem Land hätten, als Informationen abzudrucken und über Rundfunk und Fernsehen zu verbreiten. Es sei Sache der Regierung, ihre Geheimnisse zu wahren – und genau das hat die Regierung zu tun versucht.

Im Frühjahr 1969 gewann Nixon den Eindruck, daß die über militärische Operationen und wichtige Verhandlungen durchgesickerten Nachrichten das Leben amerikanischer Soldaten gefährdeten. Er konsultierte den Justizminister John Mitchell und den Direktor des FBI, J. Edgar Hoover, bei einer Sitzung am 25. April, an der auch ich eine Zeitlang teilgenommen habe. Hoover empfahl, Telefonleitungen anzuzapfen, und wies darauf hin, daß alle bisherigen Regierungen seit Franklin Roosevelt diese Maßnahme aus viel weniger dringenden Gründen angeordnet hätten. Der Justizminister bestätigte ihre Legalität. Nixon befahl das Abhören von Telefongesprächen für drei Kategorien von Personen; für Beamte, die Zugang zu vertraulichen Informationen hatten, die an die Öffentlichkeit gelangt waren; für Beamte in Positionen mit sicherheitsempfindlichen Aufgaben, aus deren Personalakten hervorging, daß sie ein Sicherheitsrisiko darstellten, und für Personen, die sich nach den Untersuchungen des FBI verdächtig gemacht hatten. Später übernahm Nixon in einem Brief an den außenpolitischen Senatsausschuß vom 12. Juli 1974 mutig die volle Verantwortung für seine Entscheidung:

> Ich möchte hiermit kategorisch bestätigen, daß Minister Kissinger und andere, die an den verschiedenen Aspekten dieser Untersuchungen beteiligt waren, von mir mit Sondervollmachten ausgestattet waren und meine ausdrücklichen Befehle ausgeführt haben.

Damit hörten jedoch bezeichnenderweise die falschen Anschuldigungen nicht auf, nach denen ich das Anzapfen von Telefonleitungen »angeregt«, »autorisiert« oder »befohlen« hätte. Angesichts der etwas unvollständigen Buchführung – nur Hoover, der es meisterhaft verstand, sich zu schützen, hat genaue Aufzeichnungen darüber gemacht[11] – lassen sich diese Aktivitäten nicht mehr aktenkundig machen. Aber hier ist ein wenig gesunder Menschenverstand vonnöten. Es wäre undenkbar gewesen, daß ein ganz neuer Mitarbeiter Nixons, dem man wegen seiner Kontakte mit Liberalen mißtraute und dessen Verantwortungsbereich ausschließlich die Außenpolitik war, schon drei Monate nach der Übernahme seines Postens die Initiative für ein Überwachungsprogramm übernommen hätte, das im ausschließlichen Zuständigkeitsbereich von Schwergewichtlern wie John Mitchell und J. Edgar Hoover lag, um es dann auch selbst durchzuführen.

Die Wahrheit ist viel einfacher. Ich stimmte Nixon ausdrücklich zu, wenn er meinte, es müßte etwas getan werden, um die undichten Stellen abzuschließen; Mitchell und Hoover haben dieses Programm vorgeschlagen; Nixon hat seine Durchführung befohlen, und mein Büro benannte dem FBI Personen, von denen wir wußten, daß sie in die erste der drei von Nixon bezeichneten Kategorien gehörten. Diese Personen hatten Zugang zu Informationen, die durchgesickert waren. In jedem einzelnen Fall ersuchte das FBI um die Genehmigung des Justizministers für das Abhören der Telefone dieser Personen. In unregelmäßigen Abständen schickte mir das FBI kurze, im Durchschnitt auf einer Schreibmaschinenseite zusammengefaßte Berichte über Gespräche, die nach seiner Auffassung über geheime militärische oder außenpolitische Angelegenheiten geführt worden waren.

Im Rahmen dieses Programms sind im ganzen siebzehn Beamte und Journalisten vom FBI abgehört worden. Mein Büro hat jedoch nicht alle diese Personen namhaft gemacht und ist auch nicht in jedem einzelnen Fall von dem Anzapfen einer Telefonleitung unterrichtet worden.* (Wenn irgend jemand abgehört wurde und seine Gespräche keine militärischen oder außenpolitischen Themen berührten, wurden keine Berichte darüber angefertigt, und weder ich noch mein Büro erfuhren etwas über eine solche Abhöraktion. So hatten wir gar keine Möglichkeit und noch weniger das Verlangen, unsere Zeit an die Lektüre von Abschriften persönlicher Gespräche zu verschwenden.) Die kurzen zusammenfassenden Berichte über Gespräche, die nach Meinung des FBI Angelegenheiten der nationalen Sicherheit betrafen, wurden über einen Zeitraum von einem Jahr in mein Büro, in das des Präsidenten und in das von Haldeman geschickt. Im Mai 1970, ein Jahr nach der ersten Abhöraktion, befahl Nixon, mein Büro aus der Empfängerliste zu streichen, und seither habe ich keine derartigen Berichte mehr zu Gesicht bekommen. Anschließend hat augenscheinlich nur noch Haldeman sie bekommen, bis das ganze Programm im Februar 1971 eingestellt wurde.

Wenn ich heute über dieses Thema nachdenke, dann kann ich nicht viel mehr dazu sagen als im ersten Band meiner Memoiren:

> ... Hier möchte ich nur feststellen, daß ich mich nur widerwillig mit Methoden einverstanden erklärt habe, an deren Rechtmäßigkeit ich nicht zweifelte und von denen uns gesagt wurde, sie entsprächen unter den gegebenen Verhältnissen der üblichen Praxis und seien von früheren Regierungen energischer und rücksichtsloser angewendet

* Von den siebzehn Personen waren nur sechs Gegenstand der Berichte, die meinem Büro zugestellt wurden. Drei waren, wie ich später erfahren habe, vom Büro Haldemans und nicht von meinem Büro namhaft gemacht worden. Von den in den Denkschriften des FBI als von mir oder Oberst Haig namhaft gemachten Persönlichkeiten wurden vier oder fünf bei der Besprechung am 25. April durch Hoover in seinem Gespräch mit Nixon bezeichnet. Zu ihnen gehörten drei Angehörige meines Stabes. Weitere Namen ergaben sich im Verlauf der Überwachung anderer Persönlichkeiten, und wir wurden durch das FBI auf sie aufmerksam gemacht. Weitere vier Personen sind augenscheinlich von Nixon benannt worden.

worden. Die Absicht, die auch ich entschieden unterstützte, war, bestimmte Persönlichkeiten (die nie entdeckt worden sind) daran zu hindern, das Leben amerikanischer und südvietnamesischer Soldaten zu gefährden, indem sie ihnen anvertraute militärische Informationen preisgaben, um die Politik zu untergraben, zu der wir uns nach gewissenhafter Prüfung entschieden hatten und die nach unserer Auffassung im nationalen Interesse lag und rechtlich zu vertreten war. Ich glaube heute, daß die seither erlassenen einschränkenden Bestimmungen im Hinblick auf den Einsatz von Abhörvorrichtungen im Interesse der nationalen Sicherheit einem noch fundamentaleren nationalen Interesse dienen – aber deshalb halte ich diejenigen, die das in sie gesetzte Vertrauen mißbraucht, die Politik der Vereinigten Staaten zu sabotieren versucht und das Leben amerikanischer Soldaten gefährdet haben, nicht für weniger unmoralisch.[12]

Im Rückblick ist mir auch klargeworden, daß elektronische Überwachungsmethoden zwar von vielen demokratischen Regierungen angewendet werden, daß aber das Abhören der Telefone eigener Mitarbeiter ein besonders schmerzliches menschliches Problem aufwirft. Ich habe mich damit niemals ganz abfinden können, diese Maßnahme gehört zu dem Teil meiner Arbeit im Staatsdienst, über deren Wert ich selbst die stärksten Zweifel hege. Seinerzeit habe ich dieses Vorgehen der Alternative vorgezogen, diejenigen aus ihren Posten zu entfernen nur wegen des Verdachts, ohne Genehmigung Informationen weitergegeben zu haben. Zweifellos haben Nixon und die Angehörigen seines inneren Kreises sich hämisch darüber gefreut, daß einige Kollegen des Außenseiters aus Harvard und Freundes von Rockefeller des Geheimnisverrates verdächtigt wurden. Und einige Beamte des FBI haben die Gelegenheit wahrgenommen, ihre Beurteilung in Fällen zu rechtfertigen, wo man ihre Vorbehalte im Hinblick auf die sicherheitspolitischen Unbedenklichkeitserklärungen für die Angehörigen meines Stabes nicht beachtet hatte. Aus diesen Gründen bin ich vielleicht im Unterbewußtsein dazu geneigt gewesen, unter allen Umständen den Eindruck zu vermeiden, daß ich dieses Programm aus persönlichen Gründen ablehnte. Dieses Verhalten ändert aber nichts an der fundamentalen Tatsache, daß das einzige Motiv für solche Operationen, soweit ich es beurteilen konnte, der Schutz vor der Preisgabe vertraulicher Informationen während eines komplexen Krieges gewesen ist. Ich hatte keinen Grund, an der Behauptung des Justizministers zu zweifeln, daß dieses Verfahren legal und in Ordnung sei. Dennoch möchte ich meinem Bedauern darüber Ausdruck verleihen, daß mancher einzelne durch Maßnahmen schwer belastet worden ist, die heute dank eines Gerichtsbeschlusses nur noch in modifizierter Form angewendet werden dürfen.

Nachdem ich das gesagt habe, fühle ich mich dazu berechtigt, meiner Bestürzung darüber Ausdruck zu verleihen, daß Leute, die genau wußten, daß ich zwischen meinen Pflichten, wie ich sie verstand, und dem Wunsch, sie zu schonen, hin und her gerissen war, mich seither mit Gerichtsverfahren und gedruckten Anschuldigungen verfolgen. Einigen von ihnen habe ich seinerzeit sogar gesagt, daß meine Vorgesetzten sie verdächtigten und sie unter Beobachtung stünden. Ich bin aber auch denen dankbar, die abgehört wurden, aber meine guten Freunde geblieben oder es geworden sind, denn sie haben das Unrecht, das ihnen widerfahren ist, mit Verständnis für die Praktiken, Motive und Umstände jener Zeit vergolten.

Die Auswirkungen auf die Außenpolitik

Meine Sorge während der Watergate-Krise galt in erster Linie nicht den Untersuchungsverfahren, die damals Schlagzeilen machten, sondern der Glaubwürdigkeit der Vereinigten Staaten als Großmacht. Eine tragische Entwicklung hatte uns in die innere Zerrissenheit zurückgeführt, von der die erste Amtsperiode des Präsidenten Nixon gekennzeichnet war. Diesmal war die Ursache des nationalen Traumas keine außenpolitische Krise wie Vietnam, aber trotzdem war unsere internationale Position schwer belastet. Wir konnten diplomatische Initiativen ergreifen und haben es auch getan; wir konnten mit aller Schärfe vor einer Bedrohung unserer Sicherheit warnen, und auch das ist geschehen. Aber die Autorität, die notwendig war, solchen Warnungen Nachdruck zu verleihen, war im Schwinden begriffen, und zwar aus Gründen, welche diejenigen, die für die amerikanische Außenpolitik verantwortlich waren, nicht beeinflussen konnten, denn wir befanden uns in einem Fegefeuer, in dem es keine Sieger, sondern nur Opfer gab. Eine Zeitlang ließ sich noch nicht deutlich erkennen, in welcher Weise unsere Außenpolitik durch Watergate belastet wurde. Patriotismus und das Gefühl für das Ausmaß des Verhängnisses veranlaßten viele unserer alten Kritiker, ihre Angriffe einzustellen. Ich selbst schien wie durch einen Zauber unverwundbar zu sein und wurde in einer Weise unterstützt, wie dies für einen nicht gewählten Staatsbeamten fast unvorstellbar ist. Es war, als ob die Öffentlichkeit und der Kongreß instinktiv die unserer Nation drohende Gefahr spürten und einen neuen Mittelpunkt geschaffen hätten, um den sie sich scharen könnten, um die nationalen Interessen zu verteidigen. Aber ich war nur ein blasser Ersatz für den realen Mittelpunkt – und diese Stimmung verging sehr rasch.

Die Geschmacklosigkeit der Enthüllungen entsprach der Böswilligkeit, mit der sie aufgenommen wurden. Ein Journalist, der nicht gerade als Nixons Freund bekannt war, rief mich an und sagte mir, daß er von dem »Blutdurst« vieler seiner Freunde schockiert sei: Sie alle konnten augenscheinlich nichts anderes mehr denken als: »Gebt es ihm, gebt es ihm! Als seien sie Zuschauer bei einem Gladiatorenkampf und warteten auf den Todesstoß.« William Safire berichtet von einem bekannten Zeitungsredakteur, der ihm 1973 um diese Zeit erklärt hatte, daß ein »Aderlaß« unbedingt notwendig sei.[13]

Überall spürte man den Zerfall der Autorität. Am 10. Mai 1973 erhielten wir Berichte, nach denen chinesische Beamte ihre ausländischen Gäste in diskreter Form gefragt hatten, welchen Schaden Nixons Autorität genommen habe. Sie schienen zu glauben, daß »organisierte Gruppen« in den Vereinigten Staaten, welche die Außenpolitik des Präsidenten zum Scheitern bringen wollten, die Opposition formierten.

In der Sowjetunion, wo ich in der Zeit vom 4. bis zum 9. Mai den für Juni vorgesehenen Besuch Breschnews in den Vereinigten Staaten vorbereitete, wurden mir die gleichen Fragen gestellt. Zunächst hatte die sowjetische Führung Watergate augenscheinlich als ein vorübergehendes Phänomen behandelt. Aber als sich die Enthüllungen häuften und die Untersuchungen immer weiter gingen, konnte man feststellen, daß Breschnew versuchte, sich von Nixon zu distanzieren. Anfang Mai sagte mir Breschnew, daß er beabsichtigte, seine Frau und seine Kinder nach Amerika mitzunehmen. Am 12. Juni, weniger als eine Woche vor seinem Eintreffen in den Vereinigten Staaten, teilte man uns plötzlich mit, daß seine Frau nicht mitkommen könnte: »Die Ärzte sind strikt dagegen. Seine Tochter und sein Sohn haben andere zwingende Gründe dafür, diese Reise jetzt nicht zu unternehmen.« Auch ein Zwischenaufenthalt Breschnews in Houston wurde ohne Erklärung oder Rücksprache abgesagt. Man konnte sich nicht des Eindrucks erwehren, daß Watergate in den sowjetischen Überlegungen eine Schlüsselrolle spielte, da in der gleichen Note erklärt wurde, Breschnew werde gegen den Rat seiner Ärzte mit Nixon nach San Clemente gehen, denn

> ... wenn irgend jemand glauben sollte, mein Vorschlag, nicht nach Kalifornien zu fliegen, habe irgend etwas mit den innenpolitischen Ereignissen in den Vereinigten Staaten zu tun, dann ist das absolut nicht wahr, Herr Präsident. Es gibt keine Basis für eine solche Interpretation. Der Präsident weiß sehr gut, daß wir von Anfang an und ohne zu zögern in den Beziehungen zu ihm einer klaren Linie gefolgt sind und daß unsere Achtung und mein persönlicher Respekt in keiner Weise nachgelassen haben.

Diese offensichtlich besorgte Haltung konnte ebenso plausibel als der schwerfällige Versuch der Sowjets gedeutet werden, den Präsidenten an seine geschwächte Position zu erinnern. Jedenfalls war es im höchsten Grade demütigend, sich vorstellen zu müssen, daß der Präsident es nötig haben könnte, vom Generalsekretär des Zentralkomitees der Kommunistischen Partei der Sowjetunion die Bestätigung des Fortbestandes der persönlichen Wertschätzung entgegenzunehmen.

Die Erosion der Autorität der Exekutive wirkte sich nicht nur auf die Beziehungen zu unseren Gegnern aus, sondern belastete auch das Verhältnis zu unseren Freunden. Der Botschafter der Bundesrepublik Deutschland, Berndt von Staden, sagte mir, die zynischen Berichte der westdeutschen Presse über den Besuch des Bundeskanzlers Willy Brandt Anfang Mai wären zweifellos dadurch veranlaßt worden, daß er zur gleichen Zeit stattfand, in der Nixon in seiner Fernsehrede den Rücktritt von Haldeman und Ehrlichman bekanntgegeben hatte. Als ich mich am 8. Juni mit dem französischen Außenminister Michel Jobert traf, konnte ich seinen Worten entnehmen, daß er glaubte, der Zweck des Europa-Jahrs sei es, unsere innenpolitischen Spannungen abzubauen, was mich veranlaßte, ihn daran zu erinnern, daß die Vorbereitungen dafür lange vor Watergate getroffen worden waren (und Jobert wußte das sehr gut aus einem Gespräch, das ich im Dezember 1972 mit dem französischen Präsidenten Georges Pompidou geführt hatte). Das gleiche Thema kam zur Sprache, als ich mich am 30. Juni in San Clemente mit den Vertretern unserer Verbündeten beim Nordatlantikrat traf (die Herren unternahmen eine Reise durch die Vereinigten Staaten). Das gleiche geschah bei einem Treffen mit dem italienischen Botschafter am 24. Juli und bei einem Besuch des deutschen Außenministers Walter Scheel und des britischen Kabinettssekretärs Burke Trend im Juli. Alle diese Männer waren höflich und sogar mitfühlend, aber die Politik einer Großmacht stützt sich auf Respekt und nicht auf Mitleid.

Am 4. August unterbrach der Premierminister von Singapur, Lee Kuan Yew, ein hochintelligenter, urteilsfähiger Mann und aufrichtiger Freund der Vereinigten Staaten, eine Konferenz der Regierungschefs des Commonwealth in Ottawa, um zu einem privaten Zusammentreffen mit mir zum Kennedy-Flughafen nach New York zu fliegen. Der einzige Zweck dieser Reise war es, sich einen Eindruck von den Auswirkungen Watergates auf die Außenpolitik der Vereinigten Staaten zu verschaffen. »Sie sind der Anker der ganzen nichtkommunistischen Welt«, sagte er mir in fast verzweifeltem Ton, »und aus aufrichtiger und berechtigter Empörung schleift dieser Anker durch den Schlamm.« Er fürchtete, daß, wenn Nixon aus irgendeinem Grund stürzen sollte, auch die starke Außenpolitik, die Nixon vertrat, unterminiert werden könnte. 1976 würde ein neuer Präsident gewählt werden, der seine Wahl als Bestätigung seiner gegen den Krieg gerichteten, neo-isolationistischen Haltung ansehen würde – was nicht geschehen dürfe: »Mein Überleben hängt davon ab«, sagte er.

Wie schon so oft bewies Lee Kuan Yew auch hier seine prophetische Gabe. Die mit uns befreundeten Länder brauchten damals zur Wahrung ihrer Sicherheit einen starken Präsidenten und brauchen ihn auch noch heute; sogar unsere Gegner bevorzugen ein berechenbares und einiges Amerika. Damals war es meine Pflicht, meinen alten Freund aus Singapur gegen meine eigene Überzeugung zu beruhigen. Ich sagte ihm, daß wir die Stärke der Nation und ihre Geschlossenheit bewahren würden; wir würden diese Krise wie schon so viele andere überwinden.Ich versicherte ihm, die Politik unserer Nachfolger, wer sie auch sein mochten, werde dafür sorgen, daß die Stärke Amerikas erhalten blieb. Ich weiß nicht, ob der so aufmerksame Lee Kuan Yew mir geglaubt hat; ich möchte daran zweifeln. Mir war es zu peinlich, ihn danach zu fragen.

Mitte 1974 schrieb der bekannte Leitartikler der *Washington Post*, Chalmers Roberts, mit großem Verständnis für die Lage in *Foreign Affairs:*

> Jede Außenpolitik besteht aus Handlungen und Unterlassungen. Sie wird beeinflußt von Stimmungen und Nuancen, durch die Beurteilung von Stärken und Schwächen, durch die Einschätzung der Absichten einer Regierung durch die andere sowie die Handlungsfähigkeit dieser Regierungen, durch die Vorstellung eines nationalen Führers von politischem Rang eines gegnerischen oder mit ihm befreundeten Führers in dessen eigenem Land und den Auswirkungen dieser Gegebenheiten auf die Stärke und die Politik dieses Landes.[15]

Genau das war das Problem. Mit jedem neuen Tag schränkte Watergate unsere Handlungsfreiheit ein. Wir verloren die Fähigkeit, uns glaubhaft zu engagieren, denn wir konnten uns nicht mehr für die Zustimmung des Kongresses verbürgen. Dabei mußten wir alles tun, um Konfrontationen zu vermeiden, weil wir fürchteten, ihnen in dem Sumpf innenpolitischen Mißtrauens nicht mehr gewachsen zu sein. (Als wir unsere Streitkräfte gegen Ende des Nahost-Krieges im Oktober 1973 in Alarmbereitschaft versetzten, wurde ich auf einer Pressekonferenz gefragt, ob das ein Watergate-Manöver sei.) Uns standen weder Zuckerbrot noch Peitsche zur Verfügung, und deshalb konnten wir nur ungeduldig und frustriert zusehen, wie zuerst Hanoi und dann Moskau unsere peinliche Lage auszunutzen begannen.

In dieser Lage mußte mein Büro immer mehr Verantwortung dafür übernehmen, die Vereinigten Staaten außenpolitisch aktionsfähig zu erhalten. Im Weißen Haus herrschte eine völlig andere Atmosphäre als während der ersten Amtsperiode des Präsidenten. Verschwunden waren die meisten arroganten jungen Männer der Ära Haldeman, die in ihrer Überheblichkeit geglaubt hatten, daß alles sich planen ließe und jedes Problem sich mit Hilfe der geeigneten Verfahren lösen lassen könnte. Nur Ronald Ziegler war als Leiter der Presseabteilung auf seinem Posten geblieben und erfüllte seine praktisch unmögliche Aufgabe loyal und hingebungsvoll. Hinter dem Stab des Weißen Hauses stand auch nicht mehr die Autorität eines starken Präsidenten, und es fehlte die Selbstsicherheit, welche diesen Männern die Überzeugung gegeben hatte, daß man an einer großen Sache mitwirke. Die ranghöheren Mitarbeiter des Weißen Hauses mußten sich ihr Recht von Fall zu Fall durch ihre Leistungen, ihre Überzeugungskraft und die Fähigkeit erkämpfen, Verständnis für das nationale Interesse in einer ungeheuer schwierigen Lage zu wecken, in der das bedrohlichste die Unfähigkeit war, das Ausmaß der Gefahr zu artikulieren, in der wir uns befanden.

Auf jeder Pressekonferenz fragte man mich nach den Auswirkungen von Watergate auf die Außenpolitik. Ich bestritt immer wieder jeden Zusammenhang. Wenngleich jedermann wußte, daß meine Behauptung nicht richtig war, konnten wir nur noch etwas retten, wenn wir so taten, als ginge uns das alles nichts an. Einer Großmacht gibt man kein Pardon, weil sie innenpolitische Schwierigkeiten hat. Wir konnten die uns drohende Gefahr, wenn überhaupt, nur abwenden, wenn wir Selbstvertrauen demonstrierten und weiterhin erklärten, daß wir das nationale Interesse gegen alle außen- und innenpolitischen Hindernisse verteidigen würden.

Aber ich hatte böse Vorahnungen. Im Mai 1973 sagte ich einem Freund, daß ich den Eindruck hätte, unser Land befände sich in einer »selbstmörderischen Stimmung«, was unsere Position in der Welt untergraben müßte: »Das im Lauf von fünf Jahren in der Form von kleinen Kupfer- und Nickelmünzen angesammelte Kapital wird jetzt mit Tausenddollarnoten verschwendet.« Einem anderen Freund vertraute ich am 1. Juli an: »Während keiner Krise in den vergangenen fünfzehn Jahren habe ich geglaubt, daß das Land sich in Gefahr befände. Aber jetzt bin ich wirklich davon überzeugt, daß wir unter Umständen irreparablen Schaden erleiden könnten.« Und etwas später habe ich gesagt:

Bei jedem Ihnen bisher bekannten Vorhaben liegt der Unterschied zwischen Größe und Mittelmäßigkeit in einer Nuance. Man kann das nicht beschreiben. Und wir haben zwei Jahre gebraucht, in denen niemand begriff, was wir taten, um unser Ziel zu erreichen. Ein Erfolg schuf die Notwendigkeit für den nächsten. Wenn die Entwicklung beginnt, in die entgegengesetzte Richtung zu laufen, dann wird es ebenso sein. Während der ersten zwei Jahre wird man nichts sehen, und dann wird man anfangen, die Scherben aufzusammeln. Ich kann zum Capitol gehen und sagen, meine Herren, hier liegen die Gefahren. Sie werden einen Nahost-Krieg erleben, wenn das so weitergeht.

So hat sich die Lage auch ungefähr entwickelt, aber mit Selbstmitleid läßt sich keine Abhilfe schaffen. Ich konnte nicht zum Kongreß gehen und die Abgeordneten warnen, weil ich nicht gewußt hätte, welchen politischen Kurs ich ihnen empfehlen sollte. Die Anhörungen der Senatsausschüsse waren theatralisch und die Verfahren unfair; es gab keine Möglichkeit, die Zeugen ins Kreuzverhör zu nehmen, und niemand kannte im voraus die Anklagepunkte. Aber der Schmutz, der dabei zum Vorschein kam, war ganz real. Der Kern des Problems lag innerhalb der Regierung und nicht bei denen, die es aufdeckten, so selbstgerecht sie auch sein mochten. Nachdem Watergate geplatzt war, ließ sich der Lauf der Dinge nicht mehr beeinflussen. Viele alte Gegner Nixons begriffen sehr gut, welcher Schaden dem Ansehen ihres Landes zugefügt wurde, und waren entsetzt. Das Beste, was sie tun konnten, war, den wenigen, die noch über Autorität verfügten, um das Steuer des leckgeschlagenen Staatsschiffes in die Hand zu nehmen, ihre Aufgabe zu erleichtern.

Auf diese Weise wurde mir, einem im Ausland geborenen Amerikaner, die ungewöhnliche Aufgabe zuteil, unsere Außenpolitik zusammenzuhalten und unsere Öffentlichkeit zu beruhigen. Das war nicht mein Verdienst; den Anstoß dazu gab der Instinkt für die nationale Selbsterhaltung. Ich habe zwar nichts dagegen unternommen, als die öffentliche Meinung während Nixons erster Amtsperiode aus mir den guten Jungen machte, aber diese neuere und höhere Verantwortlichkeit war zu elementar und zu furchteinflößend, um sie zu suchen. Die Verantwortung, die mir jetzt aufgebürdet wurde, mußte darauf verwendet werden, den Eindruck zu stärken, daß Amerika auch weiterhin stark, entschlossen und aktiv an der Weltpolitik teilnahm. Ich mußte die Überzeugung vermitteln, daß wir trotz aller Heimsuchungen unser Schicksal meistern konnten.

Ich hätte mir selbst diese Rolle nicht ausgesucht, und ich war überrascht, daß ich mich ihr nicht gewachsen fühlte, wenngleich ich alles getan habe, meine Gefühle nicht zu zeigen. Aber alle Überlebenden des Debakels hatten die unausweichliche Pflicht, ihren besten Beitrag für den nationalen Zusammenhalt zu leisten, und ich habe mein Bestes getan. Dadurch war ich zu einem Stil in der Diplomatie gezwungen, der zum Spektakulären neigte. Ich mußte eine Selbstsicherheit zur Schau stellen, die potentielle Gegner vor jeder Herausforderung zurückschrecken ließ. Gelegentlich war meine Haltung natürlich auch Ausdruck meiner persönlichen Eitelkeit, aber vieles entsprach einer bewußten Absicht aufgrund tiefer und schmerzlicher Überlegung. Wir brauchten die sichtbare und, wenn notwendig, theatralische Bestätigung dafür, daß Amerika diese Krise überleben und immer noch am Aufbau einer besseren Welt mitwirken konnte. Es läßt sich ermessen, in welcher Bedrängnis Nixon sich befand, denn sonst hätte er mein Auftreten niemals akzeptiert; daß er es mit solchem Anstand getan hat, ist ein Beweis für seine Zuverlässigkeit und seinen Patriotismus und muß ihm zur Ehre angerechnet werden.

Doch die politische Voraussetzung für die Überwindung dieser Periode bestand darin, mit allen Entscheidungen den Eindruck zu erwekken, daß der Präsident die Zügel in der Hand habe. Nixon hatte nicht mehr den Handlungsspielraum oder die Mitarbeiter, um so verwickelte Manöver in Szene zu setzen wie in seiner ersten Amtsperiode. Er war ebenso wie ich darauf angewiesen, sich ausschließlich mit dem Wesentlichen zu beschäftigen. Bei der Ausübung seiner Regierungsgeschäfte bediente er sich jetzt mehr konventioneller Verfahren. Und ich bemühte mich um den nationalen Konsens in der Außenpolitik. Die langen Gespräche zwischen uns wurden nachdenklicher, nachdem die Abhörvorrichtungen entfernt worden waren, und auf seltsame Weise nicht mehr so stark von Befürchtungen belastet und weniger verrückt; als das Schlimmste vorüber war, ging es nur noch um Grundsätze.

Ich bemühte mich jetzt zunehmend um die Unterstützung beider im Kongreß vertretenen Parteien. Obwohl mein Versuch sich bei einigen neuralgischen Problemen wie Indochina oder der jüdischen Auswanderung aus der Sowjetunion als unmöglich erwies, war die Einigkeit in außenpolitischen Fragen größer als auf jedem anderen Gebiet. Es war, als ob die Politiker im Kongreß auch von der Flutwelle in Angst und Schrecken versetzt worden seien, die das Land erfaßt hatte und die Gerechten und die Ungerechten zu verschlingen drohte.

Da ich die Außenpolitik zusammenhielt, hatte ich zweifellos auch das Gewissen einiger unversöhnlicher Feinde Nixons beruhigt. Aber es gab keine andere Wahl, und letzten Endes war Nixons Schicksal besiegelt, als der Stab des Weißen Hauses sich auflöste und seine ehemaligen Anhänger sich gegen ihn wendeten. Von diesem Augenblick an war es die Pflicht der Nation, ihre Sicherheit und Glaubwürdigkeit zu bewahren, indem sie eine geschlossene Front bildete und sich hinter die gemeinsame Sache stellte. Am Rande des Abgrundes gibt es nur eine wichtige Aufgabe: Man muß sich Raum schaffen, in dem man sich bewegen kann.

So war es zum Teil meine, zum Teil aber auch Haigs Aufgabe, die ebenso für unsere Mitarbeiter galt, unserem schwer angeschlagenen Präsidenten den Rücken zu stärken, dessen Standhaftigkeit Respekt verdiente und dessen Leiden eine seltsame Herzlichkeit weckte. Denn die schlimmste Strafe für Nixon lag in der Erkenntnis, daß er sich schließlich selbst alles angetan hatte. Unter dieser ungeheuren Belastung hat er in der Außenpolitik mit großem Weitblick gehandelt. Offenbar hat er es in der Überzeugung getan, daß, auch wenn er gezwungen werden sollte, als Präsident zurückzutreten, er es der Nation schuldig sei.

V. Das Europa-Jahr

Die Voraussetzungen

Ebenso wie das Weiße Haus ist der Elysée-Palast Residenz und Amtssitz des französischen Staatsoberhaupts. Man erreicht ihn durch ein majestätisches Tor der engen und verkehrsreichen Rue du Faubourg-Saint-Honoré. Dann überquert man einen mit Kies bestreuten Hof, der die einfache und elegante Fassade des Gebäudes eindrucksvoll zur Wirkung bringt. Eine breite Freitreppe führt zu einem Absatz, wo die Besucher auf Einlaß warten. Das Arbeitszimmer des Präsidenten ist, gemessen an den Räumen der Staatsoberhäupter größerer Länder, nicht sehr geräumig, aber exquisit mit Gobelins und französischen Möbeln eingerichtet. Von hier aus überblickt man einen stillen gepflegten Park, über den hinweg man die Wipfel der Bäume an den Champs-Elysées sehen kann. Das Ganze ist ein bukolisches Refugium in einer von geschäftigem Leben erfüllten Großstadt.

Die gelassene Heiterkeit dieses Anblicks entsprach der Haltung des großen, gewichtigen Mannes mit buschigen Augenbrauen, der an seinem reich geschnitzten Schreibtisch saß. Georges Pompidou, dem ich Anfang Dezember 1972 meinen Besuch abstattete, war eine beeindrukkende Persönlichkeit. Bevor er 1969 die Nachfolge Präsident Charles de Gaulles antrat, hatte er dem großen General sechs Jahre als Premierminister gedient und war dann plötzlich 1968 während der Nachwehen der Studentenrevolte, in deren Verlauf vorübergehend große Teile von Paris besetzt wurden, entlassen worden. Es war ein beachtenswerter Erfolg, daß es Pompidou gelungen ist, als fast vergessener Politiker wieder ans Licht der Öffentlichkeit zu treten, und zwar noch zu Lebzeiten de Gaulles, und die Mehrheit der Gaullisten für sich zu gewinnen, obwohl er den Stil, wenn auch nicht die Substanz der französischen Außenpolitik veränderte.

Als de Gaulle im April 1969 von seinem Präsidentenamt zurücktrat, schrieb ich Nixon, daß die Position des französischen Präsidenten stärker gefährdet sei, als es den Anschein habe. Der Einfluß des Präsidenten war davon abhängig, daß er die parlamentarische Mehrheit hinter sich hatte, was auf die Dauer sehr schwierig war, denn die Wahlen für die Nationalversammlung erfolgen nach einem anderen Zeitplan als die Präsidentschaftswahlen. Wenn bei den Parlamentswahlen die Stimmenmehrheit für eine andere Partei als die des Präsidenten abgegeben wurde oder der Präsident diese Partei nicht beherrschte, dann durfte sie ihren eigenen Premierminister ernennen, zu dem hin das Gleichgewicht der Kräfte sich dann verschob. Dabei konnte es geschehen, daß die für die französische Nachkriegspolitik typische Situation eintrat, eine parlamentarische Instabilität. De Gaulle hatte versucht, die Tür zur Vergangenheit Frankreichs zu schließen, aber das war ihm nicht ganz gelungen.

Meine Analyse war theoretisch korrekt, erwies sich aber zumindest als verfrüht. Jedes französische Parlament seit de Gaulle ist vom jeweiligen Präsidenten beherrscht worden. Pompidou war zu seiner Zeit der Mann, der das politische Leben in Frankreich ebenso bestimmte, wie de Gaulle es getan hatte, und wenn er auch nicht so majestätisch auftrat wie sein Vorgänger, so war sein Regierungsstil doch nicht weniger fürstlich. Mit skeptischem, durchdringenden Verstand, der sich niemals herabließ, bitter zu werden, glich er durch seinen analytischen Scharfsinn und seine Intelligenz aus, was ihm an weltpolitischer Erfahrung fehlte. Er war Universitätsprofessor und Bankier gewesen. Er war ebenso gebildet wie welterfahren. Zwar belasteten ihn nicht die antiamerikanischen Vorurteile seines Vorgängers (und einiger hoher Beamten am Quai d'Orsay, dem französischen Auswärtigen Amt), aber er teilte die Meinung französischer Intellektueller, Amerika sei schließlich doch zu naiv, zu schwerfällig und zu instabil, als daß man den Vereinigten Staaten das Schicksal Europas anvertrauen dürfte. Andererseits war er realistisch genug, zu begreifen, daß Amerika zu mächtig war, um ignoriert zu werden, und Frankreich zu schwach, um ohne Unterstützung durch die Vereinigten Staaten auszukommen.

Es hat Pompidou zutiefst gekränkt, als Demonstranten, die gegen französische Waffenverkäufe an Libyen protestierten, ihn und seine Frau Anfang 1970 bei einem Besuch der Vereinigten Staaten in Chicago tätlich angriffen. Während dieser Vorfall nichts an dem zuvorkommenden und versöhnlichen Stil seiner Diplomatie änderte, veranlaßte es ihn doch zu einer in gewisser Weise reservierten und vielleicht sogar nachtragenden Haltung, die er nie ganz aufgegeben hat. Diese Gefühle kamen in seinem letzten, von körperlichen Qualen überschatteten Lebensjahr vehement zum Ausdruck, als seine Selbstbeherrschung durch einen Knochenkrebs, dessen verheerende Wirkungen nur seine intimsten Freunde kannten, auf die äußerste Probe gestellt wurde. Ich hielt ihn für einen außerordentlich weitblickenden und intelligenten politischen Führer, für einen Mann, der, welche Zweifel er auch hinsichtlich der Fähigkeit Amerikas, weltpolitische Ereignisse in den Griff zu bekommen, hegen mochte, seinen Grundsätzen gemäß alles tun würde, um die Grundwerte, die Kraft und die Entschlossenheit der Demokratien zu stärken.

Während Nixons erster Amtsperiode waren die Beziehungen zwischen den Vereinigten Staaten und Frankreich sehr gut. Nixon und Pompidou waren sich in ihrer unsentimentalen Anerkennung der Bedeutung des Gleichgewichts der Kräfte einig und beurteilten die Motive der Sowjetunion mit gleicher Skepsis. Pompidou mißtraute der Möglichkeit eines Wiedererwachens des deutschen Nationalismus; Nixon mißtraute Willy Brandt, und in der Praxis verfolgten beide Männer in dieser Frage die gleichen Ziele. Pompidou war beeindruckt von Nixons ritterlicher Geste, sofort seine Teilnahme an de Gaulles Beisetzung bekanntzugeben, denn damit hatte er alle anderen Länder veranlaßt, sich von Persönlichkeiten des gleichen protokollarischen Rangs vertreten zu lassen. Im März 1970 hatte der Präsident in New York unerwartet an einem Essen zu Pompidous Ehren teilgenommen, um zu zeigen, daß er mit den gegen Pompidou gerichteten Demonstrationen nicht einverstanden war. Nixon war Pompidou dankbar für dessen diskrete und praktische Hilfe beim Zustandekommen meiner Geheimgespräche mit den Nordvietnamesen in Paris. Schließlich respektierte Nixon auch das umfassende Verständnis des französischen Präsidenten für Fragen der Weltpolitik. Als Bewunderer de Gaulles hatte er Verständnis für gaullistische Tendenzen in Pompidous Auffassungen; ein starkes Frankreich war nach Ansicht des Präsidenten ein Aktivposten für den Westen, auch wenn es gelegentlich gewisse Schwierigkeiten gab.

Am 8. Dezember 1972 suchte ich Pompidou während der Schlußphase der Verhandlungen mit den Nordvietnamesen in Paris auf und unterrichtete ihn dabei noch detaillierter über den Inhalt meiner Gespräche als unsere eigenen Ministerien. Rückblickend erscheint dieser Umstand sogar mir erstaunlich. Er hat unser Vertrauen niemals mißbraucht oder irgendwelche Sondervergünstigungen für seine Hilfe verlangt, die mir die Verhandlungen in Paris ermöglicht hat. Er unterhielt sich mit mir auf französisch, und ich glaube, daß ich ihn dabei immer verstanden habe. Meine Antworten in Englisch wurden von dem brillanten Dolmetscher Constantin Andronikov übersetzt, dessen englische Aussprache zweifellos besser war als meine.

Die Vietnam-Verhandlungen waren damals ebenso wie meine politische Karriere auf einem Tiefpunkt angekommen. Le Duc Tho bediente sich seiner bekannten Verschleppungstaktik, nachdem wir im Oktober fast eine Einigung erzielt hatten. Er schien darauf zu setzen, daß wir durch innenpolitische Zwänge veranlaßt werden könnten, die Regierung in Saigon aufzulösen und Hanoi den totalen Sieg zu überlassen, wenn er nur den Abschluß lange genug hinauszögerte.

Pompidou hörte sich meinen Vortrag in der für ihn charakteristischen höflichen Haltung an, bevor er ruhig sagte: »Das sind Kleinigkeiten. Ich glaube, Sie sind zum Erfolg verdammt.« Damit berührte er den Kern der Sache. Beide Seiten waren so sehr auf das Zustandekommen einer Vereinbarung angewiesen, daß ein Rückzug praktisch unmöglich war. Irgendwie mußte der Krieg in kürzester Frist beendet werden. Unsere an Verzweiflung grenzende Nervosität war in Wirklichkeit nur Ausdruck der letzten krampfhaften Bemühungen, nach einem zehn Jahre dauernden Ringen zum Erfolg zu kommen. Um mir seine Zuversicht verständlich zu machen, stellte mir Pompidou noch eine weitere Frage – vielleicht aus Neugier, vielleicht aber auch, um mich zu ermutigen: »Und wo wird anschließend der Schwerpunkt Ihrer Politik liegen?«

Es war irgendwie beruhigend und sogar tröstlich, über eine Zukunft befragt zu werden, die nicht mehr von dem indochinesischen Alptraum belastet sein würde, und in einer Periode schmerzlicher innerer Spaltungen über eine Welt nachzudenken, in der man konstruktive Arbeit leisten würde.

Wenige Tage später zeigte er mir, daß seine Fragen nicht nur Ausdruck der Höflichkeit oder der Versuch gewesen waren, mich aus meiner trüben Stimmung zu reißen. In spektakulärer Weise stellte er sich mit seiner ganzen Autorität öffentlich hinter einen neuen atlantischen Dialog. In einem Interview mit dem Leitartikler James Reston von der

New York Times erklärte Pompidou, daß er für das neue Jahr 1973 Konsultationen »auf höchster Ebene« empfehlen würde, um die wirtschaftlichen und vor allem die politischen Beziehungen zwischen den Demokratien klarzustellen. Er sagte, daß er sich auf Gespräche mit seinen Kollegen auf beiden Seiten des Atlantik freue, um die gemeinsamen Ziele der Vereinigten Staaten, der Europäischen Gemeinschaft und Japans in einer neuen Ära zu definieren und zu bestätigen. Die Finanz- und Handelspolitik sollte gegenüber diesen wichtigeren Grundsatzfragen zurücktreten, die in den vergangenen Jahren vernachlässigt worden seien.[1] Das war eine weitblickende Aussage. Angesichts der Kontroversen zwischen Frankreich und den Vereinigten Staaten, die später daraus entstanden sind, liegt eine gewisse Ironie in der Tatsache, daß das zum Scheitern verurteilte Europa-Jahr im Arbeitszimmer des Präsidenten der französischen Republik geboren wurde.

Die atlantischen Beziehungen müssen zu neuem Leben erweckt werden

Daß die atlantischen Beziehungen auf eine neue und gesündere Basis gestellt werden mußten, war Anfang 1973 für alle Beteiligten eine Selbstverständlichkeit. Denn die Verhältnisse hatten sich an vielen Fronten dramatisch verändert. Am 1. Januar 1973 waren drei neue Mitglieder in die Europäische Wirtschaftsgemeinschaft aufgenommen worden – Großbritannien, Irland und Dänemark – und schlossen sich den sechs Staaten an, die sie 1958 begründet hatten (Frankreich, die Bundesrepublik Deutschland, Italien, Belgien, die Niederlande und Luxemburg). Und das neue Europa der Neun bemühte sich jetzt ebensosehr um die politische wie um die wirtschaftliche Einigung. Diese Erweiterung und Stärkung der europäischen Einheit beendete das bisher selbstverständliche amerikanische Übergewicht im Westen, das die Periode seit 1945 gekennzeichnet hatte. Mit Ausnahme der beiden Supermächte war Europa nun wirtschaftlich und militärisch stärker als irgendeine andere Region in der Welt. Wenn es sich vereinigte, mußte es auch seine Identität artikulieren. Nachdem wir uns geistig vom Vietnam-Trauma befreit hatten, erwarteten wir, daß sich Europa an der Regeneration unserer politischen Bestrebungen beteiligte; schließlich war es der Teil der freien Welt, zu dem wir die stärksten historischen, kulturellen und moralischen Bindungen besaßen.

Ich war jedoch nicht so optimistisch wie andere in meinen Erwartungen, daß sich diese Hoffnungen bald würden verwirklichen lassen. Seit einer Generation hatten es bedeutende Amerikaner aus beiden politischen Parteien als selbstverständlich angesehen, daß ein vereintes Europa uns einen Teil unserer globalen wirtschaftlichen Lasten abnehmen, gleichzeitig aber unserer politischen Führung folgen würde. Sie dachten dabei nur an das ohnmächtige Europa Ende der vierziger Jahre, das wirtschaftlich und militärisch von den Vereinigten Staaten abhängig gewesen war. Dabei vergaßen sie die Tatsache, daß Europa das Konzept der Souveränität entwickelt hatte. Über Jahrhunderte hatten europäische Staatsmänner die Philosophie des Nationalismus verfeinert und waren nicht bereit gewesen, die Interessen einer einzelnen Nation gegenüber umfassenderen Zielsetzungen zurückzustellen, was ja die beiden Weltkriege unseres Jahrhunderts mit ihren katastrophalen Auswirkungen zur Folge gehabt hatte.

Zwar hatte sich seit 1945 vieles geändert, aber ich hatte immer bezweifelt, daß sich Europa zusammenschließen werde, um einen Teil *unserer* Lasten zu übernehmen, oder daß es sich mit seiner untergeordneten Rolle zufriedengeben würde, sobald es europäische Vorstellungen verwirklichen konnte. Der Hauptanreiz für Europa, im Rahmen westlicher Politik eine größere gemeinsame Aufgabe zu übernehmen, würde darin bestehen, auch seine eigenen europäischen Vorstellungen realisieren zu können. Sie ließen sich zweifellos mit den politischen Zielen der Vereinigten Staaten in Einklang bringen, denn auf den meisten Gebieten liefen die europäischen Interessen mit den unseren parallel. Aber die Beziehungen würden sich von denen des »Goldenen Zeitalters« des Marshall-Plans unterscheiden, der so gut zu den amerikanischen Vorstellungen gepaßt hatte, daß man alle Schwierigkeiten mit einem Überfluß an materiellen Mitteln lösen und dann die Führung in die Hand nehmen könnte. Nachdem Europa wirtschaftlich stark geworden war und sich politisch vereinigt hatte, konnte eine atlantische Zusammenarbeit kein amerikanisches Unternehmen mehr sein, bei dem Konsultationen in erster Linie amerikanische Vorstellungen zum Inhalt hatten. Jetzt mußten gleichberechtigte souveräne Kräfte einen gemeinsamen Mittelpunkt finden; es mußte zu einer konkreten und nicht nur zu einer vermeintlichen Partnerschaft kommen. Theoretisch ließ sich ein solcher Vorschlag ohne weiteres machen, aber die Durchführung erforderte eine geduldige und feinfühlige Anpassung an die neuen Gegebenheiten auf beiden Seiten des Atlantik, die in mancher Hinsicht als schmerzlich empfunden werden würde.

Charles de Gaulle hatte als erster den potentiellen Widerspruch in der amerikanischen Haltung zwischen unserem Eintreten für die europäische Integration und unserem gleichzeitigen Verlangen, die führende Stellung der Vereinigten Staaten zu bewahren, erkannt. De Gaulle hat diese Erkenntnis allerdings in einer für uns sehr verletzenden Form zum Ausdruck gebracht. Er hat nicht nur erklärt, daß Europa *frei* sein sollte, um seine eigenen Interessen zu verfolgen, sondern auch, daß diese Interessen sich wahrscheinlich von den unseren unterscheiden würden. Ja, er hat sogar gesagt, daß die Identität Europas wesentlich von dieser Voraussetzung abhinge. Es war deshalb kaum überraschend, daß die Gespräche der Regierungen Kennedy und Johnson mit de Gaulle über das Wesen der europäischen Einheit und die Zusammenarbeit auf dem Gebiet der Verteidigung zu einer schmerzlichen Konfrontation führten. 1963 legte de Gaulle sein Veto gegen den Eintritt Großbritanniens in den gemeinsamen Markt mit der Begründung ein, daß Großbritannien ein »trojanisches Pferd« Amerikas sei. 1966 veranlaßte er den Austritt Frankreichs aus dem integrierten Verteidigungskommando der NATO und zwang das Hauptquartier der NATO, Paris zu verlassen. Eine wie schwere Kränkung darin lag, spiegelt sich in der Rückfrage des Präsidenten Lyndon Johnson, ob wir auch unsere Soldatenfriedhöfe verlegen sollten.

Pompidou definierte die Aufgaben eines vereinten Europa in taktvollerer Form. Für eine europäische Integration hatte er mehr Verständnis als de Gaulle und sagte nicht so deutlich wie dieser, daß Europa nur eine lockere Gruppierung von Nationalstaaten sein könnte. Er legte aber einen ebenso großen Wert darauf, daß Europa in der Weltpolitik eine ganz eigene Rolle spielen müßte. Am 31. Oktober 1972 nach dem historischen Gipfeltreffen der Europäischen Gemeinschaft, auf dem der entscheidende Entschluß gefaßt wurde, die vollkommene politische Vereinigung voranzutreiben, definierte Pompidou seine Haltung gegenüber den Vereinigten Staaten als Bereitschaft zur Zusammenarbeit, aber auch als die Entschlossenheit, eine Herausforderung anzunehmen:

> Unsere Beziehungen zu diesem großen Land, der stärksten Wirtschaftsmacht der Welt, mit der acht unserer Länder im Atlantischen Bündnis vereinigt sind, sind so eng, daß es absurd wäre, sich ein Europa vorzustellen, das zu diesem Land in Opposition steht. Aber gerade der Umstand, daß diese Bindungen so eng sind, macht es erforderlich, daß Europa gegenüber den Vereinigten Staaten seine Individualität behauptet. Westeuropa, das dank des wesentlichen Beitrags amerikanischer Soldaten von der militärischen Besetzung befreit und mit amerikanischer Hilfe wieder aufgebaut worden ist, das seine Sicherheit im Bündnis mit den Vereinigten Staaten bewahrt und bisher die amerikanische Währung als Hauptelement seiner Währungsreserven akzeptiert hat, darf und kann seine Bindungen an die Vereinigten Staaten nicht aufgeben. Aber es darf auch nicht darauf verzichten, seine Existenz als eine neue Realität zu festigen.

Die Regierung Nixon hatte keine Schwierigkeiten mit der Vorstellung, daß Europa die Freiheit haben müsse, seine eigene Politik zu führen. Wir stimmten mit Pompidous Beurteilung überein, daß unsere Interessen in den Grundsatzfragen auch künftig wahrscheinlich parallel laufen würden. Aber seit vielen Jahren hatte niemand den Versuch unternommen, zu definieren, welches diese Grundlagen waren. Auch hatte noch kein amerikanischer Führer mit der Realität eines so selbstbewußten Europa leben müssen. Man hatte de Gaulle als eine Ausnahmeerscheinung und nicht als einen Propheten angesehen. Auf keiner Seite des Atlantik hatte man ernsthaft die Fragen angesprochen, welche die Zukunft des Westens bestimmen würden: Wie stark mußte der Zusammenhalt sein und wie weit durfte die Vielgestaltigkeit gehen?

Die Probleme, die Europa und Amerika gemeinsam bewältigen mußten, bestanden nicht nur darin, die Entscheidungsprozesse im Bündnis aufeinander abzustimmen, sondern es gab auch konkrete Herausforderungen als Folge weittragender Veränderungen der Weltlage seit den vierziger Jahren, als das Bündnis geschaffen wurde. Ein entscheidendes Problem war die Verteidigung Europas.

Ende der vierziger und in den fünfziger Jahren waren die Vereinigten Staaten der Sowjetunion auf dem Gebiet der Kernwaffen weit überlegen. Die Verteidigung Europas stützte sich daher im wesentlichen auf die Drohung mit einem amerikanischen nuklearen Gegenschlag. Die von der Regierung Eisenhower entwickelte sogenannte Doktrin der massiven Vergeltung war nicht in einem detaillierten Operationsplan definiert worden; in der Praxis bedeutete sie, daß, wenn Europa angegriffen werden sollte, wir unsere strategischen Kernwaffen gegen die Sowjetunion einsetzen würden. Solange die sowjetischen strategischen Kräfte schwach und verwundbar waren – mit anderen Worten, solange ein »Sieg« in einem allgemeinen, mit Kernwaffen geführten Krieg noch eine militärische Bedeutung haben konnte –, konnte sich das militärische Establishment der NATO den Luxus erlauben, nicht auf die Langzeitbedrohung der sowjetischen Überlegenheit mit konventionellen Waffen und die geographische Nähe der Sowjetunion zu reagieren. Was unseren Verbündeten Sorgen bereitete, war nicht die Strategie, auf die man sich geeinigt hatte, sondern die Möglichkeit, daß wir nicht bereit sein könnten, ihr zu folgen. Ihre eigene Geschichte war für die Europäer Anlaß genug, sich solche Gedanken zu machen, denn es war auch in neuerer Zeit vorgekommen, daß europäische Staaten ihre Verbündeten im Stich gelassen hatten. Die Lösung der Europäer bestand darin, starke amerikanische Streitkräfte *in Europa* zu stationieren, wenngleich man sich auf eine Strategie geeinigt hatte, nach der ein sowjetischer Angriff den nuklearen Gegenschlag *aus Amerika* auslösen würde. Der Zweck war ebenso deutlich zu erkennen wie undiplomatisch zu artikulieren: Ein sowjetischer Angriff, der sich gleichzeitig gegen amerikanische und verbündete Bodenstreitkräfte richtete, würde uns fast automatisch zwingen, mit dem Einsatz von Kernwaffen zu antworten.

Da es politisch unvorstellbar war, daß Amerika seine Streitkräfte im Ausland stationierte, ohne daß auch die europäischen Staaten einen gewissen Beitrag leisteten, stellten alle unsere Verbündeten militärische Kräfte zur Verteidigung des zentralen Frontabschnitts auf. Aber das Ergebnis war eine planlose Dislozierung nationaler Verbände in Bereitstellungsräumen, die auf die Besatzungszeit zurückgingen, und diese Verbände waren mit den unterschiedlichsten Waffensystemen ausgerüstet, und es bestand kein einheitlicher Versorgungsplan. Darin war im Grunde nicht einmal ein Symptom für den Mangel an Leistungsfähigkeit zu sehen, sondern zeigte vielmehr die psychologische Wirklichkeit. Die europäischen Armeen waren nicht dazu geschaffen, einen Krieg in Europa zu gewinnen, und man erwartete es auch nicht von ihnen. Sie waren gewissermaßen ein »Stolperdraht«, der vor der »nuklearen Schwelle« lag. Diese Vorstellung war ein Euphemismus dafür, daß die Vereinigten Staaten gezwungen waren, den nuklearen Gegenschlag zu führen.

Die nukleare Überlegenheit Amerikas, auf welche sich diese Strategie stützte, begann Ende der fünfziger Jahre an Gewicht zu verlieren, als die Sowjetunion interkontinentale Fernlenkwaffen (ICBM) entwickelte. Während der ersten Jahre ging die sowjetische Aufrüstung langsam voran, und ihre Fernlenkwaffen waren verwundbar. Aber die Kuba-Krise von 1962 ließ die Sowjets erkennen, was die strategische Unterlegenheit für sie bedeutete, und sie entwickelten nun mit großer Energie ein Rüstungsprogramm, das diesem Mangel abhelfen sollte.

1971 verfügte die Sowjetunion über die gleiche Zahl von Fernlenkwaffen wie wir. Doch anstatt die Nachrüstung einzustellen, nachdem sie die Parität mit uns erreicht hatte, wie es die Regierung Johnson erwartete, rüstete die Sowjetunion weiter auf und überflügelte uns in der Zahl ihrer Fernlenkwaffen (während wir den Sowjets mit unseren strategischen Bombenflugzeugen immer noch weit überlegen waren). Als die Zahl der strategischen Waffen mit den ersten SALT-Vereinbarungen im Mai 1972 eingefroren wurde, gingen die Sowjets energisch daran, ihre Waffen qualitativ zu verbessern.

Aus diesem Grund bedurfte die Strategie der NATO, die sich bisher auf die nukleare Überlegenheit der Vereinigten Staaten gestützt hatte, 1973 dringend der Revision. Über eine gewisse Zeit, vielleicht noch bis 1980, würden die Vereinigten Staaten bei der Zahl der einsatzfähigen Sprengköpfe eine deutliche Überlegenheit behalten, denn wir waren den Sowjets um mindestens fünf Jahre in der Entwicklung der mit Mehrfachsprengköpfen ausgerüsteten Fernlenkwaffen (MIRV) voraus. Doch damit war die Stunde der Wahrheit nur hinausgezögert, ließ sich aber nicht vermeiden. Das Atlantische Bündnis stand vor der dringenden Notwendigkeit, eine neue Militärdoktrin zu entwickeln. Die Verpflichtung der Vereinigten Staaten, einen sowjetischen Angriff mit dem nuklearen Gegenschlag abzuwehren, die wir in den fünfziger und sechziger Jahren übernommen hatten, als die Lage für uns noch so günstig war, würde jetzt allmählich ihre Glaubwürdigkeit verlieren. Je näher die Zeit rückte, in der das strategische Gleichgewicht erreicht war, je bedenklicher würde die historische Überlegenheit der sowjetischen Bodentruppen in Europa werden, besonders angesichts der unaufhörlich fortschreitenden sowjetischen Aufrüstung bei allen anderen Waffenkategorien (und dazu gehörte zum ersten Mal auch eine Flotte, die in der Lage war, überall in der Welt zu intervenieren).

Doch die leidenschaftliche innenpolitische Debatte über den Vietnam-Krieg verhinderte in Amerika zu lange eine ernsthafte Analyse und eine wirksame Reaktion auf diese Lage. Wichtige neue Waffensysteme wurden abgelehnt, weil man behauptete, daß ihre Herstellung eine Verschwendung und Gefahr, eine Ausgeburt der Zwangsvorstellungen von Militär und Industrie sei. Ein damals oft verwendetes Schlagwort hieß »Neuordnung der nationalen Prioritäten«. Mit anderen Worten bedeutete das eine Kürzung des Verteidigungsetats. Wir hatten Glück, daß unsere in Europa stationierten Truppen nicht dem Rotstift der Kongreß-Ausschüsse zum Opfer fielen. 1971 gelang es uns gerade noch, das »Mansfield-Amendment« abzuwehren, eine Gesetzesvorlage, die den Abzug der Hälfte unserer in Europa stationierten Truppen verlangte.[2] Viele, die der Regierung Nixons nach Jahren vorgeworfen haben, sie sei zu »weich« gewesen, haben sich Anfang der siebziger Jahre in Stillschweigen gehüllt, als die Administration diese Kämpfe auszufechten hatte – oder sie standen auf der anderen Seite. Der Schaden war größer, als es sich aus den Statistiken erkennen läßt: Wir haben in der Form von Ideen und Programmen, die nicht verwirklicht werden konnten, weil wir uns der Ablehnung durch den Kongreß und die Medien sicher waren, einen hohen Preis bezahlen müssen. Für die lokale

Verteidigung geeignete Streitkräfte waren besonders hart getroffen, denn auf sie konzentrierte sich die fixe Idee, wir müßten unser militärisches Engagement im Ausland abbauen.

Europa war sogar noch weniger bereit, sich einer veränderten Weltlage zu stellen. Viele unserer Verbündeten behandelten ihre eigene militärische Kapazität auch weiterhin als einen symbolischen Ausgleich für die von den Vereinigten Staaten in Europa übernommenen Verpflichtungen. Sie konnten sich nicht dazu entschließen, eine realistische Option für die örtliche Verteidigung zu entwickeln, fürchteten die Verwüstung ihrer Territorien und weigerten sich, auf den Schutz zu verzichten, den ihnen unsere strategischen Kernwaffen garantierten, obwohl die Voraussetzungen nach den neuen technologischen Entwicklungen kaum noch gegeben waren. Auch wollten sie aus der bevorstehenden strategischen Parität nicht die Folgerungen ziehen, die wir ihnen vor Augen führten. Auf unser Ersuchen, selbst größere Anstrengungen zu unternehmen, reagierten sie mit dem bewährten Mittel, nur das Unvermeidliche zu tun, und schufen damit praktisch ein ganz neues Grundkonzept. Das Bündnis wurde nur noch durch die größte gemeinsame Platitüde zusammengehalten, wie man einmal vom Britischen Commonwealth gesagt hat. Ähnliche Tendenzen gab es bei den Wirtschaftsbeziehungen, wo es im Gegensatz zu dem vielleicht zu komplexen Koordinierungsmechanismus der NATO kein offiziell anerkanntes Konsultationsverfahren gab. Mit dem Anwachsen der wirtschaftlichen Stärke der Europäischen Gemeinschaft intensivierte sich der Konkurrenzkampf mit den Vereinigten Staaten, und die in den europäischen Ländern vereinbarten Außenhandelszölle begannen, sich auf die amerikanische Produktion auszuwirken. Das hätte uns nicht überraschen dürfen. Auf der einen Seite nahm ein gestärktes Europa einen größeren Teil unserer Exportgüter auf, andererseits liegen die Vorteile eines Gemeinsamen Markts für seine Mitglieder darin, daß er die eigene Industrie gegenüber derjenigen aller anderen Länder bevorzugt. Dennoch war es für die Amerikaner ein gewisser Schock, jetzt auf die Konkurrenz der Nationen zu stoßen, deren wirtschaftliches Überleben sie in der Nachkriegszeit gesichert hatten.

Unsere für Wirtschaftsfragen zuständigen Behörden unterrichteten das Ovale Zimmer täglich über die Auswirkungen der von neuem entstandenen Selbstsicherheit der Europäischen Gemeinschaft. Man beklagte die Tatsache, daß die europäischen Nationen ihre ehemaligen Kolonien durch besondere Handelsvereinbarungen bevorzugten und damit unseren Zugang zu diesen Märkten erschwerten. Das Netz der besonderen Beziehungen zwischen der Europäischen Gemeinschaft und anderen Nationen in Europa und im Mittelmeerraum wurde immer engmaschiger. Dabei kam es zu unaufhörlichen Kontroversen wegen der gemeinsamen Agrarpolitik der Gemeinschaft. Den Europäern mißfiel die Schocktaktik, mit der wir 1971 begonnen hatten, das internationale Währungssystem zu reformieren. Viele beklagten, daß wir mit der Abschaffung des modifizierten Goldstandards unsere Inflation exportierten und unsere Verbündeten damit belasteten, indem wir uns weigerten, im eigenen Land Disziplin zu üben.

Anfang der siebziger Jahre wurden die liberalen Währungs- und Handelssysteme, welche über zwanzig Jahre lang die Grundlage für die Prosperität des Westens gewesen waren, durch Geldentwertung, Währungskrisen und protektionistische Rivalitäten ernsthaft gefährdet. Über diese unmittelbar wirksamen Spannungen hinaus war kaum etwas geschehen, um eine gemeinsame Politik gegenüber den Entwicklungsländern und den internationalen Verbrauchsgütermärkten zu gestalten, zu deren wichtigsten der Ölmarkt, die Achillesferse des Westens, gehörte. Wie Pompidou in seinen weitblickenden Äußerungen im Dezember gegenüber James Reston erklärt hatte, ließ sich auf technischer Ebene keine Lösung finden; es waren politische Entscheidungen notwendig, und alles mußte dem dringenden Erfordernis unserer politischen und moralischen Einheit untergeordnet werden.

Die Tatsache, daß über unsere politischen Ziele noch keine Einigkeit erzielt worden war, kam in Europas Reaktion auf die Verbesserung unserer Beziehungen zur Sowjetunion zum Ausdruck. Diese Situation war nicht ohne Ironie, denn von all unseren politischen Bestrebungen schien uns die Entspannung zunächst am meisten den Wünschen der Europäer zu entsprechen, die uns sogar in dieser Richtung unter Druck gesetzt hatten. Seit dem Tag seiner Amtseinführung war Nixon von unseren Verbündeten als überzeugter kalter Krieger behandelt worden, dessen Aggressivität durch Europas staatsmännische Weisheit gezähmt werden müßte. Die westeuropäischen Führer stellten sich der Öffentlichkeit ihrer Länder als Vermittler zwischen amerikanischer Starrheit und sowjetischer Aggressivität dar. Moskau-Reisen Macmillans, Wilsons, de Gaulles und Brandts und die Unterzeichnung von Deklarationen, die sich für die Entspannung einsetzten, wurden zum täglichen Brot der europäischen Außenpolitik. Bei keiner Begegnung mit einem westeuropäischen Staatsmann fehlten während der beiden ersten Regierungsjahre Nixons die taktvollen Hinweise auf die Dringlichkeit eines Abbaus der Spannungen (und wenn es für notwendig gehalten wurde, dann waren es auch unmißverständliche Zurechtweisungen).

Das dauerte allerdings nur so lange, bis wir diesem Rat folgten und unsere eigene Entspannungspolitik 1972 gewisse Erfolge zu zeitigen begann. Wir hatten viele Gründe, einen solchen Kurs zu verfolgen; unter anderem bestand das Bedürfnis, die engen Beziehungen zwischen der Sowjetunion und ihrem nordvietnamesischen Verbündeten zu lokkern, um in den Vereinigten Staaten trotz den mächtigen neoisolationistischen, gegen unsere Verteidigungspolitik geführten Angriffe des Kongresses und der Medien eine starke Außenpolitik treiben zu können. Wir hatten aber auch noch ein anderes Motiv, das etwas mit gewissen Tendenzen im Atlantischen Bündnis zu tun hatte. Wir wollten nicht zulassen, daß die NATO als Hindernis einer friedlichen Koexistenz angesehen wurde. Wir bemühten uns daher darum, die Europäer von einseitigen Initiativen gegenüber Moskau abzuhalten, indem wir ihnen zeigten, daß die Vereinigten Staaten in jedem Wettstreit um die besseren Beziehungen zu Moskau die stärkeren Trümpfe in der Hand hatte. Diese Taktik erwies sich als erfolgreich. Die europäischen Forderungen, wir sollten Zugeständnisse machen, nahmen in dem Maß ab, in dem wir unsere eigene politische Linie gegenüber Moskau entwickelten. In fast allen westeuropäischen Ländern war das Bündnis jetzt nicht mehr umstritten. Das Ironische daran war jedoch, daß einige Staatsmänner, die uns zu einer versöhnlicheren Haltung gedrängt hatten, jetzt in der Verbesserung der sowjetisch-amerikanischen Beziehung eine Entwicklung sahen, die zu dem lange befürchteten sowjetisch-amerikanischen Kondominium führen könnte, zu dem Alptraum de Gaulles von einem »Super-Jalta«, bei dem die Welt zwischen den Supermächten aufgeteilt werden würde.

Zwar hielten wir das Mißtrauen der Europäer für nicht gerechtfertigt, ließen uns gelegentlich allerdings dadurch irritieren, aber diese Unsicherheit war auf der anderen Seite ein Zeichen dafür, daß die atlantischen Nationen keine gemeinsame politische Linie mehr verfolgten. In Wirklichkeit engagierten wir uns für die neue Initiative jedoch in erster Linie so leidenschaftlich aus psychologischen und moralischen Erwägungen. Wir waren überzeugt, daß es nicht mehr genügte, wenn die Demokratien auch in Zukunft nur ihr Erbe verwalteten. Sie hatten die Wechselfälle der Geschichte überlebt, indem sie an ihren Überzeugungen festgehalten hatten. Inzwischen war jedoch eine Generation herangewachsen, die nichts mehr von den Gefahren der vierziger Jahre wußte, die dieses Bündnis veranlaßt, und auch nichts mehr von den Visionen der Männer, die ihre politischen Institutionen gestaltet hatten. Die Erfahrung, welche die Vorstellungen dieser jungen Generation in Amerika entscheidend beeinflußt hatte, war die häßliche Vietnam-Debatte der siebziger Jahre. In Europa war es die Langeweile der Wohlstandsgesellschaft. Es war schon lange Zeit her, seit der Idealismus und das Selbstvertrauen der westlichen Tradition ihren Ausdruck in neuen großen Aufgaben gefunden hatten. Jede große Leistung ist ein Traum gewesen, bevor sie Wirklichkeit wurde. Als wir das Europa-Jahr ins Leben riefen, glaubten wir, an die idealistische Tradition der Demokratien anzuknüpfen. Wir wußten nicht, worauf wir uns eingelassen hatten.

Die Erkundungsphase

Das Jahr begann mit einem Mißton. Alle unsere europäischen Verbündeten mit der anerkennenswerten Ausnahme des britischen Premierministers, Edward Heath, distanzierten sich mehr oder weniger von dem letzten schmerzlichen Nachhall des Vietnam-Krieges, den Bombenangriffen zu Weihnachten. Die meisten europäischen Medien beteten die damals umlaufende Falschmeldung nach, daß wir es auf die massive Vernichtung der Zivilbevölkerung abgesehen hätten. Die von vielen europäischen Politikern gemachten Andeutungen waren für uns nicht weniger beleidigend.

Nixon war außer sich. Da er zutiefst vom Wert des Atlantischen Bündnisses überzeugt war – 1947 war er Mitglied des Herter-Ausschusses gewesen, der für das Repräsentantenhaus die Möglichkeit für einen Wiederaufbau Europas untersucht und den Grund für den Marshall-Plan gelegt hatte –, konnte er nicht verstehen, weshalb sich unsere Verbündeten in einem so entscheidenden und für uns schmerzlichen Augenblick gegen uns wandten. Mehr als einen Monat nach den Bombenangriffen und eine Woche nach dem Zustandekommen der Pariser Vereinbarungen, am 1. Februar 1973, sagte Nixon in einem Gespräch mit Heath: »Was Sie getan haben, ist nicht unbemerkt geblieben; was andere getan haben, ist auch nicht unbemerkt geblieben. Es ist schwer zu verstehen, daß sich Verbündete gegen einen wenden.« Am 15. Februar sprach Nixon im selben Sinn mit General Andrew Goodpaster, dem damaligen alliierten Oberbefehlshaber in Europa. Nixons Verbitterung hinderte ihn aber nicht daran, seine Initiative für eine Vertiefung der atlantischen Beziehungen weiter zu verfolgen. Noch während die Fotografen beim Besuch Goodpasters im Zimmer waren, erklärte Nixon noch einmal seine Absicht, 1973 zum »Europa-Jahr« zu machen.

Es gab einen Mann, der sich um kein Hindernis kümmerte, kleinliche Überlegungen ungeduldig beiseite schob und sich durch latente Spannungen nicht aus der Ruhe bringen ließ. Das war der Vater der Europäischen Gemeinschaft, Jean Monnet. Als in Europa nach dem Kriege chaotische Verhältnisse herrschten, begriff er, daß die Zeit der traditionellen europäischen Nationalstaaten zu Ende war und der Kontinent, wenn er sich von den Heimsuchungen des Krieges erholen sollte, eine große Leitidee brauchte, und das war die Europäische Einheit. Monnet war ein bedeutender Staatsmann, auch wenn er nicht der offizielle Vertreter seines Staates war. Große historische Leistungen entwickeln sich oft aus ganz einfachen Vorstellungen, denn ein Unternehmen, das die Zustimmung und Mitarbeit der Massen benötigt, wird nur selten durch seine Komplexität gefördert. Monnets Beitrag zur europäischen Einheit bestand in zwei nach außen hin ganz einfachen Vorstellungen: 1. Die verschiedenen europäischen Staaten würden, solange sie sich nur eifersüchtig um ihre eigene Souveränität bemühten, nicht den Sprung in die Zukunft wagen, der zur europäischen Einheit führen sollte, wenn man ihnen keine Anreize dafür bot. 2. Die Vereinigten Staaten könnten sehr wohl diesen Anstoß geben, solange sie nicht fürchten müßten, daß sich ein vereintes Europa gegen Amerika wenden werde.

Das Ungewöhnlichste an Monnets Vorstellungen war, daß er die Regierungen durch eine Gruppe zum Handeln bewegen wollte, die mit den Regierungsgeschäften nichts zu tun hatte. 1955 schuf Monnet den Aktionsausschuß für die Vereinigten Staaten von Europa. Mit klarem Blick für das Notwendige versammelte er hier bedeutende Persönlichkeiten, von denen man erwarten durfte, daß sie ohne Rücksicht darauf, welche Parteien in den einzelnen Ländern die Regierung stellten, einen entscheidenden Einfluß haben würden. Diese Tatsache allein hätte aus den Bestrebungen Monnets kaum mehr werden lassen als aus denen ungezählter internationaler Interessengruppen, die sich mit anderen wichtigen Fragen beschäftigten. Was diesem Ausschuß die Dynamik und Monnet seinen bedeutenden Einfluß verlieh, war die Tatsache, daß er einzigartige Beziehungen zu führenden Persönlichkeiten in Amerika unterhielt und sie beeinflussen, ja, man könnte sagen, in seinen Bann ziehen konnte. Monnet hatte sich für Amerika als Deus ex machina entschieden, der Europa veranlassen sollte, sich zu vereinigen. Darin lag ein Beweis für seine intime Kenntnis der amerikanischen Psyche, denn sein Programm sprach die von den Amerikanern vertretenen Vorstellungen für die Gestaltung der Zukunft an: Die Ära der traditionellen Nationalstaaten lag hinter uns; politische Probleme sollten pragmatisch gelöst werden; eine gesunde Wirtschaft ist die Voraussetzung für politische Stabilität, und ein vereintes Europa kann einen Teil der Lasten übernehmen, welche die Vereinigten Staaten bisher allein zu tragen hatten.

Der Mann, der diese schwere Aufgabe übernehmen konnte, machte äußerlich nicht den Eindruck einer so starken Persönlichkeit. Der typische, feingliedrige und etwas pedantische Franzose, dessen inneres Feuer nur in seinen leuchtenden Augen zum Ausdruck kam, wäre in einer größeren Gruppe von Menschen niemandem aufgefallen. Er war die Verkörperung einer seiner Maximen: »Jedermann ist ehrgeizig. Es fragt sich nur, ob sein Ehrgeiz darin liegt, etwas zu sein oder etwas zu tun.« Monnet wollte etwas tun. Nichts war ihm mehr zuwider als großspurige Reden. Er strebte nicht nach persönlichem Erfolg, sondern zog es vor, in der Stille zu wirken. Monnet gehörte zu den selten anzutreffenden Propheten, in deren Gegenwart die Menschen sich entspannen. Dieser so einzigartige Revolutionär veränderte das bestehende System, ohne sich die Verfechter der bestehenden Ordnung zu Feinden zu machen.

Dabei spürte man kaum, daß seine Vorstellungen sich nicht sehr von denen eines anderen bedeutenden Franzosen unterschieden. Wie Charles de Gaulle glaubte Monnet, daß Europa, wenn es seinen Einfluß geltend machen wollte, stark sein müßte. Die Zusammenarbeit mit anderen Nationen konnte nur dann zum Erfolg führen, wenn die einzelne Nation sich die Fähigkeit bewahrte, unabhängig zu handeln. Anders als de Gaulle war Monnet davon überzeugt, daß Europa uns nicht herausfordern, sondern mit uns zusammenarbeiten werde. Aber diese Frage ließ sich schwer entscheiden, denn weder Monnet noch de Gaulle konnten mit Sicherheit voraussagen, wie Europa seine Stärke einsetzen werde, nachdem es sich vereinigt hatte. Monnet lehnte es nicht ab, daß Europa energisch seinen Standpunkt vertrat, wenn es zu Interessenkonflikten kommen sollte; de Gaulle hatte nichts gegen eine Zusammenarbeit einzuwenden, solange es um die gleichen Interessen ging – wie sich in seiner energischen Unterstützung westlicher Bestrebungen während der Berlin-Krise Ende der fünfziger Jahre und während der Kuba-Krise von 1962 zeigte.

Ich habe mir oft überlegt, wie ein Gespräch zwischen Monnet und de Gaulle ausgesehen haben könnte. »Sie Narr«, sagt der nur in meiner Fantasie lebende Monnet, »sehen Sie nicht, daß Sie die Amerikaner erschrecken, ohne daß es nötig wäre? Sie versuchen, von ihnen etwas zu erzwingen, was sie uns freiwillig geben werden. Nur die Geschichte wird entscheiden, was wir mit unserer Stärke und Einigkeit wirklich erreichen können.«

»Sie Träumer«, antwortet mein hypothetischer de Gaulle, »begreifen Sie nicht, daß gewisse Dinge wertlos sind, wenn man sie geschenkt bekommt? Wir werden sie nur benutzen können, wenn wir sie uns nehmen.«

Vielleicht hätten beide Männer recht. Ohne Monnet gäbe es keine europäische Einheit und ohne de Gaulle keine europäische Identität – und auf diese Weise entsteht das Paradox, daß das nationalistischste Land in Europa den bedeutendsten Beitrag zum Entstehen einer europäischen Gemeinschaft geleistet hat.

Im Januar 1973, während meines Aufenthalts in Paris zu letzten Verhandlungen über die Vietnam-Vereinbarungen, traf ich mich mit dem damals vierundachtzigjährigen, schon recht hinfälligen Monnet. Der alte Herr pflegte immer wieder zu prüfen, ob seine Freunde und Jünger den hohen Ansprüchen genügten, die er an sie stellte. Wenn sie ihn enttäuschten, verwandelte sich sein freundliches Augenzwinkern in einen stahlharten, forschenden Blick. Sobald Monnet feststellte, daß man in den Bemühungen um die Verwirklichung seiner hohen Ziele nachließ, mobilisierte er seine Armee mächtiger Freunde, besonders in den Vereinigten Staaten – und kein Staatsbeamter konnte sich dem geschlossenen Angriff dieser Truppe mit Gleichmut stellen.

Diesmal gab es keinen Anlaß, irgend jemanden unter Druck zu setzen. Er war überzeugt, noch ein letztes schöpferisches Vorhaben verwirklichen zu können, und ich war gern bereit, es ihm zu glauben. Monnet hielt es für unbedingt erforderlich, die Vereinigten Staaten und Europa in einem noch fester gefügten System wirtschaftlich und sicherheitspolitisch aneinanderzubinden, und genau diese Absicht verbanden wir mit der Schaffung des Europa-Jahrs. Er drängte Nixon zu einer Europa-Reise und empfahl ihm die Teilnahme an einer Konferenz des Ministerrats der Europäischen Gemeinschaft, um dort eine kollektive Erklärung über gemeinsame Ziele und Programme zu unterschreiben. Amerika sollte Europa von nun an als politische Einheit behandeln, und zwar gleichgültig, ob die dafür notwendigen Institutionen schon geschaffen waren oder nicht. Mit anderen Worten: Die Vereinigten Staaten sollten den Prozeß der europäischen Einigung vollenden, der mit dem Marshall-Plan begonnen hatte, ob nun die Europäer schon dazu bereit wären oder nicht.

Als ich Nixon Monnets Absichten vortrug, war er grundsätzlich einverstanden, lehnte es aber zunächst ab, Westeuropa schon jetzt als Einheit zu behandeln. An den Rand des Absatzes, in dem ich Monnets Vorschlag erwähnte, daß wir der Europäischen Gemeinschaft einen Teil unserer Aufgaben aufbürden sollten, schrieb Nixon: »K- (1) ist das möglich? (2) liegt es in unserem Interesse?« Aber schließlich konnte Nixon Monnets durchdringender Logik ebensowenig ausweichen wie seine Vorgänger. Aber wenn Monnets Vorstellungen auch nichts von ihrer intellektuellen Überzeugungskraft verloren, so hing sein Einfluß doch davon ab, ob die Amerikaner bereit waren, ihre Vorstellungen von den europäischen Institutionen durchzusetzen, und von der Haltung der europäischen Politiker, auf deren Prioritätsliste die atlantischen Beziehungen an erster Stelle standen. Mit einer solchen Zustimmung konnte man 1973 kaum rechnen. Nixon und ich wünschten der Europäischen Gemeinschaft alles Gute, glaubten aber, daß sie sich im Gefolge europäischer Entscheidungen entwickeln sollte und nicht auf amerikanischen Druck hin. Es war uns mehr oder weniger gleichgültig, wie und wann die politische Vereinigung zustande kam, solange Europa seine Identität nicht dazu ausnutzte, sich gegen uns zu stellen. Doch gerade dieses Konzept von einem vereinten Europa gewann immer mehr Boden. Die europäischen Politiker, die sich am stärksten für eine Vereinigung Europas einsetzten, begannen zwischen einer atlantischen Gemeinschaft und der europäischen Identität einen Konflikt zu erblicken. Die Bemühungen um ein vereintes Europa verbrauchten mehr Energie und Hingabe als die Schaffung atlantischer Institutionen, die für sie jetzt eine Selbstverständlichkeit waren. Es gab sogar Politiker, die glaubten, neue Initiativen zur Stärkung des atlantischen Zusammenhalts könnten von der wichtigeren Aufgabe ablenken, ein vereintes Europa zu schaffen. Im Gegensatz zu Monnet glaubten sie nicht, daß wir beide Vorhaben miteinander verbinden könnten.

Alle diese Tendenzen vereinigten sich in der Haltung von Edward Heath, des britischen Premierministers und ersten europäischen Führers, mit dem Nixon über das Europa-Jahr sprach. Daß wir die ersten Konsultationen über diese Fragen mit Großbritannien führten, war nur natürlich, denn darin bestanden im wesentlichen die noch immer so bezeichneten »besonderen Beziehungen«. Seit Generationen hatten amerikanische Regierungen ihre Vorhaben mit London abgestimmt, besonders im Hinblick auf das Atlantische Bündnis. Die Briten hatten energisch für es gekämpft. Ihre Methoden, sich die Großmachtstellung zu bewahren, waren ein so integraler Teil der amerikanischen Entscheidungsprozesse, daß die Vorstellung, sie nicht zu konsultieren, als ein Verstoß gegen die natürliche Ordnung der Dinge erschienen wäre. Unsere britischen Kollegen waren so tüchtig und selbstsicher, daß sie den Eindruck erwecken konnten, sie täten uns einen Gefallen damit, wenn sie uns an ihren über Jahrhunderte gesammelten Erfahrungen teilnehmen ließen. Ganz unrecht hatten sie dabei nicht.

Aber gerade diese Ordnung der Dinge war Heath entschlossen, zu ändern. Er zog eine führende Stellung in Europa einer angesehenen Beraterrolle in Washington vor und hielt diese beiden Funktionen für unvereinbar.

Heath war der erste konservative Premierminister, der die Führung seiner Partei nach einer Wahl durch die Abgeordneten der Tories im Parlament übernommen hatte und nicht, wie es bisher üblich gewesen war, als Folge eines Konsenses der wichtigsten konservativen Parteiführer, die diese Entscheidung in ihren Clubs und anderswo miteinander absprachen. Und seine Herkunft war ebenso ungewöhnlich wie der Wahlvorgang, dem er seine Position zu verdanken hatte. Als Angehöriger des Mittelstandes war er zum Führer einer Partei aufgestiegen, die im wesentlichen die Haltung der Oberschicht vertrat, obwohl diese auch nicht mehr ihrer Zusammensetzung entsprach. Er hatte mit den Unsicherheiten zu kämpfen, die das britische Klassensystem denjenigen aufzwingt, die nicht durch Geburt der Oberschicht angehören. Es gibt Leute, die diese Umstände zu tarnen versuchen und den Akzent, die Gestik und die Weltgewandtheit der oberen Klassen annehmen.

Ted Heath entschied sich für einen anderen Weg. Er machte den Eindruck eines seiner Veranlagung nach warmherzigen Mannes und muß in seiner Jugend fröhlich und unbeschwert gewesen sein, aber er hatte sich durch eiserne Selbstdisziplin gestählt und verdankte seinen Erfolg nicht seiner Persönlichkeit, sondern seinen Leistungen. Er vermied jede Zurschaustellung persönlichen Charmes, obwohl er früher in reichem Maß darüber verfügt haben muß, sondern setzte sich durch geistige Überlegenheit und eine manchmal etwas distanzierte Art durch. Er verbarg alles Persönliche hinter der Mauer hervorragender Leistungen. So war es dazu gekommen, daß sein Lächeln nicht mehr Ausdruck der Freude war. Die wenigen Ausflüge in den Bereich menschlicher Wärme, die er sich erlaubte, unternahm er nur zaghaft und trennte sie scharf von seinem politischen Handeln. Sein Charakter und seine kühle Integrität hätten die erwähnten »besonderen Beziehungen» unmöglich machen können, auch wenn diese Haltung nicht seinen Überzeugungen entsprach.

Psychologisch glich Heath mit seinen Komplexen in mancher Hinsicht Präsident Nixon. Aber Heath war anpassungsfähiger. Er unterdrückte nicht die warmherzige und großzügige Seite seines Wesens wie Nixon so oft, sondern sublimierte sie in seiner Leidenschaft für Musik und Segeln. So zeigte Heath nur selten den Mangel an Selbstvertrauen, der Nixon so oft sehr geschadet hat, wenngleich er ebenso wie der amerikanische Präsident ein Einzelgänger war. Er verkehrte völlig gelöst mit den Angehörigen der Oberklasse, die ihn eigentlich beunruhigte, wenn es ihm auch nicht besondere Freude bereitet haben mag; Nixon dagegen befand sich ständig auf feindlichem Territorium. Heath war anders als Nixon ein in sich geschlossener Charakter; die einzelnen Segmente seiner Persönlichkeit paßten besser zueinander. Seltsamerweise wurden dadurch seine ideologischen und manchmal sogar dogmatischen Neigungen gefördert. Er war weniger flexibel und weniger empfindsam. Er war der bessere, überzeugendere Redner, aber als Staatsmann weniger geschmeidig.

Die Ähnlichkeit der psychischen Veranlagungen war doch nicht groß genug, um die letztlich bestehenden Unterschiede überbrückbar zu machen. Nixons Beziehung zu Heath war die eines abgewiesenen Liebhabers, dem man gesagt hat, daß eine Freundschaft noch möglich sei, der sich aber noch so deutlich an die Zurückweisung erinnert, daß ihn diese Aussicht nicht befriedigen kann. Zu Beginn empfand Nixon aufrichtige Bewunderung für Heath, dessen unerwarteten Sieg im Jahr 1970 er mit Jubel begrüßte. Er rechnete damit, daß sich eine enge persönliche Freundschaft zwischen ihm und dem britischen Premierminister entwickeln werde. Diese Hoffnung wurde enttäuscht.

Von allen politischen Führern Großbritanniens war Heath derjenige, den die Beziehungen zu den Vereinigten Staaten am wenigsten interessierten und dem auch die einzelnen Amerikaner am gleichgültigsten waren. Ich persönlich habe Heath sehr geschätzt und bewundert. In vielfältiger Weise bin ich länger mit ihm befreundet gewesen als mit irgendeinem anderen führenden britischen Politiker, was ihn aber nicht daran gehindert hat, der schwierigste britische Regierungschef zu sein, mit dem wir es zu tun gehabt haben. Ob es die Erinnerung daran gewesen ist, daß die Vereinigten Staaten 1956, als Heath der Chefeinpeitscher der Konservativen Partei war, auf Großbritannien so starken Druck ausgeübt haben, damit das Suez-Abenteuer mißlang (er hat noch gelegentlich davon gesprochen), oder ob der Grund in seinen Vorstellungen von der Zukunft Europas lag, die denen de Gaulles recht ähnlich waren: Heath hat sich uns gegenüber so unsentimental verhalten, daß von »besonderen Beziehungen« eigentlich nicht mehr die Rede sein konnte. Die vertraulichen Konsultationen, mit denen die Politik Großbritanniens und der Vereinigten Staaten in der Nachkriegsperiode koordiniert worden war, wurden jetzt durch formale diplomatische Noten ersetzt. Heath hielt es nicht für notwendig, meiner Anregung, die ich ihm über den britischen Botschafter gegeben hatte, zu folgen und die persönliche Verbindung zum Präsidenten mit gelegentlichen Telefongesprächen zu intensivieren, auf die Nixon so großen Wert legte. Er wollte sich nicht wie sein Vorgänger, Harold Macmillan, von den Franzosen vorwerfen lassen, daß er ein amerikanisches »Trojanisches Pferd« sei. Vor zehn Jahren hatte Heath die britische Delegation bei den Verhandlungen über den Eintritt Großbritanniens in den Gemeinsamen Markt geleitet, gegen den de Gaulle unvermittelt sein Veto einlegte. Ein Grund dafür war die Vereinbarung gewesen, die Macmillan mit Präsident Kennedy in Nassau über die Zusammenarbeit auf dem Gebiet der Kernenergie getroffen hatte.

Die Politik von Heath hatte bei all ihrer Nachgiebigkeit fast heroische Züge: Er wollte nicht nur die diplomatischen Gepflogenheiten ändern, sondern auch die Haltung seines Volkes. Die meisten Briten standen mit dem Herzen auf der Seite Amerikas und des Commonwealth. Europa begann für sie nicht auf den britischen Inseln, sondern erst jenseits des Kanals, denn die Gefahren für den Bestand Großbritanniens waren immer aus Europa gekommen und wenigstens in neuerer Zeit – durch die Hilfeleistungen der Freunde aus Übersee abgewendet worden. Für die meisten Briten bedeutete daher der Beitritt zur Europäischen Gemeinschaft bestenfalls eine nur ungern vollzogene Anpassung an politische Notwendigkeiten. Im Gegensatz dazu erkannte Heath nicht nur an, daß die Zukunft Großbritanniens an der Seite Europas lag, sondern diese Lage war ihm auch viel lieber. Als daher die anderen europäischen Führer sich in der Zeit zwischen 1970 und 1972 darum bemühten, ihre Beziehungen zu uns zu verbessern – Willy Brandt in der Bundesrepublik Deutschland, um ein Gegengewicht zu seinen Ouvertüren nach Osten zu finden, und Pompidou, um nicht in die Isolierung zu geraten, die seinem Vorgänger gedroht hatte –, ging Heath paradoxerweise in die entgegengesetzte Richtung. Seine Beziehungen zu uns waren immer korrekt, gingen aber nur selten über die reservierte Haltung hinaus, die – im Namen Europas – die enge Zusammenarbeit mit uns verhinderte, obwohl diese ohne Schwierigkeiten möglich gewesen wäre.

Schon die äußeren Umstände der Begegnungen zwischen dem Präsidenten und dem Premierminister Anfang Februar 1973 zeigten deutlich, wie gespannt die Beziehungen geworden waren. Um seiner besonderen Hochachtung Ausdruck zu verleihen, lud Nixon Heath und sein Gefolge schon am zweiten Tag nach Camp David ein, um dort das Gespräch in einer entspannten, informellen und persönlichen Atmosphäre fortzusetzen. Aber belangloses Geplauder lag beiden Männern nicht; sie fühlten sich sicherer, wenn sie sich am Konferenztisch gegenübersaßen und über konkrete Fragen verhandelten. Auf dem Weg nach Camp David mußte der Hubschrauber des Präsidenten etwa auf halber Strecke landen, weil der Landsitz des Präsidenten im Nebel lag. Die Reise wurde im Kraftwagen fortgesetzt. Der britische Kabinettssekretär, Sir Burke Trend (der heutige Lord Trend) und ich saßen im zweiten Wagen und stellten Spekulationen darüber an, mit welchem Thema sich unsere beiden Chefs jetzt beschäftigen würden. Wir fürchteten wie alle Berater, daß unsere Chefs uns für überflüssig halten könnten, hatten aber auch die altruistischere Sorge, daß man uns später für die Ausführung von Entschlüssen verantwortlich machen könnte, von denen wir nicht in Kenntnis gesetzt worden waren. Vor allem aber konnten wir uns nicht vorstellen, wie diese beiden so zurückhaltenden Männer auf dem Rücksitz eines Autos ein unverbindliches Gespräch führten, dessen Themen nicht in einer Tagesordnung festgelegt waren und das nicht in der gewohnten offiziellen Umgebung stattfand. Ich habe nie erfahren, worüber sich Nixon und Heath unterhalten haben. Später hat Nixon mir nur kurz gesagt, daß es »recht hart zugegangen« sei.

Als wir nach unserer Ankunft in Camp David endlich zur Tagesordnung übergingen, kam es zu interessanten Gesprächen, die jedoch zu keinen konkreten Ergebnissen führten. Nixon glaubte, daß er es mit einem Mann verwandten Geistes und einem Partner zu tun habe, der die gleichen Ziele verfolgte wie er. Mit seiner ersten Annahme hatte er nicht unrecht. Aber für Heath war die Wiederbelebung der atlantischen Beziehungen keine vordringliche Aufgabe. Er stimmte der Beurteilung der Weltlage durch Nixon zu und ging auf einige Punkte näher ein. Als es jedoch darum ging, zu gemeinsamen Schlüssen zu kommen, gelang es uns nicht, den Sinn der verschleierten Formulierungen des britischen Premierministers zu ergründen. Angesichts der Intelligenz von Heath muß darin eine bestimmte Absicht gelegen haben. Die Lage in Südostasien und im Nahen Osten analysierte Heath mit großem Scharfsinn und übte beißende Kritik an dem neuen, nach links tendierenden australischen Premierminister Gough Whitlam, dessen von keiner Sachkenntnis getrübte Stellungnahme zu den amerikanischen Bombenangriffen zu Weihnachten Nixon sehr geärgert hatte. Als sich das Gespräch jedoch den atlantischen Beziehungen zuwandte, wurde es immer schwieriger, Gemeinsamkeiten zu finden.

Mit für seine Verhältnisse sehr überzeugenden Worten erläuterte Nixon das Grundproblem. Ein in gefährlicher Weise isolationistisch eingestelltes Amerika und eine nur nach innen blickende, protektionistische Europäische Gemeinschaft riskierten eine ernste Konfliktsituation. Die öffentliche Meinung und die Realitäten der nuklearen Rüstung erforderten deutliche Bemühungen um einen Abbau der Spannungen. Die gleichen Faktoren könnten aber auch das Bündnis schwächen, wenn wir uns zuerst nicht auf eine Reihe gemeinsamer Ziele einigten. Nixon empfahl dringend, daß Großbritannien und die Vereinigten Staaten Studiengruppen bilden sollten, um Ziele und Strategien zu koordinieren. Er schlug ein Gipfeltreffen aller Regierungschefs der demokratischen Industrienationen vor, das einen neuen Impuls für die Zusammenarbeit der freien Völker symbolisieren sollte.

Die Diagnosen von Heath hätten nicht zutreffender sein können. Was jedoch die Lösung der Probleme betraf, vermied er es geschickt, klar Stellung zu nehmen. Ihrer Darstellung durch Nixon stimmte er zu, wollte aber die konkrete Weiterentwicklung der Partnerschaft auf einen Zeitpunkt verschieben, zu dem sich die europäischen Institutionen weiterentwickelt haben würden. Den Vorschlag Nixons, Studiengruppen einzusetzen, nahm er nicht auf. Wir waren so naiv, das dem Umstand zuzuschreiben, daß er glaubte, angesichts unserer »besonderen Beziehungen« erübrigten sich solche Gremien. Es fanden tatsächlich so viele Gespräche statt, zu denen auch die alle zwei Monate stattfindenden Begegnungen zwischen Burke Trend und mir gehörten, daß alle offenen Fragen im Rahmen der schon bestehenden Gesprächsgruppen behandelt werden konnten.

Die widerstrebende Haltung von Heath gründete sich nicht auf taktische, sondern auf grundsätzliche Überlegungen. Er baute den bestehenden Konsultationsmechanismus nicht ab, der ihm nützen konnte, wenn er sich über unsere Haltung informieren wollte. Aber er wollte diesem Mechanismus keine neuen Aufgaben zuteilen. Europa sollte als *geschlossene Einheit* die Antworten auf unsere Fragen formulieren, und er war entschlossen, unter allen Umständen den Eindruck zu vermeiden, daß Großbritannien und die Vereinigten Staaten geheime bilaterale Absprachen getroffen hätten. Die Haltung von Heath kam zum Teil nicht ganz deutlich zum Ausdruck, weil sein Außenminister, Sir Alec Douglas-Home, und seine Kollegen im Außenministerium an der bisher üblichen Zusammenarbeit festhielten und alles taten, um die Verzögerungstaktik ihres Premierministers zu verschleiern. Andererseits deuteten wir sein Schweigen als Zustimmung, besonders weil im Augenblick keine dringenden konkreten Fragen entschieden werden mußten. So rechneten wir mit der Unterstützung der Briten bei der nach unserer Auffassung gemeinsamen Aufgabe, den atlantischen Zusammenhalt zu stärken. So endete das Treffen mit Heath unentschieden – wenngleich wir damals noch nicht ganz begriffen, wie geringe Fortschritte wir gemacht hatten.

Während wir glaubten, mit Heath auf politischer Ebene harmonisch zusammenarbeiten zu können (was im Hinblick auf weltpolitische Probleme auch zutraf), im persönlichen Bereich aber mit Schwierigkeiten rechnen zu müssen, war es bei unseren Beziehungen zum Kanzler der Bundesrepublik Deutschland, Willy Brandt, gerade umgekehrt. Persönlich mochte ich ihn gern – bei Nixon war das anders –, aber seine Politik machte uns beiden Sorgen. Im ersten Band meiner Memoiren habe ich auf ein Porträt Brandts verzichtet, weil ich fürchtete, daß die Ambivalenz meiner Beurteilung zu Mißverständnissen führen könnte, aber jetzt muß ich den Versuch unternehmen.

Ich habe Brandt in den fünfziger Jahren als Regierenden Bürgermeister des umkämpften Berlin kennengelernt, als er sich mutig für die Freiheit der Menschen dort einsetzte. Er machte den Eindruck eines freimütigen, energischen, freundlichen, offenherzigen und zugleich in eigenartiger Weise distanzierten Menschen, der zu dem Drama, in dem er eine Schlüsselrolle spielte, einen gewissen Abstand wahrte. Er fühlte sich der Freiheit seines Volkes verpflichtet, schien jedoch seltsam unberührt von den Problemen, welche diese Freiheit gefährdeten. Ich hatte das Gefühl, daß, wenn das Schicksal ihn nicht auf diese Barrikaden geführt hätte, er sie höchstwahrscheinlich nicht aus eigenem Antrieb bestiegen hätte. Das lag zum Teil daran, daß Brandt ein leidenschaftlicher Mensch war, der mehr der Intuition des Augenblicks als der Logik einer ihn leitenden Grundidee zu folgen schien. Es bestand sogar eine Kluft zwischen der Rolle, die das Schicksal ihm bestimmt hatte – und die er hervorragend zu spielen wußte – und seinen persönlichen Zwängen. Was er sagte, waren gewöhnliche Binsenwahrheiten; was er tat, symbolisierte die Probleme der Zeit, ohne sie zu definieren.

Brandt hatte ein Jahrzehnt sowjetischer Störmanöver erlebt. Deshalb mußte er sich Gedanken darüber machen, wie man diesem Alptraum ein Ende bereiten könnte. Die amerikanische Untätigkeit während des traumatischen Mauerbaus in Berlin scheint ihn davon überzeugt zu haben, daß sich die Einheit Deutschlands oder wenigstens die Linderung der Folgen der deutschen Teilung nicht dadurch erreichen ließen, wenn sich die Deutschen ausschließlich auf Amerika und die NATO stützten. Sein deutscher Nationalismus bestärkte ihn in dieser pragmatischen Erkenntnis. Zunächst ließ es sich kaum erkennen, aber im Laufe der Zeit bemühte sich Brandt immer energischer darum, dem nationalen Interesse Deutschlands damit zu dienen, daß er eine neue außenpolitische Richtung einschlug. Er wandte sich von Konrad Adenauers starrem Antisowjetismus ab, um den entschlossenen Versuch zu unternehmen, Spannungen und Mißtrauen zwischen Ost und West zu verringern in der Hoffnung, daß die Sowjetunion einen Abbau der Barrieren zwischen den beiden Hälften des geteilten Deutschland zulassen werde. Aber was vielleicht als praktische Überlegung begonnen hatte, wurde durch Brandts emotionale Natur im Laufe der Zeit in einen psychologischen Zwang verwandelt. Die Psychologen sagen, daß Gefangene sich ihren Zustand gelegentlich dadurch erträglicher machen, indem sie ihren Wärtern ungewöhnliche Eigenschaften zuschreiben; so entsteht eine seltsame Mischung aus Haß und Bewunderung. In der Entwicklung Brandts vom Ertragen eines unerträglichen Zustandes bis zum Bemühen um Ausgleich, vom Widerstand gegen den Kommunismus bis zum Eintreten für die Entspannung und von der Entspannungspolitik bis zu einer Haltung, die sich nicht mehr in jedem Fall ohne weiteres vom Neutralismus unterscheiden läßt, liegt ein Element dieser Gefangenenpsychose. Brandts Warmherzigkeit und Aufgeschlossenheit bildeten ideale Voraussetzungen für eine symbolische Rolle bei der Neuorientierung und Transzendierung der deutschen Nachkriegspolitik. Wer kann die bewegende historische Szene vergessen, in welcher der deutsche Kanzler bei seinem Besuch in Polen spontan vor den Opfern des Warschauer Gettos niederkniete? Und doch besaß Brandt nach seinem Bruch mit den alten Stereotypen weder die innere Kraft noch die intellektuellen Fähigkeiten, die Kräfte zu zügeln, die er freigesetzt hatte. Er wurde vielmehr ihr Gefangener und schwelgte in dem Beifall, den sie ihm zollten, anstatt sie mit dem richtigen Sinn für die Proportionen oder eine in die weitere Zukunft gerichtete Kritik zu disziplinieren.

1973 stand Brandt deutlich unter politischem Druck und lag mit sich selbst im Streit. Zunächst glaubte ich, sein langes, auf eine Verstimmung hindeutendes Schweigen sei Depressionen zuzuschreiben; dann stellte ich fest, daß er seine Hauptaufgabe gelöst und jetzt in der Tat nichts mehr zu sagen hatte, sondern sich eingestehen mußte, keinen weiteren Beitrag mehr leisten zu können. Er besaß die seltene Gabe, die Hoffnungen auf eine humanere Welt zu verkörpern, aber gerade die Spontaneität seiner Gesten machte es ihm unmöglich, das Erreichte in den Griff zu bekommen. Er war ein Paradox: Er hatte den Lauf der Geschichte verändert, war aber dadurch selbst überflüssig (und in mancher Hinsicht gefährlich) geworden. Denn er sehnte sich ständig nach dem Hochgefühl, das er im Augenblick des Durchbruchs erlebt hatte, das sich jedoch nur durch ein immer gewagteres und riskanteres Eintreten für eine Version der Entspannung erreichen ließ, in der sich Nationalismus und der Verzicht auf jede Konfrontation vereinigten.

Brandts historische Leistung bestand darin, einen Weg gefunden zu haben, mit der Teilung Deutschlands zu leben, die seine Vorgänger in Bonn während der ganzen Nachkriegszeit nicht hatten akzeptieren wollen. Nach der sogenannten Hallstein-Doktrin hatte sich Bonn dazu verpflichtet, die diplomatischen Beziehungen zu jeder Regierung abzubrechen, die das kommunistische Regime in der DDR anerkannte. Im Rahmen seiner neuen Ostpolitik suchte Brandt, die Beziehungen zur DDR zu festigen, und gab die deutschen Ansprüche auf die von Polen und der UdSSR annektierten Ostgebiete auf. Auf der einen Ebene bedeutete die schmerzliche Entscheidung Brandts, die Teilung seines Landes hinzunehmen, die mutige Anerkennung der Realität; denn die Wiedervereinigung Deutschlands ließ sich ohne den Zusammenbruch der sowjetischen Machtposition nicht erreichen, und diesen Zusammenbruch konnte Bonn nicht herbeiführen. Dieser Teil der Ostpolitik wurde von den Vereinigten Staaten unterstützt und gefördert. Allerdings sicherten wir sie durch unser Verlangen ab, daß annehmbare Vereinbarungen zum Schutz Berlins getroffen wurden.

Es gab aber immer auch noch einen zweiten Aspekt der Politik Brandts, demgegenüber wir unsere Zurückhaltung niemals haben aufgeben können, besonders in der Form, in der sie von Brandts politischem Vertrauten, Egon Bahr, artikuliert wurde. Denn Brandt stellte seine Politik nicht wirklich als eine Hinnahme der Teilung Deutschlands dar. Er erklärte vielmehr, daß sie der Weg sei, der zur deutschen Wiedervereinigung führte, wenn man gute Beziehungen zum Osten herstellte und aus der Bundesrepublik einen Magneten für Osteuropa machte. Der erste Abschnitt auf diesem Wege würde durch bessere Lebensbedingungen für die siebzehn Millionen Deutsche in der DDR gekennzeichnet sein. Die Reisemöglichkeiten würden sich verbessern und damit auch die persönlichen Kontakte. Der Handel mit Osteuropa und der Sowjetunion würde an Volumen zunehmen. Im Laufe der Zeit, so lautete die Argumentation, würden enge Beziehungen hergestellt werden und die Trennungslinie zwischen dem östlichen und westlichen Europa würde an Deutlichkeit und Schärfe verlieren.

Wir fragten uns allerdings, auf welcher Seite der Trennungslinie der Magnet entstehen würde. Wir fürchteten, daß die kommunistische Welt mit der Zeit, wenn auch zunächst unmerklich, in die stärkere Position geraten könnte. Es war schon für die anderen westlichen Alliierten schwierig genug, eine Entspannungspolitik zu treiben, die zur Euphorie ermutigen könnte. Sie ließ sich allzu leicht mit einer Psychotherapie verwechseln, und dann bestand die Gefahr, daß man auf sowjetische Gegenleistungen verzichtete. Für Bonn intensivierten sich alle diese Gefahren, weil die Sowjetunion praktisch siebzehn Millionen Deutsche als Geiseln in der Hand hatte. Wir mußten uns besorgt fragen, ob Westdeutschland in der Lage sein würde, ständig gleichzeitig nach zwei Seiten zu blicken. Die Gefahr lag nicht in einem Austritt aus der NATO; keine deutsche Regierung wäre bereit, auf diesen Schutz gegen einen direkten Angriff zu verzichten. Was uns zu denken gab, war die Tendenz, Kontroversen außerhalb Europas zu vermeiden, auch wenn es dabei um fundamentale Sicherheitsinteressen ging; wir fürchteten eine schleichende Abkehr von der politischen Linie des Westens außer in den Fragen der militärischen Verteidigung Europas. Schließlich besorgte uns eine vorsichtigere Haltung gegenüber sowjetischen Herausforderungen, die dazu führen konnte, daß die Reaktionen des Westens an Wirkung verloren. Einmal habe ich einem meiner Mitarbeiter gesagt, ich fürchtete mich vor dem Augenblick, da »kein deutscher Kanzler sich die Feindschaft der Sowjetunion leisten kann. Wenn es soweit gekommen ist, dann wird die Lage sehr gefährlich.« Das ist bisher noch mit keinem deutschen Kanzler geschehen, aber im Verlauf von Brandts persönlicher Odyssee sind wir sehr nahe an diesen Punkt herangekommen.

Das Unbehagen über die Richtung, welche Brandts Politik nehmen könnte, wurde von seinen wichtigsten Partnern im westlichen Bündnis geteilt. Es bildete ein Hauptthema in den Gesprächen, die Pompidou, Heath und Nixon führten, ob die Ostpolitik Brandts, wenn vielleicht auch unbeabsichtigt, früher oder später zur Neubelebung eines latenten deutschen Nationalismus führen würde. Ein ungebundenes, mächtiges Deutschland, das versuchte, zwischen Ost und West zu manövrieren, bedeutete, welcher Ideologie es auch folgte, die klassische Herausforderung des Gleichgewichts in Europa, denn die Seite, auf die sich Deutschland stellte, würde der anderen überlegen sein. Um diese Situation zu verhüten oder sie vielleicht zu umgehen, versuchten alle Kollegen Brandts – und auch Nixon –, Deutschland zuvorzukommen, indem sie eine eigene aktive Entspannungspolitik trieben. In diesem Sinne hatte die Ostpolitik Auswirkungen, die weit über die beabsichtigten hinausgingen. Sie trug zu einem Wettrennen nach Moskau bei und schürte im Lauf der Zeit das Mißtrauen zwischen den Verbündeten. Brandt selbst wurde nach seinem Ausscheiden aus dem Amt zum leidenschaftlichen Fürsprecher einer politischen Linie, die sich einerseits aus Sicherheitsgründen auf die NATO stützte, andererseits jedoch praktisch zum europäischen Neutralismus führen mußte.

Was bei Brandt Sentimentalität war, das war bei Egon Bahr, Brandts wichtigstem Mitarbeiter in schwierigen Verhandlungen, den ich Mitte der fünfziger Jahre kennengelernt hatte, kühle Berechnung. In seiner äußeren Erscheinung wirkte er unauffällig, war jedoch intellektuell äußerst beweglich, unermüdlich und bewies, daß man auch in untergeordneter Stellung durch Hingabe und Ausdauer viel bewirken kann. Er war die treibende intellektuelle Kraft hinter Brandts Ostpolitik. Sein Scharfsinn und sein Verhandlungsgeschick waren für das Zustandekommen der Verträge Bonns mit der Sowjetunion, Polen und Ostdeutschland und der Vier-Mächte-Vereinbarungen über Berlin entscheidend gewesen.

Als Nixon und ich uns nach anfänglichem Zögern mit der Ostpolitik abgefunden hatten, die angesichts eines offenen amerikanischen Widerstandes gescheitert wäre, war Bahr bei allen wirklich vertraulichen Gesprächen zwischen dem Weißen Haus und dem Kanzleramt mein Gegenspieler gewesen. Bahr und ich waren uns bewußt, daß wir von verschiedenen, einander sogar widersprechenden Voraussetzungen ausgingen, wir fanden jedoch ein gemeinsames Vokabular, das parallele Interessen zum Ausdruck brachte. Außenseiter mögen sich darüber streiten, wer wen manipuliert hat. Wer sich ernsthaft mit internationalen Angelegenheiten beschäftigt, weiß, daß eine gemeinsame Politik nur Bestand haben kann, wenn beide Seiten ihr eigenes Interesse verfolgen.

Bahr lehnte jedenfalls die Möglichkeit eines getrennten Vorgehens gegenüber Moskau, das ohnedies im Wesen der Ostpolitik lag, nicht ab, sondern bemühte sich sogar aktiv darum, denn er sah darin den Schlüssel zur deutschen Wiedervereinigung – nicht, weil er, wie mancher bei uns glaubte, prosowjetisch eingestellt war. Er war vielmehr ein altmodischer deutscher Nationalist. Er hatte sich, obwohl er Halbjude war, im Zweiten Weltkrieg darum bemüht, Offizier zu werden, und es hatte ihn tief gekränkt, daß er abgewiesen wurde. Wie Bismarck wollte er die zentrale Lage Deutschlands dazu ausnutzen, nationale Ziele zu erreichen. Bahr war so sehr von seiner eigenen Geschicklichkeit überzeugt, daß er glaubte, den Fallgruben ausweichen zu können, die zur Katastrophe geführt hatten, als Deutschland bei früherer Gelegenheit einen eigenen politischen Weg gehen wollte.

Aus dieser im wesentlichen nationalistischen Perspektive reagierte Bahr auf das Europa-Jahr. Ich habe dieses Thema zum erstenmal Anfang Januar in Washington mit ihm besprochen; Anfang April fragte ich ihn nach seinen Ansichten, bevor ich meine Rede zum Europa-Jahr hielt. Wie die meisten politischen Führer nahm Bahr jedes politische Ereignis zum Anlaß, unabhängig entwickelte eigene Vorstellungen vorzutragen. In einer wohlüberlegten Antwort bestätigte er die konventionelle These von der Bedeutung der atlantischen Beziehungen. Er erklärte, daß, soweit man vorausschauen könnte, Europa des militärischen Schutzes der Vereinigten Staaten bedürfen werde. Diese Bindungen dürften nicht durch Meinungsverschiedenheiten auf wirtschaftlichem Gebiet belastet werden. Bahr vertrat aber auch die Auffassung, daß das Problem der Sicherheit sich in den letzten Jahren grundsätzlich gewandelt habe. Während der ganzen Nachkriegsperiode wäre das strategische Kernwaffenpotential Amerikas der Schlüssel zur Sicherheit Europas gewesen. Wenn es an Glaubwürdigkeit verlöre, dann wäre kein europäisches Land – viel weniger jedoch Europa als Ganzes – bereit, das wirtschaftliche Opfer zu bringen und konventionelle Streitkräfte aufzustellen, die stark genug wären, um die Sowjets von einem Einfall in Westeuropa abzuschrecken. Aus diesen Binsenwahrheiten zog Bahr eine revolutionäre Schlußfolgerung. Eine Ausgewogenheit in der Rüstung der Vereinigten Staaten und der Sowjetunion würde zu dem Versuch der beiden Supermächte führen, einen mit Kernwaffen geführten Krieg auszuschließen, denn sie hätten ein gemeinsames Interesse daran, das für sie wichtiger sein könnte als die gegenüber ihren Verbündeten eingegangenen Verpflichtungen. Wenn sich Europa nicht mehr auf die strategische Überlegenheit Amerikas verlassen könnte und wenn Europa keine Anstrengungen unternähme – oder dies aus innenpolitischen Gründen nicht könnte –, sich selbst zu verteidigen, dann müßten Europa und vor allem die Bundesrepublik zur Wahrung ihrer Sicherheit eine Entspannung in den Beziehungen zum Osten suchen. Die Streitkräfte in Mitteleuropa sollten verringert und nicht verstärkt werden; es sei notwendig, die Kontakte zwischen Ost und West zu vermehren.

Deshalb stellte sich Bahr gegen den Kern unserer neuen außenpolitischen Linie; er wollte nichts davon hören, daß die politische Koordinierung innerhalb des Bündnisses gestärkt werden müßte, weil ein atlantischer Block die für seine Version der Entspannung notwendige Flexibilität einschränken würde. Wenigstens sollte jede europäische Nation die Freiheit haben, in ihren Ost-West-Beziehungen eine eigene Linie zu finden. Dabei hat Bahr niemals erklärt, warum die Sowjetunion, die durch die Nachlässigkeit des Westens die Überlegenheit gewonnen hatte, uns die Konsequenzen daraus erlassen sollte, indem sie sich für Bahrs Spiel entschied, um dem Beispiel unserer einseitigen Abrüstung zu folgen.

Dieser Vorschlag bedeutete außerdem, daß es unter bestimmten Voraussetzungen im Interesse Europas liegen könnte, sich von den Vereinigten Staaten zu lösen, um seine Manövrierfähigkeit gegenüber der Sowjetunion zu bewahren. Darin bestand die intellektuelle Basis, Europa dafür zu gewinnen, der sowjetischen Strategie der »selektiven Entspannung« zu folgen, wobei die Demokratien gegeneinander ausgespielt würden und Europa sich von Amerika lösen müßte.

Wenn Bahrs Analyse richtig war, dann würde das nukleare Gleichgewicht die Bedeutung des amerikanischen Schutzes aushöhlen, und die konventionelle Unterlegenheit Europas würde eine »politische« Lösung erfordern – eine elegante Formulierung für die Unterwerfung unter die sowjetische Macht. Dieser Umstand ließ sich mit den engeren Ost-West-Wirtschaftsbeziehungen verschleiern, aber wenn es wirklich zu solchen Beziehungen käme, dann nähme damit auch die Abhängigkeit Westeuropas von Moskau zu. Der Kreml hätte eine neue Möglichkeit, im Rahmen des Ost-West-Handels auf solche westlichen Länder Druck auszuüben, für die der Osthandel zum entscheidenden Faktor bei der Bekämpfung der Rezession geworden wäre.

Das Europa-Jahr begann jetzt, bisher unausgesprochene Differenzen in der politischen Perspektive zwischen den Vereinigten Staaten und wenigstens einigen seiner europäischen Verbündeten deutlich zu machen. Die gemeinsamen Befürchtungen, die das Bündnis während der ersten beiden Jahrzehnte seiner Existenz zusammengehalten hatten, waren entweder nicht mehr vorhanden oder lieferten, wo sie fortbestanden, die Argumente für eine Beschwichtigungspolitik gegenüber Moskau und für eine Umgestaltung der westlichen Partnerschaft. In der Haltung von Heath war uns der wichtigste Aspekt entgangen, denn wir hatten seine Zurückhaltung als Ausdruck seines Charakters und nicht als Folge seiner Überzeugung gedeutet. Brandts Grundhaltung begriffen wir nur zu gut. Wir sahen darin aber nur eine Möglichkeit und noch keine konkrete Gefahr und glaubten, dieser potentiellen Gefahr entgegentreten zu müssen, indem wir das Bündnis festigten – und mit dieser Überzeugung gingen wir in das Europa-Jahr.

Jetzt war es Zeit für nochmalige Beratungen mit Frankreich über die letzten Entwicklungen seit meinem Zusammentreffen mit Pompidou im Dezember. Am 29. März sprach ich mit dem neuen französischen Botschafter in Washington, Jacques Kosciusko-Morizet über die Möglichkeiten eines gemeinsamen Vorgehens.

Kosciusko hätte nie einen Preis für persönlichen Charme gewinnen können. Er war das klassische Produkt der *grandes écoles*, jener unverwechselbar französischen Institutionen, von deren Absolventen Pétain mit großem Scharfsinn gesagt hat: »Sie wissen alles. Leider wissen sie sonst nichts.« Kosciusko war hochintelligent, ein glänzender Analytiker und unsentimental. Eine Außenpolitik, die sich auf das nationale Interesse gründete, bedeutete für ihn die Verwirklichung eines Konzepts, das vor mehr als dreihundert Jahren in Frankreich entwickelt worden war. Er begriff sofort, daß wir nicht den Wunsch hatten, wieder in die Kontroversen der sechziger Jahre einzutreten. Wir würden keine Einwände gegen die europäische Autonomie machen und in der Frage der nationalen Identität, die bei de Gaulle so sehr im Vordergrund gestanden hatte, keine Lanzen brechen. Ich sagte ihm, daß wir Europa nicht das Recht bestreiten wollten, eine eigene Außenpolitik zu machen. Wir würden uns jedoch darum bemühen, die verschiedenen Beurteilungen aufeinander abzustimmen, nicht aber, ein juristisches Instrument zu schaffen, uns die Meinungsvielfalt zu verbieten. Auf dieser Basis begrüßten wir den Vorschlag Pompidous für ein Gipfeltreffen der verbündeten Regierungschefs, den er Reston im Dezember vorgetragen hatte. Als ersten Schritt empfahl ich ein Treffen zwischen Nixon und Pompidou. Ich erläuterte ihm unser Hauptanliegen: »Es geht um die Frage, ob die westliche Welt einer konsequenten gemeinsamen Politik folgen will, oder ob es uns wie den Griechen gehen soll, die von den außerhalb der griechischen Welt stehenden Kräften überwunden wurden.«

Kosciusko sagte, daß er sich seine Anweisungen aus Paris holen werde. Noch bevor er diese Reise unternehmen konnte, gewann die Partei des Präsidenten Pompidou die alle vier Jahre stattfindenden Parlamentswahlen mit einer bequemen Mehrheit. In der daraus resultierenden Kabinettsumbildung löste Pompidou seinen nicht sehr standfesten bisherigen Außenminister Maurice Schumann durch den gewissenhaften und ernsten Michel Jobert ab. Wir hielten diesen Wechsel damals für eine glückliche Entscheidung, denn wir im Weißen Haus kannten Jobert als einen in vielen Fragen besonders hilfsbereiten Mitarbeiter Pompidous, der im Elysee-Palast die gleiche Stellung eingenommen hatte wie ich hier. Anfang April kehrte Kosciusko nach Washington zurück und teilte uns mit, daß die französische Regierung mit einem französisch-amerikanischen Gipfeltreffen einverstanden sei. Gegen unser Grundkonzept für das Europa-Jahr bestünden keine Einwände.

Wie üblich gab es bei der Auswahl des Ortes, an dem sich Nixon und Pompidou treffen sollten, Schwierigkeiten, da wir auf die Empfindlichkeit der Franzosen Rücksicht nehmen mußten. Nixon schuldete Pompidou noch einen Gegenbesuch, nachdem der französische Präsident im Februar und März 1970 in den Vereinigten Staaten gewesen war. Aber in Paris wollte man Nixon nur ungern im Rahmen einer größeren Europa-Reise empfangen. Wir konnten andererseits nicht nur für einen Besuch Frankreichs nach Europa gehen, ohne alle anderen Verbündeten zu brüskieren. Deshalb mußten wir, wie schon bei anderen Gelegenheiten, nach einer geeigneten Insel im Atlantik suchen. 1971 waren wir auf die Azoren gekommen, 1973 entschieden wir uns für Island und 1975 für Martinique. Es ließ sich schon jetzt ausrechnen, wann die französisch-amerikanischen Beziehungen anfangen würden zu stagnieren, weil es für das Zusammentreffen ihrer Regierungschefs keine geeignete Insel mehr gab.

Am 13. April unterrichtete ich Kosciusko von dem ungefähren Inhalt meiner Rede zum Europa-Jahr, die ich am 23. April halten wollte. Paris erhob keine Einwände. Wir deuteten das als stillschweigendes Einverständnis.

Jetzt mußten wir nur noch die Italiener konsultieren, ein Verfahren, das gewöhnlich auf beiden Seiten zu Widersprüchlichkeiten führte. Die italienische Führung wollte ebenso wichtig genommen werden, wie diejenigen anderer europäischer Länder vergleichbarer Größe. Aber die Italiener wollten jede innenpolitische Krise vermeiden, die sich daraus ergeben konnte, daß sie amerikanischen Vorschlägen folgten. Noch weniger wollten sie die guten Beziehungen zu den anderen Mitgliedern der Europäischen Gemeinschaft aufs Spiel setzen. Sie wollten also beteiligt werden, ohne daß daraus Kontroversen entstanden. Wir entschlossen uns deshalb zu Konsultationen, aus denen sich keine Verpflichtungen ergaben.

Der Besuch des italienischen Premierministers Giulio Andreotti am 17. April in Washington verschaffte uns die Gelegenheit, ihm unsere Argumente vorzutragen. Vor dem Treffen schrieb ich in einer Denkschrift an Nixon: »Er (Andreotti) wird uns wahrscheinlich gegenüber seinen europäischen Kollegen soweit unterstützen, wie es seine innenpolitische Stellung und das bescheidene außenpolitische Gewicht Italiens zulassen.« Diese Einschränkungen hatten eine größere Bedeutung als die positiven Erwartungen; sie bedeuteten, daß wir von Rom keine Hilfe erwarten durften. Denn die innenpolitische Position Andreottis war alles andere als gesichert, und sein Einfluß innerhalb der Europäischen Gemeinschaft aus diesem Grunde nur sehr gering. Hinter seiner professoralen Haltung verbarg sich ein messerscharfer politischer Verstand, und er interessierte sich mehr für außenpolitische Fragen als alle seine Vorgänger, soweit ich sie kennengelernt hatte. Aber er wollte es natürlich auf jeden Fall vermeiden, daß außenpolitische Probleme seine Stellung, die ohnedies von so vielen Schwierigkeiten belastet war, schließlich unhaltbar machten. Darüber hinaus ist der italienische Premierminister Vorsitzender eines Ausschusses und nicht Regierungschef, und seine Vollmachten, dem Außenminister Befehle zu geben, sind sehr begrenzt. Sein Einfluß hängt viel mehr von seiner und seines Außenministers Stellung innerhalb der Christlich Demokratischen Partei als von ihrem Rang innerhalb der Regierungshierarchie ab.

Andreottis Energie verbrauchte sich beim Manövrieren in einem turbulenten politischen System, wo es für ihn nur einen extrem engen Handlungsspielraum gab. Seit zehn Jahren war die Politik in Italien durch die »Öffnung nach links« beherrscht, eine Entwicklung, die Anfang der sechziger Jahre zum Teil von den Vereinigten Staaten in diese Richtung getrieben worden war, um die Linkssozialisten als vermeintliche Barriere gegen die Kommunisten in die Regierung zu bringen. Auf nationaler Ebene waren die Sozialisten mit den Christlichen Demokraten verbündet, in der Provinz jedoch mit den Kommunisten. Ein zusammenhängendes innenpolitisches Programm auf lange Sicht war deshalb unmöglich. Der einzige Ausweg aus diesem Dilemma bildete eine Unbeweglichkeit, welche die Krise noch verschärfte, die sie hätte lösen sollen.

Andreotti versuchte, aus der strukturellen Sackgasse herauszukommen, indem er die Parteien von den Sozialdemokraten (diejenigen Sozialisten, die sich weigerten, mit den Kommunisten zusammenzuarbeiten) bis zu der dem freien Unternehmertum verpflichteten liberalen Partei in einer funktionierenden Koalition zusammenfaßte. Eine solche Gruppierung war zwar ideologisch homogener als die »Öffnung nach links«, ihr widersprach aber die parlamentarische Arithmetik. Ihre Mehrheit war hauchdünn, besonders da die Christlichen Demokraten keine geschlossene Partei waren, sondern sich aus den verschiedensten Fraktionen zusammensetzte, wobei sich der linke Flügel in erster Linie von den Kommunisten durch seine religiöse Orientierung unterschied. Den rechten Flügel trennte in erster Linie die Erinnerung an die nationale Katastrophe von den Faschisten. So sah sich Italien gezwungen, zwischen einem ideologischen Zusammenhalt auf Kosten der parlamentarischen Instabilität und der parlamentarischen Stabilität auf Kosten eines weltanschaulichen und damit praktischen Chaos zu wählen.

Es überrascht daher nicht, daß das Gespräch zwischen Andreotti und Nixon sich nicht in erster Linie mit dem Europa-Jahr, sondern mit den subtilen Details der innenpolitischen Szene Italiens beschäftigte, deren schwer durchschaubare und rücksichtslose Manöver sich nach der Entstehung des italienischen Nationalstaates von den Stadtstaaten auf die politische Arena in Rom verlagert hatten. Andreotti konnte auch nicht der Versuchung widerstehen, der alten italienischen Illusion Ausdruck zu verleihen, Italien könnte wegen seiner geographischen Nähe etwas zur Lösung des Nahostproblems beitragen. Doch wenngleich jeder italienische Regierungschef, mit dem ich gesprochen habe, diesen Vorschlag machte, hat keiner von ihnen so gehandelt, als glaubte er wirklich an diese Möglichkeit.

Andreotti versicherte uns seines guten Willens und versprach, eine neue Initiative in der atlantischen Politik zu unterstützen, ohne sich präzise über einen möglichen Beitrag zu äußern. Wir konnten mit wohlwollendem Verständnis rechnen, aber die italienische Regierung würde nicht in vorderster Front einer neuen Initiative stehen.

Während ich diese Zeilen schreibe, stelle ich mit Erstaunen fest, daß sich keine Unterlagen über die Absicht finden lassen, auch Japan im voraus zu seiner Haltung zu hören, obwohl wir es an unserer Initiative beteiligen wollten. Daß wir diese Haltung einnahmen, bedeutete zunächst einen klaren Triumph der abstrakten Theorie über die praktischen Erfahrungen. Es zeigt allzu deutlich die sich als Selbstzweck empfindende Qualität der bürokratischen Dynamik, daß es offenbar niemandem aufgefallen war, wie unsinnig die Bezeichnung »Europa-Jahr« für eine Initiative gewesen ist, die Japan einschloß. Japan gehörte in der Tat zu der umfassenden Gemeinschaft der demokratischen Industrienationen, und insoweit hatten wir recht, wenn wir auch dieses Land an unserem Vorhaben beteiligen wollten; andernfalls hätten wir es verdient, scharf darüber getadelt zu werden.*

Doch während Japan im wirtschaftlichen Zusammenhang eine entscheidende Rolle spielte, war es an den politischen und die Verteidigung betreffenden Fragen, mit denen sich die freie Welt herumschlagen mußte und die sich deutlich auf Europa konzentrierten, weniger interessiert.

Das Unternehmen hätte zu sehr peinlichen Konsequenzen geführt, wären die japanischen Politiker nicht so geschickt darin, ein ungerechtfertigtes Engagement durch milde Höflichkeit abzuwehren, die es dem Gesprächspartner niemals erlaubt, auf den Kern der Sache zu kommen. Nur wenn die Japaner durch ein verletzend schlechtes Betragen in die Enge getrieben werden, machen sie direkt dagegen Front. Wenn irgend möglich, ziehen sie die Verhandlungen so lange hinaus, bis der Verhandlungspartner verzweifelt mit erhobenen Händen kapituliert. Da die Japaner nie die Absicht gehabt hatten, sich dem Europa-Jahr anzuschließen, wurde es nicht in die Liste der »Nixon-Schocks« vermerkt, daß wir sie nicht konsultiert hatten – wie etwa meine Geheimreise nach China und die Aufgabe des modifizierten Goldstandards im Sommer 1971. Die Japaner waren erleichtert, nicht zu einem Unternehmen Stellung nehmen zu müssen, aus dem sie sich heraushalten wollten. Nun

* Meine Rede vom 23. April wurde auch wirklich von einigen Leuten kritisiert, weil ich Japan bei diesem Unternehmen eine zu unbedeutende Rolle zugewiesen hätte.[3]

konnten sie als Unbeteiligte beobachten, wie sich die undurchschaubaren Europäer und Amerikaner über die Frage in die Haare gerieten, um ihre freundschaftlichen Beziehungen zu verbessern.

Unsere Konsultationen wurden am 19. April 1973 abgeschlossen. Sir Burke Trend war zu einer seiner regelmäßig stattfindenden Besprechungen mit mir nach Washington gekommen, und ich übergab ihm den Text der Rede, mit der ich eine atlantische Initiative bekanntgeben wollte. Er schien damit einverstanden zu sein; wir hörten keine Kritik – aber auch sonst keinen Kommentar – aus London.

Vielleicht hätten wir aus dem Fehlen präziser Reaktionen auf unsere Anregungen erkennen müssen, daß unsere Verbündeten, die uns schon seit Jahren gedrängt hatten, den atlantischen Beziehungen eine höhere Priorität zu geben, uns enttäuschen würden. Doch soweit wir uns des Zögerns der Europäer bewußt waren, hielten wir es für einen weiteren Anlaß, uns noch intensiver um die Ausarbeitung gemeinsamer Ziele zu bemühen. Die beste Methode, die Aufmerksamkeit unserer Gesprächspartner auf die von uns angestrebten Ziele zu lenken, bestand nach unserer Auffassung darin, einen formalen Vorschlag vorzulegen.

Die Rede zum »Europa-Jahr«

In den vier Jahren, die ich in der amerikanischen Administration als Berater für die nationale Sicherheit tätig gewesen war, hatte ich noch niemals eine förmliche öffentliche Rede über ein konkretes Thema gehalten. Die Ansprache zum »Europa-Jahr« war meine erste. Das Forum, vor dem ich sprach, war die Jahreskonferenz der Redakteure der Associated Press am 23. April 1973 im Hotel Waldorf-Astoria in New York. Weder Nixon noch ich rechneten mit Kontroversen. Wir glaubten, Wegbereiter in der Kreativität der atlantischen Partnerschaft zu sein.

Ich begann mit dem Hinweis, daß wir 1973 nicht deshalb zum Europa-Jahr erklärt hätten, weil Europa bisher eine geringere Bedeutung gehabt habe, sondern weil neue Umstände für die freien Nationen eine Herausforderung darstellten:

> 1973 ist das Europa-Jahr, weil die Ära, welche durch die vor einer Generation getroffenen Entscheidungen gestaltet worden ist, zu Ende geht. Der Erfolg jener Politik hat neue Realitäten geschaffen, die uns zwingen, neue Wege zu gehen:
>
> Die Wiedererstarkung Westeuropas ist ebenso wie der Erfolg seiner Bemühungen um die wirtschaftliche Vereinigung eine unbestrittene Tatsache.
>
> Das strategische Rüstungsgleichgewicht zwischen Ost und West hat sich von der Überlegenheit Amerikas zu einer annähernden Ausgewogenheit verschoben, was uns nötigt, die Erfordernisse für unsere gemeinsame Sicherheit in einem neuen Licht zu sehen.
>
> Die Bedeutung anderer Gebiete der Welt hat zugenommen. Japan hat sich zu einem bedeutenden Machtzentrum entwickelt. Auf vielen Gebieten muß Japan an »atlantischen« Lösungen beteiligt werden, damit diese Vorhaben zum Erfolg führen.

Wir befinden uns in einer Periode des Nachlassens von Spannungen. Doch während sich die scharfen Gegensätze der vergangenen zwei Jahrzehnte verringern, erleben wir neue erfolgreiche Bemühungen um die nationale Identität und neue nationale Rivalitäten.

Vor einer Generation noch nicht erkennbare Probleme sind entstanden, die neue Methoden der Zusammenarbeit erforderlich machen. Ein Beispiel dafür ist die Sicherstellung der Energieversorgung der Industrienationen.

Diese Faktoren haben eine dramatische Veränderung des psychologischen Klimas im Westen bewirkt – eine Veränderung, die für die Staatsmänner des Westens gegenwärtig die profundeste Herausforderung bedeutet. In Europa ist die Stabilität für eine neue Generation, die den Krieg und seine Erschütterungen nicht aus eigener Erfahrung kennt, eine Selbstverständlichkeit. Sie fühlt sich der Einigkeit, die diesen Frieden ermöglicht hat, und den Anstrengungen, die seine Erhaltung erfordert, weniger verpflichtet. In den Vereinigten Staaten haben über Jahrzehnte getragene globale Belastungen dazu geführt, daß wir heute weniger bereit sind, uns auf der Basis vorwiegend amerikanischer Verantwortlichkeit auch weiterhin global zu engagieren, und die bösen Erfahrungen aus dem Krieg in Südostasien haben diese Tendenzen verstärkt.

Die für das Jahresende geplante Reise des Präsidenten nach Europa war ein Ereignis, mit dem sich unsere amtlichen Stellen – und wahrscheinlich auch die Öffentlichkeit – so intensiv beschäftigten, daß ich glaubte, jetzt ein bestimmtes Programm damit verknüpfen zu können. Ich sagte, daß, wenn der Präsident gegen Ende des Jahres nach Europa gehen würde, wir und unsere Verbündeten eine »neue Atlantik-Charta« ausarbeiten sollten; eine gemeinsame Willenserklärung. Zu den gemeinsam zu lösenden Problemen gehörten die Verteidigung, der Welthandel und die Ost-West-Beziehungen. Sie erforderten die Koordinierung des Vorgehens der einzelnen Nationen. Dann beschrieb ich diese unterschiedlichen Perspektiven mit Worten, die ich bald bedauern sollte:

Die Außenpolitik ist der Gegenstand häufiger Konsultationen, die jedoch im wesentlichen zwischen den traditionellen Nationalstaaten stattfinden. Die Vereinigten Staaten haben globale Interessen und Verantwortlichkeiten. Unsere europäischen Verbündeten haben regionale Interessen. Beide Interessensphären befinden sich nicht unbedingt im Konflikt, aber in der neuen Ära sind sie auch nicht automatisch identisch.

Der Zweck meiner Rede war, deutlich zu machen, welchen Beitrag die Vereinigten Staaten zur Festigung des Bündnisses zu leisten bereit waren und was wir von Europa erwarteten. Das Energieproblem bezeichnete ich (schon Monate vor dem arabischen Ölembargo und der Preisexplosion bei der Opec) als das Schlüsselthema der Zusammenarbeit:

Wir werden die Bestrebungen zur Vereinigung Europas auch weiterhin unterstützen. Gestützt auf die Grundsätze der Partnerschaft werden wir Zugeständnisse machen, um diese Entwicklung zu fördern.

Wir erwarten jedoch, daß die Europäer uns im Geiste des gegenseitigen Gebens und Nehmens entgegenkommen werden.
Wir werden uns nicht den feierlichen Verpflichtungen entziehen, die wir gegenüber unseren Verbündeten eingegangen sind. Wir werden unsere Streitkräfte auch weiterhin in Europa stationieren und sie nicht einseitig abziehen. Andererseits erwarten wir, daß jeder Bündnispartner einen gerechten Anteil an den gemeinsamen Bemühungen für die gemeinsame Verteidigung übernimmt.
Wir werden weiterhin im allgemeinen Interesse um den Abbau der Spannungen gegenüber unseren Gegnern auf der Grundlage konkreter Verhandlungen bemüht sein. Wir begrüßen die Teilnahme unserer Freunde an einem konstruktiven Ost-West-Dialog.
Wir werden die Interessen unserer Freunde in Europa oder in Asien niemals absichtlich verletzen. Dafür erwarten wir, daß sie mit ihrer Politik unsere Interessen und unsere Verantwortlichkeiten ernst nehmen.
Wir sind bereit, zur Lösung neu auftretender gemeinsamer Schwierigkeiten im Geist einer fruchtbaren Zusammenarbeit beizutragen. Das Energieproblem stellt uns zum Beispiel vor schwierige Aufgaben: die Sicherstellung der Versorgung, die Auswirkungen der Ölpreise auf die Stabilität der internationalen Währungen, gemeinsame politische und strategische Interessen und die Beziehungen zwischen ölverbrauchenden und ölproduzierenden Ländern auf lange Sicht. Auf diesem Gebiet könnte es zu Rivalitäten kommen, es sollte aber ein Gebiet für eine sinnvolle Zusammenarbeit sein.

Die Rede sollte nach unserer Auffassung ein Aufruf sein, um eine neue Periode der Kreativität in allen demokratischen Industriestaaten einzuleiten. In den Vereinigten Staaten selbst hofften wir, das selbstzerstörerische Erbe des Vietnam-Krieges zu überwinden. Im Ausland sollten die irritierenden Diskussionen über wirtschaftliche und andere Fragen beendet werden, indem unsere Verbündeten neue Vorstellungen von der Zukunft entwickelten und sich gemeinsam um ihre Verwirklichung bemühten. Aber der Zeitpunkt, zu dem wir die Rede schon vor mehr als einem Monat geplant hatten, war falsch gewählt, und das hatte katastrophale Folgen.

In den Vereinigten Staaten wurde unsere Initiative durch Watergate überschattet. Nur eine Woche nach meiner Rede traten Ehrlichman und Haldeman zurück. Der Skandal nahm die Aufmerksamkeit der Öffentlichkeit – wie ich im vierten Kapitel geschildert habe – so stark in Anspruch, daß die *Washington Post* sich kaum mit dem Hauptinhalt meiner Rede, sondern nur mit den wenigen Bemerkungen über Watergate beschäftigte, die ich in der Fragestunde gemacht hatte und mit denen ich um Verständnis für einige der Beschuldigten gebeten hatte. Einige Zeitungen wie die *New York Times*, der *Christian Science Monitor* und der *Washington Star* unterstützten in ihren Leitartikeln zwar die in meiner Rede gemachten Vorschläge, aber die *Washington Post* bezweifelte, daß die Initiative von Watergate unberührt bleiben könnte: »Der Schaden wird sich so lange nicht beheben lassen, bis der Präsident mit den geeigneten Maßnahmen die Welt davon überzeugen kann, daß seine Regierungsfähigkeit nicht erschüttert ist.«[4] Die *Post* sollte recht behalten. Selbst die Befürworter des Konzepts waren verständlicherweise nicht geneigt, sich hinter den Aufruf der angeschlagenen Nixon-Administration zur Stärkung des moralischen Zusammenhalts des Westens zu stellen.

Die Reaktion unserer Verbündeten war ebenso halbherzig wie bei den vorangegangenen Konsultationen. Von der Begeisterung, mit der einst der Marshall-Plan aufgenommen worden war, als der britische Außenminister Ernest Bevin die Initiative für eine positive Reaktion der europäischen Nationen ergriffen hatte, war nichts mehr zu spüren. Nach einer Sitzung des französischen Kabinetts am 26. April bezeichnete ein französischer Sprecher meine Rede als »interessant« und sagte, daß unsere Vorschläge eine aufmerksame Prüfung verdienten, die von Frankreich »in dem Geist vorgenommen werden wird, der uns schon immer ausgezeichnet hat, im Geist der Bündnistreue, wobei der notwendige Respekt vor unserer Unabhängigkeit gewahrt bleiben muß«. Das konnte alles bedeuten.

Am gleichen Tag erinnerte ich den französischen Botschafter daran, daß unsere Vorschläge den Äußerungen Pompidous vom vergangenen Dezember entsprachen. Ich hatte sie im März und im April Kosciusko-Morizet im einzelnen erläutert. Kosciusko leugnete das nicht. Er brummte etwas darüber, daß es nicht möglich sei, Europa nur »regionale Aufgaben« zuzuweisen, wie ich es in meiner Rede vorgeschlagen hatte. Ich erwiderte: »Wir haben nichts dagegen einzuwenden, wenn Europa eine globale Rolle übernehmen will. Aber bisher haben wir nicht feststellen können, daß die europäischen Staaten diese Absicht haben.« Dann kam Kosciusko auf den Kern des Problems zu sprechen. Es werde Europa schwerfallen, sich zu einem so umfangreichen Themenkreis mit einer Stimme zu äußern. Wir zwängen Europa in dem Jahr, in dem die Europäische Gemeinschaft die ersten tastenden Versuche zur Schaffung einer politischen Einheit unternähme, eine ungeheuer schwierige Aufgabe auf. Der Versuch, die atlantische Einheit zu festigen, könnte die ersten zögernden Schritte auf dem Wege zur Europäischen Gemeinschaft entscheidend behindern.

Am 24. April erklärte das britische Außenministerium in einer freundlichen Note, daß ich »in konstruktiver Absicht eine durchaus wichtige Rede« gehalten hätte, Großbritannien werde sie »gemeinsam mit unseren europäischen Verbündeten genau prüfen«. Großbritannien verwies dabei insbesondere auf Frankreich. Der britische Außenminister Sir Alec Douglas-Home, den wir wegen seiner Integrität und seines aufrichtigen Bemühens um die Beziehungen zu den Vereinigten Staaten besonders schätzten, äußerte sich am 27. April mit freundlichen, aber die Briten zu nichts verpflichtenden Worten:

> Das zentrale Thema der Rede Dr. Kissingers und der jüngsten Erklärungen des amerikanischen Außeministers ist die Notwendigkeit der weiteren vertrauensvollen Zusammenarbeit zwischen dem neuen, erweiterten Europa und den Vereinigten Staaten von Amerika. Der Horizont dieser Zusammenarbeit soll, wie er meint, erweitert werden, um auch Japan und Kanada einzuschließen. Ich gebe ihm darin recht.

Denn wenngleich das alle Verhandlungen komplizieren wird, ist nichts so sehr geeignet, die Prosperität in einer Atmosphäre der Sicherheit zu garantieren.

Die Regierung der Bundesrepublik Deutschland begrüßte es, daß ich mich bereit erklärt hatte, die Schaffung der Europäischen Gemeinschaft zu unterstützen, vermied aber jede weitere Reaktion mit der Begründung, daß Bundeskanzler Willy Brandt in weniger als einer Woche zu einem schon lange geplanten Besuch Nixons nach Washington reisen werde. Italien äußerte sich zustimmend, allerdings skeptisch zur Teilnahme Japans – und wurde damit allen Möglichkeiten gerecht. Die kleineren europäischen Länder behielten sich ihre Stellungnahme für die Zeit nach einem Treffen der Außenminister der Europäischen Gemeinschaft vor, das in einigen Wochen stattfinden sollte. Japan konnte es verständlicherweise nicht ganz begreifen, weshalb es in einer Atlantik-Charta aufgenommen werden sollte. Eine sofortige Stellungnahme wurde den Japanern dadurch erspart, daß ihr Außenminister nach Europa reiste. Als er in Paris eintraf, erklärte er, ohne zu irgendwelchen konkreten Problemen Stellung zu nehmen, daß er den Plan für eine neue Atlantik-Charta unterstütze und volles Verständnis dafür habe. Damit hielt sich Japan alle Möglichkeiten für eine endgültige Reaktion offen und deutete nicht einmal an, ob es schließlich teilnehmen werde. Tokio wollte sich noch nicht mit einer zu deutlichen Stellungnahme festlegen.

So mußten wir erkennen, daß alle unsere wichtigen Partner Vorwände gefunden hatten, die Reaktion auf eine wichtige, sie betreffende amerikanische Initiative hinauszuschieben. Wir erkannten das noch deutlicher, als Willy Brandt am 1. Mai zu einem offiziellen Besuch in Washington eintraf. Es war ein Jammer, daß Nixons erster Gesprächspartner im Europa-Jahr ausgerechnet der europäische Staatsmann war, dessen Politik ihn am meisten beunruhigte und dessen Persönlichkeit der des amerikanischen Präsidenten vielleicht am wenigsten entsprach. Nixons Haltung läßt sich am besten aus der Reaktion auf einen Brief erkennen, den er vor Brandts Besuch von dem aus Ungarn stammenden amerikanischen Schriftsteller Hans Habe erhalten hatte. Habe beschuldigte Brandt, daß dieser bewußt das westliche Bündnis unterminiere und dazu von seinen antiamerikanischen Vorurteilen veranlaßt werde. Zu jener Zeit war es im Weißen Haus üblich, daß alle an den Präsidenten gerichteten Briefe über außenpolitische Fragen den Weg über mein Büro nahmen. Sehr häufig wurde hier eine inhaltliche Zusammenfassung und eine Stellungnahme in Form einer Aktennotiz beigefügt. Ich schickte Nixon am 15. März mit Habes Brief meine Stellungnahme. Der Präsident ließ mir die Schriftstücke mit der folgenden Randbemerkung zurückgeben: »K- Eine sehr scharfsinnige und sehr beunruhigende Analyse. Ich glaube, er ist der Wahrheit nur allzu nahe.«

Brandt war ebenso vorsichtig wie Nixon. Er verhielt sich übermäßig korrekt, aber gerade die peinliche Beachtung der äußeren Form zeigte uns, daß wir seine an Antipathie grenzenden Zweifel an dem amerikanischen Präsidenten nur mit äußerster Selbstdisziplin würden zerstreuen können. Aber dieses beiderseitige Mißtrauen war angesichts der innenpolitischen Schwierigkeiten, die uns bedrängten, nur eine Nebensächlichkeit. Am Abend vor dem ersten Zusammentreffen der beiden Staatsmänner hatte Nixon die Rede gehalten, in der er den Rücktritt von Haldeman und Ehrlichman bekanntgab. Bis zu seinem eigenen Rücktritt nach etwas mehr als fünfzehn Monaten hat den Präsidenten nichts so erschüttert wie dieser Entschluß. Daß es Nixon gelang, den Besuch Brandts zu absolvieren, ohne sich anmerken zu lassen, was ihn innerlich bewegte, war eine bemerkenswerte Leistung.

Selbstbeherrscht und ruhig führte der amerikanische Präsident ein tiefgründiges Gespräch mit dem deutschen Bundeskanzler. Man mußte Nixon schon gut kennen, um zu bemerken, daß seine Gedanken ganz woanders waren, während Brandt sprach. Wenn man genau hinsah, fielen einem der gläserne, melancholische Blick und der starre Ausdruck auf, die immer deutlicher werdenden Anzeichen der inneren Qualen, unter denen Nixon im Gefolge von Watergate zu leiden hatte. Seine Gedanken kreisten um eine weit von hier entrückte Welt, die seine Energie und Aufmerksamkeit zunehmend in Anspruch nahm. Anders äußerte sich seine Verzweiflung nicht. Watergate hatte ihn in eine wehmütige Stimmung versetzt, und wie ein kleiner Junge, der sich im Dunklen durch laute Selbstgespräche Mut macht, erklärte er immer wieder, daß er überzeugt sei, unsere innenpolitischen Kontroversen würden sich nicht auf unsere Außenpolitik auswirken. Er war ein zu erfahrener Politiker, um sich Illusionen zu machen, aber er wußte auch, daß er nichts anderes sagen durfte.

Ich konnte nicht feststellen, ob Brandt sich der Verzweiflung Nixons bewußt war; irgendwie muß er es gespürt haben. Wie hätte man sonst die Veränderung in seiner Haltung erklären sollen? Es war nur eine Nuance, aber doch deutlich genug, um die Beziehungen zwischen beiden Männern unwiderruflich auf eine neue Ebene zu stellen. Ob er es beabsichtigt hat oder nicht, Brandt wurde um ein geringes weniger respektvoll; sein Ton wurde in einer für ihn uncharakteristischen Art kühl und geschäftsmäßig. Man spürte nichts mehr von seiner früheren Zuvorkommenheit, und es fehlten jetzt auch die langen Pausen, mit denen der Kanzler den Präsidenten bisher nicht wenig verunsichert hatte. Vor etwas mehr als zwei Jahren hatte Nixon Brandts Ostpolitik gerettet, indem er mich bevollmächtigte, die Berlin-Verhandlungen in meinen Gesprächen mit dem sowjetischen Botschafter Anatoly Dobrynin in Brandts Sinn zu unterstützen. Aber diesmal war Brandt nicht bereit, sich dafür zu revanchieren. Die kühle Sachlichkeit, mit der er die einzelnen Gesprächsthemen abhandelte, offenbarte, welcher Strategie er folgte – er wollte alles im ungewissen lassen.

Der Kanzler tat so, als begrüßte er unsere Initiative, aber wir brauchten keine abstrakten Zusicherungen des guten Willens, und Brandt machte keine konkreten Vorschläge, um zu verwirklichen, was er angeblich unterstützte. Er hielt es für vorteilhaft, einen umfassenden atlantischen Dialog über wirtschaftliche, politische und Sicherheitsfragen zu führen. Aber er sagte nichts über die konkreten Methoden, mit denen solche Vorhaben verwirklicht werden könnten, und hielt es auch nicht für dringend erforderlich, über alle diese Themen gleichzeitig zu verhandeln. Wenn man sich in einer Frage nicht einigen konnte, dann sollte dadurch der Fortschritt auf anderen Gebieten nicht blockiert werden, meinte Brandt und nahm so mit einer Hand fort, was er mit der anderen gegeben hatte. Wenn er behauptete, daß es nicht notwendig sei, über eine breite Palette der verschiedensten Probleme zu verhandeln, dann verwässerte er damit unseren Vorschlag, denn niemand hatte bisher in Frage gestellt, daß kontroverse Probleme einzeln behandelt werden müßten.

Brandt sagte, er hoffe, daß die Wirtschaftsexperten für ihre Verhandlungen politische Anweisungen bekommen würden, schwieg sich aber über das Wesen der politischen Ziele aus, die zu erreichen seien, und sagte auch nichts darüber, wie sie artikuliert werden sollten. Er begrüßte die Möglichkeit einer Europa-Reise des Präsidenten und schlug vor, daß der Präsident mit den Regierungschefs der verbündeten Länder auf einem großen Gipfel im Rahmen der NATO zusammentreffen sollte. Aber auch hier baute Brandt einen Stolperdraht ein. Denn ein NATO-Gipfel würde es – abgesehen von der Wahrscheinlichkeit französischer Einwendungen – aus Verfahrensgründen unmöglich machen, über die Beziehungen der Vereinigten Staaten zur Europäischen Gemeinschaft zu sprechen, denn einige Mitglieder dieser Gemeinschaft gehörten nicht zur NATO, während nicht alle NATO-Mitglieder der Gemeinschaft angehörten.

Um Fragen zu erörtern, welche die kürzlich erweiterte Europäische Gemeinschaft betrafen, sollte der Präsident sich nach Brandts Auffassung während seines Aufenthalts in Brüssel mit den *Außenministern* treffen. Aber man durfte den Präsidenten kaum zu einer Konferenz mit den Außenministern der Mitgliedsstaaten der Europäischen Gemeinschaft auffordern, während sich die Regierungschefs in Brüssel aufhielten, um an der NATO-Konferenz teilzunehmen. Auf einer solchen Konferenz konnten auch keine Entscheidungen getroffen werden, und zwar schon allein wegen des Unterschieds im protokollarischen Rang. Unseren Vorschlag zur Schaffung einer neuen Atlantik-Charta erwähnte Brandt nicht, und in seinem Trinkspruch bei dem am gleichen Abend gegebenen Staatsdiner qualifizierte er sogar seine bis dahin gemachten erstaunlich mageren Zugeständnisse. Jetzt sagte er, daß er nicht in der Lage sei, auch auf den wenigen Gebieten, über die zu diskutieren er sich bereit erklärt hatte, irgendwelche Verpflichtungen zu übernehmen:

> Keiner von uns (damit meinte er die europäischen Regierungschefs, die Washington besucht hatten) begegnet Ihnen jetzt noch ausschließlich als Vertreter seines eigenen Landes, sondern wir sind bis zu einem gewissen Grad schon zugleich auch Vertreter der Europäischen Gemeinschaft.
>
> So bin auch ich zwar nicht als Europas Sprecher, sondern entschieden als ein Sprecher *für* Europa hier.

Wir hätten diese Aussage durchaus als eine Theorie über die Beziehungen zwischen der Europäischen Gemeinschaft und den Vereinigten Staaten akzeptieren können. Das Problem bestand jedoch darin, daß solche Gedanken in der Zeit eine praktische Bedeutung gewinnen mußten, in der sich die Europäische Gemeinschaft erst entwickelte. Da noch keine gesamteuropäischen politischen Institutionen geschaffen waren, gab es auch noch keine Möglichkeit, den Kontakt mit Europa an einem zentral gelegenen Punkt aufzunehmen. Brandt stellte uns daher vor ein Paradox: Wenn jeder europäische Regierungschef im Namen Europas sprach, es aber nicht vertreten konnte, und die wirklichen Vertreter Europas Beamte ohne Verhandlungsvollmacht waren, wer hatte dann die Berechtigung, zu verhandeln?

Jeder Zweifel daran, daß Brandt nach Washington gekommen war, um die Dinge zu verzögern, wurde durch die Art und Weise zerstreut, mit der die deutsche Delegation die Presse unterrichtete. Zu unserer Überraschung erfuhren wir – und alle deutschen Medien berichteten in diesem Sinne –, daß die in dem gemeinsamen Kommuniqué so bezeichnete »ausgewogene Partnerschaft« die indirekte Ablehnung eines jeden amerikanischen Versuchs sei, die Vorherrschaft für sich zu beanspruchen – eine Absicht, deren wir uns nicht bewußt waren. Daß das Wort »Atlantik-Charta« nicht in das Kommuniqué aufgenommen worden war, wurde als Erfolg begrüßt, als wäre es ein Beweis für die staatsmännische Klugheit der Unterhändler, die Vereinigten Staaten daran gehindert zu haben, das Schicksal der Vereinigten Staaten mit dem Europas zu verknüpfen. Die Pressesprecher hatten auch nicht der Versuchung widerstehen können, Watergate zum Anlaß zu nehmen, den Vereinigten Staaten eins auszuwischen. Die *Frankfurter Allgemeine Zeitung*, eine der führenden deutschen Tageszeitungen, schrieb in einem Leitartikel:

> Der Erfolg der Gespräche Brandts, bei dem er nach dem Urteil deutscher Diplomaten den größten Teil der Bonner Vorstellungen durchsetzen konnte, war auch von der gegenwärtigen innenpolitischen Situation in Amerika beeinflußt. Nixon brauchte angesichts der allgemeinen Unruhe über den »Watergate«-Skandal eine Bekräftigung der weltweiten Bedeutung aller außenpolitischen Aktionen eines amerikanischen Präsidenten, und die Anwesenheit Brandts, dessen Popularität in Amerika sich in Auftritten vor dem außenpolitischen Senatsausschuß und vor dem National Press Club eindrucksvoll bestätigte, konnte aus diesem Grund nur gelegen kommen und auch konzessionsbereit stimmen.

Der neue deutsche Botschafter, der zuverlässige Berndt von Staden, mit dem mich heute eine herzliche Freundschaft verbindet, trat seinen Posten daher unter wenig günstigen Voraussetzungen an. Er war schon vor ein paar Wochen in Washington eingetroffen, aber die diplomatischen Gepflogenheiten erlauben es nicht, daß Botschafter ihre Aufgaben übernehmen, bevor sie ihr Beglaubigungsschreiben überreicht haben. Das Protokollbüro des amerikanischen Außenministeriums wartet gewöhnlich einige Wochen, bis mehrere neue Botschafter gemeinsam dem Präsidenten vorgestellt werden können. Staden erhielt die Gelegenheit, dem Präsidenten am Tage der Ankunft Brandts seine Aufwartung zu machen. Mit dieser höflichen Geste wollte man es ihm ermöglichen, an den Gesprächen teilzunehmen. Nach der Abreise seines Kanzlers bekam er unseren Unmut mit aller Deutlichkeit zu spüren, der sich angesichts der durch Watergate entstandenen Nervosität nicht milderte. Aber der stets besonnene und versöhnliche Staden versicherte uns, weder Brandt noch der deutsche Außenminister Walter Scheel hätten gegenüber der Presse derartige Andeutungen gemacht. Staden war ein zu aufrichtiger Mann, um zu lügen. Wir vermuteten daher, daß eine andere, der Führungsspitze nahestehende Persönlichkeit die Presse unterrichtet hätte – wahrscheinlich der offizielle Pressesprecher. Da alle führenden deutschen Zeitungen im wesentlichen das gleiche berichteten, mußten sie von offizieller Seite in diesem Sinne unterrichtet worden sein.

Das nächste Symptom für die uns zunächst fast unerklärliche Zurückhaltung der Europäer war die Reaktion auf den am 3. Mai veröffentlichten jährlichen außenpolitischen Bericht des Präsidenten. Es war das vierte Papier zu diesem Thema, das während der Amtsperiode von Nixon herausgegeben wurde – der einzigartige Versuch eines Präsidenten, die von ihm geleitete Außenpolitik in einem umfassenden Jahresbericht darzulegen. Der Schwerpunkt lag bewußt bei der Definition abstrakter Begriffe, wobei wichtige Ereignisse diese illustrierten, aber nicht in einem bürokratisch geordneten Katalog zusammengefaßt waren. Der Zweck dieser Veröffentlichung war es, dem Kongreß, der Öffentlichkeit, den Medien und den verantwortlichen Politikern im Ausland Einblick in unser Denken zu verschaffen, was angesichts der bei uns oft unter Ausschaltung der Bürokratie im engeren Kreis getroffenen Entscheidungen besonders wichtig war. Es handelte sich bei diesem Papier um den prägnantesten Leitfaden, der Beamten zur Verfügung stand, die sich bemühten, die von der Regierung festgelegte politische Linie zu verfolgen, jedoch nicht immer in die Entscheidungsprozesse eingeweiht wurden. Gelegentlich verwendeten wir den außenpolitischen Bericht dazu, wesentliche Veränderungen in der politischen Linie anzudeuten. Alljährlich brachten meine wichtigsten Mitarbeiter – Winston Lord, Peter W. Rodman, William G. Hyland, Richard T. Kennedy, Marshall Wright und andere – viele Wochen damit zu, Aufsätze zu verfassen, von denen wir hofften, daß sie gründlich, aufschlußreich und lesbar waren. Meine Aufgabe war es, sie zu redigieren. Dazu benötigte ich zwei Wochen, in denen ich nichts anderes unternehmen konnte.

So sehr wir uns auch darum bemüht haben, es ist uns niemals gelungen, unser wichtigstes Ziel zu erreichen und mit den außenpolitischen Berichten eine gründliche öffentliche Diskussion anzuregen. Das lag zum Teil an dem unersättlichen Hunger der Medien nach aktuellen Neuigkeiten; Konzepte und Bestrebungen sind zu abstrakt, um Schlagzeilen zu machen. Es lag aber auch am gewaltigen Umfang des Dokuments (der erste Bericht umfaßte 160 Druckseiten, der zweite 234). Deshalb hatten es auch die Journalisten, die sich wirklich darum bemühten, dem Inhalt des Schriftstücks gerecht zu werden, schwer. Vielleicht haben wir auch die Presse niemals ausreichend über den Sinn des Ganzen informiert. Da mir diese Aufgabe zufiel, möchte ich allerdings nur ungern zugeben, daß es so gewesen ist. Das einzige Kapitel, das im allgemeinen die Aufmerksamkeit der amerikanischen Medien erregte, war – zum Kummer der Verfasser und ihrer Familien, die wochenlang auf ihre Väter hatten verzichten müssen –, dasjenige, das sich mit Indochina beschäftigte. Rückblickend muß ich sagen, daß, weil die ganze Nation vom Vietnam-Problem wie besessen war, es auch gar nicht anders hätte sein können, wenngleich die aufmerksame Lektüre des Berichts deutliche Hinweise darauf gegeben hätte, daß unsere Außenpolitik gegenüber China und der Sowjetunion neue Initiativen entwickelte. Doch im übrigen wurde der ganze Bericht von ausländischen Diplomaten und gewissenhaften Journalisten und Leitartiklern gründlich studiert, denn diese Leute wußten, daß darin mit seltener Klarheit das Denken der Verantwortlichen auf höherer politischer Ebene zum Ausdruck kam.

1973 glaubten wir, den mit dem Vietnam-Problem verbundenen Zwangsvorstellungen begegnen zu können, indem wir das Erscheinen des Berichts auf einen Zeitpunkt verlegten, zu dem dieses Thema von den Titelseiten der Zeitungen verschwunden war. Nixon selbst kündigte die Veröffentlichung des Berichts in einer Rundfunkansprache am 3. Mai an.* Auf diesen Kunstgriff war der erfindungsreiche William Safire 1968 verfallen, um den Präsidentschaftskandidaten Nixon der Öffentlichkeit vorzustellen. Nach Safires Auffassung war der Rundfunk das geeignete Medium, wenn man den Eindruck erwecken wollte, daß der Sprecher ein vernünftiger und klar denkender Mann sei, ohne eine Diskussion über konkrete Fragen riskieren zu müssen.

Aus dem Bericht war sehr deutlich zu ersehen, wie stark sich die Vereinigten Staaten dem atlantischen Bündnis verpflichtet fühlten, und er enthielt zudem einen dringenden Appell für neue, ernste Bemühungen, um gemeinsame Ziele zu erreichen:

> Als das Nachlassen der Ost-West-Spannungen deutlicher erkennbar wurde, haben sich einige unserer Verbündeten gefragt, ob sich die Vereinigten Staaten auch künftig gegenüber Europa verpflichtet fühlen, oder statt dessen ein neues Gleichgewicht der Kräfte anstreben würden, durch das sich die alten Bindungen schwächen und die Unterscheidung zwischen Verbündeten und Gegnern verschwinden müßten.
>
> Aber die Vereinigten Staaten werden die Sicherheit Europas oder die Interessen unserer Verbündeten niemals aufs Spiel setzen. Doch unser Zusammenhalt läßt sich am besten durch die Erkenntnis übereinstimmender Ziele und durch eine gemeinsame politische Linie, aber nicht durch verbale Beteuerungen festigen. Seit fast zehn Jahren haben wir im Bündnis über Fragen der Verteidigung und Entspannung diskutiert, und dabei haben einige Mitglieder eine Richtung vertreten, von denen sich die Vorstellungen der anderen hinsichtlich der Priori-

* Es sollte auch der letzte außenpolitische Bericht sein, denn nachdem ich im September 1973 Außenminister geworden war, hatte ich nicht mehr die Zeit, ein so umfassendes Dokument herstellen zu lassen. Das wirft ein interessantes Schlaglicht auf das Funktionieren des Beamtenapparats, und es ist ein Jammer, denn ich glaube auch noch heute, daß eine intelligente Erläuterung der Grundkonzepte und politischen Ziele einer Regierung der Öffentlichkeit, der Bürokratie und dem Ausland viel über die Politik eines Präsidenten zu sagen hat und das Verständnis seines Handelns fördert.

täten unterschieden. Diese Streitgespräche sollten jetzt beendet werden. Wir müssen eine gemeinsame Front bilden und unseren Kurs für das vor uns liegende Jahrzehnt gemeinsam bestimmen.

Diesmal gelang es uns endlich, Vietnam aus den Schlagzeilen der Zeitungen zu verdrängen, wenn auch nicht in der von uns beabsichtigten Weise. Jetzt wurden wir von dem Sturm der Entrüstung erfaßt, der Haldemans und Ehrlichmans Rücktritt vor drei Tagen folgte.

Wieder scheuten sich die europäischen Regierungschefs vor einer Reaktion auf das Angebot Nixons, die Partnerschaft zu festigen. Sie versteckten sich hinter ihren Experten, und die Experten verhinderten jeden Fortschritt unter dem Vorwand von Verfahrensfragen. Die Reaktion wurde den Medien überlassen, die, durch eine zweite Garnitur von Regierungsbeamten ins Bild gesetzt, die europäische Öffentlichkeit aufriefen, sich gegen die »erpresserischen« amerikanischen Taktiken und den von den Vereinigten Staaten ausgeübten Druck zur Wehr zu setzen. Die deutschen Zeitungen feierten noch immer den Erfolg Brandts, der sich geweigert hatte, den Ausdruck »Atlantik-Charta« in dem Schlußkommuniqué nach seinem Besuch in Washington aufzunehmen. Die französische Presse war kaum freundlicher. Sie warnte vor dem Versuch, die verschiedenen Probleme miteinander zu verknüpfen, denn sie erblickte darin eine Bedrohung der europäischen Autonomie. Sie begrüßte zwar einen Dialog, wollte ihn aber offenbar eines jeden konkreten Inhalts berauben. Im Leitartikel der einflußreichen französischen Zeitung *Le Monde* hieß es am 1. Mai:

In dem Vorschlag des Präsidenten Nixon für globale Verhandlungen über die Beziehungen zwischen den Vereinigten Staaten, Europa und Japan spielt er die Bedeutung der bestehenden europäischen Institutionen herunter, von denen keine für alle Aspekte des Problems zuständig ist.

Man muß abwarten, ob Europa seine Individualität am besten durch eine Opposition gegen die Vereinigten Staaten finden kann, was man in Paris immer noch zu glauben scheint, oder durch ein weiteres Zusammengehen mit den Vereinigten Staaten, wie man in Bonn glaubt.

Meine Bemerkung über die regionale Rolle Europas in meiner Rede zum Europa-Jahr wurde endlos wiederholt und scharf kritisiert, aber niemand machte sich die Mühe, darauf hinzuweisen, daß ich von Umständen gesprochen hatte, die wir bedauerten. Ich hatte dabei von einer deutlich erkennbaren Tatsache gesprochen, die durch das Verhalten der Europäer in früherer Zeit und auch in der unmittelbar hinter uns liegenden Periode klar bestätigt wurde. Europa hatte sich im Verlauf der Nachkriegsperiode seiner Verantwortlichkeit in Übersee entledigt und hatte sich auch nicht andeutungsweise bereit gezeigt, dafür neue Verantwortungen zu übernehmen. Trotz der von uns geäußerten Befürchtungen hatte sich Großbritannien eben erst aus dem Persischen Golf zurückgezogen. Wir hatten Schwierigkeiten, unsere Verbündeten zur Stärkung ihrer Verteidigungskräfte im Rahmen der NATO zu bewegen. Vielleicht war es nicht klug gewesen, die Dinge beim Namen zu nennen, aber das Bekritteln meiner Ausdrucksweise durch die Europäer entsprang einer Mischung aus Heuchelei und Ausflüchten. Noch ehe das Jahr zu Ende war, bedienten sich die europäischen Nationen während des Nahostkrieges der gleichen Phrasen, und sie wiederholten sich in dem Jahrzehnt der Krisen im Iran und in Afghanistan – und zwar, um der amerikanischen Forderung nach gemeinsamem Handeln zu entgehen.

Die einzigen Zeitungen, die zu begreifen schienen, was die amerikanische Regierung eigentlich wollte, waren die britischen. Die Londoner *Times* bezeichnete den Bericht als »einen umfassenden und wohldurchdachten Situationsbericht, den man heute als Grundtext zum amerikanischen Denken betrachten muß«. Zu Europa äußerte sich die Zeitung wie folgt:

> Der wichtigste Punkt ist, daß er zwar Handel und Verteidigung verknüpft, aber nicht meint, die amerikanischen Verpflichtungen gegenüber Europa würden gegen die Handelspolitik der Europäischen Gemeinschaft oder gegen politische Zugeständnisse der Sowjetunion eingehandelt werden. Das ist natürlich richtig.

Doch selbst dieses wohlwollende Blatt konnte sich der Bemerkung nicht enthalten, daß sich die Westdeutschen »ebenso wie alle anderen überlegen, wie sich die innenpolitische Katastrophe des Präsidenten Nixon auf seine Außenpolitik auswirken wird«.

Der konservative *Daily Telegraph* meinte, »einige der scharfsinnigsten und analytischsten Passagen« im Bericht des Präsidenten seien in dem Abschnitt über Europa und das atlantische Bündnis zu finden:

> Zum gegenwärtigen Stadium der Debatte hat man sehr stark den Eindruck, jeder wollte jedem sagen, daß etwas getan werden müsse, um dann darauf zu warten, bis die anderen es tun oder Vorschläge dazu machen. Das ist wahrscheinlich in einer Periode unvermeidlich, in der sich so vieles Wichtige gleichzeitig entwickelt, und zwar zum Teil parallel zueinander, aber offensichtlich auch in direkt entgegengesetzer Richtung. Aber es ist die Pflicht der Staatsmänner, vorauszudenken. Europäische Führer, vergeßt das nicht!

Das war nach unserer Auffassung der Kern des Problems. Nicht einmal die technischen Probleme konnten gelöst werden, wenn man sie nur rein pragmatisch anpackte. Vor allem würden wir, wenn wir den Zeitpunkt versäumten, die Generation nicht inspirieren können, die seit den großen schöpferischen Aktivitäten des Westens herangewachsen waren.

Jobert führt den Reigen an

Im Mai hätten uns die Demonstrationen europäischer Gleichgültigkeit wahrscheinlich veranlassen sollen, unsere Initiative auf einen späteren Zeitpunkt zu verschieben. Schließlich würden unsere Verbündeten nach jeder realistischen Beurteilung der Lage durch einen neuen Anstoß zur Intensivierung der atlantischen Beziehungen wenigstens ebensoviel gewinnen wie wir. Aber Watergate trieb uns mehr zur Eile als zur Bedachtsamkeit. Nixon wußte, daß die gleichen Kritiker, die ihm vorwarfen, die Initiative für das Europa-Jahr sei ein Ablenkungsmanöver, auch behaupten würden, daß ein Fehlschlag in diesen Bemühungen auf seine innenpolitischen Schwierigkeiten zurückzuführen sei. Da er so tat, als habe seine Autorität nicht gelitten – und anders hätte er sie auch nicht bewahren können –, verfolgte er alle einmal begonnenen Unternehmungen mit unnachgiebiger Starrköpfigkeit. Darüber hinaus war er zutiefst vom Wert einer gefestigten atlantischen Beziehung überzeugt. Dieses Erbe wollte er seinem Nachfolger unter allen Umständen hinterlassen. So wurde Watergate zugleich zur Hauptursache dafür, daß wir in eine Sackgasse gerieten, und zu dem Hindernis, das es uns nicht erlaubte, uns daraus zu befreien. Wir kämpften weiter und fanden uns schließlich in der absurden Lage wieder, daß wir eifriger darum bemüht waren, unsere Verpflichtungen gegenüber den atlantischen Beziehungen zu bestätigen und zu stärken, als Europa es wollte.

Den nächsten Schritt auf dem Wege zur Verwirklichung dieses so schwer zu erreichenden Zieles tat ich in London. Am 10. Mai legte ich dort einen Zwischenaufenthalt ein, um die britische Führung über den Inhalt der Gespräche zu unterrichten, die ich eben mit Breschnew in der Sowjetunion geführt hatte (siehe 7. Kapitel). Man hätte in White Hall nicht verständnisvoller, aber auch nicht zurückhaltender sein können. Die einzelnen Minister und hohen Staatsbeamten lenkten das Gespräch in ihrer geschickten und höflichen Art immer wieder auf Verfahrensfragen und vermieden jede Diskussion über den konkreten Inhalt unseres Vorschlags. Sie waren mehr als bereit, darüber nachzudenken, in welchem Forum die Konsultationen der Verbündeten stattfinden sollten, solange es nicht zu einem Gipfeltreffen führte oder den Briten irgendwelche besonderen Verpflichtungen auferlegte.

Dabei wurden alle möglichen klugen Vorschläge gemacht. Heath dachte an einen Lenkungsausschuß, in dem vier Staaten (Frankreich, Großbritannien, die Bundesrepublik Deutschland und die Vereinigten Staaten) vertreten sein sollten, der entweder offiziell von der NATO designiert werden oder inoffiziell zusammentreten sollte. Wir stimmten zu. Der damalige Chef des Außenministeriums, Denis Greenhill, sagte, daß dieser Ausschuß durch Arbeitsgruppen erweitert werden könnte, deren Aufgabe es wäre, sich mit während der Beratungen auftretenden Sonderproblemen zu beschäftigen. Auch damit waren wir einverstanden. Irgend jemand kam auf den Gedanken, zu einem etwas späteren Zeitpunkt eine Konferenz der stellvertretenden Außenminister der NATO-Staaten einzuberufen. Auch dagegen hatten wir nichts einzuwenden. Das Schlimme war nur, daß jeder britische Vorschlag es uns überließ, die Zustimmung der anderen Verbündeten zu gewinnen, und es vollkommen offen ließ, worüber gesprochen werden sollte oder was Großbritannien tun werde, wenn sich die anderen Verbündeten weigerten, diesen Vorschlägen zu folgen. Wir durften also nicht damit rechnen, daß Großbritannien bei der Formulierung einer europäischen Reaktion auf unsere Initiative den Anfang machen würde, oder, wie sich dann herausstellte, bereit wäre, seine eigenen Ideen zu verteidigen, wenn wir sie vortrugen und Frankreich Einwände hatte.

Daß für Heath die europäischen Beziehungen wichtiger waren als die atlantischen, zeigte nichts so deutlich wie das große Interesse der Briten für die Haltung Frankreichs. Es war für uns verwirrend, wie besorgt sich die Briten immer wieder nach den Auffassungen der Franzosen erkundigten. Sie waren sichtlich erleichtert, als ich ihnen mitteilte, daß ich vorhätte, eine Woche später mit Jobert und Pompidou zu sprechen – als seien die Telefonleitungen zwischen London und Paris unterbrochen. Obwohl wir den Hintergrund noch nicht deutlich erkannt hatten, deutete alles darauf hin, daß die Briten uns mit gutem Willen und Ratschlägen entgegenkommen, aber schließlich doch dem Beispiel Frankreichs folgen würden.

Damit wurde Paris zum Schlüssel, der das Tor zum Europa-Jahr öffnen konnte, und am 17. Mai hatte ich meine erste Begegnung mit dem Schlosser, auf den es ankam, in seiner neuen Funktion als Außenminister, mit Michel Jobert, der noch vor einem Monat mein Kollege als Sicherheitsberater des französischen Präsidenten gewesen war. Ich kannte Jobert als einen diskreten, sich im Hintergrund haltenden Mann mit großen Fähigkeiten und der aufrichtigen Bereitschaft, mit uns zusammenzuarbeiten. Er hatte auf französischer Seite mit großem Feingefühl und Takt die technische Seite bei den Vorbereitungen für meine Geheimverhandlungen mit Le Duc Tho in Paris geleitet. Mit ihm hatten wir uns in Verbindung gesetzt, wenn es um die Lösung delikater Probleme ging, die sich während Nixons erster Amtsperiode gelegentlich in den französisch-amerikanischen Beziehungen ergaben. Er hat uns dabei niemals enttäuscht.

Aus diesem Grund und weil wir damals so herzliche Beziehungen entwickelt hatten, erwarteten wir alles andere als eine Konfrontation mit Frankreich. Wir waren auch durchaus bereit, uns über das Europa-Jahr zuerst mit der französischen Führung zu verständigen, ja, wir gaben diesem Verfahren sogar den Vorzug, denn wir waren überzeugt, daß die kühle Abwägung ihrer nationalen Interessen die Franzosen zu den gleichen Schlüssen führen werde, zu denen auch wir gekommen waren, daß nämlich die Solidarität des Westens für die Sicherheit und Freiheit Europas unerläßlich sei.

Mit dieser Beurteilung der Lage hatten wir uns schmerzlich getäuscht. Noch ehe das Jahr zu Ende war, sahen wir uns mit Frankreich in die gleiche häßliche Konfrontation gedrängt, für die wir unsere Vorgänger kritisiert hatten. Die Gründe dafür sind mir bis heute noch nicht ganz klar. Wir waren bereit, den Franzosen in Verfahrensfragen nachzugeben, und wir glaubten, Ideen verwirklichen zu wollen, die uns ursprünglich von Pompidou vorgelegt worden waren. Wir hatten nichts dagegen einzuwenden, wenn Frankreich unsere Initiative dazu benutzte, seine Stellung in Europa zu festigen, und waren durchaus bereit, mit anzusehen, daß das Erbe Monnets von französischen Staatsmännern verwirklicht wurde. Die Hauptursachen für unsere Enttäuschung waren nach meiner Ansicht der Umstand, daß Michel Jobert immer mehr an Einfluß gewann, während Pompidou physisch zugrunde ging und Nixon in den USA politisch zusammenbrach.

Über einen Zeitraum von etwa vier Wochen arbeiteten Jobert und ich harmonisch zusammen – jedenfalls gelang es ihm, diesen Eindruck in mir zu erwecken. Er bot mir sogar seine Hilfe für den Entwurf der neuen »Atlantik-Charta« an, und in der Tat sind wesentliche Abschnitte der im Juni 1974 unterzeichneten gemeinsamen Erklärung unter Joberts Ägide von dem klugen französischen Botschafter beim Nordatlantikrat, François de Rose, verfaßt worden. Aber dieses Dokument hatte durch Joberts geschickte Taktiken bis dahin jede Bedeutung verloren. Während ein Monat nach dem anderen verging, unternahm er mit dämonischer Geschicklichkeit alles, um unsere Politik zu hintertreiben. Das ändert nichts an meiner Überzeugung, daß kein Außenminister, den ich kennengelernt habe, intelligenter als Jobert war und nur sehr wenige an ihn heranreichten. Und so seltsam das auch klingen mag, trotz all unserer Konflikte mochte ich ihn persönlich sehr gern. Es entwickelte sich zwischen uns sogar eine Art Freundschaft – die sich allerdings mit Erbitterung paarte. Er war ein kultivierter, ungewöhnlich liebenswürdiger Mann, und jeder Gedankenaustausch mit ihm war ein Vergnügen. Elegant und zynisch, mit einem ausdrucksvollen Gesicht, das von den leuchtenden Augen beherrscht wurde, war Jobert ein hochintelligenter Mann und ein leidenschaftlicher Diskussionspartner. Als Angehöriger einer Nation, in der die Rhetorik noch als Kunstform gepflegt wird, konnte er ebenso zutreffende wie beißende Aphorismen von sich geben.

Was Michel Jobert fehlte, waren weder Intelligenz noch analytischer Verstand, sondern der richtige Sinn für die Verhältnismäßigkeit. Ich glaube nicht, daß er es von Anfang an auf eine Konfrontation mit den Vereinigten Staaten abgesehen hatte. Er verfolgte zunächst das traditionelle Ziel der französischen Außenpolitik in der gaullistischen fünften Republik. Er wollte wenigstens den Eindruck erwecken, daß Frankreich alles, was geschah, aus eigener Kraft gestaltete. Bei einem späteren Gespräch hat Jobert mir gesagt, daß es ihm nicht genügen könnte, einen amerikanischen Vorschlag einfach zu akzeptieren. Frankreich brauchte »einen gewissen Handlungsspielraum«, und ihm wäre es gleichgültig, wenn Journalisten daraus eine Konfrontation machten; das werde sogar die Verständigung erleichtern:

> Wir werden Zwischenfälle, besondere Vorkommnisse, Fortschritte und Unsicherheiten erleben – und das wird ihrem Vorhaben vielleicht helfen, weil es dadurch bedeutender erscheint. Andernfalls wäre die Sache zu einfach; die Menschen würden das Interesse verlieren. Deshalb müssen wir den Anschein wahren, daß der Dialog schwierig sei.

Ich hatte den Eindruck, daß Jobert sich schließlich nicht nur unserer Initiative anschließen, sondern sogar die Führung bei der Verwirklichung unserer Ziele übernehmen werde, und glaubte, er verlangte nur, die führende Rolle spielen zu können, um dafür zu sorgen, daß wir das Europa-Jahr nicht dazu benutzten, Frankreich innerhalb der Europäischen Gemeinschaft zu isolieren. Er fragte mich, ob wir schon den Text einer atlantischen Deklaration entworfen hätten. Als ich ihm sagte, das wäre noch nicht geschehen, schien er mir nicht recht glauben zu wollen. In Wirklichkeit hatten wir gezögert, mit der Formulierung eines solchen Textes zu beginnen, bevor unsere wichtigsten Verbündeten uns zugestimmt hatten, denn wir wollten verhindern, daß sie den Entwurf gemeinsam aushöhlten und zu Tode kritisierten. Jobert drängte uns, ihm diesen Entwurf so bald wie möglich vorzulegen. Er erklärte, daß er ihn, wenn er damit einverstanden sei, der Europäischen Gemeinschaft vorlegen werde. Wir sollten jedoch unseren zweifellos starken Einfluß nicht dazu benutzen, daß Frankreich innerhalb der Gemeinschaft überstimmt würde, oder uns auf die atlantische Partnerschaft berufen, um das Entstehen einer europäischen Identität zu verzögern.

Angesichts des Bestrebens von Großbritannien und Deutschland, mit Frankreich Schritt zu halten, fiel es mir nicht schwer, Paris eine führende Rolle zuzugestehen. Ich erklärte mich gern einverstanden und versicherte ihm, daß wir innerhalb der europäischen Institutionen nichts unternehmen würden, um Frankreich zu isolieren. So zeigten wir während der ersten Wochen des Europa-Jahrs der Europäischen Gemeinschaft – auf Veranlassung Frankreichs – die kalte Schulter! Der verschlagene Jobert hatte uns also vor einen noch unauflöslicheren inneren Widerspruch gestellt als Brandt. Er verlangte von uns, unser Interesse an der europäischen Einheit dadurch unter Beweis zu stellen, daß wir die europäischen Institutionen übergingen und es Frankreich überließen, einen Konsens mit den anderen europäischen Hauptstädten herzustellen. Damit war uns die Initiative aus der Hand genommen.

Es ist immer falsch, einem anderen soveränen Staat freie Hand zu lassen. Es zeigte sich bald, daß Jobert, ob er es nun beabsichtigt hatte oder nicht, jede Chance für sich zu nutzen verstand. Unter rücksichtsloser Ausnutzung unserer Vorbehalte gegenüber der Europäischen Gemeinschaft, zu denen er uns ermutigt hatte, organisierte er jetzt die europäischen Minister und Beamten – auch unter den günstigsten Umständen schwierige Verhandlungspartner – gegen uns und machte sich zu ihrem Sprecher. Eine amerikanische Initiative hatte es Jobert ermöglicht, den Versuch zur Verwirklichung des alten gaullistischen Traums zu unternehmen, Europa auf einer antiamerikanischen Basis zu vereinigen.

Ich kann nicht beurteilen, ob Jobert von Anfang an ein so ausgeklügeltes Spiel mit uns treiben wollte oder ob er allmählich und gegen seine ursprüngliche Absicht in diese Lage geraten ist, weil sich die Gelegenheit dazu ergab. Ich neige eher zu der zweiten Alternative, und zwar zum Teil deshalb, weil Frankreich aus der Konfrontation, die durch Joberts Taktiken unvermeidlich wurde, nichts zu gewinnen hatte. Sobald die Fronten sich geklärt hatten und die europäischen Nationen sich gezwungen sahen, zwischen den Vereinigten Staaten und Frankreich zu wählen, konnte angesichts der Tatsache, daß sie auf unseren Schutz angewiesen waren, am Ausgang eines solchen Ringens kein Zweifel bestehen. Doch bevor es dazu kam, verlor Jobert als Folge von Pompidous Tod seinen Posten als Außenminister, und die französisch-amerikanischen Streitigkeiten lösten sich für den Rest des Jahrzehnts auf wie eine Rauchwolke im Wind.

Was Jobert dazu veranlaßt haben könnte, die Zusammenarbeit mit uns aufzugeben, ist augenscheinlich die Faszination des persönlichen Ansehens gewesen, das er als handelnder Politiker im Rahmen des französisch-amerikanischen Konflikts zu gewinnen suchte. Wie eine Gestalt aus einem Theaterstück von Pirandello wurde Jobert schließlich zu dem, was er zunächst nur vorgegeben hatte zu sein. Als wir uns kennenlernten, glaubte er, daß meine Bewunderung für de Gaulle grenzenlos sei. Er sagte, der Gaullismus wäre durch Rhetorik abgemilderte Immobilität. Am Schluß hatte er die Ideen des Gaullismus so weit auf die Spitze getrieben, wie es sich der große General niemals hätte vorstellen können, der zu sehr Historiker war, um einen Streit auf die persönliche Ebene zu verlagern, und der niemals so weit gegangen wäre, das globale Gleichgewicht zu gefährden. Nachdem Jobert zunächst die Rolle des Gegners übernommen hatte, um, wie er behauptete, die psychologische Basis für die spätere Zusammenarbeit zu schaffen, faszinierte ihn diese Rolle so sehr, daß er zum Vokabular der Zusammenarbeit nicht mehr zurückfinden konnte. Er vergaß, daß Diskussionen nicht Selbstzweck sind; sie haben nur einen Wert als Zwischenstadium in einem Prozeß, der zur Einigung führt, und zwar auch, wenn die Gesprächspartner politische Gegner sind. Ich habe den Verdacht – und ich weiß, daß auch Persönlichkeiten aus Pompidous näherer Umgebung meine Auffassung teilen –, daß Jobert zu seiner extremen Haltung durch die bis dahin unvorstellbare Idee getrieben worden ist, er könnte die Nachfolge seines todkranken Präsidenten antreten, wenn er in der Öffentlichkeit den Eindruck erweckte, ein hartnäckiger Verteidiger des französischen Nationalismus zu sein.

Die Lage wurde noch auswegloser, weil Jobert seine leidenschaftlichen Gefühle hinter einer zynischen Nonchalance versteckte. Das Räderwerk der diplomatischen Maschinerie wird durch versöhnliche äußere Formen geölt, die es ermöglichen, politische Meinungsverschiedenheiten von persönlicher Animosität zu unterscheiden. Die fein ausgeklügelten Rituale des Protokolls sind ein Symbol dafür, daß der Diplomat, auch wenn er einen Standpunkt einnimmt, der dem seines Gesprächspartners diametral entgegengesetzt ist, einem bestimmten Ziel, einem Grundsatz und einem Interesse dient, dabei aber niemals eine persönliche Vendetta austrägt. Jobert weigerte sich, diese Spielregeln zu beachten. Bei jeder Konfrontation ging er sofort zum persönlichen Angriff über. Wenngleich unsere privaten Gespräche in freundlichem und herzlichem Ton geführt wurden, versäumte er niemals die Gelegenheit, in Gegenwart anderer die verletzendsten Formulierungen zu finden. Er beschränkte seine beißenden Bemerkungen auch nicht auf Angriffe gegen die Vereinigten Staaten. Auf der Energiekonferenz in Washington im Februar 1974 griff er den damaligen deutschen Finanzminister Helmut Schmidt so persönlich an, wie es mit den politischen Absichten der französischen Regierung unvereinbar war.

Jobert war ein großes Talent und hätte es weit bringen können, wäre sein Präsident nicht gerade in dem Augenblick schwer erkrankt, in dem er selbst an prominenter Stelle einen verantwortlichen Posten übernahm. Pompidou war im wesentlichen maßvoll, vorsichtig und ausgewogen. Ich kann mir nicht vorstellen, daß er die Lage so hätte außer Kontrolle geraten lassen, wenn er noch gesund gewesen wäre. Doch nun, da sein Präsident ihm keine Richtlinien mehr geben konnte, sah sich Jobert plötzlich vor die Möglichkeit eines persönlichen Erfolgs gestellt, der in seiner bisherigen Anonymität undenkbar gewesen wäre, und wurde zu einem Meteor, der für kurze Zeit das Firmament der Diplomatie in ein grelles Licht tauchte, um ebenso rasch in der Versenkung zu verschwinden.* Das war ein großer Jammer.

Als wir am 17. Mai 1973 zum ersten Mal zusammentrafen, deutete noch nichts auf die künftigen Konflikte hin. Wir sprachen vor allem darüber, wie die Präsidenten Pompidou und Nixon auf dem bevorstehenden Gipfeltreffen in Island gemeinsam etwas für das Europa-Jahr tun könnten. Jobert sagte, er sei mit diesem Vorhaben einverstanden, meinte jedoch, wir brauchten Geduld und er werde sich an der damit verbundenen harten Arbeit beteiligen. Er rechnete damit, daß mein für den nächsten Tag vorgesehenes Gespräch mit Pompidou zu konkreten Ergebnissen führen würde.

Diese Erwartung bestätigte sich. Als ich am 18. Mai im Elysee-Palast vom Präsidenten empfangen wurde, konnte ich feststellen, daß sich Pompidou als erster europäischer Regierungschef ernsthaft mit der Substanz des Europa-Jahrs beschäftigte. Er unternahm nicht den Versuch, auf Verfahrensfragen auszuweichen, sondern ging sofort auf den Kern des Problems ein. Er sagte, daß er einige Bemerkungen zu der von mir im April gehaltenen Rede machen müßte. Er teilte nicht die Auffassung meiner Kritiker, die sich daran stießen, daß ich von einer regionalen Rolle Europas gesprochen hatte. Hätte ich behauptet, Europa habe nicht das Recht, eine eigene Meinung zu haben, dann wäre das etwas anderes. Das hätte ich jedoch nicht getan, und diesen Umstand hätten die meisten Journalisten, die mich kritisierten, übersehen. Ich hätte nur von einer objektiv richtigen Tatsache gesprochen. Es sei »mehr oder weniger richtig«, fuhr Pompidou fort, daß Europa eine zweitrangige Macht wäre (eine Behauptung, mit der Pompidou viel weiter ging als ich). Er räumte auch ein, daß die vielfältigen Probleme, vor denen die atlantischen Nationen jetzt stünden, gleichzeitig gelöst werden müßten. So sei es zum Beispiel nicht möglich, Meinungsverschiedenheiten auf wirtschaftlichem Gebiet auszuräumen, ohne die Wirtschaftsprobleme in den Rahmen einer gemeinsamen politischen und militärischen Strategie zu stellen. Der Präsident sagte, daß er sich darauf freue, alle diese wichtigen Fragen mit Nixon in Reykjavik ausführlich besprechen zu können.

Pompidou begriff, daß besonders die Ost-West-Entspannung eine Übereinstimmung in allen grundsätzlichen Fragen erforderte. Besondere Sorgen bereitete es ihm, daß Nixon den Sowjets zu weit entgegengekommen sein könnte. Was ihn besonders beunruhigte, waren die Vereinbarungen zur Verhinderung eines Krieges mit Kernwaffen, die im Juni von Nixon und Breschnew unterzeichnet werden sollten und über deren Inhalt wir Pompidou auf dem laufenden hielten (siehe 7. Kapitel).

Er interpretierte diese Vereinbarung – wie ich glaubte zu Unrecht – als einen Verzicht der Supermächte auf einen Krieg mit Kernwaffen, der Europa und China Zwängen aussetzte, die unterhalb der Schwelle

* 1981 kehrte Jobert als Außenhandelsminister unter Präsident François Mitterand ins öffentliche Leben zurück.

eines mit allen verfügbaren Waffen zu führenden Krieges lagen. Er fragte mich, ob Nixon andere politische Vorstellungen habe als ich und ob wir immer noch eine Politik des Gleichgewichts zwischen den verschiedenen Machtzentren verfolgten oder uns gegen China auf die Seite der Sowjetunion stellten. Und welche Haltung würden wir gegenüber einem »getarnten« sowjetischen Vorrücken einnehmen, das »ohne Gewaltanwendung, aber als ›voranwandernde Flutwelle‹ auf uns zukäme«? Mit anderen Worten, was würden wir unternehmen, wenn kommunistisch beherrschte Kräfte in wichtigen Ländern der Dritten Welt oder vielleicht sogar in europäischen Parlamenten die Macht übernähmen?

Das waren tiefschürfende und weitblickende Fragen, und sie bezeichneten die Schlüsselprobleme des nächsten Jahrzehnts. Die amerikanische Entspannungsstrategie stützte sich auf die gemäßigten Elemente in den Vereinigten Staaten, wollte bei unseren Verbündeten den Eindruck vermeiden, sie könnte zu internationalen Spannungen führen, und den Sowjets die Gelegenheit für ein zumutbares Entgegenkommen geben, sie war jedoch niemals ein politisches Ziel an sich. Für den Fall, daß die Sowjets an ihrer Expansionspolitik festhielten, waren wir entschlossen, mit Festigkeit darauf zu reagieren, und unsere Politik war darauf gerichtet, dafür eine möglichst breite Basis zu schaffen. Doch Pompidou hatte ihre Schwächen erkannt: Bei der Entspannungspolitik bestand die Gefahr, daß man Taktik mit Strategie und Rhetorik mit der Realität verwechselte. Wenn ein so feinfühliger Politiker wie Pompidou hier seine Zweifel hatte, dann bestand das Risiko, daß wir bei dem Bemühen, unsere Friedensliebe zu demonstrieren, die traditionellen Gegner des sowjetischen Expansionismus demoralisierten. Wenn wir das Argument entkräfteten, daß die NATO ein Hindernis für den Frieden sei, dann erschwerten wir es ihr vielleicht auch, die Gefahr richtig zu erkennen. Das alles könnte die Dynamik der von Pompidou so bezeichneten »voranwandernden Flutwelle« verstärken – die sich 1973 nur als leichte Kräuselung der Wasserfläche am Horizont erkennen ließ.

Ob die Quadratur des Kreises dem Präsidenten der Vereinigten Staaten in einer normalen Amtsperiode gelungen wäre, läßt sich nicht sagen. Offensichtlich glaubten wir nicht nur, daß dies möglich wäre, sondern waren auch überzeugt, daß wir den Zusammenhalt des Westens auf die Dauer auf keine andere Weise stärken könnten. In der stickigen Atmosphäre von Watergate, als sich alle Hoffnungen Nixons auf eine Verbreiterung seiner innenpolitischen Basis durch eine gemäßigte Politik zerschlugen, gingen wir das doppelte Risiko ein: daß die getarnten Vorstöße der Sowjets die Öffentlichkeit verwirrten, während unsere Versuche, zum Widerstand dagegen aufzurufen, nicht die notwendige Unterstützung fanden.

Pompidou hatte in der Tat die Grundsatzfrage gestellt, mit der sich die Amerikaner am wenigsten gern beschäftigten: Widersetzen wir uns als stärkste freie Nation in der Welt der Tatsache des Wandels oder der Methode, mit der dieser Wandel herbeigeführt werden soll? Wollen wir nur die mit illegitimen Methoden bewirkte sowjetische Expansion verhindern (wobei sich darüber streiten läßt, wie man den Begriff der Illegitimität definieren will), oder kommt es uns darauf an, das geopolitische Gleichgewicht der Kräfte unter allen Umständen und ohne Rücksicht darauf, mit welchen Methoden es gefährdet wird, zu verteidigen – auch wenn, wie Pompidou es ausdrückte, der Angriff gegen dieses geopolitische Gleichgewicht als eine »voranwandernde Flutwelle« getarnt wird?

Das traditionelle Vertrauen zu den Grundsätzen des Völkerrechts und die historisch begründete Abneigung, in Kategorien des Gleichgewichts der Kräfte zu denken, führen die Amerikaner dazu, sich lieber den Methoden zu widersetzen, mit denen ein Wandel bewirkt wird, als den konkreten Veränderungen selbst, und selbstverständlich können und sollten wir nicht unbedingt jeden Status quo blind zu verteidigen suchen. Das Ziel der amerikanischen Außenpolitik müssen sowohl Gerechtigkeit als auch Stabilität sein, und beide sind selbstverständlich eng miteinander verknüpft. Doch gibt es Veränderungen im internationalen Kräfteverhältnis, welche die Sicherheit unserer Nation bedrohen können und gegen die wir uns wehren müssen, gleichgültig wie sie entstanden sind. Während eines Zeitraums von hundert Jahren hat England Krieg geführt, um zu verhindern, daß sich eine Großmacht – gleichgültig mit welchen Methoden – in den Besitz des Hafens von Antwerpen setzte. Die Beherrschung der Meere, die Voraussetzung für das Überleben Großbritanniens, war, wie man glaubte, nicht gewährleistet, wenn eine sichere Flottenbasis in so unmittelbarer Nähe der britischen Lebenslinie errichtet wurde. Aus einer ähnlichen Tradition kommend, fragte Pompidou jetzt, ob es für die Geduld der Vereinigten Staaten ähnliche Grenzen gäbe. Seine Frage brachte mich in Verlegenheit. Intellektuell stimmte ich ihm zu. Die Sicherheit der freien Völker hing davon ab, ob die Vereinigten Staaten ein Konzept ihres nationalen Interesses entwickeln konnten, das wir ohne Rücksicht auf die äußere Form, in der es bedroht wurde, verteidigen würden. Ich wußte aber auch, daß diese Vorstellungen dem traditionellen außenpolitischen Denken in den Vereinigten Staaten zuwider liefen und daß ich nicht in der Lage war, die Frage des französischen Präsidenten eindeutig zu beantworten.

Die Grundkonzepte der Außenpolitik in der Amtsperiode des Präsidenten Nixon trugen mit ihrer Dynamik dazu bei, daß das nationale Interesse in diesem Sinne verstanden wurde, und unser Volk wurde dazu erzogen, die Komplexität dieser Politik besser zu begreifen. Zu unserem Unglück verursachte jedoch der Vietnam-Krieg eine Verwirrung der Begriffe, und Watergate drohte, die ganze öffentliche Diskussion zu ersticken. Aus Gründen, die mit unserer Außenpolitik nichts zu tun hatten, verloren wir die Fähigkeit, unsere fundamentalen Erkenntnisse deutlich zu machen: daß unsere Nation die Pflicht hatte, die Sicherheit der freien Völker zu verteidigen, wenn sie ihre eigene Sicherheit bewahren wollte, und daß es eine problematische Aufgabe ist, der Gefährdung des Gleichgewichts der Kräfte schon in den frühen Stadien einer solchen Entwicklung Widerstand zu leisten. Denn wenn man wartet, bis die Gefahr deutlich erkennbar wird, dann wächst der Preis für einen solchen Widerstand ins Unermeßliche; im Nuklearzeitalter kann er untragbar hoch werden.

Eine Nation und ihre Führer haben die Wahl zwischen der mit exorbitanten Risiken gekoppelten moralischen Gewißheit oder der Bereitschaft, aufgrund unbeweisbarer Vermutungen zu handeln, um Herausforderungen zu begegnen, solange die Lage noch nicht außer Kontrolle geraten ist. Ich bevorzuge das letztere Verfahren. Wir haben angesichts der Tatsache, daß unser Handlungsspielraum immer geringer wird, auch keine andere Wahl. Aber eine solche Politik belastet uns, weil es sich niemals beweisen läßt, ob es wirklich notwendig gewesen ist, die Opfer zu bringen, die sie uns abverlangt. Hätte Frankreich 1936 die Wiederbesetzung des Rheinlands durch Hitler nicht zugelassen – und das war nun einmal das entscheidende Ereignis, das schließlich zum Ausbruch des Zweiten Weltkriegs geführt hat –, dann wäre das für den denkbar geringsten Preis gelungen. Aber dennoch würden in diesem Fall bis heute Doktorarbeiten über die Streitfrage geschrieben werden, ob Hitler ein mißverstandener Nationalist oder ein Wahnsinniger gewesen sei, der nach der Weltherrschaft strebte. Vier Jahre später wußte jeder, was Hitler war, aber diese Erkenntnis hatte Millionen von Menschenleben gekostet.

Es ist die Pflicht des Staatsmannes, die Kluft zwischen den Erfahrungen seiner Nation und seinem politischen Weitblick zu überbrücken. Wenn er seinem Volk zu weit voraus ist, wird er sein Mandat verlieren; wenn er sich auf das Konventionelle beschränkt, dann verliert er seinen Einfluß auf die Ereignisse. Die Qualitäten, die einen großen Staatsmann auszeichnen, sind Weitblick und Mut, nicht sein analytischer Verstand. Er muß eine Vorstellung von der Zukunft und den Mut haben, auf sie zuzugehen, während sie für die meisten seiner Landsleute noch im Dunklen liegt. Leider trifft es zwar zu, daß sich die Größe eines Staatsmannes daran erkennen läßt, daß er, vor schwierige Entscheidungen gestellt, die richtige trifft, aber nicht jeder, der vor solche Entscheidungen gestellt wird, ist ein großer Staatsmann. Er kann auch ein Narr sein.

In dem Jahr, in dem Watergate über uns hereinbrach und ein zehn Jahre dauerndes Ringen in Indochina hinter uns lag, habe ich mich mit Pompidou mehr in der Eigenschaft eines Professors als in der eines Diplomaten unterhalten. Ich sagte ihm, daß wir das Gleichgewicht der Kräfte in der Welt um jeden Preis bewahren würden. Man könnte sich Veränderungen vorstellen, die wir nicht zulassen würden, in welcher Form sie sich uns auch präsentierten – und sei es in der Form einer »voranwandernden Flutwelle«. Ich sagte, daß er sich daher irrte, wenn er glaubte, Nixon habe sich für die Sowjetunion und gegen China entschieden. Grundsätzlich wäre es uns lieber, hier keine Entscheidung treffen zu müssen, es könnte aber von uns verlangt werden:

> Es hat keinen Sinn, dem Stärksten gegenüber dem Schwächsten den Vorzug zu geben. Wenn es der Sowjetunion gelänge, China zu entmachten, dann würde Europa zu einem Finnland und würden die Vereinigten Staaten vollkommen isoliert werden. Es liegt daher in unserem Interesse, es weder zu wünschen, noch zuzulassen, daß die So-

wjetunion China vernichtet. Wie kann man China unterstützen? Heute wäre ein solcher Gedanke in der amerikanischen Öffentlichkeit unvorstellbar. Wir brauchen eine Reihe von Jahren, um die Beziehungen zu China herzustellen, die die Vorstellung plausibel erscheinen lassen, daß ein gegen China gerichteter Angriff auch ein Angriff gegen die fundamentalen Interessen der Vereinigten Staaten sein könnte. Das ist unsere klare politische Linie.

Was nun das »getarnte Vorrücken der Sowjets« angeht, so sagte ich, daß wir alles tun würden, um ein Nachlassen der Wachsamkeit des Westens zu verhindern, zu dem es unter solchen Umständen nur allzu leicht kommen könnte. Aus diesem Grund wollten wir den atlantischen Beziehungen eine neue moralische Dimension geben, damit sich alle vermehrt um die Verwirklichung neuer Ziele und Wertvorstellungen bemühten. Auch die beabsichtigte Reise Nixons nach Reykjavik sei von diesem Geist getragen.

Doch während ich diese ermutigenden Worte aussprach, war ich selbst in trüber Stimmung. Die durch Watergate belasteten Vereinigten Staaten würden wahrscheinlich nicht den innenpolitischen Rückhalt finden, um solche Ideen verwirklichen zu können, und die über die Haltung gegenüber Moskau zerstrittenen Europäer würden vielleicht nicht auf uns hören, nachdem Amerika den inneren Zusammenhalt wiedergefunden hatte. Diese Befürchtungen zuzugeben, hätte jedoch die Gefahren nur noch erhöht. Manchmal kann man nichts Besseres tun, als sich seinen Glauben trotz aller bösen Vorzeichen zu bewahren und darauf zu vertrauen, daß die Vorsehung das Schlimmste verhüten werde.

Pompidou zeigte großes Verständnis. Er kannte unsere Schwierigkeiten, und ironischerweise war die Zeit, die ihm noch blieb, zu kurz, als daß er hätte mehr unternehmen können, als seine Qualen mit Linderungsmitteln zu verringern. In dieser Stimmung beschäftigte er sich vor allem mit taktischen Fragen. Er sagte, daß er nach Island gehen werde, um »positive Dinge« zu erreichen. Er wäre bereit für ein »realistisches Gespräch« über ein neues Dokument, in dem die Verbündeten ihre Solidarität und ihre Langzeitziele bestätigen müßten: »Wir müssen so miteinander reden, daß die Europäer nicht den Eindruck gewinnen, als ob die Vereinigten Staaten uns unser Verhalten vorschrieben.« Nach monatelangen fruchtlosen Gesprächen hatte ich nun zum ersten Mal den Eindruck, daß wir endlich vor einem entscheidenden europäisch-amerikanischen Dialog stünden, wie wir ihn uns vorgestellt hatten.

Eisberge in Reykjavik

Das Gipfeltreffen zwischen Nixon und Pompidou in Reykjavik am 31. Mai und 1. Juni 1973 erfüllte solche Hoffnungen nicht. Daß wir diese Gespräche in der Absicht aufnahmen, zu einem Durchbruch zu kommen, beweisen unsere internen Debatten. Unsere Wirtschaftsbehörden waren zum Beispiel überzeugt, daß unsere Bemühungen um ein fluktuierendes Währungssystem bei der Konferenz auf den Azoren im Jahr 1971 fast erfolglos geblieben waren, als Pompidou und Nixon beschlossen hatten, zur Bekämpfung der Währungskrise von der limitierten Goldkonvertibilität abzugehen.[6] Trotz der damaligen Zusage Nixons gegenüber Pompidou, den Wert des Dollars zu verteidigen – was die Festlegung der Wechselkurse bedeutete –, kam es im März 1973 praktisch zur Einführung der fließenden Wechselkurse, die unser Finanzministerium seit jeher bevorzugt hatte und gegen die sich die Franzosen ebenso hartnäckig wehrten, und zwar, weil wir es ablehnten oder nicht dazu in der Lage waren (dabei kommt es darauf an, aus welcher Perspektive man die Dinge betrachtet), uns an unsere Zusagen zu halten.

Nun standen wir wieder vor einem französisch-amerikanischen Gipfel, und mein Freund George Shultz fürchtete, wir könnten diese schwer erkämpften Vorteile – als die wir sie damals ansahen – für ein Linsengericht verkaufen, denn dafür hielten die Wirtschaftsexperten die von uns ins Auge gefaßte Atlantik-Charta. In seiner klugen und ruhigen Art legte Shultz dem Präsidenten unmittelbar vor unserer Abreise eine Denkschrift vor. Der Grundgedanke war, daß Nixon unsere Haltung zu einer Reform des Währungssystems nicht zugunsten von vagen französischen Zusagen hinsichtlich der politischen Zusammenarbeit aufgeben sollte. Diese Haltung des Finanzministeriums war verständlich; die politische Führung mußte solche Vorschläge ablehnen. Ich erwähne diesen Zwiespalt hier nur, um zu zeigen, welche Ironie darin lag, daß die Befürchtungen unserer eigenen Mitarbeiter denen unserer europäischen Kritiker widersprachen.

Nixon und ich standen zwischen zwei Feuern, dem Zögern unseres Beamtenapparats und dem Mißtrauen einiger unserer Verbündeten; in dieser Lage wollten wir jetzt im Geiste meines mit Pompidou geführten Gesprächs in das Gipfeltreffen gehen. Jobert hatte mich gebeten, ihm eine »private«, das heißt inoffizielle Denkschrift zu schicken – wenn so etwas zwischen Diplomaten auf höherer Ebene überhaupt möglich ist. Er sagte, daß Pompidou und er unsere Haltung zur Vorbereitung des Gipfels prüfen und konstruktiv reagieren würden. Zwar konnte in diesem Vorschlag wieder eine jener für Jobert so charakteristischen versteckten Fallen oder das Produkt seines spielerischen und doch beißenden Zynismus stecken, mit dem er uns nur allzu gern als Bittsteller erscheinen ließ, aber ich glaubte trotzdem, daß es nichts schaden könnte, wenn wir auf seinen Vorschlag eingingen; die Franzosen würden sich über kurz oder lang doch mit unserem Standpunkt auseinandersetzen müssen. Am 26. Mai ließ ich Jobert durch unseren Botschafter John Irwin eine Denkschrift überreichen, die eine Zusammenfassung unserer Vorstellungen enthielt. Die Überschrift lautete »Das beabsichtigte Ergebnis des Zusammentreffens zwischen den Präsidenten Nixon und Pompidou in Island«. Der entscheidende Abschnitt erläuterte, welchen Inhalt nach unserer Auffassung eine »atlantische Deklaration« haben sollte:

> Wir möchten uns darüber verständigen, daß es notwendig sei, mit der Formulierung einer Reihe von die atlantischen Beziehungen betreffenden Grundsätze zu beginnen, wie sie zur Zeit des Europa-Besuchs

des amerikanischen Präsidenten gegen Ende dieses Jahres gelten sollten. Diese Grundsätze könnten in einem Dokument festgehalten werden, das in der Form einer Deklaration veröffentlicht wird, hinter der die Mitgliedsländer des nordatlantischen Bündnisses und der europäischen Gemeinschaft stehen. Wir sind jedoch, was die Form angeht, in der eine solche Reihe von Grundsätzen zusammengefaßt wird, und hinsichtlich der Bezeichnung dieses Dokuments flexibel. Aber wir würden uns gern darüber einigen, welche Kategorien von Themen in dem Katalog der Grundsätze aufgenommen werden sollen, zum Beispiel:

- eine neue Erklärung über die Werte und umfassenden Interessen, welche die atlantischen Nationen gemeinsam vertreten,
- eine Definition gemeinsamer Sicherheitsinteressen und Ziele, unter den in den siebziger Jahren gegebenen Verhältnissen,
- die Grundvorstellungen über die Ost-West-Beziehungen und über die Beziehungen zu anderen Gebieten,
- die Grundsätze für die Zusammenarbeit bei der Lösung von Problemen gemeinsamen Interesses wie Umweltfragen, Energieversorgung, Austausch von Technologien usw.
- und die Grundsätze der Gestaltung von Wirtschaftsbeziehungen einschließlich von Handelsgesprächen und unseren Bemühungen zur Reform des internationalen Währungssystems.

Die Franzosen hatten bis zu unserem Zusammentreffen in Island keine Zeit mehr für eine Antwort.

In der Zwischenzeit trafen Heath und Pompidou zu einem inoffiziellen Gespräch zusammen, ein neuer Beweis für die Reserviertheit der Europäer. Weder Briten noch Franzosen unterrichteten uns auch nur oberflächlich über den Inhalt dieser Gespräche, obwohl das Hauptthema eine amerikanische Initiative gewesen war. Die Franzosen sagten uns kein Wort – als gingen uns ihre Konsultationen mit den Briten nichts an. Heath schrieb uns einen unverbindlichen, im Ton freundlichen, im Inhalt spärlichen Brief, in dem er wiederholte, was Pompidou uns schon selbst gesagt hatte, daß nämlich der französische Präsident mit einer »positiven Haltung« nach Island kommen werde. Von diesem Augenblick an verhielt sich Heath wie ein Außenstehender, der peinlich berührt jeden Augenblick mit dem Ausbruch eines Familienstreits rechnet.

Über den Inhalt der privaten Gespräche hatten wir kaum etwas erfahren, aber die Haltung der Öffentlichkeit war besorgniserregend. Der von Pompidou und Brandt für die nächste Zeit ins Auge gefaßte atlantische Gipfel rückte in weite Fernen, denn jetzt weigerten sich Heath und Pompidou, sich auf ein Datum festzulegen solange bilaterale und multilaterale Konsultationen nicht deutlich machten, daß eine Konferenz auf höherer Ebene notwendig sei. Das war natürlich eine Tautologie: Da die Ergebnisse von Konsultationen vom guten Willen der beteiligten Regierungen abhängig waren, konnten diejenigen, die ein Gipfeltreffen ablehnten, praktisch ein Veto einlegen, indem sie das Vorhaben immer wieder hinauszögerten. Durch ihre Weigerung, einen Zeitpunkt für den Gipfel festzusetzen, forderten Heath und Pompidou die Beteiligten sogar zu einer solchen Taktik heraus. Sie verhinderten auch jeden Versuch, den Fortgang der Gespräche zu beschleunigen, was angesichts eines bevorstehenden Gipfeltreffens oder sogar einer Reise des Präsidenten nach Europa möglich gewesen wäre. Um jedes Mißverständnis zu vermeiden, ließen die beiden Regierungschefs die Presse durch ihre Mitarbeiter informieren, daß sie nicht daran glaubten, die Konsultationen könnten Ende 1973 abgeschlossen werden.

Aber Nixon beschäftigte sich in erster Linie mit Watergate und ich mit einer weiteren Verhandlungsrunde über Vietnam. Weder er noch ich hatten bis dahin begriffen, daß das Europa-Jahr zu einem gefährlichen Rückschlag führen könnte. Ohne die verheerenden Auswirkungen von Watergate noch recht erkennen zu können, von Verfahren bedrängt, die alles nur noch mehr verwirren konnten, und von der Überzeugung durchdrungen, den richtigen Weg zu gehen, ließen wir uns nicht so sehr von kühlen Überlegungen leiten, sondern versuchten, die Antworten zu finden, die unseren Vorstellungen entsprachen. Wir weigerten uns anzuerkennen, daß es für eine neue Ära der Kreativität entweder zu spät oder zu früh war, denn nur die Aussicht auf solche Erfolge hatte es uns ermöglicht, die Seelenqualen zu ertragen, die der Vietnam-Krieg uns auferlegte.

Bevor wir uns dem Inhalt der Gespräche in Island zuwenden konnten, sollte noch ein Treffen mit den Führern jenes Landes stattfinden, in dem eine bewundernswert tapfere Bevölkerung auf steinigem Ödland und im unwegsamen Gebirge während des Sommers im fast ununterbrochenen Tageslicht und in der endlosen Dunkelheit des Winters dem kargen Boden und der mitleidlosen See den Lebensunterhalt abringt. Wie es die diplomatische Etikette vorschreibt, dankten Nixon, Außenminister Rogers und ich den führenden Mitgliedern der isländischen Regierung für ihre Gastfreundschaft. Sie begegneten uns höflich, zeigten aber für den französisch-amerikanischen Gipfel nur geringes Interesse. Sie beschäftigte in erster Linie der unmittelbar bevorstehende Kabeljaukrieg gegen Großbritannien.

Dabei ging es um die Fischereirechte in den Territorialgewässern vor der Küste. Island beanspruchte für sich die ausschließlichen Fischereirechte in den zwischen Island und Großbritannien gelegenen Gewässern, was wiederum Auswirkungen auf Fragen der Verteidigung und den Zugang zu den am Boden der Tiefsee liegenden Mineralien hatte. Welches auch die völkerrechtliche Grundlage für die Ansprüche Islands gewesen sein mochte, das kleine Land wollte sie erzwingen, indem es drohte, der NATO die Benutzung von Luftbasen auf isländischem Boden zu verweigern, wenn notwendig durch einen gegen Großbritannien geführten Krieg. Britische Trawler und ein britisches Kriegsschiff waren schon von isländischen Schnellbooten angegriffen worden, die durch geschickte Manöver ihre geringe Feuerkraft auszugleichen wußten. Die isländischen Minister stießen scharfe Drohungen aus und erklärten, daß sie ihre militärischen Abwehrmaßnahmen intensivieren würden, während Nixon und Rogers sie anflehten, auf so gefährliche Zwangsmaßnahmen zu verzichten.

Ich versuchte, mir über die Lage klar zu werden. Eine von zweihunderttausend Menschen bewohnte Insel drohte einer Weltmacht mit einer Bevölkerung von fünfzig Millionen mit einem Krieg, und den Anlaß bildete die Kabeljaufischerei. Eine Supermacht hielt es für notwendig, erstens dazu Stellung zu nehmen und zweitens nicht die stärkere, sondern die schwächere Seite zu besänftigen. Während Nixon und Rogers alles taten, um sie zu beruhigen, bestanden die isländischen Minister unversöhnlich auf einem Vorgehen, das in früheren Zeiten dem Selbstmord gleichgekommen wäre. Ich dachte an eine Äußerung, die Bismarck vor mehr als hundert Jahren gemacht hatte, daß nämlich die Schwachen stärker durch ihre Unverschämtheit und die Starken schwächer durch ihre Zurückhaltung werden. Die Szene im Rathaus von Reykjavik – die zur Besonnenheit mahnende Großmacht, das aufgebrachte kleine Land, das einer zweihundertfünfzigmal so großen Nation mit dem Kriege drohte und erklärte, daß es aus der NATO austreten werde (ohne die es wehrlos wäre) – das sprach Bände über die Verhältnisse in unserer Welt und darüber, wie die Schwachen uns alle tyrannisieren können.

Am gleichen Abend – es war der 30. Mai – suchte ich Michel Jobert in der Erwartung auf, mit ihm ein Routinegespräch zur Vorbereitung des Treffens der beiden Regierungschefs zu führen. Wie 1971 auf den Azoren war es den Franzosen auch hier gelungen, für sich die beste Unterkunft reservieren zu lassen – eine große Villa, in der ich Jobert gegen 10 Uhr abends besuchte. In Island war es um diese Zeit noch taghell. Aus irgendwelchen Gründen war es Jobert lieber, daß im Zimmer die gleichen Lichtverhältnisse herrschten wie in südlicheren Breiten. Vor den Fenstern hingen schwere Vorhänge, und es herrschte die Dunkelheit, an die er um diese Stunde gewöhnt war. Deshalb brannte auch elektrisches Licht. Jobert kam sofort zur Sache und nahm jetzt eine ganz andere Haltung ein als Pompidou vor zwei Wochen, als er mich mit der Demonstration seines guten Willens ermutigt hatte. Nun trug mir Jobert einen ganzen Katalog gegen die Vereinigten Staaten gerichteter Beschwerden vor. Wenn Pompidou nach Island gekommen war, um, wie er mir gesagt hatte, etwas »Positives« zu erreichen, dann hatte er sich dieses Ziel offenbar für seine persönliche Begegnung mit Nixon vorbehalten.

Doch diese Vermutung war unwahrscheinlich. Was Jobert mir sagte, mußte auch Pompidous Auffassungen entsprechen, auch wenn die scharfen Formulierungen des französischen Außenministers zweifellos seine eigenen waren. Ich konnte unmöglich erkennen, wie weit er jetzt Pompidous Haltung beeinflußt hatte. Jobert erklärte, daß der Zeitplan für unsere Initiative in erster Linie aus der Perspektive der amerikanisch-sowjetischen und nicht der atlantischen Beziehungen von Bedeutung sei. Er vermutete, die Vereinigten Staaten versuchten, für den bevorstehenden Besuch Breschnews in den Vereinigten Staaten möglichst viele Trumpfkarten in die Hand zu bekommen. Angeblich wollten wir bei Breschnew den Eindruck erwecken, daß wir nicht nur unsere eigenen Interessen verträten, sondern auch die aller atlantischen Nationen. Jedenfalls ließ Jobert deutlich erkennen, daß Frankreich alle Entscheidungen bis zum Abschluß des Gipfeltreffens zwischen Breschnew und

Nixon hinauszögern wollte, damit wir die atlantische Zusammenarbeit nicht dazu benutzen konnten, die Sowjets zu Zugeständnissen zu bewegen, die nur den Vereinigten Staaten allein und nicht auch Frankreich Vorteile brächten.

Aber diese geradezu perversen Überlegungen genügten ihm noch nicht, sondern er äußerte auch noch weitere Vorbehalte: Wenn ich recht damit hätte, daß wir die atlantische Erklärung nicht als Hebel für unsere Verhandlungen mit Moskau nutzen wollten, dann müßte es unsere Absicht gewesen sein, Europa bei den bevorstehenden Handelsgesprächen unter Druck zu setzen. Und selbst wenn wir keine Nebenabsichten damit verbänden, werde unsere Initiative den französischen Interessen schaden, weil sie in der Europäischen Gemeinschaft zu einem Tauziehen um Verfahrensfragen geführt habe. Wenn wir vorhätten, die NATO einzuschalten, dann könnte sich das Europa-Jahr in ein Instrument verwandeln, um Frankreich unter Druck zu setzen und zu veranlassen, wieder Vollmitglied zu werden. Für den Fall, daß wir beabsichtigten, die Europäische Gemeinschaft zu unserem Gegenstück zu machen, dann wäre darin praktisch ein amerikanischer Versuch zu erkennen, die anderen Mitglieder zu beeinflussen und damit die Führungsrolle Frankreichs zu verwässern (wenn nicht Schlimmeres). Schließlich fragte Jobert, ob wir vielleicht daran dächten, eine völlig neue Organisation zu schaffen, in der alle bestehenden Institutionen zu einem atlantischen Superkonzert zusammengefaßt werden sollten.

Wie Jobert erklärte, hielt Frankreich nichts von dem europäisch-amerikanischen Gipfeltreffen, das vorzuschlagen wir, wie er behauptete, Brandt bei seinem Besuch in Washington gedrängt hatten (in Wirklichkeit hatte Pompidou es in seinem Interview mit Reston vorgeschlagen, und Brandt hatte uns damit überrascht, daß er es befürwortete). Der einzige Zweck dieses Treffens könnte nur sein, Frankreich zu isolieren oder seinen Einfluß zu schwächen. Dann fragte Jobert, wann wir den Entwurf einer Deklaration veröffentlichen würden, den ich, wie er meinte, schon in der Tasche hätte. Wann würde er diesen Entwurf zu sehen bekommen? Er konnte es nicht glauben, daß ein solcher Entwurf gar nicht existierte. Um uns nicht der Illusion zu überlassen, daß wir *irgend etwas* richtig gemacht haben könnten, fügte Jobert hinzu, wir hätten mit unserer Währungspolitik die ganze Welt in Unordnung gebracht. Entweder wüßten die Vereinigten Staaten nicht, was sie täten, oder wir strebten bewußt nach einer finanziellen Vorherrschaft durch die Überflutung der Welt mit billigen und nicht konvertiblen Dollars. Indem wir jetzt die Entwicklung einer neuen Strategie verlangten, wollten wir nur die Tatsache verschleiern, daß wir angesichts der nuklearen Ausgewogenheit keine wirklichen Risiken für die Verteidigung Europas einzugehen bereit wären.

Jobert machte aus dem Europa-Jahr einen Ringkampf. Welches Thema er auch ansprach, seine Stellungnahme wurde zu einem Angriff gegen unsere Motive oder zum Anlaß, die Dinge hinauszuzögern. Er unterstellte uns eine geradezu paranoide Verschlagenheit, und schon die Art, mit der er seine Verdächtigungen zum Ausdruck brachte, ließ jede Erwiderung sinnlos erscheinen: Wenn wir dessen fähig waren, was Jobert uns vorwarf, dann konnten wir ihn auch nicht vom Gegenteil überzeugen.

Ich unternahm den vorsichtigen Versuch, ihm unsere bekannte traditionelle Haltung zu erläutern. Wir bemühten uns darum, den Westen bei der Verfolgung seiner moralischen und politischen Zielsetzungen zu stärken, und das sei keine Trumpfkarte für die Begegnung mit einem sowjetischen Führer oder für die bevorstehenden Handelsgespräche. Wir hatten das Europa-Jahr angeregt, um über die durch die gespannten Ost-West-Beziehungen entstandenen Belastungen hinwegzukommen und waren überzeugt, daß ohne solche Bemühungen die Demokratien die politische Zielrichtung und den Zusammenhalt verlieren müßten. Was die Verfahrensfragen beträfe, so seien wir zusammengekommen, um uns darüber zu einigen; wir könnten nur in Zusammenarbeit mit Frankreich weiterkommen. Über Wirtschaftsfragen könnte am besten verhandelt werden, wenn Pompidou unsere Methoden im einzelnen kritisierte und seine Kritik nach Möglichkeit mit Lösungsvorschlägen verbände. Wir sollten hier in dem gleichen Geist nach Lösungen suchen wie vor achtzehn Monaten auf den Azoren. Die Schwierigkeiten in der Verteidigungspolitik seien die Folge der technologischen Entwicklung und nicht von uns beabsichtigt. Wir brauchten eine vernünftige Doktrin für die Verteidigung Europas, damit die Unsicherheiten, mit denen wir rechnen müßten, uns nicht eines Tages vor die schreckliche Wahl zwischen Selbstmord und Kapitulation stellten, die auch er zu fürchten schien.

Jetzt änderte Jobert seine Methode. Plötzlich war er so verständnisvoll, wie es sein Charakter erlaubte. Er deutete an, daß er nur Pompidous Ideen vorgetragen habe, er selbst sei entgegenkommender. (Das ist ein alter Trick von Beratern, die das Vertrauen ihres Präsidenten besitzen, um ihren Mangel an Flexibilität bei Verhandlungen zu erklären, wenn sie es nicht zu persönlichen Konfrontationen kommen lassen wollen. Auch ich habe mich gelegentlich ähnlich verhalten.) Er sagte, daß es von entscheidender Bedeutung sein werde, wie Nixon seinen Standpunkt am nächsten Morgen dem französischen Präsidenten darstellte. Allerdings sagte Jobert uns nicht, wie eine solche Darstellung das bestehende Mißtrauen zerstreuen sollte. Man konnte sich nur vorstellen, daß Jobert Nixon für diese Gespräche die Rolle des Examenskandidaten zuteilte, der von einem strengen und schwer zu befriedigenden Professor geprüft werden sollte.

In gedrückter Stimmung kehrte ich in mein Hotel zurück. Das Treffen der beiden Regierungschefs würde uns nicht weiterbringen. Wir würden es sehr schwer haben, aus der Sackgasse herauszukommen. Auf eine solche Auffassung warteten allerdings nicht die Journalisten, die für Berichte aus dem Weißen Haus zuständig waren. Sie drängten sich in der Halle und hofften, daß der Zufall ihnen irgendwelche Informationen zuspielen würde. Sie löcherten mich mit zynischen Fragen, um anzudeuten, daß wir irgendeine Sensation vorbereiteten, um die Folgen von Watergate abzuschwächen. War dieses Treffen wirklich notwendig? Hatten wir uns nicht schon in großen Zügen über den Inhalt einer atlantischen Deklaration geeinigt, und wurde Reykjavik daher nicht zur Scharade, um Nixon als den erfolgreichen Unterhändler darzustellen und den Anhörungen im Kongreß die Zähne zu ziehen? Mit anderen Worten: Würden wir die Unverfrorenheit haben, die Aufmerksamkeit der Öffentlichkeit vom Spektakel eines hart bedrängten Präsidenten abzulenken, indem wir vorgaben, die Regierungsgeschäfte fest in der Hand zu haben und etwas für das nationale Interesse zu tun?

Am folgenden Morgen begab sich Nixon in das Museum, wo das Treffen mit Pompidou stattfinden sollte. Zwei weitere Konferenzen waren vorbereitet worden. Die Außenminister und ihre Mitarbeiter sollten die außenpolitischen Fragen behandeln, während die Wirtschaftsminister und ihre Beraterstäbe über Wirtschaftsfragen sprachen. Damit hatte Nixon einen Vorwand, Bill Rogers auszuschalten, und Pompidou konnte auf Valéry Giscard d'Estaing verzichten. Auf Bitten Nixons hin nahm ich an der Unterredung der beiden Präsidenten als Protokollführer teil, was Jobert zweifellos verärgert hat. Nachdem er zum Außenminister »aufgestiegen« war, fand er sich jetzt auf einer niedrigeren Ebene wieder. Wie sehr sich Pompidous schwere Krankheit auf seine Stimmung auswirkte, zeigte sich, als ein französischer Sprecher ausdrücklich darauf hinwies, daß sein Präsident einen Dialog auch ohne Assistenz von Beratern führen könnte – eine kleinliche und unfaire Bemerkung, besonders da ich in der gleichen Rolle bereits an den Unterredungen auf den Azoren teilgenommen hatte.

Nixon war weniger selbstsicher als gewöhnlich, denn Watergate hatte einen großen Teil seiner Zeit in Anspruch genommen und an seinen Nerven gezehrt. Aber es war auffallend, wie sehr sich Pompidou in den zwei Wochen, die seit unserem letzten Zusammentreffen vergangen waren, verändert hatte. Vielleicht hatte aber auch der fürstliche Rahmen des Elysee-Palasts diesen Eindruck verwischt. Sein Gesicht war von starken Dosen Cortison, die er nehmen mußte, geschwollen. Von seiner höflichen Zuvorkommenheit hatte er nichts verloren, aber man hatte den Eindruck, daß es ihn große Mühe kostete, Haltung zu wahren. Er zeigte die für Krebspatienten charakteristische Distanziertheit, als hätten die Fragen, mit denen er sich hier beschäftigen mußte, angesichts seines ganz persönlichen Ringens jede Bedeutung verloren. Ohne Zweifel hat Pompidous Leiden zu der zunehmenden Reizbarkeit der französischen Politiker beigetragen. Es war eine ziemliche Zumutung, ihn zur Teilnahme an einer neuen Initiative aufzufordern, die über einen unbegrenzten Zeitraum hinweg wirksam werden sollte, während er sich über seinen Tod Gedanken machte. In normalen Zeiten hätte Pompidou für sich vielleicht die Rolle des Gegengewichts übernommen, um unser Ungestüm und unseren Mangel an Verständnis für die Feinheiten des europäischen Denkens auszugleichen, und er hätte sich sehr wohl daran beteiligen können, unsere Zukunft in den Rahmen eines weiteren Horizonts zu stellen. Doch da er glaubte, seinen potentiellen Nachfolgern nicht vertrauen zu dürfen – eine Haltung, die man bei Regierungschefs häufig antrifft, die in den meisten Fällen psychologisch durch die Vorstellung gestützt werden müssen, sie seien unersetzlich –, verstärkte sich Pompidous angeborene Skepsis und veranlaßte ihn, neue politische Initiativen zu vermeiden, die in anderen Händen zu unvorhersehbaren und vielleicht abträglichen Folgen führen könnten. Am Ende seines Lebens kehrte er zum orthodoxen Gaullismus zurück, dem er selbst entstammte. Er hatte nicht mehr die Energie, sich den Paladinen seines Vorgängers zu stellen, die er ignoriert hatte, solange sich die Zukunft noch ohne sichtbares Ende vor ihm ausdehnte.

So war die Begegnung in Reykjavik gekennzeichnet durch entscheidende Unterschiede in der Perspektive. Der in arge Bedrängnis geratene Nixon hielt sich noch immer für einen seiner Aufgabe gewachsenen Regierungschef, der zu Beginn seiner zweiten Amtsperiode ein politisches Programm auf weite Sicht plante. Pompidou schwebte zwischen der Gegenwart, die er nur zu gut kannte, und der Ewigkeit, die kennenzulernen er sich fürchtete. An diesen Unvereinbarkeiten ist der Dialog schließlich gescheitert.

Nixon, der sich der Herausforderung durch Jobert bewußt war, zeigte sich von seiner besten Seite. Nachdem er seiner Bewunderung für de Gaulle Ausdruck verliehen hatte, erläuterte er unsere Initiative mit beredten Worten. Sorgfältig widerlegte er die Argumente Joberts vom vergangenen Abend und wich einer Konfrontation durch die geschickte Behauptung aus, die in Wirklichkeit von Jobert gemachten Äußerungen stammten von einem nicht genannten französischen Journalisten:

> ... hat die Festsetzung des Zeitpunkts für unsere Europa-Initiative nichts mit dem russischen Gipfel oder den politischen Institutionen in den Vereinigten Staaten zu tun. Wenn wir dieses Jahr 1973 zum Europa-Jahr erklären, dann, weil ich der Ansicht bin, daß wir in diesem Jahr der sogenannten Entspannung mit Rußland, in diesem Jahr, in dem Europa seine Kräfte sammelt, in eine sehr große Gefahr geraten würden, wenn in Europa ein allmählicher politischer Auflösungsprozeß seinen Anfang nähme. Es ist falsch, auch weiterhin zu behaupten, daß die Vereinigten Staaten sich einfach mit den Russen und Chinesen zusammensetzen könnten, denn damit werden die Bedeutung, die wir den Beziehungen zu unseren wirklichen Freunden beimessen, und das Interesse für sie herabgesetzt. Wenn ich mich mit Russen treffe, dann mache ich mir über ihre Absichten ebensowenig irgendwelche Illusionen wie Sie. Aber ich beklage mich nicht.
>
> Wenn wir den Augenblick nicht nutzen, dann rechne ich mit einem Wettrennen nach Moskau – jedes Land im Westen und in Europa wird nach Moskau gehen, um dort zu verhandeln und Vereinbarungen zu treffen. Natürlich muß es Einzelgespräche geben, aber wir brauchen auch eine Grundauffassung, die uns alle gemeinsam inspiriert. Sonst werden uns diese intelligenten und entschlossenen Männer im Kreml einzeln verschlingen. Sie können uns nicht alle auf einmal verdauen, aber sie können einen nach dem anderen fressen. Deshalb ist es so wichtig, die atlantische Gemeinschaft zu bewahren – und ich glaube auf höchster Ebene müssen die großen Vier, Heath, Brandt, Pompidou und die Vereinigten Staaten sehr freimütige Gespräche darüber führen, wohin wir von hier aus gehen.
>
> Ich habe keinen fertigen Plan für die Zukunft; die Zukunft muß von

uns allen gestaltet werden. Trotz allem, was ich in der französischen Presse lese, bin ich sehr weit von dem Wunsch entfernt, Frankreich in die NATO oder in andere Institutionen zurückzugewinnen, von denen Frankreich meint, daß die Zugehörigkeit zu ihnen nicht in seinem Interesse läge.

Trotz der manchmal etwas komplizierten Ausdrucksweise war die Erklärung großzügig, und Nixon lag mit ihr richtig. Es gab die Gefahren des Neo-Isolationismus in Amerika und der nationalen Engstirnigkeit in Europa. Technologische Entwicklungen erforderten neue Konzepte der Verteidigungspolitik, aber darin lag nicht eine besondere politische Forderung der Vereinigten Staaten, sondern die Anerkennung der Realität. Die Sowjets versuchten mit Sicherheit, in Europa den Eindruck zu erwecken, daß wir und sie die Absicht hätten, uns die Vorherrschaft in der Welt zu teilen. Es mußte etwas getan werden, um über das europäische Dilemma hinwegzukommen, das durch den scheinbaren Widerspruch zwischen unteilbaren Verteidigungsanstrengungen und der politischen Autonomie der einzelnen Staaten bestand. Wie ich Jobert später am 8. Juni sagte, als er uns wieder beschuldigte, daß wir mit dem Europa-Jahr eigennützige Ziele verfolgten: »Wir wollen damit einem umfassenderen Eigennutz dienen. Wenn sich in Europa das Gefühl der Ohnmacht entwickelt, weil es sich von uns distanziert hat, dann werden in acht Jahren beide Seiten verloren haben.« Diese Voraussage hat sich leider nur allzu deutlich bewahrheitet.

Pompidou antwortete mit so lapidaren Sätzen, daß der Kern des Problems durch elegante Widersprüche verschleiert wurde. Er begann mit einer Analyse der Weltlage. Sie war scharfsinnig, aber nicht so zutreffend, wie wir es von Pompidou gewohnt waren. Es gelang ihm nicht, zu klaren Schlüssen zu kommen; welchem Aspekt er sich auch zuwandte, alles wurde durch die Komplexität der Darstellung verdunkelt. Er sagte, daß die Vereinigten Staaten sich mit dem militärischen und daher auch mit dem außenpolitischen Gleichgewicht einverstanden erklärt hätten. Und doch, »was hätten sie anderes tun können, ohne gewaltige Summen ausgeben zu müssen?« Die Vereinigten Staaten bemühten sich, die Sowjetunion zu umgarnen, um den Status quo einzufrieren (durch Texte, Vereinbarungen und Verträge). Trotzdem kümmerten sich die Sowjets nicht um die Entspannung, sondern setzten in diesem weltpolitischen Schachspiel ihre Figuren überall hin. Es gäbe viele Schwachstellen wie etwa Jugoslawien, denn Tito sei ein alter Mann. Wohin würde das alles führen? Die neuen amerikanischen Beziehungen zu China wären ein wichtiger Faktor. Aber würden sie den Tod von Tschou und Mao überleben? Japan nahm an Bedeutung zu und befand sich in einer schwierigen Position zwischen China, der Sowjetunion und den Vereinigten Staaten, und die Japaner »haben gesagt, daß sie *zunächst* an die Vereinigten Staaten gebunden seien«. (Kursiv des Verfassers.)

In dieser so ungewissen Lage war Pompidou, was das Schicksal Europas betraf, nicht optimistisch. Er glaubte nicht, daß das Jahr 1973 die ersten entscheidenden Schritte auf dem Wege zu einem vereinten Europa erleben werde. Es gäbe daher auch noch keinen klar zu definierenden Partner für unseren transatlantischen Dialog. Bestenfalls werde Europa zu einer bedeutenden Wirtschaftsmacht werden, die fähig sein könnte, wirtschaftliche Probleme zu lösen. In Großbritannien wäre Heath der einzige Europäer; einem anderen sei Pompidou noch nicht begegnet. Pompidou teilte Nixons Besorgnisse hinsichtlich der Bundesrepublik Deutschland, die, wie der Franzose sagte, »anfängt, von ihren zwei Optionen zu sprechen und behauptet, an den Westen gebunden zu sein, während sie in das spezifisch deutsche Problem verwickelt wird, das sie veranlaßt, sich nach Osten zu wenden«. Etwas später sagte er: »Deutschland versucht, gleichzeitig nach beiden Seiten zu blicken.« Die Italiener seien besorgt. Sie seien bereit, jedem amerikanischen Vorschlag zuzustimmen, aber nicht einem vorher getroffenen Arrangement zwischen den Vereinigten Staaten und anderen europäischen Ländern, an dem sie nicht beteiligt worden wären. Das gleiche träfe auf Holland zu. Innerhalb der europäischen Gemeinschaft kämpfte Holland um die Preise für Karotten und Weizen. »Es gibt zwar Ergebnisse, aber sie sind mager. Es ist ein unbefriedigendes System, aber im Augenblick fehlt der Wille, auf dieses System zu verzichten.«

Das alles war durchaus richtig. Aber Pompidou bot keine Lösungen für die verworrenen Probleme an, die er angesprochen hatte, und sprach nicht von Vorstellungen, die er von der Zukunft hatte. Seine Haltung kam am klarsten darin zum Ausdruck, was er am Schluß seiner Ausführungen sagte, daß nämlich im Rahmen eines Forums nichts erreicht werden könnte. In bissigem Ton erklärte er, daß nur Amerikaner ein Europa-Jahr ausrufen könnten. Für Frankreich sei jedes Jahr *das* Europa-Jahr. Aber im Augenblick läge Europa im Sterben. Andererseits seien die Vorstellungen über den Inhalt einer atlantischen Deklaration sehr vage.

> Wer sagt was? Wenn es das Bündnis ist, dann muß es aus dem Atlantikrat kommen. Sind es die Vereinigten Staaten und ein europäisches Land? Sind es die Vereinigten Staaten und die Europäische Gemeinschaft? Das ist schwierig, denn die Gemeinschaft ist keine politische, sondern nur eine wirtschaftliche Realität.

Damit hatte Pompidou nicht ganz unrecht. Die Mitgliedstaaten bei der NATO und bei der Gemeinschaft deckten sich nur zum Teil. Die Funktionen beider Institutionen waren verschieden. Und doch waren diese Haarspaltereien nicht der Kern von Pompidous Problem. Wenn die atlantische Deklaration von der NATO verkündet wurde, der außer Irland schließlich alle Nationen angehörten, auf die es ankam, dann erlangte eine Organisation, der Frankreich nur militärische Funktionen zugestehen wollte, politische Bedeutung. Aber wenn die Europäische Gemeinschaft sie herausgab, wurden die Vereinigten Staaten zum Partner bei den Überlegungen und Entschlüssen dieser Organisation, und richteten sich gegen den Ehrgeiz Frankreichs, hier die Hauptrolle zu spielen. Frankreich wollte weder etwas von seiner Unabhängigkeit im Bündnis verlieren noch den Anspruch aufgeben, die führende europäische Nation zu sein. An dieser Klippe mußten die hochfliegenden Pläne, einen stärkeren atlantischen Zusammenhalt zu schaffen, scheitern.

Mit seiner Darstellung der Verfahrenschwierigkeiten hatte Pompidou recht, aber es ist die Aufgabe des Staatsmannes, Widersprüche zu lösen, nicht nur, über sie nachzudenken. Pompidous Beitrag bestand daher entweder im Eingeständnis auch auf die Dauer unlösbarer Schwierigkeiten oder in der bewußten Verhinderung einer bedeutenden Initiative mit dem Ziel, der Politik der Demokratien eine klare Richtung zu geben. Damit setzte er sie dem Risiko aus, ihre Substanz im Streit über taktische Fragen zu vergeuden, während sich im Laufe der Zeit ein immer stärker werdendes Gefühl der Ohnmacht entwikkelte, das die innenpolitischen Strukturen schwächen und die von außen kommenden Gefahren erhöhen mußte.

Nixon schloß die Konferenz dieses Vormittags mit dem lahmen Vorschlag, eine inoffizielle Arbeitsgruppe aus Persönlichkeiten zu schaffen, die das persönliche Vertrauen der Regierungschefs Großbritanniens, Frankreichs, der Bundesrepublik Deutschland und der Vereinigten Staaten besaßen. Heath hatte uns schon im Mai einen ähnlichen Vorschlag gemacht. Darin steckte das von de Gaulle 1958 entwickelte Konzept eines *directoire*. Wir hatten diesen Gedanken auch in unserer an Jobert gerichteten Denkschrift vom 26. Mai erwähnt. Zunächst hatten wir den Eindruck, daß Pompidou sich damit einverstanden erklären werde. Diese Annahme war verständlich, denn die Idee entsprach einem schon vor langer Zeit gemachten französischen Vorschlag. So interpretierten wir wenigstens einige vor der Mittagspause gemachte, nicht ganz eindeutige Bemerkungen des französischen Präsidenten.

Als Pompidou zur Nachmittagssitzung zurückkehrte, hatte er seine Meinung geändert; vielleicht hatte Jobert ihm diese Idee auch ausgeredet. Aber es war auch denkbar, wenn schon nicht sehr wahrscheinlich, daß wir ihn am Vormittag mißverstanden hatten. Wie sich jetzt herausstellte, dachte Pompidou an Konsultationen zwischen den großen Vier auf *bilateraler* Basis. Frankreich wollte sich an keinem neuen Forum über die atlantische Deklaration beteiligen, sondern nur an Beratungen in schon bestehenden Gremien oder an Zweiergesprächen teilnehmen. Wenn ich gleichzeitig mit britischen und deutschen Vertretern sprechen wollte, dann hätte Pompidou keine Einwände, Frankreich werde an solchen Gesprächen aber nicht teilnehmen. (Pompidou wußte sehr gut, daß sich damit alle Aussichten auf solche Unterredungen zerschlugen, weil weder Heath noch Brandt damit einverstanden wären.) Das einzige »Zugeständnis«, das Pompidou anbot, bestand darin, daß die stellvertretenden Außenminister als Angehörige des Nordatlantischen Rats zusammenkommen könnten, *vorausgesetzt*, daß in anderen Gremien entsprechende Fortschritte erzielt wurden, in denen Frankreich natürlich das Vetorecht hatte. Um die Pille mit Zuckerguß zu überziehen, schlug er vor, daß ich mich gelegentlich der neuen Gesprächsrunde mit Le Duc Tho in einer Woche mit Jobert in Paris treffen könnte. Pompidou war auch bereit, Jobert Ende des Monats in die Vereinigten Staaten zu schicken. So ließ sich alles um weitere vier Wochen hinausschieben, was uns hindern würde, vor irgendeinem anderen Forum Fragen zu Sprache zu bringen, die Frankreich nicht erörtert wissen wollte.

Damit mutete uns Pompidou ein geradezu monströses Verfahren zu.

Wenn die Vier bilaterale Beratungen pflegten, dann würden sechs Verhandlungen zum gleichen Thema gleichzeitig stattfinden (und wenn sich Italien anschloß, würden es acht sein). Dabei bestanden keine Aussichten auf Übereinstimmung, denn alles, was mit einem Partner besprochen worden war, müßte allen anderen mitgeteilt werden, was zu Verwirrung, Mißverständnissen und einer Verschlechterung der Atmosphäre führen mußte. Wenn es keine gemeinsame Linie und keine detaillierten Vorschläge gab, mußte ein Chaos entstehen. Doch wenn wir den bestehenden Gremien den Entwurf eines Positionspapiers vorlegten – und das wäre die einzig vernünftige Methode –, dann würde man uns vorwerfen, daß wir Europa gegen Frankreich organisierten und versuchten, die NATO mit einem amerikanischen Dokument zu überfahren.

Als wir den Vorschlag für das Europa-Jahr machten, hatten wir mit einer gemeinsamen Reaktion der europäischen Länder gerechnet, die innerhalb von wenigen Monaten zu Ergebnissen führen würde. Wir waren nie auf den Gedanken gekommen, daß wir noch nach sechs Wochen keinen Gesprächspartner finden würden (oder so viele, daß es die gleiche Wirkung hätte) und daß es weder ein Verhandlungsforum noch den Entwurf eines Dokuments geben werde.

Auch die jetzt noch folgenden Gespräche führten zu keinem Ergebnis. Pompidou kritisierte unser Währungssystem mit aller Schärfe, machte aber, anders als bei der Konferenz auf den Azoren, keinen detaillierten Vorschlag zur Lösung der anstehenden Probleme – was sicherlich ganz vernünftig war. Die Differenzen zwischen den beiden Seiten waren zu groß, um durch eine Direktive der beiden Regierungschefs überbrückt zu werden. Ein Kompromiß zwischen der Konvertierbarkeit in Gold (der französische Standpunkt) und der Nichtkonvertierbarkeit (unsere Auffassung) war nicht denkbar.

Die Abschlußsitzung, an der alle Minister teilnahmen, zeigte, daß wir in eine Sackgasse geraten waren. Nixon hielt eine leidenschaftliche Rede und sprach dabei noch einmal von seiner Bewunderung für de Gaulle. Er bedauerte es, daß seine Vorgänger den großen Mann nicht verstanden hätten, und erklärte, daß er entschlossen sei, etwa noch bestehendes Mißtrauen abzubauen. Er werde dafür sorgen, daß die Angehörigen seiner Administration Frankreich auf der Basis des Vertrauens und der Zusammenarbeit behandelten.

Nixon hat es nie recht verstanden, daß Lobreden auf de Gaulle Pompidou eher irritierten als in seiner Haltung bestätigten. Im allgemeinen wollen sich Regierungschefs von ihren Vorgängern unterscheiden und nicht in ihrem Schatten stehen. Schließlich hatte de Gaulle seinerzeit Pompidou als Premierminister entlassen, und nur der unerwartete Rücktritt des Generals hatte es verhindert, daß Pompidou für den Rest seines Lebens in der Versenkung verschwand.

Jedenfalls fühlte sich Pompidou nicht verpflichtet, auf die Worte des amerikanischen Präsidenten näher einzugehen. Er erwiderte zynisch: »Präsident Nixon und ich haben uns dem Gaullismus verpflichtet gefühlt, aber dabei hat es weder Sieger noch Besiegte gegeben.« Das ist eine Formel, die immer von der Seite angewandt wird, die glaubt, gesiegt zu haben. Um niemanden der Illusion zu überlassen, daß etwas erreicht worden sei, fügte er hinzu: »Wir haben nicht versucht, irgend etwas zu entscheiden.« Bei der Beschreibung dessen, was hier erreicht worden sei, drückte sich Pompidou witzig, aber unklar aus:

> Im Innersten gleichen sich unsere Gedanken, über die Methoden haben wir uns nicht in jedem Fall einigen können, aber wir stimmen im Hinblick auf unsere gemeinsamen Interessen überein und darin, daß Frankreich und die Vereinigten Staaten nicht nur durch eine gefühlsstarke Tradition, sondern auch durch die Gemeinsamkeit wesentlicher Interessen geleitet werden. Ich bin überzeugt, daß auf dieser Konferenz nichts Neues geboren wurde, aber wir haben ein Samenkorn in den Boden gelegt, das später aufgehen wird; und das Vorausplanen bereitet mehr Freude als die Ausführung.

Pompidou wollte sich nicht näher dazu äußern, welches Samenkorn in die Erde gelegt worden sei. Es bestand aber kaum ein Zweifel daran, daß das Säen den an dieser Konferenz Beteiligten kein besonderes Vergnügen bereitet hatte und daß es sehr lange dauern würde, bis dieser Same keimte.

Fast unmittelbar darauf kam es zu einer neuen Kontroverse. Die Delegationen hatten Island noch nicht verlassen, als ein französischer Sprecher, der die Presse davon unterrichtete, daß in Zukunft bilaterale Konsultationen stattfinden würden, sich von der Idee eines Treffens der stellvertretenden Außenminister distanzierte und sich skeptisch über eine atlantische Deklaration äußerte. Wir hatten der Presse das Gegenteil gesagt. Der Umstand, daß ich Pompidou den Text unserer ganz anders lautenden öffentlichen Erklärung vorgelegt und seine Zustimmung erwirkt hatte, konnte die Gemüter natürlich nicht beruhigen.

In den folgenden Tagen mußten wir erkennen, daß es der französische Sprecher war, der Pompidou richtig verstanden hatte, was wir von Anfang an hätten wissen können. Der Staatssekretär des Außenministeriums am Quai d'Orsay, der elegante Geoffroy de Courcel, den wir als einen Gaullisten der alten Garde kannten, wiederholte gegenüber unserem Botschafter John Irwin auf der Rückreise von Island nach Paris, daß die Verpflichtungen Frankreichs gegenüber der Europäischen Gemeinschaft Konsultationen mit den großen Vier im Wege stünden. Diese zartfühlende Rücksichtnahme Frankreichs auf seine Partner überraschte uns. Frankreich hatte seit Jahren an Beratungen teilgenommen, die sich auf die Finanzminister der großen Vier beschränkten, und hatte sich entschieden der Beteiligung irgendwelcher anderer Staaten widersetzt. Jetzt gab Frankreich diese Zurückhaltung auch keineswegs auf, um den europäischen Partnerstaaten die Gelegenheit zu geben, sich an der Diplomatie des Europa-Jahrs zu beteiligen. Auf einer Sitzung der Außenminister der Europäischen Gemeinschaft am 5. Juni widersetzte sich Jobert einem Gipfeltreffen der Gemeinschaft mit dem amerikanischen Präsidenten, weil er es für unangemessen hielt, daß sich die Europäer um Nixon scharten. Im gleichen Atemzug wandte sich Jobert auch gegen unsere, nach seiner Meinung viel zu optimistischen Erklärungen über die Konferenz in Reykjavik, blockierte die Ernennung einer Arbeitsgruppe zur Vorbereitung einer europäischen

Stellungnahme zum atlantischen Dialog und lehnte es kategorisch ab, eine atlantische Deklaration zu veröffentlichen.

So wurde meine Unterredung mit Jobert am 8. Juni in Paris zu einem Duell. Wenn es nicht möglich war, eine kleinere Gruppe zu bilden, und eine Konferenz aller Mitglieder der Gemeinschaft unangemessen schien, welches Forum blieb uns dann noch? Nachdem Jobert seine Auffassung bekräftigt hatte, daß wir die Initiative für das Europa-Jahr aus innenpolitischen Gründen ergriffen hätten, bestand er auf bilateralen Konsultationen – das einzige Resultat der Konferenz von Reykjavik, an dem ihm etwas zu liegen schien. Dann kam er auf seine alte Forderung zurück und verlangte Einsicht in unseren nicht existierenden Entwurf für eine Atlantik-Charta. Unsere bilateralen Gespräche sollten damit beginnen, daß wir ihm alle Dokumente zeigten, die wir hatten.

Um der übermäßigen Skrupel willen, die wir im Hinblick auf die Empfindlichkeiten der Europäer und besonders der Franzosen hegten, hatten wir uns noch nicht zu einem Entwurf der Charta entschließen können. Wir wollten das Ergebnis von Konsultationen abwarten, um nicht den Eindruck zu erwecken, daß wir beabsichtigten, den anderen unsere Auffassungen aufzuzwingen. Ich schlug daher vor, daß die großen Vier versuchen sollten, ein solches Dokument zu erarbeiten, wobei jedes Land die Verantwortung für einen besonderen Abschnitt des ersten Entwurfs übernahm. Dabei müßten alle Gespräche bilateral geführt werden. Das Verfahren war zwar sehr schwerfällig, aber ich wollte den französischen Bedenken entgegenkommen. Zunächst schien Jobert mit meinem Vorschlag einverstanden. Frankreich würde den Abschnitt über die politische Evolution Europas verfassen. Aber später schien er es für richtiger zu halten, daß jedes Land – Frankreich, Großbritannien, die Bundesrepublik Deutschland und die Vereinigten Staaten – aufgefordert werden sollte, einen vollständigen Entwurf vorzulegen. Doch bevor diese Arbeit beginnen konnte, verlangte Jobert wieder, unseren Entwurf zu sehen. Da ich nun überzeugt war, daß wir nicht vorankommen würden, wenn ich ihm nicht irgend etwas zeigte, erklärte ich mich bereit, bis zu Joberts Amerika-Besuch im Juni einen Entwurf herzustellen. Er gab mir daraufhin zu verstehen, daß auch die Franzosen sich dann mit einem eigenen Entwurf beschäftigen würden, vielleicht als Gegenvorschlag zu unserer Version. So peinlich es ist, es zugeben zu müssen: Ich war ihm wieder in die Falle gegangen. Denn wenn ich Jobert einen Entwurf vorlegte, dann war ich ihm auf Gedeih und Verderb ausgeliefert. Zeigte ich den Entwurf auch anderen Verbündeten, dann würde er mir vorwerfen, sie gegen ihn mobilisiert zu haben. Wartete ich auf seine Reaktion, dann konnte er unsere Position mit seinen Partnern unterminieren, indem er unser Papier zerpflückte oder verhinderte, daß es überhaupt weitergegeben wurde.

Wie unsinnig unsere Lage war, zeigte sich am folgenden Tag, als ich mich in Paris mit Joseph Luns traf, der eben Generalsekretär der NATO geworden war. In mancher Hinsicht war Joseph Luns ein Symbol für die Veränderungen in den atlantischen Beziehungen. Als ich ihn kennenlernte, war er niederländischer Außenminister in einem gemäßigt konservativen, starken Kabinett, das sich entschieden für die NATO einsetzte. Wir kannten Luns als einen zuverlässigen Freund der Vereinigten Staaten, einen kämpferischen Verteidiger der Geschlossenheit der NATO und vertrauten ihm damals schon so sehr, daß er uns 1969 während eines Aufenthalts in Washington mit seiner freundschaftlich polternden Taktik davon überzeugen konnte, der niederländischen Luftfahrtgesellschaft KLM zusätzliche Landerechte zu gewähren. Der damalige Unterstaatssekretär im Außenministerium, Elliot Richardson, stellte ihn bei einem Essen im Außenministerium mit den folgenden Worten vor: »Die Beziehungen zwischen den Vereinigten Staaten und den Niederlanden bestehen schon seit dreihundert Jahren, und Joseph Luns ist während des größten Teils dieser Zeit niederländischer Außenminister gewesen.«

Aber innerhalb weniger Jahre war er im eigenen Land zum Anachronismus geworden. Das politische Spektrum in den Niederlanden hatte sich stark nach links verschoben; die Dimensionen der durch die NATO gewährleisteten Sicherheit verloren im öffentlichen Bewußtsein an Bedeutung, und der Geist eines moralistischen Semineutralismus blühte auf. In einer solchen Struktur hatte Luns, der die Auffassung vertrat, daß der Westen absolute Werte repräsentiere, die verteidigt werden müßten, keinen Platz mehr. Er trat von seinem Posten als Außenminister zurück, und seine Landsleute waren erleichtert, als er nach seiner Ernennung zum Generalsekretär der NATO aus der politischen Arena in den Niederlanden verschwand. In Brüssel handelte er sich mit seinem leidenschaftlichen Wesen den Hohn der kühlen Vertreter einer modernen Richtung wie auch die Bewunderung und Zuneigung derjenigen unter uns ein, die wußten, wie wichtig es war, daß der Posten des Generalsekretärs von einer starken Persönlichkeit eingenommen wurde, die von der moralischen Bedeutung der Einigkeit der Demokratien zutiefst überzeugt war.

Luns war der erste europäische Politiker, der unsere Initiative uneingeschränkt begrüßte. Leider war er nicht der Vertreter einer Regierung, und die Institution, für die er sprach, erfreute sich nicht des besonderen Wohlwollens der Franzosen. Luns sagte mir, er habe an die Außenminister aller im Bündnis vereinigten Staaten geschrieben, sich hinter unsere Initiative gestellt und die guten Dienste der NATO bei allen Konsultationen angeboten. Er war bereit, mit den ständigen Vertretern der NATO-Staaten bei den wöchentlichen gemeinsamen Mittagessen zu sprechen und sogar mit dem Entwurf für ein Dokument zu beginnen. Nun bat er mich um Anregungen dafür. Aber Frankreich stand solchen Bemühungen im Wege. Als Folge der Manöver Joberts war es uns jetzt nicht mehr möglich, mit denen zu sprechen, die uns helfen wollten (denn in diesem Fall mußten wir den Vorwurf fürchten, daß wir versuchten, Frankreich zu isolieren). Deshalb beschränkte sich der Kreis unserer möglichen Gesprächspartner auf diejenigen, die nicht geneigt waren, mit uns zusammenzuarbeiten.

Ich wollte meine Bemühungen um Joberts Zustimmung noch nicht aufgeben und Pompidou nicht verärgern, ohne noch einen Versuch unternommen zu haben, und deshalb enthielt ich mich zunächst jeder Stellungnahme. Ich sagte Luns, daß ich den Austausch der Entwürfe mit Jobert abwarten wollte, bevor ich die NATO offiziell einschaltete, und erklärte, daß wir keine andere Wahl hätten, denn wenn sich Frankreich gegen das Europa-Jahr wandte, werde dieses dahinwelken. Luns schloß sich meiner Meinung an, wenn auch ein stillschweigendes Einverständnis nicht seine starke Seite war. Er verabscheute Manöver, und wenn er auf Hindernisse stieß, dann ging er gewöhnlich frontal dagegen an. Er warnte mich und sagte, daß einige der kleineren Länder beunruhigt seien. Er hatte recht. Aber wir glaubten, daß wir uns zwischen der Irritation der kleineren Länder und der unverhüllten Opposition Frankreichs entscheiden müßten, dessen Verzögerungstaktik mindestens die moralische Unterstützung Großbritanniens haben würde, während die Bundesrepublik Deutschland sie stillschweigend duldete.

Warten auf Jobert

Ende Juni 1973 warteten wir immer noch vergeblich. Zwei Monate nach unserer Initiative hatte noch niemand konkrete Ideen zu der Frage vorgelegt, was das Europa-Jahr bewirken sollte. Es existierte weder ein Arbeitsprogramm noch ein Diskussionsforum oder eine offizielle Reaktion der europäischen Staaten. Ich wartete auf Jobert. Wir hatten zwei Versionen des von mir zugesagten Entwurfs vorbereitet, die wir ihm bei seinem Besuch vorlegen wollten. Das Außenministerium hatte einen vielleicht etwas zu langen Text verfaßt, der unsere Ziele in einer so konzilianten Form erläuterte, daß fast alle scharfen Ecken und Kanten abgeschliffen waren. Mein Mitarbeiterstab hatte ein knapperes Dokument erarbeitet, das wahrscheinlich mehr Angriffsflächen bot.

Am 27. Juni kam der Generaldirektor für politische Angelegenheiten des belgischen Außenministeriums, Etienne Davignon, nach Washington. Als entschlossener Verteidiger europäischer Institutionen hatte er bewiesen, daß man mit Intelligenz und Hingabe im Rahmen eines vereinten Europa einen Einfluß gewinnen konnte, der in keinem Verhältnis zur wirklichen Stärke des eigenen Landes stand. Bevor er zu mir nach San Clemente herauskam, sprach er mit Unterstaatssekretär William Porter und dem Unterstaatssekretär für europäische Angelegenheiten, Walter Stoessel. Aus der Perspektive der Europäischen Gemeinschaft vertrat Davignon etwa die gleichen Auffassungen wie Luns. Er fürchtete, daß unsere bilateralen Verhandlungen mit Frankreich es den anderen acht Mitgliedern der Europäischen Gemeinschaft wesentlich erschweren könnten, Frankreich zu Zugeständnissen zu bewegen. Die Beziehungen der Gemeinschaft zu den Vereinigten Staaten mußten neu definiert werden, weil es im Hinblick auf die Zuständigkeiten im Verantwortungsbereich der Gemeinschaft und nicht der NATO zu den heftigsten Meinungsverschiedenheiten kommen würde. Nach Davignon blockierte Jobert jeden Fortschritt bei den Sitzungen der Gemeinschaft mit zwei Argumenten: Vor Abschluß seiner weiteren Konsultationen mit den Vereinigten Staaten könnten keine Entscheidungen getroffen werden, und das habe auch gar keine Eile, weil der Status quo kaum irgendwelche Nachteile brächte und es, wie Frankreich bewiesen habe, nicht notwendig sei, mit Washington übereinzustimmen, um gute Beziehungen zu den Vereinigten Staaten zu unterhalten. Alles hing daher von Jobert ab, der mich am 29. und 30. Juni in San Clemente besuchen wollte.

In der Außenpolitik kommt es oft an den ungewöhnlichsten Orten zu wichtigen Entscheidungen. Das Weiße Haus an der Westküste bestand aus zwei Reihen parallel zueinander errichteter, einstöckiger Fertighäuser mit einem zementierten Fußweg dazwischen. Die im Osten gelegene Reihe bestand aus einem Konferenzraum, einem Empfangsraum, Stabs- aund Verwaltungsgebäuden und einem kleinen Speisezimmer. Die Fenster der zweiten Reihe gingen zum Ozean hinaus; sie enthielt vier Büros mit je einem Vorzimmer für die Sekretärinnen. Die relative persönliche Bedeutung jedes einzelnen Mitarbeiters im Weißen Haus läßt sich recht gut daran messen, wieweit sein Arbeitszimmer vom Büro des Präsidenten entfernt ist. Danach war die Hierarchie der Mitarbeiter des Weißen Hauses wie folgt gegliedert: An erster Stelle stand Haldeman, ihm folgten Ehrlichman und ich. Der Bau der ganzen Anlage war von Haldeman rücksichtslos vorangetrieben worden, so daß sie innerhalb von drei Monaten zwischen April und Juni 1969 bereitstand, um Nixon als Sommeraufenthalt zu dienen. (Da Nixon behauptete, niemals einen Urlaub zu nehmen, wurden seine Zwischenaufenthalte in San Clemente so dargestellt, als werde der Arbeitsstab des Weißen Hauses für diese Zeit an die Westküste verlegt.) Vor jedem größeren Büro befand sich eine kleine Terrasse mit einer Telefonkonsole und mit Blick auf den Golfplatz des Präsidenten. Dahinter lag der Pazifische Ozean.

Auf meiner Terrasse nahmen Michel Jobert und ich das diplomatische Geplänkel in der hellen kalifornischen Sonne wieder auf – taten dabei aber doch noch so, als seien wir Partner in einem gemeinsamen Unternehmen. Jobert hatte die französische Militärgeschichte gründlich genug studiert, um den Wert eines sofortigen Frontalangriffs zu erkennen. Er begann mit der Forderung, daß wir es aufgeben müßten, seine Partner in der Europäischen Gemeinschaft über den Verlauf der Verhandlungen zu unterrichten. Das war vielleicht eine Reaktion auf Davignons Besuch. Jobert hatte nichts mitgebracht, keinen Entwurf für die Atlantik-Charta und keine Vorschläge für das Verfahren oder das Forum, in dessen Rahmen künftige Gespräche stattfinden sollten. Er ließ vielmehr erkennen, daß es der Hauptzweck seines Besuchs gewesen sei, sich über das kürzlich stattgefundene Gipfeltreffen Nixons mit Breschnew unterrichten zu lassen. Dieses Thema nahm auch den größten Teil unseres Gesprächs in Anspruch. Als wir schließlich zum Europa-Jahr zurückkehrten, sagte Jobert, daß er die weite Reise nach San Clemente nur unternommen habe, um unseren Entwurf für die atlantische Deklaration in Empfang zu nehmen – eine zeitraubende Methode im Zeitalter der Telekommunikation. Als Zeichen des guten Willens überreichte ich ihm beide Entwürfe – im Normalfall ein unpraktisches Verfahren, denn es versetzt die Gegenseite in die Lage, sich für die vorteilhafteste Version zu entscheiden und festzustellen, in welchen Punkten es bei dem Verhandlungspartner Meinungsverschiedenheiten gibt.

Jobert lehnte es ab, die Schriftstücke sofort zu lesen. Er werde »lesen und prüfen« – oder er werde »prüfen und lesen«. Er beteuerte, alles tun zu wollen, damit wir vorankämen. Wenn er mit unseren Entwürfen einverstanden sei, würde dadurch die Sache erleichtert; dann könnten wir das Problem multilateralen Gremien vorlegen. Er sagte nicht, was geschehen würde, wenn er nicht einverstanden sein sollte.

Der wirkliche Wert von Joberts Besuch wurde am treffendsten durch eine protokollarische Katastrophe bei einem Essen symbolisiert, das ich ihm in Los Angeles gab. Ich hatte bekannte Persönlichkeiten aus Politik, Wirtschaft und der Unterhaltungsindustrie eingeladen. Alles lief ganz glatt, bis sich Jobert erhob und mir mit einem Trinkspruch in französischer Sprache antwortete. Mein Freund, der unberechenbare und geniale Schauspieler Danny Kaye, der die Regeln des diplomatischen Protokolls nicht ganz beherrschte, unterbrach ihn und fragte den französischen Außenminister, weshalb er diese Sprache gewählt habe. Könnte er nicht so freundlich sein, sich in einer Sprache zu äußern, welche die meisten Gäste verstehen würden? Jobert erwiderte kühl, daß er französisch spräche, damit seine Begleitung ihn verstehen könnte. Nun erklärte Danny Kaye, er werde die Rolle des Dolmetschers übernehmen, und damit sei das Problem sicher gelöst.

Zu meiner Überraschung war Jobert, dem vielleicht noch niemals ein Mensch wie Danny Kaye auf einer diplomatischen Veranstaltung begegnet war, damit einverstanden. Der Minister brachte einen eleganten Trinkspruch in englischer Sprache aus, den Danny mit Stentorstimme mit völlig unsinnigen, französisch klingenden Lauten in einer nicht existierenden Sprache wiedergab, die in verblüffender Weise die präzise Intonation des Französischen und Bruchstücke französischer Worte enthielt, so daß die Uneingeweihten ein paar Minuten brauchten, um festzustellen, daß das Ganze nur ein Jux war. Jobert schien jedoch keinen Spaß daran zu haben. Andererseits wurde uns hier eine Kunst vorgeführt, die nicht so sehr darin bestand, das Leben zu imitieren, als es zu symbolisieren: Unser Gespräch begann, sich in seiner Bedeutung dem eleganten Gefasel Danny Kayes zu nähern.

Während wir auf Joberts Reaktion oder seinen Gegenentwurf warteten, bemühten wir uns, den transatlantischen Dialog weiterzubringen – diesmal mit der Bundesrepublik Deutschland. Aber wenn es um das Europa-Jahr ging, schien es immer wieder Schwierigkeiten zu geben.

Seit Willy Brandt den Posten des Bundeskanzlers übernommen hatte, war der vertrauliche Meinungsaustausch mit ihm über Egon Bahr gelaufen. Ich hatte Anfang 1973 mit Bahr über unser Projekt gesprochen, und er hatte uns Anfang April in einer Denkschrift die Unterstützung der Bundesrepublik zugesagt. So war es nur natürlich, daß wir uns auch jetzt wieder an ihn wandten. Ich hatte Bahr nach meinen Gesprächen mit Jobert in San Clemente nach Washington eingeladen. Nach einigem Zögern erklärte er sich bereit, zu kommen, sagte den Besuch dann aber ohne Erklärung ab. Am 30. Juni wiederholte ich meine Einladung. Jobert hatte in der Zwischenzeit den deutschen Außenminister, Walter Scheel, davon unterrichtet, daß ich mich für Bahr als meinen Gesprächspartner zum Thema des Europa-Jahrs entschieden hatte und damit die Atmosphäre belastet. Jetzt mußte ein interner deutscher Streit über Zuständigkeiten entstehen.

Am 2. Juli unterrichtete Nixon den deutschen Bundeskanzler Brandt telegrafisch über den Inhalt der Gespräche mit Jobert (zum Teil, damit man in Bonn nicht nur die französische Version zur Verfügung hatte) und forderte Brandt auf, einen Vertreter zu bilateralen amerikanisch-deutschen Gesprächen nach Washington zu schicken, damit die atlantische Deklaration fertiggestellt werden könnte, bevor Nixon im Herbst nach Europa kam. Er überließ es Brandt, einen Vertreter zu benennen.

Am 7. Juli traf die sehr kühle Antwort Brandts ein. Er reagierte nicht auf die Ankündigung der Europa-Reise Nixons im Herbst, sondern ignorierte sie ganz einfach und erklärte sich mit bilateralen Gesprächen über die atlantische Deklaration einverstanden, die er zurückhaltend wie folgt kennzeichnete: Es handelte sich dabei um »gewisse Grundsätze über die allmähliche Weiterentwicklung der Beziehungen zwischen den Vereinigten Staaten von Amerika und einem sich zusammenschließenden Westeuropa«. Es zeigte sich deutlich, daß das Europa-Jahr nicht durch eine übertriebene deutsche Begeisterung gefährdet werden würde.

In seinem Brief benannte Brandt jetzt den deutschen Außenminister Walter Scheel als Partner für bilaterale Erkundungsgespräche. Entweder war Bahr in einem bürokratischen Tauziehen unterlegen, oder Brandt wollte sich persönlich nicht zu sehr mit dem Europa-Jahr identifizieren lassen. Vielleicht spielten beide Gründe eine Rolle.

Liebenswürdig und mit besänftigenden Formulierungen gewappnet traf Walter Scheel am 12. Juli in Washington ein. Die von ihm zur Schau gestellte Vertraulichkeit weckte den Eindruck, daß alles nur Tünche wäre. Aber das war ein schwerer Irrtum. Seine versöhnliche Art verband sich mit scharfer Intelligenz. Er trieb seine Ostpolitik mit großem Geschick, aber es bestand niemals der geringste Zweifel daran, daß er sich nach besten Kräften für die Einheit des Westens einsetzte. Daß Scheel aus hartem Holz geschnitzt war, zeigte sich an der Geschicklichkeit, mit der er als Führer der Freien Demokraten seine Partei von einer Position unmittelbar rechts der Mitte leicht nach links manövrierte – eine subtile Gewichtsverlagerung, die es den Freien Demokraten ermöglichte, in der deutschen Politik als Zünglein an der Waage weiterzubestehen und ihr einen Einfluß verschaffte, der in keinem Verhältnis zur Zahl ihrer Mitglieder stand. Zweifellos war Scheel ein überzeugter Demokrat und stand in den philosophischen Konflikten unserer Zeit seinen Mann, und doch hatte ich den Eindruck, daß er es für sein Land am günstigsten hielt, wenn es sich einen gewissen Handlungsspielraum bewahrte, der auch für seine Partei in der Innenpolitik so entscheidend gewesen war. Scheel hatte sehr wohl begriffen, welche überragende Bedeutung die Beziehungen zu den Vereinigten Staaten für die Sicherheit Deutschlands und daher auch für die deutsche Außenpolitik hatten. Nun legte er mir einen deutschen Entwurf für die atlantische Deklaration vor. Es war der bisher solideste und entsprach von allen bisher vorgelegten am meisten unseren Grundvorstellungen. Ich forderte Scheel auf, ein offizielles Dokument daraus zu machen. Er versprach mir, das im Laufe der nächsten zwei bis drei Wochen zu tun. Wir haben den Entwurf nie wieder zu Gesicht bekommen; er fiel dem Druck der Franzosen und der Tatsache zum Opfer, daß wir unsere Konsultationen wenige Wochen später aufgeben mußten.

So zugänglich Scheel auch in der Sache war, in Verfahrensfragen machte er Schwierigkeiten. Im Hinblick auf den Besuch des amerikanischen Präsidenten war er ebenso zurückhaltend wie Brandt. Was den Zeitpunkt betraf, so sagte er nur, daß die Reise irgendwann vor Abschluß der europäischen Sicherheitskonferenz stattfinden sollte. Da die Konferenz erst in der vorigen Woche zusammengetreten war und mit Sicherheit mehrere Jahre in Anspruch nehmen würde, hätten wir es mit den Vorbereitungen nicht sehr eilig. Scheel sprach auch das inzwischen vertraute Dilemma an, in dem wir hinsichtlich des Verfahrens steckten, und meinte, daß es verhältnismäßig leicht sei, die Regierungschefs der NATO-Staaten zu versammeln, aber schwierig, vor diesem Forum über die europäisch-amerikanischen Wirtschaftsbeziehungen zu sprechen, während es möglich sei, dieses Thema im Rahmen der Europäischen Gemeinschaft zu erörtern, wenn auch nicht in Gegenwart der Regierungschefs.

Scheel schlug nun vor, daß wir zwei Deklarationen entwerfen sollten, die eine zu Themen im Zuständigkeitsbereich der NATO und die andere zu Fragen, die im Rahmen der Europäischen Gemeinschaft gelöst werden könnten. Aber auch bei diesem Versuch tauchten die alten Schwierigkeiten auf. Frankreich wollte einer Konferenz nicht zustimmen, an der sich die Regierungschefs der Gemeinschaft und der amerikanische Präsident beteiligten. Daher meinte Scheel, daß Nixon in Brüssel mit dem Präsidenten der Europäischen Kommission (einem Zivilbeamten), dem Präsidenten der Europäischen Gemeinschaft (dieses Amt würde, da sich die einzelnen Regierungschefs in regelmäßigen Zeitabständen ablösten, während der nächsten sechs Monate vom dänischen Premierminister wahrgenommen werden) und den neun Außenministern in ihrer Eigenschaft als Mitglieder des politischen Beratungsausschusses zusammentreffen könnte. Nun war es undenkbar, daß Regierungschefs, nachdem sie auf einer NATO-Konferenz die Sicherheit des Westens garantiert hatten, ein Gespräch über wirtschaftliche und politische Fragen in derselben Stadt mit dem Präsidenten ablehnten und statt dessen ihre Außenminister beauftragten, über diese Themen zu sprechen. Schließlich wies ich auch darauf hin, wie unsinnig es wäre, daß uns fast alle unsere Verbündeten zu einem Gipfelgespräch mit Leonid Breschnew nach Abschluß der europäischen Sicherheitskonferenz drängten. Weshalb wollten sie sich denn nicht selbst an einem Gipfeltreffen mit dem Präsidenten der Vereinigten Staaten beteiligen? Aus welchem Grund war es so viel leichter, ein Gipfeltreffen mit Breschnew zu arrangieren? Aber Scheel wollte um keinen Schritt zurückweichen. Wir verschoben die Entscheidung auf die Zeit nach Fertigstellung der Deklarationsentwürfe.

Das Monsterverfahren, das Jobert uns aufgezwungen hatte, hatte verheerende Folgen. Die verschiedensten Deklarationsentwürfe flatterten durch die Luft wie die Blätter im Herbstwind. Außer dem deutschen

Entwurf, den wir kannten, hatten die Niederländer der NATO ein eigenes, recht schmächtiges Papier übergeben; Jobert hatte versprochen, den französischen Entwurf nur uns zu zeigen; und es gab zwei amerikanische Entwürfe, die ausschließlich für Jobert bestimmt waren.

Niemand konnte jetzt mehr sagen, wer wirklich was gesehen oder gebilligt hatte. Mir fiel es schwer, zu glauben, daß die Deutschen ihren Entwurf verfaßt hatten, ohne sich mit irgend jemandem beraten zu haben. Aber es war sinnlos, Jobert einen amerikanischen Entwurf prüfen zu lassen, während Scheel seine Vorstellungen zu Papier brachte, ohne unsere Haltung im einzelnen zu kennen.

Ich beschloß daher, Scheel die beiden amerikanischen Entwürfe zu geben, und nachdem wir so weit gegangen waren, legten wir sie am 8. Juli auch der britischen Regierung vor. Ich wußte, daß ich mich damit gegenüber Jobert ins Unrecht setzte, denn ich hatte ihm gesagt, daß ich seine Reaktion abwarten würde. Aber Jobert hatte unseren Entwurf jetzt schon zehn Tage, und die bilateralen Verhandlungen, denen wir auf Drängen Frankreichs zugestimmt hatten, schufen ihre eigenen Notwendigkeiten. Es war unmöglich, nicht alle unsere wichtigsten Partner von dem zu unterrichten, was wir anderen sagten.

Doch es zeigte sich, daß es zu spät war, um Jobert bei einem neuen Manöver zuvorzukommen. Jobert war Anfang Juli in London gewesen und hatte die britischen Politiker sofort gefragt, was sie von den amerikanischen Entwürfen hielten (und zwar bevor wir sie ihnen übergeben hatten). Als sie ehrlich bestritten, sie zu kennen, beschuldigte er sie, mit uns gegen Frankreich zusammenzuarbeiten; er erklärte, es sei undenkbar, daß wir diese Dokumente nicht unserem ältesten Verbündeten gezeigt hätten. Damit schlug der listige Jobert zwei Fliegen mit einer Klappe. Hätten wir London die Entwürfe übergeben, dann wäre es ihm gelungen, für Frankreich den gleichen Status wie für Großbritannien zu erreichen. War das nicht geschehen, dann hätte er die anglo-amerikanischen Beziehungen gerade in dem Augenblick belastet, in dem sich eine Entscheidung nicht mehr vermeiden ließ. Das letztere ist ihm gelungen. Über die Einzelheiten des Besuchs von Jobert in London habe ich erst Näheres erfahren, nachdem Heath und ich aus unseren Ämtern ausgeschieden waren, aber bereits im Juli 1973 war mir klar, daß White Hall in der entscheidenden Verhandlungsphase den Eindruck gehabt hat, von uns diskriminiert worden zu sein, denn die Briten behandelten uns jetzt noch kühler als während der bisherigen Amtsperiode von Heath.

Die zweite Klappe fiel am 16. Juli. Der französische Geschäftsträger in Washington überbrachte mir einen Brief Joberts, mit dem dieser unsere *beiden* Entwürfe ablehnte. Das vom Außenministerium erarbeitete Dokument hielt er für »weniger großzügig« als meines; es erschien ihm aber auch »besser durchdacht«. Aber es war doch so langweilig, daß es seiner Prüfung nicht standhielt. Einen eigenen Beitrag wollte Jobert nicht leisten. Er erklärte, daß er nicht die Absicht habe, polemisch zu sein, denn damit könnte er uns nur verwirren. Aus »Freundschaft« gab er mir jedoch den Rat, ich sollte mich bei den von mir gewünschten bilateralen Gesprächen auf realistischere Dokumente stützen. Aber einen

Text, der einen solchen »Realismus« besser zum Ausdruck brachte, wollte er mir nicht vorlegen. Er behauptete, mich damit in eine peinliche Lage zu bringen, und schrieb, daß er es für klüger hielte, zu schweigen. Mit anderen Worten, wir durften so viele Dokumente vorlegen, wie wir wollten, man war nicht bereit, uns zu sagen, was man von uns erwartete. Auch teilte man uns nicht die Gründe für die Ablehnung unserer Vorschläge mit. In der Zwischenzeit verwendete Jobert unsere Entwürfe, um unsere Beziehungen zu den anderen europäischen Ländern negativ zu beeinflussen – ein sehr geschickt durchgeführtes, aber sinnloses diplomatisches Spiel, denn Joberts Siege brachten ihm und seinem Land keine Vorteile und belasteten die Beziehungen Frankreichs zu den Vereinigten Staaten.

Doch unsere Initiative wurde dadurch blockiert. Am 23. Juli trafen sich die Außenminister der Europäischen Gemeinschaft in Kopenhagen. Drei Monate nach meiner Rede zum Europa-Jahr und nach wochenlangen bilateralen Konsultationen waren sie endlich zusammengekommen, um sich mit der Substanz unserer Vorschläge zu beschäftigen. Wieder flüchteten sich unsere Verbündeten in Verfahrensfragen, aber jetzt ging es um mehr als um eine Verzögerung. Nach dem offiziellen Beschluß sollten die politischen Direktoren der Gemeinschaft (höhere Beamte in den Außenministerien) bis Mitte September für ihre Minister gewisse Grundsätze formulieren. Sobald die Gemeinschaft ihre Beratungen abgeschlossen hätte, sollte der Vorsitzende des Ministerrats uns die Ergebnisse mitteilen. Die Europa-Reise Nixons wurde mit keinem Wort erwähnt.

Nach wenigen Tagen begannen wir zu begreifen, daß mit dem, was in Kopenhagen geschehen war, nicht nur das Europa-Jahr für zwei weitere Monate auf Eis gelegt worden war, und man dem Besuch des amerikanischen Präsidenten in Europa die kalte Schulter gezeigt hatte – zwei Ereignisse, für die es in den atlantischen Beziehungen kein Beispiel gab –, sondern daß der Dialog zwischen Europa und Amerika sich jetzt zu einer Konfrontation entwickelte. Nachdem Jobert darauf bestanden hatte, daß wir die Europäische Gemeinschaft nicht konsultierten, benutzte er den von uns gehaltenen Abstand dazu, die Gemeinschaft zu einem Verfahren zu veranlassen, das in keiner Weise mehr den vertraulichen Konsultationen entsprach, die unsere Außenpolitik noch vor zwei Jahrzehnten gekennzeichnet hatten. Es war üblich geworden, daß die atlantischen Nationen und besonders die großen Länder in zahlreichen inoffiziellen Kontakten über wichtige Fragen einen Gedankenaustausch pflegten, dessen Lebendigkeit sich durch die Spontanität dieses Verfahrens noch erhöhte. Jetzt war es soweit, daß die europäischen Nationen beschlossen, an einem Papier (über eine so wichtige Frage wie die atlantischen Beziehungen) zu arbeiten, ohne uns zu konsultieren. Man war nicht bereit, uns die Entwürfe zu zeigen, und wir würden nicht die Gelegenheit erhalten, unseren Auffassungen Ausdruck zu verleihen. Wenn die Außenminister der Gemeinschaft das Dokument nach einigen Monaten fertiggestellt hatten, dann sollte es uns vom dänischen Außenminister vorgelegt werden, der für den Rest des Jahres in der Gemeinschaft den Vorsitz führen würde. Er wäre nur bevollmächtigt, den Entwurf vorzulegen, unsere Stellungnahme zu registrieren und den anderen Außenministern zu berichten, die unsere Auffassungen auf der nächsten Monatssitzung beraten sollten. Nachdem sie sich über eine angemessene Reaktion geeinigt hatten, sollte sich der gleiche Vorgang wiederholen. In den zwischen den Auftritten des dänischen Außenministers entstehenden Pausen dürften die anderen Minister nicht einmal inoffiziell mit uns über einen Vorgang sprechen, der als amerikanische Initiative begonnen hatte.

Heath äußerte sich sehr deutlich über dieses neue Verfahren in einem Telegramm an Nixon vom 25. Juli. Er erklärte, daß künftig die Neun sich über alles gegenseitig informieren würden, »was sie im Rahmen eines bilateralen Gedankenaustausches mit den Vereinigten Staaten in Erfahrung bringen«. Mit anderen Worten: Das war das Ende des vertraulichen bilateralen Gesprächs, das zunächst von unseren Verbündeten als das *einzige* akzeptable Verfahren gefordert worden war. Alles, was bisher stattgefunden hatte, würde allen Beteiligten mitgeteilt werden. Plötzlich begriffen wir, weshalb der britische Kabinettsekretär Burke Trend, dem die britische Regierung aufgetragen hatte, die Kontakte mit mir in allen Fragen aufrechtzuerhalten, die das Europa-Jahr betrafen, so unzugänglich gewesen war. Seit April hatte er jedes Gespräch mit mir vermieden und mich auf die Zeit nach Abschluß der Konferenz von Kopenhagen vertröstet. Anschließend hatte er nicht mehr die Berechtigung, bilaterale Konsultationsgespräche zu führen. Heath äußerte sich sehr deutlich dazu:

> Ich glaube, daß wir am ehesten zu dem Erfolg kommen werden, den sie und ich wünschen, wenn man erkennt, daß wir uns an diese Entscheidung im Hinblick auf das gegenwärtige Vorhaben halten. Wenn wir das tun, werden sich die Chancen für eine angemessene Reaktion der Neun im Herbst verbessern.

Während der ganzen Nachkriegsperiode war Großbritannien auf die »besonderen Beziehungen« als Ausdruck einer Vorzugsstellung in Washington stolz gewesen. Wenn aber alles, was wir einander mitteilten, automatisch auch an die Neun weitergegeben wurde, konnte man kaum noch von »besonderen« Beziehungen sprechen. Europa hatte auf die Initiative zum Europa-Jahr mit einem Verfahren reagiert, bei dem diejenigen, die mit uns sprachen, keine Verhandlungen führen durften, während diejenigen, die hätten verhandeln können, nicht mehr die Berechtigung hatten, mit uns zu sprechen.

Besonders schmerzlich war dabei der Umstand, zu wissen, einem geschickten Manöver Joberts zum Opfer gefallen zu sein. Es war ihm nur gelungen, weil er nicht damit gerechnet hatte, daß alles mit einer Konfrontation enden könnte. Jobert hatte unser Bestreben, Frankreich versöhnlich zu stimmen, rücksichtslos dazu ausgenutzt, uns zu isolieren. Auf Joberts Verlangen hatten wir uns jeder Einmischung der kleineren Länder widersetzt, die offizielle Vorschläge oder ein breiteres Beratungsforum verlangt hatten. Um die Isolierung Frankreichs zu verhindern, hatten wir uns unter schweren Bedenken zu bilateralen Gesprächen mit Frankreich, Großbritannien und der Bundesrepublik Deutschland bereiterklärt und uns nicht direkt mit dem Gemeinsamen Markt in

Verbindung gesetzt. Um keine alten Empfindlichkeiten zu berühren, hatten wir Joseph Luns' Vorschlag abgelehnt, die NATO als Beratungsforum zu benutzen.

Jetzt erkannten wir deutlich, was während der drei Monate des Wartens auf Europa geschehen war. Jobert hatte die Befürchtungen der kleineren Länder, die großen Vier könnten ihnen ihr Verhalten vorschreiben wollen, ebenso ausgenutzt wie die Weigerung Westdeutschlands, die Ostpolitik durch eine Mitarbeit im Rahmen einer größeren Gruppe zu behindern, und die Entschlossenheit von Heath, sich zu Europa zu bekennen, indem er eine Koalition der Neinsager zustande brachte. Von Heath unterstützt hatte sich Jobert in den Verhandlungen mit uns einen Freiraum geschaffen, weil wir niemals auf den Gedanken gekommen wären, daß das ganze Unternehmen zu einer Konfrontation ausarten könnte. So ist es kein Wunder, daß die Emotionen in einer durch Watergate schwer angeschlagenen Regierung hohe Wellen schlugen.

Das Ergebnis bestand in einer ungewöhnlich kühlen Antwort des Präsidenten an Heath:

> Wenngleich ich Ihnen darin zustimme, daß wir in der allgemeinen Richtung auf das, was wir zu erreichen hoffen, einen gewissen Fortschritt gemacht haben, muß ich Ihnen offen sagen, daß ich mir über die Lage, in der wir uns zu befinden scheinen, ernste Sorgen mache.
>
> Ich habe geglaubt, daß wir in dem Gespräch über die später so genannte Initiative zum Europa-Jahr bei unserem Treffen im Januar übereingekommen waren, daß dies ein bedeutendes Unternehmen im gemeinsamen Interesse zu einer kritischen Zeit wäre. Bei jenem Treffen und bei dem folgenden wiederholten Austausch von Meinungen über diesen Kanal und in Gesprächen mit Ihren Vertretern sind wir gemeinsam davon ausgegangen, daß die Wiederbelebung der atlantischen Beziehungen zumindest ebenso im Interesse Europas wie in unserem eigenen läge und daß es außergewöhnlicher Anstrengungen mit starken Auswirkungen auf die Öffentlichkeit erforderte.
>
> Wir haben nichts gegen den Gedanken einzuwenden, daß sich die Europäer untereinander darüber abstimmen sollten, wie sie den Dialog mit uns zu führen wünschen. Da wir uns durch Verfahrensfragen nicht aufhalten lassen wollten, haben wir bilaterale Kanäle eingerichtet, weil die Europäer diesem Verfahren den Vorzug gaben und weil keine anderen Kanäle zur Verfügung zu stehen schienen. Jeder Versuch, multilaterale Gespräche aufzunehmen und auch einige bei dem im Mai erfolgten Besuch von Dr. Kissinger in London gemachte Vorschläge sind zurückgewiesen worden. Wir haben uns schließlich mit bilateralen Gesprächen einverstanden erklärt, weil wir mit Ihnen der Meinung waren, daß die Franzosen nicht isoliert werden dürften. Es hat aber niemals ein Zweifel darüber bestanden, daß wir multilateralen Kontakten den Vorzug gegeben hätten. Wir haben wiederholt erklärt, daß die verschiedenen bilateralen Gespräche ebenso wie alle Diskussionen im Rahmen bestehender multilateraler Gremien sobald wie möglich auf der multilateralen Ebene zusammengezogen werden sollten. Wenn wir darum bemüht gewesen sind, die Vertraulichkeit

> unserer bilateralen Kontakte zu wahren, dann ist das vor allem auf das Verlangen der Europäer hin geschehen und weil wir ihrer Auffassung zustimmten, daß dies unter den gegebenen Umständen die beste Methode wäre, um Fortschritte zu erzielen. Mich befremdet, was Sie über die Ausnutzung unserer privaten bilateralen Kontakte durch das Land sagen, das als erstes darauf bestanden hatte.

Die gleichen Auffassungen vertrat Nixon in noch schärferer Form in einem Brief vom 30. Juli an Brandt, der sich dem inzwischen zur Routine gewordenen europäischen Argument angeschlossen hatte, daß die Konferenz in Kopenhagen eine bedeutende Reaktion auf unsere Initiative darstellte. Nixon ergriff die Gelegenheit, um zu sagen, daß er Europa unter diesen Umständen nicht besuchen und keine Dokumente unterzeichnen werde, die nicht auch die Unterschrift anderer Regierungschefs trügen – ein Schlag gegen die Vorstellung, daß er mit den Außenministern und nicht den Regierungschefs der Gemeinschaft zusammentreffen sollte:

> Ich muß Ihnen mit allem Freimut meine Überraschung über das Verfahren zum Ausdruck bringen, das sich aus den europäischen Überlegungen ergeben hat. Drei Monate nach unserer Initiative und nach zahlreichen Beratungen, die wir auf das Verlangen der Europäer auf bilateraler Basis geführt haben, stellen wir jetzt fest, daß die Europäer nicht bereit sind, vor Mitte September mit uns über konkrete Fragen zu sprechen. Nachdem eine Reihe europäischer Regierungen einschließlich der Ihren uns versichert hatten, sie würden uns als Reaktion auf die unseren ihre konkreten Vorstellungen erläutern, haben sich die Europäer jetzt dazu entschieden, diese Auffassungen so lange für sich zu behalten, bis sie durch Gespräche, an denen wir nicht beteiligt werden, zu einer von ihnen allen getragenen kollektiven Haltung gelangt sind. Die Absicht, soweit ich sie verstehe, ist, uns dann diesen kollektiven Standpunkt vorzutragen und anschließend den Gedankenaustausch so zu führen, daß wir aufgefordert werden, mit europäischen Sonderbeauftragten zu sprechen. Ich muß Ihnen ehrlich sagen, daß ich es erstaunlich finde, wie ein Bemühen mit dem Ziel, einen neuen Geist atlantischer Solidarität zu schaffen, und dessen ganzes Wesen darin bestehen sollte, daß es in allen Phasen gemeinsam angestrebt wird, sich jetzt fast in eine europäisch-amerikanische Konfrontation verwandelt hat.
>
> Unter diesen Umständen müssen Sie wissen, daß wir keine weiteren Initiativen auf bilateraler oder multilateraler Ebene mehr ergreifen werden, sondern das Ergebnis der Konferenz der Neun im September abwarten wollen, um dann zu entscheiden, ob und wie wir vorgehen werden.
>
> Lassen Sie mich jedoch jetzt sagen, daß ich im Hinblick auf meine in Aussicht gestellte Reise nach Europa zu dem folgenden Entschluß gekommen bin: Ich werde nicht nach Europa kommen, wenn es keine Ergebnisse gibt, die mit dem Bedürfnis vereinbar sind, die atlantischen Beziehungen zu stärken. Begegnungen im Rahmen multilateraler Gremien, an denen meine europäischen Kollegen glauben, sich nicht beteiligen zu können, kann ich nicht in Erwägung ziehen. Ich

glaube nicht, daß solche Begegnungen den in unserer Initiative ins Auge gefaßten Zwecken dienen würden, und ich glaube, wir sind, als Sie uns im Mai besucht haben, übereingekommen, daß ich in Europa keine Erklärungen unterzeichnen werde, die nicht auch von den anderen Regierungschefs unterzeichnet werden.

Wir wissen nicht, welche Wirkung diese Briefe gehabt hätten, wenn sie von einem Präsidenten geschrieben worden wären, dessen Autorität noch nicht angeschlagen war. Aber unsere Verbündeten wußten, daß Watergate mit der Entdeckung des Abhörsystems im Weißen Haus einen neuen Höhepunkt erreicht hatte. Es besteht kaum ein Zweifel daran, daß es ohne Watergate gar nicht erst notwendig geworden wäre, diese Briefe zu schreiben. Wie die Dinge lagen, wußten unsere Verbündeten nicht nur, daß ich sie entworfen hatte – das war das übliche Verfahren –, sondern auch, daß der Präsident aus innenpolitischen Gründen den angesprochenen Fragen nicht seine volle Aufmerksamkeit schenken konnte. Auf jeden Fall war es zu spät für irgendwelche Gegenbeschuldigungen, wie sich sehr deutlich bei den nächsten Konsultationen mit Großbritannien zeigte.

An dem Tage, als der Brief an Brandt abgeschickt wurde (es war der 30. Juni) traf Sir Burke Trend zu britisch-amerikanischen bilateralen Gesprächen in Washington ein. Angesichts der in Kopenhagen getroffenen Entscheidungen hatte er kein Gesprächsthema, und daher wurde die Sitzung mit meinem klugen und sanften Freund peinlich. Wir erkannten beide, daß es, wenn sich diese Tendenzen fortsetzen sollten, zu einem Wendepunkt in den atlantischen Beziehungen kommen mußte. Um einer abstrakten Doktrin von der europäischen Einheit zu dienen und in ein paar theoretischen Fragen recht zu bekommen, hatte man etwas aufgegeben, was aufzubauen eine ganze Generation sich bemüht hatte. Die atlantischen und insbesondere die britisch-amerikanischen Beziehungen hatten sich auf der Grundlage des gegenseitigen Vertrauens und der Konsultationen außerordentlich günstig entwikkelt. Jetzt legte man ihnen die Zwangsjacke eines legalistischen Formalismus an. Trend hatte zu lange im bisher gewohnten Rahmen, dessen Kern das gegenseitige Vertrauen bildete, mit uns zusammengearbeitet, um sich bei seinem jetzigen Auftrag wohl zu fühlen. Er beherrschte seinen Kummer so weit, wie es ihm der Ehrenkodex des britischen Staatsdienstes und sein eigenes Ehrgefühl vorschrieben. Aber die Probleme gingen inzwischen weit über die Ebene der Hierarchie hinaus, die seinem diplomatischen Rang entsprach.

Daß die britische Regierung entschlossen war, die bisher üblichen Methoden aufzugeben, wurde noch klarer, als sie – wieder ohne uns vorher konsultiert oder gewarnt zu haben – der NATO Anfang August den Entwurf eines Textes für eine atlantische Deklaration vorlegte. Diese Geste war um so überraschender, als London nie auf die von uns am 8. Juli übermittelten Texte reagiert hatte. (Die negative Antwort darauf traf bei uns erst am 17. August ein.) Der britische Entwurf zeichnete sich durch seine Milde aus. Darüber hinaus sollte er getrennt von allen Initiativen der Europäischen Gemeinschaft gehalten werden – um zu vermeiden, daß ein zu umfangreiches Dokument entstand, und er sollte in den »natürlichen Zeitplan« des Bündnisses eingefügt werden. Das sollte heißen, daß ein Gipfeltreffen frühestens bei der nächsten Sitzung des NATO-Rats im Dezember stattfinden könnte, zu einer Zeit, in der Nixon, wie er ausdrücklich erklärte, nicht nach Europa kommen konnte, weil er sich auf die neue Sitzungsperiode des Kongresses vorbereiten mußte. Als wir uns – die wir immer noch in den alten Kategorien zu denken gewohnt waren – darüber beklagten, zu wenig konsultiert worden zu sein, antwortete die Regierung Ihrer Majestät:

> Wir haben jedoch schon Schwierigkeiten mit einigen der kleineren Mitglieder der Neuner-Gemeinschaft wegen der Verzögerung, mit der sie von dem Inhalt einiger unserer Gespräche mit dem Weißen Haus unterrichtet worden sind. Wir glauben daher, daß wir uns, wo immer möglich, von Anfang an um multilaterale Gespräche bemühen sollten. Das Wesen der atlantischen Beziehungen ist nicht etwas, über das man sich nur in bilateralen Gesprächen einigen kann. Im Unterschied zu Erläuterungen müssen Aktionen multilateral erfolgen.

Um die gleiche Zeit erfuhren wir, daß die Gemeinschaft den Text eines Entwurfs für die Deklaration Japan vorgelegt und dabei erklärt hatte, daß ein zwischen Europa und Japan ausgehandeltes Dokument konkreten Inhalt haben werde, während es, wenn wir uns daran beteiligten, notwendigerweise unverbindlich bleiben müßte. Man hatte uns niemals etwas über ein solches Projekt gesagt und uns noch weniger zu dessen Inhalt konsultiert. Hier handelte es sich um einen bewußten Affront, denn eine solche Taktik hätte sich erübrigt. Japan war in erster Linie daran interessiert, aus der Schußlinie zu bleiben. Japanische Diplomaten fragten gelegentlich höflich, aber mit demonstrativer Gleichgültigkeit nach jenem ungewöhnlichen Europa-Jahr, an dessen Durchführung teilzunehmen sie aufgefordert worden waren. Sie ließen zwar deutlich erkennen, daß es sie verärgern würde, wenn sie von einem ernsthaften Unternehmen ausgeschlossen würden, daß sie aber kaum Interesse daran hätten, sich an einem westlichen Familienstreit zu beteiligen. Auf diese Weise verwandelte sich ein Unternehmen, das ins Leben gerufen worden war, um den atlantischen Zusammenhalt zu fördern, in ein Instrument, mit dessen Hilfe alle Demokratien gegen die Vereinigten Staaten mobilisiert werden sollten.

Wenngleich bürokratische Trägheit und die durch Watergate erzeugte verzweifelte Stimmung uns zwangen, die ganze Prozedur über uns ergehen zu lassen, hatte das Europa-Jahr seine Bedeutung verloren.

Das Jahr, das es niemals gegeben hat

Der offizielle Teil unseres Vorschlags, eine neue Deklaration über die atlantischen Beziehungen, wurde schließlich ein Jahr später fertiggestellt, als Nixon der einzige noch im Amt befindliche Regierungschef unter den großen Vier war – und er trat sechs Wochen danach zurück. Aber diese Deklaration hatte im Verlauf eines Jahres kleinlicher Streitigkeiten ihre ganze moralische und psychologische Bedeutung verloren.

Wieder zeigte sich, daß sich die Geschichte nicht auf Kommando wiederholen läßt. Mit allzu großer Selbstsicherheit hatte man versucht, die Idee zu kopieren, daß ein Amerikaner mit einer dramatischen Rede Europa inspirieren könnte wie der amerikanische Außenminister George C. Marshall bei der Ankündigung des Marshall-Plans. Der Ausdruck »Atlantik-Charta« war ein Echo der in den vierziger Jahren getroffenen berühmten Vereinbarung zwischen Roosevelt und Churchill. Ermutigt durch europäische Ermahnungen, daß wir unsere Aufmerksamkeit wieder mehr dem Westen zuwenden und uns weniger mit Südostasien beschäftigen sollten, und verführt von unserer eigenen Sehnsucht nach historischen Initiativen, haben wir erleben müssen, daß sich eine Lage nicht meistern ließ, die sich seit 1947 drastisch verändert hatte. Damals hatte Außenminister Marshall Nationen, die keine Alternative hatten, praktisch ein Geschenk angeboten: die massive amerikanische Hilfe beim Wiederaufbau Europas. Das Problem Europas war es damals gewesen, sich selbst zu organisieren, um sich dieses Geschenk zu sichern – eine angenehme Aufgabe, die sich auch für den einzelnen Politiker als sehr nützlich erweisen kann. Aus der atlantischen Deklaration von 1973/1974 ergaben sich keine unmittelbaren Vorteile. Sie zwang jede Regierung, sich mit einer langen Liste schwieriger Probleme auseinanderzusetzen – eine Aufgabe, die gewählte politische Führer im allgemeinen sehr gern ihren Nachfolgern überlassen.

Unsere Frustration hatte komplexe psychologische Gründe. Wir waren nur allzu eifrig darum bemüht, uns von dem Trauma des Vietnam-Krieges zu befreien, und deshalb haben wir dem Umstand, daß Europa sich an diesem in erster Linie amerikanischen Problem nicht beteiligen konnte – jedenfalls nicht im gleichen Maß – nicht genügend Bedeutung beigemessen.

Es gab auch noch andere große Hindernisse, über die ich im 16. Kapitel sprechen werde. Aber am meisten sind wir von Watergate behindert worden. Das Europa-Jahr hätte zum Erfolg werden können, wenn der Skandal nicht seine Auswirkungen auf alle Aspekte dieses Projekts gehabt hätte. Ein starker Präsident auf der Höhe seines öffentlichen Ansehens, der sich der Zustimmung der amerikanischen Bevölkerung sicher sein konnte, hätte für den moralischen Zusammenhalt der freien Nationen zwingende Argumente vorbringen können. Die Europäer wären eifrig darum bemüht gewesen, zusammen mit ihm im Rampenlicht zu stehen. Im Verlauf des Jahres 1973 war das Gegenteil der Fall. Jeder Umgang mit Nixon war gefährlich geworden, und der schwerverwundete Präsident war auch nicht mehr in der Lage, die öffentliche Meinung in den Vereinigten Staaten hinter sich zu bringen, und zwar in einer Weise, die unsere Verbündeten nicht mehr hätten übersehen können. Wäre Nixon nicht zu einer politischen Hypothek für die europäischen Regierungen geworden, dann hätten sie sich höchstwahrscheinlich nicht so entschieden von ihm distanziert. So mußten sie sich im Laufe der Zeit immer ernstere Gedanken darüber machen, welches Risiko sie eingingen, wenn sie gemeinsam mit einem zunehmend in Mißkredit geratenen Regierungschef eine feierliche Erklärung unterzeichneten. Wäre damit ein sofort erkennbarer Gewinn verbunden gewesen, dann wären sie dieses Risiko vielleicht eingegangen. Aber die atlantische Deklaration warf ein Schlaglicht auf das Dilemma des politischen Führers in einer modernen Demokratie: Der Zeitraum, der verstreichen muß, bis eine Politik Früchte trägt, ist länger als die Amtszeit des Politikers, während sich die Nachteile, die eine solche Politik bewirkt, sofort zeigen. Jeder europäische Regierungschef mußte damit rechnen, daß er für die Teilnahme an Bemühungen um eine sicherere Zukunft unter Umständen auch mit der Schmach belastet würde, die ihm drohte, wenn er sich mit Nixon identifizierte, bevor der amerikanische Präsident von Watergate verschlungen wurde. Und die Fragen, die wir aufgeworfen hatten, waren alle sehr komplex; deshalb war es besser, sie zu ignorieren und damit zu begraben.

Heute, nach fast zehn Jahren, schmerzt es mich aber doch noch immer, mit welch gleichgültiger Härte einige unserer Verbündeten auf Nixons Autoritätsverlust reagiert haben. Hier stand ein Mann, der sein ganzes öffentliches Leben der Stärkung des atlantischen Bündnisses geweiht hatte. Während seiner ersten Amtsperiode hatte er viel getan, um das Vertrauen der europäischen Führer zu gewinnen. Er hatte einen häßlichen Streit mit Frankreich beendet, er hatte seine Vorurteile überwunden und geholfen, Brandts Ostpolitik zu retten, er hatte Heath immer wieder bewiesen, daß er ihn bewunderte. Trotz einiger schwerer Unterlassungssünden im Jahr 1971 hatte er alles unternommen, um seine europäischen Kollegen regelmäßig zu konsultieren. Doch ohne es an Höflichkeit fehlen zu lassen, haben alle diese Regierungschefs Schritte unternommen, die zu tun keiner von ihnen gewagt hätte, wenn ein regierungsfähiger Präsident auch nur einigermaßen von der öffentlichen Meinung unterstützt worden wäre.

Wenn ich am Schluß Bilanz ziehe, dann muß ich sagen, daß es richtig gewesen ist, diesen Versuch zu unternehmen, auch wenn er zunächst scheitern mußte. Denn ich glaube noch immer, daß wir die richtigen Fragen gestellt haben. Die Führer der demokratischen Industrienationen hatten es zu lange versäumt, sich mit den Grundfragen zu beschäftigen, indem sie ihre amerikanischen Beziehungen für innenpolitische Zwecke einsetzten. Zu Zeiten internationaler Spannungen bestand die Kritik darin, daß die amerikanische Politik die Sicherheit Europas gefährdete. Als wir dem Rat unserer Partner folgten und die Spannungen zwischen den Vereinigten Staaten und der Sowjetunion abbauten, fürchteten sie ein amerikanisch-sowjetisches Kondominium. Im Grunde verlangten die Europäer, daß sich die Vereinigten Staaten zur Verteidigung Europas verpflichteten, hofften jedoch, militärische Operationen von ihrem Territorium fernhalten zu können. Die europäischen Regierungen ersuchten uns um detaillierte Zusicherungen bei allen Themen, über die wir mit der Sowjetunion verhandelten, waren aber selbst nicht bereit, sich bei ihren eigenen einseitigen Initiativen eine ähnliche Zurückhaltung aufzuerlegen. Diese inkonsequente Haltung, lange genug eingenommen, mußte den Zusammenhalt des Westens in einem Morast aus miteinander im Konflikt stehenden politischen Bestrebungen ersticken, die von sehr kurzlebigen innenpolitischen Zwängen veranlaßt waren. Darüber hinaus beraubte die Überbewertung taktischer Fragen die Politik der Demokratien ihrer moralischen Durchschlagskraft. Ohne eine klare Vorstellung von der Zukunft zu haben, wurde die Öffentlichkeit zunehmend von technischen Problemen demoralisiert, die von Nichtfachleuten nicht begriffen werden konnten. Die Furcht und nicht eine klare Zielsetzung wurde zum beherrschenden Faktor der Politik vieler Demokratien; man hielt es für politisch klug, sich anzupassen, nicht aber, das Schicksal selbst in die Hand zu nehmen. Die Ursachen für diesen Zustand gehen tief, lassen sich aber nicht allein mit außenpolitischen Initiativen beseitigen. Und doch hätten die im Rahmen des Europa-Jahrs vorgetragenen Ideen dazu beitragen können, diese Schwierigkeiten zu überwinden.

Allerdings wurden die meisten praktischen Vorschläge für das Europa-Jahr verwirklicht. Vor dem Rücktritt Nixons wurde die atlantische Deklaration unterzeichnet. In der Amtszeit des Präsidenten Gerald Ford begannen regelmäßige Konsultationen über einen weitgefächerten Themenkreis, die noch heute fortgesetzt werden. Aber die Aufgabe, inspirierende Vorstellungen für die Zukunft zu entwickeln, ist unter den jetzt unvergleichlich viel schwierigeren Umständen immer noch nicht gelöst.

VI. Es gärt im Nahen Osten

Zeit für eine neue Initiative?

Eigenartigerweise hat sich die innenpolitische Schwäche der Vereinigten Staaten, die durch das Trauma von Vietnam und Watergate entstanden war, am wenigsten auf unsere Nahostpolitik ausgewirkt. Kein Nahostproblem hatte bisher zu einer innenpolitischen Kontroverse geführt; die Länder in jenem Gebiet haben weniger als andere versucht, die zunehmend peinliche Lage, durch welche die Autorität unserer Exekutive geschwächt wurde, zu ihren Gunsten auszunutzen, denn ohne das Vertrauen zu einem starken Amerika wäre auch ihre Situation unhaltbar geworden. Jedes Land stützte sich in seiner Art auf eine starke amerikanische Politik, mit deren Hilfe sehr unterschiedliche Ziele erreicht werden sollten. Israel brauchte die Hilfe Amerikas zum Überleben. Die gemäßigten Araber rechneten mit dem Einfluß der Vereinigten Staaten auf Israel, um so den Frieden zu sichern. Sogar die radikalen Araber brauchten uns, wenn auch nur als Alibi; sie neigten dazu, unseren schädlichen Einfluß zu übertreiben, hielten es aber für unmöglich, die durch Watergate in den Vereinigten Staaten entstandenen inneren Spannungen zu durchschauen.

Nixon begann seine zweite Amtszeit in der festen Absicht, im Nahen Osten eine diplomatische Friedensinitiative zu eröffnen, hatte zunächst aber noch keinen detaillierten Plan dafür. Zwei Tage vor seiner Wiederwahl hatte er gesagt, daß der Nahe Osten in seiner zweiten Amtsperiode »einen sehr hohen Stellenwert« haben werde. Am 5. November hatte Außenminister Rogers von sich aus erklärt, daß die Vereinigten Staaten damit rechneten, bald »sehr aktiv« zu werden.[1] Und nach Beendigung des Vietnam-Krieges richtete sich die Aufmerksamkeit der Öffentlichkeit immer mehr auf den Nahen Osten. In der ersten Februarwoche 1973 sprachen die Leitartikler Rowland Evans und Robert Novak von dem »zunehmenden Druck der arabischen Länder, die mit den Vereinigten Staaten befreundet sind« und die sich angeblich darum bemühten, Nixon und mich stärker in die Nahostpolitik einzuschalten. In einem Leitartikel der *New York Times* in der gleichen Woche hieß es, daß die bevorstehenden Besuche einer Reihe führender Persönlichkeiten aus dem Nahen Osten in Washington Nixon die »natürliche Gelegenheit« geben werden, »neue Initiativen zu ergreifen«. In der *Baltimor Sun* hieß es, daß solche Initiativen »überfällig« seien. Und die *Washington Post* drängte Nixon, dem Nahen Osten seine »ständige persönliche Aufmerksamkeit« zuzuwenden, nachdem das Vietnam-Problem erledigt sei. Die Zeitung erklärte, daß die Haltung Israels »unglaublich kurzsichtig« wäre.[2]

Es gab aber dennoch viele Gründe zur Vorsicht. In der ersten Amtszeit des Präsidenten hatten wir erfahren, daß übereifrig verfolgte Friedenspläne zu nichts führen; sie hatten sich angesichts der Leidenschaften der Beteiligten und der Uneinigkeit in unserer Regierung festgefahren. Die Wahlen in Israel waren für Ende Oktober 1973 angesetzt. Die Erfahrung hatte uns gelehrt, daß keine israelische Regierung die im Rahmen des Friedensprozesses notwendigen schwierigen Entscheidungen treffen konnte, solange die Zukunft des Staates Israel nicht gesichert war. Wir wollten daher die Zeit bis dahin zu Erkundungsgesprächen zwischen mir und dem nationalen Sicherheitsberater des Präsidenten Anwar el-Sadat, Hafiz Ismail ausnutzen. Um einen praktisch durchführbaren Vorschlag machen zu können, mußten wir eine klare Vorstellung von den Absichten Ägyptens haben.

In unserer Regierung hatte eine Umstrukturierung stattgefunden, als deren Folge sich die Zuständigkeiten für den Nahen Osten verschoben. Während der ersten Amtsperiode Präsident Nixons war der Nahe Osten dem Außenministerium überlassen worden, teilweise um Rogers zu besänftigen, aber auch, weil Nixon glaubte, daß die Nahostpolitik innenpolitische Schwierigkeiten heraufbeschwören könnte, und dieses Risiko wollte er von sich abwälzen. So war auch mein Einfluß auf die Nahostpolitik während der ersten Amtsperiode Nixons viel geringer als auf anderen Gebieten. Ich konnte Denkschriften verfassen, ich konnte warnen, und gelegentlich konnte ich gewisse Dinge verzögern. Aber außer in der Jordanien-Krise habe ich die diplomatischen Initiativen der Vereinigten Staaten nicht selbst geleitet. Bis Mitte des Jahres 1972 haben wir das System der dem Weißen Haus zur Verfügung stehenden geheimen Nachrichtenverbindungen, mit dem wir vertrauliche Verhandlungen mit anderen Regierungen unter Umgehung des Außenministeriums führten, in unseren Beziehungen zum Nahen Osten nicht angewendet. Zwar hat mich dieses System, das im Laufe der Zeit zur Norm werden sollte, gelegentlich geärgert, aber in Wirklichkeit diente es derjenigen Strategie, der ich den Vorzug gab. Es bewirkte über lange Zeit hinaus ein Unentschieden, das die Araber zur Mäßigung und die Sowjets an die äußere Peripherie der Nahostpolitik trieb. Ende 1971 begann Nixon, mir die Verantwortung zu übertragen. Er fürchtete, daß das Außenministerium mit seiner Neigung für abstrakte Theorien geneigt sein könnte, Pläne zu entwickeln, die in weiten Kreisen auf Widerstand stießen. Mein Auftrag bestand in erster Linie darin, dafür zu sorgen, daß es zu keinen Erschütterungen kam, die sich nachteilig auf die Wahlen von 1972 auswirkten. Praktisch bedeutete dies, daß ich mich um eine Verzögerung der Entwicklung bemühen sollte. Der Umstand, daß ich mich zu dieser Zeit in erster Linie mit der Abschlußphase der Vietnam-Verhandlungen beschäftigen mußte, zwang mich, diese Anweisung Nixons noch genauer zu befolgen. Die einzige Maßnahme, die ich damals ergriff, bestand in der Einrichtung eines geheimen Kanals zu Sadats Sicherheitsberater. Aber bis zum Juli 1972, als Sadat alles sowjetische Militärpersonal aus Ägypten auswies, gab es über diesen Kanal kaum irgendwelche Kontakte.[3]

Die Gründe für die Verzögerung waren mehr technischer als politischer Natur. Die Nahostkrise setzte sich aus den verschiedensten Komponenten zusammen, die für jeden zur Falle werden konnten, der es an Aufmerksamkeit fehlen ließ. Vorsicht war geboten. Im einzelnen handelte es sich um den arabisch-israelischen Konflikt, das ideologische Ringen zwischen gemäßigten und radikalen Arabern und den Einfluß und die Rivalität der Supermächte, wobei die Sowjets auf militärischem Gebiet eine immer bedeutendere Rolle spielten. Jedes dieser Probleme hatte seine eigenen Ursachen, aber hier waren sie alle eng miteinander verknüpft. Das eine ließ sich nicht lösen, ohne daß man auch die anderen in den Griff bekam. Die Schaffung des Staates Israel mit amerikanischer (und damals auch sowjetischer) Hilfe hatte den arabischen Nationalismus aufflammen lassen und führte zum Krieg. Israel wurde durch Waffengewalt eine Nation und mußte es anschließend ertragen, daß seine Nachbarn es nicht anerkannten, sondern ächteten und leidenschaftlich haßten. Im Juni 1967 durchstießen die Isrealis die nach dem Waffenstillstand festgelegte Linie, nachdem Ägypten unter Gamal Abdel Nasser, veranlaßt durch falsche sowjetische Informationen, den israelischen Hafen Eilat blockierte und seine Armee drohend auf die entmilitarisierte Sinai-Halbinsel gegen die israelische Grenze vorrücken ließ. Der Krieg endete nach sechs Tagen, in denen Isreal weite ägyptische und syrische Gebiete sowie das Westufer des Jordan besetzt hatte, was eine Demütigung der Araber bedeutete und ihre antiisraelischen Gefühle noch stärker zum Ausdruck kommen ließ.

Israel, das noch nie innerhalb international anerkannter Grenzen gelebt hatte, sah keinen wesentlichen Unterschied darin, daß es seine Grenzen jetzt an einer anderen, ebenfalls nicht anerkannten Linie festgelegt hatte. Zur Konfrontation mit den feindlichen Arabern verdammt, wollten die Israelis einen möglichst breiten Sicherheitsgürtel um ihr Land ziehen. Die arabischen Länder sahen sich zwischen ihrer philosophisch begründeten Ablehnung der Existenz des israelischen Staats und der praktischen Realität hin- und hergerissen, die bedeutete, daß der Status quo sich nur durch diplomatische Schritte verändern ließ. Gemäßigte arabische Regierungen wie die jordanische und die (unter Nasser noch zwischen Radikalismus und Mäßigung hin- und herschwankende) ägyptische suchten vorsichtig nach einer Formel, die Israel innerhalb seiner Vorkriegsgrenzen (von 1967) anerkannte, aber bis zur Lösung der Frage nach dem Status der arabischen Palästinenser nicht mehr zugestehen wollte als die Beendigung des Kriegszustandes – eine andere Form des Waffenstillstandes –, nicht aber den Frieden, dessen Abschluß Israel forderte.

Die Palästinenserfrage hatte sich als Folge des Verhaltens der radikalen Araber und der israelischen Vorstellung festgefahren, daß die Israelis aus Sicherheitsgründen nicht auf das Westufer des Jordans verzichten könnten. Syrien weigerte sich, über *irgendwelche* Bedingungen zu verhandeln. Es bestritt das Existenzrecht Israels, gleichgültig innerhalb welcher Grenzen. Noch im Dezember 1973, als ich zu meinem ersten Besuch von Tel Aviv nach Damaskus flog, berichtete die unter staatlicher Kontrolle stehende syrische Presse, daß der amerikanische Außenminister aus »besetztem Gebiet« (das heißt aus Israel) eingetroffen sei. Der Irak stellte sich mit seinem ganzen Einfluß hinter die Radikalen, ebenso auch Libyen und Algerien. Die palästinensische Befreiungsorganisation (PLO), deren Anspruch, alle Palästinenser zu vertreten, noch nicht von den arabischen Staaten anerkannt worden war, verlangte die Schaffung eines weltlichen Staates in Palästina, mit anderen Worten, Israels Verschwinden. Und Israel identifizierte seine Sicherheit mehr und mehr mit der israelischen Präsenz am Westufer des Jordan. Die auf diese Weise festgefahrene Lage hat die Nahostpolitik in den Jahren zwischen den Kriegen von 1967 und 1973 blockiert.

Das Symbol für diese verfahrene Lage war der Beschluß des Sicherheitsrats der Vereinten Nationen Nr. 242 vom 22. November 1967. Er sprach von einem »gerechten und dauernden Frieden« innerhalb »sicherer und anerkannter Grenzen«, wobei jedoch keines dieser Adjektive näher definiert wurde. Dieser Beschluß, den einige arabische Staaten abgelehnt hatten und den diejenigen, die ihn akzeptierten, ebenso wie Israel nach ihrem Gutdünken auslegten, wurde mehr zum Ausdruck der Tatsache, daß man in eine Sackgasse geraten war, als zu einem Werkzeug, um die Probleme zu lösen. Die arabischen Führer, die überhaupt bereit waren, zu verhandeln, erklärten, der Beschluß verlangte Israels totalen Abzug bis zu den Grenzen, wie sie vor dem Juni 1967 bestanden hatten. Dagegen wehrte sich Israel und erklärte, daß die Vorkriegsgrenzen ihrem Land keine Sicherheit garantieren könnten. Die Israelis bestanden darauf, einen Teil der den Nachbarstaaten fortgenommenen Gebiete zu behalten. Um seine Interessen in zweifacher Weise abzusichern, stellte Israel eine Forderung auf, die so vernünftig erschien, wie sie unerfüllbar war: Es verlangte direkte Verhandlungen mit den arabischen Staaten. Mit anderen Worten, Israel verlangte als Vorbedingung für Verhandlungen die Anerkennung durch diese Staaten. Die Araber verlangten mit gleicher Schärfe die Anerkennung ihrer territorialen Forderungen als Voraussetzung für die Aufnahme diplomatischer Verhandlungen. Kein auch noch so gemäßigter arabischer Führer konnte dem Verlangen Israels zustimmen und dabei in der zu jener Zeit durch die demütigende Niederlage, den arabischen Radikalismus und den Einfluß der Sowjetunion beherrschten Atmosphäre überleben. Kein israelischer Premierminister konnte auch nur einen Tag im Amt bleiben, wenn er als Eintrittspreis für Verhandlungen den Anspruch auf die besetzten Gebiete aufgab. Israel jagte der Illusion nach, gleichzeitig fremde Gebiete besetzen und einen Frieden erreichen zu können. Seine arabischen Gegner verfolgten die entgegengesetzte Illusion, verlorene Gebiete zurückgewinnen zu können, ohne ein Friedensangebot zu machen.

Zu Beginn von Nixons erster Amtsperiode unternahmen jedoch Jordanien und Ägypten trotzdem die ersten zaghaften Versuche, den Weg für Verhandlungen zu ebnen. König Hussein von Jordanien war von allen arabischen Führern am ehesten bereit, die Existenz Israels als harte Tatsache anzuerkennen und mit den Israelis zu verhandeln. Man hatte allerdings allgemein den Eindruck – und er hat nichts getan, um diese Ansicht zu widerlegen –, daß er sich der Politik irgendeiner weniger gefährdeten arabischen Nation anschließen werde, denn er hatte sich schon die Feindschaft der radikalen Araber zugezogen, weil er sich 1967 geweigert hatte, die diplomatischen Beziehungen zu den Vereinigten Staaten abzubrechen, und weil er 1970 die PLO aus seinem Land ausgewiesen hatte. Deshalb hielt man den gemäßigten, westlich orientierten König für nicht stark genug, den mit Sicherheit zu erwartenden Angriff der Radikalen gegen den Friedensprozeß abzuwehren. Nach der konventionellen Auffassung würde Jordanien der *zweite* arabische Staat sein, der Frieden schloß.

So wurde Ägypten zum Brennpunkt der Nahostdiplomatie. Die Bedeutung Ägyptens, die es seiner Größe, seiner Tradition, seinem kulturellen Einfluß und den Opfern in einer Reihe arabisch-israelischer Kriege zu verdanken hatte, erhöhte sich als Folge taktischer Notwendigkeiten. Ägypten war das erfolgreichste arabische Land und der kulturelle Mittelpunkt dieses ganzen Gebiets. Seine Lehrer stellten das Rückgrat des Bildungssystems der arabischen Welt. An seinen Universitäten versammelten sich Studenten aus der ganzen Region. Es hatte die längste ununterbrochene Geschichte als politisch organisiertes Staatsgebilde – die einzige Ausnahme bildete vielleicht China. Und Ägypten hatte die Hauptlast des arabisch-israelischen Konflikts getragen. Als Monarchie und als Republik hatte es sich an einem Ringen beteiligt, das weit über die engen nationalen Interessen Ägyptens hinausging. Es hatte seine jungen Männer für die Idee der arabischen Einheit und für das Selbstbestimmungsrecht der Palästinenser geopfert. Dabei hatte es die Sinai-Halbinsel verloren und immer wieder seinen Bestand als Nation aufs Spiel gesetzt. Ägypten hatte sich das Recht erworben, Frieden zu machen.

Für uns hatte ein erster, von Ägypten ausgehender Schritt besondere Bedeutung. Die Lösung territorialer Streitfragen erschien hier leichter, weil die Sinai-Halbinsel für Israel strategisch nicht so wichtig und nicht so sehr mit historischen Erinnerungen belastet war wie die anderen Territorien, besonders das Westufer des Jordan.

Doch solange Nasser Präsident war, lähmte er Ägyptens Aktionsfähigkeit durch die Ambivalenz seiner Politik. Einerseits deutete er die allgemeine Bereitschaft zur Teilnahme am Friedensprozeß an – aber die in seinem Programm enthaltenen Forderungen ließen sich nicht erfüllen: Er verlangte den Rückzug Israels auf die Grenzen von 1967 als Gegenleistung für die Beendigung des Kriegszustandes mit Ägypten; der Friede sollte von einer Beilegung der Differenzen zwischen Israel und den Palästinensern abhängig gemacht werden, die damals jedoch noch die Vernichtung des jüdischen Staats forderten. Auch Nasser war nicht bereit, direkt mit Israel zu verhandeln. Vielmehr sollten *wir* die Israelis zum Rückzug auf die alten Grenzen bewegen, und Nasser wollte als Gegenleistung dafür die diplomatischen Beziehungen zu den Vereinigten Staaten wiederherstellen. Radio Kairo blieb indessen das Zentrum der anti-amerikanischen und gegen alle westlichen Staaten gerichteten Propaganda im ganzen Nahen Osten. Kurz gesagt, Nasser beanspruchte die Führung der arabischen Welt von einer anti-amerikanischen Position aus, um alle Zugeständnisse, die er uns abringen konnte, so darstellen zu können, als habe er sie durch arabische Militanz, die sich auf sowjetische Waffen und die diplomatische Hilfe der Sowjetunion stützte, erzwungen. Die Vereinigten Staaten hatten kein Interesse, ihm die Verfolgung eines solchen politischen Kurses zu ermöglichen. Nasser machte uns das großzügige Angebot, seine übertriebenen Forderungen zu erfüllen, um dafür die diplomatischen Beziehungen wieder aufzunehmen, deren Wiederherstellung – wenn überhaupt – ebensosehr im ägyptischen wie im amerikanischen Interesse lag. Der von Nasser angebotene Waffenstillstand mit Israel war dagegen praktisch schon in Kraft.

Die Sowjetunion reagierte auf diese Situation, in der wir am toten Punkt angelangt waren, mit einer Mischung aus Böswilligkeit und Verwirrung. Sowjetische Waffen bestärkten die Araber in ihrer starren Haltung. Aber dadurch erhöhte sich nur die Gefahr, daß alle endgültig steckenblieben – sie wurde nicht dadurch beseitigt. Es gelang Moskau zu keiner Zeit, sich aus dieser Zwickmühle zu befreien. Solange es jede Forderung seiner Klienten unterstützte, konnte es weder den Verhandlungsprozeß beschleunigen, noch etwas zur Stärkung der eigenen Position unternehmen. Wir hatten schließlich keine Ursache, das Programm der radikalen Araber zu unterstützen, die uns heftig kritisierten. Und wenn wir, was sehr unwahrscheinlich war, unsere Meinung ändern sollten, dann brauchten wir die Sowjetunion nicht als Vermittler. Mit anderen Worten, Moskau konnte nur wirksam zu einer Lösung beitragen, indem es sich, wenn auch nur teilweise, von den arabischen Forderungen distanzierte und damit seine freundschaftlichen Beziehungen zur arabischen Welt gefährdete. Wenn die Sowjets diesen Weg nicht gingen, riskierten sie, sich hinter Forderungen zu stellen, deren Verwirklichung sie nicht garantieren konnten, und dadurch mußte das Vertrauen zur Sowjetunion und ihrer Stärke erschüttert werden. Moskau konnte auch die Glut der Krise anfachen, aber wenn der Brand um sich griff, dann konnten die Sowjets diese Lage nur für sich ausnutzen, wenn sie eine Konfrontation zwischen den Großmächten riskierten, eine Möglichkeit, der die Sowjetunion bisher sorgfältig aus dem Weg gegangen war. Wie alle anderen Beteiligten spielte auch die Sowjetunion auf Zeitgewinn. Sie übernahm die Rolle des Anwalts der Araber, der seinen Fall nicht vor Gericht bringen kann, und suchte die Entscheidung dadurch hinauszuzögern, indem sie die arabischen Länder mit Waffen versorgte – aber damit erhöhte sich nur das Niveau einer möglichen militärischen Konfrontation, ohne daß sich die dahinterstehenden Realitäten veränderten.

Die Regierung Nixon war diesem Unentschieden auf der Grundlage einander widersprechender Empfehlungen begegnet. Das Außenministerium drängte auf eine diplomatische Lösung, mit der die Verstimmung zwischen der arabischen Welt und den Vereinigten Staaten abgebaut werden sollte. Dazu gehörte der sogenannte Rogers-Plan für einen Rückzug Israels auf seine ursprünglichen Grenzen. Aber damit war das Problem nicht gelöst, wie man Israel dazu bewegen sollte, alle seine Eroberungen zurückzugeben, während Syrien sich *grundsätzlich* weigerte, auf irgendwelche Bedingungen einzugehen, und Ägypten ohne Syrien und die Palästinenser, die entschlossen waren, Israel von der Landkarte zu streichen, nicht bereit war, Frieden zu machen. In dieser Lage hätten diplomatische Initiativen die Spannungen eher verschärfen als abbauen können. Unsere Vorschläge würden wahrscheinlich abgelehnt werden, so daß wir die Position der Sowjetunion und der radikalen Araber gestärkt hätten. Obendrein war Nixon der Auffassung, daß wir noch zu stark in Indochina engagiert seien, um uns hinter Vorschläge stellen zu können, die er von Anfang an für unrealistisch hielt. Er glaubte, daß Verhandlungen nur Aussicht auf Erfolg hätten, wenn man die Minimalforderungen beider Seiten aufeinander abstimmen könnte. Während Nixons erster Amtsperiode waren aber beide Seiten nicht bereit, von ihren Maximalforderungen abzugehen. Israel lehnte es ab, die Grenzlinien auf allen Seiten zurückzunehmen, und die Araber verlangten den totalen Rückzug Israels, während sie jedoch deutlich zögerten, sich zum Frieden zu verpflichten oder die Sicherheit Israels zu garantieren.

Nasser starb am 28. September 1970. Sein Nachfolger, Anwar el-Sadat war kaum bekannt und wurde gewaltig unterschätzt. Unsere Fachleute hielten ihn im allgemeinen für einen Übergangspräsidenten, der sehr bald von dem bekannteren Ali Sabri, dem Generalsekretär der Arabischen Sozialistischen Union, abgelöst werden würde, von dem wir wußten, daß er Moskau nahestand. Zudem hatte sich Sadat nicht sofort deutlich von dem bisherigen politischen Kurs Nassers distanziert. Er begann vielmehr mit einem komplizierten Manöver, in dessen Verlauf er seine Position in der arabischen Welt stärkte, aber gleichzeitig Ägypten auf einen realistischeren, nationalistischen Kurs brachte. Einerseits sprach er überzeugender und konkreter von der Notwendigkeit einer Beilegung des Konflikts als sein Vorgänger; andererseits bediente er sich Nassers antiwestlicher Rhetorik. Im Mai 1971 fielen Ali Sabri und seine Anhänger einer von Sadat veranlaßten Säuberungsaktion zum Opfer. Im gleichen Monat unterzeichnete der ägyptische Präsident einen Freundschaftsvertrag mit der Sowjetunion über zwanzig Jahre. Wir in Washington konnten uns nicht vorstellen, was er damit erreichen wollte. Das Spiel, mit dem er Moskau über seine wahren Absichten hinwegtäuschen wollte, hatte auch uns verwirrt.

Um aus der Sackgasse herauszukommen, ergriff das Außenministerium eine neue Initiative. Im März 1971 schlug es einen Teilabzug der israelischen Streitkräfte am Suez-Kanal vor. Dieser Versuch schlug fehl, weil Sadat darauf bestand, daß ein solcher Teilabzug nur die erste Phase eines vereinbarten totalen Truppenabzugs sein dürfte. Die Israelis ihrerseits verlangten eine entsprechende Räumung des Gebiets westlich des Suez-Kanals durch die ägyptische Armee. Das bedeutete, daß als Gegenleistung für einen Abzug israelischer Kräfte aus unbestritten ägyptischem Gebiet die ägyptischen Streitkräfte sich noch tiefer in ihr eigenes Land zurückziehen sollten. 1972 hatte man auf diplomatischem Gebiet kaum irgendwelche Fortschritte machen können. Die Sowjets drängten auf eine sofortige Gesamtlösung, die Israelis forderten direkte Verhandlungen, die Ägypter verlangten eine umfassende Lösung in einzelnen Phasen, die Syrer und die PLO weigerten sich kategorisch, an Verhandlungen teilzunehmen – und das amerikanische Außenministerium bemühte sich um einen vorläufigen Truppenabzug am Suez-Kanal, während das Weiße Haus sich so verhielt, als sei das eigene Außenministerium eine souveräne ausländische Macht.

Ironischerweise paßte diese so unübersichtliche und verworrene Lage genau in die Strategie, die nach meiner Auffassung die einzige realistische amerikanische Option darstellte. Es lag nicht im Interesse der Vereinigten Staaten, Israel unter dem Druck radikaler Kräfte eine Lösung aufzuzwingen, denn damit würde nur die Überzeugung gestärkt werden, daß man mit Amerika am besten unter Druck verhandeln könnte. In der arabischen Welt mußten wir die gemäßigten gegenüber den radikalen Kräften und die westlich orientierten Regierungen gegen die Klienten der Sowjetunion stärken. Ich war daher grundsätzlich gegen jedes Zugeständnis an Ägypten, solange sich Nasser (oder auch Sadat) einer antiwestlichen Rhetorik bedienten, zu der sie durch die in Ägypten stationierten sowjetischen Kampftruppen veranlaßt wurden, und hielt es für sinnlos, gemeinsam mit der Sowjetunion vorzugehen, solange Moskau die gleiche Haltung einnahm wie die Araber. Ich war überzeugt, Ägypten oder ein anderer Staat werde früher oder später erkennen, daß Vertrauen auf sowjetische Hilfe und radikale Rhetorik nur dazu führen können, die darauf gesetzten Hoffnungen zu enttäuschen. Wenn es soweit wäre, dann könnte ein solches Land bereit sein, auf die militärische Präsenz der Sowjets zu verzichten – in einer viel kritisierten Presseerklärung vom 26. Juni 1970 hatte ich den Ausdruck »ausweisen« verwendet –, um dann nicht utopische, sondern erreichbare Ziele anzusteuern. *Das* wäre der geeignete Augenblick für eine größere amerikanische Initiative. Wenn notwendig, müßten wir in diesem Fall auch unseren israelischen Freunden empfehlen, nach ganz neuen Möglichkeiten für die Lösung des Konflikts zu suchen.

Während seiner ersten Amtszeit hat Nixon sich niemals offiziell für eine der beiden Strategien entschieden; weder für meine Empfehlung, den Druck radikaler Kräfte abzublocken, noch für die Auffassung des Außenministeriums, ihnen den Wind aus den Segeln zu nehmen, indem man ihnen Kompromißlösungen anbot. Der Präsident neigte eher dazu, sich meiner Analyse anzuschließen, setzte meine Vorschläge jedoch nicht in die Tat um, sondern sah stillschweigend zu, wie sich die Initiativen des Außenministeriums im Sande verliefen. Meine Beziehungen zu Nixon, die nie einfach gewesen sind, waren im Hinblick auf den Nahen Osten komplexer als auf den meisten anderen Gebieten. Nixon war überzeugt, daß er den jüdischen Wählern nichts verdankte und er auch niemals ihre Zustimmung gewinnen könnte, wie sehr er sich auch darum bemühte. Es wäre ihm daher am liebsten gewesen, wenn er noch während seiner Amtszeit eine umfassende Regelung hätte diktieren können. Viele seiner schriftlichen und mündlichen Kommentare zu diesem Thema bestätigen eine solche Haltung. Im Oktober 1972 gab ich Nixon eine Denkschrift des Verteidigungsministers Melvin Laird weiter, in der Laird dringend vertrauliche Kontakte mit Ägypten empfahl, um die kürzlich erfolgte Ausweisung der Sowjets durch Sadat auszunutzen und sich den Arabern zu nähern. (Geheime Kontakte mit Ägypten, von denen Laird nichts wußte, bestanden schon.) Nixon gab mir die Denkschrift mit folgender Randbemerkung zurück: »K- Ich neige dazu, Laird zuzustimmen. Das Verhalten der jüdischen Gruppe in Amerika gegenüber dem Problem der sowjetischen Visa zeigt deutlich, daß sie jüdische Interessen über die der Vereinigten Staaten stellen. Das *können* wir nicht tun.«

Solche Kommentare hat Nixon sehr häufig von sich gegeben, ist aber kaum je bereit gewesen, die darin enthaltenen Absichten in die Tat umzusetzen. Ich erwähne sie hier, weil es eine Geschichtsfälschung wäre, wenn ich es nicht tun würde, aber auch, um zu illustrieren, eine wie eigenartige Beziehung zwischen dem Präsidenten und seinem Sicherheitsberater bestand. Von entgegengesetzten Seiten des emotionalen Spektrums zu Israel ausgehend, begegneten wir uns auf politischer und strategischer Ebene, weil wir vom nationalen Interesse der Vereinigten Staaten ähnliche Vorstellungen hatten. Nixon teilte viele Vorurteile des entwurzelten kalifornischen unteren Mittelstandes, aus dem er gekommen war. Er glaubte, daß die Juden eine mächtige zusammenhängende Gruppe in der amerikanischen Gesellschaft bildeten, in ihrer großen Mehrzahl liberal wären, die Interessen Israels über alles andere stellten, im großen und ganzen mehr Sympathien für die Sowjetunion als andere ethnische Gruppen hätten, gefährliche politische Gegner seien, weil sie die Medien beherrschten, und vor allem war er überzeugt, daß Israel zu einer Friedensregelung gezwungen werden müßte; man dürfe es nicht zulassen, daß es die Beziehungen der Vereinigten Staaten zu den arabischen Ländern in Gefahr brächte.

Das alles hinderte ihn aber nicht daran, herzliche persönliche Beziehungen zu vielen einzelnen Juden zu haben und ihnen in seiner Administration mehrere Schlüsselstellungen einzuräumen. Persönlich schien er sich sogar bei den Vertretern einer Gruppe, die sich ebenso wie er selbst als Außenseiter betrachteten, besonders wohl zu fühlen.[4] Seine Vorurteile kamen jedoch in gewissen Anordnungen zum Ausdruck, die gefühlsmäßigen Eingebungen des Augenblicks entsprangen und von denen seine Mitarbeiter wußten, daß es nicht ratsam war, sie zu befolgen. Auf solche Befehle kam er selbst nie wieder zurück. Ich habe nicht gezählt, wie oft der Präsident mir gesagt hat, alle Hilfsprogramme für Israel einzustellen und auf diese Weise auf das Verhalten irgendwelcher eigenwilliger jüdischer Kongreßabgeordneter zu reagieren. Senator Jacob Javits schien eine besondere Begabung dafür zu haben, Nixons Unwillen zu erregen. Noch drei Tage vor seinem Rücktritt erließ Nixon eine solche Anordnung. Haig und ich beschlossen, dazu eine Direktive zu entwerfen, wollten aber abwarten, ob der neue Präsident sie unterzeichnen oder zurückweisen werde. (Ford tat das letztere.) Ebenso häufig verlangte Nixon, daß wir bekannte jüdische Persönlichkeiten über irgendwelche moralischen Verstöße von Kommunisten unterrichteten, als sei es notwendig, gerade die Juden über das Verwerfliche des Kommunismus zu belehren.

Doch wenn es darauf ankam, stellte sich Nixon in jeder Krise entschlossener hinter Israel als fast jeder andere Präsident mit Ausnahme von Harry Truman. Er bewunderte die Tapferkeit der Israelis und achtete die Entschlossenheit, mit der die israelische Führung ihre nationalen Interessen verteidigte. Die Leistungsfähigkeit der israelischen Armee war nach seiner Auffassung für die Demokratien von großem Wert. Wenngleich Nixon davon überzeugt war, daß die Besetzung arabischen Territoriums durch Israel die radikalen, antiwestlichen Kräfte gestärkt hatte, war er klug genug, zu begreifen, daß das Gegenteil nicht zutraf: Wollte man Israel gemeinsam mit den radikalen Arabern unter Druck setzen, dann diente eine solche Maßnahme eher den sowjetischen als den westlichen Interessen. Und in Krisenzeiten hat Nixon niemals die Prioritäten aus dem Auge verloren, gleichgültig, wen er schließlich für schuldig hielt. Er wußte, daß wir nicht wirksam vermitteln konnten, wenn nicht feststand, daß wir nicht auf sowjetischen Druck reagierten. So kam Nixon am Schluß, wenn auch auf anderem Wege, zu den gleichen Folgerungen wie ich: Das Interesse der Vereinigten Staaten erforderte den Beweis, daß die Sowjets und die radikalen Araber nicht in der Lage waren, die politischen Ziele der arabischen Staaten durchzusetzen, und daß kein Fortschritt erzielt werden konnte, bevor nicht wenigstens die gemäßigten Araber bereit waren, einen echten Kompromißfrieden zu schließen.

Ich ging mit meinen Überlegungen von der anderen Seite des emotionalen Spektrums aus. Wenngleich ich meine Religion nicht praktizierte, konnte ich nie vergessen, daß dreißig Mitglieder meiner Familie in den Konzentrationslagern der Nazis gestorben waren. So konnte ich auch nicht dazu beitragen, daß es als Folge einer wohlmeinenden Politik, die außer Kontrolle geraten könnte, zu einem neuen Holocaust kam. Die meisten israelischen Führer waren meine persönlichen Freunde. Trotzdem mußte ich ebenso wie Nixon meine emotionalen Präferenzen meinen Vorstellungen vom nationalen Interesse der Vereinigten Staaten unterordnen. Angesichts des historisch begründeten Mißtrauens gegenüber meiner Religion hatte ich sogar die besondere Verpflichtung, es zu tun. Das ist nicht immer leicht gewesen, sondern gelegentlich recht schmerzlich. Aber Israels Sicherheit konnte auf die Dauer nur gewahrt werden, wenn es an die strategischen Interessen der

Vereinigten Staaten und nicht an die Gefühle einzelner gebunden wurde. Auf dieser Basis reichte sich dieses ungleiche Paar – der Kommunistenhasser aus Südkalifornien und der Flüchtling aus Nazi-Deutschland – die Hände, um endlich aus der Sackgasse der Nahostdiplomatie herauszukommen.

Ende 1971 und 1972 entstand als Folge von drei Umständen zwischen dem Präsidenten und seinem Sicherheitsberater in der Nahostpolitik die Partnerschaft, die schon auf anderen Gebieten der amerikanischen Außenpolitik vorhanden war. Die erste Ursache habe ich schon erwähnt: Es war Nixons Wunsch, in einem Wahljahr eine innenpolitische Konfrontation zu vermeiden, bei der es um den Nahen Osten ging. Deshalb forderte er mich Ende 1971 auf, vertrauliche Gespräche mit Israel und der Sowjetunion über den Nahen Osten aufzunehmen, um dieses Problem bis zur Zeit nach den Präsidentschaftswahlen hinauszuzögern. Diese Verzögerung ließ sich ohnedies nicht vermeiden. Wir hatten mit den Gipfeltreffen in Peking und Moskau und mit der Frühjahrsoffensive der Nordvietnamesen alle Hände voll zu tun.

Die zweite Ursache war der Moskauer Gipfel im Mai 1972. Man hatte der Sowjetunion mit Recht vorgeworfen, daß sie dazu neige, auch während unserer besonderen Bemühungen um die Entspannung zu Konflikten zu ermutigen. Doch 1972 bemühten sich die Sowjets im Nahen Osten im allgemeinen darum, beruhigend zu wirken. Wenigstens verringerten sie den Umfang ihrer Waffenlieferungen an Ägypten und taten auf diplomatischem Gebiet für eine Friedensregelung im Nahen Osten nicht mehr, als die Schritte zu verfolgen. Sadat beschwerte sich ständig darüber, daß die Sowjets mit ihren Waffenlieferungen im Rückstand seien.[5] Den Höhepunkt dieser Entwicklung stellte die Zustimmung des sowjetischen Außenministers Andrei Gromyko auf dem Moskauer Gipfel zu einem Abschnitt im Schlußkommuniqué dar, aus dem man nichts anderes herauslesen konnte, als daß Moskau den Nahen Osten auf Eis legte. Erschöpft von stundenlangen Verhandlungen erklärte sich Gromyko schließlich auch mit einer Reihe allgemeiner Arbeitsgrundsätze »einverstanden«, an denen sich die Nahostverhandlungen orientieren sollten. Darin lag eine erstaunliche Annäherung an unseren Standpunkt (denn hier ging es zum Beispiel auch um eine Klausel, in der sich die Sowjetunion augenscheinlich mit Grenzverschiebungen zugunsten Israels einverstanden erklärte).[6]

Selbstverständlich hatte Moskau Mitte 1972 gute Gründe, dafür zu sorgen, daß es im Nahen Osten nicht zu größeren Erschütterungen kam. Die Sowjets befanden sich in einer verzweifelten Lage und brauchten dringend amerikanische Getreidelieferungen. Vielleicht haben sie damit gerechnet, daß, wenn zum Vietnam-Krieg noch eine Nahost-Krise hinzukäme, das zarte Netz der Ost-West-Beziehungen zerreißen könnte. Es ist der Sowjetunion niemals gelungen, über das Dilemma hinwegzukommen, daß die von ihr abhängigen Staaten einen Krieg verlieren könnten, der aus Spannungen, die sie über einen bestimmten Punkt hinausgetrieben hatten, entstanden war. Das heißt jedoch mit anderen Worten nur, daß die Sowjets bereit waren, einen *gewissen* Preis für die Entspannung zu zahlen.

So hat es jedenfalls Anwar el-Sadat gesehen, und das führte zu dem dritten historisch bedeutsamen Ereignis jener Periode, zu der Ausweisung sowjetischer Truppen aus Ägypten. Für Sadat ließ das Kommuniqué nach dem Moskauer Gipfel das Faß überlaufen. Ägypten empfand die augenscheinliche Einigung der Sowjets mit den Vereinigten Staaten als »heftigen Schock«, schreibt er in seinen Erinnerungen. In einer öffentlichen Rede hat er damals gesagt, er werde es niemals akzeptieren, daß die sowjetische Politik dem Nahen Osten nur einen vierten oder fünften Rang zubilligte.[7] Deshalb verlangte er am 18. Juli 1972 mit einem kühnen Manöver, das später zu seinem Markenzeichen wurde, den Abzug des sowjetischen Militärpersonals aus Ägypten innerhalb einer Woche. Diese Maßnahme hatte einen doppelten Zweck: Sie beseitigte ein Hindernis für einen ägyptischen Angriff gegen Israel, denn Sadat war überzeugt – und wahrscheinlich mit Recht –, daß seine sowjetischen Berater im Fall des Beginns militärischer Operationen nicht mit ihm zusammenarbeiten würden. Zugleich ermöglichte er dadurch die Aufnahme diplomatischer Kontakte mit den Vereinigten Staaten. Noch im gleichen Monat reaktivierte er den direkten Kanal zum Weißen Haus. Das System der Geheimverbindungen verband uns von nun an auch mit dem Nahen Osten.

Im Herbst 1972 versuchten Kairo und das Weiße Haus, eine Zusammenkunft zwischen mir und dem nationalen Sicherheitsberater Sadats, Hafiz Ismail, zu arrangieren. Sie wurde zunächst auf einen der letzten Oktobertage festgesetzt, mußte aber dann verschoben werden, weil die Vietnam-Verhandlungen unsere ganze Zeit und Energie in Anspruch nahmen.

Trotz dieser Verzögerungen ernteten wir gegen Ende von Nixons erster Amtsperiode die ersten Früchte der von uns verfolgten Strategie. Die militärische Präsenz der Sowjetunion in Ägypten bestand nicht mehr. Sadat kam auf uns zu, und wenngleich wir seine Absichten noch nicht völlig durchschauten, unterschieden sich seine Methoden deutlich von den radikalen Erpressungsmethoden seines Vorgängers. Die sowjetische Führung war nervös und wußte nicht, wie sie ihren schwindenden Einfluß wieder stärken sollte. Zunächst beschränkte sie sich auf rituelle Gemeinplätze, mit denen sie jedoch nur die Tatsache unterstrich, daß sie in diesem Gebiet immer weniger zu sagen hatte. Die Zeit arbeitete für uns. Nichts konnte ohne unsere Einwilligung geschehen. Wer sich auf die sowjetische Hilfe verlassen hatte, mußte sich jetzt von seinen Illusionen trennen. So eröffneten sich neue Wege für eine stärkere und ausgewogenere Position der Vereinigten Staaten.

Vorbereitungen für Ismail: ein diplomatisches Menuett

Äußere Erscheinung und Wirklichkeit stimmen im Nahen Osten selten überein. Anfang 1973 konnte man am Erscheinungsbild der Lage keine Anzeichen dafür erkennen, daß entscheidende strategische Gewichtsverlagerungen bevorstanden. Nachdem palästinensische Terroristen im September 1972 bei den Olympischen Spielen in München israelische

Athleten ermordet hatten, führte Israel mehrere Vergeltungsschläge in Syrien und im Libanon; die Spirale der Gewalt erreichte einen neuen Höhepunkt. Die arabischen Nationen bemühten sich, die gemeinsame Front gegen Israel zu konsolidieren. Ende Januar 1973 trafen sich achtzehn arabische Außen- und Verteidigungsminister in Kairo, bildeten dort den gemeinsamen arabischen Verteidigungsrat und ernannten den ägyptischen Kriegsminister, Marschall Ahmed Ismail Ali, zum Oberbefehlshaber an der jordanischen, syrischen und ägyptischen Front. Außerdem kamen die arabischen Minister mit Jordaniens Zustimmung darin überein, die jordanische Front zu »reaktivieren«. (Was das bedeutete, war zunächst durchaus nicht klar, denn die Jordanier erklärten gleichzeitig, daß sie an ihrem politischen Grundsatz festhielten, den Fedajin die Rückkehr nach Jordanien und die Operationen gegen Israel zu verweigern. Das praktische Ergebnis dieser beiden Entscheidungen war, daß sie einander ausschlossen – ein Vorgang, den man bei Konferenzen arabischer Außenminister nicht selten beobachten kann.)[8]

Am 11. Februar 1973 gab der ägyptische Premierminister, Dr. Aziz Sidqi, bekannt, daß Ägypten auf bestimmte innenpolitische Programme verzichten werde, um Geldmittel für den »Kampf gegen Israel« freizumachen. Es werde ein »Kriegsbudget« aufgestellt werden. Angesichts der Tatsache, daß Ägypten schon früher ähnliche Drohungen nicht wahrgemacht hatte, nahmen wir diese Ankündigung nicht zu ernst, besonders, da unsere Nachrichtendienste in der Einschätzung übereinstimmten, daß sich keine realistische militärische Option für Ägypten erkennen ließe. In der Tat wurde Sadat in der arabischen Welt auch weiter wegen seiner angeblichen Tatenlosigkeit angegriffen – ein Beweis dafür, daß kein Beteiligter seinen fein ausgeklügelten Plan begriffen hatte.

Denn Sadat steuerte auf den Krieg zu und verwendete dabei eine ungewöhnliche Taktik, die niemand durchschaute: Wenn ein politischer Führer seine wirklichen Absichten oft genug und mit großen Worten bekanntgibt, wird ihm niemand glauben. Zunächst hatte Sadat erklärt, daß 1971 das »Jahr der Entscheidung« sein werde. Das hatten wir ihm geglaubt. Ein Grund dafür, daß wir so neuralgisch auf den Angriff Indiens gegen Pakistan reagiert hatten, hatte sogar darin bestanden, daß wir einem vergleichbaren Aufflammen ägyptischer Ambitionen den Wind aus den Segeln nehmen wollten. Ob aus diesen oder anderen Gründen: Sadat unternahm weder 1971 noch 1972 irgendwelche militärischen Schritte. Es schollen zwar auch weiterhin finstere Drohungen aus Kairo, aber noch am 20. Dezember 1972 beurteilten wir die Lage so, daß Sadat, wenn überhaupt, nur sehr wenige militärische Optionen hätte. Die militärische Überlegenheit Israels schien unanfechtbar. Sadat konnte dem Dilemma, in dem er sich befand, nicht dadurch ausweichen, daß er mit allen ihm zur Verfügung stehenden Kräften eine militärische Offensive begann, weil sie einfach scheitern mußte. Zwar war Sadat nach dieser Lagebeurteilung fähig, einen Angriff mit begrenztem Ziel zu führen, aber dafür gab es keinen vernünftigen militärischen Grund. Auch bei einem solchen Versuch würde er geschlagen werden. Das einzige Ergebnis mußte deshalb darin bestehen, die internationalen Besorgnisse und das Drängen nach Verhandlungen zu verstärken. Ein ägyptischer Fehlschlag würde alle Beteiligten nur noch tiefer in die diplomatische Sackgasse geraten lassen. Auch wenn es zu Verhandlungen kommen sollte, rechnete man mit neuen Schwierigkeiten: Ein Waffenstillstand, bei dem sich die Streitkräfte am Suez-Kanal nur voneinander lösen sollten, würde in Ägypten keine Zustimmung finden, aber auch eine endgültige Friedensregelung schien ausgeschlossen, weil sich Israel nicht mit dem Rückzug auf die Grenzen von 1967 einverstanden erklären würde. Schließlich würden die anderen arabischen Staaten jeden mit Ägypten geschlossenen Separatfrieden blockieren. Daraus folgte, daß Ägypten keine andere Wahl hatte, als auf die diplomatische Initiative der Vereinigten Staaten zu warten.

Aber Sadat war durch unsere Beurteilung der Lage nicht gebunden. Während wir neue diplomatische Schritte vorbereiteten, versuchte er, mit militärischen Mitteln aus der Sackgasse herauszukommen.

Mit Beginn seiner zweiten Amtsperiode verwickelte Nixon mich immer tiefer in die Nahostverhandlungen, aber ohne dem Außenministerium die inzwischen gewährten Befugnisse zu nehmen. Bei jedem Treffen mit führenden Politikern aus dem Nahen Osten vermied er eine klare Stellungnahme und schlug ihnen vor, mit mir Erkundungsgespräche zu führen – eine großartige Methode, Zeit totzuschlagen, aber er riskierte damit auch ein Chaos. Da Nixon seinem Außenminister Rogers nicht die Verhandlungsvollmacht entzog, die er ihm eingeräumt hatte, entwickelten sich jetzt drei parallel laufende diplomatische Wege. Der offizielle Weg über das Außenministerium hatte ein vorläufiges Auseinanderziehen der Truppen am Suez-Kanal zum Ziel. Bei meinen Geheimgesprächen mit Hafiz Ismail erklärte ich mich bereit, mich bisher noch nicht im einzelnen erörterten ägyptischen Vorschlägen zuzuwenden, sobald wir unsere vertrauliche Zusammenkunft arrangiert hatten. Über meinen besonderen Kanal zum sowjetischen Botschafter Anatoli Dobrynin sprach ich über die Möglichkeit eines gemeinsamen sowjetisch-amerikanischen Vorgehens im Nahen Osten. Um alle drei Wege in einen einigermaßen vernünftigen Zusammenhang zu bringen, versuchte ich, alle neuen Initiativen des Außenministeriums in Nixons zweiter Amtsperiode zu verzögern und die Annahme sowjetischer Vorschläge so lange zu verschieben, bis ich bei der Zusammenkunft mit Hafiz Ismail feststellen konnte, was die Ägypter im Sinn hatten. Das war nicht ganz einfach, denn ich war der einzige Mensch, der wußte, daß es diese drei Kanäle gab, denn das Außenministerium wurde ohne ersichtlichen Grund im dunkeln gelassen. Eine solche Regierungsmethode hätten wir auch ohne Watergate niemals eine ganze Amtsperiode durchhalten können.

Wie in der Nahostpolitik immer wieder geschehen, scheiterten zunächst alle Bemühungen des Außenministeriums. Von 1969 bis 1971 hatten die verschiedenen Pläne für eine umfassende Lösung beide Seiten veranlaßt, sich gegen die amerikanischen Vorschläge zu stellen. Nun beschloß das Ministerium, sich erneut für einen Teilabzug der Streitkräfte am Suez-Kanal als Übergangslösung einzusetzen, und zwar nach der gleichen Methode, die während der ersten Amtsperiode so kläglich gescheitert war: Es begann eine Initiative, ohne alle darin enthaltenen Möglichkeiten ausführlich mit einer der beiden Parteien erörtert zu haben.

Um zu beweisen, daß es auch in der Lage war, über verschiedene Kanäle zu verhandeln, schickte das Außenministerium dem Chef unserer Interessenvertretung in Kairo, Joseph N. Greene jr.*, zwei Tage nach der Amtseinführung des Präsidenten bestimmte Anweisungen, ohne sie mit dem Weißen Haus abgesprochen zu haben. (Ich weiß natürlich nicht, ob Rogers privat mit Nixon darüber gesprochen hatte.) Unbeeindruckt von der Ablehnung einer ähnlichen vorläufigen Vereinbarung über die Streitkräfte am Kanal im September 1972 durch Sadat, beauftragte das Außenministerium ihn, jetzt den im wesentlichen gleichen Vorschlag zu machen, und zwar als »den einzigen erkennbaren Vorschlag, der gegenwärtig Aussichten auf reale Fortschritte bietet«.

Wie nicht anders zu erwarten, lehnte Ägypten die Initiative ab – weil Sadat das Ergebnis der Gespräche Ismails mit mir abwarten wollte. Am 27. Januar sprach Ismail mit Greene und sagte ihm, Ägypten sei an einer vorläufigen Regelung nicht interessiert, werde aber vielleicht über die »Eröffnungsphase« einer »umfassenden« Lösung zu reden bereit sein. Auch ein solcher Versuch war 1971 fehlgeschlagen, denn wäre Israel bereit gewesen, sich auf die Grenzen von 1967 zurückzuziehen, dann bedürfte es keiner Zwischenlösung. Doch Ismail ergriff auch sofort die Gelegenheit, sich über die einseitige Unterstützung Israels durch die Vereinigten Staaten zu beschweren. Einerseits sei Ägypten bereit, den Konflikt auf der Grundlage von Bedingungen beizulegen, die nach ägyptischer Auffassung der arabischen Bevölkerung gerecht wurden, und es würde dafür sorgen, daß keine andere Nation ihr Veto einlegte; andererseits werde es aber keinen Separatfrieden schließen. Ismail sagte Greene jedoch nicht, wie er diese beiden Standpunkte miteinander versöhnen wollte. Es wäre interessant, zu wissen, was damals in seinem Kopf vorgegangen ist, denn durch unsere irrsinnigen Methoden war er in die Lage geraten, mit zwei amerikanischen Vertretern verhandeln zu müssen, von denen der eine nicht wußte, welchen Vorschlag der andere gemacht hatte.

Ismail nutzte alle Möglichkeiten geschickt aus, die ihm mit diesen beiden Kanälen geboten wurden. Über den vertraulichen Kanal zu mir versuchte er, uns geschickt unter Druck zu setzen, indem er uns daran erinnerte, daß er Anfang Februar in eine schon lange geplante Gesprächsrunde mit der Sowjetunion eintreten werde. Mit anderen Worten: Ägypten könnte unwiderrufliche Entschlüsse fassen, wenn wir nicht rechtzeitig ein persönliches Zusammentreffen vereinbarten. Ich

* Wenn die diplomatischen Beziehungen abgebrochen werden, darf in manchen Fällen eine kleine diplomatische Mission zurückbleiben, die technisch der Botschaft eines dritten Landes zugeordnet wird und bevollmächtigt ist, die Interessen des Landes zu vertreten, zu dem jetzt keine offiziellen diplomatischen Beziehungen mehr bestehen. So gab es in Kairo von 1967 bis 1973 eine kleine amerikanische Interessenvertretung, die, von amerikanischen Diplomaten besetzt, in der spanischen Botschaft untergebracht war. Eine solche Interessenvertretung wird gewöhnlich, aber nicht immer, mit Personal eines niedrigeren Ranges besetzt. Sie kann die Kommunikation mit der Regierung des Gastlandes erleichtern und in manchen Fällen sogar selbst Verhandlungen führen.

erwiderte, daß eine geheime Zusammenkunft zwischen uns vor Abschluß der Vietnam-Verhandlungen unmöglich wäre, forderte ihn jedoch auf, mir über diesen Kanal die unverbindlichen Auffassungen der ägyptischen Seite mitzuteilen. Ismail nahm diesen Köder nicht an. Statt dessen unterrichtete er mich von seinem für Ende Februar geplanten Besuch in London und sagte, daß dieser eine sehr günstige Gelegenheit für ein persönliches Treffen böte. Leider stand ich unmittelbar vor der Abreise nach Hanoi und Peking und hatte keinen Vorwand, zu dem vorgeschlagenen Termin nach London zu fliegen. Ich nahm jedoch die ägyptische Anregung auf, unser Treffen durch Gespräche mit unseren Mitarbeitern vorzubereiten, und schickte einen Beauftragten nach Kairo, der Ismail über die Besonderheiten unseres Regierungsapparats unterrichten sollte. Es gab Grenzen für meine Geheimreisen, besonders nachdem bekannt geworden war, welche Rolle ich bei den verschiedenen Verhandlungen gespielt hatte, und die Presse mich aufmerksam beobachtete.* Wenn ich jedoch ganz offiziell nach London käme, müßte die britische Regierung eingeschaltet werden, und man müßte zur Tarnung irgendeinen anderen Anlaß erfinden, um unsere Bürokratie herauszuhalten.

Die Ägypter haben im Verlauf ihrer vieltausendjährigen Geschichte zweifellos oft erlebt, daß sich Angehörige anderer Kulturen eigenartig verhielten, und so konnte sie nichts überraschen. Wenn irgend etwas sehr kompliziert ist und von der Norm abweicht, dann gewinnt es in den Augen der Ägypter sogar an Wert. So zeigte sich auch Ismail bereit, auf meine Vorschläge einzugehen, und wir einigten uns schließlich auf ein Verfahren, dem alle Beteiligten zustimmten und an dem sie alle beteiligt wurden. Das amerikanische Außenministerium sollte Ismail zu einem offiziellen Besuch am 23. Februar 1973 nach Washington einladen. Dort würde er von Nixon empfangen werden und im Außenministerium mit hohen amerikanischen Beamten zusammentreffen. Nach Abschluß des offiziellen Besuchsprogramms sollte er sich am 25. Februar nach New York begeben, wo unser geheimes Zusammentreffen in einer für diesen Zweck gemieteten Wohnung am Stadtrand stattfinden würde. Für ausführliche private Gespräche über die Beziehungen zwischen Ägypten und den Vereinigten Staaten standen uns zwei Tage zur Verfügung.

So erhielt der überraschte Jerry Greene in Kairo plötzlich auf dem normalen Dienstweg die Anweisung, Hafiz Ismail eine offizielle Einladung zu einem Besuch in Washington zu überbringen. Das Außenministerium konnte das Ereignis, daß aus den während einer Zeit von fünf Jahren nur über größere Distanz aufgenommenen Kontakten plötzlich eine auffällige Umarmung geworden war, nur mit der unerklärlichen Unberechenbarkeit des Weißen Hauses erklären. Ismail selbst sollte nun auch an der Quelle der zweigleisigen Politik der Vereinigten Staaten ausgesetzt werden, denn weder ich noch ein anderes Mitglied meines Stabes nahmen an den Besprechungen im Außenmini-

* Nachdem ich Moskau im April 1972 in geheimer Mission besucht hatte, habe ich keine geheimen Auslandsreisen mehr unternommen.

sterium teil, während das Außenministerium von meinem geheimen Zusammentreffen mit Ismail nicht einmal unterrichtet worden war. Das war nicht die beste Methode, um für ein gemeinsames Vorgehen zur Erreichung eines gemeinsamen Zieles Propaganda zu machen. Es demonstrierte Ägypten aber wenigstens, daß auch wir, ohne uns besonders anstrengen zu müssen, levantinische Methoden perfekt beherrschten.

Aber Kairo beteiligte sich nicht nur an diesen Manövern innerhalb unserer Bürokratie, sondern verstand es auch, die Rivalitäten der Supermächte für sich auszunutzen, die sich darum bemühten, im Nahen Osten Einfluß zu gewinnen. Um die Position Ägyptens für die bevorstehenden Gespräche in Washington zu stärken, besuchten Hafiz Ismail und der damalige Kriegsminister Marschall Ali im Februar 1973 Moskau. Der Kreml befand sich in einer unbequemen Lage. Die sowjetischen Führer erkannten, daß sie für die Sorglosigkeit, mit der sie die ägyptischen Interessen 1972 auf dem Moskauer Gipfel behandelt hatten, einen sehr hohen Preis hatten zahlen müssen. Aber sie wußten auch, daß sie, wenn sie auf Lösungen drängten, die für Israel unannehmbar waren, sie ihre Ohnmacht unter Beweis stellen (und unserer Strategie in die Hände spielen) würden; wenn sie jedoch eine Lösung mit militärischen Mitteln erzwangen, dann würden sie dadurch eine Niederlage der Araber herbeiführen. (Ihre zynischen Äußerungen uns gegenüber zeigten, daß sie die Kampfkraft der Araber sehr niedrig einschätzten.)

Die sowjetische Politik hat sich niemals durch besondere Feinfühligkeit ausgezeichnet. So versuchte die Sowjetunion, aus ihrem Dilemma herauszukommen, indem sie – vielleicht unbeabsichtigt – ein hochexplosives Gebräu zusammenmixte. Wahrscheinlich haben die Sowjets Ismail noch einmal erklärt, daß sie mit einer Zwischenlösung nicht einverstanden seien. Sie waren offenbar davon überzeugt, daß jede Vereinbarung unter der Ägide der Vereinigten Staaten den sowjetischen Einfluß schwächen werde. Doch während sie die Spannungen auf diese Weise verstärkten, haben sie Ägypten augenscheinlich vor einem Konflikt gewarnt, der das Risiko eines Krieges zwischen der Sowjetunion und den Vereinigten Staaten in sich bergen könnte. Doch unmittelbar vor dieser Schwelle haben sie Ägypten freie Hand gelassen, seine eigenen Interessen zu verfolgen – und damit ließen sie auch die Möglichkeit eines begrenzten Krieges gegen Israel offen. Sehr bald darauf entschloß sich die sowjetische Führung zu der bisher umfangreichsten Waffenlieferung an den Nahen Osten. Vielleicht hat die Sowjetunion darin, daß sie sich mit einem begrenzten Krieg, nicht aber mit einer Konfrontation einverstanden erklärte, die mit allen verfügbaren Mitteln geführt wurde, die sicherste Methode gesehen, eine endgültige Entscheidung hinauszuzögern; in Wirklichkeit ermöglichte sie damit jedoch eine Explosion, die sie nicht mehr würde in Grenzen halten können. Sie schürte eine Krise, die es ihr ermöglichen sollte, als Sprecher für die Interessen der arabischen Staaten aufzutreten. Es fehlten ihr jedoch die Möglichkeiten, zu gestalten, was sie in Gang gesetzt hatte. Dieses sowjetische Eingreifen führte schließlich dazu, daß die Sowjetunion in Ägypten alles verlor, was bewies, daß wirkungslose halbe Maßnahmen nicht ein Monopol des bürgerlichen Westens sind.

Am 18. Februar unterrichtete uns Breschnew in einer über den vertraulichen Kanal an Nixon gerichteten Botschaft von den Ergebnissen der Gespräche Ismails in Moskau. Danach könnte es zu einer stufenweisen Beilegung des Konflikts kommen, was jedoch »im Rahmen eines Gesamtplanes (in einem Paket) geschehen (müßte), in dem alle Elemente der Regelung koordiniert und gegeneinander ausgewogen werden«. Darüber hinaus »kann es zwischen Israel und Ägypten eine von der zwischen Israel und den anderen an dem Konflikt beteiligten arabischen Ländern getroffenen Regelung getrennte israelisch-ägyptische Vereinbarung geben«. Am Schluß schrieb Breschnew: »Aus unseren Gesprächen mit Herrn Ismail haben wir den Eindruck gewonnen, daß die Araber, wenn bis dahin auf dem Wege zur politischen Lösung dieses vitalen Problems kein Fortschritt erzielt worden ist, andere mögliche Maßnahmen zu seiner Lösung ergreifen können.« Nachdem die Sowjets nun auf eine Konfrontation herumgeschwenkt waren, warnten sie uns mit der für sie charakteristischen Unverfrorenheit vor einer Entwicklung, die sie selbst in Gang gesetzt hatten.

Mit anderen Worten: die Sowjets legten unter Androhung eines Krieges ein radikales arabisches Programm vor, das in eine Sackgasse oder zur Konfrontation führen mußte. Indem Moskau sich sowohl gegen eine Zwischenvereinbarung als auch gegen einen israelisch-ägyptischen Separatfrieden stellte, forderte es praktisch das Scheitern aller Friedensbemühungen heraus. Vielleicht hat der Kreml damit gerechnet, daß eine Krise die Vereinigten Staaten zwingen werde, sich selbst zu engagieren. Aber übermäßige Verschlagenheit zahlt sich in der Diplomatie nur sehr selten aus. Das Dilemma Moskaus bestand darin, daß die Sowjets nur zu einer Beilegung des Konflikts beitragen konnten, wenn sie ihre arabischen Klienten zum Kompromiß drängten. Da sie dies nicht tun wollten, förderten sie einerseits das endgültige Scheitern aller Friedensbemühungen und weigerten sich andererseits, die Konsequenzen zu tragen, und stellten sich damit unter Umständen selbst in die Rolle eines Zuschauers am Rande der Ereignisse.

Ismail in Washington

Als Hafiz Ismail am 23. Februar 1973 in Washington eintraf, wußten wir erstaunlich wenig über Ägyptens Vorstellungen. Wir hielten die bisher gepflegten vertraulichen Kontakte für ein gutes Vorzeichen. Andererseits mußten wir jedoch bedenken, daß die Ägypter immer wieder Beratungen mit Moskau geführt hatten und sich ihre Propaganda immer noch mit aller Schärfe gegen uns richtete. Die Ausweisung der sowjetischen Militärs war bedeutungsvoll. Wir konnten jedoch nicht ausschließen, daß ein Grund in dem Bestreben Sadats gelegen haben könnte, für eigene militärische Initiativen freie Hand zu bekommen. Soweit wir erkennen konnten, verfolgte Sadat eine etwas weniger aggressive strategische Linie als Nasser. Damit wollte er wahrscheinlich *uns* veranlassen, den Israelis die arabischen Maximalforderungen zu überbringen, und zwar für ägyptische Zugeständnisse, die später von den Palästinensern abgelehnt werden konnten, die ihrerseits stark von der Sowjetunion beeinflußt wurden. Es ließ sich sehr schwer erkennen, was Sadat wirklich wollte; vielleicht hatte er sich damals noch nicht endgültig entschieden.

Denn Sadat saß in dem gleichen Boot wie alle anderen Beteiligten – und da er weitblickender war, hat ihn das vielleicht um so mehr geängstigt. Er wußte, daß die übertriebenen Forderungen der Araber niemals erfüllt werden konnten, daß jedoch ein Verzicht darauf ihn in der arabischen Welt isolieren werde, ohne daß er sich der Zustimmung der Israelis sicher sein konnte. Aus den öffentlichen Erklärungen der Israelis durfte man sogar entnehmen, daß eine Beilegung des Konflikts die Abtretung ägyptischen Gebiets erforderlich machen werde, und dem konnte Sadat niemals zustimmen. Er war klug genug, um zu wissen, daß es ohne arabische Zugeständnisse niemals einen Frieden geben werde. Aber in einer als Folge der Niederlage von 1967 entstandenen Atmosphäre der Frustration und Demütigung würde es fast unmöglich sein, die arabischen Länder zu solchen Zugeständnissen zu bewegen. Deshalb nahm Sadat im Augenblick die Idee einer Zwischenlösung auch so kühl auf, denn er fürchtete, daß man ihm seine Nachgiebigkeit als Schwäche und nicht als staatsmännische Klugheit auslegen könnte. Um über einen Ausweg aus diesem Dilemma zu sprechen, war Ismail nach Washington gekommen.

Nixon hatte nichts dagegen einzuwenden, daß sich die Vereinigten Staaten diplomatisch einschalteten, und zwar zunächst nur exploratorisch, um nach den für Oktober vorgesehenen Wahlen in Israel das ganze Gewicht des amerikanischen Einflusses ins Spiel zu bringen. Wir würden jedoch nicht weiterkommen, wenn wir den Anschein erweckten, daß wir eine Patentlösung in der Tasche hätten oder man uns die Verantwortung für die Lösung des ganzen Problems aufbürden könnte. Wir konnten uns nicht darauf einlassen, einen Friedensschluß zu erzwingen. In den von mir vorgeschlagenen »Gesprächspunkten« (Nixon versah das Papier mit der Randbemerkung »OK«) empfahl ich Nixon, Ismail deutlich zu zeigen, wo unsere Grenzen lagen:

> Der von mir (Nixon) in Vietnam eingeschlagene Kurs beweist jedoch, daß wir unsere Freunde nicht verraten. Eine Großmacht wird nicht mächtiger, wenn sie sich so verhält. Es gibt ganz bestimmte Grenzen für das, was zu tun wir Israel zwingen können.
>
> Ägypten darf sich keine Illusionen machen. Es ist keine Friedensregelung vorstellbar, bei der seine Maximalforderungen erfüllt werden können. Andererseits hat Ägypten ohne eine solche Regelung kaum die Aussicht, irgend etwas zu gewinnen. Das liegt nicht an uns; so ist die Realität, wie wir sie begreifen. Sowohl Ägypten als auch Israel werden schwierige Entscheidungen treffen müssen.

Mit anderen Worten: Wir waren bereit, Israel zu drängen, Zugeständnisse zu machen, aber dadurch wurde auch eine flexible Haltung der ägyptischen Seite erforderlich. Jedenfalls weckte meine Denkschrift die ganze in Nixon schlummernde Ambivalenz. Ich hatte darin von drei

Optionen gesprochen: 1. könnten wir »beiseite stehen und beide Seiten weiter über ihre jeweilige Haltung nachdenken lassen«; 2. könnten wir eine Zwischenlösung anstreben und 3. inoffiziell auf eine Vereinbarung über die allgemeinen Grundsätze einer Gesamtlösung hinwirken.

Von der ersten Möglichkeit – daß wir uns völlig heraushalten sollten – wollte Nixon nichts hören und schrieb prophetisch an den Rand, daß unsere Inaktivität zum Kriege führen müßte:

> K- Auf keinen Fall. Das muß man (Botschafter Yitzhak) Rabin kategorisch erklären, bevor ich mit ihr (Golda Meir) spreche. Ich habe über zwei Präsidentschaftswahlen hinaus gewartet, und dieses Jahr will ich über den toten Punkt hinauskommen – ich bin absolut nicht einverstanden. Hier stehen wir vor einer Explosion.

Zu der zweiten Option (einer Zwischenvereinbarung) äußerte sich Nixon nicht. Er hielt die dritte Option für die beste: vertrauliche Gespräche mit dem Ziel einer Gesamtlösung, und schrieb: »Das bevorzugte Aktionsprogramm. Um den äußeren Schein zu wahren, halten Sie die offiziellen Verbindungswege offen – aber sorgen Sie dafür, daß sie die vertraulichen Kontakte nicht behindern.« Mit anderen Worten: das klassische Muster aus der ersten Amtszeit – die offiziellen Verhandlungen sollten die vertraulichen tarnen. Diese Methode war jedoch nicht richtig, um mit der Vielschichtigkeit des Nahen Ostens fertig zu werden. Nixon sagte mir auch nicht, wie ich es fertigbringen sollte, in offiziellen Verhandlungen den Plan des Außenministeriums für eine vorläufige Zwischenlösung zu verfolgen, was ja die Alternative zu Verhandlungen mit dem Ziel einer Gesamtlösung und damit in gewissem Sinne unvereinbar war.

Die Vehemenz der Randbemerkungen Nixons zeigte, für wie dringend notwendig er es hielt, daß wir in dieser Sache vorankamen. An das Ende der Denkschrift schrieb er:

> K- Sie wissen, daß sich meine Überzeugung, wir müßten fest an der Seite Israels stehen, auf umfassendere Überlegungen stützt als das Bestreben, das Überleben Israels zu sichern – diese Überlegungen zwingen uns, energisch auf eine Gesamtlösung zuzugehen. Wir sind heute die *einzigen* mächtigen Freunde Israels in der Welt. Und doch kann ich nicht erkennen, daß sie auch nur *um ein Jota* von ihrem Standpunkt abweichen – zugegeben, Jordanien und Ägypten sind uns ihrerseits auch nicht genug entgegengekommen. Jetzt ist es Zeit, etwas zu unternehmen – und man muß es ihnen *deutlich* sagen.
>
> Es ist Zeit, daß wir aufhören, uns mit der starren Haltung Israels herumzuschlagen. Unsere bisherige Haltung hat sie dazu geführt, zu glauben, daß wir sie *ohne Rücksicht* auf ihre Uneinsichtigkeit nicht im Stich lassen würden.

In dieser Atmosphäre mußte Mohammed Hafiz Ismail seine ersten Erfahrungen mit der Vielschichtigkeit unseres Regierungsapparats machen. Innerhalb von achtundvierzig Stunden begegnete er dem amerikanischen Präsidenten, von dem er nur allgemeine Redensarten zu hören bekam, wurde im Außenministerium zu einer Zwischenlösung gedrängt, die nicht die Unterstützung des Weißen Hauses hatte, und besprach mit Nixons Sicherheitsberater bei einer geheimen Zusammenkunft, an der das Außenministerium nicht beteiligt war, eine Gesamtlösung. Ismail fand jedoch mit erstaunlicher Sicherheit den Weg durch diesen Irrgarten. Der hochgewachsene, aufrechte Mann mit dem schon schütter werdenden grauen Haar zeigte die Haltung des ehemaligen Offiziers und die natürliche Würde des gebildeten Ägypters. Seit viertausend Jahren hatten es die Völker Ägyptens mit den Schwächen eifriger Ausländer zu tun gehabt und sich immer wieder den Handlungsspielraum bewahrt, indem sie ihnen persönlich, undurchdringlich, subtil und unendlich zurückhaltend begegneten. Obwohl sich die rassische Zusammensetzung der ägyptischen Bevölkerung nach zahlreichen Eroberungen im Lauf der Zeit verändert hatte, gab es noch immer den archetypischen Ägypter, dessen Gesicht wir an den Statuen und in den Tempeln sehen können, den ältesten historischen Zeugen, über die eine Nation auf dieser Welt verfügt. Der Ausdruck dieser Gesichter ist zugleich sanft und überlegen, die Haltung dieser Menschen zugleich demütig und standhaft. Sie wirken menschlich und schauen dabei in eine Unendlichkeit, die weit über die engen Grenzen menschlicher Maßstäbe hinausgeht.

Hafiz Ismail gehörte zu diesem Typus. Ich bin 1973 zweimal mit ihm zusammengetroffen. Nach dem Oktoberkrieg trat er im Rahmen einer der von Sadat in bestimmten Zeitabständen vorgenommenen Kabinettsumbildungen von seinem Posten zurück. Er zeigte sich nicht sehr flexibel, aber Ägyptens Lage vor dem Krieg ließ auch keine Flexibilität zu. Er legte uns das ägyptische Maximalprogramm in so verbindlicher Form vor, daß er den Eindruck erweckte, viel nachgiebiger zu sein, als er es wirklich war. Mit seiner Höflichkeit verdeckte er das strategische Grundkonzept Sadats, die Voraussetzungen für eine endgültige Entscheidung zu schaffen. Ein Durchbruch, den er nach unserer Ansicht anstrebte, ist ihm nicht gelungen, aber er hat dem Ziel Sadats, den Status quo zu erhalten, ohne den Eindruck zu erwecken, daß man mit einer Krise rechnen müßte, mit äußerstem Geschick gedient.

Zunächst wurde Ismail am Freitag, dem 23. Februar, um 11.20 Uhr von Nixon empfangen. Wie üblich äußerte sich der Präsident im persönlichen Gespräch mit Ismail viel weniger deutlich als in seinen Randbemerkungen zu meiner Denkschrift. Ismail überreichte dem Präsidenten eine Botschaft Sadats, die in höflicher Form die Drohung enthielt, daß er sich energisch für eine Gesamtlösung einsetzen werde: »Die Umstände lassen es jetzt geraten erscheinen, weitere Anstrengungen für die Erreichung einer umfassenden und gerechten Regelung zu unternehmen«, denn »die Lage in unserer Region hat sich so weit verschlechtert, daß es andernfalls zu einer Explosion kommen könnte«. Nixon bedauerte, daß bisher keine Fortschritte erzielt worden seien, sagte jedoch, »wichtig« wäre es, »zu sehen, wo wir stehen, um die Möglichkeit dafür zu erkunden, daß wir irgendwie vorankommen«.

Der Vortrag Ismails beschäftigte sich mit dem gleichen Thema wie der Brief seines Präsidenten. Der jetzt schon seit dreißig Monaten bestehende Waffenstillstand sei kein Selbstzweck, erklärte er, denn seine praktische Konsequenz sei eine Bestätigung der Eroberungen Israels. Vielmehr müsse der Waffenstillstand dadurch beendet werden, daß man entweder auf den Friedensschluß zuginge oder wieder zum Krieg zurückkehrte. Zwei Probleme müßten gelöst werden: die Besetzung ägyptischen Territoriums durch Israel und das Palästinenser-Problem, welches die »Kernfrage« sei. Wenn Israel sich bereit erklärte, sich aus ägyptischem Gebiet zurückzuziehen, wäre Kairo bereit, über Sicherheitsgarantien zu verhandeln und den Kriegszustand zu beenden. Der endgültige Friede zwischen Ägypten und Israel erforderte eine für die Palästinenser akzeptable Lösung. Syrien erwähnte Ismail nicht.

Nixon, dem es immer unangenehm war, über Details zu verhandeln, nahm die noch zwischen Ismail und mir vorgesehenen Geheimgespräche zum Vorwand, um einer klaren Antwort auszuweichen. Er befürwortete jetzt sogar ein Programm, das sich in gewisser Weise vom Inhalt der Randbemerkungen zu meiner Denkschrift unterschied. Zu meiner Überraschung schien er sich jetzt doch für die Zwischenlösung am Suez-Kanal entschieden zu haben. Er sagte, er verstünde die Befürchtung Ägyptens, daß eine Zwischenlösung eingefroren werden könnte. Sie böte aber dennoch den Vorteil, daß sie in der Praxis durchführbar sei. Deshalb sollte Ismail mit mir über diese Möglichkeit als einer Brücke für weitere Schritte sprechen. Nixon gab allerdings zu, daß wir grundsätzlich einer Dauerlösung den Vorzug gäben, und erklärte, sich nach besten Kräften darum bemühen zu wollen. Er hielt es jedoch nicht für möglich, das gesamte Nahostproblem mit all seinen Aspekten auf einmal zu lösen. Auch diese Frage sollte von Ismail und mir untersucht werden, allerdings nur streng vertraulich.

Nachdem wir nun vom Präsidenten den Auftrag erhalten hatten, gleichzeitig nach einer Zwischenlösung und einer umfassenden Regelung zu suchen, also Vorgespräche zu führen und eine endgültige Lösung auszuhandeln, gingen Ismail und ich nach New York, um dort am 25. und 26. Februar unsere vertraulichen Gespräche zu führen. Für diesen Zweck hatten wir ein elegantes Haus in der ländlichen Atmosphäre einer mittelständischen Vorortsiedlung gemietet. Die offiziellen Sitzungen fanden am Eßzimmertisch und die vertraulichen Gespräche im Wohnzimmer statt. Am zweiten Tag aßen wir gemeinsam zu Mittag.*

Unsere Regierung hatte zu diesem Zeitpunkt ihren Zusammenhalt schon soweit verloren, daß nur Ismail wußte, was die einzelnen Behörden über das Thema dachten, welches wir behandelten. Das Außenministerium hatte keine Ahnung, daß ich mich mit den Ägyptern getroffen hatte. Ich selbst war nicht sofort über das Gespräch Ismails mit Rogers unterrichtet worden; ein Bericht darüber traf erst viel später im Weißen Haus ein.

Die Eröffnung einer komplizierten Verhandlungsrunde gleicht dem Beginn einer arrangierten Heirat. Die Partner wissen, daß die Formalitäten sehr bald vorüber sein und sie dann feststellen werden, wen sie wirklich vor sich haben. Keiner von ihnen kann vorhersagen, in wel-

* Zur Begleitung Ismails gehörten Dr. Mohammad Hafiz Gahnim vom Zentralkomitee der Arabischen Sozialistischen Union, Dr. Abd al-Hadi Makhluf, Ismails Bürochef, und zwei andere Mitarbeiter, Mahir al-Sayyid und Dr. Ihab Said Wahba. Ich hatte die Angehörigen meines Stabes als Sicherheitsberater, Harold Saunders und Peter Rodman, sowie Bonnie Andrews als Protokollführerin mitgebracht.

chem Augenblick sie genötigt sein werden, einander zu akzeptieren; wann der abstrakte Wunsch, Fortschritte zu machen, wenigstens zu einer Spur gegenseitigen Verständnisses führen wird; welche Meinungsverschiedenheit bei ihrer Überwindung bisher noch nicht entdeckte Gemeinsamkeiten deutlich macht; welche dagegen in eine Sackgasse führt, wo der Versuch, erträgliche Beziehungen herzustellen, endgültig scheitert. Da die Zukunft von der Vorsehung gnädig mit einem Schleier verhüllt ist, versuchen beide Parteien etwas zu tun, was zu tun sie nicht wagen würden, wenn sie wüßten, was vor ihnen liegt.

Auf fast jeder ersten Sitzung einer neuen Verhandlungsrunde suche ich mich zurückzuhalten. Ich vermeide es, Vorschläge zu machen. Vielmehr bemühe ich mich darum, die atmosphärischen Voraussetzungen zu begreifen, die meinen Gesprächspartner motivieren könnten. Dabei bemühe ich mich, zu erkennen, mit welchen Zugeständnissen ich rechnen darf und wo die Grenze des Entgegenkommens liegt, und bemühe mich nach Kräften darum, keinen Zweifel an der Grundhaltung meiner Seite zu lassen. Nur Romantiker glauben, daß sie bei Verhandlungen Erfolg haben könnten, wenn sie mit Tricks arbeiten, und nur Pedanten meinen, daß es Sinn hätte, den Verhandlungspartner zu verwirren. In einer Gemeinschaft souveräner Staaten wird eine Vereinbarung nur eingehalten, wenn *alle* Partner davon überzeugt sind, daß sie in ihrem Interesse liegt. Sie müssen das Gefühl haben, an dem Zustandekommen beteiligt gewesen zu sein. Die Kunst der Diplomatie liegt nicht darin, die andere Seite zu übertölpeln, sondern sie davon zu überzeugen, daß ein Verhandlungsergebnis im gemeinsamen Interesse liegt, oder daß es unangenehme Folgen haben wird, wenn keine Übereinstimmung erreicht werden kann.

So war es auch diesmal. Zunächst erläuterte ich Ismail das ungewöhnliche Verhalten unserer Regierung. Ich sagte, daß wir über ein System mit zwei Kanälen verfügten, deren sich Ägypten schon bedient hatte, als es den direkten Kontakt zum Weißen Haus aufnahm. Dieses System könnte nur funktionieren, wenn beide Seiten völlig offen miteinander verkehrten. Sollte Kairo versuchen, uns zu manipulieren, indem es den einen Kanal gegen den anderen ausspielte, so werde es uns zweifellos in eine peinliche Lage bringen, aber um den Preis, daß sich die Verhandlungen endgültig festfuhren. Soweit das taktische Problem. Die eigentliche Herausforderung läge in der Herstellung einer Vertrauensbasis. Ich bat Ismail: »Sagen Sie mir ganz offen, was Sie denken und fühlen.« Bevor wir unsere Vorschläge auf den Tisch legten, mußten wir ein Grundkonzept finden:

> Es hat keinen Sinn, irgend etwas zu unternehmen – Karten zu zeichnen usw., wenn wir nicht genau wissen, was wir erreichen wollen, und wenn wir keine Vorstellung davon haben, was sich erreichen läßt. Sonst verschaffen wir uns nur für drei Monate guten Willen und hinterher großes Mißtrauen. Sie müssen überzeugt sein, daß Sie, wenn Sie es mit dem Weißen Haus zu tun haben, sich auf unser Wort verlassen können. Ich würde Ihnen lieber ehrlich sagen, daß wir irgend etwas nicht tun könnten, als Ihnen zu erklären, daß wir etwas tun würden, um dann doch nicht zu meinem Wort zu stehen.

Als Hafiz Ismail und ich uns in dem New Yorker Vorort trafen, waren wir von diesem Vertrauensverhältnis noch weit entfernt. Er war nicht gekommen, um über die Möglichkeit einer Vermittlung durch uns und damit über einen Kompromiß zu sprechen, sondern um uns vor ein höfliches Ultimatum zu stellen, dessen Forderungen wir nicht erfüllen konnten. Während er näher erläuterte, was er Nixon gesagt hatte, erklärte Ismail jetzt, daß eine endgültige Friedensregelung noch im Jahr 1973 erfolgen müßte; wenigstens hoffte er, bis zum September eine Einigung über die Grundprinzipien zu erreichen. Er ging aber nicht im einzelnen darauf ein, was er damit meinte oder was geschehen würde, wenn bis zu diesem Zeitpunkt keine Vereinbarung getroffen werden konnte. Eine Zwischenvereinbarung – den Teilabzug der Truppen am Suez-Kanal – lehnte Ismail ab, es sei denn als Teil eines vereinbarten Gesamtplans, der innerhalb kurzer Zeit abschnittweise in Kraft gesetzt würde. In diesem Fall erübrigte sich allerdings eine solche Zwischenvereinbarung. Vor allem müßte Israel sich damit einverstanden erklären, daß es sich, bevor irgend etwas anderes geschah, auf die Grenzen von 1967 mit *allen* Nachbarn zurückziehen werde, wobei man vielleicht am Westufer des Jordan gewissen Korrekturen zustimmen könnte. Nur auf dieser Grundlage werde sich Ägypten an dem Verhandlungsprozeß beteiligen und auch nur dann über Sicherheitsmaßnahmen sprechen. Zu letzteren könnten zum Beispiel entmilitarisierte Zonen gehören, die aus Gründen des Prestiges und der Ausgewogenheit auf *beiden* Seiten internationaler Grenzen errichtet werden sollten. Internationale Überwachungsorganisationen könnten an strategischen Punkten wie am Sharm el-Sheikh oder am Golf von Akabah eingesetzt werden. Im Gegenzug werde Ägypten den Kriegszustand mit Israel beenden – aber noch nicht zu einem regelrechten Friedensschluß bereit sein. Es werde die internationalen Wasserwege für israelische Schiffe öffnen sowie die feindliche Propaganda und den Boykott derjenigen ausländischen Firmen beenden, die Handelsbeziehungen mit Israel unterhielten. Ägypten werde aber der Aufnahme voller diplomatischer Beziehungen oder einer Öffnung der Grenzen nicht zustimmen. Ein solcher »vollständiger Friede« oder eine solche »Normalisierung« würden erst nach einer umfassenden Regelung mit *allen* anderen Beteiligten einschließlich von Syrien und den Palästinensern möglich sein.

Der gleiche Grundsatz des totalen Truppenabzugs, verbunden mit Sicherheitsmaßnahmen, sollte auch für die Golan-Höhen gelten. Hinsichtlich des Jordan-Westufers war Ismail flexibler. Hier könnte man entweder mit König Hussein oder mit einer nicht näher bezeichneten Gruppe palästinensischer Führer verhandeln. Ägypten werde jedes Ergebnis akzeptieren, dem die Beteiligten zustimmen könnten, und zwar sogar auch den Bedingungen des sogenannten Allon-Plans, der militärische Außenposten Israels am Jordan vorsah. Es gäbe jedoch zwei unabdingbare Forderungen. Die Kontrolle Ostjerusalems durch die Araber sei wesentlich und kein Verhandlungsgegenstand. Zweitens behielt sich Ägypten das Recht vor, seine Auffassungen darüber zum Ausdruck zu bringen, wer die Regierungsgewalt am Westufer des Jordans übernehmen sollte, wenn Jordanien eine Sondervereinbarung aushandelte – ein Hinweis auf den zunehmenden Einfluß der PLO. Dieser Einfluß war für Hussein ebenso bedrohlich wie für Israel. Er bedeutete, daß Hussein dazu mißbraucht werden könnte, Israel zu Gebietsabtretungen zu veranlassen, ohne diese Gebiete dann für sich behalten zu können. Für Israel wurden Verhandlungen mit Hussein auf diese Weise nur zum Eintrittspreis für eine Konfrontation mit seinem Todfeind, der PLO, die immer noch die Vernichtung des israelischen Staates verlangte. Eine gewisse Flexibilität deutete sich nur in der Erklärung Ismails an, daß Ägypten nicht darauf bestehen werde, die verschiedenen Verhandlungen gleichzeitig stattfinden zu lassen. Kairo wäre bereit, als ersten Schritt eine Vereinbarung zwischen Israel und Ägypten auszuarbeiten. Es werde sie aber nicht unterzeichnen, bevor die Verhandlungen mit Syrien und Jordanien begonnen hatten, und es werde den vollständigen Frieden nicht wieder herstellen, bevor diese Verhandlungen wirklich abgeschlossen waren.

Diese Vorstellungen waren weitreichend, aber einseitig und unterschieden sich nicht wesentlich von den Forderungen, die in die Sackgasse geführt hatten. Der Preis für den Rückzug an die Vorkriegsgrenzen wäre jetzt nicht der Friede, sondern die Beendigung des Kriegszustandes – dieser Preis ließ sich kaum von dem gegenwärtigen Waffenstillstand unterscheiden. Der offizielle Friede würde erst eintreten, nachdem die Syrer und Palästinenser sich in einem außerordentlich schwer zu durchschauenden Verfahren mit Israel geeinigt hatten. Dadurch erhielten praktisch die am schwierigsten zu berechnenden Beteiligten das Recht, gegen den gesamten Friedensprozeß ihr Veto einzulegen.

In der Hoffnung, daß sich bei einer näheren Erörterung der Probleme Möglichkeiten zeigen könnten, die bei dem ersten Gespräch nicht deutlich geworden waren, bat ich um die Klärung bestimmter Fragen, deren eine einen konkreten Vorschlag in sich barg: Wäre Ägypten bereit, die Fragen nach der Souveränität und der Sicherheit voneinander zu trennen? Wenn Israel die ägyptische Souveränität bis an die Grenzen von 1967 anerkannte, würde Ägypten es dann zulassen, daß Israel einige Verteidigungsstellungen auf ägyptischem Territorium beließ? Ismail wollte sich nicht verbindlich äußern und war ganz offensichtlich nicht von der Idee begeistert, auf die ich zunächst so stolz gewesen war.[9] Und damit endeten die Gespräche mit Hafiz Ismail.

Er verließ uns in wenig optimistischer Stimmung. Die Andeutung, daß es zu separaten Vereinbarungen zwischen Ägypten und Israel kommen könnte, war so sehr durch unannehmbare Vorbedingungen belastet, daß man eher das Gefühl einer Herausforderung hatte als das einer ernsthaften Verhandlung. Wir brauchten mehr Zeit, um herauszufinden, was Sadat wirklich wollte. Ismail und ich verabredeten ein neues Zusammentreffen nach Ablauf der nächsten Monate.

Bis dahin überdachten wir die uns von König Hussein und der israelischen Premierministerin Meir gemachten Vorschläge.

Vor und nach dem Treffen mit Ismail sprachen wir mit unserem alten Verbündeten, König Hussein, zum erstenmal am 6. Februar.

Der König regierte einen jener Staaten, deren willkürliche Grenzziehung weniger das Ergebnis historischer Entwicklungen oder geographischer Notwendigkeiten war, sondern vielmehr zeigte, wo die von Frankreich und Großbritannien errichteten Einflußsphären bei Abschluß des Ersten Weltkrieges gelegen hatten. Geschaffen als Pufferstaat zwischen dem französischen Mandat in Syrien, dem britischen Protektorat im Irak – beides historische Zentren des arabischen Nationalismus – und dem britischen Mandat Palästina, lag es in einem öden Wüstengebiet als Gegengewicht in einem Kräftespiel, das von entfernt gelegenen Mächten als solches begriffen und manipuliert wurde. Es stellt ein Zeugnis für die Weisheit der beiden einzigen Monarchen dar, die es in Jordanien gegeben hat, Husseins und seines Großvaters Abdullah, daß es ihnen gelungen ist, trotz der anfänglichen Geringschätzung der arabischen Nationalisten und der selbstherrlichen und überlegenen Haltung der imperialistischen Mächte Unabhängigkeit und Würde zu erkämpfen. Sie erreichten dieses Ziel noch dazu in einer Zeit, als sich die nationalistischen Bewegungen ebenso gegen die herrschenden Monarchien wie gegen die europäischen Kolonialreiche richteten. Die Haschemiten-Könige waren daher zu einem gefährlichen Balanceakt gezwungen. Sie brauchten die Unterstützung von außen gegen den Druck radikaler Kräfte, besonders als andere arabische Staaten und die immer stärker werdende Sowjetunion diesen Kräften immer fühlbarer zu Hilfe kamen. Aber sie verhielten sich nicht wie die Stellvertreter von Ausländern, sondern bemühten sich vielmehr um eine Form des arabischen Nationalismus, der einerseits die arabische Identität stärkte und andererseits die Freundschaft mit dem Westen pflegte. So demonstrierten sie erfolgreich, daß sich arabische Bestrebungen auch in einer gemäßigten Weise verwirklichen lassen.

Das Entstehen des Staates Israel verlangte von Jordanien Beweglichkeit in einer neuen Dimension. Seine Herrscher mußten die jordanische Souveränität auf dem Westufer des Jordan bestätigen; damit übernahmen sie das Erbe der Leiden des palästinensischen Volkes, das ihnen den Einlaß in die Hauptarena der arabisch-israelischen Konfrontation garantierte. Die Haschemiten-Könige waren zwar über die Gründung des neuen Judenstaates nicht glücklicher als ihre arabischen Brüder, erkannten aber, daß es unmöglich war, ihn zu zerstören, und waren die ersten, die sich bereit fanden, über Möglichkeiten der Koexistenz nachzudenken. Diese Haltung mußte König Abdullah mit dem Leben bezahlen, als er 1951 einem Attentat zum Opfer fiel. Während der folgenden fünfzehn Jahre verweigerte König Hussein ebenso wie seine arabischen Kollegen Israel die Anerkennung, wobei er sich immer der Tatsache bewußt war, daß die radikalen Kräfte in Ägypten, Syrien und im Irak seinen Sturz ebenso anstrebten wie die Vernichtung Israels und seinen Sturz vielleicht sogar als erster Schritt zur Erreichung jenes Ziels ansahen. Er wachte daher eifersüchtig über der Unabhängigkeit seines

Landes und stützte sich dabei auf den Westen. 1956 wies er die britischen Offiziere aus, die seine Armee ausbildeten und sie in mancher Hinsicht auch befehligten. Doch als eine radikale Welle den Nahen Osten nach der Revolution im Irak 1958 zu verschlingen drohte, landeten amerikanische Streitkräfte im Libanon und britische Truppen wurden für wenige Wochen in Jordanien stationiert.

Fast zehn Jahre später, im Jahr 1967, wurde Jordanien in den Sechs-Tage-Krieg hineingezogen. Wenngleich Nasser das Königreich sehr verächtlich behandelt hatte, kam Hussein seinen Verpflichtungen gegenüber der arabischen Solidarität mit Großmut nach und trat in einen Krieg ein, den Nasser schon verloren hatte. Das Ergebnis war, daß Jordanien vom Westufer des Jordan und aus der Altstadt von Jerusalem vertrieben wurde. Jordaniens Beteiligung an dem anschließenden Friedensprozeß komplizierte nur noch seine ohnedies gefährdete Existenz. Denn Hussein sah sich zwischen den Leidenschaften seiner arabischen Brüder und seinem eigenen Realismus gefangen, wofür er denn auch mit mehreren Anschlägen radikaler Araber auf sein Leben bezahlen mußte. Obendrein befand er sich in der paradoxen Situation, derjenige arabische Führer zu sein, der am ehesten bereit war, Frieden zu schließen, während Israel am wenigsten bereit war, sich von denjenigen eroberten Gebieten zu trennen, die zu Jordanien gehört hatten, weil sie nach jüdischer Auffassung am stärksten mit der Tradition Israels verbunden waren. Obwohl Hussein die fundamentalen Forderungen Israels, direkte Verhandlungen aufzunehmen, praktisch erfüllt hat, wird dadurch die Friedensregelung nicht beschleunigt. So verblieb Jordanien in der Mitte zwischen den streitenden Parteien. Es brachte zwar dem arabischen Nationalismus gewaltige Opfer, wurde jedoch von den Radikalen angegriffen, die damals die nationalistische Bewegung beherrschten. 1970 sah sich Jordanien gezwungen, gegen die palästinensischen Guerillas vorzugehen, die auf jordanischem Territorium einen Staat innerhalb eines Staates schufen, fühlte sich aber trotzdem auch weiterhin der arabischen Sache verpflichtet. Trotz der Gegensätze zu Israel wollte Jordanien nicht das ganze Gebiet in einen neuen Konflikt ziehen, weil damit auch der letzte Rest der gemäßigten Haltung vernichtet würde, die das Wesen des haschemitischen Herrschaftssystems ausmachte.

Daß Hussein dieser Herausforderung standgehalten hat, macht ihn zur außergewöhnlichen Persönlichkeit. Seine legendäre Höflichkeit, die der Uneingeweihte als Nachgiebigkeit deuten könnte, war eine hervorragende Methode, sich alle rivalisierenden Kräfte auf Armeslänge vom Leibe zu halten. Seine Stellung wurde gefährdet durch die starre Haltung Israels, die Umarmung des Westens, die hegemonialen Bestrebungen Ägyptens und das revolutionäre Feuer Syriens und des Irak. Doch unter all diesen Belastungen erwies er sich als selbständige Persönlichkeit. Hussein versuchte nicht, Amerika die Schuld für die Demütigung von 1967 in die Schuhe zu schieben, brach auch die Beziehungen zu uns nicht ab wie mehrere andere arabische Staaten, sondern verlangte weiterhin eine Lösung, die der arabischen Sache gerecht wurde – auch der Sache derjenigen, deren Ziel es war, ihn zu stürzen.

Bei seinem ersten Besuch in Washington nach der Ausweisung des sowjetischen Militärpersonals aus Ägypten teilte Hussein nicht die allgemeine Genugtuung über dieses Ereignis. Denn er vermutete – und wie sich herausstellte, hatte er recht – daß sich Sadat die Sowjets vom Halse schaffen wollte, weil sie zögerten, ihn bei einem militärischen Unternehmen zu unterstützen. Hussein glaubte aber auch, daß diese Niederlage der Sowjets drei gefährliche Konsequenzen in der sowjetischen Politik zur Folge haben könnte. Die Sowjets würden ihre Waffenlieferungen an Ägypten verstärken, um das zu schützen, was ihnen an Einfluß in Kairo geblieben war. Zweitens würden sie mit aller Härte auf einer umfassenden Friedensregelung bestehen, um jeder ägyptischen Neigung entgegenzuwirken, eine separate Regelung zu treffen – das erklärte, weshalb sich Gromyko im Herbst 1972 so entschieden geweigert hatte, einer Zwischenvereinbarung zuzustimmen. Drittens würden sie auch Syrien weiterhin mit großen Mengen von Waffen beliefern, um es abzuhalten, dem Beispiel Kairos zu folgen, und um aus Syrien eine neue Speerspitze der sowjetischen Politik zu machen.

Die düsteren Prognosen Husseins beschränkten sich nicht auf den arabisch-israelischen Konflikt. Er warnte vielmehr auch vor sowjetischen Ambitionen im Persischen Golf, besonders im Irak, der, mit sowjetischen Waffen schwer gerüstet, sich allen gemäßigten Regierungen in diesem Gebiet entgegenstellen würde, auch wenn das Regime in Bagdad weiterhin Differenzen mit der Sowjetunion haben sollte. Daher machte er das Angebot, zur Stabilisierung der arabischen Emirate in der unteren Golfregion jordanische Streitkräfte zur Verfügung zu stellen. Unsere Behörden in ihrer Selbstzufriedenheit wollten sich indessen nicht bereit finden, die geringen Geldmittel zur Verfügung zu stellen, die für die Unterstützung einer solchen Politik notwendig waren. Es bedurfte einer Anordnung des Weißen Hauses, um dem bürokratischen Tauziehen ein Ende zu bereiten.

Hussein erklärte wiederholt seine Bereitschaft, mit Israel Frieden zu schließen, aber obwohl vertrauliche Kontakte geknüpft wurden, stieß er auf unüberwindliche Hindernisse. Er war das Symbol für das Schicksal der gemäßigten Araber. Auf der einen Seite hätte er einen Krieg gegen Israel nicht durchhalten können, war aber andererseits nicht bereit, mit den radikalen Arabern gemeinsame Sache zu machen. Er war bereit, eine diplomatische Lösung zu finden, ja sogar eine sehr großzügige, aber Israel sah keine Veranlassung, mit Jordanien zu verhandeln, solange Hussein allein stand. Jede Rückgabe eroberten Gebiets bedrohte nach Auffassung der Israelis ihre Sicherheit mehr als der Status quo, und das Westufer des Jordan mit seiner historischen Vergangenheit würde in Israel heftige innenpolitische Kontroversen entfachen. Die nationalreligiöse Partei, ohne welche die Regierungskoalition nicht regieren könnte, weigerte sich strikt, auch nur den kleinsten Teil des Westufers an Jordanien zurückzugeben.

Wir baten Hussein, uns einen Plan vorzulegen, der sich als Verhandlungsgrundlage eignete. Er versprach uns, nach einem zweiwöchigen Urlaub in Florida nach Washington zurückzukommen, um mit uns über einen solchen Plan zu sprechen.

Bei meinem Zusammentreffen mit Hussein am 6. Februar kam ich zum ersten Mal unmittelbar mit einer Sache in Berührung, die für den Friedensprozeß im Nahen Osten tragische Folgen haben sollte – das zwischen Sadat und Hussein bestehende persönliche Mißtrauen. Schlicht gesagt: Sadat konnte Hussein nicht leiden – oder hatte auch grundsätzlich etwas gegen Könige. Im Anfangsstadium seiner komplexen diplomatischen Bemühungen brauchte Sadat die Palästinenser oder glaubte es wenigstens, um als überzeugter Vertreter der arabischen Sache zu gelten. Wenn er sich hinter die von Hussein geführten Verhandlungen stellte, dann gefährdete er dadurch unter Umständen seine Beziehungen zu den radikalen Arabern, besonders zu Syrien, deren Unterstützung er brauchte, wenn er sich die militärische Option offen halten wollte. Deshalb hielt Sadat einen gewissen Abstand zu Hussein und behinderte dadurch den einzigen Mann, mit dem Israel vielleicht mit einiger Aussicht auf Erfolg über das Westufer des Jordans hätte verhandeln können. Hussein seinerseits hegte gegenüber Ägypten ein tiefes Mißtrauen und fürchtete, daß die Unberechenbarkeit Sadats Jordanien ebenso schaden werde wie zuvor die gleiche Haltung Nassers. Es war ein Jammer, daß die beiden gemäßigten Führer einander nicht die Unterstützung gewährten, welche die diplomatischen Bemühungen um eine befriedigende Lösung im Nahen Osten gefördert hätte. Vielmehr gerieten sie schließlich in eine Sackgasse, aus der es nur einen Ausweg gab, den Krieg.

Ich kann nicht behaupten, daß mir zu jener Zeit alle diese Strömungen und Gegenströmungen so deutlich bewußt gewesen sind wie später. Man brauchte aber kein besonders ausgeprägtes Feingefühl, um festzustellen, wie sehr seine Majestät den Ägyptern und ihren Methoden mißtraute, als der König am 27. Februar nach Washington kam und ich ihn über meine Gespräche mit Ismail unterrichtete. Hussein und sein Chefberater und späterer Premierminister, Zaid Rifai, sahen in den Vorschlägen der Ägypter nichts, was nicht schon seit Jahren Bestandteil der ägyptischen Außenpolitik gewesen wäre. Sie empfahlen uns, Kairo zu einer Präzisierung seiner Vorschläge zu veranlassen. Aber unsere jordanischen Freunde hielten es für entscheidend wichtig, die Sowjets aus dem ganzen Prozeß herauszuhalten. So gewannen wir einen Eindruck von den Vorstellungen zweier arabischer Führer, die ihr gegenseitiges Mißtrauen an der Zusammenarbeit hinderte. Sadat bediente sich der Palästinenser, um das Vorgehen Jordaniens durch deren Veto wirkungslos zu machen, während Hussein unsere Befürchtungen über die Starrheit der Sowjets wachzuhalten suchte, um den Abschluß eines Separatfriedens zwischen Israel und Ägypten hinauszuzögern.

Hussein, damals der einzige arabische Führer, der bereit war, näher auf die Friedensbedingungen einzugehen, übergab mir ein Papier, in dem die Fragen, die er vor ein paar Wochen mit Nixon und mir erörtert hatte, näher erläutert wurden. Jordanien wollte über das Westufer des Jordan direkt mit Israel verhandeln. Es sollten Grenzberichtigungen vorgenommen werden, wenn Israel dafür den Gaza-Streifen zurückgab. Sobald die Souveränität Jordaniens wieder hergestellt war, dürfte Israel am Jordan-Ufer militärische Vorposten oder sogar israelische

Siedlungen einrichten, vorausgesetzt, daß es sich dabei um einzelne Enklaven auf jordanischem Territorium handelte. Die Annexion des Jordan-Tals durch Israel werde er nicht hinnehmen. Mit trauriger Miene sagte der König, daß er Israel alle diese Vorschläge schon auf direktem Wege unterbreitet habe, sie aber zurückgewiesen worden seien. Jetzt bedürfte es eines amerikanischen und nicht eines neuen jordanischen Vorschlags. Er sagte, daß wir für den Friedensprozeß vielleicht noch zwei oder drei Jahre Zeit hätten, aber dann würde es in diesem Gebiet zur Explosion kommen. Das war seine einzige Fehleinschätzung. Doch leider war sie entscheidend, denn sie bestätigte unsere Neigung, den Ausgang der israelischen Wahlen am 30. Oktober abzuwarten, und deshalb ließ auch unsere Aufmerksamkeit nach.

Golda Meir

Unser nächster Gast, die israelische Premierministerin Golda Meir, hatte es nicht so eilig wie Hussein. In einem Gespräch mit Nixon am 1. März erklärte sie, »wir haben es noch nie so gut gehabt«, und behauptete, es sei sehr günstig, daß sich die Lage festgefahren hätte, denn die Araber hätten keine militärischen Möglichkeiten. Golda Meir war ein Original. Diese intelligente und urwüchsige Frau, die mit beiden Beinen fest auf der Erde stand, hatte das Gefühl, die Mutter ihres Volkes zu sein. Für sie war jeder Quadratzentimeter israelischen Bodens mit dem Blut ihrer Kinder gedüngt. Sie kannte den menschlichen Charakter aus Erfahrung zu gut, um sich auf so unsichere Formulierungen wie die Anerkennung der Existenz Israels zu verlassen, und wußte nur zu gut, daß bei der Frage der Anerkennung ihrer Existenz das Sicherheitsproblem aller anderen Nationen begann und nicht endete.

Golda war als junges Mädchen mit den ersten Pionieren nach Israel gekommen. Die Vorstellung, israelisch besetzte Gebiete zurückgeben zu müssen, verursachte ihr fast körperliche Schmerzen. Sie verlangte daher so unumstößliche und eiserne Garantien für die Sicherheit ihres Landes, daß man sich kaum vorstellen konnte, was den Bestand Israels besser sichern könnten als der physische Besitz strategisch wichtiger Gebiete. Mit großem Geschick verstand sie es, Fragen aufzuwerfen, die uns in die Defensive drängten oder Israel der Notwendigkeit enthoben, sofort schwierige Entscheidungen zu treffen. 1973 kämpfte sie unter dem Banner der »direkten Verhandlungen«, einer Forderung, die deutlich zeigte, wie absurd die Haltung selbst der gemäßigten Araber war, die verlangten, daß Israel seine Eroberungen aufgab, sich aber weigerten, am Konferenztisch über einen Truppenabzug zu verhandeln. Von uns verlangte sie, die Haltung unserer beiden Länder aufeinander abzustimmen, ein vernünftig klingender Vorschlag, dessen praktische Konsequenz es jedoch gewesen wäre, daß sie das Vetorecht hinsichtlich unserer Taktiken hätte.

Bei ihrem Treffen mit Nixon leitete Frau Meir ihren Frontalangriff mit Komplimenten ein, für die der amerikanische Präsident sehr empfänglich war. Sie dankte ihm dafür, daß er »die Welt revolutioniert und in den Herzen der Menschen zum ersten Mal die Hoffnung geweckt habe, wir näherten uns einer Zeit, in der es keine Kriege mehr geben werde«. Dieser Feststellung wollte Nixon natürlich nicht widersprechen, fügte aber doch vorsichtig hinzu: »Wir sehen die immer noch bestehenden Gefahren durchaus realistisch. Hier sagen viele, da in der Welt Frieden herrscht, könnten wir die Rüstung beschränken und die freiwerdenden Mittel zur Beseitigung der Gettos einsetzen. Aber wir brauchen mehr (Waffen), solange sich die Haltung unserer Gegner nicht geändert hat.« Frau Meir stimmte zu und erzählte Nixon, daß sie ihren sozialistischen Kollegen Willy Brandt gewarnt und ihm gesagt hätte, er sollte nicht sentimental werden und seine Wachsamkeit nicht aufgeben. Überzeugt, daß jeder, der Brandt nicht traute, ähnlich dachte wie er selbst, meinte Nixon: »Mein Grundsatz in der Außenpolitik ist es, andere so zu behandeln, wie sie einen selbst behandeln.« »Plus zehn Prozent«, fügte ich hinzu, denn ich dachte daran, welche Erfahrungen ich in vielen Jahren mit meinem Chef gemacht hatte.

Nun wandte sich das Gespräch praktischen Dingen zu. Golda wollte zwei Dinge erreichen. Erstens wollte sie Zeit gewinnen, denn je länger der Status quo erhalten blieb, desto eher konnte Israel damit rechnen, die besetzten Gebiete für sich behalten zu können. Zweitens brauchte sie Nixons Zustimmung zu einem neuen Paket im Rahmen des militärischen Hilfsprogrammes für Israel.

Was die Verhandlungen betraf, so war Goldas Haltung ganz einfach. Sie hielt Israel für militärisch unangreifbar, und genau genommen war es nicht notwendig, daß sich die Lage irgendwie veränderte. Da aber die Amerikaner sich erfahrungsgemäß von ihren Ideen nicht abbringen ließen, war sie bereit, in Gespräche einzutreten, wollte sich aber nicht auf ein Ergebnis der Verhandlungen festlegen. Sie hatte den Eindruck, daß im Hinblick auf Jordanien die Lage sich stabilisiert hätte, denn hier bestünden schon direkte Kontakte (doch kein objektiver Beobachter hätte behaupten können, daß dadurch eine Friedensregelung beschleunigt würde). Mit Ägypten war sie bereit, eine Zwischenvereinbarung über einen beiderseitigen Truppenabzug am Suez-Kanal als ersten Schritt auf dem Wege zu einer endgültigen Lösung zu treffen. Aber einer endgültigen Festlegung der Grenzen wollte sie vor Beginn der Verhandlungen nicht zustimmen. Sie erklärte, daß die Ägypter nach jemandem suchten, der ihnen helfen könnte, ohne Gegenleistung alles zu bekommen. Zuerst habe es Kairo mit den Sowjets und jetzt mit den Vereinigten Staaten versucht: »Das Schlimme ist, daß die Ägypter das Ende vor den Anfang setzen wollen.« Mit unserem bizarren zweigleisigen Verfahren war sie einverstanden. Während die offiziellen Verhandlungen über eine Zwischenvereinbarung geführt wurden, könnte ich vertraulich mit Hafiz Ismail die allgemeinen Grundsätze einer Gesamtlösung erörtern, solange Israel über diese Gespräche informiert würde. Das war durchaus fair, wenn auch kein wirklicher Grund, die Lage optimistischer zu betrachten, denn dabei blieben noch alle Möglichkeiten offen.

Die Situation komplizierte sich noch mehr durch das ständig wiederkehrende Problem der amerikanischen Waffenlieferungen an Israel.

Eine der Schwächen des Verfahrens, das Israel mit unseren Rüstungsgütern versorgte, war der Umstand, daß die Verträge jeweils nach einem oder zwei Jahren erneuert werden mußten. So mußte jede neue Lieferung die Araber aufs neue verärgern und führte außerdem zu einer internen Debatte innerhalb unserer Regierung über die Prioritäten. Da die strategischen Notwendigkeiten sich durch innenpolitischen Druck verstärkten, entschied sich die Regierung regelmäßig für ein neues Paket von Waffenlieferungen und heizte damit die Empörung in der arabischen Welt an.

So war es auch diesmal. Auf Frau Meirs Drängen erklärte sich Nixon am 1. März grundsätzlich zu neuen Flugzeuglieferungen bereit. Zu diesem Vorhaben gehörten auch Pläne für eine Koproduktion in Israel. Die Reaktionen der arabischen Welt suchten wir dadurch zu mildern, indem wir das Vorhaben nicht offiziell bekanntgaben. Aber es gab zu viele Politiker in den Vereinigten Staaten und in Israel, deren innenpolitische Position von solchen Entscheidungen abhing, so daß auch diese Vereinbarung innerhalb von zwei Wochen an die Öffentlichkeit durchsickerte,[10] was so kurze Zeit nach Ismails Besuch in Kairo eine Explosion verursachte.

Unsere Aufgabe war sehr delikater Natur. Wir mußten Ägypten aufgrund eines realistischen Programms dazu bewegen, sich mit direkten Verhandlungen einverstanden zu erklären, und Israel veranlassen, weitergehende Zugeständnisse zu machen, als es sich je vorgestellt hatte. Wenn wir aber bei den Arabern zu große Hoffnungen weckten, die sich dann nicht erfüllten, mußte es zu antiamerikanischen Reaktionen kommen. Wenn wir Israel zu sehr in die Enge trieben, könnte es, solange es noch die militärische Überlegenheit hatte, mit einem Präventivkrieg beginnen. Zugleich mußten wir uns gegen das heftige Drängen der Sowjets auf eine sowjetisch-amerikanische Vereinbarung wehren, wo Bedingungen gefordert wurden, die sich noch weniger erfüllen ließen, wie die von Ismail gestellten (siehe 7. Kapitel). Ich habe es niemals für sinnvoll gehalten, mit Moskau eine Vereinbarung zu treffen, solange die Sowjets nicht bereit waren, die Araber ebenso stark unter Druck zu setzen, wie sie es von uns gegenüber Israel verlangten. Als ich Sir Thomas Brimelow am 5. März über den Besuch von Ismail unterrichtete, drückte ich auch ihm gegenüber meine Zweifel aus:

> Eine bilaterale sowjetisch-amerikanische Absprache über ein gemeinsames Vorgehen im Nahen Osten, das mit unserem Druck auf Israel beginnen sollte, würde zweierlei bewirken: Es könnte daraus ein neuer Nahost-Krieg entstehen, und die Sowjets könnten in Versuchung geraten, in diesem Nahost-Krieg zu intervenieren, weil es eine gemeinsame amerikanisch-sowjetische Haltung gab. Und drittens liegt es auf der Hand, daß es nach einer Regelung und der Festlegung der Grenzen eine nächste Runde geben wird, in der es um einen Streit zwischen den Palästinensern und Israel über die Zukunft Palästinas kommen muß. (Aus meinen Gesprächen mit Ismail geht klar hervor, daß ein Friedensschluß schließlich von der Haltung der Palästinenser abhängig ist – die das geringste Interesse daran haben, irgend etwas zu regeln.)

So wird sich hier schließlich das Gegenteil von dem ereignen, was wir in Vietnam erlebt haben. In Vietnam war die Folge der Vereinbarungen unser Abzug aus Indochina; im Nahen Osten wird eine Friedensregelung uns hineinziehen, denn wir werden das schützen müssen, was wir erzwungen haben.

Ich war überzeugt, daß wir den sowjetischen Einfluß würden schwächen müssen, wenn Fortschritte erzielt werden sollten:

Sie haben keine Veranlassung, nachgiebiger zu sein als die Araber, aber jeden Grund, härter zu sein, und deshalb wird man uns oder Sadat die Schuld an jeder nicht befriedigenden Regelung geben. Denn die nächste Runde wird zwischen den Radikalen und den Gemäßigten in diesem ganzen Gebiet ausgetragen werden.

Wenn wir schriftlich einen detaillierten Friedensplan vorlegen, dann sind wir der Kritik aller Beteiligten ausgeliefert und verantwortlich dafür, daß Fortschritte gemacht werden und man eine Lösung findet.

Aus diesen Gründen war ich im Hinblick auf die Vorlage eines detaillierten Plans, zu der wir von allen Seiten gedrängt wurden, außerordentlich zurückhaltend. Das Schlimmste, was einem Diplomaten passieren kann, ist, sich zu etwas verpflichtet zu haben, was man nicht in die Tat umsetzen kann. Wir mußten daher sehr vorsichtig sondieren, um nicht in ein diplomatisches Minenfeld zu geraten.

Die zweite geheime Zusammenkunft mit Ismail

Durch dieses Minenfeld zu gehen war noch bedeutend schwieriger, als ich erwartet hatte. Denn unmittelbar nach meinem Zusammentreffen mit Hafiz Ismail im Februar kam es im Nahen Osten wieder zum Ausbruch von Gewalt. Die amerikanischen Diplomaten, Botschafter Cleo A. Noel jr. und der stellvertretende Missionschef George Curtis Moore, wurden entführt und am 2. März in Khartoum von Angehörigen der palästinensischen Terrororganisation Schwarzer September brutal ermordet. Libysche Düsenjäger beschossen am 21. März über dem Mittelmeer ein amerikanisches Aufklärungsflugzeug, und es kam zu einer neuen Spirale von Kommandounternehmen und Gegenschlägen beiderseits der libanesischen Grenze.

Gleichzeitig wurden unsere Beziehungen zu Ägypten immer gespannter. Nachdem Ismail nach Ägypten zurückgekehrt war, teilte er uns mit, wie sehr ihn der Empfang in den Vereinigten Staaten befriedigt habe; die vertraulichen Gespräche mit mir hätten seine Erwartungen sowohl hinsichtlich ihrer Ausführlichkeit als auch des Freimuts, mit dem sie geführt worden waren, bei weitem übertroffen. Er hoffte, bei unserem nächsten Treffen mehr ins Detail gehen zu können, und erklärte sich sogar einverstanden, meinen Vorschlag, »die Souveränität und das Problem der Sicherheit voneinander zu trennen«, zu prüfen und nach einem Ausgleich zwischen beiden zu suchen. Wenn die Souveränität Ägyptens auf der Sinai-Halbinsel wieder hergestellt würde, dann ließen sich unter Umständen konkrete Sicherheitsvereinbarungen treffen, um die Bedürfnisse Israels zu befriedigen. Am 9. März teilte ich Ismail mit, daß ich mit den Israelis sprechen werde, um »ihre Position besser kennenzulernen, soweit sie sich auf die möglichen Hauptpunkte der in Ihrem Plan vorgeschlagenen Vereinbarungen beziehen«.

Aber die Stimmung änderte sich rasch. Ägypten wußte zunächst nicht recht, wie es sich zu den Morden in Khartoum stellen sollte. Einerseits waren die Ägypter empört über die Brutalität des Verbrechens, aber andererseits brauchten sie die Unterstützung der radikalen Araber bei den Kriegsvorbereitungen, die ohne unser Wissen schon im Gange waren. Darüber hinaus wollten sie die Vereinigten Staaten am Friedensprozeß beteiligen. Angesichts dieses Dilemmas verstärkte sich die Reizbarkeit der ägyptischen Regierung. Ein höherer ägyptischer Beamter in Kairo warnte uns und teilte uns mit, daß einige Angehörige der Regierung sich den Friedensbemühungen widersetzten, und die Presseverlautbarungen über den Verkauf amerikanischer Düsenjäger an Israel »erleichtern uns die Dinge nicht«. Am 20. März beantwortete Ismail meine Note vom 9. März und erklärte, daß die Lieferung hochwertiger Rüstungsgüter an Israel eine Fortsetzung unserer vertraulichen Gespräche gefährde. In meiner Antwort vom 23. März ging ich nicht auf Ismails Vorwürfe ein, sondern schrieb, daß ich mich darauf freute, die von Ismail bei unserem letzten Treffen zugesagten detaillierten Erläuterungen zu hören.

Indessen machten die Ägypter ihrerseits den Amerikanern, die für die Fortführung des Dialogs zwischen beiden Ländern verantwortlich waren, das Leben schwer. Angesichts der besonderen arabischen Methoden in der Diplomatie hatten sie wahrscheinlich keine andere Wahl. In der von Leidenschaften erfüllten Atmosphäre der arabischen Welt hat das Wahren von Geheimnissen eine besondere Bedeutung. Da arabische Führer sich mit ihren Brüdern solidarisch verbunden fühlen, aber auch ausgesprochene Individualisten sind, hätte keiner von ihnen Sadats Versicherung geglaubt – ja, eine solche Erklärung hätte sie sogar zutiefst beunruhigt –, daß sich nichts bewegte. Da die arabischen Führer bei der Beurteilung ihrer Kollegen voraussetzen, daß diese ebenso denken und handeln wie sie selbst, sind sie davon überzeugt, daß ihre »Brüder« ständig mit geschickten Manövern darum bemüht sind, ihrem jeweils eigenen Vorteil zu dienen, während sie vorgeben, nur die gemeinsame arabische Sache zu verteidigen. In diesem lauten Stimmengewirr läßt sich die Geheimhaltung am besten wahren, wenn man alle seine Partner mit einem babylonischen Durcheinander von Gesprächen überschüttet, das es ihnen schließlich unmöglich macht, zwischen epischer Dichtung und Realität zu unterscheiden.

So erfuhren wir am 6. März, daß ägyptische Beamte die Saudis von meinen vertraulichen Gesprächen mit Ismail unterrichtet hatten. Da die Welt der Diplomatie vom Informationsaustausch lebt, breitete sich diese Nachricht rasch aus. Britische Beamte in Kairo erkundigten sich bei ihren amerikanischen Kollegen danach, was geschehen war. Ich selbst hatte die britische Regierungsspitze über Sir Thomas Brimelow unterrichtet, aber Whitehall hatte die Angelegenheit auf unseren Wunsch vertraulich behandelt und die Mitteilung nicht an die britischen Vertretungen in Kairo weitergegeben. Sadat gewährte dann Arnaud de Borchgrave von *News Week* ein Interview, in dem er andeutete, daß es vor Ismails Besuch in Washington einen Meinungsaustausch gegeben habe. Diese Mitteilung wurde zwar nur in der arabischen Version des in Kairo der Presse übergebenen Interviews veröffentlicht, doch dadurch wurde Jerry Greene alarmiert, der jetzt annehmen mußte, daß hinter seinem Rücken irgend etwas geschehen war.

Nichts läßt sich mit der Wut eines Beamten im Auswärtigen Dienst vergleichen, der sich übergangen fühlt, besonders wenn er der Chef einer diplomatischen Vertretung ist, und sei sie auch noch so klein wie etwa unsere sogenannte Interessenvertretung in Kairo. Der beleidigte Diplomat hat zwei Möglichkeiten. Wenn er klug ist, erkundigt er sich bei seinen Vorgesetzten diskret danach, was geschehen sei, und überläßt es Washington, die bürokratische Ordnung wieder herzustellen. Er kann aber auch verlangen, daß seine Zuständigkeit beachtet wird, die Angelegenheit auf dem Dienstweg melden und sie damit in das von Computern gesteuerte Verteilersystem einspeisen. Hier entstehen dann so viele Kopien seiner Beschwerde, daß eine Geheimhaltung nicht mehr möglich ist. Derartige Manöver tragen im allgemeinen nicht dazu bei, den Verantwortungsbereich zu erweitern, für den der betreffende Diplomat zuständig ist. Er wird auf diese Weise zum Opfer seiner eigenen Initiative und verringert außerdem die Optionen seiner Vorgesetzten in Washington.

Jedenfalls entschied Greene sich für das aggressivere Verfahren – vielleicht hat auch irgend jemand in Washington ihn dazu angeregt. Nach Bekanntwerden von Sadats Interview fragte Greene zunächst diskret bei seinem Außenminister an, ob es irgendwelche geheimen Kanäle gäbe, von denen er (Greene) nichts wußte. Die gleiche Frage richtete er an den örtlichen Vertreter der CIA. Dieser ehrenwerte Mann fühlte sich – ganz im Gegensatz zu der Legende, nach der die ganze Arbeit der CIA aus Täuschungsmanövern besteht – verpflichtet, um des lieben Friedens in der diplomatischen Vertretung willen zu bestätigen, daß es vertrauliche Kontakte gegeben hatte, sagte aber nichts über deren Inhalt. Greene wiederum, der die Regeln innerbürokratischer Plänkeleien durchaus beherrschte, verfaßte daraufhin einen offiziellen Bericht über die saudiarabische Version meiner Gespräche mit Ismail, die er sich von einem saudischen Beamten verschafft hatte, und gab ihn in einem offiziellen Telegramm an das Außenministerium weiter, wo er natürlich über die entsprechende Verteilerliste einen großen Empfängerkreis erreichte. Um gerecht zu sein, muß man sagen, daß sich Greene in keiner beneidenswerten Lage befand. Schuld daran war nicht er, sondern unser System. Jetzt konnten Verhandlungen über den Nahen Osten nur noch unter Einschaltung der zuständigen Behörden geführt werden. Am 9. April unterrichtete ich daher den stellvertretenden Außenminister für den Nahen Osten und Südostasien, Joseph J. Sisco, über meine Gespräche mit Ismail. Nixon sprach am 13. April mit Sisco und schlug, um das Außenministerium versöhnlicher zu stimmen, seine Beteiligung vor. Siscos Stellvertreter, Alfred L. (Roy) Atherton jr., nahm daraufhin an den Gesprächen teil, die ich einen Monat später mit Ismail führte. Die zweigleisige Verhandlungsmethode des Weißen

Hauses konnte im Hinblick auf den Nahen Osten jetzt nicht mehr angewendet werden.

Während dieser ganzen Zeit schüttete Sadat Öl ins Feuer, ohne irgendwelche Konsequenzen fürchten zu müssen, denn niemand nahm seine Kriegsdrohungen ernst. Am 23. März hörten wir, daß Sadat daran dächte, die Lage am Kanal »aufzuheizen«. Am 26. März bildete der ägyptische Präsident sein Kabinett um, angeblich zur Vorbereitung der »totalen Konfrontation« mit Israel. In dem *News Week* Interview mit Borchgrave erklärte Sadat, daß die Wiederaufnahme des Kampfes jetzt »unvermeidlich« sei.[11] Niemand glaubte, daß er über die Mittel verfügte, seine Drohung wahr zu machen. Augenscheinlich hatte er von Kommandounternehmen und dem erneuten Einsatz der Artillerie gesprochen.

Am 7. April teilte mir Hafiz Ismail mit, daß die ägyptische Regierung bei allem, was sie jetzt unternähme, von zwei Voraussetzungen ausginge:

1. daß das Weiße Haus wirklich entschlossen sei, sich direkt mit dem Nahost-Problem zu beschäftigen.
2. daß die amerikanische Seite nach Erkundungsgesprächen mit Israel zu der Überzeugung gekommen sei, der ägyptisch-amerikanische Dialog könnte zu nützlichen Ergebnissen führen. Mit anderen Worten, Israel sollte die Vereinigten Staaten von seiner Bereitschaft überzeugt haben, während der nächsten Monate konkrete Fortschritte auf dem Weg zu einer Gesamtlösung ermöglichen zu wollen.

Ägypten verlangte also eine Garantie für eine Gesamtlösung auf der Grundlage seiner umfassenden Vorschläge als Vorbedingung für eine neue Gesprächsrunde. Auf diese Forderung einzugehen, würde mit Sicherheit zu massiven Enttäuschungen führen. In meiner Antwort vom 11. April legte ich mich in keiner Weise fest, sondern erklärte, daß ich ein zweites Zusammentreffen begrüßen würde. Was nun Ismails »Vorbedingungen« betraf, so sagte ich, daß ein Gespräch über die von Ismail so bezeichneten »Hauptpunkte einer Vereinbarung« oder die allgemeinen Grundsätze einer Verknüpfung der Einigung über die Lage am Suez-Kanal einer Gesamtvereinbarung dienen könnte. Ich vermied es jedoch, mich im einzelnen zu der endgültigen Festlegung der Grenzen zu äußern. Dann erinnerte ich Ismail an die Notwendigkeit, den Inhalt unserer Gespräche vertraulich zu behandeln, widersprach bestimmten Interpretationen, die in der arabischen Welt verbreitet wurden, und fügte in beruhigendem Ton hinzu: »Die amerikanische Seite hat Verständnis für die Besorgnis der ägyptischen Seite im Hinblick auf bestimmte Erfahrungen aus der Vergangenheit. Sie würde jedoch nicht über diese Kanäle weiterverhandeln, wenn sie fürchten müßte, daß sich ähnliches wiederholen wird.«

Aber Sadat ließ sich von seinem Konfrontationskurs nicht mehr abhalten. Besorgniserregende Berichte sprachen von einer Verlegung arabischer Streitkräfte innerhalb dieses Gebiets: Libysche und saudische Flugzeuge seien in Ägypten und marokkanische und andere Truppen in Syrien stationiert worden. Wir hielten diese Bewegungen immer noch für psychologische Kriegsführung und nicht für ernsthafte Kriegsvorbereitungen. Am 20. April legte die CIA eine Lagebeurteilung vor, nach der Sadat seine Warnungen ernster gemeint haben könnte, aber auch die CIA glaubte nicht, daß er sich schon entschieden hätte. Nach einer Aufzählung der einzelnen militärischen Maßnahmen, die von den arabischen Staaten getroffen worden waren, kam der Bericht zu dem Schluß, daß es keine Anzeichen für die Planung bestimmter militärischer Operationen für einen bestimmten Zeitpunkt gäbe.

In Wirklichkeit hatte Sadat sich schon im Sommer 1972 für den Krieg entschieden. Was ihn zu dieser Herausforderung des Schicksals getrieben hatte, war nicht der Umstand, daß sich die Verhandlungen festgefahren hatten, sondern die Tatsache, daß alle Beteiligten konkret in eine Sackgasse geraten waren. Sadat war intelligent genug, um zu begreifen, daß er die an Israel verlorenengegangenen ägyptischen Gebiete nicht auf einmal zurückbekommen konnte. Irgendwo würde er wesentliche Zugeständnisse machen müssen. Aber der zeitliche Ablauf der Ereignisse stellte einen entscheidenden Faktor dar. Wenn er in einzelnen Phasen ablaufende Verhandlungen vorschlug – später bezeichneten wir dieses Verfahren als das »schrittweise Vorgehen« –, dann würde er die Unterstützung Syriens und der Sowjetunion verlieren, auf die er seine Drohungen stützte, auf denen wiederum seine Verhandlungen basieren sollten. Deutete er seine Bereitschaft für einen Separatfrieden an, dann stand er nackt da und hatte für die Verhandlungen nichts mehr in der Hand.

So entschloß sich Sadat, den Gordischen Knoten mit einem Krieg zu zerschlagen. Nominell setzte er seine diplomatischen Bemühungen fort, aber in einem Tempo, das es uns unmöglich machte, die Probleme zu klären, geschweige denn sie zu lösen, denn er setzte jeweils so kurze Fristen, daß für eine gründliche Beratung keine Zeit mehr blieb. Der Nutzen der diplomatischen und militärischen Vorbereitungen für Sadat bestand darin, eine Staubwolke zu erzeugen, hinter der er das Unternehmen vorbereitete, das jeder für das Unwahrscheinlichste hielt: einen gemeinsamen Angriff Ägyptens und Syriens gegen Israel. Aber Sadat war sich als einziger bewußt, welche diplomatische Revolution er mit seinem Unternehmen auslösen würde. Wir hatten ihn mit unseren Manövern zu einer Neuorientierung veranlassen wollen, aber erkannten noch nicht, daß Sadat einen Krieg für notwendig hielt, bevor er die entscheidenden Schritte tun könnte, um den Friedensprozeß mit einem konkreten Geben und Nehmen einzuleiten. In der Atmosphäre, die nach der arabischen Demütigung im Gefolge der Niederlage im Sechs-Tage-Krieg entstanden war, würde man alle Zugeständnisse höchstwahrscheinlich der militärischen Schwäche Ägyptens und nicht der staatsmännischen Klugheit Sadats zuschreiben.

Vor diesem Hintergrund konnte mein zweites Treffen mit Ismail nicht zum Erfolg führen, was ich damals allerdings noch nicht begriffen hatte. Sadat kannte die Schwächen des arabischen Zusammenhalts, den er zu stärken suchte, zu gut, um zu glauben, daß er sein militärisches Vorhaben um mehr als wenige Monate hinausschieben könnte. Ihm war das unter den arabischen Führern herrschende Mißtrauen zu vertraut, um sich Illusionen darüber zu machen, daß er sich die militärische Option über eine längere Verhandlungsperiode offenhalten konnte. Wäre ich Mitte 1973 in der Lage gewesen, ihm die Grenzen von 1967 auch für den Fall zu garantieren, daß er keinen Frieden mit Israel schloß, dann hätte er diesen Vorschlag akzeptiert – wenn auch nur ungern, denn dieser hätte, wie er mir später sagte, dem ägyptischen Stolz kaum genügt. Aber ein solcher Vorschlag ließ sich, wenn überhaupt, nicht innerhalb eines zeitlichen Rahmens realisieren, den die Koalition akzeptiert hätte, die er unter so schwierigen Voraussetzungen zusammenzubringen suchte; auch das wußte er.

So kamen Hafiz Ismail und ich zum zweiten Mal am 20. Mai 1973 in einem jahrhundertealten französischen Bauernhaus in der Provinz zwischen Paris und Chartres zusammen, das von seinem amerikanischen Besitzer in dem sehr schlichten Stil eingerichtet worden war, den sich nur sehr reiche Leute leisten können. Die bäuerliche Atmosphäre in den mit Deckenbalken ausgestatteten Räumen war erhalten geblieben, und ein weiträumiger Garten mit einem Wasserfall betonte die ländliche Atmosphäre. Unsere erste offizielle Sitzung fand im ersten Stock statt. Nach dem Mittagessen unternahm ich mit Ismail in der Frühjahrssonne einen Spaziergang durch den Garten. In dieser schönen Umgebung führten wir, wie Diplomaten so etwas nennen, »nützliche« – das heißt im Grunde unproduktive – Gespräche. Die Schwierigkeit bestand darin, daß Ismail von seinem mir schon bekannten Programm nicht abweichen wollte, das sich, wie er gewußt haben muß, im Ganzen niemals an Israel verkaufen lassen würde. Er tat so, als nähme er Anstoß an meiner Anregung, daß Ägypten, um die Verhandlungen in Gang zu bringen, einen neuen Vorschlag auf den Tisch legen sollte. Es bedurfte jedoch keines sehr großen Scharfblicks, um zu erkennen, daß die Haltung Ägyptens – die Ägypter hatten seit Februar 1971 immer wieder die gleichen Vorschläge gemacht, und diese waren immer wieder abgelehnt worden – uns nicht die Möglichkeit geben würde, eine neue Verhandlungsrunde mit Israel einzuleiten, das dafür ohnedies keine Veranlassung sah. (Vor meinem Treffen mit Ismail war Golda Meir auf eine schon früher geäußerte Auffassung zurückgekommen und hatte in einer persönlichen Note ihre Zweifel daran geäußert, ob es klug sei, gleichzeitig über eine umfassende Friedensregelung und ein schrittweises Vorgehen zu sprechen.) Ich erhob Einwände gegen einige in zu scharfem Ton abgefaßte Passagen der an die Saudis gerichteten ägyptischen Note, die nach meinem Eindruck einen aggressiven Ton erkennen ließen, den ich in unseren bisherigen Gesprächen nicht hatte feststellen können. Ismail leugnete diesen Ton nicht, erklärte jedoch, daß er im Umgang mit anderen arabischen Staaten eine psychologische Notwendigkeit sei.

Ich machte auch einen Vorschlag für eine Methode, mit der die Zwischenlösung mit einer Gesamtvereinbarung verknüpft werden könnte, es zeigte sich aber sehr deutlich, daß Ägypten weder seine Isolierung riskieren wollte, die als Folge einer Zwischenlösung eintreten könnte, noch damit einverstanden war, die langwierigen Verhandlungen aufzunehmen, die eine Gesamtlösung erforderte. Auch meinen Plan zu einer

Teilung der Souveränitäts- und Sicherheitsfragen nahm Ismail sehr kühl auf. Er bezeichnete die Teilung als »verwässerte Souveränität«, sagte aber, er werde mit Sadat darüber sprechen und mich von dem Ausgang dieses Gesprächs unterrichten. Er hat sich an diese Zusage jedoch nicht gehalten.

Der amerikanische Beamte, der den Treffpunkt für uns ausgesucht hatte, meldete mir nach meiner Abreise, daß Ismail sichtlich enttäuscht und in trüber Stimmung noch lange Zeit im Garten gesessen und den Wasserfall hinter dem Haus betrachtet habe. Seine Mitarbeiter hätten ihn allein gelassen, aber schließlich wäre seine junge Tochter zu ihm gekommen und hätte es offensichtlich verstanden, ihn aufzuheitern. Später hätte er dem amerikanischen Beamten gesagt, er hoffte, den Kontakt zu mir trotz aller Schwierigkeiten, die solche Bemühungen um den Frieden mit sich brächten, aufrechterhalten zu können. Unsere Beziehungen wären wichtig, auch wenn es zu einem bewaffneten Zusammenstoß kommen sollte.

Denn Ismail wußte, daß sich Sadat zum Krieg entschlossen hatte. Davon hätte ihn nur die amerikanische Garantie abbringen können. Das gesamte arabische Programm innerhalb kürzester Zeit zu verwirklichen, war vollkommen unmöglich. Obwohl er selbst Soldat war, steckte in Ismail so viel von der ungewöhnlichen Menschlichkeit des Ägypters, daß er verabscheute und fürchtete, was die Vernunft ihn als unvermeidlich erkennen ließ. Der Nahe Osten steuerte auf den Krieg zu. Wir kannten die Zukunft noch nicht, aber er zweifelte nicht mehr daran.

VII. Die Entspannung: von Zavidovo bis San Clemente

Vier Tage nach Haldemans und Ehrlichmans Entlassung bestieg ich das Flugzeug nach Moskau. Zweifellos hat diese Entwicklung auf der innenpolitischen Bühne in den Vereinigten Staaten die Sowjets verwirrt, aber es war auch für den besten Kenner der amerikanischen Szene um diese Zeit noch nicht möglich, das bevorstehende Erdbeben vorauszusagen. Im Frühjahr 1973 waren die sowjetisch-amerikanischen Beziehungen so frei von Spannungen wie selten. Für Juni war ein zweites Gipfeltreffen zwischen Breschnew und Nixon vorgesehen, diesmal auf amerikanischem Boden, und ich sollte es während meines kurzen Aufenthalts in der Sowjetunion vom 4. – 9. Mai vorbereiten. Diesmal saß ich Breschnew nicht am Konferenztisch gegenüber, sondern lernte ihn von einer Seite kennen, die mir noch heute Rätsel aufgibt, wenn ich mir überlege, ob es zwischen uns und der Sowjetunion jemals eine stabile Koexistenz geben kann.

Nach der Landung auf dem Moskauer Flughafen Wnukowo II wurden meine Kollegen und ich nicht in dem luxuriösen Gästehaus auf den Lenin-Bergen im Westteil der Hauptstadt untergebracht, sondern fuhren zum Jagdhaus des Politbüros nach Zavidovo. Das war das etwa 150 km nordwestlich von Moskau gelegene sowjetische Gegenstück zu Camp David. Unsere Wagenkolonne raste mit einer Geschwindigkeit von etwa hundertsechzig Stundenkilometern über die Straßen, wobei die Wagen einander in dichtem Abstand folgten und die Polizeifahrzeuge immer wieder aus der Kolonne ausscherten und einfädelten. Entweder war dieses Manöver der psychologischen Kriegführung beabsichtigt oder es entsprach der in den russischen Romanen aus dem 19. Jahrhundert geschilderten Neigung zum Selbstmord. Die amerikanische Delegation und ihre sowjetische Begleitung hätten es mit Sicherheit nicht überlebt, wenn der erste Wagen plötzlich hätte anhalten müssen.

Doch so gefährlich dieses Unternehmen auch gewesen sein mochte, es war als eine besondere Ehre gedacht. Bisher hatten die Sowjets noch keinen westlichen Politiker nach Zavidovo eingeladen. Wie man mir sagte, waren die einzigen ausländischen Gäste dort bisher Tito und der finnische Präsident Urho Kekkonen gewesen. Angesichts dessen, was sich seither ereignet hat, mag einem diese, wenn auch etwas schwerfällige, joviale Herzlichkeit als recht durchsichtiges Manöver erscheinen. Aber damals haben sich unsere sowjetischen Gastgeber unter Breschnews Führung sicher aufrichtig darum bemüht, zu zeigen, daß ihnen gute Beziehungen zu den Vereinigten Staaten viel bedeuteten. Sie gaben sich die allergrößte Mühe, uns den Aufenthalt so angenehm wie möglich zu machen, und gingen damit gelegentlich so weit, daß es uns bedrückte. Die Gespräche wurden in einer entspannten Atmosphäre geführt; man spürte nichts von dem sonst für die sowjetische Diplomatie so typischen Bemühen, jede Gelegenheit zu nutzen, einen taktischen Vorteil für die eigene Seite herauszuschlagen.

Lag darin eine Kriegslist, mit der man uns in Sicherheit zu wiegen suchte, während der Kreml sich auf eine geopolitische Offensive vorbereitete? Oder hatte Nixons Festigkeit die Sowjets so weit ernüchtert, daß sie sich entschlossen hatten, eine Zeitlang Zurückhaltung zu üben, um vielleicht aus den Wirtschaftsbeziehungen mit uns etwas zu gewinnen? War die Entspannung für sie nur ein taktisches Manöver? Oder bestand eine konkrete Möglichkeit für den Beginn einer langen Periode der Stabilität in den amerikanisch-sowjetischen Beziehungen? Könnte der Moskauer Gipfel von 1972 ein Wendepunkt gewesen sein, oder war er von Anfang an darauf gerichtet, eine nur vorübergehende, euphorische Stimmung zu erzeugen?

Wir werden es niemals erfahren – und wahrscheinlich wissen es auch die sowjetischen Führer nicht. Im Verlauf der folgenden zwölf Monate unterminierte Watergate Nixons Fähigkeit, sich dem sowjetischen Expansionismus entgegenzustellen, und seine Autorität, realistisch mit der Sowjetunion zu verhandeln. Wir verloren Peitsche und Zuckerbrot. Man wird sich noch lange darüber streiten, ob unsere Ostwestpolitik von vornherein durch die Dynamik des sowjetischen Systems oder durch die unseren Auffassungen inhärente Ambivalenz zum Scheitern verurteilt war. Diese Frage verlor jede Bedeutung, als die Autorität der Exekutive in den Vereinigten Staaten zusammenbrach. Zum Glück für unsere Gemütsverfassung lag diese Zukunft bei unserem Eintreffen in Zavidovo noch im dunkeln.

Die amerikanische Delegation wurde in einer von der DDR gebauten Villa untergebracht, die aussah wie ein überdimensionales Schweizer Chalet, dessen plumpe Überladenheit in der kommunistischen Welt als Statussymbol gilt. Von außen erinnerte das Gebäude von weitem an den alpinen Stil, das Innere bot einen Überfluß an viktorianischem Plüsch. Einige rangniedere Mitglieder meiner Delegation zogen in ein älteres Haus an der gegenüberliegenden Seite des vor meiner Villa gelegenen großen Rasenplatzes, das an ein Studentenheim erinnerte. Sie richteten sich glücklich in einer Reihe von Appartements ein, die früher für das Politbüro vorgesehen waren, bevor man einen neueren und moderneren Flügel angebaut hatte.

Das größte und prächtigste Haus in diesem Gebäudekomplex gehörte Breschnew. Es war eine im gleichen Stil wie meine Unterkunft gebaute, zweistöckige schloßartige Villa. Das Parterre bestand aus einer Reihe von mit schwer gepolsterten Möbeln eingerichteten Empfangsräumen, einem Speisezimmer und einem Kinosaal. Im ersten Stock befanden sich ein geräumiges Wohnzimmer, ein Arbeitszimmer und ein Schlafzimmer. Jedes Zimmer im oberen Stockwerk ging auf einen überdachten Balkon hinaus. Im rechten Winkel zu Breschnews Villa lag eine Sporthalle, in der auch ein Schwimmbecken mit olympischen Ausmaßen untergebracht war. Die Verbindung zwischen beiden Gebäuden bestand aus einem zweistöckigen überdachten Durchgang.

Sehr bald nach meinem Eintreffen kam Breschnew zu mir herüber und begrüßte mich mit stürmischer Herzlichkeit. Wenig später lud er meine Kollegen und mich zum Abendessen in seine Villa ein, die er uns vorher mit dem ganzen Stolz des erfolgreichen Emporkömmlings zeigte. Er frage mich, was so etwas in den Vereinigten Staaten kosten würde. In meiner Taktlosigkeit machte ich den Fehler, den Preis auf vierhundertausend Dollar zu schätzen. Breschnew machte ein langes Gesicht. Mein Assistent, Helmut Sonnenfeldt, war psychologisch geschickter, korrigierte mich und nannte die Summe von zwei Millionen. Damit kam er der Wahrheit wahrscheinlich viel näher. Breschnew strahlte sichtlich erleichtert und setzte seine Führung fort. Mit geradezu knabenhaftem Stolz zeigte er mir ein Album mit Glückwunschtelegrammen, die ihm führende Kommunisten zur Verleihung des Lenin-Friedenspreises geschickt hatten. Der fast uneingeschränkte Beherrscher der kommunistischen Partei der Sowjetunion schien es nicht eigenartig zu empfinden, daß er sich einer Auszeichnung rühmte, die ihm seine eigenen Kreaturen verliehen hatten, und daß er stolz die Glückwünsche derjenigen präsentierte, über deren Karriere und politisches Überleben er verfügte.

Breschnew führte fast alle Verhandlungen für die Sowjetunion selbst; nur wenn es um die Behandlung hochtechnischer Fragen ging, wie etwa bei der europäischen Sicherheitskonferenz, führte Außenminister Andrei Gromyko die sowjetische Verhandlungsdelegation. Breschnews Repertoire an Witzen schien noch unerschöpflicher zu sein als im vergangenen Jahr, aber jetzt waren sie mit einer Vertraulichkeit gewürzt, die wahrscheinlich weiter ging als beabsichtigt. Er hielt sich auch beim Trinken weniger zurück. Eine angeblich bekannte russische Geschichte war leicht antisemitisch – vielleicht wollte er damit andeuten, daß er mich zum Ehrenarier befördert hatte!

Welchem Zeitplan er folgte, war wie üblich rätselhaft. Niemand sagte uns etwas über die Tageseinteilung oder die Themen, über die beim nächsten Zusammentreffen gesprochen werden sollte, obwohl Breschnew offenbar kein anderes Programm hatte. Die Gespräche wurden willkürlich anberaumt, ohne daß wir rechtzeitig davon unterrichtet wurden. Nur für den Abschluß der Vereinbarungen über die Verhinderung eines mit Kernwaffen geführten Krieges (über die ich später im einzelnen berichten werde) gab es eine genau festgelegte Tagesordnung. Als das Ergebnis unserer Besprechungen nicht Breschnews Hoffnungen entsprach, zog er sich schmollend in seine Villa zurück und weigerte sich, den Termin für die nächste Sitzung festzulegen. So geschehen, als über den Nahen Osten gesprochen wurde und wir uns über irgendeine Frage im Rahmen der Verhandlungen über die Kernwaffen nicht einigen konnten. Der sowjetische Botschafter in Washington, Anatoly Dobrynin, bemühte sich nach Kräften, keine Spannungen aufkommen zu lassen. Er stellte Breschnew als eine Persönlichkeit hin, auf deren zarte Gefühle Rücksicht genommen werden müßte, und erklärte in solchen Fällen, daß sein Chef sich erst wieder beruhigen müßte. Als ich bei meiner Haltung blieb und einfach keine neuen Gedanken mehr vortrug, erschien Breschnew plötzlich wieder auf der Bildfläche, als sei nichts geschehen. Wenn sein Trick die Wirkung verfehlte, versuchte er das beste daraus zu machen und die Atmosphäre des guten Willens mit übertriebener Freundlichkeit wieder herzustellen.

Meine Mitarbeiter Hall Sonnenfeldt, Philip Odeen, William Hyland, Peter Rodman und Richard Campbell hatten das übliche Problem, ihre Besprechungen so zu führen, daß sie dabei nicht abgehört und in der Tonbandbibliothek des KGB verewigt wurden. Seltsamerweise fühlten wir uns im Jagdhaus des Politbüros irgendwie sicherer als in dem staatlichen Gästehaus in Moskau, wo wir sonst untergebracht waren. Wir glaubten, daß der sowjetische Geheimdienst bei der Anbringung von Abhöranlagen im Feriensitz der eigenen obersten Führung unter Umständen weniger eifrig gewesen sein könnte als in den für ausländische Gäste vorgesehenen Unterkünften. Wir hatten natürlich unseren sogenannten Zerhacker mitgebracht, das Tonbandgerät, das über Kassette unzusammenhängendes Geschwätz hören ließ, angeblich unsere Stimmen übertönte und es unmöglich machte, sie abzuhören. Ich weiß jedoch nicht, ob dieses Gerät seinen Zweck erfüllt hat, und ich möchte mir nur ungern vorstellen, daß ich meine Nerven umsonst mit dieser infernalischen Geräuschmaschine strapaziert habe. Es war ein Wettrennen zwischen der Technologie des KGB und unserem Gemütszustand. Meine Mitarbeiter und ich entflohen jedenfalls gelegentlich diesem schrecklichen Tonbandgerät und begaben uns an einen Ort, den wir für absolut abhörsicher hielten, auf den Balkon vor dem Arbeitszimmer Breschnews, wo wir uns während der Sitzungspausen aufhielten, denn wir hielten es für unwahrscheinlich, daß Breschnew so unklug sein könnte, der sowjetischen Geheimpolizei die Anbringung eines Abhörapparats in seinem eigenen Büro zu erlauben.

Der Haupteindruck, den wir bei diesem Potpourri aus übermütiger Lebensfreude, Wachsamkeit und einer augenscheinlich ziellosen Verhandlungsführung gewannen, war Breschnews persönliche Unsicherheit im Hinblick auf seine bevorstehende Reise in die Vereinigten Staaten. Es ist einer der großen Vorzüge unseres Landes, daß es offenbar eine besondere, fast magische Qualität besitzt, die sogar seine Gegner spüren. Breschnew mag der Generalsekretär einer Partei sein, deren großes Ziel die Weltrevolution ist, der Führer eines Angriffs gegen das kapitalistische System, dessen Vertreter wir in erster Linie sind, und doch schien seine Hauptsorge darin zu bestehen, ob er bei uns, in dem von seinen Medien unaufhörlich als Hochburg des Imperialismus bezeichneten Land, als Gleichberechtigter behandelt werden würde.

Die kommunistische Regierungsform hatte sich nicht gemildert, was die seit jeher vorhandene ambivalente Haltung der Russen gegenüber Amerika vielleicht noch verstärkte. Diese Haltung zeigte sich auch in dem ständigen Betonen des Status und in dem Zweifel, ob er auch wirklich anerkannt werden würde, in einer prahlerischen Zurschaustellung der Stärke und der gleichzeitigen Unsicherheit gegenüber unserer Einschätzung solcher Qualitäten. Was Breschnews Systemanalytiker ihm auch über das jetzt entstehende Gleichgewicht der militärischen Kräfte beider Länder gesagt haben mochten, er betrachtete Amerika augenscheinlich immer noch als das Land, über das er in seiner Jugend gelernt hatte, es verfüge über eine gewaltige technische Überlegenheit, eine ans Wunderbare grenzende Industriekapazität und eine unerhört leistungsfähige Landwirtschaft, über materielle Möglichkeiten, mit denen sich die des russischen Kolosses kaum vergleichen ließen.

Ich konnte Breschnew nicht oft genug versichern, daß wir in unserer Haltung gegenüber der Sowjetunion vom Prinzip der Gleichberechtigung ausgingen – eine Haltung, die in Peking unvorstellbar wäre, denn die chinesischen Führer hielten sich für kulturell weit überlegen, was immer auch die Statistiken über die relative materielle Stärke aussagen mochten. Immer wieder ließ sich Breschnew bestätigen, daß er in Amerika höflich empfangen werden würde, daß wir ihn nicht sowjetfeindlichen Demonstrationen aussetzen wollten und er die Gelegenheit haben werde, dem »einfachen« Volk zu begegnen – hohe Anforderungen, die sich nicht immer miteinander vereinbaren ließen. Er äußerte auch die Absicht, seine Familie mitzubringen, und sprach von Besichtigungsfahrten, die er unternehmen wollte – immer mit einer Mischung aus Hochachtung, Zweifeln und Unsicherheit. Daß ich für fünf Tage in das Jagdhaus des Politbüros eingeladen worden war, sollte zweifellos zeigen, mit welcher Art von Gastfreundschaft Breschnew in den Vereinigten Staaten aufgenommen werden wollte.

Ich muß gestehen, daß mich diese Unsicherheit rührte, auch wenn ich wußte, daß er der Vertreter eines Landes war, das seine Sicherheit durch Einschüchterung zu gewährleisten suchte und seine Vormachtstellung durch die Unterdrückung anderer Völker festigen wollte.

Diesmal entstand als Folge der persönlichen Empfindsamkeit Breschnews ein enger menschlicher Kontakt, wie ich ihn später nie wieder erlebt habe. So erschien er manchmal ganz unerwartet, um mich zu einem Ausflug in das weite Land mit seinen Seen, Wiesen und tiefen Wäldern abzuholen. Eines Tages fuhr er in dem schwarzen Cadillac vor, den Nixon ihm auf Dobrynins Anraten im vergangenen Jahr als Staatsgeschenk mitgebracht hatte. (Breschnew war ein Autonarr, der sich bei jedem Staatsbesuch einen in dem betreffenden Land hergestellten Wagen schenken ließ, und die jeweiligen sowjetischen Botschafter waren nicht zu schüchtern, diesen Vorschlag zu machen.) Mit Breschnew am Steuer rasten wir über die schmalen, gewundenen Landstraßen mit einer Geschwindigkeit, die einem das Stoßgebet entlockte, an der nächsten Kreuzung möge ein Polizist diesem grausamen Spiel ein Ende bereiten – was allerdings sehr unwahrscheinlich war, denn wenn es hier auf dem Lande überhaupt irgendwo einen Verkehrspolizisten gab, würde er es wohl kaum gewagt haben, das Auto des Generalsekretärs anzuhalten. Am Ende der Fahrt hielten wir an einem Bootssteg, Breschnew verstaute mich auf einem Tragflügelboot, das zum Glück nicht von ihm selbst gelenkt wurde, aber ich hatte doch den Eindruck, daß es den Geschwindigkeitsrekord brechen sollte, den der Generalsekretär auf dem Wege hierher aufgestellt hatte. Mein Gehirn wurde auf dieser stürmischen Bootsfahrt so durchgerüttelt, daß ich mich an Einzelheiten nicht mehr erinnern kann. An einem anderen Vormittag entführte Breschnew meine attraktive Sekretärin, Bonnie Andrews, und nahm auch sie zu einer Bootsfahrt mit. Wie sie mir berichtete, kehrte sie wie ich ebenso erschöpft, aber unverletzt zurück.

Eines Nachmittags fand ich in meiner Villa einen Jagdanzug vor, den unsere Gastgeber nach meinem Eintreffen in Zavidovo für mich bestellt hatten. Es war ein eleganter, uniformähnlicher olivfarbener Anzug mit hohen Stiefeln, für den ich wahrscheinlich niemals wieder Verwendung haben werde. Breschnew, der ein ähnliches Kostüm angelegt hatte, holte mich in einem Jeep ab, an dessen Steuer jedoch zu meiner Erleichterung ein Jagdaufseher saß. Da ich die Jagd als Sport verabscheue, sagte ich Breschnew, daß ich ihn nur in meiner Eigenschaft als Berater begleiten wollte. Er erklärte jedoch, daß man schon einige Wildschweine für mich zum Abschuß bestimmt hätte. Ich erwiderte, ich sei ein so schlechter Schütze, so daß diese Tiere doch wohl an Herzversagen sterben müßten.

Nach einigen groben Scherzen und Hänseleien mußte ich Breschnew schließlich doch ins Jagdrevier begleiten. Gromyko und Sonnenfeldt fuhren in einer anderen Richtung davon. Mitten im Wald hatte man in halber Höhe einen Hochsitz mit einer roh gezimmerten Bank und einer Schießscharte gebaut. Hier warteten Breschnew, der Dolmetscher Viktor Suchodrew, der Jagdaufseher und ich darauf, daß der Keiler, dem das Unternehmen galt, das Futter annahm, das einige Forstbeamte in grünen Uniformen auf dem Boden ausgestreut hatten. Es herrschte absolute Stille. Nur Breschnew berichtete im Flüsterton von seinen Jagdabenteuern – von seinem mutigen Verhalten, als sein Jeep von einem mächtigen Keiler attakiert wurde, und von dem Wisent, der sich mit dem Getreide und den Kartoffeln, die man als Lockspeise ausgelegt hatte, den Magen vollstopfte, um sich dann an der zum Hochsitz hinaufführenden Leiter hinzulegen und einzuschlafen, während der sowjetische Verteidigungsminister, Rodion Malinowsky, auf dem Hochsitz warten mußte, bis er von einem Suchkommando gerettet wurde.

Es dauerte etwa eine Stunde, bis die Dämmerung einsetzte und eine Rotte Wildschweine das ausgelegte Futter annahm. Mich begeisterten die eleganten Bewegungen und die Aufmerksamkeit der Tiere, wenngleich ihr Hunger sie bald jede Vorsicht vergessen ließ. Während Breschnew sich in aller Ruhe seine Beute aussuchte, dachte ich über die Verwundbarkeit der Gierigen nach, doch meine rudimentären philosophischen Überlegungen wurden sehr bald durch einen mächtigen Keiler widerlegt, der aus dem tiefen Schatten der Bäume herankam. Man konnte sehr bald erkennen, wie es dem Tier gelungen war, zu dieser imponierenden Größe heranzuwachsen. Es war nicht gierig, sondern untersuchte vorsichtig das Futter, das vor ihm am Boden lag. Der Keiler beschnupperte den Boden nach jedem Schritt, blickte hinter jeden Baum und kam nur ganz langsam näher. Er hatte überlebt, weil er keine unnötigen Risiken eingegangen war. Doch sein vorsichtiges Verhalten weckte Breschnews besondere Aufmerksamkeit: Er erlegte ihn mit einem Schuß. Nur der Jubel Breschnews hinderte mich daran, über dieses Erlebnis als Lehrbeispiel für die Gefahren des übermäßigen Intellektualismus nachzudenken.

Ich kann nicht sagen, welche Beiträge zur Alltagsphilosophie ich auf diesem Jagdausflug noch hätte leisten können, wenn Breschnews Jagdleidenschaft ihn nicht veranlaßt hätte, jetzt einen zweiten, noch tiefer im Wald gelegenen Hochsitz aufzusuchen. Zum Glück für die Wildschweine – denen meine ganze Sympathie galt – wurde es sehr bald stockdunkel, und Breschnew schoß auf weite Entfernung zweimal vorbei.

Wir blieben noch einige Stunden auf dem zweiten Hochsitz, und irgend jemand versorgte uns aus dem Jeep mit kaltem Aufschnitt, dunklem Brot und Bier. Die gespaltene Persönlichkeit des Generalsekretärs, der sich abwechselnd prahlerisch und unsicher, aggressiv und milde zeigte, wurde mir bei dieser Mahlzeit in der romantischen, freien Natur sehr deutlich. Seine grausame Wildheit kam besonders zum Ausdruck, wenn er über China sprach. Er schilderte mir zunächst die Erfahrungen seines Bruders, der dort als Ingenieur gearbeitet hatte, bevor Chruschtschow alle sowjetischen Berater abgezogen hatte. Er hielt die Chinesen für verschlagen, arrogant und nicht mit menschlichen Maßstäben zu messen. Die Art, wie sie ihre obersten Führer vernichteten, sei kannibalisch (eine erstaunliche Aussage aus dem Munde eines Mannes, dessen politische Karriere zur Zeit der stalinschen Säuberungen begonnen hatte); Breschnew erklärte, er hielte es nicht für ausgeschlossen, daß sie wirklich Kannibalen seien. Jetzt baute sich China ein nukleares Arsenal auf, was die Sowjetunion nicht tatenlos hinnehmen könnte; irgend etwas würde geschehen müssen. Er sagte allerdings nicht, was.

Natürlich wollte Breschnew eine Andeutung darüber hören, wie sich die Vereinigten Staaten im Fall eines sowjetischen Präventivangriffs verhalten würden. Ich ermutigte ihn nicht, sondern erklärte ganz einfach, daß die Erstarkung Chinas eines jener Probleme sei, die deutlich zeigten, wie wichtig es sei, Meinungsverschiedenheiten auf friedlichem Wege beizulegen. Breschnew ignorierte verächtlich diese hochherzige Theorie und kehrte zu seinem Lieblingsthema zurück. Er behauptete, das Anwachsen von Chinas militärischem Potential sei eine Bedrohung für jedermann. Jede militärische Unterstützung Chinas durch die Vereinigten Staaten werde zum Kriege führen. Ich erinnerte ihn (ganz sinnlos) daran, daß zwischen den Vereinigten Staaten und Peking nicht einmal diplomatische Beziehungen bestünden. Schließlich warnte ich ihn und sagte, die Geschichte habe gezeigt, daß Amerika einen Angriff gegen China nicht gleichgültig hinnehmen werde. Aber die sowjetische Führung wollte das Gespräch nicht mit dieser Feststellung beenden. Am folgenden Tag nahm mich Dobrynin beiseite, um mir deutlich zu machen, daß unser Gedankenaustausch auf dem Hochsitz über China nicht als Privatgespräch behandelt werden könnte. Breschnew habe alles durchaus ernst gemeint.

Die Zwiespältigkeit des russischen Nationalcharakters und seiner eigenen Persönlichkeit zeigte sich sehr deutlich, als Breschnew plötzlich seine drohende Haltung aufgab und sentimental wurde. Er erzählte aus seiner Jugend in der Ukraine und von den Erfahrungen seines Vaters im Ersten Weltkrieg. Aus diesem blutigen Gemetzel habe sein Vater gelernt, daß der Friede das höchste Ziel sei; von diesem Standpunkt sei er niemals abgewichen. Breschnew vertrat die gleiche Auffassung: Wir hätten einen geschichtlichen Wendepunkt erreicht, an dem wir aufhören sollten, für Kriegshelden Denkmäler zu errichten. Sie sollten Friedensstiftern und nicht Feldherren vorbehalten bleiben. Der Wunsch seines Vaters wäre es gewesen, auf dem höchsten Punkt in der Ukraine (der, wenn mich meine geographischen Kenntnisse nicht täuschen, keine sehr große Erhebung sein kann) ein solches Monument zu errichten. Breschnew wollte seine Amtszeit dazu verwenden, einen Zustand herzustellen, bei dem ein Krieg zwischen den Vereinigten Staaten und der Sowjetunion undenkbar wäre.

Dann erinnerte er sich an seinen Aufstieg in der kommunistischen Hierarchie, das plötzliche Aufrücken in eine hohe Stellung im Jahr 1936 und die persönlichen Eindrücke im Zweiten Weltkrieg. Bevor er als Soldat ins Feld ging, hatten seine Frau und er sich feierlich gelobt, während der Zeit seiner Abwesenheit niemals aneinander zu zweifeln, so lange der Krieg auch dauern sollte; es wurden vier Jahre daraus. Mit bewegenden Worten schilderte er das Wiedersehen nach der langen Trennung wie beide ihr Versprechen und das gegenseitige Vertrauen bewahrt hätten. Er erzählte mir, wie schwierig es gewesen wäre, sich 1945, als es kaum etwas zu kaufen gab, eine Uniform für die Siegesparade auf dem Roten Platz zu beschaffen, und wie es ihm schließlich doch gelungen wäre, nur um zu erleben, daß die prächtige Uniform bei einem Platzregen völlig durchweicht und verdorben wurde. Während dieses ganzen Berichts sprach er mit leiser Stimme, und nichts erinnerte mehr an die prahlerischen Redensarten vor wenigen Minuten. Sein Thema war jetzt der Friede, und mit seiner undeutlichen und manchmal stockenden Redeweise war er plötzlich zum alten Mann geworden, erschöpft und ausgelaugt von einem lebenslangen Drängen nach dem Traum der Menschheit.

Welches war nun der wirkliche Breschnew? Der politische Führer, der mit drohender Gebärde über China wetterte, oder der alte Mann, der seine Friedensliebe beteuerte? Wahrscheinlich war er in beiden Fällen ehrlich gewesen. Doch war der Friede, von dem er redete, die Grabesruhe der sowjetischen Vorherrschaft oder eine Anerkennung der Notwendigkeiten der Koexistenz? Und wieder ist sicherlich beides richtig gewesen. Welche Auffassung sich durchsetzen würde, hing von den äußeren Umständen und den Möglichkeiten ab, die sie der Sowjetunion boten. Wahrscheinlich würde die Entscheidung, ob es zum Krieg kam oder nicht, von der Fähigkeit des Westens abhängen, gleichzeitig und wirkungsvoll auf die beiden einander entgegengesetzten Tendenzen in der sowjetischen Politik zu reagieren. Die Bolschewiken glaubten an die überragende Bedeutung materieller und militärischer Faktoren. Der alternde Führer war durch die hohen Anforderungen eines erbarmungslosen Systems erschöpft. Zweifellos würde Breschnew kaum weniger als irgendein anderer sowjetischer Führer der Versuchung widerstehen können, eine Gelegenheit für die Veränderung des Gleichgewichts der Kräfte wahrzunehmen. Nichts konnte uns von der Verpflichtung entbinden, auf alles vorbereitet zu sein. Aber trotz all dieser Zwänge könnte es geschehen, daß in der Sowjetunion Männer die Führung übernehmen, die erkennen, daß es unmöglich ist, menschliche Hoffnungen auf ewig zu unterdrücken, und die dadurch veranlaßt werden, die Voraussetzungen für eine wirkliche Koexistenz zu erforschen. Die Politik des Westens muß mit beiden Möglichkeiten rechnen. Sie muß sich dem Expansionismus kompromißlos widersetzen und auf einen ernstzunehmenden Kurswechsel in Moskau in der richtigen Weise reagieren können.

Ich schreibe diesen Bericht, während ich mir der Brutalitäten, zu denen es während Breschnews Amtszeit von der Tschechoslowakei bis nach Afghanistan gekommen ist, voll bewußt bin. Es ist durchaus möglich, daß der KGB diese Gesprächsthemen vorgeschlagen hat, um den Eindruck zu erwecken, daß menschliche Beziehungen möglich seien und der aufrichtige Wunsch nach Frieden bestünde. Aber die Fairneß zwingt mich zu sagen, daß ich keinen anderen sowjetischen Führer kenne, der mir dieses Thema hätte glaubhafter machen können. Vielleicht war es nur Ausdruck von Breschnews schauspielerischer Begabung, aber das glaube ich nicht. Als guter Kommunist war Breschnew selbstverständlich darum bemüht, den Sieg seiner Ideologie herbeizuführen. Überzeugt von der Bedeutung objektiver Faktoren, konnte er es sich nicht leisten, aus einer Überlegenheit keinen Nutzen zu ziehen, die er als Folge unserer innenpolitischen Spaltungen immer deutlicher erkannte. Es war damals – ebenso wie heute und in der Zukunft – unsere Hauptaufgabe, dafür zu sorgen, daß sich keine derartigen Gelegenheiten ergeben. Breschnew war aber auch in vieler Hinsicht ein typischer Vertreter des elementaren Rußland, eines Volkes, das sich durch seine Leidensfähigkeit am Leben erhalten hat, das sich nach dem Ende seiner

Leiden sehnt und dem es das Schicksal oder der Ehrgeiz seiner Herrscher verwehrt hat, diesen Traum zu verwirklichen.

Die sanfte und sentimentale Stimmung auf dem Hochsitz im Jagdrevier verflog sehr rasch. Nach Zavidovo zurückgekehrt, gerieten wir sofort wieder in die Routine der Verhandlungen und Vorbereitungen für Breschnews Besuch in den Vereinigten Staaten. Sie und andere Umstände überschatteten bald diesen einzigartigen, kurzen Einblick in die menschliche Sphäre, der mir, solange ich im Amt war, nicht ein zweites Mal gewährt wurde.

Entspannung: Was war das?

Die Verhandlungen mit der Sowjetunion hatten eine sich über die vergangenen zehn Jahre erstreckende wechselvolle Vorgeschichte. Seit unserem Amtsantritt wurden wir immer wieder zur Entspannungspolitik gegenüber der Sowjetunion gedrängt. Als wir drei Jahre später damit begannen, begrüßte man unsere Initiative in übertriebener Weise als einen Wendepunkt der Geschichte. Später hat man uns vorgeworfen, gerade die Entspannung sei schuld an unserem gegenwärtigen Dilemma. Dadurch wurde die Entspannung eher zum Barometer für unsere innenpolitischen Kontroversen als zum Gegenstand ernstzunehmender Analysen. Für den Staatsmann ist jedoch ein außenpolitisches Problem keine Theorie, sondern es besteht aus einer Reihe von Realitäten, und die Realitäten, denen sich Nixon in seiner ersten Amtsperiode stellen mußte, waren hart. Wir mußten einen Krieg in Indochina beenden, während wir im eigenen Lande heftige Angriffe gegen alle wichtigen Stützen einer starken Außenpolitik abzuwehren hatten. Darauf folgte die Ohnmacht des Präsidenten als Konsequenz von Watergate. Die Entspannung war nicht Ursache dieser Entwicklungen, sondern sie war eine notwendige Voraussetzung dafür, daß wir mit unseren Schwierigkeiten fertig wurden. Jede Erörterung dieses Themas muß damit beginnen, daß man diese Tatsache begreift.

Heute, nach zehn Jahren, muß die Entspannungspolitik die Konsequenzen der selbstzerstörerischen innenpolitischen Erschütterungen um Vietnam und Watergate tragen. Vietnam veranlaßte die Amerikaner, sich in Zukunft vor jedem ausländischen Engagement zu scheuen und eröffnete damit dem sowjetischen Expansionismus eine neue Möglichkeit. Watergate schwächte die Exekutive und erschwerte es ihr, sich dem sowjetischen Druck zu widersetzen. Während des größten Teils eines Jahrzehnts hatten es die politisch Verantwortlichen mit einer öffentlichen Meinung zu tun, die sich nach innen wendete, und mit einem Kongreß, der die Verteidigungsprogramme und den Handlungsspielraum der Exekutive systematisch auf ein Mindestmaß zurückschraubte. Hätte man es in dieser Lage auf eine Konfrontation ankommen lassen, dann wäre dadurch die Katastrophe herausgefordert worden. Diejenigen von uns, die für die amerikanische Außenpolitik verantwortlich waren, haben in keinem Augenblick vergessen können, daß wir uns am Rande eines Abgrunds befanden.

Die an dieser Tragödie Beteiligten leiden heute an einem kollektiven Gedächtnisschwund. Liberale haben verständlicherweise nur ungern die Verantwortung für die Konsequenzen der von ihnen in den siebziger Jahren verfochtenen großen politischen Ziele übernommen. Die Konservativen haben die Probleme zu verschleiern versucht, weil eine Administration, die sie für die ihre hielten, über Watergate gestrauchelt ist, und weil viele von ihnen mehr an einem ideologischen antikommunistischen Kreuzzug zu Hause interessiert waren als an geopolitischen Auseinandersetzungen in fernen Ländern, wo die außenpolitischen Probleme wirklich entschieden werden. Viele Konservative haben den traditionellen Isolationismus auferstehen lassen, um Amerikas moralische Reinheit vor der Verschmutzung durch Maßnahmen zu schützen, die aus taktischen und Nützlichkeitsgründen notwendig gewesen wären. Und einige »Neokonservative«, die nach Beendigung des Vietnam-Krieges aus dem liberalen Lager zu den Konservativen übergewechselt waren, zeigten nun die Leidenschaft des Konvertiten und waren kaum geneigt, sich an ihren eigenen Beitrag zum Zusammenbruch der internationalen Zurückhaltung zu erinnern. Sie vergaßen, daß sie die gleiche Außenpolitik, die sie fünf Jahre später als strategischen Rückzug schmähten, als viel zu aggressiv angegriffen hatten.* Daß die Regierung Nixon im Kampf gegen solche Kritiker fast allein stand, wenn sie die militärische Stärke und die geopolitische Glaubwürdigkeit der Vereinigten Staaten verteidigte, ist in der revisionistischen Analyse, die Nixon und nicht seine Gegner dafür verantwortlich machte, daß beides geschwächt wurde, kaum zum Ausdruck gekommen.[2] Jahrelang sind wir von der Linken heftig angegriffen worden, weil wir uns der Machtübernahme durch die Kommunisten in Indochina widersetzten. Wir haben das getan, weil wir die globalen Konsequenzen eines Zusammenbruchs der amerikanischen Glaubwürdigkeit fürchteten. Jetzt mußten wir uns plötzlich gegen die Angriffe zum Teil der gleichen Leute wehren, die sich inzwischen der Rechten angeschlossen hatten, weil wir das Staatsschiff durch die Stürme zu steuern versuchten, die wir vorausgesagt und denen wir uns widersetzt hatten.

Es ist deshalb wichtig, daß wir uns daran erinnern, was die Entspannungspolitik war und was sie nicht gewesen ist. Als Richard Nixon das Amt des Präsidenten übernahm, ging ihm der wohlverdiente Ruf voraus, daß er sein Leben lang Antikommunist gewesen wäre. Er verachtete die liberalen Intellektuellen, die den Vereinigten Staaten die Schuld am Kalten Kriege gaben und zu glauben schienen, daß das sowjetische System durch aufrichtige Bemühungen und guten Willen verändert werden könnte. Nixon mißtraute den sowjetischen Motiven zutiefst und war überzeugt, daß Verhandlungen aus einer Position der Stärke geführt werden müßten. Kurz gesagt, er war der klassische Kalte Krieger. Doch nach einer bewegten vierjährigen Amtszeit war es dieser

* Die bekannte Zeitschrift *Commentary* kritisierte zum Beispiel 1970 Nixon wegen seines ABM-Programms, wegen der MIRV-Tests und weil er die SALT-Verhandlungen angeblich nicht energisch genug vorantrieb. Der Herausgeber der Zeitschrift verurteilte mit aller Schärfe die Vietnam-Politik Nixons und hat bei einer Gelegenheit eine amerikanische Niederlage fast als wünschenswert bezeichnet.[1]

Mann, der so gar nicht den konventionellen Vorstellungen des Intellektuellen von einem Friedensstifter entsprach, der paradoxerweise mit den Sowjets über den am weitesten gefächerten Themenkreis zu den Ost-West-Beziehungen verhandelte, der in fünfundzwanzig Jahren zur Sprache gekommen war. Nicht sehr viel später beschuldigte man ihn, gegenüber den Kommunisten zu weich zu sein, und benutzte damit ein Schlagwort, das zum Standardrepertoire seines Wahlkampfs gehört hatte.

Es war jedoch eher ein scheinbares Paradox. Wir glaubten nicht, in einem Nachlassen von Spannungen ein Zugeständnis an die Sowjets sehen zu müssen. Wir hatten unsere eigenen Gründe dafür. Wir gaben das ideologische Ringen nicht auf, sondern versuchten nur – so schwer diese Aufgabe auch sein mochte –, dieses Ringen durch die Erfordernisse des nationalen Interesses zu disziplinieren. Unsere Entspannungspolitik war auch nicht ganz erfolglos. Ohne Zweifel ist Hanoi durch die Verbesserung unserer Beziehungen zur Sowjetunion (und zu China) isoliert worden. 1972 hat Moskau die Verminung nordvietnamesischer Häfen und die Bombenangriffe gegen Hanoi und Haiphong hingenommen; Ende des Jahres ging Hanoi auf Friedensbedingungen ein, die es jahrelang verächtlich abgelehnt hatte. In Europa verringerte sich, nachdem man festgestellt hatte, daß auch die Amerikaner mit den Russen sprechen konnten, die Neigung, die Vereinigten Staaten für alle Spannungen verantwortlich zu machen und die eigene Sicherheit in einem Quasi-Neutralismus zu suchen. Später half uns die Entspannungspolitik, im Nahen Osten eine diplomatische Revolution herbeizuführen.

Ich glaube auch, daß die Tatsachen genau das Gegenteil von dem beweisen, was unsere Kritiker uns vorgeworfen haben: Die Entspannungspolitik hat den amerikanischen Verteidigungsanstrengungen geholfen und ihnen nicht geschadet. Bevor das Wort Entspannung *(détente)* in Amerika überhaupt bekannt wurde, strich der Kongreß während Nixons erster Amtsperiode vierzig Milliarden Dollar aus dem Verteidigungsbudget. Damals empfahl sogar ein so überzeugter Verfechter amerikanischer Stärke wie Senator Henry M. Jackson öffentlich geringe Streichungen im Verteidigungsetat und »eine besonnene Haltung in Verteidungsfragen«.[3] Nach der Unterzeichnung von SALT I erhöhte sich unser Verteidungsbudget, und die Regierungen Nixon und Ford setzten den Bau strategischer Waffen (der MX-Fernlenkrakete, des B-1 Bombers, der Marschflugkörper, des U-Boots Trident und technisch vervollkommneter Sprengköpfe) durch, die noch heute nach zehn Jahren das Rückgrat unseres Verteidigungsprogramms sind und deren Bau der Kongreß *vor* der Verbesserung unserer Beziehungen zu Moskau blockiert hatte.

Die Entspannungspolitik hat uns nicht daran gehindert, der sowjetischen Expansion entgegenzutreten. Im Gegenteil, sie ermöglichte den notwendigen psychologischen Rahmen für einen solchen Widerstand. Nixon wußte, wo er den sowjetischen Abenteuern Grenzen setzen mußte, ob sie nun von den Sowjets selbst oder von ihren Stellvertretern unternommen wurden, wie in Cienfuegos, in Jordanien, am Suez-Kanal oder während des indisch-pakistanischen Krieges. Er zog diese Grenzen mutig und mit kühler Entschlossenheit und blieb dabei noch glaubwürdiger, weil die Öffentlichkeit in den Vereinigten Staaten begriff, daß seine Haltung nicht das Ergebnis von Aggressivität oder Böswilligkeit war. Wenn wir aus dem Vietnam-Krieg etwas gelernt hatten, dann, daß wir eine militärische Konfrontation nur bestehen konnten, wenn das amerikanische Volk überzeugt war, keine andere Wahl zu haben.

Jeder amerikanische Präsident lernt sehr bald, daß er nur einen sehr geringen Handlungsspielraum hat. Die Vereinigten Staaten und die Sowjetunion sind ideologische Rivalen. Die Entspannung kann daran nichts ändern. Das Zeitalter der Kernwaffen zwingt uns zur Koexistenz. Auch daran können rhetorische Feldzüge nichts ändern.

Wir müssen heute unsere Lektion aus dem Zweiten Weltkrieg lernen. Er brach aus, als die Demokratien die Absichten eines totalitären Aggressors nicht begreifen wollten, in ihrer Torheit versuchten, ihn zu beschwichtigen, und ihm die militärische Überlegenheit überließen. Das darf nie wieder geschehen, so schwer auch die Lasten einer angemessenen Verteidigung sein mögen. Wir dürfen aber auch nicht vergessen, was wir aus dem Ersten Weltkrieg gelernt haben, als Europa *trotz* des bestehenden militärischen Gleichgewichts in einen Krieg getrieben wurde, den niemand wollte, und eine Katastrophe erlebte, die sich niemand hatte vorstellen können. Die allgemeine Aufrüstung zwang zu Entscheidungen; Großmannssucht und Prestigedenken beeinflußten die Diplomatie. Die politischen Führer machten sich der Todsünde der Staatskunst schuldig: Sie ließen sich die Kontrolle über die Entwicklung aus der Hand gleiten.

Ein amerikanischer Präsident hat daher eine doppelte Verantwortung: Er muß sich dem sowjetischen Expansionismus widersetzen, und er muß sich des ungeheuren Risikos einer globalen Konfrontation bewußt sein. Seine Politik muß Abschreckung und Koexistenz einschließen, sowohl Eindämmung als auch das Bemühen, Spannungen abzubauen. Wenn aus dem Verlangen nach Frieden Konflikte um jeden Preis vermieden werden, wenn die Vertreter der gerechten Sache auf Stärke verzichten und sich hinter einer moralischen Haltung verschanzen, dann wird die in der ganzen Welt herrschende Kriegsfurcht zu einer Waffe für die Erpressung durch die Starken, kleine oder große friedliche Nationen sind dann rücksichtslosen Aggressoren auf Gnade und Ungnade ausgeliefert. Aber wenn wir ideologische Konflikte ohne eine strategische Grundlage austragen, wenn die Konfrontation zum Selbstzweck wird, werden wir den Zusammenhang innerhalb unserer Bündnissysteme verlieren und schließlich auch das Vertrauen unserer Bevölkerung. Diese Gedanken bildeten die Grundlage der Entspannungspolitik der Regierung Nixon.

Die Nixon-Administration verfolgte eine Außenpolitik, die sowohl moralistische Kreuzzugsideen als auch einen eskapistischen Isolationismus ablehnte und sich auf eine sorgfältige Analyse des nationalen Interesses stützte. Das Ziel der amerikanischen Politik war, das Gleichgewicht der Kräfte aufrechtzuerhalten, um darauf eine konstruktive Zukunft aufzubauen.[4] Wir standen am Beginn einer Periode, in der die

Verantwortung der Vereinigten Staaten darin bestehen sollte, eine zielbewußte, politisch reife Führung in einer viel komplexeren Gesamtlage zu stellen, als wir sie bisher jemals erlebt hatten. Diese Periode könnte viel länger sein, als wir sie in unseren bisherigen Berechnungen hatten berücksichtigen müssen.

Ende der sechziger Jahre begann eine Periode, in der die Vereinigten Staaten ihre gewaltige nukleare und wirtschaftliche Überlegenheit zu verlieren begannen. Der Vorrat an sowjetischen Kernwaffen war so stark angewachsen, daß demnächst das nukleare Gleichgewicht erreicht sein würde. Die Wirtschaftskapazität Europas und Japans mußte dazu führen, daß beide nach mehr Einfluß in der Weltpolitik strebten. Die Vereinigten Staaten würden lernen müssen, ihre Außenpolitik auf Voraussetzungen zu gründen, die denjenigen entsprachen, mit denen andere Nationen im Lauf der Geschichte ihre Außenpolitik getrieben hatten. Der Anteil unserer Wirtschaft am weltweiten Bruttosozialprodukt sank alle zehn Jahre um zehn Prozent; von zweiundfünfzig Prozent im Jahr 1950 auf vierzig Prozent im Jahr 1960 und fiel 1970 auf etwa dreißig Prozent (während ich dies schreibe, sind es nur noch zweiundzwanzig Prozent). Das bedeutet, daß wenn sich die ganze übrige Welt gegen uns vereinigte oder wenn eine uns feindliche Macht oder Machtgruppierung die Vorherrschaft gewann (vor der uns China warnte), dann würde sich Amerika in einer gefährlich unterlegenen Position wiederfinden. Die Vereinigten Staaten wären zwar immer noch die stärkste Nation, könnten sich jedoch nicht mehr durchsetzen. Wir würden das globale Gleichgewicht der Kräfte ernstnehmen müssen, denn wenn es sich einmal zu unseren Ungunsten zu verschieben begann, dann ließ sich eine solche Entwicklung kaum mehr rückgängig machen. Wenn wir nicht mehr in der Lage waren, so lange zu warten, bis die Bedrohung von außen uns zum Handeln zwang, dann würden wir an die Stelle materieller Mittel ein neues Konzept setzen müssen. Wir brauchten die innere Stärke, um aufgrund von Lagebeurteilungen schon zu einem Zeitpunkt handeln zu können, in dem sich die Richtigkeit unserer Beurteilung noch nicht nachweisen ließ.

Wie läßt sich ein Krieg mit Kernwaffen vermeiden, ohne daß man sich mit Kernwaffen erpressen läßt, und wie soll man es verhindern, daß aus dem Verlangen nach Frieden eine Beschwichtigungspolitik entsteht? Wie soll man die Freiheit verteidigen und den Frieden erhalten? Das ist die alles andere in den Schatten stellende Frage unserer Zeit. Das Schlimme – nein, das Tragische liegt darin, daß hinter dem doppelten Konzept der Eindämmung und der Koexistenz, des Bewahrens des Gleichgewichts der Kräfte bei dem gleichzeitigen Bemühen um eine positivere Zukunft, keine automatische Übereinstimmung steht. Aus seiner eigenen Geschichte hatte Amerika die Vorstellung gewonnen, daß es sich nicht um das globale Gleichgewicht kümmern müßte, weil seine geographische Lage und seine überlegene Stärke es befähigten, in der Isolation die Entwicklung der Ereignisse abzuwarten. So entstanden zwei Grundauffassungen. Die liberale Auffassung behandelte die Außenpolitik wie ein Teilgebiet der Psychiatrie, doch nach Auffassung der Konservativen war sie ein Aspekt der Theologie. Die Liberalen setzten die zwischenstaatlichen Beziehungen mit den menschlichen Beziehungen gleich. Vertrauen und unilaterale Gesten des guten Willens waren ihre Grundtugenden. Die Konservativen erblickten in der Außenpolitik eine Version des ewigen Ringens zwischen Gut und Böse. Für sie gab es in diesem Konflikt keinen Kompromiß, er konnte nur mit dem Sieg einer Seite enden. Das Konzept der Abschreckung widersprach der liberalen Ideologie und ihrer emotionalen, aber abstrakten Vorstellung von Frieden; die Koexistenz zerrieb sich an dem liturgischen Antikommunismus der Rechten. Der Idealismus der Amerikaner veranlaßte beide Gruppen, sich nun aus entgegengesetzten Richtungen gegen uns zu wenden. Die große Masse der Liberalen lehnte alles ab, was etwas mit dem Gleichgewicht der Kräfte zu tun hatte: In der ersten Hälfte des zwanzigsten Jahrhunderts glaubte man, daß die Vereinigten Staaten es nicht nötig hätten, an ihr nationales Interesse zu denken. Wir glaubten, daß die Menschheit sich auf der Grundlage gemeinsamer moralischer Grundsätze oder von Normen des internationalen Rechts organisieren ließe. Die Sorge um die Reinerhaltung unserer Ideale veranlaßte dagegen die Konservativen, den Kommunismus in Quarantäne zu setzen. Mit dem Teufel durfte man keinen Kompromiß schließen. Die Liberalen fürchteten die Konfrontation; die Konservativen hielten es für gefährlich, sie zu scheuen.

Am 8. Oktober 1973 versuchte ich in einer Rede auf der Pacem in Terris-Konferenz in Washington die Komplexität unserer Politik gegenüber der Sowjetunion verständlich zu machen:

> Diese Administration hat sich über das sowjetische System niemals Illusionen gemacht. Wir haben immer erklärt, daß auf einen Fortschritt auf technischen Feldern wie etwa beim Handel auch der Fortschritt auf dem Wege zu stabilen internationalen Beziehungen folgen müßte – und daß das zweite Ausdruck des ersten sein sollte. Ein gesichertes militärisches Gleichgewicht und eine flexible Verteidigungsfähigkeit bildeten für uns die beste Garantie der Stabilität. Wir haben die Abrüstung auf beiden Seiten gefordert. Wir haben alle Fortschritte in unseren Beziehungen mit der Sowjetunion nicht nach atmosphärischen Kriterien beurteilt, sondern danach, wie gut konkrete Probleme gelöst wurden und wie verantwortungsbewußt die andere Seite auf internationaler Ebene gehandelt hat.
>
> Die Koexistenz hat für uns auch weiterhin eine sehr präzise Bedeutung:
>
> Wir werden uns dem Versuch eines jeden Landes widersetzen, die globale oder regionale Vorherrschaft zu gewinnen.
>
> Wir werden uns jedem Versuch widersetzen, die Entspannungspolitik zur Schwächung unserer Bündnissysteme auszunutzen.
>
> Wir werden darauf reagieren, wenn das Nachlassen von Spannungen zum Anheizen von Konflikten in internationalen Spannungsgebieten benutzt wird.
>
> Die Sowjetunion darf diese Grundsätze nirgendwo auf der Welt mißachten, ohne damit ihre gesamten Beziehungen zu den Vereinigten Staaten zu gefährden.

Aber unser Bemühen, gleichzeitig dem Expansionismus Einhalt zu gebieten und die Möglichkeiten für eine historische Weiterentwicklung offenzuhalten, also die Analyse und Strategie der Konservativen mit der Taktik der Liberalen zu verbinden, erwies sich in der für uns so schmerzlichen Periode, als auf die durch Vietnam ausgelösten innenpolitischen Unruhen sofort eine neue innenpolitische Krise im Gefolge von Watergate entstand, als zu ehrgeizig. Die Konservativen blieben ihren Auffassungen treu. Sie wollten mit dem Kommunismus nichts zu tun haben, welche taktischen Erwägungen auch dahinter stehen mochten. Für sie bedeuteten Verhandlungen mit Moskau die moralische Abrüstung Amerikas. Sie lehnten unser Argument ab, daß wir, wenn wir die weltweite Friedenssehnsucht nicht berücksichtigten, uns international isolieren und unsere Nation im Streit um die gleichen Probleme spalten würden, die eine Polarisierung Amerikas in der Vietnam-Frage bewirkt hatten.

Die Haltung der Liberalen war komplexer. Sie lehnten die Theorie vom Gleichgewicht der Kräfte aus tiefster Überzeugung ab, denn sie bildete die Grundlage der Eindämmungspolitik gegenüber der Sowjetunion. Doch was konnten sie gegen die Entspannung einwenden, die sie so lange Zeit auf ihre Fahnen geschrieben hatten und die jetzt auch von dem verhaßten Kalten Krieger Nixon betrieben wurde? Ihre Frustration steigerte sich, als Nixon der Versuchung nicht widerstehen konnte, sie mit den eigenen Waffen zu schlagen und seine Politik mit ihren Argumenten zu rechtfertigen. Diese Neigung zur Übertreibung, der man auf einem so heiklen Gebiet nicht nachgeben sollte, reizte liberale Kritiker zunächst zum Angriff gegen die Entspannungspolitik als eines neuen Versuchs, das Gleichgewicht der Kräfte herzustellen, aber, wem das nicht weit genug ging, als ein taktisches Manöver, der Taktik des kalten Krieges vergleichbar, bei dem es nicht um den wirklichen Abbau von Spannungen ginge.

Aber die Liberalen gaben diese für sie selbst sehr unbequeme Haltung, die jedoch den Vorzug hatte, daß sie immerhin in etwa die Voraussetzungen unserer Politik angriff, sehr bald wieder auf. Anfang 1973 verlegten die liberalen Kritiker plötzlich ihre Angriffe auf eine neue Ebene. In jener zwielichtigen Periode, als Nixon schon spürte, welche Gefahren ihm drohten, während seine Gegner noch von seiner Unverwundbarkeit überzeugt waren, begannen zahlreiche Liberale, sich in eine Richtung zu bewegen, an die der Meister in der Kunst des Manipulierens niemals gedacht hatte. Sie nahmen jetzt die Haltung ein, die er auf seinem Marsch in die Mitte des Spektrums freigemacht hatte. Jetzt waren es mit einemmal die Liberalen, die ein ideologisches Haar in der Suppe der Entspannung fanden, die sie bis dahin mit solchem Eifer gekocht hatten. Immer häufiger hörte man die Meinung, daß Nixon es mit der Entspannung zu weit getrieben habe. In seinem Wunsch, gute Beziehungen zum Kreml herzustellen, habe er die Menschenrechte vernachlässigt; die Administration sei sich des moralischen Problems nicht bewußt gewesen, das jeder Umgang mit dem Kreml beinhaltete. Solche Argumente wären für die Konservativen eine Selbstverständlichkeit gewesen, denn sie machten sich ernste Sorgen darum, daß die Aufweichung der Trennungslinien den Widerstandswillen des Westens schwächen könnte. Aber denjenigen, die sich systematisch einer Steigerung der Verteidigungsausgaben widersetzt und es kritisiert hatten, daß wir der sowjetischen Expansion in weit entfernten Gebieten entgegentraten – was das Wesen unserer Eindämmungspolitik war –, stand eine solche Haltung eigentlich nicht zu.

Aus alledem ergaben sich gefährliche Widersprüche. Einerseits hätten wir aus Vietnam lernen sollen, daß wir nicht das moralische Recht hatten, uns in weit von uns entfernt gelegenen Gebieten zu engagieren. Andererseits wurde unsere Regierung jetzt der unmoralischen Gleichgültigkeit beschuldigt, wenn sie nicht auf die strengere Beachtung der Menschenrechte in allen Gesellschaftssystemen drängte, ob die betreffenden Länder nun mit uns befreundet waren oder nicht. So entstand eine neue Doktrin der politischen Einmischung in die inneren Angelegenheiten anderer Staaten, während wir gleichzeitig unter Druck gesetzt wurden, amerikanische Kräfte von anderen Kontinenten abzuziehen. Im Hinblick auf die Sowjetunion sagten unsere liberalen Kritiker nicht, wie wir uns in einer aus dieser Haltung entstehenden Konfrontation mit dem Kreml verhalten sollten, wenn sowohl das Verteidigungsbudget als auch die Exekutive in der von Watergate aufgeheizten Stimmung angegriffen wurden.

Inmitten dieser Strömungen und Gegenströmungen wurde unsere Politik gegenüber der Sowjetunion durch unsere einander widersprechenden Kritiker in eine Karikatur ihrer selbst verwandelt. Für uns war sie der Versuch, die Beziehungen zwischen Gegnern in vernünftiger Weise zu regeln; unsere Kritiker verurteilten sie, weil es ihr nicht gelang, freundschaftliche Beziehungen herzustellen. In jeder Krise wurden empörte Stimmen laut, die sich darüber beschwerten, daß es der Entspannungspolitik nicht gelungen sei, diese Krise zu verhindern. Der Maßstab des Erfolges unserer Politik war für uns die Fähigkeit, auch in Krisenzeiten strategische Ziele zu erreichen und gleichzeitig Risiken zu verringern – der Nahostkrieg von 1973 ist ein gutes Beispiel dafür. Solange es in Moskau nicht zu entscheidenden innenpolitischen Veränderungen kommt, kann keine Ostwestpolitik das Entstehen von Krisen mit Sicherheit verhindern – insbesondere nicht, wenn wir darauf verzichten müssen, mit Zuckerbrot und Peitsche zu arbeiten, was die Folge der heftigen Angriffe gegen die Handlungsfreiheit der Exekutive nach 1973 war. Die von unseren Kritikern angebotene Alternative war nichts anderes als eine Taktik der Nadelstiche, die nur zu weiteren Krisen führen konnte, ohne uns die notwendige taktische Flexibilität zu gewähren. Sobald es sich zeigte, daß sich die Sowjets von Nebenabsichten leiten ließen, tat man so, als sei diese Entdeckung ganz neu. Für uns war es selbstverständlich, daß wir nicht mit dem Wohlwollen der kommunistischen Supermacht rechnen durften. Wir glaubten, daß wir ihre Absichten erfolgreicher durchkreuzen könnten, wenn wir Festigkeit zeigten, manövrierfähig blieben und klare Ziele vor Augen hatten. Diese Ziele sollten auf die Dauer eher mit der Unterstützung durch unsere öffentliche Meinung und die unserer Verbündeten rechnen können als eine geistlose Wiederholung primitiver Schlagworte.

Zweifellos hoffte die sowjetische Führung, die Demokratien – mit

Hilfe kommunistischer Tarnorganisationen und einer zu optimistischen Beurteilung der Weltlage im Westen – davon zu überzeugen, daß das scheinbare Nachlassen der Spannungen nicht unserer Wachsamkeit, sondern dem Sinneswandel der Sowjetunion zu verdanken sei. Die kühl rechnenden, harten Männer im Kreml glaubten, eine zunehmend größere Zahl westlicher Politiker werde sich innenpolitisch auf die Entspannung einstellen, einen höheren Preis dafür bezahlen und die Gefahr der Konfrontation dadurch zu verringern suchen, daß die Vereinigten Staaten für alle Krisen verantwortlich gemacht wurden. Das war eine echte Gefahr. Aber der entgegengesetzte Kurs war noch gefährlicher. Wenn die Öffentlichkeit eine Konfrontation nicht für notwendig hält, dann werden in jedem Lande Spannungen entstehen, unsere Bündnisse werden zerbrechen, und überall wird der Ruf nach Frieden um jeden Preis laut werden. Kein demokratischer Führer, der noch über einen Funken Selbstachtung verfügt, wird sich halten können, wenn er so tut, als seien Wachsamkeit und Frieden unvereinbar. Unsere Bündnisse werden auseinanderfallen, wenn man den Eindruck gewinnt, daß sie eine Gefahr für den Frieden darstellen. Die Entspannung ist in der Tat gefährlich, wenn sie nicht auch eine Strategie der Eindämmung beinhaltet. Aber die Eindämmung wird unmöglich, wenn ihr Ziel nicht der Friede ist. Das Heilmittel liegt nicht darin, daß man es vermeidet, den Begriff der Koexistenz zu definieren; man muß diesem Begriff einen Inhalt geben, der *unseren* Grundsätzen und *unseren* politischen Zielvorstellungen entspricht.

Die subtilste Kritik an unserer Politik bestand in der Behauptung, die Wahrung nationaler Interessen widerspräche dem amerikanischen Idealismus und dem Nationalcharakter der Amerikaner. Nach dieser These müssen die Amerikaner an ihren allgemeinen Wertvorstellungen festhalten, oder es wird ihnen an der Entschlossenheit und der inneren Kraft fehlen, die sie brauchen, um der sowjetischen Herausforderung mit Erfolg zu begegnen. Mit anderen Worten, Amerika muß sich dem Kommunismus auf moralischer Ebene entgegenstellen und sowjetischen Übergriffen nicht nur auf geopolitischer Ebene begegnen, oder die amerikanische Außenpolitik hat auf Treibsand gebaut.[5] Ich habe für diese Auffassungen zwar durchaus Verständnis, aber ein Staatsmann muß jede theoretische Erkenntnis zu den konkreten Gegebenheiten in Beziehung setzen. Kreuzzüge werden selten mit dem Durchhaltevermögen geführt, das man braucht, um ein sich über lange Zeit hinausziehendes Ringen zu bestehen. Wenn man sich in eine Ideologie verrennt, ist man unter Umständen nicht mehr bereit, scheinbar nebensächlichen Herausforderungen zu begegnen; sie erscheinen als Nebensache, weil es dabei nicht um die wirkliche große Entscheidung geht – so geschehen in Angola und Vietnam (nach den Pariser Vereinbarungen) und später am Persischen Golf. Während die Sowjetunion immer kühner wird und zunehmend radikalere Forderungen stellt, um die Vorherrschaft zu gewinnen, würde das globale Gleichgewicht der Kräfte gefährdet werden, wenn die Vereinigten Staaten nicht bereit wären, sich der geopolitischen Herausforderung zu stellen oder das militärische Gleichgewicht der Kräfte aufrecht zu erhalten. Die Überbetonung der Ideologie würde eine für Amerika charakteristische Verwundbarkeit erzeugen: Die bei uns mit solchem Eifer verfochtene Theorie, daß wir verpflichtet seien, andere zu erlösen, würde uns besonders anfällig gegenüber sowjetischen Friedensoffensiven machen, die den Eindruck erwecken, als ob die Sowjets ihre politische Zielrichtung geändert hätten. Unsere moralischen Überzeugungen müssen uns in die Lage versetzen, die Ambivalenz zu erkennen, die untrennbar mit jeder großen Anstrengung verbunden ist, oder wir werden am Schluß waffenlos dastehen.

Jeder Staatsmann geht ein großes Risiko ein, wenn er die künftige Entwicklung beurteilt. Sowohl die Vereinigten Staaten als auch die Sowjetunion glauben, daß die geschichtliche Erfahrung ihnen recht gäbe. Unmittelbar vor dem Gipfel von 1973 habe ich die Motive Breschnews in einer an Nixon gerichteten Denkschrift analysiert. Die Haltung des amerikanischen Präsidenten zeigt sich zum Teil ganz deutlich darin, welche Sätze er in dieser Denkschrift unterstrichen hat (sie sind hier in Kursiv wiedergegeben):

> Wie alle sowjetischen Führer nach dem Kriege *sieht Breschnew in den Vereinigten Staaten zugleich den Rivalen, die tödliche Bedrohung, das Vorbild, die Hilfsquelle und einen Partner, der ebenso wie die Sowjetunion physisch überleben will.* Diese miteinander im Konflikt stehenden Impulse sind die Ursache für die Ambivalenz der Motivationen in Breschnews Politik gegenüber den Vereinigten Staaten. Auf der anderen Seite will er zweifellos *als der Führer in die Geschichte eingehen, der Rußland den Frieden und ein besseres Leben gebracht hat.* Das *erfordert eine versöhnliche und zur Zusammenarbeit bereite Politik. Er bleibt aber dennoch ein überzeugter Kommunist, für den die Politik ein Ringen ist, an dessen Ende es einen Sieger gibt.* Er will, daß die Sowjetunion *dieser Sieger ist.* Seine wiederholten Bemühungen, mit uns Vereinbarungen zu treffen, die auf eine Art Kondominium hinauslaufen – am deutlichsten erkennt man das bei seinem Vorschlag für einen nuklearen Nichtangriffspakt – werden in der Absicht gemacht, einerseits den Frieden zu sichern und andererseits unsere Bündnisse und sonstigen Bindungen an andere Staaten zu unterminieren.
>
> Mit an Sicherheit grenzender Wahrscheinlichkeit verteidigt Breschnew seine Entspannungspolitik bei den Debatten im Politbüro auch weiterhin mit der Begründung, daß der historische Konflikt mit uns als des stärksten kapitalistischen Landes zwar unausweichlich sei, daß die Sowjetunion in diesem Konflikt jedoch schließlich die größten Vorteile für sich gewinnen wird. *Das Glücksspiel,* auf das sich Breschnew hier einläßt, liegt darin, daß der Erfolg dieser Politik, wenn sie Dynamik entwickelt und über eine lange Zeit verfolgt wird, gerade das System unterminieren muß, dem Breschnew seine Machtvollkommenheit und Legitimität zu verdanken hat. Unser Ziel ist es andererseits, auf die Dauer gerade diese Wirkungen zu erzielen.
>
> Die wichtigste Frage ist, *ob die Sowjets auf die Dauer ihren eigenen Block zusammenhalten können, während sie darauf warten, daß der Westen als Folge der über lange Zeit hinaus verfolgten Entspan-*

nungspolitik und der durch die wirtschaftliche Konkurrenz gegebenen Anreize zusammenbricht. Mit Sicherheit sind unsere Chancen angesichts der historischen Meinungsvielfalt in Osteuropa ebenso gut wie die Breschnews.

Mit anderen Worten, ich lehnte die Vorstellung unserer Kritiker ab, nach der die Sowjetunion aus einem friedlichen Konkurrenzkampf mehr gewinnen würde als die Demokratien. Diese Auffassung ist Ausdruck der Ausweglosigkeit und das Gegenteil von dem, was ich für richtig halte. Sie zeigt einen unbegründeten historischen Pessimismus und einen bedenklichen Mangel an Vertrauen zum amerikanischen Volk. Nixon wollte nichts davon wissen. In seiner berühmten »Küchendiskussion«, die 1959 in Moskau geführt wurde, hatte er die prahlerische Behauptung Chruschtschows, er werde uns beerdigen, verächtlich beiseite geschoben – und recht behalten. In den seither vergangenen zwanzig Jahren hat sich nichts geändert, woraus wir schließen dürften, daß die kommunistische Welt, die über weniger natürliche Hilfsquellen verfügt und schlechter organisiert ist, den Westen in einem sich über lange Zeit hinausziehenden Konkurrenzkampf überholen könnte. Wenn die Sowjetunion den Westen mit ihrem militärischen Potential überholt, dann nicht in der Folge der Entspannungspolitik, sondern weil die Demokratien es versäumt haben, das Notwendige zu tun. Das Argument, das amerikanische Volk könnte eine komplexe Herausforderung nicht begreifen und keine komplexe Strategie dagegen entwickeln, es sei unfähig, gleichzeitig eine Politik der Abschreckung und der Koexistenz zu verfolgen und müsse seine Politik daher allein auf grobe physische Gewalt stützen, ist Ausdruck eines Mangels an Vertrauen zur Demokratie.

Wenn sich der Westen nicht selbst Fesseln anlegte, dann würde er meiner Überzeugung nach die historische Wette gewinnen. Das Wirtschaftssystem der Sowjetunion zeigte enorme Schwächen; die ideologische Anziehungskraft des Kommunismus war verblaßt; die politische Basis des Sowjetreichs war anfällig gegen Erschütterungen. In der sechzigjährigen Geschichte dieses Staates war es noch niemals gelungen, die oberste Führung durch ein normales und legitimes Verfahren abzulösen. Praktisch war es nur dreimal zum Führungswechsel gekommen. Von den vier Generalsekretären der kommunistischen Partei waren zwei (Lenin und Stalin) im Amt gestorben; der dritte (Chruschtschow) war durch eine Art Putsch entmachtet worden; der vierte (Breschnew) war Anfang 1973 noch damit beschäftigt, seine Machtstellung zu sichern, während man schon die Anzeichen dafür erkennen konnte, daß sich sein Gesundheitszustand zusehends verschlechterte. Es war dem System nicht gelungen, sich ernsthaft mit dem Verlangen der intellektuellen und technischen Elite, wie sie sich bei jeder Industrialisierung entwickelt, auseinanderzusetzen und an den politischen Entscheidungsprozessen teilnehmen zu lassen. Als Ausgleich dafür, daß sich der politische Ehrgeiz dieser Leute nicht befriedigen ließ, wurden sie zu einer »neuen Klasse« von Karrieristen; diese Entwicklung mußte zur Stagnation führen. Schließlich würde sich die Sowjetunion mit der immer stärker anwachsenden nichtrussischen Bevölkerung auseinandersetzen müssen, die sich sehr bald in der Majorität befinden würde – was zu erheblichen Integrationsproblemen führen mußte.

Auch die immer schwieriger zu lösenden Wirtschaftsprobleme der Sowjetunion wurden zunehmend deutlicher erkennbar. 1972 wuchs das Bruttosozialprodukt um anderthalb Prozent und entsprach damit der Zunahme der Gesamtbevölkerung, ein deutliches Anzeichen für die zu erwartende Stagnation. Das System der totalen Planung verhindert offenbar das Wachstum in einem dem Umfang des Wirtschaftssystems entsprechenden Maß. Alle Anreize wirken in die falsche Richtung. Die leitenden Angestellten in den Fabriken melden ein zu geringes Produktionspotential, um nicht Normen erfüllen zu müssen, die sich nicht erfüllen lassen, weil es Engpässe in anderen Industriezweigen gibt, die von ihnen nicht beseitigt werden können. Die Planer stellen keine Marktanalysen an, um festzustellen, wonach die Verbraucher verlangen, und dasselbe gilt sogar für die Bedürfnisse der Industrie. In diesem Vakuum erzeugen sie Waren schlechter Qualität, die niemand haben will. Qualität läßt sich durch Direktiven nicht garantieren; daher neigt jeder Betriebsleiter dazu, sein Soll so zu erfüllen, daß er dabei möglichst wenig auf andere Sektoren des sowjetischen Systems angewiesen ist. (Ein osteuropäischer Planer hat mir einmal erzählt, als die Quote für die Herstellung von Lokomotiven nach Gewicht festgelegt wurde, erzeugte sein Land die schwersten Lokomotiven der Welt; als man dazu überging, das Soll durch die Anzahl der fertiggestellten Lokomotiven festzulegen, waren es die leichtesten und am stärksten reparaturanfälligen. In jedem Falle war man in die Richtung des geringsten Widerstandes gegangen.)

Da die Betriebsleitungen nicht berechtigt sind, die Produktionspläne zu ändern, sehen sie sich gezwungen, am Rande der bürokratischen Legalität zu arbeiten. Sie horten knappes Material oder versuchen, sich dieses Material auf krummen Wegen zu beschaffen. So entsteht schließlich das Paradox, daß eine totale Planwirtschaft einen schwarzen Markt oder vielmehr einen geheimen freien Markt braucht, um überhaupt zu funktionieren. Doch dadurch wird nur die klassische Schwäche der kommunistischen Wirtschaftssysteme erhöht: Chronische Materialknappheit und chronischer Überfluß an bestimmten Dingen bestehen Seite an Seite.[6] Das Dilemma des Kommunismus liegt darin, daß es augenscheinlich unmöglich ist, eine moderne Wirtschaft im Rahmen eines totalen Planungssystems funktionsfähig zu erhalten, aber vielleicht ist es auch nicht möglich, einen kommunistischen Staat *ohne* eine totale Planwirtschaft zu regieren.

Der Daseinszweck der kommunistischen Partei ist sein Machtmonopol – aber daraus entsteht eine neue Anomalie. Die kleine Gruppe der Eingeweihten, die für sich die Fähigkeit in Anspruch nehmen, einen tieferen Einblick in die geschichtlichen Zusammenhänge zu haben als jeder andere, leitet aus dieser Überzeugung die monomane innere Leidenschaft ab, die man für eine Revolution braucht. Aber wenn diese Leute die politische Macht fest in der Hand haben, welches sind dann ihre Aufgaben? Man braucht sie nicht in der Regierung oder beim Militär. Sie sind nur die Bewahrer einer politischen Legitimität, die schon seit langer Zeit ihr moralisches Ansehen und ihren revolutionären Schwung verloren hat. Ihre besondere Aufgabe besteht in der Lösung innerer Krisen, die ihr zentralisiertes System hervorgebracht hat, und äußerer Krisen, welche die Folgen ihrer ideologischen Starrheit sind. Der Parteiapparat entwickelt Parallelen zu jeder bestehenden Hierarchie, ohne irgendeine Funktion zu erfüllen. Die Mitglieder dieses Parteiapparats sind Wachhunde ohne Daseinsberechtigung. Ihre Aufgabe besteht darin, die Bevölkerung unter Druck zu setzen und für Ordnung zu sorgen, und sie verfügen, abgeschirmt gegen alle anderen Bürger, über Privilegien, die zur Korruption und zum Zynismus herausfordern.

In jedem kommunistischen Staat – und das ist fast ein historischer Witz – kommt es schließlich wenn nicht zur offenen, so doch zur latenten Krise um die Rolle der kommunistischen Partei. In Polen wäre die Partei fast hinweggefegt worden, weil sie bedeutungslos und ohnmächtig geworden war – und wir stehen erst am Beginn dieses Prozesses entscheidender Wandlungen. Wenn Moskau durch eine entschlossene Politik des Westens daran gehindert wird, seine internen Spannungen in internationale Krisen umzumünzen, dann wird es sich wahrscheinlich damit abfinden müssen, die prahlerische Behauptung, daß die Geschichte auf seiner Seite stünde, als eine Illusion anzuerkennen. Ich bin fest davon überzeugt, daß eine lange Friedensperiode den Pluralismus des demokratischen Systems fördern wird – seine wirtschaftliche Lebensfähigkeit, die Impulse für den technologischen Fortschritt und die Kreativität der freien Völker.

Die klare geopolitische Linie, welche die Nixon-Regierung bei den Ost-West-Beziehungen verfolgte, wurde zwar in den Vereinigten Staaten nur schwer begriffen, wirkte sich aber positiv auf das Verhalten der sowjetischen Führung aus. Die Männer im Kreml nutzen zwar gern die Neigungen westlicher Politiker aus, die eine wirksame Diplomatie mit guten persönlichen Beziehungen verwechseln, aber es fällt ihnen schwer, sich auf eine sentimentale Außenpolitik einzustellen. Kein westlicher Führer, der sich darauf spezialisiert hat, die Russen zu »verstehen«, als ginge es bei der Außenpolitik um gute persönliche Beziehungen, hat damit jemals Erfolg gehabt. Die sowjetischen Führer gehen durch eine harte Schule. Sie haben sich in einem System durchgesetzt, das rücksichtslos die Zaghaften und von Skrupeln Belasteten ausmerzt. Nur ein starkes Machtstreben – oder die an Fanatismus grenzende ideologische Überzeugung – kann sie veranlaßt haben, eine Laufbahn zu ergreifen, in der es nur wenige Gewinner und für die Verlierer katastrophale Rückschläge gibt. Der persönliche gute Wille, jene Fata Morgana der westlichen Diplomatie, kann sie zu nichts bewegen. Ihre Ideologie stellt die überragende Bedeutung materieller Faktoren und den objektiven Ausgleich der Kräfte in den Vordergrund. Sie können ein nachgiebiges Verhalten gegenüber der Außenwelt in einem für das sowjetische System so charakteristischen Machtkampf nicht rechtfertigen, wenn sie nicht nachweisen, daß die konkreten Verhältnisse eine solche Haltung erfordern.

Deshalb sind unsentimentalere Realisten in der sowjetischen Hauptstadt augenscheinlich beliebter, denn die dort herrschende Ideologie lehnt die Vorstellung ab, daß der Mensch den vorbestimmten Lauf der Geschichte ändern könnte. Und Nixon war in der Tat ein Realist. Kaum jemand wäre weniger geneigt, Koexistenz mit Psychotherapie oder Frieden mit guten persönlichen Beziehungen zu verwechseln. Seine persönliche Unsicherheit ließ ihn daran zweifeln, daß er irgend jemanden mit seinem Charme betören könnte – schon gar nicht die hartgesottenen sowjetischen Führer. Er wußte, daß es für wohlausgewogene Risiken, die jede Aggression zu einem zweifelhaften Unternehmen machten, keinen Ersatz gab und bemühte sich energisch um die Erhaltung des Gleichgewichts der Kräfte. Er fürchtete sich aber auch nicht, darüber nachzudenken, was die Sowjets veranlassen könnte, mit den Vereinigten Staaten zusammenzuarbeiten, und zwar auch, während er gleichzeitig versuchte, den Expansionismus für sie als zu gefährlich erscheinen zu lassen. Wenn mit der Zeit auch andere Faktoren ins Spiel kamen, ließe sich vielleicht ein stabiler Friede herstellen, dessen Grundlage die Überzeugung und nicht die zwingende Notwendigkeit war. Unter solchen Voraussetzungen waren im Mai 1972 der ehemalige Kommunistenverfolger und der Generalsekretär der sowjetischen kommunistischen Partei in Moskau zusammengekommen, um die Grenzen der Koexistenz abzustecken.

Ich glaube, daß es Nixon in normalen Zeiten gelungen wäre, die Symmetrie zwischen den beiden Säulen der Eindämmung und der Koexistenz herzustellen. Nixon wäre in der Lage gewesen, den Konservativen zu beweisen, daß die Entspannungspolitik ein Mittel war, mit dem der ideologische Wettbewerb ausgetragen werden konnte, und nicht ein Zeichen dafür, daß man den Kampf aufgegeben hatte. Und er hätte sich des Drucks der Liberalen erwehren können, denn die Mehrheit der gemäßigten Kräfte hätte sich hinter seine Politik gestellt, weil sie es sich zur Aufgabe machte, konkrete Probleme zu lösen. Dann hätte er den Nachweis für seine Bemühungen um den Frieden dazu verwenden können, die freien Völker des Bündnisses hinter sich zu bringen, um ein neues Konzept für die Verteidigungspolitik zu entwickeln.

Aber schon zu Beginn seiner zweiten Amtsperiode war Nixon kein normaler Präsident mehr. Der Schaden war fast irreparabel. In der Zeit zwischen dem Moskauer Gipfel von 1972 und dem Besuch in Wladiwostock 1974 waren die Chancen für eine stabile Koexistenz zwischen den Vereinigten Staaten und der Sowjetunion auf lange Sicht so gut, wie sie in der ganzen Nachkriegszeit nicht gewesen waren. Die UdSSR hatte im Nahen Osten einen schweren Rückschlag erlitten und ihn akzeptiert; die zwischen uns bestehenden Konflikte bestanden weiter, aber es ließ sich damit leben. Wir hatten mit einem ganzen Netz von Vereinbarungen ein breites Fundament gelegt. Mit Anreizen und der Androhung von Rückschlägen war es uns augenscheinlich gelungen, mäßigend auf die Sowjets einzuwirken. Noch niemals hatte es bessere Voraussetzungen für die Erprobung aller Möglichkeiten im Rahmen einer subtilen Kombination von Festigkeit und Flexibilität gegeben.

Wir werden niemals erfahren, was möglich gewesen wäre, hätte Amerika seine Autorität in dieser traurigen Periode nicht so weitgehend verspielt. Die Angriffe des Kongresses auf den geschwächten Präsidenten beraubten ihn der Möglichkeit, durch Eindämmungsmaßnahmen und Anreize die Sowjets zur Mäßigung zu bewegen, schwächten unsere Widerstandskraft und trieben uns dabei in die Konfrontation, ohne uns die Mittel an die Hand zu geben, uns darin zu behaupten. Der innenpolitische Rückhalt für unsere Ostwestpolitik schwand dahin. In der Debatte um die Auswanderung von Juden aus der Sowjetunion, durch welche 1973 die amerikanisch-sowjetischen Handelsvereinbarungen ausgehöhlt wurden, verloren wir die Möglichkeit, den Russen irgendwelche Anreize zu bieten. Unsere Druckmittel wurden als Folge des fortschreitenden Verlusts der Autorität unserer Exekutive in der Zeit von 1973 bis 1976 wirkungslos. Das Ergebnis waren die Katastrophe in Indochina, eine Beschneidung der Vollmachten des Präsidenten als Oberbefehlshaber der amerikanischen Streitkräfte, eine Blockierung der Militärhilfe für unsere wichtigsten Verbündeten und die nahezu vollständige Ausschaltung unserer Nachrichtendienste. Bald konnten die Sowjets der Versuchung nicht mehr widerstehen, die geschwächte Position des Präsidenten und die inneren Spaltungen in den Vereinigten Staaten, die ihren Auslandsverpflichtungen nicht mehr nachkommen konnten, auszunutzen. 1975 waren die Sowjets zu ihrer Politik der Abenteuer zurückgekehrt, gestärkt durch eine beispiellose Ausrüstung mit modernen Waffen.

Unsere innenpolitische Schwäche und die Stärke der Sowjetunion waren zum Teil die Ursachen dafür, daß aus der Entspannung für viele unserer Verbündeten das wurde, was die Konservativen gefürchtet hatten, eine Flucht aus der Realität des Gleichgewichts der Kräfte, bei der die Substanz der Außenpolitik durch nur atmosphärisch wirkende Beteuerungen des guten Willens ersetzt wurde. In einer Periode der durch die Ölpreisexplosion verursachten Wirtschaftsrezession wendeten sich einige europäische Länder dem Ostwesthandel als Allheilmittel zu, so daß der Handel nicht mehr das Instrument einer wohldurchdachten Außenpolitik blieb. Vor ihrer eigenen Bevölkerung spielten diese Politiker die Rolle der »Vermittler« zwischen der Sowjetunion und den Vereinigten Staaten.

So hatte Amerika für die Uneinigkeit im Innern große Opfer gebracht. Alles begann mit der Debatte über die Frage, welcher Zusammenhang zwischen dem Handel mit der Sowjetunion und den Menschenrechten bestünde.

Getreide und Auswanderer

Auf keinem Gebiet der Außenpolitik sind so drastische Frontwechsel vollzogen worden wie in der Haltung zum Ostwesthandel. Seit der Amtseinführung der Nixon-Regierung im Jahr 1969 hatten unsere liberalen Kritiker uns gedrängt, die noch aus der Zeit des Kalten Krieges bestehenden Handelsbeschränkungen aufzuheben.[7] Weniger als sechs Monate nach der Besetzung der Tschechoslowakei durch die Sowjetunion griffen führende Journalisten, Akademiker und die Mehrheit der demokratischen Kongreßabgeordneten (wie auch einige liberale Republikaner) unsere Doktrin der Verknüpfung an, die einen Zusammenhang zwischen einer schrittweisen Aufhebung der Handelsbeschränkungen und dem außenpolitischen Verhalten der Sowjetunion herstellte. Da die Beziehungen zwischen den Vereinigten Staaten und der UdSSR 1969 und 1970 sehr gespannt waren, gewährten wir keinerlei Exportlizenzen. Nun behauptete man, daß diese Methode gefährlich und wirkungslos sei; wir spielten den Verfechtern einer harten stalinistischen Politik im Kreml in die Hand; der Handel mit der Sowjetunion gewährte nicht den Sowjets, sondern uns selbst Vorteile; er werde den Frieden fördern; er werde die Liberalisierung des kommunistischen Regimes beschleunigen und, wenn wir unsere Handelsbeziehungen mit der Sowjetunion nicht ausbauen wollten, dann würden es unsere Verbündeten tun. Einige konservative Geschäftsleute stimmten den Argumenten der Liberalen zu und betrachteten die Verknüpfung des Handels mit der Außenpolitik als den illegitimen Versuch, ihre geschäftlichen Vorteile gegen politische Gewinne einzutauschen, an denen sie kein unmittelbares Interesse hätten.

Die Nixon-Administration hielt an ihrem Kurs fest. Wir lockerten die Handelsbeschränkungen nach dem ersten Durchbruch bei den SALT-Verhandlungen im Mai 1971 und dem Abschluß der Berlin-Verhandlungen im August des gleichen Jahres geringfügig. Erst nach dem Moskauer Gipfel von 1972 erklärten wir uns mit weiteren Verbesserungen einverstanden – achteten dabei aber sorgfältig darauf, unsere Maßnahmen mit der Zurückhaltung der Sowjets auf außenpolitischem Gebiet zu verknüpfen. Wir gewährten keine Blancokredite, die von uns zur Verfügung gestellten Mittel durften vielmehr nur für ganz bestimmte Projekte verwendet werden. Dabei gaben wir den Sowjets zu verstehen, daß unsere relative Flexibilität eine außenpolitische Herausforderung nicht überleben werde.

Später, als die Stimmung in der Öffentlichkeit umgeschlagen war, wurde manchmal behauptet, daß die Nixon-Administration in naiver Weise geglaubt habe, die Sowjetunion durch wirtschaftliche Anreize zur Mäßigung bewegen zu können. Angesichts der festen Entschlossenheit Nixons, den sowjetischen Expansionismus durch das militärische Gegengewicht einzudämmen, und seines Zögerns bei der Liberalisierung des Ostwesthandels während seiner ersten Amtszeit ist das ein ausgesprochenes Fehlurteil. Wir glaubten in der Tat, daß ein sorgfältig überwachter Handel die Koexistenz auf der Grundlage des Gleichgewichts der Kräfte fördern werde. Wirtschaftsbeziehungen konnten sich nach unserer Auffassung günstig auswirken, aber nur, wenn man den Sowjets nicht die Möglichkeit gab, sich auf neue Abenteuer einzulassen. Nachdem wir ein weiteres Vordringen der Sowjets 1970 und 1971 verhindert hatten, waren wir bereit, die Möglichkeiten für eine Koexistenz nüchtern und sorgfältig zu prüfen, aber nicht, um Argumente zu übernehmen, die wir über vier Jahre lang konsequent abgelehnt hatten.

Das erste große Gerangel entstand um das Getreidegeschäft zwischen den Vereinigten Staaten und der Sowjetunion. 1972 nutzten die Sowjets die Vorteile unseres freien Marktes aus und kauften aufgrund staatlicher Konzessionen Getreide im Wert von fast einer Milliarde

Dollar, bevor noch irgend jemand begriffen hatte, was geschah[8] – annähernd unseren gesamten landwirtschaftlichen Überschuß. Wie sich herausstellte, bestand das Verhängnisvolle daran nicht im Verlangen unserer Regierung, unbedingt zu verkaufen, obwohl Nixon sicherlich erkannt hatte, welchen Nutzen ihm das zu günstigen Bedingungen abgeschlossene Getreidegeschäft in einem Wahljahr bringen konnte. Den Sowjets ist dieses Geschäft in erster Linie deshalb gelungen, weil sie als kluge Kaufleute damit gerechnet hatten, daß jede Getreidefirma versuchen werde, ihre Abschlüsse vor ihren Konkurrenten geheimzuhalten. Wenn sie daher ihre Aufträge auf eine große Zahl von Lieferanten verteilten, dann glaubten die Sowjets mit Recht, daß die Habgier der einzelnen Firmen den Umfang der sowjetischen Getreidekäufe bis zur Unterzeichnung der Verträge verschleiern werde.

Das Vorhaben der Sowjets wurde dadurch erleichtert, daß es kein Erfassungssystem der Regierung gab. Hier zeigte sich auf dramatische Weise, wie schwierig es ist, eine Marktwirtschaft auf außenpolitische Erfordernisse abzustimmen. Wenn jeder Käufer in den Markt eindringen kann, dann werden seine Möglichkeiten nur durch seine Zahlungsfähigkeit begrenzt. Wenn die Regierung daher bestimmte politische Ziele erreichen will, muß sie in der Lage sein, in den Markt einzugreifen, um ohne Rücksicht auf die wirtschaftlichen Voraussetzungen einen Ausverkauf zu verhindern, sobald die politischen Bedingungen erfüllt sind. Dazu sind Lizenzen oder ähnliche einschränkende Maßnahmen erforderlich – für viele Unternehmer der Inbegriff des Bösen schlechthin, und zu ihnen gehören auch manche, die sich für überzeugte Antikommunisten halten.

Anfang 1973 erfuhren wir, daß die Sowjets wieder mit einer schlechten Ernte rechnen mußten. Als Vorbedingung für unsere Hilfe versuchten wir, die Sowjets zu zwingen, ihre Getreidekäufe über mehrere Jahre zu verteilen. Das Weiße Haus verlangte für die Verträge eine Laufzeit von fünf Jahren und die Festsetzung einer Höchstmenge, um unseren Farmern die Vorausplanung zu erleichtern, Schaden von unserem Inlandmarkt abzuwenden und uns die Möglichkeit zu geben, einen gewissen politischen Druck auszuüben. Aber diese Haltung war nur möglich, wenn wir die Getreideverkäufe so lange einstellten, bis die Sowjets auf unsere Bedingungen eingegangen waren. Unsere Farmer waren mit den Langzeitverträgen durchaus einverstanden; daß wir die Getreideverkäufe jedoch zunächst einstellen wollten, gefiel ihnen weniger, und sie hatten in unserem Landwirtschaftsminister, Earl Butz, einen geschickten, leidenschaftlichen und unermüdlichen Fürsprecher. Er war als Dekan einer Universität in einer bürokratischen Arena geschult worden, die auf diesem Gebiet die höchsten Anforderungen stellt. Als ich Butz aufforderte, zu untersuchen, ob er die Berechtigung habe, die Getreideverkäufe zu verzögern (durch die Anweisung, daß sie dem Landwirtschaftsministerium gemeldet werden müßten), wich er einer direkten Antwort aus. Nach einigen Wochen, am 3. Mai, frischte ich sein Gedächtnis auf:

> Mir geht es in dieser Angelegenheit darum, den Sowjets nicht zu erlauben, in aller Stille einen großen Teil der diesjährigen Getreideernte

für sich beiseitezuschaffen, was den amerikanischen Verbraucher und unsere anderen internationalen Kunden zwingen würde, für den Rest höhere Preise zu bieten.

Aber Butz wollte sich nicht den Zorn der Farmer zuziehen. Für ihn war es viel günstiger, den Diplomaten mit den gestreiften Hosen die Schuld zuzuschieben. Er schlug deshalb vor, daß *ich* die Sowjets veranlassen sollte, ihre Käufe zu begrenzen – ein vorzüglicher Rat: Anstatt unsere landwirtschaftliche Leistungsfähigkeit in den Verhandlungen mit den Sowjets als Hebel zu benutzen, sollten wir sie jetzt bitten, uns einen Gefallen zu tun und weniger zu kaufen, als der Markt zuließ. Unter normalen Umständen konnte diese Methode nur erfolgreich sein, wenn ich zu erkennen gab, daß wir sonst andere Möglichkeiten finden würden, um die Verkäufe zu begrenzen. Der Vorschlag von Butz war eine elegante Methode, dafür zu sorgen, daß außenpolitische Kriterien die Getreidekäufe der Sowjets nicht beeinflußten.

Die Koalition der Befürworter des Getreidehandels aus Liberalen und Unternehmern wurde allmählich von einer anderen, aus Konservativen und Liberalen bestehenden Gruppe überholt. Sie verlangte, daß wir den Ostwesthandel dazu benutzten, von den Sowjets eine Änderung ihrer Auswandererpolitik zu erzwingen. Sie übernahmen damit unsere Doktrin von der Verknüpfung, gaben ihr aber die denkbar extremste Deutung und gingen damit weit über unsere ursprünglichen Absichten hinaus. Zugeständnisse in den Handelsbeziehungen wurden jetzt nicht mehr mit der sowjetischen Außenpolitik verknüpft, womit wir einverstanden waren, sondern mit innenpolitischen Praktiken in der Sowjetunion. Damit wurde der Ostwesthandel zu einer innenpolitischen Frage in den Vereinigten Staaten, die im Laufe der Zeit unsere Beziehungen zur Sowjetunion belastete, ohne eine Strategie für den Abbau der dadurch entstehenden Spannungen zu liefern. Ironischerweise bestand diese Herausforderung aus einer Maßnahme, welche die Liberalen schon zu Beginn der Amtszeit der Nixon-Administration von uns verlangt hatten: die Gewährung der Meistbegünstigungsklausel für die Sowjetunion.

Die Bezeichnung Meistbegünstigungsklausel ist irreführend. Sie gewährt keine besonderen Vorteile, sondern garantiert dem betreffenden Land nur die Behandlung nach den gleichen Zollvorschriften, die auch für alle anderen Nationen (es sind mehr als hundert) gelten, mit denen wir normale Handelsbeziehungen unterhalten. Mit anderen Worten, die Behandlung nach der Meistbegünstigungsklausel beendet die Diskriminierung des Landes, dem sie gewährt wird. Sie läßt die Entwicklung normaler Handelsbeziehungen nach den Erfordernissen der jeweiligen Wirtschaftslage zu, was unseren Handelsfirmen die gleichen Vorteile bringt wie den ausländischen. Wir rechneten aber nicht damit, daß sich die sowjetischen Exporte in die Vereinigten Staaten nach Gewährung der Meistbegünstigungsklausel rasch oder wesentlich steigern würden. Für die Sowjets hatte die Meistbegünstigungsklausel jedoch mehr einen symbolischen als einen wirtschaftlichen Wert. Sie vermittelte den Eindruck der Gleichberechtigung auf wirtschaftlichem Gebiet.

Im September 1972 schlossen wir die Verhandlungen über die sowjetischen Schulden aus dem Pacht- und Leihvertrag ab (die über einen Zeitpunkt von fünfundzwanzig Jahren storniert worden waren). Diese Verhandlungen hatte unser Handelsminister, Peter G. Peterson, mit großem Geschick geführt. Damit wurde der Weg für einen Handelsvertrag mit der UdSSR frei, dessen wichtigster Teil die Gewährung der Meistbegünstigungsklausel war. Am 10. April 1973 – unmittelbar bevor die Watergate-Bombe platzte – legte Nixon dem Kongreß diesen Vertrag vor. So brachte er noch im Sturz eine Debatte in Gang, die die Beziehungen zwischen den Vereinigten Staaten und der Sowjetunion seither aufs schwerste belastet hat.

Es war verbitternd, daß unsere Kritiker sich ausgerechnet ein Gebiet aussuchten, wo wir mit Recht auf unser Verhalten stolz sein durften; die Auswanderung der Juden aus der Sowjetunion. Zu Beginn seiner ersten Amtsperiode hatte Nixon beschlossen, diese Frage über den vertraulichen Kanal, den wir über Anatoly Dobrynin unterhielten, gegenüber der sowjetischen Führung zur Sprache zu bringen – ohne die Öffentlichkeit zu unterrichten, denn wir glaubten, die Sowjets könnten gewisse Praktiken in ihrer eigenen innenpolitischen Zuständigkeit eher ändern, wenn wir sie nicht öffentlich herausforderten. Schon 1969 machte ich Dobrynin den Vorschlag, jede freiwillige Berücksichtigung der moralischen Sorgen unserer Bevölkerung im Hinblick auf sowjetische Emigrationspraktiken anzuerkennen. Darin steckte ein vorsichtig, aber mit aller Deutlichkeit vorgetragener Wunsch: Wir wollten Taten sehen, dafür selbst aber keinen Beifall ernten. Moskau änderte die für Auswanderer geltenden Bestimmungen, wir haben jedoch niemals erfahren, ob auf unsere Anregung hin oder aus anderen Gründen. Während 1968 nur vierhundert sowjetische Juden hatten auswandern dürfen, waren es 1973 fast fünfunddreißigtausend.

Darüber hinaus reichte ich in gewissen Zeitabständen Listen von Härtefällen ein. Dabei handelte es sich um Personen, die nicht auswandern durften, weil auf sie irgendwelche einschränkenden Sicherheitsbestimmungen zutrafen oder die andere Schwierigkeiten mit den sowjetischen Behörden hatten. Ich sagte Dobrynin, daß wir als Regierung, wenn die Sowjets auf unsere humanitären Wünsche eingingen, den Propagandawert der ins Ausland entlassenen Personen nicht für uns ausschlachten würden. Dobrynin nahm die Listen kommentarlos entgegen. Wir konnten jedoch feststellen, daß die meisten von uns als Härtefälle bezeichneten Personen die Erlaubnis erhielten, auszuwandern. Einmal übergab uns Dobrynin offiziell eine Statistik, auf der summarisch dargestellt war, wie die Sowjetunion Härtefälle behandelte.

Weshalb die Sowjetunion diese Praxis unmittelbar nach dem Moskauer Gipfel eingestellt hat, werden wir erst wissen, wenn die sowjetischen Archive oder die Memoiren der sowjetischen Führer veröffentlicht worden sind. Jedenfalls verordnete ein Erlaß des Präsidiums des Obersten Sowjet vom 3. August 1972 die Zahlung einer hohen »Ausreisesteuer« von Emigranten. Theoretisch sollten dem sowjetischen Staat damit seine Auslagen für die Ausbildung des betreffenden Emigranten vergütet werden. Die praktische Folge war, daß der Auswandererstrom sich zu einem Tröpfeln verlangsamte. Angesichts der allgemeinen Verbesserungen in den Beziehungen zwischen den Vereinigten Staaten und der Sowjetunion und der Tatsache, daß die Liberalisierung der Auswanderung die Sowjets in einem günstigeren Licht erscheinen ließ, war diese Entscheidung geradezu unerklärlich.

Am wenigsten glaubwürdig war die Erklärung Dobrynins, der behauptete, irgendein Funktionär auf mittlerer Ebene habe eine Routineentscheidung getroffen, die der zuständige Minister, der selbst ein Techniker war, mechanisch ratifiziert hätte. Doch das sowjetische System arbeitet anders, besonders wenn es sich um eine außenpolitisch bedeutsame Frage handelt. Ich vermute, daß die Ausreisesteuer eine von Panik diktierte Reaktion auf die Ausweisung sowjetischer Truppen aus Ägypten durch Sadat war. Wahrscheinlich fürchtete die sowjetische Führung um ihren Ruf in der arabischen Welt und wollte durch diese Maßnahme ihre Glaubwürdigkeit unter Beweis stellen, denn die meisten jüdischen Auswanderer ließen sich anschließend in Israel nieder. Die lahme Ausrede Dobrynins zeigte jedoch, wie ich glaubte, daß der Kreml sich seiner Sache nicht ganz sicher war; er suchte nach einem Sündenbock und nach einem Ausweg.

Aber der Geist war schon aus der Flasche. Am 4. Oktober 1972 empfahl der gefürchtete Senator Henry Jackson eine Zusatzbestimmung zum Handelsgesetz, nach der die Meistbegünstigungsklausel jedem kommunistischen Land, das die Auswanderung behinderte, verweigert werden sollte. Senator Jackson war bekannt als entschiedener Gegner sowjetischer Tyrannei. Er hatte schon zu einer Zeit, als so etwas durchaus nicht üblich war, vor der sowjetischen Aufrüstung gewarnt. Während Nixons erster Amtsperiode hatte er beim Ringen um ein ausreichendes Verteidigungsbudget, eine ehrenhafte Beendigung des Vietnam-Krieges und eine starke Außenpolitik eng mit der Administration zusammengearbeitet. Zu meiner Überraschung sah ich mich jetzt in Gegnerschaft zu einem alten Verbündeten gedrängt, aus der eine zunehmend gespannte Beziehung wurde. Was diesen Konflikt besonders schmerzhaft machte, war mein Gefühl, mit Jackson in den meisten Fragen besser übereinzustimmen als mit vielen neuen Verbündeten, die seinen Gesetzesvorschlag aus anderen grundsätzlichen Erwägungen für falsch hielten.

Bis zu einem gewissen Grade ergänzten sich unsere Bemühungen gegenseitig. Aber allmählich wurde seine Vorlage für ihn zum Selbstzweck. Wenn sie einmal angenommen worden war, dann konnte man sie nicht mehr als Hebel benutzen, denn die Sowjets konnten ihre Politik nicht auf den Erlaß eines kapitalistischen Gesetzes hin ändern, sondern mußte erwarten, daß sie in die entgegengesetzte Richtung gingen. So förderte das von Jackson vorgelegte und vom Kongreß erlassene Gesetz die Auswanderung nicht, sondern hatte schließlich zur Folge, daß die Zahl der Auswanderer sich wesentlich verringerte.

Aber die Zeit war nicht günstig für einen vernünftigen Dialog. Plötzlich fand Jackson Anhänger unter den Liberalen, die seinen Standpunkt in Sachen der Verteidigung und der Außenpolitik bis dahin stets bekämpft hatten. Die *New York Times,* die uns 1969 und 1970 wegen der angeblich unerhörten Vorstellung getadelt hatte, man sollte den Handel mit dem außenpolitischen Verhalten der Sowjetunion verknüpfen, entdeckte plötzlich die Bedeutung des Handels als Instrument, mit dem sich ein entscheidender Wandel in der sowjetischen Innenpolitik herbeiführen ließe. In einem Leitartikel vom 25. November 1972 bekannte sich die *Times* zum ersten Mal zu ihrer Version des Prinzips der Verknüpfung:

> Rußlands brutale Unterdrückung der Menschenrechte von vielen ihrer eigenen Bürger, die Einführung einer Kopfsteuer für Juden, um sie am Verlassen der Sowjetunion zu hindern, und die Drohung mit künftigen noch strengeren Einschränkungen sowie die an andere Länder gerichtete Aufforderung, amerikanisches Kapital zu enteignen – alle derartigen Maßnahmen sollen die öffentliche Meinung in Amerika anheizen und die Weiterentwicklung der sowjetisch-amerikanischen Handelsbeziehungen gefährden.

Am 21. Februar 1973 machte die *Washington Post,* die sich auch schon seit langer Zeit für eine Belebung des Ostwesthandels ausgesprochen hatte, aus einem unter großen Schwierigkeiten erreichten stillschweigenden Zugeständnis der Sowjets eine offizielle sowjetische Verpflichtung, die es jedoch nie gegeben hatte:

> Die ausgesprochene Neigung der Abgeordneten auf dem Kapitol, Handel und Auswanderung miteinander zu verknüpfen, ist für den Präsidenten das Mittel, den Russen zu sagen: Wenn er seiner Verpflichtung nachkommen soll, ihnen die Gleichberechtigung bei der Verzollung russischer Importwaren zu gewähren, dann müssen sie auch ihre Verpflichtungen im Hinblick auf die jüdischen Emigranten erfüllen.

Ende 1973 verlief sich diese Debatte, wie vieles andere, in Washington im Sand. Am 3. September erklärte die *New York Times,* daß sie zwischen Watergate und der Unterdrückung von Dissidenten im sowjetischen Polizeistaat keinen Unterschied erkennen könnte; die Zeitung leistete so ihren Beitrag zu der damals herrschenden wahnhaften Stimmung, als sie meinte, ein Bündnis zwischen Nixon und Breschnew für die Unterdrückung der Opposition in beiden Ländern feststellen zu können:

> Die Administration gab bekannt, daß Finanzminister Shultz demnächst als Leiter einer aus höheren Beamten bestehenden Delegation nach Moskau gehen wird, um die Gespräche über die Ausweitung des sowjetisch-amerikanischen Handels fortzuführen. Die Unterdrückungsmaßnahmen in der Sowjetunion stören das Weiße Haus augenscheinlich ebenso wenig wie sich der Kreml für Watergate interessiert. Die Welt erlebt jetzt ein Defacto-Bündnis zwischen Nixon und Breschnew, das sich gegen die Dissidenten im jeweils anderen Lande richtet.

Am 10. Oktober 1972 legte der Abgeordnete Charles Vanik aus Ohio einen ähnlichen Gesetzesantrag vor wie Jackson. Er wurde von so energischen Befürwortern des Ostwesthandels unterstützt wie den Abgeordneten Donald M. Fraser aus Minnesota und Benjamin S. Rosenthal aus New York, die gemeinsam mit dem Abgeordneten John H. Buchanan jr. aus Alabama im Dezember 1972 eine Reise in die Sowjetunion unternahmen. Im April 1973 veröffentlichten sie einen Bericht zum Thema »Spannung und Entspannung«, der zu dem ganz neuen Schluß kam:

Wir sind überzeugt, daß verbesserte Beziehungen zu der Sowjetunion – und besonders verbesserte Handelsbeziehungen – für beide Länder und die Sache des Weltfriedens nützlich sind. Aber sowohl der Präsident als auch die Sowjets müssen begreifen, daß normale Beziehungen zwischen unseren Ländern so lange nicht hergestellt werden können, wie Juden und andere sowjetische Bürger verfolgt und – durch welche Maßnahmen auch immer – an der Ausübung ihres Rechts zur Auswanderung gehindert werden.[9]

Einerseits drängte man uns, das zu tun, was uns in beachtlichem Umfange schon gelungen war, die Auswanderung aus der Sowjetunion zu erleichtern. Andererseits mußte man immer deutlicher erkennen, daß dieses Drängen ganz andere Gründe hatte. Jetzt wollte man die Kritik an Nixons angeblichen moralischen Schwächen auf ganz neue politische Gebiete einschließlich der Außenpolitik ausdehnen, auf denen Nixons Leistungen bisher nicht in Zweifel gezogen worden waren. Dazu gehörte schon eine ziemliche Unbekümmertheit, denn während Jackson bereit war, die Konsequenzen einer Konfrontation mit der Sowjetunion auf sich zu nehmen, waren es viele seiner Anhänger, wie sich bald herausstellen sollte, nicht. Wenn solche Angriffe gegen Moskau die Sowjetunion veranlaßten, sich in neue Abenteuer zu stürzen, dann mußten wir fragen, wer von den tapferen Verfechtern der Menschenrechte sich hinter uns stellen würde, wenn wir uns diesen Abenteuern entgegenstemmten. Zwei Jahre später hatten viele, die sich jetzt lautstark für eine feste Haltung der Vereinigten Staaten einsetzten, die Gelegenheit, diese Frage zu beantworten, als die Sowjetunion und Kuba in Angola intervenierten. Die meisten Mitglieder der liberal-konservativen Koalition, die es in der Frage der Menschenrechte auf eine Konfrontation hätten ankommen lassen, vermieden sie jetzt angesichts einer flagranten Bedrohung der internationalen Sicherheit.

Zu Beginn der Kampagne gegen die sowjetischen Emigrationspraktiken hatte es sich zum Glück noch nicht sehr deutlich gezeigt, daß eine der Säulen unserer Außenpolitik aufs äußerste gefährdet war. Wir beschäftigten uns mit dieser Frage in der Absicht, die Sowjetunion zur Aufhebung der neu eingeführten Auswanderersteuer zu veranlassen. Das von Jackson eingebrachte Gesetz hat außerdem wahrscheinlich dazu beigetragen, die sowjetische Führung davon zu überzeugen, daß ein Kurswechsel angezeigt sei. Am 30. März kam Dobrynin zu mir und brachte eine »für den Präsidenten bestimmte vertrauliche« Note mit. Darin hieß es – und das war durchaus verständlich –, daß die Regelung der Auswanderung ausschließlich in die Zuständigkeit des sowjetischen Staates gehörte. Die Note beklagte die »geräuschvolle Kampagne« zum Thema Auswanderung und bezeichnete sie als »künstlich und böswillig«. Doch das Ergebnis der so lautstark vorgetragenen Forderungen war die gute Nachricht, daß die Ausreisesteuer aufgehoben worden sei. In der sowjetischen Note wurde behauptet, daß das neue Gesetz von vornherein nur nach Gutdünken der Behörden auf besondere Fälle hätte angewendet werden sollen. In Zukunft sollte es nur unter »ungewöhnlichen« Umständen aus Gründen der Staatssicherheit gelten. Entsprechend würden nur solche »gewöhnlichen und unbedeutenden Gebühren erhoben werden, wie sie auch schon vor Inkrafttreten des Erlasses vom 3. August 1972 erhoben worden sind.«

Vertrauliche Noten von Breschnew wurden im allgemeinen nicht an den Kongreß weitergegeben; so würde auch diese Note, wenn die Sowjets hier keine Ausnahme machten, uns bei unseren Auseinandersetzungen mit Jackson nicht helfen. Da die Sowjets uns ausdrücklich darauf aufmerksam gemacht hatten, daß die neue Bestimmung nach den jeweiligen Erfordernissen angewendet werden würde, ließ sich nicht ausschließen, daß sie plötzlich auch wieder strenger ausgelegt werden konnte. Ich bat deshalb um die Erlaubnis, die Note an den Kongreß weiterleiten zu dürfen. Weit über das in der Diplomatie Übliche hinausgehend, fragte ich nach, ob ich auch die israelische Regierung unterrichten dürfte. Schließlich bat ich um bindendere Zusagen als die bloße Erklärung, daß keine willkürlichen Maßnahmen getroffen werden würden. Dabei erschien mir die Zusage, daß die Verordnung über die Ausreisesteuer de facto aufgehoben worden sei, besonders wichtig.

Die Sowjets beantworteten meine Anfrage am 10. April in einer Form, die mir deutlich zeigte, wie wichtig ihnen die Beziehungen zwischen den Vereinigten Staaten und der Sowjetunion waren. Sie erklärten sich damit einverstanden, Breschnews Note dem Kongreß als offizielle Erklärung bekanntzugeben. Was Israel betraf, so erklärte Moskau, daß Israel keine Veranlassung hätte, über die sowjetische Auswanderungspolitik Gespräche zu führen, besonders nicht mit den Vereinigten Staaten. Aber mit dieser Erklärung wollten die Sowjets offenbar nur das Gesicht wahren, denn dann hieß es: »Es ist Sache des Präsidenten, zu entscheiden, wie er unsere Mitteilung verwendet und wen er von ihrem Inhalt unterrichtet.« Um Mißverständnisse zu vermeiden, entwarf ich eine offizielle Erklärung über die sowjetische Haltung, die auch den Vorbehalt enthielt, daß die Steuer nicht wieder eingeführt werden würde. Bevor ich sie dem Kongreß vorlegte, zeigte ich sie Dobrynin, der sich am 16. April damit einverstanden erklärte. (Der vollständige Text ist in den Anmerkungen abgedruckt.)[10]

Nachdem sich die Sowjetunion offiziell damit einverstanden erklärt hatte, auf die Ausreisesteuer zu verzichten, teilte ich Dobrynin mit, daß jetzt dem Inkrafttreten des zwischen den Vereinigten Staaten und der Sowjetunion 1972 abgeschlossenen Handelsvertrages nichts mehr im Wege stünde. Damit hatte ich mich gründlich getäuscht.

Denn der zunehmende Machtverlust des Präsidenten hatte alle bisher geltenden Erwartungen zunichte gemacht. Nixon rechnete mit einem großen Erfolg, als er am 18. April führende Kongreßabgeordnete, unter ihnen auch Senator Jackson, ins Weiße Haus bat, um sie über die sowjetische Note zu unterrichten. Die Sowjetunion hatte auf Drängen der Vereinigten Staaten ein internes sowjetisches Gesetz aufgehoben, uns schriftlich davon unterrichtet und sich einverstanden erklärt, daß wir die sowjetische Note dem Kongreß vorlegten. Es war Nixon gelungen, das Haupthindernis zu beseitigen, das sich der Gewährung der Meistbegünstigungsklausel entgegenstellte, und er hatte bewiesen, was sich durch vertrauliche diplomatische Bemühungen für die Menschenrechte tun ließ. Das glaubte er wenigstens.

Aber dann erlebte Nixon einen schweren persönlichen Rückschlag. Am Tage zuvor hatte er eingeräumt, es bestünde die Möglichkeit, daß an Watergate hohe Beamte seiner Administration beteiligt gewesen wären. In dieser Lage suchte der Kongreß nicht die Zusammenarbeit mit ihm, sondern nach einer Gelegenheit, seine Unabhängigkeit zu beweisen. Die Abgeordneten versammelten sich im Roosevelt-Zimmer des Weißen Hauses und hörten dem Präsidenten höflich zu. Niemand hätte ein solches Zurückweichen der Sowjetunion für möglich gehalten. Trotzdem mußte man den Eindruck haben, daß es einigen dieser Männer, die hofften, 1974 wiedergewählt zu werden, lieber gewesen wäre, wenn wir die Sowjetunion nicht zum Nachgeben veranlaßt, sondern die Frage offengehalten hätten. Schweigend saßen sie da und ärgerten sich über die Überrumpelungstaktik des Präsidenten, um sich dann hinter den angriffslustigen Jackson zu stellen. Dieser erklärte kühl, daß die Sowjets noch nicht genug getan hätten. Die Erklärung über die Aufhebung der Ausreisesteuer genüge nicht, die Sowjets müßten außerdem die Ausstellung einer Mindestanzahl von Ausreisevisen garantieren und die Auswanderung nicht nur für Juden, sondern für sowjetische Bürger aller Nationalitäten erleichtern.

Diese Forderung war erstaunlich. Wer über das sowjetische Regierungssystem auch nur einigermaßen zutreffend unterrichtet war, wußte, daß die Sowjetunion auf solche Bedingungen niemals eingehen würde. Sie konnte sich nicht öffentlich auf eine bestimmte Zahl festlegen, was bedeutet hätte, daß es eine unübersehbare Masse von auswanderungswilligen sowjetischen Bürgern gäbe. Und wenn die Sowjetunion die gleichen Zugeständnisse für sowjetische Bürger aller Nationalitäten machte, dann konnte niemand mehr sagen, was aus dem sowjetischen System würde. Doch bei der jetzt herrschenden Stimmung in den Vereinigten Staaten konnte es sich kein Abgeordneter leisten, diese Forderung nicht zu unterstützen, ohne den Vorwurf zu riskieren, er sei, was die sowjetische Auswandererpolitik betraf, zu »weich«. Wenn wir jedoch als Folge des vom Kongreß ausgehenden Drucks in eine Sackgasse gerieten, dann konnte man immer der Administration die Schuld in die Schuhe schieben und behaupten, daß sie die ihr vom Kongreß übertragene Aufgabe nicht energisch und überzeugend genug in Angriff genommen habe. So hüllten sich die Kollegen Jacksons auch weiterhin in Schweigen und überließen es uns, die Fronten zu klären. Bei dieser Gelegenheit wurden wir zum ersten Mal mit den Widerständen konfrontiert, auf die wir in Zukunft im Gefolge des Watergate-Skandals immer häufiger stoßen sollten: Der Kongreß stellte uns vor unerfüllbare Aufgaben, die unsere Glaubwürdigkeit im Ausland unterhöhlten, gab uns aber nicht die Mittel an die Hand, mit den Konsequenzen der daraus resultierenden Spannungen fertigzuwerden.

Zweifellos sind die kommunistischen Nationen bereit, einen *gewissen* Preis für die Intensivierung des Handels mit dem Westen zu bezahlen; diese Erkenntnis stand auch hinter unserer Methode, den Handel mit der Auswanderung zu verknüpfen. Aber wir glaubten, daß wir die Sowjets eher zu Zugeständnissen bei ihrem Verhalten auf internationaler Ebene bewegen könnten, woran auch andere Länder ein bestimmtes, völkerrechtlich begründetes Interesse haben, und nicht in Angelegenheiten, die seit jeher in den alleinigen Zuständigkeitsbereich eines Staates fallen, besonders wenn es sich dabei um einen Staat handelt, in dem die innere Sicherheit aus historischen und ideologischen Gründen einen so hohen Stellenwert hat. Wenn die Sowjetunion ihre innenpolitischen Praktiken als Reaktion auf einen öffentlich geführten Frontalangriff einer fremden Nation ändern müßte, dann würden ihre schon fast paranoiden Herrscher darin eine direkte Aushöhlung ihrer Autorität erkennen. In einem solchen Fall mußte man mit dem besonders hartnäkkigen Widerstand der Sowjetunion rechnen, weil sie ja die für Auswanderer geltenden Bestimmungen schon aufgrund unserer vertraulichen diplomatischen Bemühungen abgemildert hatte.

Das Schlimme war, daß Senator Jackson und die Nixon-Administration im Grunde das gleiche Ziel ansteuerten: Sie wollten die Emigration aus der Sowjetunion erleichtern. Bei unseren Meinungsverschiedenheiten ging es nur um die Taktik. Die Administration zweifelte am Erfolg eines in der Öffentlichkeit ausgeübten Drucks; Jackson hingegen behauptete, daß keine andere Methode zum Erfolg führen werde. Manchmal konnte man sich kaum des Eindrucks erwehren, daß ihm mehr an der Symbolik der Konfrontation als am Erfolg gelegen war. Schließlich ging es ihm auch um die Sympathien der jüdischen Wähler bei seiner Bewerbung um die Präsidentschaftskandidatur – ein verständliches Motiv bei einer angesehenen Persönlichkeit, die das Glück hatte, als Bürger der Vereinigten Staaten geboren zu sein.

Der Autoritätsschwund des Präsidenten wirkte sich für uns sehr nachteilig aus. Jacksons Gesetzesvorlage, eingebracht, um einer größeren Zahl von Juden die Auswanderung zu ermöglichen, wurde auch noch weiter verfolgt, nachdem die Sowjets die einschränkenden Bestimmungen bereits aufgehoben hatten, um damit Angehörigen *aller* Nationalitäten die Auswanderung zu erleichtern. Nixon und ich haben diese Anliegen nicht unterstützt, da wir Jacksons Absichten mißverstanden. Wir glaubten, daß er sich schließlich doch noch mit uns einigen würde, um das Erreichbare zu ermöglichen, aber er schraubte statt dessen seine Forderungen immer höher. Das Zerbrechen des nationalen Zusammenhalts und der Verzicht auf die notwenigen äußeren Formen machten es den Disputanten schwer, aufeinander zu hören. Die Administration hatte das Gefühl, ihrer Rechte beraubt zu werden, und diese Haltung machte den Umgang mit dem Kongreß immer schwieriger. Unsere Kritiker spürten unsere Verwundbarkeit, und auch das war nicht die ideale Voraussetzung für einen ernsthaften Dialog. Für mich war die Vorstellung ein Alptraum, es in der Atmosphäre von Watergate zu einer Konfrontation mit Moskau kommen zu lassen, besonders wenn es um eine Frage ging, in der die Sowjets bereits wesentliche Zugeständnisse gemacht hatten. Wir selbst hatten kaum einen Hebel in der Hand, und wenn es zur Krise kam, dann mußten wir damit rechnen, von der Öffentlichkeit im Stich gelassen zu weden. Jackson glaubte, daß Watergate ihm die Gelegenheit gäbe, sein ganzes Programm durchzusetzen, und nachdem er diese Richtung einmal eingeschlagen hatte, wurde er dabei von seinen Wählern unterstützt. Viele, die sich hinter ihn stellten, waren zwar bereit, eine unnachgiebige Haltung einzunehmen, wären aber kaum in der Lage gewesen, mit einer Konfrontation fertigzuwerden. In meiner Rede auf dem Pacem-in-Terris-Kongreß vom 8. Oktober 1973 unternahm ich den geradezu verzweifelten Versuch, auf die Gefahren hinzuweisen:

> Wir werden die Unterdrückung fundamentaler Freiheiten niemals dulden. Wir werden auf die Beachtung humaner Grundsätze drängen und unseren Einfluß für die Wahrung der Gerechtigkeit geltend machen. Aber das vorliegende Problem führt uns an die Grenzen solcher Bemühungen. Einen wie starken Druck können wir ausüben, ohne die sowjetische Führung zu veranlassen, daß sie zu außenpolitischen Praktiken zurückkehrt, welche die internationalen Spannungen erhöhen? Sind wir dafür gerüstet, die Krisen zu meistern und die Mittel für unsere Verteidigung aufzubringen, die bei einer Rückkehr zum Kalten Kriege erforderlich wären? Und wird Druck zur vollständigen Liberalisierung der Auswanderung führen, dem Wohl der Völker Osteuropas und der Sowjetunion dienen oder ihre Hoffnung auf Freiheit stärken? Hat die Entspannung zu einer vermehrten Unterdrückung geführt – oder hat die Entspannung das derzeitige Verlangen nach einer Öffnung der Grenzen gestärkt?
>
> Diese Fragen lassen sich nicht leicht beantworten. Vielleicht hat die Regierung falsch beurteilt, wie weit die andere Seite uns entgegenkommen will. Aber im Rahmen einer fairen Diskussion muß man zugeben, daß wesentliche Fragen gestellt sind und daß von ihrer Beantwortung unser aller Schicksal abhängen könnte.

Aber diese Erklärung brachte uns auch nicht weiter. Das Ringen um Jacksons Gesetzesvorlage ging noch während des ganzen Jahres 1974 weiter. (Ich werde im 22. Kapitel über die späteren Verhandlungen mit Jackson berichten). Der Kongreß erschwerte es uns immer mehr, etwas gegen das aggressive Verhalten der Sowjetunion zu unternehmen, und verweigerte uns die dafür notwendigen Mittel im Verteidigungshaushalt (obwohl Jackson selbst immer in vorderster Front für ein starkes Verteidigungspotential kämpfte). So sah der Teilaspekt umfassenderer Probleme aus – der Folgen des Vietnam-Traumas und der Zerfall der Regierungsautorität nach Watergate; alle diese Geschehnisse beraubten uns der Möglichkeit, mit Vergünstigungen und Druckmitteln auf Moskau einzuwirken.

Fernlenkwaffen und Fantasie

Senator Henry Jackson war das unverzichtbare Bindeglied zwischen den beiden Gruppen, die unsere Beziehungen zu den Sowjets kritisierten – zwischen den Liberalen, denen es in erster Linie um die Menschenrechte ging, und den Konservativen, die alle Verhandlungen mit der Sowjetunion argwöhnisch und mit Sorge betrachteten. Der große Taktiker Nixon hatte sich niemals vorstellen können, daß er, der Inbegriff des Kalten Kriegers, schließlich von seiner alten Basis am rechten Flügel der Republikanischen Partei angegriffen werden würde. Aber als er 1972 ein Jahr der Verhandlungen mit einem Gipfeltreffen in Moskau und einer Reihe von Vereinbarungen zum Höhepunkt führte, waren seine früheren Freunde zunächst verwirrt und dann enttäuscht. Einige trösteten sich damit, indem sie mir die Schuld in die Schuhe schoben; andere begannen einen Guerillakrieg und griffen insbesondere die Vereinbarung über die Begrenzung der strategischen Rüstung an. Manches, was in diesem Zusammenhang behauptet wurde, war reine Fantasie, vieles hatte innenpolitische Hintergründe, und in der Atmosphäre von Watergate hatte alles schädliche Folgen. Die Konservativen zerfleischten einander und erreichten damit nur, daß die Liberalen im Kongreß gerade in dem Augenblick die Oberhand gewannen, als die von außen kommenden Gefahren immer größer wurden.

Der erste Vertrag über die Begrenzung der strategischen Rüstung (SALT I) enthielt ein revolutionäres Element, verborgen in der beiderseitigen Verpflichtung der Sowjetunion und der Vereinigten Staaten, die Aufstellung von Flugabwehrsystemen (ABM) auf die Dauer auf eine Gesamtzahl von nicht mehr als zweihundert Raketen zu begrenzen, wobei zwei Raketenstellungen mindestens tausenddreihundert Kilometer voneinander entfernt eingerichtet werden durften. Zum ersten Mal in der Geschichte hatten damit zwei Großmächte ihre Sicherheit bewußt von der gegenseitigen Verwundbarkeit abhängig gemacht. Aber es war nicht diese beispiellose Vereinbarung, die zu scharfen Auseinandersetzungen führte. Was zur gegenseitigen Verbitterung führte, war ein Problem, das während der Verhandlungen niemand für umstritten hielt. Es war die für einen Zeitraum von fünf Jahren ausgehandelte vorläufige Vereinbarung, nach der sich beide Seiten verpflichteten, ihre strategischen Offensiv-Fernlenkwaffen, und zwar die land- und die seegestützten, auf dem Mitte 1972 erreichten Stand einzufrieren. Man rechnete damit, daß diese Zwischenlösung in den folgenden fünf Jahren durch eine Langzeitvereinbarung abgelöst werden könnte.[11]

Diese Zwischenvereinbarung wirkte sich weder auf unser strategisches Arsenal noch auf die Verteidigungsplanung aus. Sie war gewissermaßen ein Schnappschuß von dem Zustand im Augenblick der Unterzeichnung, von dem strategischen Kräfteverhältnis, wie es sich im Lauf der vergangenen zehn Jahre entwickelt hatte. Die Sowjetunion hatte ihre strategischen Fernlenkwaffen nach der Kuba-Krise von 1962 sehr rasch vermehrt. 1971 verfügte sie über die gleiche Anzahl von interkontinentalen Fernlenkwaffen wie wir. Zur Zeit des Gipfeltreffens von 1972 hatte sie uns überholt. Wir waren jedoch noch immer mit der Zahl der uns zur Verfügung stehenden Sprengköpfe weit überlegen, ein Vorsprung, der sich während der fünfjährigen Laufzeit der Vereinbarungen noch erhöhen würde. Wir rüsteten unsere Fernlenkwaffen bereits mit Mehrfachsprengköpfen, die auf verschiedene Ziele gelenkt werden konnten (MIRV), aus, während die Sowjets ein solches System noch nicht erprobt hatten.

So verlangte SALT von den Sowjets ein spürbares Opfer. Sie hatten jährlich zweihundert neue Abschußrampen gebaut. Nun mußten sie etwa zweihundertzehn ICBM älterer Typen abbauen, um auf die vereinbarte Höchstzahl zu kommen. Wir hatten den Ausbau während der Amtszeit des Präsidenten Johnson eingestellt. Es lief bei uns auch kein neues Produktionsprogramm für Fernlenkwaffen, und der Kongreß hätte während des Vietnam-Krieges ein solches Programm auch nicht gebilligt. Für uns war das Opfer theoretisch. Das einzige Gebiet, auf dem wir als Folge des SALT-Vertrages hätten Beschränkungen hinnehmen müssen, war bei den von U-Booten abzuschießenden Fernlenkwaffen (SLBM). Aber die Joint Chiefs of Staff hielten unnachgiebig an ihrem Widerstand gegen den Bau der damals verfügbaren und von U-Booten abzuschießenden Poseidon-Raketen oder der Träger-U-Boote fest. Sie wollten lieber die Entwicklung des leistungsfähigeren U-Boot Trident und der entsprechenden Rakete abwarten, die frühestens 1978, also *nach* dem Auslaufen der Zwischenvereinbarungen abgeschlossen sein würde.[12] Außerdem waren bei SALT I strategische Bombenflugzeuge nicht mitgezählt und ihr Bau auch nicht beschränkt worden. Auf diesem Gebiet waren wir den Sowjets weit überlegen. Ebenso schloß der Vertrag die in und um Europa und im Pazifik stationierten Flugzeuge und Flugzeugträger sowie die Kernwaffen Frankreichs und des Vereinigten Königreichs (oder Chinas) nicht ein, die auf kürzeren Strecken einzusetzen waren. Kurz gesagt, wenn es ein Ungleichgewicht gab, dann war es nicht durch SALT geschaffen worden, es entsprach vielmehr den über einen Zeitraum von zehn Jahren getroffenen Entscheidungen, mit denen wir uns selbst gewisse Beschränkungen auferlegt hatten. SALT stellte uns nun die Zeit zur Verfügung, dieses Ungleichgewicht zu korrigieren. Und SALT I verlangte nicht den Verzicht auf ein einziges Programm zur Entwicklung von Offensivwaffen. Die vereinbarte Einfrierung bildete eine wesentliche Voraussetzung dafür, daß wir unseren Rückstand aufholen konnten. Nach Abschluß von SALT I haben wir unsere strategischen Streitkräfte ganz wesentlich modernisiert.

Aber ein Marsmensch, der zu uns gekommen wäre, um unsere innenpolitische Debatte zu beobachten, hätte diesen Erfolg nicht erkennen können. Er hätte in der Presse gelesen, daß SALT I den Sowjets ein Ungleichgewicht bei den Fernwaffen »zugestand«. Daraus hätte er geschlossen, daß der Vertrag eine Lücke bei den Fernlenkwaffen zuließ – anstatt sie zu schließen. Er wäre sich des seltsamen Phänomens nicht bewußt geworden, daß ein Rüstungsniveau, das wir uns freiwillig auferlegt hatten und für die Dauer des Vertrages nicht ändern konnten, plötzlich »gefährlich« wurde, weil es im Rahmen dieser Vereinbarungen bestätigt wurde.

Anstatt uns in diesem Nebelschleier mit Phantomen herumzuschlagen, hätten wir eigentlich darüber sprechen sollen, wie wir in diese Position geraten waren. Die zahlenmäßige Unausgewogenheit lag im

Grund an der strategischen Doktrin der »gesicherten gegenseitigen Vernichtung«, die in den sechziger Jahren entwickelt worden war. Nach dieser Doktrin kam es nicht darauf an, ob wir mehr oder weniger Fernlenkwaffen hatten als die Sowjetunion, solange sie nur genügten, die großen Städte und Fabrikanlagen in weiten Teilen der Sowjetunion dem Erdboden gleichzumachen.*

Umgekehrt ging man auch von der Vorstellung aus, daß die Sowjetunion über die Kapazität verfügte, die Vereinigten Staaten abzuschrekken, so lange sie über genügend Fernlenkwaffen verfügte, um die amerikanischen Ballungsräume und Industriezentren zu vernichten. Damit wurde die Strategie zur wirtschaftlichen Analyse: Solange eine genügend große Zahl unserer Waffen einen ersten sowjetischen Schlag mit Kernwaffen überlebte, mit dem die theoretisch kalkulierte Verwüstung angerichtet werden sollte, blieb die Abschreckungswirkung unserer Waffen bestehen. Nach diesen Überlegungen glaubte man, daß unser Bedarf an strategischen Streitkräften weitgehend unabhängig von der Bedrohung sei, der wir begegnen mußten. Die Verwundbarkeit eines Teils unserer Kräfte – wie etwa der ICBM – war bedeutungslos, vorausgesetzt, es blieben genügend Sprengköpfe intakt, um den Gegnern einen Schaden zufügen zu können, den diese als unannehmbar hoch ansahen.

Die Strategie der nuklearen Vergeltung war entwickelt worden, als die Vereinigten Staaten mit ihren strategischen Waffen der Sowjetunion weit überlegen waren. Nachdem das Gleichgewicht hergestellt war, mußte die Bereitschaft jedes Präsidenten, die Existenz der amerikanischen Bevölkerung zum Schutz entfernt gelegener Länder zu riskieren, an Glaubwürdigkeit verlieren. Diese Doktrin ließ die psychologischen und politischen Hemmungen der für die Einsatzbefehle Verantwortlichen unbeachtet oder unterschätzte sie gewaltig. Die strategische Zielplanung ließ dem Präsidenten in einer Krise nur zwei Optionen: Er konnte entweder nachgeben oder die Vernichtung von zig Millionen Menschen veranlassen (zuerst würden es Bürger der Sowjetunion und bei dem unvermeidlichen Gegenschlag die Bürger unseres Landes sein). Eine solche Strategie war moralisch fragwürdig, auch zu einer Zeit, in der wir die Überlegenheit hatten. Wenn wir uns nun dem strategischen Gleichgewicht näherten, drohte sie zu einer Formel zu werden, die entweder den Selbstmord oder die Kapitulation vorprogrammierte. Nun würde alles davon abhängen, ob die sowjetische Führung unsere Entschlossenheit so sehr fürchtete, daß sie nicht mehr bereit war, Risiken einzugehen. Diese Einstellung ließ sich nur durch eine rücksichtslose Diplomatie bewirken, die es plausibel machte, daß wir notfalls eine Katastrophe auslösen würden, auch wenn dabei unsere Bevölkerung und unsere Ballungszentren vernichtet wurden – eine Haltung, die mit den Überzeugungen unseres Volkes unvereinbar war

* 1965 hat Verteidigungsminister Robert McNamara den Begriff der »gesicherten Zerstörung« als die Kapazität definiert, die notwendig ist, ein Viertel bis ein Drittel der sowjetischen Bevölkerung und zwei Drittel der sowjetischen Industrie zu vernichten. Drei Jahre später wurden die Prozentsätze *niedriger* angesetzt; 1968 waren es nur noch ein Fünftel bis ein Viertel der sowjetischen Bevölkerung und die Hälfte der sowjetischen Industrieanlagen.[13]

und höchstwahrscheinlich bei unseren Verbündeten zur Panik oder zu einer Beschwichtigungspolitik führen mußte.

Mit anderen Worten, eine Überlegenheit der Sowjetunion auf dem Gebiet der strategischen Waffen war nicht notwendig, um sich über das veränderte militärische Kräfteverhältnis Sorgen zu machen. Selbst ein Gleichgewicht bei den strategischen Waffen zwischen den Vereinigten Staaten und der Sowjetunion bedeutete einen revolutionären Wandel bei den Voraussetzungen, auf die sich die Sicherheit des Westens in der ganzen Nachkriegszeit gestützt hatte. Während der ersten fünfundzwanzig Jahre des Nuklearzeitalters war die Aufrechterhaltung des militärischen Gleichgewichts eine relativ einfache Sache gewesen. Die Sowjetunion war auf dem eurasischen Kontinent mit ihren Bodentruppen immer überlegen gewesen, ihre militärische Reichweite war jedoch im allgemeinen auf Regionen beschränkt, die sich mit motorisierten Fahrzeugen erreichen ließen, das heißt, auf die benachbarten europäischen Territorien und in gewissem Maß auf China. Andererseits lagen Afrika, der größte Teil des Nahen Ostens und auch Südostasien außerhalb des Wirkungsbereichs sowjetischer Interventionen mit stärkeren militärischen Kräften. Und selbst die theoretisch von sowjetischen Bodentruppen bedrohten Gebiete wurden durch drei Faktoren geschützt:

- 1. durch so weit überlegene amerikanische strategische Streitkräfte, daß sie die Sowjetunion entwaffnen oder wenigstens den Gegenschlag auf ein erträgliches Niveau reduzieren könnten;
- 2. durch eine starke amerikanische Überlegenheit bei den überall an der Peripherie der Sowjetunion eingesetzten Kernwaffen mittlerer Reichweite;
- und 3. in Europa durch beträchtliche amerikanische und verbündete Bodenstreitkräfte, die für die Sowjets insofern ein hohes Risiko darstellen, als ein Angriff gegen sie einen Gegenschlag der Vereinigten Staaten mit Kernwaffen auslösen würde.

Es ist daher kein Wunder, daß die größeren Krisen während der ersten zwanzig Jahre nach dem Kriege – in Berlin, Korea, dem Nahen Osten oder in Kuba – schließlich eingedämmt wurden, weil der Preis für ihre Ausweitung über einen bestimmten Punkt hinaus Moskau jedesmal viel zu hoch erschien.

In den sechziger Jahren begann eine Verschiebung des militärischen Gleichgewichts, die zunächst angesichts unserer gewaltigen Überlegenheit kaum wahrnehmbar war, sich aber im Lauf der Jahre beschleunigte. In den siebziger Jahren konnten wir schon erkennen, daß, wenn die Sowjets ebenfalls Mehrfachsprengköpfe entwickelten, der größere Umfang ihrer Fernlenkwaffen (technisch ausgedrückt ihr höheres Wurfgewicht) schließlich dazu führen mußte, daß sie über mehr Sprengköpfe mit einer überlegenen Explosivkraft verfügen würden. Dann würden wir nicht nur unsere »Gegenschlagkapazität« verlieren (unsere Fähigkeit, ihre am Boden stationierten Fernlenkwaffen zu zerstören), sondern es konnten auch unsere am Boden stationierten Fernlenkwaffen sehr viel leichter durch sowjetische ausgeschaltet werden. So würde sich die strategische Gleichung, die während der ganzen bisherigen Nachkriegszeit gegolten hatte, in ihr Gegenteil verkehren: Unsere Drohung mit dem nuklearen Schlag und Gegenschlag würde ausgehöhlt. Wenn Krisen nicht mehr die Furcht vor der Eskalation zum totalen Krieg auslösten, dann wurden sie auch wahrscheinlicher. Die Gefahr für unsere Verbündeten, daß es zu militärischen Konfrontationen unterhalb der nuklearen Schwelle kommen könnte, mußte sich entsprechend erhöhen.

Die bevorstehende Verschiebung des strategischen Gleichgewichts hätte zu einer Überprüfung der Strategie zwingen müssen, nach der die Gefahr eines mit Kernwaffen geführten totalen Krieges Europa und andere Gebiete schützen sollte. Und es hätten größere Anstrengungen unternommen werden müssen, die lokalen und regionalen konventionellen Streitkräfte zu stärken. Zu unserem Unglück haben die durch Vietnam entstandenen innenpolitischen Spannungen Anfang der siebziger Jahre ein Umdenken und eine Abkehr von überholten Vorstellungen gerade in dem Augenblick verhindert, in dem es am dringendsten notwendig gewesen wäre. Das Verteidigungsbudget war der Brennpunkt der Antikriegspropaganda, stand aber leider nicht im Mittelpunkt vernünftiger Analysen.

Man behauptete, das Verlangen, neue Waffen zu entwickeln, sei übertrieben und ein Symptom für eine militärische Psychose, es sei verschwenderisch und gefährlich. Das ABM-Programm wurde vom Senat mit einer Mehrheit von nur einer Stimme genehmigt und dann im Verlauf der Finanzierung abgewürgt. Der Bau des Transportflugzeugs vom Typ C-5A, das im Nahostkrieg von 1973 einen Verbündeten gerettet hat, ist einige Male fast verhindert worden. Sogar die Fernlenkwaffen mit Mehrfachsprengköpfen (MIRV), das einzige neue strategische Waffensystem, das uns zur Verfügung stand, um der zahlenmäßigen Überlegenheit der Sowjets in den siebziger Jahren etwas entgegenzusetzen, waren nicht immun. 1973 hat es eine einzige Stimme verhindert, daß der Bau des mit Fernlenkwaffen ausgerüsteten U-Boots vom Typ Trident, das einzige damals produktionsreife strategische Offensivprogramm, nicht eingestellt wurde. Ironischerweise waren es gerade die entschiedensten Gegner des Wettrüstens, die eine Flexibilität bei den militärischen Optionen ablehnten; sie hielten an den blutrünstigsten strategischen Zielplanungen für Kernwaffen fest, weil die Massenvernichtung von Zivilisten nach der Wahnsinnslogik des Nuklearzeitalters die geringste Zahl strategischer Kernwaffen erfordert.

In dieser Atmosphäre hat es der Nixon-Administration die größten Anstrengungen gekostet, wenigstens das aus den sechziger Jahren übernommene Arsenal bis zum Ende des Vietnam-Krieges zu behalten. Es bereitete gewaltige Schwierigkeiten, Geldmittel für neue Programme freizubekommen, ob es sich nun um Kernwaffen oder die Ausrüstung der konventionellen Streitkräfte handelte. Aus diesem Grunde kam die Initiative für die Verhandlungen über die Einfrierung der Offensivwaffen aus dem Pentagon, in Form einer Denkschrift des stellvertretenden Verteidigungsministers David Packard vom Oktober 1970 – eine Tatsache, an die man sich später nur ungern erinnert hat. Anfang der siebziger Jahre war es bestenfalls möglich, unsere militärische Lage auf dem Stand zu erhalten, den der Kongreß zuließ, und die Doktrin von der gesicherten Vernichtung so weit zu modifizieren, daß Optionen möglich wurden, die zu weniger katastrophalen Folgen führten.*

Mit anderen Worten, nicht geschickte sowjetische Unterhändler haben uns die ersten SALT-Vereinbarungen abgerungen, die Lage, die darin zum Ausdruck kam, war die Lage, in die wir uns selbst durch frühere Entscheidungen und unsere innenpolitischen Unruhen gebracht hatten. Es lag daher in unserer Macht, sie zu ändern, und die Administration ging daran, das zu tun. Sie verwendete die Debatte über SALT dazu, ihre Forderung nach Gewährung von Zusatzmitteln zur Stärkung unserer strategischen Streitkräfte zu wiederholen – für den Bau des strategischen Bombenflugzeugs vom Typ B–1, für das mit Fernlenkwaffen ausgerüstete Trident-U-Boot, für die Marschflugkörper und für zielgenauere Sprengköpfe bei den Fernlenkwaffen. Alle diese Waffen konnten nach Auslaufen der Zwischenvereinbarungen (1977) in die Produktion gehen. Dann würden wir in der Lage sein, bei einem Wettrüsten mit der Sowjetunion gleichzuziehen oder hätten bei einer neuen Verhandlungsrunde über SALT etwas in der Hand, über das sich verhandeln ließe.

Doch bei Beginn von Nixons zweiter Amtsperiode begann die Aushöhlung der politischen und moralischen Autorität, die er jedoch benötigte, um gleichzeitig das militärische Gleichgewicht wiederherzustellen und eine vernünftige Rüstungskontrollpolitik zu führen. Die Liberalen im Kongreß widersetzten sich der Erhöhung des Verteidigungsbudgets – das war nicht die »Friedensdividende«, mit der sie gerechnet hatten. (Das Klima im Kongreß hat Erhöhungen der Verteidigungsausgaben erst um 1975 zugelassen). Und die Konservativen fühlten sich angesichts der ideologischen Ambivalenz einer Rüstungskontrolle nicht wohl. Aus früheren Verbündeten wurden Gegner. Watergate hatte die Atmosphäre vergiftet.

In Wirklichkeit hatte jede Seite stichhaltige Gründe für ihre Haltung. Für unser Land wäre es günstiger gewesen, wenn Jackson und die Regierung Verbündete und nicht Gegner gewesen wären. Die Nixon-Administration hat sich um die Vereinigten Staaten verdient gemacht, als sie angesichts der unaufhörlichen Angriffe des Kongresses und der Medien unsere Verteidigungskraft bewahrte. Jedes neue strategische Programm, das noch nach einem Jahrzehnt weitergeführt wird (und auch einige der von der Regierung Carter aufgegebenen), wurde von den Präsidenten Nixon und Ford in die Wege geleitet.

Aber Jackson und seine Freunde hatten nicht unrecht, wenn sie fürchteten, theoretische Erwägungen über die Rüstungskontrolle hätten dazu beigetragen, daß sich einige Kongreßabgeordnete, die als Meinungsmacher Schlüsselstellungen innehatten, und sogar Beamte

* In den von mir und meinem Stab verfaßten außenpolitischen Berichten Nixons in den Jahren 1970 bis 1973 verlangte der Präsident wiederholt eine Umstellung der strategischen Zielplanung, aber bis zur Übernahme des Verteidigungsministeriums durch James R. Schlesinger geschah kaum etwas. Doch paradoxerweise verwandelte sich eine komplexere Zielplanung in eine riskante Gegenschlagsoption, bei der es, wenn man sich einmal darauf eingelassen hatte, keine Möglichkeit für eine Begrenzung gab, und das, nachdem unsere Gegenschlagskapazität abgenommen hatte.

der Administration scheuten, der rücksichtslosen sowjetischen Aufrüstung entschlossen zu begegnen. Nachdem die Rüstungskontrolle in den sechziger Jahren zum Modebegriff geworden war, stieß die Entwicklung neuer Waffensysteme nicht nur auf die traditionellen Vorbehalte der Liberalen, die erklärten, sie wären sinnlos (weil wir bereits eine »Over-kill-Kapazität« besaßen), sondern auch auf das Argument, daß sie die Aussichten auf einen erfolgreichen Abschluß der SALT-Verhandlungen gefährdeten. So genehmigte der Kongreß viele neue Programme nicht deswegen, weil ihre Durchführung für notwendig gehalten wurde, sondern in der Absicht, uns bei unseren Verhandlungen etwas in die Hand zu geben, worauf wir als Gegenleistung gegen sowjetische Zugeständnisse verzichten könnten. Auf diesen Standpunkt haben sich mehrere Sprecher der Administration gestellt – und auch ich. Welches der Nutzen einer solchen Taktik auch sein mochte, sie führte dazu, daß diese Programme nicht sehr energisch durchgeführt wurden. Dem Pentagon fiel es schwer, die notwendige Begeisterung – oder die knappen Mittel – für Projekte aufzuwenden, auf die wir unter Umständen verzichten wollten. Sehr bald fing auch die Sowjetunion an, sich bewußt an diesem Spiel zu beteiligen. Von den ABM bis zu den Marschflugkörpern mühte sie sich systematisch darum, bei den SALT-Verhandlungen unsere militärischen und technologischen Entwicklungen zu behindern. Sie versuchte, die innenpolitische Debatte in den Vereinigten Staaten anzuheizen, und unterstützte mit ihrer Propaganda die Kräfte im Kongreß, die sich gegen die Einführung neuer Waffen wehrten. Die Theorie, daß die Entwicklung neuer amerikanischer Waffen Vereinbarungen über eine Rüstungskontrolle behinderten, wurde von vielen mit großem Eifer vertreten, obwohl sich das Gegenteil nachweisen ließ. 1967, bevor wir ein ABM-Programm hatten, schlug Präsident Lyndon Johnson dem sowjetischen Premierminister Alexei Kossygin in Glassboro vor, beide Seiten sollten auf ABM (Raketen zur Abwehr von Fernlenkwaffen) verzichten. Kossygin erklärte verächtlich, das sei eine der lächerlichsten Ideen, die er je gehört habe. Nachdem die Nixon-Administration das ABM-Programm im Kongreß 1970 mit einer Stimme Mehrheit durchgesetzt hatte, weigerten sich die sowjetischen SALT-Unterhändler, über irgendein anderes Thema zu sprechen. Nur unter den allergrößten Anstrengungen konnten wir es erreichen, daß bei den Verhandlungen über eine Begrenzung sowohl der Offensiv- als auch der Defensivwaffen gesprochen wurde. (Andererseits hat die Carter-Regierung damit, daß sie auf den strategischen Bomber B-1 verzichtete, das MX-Programm hinauszögerte und den Bau der Trident-U-Boote verlangsamte, die SALT II–Verhandlungen nicht beschleunigen und die Bedingungen für uns nicht verbessern können.)

Der Konflikt zwischen der Nixon-Regierung und ihren Kritikern wurde, wie bei allen innenpolitischen Auseinandersetzungen, mit großer Erbitterung ausgetragen. Da man von gemeinsamen Voraussetzungen ausging, führten die Meinungsverschiedenheiten zu dem Vorwurf, daß es der anderen Seite an gutem Willen fehlte. Das Mißtrauen gegenüber den Motiven machte eine Diskussion über sachliche Fragen zunehmend schwieriger. Im Grundsatz vertraten Nixon und ich die gleichen Auffassungen wie Senator Henry Jackson. Was die sowjetischen Auswanderer betraf, so lagen unsere Meinungsverschiedenheiten vor allem auf taktischem Gebiet. Die Administration glaubte, daß wir am ehesten die innenpolitische Unterstützung für eine starke Verteidigung gewinnen könnten, wenn wir zeigten, daß uns auch etwas an der Rüstungskontrolle gelegen war. Jackson war überzeugt, die SALT-Verhandlungen würden im Lauf der Zeit dazu führen, daß der Kongreß unsere Rüstungsprogramme nicht mehr unterstützte, weil der falsche Eindruck entstünde, daß der Friede gesichert sei.

Beide Seiten hätten sich zusammentun sollen, um ein starkes Verteidigungsprogramm und ein realistisches Rüstungskontrollprogramm durchzusetzen. Aber Jackson bestand auf einer Kraftprobe, zu der ihn Nixons traditionelle liberale Gegner drängten, da sie das innerparteiliche Gerangel zu ihren Gunsten ausnutzen wollten. Ihre neuentdeckte Begeisterung für die Menschenrechte hielt sie jedoch nicht davon ab, eine Herabsetzung des Verteidigungsbudgets zu verlangen. Am 8. März 1973 erklärte Nixon in trüber Stimmung vor dem nationalen Sicherheitsrat:

> Ich habe heute morgen mit Senator (John) McClellan und Senator (Milton) Young gefrühstückt. Beide haben bisher unsere Politik energisch unterstützt, besonders in militärischen Angelegenheiten. Sie sagten, was den Senat beträfe, so würden wir in Verteidigungsangelegenheiten große Schwierigkeiten haben. Sogar Senator McClellan spricht davon, daß wir unsere NATO-Streitkräfte verringern sollten. Er sagte, er täte das nicht, weil er es wünschte, er müßte aber diese Haltung einnehmen, damit der Senat nicht noch stärkere Kürzungen verlangt. Mit Ausnahme der Senatoren Jackson und (John) Tower wird uns niemand im Senat auf diesem Gebiet den Rücken stärken.

So hatte Nixon natürlich die größten Schwierigkeiten, diejenigen ernst zu nehmen, die ihn beschuldigten, bei seinen Verhandlungen mit den Sowjets zu weich zu sein. Solche Vorwürfe waren schwer hinzunehmen, nachdem man uns dafür geschmäht hatte, daß wir uns während der ersten Amtsperiode des Präsidenten ohne Unterstützung von außen entschlossen für die Erhaltung der Ehre und Glaubwürdigkeit der Vereinigten Staaten eingesetzt hatten. Eine geistige Übereinstimmung hätte sich auch unter den günstigsten Voraussetzungen nur schwer erreichen lassen, aber Watergate steigerte das gegenseitige Mißtrauen so weit, daß es keine Hoffnung auf Verständigung mehr gab.

SALT II in der Sackgasse

Theoretisch hätte unser Verteidigungsproblem durch logisches Abwägen sorgfältig ausgearbeiteter Alternativen gelöst werden können, durch einen Vorgang, den der Außenseiter als den normalen Ablauf der Regierungsgeschäfte ansieht. Die Wirklichkeit sieht jedoch anders aus. Entscheidungen entstehen durch eine Mischung aus persönlichen Überzeugungen, bürokratischem Egoismus und administrativem Kuhhandel, unter dem Druck des Kongresses und der Öffentlichkeit, wobei sich die Trennungslinien zwischen diesen Elementen im Verlauf der Diskussion und auch im Bewußtsein der Beteiligten oft verwischen. In diesem Falle waren, so erstaunlich es klingen mag, Falken und Tauben nicht bereit, die Maßnahmen zu ergreifen, die das Schwinden unserer strategischen Überlegenheit notwendig machte. Die Programme, die das Pentagon vorantrieb – Trident, B-1 und die Modernisierung der Sprengköpfe – steigerten im allgemeinen unsere Zweitschlag-Kapazität. Sie stellten einen Schutz gegen einen sowjetischen Überraschungsangriff dar. Sie berücksichtigten jedoch nicht das Dilemma, wie wir auf den sowjetischen Expansionismus reagieren sollten, solange wir über keine glaubwürdige Gegenschlagskapazität verfügten und mit unseren konventionellen Streitkräften unterlegen waren. Das Verteidigungsministerium wagte es nicht, das Problem der konventionellen Streitkräfte anzusprechen, da wir die allgemeine Wehrpflicht abschaffen wollten – eine Maßnahme, die erforderlich war, um den Kriegsgegnern den Wind aus den Segeln zu nehmen. Die Tauben wiederum glaubten, daß auch die vorhandenen Bodenstreitkräfte noch zu stark seien. Sie erblickten in der fatalen Kombination aus nuklearer Parität und lokaler Unterlegenheit keine Bedrohung der internationalen Sicherheit.

In dieser Atmosphäre setzten wir uns mit unseren Vorbereitungen für die SALT II-Verhandlungen zwischen zwei Stühle. Unsere Überlegungen gediehen weder bis zu einer gründlichen Analyse unserer Langzeitstrategie, noch beschäftigten sie sich mit der fundamentalen Frage, ob unsere Teilnahme an den SALT-Verhandlungen uns helfen werde, mit den vor uns stehenden Sicherheitsproblemen fertig zu werden. Das Verteidigungsministerium setzte sich für die Weiterführung der bestehenden Programme ein, wenngleich die logische Grundlage dafür immer fadenscheiniger wurde. Es war zwischen seinem Wunsch, die Politik des Präsidenten zu unterstützen (der sich für eine neue SALT-Gesprächsrunde einsetzte) und seiner Furcht vor Gegenmaßnahmen des Senators Jackson hin und her gerissen. Letzterer war neben dem Vorgesetzten das rangälteste Mitglied des Streitkräfteausschusses, dessen Unterstützung das Ministerium brauchte, wenn es die Anforderungen für notwendige Geldmittel durch den Kongreß bringen wollte. Das Außenministerium und die Behörde für Rüstungskontrolle und Abrüstung (ACDA) – bevor Fred Iklé ihre Leitung als Direktor übernahm – waren in erster Linie daran interessiert, daß wir verhandlungsfähige Vorschläge machten, was sich im allgemeinen danach richtete, welche Vorschläge die Sowjets als annehmbar bezeichneten. Deshalb widersetzten sie sich objektiv den wenigen neuen strategischen Programmen, die das Spießrutenlaufen durch den Kongreß überlebt hatten.

Es läßt sich schwer sagen, wie Nixon in normalen Zeiten auf diese Zwänge reagiert hätte. Er hatte ein überwältigendes Mandat erhalten und schwierigere Leistungen vollbracht als die gleichzeitige Durchsetzung einer starken Verteidigung und einer wirksamen Rüstungskontrolle. Doch diese Frage wurde bald gegenstandslos, als Watergate ihm die Möglichkeit nahm, lange genug darüber nachzudenken, wie er den SALT-Verhandlungen intellektuellen Schwung geben sollte. Sogar während seiner ersten Amtsperiode hatte ich Schwierigkeiten gehabt, Nixon zu veranlassen, sich auf die technischen Fragen, die bei SALT zur Sprache kamen, zu konzentrieren. Jetzt, kurz nach dem Rücktritt von Haldeman und Ehrlichman, wies er mich ausdrücklich an (am 1. Mai), die Auswahl aus den verschiedenen Möglichkeiten nach eigenem Gutdünken zu treffen. Das habe ich nicht getan. Ich habe ihm vielmehr auch weiterhin die verschiedenen Optionen vorgetragen, aber ich erfüllte lediglich eine bürokratische Pflicht, denn seine Zustimmung zu den Empfehlungen meines Stabes zu SALT erfolgte fast automatisch.

Praktisch kamen jedoch dadurch die Regierungsgeschäfte zum Stillstand. Präsidentenberater können die Entscheidungen des Präsidenten stark beeinflussen, aber sie können nicht selbst Entscheidungen treffen, besonders, wenn wichtige Ministerien ihre Überzeugung energisch vertreten. Während Nixons erster Amtszeit war mein Einfluß am stärksten gewesen, wenn die Ministerien es vermeiden wollten, in öffentlichen Kontroversen Stellung zu nehmen (wie bei den Vietnam-Verhandlungen), oder wenn niemand die Verantwortung für einen bedeutenden Kurswechsel übernehmen wollte (wie im Falle von China).

Damals hatte ich als Vorsitzender interministerieller Ausschüsse die Auffassungen der verschiedenen Behörden kennengelernt, hatte zu Analysen anregen und die Zahl der Optionen verringern können. Damals konnte ich diese Erfahrungen in vertraulichen Verhandlungen verwenden und einigermaßen sicher sein, wo ich mit der Unterstützung der Behörden rechnen könnte und wo ich Schwierigkeiten haben würde. Die Regierungsbehörden glaubten trotzdem immer noch, daß sie einen Teil der Verantwortung für das Ergebnis von Verhandlungen trügen, auch wenn sie fehlschlugen.

Aber 1973 hatten sie festgestellt, daß die wichtigsten Verhandlungen geführt wurden, ohne daß sie von dem Inhalt unterrichtet waren. Deshalb konnte ich für Fehlschläge verantwortlich gemacht werden, und die Kontroversen, die auch bei erfolgreichen Verhandlungen nicht ausblieben, wurden auf meinem Rücken ausgetragen. Jedes Ministerium stellte Maximalforderungen, so sinnlos diese im Einzelfall auch sein mochten. Wenn ihre Forderungen nicht vollständig erfüllt wurden, dann waren die betreffenden Behörden nicht schuld daran. Der unvermeidliche Kompromiß, den man für eine Lösung finden mußte und auf den sie unter normalen Umständen auch gedrängt hätten, konnte jetzt der unzureichenden Wachsamkeit des Unterhändlers angelastet werden. Kurz gesagt: Meine Position war unhaltbar geworden.

Unsere Vorbereitungen für SALT II nahmen plötzlich einen theologischen Charakter an. Über zehn Jahre hatten wir ganz bewußt eine Struktur der Streitkräfte entworfen, die sich in vieler Hinsicht von der sowjetischen unterschied. Unsere Fernlenkwaffen waren klein und voraussichtlich vielfältig verwendbar, die sowjetischen waren schwer und verfügten über eine gewaltige Sprengkraft. Die Sowjets konzentrierten sich auf am Boden stationierte Fernlenkwaffen mit einem hohen Wurfgewicht; wir hatten unsere Feuerkraft auf die verschiedensten Waffen verteilt, zu denen auch Bombenflugzeuge und von U-Booten abzuschießende Fernlenkwaffen gehörten. Die Sowjets waren uns in der

Zahl ihrer am Boden stationierten Fernlenkwaffen und im Wurfgewicht überlegen; wir verfügten dagegen über eine größere Zahl von Mehrfachsprengköpfen. Zu dieser Struktur der Streitkräfte hatten wir uns bewußt entschlossen. Während meiner ganzen Amtszeit haben weder die Zivilisten noch die Militärs im Pentagon strukturelle Veränderungen unserer Streitkräfte verlangt. Als nun die SALT II-Verhandlungen begannen, forderten sie uns auf, daß wir in den Verhandlungen auf eine vollkommene Symmetrie gegenüber den sowjetischen Streitkräften dringen sollten, die sie selbst allerdings niemals angestrebt, ja sogar verhindert hatten – und die sie auch nicht zu erreichen suchten, nachdem sie ihnen prinzipiell zugestanden worden war.

Vielleicht hätten wir die SALT-Verhandlungen um ein Jahr verschieben sollen, um im eigenen Haus eine vernünftige Ordnung wiederherzustellen. Aber die bürokratische Dynamik und die Befürchtung, eine Verzögerung könnte auf Watergate zurückgeführt werden und daher den Präsidenten schwächen, machten eine Verzögerung unmöglich. Außerdem hofften wir, daß diese Fragen sich ebenso wie bei SALT I während der Verhandlungen klären ließen. Unser Dilemma bestand in innenpolitischen Zwängen, die uns hinderten, uns für eine der beiden strategisch sinnvollen Optionen zu entscheiden: entweder massiv aufzurüsten, um die Sowjets durch die Bedrohung mit einer Gegenschlagkapazität zur Mäßigung zu veranlassen, oder den Status quo einzufrieren, solange wir mit unseren Mehrfachsprengköpfen überlegen waren.

Das Verteidigungsministerium beurteilte die Lage ganz anders. Es wollte sich mit der Anzahl der Abschußrampen zufriedengeben, für deren Bau wir uns entschieden hatten, obwohl damit ein strategisches Ungleichgewicht verbunden war, aber die Zahlen sollten nicht in einer schriftlichen Vereinbarung festgelegt werden. In einem Vertrag sollten »gleichwertige Aggregate« vereinbart werden, mit anderen Worten, für jedes Waffensystem sollte es auf der anderen Seite eine gleich starke Entsprechung geben, und zwar bei den ICBM, den SLBM und den schweren Bombenflugzeugen – ein symbolisches Verhandlungsziel, das unseren innenpolitischen Zwängen entsprach, nicht aber einer politischen oder strategischen Analyse.* Es ist unmöglich, in Verhandlun-

* Die strategische Bedeutung gleichwertiger Aggregate hing davon ab, auf welchem Niveau die zahlenmäßige Ausgewogenheit festgeschrieben wurde. Besonders beliebt war zum Beispiel der Vorschlag, das Wurfgewicht der Fernlenkwaffen auf beiden Seiten einander anzugleichen. Als Folge der in den sechziger Jahren gefaßten einseitigen Beschlüsse für die Produktion auf beiden Seiten war das Wurfgewicht der sowjetischen Waffen etwa viermal so groß wie das der amerikanischen. Andererseits glich das Gewicht der Sprengköpfe bei den von unseren Bombenflugzeugen mitgeführten Geschossen diesen Unterschied wieder aus. Die Befürworter einer Begrenzung des Wurfgewichts, die für uns die günstigsten Bedingungen aushandeln wollten, drängten deshalb darauf, daß dieses Kriterium nur für die ICBM gelten sollte. Dafür hatten sie eine logische Begründung, denn die von Bombenflugzeugen mitgeführten Waffen eigneten sich nicht für Überraschungsangriffe: Sie brauchten zu lange Zeit, um ihr Ziel zu erreichen. Aber niemand hat sich darüber geäußert, weshalb die Sowjets auf unseren Vorschlag eingehen oder womit wir sie angesichts des ihnen bekannten amerikanischen Rüstungsprogramms dazu bewegen sollten. Wenn es aber auf beiden Seiten die gleichen Begrenzungen für das Wurfgewicht der ICBM gab und das Höchstgewicht auf das sowjetische Niveau festgelegt wurde, während für die MIRV keine Einschränkungen ausgehandelt wurden, dann würden *beide* Seiten eine Erstschlagskapazität entwickeln – wodurch jeder Grundsatz der Rüstungskontrolle verletzt wurde, weil in einer Krise jede Seite in die Versuchung geraten könnte, den ersten Schlag zu führen. Wenn wir uns

gen etwas zu erreichen, wofür man sich nicht auch selbst energisch einsetzt. Praktisch bedeutete dieser Vorschlag, die Sowjets aufzufordern, einseitig abzurüsten, ohne ein amerikanisches Programm zu opfern oder die amerikanische Aufrüstung zu gefährden, falls der Vorschlag nicht akzeptiert wurde. Dieses Ziel zu erreichen hat man großzügigerweise mir überlassen. Ich wurde dadurch an die Geschichte von dem Admiral erinnert, der im Zweiten Weltkrieg behauptete, die Lösung für das U-Boot-Problem gefunden zu haben. Er schlug vor, den Ozean aufzuheizen, damit die U-Boote im kochenden Wasser an die Oberfläche kämen. Als man ihn fragte, wie er das bewerkstelligen wollte, antwortete er: »Ich habe Ihnen nur die Idee vorgetragen; die technische Durchführung ist Ihre Sache.«

Das Außenministerium ging in das andere Extrem. Es schlug ein Moratorium für alle Erprobungen von MIRV und den Ausbau der entsprechenden Abschußrampen vor. Dieser Vorschlag war nicht mehr verhandlungsfähig, denn damit wäre es den Sowjets unmöglich gemacht worden, auf dem Gebiet der MIRV überhaupt etwas zu tun. Auch das Pentagon konnte sich nicht für diese Idee begeistern, denn dann hätte es auf Trident verzichten müssen, die einzige neue amerikanische Fernlenkwaffe, die damals entwickelt wurde. Die Begrenzung für MIRV stellte uns angeblich auch vor zahlreiche Verifizierungsprobleme. (Bei näherer Untersuchung stellte sich jedoch heraus, daß sie sich hätten lösen lassen.«

So sah ich mich also zum ersten Mal, seit ich ein Regierungsamt übernommen hatte, bürokratisch isoliert – und vor unlösbare, absurde Probleme gestellt.

Während diese tiefgründigen Debatten weitergingen und trotz seines Verlangens nach Ausgewogenheit *reduzierte* das Verteidigungsministerium auch weiterhin unsere Streitkräfte durch administrative Entscheidungen fast während der ganzen sieben Jahre, in denen die SALT-II-Verhandlungen geführt wurden. Zum Beispiel verfolgte das Pentagon im Rahmen des von ihm 1973 veröffentlichten Fünf-Jahres-Programms – ohne vom Weißen Haus beauftragt zu sein oder sich dabei auf SALT zu berufen – den Plan, etwa hundert Flugzeuge vom Typ B-52

aber nicht dem sowjetischen Niveau anglichen – und es gab weder Programme noch Vorschläge dafür –, dann gab es nur eine theoretische »Ausgewogenheit«; nur die Sowjets verfügten in diesem Fall über eine Erstschlagskapazität – was noch gefährlicher war, denn zu der Unterlegenheit unserer konventionellen Streitkräfte käme die strategische Instabilität hinzu. Eine gemeinsame oberste Grenze auf dem sowjetischen Niveau ließ sich zweifellos leicht aushandeln, wenn wir den Verstand verloren, denn sie war bedeutungslos; in diesem Fall gab es keine Begrenzung für sowjetische Programme, und wir hatten die Möglichkeit, etwas zu tun, was wir wahrscheinlich niemals tun würden. Mit dem Versuch, die Ausgewogenheit in der anderen Richtung zu erreichen und die Sowjets zu veranlassen, auf unser Niveau herunterzukommen, würden wir jedoch nur Illusionen nachjagen. Die Sowjets würden Gegenleistungen von uns verlangen, zum Beispiel, daß wir uns mit der Unausgewogenheit bei den Abschußrampen einverstanden erklärten – was undenkbar war, denn für das amerikanische Verteidigungsministerium war die Gleichheit der Aggregate ein unumstößlicher, fast religiöser Glaubenssatz. Deshalb hätten wir mit einer massiven Aufrüstung unserer strategischen Streitkräfte drohen müssen. Angesichts der aufgeheizten Stimmung im Kongreß während der letzten Phasen des Vietnam-Krieges und zu Beginn der Watergate-Affäre bestand dafür jedoch keine Möglichkeit. Wir hatten Glück, wenn wir behalten durften, was wir schon besaßen.

einzumotten und nur zweihundertfünfzig Maschinen vom Typ B-1 zu bauen, um die dann noch verhandene B-52-Flotte dadurch zu ersetzen – was insgesamt eine zahlenmäßige Verringerung unserer strategischen Streitkräfte um etwa zweihundertneunzig Einheiten bedeutete. Auf diese Weise bekam die Sowjetunion ein Gratisgeschenk, ohne daß wir bei den Verhandlungen auch nur den Versuch unternehmen konnten, eine Gegenleistung zu verlangen.

Es erscheint vielleicht seltsam, daß so folgenschwere Entscheidungen von einem Ministerium getroffen werden konnten, ohne daß sie vom Weißen Haus genehmigt worden waren, und genau genommen waren sie nicht genehmigt worden. Doch für das Weiße Haus ist es sehr schwer zu sagen, an welchem Punkt es sich einschalten darf, wenn es sich um Fragen des Budgets handelt. Unser Verteidigungsbudget ist größer als das Gesamtbudget eines jeden europäischen Landes. In den ersten Phasen kann das Büro für Management und Budget im Weißen Haus einen beachtlichen Einfluß ausüben – aber nur auf die Bruttogesamtsumme. Wenn sich das Büro des Sicherheitsberaters in dieser Phase in Einzelheiten eingeschaltet hätte, um zu sagen, welche Waffensysteme wir erhalten wissen wollten, um bei den SALT-Verhandlungen etwas dafür einzuhandeln, dann wäre dieser Vorschlag vom Verteidigungsministerium und den uniformierten Militärs als Affront aufgefaßt worden. Sie sind außerordentlich empfindlich, wenn es um ihr vermeintliches Vorrecht geht, als erste zu empfehlen, wie die genehmigten Geldmittel unter den einzelnen Teilstreitkräften aufgeteilt werden sollen.

In den sechziger Jahren war das Pentagon durch die Einmischung der sogenannten zivilen Schreibtischstrategen so sehr vor den Kopf gestoßen worden, daß es sich jetzt bei seinen Planungen nur ungern in die Karten blicken ließ. 1971 hatte ich mich beim Verteidigungsministerium danach erkundigt, weshalb sowjetische Waffen weniger kosteten als vergleichbare amerikanische. An der Antwort auf diese Frage arbeitete das Ministerium immer noch, als ich aus meinem Amt ausschied. Das gleiche Schicksal hatte meine Bitte um eine umfassende Studie über die Strategie der Seestreitkräfte und ihre Erfordernisse. In jedem Fall erhoben die Joint Chiefs Einwände, verschleppten die Angelegenheit nach bewährtem Muster und beriefen sich auf den Grundsatz, daß Beamte außerhalb des Verteidigungsministeriums über Detailplanungen nicht unterrichtet werden dürften. Erst nachdem James Schlesinger 1973 Verteidigungsminister geworden war, gelang es uns, eine Übersicht über die Zielplanung der strategischen Streitkräfte zu bekommen, die wir 1969 angefordert hatten. Inzwischen hatte das Wachstum der sowjetischen strategischen Streitkräfte unsere Möglichkeiten stark eingeschränkt.

Zu Beginn von Nixons Amtszeit glaubte ich, mit der Schaffung eines Untersuchungsausschusses für das Verteidigungsprogramm, an dem auch das Außenministerium und die Wirtschaftsbehörden beteiligt wurden, wäre ein gewisser Fortschritt gemacht worden. Verteidigungsminister Laird unterstützte dieses Vorhaben, weil er den Befürwortern höherer Sozialausgaben verdeutlichen wollte, welche schwerwiegenden Folgen es haben müßte, das Verteidigungsbudget um diese Summen zu kürzen. Mir war das ganz recht, denn ich glaubte, daß ich jetzt die Möglichkeit bekommen würde, die strategische Doktrin und das Rüstungsniveau in einer früheren Phase als bisher üblich zu beeinflussen. Wie sich herausstellte, konnte Laird seine Absichten besser durchsetzen als ich die meinen. In der Praxis berief Laird den Ausschuß nur ein, wenn er Kürzungen im Verteidigungsbudget abwenden wollte. Das Weiße Haus erhielt in die Einzelheiten der Verteidigungsplanung erst während des Sommers Einblick, bevor es im Oktober in die endgültige Form gebracht wurde. Bis dahin hatten sich die Teilstreitkräfte über die Verteilung der Mittel schon geeinigt. Als veraltet geltende Waffensysteme wurden zuerst abgeschafft, und zwar zum Teil, weil man sich für die Einführung von neuen Systemen leichter entschloß, wenn es die alten nicht mehr gab. Ungelöste Probleme wurden dabei auf ein Minimum reduziert; dabei handelte es sich in den meisten Fällen um rein technische Fragen. Damit kam man einem Wunsch des Präsidenten nach, der das letzte Wort haben wollte, ohne daß seine Mitarbeiter gehindert wurden, sich eingehend mit strategischen Grundsatzfragen zu beschäftigen. Auf diese Weise kam es dazu, daß wir den Sowjets im Verlauf unserer Budgetentscheidungen Zugeständnisse machten, bevor wir etwas dafür aushandeln konnten – obwohl ich mich immer wieder ebenso lautstark wie vergeblich dagegen gewehrt habe. Die Budgetplanung und unsere Verhandlungsführung waren leider nicht aufeinander abgestimmt.

Diese Verhältnisse waren den Vorbereitungen für die SALT II-Verhandlungen, die im Oktober 1972 begannen, nicht gerade förderlich. Die Sowjets verlangten den Abzug amerikanischer, mit Fernlenkwaffen ausgestatteter U-Boote von den vorgeschobenen Basen sowie eine beiderseitige »Beschränkung« in der Entwicklung neuer strategischer Waffen. Da unsere Regierung noch keine klare Position entwickelt hatte und mit den Präsidentschaftswahlen sowie den Abschlußverhandlungen über Vietnam beschäftigt war, entschlossen wir uns zu einer bewährten und aufrichtig gemeinten Antwort: Wir schlugen »Erkundungsgespräche« vor. Ihr Zweck war, nach den Anweisungen für die SALT-Delegation vom 8. November 1972, festzustellen, welche Haltung die Sowjetunion einnahm, und ein »Arbeitsprogramm« zu entwikkeln. Mit anderen Worten: Die Delegation sollte dafür sorgen, daß es möglichst nicht zu Kontroversen kam.

Sie hielt sich mit der Gewissenhaftigkeit, die wegen unserer eigenen inneren Spaltungen die unverzichtbare Voraussetzung für erfolgreiche Verhandlungen war, an diese Instruktionen. Sechs Monate lang wurden Denkschriften mit theoretischem Inhalt hin- und hergeschoben, während wir unsere Kräfte in fast ausschließlich akademischen Debatten über Optionen verbrauchten, die, auch wenn wir uns darüber hätten einigen können, zur Realität der Verhandlungsgegenstände keine Beziehung hatten.

Anfang 1973 wurden die SALT-Gespräche wieder aufgenommen. Die Delegationen beider Seiten trafen sich in Wien und legten einander ihre Maximalforderungen vor, ohne sich ernsthaft anzustrengen, Lükken zu schließen. Dazu mußte die Stellungnahme der jeweiligen Regierung eingeholt werden. Auf Sitzungen des sogenannten Verifizierungsausschusses im Rahmen des nationalen Sicherheitsrats im Februar und März 1973 stellte es sich heraus, daß es bei jedem Vorschlag, der unser MIRV-Programm berührte, innenpolitisch bedingte Grenzen geben würde.* Das Außenministerium neigte dazu, für die Erprobung der MIRV ein Moratorium vorzuschlagen. Der stellvertretende Verteidigungsminister William Clements und der Vorsitzende der Joint Chiefs of Staff, Admiral Thomas Moorer, waren strikt dagegen. Sie erklärten, zwar könnten wir dann immer noch unsere neuen Trident-Fernlenkwaffen mit jeweils nur einem Sprengkopf erproben, aber ohne die MIRV verlöre das Trident-Programm seine logische Grundlage und würde im Kongreß abgewürgt werden. Der neue Verteidigungsminister, Elliot Richardson, schloß sich dieser Auffassung an. Diese Herren hatten zweifellos recht; bei dem Verfahren, das bei der Aufstellung unseres Budgets angewendet wird, muß man damit rechnen, daß ein Waffensystem, das mit einem Moratorium belegt ist, nicht genehmigt wird. Man kann nicht die finanziellen Mittel für ein System bekommen, auf das man im Verlauf der Verhandlungen verzichten will.

Auf der Sitzung des Nationalen Sicherheitsrats am 8. März 1973 wurde der Präsident vor die Entscheidung gestellt, ob eine Begrenzung des MIRV-Programms in unsere Verhandlungsposition aufgenommen werden sollte. Es fragte sich, welche Bedingungen dafür auszuarbeiten seien. Sollten die schweren sowjetischen Fernlenkwaffen nicht mit Mehrfachsprengköpfen ausgerüstet werden dürfen? Sollten die MIRV eingefroren und ihre Erprobung für die nächsten zwei oder drei Jahre verboten werden? Oder gab es irgendeine andere Möglichkeit? Und welchen Preis wollten wir dafür bezahlen, wenn die Sowjets sich beim Bau von Mehrfachsprengköpfen Beschränkungen auferlegten? Die Planlosigkeit dieser Diskussion bestätigte aufs neue die bei uns schon lange herrschende Verwirrung. Ohne daß seine außenpolitischen Berater eine Ahnung davon hatten, war Nixon zu dieser Zeit in erster Linie damit beschäftigt, sich aus dem Netz von Watergate zu befreien. Technische Probleme wie Wurfgewichte, Aggregate oder die Ausrüstung von Fernlenkwaffen mit Mehrfachsprengköpfen langweilten ihn bestenfalls. Sein abwesender Blick und seine sporadischen sarkastischen Äußerungen zeigten deutlich, daß er sich nichts sehnlicher wünschte als das Ende der Sitzung, ohne eine Entscheidung treffen zu müssen, die ihn neben all seinen innenpolitischen Sorgen noch in eine außenpolitische Kontroverse verwickeln könnte.

Außerdem hatte Nixon einen sehr guten Instinkt dafür, wann der richtige Augenblick zum Handeln gekommen war. Die Sowjets hatten bisher noch nicht angedeutet, daß sie zu ernsthaften Gesprächen bereit seien. Wir selbst hatten bisher fast nur vorläufige theoretische Überlegungen angestellt. Niemand hatte den Grundsatz, daß ein Präsident kein

* Der Verifizierungsausschuß war ein interministerieller Unterausschuß des nationalen Sicherheitsrats und für die Planung der SALT-Verhandlungen verantwortlich. Zu ihm gehörten Vertreter des Außenministeriums, des Verteidigungsministeriums, der CIA, der Joint Chiefs of Staff, des ACDA und des Stabes des Nationalen Sicherheitsrats unter meinem Vorsitz.

politisches Kapital aufs Spiel setzen darf, ohne vorher festgestellt zu haben, daß er sehr große Erfolgschancen hat, besser begriffen als Nixon. So endete die Sitzung mit der salomonischen Entscheidung, eine interministerielle Denkschrift auszuarbeiten, in der die uns zur Verfügung stehenden Optionen aufgeführt und nach Möglichkeit vereinfacht dargestellt werden sollten. Angesichts der zahlreichen Meinungsverschiedenheiten innerhalb der Regierung würde es nicht einmal einfach sein, sich über eine Definition dieser Meinungsverschiedenheiten zu einigen. Sie beizulegen würde auch ohne Watergate Monate in Anspruch nehmen, und als Folge von Watergate wurde die Lösung des Problems auch wirklich auf die Amtszeit des Präsidenten Ford verschoben. Doch obwohl Nixon nicht in der Lage war, für die SALT-Verhandlungen klare Entscheidungen zu treffen, zögerte er nicht, sich sehr eindeutig über unsere strategischen Ziele zu äußern. Er schloß die Sitzung mit dem leidenschaftlichen Appell, daß wir es uns niemals leisten dürften, die Nummer 2 zu sein, und daß wir alles Notwendige tun sollten, um wenigstens das strategische Gleichgewicht zu wahren. Aber er sagte nicht, welchen Maßstab wir anlegen sollten, um zu beurteilen, wann diese Forderungen bei der strategischen Planung oder im Rahmen der SALT-Verhandlungen erfüllt waren, und das war schließlich die entscheidende Frage.

Den Meinungsverschiedenheiten in Washington entsprach Moskaus Verschleppungstaktik. Die amerikanische Debatte über die »Unausgewogenheit« muß im Kreml ihr Gegenstück gehabt haben. Schließlich hatten die SALT I-Vereinbarungen keinem amerikanischen Programm Beschränkungen auferlegt, sie hatten jedoch die Sowjets gezwungen, mehrere Programme einzustellen. Die Sowjets hatten noch keine MIRV erprobt und waren darüberhinaus zweifellos noch nicht bereit, in ernsthafte Verhandlungen über ihre Begrenzung einzutreten.

Diese Behinderungen verstärkten sich durch das Drängen Breschnews auf den Abschluß der Vereinbarungen zur Verhinderung eines mit Kernwaffen geführten Krieges (wir werden auf dieses Problem noch näher eingehen). Er fürchtete, daß gleichzeitige intensive Verhandlungen über beide Themen sein Lieblingsprojekt verzögern könnten. Gelegentlich versuchte er sogar, diese Vereinbarungen mit Hilfe von SALT zu beschleunigen, wie sich bei Gesprächen, die ich Anfang März 1973 mit Dobrynin führte, zeigte. Dobrynin behauptete, die sowjetischen Militärs hielten es nicht für sinnvoll, eine Vereinbarung über die Begrenzung strategischer Waffen zu treffen, solange die geltenden Vereinbarungen noch eine Laufzeit von vier Jahren hatten. Dobrynin sagte, wir müßten begreifen, daß SALT angesichts der in der Sowjetunion üblichen bürokratischen Verfahren nur sehr langsam vorankommen könnte. Um sich persönlich einschalten zu können, brauchte Breschnew den erfolgreichen Abschluß der Vereinbarungen zur Verhinderung eines mit Kernwaffen geführten Krieges.

Zu behaupten, der Generalsekretär der sowjetischen kommunistischen Partei brauchte einen Vorwand, um an Entscheidungen der sowjetischen Bürokratie teilzunehmen, war eine unglaubliche Unverfrorenheit. Aber Dobrynin entwickelte mit erstaunlicher Fantasie Variationen zu diesem Thema und behauptete, Breschnew werde von allen Seiten von seinen Kollegen bedrängt, die ihm immer wieder abweichende Auffassungen vorlegten. Dobrynin erklärte außerdem, das sowjetische Verteidigungsministerium hätte für SALT kaum eine Verwendung. Er sagte, das Ministerium teilte der Delegation absichtlich den fantasielosesten und starrköpfigsten General zu und wiese ihn an, jede Initiative des Außenministeriums, das technisch die Verhandlungen leitete, zu blockieren. Wenn der Leiter der sowjetischen Delegation, Wladimir Semenow, den General bäte, sich neue Anweisungen geben zu lassen, dann weigerte sich dieser und behauptete, wenn es notwendig sei, neue Anweisungen zu geben, dann werde das Verteidigungsministerium es von selbst tun. Die Haltung des Verteidigungsministeriums käme angeblich in einer Bemerkung zum Ausdruck, die der sowjetische Verteidigungsminister, Marschall Gretschko, gegenüber Dobrynin über SALT gemacht hätte: »Wenn Sie wissen wollen, was ich persönlich darüber denke, dann werde ich es Ihnen sagen. Wenn Sie meine offizielle Meinung wissen wollen, dann lautet die Standardantwort: nein.«

Die Vorstellung, daß der Chef der sowjetischen Verhandlungsdelegation kein Mandat des Politbüros hätte, war völlig abwegig, und die Behauptung, daß die sowjetische Regierung in sich zerstritten sei, während sie mit einer fremden Macht verhandelte, zeigte, daß sich die Sowjets geschickt auf falsche amerikanische Vorstellungen einstellten, die »Tauben« im Kreml kämpften tapfer gegen die Vertreter der »harten Linie«. Der sowjetische General, der 1973 an den SALT-Verhandlungen teilnahm, Nikolai Orgakow, wurde später Chef des sowjetischen Generalstabs und übernahm damit einen Posten, den man kaum einem zweitrangigen Offizier anvertrauen würde. Allerdings zweifle ich nicht daran, daß die sowjetischen Militärs den modischen Theorien über eine Rüstungskontrolle mit dem gleichen Mißtrauen begegnet sind wie die Generale überall in der Welt.

Die festgefahrenen Verhandlungen in Genf wurden von Zeit zu Zeit durch optimistische Berichte unserer Verhandlungsdelegation belebt, die in der besten Tradition amerikanischer Unterhändler sehr bald ein großes Interesse für den eigenen Erfolg entwickelten. So meldete die Delegation am 27. März, ein Mitglied der sowjetischen Delegation hätte angedeutet, wenn wir uns auch weiterhin mit der bei SALT I festgelegten Unausgewogenheit bei der Gesamtzahl der Abschußrampen einverstanden erklärten, könnten die Sowjets bereit sein, die Zahl der landgestützten und mit Mehrfachsprengköpfen ausgestatteten Fernlenkwaffen eines Typs auf beiden Seiten auf jeweils dreihundert bis fünfhundert zu begrenzen – nach unserer Auffassung kein uninteressanter Vorschlag. Dadurch würde die Verwundbarkeit unserer Minuteman-Stellungen hinausgezögert, und die Sowjets könnten ihre schweren Fernlenkwaffen nicht mit Mehrfachsprengköpfen ausstatten. Wir selbst hatten ohnedies nicht vorgehabt, mehr als fünfhundertfünfzig unserer Fernlenkwaffen mit Mehrfachsprengköpfen auszurüsten. Aber für einen ersten Vorschlag der Sowjets klang er untypisch kompliziert und zu konkret. Dobrynin hat diesen Vorschlag niemals erwähnt, und er war gewöhnlich der Vermittler, der mit uns über Probleme sprach, die für die sowjetische Seite wirklich wichtig waren. Dobrynin reagierte auch nicht darauf, als ich ihn danach fragte. Es ist daher möglich, daß ein amerikanischer Unterhändler die russische Verwunderung über einen seiner komplexen Vorschläge als Zustimmung gedeutet hat, um die von ihm bevorzugte Version als sowjetischen Vorschlag zu melden. Ähnliches war schon häufiger vorgekommen.

Was uns die Sowjets offiziell vorschlugen, war so einseitig, daß man staunen mußte, wie irgend jemand ernsthaft glauben konnte, daß man über so etwas diskutiert, geschweige denn verhandelt. Die Sowjets erklärten ganz einfach, daß man während der Laufzeit der neuen Vereinbarungen die Entwicklung *aller* neuen strategischen Waffen verbieten sollte. Allerdings sollte die Modernisierung schon vorhandener Waffen weitergehen dürfen. Doch seltsamerweise bezeichneten die Sowjets jede Fernlenkwaffe, die sie erprobten (wir stellten vier neue Typen fest) als eine »modernisierte« Version einer schon vorhandenen. Da wir gerade anfingen, nach zehn Jahren unsere erste neue strategische Fernlenkwaffe zu entwickeln (die Trident), hatte unsere Regierung kaum ein Interesse daran, diesen Vorschlag sachlich zu analysieren.

Als ich mich Ende April 1973 auf meine Reise nach Zavidovo vorbereitete, berief ich drei weitere Sitzungen des Verifizierungsausschusses für den 25., 27. und 30. April ein. Aber niemand legte irgendwelche neuen Ideen vor. Das Verteidigungsministerium und der Joint Chiefs of Staff hatten nur einen Vorschlag: gleiche Aggregate in jeder Waffenkategorie und bei jedem Waffensystem ohne Rücksicht darauf, daß unsere Streitkräfte ganz anders gegliedert waren als die sowjetischen. Nachdem wir jahrelang gehört hatten, wie gefährlich es sein würde, wenn die schweren sowjetischen Fernlenkwaffen mit Mehrfachsprengköpfen ausgerüstet wurden, sagte man uns jetzt, daß der Verzicht der Sowjets auf Mehrfachsprengköpfe nicht viel bringen werde – was mich zu der Frage veranlaßte: »Wenn das richtig ist, kann mir dann irgend jemand erklären, was zum Teufel mit diesen Verhandlungen erreicht werden soll?« Darauf modifizierte Clements diese Haltung geringfügig und sagte, daß die Ausrüstung der sowjetischen SS-9 mit Mehrfachsprengköpfen weittragende Folgen haben werde. Diese Entwicklung zu verhindern »wäre zwar wünschenswert, aber nur, wenn wir nicht zu viel dafür bezahlen müssen«. Mit anderen Worten: Man dürfte dafür nicht auf eine Gleichstellung der Aggregate verzichten, ein Vorhaben, für welches das Verteidigungsministerium kein Bauprogramm vorlegen konnte, solange über SALT keine Vereinbarung getroffen war. Wenn es aber bei den Mehrfachsprengköpfen keine Begrenzungen gab, was wurde dann aus allen schönen Theorien über eine Rüstungskontrolle, die sich darauf gründeten, daß die Erstschlagskapazität abgebaut werden müßte, indem man die Vorteile für den Angreifer reduzierte? Auf der Sitzung des Verifizierungsausschusses am 25. April äußerte ich meine Besorgnis:

> Eine Ausgewogenheit bei den Mehrfachsprengköpfen bei gleicher Anzahl der Fernlenkwaffen würde dem Angreifer große Vorteile bieten. Die Ausgewogenheit wäre nur kosmetisch, nicht wirklich. Der

Erstschlag würde belohnt. Vielleicht ist das unvermeidlich, aber wenn man über fünfmal so viele Sprengköpfe verfügt wie Raketen und es weniger Ziele gibt als Fernlenkwaffen, dann hat der Erstschlag gute Aussichten auf Erfolg – und darin besteht ein gefährlicher Beitrag zu Instabilität.

Während das Verteidigungsministerium alle bestehenden Programme durch SALT II ratifiziert sehen wollte, waren das Außenministerium und ACDA bereit, entweder auf alle neuen Programme zu verzichten, oder verlangten das Recht, zunächst einmal »das Gelände zu sondieren«. Die Vorstellung, daß wir nach neuen Möglichkeiten suchen sollten, ohne vorher unseren eigenen Standpunkt gefunden zu haben – und es uns nicht gelungen war, uns zu einigen –, veranlaßte mich zu einer sarkastischen Antwort:

Was wollen Sie erkunden, wenn Sie selbst nicht wissen, was Sie wollen? Ich würde eher von unserem als von Ihrem Standpunkt ausgehen. Es wäre traurig um unsere Regierung bestellt, wenn unsere Lösungsvorschläge für uns nicht günstiger wären als die der Gegenseite.

Da sich die Ministerien nicht auf einen gemeinsamen Standpunkt einigen konnten und der Präsident durch Watergate gelähmt war, bestanden die Anweisungen, die wir am 3. Mai unserer SALT-Delegation schickten, aus einer bunten Mischung der von den einzelnen Behörden bevorzugten Lösungsvorschläge. Niemand war überstimmt worden, und alle Lieblingsprojekte waren in einem Paket zusammengeschnürt. Die Vorschläge verlangten gleichstarke Aggregate und setzten die Zahl der Abschußrampen auf höchstens zweitausenddreihundertfünfzig fest. Diese Stückzahl lag um etwa zweihundertfünfzig unter derjenigen der gegenwärtig vorhandenen sowjetischen und um etwa hundertfünfzig *über* unseren. Dazu sollten die Zahlen der landgestützten mit Mehrfachsprengköpfen ausgerüsteten Fernlenkwaffen eingefroren und weitere Erprobungen dieser Waffe verboten werden. So wurde es der Sowjetunion verwehrt, ihre Fernlenkwaffen mit Mehrfachsprengköpfen auszurüsten. Diese Fernlenkwaffen machten fünfundachtzig Prozent des gesamten Wurfgewichts der sowjetischen strategischen Waffen aus. Die amerikanischen Rüstungsprogramme brauchten nach diesen Vorschlägen nicht eingeschränkt zu werden. Mit anderen Worten: Wir boten den Sowjets an, vierhundertfünfzig Sprengköpfe (bei den hundertfünfzig Fernlenkwaffen des Typs Minuteman III, auf die wir verzichten wollten) gegen ein Minimum von fünftausend sowjetischen Sprengköpfen einzutauschen (wobei es darauf ankam, wie viele Sprengköpfe die Sowjets an jeder einzelnen landgestützten Fernlenkwaffe anbringen wollten). Es überrascht daher nicht, daß dieser Vorschlag sehr bald in der Rumpelkammer der einseitigen Vorschläge verschwand, mit denen jede Seite ihrem Behördenapparat zu imponieren suchte, während sie darüber nachdachte, ob es wirklich notwendig sei, schmerzliche Entscheidungen zu treffen.

Als ich in Zavidovo eintraf, war SALT in die Sackgasse geraten.

Nun legte ich Breschnew den Inhalt der Anweisungen des Präsidenten zum Thema der Mehrfachsprengköpfe vor, die Nixon nach Genf geschickt hatte, dort aber noch nicht vorgelegt worden waren. Auf dem Flug nach Moskau hatte ich mich am 4. Mai auf dem Flughafen in Kopenhagen mit unserem Chefunterhändler, dem tüchtigen und unerschütterlichen U. Alexis Johnson, getroffen und ihn gebeten, dieses Thema bei den Verhandlungen noch nicht anzusprechen, damit ich es Breschnew als Sondervorschlag des Präsidenten vorlegen konnte.

Breschnew war zwar grob, aber alles andere als dumm. Auf durchsichtige Manöver fiel er nicht herein. Er wollte nichts von einem Vorschlag hören, der die Sowjets daran hinderte, ihre besten Fernlenkwaffen mit Mehrfachsprengköpfen auszurüsten. Nun deutete ich gegenüber Dobrynin die Möglichkeit an – ich sagte ihm, ich dächte nur laut darüber nach –, daß sich die Sowjetunion verpflichten könnte, ihre schweren Fernlenkwaffen nicht mit Mehrfachsprengköpfen auszurüsten, wenn die Vereinigten Staaten die Verpflichtung eingingen, keine Marschflugkörper zu entwickeln, die eine Reichweite von mehr als dreitausend Kilometer hätten. Der schwache Punkt in diesem Vorschlag war die Tatsache, daß das Pentagon noch nicht bereit war, eine solche Waffe zu entwickeln oder zu produzieren (ein Versäumnis, das ich sofort nach meiner Rückkehr korrigierte), und daß die Reichweite zu groß war, um das Angebot für die Sowjets attraktiv erscheinen zu lassen. Dobrynin fragte bei Breschnew nach, der ein gewisses Interesse zeigte, aber sagte, daß er den Vorschlag zunächst mit seinen Militärs besprechen müsse und deshalb noch keine Entscheidung treffen könnte, solange ich in Zavidovo wäre. Er ist nie wieder darauf zurückgekommen. Höchstwahrscheinlich wollte er vor Abschluß des sowjetischen Versuchsprogramms für Mehrfachsprengköpfe grundsätzlich nicht über eine Begrenzung dieser Waffen sprechen.

Nun kehrten wir zu der Idee zurück, während des Gipfeltreffens im Juni eine »allgemeine Grundsatzerklärung« über SALT zu unterzeichnen – der übliche Ausweg für Diplomaten, die sich nicht einigen können, nicht zugeben wollen, daß sie am toten Punkt angekommen sind, aber geschickte Formulierungen finden, die es jeder Seite erlauben, auf ihrem Standpunkt zu beharren. Am 6. April hatten die Sowjets in Genf einen Entwurf vorgelegt, der ihre einseitigen Forderungen in Gestalt allgemeiner Grundsätze enthielt. Wir hatten dieses Papier unbeachtet gelassen und weder darüber verhandelt noch alternative Formulierungen angeboten. Am 25. April übergab mir Dobrynin eine Zusammenfassung des Genfer Entwurfs, in der die Sowjets immer noch eine sehr einseitige Haltung einnahmen. Danach sollten zum Beispiel unsere in Europa stationierten Flugzeuge in die Zahl der zu berücksichtigenden Aggregate aufgenommen werden – was uns dazu gezwungen hätte, entweder die Zahl unserer strategischen Waffen zu reduzieren (als Ausgleich für die in Europa stationierten Flugzeuge) oder einen Teil der für die Verteidigung der NATO vorgesehenen Luftstreitkräfte abzuziehen. Deshalb erregte dieser Vorschlag die Besorgnis unserer Verbündeten in der NATO, und zwar aus strategischen Gründen, aber auch, weil es ihnen nicht gefiel, daß sie betreffende Sicherheitsfragen Gegenstand von Verhandlungen waren, an denen sie nicht teilnahmen. Darüber hinaus hatten die Sowjets die Gelegenheit dazu ausgenutzt, eine Klausel einzufügen, die praktisch von uns verlangte, unsere Zusammenarbeit mit Großbritannien auf dem Gebiet der Kernwaffen zu beenden. Schließlich enthielt das Papier auch noch den Vorschlag, an den in den Zwischenvereinbarungen festgelegten Zahlen auch nach dessen Auslaufen festzuhalten, womit das Ungleichgewicht bei den Abschußrampen festgeschrieben werden würde, ohne daß die Sowjets entsprechende Zugeständnisse gemacht hatten. Wir hatten keine Veranlassung, näher auf diesen Vorschlag einzugehen.

Die Historiker werden unseren Gegenvorschlag nicht als Modell für präzise abgefaßte diplomatische Noten bezeichnen. Wir bemühten uns, auf neutralen Boden auszuweichen und Optionen für beide Seiten offenzulassen, und kamen durch die Hintertür auf das sowjetische Verlangen zurück, unsere vorgeschoben stationierten Systeme nach der gleichen Formel in die Vereinbarungen einzuschließen, wie sie für die SALT I-Vereinbarungen gefunden worden war: durch die Verpflichtung, nicht über dritte Länder auszuweichen. Das bedeutete, daß die Zahl unserer in Europa stationierten Waffen, mit denen die Sowjetunion erreicht werden konnte, nicht wesentlich erhöht werden durfte. Der Vorschlag verlangte aber nicht, daß die schon bestehenden Waffen in die Gesamtzahl aufgenommen würden. Unser Entwurf enthielt auch nicht den Vorschlag, die ungleichen Zahlen der Zwischenvereinbarungen einzufrieren. (Nachdem wir jahrelang darum gerungen hatten, die vorgeschoben stationierten Systeme aus den SALT-Gesprächen auszuklammern, scheinen wir ironischerweise jetzt, da ich diesen Bericht schreibe, den Punkt erreicht zu haben, an dem wir *ohne* SALT über Mittelstreckenwaffen verhandeln.)

So entstand eine »allgemeine Grundsatzerklärung«, die nicht gerade eine bemerkenswerte Wende in der Geschichte der Diplomatie oder in der Rüstungskontrolle bedeutete. Das Dokument verewigte das ehrwürdige Prinzip der »ausgewogenen Sicherheit«. Das konnte alles bedeuten: Gleichheit der Aggregate und die gleiche Zahl von Mehrfachsprengköpfen ohne Berücksichtigung der Basen in Übersee; eine Ungleichheit bei den Mehrfachsprengköpfen im Austausch gegen eine Ungleichheit bei den Aggregaten oder jede andere Kräfteverteilung, die einer der beiden Regierungen wünschenswert erscheinen mochte. Etwas konkreter war die Klausel, daß die neuen SALT-Vereinbarungen Beschränkungen über »qualitative« Entwicklungen einschließen sollten – was ein Euphemismus für die Forderung war, gewisse und bis dahin nicht genau festgelegte Begrenzungen für Mehrfachsprengköpfe in die SALT-Vereinbarungen aufzunehmen. Die konkreteste Forderung war, daß beide Parteien sich bemühen sollten, bis Ende 1974 eine neue Vereinbarung zum Abschluß zu bringen. Gromyko machte dieser Vorschlag Sorgen, weil er fürchtete, daß sich unsere Beziehungen, wenn es den Sowjets auch nur aus technischen Gründen nicht gelänge, diesen Termin einzuhalten, verschlechtern könnten. Wir glaubten, einer Verschleppungstaktik innerhalb unserer Regierung und in Genf nur durch eine Bindung an feste Termine begegnen zu können. (Uns ist es gerade noch gelungen, mit den Vereinbarungen von Wladiwostok im November 1974 diesen Termin einzuhalten.)

Aber mit keinem dieser dunklen Manöver der Befürworter und Gegner von SALT kamen wir dem realen Kern des Problems näher. Während der siebziger Jahre sollten wir unsere Gegenschlagkapazität verlieren (die Fähigkeit, sowjetische Fernlenkwaffen zu zerstören). In den achtziger Jahren würden auch unsere bodengestützten Abschußrampen von sowjetischen Fernlenkwaffen zerstört werden können. Die Entwicklung hing davon ab, wie rasch die Sowjets ihre bodengestützten Fernlenkwaffen mit Mehrfachsprengköpfen bestückten und ihre Treffgenauigkeit erhöhten. Wenn jede Seite über die gleiche Anzahl von mit Mehrfachsprengköpfen ausgerüsteten strategischen Waffen verfügte und dabei die »Freiheit« hatte, diese Waffensysteme nach Gutdünken miteinander zu »vermischen« (ein weiterer geheiligter Grundsatz des Pentagon, nachdem jede Seite über die Zusammensetzung seiner Streitkräfte verfügen dürfte), dann stand fest, daß die Sowjets sehr viel mehr bodengstützte Fernlenkwaffen mit Mehrfachsprengköpfen ausrüsten würden als wir und daß ihre Waffen, da sie größer waren als unsere, auch mehr Sprengköpfe tragen würden als unsere mit jeweils drei solchen Sprengköpfen ausgerüsteten Minutman. Das Ergebnis wäre eine überwältigende Kapazität der Sowjets, unsere Fernlenkwaffen zu vernichten, die durch keine amerikanische Gegenrüstung in anderen Kategorien strategischer Waffen ausgeglichen würde. Unser einziges neues Programm, die U-Boote vom Typ Trident, verschaffte uns keine Gegenschlagkapazität, weil seegestützte Fernlenkwaffen im allgemeinen nicht so treffsicher waren, um einzelne Silos bekämpfen zu können, und weil außerdem das technische Problem besteht, daß sie nicht gleichzeitig abgeschossen werden können.

Früher oder später würden die Sowjets, auch wenn in der Gesamtzahl der Sprengköpfe das Gleichgewicht bestünde, ihre zunehmende Gegenschlagkapazität mit ihrer traditionellen konventionellen Überlegenheit kombinieren, um Veränderungen im geopolitischen Gleichgewicht herbeizuführen. Zwei Wochen nach dem Gipfel vom Juni 1973 erprobten die Sowjets zum ersten Mal die Mehrfachsprengköpfe an ihrer Fernlenkwaffe vom Typ SS-17, die neu entwickelt worden war, um die veraltete SS-11 abzulösen. Eine strategische Revolution war jetzt nur noch eine Frage der Zeit.

Am 13. Juli 1973 schrieb ich an Bill Clements und verlangte die Entwicklung eines Langstrecken-Marschflugkörpers für die amerikanischen Streitkräfte. Das Pentagon dachte daran, diese Waffe sowohl aus Kostengründen als auch deshalb aus dem Rüstungsprogramm zu streichen, damit sie nicht zum Vorwand genommen würde, das Lieblingskind unserer Luftstreitkräfte, den B-1-Bomber nicht zu bauen. (Spätere Ereignisse ließen erkennen, daß das sorgfältige Manövrieren der Teilstreitkräfte nicht immer auf das starre Festhalten an militärischen Traditionen zurückzuführen ist, wie manche glauben, sondern ein Ergebnis langer Erfahrungen. Der Bau des Bombenflugzeugs B-1 wurde von der Carter-Administration eingestellt, die in der Tat argumentierte, daß der Marschflugkörper, mit dem der B-52-Bomber ausgerüstet war, die B-1 überflüssig mache). Das Argument, das ich Clements vortrug, lautete, »daß ein Programm für den Bau eines von Langstreckenbombern abzuschießenden Marschflugkörpers strategisch vernünftig ist und unsere Verhandlungsposition bei SALT stärken könnte«. Clements stimmte mir begeistert zu, und der Marschflugkörper war gerettet.*

So gingen die SALT-Verhandlungen weiter, während beide Seiten neue Waffen entwickelten – wir die Marschflugkörper, das Trident-U-Boot und den B-1-Bomber; die Sowjets vier neue bodengestützte Fernlenkwaffen und die Mehrfachsprengköpfe. In Amerika verhinderten die innenpolitischen Spannungen eine klare Artikulierung unserer Strategie und einer Doktrin der Rüstungskontrolle. In dem so entstandenen Vakuum wurde jedes dieser Probleme sowohl zu einer philosophischen als auch zu einer technischen Streitfrage, die im wesentlichen auf politischer Ebene entschieden werden mußte. Erst 1975 nahm der Kongreß die Bedrohung durch die Sowjetunion ernst. Es entwickelte sich ein strategischer Alptraum: Die Sowjets könnten in den achtziger Jahren das »Fenster« benutzen, das sich ihnen durch die Kombination der Gegenschlagkapazität (oder einfach durch das Anwachsen ihres strategischen Arsenals) und die lokale Überlegenheit öffnete, um Krisen auszunutzen oder zu erzeugen und das geopolitische Gleichgewicht zu ihren Gunsten zu verschieben. Das Problem, in welche Beziehung man die Verteidigung zur Rüstungskontrolle setzen, wie man unsere militärische Stärke bewahren und gleichzeitig zu einer gegenseitigen Rüstungsbeschränkung kommen sollte, bildet bis heute das Kernproblem der amerikanischen Außenpolitik.

Die Vereinbarungen zur Verhinderung eines mit Kernwaffen geführten Krieges

Eigenartigerweise fanden gleichzeitig neben den Handelsgesprächen und den SALT-Verhandlungen andere Besprechungen statt, denen die Öffentlichkeit relativ geringe Aufmerksamkeit schenkte, diplomatische Bemühungen, die schließlich zu der Vereinbarung über die Verhinderung eines Kernwaffenkrieges führten. Auf taktischer Ebene wurden diese Verhandlungen mit äußerster Zurückhaltung geführt. Mit großem Geschick gelang es uns, einem gefährlichen sowjetischen Manöver die Spitze abzubrechen, durch das die andere Seite uns veranlassen wollte, grundsätzlich auf den Einsatz von Kernwaffen zu verzichten, obwohl sich die Verteidigung der freien Welt im Grunde auf diese Möglichkeit stützte. Andererseits illustrierten diese Gespräche zwar sehr gut, wieviel Hartnäckigkeit dazu gehört, diplomatische Verhandlungen mit der Sowjetunion zu führen; am Schluß hatten wir zwar einige Gefahren gebannt, aber wenig Positives erreicht.

Die sowjetische Diplomatie kennt keine Ruhepausen. Es wird ein Vorschlag gemacht und als bedeutender Beitrag zum Abbau von Spannungen hingestellt. Man erklärt, wenn wir darauf eingingen, würde sich »die Atmosphäre verbessern«. Aber in den meisten Fällen legt der

* Daß ich 1973 den Langstrecken-Marschflugkörper gerettet hatte, verhinderte nicht, daß ich zwei Jahre später dafür angegriffen wurde, ich hätte diese Waffe angeblich bei den SALT-Verhandlungen vernachlässigt.

Kreml nach Abschluß der ersten Vereinbarung schon den zweiten Vorschlag vor, dessen Annahme mit der gleichen Hartnäckigkeit verlangt wird, und zwar mit dem gleichen Argument, daß eine Weigerung unserer Seite die Atmosphäre belasten werde.

Der Ursprung dieser Projekte liegt im Dunkeln. Vielleicht steht eine versteckte strategische Absicht dahinter, vielleicht aber auch nur Gewohnheit oder Trägheit. Die Vorschläge könnten auch Ausdruck der Vorstellungen einer bestimmten Gruppe innerhalb des Politbüros sein, die dort an für uns undurchschaubaren Manövern beteiligt ist. Aber welches auch der unmittelbare Anlaß sein mag, einmal in die Wege geleitete sowjetische Initiativen werden mit fast monomanischer Intensität verfolgt. 1972 setzte sich eine solche sowjetische Dampfwalze gegen uns in Bewegung. Als ich mich im April 1972 zu meinem Geheimbesuch in Moskau aufhielt, nahm mich Breschnew zur Seite und legte mir eine von ihm so bezeichnete »Friedensbombe« vor – den Vorschlag für einen Vertrag zwischen der Sowjetunion und den Vereinigten Staaten, durch den wir uns verpflichten sollten, auf die Verwendung von Kernwaffen gegeneinander zu verzichten.[14] So geschehen auf dem Höhepunkt der Nordvietnamesischen Frühjahrsoffensive, als die Nixon-Regierung schon fast entschlossen war, den Gipfel abzusagen, wenn Hanoi mit seinem Vorstoß Erfolg haben sollte. Außerdem hatten wir uns dafür entschieden, die Bombardierung von Nordvietnam wieder aufzunehmen, wenn die Offensive nicht innerhalb der nächsten Tage zum Stehen gebracht werden könnte. Uns ausgerechnet in diesem Augenblick zum Verzicht auf Kernwaffen aufzufordern, war ein unerhörter Affront, denn die Verteidigung der NATO stützte sich auf die Garantie für den Einsatz amerikanischer Kernwaffen. Angesichts der konventionellen Überlegenheit der Sowjets mußte ein solcher Schritt unsere Verbündeten demoralisieren und China zutiefst beunruhigen, das darin ein Zeichen für die so sehr gefürchtete geheime Zusammenarbeit zwischen den Vereinigten Staaten und der Sowjetunion erblicken würde.

Andererseits war der Augenblick klug gewählt, denn eine schlichte Zurückweisung des Vorschlags war uns nicht möglich. Unsere Strategie bestand darin, einen Keil zwischen Moskau und Hanoi zu treiben, um für die Beendigung des Krieges in Vietnam freie Hand zu bekommen. Deshalb war es uns ganz recht, einen zusätzlichen Köder auslegen zu können, der es den Sowjets günstig erscheinen lassen würde, sich nicht gegen uns zu wenden, wenn wir Hanoi vermehrt unter Druck setzten. So kam es zu einem delikaten Manöver. Wir versuchten, bei Breschnew und seinen Kollegen die Hoffnung zu wecken, daß ihr Vorhaben gelingen könnte, ohne uns zur Teilnahme in der Form, in der es uns präsentiert worden war, zu verpflichten. Zunächst suchten wir Zeit zu gewinnen. Ich lehnte es ab, im Augenblick näher darauf einzugehen, und sagte, daß dieses Thema während des Gipfeltreffens behandelt werden müßte.

Nachdem Nixon am 8. Mai 1972 die Wiederaufnahme der Bombenangriffe gegen Nordvietnam und die Verminung nordvietnamesischer Häfen befohlen hatte, waren wir darauf gefaßt, daß das Gipfeltreffen abgesagt werden würde, bis Dobrynin mich am 10. Mai beiläufig fragte, ob der sowjetische Handelsminister Nikolai Patolitschew, der sich gerade in den Vereinigten Staaten aufhielt, vom Präsidenten empfangen werden würde. Selbstverständlich arrangierten wir schon für den nächsten Tag das Treffen zwischen Patolitschew und Nixon. Als eifrige Journalisten ihn anschließend drängten, eine öffentliche Erklärung abzugeben, wehrte Patolitschew alle Fragen darüber, ob der Gipfel noch stattfinden werden, mit erstaunten Augen ab. »Zweifeln Sie denn daran?« fragte er lächelnd, als ob die gegen einen Verbündeten der Sowjetunion gerichteten Bombenangriffe und die Verminung seiner Häfen etwas ganz Alltägliches seien.

Aber die Sowjets verschwenden keine Zeit, wenn sie eine Rechnung präsentieren wollen. Schon am folgenden Tag, dem 12. Mai, erschien Dobrynin, um zu kassieren. Er erklärte mir ganz schlicht, zur Vorbereitung der Gespräche Breschnews mit Nixon hätte sein Herr und Meister ihm einen kurzen Vertragsentwurf zugestellt, der sobald wie möglich unterzeichnet werden sollte. Im ersten Paragraphen verzichteten die Vereinigten Staaten und die Sowjetunion auf die Verwendung von Kernwaffen gegeneinander. Der zweite Paragraph erklärte gebieterisch, daß beide Seiten »Situationen verhindern werden«, in denen Aktionen dritter Länder zu einem Krieg mit Kernwaffen führen könnten. Starker Tobak! Wir wurden aufgefordert, auf das strategische Gesamtkonzept der NATO zu verzichten und gleichzeitig praktisch ein amerikanisch-sowjetisches Militärbündnis auszurufen, mit dem Ziel, China oder jedes andere Land, das über Kernwaffen verfügte, zu isolieren oder ihm unseren Willen aufzuzwingen.

Der mir von Dobrynin übergebene Entwurf war in seinem Inhalt zwar empörend, stellte mich aber vor ein taktisches Problem. Nixon wollte ebenso wie ich die Diskussion in Gang halten, um dafür zu sorgen, daß die Sowjets nichts unternahmen, wenn wir Hanois Offensive das Rückgrat brachen. Wir konnten jedoch den sowjetischen Entwurf nicht akzeptieren, ohne in große Gefahr zu geraten. Deshalb begannen wir ein kompliziertes Geplänkel, bei dem wir uns darum bemühten, den für die Sowjets so charakteristischen plumpen Frontalangriffen mit geschickter Beinarbeit zu begegnen. Doch wir wußten, daß wir uns früher oder später würden stellen müssen.

Wie erwartet sprach Breschnew Nixon während des Moskauer Gipfels von 1972 auf den Vertrag an. Nixon und ich waren übereingekommen, daß Nixon sich zwar nicht festlege, aber doch ein gewisses Interesse bekunden sollte, eine Pose, die er großartig beherrschte. Für den Fall, daß Breschnew auf eine Antwort drängte, hatten wir einen Gegenentwurf vorbereitet, der unsere immer wieder erklärte Auffassung zum Ausdruck brachte, daß der Friede letzten Endes von der Zurückhaltung der Supermächte abhänge. Dabei vermieden wir es, auf den sowjetischen Vorschlag des Verzichts auf Kernwaffen im Krieg einzugehen, und fügten statt dessen eine Klausel ein, nach der beide Seiten im Frieden auf die Androhung von Gewalt verzichten sollten. Auch wollten wir uns nicht zu einem zwischen den Vereinigten Staaten und der Sowjetunion abgestimmten Verhalten gegenüber dritten Ländern verpflichten. Wir wollten über das Angebot, nach besten Kräften darum bemüht zu sein, daß Aktionen dritter Länder nicht zu einem Krieg mit Kernwaffen zwischen den Vereinigten Staaten und der Sowjetunion führten, nicht hinausgehen. Breschnew nahm das Dokument kommentarlos entgegen, aber Gromyko war zu erfahren, um nicht zu erkennen, daß wir die Angelegenheit verschleppen wollten. Nixon selbst vermied alle Peinlichkeiten, indem er großzügig vorschlug, daß Dobrynin und ich über die Unterschiede in den beiden Entwürfen sprechen sollten. Wie wir das Unvereinbare miteinander versöhnen sollten, erklärte er den staunenden Sowjets nicht. Ich hatte jedoch begriffen, daß Präsident Nixon bis zur Zeit nach den Wahlen nichts mehr von der Sache hören wollte.

Aber die Sowjets hatten einen anderen Zeitplan. Nach Washington zurückgekehrt, erschien Dobrynin am 21. Juli, um den Auftrag auszuführen, den unsere Chefs uns gegeben hatten. Er sagte mir, daß unser Entwurf leider nicht den Vorstellungen seiner Regierung entspräche. Moskau hätte sich um eine neue Version bemüht, die er mir jetzt überreichte. Auch er enthielt den bilateralen Verzicht auf die Verwendung von Kernwaffen, aber – in Anerkennung der Tatsache, daß wir uns den Verpflichtungen nicht entziehen könnten, die wir gegenüber der NATO eingegangen waren – hatte man eine Klausel eingefügt, daß keine Bestimmung in dieser Vereinbarung die bestehenden Verpflichtungen gegenüber Dritten oder das Recht der kollektiven Selbstverteidigung berühren dürfte. Was nun die Verpflichtungen gegenüber unseren Verbündeten betraf, so schien sie zu genügen, sie zeigte jedoch nur allzu deutlich die Verwundbarkeit von Ländern, die, wie China, nicht mit uns verbündet waren und deren territoriale Integrität für die Aufrechterhaltung des internationalen Gleichgewichts ebenfalls eine große Bedeutung hatte.

Wir brauchten noch Zeit, um den Krieg in Vietnam zu beenden. Um Zeit zu gewinnen, stellte ich Dobrynin drei hypothetische Fragen. Vorausgesetzt, wir akzeptierten den neuen sowjetischen Entwurf, würden die Vereinigten Staaten das Recht haben, zur Verteidigung der NATO Kernwaffen einzusetzen? Würden beide Seiten das Recht haben, zur Verteidigung traditioneller Freunde, denen gegenüber wir keine vertraglichen Verpflichtungen hatten (zum Beispiel im Nahen Osten), Kernwaffen einzusetzen? Würden beide Seiten das Recht haben, zur Verteidigung eines größeren Landes, mit dem wir nicht verbündet sind, Kernwaffen einzusetzen, weil der Verlust der Unabhängigkeit dieses Landes das globale Gleichgewicht stören würde? (Als Beispiel nannte ich Indien, wenngleich die sowjetische Führung nicht daran zweifeln konnte, daß eigentlich China gemeint war.)

Ich hatte nicht mit einer offiziellen Antwort gerechnet, sondern diese akzentuierten Fragen sogar gerade deshalb gestellt, weil ich glaubte, die Sowjets würden sich scheuen, sie zu beantworten, so daß sich das für uns so peinliche Vorhaben begraben ließe. Zu meiner Überraschung traf am 7. September 1972 die sowjetische Antwort ein, in der die Sowjets ganz unverhüllt von ihren Absichten sprachen. Die Antwort auf meine drei Fragen lautete: Die in Aussicht genommene Vereinbarung schloß die Verwendung von Kernwaffen in einem Krieg nicht aus, an dem die NATO und der Warschauer Pakt beteiligt waren. Ihre Verwendung würde jedoch auf das Gebiet der Verbündeten beschränkt bleiben. Der Einsatz gegen das Territorium der Vereinigten Staaten und der Sowjetunion wäre jedoch untersagt. In einem Krieg im Nahen Osten dürften Kernwaffen von keiner Seite eingesetzt werden, noch weniger dürften sie verwendet werden, wenn ein größeres Drittland wie Indien mit konventionellen Streitkräften angegriffen würde.

Es wäre schwierig gewesen, eine deutlichere und zynischere Definition für ein Kondominium zwischen den Vereinigten Staaten und der Sowjetunion zu formulieren. Ein solcher Vertrag würde die Supermächte sogar in einem europäischen Krieg vor der Vernichtung durch Kernwaffen schützen, aber die Verwüstung eines jeden verbündeten Landes garantieren. Nichts konnte mit größerer Sicherheit den europäischen Neutralismus fördern oder den Wert von Bündnissen herabsetzen. Das lebenswichtige Gebiet des Nahen Ostens würde mit konventionellen Waffen verteidigt werden müssen, bei denen wir unterlegen waren, und zwar ganz besonders in unserer Kapazität, in einem so entfernt gelegenen Gebiet wirksam einzugreifen. Alle übrige Länder blieben dabei ihrem Schicksal überlassen. So könnte die Sowjetunion zum Beispiel China angreifen, ohne eine Reaktion der Vereinigten Staaten mit Kernwaffen befürchten zu müssen. Nach dieser Interpretation des Vertrages würden unsere Bündnisse auseinanderfallen und das Vertrauen der mit uns befreundeten Länder würde restlos zerstört.

Solche Vorschläge durften nicht unwidersprochen bleiben. Obwohl wir eigentlich Zeit gewinnen wollten, beantwortete ich die Note noch am gleichen Tag, am 7. September, um den Sowjets jeden Zweifel daran zu nehmen, wo unsere Prioritäten lagen. Ich übergab Dobrynin eine Note, mit der wir uns noch einmal bereit erklärten, die allgemeinen Grundsätze für eine Zurückhaltung bei den zwischenstaatlichen Beziehungen zu prüfen, stellte jedoch ausdrücklich fest, daß es Grenzen gäbe, über die wir nicht hinausgehen würden:

- Wir halten es für wichtig, jede Formulierung zu vermeiden, die den Eindruck erwecken könnte, als ob die Absicht bestünde, zwischen unseren beiden Ländern ein Kondominium herzustellen;
- wir halten es für wichtig, daß eine Vereinbarung zwischen unseren beiden Ländern nicht den Eindruck erweckt, wir verzichteten nur auf einen mit Kernwaffen geführten Krieg zwischen unseren beiden Staaten, ließen jedoch die Option eines gegen dritte Länder mit Kernwaffen geführten Krieges offen;
- wir halten es für wichtig, daß wir, wenn wir uns auf die Verhinderung eines mit Kernwaffen geführten Krieges konzentrieren, nicht zugleich den Eindruck erwecken, daß wir den Beginn eines Krieges mit konventionellen Mitteln für legitim halten;
- wir halten es für wichtig, daß in der Vergangenheit getroffene Vereinbarungen, ob es sich nun um Bündnisse oder andere Arten von Verpflichtungen handelt, mit denen der Friede und die Sicherheit bewahrt werden sollen, durch alle zusätzlichen Vereinbarungen zwischen uns,

die sich insbesondere auf die Verhinderung eines mit Kernwaffen geführten Krieges beziehen, gestärkt werden sollten.

Diese Antwort hatten wir vorher sehr gründlich mit der britischen Regierung erörtert, und ihr Inhalt hat diesen Gesprächen viel zu verdanken. Im Sommer hatten wir unsere wichtigsten europäischen Verbündeten und China in groben Zügen von dem sowjetischen Vorschlag unterrichtet. Ende Juli 1972 hatte ich dem britischen Kabinettsekretär, Sir Burke Trend, bei dessen regelmäßigem Besuch in Washington den sowjetischen Entwurf vom 21. Juli gezeigt. Ich bat ihn um britische Ratschläge und erklärte, daß wir nur im Einvernehmen mit London etwas unternehmen würden. Am 10. August schickte das britische Außenministerium seinen Rußlandexperten, Sir Thomas Brimelow, mit einer kleinen Gruppe von Beratern nach Washington, um das Projekt im einzelnen zu prüfen.

London hätte keine glücklichere Wahl treffen können. Der sanft wirkende, aber unbeirrbare Brimelow, dem es nicht recht gelingen wollte, seine durchdringende Intelligenz hinter dem unauffälligen Äußeren des perfekten Zivilbeamten zu verbergen, hat sich bei diesen Verhandlungen als unentbehrlicher Helfer erwiesen. Er war ein gründlicher Kenner sowjetischer Methoden. Die sowjetischen Motive beurteilte er völlig unsentimental. Er war überzeugt, daß ein mit allen verfügbaren Mitteln geführter Krieg zu den größten Befürchtungen der Sowjetunion gehörte und daß alles, was diese sowjetischen Besorgnisse verringerte, die Wirkung der Abschreckung schwächen müßte. Nach seiner Auffassung wollten die Sowjets ihre eigene Unsicherheit verringern und gleichzeitig versuchen, die Hemmschwelle für den Einsatz von Kernwaffen für die Alliierten zu vergrößern. Wir müßten jetzt versuchen, dem entgegenzuwirken.

Brimelow hielt die vorliegenden sowjetischen Entwürfe für ebenso unannehmbar wie wir. Ich erläuterte eine mögliche Strategie, um aus dem sowjetischen Vorschlag eine Grundsatzerklärung über politische Zurückhaltung zu machen, mit der Gewaltandrohungen geächtet werden sollten, und zwar sowohl mit Kernwaffen als auch mit dem Einsatz konventioneller Streitkräfte. Brimelow erklärte sich einverstanden und riet uns, die Angelegenheit zu verzögern – was wir ohne weiteres akzeptieren konnten, denn wir taten es schon. Wir wußten, daß wir die Zustimmung der Sowjets nur erreichen konnten, wenn wir das Gespräch in die Länge zogen, bis die Sowjets aus Anlaß irgendeines neuen Termins – etwa eines Gipfeltreffens – genügend beunruhigt wären, um einer grundsätzlichen Modifizierung von Breschnews Vorschlag zuzustimmen. Deshalb suchten wir Zeit zu gewinnen und nahmen unsere Bemühungen zur Beendigung des Vietnam-Krieges zum Vorwand.

Geduld war nicht Breschnews starke Seite. Er nahm jede Gelegenheit wahr, die Verhandlungen zu beschleunigen. Während meines Moskau-Besuchs im September 1972 versuchte er, mich für die Mitarbeit an einem neuen Entwurf zu gewinnen, und forderte mich auf, meine Einwände gegen den sowjetischen Text Zeile um Zeile zu erläutern. Doch auch dadurch wäre die sowjetische Note zur Grundlage der Verhandlungen geworden, aber wir hatten grundsätzliche Vorbehalte gegenüber dem ganzen Vorschlag und nicht nur gegenüber bestimmten Details. Ich suchte Zeit zu gewinnen und wiederholte daher sehr ausführlich, was ich Dobrynin am 7. September über unsere Auffassung gesagt hatte: kein Kondominium; kein Hinweis darauf, daß die Vereinigten Staaten und die Sowjetunion nur ihr eigenes Territorium schützen wollten; und kein Hinweis darauf, daß ein mit konventionellen Streitkräften geführter Krieg akzeptabel sei, ein mit Kernwaffen geführter jedoch nicht. Breschnew tat erstaunt darüber, daß wir den Sowjets so niedrige Motive unterstellten. Um mich zu beruhigen, behauptete er, wenn die Sowjetunion auf die Verwendung von Kernwaffen verzichtete, dann könnten wir »zweihundert Prozent« sicher sein, daß sie auch gegen uns oder gegen unsere Verbündeten keine konventionellen Streitkräfte einsetzen werde. (Damit war über China und den Nahen Osten nichts gesagt.) Breschnew wollte seinen Zusicherungen, die sich allerdings nur auf bestimmte Regionen beschränkten, noch dadurch besonderes Gewicht verleihen, indem er auf die von der sowjetischen Verfassung vorgeschriebenen Praktiken hinwies: »Eine solche Annahme widerspräche völlig den Erklärungen des Parteikongresses unserer Partei.« Man sollte sich einmal vorstellen, was geschehen würde, wenn wir dem Nordatlantik-Rat oder vielleicht sogar Peking eine Vereinbarung vorlegten, die sich auf eine Verpflichtung stützte, die der Kongreß der sowjetischen kommunistischen Partei gegenüber sich selbst eingegangen war.

Ich schlug vor, wie bei SALT in zwei Phasen zu verhandeln, und zwar, indem wir zunächst eine allgemeine Grundsatzerklärung abgaben, der eine offizielle Vereinbarung folgte. Breschnew wollte sich mit diesem Gedanken nicht befreunden, denn Gromyko hatte ihm klargemacht, daß diese Grundsatzerklärung nur wiederholen konnte, was auf dem Gipfel von 1972 schon unterzeichnet worden war. Außerdem würde der Entwurf Monate in Anspruch nehmen, und dann würden wir behaupten, das Thema sei damit erschöpft. Wir sprachen jedoch viele Stunden über dieses Thema – und so hatte ich erreicht, was ich wollte. Schließlich erklärte ich mich einverstanden, einen neuen Entwurf auszuarbeiten, den ich Gromyko bei seinem Besuch in Washington Anfang Oktober zu geben versprach. So konnten wir Moskau verlassen, ohne daß es zu einer Kontroverse gekommen war.

Als Gromyko nach Washington kam, überreichte ich ihm am 2. Oktober einen Entwurf, in dem der Verzicht auf Kernwaffen nicht mehr erwähnt wurde und der eine Reihe von politischen Forderungen enthielt, die sich auf die Zurückhaltung auf internationaler Ebene bezogen. Diese Bedingungen sollten erfüllt sein, bevor man an einen Verzicht auf den Einsatz von Kernwaffen denken könnte. Gromyko war ein Fachmann für Vertragsentwürfe und begriff sofort, was ich getan hatte. Er bemängelte, daß wir nicht im »Geist« unseres ersten Gedankenaustauschs verfahren seien, und stellte (richtig) fest, daß von dem ursprünglichen sowjetischen Vorschlag und dem Verzicht auf die Verwendung von Kernwaffen »nichts« übriggeblieben sei.

Um den Druck zu verstärken, sagte Gromyko dem Präsidenten, der für 1973 vorgesehene Gegenbesuch Breschnews in Amerika hinge davon ab, daß Fortschritte auf dem Wege zum Abschluß des Vertrages über den Verzicht auf Kernwaffen gemacht worden seien. Aber dieses Manöver hatte seine Wirksamkeit verloren. Wir waren jetzt davon überzeugt, daß uns der Vietnam-Krieg 1973 nicht mehr belasten würde; wir brauchten den Gipfel daher nicht mehr, um einen Keil zwischen Moskau und Hanoi zu treiben.

Immerhin wollten wir während der Schlußphase der Vietnam-Verhandlungen nicht in zusätzliche kontroverse Gespräche verwickelt werden. Deshalb kehrte ich zu meiner Verzögerungstaktik zurück. Wie es alle Präsidentenberater gelegentlich zu tun pflegten, verschanzte ich mich hinter Nixon und behauptete plump, auf dem Gebiet der Kernwaffen sei meine Zuständigkeit weniger umfassend als auf anderen. Während des Wahlkampfes würde ich Nixon diese Angelegenheit nicht vor November vortragen können, aber dann würde ich einen neuen Entwurf ausarbeiten. Ich fürchte, daß Gromyko mir nicht geglaubt hat. Schließlich hatte sich Nixon in Moskau geweigert, über den Kernwaffen-Vertrag zu sprechen, und mich beauftragt, die Angelegenheit mit Dobrynin und/oder Gromyko auszuhandeln. Jetzt argumentierte ich entgegengesetzt. Aber Gromyko hatte nur noch wenige Trumpfkarten in der Hand. Deshalb beruhigte er sich, wie es die Sowjets gewöhnlich tun, wenn man sie vor harte Tatsachen stellt.

In der schmerzlichen Schlußphase unserer Vietnam-Verhandlungen begriffen sogar die eifrigen Planer im Kreml, daß wir keine Zeit hatten, uns mit dem Entwurf für den Kernwaffen-Vertrag zu beschäftigen – was Dobrynin nicht davon abhielt, uns im Hinblick auf das bevorstehende Gipfeltreffen in nicht sehr feinfühliger Weise unter Druck zu setzen. Im Dezember schlug er zwei Termine vor, Juni oder November 1973, und gab mir zu verstehen, daß Moskau der November lieber wäre, weil der Kernwaffenvertrag noch nicht unterzeichnet sei. Diese Kriegslist war jedoch im Gesamtzusammenhang wirkungslos, denn auch wir zogen den November vor. Wir wollten erst das Europa-Jahr abschließen und unsere Beziehungen zu Peking ausbauen. Deshalb ignorierten wir diesen deutlichen Hinweis.

Ende Februar 1973 waren die Pariser Vereinbarungen über Vietnam abgeschlossen, und jetzt begann auch unsere Dreiecks-Diplomatie zu wirken. Ich war eben mit der Nachricht, daß in Peking und Washington Verbindungsbüros eingerichtet werden sollten, aus China zurückgekehrt, als der sowjetische Geschäftsträger Juli Woronzow mich um einen Termin bat, um einen Brief Breschnews an Nixon abzugeben. Das am 21. Februar datierte Schreiben bestätigte den Dank Nixons für die guten Wünsche, die ihm das Politbüro zum Abschluß des Vietnam-Krieges übermittelt hatte. Nixon hatte es in seinem Brief sorgfältig vermieden, den Kernwaffenvertrag in den Themenkatalog aufzunehmen, über den wir verhandeln wollten. Ganz allgemein hatte er nur erklärt, daß wir bereit wären, über alles zu sprechen, was Dobrynin mir »im Geist einer konstruktiven Zusammenarbeit« vorgelegt hätte. (Das konnten einschließlich des Nahen Ostens die verschiedensten Themen sein.) Aber dennoch genügte diese Floskel Breschnew, seine Kampagne wieder aufzunehmen.

Breschnews Brief beantwortete zunächst die Frage nach dem Termin für das Gipfeltreffen. Er lehnte den Mai als zu früh ab (ein Datum, über das niemals gesprochen worden war) und »verlegte« seinen Besuch auf das früheste Datum, das bisher überhaupt in Erwägung gezogen worden war, den Monat Juni. Nixon hatte als wichtigste Gesprächsthemen SALT, die Sicherheit Europas und den beiderseitigen und ausgewogenen Abbau von Streitkräften in Europa bezeichnet. Breschnew erklärte den Kernwaffenvertrag und den Nahen Osten zu *seinen* Prioritäten. Er bekundete ein gewisses Interesse an SALT, aber nicht an der Verringerung der in Europa stationierten Streitkräfte. Wie immer, wenn der Kreml Fortschritte machen wollte, erschien Dobrynin plötzlich wieder in Washington nach einer seiner häufigen Rücksprachen in Moskau und bekam mich gerade noch zu fassen, bevor ich meinen Urlaub antreten wollte (andernfalls hätten wir noch zehn Tage Zeit gehabt).

Aber die Verhandlungspositionen hatten sich verändert. Nachdem die Sowjets das Datum für den Gipfel festgelegt hatten, arbeitete die Zeit gegen sie. Wir hatten inzwischen fast jedes Interesse an dem Projekt verloren, das ganz oben auf Breschnews Prioritätsliste stand. Die Sowjets mußten uns entgegenkommen, wenn sie irgendein Ergebnis des Breschnew-Besuchs vorweisen wollten. Anfang April 1973 versuchte Dobrynin halbherzig, um die genaue Festsetzung des Besuchsdatums zu pokern, aber dieses Spiel ging unvermittelt zu Ende, als ich ihm erklärte, daß, wenn wir uns nicht bald einigen könnten, die Vorbereitungen aus technischen Gründen nicht getroffen werden könnten und der Gipfel schließlich doch auf den November verlegt werden müßte. Unmittelbar nach diesem Gespräch luden mich die Sowjets nach Zavidovo ein, um den Gipfel vorzubereiten, und das Besuchsdatum wurde auf den 18. Juni festgesetzt.

Das war der Augenblick der Wahrheit. Wir waren bisher geschickt jeder klaren Stellungnahme zu dem Projekt ausgewichen. Wahrscheinlich hätten wir es jetzt, nachdem der Vietnam-Krieg beendet war und wir uns über den Gipfel geeinigt hatten, fallenlassen sollen. Doch unsere Verzögerungstaktik verpflichtete uns dazu, über irgend etwas zu verhandeln. Ein Abbruch der Gespräche erschien uns – auch wenn er rückblickend richtiger gewesen wäre – eine zu drastische Maßnahme zu sein.

Am 5. März 1973 faßte ich in einer Note an Brimelow meine Analyse der sowjetischen Motive und unserer Absichten wie folgt zusammen:

> Ihre Motive sind deutlich zu erkennen: Sie wollen den Eindruck erwecken, als ob ihnen etwas an der Entspannung läge. Es soll der Eindruck des bilateralen Einverständnisses der Großmächte entstehen, die damit freie Hand hätten, andere zu erpressen. Zugleich verstärken sie in unglaublicher Weise stetig ihre strategischen Streitkräfte. Es könnte allerdings auch sein, daß sie Möglichkeiten für eine echte Entspannung zu einem späteren Zeitpunkt offen lassen wollen ... Unsere Absicht ... ist es daher, ihnen theoretisch soweit wie möglich entgegenzukommen, ohne konkrete Zugeständnisse zu machen.

Ich fragte Brimelow, ob wir jetzt nach Beendigung des Vietnam-Krieges und nachdem die Sowjets dem Gipfeltreffen zugestimmt hatten, das ganze Projekt fallenlassen sollten. Brimelow blieb mißtrauisch, räumte aber ein, daß wir offenbar mit SALT, dem Nahen Osten und der europäischen Sicherheitskonferenz in eine Sackgasse geraten wären. Unsere Absicht wäre es, unsere Beziehungen zur Sowjetunion auf die Dauer »weniger gegensätzlich zu gestalten, und das können wir nicht erreichen, wenn wir ihnen sagen, daß sie zum Teufel gehen sollten«.

Natürlich trugen Nixon und ich letztlich die Verantwortung für unser Verhalten. Brimelow hatte schließlich nicht die Aufgabe, amerikanische Politik zu machen, sondern sollte uns nur dabei behilflich sein, den sichersten Weg zu finden. Nachdem wir uns über die Strategie geeinigt hatten, bemühte sich Brimelow mit seinem scharfen Intellekt darum, den sowjetischen Vorschlag so zu verändern, daß aus einem Verzicht auf Kernwaffen eine Vereinbarung über einen Verzicht auf Gewaltandrohung in der Außenpolitik wurde. Was dabei herauskam, glich einer russischen Puppe, bei der in einer größeren immer wieder eine kleinere steckt. Der Entwurf für eine Vereinbarung sah jetzt so aus, daß hinter einer Reihe sorgfältig formulierter Bedingungen der Verzicht auf die Anwendung von Kernwaffen zu einer Zielvorstellung und nicht zu einer Verpflichtung wurde. Die Erreichung dieses Ziels wiederum sollte davon abhängig gemacht werden, daß beide Seiten auf die Androhung von Gewalt gegeneinander, gegen ihre Verbündeten und gegen Dritte verzichteten. Damit galt der Verzicht auf Kernwaffen nur nach einem Verzicht auf Kriegsdrohungen in der Außenpolitik, und wenn diese Voraussetzung nicht erfüllt war, wurde den Vereinbarungen der Boden entzogen. Ja, wenn die Entwicklung in die entgegengesetzte Richtung gehen sollte, dann wurde die Verteidigung mit Kernwaffen legitimiert. Um die jeweiligen Verbündeten zu beruhigen, wies unser Entwurf ausdrücklich darauf hin, daß die Vereinbarungen bestehende Verpflichtungen oder das Recht zur kollektiven (oder individuellen) Selbstverteidigung nicht berührten.

Brimelows Mitarbeit war das beste Beispiel für die zwischen Großbritannien und den Vereinigten Staaten bestehenden »besonderen Beziehungen«, die auch zu einer Zeit gepflegt wurden, als der amtierende Premierminister nicht zu ihren Verfechtern gehörte. Es gab keine andere Regierung, mit der wir so freimütig umgegangen wären, einen so offenen Gedankenaustausch hätten pflegen können oder der wir es praktisch erlaubt hätten, an unseren eigenen Entscheidungsprozessen teilzunehmen. Alle Dokumente standen den Briten zur Verfügung, gelegentlich erst nach einer gewissen Zeit, aber wichtige Schritte wurden immer gemeinsam getan. Manchmal zeigte uns Brimelow britische Analysen. Die meisten hatte er selbst entworfen. Die letzte Version verdankte schließlich den britischen Fachkenntnissen mehr als den amerikanischen.

Als ich am 4. Mai nach Zavidovo abreiste, wollte ich Breschnew einen Entwurf verkaufen, dessen Inhalt gegenüber der ursprünglichen Version eine Kehrtwendung um hundertachtzig Grad bedeutete. Die Verhandlungen darüber fanden in einer seltsamen Atmosphäre statt, dehnten sich über mehrere Abende aus und führten gelegentlich zu hitzigen Debatten. Für Breschnew bestanden diplomatische Verhandlungen daraus, entweder die andere Seite mit harten Schlägen zum Nachgeben zu zwingen oder sie mit seinem groben Humor zu übertölpeln. Meine Taktik war es hingegen, das betreffende Thema im leichten Gesprächston zu behandeln, jede persönliche Konfrontation zu vermeiden und auf die von uns für wesentlich gehaltenen Punkte in einem ernsteren Ton hinzuweisen. So wurden die Verhandlungen zu einem Stierkampf, nur daß der Stier schließlich trotz aller geschickten Manöver des Matadors nur leicht außer Atem geraten war, um für den nächsten Angriff Kräfte zu sammeln.

In den Pausen verschwand Breschnew mit seinen Leuten in den anderen Zimmern, während meine Kollegen und ich auf den Balkon vor dem Arbeitszimmer Breschnews hinausgingen. Wir fragten uns, ob der Text, der jetzt erarbeitet wurde, uns dabei helfen würde, China und andere dritte Länder zu schützen oder nicht. Wir neigten zu der Auffassung, daß er in gewissen Grenzen nützlich sein könnte. Im Konferenzzimmer versuchte Hal Sonnenfeldt, in der Sowjetunion die gleichen Methoden anzuwenden, mit denen er sich in Washington Einblick in die von mir bearbeiteten Vorgänge verschaffte. Er versuchte, die vor ihm auf den Kopf stehenden Notizen Breschnews zu lesen, die der Generalsekretär an seinem Platz auf dem Tisch hatte liegenlassen, aber diesmal gelang es Sonnenfeldt nicht.

Am ersten Tag begann Breschnew mit einer langen Rede und erläuterte darin die Vorteile seiner Version des Kernwaffenvertrages. Er sei eine »klar formulierte und gut verständliche Vereinbarung«, die Bedingungen enthalten werde, die uns »keinen Grund zur Sorge« böten, versicherte er. »Darauf würde ich keine Wette abschließen«, antwortete ich trocken. Ungerührt redete Breschnew weiter von der historischen Bedeutung dieses Vertrages für die Vereinigten Staaten und die Sowjetunion und machte dann den ersten von mehreren Ausfällen, durch die er zeigte, daß China sein eigentliches Angriffsziel war:

> Und wenigstens hier in dieser Gruppe sollten wir nicht schweigend über die Tatsache hinweggehen, daß es auf der Welt auch noch andere Nuklearmächte gibt. Es muß ihnen mit diesen Vereinbarungen deutlich gezeigt werden, daß es falsch wäre, mit dem Gedanken an einen mit Kernwaffen geführten Krieg zu spielen.

Der Abschluß eines Bündnisses zwischen den Vereinigten Staaten und der Sowjetunion gegen China entsprach nicht gerade unserer Vorstellung von Entspannung. Auch lange Reden konnten mich nicht überzeugen, besonders da jede Stunde, die verging, unsere Verhandlungsposition stärkte.

In meiner Antwort bezeichnete ich das vorgeschlagene Abkommen als eines von vielen, über die die Vereinigten Staaten und die Sowjetunion verhandelten, nicht aber als ein einzigartiges historisches Ereignis. Ich brauchte eine Woche dazu, eine Verknüpfung herzustellen und zu erklären, daß gleichzeitige Fortschritte bei SALT II die Bedeutung jeder Verhandlung erhöhen würden. Ich schaudere bei dem Gedanken daran, was geschehen wäre, wenn meine Worte überzeugender geklungen hätten; unsere innere Zerstrittenheit bot für ernsthafte SALT-Verhandlungen die denkbar schlechtesten Voraussetzungen. Mit leichtem

Sarkasmus bemerkte ich, daß ohne die guten persönlichen Beziehungen zwischen dem Präsidenten und Breschnew niemals die Beratungen über die vorgeschlagene Vereinbarung so weit gediehen wären. Damit wollte ich andeuten, daß dieser Vertrag für uns aus der Sicht des nationalen Interesses keinen hohen Stellenwert hatte. Dann sprach ich davon, daß es notwendig sei, unsere Verbündeten zu unterrichten (was wir natürlich schon getan hatten). Breschnew erwiderte, er wollte uns nicht vorschreiben, wie wir unsere Verbündeten behandeln sollten. Was ihn beträfe, so werde er bald in die DDR und nach Polen fahren, würde sie aber nicht von diesem Projekt unterrichten – was man sich kaum vorstellen konnte, abgesehen davon wäre man in Paris nicht sehr glücklich gewesen zu hören, daß Breschnew die DDR mit Frankreich verglich. Er fügte sogar hinzu – vielleicht, um mir zu schmeicheln oder um mir zu sagen, daß man auch in der Sowjetunion ähnlich verfahren könnte wie in den Vereinigten Staaten –, daß nur wenige seiner Kollegen im Politbüro etwas von diesem Projekt wüßten. (Auch das schien mir zweifelhaft, und ich fragte mich, weshalb Dobrynin ständig behauptet hatte, daß ein Nichtzustandekommen der Vereinbarungen die Stellung Breschnews im Politbüro schwächen werde. Seine Kollegen würden ihm kaum Vorwürfe machen, wenn er ein Vorhaben nicht durchgeführt hatte, das sie gar nicht kannten.)

Die erste Sitzung schloß, ohne daß wir über die Beratung allgemeiner Grundsätze hinausgekommen waren. Am Samstagabend, dem 5. Mai, wandten wir uns nach einigen einleitenden Witzen Breschnews endlich dem Text zu. Sofort begann ein Streit darüber, welchen Text wir zugrunde legen sollten. Als die Entscheidung zugunsten unseres Textes (oder vielmehr Brimelows Text) gefallen war, hatten wir dreiviertel der Schlacht gewonnen. Dann begann die typische, kleinliche Vernebelungsdebatte. So unglaublich es klingen mag, daß sich erwachsene Männer über solche Nichtigkeiten streiten können: Es ging darum, ob irgend jemand zunächst den ganzen Text vorlesen sollte oder nur die gerade zur Diskussion stehenden Abschnitte, und wer es tun sollte. Wir meinten, daß es am richtigsten wäre, sich auf umstrittene Themen zu konzentrieren, damit nicht immer wieder neue Fragen auftauchten, besonders der Vorschlag zum Verzicht auf die Verwendung von Kernwaffen. Schließlich kamen wir überein, den ganzen Text laut vorlesen zu lassen. Breschnew übernahm persönlich diese zweifelhafte Ehre.

Nachdem darüber fast eine ganze Stunde vergangen war, zeigte es sich, daß die Zeitverschwendung an den dahinter liegenden Motiven nichts geändert hatte. Nachdem unsere Grundhaltung akzeptiert worden war, wollte Breschnew sich seinen eigenen Absichten zuwenden. Er begann mit der ausführlichen Befürwortung einer Klausel, mit der die Tatsache unterstrichen werden sollte, daß es sich um ein bilaterales Abkommen handelte. Im amerikanischen Entwurf hieß es, die Vereinigten Staaten und die Sowjetunion sollten »sich so verhalten, daß . . . der Ausbruch eines mit Kernwaffen geführten Krieges zwischen ihnen sowie zwischen einer der beiden Seiten und Dritten ausgeschlossen wird«. Breschnew wollte die letzten sieben Worte streichen – und damit die Möglichkeit für einen Angriff auf dritte Länder mit Kernwaffen offenlassen. Schließlich einigten wir uns darauf, den Verzicht auf den mit Kernwaffen geführten Krieg als politisches Ziel und nicht als Verpflichtung zu bezeichnen und diesen Verzicht auf alle Länder und nicht nur auf die Supermächte anzuwenden, und zwar abhängig von einer Reihe politischer Voraussetzungen, besonders von dem Verzicht auf jede Kriegsdrohung, was im wesentlichen Brimelows Vorschlag entsprach.

Doch nun kam es sofort zu einem neuen Gerangel um den Wortlaut eines Artikels, der besagte, daß das Dokument nicht »die von den Vereinigten Staaten und der Sowjetunion gegenüber anderen Ländern in besonderen Verträgen und Vereinbarungen übernommenen Verpflichtungen« beträfe. Ich wollte diese Klausel durch den Zusatz »oder anderen besonderen Dokumenten« verstärken, um Länder wie Israel einzubeziehen, mit denen wir offiziell nicht verbündet waren (und um die unausgesprochene, aber wohlverstandene Bedeutung der Vereinbarungen zu betonen, daß auch China eingeschlossen sei). Grollend erklärte sich Breschnew einverstanden. Ein ähnliches Tauziehen gab es um jeden einzelnen Abschnitt des Textes. Um die Geduld des Lesers nicht zu sehr zu strapazieren, habe ich den Wortlaut des Textes, über den wir uns schließlich einigten, in die Anmerkungen aufgenommen.[15]

Um an unseren Absichten keinen Zweifel zu lassen, entwarfen wir am 7. Juni einen Brief Nixons an Breschnew, in dem noch einmal deutlich ausgesprochen wurde, daß die Vereinbarungen nach unserer Interpretation die allgemeine Verpflichtung enthielten, daß sie auf alle Nationen anzuwenden seien, daß sie keinen generellen Verzicht auf Kernwaffen enthielten, sondern den Verzicht auf die Gewaltandrohung in der Außenpolitik bedeuteten und daß Konsultationen zwischen den Vereinigten Staaten und der Sowjetunion nicht dazu dienen dürften, dritten Ländern Verhaltensvorschriften zu machen:

> Nach meiner Auffassung haben wir uns ein Ziel gesetzt und uns über bestimmte Verhaltensweisen geeinigt, die für die kommenden Jahre in der Politik unserer beiden Länder gelten sollen. Dabei haben wir nicht vereinbart, die Verwendung irgendeiner besonderen Waffe zu ächten, sondern haben einen wichtigen Schritt auf dem Wege zur Schaffung von Verhältnissen getan, unter denen die Gefahr des Krieges und besonders des mit Kernwaffen geführten Krieges zwischen unseren beiden Ländern oder zwischen einem unserer Länder und anderen beseitigt werden wird. Kurz gesagt: Die gegenseitigen Verpflichtungen, die wir übernommen haben, sollen nach unseren Vereinbarungen auch für die Politik gelten, die jedes unserer Länder gegenüber anderen Ländern führt. Wenn wir uns zur Einhaltung dieser Vereinbarungen verpflichtet haben und insbesondere übereingekommen sind, einander unter gewissen Umständen zu konsultieren, dann sind das gegenseitige Verpflichtungen, aber wir haben uns in keinem Sinne darüber geeinigt, anderen Ländern gewisse Verpflichtungen oder Lösungen aufzuerlegen. Zugleich haben wir die Rechte eines jeden unserer beiden Länder und die Verpflichtungen, die sie übernommen haben, unberührt gelassen.

Kurz gesagt: In Verhandlungen, die sich über mehr als ein Jahr hinzogen, hatten wir den ursprünglichen sowjetischen Vorschlag eines bedingungslosen Verzichts auf die Verwendung von Kernwaffen gegeneinander in eine etwas banale Erklärung verwandelt, nach der unser Bestreben dem Frieden galt, wobei sich diese Vereinbarungen ebenso auf Verbündete und dritte Länder bezogen und eine Mäßigung im Verhalten auf internationaler Ebene zur Voraussetzung machten, besonders den Verzicht auf die Androhung von Gewalt. Eine weitere Klausel verpflichtete uns zu Konsultationen, bevor eine Seite unter Verhältnissen auf Gewaltandrohung zurückgriff, die den internationalen Frieden und die internationale Sicherheit bedrohten. Wer trotzdem in größerem Umfang militärische Mittel einsetzte, machte sich der Verletzung dieser Vereinbarung schuldig. Das ganze Dokument stellte ein Netz von Bedingungen dar, in dem die Sowjets gefangen waren und das es ihnen unmöglich machte, militärisch gegen die NATO oder den Nahen Osten vorzugehen, ohne gegen die Vereinbarungen zu verstoßen. Außerdem bot es uns die völkerrechtliche Basis dafür, etwas gegen einen sowjetischen Angriff auf China zu unternehmen.

Breschnew und Nixon unterzeichneten das Dokument am 22. Juni 1973 in Washington. Trotzdem machten wir uns erhebliche Sorgen darüber, ob diese Vereinbarungen falsch interpretiert werden könnten, und entwarfen deshalb eine sorgfältig formulierte Presseerklärung, die ich Breschnew vorlas, bevor ich sie weitergab. Ihr Kernpunkt war inzwischen schon bekannt: Der Zweck der Vereinbarungen war es nicht, die Verwendung irgendeiner besonderen Waffe im Kriege zu verbieten, sondern den Frieden dadurch zu bewahren, daß wir uns der Androhung von Gewalt enthielten:

> Jede Seite hat jetzt in präziser Form ihre Bereitschaft erklärt, Zurückhaltung zu üben, und zwar nicht nur in den Beziehungen zueinander, sondern auch zu *allen* anderen Ländern ... Mit anderen Worten müssen sich (die Vertragspartner) ganz allgemein bei der Behandlung internationaler Angelegenheiten die Zurückhaltung auferlegen und die Bedingungen anerkennen, nach denen es den in diesen Vereinbarungen übernommenen Verpflichtungen widerspricht, wenn ihr Verhalten oder ihre Politik die Kriegsgefahr vergrößern. Es gibt hier daher kein Kondominium, sondern vielmehr das Gegenteil. Die beiden stärksten Nuklearmächte übernehmen ausdrücklich eine generelle Verantwortung, den Frieden zu bewahren, und zwar nicht durch Interventionen oder das Ausüben von Druck, sondern durch den Verzicht auf die Gewaltandrohung.
>
> Die Bedeutung dieses Dokuments liegt deshalb darin, daß es allen Ländern eine größere Sicherheit bietet.

Breschnew beklagte sich darüber, daß ich augenscheinlich immer wieder betonte, was die Vereinbarungen nicht seien, anstatt mich auf die positiven Aspekte zu konzentrieren. Damit hatte er nicht ganz Unrecht. Doch schließlich konnte er nichts anderes tun, als sich mit der Presseerklärung einverstanden zu erklären.

Der Friede zwischen den beiden Supermächten wird sich durch völkerrechtliche Dokumente allein nicht sichern lassen, und ob wir etwas dagegen unternehmen, wenn bedrohte Länder angegriffen werden, hängt weniger von der geschickten Interpretation einer komplizierten Vereinbarung ab als davon, wie wir unser nationales Interesse interpretieren. Die Sowjets hatten die Unterzeichnung dieses Dokuments aus symbolischen Gründen vorgeschlagen, und wir hatten eine neue Fassung entworfen, um die Symbolik der Vereinbarungen entweder zu verharmlosen oder zugunsten des Westens zu verändern. Was als sowjetischer Versuch eines ersten Schrittes auf ein Kondominium hin begonnen hatte, entwickelte sich schließlich zu einer Erklärung über die »Grundlagen der Beziehungen zwischen den Vereinigten Staaten und der Sowjetunion«, eines Dokuments, das im vergangenen Jahr in Moskau unterzeichnet worden ist. Die Vereinbarungen zur Verhinderung eines mit Kernwaffen geführten Krieges waren Ausdruck unserer Überzeugung, daß Rüstungskontrolle Zurückhaltung in den zwischenstaatlichen Beziehungen voraussetzt, daß die Koexistenz zwischen den Supermächten letztlich davon abhängt, daß man Verhaltensmaßstäbe beachtet, die es ihnen verbieten, die vitalen Interessen der jeweils anderen Seite zu bedrohen.

Die Vereinbarungen in der am Schluß gefundenen Form waren deshalb in gewissem Sinne eine Rechtfertigung unserer Grundhaltung. Technisch gehörte dieser Abschluß zu den besten diplomatischen Leistungen der Vereinigten Staaten. Der Text war (in erster Linie von Brimelow) sehr geschickt formuliert worden, und wir hatten hartnäckig verhandelt, und doch zweifle ich im Rückblick daran, daß der Erfolg die Mühe wert gewesen ist. Es ist uns gelungen, einen einigermaßen nützlichen Text zustande zu bringen, aber das Ergebnis ist schwer greifbar. Der Verhandlungsablauf wurde zu sehr geheimgehalten, das Verfahren dauerte viel zu lange, und die notwendigen Erläuterungen für unsere Verbündeten und China waren zu komplex, um die gewünschte Wirkung zu erzielen.

Die Europäer waren besonders empfindlich. Sie kannten das Projekt seit Monaten. Ich hatte mehrmals persönlich mit Pompidou, Heath und Brandt darüber gesprochen. Doch trotz dieser intensiven Konsultationen konnten sich die Verbündeten nicht zu einem gemeinsamen Standpunkt durchringen. Zwar hatten uns Heath, Brandt und Bahr unterstützt, und die Briten hatten sich an dem Entwurf des Dokuments beteiligt, aber Pompidou hatte von Anfang an eine gewisse Zurückhaltung gezeigt, und die Regierungen in Großbritannien und Deutschland hatten – aus welchen Gründen auch immer – ihren Behördenapparat nicht unterrichtet. Als das Projekt schließlich im Juni 1973 im Nordatlantik-Rat zur Sprache kam, wurden wir Zeugen eines absurden Vorgangs. Der ständige Vertreter Großbritanniens kritisierte scharf eine Vereinbarung, die zum großen Teil einem britischen Entwurf entsprach, und wurde dabei von seinem deutschen Kollegen unterstützt.

Die gleichen Schwierigkeiten hatten wir mit China. Nach unserer Interpretation der Vereinbarungen durfte die Sowjetunion Peking nicht unter Druck setzen, ohne fast jede Bestimmung der Vereinbarungen zu verletzen, darunter auch die Vorschrift, daß sie uns konsultieren mußte, bevor sie Maßnahmen einleitete, die den internationalen Frieden und die internationale Sicherheit gefährdeten. Senator Jackson, der andere Aspekte unserer Sowjet-Politik recht kritisch beurteilte, erkannte diesen Punkt sofort und unterstützte uns. Aber die kühlen Analytiker in Peking sahen die Dinge anders. Sie glaubten nicht, daß sich die Sicherheit für China durch Verpflichtungen erhöhte, deren Einhaltung sich nicht erzwingen ließ. Sie erkannten hier die Möglichkeit für eine irreführende Euphorie angesichts eines Dokuments, das angeblich einen mit Kernwaffen geführten Krieg verhindern sollte.

So nimmt es nicht wunder, daß die Vereinbarung über die Verhinderung eines mit Kernwaffen geführten Krieges in der Versenkung verschwand – und vielleicht ist das sogar recht nützlich gewesen. Im Verlauf der zehn Jahre, die seit seiner Unterzeichnung verstrichen sind, hat man nur ein einziges Mal darauf Bezug genommen – als wir 1973 unsere Streitkräfte während der Krise im Nahen Osten alarmierten und die Sowjets warnten, daß sie mit einer Intervention diese Vereinbarungen verletzen würden. Aber wie sich bei dieser Gelegenheit zeigte, werden die Gefahren eines mit Kernwaffen geführten Krieges nicht durch ein Dokument gebannt, sondern durch Stärke, Entschlossenheit und zielbewußte diplomatische Anstrengungen.

Breschnew besucht Amerika

Gipfeltreffen sind ein riskantes Geschäft. Kein Politiker gelangt an die Spitze, dessen Ego nicht stark genug entwickelt ist. Das Schicksal politischer Führer ist mit ihrer Fähigkeit verknüpft, ihre Zielvorstellungen zu verwirklichen. Es fällt ihnen schwer, Kompromisse zu schließen – besonders wenn sie die Verhandlungen vor den Augen der Öffentlichkeit führen müssen. Im allgemeinen haben sie nicht die Zeit, den Nuancen die notwendige Aufmerksamkeit zu schenken, die das Wesen erfolgreicher Diplomatie ausmachen. Deshalb ist es schwierig, aus festgefahrenen Situationen herauszukommen. Eine Übereinstimmung ist unter Umständen nur durch Formulierungen erreichbar, die so unbestimmt sind, daß es später leicht zu Dementis oder Meinungsverschiedenheiten kommt.

Gipfeltreffen ideologischer Gegner sind besonders komplex. Wenn sie nach einer Periode der Spannungen stattfinden, besteht die Gefahr, daß die Öffentlichkeit von einer euphorischen Stimmung erfaßt wird. Veranstaltet man sie während einer Krise, dann können sie die Spannungen verschärfen. Sie können übermäßige Erwartungen auslösen und zu großen Enttäuschungen führen. Es kann sogar geschehen, daß man dabei von einem Extrem in das andere gerät.

Hat man aber diese Risiken wirklich begriffen und das Treffen sorgfältig vorbereitet, dann bietet es auch gewisse Chancen. Das sowjetische Regierungssystem ist für Ideen, die zu Vermutungen herausfordern, weniger anfällig als Behördenapparate im allgemeinen. Das Abweichen von orthodoxen Anschauungen wird hier allzu leicht als Mangel an ideologischer Wachsamkeit interpretiert, und Konformität ist die Voraussetzung für das politische Überleben. Sowjetische Führer brauchen von Zeit zu Zeit Gelegenheit, sich ein eigenes Urteil über die moralische Kraft und die Vorstellungen ihrer westlichen Verhandlungspartner zu bilden, oder sie riskieren es, in Potemkinschen Dörfern zu leben, die von eifrigen Untergebenen gebaut wurden, um den Vorurteilen ihrer Vorgesetzten zu schmeicheln.

Gerade weil die Gegensätze des nationalen Interesses und der Ideologien bei den Vereinigten Staaten und der Sowjetunion so groß sind, daß Konkurrenzdenken und gelegentliche Konfrontationen gefördert werden, kann die Bewahrung des Friedens durchaus von der Fähigkeit des Politbüros abhängen, die wahrscheinlichen Reaktionen unserer politischen Führung im Falle einer Herausforderung richtig zu beurteilen. Ein starker amerikanischer Präsident, der sich seiner Sache sicher ist, sollte in der Lage sein, bei gelegentlichen Gipfeltreffen die sowjetische Führung von seiner Entschlossenheit zu überzeugen, um das Risiko von Fehlinterpretationen zu reduzieren und die Möglichkeit für einen schließlich konstruktiven Dialog offenzuhalten, so gering diese Möglichkeit auch sein mag. Wenn die Sowjets dagegen zu der Überzeugung kommen, daß ihr amerikanischer Verhandlungspartner nicht intelligent genug, zu schwach oder zu unentschlossen ist, dann kann es sie natürlich dazu ermutigen, weitere Risiken einzugehen.

Aus dieser Perspektive fand das Gipfeltreffen von 1972 in Moskau unter für Nixon fast idealen Voraussetzungen statt. Zwei Wochen zuvor hatte Nixon die Wiederaufnahme der Bombenangriffe gegen Nordvietnam und die Verminung nordvietnamesischer Häfen angeordnet. Als Moskau seine Einladung trotzdem aufrechterhielt, zeigte der Kreml, daß er die Besorgnisse seiner Freunde teilweise den sowjetisch-amerikanischen Beziehungen unterordnete, und wir hatten gezeigt, daß wir durchaus bereit waren, für ein nach unserer Auffassung vitales Interesse die Entspannung aufs Spiel zu setzen.

An diesen Kriterien gemessen waren die Voraussetzungen für das Gipfeltreffen von 1973 viel weniger günstig. Die sowjetische Führung reagiert außerordentlich empfindlich auf das Gleichgewicht der Kräfte. Zunächst konnten die Sowjets die Vorgänge um Watergate nur mit Staunen zur Kenntnis nehmen. Sie interpretierten sie als eine gegen die Entspannung gerichtete Verschwörung der Kräfte am rechten Flügel unseres Parteienspektrums. Als ich in Zavidovo war, sagten sie, sie hofften, daß die Sache bald vorüber sein werde. Es lag ihnen nichts daran, daß der Generalsekretär der sowjetischen kommunistischen Partei während eines Besuchs in Washington die unberechenbaren Strömungen einer innenpolitischen Kontroverse in den Vereinigten Staaten zu spüren bekam. Das komplexe sowjetische System braucht berechenbare Gesprächspartner. Die Fähigkeit eines amerikanischen Präsidenten, seine Drohungen wahr zu machen oder seine Zusagen einzuhalten, ist für sie von höchster Bedeutung. Doch ausgerechnet diese Fähigkeit war 1973 in Frage gestellt. So verführerisch es auch erscheinen mochte, mit einem schwachen amerikanischen Regierungschef zu verhandeln, die Sowjets schienen wochenlang durch die damit in Zusammenhang stehenden Ungewißheiten behindert zu sein. Sie brauchten fast zwei Jahre, bis sie sich zu einem aggressiveren Verhalten entschlossen, um unsere innenpolitische Zerrissenheit auszunutzen und Stellvertreterkräfte in Afrika zu unterstützen.

Während die Watergate-Krise im Frühjahr 1973 auf ihren Höhepunkt zusteuerte, kam es zu einem kaum wahrnehmbaren Zögern. Anfang Mai schien Breschnew von der Aussicht auf das Gipfeltreffen immer noch begeistert zu sein. Er wollte sogar Frau und Kinder nach Amerika mitnehmen und verschiedene amerikanische Großstädte besuchen – außer Washington wenigstens Houston und Los Angeles. Aber noch im gleichen Monat teilte man uns mit, die Ärzte Breschnews hätten seiner Frau die Reise »verboten«. Von den Kindern war überhaupt nicht mehr die Rede. Die Sowjets sprachen sogar einmal davon, daß der Besuch Breschnews sich ganz auf Washington beschränken sollte.* Als wir unsere Überraschung über die Kürzung des Besuchsprogramms äußerten, nahmen die Sowjets den Zwischenaufenthalt in San Clemente wieder in das Programm auf, aber nicht ohne daß Breschnew in einer Note in einem verletzenden Ton erklärte, er werde das tun, um zu zeigen, wie gleichgültig ihm die Kritik an Nixon sei (siehe 4. Kapitel).

Zur gleichen Zeit steigerte sich die Wirkung der vom Fernsehen übertragenen Watergate-Anhörungen des Senators Sam Ervin. Es verging kein Tag ohne vernichtende Enthüllungen. Ausgerechnet in der Woche, die für den Besuch Breschnews vorgesehen war, sollte der ehemalige Berater des Weißen Hauses, John Dean, vor dem Sonderausschuß des Senats als Starzeuge aussagen. Der Ausschuß, der uns die Demütigung ersparen wollte, daß die schmutzige Wäsche des Präsidenten vor aller Öffentlichkeit gewaschen wurde, während Breschnew im Lande war, verschob die Anhörung, aber nur um eine Woche. Vielleicht wollte sich der Ausschuß aber auch nicht die Aufmerksamkeit der Fernsehzuschauer mit dem sowjetischen Führer teilen, denn er war nicht bereit, die Anhörungen auch nur um einen weiteren Tag zu verschieben. Sie begannen daher am Tage der Abreise Breschnews und gaben den sowjetischen Führern die einmalige Gelegenheit, persönlich mit anzusehen, wie der Präsident, mit dem sie eben verhandelt hatten, öffentlich unter Anklage gestellt wurde.

Diese Aussichten hatten den Senator Jackson veranlaßt, eine Woche vor Eintreffen Breschnews öffentlich vorzuschlagen, das Gipfeltreffen zu verschieben. Theoretisch hatte Jackson Recht. Praktisch hätte eine solche Absage nach so umfangreichen Vorbereitungen und aus solchen Gründen die Autorität der Regierung der Vereinigten Staaten in gefähr-

* Die amerikanischen Beamten, die für die Planung verantwortlich waren, haben vielleicht zu Breschnews Widerwillen, irgendwelche Ausflüge zu unternehmen, beigetragen. Sie machten den Vorschlag, daß ein sowjetisches Vorauskommando nach Pittsburgh gehen sollte, wo Breschnew mit amerikanischen Stahlarbeitern zusammentreffen könnte – die zum größten Teil aus polnischen, tschechischen oder serbischen Einwandererfamilien stammten. Hier könnte er von einem hochgelegenen Steg aus die rauchenden Hochöfen sehen. Dieser Vorschlag wurde sofort abgelehnt, ein Zeichen dafür, daß entweder sehr gute Nachrichtenverbindungen nach Moskau bestanden, oder daß die Leute, die die Reise ihres Generalsekretärs vorbereiteten, klug und vorsichtig waren. Ein sowjetischer Politiker, dem es gelungen ist, zu überleben und in das Politbüro gewählt zu werden, hat wahrscheinlich gelernt, daß es nicht gut ist, sich zu nahe an Hochöfen heranzuwagen, besonders wenn sie von Osteuropäern bedient werden.

licher Weise ausgehöhlt. Sie wäre ein Anzeichen dafür gewesen, daß wir nicht mehr verhandlungsfähig waren und während der ganzen, nicht vorherbestimmbaren Dauer der Untersuchungen die Interessen der Vereinigten Staaten nicht mehr wahrnehmen könnten. Was wir deswegen der Sowjetunion einräumten, hätte auch für alle anderen Beziehungen gelten müssen. Wir wären, was unsere internationalen Beziehungen betraf, in den Papierkorb geworfen worden, lange bevor dieser Zustand uns durch die Ereignisse aufgezwungen wurde.

Wir hatten gar keine andere Wahl, als so zu tun, als ob unsere Autorität noch vollkommen intakt sei. Die Regierungsgeschäfte mußten normal weiterlaufen. Wir durften nicht unentschlossen erscheinen und mußten Selbstvertrauen zeigen, so schwer uns das auch fallen mochte. Natürlich hatte Nixon auch ein persönlicheres Motiv. Hätte er zugegeben, daß seine Regierungsfähigkeit angeschlagen war, dann hätte er damit den Angriff gegen seine Präsidentschaft beschleunigt. Er konnte sich nicht dazu überwinden zuzugeben, daß jetzt alles auseinanderfiel, wofür er sein ganzes Leben gearbeitet hatte.

So begann Nixons zweites Gipfeltreffen mit Breschnew unter ungünstigen Vorzeichen. Zum Glück mußten wir keine Verhandlungen zum Abschluß bringen. Die Vereinbarungen über die Verhinderung eines mit Kernwaffen geführten Krieges waren in Zavidovo abgeschlossen worden. Was die für die SALT-Gespräche geltenden Grundsätze betraf, so brauchten wir nur noch den Termin für den Abschluß der Vereinbarungen festzulegen, und diese Frage war zweitrangig. Mehrere andere weniger wichtige Verträge lagen zur Unterschrift vor – über die Zusammenarbeit in der Landwirtschaft, über Transportfragen, Ozeanographie und den kulturellen Austausch. Der Nutzen des Gipfeltreffens lag in diesem Zusammenhang darin, daß für alle diese Vorhaben ein fester Termin vereinbart worden war.

Angesichts einer so bereinigten Tagesordnung boten die Gipfelgespräche von 1973 in Washington beiden Regierungschefs die ungewöhnliche Gelegenheit, sich über die persönliche Haltung des jeweiligen Gesprächspartners ein Bild zu machen – die wichtigste Aufgabe jeder Gipfeldiplomatie –, aber Nixon war von schweren Sorgen belastet und abgelenkt. Er führte die Gespräche sehr geschickt, aber ohne die Zielsicherheit und das Selbstbewußtsein vergangener Jahre. Breschnew wiederum konnte seine Unsicherheit kaum hinter seiner rauhen Herzlichkeit verbergen. Ein Besuch der Vereinigten Staaten war für ihn offensichtlich ein großes Erlebnis. Er bemühte sich daher verzweifelt darum, einen guten Eindruck zu machen. Bei allen öffentlichen Auftritten versuchte er, seine Verwundbarkeit hinter plumpen Clownerien zu verbergen. Man spürte deutlich, daß er menschlicher und zugänglicher erscheinen wollte als Chruschtschow. Unter normalen Umständen hätte er vielleicht so sympathisch gewirkt, wie er jetzt irgendwie rührend war. Angesichts des Sumpfes von Watergate, in dem wir steckten, konnte uns Breschnew nicht beeindrucken. Die Presse neigte sogar dazu, das Verhalten Breschnews als Rettungsaktion für Nixon zu interpretieren, und damit war niemandem geholfen. Außerdem war diese Behauptung unfair, denn Breschnew konnte zu diesem Zeitpunkt noch nicht ganz begriffen haben, in einer wie verzweifelten Lage Nixon sich befand.

Breschnew traf am 16. Juni in Washington ein. Für den etwas schwermütigen Parteisekretär wurde die Notwendigkeit, sich an die Zeitumstellung zu gewöhnen, zur Zwangsvorstellung. Er trug zwei Uhren; die eine zeigte die Moskauer Zeit, die andere die Washingtoner. Immer wieder vergaß er, ob es in Moskau früher oder später war als in Washington. Als er nach San Clemente kam und drei Stunden hinzugerechnet werden mußten, gab er es auf, die Zeiten zu vergleichen, beschwerte sich aber ständig über diesen Zustand.

Vor Beginn der Gipfelgespräche stellte Nixon seinem sowjetischen Gast und dessen Begleitung die Sommerresidenz des Präsidenten in Camp David zur Verfügung, um ihnen eine Gelegenheit zum Ausruhen zu geben. Die Ferienhäuser im kapitalistischen Amerika waren sehr viel ländlicher, kleiner und weniger elegant als die Villen in Zavidovo. Da Nixon und ich an diesem Wochenende in Key Biscayne waren, rief ich Breschnew an und erkundigte mich nach seinem Befinden. Obwohl ein Dolmetscher eingeschaltet war, spürte ich seine Begeisterung und Vorfreude, zugleich aber auch die Sorge, ob alles glatt gehen würde. Er sagte, daß es ihn beruhigen würde, wenn wir mit ihm vor der für den nächsten Tag angesetzten offiziellen Begrüßung den Terminkalender durchgehen könnten. So flog ich am 17. Juni nach Camp David, um einen strahlenden Breschnew willkommen zu heißen. Er umarmte und küßte mich – solange ich ihn kenne, war es das erste und einzige Mal – und zeigte mir sofort sein neues Spielzeug, ein Zigarettenetui, das die Zigaretten in bestimmten Zeitabschnitten nur einzeln freigab. Aber Breschnew hatte dafür gesorgt, daß er nicht zum Sklaven dieses Systems wurde und hatte stets zwei dieser Taschensafes bei sich.

Eine seiner größten Sorgen bestand darin, daß wir vielleicht nach einem Ausweg suchten, um noch in letzter Minute die Unterzeichnung der Vereinbarungen über die Verhinderung eines mit Kernwaffen geführten Krieges zu vermeiden. Ich versicherte ihm, daß eine solche Möglichkeit nicht bestünde. Würde er mit Demonstrationen konfrontiert werden? Würden ihn die Senatoren respektvoll behandeln? Würde jemand versuchen, sich in die inneren Angelegenheiten der Sowjetunion einzumischen? Ich versicherte ihm, überzeugt zu sein, daß er mit jeder nur denkbaren Lage fertig werden könnte. Er ließ sich zwar beruhigen, konnte seine Sorgen aber augenscheinlich doch nicht ganz loswerden.

Die Begrüßungszeremonie für Staatsgäste im Weißen Haus ist einfach und eindrucksvoll. Sie war für 10.30 Uhr am nächsten Vormittag auf dem weiten Rasenplatz auf der Südseite angesetzt. Wenige Minuten vorher erschienen unter den Klängen des von einem Musikkorps der Marineinfanterie gespielten Marsches »Hail to the Chief« der Präsident und seine Gattin am Eingang unter dem südlichen Portikus, der aus dem diplomatischen Empfangszimmer ins Freie führte. Nixon begrüßte die auf dem Rasen wartenden geladenen Gäste, zu denen jedesmal der Außenminister, der Vorsitzende der Joint Chiefs of Staff, der Doyen des Diplomatischen Korps, der Botschafter des betreffenden

Landes und der amerikanische Botschafter in diesem Land und andere hohe Beamte gehörten. Ein Trompetensignal kündigte an, daß die Limousine mit Breschnew am Südwesttor angekommen war und sich, langsam an einer Ehrenwache vorbeifahrend, dem Präsidenten näherte.

Alles verlief plangemäß. Die Limousine hielt vor dem südlichen Portikus, wo der Präsident Breschnew begrüßen und dann gemeinsam mit ihm auf eine Plattform gehen sollte, um dort die beiden Nationalhymnen anzuhören. Doch jetzt geriet alles durcheinander. Die in Paradeuniform angetretenen Abteilungen der drei Teilstreitkräfte mit ihren Regimentsfahnen warteten darauf, daß Breschnew die Front abschritt, aber unser russischer Gast konnte sein Temperament nicht mehr zügeln. Als er auf die in Reih und Glied aufgestellten Soldaten zuging, wurde er von einer Menschenmenge abgelenkt, die amerikanische und sowjetische Flaggen schwenkte. Er lief auf die Leute zu und fing an, ihnen wie ein amerikanischer Politiker, der sich auf einer Wahlkampfreise befindet, die Hände zu schütteln. Es gelang Nixon, den Offizier, der die Ehrenwache befehligte, und unseren Protokollchef zu beruhigen und Breschnew sanft in Richtung der immer noch unter präsentiertem Gewehr dastehenden Soldaten zu drängen. Breschnew kehrte auf die Plattform zurück und nahm den Vorbeimarsch des Musikkorps ab. Dann sagten er und Nixon ein paar Begrüßungsworte. Anschließend gingen beide Regierungschefs die Freitreppe zum südlichen Portikus hinauf und winkten der Menge zu, bevor sie im Empfangszimmer verschwanden, wo sich der Präsident und seine Gäste aufstellten, um die versammelten Würdenträger zu begrüßen. Aber auch hier sabotierte Breschnew das Protokoll. Die Begrüßung dauerte länger als vorgesehen, weil Breschnew nicht darauf verzichten wollte, einige alte Bekannte in längere Gespräche zu verwickeln. Die Mißachtung der kapitalistischen Gepflogenheiten durch Breschnew hatte zur Folge, daß der Empfang, für den eine halbe Stunde vorgesehen war, und der daher bis elf Uhr dauern sollte, fast die doppelte Zeit in Anspruch nahm, und um soviel verspätete sich auch der Beginn der offiziellen Gespräche im Ovalen Zimmer. Aber damit waren die Überraschungen noch nicht zu Ende.

An dem ersten Treffen zwischen Breschnew und Nixon im Ovalen Zimmer sollten Außenminister William Rogers, ich und Hal Sonnenfeldt als Protokollführer auf unserer Seite, Außenminister Andrei Gromyko, Botschafter Dobrynin und der glänzende Dolmetscher Viktor Suchodrow für die Sowjets teilnehmen. (Sonnenfeldt beherrschte als einziger Amerikaner das Russische). Zuerst stellten sich Nixon und Breschnew allein den Fotografen. Nachdem den Hauptbeteiligten auch bei dieser Prozedur protokollgerecht der Vortritt gelassen worden war, sollten wir uns ihnen anschließen, aber wir warteten mehr als eine Stunde im Beratungszimmer des Kabinetts vergeblich darauf, hineingerufen zu werden.

Der Inhalt des während dieser Zeit geführten Gesprächs wird erst bekannt werden, wenn die entsprechenden Tonbänder zur Veröffentlichung freigegeben worden sind. Der Präsident hat mich nicht davon unterrichtet. Wahrscheinlich hat Breschnew einiges von dem wiederholt, was er mir schon in Zavidovo gesagt hatte. Es muß sich bei dem Gespräch aber um allgemeine Themen gehandelt haben, denn Dobrynin, dem das Protokoll von Suchodrow sicher zur Verfügung stand, hat mir niemals etwas darüber gesagt oder angedeutet, daß man zu irgendwelchen Schlüssen gekommen sei. (Suchodrow hat zwar zugesagt, mir das Protokoll zu überlassen, ist aber offenbar nicht mehr dazu gekommen.) Um 12.35 Uhr wurden wir endlich hereingebeten. Breschnew, der Nixons Aufforderung wörtlich nahm, seine Auffassungen von den Beziehungen zwischen den Vereinigten Staaten und der Sowjetunion zu erläutern, äußerte sich sehr ausführlich zur Geschichte der sowjetisch-amerikanischen Beziehungen, was mit der Übersetzung fast fünfundvierzig Minuten in Anspruch nahm. In dieser Erklärung bezeichnete er den Moskauer Gipfel von 1972 als einen Wendepunkt in den Ost-West-Kontakten. Breschnew behauptete, alle Probleme ließen sich lösen, solange beide Seiten auf einseitige Vorteile verzichteten und kompromißbereit wären:

> Alles, was in Moskau geschehen ist und was wir hier tun, ist deshalb von ungewöhnlicher Wichtigkeit und Bedeutung. Wie Sie wissen, befinden wir Russen uns im Vorteil – das Leben ist immer der beste Lehrer. Ich glaube, das Leben unserer beiden großen Völker und unserer Führer hat uns zu dem Schluß geführt, daß wir jetzt und in der Zukunft neue Beziehungen zwischen uns schaffen müssen. Ich bin deshalb zutiefst dankbar, ausdrücklich darauf hinweisen zu können, daß die menschliche Vernunft uns beide gleichzeitig zu dieser Erkenntnis geführt hat, und das ist auch die Ursache für das erfolgreiche Treffen im vergangenen Jahr in Moskau. Ich bin ganz fest davon überzeugt und werde das auch weiterhin sein, daß alles, was in Moskau geschehen ist, in der tiefen Erkenntnis der Bedeutung unserer gemeinsamen Anstrengung für die Zukunft und für den Frieden stattgefunden hat. Wir sind im vergangenen Jahr nicht deshalb in Moskau zusammengekommen, um unsere Stärke zu vergleichen oder miteinander in Konkurrenz zu treten, sondern um wichtige Entscheidungen zu treffen. Und ich weiß, daß diese Entscheidungen einstimmig von Ihrem und von unserem Volk unterstützt werden.

Angesichts der Tatsache, daß John Dean in einer Woche in den Zeugenstand treten würde, war die Vorstellung, das amerikanische Volk stünde geschlossen hinter Nixon, ein frommer Wunsch, wenigstens für die anwesenden Amerikaner, die sorgenvoll in eine unruhige Zukunft blickten. Andererseits wurde unsere Aufmerksamkeit durch zunehmende Hungergefühle abgelenkt, denn die Sitzung dehnte sich bis in den Nachmittag aus, ohne daß irgend etwas einen baldigen Abschluß vermuten ließ. Mit einem Ende war ohnedies nicht bald zu rechnen, denn der Präsident hatte noch nicht geantwortet. Breschnew, der die Unruhe auf der amerikanischen Seite spürte, blickte immer wieder auf seine beiden Uhren. Er erklärte, er täte das, um den Rhythmus seiner Körperfunktion zu überwachen und es nicht zu versäumen, seine Genossen in Moskau anzurufen. Ich konnte hören, wie Gromyko und Dobrynin ihm zum zehnten Mal erklärten, daß Moskau Washington um sieben Stunden voraus war, doch offenbar waren beide nicht überzeugt, daß ihr Chef diese Nachricht behalten würde. Breschnew unterbrach seinen Monolog ein paarmal, um den Präsidenten, Rogers und mich zu fragen, ob er uns ermüdete. Um des amerikanischen Prestiges willen bestritten wir das höflich, wenngleich wir das ungute Gefühl hatten, unsere Versicherungen verlören immer mehr an Glaubwürdigkeit, je länger sich der Nachmittag hinzog.

Nixons Erwiderung war zum Glück knapper als Breschnews Vortrag. Er hatte sich nicht auf eine längere Sitzung vorbereitet. Die von meinem Büro verfaßten Gesprächsnotizen sahen vor, sich mit Breschnew über die Tagesordnung des Gipfeltreffens zu einigen und dem Generalsekretär klarzumachen, daß an ein Kondominium nicht zu denken sei. Doch Nixon war nicht gewillt, sich durch Breschnews philosophischen Diskurs in den Schatten stellen zu lassen. Er zog Vergleiche zwischen der Stimmung, die geherrscht hatte, als sich Eisenhower und Chruschtschow 1959 im Ovalen Zimmer trafen und der heute herrschenden Atmosphäre. Wahrscheinlich wollte er sagen, daß diesmal Berlin nicht bedroht sei. Diese Herausforderung war der Anlaß für die Einladung an Breschnews Vorgänger gewesen. Dann begrüßte Nixon die Tatsache, daß sich seither eine nukleare Ausgewogenheit entwickelt hatte. Während der ganzen Zeit meiner Zusammenarbeit mit ihm ist dies das einzige Mal gewesen, daß er im Gespräch mit einem kommunistischen Führer das Gefühl für die Wirkung dessen verlor, was er sagte. Die strategische Ausgewogenheit mußte, wenn die Demokratien nicht ihre konventionellen Streitkräfte verstärkten, früher oder später für uns zu einem strategischen Alptraum werden, denn damit wurde die sowjetische Überlegenheit bei den konventionellen Streitkräften für Interventionen in regionalen Konflikten frei.

Aber Nixon fand bald zu sich zurück, betonte, wir lehnten jede Art eines Kondominiums der Supermächte entschieden ab. »Während wir als praktische Männer wissen, wie stark wir sind, können wir es uns als starke Nationen auch leisten, eine Politik der Achtung vor den Rechten anderer Nationen zu verfolgen, und sollten das auch tun.« Damit sorgte Nixon dafür, daß Breschnew die Bedeutung der Vereinbarungen über die Verhinderung eines mit Kernwaffen geführten Krieges nicht mißverstand, die, wie der Präsident sagte, »die Rechte aller Länder und gleichzeitig die Verantwortung unserer beiden Länder dafür anerkennen, um Methoden zu entwickeln, mit denen sich nukleare und andere Konfrontationen zwischen uns vermeiden lassen«.

Nixon schloß mit einer langen Liste von Themen, die auf den folgenden Sitzungen behandelt werden sollten: die europäische Sicherheit, SALT, Vietnam, Kambodscha und die Wirtschaftsbeziehungen. Breschnew erklärte sich bereitwillig einverstanden. »Ich höre Vietnam«, sagte er, als Nixon dieses Thema anschnitt. »Ich habe nicht damit angefangen. Aber wenn Sie es wünschen, dann können wir später darüber reden. Ich erinnere mich, daß wir in der Datscha schon darüber gesprochen haben.«

Damit meinte er die heftigen Ausfälle gegen Nixon, die dieser sich 1972 von Breschnew, Kossygin und Podgorny, die damals der Reihe nach in Breschnews Datscha, vierzig Minuten vom Kreml entfernt, geredet hatten.[15] Die sowjetischen Politiker hatten sich damals sehr brutal verhalten, ohne etwas dadurch zu gewinnen. Ihre Vorwürfe sollten nur aktenkundig gemacht werden – aus dem folgenden Gespräch ließ sich diese Absicht deutlich erkennen: »Ja«, antwortete Nixon höflich, »wir kamen erst sehr spät zum Abendessen.« »Und wir haben uns sehr gut unterhalten«, meinte Breschnew schlagfertig. Damit hatte er sicher recht. Was kann vergnüglicher sein als einem ideologischen Gegner, der auf der anderen Seite des Globus zu Hause ist und dort sein eigenes Fegefeuer hat, die Hölle heiß zu machen?

Die Sitzung im Ovalen Zimmer dauerte bis 15.30 Uhr. Dann stürzte die ausgehungerte amerikanische Delegation in den Speisesaal des Weißen Hauses. Breschnew, der wahrscheinlich immer noch nicht wußte, ob er uns zeitlich sieben Stunden voraus war oder nicht, hatte augenscheinlich keinen Hunger.

Das ganze Gipfeltreffen war gekennzeichnet durch den für Verhandlungen mit den Sowjets so typischen unregelmäßigen Rhythmus. Verabredungen wurden grundlos abgesagt oder unsere sowjetischen Gesprächspartner erschienen ganz einfach nicht. Die Sitzungen wurden plötzlich und unvermittelt verschoben, nicht nur in Moskau, wo alles von der sowjetischen Seite geregelt wurde, sondern auch in den Vereinigten Staaten. In Camp David, wohin sich die ganze Gruppe am 20. Juni für zwei Tage zurückzog, lag Breschnews Ferienhaus schräg gegenüber der Unterkunft des Präsidenten. Bei einer Gelegenheit saßen Breschnew und seine Kollegen im angeregten Gespräch noch zwei Stunden, nachdem das nächste Treffen mit Nixon hätte beginnen sollen, auf ihrer Veranda und hielten es nicht für nötig, einen Boten herüberzuschicken, um uns ihre Verspätung zu erklären. Ebenso wie in Moskau brachen sie ihre Beratung ganz plötzlich ab und erklärten, daß sie jetzt bereit seien, zu uns herüberzukommen. Vielleicht haben sie sich absichtlich so verhalten, oder sie hatten sich noch nicht an die Zeitumstellung gewöhnen können, jedenfalls begann die gemeinsame Sitzung wieder zur Zeit des Mittagessens. Nixon war geduldiger als ich. Die Sowjets hatten sehen können, daß er frei war. Er erklärte sich bereit, die sowjetische Delegation zu empfangen. Diesmal ging es um die europäische Sicherheitskonferenz. Das Gespräch bestand zum größten Teil aus einem Monolog Breschnews, der mitteilte, welche europäischen Regierungschefs schon dem sowjetischen Vorschlag zugestimmt hatten, die Konferenz auf höchster Ebene abzuschließen. (Das war uns zum größten Teil ganz neu und entbehrte nicht einer gewissen Ironie, denn die gleichen europäischen Regierungschefs hatten wenig Neigung gezeigt, mit dem Präsidenten auf einem westlichen Gipfel zusammenzukommen.)

Der Rest der Woche verging mit Gesprächen der Hauptbeteiligten, der Unterzeichnung von Dokumenten und Staatsdiners. Eine Sitzung beschäftigte sich mit den Aussichten für eine Ausweitung des sowjetisch-amerikanischen Handels. Welche Stimmung in jener jetzt schon so weit zurückliegenden Periode herrschte, zeigt sich darin, daß Breschnew die Hoffnung aussprach, die Sowjetunion könnte Verbrauchsgüter im Wert von zwanzig Milliarden Dollar von den Vereinigten Staaten kaufen. Wenn diese Absicht wirklich bestanden hat, dann war sie ein Beweis dafür, wie einseitig die sowjetische Wirtschaft auf die Produktion von Rüstungsgütern eingestellt und wie wenig leistungsfähig sie war. Auf einer anderen Sitzung erschien der heutige Präsidentenberater und praktizierende Rechtsanwalt John Connally und erklärte beiden Delegationen die große Bedeutung der natürlichen Erdgasvorkommen Sibiriens, was den Außenminister veranlaßte, mir zuzuflüstern, er hoffe, irgend jemand werde sich auch an ihn noch so freundlich erinnern, wenn er wieder in seine Anwaltsfirma zurückgekehrt wäre.

Nach einem ungewöhnlich reichlichen Essen, das am 21. Juni in der sowjetischen Botschaft stattfand, flog die Delegation in der Maschine des Präsidenten am 22. Juni nach San Clemente. Nachdem ich 1972 als Gast das viel luxuriöser ausgestattete Flugzeug Breschnews hatte benutzen dürfen, überlegte ich, ob die relative Schlichtheit von Camp David und der *Air Force One* unsere sowjetischen Gäste nicht davon überzeugt haben könnte, daß der Status in einer klassenlosen Gesellschaft dem einzelnen viel größere Vorteile verschafft als in einer kapitalistischen. In seiner Flugzeugkabine fand Breschnew einen Cowboy-Hut und einen Ledergürtel mit Spielzeugpistole als Geschenk vor. Den Hut verachtete er, fand den Gurt aber unwiderstehlich. Während wir das Grand Canyon überflogen, feierte Breschnew seine Ankunft im amerikanischen Westen, indem er seinen Lieblingsfilmstar John Wayne imitierte und den Revolver aus dem Pistolenhalfter zog.

In San Clemente bestand Breschnew darauf, in unmittelbarer Nähe des Präsidenten untergebracht zu werden. Da Nixon in seinem Haus nur über eine einzige Wohnung verfügte, die er selbst benutzte, wurde für Breschnew ein kleiner Bungalow eingerichtet, der gewöhnlich für Nixons Tochter Tricia reserviert war. Hier gab es nur ein mittelgroßes Wohnzimmer und daran anschließend zwei kleine Schlafzimmer mit geblümten Tapeten. Gromyko wurde in dem noch kleineren Häuschen von Julie Eisenhower untergebracht. In San Clemente geriet Breschnew sofort wieder in Konflikt mit dem Zeitunterschied und ging deshalb sofort nach seiner Ankunft um sechs Uhr abends zu Bett.

Die beiden wichtigsten Gespräche des ganzen Gipfels fanden am letzten Tag in San Clemente, am 23. Juni, statt. Sie waren in dem offiziellen Zeitplan nicht vorgesehen, und deshalb waren wir ganz unvorbereitet. An dem Treffen zwischen Nixon und Breschnew um die Mittagszeit nahmen nur ich und der Dolmetscher Suchodrew teil. Breschnew benutzte die Gelegenheit, seinem abgrundtiefen Haß gegen die Chinesen Ausdruck zu verleihen – eine Wiederholung dessen, was ich schon in Zavidovo erlebt hatte. Seine Wut war nicht frei von rassistischen Untertönen. Er behauptete, daß die Chinesen heimtückisch und verschlagen wären und sich nicht in die Karten blicken ließen. Für ihn war die chinesische Kulturrevolution ein Beispiel sittlichen Verfalls. Er fragte, was das für politische Führer seien, die ihr Volk unterdrückten, während sie in der ganzen Welt Propaganda für sich machten – als hätte man in seinem Vaterland des Sozialismus noch nie etwas vom Archipel Gulag mit seinen Konzentrationslagern und seiner Vernichtungsmaschine gehört. Er deutete an, sowjetische Ärzte glaubten, daß Mao geisteskrank gewesen sei, jedenfalls hätte er, ob normal oder nicht, »den Charakter eines Verräters gehabt«.

Aber Breschnew genügte es nicht, sich nur theoretisch zu äußern. Die Ziele, die er verfolgte, waren außerordentlich konkret. Er schlug einen vertraulichen Gedankenaustausch mit dem Präsidenten über China vor und behauptete, daß die Chinesen in zehn Jahren mit ihrem Nuklearprogramm soweit sein könnten wie die Sowjetunion 1973. So etwas könnte die UdSSR nicht zulassen; allerdings sagte er nicht, was der Kreml dagegen zu tun beabsichtigte. Sehr bald werde die UdSSR der Welt beweisen, wie aggressiv China sei, denn die Sowjetunion würde den Chinesen einen Nichtangriffspakt anbieten, den Peking mit Sicherheit ablehnen würde. (Er sollte recht behalten.) Breschnew fügte hinzu, daß er gegen die Beziehungen zwischen Washington und Peking nichts einzuwenden hätte. Militärische Absprachen seien etwas anderes. »Die Völker der Welt würden das Vertrauen zu uns verlieren«, sagte er und zeigte dabei ein für ihn ganz untypisches Interesse für die öffentliche Meinung in anderen Ländern. Die Sowjetunion habe nicht die Absicht, China anzugreifen, aber militärische Absprachen der Chinesen mit den Vereinigten Staaten würden die Lage nur verwirren. In dieser subtilen Formulierung spürte man deutlich Gromykos Handschrift.

Nixon erwiderte kühl, daß er bereit wäre, über den vertraulichen Kanal »über jedes Thema« zu sprechen, äußerte sich aber nicht näher zu den politischen Zielen oder Motiven der Chinesen. Ich erklärte, daß wir mit China noch niemals Gespräche militärischen Inhalts geführt hätten. Für die Zukunft machten weder Nixon noch ich irgendwelche Zusagen. Augenscheinlich rechnete Breschnew mit amerikanischen Gegenleistungen, als er ganz unvermittelt erklärte, daß die Sowjetunion ihre Rüstungslieferungen an Nordvietnam nach Unterzeichnung der Pariser Vereinbarungen eingestellt hätte. »Vielleicht ein paar Gewehre, aber nichts wirklich Wichtiges. Wir werden sie drängen, sich an die Pariser Vereinbarungen zu halten.«

Am Nachmittag nahm mich Gromyko kurz vor einem Empfang neben dem Schwimmbecken zur Seite. Offenbar fürchtete er, daß sich Breschnew nicht klar genug ausgedrückt hatte – obwohl auch sein schlimmster Feind dem Generalsekretär nicht den Vorwurf machen könnte, daß seine Ausdrucksweise an Deutlichkeit zu wünschen übrig ließe. Jedenfalls wollte der sowjetische Außenminister noch einmal und zum dritten Mal innerhalb von sechs Wochen ganz deutlich sagen, daß jede militärische Vereinbarung zwischen China und den Vereinigten Staaten zum Kriege führen würde. Ich sagte, daß ich begriffen hätte, äußerte mich aber nicht zu unseren Absichten. Ich hielt es nicht für sinnvoll, auf eine Drohung mit Blankozusagen zu reagieren, um so weniger, als ich – wie ich schon erklärt habe – überzeugt war, daß wir es zwar vermeiden sollten, einen sowjetischen Angriff gegen China zu provozieren, uns ein solcher Angriff jedoch nicht gleichgültig bleiben konnte. Die Auswirkungen auf das globale Gleichgewicht der Kräfte wären in einem solchen Fall fast ebenso katastrophal wie ein erfolgreicher Angriff gegen Westeuropa.

Die zweite Überraschung an diesem letzten Tag begann ganz undramatisch mit dem gewohnten Geplänkel zwischen Gromyko und mir über den Teil des gemeinsamen Kommuniqués, der sich mit dem Nahen Osten beschäftigte. Gromyko war außerordentlich vorsichtig. Schließlich hatten der vergangene Gipfel und dessen Kommuniqué wesentlich dazu beigetragen, daß die sowjetischen Berater aus Ägypten ausgewiesen wurden (siehe 6. Kapitel). Diesmal weigerte sich Gromyko sogar, die Resolution 242 des Sicherheitsrates zu erwähnen. Bei allen Verhandlungen über den Nahen Osten ging es um die verschiedenen Interpretationen dieses Beschlusses, weil wir uns weigerten, uns der sowjetischen proarabischen Interpretation anzuschließen. 1972 hatte Gromyko sich darum bemüht, alle Meinungsverschiedenheiten über den Nahen Osten zu verschweigen. 1973 wollte er sie unbedingt erwähnt wissen. Es handelte sich nur um einen kurzen Satz, aber durch ihn könnte das Debakel des vergangenen Jahres vermieden werden, als eine vage und beruhigende Formulierung von Sadat so interpretiert worden war, daß die Sowjets die arabischen Interessen preisgegeben hätten. (Die von beiden Seiten akzeptierten Texte finden sich im Anhang.)[17]

Aber das Gespräch mit Gromyko war nur ein Schattenboxen. Breschnew sorgte sich nicht so sehr um den Stand der gegenwärtigen Verhandlungen als darum, in welche Richtung sich die Lage im Nahen Osten entwickelte. Im Mai hatte ich Breschnew in Zavidovo unsere Lagebeurteilung angesichts der Unterstützung des arabischen Maximalprogramms durch die Sowjetunion erläutert: »Es ist schwer, Israel davon zu überzeugen, daß es auf Gebiete verzichten müßte, um etwas dafür zu bekommen, was es schon hat (den Waffenstillstand), und einen Krieg zu vermeiden, den die Israelis gewinnen können – nur um dann mit den unnachgiebigen Arabern (den Palästinensern) verhandeln zu müssen.« Wir planten für Ende Oktober nach den Wahlen in Israel eine größere diplomatische Initiative, wollten aber bis dahin Zeit gewinnen. Doch in Zavidovo hatte Breschnew von der Kriegsgefahr gesprochen und angedeutet, daß es immer schwieriger würde, seine arabischen Verbündeten in Zaum zu halten. Unwillig erklärte er, daß wir alles auf einen Zustand setzten, der sich unter Umständen auf die Dauer nicht aufrecht erhalten lassen würde: »Es ist unmöglich, nicht gewisse Maßnahmen zu ergreifen, oder Präsident Nixon und ich werden uns in einer unmöglichen Lage wiederfinden . . . Schließlich ist nichts auf dieser Welt ewig – und auch die gegenwärtige militärische Überlegenheit der Israelis wird nicht ewig bestehen bleiben.« Breschnew hatte mir damals kein Aktionsprogramm vorgeschlagen. Ich hielt die verschleierte Kriegsdrohung für ein Täuschungsmanöver, weil ein Krieg nach unserer Auffassung zu einer Niederlage der Araber führen mußte, vor der die Sowjets ihre Freunde nicht bewahren konnten. In Zavidovo hatte mir Gromyko eine Reihe von Grundsätzen vorgelegt, aber sie entsprachen genau dem arabischen Programm. Da Breschnew in seinem Gespräch mit mir nicht bereit gewesen war, auch nur um einen Zollbreit davon abzugehen, hatten wir die weitere Behandlung dieses Themas für die Gipfelgespräche im Juni vorgesehen.

Nun, da dieser Gipfel stattfand, hatten die Sowjets eigenartigerweise erklärt, sie hätten kein besonderes Interesse daran, über den Nahen Osten zu sprechen. Zwar hatte ich mit Gromyko den Streit um den Text des Kommuniqués, aber weder in Washington noch an Bord der *Air Force One* oder in San Clemente hatte irgend etwas darauf hingedeutet, daß Breschnew mit Nixon über den Nahen Osten sprechen wollte.

Ich hatte gehofft, daß wir uns endlich von den anstrengenden Verhandlungen erholen könnten, als Nixon am 23. Juni um 16.30 Uhr am Schwimmbecken neben seinem Haus eine Cocktail-Party gab, zu der er die Persönlichkeiten aus Hollywood eingeladen hatte, die trotz Watergate noch bereit waren, einer solchen Einladung zu folgen. Es waren nicht sehr viele. Breschnew schien sich gut zu unterhalten. Um 19 Uhr sollte ein Abendessen für nur zehn Personen in Nixons kleinem Speisezimmer stattfinden. Aber schon vor Beginn der Party hatte Breschnew behauptet, völlig erschöpft zu sein, und gebeten, das Essen auf 18 Uhr vorzuverlegen – wieder war die Zeitverschiebung schuld daran. Nixon erklärte sich einverstanden, auch wenn das ein schwacher Trost für die wenigen treuen Freunde war, die es riskiert hatten, dafür getadelt zu werden, daß sie eine zwei Stunden dauernde Fahrt von Los Angeles nach San Clemente unternahmen, um an einem Empfang teilzunehmen, der nur eine knappe Stunde dauerte.

Die Atmosphäre beim Essen war freundlich. Breschnew fühlte sich im Kreis der Familie sichtlich wohl. Nixon brachte einen passenden Trinkspruch aus und sprach von der Verantwortung der beiden Regierungschefs für die Zukunft der Kinder auf der ganzen Welt, ein Gefühl, das in beiden Männern angesichts ihrer Zuneigung zu den eigenen Kindern sehr lebendig gewesen sein muß. Als Nixon geendet hatte, ging Breschnew um den Tisch herum und umarmte ihn. Gegen 19.15 Uhr entschuldigten sich die sowjetischen Gäste. Breschnew brauchte jetzt Ruhe, denn es stand ihm wieder die Umstellung auf eine neue Uhrzeit bevor. Am nächsten Morgen sollte er nach Washington zurückfliegen, um sich vor seiner Abreise nach Paris am 25. Juni in Camp David auszuruhen. Nixon zog sich in sein Schlafzimmer zurück, und ich ging zu meiner etwa zehn Minuten von hier entfernt gelegenen Unterkunft.

Um 22 Uhr läutete mein Telefon. Am Apparat war ein Beamter des Geheimdienstes, der mir mitteilte, daß Breschnew aufgestanden wäre und sofort mit dem Präsidenten sprechen wollte, der schon schlafen gegangen war – ein flagranter Verstoß gegen das Protokoll. Weder vorher noch nachher ist es jemals vorgekommen, daß ein ausländischer Gast am letzten Abend eines Staatsbesuchs spätabends ein Gespräch mit dem Präsidenten über ein nicht näher bezeichnetes Thema führen wollte, ohne daß dieses Treffen vorher auf die Tagesordnung gesetzt worden war. Zudem war es ein durchsichtiger Versuch, Nixon unvorbereitet und, wenn man Glück hatte, auch ohne die Unterstützung durch seine Berater zu überraschen. Solche Manöver erschüttern das gegenseitige Vertrauen so sehr, daß dieser Vertrauensverlust fast niemals durch die taktischen Vorteile aufgewogen werden kann. Zugeständnisse, die man sich so erschlichen hat, mögen peinlich sein, sie bilden aber nie eine Grundlage für die Weiterentwicklung der Beziehungen zwischen den Nationen, weil sich niemand auf die Dauer daran halten wird.

Ich sagte dem Geheimdienstbeamten, daß er den Sowjets mitteilen sollte, es könnte nichts geschehen, bevor ich nicht mit dem Präsidenten gesprochen hätte. Nach etwa fünfzehn Minuten weckte ich Nixon. Nachdem er sich den Schlaf aus den Augen gerieben hatte, war er hellwach. Und als ich ihm sagte, was geschehen war, fragte er: »Was haben sie vor?« »Wer kann das wissen?« antwortete ich, »aber ich fürchte, wir werden dieses Gipfeltreffen nicht überstehen, ohne eine Datscha-Sitzung hinter uns gebracht zu haben.« Nixon befahl seinem Diener, Manolo Sanchez, den Kamin in seinem Arbeitszimmer in dem kleinen Turm anzuheizen, von dem aus man einen Blick auf den Pazifik hat. Ich suchte indessen Gromyko auf, um festzustellen, worum es sich handelte, und ihm zu sagen, daß ich an der Besprechung teilnehmen würde. Es stellte sich heraus, daß Breschnew urplötzlich das unstillbare Verlangen gehabt hatte, über den Nahen Osten zu sprechen. Ich erklärte kühl, daß ich den Präsidenten unterrichten und die Sowjets wissen lassen würde, wann er Breschnew empfangen könnte.

So kam es, daß der sowjetische Führer am letzten Abend seines Aufenthalts in San Clemente um 22.45 Uhr den wichtigsten Vorschlag machte, den wir während des ganzen Gipfeltreffens von ihm zu hören bekamen: Die Vereinigten Staaten und die Sowjetunion sollten sich hier und jetzt über eine endgültige Beilegung der Nahost-Krise einigen, und zwar auf der Grundlage eines totalen Rückzugs Israels auf die Grenzen von 1967, wofür die Gegenleistung nicht der Friede, sondern die Aufhebung des Kriegszustands sein sollte. Der endgültige Friede werde von dem Erfolg anschließender Verhandlungen mit den Palästinensern abhängig sein; die Großmächte würden die Einhaltung der vereinbarten Bedingungen garantieren. Das war natürlich die Standardposition der Araber. Breschnew muß begriffen haben – und wenn das nicht der Fall gewesen ist, dann war Gromyko viel zu erfahren, um es nicht zu wissen –, daß nicht die geringste Chance für einen solchen Vorschlag bestand oder in den uns noch verbleibenden Stunden ausgehandelt werden konnte, was Breschnew aber nicht daran hinderte, den Versuch zu wagen. Er sagte, daß er keine öffentliche Erklärung wünschte. Es sollte ein geheimes Abkommen sein, von dem nur die im Zimmer anwesenden Personen Kenntnis hätten. Er verriet uns nicht, wie ein so revolutionäres Vorhaben wie ein von den Vereinigten Staaten und der Sowjetunion dem Nahen Osten aufgezwungener Friede geheimgehalten werden könnte, wenn er wirklich geschlossen würde.

Nixon, der, wenn er unter Druck gesetzt wurde, stets ganz ruhig war, antwortete, daß an diesem Abend keine Entscheidungen mehr getroffen werden könnten. Auch könnten wir die »allgemeinen Arbeitsgrundsätze« nicht akzeptieren, die man mir in Zavidovo vorgelegt hatte. Ich würde versuchen, sie zu redigieren und den redigierten Text Breschnew vorlegen, bevor er am 25. Juni von Camp David abreiste. Doch das wollte dem Generalsekretär nicht gefallen. Wie in der Datscha fing er auch hier an, grob zu werden:

Wenn über die Grundsätze keine Klarheit herrscht, dann wird es uns schwerfallen, zu verhindern, daß sich die militärische Lage verschärft ... Ohne eine Einigung über die allgemeinen Grundsätze können wir nicht wissen, was wir tun sollen ... Ich bin kategorisch gegen eine Wiederaufnahme des Krieges. Aber ohne eine Vereinbarung über die Grundsätze ... können wir nichts tun.

Mit anderen Worten, vierundzwanzig Stunden nach dem Verzicht auf die Androhung von Gewalt in den Vereinbarungen über die Verhinderung eines mit Kernwaffen geführten Krieges drohte uns Breschnew praktisch mit einem Krieg im Nahen Osten für den Fall, daß wir auf seine Forderungen nicht eingingen.

Breschnew trug seine Forderungen mit äußerster Heftigkeit vor. Später sagte mir Dobrynin, daß er Suchodrew gebeten habe, Breschnews Grobheiten nicht wörtlich zu übersetzen. Aber was wir erfuhren, war deutlich genug. Breschnew wollte den Nahost-Konflikt noch im gleichen Sommer beenden, und die von ihm vorgeschlagenen Bedingungen entsprachen den Forderungen der Araber. In Wirklichkeit gab es keine Möglichkeiten, vor den israelischen Wahlen ernsthafte Friedensverhandlungen aufzunehmen, und die von Breschnew vorgeschlagenen Bedingungen würden unter gar keinen Umständen akzeptiert werden. Hätte Nixon auf dem Höhepunkt der Anhörungen über Watergate eine Lösung erzwungen, dann hätte er damit nicht nur den Eindruck erweckt, ein Ablenkungsmanöver in Szene zu setzen, sondern man hätte ihm auch den Verrat an einem Verbündeten vorgeworfen. Jedenfalls war das von Breschnew vorgelegte Programm von vornherein unannehmbar für uns.

Wahrscheinlich hat uns Breschnew sowohl aus Enttäuschung wie auch aus Überzeugung bedroht. Er kannte die ägyptischen Drohungen sicherlich ebensogut wie wir und vermutete auch, daß ein solcher Versuch mit einer arabischen Niederlage enden würde. Er wußte, daß unser Verbündeter militärisch stärker war und wir die diplomatischen Schlüssel für eine Beilegung der Krise in der Hand hatten. Nun wollte er uns überfahren und aus seinem Dilemma herauskommen, ohne etwas dafür zu bezahlen. Auf jeden Fall aber versuchte er es, uns dafür verantwortlich zu machen, daß sich die Lage festgefahren hatte, und wollte eine weitere Aushöhlung der sowjetischen Position in der arabischen Welt verhindern.

Diese Erklärungen nehmen jedoch Breschnews Verhalten nichts von seiner Ungeheuerlichkeit. Es war der unverschämte Versuch, Nixons peinliche Lage angesichts von Watergate auszunutzen – was Dobrynin sichtlich peinlich war, der wußte, daß wir diese Forderungen aus innenpolitischen Gründen nicht erfüllen konnten und daß sie diplomatisch sinnlos waren. Wahrscheinlich liegt darin auch die Erklärung für Gromykos eisige Distanziertheit. Wir waren bereit, mit Moskau über die Grundfragen zu sprechen, nachdem wir das mit uns verbündete Israel konsultiert und auch mit Ägypten gesprochen hatten, mit dem die Vorgespräche schon anliefen. Wir waren aber nicht bereit, die Entspannung mit einer Verschlechterung unserer geopolitischen Position zu bezahlen. Nach einem anderthalb Stunden dauernden Monolog

Breschnews brachte Nixon die Angelegenheit mit großer Festigkeit und Würde zum Abschluß und sagte, daß er sich am nächsten Vormittag das Protokoll der Gespräche ansehen werde. Das Problem sei nicht so einfach, wie Breschnew es dargestellt habe. Er könnte im Augenblick nichts anderes tun, als mich bitten, einen Gegenvorschlag zu den mir in Zavidovo von Gromyko vorgelegten Grundsätzen auszuarbeiten:

> Ich werde das morgen berücksichtigen. Wir werden nichts verlautbaren und die Vertraulichkeiten im Rahmen eines Gentleman-Agreements wahren. Ich hoffe, daß Sie nicht mit leeren Händen nach Hause zurückkehren werden. Aber wir müssen jetzt abbrechen. Es wäre sehr leicht für mich zu sagen, daß Israel sich aus allen besetzten Gebieten zurückziehen müßte, und dann zu erklären, daß wir uns grundsätzlich darüber geeinigt hätten. Aber darum geht es ja gerade. Ich will mich über Grundsätze einigen, die eine Beilegung der Krise ermöglichen. Darum werden wir uns in diesem Jahr bemühen. Die Lage im Nahen Osten verlangt das sehr dringend.

Damit endete das Gespräch. Wie 1972 in der Datscha gab Breschnew nach. Er teilte uns noch in großen Zügen mit, was er bei seinem Zwischenaufenthalt in Paris mit Pompidou besprechen wollte. Aber der bittere Nachgeschmack blieb, und wir konnten das Gespräch in Nixons Arbeitszimmer nicht vergessen, als es nach etwas mehr als drei Monaten im Nahen Osten zur Explosion kam.

Am letzten Tag, dem 24. Juni, glätteten sich die Wellen, wie jedesmal, wenn wir mit der sowjetischen Führung zusammentrafen. Breschnew und Nixon verabschiedeten sich auf dem Rasenplatz vor dem Haus des Präsidenten in San Clemente. Breschnew bedankte sich wortreich bei Nixon und betonte, daß er abreiste mit »einem guten Gefühl«. Er freute sich darauf, Nixon im nächsten Jahr in der Sowjetunion zu begrüßen und rechnete mit weiteren Fortschritten. Nixon versicherte, die Verbesserungen in den Beziehungen zwischen den Vereinigten Staaten und der Sowjetunion dienten »nicht nur dem Frieden zwischen unseren beiden großen Ländern, sondern auch der Entstehung einer Ära, in der es für alle Völker der Welt Frieden geben kann«.

Nixon begleitete Breschnew im Hubschrauber bis zum Flugplatz der Marineinfanterie in El Toro. Auf dem Flug sagte Breschnew, die Gespräche über eine beiderseitige Truppenverringerung in Europa würden vielleicht besser vorankommen, wenn die Sowjetunion und die Vereinigten Staaten sie mit einer symbolischen Verringerung von vielleicht jeweils zehntausend Mann einleiteten.

Dieser Gedanke wurde nicht weiter verfolgt. Beim Abschied sahen sich beide Staatsmänner zum letztenmal als Gleichberechtigte. Der nächste Gipfel im folgenden Jahr fand in Moskau etwas mehr als einen Monat vor Nixons Rücktritt statt.

Zusammenfassung

Das Gipfeltreffen von 1973 verdeutlichte die Ambivalenz der Ost-West-Beziehungen im Atomzeitalter. Beide Seiten waren sich der mit einem Krieg verbundenen Risiken schmerzlich bewußt. Ich glaubte immer noch, daß Breschnew aufrichtig bemüht war, eine lange Periode der Stabilität herbeizuführen. Aber kein sowjetischer Führer kann aus seiner ideologischen Haut heraus und das Postulat Lenins aufgeben, daß Macht und Einfluß eines Landes letzten Endes von den Kräfteverhältnissen bestimmt wurde. Die physische Leistungsfähigkeit der alternden sowjetischen Führung mag ihre Grenzen gehabt haben; ihre Bereitschaft, Risiken einzugehen, hat sich vielleicht verringert, nachdem diese Männer ein ganzes Leben hart um die Macht gerungen haben. Aber sowjetische Führer haben buchstäblich keinen Handlungsspielraum, um Zurückhaltung zu üben, wenn die Kräfteverhältnisse für sie ungünstig sind. Eine Gelegenheit, sich strategische Vorteile zu verschaffen, wird nicht auf unbestimmte Zeit ungenutzt bleiben, weil sie von bürgerlichen Skrupeln oder guten persönlichen Beziehungen zu westlichen Führern daran gehindert werden, ihren Vorteil zu wahren.

Aus dieser Perspektive mußte sich das Gipfeltreffen von 1973 für uns ungünstig auswirken, und zwar nicht aus außenpolitischen Gründen, sondern weil der desolate Zustand der innenpolitischen Lage in den Vereinigten Staaten allzu deutlich zum Ausdruck gekommen war. Am Ende ihres Aufenthalts in Amerika hatte die sowjetische Delegation begriffen, daß das Gipfeltreffen von Watergate überschattet wurde; diese Einsicht hat mir Dobrynin zwei Wochen später mit einer spitzen Bemerkung deutlich zu verstehen gegeben. Noch bedenklicher war der Umstand, daß die sowjetische Führung nach dem Gipfel davon überzeugt zu sein schien, Nixons Probleme könnten die vorzeitige Beendigung seiner Amtszeit bedeuten. Dadurch wurden sie zwar noch nicht zu Abenteuern veranlaßt, bei denen sowjetische Positionen aufs Spiel gesetzt werden könnten. Doch zweifellos waren sie jetzt weniger bereit, etwas von ihrem Kapital einzusetzen, um mit ihnen befreundete Nationen von Abenteuern abzuhalten – und so hat die Sowjetunion mit Sicherheit zum Ausbruch des Krieges im Nahen Osten beigetragen.

In der Folge von Watergate haben sich alle diplomatischen Bemühungen sofort verlangsamt. Breschnew zog sich bei den Verhandlungen zwischen den Vereinigten Staaten und der Sowjetunion aus der Schußlinie heraus. Es hatte keinen Sinn, das Prestige des Generalsekretärs mit dem Sturz des amerikanischen Präsidenten in Verbindung zu bringen. Ebenso wie bei den Verhandlungen über das Europa-Jahr verkümmerte die Diplomatie zu einem bürokratischen Verfahren und verlor an Kühnheit. Das Gipfeltreffen in Moskau 1974 zwischen Breschnew und Nixon wurde zu einer blassen Imitation der ersten beiden; man spürte weder eine bestimmte Zielrichtung noch den für solche Unternehmen notwendigen Schwung.

Die Strategie der Nixon-Administration verlangte einen entschlossenen Präsidenten, der bereit war, die Stärke Amerikas einzusetzen, um dem sowjetischen Expansionismus Widerstand zu leisten, und der ernsthaft verhandeln wollte, wenn die Sowjets eine Koexistenz auf dieser Basis akzeptierten. Aber unsere innenpolitischen Schwierigkeiten verbauten beide Wege. Deshalb haben viele unserer Kritiker das Kernproblem nicht richtig erkannt. Die Liberalen warfen uns vor, zu machiavellistisch zu sein. Für die Konservativen waren wir zu nachgiebig. Niemand begriff, daß wir in Wirklichkeit keine andere Wahl hatten. Watergate erlaubte uns nicht den Luxus, eine Außenpolitik zu betreiben, die es auf Konfrontationen ankommen lassen konnte, und nahm jeder versöhnlichen Politik ihre Bedeutung. Mäßigung ist schließlich nur bei denen eine Tugend, von denen man annehmen darf, daß sie eine Alternative haben. Im Nuklearzeitalter gibt es, wie ich glaube, keinen Ersatz für eine Politik auf lange Sicht, die um ihrer selbst willen Konfrontation vermeidet oder die sowjetischen Expansionsbestrebungen hinnimmt. Wir müssen uns auch gegen die ersten Anzeichen eines Machtmißbrauchs durch die Sowjetunion widersetzen, und zwar selbst dann, wenn sich die Verhältnisse noch nicht deutlich überblicken lassen. Wir müssen jedoch auch bereit sein für eine echte Koexistenz, wenn sich die Gelegenheit dazu ergibt. Das ist eine ungeheure, komplexe Herausforderung, und sie verlangt klare Urteilsfähigkeit, Entschlußkraft und Selbstvertrauen. Anfang der siebziger Jahre war alles durch innenpolitische Krisen überschattet. Aber die Herausforderung bleibt, und von der Art und Weise, wie sich Amerika dieser Herausforderung stellt, wird es abhängen, ob eine freie Gesellschaft ihre Sicherheit bewahren und ihre Wertvorstellungen durchsetzen kann.

VIII. Indochina: der Anfang vom Ende

Versprechen, die nicht eingehalten wurden

Als die Vereinbarungen zur Beendigung des Krieges und Wiederherstellung des Friedens in Vietnam am 27. Januar 1973 in Paris unterzeichnet wurden, erfüllte sich damit eine der Nixon-Administration und ihren Kritikern gemeinsame nationale Sehnsucht. Für die meisten Amerikaner bedeutete es das Ende des Krieges. Aber die Millionen in Indochina, die gelitten und gekämpft hatten, wußten, daß ihre Freiheit aufs äußerste gefährdet war.

Allzubald zeigten die führenden Politiker in Nordvietnam, daß der Waffenstillstand für sie nur ein taktisches Manöver war, eine Station auf dem Wege zur Erreichung des großen Ziels der Machtübernahme in ganz Indochina mit Gewalt. Noch bevor die Tinte auf den Pariser Vereinbarungen trocken war, fingen sie an, gegen die von ihnen in feierlicher Form übernommenen Verpflichtungen zu verstoßen; in Wahrheit hatte der Krieg für sie niemals aufgehört. Während meines Besuchs in Hanoi im Februar 1973 konnte man, wenn man den guten Willen und die Glaubwürdigkeit aufs äußerste strapazierte, die schon damals flagranten Verletzungen der Vereinbarungen als letzte Zuckungen eines Ringens deuten, das zehn Jahre gedauert hatte (siehe 2. Kapitel). Im März galten solche Entschuldigungen nicht mehr. Man erkannte allzu deutlich, daß der Waffenstillstand nur eine schlechte Tarnung dafür war, Männer und Waffen für eine neue Offensive bereitzustellen. Das waren keine rein technischen Vertragsverletzungen mehr, sondern deutliche Vorbereitungen für eine neue Phase des Krieges auf eine in den Vereinbarungen ausdrücklich verbotene Weise.

Das Ausmaß dieser Vorbereitungen war beunruhigend. Im Verlauf von drei Monaten wurden, wie wir der Sowjetunion Anfang Mai in einer Beschwerde mitteilten, dreißigtausend Soldaten über Laos in Südvietnam eingeschleust. Kriegsmaterial durfte legal nur als Ersatz für unbrauchbar gewordene Ausrüstungsgegenstände im Verhältnis 1:1 in den Süden des Landes gebracht werden, und zwar nur über internationale Kontrollpunkte. Die Vereinigten Staaten haben ihrerseits alle Vertragsbedingungen erfüllt. Die Nordvietnamesen schickten mehr als dreißigtausend Tonnen Rüstungsgüter in Tausenden von Lastwagen nach Süden, und zwar *nichts* davon über die internationalen Kontrollpunkte, deren Einrichtung von den Nordvietnamesen sabotiert und unmöglich gemacht worden war. Sie verstärkten ihr Arsenal mit vierhundert Panzern und dreihundert schweren Geschützen und richteten ein Netz von Flugabwehrstellungen ein. Die Nordvietnamesen blockierten systematisch die Arbeit der internationalen Kommission für Kontrolle und Überwachung (ICCS), die für die Einhaltung der Waffenstillstandsbedingungen sorgen sollte. Da zwei ihrer vier Mitglieder Kommunisten waren (eines aus Polen, das andere aus Ungarn), befand sich die Kommission in einer schwierigen Lage, denn ihre kommunistischen Mitglieder weigerten sich, die Waffenstillstandsverletzungen durch ihre Genossen zu bestätigen und machten es damit den kanadischen und indonesischen Mitgliedern der Kommission unmöglich, ihre Beobachtungen offiziell zu melden.

Der Artikel 20 der Pariser Vereinbarungen hatte den Abzug aller ausländischen Truppen aus Laos und Kambodscha verlangt. In einem besonderen Schriftsatz wurden die nordvietnamesischen Streitkräfte als »ausländisch« im Sinne der Vereinbarung bezeichnet. Der Artikel 20 untersagte außerdem die Einrichtung von Basen in anderen indochinesischen Ländern und die Verwendung ihres Territoriums für Infiltrationen. Diese beiden Bestimmungen wurden von den Nordvietnamesen nicht beachtet. Sie weigerten sich auch, ihre Truppen aus Kambodscha abzuziehen, obwohl dies, wie wir heute wissen, sogar die kambodschanischen Kommunisten verlangten.[1] Die in Laos stationierten Truppen Hanois wurden sogar verstärkt. Mehr als achtzehntausend Lastwagen gingen nach Laos. Die nordvietnamesischen Streitkräfte beteiligten sich an Gefechten in Kambodscha und benutzten beide Länder zu logistischen Zwecken.[2]

Auch die Südvietnamesen waren keine Unschuldslämmer. Während der ersten Monate nach Abschluß der Vereinbarungen haben sie sich nicht nur auf geringfügige Geplänkel eingelassen, um das von ihnen besetzte Gebiet zu halten. Gelegentlich haben sie die Offiziere des Vietkong belästigt, die einem gemeinsamen militärischen Ausschuß angehörten. Südvietnam verschleppte außerdem die Bildung des Nationalen Rates für die nationale Versöhnung und Zusammenarbeit, weil Hanoi seinerseits allgemeinen Wahlen im ganzen Land nicht zustimmen wollte. Aber das alles ließ sich nicht mit den sofortigen, unprovozierten und schließlich erfolgreichen Bemühungen Hanois vergleichen, das Gleichgewicht der Kräfte in Indochina im ganzen zu seinen Gunsten zu verschieben.

Im März 1973, weniger als zwei Monate nach Unterzeichnung einer Vereinbarung zur Beendigung des Krieges, sahen wir uns daher einer scharfen Herausforderung gegenüber, die jeder einzelnen Bestimmung des Abkommens Hohn sprach. Damit erhoben sich zwei Fragen: Sollten wir etwas unternehmen, um die Einhaltung der Vereinbarungen zu erzwingen? Und: Hatten wir das Recht, etwas zu tun?

Wir waren bei Abschluß der Vereinbarungen nicht naiv gewesen. Wie ich schon im zweiten Kapitel gesagt habe, glaubte ich nicht, daß sich Hanoi mit der militärischen Kräfteverteilung zufriedengeben werde, wie sie sich aus den Pariser Vereinbarungen ergab, sondern wenigstens noch einmal versuchen würde, daran zu rütteln. Nach unserer Schätzung konnte Saigon mit den meisten nordvietnamesischen Übergriffen selbst fertig werden, besonders wenn die militärische und wirtschaftliche Unterstützung durch die Vereinigten Staaten (welche die Vereinbarungen zuließen) ausreichten. Wir rechneten aber auch mit groben Verletzungen der Vereinbarungen, die das festgeschriebene militärische Gleichgewicht entscheidend verändern konnten und von denen die Nordvietnamesen nur durch die Androhung amerikanischer Gegenmaßnahmen abgehalten werden konnten. Wir sahen daher in den amerikanischen Luftstreitkräften immer ein wesentliches Abschreckungsmittel zur Verhinderung der Wiederaufnahme eines mit allen verfügbaren Kräften geführten Krieges. Nixon machte dem südvietnamesischen Präsidenten Nguyen Van Thieu entsprechende Zusicherungen, um ihn zur Annahme der Pariser Vereinbarungen zu bewegen. Es war selbstverständlich, daß Saigon nicht überleben konnte, wenn Hanoi freie Hand hatte, seine Truppen in alle Länder Indochinas einzuschleusen und gegen Südvietnam vorzustoßen, wo es den Nordvietnamesen an einer fast tausendzweihundert Kilometer langen Grenze am günstigsten erschien.

Die Tatsache, daß sich die Einhaltung der Bestimmungen für diese Friedensregelung nicht ohne Druck von außen erzwingen ließ, ist von manchen übersehen worden, die uns das Recht bestritten haben, die Vereinbarungen mit militärischen Maßnahmen zu verteidigen oder uns zu solchen Maßnahmen zu verpflichten. Die gesetzlich begründete Befugnis des Präsidenten, die Luftoperationen nach Abschluß der Pariser Vereinbarungen fortzusetzen, wurde in einer Denkschrift begründet, die Außenminister William P. Rogers im April 1973 dem Auswärtigen Senatsausschuß vorlegte. In einer von diesem Ausschuß in Auftrag gegebenen Studie der Kongreßbibliothek von Anfang April 1973 hieß es, es gäbe »keinen Hinderungsgrund für die Wiederaufnahme von Feindseligkeiten in Vietnam oder Laos, und der Präsident hat auch jetzt noch alle rechtlichen Vollmachten, über die er verfügt hat, um vor Abschluß der Pariser Vereinbarungen den Krieg fortzuführen«.[3] Trotzdem sind seither die verschiedensten Argumente vorgetragen worden, nach denen die Zusage Nixons an Thieu, daß wir bereit wären, wenn notwendig die Pariser Vereinbarungen mit militärischen Maßnahmen zu verteidigen, unzulässig, ungesetzlich oder nicht erforderlich gewesen wäre.

In einem Fall wurde die Behauptung, daß Nixons Zusage unzulässig gewesen sei, damit begründet, daß der Brief, der sie enthielt, niemals veröffentlicht und dem Kongreß nicht zur Genehmigung vorgelegt worden wäre.[4] Dieses Argument ist in mancher Hinsicht unhaltbar. So haben zum Beispiel die meisten Nachkriegspräsidenten unveröffentlichte Briefe geschrieben, in denen sie Absichten erklärten, die nach ihrer Auffassung im nationalen Interesse lagen. Präsident Kennedy ist zum Beispiel gegenüber Pakistan und Saudi-Arabien solche Verpflichtungen eingegangen.[5] Zusicherungen eines Präsidenten dieser Art sind offenbar rechtlich nicht bindend; sie bezeichnen eine Absicht, die der Adressat jedoch ernst nehmen darf. Im übrigen hat Nixon niemals behauptet, daß seine Briefe an Thieu eine rechtliche Verpflichtung enthielten oder eine offizielle Grundlage für die Androhung von Gegenmaßnahmen bildeten oder als Argumente gegen spätere gesetzgeberische Maßnahmen gedacht seien, welche das Einhalten seiner Zusagen unmöglich machten. Es gibt eine große Zahl verfassungsmäßiger Präzedenzfälle, welche die Legalität dessen beweisen, was Nixon (und Kennedy) im nationalen Interesse getan haben.

Nachdem zehn Jahre darüber vergangen sind, könnte man aus heutiger Perspektive sagen, daß Nixon besser beraten gewesen wäre, wenn er sich um die formale Zustimmung des Kongresses zu den Pariser Vereinbarungen bemüht hätte, um auf diese Weise ihre Befolgung erzwingen zu können. Heute glaube ich sogar, daß er – obwohl ich diesen Vorschlag damals nicht gemacht habe – vom Kongreß die Zustimmung zur Fortführung eines Krieges hätte verlangen sollen, den er übernehmen mußte, als er das Präsidentenamt übernahm. Dann hätte der Kongreß entscheiden müssen, ob wir die damals geltende Strategie weiter verfolgen oder unser Eingreifen beenden sollten. Während seiner ersten Amtszeit hat Nixon mit den Bemühungen, einen Krieg zu beenden, den er nicht angefangen hatte, angesichts der harten Kritik vieler Persönlichkeiten, die an den Entscheidungen für unser Eingreifen teilgenommen hatten, und gegen den Druck aus dem Kongreß, der unserer Strategie die Durchschlagskraft und unserer Diplomatie die Flexibilität nahm, eine zu große Belastung auf sich genommen.

1969 hat sich Nixon geweigert, einen solchen Kurs einzuschlagen, und hat ihn auch 1973 nicht in Erwägung gezogen, weil er glaubte, daß er sich nicht mit den Verantwortlichkeiten eines Präsidenten vertrüge. 1969 hielt er es für eine Schwäche, den Kongreß um die Bestätigung seiner Befugnis zu bitten, einen Krieg zu führen, der ja schon im Gange war. 1973 war er überzeugt, daß er, wenn er einen ihm feindlichen Kongreß bäte, ihm die Vollmacht zu geben, die Einhaltung der Vereinbarungen zu erzwingen, damit einräumte, daß er nicht die Autorität hätte, sich durchzusetzen. Während der Kongreß über diese Frage beriete, könnte er dadurch eine Großoffensive der Nordvietnamesen herausfordern. Er tat deshalb, was nach seiner Auffassung im nationalen Interesse getan werden mußte, und forderte damit praktisch den Kongreß heraus, es zu untersagen.

Die Behauptung, es habe sich um eine »ungesetzliche geheime Vereinbarung« gehandelt, läßt sich dadurch widerlegen, daß Nixons Zusagen an Thieu nicht geheim gewesen sind. Er hat seine politischen Entscheidungen in aller Öffentlichkeit getroffen und offen gesagt, welches seine Absichten waren. Gerade daß Nixon seine Zusage *öffentlich* gemacht hat, trug wesentlich dazu bei, daß Thieu überredet werden konnte, die Vereinbarungen zu unterzeichnen.* Nixon, sein Verteidigungsminister und andere hohe Beamten, haben wiederholt erklärt, daß die amerikanische Regierung die Einhaltung der Vereinbarungen erzwingen wollte. Manchmal wurde die Erklärung geäußert, indem wir uns weigerten, die Anwendung von Gewalt auszuschließen, wie ich das auf meiner Pressekonferenz am 24. Januar 1973 getan habe, als ich die Vertragsbedingungen erläuterte, und wie es Verteidigungsminister Elliot Richardson noch deutlicher in einem Fernsehinterview am 1. April 1973 und im Gespräch mit Journalisten am 3. April 1973 getan hat. Manchmal wurde auch darauf hingewiesen, daß es keine offiziellen Beschränkungen für die Verwendung unserer Luftstreitkräfte gäbe. Das hat der zweite stellvertretende Außenminister William Sullivan am 28. Januar 1973 in einer Fernseherklärung gesagt, und ich habe es am 1. Februar 1973 in einem Fernsehinterview bestätigt. Es hat auch ominöse Erklärungen gegeben, daß wir schon früher Gewalt angewendet hätten und es wieder tun könnten. So hat Nixon auf einer Pressekonferenz am 5. März 1973 gesagt: »Ich möchte nur an das erinnern, was ich in den vergangenen vier Jahren getan habe, und sagen, daß die Nordvietnamesen es nicht auf die leichte Schulter nehmen sollten, wenn wir unsere Besorgnis äußern, soweit diese eine Verletzung (der Vereinbarungen) betrifft.« (Diese und andere Warnungen werden weiter unten in diesem Kapitel und noch ausführlicher in den Anmerkungen zitiert.)[6] So unbestimmt diese oder jene Erklärung auch gewesen sein mag, der Gesamteindruck, den sie hinterlassen haben, wird in dem jährlichen außenpolitischen Bericht des Präsidenten vom 3. Mai 1973 ganz richtig dargestellt: »Ein solcher Kurs (massive Verstöße gegen die Bestimmungen der Vereinbarungen) würde die unter schweren Opfern gemachten Fortschritte für den Frieden in Indochina gefährden. Dadurch würde man eine erneute Konfrontation mit uns riskieren. Wir haben Hanoi gesagt, und zwar vertraulich und öffentlich, daß wir Verletzungen der Vereinbarungen nicht tolerieren werden.«

Die Reaktion der Medien – besonders auf Nixons kaum verhüllte Drohung auf seiner Pressekonferenz vom 15. März – ist der denkbar klarste Beweis dafür, daß der Präsident seine Absichten nicht geheim gehalten hat. So hieß es zum Beispiel in einem Leitartikel der *Washington Post* am 18. März 1973:

Wir zweifeln durchaus nicht daran, daß der Präsident, wenn er wollte,

* So schrieb Nixon am 14. Januar 1973 an Thieu: »Deshalb möchte ich Ihnen gegenüber die Zusage wiederholen, die ich Ihnen schon übermittelt habe. Zur Zeit der Unterzeichnung der Vereinbarungen werde ich mit aller Deutlichkeit erklären, daß die Vereinigten Staaten Ihre Regierung als die einzige legale Regierung von Südvietnam anerkennen; daß wir das Recht irgendwelcher ausländischen Truppen, sich auf südvietnamesischem Territorium aufzuhalten, nicht anerkennen und daß wir, falls die Vereinbarungen verletzt werden, entschieden darauf reagieren werden.«

die Bombenangriffe wieder aufnehmen könnte – noch jetzt lassen die B-52 täglich Tod und Verderben auf Kambodscha hinabregnen, und es scheint niemanden zu stören. Darüber hinaus zweifeln wir auch durchaus nicht daran, daß Präsident Nixon »hart« genug ist, die Bombenangriffe zu befehlen. Wir kennen auch niemanden, der das bezweifelt. Angesichts seines überwältigenden Wahlsieges über Mr. McGovern, angesichts seiner Entschlossenheit, unabhängig vom Kongreß zu reagieren und nicht mit ihm zusammenzuarbeiten und angesichts der neuen Beziehungen, die er zu Moskau und Peking geknüpft hat, würden wir nicht einmal behaupten, daß die Wiederaufnahme der Bombenangriffe seine politischen oder diplomatischen Pläne für seine zweite Amtszeit wesentlich beeinflussen könnten. Er befindet sich in der beneidenswerten Lage, seine Vietnam-Politik nach eigenem Gutdünken führen zu können.

Am 17. März 1973 interpretierte die *New York Times* die Lage ganz ähnlich:

Der Präsident hat kaum einen Zweifel daran gelassen, daß er die Wiederaufnahme der Bombenangriffe und das Verminen der Häfen als eine sinnvolle Option in seinem Verhalten gegenüber Vietnam ansieht. Die Führer in Hanoi haben kürzlich versucht, zu testen, ob Mr. Nixon entschlossen ist, auf der Einhaltung der Waffenstillstandsbedingungen zu bestehen, und haben die Entlassung amerikanischer Kriegsgefangener verzögert; als sie die Entschlossenheit der amerikanischen Regierung feststellten, sind sie zu dem vereinbarten Zeitplan zurückgekehrt. Jetzt wartet man auf eine ähnliche Reaktion.

Man hatte durchaus begriffen, daß der Präsident entschlossen war, Gewalt anzuwenden, und Anfang 1973 wurde ihm das Recht, so zu handeln, in keiner Weise bestritten. Im Grunde handelte es sich hier nicht um eine juristische Frage, sondern darum, was man im nationalen Interesse für richtig hielt. Unsere Entschlossenheit, die Einhaltung der Vereinbarungen zu erzwingen, stieß nun auf alle Leidenschaften, die der Vietnam-Krieg entfesselt hatte. Diejenigen, denen schon immer daran gelegen war, unsere Unschuld zu beteuern, wollten jetzt nach Beendigung des Krieges ihre Haltung rechtfertigen. Indochina aufgrund einer Vereinbarung im Stich zu lassen, schien ihnen ebenso wenig verwerflich zu sein wie das bis dahin geäußerte Verlangen nach einem einseitigen Truppenabzug. Sie erblickten in den Pariser Vereinbarungen keinen ehrenhaften Kompromiß, sondern einfach die Erfüllung ihrer alten Forderung nach einem bedingungslosen Abzug. Sie wollten ihre Version einer Vereinbarung erzwingen, die in Wirklichkeit viel mehr beinhaltete. Wie nicht anders zu erwarten, konnten wir diese Vorstellungen nicht akzeptieren. Wir hatten die bedingungslose Kapitulation schon während des Krieges abgelehnt. Alle Gründe, die uns gezwungen hatten, den Krieg zu einem ehrenhaften Abschluß zu bringen, sprachen jetzt auch dafür, die Einhaltung der Waffenstillstandsbedingungen durchzusetzen. Wir hatten nicht die Absicht, durch Untätigkeit auf das zu verzichten, wofür fünfzigtausend Amerikaner gestorben waren, oder die Millionen im Stich zu lassen, die zehn Jahre an unserer Seite gekämpft hatten, weil sie sich auf unsere Zusagen verließen. Wir waren überzeugt, daß die Auswirkungen auf die internationale Stabilität und die Bereitschaft Amerikas, freie Völker zu verteidigen, katastrophal sein würden, wenn wir eine feierlich beschlossene Vereinbarung als bedingungslose Kapitulation behandelten und uns unseren Verpflichtungen entzogen. Die Ereignisse sollten uns rechtgeben.

Wie nun sollten wir die Einhaltung der vereinbarten Bedingungen garantieren? Die Standardantwort unserer Kritiker, »durch Diplomatie«, war in Wirklichkeit keine Antwort. Durch jahrelange, mühsame diplomatische Anstrengungen waren schließlich die Vereinbarungen zustande gebracht worden, die jetzt verletzt wurden. Aber diese diplomatischen Bemühungen hatten nicht in einem Vakuum stattgefunden. Wir hatten Hanoi militärisch unter Druck gesetzt. Diplomatische Schritte können nur Erfolg haben, wenn andere Länder sich überlegen müssen, was ihnen schaden und was ihnen nützen könnte. Die Beredsamkeit einzelner Diplomaten kann allein nichts ausrichten. Alles andere sind Phrasen und weichen dem Problem aus.

Niemand, der die Bedrängnisse in Nixons Amtszeit persönlich miterlebt hatte, konnte ohne Besorgnis an die empörte Reaktion der amerikanischen Bevölkerung denken, zu der es kommen mußte, wenn wir auch nur für wenige Tage zur Anwendung von Gewalt zurückkehrten. Radikale Kritiker warfen uns natürlich mit besonderem Vergnügen eine blutrünstige Neigung zur Gewalt vor und entwickelten die unglaublichsten psychologischen Theorien. Aber sie reagierten nur ihre eigenen Leidenschaften ab, ohne eine begründete Analyse vorzulegen. Zu diesen traditionellen Kriegsgegnern gesellte sich jetzt noch eine andere Gruppe – bekannte Persönlichkeiten, welche die Regierung während des Krieges unterstützt hatten, jetzt aber glaubten, daß Amerika genug getan hätte. Sie meinten, daß wir mit einer ehrenhaften Beendigung des Konflikts unsere Pflicht erfüllt hätten, und daß es nichts mit dem nationalen Interesse zu tun habe, wenn wir jetzt auch auf einem ehrenhaften Endergebnis bestanden. Die ambivalente Haltung dieser Gruppe, die einerseits die Androhung von Gewalt ablehnte, auf der anderen Seite aber hoffte, dadurch eine Lage vermeiden zu können, in der Gewalt angewendet werden müßte, drückte sich in einem Artikel des Nachrichtenmagazins *News Week* vom 26. März 1973 aus, der aus der Feder meines verstorbenen lieben Freundes, des aufrichtigen und klugen Stewart Alsop stammte:

> Viele Menschen (darunter auch ich) haben sich mit gewissem Bedauern hinter die Vietnam-Politik des Präsidenten gestellt, weil die von McGovern angebotene Alternative beschämend war. Wenn der Präsident seine Bombenflugzeuge wieder nach Hanoi schickt, dann werden sich diese Leute harte Fragen stellen.
>
> Das Weiße Haus glaubt, daß die Nordvietnamesen noch viele Monate lang keine erfolgreiche Offensive mit der Masse ihrer Streitkräfte gegen Südvietnam führen könnten – wenigstens nicht vor dem nächsten Herbst. Können denn die Südvietnamesen in dieser langen Zeit nicht lernen, sich selbst zu verteidigen? Wenn nicht, warum? Und wenn nicht, wann werden sie es tun können? Müssen wir die Bombenflugzeuge wirklich wieder nach Norden schicken, um die Zuver-

lässigkeit der Zusagen des Präsidenten unter Beweis zu stellen? Wird es etwas nützen? Wird der Senat Hanoi nicht retten, wie er es schon im Dezember tun wollte, bevor der Pariser Pakt unterzeichnet wurde?

Man kann nur hoffen, daß diese Fragen niemals gestellt werden müssen. Der triftigste Grund für diese Hoffnung besteht paradoxerweise darin, daß der Präsident, der sich durch seine eigenen Worte in eine Zwangslage gebracht hat, kaum eine andere Wahl hat, als seine Drohung wahrzumachen, wenn die Vereinbarungen auch weiterhin verletzt werden. Moskau und Peking kennen zweifellos diese Situation, und sie werden sie Hanoi auch mit Sicherheit mitteilen.

Alsop meinte – und das war auch der allgemeine Eindruck –, daß die Südvietnamesen, wenn sie sich, nachdem sie zehn Jahre von uns unterstützt worden waren, jetzt noch nicht selbst helfen konnten, dazu auch niemals in der Lage sein würden – was bedeutete, daß man Millionen nichtkommunistischer Vietnamesen einem totalitären System überantworten sollte, das sie haßten und fürchteten. Dieses Argument galt offensichtlich für Europa nicht, wo noch dreißig Jahre nach Gründung der NATO dreihunderttausend amerikanische Soldaten stationiert waren, und es gab auch in Korea fünfundzwanzig Jahre nach dem Waffenstillstand immer noch fünfzigtausend amerikanische Soldaten. Diese Länder waren jedoch viel eher in der Lage, sich selbst zu verteidigen, als Südvietnam. Der Grund dafür, daß wir uns dort auch jetzt noch engagieren, ist für Europa und Korea der gleiche: Wir bezweifeln die Fähigkeit unserer Verbündeten, sich ganz ohne fremde Hilfe zu verteidigen, und wir fürchten, daß der Abzug unserer Truppen einen Aggressor reizen könnte.

Nixon hoffte ebenso wie ich, daß Alsops Vorstellungen richtig wären und Nixons Ruf als rücksichtsloser Mann Nordvietnam von schweren Verstößen gegen die Vereinbarungen abhalten werde. Sicherlich waren unsere Zusagen etwas zu großsprecherisch gewesen. Aber was sollten wir tun, wenn es uns nicht gelang, die Nordvietnamesen einzuschüchtern? Sollten wir zulassen, daß Südvietnam, Laos und Kambodscha nur wenige Monate nach Unterzeichnung einer Vereinbarung, die ihnen das Überleben garantierte, in den Machtbereich des Imperialismus von Hanoi gerissen wurden? Was würden dann andere über die Zuverlässigkeit Amerikas denken? Wenn wir bereit waren, Indochina im Stich zu lassen, warum nicht auch Südkorea oder irgendein anderes mit uns befreundetes Land? Diese Überlegungen veranlaßten Nixon und mich, wenn auch widerwillig, zu dem Schluß, daß wir keine andere Wahl hätten, als den zynischen Vertragsverletzungen Hanois entgegenzutreten. In Beantwortung einer Frage auf einer Pressekonferenz am 23. April 1973 sagte ich dazu:

Besorgte Menschen sollten sich fragen: Was sollten die Vereinigten Staaten tun? Wie stehen wir da, wenn wir weder drohen noch Vorteile bieten können, wenn man uns für den Versuch kritisiert, die Einhaltung der Vereinbarung mit Gewalt zu erzwingen, und drängt, nicht die wirtschaftlichen Anreize zu bieten, welche die andere Seite veranlassen könnten, sich an die Vereinbarungen zu halten? Und wir sollten uns fragen: Wohin wird es führen, wenn eine ursprünglich feierliche Vereinbarung, zu der es nach schmerzlichen Verhandlungen gekommen ist und in deren Rahmen wir bedeutende Zugeständnisse gemacht haben, einfach mißachtet wird?

Heute stehen wir als Nation vor der grundsätzlichen Frage, ob wir eine Vereinbarung unterzeichnen sollen und ob wir, wenn sie völlig mißachtet wird, so tun dürfen, als habe die Unterzeichnung, die auf einer internationalen Konferenz anerkannt worden ist, nicht den geringsten Wert.

Natürlich hat das amerikanische Volk das Recht auf eine davon abweichende Einschätzung unseres nationalen Interesses. Aber die Menschen entscheiden sich niemals für den Verzicht. Der überwältigende Wahlsieg über McGovern und die Ergebnisse von Umfragen rechtfertigen unsere politische Linie. Nach der Tet-Offensive von 1968 gab es in der amerikanischen Öffentlichkeit klare Mehrheiten zu drei verschiedenen Fragen: Eine Mehrheit glaubte, daß es ein Fehler gewesen wäre, sich überhaupt in Vietnam einzumischen. Zweitens war die Mehrheit unserer Bevölkerung der Auffassung, daß wir unser Engagement beenden sollten, aber eine noch größere Mehrheit lehnte die Politik der Friedensbewegung ab, die den sofortigen und bedingungslosen Truppenabzug verlangte.[7] Uns, den Erben dieses Krieges und der ambivalenten Haltung der Nation blieb die Aufgabe, die Quadratur des Kreises zu vollziehen. Sicher waren viele Menschen einfach kriegsmüde und fürchteten, der Krieg werde ewig weitergehen, aber verlieren wollten sie ihn auch nicht. Die innere Erschöpfung darf die politische Linie nicht diktieren.

Hier liegt in der Tat das zentrale Dilemma des Staatsmannes. Nixon war nicht der erste amerikanische Präsident und wird auch nicht der letzte gewesen sein, der mit der Kernfrage des Führers in einer Demokratie konfrontiert wurde: Wie weit muß ein nationaler Führer seinem Gewissen und seinem eigenen Urteil folgen, und an welchem Punkt sollte er der Stimmung der Öffentlichkeit nachgeben, auch wenn er glaubt, daß diese Nachgiebigkeit für die Nation oder den Frieden der Welt katastrophale Folgen haben könnte? Diese Frage erlaubt keine abstrakten Antworten. In extremen Fällen ist die Antwort leicht. Die Schwierigkeiten ergeben sich in der Grauzone, wo der nationale Konsens selbst vage oder widersprüchlich ist oder wo die Überzeugungen der Öffentlichkeit schlecht begründet sind und wahrscheinlich zu einer Katastrophe führen werden, wenngleich der Staatsmann das nicht beweisen kann. Die Folgen eines Sieges des totalitären Systems in Indochina für die davon betroffenen Völker und für die globale Stabilität ließen sich 1973 ebensowenig voraussagen wie die Gefahren, die eine solche Entwicklung mit sich bringen könnte. Während ich diese Zeilen schreibe (1981) wird jedoch kaum noch jemand daran zweifeln.

Ein Präsident, der seine Verantwortlichkeit als führender Staatsmann in der Befolgung dessen sieht, was sich aus Meinungsumfragen ergibt, verdammt sich zur Bedeutungslosigkeit; ein Präsident, der andere gewählte Volksvertreter mißachtet und nur seinem eigenen Urteil folgt, untergräbt das Wesen der Demokratie. Schwache Präsidenten versuchen, sich hinter einer öffentlichen Meinung zu verstecken, die ihnen schließlich Katastrophen nicht verzeihen wird, auch wenn sie dadurch entstanden sind, daß die Staatsführung dieser öffentlichen Meinung gefolgt ist. 1938 nach München war Neville Chamberlain der beliebteste Mann in Großbritannien; seine Beschwichtigungspolitik entsprach genau der vorherrschenden Meinung in der Öffentlichkeit. Zwanzig Monate später war das Wort Beschwichtigung Ausdruck der Willensstärke geworden. Starke Präsidenten folgen manchmal zu sehr nur ihrem eigenen Urteil, aber einige von ihnen werden später als große Präsidenten verehrt, weil sie so gehandelt haben. Nixons Schicksal ist es gewesen, daß er stürzen mußte, bevor er die Gelegenheit hatte zu beweisen, daß seine Methode, eine Lösung für Vietnam zu finden, die richtige war, ja, er hat nicht einmal die Möglichkeit gehabt, seinen Überzeugungen entsprechend zu handeln.

Thieu kommt nach San Clemente

Bevor wir unsere ganze Aufmerksamkeit den Vertragsverletzungen durch die Nordvietnamesen zuwenden konnten, mußten wir noch eine letzte Verpflichtung erfüllen, die sich aus den Pariser Verhandlungen ergab – unsere Zusage, daß unser Verbündeter, Präsident Nguyen Van Thieu von der Republik Südvietnam, den Präsidenten der Vereinigten Staaten besuchen dürfte. Mit diesem Versprechen hatten wir Thieu eine weitere Veranlassung geben wollen, dem Waffenstillstand zuzustimmen. Er hatte sich monatelang gegen Friedensvereinbarungen gewehrt, durch die sein Land praktisch geteilt wurde. Die Bedingungen der Pariser Vereinbarungen waren günstiger als unsere Kritiker und unsere Anhänger für möglich gehalten hatten. Diesen Verhandlungsvorschlägen hatte Thieu selbst drei Jahre lang zugestimmt – solange wir nicht annehmen durften, daß die Nordvietnamesen damit einverstanden sein würden. Als sie sich bereit erklärten, darauf einzugehen, wollte Thieu uns die Verantwortung für den Kompromiß zuschieben. Was er wirklich wollte, war die Fortsetzung des Krieges, bis der letzte Eindringling sein Land verlassen hatte. Es war nicht seine Schuld, daß die öffentliche Meinung in den Vereinigten Staaten diesen Weg nicht zuließ.

Thieu bekämpfte uns mit vietnamesischer Hartnäckigkeit und Zielstrebigkeit, schreckte dabei aber auch nicht vor Täuschungsmanövern zurück. Wir beide strebten nach der gleichen Lösung, einem unabhängigen Südvietnam innerhalb gesicherter Grenzen. Wir, die wir die Pariser Vereinbarungen ausgehandelt hatten, waren weder zynisch noch naiv. Wir rechneten damit, auch weiterhin von Nordvietnam unter Druck gesetzt zu werden, aber wir hatten ein Gleichgewicht der Kräfte hergestellt, und der Kongreß hätte mit Sicherheit den Austritt der Vereinigten Staaten aus dem Krieg erzwungen, wenn wir versucht hätten, darüber hinauszugehen. Unsere Regierung hoffte, daß das militärische Unentschieden wenigstens eine Stabilität der Lage garantieren und vielleicht eines Tages zum politischen Dialog zwischen beiden vietnamesischen Seiten führen werde.

Thieu hatte das Auge am anderen Ende des Teleskops. Was er in unmittelbarer Nähe erblickte, war nicht der Friede, der schließlich erreicht werden sollte, sondern der Feind, der unmittelbar vor ihm stand. Nach dem Waffenstillstand zogen wir unsere Truppen ab und verlegten sie um den halben Erdball; sein Volk blieb im Land und sah sich einer Armee gegenüber, die entschlossen war, jedes Fünkchen Unabhängigkeit in Indochina zum Verlöschen zu bringen. Wir waren entschlossen, den Ehrgeiz Hanois zu zügeln, aber Thieu dachte an die Ungewißheiten einer Entwicklung auf lange Sicht und hatte im wesentlichen recht, denn es stellte sich heraus, daß die Nixon-Regierung aus innenpolitischen Gründen ihre Entschlossenheit aufgeben mußte. Doch selbst wenn das nicht geschehen wäre, dann hätte eine spätere Regierung wahrscheinlich andere Vorstellungen von den Verantwortlichkeiten der Vereinigten Staaten entwickelt. Thieu haßte mich als den Architekten der Friedensvereinbarungen. Ich hatte ein tiefes Verständnis für die Sorgen und Ängste Thieus, aber wir hatten keine andere Wahl. Amerika konnte die Friedensbedingungen, die wir mit Thieus Einverständnis drei Jahre lang vorgelegt hatten, nicht in dem Augenblick ablehnen, in dem sie von Hanoi akzeptiert wurden. Bis heute respektiere ich Thieu als tapferen Mann, der für die Freiheit seines Volkes gekämpft hat und schließlich durch Umstände gestürzt wurde, an denen weder er selbst noch sein Land oder wir etwas ändern konnten.

Thieu besuchte die Vereinigten Staaten in der Zeit vom 2. bis zum 5. April 1973. An diesem Besuch ist nichts gewesen, auf das wir hätten besonders stolz sein dürfen. Obwohl seine Landsleute Schulter an Schulter neben unseren Soldaten kämpften, war es während des Krieges nicht möglich gewesen, ihn in Amerika zu empfangen, weil wir fürchten mußten, daß es in seiner Abwesenheit zu inneren Unruhen kommen könnte. Er hatte in Guam, auf Hawaii und auf den Midways amerikanische Präsidenten getroffen, aber es war ihm niemals erlaubt worden, seinen Fuß auf amerikanischen Boden zu setzen.

Mit der Einladung Thieus nach Amerika im Jahr 1973 wollten wir Versäumtes wiedergutmachen, sie sollte unsere neuen Beziehungen im Frieden symbolisieren und zeigen, wie sehr wir einem freien Südvietnam verbunden waren. Doch der Besuch wurde zum Gegenteil dessen, was wir beabsichtigt hatten. Mit der Beendigung des Krieges war das Risiko nicht gebannt, daß es zu öffentlichen Unruhen kommen könnte. Wir beschlossen deshalb, den Führer eines mit uns verbündeten Landes, für dessen Freiheit Zehntausende amerikanische und verbündete Soldaten und einige hunderttausend Vietnamesen gestorben waren, im westlichen Weißen Haus in San Clemente zu empfangen, so daß die Begrüßungs- und Verabschiedungszeremonien im streng bewachten Wohnbereich des Präsidenten abgehalten werden konnten. Wir verzichteten sogar auf ein Staatsdiner, ersetzten es durch ein Essen im engsten Familienkreis und entschuldigten diesen Umstand, weil Nixons Speisezimmer für nicht mehr als zwölf Gäste Platz bot; der wirkliche Grund war, daß wir glaubten, es würde uns nicht gelingen, eine repräsentative Gästeliste zusammenzustellen, und daß wir feindliche Demonstrationen fürchteten.

Um unsere Zusage einzuhalten, Thieu auch in Washington zu empfangen, mußte Vizepräsident Spiro Agnew in der amerikanischen Hauptstadt die Rolle des Gastgebers übernehmen. Welche Stimmung dort herrschte, zeigte sich während eines Telefongesprächs, das ich kurz vor der Landung des Flugzeugs von Thieu mit Agnew führte. Der Vizepräsident bedauerte, daß nur ein Kabinettsmitglied –Arbeitsminister Peter J. Brennan – bereit gewesen sei, mit ihm an der Begrüßungszeremonie für Thieu teilzunehmen. Die Zahl der Persönlichkeiten, die bereit gewesen waren, an dem vom Vizepräsidenten zu Thieus Ehren gegebenen Essen teilzunehmen, war beschämend klein. Die meisten ranghöheren Mitglieder der Administration hatten irgendeinen Vorwand gefunden, um an diesem Tage nicht in Washington sein zu müssen. Während meiner Amtszeit in Washington hatten wir mehrere kommunistische Führer mit allen Ehren empfangen. Hohe Staatsbeamte hatten sich darum gedrängt, an Staatsdiners zu Ehren neutralistischer Führer teilzunehmen, die die Vereinigten Staaten gewöhnlich beschimpfen. Aber der aufrechte Präsident eines befreundeten Landes war ein Geächteter. Diejenigen, die von uns verlangten, sein Volk den Feinden der Demokratie auszuliefern, nahmen für dieses Verhalten sein angebliches Versagen als Demokrat zum Vorwand, dessen sie ihn schon seit zehn Jahren beschuldigt hatten. Doch solange Thieu in Südvietnam regierte, gab es keine Menschen, die in Fischerbooten aus dem Lande flüchteten. Mehr als eine Million Vietnamesen haben zu seiner Zeit mit den Füßen für ihn gestimmt und sind in das Gebiet geströmt, das er beherrschte, um nicht mehr unter der Herrschaft von Kommunisten leben zu müssen. Man hat behauptet, sie seien vor unseren Bombenangriffen geflohen; da diese Flucht jedoch fortdauerte, nachdem wir die Bombenangriffe eingestellt hatten, stellte sie höchstwahrscheinlich eine Reaktion auf die Brutalität der kommunistischen Herrschaft dar. Thieu hatte Maßnahmen ergriffen, um seine Regierung zu liberalisieren – wenn auch unvollständig –, und zwar zu einer Zeit, als seine besten Beamten dem kommunistischen Terror zum Opfer fielen. Das alles haben ihm seine Kritiker nicht gutschreiben wollen.

Natürlich war Südvietnam kaum eine Demokratie in unserem Sinne. Es gab Härten und Korruption, die mit Recht kritisiert wurden. Aber wenn die verärgerten Gegner Thieus in der pluralistischen und turbulenten innenpolitischen Szene in Saigon diese Fakten gegenüber unserer Presse zum Ausdruck brachten, dann wurde kein Vergleich mit Hanoi gezogen, wo keine Opposition geduldet wurde, wo die Presse unter der Aufsicht des Staates stand und alle Beziehungen zu ausländischen Medien verboten waren. Kurz gesagt: Was die emotionale Haltung der Amerikaner gegenüber Thieu veranlaßt hatte, war keine gerechte Beurteilung der demokratischen Verhältnisse in seinem Land. Er war das Opfer einer tiefgreifenden Verwirrung, die sich darin manifestierte, daß alle Demokratien bei der Beurteilung seiner Person einen doppelten Maßstab anlegten. Als wir bei unseren europäischen Freunden vorfühlten, ob ihnen Thieus Besuch entweder in Verbindung mit seiner Reise in die Vereinigten Staaten oder unabhängig davon gelegen sein würde, reagierten sie mit verlegenem Schweigen. Weder er noch sein

Außenminister sind jemals in den Hauptstädten unserer Verbündeten mit Ausnahme von Paris empfangen worden, und Paris war die Stadt, in der die Vietnam-Verhandlungen geführt worden waren. Die Entrechtung der Regierung Thieu – die Vorstufe für die endgültige Abschreibung – war schon weit vorangeschritten. Aber Madame Nguyen Thi Binh, die sogenannte Außenministerin der nur als Phantom bestehenden kommunistischen provisorischen Revolutionsregierung, die nicht einmal eine eigene Hauptstadt hatte, feierte in Osteuropa Triumphe. Diese Autosuggestion, die ehrliche und anständige Menschen dazu verleitet, sich moralisch über alles zu entrüsten, was als konservativ gilt, ist ein seltsames Phänomen. Zwischen den Kriegen kam es in Europa mit dem Schlagwort »keine Feinde bei der Linken« zum Ausdruck. In den Jahren nach dem Kriege haben die Zeitungen im Westen nicht genug über die Verbrechen und Übergriffe der Regime in Spanien, Portugal, Südkorea, Griechenland, im Iran, in Südvietnam und in anderen Ländern berichten können, waren aber viel zurückhaltender, wenn es sich um die Grausamkeiten der »Volksdemokratien« in Osteuropa, in den linken Tyranneien der Dritten Welt und natürlich auch im kommunistischen Nordvietnam handelte; hier waren sie sogar geneigt, manches zu entschuldigen.

Dabei bedachte niemand, daß die »progressiven« Regime innenpolitisch für Ordnung sorgen – angeblich ein Zeichen für die Loyalität der Bevölkerung –, weil sie außerdem totalitär sind, und daß einige konservative Regime mit inneren Unruhen zu kämpfen haben, weil sie weder über die Theorie noch den Apparat verfügen, diese Unruhen wirksam zu unterdrücken. Niemand dachte daran, daß konservative Regime ihre Nachbarn in Frieden lassen und sich gewöhnlich zu Demokratien entwickeln (Spanien, Griechenland und Portugal), während die sowjetische Militärmacht ihren Willen im Namen einer universalistischen Doktrin überall auf der Welt durchsetzt. In der Nachkriegszeit ist es auch vorgekommen, daß radikale Regime in der Dritten Welt ihre Regierungsform gemäßigt haben. Die gewaltigen Flüchtlingsströme unserer Zeit sind immer aus kommunistischen Ländern gekommen, aber niemals dorthin gegangen. Und doch haben sich Verachtung und Zorn in erster Linie gegen Freunde des Westens gerichtet wie 1973 gegen Thieu und zehn Jahre später gegen den Schah des Iran.

In einer idealen Welt würden unsere demokratischen Grundsätze und die Bedürfnisse unserer Sicherheit zusammenfallen, aber in der wirklichen Welt sind verfassungsmäßige Demokratien, wie wir sie für »normal« halten, eine Seltenheit im geschichtlichen Ablauf und auf diesem ganzen Planeten. Das ist kein Zufall. In einer konstitutionellen Monarchie ist die höchste Autorität ein abstrakter Begriff: der Gehorsam gegenüber dem Gesetz. Aber der Konstitutionalismus ist nur funktionsfähig, wenn man annimmt, daß das Recht Ausdruck der absoluten Wahrheit sei, oder wenn es aus einem allgemein akzeptierten politischen Prozeß gewachsen ist. In den meisten Teilen der Welt und in den meisten geschichtlichen Perioden haben jedoch solche Verhältnisse nicht bestanden. Das Recht wurde von der Staatsautorität verordnet und entstand nicht durch einen legislativen Prozeß; in der Politik ging es darum, wer das Recht hatte, Befehle zu geben. Die persönliche Autorität wurde durch das Prinzip der gegenseitigen Verpflichtung erträglich gemacht, wie in den feudalen Gesellschaften, oder wurde durch die Tradition in bestimmten Grenzen gehalten, wie es bei der Autorität der Könige der Fall gewesen ist, die im 17. und 18. Jahrhundert das Gottesgnadentum für sich in Anspruch nahmen. Kein Monarch im Europa des 18. Jahrhunderts konnte Einkommensteuern eintreiben oder seine Untertanen zum Kriegsdienst verpflichten. Mit anderen Worten, die Autorität hatte ihre ganz bestimmten Grenzen.

Paradoxerweise hat sich der Umfang dessen, was die Staatsautorität von ihren Bürgern fordern dürfte, mit dem Entstehen der vom Volk gewählten Regierungen erweitert. Theoretisch konnte sich das Volk nicht selbst unterdrücken, und deshalb wurde der Wille des Volkes, der im Willen der Volksvertretungen oder der vom Volk gewählten Regierungen zum Ausdruck kam, zum absoluten Wert. Das Anwachsen der Staatsmacht ging Hand in Hand mit der Steigerung populistischer Ansprüche.

In diesem Zusammenhang ist der moderne Totalitarismus eine Karikatur und führt die Demokratie ad absurdum; der moderne autoritär regierte Staat ist ein Überbleibsel der alten Alleinherrschaft. Deshalb ist es möglich gewesen, daß sich autoritäre Regierungen zu Demokratien entwickelt haben, totalitäre Staaten hingegen nicht. Die persönliche Herrschaft des einzelnen hat ihre natürlichen Grenzen. Eine Regierung aber, die den Anspruch erhebt, den Willen des ganzen Volkes zu repräsentieren, erkennt solche Grenzen nicht an.

Doch aus diesen Gründen sind autoritäre Regierungen viel leichter von innen auszuhöhlen als totalitäre. Wenn die persönliche Bindung der gegenseitigen Verpflichtung zerreißt, werden Herrscher und Beherrschte demoralisiert; die Herrscher, weil sie ihre Legitimität verlieren, wenn sie sich nur noch auf die nackte Gewalt stützen, die Beherrschten, weil jede staatliche Anordnung als Unterdrückungsmaßnahme empfunden wird, sobald sie sich nicht mehr zum Gehorsam verpflichtet fühlen. Unser Dilemma liegt darin, daß die Autorität in fast allen Entwicklungsländern immer noch bei einzelnen Personen liegt. Der Übergang zum Konstitutionalismus ist ein so komplexer Prozeß, daß er, wenn er mit Gewalt herbeigeführt wird, eher zum Totalitarismus als zur Demokratie führt.

Eine Voraussetzung für das Funktionieren der Demokratie ist, daß der Verlierer seine Niederlage anerkennt, aber dafür die Gelegenheit erhält, in einem zweiten Versuch zu siegen. Die Demokratie braucht eine gemäßigte Mitte. Eine solche Entwicklung ist in einem Entwicklungsland unmöglich, wenn es einem totalitären Element gelingt, einen Guerilla-Krieg zu beginnen. Dadurch wird die Regierung zu Unterdrückungsmaßnahmen gezwungen, und es beginnt ein Circulus vitiosus, in dem Regierung und Opposition gefangen sind und der alle gemäßigten Kräfte vernichtet. So entstehen alle für einen Umsturz notwendigen Voraussetzungen. Die Opfer terroristischer Angriffe sind darüber hinaus fast immer die tüchtigsten und tatkräftigsten Staatsdiener, während die korrupten in ihren Stellungen bleiben; die Übergriffe letzterer steigern sich, weil sie versuchen werden, sich für die Gefahren, die ihre Stellung mit sich bringt, durch die Anhäufung von materiellem Besitz und persönlichen Vorteilen zu entschädigen.

Die amerikanische Reaktion auf dieses historische Phänomen drückt sich gewöhnlich in der Überzeugung aus, daß eine Regierung, die sich in einem solchen Notstand befindet, sich am ehesten halten kann, wenn sie möglichst rasch demokratische Reformen einführt und sich dadurch eine breitere Basis schafft und die Macht auf ein möglichst breites Spektrum verschiedenster Gruppierungen verteilt. Aber die Hauptursache für die Entstehung eines Bürgerkriegs (eine besondere Kategorie ist der Guerilla-Krieg) liefert der Zusammenbruch der innenpolitischen Übereinstimmung. Die Kompromißfähigkeit, das Herzstück der demokratischen Innenpolitik, geht zuerst verloren. Bürgerkriege enden fast ausnahmslos mit Sieg oder Niederlage, niemals mit der Bildung einer Koalitionsregierung – was nach amerikanischer Vorstellung die Ideallösung wäre. Zugeständnisse der Machthaber werden als Zeichen der Schwäche und nicht des Großmuts angesehen; deshalb beschleunigen sie den Zerfall der Autorität, anstatt ihn aufzuhalten. Reformen sollten *vor* einem Bürgerkrieg durchgeführt werden, um seine Ursachen zu beseitigen – was allerdings nicht immer möglich ist, wenn die Aufständischen von Kräften außerhalb des Landes inspiriert, finanziert, ausgebildet und ausgerüstet werden. Die nächste Möglichkeit für eine Aussöhnung ergibt sich *nach* dem Sieg der einen Seite (wie sie Lincoln in Amerika beabsichtigte oder wie nach 1970 in Nigeria), aber westliche Vorbehalte gegenüber der Anwendung von Gewalt und die Unfähigkeit autoritärer Regierungen verhindern es gewöhnlich, daß solche Versuche unternommen werden. Die historische Erfahrung zeigt auch, daß sogenannte »politische Lösungen« nach Bürgerkriegen, die so oft empfohlenen Verhandlungen zwischen den Parteien, nicht zum Erfolg führen. Es ist höchst unwahrscheinlich, daß Gruppen, deren Mitglieder einander umgebracht haben, anschließend gemeinsam regieren können; deshalb kann man es sich kaum vorstellen, daß ein Bürgerkrieg mit der Bildung einer Koalitionsregierung endet. Dadurch würde die unterlegene Gruppe am Leben bleiben und die Möglichkeit erhalten, zu gegebener Zeit den Kampf wiederaufzunehmen. Deshalb weigern sich Guerillas gewöhnlich, in politische Verhandlungen einzutreten, wenn sie mit einem Sieg rechnen, und führen Verhandlungen nur, um vor dem letzten und entscheidenden Kampf Zeit zu gewinnen.

Aus diesem Grund werden auch die mit uns befreundeten und verbündeten Regierungen, die durch die Vereinigten Staaten ständig unter Druck gesetzt werden, mit ihren Gegnern politische Gespräche zu führen, demoralisiert. Während es dringend erforderlich wäre, ihre Autorität zu stärken, wird diese durch unsere Ratschläge gewöhnlich ausgehöhlt. Regierungen, die sich in einer schwierigen Lage befinden und von unversöhnlichen innenpolitischen Feinden bedrängt werden, können durch Ratschläge, von denen sie wissen, daß sie gefährlich sind oder sogar zur Katastrophe führen könnten, die sie aber nicht abzulehnen wagen, völlig gelähmt werden. Das war Nguyen Van Thieus Schicksal, das zu einer späteren Zeit der Schah des Iran teilen mußte.[8]

Thieus Land wurde von allen Seiten angegriffen; die ersten Angreifer waren von Hanoi ausgebildete und ausgerüstete Guerillas; ihnen folgte eine starke Invasionsarmee aus Nordvietnam. Dennoch drängte die Regierung der Vereinigten Staaten auf Neuwahlen und Flexibilität bei Verhandlungen, zum Teil, weil sie glaubte, damit das Richtige zu tun, zum Teil aber auch, um die unermüdlichen Kritiker in Amerika zu besänftigen. Mit bewundernswertem Mut gelang es Thieu, diesen schwierigen Kurs zu steuern und gleichzeitig gegen einen zum Sieg entschlossenen Feind zu kämpfen und die Wünsche eines Verbündeten zu erfüllen, der sich nicht in seine Lage versetzen konnte. 1973 kam es auf diese Weise zu Vereinbarungen: Hanoi gab die politischen Forderungen auf, die es seit vielen Jahren erhoben hatte, um dafür einem Waffenstillstand zuzustimmen, dessen Bedingungen für den Süden günstiger waren, als wir erwartet hatten, wenn auch unsicherer, als wir hofften.

Persönlich war mir Thieu nicht gerade sympathisch, aber ich mußte ihn achten, als er nach dem Abzug der amerikanischen Truppen vollkommen alleingelassen seinen Kampf unter den schwierigsten Bedingungen fortsetzte. Kaum jemand hatte Mitleid oder Verständnis für ihn, und doch hatte er seine Würde bewahrt. Obwohl er das einzige Staatsoberhaupt war, dessen offizieller Empfang unter Ausschluß der Öffentlichkeit stattfand, tat er so, als sei das die natürlichste Sache der Welt. Bei seiner Ankunft in San Clemente hielt Nixon eine höfliche Ansprache, in der er behauptete, daß Südvietnam jetzt in der Lage sei, sich selbst zu verteidigen: angesichts der Tatsache, daß Hanoi jederzeit mit seinen von den Sowjets ausgerüsteten Streitkräften zur entscheidenden Offensive antreten konnte, eine gewagte Behauptung. Thieu ging höflich auf dieses Märchen ein, aber nicht ohne die Lage in Südvietnam mit der in Europa zu vergleichen, wo ein Vierteljahrhundert nach Beendigung des Zweiten Weltkrieges immer noch dreihunderttausend amerikanische Soldaten stationiert werden mußten.

Nach dieser Zeremonie zogen sich die beiden Regierungschefs zu einem persönlichen Gespräch zurück. Es gab allerdings kaum etwas zu besprechen. Thieu beklagte sich nicht über die schwierige Aufgabe, die wir ihm hinterlassen hatten, oder über die feindliche Einstellung Hanois gegenüber seiner Regierung. Er berichtete sachlich von den Übergriffen der Nordvietnamesen. Nixon versprach ihm persönlich – wie er es schon am 5. März und bei anderen Gelegenheiten öffentlich getan hatte –, daß er sich schweren Verstößen wenn notwendig mit Gewalt entgegenstellen werde. Zugleich forderte er Thieu auf, alles zu tun, um selbst den Verpflichtungen nachzukommen, die Südvietnam im Rahmen der Vereinbarungen übernommen hatte. Nixon erklärte, wenn es jemals dazu käme, daß die Pariser Vereinbarungen außer Kraft gesetzt würden, müßte es möglich sein, allein Hanoi dafür verantwortlich zu machen. Thieu wies darauf hin, daß das Haupthindernis auf dem Wege zur Bildung des Nationalen Rates für die nationale Versöhnung und Einigung gemäß den Vereinbarungen Hanois Weigerung sei, die Wahlen abzuhalten, die dieser Rat überwachen sollte. Auf die politische Entscheidung, die einige Amerikaner während des Krieges so leidenschaftlich befürwortet hatten, würde Hanoi sich im Frieden niemals einlassen. Es würde den Erfolg eines Ringens, das über eine Generation gedauert hatte, nicht von einer Abstimmung abhängig machen, die es im eigenen Land als lächerlich ablehnte.

Am zweiten Tag ihres Zusammenseins sprachen Nixon und Thieu vor allem über die amerikanische Hilfe für Südvietnam. Dieses Gespräch hatte eigentlich keinen realen Hintergrund, denn die amerikanischen Teilnehmer wußten, daß der Kongreß sehr bald auch einer substantiellen Wirtschaftshilfe nicht mehr zustimmen würde. Die Liberalen verloren ihr Interesse, weil ihnen an Südvietnams Überleben nicht sehr viel gelegen war, und die Konservativen glaubten, daß sie ihre Verpflichtungen damit erfüllt hätten, als mit ihrer Unterstützung die ehrenhafte Beendigung des Krieges ermöglicht worden war. Beides war Ausdruck der Kriegsmüdigkeit Amerikas. Nixon versprach, bei seinen Vorschlägen an den Kongreß von den Wünschen Saigons ausgehen zu wollen; das Ergebnis werde jedoch von der Zustimmung des Kongresses abhängen. Im Schlußkommuniqué verpflichteten Nixon und Thieu sich, gegenüber der »Möglichkeit einer erneuten kommunistischen Aggression nach dem Abzug der amerikanischen Bodentruppen von Südvietnam wachsam« zu sein. Darüber hinaus »würden Aktionen, welche die Grundlagen der Vereinbarungen bedrohen, entsprechende energische Gegenmaßnahmen erforderlich machen« – eine neue deutliche *öffentliche* Absichtserklärung Nixons, die Einhaltung der Vereinbarungen zu erzwingen.

Die Unbestimmtheit der Zusagen auf seine Bitte um Wirtschaftshilfe trübten nicht die gute Stimmung, in der Thieu San Clemente verließ. Als das Flugzeug in Kalifornien startete, ließ er Champagner servieren und feierte so den glücklichen Abschluß der Gespräche mit Nixon.[9] Trotz aller Zweifel und obwohl sich schon jetzt künftige Schwierigkeiten andeuteten – durch unsere unklare Haltung im Hinblick auf mögliche Übergriffe Hanois und die Wirtschaftshilfe – war Thieu fest davon überzeugt, daß die Vereinigten Staaten Südvietnam im Fall einer Krise zu Hilfe kommen würden. Das gleiche Vertrauen haben auch andere Verbündete den Vereinigten Staaten vorher und nachher entgegengebracht, und dieses Vertrauen ist einer der wertvollsten Aktivposten, über die wir in der Welt verfügen.

Wir waren entschlossen, alles zu tun, um uns dieses Vertrauen zu bewahren.

Die fehlgeschlagene Vergeltung

Man hörte zu jener Zeit sehr oft das Schlagwort, daß wir die Zukunft Südvietnams nicht für alle Ewigkeit garantieren könnten – wahrscheinlich zu Recht. Aber acht Wochen kann man kaum als »Ewigkeit« bezeichnen. Man kann darüber streiten, wie wir nach ein paar Jahren hätten reagieren sollen; aber schon nach wenigen Wochen auf jede Reaktion zu verzichten, mußte das Ende der Pariser Vereinbarungen bedeuten und die Glaubwürdigkeit der Vereinigten Staaten aushöhlen. Schon am 6. Mai 1973 habe ich vor der Washington Special Actions Group (WSAG) gesagt:*

> (Der Präsident) fürchtet, wenn wir uns in Laos und Kambodscha schrittweise aufreiben lassen, könnte dasselbe später auch in Vietnam geschehen. Unsere Kritiker geben uns nichts für unsere Zurückhaltung ... Was glauben Sie, was die Kritiker sagen werden, wenn wir Vietnam verlieren? Sie werden die Vereinbarungen als Ausverkauf bezeichnen und vergessen, daß sie selbst wenige Monate zuvor den Totalausverkauf empfohlen haben. Der Präsident hat sich vier Jahre lang entschlossen geweigert, dem einfachen Austausch der Kriegsgefangenen gegen unseren Truppenabzug zuzustimmen. Jetzt wird er es nicht zulassen, daß wir Vietnam seinem Schicksal überlassen.

Die Schätzungen aller Nachrichtendienste bestätigten darüber hinaus, daß Hanoi von der Wiederaufnahme der Feindseligkeiten in größerem Umfang nur durch die Furcht vor einer amerikanischen Reaktion abgehalten wurde. Der damalige Direktor der CIA, James Schlesinger, berichtete auf einer Sitzung der WSAG am 16. April 1973, daß es Hanoi nur unter Schwierigkeiten gelänge, die Unterstützung der Bevölkerung im Süden zu gewinnen, daß es jedoch seine militärische Position dort seit Beginn des Waffenstillstandes wesentlich gestärkt habe:

> Das verleiht dem dritten Faktor – der Einschätzung Hanois, wie die Vereinigten Staaten auf eine Wiederaufnahme der Feindseligkeiten in größerem Umfang reagieren würden – eine sehr viel größere Bedeutung und wird Hanois künftige Entscheidungen stärker beeinflussen als je zuvor.

Uns kam es unter anderem auch darauf an, auf Übergriffe so zu reagieren, daß nicht das ganze Abkommen in Frage gestellt wurde. Wir waren bereit, Hanoi einen Denkzettel zu verpassen, wollten aber nicht einen neuen Krieg beginnen. Wir glaubten, daß ein sofortiger Gegenschlag Nordvietnam zu einer längeren Pause zwingen könnte, in der beide Seiten in einen politischen, aber nicht in einen militärischen Wettstreit treten müßten. Es gab aber auch noch einen zweiten Grund für rasches Handeln. Ich hatte erfahren, daß das Pentagon unsere Luftstreitkräfte schneller aus Südostasien abziehen wollte, als ich ursprünglich angenommen hatte. Wie ich schon an anderer Stelle gesagt habe, hütete das Verteidigungsministerium seine Selbständigkeit bei den Entscheidungen über die Verteilung des Etats so eifersüchtig, daß wir oft vor vollendete Tatsachen gestellt wurden. Wir mußten also rasch handeln.

Ende Februar kam es zweimal zu einer Kraftprobe, die unsere Überlegungen bestätigten. Bei der ersten ging es um Laos. Obwohl bei meinem Besuch in Hanoi vereinbart worden war, daß der Waffenstillstand

* Die Aufgabe der Washington Special Actions Group (WSAG), die sich aus Vertretern verschiedener Ministerien zusammensetzte, bestand darin, in Krisenzeiten politische Maßnahmen zu koordinieren und Pläne für solche Maßnahmen zu prüfen. Dieses Beratergremium wurde 1969 gebildet. Zu ihm gehörten unter meinem Vorsitz die stellvertretenden Außen- und Verteidigungsminister, der Direktor der Central Intelligence Agency (CIA) und der Vorsitzende der Joint Chiefs of Staff. Wenn es der Gegenstand erforderte, wurden die entsprechenden Fachleute hinzugezogen.

für Laos innerhalb weniger Tage in Kraft treten sollte, setzte der Pathet Lao – die Hilfstruppen Hanois in Laos – die von Premierminister Souvanna Phouma so bezeichnete »Generaloffensive« fort. Am ersten Tag nach Inkrafttreten des Waffenstillstands wurde dieser nicht weniger als neunundzwanzigmal von den Kommunisten verletzt. Souvanna forderte deshalb von den Vereinigten Staaten einen Gegenschlag mit Maschinen des Typs B-52 gegen den Pathet Lao. Der Präsident und ich sprachen am Abend des 22. Februar darüber. Nixon zögerte, denn er fürchtete, daß Hanoi einen solchen Luftangriff zum Vorwand nehmen werde, die Entlassung amerikanischer Kriegsgefangener weiter zu verzögern. Ich widersprach ihm und sagte, daß Hanoi die Entlassung unserer Gefangenen – und das war unsere dringendste Forderung – nur verzögern werde, wenn es aus anderen Gründen eine Entscheidung erzwingen wollte. Daraufhin genehmigte Nixon einen sofortigen Angriff mit B-52-Bomben. Innerhalb von achtundvierzig Stunden trat der Waffenstillstand in Laos ein.

Bei der zweiten Minikonfrontation Ende Februar ging es tatsächlich um die Entlassung amerikanischer Kriegsgefangener (mit den Bombenangriffen in Laos hatte sie allerdings höchstwahrscheinlich nichts zu tun). Am 26. Februar versäumte es Hanoi, uns eine Liste der Kriegsgefangenen vorzulegen, die am folgenden Tag entlassen werden sollten. Die Nordvietnamesen begründeten ihr Verhalten nicht, deuteten aber an, daß die Entlassung unserer Kriegsgefangenen von der Entlassung politischer Internierter abhängig gemacht werden würde, die Saigon in Verwahrung hatte – eine Verknüpfung, die zu vermeiden wir wochenlang verhandelt hatten. Diese Verzögerung ereignete sich etwa zu der Zeit, als Washington und Saigon dagegen protestierten, daß bei Khe Sanh unter Verletzung der Waffenstillstandsbedingungen drei Stellungen mit SAM-2 Flugabwehrraketen eingerichtet worden waren.

Wir reagierten sehr scharf mit einer Unterbrechung des amerikanischen Truppenabzuges und der Minenräumaktion vor nordvietnamesischen Häfen. Außenminister Rogers lehnte es ab, an Sitzungen der Internationalen Konferenz in Paris teilzunehmen. Wir schickten Hanoi eine scharfe Note und teilten darin unsere Maßnahmen mit. Außerdem erhielt der Pressesprecher des Weißen Hauses, Ronald L. Ziegler, die Anweisung, bei seiner mittäglichen Pressekonferenz eine scharfe Erklärung zu verlesen, in der darauf hingewiesen wurde, daß die Entlassung amerikanischer Kriegsgefangener eine von Nordvietnam bedingungslos übernommene Verpflichtung wäre, die mit keinem anderen Teil der Vereinbarungen verknüpft werden dürfte. Am Tage darauf sagte ich Ziegler, ich sei überzeugt, daß unsere feste Haltung Erfolg haben würde (dieses Gespräch bewies außerdem meine Absicht, daß ich mein Regierungsamt demnächst zur Verfügung stellen wollte): »Wenn ich nach einem Jahr nicht mehr hier bin, dann werden sie uns wirklich unter Druck setzen. Nicht aus diesem Grund, sondern weil sie in einem Jahr so stark sein werden wie die Tiger, jetzt aber noch nicht so weit sind.« Die Kriegsgefangenen wurden zum vorgesehenen Termin entlassen.

Aber das waren nur Nadelstiche am Rand der wirklichen Herausforderung, die aus der massiven Infiltration von Truppen und Kriegsmaterial durch Laos und Kambodscha und durch die entmilitarisierte Zone bestand, womit fast alle Bestimmungen der Vereinbarungen verletzt wurden. Schlesinger schätzte, daß Hanoi, wenn der Aufmarsch in diesem Tempo weiterging, im Herbst im Süden wenigstens so stark sein werde wie vor der Offensive von 1972. Die WSAG hielt zu diesem Thema eine Besprechung ab. Man beschloß, als ersten Schritt eine Flut von Protestnoten nach Hanoi zu schicken, in denen immer deutlicher vor Vergeltungsmaßnahmen gewarnt wurde. Solche Noten gingen am 4., 6., 14. und 15. März 1973 ab. In der Note vom 14. März hieß es, wenn die Infiltration weiterginge und sich zu militärischen Maßnahmen Hanois steigern sollte, dann »würde das ... sehr schwerwiegende Konsequenzen haben«.

Am 8. März warnte ich den sowjetischen Botschafter, Anatoli Dobrynin. Ich betonte, daß wir, wenn die Sowjetunion weiterhin größere Mengen von Rüstungsgütern lieferten, den Vorgang als einen unfreundlichen Akt ansehen würden; eine neue Offensive der Nordvietnamesen werde »auf die Beziehungen zwischen den Vereinigten Staaten und der Sowjetunion die tiefgreifendsten Auswirkungen haben«.

Dobrynin zeigte sich der Lage gewachsen. Die Sowjetunion traf niemals die Schuld für irgend etwas. Er behauptete, daß meine Informationen entweder falsch oder überholt wären. Er machte allerdings die finstere Andeutung, daß die heimtückischen Chinesen wahrscheinlich dafür verantwortlich wären, wenn auch weiterhin sowjetische Rüstungsgüter nach Nordvietnam gelangten. Mit unschuldigem Gesicht sagte er mir, daß in der Tat einige hundert Panzer und mehrere Eisenbahnzüge mit Versorgungsgütern während des Krieges beim Transit durch China unerklärlicherweise verschwunden wären. Der Kreml wäre überzeugt, daß das jetzt in Nordvietnam auftauchende Kriegsmaterial von den Chinesen dorthin geschafft würde, um die Entspannung zwischen den Vereinigten Staaten und der Sowjetunion zu torpedieren. Dobrynin sagte, daß es gut wäre, wenn ich während meines Besuchs in Moskau, der acht Wochen später stattfinden sollte, mit Breschnew über diese Fragen sprechen könnte. Daraus konnte ich entnehmen, daß wir kaum auf sowjetische Hilfe rechnen konnten. Wir warnten aber auch die Chinesen, die uns ebenfalls keine klare Antwort gaben.

Am 13. März fand eine neue Besprechung der WSAG über dieses Thema statt. Hier kamen wir zu dem Schluß:

> Wir werden es unter keinen Umständen zulassen, daß der Feind dieses Jahr noch eine große Offensive beginnt. Wir selbst werden uns strikt an die Vereinbarungen halten und wollen die fortlaufenden Verstöße gegen das Abkommen der Öffentlichkeit bekanntgeben. In keiner Presseerklärung sollen die Verletzungen der Vereinbarungen durch den Feind heruntergespielt werden.
>
> Militärisch wäre es offenbar am günstigsten, die Bombenangriffe gegen die Verbindungswege in Laos möglichst bald nach der Entlassung der dritten Gruppe von Kriegsgefangenen wieder aufzunehmen, um später, wenn notwendig, auch die entmilitarisierte Zone und das Gebiet zwischen der entmilitarisierten Zone und den südvietnamesi-

schen Linien zu bombardieren. Die endgültige Entscheidung wird der Präsident treffen.

Aber der Präsident war, was gar nicht seinem Wesen entsprach, diesmal unentschlossen. Es war nicht ungewöhnlich, daß Nixon auf wichtige Entscheidungen schrittweise zuging. Seine Methode, über Optionen nachzudenken, bestand in langen Monologen über das Dilemma, in das er geraten war. In seiner ersten Amtsperiode hatte dieser Weg jedesmal zu einer Entscheidung geführt. Mit jedem Gespräch, auch wenn er einen noch so unentschlossenen Eindruck machte, kam er allmählich und fast unmerklich zu einer klaren Definition der vor ihm liegenden Probleme. Schrittweise versetzte sich Nixon schließlich in höchste Erregung, so daß seine intellektuelle und psychologische Bereitschaft an dem Punkt zusammenzutreffen schienen, an dem die Entscheidung fallen mußte. Oft hatte ich mich früher festgelegt als er, aber er hatte den besseren Instinkt für den richtigen Zeitpunkt. Mit seiner endgültigen Entscheidung gab er jedes Schwanken auf und kam zum Kern der Sache.

Aber im März 1973 hatten wir es mit einem anderen Nixon zu tun. Er behandelte das Problem der Vertragsverletzungen auf eine seltsam unmethodische Art. Er ließ sich treiben. Er steuerte die Entscheidung nicht mit der sonst für ihn so bezeichnenden und fast besessenen Zielstrebigkeit an. Seine Rhetorik war vielleicht die gleiche, aber diesmal begleitet von Begründungen für seine Inaktivität. Heute wissen wir, daß der Watergate-Skandal im März seinen Höhepunkt erreicht hatte. Ende Februar hatte sich Nixon immer wieder über längere Perioden mit seinem Berater John Dean zurückgezogen, um die Strategie für das Untersuchungsverfahren des neu errichteten Sonderausschusses des Senats unter Senator Sam Ervin zu besprechen, und sorgte sich um die bevorstehenden Anhörungen vor dem Rechtsausschuß des Senats zur Nominierung von L. Patrick Gray zum Direktor des FBI. Am 27. Februar hatte Dean den Präsidenten gewarnt und gesagt, daß die Dinge sich unter Umständen nicht länger verschleiern ließen. Nixon konnte sich nicht mehr auf die Regierungsgeschäfte konzentrieren. So befahl er zum Beispiel am 6. März für einen bestimmten Tag der folgenden Woche Bombenangriffe gegen den Ho-Tschi-Minh-Pfad. Da hier lange Kolonnen von Militär-Fahrzeugen den Nachschub für die nordvietnamesischen Truppen heranbrachten, konnte man mit lohnenden Zielen rechnen. Aber schon am folgenden Tag, am 7. März, nahm Nixon den Befehl zurück. Wieder sagte er, daß er den Nordvietnamesen keinen Vorwand geben wollte, die Entlassung der nächsten Gruppe von Kriegsgefangenen hinauszuzögern. Ich bezweifle, daß diese Entscheidung wohlüberlegt war. Gray befand sich in Schwierigkeiten in Zusammenhang mit den Untersuchungen des FBI im Fall Watergate und besprach sich täglich mit John Dean und dem Weißen Haus. Der Rechtsausschuß des Senats verlangte, daß Dean als Zeuge vernommen würde, obwohl sich der Präsident auf die Vorrechte der Exekutive berufen hatte. Offensichtlich war Nixon so sehr mit seinen innenpolitischen Schwierigkeiten beschäftigt, daß er es scheute, sich durch folgenschwere Entschlüsse über Indochina noch mehr zu belasten.

Am 14. März legte ich dem Präsidenten eine Denkschrift vor, in der ich ihn drängte, den Empfehlungen der WSAG zu folgen. Ich erläuterte die möglichen Motive der nordvietnamesischen Führung: Sie könnte glauben,daß wir auf ihre Vertragsverletzungen solange nicht reagieren würden, wie sie noch amerikanische Kriegsgefangene in Händen hatte; vielleicht wollten die Nordvietnamesen aber auch nur feststellen, wie weit unsere Geduld reichte. Unter Umständen hatten sie sich schon entschlossen, die Offensivoperationen wieder aufzunehmen, sobald die Angriffstruppen aufgefüllt waren und über das notwendige Material verfügten. Doch was sie auch im Sinne hätten, wir sollten einerseits alle diplomatischen Möglichkeiten ausschöpfen, dürften aber die militärischen Vorbereitungen nicht vernachlässigen:

> Die Nordvietnamesen wären (unseren Angriffen) auf den Versorgungswegen im Gebiet des laotischen Pfannenstiels und im nördlichen Bereich den südvietnamesischen MR-1 ausgesetzt. In beiden Gebieten operieren sie am Tage, und der Verkehr ist so stark, daß es zu Stauungen kommt. Sie nutzen offensichtlich die Tatsache aus, daß alle Luftangriffe gegen sie eingestellt worden sind. Eine Reihe schwerer Angriffe über einen Zeitraum von zwei oder drei Tagen in einem dieser Gebiete würde ihnen schwere Verluste an Menschen und Material beibringen.

Die künftige Wirksamkeit der Pariser Vereinbarung hing in der Tat davon ab, wie wir ihre Einhaltung jetzt erzwangen:

> Ein Luftangriff würde deutlich machen, daß wir weitere Verletzungen nicht dulden und entschlossen darauf reagieren werden. Es sind gerade solche amerikanische Reaktionen am 8. Mai (1972) und dann wieder im Dezember (1972) gewesen, welche die Nordvietnamesen veranlaßt haben, von ihrem damals eingeschlagenen Kurs abzuweichen. Wenn sie jetzt glauben, daß wir unter Umständen nichts unternehmen würden, und wenn wir tatsächlich nichts tun, werden wir sie zu immer häufigeren und schwereren Übergriffen anregen. Wenn wir reagieren, dann werden sie erkennen, mit welchem Preis sie rechnen müssen, wenn sie sich nicht an die Vereinbarungen halten ... Man wird uns allerdings für ein solches Vorgehen tadeln. Wenn wir aber nicht reagieren, dann werden die Vereinbarungen nach meiner Ansicht gerade deshalb wirkungslos werden, weil wir es nicht getan haben. Die Vorwürfe gegen uns werden in diesem Fall nicht weniger schwer sein.

Um Nixons Besorgnissen hinsichtlich der amerikanischen Kriegsgefangenen zu begegnen, empfahl ich, die Luftangriffe vom 24. bis zum 26. März zu führen, nachdem die dritte Gruppe unserer Gefangenen entlassen war, aber bevor die vierte Gruppe entlassen werden sollte.

Der immer unverschämter werdende Ton der Antworten Hanois auf unsere Proteste erforderte nach meiner Auffassung entschiedene Gegenmaßnahmen, um zu verhindern, daß die Pariser Vereinbarungen jeden Sinn verloren. Hanoi wiederholte seine inzwischen bekannte Interpretation des Artikels 20, daß der Abzug der nordvietnamesischen Truppen aus Laos und Kambodscha auf eine politische Lösung warten müsse – das hieß: bis zur Machtübernahme durch die Kommunisten.

Unsere dokumentarisch belegten Beweise für die Infiltration wurden von Hanoi zurückgewiesen. Die Nordvietnamesen erklärten mit der für sie typischen Kaltschnäuzigkeit: Da über die Kontrollpunkte gemäß den Bestimmungen der Vereinbarungen kein Kriegsmaterial nach Süden gebracht worden sei, gäbe es auch keine Beweise für das Einschleusen illegalen Materials. Die Vereinigten Staaten hätten im übrigen nicht das Recht, sich mit dieser Frage zu beschäftigen, das sei vielmehr die Aufgabe der Internationalen Kommission für Kontrolle und Aufsicht (in der die Kommunisten natürlich ein Vetorecht hatten).

In Krisensituationen sind oft die gewagtesten Maßnahmen die sichersten. Das riskanteste Verfahren war nach meinen Erfahrungen bisher eine schrittweise Eskalation gewesen, der sich die Gegenseite schrittweise anpassen muß, bis unausweichlich eine noch höhere Ebene der Gewalt und oft ein unauflösliches Patt erreicht ist. Hanoi mußte damit rechnen, daß wir, wenn die Nordvietnamesen die Entlassung der Kriegsgefangenen einstellte, alle Verpflichtungen, die wir im Rahmen der Vereinbarungen übernommen hatten, nicht mehr erfüllen würden: Minenräumen, Truppenabzug und Wirtschaftshilfe. Außerdem könnte ein solches Verhalten noch stärkere amerikanische Gegenschläge auslösen, und zwar diesmal gegen Nordvietnam. In meiner Denkschrift sagte ich dazu:

> Wenn wir sofort nach Entlassung der dritten Gruppe von Kriegsgefangenen handeln, die Ende dieser Woche abgeschlossen sein wird, dann können wir dadurch das Risiko verringern, daß die restlichen Kriegsgefangenen festgehalten werden. Bis zur Entlassung der letzten Gefangenen werden dann noch zwei Wochen vergehen. Es wird uns daher nach den Luftangriffen genügend Zeit zur Verfügung stehen, um die notwendigen Vorbereitungen für diese letzte Entlassung und für den gleichzeitigen endgültigen Abzug unserer Truppen zu treffen. Bis dahin würden wir den Truppenabzug unterbrechen, um ein zusätzliches Mittel in der Hand zu behalten, die Entlassung der Gefangenen zu erzwingen.

Aber der Präsident zögerte. Er stimmte meinen Vorschlägen zwar generell zu, sagte mir aber wieder, daß er eine Verschleppung der Entlassung unserer Kriegsgefangenen befürchtete. Auf seiner Pressekonferenz am 15. März richtete er eine Warnung an Hanoi. Vom 17. bis zum 26. März nahm ich Urlaub und ging nach Acapulco. Während dieser Zeit zeigte es sich, daß sich die Vorgänge um Watergate nicht länger verschleiern ließen. Der an dem Ellsberg-Einbruch beteiligte E. Howard Hunt erhob ständig neue Geldforderungen. Weder ich noch meine Kollegen im Nationalen Sicherheitsrat ahnten allerdings etwas davon. Nixons Unentschlossenheit führte am 19. März zu weiteren Komplikationen, als Botschafter B. McMurtrie Godley aus Vientiane in Laos seine Bedenken gegen den Zeitpunkt der vorgesehenen Luftangriffe äußerte. Godley befürchtete, daß dadurch die Bildung der neuen laotischen Koalitionsregierung verhindert werden könnte (die im übrigen erst im folgenden Jahr zustande kam). Premierminister Souvanna Phouma werde unter Umständen Schwierigkeiten haben, diesem Plan zuzustimmen. Ich wurde von dieser Botschaft unterrichtet und wies General

Brent Scowcroft, der Al Haig als meinen Stellvertreter abgelöst hatte, an, mit dem Präsidenten über Godleys Bedenken zu sprechen. An Scowcroft schickte ich aus Acapulco über eine abhörsichere Leitung das folgende Telegramm:

Ich möchte, daß Sie die Frage der Luftangriffe in Laos mit dem Präsidenten besprechen. Ich glaube, daß Godley nicht unrecht hat, wenn er meint, die Verhandlungen in Laos könnten dadurch gestört werden. Doch im übrigen hat sich an unserer Lagebeurteilung, die wir in der vergangenen Woche vorgetragen haben, nichts Wesentliches geändert. Ich glaube nicht, daß die Nordvietnamesen ihre Entscheidung über einen Rückzug von einer Serie von Luftangriffen abhängig machen werden. Eine weitere Gefahr besteht darin, daß sie die Entlassung der Kriegsgefangenen hinauszögern könnten. Das Gegenargument ist, daß sie im nächsten Herbst keine Rücksicht mehr nehmen werden.

Ich möchte, daß Sie diese Frage persönlich mit dem Präsidenten besprechen, denn er muß die letzte Entscheidung treffen. Sie sollten dem Präsidenten auch Godleys Bedenken vortragen. Jedenfalls dürfen wir vor Donnerstagabend (22. März) nichts unternehmen. Meine Empfehlung wäre der Kompromiß, daß wir anschließend zuschlagen.

Am 20. März teilte mir Scowcroft mit, daß der Präsident die bekannten Symptome für seine Unentschlossenheit gezeigt habe. Nixon hatte es vermieden, eine Entscheidung zu treffen, hatte aber von der Möglichkeit ungünstiger innenpolitischer Auswirkungen gesprochen. Am 21. März meinte Nixon, es wäre ihm lieber, unseren Truppenabzug aus Südvietnam vorläufig einzustellen, als die vorgesehenen Luftangriffe durchzuführen. Er werde zwar einen Luftangriff befehlen, aber »nur, wenn man annehmen darf, daß wir damit wirklich etwas bewirken können« – und das ließ sich mit einem einzigen Luftangriff nicht erreichen.

Am gleichen Tag erfuhr Nixon von John Dean, daß John Mitchell, Charles Colson, Jeb Stuart Magruder, Herbert Kalmbach und andere nicht die einzigen wären, die Schwierigkeiten hätten. Auch der Präsident hätte ein Problem – »das Präsidentenamt ist von einem Krebsgeschwür befallen«. Ohne zu ahnen, unter welchem Druck Nixon stand, erläuterte ich am 21. März noch einmal meine Haltung:

Das Hauptargument für die sofortige Durchführung der Luftangriffe ist, daß wir den Nordvietnamesen deutlich zeigen müssen, wir könnten etwas ganz Unerwartetes tun, wenn wir gezwungen würden, die Vereinbarungen zu verteidigen. Wenn die Nordvietnamesen glauben, daß wir nach Entlassung der Kriegsgefangenen nichts mehr tun würden, dann müssen wir mit an Sicherheit grenzender Wahrscheinlichkeit gegen Ende des Jahres mit der Wiederaufnahme der Offensive rechnen. Wenn eine Offensive Erfolg hat, dann werden alle, die sich dem Präsidenten bei jedem seiner Schritte in den Weg gestellt haben, ihre Haltung gerechtfertigt sehen, und der Politik des Präsidenten wäre der Boden entzogen. Eines der Hauptziele unserer Außenpolitik muß es nach meiner Auffassung sein, die Wiederaufnahme der Feindseligkeiten durch den Norden so weit wie möglich hinauszuzögern.

Am gleichen Tage philosophierte Nixon in einem Gespräch mit Scowcroft wieder über den Nutzen und die richtige zeitliche Koordinierung unserer Vorhaben und bat Scowcroft, noch einmal mit mir zu sprechen. Offenbar entsprachen meine Ratschläge nicht den Wünschen des Präsidenten. Trotzdem wiederholte ich meine Stellungnahme am 22. März noch einmal:

> Die Operation wird ihnen wahrscheinlich beträchtliche, aber nicht entscheidende Verluste beibringen. Wenn sie auf unsere Luftangriffe nicht reagieren, wird man darin ein Zeichen ihrer Schwäche sehen, aber ich kann mir nicht vorstellen, was sie unternehmen sollten ... Grundsätzlich habe ich hier das gleiche Gefühl wie bei der Anfang 1969 in Korea herrschenden Lage. Es besteht keine dringende Notwendigkeit, Luftangriffe zu führen, wenn wir aber nichts unternehmen, wird es uns später teuer zu stehen kommen.

Daß ich den EC-121-Zwischenfall erwähnte, ließ Nixon aufhorchen,[10] denn damit hatte ich seinen Instinkt geweckt, wenigstens ebenso hart erscheinen zu wollen wie sein Berater. Er befahl einen sofortigen Luftangriff gegen den Ho-Tschi-Minh-Pfad für einen Tag. Diese Maßnahme vereinigte alle nur denkbaren Nachteile in sich: Der Luftangriff war zu kurz, um nachhaltige Wirkungen zu zeigen, die Maßnahme war zu auffallend, um ignoriert zu werden, und zu unentschlossen, um die gewünschte psychologische Wirkung auf Hanoi auszuüben. Aber Nixon hatte mich mit seinem Befehl ausmanövriert. Jetzt mußte ich ihm empfehlen, den Angriff so lange zu verschieben, bis wir die ganze Problematik nach meiner Rückkehr aus Acapulco persönlich besprechen könnten – und dann würden unsere letzten Kriegsgefangenen entlassen sein.

Wir hörten aber nicht auf, die andere Seite zu warnen. Wir wußten jetzt, daß wir unsere Beziehungen zur Sowjetunion durch solche Gegenmaßnahmen nicht ernsthaft gefährden würden. Welches der Wert einer solchen Zusicherung auch sein mochte, am 23. März teilte uns Dobrynin offiziell mit, daß Moskau nach Abschluß der Pariser Vereinbarungen die Waffenlieferungen an Hanoi eingestellt hätte, und behauptete wieder, wenn jetzt noch sowjetische Rüstungslieferungen in Nordvietnam einträfen, dann seien sie wahrscheinlich beim Transit durch China verzögert worden. Zu möglichen amerikanischen Gegenmaßnahmen sagte er nur, daß Moskau hoffte, »die Dinge würden sich nicht in dieser Richtung entwickeln« – eine so zurückhaltende Stellungnahme konnte uns keine Sorgen bereiten. Als Nixon sich am 29. März an die Nation wandte, um die Rückkehr unserer letzten Kriegsgefangenen bekanntzugeben, wandte er sich auch mit einer scharfen Warnung an die nordvietnamesische Führung und sagte, daß sie »sich im Hinblick auf die Folgen der Nichtbeachtung der Vereinbarungen keinen Zweifeln hingeben sollte«.

Andere Sprecher der Administration äußerten sich zum gleichen Thema. Am 3. April beantwortete Verteidigungsminister Elliot Richardson die Fragen von Journalisten vor seinem Auftritt vor dem Unterausschuß für Verteidigungsausgaben des Repräsentantenhauses:

Frage: »Herr Minister, unter welchen Voraussetzungen würden wir die Bombenangriffe zur Unterstützung der Südvietnamesen wieder aufnehmen müssen?«

Richardson: »Das ist eine der Fragen, die sich generell nicht beantworten lassen. Wir können nur abwarten, wie sich die Lage entwikkelt, und hoffen, daß diese Entwicklung zu einer vollen und vollständigen Einhaltung der Waffenstillstandsvereinbarungen führt.«

Frage: »Aber ist es möglich, daß wir die Bombenangriffe wieder aufnehmen müssen, um entweder Nordvietnam anzugreifen oder die südvietnamesische Armee zu unterstützen?«

Richardson: »Das können wir gegenwärtig sicher nicht ausschließen.«

Am 2. April schickte ich Nixon eine Denkschrift und erläuterte darin weitere denkbare diplomatische und militärische Reaktionen. Meine Denkschrift trug die Überschrift »Informationen« und verlangte keine Entscheidung. Nixon hielt sich mit Haldeman und Ehrlichman in San Clemente auf. Der Ervin-Ausschuß hatte sie erheblich unter Druck gesetzt, denn der Vorsitzende hatte damit gedroht, jeden Mitarbeiter des Weißen Hauses festnehmen zu lassen, der sich weigerte, öffentlich auszusagen. Nixon zeichnete meine Denkschrift nur ab, um zu dokumentieren, daß er davon Kenntnis genommen hatte. Als ich das Papier zurückbekam, stellte ich fest, daß er nichts wie gewöhnlich unterstrichen oder mit Randbemerkungen versehen hatte, wenn er meine Empfehlungen gründlich prüfte.

Bei den Untersuchungen der WSAG hatte sich inzwischen herausgestellt, daß die Nordvietnamesen in Verletzung der Vereinbarungen südlich der entmilitarisierten Zone und besonders um Khe Sanh, wo schon vorher intensive militärische Aktivitäten festgestellt worden waren, zahlreiche Flugabwehrraketen in Stellung gebracht hatten. Ähnliche Beobachtungen wurden vom Ashau-Tal gemeldet, von wo aus Angriffe gegen die alte Kaiserstadt Hué geführt werden konnten. Darauf verlangten die Joint Chiefs of Staff eine drei Tage dauernde Bombardierung der nordvietnamesischen Flugabwehrstellungen zur Vorbereitung unserer Angriffe gegen die Nachschubwege in Laos, die uns die größten Sorgen bereiteten.

Damit verschob sich unser Zeitplan aufs neue. Bombenangriffe, die fast eine Woche dauern sollten, mußten diplomatisch vorbereitet werden. Hanoi verfolgte zur Abwendung solcher Bombenangriffe eine eigene Taktik und verschaffte uns die Möglichkeit, eine Doppelstrategie zu verfolgen, denn es beantwortete unsere Proteste mit dem Hinweis, daß es zu Gesprächen über die Verletzungen der Vereinbarungen bereit sein könnte. Nach einer vagen Andeutung der Nordvietnamesen wäre es möglich, am 27. März vertrauliche Gespräche über die Vereinbarungen zu führen. Mit einer Note vom 21. März erklärte Hanoi, bei privaten Gesprächen zwischen mir und Le Duc Tho könnten »Schwierigkeiten oder unerwartete Hindernisse aus dem Weg geräumt werden, die sich künftig bei der praktischen Durchführung der Vereinbarungen ergeben könnten«. Wie nicht anders zu erwarten, machte Hanoi die Vereinigten Staaten und Saigon für alle Vertragsverletzungen verantwortlich. Die Nordvietnamesen machten uns sogar das Recht streitig, die

Einhaltung der Vereinbarungen zu verlangen. Nach dem Abzug unserer Truppen seien nur noch die beiden vietnamesischen Parteien für solche Fragen zuständig. Wir unterrichteten Thieu vom Inhalt dieser Noten, warteten aber seine Abreise aus den Vereinigten Staaten ab, bevor wir Hanoi eine Antwort schickten. Wir ließen keinen Zweifel daran, daß unsere Geduld bald erschöpft war:

> Die Botschaften der DRV (Demokratische Republik von Vietnam) sind eine Beleidigung der Intelligenz der amerikanischen Regierung und des amerikanischen Volkes angesichts des Verhaltens der DRV, das darin nicht erklärt wird; und ihre Wiederholung muß die Normalisierung der Beziehungen verhindern, die von der amerikanischen Regierung angestrebt wird.
> Die amerikanische Seite weist die Behauptung der DRV energisch zurück, daß nur die beiden südvietnamesischen Parteien für die Einhaltung der Bestimmungen des Artikels 7 der Pariser Vereinbarungen (die Infiltration betreffend) verantwortlich sind. Alle vier an den Vereinbarungen beteiligten Parteien sind für deren strikte Einhaltung verantwortlich. Die amerikanische Seite macht die DRV in vollem Umfang für die fortgesetzte Verletzung des Artikels 7 verantwortlich und verlangt, daß die DRV ihre Verantwortung anerkennt und das Einschleusen von Truppen und Kriegsmaterial nach Südvietnam einstellt, mit dem dieser Artikel und der Artikel 20 verletzt werden. Die amerikanische Seite verlangt außerdem, daß die DRV-Seite ihre Streitkräfte, wie Artikel 20 das vorschreibt, ohne Vorbedingungen aus Laos und Kambodscha abzieht ... Die amerikanische Seite möchte darauf hinweisen, daß die weitere Verletzung dieser Bestimmungen die ernstesten Konsequenzen haben wird.

Aber am Schluß unserer Note verbanden wir eine weitere Warnung mit dem Vorschlag für ein Zusammentreffen mit Le Duc Tho:

> Um jeder weiteren Verschlechterung der Lage vorzubeugen, schlägt Dr. Kissinger ein Treffen in Paris mit dem Sonderberater Le Duc Tho zu einem für beide Seiten geeigneten Zeitpunkt während der ersten Mai-Woche vor.

Unsere Absicht war jetzt, im April drei oder vier Tage dauernde Luftangriffe gegen die nordvietnamesischen Versorgungsbasen und Versorgungswege in Laos und gegen das Gebiet nördlich und südlich der entmilitarisierten Zone zu führen. Vor diesem Hintergrund rechneten wir damit, daß meine für Mai vorgesehenen Verhandlungen mit Le Duc Tho die Kontroversen in den Vereinigten Staaten beschwichtigen und die Nordvietnamesen zu größerer Vorsicht veranlassen würden.

Aber Hanoi bewies auch hier wie gewohnt starke Nerven. Ende April würden die Nordvietnamesen den Ho-Tschi-Minh-Pfad nicht mehr benutzen können, weil sich das ganze Gebiet während der Regenzeit in einen undurchdringlichen Sumpf verwandelte. Deshalb suchte Hanoi Zeit zu gewinnen und setzte seine illegalen Infiltrationen unbeirrt fort. Es beantwortete unsere Note erst nach zehn Tagen und erklärte sich am 15. April mit einem Zusammentreffen an jedem beliebigen Tag nach dem 15. Mai einverstanden. Le Duc Tho wollte bis dahin möglichst viel Zeit verstreichen lassen, denn er glaubte, daß wir vor Abschluß der

Verhandlungen keine Luftangriffe mehr führen würden. Seine Berechnungen waren falsch, aber schließlich behielt er doch recht, und zwar wegen Watergate und nicht, weil er die Lage in Indochina richtig beurteilt hatte. Ohne Watergate hätten wir im April mit Sicherheit zugeschlagen.

Mitte April hatten die Nordvietnamesen ihre Streitkräfte in Südvietnam und den an der Grenze liegenden Bereitstellungsräumen um fünfunddreißigtausend Mann verstärkt. Damit verfügten sie jetzt über mehr Mannschaften und Kriegsmaterial als vor der Osteroffensive 1972. In normalen Zeiten hätte Nixon seine Empörung über eine solche Unverschämtheit nicht mehr beherrschen können, aber angesichts der schweren Belastungen durch Watergate zögerte er. Am 8. April hatte er Al Haig, der jetzt stellvertretender Chef des Stabes der Armee war, auf eine fünf Tage dauernde Erkundungsreise nach Indochina geschickt. Früher hätte darin der sichere Hinweis auf eine bedeutende Entscheidung gelegen, jetzt jedoch nicht mehr. Als Haig am 15. April, dem gleichen Tag, an dem auch die Note Hanois eintraf, seinen Bericht vorlegte, konnte sich Nixon wieder nicht entschließen. Durch sein Zögern mußte der vorgesehene Luftangriff sehr bald sinnlos werden, denn nach Beginn der Regenzeit wurde der Ho-Tschi-Minh-Pfad unpassierbar. Wir erhielten die Anweisung, eine neue Sitzung der WSAG einzuberufen, um festzustellen, welche Möglichkeiten uns noch offenstanden.

Nixon war einfach nicht mehr in der Lage, sich auf Vietnam zu konzentrieren. Heute wissen wir, daß seine Zeit vollständig durch Sitzungen und Telefongespräche über Watergate in Anspruch genommen wurde. So faßte er zum Beispiel am 14. April mit Haldeman und Ehrlichman den Entschluß, seinen alten Freund John Mitchell unter Druck zu setzen und zu veranlassen, »die moralische und rechtliche Verantwortung« zu übernehmen. Am 15. April, als wir das Gespräch über Vietnam führten, drängte Henry Petersen, der im Auftrag des Justizministeriums die Untersuchungen des Falles Watergate leitete, Nixon, Haldeman und Ehrlichman zu entlassen.

Wie ich Elliot Richardson wenige Tage darauf sagte, hielt ich nichts für gefährlicher als ein weiteres Hinausschieben der Entscheidung: »Die einzige Chance, die wir haben, liegt darin, daß diese Burschen sich nicht ausrechnen können, welchen Preis sie in jeder Phase werden bezahlen müssen.« Am folgenden Tag überlegten wir im Rahmen der WSAG, welche Möglichkeiten uns noch offenstanden. Die Sicherheit Südvietnams wurde nicht nur durch die über den Ho-Tschi-Minh-Pfad herangebrachten Verstärkungen bedroht, sondern wir hatten es jetzt auch mit einer neuen nordvietnamesischen Offensive im nördlichen Laos zu tun. Wir empfahlen daher, die dort eingesetzten norvietnamesischen Truppen mit Bomben anzugreifen und die Minenräumaktion einzustellen. Diese nicht sehr weit gehenden Beschlüsse wurden sofort in die Tat umgesetzt. Aber auf diese Weise wurde das Hauptproblem verschleiert – die Übergriffe auf dem Hauptkriegsschauplatz, in Südvietnam selbst. Am 16. April griffen von Jagdflugzeugen begleitete amerikanische B-52-Bomber Ziele in Laos an, und zwar als Vergeltung für die Einnahme des südlich der Ebene der Tonkrüge gelegenen Tha

Vieng durch die Nordvietnamesen. Am 17. April wurden diese Angriffe fortgesetzt, und Verteidigungsminister Richardson erklärte auf einer Pressekonferenz, daß sie die Reaktion auf »eine flagrante Verletzung« des Waffenstillstands in Laos seien. Aber gegen die Einschleusung nordvietnamesischer Truppen über den Ho-Tschi-Minh-Pfad oder gegen die illegale Infiltration über die entmilitarisierte Zone wurde nichts unternommen, und daraus bestand eigentlich der Kern der Sache.

Zugleich kümmerten wir uns aber auch um die mögliche Aufnahme von Verhandlungen und beantworteten am 17. April mit einer scharfen Note die nordvietnamesische Botschaft vom 15. April »mit Empörung und Mißfallen«. Wir erklärten uns mit einem Treffen zwischen mir und Le Duc Tho einverstanden, dem jedoch ein vorbereitetes Treffen zwischen dem stellvertretenden nordvietnamesischen Außenminister Nguyen Co Thach und dem zweiten stellvertretenden Außenminister William Sullivan vorausgehen sollte.

Die WSAG trat am 17. April wieder zusammen. Die Joint Chiefs of Staff behaupteten wieder, daß sie den Ho-Tschi-Minh-Pfad in Südlaos – den einzigen Abschnitt dieses Versorgungswegs, der trotz der bevorstehenden Regenzeit noch benutzt wurde – nicht angreifen könnten, bevor sie nicht die kommunistischen Flugabwehr-Raketenstellungen südlich der entmilitarisierten Zone zerstört hätten.

Damit verlangten die Militärs wieder eine Verlängerung der militärischen Operationen auf volle sieben Tage andauernde Bombenangriffe. Damit war der Wendepunkt erreicht. Drei Tage zuvor hatte ich zu meinem Entsetzen von Leonard Garment erfahren, in welcher Weise sich Watergate auf den Präsidenten persönlich auswirken könnte. Ich war erschüttert, als ich zum erstenmal deutlich erkannte, daß Watergate das Präsidentenamt im innersten Kern aushöhlen und jede Autorität vernichten konnte. Im vierten Kapitel habe ich berichtet, wie ich und andere darauf reagierten. Doch am 17. April wußte ich nicht, wie ich Nixon veranlassen sollte, sein rasch dahinschwindendes Prestige hinter neue, über längere Zeit dauernde Luftoperationen zu stellen, um eine Lage zu meistern, die durch sein eigenes Zögern entstanden war. Auf der Sitzung der WSAG schlug ich deshalb vor, wir sollen solange warten, bis es zu einer eindeutigen Provokation durch Hanoi gekommen wäre, und bis dahin mit unseren Planungen fortfahren. Die Mitglieder der WSAG, die mit den Feinheiten bürokratischen Manövrierens durchaus vertraut waren, begriffen sofort, daß es jetzt einen Kurswechsel geben werde. Bisher hatte unsere Strategie darin bestanden, eine größere Herausforderung zu verhüten und nicht darauf zu warten, bis es soweit war. (Nach unserer Schätzung hatten wir bis dahin noch fast ein Jahr Zeit.) Die nun getroffene Entscheidung bedeutete, daß wir einen Präventivschlag auf unbestimmte Zeit verschoben hatten. So würde Südvietnam früher oder später die ganze Wucht der unbehinderten nordvietnamesischen Truppenverstärkung zu spüren bekommen.

Wie wir an der sehr zurückhaltenden Reaktion Hanois auf die Luftangriffe erkennen konnten, hatten wir eine entscheidende Gelegenheit ungenutzt vorübergehen lassen. Fünf Jahre lang hatten unsere Kritiker unbeirrt die Auffassung vertreten, energische Maßnahmen verschlechterten das Verhandlungsklima. Die Wirklichkeit sah ganz anders aus. Wir hatten jedesmal festgestellt, daß Hanoi nie zugänglicher war als nach einem energischen amerikanischen Schlag. Auch in diesem Fall reagierte Hanoi auf unsere Bombenangriffe im nördlichen Laos und die harte Note vom 17. April mit der Zustimmung zu den Vorbesprechungen zwischen Thach und Sullivan am 20. April. In die nordvietnamesische Note hatte sich eine Freudsche Fehlleistung eingeschlichen (vielleicht handelte es sich aber auch um einen technischen Übermittlungsfehler); es hieß, Hanoi »respektiert« die Pariser Vereinbarungen »strikt und befolgt sie *skrupellos* (sic!)« – eine der wenigen Mitteilungen Hanois, denen wir uneingeschränkt zustimmen konnten.

Aber unsere Strategie wurde aus den Angeln gehoben, denn es zeigte sich inzwischen, daß wir nicht in der Lage waren, den militärischen Teil unseres ursprünglichen Plans zu verwirklichen. Deshalb würde auch mein Zusammentreffen mit Le Duc Tho unter ganz anderen Voraussetzungen stattfinden müssen. Am 21. April unterrichtete ich Nixon vom Inhalt der nordvietnamesischen Note. Dann unterhielten wir uns über eine für den 26. April vorgesehene Sitzung des Nationalen Sicherheitsrats, auf der die endgültige Entscheidung getroffen werden sollte. Diese Sitzung hat niemals stattgefunden. Watergate hätte das Ergebnis ohnedies vorausbestimmt. In nicht sehr taktvoller Form machte ich Nixon begreiflich, daß wir unser Vorhaben jetzt nicht mehr in die Tat umsetzen konnten, indem ich ihm sagte: »Wenn wir nicht diese verdammte innenpolitische Situation hätten, dann könnten wir die Einhaltung der Vertragsbestimmungen durch eine Woche dauernde Bombenangriffe erzwingen.« Und um zu zeigen, daß ich mich nun wirklich dazu durchgerungen hatte, taktlos zu sein, fügte ich folgende unpassende Bemerkung hinzu: »Einen Vorteil bietet uns Watergate wenigstens; alles andere (die Bombenangriffe in Laos) verschwindet jetzt auf Seite 20 (der Zeitungen).« Nixon ging auf diesen Ton ein und antwortete: »Sogar der zehnprozentige Anstieg der Inflation wird auf Seite 20 verbannt.«

Am 23. April wurde deutlich, daß der Präsident nicht mehr in der Lage war, irgendwelche Gegenmaßnahmen zu ergreifen. Ich sagte zu Haig:

> Mein Problem besteht darin, daß ich nicht weiß, was wir in diesem Klima noch tun sollen. Nehmen wir an, wir fangen an zu bombardieren. Dann wird sich die ganze Opposition im Kongreß zusammenschließen ... Ich zweifle nicht daran, daß wir sie (die Nordvietnamesen) zum Rückzug zwingen könnten, hätten wir nicht diese ganze Schweinerei am Hals.

Ende April 1973 lag daher unsere ganze Vietnam-Strategie in Scherben. Angesichts der flagranten Übergriffe Nordvietnams und der Greuel, von denen die zurückgekehrten Kriegsgefangenen berichteten, strich der Kongreß verständlicherweise die Wirtschaftshilfe für Hanoi fast vollständig: Byrds Gesetzesvorlage, nach der jede direkte oder indirekte Hilfe der besonderen Zustimmung des Kongresses bedurfte, wurde mit 88 : 3 Stimmen angenommen. Dann verloren wir aus innenpolitischen Gründen die Möglichkeit, unseren Willen mit Hilfe von Bombenangriffen durchzusetzen. Im Juni sollte der Kongreß jede militärische Aktion durch Gesetz verbieten, aber das »Fenster«, das uns in jenen ersten Monaten des Jahres 1973 noch offenstand, wurde letztlich durch die von Watergate herrührende Schwächung der Regierung zugeschlagen.

In dieser Atmosphäre bekam ich bei meiner nächsten Begegnung mit Le Duc Tho eine neue Realität zu spüren. Ich kam nicht als der Vertreter eines Amerika, das eben bewiesen hatte, welch empfindliche Strafen ein Wortbruch zur Folge hat, sondern als jemand, der keine Trumpfkarten mehr in der Hand hat.

Eine Scharade mit Le Duc Tho

In Paris standen mir zahlreiche Gespräche mit Le Duc Tho bevor, die (mit Unterbrechungen) vom 17. Mai bis zum 13. Juni dauerten. Das ganze Unternehmen war von bösen Vorzeichen begleitet. Das Ungewöhnlichste war eine Nachrichtendienstmeldung, die mir auf dem Flug nach Paris zugestellt wurde – ein nordvietnamesischer Bericht, der schilderte, wie die Viet Cong-Führer ihre Untergebenen im Kampfgebiet über die Lage unterrichteten. Die Meldung bestätigte, was wir von der Verstärkung der bereitgestellten nordvietnamesischen Truppen wußten, und sprach von einer in Vorbereitung befindlichen »Generaloffensive«. Aber nach den Aussagen der Viet Cong sollte sie verschoben werden, bis Watergate die Autorität des amerikanischen Präsidenten vollständig lähmte und unseren südvietnamesischen Verbündeten demoralisierte. In dieser Lagebeurteilung wurde richtig vorausgesagt, daß der schwer angeschlagene Präsident nicht mehr über die Autorität verfügte, Vergeltungsmaßnahmen gegen nordvietnamesische Übergriffe durchzusetzen.

> Die Watergate-Untersuchungen . . . haben bereits bewiesen, daß die letzten amerikanischen Präsidentschaftswahlen ein Schwindel gewesen sind, viele Mitglieder des Stabes des Weißen Hauses haben ihren Rücktritt angeboten. Deshalb . . . muß auch Präsident Nixon zurücktreten, weil er nicht mehr über das notwendige Ansehen verfügt, um die Vereinigten Staaten zu führen. Die Schwächung seiner Autorität in der amerikanischen Regierung erzeugt jetzt günstige Voraussetzungen für den Kampf der NLF in Südvietnam* und wird zu einer neuen amerikanischen Politik in Indochina führen. Selbst wenn Präsident Nixon im Amt bleibt . . ., wird er es nicht wagen, in Nord- oder Südvietnam so scharfe Maßnahmen wie Luftangriffe oder Bomben-

* Die Nationale Befreiungsfront (NLF) war der ursprüngliche offizielle Name des Viet Cong, der südvietnamesischen Kommunisten. Später nannten sie sich Provisorische Revolutionsregierung (PRG). Sie gab vor, eine aus Südvietnamesen bestehende Widerstandsbewegung zu sein. Als die nordvietnamesische Armee Südvietnam im April 1975 besetzte, wurde diese Fiktion aufgegeben. Einige Führer der PRG sitzen heute im Gefängnis, wahrscheinlich weil sie die Propaganda, die PRG sei von Hanoi unabhängig, zu ernst genommen haben.

angriffe zu ergreifen, weil der amerikanische Kongreß und das amerikanische Volk leidenschaftlich Einspruch erheben werden.

Ebenso wie in den Jahren der Friedensverhandlungen stimmte Hanoi auch jetzt sein Verhalten auf die innenpolitische Lage in den Vereinigten Staaten ab. Für die Beurteilung dieser Lage stand den Nordvietnamesen reichlich Beweismaterial zur Verfügung. Anfang Mai begann der Kongreß, gegen den Krieg gerichtete Anträge, die bisher im Repräsentantenhaus gewöhnlich abgelehnt worden waren, zu genehmigen. So strich das Repräsentantenhaus zum Beispiel am 10. Mai mit 219 gegen 188 Stimmen die Mittel für die Bombenangriffe in Kambodscha. Am 31. Mai war das Stimmenverhältnis im Senat zur gleichen Entscheidung 63:19. Nur drei demokratische Senatoren – James Eastland, Henry Jackson und Russell Long – gaben ihre Stimme zusammen mit sechzehn Republikanern für den Antrag des Präsidenten ab. Zwanzig Republikaner schlossen sich dreiundvierzig Demokraten an und stimmten der Streichung der für die Bombenangriffe erforderlichen Mittel zu.

Aus welchem Grund begann die Regierung jetzt, im Kongreß Stimmen zu verlieren, die ihr während der vergangenen vier Jahre immer sicher gewesen waren? Zum Teil, weil die Pariser Vereinbarungen für die meisten Amerikaner den »Frieden« bedeuteten; mit anderen Worten, die Vereinigten Staaten befanden sich nicht mehr im Krieg. Aber um es noch konkreter auszudrücken: Die bisher – gewöhnlich erfolgreich – verwendete Begründung des Präsidenten, militärische Maßnahmen wären zum Schutz amerikanischer Soldaten notwendig, galt nicht mehr, nachdem alle amerikanischen Streitkräfte abgezogen waren. Immerhin hätte Nixon dem amerikanischen Volk sagen können, daß wir nicht etwas aufgeben dürften, wofür fünfzigtausend Amerikaner gestorben waren. Ein mit einer so gewaltigen Stimmenmehrheit wiedergewählter Nixon hätte sich vielleicht wie schon so oft durchsetzen können. Aber im Sumpf von Watergate verlor der Präsident seine politische Durchsetzungskraft, er besaß diese Möglichkeit nicht mehr.

Hätte Hanoi auch den Inhalt unserer internen Beratungen gekannt, dann hätte es festgestellt, daß wir in eine bürokratische Sackgasse geraten waren, aus der uns ein geschwächter Präsident nicht herausführen konnte. Das Weiße Haus, die Joint Chiefs of Staff und der CIA-Direktor Schlesinger befürworteten rechtzeitige Präventivmaßnahmen gegen die ständigen Infiltrationen. Einige Fachleute der CIA und die Zivilbeamten im Pentagon sprachen sich dafür aus, es den Südvietnamesen zu überlassen, die Einhaltung der Vereinbarungen zu erzwingen, womit nichts anderes als der Zusammenbruch dieser Vereinbarungen stillschweigend geduldet wurde, denn die südvietnamesische Armee hatte genug damit zu tun, ihre Stellungen zu verteidigen, und verfügte über keine Langstreckenflugzeuge, mit denen sie die Versorgungswege der Nordvietnamesen hätte angreifen können. Das Außenministerium wollte mit der ganzen Sache nichts zu tun haben und war froh, daß für diesen Problemkreis in erster Linie ich verantwortlich war. Über die Absichten der Nordvietnamesen waren die Meinungen bei der CIA geteilt. Die einen glaubten, daß sie bald etwas unternehmen würden, um

Thieus innenpolitische Erfolge zunichte zu machen. Eine andere Gruppe meinte, daß Hanoi zunächst seine Versorgungsbasen aufbauen würde, um viel später den entscheidenden Angriff zu führen. So übernahm die CIA die normale Rolle eines Nachrichtendienstes, der ausgewogene Entscheidungsprozesse ermöglichen soll. Gewöhnlich folgen die nachrichtendienstlichen Lagebeurteilungen der vorherrschenden Meinung und schaffen nicht von sich aus die Grundlagen, um die günstigsten politischen Entscheidungen zu treffen.

In einer Krise gibt es fast immer Meinungsverschiedenheiten zwischen den Tauben, die nach Gründen suchen, Entscheidungen zu verzögern, und ihre Haltung unter dem Mäntelchen »Diplomatie« tarnen, wodurch, wenn man nicht die notwendigen Druckmittel in der Hand hat, alles nur hinausgeschoben, aber nichts bewirkt wird, und den Falken, die sich für frühzeitige Präventivmaßnahmen aussprechen. Im allgemeinen scheinen die Befürworter der Passivität zu Beginn einer Krise die besseren Argumente zu haben, weil die Risiken einer Handlung deutlich erkennbar sind, während diejenigen der Passivität in einer ferneren Zukunft liegen oder sich nur vermuten lassen. Das Schlimme bei jeder Präventivmaßnahme liegt in dem Umstand, daß sich nicht beweisen läßt, ob sie notwendig gewesen ist. Ist man jedoch nur bereit, schrittweise vorzugehen, dann wird man zum Gefangenen der Ereignisse. Kaum jemand kann der Versuchung widerstehen, beide Wege kombinieren zu wollen, bürokratische Kompromisse zu schließen, anstatt reale Lösungen zu suchen, oder beides miteinander zu verwechseln. Dabei wird die Politik der Falken mit Methoden der Tauben gekoppelt, wodurch eine erfolgreiche Verwirklichung der Absichten unmöglich wird (das Schweinebucht-Syndrom). Oder die Politik der Tauben wird mit der Rhetorik der Falken verknüpft (das Syndrom der amerikanischen Geiseln im Iran). Im Hinblick auf die Verletzungen der Pariser Vereinbarungen hatten wir uns der Rhetorik der Falken bedient, wurden aber dazu gezwungen, uns wie Tauben zu verhalten. Zum erstenmal hatten wir gedroht und unsere Drohungen nicht wahrgemacht.

Le Duc Tho machte sich daraufhin das Vergnügen, seine uns schon allzu gut bekannte Unverschämtheit zu einer neuen Kunstform hochzustilisieren. Er wußte, daß ich bluffte, und ließ es mich fühlen. Während eines Gesprächs zu Beginn unserer Verhandlungen suchte er wieder unsere innenpolitischen Spaltungen auszunutzen:

Le Duc Tho: Sie haben die Truppen der Regierung in Vientiane mit Ihren Luftstreitkräften unterstützt und mit Ihren Übergriffen gegen die unter Kontrolle der Pathet Lao stehenden Gebiete die Vereinbarungen über Laos verletzt. Im Hinblick auf Kambodscha haben Sie Ihre Luftangriffe erheblich gesteigert, und der amerikanische Senat und das Repräsentantenhaus sind gegen die Luftangriffe der Nixon-Regierung in Kambodscha.

Kissinger: Darf ich den Sonderberater an eine Regel erinnern, über die wir vor drei Jahren gesprochen haben und die eingehalten werden sollte? Sie haben sich bei Ihren Beurteilungen ständig geirrt. Sie werden sich wieder täuschen. Aber im übrigen lassen Sie uns nicht weiter darüber reden.

Le Duc Tho: Lassen Sie mich meinen ersten Satz beenden. Da der Senat und das Repräsentantenhaus die Bombenangriffe in Kambodscha als ungesetzlichen Akt ansehen, haben sie sich geweigert, die Geldmittel für die Ausführung dieser Angriffe in Kambodscha zur Verfügung zu stellen. Ich weise nur auf diese Tatsache hin, daß die Steigerung der Bombenangriffe in Kambodscha eine falsche Maßnahme ist; nicht nur wir sind dagegen, sondern auch das amerikanische Volk ist gegen die Bombenangriffe in Kambodscha. Das ist es, was ich erwähnen wollte.

Kissinger: Das amerikanische Volk ist unser Problem, nicht das des Sonderberaters. Und wenn er sich erinnert, dann hat er mit seiner Beurteilung nicht immer recht gehabt.

Le Duc Tho: Ob ich recht oder unrecht gehabt habe, Sie sind sich dessen bewußt.

Kissinger: Aber wir brauchen uns damit nicht aufzuhalten. Wir wollen zu anderen Fragen übergehen.

Das war die fast wörtliche Wiederholung zahlreicher in den vergangenen Jahren geführter Gespräche. Das Schlimme war nur, Le Duc Tho und im tiefsten Innern auch ich wußten, daß er sich diesmal *nicht* irrte. Nixon würde diesmal nicht ein Kaninchen aus dem Zylinder ziehen können. Die militärischen Aktionen, die wir noch (in Kambodscha) durchführten, wurden vom Kongreß leidenschaftlich angegriffen. Unsere noch einsatzfähigen Interventionsstreitkräfte in Thailand und auf See wurden drastisch reduziert. Ich kämpfte verzweifelt, aber vergeblich gegen das Verlangen des Pentagon, Luft- und Seestreitkräfte aus Südostasien abzuziehen, um die knappen Mittel für die Beschaffung neuer Waffen verwenden zu können.

Vielleicht hätte ich die Verhandlungen absagen sollen, als ich erkannte, daß wir die Luftangriffe nicht durchführen konnten, die diesen Verhandlungen vorausgehen sollten. Die innenpolitische Katastrophe bedeutete den außenpolitischen Bankrott. Wir konnten nur noch verhandeln und hoffen, daß milder Zwang – und Bluff – etwas erreichen. Wie unsere Kritiker verlangt hatten, standen uns jetzt nur noch die Mittel der Diplomatie zur Verfügung. Hätten wir die Gespräche abgesagt und anschließend militärisch nichts unternommen, hätte darin ein Eingeständnis gelegen, das Nixon nicht einmal sich selbst gegenüber zu machen wagte: daß er die Autorität verlor, die er brauchte, um eine sinnvolle Außenpolitik zu betreiben. Es hatte keinen Sinn, so deutlich zu zeigen, in einer wie tragischen Situation er sich befand. Dadurch wären nur die Schwächung des Zentrums beschleunigt und andere internationale Herausforderungen angeregt worden.

Deshalb spielte ich die Scharade mit Le Duc Tho weiter, die zwar keinen Erfolg, aber auch keine wesentlichen Rückschläge brachte. In drei Sitzungsperioden – vom 17. bis zum 23. Mai, vom 6. bis zum 9. Juni und vom 12. bis zum 13. Juni – besprachen wir alle Bestimmungen der Pariser Vereinbarungen und versuchten dabei, für die Erfüllung der Vertragsbedingungen, die nach Auffassung beider Seiten noch nicht erfüllt waren, neue Termine festzulegen.

Wir einigten uns am 13. Juni über ein gemeinsames Kommuniqué, in dem bestimmte Verpflichtungen neu definiert wurden. Aber das war nur Schattenboxen. Denn niemand konnte erwarten, daß eine neue Absprache, deren Einhaltung nicht erzwungen werden konnte, eher beachtet werden würde als die schon bestehende, die ja auch nicht beachtet wurde. Die Gespräche hatten jedoch eine zufällige Auswirkung – und zwar keine glückliche, und ich werde kurz darüber sprechen –, aber die Verhandlungen selbst bestanden aus einer Flut von Unverschämtheiten, mit denen Le Duc Tho mich geradezu überschüttete, während es mir nur gelang, ein paar prägnante Einzeiler dazwischenzuschieben.

»Es ist ein Beitrag zur Geschichte der zwischenstaatlichen Beziehungen«, sagte ich, »wenn dreihundertfünfzig Panzer, dreihundert weitreichende Geschütze und die zur Ausrüstung mehrerer Bataillone dienenden Fliegerabwehr-Geschütze und Raketen als zivile Güter klassifiziert werden, die nicht den Beschränkungen des Artikels 7 unterliegen.« Im zweiten Kapitel habe ich berichtet, daß die Nordvietnamesen auf die geniale Idee gekommen waren, alles, was nicht über die internationalen Kontrollpunkte von außen nach Südvietnam kam, als zivile Handelsware anzusehen, und zwar ohne Rücksicht darauf, was wir darüber dachten. Le Duc Thos Antwort begann mit den Sätzen: »Ihr Nachrichtendienst hat sich geirrt. Ich möchte darauf hinweisen, daß Ihr Nachrichtendienst manchmal einen Elefanten für einen Panzer hält.« Ich fragte ihn, ob er durch seine neu gebauten Ölleitungen Wasser nach Südvietnam pumpte, um die Elefanten dort zu tränken. Die Antwort von Le Duc Tho war ganz klar: »Sie sehen das falsch. Aber ich glaube, Sie begreifen auch, daß, militärisch gesprochen, die militärischen Operationen der PRG gewisse Reserven brauchen. Wenn also nun die Regierung in Saigon ihre militärischen Operationen fortsetzt, dann werden diese Reserven genügen, damit fertigzuwerden.«

Nun fragte ich ihn, ob er alles tun könnte, um alle Elefanten in Nordlaos zu lassen? »Wenn die Elefanten hungrig und durstig sind«, sagte Le Duc Tho lachend, »dann müssen sie sich etwas zu fressen und zu trinken suchen!« Als er bestritt, daß Hanoi systematisch die Pariser Vereinbarungen verletzte, antwortete ich: »Wenn das nicht systematisch gewesen ist, möchte ich mir nicht vorstellen, was Sie unternehmen würden, wenn Sie systematisch sein wollen. Wenn es Zufall gewesen ist, dann möchte ich nicht daran denken, zu was Sie fähig sein könnten.« Le Duc Tho behauptete, die Verletzungen des Waffenstillstandes seien ein zweitrangiges Problem, weil beide Seiten praktische Erfahrungen bei der Durchführung von Feuereinstellungen aus Anlaß »irgendwelcher Feste oder nationalen Feiertage« hätten (damit meinte er zum Beispiel die jährliche Feuereinstellung zu Weihnachten). Ich erinnerte ihn sarkastisch an die Tet-Offensive: »Nur nicht 1968. 1968 gab es ein kleines Problem, als nicht alle nordvietnamesischen Verbände rechtzeitig verständigt werden konnten . . .«

Nun machte Le Duc Tho die Beachtung des Infiltrationsverbots davon abhängig, daß der Waffenstillstand wirksam würde, was Hanoi wiederum unmöglich machte. Schließlich erklärte er sich bereit, innerhalb von fünfzehn Tagen drei Kontrollpunkte einzurichten, über die der Ersatz für verbrauchtes Rüstungsmaterial nach Süden gebracht werden durfte. Diese Zusage hat er nicht eingehalten.

Verhandlungen werden nicht durch Debatten über strittige Punkte oder sarkastische Bemerkungen gefördert, wie wir sie austauschten, es kommt vielmehr darauf an, Interessen und Risiken auszugleichen. 1972 war es uns gelungen, in Saigon eine mit uns verbündete Regierung an der Macht zu halten, weil Hanoi den Abzug unserer Truppen aus Südvietnam nicht erzwingen konnte, weil die Verminung der nordvietnamesischen Häfen durch uns sich ungünstig auf die Versorgungslage auswirkte und weil unsere Bombenangriffe es den Nordvietnamesen unmöglich machten, Offensivoperationen mit starken Kräften durchzuführen. 1973 hatten wir keine Druckmittel mehr in der Hand, und am Konferenztisch konnte ich nur noch mit Tricks arbeiten.

So habe ich bei meinen Versuchen, Le Duc Tho in die Enge zu treiben, oft gewünscht, daß diejenigen, die von uns verlangt hatten, nur mit diplomatischen Mitteln zu arbeiten und auf jede Anwendung von Gewalt zu verzichten, mit ansehen müßten, was ich hier erlebte. Le Duc Tho bestritt zum Beispiel, daß Nordvietnam irgendwelche südvietnamesischen Zivilgefangenen festhielt. Der folgende Wortwechsel zeigt, welche Unverschämtheiten er sich erlauben konnte, weil er sich nicht darum zu sorgen brauchte, daß wir mit militärischen Mitteln reagierten:

Le Duc Tho: Was nun die Behauptung der Regierung in Saigon betrifft, daß wir zahlreiche Zivilgefangene festhielten ... so trifft sie in Wirklichkeit nicht zu. Denn in der PRG-Region gibt es keine Voraussetzungen dafür, so viele Gefangene festzuhalten, und wir haben keine Gefängnisse dafür. Im übrigen entlassen wir sie sofort, nachdem wir sie gefangen haben.

Kissinger: Wenn Sie sie sofort entlassen, warum nehmen Sie sie dann erst gefangen?

Le Duc Tho: Weil wir keine Unterbringungsmöglichkeiten haben. Außerdem ist es schwierig, sie zu verpflegen.

Kissinger: Warum machen Sie sich dann die Mühe, sie überhaupt zu fangen?

Le Duc Tho: Sie haben ein Verbrechen begangen, und deshalb müssen wir sie festnehmen. Aber die Verpflegungsfrage ist nicht leicht zu lösen, und außerdem haben wir nicht genug Gefängnisse, um sie einzusperren. Die Verpflegung unserer Truppen erfordert große Anstrengungen von uns. Sie (die Südvietnamesen) nehmen die Behauptung zum Vorwand, um die Rückgabe der Zivilgefangenen hinauszuzögern.

Kissinger: Ich muß sagen, daß der Sonderberater nie aufhört, mich in Erstaunen zu versetzen. Aber ich bin immer bereit, etwas zu lernen. Diese Art der Strafjustiz ist ganz neu, Menschen, die ein Verbrechen begangen haben, nur zu dem Zweck festzunehmen, um sie wieder freizulassen.

Le Duc Tho: Es gibt zwei Arten der Rechtsprechung. Ihre Rechtsprechung unterscheidet sich von der unseren. Sehen Sie, nach unserer Rechtsprechung nehmen wir sie gefangen, erziehen sie und lassen sie dann wieder frei. Nach Ihrer Methode der Rechtspflege nehmen Sie unschuldige Menschen fest und foltern sie moralisch und physisch. Das sind also zwei verschiedene Arten der Rechtsprechung. Aber Sie sind sich dessen nicht bewußt.

Kissinger: Nun ja, bei uns befinden sich ein paar Gefangene, die Ihre Rechtsprechung kennen.

Die imperialistischen Bestrebungen Nordvietnams, die unsere innenpolitischen Gegner so energisch bestritten, zeigten sich jetzt mit aller Deutlichkeit. Artikel 20 der Pariser Vereinbarungen verlangte den Abzug aller ausländischen Streitkräfte aus Laos und Kambodscha. Le Duc Tho wich dieser Verpflichtung aus, indem er ebenso argumentierte wie im Februar, als ich in Hanoi mit ihm sprach. Er erklärte, daß diese Bestimmung erst in Kraft treten könnte, wenn für beide Länder eine politische Lösung gefunden sei – was wir in den Friedensverhandlungen ausgeschlossen hatten, weil in keinem der beiden Länder auch nur im entferntesten eine Lösung denkbar war. Im Hinblick auf Laos gelang es uns, eine schriftliche Vereinbarung zustande zu bringen, nach der bis zum 1. Juli 1973 eine politische Lösung erreicht werden sollte. Erst am 29. Juli kamen wir zu einer vorläufigen Vereinbarung, nach der man sich bis zum 14. September über eine Koalitionsregierung einigen sollte; bis zum 15. April 1974 sollte die Koalitionsregierung eingesetzt werden – was alles in keinem Zusammenhang mit dem Abzug der nordvietnamesischen Truppen stand. Mehr als fünfzigtausend nordvietnamesische Soldaten blieben in Laos, bis das Land 1975 überrannt wurde und von der Unabhängigkeit nichts mehr übrigblieb. Die meisten dieser Soldaten sind noch heute als Besatzungsarmee in Laos stationiert.

Bei der Behandlung des Themas Kambodscha übertraf Le Duc Tho sich selbst. Ebenso wie bei Laos verlangte er eine politische Lösung *vor* dem Truppenabzug. Aber die einzige politische Lösung, die für ihn in Frage kam, war die Ausschaltung Lon Nols und ein vollständiger Sieg der Kommunisten. »Sie sagen damit«, erklärte ich völlig erschöpft, »entweder müssen wir Lon Nol umbringen, oder er darf es selbst tun?« Diese Möglichkeit schien ihn nicht im geringsten zu stören. Schließlich hatte er vor zwei Jahren selbst den Vorschlag gemacht, Thieu umzubringen, und hatte dafür seine Hilfe angeboten.[11] »Sie haben mir eine Frage gestellt«, antwortete er ungerührt, »und ich rede ganz offen mit Ihnen. Ich habe Ihnen nur meine persönlichen Auffassungen vorgetragen. Ich spreche nur von der wirklichen Lage.«

Mit anderen Worten: Nur die Machtübernahme durch die Kommunisten würde als politische Lösung anerkannt werden. Verhandlungen gab es nicht, weil die Roten Khmer – die kambodschanischen Kommunisten – sich ihnen entschieden widersetzten, wie ich weiter unten näher erläutern werde. Mein Vorschlag, mit Sihanouk zu verhandeln, interessierte Le Duc Tho nicht, und zwar zum Teil sicherlich deshalb, weil er dafür nicht die Zustimmung der Roten Khmer gewinnen konnte, zum Teil, weil Sihanouk nach seiner Auffassung zu sehr unter dem Einfluß der Chinesen stand. Aber Le Duc Tho muß auch an die Zukunft und die Widerspenstigkeit der mit ihm verbündeten Khmer gedacht haben, denn er ließ sich für die Zeit *nach* einem Sieg der Roten Khmer in Kambodscha eine Hintertür offen. Deshalb mußte er zugeben, daß vietnamesische Truppen in Kambodscha stationiert waren. Aber er behauptete, daß sie nicht aus Nordvietnam kämen. Le Duc Tho behauptete, daß es kambodschanische Bürger vietnamesischer Herkunft wären, die in Kambodscha geboren und dort rekrutiert worden seien. Daraus folgte, daß es sich im Sinne des Artikels 20 der Pariser Vereinbarungen nicht um »ausländische« Truppen handelte. Deshalb brauchten diese Verbände auch im Fall eines kommunistischen Sieges das Land nicht zu verlassen.

In der Kambodscha-Frage konnte ich nicht mehr erreichen als eine gemeinsame Bestätigung der Gültigkeit des Artikels 20, der den Abzug ausländischer Truppen verlangte, aber Hanoi beharrte trotzdem auf seiner exzentrischen Interpretation dieses Begriffs. Dazu vereinbarten Nordvietnam und die Vereinigten Staaten inoffiziell, »die größten Anstrengungen zu unternehmen, um das Kambodscha-Problem friedlich zu lösen«. Zu mehr hatte sich Hanoi auch zur Zeit der Pariser Vereinbarungen nicht verpflichten wollen, als Le Duc Tho darauf hinwies, daß Hanoi auf seine kambodschanischen Verbündeten keinen großen Einfluß hätte. Le Duc Tho weigerte sich auch, auf unseren Vorschlag einzugehen, daß wir uns beide um einen Waffenstillstand in Kambodscha bemühen sollten. Die »Anstrengungen« Hanois um eine Lösung der Kambodscha-Frage bestanden daraus, daß die Nordvietnamesen vierzigtausend Soldaten auf kambodschanischem Boden stationierten und den mörderischen Roten Khmer Waffen lieferten, sie ausbildeten und logistisch unterstützten. Was wir getan haben, werde ich weiter unten schildern.

Aber die von Mai bis Juni 1973 dauernden Verhandlungen in Paris blieben nicht ohne Wirkung. Rückblickend glaube ich, daß sie unter anderem auch zur weiteren Demoralisierung Saigons beigetragen haben. In vieler Hinsicht waren unsere Dispute mit Saigon über die Friedensgespräche eine Wiederholung der Kontroversen von 1972. Wie damals wußte die Regierung in Saigon, daß wir uns mit Le Duc Tho treffen wollten, und gab ihre Zustimmung. Jedenfalls haben die Südvietnamesen niemals irgendwelche Einwände dagegen erhoben. (Es ist durchaus möglich, daß sie geglaubt haben, das Treffen werde auf einen militärischen Gegenschlag der Vereinigten Staaten gegen die Übergriffe Hanois folgen, wie wir es ursprünglich geplant hatten; wir haben etwas Derartiges aber niemals ausdrücklich zugesagt.) Ich war entschlossen, es nicht wieder zu denselben Mißverständnissen wie im vergangenen Jahr kommen zu lassen. Deshalb legte ich zunächst jeden Textentwurf der Regierung in Saigon vor. Jeden Abend traf ich in der Residenz unseres Botschafters in Paris mit einer südvietnamesischen Verhandlungsdelegation zusammen. Während der ersten Phasen meiner Gespräche mit Le Duc Tho hat mir Saigon manche wertvolle Anregung gegeben. Nichts deutete auf eine Kontroverse hin. Dann ging uns allmählich auf, welche Taktik Saigon verfolgte. Immer häufiger erklärte die südvietnamesische Delegation, daß sie keine Anweisungen aus Saigon hätte. Einmal schlug Saigon zum Beispiel vor, die Paragraphen in dem

Dokument neu zu numerieren. Dabei sollten alle nordvietnamesischen Verpflichtungen an den Anfang gesetzt werden, die südvietnamesischen Verpflichtungen sollten folgen – im Grunde ein unsinniger Vorschlag, denn die Nummern der Abschnitte in dem neuen Dokument entsprachen genau denen der Pariser Vereinbarungen – und das war ganz natürlich, denn die Abschnitte in dem neuen Dokument behandelten die Durchführung der im ersten enthaltenen Bestimmungen.

Trotzdem gab ich den Vorschlag Saigons weiter und mußte wieder einmal erkennen, zu welchen gedanklichen Bocksprüngen vietnamesische Gehirne fähig sind. Le Duc Tho erblickte nichts Ungewöhnliches in diesem Verlangen. Im Gegenteil, er hielt es für eine großartige Idee. Er ging darauf ein, kehrte jedoch die Reihenfolge um und verlangte, daß die Verpflichtungen Südvietnams zuerst und die Hanois an zweiter Stelle aufgeführt werden sollten. Nach einiger Mühe kam ich dahinter, weshalb meine vietnamesischen Gesprächspartner soviel Wert auf die Reihenfolge der Paragraphen legten. Im Gegensatz zu allen Maximen des Internationalen Rechts und zu allen praktischen Erfahrungen auf diesem Gebiet schienen beide vietnamesischen Parteien zu glauben, daß die Reihenfolge der Paragraphen auch die Reihenfolge der Durchführung der darin enthaltenen Bestimmungen entschied – wenigstens psychologisch. Jede Seite wollte, daß die jeweils andere zunächst *alle* ihr auferlegten Verpflichtungen erfüllte, bevor sie selbst daranging, *überhaupt* irgendwelche Verpflichtungen zu erfüllen.

Allmählich ging Saigon von Störmanövern zu detaillierten Einwänden über, die zum Teil geradezu lächerlich wirkten. Außerdem stellten die Südvietnamesen jedesmal, wenn es so aussah, als würden ihre Forderungen erfüllt, neue und andere Forderungen auf. Aber diese Manöver waren, sosehr sie uns auch ärgerten, nicht nur Ausdruck bösen Willens. Die Besorgnis Saigons war besser fundiert, als es die südvietnamesische Delegation zum Ausdruck bringen konnte. Südvietnam führten einen Kampf um das Überleben. Der Feind hatte gegen jede wichtige Bestimmung der Vereinbarungen verstoßen, ohne dafür zur Rechenschaft gezogen zu werden. Allein die Tatsache, daß zwischen den Vereinigten Staaten und Hanoi Verhandlungen geführt wurden, als hätten die Maßnahmen der Verhandlungspartner das gleiche moralische Gewicht, konnte die rechtliche Stellung Saigons schwächen, von seiner Moral gar nicht zu reden. Hier ging es um viel mehr als verletzten Stolz.

Ein typisches Beispiel stellten die ständigen Streitereien um die Behandlung der Verbindungsoffiziere des Viet Cong dar, die dem gemeinsamen Militärausschuß beider Parteien zugeteilt und in den verschiedenen Bezirksstädten stationiert waren. Sie befanden sich praktisch unter südvietnamesischem Hausarrest. Wir schlugen die Verlegung der Offiziere des Ausschusses und der Verbindungsoffiziere aus den Städten an die Demarkationslinie im Dschungel zwischen den beiden zu überwachenden Zonen vor, wo auch ihre praktischen Aufgaben lagen, weil wir es für vernünftig hielten, sie aus den dicht bevölkerten Gebieten abzuziehen. Aber damit berührten wir bei den Südvietnamesen einen empfindlichen Punkt, denn damit würde Südvietnam in zwei von verschiedenen Kräften kontrollierte Gebiete geteilt werden, so winzig auch die vom Viet Cong beherrschte Region war, und die uneingeschränkte Souveränität Saigons wurde in Frage gestellt. Aus diesem Grund ging auch Le Duc Tho bereitwillig auf unseren Vorschlag ein.

Doch Saigon konnte sich mit seinen Auffassungen durchsetzen und Änderungen bestimmter Vertragsbedingungen bewirken, über die wir uns schon mit den Nordvietnamesen geeinigt hatten. Der gemeinsame Militärausschuß wurde an den von Südvietnam bevorzugten Ort verlegt, und Saigon sollte den Text der Vereinbarungen mit unterzeichnen. Aber eine Veränderung der Vertragsklauseln konnte an der bestehenden Realität nichts ändern, wie sehr deutlich in einem Bericht des zweiten stellvertretenden Außenministers, William Sullivan, zum Ausdruck kam, den ich in einer Verhandlungspause nach Saigon geschickt hatte, um sich dort mit Thieu zu beraten:

> Was ihnen bevorsteht, ist im wesentlichen eine territoriale Aufteilung des Landes, auch wenn es den Verzicht der PRG auf den politischen Machtkampf bedeutet. Wenn dabei, wie sie fürchten, auch Kambodscha von Kommunisten beherrscht werden wird, dann ergibt sich nach ihrer Meinung daraus eine militärische Kräfteverteilung, bei der sie in einer stark gefährdeten Lage von gut ausgebauten Versorgungsbasen im unzugänglichen Bergland bedroht werden.

Auch hatte Thieu nicht unrecht, wenn er am 6. Juni an Nixon schrieb, anstatt für die Verletzung einer Vereinbarung bestraft zu werden, forderte man Hanoi jetzt auf, eine zweite zu unterschreiben:

> Wir sind die Opfer der Aggression. Die kommunistischen Aggressoren haben die Vereinbarungen systematisch verletzt. Doch während sie nicht unter scharfen Gegenmaßnahmen unserer Seite zu leiden haben, die man ihnen angekündigt hat, wollen sie sich jetzt aller Vorteile erfreuen, die das Kommuniqué ihnen bietet.

Die Schwäche des neuen gemeinsamen Kommuniqués vom 13. Juni lag ebenso wie bei den Pariser Vereinbarungen darin, daß seine Wirksamkeit von der Bereitschaft der Unterzeichner abhing, die darin enthaltenen Bestimmungen einzuhalten. In Vietnam schwand diese Möglichkeit dahin, weil die amerikanische Hilfe allmählich versiegte und unsere offensichtliche Passivität die Südvietnamesen demoralisierte. Die Bereitschaft, die Einhaltung der Vereinbarungen zu erzwingen, wurde auch in den Vereinigten Staaten immer geringer, denn hier wirkten sich jetzt die Kriegsmüdigkeit und die innenpolitischen Krisen gemeinsam aus, was schließlich dazu führte, daß der Kongreß durch Gesetz alle militärischen Aktionen der Vereinigten Staaten in Indochina untersagte. Der Anlaß für diesen Beschluß, der das Schicksal Südvietnams endgültig besiegelte, war die öffentliche Debatte über das am schwersten vom Schicksal geschlagene Land in Indochina, Kambodscha.

Kambodscha: eine unbestreitbare Scheinheiligkeit

Kein Land hat eine Reihe so harter Schicksalsschläge hinnehmen müssen wie Kambodscha in den vergangenen zehn Jahren. 1965 drang der nordvietnamesische Feind in Kambodscha ein und besetzte Teile des Landes. Nach 1969 wurde es von amerikanischen Kampfflugzeugen bombardiert und in einem Bürgerkrieg verwüstet, dessen Sieger an ihren eigenen Landsleuten Völkermord begingen. 1978 folgte ein neuer Einfall der Nordvietnamesen, und wieder wurde Kambodscha von einem Guerilla-Krieg erschüttert. So hat es über fast zwei Jahrzehnte weder Frieden noch geordnete Verhältnisse kennengelernt. Nur wenig mehr als die Hälfte der Bevölkerung hat die Grausamkeiten ihrer kommunistischen Herrscher und den Hunger überlebt, von dem sie nach der Eroberung durch die Nordvietnamesen heimgesucht wurde.

Vielleicht ist es nicht überraschend, wenn das Schicksal von Kambodscha dazu geführt hat, daß man sich heute kaum mehr an die Ursachen dieser Entwicklung erinnert. Doch Kambodscha nimmt auch einen besonderen Platz in der Geschichte der Scheinheiligkeit ein. Es mag verständlich sein, daß man seinerzeit die Maßnahmen der Nixon-Regierung zur Unterstützung von Kambodscha, die auch für das Überleben von Südvietnam für notwendig gehalten wurden, abgelehnt hat. Ich kann verstehen, daß man in der Leidenschaft des Augenblicks befürchtet hat, Amerika könnte sich in Kambodscha ebenso »festfahren« wie in Vietnam. Ich erkenne darin eine von der unseren abweichende Lagebeurteilung, die man achten muß, und ich möchte nicht die Glut der damaligen Debatten aufs neue entfachen. Wir haben alle etwas daraus gelernt. Es ist aber etwas ganz anderes, wenn die tragische Folge von Ereignissen bei den Kritikern nicht zu nüchternen Überlegungen, nicht zum Abscheu vor den Massenmorden der kambodschanischen Kommunisten und nicht zur zornigen Ablehnung der Aggressivität Nordvietnams führt, sondern zu einer Kampagne, in deren Verlauf alle diese *kommunistischen* Untaten denen angelastet werden, die versucht haben, Kambodscha zu retten und dem Lande die Schrecken zu ersparen, die es dann ertragen mußte.

Die absurde Legende, mit der entschuldigt werden sollte, daß Kambodscha im Stich gelassen worden ist, lautet etwa wie folgt: Kambodscha war ein friedliches und glückliches Land, bis es von den *Vereinigten Staaten* angegriffen wurde. Es gab keinen Grund für diesen Angriff. Er war das Produkt der Psychose zweier amerikanischer Führer, die entschlossen waren, ihre eigene Unsicherheit an einem unschuldigen Volk auszulassen. Durch geheime Machenschaften stürzten sie den einzigen politischen Führer, der die Fäden in diesem Land in der Hand hatte, Sihanouk. Dann wurden fortschrittliche Revolutionäre, die Roten Khmer, durch die amerikanischen Bombenangriffe so gereizt, daß sie sich in wahnsinnige Mörder verwandelten. Nach dieser komplizierten Hypothese ist das Verhalten Amerikas in den Jahren 1969 und 1970 in erster Linie an dem Völkermord schuld, den die kommunistischen Beherrscher Kambodschas 1975 verübt haben, *nachdem wir das Land verlassen hatten* – zwei Jahre nachdem die Vereinigten Staaten ihre militärischen Maßnahmen eingestellt hatten. Darüber hinaus werden die Amerikaner nach dieser Theorie auch für die Leiden der Kambodschaner verantwortlich gemacht, die sie im Gefolge der nordvietnamesischen Invasion von 1978 auf sich nehmen mußten.[12]

Professionelle Nixon-Hasser und andere haben sich diese These zu eigen gemacht, weil unser Eingreifen in Kambodscha nachweislich auf Nixons Initiative zurückzuführen ist, während unser Engagement in Vietnam und Laos das Erbe zweier liberaler demokratischer Regierungen war. Diese Absurdität ist einfach nicht zu überbieten, aber wir müssen uns mit diesem Thema auseinandersetzen, denn es ist wichtig für die Amerikaner und für diejenigen, die von uns erfahren wollen, wie die Ereignisse aufeinander folgten und wer wirklich für diese Entwicklung verantwortlich war.

Der Architekt der Katastrophe war Nordvietnam, den Anlaß lieferten die imperialistischen Bestrebungen Hanois in Indochina. Ich werde mich nicht im einzelnen mit der Begründung unserer Angriffe gegen die nordvietnamesischen Bereitstellungsräume in Kambodscha – zuerst aus der Luft und dann mit Bodentruppen – beschäftigen. Dieses Thema behandle ich im ersten Band meiner Memoiren, und den taktischen Wert dieser Maßnahmen werden schließlich andere beurteilen.

Entscheidend ist jedoch die Tatsache, daß Nordvietnam Kambodscha in den Krieg hineingezogen hat. Es war Nordvietnam, das 1965 Teile von Kambodscha besetzte, um Militärbasen einzurichten, von denen aus die Nordvietnamesen vier Jahre lang Amerikaner und Südvietnamesen getötet haben, ohne daß die Vereinigten Staaten etwas dagegen unternahmen – und die amerikanischen Gegenmaßnahmen erfolgten ausschließlich in einem schmalen Grenzstreifen, in dem die nordvietnamesischen Bereitstellungsräume lagen.

Am 18. März 1970 wurde der neutralistische Staatschef Norodom Sihanouk von seiner eigenen Regierung und Nationalversammlung abgesetzt. Die Ursache war die Empörung des kambodschanischen Volkes über die fortwährende Besetzung kambodschanischen Territoriums durch die Nordvietnamesen, die Sihanouk nicht zum Abzug bewegen konnte. Als die neue kambodschanische Führung die Nordvietnamesen aufforderte, das Land zu verlassen, reagierten diese mit einer Welle von Angriffen im ganzen östlichen Kambodscha mit dem Ziel, die neue Regierung in Phnom Penh zu stürzen, und zwar in einem Monat vor dem »Einfall« amerikanischer und südvietnamesischer Verbände in die Bereitstellungsräume, eine Operation, die acht Wochen in Anspruch nahm. Es war Hanoi, das unseren Vorschlag unbeachtet ließ, die Neutralität Kambodschas wiederherzustellen – ich machte ihn gegenüber Le Duc Tho bei einem geheimen Zusammentreffen am 4. April 1970. Es war Hanoi, das über einen Frieden nur dann sprechen wollte, wenn vorher die nichtkommunistische Regierung in Kambodscha gestürzt wurde. Es war Hanoi, das die Waffenstillstandsangebote vom Oktober 1970, vom Mai 1971, vom Oktober 1971, vom Januar 1972 und in der Zeit von Oktober 1972 bis Januar 1973 ablehnte. Es waren die von Hanoi organisierten, bewaffneten und unterstützten Roten Khmer, welche die Aufnahme Kambodschas in die Pariser Vereinbarungen blockierten, wie es die Vereinigten Staaten wiederholt vorgeschlagen hatten. Die Roten Khmer wollten bis zum endgültigen Sieg weiterkämpfen. Hanoi hatte ihnen dazu die militärischen Mittel zur Verfügung gestellt und lehnte anschließend jede Verantwortung für Verhandlungen über eine kambodschanische Friedensregelung ab, womit jede diplomatische Lösung verhindert wurde.

Es besteht daher kein Zweifel daran, daß Hanoi den Krieg nach Kambodscha gebracht und den von den Roten Khmer verübten Völkermord ermöglicht hat. Wir haben allerdings den Einfluß der Nordvietnamesen auf die Roten Khmer immer wieder überschätzt. Die kambodschanischen Kommunisten unterschieden sich ganz wesentlich von den unterwürfigen Pathet Lao. Ob wir immer klug gehandelt haben, müssen künftige Historiker beurteilen, die kein Interesse daran haben, die heute geführten, kontroversen Debatten zu wiederholen. Es steht jedoch fest, daß Hanoi die Entscheidung getroffen hat, bis zum bitteren Ende zu kämpfen. Hanoi hat den totalen Sieg der Kommunisten ermöglicht, denn es war – wie sich herausgestellt hat, mit Recht – davon überzeugt, daß der Zusammenbruch Kambodschas die Demoralisierung Südvietnams beschleunigen und Nordvietnam in die Lage versetzen werde, später in aller Ruhe mit den widerspenstigen Kambodschanern fertig zu werden.

Die Vorgänge in Kambodscha sind in Amerika fälschlich als »besonderer Krieg« interpretiert worden, aus dem wir uns heraushalten müßten. Diese Ansicht war jedoch ganz falsch. Es handelte sich hier um den gleichen Feind wie in Vietnam. Nordvietnamesische Truppen überquerten die Grenze in beiden Richtungen, der Begriff der Souveränität existierte nicht für sie. Sie gingen so jahrelang mit nicht zu übertreffender Unverschämtheit vor, was 1970 in den Vereinigten Staaten eine acht Wochen dauernde nationale Krise auslöste.

Amerika hat zu der Katastrophe in Kambodscha beigetragen, nicht, weil es zuviel, sondern weil es zuwenig getan hat. Nachdem die amerikanischen und südvietnamesischen Truppen sich 1970 von ihrem kurzen Vorstoß in die Bereitstellungsräume zurückgezogen hatten, wo sie die nordvietnamesischen Basen zerstören sollten, von denen aus amerikanische und südvietnamesische Soldaten jahrelang getötet worden waren, wollten kritische Kriegsgegner durch Gesetz erzwingen, was sie mit den Straßendemonstrationen im Mai 1970 nicht hatten erreichen können. Von 1970 bis zum Ende des Krieges wurde die amerikanische Unterstützung Kambodschas durch folgende Gesetze eingeschränkt, und zwar jedesmal gegen Nixons Veto oder energische Einwände:

- Der von Senator Fulbright eingebrachte Zusatz zum Budget der amerikanischen Streitkräfte für das Jahr 1971 trat am 7. Oktober 1970 in Kraft und bestimmte, daß südvietnamesische oder andere Streitkräfte von Nationen der freien Welt (wie etwa die thailändischen) keine Geldmittel aus diesem Etat verwenden dürften, um Kambodscha militärisch zu unterstützen oder Hilfe zu leisten. Dieser Zusatz untersagte es außerdem südvietnamesischen oder anderen Streitkräften von Nationen der freien Welt, Rüstungsgüter, die gemäß diesen Bestimmungen geliefert worden waren, nach Kambodscha zu liefern. Damit galten die einschränkenden Bestimmungen nicht nur für die von uns gewährte Militärhilfe, sondern auch für die unserer Verbündeten in Südostasien, als bestünde eine der wichtigsten Aufgaben der Vereinigten Staaten darin, jede mögliche Lücke zu schließen, durch die Hilfeleistungen nach Kambodscha fließen könnten. Die Verordnung trat drei Monate nach Abschluß unserer Operationen in Kambodscha und am gleichen Tage in Kraft, an dem Nixon den Vorschlag für einen Waffenstillstand in ganz Indochina machte – den die Kommunisten sofort zurückwiesen.

- Der Cooper-Church-Zusatz zum Auslandshilfe-Ergänzungsgesetz von 1970, der am 5. Januar 1971 in Kraft trat, untersagte die Verwendung von Mitteln für »die Einführung amerikanischer Bodentruppen nach Kambodscha oder das zur Verfügungstellen amerikanischer Berater«. Damit wurden die Vereinigten Staaten durch Gesetz daran gehindert, die kambodschanischen Streitkräfte zu beraten und ihnen die benötigte Ausbildung für eine einsatzfähige Truppe zu geben.
- Der Symington-Case-Zusatz zum Ergänzungsgesetz für Auslandshilfe und damit in Verbindung stehenden Hilfsmaßnahmen, der am 7. Februar 1972 in Kraft trat, begrenzte die Gesamtzahl der »Zivilbeamten und Angestellten von Exekutivbehörden der Regierung der Vereinigten Staaten, die Bürger der Vereinigten Staaten sind« in Kambodscha auf zweihundert. Er begrenzte außerdem die Zahl der Staatsangehörigen von Drittländern, die von den Vereinigten Staaten in Kambodscha beschäftigt wurden, auf fündundachtzig. Dadurch wurde eine wirksame militärische *oder zivile* Beratung der Kambodschaner unmöglich.
- Das zweite Zusatzgesetz für den Etat des Rechnungsjahres 1973 (das Nixon am 1. Juli 1973 widerwillig unterzeichnet und damit in Kraft gesetzt hatte) untersagte die Verwendung von Geldmitteln, welche nach diesem Gesetz zur Verfügung gestellt wurden, zur »direkten oder indirekten Unterstützung von Kampfhandlungen in oder über Kambodscha, Laos, Nordvietnam und Südvietnam oder im Seegebiet vor Kambodscha, Laos, Nordvietnam und Südvietnam«. Es untersagte außerdem die Verwendung irgendwelcher Geldmittel, die auch nach *anderen* Gesetzen zur Verfügung gestellt wurden, für die oben genannten Zwecke nach dem 15. August. Damit wurden alle militärischen Aktionen der Vereinigten Staaten in oder um Indochina illegal. Das nahm den Kommunisten jede Furcht vor einer Vergeltung von Verstößen gegen die Vereinbarungen.
- Auch das Gesetz für die Überführung des Budgets in das Rechnungsjahr 1974 untersagte die Verwendung irgendwelcher Geldmittel zur direkten oder indirekten Finanzierung von Kampfhandlungen amerikanischer Streitkräfte »in oder über oder vor den Küsten von Nordvietnam, Südvietnam, Laos oder Kambodscha«. Damit wurden die für das vergangene Jahr geltenden Verbote fortgeschrieben.
- Das Auslandshilfe-Gesetz von 1973, das am 17. Dezember 1973 in Kraft trat, sah vor, daß keine durch Bestimmungen oder Gesetze zur Verfügung gestellten Geldmittel für die Finanzierung militärischer oder paramilitärischer Kampfhandlungen ausländischer Streitkräfte in Laos, Kambodscha, Nordvietnam, Südvietnam oder Thailand verwendet werden durften, es sei denn, solche Operationen wurden von den Streitkräften des Empfängerlandes innerhalb von dessen Grenzen durchgeführt. Das bedeutete, daß Verbündete wie Thailand, die von Indochina bedroht wurden, unsere Ausrüstungsgegenstände und daher

auch ihre eigenen Streitkräfte nicht dazu verwenden durften, den Ländern zu Hilfe zu kommen, deren Überleben sie um ihrer eigenen Sicherheit willen für wichtig hielten.

Dazu begrenzte der Kongreß jede Hilfe für Kambodscha auf zweihundertfünfzig bis dreihundert Millionen Dollar jährlich – etwa zwei Prozent dessen, was zur Unterstützung von Vietnam ausgegeben wurde.

Diese immer einschneidender werdenden Beschränkungen verhinderten nicht nur eine wirksame amerikanische Unterstützung, sie machten es auch unseren Verbündeten in Südostasien unmöglich, das verabscheuungswürdige Verbrechen zu begehen und ihren kambodschanischen Nachbarn zu helfen. Das Verbot, Militärberater zur Verfügung zu stellen, interpretierte unsere Botschaft in Phnom Penh so, daß auch unsere Militärattachés keine Reisen in das Land mehr unternehmen dürften. Die kambodschanische Armee nahm deshalb zwar an Mannschaftsstärke zu, nicht aber an militärischer Leistungsfähigkeit. Unsere einschränkenden Bestimmungen zwangen sie, sich auf ihre Feuerkraft und nicht auf ihre Beweglichkeit zu verlassen (und die Starrheit, die der kambodschanischen Armee von unseren Kritikern aufgezwungen worden war, wurde ihr von den gleichen Kritikern als Mangel an Leistungsbereitschaft vorgeworfen). Um eine Katastrophe zu verhüten, blieb uns nur noch der Einsatz unserer Luftstreitkräfte – bis auch er untersagt wurde.

So wurde Kambodscha zum traurigen Symbol und Surrogat der ganzen Kontroverse um Vietnam. Für Nixon war es »die Nixon-Doktrin in ihrer reinsten Form«*, was bedeuten sollte, daß es unser politischer Grundsatz war, Kambodscha zu helfen, sich selbst ohne amerikanische Truppen zu verteidigen. Für seine Gegner war es die Gelegenheit, nachträglich und symbolisch auf gesetzgeberischem Wege sowohl unseren Vorstoß gegen die Bereitstellungsräume und Nixons Bemühungen zu verurteilen, mit denen er eine Verteidigung gegen die Aggression durch die Aufstellung nationaler Streitkräfte ermöglichen wollte. Sie wollten im Hinblick auf Kambodscha die Beschränkungen durchsetzen, um die sie sich im Falle von Südvietnam vergeblich bemüht hatten, und das gelang ihnen auch. Daß sie sich in Südvietnam nicht hatten durchsetzen können, ermöglichte uns, dessen Zusammenbruch zu verhindern; aber ihr Erfolg in Kambodscha bedeutete nicht nur den Untergang dieses Landes, sondern war auch das Todesurteil für Südvietnam. Die Beschränkungen führten zu der diplomatischen Ausweglosigkeit, die Hanoi für die Verwirklichung seiner Absichten brauchte. Nachdem sich Hanoi entschlossen hatte, Südvietnam zu besetzen, und die Roten Khmer sich nur mit dem totalen Sieg zufriedengeben wollten, konnten wir uns nur ehrenhaft aus der Affäre ziehen, wenn wir zeigten, daß sich diese Ziele nicht erreichen ließen. Unsere innenpolitische Zerrissenheit bewirkte jedoch das Gegenteil. Die Kürzung der Auslandshilfe hatte die Roten Khmer in den Jahren 1970 bis 1972 vor der Niederlage gerettet, als sie noch ein unbedeutender, kleiner militärischer Verband wa-

* Nixon auf seiner Pressekonferenz am 12. November 1971.

ren. Später wurde es aus diesem Grund unmöglich, die Roten Khmer und Hanoi soweit unter Druck zu setzen, daß sie sich zu politischen Verhandlungen bereit fanden. Und dann wendeten sich die Kriegsgegner in den Vereinigten Staaten, durch deren Verhalten der Zusammenbruch in Indochina unvermeidlich geworden war, gegen diejenigen, die sich der kommunistischen Machtergreifung hatten entgegenstellen wollen, und machten sie für das aus dieser Lage entstandene blutige Gemetzel verantwortlich.

Die versäumte Gelegenheit

Seit Kambodscha 1954 unabhängig geworden war, hatte Prinz Norodom Sihanouk einen bewunderungswürdigen und schwierigen Balanceakt vollführt. Mit geschickten Manövern hatte er die Kräfte, die sein Land bedrohten, gegeneinander ausgespielt und für Kambodscha den Frieden, die Neutralität und die Sicherheit bewahrt. Als angestammter Monarch war er bei seinem Volk beliebt. Zwar hatte er westliche Lebensgewohnheiten angenommen, verstand es aber doch, mit seinen kommunistischen Nachbarn umzugehen, ihren Forderungen zuvorzukommen und damit ihre gefährlichen Ambitionen in Grenzen zu halten. Die 1962 für Laos ausgehandelte Lösung überzeugte ihn, daß die Vereinigten Staaten auf die Dauer nicht in der Lage sein würden, die Vorherrschaft Hanois in Indochina zu verhindern. Er versuchte daher, sich mit dem Unvermeidlichen abzufinden, indem er seine Bindungen zu den Vereinigten Staaten lockerte und vor den Verletzungen der Souveränität, der territorialen Integrität und der Neutralität Kambodschas durch Nordvietnam die Augen schloß. Nach 1956 duldete er stillschweigend die Einrichtung nordvietnamesischer Bereitstellungsräume auf kambodschanischem Boden und vertrieb praktisch alle kambodschanischen Behörden aus einem parallel zur südvietnamesischen Grenze verlaufenden Gebietsstreifen.

Doch Sihnouk begrüßte – wenn er es auch nicht immer öffentlich aussprechen konnte – die amerikanischen Bemühungen, sich der kommunistischen Flut in Südvietnam entgegenzustellen. Schon 1968 forderte er die Vereinigten Staaten in vertraulichen Gesprächen auf, die kommunistischen Bereitstellungsräume anzugreifen, weil er hoffte, daß wir die Nordvietnamesen aus seinem Land verjagen könnten. Als die Nixon-Regierung 1969 dieser Aufforderung folgte und die Bereitstellungsräume mit Bomben angriff, erklärte Sihanouk in der Öffentlichkeit recht unbekümmert, daß, solange dabei keine Kambodschaner zu Schaden kämen, diese Angriffe nur die Amerikaner und die Nordvietnamesen etwas angingen. Im übrigen wisse er nicht, was in einem Gebiet geschähe, aus dem sich die kambodschanischen Behörden zurückgezogen hätten. Während wir 1969 die Bereitstellungsräume mit Bomben angriffen, stellte er wieder diplomatische Beziehungen zu Washington her und richtete eine freundliche Einladung an Präsident Nixon, Phnom Penh zu besuchen.

Im Januar 1970 ging Sihanouk zu seinem alljährlichen Kuraufenthalt nach Südfrankreich. Er erklärte, daß er über Moskau und Peking zurückkehren werde, um die beiden kommunistischen Großmächte zu bitten, ihren Einfluß in Hanoi geltend zu machen und die Nordvietnamesen zu veranlassen, ihre Streitkräfte in Kambodscha zu verringern. Unmittelbar vor seiner Rückreise kam es in Phnom Penh zu gegen die Nordvietnamesen gerichteten Unruhen. Während seines Aufenthalts in Moskau erfuhr Sihanouk auf dem Weg zum Flughafen, daß seine eigene Nationalversammlung ihn abgesetzt hatte. Zutiefst verletzt durch den vermeintlichen Rat seiner Kollegen in der Heimat, flog er von Moskau nach Peking, wo er von Tschou En-lai umarmt und als legitimer Herrscher von Kambodscha anerkannt wurde. Empört gab Sihanouk den Vereinigten Staaten die Schuld an seinem Sturz. Zutiefst verbittert setzte er sich an die Spitze der kommunistischen Roten Khmer, die damals eine unbedeutende, kleine Organisation waren und deren Führer er kurz zuvor als Hochverräter zum Tode verurteilt hatte, und erklärte, er werde seine ehemaligen Freunde in Phnom Penh in einem Krieg bis zum bitteren Ende bekämpfen. Dabei gab er seine bisherige Rolle als Vermittler und stabilisierender Faktor zwischen den politischen Strömungen in seinem Lande auf.

Die Regierung der Vereinigten Staaten war sich der Tatsache bewußt, daß die vom Kongreß verordneten Begrenzungen eine klare militärische Lösung unmöglich machten, und versuchte nach besten Kräften, für Kambodscha eine friedliche politische Lösung zu finden. Von 1970 bis 1973 haben wir wenigstens ein halbes dutzendmal den Waffenstillstand angeboten. Nach Beendigung des Krieges in Vietnam waren wir bereit, mit Prinz Sihanouk als Teil einer politischen Struktur in Kambodscha zu verhandeln, in deren Rahmen er eine wichtige Rolle spielen könnte. Aber wenn Sihanouk seine Stellung als ausgleichende Kraft, Vermittler und neutralistischer Führer zurückgewinnen wollte, dann mußten die mit Lon Nol verbündeten nichtkommunistischen Kräfte überleben und am Wiederaufbau teilnehmen, wobei Lon Nols persönliche Beteiligung nicht unbedingt erforderlich war. Hanoi zeigte nicht das geringste Interesse für Sihanouk oder einen Kompromiß – aber China hatte daran Interesse. Schon am 22. Juni 1972 hatte mir Tschou Enlai gesagt, daß er nicht für die Eroberung von Laos oder Kambodscha durch Nordvietnam sei und auch nicht die Machtübernahme in diesen beiden Ländern durch die Kommunisten wünsche. Eine Lösung ließe sich am besten auf dem Verhandlungsweg herbeiführen:

> Bei der Lösung der Indochina-Frage geht es nicht nur um Vietnam – es ist immer auch eine Frage, die Kambodscha und Laos betrifft, aber dort ist es vergleichsweise leichter. Denn was auch immer geschehen mag, wir dürfen mit Sicherheit damit rechnen, daß Elemente des nationalen Bürgertums an einer solchen Regierung beteiligt werden; und wir können sicher sein, daß Prinz Sihanouk in Kambodscha und der König in Laos das Amt des Staatsoberhaupts übernehmen werden. Wenn sich das Problem daher auf dem Verhandlungswege lösen läßt, könnte man sicherlich mit einem solchen Ergebnis rechnen.

Es war uns unmöglich, dieser Anregung während einer nordvietnamesischen Offensive zu folgen, die Saigon zu vernichten drohte, aber im

November 1972 sagte ich dem chinesischen stellvertretenden Außenminister Tschiao Kuan-hua, daß wir, wenn es in Kambodscha zum Waffenstillstand käme, bereit wären, mit Sihanouk zu sprechen; er könnte nach dem Kriege in Kambodscha eine wichtige Rolle übernehmen, vorausgesetzt, er ließe sich nicht als Strohmann der Roten Khmer mißbrauchen. »Wer den besten Weg findet, es (Kambodscha) als unabhängiges und neutrales Land zu erhalten, folgt der von uns für richtig gehaltenen politischen Linie«, sagte ich Tschiao, »und wir glauben, das entspricht auch Ihren politischen Absichten.«

Anfang 1973 bemühten wir uns um einen Waffenstillstand in Kambodscha, der dem Waffenstillstand in Vietnam und Laos folgen sollte. Am Tag der Unterzeichnung der Pariser Vereinbarungen, am 27. Januar 1973, machte die kambodschanische Regierung auf unsere Anregung hin ein Friedensangebot, stellte alle offensiven Kampfhandlungen ein und erklärte einen einseitigen Waffenstillstand. Zugleich stellten auch wir alle amerikanischen Luftoperationen ein. Aber die Roten Khmer lehnten das Waffenstillstandsangebot ab und begannen eine neue Offensive. Dennoch glaubten meine Mitarbeiter beim Stabe des Nationalen Sicherheitsrats Ende Januar nach gründlichen Analysen, daß noch eine gewisse Hoffnung bestünde. In einem Orientierungspapier für meine Reise nach China im Februar besprachen sie Erklärungen Sihanouks, der Führer der Roten Khmer, der Nordvietnamesen und der Chinesen. Daraus ergab sich nach Auffassung meines Stabes, daß »eine Reihe neuerer Entwicklungen deutlich zu der Annahme berechtigten, die andere Seite könnte bald Verhandlungen über Kambodscha aufnehmen wollen und werde, wenn auch indirekt, auf das Angebot Lon Nols reagieren, militärische Offensivoperationen einzustellen«.

Rückblickend erkennt man darin reines Wunschdenken. Wenn man die erwähnten Erklärungen sorgfältig liest, dann muß man feststellen, daß Sihanouk, so sehr er auch eine Versöhnung gewünscht haben mochte, ein Gefangener der Roten Khmer und seiner eigenen totalen Kriegserklärung gegen die kambodschanische Regierung von 1970 war. Die offizielle Haltung der Roten Khmer drückte sich in Sihanouks extremer Erklärung vom 23. März 1970, weniger als eine Woche vor seiner Absetzung, aus. Er hatte damals die Auflösung der Lon Nol-Regierung und der Legislative verlangt und zur Bildung einer »Regierung der nationalen Einheit«, einer »Nationalen Befreiungsarmee« und einer »Vereinigten nationalen Front« aufgerufen, deren Aufgabe im wesentlichen darin bestand, an der Seite der vietnamesischen und laotischen Kommunisten gegen den »amerikanischen Imperialismus« zu kämpfen – ein lauter Aufruf zur Übernahme der Macht in ganz Indochina durch die Kommunisten.

In der Zeit vor dem Abschluß der Pariser Vereinbarungen wiederholte Sihanouk seine Maximalforderungen, und alle Anzeichen für eine Flexibilität, die wir anschließend zu erkennen glaubten und die unsere Hoffnungen beflügelten, verflüchtigten sich sehr bald im Licht genauer Untersuchungen. Am 29. Januar 1973 erklärte Sihanouk in einem Interview für die Agence France Press (AFP), daß »unsere Freunde« (wahrscheinlich Hanoi und China) seine Exilregierung gedrängt hätten, sie sollte ihre starre Haltung aufgeben. Er sagte, daß er bereit sei, mit den Vereinigten Staaten zu sprechen, aber niemals mit Lon Nol verhandeln und niemals einer Lösung zustimmen werde, die der für Vietnam gefundenen gliche. Bezeichnenderweise erklärte er, daß das letzte Wort nicht er, sondern der »kambodschanische Widerstand, der im Innern des Landes operiere« sprechen werde – mit anderen Worten, die Roten Khmer. Eine offizielle Vier-Punkte-Erklärung vom 26. Januar 1973, die im Namen Sihanouks, seines Premierministers Penn Nouth und des Führers der Roten Khmer, Khieu Samphan, herausgegeben wurde, stellte noch einmal unmißverständlich fest, daß die Lösung des Kambodscha-Problems sich *nur* auf der Basis der Erklärung Sihanouks vom 23. März 1970 finden ließe – was die Übernahme der uneingeschränkten Macht durch die Kommunisten bedeutete.

Im Gespräch mit Journalisten meinte Sihanouk am 31. Januar, daß er bereit sei, den Vereinigten Staaten ein »Eröffnungsangebot« zu machen. Aber er wies ausdrücklich darauf hin, daß er selbst nur eine untergeordnete Rolle spielte, und sagte, er habe »von den Führern des kambodschanischen Widerstandes, der Roten Khmer, an deren Spitze der stellvertretende Premierminister und Verteidigungsminister Khieu Samphan von GRUNK* steht und der das letzte Wort hat, noch kein grünes Licht für eine Umstellung der Politik von GRUNK bekommen«. Deutlicher hätte er nicht sagen können, daß er vollständig von den Kommunisten abhängig war.

Am 2. Februar verbreitete der Rundfunksender der Roten Khmer eine offizielle Erklärung der Führer der Aufständischen – Khieu Samphan, Hou Youn und Hu Nim –, eine haarsträubende Beschimpfung der Vereinigten Staaten und der Regierung Lon Nol, in der die Verfasser auf ihre Haltung vom 23. März 1970 verharrten und sagten, »die kambodschanische Nation und das Volk sind verpflichtet, den Kampf gegen die amerikanischen Aggressoren und die Verräter Lon Nol, Sirik Matak und Son Ngoc Thanh fortzusetzen, um das Volk zu befreien . . .« Alle Verhandlungen mit den »US-Imperialisten« wurden verächtlich abgelehnt; schließlich hieß es: »Es ist notwendig, ihre diplomatischen Manöver zu durchkreuzen und sich ihnen entgegenzustellen . . .«

Diese Worte waren nicht bloße Propaganda. Am 2. Februar erließ das Oberkommando der Roten Khmer einen Befehl, in dem es hieß, daß die Kämpfe fortgesetzt, alle politischen Verhandlungen oder Kompromisse mit der kambodschanischen Regierung abgelehnt würden; Sihanouk sei nicht befugt, mit den Amerikanern oder anderen Verhandlungen zu führen. Kurz gesagt, als ich im Februar 1973 zu meiner Reise nach Asien aufbrach, hatten sich die kambodschanischen Kommunisten entschlossen, den Krieg bis zur endgültigen Entscheidung weiterzuführen.

Soviel zu den Selbstzüchtigungen, mit denen *wir* dafür verantwortlich gemacht wurden, daß es nicht zu Verhandlungen gekommen ist.

* GRUNK waren die Anfangsbuchstaben für die französische Bezeichnung der königlichen Regierung der nationalen Einheit von Kamputschea – Sihanouks Exilregierung. Sie darf nicht mit der FUNK, der Nationalen Vereinigten Front vom Kamputschea, verwechselt werden, der politischen Exilbewegung unter Sihanouk.

Als ich gegen Ende Februar Peking besuchte, begannen sich gewisse Parallelen zwischen der amerikanischen und der chinesischen Haltung zu entwickeln. Wie ich im dritten Kapitel berichtet habe, begann Peking zu begreifen, daß die Vorherrschaft Hanois in Indochina zwar einen ideologischen Sieg, aber eine geopolitische Niederlage für China bedeuten konnte, denn damit läge an Chinas Südgrenze ein nach Moskau tendierender mächtiger Staat, der nach der historischen Tradition mit China verfeindet war. Vielleicht hatten die Chinesen diese Einsicht schon immer gehabt, konnten aber – wie viele andere Nationen – nicht glauben, daß die Vereinigten Staaten eine militärische Niederlage hinnehmen oder sie sogar selbst herbeiführen würden. Jedenfalls wünschten Amerika und China ein unabhängiges und neutrales Kambodscha, und wir beide befürworteten eine Rückkehr Sihanouks – allerdings nur zögernd, weil wir uns nicht vorstellen konnten, wer außer ihm die politischen Kräfte in Kambodscha hätte zusammenführen sollen. Die Chinesen stellten sich mit Überzeugung hinter ihn, weil sie ihn für ihren zuverlässigen Freund in Kambodscha hielten. Peking und Washington waren überzeugt, daß die beste Lösung für Kambodscha eine Koalition unter Sihanouk wäre, dessen Einfluß davon abhängen würde, daß auch die von der Regierung Lon Nol vertretenen nichtkommunistischen Kräfte fortbestanden.

Tschou En-lai äußerte sich zum gleichen Thema, als er mir sagte, wenn Kambodscha vollständig rot würde, »dann würden die Probleme noch größer werden«. Damit meinte er, daß in diesem Fall Sihanouks Schicksal besiegelt und Hanoi die Vorherrschaft in Indochina sicher wäre. Ich schlug daraufhin ein sofortiges Treffen zwischen Sihanouks Premierminister Penn Nouth und einem Vertreter Lon Nols vor. Ich sagte, daß wir nicht auf Lon Nols Teilnahme an der Regierung bestünden, die nach solchen Verhandlungen gebildet werden könnte, solange die von ihm vertretenen Kräfte daran beteiligt würden. Tschou bot mir an, den Kambodschanern diesen Vorschlag »in dem von uns gewählten Wortlaut« vorzulegen. Damit wollte er sagen, daß er sich zum Teil unserer Haltung anschließen könnte.

Die Lage war äußerst verworren. Die Chinesen glaubten, daß Sihanouk die beste Garantie für die Unabhängigkeit Kambodschas sei. Aber die Sowjetunion erkannte immer noch die Regierung Lon Nol an und übertrug damit die chinesisch-sowjetische Rivalität auf Kambodscha. Die Ironie lag darin, daß sich alle in ihrer Einschätzung Kambodschas schließlich irrten. Die großen kommunistischen Rivalen setzten jeweils auf das falsche Pferd, denn beide überschätzten unsere Entschlossenheit, die in Phnom Penh bestehende politische Struktur zu stürzen, denn ohne unsere Unterstützung waren Lon Nols Anhänger ebenso wie Sihanouks zum Scheitern verurteilt. Der Verzicht der Vereinigten Staaten, ihren Einfluß geltend zu machen, hatte zur Folge, daß die Roten Khmer sich als stärkste Kraft in Kambodscha behaupteten. Logistisch wurden sie von Hanoi unterstützt; um sich ein gewisses Prestige zu verschaffen, benutzten sie eine Zeitlang Sihanouk, waren aber sofort bereit, ihn hinauszuwerfen, als sie sich stark genug glaubten, allein regieren zu können.

Nach unserer Einschätzung würden sich die Roten Khmer nur dann mit einem Verhandlungsfrieden abfinden, wenn sie keine Hoffnung mehr auf einen militärischen Sieg hatten. Daß die Roten Khmer selbst die gleichen Vorstellungen hegten, zeigte sich im Juli. Wir erfuhren, daß der Exekutivausschuß der kommunistischen Führung der Khmer im Frühjahr 1973 einen entscheidenden politischen Beschluß gefaßt hatte. Es sollten zwei Optionen offengehalten werden: der totale Sieg oder ein Kompromiß. Die militärische Lage in Kambodscha am Jahresende sollte entscheiden, welcher dieser beiden Wege zu beschreiten sei. Wenn ein militärischer Sieg sich nicht erzwingen ließ und es zum Unentschieden kam, würden die Roten Khmer versuchen, in Verhandlungen zu möglichst günstigen Friedensbedingungen zu kommen. Sollte sich jedoch die militärische Lage günstig für sie entwickeln, wollten sie Verhandlungen ablehnen und für den totalen Sieg kämpfen. So kämpften wir auf der einen Seite für die Herstellung des Gleichgewichts der Kräfte, während die Roten Khmer auf der anderen Seite entschlossen waren, ihre Maximalforderungen durchzusetzen.

Nach meiner Rückkehr aus Asien Ende Februar ließ ich die WSAG zu mehreren Sitzungen zusammenkommen. Meine Auffassung kam darin zum Ausdruck, was ich dieser Gruppe am 28. März sagte:

> Wir kommen hier schon seit vier Jahren zusammen und haben das alles schon gründlich besprochen. Ich möchte jetzt kein Alibi von Ihnen, wenn wir diese ganze Sache verlieren. Es gibt hundert Möglichkeiten, die Sache zu beschönigen, wenn wir gegenüber den Kommunisten das Feld räumen müssen, aber dazu sind wir nicht hier zusammengekommen.

Wenn es amerikanische Beamte gegeben hat, die nichts gegen einen eleganten Zusammenbruch des freien Kambodscha hatten, dann haben sie sich bei unseren Sitzungen nicht in diesem Sinne geäußert. Eine der in der WSAG vertretenen Behörden hatte mir am 27. Februar allerdings eine Denkschrift geschickt, die eine gründliche Analyse der Lage enthielt: Unser Dilemma läge darin, daß wir augenscheinlich zwei voneinander abhängige Ziele in Kambodscha verfolgten. Das eine wäre die Stärkung der gegenwärtigen Regierung in Phnom Penh, das andere der Waffenstillstand – den wahrscheinlich nur eine starke Regierung erreichen könnte. Da wir nun in Kambodscha nicht das gleiche erleben wollten wie in Vietnam und Laos, waren wir dort bewußt viel zurückhaltender vorgegangen. Zwar hatten wir die kambodschanische Regierung militärisch und wirtschaftlich unterstützt, hatten es aber in erster Linie den Kambodschanern überlassen wollen, diese Hilfeleistungen nach eigenem Gutdünken möglichst wirkungsvoll einzusetzen. Außerdem hatte der Kongreß unsere Möglichkeiten durch gesetzgeberische Maßnahmen im Hinblick auf die Geldmittel und das Personal, die uns in Kambodscha zur Verfügung standen, stark eingeschätzt und den Einsatz von amerikanischen Militärberatern untersagt. So waren wir in einem Teufelskreis gefangen. Ohne eine starke Regierung in Phnom Penh ließ sich ein Waffenstillstand nicht durchsetzen, und die Regierung ließ sich ohne eine aktivere amerikanische Politik nicht stärken, was jedoch durch gesetzliche Beschränkungen verhindert wurde.

Die Auswirkungen auf Kambodscha blieben nicht aus. Der von den Roten Khmer mit Unterstützung der Nordvietnamesen und beispielloser Grausamkeit geführte Guerilla-Krieg trieb die Landbevölkerung in die Städte, besonders nach Phnom Penh, und erschütterte das soziale Gleichgewicht im Lande. Die kambodschanische Armee, die Sihanouk zunächst bewußt schwach und wenig leistungsfähig gehalten hatte, um der Gefahr eines Militärputsches zu begegnen, und die dann als Folge unserer durch Gesetz bestimmten Beschränkungen nicht gründlich ausgebildet werden konnte, mußte jetzt einen Krieg führen, in dem sie von kambodschanischen Kommunisten angegriffen wurde. Die freien Kambodschaner kämpften mit bewundernswerter Tapferkeit, unterstützt durch ein amerikanisches Hilfsprogramm, das ihnen zugleich Fesseln anlegte, weil die einschränkenden Bestimmungen unsinnigerweise entscheidende Erfolge dieser Armee verhindern sollten. Lon Nol akzeptierte sein tragisches Schicksal mit Würde. Anders als Thieu war er immer bereit, auf unseren Rat zu hören, aber seine Regierung zeigte deutliche Symptome fortschreitender Demoralisierung durch Parteienstreit, Korruption und Unfähigkeit.

Die Regierung Lon Nol war in Wirklichkeit die Regierung Sihanouk ohne den Prinzen, denn sie bestand aus den Institutionen und Persönlichkeiten, die Kambodscha seit seiner Unabhängigkeit verwaltet hatten. Wie in vielen autoritären Gesellschaften hatte es hier immer Korruption gegeben – unter Sihanouk und seiner Familie ebenso wie unter seinen Nachfolgern –, zum Teil deswegen, weil es in den alten Gesellschaftssystemen im allgemeinen keine so scharfe Trennung zwischen dem privaten und dem öffentlichen Sektor gibt, zum Teil aber auch, weil das wenig wirkungsvolle Steuersystem dazu führte, daß die Mittel zur Finanzierung der Regierungsgeschäfte durch Korruption beschafft wurden. Vielleicht hat es sich nicht vermeiden lassen, daß sich Lon Nol auf immer weniger Personen stützte, meistens auf Mitglieder seiner Familie, besonders auf seinen jüngeren Bruder Lon Non, der die Korruption und Vetternwirtschaft so weit trieb, wie es sich soziologisch nicht mehr erklären läßt. Die Weltpresse bezeichnete Lon Nol deshalb als regierungsunfähig und unzuverlässig und behauptete, daß Lon Non der »böse Geist« dahinter sei. Diese Zustände erinnerten an das Drama, das wir vor zehn Jahren in Saigon erlebt hatten, als die Regierung Ngo Dinh Diem als Folge des kommunistischen Guerilla-Krieges, des amerikanischen Drängens auf Reform und seiner eigenen Starrheit auseinanderfiel und Diems Bruder Ngo Dinh Nhu dafür verantwortlich gemacht wurde. Diem und Nhu kamen in einem von Amerikanern unterstützten Putsch ums Leben – die Situation geriet fast völlig außer Kontrolle.

In Washington machten einige Mitglieder der WSAG den Vorschlag, daß wir Lon Nol bewegen sollten, »die Basis seiner Regierung zu verbreitern und selbst zurückzutreten, um die Rückkehr Sihanouks zu ermöglichen«. Ich hatte Tschou En-lai schon im vertraulichen Gespräch gesagt, daß wir bereit seien, in diesem Sinne zu verhandeln. Allerdings hielt ich – anders als manche meiner Kollegen – die Schwächen der kambodschanischen Regierung in erster Linie für ein Symptom und nicht für die Ursache der Krise. Wir überlegten, Lon Non auf eine Militärakademie in die Vereinigten Staaten und Lon Nol zur ärztlichen Behandlung ins Ausland zu schicken. Der vielleicht fähigste kambodschanische Politiker, der bis zum Staatsstreich von 1970 stellvertretender Premierminister unter Sihanouk gewesen war, Prinz Sisowath Sirik Matak, sollte als Vizepräsident während Lon Nols Abwesenheit die Amtsgeschäfte des Präsidenten übernehmen. Anfang April reiste Al Haig nach Phnom Penh, um den Kambodschanern unseren Plan zu erläutern. Lon Nol erklärte sich einverstanden, seinen Bruder ins Exil zu schicken und Sirik Matak in die Regierung aufzunehmen. Wir beschlossen jedoch, Lon Nol zunächst nicht ins Ausland zu schicken, um für künftige Verhandlungen noch eine Trumpfkarte in der Hand zu behalten.

Sihanouk unterstützte unser Vorhaben nicht. Man mag kaum glauben, daß die Chinesen ihn nicht darauf aufmerksam gemacht haben, er könnte, wenn die Verhältnisse es zuließen, als Staatsoberhaupt nach Kambodscha zurückkehren. Aber um die unversöhnlichen Roten Khmer auf seine Seite zu ziehen, stellte sich der Prinz offiziell immer wieder hinter ihre Forderungen und erklärte, daß sie bis zur endgültigen Entscheidung weiterkämpfen würden. Wenngleich die von Peking bevorzugte Lösung offenbar auch in seinem Interesse lag, hatte Sihanouk begriffen, daß die Roten Khmer und Hanoi entschlossen waren, sie zu blockieren. Sihanouk war zu schwach, um auf die einzige Basis zu verzichten, die er hatte – auch wenn sie nicht seinen Überzeugungen entsprach –, und erklärte deshalb immer wieder, der »innere Widerstand«, das heißt die Roten Khmer, würden niemals auf einen Kompromiß eingehen. Am 19. April äußerte er sich dazu in Hanoi:

> Ich sage Ihnen in allem Ernst, daß die Führer im Inneren des Landes auf einen Kompromiß mit der Clique in Phnom Penh niemals eingehen werden. Es ist völlig illusorisch, wenn Länder wie die Vereinigten Staaten, Frankreich oder die Sowjetunion mit einer Kompromißlösung rechnen.

Am 28. April bestätigte er aufs neue, wie wenig er selbst bewirken konnte. In einer Meldung der französischen Nachrichtenagentur AFP hieß es:

> Er sagte, daß Strategie und Taktik der Volksarmee in Kambodscha von Khieu Samphan, dem stellvertretenden Premierminister der kambodschanischen königlichen Regierung der Volksunion, und seinem Generalstab bestimmt würden und nirgends sonst.
> Was nun die Möglichkeit von Verhandlungen zwischen ihm und den Vereinigten Staaten betrifft, so hat Prinz Sihanouk jetzt eine noch unnachgiebigere Haltung eingenommen und erklärt, daß der »innere Widerstand« und nicht er darüber entscheiden werde, ob vor irgendwelchen Verhandlungen vorbereitende Kontakte aufgenommen werden könnten.

Daß Sihanouk recht hatte, wenn er behauptete, daß die Roten Khmer im Innern des Landes das Heft in der Hand hätten, ließ sich sehr bald deutlich erkennen. Im März 1973 stattete Sihanouk der »befreiten Zone« in Kambodscha einen kurzen Besuch ab, über den anschließend ausführlich berichtet wurde. Aber die Kommunisten versuchten, Sihanouks Ansehen im Lande zu unterhöhlen, während sie international sein Prestige für sich ausnutzten. Die Roten Khmer bemühten sich eifrig darum, sein Prestige nicht zu stärken, indem sie seine in Kambodscha gemachten Erklärungen verbreiteten. Aus anderen Berichten ging hervor, daß die Roten Khmer Sihanouks Anhänger in den eigenen Reihen systematisch ausschalteten und einen Propagandafeldzug begannen, um ihn zu diskreditieren und dafür zu sorgen, daß er bei der Landbevölkerung auch die letzten Sympathien verlor.[13]

Soviel zur Behauptung, es hätte am Widerstand der Vereinigten Staaten gelegen, daß Sihanouk in Kambodscha nicht wieder an die Macht kommen konnte.

Jetzt bestand unsere einzige Chance noch in der Hoffnung, ein militärisches Unentschieden erreichen zu können. Dazu standen uns nur noch die amerikanischen Luftstreitkräfte zur Verfügung, denn die von unserem Kongreß erlassenen Gesetze untersagten es, die Leistungsfähigkeit der kambodschanischen Armee durch Berater und Ausbilder zu erhöhen und materiell zu unterstützen. Zu den Legenden, mit denen uns die Verantwortung für die verzweifelte Lage in Kambodscha aufgebürdet werden sollte, gehörte auch die Behauptung, unsere Bombenangriffe erfolgten ziellos, sie verursachten gewaltige Verluste unter der Zivilbevölkerung, und unsere »Strafexpeditionen« gegen die Roten Khmer hätten zur Folge gehabt, daß sie sich von gewöhnlichen Guerillas zu von »manichäischer Furcht« getriebenen völkermordenden Wahnsinnigen entwickelt hätten.[14] Das entspricht nicht der Wahrheit.

Botschafter Emory C. Swank, der unsere Politik häufig kritisiert hat, und sein Stellvertreter, Thomas O. Enders, haben für die historische Abteilung des Außenministeriums einen Bericht über den tatsächlichen Verlauf der Bombenangriffe verfaßt. (Dieses Dokument ist im Anhang abgedruckt. Die folgende Analyse stützt sich auf dieses Papier.) Am 27. Januar 1973, als die kambodschanische Regierung einseitig alle militärischen Offensivoperationen einstellte, um zu einem Waffenstillstand zu kommen, wurden auch die Operationen der amerikanischen taktischen Luftstreitkräfte und die Angriffe mit B-52-Maschinen eingestellt. Die Bombenangriffe sollten erst wiederaufgenommen werden, wenn die Roten Khmer die Feindseligkeiten fortsetzten, und dann auch nur auf Anforderung der kambodschanischen Regierung.

Diese Voraussetzungen waren leider Anfang Februar 1973 erfüllt. Die Roten Khmer beantworteten den Aufruf zum Waffenstillstand mit einer neuen Offensive. Die Nordvietnamesen weigerten sich, ihre Truppen abzuziehen, und unterstützten ihre kambodschanischen Verbündeten auch weiterhin logistisch und gelegentlich mit Raketen und Artilleriefeuer. Darauf mußten die Vereinigten Staaten reagieren, wenn das freie Kambodscha nicht zusammenbrechen sollte – und mit ihm wahrscheinlich auch Südvietnam. Die Operationen der amerikanischen Luftstreitkräfte wurden wiederaufgenommen, und zwar, wie Swank und Enders bestätigen, nach regulären Konsultationen mit den offiziellen Stellen (und nicht, wie Leute mit einer zu lebhaften Phantasie behaupten, nach geheimen Absprachen in Bangkok, die ich angeblich im Februar mit Swank hinter dem Rücken von Rogers getroffen hätte).[15]

Auch der Vorwurf, die Operationen der B-52 seien nachlässig geführt worden und die amerikanische Botschaft hätte den Piloten nur veraltete Karten in einem zu großen Maßstab zur Verfügung gestellt, war eine Erfindung. In Wirklichkeit wurden die Angriffsziele von der 7. Luftflotte ausgewählt und vermessen, die mit neuesten Luftaufnahmen, Präzisionsradar und Infrarotsensoren arbeitete und vor und nach jedem Angriff Aufklärungsflüge über dem Zielgebiet durchführte. Für die Operationen unserer Luftstreitkräfte galten strenge Vorschriften, die die Verwendung von B-52-Maschinen gegen Ziele untersagten, falls diese näher als einen Kilometer von befreundeten Streitkräften, Dörfern, Häusergruppen, Häusern, Kulturdenkmälern, Tempeln, Pagoden oder heiligen Stätten entfernt waren. Diese Vorschriften wurden beachtet. Es ist, wie Swank und Enders berichten, zu zwei tragischen Zwischenfällen gekommen, nicht aber zu systematischen Bombenangriffen gegen die Zivilbevölkerung. Die 7. Luftflotte hat in mehreren Fällen kambodschanische Anforderungen für Luftangriffe abgelehnt, weil unsere Aufklärung festgestellt hatte, daß wir mit diesen Angriffen die Zivilbevölkerung gefährden würden, was wir nicht tun wollten.

Heute wissen wir, daß die kommunistischen Roten Khmer, nicht aber die Amerikaner oder Sihanouk, einen Friedensschluß in Kambodscha verhindert haben. Meine wiederholten, aber vergeblichen Bemühungen, 1972 und 1973 Le Duc Tho für einen Waffenstillstand oder eine politische Regelung zu gewinnen, stieß auf die wahrscheinlich zutreffende Behauptung Hanois, daß die Nordvietnamesen auf die Entscheidungen der Roten Khmer kaum einen Einfluß hätten. Die Roten Khmer haben Hanoi in der Tat schwere Vorwürfe gemacht, als Nordvietnam die Pariser Vereinbarungen unterzeichnete. Sie betrachteten den Friedensschluß in Vietnam als Verrat, und zwar nicht nur, weil sie glaubten, daß wir jetzt die uns zur Verfügung stehenden Kräfte geschlossen für militärische Operationen in Kambodscha einsetzen könnten. In einem nach der Machtergreifung durch die Roten Khmer veröffentlichten Dokument geben sie zu, daß sie sich jedem Drängen nach einem Waffenstillstand widersetzt hätten, weil »die Revolution in Kamputschea gescheitert wäre, wenn wir auf einen Waffenstillstand eingegangen wären«.[16] Später haben sie sich der Friedensregelung widersetzt, weil sie entschlossen waren, den totalen Sieg zu erringen.

Die Legende, daß die Brutalität der Roten Khmer die Folge unserer Bombenangriffe gewesen sei, ist vielleicht Ausdruck irgendeiner masochistischen Haltung, aber auch sie hält einer sorgfältigen Analyse nicht stand. Es gibt nicht nur keine Beweise dafür, sondern die vorliegenden Beweise sprechen für das genaue Gegenteil. Schon 1971 oder 1972 bedienten die Roten Khmer sich bewußt der gleichen totalitären Praktiken, die in der ganzen Welt Grauen und Empörung auslösten, als sie 1975 nach ihrem Sieg in Phnom Penh die gleichen Methoden anwendeten. Die zwangsweise Vertreibung und Zerstreuung der Dorfbewohner, die Auflösung örtlicher sozialer Strukturen, das Verbot der Religionsausübung, das Zerreißen der Familien, die erzwungene Kollektivierung der Landwirtschaft, die Ausrottung des Mittelstandes, der als Hindernis auf dem Weg zur Schaffung einer »neuen Gesellschaft« angesehen wurde, und das System des Terrors im kommunistischen Polizeistaat, alle diese Kennzeichen des Holocaust, der nach 1975 in Kambodscha wütete, ließen sich auch schon mehrere Jahre vor 1975 in den von den Roten Khmer beherrschten Gebieten feststellen. Diese Methoden entsprachen einer bewußt verfolgten politischen Linie, deren Basis der ideologische Fanatismus war.

Ein französischer Geistlicher, der bis zum Schluß in Kambodscha gearbeitet und den vielleicht besten Bericht über die kambodschanische Tragödie geschrieben hat, nennt Kambodscha »ein perfektes Beispiel für die praktische Anwendung einer Ideologie, die bis an die äußerste Grenze der ihr innewohnenden Logik getrieben wird«. Und er erklärt, dies sei seit mindestens 1972 die »traditionelle revolutionäre Praktik« gewesen.[17] Ein anderer erfahrener Analytiker, der in der Zeit von 1972 bis 1974 Hunderte von kambodschanischen Flüchtlingen in Südvietnam befragt hat, zeichnet sehr klar die Methoden eines brutalen Programms sozialer Veränderungen und sagt, »alles, was vorher gewesen war, galt als verabscheuungswürdig und mußte vernichtet werden«. Er berichtet, daß dieser Prozeß »in einigen Teilen des Landes schon 1971 begonnen« hätte.[18] Es sind nicht die amerikanischen Bombenangriffe gewesen, die für den Flüchtlingsstrom und die Grausamkeiten in Kambodscha verantwortlich waren. Es war vielmehr eine dämonische Ideologie, die rücksichtslos in die Tat umgesetzt wurde.

Im Sommer 1973 hatten wir keinen dringenderen Wunsch, als den Krieg in Kambodscha zu beenden. Wenn wir die Regierung in Phnom Penh auf eine breitere Basis stellten und die Luftangriffe intensivierten, dann nutzten wir nur die Mittel, die zur Wiederaufnahme von Verhandlungen führen sollten. Leider hat Sihanouk sich an der Öffentlichkeit auch weiterhin sehr negativ zu solchen Möglichkeiten geäußert. Nach der Rückkehr von seinem Besuch in der »befreiten Zone« von Kambodscha sagte Sihanouk am 13. April auf einer Pressekonferenz in Peking – und wiederholte damit zweifellos das, was ihm die Roten Khmer in Kambodscha gesagt hatten – daß er »niemals auf einen Waffenstillstand oder einen Kompromiß eingehen werde«.

Daß so die gegenwärtige politische Linie der Roten Khmer aussah, konnte seinen chinesischen Gastgebern nicht gefallen. Sie wußten, daß der totale Sieg der Roten Khmer ihnen die Möglichkeit, Sihanouk als Trumpfkarte zu benutzen, nehmen und die Vorherrschaft Nordvietnams in Indochina besiegeln würde. China hat zweifellos damit gerechnet, daß wir die totale Niederlage der Kräfte, mit denen wir befreundet waren, nicht zulassen würden. Eine Fortführung des Krieges mußte deshalb die außenpolitischen Schwierigkeiten Pekings erhöhen, ohne an seinem Ausgang etwas zu ändern. Die Wiederherstellung freundschaftlicher Beziehungen zu den Vereinigten Staaten, die, wie mein Besuch im Februar 1973 gezeigt hatte, eines der wichtigsten Ziele der chinesischen Politik war, würde sich zumindest verzögern.

Tschou En-lai versuchte, aus dieser schwierigen Lage einen Ausweg zu finden – und zwar zunächst auf eine für uns nicht ganz verständliche Art. Er nutzte Sihanouks Rückkehr nach Peking dazu, die chinesischen Wünsche zum Ausdruck zu bringen. Auf einem Staatsbankett zu

Sihanouks Ehren am 11. April verurteilte Tschou die Vereinigten Staaten dafür, daß sie in Kambodscha auch weiterhin »willkürliche Bombenangriffe« durchführten und die »verräterische Lon-Nol-Clique« unterstützten. Ein Leitartikel in der parteiamtlichen Zeitung *People's Daily* unterstrich Tschous Aussagen. Hier hieß es, der Besuch des Prinzen in der »befreiten Zone« zeigte, daß er »der legitime Herrscher in Kambodscha« sei. Wir waren über Tschous ausnahmsweise so scharfe öffentliche Kritik an unserer Politik so verärgert, daß wir die dahinterstehende Absicht übersahen: China stellte sich entschieden hinter Sihanouk als Staatsoberhaupt in Kambodscha. Tschou hatte sagen wollen, daß Sihanouks Besuch in Kambodscha bewiesen habe, was die Roten Khmer abstreiten wollten, daß nämlich Sihanouk »bei der Bevölkerung Kambodschas beliebt war und von ihr unterstützt wurde«.

Uns fiel vor allem die scharfe Kritik an den Vereinigten Staaten auf – eine der von Mao so bezeichneten »leeren Kanonen« – und nicht die subtile Distanzierung von Hanoi und den Roten Khmer. Am 13. April schickten wir daher eine ungewöhnlich scharfe Note an Peking und brachten darin unsere »extreme Enttäuschung« über Tschous Äußerung zum Ausdruck. Wir machten die Chinesen auf die flagranten Verstöße Hanois gegen die Pariser Vereinbarungen aufmerksam, besonders gegen den Artikel 20, der den Abzug fremder Truppen aus Laos und Kambodscha verlangte. Aber auch diese Note endete mit der Versicherung, daß wir kompromißbereit und willens seien, weiter zu verhandeln. Die Chinesen werden sich allerdings gefragt haben, ob wir jemals in der Lage sein würden, komplexere Zusammenhänge zu durchschauen.

> Die amerikanische Seite möchte noch einmal ihre Bereitschaft bestätigen, sich an die Vietnam-Vereinbarungen zu halten, alle militärischen Operationen in Kambodscha einzustellen und sich um eine politische Lösung in diesem Lande zu bemühen, die zu einer wirklichen Neutralität und Unabhängigkeit führt. Die amerikanische Seite glaubt jedoch, daß es in der Verantwortlichkeit aller interessierten Länder liegt, sich um eine gemäßigte Haltung in diesen Angelegenheiten zu bemühen.

Daß Peking sich betroffen fühlte, zeigte sich darin, daß wir sofort eine Antwort erhielten. Der damalige chinesische Botschafter bei den Vereinten Nationen, Huang Hua, führte am 16. April ein »persönliches« Gespräch mit mir – für einen chinesischen Diplomaten ein sehr ungewöhnliches Verfahren, es sei denn, er möchte etwas sagen, was er offiziell bestreiten könnte. Er erklärte, es sei ihm unverständlich, weshalb wir so enttäuscht seien; China habe seine bisherige Haltung doch nur bestätigt. Er drängte darauf, daß die Vereinigten Staaten ihre Unterstützung Lon Nols aufgäben. Mit dieser Formulierung wandte er sich gegen eine bestimmte Person, aber nicht gegen eine Institution, und ließ damit die Möglichkeit offen, daß Elemente der gegenwärtigen Regierung in Phnom Penh ohne den Regierungschef in eine Koalition aufgenommen werden könnten, wie wir das im Februar in Peking besprochen hatten.

In meiner Antwort kam ich auf dieses Thema zurück:

Wir sind bereit, in Kambodscha mit Ihnen zusammenzuarbeiten, um eine Koalition zustande zu bringen, wie ich es in Peking mit dem Premierminister besprochen habe. Wir sind keiner einzelnen Persönlichkeit verpflichtet, und wir würden Verhandlungen zwischen Vertretern des Prinzen Sihanouk und denen der anderen Kräfte unterstützen. Unsere Bestrebungen in Südostasien unterscheiden sich augenscheinlich nicht völlig von den Ihren. Wir wollen verhindern, daß in Süd- und Südostasien ein Sicherheitssystem entsteht, das nur von einer Seite und von einer fremden Macht beherrscht wird. Wir glauben, dieses Ziel läßt sich am besten erreichen, wenn jedes Land in der Region seine eigene nationale Identität entwickeln kann.

Am 24. April beschäftigte ich mich in einer schriftlichen Note an Tschou En-lai mit dem gleichen Thema:

Im Hinblick auf die Lage in Kambodscha möchte die amerikanische Seite noch einmal ihre Bereitschaft erklären, für eine Friedensregelung zu sorgen, an der alle politischen Kräfte einschließlich derjenigen des Prinzen Sihanouk beteiligt sind. Die amerikanische Seite ist bereit, mit der chinesischen Seite zu diesem Zweck Gespräche zu führen, und zwar entweder in Washington oder nach der Rückkehr des Botschafters Bruce in Peking.

Diesmal antworteten die Chinesen nicht sofort. Aber am 18. Mai 1973 kam Tschou En-lai bei seiner ersten Begegnung mit David Bruce, dem eben ernannten Chef unseres neuen Verbindungsbüros in Peking, auf Kambodscha zu sprechen. Er sagte Bruce, die einzige Möglichkeit, eine Lösung zu finden, läge darin, daß alle Beteiligten sich streng an die Nebenklauseln des Artikels 20 hielten. Damit stimmte China unserer Interpretation zu, daß die nordvietnamesischen Streitkräfte kambodschanisches Gebiet räumen müßten. In diesem Sinne war auch eine zweite Bemerkung Tschous zu verstehen. Er sagte, daß, wenn wir auch verschiedene Standpunkte einnähmen, es doch das Bestreben Chinas und der Vereinigten Staaten wäre, die Entstehung eines friedlichen, neutralen und unabhängigen Kambodscha zu erreichen, das »friedlicher, neutraler und unabhängiger sein muß als je zuvor« – was nur bedeuten konnte, daß Nordvietnam die dort eingerichteten Militärbasen räumen sollte. Tschou fügte hinzu, daß der neu ernannte Chef des chinesischen Verbindungsbüros in Washington, Huang Tschen, am 25. Mai in die Vereinigten Staaten abreisen werde und bevollmächtigt sei, mit uns über dieses Thema zu verhandeln. Tschou hoffte offenbar, daß wir seine Fragen unmittelbar nach Eintreffen von Tschen in Washington beantworten könnten.

Indessen verhandelte ich in Paris mit Le Duc Tho, dessen Interpretation der kambodschanischen Neutralität und Unabhängigkeit die Vorherrschaft Nordvietnams bedeutete. Er wollte von der Befolgung der Bestimmungen des Artikels 20 nichts hören, bevor eine politische Lösung gefunden sei, und weigerte sich, über eine politische Lösung zu sprechen, weil er die »Souveränität« seiner kambodschanischen Verbündeten respektieren müßte. Die Unabhängigkeit eines Landes, in das die Nordvietnamesen zuerst 1965 und dann 1978 eingefallen waren, bedeutete Hanoi offenbar so viel, daß Le Duc Tho nicht einmal auf meinen Vorschlag eingehen wollte, beiden Parteien in Kambodscha gemeinsam einen Waffenstillstand zu empfehlen. Meine Verhandlungen mit Le Duc Tho im Mai und Juni endeten ergebnislos. Wie schon berichtet, wollte sich Le Duc Tho nur dazu verpflichten, daß beide Seiten sich »nach besten Kräften um eine friedliche Lösung bemühen sollten«. Das bedeutete in der Praxis, daß wir nichts unternehmen sollten. Ginge es nach dem Willen der Nordvietnamesen, dann sollte sich das Schicksal Kambodschas auf dem Schlachtfeld entscheiden. Deshalb mußte unsere Diplomatie nach anderen Wegen suchen.

Während einer Pause in den Gesprächen mit Le Duc Tho setzte ich mich daher mit den Chinesen in Verbindung und machte ihnen den offiziellen Vorschlag, das Gespräch mit Tschou En-lai fortzusetzen. Am Sonntag, dem 27. Mai, meinem fünfzigsten Geburtstag, sagte ich Huang Hua in New York, daß nach meiner Auffassung die amerikanischen und chinesischen Interessen durchaus miteinander vereinbar seien. Wir beiden wollten vermeiden, daß »ein Block entstand, der die hegemonialen Ziele außenstehender Mächte unterstützen könnte«. Mit anderen Worten, wir wollten es verhindern, daß Indochina von dem mit der Sowjetunion verbündeten Hanoi beherrscht wurde. Dazu machte ich den folgenden Vorschlag:

> Wir sind bereit, unsere Bombenangriffe in Kambodscha einzustellen, und wir sind bereit, die kleine Beratergruppe, die wir dort haben, abzuziehen, und wir sind bereit, Lon Nol zur medizinischen Behandlung in die Vereinigten Staaten reisen zu lassen. Als Gegenleistung möchten wir einen Waffenstillstand erreichen – wenn notwendig für etwa neunzig Tage – und dazu Verhandlungen zwischen der Gruppe um Sihanouk und dem Rest der Gruppe um Lon Nol. Solange diese Verhandlungen in Kambodscha dauern, würden wir unsere Zustimmung zu Gesprächen zwischen dem Stab unseres Botschafters Bruce und dem Prinzen Sihanouk in Peking geben. Wenn dieser ganze Prozeß nach einigen Monaten abgeschlossen ist, würden wir nichts gegen die Rückkehr des Prinzen Sihanouk nach Kambodscha einzuwenden haben. Der Prozeß wird aber einige Zeit in Anspruch nehmen und darf nicht so verlaufen, daß unsere Erfordernisse unberücksichtigt bleiben.

Huang Hua war ein Fachmann, der sein Geschäft von Grund auf verstand. Zunächst stellte er mir einige Fragen, um sich über den Stand der Dinge Klarheit zu verschaffen. Ich sagte ihm, daß ich mit Le Duc Tho über unsere Grundvorstellungen gesprochen hätte. Huang Hua wußte, daß Hanoi einen solchen Plan nicht unterstützen, vielleicht aber auch nicht in der Lage sein würde, ihn zu blockieren. Er erinnerte mich daran, daß Premierminister Tschou Enlai David Bruce gesagt hatte, Sihanouk und die Roten Khmer wären grundsätzlich bereit, mit den Vereinigten Staaten zu sprechen, was unter Umständen nicht viel bedeutete, wenn die Voraussetzung die Vernichtung der nicht-kommunistischen Kräfte wäre; aber die Chinesen sahen die Dinge sicherlich in einem größeren Zusammenhang, denn schließlich hatte Tschou Enlai im Februar selbst gesagt, daß eine ausschließlich »rote« Regierung die Lösung der Probleme für alle Beteiligten unmöglich machen werde.

Interessanterweise lehnte Huang Hua meinen Vorschlag nicht ab, was er sicher getan hätte, wenn sich Peking von den Ereignissen in Indochina distanzieren wollte. Er sagte, er werde Peking vom Inhalt unseres Gesprächs unterrichten.

Am 29. Mai machte ich Huang Tschen, als er mich zum erstenmal im Weißen Haus besuchte, den gleichen Vorschlag. Auch er sagte, er werde darüber nach Peking berichten, und erinnerte mich an Tschous Gespräch mit Bruce, in dem der chinesische Premierminister gesagt hatte, daß die Bestimmungen des Artikels 20 strikt eingehalten werden müßten. Am folgenden Tag benutzte Nixon die Gelegenheit eines Höflichkeitsbesuchs von Huang Tschen im Ovalen Zimmer, um darauf hinzuweisen, für wie wichtig er eine friedliche Lösung in Kambodscha hielt.

Die Reaktion der Chinesen ließ nicht lange auf sich warten. Acht Tage nachdem ich ihm meinen Vorschlag gemacht hatte, am 4. Juni, bat mich Huang Hua um ein Zusammentreffen in New York, bei dem er mir eine Note seiner Regierung überreichte. Darin war von unseren »vorläufigen Überlegungen zur Lösung der Kambodscha-Frage« die Rede. Es wurde besonders darauf hingewiesen, daß alle Beteiligten – und damit auch Hanoi – die Souveränität Kambodschas respektieren müßten. China könnte mit den Vereinigten Staaten nicht in Vertretung von Kambodscha sprechen, deshalb werde es zu irgendeinem Zeitpunkt notwendig werden, direkte Gespräche mit Sihanouk aufzunehmen. China sei jedoch bereit,

> die vorläufigen Überlegungen der Vereinigten Staaten der kambodschanischen Seite mitzuteilen, aber da Samdech (Prinz) Sihanouk gegenwärtig Afrika und Europa besucht, ist es schwierig für uns, den Kontakt mit ihm auf diplomatischem Wege aufzunehmen. Um der Genauigkeit willen möchte die chinesische Seite die vorläufigen Vorstellungen der amerikanischen Seite wiederholen ...

Nun zitierte die chinesische Note, was ganz ungewöhnlich war, wörtlich den Vorschlag, den ich Huang Hua vorgelesen hatte, und schloß mit den Worten: »Wenn in dem obigen Text Ungenauigkeiten enthalten sein sollten, dann wird erwartet, daß die amerikanische Seite sie berichtigt.«

So boten die Chinesen sich als Vermittler an und erklärten sich bereit, an den Verhandlungen über Kambodscha teilzunehmen. Wer Tschou Enlai kannte, konnte gewiß sein, daß er die Lage nicht so sorgfältig geprüft hätte, wenn er nicht persönlich etwas unternehmen wollte, und daß er sich nicht als Vermittler zur Verfügung stellen würde, wenn er nicht mit einem Erfolg rechnete. Die vorsichtigen Chinesen hätten es nie riskiert, zu demonstrieren, daß sie die Ereignisse in Südostasien nicht beeinflussen konnten, und sie würden niemals anbieten, ein Angebot weiterzugeben, mit dessen Ablehnung sie rechneten. Es war auch bedeutsam, daß Peking Sihanouk als unseren Gesprächspartner bezeichnete. Der »innere Widerstand«, das heißt die Roten Khmer, wurde mit keinem Wort erwähnt. Trotzdem war es nicht denkbar, daß die Chinesen sich in dieser Weise exponierten, ohne sich bei den Roten Khmer vergewissert zu haben, und wenn die kambodschanischen Kommunisten zu Verhandlungen bereit waren, dann mußte das militärische Unentschieden, das sie im März als Voraussetzung für ihre Verhandlungsbereitschaft genannt hatten, im Juli unmittelbar bevorstehen.

Tschou hatte deutlich zum Ausdruck gebracht, daß China einen Kompromiß wünschte, bei dem der Kern der Lon Nol-Regierung erhalten blieb; das war ja auch die Schlüsselfrage bei allen Gesprächen, die wir seit fast einem Jahr geführt hatten. Der Vorschlag, der auf ein militärisches Gleichgewicht schließen ließ, machte jetzt nicht mehr wie bisher den totalen Sieg der Roten Khmer zur Bedingung für eine politische Lösung. Bei einem Waffenstillstand würde die Struktur des freien Kambodscha erhalten bleiben. Sihanouk würde mit Unterstützung der Vereinigten Staaten und Chinas zurückkehren, und zwar nicht als Strohmann, wie es den kambodschanischen Kommunisten am liebsten wäre, sondern mit den Vollmachten, wie sie zum Ausgleich zwischen verschiedenen Gruppierungen notwendig waren.

Tschou Enlai konnte dem Politbüro in Peking – und besonders dem Vorsitzenden Mao – diesen Vorschlag nur mit dem Argument verkauft haben, daß der totale Sieg der Roten Khmer unmöglich sei, weil Washington ihn niemals zulassen würde, und er im übrigen die hegemonialen Ansprüche Hanois unterstützen werde. Aber auch den Roten Khmer konnte er diese Lösung nicht schmackhaft machen, ohne sie davon zu überzeugen, daß die Vereinigten Staaten ihre Bombenangriffe nur einstellen würden, wenn sie auf diesen Kompromiß eingingen. Und die Roten Khmer hätten sich nicht damit einverstanden erklärt, wenn sie nicht davon überzeugt gewesen wären, daß sie sich angesichts der fortgesetzten Bombenangriffe militärisch nicht mehr würden halten können. Wenngleich Tschou Enlai es auch niemals zugegeben hätte: Er brauchte unsere militärischen Aktionen in Kambodscha zur Durchsetzung seiner Politik ebenso sehr wie wir. Unsere Bombenangriffe waren für beide Seiten eine Trumpfkarte, auch wenn sie von der einen verurteilt wurden.

Doch es zeigte sich sehr bald, daß unsere innenpolitische Lage es nicht zuließ, diesen politischen Kurs weiter zu verfolgen, als dieser sich der entscheidenden Phase näherte. Anfang Juni stand der Präsident mit dem Rücken zur Wand. Wie wir heute wissen, brachte er seine Zeit damit zu, die Tonbänder mit seinen Gesprächen im Ovalen Zimmer abzuhören, um festzustellen, ob sie ihm schaden könnten. Am 5. Juni begann ein Geschworenengericht mit den Zeugenvernehmungen zum Einbruch in der Praxis von Daniel Ellsbergs Psychiater. Am 6. Juni erklärte sich Nixon unter dem Druck des Watergate-Ausschusses des Senats bereit, seine vor zwei Tagen erklärte Weigerung zurückzunehmen, die Verzeichnisse der auf Tonband aufgenommenen Gespräche zwischen ihm und John Dean herauszugeben. Und am 8. Juni bat der an dem Einbruch im Watergate-Hotel beteiligte James McCord Richter John Sirica um die Eröffnung eines neuen Verfahrens mit der Begründung, daß die Regierung Beweismittel zurückhielte und in seinem ersten Verfahren Meineide geschworen worden seien.

Weder Tschou Enlai noch ich hatten zu diesem Zeitpunkt ganz begriffen, wie weit die Autorität des Präsidenten durch Watergate ausgehöhlt war; deswegen setzten wir unsere Bemühungen zuversichtlich fort. In einem Gespräch mit dem chinesischen amtierenden Außenminister Ji Pengfei am 13. Juni in Paris bestätigte ich die Korrektheit des Wortlauts der Botschaft, die Tschou an Sihanouk übermitteln wollte. Dabei wies ich besonders darauf hin, daß einige Monate verstreichen müßten, bevor Sihanouk nach Kambodscha zurückkehren könnte. Wir waren jedoch beide der übereinstimmenden Auffassung, daß der Prinz schließlich das Amt des Staatsoberhaupts übernehmen sollte. Beide Seiten kamen überein, die Interessen der jeweils anderen zu respektieren. Ich versprach, daß wir unmittelbar nach Eintreten des Waffenstillstands in Kambodscha, wie es die Chinesen verlangt hatten, Sihanouk persönlich konsultieren würden; Ji erklärte sich mit der Übergangsperiode »für eine gewisse Zeit« einverstanden. Ji Pengfei erklärte, das einzige Hindernis, das sich weiteren Fortschritten in den Weg stellte, seien Sihanouks Weltreisen und die damit verbundene Schwierigkeit, während dieser Reisen delikate und komplexe Fragen mit ihm zu besprechen (gar nicht zu reden von der Unberechenbarkeit seines Temperaments, wenn er sich über weite Entfernungen mit solchen Angelegenheiten beschäftigen mußte). Wenn er an seinen Reisen durch Afrika und Europa zuviel Gefallen fand, bestand die Möglichkeit, daß er sie noch länger hinauszog und damit die zu führenden Verhandlungen verzögerte.

Im gleichen Sinne sprach ich am nächsten Tag, dem 14. Juni, auch in Washington mit Huang Tschen. Ich unterrichtete ihn über meine Verhandlungen mit Le Duc Tho. In diesem Gespräch kam auch die Ungeduld zum Ausdruck, mit der wir auf Sihanouks Rückkehr aus Peking warteten, sowie unsere Sorge im Hinblick auf die Unberechenbarkeit seines Verhaltens. Schließlich erörterten Huang Tschen und ich meine nächste Reise nach Peking. Zunächst hatte ich sie unternehmen wollen, um Tschou über die Ergebnisse des in Kürze zu erwartenden Besuchs von Breschnew in den Vereinigten Staaten zu informieren. Zugleich hätten wir aber auch eine Gelegenheit, die ersten Kontakte mit Sihanouk aufzunehmen.

Am 19. Juni teilte ich Huang Tschen mit, daß ich, wenn der Waffenstillstand in Kambodscha zum Zeitpunkt meines Besuchs in China – der für die Zeit um den 6. August vorgesehen war – schon eingetreten wäre, ich politische Gespräche mit Sihanouk führen könnte. Wir waren also bis an die Grenze des Möglichen gegangen. Doch Sihanouk setzte seine Reise fort und kümmerte sich offenbar nicht um meine Gespräche mit den Chinesen. Seine größte Sorge schien es zu sein, daß Le Duc Tho und ich uns über seinen Kopf hinweg über Kambodscha einigen könnten. Während eines Besuchs in Jugoslawien im Juni gab er meiner alten Intimfeindin, Oriana Fallaci, ein Interview. Es ist ein Zeichen seines großen diplomatischen Geschicks, daß er bei der Begegnung mit der gefürchteten italienischen Journalistin viel weniger Federn lassen mußte als ich im Jahr zuvor. Sihanouk betonte, daß Hanoi kein Recht habe, als Sprecher der aufständischen Khmer aufzutreten. Dann erläuterte er wieder die harte Haltung der Kommunisten und deutete an, daß es sich um die Auffassungen seiner Verbündeten, nicht aber um seine eigenen handelte: »Die Roten Khmer werden niemals einen Waffenstillstand akzeptieren. Sie werden sich niemals einer Vereinbarung beugen. Niemals.«

Sihanouk bestätigte die Wirkung der amerikanischen Bombenangriffe und sagte, sie seien »das einzige, was uns daran hindert, jetzt in Phnom Penh einzumarschieren«. Aber er zeigte auch, daß er sich der Bedeutung von Watergate bewußt war und begriffen hatte, daß sich der amerikanische Kongreß um die Beendigung der Operationen amerikanischer Streitkräfte bemühte: »Nixon befindet sich in einer sehr schwierigen Situation. Der Watergate-Skandal hat ihm sehr geschadet, und schließlich werden sich der Senat und der Kongreß den von ihm geforderten Ausgaben widersetzen.« Was seine Beziehungen zu den Roten Khmer betraf, so machte sich Sihanouk kaum Illusionen, wohl aber beträchtliche Sorgen: »Die Roten Khmer lieben mich keineswegs. Ich weiß das! . . . Ich bin ihnen nützlich . . . Ich weiß sehr wohl, wenn ich ihnen nicht mehr nützen kann, werden sie mich ausspucken wie einen Kirschkern.« Er sagte, daß Kambodscha eines Tages kommunistisch sein werde, bestritt jeden persönlichen Ehrgeiz und meinte, er hätte kein Verlangen, eine Marionette zu sein wie Königin Elisabeth oder Hirohito.[19]

Wir erfuhren vom Inhalt dieses Interviews erst am 12. August, als die Würfel schon gefallen waren, aber es hätte auch vorher nicht viel für uns bedeutet. Wir hätten angenommen, daß Sihanouk sich auf seinen Reisen fast gänzlich isoliert hätte, und Tschou wüßte, was er täte; letzterer hätte sich nicht auf diesen Kurs festgelegt, wenn er nicht überzeugt wäre, damit Erfolg zu haben.

Mitte Juni glaubten wir, daß jetzt der Endspurt vor uns läge, wie die Sache auch immer zu Ende gehen sollte. Wir konnten mit der Möglichkeit eines Waffenstillstands und der Rückkehr Sihanouks rechnen, der es dann mit allen in Kambodscha vorhandenen politischen Kräften zu tun haben würde und sich selbst den notwendigen Handlungsspielraum schaffen mußte, um zwischen ihnen und den Kommunisten zu manövrieren. Wir hätten dieses Rennen fast gewonnen – mit allem, was das für die Zukunft Kambodschas bedeuten konnte. Doch da uns die innenpolitische Unterstützung versagt blieb, scheiterte unser Vorhaben; das Schicksal Kambodschas war besiegelt – und die Stellung Tschou Enlais in China wurde in ihren Grundfesten erschüttert.

Der Kongreß erzwingt die Einstellung der Bombenangriffe

Viele Faktoren haben dazu beigetragen, daß es zu den Ereignissen gekommen ist, die schließlich zur Aufgabe von Kambodscha führten. In den Vereinigten Staaten war man ganz einfach des Krieges müde. Es hat Kongreßabgeordnete gegeben, die aufrichtig glaubten, daß sie den Völkern Indochinas einen großen Gefallen täten, wenn sie alle weiteren militärischen Aktionen der Vereinigten Staaten in diesem Teil der Welt untersagten. Bei anderen haben humanitäre Erwägungen wahrscheinlich keine so große Rolle gespielt wie vielmehr die Gelegenheit, einem verhaßten Gegner, dem jetzt nicht mehr voll handlungsfähigen Präsidenten, eine Niederlage beizubringen. Liberale Kräfte wollten ihre Antikriegshaltung rechtfertigen, die sie vier Jahre lang eingenommen hatten. Der Kongreßabgeordnete Thomas P. O'Neill jr., der Führer der demokratischen Mehrheit im Repräsentantenhaus, erklärte vor den versammelten Abgeordneten, daß Kambodscha nicht das Leben eines einzigen amerikanischen Fliegers wert sei.[20] Die durch die Wechselfälle eines zehn Jahre dauernden Krieges ohnedies entmutigten Konservativen waren durch die verzweifelte Lage, in die ihr alter Bannerträger Nixon geraten war, demoralisiert. So quittierte schließlich der Kongreß das Auseinanderbrechen des inneren Zusammenhalts in den Vereinigten Staaten, indem er alle militärischen Operationen in Indochina einstellen ließ. Das kambodschanische Volk wurde seinem Schicksal überlassen.

Die Agitation im Kongreß gegen die Bombenangriffe begann im April und Mai aufzuflammen. Man bezeichnete unsere Luftoperationen als »ungesetzlich«, wenngleich sie von der Verfassung gedeckt wurden (wie in den Anmerkungen erläutert wird).[21] Über die Reihe der Gesetze, die im Mai vom Kongreß gegen die Bombenangriffe verabschiedet wurden, haben wir am Anfang dieses Kapitels berichtet. Zur gleichen Zeit hatte auch Le Duc Tho mich hämisch daran erinnert, wie der Kongreß uns unter Druck setzte. Zum erstenmal fehlte meiner scharfen Erwiderung, wir könnten selbst mit unserer innenpolitischen Situation fertig werden, die Überzeugungskraft. Ich fürchtete, nur noch ein Wunder könnte es bewirken, daß der Kongreß eine Binsenwahrheit begriff, von der ich auf einer Pressekonferenz am 12. Mai gesprochen hatte:

> Niemand kann erwarten, daß die Bedingungen eines Waffenstillstands nur deshalb eingehalten werden, weil sie schriftlich niedergelegt sind, und der Kongreß und andere werden sich fragen müssen, ob es möglich ist, die Einhaltung von Vereinbarungen ohne Sanktionen oder Anreize zu bewirken.

Ich setzte alles daran, den Waffenstillstand in Kambodscha zustande zu bringen, bevor der Kongreß etwas unternahm. Aber um die gleiche Zeit, es war Mitte Mai, schickte mir der für die Beziehungen zum Kongreß verantwortliche Mitarbeiter im Stabe des Nationalen Sicherheitsrats, John F. Lehman, einen sehr intelligenten Bericht mit der Voraussage, daß wir mit einer Reihe von Abstimmungen rechnen müßten beim Versuch, die Einstellung der Bombenangriffe zu erzwingen. Das Weiße Haus bemühte sich nach Kräften, diese Abstimmungen zu blokkieren oder hinauszuzögern. Wie Lehman schrieb, war Watergate der entscheidende Anlaß für die Gegenstimmen. Damals war er noch optimistisch genug, darin ein vorübergehendes Phänomen zu sehen.

Anfang Juni sah es in der Legislative noch ungünstiger für uns aus. Am 4. Juni billigte der Senat den Case-Church-Zusatzantrag zur Streichung aller Mittel für militärische Operationen in Indochina. In einer Denkschrift vom 5. Juni teilte mir Lehman mit, daß das Verbot der Bombenangriffe sich unter Umständen bis Ende des Monats verzögern könnte: »Danach wird sich die Lage zuspitzen, aber es besteht noch Hoffnung.« Es war uns wenigstens gelungen, die Senatoren dazu zu bewegen, bis zum Abschluß meiner Verhandlungen in Paris mit Le Duc Tho zu warten; ein Erfolg dieser Verhandlungen hätte uns vielleicht helfen können.

Ich war verzweifelt. Die Einstellung der Bombenangriffe würde uns bei den Verhandlungen die letzte Trumpfkarte aus der Hand nehmen – und die Chinesen veranlassen, sich nicht mehr an unseren Bemühungen zu beteiligen. Tschou Enlai mußte den Roten Khmer sagen können, daß er uns zur Einstellung der Bombenangriffe für den Fall veranlaßt habe, damit sie auf einen Kompromiß eingingen, bei dem Sihanouk und Teile der bestehenden kambodschanischen Regierung an der Lösung beteiligt wurden. Die jetzt allmählich anlaufenden Verhandlungen waren unsere letzte Chance. Wenn sie fehlschlugen, war das Schicksal Kambodschas und in der Folge auch das von Südvietnam und Laos besiegelt. Am 18. Juni sprach ich mit Mel Laird, der nach Watergate als Berater des Präsidenten für Innere Angelegenheiten wieder in die Regierung aufgenommen worden war. Ich sagte ihm, daß die Chinesen versprochen hätten, sich einzuschalten: »Ich kann mir nicht vorstellen, daß sie uns sagen, sie würden etwas tun, wenn sie nicht glaubten, etwas erreichen zu können.« Ich bot an, mich gegenüber dem Sprecher des Hauses, Carl Albert, und dem verehrungswürdigen Vorsitzenden des Bewilligungs-Ausschusses, George Mahon, zu verpflichten, daß wir die Bombenangriffe unter allen Umständen am 1. September einstellen würden, gleichgültig, was bei den Verhandlungen herauskäme. Dafür müßten sie uns ihr Wort geben, diesen Termin nicht bekanntzugeben, denn wenn er bekannt würde, dann konnten wir die Einstellung der Bombenangriffe diplomatisch nicht mehr nutzen; die Roten Khmer würden ganz einfach warten, bis dieser Termin verstrichen war. Laird erklärte sich bereit, meinen Vorschlag weiterzugeben, war aber nicht optimistisch. Der Mann, der es so meisterhaft verstand, Kongreßausschüsse zu manipulieren, war überzeugt, daß wir am Ende unseres Lateins wären: »Mahon sagt, daß es noch niemals so schwierig gewesen sei wie gerade jetzt.«

Nun kam es auf jeden Tag an. Wir erfuhren, daß Sihanouk am 5. Juli nach Peking zurückkehren werde und wir dann mit unserem Vorhaben beginnen könnten. Aber der Kongreß wollte sich auf keine weitere Verzögerung mehr einlassen. Am 25. Juni, dem gleichen Tag, an dem Breschnew seinen Besuch in den Vereinigten Staaten beendete und John Dean die ersten Aussagen vor dem Senat machte, kam es im Repräsentantenhaus zu der entscheidenden Abstimmung über den sogenannten Eagleton-Zusatzantrag, mit dem die für die Bombenangriffe in Kambodscha notwendigen Geldmittel gestrichen werden sollten und der im Senat schon gebilligt worden war. Da dies ein Zusatz zum Ergänzungsetat für die Finanzierung der amerikanischen Regierungsbehörden nach Ende des laufenden Rechnungsjahres (am 30. Juni) war, konnte der Präsident kaum sein Veto einlegen. Denn wenn das Gesetz nicht angenommen wurde, verfügten *alle* Regierungsbehörden über keine Geldmittel mehr. Von San Clemente aus rief ich mehrere Kongreßabgeordnete an. Ich sagte ihnen, daß wir die Bombenangriffe unter allen Umständen am 1. September einstellen würden, was jedoch geheimgehalten werden müßte, um die Aussichten auf einen Waffenstillstand in Kambodscha nicht zu gefährden. Über die chinesische Initiative konnte ich mich nicht näher äußern, gab meinen Gesprächspartnern aber einige deutliche Hinweise auf die zu erwartenden Verhandlungen.

Aber es gelang nicht, den Termin für die Einstellung der Bombenangriffe am 1. September geheimzuhalten. Die hinter der Regierung stehenden Abgeordneten konnten dem Drängen auf sofortige Einstellung der Bombenangriffe nur dann standhalten, wenn sie in aller Öffentlichkeit auf einen »Kompromiß« eingingen, in dem der 1. September als Datum für die Einstellung der Luftangriffe genannt wurde. Aber mit der Bekanntgabe dieses Termins war unsere Strategie gescheitert; jetzt konnten die Roten Khmer in aller Ruhe abwarten. Am 25. Juni kam es bei der entscheidenden Abstimmung zur Stimmengleichheit von 204 : 204, und damit schwanden die letzten Hoffnungen. In namentlicher Abstimmung billigte das Repräsentantenhaus den Eagleton-Zusatz, durch den die Mittel für die Bombenangriffe mit sofortiger Wirkung gestrichen wurden.

Am folgenden Tag, dem 26. Juni, wurden Antikriegszusätze mit einem Ergänzungsbeschluß verknüpft, der den laufenden Etat über die Zeit hinaus genehmigt, bis der Kongreß den neuen Etat genehmigt hat. Die gleichen Zusätze wurden mit dem Gesetz verknüpft, das die Erhöhung der Staatsverschuldung genehmigte. Kurz gesagt: Unsere Gegner waren entschlossen, die Handlungsfähigkeit der Regierung aufs Spiel zu setzen, um die Einstellung der militärischen Operationen in Indochina zu erzwingen und uns damit des einzigen Mittels zu berauben, mit dessen Hilfe wir die Freiheit unserer Verbündeten bewahren konnten.

Der Kongreß wollte jetzt den Abzug erzwingen, den zu vollziehen sich die Exekutive fünf Jahre geweigert hatte. Die Abgeordneten waren es müde, Argumente über die Komplexität der Diplomatie zu hören, und wollten nicht die erbitterte Opposition der Medien riskieren, nur um die Machtübernahme durch die Kommunisten in einem Land zu verhindern, das nach ihren Vorstellungen nichts anderes als ein obskurer Fleck auf der Landkarte irgendwo in Indochina war. Unser politisches System ist nur funktionsfähig, wenn die gleichberechtigten Regierungsbehörden einander vertrauen und dadurch ein feines Netz gegenseitigen Verstehens entsteht. Aber dieses Vertrauen war durch das erbitterte Ringen um die Vietnam-Politik zerstört und hatte durch Watergate jeden Boden verloren. Die Debatte war von dem Verlangen beherrscht, alte Rechnungen zu begleichen, nicht aber von dem Bestreben, gemeinsame Ziele zu verwirklichen. Kaum jemand verstand die fundamentalen Sorgen der Regierung. Wir wußten, daß die Öffentlichkeit erschöpft und der Kongreß uns feindlich gesinnt waren, aber wir glaubten auch, daß, wenn die amerikanische Exekutive alte Freunde der kommunistischen Herrschaft überließ, das Vertrauen zu den Vereinigten Staaten stark ausgehöhlt werden würde und wir später einen noch viel höheren Preis würden bezahlen müssen.

Deshalb versuchten wir noch immer, zu einem ehrenhaften Waffenstillstand zu kommen, als Mel Laird mich am 26. Juni in San Clemente anrief und mich davon unterrichtete, wie ungünstig sich die Lage für uns gestaltete. Dabei wollte er mich offenbar auch davon abbringen, etwas gegen die unsere Vorhaben gefährdenden Zusatzanträge zu unternehmen. John Dean war am Tage zuvor zum erstenmal im Fernsehen aufgetreten, und Laird meinte, daß die für uns so ungünstigen Abstimmungsergebnisse in den vergangenen drei Tagen auf die belastenden Aussagen Deans zurückzuführen seien. Doch ich blieb fest: »In Kambodscha werden wir alles verlieren, wenn wir die Bombenangriffe einstellen. Ich glaube, daß wir die Angelegenheit in zwei Monaten zum Abschluß bringen könnten. Können Sie uns helfen?« Aber es gab keine Möglichkeit für eine konkrete Hilfe, und auch die Öffentlichkeit ließ sich nicht mehr ausschalten. Ein zweiter Versuch, die Streichungen durch einen »Kompromiß« bis zum 1. September aufzuschieben, schlug fehl, diesmal mit einer Mehrheit von vierundzwanzig Stimmen. Wir waren in eine paradoxe Situation geraten. Vielleicht hätten wir die Verschiebung auf den 1. September durchsetzen können, wenn die Regierung sich öffentlich dafür eingesetzt hätte – was wir aber nicht tun konnten, weil wir den Verhandlungen damit die Basis entzogen hätten. Jetzt bestünde, wie Laird meinte, die einzige Hoffnung auf eine Verzögerung – oder die verzögernde Wirkung eines Veto – nur noch darin, daß sich die Regierung mit einem Aufschub von fünfundvierzig Tagen einverstanden erklärte, wodurch wir jedoch in unser altes Dilemma zurückfielen. Ein öffentlich bekanntgegebener Aufschub war etwas besser als die sofortige Streichung der Mittel, aber ein Waffenstillstand würde sich unter solchen Voraussetzungen niemals erreichen lassen. Laird beunruhigte dieses Problem weniger: »Politisch könnten die Abgeordnete sogar etwas dabei gewinnen – und ich glaube nicht, daß wir in Kambodscha überhaupt noch sehr viel ausrichten können. Deshalb würde ich es vorziehen, diese Burschen dafür verantwortlich zu machen.« Mir ging es weniger um mein Alibi als um die Sache selbst. Es erschütterte mich, mit ansehen zu müssen, wie die letzte Chance verspielt wurde, für Kambodscha einen wenn auch unsicheren Frieden auszuhandeln, weil man sich bei uns in einen sinnlosen Parteienstreit gestürzt hatte, in dem sich ein in zehn Jahren angesammelter Groll Luft zu machen suchte.

Am 27. Juni legte der Präsident gegen das zweite Haushaltsergänzungsgesetz mit dem Zusatzantrag über die Streichung der Mittel für Kambodscha sein Veto ein. Er erklärte zu Recht, daß die Einstellung der Bombenangriffe nicht nur Kambodscha gefährden werde, sondern auch das »unsichere Gleichgewicht der ausgehandelten Vereinbarungen, politischen Bindungen und militärischen Kapazitäten, von denen der Friede in ganz Südostasien abhängt und auf die sich meine Beurteilung der Frage stützte, ob wir den Vietnam-Vereinbarungen zustimmen dürften«. Das Repräsentantenhaus bestätigte das Veto mit einer Abstimmung am 27. Juni. Diesmal konnten die Kriegsgegner die meisten Stimmen für sich verbuchen – 241 gegen 173 –, es fehlten ihnen aber noch fünfunddreißig Stimmen an der Zweidrittelmehrheit, die notwendig ist, um ein Veto des Präsidenten zu überstimmen. Die Niederlage war jedoch nur technischer und parlamentarischer Natur; die Dampfwalze konnte nicht mehr viel länger aufgehalten werden. Dann verabschiedeten das Repräsentantenhaus und der Senat einen ähnlichen Zusatzantrag zur Streichung der Geldmittel für die Bombenangriffe als Teil eines Haushaltsgesetzes, das notwendig war, um die Finanzierung aller Regierungsbehörden auch nach dem 30. Juni sicherzustellen – und weiterhin einen Zusatz zu einem Gesetz, mit dem die Erhöhung der Staatsschulden genehmigt wurde. Es war also nur noch eine Frage der Zeit.

Nicht nur unsere Verbündeten im Kongreß verloren den Mut, sondern auch die Mitglieder unserer Regierung. Nur noch Haig unterstützte unsere Politik tatkräftig. Es war vielleicht verständlich, daß angesichts von Watergate niemand mehr den Mut hatte, eine zweite Vietnam-Debatte durchzustehen. Die Kenner der Verhältnisse im Kongreß unter den Mitarbeitern des Weißen Hauses waren überzeugt, daß so viele Anträge zur Streichung der Mittel für die Bombenangriffe eingebracht werden würden, bis auch das Veto des Präsidenten überstimmt würde. Mel Laird empfahl auch weiterhin einen »Kompromiß«: Der Präsident sollte sich mit der Einstellung der Bombenangriffe bis zum 15. August einverstanden erklären. Ich sagte Laird, daß dieser Vorschlag sinnlos wäre und zu nichts führen würde: »Sie werfen alles fort, ohne etwas dafür zu bekommen.« Laird behauptete, daß wir keine andere Wahl hätten, wenn der Apparat regierungsfähig bleiben wollte. Ich war verbittert:

> Ein so rachsüchtiges, kleinliches Verhalten des Kongresses habe ich noch nie erlebt. Und dabei handelt es sich nicht nur um Kambodscha; es wird uns auch bei den Chinesen furchtbar schaden, denn wenn sie den Eindruck gewinnen, daß der Kongreß so etwas in Kambodscha mit uns anstellen kann, was werden sie uns dann an anderer Stelle antun?

Am 29. Juni fand der »Kompromiß«, mit dem die Bombenangriffe am 15. August eingestellt werden sollten, die Unterstützung des außenpolitischen Senatsausschusses und wurde vom Kongreß genehmigt. Doch dafür, daß sie diese inzwischen bedeutungslos gewordene Verlängerung der Bombenangriffe zuließen, verlangten unsere Gegner, nach diesem Datum *alle* militärischen Aktionen in *ganz* Indochina einzustellen. Augenscheinlich hat Mel Laird dem Führer der republikanischen Minderheit im Kongreß, Gerald R. Ford, geraten, dem Kompromiß zuzustimmen. Jedenfalls rief Ford Nixon an und bestätigte persönlich diese Entscheidung. Als ich dagegen protestierte, sagte Nixon, daß es zu spät sei. Er hätte sich einer »höheren Gewalt« beugen müssen – ein Vorgang, der unvorstellbar gewesen wäre, hätten ihm nicht John Deans Aussagen die letzte innere Widerstandskraft geraubt.

Am 30. Juni begrüßten die führenden Tageszeitungen Nixons Entscheidung, die Bombenangriffe in Kambodscha bis zum 15. August einzustellen, mit lautem Jubel. Die *New York Times* schrieb, dieser Kompromiß werde es ermöglichen, daß »schwierige Verhandlungen« auch weiterhin geführt würden – eine Illusion. Verhandlungen konnte es nicht mehr geben. Aber Nixon dachte daran, seine Zusage zurückzunehmen – doch dazu war es zu spät. Am 3. August, kurz bevor die Angriffe eingestellt werden sollten, schrieb Nixon an den Sprecher des Repräsentantenhauses, Carl Albert, und an den Führer der Mehrheit im Senat, Mike Mansfield:

»Daß wir hier einen Freund im Stich lassen, wird auch in anderen Ländern, wie zum Beispiel in Thailand, die sich auf die Standhaftigkeit und Entschlossenheit der Vereinigten Staaten verlassen haben, tiefgreifende Auswirkungen haben, und ich möchte, daß sich der Kongreß der Konsequenzen seines Vorgehens voll bewußt ist... Insbesondere soll das tapfere, von allen Seiten bedrängte kambodschanische Volk wissen, daß Amerika mit der Einstellung der Bombenangriffe in Kambodscha seine feste Absicht nicht aufgibt, einen dauernden Frieden für Indochina herbeizuführen ...

Ich kann nur hoffen, daß die Nordvietnamesen aus dem Verhalten des Kongresses nicht den falschen Schluß ziehen, sie könnten jetzt in anderen Teilen Indochinas eine militärische Offensive beginnen.

Aber darin lag nur eine leere Drohung. Die durch Gesetz herbeigeführte Beendigung der miltärischen Operationen in Indochina wurde in weiten Kreisen mit Beifall begrüßt. In Vietnam hatten wir keine Möglichkeit mehr, uns einer nordvietnamesischen Offensive entgegenzustellen. Zu Kambodscha nahmen die Medien in der uns schon bekannten Weise Stellung: Lon Nol war korrupt; zwischen ihm und den Kommunisten bestand kein wesentlicher Unterschied. Die Bombenangriffe waren »mörderisch«; deshalb war die Beendigung *unserer* militärischen Aktivitäten eine humanitäre Geste gegenüber der Bevölkerung von Kambodscha. Aber niemand sprach davon, welche Konsequenzen sich daraus für das übrige Indochina, für die Autorität des Präsidenten in kommenden Generationen oder für den Ruf der Vereinigten Staaten als eines zuverlässigen Verbündeten ergaben. Man behauptete, daß die Bombenangriffe die Verhandlungen auch nicht hätten voranbringen können; sie hätten Lon Nol den Vorwand geliefert, sich nicht an Verhandlungen zu beteiligen, und die Roten Khmer veranlaßt, eine noch feindseligere Haltung einzunehmen. Alle diese Auffassungen wurden in einem Leitartikel der *Washington Post* dargestellt, die ein breites Spektrum der öffentlichen Meinung vertrat:

Der Präsident behauptet, daß er die Einsetzung einer »von Hanoi kontrollierten Regierung in Phnom Penh« fürchte – aber er denkt nicht daran, was Hanoi zu einer von Washington kontrollierten Regierung sagen würde. Es ist jedoch unbestreitbar, daß Hanoi, gleichgültig welche Regierung in Phnom Penh sitzt, auch weiterhin in der Lage sein wird, Kambodscha für die Versorgung seiner Truppen und die Einrichtung von Bereitstellungsräumen zu benutzen, um Vorstöße gegen Südvietnam vorzubereiten. Mr. Nixon und auch jeder andere hat das schon im Januar gewußt. Er hat jedenfalls die Waffenstillstandsvereinbarungen aus gutem Grund unterzeichnet, weil er damit rechnete, daß Südvietnam sich trotz der Schwierigkeiten an der kambodschanischen Flanke selbst helfen könnte. Wenn er nun behauptet, eine Einstellung der Bombenangriffe erschütterte das »Gleichgewicht« in Südostasien, das er mit seinen Verhandlungen im Januar hergestellt hätte, dann ist dies eine jener leichtsinnigen Übertreibungen, die, wenn sie auch zum Teil zutreffen, den Wert aller im Januar geführten Verhandlungen in Frage stellen.

Wenn nun Mr. Nixon erklärt, daß die Einstellung der Bombenangriffe »ein schwerer Schlag gegen die internationale Glaubwürdigkeit der Vereinigten Staaten« wäre, so ist das Unsinn – es ist eine längst überholte Vorstellung von den in den internationalen Beziehungen geltenden Regeln, die unter anderem auch durch Mr. Nixons beachtliche Erfolge bei der Verbesserung der Beziehungen zu Rußland und China widerlegt wird. Es kann nicht die Absicht des Präsidenten sein und wird ihm auch nichts nützen, wenn er sagt, daß diese neue »Friedensstruktur« in ihren Grundfesten erschüttert werde, wenn er nicht auch weiterhin hilflose Kambodschaner mit Bomben angreifen könnte. Damit würde er zugeben, daß seine ganze Außenpolitik ein Betrugsmanöver gewesen sei – ein Urteil, dem wir uns übrigens nicht anschließen können.[22]

Man glaubte sogar, daß ein Sieg der Kommunisten eine gute Sache sein und irgendwie zur Bildung einer neutralistischen Regierung und zur Rückkehr Sihanouks führen könnte. Dabei vergaß man, daß Sihanouk gar nicht verhandlungsfähig war und die nichtkommunistischen Elemente, die an einer solchen Koalition beteiligt sein müßten, militärisch besiegt waren. Am 14. August wiederholte die *New York Times* die Behauptung, daß das militärische Eingreifen der Vereinigten Staaten das Zustandekommen des Friedens blockiert und der Kongreß durch sein Verbot den Weg zu Verhandlungen geöffnet hätte:

... Es gibt Anzeichen dafür, daß beide Seiten im kambodschanischen Konflikt an einer friedlichen Lösung interessiert sind, nachdem das Lon Nol-Regime auf Anordnung des Kongresses nicht mehr durch die direkte amerikanische militärische Unterstützung belastet wird. Aus Phnom Penh kommen – in Washington bestrittene – Berichte, daß hohe Regierungsbeamte dort die Vereinigten Staaten gebeten haben, für die Absetzung des Präsidenten Lon Nol und die Rückkehr des Prinzen Sihanouk zu sorgen. Aus Nordkorea, wohin Sihanouk gegangen ist, um in Peking nicht mit Henry Kissinger zusammentreffen zu müssen, hat der Prinz seinem alten Freund, dem Führer der Mehrheit im Senat, Mike Mansfield, telegrafisch den von den Vereinigten Staaten geforderten »ehrenhaften Frieden« angeboten, wenn Amerika Lon Nol nicht mehr unterstützt.

Es wäre zwar keine besondere Ehre für Washington, wenn es sich erst jetzt darum bemühen wollte, einen Führer wieder in sein Amt einzusetzen, den es seit drei Jahren in seinem eigenen Land unmöglich zu machen versucht hat, aber das Angebot des Prinzen ist für uns jetzt die denkbar beste Möglichkeit, besonders wenn er von dem gegenwärtigen Regime in Kambodscha unterstützt wird. Sihanouk hat sich in seinem Kampf um die Rückkehr zur Macht »hundertprozentig« auf die Seite der kambodschanischen Kommunisten gestellt, aber er ist unbestritten ein überzeugter Nationalist, der sich jeder Unterwerfung unter eine ausländische Macht widersetzen würde.

Die *Washington Post* äußerte sich am 28. August in ähnlichem Sinne.

Auch wir wären mit einem neutralen, von Sihanouk regierten Kambodscha einverstanden gewesen. Unsere diplomatischen Bemühungen galten schon seit sechs Wochen dem Zustandekommen einer solchen Lösung. Aber um sie zu erreichen, mußten wir militärisch handlungsfähig sein, und die durch Gesetz verordnete Einstellung unserer militärischen Maßnahmen hatte uns jeder Möglichkeit beraubt, für das Entstehen eines neutralen, freien Kambodscha zu sorgen. Da der totale Sieg der Kommunisten jetzt sicher war, konnten die Roten Khmer auf Sihanouk ebenso verzichten wie auf Lon Nol. Sie hatten ersteren aus außenpolitischen Gründen bisher gerade noch geduldet, würden ihn aber sofort fallenlassen, sobald sie die uneingeschränkten Herren in Kambodscha waren. So hatte der Kongreß Sihanouks Schicksal ebenso besiegelt wie das der Regierung in Phnom Penh.

Die Verhandlungen scheitern

Die Entwicklung lief während der folgenden Wochen noch in der gleichen Richtung weiter, was vielleicht daran lag, daß die kommunistische Gegenseite den Verdacht hatte, wir wollten sie mit einem Trick übertölpeln. Die Kommunisten brauchten Zeit, um sich an das seltsame Schauspiel zu gewöhnen, daß eine Supermacht freiwillig auf alle ihre bisherigen Pläne verzichtete. Am 6. Juni, dem gleichen Tag, an dem Sihanouk nach Peking zurückgekehrt war, bot die Regierung in Phnom Penh der »anderen Seite« offiziell Verhandlungen an. Mit diesem Schritt sollte ein diplomatischer Rahmen für die chinesische Initiative geschaffen werden, die jetzt wirksam werden sollte. Murrey Marder von der *Washington Post*, einer der vernünftigsten und objektivsten Auslandskorrespondenten, bedauerte am 11. Juli, daß dieses Angebot zu spät käme:

> Wäre dieses Angebot schon im Februar gemacht worden, als Sihanouk öffentlich seine Bereitschaft signalisierte, mit Kissinger in Hanoi oder Peking zu verhandeln, dann hätten sich beide Seiten jetzt vielleicht schon geeinigt, oder eine Einigung stünde kurz bevor.

Marder illustrierte damit die Gefahren und die Kosten der Geheimdiplomatie. Zunächst hätten die Roten Khmer im Februar gegen Verhandlungen zwischen Sihanouk und mir in Peking ihr Veto eingelegt. Zweitens war ein solcher Kompromißvorschlag seit Jahresbeginn nicht nur einmal, sondern wiederholt gemacht und jedesmal abgelehnt worden. Anfang Juli war eine solche Möglichkeit augenscheinlich eher gegeben, denn unser Eingreifen hatte bei den Kämpfen der Bodentruppen ein Unentschieden bewirkt. Dieses Gleichgewicht der Kräfte war jetzt verloren.

Den deutlichsten Beweis dafür lieferte Sihanouks Verhalten. Seit Monaten hatte er mir vorgeworfen, nicht verhandeln zu wollen, und behauptet, nicht er, sondern die Entschlossenheit der Roten Khmer, bis zum totalen Sieg zu kämpfen, sei für die starre Haltung seiner Seite verantwortlich. Nach Peking zurückgekehrt, muß er festgestellt haben, daß wir Anfang August die Einstellung der Bombenangriffe, Verhandlungen und ein Treffen zwischen ihm und mir angeboten hatten. Natürlich war auch Tschou Enlai für ein solches Verfahren. Aber nach dem Eingreifen des Kongresses wechselte Sihanouk die Richtung. Offenbar hatten die Roten Khmer die militärische Lage noch einmal überdacht, wie sie es nach dem oben erwähnten Bericht im Frühsommer hatten tun wollen, und waren zu dem Schluß gekommen, daß sie nach der Einstellung der Bombenangriffe auf keinen Kompromiß mehr eingehen mußten. Am 5. Juli war Sihanouk nicht mehr bereit, öffentlich über die Möglichkeit von Verhandlungen zu sprechen. Er sagte, daß Gespräche jetzt »nutzlos« wären und es »zu spät« sei. Er erklärte ganz freimütig, daß die aufständischen Khmer sich entschlossen hätten, »bis zum Ende zu kämpfen«.

Etwa um die gleiche Zeit (in der ersten Juliwoche) änderte auch die Sowjetunion ihre Haltung. Bis dahin hatte sie Lon Nol anerkannt und in Phnom Penh eine Botschaft unterhalten – wahrscheinlich, weil sie damit rechnete, daß ein kommunistischer Sieg in Kambodscha nicht absolut sicher sei. Jetzt fingen die *Prawda* und die *Iswestija* an, Sihanouk zum erstenmal seit seinem Sturz am 18. Mai 1970 als Staatsoberhaupt zu bezeichnen. Kommunistische Diplomaten in Moskau äußerten gegenüber der Presse, daß die Sowjets ihre Haltung korrigiert hätten – ein deutliches Zeichen dafür, daß diese kaltblütigen Praktiker der Machtpolitik, die stets behaupteten, bei ihren Lagebeurteilungen nur von den Realitäten auszugehen, die Bedeutung dessen begriffen hatten, was im amerikanischen Kongreß geschehen war.[23] Zwei Wochen später teilte mir der sowjetische Botschafter Dobrynin mit, die Sowjets, die Chinesen und die Nordvietnamesen seien nach dem 1. Juli zu der Überzeugung gekommen, daß es keine Verhandlungen mehr geben werde und die Roten Khmer siegen würden.

In dieser aussichtslosen Lage wollten wir aber doch noch nicht jede Hoffnung aufgeben und versuchten, die Verhandlungen mit Hilfe der Chinesen in Gang zu bringen. Am 6. Juli 1973 war Botschafter Huang Tschen mein Gast in San Clemente. Er brachte eine Note mit, aus der ich entnehmen konnte, daß Tschou Enlai nervös wurde und versuchen wollte, sich aus der Sache herauszuziehen. Die Chinesen beklagten sich über »Gerüchte« und »Spekulationen« in der amerikanischen Presse, die die Verhandlungen zwischen der »Lon Nol-Clique« und Sihanouk betrafen. Daß es zu solchen Indiskretionen gekommen war, schrieben sie taktvollerweise möglichen undichten Stellen bei der Regierung Lon Nol zu, wenngleich sie erklärten, daß auch »amerikanische Beamte« in jüngster Zeit zu dieser Frage »gewisse Äußerungen« gemacht hätten. Interessanterweise behaupteten die Chinesen nicht, daß solche Spekulationen falsch wären; im Gegenteil, sie zeigten sich besorgt darüber, daß Spekulationen dieser Art »für eine Lösung der Kambodscha-Frage sehr nachteilige Folgen haben können und sogar zu großen Unannehmlichkeiten führen werden«. (Die »Enthüllungen« zum Stand der Verhandlungen waren natürlich durch den verzweifelten Versuch der Regierung provoziert worden, die Einstellung der Bombenangriffe durch Kongreßbeschluß zu verhindern.)

Ich beantwortete die Note, indem ich noch einmal unseren Plan erläuterte. Huang Tschen bestätigte, daß Peking wie versprochen Sihanouk nach dessen Rückkehr aus dem Ausland vom Inhalt unserer »vorläufigen Überlegungen« unterrichten werde. Wenn Tschou immer noch bereit war, ein Angebot weiterzuleiten, dessen wichtigstes Element – der Waffenstillstand – durch die Maßnahmen unserer Legislative irrelevant geworden war, müssen die Chinesen eine politische Lösung fast ebenso verzweifelt herbeigesehnt haben wie wir. Huang Tschen bestätigte, daß seine Regierung es begrüßen würde, wenn ich Anfang August nach Peking kommen wollte – was mir zeigte, daß Tschou Enlai nicht bereit war, unseren gemeinsamen Plan ohne weiteres aufzugeben. Wenigstens war es ein Beweis dafür, wie ungern die Chinesen ihr einmal gegebenes Wort brechen.

Wie gespannt die Lage in Peking als Folge der neuen und unerwarteten Ereignisse in Washington geworden war, zeigte sich am gleichen Tag bei einer Begegnung des chinesischen Premierministers und einer Delegation des amerikanischen Kongresses unter Leitung des Senators Warren Magnuson, die China einen Besuch abstattete. Tschou Enlai kritisierte wie üblich unsere Politik gegenüber Kambodscha und die amerikanischen Bombenangriffe. Das Gelingen des zwischen uns vereinbarten Plans hing natürlich davon ab, daß er später erklären konnte, er hätte Washington bewogen, die Bombenangriffe einzustellen, und damit seinen Beitrag zum Frieden geleistet. Nun hatte man Tschou Enlai vor vielen Zeugen plötzlich das gegeben, was er eigentlich als Zugeständnis von Washington hätte erreichen sollen. Senator Magnuson teilte Tschou mit einer großzügigen Geste mit, daß er sich wegen der Bombenangriffe keine Sorgen zu machen brauche, sondern nur geduldig abwarten sollte; sie würden bald – genauer gesagt, am 15. August – eingestellt werden; Tschou müßte dem Kongreß dafür dankbar sein. Der chinesische Premierminister zeigte sich sichtlich verwirrt. Er versuchte verzweifelt, seine Trumpfkarte nicht aus der Hand zu geben, und sagte, daß es schwer wäre, geduldig zu bleiben, solange Bomben fielen. Doch Magnuson wiederholte, daß es wirklich keinen Grund zur Sorge gäbe, denn der Kongreß werde die Sache schon in Ordnung bringen. David Bruce berichtete mir, daß Tschou zum wachsenden Erstaunen der Kongreß-Abordnung deutlich verärgert gewesen sei. Als Magnuson schließlich murmelte: »Wir haben die Bombenangriffe schon eingestellt«, hätte sich Tschou in seiner Verärgerung kaum mehr beherrschen können.

Ich begriff sofort, was geschehen war. Tschou Enlai erkannte, daß sich vor ihm ein geopolitischer Alptraum zusammenbraute; ein von Hanoi beherrschtes und mit der Sowjetunion verbündetes Indochina, eine Entwicklung, die von einer törichten Supermacht herbeigeführt worden war, deren Diplomaten man jede Möglichkeit genommen hatte, die außenpolitischen Ziele ihrer Regierung zu verwirklichen.

Doch diese Entwicklung bereitete dem chinesischen Premierminister in anderer Hinsicht noch schwerere Sorgen. Bis jetzt war Watergate für ihn ein unbegreifliches innenpolitisches Gerangel in Amerika gewesen, dessen außenpolitische Auswirkungen sich nicht beurteilen ließen. Aber jetzt erschien es möglich und sogar wahrscheinlich, daß China es mit einem Präsidenten zu tun bekommen würde, dessen Autorität so stark geschwächt war, daß man sich nicht mehr auf seine Zusagen verlassen konnte; um einen von den Chinesen gern verwendeten Ausdruck zu gebrauchen – sein Wort zählte nicht mehr. Wenn sich die Supermacht Amerika als so handlungsunfähig erwies, dann waren für die Sicherheit Chinas schwerwiegende Konsequenzen zu gewärtigen; es erschütterte die Grundlagen, auf denen die Annäherung zwischen China und den Vereinigten Staaten zustande gekommen war. Wenn der amerikanische Kongreß eine Entscheidung erzwingen konnte, die den Interessen Amerikas so widersprach, durfte sich Peking dann noch auf die Vereinigten Staaten verlassen?

Wie nicht anders zu erwarten, spürten wir nach dem Gespräch zwischen Tschou Enlai und Magnuson immer deutlicher die Zurückhaltung der Chinesen. Am 11. Juli übermittelte mir David Bruce eine vertrauliche Einschätzung über die Auswirkungen unserer Kambodscha-Politik, um mich auf den Besuch in China vorzubereiten. Die Chinesen schienen sich jetzt nicht mehr an den Verhandlungen über eine Lösung der Kambodscha-Frage beteiligen zu wollen. Bruce glaubte, daß sie kaum noch eine Möglichkeit hätten, ihren Einfluß geltend zu machen:

> Die Chinesen werden annehmen, daß Kambodscha Sihanouk wie eine reife Frucht in den Schoß fallen könnte, sie haben aber vielleicht ihre geheimen Zweifel an ihrer Fähigkeit, sich gegenüber den Roten Khmer und anderen Aufständischen durchzusetzen ... Sie könnten aber auch zu der Auffassung gekommen sein, daß sie kaum etwas zu verlieren hätten, wenn sich die ganze Sache verzögerte.

Noch am gleichen Tag mußten wir an einem anderen bösen Vorzeichen erkennen, wie ungünstig sich die Lage für uns entwickelt hatte. Die Chinesen hatten sich bereit erklärt, mich in der ersten August-Woche in Peking zu empfangen, und uns gebeten, den Termin zu bestimmen. Als wir Ende Juni den 6. August vorschlugen, hatten sie dieses Datum sogar an die Presse in Peking durchsickern lassen. Anschließend schlugen wir vor, daß das Treffen offiziell am 16. Juli bekanntgegeben werden sollte. Am 11. Juli teilte man uns ohne weitere Erklärungen mit, daß Huang Tschen nach Peking zurückgerufen worden sei; die Bekanntgabe könnte erst erfolgen, wenn die chinesische Regierung mit ihm Rücksprache genommen hätte – ein ungewöhnliches Verfahren und ein deutliches Zeichen dafür, daß die Chinesen zögerten, das Treffen zum vorgesehenen Zeitpunkt stattfinden zu lassen.

Wir beschlossen daher, genauere Erkundigungen einzuziehen. Ich bat General Scowcroft, den stellvertretenden Direktor des chinesischen Verbindungsbüros, Botschafter Han Xu zu sich zu bitten und ihm zu sagen, daß man uns gebeten habe, einen beliebigen Tag in der ersten August-Woche für mein Eintreffen in Peking zu bestimmen. Scowcroft wiederholte, daß für uns der 6. August am geeignetsten wäre, und schlug vor, das Vorhaben am 19. oder 23. Juli öffentlich bekanntzugeben. Ich hatte Scowcroft angewiesen, den Chinesen »halboffiziell« mitzuteilen, daß ich, wenn ich aus Peking im Hinblick auf Kambodscha mit leeren Händen zurückkehren müßte, unter Umständen nicht mehr in der Lage sein würde, die im nationalen Interesse beider Nationen liegende unsentimentale Politik fortzuführen. Scowcroft sagte deshalb, er hoffte, daß die Chinesen uns wissen lassen könnten, »was sie uns im Hinblick auf die Lage in Kambodscha geben können«.

Unverfrorenheit ist die Verteidigungswaffe der Schwachen. Ich hatte einen zu hohen Einsatz auf schlechte Karten gewagt. Wenn wir die chinesisch-amerikanischen Beziehungen so ausdrücklich mit Kambodscha verknüpften, brachten wir die Chinesen damit in eine noch schwierigere Lage, ohne ihnen einen Hebel in die Hand zu geben, mit dem sie die andere Seite beeinflussen könnten. Tschou Enlai hatte ganz einfach die Fähigkeit verloren, den Lauf der Dinge zu beeinflussen, und zwar als Folge des Verhaltens der Vereinigten Staaten. Wir hatten die Rahmenbedingungen für die Verhandlungen verändert, die auf unseren Vorschlag hin geführt werden sollten, und kein chinesischer Staatsmann konnte jetzt noch von den Roten Khmer verlangen, auf den totalen Sieg zu verzichten, den wir ihnen ermöglicht hatten.

Am 16. Juli ließ Sihanouk deutlich erkennen, daß er klar erkannte, wie die Kräfteverteilung jetzt aussah. In einer sorgfältig vorbereiteten Erklärung, die er selbstbewußter und entschiedener vortrug als das, was er sonst spontan in Interviews äußerte, erläuterte er die politische Linie der Roten Khmer. Die chinesische Nachrichtenagentur Xinhua in Peking gab Sihanouks »32. Botschaft an die Nation der Khmer« über den Rundfunk bekannt. Sie wandte sich scharf gegen alle »Einmischungsversuche« mit dem Ziel, Verhandlungen herbeizuführen; es gäbe nur eine Lösung, und das wäre der totale Sieg der Kommunisten. Am folgenden Tag spürte man plötzlich hinter Sihanouks Trotz seine Verzweiflung darüber, daß sich mit der Machtergreifung durch die Kommunisten in seinem Land alle seine Hoffnungen zerschlagen mußten. Einem Korrespondenten der Nachrichtenagentur Reuter in Peking sagte er, er werde »für die Zustände nach der Befreiung von Phnom Penh keine Verantwortung übernehmen. Dann sollen die Roten Khmer das Land regieren![24]

Das Beil fiel am Abend des 18. Juli. Han Xu übergab General Scowcroft eine Note, in der mitgeteilt wurde, daß China aus den verschiedensten und sehr komplexen Gründen nicht mehr bereit sei, den amerikanischen Verhandlungsvorschlag an Sihanouk weiterzugeben. Dann wiederholte die chinesische Seite die Maximalforderungen der Roten Khmer, die uns allen während der Monate, in denen die Chinesen sich um einen Kompromiß bemüht hatten, bekannt gewesen waren. Aber jetzt verlangte China, daß wir sie akzeptierten – und gab damit seine bisherige Haltung auf, nach der ein vollkommen rotes Kambodscha alle Beteiligten in noch größere Schwierigkeiten bringen würde:

> Die amerikanische Seite weiß, wie die Kambodscha-Frage entstanden ist. Der Verursacher muß den Knoten lösen. Den Schlüssel zur Lösung der Frage halten die Vereinigten Staaten in der Hand und niemand sonst. Wenn die Vereinigten Staaten diese Frage wirklich lösen wollen, dann sollten sie bereit sein, auf die obigen vernünftigen Forderungen der kambodschanischen Seite einzugehen. Hier besteht die Hoffnung, daß die Vereinigten Staaten diesen Vorschlag gründlich prüfen und in die Tat umsetzen.

Doch da die Chinesen niemals sicher sein konnten, daß ein westliches Gehirn die komplexen Zusammenhänge einer schwierigen Lage begriff, schickte uns Tschou Enlai ein weiteres unmißverständliches Signal. Am nächsten Tag – dem 19. Juli – teilte man uns mit, daß der 6. August nicht das »geeignete« Datum für meinen Besuch sei. Es wäre am besten, wenn ich ihn auf den 16. August verlegte. Sogar wir konnten erkennen, daß der 16. August der Tag *nach* der Einstellung der Bombenangriffe war, die wir uns auferlegt hatten. Wenn wir unter diesen Voraussetzungen über Kambodscha verhandelten, dann waren wir die Bittsteller. Es war klar, was das bedeutete. Wir spielten im Rahmen der chinesischen Kambodscha-Politik – ebenso wie Sihanouk – jetzt keine Rolle mehr. Mit Worten würden sie Sihanouk vielleicht noch unterstützen, aber konkret hatten sie es jetzt nur noch mit den Roten Khmer zu tun. Eine Vermittlerrolle gab es jetzt für China nicht mehr.

Damit fiel der mit solcher Mühe zustande gebrachte Plan auseinander. Um eine »Lösung« zu erreichen, wie sie in der chinesischen Note angesprochen wurde, brauchten wir nicht zu »verhandeln« – am wenigsten mit den Chinesen. Wir durften aber auch nicht den Eindruck erwecken, daß wir in Panik geraten wären. De Gaulle hat einmal auf den Vorwurf Churchills, er sei zu unnachgiebig, geantwortet: »Ich bin zu schwach, um nachgiebig zu sein.« Wir ließen Peking fast eine Woche auf unsere Antwort warten. Sie war kühl:

> Was nun den Inhalt der chinesischen Note vom 18. Juli betrifft, so wird die chinesische Seite nicht überrascht sein, daß die amerikanische Seite eine »Lösung« ablehnt, die sie so einseitig benachteiligt. Sie entspricht nicht den Erfordernissen der Gegenseitigkeit und Gleichberechtigung. Es wäre auch vollkommen unlogisch, zu Verhandlungen über irgendein Problem aufgefordert zu werden, wenn einem die andere Seite deutlich und von Anfang an keinen Verhandlungsspielraum läßt. Unter solchen Voraussetzungen wird die amerikanische Seite die Verhandlungen den kambodschanischen Parteien überlassen.

Zugleich verlas Scowcroft Han Xu die folgende »mündliche Note«:

> Meine Regierung stellt mit Bedauern fest: Es ist das erste Mal seit Entwicklung unserer neuen Beziehungen, daß das chinesische Wort nicht gilt.
>
> Die chinesische Seite hat oft ihre Grundsatztreue zum Ausdruck gebracht. Die amerikanische Seite meint es nicht weniger ernst. Einer ihrer festen Grundsätze besteht darin, diejenigen nicht zu verraten, die sich auf sie verlassen haben. Die amerikanische Seite glaubt, daß die chinesische Seite es begrüßen wird, wenn die Vereinigten Staaten diesem Grundsatz auch in anderem Zusammenhang folgen.

Nach dem Notenaustausch mit den Chinesen warteten wir einen Tag, bis wir zu dem chinesischen Vorschlag Stellung nahmen, daß ich meinen Besuch in Peking auf den 16. August verschieben sollte. Wir machten den Gegenvorschlag, daß ich vier Wochen später, und zwar vom 13. bis zum 16. September nach China kommen sollte. Aber die Chinesen fanden einen Grund, diesen Termin abzulehnen, und schließlich mußte ich meine Reise bis zum November verschieben.

Natürlich war es sinnlos, die Chinesen dafür zu schelten, daß sie Verhandlungen nicht zustande brachten, die als Folge innenpolitischer Vorgänge in den Vereinigten Staaten ihren Sinn verloren hatten. Nicht die Chinesen hatten ihre Meinung geändert; wir hatten die ganze Lage verändert und den zwischen uns getroffenen Vereinbarungen den Boden entzogen. Auf einer Sitzung am 19. Juli, an der alle meine engsten Mitarbeiter teilnahmen – General Scowcroft, Larry Eagleburger, Winston Lord, Jonathan T. Howe, Richard H. Solomon und Peter Rodman, die Veteranen der Aussöhnung mit Peking, die dieser Politik zum Durchbruch verholfen hatten und emotional mit ihr verbunden waren – analysierte ich die Lage wie folgt:

> Die Einstellung der Bombenangriffe hatte die Lage in Kambodscha von Grund auf geändert. Bis dahin bestand Sihanouks Nutzen für die Roten Khmer darin, daß er ihnen die Legitimität verschaffte, die sie nicht hatten. Jetzt brauchten sie keine Legitimität mehr; sie sahen, daß sie gewinnen konnten. Sihanouks Nutzen für die Chinesen hatte darin bestanden, daß er ihnen einen Einfluß auf die Roten Khmer verschaffte und andere äußere Einflüsse abwehren konnte. Der Nutzen der Chinesen für uns bestand darin, daß sie einen gewissen Einfluß auf Sihanouk hatten. Sihanouks Nutzen für uns bestand darin, daß er, nach Kambodscha zurückgekehrt, in der Lage sein könnte, ein gewisses Gleichgewicht herzustellen. Ironischerweise brauchten die Chinesen die Gruppe um Lon Nol – denn damit legten sie Sihanouk und den Roten Khmer gewisse Fesseln an. Der Kongreßabgeordnete hatte die Lage vollkommen falsch beurteilt. Jetzt war alles verloren. Sihanouk konnte die Roten Khmer zu nichts mehr bewegen, und die Chinesen konnten Sihanouk nicht mehr beeinflussen.

Am 4. August sprach ich mit meinem Freund, dem Premierminister von Singapur, Lee Kuan Yew, über das gleiche Problem:

> Wegen Watergate haben wir eine Tragödie erlebt. Als ich (Anfang April) mit Ihnen sprach, wollten wir Nordvietnam eine Woche lang mit Bomben angreifen, dann nach Rußland gehen und uns anschließend mit Le Duc Tho treffen. Der Kongreß hat alles unmöglich gemacht ... Die Chinesen haben sich uns als Vermittler angeboten. Jetzt sind die Chinesen die Verlierer, wenn die Roten Khmer gewinnen, weil Sihanouk dann der Verlierer ist. Die ideale Situation für die Chinesen ist, wenn die Roten Khmer Sihanouk brauchen und die Chinesen beide gegeneinander ausspielen können. Aber wenn sich die Roten Khmer ihres Sieges sicher sein können ...

Je mehr Sihanouks Einfluß dahinschwand, desto häufiger meldete er sich zu Wort, was deutlich zeigte, daß wir mit einer unheilvollen Entwicklung der Lage rechnen mußten. Am 12. August gab er der französischen Nachrichtenagentur AFP ein Interview. Darin bestätigte er, daß die Roten Khmer »unbeugsam auf dem Standpunkt verharren, auf den sie sich ein für allemal festgelegt haben«. Verhandlungen wären ausgeschlossen; die Aufständischen wären »fest entschlossen, den bewaffneten Widerstand fortzusetzen«, bis die Regierung Lon Nol »radikal und unwiderruflich liquidiert« wäre. Am 15. August wiederholte Sihanouk in Pyongyang in Nordkorea, daß kein Vorschlag, der von den Roten

Khmer verlangte, die Macht mit irgendeiner anderen Gruppe zu teilen, angenommen werden würde.

Unter diesen Voraussetzungen gab es für uns nichts mehr zu verhandeln. Auf einer Pressekonferenz am 23. August äußerte ich mich fatalistisch:

Die Verhandlungen über Kambodscha müßten mit Beendigung der amerikanischen Bombenangriffe unausweichlich mehr von den Entscheidungen der kambodschanischen Parteien als von amerikanischen Entscheidungen abhängen. Wenn die Absicht des Kongreßes überhaupt etwas bedeutet, dann sollten die Vereinigten Staaten bei diesen Vorgängen nicht die Hauptrolle spielen.

In diesem Sinne sprach ich auch mit dem stellvertretenden chinesischen Außenminister Tschiao Kuan-hua, als er zu seinem jährlichen Besuch der Vereinten Nationen nach New York kam und wir uns am 3. Oktober zu einem gemeinsamen Essen trafen. Als seien wir Kriegsveteranen und hätten auf derselben Seite gekämpft, wären aber infolge eines unvorhersehbaren und ganz sinnlosen Ereignisses besiegt worden, sagte Tschiao nachdenklich, jetzt sei es klar, daß wir uns beide an dieser Sache nicht hätten beteiligen dürfen – ein seltenes Eingeständnis chinesischer Fehlbarkeit. Er behauptete, daß Kambodscha gar nicht so wichtig wäre, sondern nur ein »Nebenproblem«. (Wer Kambodscha für einen »Nebenkriegsschauplatz« hält, wird feststellen können, daß dieser Begriff hier entstanden ist.)*

Mit einer Niederlage wird man am besten fertig, wenn man sie bagatellisiert. Tschiao bemühte sich nach besten Kräften, den Eindruck zu erwecken, daß China mit den Vorgängen in Kambodscha nichts zu tun hätte. Offenbar wollte er die chinesisch-amerikanischen Beziehungen nicht noch mehr mit einer Angelegenheit belasten, in der wir beide nichts mehr unternehmen konnten. Über Sihanouk sagte er nur wenig. Er widersprach mir nicht, als ich meinte, daß die Interessen Pekings und Hanois in dieser Frage nicht identisch seien. Aber er hatte keine andere Lösung anzubieten, als »das Feuer in Kambodscha brennen zu lassen, bis es von selbst verlöscht oder von ihnen selbst gelöscht wird«.

Natürlich geschah nichts Derartiges. Der erzwungenen Einstellung unserer Bombenangriffe folgte eine Reihe von Katastrophen. Die Aussichten, die Pariser Vereinbarungen auf ganz Indochina auszudehnen, schwanden dahin. Sihanouk kehrte nach Kambodscha zurück, aber nur, um gedemütigt und unter Hausarrest gestellt zu werden. Mehrere seiner Kinder wurden ermordet. Er verfügte über keine unabhängigen Kräfte mehr, zwischen denen das Gleichgewicht hätte hergestellt werden können, und es bestand auch nicht mehr die Möglichkeit für ihn, die Rolle eines über den Dingen stehenden Staatsoberhaupts zu übernehmen. Gegenüber anderen Gesprächspartnern bestätigte er, was wir uns schon gedacht hatten: Er selbst hätte Verhandlungen begrüßt, aber die Führung der Roten Khmer hatte sie abgelehnt.

Das am schmerzlichsten getroffene Opfer der durch den Kongreß

* Tschiao Kuan-hua bezeichnet in diesem Gespräch Kambodscha als »side issue«. *Sideshow* ist der Titel eines Buchs von William Shawcross, auf das der Verfasser hier anspielt. (Anmerkung des Übersetzers.)

erzwungenen Maßnahmen ist vielleicht Tschou Enlai gewesen. Der chinesische Premierminister hatte sich mit seinem ganzen Prestige hinter einen komplexen Plan gestellt, dessen wesentliche Voraussetzung darin bestand, daß ein Eingreifen mit starken amerikanischen Streitkräften zu einem Unentschieden in Kambodscha führte und einen Kompromiß erforderlich machte. Er muß diesen Plan als den unter den gegebenen Verhältnissen günstigsten dargestellt haben, und zwar unter der Voraussetzung, daß wir entschlossen waren, uns nicht der Gewalt zu beugen. Die Roten Khmer können angesichts ihres öffentlich verkündeten Programms mit diesem Verfahren nicht besonders zufrieden gewesen sein, aber die Chinesen haben anscheinend geglaubt, daß im Juni der günstigste Augenblick gekommen wäre, um die Roten Khmer zu bewegen, diese Lösung als die einzig mögliche zu akzeptieren.

Doch Tschou Enlai stieß bei seinen Bemühungen auf den Widerstand radikaler Kräfte in China, die die Sicherheit ihres Landes am besten dadurch garantiert sahen, indem sie revolutionäre Rechtschaffenheit militant verteidigten. Zu jener Zeit verstärkte sich der Einfluß der später so bezeichneten Viererbande auf Mao. Vielleicht haben diese Leute Mao damals auch schon vollkommen beherrscht, so daß er bereits die gemäßigten und prowestlichen Tendenzen bedauerte, die sich nach der Aufnahme neuer Beziehungen zu Washington zu entwickeln begannen. Vielleicht hätte er sich aber auch in jedem anderen Fall gegen Tschou gewendet. Tschou war der zweitmächtigste Mann in der Volksrepublik China, aber gerade darin lag die Gefahr, daß auch ihn das Schicksal seiner Vorgänger ereilen könnte. Ich habe jedoch gute Gründe zu glauben, daß der Zusammenbruch der Verhandlungen über Kambodscha im Sommer 1973 wesentlich dazu beigetragen hat, daß sich der Einfluß der Viererbande verstärkte. Der uns vom Kongreß aufgezwungene Verzicht war für Tschou eine Demütigung. Er hatte ideologisches Kapital aufs Spiel gesetzt, und wir hatten nicht mit geopolitischer Münze zurückzahlen können. Es wäre ihm nie gelungen, seine Position zurückzuerobern, auch wenn eine schwere Krankheit die politische Laufbahn meines Freundes nicht beendet hätte.

Natürlich gab es keine Garantie für den Erfolg der Verhandlungen, um die wir uns bemühten. Wenn ich heute die Unterlagen zu all unsereren Verhandlungsbemühungen von 1970 bis 1975 lese, dann muß ich rückblickend sagen, daß die Roten Khmer höchstwahrscheinlich gegen jede Vereinbarung verstoßen hätten, die sie nicht blockieren konnten. Aber selbst wenn es uns nicht gelungen wäre, in Verhandlungen unsere Absichten zu verwirklichen, hätte es eine Übergangsperiode gegeben, in der das kambodschanische Volk weniger hätte leiden müssen. Ihm wäre vielleicht der Völkermord erspart geblieben, den es erleiden mußte, weil es von seinen Freunden verlassen und der Wildheit und Grausamkeit seiner Bedrücker ausgesetzt war. Für uns hatte die aussichtsreichste, wenn auch nicht die einzige Gelegenheit bestanden, in aktiver Zusammenarbeit mit den Chinesen Verhandlungen zu führen; sie wurde durch den Kongreß der Vereinigten Staaten und unsere innenpolitische Zerrissenheit torpediert.

Um gerecht zu sein, muß ich sagen, daß sich alle Teilnehmer an unserer innenpolitischen Debatte unmöglich vorstellen konnten, welcher abgrundtiefen Ungeheuerlichkeiten die Roten Khmer fähig waren. Diejenigen, die den Krieg mit Lon Nols Sturz beenden wollten – auch wenn sie am radikalen Rand des politischen Spektrums standen –, dürfen nicht für den Holocaust verantwortlich gemacht werden, den sie mit verursacht haben. Sie haben es sich nicht vorstellen können, daß eine Regierung drei Millionen Menschen ihrer eigenen Bevölkerung ermorden würde; sie glaubten, daß nichts schlimmer sein könnte als eine Fortführung des Krieges. Deshalb waren sie bereit, für seine Beendigung sogar die Machtübernahme durch die Kommunisten in Kauf zu nehmen.

Daher haben die feinsinnigen Kritiker, die ihr ganzes Geschick darauf verwendet haben, denjenigen die Schuld zuzuweisen, die den Untergang Kambodschas verhindern wollten, das Recht zu verlangen, jetzt nicht für ihre Haltung geschmäht zu werden; sie haben es gut gemeint. Sie sollten aber auch den Anstand besitzen, die Wahrheit nicht in ihr Gegenteil zu verkehren, indem sie diejenigen belasten, die sich von Anfang an der Machtübernahme durch die Kommunisten zu widersetzen suchten. Wenn sie sich nicht dazu überwinden können, ihre eigene Fehlbarkeit zuzugeben, dann sollten sie sich wenigstens in der Stille ihres Herzens fragen, ob Selbstgerechtigkeit nicht verhängnisvolle Folgen haben kann.

Die Administration hat die Lage vielleicht zu abstrakt beurteilt, wenn sie versucht hat, mit der Durchführung einer von der Exekutive beschlossenen Maßnahme einen Plan zu verwirklichen, für den sie schon einen so hohen Preis gezahlt hatte. Unsere Kritiker haben sich andererseits von ihren leidenschaftlichen Gefühlen, nicht aber von ihrem analytischen Denken leiten lassen; wir hatten ein bestimmtes Konzept, zu dem man uns aber die Zustimmung verweigerte. Watergate zerstörte die letzten Reste der Hoffnung auf eine vernünftige Lösung. Zum erstenmal in der Nachkriegszeit hat Amerika hier ein mit uns befreundetes Volk, das sich auf uns verlassen hat, einem kommunistischen Regime überantwortet, eine Tat, die so bald nicht vergessen werden wird. Wir werden noch lange für ein Verhalten bezahlen müssen, in das wir in jenem heute scheinbar so weit zurückliegenden Sommer gestolpert sind. Vielleicht werden sich die Gegner in dieser Kontroverse niemals auf einen gemeinsamen Nenner einigen können, aber wenn sie ihr Land lieben, dann sollten sie den festen Vorsatz fassen, eine so tiefe Spaltung der Nation nie wieder zuzulassen und nie wieder die Motive eines politischen Gegners mit solcher Leidenschaft anzugreifen, anstatt die konkreten Gegebenheiten sachlich zu analysieren. Durch unsere Hemmungslosigkeit haben wir der Freiheit überall auf der Welt schweren Schaden zugefügt. Durch unseren Verzicht auf verantwortungsbewußtes Handeln haben wir mehr Leiden verursacht als durch unser Engagement.

Im Herbst 1973 war mir bewußt, daß Kambodscha dem Untergang geweiht war und Südvietnam nur durch ein Wunder gerettet werden konnte. Die Nordvietnamesen wurden im Umgang mit uns immer unverschämter. Von einer Einhaltung der Pariser Vereinbarungen war nicht mehr die Rede. Unsere durch Gesetz verfügte Handlungsunfähigkeit bedeutete für die amerikanische Regierung eine schmerzliche Demütigung. Wir bemühten uns nach Kräften, dem Kongreß die wirtschaftliche und militärische Hilfe für Südvietnam und Kambodscha abzuringen, die wir für unbedingt erforderlich hielten. Aber die gleichen Überlegungen, die zu der Einstellung der Bombenangriffe auf Verlangen der Legislative geführt hatten, verursachten auch einen empfindlichen Rückgang unserer Hilfsmaßnahmen. Im Frühjahr 1975 beriet der Kongreß über eine lächerliche »abschließende Beihilfe« – als wären Saigon und Phnom Penh Almosenempfänger. Aber dann führten die ständig zunehmenden Spannungen zum Zusammenbruch beider Regierungen, was uns diese letzte Schande ersparte. Schon 1973 spürte ich deutlich, daß dieser Zusammenbruch nur noch eine Frage der Zeit war. In dieser düsteren Stimmung war die WSAG am Vormittag des 16. Oktober 1973 im Lagezimmer zusammengekommen, als ein Beamter die Sitzung unterbrach und Brent Scowcroft eine Meldung der Associated Press übergab, in der bekanntgegeben wurde, daß Le Duc Tho und ich mit dem Friedensnobelpreis ausgezeichnet worden seien. Scowcroft reichte sie mir kommentarlos herüber:

30
BULLETIN
FRIEDENSPREIS
Oslo, Norwegen (AP)-U. S.-Außenminister Henry Kissinger und das nordvietnamesische Politbüro-Mitglied Le Duc Tho sind heute für ihre Bemühungen um die offizielle Beendigung des Vietnam-Krieges mit dem Nobel-Friedenspreis ausgezeichnet worden.
CB 1050 PED – 16. Oktober.

Ich hatte nicht einmal gewußt, daß man mich für diese Auszeichnung vorgeschlagen hatte. Ich warf das Telegramm auf den Tisch. Meine Kollegen nahmen eher erstaunt als freudig Kenntnis von seinem Inhalt, ihre Glückwünsche klangen nicht sehr begeistert. Wir alle fühlten uns nicht ganz wohl.

Es gibt keine vergleichbare Ehrung. Die Bewährungsprobe für einen Staatsmann liegt schließlich darin, ob er etwas zum Wohle der Menschheit geleistet hat. Und ich wußte, daß, wenn wir die Befolgung der Vereinbarungen nicht durchsetzen konnten, der Friede in Indochina nicht von Dauer sein würde. Ich wäre viel glücklicher gewesen, wenn man eine Leistung anerkannt hätte, deren Auswirkungen nicht so zweifelhaft wären. Ohne falsche Bescheidenheit muß ich sagen, daß ich stolzer auf das bin, was ich in den folgenden zwei Jahren im Nahen Osten erreicht habe.

Die Vorsitzende des Nobel-Komitees im norwegischen Parlament, Frau Aase Lionaes, veröffentlichte eine Erklärung, in der gesagt wurde, daß die Auszeichnung Ausdruck jener Erleichterung sei, die man in der ganzen Welt nach Beendigung des Vietnam-Krieges empfand:

> Das Bekanntwerden der Pariser Vereinbarungen hat in der ganzen Welt eine Welle der Freude und Hoffnung ausgelöst. Die beiden Chefunterhändler haben ihr ganzes Können und ihren guten Willen eingesetzt, um eine Friedensvereinbarung zu erreichen. Das norwegische Nobel-Komitee hofft, daß die Unterzeichner die moralische Verantwortung erkennen werden, die sie für die Einhaltung der Pariser Vereinbarungen tragen.

Kurz darauf erhielt ich ein Telegramm von Frau Lionaes, in dem sie bestätigte, daß Le Duc Tho und ich uns den Preis teilen würden. Er bedeutete für jeden von uns eine Summe von 255 000 Schwedenkronen (oder etwa 65 000 Dollar). Ich wurde nach Oslo eingeladen, um dort am 10. Dezember die Nobel-Goldmedaille von König Olaf V. in Empfang zu nehmen und bei dieser Gelegenheit oder irgendwann in den folgenden sechs Monaten einen Nobel-Vortrag zu halten.

Für Nixon muß die Verleihung schmerzlich gewesen sein. Nichts war ihm wichtiger als die Anerkennung seiner Leistungen für den Frieden, und in der Tat hatte er ungeachtet meines Beitrags beim Entwurf oder der Ausführung der dazu notwendigen Strategie die wichtigen Entscheidungen getroffen, die zur Beendigung des Vietnam-Kriegs führten. So hätte er durchaus für den Frieden in Vietnam und andere Leistungen wie etwa den revolutionären Wandel in unserer China- und Sowjet-Politik ausgezeichnet werden können – wäre dieser Traum nicht ebenso wie alle anderen Bestrebungen, die er mit derselben unglaublichen Selbstdisziplin verfolgte, wie seinen Aufstieg an die Spitze der Nation, durch Watergate zerstört worden.

Ich suchte ihn sofort im Ovalen Zimmer auf. Am gleichen Tage hatte Melvin Laird als erster höherer Beamter öffentlich von der Möglichkeit gesprochen, daß gegen Nixon ein öffentliches Anklageverfahren mit dem Ziel seiner Amtsenthebung eingeleitet werden könnte: Laird erklärte, daß er den Präsidenten gewarnt und ihm gesagt habe, welches Risiko er einginge, wenn er die Anordnung des Obersten Gerichts nicht befolgte, die Tonbänder mit den Gesprächen im Ovalen Zimmer herauszugeben. Nur wer Nixon genau kannte, konnte hinter seinen höflichen Glückwünschen spüren, wie schmerzlich es ihm war, daß ich jetzt für Entschlüsse belohnt wurde, die ihn so viel gekostet hatten. Mit einer offiziellen Erklärung, in der ich ihn zweimal erwähnte, versuchte ich, die Dinge einigermaßen in die richtige Perspektive zu rücken:

> In meinem öffentlichen Leben hat mich nichts tiefer bewegt als diese Auszeichnung, welche die Anerkennung der zentralen Absichten der Außenpolitik des Präsidenten darstellt, einen dauernden Frieden zu sichern.
>
> Ich bin dem Präsidenten dankbar dafür, daß er mir diese Gelegenheit gegeben und die Voraussetzungen dafür geschaffen hat, die Vietnam-Verhandlungen zu einem erfolgreichen Abschluß zu bringen.
>
> Wenn ich die Auszeichnung zusammen mit meinem alten Kollegen bei der Suche nach einem Frieden in Vietnam, Le Duc Tho, entgegennehmen werde, dann hoffe ich, daß dies das Ende der tiefen Besorg-

> nisse und Leiden bedeuten oder symbolisieren wird, die Vietnam für so viele Millionen Menschen auf der ganzen Welt bedeutet hat – und daß damit sowohl in den Vereinigten Staaten als auch in allen anderen Teilen der Welt eine Periode der Versöhnung beginnt ...
>
> Aber über alle diese uns unmittelbar bedrohenden Krisen hinweg ist es das vielleicht wichtigste Ziel jeder Regierung, für eine Welt zu arbeiten, in der sich eine solche Auszeichnung erübrigt, weil der Friede ein so normaler Zustand ist und für so selbstverständlich erachtet wird, daß für seine Einhaltung keine Auszeichnungen mehr verliehen werden müssen.

Gewöhnlich ist die Verleihung eines Nobel-Friedenspreises Anlaß zu großem nationalen Stolz. Aber unsere innenpolitischen Gegensätze waren zu groß. Für viele hätte die Anerkennung des Friedenspreises als nationale Auszeichnung bedeutet, daß sie einer politischen Linie zustimmten, die sie erbittert bekämpft hatten. Die Reaktion der Medien war daher, um es milde auszudrücken, zurückhaltend. Ein Leitartikel in der *New York Times* vom 17. Oktober sprach höhnisch von dem »Nobel-Kriegspreis«. Die *Hartford Times* vom 22. Oktober fragte »Ehre ohne Frieden?«. Die *Richmond Times-Dispatch* vom 23. Oktober berichtete über die Verleihung der Auszeichnung und nannte sie einen »Ignoble Noble« (einen unedlen Edlen). Mein alter innenpolitischer Gegner George W. Ball wurde am 17. Oktober in der *Washington Post* mit der Bemerkung zitiert: »Die Norweger müssen Sinn für Humor haben.« Es gab auch Stimmen, die sich gegen die Verleihung des Friedenspreises an Le Duc Tho aussprachen, und auch ich überlegte mir, wie der Vertreter eines Landes, dessen Streitkräfte in alle Nachbarländer eingefallen waren, dafür ausgezeichnet werden konnte, daß er einen Waffenstillstand geschlossen hatte, den sein Land auch jetzt noch in jedem einzelnen Punkt verletzte. Trotzdem schrieb ich Le Duc Tho am 16. Oktober einen versöhnlichen und freundlichen Brief und hoffte, damit eine menschliche Note in den unerfreulichen Briefwechsel über die Aushöhlung der Pariser Vereinbarungen zu bringen:

> Erlauben Sie mir, Ihnen meine Glückwünsche auszusprechen, Herr Sonderberater. Ihnen und mir ist eine große Ehre zuteil geworden – sie liegt nicht so sehr in der Auszeichnung, die man uns verliehen hat, wie in dem historischen Privileg, daß wir zur Beendigung eines Krieges haben beitragen können.
>
> Als Sie und ich am 23. Januar die Pariser Vereinbarungen zur Beendigung des Krieges und Wiederherstellung des Friedens in Vietnam abzeichneten, haben Sie eine überzeugende Aussage gemacht. Sie sagten, dieses Ereignis sei für uns beide Gegenstand großer persönlicher Befriedigung, wir sollten diesen historischen Tag nicht vergessen. Ich habe dem zugestimmt.
>
> Ich habe auch meine Überzeugung zum Ausdruck gebracht, daß wir unsere Aufgabe erst dann vollständig erfüllt hätten, wenn wir den Menschen in Indochina den dauernden Frieden gebracht und zwischen den Völkern der demokratischen Republik von Vietnam und dem Volk der Vereinigten Staaten einen Geist der Versöhnung geweckt hätten.

Das ist auch noch heute meine tiefste Überzeugung und mein aufrichtiges Bestreben.

Le Duc Tho antwortete erst nach elf Tagen. Und er ließ sich durch meine bürgerlich sentimentalen Begriffe wie »Frieden« und »Versöhnung« nicht bewegen. Er hatte inzwischen an das Nobel-Komitee geschrieben und die Annahme der Auszeichnung verweigert, weil die Pariser Vereinbarungen, wie er behauptete, nicht eingehalten würden. Das war eine weitere Unverschämtheit Nordvietnams, durch dessen Übergriffe diese Vereinbarung zur Farce wurde. Im gleichen Sinn telegrafierte mir Le Duc Tho am 27. Oktober und bewies damit, daß ihn auch der feierlichste Anlaß nicht davon abhalten konnte, in einer Debatte Pluspunkte zu machen:

... Ich erinnere mich noch, wie ich Ihnen bei der Zeremonie zur Abzeichnung der Pariser Vietnam-Vereinbarungen die Feder, mit der wir unsere Unterschriften leisteten, als Souvenir anbot und Ihnen sagte, Sie sollten daran denken, daß die jetzt geschlossenen Vereinbarungen strikt eingehalten werden sollten, und daß Sie mir versprochen haben, das zu tun. Ich habe Ihr Versprechen nicht vergessen.

Es ist sehr bedauerlich, daß bisher die Pariser Vereinbarungen über Vietnam in sehr ernster Weise verletzt worden sind. Der Krieg ist noch nicht beendet, und der Friede in Südvietnam ist noch nicht wieder hergestellt. Deshalb bin ich der Ansicht, daß alle, die die Pariser Vereinbarungen unterzeichnet haben, sie strikt einhalten müssen. Nur auf dieser Basis können wir zur Normalisierung der Beziehungen zwischen unseren Völkern kommen. Das möchte ich sehen, und dafür werde ich aktiv wirken. Ich hoffe, daß Sie das gleiche tun werden.

Am 29. November 1973 bat ich Frau Lionaes und das Nobel-Komitee, den ganzen Betrag einem Stipendienfonds für Kinder amerikanischer Soldaten zur Verfügung zu stellen, die in Indochina gefallen oder vermißt waren. Zu Ehren meiner Eltern erhielt die Stiftung den Namen »Paula und Louis Kissinger Stipendienfonds«. (Am 30. April 1975, nachdem Saigon gefallen war, schrieb ich an Frau Lionaes und gab den Friedenspreis und den damit verbundenen Geldbetrag zurück.*)

Das Nobel-Komitee verweigerte die Annahme und schrieb in seiner Antwort, die inzwischen eingetretenen Ereignisse »verringern in keiner Weise die Anerkennung der ehrlichen Bemühungen von Mister Kissinger um die 1973 in Kraft getretenen Waffenstillstands-Vereinbarungen durch das Komitee«.

Man hatte mir mitgeteilt, daß meine Gegenwart bei der Verleihungszeremonie von Anti-Vietnamgruppen in Oslo zum Anlaß von Massendemonstrationen genommen werden würde. Die stets höfliche und hilfsbereite norwegische Regierung schien erleichtert zu sein, als ich ein Außenministertreffen bei der NATO zum Vorwand nahm, den Friedenspreis an meiner Stelle von unserem Botschafter in Norwegen, Thomas Byrne, entgegennehmen zu lassen. Botschafter Byrne, der durch eine Hintertür in das Auditorium Maximum der Universität Oslo schlüpfte, um sich nicht anti-amerikanischen Demonstrationen stellen

* Der vollständige Text meines Briefes an Frau Lionaes ist im Anhang abgedruckt.[25]

zu müssen und nicht mit Schneebällen beworfen zu werden, verlas die folgende von mir verfaßte Erklärung:

Für den Realisten ist der Friede Ausdruck einer stabilen Machtverteilung; für den Idealisten ist er ein so hohes Ziel, daß er dabei übersieht, wie schwierig es ist, die Mittel zu finden, mit denen er erreicht werden kann. Aber in diesem Zeitalter der thermonuklearen Technologie kann keine dieser beiden Auffassungen den Fortbestand der Menschheit garantieren. Vielmehr muß das Ideal des Friedens konkret verwirklicht werden. Das Verhalten aller Nationen muß von Verantwortung und Entgegenkommen getragen sein. Es muß eine allgemeingültige Definition des Begriffs der Gerechtigkeit gefunden werden, denn wenn das nicht geschieht, wird es immer wieder »gerechte« Kriege geben ...

Ein sehr konkreter Krieg hat in Vietnam zu einem sehr unsicheren Frieden geführt. Dort, wo es vorher nur Verzweiflung und Erschütterungen gegeben hat, gibt es heute wieder Hoffnung, mag sie auch noch so zerbrechlich sein. Im Nahen Osten bedroht die Wiederaufnahme eines grausamen Krieges einen auf schwachen Füßen stehenden Waffenstillstand. In Indochina, dem Nahen Osten und anderswo wird der dauernde Friede nicht gesichert sein, bevor die einander gegenüberstehenden Nationen nicht begreifen, wie sinnlos es ist, an die Stelle des politischen Wettbewerbs den bewaffneten Konflikt zu setzen ...

Wenn das Ideal des Friedens unsere gemeinsame Bestimmung ist, dann muß der reale Friede unser gemeinsames praktisches Leben sein. Wenn das so sein soll, dann müssen die Führer aller Nationen daran denken, daß ihre politischen Entscheidungen über Krieg oder Frieden im menschlichen Leiden oder in der Wohlfahrt ihrer Völker verwirklicht werden.

Alfred Nobel hat gewußt, daß sich der Friede nicht durch einen einzelnen Menschen oder eine einzelne Nation erreichen läßt. Er ist das Ergebnis der Bemühungen von Menschen mit weitem Horizont und gutem Willen überall auf der Welt. Die Leistungen einzelner sind der Erwähnung nicht wert, denn wenn ein dauernder Friede erreicht werden soll, dann muß es durch die Bemühungen der ganzen Menschheit geschehen. In diesem Sinne versichere ich Sie meines aufrichtigen Dankes für diese Auszeichnung.

IX. Chile: Salvador Allendes Sturz

Die Vereinigten Staaten und Allende

Es ist vielleicht seltsam, daß ich mich verpflichtet fühle, in einem Buch, in dem ich über meine Tätigkeit als Leiter der amerikanischen Außenpolitik berichte, ein Kapitel über den Sturz des chilenischen Präsidenten Salvador Allende Gossens im September 1973 aufzunehmen. Es ist ein Zeugnis für die Macht der politischen Legende – denn im Gegensatz zu allem, was die anti-amerikanische Propaganda in der ganzen Welt und die revisionistischen Historiker in den Vereinigten Staaten behaupten, hatte unsere Regierung mit der Vorbereitung seines Sturzes und den Verschwörern nichts zu tun. Allende stürzte über seine eigene Unfähigkeit und Starrheit. Was geschah, hatte seine Ursachen in Chile und war nicht die Folge des Handelns der Vereinigten Staaten. Es ist unseren Gegnern bei ihren Nachforschungen nicht gelungen, in der Masse der Dokumente, die in unserem modernen Regierungssystem anfallen, irgendwelche Beweise, und seien es aus dem Zusammenhang gerissene Zitate, dafür zu finden, daß es anders gewesen ist. Ein Untersuchungsausschuß des Senats mußte zugeben, daß er »keinen Nachweis« für eine amerikanische Beteiligung erbringen konnte.[1]

Das Negative zu beweisen, ist nach den Gesetzen der Logik fast unmöglich. Deshalb ist dieses Kapitel eine kurze Geschichte Chiles zur Zeit von Allende von seiner Amtseinführung als Präsident im Jahr 1970 bis zu seinem Sturz 1973 und zugleich eine Darstellung der amerikanischen Politik in dieser Periode.

Die offiziellen Akten lassen keinen Zweifel daran, daß sich die amerikanische Regierung nach der Übernahme des Präsidentenamtes durch Allende nicht besonders intensiv mit Chile beschäftigt hat. Allende wurde zu einer Zeit gestürzt, als ich selbst von meinem Posten als nationaler Sicherheitsberater zu meinem neuen Amt als Außenminister überwechselte (siehe 10. Kapitel). Einen großen Teil meiner Zeit nahmen die Anhörungen zu meiner Bestätigung und die Vorbereitungen darauf in Anspruch.

Dieser Umstand hat sicherlich die Dringlichkeit beeinflußt, mit der wir auf die akute Krise in Chile reagierten, hatte aber mit den Ereignissen, die zum Staatsstreich der Militärs führten, praktisch nichts zu tun. Dieser Putsch war eine innerchilenische Angelegenheit. Allende wurde von den Kräften in Chile gestürzt, die er selbst entfesselt hatte, weil er sie nicht im Zaum halten konnte.

Bei den Präsidentschaftswahlen am 4. September 1970 stimmte die überwältigende Mehrheit der chilenischen Wähler – es waren 62,7 % – *gegen* Salvador Allende. Aber in dem Drei-Mann-Rennen war die Opposition gegen ihn zwischen zwei demokratischen Kandidaten aufgeteilt, und Allende gewann die Wahlen mit 36,2 %, einer hauchdünnen Mehrheit von neununddreißigtausend von fast drei Millionen Stimmen. Nach der chilenischen Verfassung mußte der chilenische Kongreß, wenn kein Kandidat fünfzig Prozent der bei den allgemeinen Wahlen abgegebenen Stimmen auf sich vereinigte, den Präsidenten innerhalb der nächsten sechs Wochen wählen. Doch nach der Tradition bestätigte der Kongreß gewöhnlich den Kandidaten, der bei den allgemeinen Wahlen die einfache Mehrheit der Stimmen auf sich vereinigte, wenn das Ergebnis auch noch so knapp ausgefallen war. Das geschah auch diesmal. Nach einem so wenig aussichtsreichen Beginn nahm Allende eine radikale und umfassende Verwandlung der Sozialstruktur und der politischen Institutionen in Chile vor, für die er kein Mandat hatte. Daran sollte er scheitern.

Hier geschah es zum ersten und bis dahin zum einzigen Mal in der modernen Geschichte, daß ein demokratisches Verfahren fast zur Machtübernahme von Kommunisten geführt hätte. Denn Allende war nicht der klassische chilenische Präsident, der nach einer sechsjährigen Amtszeit durch neue demokratische Wahlen abgelöst werden sollte. Seine erklärte Absicht war es, nach der Amtsübernahme die chilenische Verfassung zu ändern, alle Oppositionsparteien und Medien zu neutralisieren und zu unterdrücken und damit seine Herrschaft – oder wenigstens die seiner Partei – zu zementieren. Doch uns besorgte zunächst noch mehr der Umstand, daß er die Vereinigten Staaten aus ideologischen Gründen unversöhnlich haßte und entschlossen war, sein revolutionäres Evangelium in ganz Lateinamerika zu verbreiten. Was wir von den politischen Zielen Allendes hielten, habe ich im ersten Band meiner Memoiren ausgeführt, und es gibt keinen Grund, etwas an dieser Stellungnahme zu ändern:

> Der Umstand, daß Allende später zum Märtyrer geworden ist, hat seine politischen Ziele verschleiert. Er bezeichnete sich zwar selbst als Sozialisten, seine Absichten und seine Philosophie hatten jedoch mit den Vorstellungen der europäischen Sozialdemokratie nichts zu tun. Allende war der Begründer der sozialistischen Partei Chiles, die sich von der kommunistischen Partei dadurch unterschied, daß sie noch radikaler in ihrem Programm und nicht mehr demokratisch in ihrer Philosophie war. Er war bereit, durch Wahlen an die Macht zu kommen, *bevor* er seine Revolution durchführte. Aber die sozialen und politischen Veränderungen, die er den Chilenen nach der Machtergreifung versprach, unterschieden sich nicht entscheidend von den politischen Zielen der Kommunisten. Es war das zentrale Anliegen des Parteiprogramms, die »bürgerlichen« demokratischen Praktiken aufzugeben; d. h., Allendes Wahl zum Präsidenten sollte die letzte nach demokratischen Regeln abgehaltene Wahl sein.[2]

Das war keine bloße Wahlkampfrhetorik. Allende hat diese Überzeugung während seiner ganzen politischen Laufbahn vertreten. 1967 hatte er die Organisation der lateinamerikanischen Solidarität gegründet, eine auf Havanna gestützte Koalition linker Gruppen, die zum bewaffneten Kampf gegen die Vereinigten Staaten entschlossen war und zu mit Gewalt durchgeführten Revolutionen in der ganzen Hemisphäre aufrief. Allende war kein Reformdemokrat, sondern ein erklärter Feind der Demokratie, wie wir sie kennen. Die Behauptung, er wäre seiner erklärten Überzeugung nicht treu geblieben, ist eine Beleidigung der intellektuellen Integrität eines Mannes, der auf seine Prinzipientreue stolz gewesen ist. Bevor der chilenische Kongreß ihn als Präsidenten bestätigte, bewies er sein Mißtrauen dadurch, daß er Allende aufforderte, seine Zustimmung zu einem Statut demokratischer Garantien zu geben – was praktisch einer Verpflichtung auf eine Bürgerrechtserklärung entsprach. Er hat dieser Aufforderung »aus taktischen Gründen« entsprochen, wie er es einem französischen Genossen, dem Revolutionär Régis Debray, nach seiner Amtsübernahme stolz bestätigte. Als verfassungsmäßiger Präsident von Chile sagte Allende in einem Gespräch mit Debray, seine Zusagen, die demokratischen Freiheiten schützen zu wollen, müßten ähnlich beurteilt werden wie die Tatsache, daß Mao nach seiner Machtübernahme in China für kurze Zeit das Bestehen von Privatunternehmen zugelassen hatte. Er sagte Debray, daß sein wirkliches politisches Ziel in Chile der »totale, wissenschaftliche, marxistische Sozialismus« wäre, und das bedeutete die Liquidierung des »bürgerlichen Staates«.[3]

Nixon und seine wichtigsten Berater waren überzeugt, daß Allende eine Herausforderung für die Vereinigten Staaten und die Stabilität der westlichen Hemisphäre bedeutete. Allendes Absicht, amerikanische Firmen zu verstaatlichen, war nicht unsere Hauptsorge. Allerdings glaubten wir, daß eine Politik, die private Investoren entmutigte, die Aussichten Chiles auf eine wirtschaftliche Weiterentwicklung verringern mußte. Außerdem hatten wir von unseren Vorgängern ein Gesetz übernommen – das sogenannte Hickenlooper-Ergänzungsgesetz –, nach dem amerikanische Wirtschaftshilfe gestrichen werden mußte, wenn amerikanisches Eigentum entschädigungslos enteignet wurde. Aber die Nixon-Regierung sah die außenpolitischen Interessen der Vereinigten Staaten nicht durch die Brille der finanziellen Interessen amerikanischer Firmen. 1969 hatten wir mit dem christlich-demokratischen chilenischen Präsidenten Eduardo Frei Montalva zusammengearbeitet und hatten faire Bedingungen für die Verstaatlichung der Mehrheitsanteile der Anaconda-Kupferkompanie ausgehandelt. Im folgenden Jahr gingen wir in Peru bis an die äußersten Grenzen des Hickenlooper-Ergänzungsgesetzes, um nach der Verstaatlichung der International Petroleum Company nicht die Wirtschaftshilfe für Peru einstellen zu müssen. Dabei haben wir immer wieder versucht, einen Weg zu finden, dieses Gesetz nicht anwenden zu müssen, und erarbeiteten schließlich einen Modus vivendi mit Peru, obwohl die Regierung dieses Landes den radikalen Kräften in der Dritten Welt zuzurechnen war.

Mit Allende standen die Dinge anders; er war nicht nur ein wirtschaftlicher Störfaktor oder ein scharfer Kritiker unserer Politik, sondern eine geopolitische Herausforderung. Chile hatte gemeinsame Grenzen mit Peru, Argentinien und Bolivien, die alle mit radikalen Bewegungen zu kämpfen hatten. Als kontinentales Land hatte ein militantes Chile eine viel bessere Möglichkeit als Kuba, die Stabilität anderer Nationen zu erschüttern und radikale Umsturzversuche zu unterstützen – und Kuba hatte schon genug Schaden angerichtet. Wäre Chile dem Beispiel Kubas gefolgt, dann hätten im Lauf der Zeit sowjetische Streitkräfte und sowjetische Waffen die kommunistische Ideologie im Südzipfel des südamerikanischen Kontinents unterstützt. Unsere Besorgnis steigerte sich noch, als wir in dem Monat, in dem Allende zum Präsidenten gewählt wurde, feststellten, daß die Sowjets versuchten, im kubanischen Hafen Cienfuegos eine Basis für mit Kernwaffen ausgerüstete U-Boote einzurichten.[4]

Zwei demokratische Regierungen vor Nixon hatten ebenso wie wir geglaubt, daß ein Sieg Allendes unsere Interessen in der westlichen Hemisphäre gefährden werde. Sie hatten der christlich-demokratischen Partei beträchtliche Geldsummen zur Verfügung gestellt, um die Wahl Allendes 1964 und seine Koalition bei den Kongreßwahlen von 1968 zu blockieren. Niemand hat sich dabei sehr wohl gefühlt, aber Präsidenten beider Parteien haben diese Maßnahme für notwendig erachtet. Zwischen der militärischen Intervention und der offiziellen Diplomatie gibt es eine Grauzone, in der unsere Demokratie sich gezwungen sieht, mit ihr feindlichen Gruppen in Konkurrenz zu treten.

Viele Entwicklungsländer bieten einem Netz aus politischen Parteien, Stoßtrupps, falschen Presseagenturen und sogenannten Forschungseinrichtungen fruchtbaren Boden, das kommunistische und radikale Kräfte aufgebaut haben, um mit Hilfe solcher Einrichtungen die Herrschaft zu übernehmen. Relativ kleine, disziplinierte Gruppen können einen unverhältnismäßig großen Einfluß gewinnen; wenn sie zum Beispiel die Medien übernehmen, dann gibt es nicht mehr die Meinungsvielfalt und Ausgewogenheit wie in einer pluralistischen Gesellschaft. Wenn wir das Monopol, ein Land zu unterstützen, Organisationen überlassen, die von unseren Gegnern finanziert, diszipliniert und ausgebildet werden und sehr oft direkte Verbindungen zur Sowjetunion haben, dann gibt es nur noch zwei Möglichkeiten: entweder werden radikale, antiwestliche Gruppen gemäßigte Alternativen einschüchtern und unterdrücken, oder extrem konservative Elemente werden dieser Entwicklung vorbeugen und mit repressiven Methoden regieren, was trotz unserer Sicherheitsinteressen dazu führt, daß wir ihnen unsere Hilfe versagen müssen.

Wir stimmten mit unseren demokratischen Vorgängern darin überein, daß in Chile, in einer relativ fortschrittlichen Gesellschaft mit einer langen demokratischen Tradition, die Gruppen, die für die demokratischen Grundwerte eintraten, unsere Hilfe gegen diejenigen brauchten, die diese Werte offen bedrohten. Nach unserer Auffassung war die Unterstützung der demokratischen Kräfte in Chile nur unter den besonderen Voraussetzungen gerechtfertigt, daß wesentliche Interessen dafür sprachen und alles andere fehlgeschlagen war. Die Sowjetunion hatte keinen Zweifel daran, daß es hier um Fragen von internationaler Bedeutung ging. Wie wichtig sie ihre Freunde in Chile nahm, zeigte sich Ende 1976 an einem ungewöhnlichen Ereignis. Zum erstenmal tauschte die Sowjetunion einen sowjetischen Bürger, den sie ins Gefängnis gesperrt hatte (den Dissidenten Wladimir Bukowskij) gegen einen nichtsowjetischen Kommunisten aus, den chilenischen Kommunistenführer Luis Corvalán und andere Parteigenossen, die nach dem Sturz Allendes verhaftet worden waren.*

Im ersten Band meiner Memoiren habe ich die verspäteten und schlecht koordinierten Versuche der Regierung Nixon geschildert, mit denen wir Allendes Wahl zum Präsidenten verhindern wollten. Zunächst bemühten wir uns vergeblich darum, den chilenischen Kongreß zur Aufstellung eines anderen Kandidaten zu bewegen. Es folgte der zaghafte und dilletantische Versuch, einen Militärputsch auszunutzen, dessen Ziel nicht eine Militärregierung, sondern die Aufstellung eines Gegenkandidaten aus dem demokratischen Lager war, um dem chilenischen Volk die Möglichkeit zu geben, eine klare Entscheidung zwi-

* Der Austausch fand in der Schweiz statt und war von der Regierung Ford arrangiert worden.

schen Demokratie und Totalitarismus zu treffen. Diese Bemühungen wurden aufgegeben, bevor sie eine Entscheidung bringen konnten. (Genauer gesagt, die Vereinigten Staaten distanzierten sich, während die daran beteiligten Chilenen das Unternehmen durch ihre Ungeschicklichkeit zum Scheitern brachten.)[5]

Am 3. November 1970 wurde Allende in das Präsidentenamt eingeführt. Später haben sich die Vereinigten Staaten nicht mehr an irgendwelchen Putschvorbereitungen beteiligt.

Allende im Amt

Die Legende, die Vereinigten Staaten hätten Allende nach seiner Amtsübernahme ständig angegriffen, entspricht nicht der Wahrheit. Zwar hatte sich an unserer Beurteilung des neuen chilenischen Präsidenten nichts geändert, aber wir waren bereit, uns um eine Koexistenz zu bemühen. Außerdem wurden wir von so vielen anderen Problemen bedrängt, daß Chile nicht mehr an oberster Stelle auf unserer Prioritätsliste stand und wir nur noch eingreifen wollten, wenn Allende uns durch eine direkte Provokation dazu zwang. Aber solche Provokationen begannen sofort nach seiner Amtseinführung.

Allende zeigte sofort praktisch und symbolisch, daß er sich weder für die Erhaltung demokratischer Zustände in Chile noch für die Normalisierung der Beziehungen zu den Vereinigten Staaten interessierte. In seiner Rede zur Amtseinführung erkannte man deutlich, daß er nicht die geringste Absicht hatte, die anti-amerikanischen Überzeugungen zu revidieren, die er ein Leben lang vertreten hatte. Die ideologische Grundeinstellung der neuen Regierung bestätigte sich schon sehr bald in einer Reihe von Gesten. Allende lud die Führer der puertoricanischen Unabhängigkeitspartei zu seiner Amtseinführung ein und enthüllte zwei Tage darauf ein Denkmal für Ché Guevara. Neun Tage nach seiner Vereidigung nahm er die diplomatischen Beziehungen zu Kuba auf und handelte damit gegen den Beschluß der Organisation amerikanischer Staaten (OAS) von 1964, durch den Kuba aus dem System der Beziehungen zwischen den amerikanischen Staaten ausgeschlossen worden war. Sehr bald bemühte er sich auch energisch um die Aufnahme diplomatischer Beziehungen zu Nordkorea und nahm den Kontakt mit Nordvietnam auf, mit dem wir uns im Kriege befanden. Noch bedenklicher war, daß Allende innerhalb eines Monats einige hundert Mitglieder der Bewegung der revolutionären Linken (MIR) aus dem Gefängnis entließ und amnestierte – einer chilenischen Terrororganisation, die die Machtübernahme mit Gewalt angestrebt hatte. Während der folgenden Monate kamen zehntausend bis fünfzehntausend Ausländer ohne Visum nach Chile, über deren Absichten nichts bekannt wurde. Die internationale Presse berichtete, daß es sich bei ihnen um Mitglieder militanter Bewegungen benachbarter Länder handele, die den Kern eines paramilitärischen Verbandes in Chile bildeten. Diese Meldungen wurden nicht dementiert.

Unmittelbar vor und nach Allendes Amtseinführung formulierte die amerikanische Regierung ihre Strategie gegenüber Chile. Ende Oktober und im November 1970 wurden in mehreren Sitzungen drei politische Alternativen beraten – die Herstellung normaler Beziehungen zu Allende, die offene Konfrontation und eine kühle, aber korrekte Haltung, bei der es Allende überlassen blieb, den Ton und die Intensität der Beziehungen zu bestimmen.

Wir hatten jedoch kaum die Möglichkeit einer echten Entscheidung. Es handelte sich vielmehr um das klassische Dreigespann bürokratischer Optionen; der einzig mögliche Weg lag zwischen zwei anderen, in der Praxis nicht durchführbaren. Sowohl Nixon als auch Allende mußten die Herstellung normaler Beziehungen ablehnen. Nixon hatte sich nicht jahrelang geweigert, freundschaftliche Beziehungen zu Fidel Castro aufzunehmen, um sich jetzt mit einem lateinamerikanischen Staatsoberhaupt zu versöhnen, den er für einen Erzkommunisten hielt. Aber auch Allende konnte diesen Weg nicht gehen, denn seine Anhänger hätten ihn nicht zugelassen. Konfrontation war ein Schlagwort, aber keine Politik. Wir wollten Allende nicht zum Märtyrer in Lateinamerika machen und ihm keinen Anlaß geben, sein erklärtes Ziel, die Übernahme der absoluten Macht, noch rascher zu verfolgen.

Auf einer Sitzung des Nationalen Sicherheitsrats am 6. November 1970 entschied sich Nixon notgedrungen für die »kühle und korrekte« Option, der auch alle anderen Mitglieder der Regierung den Vorzug gaben. Am 9. November gab ich eine Direktive heraus, in der ich seine Entscheidung erläuterte und die Grenzen absteckte, innerhalb welcher sich unsere Politik bewegen sollte: a) »Wir dürfen nicht die Grundlagen dafür schaffen, daß die Regierung Allende die innen- und außenpolitische Unterstützung gewinnt, die sie für die Konsolidierung ihres Regimes braucht.« b) »Wir müssen es verhindern, daß sich in Chile ein kommunistischer Staat konsolidiert, der den Interessen der Vereinigten Staaten und anderer Nationen in dieser Hemisphäre feindlich gegenübersteht.« Diese beiden Absichten ließen sich nicht ohne weiteres aufeinander abstimmen. Wenn wir die Konsolidierung eines kommunistischen Regimes verhindern wollten, mußten wir mit unseren Hilfsmaßnahmen gegenüber Allende sehr zurückhaltend sein. Aus diesem Grund durften wir keine neuen Verpflichtungen im Rahmen einer Wirtschaftshilfe für Chile übernehmen. Zugleich mußten wir die Möglichkeit offenhalten, die Beziehungen zu verbessern (für den Fall, daß Allende entgegen unseren Erwartungen einen gemäßigten Kurs einschlug). Die humanitären Hilfsprogramme mußten weiterlaufen, und die Kanäle, über die unsere bisherige Wirtschaftshilfe gelaufen war, durften nicht verschüttet werden.

Die Entscheidung des Präsidenten, keine neuen Hilfsprogramme zu genehmigen, war nicht so drastisch, wie es den Anschein hatte. Präsident Johnson hatte schon 1968 die Kreditgewährung an Chile eingestellt. 1969 waren jedoch Kredite in Höhe von vierzig Millionen Dollar und 1970 solche in Höhe von siebzig Millionen Dollar genehmigt worden. In diesem Rahmen wurden die Kredite auch weiterhin zur Verfügung gestellt. Das Verbot für die Gewährung neuer Wirtschaftshilfe konnte erst im Herbst 1971 in Kraft treten, und bis dahin würde fast ein

Jahr vergangen sein. Damit blieb genügend Zeit, unsere Entscheidung zurückzunehmen, falls Allende eine zurückhaltendere Politik treiben sollte, als es sich jetzt vermuten ließ.

Ende November 1970 veröffentlichte das Außenministerium eine vom Beratungsausschuß (Senior Review Group) des Nationalen Sicherheitsrats gebilligte offizielle politische Erklärung, nach der die Gestaltung der Beziehungen zwischen den Vereinigten Staaten und Chile der neuen chilenischen Regierung überlassen wurde:*

> Der neue Präsident hat sein Amt gemäß den Bestimmungen der chilenischen Verfassung übernommen. Wir möchten unsere Beziehungen zu Chile nicht präjudizieren, sie werden jedoch naturgemäß von dem Verhalten der chilenischen Regierung gegenüber den Vereinigten Staaten und dem inter-amerikanischen System beeinflußt werden. Wir werden die Lage sorgfältig beobachten und mit den anderen Mitgliedern der OAS in enger Verbindung bleiben.

Wir hätten unsere Verhandlungsbereitschaft nicht in dieser Weise demonstrieren müssen, denn Allende schlug die Tür, die wir versucht hatten, offenzuhalten, selbst zu. Am 20. November 1970 wandte er sich in einer Weise gegen amerikanisches Eigentum in seinem Lande, die uns dazu zwang, etwas zu unternehmen. Er ordnete die Verstaatlichung von zwei Firmen an, die amerikanischen Gesellschaften gehörten, und begründete sie mit der Behauptung, daß diese Firmen chilenischen Bürgern Arbeitsplätze weggenommen hätten. Sechs Tage darauf verkündete er auf einer Sitzung der Führungsspitze der kommunistischen Partei ein Programm für die Verstaatlichung der Schlüsselindustrie, die bei ausländischen Firmen beginnen sollte, aber nicht auf sie beschränkt blieb. Der Finanzminister Allendes erläuterte diese Beschlüsse einem Ausschuß des chilenischen Kongreßes und machte das »kapitalistische System« und ausländische, vor allem amerikanische Investoren für die wirtschaftlichen Schwierigkeiten Chiles verantwortlich.

Am 21. Dezember legte Allende den Entwurf für eine Verfassungsänderung vor, durch die alle Kupferminen enteignet werden sollten, die sich im Besitz ausländischer Firmen befanden – was fast ausschließlich amerikanische Interessen betraf –, und setzte die früher zwischen der Regierung und den Kupfergesellschaften mit unserer Zustimmung ausgehandelten Vereinbarungen zur Übernahme dieser Firmen durch den chilenischen Staat außer Kraft. Doch auch nach diesen unfreundlichen Maßnahmen erklärte Präsident Nixon am 4. Januar 1971 in einem Fernsehinterview:

> Was in Chile geschehen ist, hat uns nicht gefallen, obwohl . . . es die Entscheidung des chilenischen Volkes gewesen ist . . . Was uns interessierte, war das Verhalten Chiles gegenüber den Vereinigten Staaten auf dem Gebiet der Außenpolitik.
>
> Ich habe also weder Chile noch das chilenische Volk abgeschrieben, und wir werden den Kontakt mit Chile aufrechterhalten.

* Die Senior Review Group, deren Vorsitz ich als Sicherheitsberater des Präsidenten übernommen hatte, bestand aus dem Unterstaatssekretär für politische Angelegenheiten, dem stellvertretenden Verteidigungsminister, dem Direktor der Central Intelligence und dem Vorsitzenden der Joint Chiefs of Staff.

Im Januar entschlossen sich die Vereinigten Staaten zu einer neuen Geste. Wir befürworteten zwei Kredite der Interamerikanischen Entwicklungsbank über einen Betrag von 11,5 Millionen Dollar zum Ausbau zweier chilenischer Universitäten.

Am 23. März wiesen wir unseren Botschafter in Santiago, Edward Korry, an, seine guten Dienste anzubieten, um den betroffenen Firmen und der Regierung bei der Lösung der Probleme zu helfen, die sich bei den Verhandlungen über die Enteigung ergeben könnten. Korry setzte seine Bemühungen auch noch fort, nachdem es den Gesellschaften nicht gelungen war, in direkten Verhandlungen etwas zu erreichen. Wir wollten sicherstellen, daß die Firmen gemäß den Bestimmungen des internationalen Rechts und den in den Vereinigten Staaten geltenden Gesetzen entschädigt wurden. Alle Aussichten für eine angemessene Lösung scheiterten an dem von Allende eingebrachten Verfassungszusatz, der es der chilenischen Regierung erlaubte, rückwirkend »übertrieben hohe Gewinne« so hoch zu besteuern, daß die für die Entschädigung ausgehandelten Summen mit diesen Steuern kompensiert wurden. Der Verfassungszusatz trat mit Allendes Unterschrift am 15. Juli 1971 in Kraft und hatte zur Folge, daß alle Kupfergesellschaften bis auf eine – hier handelte es sich um ein neu erschlossenes Kupferbergwerk, bei dem sich noch keine Gewinne errechnen ließen – der chilenischen Regierung noch Geld schuldeten, *nachdem* sie enteignet worden waren. Am 9. November 1971 wendete sich Allende gegen andere ausländische Gläubiger. Er verkündete ein Moratorium für die Rückzahlung der chilenischen Auslandsschulden, und drei Tage später stellte Chile die Rückzahlung für die meisten Kredite ein, die ihm von größeren ausländischen Gläubigern gewährt worden waren. Zu ihnen gehörte die Regierung der Vereinigten Staaten und amerikanische Finanzinstitute. Daraufhin stellte die United States Export-Import Bank einen Monat später die Auszahlung der schon gewährten Kredite ein, was den internationalen Gepflogenheiten im Bankgewerbe entsprach, verlängerte ihre Kreditgarantien aber noch bis zum Februar 1972.

Ich habe die Abfolge der Ereignisse so genau dargestellt, weil damit bewiesen wird, daß der Vorwurf falsch ist, die Vereinigten Staaten hätten, ohne provoziert worden zu sein, gegen Chile einen Wirtschaftskrieg begonnen. Ein Land, das seine Auslandsschulden nicht zurückzahlt, ist – gleichgültig welche Regierungsform es hat – kaum noch kreditwürdig. Die westlichen Kreditinstitutionen haben ihre Zahlungen nicht auf amerikanischen Druck eingestellt, sondern sind durch Allendes doktrinären Radikalismus dazu gezwungen worden.

Aber die gegen den Westen gerichteten Maßnahmen Allendes beschränkten sich nicht auf das Gebiet der Wirtschaft. Im November und Dezember 1971 hielt sich Fidel Castro fast einen Monat lang in Chile auf. Zum Abschluß seines Besuchs sprach ein von beiden Seiten unterzeichnetes Kommuniqué von dem »gemeinsamen Kampf« und den »gemeinsamen Auffassungen beider Regierungen und Völker bei der Beurteilung der Weltlage«. Allende und Castro verurteilten die »imperialistische Intervention« Amerikas in Vietnam, äußerten sich befriedigt zur »Krise des kapitalistischen Währungssystems« und zu der »allmählichen, substantiellen Zunahme der wirtschaftlichen, politischen, sozialen und technologischen Kraft des sozialistischen Lagers«.

Gleichzeitig begann Allende mit seinem Angriff gegen die verfassungsmäßige Ordnung in Chile. Am 11. November 1971 legte er dem Kongreß ein Gesetz zur »Verfassungsreform« vor, das dem Präsidenten weitreichendere Vollmachten gewährte, die Unabhängigkeit des Obersten Gerichts einschränkte und an die Stelle der beiden Häuser des chilenischen Parlaments, des Senats und der Abgeordnetenkammer, eine aus einer Kammer bestehende Volksversammlung setzte, die gleichzeitig mit dem Präsidenten gewählt werden sollte – was dem Versuch gleichkam, das System der Ausgewogenheit und gegenseitigen Kontrolle in der chilenischen Demokratie zu zerstören. Dieser Gesetzesantrag stieß jedoch auf den lautstarken Widerstand weiter Kreise und mußte zurückgenommen werden.

Jetzt unternahm Allende den Versuch, die innenpolitische Opposition zum Schweigen zu bringen. Unser neuer Botschafter in Santiago, Nathaniel Davis* – der nicht gerade zu meinen Bewunderern gehörte –, bezeichnete die Strategie Allendes als den bewußten Versuch, »die Opposition auszuhungern«.[6]

Zunächst sollten alle Medien zum Schweigen gebracht werden, die zur Regierung in Opposition standen. Allende übernahm die Verteilung des Zeitungspapiers und setzte für die oppositionellen Medien Höchstpreise fest, eine Maßnahme, die angesichts der grassierenden Inflation verheerende wirtschaftliche Folgen haben mußte. Während die fortschreitende Verstaatlichung dem privaten Sektor die für die Werbung notwendigen Mittel entzog, senkte die Regierung systematisch die Ausgaben für die offizielle und institutionelle Werbung in den Medien. Botschafter Davis berichtete:

> Mit der sprunghaft ansteigenden Inflation erhöhten sich die staatlich verordneten Lohn- und Gehaltserhöhungen jeden Monat. Nach einer neuen Interpretation der Steuergesetze wurden ständig neue Forderungen für angeblich noch zu zahlende Steuerrückstände erhoben. Oppositionelle Zeitungen und Rundfunkstationen wurden beschuldigt, gegen die Brandschutzgesetze und andere Bestimmungen verstoßen zu haben. Als linke Gruppen die Fernsehstation der Universität von Chile besetzten und illegal betrieben, unternahmen die Behörden nichts dagegen. Anträge auf Erteilung von Importlizenzen und Genehmigung für den Erwerb von Devisen wurden abgelehnt. Kleinere Rundfunkstationen und Zeitungen gingen in Konkurs und wurden von den Regierungsparteien aufgekauft.
>
> Die finanziellen Belastungen der Parteien bestanden in erster Linie aus den Kosten ihrer Medien – der Zeitungen, Rundfunkstationen und anderer Veröffentlichungen; dazu kamen Wahlplakate, die Ausgaben für den Wahlkampf und natürlich die Gehälter für die hauptamtlichen Funktionäre. So waren sie von der neuen Politik ebenso betroffen wie die Medien.

* Davis trat im Oktober 1971 die Nachfolge von Edward Korry als amerikanischer Botschafter in Chile an und blieb bis zum Oktober 1973 auf diesem Posten.

Während die Opposition auf diese Weise systematisch zum Schweigen gebracht wurde, stand der ganze Staatsapparat Allendes Partei und seinen Koalitionspartnern zur Verfügung. Sie wurden mit einem bestimmten Prozentsatz der Einnahmen aus dem Außenhandel unterstützt. Die Regierung stellte der herrschenden Koalition einschließlich der Kommunisten ihre Transportmittel, ihre Nachrichtenverbindungen, Papier und Druckereibetriebe in großem Umfang und zu sehr günstigen Bedingungen zur Verfügung. Außerdem stellten Kuba und andere kommunistische Länder diesen Parteien beträchtliche Geldmittel zur Verfügung.

Diese bedrohlichen Entwicklungen in Chile während des ersten Jahres der Präsidentschaft Allendes veranlaßten uns, das Aktionsprogramm für unsere Geheimdienste neu zu überdenken. Die Unterstützung eines Staatsstreichs wurde dabei nicht in Betracht gezogen. Wir wollten lediglich den demokratischen Parteien und Gruppen helfen, sich gegen die systematische Unterdrückung durch Allende zur Wehr zu setzen. Unsere Absicht war es, die oppositionellen Gruppen am Leben zu erhalten, damit sie sich an den verschiedenen von der chilenischen Verfassung vorgesehenen Wahlen und schließlich 1976 auch an der nächsten Präsidentschaftswahl beteiligen konnten.

Zu diesem Zweck genehmigte der Vierziger-Ausschuß* einstimmig die finanzielle Unterstützung politischer Parteien oder Medien, deren Existenz bedroht schien. Für die Arbeit dieses Ausschusses wurden 1971 3,88 Millionen Dollar und 1972 2,54 Millionen Dollar bewilligt. (Die Ausgaben lagen in Wirklichkeit niedriger.) Ein Zyniker könnte darin eine Art Wirtschaftshilfe für Allende sehen, denn der größte Teil dieses Geldes landete schließlich in Form von Steuern und anderen Abgaben derjenigen Medien, die wir unterstützten, in der chilenischen Staatskasse. Ein geringer Teil dieser Hilfsgelder war für den »privaten Sektor« bestimmt, zum Beispiel für die Gewerkschaften, aber solche Ausgaben mußten von Botschafter Davis genehmigt werden. Er entschied sich jedoch gegen die Auszahlung.

Als man sich im Gefolge von Watergate mit geradezu manischer Verbissenheit in immer neue Untersuchungsverfahren stürzte, entstand der Eindruck, daß hier eine Kampagne zur »Destabilisierung« Chiles stattgefunden habe. Man hat behauptet, daß der Direktor der CIA, William Colby, diesen Begriff geprägt hätte. In Wirklichkeit ist es der Kongreß-Abgeordnete Michael J. Harrington gewesen. Weder Colby noch irgendein anderer amerikanischer Beamter hat diesen Ausdruck verwendet.[7] Er ist auch sachlich völlig falsch. Wir haben damals, und wie ich glaube, mit Recht angenommen, daß ohne unsere Unterstützung die demokratischen Institutionen in Chile vernichtet worden wären. Wir bemühten uns darum, die Möglichkeiten für weitere Wahlen offenzuhalten. Botschafter Davis schreibt dazu:

Wenn ich heute daran denke, welche Erfahrungen die oppositionel-

* Der Vierziger-Ausschuß war ein interministerieller Ausschuß zur Überwachung der geheimen Nachrichtendienste. Ihm gehörten der stellvertretende Außenminister, der stellvertretende Verteidigungsminister, der Direktor der CIA, der Vorsitzende der Joint Chiefs of Staff, der Sicherheitsberater des Präsidenten und gelegentlich auch der Justizminister an.

len Parteien und Medien damals machen mußten, dann muß ich sagen, daß einige amerikanische Kommentatoren im Kreise argumentiert haben. Sie haben festgestellt, daß die Zeitungen, die Fernseh- und Radiostationen der Opposition im allgemeinen überlebten, und haben daraus geschlossen, daß wir ihnen daher nicht hätten helfen müssen. In Wirklichkeit geht es um die Frage, ob sie ohne unsere Hilfe hätten überleben können. Das glaube ich nicht. Und die institutionelle Demokratie hätte ihre Vernichtung nicht lange überleben können.[8]

Die Demokratie in Chile ist nicht durch unsere Maßnahmen, sondern durch den verfassungsmäßig gewählten Präsidenten Chiles »destabilisiert« worden.

1972: Die Polarisierung der chilenischen Politik beschleunigt sich

Die Vereinigten Staaten bemühten sich zwar darum, den demokratischen Parteien in Chile das Überleben zu ermöglichen, unternahmen darüber hinaus jedoch nichts. Wir waren überzeugt, daß die demokratische Tradition in Chile und ihre Institutionen sich schließlich durchsetzen könnten, wenn wir Allende daran hinderten, sie zu ersticken. Der Nationale Sicherheitsrat hielt keine weiteren Sitzungen ab, um diesen Gegenstand zu beraten, und auch auf höchster Ebene beschäftigte man sich kaum noch mit den chilenischen Problemen. Ich selbst beschäftigte mich intensiv mit Chile, und die Senior Review Group, deren Vorsitz ich innehatte, griff nur ein, wo es die Lage erforderte, vor allem, wenn etwas gegen das wirtschaftliche Chaos und die zunehmende Polarisierung der chilenischen Politik unternommen werden mußte, die durch Allendes Eingreifen angeheizt wurden.

Salvador Allende war als Führer einer Koalition an die Macht gekommen, die sich Unidad Popular (UP – oder Vereinigte Volksfront) nannte. Sie bestand aus der kommunistischen Partei, Allendes sozialistischer Partei, der das taktische Geschick der Kommunisten fehlte, die jedoch die gleiche Ideologie vertrat wie die Kommunisten, und aus Splittergruppen, die meist noch radikaler waren und noch mehr zur Anwendung revolutionärer Gewalt neigten. (Zu dieser Koalition gehörte eine kleine demokratische Linkspartei, die radikale Partei, die sich 1971 spaltete, als sich deutlicher zeigte, welche Richtung Allende einschlagen wollte; Anfang 1972 schlossen sich viele ihrer Führer der Opposition an.) Diese Koalition verfügte zu keiner Zeit über die Mehrheit im chilenischen Kongreß. Um regieren zu können, brauchte Allende den linken Flügel der christlich-demokratischen Partei, die zwar in mancher Hinsicht die gleichen sozialistischen Ziele verfolgte wie er, dabei aber nicht auf christliche Wertvorstellungen und demokratische Regierungsmethoden verzichten wollte. Allende stand daher vor einem Dilemma. Wenn er christlich-demokratische Methoden übernahm, stellte er sich gegen die Radikalen in seiner Koalition, die entschlossen waren, die bestehende Ordnung mit Gewalt zu verändern. Wenn er sich jedoch nicht den gewalttätigen Taktiken seiner wichtigsten Partner widersetzte, riskierte er die Unterstützung durch die christlichen Demokraten am linken Flügel und seine Fähigkeit, seine Gesetzesvorschläge durch den Kongreß zu bringen. Allende ist aus Unfähigkeit, aus Überzeugung oder weil er zu sehr darauf vertraute, den Kongreß manipulieren zu können, niemals mit diesem Dilemma fertig geworden. Er konnte sich gegenüber dem revolutionären linken Flügel nicht durchsetzen. So unternahm er nichts gegen die Besetzung der christlich-demokratischen Rundfunkstationen und andere Übergriffe. Auch gelang es ihm nicht, wirksame Maßnahmen gegen eine Meuterei von Unteroffizieren der chilenischen Marine oder die illegale Landbesetzung durch Bauern zu unternehmen – ja, man verdächtigte ihn sogar, dabei die Hand im Spiel gehabt zu haben. Über die kubanische Botschaft wurden große Mengen von Waffen nach Chile gebracht, ohne daß das chilenische Militär oder die Polizei etwas dagegen unternehmen konnten.

Diese Politik Allendes hatte deshalb zur Folge, daß die demokratischen Parteien zusammenrückten. Unbeabsichtigt veranlaßte er damit das Bündnis zwischen der am rechten Flügel stehenden Nationalpartei und den christlichen Demokraten, deren Spaltung 1970 seinen Wahlsieg ermöglicht hatte. Da er im Kongreß nicht über die Mehrheit verfügte, um seine radikalen Maßnahmen durchzusetzen, sah sich Allende wiederum versucht, mit verfassungswidrigen Manipulationen zu arbeiten. Er ließ Industrieunternehmen besetzen, verstand es, Lücken in der Verfassung geschickt auszunutzen, und wendete jahrhundertealte Gesetze in einer Weise an, wie es niemals beabsichtigt gewesen war.

Gegen Ende des ersten Jahres von Allendes Amtszeit wurde aus der Polarisierung eine Konfrontation. Die Deputiertenkammer eröffnete gegen Allendes engen Vertrauten, Innenminister José Tohá Gonzalez, ein gerichtliches Verfahren mit der Begründung, daß er nichts gegen die zunehmende Gewaltanwendung extremistischer Gruppen unternommen habe. Am 6. Januar 1972 beschloß die Kammer, Tohá von seinem Posten zu entheben – ein ungewöhnlicher Vorgang in einem System, das sich auf mehrere gleichberechtigte oberste Regierungsbehörden stützte. Am 7. Januar 1972 ernannte Allende seinen Freund Tohá zum Verteidigungsminister und versetzte ihn damit unter Mißachtung des Kongresses auf einen mindestens ebenso wichtigen Posten. Am 16. Januar erlitt die Regierung eine schwere Wahlniederlage, bei der ihre Kandidaten zwei Nachwahlen verloren, und zwar einmal für den Senat und einmal für die Deputiertenkammer. In einer an Nixon gerichteten Denkschrift vom 20. Januar 1972 erläuterte ich, was das bedeutete:

> Dadurch wird höchstwahrscheinlich die Polarisierung in der Gesellschaft und im politischen Leben Chiles, die sich während der vergangenen Monate rapide weiterentwickelt hat, noch verstärkt. Die Oppositionsparteien werden an Selbstvertrauen gewinnen und noch deutlicher erkennen, welche Vorteile ihnen die Zusammenarbeit bringen würde. Diese Entwicklung könnte aber auch zu einer Spaltung in Allendes UP-Koalition führen. Die Sozialisten werden wahrscheinlich verlangen, daß die Regierung den demokratischen Weg verläßt, dem

sie bis jetzt gefolgt ist, und die Macht in die eigenen Hände nimmt, um eine sozialistische Revolution herbeizuführen, wenn notwendig mit Gewalt. Aber die beiden anderen großen Parteien in der UP, die Kommunisten und die Radikalen, werden wahrscheinlich ebenso wie Allende selbst aus Furcht vor den Streitkräften zögern, das zu tun, denn die Streitkräfte sind bisher neutral geblieben und haben sich aus der Innenpolitik herausgehalten; aber sie haben deutlich zu verstehen gegeben, daß sie auf eine Verletzung der Verfassung scharf reagieren werden.

Die Ereignisse haben diese Voraussage zum Teil bestätigt. Allende versuchte auch weiterhin, die verfassungsmäßigen Verfahren zu ändern. Im September 1973 hatten der Kongreß und das Oberste Gericht erklärt, daß seine Regierung außerhalb des Gesetzes und der Verfassung stünde. Kurz gesagt, sie erklärten, daß der verfassungsmäßig gewählte Präsident von Chile die demokratischen Grundstrukturen ihres Staates unterminierte.

Während Chile im Inneren auf den Totalitarismus hinsteuerte, nahm es in der Außenpolitik Kurs auf eine Konfrontation mit den Vereinigten Staaten. Am 1. Januar 1972 beschuldigte Pablo Neruda, der Dichter, der zum chilenischen Botschafter in Frankreich ernannt worden war, die Vereinigten Staaten, daß sie versuchten, Allende durch wirtschaftlichen Druck und die Unterstützung subversiver Kräfte zu stürzen. Am 3. Januar bezeichnete Luis Herrera, der chilenische Botschafter bei der OAS, nachdem er den Vorsitz im ständigen Rat der OAS übernommen hatte, die Beziehungen zwischen den Vereinigten Staaten und Lateinamerika als eine »Leibeigenschaft auf wirtschaftlichem, politischem, gesellschaftlichem und sogar kulturellem Gebiet«.

Chile verfolgte eine Politik, wie sie seither von allen radikalen Regierungen getrieben wird. Einerseits wendete sie sich gegen die amerikanischen wirtschaftlichen und politischen Interessen; andererseits verurteilte sie die unausweichlichen Reaktionen auf ihre Provokation als »Imperialismus«. Allende verhielt sich – wie viele andere politische Führer in der Dritten Welt nach ihm –, als hätte er das Recht, von den Vereinigten Staaten unterstützt zu werden, während er anti-amerikanische politische Ziele verfolgte. Er versuchte, und zum Teil sogar mit Erfolg, sich mit einem ganz ungewöhnlichen Manöver durchzusetzen: nämlich seine Schulden nicht zu bezahlen, amerikanische Firmen entschädigungslos zu enteignen, die Auslandsverpflichtungen Chiles umzuschulden und zugleich alle bisherigen Hilfen und Kredite von führenden amerikanischen und internationalen Kreditinstituten zu erhalten.*

Allendes Verhalten erforderte Entscheidungen, deren Bedeutung

* Am 9. Februar 1972 schloß Chile mit einer Gruppe amerikanischer Privatbanken ein vorläufiges Abkommen über die Refinanzierung von dreihundert Millionen Dollar seiner gesamten Auslandsschulden; das war die Basis für neue Kredite in Höhe von zweihundertfünfzig und fünfzig Millionen Dollar, um die Schulden der Öffentlichen Hand für 1972 bis 1974 und die Verpflichtungen der chilenischen Kupfergesellschaften für das Jahr 1976 zu decken. Dabei blieb Chile der US-Export-Bank zwanzig Millionen Dollar und der amerikanischen Behörde für Internationale Entwicklung (AID) und dem Landwirtschaftsministerium eine Million Dollar schuldig.

mehr darin lag, welches Licht sie auf die Kräfteverteilung in unserem Regierungsapparat warfen, als was sie über unsere Strategie gegenüber Chile aussagten. Es bestand in der Tat ein bedeutender Unterschied zwischen dem, was innerhalb des Apparates gesagt wurde, und was dieser wirklich tat. Im allgemeinen wurde mit harten Worten über unsere Entscheidung gesprochen, unser Verhalten war dagegen meist recht entgegenkommend.

Unsere Reaktion auf die Nichtanerkennung der chilenischen Schulden durch Allende am 9. November 1971 illustriert diese Feststellung. Da Allende fast alle Auslandsschulden nicht zurückzahlen wollte, mußten wir unser Verhalten mit dem anderer Gläubigernationen abstimmen. Ein Treffen der Gläubiger – praktisch alle westlichen Industriestaaten – wurde für Anfang 1972 in Paris angesetzt (die inoffizielle Bezeichnung dafür war der »Pariser Club«). Wie so häufig war die Haltung der Vereinigten Staaten auch diesmal weniger das Ergebnis einer gesamtstrategischen Beurteilung als das eines interministeriellen Tauziehens. Diesmal handelte es sich ausnahmsweise nicht um einen Konflikt zwischen meinem Büro und dem Außenministerium, sondern zwischen dem Außenministerium und dem Finanzministerium unter dem gefürchteten John Connally, der auch hier beweisen wollte, daß er in wirtschaftlichen Angelegenheiten das letzte Wort zu sprechen hatte.

Connally war im Dezember 1970 zum Finanzminister ernannt worden, als Nixon, der durch den unerwarteten Erfolg der Demokratischen Partei bei den Kongreßwahlen nach den ersten zwei Jahren seiner Amtszeit verunsichert war, sich für den Mann entschied, den er für seinen gefährlichsten demokratischen Gegner bei den kommenden Präsidentschaftswahlen hielt. Es gab in Amerika keine Persönlichkeit des öffentlichen Lebens, vor der Nixon eine größere Hochachtung hatte. Mit seiner dominierenden und selbstsicheren Art entsprach er dem Bild, das sich Nixon von einem starken politischen Führer machte. Der Präsident konnte sich nur in Notizen mit ihm messen, die er an den Rand von Denkschriften schrieb, aber niemals in der persönlichen Begegnung von Mann zu Mann. Deshalb blieben Connally die Manöver erspart, mit denen Nixon seine Mitarbeiter gegeneinander ausspielte. Auch hat Nixon niemals hinter Connallys Rücken schlecht von ihm gesprochen – eine Auszeichnung, die nicht vielen zuteil geworden ist. Er konnte sich mit Connally identifizieren, der ebenso wie Nixon aus bescheidenen Verhältnissen stammte, trotzdem aber nicht von Minderwertigkeitskomplexen geplagt zu sein schien.

Ich vermute, der Unterschied zwischen beiden Männern hat nicht darin bestanden, daß der eine von ihnen die innere Unsicherheit weniger spürte als der andere, sondern in der Art, wie Nixon und Connally mit diesen Gefühlen umgingen. Keiner von ihnen ließ sich gern herausfordern; sie waren beide ihrer selbst nicht ganz sicher. Aber Connally verstand es, seine Gegner einzuschüchtern, während Nixon sie auszumanövrieren suchte. Für Connally hatte ein Sieg nur dann Bedeutung, wenn sein Gegner wußte, daß er geschlagen war. Nixon empfand den größten Triumph, wenn das Opfer nicht wußte, wer ihm die Niederlage beigebracht hatte oder die Niederlage zunächst nicht erkannte.

Connally begriff sehr bald, daß Nixons Furcht vor Konfrontationen gepaart mit der aufrichtigen Bewunderung für ihn einen Vorsprung in den Manövern bedeutete, in denen die Hackordnung unter den Präsidentenberatern bestimmt wird. Schon sehr bald bewies er, wie anfällig das Gefüge des berühmten Stabes des Weißen Hauses war, als er sich ganz einfach weigerte, dem Präsidenten seine Denkschriften über das Büro eines Assistenten einzureichen. Meine Stellung konnte glücklicherweise dadurch nicht gefährdet werden, denn ich hatte meinen Verantwortungsbereich für internationale Wirtschaftspolitik dem dafür zuständigen Peter G. Peterson abgegeben. Nun erteilte Connally Peterson, der selbst ein fähiger Mann mit starkem Charakter war, eine Lektion, um ihm klarzumachen, daß ein Präsidentenberater gegen einen entschlossenen Minister nichts ausrichten kann, wenn dieser auf seinen Vorrechten besteht. Wenn Connally etwas mit dem Präsidenten zu besprechen hatte, überquerte er einfach die Straße, die das Finanzministerium vom Weißen Haus trennte, und verlangte, Nixon zu sprechen. So übergab er dem Präsidenten persönlich jede Denkschrift, die er für wichtig hielt, und scheute sich nicht, eine sofortige Antwort zu verlangen. Und Nixon hätte auch eine weniger starke Persönlichkeit im direkten Gespräch nicht abweisen können – darin lag auch der Grund, warum Nixon sich mit einem Mitarbeiterstab umgab, der ihn nach außen abschirmte.

Im Januar 1972 hatte Connally Peterson auf dem Gebiet der internationalen Wirtschaftspolitik völlig verdrängt und war bereit, das Außenministerium zu übernehmen. Dabei verwendete er die gleichen Methoden. Er übergab Nixon persönlich eine Denkschrift, aus der hervorging, daß seine Gegner im Außenministerium bereit waren, die Termine für die Rückzahlung der chilenischen Schulden neu festzulegen. Mit anderen Worten, das Außenministerium war bereit, die Kredite zu verlängern, was andere Gläubiger-Länder zwingen würde, den gleichen feigen Weg zu gehen. Connally erklärte, daß der eigentliche Zweck des Pariser Treffens darin bestehen sollte, Chile zu isolieren.

Diese Meinung war Wasser auf Nixons Mühlen. Sie klang hart und bestätigte sein Mißtrauen gegenüber einem zu nachgiebigen Außenministerium. Schließlich richtete sich diese Haltung auch gegen seinen Feind Allende. Das Widersprüchliche in Connallys Haltung interessierte den Präsidenten nicht: Wenn es unser Ziel war, Chile zu isolieren, dann mußten wir die Abneigung der europäischen Länder gegen eine Konfrontation überwinden und unsere Verbündeten, die eine Verlängerung der Kredite bevorzugten, von der Richtigkeit unserer Haltung überzeugen. Wenn wir auf unserem harten Standpunkt beharrten und uns weigerten, die Kredite zu verlängern, bestand die Möglichkeit, daß am Schluß die Vereinigten Staaten isoliert wurden.

Connally war sich dessen natürlich bewußt. Ihm kam es im Grunde nur darauf an, daß das Finanzministerium die Leitung unserer Delegation übernahm, um »unsere wirtschaftlichen Interessen wirksam zu schützen und Chile unter Druck zu halten«. Nixon versah die Denkschrift mit zahlreichen Randbemerkungen und schrieb unter anderem, daß eine Neufestsetzung der Rückzahlungstermine für die chilenischen

Schulden »*total* (Nixons Unterstreichung) gegen meine Anweisungen« wäre; die Isolierung Chiles wäre unser politisches Ziel. Wie wir diese beiden Absichten nebeneinander durchsetzen sollten, wurde nicht erklärt. Ohne sich mit irgendeinem seiner anderen Mitarbeiter zu beraten (auch nicht mit mir), verfaßte der Präsident im Ovalen Zimmer eine an den Finanzminister gerichtete Denkschrift mit Kopien für den Außenminister und mich:

> Unter Bezugnahme auf Ihre (Connallys) Denkschrift vom 15. Januar ordne ich hiermit an, daß das Finanzministerium die Leitung der Delegation der Vereinigten Staaten bei den Pariser Verhandlungen über die chilenische Kreditangelegenheit übernimmt. Jeder direkte oder indirekte Hinweis darauf, ich hätte empfohlen, daß die Vereinigten Staaten eine Vereinbarung unterstützen sollten, nach der die Chile gewährten Kredite neu ausgehandelt werden könnten, widerspricht ganz und gar den Auffassungen, die ich bei mehreren Gelegenheiten in verschiedenen Sitzungen über diese Angelegenheit mit Vertretern der zuständigen Ministerien zum Ausdruck gebracht habe.

Wie üblich ging Connally in der Praxis viel subtiler vor, als man es angesichts seines Verhaltens im bürokratischen Kleinkrieg erwarten durfte. In Wirklichkeit hatte sich das Außenministerium niemals in dem von ihm angedeuteten Sinne geäußert. Zwar beurteilte der Finanzminister die grundsätzliche Haltung des Außenministeriums nicht ganz falsch, aber wir kannten zu dieser Zeit die Haltung der anderen Gläubiger offiziell noch nicht und hatten auch selbst noch nicht Stellung bezogen. Wenn Connally nun verlangte, daß wir mit anderen Nationen zusammenarbeiten sollten, um Chile zu isolieren, dann sprach er sich im Grunde für den Kurs aus, dem auch ich und wahrscheinlich auch das Außenministerium aus strategischen Gründen den Vorzug gaben, nur daß es bei Connally so klang, als wollte er es auf eine Konfrontation ankommen lassen. Ich hatte in mehreren internen Denkschriften meine Auffassung zum Ausdruck gebracht und gesagt, daß wir bei den Pariser Gesprächen zwar eine harte Haltung einnehmen, aber am Schluß im Einvernehmen mit den anderen Gläubigernationen handeln sollten. Wenn wir uns von ihnen trennten, werde Allende aus seiner Weigerung, *alle* Auslandsschulden zurückzuzahlen, eine Konfrontation mit dem »Yankee-Imperialismus« machen. Die demokratische Opposition in Chile und die Streitkräfte würden ihn dann aus patriotischen Gründen gegen den amerikanischen Koloß unterstützen. Unter diesen Voraussetzungen könnte sich Allende mit seinen anderen Gläubigern einigen, würde aber bei der Weigerung bleiben, die amerikanischen Schulden zurückzuzahlen, die sechzig Prozent der gesamten Auslandsverpflichtungen Chiles ausmachten. Nach meiner Auffassung wäre es viel besser, mit den anderen Gläubigern eine gemeinsame Front zu bilden und darauf zu bestehen, daß Chile auf der Grundlage eines gemeinsamen Beschlusses einer Neuregelung für die Zurückzahlung aller Auslandsverpflichtungen zustimmte. Wenn uns die so ausgehandelten Bedingungen nicht befriedigten, konnten wir uns an diesem Punkt immer noch von dem Beschluß distanzieren.

In weiteren Gesprächen mit Connally zeigte sich, daß er damit einverstanden war, einen Konsens der Vereinigten Staaten mit den Gläubigernationen auszuhandeln, damit nicht wir allein für eine Konfrontation mit Chile verantwortlich gemacht wurden. Wenn die europäischen Nationen auf einer Neufestsetzung der Rückzahlungstermine bestehen sollten, würden wir nichts dagegen einwenden. Mit anderen Worten, wir entschlossen uns, die Rückzahlung der chilenischen Schulden trotz aller lautstarken Proteste auf einen späteren Zeitpunkt zu verschieben, und gewährten Chile damit eine indirekte Wirtschaftshilfe.

Während in Paris über die Kredite verhandelt wurde, verhielt sich die amerikanische Regierung offiziell zurückhaltend. Am 19. Januar 1972 bestätigte Nixon in einer öffentlichen Erklärung, daß das Hickenlooper-Ergänzungsgesetz uns verpflichte, jedem Land, das amerikanisches Eigentum entschädigungslos enteigne, keine neue amerikanische Wirtschaftshilfe zukommen zu lassen. Dabei machte Nixon das Angebot, mit anderen interessierten Nationen die Kriterien für eine gerechte Entschädigung zu erarbeiten. Am 9. Februar 1972 machte der Präsident in seinem jährlichen außenpolitischen Bericht wieder ein Friedensangebot:

> Die politische Führung in Chile wird sich von ihren festen Überzeugungen nicht durch bloße Gesten unserer Seite abbringen lassen. Wir wissen, daß es ernstzunehmende Männer sind, deren Grundsätze in gewisser Weise den unseren deutlich widersprechen. Wir werden aber unsere Beziehungen zu ihnen nicht von ihrer Ideologie, sondern von ihrem Verhalten gegenüber der übrigen Welt abhängig machen. Wie ich schon oft gesagt habe, sind wir bereit, mit der chilenischen Regierung die Beziehungen zu pflegen, die sie mit uns aufzunehmen willens ist.

Auch dieses Angebot wurde abgelehnt. Offenbar konnte sich Allende nicht aus den Zwängen des ideologischen Eifers befreien, von dem er und seine fanatischen Anhänger ergriffen waren. Er setzte die Verstaatlichung, die praktisch entschädigungslos durchgeführt wurde, fort und enteignete nicht nur ausländische, sondern auch chilenische Privatunternehmen. Anfang Januar 1972 beschloß die Regierung die Verstaatlichung von dreiundfünfzig Firmen, während achtunddreißig weitere mit staatlicher Beteiligung im Besitz der privaten Eigentümer bleiben durften. Einen Monat später (am 7. Februar) erklärte Allende in einer Rede in Concepción, daß er im kommenden Jahr weitere hundertzwanzig Unternehmen verstaatlichen, zweitausend landwirtschaftliche Betriebe enteignen und die Verstaatlichung der Banken und des Außenhandels abschließen werde.

Indessen wuchs die Entschlossenheit der demokratischen Mehrheit im chilenischen Parlament, sich Allendes Politik zu widersetzen. Am 19. Februar 1972 beschloß der chilenische Kongreß eine Reihe von Verfassungszusätzen, um das Recht des Staates, in den privaten Sektor einzugreifen, einzuschränken. Diese Bestimmungen, die rückwirkend im Oktober 1971 in Kraft traten, untersagten es der Regierung, irgendwelche Unternehmen ohne die ausdrückliche Genehmigung des Kongresses zu enteignen. Am 21. Februar erklärte Allende, daß er gegen dieses Gesetz sein Veto einlegen werde. Dazu drohte er, wenn der Kongreß das Veto überstimmen sollte, das chilenische Verfassungsgericht anzurufen (ein Sondergericht, dessen Mitglieder zum größten Teil von ihm persönlich ernannt worden waren). Nun forderten die Oppositionsparteien Allende auf, über seine Pläne zur Sozialisierung der Wirtschaft Chiles in aller Freiheit eine Volksabstimmung entscheiden zu lassen.

Die Fronten waren abgesteckt. Allende stand vor der Entscheidung in der chilenischen Innenpolitik und im Hinblick auf die Beziehungen Chiles zu den Vereinigten Staaten.

ITT und die Zuspitzung der Krise

Die erste Explosion wurde seltsamerweise durch einen amerikanischen Journalisten ausgelöst. Der für mehrere Zeitungen tätige Leitartikler Jack Anderson veröffentlichte den Inhalt angeblich vertraulicher interner Dokumente der International Telephone and Telegraph Company (ITT), aus denen ersichtlich war, mit welchen Methoden man sich 1970, also vor fast zwei Jahren, darum bemüht hatte, Allendes Wahl zum Präsidenten zu verhindern. Im Leitartikel Andersons vom 21. März 1972 wurde behauptet, daß der Chef des Washingtoner Büros von ITT, William R. Merriam, dem Direktor der ITT (und ehemaligen Chef der CIA, John McCone) gemeldet hatte, sein Kontaktmann von der CIA beurteile die Aussichten, »Allende zu schlagen, sehr sehr pessimistisch«. Aber es gebe »immer noch Kontakte mit einzelnen Mitgliedern der Streitkräfte, um sie zu veranlassen, die Führung bei irgendeinem Aufstand zu übernehmen . . . Bei dem Versuch, das wirtschaftliche Chaos herbeizuführen, hat man praktisch keine Fortschritte gemacht.«

In dem Leitartikel Andersons vom 22. März war auch von einem Telefongespräch die Rede, das der Direktor für die internen Beziehungen der ITT, J. D. Neal, angeblich mit Viron P. Vaky, der im Stabe des Nationalen Sicherheitsrats für Lateinamerika zuständig war, geführt hatte. Dabei hatte Neal gesagt, der Präsident der ITT, Harold S. Geneen, mache sich »Sorgen um die Situation in Chile«. Angeblich hatte Neal Vaky gebeten, mir zu sagen, die ITT wäre »bereit, uns finanziell mit bis zu siebenstelligen Summen zu unterstützen«. Anderson wies jedoch ausdrücklich darauf hin, daß das Weiße Haus, vertreten durch den Stab des Nationalen Sicherheitsrats, auf diese Initiative der ITT »im allgemeinen höflich, aber kühl reagiert« habe. Das gleiche gelte für das Außenministerium. Aber dann hieß es, daß man bei der CIA auf eine »viel freundlichere« Haltung gestoßen sei.

Ich weiß nicht, wie zuverlässig die Dokumente der ITT waren, aber die Auswirkungen der Enthüllungen Andersons über die Beteiligung des Nationalen Sicherheitsrats waren sehr konkret. Ich hatte im September 1970 auf Bitten des damaligen Präsidentenberaters Peter Flanigan tatsächlich mit zwei Vertretern der ITT gesprochen. Sie hatten uns die finanzielle Unterstützung ihres Unternehmens bei unseren Bemühungen, die Übernahme des Präsidentenamtes durch Allende zu verhindern, versprochen. Ich wies sie höflich ab, weil ich es nicht für richtig hielt, daß sich private Unternehmen an solchen Vorhaben beteiligten.

Aber in der aufgeheizten Atmosphäre des Jahres 1972 beschleunigten Andersons Leitartikel die Radikalisierung von Allendes Politik. Der Plan, von dem dort gesprochen wurde, war von der Regierung der Vereinigten Staaten niemals akzeptiert worden – was auch aus Andersons Artikeln hervorging. Die Bemühungen unserer Regierung in dieser Richtung, von denen Allende wahrscheinlich nichts wußte, waren schon vor fast zwei Jahren aufgegeben worden. Aber trotzdem nahm die Regierung Allende sofort die Gelegenheit wahr und versuchte, die demokratische Opposition zu beschuldigen, daß sie sich an einer angeblich von der CIA geleiteten Verschwörung beteiligt habe. Am 23. März 1972 organisierte die Zentrale Arbeiterkonföderation (CUT) vier Protestmärsche zur Unterstützung der Regierung gegen eine »imperialistische Intervention«. Unter Ausnutzung der Empörung chilenischer Nationalisten behauptete der ultralinke Innenminister Hernán del Canto am 28. März, rechtsradikale Verschwörer hätten – und dabei ließ er durchblicken, daß ihre Absichten von den Vereinigten Staaten unterstützt worden seien – vor wenigen Tagen geplant, Allende zu ermorden und die Macht zu ergreifen.

Bei Beginn der neuen Sitzungsperiode des chilenischen Kongresses beschloß dieser am 28. März, einen aus dreizehn Mitgliedern bestehenden Ausschuß mit der Untersuchung der angeblichen Einmischung der ITT in die chilenische Innenpolitik im Jahre 1970 zu beauftragen. Die Führer der Opposition, die sich nun in der Defensive befanden und empört bestritten, irgend etwas mit der CIA zu tun gehabt zu haben, verlangten, daß der Ausschuß auch den Wahrheitsgehalt einer zweiten Behauptung Andersons untersuche, daß nämlich die kubanische Botschaft in Santiago die Leitstelle für die Kräfte war, die in Chile einen bewaffneten Aufstand herbeiführen wollten. So war Jack Anderson für kurze Zeit zu einer Zentralfigur der chilenischen Innenpolitik geworden.

Am 11. April 1972 kam die Senior Review Group des Nationalen Sicherheitsrats unter meinem Vorsitz zu einer Sitzung zusammen, um die Entwicklungen in Chile zu analysieren. Ein Papier, das von meinem für lateinamerikanische Angelegenheiten zuständigen Assistenten beim Stabe des Nationalen Sicherheitsrats, William J. Jorden, verfaßt worden war, stellte unsere Politik zutreffend wie folgt dar:

> Wir haben versucht, Chile politisch und wirtschaftlich soweit wie möglich zu isolieren, dabei jedoch alles zu vermeiden, was Anlaß zu dem Vorwurf geben könnte, daß wir nur aus Feindschaft gegenüber Allende handelten.
>
> Wir haben uns nach Kräften um eine prompte und gerechte Entschädigung und die Rückzahlung von Schulden an amerikanische Unternehmen bemüht und alles darangesetzt, den Grundsatz zu schützen, nach dem gerechtfertigte Forderungen beglichen und Eigentümer von verstaatlichten Vermögenswerten entschädigt werden müssen.
>
> Bisher haben wir diese Ziele gleichzeitig verfolgen können. Doch durch die Anderson-Affäre ist unsere Haltung zur Diskussion gestellt

> und unsere politische Motivation in Zweifel gezogen worden. Was noch wichtiger ist: Die Pariser Gespräche über die Neufestsetzung der Rückzahlungstermine für die chilenischen Schulden zwingen uns, zu entscheiden, wie wir »äußerste Druckmittel« mit einer »nach außen hin korrekten Haltung« vereinigen sollen.

Um aus den offiziellen Unterlagen der Regierung die wirklichen Absichten der amerikanischen Regierung ableiten zu können, muß man über die Analyse hinausgehen und feststellen, vor welchen konkreten Entscheidungen die leitenden Regierungsbeamten standen. In diesem Fall kam es nicht darauf an, sich in die inneren Angelegenheiten Chiles einzumischen. Wir mußten uns vielmehr über die Taktik einigen, der wir auf der nächsten Sitzung der Gläubiger Chiles in Paris folgen sollten. Es gab Meinungsverschiedenheiten über die Frage, ob wir in der Frage der Enteignungen bindende Absprachen anstreben sollten, insbesondere im Hinblick auf die dafür zu zahlende Entschädigung. Dafür sprach sich bezeichnenderweise das Außenministerium aus, denn damit konnten wir einen wesentlichen Beitrag im Bereich des internationalen Rechts leisten. Das Finanzministerium war aus Gründen, an die ich mich heute nicht mehr erinnern kann, dagegen, daß von amerikanischer Seite ein Schlichtungsverfahren vorgeschlagen wurde, wollte sich aber den Beschlüssen eines solchen Verfahrens beugen, wenn es auf Vorschlag Chiles zustande kam.

Bei der praktischen Durchführung der Pariser Gespräche haben die Überlegungen der Senior Review Group jedoch keine Rolle gespielt. Nachdem Connally zunächst eine so harte Haltung eingenommen hatte, erklärte er sich schließlich damit einverstanden, daß wir uns den anderen Gläubigernationen anschlossen und Allende nicht die Möglichkeit gaben, die Vereinigten Staaten allein für seine Kreditprobleme verantwortlich zu machen. Nun war Connally bereit, die sich auf grob zweihundertfünfzig Millionen Dollar belaufenden chilenischen Kredite im Einvernehmen mit den anderen Nationen umzuschulden. Als Gegenleistung stimmte Chile dem Grundsatz zu, daß es seinen internationalen Verpflichtungen nachkommen müßte, eine Mindestanforderung, wenn das Land kreditwürdig bleiben wollte.

Nun wollte Chile auch mit jedem davon betroffenen Land über die Verstaatlichungen verhandeln – aber auf der Basis von zwei Kriterien, die einander ausschlossen. Chile erklärte sich bereit, für verstaatlichte Vermögenswerte »gerechte« Abfindungssummen zu bezahlen, und zwar sowohl nach dem chilenischen Recht (womit die Rückzahlungsbereitschaft praktisch bedeutungslos wurde, denn mit der rückwirkend einzutreibenden Sondersteuer für übermäßige Gewinne konnte jede beliebige, als »gerecht« bezeichnete Summe einbehalten werden) als auch nach internationalem Recht (das, wie Chile sofort erklärte, keine Bestimmungen darüber enthielt, wie Enteignungen entschädigt werden sollten). Das praktische Ergebnis dieser Vereinbarungen war, daß Chile, ohne seine Politik ändern zu müssen, für ein Jahr alle Kreditrückzahlungen erlassen wurden – eine Art der Wirtschaftshilfe, die alles übertraf, was die letzte demokratische Regierung innerhalb eines Jahres erhalten hatte. Bis besondere bilaterale Vereinbarungen mit den einzelnen Gläubigernationen abgeschlossen waren, erfreute sich Chile weiterhin de facto eines Moratoriums im Hinblick auf die Rückzahlung von Krediten.

Trotzdem geriet Allende in immer größere innenpolitische Schwierigkeiten. Die absolute Unfähigkeit seiner Regierung und die durch seine Politik angeheizte galoppierende Inflation erschütterten die Stabilität seiner Regierung und die Gesellschaftsstruktur mit jedem Monat immer mehr. Sogar der kommunistische Parteiführer Orlando Millaz mußte im März 1972 zugeben, daß das Hauptproblem darin bestand, in den verstaatlichten Betrieben »die gleichen gewaltigen Gewinne zu erzielen, die die Kapitalisten herausholen konnten«. Nach der Enteignung erhöhten sich augenscheinlich die Kosten, während die Produktivität zurückging – was wiederum die Inflation noch mehr anheizte, die nach offiziellen Angaben 1972 auf einhundertdreiundsechzig Prozent jährlich anstieg (und schließlich dreihundertfünfzig Prozent erreichte), was verheerende Folgen auf die Wirtschafts- und Sozialstruktur hatte. Ende März war die innenpolitische Lage so gespannt, daß Allende den chilenischen Kongreß für eine Woche in die Ferien schickte.

Das alles geschah, während die Auslandshilfe für Chile de facto größer war als während irgendeiner vergleichbaren Zeit davor. Die Vereinbarungen über die Umschuldung von westlichen Krediten in Höhe von zweihundertfünfzig Millionen Dollar waren begleitet von einem stetig zunehmenden Fluß von Krediten aus der kommunistischen Welt. Zur Zeit von Allendes Sturz überstiegen die kommunistischen Kredite die Summe von sechshundert Millionen Dollar. Und im Gegensatz zu weitverbreiteten Legenden erwiesen sich die engeren Bindungen an die kommunistische Welt nicht als Hindernis für allmählich immer besser werdende Wirtschaftsbeziehungen zum Westen, mit dem Chile wieder über die Gewährung privater Kredite verhandelte. Am 12. Juni kam Chile mit einer aus 28 amerikanischen Privatbanken bestehenden Gruppe überein, alte chilenische Kredite in Höhe von einhundertsechzig Millionen Dollar umzuschulden.* Amerikanische Banken hoben die Beschränkungen wieder auf, die sie für kurzfristige Kredite an Chile eingeführt hatten.[9] Am folgenden Tag gab die chilenische Regierung bekannt, daß sie von Brasilien, Mexiko, Kolumbien und Peru einen Kredit über hundert Millionen Dollar für die Aufstockung ihres Kapitals und den Erwerb von Konsumgütern erhalten habe.

Doch Allende ließ sich weder durch die Rückzahlungserleichterungen noch durch die internationale Unterstützung davon abhalten, auf eine Konfrontation mit den Vereinigten Staaten zuzusteuern. Am 13. April eröffnete er die dritte Konferenz der Vereinten Nationen über Handel und Entwicklung (UNCTAD) in Santiago mit leidenschaftlichen Angriffen gegen die Industrienationen – besonders gegen die Vereinigten Staaten – und beschuldigte sie, eine Welt geschaffen zu haben, wo »die Mühen und die Rohstoffe der ärmeren Nationen den Wohlstand der im Überfluß lebenden Völker bezahle«. Am 14. April

* Nach Angaben der chilenischen Botschaft in Washington wurde die Rückzahlung von drei Vierteln der Gesamtschulden (die urprünglich 1974 erfolgen sollte) um acht Jahre verschoben, und die in den Jahren 1972 und 1973 fälligen Zahlungen wurden herabgesetzt.

beschuldigte uns der chilenische Unterstaatssekretär für auswärtige Angelegenheiten, Anibal Palma, in einer Rede vor der Generalversammlung der OAS, wir versuchten, die Entwicklungskredite für Chile bei den multinationalen Kreditinstitutionen zu blockieren und – im Gegensatz zu den Tatsachen, die ich hier dargestellt habe – Chiles Bemühungen um die Umschuldung seiner Kredite scheitern zu lassen. Auf einer Massenveranstaltung am 1. Mai beschuldigte Allende die Vereinigten Staaten, gegen Chile eine Wirtschaftsblockade verhängt zu haben. Offenbar brauchte Allende – gleichgültig was wir taten oder nicht taten – die Dämonisierung eines feindlichen Amerika, um die notwendige Unterstützung für seinen Marsch zu seiner Version des Sozialismus zu gewinnen, der in der Bevölkerung auf immer größeren Widerstand stieß.

Doch wenn die innenpolitischen Schwierigkeiten Allendes nicht von den Vereinigten Staaten verursacht waren, dann ließen sie sich auch nicht dadurch beseitigen, daß er seine Frustrationen an uns ausließ. Seine meist verfassungswidrigen Maßnahmen führten zu einer Konfrontation im chilenischen Kongreß, wie sie in der Geschichte dieses Landes an Schärfe ohne Beispiel war. Am 5. Juli beschloß die Deputiertenkammer, den Innenminister del Canto seines Postens zu entheben, weil er die Gesetze zum Schutz des Privateigentums und der Menschenrechte nicht beachtet und sich geweigert hatte, gerichtlich gegen linke Agitatoren vorzugehen, die an illegalen Besetzungen von Land und Fabriken beteiligt waren. Außerdem wurde dem Minister vorgeworfen, die Einfuhr von dreizehn geheimnisvollen Kisten aus Kuba ohne ordnungsgemäße Zollkontrolle zugelassen zu haben.[10] Die Regierung behauptete, es habe sich dabei um persönliche Geschenke für Allende gehandelt. Die Opposition erklärte, die Kisten hätten illegal eingeführte Waffen enthalten.* Am 26. Juli hielt der Senat eine Sondersitzung ab, um diese Angelegenheit zu beraten, und am 27. Juli entschied er sich mit siebenundzwanzig gegen vierzehn Stimmen, del Canto offiziell zu tadeln und zu entlassen. Damit hatten die demokratischen Parteien im Kongreß zum zweiten Mal einen Innenminister entlassen, weil er die chilenische Verfassung verletzt und chilenische Gesetze nicht beachtet hatte.

Im Sommer 1972 war der Prozeß der Polarisierung der chilenischen Gesellschaft abgeschlossen. Unter dem Vorwand, die Inflation in den Griff bekommen zu wollen, versuchte Allende, Steuererhöhungen durchzusetzen, deren praktische Konsequenz die Enteignung des Mittelstandes und die Verstaatlichung fast des ganzen noch verbliebenen privaten Sektors gewesen wäre. Der Kongreß ergriff die notwendigen Maßnahmen, um diese Initiativen zu blockieren. Nach diesem Fehlschlag ist es der Regierung offenbar nicht mehr gelungen, die Lage in Chile zu beherrschen. Von Juli 1972 bis zum Staatsstreich im September 1973 stiegen die Preise jeden Monat, während die Produktion zu-

* Nach dem Sturz Allendes fanden sich schriftliche Unterlagen, nach denen die Kisten mehr als eine Tonne Rüstungsmaterial enthalten hatten. Regierungsbeamte und Allende hatten wiederholt behauptet, die Kisten enthielten »Kunstwerke«. Damit ist erwiesen, daß die Regierung Allende schon im März 1972 versucht hat, ihre Anhänger insgeheim zu bewaffnen.

rückging. Uneinigkeit in der Regierungskoalition und die starke Opposition der Legislative machten es der Regierung unmöglich, eine klare politische Linie zu verfolgen. Die jahrhundertealte chilenische Tradition, nach der Regierung und Opposition höflich miteinander umgingen, war vergessen. Die Beziehungen zwischen Allende und der Judikative brachen zusammen, nachdem del Canto am 12. Juli die Legislative und die Judikative beschuldigt hatte, »mit den großen imperialistischen Interessen unter einer Decke zu stecken«. Das Oberste Gericht reagierte mit einem offenen Brief an Allende, in dem es gegen die Maßnahmen der Exekutive protestierte.

Das politische Leben verwandelte sich zusehends in eine Kraftprobe zwischen Allende und seinen Gegnern. Am 21. August 1972 streikten die kleinen Ladeninhaber gegen die Inflation, den Warenmangel, die Preiskontrolle und andere einschränkende Bestimmungen, durch die ihre Geschäfte ruiniert wurden. In Santiago und Val Paraíso kam es zu Demonstrationen. Nach Zusammenstößen der Polizei mit Demonstranten rief Allende in der Provinz Santiago den Ausnahmezustand aus. Die Regierung behauptete, oppositionelle Gruppen hätten es zu einer »Welle des Aufstands« kommen lassen, und ergriff eine Reihe repressiver Maßnahmen. Die Rundfunkstation Los Angeles wurde behördlich geschlossen. Es wurden Polizeiaktionen gegen Gruppierungen des rechten Flügels angeordnet. Die Aktivitäten im Lande lebender Ausländer wurden überwacht. Die christlich-demokratische Partei machte Allende und seine »falsche und sozial negative« Wirtschaftspolitik für diese katastrophalen Zustände verantwortlich. Am 21. August wurde Concepción unter die Kontrolle des Militärs gestellt, als Tausende marxistischer Jugendlicher sich mit Gegnern der Regierung Straßenkämpfe lieferten.

Dieses Abgleiten in das Chaos hatte mit einer amerikanischen Intervention nichts zu tun. Weder die CIA noch andere amerikanische Behörden standen mit den Streikführern oder Protestgruppen in Verbindung. Die amerikanische Regierung hat diese Gruppen weder offen noch geheim unterstützt und ihnen auch keine Ratschläge gegeben.

Am 14. September wiederholte Allende seine früheren Behauptungen, »Faschisten« hätten sich gegen seine Administration verschworen, aber er konnte nur einen einzigen pensionierten Major beim Namen nennen, der im bolivianischen Exil lebte. Während des ganzen September kursierten Gerüchte, nach denen das Militär eingreifen könnte, sie wurden aber am 29. September vom Oberbefehlshaber des Heeres, General Carlos Prats Gonzalez, ausdrücklich dementiert, der sich bei dieser Gelegenheit verpflichtete, die Regierung zu unterstützen.

Als die Konfrontation immer schärfere Formen annahm, erließ der chilenische Kongreß drei Gesetze in der Absicht, das Verstaatlichungsprogramm der Regierung in Grenzen zu halten, ihr Vorgehen gegen die Medien zu verhindern und sie zu veranlassen, die Unterstützung von Terroristen einzustellen. Die erste Maßnahme war ein Verfassungszusatz, durch den die Enteignung von Grundbesitz unter vierzig Hektar verboten wurde. Ein zweites Gesetz sah die öffentliche Finanzierung der schwer um ihre Existenz ringenden Rundfunkstationen und Presseorgane vor und schützte sie vor der Enteignung. (Der Anlaß war der bevorstehende Bankrott der Papierfabrik Alessandri, die ihre Preise um neunzehn Prozent hatte steigern dürfen, während sie eine zweihundert- bis dreihundertprozentige Kostensteigerung auffangen mußte, weil die Regierung entsprechende Lohn- und Gehaltserhöhungen verordnet hatte. Ein weiterer Faktor, der den Kongreß alarmiert hatte, war die Schließung zweier oppositioneller Radiostationen durch die Regierung wegen angeblicher Verfälschung von Nachrichten.) Allende legte gegen das Mediengesetz sein Veto ein.

Die dritte entscheidende Maßnahme der christlich-demokratischen Partei war die Vorlage eines Gesetzes, das die illegale Einfuhr von Waffen für die linken Anhänger Allendes verbieten sollte. Durch das Waffenkontrollgesetz erhielten die Streitkräfte weitreichende Vollmachten zur Durchführung von Durchsuchungen und wurden ermächtigt, Personen, die gegen diese Bestimmungen verstoßen hatten, vor Militärgerichte zu stellen. Obwohl man damit gerechnet hatte, daß Allende auch gegen dieses Gesetz sein Veto einlegen werde, und seine sozialistische Partei ihn auch drängte, es zu tun, hatte er keine andere Wahl, als es hinzunehmen. Denn im Oktober 1972 ging eine Streikwelle über das Land, die er nur mit Hilfe des Militärs beenden konnte. Der Preis für die Zusammenarbeit mit der Regierung Allende war das neue Waffenkontrollgesetz.

Die revolutionären Umtriebe in Chile nahmen inzwischen klassische Formen an. Wenn der Zerfall der Autorität an einen bestimmten Punkt gelangt ist, dann hat die Regierung weder die Kraft, die Opposition zu unterdrücken, noch die Legitimität, die notwendig ist, um mit Zugeständnissen noch etwas zu gewinnen. Wenn dieser Zustand erreicht ist, dann beschleunigen sowohl Unterdrückung als auch Nachgiebigkeit den Zusammenbruch. Mit Gewalt läßt sich keine Entscheidung mehr erzwingen, und Zugeständnisse werden nicht mehr als großzügige und tolerante Haltung der Regierung angesehen, sondern der Stärke der Opposition zugeschrieben. So war es auch in Chile. Allende konnte mit den Streiks nur noch fertig werden, wenn er den Einfluß des Militärs stärkte, auf das sich andererseits die demokratische Opposition stützte, wenn sie etwas gegen die verfassungswidrigen Maßnahmen der Regierung unternehmen wollte. Als Allende dem Waffenkontrollgesetz zustimmte, ermutigte er damit andere Gruppen, auf die Erfüllung ihrer Forderungen zu drängen. Die von ihnen gewählte Methode war ein Streik, der sich nicht gegen die Unternehmer richtete – einige Streikende waren sogar Unternehmer –, sondern gegen die Regierung.

Die gefährlichste dieser Arbeitsniederlegungen begann am 10. Oktober 1972, als die Konföderation der Lastwagenbesitzer zum Generalstreik aufrief, um dagegen zu protestieren, daß die Regierung die Gründung einer regionalen staatlichen Transportfirma als Konkurrenzunternehmen angekündigt hatte. Aus diesem Streik entstand sehr bald eine Lawine des öffentlichen Protests gegen die Regierung, der praktisch zum allgemeinen Generalstreik wurde. Die christlich-demokratische Partei stellte sich hinter die Lastwagenbesitzer. Die Parteiführung beschuldigte die Regierung der Verletzung des Statuts demokratischer

Garantien – des vor den Wahlen erlassenen Bürgerrechtsgesetzes, das es Allende ermöglicht hatte, an die Macht zu kommen. Zu den von der christlich-demokratischen Partei gestellten Bedingungen zur Lösung des Konflikts gehörten wirksame Garantien für die Freiheit der Meinungsäußerung. Am 16. Oktober schloß sich der Verband der Ingenieure dem Streik an; es folgten die Bankangestellten, Gasarbeiter, Rechtsanwälte, Architekten, Taxi- und Busfahrer, Ärzte und Zahnärzte.* Nun ordnete die Regierung in zwanzig oder fünfundzwanzig Provinzen Ausgehverbot an und übernahm alle Rundfunkstationen.

Die Streiks endeten am 5. November, aber um den Preis eines erheblichen Machtzuwachses des Militärs. Vier Vertreter der Streitkräfte wurden in Allendes Kabinett aufgenommen. Das für die öffentliche Ordnung zuständige Innenministerium wurde vom Oberbefehlshaber des Heeres, General Prats, übernommen, der die Verhandlungen zur Beendigung des Streiks geführt hatte. Aber die Atempause war nur kurz.

In Washington hatte der Vierzigerausschuß indessen am 26. Oktober beschlossen, die demokratischen Parteien bei den Kongreßwahlen im März 1973 finanziell zu unterstützen. Dazu wurde die Summe von 1 427 666 Dollar genehmigt. Wieder wurden hunderttausend Dollar für Organisationen des privaten Sektors abgezweigt (für die Registrierung von Wählern), ihre Verwendung bedurfte jedoch der Zustimmung des Botschafters, die Botschafter Davis nicht gegeben hat. Der CIA feindliche Mitglieder eines Untersuchungsausschusses des Senats haben sich später bemüht, Verstöße gegen die von Washington gegebenen strikten Richtlinien festzustellen. Sie konnten nur eine unsachgemäße Verwendung von zweitausendachthundert Dollar für streikende Lastwagenfahrer feststellen, »was nicht den Grundregeln der Behörde entsprach«.[12]

Am 17. Oktober übermittelte mir William Jorden, der dem Stabe des Nationalen Sicherheitsrats angehörte und für diesen Bereich verantwortlich war, die Lagebeurteilung des CIA, nach der man trotz der ständig chaotischer werdenden Zustände mit einer Wahrscheinlichkeit von sechzig zu vierzig Prozent nicht damit rechnen könnte, daß Allende vom Militär gestürzt werden würde. Jorden, der schon lange in Washington arbeitete (eine Zeitlang beim Stabe des Nationalen Sicherheitsrats als Berater des Präsidenten Johnson), fügte hinzu: »Nach meiner Erfahrung bedeuten sechzig zu vierzig Prozent, daß man überzeugt ist, es werde nichts geschehen, daß man sich aber nicht zu sehr geirrt haben will, wenn es doch geschieht.« Ein Bericht der Nachrichtendienste kam zum gleichen Schluß. Es werde keinen Staatsstreich geben, wenn die Regierung nicht mit noch größerer Willkür gegen die verfassungsmäßige Ordnung verstieße als bisher.

Der im eigenen Land hart bedrängte Allende versuchte sich nun im

* Nach einer Quelle streikten alle Taxifahrer und die meisten Busfahrer. Nach Schätzung der Streikführer beteiligten sich auf dem Höhepunkt dieses Arbeitskampfes 100 % der Transportarbeiter, 97 % der im Handel Beschäftigten, 80 % der Freiberuflichen und 85 % der landwirtschaftlichen Arbeiter in den bäuerlichen Kommunen an dem Streik – insgesamt schätzungsweise 600 000 bis 700 000 Chilenen.[11]

Ausland den Rücken stärken zu lassen und reiste am 30. November für fünfzehn Tage nach Mexiko, zu den Vereinten Nationen, nach Algerien, in die Sowjetunion und nach Kuba. Er benutzte diesen Ausflug, um seinen Anti-Amerikanismus zu beweisen und seine üblichen antiamerikanischen Reden zu halten. In einer Ansprache vor dem mexikanischen Kongreß am 1. Dezember wandte er sich scharf gegen die angebliche Aggression der ITT in Chile. Am 4. Dezember führte er vor der Generalversammlung der Vereinten Nationen in New York einen heftigen Angriff gegen die Vereinigten Staaten.

Während eines neunzehn Stunden dauernden Zwischenaufenthalts in Algier setzte Allende seine anti-amerikanische Kampagne fort. »Die künftigen Beziehungen zwischen Algerien und Chile werden die der revolutionären Freundschaft sein, denn wir haben die gleichen Feinde«, erklärte er. In Moskau wurde er vom 6. bis zum 8. Dezember auf das herzlichste von der sowjetischen Führung empfangen. Premierminister Alexei Kossygin erklärte, Chile und Kuba eröffneten dem Sozialismus in Lateinamerika neue Wege. Präsident Nikolai Podgorny versicherte Allende, die UdSSR und alle sozialistischen Ländern unterstützten Allendes »revolutionäre Erneuerung« in Chile. Im Schlußkommuniqué verpflichtete sich die Sowjetunion, Chile auch weiterhin politische und wirtschaftliche Unterstützung zu gewähren.

In seiner geistigen Heimat Havanna wurde Allende begeistert empfangen, wie es dem ersten lateinamerikanischen Staatsoberhaupt zukam, das Kuba seit dem Aufstieg Castros zur Macht besuchte. Das gemeinsame Kommuniqué, das am Schluß des Besuchs am 14. Dezember herausgegeben wurde, wiederholte den Aufruf zum gemeinsamen Kampf Lateinamerikas gegen »die ausländische wirtschaftliche Ausbeutung und Unterdrückung«, die angeblich das »Ringen um Emanzipation« in Lateinamerika zerschlagen wollte – bekannte Schlagworte, die zu einem revolutionären anti-amerikanischen Kreuzzug aufriefen.

Zum Unglück für Allende ließen sich seine Reisen in die Hauptstädte von Ländern mit linksradikalen Regierungen nicht in eine Zustimmung im eigenen Land ummünzen. Bei seiner Rückkehr am 14. Dezember warf ihm die christlich-demokratische Opposition vor, daß er »Chile in die Abhängigkeit von der Sowjetunion führe, die einer Unterwerfung« gleichkäme. Die Opposition verlangte eine Untersuchung aller Vereinbarungen, die auf dieser Reise getroffen worden waren, und bezeichnete sie als eine gefährliche Bedrohung der wirtschaftlichen Zukunft Chiles. Die nächste Phase im Ringen zwischen dem verfassungsmäßig gewählten Präsidenten, der es darauf angelegt hatte, die Verfassung außer Kraft zu setzen, und der demokratischen Opposition sollten die für den März 1973 vorgesehenen Kongreßwahlen sein.

1973: Allendes letzte und entscheidende Krise

Der Sturz Allendes vollzog sich zur gleichen Zeit und mit der gleichen Unausweichlichkeit wie der Nixons. 1973 wurden die Atempausen zwischen den einzelnen Krisen in Chile immer kürzer. Allende reagierte nicht mit einer versöhnlichen Haltung – vielleicht glaubte er, die Brükken hinter sich abgerissen zu haben, aber vielleicht haben ihm seine noch radikaleren Verbündeten auch keine Wahl gelassen –, sondern damit, daß er die Enteignung chilenischer Unternehmen beschleunigte und sich noch intensiver darum bemühte, die Medien zum Schweigen zu bringen – mit Maßnahmen also, die das Chaos verursacht hatten. Er verhielt sich so, als läge seine einzige Rettung darin, eine vollständige Verwirrung zu schaffen und in der daraus entstandenen Lage seinen Willen durchzusetzen. Der Konflikt wurde immer mehr zu einem Kampf um das Überleben aller Beteiligten. Eine immer größere Zahl von Menschen hatte den Eindruck, daß entweder Allende gehen müßte oder die Demokratie zusammenbrechen werde. Am 5. Dezember 1972 hatte der hochgeachtete ehemalige christlich-demokratische Präsident Eduardo Frei seinen Wahlkampf für den Senat begonnen, indem er die Regierung Allende beschuldigte, eine »katastrophale« Lage herbeigeführt zu haben, die Chilenen in zwei unversöhnliche Lager zu spalten und Haß und Gewalt zu schüren.

Freis düstere Vorahnungen sollten sich bald bewahrheiten. Am 10. Januar 1973 verkündete Allende das Inkrafttreten eines neuen Verteilungssystems für Grundnahrungsmittel – Öl, Reis, Fleisch, Zucker, Kaffee und Weizen –, womit die Regierung bestimmte, wer diese lebensnotwendigen Güter in welchen Mengen und zu welchem Preis kaufen durfte. Die Verantwortung für die Verteilung wurde »zur Zusammenarbeit bereiten« kleinen Kaufleuten übertragen. Die ganze Prozedur sollte durch Preis- und Versorgungsausschüsse überwacht werden, die von Mitgliedern der Regierungskoalition Allendes beherrscht wurden. Die Beteiligung an dieser Aktion sollte zwar »freiwillig« sein, aber Kaufleute und Familien, die nicht daran teilnahmen, würden diese Grundnahrungsmittel nicht mehr zu den staatlich subventionierten Preisen kaufen können.

Darin war nicht nur ein Angriff gegen das private Unternehmertum, sondern in der Praxis auch ein strenges Rationierungssystem beschlossen. Wie nicht anders zu erwarten, führte es zur Wiederaufnahme von Streiks. Aber auch Allendes Reaktion war vorauszusehen, der nun seine Angriffe gegen die Vereinigten Staaten zu einer wilden Hetze steigerte. Zum Teil erblickte er darin aber auch ein Mittel, in den Kongreßwahlen Stimmen für sich zu gewinnen. Am 5. Februar veröffentlichte Allendes Koalition ein Wahlprogramm, das wieder die »Verfassungsreform« vorschlug, mit der er im November 1971 keinen Erfolg gehabt hatte und die darauf hinauslief, die Legislative dem Präsidenten zu unterstellen. Noch bedenklicher waren jedoch Allendes Drohungen mit Gewalt. In einer Rede erklärte er, wenn die demokratische Opposition mit ihrer Obstruktionspolitik fortführe, »wäre die chilenische Revolution gezwungen, den demokratischen Weg zu verlassen und sich des Instruments der physischen Gewalt zu bedienen«.

Die Kongreßwahlen am 4. März 1973 endeten mit einem Unentschieden. Da Allendes Koalition jetzt die Medien beherrschte, gewann sie sechs Sitze in der Deputiertenkammer und zwei Sitze im Senat. Aber insgesamt konnte sie doch nur 43,4% der Wählerstimmen auf sich vereinigen. Die demokratische Opposition verfügte in beiden Häusern immer noch über eine beträchtliche Mehrheit (in der Deputiertenkammer waren es 87 gegen 63 und im Senat 30 gegen 20 Abgeordnete). Im Senat verlor die Opposition allerdings ihre bisherige Zweidrittelmehrheit, die sie brauchte, um das Veto des Präsidenten zu überstimmen oder seine Anordnungen annullieren zu lassen. Mit anderen Worten: Allende würde Verfassungsänderungen nicht durchsetzen können, aber die Opposition konnte gegen seine Regierungsmethoden nichts mehr unternehmen. Die praktische Folge war eine Verhärtung.

Aus diesem Unentschieden zog Allende die erstaunliche Folgerung, daß er berechtigt sei, ohne Zustimmung des Kongresses und allein mit den Vollmachten der Exekutive die radikalen Forderungen seines ursprünglichen Wahlprogramms durchzusetzen. Zwei Tage nach den Wahlen erließ er eine Verordnung für eine durchgreifende Neuorientierung und Umstrukturierung des gesamten privaten und öffentlichen Schulsystems bei den Volksschulen und den Höheren Schulen. Das Ziel war, wie das Erziehungsministerium erklärte, »die Errichtung einer neuen sozialistischen Gesellschaft« und die »harmonische Entwicklung der Persönlichkeit des jungen Menschen nach den Wertvorstellungen des sozialistischen Humanismus«. Dieser plumpe Versuch, das Erziehungssystem zu politisieren und damit die Entwicklung in die Richtung auf den totalitären Staat zu treiben, hatte zur Folge, daß Allendes politische Gegner sich jetzt gegen ihn vereinigten – die demokratischen politischen Parteien, das Militär und zum erstenmal auch die katholische Kirche. Und wie schon so oft mußte Allende auch diesmal nachgeben. Im April 1973 akzeptierte der Erziehungsminister die Forderung der Kirche, daß das neue Programm erst verwirklicht werden dürfe, nachdem es gründlich und in aller Öffentlichkeit beraten worden sei. Daß Allende bei dem Versuch, autoritär seinen Willen durchzusetzen, gescheitert war, schwächte seine Stellung noch mehr.

Ende April breiteten sich die Demonstrationen und Streiks auch auf die Provinzstädte und Kupferbergwerke aus. In Santiago kam es zu Straßenschlachten. Ein Vorfall vor dem Büro der christlich-demokratischen Partei gab Allende den Vorwand für die Schließung des Zentralbüros dieser Oppositionspartei, eine ganz ungewöhnliche Maßnahme. Am 6. Mai erklärte Allende für die Provinz Santiago den Ausnahmezustand, der zwölf Tage in Kraft blieb. Die Arbeiter, die angeblichen Nutznießer der marxistischen Politik, revoltierten offen gegen eine sozialistische Regierung, die jetzt nach der Verstaatlichung Eigentümerin der Minen war.

Am 15. Mai erklärte die Nationalversammlung der christlich-demokratischen Partei, die Regierung »strebt nach der totalen Macht, und das bedeutet die kommunistische Tyrannei, getarnt als Diktatur des Proletariats«. In der Erklärung hieß es, daß die christlichen Demokraten »alles in ihrer Macht Stehende« tun würden, um der »totalitären Eskalation« der Regierung Halt zu gebieten. Der ehemalige Präsident Frei, dessen demokratische Grundeinstellung außer Frage stand, wurde zum Senatspräsidenten gewählt. Auch in der Deputiertenkammer führte ein christlicher Demokrat jetzt den Vorsitz. Die Polarisierung in der chilenischen Innenpolitik zeigte sich deutlich in Freis Weigerung, an der Eröffnungssitzung des Kongresses teilzunehmen, in der Allende seine jährliche Regierungserklärung abgab.

Unmittelbar nach Beginn der neuen Sitzungsperiode begann der Kongreß aufs neue, einzelne Minister Allendes aufgrund von Verstößen gegen die Verfassung unter Anklage zu stellen. Dieses ungewöhnliche Mittel, in einem Präsidialsystem die Methoden einer parlamentarischen Demokratie einzuführen, hatte nicht endenwollende Kabinettskrisen zur Folge. Am 25. Mai stellten die christlichen Demokraten Allendes Minister für Arbeit und Bergwerke unter Anklage, der ihnen vorgeworfen hatte, sie hätten die Arbeiter in den Kupferbergwerken zum Streik aufgerufen. Auf Veranlassung des Kongresses wurden mehrere regionale Verwaltungsbeamte entlassen, weil sie gegenüber dem Terrorismus von links zu nachsichtig gewesen waren. Während Allende versuchte, die chilenische Gesellschaft zu revolutionieren, unternahm der Kongreß alles, um seine Regierung zu stürzen.

Alle diese Ereignisse geschahen vor dem Hintergrund eines lawinenartig anwachsenden wirtschaftlichen Chaos. In den zwölf Monaten von Mai 1972 bis Mai 1973 waren die Lebenskosten in Chile um fast unvorstellbare 238 % gestiegen. Die Inflation war von der Regierung bewußt angeheizt worden, um den Besitzstand des Bürgertums zu verringern, sie löste jedoch eine neue Streikwelle aus. Am 22. Mai stellten die privaten Omnibusbesitzer ihre Arbeit ein und forderten höhere Fahrpreise und eine bessere Versorgung mit Ersatzteilen. Daraufhin beschlagnahmte die Regierung alle Omnibusse.

Am 24. Mai legte mir Bill Jorden einen Bericht unseres Nachrichtendienstes vor, in dem gemeldet wurde, daß die Militärs einen Putsch planten. Jorden meinte jedoch, daß man solche Berichte mit einiger Skepsis aufnehmen müßte: »Wir müssen die Lage aufmerksam beobachten und werden das auch tun. Aber es besteht, glaube ich, noch kein Grund zur Aufregung. Vor allem dürfen sich die Vereinigten Staaten auf keinen Fall in diese Entwicklungen einmischen.« Jordens Empfehlungen entsprachen ganz unserer Auffassung. Niemand machte den Vorschlag, etwas zu unternehmen, und es ist auch nichts geschehen. Wir haben zu keiner Zeit die Verbindung zu den militärischen Verschwörern aufgenommen, und der Nationale Sicherheitsrat hat keine Sitzungen abgehalten, um über ein Eingreifen der Vereinigten Staaten zu beraten.

Zu den einzigen Kontakten mit dem chilenischen Militär ist es während dieser Zeit nur im Rahmen eines militärischen Hilfsprogramms gekommen. Mit diesem Programm wollten wir der Lieferung sowjetischer Waffen an diese Länder zuvorkommen. In einer Denkschrift an Nixon vom 15. Mai befürwortete ich Außenminister Rogers Empfehlung, den wichtigsten lateinamerikanischen Ländern, darunter auch Chile, Flugzeuge vom Typ F-5E zu verkaufen:

> Bis jetzt hat sich (das chilenische Militär) Allendes dringender Aufforderung widersetzt, sowjetische Kreditangebote für Waffenkäufe anzunehmen. Wenn wir es nicht zulassen, daß Chile amerikanische Flugzeuge kauft, dann verärgern wir damit nicht nur das chilenische

Militär, sondern zwingen es, auf Allendes Wünsche einzugehen, sowjetische Waffen zu kaufen, womit der sowjetische Einfluß in Chile gestärkt werden würde.

Die Lage in Chile entwickelte jetzt eine eigene Dynamik. Am 5. Juni, dem achtundvierzigsten Tag des Streiks in den Kupferbergwerken, sah sich die Regierung gezwungen, die Kupferlieferungen ins Ausland einzustellen. Damit versiegte die wichtigste Devisenquelle. Wieder kam es in Santiago zu Straßenunruhen, und am 15. Juni traf sich Allende mit sechs Streikführern, um sie zum Verzicht auf Gewaltanwendung zu bewegen. (Die kommunistischen und sozialistischen Parteiführer verurteilten dieses Treffen als Ausdruck einer Beschwichtigungspolitik.) Am 15. Juni flammten die Unruhen in Santiago wieder auf. Als streikende Bergarbeiter einen Protestmarsch in die Hauptstadt veranstalteten, wurden dreiundsechzig Personen verletzt. Am 20. Juni erklärten Tausende von Studenten, Lehrern und Ärzten ihre Solidarität mit den Bergleuten und protestierten gegen die Wirtschaftspolitik der Regierung. Am folgenden Tag organisierte die von den Kommunisten geführte Zentrale Arbeiterkonföderation einen Gegenstreik zur Unterstützung der Regierung. Als Folge von Streik und Gegenstreik wurden Verkehr und Geschäftsleben nicht nur in Santiago, sondern auch in Val Paraíso, Concepción und Arica gelähmt. Um weitere Ausschreitungen zu verhindern, mußte Militär eingesetzt werden.

Am 21. Juni mußte die angesehene Zeitung *El Mercurio* auf Anordnung der Regierung für sechs Tage ihr Erscheinen einstellen, weil sie eine Erklärung der nationalen Partei abgedruckt hatte, in welcher der Präsident kritisiert wurde, womit die Zeitung angeblich »zur Subversion aufgerufen« hatte. Auch diese Maßnahme wirkte eher provokativ als beruhigend und war ein deutlicher Hinweis auf Allendes zunehmende Schwäche und antidemokratische Einstellung. Die Zeitung stellte ihr Erscheinen nur für einen Tag ein, weil ein Appellationsgericht die erste gerichtliche Anordnung aufhob. Um die gleiche Zeit versuchte die Regierung, dem Präsidenten der nationalen Partei, Senator Onafre Jarpa, seine Abgeordnetenimmunität zu nehmen. Am 25. Juni warnte die *New York Times* in einem Leitartikel vor der Möglichkeit eines Bürgerkrieges und machte Allende dafür verantwortlich:

Chile am Abgrund

»Der Bürgerkrieg muß verhindert werden«, erklärt Präsident Salvador Allende, aber seine von Marxisten beherrschte Koalition hält an einer politischen Linie und an Taktiken fest, die die Polarisierung beschleunigen müssen, die Chile an den Rand des Abgrunds geführt hat. Der nur vorübergehend erfolgreiche Versuch der Regierung, das Erscheinen der angesehenen Santiagoer Zeitung *El Mercurio* einstellen zu lassen, weil sie die Anzeige einer nationalen Partei veröffentlicht hat, in der Dr. Allende beschuldigt wird, gegen die Verfassung verstoßen zu haben, ist ein typisches Beispiel.

Es wird ein Eingeständnis für den Bankrott der politischen Führung sein, wenn Dr. Allende zur Verhütung des Zerfalls seiner Regierung hochrangige Offiziere in sein Kabinett aufnimmt, wie er es im vergangenen November nach den lähmenden Streiks getan hat.

> Die Führer und Anhänger der Volksfrontregierung Dr. Allendes erregen sich lautstark über »Faschisten und Verräter«, aber sie können damit eine für diese Krise entscheidende Tatsache nicht verschleiern: Sie wurde heraufbeschworen durch einen erbitterten Streik der Arbeiter des El Teniente-Bergwerks, von denen viele 1970 ihre Stimme für Dr. Allende abgegeben und die Verstaatlichung der Kupferbergwerke begrüßt haben, die sich aber jetzt gegen die staatliche Verwaltung der Kupferbergwerke wenden ...
> Finstere Elemente der extremen Rechten, darunter die faschistische Jugendorganisation Patria y Libertad, haben den Streik bei El Teniente zu dem Versuch ausgenutzt, die Regierung zu lähmen und das Eingreifen des Militärs zu provozieren. Aber Dr. Allende könnte diese Kräfte auch jetzt noch isolieren und entwaffnen, wenn er sich den radikalen Kräften in seinen eigenen Reihen widersetzen und einem echten Dialog mit seinen Gegnern im Kongreß zustimmen würde, besonders mit den christlichen Demokraten, um darüber zu sprechen, wie sein Land aus der Krise und der Konfrontation herausgeführt werden könnte.
> Eine solche Politik bedeutete natürlich, daß Dr. Allende auf einen großen Teil des alle Lebensbereiche erfassenden Sozialisierungsprogramms verzichten müßte, für das er ohnedies kein Mandat hat. Damit könnte er jedoch Chile vor einer militärischen Machtübernahme oder dem Bürgerkrieg bewahren, dessen Ausbruch der Präsident mit Recht fürchtet.

Aber Allende interessierte sich nicht für einen demokratischen Dialog. Er marschierte auch weiter auf ein Schicksal zu, das er zwar fürchtete, aber selbst heraufbeschworen hatte.

Die Militärs ergreifen erste Maßnahmen

Am 29. Juni 1973, 42 Jahre nach dem letzten Versuch des Militärs, eine chilenische Regierung zu stürzen, griffen etwa hundert Soldaten des 2. Panzerregiments den Präsidentenpalast und das Verteidigungsministerium in Santiago an. Allende rief den nationalen Notstand aus, und loyale Streitkräfte schlugen die Rebellion in wenigen Stunden nieder. Zweiundzwanzig Menschen, zum größten Teil unbeteiligte Zivilisten, kamen bei den Kämpfen ums Leben, und weitere vierunddreißig wurden verletzt. Die Gebäude in der näheren Umgebung fielen in Trümmer.

Die Tradition der von der Verfassung garantierten Ordnung in Chile war so lebendig, daß sich nach diesem Umsturzversuch politische Gegner zur Verteidigung der Regierung Allende zusammenschlossen. Die Oberbefehlshaber der Flotte und der Luftstreitkräfte gaben sofort Loyalitätserklärungen für Allende ab. Auch die christlich-demokratische Partei rief zur Verteidigung der verfassungsmäßigen Ordnung auf. Am Abend des gleichen Tages faßte ich in einer Denkschrift für Nixon meine Lagebeurteilung nach dem fehlgeschlagenen Putschversuch wie folgt zusammen: »Alles deutet darauf hin, daß der Putschversuch ein isoliertes und schlecht koordiniertes Unternehmen war. Die meisten militärischen Führer, und zu ihnen gehören auch die Oberbefehlshaber aller drei Teilstreitkräfte, haben der Regierung die Loyalität bewahrt.«

Wieder lenkte Allende nicht ein, sondern beschleunigte das Tempo seiner radikalen Maßnahmen. Seine Regierung ließ es zu, daß Hunderte von Privatunternehmen von militanten Gruppen besetzt wurden; vielleicht hat sie diese Gruppen sogar dazu ermutigt. An einem einzigen Tag stieg die Zahl der von der Regierung übernommenen Privatbetriebe von 282 auf 526 und verdoppelte sich damit fast.[13]

Am 10. Juli legte mir Bill Jorden die jüngste Lagebeurteilung unserer Nachrichtendienste vor. Danach war nicht mit einem neuen Militärputsch zu rechnen. Jorden selbst vertrat immer noch die Auffassung, daß wir uns nicht einmischen sollten.

> Die Vereinigten Staaten verfügen nicht über wirksame und zuverlässige Druckmittel zur Beeinflussung dieser Entwicklung. Eine gewisse Wirkung könnten wir damit erzielen, daß wir die gemäßigten Kräfte in Chile ermutigen und auf das Land auch weiterhin einen wirtschaftlichen Druck ausüben. Aber eine Politik des offenen und alle Gebiete umfassenden wirtschaftlichen Drucks würde Allende politisch mehr helfen als es ihm wirtschaftlich schaden könnte.

Wir folgten Jordens Empfehlungen.

Aber Allende steuerte auch weiterhin auf die Katastrophe zu. Er lehnte es ab, einem vom internationalen Währungsfonds empfohlenen Sparprogramm zu folgen, mit dem sich die Finanzen Chiles wieder hätten in Ordnung bringen lassen. Auch von einem Moratorium für das Verstaatlichungsprogramm wollte er nichts wissen, obwohl er damit die Beziehungen zu den demokratischen Oppositionsparteien hätte verbessern können. Und natürlich weigerte er sich auch, seine Haltung gegenüber den Vereinigten Staaten zu ändern, die ihn zwar nicht in diese Lage gebracht hatten, aber ihm helfen konnten, sie bis zu einem gewissen Grade zu entschärfen.

Auf eine neue Streikwelle reagierte die Regierung wie bisher mit weiteren Enteignungen. Am 26. Juli streikten die Lastwagenbesitzer; Allende ließ alle ihre Fahrzeuge beschlagnahmen. Noch am gleichen Tag erklärten sich die christlichen Demokraten zu Verhandlungen mit Allende bereit, um zur Entspannung der Lage beizutragen. Die Gespräche begannen am 30. Juli. Am 1. August legte die Partei in einem Brief an Allende ihre Forderungen vor: Die paramilitärischen Gruppen der extremen Linken und Rechten sollten entwaffnet werden. Das nach dem fehlgeschlagenen Putsch enteignete Vermögen sollte an die Besitzer zurückgegeben werden. Ein den Bestimmungen der Verfassung entsprechendes Reformgesetz sollte Klarheit darüber schaffen, wo die Grenzen zwischen Privatbesitz, zum Teil verstaatlichem Vermögen und den staatseigenen Betrieben lagen. Schließlich verlangte die Partei die Beteiligung von Offizieren am Kabinett als eine Garantie für die »verfassungsmäßige Ordnung«.

Am gleichen Tage schlossen sich ein Dutzend Verbände privater Geschäftsleute und Angehöriger der freien Berufe zu einer »bürgerlichen Front« zusammen mit dem erklärten Ziel, die Regierung Allende zu stürzen. Am 3. August brach das öffentliche Transportsystem in Santiago praktisch zusammen, und die Besitzer der Omnibusse und Taxen beteiligten sich am Streik der privaten Lastwagenbesitzer. Auch die Angestellten und Arbeiter der Wasserwerke streikten, und Ärzte und Bergarbeiter in den Kupferminen drohten, das gleiche zu tun. Allende bezeichnete die Streikwelle als »aufrührerisch« und ordnete für den Öffentlichen Dienst den Ausnahmezustand an. Er weigerte sich, Militärs in sein Kabinett aufzunehmen. Die christlich-demokratische Partei erklärte die Gespräche mit Allende für beendet.

Nichts bewies deutlicher den Zusammenbruch der verfassungsmäßigen Ordnung in Chile als die Forderung der Opposition, das Militär an der Regierung zu beteiligen, um den Bestand der Demokratie zu garantieren. Sogar die Führer des linken Flügels der christlichen Demokraten, die sich 1970 hinter die meisten gesellschaftlichen und wirtschaftlichen Ziele Allendes gestellt hatten, forderten die Beteiligung des Militärs, die sie für die »Normalisierung« der Verhältnisse für notwendig hielten. Am 9. August, sechs Tage nachdem Allende sich offiziell geweigert hatte, es zu tun, gab er schließlich nach und nahm einige Offiziere in sein Kabinett auf. In dieser dritten Kabinettsumbildung in diesem Jahr ernannte er den ehemaligen Innenminister und Oberbefehlshaber des Heeres, General Prats, zum Verteidigungsminister. Drei andere führende Militärs übernahmen das Finanzministerium, das Transportministerium und das Landwirtschaftsministerium. In dem neuen Kabinett war die politische Kräfteverteilung, abgesehen von den neu ernannten Militärs, etwa die gleiche wie vorher. Es bestand aus drei Sozialisten, drei Kommunisten, zwei Radikalen, einem Unabhängigen und einigen Führern linker Splitterparteien.

Diese seltsame Mischung aus Revolutionären und Konservativen machte das Kabinett praktisch regierungsunfähig. Allendes einzige Möglichkeit bestand jetzt nur noch in einem Appell an die anti-amerikanischen Gefühle. Die linke Presse beschuldigte die amerikanische Botschaft in Santiago, Streiks unterstützt und zur Gewalt aufgerufen zu haben. Der ehemalige Innenminister, Hernán del Canto, der kürzlich vom chilenischen Kongreß aus seinem Amt entfernt worden war, weil er nichts gegen den Terrorismus unternommen hatte, behauptete am 13. August in einem Leitartikel der Zeitung *Ultima Hora*, daß Botschafter Davis geholfen habe, die gegen die Regierung gerichtete Agitation durch die CIA zu finanzieren. Am 15. August wurden vor den Wohnungen von drei Beamten der amerikanischen Botschaft Bomben entdeckt. Die Regierung versicherte Botschafter Davis, daß sie Angriffe gegen amerikanische Diplomaten nicht dulden werde, aber am 21. August setzte die kommunistische Zeitung *El Siglo* die Hetzkampagne fort und behauptete, daß es eine ausländische Verschwörung gegen die Unabhängigkeit und Souveränität Chiles gäbe.

Allende saß in der Falle. Ohne die Unterstützung des Militärs konnte er gegen seine Kritiker nichts mehr unternehmen, aber er war nicht bereit, auf sein radikales Programm zu verzichten, obwohl die Militärs nur in die Regierung eingetreten waren, um seine Durchführung zu verhindern. Prats, der sich am entschiedensten hinter seine Regierung gestellt hatte, mußte auf Veranlassung seiner beunruhigten militärischen Kollegen als Verteidigungsminister und Oberbefehlshaber des Heeres zurücktreten, und zwar einen Tag nachdem die Deputiertenkammer mit 81 gegen 47 Stimmen eine Resolution angenommen hatte, in der die Regierung der »ständigen Verletzung der Grundrechte und Garantien« beschuldigt wurde, die in der Verfassung verankert waren. Die Kammer forderte das Verteidigungsministerium noch einmal auf, »die Regierung zum Handeln zu zwingen«, um den Fortbestand der demokratischen Einrichtungen zu garantieren. Der Präsident der christlich-demokratischen Partei, Patricio Aylwin, stellte sich hinter diese Forderung.

Damit war der Staatsstreich vom 11. September in gewissem Sinne von der kürzlich gewählten Deputiertenkammer und der führenden demokratischen Partei Chiles vorbereitet worden.

Der Staatsstreich

Die Lage in dem von inneren Unruhen heimgesuchten Chile interessierte die Männer, die in Washington die politischen Entscheidungen trafen, zu dieser Zeit nur am Rande. Die Ereignisse in Lateinamerika wurden vom Europa-Jahr, dem sowjetischen Gipfel und den Entwicklungen im Nahen Osten überschattet. Entscheidungen wurden nur getroffen, wenn die Ereignisse uns dazu zwangen, und bezogen sich fast ausschließlich auf wirtschaftliche Probleme wie die Sitzungen der Gläubigernationen zur Umschuldung der Kredite oder die bilateralen Gespräche über die Schuldentilgung, die im März 1973 in die Sackgasse gerieten. Hier war vor allem das Finanzministerium federführend, und sein Interesse war es in erster Linie, wirtschaftliche Prinzipien zu verteidigen. Dazu mußte dafür gesorgt werden, daß die Eigentümer verstaatlichter Unternehmen angemessen entschädigt wurden und daß durch den Verzicht auf die Rückzahlung von Krediten kein Präzedenzfall entstand. Der Vierzigerausschuß beschränkte unsere verdeckten Hilfsmaßnahmen auch weiterhin auf die finanzielle Unterstützung demokratischer politischer Parteien und Medien, die in ihrer Existenz bedroht waren.

Daß kein höherer Beamter einen Staatsstreich für wahrscheinlich hielt, zeigt die Tatsache, daß der Vierzigerausschuß noch am 20. August 1973 in einer telefonischen Abstimmung eine weitere Million Dollar zur Unterstützung der demokratischen Parteien in Chile bis Mitte 1974 billigte. Von diesem Betrag wurden 225 000 Dollar für einen Sonderfond bestimmt, mit dem private Organisationen nach Zustimmung des Botschafters Davis unterstützt werden konnten. Der Botschafter stellte diese Gelder jedoch ebenso wie die am 26. Oktober für den gleichen Zweck bestimmte Summe nicht zur Verfügung. Am 25. August versuchte der Direktor der CIA, Colby, den Botschafter zu übergehen, und bat das Weiße Haus um die Vollmacht, einen Teil dieser Gelder den streikenden Arbeitern zukommen zu lassen. Am 29. August empfahl Bill Jorden, diese Bitte abzulehnen:

> Der Botschafter ist der (richtigen) Ansicht, daß die Vereinigten Staaten Chile in der gegenwärtigen Lage unter Druck halten wollen, ohne sich an Aktionen zu beteiligen, die Allendes Sturz herbeiführen. Er nimmt an, wenn wir dem Vorschlag folgten, täten wir das letztere.

Ich muß Jorden recht geben. Wir folgten der Empfehlung Colbys nicht und legten sie nicht einmal dem Präsidenten vor. Sehr bald wurde sie durch die Ereignisse überholt.

Zweiundsiebzig Stunden bevor die Bombe platzte – am Samstag, dem 8. September – traf ich zum ersten Mal mit Nathaniel Davis zusammen. Die amerikanische Legende konstruiert daraus ein konspiratives Treffen zur Abstimmung unserer Maßnahmen mit dem Ziel, Allende zu stürzen. In Wirklichkeit hatte meine Verabredung mit Davis nichts mit Chile zu tun. Nachdem ich am 22. August zum Außenminister ernannt worden war, ließ ich mir eine Liste der tüchtigsten höheren Beamten im Außenministerium geben, um sie nach Bedarf in Schlüsselstellungen zu versetzen. Auf dieser Liste stand auch Davis' Name. Da ich ihn noch nicht kannte, bat ich das Außenministerium, ihn zu einem Gespräch einzuladen. Ich schlug das Wochenende vom 8. zum 9. September vor, weil ich dann zum erstenmal nach meiner Rückkehr aus San Clemente Zeit dafür haben würde. Davis wurde gebeten, einen anderen Termin zu nennen, wenn ihm dieses Datum nicht paßte oder er glaubte, in Santiago bleiben zu müssen.

Bei unserem Treffen sprachen wir über interne, das Außenministerium betreffende organisatorische und Personalfragen. Das Ergebnis dieses Gesprächs war Davis' Ernennung zum Generaldirektor des Auswärtigen Dienstes. Aber bevor ich mit ihm über das Thema sprach, das mich eigentlich interessierte, bat ich ihn, mich über die gegenwärtige Lage in Chile zu unterrichten. Davis wies darauf hin, daß Chile auf eine Krise zusteuerte und die Wahrscheinlichkeit eines Militärputschs größer geworden sei. Er war sich jedoch nicht sicher, ob aus dem Putsch ein prowestliches, nationalistisches Regime wie in Brasilien oder ein radikales Regime nach dem Muster der Dritten Welt wie in Peru hervorgehen werde. Er meinte, daß die Militärs sich im letzten Augenblick aus der Sache herausziehen könnten. In diesem Falle könnte es Allende gelingen, eine Diktatur nach kubanischem Vorbild zu errichten – vielleicht würde dies aber auf jeden Fall geschehen. Ich meinte, daß, wenn Allende zum Rücktritt gezwungen würde, der Senatspräsident Eduardo Frei, den wir als Patrioten und Demokraten achteten, nach den Bestimmungen der chilenischen Verfassung seine Nachfolge antreten könnte. Doch Davis erwiderte, daß, wenn die Militärs ihre Hemmungen überwinden könnten und einen Putsch wagten, sie die Macht nicht so bald aus der Hand geben würden. Er sollte recht behalten.

Ich sagte Davis, daß er die amerikanische Botschaft aus der Krise heraushalten sollte. Er bestätigte mir, daß er »allen Angehörigen der Botschaft die strikte Anweisung gegeben (habe), sich in keiner Weise einzumischen«. Davis hat sich gewissenhaft an diesen Beschluß gehalten. Da unser Treffen nachträglich falsch interpretiert worden ist, habe ich das Protokoll unseres Gesprächs, soweit es Chile betraf, in die Anmerkungen aufgenommen.[14]

Das Gespräch läßt keinen Zweifel daran, wie weit wir über die Vorgänge orientiert waren, und zeigt auch deutlich, welche Absichten wir unmittelbar vor dem Staatsstreich verfolgten. Wir wußten genausoviel wie jeder Chilene und auch Allende, daß nämlich die Militärs, die bereits Schlüsselstellungen in der Regierung innehatten, ernsthaft an eine Machtübernahme dachten, die praktisch von der Deputiertenkammer und dem Vorsitzenden der christlich-demokratischen Partei vorbereitet worden war. Von einem detaillierten Plan oder Termin hatten wir keine Kenntnis und haben uns an den Vorbereitungen in keiner Weise beteiligt.

Das Unternehmen begann am 11. September 1973 gegen 6.30 Uhr vormittags. Die oppositionellen Rundfunkstationen verbreiteten eine Proklamation der Oberbefehlshaber des Heeres, der Luftwaffe, der Polizei und des Chefs des Flottenstabes, in der Präsident Allende aufgefordert wurde, sofort zurückzutreten. Die Offiziere erklärten, daß die Streitkräfte und die Polizei sich einig in ihrem Kampf gegen den Marxismus und gegen eine unfähige Regierung wären, die das Land in das Chaos führte. Sie versicherten den Arbeitern, daß sie auch weiterhin in den Genuß der ihnen gewährten sozialen und wirtschaftlichen Vorteile kommen würden. Alle Medien, die die Regierung unterstützten, wurden aufgefordert, ihre Tätigkeit einzustellen.

Um 7.30 Uhr vormittags erschien Allende in Begleitung einer schwerbewaffneten Leibwache im Präsidentenpalast. In einer über alle Rundfunkstationen verbreiteten Erklärung weigerte er sich, zurückzutreten. Er forderte die Arbeiter auf, die Fabriken zu besetzen und Widerstand zu leisten. Nachdem die Luftstreitkräfte den Präsidentenpalast mit Bomben angegriffen hatten, drangen Heerestruppen um die Mittagszeit in das Gebäude ein und fanden dort Allendes Leiche. Unsere Botschaft gab nach Washington die Meldung weiter, daß er Selbstmord verübt habe, augenscheinlich mit einer Maschinenpistole, die ihm Fidel Castro geschenkt hatte. Ich bin nicht in der Lage, den Wahrheitsgehalt anderslautender Berichte zu überprüfen.[15]

Ich habe Allendes Sturz als historisches Beispiel für die politische Legendenbildung so detailliert geschildert. In bestimmten Kreisen ist die angebliche »Destabilisierung« Chiles durch uns zum Codewort für alles geworden, was ihnen an der amerikanischen Politik verabscheuungswürdig erscheint. Die einzige Schwierigkeit liegt nur darin, daß eine solche Destabilisierung niemals stattgefunden hat. Es sind nicht die Vereinigten Staaten gewesen, sondern Allendes Regierung, die mit Unterstützung Kubas einen paramilitärischen Aufstand und subversive Machenschaften geplant sowie die radikalen Kommunisten insgeheim mit Waffen beliefert hat. Wir haben dagegen unabhängige Zeitungen und politische Parteien mit Geld unterstützt, die unsere Hilfe im Kampf gegen eine brutale, aber wohlüberlegte Kampagne brauchten, damit sie vor den nächsten Wahlen nicht mundtot gemacht wurden.

Die Vereinigten Staaten haben die Entwicklung in Chile nicht entscheidend beeinflussen können. Es ist Allende gewesen, der das wirtschaftliche und politische System 1973 so nah an den Rand des Abgrunds geführt hat, daß unser Botschafter sich weigerte, den privaten

Sektor zu subventionieren, weil er fürchtete, für den unvermeidlichen Zusammenbruch verantwortlich gemacht zu werden. Den vielleicht klarsichtigsten Nachruf auf Allende hat der alte, erfahrene Revolutionär, der chinesische Premierminister Tschou Enlai gesprochen, der Allendes marxistisches Experiment mit großer Sympathie beobachtete. Bei meinem Besuch wenige Monate nach Allendes Tod sagte mir Tschou, daß er Allende dringend empfohlen habe, langsamer vorzugehen und weniger doktrinär zu sein. Aber Allende habe sich systematisch geweigert, den chinesischen Ratschlägen zu folgen:

> Wir haben mit ihnen über (die Risiken) gesprochen, aber sie haben uns nicht geglaubt. Dieses Phänomen haben sie selbst verursacht ... Ich habe an Präsident Allende nur einen einzigen Brief geschrieben und ihn darin gebeten, nicht zu viele Dinge in Eile zu tun. Es ging nur um wirtschaftliche Probleme; sie sollten die Dinge vorbereiten. Sie sollten nicht alles auf einmal tun, sondern schrittweise vorgehen. Sie sollten dem Volk nicht zu große Versprechungen machen, denn dann würden sie diese Versprechungen nicht einhalten können. Denn wir glauben, daß das Leben des Volkes sich nur auf der Basis der Produktion verbessern läßt. Wenn man vom Sozialismus spricht, dann muß man auch immer an die Wohlfahrt denken. Mein Brief an Präsident Allende wurde in der Zeitung abgedruckt, aber er nützte nichts, weil das Wort eines Ausländers nichts bedeutete.

1973 hatte Allende entweder absichtlich oder als Folge der Dynamik innerhalb seiner radikalen Koalition – wahrscheinlich hat beides eine Rolle gespielt – in Chile eine solche Polarisierung erzeugt, daß die Entwicklung nur noch in zwei Richtungen gehen konnte: Entweder führte sie zu einer Diktatur nach dem Muster von Kuba oder zu einer Militärregierung. Alle demokratischen Parteien waren zum gleichen Schluß gekommen, wenngleich sie zweifellos den Ehrgeiz des Militärs, an der Macht zu bleiben, nachdem es auf seine historische Rolle als Wächter der Verfassung verzichtet hatte, unterschätzt haben. Die chilenische Junta hat sich zunächst durch das bevorstehende Chaos und den Appell der demokratischen Parteien zum Handeln drängen lassen. Nach allem, was wir wissen, haben sich die Militärs nur sehr ungern zum Eingreifen entschlossen, und zwar erst, als sie davon überzeugt waren, von der Mehrheit der Chilenen unterstützt zu werden. Als die Offiziere die politische Verantwortung übernahmen, zeigte sich sehr bald ihre politische Unerfahrenheit, wenn nicht Naivität. Man kann aber nicht ohne weiteres bestreiten, daß sie unrecht gehabt haben, wenn sie glaubten, daß das bestehende Parteiengefüge, das Chile an den Rand des Bürgerkrieges gebracht hatte, wahrscheinlich nicht mit der Lage fertig werden könnte, die zur Machtübernahme durch das Militär geführt hatte.

Man darf auch nicht vergessen, was ein so überzeugter Demokrat wie der ehemalige Präsident Frei unmittelbar nach dem Militärputsch gesagt hat:

> Die Militärs haben Chile und uns alle, deren Leben gewiß nicht so wichtig ist wie das Chiles, gerettet; aber es sind menschliche Leben, und sehr viele, und sie sind noch nicht alle sicher, weil die Streitkräfte auch weiterhin Verstecke und Arsenale aufspüren. Die Marxisten ha-

ben den Bürgerkrieg gut vorbereitet. Und das ist es, was die Welt nicht weiß und sich weigert, zur Kenntnis zu nehmen.[16]

Reaktion in Washington

Wie es der Zufall wollte, kam es zum Staatsstreich zur Zeit der Anhörungen, die meiner Bestätigung im Amt des Außenministeriums vorausgingen. Dieser Umstand verzögerte die Reaktion der Vereinigten Staaten, änderte aber nichts an unserer schließlich eingenommenen Haltung.

Am folgenden Vormittag, dem 12. September, wurde eine Sitzung der Washington Special Actions Group (WSAG) einberufen. William Colbys Bericht am Beginn der Sitzung war äußerst vorsichtig, aber zutreffend. Colby charakterisierte General Augusto Pinochet, der den Putsch geleitet hatte, als einen bisher nicht besonders einflußreichen Offizier, der als pro-amerikanisch galt. Colby sagte richtig voraus, daß die Militärs fundamentale Veränderungen im politischen System verlangen würden. Da sie den zivilen Politikern mißtrauten, würden sie wahrscheinlich in nächster Zeit keine Wahlen abhalten lassen. Er glaubte, daß die Junta Allendes soziale Programme nicht alle rückgängig machen, aber die beschlagnahmten Vermögenswerte allmählich ihren Eigentümern zurückgeben werde. In der Außenpolitik rechnete Colby damit, daß Chile seine feindliche Haltung gegenüber den Vereinigten Staaten aufgeben und gegenüber der Dritten Welt gemäßigter auftreten würde als Allende. Die neue Regierung hatte die Beziehungen zu Kuba abgebrochen und hundertfünfzig Kubaner ausgewiesen.

Vor diesem Hintergrund wandte sich die WSAG operativen Fragen zu: Sollten wir die Junta anerkennen? Wie sollten wir auf Bitten Chiles um wirtschaftliche oder militärische Hilfe reagieren? Welche offizielle Haltung sollten wir gegenüber dem neuen Regime einnehmen? Wie das so oft bei plötzlichen Umstürzen geschieht, beschäftigten wir uns vor allem mit zwei ganz zufällig zur Entscheidung anstehenden Problemen. So ergab sich zum Beispiel die Frage, was mit einem Team von Kunstfliegern der amerikanischen Luftstreitkräfte geschehen sollte, dessen Besuch für die nächsten Tage in Chile vorgesehen war. Außerdem sollten vor der Küste von Chile und Peru Übungen der amerikanischen Flotte abgehalten werden. Die Termine für beide Ereignisse waren schon vor Monaten festgelegt worden. Die erste Reaktion aller Mitglieder der WSAG auf Allendes Sturz war zweifellos Erleichterung (das betraf allerdings nicht seinen Tod). Wir waren uns der Gefahr bewußt, daß man uns beides zur Last legen konnte. In der Atmosphäre, die nach Vietnam und als Folge von Watergate entstanden war, mußten die Vereinigten Staaten alles tun, um den Eindruck zu vermeiden, daß sie sich in eine Entwicklung eingemischt hätten, die, und davon waren wir alle überzeugt, in unserem nationalen Interesse lag.

Deshalb empfahl die WSAG dem Präsidenten, die Frage der diplomatischen Anerkennung zunächst nicht zu erörtern. Grundsätzlich erkannten wir Länder und nicht Regierungen an. Aber praktisch durften wir auf keinen Fall zu den ersten gehören, die die neue Regierung anerkannten und den Kontakt mit ihr aufnahmen. Ich schrieb dem Präsidenten, daß wir »eine abwartende Haltung empfehlen würden, um den lateinamerikanischen Regierungen Zeit zu lassen, vielleicht auch einigen europäischen Ländern, das Fortbestehen ihrer Beziehungen zu Chile bekanntzugeben«. Eine solche Haltung, so erklärte ich mit übertriebenem Optimismus, würde »jeden Vorwurf entkräften, daß wir uns eingemischt hätten, was nicht nur uns, sondern in viel größerem Maß der neuen chilenischen Regierung schaden würde«. Wir vertraten aber die Auffassung, daß Botschafter Davis die neuen Machthaber in Chile diskret durch einen Vermittler davon in Kenntnis setzen sollte, daß wir ihnen grundsätzlich unsere Sympathie entgegenbrachten. Sie müßten jedoch verstehen, daß eine gewisse Verzögerung der offiziellen Anerkennung im beiderseitigen Interesse läge.

Was die Wirtschaftshilfe betraf, so wurde eine interministerielle Arbeitsgruppe damit beauftragt, zu erkunden, welche Anträge Chile stellen könnte, und Vorschläge für von uns zutreffende Maßnahmen zu machen. Wir beschlossen, den Verpflichtungen im Hinblick auf die Rüstungslieferungen, die wir während Allendes Amtszeit eingegangen waren, routinemäßig nachzukommen. Die chilenische Regierung sollte selbst entscheiden, ob sie den Besuch unserer Kunstflieger noch wünschte. (Ich war nicht dafür.) Die Flottenübung wurde abgesagt, und die amerikanische Flotte erhielt den Befehl, die chilenische Küste auch außerhalb der chilenischen Hoheitsgewässer zu meiden. Der Vertreter der Joint Chiefs of Staff erhob Einwände mit der durchaus verständlichen Begründung, daß wir damit auf unser Recht verzichteten, auf hoher See vor der Küste eines jeden Landes, in dem eine Revolution stattgefunden hatte, Flottenübungen abzuhalten. Um uns vor dem zu erwartenden Vorwurf der Einmischung zu schützen, forderte die WSAG die CIA auf, eine Liste aller seiner Unternehmungen in Chile während der vergangenen drei Jahre vorzulegen. Wenn wir den Putsch geplant hätten, dann wären wir nie auf die Idee gekommen, etwas Derartiges zu tun. Aber diese Liste würde es uns ermöglichen, ungerechtfertigte Vorwürfe zurückzuweisen und uns selbst zu vergewissern, daß es keine nicht genehmigten Aktivitäten gegeben hatte, welche die Vereinigten Staaten belasten könnten. Der Bericht der CIA enthielt in diesem Sinne kein belastendes Material – was aber nichts daran änderte, daß man uns beschuldigte, eingegriffen zu haben.

Der erste Kontakt zwischen der Militärjunta und offiziellen Vertretern der Vereinigten Staaten wurde einen Tag nach dem Putsch, am 12. September, aufgenommen, als General Pinochet um eine geheime Zusammenkunft mit dem Chef der US Military Assis Tance Advisory Group bat.* Wie ich Nixon berichtete, erklärte Pinochet, »er und seine

* Das genaue Datum der Zusammenkunft läßt sich nicht mehr feststellen. Die Denkschrift, in der ich den Präsidenten von diesem Gespräch unterrichtet habe, trägt das Datum des 19. September. Der erste Entwurf der Denkschrift, den Bill Jorden vom Stabe des Nationalen Sicherheitsrates verfaßt hat, wurde am 12. September geschrieben. Daß bis zur Vorlage eine so lange Zeit vergangen ist, kann ich nur damit erklären, daß ich damals zu sehr mit den Anhörungen vor dem Senatsausschuß zur Bestätigung meiner Ernennung zum Außenminister beschäftigt war.

Kollegen hätten uns vorher über ihre Aktionspläne keine Andeutungen gemacht, und er sagte, er habe das auch für besser gehalten«. Er versicherte, daß die Junta vor allem daran interessiert sei, die traditionellen freundschaftlichen Beziehungen zu den Vereinigten Staaten wiederherzustellen. Chile brauchte eine Unterstützung mit Lebensmitteln und einen einjährigen Aufschub für die Rückzahlung seiner Schulden. Am Schluß meines Berichts schrieb ich:

> Pinochet versteht unsere Haltung im Hinblick auf die diplomatische Anerkennung und gibt sich damit zufrieden. Er sagte von sich aus, daß die Vereinigten Staaten offenbar nicht als erste ihre Absicht bekunden sollten, die Beziehungen mit der neuen chilenischen Regierung fortzusetzen. Außerdem hielt er es für ratsam, wenn sich die chilenische Regierung zunächst öffentlich nicht zu sehr mit uns identifizierte.

Am 13. September meldete ich Nixon, daß die christlich-demokratische Partei und die sozialdemokratische Partei öffentlich erklärt hatten, sie unterstützten die Junta. Das gleiche hatte auch der Präsident des Obersten Gerichtshofs getan. Am 14. September trat die WSAG wieder zusammen. Die Schlüsselfrage war, wie die Vereinigten Staaten das neue Regime unterstützen konnten, ohne mit den repressiven Maßnahmen der Militärs identifiziert zu werden.

Auf der Sitzung wurden keine besonderen Entscheidungen gefällt. Ich widersetzte mich William Simons, des stellvertretenden Finanzministers, Drängen, »den Staatsstreich zu Verhandlungen über die Enteignungen und die Rückzahlung der Kredite auszunutzen«, denn dann könnten wir den Eindruck erwecken, daß die Regierung das Werkzeug der wirtschaftlichen Interessen multinationaler Unternehmen sei.

Noch während des ganzen September nahm die Regierung der Vereinigten Staaten nicht eindeutig Stellung zu den Ereignissen in Chile. Auf einer Sitzung der WSAG am 20. September wichen wir der Entscheidung über eine chilenische Anforderung für tausend Helme und zweitausend Schuß Leuchtmunition für Nachtgefechte aus. Aber am 24. September entschieden wir uns, bekanntzugeben, daß die Vereinigten Staaten beabsichtigten, ihre Beziehungen zur chilenischen Regierung »fortzusetzen« – was einer Anerkennung der Junta gleichkam. Inzwischen hatten Brasilien, Argentinien, Peru, Mexiko, Frankreich und die Schweiz das neue Regime in dieser oder jener Form anerkannt. Unser Zögern hatte der Strategie entsprochen, nicht zu den ersten zu gehören. Vielleicht habe ich diese Haltung auch aus persönlichem Interesse empfohlen, denn jetzt wollte niemand das Verfahren meiner Bestätigung als Außenminister komplizieren.

Auch das Ersuchen Chiles um Wirtschaftshilfe wurde nicht sofort eindeutig beantwortet. Botschafter Davis wurde bevollmächtigt, der chilenischen Regierung mitzuteilen, daß wir dringend benötigte Lebensmittel und Medikamente liefern würden. Wir seien bereit, über eine mittel- und langfristige Wirtschaftshilfe zu sprechen. Die WSAG beschloß, auf Ersuchen der Junta eine Expertengruppe nach Chile zu schicken, die an Ort und Stelle untersuchen sollte, wo die Bedürfnisse am größten waren.

Indessen war es der Junta gelungen, die Lage besser in den Griff zu bekommen. Am 21. September verbot sie die marxistischen politischen Parteien und schickte die nichtmarxistischen Parteien »in Urlaub«. Am 25. September löste sie die Zentrale Arbeiterkonföderation auf, die sich hinter Allende gestellt hatte, entließ alle Bürgermeister und Stadträte und übernahm kurz darauf die Leitung der Universitäten, wo sie die Rektoren durch Militärbeauftragte ablösen ließ.

Am 27. September wandte sich die Junta an den internationalen Währungsfonds und die Weltbank mit der Bitte, Chile, das »am Rande des Bankrotts« stand, zu retten. Die Junta versprach, »die Voraussetzungen dafür zu schaffen, damit ein Klima entsteht, in dem sich die Hilfe von außen als wirksam erweist«. Am 28. September erklärte der neue Außenminister, Konteradmiral Ismael Huerta, Chile sei bereit, Verhandlungen über die Entschädigung für das bei der Beschlagnahme der amerikanischen Kupfergesellschaften enteignete chilenische Vermögen aufzunehmen. Die für die Verteilung von Lebensmitteln und die Preiskontrolle geschaffenen Behörden wurden aufgelöst, und die Regierung verpflichtete sich, den unter Allende widerrechtlich enteigneten Grund und Boden an die rechtmäßigen Eigentümer zurückzugeben. Der chilenische Escudo wurde um 143 Prozent abgewertet.

Die amerikanische Regierung mußte immer noch vorsichtig lavieren. Einerseits waren wir überzeugt, daß uns die Entwicklung in Chile geopolitisch nützte, glaubten aber andererseits, daß wir mit der Mehrheit im Kongreß, die konservative Regierungen stets mit großem Mißtrauen betrachtete, Schwierigkeiten bekommen könnten, wenn wir zu enge Beziehungen mit der Junta suchten. Deshalb hielten wir in der Öffentlichkeit eine gewisse Distanz zur Militärregierung, gingen aber inoffiziell auf eine Reihe ihrer Forderungen ein. Am 1. Oktober sagte ich meinen Mitarbeitern im Außenministerium,

> daß wir, was die neue Regierung in Chile betrifft, keine gegen sie gerichteten Maßnahmen unterstützen sollten, indem wir uns scheinbar von den Chilenen distanzierten, daß wir aber andererseits nicht verteidigen dürften, was sie in Santiago tun.

In Übereinstimmung mit dieser Haltung beschlossen wir am folgenden Tag, Außenminister Huerta, der sich zu einem Besuch der Generalversammlung der Vereinten Nationen in New York aufhielt, zum offiziellen Essen einzuladen, das der amerikanische Außenminister für die lateinamerikanischen Delegationen gab, auch wenn seine Regierung von uns noch nicht diplomatisch anerkannt war. Dabei sollte er seinen Platz nach dem durch das diplomatische Protokoll bestimmten Regeln einnehmen. Außerdem erklärte ich mich damit einverstanden, Huerta während seines Aufenthaltes in den Vereinigten Staaten zu empfangen. Daß diese Maßnahmen in aller Form entschieden werden mußten, zeigte deutlich, daß damals eine Atmosphäre herrschte, in welcher der Sturz einer radikalen Regierung, der durch die eigene Bevölkerung herbeigeführt worden war, fast automatisch dem verderblichen Einfluß Amerikas zugeschrieben wurde.

Unsere Begegnung fand am 11. Oktober statt. Als sehr höflicher, in der Diplomatie aber ganz unerfahrener Marineoffizier wußte Huerta kaum, wie er sich in diesem eigenartigen Land verhalten sollte, dessen Presse und Kongreß sich deutlich ablehnend gegenüber einer befreundeten Regierung in Santiago zeigten, während sie die marxistischen Vorgänger dieser Regierung, die versucht hatten, die ganze westliche Hemisphäre gegen die Vereinigten Staaten aufzuhetzen, meist ignoriert oder sogar relativ freundlich behandelt hatten.

Er war überzeugt, daß die chilenischen Militärs Chile von einem totalitären Regime und die Vereinigten Staaten von einem Feind befreit hätten – und er hatte in beiden Punkten recht. Als ich ihm sagte, daß es dem internationalen Ansehen Chiles schweren Schaden zufügen werde, wenn die Junta zu brutale Unterdrückungsmaßnahmen ergriffe, erwiderte er, daß es für seine Regierung das wichtigste sei, die »interne Situation« in den Griff zu bekommen. Ich wies den Außenminister ausdrücklich darauf hin, daß wir überzeugt wären, der Regierungswechsel in Chile läge auch in unserem Interesse, daß ich mir jedoch die Freiheit nehmen würde, ihn darauf aufmerksam zu machen, wenn bestimmte Maßnahmen der Junta nach meiner Meinung die internationale Position Chiles schwächen könnten. Darin lag ein vorsichtiger Hinweis auf die Frage der Menschenrechte.

Sehr bald stellte sich heraus, daß sich der Unterstützung der neuen Machthaber in Chile große Hindernisse in den Weg stellten. Nachdem die Frage der Enteignungen geregelt war und das Sparprogramm der Regierung Wirkung zu zeigen begann, gewährten die Privatbanken natürlich wieder wesentlich höhere Kredite. Aber die Tatsache, daß der Kongreß nach Vietnam und Watergate jeder Militärregierung mit größtem Mißtrauen begegnete, erleichterte es unserer Regierung nicht, die Junta wirksam zu unterstützen. Um das Ausbleiben von Lebensmittellieferungen aus Osteuropa und der Sowjetunion auszugleichen, deren Schiffe am Tage des Putsches auf hoher See wieder Kurs auf ihre Heimathäfen genommen hatten (das zeigte in dramatischer Weise, wie stark die sowjetischen Hilfsprogramme politisch motiviert waren), gewährte die Commodity Credit Corporation Chile einen Kredit in Höhe von vierundzwanzig Millionen Dollar. Mitte November gewährte unser Landwirtschaftsministerium Chile einen weiteren Kredit in Höhe von achtundzwanzig Millionen Dollar. Zur Befriedigung der Bedürfnisse Chiles stützten wir uns im übrigen vor allem auf das PL-480-Programm für die Lieferung von Lebensmitteln. Diese Art der Unterstützung stieß auf relativ geringen Widerstand, denn hier ging es um die Ernährung hungriger Menschen, und im übrigen hatte die Regierung auf diesem Gebiet weitreichende Vollmachten.

Ironischerweise hatte die Regierung Nixon gewisse Hemmungen, die mit der Regierung Allende getroffenen Vereinbarungen über Rüstungslieferungen einzuhalten, denn sie fürchtete, im Kongreß auf scharfe Ablehnung zu stoßen und damit unser ganzes Auslandshilfsprogramm zu gefährden. Deshalb wurde die Allende zugesagte Auslieferung von drei Zerstörern an Chile um mehrere Wochen verschoben, bis das Auslandshilfegesetz vom Parlament angenommen war.

Am 12. Dezember kam eine chilenische Wirtschaftsdelegation nach Washington, und am 21. Dezember gaben das Außenministerium und das Finanzministerium die Unterzeichnung einer Vereinbarung bekannt, mit der die Rückzahlung der chilenischen Schulden an die Vereinigten Staaten (von insgesamt 124 Millionen Dollar) aus der Zeit von November 1971 bis Dezember 1972 auf neue Termine festgelegt worden war. Chile leistete die ersten Zahlungen termingerecht. Es bestätigte seine Verpflichtung, alle Bedingungen der mit den Gläubigernationen im April 1972 geschlossenen Vereinbarungen zu erfüllen, und erklärte sich insbesondere bereit, über eine angemessene Entschädigung für die verstaatlichten Vermögenswerte zu verhandeln. Die Umschuldung der chilenischen Kredite für 1973 und 1974 sollte im Februar 1974 auf einer Sitzung des Pariser Clubs geregelt werden.

Alle diese Manöver verschleierten das fundamentale Problem: Wie sollten die Vereinigten Staaten einen Ausgleich zwischen ihren geopolitischen Interessen und ihrer Sorge für die Einhaltung der Menschenrechte finden? Wir hätten unmöglich leugnen können, daß uns Allendes Sturz erleichtert und befriedigt hatte. Trotz allem, was man an ihr aussetzen konnte, würde sich die neue chilenische Regierung nicht wie ihre Vorgängerin in jedem internationalen Forum gegen uns wenden. Chile würde jetzt nicht mehr eine Zuflucht für Terroristen aus der ganzen Welt sein, und man mußte nicht mehr befürchten, daß der chilenische Totalitarismus für die benachbarten Regierungen in der westlichen Hemisphäre eine Bedrohung darstellte. Wir konnten uns nicht davon überzeugen, daß eine Schwächung der neuen Regierung der Sache der Menschenrechte oder unserer eigenen Sicherheit dienen könnte. Andererseits konnten wir aber auch nicht übersehen, daß die Junta jetzt die Oppositionsparteien und Zeitungen ausgeschaltet hatte, um deren Existenz wir uns während Allendes Amtszeit bemüht hatten. Es war im höchsten Maße bedauerlich, daß in Chile mit seiner langen demokratischen Tradition jetzt ein autoritäres Regime an der Macht war – aber die Umstände, die dazu geführt hatten, waren in der Tat ungewöhnlich gewesen.

Die Vereinigten Staaten mußten sich in einem denkbar ungeeigneten Augenblick mit diesem Problem auseinandersetzen. Nach Vietnam und unter der Belastung von Watergate glaubten viele, daß wir uns erst das Recht verdienen müßten, eine Außenpolitik zu treiben, die sich auf die eigene moralische Unanfechtbarkeit stützte, und daß wir uns nicht mit Hilfe materieller Überlegenheit, sondern aufgrund unseres vorbildlichen Verhaltens durchsetzen müßten. Man wollte auf harte taktische Entscheidungen verzichten; diese Auffassung war Ausdruck der historisch begründeten Ablehnung des Konzepts vom Gleichgewicht der Kräfte in Amerika. Nicht zum erstenmal nahm die Ablehnung der Machtpolitik in den Vereinigten Staaten die Form eines moralischen Kreuzzugs an. Und die durch Watergate erzeugte Stimmung verlieh dem Vorwurf, daß die Regierung eine moralisch nicht einwandfreie Haltung einnähme, eine gewisse Glaubwürdigkeit.

Damit wurde Chile zum Gegenstand einer innenpolitischen Debatte, die über dieses Thema weit hinausging. Hier wirkten sich sowohl Vietnam als auch Watergate aus. Die Nixon-Regierung war sich im Gegensatz dazu, was unsere Kritiker behaupteten, sehr wohl der Tatsache bewußt, daß die chilenische Junta mit groben und gelegentlich auch brutalen Mitteln arbeitete. Aufs ganze gesehen hielten wir aber den Regierungswechsel in Chile für eine gute Sache – sogar im Hinblick auf die Menschenrechte. Deshalb wollten wir der militärischen Führung eine Chance geben. In einer ganzen Reihe von Fällen haben wir versucht, die Militärs zur Mäßigung zu bewegen. Daß dies in erster Linie durch vertrauliche persönliche Kontakte geschah, hat uns innenpolitisch geschwächt, aber in vielen Einzelfällen zum Erfolg geführt. Ebenso richtig ist es, daß viele unserer Kritiker nicht erkannt haben, welche Folgen Allendes Totalitarismus haben mußte. Sie sahen nicht die Gefahren, die in seinem Bündnis mit Kuba und der Sowjetunion lagen, beschuldigten uns, an seinem Sturz mitgewirkt zu haben, und taten jetzt so, als müßte es unser vorrangiges politisches Ziel sein, nunmehr die Junta zu stürzen.

Schon wenige Wochen nach Allendes Sturz waren seine Unfähigkeit, Korruption und die Verletzung aller demokratischen Grundregeln durch ihn vergessen – obwohl man sich dieser Mängel zu seinen Lebzeiten durchaus bewußt war. Immer wieder wurde behauptet, Allende sei ein »demokratisch gewählter Führer« gewesen, aber niemand sagte, daß er nicht das Mandat der Mehrheit besessen hatte, die von ihm geplanten Neuerungen durchzuführen, und daß seine antidemokratische Politik, wäre sie erfolgreich gewesen, das Ende des verfassungsmäßigen Systems in Chile bedeutet hätte. Und schließlich vergaß man auch seine unversöhnliche Feindschaft gegenüber den Vereinigten Staaten.

Der Umstand, daß sich die demokratischen Parteien in Chile unter der Junta in einer so schwierigen Lage befanden, führte bei uns zu einem historischen Gedächtnisschwund. Mit großer Sorge betrachteten wir die laufenden Festnahmen von Zivilpersonen in Chile. Obwohl im Sportstadion von Santiago auch mehrere amerikanische Bürger festgehalten wurden, durften sie nicht von Angehörigen unserer Botschaft besucht werden. Andere Amerikaner wurden als vermißt gemeldet. Einige von ihnen sind ums Leben gekommen. Nach inoffiziellen Schätzungen wurden insgesamt dreitausendfünfhundert bis zwanzigtausend Personen in Internierungslagern festgehalten. Immer wieder hörte man davon, daß die Gefangenen gefoltert wurden. Man hatte den Eindruck, daß die Festnahmen völlig willkürlich erfolgten. Von den Tausenden von Revolutionären, die Allende und seine Anhänger ins Land gerufen und bewaffnet hatten, hörte man nichts.

Am 22. September bestätigte die Junta, daß hohe Beamte der Regierung Allende in einem Gefängnis der chilenischen Marine auf der Insel Dawson eingesperrt worden waren. Auch der kommunistische Parteisekretär, General Luis Corvalán, war verhaftet worden, was sofort Proteste auf internationaler Ebene auslöste. Sogar der Generalsekretär der Vereinten Nationen, Kurt Waldheim, verwandte sich auf Veranlassung der sowjetischen UN-Delegation für Corvalán und appellierte an die Junta, ihn am Leben zu lassen – was nicht etwa zeigte, auf welcher Seite Waldheims Sympathien lagen, sondern ein Beweis dafür war, daß die Mehrheit der in den Vereinten Nationen vertretenen Regierungen einen doppelten Maßstab anlegte. An die iranische Revolutionsregierung, deren Opfer viel zahlreicher waren und sehr viel schlechter behandelt wurden, sind solche Appelle niemals gerichtet worden. Ironischerweise sind es die Vereinigten Staaten gewesen, die nach drei Jahren die Freilassung Corvaláns im Austausch gegen den sowjetischen Dissidenten Bukowskij ausgehandelt haben.

Am 26. September, zwei Tage nachdem die Vereinigten Staaten erklärt hatten, die diplomatischen Beziehungen zu Chile bestünden weiter, entließ die chilenische Regierung sechs während des Putsches festgenommene amerikanische Bürger. Zwei von ihnen erschienen zwei Tage später als Zeugen bei Anhörungen vor dem von Senator Edward Kennedy geleiteten Unterausschuß für Flüchtlingsfragen und berichteten, sie hätten davon gehört, daß in dem Stadion in Santiago mehrere hundert Gefangene hingerichtet worden seien; sie hätten es aber nicht selbst gesehen. Senator Kennedy bedauerte daraufhin die »Politik des Schweigens« der Regierung Nixon. Am 2. Oktober legte er einen Zusatzantrag für das Auslandshilfegesetz vor, in dem es hieß, es entspräche den Auffassungen des Kongresses, daß der Präsident Chile bis auf die humanitäre Hilfe jede weitere Unterstützung versagte, »bis er feststellt, daß die Regierung von Chile die Menschenrechte aller Einzelpersonen, und zwar von Chilenen und Ausländern, schützt, wie dies in der allgemeinen Deklaration der Menschenrechte vorgesehen ist«.

Das vom Kongreß im Dezember 1973 verabschiedete Auslandshilfegesetz enthielt diese Bestimmung nicht, forderte Nixon jedoch auf, von der chilenischen Regierung die Beachtung der Menschenrechte zu verlangen. 1974 unternahm Senator Kennedy einen zweiten Versuch, die Hilfe für Chile streichen zu lassen. Beide Häuser des Kongresses beschlossen im Dezember 1974 bei der Verabschiedung des Auslandshilfegesetzes für 1975, jede Militärhilfe der Vereinigten Staaten für Chile zu streichen, »wenn der Präsident dem Kongreß nicht berichten kann, daß Chile bei der Beachtung der Menschenrechte fundamentale Fortschritte gemacht hat«. 1976 wurde praktisch jede Hilfe für Chile gestrichen – eine Maßnahme, die gegen Allende niemals getroffen wurde.

Bei der Beurteilung der Junta in Chile, die unter bürgerkriegsähnlichen Verhältnissen regieren mußte, wurden ungewöhnlich strenge Maßstäbe angelegt. Sie hat vielleicht zu lange autoritäre Methoden angewendet, es müssen aber trotzdem zwei Fragen klar beantwortet werden: Ist es die Pflicht der Vereinigten Staaten gewesen, Chile so unter Druck zu setzen, wie das geschehen ist, und damit viel weiterzugehen als im Verhalten gegenüber Allende? Hat man hier nicht einen doppelten Maßstab angelegt, und hat sich diese Haltung nicht im Verlauf der siebziger Jahre ständig verschärft? Bei keiner radikalen Revolution, so blutig sie auch gewesen sein mochte – man muß dabei an Kuba, den Irak, Algerien, viele afrikanische Länder, an die Besetzung Indochinas durch Vietnam und an den Iran unter Khomeini denken –, hat es eine solche weltweite Pressekampagne gegeben, und nirgends ist die weltweite Empörung so deutlich zum Ausdruck gekommen wie bei der Verurteilung der mit groben Methoden vorgehenden autoritären Regierung in Santiago. Lag das Verbrecherische dieser Leute in ihren Methoden oder darin, daß sie auf der rechten Seite des politischen Spektrums standen? War das Vergehen dieser Regierung die Mißachtung der bürgerlichen Freiheiten oder der Kampf gegen die politische Linke? Weshalb behauptet man so häufig, daß linke Regierungen wie die in Nikaragua durch Wirtschaftshilfe zur Mäßigung angehalten werden können, während man konservative Regierungen wie die in Chile zur Umkehr zwingen mußte, indem man ihnen jede Hilfe verweigert? Die sozialdemokratische Regierung in Schweden hat jede Auslandshilfe für Chile am 13. September, achtundvierzig Stunden nach dem Putsch, gestrichen, bevor man ermessen konnte, welche Folgen dieser Umsturz haben werde. Würden die Schweden sich gegenüber einem linken Tyrannen ebenso rasch - oder überhaupt - zu solchen Maßnahmen entschließen? Sie haben Hanoi während des ganzen Vietnam-Krieges und in der Folgezeit in außerordentlich großzügiger Weise unterstützt.

Ich will damit nicht sagen, daß ich mit allen Maßnahmen der Junta einverstanden bin. Ich halte vielmehr einiges, was sie getan hat, für unnötig, falsch und brutal. Auch zweifele ich nicht an den humanen Motiven vieler ihrer Kritiker. Aber die Junta hat die Regierungsgewalt in einer revolutionären Situation übernommen, in der die von der vorhergehenden Regierung freigesetzte Gewalt eine große Rolle spielte. Jede ernsthafte Analyse muß diese Probleme berücksichtigen.

Die schweren innenpolitischen Belastungen in den Vereinigten Staaten machten es uns unmöglich, an die Beantwortung solcher Fragen auch nur zu denken. Wir wurden dazu gezwungen, Chile viel stärker zu isolieren, als wir es für richtig hielten. Ähnlich wie bei dem Zusatzantrag des Senators Jackson waren wir auch hier davon überzeugt, daß wir mit unseren Methoden die Lage rascher hätten entschärfen können, ohne das Risiko einzugehen, die Junta in einen antiamerikanischen Nationalismus zu treiben oder ihren Sturz zugunsten der totalitären Linken herbeizuführen.

Der Nahost-Krieg und andere wichtige Ereignisse nahmen unsere Aufmerksamkeit so stark in Anspruch, daß Chile zu einem zweitrangigen Problem wurde. Die Junta konnte ihre Position festigen. Der Kongreß der Vereinigten Staaten verfügte immer schärfere Restriktionen. Im Juni 1976 nahm ich an der Generalversammlung der OAS in Santiago teil und hielt eine längere Rede zum Thema der Menschenrechte. In dieser Beziehung hatte sich in Chile manches gebessert, aber befriedigend war die Lage dort noch lange nicht. Die Verhältnisse waren jedoch befriedigender als in vielen Ländern, in denen radikale Linke die Regierungsgewalt in der Hand hatten, deren Verstöße nicht kritisiert worden sind. Weil es der allgemeinen Tendenz entsprach, verdammte die Welt die Junta - und die Vereinigten Staaten -, und vergaß dabei allzu bereitwillig, daß das durch die Verfassung garantierte Rechtssystem in Chile nicht durch den amerikanischen Imperialismus oder die Machtgier der Generäle, sondern durch den Ehrgeiz und die Unfähigkeit Allendes zerstört worden war. Aber die Glaubenssätze der Linken verlangten, daß der Sturz Allendes das Werk seiner verabscheuungswürdigen Feinde gewesen war.

Doch allmählich wandten die öffentliche Meinung in Amerika und die verantwortlichen Politiker in der amerikanischen Regierung sich anderen Problemen zu, und Chile verschwand immer mehr aus dem öffentlichen Bewußtsein. Die Geschichte, die Evolution und der Geist des chilenischen Volkes mußten nun die Zukunft des chilenischen Staatswesens bestimmen und zugleich die Beziehungen dieses Landes zu den Vereinigten Staaten.

X. Ich werde Außenminister

Die Krise der Exekutive

Zu den grausamsten Foltern des Fegefeuers, das Watergate für Nixon bedeutete, gehörte es, daß ich die Leitung der amerikanischen Außenpolitik übernahm und damit ins Scheinwerferlicht des öffentlichen Interesses geriet. Richard Nixons größter Wunsch ist es gewesen, als Friedensstifter in die Geschichte einzugehen. Die Struktur und Organisation seiner Regierungsmannschaft sollten es ihm ermöglichen, als der Mann zu gelten, der allein für die Planung und Ausführung der amerikanischen Außenpolitik verantwortlich war. Er hatte deshalb dafür gesorgt, daß alle wichtigen internationalen Initiativen vom Weißen Haus ausgehen konnten; das Außenministerium und Außenminister William P. Rogers waren rücksichtslos und manchmal sogar in demütigender Weise von den Schlüsselentscheidungen ausgeschlossen.[1] Ich war das Hauptinstrument des Präsidenten, weil ich mich offenbar hervorragend dafür eignete, hinter den Kulissen zu wirken. Einem Professor aus Harvard wie mir fehlte die politische Basis; einem eingewanderten amerikanischen Bürger wie mir, der das Englische nicht akzentfrei sprach, würde es wahrscheinlich nicht gelingen, die besondere Aufmerksamkeit der Öffentlichkeit zu erregen; und schließlich konnte mein Zugang zu den Medien, weil ich zur unmittelbaren Umgebung des Präsidenten gehörte, vom Weißen Haus kontrolliert werden.

Zunächst verlief alles, wie Nixon es geplant hatte. Mein Büro war die Zentrale für die politischen Entscheidungsprozesse, und ich wurde mit einer Reihe wesentlicher Verhandlungen betraut. Allerdings trifft es nicht zu, wie später behauptet worden ist, daß der komplexe interministerielle Apparat des Nationalen Sicherheitsrats die Behörden in Atem halten sollte, während das eigentliche Geschäft der Außenpolitik von meinem Büro wahrgenommen wurde. Wir waren weder so vorausschauend noch so verschlagen. Der interministerielle Apparat beschäftigte sich mit wirklichen Problemen. Seine Aufgabe bestand darin, die brauchbarsten Ideen innerhalb der Regierung zu entwickeln und festzustellen, welche Möglichkeiten dem Präsidenten jeweils zur Verfügung standen. Die endgültige Entscheidung wurde oft von Nixon allein oder in Beratung mit mir getroffen. Doch wenngleich der Behördenapparat nicht am Entscheidungsprozeß teilnahm, spielte er doch paradoxerweise eine wichtige Rolle bei ihrem Zustandekommen, denn die von der Bürokratie erarbeiteten Optionen bildeten die Grundlage unserer Überlegungen.

Am Anfang arbeitete mein Büro in der von Nixon gewünschten Anonymität. Wenn ich mich mit den Medien in Verbindung setzte, dann ausschließlich auf Nixons Wunsch. Gelegentlich unterrichtete ich die Presse, meistens im Zusammenhang mit wichtigen Reden oder Maßnahmen des Präsidenten; meine Informationen bezogen sich immer nur auf den »Hintergrund« – damit der Eindruck entstand, daß der Sprecher nicht mehr als ein »höherer Beamter des Weißen Hauses« sei. Ich hatte großen Einfluß, nahm aber keine hohe Stellung ein.

Drei Ereignisse rückten mich persönlich ins Licht der Öffentlichkeit. Als im Juli 1971 meine Geheimreise nach China und im Januar 1972 meine Geheimverhandlungen über Vietnam bekannt wurden, wurde der Sinn der Amerikaner für das Abenteuerliche angesprochen, vielleicht aber auch das Verlangen der Nation, selbst in einer Zeit innerer Zerrissenheit eine bessere Zukunft aufzubauen. Die *Washington Post* beschleunigte den Prozeß, in dessen Verlauf ich zu einer bekannten Persönlichkeit wurde, indem sie sich weigerte, die Regel anzuerkennen, daß ich im Hintergrund blieb (puritanische Anwandlungen, von denen sich die Zeitung später wieder erholt hat): Die *Washington Post* wollte in mir den offiziellen Sprecher des Weißen Hauses sehen, auch wenn ich sie nur über periphere Aspekte der politischen Entscheidungen unterrichtete. Als ich im Oktober 1972 zum ersten Mal im Fernsehen auftrat, um über den Durchbruch bei den Friedensverhandlungen über Vietnam zu berichten, erlebte eine sehr große Zahl von Zuschauern den dramatischen Augenblick, in dem ein Jahrzehnt schwerster seelischer Belastungen zu Ende ging.

So war ich gegen alle Erwartungen – und selbstverständlich gegen Nixons ausdrücklichen Wunsch – bei Beginn der zweiten Amtsperiode des Präsidenten zu einer in der Öffentlichkeit bekannten Persönlichkeit geworden. Da Nixon keinen starken Außenminister haben wollte, wird er auch niemals auf die Idee gekommen sein, daß er schließlich mit einem Sicherheitsberater würde zusammenarbeiten müssen, der über eine eigene Anhängerschaft verfügte. In normalen Zeiten hätte mein neu gewonnenes Prestige höchstwahrscheinlich mein Ausscheiden aus der Regierung beschleunigt. Kein normaler Präsident konnte sich mit einem solchen Zustand abfinden, am wenigsten ein Mann, der so eifersüchtig wie Nixon darauf bedacht war, von der Öffentlichkeit als starker Mann angesehen zu werden. Während des ganzen Jahres 1972 haben der Präsident und Haldeman kaum eine Gelegenheit vergehen lassen, mich in den Hintergrund zu drängen, sich von mir zu distanzieren, wenn ich in Kontroversen geraten war, und mir zu beweisen, wie sehr ich von der Gunst des Präsidenten abhängig war. Wie ich schon im ersten Kapitel gesagt habe, lag darin einer der Gründe, weshalb ich zu Beginn der zweiten Amtsperiode Nixons fest entschlossen war, Ende 1973 zurückzutreten.

Durch Watergate hat sich das alles geändert. Nachdem die Aushöhlung der Autorität des Präsidenten begonnen hatte, hätte mein Rücktritt zu noch größeren Schwierigkeiten geführt und den Eindruck hinterlassen, daß sich das Weiße Haus in Auflösung befand. Es wäre unverantwortlich gewesen, meinen Posten zu einer Zeit zu verlassen, in der die Mitarbeit jedes einzelnen gebraucht wurde, um das Staatsschiff auf Kurs zu halten. Auch hat mich niemand im Weißen Haus gedrängt zu gehen. Die Beziehungen zwischen Nixon und mir verbesserten sich sogar in mancher Hinsicht. Nixon bemühte sich nicht mehr, mich ständig drüber im ungewissen zu lassen, was er von mir hielt – eine Taktik, mit der er bisher dafür hatte sorgen wollen, daß ich nicht den Sinn für Proportionen verlor.[2] Er hatte sich niemals persönlich mit den kleinlichen Manövern beschäftigen wollen, die das Werkzeug seiner Strategie waren, aber nachdem Alexander Haig Stabschef des Weißen Hauses geworden war, fehlten ihm die Untergebenen, die für ihn tätig werden wollten. Auch hatte Nixon jetzt nicht mehr die Nerven, die zwischen Rogers und mir bestehenden Spannungen auszunutzen und, wenn er es für notwendig hielt, zu erzeugen, was zur Folge gehabt hatte, daß wir uns beide an ihn selbst oder an Haldeman wenden mußten. Auch das Interesse des Präsidenten für außenpolitische Probleme ließ nach. Wenn er Denkschriften abzeichnete oder meinen Empfehlungen zustimmte, dann fast geistesabwesend. Es fehlten die Unterstreichungen und Randbemerkungen, die mir in der ersten Amtsperiode zeigten, daß er ein Schriftstück sorgfältig durchgelesen hatte. Er verwickelte mich auch nicht mehr in die langen, nachdenklichen und gelegentlich enervierenden Gespräche, mit denen er sich selbst Klarheit über die ihn bedrängenden Probleme zu verschaffen suchte. Er wickelte vielmehr die Regierungsgeschäfte zunehmend automatisch ab, ohne, wie früher, gelegentlich in starke Erregung zu geraten, was in normalen Zeiten die Entscheidungen vorangetrieben und ihm den Mut für einen besonderen Kraftakt gegeben hatte.

Meine Stellung war daher so stark wie nie zuvor, aber auch sehr gefährdet. Einerseits gab es im Weißen Haus keine Konkurrenten, die sich um die Aufmerksamkeit eines von den Regierungsgeschäften abgelenkten und in Mißkredit gebrachten Präsidenten bemühten. Die höheren Beamten im Weißen Haus bemühten sich jetzt nicht mehr um seine Gunst, sondern suchten sich nach Möglichkeit von ihm zu distanzieren. Andererseits wußte aber auch niemand mehr recht, welchen Einfluß das Weiße Haus noch hatte; Herausforderungen durch die lange Zeit unterdrückte Bürokratie und durch den Kongreß wurden zunehmend gefährlicher.

In dieser Lage nahm Nixon plötzlich gegenüber meinen persönlichen Erfolgen eine ganz andere Haltung ein. Er zeigte nicht mehr seinen Ärger über das Interesse der Öffentlichkeit an meiner Person (obwohl er ihn empfunden haben muß), das politische Kalkül zwang ihn vielmehr, dieses Interesse zu begrüßen, denn es stützte die Auffassung, daß Watergate nicht mehr war als eine unbedeutende Abweichung von der großen politischen Linie. Aber Nixons Autorität war schon so weit ausgehöhlt, daß alles, was er tat, ihn schwächen mußte. Je mehr er auf seine außenpolitischen Erfolge hinwies, desto mehr sahen sich seine Kritiker veranlaßt, zu behaupten, es wären meine Erfolge gewesen. Am Schluß hatte Nixon gar keine andere Wahl; er mußte mir die zentrale Rolle zubilligen, sosehr ihn das auch persönlich verletzte – und obwohl es unfair war.

Ich befand mich in einer wirklichen Ausnahmesituation. Als vom Präsidenten persönlich ernanntes Mitglied seines Stabes, vom Senat nicht im Amt bestätigt und allein vom guten Willen und Vertrauen des Präsidenten abhängig, war ich zum Ersatzpräsidenten geworden. Während die ganze übrige Regierungsmannschaft von allen Seiten angegriffen wurde, waren die meisten Kritiker offenbar bereit, mich zu verschonen und sogar vor den Auswirkungen der allgemeinen Erbitterung zu schützen, weil sie vielleicht eine in der Öffentlichkeit bekannte Persönlichkeit als Symbol der Kontinuität brauchten. Natürlich schmeichelte diese Haltung meiner Eitelkeit, aber am stärksten beherrschte mich die Vorahnung der Katastrophe. Wenn die Autorität des Präsidenten in diesem Ausmaß geschwächt war, dann mußte es früher oder später zu schweren außenpolitischen Rückschlägen kommen. Ich versuchte, nach außen unerschütterlich und selbstbewußt zu erscheinen, aber ich hatte keine Illusionen. Mit dieser Haltung konnte ich den unvermeidlichen Zusammenbruch vielleicht aufhalten, aber nicht verhindern.

Nixon war ein zu erfahrener Politiker, um die Gefahren für unsere Außenpolitik nicht zu erkennen. Er bemühte sich nach Kräften, die Konsequenz seiner verzweifelten Lage von mir fernzuhalten. Aufgrund eines stillschweigenden Übereinkommens nahm ich an den Beratungen des inneren Kreises im Weißen Haus über Watergate nicht teil. Nixon und Haig versuchten, die Außenpolitik nach Möglichkeit gegen den Skandal abzuschirmen. Haig warnte mich kurz vor explosiven Ereignissen, die sich auch auf diplomatischer Ebene auswirken konnten, aber im allgemeinen beteiligte man mich nicht an den Gesprächen über die bei Watergate zu verfolgende Strategie oder Taktik. Wenn der Präsident in einer Watergate betreffenden Erklärung ein außenpolitisches Thema berühren wollte, dann gab man mir die Gelegenheit, dazu Stellung zu nehmen.

Wie ich schon gesagt habe, lag nach meiner Ansicht Nixons einzige Chance darin, alles auf einmal offenzulegen. Ich habe mich gegenüber Len Garment immer wieder in diesem Sinne geäußert und, wenn es sich ergab, auch mit Al Haig darüber gesprochen. Wenn das nicht geschah, dann würde sich die Flutwelle der aufeinanderfolgenden Schocks nicht mehr aufhalten lassen. Nur so würde die Administration wieder zu ihrer eigentlichen Aufgabe zurückkehren können, das Land zu regieren. Garment und Haig stimmten mir im Grundsatz zu, aber in der Praxis waren ihnen die Hände gebunden. Keiner von ihnen kannte die Ereignisse, die die Katastrophe ausgelöst hatten. Nachdem die hochrangigen Präsidentenberater bis auf Ron Ziegler das Weiße Haus verlassen hatten, gab es niemanden mehr, der die Einzelheiten kannte und sich daran erinnerte. Nixon selbst übersah auch nicht mehr, welche Vorgänge unter dem Stichwort Watergate einzuordnen waren – wenn er es überhaupt jemals gewußt hatte. Bei der Art, wie er sich zu äußern pflegte, hatte er auch selbst Schwierigkeiten, ernstgemeinte Anordnungen von Temperamentsausbrüchen zu unterscheiden, bei denen er Befehle gab, mit deren Ausführung er nicht rechnete. Er neigte dazu, Ausflüchte als Tatsachen anzusehen und Wunschdenken mit der Wahrheit zu verwechseln.

So verging der Sommer 1973 mit periodischen Erklärungen des Weißen Hauses zu Watergate, die meist hinter den Ereignissen zurückblieben und in der Öffentlichkeit nur das Verlangen nach neuen Enthüllungen weckten. Nixon hatte für Mitte August eine ausführliche Stellungnahme versprochen. Er spielte mit dem Gedanken, bei dieser Gelegenheit die Einstellung aller Untersuchungsverfahren zu verlangen, um die damit verbundenen außenpolitischen Gefahren abzuwenden. Im Grunde hatte er damit recht, aber in der herrschenden Atmosphäre wäre die Außenpolitik durch ein solches Verfahren noch tiefer in den allgemeinen Strudel gerissen worden, ohne daß Nixon sich aus seiner Zwangslage hätte befreien können. In diesem Stadium wäre es unmöglich gewesen, die Untersuchungen einzustellen. Der Kongreß, die Medien und die Öffentlichkeit hätten es nicht zugelassen. Ich ersuchte Haig, Garment und Nixons Sonderberater für Watergate, Charles Alan Wright, die Außenpolitik nicht mit Watergate zu verknüpfen, was sie mir auch zusagten. Schließlich akzeptierte auch Nixon unseren gemeinsamen Rat ohne Murren. Bei Nixon rangierte die internationale Stellung der Vereinigten Staaten über allem Persönlichen, und zwar, wie auch seine Feinde anerkennen müssen, auch auf dem Höhepunkt seiner eigenen privaten Bedrängnis.

Die am 15. August endlich erfolgte Erklärung hatte die gleichen Mängel wie alle vorangegangenen »Erläuterungen« des Präsidenten. Sie sagte zu wenig und kam zu spät. Nixon wiederholte die schon in seiner Rede am 30. April dargestellte Version: Er habe von den miteinander in Verbindung stehenden Übergriffen erst durch die Untersuchungen etwas erfahren, die nach dem 21. März angeordnet wurden. Wie schon bei früheren Gelegenheiten versuchte Nixon einerseits, seinen Untergebenen die Schuld zuzuschieben, wollte es aber auf der anderen Seite vermeiden, sie so sehr zu verärgern, daß sie sich gegen ihn wenden könnten. Er machte auch keine neuen Enthüllungen und erklärte nichts, was die laufenden Untersuchungen nicht schon ans Licht gebracht hatten. Dabei vermied er die Beantwortung der Frage, ob die Tonbänder dem Sonderstaatsanwalt, Archibald Cox, zur Verfügung gestellt werden sollten. Wie nicht anders zu erwarten, reagierten die Medien und der Kongreß feindlich oder bestenfalls gleichgültig. Die Erklärung des Präsidenten vom 15. August hatte daher nicht den gewünschten Erfolg und stieß weder auf Sympathie noch auf Verständnis.

Kurz gesagt, im August war es Nixon nicht mehr möglich, in der bisher gewohnten Art mit Hilfe seiner Präsidentenberater zu regieren. Der Einfluß eines Präsidentenberaters stützt sich auf einen starken und wenn notwendig rücksichtslosen Präsidenten. Wenn sich der Präsident auf seine Berater verlassen will, dann muß er ihnen den Eindruck vermitteln, daß er sie eindeutig und entschieden unterstützt. Präsident Eisenhower hat diese Notwendigkeit in einem Brief an seinen Budgetdirektor, Joseph Dodge, 1953 wie folgt ausgedrückt:

Sie müssen, wenn Sie an diesen Problemen arbeiten, als mein Bevollmächtigter handeln. Während natürlich jedes Ministerium immer direkten Zugang zu mir hat, halte ich es für sehr wichtig, daß Sie bei jedem Einspruch gegen Ihre Entscheidungen zugegen sind – und noch wichtiger ist es, daß Sie und ich die Probleme so entschieden vom gleichen Standpunkt aus behandeln, daß es nur ganz selten zu solchen Einsprüchen kommen kann.[3]

Mit anderen Worten, die Entscheidungen des Präsidentenberaters dürfen nicht mehr in Frage gestellt werden; man sieht es als selbstverständlich an, daß er für den Präsidenten spricht. (Hier entsteht natürlich die akute Gefahr, daß der Assistent willkürlich handelt, denn jetzt wird kaum noch jemand fragen, ob das, was er tut, tatsächlich den Wünschen des Präsidenten entspricht oder ob er im Namen des Präsidenten seine eigenen Vorstellungen durchzusetzen versucht.)

Etwa so lagen die Dinge Ende 1971. Ich stand in einzigartiger Weise direkt mit dem Präsidenten in Verbindung; über mein Büro gingen alle wichtigen Telegramme mit den Anweisungen für unsere Diplomaten im Ausland. Dadurch geriet Außenminister Rogers in eine unmögliche Position. Wenn er dem Inhalt eines Telegramms zustimmte oder sich für eine Option entschied, bevor das Weiße Haus davon Kenntnis genommen hatte, konnte er erleben, daß seine Entscheidung vor seinen Untergebenen rückgängig gemacht wurde. (Wenn er wartete, bis ich mich dazu geäußert hatte, konnte er entweder zustimmen oder einer Entscheidung widersprechen, die, wie er wußte, schon die Zustimmung des Präsidenten hatte. Wenn ein Präsidentenberater klug ist oder einige Erfahrung im Umgang mit der Bürokratie hat, dann wird er jedes kontroverse Problem mit dem Präsidenten besprochen haben.)

Theoretisch ließen sich solche Schwierigkeiten dadurch vermeiden, daß der Sicherheitsberater des Präsidenten und der Außenminister einen ständigen Gedankenaustausch pflegen und damit Konfrontationen verhindern – wie Brent Scowcroft und ich es später getan haben. Aber für Rogers und mich war der Konflikt zwischen dem Außenminister und dem Sicherheitsberater fast schon vorprogrammiert.

Nixon hatte dem Außenministerium von Anfang an mißtraut, weil er glaubte, daß es keine klare politische Linie verfolge und ein Widerstandsnest liberaler Beamter sei, die sich dort seit der Zeit seiner demokratischen Amtsvorgänger verschanzt hätten. Außerdem bin ich davon überzeugt, daß er seinem alten Freund und Mentor, Bill Rogers, der ihm so oft aus der Klemme hatte helfen müssen, wie zum Beispiel in der Krise, die zu der »Checkers-Rede« führte und nach dem ersten Herzanfall Eisenhowers, seine Überlegenheit beweisen wollte. Offenbar wollte Nixon zeigen, daß er von der Außenpolitik mehr verstand als Rogers, der zwar ein erfolgreicher Anwalt, aber auf diesem Gebiet ein Neuling war. Dazu war ich ein nützliches und oft unentbehrliches Instrument – was jedoch nicht bedeutete, daß mir Nixons komplexe, oft undurchschaubare Manöver erspart blieben. Nixon war nicht der erste Präsident, der bewußt die Rivalitäten unter seinen Untergebenen förderte, obwohl er sich selbst davon distanzierte und nicht bereit war, die so entstandenen Meinungsverschiedenheiten zu schlichten. Haldeman,

Mitchell und gelegentlich auch Ehrlichman waren immer bereit, die Wogen zu glätten, solange nicht völlige Windstille eintrat.

Ob es nun Nixons Absicht gewesen ist oder er dieser Entwicklung nur untätig zugesehen hatte – wahrscheinlich war es eine Kombination aus beidem –, die Beziehungen zwischen Rogers und mir wurden im Laufe der Zeit so gespannt, daß sie sich nicht mehr normalisieren ließen. Am Anfang hatten wir beide erklärt, wir würden es nicht zulassen, daß es zwischen uns zu einem ähnlich gespannten Verhältnis kommen würde wie zwischen unseren beiden Amtsbereichen in früheren Regierungen. Aber sehr bald kam es zwischen uns zum Streit. Ich war zu arrogant und zu sehr von meiner geistigen Überlegenheit überzeugt, und Rogers bestand zu energisch auf seinen Vorrechten als Außenminister, als daß wir einen versöhnlichen Ton hätten finden können, der uns erlaubt hätte, die Spannungen in unseren Beziehungen zu beseitigen. Wäre es uns gelungen, dann hätten wir der Nation mit Sicherheit besser dienen können.

Zu Beginn der zweiten Amtsperiode Nixons hatten sich die Fronten versteift. Rogers und ich unterhielten keine privaten Beziehungen. Offiziell gingen wir korrekt miteinander um, aber ohne uns irgendwie entgegenzukommen. Ich war der wichtigste Berater des Präsidenten; Rogers saß an den Hebeln des Apparats, mit dem ein großer Teil unserer außenpolitischen Entscheidungen in die Tat umgesetzt werden mußte. Schließlich fuhren wir uns so fest, daß ich es für unmöglich hielt, auf dieser Basis weiterzuarbeiten. Im November 1972 hatte der Präsident seinen Außenminister wissen lassen, daß er ihn im Sommer 1973 ablösen werde, aber entweder hatte Rogers geglaubt, sein Chef würde, wie schon so oft, seinen Entschluß im letzten Augenblick zurücknehmen oder sein bevorstehender Rücktritt befreite ihn von allen Hemmungen, die sein Verhalten bis dahin noch gezügelt hatten.

Jedenfalls eröffnete Rogers jetzt den Angriff gegen das System, das es dem Weißen Haus bisher ermöglicht hatte, unter Umgehung des Ministeriums eine eigene Außenpolitik zu treiben. So beschloß das Außenministerium zum Beispiel Anfang Dezember 1972, mit Kuba über das Problem der Flugzeugentführungen zu verhandeln. Natürlich mußte jedes Gespräch mit Kuba, gleichgültig, um welches Thema es dabei ging, weitreichende außenpolitische Konsequenzen haben – besonders bei einem Präsidenten, für den Kuba ein neuralgischer Punkt war. Trotzdem wurde das Weiße Haus an einem Samstagnachmittag davon unterrichtet, daß der Außenminister den Beginn der Gespräche auf den folgenden Montagmorgen festgesetzt hatte. Damit blieben dem Stab des Nationalen Sicherheitsrats nur sechsunddreißig Stunden, die Folgen einer wichtigen außenpolitischen Initiative zu überdenken und unter Umständen dem Präsidenten ein Veto gegen eine schon vereinbarte Verhandlung zu empfehlen. Man mußte damit rechnen, daß das Weiße Haus nach dem Wochenende weitere sechsunddreißig Stunden brauchen würde, um seine Stellungnahme auf dem bürokratischen Dienstweg an das Außenministerium weiterzuleiten, so daß die Verhandlungen allein aus formalen Gründen hätten scheitern können. Eine ähnliche Lage entstand zu einer Zeit, als das Weiße Haus angeordnet hatte, gegenüber Indien kühle Zurückhaltung zu wahren, aber das Außenministerium ohne Zustimmung des Weißen Hauses in aller Öffentlichkeit begeistert auf eine indische Initiative reagierte, die Beziehungen zu verbessern. Von der Initiative des Außenministeriums gegenüber Ägypten Ende Januar 1973, von der das Weiße Haus nicht in Kenntnis gesetzt worden war, habe ich schon berichtet.

Das alles geschah noch, bevor ich durch Watergate die Rückendekkung durch einen starken Präsidenten verlor. Aber nach Watergate zeigte es sich deutlich, daß wir im Rahmen des bisherigen Systems nicht weiterarbeiten konnten. Im Frühjahr 1973 sagte mir Melvin Laird, der damals kurze Zeit als Berater des Präsidenten im Weißen Haus arbeitete, daß meine Position als Sicherheitsberater Nixons sehr bald unhaltbar werden würde. Ich würde zwischen dem Kongreß und dem immer selbstbewußter werdenden Beamtenapparat zerrieben werden. Entweder müßte ich Außenminister werden oder zurücktreten. (Ich weiß nicht, ob Laird in diesem Sinne auch mit Nixon gesprochen hat; wenn ja, dann bin ich von keinem der beiden Gesprächspartner davon unterrichtet worden.) Etwas später sagte mir Al Haig, er sei zu dem gleichen Schluß gekommen. Wenn ich noch etwas ausrichten wollte, dann müßte ich das Weiße Haus verlassen und das Außenministerium übernehmen. Er werde mit Nixon darüber sprechen, wisse jedoch, daß es schwierig sein würde, den Präsidenten zu überzeugen. Man müßte mit schmerzlichen und wahrscheinlich sehr langen Aussprachen rechnen.

Ich hatte vorher nicht daran gedacht, mich um einen Kabinettsposten zu bewerben. Ende 1972 hat Bob Haldeman in einem Buch, das manche nicht sehr schmeichelhafte Äußerungen über mich enthielt, meine Haltung zutreffend dargestellt: Solange die Autorität des Präsidenten Nixon nicht geschmälert war, spielte der Sicherheitsberater eine maßgebende Rolle. Damals hatte Nixon nicht die Absicht, mich zum Außenminister zu ernennen.[4] Auch glaube ich nicht, daß Nixon den Senator John Connally zum Außenminister ernannt hätte, es sei denn – wie er behauptete – aus Furcht, mich zu verlieren. Er wußte, daß ich Ende 1973 zurücktreten wollte, und zwar ohne Rücksicht darauf, wer Außenminister war. In normalen Zeiten wäre eine so starke Persönlichkeit wie John Connally nicht in Frage gekommen, weil Nixon dann auf seine Methoden, Außenpolitik zu treiben, hätte verzichten müssen.[5] Wäre es nicht zum Watergate-Skandal gekommen, dann wäre der stellvertretende Außenminister, Kenneth Rush, der am Zustandekommen der Berlin-Vereinbarungen von 1971 wesentlichen Anteil gehabt hatte, im Sommer 1973 Außenminister geworden, und ich hätte das Weiße Haus wenige Monate später verlassen.

Aber im Sommer 1973 standen alle diese Pläne nicht mehr zur Diskussion. Nachdem Watergate über uns hereingebrochen war, konnte ich als Präsidentenberater nichts mehr ausrichten. Nixon hatte genug von der Rivalität zwischen Rogers und mir und hatte schon beschlossen, Rogers zu entlassen. Rush war zu wenig bekannt, um befördert zu werden. Aber wenn Nixon darauf bestanden hätte, Kenneth Rush zu ernennen, dann wäre ich bereit gewesen, als Sicherheitsberater auf meinem Posten zu bleiben. Ich habe die Haltung, die ich bei Beginn der

Watergate-Krise eingenommen hatte, nie aufgegeben: Solange die Krise andauerte, würde ich ohne irgendwelche Bedingungen zu stellen, auf meinem Posten bleiben.

Haig hatte recht gehabt; es war für den Präsidenten eine schmerzliche Entscheidung. Es muß Nixon außerordentlich schwergefallen sein, den wichtigsten Kabinettsposten einem Mann anzuvertrauen, der von seinen Gegnern groß herausgestellt wurde, um den Eindruck zu erwekken, daß der Präsident eigentlich entbehrlich sei. Alles, was für meine Ernennung sprach, unterstrich die tödliche Gefahr, in der sich der Präsident selbst befand. Deshalb reagierte Nixon auf Haigs Empfehlungen zunächst mit Stillschweigen. Er stimmte ihr nicht zu, lehnte sie aber auch nicht ab. Wie Haig mir sagte, nahm er sie kommentarlos zur Kenntnis und sprach mit mir auch nicht andeutungsweise davon – was für alle Beteiligten eine ungeheure Belastung war. Der Präsident wehrte sich dagegen, seine eigene Verwundbarkeit einzugestehen; Haig riskierte die Ungnade des Präsidenten, weil er die Angelegenheit zur Sprache gebracht hatte; und ich befand mich in einer unmöglichen Situation, falls Nixon sein Schweigen nicht brach.

Washington verträgt kein Vakuum. Mitte Juli beschleunigten meine Gegner eine Entscheidung, die meine Freunde bis dahin nicht hatten herbeiführen können. Während sich Rogers auf einer Reise in den Fernen Osten befand, meldete Dan Rather in den Abendnachrichten von CBS, daß man daran dächte, Rogers durch mich ablösen zu lassen. Andere Kommentatoren nahmen das Thema sofort auf. Jetzt kam es darauf an, wie das Weiße Haus auf diese Meldung reagierte.

Washington gleicht einer römischen Arena. Die Gladiatoren treten zum Kampf an, und die Zuschauer bestimmen ebenso wie seinerzeit im Kolosseum durch ein verabredetes Zeichen, wer am Leben bleiben darf. Fast unbemerkt von der großen Öffentlichkeit im Lande erfährt man durch bestimmte Nachrichten, die an die Presse durchgesickert sind, wie sich Macht und Einfluß verteilen. Wenn eine Kontroverse begonnen hat, dann wird ihr Ausgang wesentlich davon bestimmt, welche einflußreiche Persönlichkeit sich mit welcher Auffassung identifiziert. Das hat nicht unbedingt etwas mit der Wahrheit zu tun, sondern oft stehen bestimmte Absichten dahinter. Indiskretionen, die, auch wenn sie nicht der Wahrheit entsprechen, von den Mächtigen nicht dementiert werden, können dem Ansehen einer im Licht der Öffentlichkeit stehenden Persönlichkeit schweren Schaden zufügen oder auch das Gegenteil bewirken. Eine besonders subtile Version dieses Manövers ist die Zeitungsente, die zunächst die erwartete Wirkung erzielt und erst dementiert wird, wenn das geschehen ist. Sie hat den Vorteil, daß das Opfer fast den gleichen Schaden erleidet, die Quelle aber ihren guten Ruf bewahrt.

Die Journalisten sind zugleich neutrale Übermittler von Nachrichten und Mitglieder eines Tribunals. Sie schützen ihre Quellen mit dem Grundsatz der journalistischen Schweigepflicht und bestimmen oft den Ausgang von Kontroversen, indem sie über eine von verschiedenen Versionen besonders ausführlich berichten. Die Presse ist daher sowohl Beobachter als auch Beteiligter. Die Öffentlichkeit mag das Recht haben, unterrichtet zu werden, sie erfährt aber nur, was die Presse ihr sagen will. Im bürokratischen Kleinkrieg ist das Verschweigen einer Quelle häufig auch das Verschweigen des wichtigsten Teils der Nachricht. Der Journalist mag sich um Objektivität bemühen, seine Konkurrenten werden vielleicht bestrebt sein, seinem Bericht den Boden zu entziehen, aber durch Indiskretionen kann oft ein Drama entstehen, das durch die Reaktionen des Opfers und der Manipulatoren der Macht seine eigene Dynamik entwickelt. Augenscheinlich denkt man nur selten an die Motive der Quelle; ethische Probleme ergeben sich ja auch erst, wenn das Interesse des Journalisten für eine Erstmeldung und das Interesse der Quelle an der Wirkung dieser Meldung zusammentreffen, wie es manchmal geschieht, wenn es dem Journalisten darauf ankommt, unbekannte Zusammenhänge zu »enthüllen«. Dann wird es schwierig, zu entscheiden, wer wen mißbraucht hat.

In diesem Fall geriet der Bericht bald in Vergessenheit, aber nicht bevor der damit verbundene Zweck erreicht war. Nixon ist durch die Meldung zweifellos in Verlegenheit gebracht worden, behielt aber seine Gedanken auch weiterhin für sich, zwischen seinen Gefühlen, die gegen meine Ernennung rebellierten, und der Erkenntnis, daß sie unvermeidlich sei, hin und her gerissen. Haig sorgte dafür, daß die Reaktion des Weißen Hauses unverbindlich blieb. Ich bestritt vor der Presse, dieses Thema mit dem Präsidenten erörtert zu haben, was zwar den Tatsachen entsprach, womit ich aber wichtige Einzelheiten verschwieg. Die Begleitung des Außenministers, der sich gerade in Tokio aufhielt, behauptete, ich hätte die Indiskretion begangen. Dan Rather – mit dem ich später andere Meinungsverschiedenheiten haben sollte – wollte mir seine Quelle nicht nennen, bekannte aber ganz offen, daß er die Informationen von meinen Gegnern hätte, die meine Ernennung verhindern wollten. Doch diese Leute verfügten offenbar nicht über weitere Informationen. Die Mitarbeiter des Außenministers in Tokio erkannten sehr bald, daß es keinen Zweck hatte, mir eigennützige Motive zu unterstellen, und daß es nur Rogers' Schwäche dramatisieren würde, wenn die Geschichte ausgewalzt wurde. Niemand hatte sich öffentlich hinter ihn gestellt, kein Senator hatte eine Erklärung abgegeben, und das Weiße Haus hatte die Meldung nicht dementiert. Der Schuß war nach hinten losgegangen.

Anfang August sagte mir Haig, Nixon, der noch immer nicht mit mir darüber gesprochen hatte, wäre einverstanden, mich zum Außenminister zu ernennen, aber nur, wenn er Rogers nicht persönlich entlassen müßte. Haig suchte den Außenminister daher am 8. August auf und schlug ihm vor zurückzutreten. Rogers, der sich während dieser ganzen Zeit durch ungewöhnliche Charakterstärke, Ehrenhaftigkeit und Selbstsicherheit ausgezeichnet hatte, setzte Haig praktisch vor die Tür. Er sagte, daß, wenn Nixon seinen Rücktritt wünschte, dieser ihn schon selbst darum bitten müßte. Er werde den höchsten Kabinettsposten nicht aufgeben, um eine Zwischenlösung zu ermöglichen. Wer Nixons Scheu vor persönlichen Konfrontationen kannte, wußte, daß nun wahrscheinlich eine lange Verzögerung in Aussicht stand.

Die Ungewißheit war schwer zu ertragen. Vielleicht zögerte Nixon mit Absicht, um mich fühlen zu lassen, wie ungern er diese Entscheidung traf. Auch Haig sagte er nichts. Der Präsident behauptete, daß er seine Erklärung zu Watergate vorbereiten müßte, und zog sich nach Camp David zurück. Wie fast immer, wenn er seine Reden vorbereitete, ging er tagelang nicht ans Telefon und weigerte sich sogar, außenpolitische Routineentscheidungen zu treffen. Schließlich ließ Nixon am 16. August, nachdem er Haig nur wenige Stunden vorher davon unterrichtet, mir aber nichts gesagt hatte, Rogers kommen, um ihm den Rücktritt nahezulegen. Zur Überraschung aller Beteiligten und zu Nixons großer Erleichterung machte es Rogers seinem alten Freund leicht. Ohne Nixon zu Wort kommen zu lassen, überreichte er ihm sein schriftliches Rücktrittsgesuch und enthielt sich dabei aller Vorwürfe oder Einwände. Rogers' Verhalten war vorbildlich.

Aber Nixon sprach auch jetzt noch nicht mit mir. Obwohl er Rogers' Rücktrittsgesuch schon einige Tage in der Hand hatte, hörte ich nichts von ihm. Ich wußte zwar, daß Rogers beim Präsidenten gewesen war, und Haig hatte mir gesagt, daß Nixon meine Ernennung auf der nächsten Pressekonferenz bekanntgeben werde, aber Nixon hüllte sich in Schweigen. Erst achtzehn Stunden vor meiner Ernennung sprach er am Spätnachmittag des 21. August in San Clemente mit mir. Er führte mich an eine Ecke des Schwimmbeckens, angeblich um einige Fragen und Antworten für die Pressekonferenz am nächsten Tag mit mir zu besprechen. Dann sprang er ins Wasser, und während er auf dem Rücken liegend neben mir herschwamm, sagte er mir kühl und sachlich und ohne einen Hinweis darauf, daß wir in der Folgezeit sehr eng zusammenarbeiten würden, er werde die Pressekonferenz mit der Bekanntgabe meiner Ernennung zum Außenminister eröffnen. Meine Antwort hätte sarkastisch klingen können, wenn ich nicht so bewegt gewesen wäre. Ich sagte ganz einfach: »Ich hoffe, daß ich Ihr Vertrauen verdiene.« Wir wußten beide, daß meine Ernennung für Nixon keine freiwillige Entscheidung war, sondern daß er sich dazu durchgerungen hatte, weil er hoffte, damit eine Katastrophe abwenden zu können.

Am 22. August um 11.30 Ortszeit gab Nixon meine Ernennung in einer im Freien abgehaltenen und vom Fernsehen übertragenen Pressekonferenz bekannt. Sein Kommentar dazu war knapp: »Die Qualifikationen Dr. Kissingers für diesen Posten sind, glaube ich, allgemein bekannt.« Das war alles.

Ich warte auf die Entscheidung des Senats

In den ersten Stunden nach meiner Ernennung lebte ich praktisch in einem Vakuum. Nach Wochen der Unsicherheit war ich zunächst wie betäubt und konnte kaum begreifen, was geschehen war. Vor fünfunddreißig Jahren war ich als politisch verfolgter Flüchtling nach Amerika gekommen. Ich hatte in einer Rasierpinselfabrik gearbeitet, war als einfacher Soldat in die amerikanische Armee eingetreten und amerikanischer Bürger geworden. Als Kind hatte ich Intoleranz und Haß in einem totalitär regierten Staat erfahren, und Amerika war für mich ein ferner

Traum gewesen. Jetzt sollte ich die Mitverantwortung dafür übernehmen, mein neu gewähltes Vaterland durch eine der schwersten Verfassungskrisen seiner Geschichte zu steuern. Ich war freudig erregt, aber auch von einer gewissen Scheu ergriffen.

Auch hatte ich ein seltsames Gefühl der Erleichterung. Churchill berichtet, daß er sich nach seiner Ernennung zum Premierminister wie befreit gefühlt hätte: Endlich konnte er allein die Verantwortung übernehmen. Diese Stufe hatte ich nicht erreicht, und meine Gefühle waren nicht so eindeutig. Aber ich spürte die Ruhe, die über einen kommt, wenn man erkennt, daß alles, was man seiner Überzeugung entsprechend tut, an seinem Wert gemessen wird, ohne durch persönlichen Ehrgeiz belastet zu werden, der solchen Bestrebungen widersprechen könnte.

Von den vielen telefonischen Glückwünschen, die mich erreichten, freuten mich am meisten die Anrufe alter Freunde und Kampfgefährten. Zu ihnen gehörte zum Beispiel Dean Rusk, der es mit vornehmem Schweigen ertrug, daß man ihn jetzt ächtete, weil er seinem Präsidenten in einem erbitterten Konflikt zur Seite gestanden hatte. Er sprach von der kleinen Gemeinschaft ehemaliger Außenminister, die jetzt die nationale Verpflichtung hätten, einander über die Parteien hinweg zu unterstützen. Das gleiche galt für Robert McNamara, der jetzt von vielen bis aufs Messer bekämpft wurde, die zunächst für den Krieg in Indochina eingetreten waren, um es dann ihm allein zu überlassen, diesen Krieg trotz all seiner inneren Zweifel zu führen, weil er sich seinem Präsidenten und seiner Nation verpflichtet fühlte. Niemand hatte mich während Nixons erster Amtsperiode menschlich stärker unterstützt als McNamara, wenngleich er mit mancher politischen Entscheidung, von der wir glaubten, sie müßte um der Ehre der Nation willen getroffen werden, nicht einverstanden war. Natürlich riefen mich auch viele Mitglieder der Administration an, unter ihnen Elliot Richardson, mit dem ich so erfolgreich zusammengearbeitet hatte, als er Unterstaatssekretär gewesen war, und der jetzt während der Watergate-Periode mit einem gewissen Widerwillen die Pflichten des Justizministers übernommen hatte.

Die Mitglieder des Diplomatischen Korps übermittelten mir ihre guten Wünsche, was zwar keine besondere Bedeutung hatte, denn schließlich gehörte es zu den wichtigsten Aufgaben der Chefs der ausländischen Vertretungen in Washington, gut mit dem amerikanischen Außenminister auszukommen, aber ich spürte doch, wie positiv sie es aufnahmen, daß sich eine Kontroverse innerhalb unseres Behördenapparats ihrem Ende näherte. Sicherlich hatten einige dieser Diplomaten erkannt, wie sie die Gegensätze zwischen dem Weißen Haus und dem Außenministerium zu ihrem Vorteil nutzen konnten, und hatten es auch geschickt getan. Aber man überschätzt allzu leicht die Fähigkeit von Ausländern, unsere internen Konflikte zu begreifen oder sogar zu manipulieren. Für die meisten Diplomaten war die Rivalität zwischen dem Weißen Haus und dem Außenministerium eine alptraumhafte Komplikation unseres ohnedies ungewöhnlich komplexen politischen Systems.

Natürlich wurde ich auch aus dem Außenministerium angerufen. Kenneth Rush hat sicherlich gewußt, daß es nur an Watergate lag, wenn er jetzt nicht der Empfänger dieser Glückwünsche war. Außerdem mußte er erkennen, daß sein Einfluß zurückgehen würde, wenn ein neuer Außenminister mit ganz eigenen Vorstellungen seinen Beraterkreis ins Ministerium mitbrachte. Davon spürte man aber nichts, als er mich anrief und mir mit herzlichen Worten seine Hilfe für die Übergangsperiode anbot. Ich bat ihn, mich möglichst bald in San Clemente zu besuchen.

William Rogers rief mich schon vor Nixons Pressekonferenz von Washington aus an. Er sagte, daß er sein Äußerstes tun werde, um die Übernahme durch mich im Interesse der Nation nach Möglichkeit zu erleichtern. »Sie werden feststellen, daß es ein großartiges Ministerium ist«, sagte er. Ich versicherte ihm, daß seine bisherigen Mitarbeiter in verantwortlichen Stellungen weiter verwendet würden. Ich würde mich, was ihre Zukunft beträfe, weitmöglichst nach seinen Empfehlungen richten. Wir sicherten uns zu, auch weiterhin den Kontakt miteinander zu pflegen, aber sehr viel Sinn konnte darin nicht liegen. Angesichts der bisherigen Verständigungsschwierigkeiten konnten wir nicht erwarten, daß nach Rogers' Ausscheiden ein Vertrauensverhältnis zwischen uns entstehen würde. Nach diesem Gespräch hat es dann auch kaum noch Kontakte zwischen uns gegeben.

Ich bin es aber Bill Rogers schuldig, nachdrücklich darauf hinzuweisen, daß er seinen Posten in vornehmer Haltung verlassen und seine Pflichten mit großer Würde erfüllt hat. Er hat sich den Ärger, den er gespürt haben muß, niemals anmerken lassen. Bis heute hat er sich vorbildlich verhalten. Er hat mich weder hinter meinem Rücken kritisiert, noch sich an den gegen mich gerichteten Angriffen beteiligt, obwohl er viel mehr Grund dafür gehabt hätte als die meisten. Berichte, aus denen hervorging, daß sein Einfluß als Außenminister relativ gering war – und auch ich habe das gesagt –, hat er mit Gleichmut hingenommen. Der Dienst für sein Land ist ihm wichtiger gewesen als der persönliche Erfolg.

Was ich über Rogers' bürokratische Niederlagen berichtet habe – um die pathologische Seite des Nixon-Apparates verständlich zu machen –, soll aber nicht die Tatsache verschleiern, daß Rogers' außenpolitisches Urteilsvermögen besser war, als es unter den gegebenen Umständen und aus persönlichen Gründen zum Ausdruck kommen konnte. Rogers' instinktiv versöhnliche Haltung veranlaßte ihn, die öffentlichen Konfrontationen zu scheuen, von denen die von Nixon geführte Vietnam-Debatte gekennzeichnet war. Bei den Beratungen innerhalb der Regierung neigte Rogers dazu, sich einer energischen Indochina-Politik zu widersetzen, hatte aber keine strategische Alternative anzubieten, was seinen Einfluß in derjenigen Frage verringerte, von der Nixons erste Amtszeit beherrscht wurde. Seine Vorschläge waren im allgemeinen vernünftig, und er ließ sich dabei von humanen Wertvorstellungen leiten. Was er über die möglichen Folgen von Maßnahmen sagte, die er für falsch hielt, war gewöhnlich richtig. Seine Stärke war die Analyse von Einzelproblemen und weniger die Entwicklung eines

Gesamtkonzepts. Seine Auffassungen über einzelne Vorhaben wie etwa über die unter einem schlechten Stern stehende Laos-Invasion von 1971 waren wohl durchdacht. Als persönlicher Berater hätte er hervorragende Arbeit leisten können; aufgrund seines Temperaments und seiner beruflichen Ausbildung fiel es ihm jedoch schwer, im Rahmen eines ambivalenten Behördenapparats eine zusammenhängende Strategie zu entwickeln oder diesen Behördenapparat gegen feindliche Medien und den Kongreß zu verteidigen. Zweifellos hat Nixon mit diesen Schwächen seines Außenministers gerechnet, um ihn dann um so leichter überfahren und beherrschen zu können. Ich muß zugeben, daß ich diesen Umstand rücksichtslos ausgenutzt habe. Aber das alles ändert nichts daran, daß Bill Rogers ein hochanständiger Mann mit einem guten Urteilsvermögen war, dessen Qualitäten als Folge der psychischen Komplexität seines Präsidenten, des Widerstandes seiner Kollegen und der in einem innenpolitisch gespaltenen Land entstandenen Leidenschaften nicht zur Wirkung kommen konnte.

Die Anhörungen zur Bestätigung meiner Ernennung

Die gehobene Stimmung war bald verflogen. Schon nach wenigen Tagen mußte ich mich dem Bestätigungsverfahren im Senat stellen. In der durch Watergate erzeugten Atmosphäre mußten sich die Dinge komplizieren. Ich war seit vielen Jahren der erste Außenminister – seit Christian Herter –, der mitten in der Amtsperiode eines Präsidenten ernannt wurde, und ich war der erste, der dieses Amt übernahm, *nachdem* er die Außenpolitik der amerikanischen Regierung entscheidend mitgestaltet hatte. Nixons Außenpolitik war trotz ihrer Erfolge auch schon vor Watergate sehr umstritten gewesen. Das Verfahren zur Bestätigung meiner Ernennung war deshalb eine günstige Gelegenheit, alle Einwände dagegen öffentlich zum Ausdruck zu bringen. Außerdem ergab sich hier die Möglichkeit, öffentlich zu erörtern, inwieweit der Nationale Sicherheitsrat an den peripheren Aspekten von Watergate beteiligt war. Dabei ging es in der Hauptsache um das Abhören von Telefonleitungen, das ich im vierten Kapitel eingehend erörtert habe.

Die Senatoren des außenpolitischen Ausschusses befanden sich in einem Dilemma. Der Einfluß dieses Ausschusses läuft parallel zu dem des Außenministers. Der Minister ist das Sprachrohr des Ausschusses gegenüber der Exekutive. Er kann dafür verantwortlich gemacht werden, wenn die Auffassungen des Ausschusses nicht genügend zur Wirkung kommen, die ihm systematisch übermittelt werden. Wenn er einen starken Einfluß hat, dann steigert sich damit auch der Einfluß des Ausschusses. Wenn er in den Hintergrund tritt, dann verliert auch der Ausschuß an Bedeutung. Aber der Minister und der Ausschuß sind auch Konkurrenten. Der Minister muß dafür sorgen, daß die Exekutive einen gewissen Entscheidungsspielraum behält, während der Ausschuß darum bemüht sein wird, sich durchzusetzen. Wenn beide Seiten eine gewisse Zurückhaltung üben und jede Verständnis für die Bedürfnisse der anderen hat, dann können sie einander stärken. Wenn jedoch der Minister oder der Ausschuß in seinen Forderungen zu weit geht, kann die Außenpolitik gelähmt werden.

Dem Ausschuß war es sehr unangenehm gewesen, daß ich als Sicherheitsberater einen so großen Einfluß gehabt hatte, denn als Mitarbeiter im Weißen Haus unterstand ich nicht seiner Kontrolle. Deshalb begrüßten die meisten Mitglieder des Ausschusses jetzt die Ernennung eines Außenministers, der zugleich der erste Architekt der Außenpolitik des Präsidenten sein würde. Andererseits wollten nur wenige Senatoren den Eindruck erwecken, daß sie zu sanft mit einer Exekutive umgingen, die sich in ihrer Vietnam-Politik nicht um die Auffassungen des Auswärtigen Ausschusses gekümmert hatte und jetzt tief in den Watergate-Skandal verstrickt war. Jetzt hatten diese Senatoren die Möglichkeit, das Anzapfen von siebzehn Telefonen zu überprüfen.

Die Folge war eine der umfangreichsten Anhörungen zur Ernennung eines Außenministers in der ganzen Nachkriegsperiode. Sie nahm zwei Wochen, vom 7. bis zum 21. September 1973, in Anspruch. Es war ein seltsames Ritual, denn alle Mitglieder des Ausschusses waren mir persönlich wohl gesonnen und entschlossen, mich zu bestätigen. Sie waren sich auch der Tatsache bewußt, daß ich Nixon geraten hatte, die Mitarbeiter des Weißen Hauses vor Kongreßausschüssen aussagen zu lassen, obwohl er sich aufgrund der Vorrechte der Exekutive geweigert hatte, es zu tun. Mit seiner Zustimmung war ich zweimal jährlich mit den Mitgliedern des Ausschusses zusammengetroffen, und zwar nach außen hin im gesellschaftlichen Rahmen, aber diese Zusammenkünfte wurden sehr bald in der Praxis zu politischen Anhörungen. Zunächst versammelten wir uns im Hause des Vorsitzenden, des Senators J. William Fulbright, später in einem für Geheimsitzungen vorgesehenen Raum im Senat. Die Besprechungen nahmen im Lauf der Zeit immer mehr einen offiziellen Charakter an. 1972 führte der Stabsdirektor des Ausschusses, Carl Marcy, ein offizielles Protokoll. Im übrigen hielt ich ständig den persönlichen Kontakt mit den meisten Mitgliedern des Ausschusses. Zu ihnen gehörten in erster Linie meine alten Freunde, die Senatoren Hubert Humphrey und Jacob Javits. Senator Fulbright schätzte ich trotz der zwischen uns bestehenden politischen Meinungsverschiedenheiten als hochgebildeten, fairen und patriotischen Mann. Jetzt, da Vietnam, die Quelle der meisten Meinungsverschiedenheiten, hinter uns lag, konnte der Ausschuß damit rechnen, daß für die Beziehungen zwischen der Exekutive und der Legislative eine neue Ära begann. An meiner Bestätigung war nicht zu zweifeln.

Trotzdem war es die Pflicht des Ausschusses, sorgfältig zu prüfen, ob er mir irgendwelche Verfehlungen nachweisen konnte. Deshalb verging die Hälfte der Zeit mit der Überprüfung des Abhörens von Telefonen. Die Mitglieder des Ausschusses haben sich mit diesem Thema sehr gewissenhaft und gründlich beschäftigt, wurden dann aber zu ihrem großen Ärger doch beschuldigt, daß sie mich zu leicht hätten davonkommen lassen.[6] In dieser gespannten Lage ist es mir leider nicht gelungen – und das hatte ich gehofft –, das Verfahren zu einem vielversprechenden Beginn der Zusammenarbeit beider Parteien in der Außenpolitik zu machen.

Ich versuchte, die Anhörungen in versöhnlichem Ton zu eröffnen. In meiner ersten, vom Fernsehen übertragenen Erklärung am 7. September wies ich ausdrücklich darauf hin, wie wichtig ein starkes, selbstbewußtes Amerika für den Frieden in der Welt wäre und weshalb wir dazu unsere inneren Spaltungen überwinden müßten:

> Wir Amerikaner haben eine beunruhigende Zeit der Attentate und Tumulte, des Rassenkampfs und des Generationenkonflikts und einen mit großer Erbitterung und unter schweren Verlusten geführten Krieg hinter uns. Unmittelbar nach Beendigung dieses letzten Konflikts ist uns eine neue schwere Prüfung auferlegt worden.
>
> Diese traumatischen Ereignisse haben tiefe Schatten auf unseren traditionellen Optimismus und unsere Selbstachtung geworfen ... Wo uns früher ein begeisterter Optimismus dazu verführt hat, zuviel zu wagen, könnte uns jetzt Kleinmut veranlassen, zu wenig zu unternehmen. Eine solche Haltung – und eine davon bestimmte Außenpolitik – würde der globalen Stabilität einen schweren Schlag versetzen.
>
> Aber ich sehe voller Hoffnung in die Zukunft. Die Spannkraft Amerikas ist ungebrochen. Die Dynamik dieses Landes ist unerschöpflich. Was uns auch getrennt haben mag, wir können gemeinsam am Aufbau einer friedlichen Welt arbeiten, in der es möglich sein wird, menschliche Ideale zu verwirklichen. Wenn wir das tun, dann wird sich unser Glaube an die Zukunft stärken.

Der Ausschuß sah sich außerstande, im Verlauf der Anhörungen diesen Anregungen zu folgen, nicht aus Mangel an gutem Willen, sondern weil öffentliche Anhörungen bestimmte politische Voraussetzungen erfüllen müssen. Nicht nur Watergate spielte eine Rolle, sondern auch die Fernsehübertragung der Anhörungen. Gewählte Staatsbeamte brauchen, um überleben zu können, die Unterstützung durch die Öffentlichkeit. Sie wissen, daß in den Abendnachrichten kaum ein Ereignis länger als zwei Minuten behandelt wird, und in diesen zwei Minuten werden viel häufiger kontroverse Aspekte behandelt als Gesichtspunkte, die auf eine Harmonisierung der Gegensätze hindeuten. Ich habe Jacob Javits damals im Scherz gesagt, jedesmal wenn das rote Licht der Fernsehkameras aufleuchtete, stelle er auch die konstruktivsten Fragen mit lauter Stimme, drohend erhobenem Zeigefinger und pulsierender Schläfenader und erwecke dadurch bei jedem naiven Zuschauer den Eindruck, daß er mir als wachsamer Verteidiger des öffentlichen Interesses auch die Aussagen entlockt habe, die zu machen auch mir selbst besonders wichtig waren.

So reagierte Senator Fulbright auf meine einleitende Erklärung mit Fragen über das Abhören von Telefonen. Aber ebenso wie bei den mit schöner Regelmäßigkeit alljährlich wiederkehrenden Untersuchungen zu diesem Thema wurden auch hier keine neuen Tatsachen ans Licht gebracht. Bei allen Untersuchungen stellte sich der Ablauf der Ereignisse so dar, wie ich ihn im fünften Kapitel geschildert habe. Justizminister Elliot Richardson und der stellvertretende Justizminister und amtierende Direktor des FBI, William D. Ruckelshaus, haben eine Erklärung abgegeben, die in allen vorangegangenen und folgenden Untersuchungen bestätigt wurde:

Soweit sich aus den Akten des FBI feststellen läßt, hat Dr. Kissinger seine Besorgnis über das Durchsickern von vertraulichem Material zum Ausdruck gebracht, und als auch der Präsident die gleichen Bedenken äußerte und diese dem Direktor des FBI übermittelt wurden, hat man Maßnahmen getroffen, durch die die undichten Stellen abgesichert werden sollten; dazu gehörte das Abhören der Telefonleitungen von Regierungsangestellten und Journalisten. Darüber hinaus hat er dem FBI Namen von Personen in der Regierung genannt, die Zugang zu vertraulichen Informationen hatten und gelegentlich Informationen überprüften, die im Rahmen dieses Programms anfielen, um ihren Nutzen festzustellen.[7]

Wenn weit zurückliegende Fragen immer wieder von neuem untersucht werden, dann liegt das Problem nicht in den Tatsachen. Wo es darum geht, ob bestimmte Maßnahmen der Regierung angemessen waren, da läßt sich diese Frage nur beantworten, wenn alle Zusammenhänge vollständig aufgeklärt werden. Die Schwierigkeit liegt darin, zu bestimmen, auf welche Einzelheiten es wirklich ankommt, und festzustellen, aus welcher Perspektive die Beteiligten gehandelt haben. Auch wenn der mit der Untersuchung Beauftragte unvoreingenommen vorgeht und die Zeugen zuverlässig sind, ist es fast unmöglich, bei vor Jahren getroffenen Entscheidungen die komplexen Zusammenhänge zu erkennen, die zu ihnen geführt haben. Ob die Untersuchung nun von einem Senator oder von einem Journalisten vorgenommen wird, jedem wird es schwerfallen, sich vorzustellen, unter welchen Zwängen Entscheidungen getroffen werden mußten. Bei der Untersuchung steht der Gegenstand, der untersucht werden soll, im Vordergrund. Andere Verpflichtungen der Regierung oder Fragen, die mit dem Thema unmittelbar nichts zu tun haben, interessieren weniger. Der mit der Untersuchung Beauftragte betrachtet den Vorgang, mit dem er sich zu beschäftigen hat, als einzige Tätigkeit der Beteiligten und tut so, als hätten sie sich ausschließlich damit beschäftigt.

Für die Arbeit in einem hohen Regierungsamt ist es jedoch bezeichnend, daß zwischen der Bedeutung einer Maßnahme und der Zeit, die dafür zur Verfügung steht, sich mit ihr zu beschäftigen, ein Mißverhältnis besteht. Wenn man eine Entscheidung aus dem Gesamtzusammenhang herausreißt, dann bekommt sie ein falsches Gewicht. Der Regierungsbeamte, der die Entscheidung getroffen hat, wird höchstwahrscheinlich die damit in Zusammenhang stehenden Probleme weniger gut gekannt haben als derjenige, der später die Auswirkungen zu untersuchen hat. Die Entscheidung ist unter Umständen innerhalb weniger Minuten gefallen, die spätere Überprüfung nimmt dagegen Tage und Wochen in Anspruch, und dabei ergibt sich die Gelegenheit, sie aus verschiedenen Gesichtswinkeln zu beurteilen – und außerdem lassen sich die Folgen hinterher immer leichter erkennen.

Wenn an der Entscheidung mehrere Personen teilgenommen haben, dann werden sich bei der Untersuchung wahrscheinlich Widersprüche ergeben. Jedes Ministerium und jede Behörde hat ihre eigenen schriftlichen Unterlagen, die anderen Behörden meist nicht zugänglich sind. Die jeweilige Darstellung des Ablaufs der Ereignisse wird stark beeinflußt von den Aufgaben der einzelnen Dienststelle und der natürlichen Neigung, die Verantwortung für umstrittene Entscheidungen auf andere abzuwälzen. Selbst wenn sich die Behörde um absolute Objektivität bemüht, sieht sie die Ereignisse durch die Brille ihrer eigenen vorgefaßten Meinungen. Wenn Dokumente erst nach Jahren bekannt werden, kann man sich gezwungen sehen, zu Behauptungen Stellung zu nehmen, die sich nach so langer Zeit nicht widerlegen lassen, und Ereignisse zu beurteilen, deren man sich auch schon damals kaum bewußt gewesen ist.

Die Anhörungen zu meiner Bestätigung als Außenminister beschäftigten sich mehr mit der Frage der abgehörten Telefone als mit irgendeinem internationalen Problem. Während der öffentlichen Sitzungen kam es zu langen Erörterungen. Die Senatoren John Sparkman und Clifford Case wurden beauftragt, als Unterausschuß die Akten des FBI durchzusehen, weitere Zeugen in nicht öffentlichen Sitzungen zu vernehmen und dann einen Bericht vorzulegen. Während eines ganzen Tages erörterte ich auf der Vollsitzung jeden einzelnen Fall, in dem ein Telefon abgehört worden war, vor dem Ausschuß – wenngleich ich mich in einigen Fällen nur noch schwach an die Zusammenhänge erinnern konnte.* Während dieser Anhörungen habe ich zum erstenmal J. Edgar Hoovers Akten (der im Mai 1972 gestorben war), gesehen. Sie enthielten eine Liste von Beamten, die nach Hoovers Angaben die einzelnen Abhöraktionen »angefordert« oder »genehmigt« hatten. Genehmigt waren die Aktionen ausnahmslos vom Justizminister Mitchell. Die Anforderungen waren nach dieser Aufstellung ausschließlich von Beamten außerhalb des Justizministeriums gestellt worden (in etwa einem Dutzend von Fällen entweder vom damaligen Oberst Haig oder von mir), auch wenn es – in vier oder fünf Fällen hatte ich persönlich Kenntnis davon – J. Edgar Hoover gewesen war, der Nixon den Vorschlag gemacht hatte, die betreffende Person abhören zu lassen. Die »Anforderung« bestand gewöhnlich darin, daß mein Büro Namen von Personen genannt hatte, die in die ersten der vom Präsidenten definierten Kategorien gehörten: Es waren Beamte, die Zugang zu vertraulichen durchgesickerten Informationen hatten. Nach einem knappen Jahr hat sich die Öffentlichkeit wieder sehr intensiv mit der Frage beschäftigt, ob ich die Abhöraktionen »angeregt« oder »verlangt« hätte (siehe 24. Kapitel).

Bei diesen Anhörungen unternahm niemand den Versuch, die Praktiken der Nixon-Regierung mit denen ihrer Vorgänger zu vergleichen, um festzustellen, ob bei uns öfter Telefone abgehört worden waren oder ob, wie ich glaube, die früheren Regierungen diese Methode öfter angewendet hatten als wir in den siebzehn Fällen, die jetzt eine solche Aufregung verursachten. Ich stellte mich jedenfalls entschieden hinter die Entscheidung des Obersten Gerichts von 1972, die drei Jahre *nach* den hier behandelten Fällen getroffen worden war, nach der zum erstenmal angeordnet wurde, daß das Abhören von Telefonen aus Sicher-

* Das Protokoll meiner Aussagen vor der Vollsitzung des Ausschusses ist später veröffentlicht worden, wobei nur wenige Sätze aus Sicherheitsgründen oder um die abgehörten Personen nicht in Verlegenheit zu bringen, gestrichen worden sind.[8]

heitsgründen durch ein Gericht angeordnet werden müßte. In meiner Aussage präzisierte ich meine Auffassung wie folgt:

Nach der Anordnung (der Nixon-Regierung, Telefone abzuhören) im Mai 1969 hat das Oberste Gericht neue Bestimmungen für das Abhören von Telefonen erlassen, und damit sind viele Fragen, die im Zusammenhang mit dem Abhören von Telefonen durch diese oder frühere Regierungen gestellt werden, zum großen Teil gegenstandslos geworden. Bei allen künftigen Fällen, in denen es um die nationale Sicherheit geht, werden wir sehr sorgfältig zwischen den Bedürfnissen der nationalen Sicherheit und der Notwendigkeit, die persönliche Freiheit zu garantieren, unterscheiden müssen. Doch darüber hinaus ergibt sich aus der Frage, wieweit ein Abhören von Telefonen zulässig ist, auch die Frage nach der Ausgewogenheit zwischen der Freiheit des einzelnen und den Erfordernissen der nationalen Sicherheit. Ich würde sagen, daß die persönliche Freiheit den Vorrang hat, und wenn die persönliche Freiheit eingeschränkt werden soll, dann muß mit überzeugenden Argumenten nachgewiesen werden, daß die nationale Sicherheit gefährdet ist.

Der außenpolitische Ausschuß folgte den Empfehlungen der Senatoren Sparkman und Case und beschloß einstimmig, daß die Abhöraffäre meiner Ernennung nicht im Wege stehen dürfe.

Der Ausschuß interessierte sich aber nicht nur für das Abhören der Telefone, sondern auch für die »geheimen Bombenangriffe gegen Kambodscha und den Putsch, der, während das Untersuchungsverfahren lief, Allendes Sturz in Chile herbeiführte. Einige Senatoren interessierten sich in diesem Zusammenhang für ganz besondere Fragen; Senator Javits für das Gesetz über die Vollmachten der Regierung im Kriege, gegen das ich ernste Bedenken äußerte; Humphrey erkundigte sich nach Möglichkeiten, wie wir im Rahmen unseres Auslandshilfeprogramms bedürftige Länder wirkungsvoller mit Lebensmittellieferungen unterstützen könnten. Ich versprach ihm, eine neue amerikanische Politik zur Bekämpfung des Hungers in der Welt zu entwickeln – eine Zusage, die ich im folgenden Jahr bei der auf amerikanische Initiative zustande gekommenen Konferenz der Vereinten Nationen über die Welternährung in Rom erfüllte, als ich ein umfassendes neues Programm vorlegte. Einige Senatoren sprachen das Thema der jüdischen Auswanderung aus der Sowjetunion an, als seien sie die ersten, die auf diese Idee gekommen wären.*

Die Fragesteller gaben zu verstehen, daß wir nach ihrer Ansicht die Menschenrechte und die moralische Dimension unserer Außenpolitik vernachlässigten. Offenbar übersahen sie die Tatsache, daß die Zahl der jüdischen Auswanderer aus der Sowjetunion während Nixons Regierungszeit von vierhundert auf nahezu fünfunddreißigtausend gestiegen war, und zwar *bevor* sich der Kongreß näher mit dieser Frage beschäftigt hatte. Senator Edmund Muskie, der dem sowjetischen Premierminister Kossygin im Januar 1971 in Moskau gesagt hatte, er hielte die Politik Nixons gegenüber der Sowjetunion für zu hart und der Kon-

* Siehe 5. und 22. Kapitel.

greß werde dafür sorgen, daß der Präsident sich mäßigte[9], verlangte in einer besonderen Erklärung, mit der er meine Ernennung zum Außenminister unterstützte, daß »Fortschritte auf dem Wege zur Entspannung von einem weiteren Druck auf die Regierung der Sowjetunion begleitet sein müßten, die Menschenrechte stärker zu respektieren.«

Nach zwei Wochen näherten sich die Anhörungen schließlich ihrem Ende. Sie hatten ihren Zweck erreicht, denn der Kongreß hatte seine Wachsamkeit bewiesen, ohne die künftigen Beziehungen zwischen dem neu zu ernennenden Außenminister und dem Außenpolitischen Ausschuß zu belasten oder das Vertrauensverhältnis zwischen beiden zu stören. Die Senatoren hatten eindringliche Fragen gestellt, aber deutlich ihre Bereitschaft gezeigt, mit mir zusammenzuarbeiten. Wenn sich die Anhörungen mehr mit Streitfragen aus der Vergangenheit als mit Zukunftsplänen beschäftigt hatten, dann war es trotzdem gelungen, den Kontroversen die Schärfe zu nehmen und den Weg für einen neuen Anfang zu bereiten. Sie haben wesentlich dazu beigetragen, daß die guten Beziehungen zwischen mir als Außenminister und dem Außenpolitischen Ausschuß erhalten blieben, während sich Watergate mit seinen unausweichlichen Folgen dem Ende näherte. Diese Beziehungen blieben auch die gleichen, nachdem Präsident Ford die Regierungsgeschäfte übernommen hatte und die Gegensätze zwischen den politischen Parteien wieder deutlicher sichtbar wurden. Der Außenpolitische Senatsausschuß unter Senator Fulbright und später unter Senator Sparkman hat sich während der folgenden dreieinhalb Jahre an die klugen Worte gehalten, mit denen sein Bericht zu meiner Ernennung abschloß:

> Es wäre naiv, zu glauben, daß die Exekutive und die Legislative immer meiner Meinung sein werden. Wenn jedoch alle Fragen offen und klar diskutiert werden, dann sollte es möglich sein, die in der Öffentlichkeit deutlich spürbare Verwirrung, das Mißtrauen und die Spaltungen zu vermeiden, die sich in den vergangenen zehn Jahren entwikkelt haben.
>
> Exekutive und Legislative haben jeweils ihre eigenen Vollmachten und Verantwortlichkeiten. Ein gewisser Widerspruch zwischen beiden ist unvermeidlich und kann gelegentlich im nationalen Interesse liegen. In den vergangenen Jahren haben beide vielleicht zu sehr danach gestrebt, ihre Vollmachten ganz auszuschöpfen, aber es ist klar, daß das von unserer Verfassung geregelte Regierungssystem am besten funktioniert, wenn sich Exekutive, Legislative und Judikative der jeweiligen Grenzen ihrer Autorität ebenso bewußt sind wie der Rechte der anderen. Wir hoffen, daß diese Ausgewogenheit wiederhergestellt werden kann, denn keines der drei Verfassungsorgane ist allwissend oder allmächtig.

Am 18. September entschied sich der Ausschuß mit sechzehn gegen eine Stimme für meine Ernennung. Senator George McGovern, der als einziger gegen mich gestimmt hatte, rief mich am Abend zuvor an, um mir zu sagen, wie sehr er mich persönlich schätze. Auch er sei dafür, daß mich der Senat bestätige. Wenn er jetzt gegen mich stimme, dann sei er das seinen Wählern schuldig, die ihn im Wahlkampf als Präsidentschaftskandidaten unterstützt hatten – was jedoch nichts daran ändere, daß er mich persönlich schätze und selbstverständlich bereit sei, nach meiner Amtsübernahme mit mir zusammenzuarbeiten. McGoverns Versuch, es beiden Seiten recht zu machen, hat mich nicht sonderlich irritiert. Jeder höhere Staatsbeamte sieht sich gelegentlich zur Heuchelei gezwungen und kann nur hoffen, daß er damit, wenn die Schlußbilanz gezogen wird, einer guten Sache gedient hat.

Am 21. September bestätigte mich der Senat mit achtundsiebzig gegen sieben Stimmen. Am 22. September vereidigte mich der oberste Richter Warren Burger im Ostzimmer des Weißen Hauses in Gegenwart meiner Eltern und Kinder und des jovialen, aber doch von widersprüchlichen Gefühlen bedrängten Präsidenten Nixon. Das Ostzimmer ist nicht groß. Bei offiziellen Anlässen bietet es vielleicht hundertfünfzig Menschen Platz, denn auch die Medien beanspruchen einen Teil des Raumes. Auf der Ostseite hatte man eine Plattform und ein Rednerpult aufgebaut. Im Halbkreis davor waren die Stühle aufgestellt. Ordonnanzoffiziere in weißen Handschuhen führten die geladenen Gäste an ihre Plätze. Zu ihnen gehörten führende Kongreßabgeordnete beider Parteien und der Vorsitzende des Hauptausschusses der Demokratischen Partei, Robert Strauss, mit dem mich eine enge Freundschaft verbindet, die zeigt, daß die Außenpolitik der Vereinigten Staaten Ziele jenseits eines jeden Parteihaders verfolgt. Der oberste Richter Burger hatte eine Europa-Reise unterbrochen, um mich zu vereidigen – eine besonders freundliche Geste. Meine Eltern erlebten diesen Tag wie einen Traum. Man hatte sie aus ihrer Heimat vertrieben, und dreizehn Mitglieder unserer Familie waren zu Opfern verhängnisvoller menschlicher Vorurteile geworden. Sie konnten es kaum glauben, daß ihr Sohn fünfunddreißig Jahre später den höchsten Regierungsposten einnehmen sollte, zu dem ein Angehöriger der Exekutive ernannt werden konnte. Ich hatte mir für diese Gelegenheit eine kurze Ansprache aufschreiben wollen, war aber so erregt, daß ich es aufgab und mich auf die Inspiration des Augenblicks verließ.

Nur Nixon schien von seinen eigenen dämonischen Zwängen getrieben. Als wir uns mit dem obersten Richter unmittelbar vor der Vereidigung im Roten Zimmer versammelten, kam er nicht mit. Was er nach der Vereidigung sagte, war bedeutungslos und bizarr. Zunächst behauptete er, für meine Bestätigung hätte der entschiedene Widerstand des Kongresses überwunden werden müssen. Vielleicht wollte er damit sagen, daß nicht nur er Schwierigkeiten mit der Legislative hätte. Dann nannte er drei Gründe dafür, daß meine Ernennung ein einmaliges historisches Ereignis sei: 1. wäre ich der erste nicht in den Vereinigten Staaten geborene Außenminister; 2. wäre ich der erste Außenminister, der vor seiner Ernennung Peking und Moskau besucht hätte, und 3. wäre ich der erste Außenminister seit dem Zweiten Weltkrieg, der keinen Scheitel trug. Auf die ersten beiden Punkte ging er nicht näher ein, verbreitete sich aber um so mehr über den dritten. Unter anderem stellte er Überlegungen darüber an, in welche Kategorie Dean Rusk gehörte, der eine Glatze hatte: »Aber dann fragte ich meinen Friseur, einen sehr klugen Mann, der sich nur selten irrt: ›Aber wie steht es denn mit Minister Rusk?‹ Er antwortete: ›Nun ja, Herr Präsident, er hatte keinen starken Haarwuchs, aber die wenigen Haare, die er hatte, hat er auch gescheitelt.‹« In meiner Antwort habe ich es vermieden, auf dieses faszinierende Thema einzugehen, sondern versuchte, zum Ausdruck zu bringen, wie es mir ums Herz war:

Herr Präsident, Sie haben von meiner persönlichen Vergangenheit gesprochen, und es ist richtig, es gibt kein Land auf der Welt, in dem es vorstellbar wäre, daß ein Mann meiner Herkunft hier neben dem Präsidenten der Vereinigten Staaten steht. Und wenn meine Herkunft einen Beitrag zur Gestaltung unserer Politik leisten kann, dann deshalb, weil ich schon in jungen Jahren erlebt habe, was aus einer Gesellschaft werden kann, die sich auf Haß, Macht und Mißtrauen gründet, und daß ich dann erfahren habe, was Amerika mit seinen Hoffnungen und seinem Idealismus für andere bedeutet. Wenn wir daher unter Ihrer Führung, Herr Präsident, eine Struktur des Friedens realisieren, werden wir nicht nur um eine pragmatische Lösung dieser oder jener Schwierigkeiten bemüht sein, sondern auch erkennen, daß sich Amerika niemals treu bleiben kann, wenn es sich nicht als etwas begreift, das über Amerika selbst hinausweist.

Und wenn wir für eine Welt des Friedens wirken, in der Gerechtigkeit, Mitgefühl und Menschlichkeit herrschen, dann wissen wir, daß Amerika in der Verwirklichung der edelsten Bestrebungen des Menschen das Beste leistet, was in ihm beschlossen ist.

Die ambivalente Haltung der Familie Nixon gegenüber meiner Ernennung – um es milde auszudrücken – zeigte sich auch darin, daß Frau Nixon, die ich verehre, sich weigerte, nach meiner Vereidigung die Gäste zu begrüßen. Auch Nixon verschwand unmittelbar danach und blieb auch nicht für wenige Augenblicke zum traditionellen Empfang im Großen Speisesaal des Weißen Hauses.

Unmittelbar nach Abschluß der Zeremonie schickte das Außenministerium das folgende Telegramm an alle diplomatischen und konsularischen Vertretungen der Vereinigten Staaten:

DR. HENRY A. KISSINGER WURDE AM 22. SEPTEMBER 1973 UM 11.06 UHR ORTSZEIT VEREIDIGT UND HAT SEINE AMTSPFLICHTEN ALS 56. AUSSENMINISTER ÜBERNOMMEN.

Das Außenministerium

Die Büros im Westflügel des Weißen Hauses sind alle recht klein und schlicht eingerichtet, auch das des Präsidenten. Der Sicherheitsberater des Präsidenten hat sich trotz seiner angeblich so großen Machtbefugnisse immer mit einer sehr einfachen und räumlich beengten Unterbringung zufriedengeben müssen. Seine Arbeitsräume lagen manchmal im Erdgeschoß und manchmal im Keller. Im Gegensatz dazu stellt das Außenministerium wie die meisten anderen Ministerien dem Minister geräumige und elegant eingerichtete Büros in einem der oberen Stockwerke zur Verfügung, von denen aus man die ganze Stadt Washington mit ihren schönen Baudenkmälern überblicken kann. Es ist ein großartiges Panorama, das vom Lincoln-Denkmal über den Potomac bis zum Arlington-Nationalfriedhof reichte. Ich mußte mich erst an diesen Anblick gewöhnen. Wenn ich mich im Weißen Haus in meiner impulsiven Art über irgend etwas beschweren wollte, dann war ich mit wenigen Schritten an der Tür und konnte meinen Unwillen sofort an meinem im nächsten Zimmer sitzenden Stellvertreter auslassen. Im Außenministerium hatte ich den Eindruck, daß mein Stellvertreter, der am anderen Ende eines langen Korridors untergebracht war, viele Kilometer von mir entfernt sei, und mein eigenes Zimmer war so groß, daß ich, wenn ich die äußere Tür erreicht hatte, oft nicht mehr wußte, was mich veranlaßt hatte, meinen Schreibtisch zu verlassen. Wenn ich dann durch die Tür kam, begegnete ich dem mißbilligenden Blick von Jane Rothe (heute Jane Rothe-Mossellem). Die schöne, zurückhaltende, unerhört tüchtige Jane hatte an dieser Stelle schon vier Außenminister erlebt, sie hatte es verstanden, ihnen klarzumachen, wie ein Außenminister sich zu verhalten hat, und erwies sich schließlich für mich als ebenso unentbehrlich wie für meine Vorgänger.

Aber das war nicht der einzige und auch nicht der bedeutsamste Unterschied. Die Aufgaben des Nationalen Sicherheitsberaters lassen sich nicht so leicht auf die Verantwortlichkeiten des Außenministers übertragen, wie mancher vielleicht zunächst glauben könnte. Der Berater für Angelegenheiten der nationalen Sicherheit ist das Geschöpf des Präsidenten, arbeitet ausschließlich in dessen Auftrag und verfügt nur über einen ganz kleinen Stab von Mitarbeitern. Ursprünglich sollte es seine Aufgabe sein, dem Präsidenten zu sagen, ob die für die Außenpolitik verantwortlichen Behörden das Weiße Haus in der angemessenen Weise unterrichteten und dem Präsidenten die für seine Entscheidung notwendigen Optionen vorlegten. In der Praxis tut der Sicherheitsberater natürlich sehr viel mehr. Da er sein Büro in unmittelbarer Nähe des Ovalen Zimmers hat, sieht sich der Präsident veranlaßt, den Sicherheitsberater als seinen persönlichen Feuerwehrmann einzusetzen. (Ein Psychologe wird vielleicht eines Tages erklären können, weshalb die räumliche Nähe des Ovalen Zimmers dem Sicherheitsberater einen so viel größeren Einfluß verschafft als anderen hohen Staatsbeamten, deren Amtsräume mit dem Kraftwagen in zehn Minuten zu erreichen sind.)

Aber auch der Sicherheitsberater ist nur ein Mensch. Er ist ehrgeizig und sich der Tatsache nur zu deutlich bewußt, daß sein Einfluß von seiner Fähigkeit abhängt, den Präsidenten von seiner Unentbehrlichkeit zu überzeugen. Da nur der Präsident ihm seine Aufgabe zuweist, kann er es sich leisten, im »großen Rahmen« zu denken. Er kann geopolitische Analysen vorlegen, ohne durch die Flut von Einzelheiten oder durch dringende Probleme abgelenkt zu werden, die das tägliche Brot des Außenministers sind. Wenn er geschickt ist, kann er sich bei bürokratischen Meinungsverschiedenheiten an die Seite des Präsidenten stellen, dessen Auffassungen er gewöhnlich besser kennen wird als sein Konkurrent im Außenministerium.

Der Aufgabenbereich des Außenministers ist ein ganz anderer. Er überwacht täglich ein breites Spektrum internationaler Beziehungen, die nicht immer auch auf der Tagesordnung des Präsidenten stehen oder vom Nationalen Sicherheitsrat bearbeitet werden, und viele Probleme, mit denen er es zu tun hat, sind alles andere als faszinierend. Er muß sich ständig mit hundertfünfzig verschiedenen Ländern, einer großen Zahl multilateraler Fragen und internationaler Organisationen beschäftigen, mit Wirtschaftsproblemen, Rüstungskontrollen, Auslandshilfe, Einreise- und Auswanderungspolitik usw. Er ist verantwortlich für ein riesiges Arbeitsgebiet.

Zunächst gerät der Außenminister durch diesen großen Verantwortungsbereich in bürokratische Schwierigkeiten. Er muß sich mit vielen alltäglichen oder hochtechnischen Dingen beschäftigen. Er ist gezwungen, unpopuläre Maßnahmen zu vertreten wie etwa die Anträge zur Genehmigung von Geldmitteln für die Auslandshilfe. Es besteht immer die Gefahr, daß der Außenminister entweder den Präsidenten mit schwer verständlichen Problemen langweilt, die dessen sofortige Entscheidung verlangen, oder bei dem Präsidenten den Eindruck erweckt, er bemühte sich um besondere Vergünstigungen.

Und doch wird ein Präsident, der mit seinem schwerfällig erscheinenden Außenministerium keine Geduld hat, seinem Land auf die Dauer schaden. Ein außenpolitischer Erfolg muß, wenn er wirklich Bedeutung haben soll, irgendwann institutionalisiert werden; das heißt, man muß ihn in den permanenten Mechanismus einbauen. Keine Regierung sollte sich darauf einlassen, ihre politischen Ziele mit Gewalt und gestützt auf Einzelpersonen durchsetzen zu wollen. Wenn die Außenpolitik zu langfristigen Erfolgen führen soll, dann muß sie von dem Verständnis derer getragen sein, die mit den normalen Aufgaben der Diplomatie betraut sind, und sie muß mit der Zeit im Bewußtsein und in den Herzen der Nation verankert werden.

Eine solche Außenpolitik läßt sich nur durch eine auf Vertrauen gestützte Partnerschaft zwischen dem Präsidenten und dem Außenminister erreichen, wie sie zwischen Harry Truman und Dean Acheson, Dwight Eisenhower und John Foster Dulles oder den Präsidenten, denen ich gedient habe, und mir bestanden hat. Der Sicherheitsberater kann einen Mangel an Vertrauen nur kurze Zeit überbrücken; dann besteht das Risiko, daß der Behördenapparat demoralisiert und die ausländischen Regierungen verwirrt werden. Wenn der Präsident seinem Außenminister nicht vertraut, dann sollte er ihn ablösen lassen und nicht versuchen, ihn mit Hilfe seines Sicherheitsberaters zu umgehen. Jedes andere Verfahren kompliziert das Problem, das es lösen soll. Nixon fürchtete sich so sehr vor Indiskretionen des Außenministeriums, daß er es, wo irgend möglich, nicht an kritischen Verhandlungen beteiligte. Er hatte gewisse Gründe für sein Mißtrauen. Aber dieses Verhalten mußte auf die Dauer zu Mißerfolgen führen – wenngleich ich das während meiner Zeit im Weißen Haus nicht begriffen habe. Je mehr das Außenministerium von den politischen Entscheidungsprozessen ausgeschlossen war, desto weniger lag ihm daran, Informationen vertraulich zu behandeln, die ihm noch zugänglich waren. Unter diesen Voraussetzungen waren die Beamten des Außenministeriums sogar versucht, aus verletztem Stolz oder weil sie nicht wußten, wie schwierig bestimmte Verhandlungen waren, alles zu kritisieren, was sie dann doch erfuhren. Es war ein unhaltbarer Zustand, wenn Außenminister mit uns verbündeter Staaten über den Stand wichtiger Verhandlungen besser unterrichtet waren als unser eigener Außenminister. Wir haben diesen schizophrenen Zustand erst beendet, als ich im Herbst 1973 Außenminister wurde.

Die Beamten des Außenministeriums haben aber auch die Neigung, das Schicksal herauszufordern. Die Karrierediplomaten des Auswärtigen Dienstes sind so häufig schlecht behandelt worden, daß sie sich nicht nur eine defensive Haltung angewöhnt haben, sondern auch sehr genau wissen, welches ihre Vorrechte sind. Überzeugt von der großen Bedeutung der Arbeit des Außenministeriums, verlangen sie entschieden die offizielle Anerkennung dieser Tatsache, und zwar manchmal auf Kosten der so wichtigen engen persönlichen Beziehung zwischen dem Präsidenten und seinem Minister, welche die Voraussetzung für den Einfluß dieser Behörde ist. Schon vor der Amtsübernahme durch Nixon am 20. Januar 1969 kämpfte das Außenministerium erbittert um den Vorsitz in verschiedenen interministeriellen Unterausschüssen, die während der Amtszeit des Präsidenten Johnson eingerichtet worden waren. Dabei war es den Beamten des Ministeriums gleichgültig, daß diese Ausschüsse von Anfang an bedeutungslos waren, weil die wirklichen Entscheidungen bei den Zusammenkünften des Präsidenten Johnson getroffen wurden, die er jeden Dienstag zum Mittagessen mit dem inneren Kreis der Mitglieder seines Kabinetts abhielt. Die Statussymbole schienen wichtiger zu sein als die Realität.[10]

Unglückliche Zufälle bestätigten alle Vorurteile Nixons. Er wollte es auf keinen Fall zulassen, daß das Außeministerium eine Vorrangstellung einnahm, und der hartnäckige Kampf der Beamten des Ministeriums um ihre Vorrechte verstärkte sein Mißtrauen. In diesem im Grunde so sinnlosen Tauziehen ging auch die geringste Chance verloren, daß sich zwischen dem Präsidenten und dem Außenministerium ein Vertrauensverhältnis entwickelte. Doch während Nixon in seiner Beurteilung des Ministeriums zu hart war, hatte er doch einen gesunden Instinkt. Das Außenministerium ist ganz einfach nicht dazu geeignet, interministerielle Mechanismen zu beherrschen. Ich werde noch näher darauf eingehen, weshalb das Schlüsselpersonal dieses Ministeriums wegen seiner Haltung und Ausbildung sich scheut, sich mit begrifflichen Fragen auseinanderzusetzen. Organisatorisch ist das Ministerium besser geeignet, sich mit kurzfristigen Problemen auseinanderzusetzen als mit den Auswirkungen bestimmter Maßnahmen auf lange Sicht. Wenn der Außenminister versucht, die Beziehungen zwischen den einzelnen Behörden zu beeinflussen, bürdet er sich eine schwere Last auf. Denn selbst wenn es ihm gelingt, mit den in seinem Ministerium herrschenden Tendenzen fertig zu werden – und das muß er schließlich, gleichgültig wie die interministeriellen Mechanismen organisatorisch aussehen –, gerät er dabei bürokratisch in eine hoffnungslose Lage.

Unsere Regierung neigt dazu, Verfahren anzuwenden, in denen Gegensätze aufeinandertreffen. Aber der Vorsitzende einer interministeriellen Gruppe muß sich um Objektivität bemühen. Wenn ein Ministerium den Vorsitz in einem interministeriellen Ausschuß übernimmt, dann wird es entweder versucht sein, die Arbeit in diesem Ausschuß nach seinen Vorstellungen zu beeinflussen, oder sein Standpunkt wird nicht deutlich genug zum Ausdruck kommen – ein ironisches Ergebnis des Tauziehens um den größeren Einfluß. Selbst wenn es dem Außenministerium gelingen sollte, nur Ausschußvorsitzende zu nominieren, die sich durch salomonische Gerechtigkeit auszeichnen, würden sie sich gezwungen sehen, sehr viel Energie für die Verteidigung gegen ihre Kritiker aufzuwenden, die ihnen vorwerfen würden, sie nützten ihre Position zum Vorteil ihres Ministeriums aus. In unserem System wird kein Ministerium es über längere Zeit hinnehmen, daß ein anderes ihm übergeordnet wird. Es wird die gegen seine Interessen getroffenen Entscheidungen anfechten, und zwar sowohl aus Verfahrens- als auch aus sachlichen Gründen. Das Ergebnis wird schließlich nicht sein, daß sich ein Ministerium gegenüber allen anderen durchsetzt, sondern der Präsident wird über eine verhältnismäßig große Zahl von Streitfragen die Entscheidung treffen müssen.

Ich habe es selbst mit diesen Problemen zu tun bekommen, als ich versuchte, in diese Struktur eine neue Variante einzuführen. Als ich Außenminister wurde, blieb ich zugleich Sicherheitsberater des Präsidenten und übernahm damit, wie man früher gesagt hätte, in Personalunion auch die Leitung der interministeriellen Mechanismen. Aber der Versuch scheiterte. Die Vertreter des Außenministeriums bei den interministeriellen Sitzungen waren, wenn ich als Außenminister auftrat, meine Untergebenen; wenn ich daher den Vorsitz bei einer Sitzung übernahm, dann mußten sie sich meinem Standpunkt anschließen, oder ich verlor jeden Einfluß in interministeriellen Angelegenheiten, unter Umständen sogar innerhalb des Außenministeriums. Doch das bedeutete praktisch, daß ich mich entweder als Vorsitzender mit den Auffassungen meines Ministeriums durchsetzte oder mich von meinen Untergebenen distanzierte. Damit geriet ich in eine unhaltbare Lage. Zwei Jahre lang wurde mir immer wieder vorgeworfen, daß ich einen viel zu großen Einfluß auf die politischen Entscheidungen hätte. Soweit das zutraf, lag es an meinen engen Beziehungen zu den Präsidenten, denen ich diente, und nicht an der Struktur des jeweiligen Apparates. Daß ich die Aufgaben von zwei verschiedenen Ämtern übernommen hatte, war für mich eher ein Hindernis, denn ich bot damit eine größere Angriffsfläche. Im November 1975 entließ mich Präsident Ford von meinem Posten als Sicherheitsberater. Ich habe mich damals sehr über diese Entscheidung geärgert, weil ich glaubte, daß damit meine persönliche Stellung geschwächt würde. Während der folgenden Wochen habe ich sogar daran gedacht, zurückzutreten.

Eine solche Entscheidung wäre kindisch gewesen. Die organisatorische Umstellung hat meinen Einfluß nicht verringert und hat auch meinen Nerven gutgetan. Wenn ich mich durchsetzen konnte, dann, weil es mir gelungen war, Ford zu überzeugen. Wenn nicht, dann wäre es mir auch als Ausschußvorsitzendem nicht gelungen.

Heute bin ich davon überzeugt, daß es die Aufgabe des Sicherheitsberaters sein soll, die Beziehungen zwischen den Ministerien zu regeln (außer vielleicht in einer Krise). Ein energischer Außenminister wird sich immer Gehör verschaffen können, gleichgültig, wer in den Ausschußsitzungen den Vorsitz hat. Die Kontakte des Sicherheitsberaters zu den Medien und ausländischen Diplomaten sollten auf ein Mindestmaß beschränkt bleiben. Die außenpolitische Linie muß vom Präsidenten und dem Außenminister festgelegt werden, die auch für das außenpolitische Handeln verantwortlich sind (und in diesem Rahmen die Personen bestimmen, die mit der Durchführung ihrer Entschlüsse beauftragt werden). Das Erarbeiten von Optionen ist die Hauptaufgabe der interministeriellen Ausschüsse, deren Leitung in den Händen des Sicherheitsberaters liegen soll. Er muß sich durch Gerechtigkeitssinn, einen klaren Verstand, die Fähigkeit, mit den Behörden umzugehen, und die Bereitschaft auszeichnen, anonym zu bleiben. (General Andrew Goodpaster unter Eisenhower und General Brent Scowcroft unter Ford haben auf diesem Gebiet Großartiges geleistet.) Der Einfluß des Außenministeriums würde sich in diesem Fall aus dem persönlichen Vertrauensverhältnis zwischen dem Präsidenten und dem Außenminister und aus der Qualität der analytischen Arbeit des Ministeriums ergeben.

Unter solchen Voraussetzungen gute Arbeit zu leisten ist auch für den energischsten Außenminister eine ungeheuer schwierige Aufgabe, denn er hat es mit der ungeheuer komplexen Organisation des Ministeriums und dessen Allergie gegen begriffliches Denken zu tun. Wenn man die Gliederung des Außenministeriums betrachtet, kann man nur staunen. (Das Diagramm am Schluß des Buches zeigt sie für das Jahr 1973.) An der Spitze der Pyramide steht der Außenminister, in dessen Namen alle Maßnahmen getroffen werden; alle Anweisungen und Depeschen gehen in seinem Namen hinaus. Er kann sie unmöglich alle lesen. Wenn daher ein Telegramm vom Außenminister unterzeichnet ist, dann bedeutet das nur, daß er sich zur Zeit der Absendung in Washington befunden hat, nicht aber, daß er das Telegramm verfaßt oder davon Kenntnis genommen hätte. Zu meiner Zeit standen dem Außenminister ein stellvertretender Außenminister und drei Unterstaatssekretäre (für politische Angelegenheiten, für wirtschaftliche Angelegenheiten und für Sicherheitsfragen) zur Verfügung. Der Sonderberater wird vom Außenminister mit besonderen Aufgaben betraut. (Mein Sonderberater war Helmut Sonnenfeldt, ein hervorragender Fachmann für europäische Angelegenheiten und die Beziehungen der Vereinigten Staaten zur Sowjetunion.) Die Büros dieser Beamten liegen ebenso wie das des Ministers im siebten Stockwerk des Außenministeriums. Sie bilden, wenigstens theoretisch, seinen Generalstab. Zur nächsten Rangstufe gehören die stellvertretenden Unterstaatssekretäre. Während meiner Amtszeit gab es fünf für die verschiedenen Regionen der Welt, einen für die internationalen Organisationen und sieben für Fachgebiete wie Wirtschaft, Erziehung und Kultur, die Ozeane und naturwissenschaftliche Fragen, für öffentliche Angelegenheiten, für die Beziehungen zum Kongreß, für die Verwaltung und für Sicherheits- und Konsularfragen. Dann gibt es den juristischen Berater, den politischen Planungsstab und das Büro für Nachrichtendienst und Forschung. Die beiden letzten Abteilungen werden von Beamten mit dem Titel eines Direktors geleitet. Dazu verfügt der Außenminister über ungezählte andere Mitarbeiter mit besonderen Aufgaben – für die Beziehungen zur Presse, für internationale Arbeitnehmerfragen, für die Bekämpfung des Rauschgifthandels, für Flüchtlingsfragen und für Fragen der Menschenrechte. Jeder dieser Beamten untersteht in seinem Fachgebiet theoretisch unmittelbar dem Außenminister. Aber natürlich kann der Minister so vielen Ressorts ihre Aufgaben nicht im einzelnen zuweisen oder sie überwachen. Das müssen ihm seine engeren Mitarbeiter abnehmen.

Wie aus dem Diagramm ersichtlich ist, unterstützen die Unterstaatssekretäre im siebten Stockwerk den Minister bei der Koordinierung der Arbeit auf dem sechsten Stockwerk, wo die stellvertretenden Unterstaatssekretäre untergebracht sind. Aber in Wirklichkeit geht der Dienstbetrieb nicht ganz so geordnet vor sich. Ein Diagramm, aus dem sich die einzelnen Zuständigkeiten genau ablesen lassen, hat sich bisher nicht herstellen lassen. So liegt es zum Beispiel an den betreffenden Persönlichkeiten und dem Arbeitsstil des Ministers, welche Aufgaben sein Stellvertreter übernimmt. Zur Amtszeit von Dean Rusk haben er und George Ball sich die Welt gewissermaßen geteilt. Andere Stellvertreter des Ministers haben, wie Walter Bedell Smith unter Dulles, die Aufgaben des Generalstabschefs übernommen und die Arbeit des ganzen Ministeriums koordiniert. Ich übertrug meinem Stellvertreter die Aufsicht über die Abteilung für Außenwirtschaft und die Fachabteilungen, während ich selbst mit den Regionalbüros zusammenarbeitete.

Die Bedeutung der einzelnen Unterstaatssekretärposten ist verschieden groß. Der Mitarbeiterstab des Unterstaatssekretärs für wirtschaftliche Angelegenheiten ist für seine Aufgaben zu klein; der Unterstaatssekretär für Sicherheitsfragen hat einen zu gewichtigen Titel im Verhältnis zu seinen Verantwortlichkeiten. Der für die Wirtschaft verantwortliche Unterstaatssekretär muß sich mit dem ganzen Fragenkomplex der Außenhandelspolitik beschäftigen, verfügt dabei nur über eine Handvoll von Mitarbeitern und ein Büro (unter einem stellvertretenden Unterstaatssekretär), das viel zu klein ist und in der Hierarchie einen zu niedrigen Rang hat, um sich gegenüber den Ministerien und Behörden durchzusetzen, die auf unsere Außenhandelspolitik Einfluß nehmen. Der Posten des Unterstaatssekretärs für Sicherheitsfragen wurde zu einer Zeit geschaffen, als die Militärhilfe eine größere Rolle spielte als später. Deshalb hat mancher stellvertretende Unterstaatssekretär einen größeren Aufgabenkreis als er. Ich habe ihn dazu eingesetzt, neu entstandene Krisen zu bearbeiten wie zum Beispiel die ersten Phasen der 1973 entstehenden Energiekrise.

Der wichtigste Unterstaatssekretär ist der für politische Angelegenheiten. Das ist traditionsgemäß die höchste der am politischen Entscheidungsprozeß beteiligten Positionen für einen Beamten im Auswärtigen Dienst. Er ist verantwortlich für die interministerielle Koordinierung auf dem politischen Gebiet und vor allem für die Zusammenarbeit der für die einzelnen Regionen verantwortlichen Büros. In der Praxis gibt es zwei Faktoren, die seine Aufgabe erschweren. 1. läßt sich ein Beamter, der den Überblick und die Härte besitzt, die einzelnen Büros zu veranlassen, einem gemeinsamen Konzept zu folgen, nicht leicht finden. Der Unterstaatssekretär für politische Angelegenheiten gerät leicht in die Versuchung, die Verantwortung für ein Operationsgebiet zu übernehmen, das seine Spezialität gewesen ist, und vergrößert dadurch nur die Zahl der Beamten, die ohnedies dem Außenminister direkt unterstehen. 2. werden sich die stellvertretenden Unterstaatssekretäre im allgemeinen dagegen sträuben, daß sich andere Beamte zwischen sie und den Minister stellen; auch sie verlangen, persönlich angehört zu werden. Technisch ist ihnen das auch möglich, denn die Beamten auf dem siebten Stockwerk verfügen jeweils über nur wenige Mitarbeiter. Wenn sie nur einen oder zwei eigene Assistenten haben, dann werden diese Leute allzu leicht Gefangene der ihnen unterstellten Büros, wenn die Verantwortlichkeiten nicht klar aufgeteilt sind und es dadurch unmöglich wird, sie zu übergehen.

Diese Umstände sind für manche Unklarheiten und die Schwerfälligkeit verantwortlich, die manchen Außenseiter, der mit dem Außenministerium zu tun hat, verwirren. Da das Ministerium immer wieder dazu neigt, in quasi autonome Einzelabteilungen zu zerfallen – und das geschieht besonders unter einem schwachen Minister –, vergeht sehr viel Zeit damit, die Abteilung zu finden, die für eine bestimmte Frage »zuständig« ist. Mit anderen Worten, jedes Büro muß zu jedem Problem konsultiert werden, das nur im entferntesten in seinen Verantwortungsbereich fällt. Keine Abteilung sieht es gern, wenn ihre Entscheidungen von höherer Stelle für ungültig erklärt werden – und in einem solchen Tauziehen will sich auch keine Abteilung wirklich als die stärkere erweisen, denn sie könnte das nächste Mal die schwächere sein. So etwas fördert natürlich die Tendenz zum Kompromiß, die Einigung auf den niedrigsten gemeinsamen Nenner, und lähmt daher die Phantasie.

Überläßt man das Außenministerium sich selbst, dann neigt der Mechanismus der Bürokratie eher zur Passivität als zur Kreativität. Das Ganze kann sich jeden Augenblick in eine riesige Telegramm-Maschine verwandeln. Allzu oft werden politische Entscheidungen als Reaktion auf bestimmte Ereignisse, Beschwerden oder im Ausland entstehende Bedürfnisse von unten her angeregt. Jedes wichtige Land wird von einem Beamten bearbeitet, der den vielsagenden Titel »Direktor« des jeweiligen Landes trägt. So sind einige dieser Beamten augenscheinlich stärker daran interessiert, die Ereignisse in »ihrem« Land zu beeinflussen als an der Gestaltung der Außenpolitik der Vereinigten Staaten. Oder sie neigen vielmehr dazu, beides miteinander zu identifizieren, und werden zu Sprechern des Landes, das ihnen zugeteilt worden ist. Der Direktor einer Länderabteilung entwirft eine Depesche als Reaktion auf eine bestimmte Lage. Er versichert sich der Zustimmung interessierter Dienststellen und reicht die Depesche auf dem Dienstweg nach oben weiter, manchmal mit einem erläuternden Begleitschreiben, oft aber auch ohne jede Erläuterung. Das Begleitschreiben befaßt sich jedenfalls mit dem aktuellen Problem, nimmt besondere Rücksicht auf die örtlichen Verhältnisse, und wenn es verschiedene Optionen darstellen soll, dann ist es in den meisten Fällen eine Empfehlung für die von dem Direktor bevorzugte Lösung. Wenn die Depesche nun alle Klippen überwunden hat und zu den wenigen gehört, denen eine besondere politische Bedeutung zukommt, landet sie schließlich auf dem Schreibtisch des Außenministers. Er weiß nicht, was auf dem Wege zu ihm darin gestrichen worden ist und in welcher Weise der ursprüngliche Vorschlag verändert wurde. Wenn er sich nicht schon selbst mit diesem Thema beschäftigt hat, weiß er auch nicht, was auf längere Sicht mit den hier gemachten Vorschlägen erreicht werden soll. Er kann den Text der Depesche ändern, aber im allgemeinen wird er kaum die dafür notwendige Zeit oder die Detailkenntnisse haben. Er kann sich aber auch weigern, die Depesche abschicken zu lassen, aber wenn er nicht sehr genau aufpaßt, dann wird die Depesche ihm sehr bald in einer leicht veränderten Form wieder vorgelegt werden. (Im Sommer 1976 wurden mir so viele inhaltlich praktisch identische Depeschen zur gleichen Frage vorgelegt, in der ich nichts unternehmen wollte, daß ich dem Drängen des betreffenden Direktors nur Einhalt gebieten konnte, indem ich mit der Versetzung drohte.)

Die schwierigste Aufgabe für jeden Außenminister ist es, in die Papierflut, in der er zu ersticken droht, eine einigermaßen klare Richtung zu bringen. Selbst für mich, der ich mich mein ganzes Leben mit außenpolitischen Fragen beschäftigt hatte und dessen besonderes Interesse diesem Wissensgebiet galt, war es gelegentlich unmöglich, die Übersicht zu behalten. Das System verführt zu Manipulationen. Ein Bürochef, der eine andere Meinung vertritt als der Außenminister, kann eine dringende Angelegenheit im Rahmen dieses Systems erheblich verzögern. So hat der für Afrika zuständige stellvertretende Unterstaatssekretär 1975 zum Beispiel meine Entscheidungen über Angola um fast zehn Wochen hinausgezögert, weil er fürchtete, daß ich etwas nach seiner Auffassung Falsches unternehmen würde. Er ging bei der Vorlage einer Denkschrift, mit deren Abfassung ich ihn beauftragt hatte, so methodisch vor, daß sie erst nach Wochen vorgelegt wurde. Inzwischen war sie so weit entschärft worden, daß meine Mitarbeiter sie zurückgehen ließen und den Verfasser aufforderten, sich präziser auszudrücken – was den Wünschen des Bürochefs mehr entsprach als meinen eigenen. Andererseits erlaubt es dieses System dem Steckenpferd eines Beamten, wenn er es taktisch richtig zu plazieren weiß, sehr rasch alle bürokratischen Hürden zu nehmen und die Zustimmung des Außenministers zu gewinnen, der mit den Fachausdrücken in einer solchen Depesche nicht vertraut ist und sich nicht vorstellen kann, welche Folgen die vorgeschlagene Maßnahme haben wird.

Ich habe das Amt des Außenministers zu lange Zeit nach Beginn der zweiten Amtsperiode Nixons übernommen, um das Ministerium noch von Grund auf umzugliedern. Wenn das notwendig ist, dann sollte es bei Beginn der ersten Amtszeit eines Präsidenten geschehen. Im Rahmen einer solchen Umgliederung sollte jedes Büro einem Unterstaatssekretär unterstellt werden; der stellvertretende Außenminister müßte die Freiheit haben, als Alter ego des Ministers zu handeln, und es sollte auf dem siebten Stockwerk ein offizieller Apparat geschaffen werden, der eine außenpolitische Linie entwickeln kann, um langfristige Ziele anzusteuern.

In einer Regierung, die durch Watergate angeschlagen und durch einen Krieg im Nahen Osten erschüttert wurde, der zwei Wochen nach meiner Bestätigung im Amt ausbrach, kam eine Umgliederung des Außenministeriums durch gesetzgeberische Maßnahmen nicht in Frage. Ich versuchte deshalb, die Zusammenarbeit durch drei Schritte zu festigen. Erstens bemühte ich mich darum, der wichtigsten Verantwortung des Chefs eines Ministeriums gerecht zu werden: Jeder Untergebene sollte veranlaßt werden: Leistungen zu erbringen, deren er sich selbst nicht für fähig gehalten hätte. Ich verlangte geschliffene und inhaltlich ausgereifte schriftliche Vorlagen und stellte unbarmherzig hohe Anforderungen an meine Mitarbeiter. Viele konnten das Arbeitstempo oder meine persönliche Art nicht vertragen und traten von ihren Posten zurück. Von ihnen stammen zahlreiche unfreundliche öffentliche Äußerungen über meine Führungsmethoden. Aber die Mitarbeiter, die an ihren Posten blieben, und das waren die meisten, haben sich in vorbildlicher Haltung den Herausforderungen gestellt, und mit vielen von ihnen verbindet mich noch heute eine herzliche Freundschaft. Die analytische Arbeit innerhalb des Ministeriums wurde zusehends besser.

Zweitens besetzte ich Positionen, die sich mit langfristigen Planungen beschäftigen mußten, mit bewährten Mitarbeitern aus dem Stab des Nationalen Sicherheitsrats. Sie waren mit meinen Methoden vertraut und hatten begriffen, weshalb strategische Fragen für mich die wichtigsten waren. Helmut Sonnenfeldt übernahm als Sonderberater und Verantwortlicher für die Ost-West-Beziehungen einen Posten, auf dem er die Möglichkeit hatte, ungehindert zu wirken. Später hat man ihm »Weichheit« vorgeworfen. Das ist absurd und zeigt, daß seine Kritiker nicht die geringste Ahnung davon hatten, was dieser hervorragende Beamte geleistet hat. Ich habe in meinen Memoirenbänden immer wieder aus seinen scharfsinnigen Analysen zitiert, die sich auch noch nach Jahren als gründlich, zutreffend und klug erweisen.

William G. Hyland übernahm das Büro für Nachrichtendienst und Forschung. Dieser brillante Analytiker hatte seine Ausbildung in der CIA genossen. Er verstand es, alle Informationen und Meinungen mit der notwendigen Skepsis und großer Fachkenntnis zu prüfen, und sorgte dafür, daß die nachrichtendienstlichen Erkenntnisse die politischen Entschlüsse leiteten und nicht den Erwartungen der Politiker angepaßt wurden.

Zwei andere tüchtige Mitarbeiter aus dem Weißen Haus, mit denen mich eine aufrichtige Freundschaft verband und die ich ebenfalls in das Außenministerium mitnahm, waren Lawrence Eagleburger und Winston Lord. Eagleburger war ein geschickter Menschenführer und Organisator. Als erfahrener Beamter im Auswärtigen Dienst kannte er die Schwächen seiner Kollegen und ließ sich nicht durch ihre Engstirnigkeit beeinflussen. Sein ganzes Interesse gehörte dem Auswärtigen Dienst; er hat es mit seiner Hingabe verstanden, eine großartige Einrichtung daraus zu machen. Zunächst arbeitete er als mein persönlicher Assistent, später als stellvertretender Unterstaatssekretär für die Verwaltung und sorgte dafür, daß organisatorische Initiativen in die Tat umgesetzt wurden. Wenn er es für notwendig hielt, hat er sich mir auch widersetzt. Er vertrat mutig seine Überzeugungen und war einer der hervorragendsten Staatsbeamten, die ich kennengelernt habe.

Als neuer Direktor des politischen Planungsstabes war Winston Lord vor allem dafür verantwortlich, dem begrifflichen Denken Anstöße zu geben. Er hatte schon im Weißen Haus im Rahmen wichtiger Vorhaben mit mir zusammengearbeitet, unter anderem auch bei der Wiederaufnahme neuer Beziehungen zu China und bei den Vietnam-Verhandlungen. 1970 hat ihn unser Vorstoß nach Kambodscha fast zum Rücktritt veranlaßt. Ich habe ihn damals gebeten, zu überlegen, daß, wenn alle jungen Männer seiner Generation ihren Idealismus nur in Protesten artikulierten, niemand mehr übrigbleiben würde, um eine bessere Welt aufzubauen. Ich sagte ihm, er werde seinen Grundsätzen besser dienen können, wenn er innerhalb der Regierung für die Beendigung des Krieges arbeitete, als wenn er von außen eine Protesthaltung einnähme. Ich war froh, als er sich zum Bleiben entschloß – was in nicht geringem Maß auch der Einfluß seiner wunderbaren, charakterfesten Frau Bette bewirkt hat. Er wurde zu einem meiner wertvollsten Mitarbeiter, meinem zweiten Gewissen und einem guten Freund. Kaum jemand hat meine Ansichten so gut gekannt wie er. Sein Gesichtskreis beschränkte sich nicht auf regionale Probleme, sondern war global und umfassend. Ich erlaubte ihm, für seinen Stab die geeignetsten Männer und Frauen auszusuchen. Er und seine Mitarbeiter überprüften die meisten an mich gerichteten Depeschen daraufhin, ob sie mit unserer politischen Linie übereinstimmten, und er beschaffte mir schriftliche Unterlagen für Entscheidungen über grundsätzliche und sich langfristig auswirkende Fragen, die von den operativen Abteilungen oft übersehen wurden oder nicht beschafft werden konnten. Zusammen mit Peter W. Rodman halfen Lord und seine Mitarbeiter mir beim Aufsetzen von Reden, in denen ich die Grundlagen und Ziele unserer Außenpolitik zu erläutern suchte.

Peter Rodman hatte eine der hervorragendsten Dissertationen verfaßt, die mir als Harvard-Professor vorgelegt worden sind. Nach Beendigung seines Jurastudiums in Oxford kam er im Sommer 1969 zu mir in den Stab des Nationalen Sicherheitsrats. Nach meiner Ernennung zum Außenminister blieb er als inoffizieller Verbindungsmann zu meinem Büro im Weißen Haus. Als selbstloser, unermüdlicher und hochintelligenter Mitarbeiter hat er sich so unentbehrlich gemacht, wie dies im Rahmen eines so umfangreichen Regierungsapparates möglich ist. Sein Aufgabengebiet läßt sich nicht ohne weiteres umschreiben. Er hat sich nicht nur als Redenschreiber ausgezeichnet, sondern war auch mein offizielles Gedächtnis. Darüber hinaus beschäftigte er sich mit Forschungsvorhaben und achtete darauf, daß alles, was bei Verhandlungen oder an der Öffentlichkeit gesagt wurde, mit früher gemachten Erklärungen zum gleichen Thema und mit unseren internen Planungen übereinstimmte. Er hat an fast allen vertraulichen Gesprächen teilgenommen, offiziell als Protokollführer, in Wirklichkeit als mein Vertrauter und Berater. Dadurch war er, auch wenn er von der Öffentlichkeit kaum beachtet worden ist, meine große Stütze während meiner Amtszeit als Außenminister.

Drittens stellte ich aus dieser Gruppe, dem stellvertretenden Außenminister, dem Unterstaatssekretär für politische Angelegenheiten und den stellvertretenden Unterstaatssekretären für die Regionen eine Art politischen Planungsstab zusammen, der mich dabei unterstützte, die außenpolitische Strategie zu entwerfen. Mit diesem Gremium erörterte ich praktisch jeden Tag die anstehenden wichtigsten Probleme. Aber die strukturellen Mängel des Außenministeriums haben sich während meiner ganzen Amtszeit nicht beheben lassen.

Der Auswärtige Dienst

Daß die Außenpolitik der Vereinigten Staaten während dieser Zeit erfolgreich gewesen ist, habe ich jedoch in nicht geringem Maße Männern und Frauen zu verdanken, die in neuerer Zeit stets die eigentliche Basis der Arbeit des Außenministers gebildet haben, dem Auswärtigen Dienst der Vereinigten Staaten.

Auf einer Ebene ist das relativ einfach, die Maschinerie des Außenministeriums in den Griff zu bekommen. Die klaren Anweisungen des Ministers werden gewissenhaft befolgt, wenigstens zu Beginn, weil der Auswärtige Dienst von der Voraussetzung ausgeht, daß der Minister seine Unterstützung verdient hat – bis man geprüft hat, wo die Grenzen seiner Toleranz liegen. Die Schwierigkeit besteht darin, daß es nicht immer einfach ist, Anweisungen in unmißverständlicher Form zu artikulieren. Die tüchtigen, stolzen, standesbewußten und eifrigen Beamten des Auswärtigen Dienstes stellen sehr bald fest, wo die Orientierungslücken ihres Chefs oder die Grenzen seiner Geduld liegen, und sie füllen sie mit Empfehlungen aus, die den Erfahrungen einer über lange Zeit eng verbundenen Gemeinschaft entsprechen. Sie sind mit Recht stolz auf ihren Professionalismus und verabscheuen es, wenn Außenseiter in ihre Reihen eindringen. Leider betrachten sie auch manchmal einen neuen Außenminister als Eindringling – wenn der Betreffende nach ihrer Auffassung nicht fähig gewesen wäre, den harten Anforderungen der normalen Laufbahn im Auswärtigen Dienst zu genügen.

In den Händen eines energischen Außenministers kann der Auswärtige Dienst ein hervorragendes Instrument sein, denn seine Angehörigen sind gut orientierte, taktvolle und tatkräftige Persönlichkeiten. Sie müssen allerdings ständig beaufsichtigt werden, damit sie nicht durch Überzeugungen, derentwegen sie diesen entsagungsvollen Beruf ergriffen haben, verleitet werden, Entscheidungen vorwegzunehmen. In Amerika gibt es die etwas primitive Vorstellung, daß unsere Berufsdiplomaten geckenhafte Snobs in gestreiften Hosen mit internationalistischen Auffassungen seien, die sich nicht genug darum bemühten, unsere nationalen Interessen wahrzunehmen. Darin soll häufig eine Ursache für die Schwierigkeiten liegen, die wir als ihre Auftraggeber im

Ausland hätten. Politiker aller Schattierungen haben immer wieder von der Notwendigkeit einer »Säuberung« des Außenministeriums gesprochen. Mehrere Außenminister haben ihr Amt in der Absicht angetreten, es zu tun. Aber ich kenne keinen, der nach seinem Ausscheiden die pflichtbewußten Männer und Frauen nicht bewundert hätte, die im Auswärtigen Dienst für die Kontinuität und sachliche Durchführung unserer Außenpolitik sorgen. Ich habe das Außenministerium als Skeptiker übernommen und es als Bekehrter verlassen – mit der vielleicht nicht ganz ausgewogenen Überzeugung eines Mannes, der auf dem Weg zur Wahrheit ein Vorurteil aufgegeben hat.

Bis zur sogenannten Wriston-Reform 1954 war der Auswärtige Dienst eine kleine Elite-Organisation, aus der sich das Personal unserer diplomatischen Vertretungen in Übersee rekrutierte und aus deren Reihen einige Schlüsselpositionen im Außenministerium besetzt wurden. Die offizielle Bezeichnung Auswärtiger Dienst der Vereinigten Staaten bedeutete, daß es sich um ein Instrument des Präsidenten handelte. In der Praxis war jedoch der Außenminister der höchste Vorgesetzte dieser Beamten. Vor Einführung der Reformen war das Außenministerium mit zwei Typen von Beamten besetzt, denen, die ständig in Washington bleiben und als reguläre Beamte im Staatsdienst arbeiteten, und denen, die abwechselnd in den Vereinigten Staaten und in Übersee eingesetzt wurden, es aber im allgemeinen vorzogen, in den Botschaften beschäftigt zu werden – im traditionellen Auswärtigen Dienst. Während jener Zeit kamen die Angehörigen des Auswärtigen Dienstes in den meisten Fällen aus der vorwiegend protestantischen Oberschicht. Sie hatten die angesehenen Privatschulen des Establishments im Osten besucht und gehörten, kurz gesagt, zu der Gesellschaftsschicht, die sich am meisten dafür interessierte, daß die Vereinigten Staaten auf internationaler Ebene eine Rolle spielten. Viele dieser Leute verfügten über die finanziellen Mittel, ein Leben zu führen, das sie sich mit den vom Staat bezahlten Gehältern nicht hätten leisten können.

Mit den Wriston-Reformen wurde der Auswärtige Dienst vereinheitlicht. Jetzt war es nicht mehr möglich, nur noch in Washington oder im Ausland zu arbeiten. Jeder Beamte mußte entweder in den Auswärtigen Dienst eintreten oder darauf verzichten, im Rahmen des Außenministeriums Karriere zu machen. Die meisten entschieden sich zu bleiben. Hinter diesen Reformen stand eine vernünftige Idee. Solange das alte System galt, begriffen die Beamten in Washington, die den Botschaften ihre Anweisungen übermittelten, nicht immer, was es bedeutete, in vorderster Front zu stehen. Und Diplomaten, die nur im Ausland lebten, verloren im Lauf der Zeit das Gefühl dafür, wie die Dinge aus der Perspektive Washingtons aussahen. Sie hatten kaum die Gelegenheit, mit dem Kongreß umzugehen oder ihre Erfahrungen beim Tauziehen mit anderen Behörden zu machen. Sie verloren den Kontakt mit Amerika und konnte es daher im Ausland nicht mehr so gut repräsentieren. (Man stelle sich zum Beispiel vor, irgend jemand habe die Vereinigten Staaten 1970 verlassen und lebte nun schon zehn Jahre ununterbrochen im Ausland, wollte aber jetzt versuchen, einem Ausländer die Verhältnisse in den Vereinigten Staaten zu schildern.)

Die Wriston-Reformen wollten erreichen, daß die Angehörigen des Auswärtigen Dienstes ihre Kenntnisse erweiterten und über die Vereinigten Staaten ebensogut unterrichtet waren wie über die Gegebenheiten in Übersee. Der Beamte, der im Außenministerium Depeschen mit Anweisungen für unsere diplomatischen Vertretungen verfaßte, konnte sich jetzt vorstellen, was es hieß, diese Anweisungen auszuführen. Und der Diplomat in Übersee würde nun eine Vorstellung von den Gegebenheiten innerhalb der amerikanischen Gesellschaft haben und wissen, wo Prioritäten und Behörden in Konflikt gerieten, und damit die Probleme verstehen, die im Mittelpunkt jeder Regierungstätigkeit stehen.

Mit Einführung der Reformen wurden alle Schlüsselstellungen im Ministerium mit Karrierediplomaten besetzt. Mit Ausnahme der höchsten politischen Ebene erfolgte die Beförderung über die Stufen einer zunehmend erweiterten Verantwortlichkeit im Auswärtigen Dienst. Daneben haben sich die einzelnen Außenminister energisch darum bemüht, die Basis des Auswärtigen Dienstes zu erweitern und dafür zu sorgen, daß seine Angehörigen das ganze amerikanische Volk besser repräsentierten. Deshalb wurden auch Frauen, Mitglieder ethnischer und rassischer Minderheiten und Personen in den Auswärtigen Dienst aufgenommen, die aus den verschiedensten Gegenden der Vereinigten Staaten stammten und nicht nur die schulische und akademische Standardausbildung ihrer Vorgänger genossen hatten.

Erstaunlicherweise hat sich die auf bestimmten Wertvorstellungen gegründete Struktur der früheren Periode trotz aller Neuerungen erhalten. Der Auswärtige Dienst blieb bewußt elitär. Ein Posten im Ausland, besonders der eines Botschafters, wurde höher bewertet als fast jeder andere in Washington – zum Teil, weil der Dienst im Ausland besser bezahlt wurde, aber vor allem, weil die Männer und Frauen, die diesen Beruf wählten, wirklich daran interessiert waren, die guten Beziehungen der Vereinigten Staaten zu der uns umgebenden Welt zu fördern. Daß man diese Diplomaten in Amerika oft als verweichlichte Gesellschaftslöwen kritisierte, hatte zur Folge, daß sie sich nur noch enger zusammenschlossen und eine besondere Solidarität entwickelten. Dieser Zusammenhalt wurde gestärkt durch gemeinsame Erfahrungen in entfernten Weltgegenden, die der gewöhnliche Staatsbeamte nie zu Gesicht bekam, mit denen jedoch der Auswärtige Dienst verbunden war – aber auch die Vorgesetzten dieser Diplomaten in Washington konnten kaum die gleichen Erfahrungen machen. Diese Haltung – und das kann nicht deutlich genug gesagt werden – entwickelte sich bei einer wirklich ausnehmend tüchtigen und hingebungsvoll arbeitenden Gruppe von Männern und Frauen, für die es nur natürlich war, daß sie sich als Elite betrachteten, denn um in den Auswärtigen Dienst aufgenommen zu werden, mußten sie das schwerste und umfassendste schriftliche und mündliche Examen bestehen, das zum Abschluß irgendeiner Berufsausbildung gefordert wird.

Die Einstellung der Angehörigen unseres Auswärtigen Dienstes zu den Problemen der Außenpolitik war trotzdem weitgehend von den geschichtlichen Erfahrungen Amerikas und der daraus resultierenden

Grundhaltung bestimmt. Der Auswärtige Dienst war in den ersten Jahren unserer Geschichte entstanden, als noch keine direkte physische Bedrohung der Sicherheit Amerikas erkennbar war. Die Auslandsbeziehungen der Vereinigten Staaten wurden nach damaliger Auffassung weniger vom nationalen Interesse bestimmt – das hätte man für moralisch anfechtbar und kurzsichtig gehalten – als von aufklärerischen Ideen über die Freiheit des Handelns und die Verwirklichung moralischer oder wenigstens legaler Grundsätze. Wir glaubten, es sei allein unsere Sache, zu entscheiden, ob wir uns in Vorgänge außerhalb der Grenzen der Vereinigten Staaten einschalten sollten oder nicht. Wir waren bereit, uns für die Abwehr wirklich großer Gefahren zu engagieren, wollten aber nicht die Verantwortung dafür übernehmen, daß das Gleichgewicht der Kräfte durch unser tägliches Mitwirken aufrechterhalten wurde. Wir neigten sogar dazu, die Bedeutung dieses Gleichgewichts zu bestreiten, und suchten unsere moralische Überlegenheit damit unter Beweis zu stellen, daß wir erklärten, es sei eine der Ursachen für die bestehenden internationalen Spannungen. Amerikanische Diplomaten erklärten, daß sie auf das internationale Recht vertrauten. Sie interessierte eher die Frage, ob ein anderer Staat völkerrechtswidrig gehandelt hatte, als ob dieses Handeln das internationale Gleichgewicht der Kräfte und damit auch unsere Sicherheit auf lange Sicht gefährdete. Niemand verlangte von den Diplomaten, ein geopolitisches Konzept zu entwickeln; deshalb weigerten sie sich, begrifflich zu denken, und erklärten, das seien Anschauungen, die Amerika längst überwunden hätte.

Bis zum Ende des Zweiten Weltkrieges betrachtete sich der Auswärtige Dienst als ein Instrument, mit dessen Hilfe Verhandlungen geführt wurden, sah aber seine Aufgabe nicht darin, eine außenpolitische Linie zu entwickeln. Es kam unseren Diplomaten daher mehr darauf an, konkrete und aktuelle Probleme zu lösen, als eine Strategie zu entwickeln und die Ereignisse zu beeinflussen. Langjährige Erfahrungen im Auslandsdienst erzeugten eine größere Sensibilität für die immateriellen Gegebenheiten fremder Gesellschaften als für diejenigen in unserer eigenen. Da sich die Beamten im Auswärtigen Dienst der isolationistischen Tradition in Amerika bewußt waren, neigten sie dazu, diese auszugleichen, indem sie sich zu Sprechern der Länder machten, in denen sie akkreditiert waren oder für die sie im Außenministerium verantwortlich waren. Diese Haltung bezeichnet man im Ministerium als die Krankheit der »Lokalitis« oder des »Klientismus«. Ein Beamter im Auswärtigen Dienst macht sich das Leben leichter und angenehmer, wenn er dem Land, in dem oder für das er arbeitet, angenehme Nachrichten übermitteln kann. Er wird dann zum Beispiel bei auftretenden Meinungsverschiedenheiten besser unterstützt oder zu einem Gespräch mit dem Präsidenten eingeladen werden. Ein Diplomat im Ausland steht vor dem gleichen Dilemma wie ein Kongreßabgeordneter. Wie weit darf er sich hinter die Auffassungen seiner Wähler stellen und versuchen, sie durchzusetzen, ohne dabei zu riskieren, daß man ihm Engstirnigkeit vorwirft – gar nicht davon zu reden, daß er auf diese Weise seine Glaubwürdigkeit in Washington verlieren kann? Wie sehr soll er sich um einen Gesamtüberblick bemühen, den die Realität dem Präsidenten und dem Außenminister abverlangt – und dabei riskieren, die lokalen Interessen außer acht zu lassen, die sie berücksichtigen müssen, wenn sie Entscheidungen treffen? Er weiß, daß andere Botschafter oder Länderdirektoren sich energisch für ihre Klienten einsetzen, während er versucht, »fair« zu sein.

Im Auswärtigen Dienst spielt der Begriff der Verhandlungsfähigkeit eine große Rolle. Mit anderen Worten, es ist wichtig sich bewußt zu sein, was die andere Seite noch akzeptieren wird. Man hat aber weniger Verständnis dafür, mit welchen Druckmitteln oder Anreizen man – wenn man sich nicht scheut, sie anzuwenden – die Vorstellungen verändern kann, die ihrerseits die Verhandlungsfähigkeit eines Vorschlags bestimmen. Seinem Wesen nach neigt der Auswärtige Dienst eher zur Vorsicht als zur Risikobereitschaft; er beschäftigt sich lieber mit der Methodik der Diplomatie als mit ihren Absichten, mit bestimmten Verhandlungstaktiken, aber weniger gern mit der großen Linie, und ihm sind kurzfristig zu lösende Probleme lieber als die Beschäftigung mit der Frage, welche Folgen bestimmte Maßnahmen auf längere Sicht haben können.

In der Geschichte werden außenpolitische Erfolge in den meisten Fällen am höchsten gewertet, wenn sie von Persönlichkeiten errungen worden sind, denen die Fachleute widersprochen haben; das gilt für alle Länder. Schließlich liegt es in der Verantwortlichkeit der Experten, sich mit ihnen vertrauten Dingen zu beschäftigen, aber der politisch verantwortliche Führer muß über diesen Horizont hinausdringen. Das Außenministerium braucht eine starke und beharrliche Führung, deren Handeln von klaren Grundsätzen geleitet sein und bestimmte Ziele verfolgen muß. Häufige Richtungswechsel in der amerikanischen Außenpolitik demoralisieren den Auswärtigen Dienst ebenso wie die anderen Nationen. Ein Außenminister, der die Komplexität seines Amtes nicht begreift oder ständig über die elementarsten Probleme unterrichtet werden muß, wird damit den Horizont der Diplomaten im Auswärtigen Dienst in gefährlicher Weise einengen. Dann würde auch die so oft empfohlene Generalreinigung nichts bewirken können. Jede andere Gruppe hätte wahrscheinlich sehr bald die gleichen Vorurteile, die ihre Wurzeln schließlich in unserer Gesellschaft und in unserer Geschichte haben. Eine Atmosphäre der Furchtsamkeit würde eine gesunde Entwicklung zum Stillstand bringen. Aber unter einem starken Außenminister – wie Dean Acheson – ist der Auswärtige Dienst ein wunderbares Werkzeug und jeder einzelne absolut zuverlässig.

Da die Angehörigen des Auswärtigen Dienstes in den gleichen Vorstellungen und Vorurteilen befangen waren wie die Gesellschaft, die sie vertraten, mußten sie sich ebenso wie diese nach dem Krieg in einem oft schmerzlichen Prozeß an eine neue Welt anpassen – eine in unserer Geschichte beispiellose Erfahrung. Nachdem die Vereinigten Staaten im entscheidenden Augenblick zur Verteidigung der Freiheit in den Krieg eingegriffen hatten, ist es seit 1945 ihre Aufgabe gewesen, das globale Gleichgewicht der Kräfte zu erhalten. Unsere Diplomatie muß bereit sein, aufgrund von Lagebeurteilungen zu handeln, deren

Richtigkeit sich zunächst nicht nachweisen läßt. Wir müssen Grenzsituationen vermeiden, denn wenn wir warten, bis die Herausforderung klar erkennbar geworden ist, dann kann es auch geschehen, daß wir nicht mehr damit fertig werden. Das alles erfordert eine viel größere Selbstsicherheit, Intuition und Wagemut, vor allem aber ein klareres begriffliches Denken, als wir es bisher gewohnt waren.

Ich habe meine Vorurteile sehr bald aufgegeben und erkannt, daß eine schöpferische Außenpolitik der Vereinigten Staaten ohne den Auswärtigen Dienst nicht möglich ist, aber erst recht nicht gegen ihn. Wir hatten die gemeinsame Aufgabe, uns gegenseitig zu erziehen und dabei unserer Gesellschaft ihre eigene neue Lage begreiflich zu machen. Dabei ist es mir bald klargeworden, daß es auf der ganzen Welt keinen Außenminister gibt, dem eine so schöpferische, tüchtige, fachlich geschulte und loyale Gruppe von Männern und Frauen zur Verfügung steht.

Die vier Wochen von meiner Ernennung bis zu meiner Bestätigung nutzte ich dazu aus, im Auswärtigen Dienst eine systematische Suche nach talentierten Mitarbeitern zu veranstalten. Trotz aller Klischeevorstellungen von meiner angeblichen Feindschaft gegenüber dem Behördenapparat stammten die meisten Persönlichkeiten, die ich in meiner Amtszeit auf entscheidende Posten berufen habe, aus dem Auswärtigen Dienst. Dabei habe ich diejenigen befördert, die die Achtung ihrer Vorgesetzten genossen und zu den tüchtigsten jungen Männern und Frauen gehörten, und mich darum bemüht, den vor mir abgelösten Beamten eine sinnvolle Tätigkeit zuzuweisen, darunter auch einigen, die sich aus Loyalität gegenüber Rogers gegen meine Ernennung ausgesprochen haben.

Der Auswärtige Dienst hat in meiner Amtszeit zweifellos Hervorragendes geleistet. Seine Beamten haben zu mir gehalten, wenn ich angegriffen wurde, meine Erfolge ermöglicht und sind nicht für meine Mißerfolge verantwortlich zu machen.

Die Amtsübernahme

Die größte Herausforderung bei der Übernahme des Außenministeriums war es für mich, den Erwartungen gerecht zu werden, denen ich meine Ernennung zu verdanken hatte. Ich mußte angesichts der zunehmenden Schwäche unserer Exekutive eine starke Außenpolitik ermöglichen und den höchsten Kabinettsposten dazu verwenden, die Hoffnung auf eine Zukunft lebendig zu erhalten, die den Idealen unserer Nation mitten in einer politischen Krise gerecht wurde, wie sie in der neueren Geschichte der Vereinigten Staaten ohne Beispiel ist. In der Ansprache nach Übernahme meines Amtes im Ostzimmer des Weißen Hauses wollte ich erläutern, welche Aufgaben mir für meine Amtsführung am wichtigsten erschienen. Angesichts des Verfalls der Regierungsautorität mußten wir Gelassenheit, Stärke und Zielstrebigkeit beweisen, um unsere Gegner zu entmutigen und die Hoffnungen derer zu stärken, die sich auf uns verließen.

Wenn man sich von geschichtlichen Erfahrungen leiten lassen wollte, dann mußte man jetzt mit Krisen rechnen. Wir würden diese Krisen nur überstehen können, wenn das amerikanische Volk in unserer Außenpolitik das Streben nach Frieden und internationaler Ordnung erkannte, und zwar nicht nur als taktische Reaktion auf die durch die Schwäche der Exekutive veranlaßte Auflehnung. Wir mußten Vorstellungen entwickeln, die das elende Schauspiel des Zerfalls des Präsidentenamtes in die richtige Perspektive rückten, das täglich die Schlagzeilen und Nachrichtensendungen beherrschte. Jetzt kam es vor allem darauf an, die Amerikaner und unsere Freunde in der ganzen Welt davon zu überzeugen, daß unsere Regierung funktionsfähig war und die Lage beherrschte.

Aus diesem Grund bereitete ich mich darauf vor, während der ersten zwei Wochen als Außenminister drei Reden zu halten. Achtundvierzig Stunden nach meiner Vereidigung sprach ich vor der Generalversammlung der Vereinten Nationen. Da ich es nicht für richtig gehalten hatte, mich schon vor meiner Vereidigung an die Angehörigen des Außenministeriums zu wenden, wurde meine Ansprache unter erheblichem Druck innerhalb von etwa sechsunddreißig Stunden fertiggestellt. Am Abend zuvor überarbeitete ich drei Versionen, und dabei erlebten meine Mitarbeiter und Sekretärinnen im Außenministerium zum erstenmal, wie hohe Anforderungen ich an meine Untergebenen stellen konnte. Als alles erledigt war, drohte die Technik sich für diese Überbeanspruchung zu rächen. Ich stand am Eingang meines Büros vor dem Hotel Waldorf Towers und wartete ungeduldig darauf, durch die ganze Stadt zu den Vereinten Nationen fahren zu können. Der endgültige Text meiner Rede mußte noch fotokopiert werden. Meine neue Sekretärin, Jane Rothe, teilte mir tapfer mit, eine Seite des einzigen mit der Maschine geschriebenen Entwurfs sei in dem überhitzten Kopiergerät verbrannt. Das Original war eingelegt worden und nicht wieder herausgekommen. Zum Glück hatten wir noch die mit der Hand geschriebenen Seiten. Jane setzte sich in aller Ruhe hin und schrieb die fehlende Seite noch einmal ab. Mein erster Auftritt vor der Generalversammlung der Vereinten Nationen konnte nicht dramatischer sein als diese Vorbereitungen.

In meiner Ansprache forderte ich die Nationen der Welt auf, »mit uns von der Entspannung zur Zusammenarbeit voranzuschreiten, von der Koexistenz zur Gemeinschaft«. Dann nannte ich die Hauptziele unserer Außenpolitik, was einen vor diesem Forum verpflichtet, jede wichtige Region und jeden Unruheherd in einem mehr oder weniger bedeutsamen Satz zu erwähnen. Einen Teil der Welt auszulassen könnte zu einem diplomatischen Zwischenfall führen. Oft ist Banalität der bessere Teil der Tapferkeit. (In meiner Unerfahrenheit vergaß ich diesen Grundsatz und erwähnte Europa nicht. Ich mußte den Preis dafür bezahlen; mein Versehen wurde in den Katalog meiner Fehler aufgenommen.) Weniger streng hielt ich mich an die Konventionen, als ich zur internationalen Zusammenarbeit auf vielen Gebieten aufrief und damit nachzuweisen suchte, wie sehr alle Nationen in der modernen Welt voneinander abhängig sind:

Wir sind in der Tat Mitglieder einer Gemeinschaft, die durch die moderne Wissenschaft, die Technologie und neue Formen der Kommunikation so eng zusammengerückt ist, daß die politischen Verhältnisse diesem Zustand noch nicht gerecht werden können. Die Technologie überholt täglich die Fähigkeit unserer Institutionen, mit ihren Erzeugnissen fertig zu werden. Unsere politische Vorstellungskraft muß unsere wissenschaftlichen Erkenntnisse einholen.

Wie ich Senator Humphrey versprochen hatte, machte ich den Vorschlag, 1974 eine Welternährungskonferenz einzuberufen. Ich erklärte, die Vereinigten Staaten seien bereit zu sagen, welche Verantwortung sie im Dialog zwischen reichen und armen Nationen im Geist der Menschlichkeit und einer fruchtbaren Zusammenarbeit übernehmen wollten.

Am 8. Oktober hielt ich in Washington auf der Pacem-in-Terris-Konferenz eine gründlich vorbereitete Rede. Im siebten Kapitel habe ich aus dem Teil zitiert, der sich mit den Beziehungen zwischen den Vereinigten Staaten und der Sowjetunion beschäftigte. Mein Hauptthema war jedoch ein Aufruf zu einem neuen nationalen Konsensus im Hinblick auf die Rolle Amerikas in der Welt. Es war zu Meinungsverschiedenheiten darüber gekommen, daß die Administration das Gleichgewicht der Kräfte so sehr in den Vordergrund gestellt hatte, und man hatte diese meine Auffassung von der Weltpolitik als moralisch gebrandmarkt. Nun versuchte ich, die Beziehungen zwischen Moral und Pragmatismus philosophisch zu definieren:

In diesem Land ist seit jeher das Gefühl für eine missionarische Aufgabe lebendig gewesen. Amerikaner sind immer überzeugt gewesen, Amerika bedeute mehr und Höheres als seine materiellen Leistungen. Eine rein pragmatische Politik böte anderen Nationen keine Kriterien, unsere Leistungen zu beurteilen, und keine hohen Ziele, die zu erreichen das ganze amerikanische Volk bestrebt sein könnte.

Aber wenn die Politik übermäßig moralistisch wird, kann sie illusionär oder gefährlich werden. Ein angebliches Monopol auf die absolute Wahrheit behindert Verhandlungen und Ausgleich. Man verzichtet unter solchen Umständen auf befriedigende Ergebnisse, weil man nie zu erreichende Ideallösungen anstrebt. Der politische Erfolg fällt wirkungslosen Gesten oder abenteuerlichen Kreuzzügen zum Opfer.

Die Voraussetzungen für eine fruchtbare öffentliche Diskussion sind das Verständnis der Politiker und ihrer Kritiker für die Perspektiven der anderen Seite und die Achtung vor den Absichten des anderen. Der Politiker muß begreifen, daß der Kritiker verpflichtet ist, auf Mängel hinzuweisen, um falsche Voraussetzungen in Frage zu stellen und zum richtigen Handeln anzuregen. Aber ebenso sollte sich auch der Kritiker der Tatsache bewußt sein, daß der Politiker vor komplexen Aufgaben steht und es schwer hat, die richtigen Entscheidungen zu treffen. Der Politiker muß sich um die bestmögliche praktische und nicht nur vorstellbare Lösung bemühen. Er muß handeln, wenngleich ihm noch nicht die Informationen zur Verfügung stehen, die dem Analytiker später die Kritik erleichtern. Er weiß – oder sollte wissen –, daß er für die Folgen der Katastrophe ebenso verantwortlich ist wie für die

> des Erfolges. Er wird sich unter Umständen gezwungen sehen, seine Ziele zurückzustecken, und zwar nicht, weil sie nicht erstrebenswert sind, sondern weil das Risiko des Scheiterns größer ist als die Erfolgschancen. Oft wird er sich mit allmählichen Fortschritten zufriedengeben müssen, sosehr er sich den sofortigen Durchbruch wünschen mag. Er muß mit anderen Kompromisse schließen, und das bedeutet in gewisser Weise auch den Kompromiß mit sich selbst.

Wir hatten noch immer gute Zukunftsaussichten. Ich war überzeugt, eine vernünftige Diskussion könnte dazu beitragen, daß die Nation das innere Gleichgewicht zurückgewann. Unser historischer Idealismus wies uns die sicherste Marschrichtung durch die neuen, vor uns liegenden Gefahren. Am 4. Oktober sprach ich im Metropolitan Museum of Art in New York bei einem Essen vor den Delegationen, die an der Generalversammlung der Vereinten Nationen teilnahmen:

> Von allen Spezies, die diesen Planeten bewohnen, hat allein der Mensch sich seine Leiden selbst auferlegt.
>
> Im Zeitalter der potentiellen nuklearen Weltkatastrophe, in einem Zeitalter der ideologischen Konflikte und unmittelbaren Kommunikationsmöglichkeiten ist es unsere dringendste Aufgabe, diese augenscheinlich eiserne historische Gesetzmäßigkeit zu überwinden. Die Vision von einer Völkergemeinschaft auf dieser Welt, die sich auf Gerechtigkeit und nicht auf Macht gründet, ist das unbedingte Bedürfnis unseres Zeitalters ...
>
> Ich versichere Ihnen, daß die Vereinigten Staaten bereit sind, den Weg zu einer die Welt umfassenden Völkergemeinschaft zu gehen. Auch wenn wir nur gemessenen Schrittes vorankommen, wird sich unser Blickfeld erweitern. Wir werden keine unerfüllbaren Versprechungen machen, aber wir werden jedes Versprechen, das wir machen, erfüllen. Wir betrachten die Stabilität als Brücke zur Verwirklichung menschlicher Träume und nicht als Selbstzweck. Wir wissen, daß der Friede sich verwirklichen lassen wird, wenn sich alle – die Kleinen ebenso wie die Großen – an seiner Gestaltung beteiligen, und daß er dauerhaft sein wird, wenn alle – die Schwachen ebenso wie die Starken – aus seiner Fortdauer Nutzen ziehen können.

Zwei Tage später brach der Krieg im Nahen Osten aus.

XI. Der Krieg im Nahen Osten

Ein unsanftes Erwachen für uns alle

Am Samstag, dem 6. Oktober 1973, um 6.15 Uhr schlief ich noch fest in meinem Appartement im New Yorker Hotel Waldorf Towers, wo ich für die Dauer der Jahressitzung der Generalversammlung der Vereinten Nationen mein Hauptquartier eingerichtet hatte. Plötzlich stürmte der energische Stellvertretende Unterstaatssekretär für den Nahen Osten und Südasien, Joseph J. Sisco, in mein Schlafzimmer. Ich hatte kaum die Augen geöffnet, als ich hörte, wie Sisco mir mit heiserer Stimme zurief, Israel und die beiden arabischen Länder Ägypten und Syrien stünden unmittelbar vor einem Krieg. Er glaubte allerdings immer noch an ein Versehen und meinte, beide Seiten hätten die Absichten der jeweils anderen mißverstanden. Wenn ich sie unverzüglich und energisch über den tatsächlichen Stand der Dinge unterrichtete, ließe sich der Konflikt beilegen, bevor die ersten Schüsse fielen – eine sehr schmeichelhafte Beurteilung meiner Fähigkeiten. Leider hatte sich Sisco hier geirrt.

Sisco war von einer dringenden Depesche unseres Botschafters in Israel, des ehemaligen Senators Kenneth Keating, aufgeschreckt worden. Vor zwei Stunden hatte die israelische Premierministerin Golda Meir den amerikanischen Botschafter aufgefordert, in ihr Jerusalemer Büro zu kommen. Es war ungewöhnlich, daß die israelische Regierungschefin an diesem Tage arbeitete, denn es war der Tag des Versöhnungsfestes, Yom Kippur, für die Juden der heiligste Tag des Jahres. Er wird mit Fasten, Gebet und Meditation zugebracht. Er erinnert den Menschen an seine Bedeutungslosigkeit gegenüber Gott und ist der Höhepunkt in einer Reihe von sechs religiösen Festtagen, an denen Gott nach der jüdischen Tradition über das Schicksal aller Sterblichen für das kommende Jahr entscheidet.

Die sensationelle Mitteilung Goldas besagte praktisch, daß die Begegnung Israels mit seinem Schicksal schon begonnen hatte: »Wir sind unter Umständen in große Schwierigkeiten geraten«, sagte sie Keating. Ägyptische und syrische Truppenbewegungen, die von Israel und den Vereinigten Staaten bisher als Manöver interpretiert worden waren, hatten plötzlich bedrohliche Formen angenommen. Keating erinnerte Frau Meir daran, daß ihm Beamte des israelischen Verteidigungsministeriums vor weniger als zwölf Stunden versichert hatten, daß die Lage nicht gefährlich wäre. Die Situation hätte sich jetzt geändert, sagte Frau Meir. Die Israelis wären überzeugt, daß noch am gleichen Spätnachmittag eine koordinierte ägyptisch-syrische Offensive beginnen werde. Sie meinte, da die Araber mit Sicherheit geschlagen werden würden, könnte die Krise nur entstanden sein, weil sie die Absichten Israels mißverstanden hätten. Sie bat den Botschafter, die Vereinigten Staaten sollten die Sowjetunion und die arabischen Nachbarn Israels sofort davon unterrichten, daß Israel nicht die Absicht habe, Ägypten oder Syrien anzugreifen. Israel habe zwar »einige« Reservisten einberufen, hätte aber, um seine friedlichen Absichten zu dokumentieren, auf eine allgemeine Mobilmachung verzichtet. Man fragte Keating, ob Israel beabsichtige, den Arabern mit einem Präventivschlag zuvorzukommen. Golda betonte noch einmal entschieden, daß Israel unter allen Umständen ein Blutvergießen vermeiden wolle. Es werde unter keinen Umständen mit den Feindseligkeiten beginnen.

Als Sisco mich weckte, waren es nur noch neunzig Minuten bis zum Ausbruch des Krieges im Nahen Osten. Ägypten und Syrien hatten ihre Kriegsvorbereitungen so geschickt getarnt, daß die Israelis auch jetzt noch damit rechneten, der Angriff werde vier Stunden später beginnen, als es in Wirklichkeit geschah. Ich wußte, daß, wenn sich die Araber zum Angriff entschlossen hatten, man mit diplomatischen Schritten nichts mehr ausrichten konnte. Aber ich stand immer noch unter dem Einfluß eindeutiger israelischer Berichte, die auch von unserer Botschaft bestätigt worden waren, daß ein solcher Angriff fast unmöglich sei. Deshalb bemühte ich mich sofort mit allen mir zur Verfügung stehenden diplomatischen Mitteln, einen Zusammenstoß abzuwenden, denn ich konnte mir nur vorstellen, daß das Vorgehen von Ägypten und Syrien die Folge einer falschen Interpretation israelischer Absichten war.

Eine Krise stellt sich dem politisch Verantwortlichen nicht immer als eine Folge dramatischer Ereignisse dar. Gewöhnlich erlebt er sie als eine Reihe ermüdender, nebensächlich erscheinender kleiner Schritte, die Konzentration und Ausdauer von ihm verlangen. Er muß innerhalb kürzester Frist auf unvollständige Informationen reagieren, und obwohl er unbedingt genauer unterrichtet sein sollte, muß er sich praktisch den richtigen Weg im Nebel suchen. Operativ stellt sich die Krise in winzigen Einzelheiten dar, auf die man mit großer Sorgfalt reagieren muß. Dazu gehört auch, daß alle Beteiligten ihre Informationen aus der gleichen Quelle beziehen. So war es auch an jenem Morgen des Yom Kippur, als der Nahe Osten in einen Krieg gestürzt wurde.

Um 6.40 Uhr rief ich den sowjetischen Botschafter, Anatoly Dobrynin, in seiner Botschaft in Washington an. Auch er mußte aus dem Bett geholt werden, war zunächst verschlafen und verwirrt (oder tat nur so). Ich bat ihn, er möge Moskau sowie Kairo und Damaskus unverzüglich davon unterrichten, daß Israel uns mitgeteilt hatte, es habe nicht die Absicht, irgendwelche offensiven Maßnahmen zu ergreifen. Zunächst behauptete Dobrynin, daß es sich hier um ein israelisches Manöver handeln müsse, mit dem ein Präventiv-Angriff gerechtfertigt werden sollte. Ich erwiderte, daß ich ihn gerade deshalb angerufen hätte, um ihn vom Gegenteil zu überzeugen. Mit diplomatischer Pedanterie wollte er nun wissen, wer wem etwas mitzuteilen habe. Wollte Israel die arabischen Länder beruhigen, oder war es eine Mitteilung der Vereinigten Staaten an die Sowjetunion? Ich unterbrach ihn ungeduldig: »Wenn das so weitergeht, wird der Krieg beginnen, bevor Sie begriffen haben, was ich Ihnen sagen will.« Aber Dobrynin fand sofort einen weiteren Vorwand, die Angelegenheit zu verzögern. Er bezweifelte, daß seine Mitteilung Moskau schnell genug erreichen könnte, um ein rechtzeitiges Eingreifen der Sowjetunion zu ermöglichen. Als ich ihm die Benutzung unseres »heißen Drahts« anbot, meinte er, daß die sowjetische Empfangsstelle zu weit vom Außenministerium entfernt sei. (Das machte mich stutzig, denn welchen Sinn hätte eine solche Direktverbindung bei einer Krise zwischen den Großmächten?) Jedenfalls stellte ich Dobrynin die Telefonvermittlung des Weißen Hauses zur Verfügung, wofür er sich mit einigen freundlichen Worten bedankte.

Das war natürlich Spiegelfechterei. Dobrynin verfügte über ausgezeichnete Nachrichtenverbindungen. Er konnte innerhalb weniger Minuten eine Antwort aus Moskau bekommen (was er zu einem späteren Zeitpunkt während der gleichen Krise bewiesen hat). Heute nehme ich an, daß er damit gerechnet hat, abgehört zu werden, und deshalb die nicht abhörsichere Postleitung benutzte, um sich ein Alibi gegen den Verdacht zu verschaffen, daß die Sowjetunion mit ihren arabischen Freunden unter einer Decke steckte.

Um 6.55 Uhr rief ich den israelischen Geschäftsträger, Mordechai Shalev in seiner Botschaft an, einen sehr einsichtigen, warmherzigen und besonnenen Diplomaten (Botschafter Simcha Dinitz war zur Beisetzung seines Vaters nach Israel gereist.) Ich sagte Shalev, ich hätte die Sowjets davon unterrichtet, daß Frau Meir uns versichert hatte, Israel werde keinen Präventivschlag führen. Ich bat ihn, diese Mitteilung nach Jerusalem weiterzugeben und sie in meinem Namen dringend zu bitten, auf voreilige Maßnahmen zu verzichten.

Um 7.00 Uhr rief ich den ägyptischen Außenminister Mohamed el-Zayyat an, der an der Generalversammlung der Vereinten Nationen in New York teilnahm. Um Zeit zu sparen und auf lange Erklärungen verzichten zu können, las ich ihm die israelische Note vor. Noch am Tage zuvor hatten Zayyat und ich uns ironischerweise darüber unterhalten, wie man die Friedensverhandlungen für den Nahen Osten beginnen könnte. Die Vereinigten Staaten hatten die Absicht gehabt, sie unmittelbar nach den für den 30. Oktober angesetzten israelischen Parlamentswahlen einzuleiten. Ich bin überzeugt, daß Zayyat diese Vorschläge nicht unbeachtet gelassen hat. Aber Sadat hatte seine Pläne nicht vielen mitgeteilt.

Die Diplomatie kann am Rande eines Krieges kaum etwas ausrichten. Alles drängt zur Eile, aber Präzision erfordert zeitraubende Wiederholungen. Ebenso wie Dobrynin bat mich auch noch Zayyat, ihm die Botschaft noch einmal vorzulesen. Ich bin überzeugt, daß er wirklich verwirrt gewesen ist und nicht die Absicht hatte, die Sache zu verzögern. Er sagte, er werde den Inhalt meiner Mitteilung sofort weitergeben, erklärte jedoch, er fürchte, daß Israel nur einen Vorwand suchte. Ich sagte ihm verbindlich zu, daß wir uns hinter die Zusagen Israels stellen würden.

Nun versuchte ich, den stellvertretenden syrischen Außenminister, Mohammed Zakariya Ismail, zu erreichen, der sich ebenfalls in New York aufhielt, zu dem ich aber keine Verbindung bekommen konnte. In der syrischen UN-Botschaft ging niemand ans Telefon.

Um 7.15 bestätigte mir Shalev Golda Meirs Zusicherung, daß Israel keinen Präventivangriff führen werde. Um 7.25 Uhr rief ich die sowjetische Botschaft an und stellte fest, daß Dobrynin gerade über die Vermittlung des Weißen Hauses mit Moskau sprach. Ich bat seinen Mitarbeiter Oleg Jedanow, dafür zu sorgen, daß Dobrynin sein Gespräch nicht beendete, ohne Moskau von der neuen Zusicherung Israels zu unterrichten.

Um 7.35 Uhr rief ich noch einmal den ägyptischen Außenminister Zayyat an und teilte ihm mit, daß Israel seine Zusage wiederholt hätte und wir sie garantieren wollten. Um 7.47 Uhr setzte ich mich noch einmal mit Dobrynin in Verbindung, der mir sagte, daß unsere Botschaft nach Moskau weitergegeben worden sei. Ich unterrichtete ihn von meinem Gespräch mit Zayyat und bat ihn, uns bei der Verbindungsaufnahme mit den Syrern zu helfen. Ich erklärte, daß wir uns auf kein Versteckspiel einlassen und Moskau vom Inhalt unserer Gespräche mit den Beteiligten unterrichten würden.

Unterdessen hatte ich meinen Stellvertreter beim Nationalen Sicherheitsrat in Washington, General Brent Scowcroft, angewiesen, in meiner Abwesenheit für 9.00 Uhr eine Sitzung der Washington Special Actions Group (WSAG) einzuberufen, um den anderen Mitgliedern der Regierung die Gelegenheit zur Stellungnahme zu geben.

Um 8.15 Uhr übermittelte mir Zayyat die Antwort aus Kairo: Er behauptete, daß Israel die Araber »provoziert« hätte. Israelische Flotteneinheiten hätten, von Kampfflugzeugen unterstützt, ägyptische Stellungen im Golf von Suez angegriffen. Dieser Angriff sei abgewehrt worden, und man hätte ein Kommuniqué veröffentlicht. Das war eine unglaubliche Unterstellung. Ich konnte mir nicht denken, daß Israel seine den Vereinigten Staaten vor wenigen Stunden gemachte Zusage nicht eingehalten hatte. Es war unvorstellbar, daß die Israelis am Versöhnungstag eine Offensive begannen und, ohne mobil gemacht zu haben, losschlugen. Es wäre unsinnig, wenn Israel die Feindseligkeiten mit einer Flottenoperation weit außerhalb der eigenen Grenzen eröffnete. In sehr kühlem Ton sagte ich Zayyat, ich hoffte, Ägypten werde seine militärische »Reaktion« auf den Raum beschränken, wo der »Angriff« stattgefunden hatte. Ich würde sofort die Verbindung zu Israel aufnehmen und versuchen, die Lage zu klären. Dann stellte ich auch Zayyat die Nachrichtenverbindungen des Weißen Hauses für Kontakte mit Kairo zur Verfügung. Zum Glück hatten sich unsere tüchtigen Telefonistinnen im Weißen Haus schon an meine Methoden gewöhnt, denn sonst wären sie dem plötzlichen Ansturm in so vielen verschiedenen Fremdsprachen nicht gewachsen gewesen.

Um 8.25 Uhr rief ich den israelischen Außenminister Abba Eban, der sich ebenfalls in New York aufhielt, an und sagte ihm, was mir Zayyat über einen israelischen Angriff im Golf von Suez mitgeteilt hatte. Eban und ich hielten es für ausgeschlossen, daß Israel sich an seinem heiligsten Feiertag zu einem solchen Schritt hätte entschließen können. Er wollte sich sofort in Jerusalem erkundigen. Um 8.29 Uhr rief mich Shalev von Washington aus an und teilte mir mit, er habe aus Israel erfahren, daß ägyptische und syrische Flugzeuge seit einer halben Stunde entlang der ganzen Front angriffen.*

Über Bodenoperationen hatte er noch keine Nachrichten und wußte auch nichts von dem angeblichen »Angriff mit israelischen Seestreitkräften«.

Um 8.30 Uhr schickte ich dringende Funksprüche an die Könige von Jordanien und Saudi-Arabien, in denen ich sie aufforderte, alles zu tun, um den Ausbruch von Feindseligkeiten zu verhindern. (Solche dringenden Funksprüche haben die höchste Priorität und werden innerhalb weniger Minuten abgesetzt.) Ich hatte nur noch wenig Hoffnung. Wenn der Angriff von langer Hand vorbereitet war, dann konnten auch die gemäßigten arabischen Staaten nichts mehr dagegen unternehmen,

* Der ägyptisch-syrische Angriff begann gegen 2.00 Uhr nachts Ortszeit oder gegen 8.00 Uhr vormittags Washingtoner Zeit – einige Zeit bevor unser Behördenapparat zu dem Schluß gekommen war, daß der Krieg begonnen hatte oder die Araber zum Angriff angetreten waren.

und wenn ein Mißverständnis vorlag, dann konnten sie es auch nicht aufklären. Aus ihren am späten Abend eintreffenden Antworten konnte ich entnehmen, daß sie sich nicht an diesem Krieg beteiligen wollten. Hussein äußerte seine Besorgnis über den Ausbruch von Feindseligkeiten, und Faisal wies auf die Solidarität der arabischen Staaten hin. Beide Länder haben sich aus dem nun folgenden militärischen Konflikt herausgehalten.

Um 8.35 Uhr rief ich Al Haig, den Stabschef des Präsidenten, an, der sich mit Nixon in Key Biscayne, Florida, aufhielt, und bat ihn dem Präsidenten mitzuteilen, daß der Krieg augenscheinlich begonnen hätte. Haig und ich tauschten Vermutungen über die Rolle der Sowjetunion in diesem Konflikt aus, konnten aber zu keinem Schluß kommen. Ich glaubte, daß die Sowjets Ägypten nahegelegt hätten, durch eine gewisse Verschärfung der Lage die diplomatische Tätigkeit anzuregen, und vermutete, daß »diese Wahnsinnigen unter Umständen des Guten zuviel getan haben könnten«. Ich schlug vor, der Sprecher des Weißen Hauses in Florida, der stellvertretende Pressesekretär Gerald L. Warren, sollte nur erklären, daß der Präsident regelmäßig über die Entwicklung der Lage unterrichtet werde und die Dinge fest in der Hand hätte.

Um 8.40 Uhr rief ich Kurt Waldheim, den Generalsekretär der Vereinten Nationen, an und gab ihm einen summarischen Überblick über das, was ich wußte. Er konnte die jetzt laufenden konkreten Gespräche nicht beeinflussen, erklärte sich jedoch bereit, uns in Verfahrensfragen zu unterstützen. Wenn notwendig, konnte er die Sitzungen des Sicherheitsrats oder der Generalversammlung verzögern oder beschleunigen. Und er war sehr mitteilsam. Man durfte sich darauf verlassen, daß er Dinge äußern würde, die man sich selbst zu sagen scheute – versteckte Drohungen oder Kompromißvorschläge, die zu delikat waren, als daß man sie selbst hätte vorlegen können. Jetzt kam es mir vor allem darauf an, daß er mir half, die Furcht vor einem israelischen Präventivschlag zu zerstreuen. Ich bat ihn dringend, beschwichtigend auf die Syrer einzuwirken, mit denen wir bisher noch keinen Kontakt hatten aufnehmen können, und auch die Ägypter im gleichen Sinne zu beeinflussen. Waldheim erzählte mir mit etwas trauriger Stimme, daß er gestern bei einem Essen neben dem syrischen Außenminister gesessen habe, der habe ihm aber nichts über die syrischen Pläne mitgeteilt. Ich hatte Verständnis für seine Enttäuschung, denn das gleiche hatte ich mit Sadat erlebt. Allerdings hätten wir nicht erwarten dürfen, daß Syrien und Ägypten uns von einem geplanten Überraschungsangriff unterrichteten.

Um 8.50 Uhr rief mich Eban an und wiederholte Shalevs Zusicherungen, daß Israel keinen Präventivschlag führen werde. Offenbar hatte die amerikanische Regierung nicht das Monopol auf eine Vielzahl von Nachrichtenverbindungen. Er wußte nichts von einem angeblichen Einsatz israelischer Seestreitkräfte im Golf von Suez oder anderswo.

Meine nächste Aufgabe bestand darin, Scowcroft Anweisungen für die Sitzung der WSAG zu geben. Wenn dies der Beginn eines regelrechten Krieges war (wir waren uns dessen noch nicht sicher), dann hatten wir zwei Probleme: Was sollten wir tun? Und was sollten wir sagen?

Ich rechnete ebenso wie alle anderen mit einem raschen israelischen Sieg. Aber die Geschichte lehrt uns, daß jeder Nahostkrieg sich mit der Zeit zu einer internationalen Krise ausweitet. Arabische Rückschläge würden sowjetische Drohungen auslösen. Es bestand die Gefahr, daß sich Europa von uns distanzierte. Daß die Vereinigten Staaten Israel unterstützten, hatte den Europäern noch niemals recht gefallen wollen, und wie ich im 5. Kapitel ausgeführt habe, suchten einige europäische Regierungschefs nach Vorwänden, Europa aus der Abhängigkeit von den Vereinigten Staaten zu lösen – wenn es vielleicht auch nicht ihre Absicht war, sich gegen Amerika zu stellen. Schließlich wußte jedermann, daß Nixon durch Watergate schwer angeschlagen war. Wir würden zeigen müssen, daß wir entschlossen waren, eine sowjetische Intervention zu verhindern, aber wir mußten sehr behutsam vorgehen und Vertrauen erwecken, ohne Schwäche zu zeigen.

Von New York aus bat ich Scowcroft, bis zum Mittag zunächst einen Plan für die Verlegung der amerikanischen sechsten Flotte, die gegenwärtig auf verschiedene Häfen in Spanien und Griechenland verteilt war, in das östliche Mittelmeer vorzulegen. Zweitens sollte für den Notfall die Verstärkung unserer Flotteneinheit im Mittelmeer vorbereitet werden. An eine Verlegung der Bodentruppen dachten wir noch nicht, aber unsere Streitkräfte sollten in erhöhte Alarmbereitschaft versetzt werden. Die einzelnen Ministerien sollten keine eigenen Verlautbarungen herausgeben. Was gesagt werden müßte, würden Haig oder ich bestimmen. Der Präsident oder Haig sollten entscheiden, ob das Weiße Haus oder eine andere Behörde die Unterrichtung der Öffentlichkeit übernehmen würden.

Um 9.00 Uhr vormittags teilte mir Shalev in einem dringenden Telefongespräch mit, daß ägyptische Streitkräfte versuchten, den Suezkanal zu überschreiten. Der Bericht über eine Seeschlacht wäre ein ägyptisches »Täuschungsmanöver«. Um 9.07 Uhr rief mich Eban noch einmal an und sagte mir das gleiche. Die relative Verspätung seiner Mitteilung glich er durch seine Beredsamkeit aus: »Die Premierministerin hat mich gebeten, Ihnen zu sagen, daß der Bericht über den Einsatz unserer Seestreitkräfte im Golf von Suez falsch ist. Sie verfügt über einen sehr großen hebräischen Wortschatz und hat reichlich davon Gebrauch gemacht.« Er sagte, daß Israel seine Streitkräfte nur zur Verteidigung verwende.

In Washington trat um 9.00 Uhr vormittags die WSAG im Lagezimmer des Weißen Hauses zusammen. Die Meldungen unserer Nachrichtendienste trafen später ein als meine Berichte aus New York. Auch nach Beginn der militärischen Operationen glaubten die Nachrichtendienste wie schon während der ganzen Woche, daß der Ausbruch eines regelrechten Krieges sehr unwahrscheinlich sei:

> Wir (die Nachrichtendienste) können keine konkreten Anhaltspunkte für eine größere, koordinierte ägyptisch-syrische Offensive über den Kanal und im Raum der Golan-Höhen erkennen. Alle Anzeichen weisen vielmehr darauf hin, daß es sich hier um eine Lage handelt, in der beide Seiten auf vermeintliche Bedrohungen der jeweils anderen reagieren, so daß ein gefährliches Potential für eine Konfrontation ent-

steht. Die gegenwärtigen Feindseligkeiten sind offenbar das Ergebnis dieser Lage, allerdings können wir die Abfolge der Ereignisse im einzelnen noch nicht übersehen. Es ist möglich, daß die Ägypter oder die Syrer, besonders aber die letzteren, ein Kommandounternehmen oder irgendein anderes Unternehmen mit begrenztem Ziel vorbereitet haben.

Auf der Sitzung gab es keine Meinungsverschiedenheiten. Aber es konnte auch niemand erklären, wie Syrien und Ägypten an zwei mehr als dreihundertzwanzig Kilometer voneinander entfernt gelegenen Fronten gleichzeitig auf eine israelische Herausforderung »reagieren« konnten. Der Direktor der CIA, William Colby, meldete, ohne daß ihm widersprochen wurde, nach Berichten der Rundfunkstation in Damaskus hätte Israel den Angriff begonnen. Verteidigungsminister James Schlesinger meinte, zwar hätten wir mit der Wahrheitsliebe Syriens keine guten Erfahrungen gemacht, aber dies wäre das erste Mal in zwanzig Jahren, daß Israel einen Nahost-Krieg *nicht* begonnen hätte: »Ich kann für die ägyptisch-syrische Seite kein Motiv erkennen.« Der Vorsitzende der Joint Chiefs of Staff, Thomas Moorer, glaubte, Israel könnte angegriffen haben, um zu verhindern, daß Ägypten und Syrien modernere Fliegerabwehrwaffen in Stellung brachten. Nur der Stellvertreter von Sisco, Alfred L. (Roy) Atherton, war anderer Ansicht: »Dies ist der letzte Tag im Jahr, an dem sie (die Israelis) irgend etwas beginnen würden. Und es hat keine Anzeichen dafür gegeben, daß die Israelis einen Angriff vorbereiteten.«

Um 9.20 Uhr hatte ich selbst, der ich gegen keine vorgefaßten Meinungen zu kämpfen hatte, keinen Zweifel mehr daran, was geschehen war. Ich sagte Dobrynin, Ägypten und Syrien hätten einen Überraschungsangriff geführt. Als Dobrynin mir widersprach und erklärte, daß Sadat das Gegenteil behauptete, erwiderte ich scharf:

Sie und ich wissen, daß das Unsinn ist. Wenn sie (die Israelis) angreifen wollen, dann beginnen sie ihre Operation nicht im Golf von Suez. Wie kommt es, daß Syrer und Ägypter an der ganzen Front gleichzeitig vorgehen, wenn alles mit einer israelischen Flottenoperation begonnen hat?

Ich warnte Dobrynin und sagte, daß hier alle Erfolge, die wir in den Ost-West-Beziehungen erreicht hätten, auf dem Spiel stünden, wenn der Nahe Osten außer Kontrolle geriete. Es war der Beginn eines über längere Zeit sich hinziehenden Duells zwischen Washington und Moskau, bei dem jede Seite ihre Bereitschaft zur Zusammenarbeit erklärte, dabei jedoch versuchte, die Gegenseite zu schwächen, ohne die offene Konfrontation zu riskieren.

Warum haben wir uns überraschen lassen?

Der Überraschungsangriff ist seit Beginn der Kriegsgeschichte ein Thema der Militärliteratur und der militärischen Analyse; in Amerika besonders seit dem 7. Dezember 1941. Eine bahnbrechende Studie über das Versagen der Nachrichtendienste bei Pearl Harbor von Roberta

Wohlstetter kommt zu dem Ergebnis, daß die Überraschung zustande kommt, wenn das potentielle Opfer wichtige Informationen nicht von Nebensächlichkeiten unterscheiden kann. Hinweise auf einen bevorstehenden Angriff werden gewöhnlich durch »Hintergrundgeräusche« übertönt, durch die Vielzahl anderer Informationen, die entweder doppeldeutig, irrelevant oder widersprüchlich sind.[2] Eine sehr gründliche akademische Untersuchung über den Angriff Hitlers gegen Rußland im Juni 1941 geht noch einen Schritt über Wohlstetters Analyse hinaus: Der Angreifer kann seine Aktivitäten erkennen lassen, wenn er den Gegner über den Zweck seines Vorgehens täuscht.[3] So unternahm Hitler 1941 keinen Versuch, den deutschen Aufmarsch an der sowjetischen Grenze zu verschleiern. Dieser Aufmarsch nahm einen solchen Umfang an, daß er sich gar nicht mehr tarnen ließ. Aber Hitler erweckte den Eindruck – und Stalin glaubte ihm –, daß Deutschland die Absicht hätte, der Sowjetunion ein Ultimatum zu stellen, das zu Verhandlungen, aber nicht zum Kriege führen würde. Dieser Gedanke ist nicht ganz neu. Der Chinese Sun Tzu hat um 500 v. Chr. geschrieben: »Jede Kriegführung gründet sich auf Täuschung.«[4]

Der Angriff der Ägypter und Syrer war ein klassisches Beispiel für die strategische und taktische Überraschung. Aber die Überraschung im Oktoberkrieg läßt sich weder durch »Hintergrundgeräusche« noch durch Täuschungsmanöver ausreichend erklären. Sie entstand durch die falsche Interpretation offenkundiger Tatsachen, die durch keine widersprüchlichen Informationen verschleiert wurden. Sadat hatte praktisch ganz offen erklärt, was er tun werde, aber wir hatten ihm nicht geglaubt. Er überschüttete uns mit Informationen und ließ uns daraus die falschen Schlüsse ziehen. Der 6. Oktober war der Kulminationspunkt des Versagens der *politischen* Analyse auf seiten der Opfer.

Bis zum Oktober 1973 stimmten alle israelischen (und amerikanischen) Analysen darin überein, daß Ägypten und Syrien nicht über die militärische Kapazität verfügten, ihre von den Israelis besetzten Gebiete mit Waffengewalt zurückzugewinnen; deshalb würde es nicht zum Kriege kommen. Die arabischen Armeen müßten unterliegen, und deshalb würden sie nicht angreifen. Die Voraussetzungen waren richtig, die daraus gezogenen Folgerungen falsch. Nach dem Oktoberkrieg erfuhren die Israelis aus den Aussagen von Kriegsgefangenen, daß Ägypten nicht ernstlich damit gerechnet hatte, die Sinai-Pässe fünfunddreißig bis fünfundvierzig Kilometer jenseits des Suez-Kanals zu erreichen. Die ägyptischen Streitkräfte hatten zwar jahrelang den Übergang über den Suez-Kanal geübt, aber darüber hinaus gab es keinen Operationsplan, sondern nur die simple Vorstellung, den Angriff weiter voranzutreiben. Die ägyptische Armee hat die Sinai-Pässe nicht erreicht. Die syrischen und ägyptischen Streitkräfte erlitten schwere Niederlagen. Aber Sadat erreichte sein Hauptziel; er erschütterte den Glauben an die Unbesiegbarkeit Israels und die Ohnmacht der Araber und verwandelte damit die psychologischen Grundlagen für die ins Stocken geratenen Verhandlungen.

Was buchstäblich niemand vorher begriffen hatte, war Sadats Konzept: Ihm kam es nicht auf Geländegewinn an, sondern er wollte eine

Krise schaffen, um die erstarrte Haltung auf beiden Seiten zu ändern und damit den Weg zu Verhandlungen zu öffnen. Der Schock würde *beide* Seiten in die Lage versetzen, und zwar auch Ägypten, die Flexibilität zu zeigen, die unmöglich erreicht werden konnte, solange Israel sich für militärisch überlegen hielt und Ägypten durch die erlittenen Demütigungen gelähmt war. Mit anderen Worten: Es verfolgte in erster Linie psychologische und diplomatische und nicht militärische Ziele. Aus Gesprächen, die ich Anfang 1973 mit seinem Sicherheitsberater, Hafiz Ismail, geführt hatte, wußte Sadat, daß wir bereit waren, uns in die diplomatischen Bemühungen um die Beilegung des arabisch-israelischen Konflikts einzuschalten. Daraus muß er zwei Schlüsse gezogen haben: 1. daß das arabische Verlangen nach dem totalen Rückzug Israels nichts einbrachte und 2. daß alle gegenwärtig erreichbaren Lösungen von Ägypten nicht anerkannt werden konnten, solange damit der Eindruck erweckt wurde, die Ägypter wären durch ihre Schwäche zu solchen Zugeständnissen gezwungen. Deshalb begann Sadat diesen Krieg nicht, um ein bestimmtes Territorium zurückzuerobern, sondern um die Selbstachtung Ägyptens wieder herzustellen und seine diplomatische Flexibilität zu vergrößern. (Syrien kämpfte für konventionellere und konkretere Ziele. Es wollte besetzte Gebiete zurückerobern und Israel unter möglichst geringen eigenen Opfern möglichst hohe Verluste beibringen.) Man trifft nur sehr selten auf einen Staatsmann, der zu Beginn eines Krieges eine so klare Vorstellung von seinen politischen Zielen hat. Noch seltener wird ein Krieg geführt, um die Basis für eine gemäßigtere Haltung zu schaffen.

Die Kühnheit von Sadats Strategie lag darin, daß er etwas plante, was sich niemand vorstellen konnte. Das war der Hauptgrund dafür, daß es den Arabern gelang, ihren Gegner zu überraschen. Den höchsten politischen Entscheidungsgremien in Washington und Jerusalem fehlte es nicht an Tatsachen. Der Fehler lag darin, daß sie diese Tatsachen falsch beurteilten.

Sadat hatte seine Gegner mit ihren eigenen vorgefaßten Meinungen gelähmt:

- Seit 1971 hatte er jedes Jahr mit dem Krieg gedroht. Jahr um Jahr hatte er lautstark erklärt, dies sei das »Jahr der Entscheidung«. Doch seine Drohungen hatten in keinem Fall zu einer Lage geführt, in der man mit ihrer Verwirklichung rechnen mußte. Man hatte daher seine Kriegsdrohungen als Täuschungsmanöver abgetan.
- Die politisch Verantwortlichen in Israel hatten einfach geglaubt, Ägypten werde nicht angreifen, solange es in der Luft unterlegen wäre, und jeder Angriff werde sich wenigstens vierundzwanzig bis achtundvierzig Stunden vorher ankündigen.[5] Dann würden die Vereinigten Staaten Zeit haben, diplomatisch zu intervenieren, und Israel würde mobilmachen können.
- Niemand rechnete damit, daß die arabischen Nationen einen Krieg beginnen würden, ohne der Diplomatie eine letzte Chance zu geben. Sie würden deshalb die Ergebnisse unserer Friedensinitiative abwarten, die wir für die Zeit nach den israelischen Wahlen am 30. Oktober angekündigt hatten.

Alle diese Berechnungen erwiesen sich als falsch. Sadats nicht verwirklichte Drohungen tarnten seine wahren Absichten. Israel hatte nur knappe zehn Stunden Zeit, sich auf den arabischen Angriff vorzubereiten. Und Sadat hielt es für sinnlos, unsere diplomatische Initiative abzuwarten. Das wahrscheinliche Ergebnis – eine Art Zwischenvereinbarung über den Abzug von Streitkräften vom Suez-Kanal – konnte seinen politischen Zielen nicht dienen, wenn es nicht als Auswirkung arabischer Stärke dargestellt werden konnte. Die Aussicht auf Verhandlungen hat daher seine Entscheidung wahrscheinlich eher beschleunigt als verzögert. Sadat konnte es sich nicht leisten, daß wir Erfolg hatten, denn dieser Effekt hätte ihn innenpolitisch geschwächt, und ein Fehlschlag hätte dazu führen können, daß wir das Interesse an einer weiteren Vermittlung verloren. Die Aussicht auf eine diplomatische Initiative verzerrte aber auch die Perspektiven Israels. Die Israelis hatten ein Interesse daran, die Bedrohung durch die Araber herunterzuspielen, denn sie wünschten nicht, daß die Vereinigten Staaten die Kriegsgefahr zum Vorwand nahmen, Israel zu Zugeständnissen zu zwingen.

Die Sturmwolken hatten sich schon seit dem Frühjahr zusammengezogen, besonders im Mai, fünf Monate vor Kriegsausbruch. Breschnew und Gromyko hatten uns Anfang Mai in Zavidovo und auf dem Gipfel mit Nixon im Juni vor dieser Gefahr gewarnt. Wir hatten diese Warnungen jedoch als psychologische Kriegführung abgetan, weil wir an keine vernünftige militärische Lösung glaubten, die sich nicht ungünstig auf die Sowjetunion und die arabischen Länder auswirken mußte. Auch König Hussein hatte uns im Mai gesagt, die militärischen Vorbereitungen in Syrien und Ägypten wären zu realistisch, als daß man sie nur mit Manövern erklären dürfte. Ich versicherte dem König, wir »beobachteten die Situation sehr aufmerksam« – ein höflicher Hinweis darauf, daß wir nicht an eine Kriegsgefahr glaubten. Etwa um die gleiche Zeit sagte mir der erste diplomatische Korrespondent der Zeitschrift *News Week,* Arnaud de Borchgrave, bei einem gemeinsamen Mittagessen, im ganzen Nahen Osten und besonders in Ägypten nähme das Kriegsfieber zu. Im Mai hielt auch Israel die ägyptischen Kriegsvorbereitungen für so bedrohlich, daß es die Teilmobilmachung anordnete. Aber es war ein falscher Alarm.*

Diese Gefahrenzeichen veranlaßten mich, am 15. Mai eine Sitzung der WSAG einzuberufen, um über einen möglichen Kriegsausbruch zu beraten. Die gelassene Haltung der israelischen Regierung schien durch nichts beeinflußt zu sein. Mein Stab faßte die Ansicht der Israelis, die einen ägyptischen Angriff für unwahrscheinlich hielten, wie folgt zusammen:

> Es besteht nur eine geringe Wahrscheinlichkeit, daß Sadat den Kampf wieder aufnehmen wird, um aus der Sackgasse herauszukommen, und zwar nicht, weil Sadat den Krieg scheut, sondern weil er sich der ernsten Folgen eines solchen Schrittes angesichts der Kräfte-

* Die hohen Kosten dieser vergeblichen Mobilmachung im Mai 1973 waren zum Teil die Ursache für das Zögern Israels, als es im Oktober zur wirklichen Krise kam.

> verteilung in diesem Gebiet bewußt ist – der relativen Schwäche Ägyptens und der gegenwärtigen internationalen Lage.

Weiter hieß es in diesem Bericht, daß die militärischen Vorbereitungen Ägyptens nicht als Kriegsvorbereitungen anzusehen wären und ein gemeinsames Vorgehen von Ägypten und Syrien nicht in Frage käme. Wir teilten diese Auffassungen im wesentlichen, vielleicht auch im Vertrauen auf die Korrektheit der israelischen Lagebeurteilung. Am 5. Mai 1973 hatte mir der damalige Direktor der CIA, James Schlesinger, einen Bericht geschickt, nach dem der ägyptische Generalstab den Befehl erhalten hatte, einen detaillierten Plan für die Überquerung des Suez-Kanals auszuarbeiten. Aber die CIA fügte beschwichtigend hinzu, man glaubte nicht, daß die erwähnte Anordnung Sadats politischen Zielen entspräche. Der Nachrichtendienst unterstellte Sadat die Standarddefinition der Rationalität, erwähnte zwar die militärischen Vorbereitungen Ägyptens und anderer arabischer Länder, aber vermutete, daß damit psychologische Zwecke verfolgt würden. Vor allem glaubte die CIA nicht, daß es vor der nächsten UN-Debatte (die für den Hochsommer vorgesehen war) zu Feindseligkeiten kommen werde. Auch ein von mehreren Nachrichtendiensten erarbeiteter Bericht meldete Mitte Mai, wenn die UN-Debatte nicht zu brauchbaren Ergebnissen führen sollte, »bedeutet das noch nicht, daß der Ausbruch von Feindseligkeiten unvermeidlich oder sogar wahrscheinlich würde«.*

Auf der Sitzung der WSAG am 15. Mai sagte Schlesinger, daß die militärische Kapazität Ägyptens nur Überraschungsangriffe mit den Luftstreitkräften gegen Israel erlaubte, ein Vorgehen, das sehr wenig Erfolg verspräche. Ägypten wäre nicht einmal in der Lage, auch nur kleinere Geländegewinne jenseits des Suez-Kanals eine Woche lang zu halten.

Kein Wunder, daß die Sitzung der WSAG am 15. Mai nicht länger als fünfundvierzig Minuten dauerte und wir uns am Schluß mit der chronischen Krise im Libanon beschäftigten. Ich bat jedoch um die Ausarbeitung von zwei Eventualplänen. Der erste für den Fall, daß die Lage im Libanon außer Kontrolle geraten sollte. Zu dem zweiten machte ich die folgenden Ausführungen:

> (Es soll berücksichtigt werden), was die Ägypter unternehmen könnten, und welche diplomatischen Probleme sich daraus ergäben. Abgesehen von einer direkten sowjetischen Intervention kann man sich kaum vorstellen, daß die Vereinigten Staaten direkt eingreifen müßten. Wir sollten uns aber überlegen, was zu tun ist, um die Sowjets herauszuhalten; wie wir eine Krise dazu ausnutzen können, die Diplo-

* Das Büro für Nachrichtendienst und Forschung des Außenministeriums (INR) unter der Leitung von Ray S. Cline hat Ende Mai 1973 den einzigen weitblickenden Lagebericht verfaßt. Erstaunlicherweise schloß sich auch dieser Bericht der offiziellen Auffassung der anderen Nachrichtendienste an und erklärte, daß man wahrscheinlich nicht mit einem Krieg rechnen müßte. Das Büro legte jedoch am 31. Mai Außenminister Rogers eine Denkschrift vor, in der die Gefahr eines Krieges aus politischen Gründen als »etwas wahrscheinlicher« bezeichnet wurde als in dem Bericht der Nachrichtendienste. Hier wurde erklärt, wenn das diplomatische Patt weiter bestünde, dann »ist es unsere Auffassung, daß man im Herbst eher mit einer Wiederaufnahme der Feindseligkeiten rechnen muß«. Seltsamerweise änderte das INR seine Meinung, während der Krieg immer näher rückte.

matie in Bewegung zu setzen, wenn wir das wollen, oder wie wir zum Status quo ante zurückkehren können, wenn wir das für richtig halten.

Ich würde natürlich gern behaupten, daß ich die Entwicklung richtig vorausgesehen hätte, denn die von mir angesprochenen Probleme haben sich uns wenige Monate später ganz plötzlich gestellt. Aber leider hat die Richtigkeit meiner Analyse nicht dazu geführt, mit der gebotenen Eile etwas zu unternehmen. Bei Kriegsausbruch am 6. Oktober lagen die von mir verlangten Eventualpläne noch nicht vor.

Von Juni bis September stimmten die Meldungen unserer diplomatischen Vertretungen in der Auffassung überein, daß ein Krieg unwahrscheinlich sei. Es hieß, daß Ägypten und Syrien gegenüber den Motiven der Sowjetunion mißtrauisch wären und sich zunehmend auf die Wirkungen des wirtschaftlichen Drucks verließen, insbesondere auf das Erdöl als einer politischen Waffe. Diese Lagebeurteilung veränderte sich auch während des ganzen Monats September nicht, obwohl in Ägypten der Urlaub für einen Teil der Bevölkerung gestrichen wurde, man eine große Zahl von Reservisten einberief und größere militärische Übungen abhielt und obwohl Syrien an den Golan-Höhen Truppen zusammenzog. Durch die falsche Lagebeurteilung im Mai beruhigt, interpretierten Amerikaner und Israelis diese Aktivitäten nur als etwas realistischere militärische Manöver.

Am 28. September wurde Gromyko im Weißen Haus von Nixon empfangen und erklärte, es wäre gefährlich, zu glauben, daß sich die Lage im Nahen Osten beruhigt hätte: »Wir könnten alle eines Tages aufwachen, um festzustellen, daß es in diesem Gebiet zu einer Explosion gekommen ist.« Aber diese Warnung beruhigte uns sogar, denn anschließend erklärte Gromyko sich bereit, im November über die drohende Krise zu sprechen und mit den interessierten Parteien im Nahen Osten Vorgespräche zu führen, um im Januar 1974, zur Zeit eines von mir geplanten Besuchs in Moskau, zu einem Gedankenaustausch mit der Sowjetunion zusammenzukommen.

Doch am Sonntag, dem 30. September, wurde meine Besorgnis durch einen Zufall geweckt. Ich war seit meiner Ernennung zum Außenminister zum ersten Mal über das ganze Wochenende in Washington und blätterte einige Berichte des Nachrichtendienst-Büros (INR) des Außenministeriums durch, um mich über seine Leistungsfähigkeit zu orientieren. Dabei stieß ich auf ein Papier, in dem es hieß, daß man auf den Golan-Höhen starke Panzeransammlungen festgestellt habe. Ich fragte mich, ob Syrien sich einem israelischen Präventivschlag aussetzen würde, wenn es nicht selbst die Absicht hatte, anzugreifen. Deshalb ordnete ich sofort an, diese Meldung zu überprüfen.

Es gibt zwei Wege, auf denen die Berichte des Nachrichtendienstes die höchsten Beamten erreichen. Einmal in Form einer gemeinsam von allen Nachrichtendiensten erarbeiteten Lagebeurteilung, die dem US Intelligence Board vorgelegt werden, was gewöhnlich einige Tage in Anspruch nimmt. Zweitens gibt es die Lagebeurteilung der einzelnen Nachrichtendienste, die den Mitgliedern des Kabinetts zur Verfügung stehen: der militärische Nachrichtendienst (DIA) für den Verteidigungsminister und das INR für den Außenminister. Die CIA steht technisch allen Regierungsbehörden zur Verfügung, nimmt jedoch gewöhnlich besondere Untersuchungen für den Präsidenten vor. Der Direktor der CIA ist der nominelle Vorgesetzte und Koordinator aller Nachrichtendienste, die für die Ministerien arbeiten.

Diesmal wandte ich mich an sie alle und bat um die beschleunigte Vorlage einer gemeinsamen Lagebeurteilung. Bis dahin forderte ich in meiner Eigenschaft als Außenminister eine Beurteilung vom INR und als Sicherheitsberater des Präsidenten einen Bericht vom CIA an.

Zufällig hatte ich mich am gleichen Sonntag mit dem israelischen Botschafter Simcha Dinitz verabredet, um mit ihm über unseren Plan zu sprechen, Ende des Jahres die Nahost-Verhandlungen zu beginnen. Dinitz war sehr besorgt – aber nicht wegen der syrischen Panzer. Er wollte unbedingt über ein anderes Problem mit mir sprechen. Die sowjetischen Juden, welche die Sowjetunion nach der Liberalisierung der Auswanderungsbestimmungen in der Periode der Entspannung verließen, gingen im allgemeinen durch das österreichische Durchgangslager Schönau bei Wien. Am 28. September verübten arabische Terroristen auf einen Zug, in dem sowjetische Juden von Moskau nach Wien fuhren, am tschechoslowakischen Grenzübergang nach Österreich einen Anschlag und nahmen einige Emigranten als Geiseln. Der österreichische Bundeskanzler, Bruno Kreisky, ging auf die Bedingungen der Terroristen ein und verpflichtete sich, das Durchgangslager in Schönau zu schließen – was in Israel große Empörung auslöste. Die Aufmerksamkeit der Öffentlichkeit richtete sich in der entscheidenden Woche vor Kriegsausbruch auf Österreich und nicht auf Ägypten oder Syrien. Abba Eban hat später von dieser Woche gesagt: »Wenn die Historiker die israelischen Zeitungen lesen werden, die in den ersten Oktobertagen herausgekommen sind, dann werden sie erstaunt sein, festzustellen, daß darin nichts von einer Krise und schon gar nichts von einem drohenden Krieg zu finden ist.«[6]

Ich war daher der erste, der mit Dinitz über den arabischen Truppenaufmarsch sprach. Hatte er irgendwelche Informationen? Wie sich herausstellte, hatte seine Regierung ihn angewiesen, unseren Nachrichtendiensten mitzuteilen, was Israel über arabische Truppenbewegungen wußte, dieses Problem aber nicht auf »politischer« Ebene zur Sprache zu bringen, wenn er nicht darauf angesprochen würde. Israel wünschte nicht, uns zu einer verstärkten diplomatischen Aktivität anzuregen, besonders da die Israelis die Lage als nicht gefährlich beurteilten. Wenn Israel an eine ernste Kriegsgefahr geglaubt hätte, dann hätte es sich mit Sicherheit um Konsultationen auf höchster Ebene bemüht. Die Israelis glaubten jedoch, daß die arabischen Truppenbewegungen im Rahmen von Manövern stattfänden oder zur psychologischen Kriegführung gehörten. Ich war mir meiner Sache jedoch nicht ganz sicher und bat Dinitz, sich alle achtundvierzig Stunden eine neue Lagebeurteilung geben zu lassen. Unsere Nachrichtendienste forderte ich auf, das gleiche zu tun, nachdem sie mir (auf meine Anforderung) gemeldet hatten, daß sie zu den gleichen Schlüssen wie die Israelis gekommen seien. Das INR berichtete:

Nach unserer Auffassung spricht das politische Klima in den arabischen Staaten gegenwärtig gegen ein größeres militärisches Unternehmen Syriens gegen Israel. Die Möglichkeit eines begrenzten syrischen Schlages, vielleicht als Vergeltung für die Niederlage, die die Israelis den syrischen Luftstreitkräften am 13. September beigebracht haben,* kann natürlich nicht ausgeschlossen werden.

Hier wurde also nur mit den bekannten Kommandounternehmen und Vergeltungsschlägen gerechnet; solche Zurückhaltung auf beiden Seiten konnte uns kaum beunruhigen.**

Die CIA versicherte uns am 30. September, Präsident Sadat bemühte sich seit dem Frühjahr allein darum, Israel moralisch, politisch und wirtschaftlich unter Druck zu setzen, weil er stillschweigend hinnehmen müßte, daß die arabische Seite auf einen Krieg nicht vorbereitet sei.

So waren meine Besorgnisse zerstreut, und ich wandte mich anderen Problemen zu. Unter anderem wollte ich die arabischen Außenminister kennenlernen, die an der Sitzung der Generalversammlung der Vereinten Nationen teilnahmen. Die neu eintreffenden Berichte der Nachrichtendienste klangen immer noch beruhigend. Am 3. Oktober äußerte ein Beamter des israelischen Außenministeriums, daß die ägyptischen Truppenbewegungen Routine wären und »die Stimme der Vernunft« sich auch in Damaskus durchsetzen werde. Am 4. Oktober äußerte sich Eban in New York mir gegenüber im gleichen Sinne. Unsere Berichte waren das Spiegelbild der israelischen. Der Morgenbericht des militärischen Nachrichtendienstes vom 3. Oktober schloß mit den Worten: »Die syrischen Truppenbewegungen und die militärischen Vorbereitungen in Ägypten halten wir für zufällig und glauben nicht, daß sie zu größeren Feindseligkeiten führen werden.« Zwei Tage später – am Tag vor Kriegsausbruch – wiederholte die CIA ihre Lagebeurteilung vom 30. September und meldete, daß Ägypten augenscheinlich keine Vorbereitungen für einen Krieg gegen Israel treffe.

Natürlich hatte der Nachrichtendienst hier versagt, aber nicht nur die Geheimdienste hatten die Lage falsch beurteilt. Auch die Politiker kannten alle Tatsachen. Die Israelis überwachten die Bewegungen eines jeden ägyptischen und syrischen Truppenverbandes. Die Angriffspläne, besonders die der Syrer, waren bekannt. Was niemand glaubte – weder die Politiker noch die Nachrichtendienste –, war, daß die Araber diese Pläne auch in die Tat umsetzen würden. Wir konnten uns nicht vorstellen, daß irgend jemand ohne eine wirkliche Gewinnchance einen Krieg nur deshalb beginnen werde, um seine Selbstachtung wiederherzustellen. Diese vorgefaßten Meinungen unserer eigenen politischen Führung und unserer Verbündeten ließen sich jedoch nicht rechtfertigen.

* Am 13. September hatte die israelische Luftwaffe bei einem Überraschungsangriff dreizehn syrische, in der Sowjetunion gebaute Düsenjäger abgeschossen.

** Der Chef des INR, Ray Cline, hat in einer späteren Veröffentlichung argumentiert, seine Analyse habe zwar einen Angriff nicht vorausgesagt, aber »niemals behauptet, daß man nicht damit rechnen müßte«. Cline ist einer unserer besten Nachrichtendienst-Fachleute, aber deshalb ist er nicht unfehlbar. Der Leser wird beurteilen müssen, ob ein hart bedrängter Politiker aus den Folgerungen des INR-Berichts die Schlüsse ziehen konnte, von denen Cline sprich.[7]

Wie sehr wir uns in unsere falschen Vorstellungen verrannt hatten, zeigte sich am 5. Oktober, als wir zu unserer Überraschung erfuhren, daß die Sowjetunion seit vierundzwanzig Stunden alle sowjetischen Bürger aus Ägypten und Syrien ausfliegen ließ. Die technischen und militärischen Berater schienen sie jedoch an ihren Posten zu lassen. Heute ist es unerklärlich, wie wir diese Vorgänge so falsch interpretieren konnten. Trotz all dieser Hinweise und der militärischen Übungen in Ägypten vertraten alle Teilnehmer an den morgendlichen Lagebesprechungen die Auffassung, daß Ägypten und Syrien sich nicht auf einen Krieg vorbereiteten.

Am gleichen Tage beobachteten die Angehörigen meines Büros im Weißen Haus die Entwicklungen im Nahen Osten jedoch mit besonderer Aufmerksamkeit, denn sie hatten von Shalev die geheimnisvolle Mitteilung bekommen, daß man mit einer wichtigen Nachricht über »alarmierende Entwicklungen über Nacht« aus Jerusalem rechnen müßte. Deshalb bereitete man für den frühen Nachmittag ein Treffen zwischen Eban, Shalev und mir in New York vor. Peter Rodman versuchte, vom Büro des Nationalen Sicherheitsrats zu erfahren, um welche »alarmierenden Entwicklungen« es sich handeln könnte, um mir die Möglichkeit zu geben, mich besser auf das Treffen vorzubereiten. Hier konnte er nur feststellen, daß unser Militärattaché in Tel Aviv in seinem nächtlichen Bericht von der Evakuierung sowjetischer Zivilisten gesprochen hatte. Auch im Lagezimmer des Weißen Hauses waren keine Depeschen eingetroffen, die von irgendwelchen alarmierenden Ereignissen berichteten.

Auf Vorschlag von Rodman rief General Scowcroft bei der CIA an und bat um die Übermittlung einer neuen politischen und militärischen Lagebeurteilung, um mich für das Treffen ins Bild zu setzen. Der Bericht traf am 5. Oktober gegen Mittag im Weißen Haus ein und erklärte ebenso wie alle vorangegangenen, daß mit einem Kriegsausbruch nicht zu rechnen sei:

> Man hat den Eindruck, daß auf beiden Seiten die Besorgnis um die Aktivitäten der jeweils anderen zunimmt. Gerüchte und Agentenberichte nähren vielleicht die sich augenscheinlich entwickelnde Unsicherheit. Die bisher getroffenen militärischen Vorbereitungen deuten nicht darauf hin, daß irgendeine Seite die Absicht hat, mit den Feindseligkeiten zu beginnen.

Was die Israelis auch alarmiert haben mochte, es veranlaßte sie offenbar nicht, ihre Botschaft an uns so rasch wie möglich weiterzugeben. Mein Treffen mit Eban wurde ein paar Mal verschoben, weil das versprochene Telegramm aus Jerusalem noch nicht eingetroffen war. Unterdessen hatte ich meine Gespräche mit den verschiedenen Außenministern begonnen, die an der Sitzung der Generalversammlung der Vereinten Nationen teilnahmen. Dann entschied man in Jerusalem, daß Shalev mir die Botschaft überbringen sollte. Deshalb erübrigte sich das Zusammentreffen mit Eban. Mit diesem Beschluß verringerte sich offenbar die Dringlichkeit der Mitteilung. Am Spätnachmittag setzte sich Rodman mit Shalev in Verbindung und sagte ihm, daß es die Dinge vielleicht beschleunigen könnte, wenn er die Botschaft nach ihrem Eintreffen im Büro des Nationalen Sicherheitsrats im Weißen Haus ablieferte, denn dann brauchte er nicht nach New York zu fliegen, um sie mir dort zu überreichen. Ich hatte ein volles Tagesprogramm, und wir verfügten über eine abhörsichere Leitung zwischen meinem Büro in Washington und meinem Appartement in dem Now Yorker Hotel.

Shalev setzte sich mit Jerusalem in Verbindung und erschien gegen 17.30 Uhr endlich im Weißen Haus. Hier übergab er Scowcroft *zwei* Botschaften für mich, die einander eigentlich aufhoben. Die »dringende« Botschaft ersuchte mich, die Sowjetunion und die Araber davon zu unterrichten, daß Israel keinen Präventivschlag führen wollte; wenn die militärischen Vorbereitungen der Araber zur Verteidigung getroffen worden seien, dann wären sie unnötig; Israel werde jedoch entschieden und mit starken Kräften reagieren, wenn die Araber einen Krieg anfingen. Gleichzeitig lieferte Shalev die neueste israelische Lagebeurteilung ab, die zu den gleichen Schlüssen kam wie der Bericht der CIA vor sechs Stunden – was uns natürlich noch mehr beruhigte. Nach Aufzählung der uns schon bekannten arabischen Vorbereitungen schloß der israelische Bericht:

> Nach unserer Auffassung haben Ägypten und Syrien ihre Truppen zum Teil deshalb in Alarmbereitschaft versetzt, weil (in Ägypten) Manöver stattfinden, und zum Teil, weil man mit Offensivaktionen Israels rechnet. Wir glauben, daß für den Beginn militärischer Operationen gegen Israel durch die beiden Armeen nur eine geringe Wahrscheinlichkeit besteht.

Scowcroft hörte sich Shalevs Botschaft an und gab sie telegrafisch an mein New Yorker Büro weiter.

Ich bekam die Depeschen jedoch erst am nächsten Morgen zu sehen. Ich hatte mich am Freitagabend in mein Appartement im Hotel Waldorf Towers zurückgezogen, privat zu Abend gegessen und am Text einer längeren Rede gearbeitet, die ich drei Tage später in Washington halten wollte. Seit meiner Ernennung zum Außenminister am 22. August war es der erste Abend, den ich allein und ungestört verbringen konnte. Ich hatte keine weiteren schriftlichen Berichte angefordert, und meine Mitarbeiter hatten keine dringenden Gründe, mich zu stören. Ich kann auch nicht sagen, ob ich nach Erhalt dieser Botschaft sofort etwas unternommen hätte. In allen Hauptstädten der beteiligten Länder war es Nacht, und die Lage schien nicht bedrohlich zu sein. Wir wußten nicht, ob Israel besondere Vorsichtsmaßnahmen ergriffen hatte – und die israelische Armee hatte ihre Reserven noch nicht einberufen. Man darf heute auch sagen, daß wir in dieser Lage nichts Konkretes mehr hätten unternehmen können. Die Araber waren zur Offensive entschlossen und keineswegs durch die Furcht vor einem israelischen Angriff dazu veranlaßt. In den Beratungszimmern in Kairo und Damaskus hätte man es mit großer Erleichterung aufgenommen, wenn in letzter Minute die Mitteilung eingetroffen wäre, daß Israel keinen Präventivschlag führen werde.

Hier handelte es sich nicht um ein administratives, sondern um ein intellektuelles Versagen. Spätestens am 5. Oktober, als wir von der Evakuierung sowjetischer Zivilisten aus den Ländern des Nahen

Ostens erfuhren, hätten wir erkennen müssen, daß entscheidende Ereignisse bevorstanden. Unkritisch akzeptierten wir die israelische Lagebeurteilung, in der es hieß, der Grund wäre entweder »eine Krise in den Beziehungen zu Ägypten und Syrien oder das Ergebnis einer sowjetischen Lagebeurteilung, nach der es im Nahen Osten zu Feindseligkeiten kommen könnte«. Die einzige Gefahr bestand nach unserer Auffassung darin, daß die eine Seite auf eine Maßnahme der anderen vorschnell reagieren könnte, weil jede fürchtete, daß der Gegner ihn angreifen werde.

Es gab jedoch Fragen, die unbedingt nach einer Antwort verlangten, mit der wir sehr bald zum Kern der Sache vorgestoßen wären. Daß niemandem etwas aufgefallen ist, auch mir nicht, erscheint im Rückblick unerklärlich. Wie hätte es zwischen der Sowjetunion und den Arabern zu einer Krise kommen können, in die Ägypten *und* Syrien gleichzeitig verwickelt waren? Warum evakuierten die Sowjets die Angehörigen ihrer Berater, aber nicht die Berater selbst, wenn es sich um eine politische Krise handelte? Weshalb hatten sie es mit der Evakuierung so eilig, daß sie außerplanmäßige Flugzeuge einsetzen mußten, wenn die Aktion nicht bis zu einem bestimmten Zeitpunkt beendet sein mußte? Und was mußte man für diesen Termin erwarten, wenn nicht den Ausbruch von Feindseligkeiten? Die israelische Auffassung, daß die Sowjets vielleicht einen Kriegsausbruch befürchteten, hätte uns zu denken geben sollen. Wenn wir über diese Frage nachgedacht hätten, dann wäre uns klargeworden, daß die Sowjets keinen *israelischen* Angriff fürchteten. Hätten sie das getan, dann wären sie mit dem dringenden Ersuchen an die Regierung in Washington herangetreten, Israel von einem Angriff abzuhalten, und hätten dieses Ersuchen vielleicht sogar durch öffentliche Drohungen unterstützt. Wenn daher die Sowjets die Familienangehörigen ihrer Berater evakuierten, weil sie einen Kriegsausbruch befürchteten, dann mußten sie damit rechnen, daß die Araber den Krieg beginnen würden.

Die für politische Entscheidungen Verantwortlichen dürfen sich nicht hinter ihren Analytikern verstecken, wenn sie den Kern eines Problems nicht erkennen. Sie können zwar niemals alle Tatsachen wissen, sie haben jedoch die Pflicht, die richtigen Fragen zu stellen. Darin lag der große Fehler vor Ausbruch des Nahost-Krieges. Wir waren zu selbstsicher und klammerten uns zu sehr an unsere eigenen Vorstellungen. Wir wußten alles, begriffen aber zu wenig. Dafür müssen die höchsten Staatsbeamten, zu denen auch ich gehört habe, die Verantwortung übernehmen.

Die Gestaltung der Strategie

Nach Ausbruch des Krieges mußten wir einander anscheinend widersprechende Aufgaben übernehmen. Wir mußten das Überleben und die Sicherheit Israels sicherstellen; wir mußten die Beziehungen zu den gemäßigten arabischen Staaten wie Jordanien und Saudi-Arabien aufrechterhalten. Wir wußten, daß eine längere Krise Europa und Japan beunruhigen würde, die, wenn wir versagten, einen anderen politischen Kurs einschlagen würden als wir. Und während die Sowjetunion zweifellos sehr vorsichtig manövrieren würde, durften wir nicht erwarten, daß sie uns aus unserem Dilemma befreite; sie würde vielmehr alles tun, um uns die Lage zu erschweren.

Ich war von Anfang an überzeugt, daß es uns gelingen werde, die Lage in den Griff zu bekommen. Unser Defacto-Verbündeter Israel war stark genug, den Krieg zu gewinnen. Unsere gemäßigten arabischen Freunde fürchteten – wenngleich sie das nicht zugeben konnten – einen Sieg mit sowjetischen Waffen fast ebenso wie eine Niederlage ihrer arabischen Brüder. Wenn die Vereinigten Staaten eindeutig Stellung nahmen, dann konnten auch die Europäer veranlaßt werden, sich nicht mehr so eindeutig von den Ereignissen im Nahen Osten zu distanzieren. Die Sowjetunion konnten wir zu einer vorsichtigen Haltung veranlassen, wenn wir damit drohten, die Entspannungspolitik aufzugeben, und uns für den Fall eines Fehlschlags der diplomatischen Bemühungen auf eine Konfrontation vorbereiteten.

Diese Haltung würde uns allerdings gerade in diesem Augenblick, da die Autorität des Präsidenten schwer angeschlagen war, nicht leichtfallen. Niemand konnte sagen, ob Nixon in der Zwangslage, in der er sich befand, noch fähig sein würde, seine Vorstellungen durchzusetzen. Wir durften uns aber nicht ins Abseits drängen lassen, wenn die Lage im Nahen Osten außer Kontrolle geriet. Die ganze Welt würde darin den Zusammenbruch der amerikanischen Autorität sehen, gleichgültig, wie wir unser Verhalten begründeten. Wir mußten die Fähigkeit der Vereinigten Staaten schützen, ihre wichtige Aufgabe als Garant des Friedens und Quelle der Hoffnungen der freien Welt zu erfüllen. Dabei befanden wir uns in der Situation eines Seiltänzers: Blieben wir stehen, dann mußten wir stürzen. Wir mußten tapfer voranschreiten und durften die gähnende Tiefe unter uns nicht beachten.

Jetzt wurde die Strategie, die wir seit Nixons Amtsantritt im Nahen Osten verfolgt hatten, auf die entscheidende Probe gestellt. Wir hatten keine Möglichkeit für erfolgreiche Verhandlungen gesehen, solange radikale Tendenzen durch die Überzeugung genährt wurden, daß ein Kompromiß durch den Druck der Sowjetunion und die erpresserischen Methoden der Araber unmöglich gemacht wurde. Eine Zeitlang war es die Hautaufgabe unserer Diplomatie gewesen, zu beweisen, daß diese von der Sowjetunion unterstützten Erpressungsversuche keinen Erfolg haben konnten. Jetzt hatten wir überraschend einen dramatischen Höhepunkt erreicht, auf dem sich unsere Strategie bewähren mußte. Wenn wir unsere Chancen nutzten, könnten sich die arabischen Länder schließlich gezwungen sehen, die Hoffnung aufzugeben, daß sich ihre Forderungen mit Hilfe des sowjetischen Drucks erfüllen ließen, und zu versuchen, in Zusammenarbeit mit den Vereinigten Staaten das Mögliche zu erreichen.

Nach Ausbruch des Krieges zeigte es sich sehr bald, daß die Diplomatie wieder in Bewegung geraten würde. Aber die Aufgabe würde nicht leicht sein. Wenn Israel einen entscheidenden Sieg errang – womit wir zunächst rechneten –, dann mußten wir es vermeiden, zur Zielscheibe der arabischen Wut zu werden. Wir durften es nicht zulassen, daß die Sowjetunion am Schluß als die Retterin der arabischen Länder angesehen wurde, was die Sowjets entweder erreichen konnten, wenn sie behaupteten, daß ihre Drohungen die Israelis daran gehindert hätten, noch weiter vorzustoßen, oder wenn sie sich direkt am Krieg beteiligten. Falls das Unerwartete geschah und Israel in Schwierigkeiten geriet, würden wir alles unternehmen müssen, um es aus dieser Lage zu befreien. Wir durften nicht zulassen, daß von den Sowjets abhängige Länder einen alten Freund der Vereinigten Staaten besiegten. Aber nachdem wir demonstriert hatten, daß es keine militärische Lösung gibt, mußten wir diese Erkenntnis nutzen, um den Friedensprozeß einzuleiten. So hatten wir zwar die Möglichkeit, die Lage im Griff zu behalten, aber wir riskierten, bei jeder Kontroverse die Rolle des Prügelknaben übernehmen zu müssen.

Von Anfang an war ich entschlossen, den Krieg als Ausgangspunkt für den Friedensprozeß zu benutzen. Am Morgen des 6. Oktober sagte ich Haig bei unserem ersten längeren Gespräch über die von uns zu verfolgende Strategie: »Es gibt keinen Grund, länger zu zögern. Sobald es uns gelungen ist, die Waffen zum Schweigen zu bringen, müssen wir diesen Erfolg dazu ausnutzen, die Diplomatie in Gang zu bringen.« Nixon stimmte dieser Auffassung in den nächsten Tagen begeistert zu. Am 8. Oktober sagte er mir:

> Wir dürfen es ihnen (den Israelis) unter keinen Umständen erlauben, weil sie gesiegt haben – und sie werden Gott sei Dank siegen, sie sollten es – diese Sache darf uns nicht weitere vier Jahre belasten und unsere Beziehungen zur arabischen Welt stören. Wir werden das nicht noch einmal tun.

Ein großes Rätsel waren die Absichten der Sowjets. Was hatte die Sowjetunion von dem bevorstehenden Krieg gewußt? Würde sie die Fortsetzung des Krieges mit Rüstungslieferungen und auf diplomatischem Wege unterstützen? Oder würde sie bereit sein, mit uns zusammenzuarbeiten, um den Krieg zu beenden?

Wir wissen bis heute nicht, wie weit die Sowjets in die arabischen Pläne eingeweiht waren und ob sie die Araber zu diesem Krieg ermutigt haben. Ohne Zweifel hat die Sowjetunion spätestens am 3. Oktober erkannt, daß ein Krieg bevorstand, denn der sowjetische Botschafter in Kairo ist an diesem Tage offiziell unterrichtet worden.[8] Die sofortige Reaktion bestand in der Evakuierung der sowjetischen Zivilisten. Sowjetische Flotteneinheiten in Alexandria und Port Said sind am 5. Oktober ausgelaufen. Hat die Sowjetunion damit gerechnet, daß wir diese Signale verstanden, und haben wir auch hier nicht die richtigen Fragen gestellt? Haben die Sowjets uns in dieser Form warnen wollen, ohne ihre Verbündeten zu verraten, oder waren es nur Vorsichtsmaßnahmen?

Diese Fragen lassen sich schwer beantworten, besonders die letzte. Unter Entspannung verstand man eine besondere Beziehung zwischen Gegnern; Entspannung war nicht gleichbedeutend mit Freundschaft. Kein arabischer Führer, mit dem ich unmittelbar nach dem Krieg gesprochen habe, hat zugegeben, daß Araber und Sowjets im stillschweigenden Einvernehmen gehandelt hätten. Sadat, der algerische Präsident Boumedienne und der syrische Präsident Asad erklärten übereinstimmend, so verschieden ihre Haltung auch in anderen Fragen sein mochte, daß Moskau die arabische Sache nur widerwillig unterstützt habe, mit den Waffenlieferungen in Verzug geraten sei und vom ersten Kriegstag an auf einen Waffenstillstand gedrängt habe. In seiner Autobiographie behauptet Sadat sogar, daß die Sowjetunion von den Einzelheiten seiner Pläne nichts gewußt habe. Moskau habe ein Vorgehen Ägyptens verhindern wollen, indem es die Lieferung von Rüstungsgütern verzögerte und in Syrien gegen Sadat arbeitete.[9] Andererseits war Ägypten nach Hafis Ismails Besuch in Moskau im Februar 1973 augenscheinlich zu der Überzeugung gekommen, daß es so weit den eigenen Interessen gemäß handeln könnte, solange dies nicht zu einem Krieg zwischen den Vereinigten Staaten und der Sowjetunion führte. Diplomatisch ausgedrückt lag darin die Aufforderung, einen begrenzten Krieg zu führen. Dann kam es zu dem eigenartigen Zwischenfall, bei dem Terroristen einen Zug angriffen, mit dem aus der Sowjetunion emigrierte Juden nach Österreich gebracht werden sollten. War dieser Angriff eine Woche vor Kriegsausbruch ein Zufall oder ein geplantes Ablenkungsmanöver? Wenn das letztere zutrifft, war die Sowjetunion von diesem Unternehmen unterrichtet und hat sie ihm stillschweigend zugestimmt? Seinerzeit gab es Berichte, nach denen die Guerillas in der Tschechoslowakei den Zug bestiegen haben, um Geiseln zu nehmen, nachdem der Zug die österreichische Grenze hinter sich gelassen hatte.[10] Es erscheint unvorstellbar, daß bewaffnete Männer in einem so intensiv von der Polizei überwachten Land wie der Tschechoslowakei ohne Billigung der Behörden in einen Zug eindringen könnten, wobei diese Behörden in einer Angelegenheit mit so schwerwiegenden Folgen nichts ohne Zustimmung der Sowjets unternehmen konnten.

Ich glaube, daß die Sowjetunion die arabischen Länder zwar nicht aufgefordert hat, diesen Krieg zu beginnen, aber auch nichts unternommen hat, um ihn zu verhindern. Der sowjetische Nachrichtendienst hat zweifellos vermutet, daß militärische Operationen vorbereitet wurden. Breschnew muß zu der Ansicht gekommen sein, daß er seine Verpflichtung gegenüber den Vereinigten Staaten erfüllt hatte, als er uns im Mai warnte. Anschließend hat die Sowjetunion nichts unternommen, um uns konkretere Hinweise zu geben (wenn man nicht die Evakuierung der sowjetischen Zivilisten als versteckte Warnung ansehen will). Es ist daher wahrscheinlich, daß der Kreml geglaubt hat, was auch geschehe, werde der Sowjetunion nützen. Wenn die Araber Erfolge hatten, dann würden sie sie den sowjetischen Waffen und der Unterstützung durch die Sowjetunion zu verdanken haben. Aber Moskau glaubte auch im Fall einer arabischen Niederlage ebenso wie 1967 als großer Freund der Araber aus dem Konflikt hervorgehen zu können. Die konsequente Radikalisierung der arabischen Welt würde die Freunde der Sowjetunion stärken und vielleicht sogar zum Sturz des unbequemen Sadat in Ägypten führen, der im Juli 1972 die sowjetischen Berater ausgewiesen hatte.

Am 6. Oktober war ich mir noch nicht klar darüber, ob die Sowjetunion schon vorher von den arabischen Absichten unterrichtet worden war. Was hier geopolitisch auf dem Spiel stand, ist mir jedoch von Anfang an bewußt gewesen. Etwa neunzig Minuten, nachdem ich vom Ausbruch der Feindseligkeiten erfahren hatte und wir noch mit einem raschen Sieg Israels rechneten, sagte ich Haig, daß er Nixon das Folgende ausrichten möge:

> Ich glaube, das Schlimmste, was wir tun könnten, wäre, solange die Kämpfe dauern, eine neutrale Haltung einzunehmen, es sei denn, die Sowjets nehmen auch uns gegenüber eine neutrale Haltung ein. Wenn sich die Sowjets eindeutig auf die andere Seite stellen, dann wissen wir, daß sie mit den Arabern unter einer Decke stecken, und dann sind wir wieder dort, wo wir im September 1970 waren, und müssen stahlhart bleiben.

Wir wußten natürlich beide, daß unsere Lage jetzt ganz anders war als während der Jordanien-Krise von 1970. Damals war Nixon auf der Höhe seiner Macht; jetzt schwand seine Autorität täglich mehr dahin. Im September 1973 beschäftigte die Frage, ob Nixon die in seinem Büro lagernden Tonbandaufzeichnungen vorlegen müßte, die Gerichte, und im Augenblick des Kriegsausbruchs stand die Entscheidung kurz bevor. Die ersten Anklagen im Rahmen des Watergate-Skandals waren erhoben worden, darunter auch gegen John Ehrlichman. Nixons Wahlhelfer, Donald Segretti, hatte sich in drei Anklagepunkten schuldig bekannt, bei denen es um »schmutzige Tricks« im Präsidentschaftswahlkampf von 1972 ging. Außerdem mußte Nixon jetzt damit rechnen, seinen Vizepräsidenten, Spiro Agnew, zu verlieren, der angeblich in einen Skandal verwickelt war, bei dem es um Bestechungen aus der Zeit ging, in der Agnew Gouverneur von Maryland gewesen war. Agnew trat am 10. Oktober zurück, dem vierten Kriegstag. Zehn Tage später kam es zu dem »Massaker vom Samstagabend«, zur Entlassung des Sonderstaatsanwalts Archibald Cox und zum Rücktritt des Justizministers Elliot Richardson, und zwar genau zu der Zeit, als ich in Moskau Gespräche über einen Waffenstillstand zur Beendigung des Nahost-Krieges führte.

Nixon war daher während der ganzen Nahost-Krise intensiv mit Watergate und seinen Folgen beschäftigt. Trotzdem ließ er sich laufend unterrichten und traf die wichtigsten Entscheidungen. Aber er zeigte nicht mehr den gewohnten energischen, unermüdlichen und klaren Führungsstil, den wir aus früheren Krisen kannten. Sein Mut hatte nicht gelitten; es war so, als hätte sich sein Fatalismus in der letzten Phase seiner Amtszeit noch gesteigert und als bemühte er sich verzweifelt um den Eindruck, daß er dem nationalen Interesse am besten auf dem Gebiet der Außenpolitik, wo seine Stärke lag, dienen könnte. Aber er war zu abgelenkt, um seine Entscheidungen zu formulieren, bevor sie fällig wurden; diese Aufgabe mußte ich jetzt übernehmen. Ich war mir schmerzlich der Tatsache bewußt, daß man uns, was wir auch unternahmen, Nebenabsichten unterstellen würde. Es würde uns große Schwierigkeiten bereiten, die Unterstützung der öffentlichen Meinung zu gewinnen, wenn wir gleichzeitig zwei Ziele verfolgten, die zunächst unvereinbar erschienen. Einerseits bemühten wir uns darum, den militärischen Erfolg der Seite zu verhindern, die von den Sowjets bewaffnet worden war, und versuchten auf der anderen Seite, das Vertrauen der Araber zu gewinnen, um schließlich die Rolle des Vermittlers zu übernehmen und zu beweisen, daß der Weg zum Frieden über Washington führte.

Das erste Problem, dem wir uns nach Kriegsbeginn stellen mußten, betraf unsere Taktik im Rahmen der Vereinten Nationen. Wir wollten eine Debatte in der Vollversammlung vermeiden, denn dort hätten sich die blockfreien Staaten auf die Seite der radikalen Araber gestellt, wobei die Sowjets die Rolle des Anwalts der Araber übernommen hätten, während unsere europäischen Verbündeten bestenfalls in peinliches Schweigen verfallen wären und die Vereinigten Staaten isoliert hätten. Im Sicherheitsrat hatten wir bessere Aussicht auf Erfolg, aber auch dort gab es Probleme. Hier konnten die Sowjets oder ein anderes Land in ihrem Auftrag eine Resolution einbringen, mit der ein unerreichbares umfassendes arabisches Programm unterstützt wurde, gegen das wir ein Veto einlegen mußten. Das wiederum würde unsere Beziehungen zu den gemäßigten arabischen Ländern gefährden. Es könnte aber auch die Neigung bestehen, eine Resolution einzubringen, in der ein Waffenstillstand gefordert wurde, bei dem die Streitkräfte beider Seiten in ihren gegenwärtigen Stellungen blieben – was wir vermeiden wollten, solange der Angreifer noch Gelände gewann, weil sonst die Neigung verstärkt würde, die Vereinten Nationen zur Ratifizierung der Gewinne eines Überraschungsangriffs zu benutzen. Denn nach kurzer Zeit – nach Auffassung unserer Fachleute in weniger als zweiundsiebzig Stunden – würde sich das Kriegsglück wenden, und die Israelis würden die Araber wieder zurückdrängen. Dann würden wir vor der komplexen Situation stehen, daß die Israelis gesiegt hätten, die Araber sich empörten, die Sowjets sich einmischten und wir damit rechnen mußten, daß sich Ärger und Enttäuschung gegen uns wendeten.

Ich empfahl deshalb dem Präsidenten, zu versuchen, die Sowjets im Rahmen des Sicherheitsrats der Vereinten Nationen zu einem *gemeinsamen* Vorgehen zu bewegen. Dadurch würden wir Moskau daran hindern, uns mit seinen eigenen Vorschlägen zu belästigen, und schließlich erreichen, daß sich die Araber von den Sowjets abwendeten. Nach meinem Plan sollten die beiden Supermächte nicht die Schuldfrage klären, sondern eine sofortige Rückkehr auf die Linien verlangen, an denen der Konflikt begonnen hatte. Wenn die Sowjets diesem Plan zustimmten und die Araber sich ihn gefallen ließen, dann war der Konflikt beigelegt. Was wir dabei an Einfluß in der arabischen Welt verloren, würde durch entsprechende sowjetische Verluste ausgeglichen, denn die Araber würden ebenso wie 1972 den Eindruck gewinnen, daß den Sowjets die Beziehungen zu Washington wichtiger waren als ihnen. Wenn sich die Sowjets weigerten, auf diesen Vorschlag einzugehen, was wahrscheinlich war, würden wir die Zeit gewinnen, die Israel brauchte, um den Status quo ante mit militärischen Mitteln wieder herzustellen. Wenn dieser Zustand erreicht war, würden wir uns mit einem einfachen Waffenstillstand einverstanden erklären und verlangen, daß Israel seine Truppen hinter die Vorkriegsgrenzen zurückzog, wo es diese überschritten hatte. Sobald wir unsere ausgewogene Haltung unter Beweis gestellt hatten, würden sich die Gemüter unserer europäischen Verbündeten abkühlen, die bis dahin versucht sein könnten, voreilig einseitigere Lösungen vorzuschlagen.

Am 6. Oktober um 9.35 Uhr legte ich Dobrynin unseren Vorschlag vor. Ich warnte ihn und sagte, daß wir, wenn die Sowjets unbedacht reagierten, keine andere Wahl hätten, als den Dingen ihren Lauf zu lassen. Das heißt, wir würden ganz einfach den unvermeidlichen Sieg der Israelis abwarten. »Das wird auf unsere Beziehungen einen ziemlichen Einfluß haben.« Ich sagte Dobrynin, daß wir im Sicherheitsrat nichts unternehmen würden, bevor Moskau unseren Vorschlag beantwortet hätte, und gab der Hoffnung Ausdruck, daß auch Moskau nicht einseitig vorgehen werde.

Dobrynin blieb kühl und sachlich. Er erklärte, daß die Sowjetunion für unsere Haltung Verständnis hätte, und lehnte sie nicht von vornherein ab. Es folgte die übliche Diskussion über die schnellsten Nachrichtenverbindungen; diesmal glaubte er, daß der »heiße Draht« sich am besten eignen würde. Da er annehmen mußte, daß wir seine Mitteilungen entziffern konnten, wollte er mir damit wahrscheinlich sagen, daß er nichts zu verbergen hätte. Ich erteilte ihm die Genehmigung, den »heißen Draht« zu benutzen. Aber schließlich verzichtete er doch darauf. Wir hatten unser kleines Spiel gespielt und konnten uns wieder ernsteren Dingen zuwenden.

Uns kam es jetzt darauf an, Zeit zu gewinnen. Was die Zukunft auch bringen mochte, der Handlungsspielraum der Vereinigten Staaten würde sich nach der israelischen Mobilmachung (die noch zwei Tage in Anspruch nehmen würde) vergrößern. Gegen 10.20 Uhr unterrichtete ich Kurt Waldheim von unseren Überlegungen und wies darauf hin, daß wir uns einer Debatte im Rahmen der Vollversammlung widersetzen würden und auf die sowjetische Reaktion warten wollten, bevor wir den Sicherheitsrat einschalteten. Er erklärte sich einverstanden. Ich sagte ihm auch, daß wir der Wiederherstellung des Status quo ante den Vorzug geben würden. Ich konnte damit rechnen, daß Waldheim für die rasche Verbreitung des Inhalts unseres Gesprächs sorgen würde. Die darin angedeutete Möglichkeit einer Zusammenarbeit zwischen den Vereinigten Staaten und der Sowjetunion könnte den Befürwortern radikaler Lösungen den Wind aus den Segeln nehmen. Im Laufe des Tages unterrichtete ich mehrere NATO-Verbündete von unseren Absichten. Sie stellten sich positiv dazu ein, es kam ihnen aber vor allem darauf an, nicht selbst in die Schußlinie zu geraten. Wie ich erwartet hatte, wäre ihnen ein Waffenstillstand, bei dem Araber und Israelis ihre Truppen in den erreichten Stellungen ließen, lieber gewesen als die Rückkehr zum Status quo ante. Mit anderen Worten, sie waren bereit, den Arabern ihre Geländegewinne zu lassen und sich schon in den ersten Stunden des Konflikts von uns zu distanzieren, obwohl wir im Interesse aller Beteiligten die größten Risiken auf uns genommen hatten – ein Hinweis darauf, was uns noch erwartete. Jetzt rief ich auch einige Kongreßabgeordnete an, die noch nicht klar Stellung bezogen hatten und daher im allgemeinen dazu neigten, uns zu unterstützen.

Um 11.25 Uhr sagte ich Dobrynin, wir hätten gerüchtweise gehört, daß Ägypten beabsichtige, einen Apell an die Generalversammlung der Vereinten Nationen zu richten; wir würden uns einem solchen Ansinnen widersetzen. Moskau sollte nicht »alles zerstören, was wir in drei Jahren aufgebaut haben«. Ich erklärte, daß unser Angebot, bei einem Waffenstillstand zum Status quo ante zurückzukehren, ebenso im Interesse der Sowjetunion wie in dem der Vereinigten Staaten läge:

> Wir glauben nicht, daß es zweiundsiebzig Stunden dauern wird, und dann wird die Schwierigkeit darin bestehen, die Israelis dazu zu bewegen, zur Waffenstillstandslinie zurückzugehen. Wenn wir uns auf diesen Kurs einigen können, dann werden wir uns ohne Rücksicht auf den Verlauf der militärischen Operationen und ohne Rücksicht darauf, welche Erfolge die Israelis zu verzeichnen haben, an diesen Vorschlag halten und bereit sein, uns notfalls den Israelis zu widersetzen.

Ich bat Dobrynin um eine baldige Antwort.

Wir befanden uns jetzt in einer günstigen Lage. Kurz darauf sprach ich mit Haig und sagte ihm, daß der Krieg, wenn die Sowjets den Köder nähmen und mit einem gemeinsamen Vorgehen einverstanden wären, rasch beendet werden könne. Wenn sie sich weigerten, dann sollten die Israelis »ihnen in den nächsten Tagen ein paar harte Schläge beibringen, die sie beruhigen werden. Wir sollten in der Sache hart bleiben, aber keine dramatischen Schritte unternehmen.« Doch leider hatte ich mich in meinen Erwartungen getäuscht. Die Israelis konnten die militärische Lage nicht in wenigen Tagen wiederherstellen und gerieten bei dem Versuch an den Rand der Katastrophe.

Ich hatte Glück, in Joe Sisco einen hervorragenden »Generalstabschef« zu haben, der mir während der ganzen Krise unermüdlich geholfen hat, den Kontakt zu den vielen Diplomaten in New York und Washington zu halten, die sich eifrig darum bemühten, ihre Sonderinteressen zur Geltung zu bringen. Mit großem Geschick verstand es Sisco, unsere jeweilige Verhandlungsposition zu formulieren, und dabei schadete es nichts, daß er eine laute Stimme hatte und immer in Eile zu sein schien. So konnte er sich stets bei mir Gehör verschaffen und alle anderen Mitarbeiter zu größeren Leistungen anspornen.

Ich versuchte mir indessen ein möglichst genaues Bild von der militärischen Lage zu verschaffen und ließ mir deshalb jede einzelne Nachricht vorlegen, die uns aus dem Kampfgebiet erreichte. Die Israelis setzten alle verfügbaren Luft- und Bodenstreitkräfte ein, um dem koordinierten arabischen Angriff auf den Golan-Höhen und am Suez-Kanal zu begegnen, den ägyptische Panzer an mehreren Stellen überschritten hatten.

Um 14.30 Uhr flog ich von New York nach Washington ab. Während ich im Flugzeug saß, übergab Dobrynin im Weißen Haus die erste Note Moskaus nach Beginn der Feindseligkeiten. Es war ein Hinhaltemanöver, abgefaßt im vertrauten Stil der sowjetischen Botschaft:

> Die sowjetische Führung ist über den Beginn der militärischen Operationen im Nahen Osten zur gleichen Zeit unterrichtet worden wie Sie. Wir unternehmen alles, um uns über die wirkliche Situation in jenem Gebiet Klarheit zu verschaffen, denn die Nachrichten von dort

> sind widersprüchlicher Natur. Wir teilen vollkommen Ihre Besorgnis wegen der explosiven Situation im Nahen Osten. Wir haben schon in der Vergangenheit wiederholt auf die gefährliche Lage in diesem Gebiet hingewiesen.
> Jetzt überlegen wir uns ebenso wie Sie, welche Schritte unternommen werden können. Wir hoffen, bald wieder Kontakt mit Ihnen aufnehmen zu können, um unsere Positionen nach Möglichkeit zu koordinieren.

Die sowjetische Verzögerungstaktik paßte gut in unsere Strategie, denn wir wollten abwarten, bis Israel die militärische Lage wiederhergestellt hatte. Solange Moskau davon sprach, daß wir unsere Bemühungen koordinieren sollten, mußten wir nicht befürchten, daß die Sowjets uns in den Vereinten Nationen angriffen. Ich hielt es aber doch für richtig, die Sowjetunion auch weiterhin unter Druck zu setzen. In Washington angekommen, nahm ich gegenüber Dobrynin wie folgt zu der sowjetischen Note Stellung: »Anatol, ich habe Ihre Note erhalten. Ich kann nicht gerade sagen, daß sie Ihre Haltung klar und unzweideutig zum Ausdruck bringt. Das heißt entweder, daß Sie verwirrt sind oder daß Sie mit ihnen zusammenarbeiten.« Dobrynin wich aus und erklärte, daß Moskau noch ein paar Stunden brauche, um sich darüber klarzuwerden, wie die Sowjetunion vorgehen sollte. In diesem Augenblick fänden die Beratungen über diese Frage statt. Ich warnte ihn und sagte, daß wir eine Debatte in der Generalversammlung als »frivolen Akt« ansehen würden, und drehte die Schraube ganz bewußt noch ein wenig fester zu:

> Wenn es zur Debatte in der Generalversammlung kommt, werden wir nichts dagegen unternehmen. Wir sind überzeugt, daß die Israelis militärisch siegen werden. Dann wird jeder zu uns kommen. Wenn die Debatte einen häßlichen Verlauf nimmt, werden wir eine Zeitlang nicht mehr gesprächsbereit sein.

Am Abend wurden wir von den verschiedensten Seiten bedrängt und unter Druck gesetzt. In New York wollte Eban eine Stellungnahme der Vereinten Nationen hinauszögern, um Israel die Möglichkeit zu geben, die Mobilmachung abzuschließen und den Angriff der Ägypter und Syrer zurückzuschlagen. In Key Biscayne wollte Nixon eine Erklärung abgeben, um zu zeigen, daß er den Lauf der Ereignisse bestimmte – was er glaubte erreichen zu können, indem er den Konflikt vor den Sicherheitsrat der Vereinten Nationen brachte. Theoretisch hatte er recht. Wären die Vereinten Nationen wirklich in der Lage, ihren Auftrag zu erfüllen und den Weltfrieden zu erhalten, dann müßte der Sicherheitsrat schon in diesem Augenblick tagen. Aber die Vereinten Nationen konnten die in sie gesetzten Hoffnungen nicht erfüllen. Die unter kommunistischem Einfluß stehende »blockfreie« Mehrheit billigte praktisch mit militärischen Mitteln errungene Erfolge (wenn diese Mehrheit überzeugt war, daß die von ihr begünstigte Seite gewann, aber bisher konnte noch niemand sagen, was wirklich geschah, und deshalb wollte man sich nicht vorzeitig festlegen). Bei einer Sitzung des Sicherheitsrates würden voraussichtlich Äußerungen fallen, mit denen wir in die Defensive getrieben werden sollten, oder es konnte zu einem Beschluß kommen, gegen den wir ein Veto einlegen müßten. Deshalb riet auch ich zum Abwarten.

Als die sowjetische Antwort endlich um 18.00 Uhr abends eintraf, mußte ich feststellen, daß Moskau auch weiter an seiner Verzögerungstaktik festhielt. Die Sowjets erklärten, daß sie noch immer nichts von den Arabern gehört hätten und daher auch nicht auf unseren Vorschlag eingehen könnten. Keine Seite hätte bisher den Sicherheitsrat angerufen, und die Sowjetunion würde sich nur in eine peinliche Lage bringen, wenn sie unter diesen Voraussetzungen eine Abstimmung im Sicherheitsrat verlangte. Ebenso wie alle anderen wartete Moskau auf die militärische Entscheidung.

Ich versuchte, einen Ausweg aus diesem Dickicht zu finden, und sagte Haig in Key Biscayne, daß wir demnächst den Sicherheitsrat einschalten würden, ohne eine Sitzung einzuberufen. Dazu wies ich unseren gewandten Botschafter bei den Vereinten Nationen, John Scali, an, noch am gleichen Abend in »Konsultationen« einzutreten – in inoffizielle, gewöhnlich bilaterale Gespräche mit den Delegierten, in deren Verlauf der Sicherheitsrat zu klären sucht, wie er zu einem bestimmten Problem Stellung nehmen muß, ohne eine offizielle Sitzung abzuhalten oder eine Abstimmung zu erzwingen. Um 19.20 Uhr teilte ich Dobrynin mit, was wir beschlossen hatten, und erläuterte ihm noch einmal unsere Alternativen. Wir verlangten kein besonderes Entgegenkommen, denn die Zeit war auf unserer Seite:

> Nach unserer Lagebeurteilung ist der Angriff der Araber zum Stillstand gebracht worden. Jetzt werden sie zum Rückzug gezwungen werden, und dieser Vorgang wird sich beschleunigen, sobald die (israelische) Mobilmachung abgeschlossen ist, was spätestens am Montagmorgen geschehen wird. Anschließend werden wir das gleiche erleben, was wir schon früher erlebt haben.

Ich sagte, daß die Araber ihre Absicht deutlich gemacht hätten; sie hätten den Suez-Kanal überschritten. Jetzt käme es darauf an, den Krieg sofort zu beenden und zur diplomatischen Tagesordnung zurückzukehren, auf die wir uns vor Ausbruch der Feindseligkeiten geeinigt hätten. Dobrynin erläuterte in seiner Antwort noch einmal die Besorgnisse Moskaus: »Wie ich unsere Lage verstehe, besteht die Schwierigkeit jetzt darin, daß die Araber versuchen, die von Israel besetzten Gebiete zurückzugewinnen. Sie haben uns dieses Argument vorgetragen, und es wäre lächerlich, wenn wir ihnen sagen wollten, daß sie ihre eigenen Gebiete nicht befreien dürften.«

Er hatte nicht ganz unrecht. Für die Sowjets war es nicht leicht, sich unserem Vorschlag anzuschließen, besonders angesichts der Siegeszuversicht der Araber. Andererseits hatte man in den ersten Stunden des Krieges den Eindruck, daß die Lage für die Sowjets gar nicht so günstig war. Wenn sie nichts unternahmen, würden die Israelis siegen, und man würde den Eindruck gewinnen, daß die Sowjets nichts dagegen unternehmen könnten. Wenn Moskau dagegen auf unsere Vorschläge einging, setzte es die Freundschaft der Araber aufs Spiel. Aber die Sowjetunion konnte ihren arabischen Freunden nicht helfen, ohne selbst in den Krieg hineingezogen zu werden, und damit wäre die ganze Entspannungspolitik in Frage gestellt. Diese Überlegungen ermutigten mich, und am Schluß unseres Telefongesprächs setzte ich Dobrynin eine Frist bis zum nächsten Tag, dem Sonntag, um 9.00 Uhr, mich wissen zu lassen, ob wir gemeinsam den Sicherheitsrat anrufen würden, oder ob die Sowjetunion sich unabhängig von uns um eine Beendigung des Krieges bis spätestens Dienstag, dem 9. Oktober, bemühen werde. Wenn in einem solchen Fall die eigene Seite den Krieg gewinnt – oder man das annimmt –, dann kann man sich ein solch hastiges Verfahren leisten. Man darf aber nicht glauben, daß es eine diplomatische Standardlösung darstellt.

Am Ende eines hektischen Tages, am 6. Oktober, übernahm ich wieder den Vorsitz bei einer Sitzung der WSAG. Nach den uns vorliegenden Meldungen hatten die Israelis den Angriff auf den Golan-Höhen zum Stehen gebracht und stellten sich zum Gegenangriff am folgenden Tag bereit. Aber die Ägypter befestigten ihre Stellungen östlich des Suez-Kanals und bereiteten sich darauf vor, über mehrere inzwischen von ihnen geschlagene Brücken weitere Truppen hinüberzubringen. Wir waren jedoch alle überzeugt, daß Israel innerhalb der folgenden zwei bis drei Tage die Oberhand gewinnen werde. Eban hatte mir noch am Abend mitgeteilt, daß die Israelis glaubten, »gute Aussichten« zu haben, die ägyptischen und syrischen Truppen innerhalb von drei Tagen aus ihren Stellungen zu werfen. Unsere Hauptsorge galt daher den möglicherweise gefährlichen Auswirkungen des Krieges auf unsere Beziehungen zu den arabischen Ländern auf lange Sicht. Neben der Erörterung rein theoretischer Fragen wurde auf der Sitzung nur ein konkreter Beschluß gefaßt: Die 6. Flotte sollte näher an das Kampfgebiet herangeführt werden – was besonders am Wochenende keine einfache Sache war. Einer der beiden Flugzeugträger ankerte in Griechenland, der andere in Spanien. Die Besatzungen hatten Landurlaub. Es würde zwei Tage in Anspruch nehmen, beide Schiffe in eine Position vor Kreta zu verlegen, woraus die Sowjets schließen würden, daß die Vereinigten Staaten sich auf einen Eventualfall vorbereiteten. Die Flottenverbände konnten im Notfall von hier aus eingreifen, lagen aber doch noch so weit vom Kampfgebiet entfernt, daß man uns keine aggressiven Absichten vorwerfen konnte. Die anderen amerikanischen Schiffe der 6. Flotte lagen weiter westlich. Wenn wir sie in das Seegebiet vor Zypern beorderten, dann konnten wir damit unsere erhöhte Besorgnis zum Ausdruck bringen. Interessanterweise nahmen die sowjetischen Flottenverbände, die am 5. Oktober aus ägyptischen Häfen ausgelaufen waren, *Kurs nach Westen.* Auch sie demonstrierten damit, daß sie nicht die Absicht hatten, einzugreifen, aber trotzdem einsatzbereit blieben. (Beide Flotten, die mit ihrem Verhalten ähnliche Absichten signalisierten, trafen sich später vor Kreta und blieben in diesem Seegebiet. Wenige Tage später überreichte uns Dobrynin eine in gemäßigtem Ton abgefaßte Protestnote, mit der sich die Sowjets über die amerikanischen Flottenbewegungen beschwerten, aber die Note klang nicht sehr überzeugend. Nicht einmal die Sowjetunion besaß die Unverschämtheit, sich darüber zu beschweren, daß wir unsere Flotte in ein Seegebiet verlegt hatten, in dem ihr Geschwader schon seit Tagen manövrierte.)

Kurz vor 21.00 Uhr sprach ich noch einmal mit dem ägyptischen Außenminister Zayyat. Er wollte meinem Vorschlag, die ägyptischen Streitkräfte in ihre Ausgangspositionen zurückzunehmen, nicht folgen und war noch weniger bereit, mir darin zuzustimmen, daß Ägypten angesichts des demnächst zu erwartenden israelischen Vorstoßes schon nach wenigen Tagen in einer günstigeren Lage sein werde, wenn es unseren Anregungen folgte. Zuerst sagte er, daß meine Ideen ihm »sehr eigenartig« vorkämen, aber dann steigerte sich seine Erregung, und er bezeichnete sie als »Wahnsinn«. Trotzdem sprach Zayyat nicht im Ton eines Eroberers, sondern blieb ganz ruhig und behauptete auch nicht, daß das Nahost-Problem sich mit militärischen Mitteln lösen ließe. Er erklärte, daß Ägypten mit diesem Krieg nur ein begrenztes Ziel verfolgte. Es wollte Israel demonstrieren, daß die Sicherheit Israels nicht durch eine Verteidigungslinie am Suez-Kanal garantiert sei. Die Sicherheit gegenüber einem Land wie Ägypten müßte sich vielmehr auf die gegenseitige Achtung stützen. Ich sagte ihm, daß ich begriffen hätte, was er meinte, und erklärte, daß jetzt Zeit wäre, Frieden zu schließen. Zayyat stimmte mir zu. »Mir liegt nicht sehr viel an einem Krieg«, sagte er. Ich betonte, Ägypten und die Vereinigten Staaten dürften, auch wenn sich beide Länder jetzt während eines mit Leidenschaft geführten Krieges auf zwei entgegengesetzten Seiten sähen, nicht vergessen, daß wir später, wenn es darum ging, einen dauerhaften Frieden zu gestalten, zusammenarbeiten müßten. Zayyat ging auf meine in diesem Augenblick vielleicht etwas eigenartig klingende Erklärung ein und sagte, daß die Vereinigten Staaten »einen kühlen Kopf« bewahrt hätten. Wir sollten einen Vorschlag machen: »Jetzt haben Sie die Gelegenheit, mit beiden (Ägypten und Israel) zu sprechen, ohne daß Ihnen Israel wie bisher sein uneingeschränktes Vertrauen entgegenbringt und ohne daß es bei uns so sehr an Vertrauen mangelt wie in der Vergangenheit.«

Damit hatte Zayyat den Kern der Sache berührt. Jeder Krieg endet irgendwie mit einem Frieden, aber nur allzu oft werden die Absichten der politischen Führung durch die militärischen Operationen bestimmt. Die Politiker beachten nicht Bismarcks Warnung, daß der Staatsmann sich davor hüten müßte, am Ende eines Krieges nicht ebenso plausible Argumente zu haben wie an dem Tag, an dem der Krieg begonnen hat. Die zwischen Israel und den arabischen Staaten und besonders Ägypten bestehenden Schwierigkeiten waren im wesentlichen psychologischer Natur. Ironischerweise war die militärische Selbstsicherheit der einen Seite von einem Gefühl der Unsicherheit begleitet, während die andere Seite sich trotz der zwar zahlenmäßigen Überlegenheit gedemütigt fühlte. Durch den Krieg würden sich diese Gegensätze vielleicht überbrücken lassen, so daß es uns gelingen könnte, mit Vorsicht und Geduld, nach Wiederherstellung der Selbstachtung der Araber und nachdem Israel sich davon überzeugt hatte, daß es eine diplomatische Lösung geben müßte, nach diesem schmerzlichen Konflikt die Grundlagen eines Friedens zu erarbeiten, der schließlich die bis dahin gebrachten Opfer rechtfertigte.

Sonntag, der 7. Oktober: ein Kampf um Zeitgewinn

Der zweite Kriegstag, der 7. Oktober, war ein Sonntag. In Washington herrschte feuchtes, mildes Herbstwetter. Den Ägyptern war es augenscheinlich gelungen, etwa acht Kilometer jenseits des Suez-Kanals eine durchgehende Verteidigungslinie aufzubauen; die Syrer waren an verschiedenen Stellen auf den Golan-Höhen in die feindlichen Stellungen eingebrochen. Unser Militärattaché in Tel Aviv, Oberst Billy Forsman, dessen Berichte sich während des ganzes Krieges durch Präzision und Klarheit auszeichneten, kabelte nach Washington, daß die israelischen Streitkräfte sich nach wie vor in der Defensive befänden und noch eine gewisse Zeit bis zum Abschluß der Mobilmachung brauchten. Am ersten Kriegstag hatte Israel den Verlust von fünfunddreißig Flugzeugen modernster Bauart zugegeben. Beobachter in Washington bezweifelten diese Angaben und glaubten, daß die Israelis nur so hohe Verluste gemeldet hätten, um damit ihrer in Kürze zu erwartenden Bitte um Nachlieferung von Rüstungsmaterial Nachdruck zu verleihen. Aber die Meldungen waren korrekt und bewiesen die Leistungsfähigkeit der von den Sowjets gelieferten Flugabwehrraketen, besonders an der ägyptischen Front. Wir hatten aber trotzdem noch keinen Grund daran zu zweifeln, daß Israel einen raschen Sieg erringen werde. Der israelische Gegenangriff sollte erst am folgenden Tag beginnen. Auch die Mitteilung der Israelis, daß sie neun von elf Brücken über den Suez-Kanal zerstört hätten, beruhigte uns. (Diese Meldung erwies sich als nicht ganz richtig, denn die Brücken waren nur beschädigt und für kurze Zeit unbrauchbar gemacht worden.)

Am Sonntagmorgen um 9.30 Uhr übergab uns der israelische Geschäftsträger Shalev eine persönliche Note Golda Meirs, deren Inhalt uns in unserer Lagebeurteilung bestätigte. Sie schrieb: »Unsere Militärs glauben – und ich verlasse mich auf ihre Beurteilung, denn sie haben bisher weder sich selbst noch die Regierung getäuscht –, daß wir jetzt zwar in schwere Kämpfe verwickelt sind, die Lage sich aber angesichts unserer Reserven an Mannschaften und Ausrüstung zu unseren Gunsten wenden wird.« Allerdings konnte sich Golda eines Seitenhiebs gegen uns nicht enthalten, der uns noch mehr geärgert hätte, wenn wir sie nicht so hoch geschätzt und weniger Verständnis für ihren Ärger gehabt hätten:

> Sie wissen, weshalb wir keinen Präventivschlag geführt haben. Daß wir es nicht getan haben, hat uns in die gegenwärtige Lage gebracht. Hätte ich dem Chef des Generalstabes erlaubt, den Präventivschlag zu führen, den er wenige Stunden vor Angriffsbeginn empfohlen hatte, dann befänden wir uns jetzt ohne Zweifel in einer ganz anderen Lage.

Es ist richtig, daß ich schon vor Jahren dem israelischen Botschafter Simcha Dinitz und seinem Vorgänger, Yitzhak Rabin, gesagt hatte, daß nach meiner persönlichen Ansicht die Möglichkeiten der Vereinigten Staaten, Israel in einem Krieg zu helfen, um einiges geringer wären, wenn Israel zuerst zu den Waffen griffe. Aber als sich diese Krise am Horizont abzeichnete, hatten wir über einen möglichen Präventivangriff nicht gesprochen. Ein solches Gespräch hätte auch kaum geführt werden können, denn Israel hatte uns immer wieder gesagt, daß keine Kriegsgefahr bestünde. An dem Morgen des Kriegsbeginns hatte Golda Keating unaufgefordert gesagt, daß Israel keinen Präventivschlag führen werde. Das war ihre eigene Entscheidung gewesen, und sie erfolgte nicht auf einen in letzter Zeit erteilten amerikanischen Rat.[11] Mit dieser Erklärung hatte Frau Meir nur bestätigt, was wir den Arabern einen Tag vor Kriegsausbruch hatten sagen sollen, und auch ihre Bitte um Übermittlung dieser Botschaft entsprang ihrem eigenen Entschluß. Ich glaube auch heute noch, daß diese Haltung richtig gewesen ist. Hätte Israel den Krieg begonnen, dann wäre es für die Vereinigten Staaten sehr schwierig gewesen, die Israelis zu unterstützen. Die meisten Teilnehmer an der ersten Sitzung der WSAG am frühen Morgen glaubten ohnedies, daß Israel die Feindseligkeiten eröffnet hätte. Darüber hinaus können wir auch heute noch nicht sagen, ob ein Präventivschlag die militärische Lage zugunsten von Israel entscheidend verändert hätte. Mosche Dajan schrieb später, daß der einzige Vorschlag für einen Präventivangriff dem Kabinett vom Generalstabschef David Elazar gemacht worden sei, der empfohlen habe, die Fliegerabwehrstellungen im Inneren Syriens anzugreifen, eine Maßnahme, die sich jedoch auf den mit Bodentruppen geplanten Überraschungsangriff gegen Israel nicht ausgewirkt hätte.[12]

Jetzt forderte uns Golda Meir in ihrer Note auf, die Abstimmung im Sicherheitsrat der Vereinten Nationen auf Mittwoch oder Donnerstag (den 10. oder 11. Oktober) zu verschieben, auf einen Zeitpunkt, zu dem die Israelis an allen Fronten in der Offensive sein wollten. »Ich wäre nicht zu Ihnen gekommen«, erklärte Golda, »wenn ich nicht glaubte, daß die Lage sich in den nächsten Tagen bessern werde.« Golda bestätigte noch einmal das Interesse Israels an der Lieferung von bestimmten Rüstungsgütern, insbesondere von hitzegesteuerten Sidewinder-Flugabwehrraketen, um die Erfolgschancen der Israelis zu erhöhen. Eine Transportmaschine vom Typ Boing 747 sei schon auf dem Wege nach New York, um das Material abzuholen, das wir zur Verfügung stellen könnten. Indessen ersuchte uns Shalev um die beschleunigte Auslieferung von Rüstungsmaterial, das den Israelis im Rahmen des schon bestehenden Lieferprogramms in den vergangenen Wochen zugesagt worden war. Ich konnte Shalev versprechen, daß wir die Abstimmung im Sicherheitsrat verschieben würden, wenngleich ich es für klüger gehalten hätte, eine Sitzung des Sicherheitsrats einzuberufen und die Entscheidung durch den Antrag zu verzögern, daß beide Seiten sich auf die Stellungen zurückziehen sollten, die sie vor Beginn der Feindseligkeiten eingenommen hatten.

Wenn wir die Sitzung einberiefen und unseren Antrag vorlegten, wären wir die ersten, die sich zu diesem Problem äußern, und es wäre die erste Resolution, über die abgestimmt werden müßte.

Wenn wir dagegen gezwungen würden, gegen eine Resolution unser Veto einzulegen, die einen einfachen Waffenstillstand verlangt, dann würde man uns nicht verstehen.

Wir würden versuchen, die Entscheidung zu verzögern, denn uns liegt nichts an einer baldigen Abstimmung. Wenn es zu einer Debatte kommt, werden natürlich auch andere aufgefordert werden, sich zu äußern, so etwa Außenminister Eban. Ich bin überzeugt, daß allein die Einleitung zu seiner Rede mehr als zwei Stunden in Anspruch nehmen könnte. Das wäre, glaube ich, die beste Methode. Wir würden unserem Vertreter in New York sagen, daß auch er sich Zeit lassen sollte.

Was nun die Lieferung von Rüstungsgütern betraf, so waren die Meinungen in unserer Regierung entschieden geteilt. Es ist über dieser Frage zu scharfen Kontroversen gekommen – was vor allem daran lag, daß alle amerikanischen Behörden einschließlich des Außenministeriums mit einer Wiederholung des Sechs-Tage-Krieges von 1967 rechneten. Kein höherer Beamter irgendeines Ministeriums glaubte in dieser Phase, daß größere Rüstungslieferungen Israel vor Beendigung des Krieges erreichen könnten – mit Ausnahme geringer Mengen von Spezialausrüstung. Wir alle glaubten, daß alles andere zu spät kommen werde, um den Ausgang der Kämpfe noch beeinflussen zu können.

Als die erste Sitzung der WSAG am Morgen des 6. Oktober in meiner Abwesenheit abgehalten wurde, hatten die Israelis schon ihre erste Anforderung für dringend benötigte Rüstungsgüter vorgelegt. Der stellvertretende zweite Verteidigungsminister James H. Noyes meinte, »in Wirklichkeit brauchen sie diese Ausrüstung gar nicht«. Keiner der Anwesenden widersprach ihm. Als die zweite Sitzung am gleichen Tag einberufen wurde, lag eine Anforderung für Spezialausrüstung vor. Verteidigungsminister Schlesinger empfahl, die Auslieferung zu verzögern, denn »wenn wir jetzt dieses Material an Israel liefern, wird es uns niemand mehr abnehmen, daß wir die Rolle des ehrlichen Maklers spielen wollen«. Der stellvertretende Außenminister Kenneth Rush meinte dazu, »eigentlich fehlt ihnen auch kaum etwas«.

Ich widersprach als einziger, und zwar aus außenpolitischen und nicht aus militärischen Gründen. Ich bezweifelte zu diesem Zeitpunkt nicht, daß Israel den Krieg gewinnen würde, bevor umfangreiche Rüstungslieferungen eingetroffen waren. Aber ich hielt es für richtig, Israel mit Waffenlieferungen zu unterstützen, falls die Sowjets nicht im Rahmen der Vereinten Nationen mit uns zusammenarbeiteten, um den Krieg rasch zu beenden. Wenn wir Israel unsere Waffenhilfe versagten, hätte es keinen Anlaß, nach Beendigung des Krieges bei den diplomatischen Verhandlungen auf unseren Rat zu hören. Wenn Israel andererseits feststellen konnte, daß wir es in einer Notlage nicht im Stich ließen, würde sich unser Verhalten auf die Verhandlungen nach dem Kriege auswirken und die Israelis zur Mäßigung bei ihren territorialen Forderungen anregen. Natürlich war ich mir der Tatsache bewußt, daß wir mit einem solchen Verhalten die Araber verärgern würden. Aber nach meiner Auffassung würde der *Ausgang* des Krieges die Nachkriegsbeziehungen bestimmen und nicht die Frage, ob wir Israel Waffen geliefert hatten. Wenn die Araber mit Unterstützung der Sowjetunion den Krieg gewannen, dann würde Moskau als die stärkere Macht dastehen, der radikale Kurs – die militärische Option – wäre bestätigt, und die gemäßigten arabischen Länder befänden sich in einer noch schwächeren Position. In diesem Fall mußten die Vereinigten Staaten an Einfluß verlieren, gleichgültig eine wie gemäßigte Haltung wir während des Krieges eingenommen hatten. Wenn jedoch ein arabischer Sieg durch unsere Waffenlieferungen unmöglich gemacht wurde, blieb unsere Position unangefochten. Erst *nach* dem Krieg und nach Einleitung des Friedensprozesses war die Zeit gekommen, Verständnis für die Position der Araber zu zeigen.

Aus diesem Grund hatte ich Haig am Morgen des 6. Oktober gesagt, daß wir, wenn die Sowjets nicht bereit sein sollten, im Rahmen der Vereinten Nationen mit uns zusammenzuarbeiten, Israel mit begrenzten Rüstungslieferungen unterstützen müßten. Shalev hatte ich am gleichen Tag gesagt, »wir werden höchstwahrscheinlich morgen die Lieferung von militärischer Ausrüstung in dem Umfang genehmigen, wie Sie sie brauchen; besonders wenn sich die Sowjets auf die Seite der Araber stellen, werden wir es bestimmt tun«.

Unmittelbar nach meinem Gespräch mit Shalev am Morgen des 7. Oktober sprach ich mit Haig und bat ihn, Nixon zu sagen: »Wenn die Araber gewinnen, werden sie nicht mit sich reden lassen, und es wird keine Verhandlungen geben.« Haig stimmte mir zu: »Wir werden liefern müssen, wozu wir uns verpflichtet haben, es sei denn, sie können diese Sache rasch – innerhalb von zwei oder drei Tagen – stabilisieren.« Damit war die Frage nach unseren Rüstungslieferungen an Israel entschieden. Auf der mittleren Ebene im Verteidigungsministerium hat man die Angelegenheit offenbar nicht für so dringend gehalten. Die Beamten waren überzeugt, daß wir den guten Willen der gemäßigten Araber riskierten und unsere Ölversorgung für eine im Grunde nutzlose Geste gefährdeten. Aber auch hier zögerte man vor allem, weil man mit einem baldigen israelischen Sieg rechnete, und nicht, weil man den Israelis im Kampf gegen die arabischen Angreifer Schwierigkeiten machen wollte.

Um 10.15 Uhr ermöglichte Dobrynin die diplomatische Verzögerung, die sowohl nach Israels als auch nach unserer Auffassung im gemeinsamen Interesse lag. Er teilte uns telefonisch mit, daß zwar mit einer Stellungnahme der sowjetischen Führung zu rechnen sei, aber nicht vor zwei Stunden. Ich setzte mich sofort mit Nixon in Verbindung und empfahl ihm dringend, wir sollten jede offizielle Erklärung darüber, daß wir eine Sitzung des Sicherheitsrats beantragen wollten, auf einen späteren Zeitpunkt verschieben. Wie sich herausstellte, mußten wir noch fast den ganzen Tag auf die sowjetische Erklärung warten – was unserer Strategie entgegenkam, denn wir wollten nichts unternehmen, bevor Israel die Mobilmachung abgeschlossen hatte.

Unterdessen erhielten wir über Sadats Haltung widersprüchliche Berichte. Angeblich hatte Sadat einem westeuropäischen Botschafter gesagt, daß er keine Sitzung des Sicherheitsrats wünschte und keinem Waffenstillstand zustimmen werde, bevor die ägyptischen Streitkräfte alle Gebiete zurückerobert hatten, die 1967 von Israel besetzt worden waren. Wenn diese Information richtig war, mußte jeder Versuch, einen Waffenstillstand zu erreichen, scheitern. Sie schien jedoch dem Verhalten der ägyptischen Armee zu widersprechen, die an der jetzt erreichten, wenige Kilometer östlich des Kanals gelegenen Linie stehenblieb. Im Gegensatz dazu berichtete ein anderer europäischer Botschafter in Kairo, daß Sadat keine Sitzung des Sicherheitsrats beantragen werde, sich aber unter Umständen mit einer Resolution für einen Waffenstillstand einverstanden erklären könnte, wenn der Antrag von anderer Seite käme. Aber eine einfache Waffenstillstandsresolution zu diesem Zeitpunkt würde die bei dem Angriff erzielten Geländegewinne bestätigen – und gerade das wollten wir vermeiden.

So wurde am zweiten Tag eines größeren Krieges der Sicherheitsrat der Vereinten Nationen, die Institution, deren besondere Aufgabe es war, etwas gegen Verletzungen des Friedens zu unternehmen, durch die Obstruktion von allen Seiten paralysiert. Die Sowjets wollten offenbar Zeit gewinnen; Ägypten wollte, wenn man dem einen Botschafter Glauben schenkte, die Entscheidung hinauszögern oder, wenn der andere Botschafter recht hatte, einem Waffenstillstand in den bisher erreichten Stellungen zustimmen. Israel brauchte Zeit, um seine Mobilmachung abzuschließen, und von Syrien hatte man nichts gehört. Nur die Vereinigten Staaten waren bereit, die Angelegenheit vor den Sicherheitsrat zu bringen, aber die von uns bevorzugte Resolution lief in der Praxis auf eine verfeinerte Verzögerungstaktik hinaus, weil uns voraussichtlich kein anderes Ratsmitglied unterstützen würde. Da nun alle Beteiligten Zeit gewinnen und wir die Angelegenheit nicht vor die Generalversammlung der Vereinten Nationen bringen wollten, hatten wir uns entschlossen, gegen Abend eine offizielle Sitzung des Sicherheitsrats zu beantragen, um die Debatte auf den nächsten Tag zu verschieben und es am Dienstag oder Mittwoch zu einer Abstimmung kommen zu lassen. Wenn die Lagebeurteilungen unserer Nachrichtendienste richtig waren, dann würde Israel bis zu diesem Zeitpunkt die Lage wiederhergestellt haben, wie sie vor Angriffsbeginn bestanden hatte. Dann würden vielleicht beide Seiten bereit sein, einem Waffenstillstand an Ort und Stelle zuzustimmen.

Um 13.00 Uhr war die Botschaft Breschnews, die uns für 12.00 Uhr zugesagt worden war, noch nicht eingetroffen. Ich drängte Dobrynin und sagte ihm, daß wir alle Bemühungen bei den Vereinten Nationen eingestellt hätten, weil wir darauf warteten, etwas aus Moskau zu hören. Es kann niemals schaden, wenn man eine Behauptung aufstellt und die Gegenseite veranlaßt, sich eine Maßnahme zu überlegen, die in die eigene Strategie paßt. Wir beschlossen, solange sich die Sowjetunion nicht bereit zeigte, mit uns für die Beendigung des Krieges zusammenzuarbeiten, uns auf begrenzte Waffenlieferungen an Israel vorzubereiten. Um 13.30 Uhr sagte ich Schlesinger, daß er Munition und andere hochtechnologische Ausrüstung, besonders Flugabwehrraketen vom Typ Sidewinder, bereitstellen sollte, damit besonders gekennzeichnete Flugzeuge der israelischen Luftfahrtgesellschaft El Al dieses Material von einer abgelegenen Flottenbasis in Virginia abholen könnten. Ich müßte noch einmal mit dem Präsidenten sprechen und würde ihm dann den endgültigen Befehl übermitteln. Schlesinger meinte, da die Israelis noch nicht zu einer Gegenoffensive mit starken Kräften angetreten seien, besonders im Süden, wollten sie vielleicht zeigen, daß sie in eine ungünstige Lage geraten wären, weil sie keinen Präventivschlag geführt hatten, um so den Anspruch auf amerikanische Hilfe zu begründen. Ich hatte meine Zweifel: »Ich glaube, sie sind diesmal wirklich überrascht worden.«

Um 15.10 Uhr hatten wir noch immer nichts von Dobrynin gehört. Deshalb sagte ich Haig, daß wir jetzt die Anforderungen der Israelis aus psychologischen und militärischen Gründen wenigstens zum Teil erfüllen sollten. Die Sowjets sollten wissen, daß sie die Lage ihrer Satelliten durch ihre Verzögerungstaktik nicht verbessern könnten. Die Araber dürften nicht mit Hilfe sowjetischer Waffen den Krieg gewinnen, denn sonst würden wir mit ihnen nicht mehr fertig werden. Haig stimmte mir zu und sagte, daß der Präsident der gleichen Auffassung sei. Um 15.45 Uhr wies ich Schlesinger an, die für Israel bestimmten Rüstungsgüter auszuliefern.

Dieser Schritt wurde uns erleichtert, da die um 15.30 Uhr eingetroffene Antwort Breschnews sich als weiteres Verzögerungsmanöver herausstellte. Entweder wußte man in Moskau wirklich nicht, was man unternehmen sollte, oder die Sowjets beurteilten die Lage anders als wir. Wenn die Lage der Araber wirklich so verzweifelt war, wie wir glaubten, dann hätte die sowjetische Führung den Vorschlag für die Rückkehr zum Status quo ante begrüßen müssen. Sie hätte dadurch die Möglichkeit gewonnen, etwas gegen weitere Vorstöße der Israelis tief in arabisches Gebiet zu unternehmen. Aber Breschnew erwähnte in seinem Brief an Nixon mit keinem Wort ein gemeinsames amerikanisch-sowjetisches Vorgehen im Sicherheitsrat. Das Schreiben behandelte nicht die Frage, wie man den Krieg beenden sollte, sondern beschäftigte sich mit Breschnews Lieblingsthema, dem Nahen Osten: Die Vereinigten Staaten und die Sowjetunion sollten ihre gemeinsamen diplomatischen Bemühungen darauf richten, im Nahen Osten einen Frieden zu den von den Arabern geforderten Bedingungen herbeizuführen. Diese Lösung gründete sich auf das bekannte Verlangen nach dem totalen Rückzug der Israelis als Gegenleistung für nicht im einzelnen definierte Sicherheitsgarantien. Breschnew schrieb, bis dahin wäre es »sehr wichtig«, daß Israel »vorbehaltlos« seine Bereitschaft erklärte, sich aus allen arabischen Gebieten zurückzuziehen, und deutete an, daß dadurch die Beendigung des Krieges beschleunigt werde, sagte aber nicht, zu welchen Gegenleistungen die Araber bereit wären. Uns wurde großzügig die Aufgabe zugewiesen, durch unseren »Einfluß« die Zustimmung Israels zu erwirken. Offenbar wollten die Sowjets den Krieg noch etwas länger dauern lassen, oder sie hatten bei ihren arabischen Freunden doch nicht so viel Einfluß, wie wir bisher geglaubt hatten.

Sadat setzt sich mit uns in Verbindung

Kurz darauf traf die erste Note aus Kairo ein. (Im Gegensatz dazu hat sich Syrien während des ganzen Krieges in keinem einzigen Fall direkt mit uns in Verbindung gesetzt.) Der Ton der ägyptischen Note war freundlich, und ihr Inhalt war Ausdruck einer Stimmung und nicht eines politischen Kurses. In einem an mich adressierten Schreiben, das mich über die Nachrichtendienste erreichte, teilte uns Sadats Sicherheitsberater, Hafiz Ismail, die Bedingungen Ägyptens für die Beendigung des Krieges mit. Es waren dieselben, die man uns schon im Mai vorgelegt hatte, und sie waren heute nicht realistischer als damals: Israel sollte sich aus allen besetzten Gebieten zurückziehen; erst *nach* dem Truppenabzug könnten auf einer Friedenskonferenz andere Themen wie etwa die ungehinderte Benutzung der Seewege in der Straße von Tiran besprochen werden, die von Sharm el-Sheikh aus zeitweilig international garantiert werden müßte. In der Note wurden Teil- oder Zwischenvereinbarungen ausdrücklich abgelehnt.

Es handelte sich offenbar nur um Eröffnungsvorschläge. Aus seinen früheren Kontakten mit uns wußte Sadat sehr gut, daß wir diese Bedingungen für unannehmbar hielten. Ich glaube nicht, daß er in dieser Phase schon eine Übereinstimmung mit uns erreichen wollte; er bemühte sich vielmehr um die Eröffnung des Dialogs. Überhaupt mit uns zu sprechen, war schon riskant genug. Er durfte es nicht riskieren, Syrien und vielleicht die Sowjetunion, deren Unterstützung er für die Fortführung des Krieges brauchte, zu verärgern, indem er sofort Zugeständnisse anbot, die Syrien veranlassen könnten, den gemeinsamen Kampf aufzugeben, oder dazu führen würden, daß die Sowjetunion ihre Materiallieferungen reduzierte.

Wichtig war jetzt nur die Tatsache, daß Ägypten sich direkt mit uns in Verbindung gesetzt hatte, nicht aber der Inhalt der ägyptischen Note. Sadat forderte uns auf, an den Bemühungen um den Frieden teilzunehmen oder sie sogar in die Wege zu leiten, und zwar, obwohl wir in den Vereinten Nationen dafür eingetreten waren, daß er auf Gebiete verzichtete, die er als ägyptisches Staatsgebiet ansah und die seine Armeen eben erst in Besitz genommen hatten. Die Botschaft enthielt auch eine Zusage, die zeigte, daß Sadat sehr gut wußte, wo die Grenzen des Erreichbaren lagen: »Wir beabsichtigten nicht, die Kämpfe zu intensivieren oder die Konfrontation zu verschärfen.« Wenn dieser Satz überhaupt etwas bedeutete, dann wollte Sadat damit sagen, daß Ägypten die offensiven Operationen gegen Israel nicht über das bereits besetzte Gebiet hinaus fortsetzen oder Amerika als Prügelknaben benutzen wollte, wie Nasser es 1967 getan hatte. Wenn wir Sadat richtig verstanden und begriffen hatten, was dieser Krieg bedeutete, dann mußte eine Diskrepanz zwischen den militärischen Dispositionen Ägyptens und seinen politischen Zielen entstehen, was früher oder später zu politischen Verhandlungen führen mußte.

Ismails Schreiben war der Beginn eines eigenartigen Dialogs mit einem Land, das unseren Verbündeten angegriffen hatte und dessen Absichten mit Hilfe amerikanischer Waffen vereitelt wurden. Während des ganzen Krieges verging kaum ein Tag, ohne daß ein Gedankenaustausch mit Kairo fortgesetzt wurde. Auch als sich das Kriegsglück Ägyptens wendete, weil wir die Israelis über unsere Luftbrücke unterstützten, hielt Sadat sein Versprechen, den gegen Amerika gerichteten Haß in der ägyptischen Öffentlichkeit nicht zu schüren. Er wollte uns damit nicht einen besonderen Gefallen tun, sondern nur vermeiden, daß wir uns in den zu erwartenden Verhandlungen unwiderruflich auf die Seite Israels stellten. Seine Absicht war es, eine Beziehung zu den Vereinigten Staaten herzustellen, die es uns ermöglichte, nicht nur als offizieller, sondern auch als überzeugter Vermittler aufzutreten und die ägyptischen Ansprüche ebenso zu berücksichtigen wie die israelischen – eine erstaunliche Haltung für Nassers Nachfolger nach zwanzig Jahren der Feindschaft.

Bis zum Beginn dieses Gedankenaustausches hatte ich Sadat nicht ernst genommen. Er hatte so oft mit dem Krieg gedroht, ohne wirklich etwas zu unternehmen, daß ich ihn zunächst für einen Schauspieler und nicht für einen Staatsmann hielt. Jetzt begann ich zu begreifen, daß seine großartigen Gesten Teil einer wohldurchdachten Strategie gewesen waren. Er hatte damit die Überraschung sichergestellt. Dramatische Ankündigungen, auf die keine Taten folgen, erwecken den Eindruck, daß nie etwas geschehen wird. Die Ausweisung der sowjetischen Berater aus Ägypten im Jahr 1972 bekam plötzlich eine neue Bedeutung. Damals hatte ich Schwierigkeiten gehabt, zu verstehen, weshalb Sadat über diese Absicht nicht mit uns verhandelt, sondern uns dieses Gratisgeschenk gemacht hatte. Aber Sadat hatte recht gehabt. Wenn er die sowjetischen Berater loswerden wollte, dann mußte diese Maßnahme rasch und ohne Ankündigung erfolgen. Wenn er darüber verhandelt hätte, wäre er unter Umständen in die paradoxe Lage geraten, die Sowjets im Lande lassen zu müssen, weil wir ihm keine befriedigende Gegenleistung anbieten konnten. Für Sadat waren die sowjetischen Berater ein Hindernis auf dem Wege zum geplanten Krieg und zu der von ihm beabsichtigten Annäherung an die Vereinigten Staaten. Maßnahmen von historischer Tragweite dürfen nicht durch kleinliche Manöver belastet werden, denn sonst erzielt man nur unbedeutende Augenblickserfolge und setzt dafür den entscheidenden Durchbruch aufs Spiel.

Sadats Fähigkeit, von der ersten Stunde des Kriegsbeginns an niemals den Kern seines Problems aus dem Auge zu verlieren, hat mich davon überzeugt, daß wir es hier mit einem erstklassigen Staatsmann zu tun hatten. Hafiz Ismails Note enthielt zwar sehr weitgesteckte Forderungen, sprach aber auch von einem bescheidenen und in erster Linie psychologischen politischen Ziel. Hier hieß es, Ägypten wollte »zeigen, daß wir uns nicht fürchten und daß wir nicht hilflos sind«. Das ist Sadat ausgezeichnet gelungen, und damit hatte er die Voraussetzungen für die später erfolgten diplomatischen Schritte zum Frieden geschaffen.

Da wir jetzt die sowjetische und die ägyptische Note in der Hand hatten, konnten wir unseren politischen Kurs festlegen. Aus Gründen, die sich im Lichte unserer bisherigen Vorstellungen schwer begreifen ließen, unternahmen sowohl die Sowjets als auch Sadat alles, um die Entscheidung über den Ausgang des Krieges auf dem Schlachtfeld zu suchen. Da wir überzeugt waren, daß Israel bald die Oberhand gewinnen werde, paßte uns diese Haltung recht gut. Deshalb unternahmen wir jetzt auch die Schritte, vor denen wir Dobrynin am Tag zuvor gewarnt hatten. Wir wollten aus der Not eine Tugend machen, dem Schicksal seinen Lauf lassen und uns bei der bevorstehenden UN-Debatte so verhalten, daß die Enttäuschung der Araber, mit der wir fest rechneten, nicht zu groß würde. Am späten Sonntagnachmittag, dem 7. Oktober, beantragten wir eine Sitzung des Sicherheitsrats. Auf der Sitzung der WSAG um 18.00 Uhr faßte ich unsere Strategie wie folgt zusammen:

Ägypten wünscht in den Vereinten Nationen keine Konfrontation mit uns, und die Sowjetunion wünscht ebenfalls keine Konfrontation mit uns. Wir streben grundsätzlich die Wiederherstellung der alten Waffenstillstandslinien an. Die Araber werden lautstark dagegen protestieren, daß man sie ihres Geburtsrechts beraubt, aber am Donnerstag (dem 11. Oktober) werden sie uns auf Knien um einen Waffenstillstand bitten. Wir versuchen, die Sache so hinter uns zu bringen, daß unsere Beziehungen zu den Arabern und zur Sowjetunion möglichst geringen Schaden leiden. Wenn es uns dabei gelingt, unser Kapital bei den Israelis aufzustocken, um bei den folgenden Verhandlungen Gebrauch davon zu machen, um so besser.*

Kissinger: Wie interpretieren Sie die Keckheit der Araber? Warum verlangen Sie keinen Waffenstillstand?

Schlesinger: Sie sind in eine euphorische Stimmung geraten.

Colby: Die Syrer glauben, daß die Lage sich günstig für sie entwickelt habe. Sie bedenken nicht, mit welchen Entwicklungen sie auf lange Sicht rechnen müssen. Ägypten hat vielleicht nur eine Offensive mit begrenztem Ziel über den Kanal hinaus führen wollen.

Kissinger: Weshalb sichern sie nicht die jetzt gemachten Gewinne? Sadat hat allen ausländischen Botschaftern, mit denen er heute zusammengetroffen ist, gesagt, daß Ägypten keinen Waffenstillstand wünsche, bevor die ägyptischen Truppen nicht die israelische Grenze erreicht hätten.

Schlesinger: Sie denken logisch, Sie dürfen von denen nicht die gleiche Logik erwarten.

Rush: Man kann sich schwer vorstellen, daß Sadat nur den Suez-Kanal überschreitet und dann dort stehenbleibt.

Kissinger: Ich glaube, er *wird* den Suez-Kanal überschreiten und dann dort *stehenbleiben*. Ich glaube nicht, daß er weiter vorstoßen wird.

Am gleichen Abend kehrte Botschafter Dinitz aus Israel zurück. Damit deuteten sich dramatische Entwicklungen an. Dinitz hatte im März den schweigsamen Yitzhak Rabin auf einem der drei oder vier wichtigsten Posten abgelöst, den die israelische Regierung zu vergeben hat. Denn Israel ist so sehr von den Vereinigten Staaten abhängig wie kaum ein anderes Land von einer befreundeten Macht. Die Regierung in Washington ist in der Tat die einzige, die Israel auf internationaler Ebene eindeutig unterstützt. Die Vereinigten Staaten sind Israels einzige Rüstungslieferanten und seine einzigen militärischen Verbündeten (wenngleich wir keine offiziellen Verpflichtungen übernommen haben). Die arabischen Nationen machen uns für die starre Haltung Israels verantwortlich. Israel erblickt in seiner Unnachgiebigkeit die einzige Hoffnung, in einer einseitigen Beziehung seine Würde wahren zu kön-

* Das folgende Gespräch zeigt jedoch, daß ich schon jetzt an der Richtigkeit der Lagebeurteilung unserer Nachrichtendienste zweifelte, die mit einem baldigen israelischen Sieg rechneten:

nen. Es hat das instinktive Gefühl, daß ein einmaliges Zugeständnis der Schwäche, eine einzige Nachgiebigkeit zu einer unabsehbaren Reihe von Forderungen führen werde, wobei jedes Land versuchen würde, seine Probleme auf Kosten Israels zu lösen. Es gehört schon eine besondere Art des Heroismus dazu, in der totalen Abhängigkeit eine so herausfordernde Haltung einzunehmen, die gewährte Unterstützung als Recht zu beanspruchen und nicht als Vergünstigung zu betrachten und jeden amerikanischen Widerspruch gegen einen israelischen Kabinettsbeschluß als zu bestrafenden Verrat zu bezeichnen und nicht als Meinungsverschiedenheit, über die man verhandeln könnte.

Doch dient die israelische Halsstarrigkeit, sosehr sie uns gelegentlich auch ärgern mag, dem Interesse beider Länder. Wenn Israel sich nachgiebig zeigte, dann würde es unter ständig stärkeren Druck geraten. Die Nachbarn Israels wären versucht, immer höhere Forderungen zu stellen. Und wir würden für jede ausweglos erscheinende Situation verantwortlich gemacht werden. So hat jedenfalls unsere Beziehung zu Israel ausgesehen – aufregend und frustrierend, aber zugleich veredelt durch Hingabe und Zuversicht, die in unserem Zeitalter des Zynismus als beispielhaft bezeichnet werden dürfen. Die Israelis haben uns oft der Verzweiflung nahegebracht, denn die Interessen einer Supermacht und eines regionalen Kleinstaats lassen sich nicht immer vereinbaren und sind gelegentlich grundverschieden. Israel beinflußt unsere Entscheidungen durch seine Begeisterung, seine Standhaftigkeit und die wohlüberlegte, aber nicht immer feinfühlige oder diskrete Einwirkung auf unsere Innenpolitik.

In diesem Gestrüpp muß sich der israelische Botschafter zurechtfinden und einen Einfluß ausüben, den er in Amerika nicht eingestehen darf, den sein Kabinett jedoch aus wahltaktischen Gründen in Israel unter Umständen zu stark betont. Er muß uns zu Hilfeleistungen bewegen, wie sie Amerika noch nie einem anderen Land gewährt hat. Trotzdem muß er dafür sorgen, daß der amerikanische Bürger diesen Zustand nicht nur hinnimmt, sondern die Unterstützung Israels als eine moralische Pflicht empfindet.

Dinitz war der für diese Aufgabe geeignete Mann. Witzig und aggressiv, hartnäckig und kühn, intelligent und herausfordernd verfügte er über viele bewunderswerte Eigenschaften, und ebenso wie sein Vorgänger Rabin hat er niemals versucht, sich bei uns einzuschmeicheln. Starke Männer tun das nicht; sie sagen, was sie denken. Aber es ist nicht immer leicht, mit starken Männern gut auszukommen. Ohne Selbstsicherheit würden sie niemals wagen, zu tun, was sie für notwendig halten. Das ist der Preis, den die Konvention dem Glauben entrichten muß.

Dinitz hatte sich als Golda Meirs persönlicher Berater im Büro des Premierministers die Sporen verdient. Mit anderen Worten, er mußte im Rahmen eines Kabinetts manövrieren, dessen Mitglieder zwar vom Premierminister ernannt worden waren, von ihm aber nicht entlassen werden durften. Jede Regierung in Israel war bisher eine Koalitionsregierung gewesen. Mit der Entlassung eines Kollegen riskiert der Premierminister den Verlust der unverzichtbaren Unterstützung einer Partei oder Fraktion und setzt damit das Überleben der Regierung aufs Spiel. Es ist deshalb kein Wunder, daß die Politik in Israel allen akademischen Theorien über die Notwendigkeit des Zusammenhalts einer Koalitionsregierung widerspricht. Es gibt keine Disziplin. Jeder Koalitionspartner bemüht sich darum, die Verantwortung für schwierige Entscheidungen auf seine Kollegen abzuwälzen. Das Durchsickernlassen vertraulicher Informationen wird zur Methode, weil es die Kabinettsmitglieder in die Lage versetzt, ihre eigene Bedeutung oder Wachsamkeit zu demonstrieren.

Dinitz war auf die Aufgaben, die ihn in Washington erwarteten, gut vorbereitet. Zäh, warmherzig und mit einem nicht zu übertreffenden Sinn für Humor kam er auf mich zu wie eine leicht verärgerte Hornisse, die erstaunt fragt, was ein so kleines und harmloses Tier einem so mächtigen Mann wie mir antun könnte. So beschwerte er sich über die zahlreichen schweren Ungerechtigkeiten, die Israel von kurzsichtigen amerikanischen Beamten und Politikern angetan worden seien. Die wenigen Männer an der Spitze unseres Systems, die seine Lage wirklich begreifen konnten, erhielten nun das Privileg, den Schaden wieder gutzumachen. Doch dahinter stand immer die Drohung, daß, wenn sie ihre moralische Pflicht nicht erfüllten, sich der ganze Hornissenschwarm auf sie stürzen werde.

Zwischen Dinitz und mir entwickelte sich bald eine enge Freundschaft, und ich bin stolz, sagen zu dürfen, daß diese Freundschaft auch heute noch andauert, nachdem wir beide aus unseren Ämtern ausgeschieden sind. Später entstand die Legende, daß wir zu eng miteinander befreundet gewesen wären und Dinitz sich zu sehr von mir hätte beeinflussen lassen – um nicht zu sagen, daß ich ihn übertölpelt hätte. Israel ist wahrscheinlich das einzige mit uns verbündete Land, dessen Botschafter im eigenen Lande dafür kritisiert werden kann, daß er einen zu engen Kontakt mit dem amerikanischen Außenminister pflegt. (Die meisten Länder beklagen sich darüber, daß ihre Botschafter zu selten die Gelegenheit haben, mit dem Außenminister zu sprechen.) Ich habe schon wiederholt darauf hingewiesen, wie unklug es ist, wenn ein Diplomat mit Tricks arbeitet, ja, daß solche Methoden zur Katastrophe führen können. Da man es immer wieder mit der gleichen Persönlichkeit zu tun hat, gelingt es jedem höchstens einmal, den Gegenspieler zu überlisten. Weitere Versuche muß man mit der Verhärtung der Beziehungen bezahlen. Aber niemand konnte einen so gewandten und harten Verhandlungspartner wie Dinitz überlisten. Simcha und ich haben in Krieg und Frieden zusammengearbeitet. Aber wir beide haben nie vergessen, daß es die vornehmste Pflicht eines jeden von uns war, seinem Land zu dienen, und zumindest dieser Umstand ließ uns gemeinsame Probleme aus verschiedenen Perspektiven sehen.

Wie alle erfahrenen Diplomaten achteten wir sehr sorgfältig darauf, unsere Meinungsverschiedenheiten niemals persönlich werden zu lassen. Eine – gewöhnlich sehr durchsichtige – Methode besteht darin, für schmerzliche Entscheidungen Dritte verantwortlich zu machen. Dinitz hatte ein besonderes Geschick dafür, die Medien zu mobilisieren und im Kongreß Stimmung zu machen, aber er war viel zu klug, sein Geschick zu deutlich zu zeigen. Wenn man ihm zuhörte, dann mußte man staunen, daß so viele, normalerweise individualistische Amerikaner jetzt spontan zu der Überzeugung gelangt waren, wir täten nicht genug für Israel. Wenn ich jedoch schlechte Nachrichten für Dinitz hatte, dann machte es mir nichts aus, diese der Schwerfälligkeit des Behördenapparats oder bedauerlichen Entscheidungen von Vorgesetzten zuzuschreiben. Aber wir täuschten einander nicht. Ich wußte, daß Dinitz die Kräfte aufeinander abstimmte, die uns unter Druck setzten, und er hatte begriffen, daß ich nicht in diese hohe Stellung aufgestiegen war, weil ich im Gerangel mit Behörden viele Niederlagen erlitten hatte.

An jenem Sonntag, dem 7. Oktober um 19.40 Uhr, als wir uns nach Kriegsausbruch zum ersten Mal trafen, hatte Dinitz gute Nachrichten aus Jerusalem. »Wir gehen an beiden Fronten mit denkbar stärksten Kräften vor«, sagte er. Dann wiederholte er, was die Israelis uns schon am Tage zuvor mitgeteilt hatten, daß nämlich neun von elf der von den Ägyptern über den Suez-Kanal gebauten Brücken zerstört worden seien. Israel werde, um die begonnenen militärischen Operationen abzuschließen, von Montagmittag an (zu diesem Zeitpunkt sollte die Mobilmachung beendet sein) nur achtundvierzig Stunden brauchen. Ich war überzeugt, eine Resolution der Vereinten Nationen über einen Waffenstillstand wenigstens über den Dienstag hinaus aufhalten zu können. Dann sprachen wir eine Zeitlang über unsere Rüstungslieferungen. Angesichts der militärischen Prognose schien der israelische Nachholbedarf nicht ungewöhnlich dringend zu sein. Ich sagte Dinitz, daß eine nicht gekennzeichnete El Al-Maschine in der Nacht auf der Marinebasis in Virginia achtzig Sidewinder-Raketen und die entsprechenden Bombenaufhängevorrichtungen abholen könnte. Die Beamten im Verteidigungsministerium nahmen unsere Geheimhaltungsvorschriften jedoch zum Vorwand, die Ausführung unserer Anweisungen zu verzögern, und interpretierten sie so wörtlich, daß sie kein israelisches Flugzeug landen ließen, auch wenn es nicht gekennzeichnet war. Aber Scowcroft beendete dieses kleinliche Spiel in meinem Auftrag. Die Lieferung verzögerte sich um nicht mehr als vierundzwanzig Stunden – was nicht sehr viel zu bedeuten schien, denn noch waren wir alle überzeugt, daß der Krieg bald vorüber sein werde. Die Lieferung der Sidewinders sollte in erster Linie eine moralische Unterstützung darstellen. Nach allem, was die Israelis selbst uns gesagt hatten, konnten sie das Kampfgeschehen nicht mehr beeinflussen.

8. Oktober: Alles verläuft nach Plan

Am Montagmittag, dem 8. Oktober, hatten wir den Eindruck, daß sich unsere strategischen Erwartungen erfüllten. Der Sicherheitsrat der Vereinten Nationen war zu einer Sitzung einberufen worden, die in dem von uns gewünschten gemächlichen Tempo vorankam. Man war über die Vorbesprechungen noch nicht hinausgekommen, und die erste offizielle Sitzung würde frühestens am Spätnachmittag beginnen. In nächster Zeit würden keine Resolutionen eingebracht werden und daher auch keine Abstimmungen stattfinden. Der Morgenbericht der Nachrichtendienste schien unsere Interpretationen zu bestätigen. Nach einer gemeinsamen Lagebeurteilung der CIA und der DIA würden die Israelis am Dienstagabend die entscheidende Wende an den Golan-Höhen herbeiführen. »Bis die Offensive gegen die Syrer an Schwung gewinnt, könnten noch ein bis zwei Tage vergehen«, und dabei würde wahrscheinlich die ganze syrische Armee aufgerieben werden. Für die ägyptische Front wurde die Entscheidung spätestens am Mittwoch erwartet. Diese relativ neutrale Erklärung wurde in einer Weise erweitert, daß am endgültigen Ausgang kaum noch ein Zweifel zu bestehen schien: »Die schweren Kämpfe, in denen die Israelis versuchen werden, einen möglichst großen Teil der ägyptischen Armee zu vernichten, könnten noch einige Tage dauern.«

In dieser Lage schien die Verzögerung auf diplomatischer Ebene genau unseren Absichten zu entsprechen. Mit jeder Stunde, die verging, würden die Differenzen, die uns von den anderen Mitgliedern des Sicherheitsrats trennten – in der Frage, ob ein Waffenstillstand in den gegenwärtigen Stellungen oder eine Rückkehr zum Status quo ante angestrebt werden sollte, was unsere Absicht war – durch die Ereignisse überholt werden. Sobald die israelische Armee die Linien erreichte, an denen der Krieg begonnen hatte, konnten wir uns mit einem einfachen Waffenstillstand einverstanden erklären. Wenn Israel über diese Linien vorstieß, konnte man damit rechnen, daß die Mehrheit im Sicherheitsrat auf unseren Vorschlag eingehen würde, den Status quo ante wiederherzustellen, und wir würden uns damit einverstanden erklären und die arabischen Armeen vor der endgültigen Katastrophe bewahren. Es lag also anscheinend in unserem Interesse, nach Möglichkeit für Ruhe zu sorgen, damit der bevorstehende israelische Sieg die freundlich eingestellten arabischen Nationen nicht gegen uns aufbrachte oder die Sowjets in die Versuchung führte, unerwartete und aufsehenerregende Maßnahmen zu ergreifen.

Am frühen Montagmorgen, dem 8. Oktober, traf eine Note Breschnews ein:

> Wir haben uns mit den Führern der arabischen Staaten wegen der Frage eines Waffenstillstands in Verbindung gesetzt. Wir hoffen, in Kürze eine Antwort zu bekommen. Wir glauben, in Zusammenarbeit mit Ihnen vorgehen zu sollen, denn wir lassen uns von dem allgemeinen Interesse an der Aufrechterhaltung des Friedens und der Weiterentwicklung der sowjetisch-amerikanischen Beziehungen leiten. Wir hoffen, Präsident Nixon wird im gleichen Sinne handeln.

Als Dobrynin mir Breschnews Note am Telefon vorlas, glaubte ich, daß sie durchaus unseren Absichten entspräche. Da wir keinen Resolutionsantrag stellen wollten und die Sowjetunion anbot, mit uns zusammenzuarbeiten, waren wir überzeugt, auch diesen Tag ohne Konfrontationen und für uns unangenehme Vorschläge hinter uns zu bringen. Wir glaubten fest daran, daß die Israelis mit ihrer Offensive am nächsten Tag Erfolg haben würden. Dann würde der Sicherheitsrat einen Waffenstillstand an den erreichten Linien verlangen. Das mit uns verbündete Israel würde einen mit sowjetischen Waffen geführten Angriff abgeschlagen haben. Wir konnten die Friedensverhandlungen beginnen und die Araber darauf hinweisen, daß wir den israelischen Angriff zum Stehen gebracht hätten. Den Israelis konnten wir sagen, daß wir ihnen während der ganzen Krise treu zur Seite gestanden hätten. Ich zögerte daher nicht, Dobrynin zu sagen, daß wir uns im Sinne von Breschnews Botschaft verhalten würden. Wir würden heute noch keinen Resolutionsantrag stellen, und wenn wir es täten, würden wir die Sowjetunion einige Stunden vorher davon unterrichten. Wir würden Botschafter Scali anweisen, sich im Sicherheitsrat bedachtsam zu äußern, würden keine Erklärungen abgeben, die die Gemüter erregen könnten, und erwarteten, daß die Sowjetunion einen ähnlichen Kurs einschlagen werde. Dobrynin stimmte mir zu.

Die Parteien, mit denen wir in Verbindung standen – die Sowjets, Ägypten und Israel – waren stillschweigend mit uns darüber einig, daß kein Land eine Resolution einbringen werde und wir alle Zurückhaltung in unseren Äußerungen üben würden. Ich sagte Eban, daß er seine Beredtsamkeit, wenn möglich, im Zaum halten und dafür eine um so längere Rede halten sollte – was für den israelischen Außenminister ein großes Opfer bedeutete. Ich bat auch Zayyat, Ruhe zu bewahren. Es stellte sich schon jetzt heraus, daß wir die einzige Regierung waren, die Kontakte zu beiden Seiten unterhielt. Wenn es uns gelang, auch weiterhin in dieser günstigen Position zu bleiben, dann konnten wir damit rechnen, bei den Friedensverhandlungen eine zentrale Rolle zu spielen.

Um diese Aussichten zu fördern, beantwortete ich um 11.40 Uhr Hafiz Ismails Note vom vergangenen Tag. Die von Sadat gestellten und von Ismail erläuterten Bedingungen waren selbstverständlich keine geeignete Basis für die Verhandlungen, waren aber wahrscheinlich nicht das letzte Wort der Ägypter. Ich hielt es daher für das beste, die Verbindung zu den Ägyptern zu halten, ohne über Bedingungen zu sprechen. Denn die Bedingungen würden sich weitgehend danach richten, welchen Ausgang die jetzt im Gang befindlichen Kämpfe nahmen. Ich stellte den Ägyptern deshalb zwei Fragen und machte ihnen eine feste Zusage. Zunächst fragte ich, ob Ägypten wirklich verlangte, daß Israel sich aus allen besetzten Gebieten zurückzog, bevor eine Friedenskonferenz stattfinden könnte, oder ob es nicht genügte, wenn sich die Israelis grundsätzlich mit einem Rückzug einverstanden erklärten. Das war eine der typischen dunklen Fragen, die im Verlauf der Nahost-Verhandlungen immer wieder gestellt wurden. Ihre Beantwortung brauchte Zeit, ohne daß damit eine Lösung gefunden wurde. Mit der zweiten Frage bat ich Ismail, gewisse Unklarheiten in einer Note aufzuklären, die wir über den Schah des Iran erhalten hatten. In ihr hieß es, daß Ägypten bereit wäre, in den von Israel geräumten Gebieten einer Präsenz der Vereinten Nationen zuzustimmen.

Mit beiden Fragen wollte ich andeuten, daß wir mit einem Rückzug der Israelis auf eine Linie rechneten, die *irgendwo* hinter den jetzt erreichten Stellungen lag, um die Ägypter gefügiger zu machen, aber ohne uns auf genau definierte Bedingungen festzulegen. Dabei setzten wir voraus, daß die ägyptische Armee nicht mehr sehr viel weiter vorankommen würde. Am Schluß meiner Note erklärte ich, daß wir die Absicht hätten, bei den Verhandlungen zu helfen. Ägypten hatte seinen Standpunkt klargemacht. Militärisch ließ sich nichts mehr erreichen. Mehr brauchten wir auch nicht, um uns diplomatisch einschalten zu können:

> Ich möchte wiederholen, daß die Vereinigten Staaten ihr möglichstes tun werden, um beiden in den Konflikt verwickelten Parteien zu helfen, die Kämpfe zum Abschluß zu bringen. Die Vereinigten Staaten und ich persönlich werden die Parteien aktiv unterstützen, eine gerechte Lösung der Probleme zu finden, die den Nahen Osten schon seit so langer Zeit in Bedrängnis gebracht haben.

Dann wandte ich mich den innenpolitischen Kräften zu, deren Unterstützung wir brauchten. Die Senatoren Mike Mansfield und Hugh Scott, die Führer der Mehrheit und der Minderheit im Senat, boten mir die offizielle Unterstützung des Senats bei unserem Vorgehen im Nahost-Konflikt an. Ich bat sie dringend, keine Resolution zu verabschieden, mit der irgend jemandem die Schuld für den Ausbruch der Feindseligkeiten zugewiesen wurde. Der Senat sollte seine Zustimmung zu den Methoden zum Ausdruck bringen, mit denen wir der Krise Herr zu werden versuchten. Er sollte die Wiederherstellung des Waffenstillstandes auf der Basis des Status quo ante als »wünschenswertes Ziel« unserer Politik bezeichnen. Noch am gleichen Tag faßte der Senat einstimmig diesen Beschluß, was eine große Hilfe für unsere außenpolitischen Bemühungen bedeutete. (Einige Senatoren hatten Einwände dagegen erhoben, daß ich die arabischen Nationen nicht für den Konflikt verantwortlich machen wollte. Das war zuviel gesagt, aber hier lag meine Hauptsorge: Da ich überzeugt war, daß die Niederlage der Araber kurz bevorstünde, hielt ich es nicht für sinnvoll, uns zum Ziel des Unwillens und der Frustration zu machen, die einem solchen Ausgang folgen mußten.)

Die am gleichen Tage noch eintreffenden Berichte der Nachrichtendienste beruhigten uns. Gegen Mittag meldete die CIA schwere israelische Angriffe an der syrischen und der ägyptischen Front. Sie erwähnte unbestätigte israelische Berichte, nach denen die israelischen Streitkräfte den Suez-Kanal am Nord- und Südflügel der Front überschritten hätten. Auch diese Meldungen entsprachen unseren Erwartungen und waren mitverantwortlich dafür, daß wir uns falsche Vorstellungen machten. In Wirklichkeit lagen nicht die geringsten Beweise dafür vor, daß die israelischen Bodentruppen an irgendeiner Stelle den Kanal hätten überschreiten können. Man hatte jedoch so fest damit gerechnet, daß alle Operationen – darunter auch solche, die wir heute als verzweifelte Defensivmaßnahmen erkennen müssen wie die Bombardierung von Port Said – so interpretiert wurden, als bestätigten sie diese Entwicklung.

Um 13.14 Uhr rief mich Dinitz an und bestätigte die optimistische Lagebeurteilung:

> Die Lage an der Front sieht wesentlich günstiger aus. Wir sind von der Defensive zum Angriff im Sinai und auf den Golan-Höhen übergegangen. Unsere Militärs glauben, es sei durchaus möglich, die Syrer über

die Waffenstillstandslinie zurückzuwerfen; wir drängen auch die ägyptischen Kräfte im Sinai zurück.

Dinitz fügte hinzu, das Büro des Premierministers hätte die Meldung, daß israelische Streitkräfte den Kanal überquert hatten, noch *nicht* bestätigen können, als wollte er sagen, das wäre nur eine Frage der Zeit. Daß er mit Sicherheit damit rechnete, ging aus seiner nächsten Andeutung hervor, mit der er eine Vermutung bestätigte, die ich seit Kriegsausbruch gehabt hatte: Israel könnte sich entschließen, über die Linien hinauszugehen, an denen der Krieg begonnen hatte, um neue Stellungen auf arabischem Territorium zu beziehen und damit einer Wiederholung des Überraschungsangriffs vorzubeugen. Wir hatten schon vorher beschlossen, eine solche Maßnahme nicht zu unterstützen. Wir wollten vielmehr die Israelis ebenso wie die Araber auffordern, die Kampfhandlungen an den Linien einzustellen, an denen sie begonnen hatten.

Alles schien so glatt zu laufen, daß wir auch die Debatte in der Vollversammlung verhindern konnten, die uns solche Sorgen bereitet hatte. Ich hatte vorher mit dem Präsidenten der Vollversammlung, Leopoldo Benites aus Equador, vereinbart, daß vor diesem Forum nur die Vertreter der direkt Beteiligten zu Wort kommen sollten, und er hatte sich bereit erklärt, die Angelegenheit dann an den Sicherheitsrat zu verweisen. Im Sicherheitsrat sollte unser Vertreter, John Scali, eine einfache, rein theoretische Erklärung abgeben und darauf hinweisen, daß es am besten wäre, wenn sich beide Seiten auf die Vorkriegslinien zurückzögen. Eine Resolution sollte er jedoch nicht beantragen. Die Sitzung des Sicherheitsrats verlief ganz undramatisch. Zayyat gab Israel die Schuld am Ausbruch der Feindseligkeiten und gab dafür die schon bekannten Gründe an, vermied es jedoch, sich in einen scharfen Gegensatz zu den Vereinigten Staaten zu stellen. Mit gewohnter Beredsamkeit trug Eban seine historische Interpretation vor und widersprach damit der ägyptischen Darstellung. Damit bewahrheitete sich wieder die alte Auffassung, daß Kriege darum geführt werden, wessen historische Vorstellungen sich durchsetzen sollen.

Um 17.40 Uhr rief mich Dobrynin an und teilte mir offiziell mit, die Sowjetunion werde »im Sicherheitsrat nichts unternehmen. Keine Resolution im Sicherheitsrat. Unser Vertreter im Sicherheitsrat hat die Anweisung, sich auf keine Polemik mit dem amerikanischen Vertreter einzulassen. Unterdessen führen wir dringende Konsultationen mit der arabischen Seite.« Er sagte, er hoffte, daß auch wir keine Resolution einbringen würden, bevor die Sowjets ihre Verbündeten konsultiert hätten. Ich versicherte ihm gern, daß wir diesem Vorschlag folgen würden, denn er läge auf unserer Linie.

Anschließend nahm ich an der täglichen Sitzung der WSAG, die schon begonnen hatte, im Lagezimmer teil. Die CIA meldete, daß die Israelis ihre Gegenangriffe an beiden Fronten mit starken Kräften begonnen und die Golan-Höhen praktisch schon zurückerobert hätten. Unsere Absichten schienen sich verwirklicht zu haben. Israel würde wahrscheinlich innerhalb der folgenden achtundvierzig Stunden einen entscheidenden Sieg errungen haben. Deshalb mußten wir uns jetzt darauf konzentrieren, die Scherben aufzusammeln und eine Explosion in der arabischen Welt sowie ein mögliches Ölembargo zu vermeiden. Die versöhnliche Haltung der Sowjetunion entsprach wahrscheinlich ihrer Vermutung, daß die Araber den Krieg verlieren würden. Ich stellte aber doch wieder die Frage, die mich schon die ganze Zeit beunruhigt hatte: Wenn das alles richtig war, weshalb verlangten die Araber dann nicht nach einem Waffenstillstand? Wußten sie mehr als wir? Aber ich ließ mich durch die übereinstimmenden Überzeugungen der anderen Sitzungsteilnehmer beruhigen: Den Arabern waren ihre Anfangserfolge, bei denen sie die Vorkriegslinien überschritten hatten, zu Kopf gestiegen. Jetzt waren sie so freudig erregt, daß nur schwere militärische Rückschläge sie zum Rückzug veranlassen konnten.

Dinitz und ich trafen uns um 18.40 Uhr. Wir scherzten über die entspannte Atmosphäre im Sicherheitsrat. Dinitz war überzeugt, daß Ägypten und Syrien »in zwei bis drei Tagen« sehr gern auf einen Waffenstillstand an den Vorkriegslinien eingehen würden, und meldete optimistisch:

> Heute vormittag haben wir an beiden Fronten erfolgreiche Angriffe geführt. In Syrien haben wir sie von den Höhen geworfen, und sie halten sich nur noch im Gebiet des Hermon-Berges. Unsere Leute sind zu ihren Siedlungen zurückgekehrt, um das Vieh zu versorgen. In Quneitra sind sie wieder gegen unsere Stellungen vorgegangen, und jetzt findet dort ein Gegenangriff statt. Wir haben jetzt fast die vollständige Luftüberlegenheit, obwohl die Gegenseite Fliegerabwehrraketen des Typs SA-6 eingesetzt hat. An der ägyptischen Front haben wir Teile der feindlichen Streitkräfte vernichtet. Morgen werden die Operationen weitergehen. Unsere Luftstreitkräfte und Panzer haben die Ägypter daran gehindert, weitere Kräfte über den Kanal zu führen. Morgen werde ich Ihnen sagen können, was wir für den weiteren Verlauf des Krieges planen.

Ich sagte, jetzt käme es vor allem darauf an, daß wir diese Woche hinter uns brächten, ohne daß uns die Ölzufuhr abgeschnitten würde. Dinitz fing sogar an, über die von Israel geforderten Friedensbedingungen zu spekulieren. Alle israelischen Kriegsgefangenen in Ägypten und Syrien müßten entlassen werden, auch diejenigen, die während der Jahre des »Zermürbungskrieges«, der diesem Krieg vorangegangen sei, in Gefangenschaft geraten waren. Ich erwiderte, daß wir gegen eine Entlassung der Kriegsgefangenen nichts einzuwenden hätten, uns aber mit territorialen Eroberungen nicht einverstanden erklären würden. »Ich möchte mit allem Nachdruck eine Rückkehr zu den Vorkriegslinien empfehlen.« Wir würden die Auslieferung einiger Phantom-Jagdflugzeuge vom Typ F-4 beschleunigen, zu der wir uns schon vor dem Krieg verpflichtet hatten, und wir bearbeiteten die Anträge auf Lieferung von Sonderausrüstung: »Was Sie auf einem (El Al-)Flugzeug verladen können, das können Sie heute abend haben«, sagte ich Dinitz. In dieser allgemein so ruhigen Atmosphäre gab es jedoch einen besorgniserregenden Umstand. Wir hatten erfahren, daß Sadat, Asad und König Faisal Hussein aufgefordert hatten, in den Krieg einzutreten. Vielleicht befanden sie sich in einer noch verzweifelteren Lage, als uns bisher bewußt gewesen war – oder glaubten noch nicht daran, den Krieg verloren zu haben. Doch schließlich machten wir uns wegen dieser Meldung keine besonderen Sorgen mehr.

Als ich bald darauf mit Nixon sprach, beschäftigten wir uns in der Hauptsache mit den nach Beendigung des Krieges einzuleitenden diplomatischen Schritten. »Wenn wir es fertigbringen«, sagte ich übermütig, »diese Sache zu Ende zu bringen, ohne daß es mit den Arabern oder den Sowjets zum Krach kommt, dann wird das ein Wunder und ein Triumph für uns sein.« Nixon äußerte sich im gleichen Sinn und dachte dabei vor allem an die Zeit nach dem Kriege:

> Das, womit wir uns beschäftigen müssen, was Sie und ich wissen, wenn wir in die Zukunft sehen, ist, daß die Israelis, wenn sie – was geschehen wird – die Ägypter und die Syrer verprügelt haben, noch schwieriger zu behandeln sein werden als vorher. Sie und ich müssen den festen Vorsatz fassen, hier eine diplomatische Lösung zu finden.

Ich fand jetzt sogar die Zeit, am Montagabend, dem 8. Oktober, meine lange vorbereitete Rede auf der Pacem in terris-Konferenz in Washington zu halten. Ich hatte in die Rede jetzt noch eine an die Sowjetunion gerichtete Warnung eingebaut: »Unsere Haltung zur Entspannungspolitik ist klar: Wir werden uns gegen jede aggressive Außenpolitik stellen. Die Entspannung verträgt es nicht, wenn in irgendeinem Gebiet in unverantwortlicher Weise vorgegangen wird, und das betrifft auch den Nahen Osten.« Aber diese Warnung sollte keine Drohung sein, sondern eher der letzte Pinselstrich auf einem fast vollendeten Gemälde. Am Ende des dritten Kriegstages gingen wir in der Erwartung zu Bett, daß sich der Sechs-Tage-Krieg von 1967 wiederholen werde. Aber die Hybris der Menschen ist eine Beleidigung der Götter. Sie vertragen es nicht, wenn man es als selbstverständlich betrachtet, daß sich bedeutende Ereignisse nach den Wünschen der Menschen richten. Historische Veränderungen, wie wir sie anstrebten, können nicht durch Kunstgriffe herbeigeführt werden. Es muß eine Realität dahinterstehen, und von dieser Realität wurden wir in jener Nacht eingeholt.

Der 9. und 10. Oktober: Das Kriegsglück wendet sich

Mitten in der Nacht um 1.45 Uhr, ich war eben eingeschlafen, wurde ich durch einen telefonischen Anruf von Dinitz geweckt, der mir eine überraschende Frage stellte: Er wollte wissen, ob wir unsere Rüstungslieferungen verstärken könnten. Ich war verwirrt, denn erst vor wenigen Stunden hatte er gesagt, daß Israel kurz vor dem entscheidenden Sieg stünde. Wo lagen die Schwierigkeiten? Was wurde gebraucht, und weshalb die plötzliche Eile? Bisher hatten die Israelis hauptsächlich Sondermunition und elektronische Ausrüstung angefordert. Wir hatten fast allen diesen Anforderungen entsprochen. Zwar hatte das Verteidigungsministerium die Lieferungen zunächst verzögert, aber inzwischen waren die Sidewinder-Raketen abgeholt worden. Jetzt lagen uns nur noch Anforderungen für weitere Phantom-Jäger vor. Wir hatten zugesagt, die schon genehmigten Lieferungen beschleunigen zu wollen, was uns vor ein besonderes Problem stellte, weil wir über nur wenige überzählige Maschinen dieses Typs verfügten. Von den für Israel bestimmten wurden monatlich zwei produziert. Darüber hinaus besaßen wir nur die Phantom-Jäger, mit denen unsere eigenen fliegenden Verbände ausgerüstet waren. Wenn wir die Israelis aus diesem Bestand belieferten, dann würden unsere eigenen Streitkräfte, aber auch die Araber heftig dagegen protestieren. Einen Augenblick hatte ich den bösen Verdacht, daß die Israelis uns jetzt zu umfangreicheren Rüstungslieferungen veranlassen wollten, weil sich solche Anforderungen nach einem israelischen Sieg nicht mehr so gut begründen ließen. Ich sagte Dinitz, daß wir am frühen Morgen über die Angelegenheit sprechen könnten, und ging wieder zu Bett.

Um 3.00 Uhr rief mich Dinitz wieder an und wiederholte seine dringende Bitte. Wenn er seinem Kabinett nicht beweisen wollte, daß er mich jederzeit aus dem Bett holen konnte, dann mußte sich die Lage sehr ungünstig entwickelt haben. Ich wiederholte, daß wir die Angelegenheit am gleichen Vormittag in Ruhe besprechen sollten.

Wir trafen uns also am Dienstag, dem 9. Oktober, um 8.20 Uhr in dem elegant ausgestatteten, aber wenig benutzten Kartenzimmer im Erdgeschoß des Weißen Hauses. Hier war ich schon oft mit Dinitz und seinem Vorgänger Rabin (aber auch mit Dobrynin) zusammengetroffen, wenn ich in meiner Eigenschaft als Sicherheitsberater ein solches Treffen geheimhalten wollte. Das Zimmer ist etwas dunkel, denn dicht vor den Fenstern stehen hohe Rhododendron-Büsche. An den Wänden hängen militärische Lagekarten aus dem Zweiten Weltkrieg, als Präsident Roosevelt diesen Raum als Kommandozentrale und Kommunikationszentrum benutzt hatte. Diesem Umstand verdankte das Zimmer seinen Namen. Dinitz hatte seinen Militärattaché, General Mordechai (»Motta«) Gur, mitgebracht, der mich über die militärische Lage unterrichten sollte. Mich begleiteten Scowcroft und Rodman.

Dinitz und Gur kamen sofort auf den Kern der Sache zu sprechen. Man merkte ihnen ihre tiefe Besorgnis an, als sie mir mitteilten, daß die Israelis unerwartet hohe Verluste erlitten hätten. Neunundvierzig Flugzeuge, darunter vierzehn Phantom-Jäger, waren zerstört – was allerdings sehr schmerzlich war, uns aber nicht überraschen durfte, denn Syrien und Ägypten verfügten über eine große Zahl sowjetischer Fliegerabwehrraketen. Doch der große Schock war der Verlust von fünfhundert Panzern, von denen vierhundert an der ägyptischen Front abgeschossen worden waren. Dinitz flehte mich an, die Verlustziffern unbedingt geheimzuhalten und sie nur dem Präsidenten mitzuteilen. Wenn sie bekannt würden, könnten die Araber, die sich zur Offensive bereitgestellt hatten, den entscheidenden Vernichtungsschlag führen. Jetzt löste sich manches Rätsel. »Also deshalb sind die Ägypter so selbstsicher«, rief ich aus. »Wie konnte das geschehen?« Gur erklärte, daß sehr viele israelische Panzer schon auf dem Weg ins Kampfgebiet ausgefallen seien, weil die in den Depots schlecht gewarteten Motoren sich heißgelaufen hätten. Ich war so schockiert, daß ich Dinitz taktlos seine erst vor zwei Tagen gemachte Voraussage in Erinnerung brachte, am Mittwoch könnte man mit einem israelischen Sieg rechnen. Er gab zu, daß »offensichtlich irgend etwas mißlungen ist«. Er konnte aber nicht sagen, was.

Das war jetzt auch ganz gleichgültig. Denn was Dinitz mir jetzt mitteilte, erforderte eine fundamentale Umstellung der Strategie. Unsere ganze Diplomatie und das Programm für die materielle Unterstützung Israels hatten sich auf einen raschen israelischen Sieg gegründet. Diese Annahmen waren jetzt überholt. Doch das alles mußte tiefere Gründe haben. Ich wies darauf hin, daß die syrische Armee trotz schwerer Verluste ihre Kampfbereitschaft nicht eingebüßt hatte. Es werde Israel daher schwerfallen, seine Truppen von den Golan-Höhen auf die Sinai-Halbinsel zu verlegen. Und Israels Materialverluste an der ägyptischen Front waren fast ebenso hoch wie die Ägyptens. Israel stand jetzt an der Schwelle eines erbittert geführten Ermattungskrieges, den es angesichts der überlegenen Mannschaftsstärke seiner Gegner unmöglich gewinnen konnte. Deswegen mußte etwas Entscheidendes geschehen. Gur erklärte, daß es am ehesten möglich wäre, den Krieg gegen Syrien zu gewinnen. Wenn die ägyptischen Panzer sich nicht allzu weit aus dem durch Flugabwehrraketen abgeschirmten Raum herauswagten, würde eine israelische Offensive auf der Sinai-Halbinsel zu verlustreich sein. Ich sagte, daß, soweit ich die Lage beurteilen könnte, die ägyptischen Streitkräfte keinen allzu kühnen Vorstoß unternehmen würden. Gur glaubte dagegen, daß sie versuchen würden, die Pässe bei Mitla und Giddi zu erreichen – besonders wenn Syrien unter Druck geriet. Zum Glück für Israel sollte Gur recht behalten.

Die Lage der Israelis war so unübersichtlich, daß Dinitz und Gur nicht sagen konnten, welches Rüstungsmaterial Israel außer Flugzeugen am dringendsten benötigte. Panzer, die jetzt vor allem gebraucht wurden, gab es nicht genug, und es war schwierig, sie rasch heranzubringen. Gur schlug vor, sie in Europa zu beschaffen, aber auch diese Maßnahme würde einige Wochen in Anspruch nehmen. Wir einigten uns darauf, daß El Al-Maschinen sofort weiteres Gebrauchsmaterial und elektronische Ausrüstung abholen sollten. Aber die kleine zivile Luftflotte konnte schweres Gerät nicht transportieren. Diese Frage versprach ich auf einer Sondersitzung der WSAG zu erörtern, deren Ergebnis ich Dinitz am Abend mitteilen wollte.

Gur fragte nach den Berichten unserer Nachrichtendienste. Ich wies Scowcroft an, »Ihnen alles zu geben, was unsere Nachrichtendienste ermittelt haben«. Ich zweifelte keinen Augenblick daran, daß eine Israel durch sowjetische Waffen beigebrachte Niederlage für die Vereinigten Staaten eine geopolitische Katastrophe bedeuten würde. Ich sagte, daß es jetzt auf einen raschen Sieg an einer Front ankäme, bevor territoriale Gewinne der Araber an anderer Stelle von den Vereinten Nationen ratifiziert würden. »Wir konzentrieren uns jetzt auf einen raschen Sieg gegen die Syrer«, antwortete Dinitz. »Mit den Ägyptern wird es länger dauern.«

Am Schluß der Unterredung bat mich Dinitz um ein Fünf-Minuten-Gespräch unter vier Augen. Er sagte mir, daß die Premierministerin Meir bereit sei, persönlich für eine Stunde in die Vereinigten Staaten zu kommen, um bei Präsident Nixon wegen der dringenden Waffenlieferungen vorstellig zu werden. Dieser Besuch brauchte nicht öffentlich bekanntgegeben zu werden. Ich lehnte diesen Vorschlag kurzerhand und ohne mit Nixon darüber gesprochen zu haben ab. Er hätte nur als Hysterie oder Erpressungsversuch gedeutet werden können. Golda hätte dazu Israel für mindestens sechsunddreißig Stunden verlassen müssen. Wenn sie es täte, während ihre Truppen dem Feind in einer Entscheidungsschlacht gegenüberstanden, dann läge darin ein Zeichen so großer Panik, daß sich unter Umständen auch die bisher nicht am Krieg beteiligten arabischen Staaten einschalten würden. Israel bliebe in dem Augenblick führerlos, da Goldas Unerschrockenheit und Kühnheit am meisten gebraucht wurden und unter Umständen wichtige Entscheidungen getroffen werden mußten. (Nach dem Kriege habe ich erfahren, daß Dayan gerade in diesem Augenblick einen Rückzug tief in das Innere der Sinai-Halbinsel empfohlen hatte.) Und weil ihr Besuch nicht geheimgehalten werden konnte, würden wir gezwungen sein, massive Rüstungslieferungen zuzugeben, und damit wäre uns jede Möglichkeit genommen, in diesem Konflikt eine Vermittlerrolle zu übernehmen. Die ganze arabische Welt würde sich empört gegen uns stellen, und die Sowjetunion hätte freie Hand.

Am gleichen Dienstag um 9.40 Uhr beraumte ich eine dringende Sondersitzung der WSAG an, an der nur die ranghöchsten Vertreter der Ministerien teilnahmen. Alle anderen Mitarbeiter waren von der Teilnahme ausgeschlossen, um die Geheimhaltung zu garantieren. Ich berichtete über mein Gespräch mit Dinitz und Gur, nannte aber nicht die Verlustziffern für Panzer. Meine Kollegen waren skeptisch. Colby berichtete, daß die Lage an der syrischen Front sich für Israel günstig entwickelt hätte und die Stellungen auf der Sinai-Halbinsel gehalten würden. Er glaubte, daß Israel nur versuchte, uns noch vor dem Sieg zu möglichst großen Waffenlieferungen zu bewegen. Dadurch sollte der Eindruck entstehen, daß wir Israel rückhaltlos unterstützten, was weniger für den Krieg als für die Nachkriegsperiode eine Bedeutung hätte. Da ich auf dieser Sitzung den Vorsitz als Sicherheitsberater des Präsidenten übernommen hatte, sprach der stellvertretende Außenminister, Kenneth Rush, für das Außenministerium. Ich hatte keine Zeit gehabt, ihm irgendwelche Anweisungen zu geben, und deshalb unterstützte Rush Colbys Auffassung. Schlesinger sagte, daß er keine Schwierigkeiten darin sähe, Ausrüstungsgegenstände nach Israel zu schicken, zu deren Bedienung keine amerikanischen Techniker gebraucht wurden. Aber er machte sich Sorgen darum, daß es unsere Beziehungen zu den Arabern zu sehr belasten könnte, wenn wir Israels Anforderungen erfüllten und damit der Schlacht, die die Araber jetzt zu gewinnen schienen, eine neue Wendung gaben. Schlesinger wies darauf hin, welcher Unterschied zwischen einer Verteidigung des Überlebensrechts Israels innerhalb der Grenzen von vor 1967 und einem Eingreifen bestand, das es Israel ermöglichte, seine Eroberungen aus dem Krieg von 1967 zu behalten. Andere Sitzungsteilnehmer schlossen sich dieser Auffassung an.

Nach meiner Ansicht hatte sich die Lage so drastisch verändert, daß es jetzt auf solche Feinheiten nicht mehr ankam. Die theoretisch günstigste Lösung wäre ein israelischer Sieg gewesen, bei dem der arabische Angriff abgewehrt wurde, ohne die Araber in eine Katastrophe zu stürzen. Aber die Dinge waren schon zu weit gediehen: »Israel hat eine strategische Niederlage hinnehmen müssen, gleichgültig, was jetzt noch geschieht«, erklärte ich. »Sie haben doppelt so hohe Verluste erlitten wie die Araber, und das können sie nicht durchhalten.«

Jetzt begann ich auch an der Haltung der Sowjets zu zweifeln. Sie hatten unsere Verzögerungstaktik hingenommen, weil sie offenbar besser über die Kriegslage unterrichtet waren als wir. Selbst wenn es zunächst nicht so gewesen sein sollte, inzwischen mußten auch sie den wirklichen Stand der Dinge kennen, und nun wollten sie offenbar im trüben fischen. Während einer Pause in den Beratungen der WSAG erfuhr ich von unserem Botschafter in Amman, Dean Brown, daß der sowjetische Geschäftsträger in Jordanien König Hussein mit der Zusage der vollen diplomatischen Unterstützung der Sowjetunion gedrängt hatte, sich am Krieg zu beteiligen. Noch am gleichen Tage wurde bekannt, daß Breschnew dem Präsidenten von Algerien, Houari Boumedienne, einen ähnlichen Vorschlag gemacht hatte. Auf der Sitzung der WSAG sagte ich: »Es gibt zwei Probleme: die Versorgung der Israelis und die Nachricht, daß die Sowjetunion die Araber aufhetzt. Wir dürfen ein solches Verhalten der Sowjets nicht hinnehmen.« Die Lage hatte sich seit gestern abend dramatisch verändert! Ich schloß die Sitzung und bat für den Abend um die Vorlage verschiedener Möglichkeiten für die Belieferung Israels mit Rüstungsgütern. Schlesinger forderte ich auf, alle aus der Produktion kommenden Phantom-Jäger, die noch nicht an amerikanische Verbände ausgeliefert worden waren, sofort nach Israel abzuschicken.

Dann bemühte ich mich, die sowjetische Absicht, den Konflikt zu einem heiligen Krieg der Araber werden zu lassen, zu durchkreuzen. König Hussein hatte sich bisher geweigert, am Krieg teilzunehmen, und sogar die Aufforderung König Faisals vom Tage zuvor abgelehnt, eine in Jordanien stationierte saudiarabische Brigade nach Syrien zu verlegen. Ich schickte Hussein eine Note, appellierte an seine staatsmännische Klugheit und versprach, daß Amerika sich sofort nach der Beendigung des Krieges aktiv an den Bemühungen um den Frieden beteiligen werde. In seiner Antwort erklärte er ausdrücklich seine Solidarität mit den Zielen seiner arabischen Brüder und tadelte Israel dafür, daß es sich seit 1967 geweigert hatte, Frieden zu schließen. Er werde so lange wie möglich Zurückhaltung üben, was aber nur möglich sein werde, wenn es uns gelang, bald zu einem Waffenstillstand zu kommen. Ein längerer Krieg werde die sowjetische Position in der arabischen Welt stärken.

Es war mir bewußt, daß es zu keinem Waffenstillstand kommen konnte, wenn Israel nicht Erfolge zu verzeichnen hatte. Deshalb mußte Israel jetzt alles daransetzen, die Schwächen zu überwinden, die offenbar bei Beginn des Krieges bestanden hatten. Um das Selbstvertrauen der Israelis wiederherzustellen, mußte die amerikanische Unterstützung konkrete Formen annehmen. Zugleich mußten wir die Sowjets daran hindern, die (wenigstens für uns) plötzliche Veränderung der militärischen Lage auszunutzen. Ich warnte Dobrynin noch am gleichen Tag davor, andere Nationen zur Teilnahme am Konflikt zu ermutigen. Er behauptete, daß der Bericht aus Jordanien auf einem Mißverständnis beruhen müsse und Breschnews Appell an Boumedienne nichts anderes gewesen sei als lautstarke sowjetische Propaganda. Aber wenn eine Supermacht in weit voneinander entfernt gelegenen Hauptstädten »mißverstanden« wird, dann muß man dahinter eine Absicht vermuten.

Als die WSAG am Dienstagmittag, dem 9. Oktober, wieder zusammentrat, lagen sechs Vorschläge für unsere Reaktion auf die Materialanforderungen Israels vor. Danach konnten wir fortfahren, die Israelis wie bisher mit einer relativ geringen Menge von Rüstungsgütern zu beliefern und unsere Anstrengungen so weit steigern, daß wir alle verfügbaren Mittel einsetzten und das Material sogar mit amerikanischen Maschinen nach Israel einflogen. Einige Skeptiker wollten immer noch nicht recht glauben, daß sich die israelischen Streitkräfte in einer wirklich schwierigen Lage befanden. Colby meldete zum Beispiel, daß die israelische Armee noch Munition für wenigstens zwei Wochen hätte.

Aber das Problem ging jetzt weit über logistische Berechnungen hinaus. Wenn Golda Meir bereit war, Israel während eines Krieges zu verlassen, bei dem es um das Überleben ging, dann mußte Israel kurz vor der Panik stehen. (Ich konnte den Zynikern nicht zustimmen, die meinten, wenn Golda glaubte, jetzt reisen zu können, müßte die israelische Armee kurz vor dem Sieg stehen.) Es mußte etwas Entscheidendes geschehen, und zwar sowohl aus psychologischen als auch aus militärischen Gründen. Es lag jedoch in unserem Interesse – das in diesem Fall nicht identisch mit dem israelischen war –, die Lieferungen auf einem möglichst unauffälligen Wege vorzunehmen. Ich sagte, daß ich Nixon die Vorschläge vorlegen würde, was aber erst gegen Abend nach Beendigung des Staatsbesuchs des Präsidenten der Elfenbeinküste, Félix Houphouet-Boigny, geschehen könnte.

Dinitz war indessen nicht untätig geblieben. Nach Verlassen der Sitzung wurde ich mit Telefonanrufen aus dem Kapitol bombardiert, in denen mich die Senatoren drängten, die Waffenlieferungen nicht länger hinauszuzögern. Dinitz behauptete natürlich, unschuldig daran zu sein, und sagte, daß viele Senatoren spontan und unabhängig von ihm zu dem gleichen Schluß gekommen seien. Meine Geduld war zu Ende, als Senator Frank Church, der uns während des Vietnam-Krieges immer wieder wegen unserer »hinterhältigen« Methoden kritisiert hatte, nun verlangte, daß wir ein paar Phantom-Flugzeuge nach Israel »schmuggeln« sollten, wahrscheinlich, weil niemand etwas davon merken sollte. Ich sagte ihm, daß es mir nichts ausmachen würde, wenn er uns diese Empfehlung in aller Öffentlichkeit gäbe – ein interessanter Rollentausch. Ich hielt es sogar für ganz günstig, wenn der Eindruck entstanden wäre, daß der Kongreß uns drängte, mehr für Israel zu tun. Auf diese Weise ließe sich vielleicht der Ärger der Araber etwas dämpfen.

Am Nachmittag um 16.45 Uhr gingen Haig, Scowcroft, Ziegler und ich zu Nixon. Ich erläuterte ihm unser Problem. Auf diplomatischer Ebene war unsere Position nicht schlecht. Wir waren das einzige Land, das Kontakte zu den meisten Beteiligten unterhielt, einschließlich der Sowjetunion. Sobald die Verhandlungen aufgenommen wurden, konnten wir unsere zentrale Position sehr gut nutzen. Aber der theoretische Vorteil würde nicht zum Tragen kommen, wenn der Eindruck entstand, daß Israel den Krieg verlöre. »Wenn die Araber den Eindruck gewinnen, daß die Israelis hohe Verluste haben hinnehmen müssen, dann werden sie sich unter Umständen an diesem Krieg beteiligen.«

Nixon war um diese Zeit fast ausschließlich mit seinen innenpolitischen Skandalen beschäftigt. Er hatte einen großen Teil des Tages damit zugebracht, mit Agnews Rücktritt ins reine zu kommen, der innerhalb der nächsten vierundzwanzig Stunden bekanntgegeben werden sollte. Aber obwohl er sich aus diesem Grund nicht um die Einzelheiten kümmern konnte, hatte sich sein Blick für das Wesentliche nicht getrübt. »Wir dürfen es nicht zulassen, daß die Israelis den Krieg verlieren«, sagte er und handelte entsprechend. Er befahl, die Lieferung von Gebrauchsmaterial und Flugzeugen zu beschleunigen. Schweres Gerät würde Israel vor Beendigung des Konflikts nicht mehr erreichen. Wir würden Israel jedoch den Ersatz für die Materialverluste garantieren. Dadurch brauchte Israel, solange die Kämpfe andauerten, nicht übermäßig große Materialvorräte in Reserve zu halten. Am Dienstag um 18.10 Uhr unterrichtete ich Dinitz von dieser ausschlaggebenden Entscheidung des Präsidenten:

> Was Ihre Sonderanforderungen betrifft, so hat der Präsident die ganze Liste des Gebrauchsmaterials genehmigt, das heißt, militärische Ausrüstung aller Art und elektronische Geräte – alles, was auf der Liste steht, mit Ausnahme der Laser-Bomben. Der Präsident hat sich damit einverstanden erklärt – und lassen Sie mich das jetzt ganz offiziell wiederholen –, daß *alle* Ihre Verluste an Flugzeugen und Panzern ersetzt werden. Als Ersatz für ausgefallene Panzer werden Sie zahlreiche M-60 bekommen, das sind unsere neuesten. An Flugzeugen werden wir Ihnen sofort fünf Maschinen vom Typ F-4s liefern, daß heißt, zwei plus drei. Für den Rest schlagen Sie uns die Liefertermine vor. Die Panzerabwehrmunition und -geschütze hat Schlesinger bereitgestellt. Sie wissen, mit wem Sie sich im Verteidigungsministerium in Verbindung setzen müssen. Sollte es Schwierigkeiten geben, setzen Sie sich mit Scowcroft in Verbindung. Das heißt, wenn es sich um das Material auf der Liste mit Ausnahme der Laser-Bomben handelt. Für die Panzer werden Sie sich auch über die Liefertermine einigen müssen. Das Problem bei den Panzern liegt nicht darin, was Sie jetzt in diesen Kämpfen brauchen, sondern es kommt auf die Lage nach Abschluß der Kämpfe an. Sie haben die Zusicherung, daß wir die ausgefallenen Panzer ersetzen werden. Außerdem haben Sie die Zusicherung, daß wir Ihnen notfalls, wenn sich die Lage sehr verschlechtern sollte, die Panzer mit amerikanischen Flugzeugen einfliegen werden.

Ich hatte Schlesinger gesagt, daß er freie Hand hätte, zu entscheiden, was Israel brauchte, solange der Krieg andauerte. Wenn er glaubte, daß Israel noch während des Krieges weitere Panzer brauchte, sollte er sie sofort auf den Weg bringen. Dinitz teilte mir mit, daß Israel so viel Material wie möglich in nicht gekennzeichneten El Al-Maschinen abholen werde. Über eine amerikanische Luftbrücke wurde nicht gesprochen – es sei denn, die israelischen Streitkräfte brauchten in einem dringenden Notfall weitere Panzer.

So viel zu der Falschmeldung, daß die Nixon-Regierung die Belieferung Israels mit Rüstungsgütern bewußt hinausgezögert hätte, um es für die kommenden Verhandlungen gefügiger zu machen. Als wir feststellen mußten, daß ein israelischer Sieg in immer weitere Ferne rückte, mußten wir mit zwei Gefahren rechnen: mit einem längeren militärischen Unentschieden oder dem plötzlichen Vorschlag für einen Waffenstillstand an Ort und Stelle, bevor Israel an einer der beiden Fronten die Vorkriegslinien erreicht hatte. Wir bemühten uns daher darum, Israel das Selbstvertrauen und die Mittel zu geben, die es brauchte, um die nächsten entscheidenden Tage zu überstehen, denn der Ausgang der Kämpfe hing ebenso sehr von der Zuversicht der Israelis wie von der Bewaffnung seiner Streitkräfte ab. Unsere Lieferungen wollten wir jedoch möglichst unauffällig durchführen, denn wir wußten, daß wir unter allen Umständen auf die Selbstachtung der Araber Rücksicht nehmen mußten.

Um den Dialog mit Ägypten nicht abbrechen zu lassen, beantwortete ich noch am gleichen Abend Hafiz Ismails letzte Note, die am Vormittag in Washington eingetroffen war und die die Anerkennung unserer »guten Absichten« durch die Ägypter zum Ausdruck brachte. Ich teilte Ismail in etwas zweideutiger Form mit, daß unsere Maßnahmen das mindeste dessen seien, was die öffentliche Meinung in den Vereinigten Staaten zuließe. Damit wollte ich Ägypten die Möglichkeit geben, sich mit unseren Maßnahmen abzufinden, ohne das Gesicht zu verlieren. Ich unterstrich, daß die Vereinigten Staaten »jetzt die ägyptische Haltung im Hinblick auf eine Friedensregelung deutlich verstehe«. Ich vermied jedoch jede Stellungnahme, was nach den diplomatischen Gepflogenheiten bedeutete, daß wir auf die ägyptischen Forderungen nicht eingehen würden.

Doch dann wurde ich konkreter und stellte Ismail eine praktische Frage, die eine detaillierte Antwort zuließ. Aus ihr ergab sich die günstige Möglichkeit, unsere Verzögerungstaktik im Sicherheitsrat als Rücksichtnahme auf die ägyptische Haltung darzustellen:

Die amerikansiche Seite ist sich jedoch weniger klar über die Auffassungen der ägyptischen Seite, wie die gegenwärtigen Kämpfe beendet werden sollen. Diese Auffassungen wären der amerikanischen Seite für die Formulierung ihrer Haltung in der gegenwärtigen Debatte im Sicherheitsrat sehr nützlich. In der Hoffnung, die Auffassungen der ägyptischen Seite zu erfahren, wird die amerikanische Seite so lange wie möglich warten, bevor sie im Sicherheitsrat die definitive Haltung der Vereinigten Staaten zum Ausdruck bringt.

Die amerikanische Seite möchte noch einmal auf ihre Bereitschaft hinweisen, dringend notwendige Beratungen mit den beteiligten Parteien zu führen, um im Nahen Osten zu einer gerechten Friedenslösung zu kommen. Unter so schwierigen Umständen ist es wichtig, diese langfristige Perspektive im Auge zu behalten und Konfrontationen und scharfe Debatten zu vermeiden, solange wir uns darum bemühen, eine Lösung für die gegenwärtige Krise zu finden.

Am Mittwochmorgen, dem 10. Oktober, wurden wir von der wenig erfreulichen Nachricht überrascht, daß die Sowjets eine Luftbrücke nach Syrien eingerichtet hatten. Etwa zwanzig Transportflugzeuge befanden sich auf dem Weg über Ungarn und Jugoslawien ins Kampfgebiet. Eine Luftbrücke solchen Ausmaßes konnte nicht improvisiert sein. Man hatte sie mit Sicherheit schon seit Tagen vorbereitet. In dieser Phase des Krieges handelte es sich wahrscheinlich um die Lieferung von Gebrauchsmaterial, was den von uns zu Gunsten von Israel am Sonntag getroffenen Entscheidungen entsprach, wenngleich die sowjetischen Lieferungen viel umfangreicher waren und die Sowjetunion keinen Versuch unternahm, die Aktion zu tarnen. Wollte sie damit den Konflikt weiter anheizen oder nur einen Freund unterstützen und die Möglichkeit offenhalten, sich an den Friedensverhandlungen zu beteiligen? Wollten die Sowjets den Arabern bei ihrer Unnachgiebigkeit den Rükken stärken oder für den Friedensprozeß ihr Vertrauen gewinnen? Halfen die Sowjets ihrem am härtesten bedrängten Verbündeten, um ihn vor der Niederlage zu bewahren, oder ermunterten sie ihn zu einer neuen Offensive?

Bis heute lassen sich diese Fragen nicht klar beantworten. Wahrscheinlich hat die sowjetische Führung versucht, sich mehrere Optionen offenzuhalten, und dabei alle Nachteile miteinander kombiniert. Sie hat genug getan, um für die Fortführung des Krieges zu sorgen, aber zuwenig, um die von ihr gewünschte Entscheidung herbeizuführen. Vielleicht hat auch die Sowjetunion einen Waffenstillstand angestrebt, was uns alle arabischen Führer nach dem Kriege in verächtlichem Ton gesagt haben – dann jedoch so vorsichtig und, wie Sadat in seinen Memoiren schreibt, in so hinterhältiger Weise, daß es die Zweifel Ägyptens an der Zuverlässigkeit seines Verbündeten nur verstärkte.

Sadat schreibt, daß Moskau ihn schon unmittelbar nach Beginn der Feindseligkeiten – am 6. Oktober um 20.30 Uhr Kairoer Ortszeit, also sechseinhalb Stunden nach Kriegsbeginn – gedrängt habe, einem Waffenstillstand zuzustimmen. Damals sagte ihm der sowjetische Botschafter, der syrische Präsident Asad habe dem Kreml *vor* Kriegsausbruch gesagt, daß man schon innerhalb der ersten achtundvierzig Stunden einen Waffenstillstand vorschlagen müßte. Das klingt eigentlich zu plump, um plausibel zu sein. Asad hat zwar bestritten, diesen Vorschlag gemacht zu haben (was angesichts der politischen Methoden der Araber noch kein Beweis zu sein braucht), aber die Sowjets haben diese Forderung über mehrere Tage täglich wiederholt, bis Sadat schließlich mit aller Schärfe erklärte, daß er den Krieg fortsetzen werde, bis er die israelische »Theorie der Sicherheit« vernichtet habe.[13]

Sadats Bericht – der mit Sicherheit nicht durch sehr freundschaftliche Gefühle für die sowjetische Führung gefärbt ist – entspricht dem, was die Sowjets uns während dieser Zeit gesagt haben. Am Mittwoch, dem 10. Oktober, um 20.00 Uhr rief mich Dobrynin an, um mir eine nach seiner Ansicht wichtige Mitteilung zu machen: Die sowjetischen Konsultationen mit Ägypten und Syrien hätten sich »in die Länge gezogen«

und wären »nicht leicht«. Moskau könnte Nixon jedoch jetzt sagen, daß die Sowjetunion »bereit ist, die Annahme einer Waffenstillstandsresolution im Sicherheitsrat nicht zu blockieren«. Mit anderen Worten, die Sowjetunion würde sich bei der Abstimmung über eine Resolution für einen Waffenstillstand an Ort und Stelle der Stimme enthalten; sie würde jedoch eine Rückkehr zu den Vorkriegslinien nicht unterstützen – das heißt, sie würde dagegen ihr Veto einlegen. Dazu erklärte die Note die Bereitschaft der Sowjetunion, sich für einen Verhandlungsfrieden einzusetzen »auf der Basis der Befreiung aller von Israel besetzten arabischen Gebiete«.

Die sowjetische Initiative für einen Waffenstillstand an Ort und Stelle lag jetzt auf dem Tisch, und zwar unter den für unsere Strategie ungünstigsten Umständen. Wenn die Sowjets ihren Vorschlag jetzt vorlegten, würden sie dafür von fast allen in den Vereinten Nationen vertretenen Regierungen und sogar auch von unseren europäischen Verbündeten unterstützt werden. Israel dagegen würde sich einer solchen Regelung widersetzen, solange die Vorkriegslage nicht wiederhergestellt war. Würden wir dem sowjetischen Plan zustimmen und Israel unter Druck setzen, das gleiche zu tun, dann wäre der Krieg mit einem eindeutigen Sieg der von den Sowjets mit Waffen unterstützten arabischen Streitkräfte beendet. Die Stellung der Vereinigten Staaten in den Friedensverhandlungen nach dem Kriege wäre dadurch erheblich geschwächt. Die Vorstellung, daß wir als einzige Supermacht Fortschritte erreichen könnten, wäre geplatzt. Sowjetische Waffen hätten die Entscheidung gebracht, und diese Entscheidung würde nun durch das diplomatische Eingreifen der Sowjetunion geschützt. Nach einem solchen Ausgang mußte man mit einer baldigen Wiederaufnahme des Krieges rechnen, denn da Israel die militärische Überlegenheit würde zurückgewinnen wollen, müßten die Araber zu der Überzeugung kommen, daß sie mit einem neuen Angriff aus jeder Sackgasse herauskommen könnten, in die sie während der Verhandlungen gerieten.

Hätte die Sowjetunion eine klare politische Linie verfolgt oder hätten die arabischen Nationen sich nicht von der zu Beginn herrschenden euphorischen Stimmung hinreißen lassen, dann hätten sie unter Umständen versucht, sich die territorialen Gewinne des ersten Vorstoßes zu sichern und am 10. Oktober nach einem Waffenstillstand an Ort und Stelle verlangt. Uns wäre es dann schwergefallen, dieses Verlangen abzulehnen. Aber entweder unterschätzten Ägypten und Syrien die Möglichkeit Israels, sich von den ersten Schlägen zu erholen, oder sie konnten das zwischen ihnen bestehende Mißtrauen nicht überwinden. Wahrscheinlich spielte beides eine Rolle. Es läßt sich schwer ergründen, welches die eigentlichen Absichten der Sowjetunion gewesen sind. Ihre ambivalente Haltung verschaffte uns die Möglichkeit, Zeit zu gewinnen und eine neue Strategie zu entwickeln. Wenn die Sowjets gehofft hatten, daß sie uns veranlassen könnten, die Waffenlieferungen an Israel zu verlangsamen, dann hatten sie sich getäuscht. Mit der sowjetischen Luftbrücke nach Damaskus war diese Frage ein für allemal entschieden. Deshalb akzeptierte ich den sowjetischen Vorschlag »im Prinzip«, um eine diplomatische Offensive der Sowjetunion bei den

Vereinten Nationen zu verhindern oder die Auswirkungen einer solchen Initiative hinauszuschieben. Ich wollte in der Zwischenzeit feststellen, ob die Israelis mit ihrer Behauptung recht gehabt hatten, innerhalb der nächsten achtundvierzig Stunden an der syrischen Front siegen zu können.

Ich sagte Dobrynin deshalb, er sollte nach Moskau berichten, daß wir den Waffenstillstandsvorschlag für »konstruktiv« hielten, aber noch Bedenkzeit brauchten. Etwas später rief ich ihn noch einmal an und teilte ihm mit, daß der Präsident offiziell nicht Stellung nehmen könne, bevor ein zweiter Gast aus Afrika, der Präsident von Zaire, Mobutu Sese Seko, ihn gegen 11.30 Uhr verlassen hätte. Aber der eigentliche Zweck meines Anrufs war es, Dobrynin wissen zu lassen, daß wir von der sowjetischen Luftbrücke nach Syrien mit großen Mengen von Rüstungsgütern wußten. Ich sagte, sie wäre »nicht hilfreich«. Dobrynin tat überrascht. Ich sagte sarkastisch: »Ich bin sicher, daß (der sowjetische Verteidigungsminister) Gretschko davon weiß. Sie kommen über Budapest und werden wahrscheinlich von dort den Zielflughafen ansteuern.« Dobrynin kann angesichts der Pedanterie des sowjetischen Beamtenapparats nicht vollkommen ahnungslos gewesen sein. Er sagte mir, daß er in Moskau anfragen werde. Ich erwiderte, was auch geschehen mochte, die sowjetische Luftbrücke würde »uns zwingen, wenigstens das gleiche zu tun«.

Watergate veranlaßte uns, die Angelegenheit weiter zu verzögern. Agnews Rücktritt als Vizepräsident sollte am gleichen Tage um 14.00 Uhr bekanntgegeben werden. Um 11.45 Uhr rief ich Dobrynin an – angeblich, um ihn darauf aufmerksam zu machen. Ich erklärte ihm, daß der Präsident sich aus diesem Grunde während der folgenden Stunden nicht mit dem sowjetischen Vorschlag befassen könne, und bat Dobrynin, dafür zu sorgen, daß wir nicht zu voreiligen Entscheidungen gezwungen würden. Er versicherte mir, daß die Sowjets dem Sicherheitsrat keine Resolutionsentwürfe vorlegen würden.

In den Pausen zwischen den Telefongesprächen mit Dobrynin sprach ich mit Dinitz über die Lage im Kampfgebiet. Dabei las er mir einen Brief vor, in dem sich Golda Meir bei Nixon für seine lebenswichtige Entscheidung bedankte, Israel mit Kriegsmaterial zu unterstützen. Wir hatten der israelischen Regierung diesen Beschluß am Tage zuvor mitgeteilt, und Frau Meir erklärte, er werde einen »sehr günstigen Einfluß haben. Wir kämpfen gegen einen sehr starken Gegner, aber wir sind überzeugt, daß wir siegen werden. Wenn wir gesiegt haben, werden wir an Sie denken.« Ich sagte Dinitz, daß Israel, nachdem die Ergänzungslieferungen gesichert seien, keine Materialreserven zu horten brauchte. Für komplizierte Maßnahmen hätte man jetzt keine Zeit. Alles hinge davon ab, daß Israel den Gegner so rasch wie möglich auf die Vorkriegslinien zurückwarf, an einer Front jedoch auch darüber hinaus. Wir könnten den Waffenstillstand nicht auf ewig hinausschieben.

Unserem Dialog mit Ägypten konnten wir entnehmen, daß es noch eine gewisse Zeit dauern würde, bis im Sicherheitsrat etwas unternommen werden konnte. Am gleichen Mittwoch um 13.00 Uhr erhielten wir Ismails Antwort auf meine Anfrage zu den Waffenstillstandsbedingungen vom Vortage. Aus dieser Antwort ging deutlich hervor, daß Kairo noch nicht bereit war, sich zur Sicherung der bisher gemachten Geländegewinne zur Verteidigung einzurichten. Ägypten verlangte noch immer unsere Zustimmung zu einem umfassenden Friedensplan, wenn auch in sehr viel gemäßigterer Form:

> Herr Ismail möchte auch zum Ausdruck bringen, daß die ägyptische Seite zwar von den Motivationen für die von der amerikanischen Regierung eingenommenen Haltung Kenntnis genommen hat, er es aber begrüßen würde, wenn Dr. Kissinger Verständnis für die politischen und anderen Faktoren zeigte, auf welche sich die ägyptische Haltung gründet, nach der es dringend geboten erscheint, über ein umfassendes Programm für die Wiederherstellung des Friedens im Nahen Osten zu beraten.

Diese vorsichtige Formulierung, die zum Ausdruck bringen sollte, daß die ägyptischen Bedingungen genaugenommen über die Erfordernisse des nationalen Interesses hinausgingen, zeigten, daß das Verlangen Ägyptens nach einer umfassenden Lösung unter den richtigen Voraussetzungen verhandlungsfähig sein könnte. Im übrigen modifizierte Ismail in seiner Note die ägyptischen Bedingungen für einen Waffenstillstand in fünf Punkten, deren wichtigste die folgenden waren: Ägypten bestand nicht mehr darauf, daß sich die israelischen Truppen *vorher* auf die vor 1967 geltenden Grenzen zurückziehen sollten, sondern gab sich mit der entsprechenden israelischen Verpflichtung zufrieden, vorausgesetzt, die Israelis verpflichteten sich, es bis zu einem bestimmten Termin zu tun. Der Kriegszustand sollte mit dem Abschluß dieses Rückzuges beendet sein. Darauf hin sollten die Friedensverhandlungen aufgenommen werden.

Ismail muß sehr genau gewußt haben, daß noch keine Möglichkeit bestand, die Zustimmung Israels zu diesen Bedingungen zu gewinnen, es sei denn, die Israelis hätten eine totale militärische Niederlage erlitten. Aber in schwierigen Verhandlungen kommt es nicht auf den konkreten Inhalt der Modifizierungen an, sondern in erster Linie auf die Tatsache, daß überhaupt ein modifiziertes Angebot gemacht worden ist, und hier hatte uns Ismail nicht vor die Alternative gestellt, entweder seine Bedingungen anzunehmen, oder die Verhandlungen als gescheitert anzusehen. Er bat vielmehr »Dr. Kissinger, (den Vorschlag) in Erwägung zu ziehen« – und rechnete daher offenbar mit einem Gegenvorschlag.

Trotz meiner neu gewonnenen Bewunderung für die Subtilität der ägyptischen Verhandlungsmethoden war ich überzeugt, daß es zu keinen ernsthaften Gesprächen kommen würde, solange sich die militärische Lage nicht verändert hatte. Aber zunächst war es wichtig, dafür zu sorgen, daß sich der Krieg nicht ausweitete. Noch am gleichen Tag erfuhren wir, daß Sadat König Hussein drängte, in den Krieg einzutreten. Dean Brown meldete, daß der König daran dächte, eine Panzerbrigade nach Syrien zu schicken, um nicht eine noch gefährlichere Entscheidung treffen und etwa durch einen Angriff entlang des Jordan eine neue Front errichten zu müssen. Doch jede jordanische Initiative in dieser Richtung könnte andere arabische Staaten ermutigen, in den Krieg einzutreten, und die Araber veranlassen, die militärische Entscheidung zu suchen. Deshalb richtete ich die dringende Bitte an den König, jede Entscheidung wenigstens um achtundvierzig Stunden zu verschieben. Ich sagte ihm, daß ich mich nach Kräften bemühte, durch vertraulich geführte diplomatische Gespräche die Beendigung der Feindseligkeiten herbeizuführen. Dazu brauchte ich Zeit und seine Hilfe. Hussein beantwortete meine Note nicht, und das war klug, aber er folgte meiner Empfehlung und handelte damit wie ein erfahrener Staatsmann.

Die Meinungen in unserer Regierung darüber, wie dringend notwendig es sei, Israel mit Waffen zu beliefern, blieben geteilt (obwohl man sich darin einig war, daß die Materialverluste ersetzt werden müßten). Jedermann war überzeugt, daß, bevor schwere Ausrüstung nach Israel gelangen und den Ausgang des Krieges entscheidend beeinflussen könnte, die Entscheidung auf dem Schlachtfeld gefallen sein würde. Es bestand die berechtigte Sorge, daß wir durch die Waffenlieferungen die gemäßigten Araber verärgern könnten, ohne Israel wirklich geholfen zu haben – besonders als wir am Morgen des 10. Oktober erfuhren, daß König Faisal, nachdem Hussein es abgelehnt hatte, die in Jordanien stationierte saudi-arabische Brigade nach Syrien zu schicken, den Syrern jetzt eine Brigade aus Saudi-Arabien zur Verfügung stellen wollte. Schlesinger hatte mich gegen 8.30 Uhr davon unterrichtet und mir dringend empfohlen, möglichst rasch einen Waffenstillstand zustande zu bringen. Er war so besorgt, daß er sogar daran dachte, amerikanische Truppen an einer »Besetzung« zu beteiligen. Ich lehnte diesen Vorschlag ab und sagte Schlesinger:

> Was die Saudis betrifft, so sollten wir die Dinge in aller Ruhe abwarten. Wenn eine saudische Brigade in Marsch gesetzt wird, dann kann sie frühestens in zwei Tagen im Kampfgebiet eingetroffen sein, und wahrscheinlich werden auch die Jordanier eine Brigade hinschicken, was ganz in Ordnung ist. Das ist das wenigste, was sie tun können. Wir werden noch etwa einen Tag an unserem Kurs festhalten, weil wir glauben, daß wir die Dinge auf diese Weise in den Griff bekommen können. Ich halte es nicht für notwendig, jetzt an die Beteiligung an irgendeiner Besetzung zu denken.

Während eines Essens, das ich im Außenministerium dem belgischen Außenminister Renaat van Elslande gab, wurde ich, wie vorher abgemacht, ins Weiße Haus gerufen, um Agnews Rücktritt entgegenzunehmen. Aus irgendeinem geheimnisvollen verfassungsrechtlichen Grund muß der Außenminister den Rücktritt des Präsidenten oder des Vizepräsidenten entgegennehmen. Diese Bestimmung war bisher noch niemals in die Praxis umgesetzt worden, und ich bin überzeugt, daß kein anderer Außenminister je wieder gezwungen sein wird, den Rücktritt unserer beiden höchsten gewählten Staatsbeamten innerhalb von zehn Monaten entgegenzunehmen.

Während ich mich mit Agnew beschäftigen mußte, traf sich Scowcroft mit Dinitz, um ihn von dem sowjetischen Vorschlag für eine gemeinsame Stimmenthaltung (bei einer Abstimmung über einen einfachen Waffenstillstand) zu unterrichten und mit ihm über die Lieferung von Rüstungsmaterial an Israel zu sprechen. Dinitz war an einem

Waffenstillstand in den gegenwärtigen Stellungen ebensowenig interessiert wie wir. Ich hatte Scowcroft gesagt, er sollte darauf drängen, daß Israel in den nächsten achtundvierzig Stunden die größtmöglichen militärischen Anstrengungen unternahm. Er sagte Dinitz, wir könnten die Entscheidung nicht sehr viel länger hinauszögern und nicht etwa von den Arabern verlangen, daß sie Israel arabische Gebiete überlassen sollten, welche die Israelis nicht hatten zurückerobern können. Aber Dinitz konnte Scowcroft nichts über einen israelischen Operationsplan und dessen zeitlichen Ablauf sagen, weil es solche Pläne nicht gab oder weil seine Regierung uns (oder ihm) ihre Absichten nicht anvertrauen wollte.

Aus dem gleichen Gespräch ging auch hervor, daß Israel das bereitgestellte Material nicht mit den sieben Düsenmaschinen der El Al abholen konnte. Nachdem wir uns mit der WSAG beraten hatten, beschlossen wir, daß die Regierung der Vereinigten Staten Israel erlauben sollte, Maschinen privater Fluggesellschaften für den Transport des Materials zu chartern, das die Israelis nicht selbst abtransportieren konnten. Wir erklärten uns sogar bereit, der israelischen Regierung dabei zu helfen.

Dieses Unternehmen endete mit einem Fiasko. Deshalb beschlossen wir nach weiteren achtundvierzig Stunden, eine amerikanische Luftbrücke einzurichten. Später hat man behauptet, daß wir die Einrichtung der Luftbrücke absichtlich verzögert hätten, um Israel zur Annahme des Waffenstillstands zu zwingen.[14] Die hier von mir gegebene Erläuterung unserer Strategie läßt kaum einen Zweifel daran, daß diese Annahme falsch ist. Als wir am Morgen des 13. Oktober schließlich erkennen mußten, wie sehr unser Plan, Privatflugzeuge zu chartern, durch die Unbeweglichkeit unserer Behörden und logistische Schwierigkeiten behindert wurde, erläuterte ich der WSAG noch einmal unsere Strategie und forderte im Namen des Präsidenten jeden Beamten zum Rücktritt auf, der nicht bereit war, sie zu unterstützen: »Das Material hätte geliefert werden müssen, als wir eine Offensive brauchten. Jetzt wird es später eintreffen, und zwar zu einem Zeitpunkt, da wir eine diplomatische Lösung wünschen. Wenn Israel glaubt, wir hätten es im Stich gelassen, und wenn die Araber glauben, sie hätten uns dazu veranlaßt, dann sind wir verloren.«

Es gab die verschiedensten Gründe für die Verzögerung. Keine Chartergesellschaft hatte ein Interesse daran, einen arabischen Boykott zu riskieren oder ihre Flugzeuge ins Kampfgebiet zu schicken. Das Verteidigungsministerium hätte die Chartergesellschaften unter Druck setzen können, denn das Pentagon gibt ihnen viel zu verdienen, aber man hielt die Angelegenheit dort nicht für so dringend, weil man glaubte, daß die Munitionsvorräte Israels noch für zwei Wochen reichten – also länger als der Krieg nach der Einschätzung aller Experten dauern würde. Das Verkehrsministerium (das ebenfalls hätte eingeschaltet werden können) wollte mit einer militärischen Konfrontation nichts zu tun haben. So schoben sich beide Ministerien immer wieder gegenseitig das heiße Eisen zu. Brent Scrowcroft und Joe Sisco, die sich unermüdlich um die Chartermaschinen bemühten, wurden praktisch immer wieder in die Runde gehetzt. Das eigentliche Problem bestand jedoch darin, alle Alternativen zu erkunden, bevor wir mit der Realität konfrontiert wurden, daß die Vereinigten Staaten entweder das Risiko übernehmen mußten, die Luftbrücke selbst einzurichten, oder die Maschinen im Namen der amerikanischen Regierung chartern mußten, denn keine private Gesellschaft war bereit, Chartermaschinen nach Israel fliegen zu lassen. Ich kann nicht sagen, ob diese Verzögerung den Ausgang des Krieges schließlich beeinflußt hat. Selbst wenn wir die militärische Luftbrücke sofort eingerichtet hätten, hätte sie die militärischen Operationen Israels nicht beeinflussen können, bevor am 12. und 13. Oktober die erste, jedoch vergebliche Initiative zur Herbeiführung eines Waffenstillstands erfolgte.

Aber am 10. Oktober mußten wir, wie wir das Problem der Lieferungen an Israel auch betrachteten, in unseren diplomatischen Bemühungen eine Pause einlegen, um eine Veränderung der Kriegslage an der Front abzuwarten. Die nach unserer Meinung für die diplomatischen Bemühungen nach dem Kriege günstigste militärische Lage wäre es, wenn Israel den Zustand von vor dem Kriege wiederherstellen oder sogar hier und dort über die damals gehaltenen Linien vorstoßen könnte. Damit wäre bewiesen, daß die militärische Option, die sich auf die sowjetischen Waffen stützte, eine Illusion war und daß ein Fortschritt auf diplomatischer Ebene nur mit Unterstützung der Vereinigten Staaten erzielt werden konnte. Wenn sich diese Situation nicht erreichen ließ, dann könnte man sich bei den Verhandlungen auf einen Vorstoß der israelischen Streitkräfte an einer Front stützen, selbst wenn es an der anderen Rückschläge gegeben hatte. Damit würde sich die Angelegenheit jedoch sehr komplizieren.

Aber am 10. Oktober war es noch nicht so weit. Israel hatte die Golan-Höhen mit Ausnahme einiger syrischer Vorposten am Berg Hermon gerade zurückerobert. Zwei ägyptische Armeen hatten ihre Stellungen westlich des Suez-Kanals bezogen und ausgebaut. An eine erfolgreiche Offensive auf der Sinai-Halbinsel war nicht zu denken. So blieb Israel nur noch die Möglichkeit, am folgenden Morgen gegen die Syrer zum Angriff anzutreten. Wir konnten indessen jede sowjetische Initiative so lange verzögern, bis sich erkennen ließ, wie erfolgreich diese Operationen verliefen. (Dabei darf man nicht vergessen, daß man uns noch am gleichen Tag gesagt hatte, Ägypten wäre nicht bereit, von seinem Verlangen nach einem totalen Abzug der Israelis Abstand zu nehmen. Und von Syrien hatten wir noch nichts gehört.)

Um Zeit zu gewinnen, sagte ich Dobrynin am 10. Oktober um 17.40 Uhr, daß wir bisher noch nicht dazu gekommen wären, über seinen Vorschlag für eine gemeinsame Stimmenthaltung bei der Abstimmung über einen einfachen Waffenstillstand zu sprechen. Ich würde mich später mit ihm in Verbindung setzen. Beruhigend fügte ich hinzu, daß wir einen Waffenstillstand ernsthaft in Erwägung ziehen würden, auch wenn die Durchführung technische Schwierigkeiten bereiten werde – eine schwache Ausrede, die mich aber davor bewahrte, Dobrynin zu verärgern. Am gleichen Abend rief Kurt Waldheim an und sagte, daß *kein* Resolutionsantrag im Sicherheitsrat eine Mehrheit finden werde und nur Peru, Kenia und Guinea für die morgige Sitzung um das Wort gebeten hätten. Weder die Araber noch Israel wünschten augenscheinlich einen Waffenstillstand. Das paßte uns sehr gut. Aber Waldheim machte sich Sorgen: »Ich werde immer wieder gefragt, was der (Generalsekretär) unternimmt, um den Kämpfen ein Ende zu bereiten.« Eine verständliche Frage, wenn man bedenkt, daß der Krieg schon fast eine Woche dauerte, ohne daß die Vereinten Nationen offiziell irgend etwas unternommen hatten.

Am Abend um 21.45 Uhr rief ich Dobrynin wieder an: »Anatoly, wir werden Ihnen vor morgen keine Antwort geben können.« Dobrynin, der sehr wohl wußte, was ich tat, drohte mir gutmütig: »Sie treiben ein sehr geschicktes Spiel. Sie dürfen aber das Thema der russischen Verantwortungslosigkeit nicht überstrapazieren.« Ich warnte ihn noch einmal vor den Folgen einer »massiven« sowjetischen Luftbrücke.

Am Abend des 10. Oktober erhielten wir über Beirut eine ganz überraschende Botschaft: Der Chef der palästinensischen Befreiungsorganisation PLO, Yasir Arafat, meldete sich zu Wort. Heute erinnert man sich kaum noch daran, welche relativ unbedeutende Rolle die PLO bis zum Oktober-Krieg gespielt hat. Die oft zitierte Resolution 242 des Sicherheitsrats der Vereinten Nationen erwähnt die PLO mit keinem Wort, sondern spricht nur von palästinensischen Flüchtlingen. Im »Schwarzen September« von 1970 hatte König Hussein die PLO aus Jordanien vertrieben und damit eine Krise in seinen Beziehungen zu Syrien heraufbeschworen, das die PLO unterstützte, weil es gegenüber Jordanien schon seit langem bestimmte Absichten verfolgte, nicht aber weil es sich politisch besonders mit den Palästinensern verbunden fühlte. Bis weit in das Jahr 1974 hinein hatte man allgemein den Eindruck gehabt, daß Jordanien und nicht die PLO mit Israel über das Gebiet westlich des Jordan verhandeln werde. Wir hatten keinen politischen Kontakt mit Arafat. Gelegentlich waren auf unterer Ebene Mitteilungen ausgetauscht worden, die jedoch keine besondere politische Bedeutung hatten. Jetzt erklärte Arafat, es bestünde

> die neunundneuzigprozentige Sicherheit, daß die Israelis die Ägypter und Syrer in den nächsten Tagen vernichtend schlagen werden. Die Vereinigten Staaten sollten daher nicht intervenieren und auch Israel nach Beendigung der Feindseligkeiten keine Hilfe mehr gewähren. Die Vereinigten Staaten sollten sich um einen möglichst baldigen bedingungslosen Waffenstillstand bemühen.

Daraus ließ sich schließen, daß die Araber, denen es gelungen war, an allen Fronten in das gegnerische Gebiet einzudringen, ihr Selbstvertrauen so weit gefestigt hatten, um konkrete Verhandlungen führen zu können, auch wenn sie den Krieg schließlich militärisch verlieren sollten, was Arafat anzunehmen schien. Nach Arafat war die PLO bereit, an diesen Gesprächen teilzunehmen, behielt sich allerdings das Recht vor, seine alte Rechnung aus dem Jahr 1970 mit Jordanien zu begleichen. Das konnte, wenn man die Botschaft Arafats wörtlich nahm, bedeuten, daß die PLO sich bereit finden könnte, mit Israel, aber niemals mit Jordanien Frieden zu schließen. Arafat versprach, nichts gegen amerikanisches Personal oder amerikanische Einrichtungen zu unternehmen – es sei denn, die Vereinigten Staaten setzten ihre Waffenlieferungen an Israel fort, solange der Krieg noch dauerte. Glaubte Arafat wirklich an diese Lagebeurteilung und wollte er an den Verhandlungen beteiligt werden? Oder versuchte er wie alle anderen, die Entscheidung hinauszuzögern? Wollte er uns daran hindern, Israel weiter mit Kriegsmaterial zu beliefern, um seinen Freunden zum Sieg zu verhelfen? In der Praxis spielte die Antwort keine Rolle, denn wir haben mit unserer Antwort gewartet, bis der Krieg vorüber war (siehe 13. Kapitel).

Am Abend überdachte ich noch einmal die Ereignisse des Tages und überlegte, welche Fortschritte wir gemacht hatten. Wir würden die Verbindung zu allen Beteiligten halten. Wir wollten das Tempo der diplomatischen Bemühungen herabsetzen, ohne den Eindruck zu erwecken, daß wir uns einer Lösung widersetzten, und die militärischen Operationen beschleunigen, ohne uns der direkten Einmischung beschuldigen zu lassen. Dann wollten wir einen Waffenstillstand erzwingen, bevor die Ungeduld und Frustration der Beteiligten oder unerwartete Ereignisse das fein gesponnene Netz unseres Lösungsversuchs zerstörten.

Der 11. Oktober: Israel stößt nach Syrien vor

Am folgenden Tag, Dienstag, dem 11. Oktober, mußten wir erkennen, daß Dobrynin es mit seinen Drohungen ernst gemeint hatte. Am frühen Morgen stellten wir fest, daß die Sowjets wieder zehn Transportmaschinen nach Syrien geschickt hatten. Die sowjetische Luftbrücke versorgte jetzt sogar auch Ägypten und den Irak. Im weiteren Verlauf des Tages erfuhren wir, daß drei sowjetische Luftlandedivisionen alarmiert worden waren.

Auch die Strategie Israels wurde an diesem Morgen deutlich erkennbar. Die israelischen Verbände stießen an der syrischen Front über die Vorkriegslinien vor und griffen mit ihren Luftstreitkräften tief im Inneren Syriens gelegene Ziele an. Die Nachrichtenagenturen meldeten, daß der israelische Verteidungsminister Moshe Dayan erklärt hätte, das Angriffsziel der israelischen Armee sei Damaskus. Am Abend hatten die Israelis an den Golan-Höhen einen jenseits der Vorkriegslinien liegenden, elf Kilometer tiefen und zwölf Kilometer breiten Frontvorsprung besetzt. Die vordersten israelischen Stellungen lagen jetzt nur noch fünfunddreißig Kilometer vor Damaskus. Diese israelischen Erfolge entsprachen genau unseren strategischen Absichten, nur hätten die Israelis sie für sich behalten sollen. Schließlich war es uns gelungen, die Sowjets über einen Zeitraum von mehr als vierundzwanzig Stunden davon zu überzeugen, daß sie sich mit einem Waffenstillstand in den erreichten Stellungen einverstanden erklären sollten – was sie jetzt kaum noch tun würden, wenn Israel bekanntgab, daß seine Armeen sich im Vormarsch auf die Hauptstadt eines sowjetischen Verbündeten befänden. Gegen 11.00 Uhr sprach ich mit Shalev über dieses Problem:

> Es ist nicht sehr gut, wenn Sie mich einerseits bitten, die Entscheidungen vor den Vereinten Nationen hinauszuzögern, und anderer-

seits Dayan im Radio und Fernsehen sagen lassen, daß Sie gegen Damaskus vorstoßen würden. Wie können wir die Vereinten Nationen veranlassen, ihre Entscheidungen noch weiter zu verzögern, wenn Ihr Verteidigungsminister solche Erklärungen abgibt? Damit erwecken Sie den Eindruck, daß wir schamlos hinter dem Rücken der anderen Beteiligten mit Ihnen zusammenarbeiten, und damit verlieren wir jede Glaubwürdigkeit.

Aber ich versuchte immer noch, Dobrynin hinzuhalten, diesmal unter dem Vorwand, daß wir Israel und die anderen Beteiligten anhören müßten, bevor ein vernünftiger Vorschlag für einen Waffenstillstand gemacht werden könnte. Es war zwar richtig, daß wir ständig Gespräche mit Israel führten, aber dabei ging es nicht um den Waffenstillstand. Aber jetzt mehrten sich auch die kritischen Stimmen in der amerikanischen Öffentlichkeit, angeführt von Senator Henry Jackson und einigen Leitartiklern, die behaupteten, daß wir die Waffenlieferungen an Israel verschleppten und die Sowjetunion die Entspannungspolitik dazu nutze, uns in Sicherheit zu wiegen. Die letzte Behauptung war besonders komisch, weil gerade wir darum bemüht waren, Moskau durch Entspannung zu beruhigen, um Israel die für die Wiederherstellung der Lage notwendige Zeit zu geben. Diese Kritik war sehr ungerecht. Haig, Scowcroft, Sisco und ich bemühten uns nach Kräften, die materielle Versorgung der israelischen Streitkräfte sicherzustellen. Wir beschäftigten uns mit so ausgefallenen Problemen wie dem Chartern von Zivilflugzeugen und gingen bei alledem von der uns durch Israel nahegelegten Voraussetzung aus, daß der Krieg gegen Syrien gewonnen sein werde, wenn unsere Materiallieferungen im Kampfgebiet eintrafen. Wir bemühten uns außerdem nach Kräften, Israel vor Angriffen aus anderen Richtungen zu schützen. Die Stimmung wurde so gereizt, daß Nixon mich bat, ich sollte Dinitz warnen und ihm sagen, der Präsident werde Dinitz persönlich dafür verantwortlich machen, wenn die Presse weiterhin so feindlich über ihn berichtete – eine unsinnigere und bedeutungslosere Drohung konnte man sich nicht vorstellen.

Am späten Abend des 11. Oktober rief mich der britische Premierminister Edward Heath an, um mich darauf aufmerksam zu machen, daß König Hussein immer mehr unter Druck gesetzt wurde, etwas für seine arabischen Brüder zu tun. Hussein dachte daran, eine Panzerbrigade nach Syrien zu verlegen, aber, wenn es sich irgendwie machen ließ, nicht ins Kampfgebiet. Jetzt wollte er erreichen, daß Israel nichts gegen diesen Schritt unternahm. Wenigstens wollte er sich vergewissern, daß Israel die Verlegung nicht zum Vorwand für einen Angriff gegen Jordanien nahm.

Nur im Nahen Osten ist es vorstellbar, daß eine kriegführende Macht den Gegner um die Zustimmung zu einem gegen ihn gerichteten feindlichen Akt bittet. Als ich mit Dinitz darüber sprach, spöttelte er: »So kann man Krieg führen und sich dabei noch sehr wohl fühlen.« Wie nicht anders zu erwarten, lehnten die Israelis dieses Ersuchen am nächsten Tag ab. Man konnte nicht erwarten, daß eine Nation, die um ihr Überleben kämpfte, offiziell der Verstärkung ihres Gegners zustimmte. Aber in der israelischen Antwort wurde keine Vergeltung angedroht und auch nicht gesagt, daß Israel beabsichtigte, den Krieg auszuweiten. Die israelische Note hatte sich mit einer Botschaft Husseins gekreuzt, in welcher der König mir mitteilte, was ich schon wußte: Die Frist von achtundvierzig Stunden, um die ich ihn am Mittwoch gebeten hatte, war abgelaufen. Jordanien mußte jetzt wenigstens eine provokative Maßnahme ergreifen – die Verlegung einer Brigade nach Syrien. Hussein wollte damit »irakisch-sowjetischen Absichten« begegnen und die Katastrophe »auf einen möglichst engen Raum begrenzen«. In meiner Antwort empfahl ich dem König, sich auch weiterhin um die Begrenzung des Konflikts auf einen möglichst engen Raum und auf den Einsatz von möglichst schwachen Streitkräften zu bemühen. Wir befanden uns alle in einer sehr schwierigen Lage, aber ich zweifelte nicht daran, daß wir die Katastrophe, von welcher der Nahe Osten zum wiederholten Mal heimgesucht wurde, zu einem guten Ende bringen konnten, wenn wir die Nerven behielten und klug und entschlossen handelten. Ich sagte ihm, ich hätte den Israelis Zurückhaltung empfohlen und es sei daher ebenso wichtig, daß seine Truppen umsichtig geführt würden.

Am Abend des 11. Oktober erhielt ich eine weitere Botschaft von Hafiz Ismail, der mich ersuchte, Israel zum Verzicht auf Bombenangriffe gegen zivile Ziele im ägyptischen Nil-Delta zu bewegen. Mehr als fünfhundert Ägypter waren dort schon getötet oder verwundet worden. Als ich ihm am folgenden Tag mitteilte, daß wir Israel auffordern würden, keine ausschließlich zivilen Ziele mehr anzugreifen, benutzte ich die Gelegenheit, auf zwei andere Punkte hinzuweisen. Ich nahm falsche Berichte der ägyptischen Presse, nach denen amerikanische Kampftruppen an diesem Krieg beteiligt wären, zum Vorwand, Ägypten davor zu warnen, eine Beteiligung der Sowjetunion zuzulassen. Es werde unser direktes Eingreifen zur Folge haben, und zwar gegen Ägypten. Außerdem ließ ich Sadat durch Ismail einen Gedanken nahebringen, auf den er – ohne daß ich es wußte – schon selbst gekommen war, daß Ägypten nämlich die Vereinigten Staaten brauchen würde, wenn die Verhandlungen nach dem Krieg zum Erfolg führen sollten:

> An den militärischen Operationen sind keine amerikanischen Streitkräfte beteiligt. Keine Streitkräfte der Vereinigten Staaten werden sich in irgendeiner Weise beteiligen, wenn nicht andere Mächte von außerhalb dieses Gebiets direkt militärisch eingreifen. Die Vereinigten Staaten sind bereit, jeden ägyptischen Vorschlag für die Beendigung der Feindseligkeiten mit Verständnis und gutem Willen zu prüfen. Nach Beendigung der Feindseligkeiten werden sie ihre Hilfe anbieten. Welches auch die unausweichlichen Zwänge des Augenblicks sein mögen, die Vereinigten Staaten hoffen, daß beide Seiten dieses Ziel nicht aus dem Auge verlieren werden.

12. bis 13. Oktober: Unsere Luftbrücke wird eingerichtet

Gegen Ende der ersten Woche, als die Schlacht um die Golan-Höhen noch nicht entschieden war und ein Vorschlag für einen Waffenstillstand schon fast auf dem Tisch zu liegen schien, wurde deutlich, daß die Beziehungen zwischen der Sowjetunion und den Vereinigten Staaten ein typisches Beispiel dafür waren, welche Möglichkeiten die Entspannungspolitik bot und wo ihre Grenzen lagen. Die Sowjets unterstützten ihre arabischen Freunde in der gewohnten Lautstärke. Ihre Luftbrücke war beunruhigend. Jetzt erfuhren wir sogar, daß sieben und nicht drei sowjetische Luftlandedivisionen alarmbereit waren. Aber mit dieser Hilfe hatte die Sowjetunion die Grenzen ihrer Möglichkeiten noch lange nicht erreicht. Nach dem Krieg haben sich alle arabischen Führer bei mir darüber beklagt, daß die sowjetische Luftbrücke nur widerwillig eingerichtet worden wäre und der Nachschub zur See sehr lange Zeit in Anspruch genommen hätte, als wollten die Sowjets den Arabern deutlich zeigen, wie abhängig sie von ihnen waren. Außerdem hat die Sowjetunion keine diplomatische Offensive begonnen, um uns bei den Vereinten Nationen in eine peinliche Lage zu bringen oder zu isolieren. Ich glaube nicht, daß wir im Urteil der Geschichte als diejenigen dastehen werden, deren guter Wille mißbraucht worden ist. Es ist allen Beteiligten gelungen, den Krieg in Grenzen zu halten, und die Vereinigten Staaten haben es mit geschickten Manövern erreicht, den Einfluß der Sowjetunion im Nahen Osten auf ein Mindestmaß zu begrenzen.

Es ist sehr wichtig, die Ost-West-Beziehungen so zu begreifen, wenn man verstehen will, was ich auf meiner ersten Pressekonferenz während des Krieges, am Freitag, dem 12. Oktober, gesagt habe. Meine Äußerungen sind kritisiert worden, weil ich mich weigerte, die Entspannungspolitik zu begraben, wenngleich ich die Sowjets warnte und erklärte, daß sie sich sehr rasch ihren Grenzen näherten. Aber ein verbaler Angriff gegen Moskau hätte die Entwicklungen beschleunigt, als es in unserem Interesse lag, sie zu verlangsamen. Ein solches Verhalten hätte zu einer Zeit eine Konfrontation herbeiführen können, in der die militärische Lage unsere Strategie noch nicht begünstigte. Deshalb habe ich mich bewußt maßvoll und zurückhaltend ausgedrückt:

> Wir haben die sowjetische Erklärung gegenüber dem Präsidenten von Algerien nicht für hilfreich gehalten. Nach unserer Auffassung ist auch die Luftbrücke zur Versorgung mit militärischer Ausrüstung nicht nützlich gewesen. Wir glauben aber auch nicht, daß die bisher von der Sowjetunion getroffenen Maßnahmen so verantwortungslos sind, daß sie, wie ich am Montagabend erklärt habe, die Entspannung bedrohen. Wenn dieser Punkt erreicht ist, werden wir in dieser Krise wie auch schon in anderen Krisen nicht zögern, eine feste Haltung einzunehmen. Aber in diesem Augenblick bemühen wir uns noch darum, mäßigend auf den Konflikt einzuwirken. Gegenwärtig müssen wir gegenüber den Maßnahmen, die wir – ganz entschieden – mißbilligen, die relative Zurückhaltung in Rechnung stellen, welche die öffentlichen Medien in der Sowjetunion geübt haben und die im Verhalten ihrer Vertreter im Sicherheitsrat zum Ausdruck kommt.

Im Hinblick auf die sowjetische Luftbrücke verband ich in gleicher Weise Elemente der Bedrohung und der Zurückhaltung:

Gegenwärtig hält sich die sowjetische Luftbrücke in Grenzen. Ihr Umfang ist nicht gering. Es werden bedeutende Materialmengen herangebracht. Und sie muß danach beurteilt werden, wie weit sie die militärischen Operationen unmittelbar beeinflussen kann.

Was uns betrifft, so wissen Sie alle, daß zwischen uns und Israel eine militärische Beziehung besteht, die auch weiterbestehen wird. Und wir führen mit Israel Gespräche über die durch die jüngsten Ereignisse entstandene besondere Lage.

Ein Journalist fragte, ob es unsere Entscheidung, Israel mit Rüstungsmaterial zu versorgen, beeinflussen würde, wenn die Araber drohten, uns die Ölzufuhr abzuschneiden. Ich antwortete:

Wir haben uns in dieser Krise sehr ernsthaft darum bemüht, die arabischen Sorgen und die arabischen Auffassungen zu berücksichtigen. Andererseits müssen wir an dem von uns für richtig gehaltenen Kurs festhalten; wir werden die Folgen tragen.

Auf die Frage, ob die Vereinigten Staaten bereit seien, jetzt ebenso fest zu bleiben wie in der Jordanien-Krise von 1970, antwortete ich mit einer kaum verschleierten Warnung: »Die Situationen lassen sich niemals vergleichen, aber die Grundprinzipien, von denen sich unsere Politik während dieser Administration hat leiten lassen, bleiben unverrückt bestehen.« Am Schluß faßte ich die Strategie, die ich meinen Kollegen im vertrauten Kreis erläutert hatte, öffentlich wie folgt zusammen:

Wir haben nicht von uns aus nach Gelegenheiten zur Konfrontation in der Öffentlichkeit gesucht, durch die sich die Fronten verhärten und die es uns sehr erschweren könnten, eine Friedensregelung zu finden. Unsere Absicht ist es, die Feindseligkeiten so zu beenden, daß wir dabei mit allen Beteiligten und mit den ständigen Mitgliedern des Sicherheitsrates auch nach Beendigung der Feindseligkeiten in Verbindung bleiben, weil wir glauben, daß wir auf diese Weise den wertvollsten Beitrag zu einem gerechten und dauernden Frieden im Nahen Osten leisten können.

Am Freitagmorgen, am Ende der ersten Kriegswoche, sprach ich mit Nixon. Er war damit beschäftigt, sich nach einem neuen Vizepräsidenten umzusehen. Es war das erste Mal, daß ein amtierender Präsident seinen Nachfolger bestimmen konnte. Ich berichtete, wie es um die Möglichkeit stand, Transportmaschinen zu chartern, und daß wir den sowjetischen Waffenstillstandsvorschlag, der jetzt schon achtundvierzig Stunden alt war, auf Eis gelegt hatten.

Aber Dobrynin wurde jetzt unruhig. Während eines in gereizter Stimmung eingenommenen Mittagessens legte er mir eine nicht unterzeichnete Note vor, in der die »Überraschung« der sowjetischen Führung über meine Beschwerde darüber zum Ausdruck kam, daß die Sowjetunion mit öffentlichen Erklärungen die Araber unterstützte. Gaben denn nicht auch wir viele Erklärungen zur Unterstützung Israels ab? (Diese Frage war nicht ganz unbegründet, aber sie wich der Tatsache aus, daß die Araber die Feindseligkeiten eröffnet hatten.) Die Note erhob auch Einwände gegen die Verlegung unserer 6. Flotte in den östlichen Mittelmeerraum, die jetzt ebenso wie die sowjetische vor Kreta kreuzte. Das Geplänkel war an sich unbedeutend, sollte uns aber zeigen, daß die Sowjets ungeduldig wurden. Dobrynin horchte auf, als ich die Alarmierung der sowjetischen Luftlandedivision erwähnte. Nichts irritiert sowjetische Beamte so sehr wie der Beweis, daß unsere Nachrichtendienste etwas leisten können. Besonders Diplomaten ärgern sich darüber, wenn sie über militärische Maßnahmen ihrer eigenen Regierung nicht informiert worden sind. Dobrynin erwiderte erregt, daß der Sowjetunion die Bedrohung von Damaskus nicht gleichgültig bleiben könnte. Wenn Israel seinen Vormarsch fortsetzte, dann könnte die Lage außer Kontrolle geraten. Ich warnte ihn und sagte, daß wir uns jeder militärischen Intervention der Sowjetunion widersetzen würden, und so das mühsam geknüpfte Netz der amerikanisch-sowjetischen Beziehungen zerreißen könnte.

Vor meiner Pressekonferenz hatte Israel uns davon unterrichtet, daß es jetzt bereit sei, in Gespräche über einen Waffenstillstand an Ort und Stelle einzutreten. Ich hätte auf diese Zusage hin schon etwas unternehmen können, aber um sicherzugehen, daß wir dabei auf keine neuen Schwierigkeiten stießen, erkundigte ich mich, ob Israel Vorschläge für einen Zeitplan hätte. Um 15.15 Uhr teilte mir Shalev mit, daß es Israel am liebsten sein würde – es bestünde aber nicht darauf –, wenn der Sicherheitsrat über die Resolution nicht vor dem Nachmittag des folgenden Tages, des Samstags, abstimmte. Wir könnten jedoch nach eigenem Gutdünken sofort mit den Konsultationen beginnen. Am Nachmittag um 17.50 Uhr sagte ich Eban in New York, wir würden dafür sorgen, daß es nicht vor dem späten Samstagnachmittag zur Abstimmung käme. Um uns taktisch mit den Israelis abzustimmen, setzten wir für Samstagmorgen, dem 13. Oktober, um 9.00 Uhr – es war der achte Tag des Krieges – in Washington eine Sitzung an. Um 18.50 Uhr setzte ich mich mit dem britischen Botschafter, Lord Cromer, in Verbindung und machte ihm den Vorschlag, daß Großbritannien am nächsten Tag im Sicherheitsrat einen Waffenstillstand in den gegenwärtig eingenommenen Stellungen vorschlagen sollte. Cromer hielt die Idee für gut, hatte aber offenbar keine Anweisungen seiner Regierung. Wir würden also darauf warten müssen, was Premierminister Heath und der britische Außenminister, Sir Alec Douglas-Home, dazu sagten.

Um 19.00 Uhr bat mich der sowjetische Gesandte, Juli Worontsov, Dobrynin sofort zu empfangen, der mir eine »dringende« Note zu übergeben habe. Da Nixon um 21.00 bekanntgeben wollte, wer nach seiner Entscheidung Vizepräsident werden sollte, würde ich um 20.30 Uhr im Weißen Haus sein müssen. (Haig hatte mir am Nachmittag gesagt, daß es Gerald Ford wäre.) So konnte ich Dobrynin um 20.00 Uhr im Außenministerium empfangen und 15 Minuten mit ihm sprechen.

Um 19.45 Uhr teilte ich Dinitz mit, daß die Sowjets mir eine Note vorlegen würden. Er sagte mir, daß Israel wegen der versteckten sowjetischen Drohungen, die Dobrynin mir beim Mittagessen übermittelt hatte, in großer Sorge sei. Golda habe ihn ermächtigt, mir zu sagen, daß ich, wenn ich es für klug hielte, die Waffenstillstandsresolution noch am gleichen Abend einbringen sollte. Diesen Vorschlag lehnte ich ab. Niemand würde bereit sein, sich so kurzfristig auf dieses Verfahren einzulassen, und wenn die Vereinigten Staaten zeigten, daß sie solche Eile hatten, würde man versuchen, uns wieder unter Druck zu setzen. Ich sagte Dinitz, noch wichtiger sei jedoch, zu bedenken, »wenn man einmal bedroht worden ist, dann ist es besser, an dem einmal eingeschlagenen Kurs festzuhalten«.

Das war eine Grundregel, die ich stets zu befolgen suchte. Ein Staatsmann, der dafür bekannt ist, daß er sich einschüchtern läßt, fordert weitere Einschüchterungsversuche heraus. Wenn er jedoch den Ruf hat, angesichts von Drohungen hart zu bleiben, lassen sich zwar nicht alle Versuche, ihn unter Druck zu setzen, vermeiden, aber seine Gegner werden nur so weit gehen, wie sie es für unbedingt erforderlich halten. Niemand kann allen Konfrontationen ausweichen, wenn man aber vorsichtig und entschlossen manövriert, kann man es vermeiden, Konfrontationen zu provozieren, indem man entweder zu aggressiv oder zu nachgiebig ist.

Jetzt wurde es wirklich spannend. Entweder rechneten die Sowjets mit dem unmittelbar bevorstehenden Sieg, oder sie fürchteten die Demoralisierung ihrer Trabanten. Bevor Dobrynin zu mir ins Büro kam, war schon die erste öffentlich ausgesprochene Drohung Moskaus auf meinem Schreibtisch. Die sowjetische Nachrichtenagentur Tass griff das »kriminelle Vorgehen des israelischen Militärs« bei der Bombardierung ziviler Ziele in Syrien und Ägypten an, wobei es angeblich auch zu sowjetischen Verlusten gekommen war. In der Tass-Meldung hieß es, daß die Sowjetunion diese Aktionen nicht »gleichgültig« hinnehmen könnte. Als Dobrynin in bester Laune in meinem Büro erschien, brachte er nicht eine, sondern zwei Noten zum gleichen Thema mit. Die erste verurteilte die »barbarischen Bombenangriffe der israelischen Luftstreitkräfte auf friedliche Bevölkerungszentren in Ägypten und Syrien einschließlich von Damaskus«. In drohendem Ton hieß es dann, daß auch die israelischen Bevölkerungszentren nicht auf ewig immun bleiben würden. Die gleiche Note protestierte auch in scharfem Ton gegen einen Angriff israelischer Torpedoboote gegen ein sowjetisches Handelsschiff in einem syrischen Hafen. Die schärfste darin ausgesprochene Drohung lautete: »Die Sowjetunion wird selbstverständlich Maßnahmen ergreifen, die sie für notwendig hält, um ihre Schiffe und andere Transportmittel zu verteidigen.«

Die zweite sowjetische Note war eine reine Unverschämtheit. Die Sowjetunion hatte im Rahmen ihrer Luftbrücke nach Syrien und Ägypten innerhalb von drei Tagen etwa vierundachtzig Flugzeuge eingesetzt. Ich hatte seit dem 10. Oktober immer wieder dagegen protestiert, was die Sowjets nicht daran hinderte, uns vorzuwerfen, daß wir Israel mit Waffen belieferten. Sie bezogen sich dabei, wenn überhaupt auf irgend etwas, auf die sieben El Al-Maschinen, die zwischen den Vereinigten Staaten und Israel hin- und hergeflogen waren, um Kriegsmaterial nach Israel zu bringen. Die geplanten massiven amerikanischen Rüstungslieferungen waren noch gar nicht angelaufen.

Ich wies den Protest in kühlem Ton zurück. Dann sagte ich Dobrynin, daß wir schon mit Hafiz Ismail über die Bombenangriffe gesprochen hätten und alles tun würden, um die Bombardierung rein ziviler

Ziele zu unterbinden. Ich warnte den sowjetischen Botschafter jedoch und sagte, daß jede militärische Intervention von sowejtischer Seite – gleichgültig unter welchem Vorwand – auf die Abwehr durch amerikanische Streitkräfte stoßen werde. (An jedem anderen Tag wäre eine solche Drohung glaubwürdiger gewesen. Denn gerade an diesem Tag hatte der Kongreß ein Gesetz über die Vollmachten im Kriege, den sogenannten War Powers Act, verabschiedet, mit dem die Vollmachten des Präsidenten für die Verwendung amerikanischer Streitkräfte eingeschränkt werden sollten.) Dobrynin wies mich darauf hin, daß die Note die Bereitschaft Moskaus bestätigte, »die Ereignisse auf einen Waffenstillstand im Nahen Osten hinzuführen«, was uns schon vor zwei Tagen mitgeteilt worden sei. Ich sagte ihm, ich hätte Großbritannien gebeten, festzustellen, ob es möglich sei, morgen eine Resolution über einen Waffenstillstand im Sicherheitsrat einzubringen.

Kaum war Dobrynin gegangen, als Cromer mich anrief und sagte, daß London grundsätzlich bereit wäre, eine solche Resolution einzubringen, aber nur wenn es überzeugt sein könnte, daß sie angenommen würde. Whitehall bezweifelte, daß mein Vorschlag realistisch sei. Die britische Regierung glaubte, daß Ägypten einem Waffenstillstand nicht zustimmen werde, wenn Israel sich nicht einverstanden erklärte, auf die Grenzen von 1967 zurückzugehen. (Auch Ismail hatte uns das gesagt.) London hatte sogar gewisse Zweifel daran, daß Israel der Resolution zustimmen werde. Über diese Frage war ich besser orientiert; Israel lag sehr viel daran, daß die Verhandlungen über einen Waffenstillstand bald aufgenommen wurden. Da ich immer noch annahm, daß enge Beziehungen zwischen Kairo und Moskau bestünden, versicherte ich Cromer, Dobrynin werde ohne die Zustimmung Kairos nichts unternehmen. Ich könnte mich aber während der Zeremonie im Weißen Haus zur Amtsübergabe an den neuen Vizepräsidenten noch einmal bei Dobrynin erkundigen.

Jetzt hatte ich gerade noch Zeit genug, um Dinitz kurz vom Inhalt der sowjetischen Noten zu unterrichten. Ich sagte ihm, daß wir einen weiteren Flugzeugträger ins Mittelmeer schicken würden, und ich persönlich glaubte, obwohl ich es noch nicht mit dem Präsidenten besprochen hatte, daß wir intervenieren würden, wenn »sowjetisches Personal, Flugzeuge oder Bodentruppen in das Gebiet verlegt werden«. Ich verabredete mich mit Dinitz zu einem neuen Treffen gegen 23.00 Uhr.

Die Zeremonie im Ostzimmer des Weißen Hauses wurde zu einem unheimlichen Zwischenspiel im Rahmen des Dramas von Watergate. Die Teilnehmer waren die führenden Kongreßabgeordneten, die Kabinettsmitglieder, die ranghöheren Mitarbeiter im Stab des Weißen Hauses und die dienstältesten Angehörigen des Diplomatischen Corps (zu denen auch Dobrynin gehörte, der von allen in Washington akkreditierten Diplomaten seinen Posten am zweitlängsten innehatte). Die Stimmung war erwartungsvoll, als könnte der ostentative gute Wille aller Anwesenden ihre besorgten Zweifel übertönen, denn jeder wußte, daß die Verfassungskrise mit diesem Abend nicht beendet sein würde, sondern man noch immer mit dem Schlimmsten rechnen mußte. Daß die Wahl auf den beliebten Gerald Ford gefallen war, löste eine Welle der Begeisterung aus, die zunächst die Sorgen um die Zukunft eines Landes in den Hintergrund treten ließ, dessen Exekutive einen großen Teil ihrer Autorität verloren hatte. Fünfzehn Minuten lang verbarg jeder seine privaten Befürchtungen und Zweifel hinter dem herzlichen Gefühl für diesen so typischen Amerikaner, der, wie alle im Unterbewußtsein spürten, bald die Führung in unserem Land übernehmen würde. Aber leider endete die Euphorie mit der Einführungszeremonie.

Beim Hinausgehen sprach ich kurz mit Dobrynin. Ich sagte ihm, die Briten hätten den Eindruck, daß Sadat nicht für einen Waffenstillstand in den gegenwärtigen Stellungen sei. Dobrynin war um eine Antwort nicht verlegen. Mit der überlegenen Miene eines Mannes, der es wieder einmal mit der unheilbaren Verständnislosigkeit der Amerikaner zu tun hat, sagte er, natürlich hätte er nicht das Recht, uns eine feste Zusage zu machen und zu sagen, daß Ägypten einer Waffenstillstandsresolution zustimmen würde. Er könnte mir jedoch versichern, wenn wir die Resolution einbrächten, hätten wir eine »gute Chance«, daß Ägypten zustimmt. Ich hatte den Eindruck, er wollte damit sagen, die Sowjets wüßten, daß Ägypten nicht schon vorher zustimmen, sich aber mit einem ohne ägyptisches Mitwirken zustande gekommenen Waffenstillstand einverstanden erklären werde.

In diesem Sinne sprach ich auch mit Cromer, als ich ihn vom Inhalt meines Gesprächs mit Dobrynin unterrichtete. Cromer sagte, daß Home sich morgen früh mit mir in Verbindung setzen werde. Der Zeitunterschied zwischen London und Washington gab ihm noch acht Stunden für Konsultationen mit anderen Regierungen. Ich empfahl dringend, die Waffenstillstandsinitiative möglichst bald zu beginnen, »bevor eine dieser verrückten Parteien ihre Meinung ändert.«

Daß die Beteiligten ihre Meinung ändern könnten – wenn sie überhaupt einen Entschluß gefaßt hatten –, zeigte sich nicht nur in der Zweideutigkeit ihrer Reaktionen, sondern ging auch aus ihren militärischen Vorbereitungen hervor. Jetzt hatte es den Anschein, als wollte Ägypten anstatt des Waffenstillstands im Sinai eine neue Offensive beginnen, um aus dem Brückenkopf am Ostufer des Suez-Kanals auszubrechen. Die ägyptische Armee brachte ihre Artillerie hinüber, und es gab Berichte, daß zwei Panzerdivisionen folgen sollten. Ich glaubte immer noch nicht, daß Ägypten mit seinen Panzern den Schutzschirm der Flugabwehrraketen verlassen und weiter nach Osten vorstoßen würde, aber wenn ich mich irrte, war die Waffenstillstandsinitiative ein totgeborenes Kind. Auch die Sowjets brachten auf dem Luftwege immer größere Mengen Kriegsmaterial heran. Am Samstag, dem 13. Oktober, stellten wir fest, daß sie siebenundsechzig Versorgungsflüge unternahmen, die meisten nach Ägypten. Sollte den Ägyptern damit die Annahme des Waffenstillstands erleichtert werden, oder wollten die Sowjets den Waffenstillstandswillen der ägyptischen Armee stärken? Außerdem wurde uns gemeldet, daß die Sowjetunion um Erlaubnis gebeten hatte, den Iran auf dem Wege nach Irak oder Syrien mit Militärflugzeugen überfliegen zu dürfen. Der Schah hatte die Erlaubnis verweigert und nur einer Maschine die Genehmigung erteilt, die angeblich Ersatzteile für zivile Flugzeuge der Aeroflot nach Syrien bringen sollte. Auch wenn man daran zweifelte, daß dies wirklich der Auftrag der sowjetischen Maschine gewesen ist – wie ich es getan habe –, erkannte man, daß der Schah in der Stunde der Not auf unserer Seite stand, eine Haltung, die wir ihm nicht in angemessener Weise gedankt haben.

Während ich auf das Ergebnis der Konsultationen Homes wartete, erschien Dinitz am Freitagabend um 23.20 Uhr in meinem Büro im Weißen Haus und veranlaßte uns zu einer der entscheidensten Gegenmaßnahmen dieser Woche. Das Gespräch führte dazu, daß sich die Vereinigten Staaten bereit erklärten, die Versorgung der israelischen Armee mit Flugzeugen der amerikanischen Luftstreitkräfte zu übernehmen.

Das Büro des Sicherheitsberaters im Weißen Haus war vor drei Jahren aus dem Kellergeschoß in ein geräumiges Zimmer im Erdgeschoß verlegt worden, dessen hohe Fenster vom Boden bis zur Decke reichten. So wirkte der Raum größer, als er in Wirklichkeit war. Er schien unmittelbar in den Rasenplatz überzugehen, der das Weiße Haus mit der Pennsylvania Avenue verband. Wenn man hinausblickte, sah man die Lichter der vorüberfahrenden Kraftfahrzeuge, ohne von dem Verkehrslärm gestört zu werden. In dieser friedlichen Atmosphäre unterrichtete mich Dinitz über die militärische Lage im Kampfgebiet. Zunächst gab er mir einen Überblick über die Gliederung der an der Front eingesetzten Truppen und erklärte dann zum wiederholten Mal die Bereitschaft Israels, über einen Waffenstillstand in den erreichten Stellungen zu verhandeln. Es dauerte ein paar Minuten, bis wir die Lage auf der Karte festgelegt hatten. Aber dann erkannte ich plötzlich, daß die israelischen Streitkräfte an diesem Tag nicht sehr weit vorangekommen waren. Meine Verzögerungstaktik auf diplomatischer Ebene war umsonst gewesen, was zum folgenden Wortwechsel führte:

Kissinger: Wollen Sie, daß wir noch heute abend (mit den Verhandlungen) beginnen? Sind Sie heute zur Offensive angetreten? Ich habe nicht den Eindruck.

Dinitz: Nein.

Kissinger: Wenn wir Ihre Maßnahmen besser synchronisieren könnten – ich denke, es wird nicht mehr so dringend sein, wenn es morgen zu keinen weiteren militärischen Schritten kommt. Hätte ich gewußt, daß die Offensive heute nicht begonnen hat, dann hätte ich früher angefangen.

Dinitz: Ich muß Ihnen sagen: Die Entscheidung, ob wir eine neue Offensive beginnen oder nicht, hängt von unseren Fähigkeiten ab. Wir haben angenommen, bis zu diesem Zeitpunkt die notwendigen Mittel zur Verfügung zu haben – die Bomben, die Fernlenkwaffen usw.

Kissinger: Ich habe das auch geglaubt. Wo genau liegt das Hindernis?

Dinitz sagte, er hätte um 18.00 Uhr ein schwieriges Gespräch mit Schlesinger geführt, und der Verteidigungsminister hätte keine klare Entscheidung über die Waffenlieferungen treffen können. Das überraschte mich. Noch am Nachmittag um 17.40 Uhr hatte mir Schlesinger gesagt, daß er Dinitz ein umfangreiches Paket mit Kriegsmaterial im Wert von fünfhundert Millionen Dollar anbieten werde, darunter sechzehn Phantom-Jagdmaschinen vom Typ F-4, dreißig Maschinen vom Typ A-4 Skyhawk, hundertfünfundzwanzig Panzer (darunter fünfundsechzig des Modells M-60), die Ausrüstung mit Fernlenkwaffen vom Typ Hawk für drei Bataillone und »eine Menge anderes Material«. Ich hatte Schlesinger sogar gesagt, er sollte durchblicken lassen, daß die Israelis diese Lieferungen auch dem Weißen Haus zu verdanken hätten. Jetzt beklagte sich Dinitz darüber, daß das schwere Kriegsmaterial zu spät eintreffen werde und die Charterflugzeuge, die Verbrauchsmaterial heranbringen sollten – das für die Gegenoffensive benötigt wurde –, drei Tage später eintreffen würden als vorgesehen. Dinitz wies besonders darauf hin, daß die Munition knapp würde. Wenn der Munitionsnachschub nicht klappte, dann würde Israel seine Vorräte in zwei bis drei Tagen verbraucht haben. Die Offensive an der syrischen Front müßte verlangsamt werden, und die Truppen an der Sinai-Front befänden sich in großer Gefahr.

Der Bericht von Dinitz enthielt Einzelheiten, die mir nicht ganz verständlich waren. Seit dem frühen Morgen hatte er dringend nach einem Waffenstillstand verlangt, ohne uns zu sagen, daß die israelische Armee bestimmte Ausrüstungsgegenstände brauchte oder die Munition knapp sei. (Nach einem Bericht des militärischen Nachrichtendienstes, der am folgenden Morgen eintraf, konnte Israel seine Operationen, wenn der Munitionsverbrauch der gleiche blieb, noch weitere zehn Tage fortsetzen.) Andererseits hatten sich frühere Schätzungen der Nachrichtendienste als sehr unzuverlässig erwiesen, aber auch wenn die Zahlen im allgemeinen stimmten, bestand die Möglichkeit, daß bestimmte dringend benötigte Ausrüstungsgegenstände fehlten. Wir durften daher kein weiteres Risiko eingehen.

Ich rief sofort bei Schlesinger an, der es nicht glauben wollte, daß die israelische Armee plötzlich ihre Munition verschossen hätte, ohne uns etwas davon zu sagen. (Wenige Stunden später sprach er mit Haig und sagte ihm, daß er das ganze für ein Manöver mit dem Ziel hielte, uns noch fester an Israel zu binden, nicht aber für eine militärische Notwendigkeit.) Aber darauf kam es jetzt nicht mehr an. Nur entschlossenes Handeln konnte die durch die Sowjets herbeigeführte allmähliche Eskalation eindämmen und die Araber dazu bewegen, einem Waffenstillstand zuzustimmen, bevor sich der Konflikt auf andere Staaten ausdehnte.

Nachdem wir mit Haig Rücksprache gehalten hatten, beschlossen Schlesinger und ich um 0.50 Uhr, drei vorläufige Maßnahmen zu ergreifen: Wir wollten zehn Transportflugzeuge vom Typ C-130, die wir Israel schon zugesagt hatten, mit Munition beladen lassen und ins Kampfgebiet schicken. Weiteren Nachschub wollten wir auf die Azoren bringen, wo die Israelis das Material abholen konnten. Damit verkürzte sich die Entfernung, die ihre Flugzeuge zurücklegen mußten, und sie konnten eine größere Ladung mitnehmen, weil sie weniger Treibstoff brauchten. Schließlich wollten wir uns auch weiterhin um Charterflugzeuge bemühen. Ich wies Schlesinger darauf hin, daß diejenigen, die eine Reaktion der Araber fürchteten, daran denken sollten, daß unsere Beziehungen zu den arabischen Staaten am meisten durch eine Verlängerung des Krieges und die dadurch entstehende Radikalisierung des ganzen Gebiets gefährdet würden. Schlesinger stimmte mir zu. Kurz nach 1.00 Uhr unterrichtete ich Dinitz von unseren Entschlüssen.

Was die Charterflugzeuge betraf, so mußte jetzt entschieden werden, ob sie von Isarel oder von der Regierung der Vereinigten Staaten gechartert werden sollten. Vielleicht sollten wir amerikanische Militärflugzeuge verwenden, wie etwa das Langstreckenflugzeug Jumbo C-5A. Nach wenigen Stunden Schlaf traf ich mich am Samstagmorgen, dem 13. Oktober, kurz mit Abba Eban. Jerusalem hatte ihn über die Einzelheiten der Gespräche am gestrigen Abend noch nicht unterrichtet (jetzt befand er sich allerdings in Begleitung von Dinitz). Deshalb besprachen wir noch einmal alle Aspekte der Versorgung über eine Luftbrücke. Eban glaubte nicht, daß die arabischen Staaten anders reagieren würden, wenn wir anstelle von Charterflugzeugen Maschinen der amerikanischen Luftstreitkräfte einsetzten. Um diese Frage ging es in erster Linie auf der Sondersitzung der WSAG, die um 10.30 Uhr im Lagezimmer des Weißen Hauses einberufen wurde.

Vor der Sitzung sprach ich noch mit Nixon. Er war bester Stimmung und freute sich, daß er mit Fords Ernennung einen Überraschungseffekt erzielt hatte. Er glaubte, daß der neue Vizepräsident uns in nächster Zeit im Kongreß nützlich sein könne. Seine Entscheidung werde die Befürworter einer Anklage wegen Amtsmißbrauchs besänftigen, weil der Kongreß es nicht riskieren würde, einem angeblich unerfahrenen Mann die Verantwortung für die Außenpolitik aufzubürden – ein Symptom dafür, wie falsch Nixon immer noch die Entschlossenheit der Kräfte einschätzte, die jetzt gegen ihn aufmarschiert waren, und wie wenig er begriffen hatte, daß das Vertrauensverhältnis, das die Regierungsfähigkeit eines jeden Präsidenten wesentlich mitbestimmt, endgültig zerstört war. Schließlich glaubte Nixon auch, daß Ford seiner Absicht, John Connally für 1976 als seinen Nachfolger zu bestimmen, nicht im Wege stehen werde.

Wie immer nach einem erfolgreichen Auftritt in der Öffentlichkeit befand sich Nixon in Hochstimmung. Der Beifall, mit dem seine kurze, aber sehr geschickte Rede am vergangenen Abend begrüßt worden war, klang ihm noch in den Ohren. Dabei begriff er nicht, daß der Applaus in erster Linie Ford gegolten hatte. Auch wußte er noch nicht, daß sein Schicksal sich nicht mehr durch taktische Manöver wenden ließ. Nixon befand sich jetzt in einer so unglücklichen Lage, daß Fords Ernennung zum Vizepräsidenten seinen Sturz beschleunigen und nicht aufhalten würde, auch wenn Ford ein so unbedeutender Mann war, wie Nixon es glaubte – und das war er mit Sicherheit nicht. Wenn die Demokraten annehmen durften, daß sie Nixons Nachfolger in den Präsidentschaftswahlen von 1976 schlagen konnten, dann mußte ihnen um so mehr an Nixons Amtsenthebung gelegen sein.

Als wir uns der Luftbrücke zuwendeten, zeigte Nixon wieder die gewohnte Energie. Das Pentagon hatte indessen drei große Transportflugzeuge vom Typ C-5A bereitgestellt, die jeweils eine Ladung von sechzig bis achtzig Tonnen direkt nach Israel fliegen konnten. Nixon stimmte diesem Vorschlag sofort zu. »Tun Sie es jetzt!« rief er aus.

Damit kam die WSAG auf ihrer Sitzung am Samstagvormittag zu einem klaren Entschluß. Die Teilnehmer waren Schlesinger, sein Stellvertreter Bill Clements, Admiral Moorer, Ken Rush, Bill Colby und ich. Ich eröffnete die Diskussion damit, daß ich im Namen des Präsidenten erklärte, jede weitere Verzögerung müßte mit dem Freispruch des Schuldigen enden. Im übrigen beschäftigten wir uns auf der ganzen Sitzung ausschließlich mit den technischen Einzelheiten der Luftbrücke. Wir waren alle der Auffassung, daß es für uns am günstigsten wäre, wenn Israel die Flugzeuge charterte. Aber wie die Dinge lagen, würden wir die Flugzeuge im Namen der Regierung der Vereinigten Staaten chartern müssen. Der Unterschied zwischen diesem Verfahren und der Bereitstellung amerikanischer Militärflugzeuge war so gering, daß er gegenüber den Arabern kaum ins Gewicht fallen dürfte. Schließlich beschlossen wir, die Lieferung der F-4-Phantom-Jäger wesentlich zu beschleunigen. Israel sollte am Sonntag zehn und am Montag mindestens vier Maschinen bekommen. Schlesinger meldete der WSAG, daß die ersten dieser Flugzeuge schon unterwegs seien.

Um 12.30 Uhr konnte ich Dinitz mitteilen, daß wir die C-5A-Transportmaschinen direkt nach Israel fliegen würden, bis die Frage nach den Charterflugzeugen geklärt sei, daß das auf den Azoren lagernde Material, soweit es nicht von der El Al abtransportiert werden konnte, mit amerikanischen Maschinen vom Typ C-141 nach Israel gebracht werden würde und daß Israel sofort vierzehn Phantom-Jäger des Typs F-4 bekommen werde.

Am Sonntagmorgen – vierundzwanzig Stunden nach Einrichtung der Luftbrücke – empfahlen wir Nixon, die ganze Operation mit Maschinen der amerikanischen Luftstreitkräfte durchführen zu lassen. Nixon war wie immer mit der Watergate-Krise beschäftigt. »Wir werden immer die gleichen Vorwürfe zu hören bekommen, ob wir nun drei oder dreihundert Flugzeuge einsetzen«, sagte er mir, als wir über die C-5A sprachen. Er hatte recht.

Die Rüstungslieferungen an Israel haben in der amerikanischen Innenpolitik zu erheblichen Kontroversen geführt, und die dahinter stehende Strategie ist von einander widersprechenden Beschuldigungen und Dementis verschleiert worden. Es ist deshalb notwendig, noch einmal im einzelnen darzustellen, wie sich die Lage nach Golda Meirs dramatischem Appell vom Dienstagmorgen, dem 9. Oktober, entwickelt hat. Am Abend des 9. Oktober hatten wir Israel zugesagt, daß die in den Kämpfen eingetretenen Materialverluste ersetzt werden würden. Auf diese Zusicherung hin hatte die israelische Armee den Verbrauch von Kriegsmaterial gesteigert, was unsren Absichten entsprach. Die israelischen Voraussagen verführten uns zunächst zu der Annahme, daß die Entscheidungsschlacht am Mittwoch vorüber sein würde. Nach einer neuen israelischen Lagebeurteilung verschob sich dieser Termin auf den Samstag. Zu diesem Zeitpunkt sollten die Bemühungen um den Waffenstillstand entsprechend dem Vorschlag von Dobrynin vom Mittwochmorgen schon begonnen haben, und wir rechneten damit, daß Israel am Freitag seine Zustimmung geben würde. Deshalb glaubte niemand, daß zwingende militärische Gründe uns daran hinderten, inzwischen nach den besten Methoden für die Belieferung Israels mit Kriegsmaterial zu suchen, die unsere Interessen in der arabischen Welt und die Abhängigkeit der Industriestaaten vom importierten arabischen Öl am wenigsten gefährdeten. Die Pflicht der für unsere nationale Sicherheit Verantwortlichen war es, alle wesentlichen Gesichtspunkte in einem Gesamtplan zu berücksichtigen.

Ich habe immer wieder und energischer als meine Kollegen auf die Beschleunigung der Lieferungen gedrängt, aber nicht weil ich glaubte, daß dieses Material den Ausgang der gegenwärtigen Kämpfe entscheidend beeinflussen könnte, sondern weil ich der sowjetischen Luftbrücke demonstrativ etwas entgegensetzen wollte. Das israelische Grundproblem bestand jedoch nicht darin, wie rasch unsere Rüstungslieferungen erfolgten, sondern in der durch die Erinnerung an große Siege erzeugten Selbstzufriedenheit. Die israelische Strategie war von der Voraussetzung ausgegangen, daß sich die Erfolge des Blitzkrieges von 1967 wiederholen ließen. Unterdessen hatten die arabischen Länder gelernt, daß sich ihre Lage, wenn sie die ersten Schlachten nicht verloren, in einem Ermattungskrieg ständig verbessern würde. Ihre Verteidigungsstellungen mußten zwar in einigen Abschnitten zurückgenommen werden, wurden aber nicht durchbrochen, und sie brachten ihrem Gegner Verluste bei, die ein kleines Land mit weniger als drei Millionen Einwohnern, auch wenn es noch so heldenhaft kämpfte, kaum ertragen konnte. Erst als Israel seine Taktik in der zweiten Kriegswoche den Gegebenheiten anpaßte und dabei durch schwere strategische Fehler Ägyptens und die psychologische Auswirkung der massiven amerikanischen Rüstungslieferungen unterstützt wurde, wendete sich das Kriegsglück entscheidend.

Glückliche Umstände sorgten schließlich dafür, daß die massive amerikanische Luftbrücke in einem diplomatischen Kontext eingerichtet werden konnte, innerhalb dessen diese Maßnahme die Leidenschaft der Araber nicht so stark erregte, wie wir zunächst befürchtet hatten. Nach dem 13. Oktober konnten wir die massive Belieferung Israels als Reaktion auf die sowjetische Luftbrücke darstellen und damit begründen, daß Moskau seine Zusage, selbst die Initiative für einen Waffenstillstand ergreifen zu wollen, nicht eingehalten hatte. Denn als wir begannen, Dobrynins Vorschlägen vom Mittwoch, dem 10. Oktober, zu folgen, blieben unsere Bemühungen erfolglos.

13./14. Oktober: Der Waffenstillstand kommt nicht zustande

Nach dem am Freitagabend mit den Briten geführten Gespräch hatte ich damit gerechnet, am Samstagmorgen, dem 13. Oktober, ihre klare Stellungnahme zu der von den Sowjets vorgetragenen Waffenstillstandsinitiative zu bekommen. Dieser Plan sah vor, daß Großbritannien am gleichen Spätnachmittag im Sicherheitsrat der Vereinten Nationen eine Resolution für einen Waffenstillstand in den erreichten Stellungen einbringen sollte. Ich war beunruhigt, als wir bis 9.30 Uhr noch nichts gehört hatten, denn zu dieser Zeit war es im Nahen Osten schon Spätnachmittag, und die Konsultationen von Sir Alec müßten abgeschlossen sein.

Ich rief deshalb Dobrynin an und sagte ihm, wenn sich die Briten bis Mittag nicht entschieden haben sollten, würden wir Australien bitten, die Waffenstillstandsresolution einzubringen. Dobrynin sagte, daß er vorher in Moskau anfragen müßte, aber »ich kann wirklich nicht erkennen, daß das etwas an der Lage ändern würde«. Ich sagte ihm, es lägen beunruhigende Anzeichen dafür vor, daß man mit einer ägyptischen Offensive an der Sinai-Front rechnen müßte, und warnte, daß irgendwelche Täuschungsmanöver unseren Beziehungen schweren Schaden zufügen könnten. Dobrynin meinte, daß wir an dem vereinbarten Kurs festhalten sollten, gleichgültig, welche unvorhergesehenen Maßnahmen eine der beiden Parteien ergriffe. Es gäbe keine unüberbrückbaren Hindernisse, die gegen eine gemeinsame Stimmenthaltung bei einem Aufruf zum Waffenstillstand durch den Sicherheitsrat spräche.

Kaum hatte ich das Gespräch mit Dobrynin beendet, als Sir Alec mich anrief. Um zu verstehen, welchen Einfluß er hatte, muß ich kurz sagen, wie wir ihn einschätzten. Zwar war er kein Analytiker, aber doch einer der klügsten Männer, die ich kennengelernt habe. Er gehörte zu den seltenen Staatsmännern, deren Integrität sogar ihre Kritiker entwaffnet. Seine Anständigkeit erschien so selbstverständlich, daß er es nicht nötig hatte, besonders darauf hinzuweisen. Weil er absolut vertrauenswürdig war, hatten seine Worte Gewicht, auch wenn das, was er sagte, schmerzlich war. Seine Urteilsfähigkeit zwang uns, seine Auffassungen bei allen Konsultationen zu berücksichtigen. Ein Staatsmann sollte sich mehr auf in der Praxis verwirklichte Wertvorstellungen als auf nur mit Worten artikulierte Annahmen verlassen. Home verstand es, uneingeschränktes Vertrauen zu wecken. Seine Äußerungen wirkten ungewöhnlich zurückhaltend; er führte seinen Gesprächspartner in einem gründlichen und an den Kern der Sache gehenden Dialog, ohne daß dieser es gewahr wurde, zu den gewünschten Schlüssen. Er war ein vorbehaltloser Freund der Vereinigten Staaten. Er setzte sich ebenso wie wir für das Ideal der Freiheit ein, und es gab buchstäblich niemanden, dem wir mehr vertrauten.

Home hielt den Waffenstillstand in den jetzt besetzten Stellungen für eine Fata Morgana. Sadat würde sich mit nichts anderem zufrieden geben, als der Verpflichtung Israels, sich auf die Grenzen von 1967 zurückzuziehen. Unsere Vorschläge würden daher nicht angenommen werden, wenn sich Moskau nicht bereit erklärte, Sadat unter Druck zu setzen, indem es die Militärhilfe für Ägypten einstellte. Doch Home zweifelte daran, daß die Sowjets so weit gehen würden. Er machte statt dessen einen Kompromißvorschlag, zu dem ein Waffenstillstand in den gegenwärtigen Stellungen und der Einsatz einer internationalen Polizeitruppe in den übrigen besetzten Gebieten gehörten. Diesen Maßnahmen sollte eine internationale Konferenz folgen. Es bestand jedoch keine Chance, daß Israel auf diesen Vorschlag eingehen würde, der für die Israelis in gewisser Weise auch noch ungünstiger war als die von Sadat aufgestellten Forderungen. Schließlich bedeutete die Präsenz einer internationalen Polizeitruppe den Rückzug der Israelis auf die

Grenzen von 1967 unmittelbar nach Inkrafttreten solcher Beschlüsse, während Sadat nur das grundsätzliche Einverständnis Israels mit diesem Schritt verlangte. Ich sagte Home daher, daß seine Vorschläge zu kompliziert seien und wir sie nicht unterstützen würden. (Schon nach einer Stunde teilte ich Cromer mit, er sollte Home berichten, daß wir dagegen unser Veto einlegen würden.)

Ich erklärte Home, daß Dobrynins vorläufiger Vorschlag sich offenbar auf die Annahme stützte, Sadat werde sich nicht schon vorher mit einem Waffenstillstand einverstanden erklären, aber einem von den Supermächten getragenen Beschluß des Sicherheitsrats nachkommen. Ich konnte mir nicht vorstellen, daß die Sowjets unser Vertrauen durch bewußt falsche Informationen über die vorhandenen Möglichkeiten aufs Spiel setzen könnten – besonders weil sich die Unrichtigkeit ihrer Behauptungen sofort würde nachweisen lassen. Was konnten sie dabei gewinnen? Ich muß gestehen, daß ich diese Frage auch heute noch nicht beantworten kann. Was also konnte Großbritannien verlieren, wenn es diese Hypothese auf die Probe stellte und eine Waffenstillstandsresolution einbrachte? Home fürchtete, daß ein Vorgehen ohne Sadats vorherige Zustimmung Großbritannien in der arabischen Welt schaden werde, ohne uns etwas zu nützen. Er erklärte sich jedoch bereit, noch einmal in Kairo nachzufragen, um festzustellen, ob meine Hypothese richtig sei.

Ich unterrichtete Dobrynin sofort von Homes negativer Haltung. Dobrynin konnte es nicht begreifen. Er bestätigte noch einmal, daß sich die Sowjetunion unabhängig von Sadats Ansichten bei der Abstimmung über den Waffenstillstand der Stimme enthalten werde. Aber die Schwierigkeit lag jetzt darin, daß Großbritannien keine Resolution einbringen würde, die Sadat ablehnte. »Vielleicht sollten wir uns jetzt an Australien wenden«, schlug Dobrynin vor. Ich sagte ihm, daß wir vielleicht so vorgehen würden, nachdem wir uns noch einmal mit Home in Verbindung gesetzt hatten.

Gegen 13.40 Uhr rief mich Dobrynin wieder an und teilte mir zu meiner Überraschung mit, daß die »australische Variante keine wirklich gute« wäre – was mir ganz unverständlich war. Wenn Moskau einen Waffenstillstand wünschte und überzeugt war, die Zustimmung Sadats gewinnen zu können, dann mußte es gleichgültig sein, wer den Resolutionsantrag stellte. Die Weigerung, Australien einzuschalten, konnte nur bedeuten: Der Kreml war zu dem Schluß gekommen, daß Home Sadat richtig beurteilt hatte und die Sowjets jetzt nicht Homes Mißfallen erregen wollten. (Es sei denn, das ganze war von Anfang an ein Täuschungsmanöver gewesen.) Ich sagte Dobrynin, er dürfte nicht vergessen, daß es in der Außenpolitik »keine leichten Siege gibt«.

Während ich auf die britische Antwort wartete, sagte ich Scowcroft, daß er weitere Lieferungen von Rüstungsmaterial vorbereiten sollte. Wenn es nicht gelang, einen Waffenstillstand auszuhandeln, weil sich die Sowjetunion jetzt weigerte, mit uns zusammenzuarbeiten, dann mußte der Grund darin liegen, daß die Sowjets mit einem arabischen Sieg rechneten oder nicht bereit waren, auf einen Kompromiß einzugehen. In beiden Fällen wußte ich genau, was wir zu tun hatten. Wir mußten eine militärische Lage schaffen, welche die Hauptbeteiligten zwang, ihre Haltung zu überdenken: »Wir dürfen es nicht zulassen, daß Israel den Krieg verliert. Wenn die sowjetische Seite gewinnt, wird die Sache für uns sehr unangenehm.« Ich sagte Haig, wenn die Bemühungen um einen Waffenstillstand scheitern sollten, müßten wir die Luftbrücke bis zur höchsten Kapazität steigern und alle verfügbaren Flugzeuge einsetzen, ohne auf mögliche Konfrontationen Rücksicht zu nehmen. Dann könnten wir erst wieder Gespräche aufnehmen, wenn die Kämpfe eine entscheidend neue Wendung genommen hatten.

Am Nachmittag des 13. Oktober um 15.35 Uhr rief mich Home an und teilte mir die endgültige britische Entscheidung mit: Sadat lehnte jede Art von Waffenstillstand ab. Wenn die Resolution gegen seine Vorbehalte eingebracht würde und man damit rechnen müßte, daß der Sicherheitsrat sie annahm, weil sich die Sowjetunion und die Vereinigten Staaten der Stimme enthielten, würde Sadat die Chinesen bitten, ihr Veto einzulegen. Der französische Botschafter beurteilte Sadats Haltung ebenso. Home fragte, ob hinter unseren Überlegungen die Entspannungspolitik stünde. Ich sagte ihm: »Die Entspannung ist kein Selbstzweck. Ich glaube, daß die Entwicklung uns jetzt auf eine Konfrontation zutreibt.«

Alle Nachrichten, die wir jetzt erhielten, schienen in diese Richtung zu weisen. Die ägyptische 21. Panzerdivision – die Sadat bisher in Reserve gehalten hatte – hatte den Suez-Kanal überschritten. Wenigstens eine zweite Panzerdivision stellte sich bereit, ihr über den Kanal zu folgen.

Die Würfel waren gefallen. Wir waren an einen Punkt gelangt, an dem jedes weitere Manövrieren selbstmörderisch sein und jedes Zögern katastrophale Folgen haben konnte. Es war nicht möglich, die Gegner zur Beendigung des Krieges zu veranlassen, indem man sie aufforderte, ihre Interessen abzuwägen; auch die Sowjets waren nicht bereit, uns darin zu unterstützen. Alles, was wir im Interesse der Beteiligten tun konnten, war, eine Entscheidung zu erzwingen. Deshalb entschlossen wir uns zur massiven Nachrüstung der israelischen Armee. Wir waren bereit, die Konfrontation zu riskieren, und würden die diplomatischen Gespräche erst wiederaufnehmen, wenn kein Zweifel mehr daran bestand, daß sich eine Lösung nicht erzwingen ließe.

Eine Versöhnung ist nur sinnvoll, wenn angenommen werden kann, daß man eine Alternative hat. Als wir beschlossen, Israel mit weiteren massiven Lieferungen von Kriegsmaterial zu unterstützen, konnten wir nicht wissen, ob die Frustration der arabischen Staaten in erbitterte Feindschaft umschlagen werde oder ob die Sowjetunion die Herausforderung annehmen und einen Block von Ländern organisieren würde, die in der ganzen Region gegen unsere Interessen zusammenarbeiteten. Aber wir hatten keine Alternative. Wenn die von den Sowjets bewaffneten Staaten den Krieg gewannen, dann würde die Sowjetunion den Verlauf aller diplomatischen Bemühungen nach dem Krieg diktieren. Wenn Israel keine Entscheidung erzwang, dann würde es in einem Zermürbungskrieg zerrieben werden, in dem sogar israelischer Mut und Erfindungsgeist nichts dagegen ausrichten konnten, daß sich das kleine israelische Volk einer dreißigfachen Überlegenheit gegenüber sah.

Aber die Ereignisse der vergangenen Woche hatten auch gezeigt, daß unsere Diplomatie auf einer sehr unsicheren Basis stand. Wenn wir eine Entscheidung erzwangen, würden wir mit Israel allein dastehen und in den Vereinten Nationen isoliert sein. Was wir auch von der Doppelzüngigkeit oder Unaufrichtigkeit der Sowjets halten mochten, und im Augenblick waren sie nicht besonders freundlich, bisher hatten sie noch nicht versucht, uns in eine wirklich unangenehme Lage zu bringen. Sie hatten sich nicht hinter die ägyptische Forderung gestellt, den Waffenstillstand mit der Rückkehr zu den Grenzen von 1967 zu verknüpfen, was uns gezwungen hätte, gegen eine für die Araber heilige Forderung ein Veto einzulegen. Aber Moskau hatte uns auch in keiner Weise geholfen. Wir hatten es jetzt mit einer ganzen Kombination von Faktoren zu tun, mit arabischem Druck, europäischen Befürchtungen und sowjetischem Opportunismus, der sich darum bemühte, die Risiken für die Araber zu verringern. Ägypten und Syrien würden, wenn die Lage für sie zu gefährlich werden sollte, immer eine Mehrheit für einen Waffenstillstand finden. Und wir würden auf die Dauer nichts dagegen unternehmen können, ohne einen enormen politischen Preis dafür bezahlen zu müssen.

Ich unterrichtete Dinitz von unserer Entscheidung, die Luftbrücke so weit zu verstärken, wie es in unseren Kräften stand, und zwar ausschließlich mit amerikanischen Militärflugzeugen. Dabei verlangte ich, daß Israel seine Offensivoperationen verstärkte, um sie achtundvierzig Stunden nach Beginn der Beratungen im Sicherheitsrat abzuschließen – wann immer das sein mochte. Länger würden wir diese Beratungen nicht hinauszögern können, und wir konnten auch ein Veto gegen einen Beschluß nicht rechtfertigen, den wir, wie viele Nationen wußten, noch vor kurzer Zeit selbst befürwortet hatten.

Das Verhalten der Sowjetunion blieb rätselhaft. Hatten die Sowjets uns nur hingehalten und niemals wirklich die Absicht gehabt, einen Waffenstillstand herbeizuführen? Hatten sie mit ihren Manövern den Krieg verlängern wollen? Ich machte Dobrynin diesen Vorwurf, als ich ihm sagte, daß die Briten sich geweigert hätten, eine Waffenstillstandsresolution einzubringen. Er wehrte zwar ab, fragte mich jedoch, was die Sowjets mit einer solchen Taktik bezwecken könnten. Das gab auch mir zu denken, und deshalb behauptete ich, ohne selbst davon überzeugt zu sein, daß wir morgen mit einer ägyptischen Offensive rechnen müßten. Es hatte keinen Sinn zu sagen, daß ich es wußte. Wir hatten das Vorgehen im Sicherheitsrat zweiundsiebzig Stunden lang verzögert, um den Israelis bei ihrer Offensive in Syrien zu helfen. Die Sowjets waren am Mittwoch bereit gewesen, dem Waffenstillstand zuzustimmen. Dobrynin, der sich nie etwas vormachen ließ, hatte unsere Strategie durchschaut. Nun fragte er mich, ob ich sagen wollte, daß die Sowjetunion die Dinge verzögert hätte, damit Israel die Syrer schlagen könnte? »Das ist eine sehr interessante Annahme.« Wie ich schon gesagt habe, behauptet Sadat in seiner Autobiographie, daß die Sowjets ihn vom ersten Kriegstage an gedrängt hätten, einem Waffenstillstand an Ort und Stelle zuzustimmen. Die sowjetischen Rüstungslieferungen für Ägypten begannen erst am Donnerstag, dem 11. Oktober, und es handelte sich dabei nicht um große Mengen, bis zum Samstagmorgen, dem 13. Oktober, also eine Woche nach Kriegsbeginn.

Wahrscheinlich haben die Sowjets versucht, die Vorteile miteinander zu verbinden, die sich aus den verschiedenen Entscheidungsmöglichkeiten für sie ergab. So wollten sie auf die Entspannungspolitik gegenüber den Vereinigten Staaten nicht verzichten, wollten ihre arabischen Freunde so weit unterstützen, daß sie, wenn alles gutging, bewiesen hatten, wie notwendig ihre Hilfe gewesen sei, aber sie waren nicht bereit gewesen, weit genug zu gehen, um eine Konfrontation mit den Vereinigten Staaten zu riskieren. Vielleicht hat der Kreml auch damit gerechnet, daß es die Position der Sowjetunion im Nahen Osten stärken werde, wenn die sowjetische Führung uns in einen Waffenstillstand lockte, solange die arabischen Armeen mit Hilfe sowjetischer Waffen Geländegewinne gemacht hatten und bevor die israelische Gegenoffensive zu greifbaren Ergebnissen geführt hatte. Auch noch am 13. Oktober, nachdem Israel im Kampf gegen die Syrer erfolgreich gewesen war, wäre Ägypten bei einem Waffenstillstand in einer sehr starken militärischen Lage gewesen. Aber entweder überschätzte Sadat seine eigenen Erfolge, oder er fühlte sich verpflichtet, das mit ihm verbündete Syrien vom feindlichen Druck zu entlasten. Mit den Syrern hatten wir keinen unmittelbaren Kontakt, aber es wäre ganz untypisch gewesen, wenn sie sich weniger hartnäckig gezeigt hätten als ihr Verbündeter und Rivale in Kairo. Die Europäer wollten sich die Gunst der Araber nicht verscherzen und haben damit objektiv die arabische Euphorie angeheizt. Die Sowjets waren nicht bereit, Sadat so weit unter Druck zu setzen, daß er in dieser Lage auf einen Waffenstillstand einging.

Es ist falsch, die strategischen Einsichten des Gegners zu überschätzen, aber ebenso gefährlich, sie zu unterschätzen. Zu Beginn haben die Vereinigten Staaten und die Sowjetunion tatsächlich vergleichbare strategische Ziele verfolgt. Beide wollten ihre Freunde in die Lage versetzen, auf dem Schlachtfeld die Oberhand zu gewinnen. Als sich ein militärisches Patt entwickelte, unterstützten beide ihre Freunde mit Kriegsmaterial. Wir haben früher damit begonnen, und zwar am Sonntag, als wir den Einsatz von El-Al-Maschinen genehmigten. Die Sowjets richteten am Mittwoch ihre Luftbrücke ein und transportierten dabei größere Mengen von Kriegsmaterial als wir. Wenn der Versuch, Chartermaschinen aufzutreiben, die Angelegenheit nicht verzögert hätte, dann hätten wir am Donnerstagabend oder am Freitagmorgen entsprechende Lieferungen auf den Weg gebracht. Am Sonntag waren die von uns gelieferten Mengen an Kriegsmaterial größer als die sowjetischen.

Aber wir konnten zwei Pluspunkte für uns verbuchen. Unser Verbündeter war am Schluß stärker und konnte das gelieferte Material besser verwenden als die Gegenseite. Und wir waren bereit gewesen, mehr zu riskieren als Moskau. Als die militärischen Operationen dann ins Stocken geraten waren – entweder weil die Sowjets es so wollten oder sich über ihre Haltung noch mehr klargeworden waren –, gingen wir entschlossen und sogar brutal vor, um die Entscheidung zugunsten der

Israelis zu erzwingen. Ich hatte während Nixons erster Amtsperiode, vor allem unter seiner Anleitung, gelernt, daß sich eine Großmacht, wenn sie sich zu etwas verpflichtet hat, auch durchsetzen muß. Es gereicht ihr nicht zur Ehre, wenn sich ihre inneren Zweifel als Unentschlossenheit manifestieren. Wenn es ihr auch noch so schwergefallen ist, sich zu einem Entschluß durchzuringen, muß sie den einmal eingeschlagenen Weg unbeirrt fortsetzen, um zum Erfolg zu kommen. Sonst gerät sie in jeder Kontroverse über den Wert ihrer Entscheidung in ein falsches Licht, und man wird ihr Unfähigkeit vorwerfen.

Nach diesen Grundsätzen haben wir jedenfalls gehandelt, als London es ablehnte, die Resolution für einen Waffenstillstand einzubringen, und Moskau sich weigerte, Australien darum zu bitten. Ich warnte Dobrynin sofort: »Jetzt lehnen wir jede Verantwortung ab und lassen den Dingen ihren Lauf.« Scowcroft sagte ich, was ich damit gemeint hatte: »Da wir in eine Konfrontation hineingeraten werden, müssen wir alles tun, um uns durchzusetzen.« Ich wies ihn an, Schiffe mit Kriegsmaterial für Israel beladen zu lassen, damit ein Waffenstillstand, der die Einstellung der Luftbrücke zur Folge haben würde, nicht auch den Lebensnerv Israels traf. Ich teilte Cromer mit, daß wir eine Luftbrücke nach Israel einrichten würden, und gab ihm zu verstehen, daß dies die Folge des Scheiterns der Waffenstillstandsinitiative sei – was nicht ganz den Tatsachen entsprach. Cromer fragte: »Was werden Sie tun, wenn die Araber mit einem Ölembargo drohen?«

»Wir werden die Herausforderung annehmen«, antwortete ich und spielte Churchill.

»Ist das alles?« fragte Cromer verständlicherweise, »das wird recht hart sein, glauben Sie nicht?«

»Wir haben keine andere Wahl.«

Unterdessen hatten wir von Portugal die Erlaubnis erhalten, unsere Maschinen auf dem Flugplatz von Lajes auf den Azoren aufzutanken. Als wir am Freitag, dem 12. Oktober, den ersten Kontakt mit der portugiesischen Regierung aufnahmen, wichen die Portugiesen aus. Es lag nicht in ihrem Interesse, sich die Feindschaft der arabischen Nationen zuzuziehen. Dann versuchten die Portugiesen, uns zur Lieferung militärischer Ausrüstung für ihre Kolonialkriege in Mosambik und Angola zu bewegen. Darauf wollten wir nicht eingehen. Aus diesem Grund hatte ich für den Präsidenten einen ungewöhnlich schroffen Brief an den portugiesischen Premierminister, Marcello Caetano, entworfen, in dem wir es ablehnten, Portugal Waffen zu liefern, und damit drohten, das Land in einer feindlichen Welt seinem Schicksal zu überlassen. Am Samstagnachmittag gewährten uns die Portugiesen die uneingeschränkten Transitrechte auf dem Flughafen von Lajes.

Am 13. Oktober um 17.30 Uhr – die Luftbrücke war schon eingerichtet – führte ich mit Nixon ein längeres Gespräch über die Lage. Wir hatten erkannt, daß, wenn die ägyptische Offensive Erfolg hatte, sich der Krieg innerhalb der folgenden vierundzwanzig Stunden in eine Richtung entwickeln konnte, die unseren Interessen widersprach. Ich überlegte, daß die ägyptischen Panzer, wenn sie den Schutzschirm der Flugabwehrraketenstellungen verließen, durch die israelische Luftwaffe schwere Verluste erleiden könnten und dann die Möglichkeit für ein Scheitern der ägyptischen Offensive bestünde. Aber die Araber waren jetzt übermütig geworden. Wenn sie in dieser Lage die Oberhand behielten, dann würden wir wirklich »den Gürtel enger schnallen müssen«. Nixon glaubte nicht, daß die israelischen Streitkräfte in einer offenen Feldschlacht unterliegen würden, denn er konnte sich nicht vorstellen, daß sie in so kurzer Zeit schon so weit geschwächt seien. Aber er stimmte mir darin zu, daß es jetzt darauf ankäme, wer den stärkeren Willen hatte. »Das ist eine dieser entscheidenden Situationen«, sagte er, und »dafür sind wir hier.«

Zwar befand sich Nixon selbst in einer äußerst bedrängten Lage, aber ich hatte den Eindruck, daß er bei der Stange bleiben würde. Kleinmut würde ihn nicht dazu bewegen, von dem einmal eingeschlagenen Kurs abzuweichen. Und wenn er als Folge seiner persönlichen Schwierigkeiten jetzt nicht mehr mit der gleichen Intensität reagierte wie früher, dann zeigte er vielleicht gerade deshalb die Haltung eines Mannes, der die schlimmsten Rückschläge erlebt hatte und jetzt nichts mehr fürchtete. Wahrscheinlich begrüßte er es sogar, seine Zukunft von der Verteidigung der Interessen freier Völker abhängig zu machen, wie er sie begriff, als von dem Ausgang eines mit schmutzigen Mitteln geführten Rechtsstreits um Vorkommnisse, die ihm aus den Händen geglitten waren.

Wie schon so oft, wenn sie es mit dem entschlossenen Handeln der Vereinigten Staaten zu tun bekommen hatten, begannen die Sowjets auch diesmal zurückzuweichen. Am Abend erhielten wir eine »Verbalnote« von Breschnew. Hier hieß es, daß Moskau zwei Tage lang bereit gewesen wäre, einen Waffenstillstand herbeizuführen, aber als die Vereinigten Staaten die Sache verzögert hätten, hätten die Araber ihre Meinung geändert. In sarkastischem Ton sagte ich Dobrynin, daß vielleicht die verstärkte sowjetische Luftbrücke (jetzt waren hundertvierzig Flugzeuge daran beteiligt) die Araber zu einer entschlosseneren Haltung bewogen hätten. Dobrynin erklärte noch einmal, die sowjetische Führung hoffte, daß das, was geschehen wäre, die Erfolge, die wir zu verzeichnen hätten, nicht zunichte machen werde. Aber damit endete der erste versöhnliche Teil unseres Gesprächs über Grundsatzfragen. Eine akzeptable Lösung war nur denkbar, wenn wir die Sowjets davon überzeugen konnten, daß wir bei unserer Haltung bleiben würden, und zwar ohne Rücksicht auf die Entspannungspolitik oder auf mögliche Reaktionen der Araber. Ich sagte: »Wir werden es unter keinen Umständen zulassen, daß die Entspannung zum Vorteil einer Seite ausgenutzt wird. Glauben Sie nicht, daß wir einen militärischen Rückschlag im Nahen Osten hinnehmen werden.« Die durch unsere Bemühungen um die Charterflugzeuge eingetretene Verzögerung kam mir jetzt zugute, denn ich konnte behaupten, daß wir mit unseren Maßnahmen gewartet hätten, um der Diplomatie eine Chance zu geben. Aber das ägyptische Verlangen, die Rückkehr zu den Grenzen von 1967 zur Vorbedingung für den Waffenstillstand zu machen, wäre »unannehmbar« und würde es auch bleiben. Wir könnten uns höchstens vorstellen, daß eine Bezugnahme auf die Resolution 242 des Sicherheitsrats in den

Text der Waffenstillstandsbedingungen aufgenommen würde. Wir wären aber nicht bereit, darüber hinauszugehen oder die Worte »sichere Grenzen« genauer zu definieren. Ich erklärte, daß wir die Entwicklung während der nächsten drei bis vier Tage abwarten würden, um zu sehen, wie sich die Lage dann darstellte. Wir wären bereit, über eine Friedensregelung im Nahen Osten zu sprechen, aber erst *nach* einem Waffenstillstand. Moskau dürfte nicht glauben, daß es uns militärisch unter Druck setzen könnte. Dobrynin lag nichts an einer Kontroverse. Er sagte, er werde alles, was ich ihm vorgetragen hätte, wörtlich – wie er mir versicherte – weitergeben.

In fast jeder Krise kommt der manchmal auch nur flüchtige Augenblick, in dem man deutlich erkennt, daß die andere Seite es nicht auf eine Konfrontation ankommen lassen will. Aus Breschnews Verbalnote und Dobrynins gemäßigtem Verhalten konnte ich entnehmen, daß wir, wenn Moskau nicht seine Meinung änderte, bis zum Schluß an unserem Kurs würden festhalten können. Der nächste Akt in diesem Schauspiel hatte begonnen; die erste Szene würde die Panzerschlacht auf der Sinai-Halbinsel sein.

Der 14. Oktober: ein Unentschieden auf dem Schlachtfeld

Jetzt kam es darauf an, daß wir die Ruhe bewahrten und überlegt handelten. Wie erwartet, traten die ägyptischen Streitkräfte am Sonntag, dem 14. Oktober, auf der Sinai-Halbinsel zum Angriff an – vor allem, um die Syrer zu entlasten. Aber den Ausgang dieser Schlacht konnten wir nicht beeinflussen. Während sie wütete, überdachten wir unsere Pläne und bemühten uns darum, die Auswirkungen unserer Entscheidungen auf die arabische Welt nach Möglichkeit zu verringern. Am Sonntagmorgen sprach ich wieder mit Nixon. Wir glaubten beide, daß die Schlacht auf der Sinai-Halbinsel nicht lange dauern würde. Der Nachschub für beide Seiten mußte über weite Strecken herangebracht werden und würde bald verbraucht sein. Außerdem eignete die Wüste sich nicht für lange andauernde Kampfhandlungen.

Auf der Sitzung der WSAG, die um 9.16 Uhr begann, wurden die technischen Einzelheiten für die Luftbrücke endgültig festgelegt. Wir würden uns nicht weiter um Charterflugzeuge bemühen, sondern für den Lufttransport ausschließlich amerikanische Militärflugzeuge einsetzen. Die nächste und vielleicht wichtigste Aufgabe, die wir am gleichen Tag noch erledigen mußten, bestand darin, dafür zu sorgen, daß die Hauptbeteiligten unsere Absichten begriffen und nicht vergaßen, den sich jetzt verschärfenden Konflikt möglichst rasch zu beenden. Um die Mittagszeit sagte ich Dobrynin, daß das Vorgehen der Sowjetunion uns veranlaßt hätte, eine wesentlich stärkere Luftbrücke einzurichten. Ich warnte ihn vor Gegenmaßnahmen und sagte, daß wir über die Kapazitäten verfügten, jede sowjetische Eskalation zu übertreffen. Andererseits wären wir aber auch bereit, die Versorgung der Israelis mit Flugzeugen unmittelbar nach Eintreten des Waffenstillstands einzustellen. Dobrynin blieb auch diesmal sehr ruhig und sagte, daß er mich in seinem Bericht an die sowjetische Führung »wörtlich zitieren« werde. Es sei »wichtig für sie, die Stimmung zu kennen«.

Am Abend schickte ich an Hafiz Ismail in Kairo eine Note für Sadat. Ich habe schon gesagt, daß nur Amateure glauben, ein kluger Diplomat hätte für jeden Gesprächspartner eine andere Version seiner Geschichte. In Wirklichkeit muß man damit rechnen, daß alle Beteiligten Informationen austauschen, besonders im Nahen Osten, wo das Geschichtenerzählen eine Kunstform ist. Besonders betonte ich den Umstand, daß es uns nicht gelungen war, einen Waffenstillstand herbeizuführen, um den wir uns bemüht hatten, weil die Sowjets behaupteten, Ägypten wäre bereit, ihn zu akzeptieren. Ich wies darauf hin, daß die Vereinigten Staaten die sowjetische Luftbrücke in den Nahen Osten nicht ignorieren könnten. Natürlich war es nicht selbstverständlich, daß Sadat unserer Argumentation folgen würde; wir hätten das Recht, Israel mit Waffen zu beliefern, weil die Sowjetunion Ägypten bewaffnete, oder daß unsere Fähigkeit, den militärischen Erfolg Ägyptens zu vereiteln, uns auch dazu berechtigte, am Friedensprozeß teilzunehmen:

> Die amerikanische Seite möchte die ägyptische Seite davon unterrichten, daß sie bereit ist, ihre Versorgungsoperationen mit Flugzeugen sofort nach Abschluß eines Waffenstillstands einzustellen.
>
> Die Vereinigten Staaten möchten noch einmal darauf hinweisen, daß sie die Unannehmbarkeit der Bedingungen, die vor Ausbruch der jüngsten Feindseligkeiten bestanden haben, für die ägyptische Seite anerkennt. Die amerikanische Seite wird unmittelbar nach Einstellung der Feindseligkeiten große Anstrengungen unternehmen, um einen Beitrag zur Erreichung eines gerechten und dauernden Friedens im Nahen Osten zu leisten. Sie hofft auch weiterhin, daß die unter so großen Schwierigkeiten zu Ägypten hergestellte Verbindung auch unter dem Druck der Ereignisse aufrechterhalten bleibt.
>
> Die Vereinigten Staaten werden in diesem Sinne alles ihnen mögliche tun.

Es gab aber auch noch ein anderes Land, mit dessen gemäßigter Haltung wir rechneten und das wir von unserer Entscheidung unterrichten mußten: Saudi-Arabien. Nixon hielt sehr viel von dem entschieden prowestlichen König Faisal und mochte ihn persönlich gern, ohne dabei die Grundsätze der komplexen innenpolitischen Struktur zu billigen, die dieser repräsentierte. Bis dahin hatte ich noch keine Erfahrungen mit Saudi-Arabien und kannte nicht die indirekten, geschmeidigen und subtilen Methoden, mit denen die saudische Politik geführt wird. Das bei unvorstellbarem Reichtum unterentwickelte Königreich Saudi-Arabien, das sich im Übergang vom Feudalismus in eine Zukunft befindet, die es noch nicht definieren kann, bemüht sich vor allem darum, jede offene Konfrontation zu vermeiden, und will sich auf keinen Fall festlegen, sondern versucht, seine Sicherheit zu wahren. Seine Herrscher verfolgen eine Politik, mit der sie die Interessen anderer gegeneinander auszugleichen suchen, nicht aber spezifisch saudische Ziele verfolgen. Sie können sich mit Gegebenheiten abfinden, die sie nur ungern befürworten. Sie können privat erleichtert sein, wenn radikale Bestrebungen vereitelt werden, denen sie öffentlich zustimmen müssen. Ich habe später gelernt, daß man den Saudis keinen Gefallen tut, wenn man sie um ihre Zustimmung zu Angelegenheiten bittet, die sie nicht beeinflussen können, besonders wenn eine solche Stellungnahme ihren politischen Balanceakt gefährden könnte.

Aber damals hatte ich diese Erkenntnisse noch nicht. Deshalb schickten wir König Faisal am 14. Oktober zwei Schreiben. Das erste war ein Brief Nixons, das zweite eine von mir unterschriebene Note. Da Nixon zu dieser Zeit vor allem mit Watergate beschäftigt war, sind beide Texte unter meiner Anleitung im Außenministerium verfaßt worden. Aber heute ließe sich diese Behauptung aus dem Inhalt nicht beweisen – es sei denn, wir hätten uns damals für eine Taktik entschieden, sowohl auf höherer als auch auf niedriger Ebene vorzugehen, woran ich mich nicht mehr erinnern kann. Nixons Brief war psychologisch im richtigen Ton verfaßt. Er erwähnte die Luftbrücke nicht. Der Präsident bat nur darum, Saudi-Arabien möge verstehen, daß wir uns um die Beendigung des Krieges bemühten und an der Suche nach einem dauerhaften und gerechten Frieden beteiligten. Dann erwähnte er seine Pressekonferenz vom 5. September, auf der er erklärt hatte, daß die Vereinigten Staaten weder für Israel noch für die Araber, sondern für den Frieden wären. Mit beredten Worten sprach Nixon schließlich von seinem Wunsch, zur Erreichung gemeinsamer Ziele vertrauensvoll mit dem König zusammenzuarbeiten. Er forderte Faisal nicht auf, sich mit irgend etwas einverstanden zu erklären, und nahm auch nicht offiziell Stellung zu Entwicklungen, denen Faisal sich, wenn er davon Kenntnis nahm, nur widersetzen konnte.

Die moralische Wirkung des für Nixon entworfenen Briefes wurde durch die viel zu grobe, für meine Unterschrift vorbereitete Note fast zunichte gemacht. Ich unterrichtete Saudi-Arabien offiziell von unserer Luftbrücke nach Israel und zwang den König damit, Stellung zu nehmen. Ich erläuterte unsere Haltung fast mit den gleichen Worten wie in den an Ägypten gerichteten Noten. Doch während Ägypten, das sich im Krieg befand, die Möglichkeit hatte, aus übergeordneten Gründen gewisse Zugeständnisse zu machen, konnte sich Saudi-Arabien als unbeteiligtes Land diesen Luxus nicht erlauben. Die Saudis mußten die anderen arabischen Staaten bedingungslos unterstützen.

Am Schluß setzte ich mich mit dem Schah des Iran in Verbindung. Sein Land war der östliche Anker unserer Nahost-Politik. Seine von uns ausgerüsteten Streitkräfte hielten die irakischen Ambitionen im Persischen Golf in Schach und sorgten dafür, daß dieses radikale Land nur mit relativ schwachen Kräften am Nahost-Krieg teilnehmen konnte. Im April 1972 hatte der Irak einen Freundschaftsvertrag mit der Sowjetunion abgeschlossen. Solche Verträge hatten in anderen Fällen jedesmal nicht nur Waffenlieferungen, sondern auch eine Abstimmung auf die sowjetische Außenpolitik bedeutet. Der Iran hatte außerdem eine lange gemeinsame Grenze mit der Sowjetunion. Im Rahmen der Strategie des Westens stellte der Iran ein Hindernis für das Eingreifen der Sowjets dar, das nur durch einen massiven Einmarsch überwunden werden konnte. Die zweite Aufgabe des Iran war es, gemeinsam mit uns dafür zu sorgen, daß die Regierungen der für uns lebenswichtigen Länder am Persischen Golf stabil blieben. Wenn das Land seine Unabhängigkeit bewahrte, schützte es uns vor feindlichen Einflüssen und trug zur Sicherheit der Vereinigten Staaten und der mit uns verbündeten demokratischen Industrienationen bei.

Die alptraumhafte Situation im Persischen Golf, die nach dem Sturz des Schahs entstanden ist, zeigt mit großer Deutlichkeit, welchen Beitrag er zum Schutz der Sicherheit der freien Welt geleistet hat. Uns hat er seine Haltung während des Oktober-Krieges in dramatischer Weise bewiesen. Der Irak wagte nicht, mehr als eine Division nach Syrien zu entsenden, und bedrohte auch nicht seine anderen Nachbarn, Jordanien und Saudi-Arabien. Der Iran war auch das einzige Land, das den Sowjets die Erlaubnis verweigerte, sein Staatsgebiet zu überfliegen. Einige unserer Verbündeten in der NATO fühlten sich nicht stark genug, sich zu einem solchen Akt des Widerstandes aufzuschwingen. Unsere Flotte im Indischen Ozean wurde vom Iran mit Öl versorgt. Der Schah hielt auch enge Verbindungen zu Sadat. Als Sadat nach dem Krieg seinen kühnen, aber gefährlichen Weg zum Frieden begann, gewährte ihm der Schah seine moralische, politische und materielle Unterstützung.

Aber während er eine mit der ägyptischen parallel laufende Politik trieb, kam es ihm darauf an zu zeigen, daß er mit diesem Kurs die gemäßigten Regierungen im Nahen Osten stärkte. Wenn es um wesentliche Entscheidungen ging, sorgten wir dafür, daß er unsere Gründe und Absichten verstand. In diesem Sinne schrieb ich am 14. Oktober an den Schah, und meine Note zeigt, welcher Unterschied zwischen einem Verbündeten und einer von einer Großmacht abhängigen Marionette besteht:

> Die Vereinigten Staaten versuchen, sich im Hinblick auf den Nahost-Konflikt so zu verhalten, daß sie bei der Lösung der Probleme in diesem Gebiet eine nützliche Rolle spielen können, und zwar sowohl bei der Beendigung der gegenwärtigen Feindseligkeiten als auch bei der Wiederherstellung eines dauernden und auf Gerechtigkeit gegründeten Friedens.
>
> Es gibt einen Faktor, den man immer im Auge behalten muß. Wir hoffen, der Schah wird verstehen, daß ein arabischer Sieg im gegenwärtigen Konflikt, der mit sowjetischen Waffen errungen werden würde, ebenso wie der mit sowjetischen Waffen im indisch-pakistanischen Konflikt von 1971 errungene Sieg mit Sicherheit zur Radikalisierung des Regimes in diesem Gebiet und in einem gewissen Ausmaß auch zu einer Radikalisierung überall auf der Welt führen wird.
>
> Der Schah sollte wissen, daß wir uns nach Kräften darum bemühen, den Krieg zum Abschluß zu bringen, und zwar unter Berücksichtigung aller obigen Überlegungen. Wir hoffen aufrichtig, daß sich der Schah nicht durch taktische Überlegungen des Augenblicks dazu veranlaßt sehen wird, die größeren strategischen Ziele aus dem Auge zu verlieren, die unsere beiden Länder gemeinsam verfolgen. Selbstverständlich achtet der Präsident ganz besonders den Mut und die Entschlossenheit, die der Schah bewiesen hat, als er der Sowjetunion die Erlaubnis verweigerte, den Iran mit Militärflugzeugen zu überfliegen.

Wenn sich die militärische Lage festgefahren hat, dann kommen die

Dinge wieder in Bewegung, wenn sich das Kriegsglück wendet oder einer der Hauptbeteiligten zu einer neuen Lagebeurteilung kommt. Am Montagmorgen, dem 15. Oktober, zeichneten sich diese beiden Entwicklungen ab. Die ägyptische Offensive auf der Sinai-Halbinsel war von den Israelis abgewehrt worden. Etwa zweitausend Panzer hatten sich in einer der größten Panzerschlachten der Geschichte gegenübergestanden. Sobald die ägyptischen Panzer den Schutzschirm ihrer Fliegerabwehrraketen verlassen hatten, waren sie den Angriffen israelischer Kampfflugzeuge ausgesetzt. Wenigstens zweihundertfünfzig wurden durch israelische Panzer, Panzerabwehrwaffen und Schlachtflieger zerstört. Damit machte die israelische Armee die Niederlage wett, die sie in der Woche zuvor hatte hinnehmen müssen. Der Panzer verlor seine Überlegenheit auf dem Schlachtfeld, sobald er nicht von Artillerie und Fliegerabwehrwaffen unterstützt wurde. Jetzt würden die Israelis auch an der Südfront mit starken Kräften vorstoßen können.

Daraufhin fingen auch die Sowjets an, sich für unseren Köder zu interessieren. Dobrynin teilte mir mit, Moskau beschäftige sich mit unserem Vorschlag, den Waffenstillstand nicht mit der Forderung zu verknüpfen, daß Israel sich auf die Grenzen von 1967 zurückziehen müßte, sondern mit einer allgemeinen Bestätigung der Resolution 242, die – zumindest nach der von uns nicht bestrittenen Interpretation Israels – in diesem Punkt zweideutig war. Wenn eine solche Formulierung schließlich akzeptiert wurde, mußte es zu raschen Fortschritten im Sicherheitsrat führen.

15./16. Oktober: Das Kriegsglück wendet sich noch einmal

Auf der Sitzung der WSAG am Morgen des 15. Oktober meinte Admiral Moorer, daß Israel, nachdem die ägyptische Offensive abgewehrt worden war, noch drei bis vier Tage brauchen werde, um die ägyptische Front zu durchbrechen. Diese Lagebeurteilung erwies sich als sehr vorsichtig, denn die ägyptische Front wurde schließlich nicht durchbrochen, sondern umgangen.

Unsere Luftbrücke wurde indessen zu einem großartigen Erfolg. Nachdem das Verteidigungsministerium seine Bedenken aufgegeben hatte, organisierte es ein Unternehmen, wie es in dieser Weise von keinem anderen Land durchgeführt werden könnte. Am Anfang beteiligten sich täglich vier Maschinen vom Typ C-5A an den Versorgungsflügen, später waren es noch mehr. Insgesamt waren fünfundzwanzig Maschinen der Typen C-5A, C-130 und C-141 täglich an den Versorgungsflügen beteiligt und transportierten durchschnittlich tausend Tonnen Kriegsmaterial, also etwa fünfzig Tonnen in der Stunde. Schon am ersten Tag hatten wir Israel mehr geliefert, als die Sowjetunion allen arabischen Ländern (Ägypten, Syrien und dem Irak) an den vergangenen vier Tagen zur Verfügung gestellt hatte. Wir mußten die Sowjetunion daher innerhalb kürzester Zeit eingeholt haben. Tausendachthundert Tonnen Versorgungsgüter waren bereits gelandet, und weitere dreitausend Tonnen waren unterwegs. In einem etwas aggressiven Ton sagte ich Schlesinger: »Ich muß sagen, wenn Sie arbeiten wollen, dann leisten Sie Großartiges. Aber wenn Sie sich weigern, können Sie einem auch ganz schön Angst einjagen.« Das war nicht falsch, aber unnötig, denn es verschärfte die Spannungen, die sich später in der Ford-Administration ergaben, als Schlesinger meine gelegentliche Kritik mit der gleichen Schärfe erwiderte. Colby machte den vernünftigen Vorschlag, daß wir über den Umfang der Luftbrücke keine detaillierten Angaben machen und es den Sowjets überlassen sollten, selbst herauszufinden, was sie wissen wollten.

In Nixons erster Amtsperiode hatte ich gelernt, daß man nicht aufhören darf, seinen Gegner unter Druck zu setzen, wenn er diesem Druck nachzugeben scheint. Die richtige Strategie ist es, in zwei einander scheinbar entgegengesetzten Richtungen vorzugehen: Man muß den Druck *verstärken* und der Gegenseite gleichzeitig einen Ausweg aus dem Dilemma zeigen. Ich empfahl der WSAG das gleiche Verfahren. Über die Notwendigkeit, die Gegenseite unter Druck zu setzen, sagte ich:

> Wir können diese Sache nur zum Abschluß bringen, wenn die Sowjets sicher sind, daß wir nicht aufgeben und nicht in Panik geraten, und wenn die Europäer einsehen, daß die NATO ihren Zusammenhalt verlieren wird, wenn sie sich nicht an unsere Seite stellen. Dadurch wird unsere Beziehung zur PRC (Volksrepublik China) gestärkt und die Abenteuerlust der Sowjetunion gedämpft. Wenn die Europäer das Gleichgewicht wiedergefunden haben, dann werden sie erkennen, daß wir unseren Freunden helfen.

Zugleich wies ich alle Behörden an, auf jede Konfrontationsrhetorik zu verzichten und keine lautstarken Erklärungen über die Luftbrücke abzugeben. Damit wollte ich die Sowjets daran hindern, sich allzu deutlich gegen uns zu stellen, und die Atmosphäre für die Beratungen im Sicherheitsrat beruhigen, die, wenn Moorer recht hatte, wahrscheinlich am Wochenende beginnen würden.

Um die gleiche Zeit gab Nixon von sich aus eine öffentliche Erklärung ab, um der arabischen Seite zu zeigen, in einer wie gefährlichen Lage sie sich befand. Während der Verleihung der Congressional Medal of Honor an neun Angehörige unserer Streitkräfte erklärte der Präsident spontan, daß unsere Politik jetzt die gleiche wie 1958 während der Libanon-Krise sei oder 1970 während der Krise in Jordanien. Wir verteidigten das Recht jeder Nation im Nahen Osten auf Unabhängigkeit und Sicherheit. Der Vergleich stimmte nicht ganz. 1958 betrachteten die gemäßigten Araber unser Vorgehen im Libanon als wesentlichen Beitrag zur Sicherung ihrer Existenz. 1973 stellte die Sicherheit Israels, des Landes, das wir jetzt unterstützten, um es milde auszudrükken, kein Problem dar, das auch den gemäßigsten arabischen Staat besonders interessierte. Mit der Erwähnung des Libanon konnte der Präsident nur gemeint haben, daß wir die Möglichkeit eines militärischen Eingreifens an der Seite Israels nicht ausschlossen. Als wir von der Presse mit Fragen überschüttet wurden, leugnete ich nicht, daß die Äußerungen des Präsidenten als Drohung aufgefaßt werden könnten, ließ aber durchblicken, daß ich eine militärische Intervention nicht empfehlen würde. Ich wies den Sprecher des Außenministeriums, Robert McCloskey, an, zu erklären, daß der Präsident nur über »Grundsätze«, aber nicht über eine bestimmte Taktik gesprochen hätte – eine so undurchsichtige Äußerung, daß ich auch heute nicht sagen kann, was sie eigentlich bedeutete.

Angesichts unserer harten Haltung überraschte mich die Reaktion auf unsere Noten vom vergangenen Tag. Vielleicht hatten die arabischen Länder noch nicht begriffen, wie umfangreich unsere auf dem Luftweg herangebrachten Materiallieferungen waren, aber sie mußten wissen, daß es sich um erhebliche Mengen handelte. Trotzdem war ihre Reaktion weniger heftig als erwartet. Am 15. Oktober traf die Antwort des Schahs ein. Er erklärte nur, daß er schon seit einiger Zeit vor den Folgen eines militärischen Sieges gewarnt hätte, der in diesem Gebiet mit sowjetischen Waffen errungen werden könnte. Mit anderen Worten: Er schloß sich unserer Politik an.

Am späten Abend des 15. Oktober traf Ismails Antwort ein, die man in der gegenwärtigen Lage nur als ungewöhnlich bezeichnen konnte. Er bestätigte die ägyptische »Entschlossenheit«, »diesen für unsere Kontakte notwendigen Kanal« auch weiterhin offenzuhalten. Niemand sonst könnte im Namen Ägyptens sprechen. Mit anderen Worten, wir sollten die Interpretationen der Sowjets nicht beachten, die sich von denen unterschieden, die Kairo uns unmittelbar mitteilte. Ismail bestritt jede Absicht, Israel zu demütigen, »weil Ägypten erfahren hat, was eine Demütigung bedeutet.« Er verlieh seiner »Befriedigung« darüber Ausdruck, daß wir uns um einen Waffenstillstand als *Voraussetzung* für eine politische Lösung bemühten – wenngleich dieser Waffenstillstand nicht im unmittelbaren Interesse Ägyptens lag. Ägypten wußte jedoch aus Erfahrung, daß man trotz solcher Differenzen in der Praxis zusammenarbeiten konnte. Mit anderen Worten, Ismail sprach mit den Hauptwaffenlieferanten des Feindes wie ein Gentleman mit dem anderen. Er erklärte, sein Einwand gegen unsere Methoden bestünde darin, daß er sie für undurchführbar hielt. Wenn wir zeigen könnten, unter welchen Voraussetzungen unsere diplomatischen Bemühungen zum Erfolg führen würden, könnte Ägypten seine Haltung ändern.

Erst nach diesen Ausführungen kam Ismail auf die Luftbrücke zu sprechen und erklärte, daß Ägypten sich mit ihr ebensowenig einverstanden erklären könnte wie mit den vorangegangenen Waffenverkäufen an Israel. Aber er drohte auch nicht mit Konsequenzen. Vielmehr drängte er mich, meine Bemühungen um eine Verknüpfung der politischen und militärischen Lösung zu verdoppeln. Dann lud er mich zu meiner großen Überraschung ein, Ägypten zu besuchen:

> Ägypten wird den Besuch von Dr. Kissinger in Anerkennung seiner Bemühungen begrüßen. Die ägyptische Seite wird bereit sein, über jedes Thema, jeden Vorschlag und jedes Projekt zu sprechen, solange zwei Grundsätze anerkannt werden – die, wie man hier annimmt, weder Dr. Kissinger noch sonst jemand ablehnen wird –, daß Ägypten nämlich im Hinblick auf territoriale Fragen oder seine Souveränität keine Zugeständnisse machen kann.
> Mit herzlichen Grüßen, Hafiz Ismail.

Das war der Brief eines Staatsmannes, denn zweifellos sprach Ismail in Sadats Namen. Es ist leicht, mit dem Strom zu schwimmen, aber es ist schon schwieriger zu sagen, wohin einen dieser Strom trägt. Aber nur die weisesten Staatsmänner haben den Weitblick, ein Fernziel ins Auge zu fassen und es unbeirrt zu verfolgen. Sadat wußte, daß wir entschlossen waren, seine militärischen Absichten zu durchkreuzen. Er hätte die Luftbrücke ohne weiteres für die Rückschläge verantwortlich machen können, die nach dem Scheitern seiner Offensive an der Sinai-Front unvermeidlich geworden waren. Ebenso hätte er die Volksmassen in der arabischen Welt gegen uns mobilisieren können, wie es Nasser 1967 getan hatte, als er viel weniger deutlich provoziert worden war. Aber Sadat war nicht mehr bereit, für eine verlorene Sache Blut zu vergießen. Anders als Nasser wollte er sich nicht an die Spitze der radikalen Araber stellen, die starke Worte mit konkreten Leistungen verwechselten. Er hatte erkannt, welchen Wert eine Unterstützung durch die Sowjetunion hatte: Sie genügte wohl, um die Spannungen aufrechtzuerhalten, aber reichte niemals aus, um eine Lösung der Probleme herbeizuführen.

Man durfte sich aber nicht täuschen lassen und glauben, daß Sadat sich von seinen Emotionen leiten ließ. Er wußte, wie er die Interessen seines Landes verteidigen mußte. Während er sich in seinen in der Öffentlichkeit gemachten Erklärungen zurückhielt und stets die Regeln der Höflichkeit beachtete, ließ er uns nie im unklaren darüber, daß er auch andere Optionen hatte. Es besteht kein Zweifel daran, daß er der Pate des Ölembargos gewesen ist, das nun über uns verhängt werden sollte. Auf diese komplexe Weise gelang ihm das Meisterstück, sich allmählich von der Sowjetunion abzuwenden, von deren Lieferungen er immer noch abhängig war, und sich fast unmerklich uns zuzuwenden, die wir seine kurzfristigen Pläne durchkreuzten. Mitten im Kriege beschritt er den Weg zum Frieden.

Die Reaktion der Saudis auf meine Note war viel komplexer. Der stellvertretende Premierminister, Prinz Fahd, teilte uns mit, daß die Lage ständig schwieriger würde. Die Freunde Amerikas stünden vor einem aussichtslosen Dilemma. Wenn die Araber »gewannen«, dann wäre der Nahe Osten der Sowjetunion ausgeliefert. Wenn die Araber »verloren«, dann müßte man damit rechnen, daß die Sowjetunion die arabischen Armeen wieder aufrüstete. Die sowjetischen Berater würden aufgefordert werden, nach Ägypten zurückzukehren. Dann würde kein Araber mehr mit Stolz darauf hinweisen können, daß er ein Freund Amerikas sei.

Wir widersprachen Fahds Analyse nicht, nach der Saudi-Arabien und die Vereinigten Staaten nur die Wahl zwischen zwei Möglichkeiten hatten. Aber die Bilanz, die er daraus zog, unterschied sich von der unseren. Die Aussicht, daß die Sowjetunion die arabischen Armeen nach einer Niederlage wieder aufrüsten könnte, schien uns das geringere Übel gegenüber einem mit sowjetischen Waffen errungenen Sieg. Wir hielten es durchaus nicht für sicher, daß sich die Sowjets nach dem von uns angestrebten Friedensschluß in einer günstigeren Lage befinden würden. Aus den an uns gerichteten ägyptischen Noten konnten wir entnehmen, daß sich Ägypten aus der Bevormundung durch die Sowjetunion befreien wollte, und wir waren entschlossen, die sich daraus ergebenden Möglichkeiten wahrzunehmen.

Am folgenden Tag, Dienstag, dem 16. Oktober, beantwortete König Faisal meinen Brief vom 14. Oktober. Die saudische Note klang ein wenig bestürzt. Offenbar hielt mir Faisal meine Unerfahrenheit im Umgang mit Saudi-Arabien zugute. Er sprach von dem »großen Kummer«, den ihm das erbitterte Ringen zwischen den Großmächten bereitete, das alle Länder im Nahen Osten mit der Katastrophe bedrohte. Der König enthielt sich aller Vorwürfe und machte auch die Vereinigten Staaten nicht für die gegenwärtige Krise verantwortlich. Er stellte sich jedoch hinter Sadats Forderung, daß Israel sich auf die Grenzen von 1967 zurückziehen sollte. Er forderte uns auf, die Waffenlieferungen an Israel einzustellen. Was er jedoch für den Fall androhte, daß wir seiner Aufforderung nicht Folge leisteten, war vage und indirekt: Wenn wir Israel unsere Unterstützung nicht entzögen, würden die Beziehungen zwischen Saudi-Arabien und den Vereinigten Staaten sich abkühlen und nur noch »lauwarm« sein. Wir glaubten, dieses Risiko eingehen zu müssen, um ein Gleichgewicht der Kräfte herzustellen, das es den gemäßigten arabischen Staaten erlauben würde, freier zu atmen – auch wenn sie glaubten, sich den Taktiken widersetzen zu müssen, mit denen wir dieses Ziel erreichen wollten.

Bedrohlicher waren die Äußerungen des stellvertretenden saudischen Außenministers, Ibrahim Masuud, der die Botschafter der in der Europäischen Gemeinschaft vereinigten Staaten zu sich bat und ihnen sagte, daß, wenn sie uns nicht veranlaßten, unsere Politik zu ändern, Saudi-Arabien seine Ölproduktion verringern werde. Wir wußten, daß der saudische Ölminister, Scheich Ahmed Zaki Yamani, zu einer schon vor Beginn der Luftbrücke einberufenen Konferenz mit seinen arabischen Kollegen in Kuwait unterwegs war. Zu diesem Zeitpunkt wußte ich noch nicht, sollte es aber sehr bald erfahren, daß Saudi-Arabien zu einer Konfrontation mit den radikalen Arabern ebensowenig bereit war wie zu einer direkten Konfrontation mit uns. Die saudische Regierung glaubte, die Sicherheit ihres Landes läge darin, daß es sich als widerstrebender Vollstrecker von Entscheidungen darstellte, die andere getroffen hatten. Auch wenn wir die saudischen Methoden durchschaut und erkannt hätten, daß Saudi-Arabien seine Entscheidungen wahrscheinlich mit dem Erfordernis begründen würde, die Solidarität in der arabischen Welt zu stärken, hätten wir keine andere Wahl gehabt, als den einmal eingeschlagenen Kurs zu verfolgen. Jedes Schwanken mußte den Krieg verlängern und die damit verbundenen Risiken vergrößern. Auf längere Sicht würde sich die Haltung Saudi-Arabiens danach richten, welchen Beitrag wir nach dem Krieg zur Sicherung des Friedens leisteten. Dabei drehte sich alles um Ägypten. In Ägypten würde sich auch entscheiden, ob die Befürchtungen der Saudis, daß die Sowjetunion in den Nahen Osten zurückkehren könnte, berechtigt waren.

Diese Überlegungen veranlaßten uns, Ismails Note vom Vorabend sofort zu beantworten. Am 16. Oktober um 9.08 Uhr teilte ich Ismail mit, daß auch wir das Weiterbestehen besonderer Kommunikationsmöglichkeiten zwischen den Vereinigten Staaten und Ägypten für außerordentlich wichtig hielten. Aber da sich die Entscheidung jetzt zu nähern schien, hielt ich den psychologischen Augenblick für gekommen, konkreter zu werden. Jetzt war es notwendig, Ägypten ein Gefühl dafür zu geben, was möglich war. Wir mußten Sadat einen Vorwand dafür liefern, auf seine unmöglichen Forderungen zu verzichten, die er noch in der gleichen Stunde in einer Rede vor seinem Parlament wiederholt und als »offene Botschaft« an Präsident Nixon bezeichnet hatte: Einem Waffenstillstand könnte er nur unter der Bedingung zustimmen, daß sich Israel unverzüglich auf die Grenzen von 1967 zurückzöge. Sadat dachte offenbar an seine Erfahrungen mit der Resolution 242 des Sicherheitsrats der Vereinten Nationen, wenn er sagte: »Wir sind nicht bereit, vieldeutige Versprechungen oder dehnbare Aussagen zu akzeptieren, denn damit würden wir nur Zeit verschwenden und zum toten Punkt zurückkehren.«

Jetzt war es notwendig, Sadat von den Grenzen des Erreichbaren und davon zu überzeugen, daß wir es ernst mit unserem Angebot meinten, alle innerhalb dieser Grenzen liegenden Möglichkeiten auszuschöpfen. Man ist sehr leicht versucht, die Bewältigung schwer lösbarer Probleme einer Persönlichkeit zu übertragen, der man dann geheimnisvolle Fähigkeiten zuschreibt, die es ihr angeblich ermöglichen, mit den Schwierigkeiten des Problems fertig zu werden. Nirgends wird diese Methode häufiger als im Nahen Osten angewandt, der klassischen Heimat romantischer Helden. Die verschiedenen aufsehenerregenden diplomatischen Unternehmungen, an denen ich mich beteiligt hatte – von der Geheimreise nach China bis zum Abschluß der Vietnam-Verhandlungen –, hatten die politischen Führer im Nahen Osten auf die Idee gebracht, daß ich für sie die gleiche Rolle spielen könnte. Das war zwar einerseits ein Vorteil, es bestand dabei aber auch die Gefahr, daß jede Seite von mir verlangen konnte, ich sollte ihr die Last schwieriger Entscheidungen abnehmen. Und das wäre der Weg in die Katastrophe. Jeder Unterhändler, der sich zu der Annahme verleiten läßt, sein persönliches Eingreifen werde automatisch zu einem Durchbruch führen, wird sich sehr bald in einer Vorhölle wiederfinden, welche die Geschichte für diejenigen bereit hält, die sich selbst mehr an ihrem Ruhm als an ihren Leistungen messen. Zunächst täuschen sie sich selbst, aber dann werden sie andere enttäuschen.

Als ich Kairo jetzt mitteilte, was es von den Vereinigten Staaten erwarten dürfte, trennte ich die Frage nach dem Waffenstillstand von den im Anschluß zu führenden Verhandlungen. Ich betonte, daß Ägypten seine Ehre wiederhergestellt und die strategische Gesamtlage verändert hätte. Es könnte jetzt einen Waffenstillstand riskieren und dürfte sich darauf verlassen, daß es in den folgenden Verhandlungen weiterkommen werde. Die anschließend ergriffenen diplomatischen Schritte entsprachen dem Inhalt meiner Note an Ismail vom 16. Oktober:

Dr. Kissinger möchte ganz freimütig seine Beurteilung der gegenwärtigen Lage darstellen.

Die amerikanische Seite ist weiterhin bestrebt, die gegenwärtig stattfindenden Kämpfe unter Voraussetzungen zu beenden, die einen Fortschritt auf dem Wege zu einer endgültigen Friedenslösung erleichtern. Die ägyptischen Streitkräfte haben schon viel erreicht. Die Demütigung, welche die Ägypter und die ganze arabische Welt 1967 erfahren zu haben glaubten, ist jetzt aus der Welt geschafft.

Es ist eine neue strategische Lage entstanden, in der es illusorisch geworden ist, daß sich irgendein Land auf die permanente militärische Überlegenheit verläßt. Daher haben alle Parteien viel deutlicher erkannt, wie notwendig es ist, eine politische Lösung zu finden.

Was können die Vereinigten Staaten unter diesen Umständen tun? Dr. Kissinger hat oft gesagt, daß er nur versprechen werde, was er halten könnte, aber alles tun werde, was er versprochen habe. Mit dem aus fünf Punkten bestehenden Vorschlag in der Note von Herrn Ismail vom 10. Oktober fordert die ägyptische Seite praktisch als Voraussetzung für einen Waffenstillstand die Zustimmung Israels zu den ägyptischen Bedingungen für eine Gesamtlösung. Nach Auffassung von Dr. Kissinger läßt sich das nicht erreichen, es sei denn, der Krieg wird weiter in die Länge gezogen. Unter den gegenwärtigen Voraussetzungen kann dieses Ziel auch unter dem Einfluß der Vereinigten Staaten nicht erreicht werden.

Was die amerikanische Seite versprechen kann, und woran sie sich halten wird, ist, daß sie keine Mühe scheuen wird, nach einem Waffenstillstand eine endgültige, gerechte Lösung zu finden. Dr. Kissinger glaubt, daß die jüngsten Ereignisse dazu dienen könnten, es der amerikanischen Seite zu erleichtern, künftig ihren Einfluß konstruktiv und wirksam für eine solche Friedenslösung einzusetzen.

Die ägyptische Seite steht daher vor einer wichtigen Entscheidung. Auf ihren Maximalforderungen zu beharren bedeutet die Fortsetzung des Krieges und die mögliche Gefährdung alles dessen, was bisher erreicht worden ist. In diesem Fall wird die Entscheidung mit militärischen Mitteln herbeigeführt werden müssen. Die amerikanische Seite wird nicht mit einem solchen Ausgang rechnen, aber sie bezweifelt, daß es eine einseitige Lösung geben kann. Unter diesen Umständen wären die Voraussetzungen für die diplomatischen Bemühungen der Vereinigten Staaten nicht günstig.

Wenn solche diplomatischen Bemühungen Aussicht auf Erfolg haben sollen, dann muß ihnen ein Waffenstillstand vorausgehen. Nur unter solchen Umständen können die versprochenen diplomatischen Bemühungen der Vereinigten Staaten entwickelt werden. Ägypten wird die Garantie für die Ernsthaftigkeit dieser Bemühungen in der offiziellen Zusage der amerikanischen Seite finden, dabei ihr möglichstes zu tun, aber auch in der konkreten Situation.

Das Ziel muß es sein, zu einem Waffenstillstand zu kommen und daraus so rasch wie möglich einen echten und gerechten Frieden zu machen, in dem die Grundsätze der Souveränität und Sicherheit in gleicher Weise berücksichtigt werden.

Die amerikanische Seite glaubt, daß es möglich wäre, auf der Basis eines Waffenstillstandes in den erreichten Stellungen Fortschritte zu erzielen, während sich die Beteiligten gleichzeitig dazu verpflichten, unter der Ägide des Generalsekretärs in Gespräche einzutreten, um eine Friedensregelung herbeizuführen, die allen Bestimmungen der Resolution 242 des Sicherheitsrats entspricht, einschließlich des in dieser Resolution vorgesehenen Truppenabzugs.

Dr. Kissinger nimmt mit großer Befriedigung von der freundlichen Aufmerksamkeit Kenntnis, mit der ihn die ägyptische Seite zu einem Besuch Ägyptens eingeladen hat. Sobald ein Waffenstillstand erreicht ist, würde er sich freuen, diese Einladung als Teil des ernsten Bemühens, dem Nahen Osten einen dauernden Frieden zu bringen, aufrichtig und wohlwollend in Erwägung zu ziehen.

Mit den aufrichtigsten Empfehlungen.

Die WSAG trat kurz nach 10.00 Uhr zusammen. Nachdem die Entscheidung gefallen war, die Luftbrücke einzurichten, hatte sich die Stimmung wie durch ein Wunder völlig verändert. Die Zweifel, die uns in der vergangenen Woche belastet hatten, waren verschwunden, und niemand versuchte, die Schuld für möglicherweise gefährliche Folgen anderen zuzuschieben. Die wichtigste Aufgabe eines politischen Führers ist es, bei schwierigen Entscheidungen die Verantwortung dafür zu übernehmen, daß sich die Konsequenzen nicht mit Sicherheit voraussehen lassen. Wenn er so verfährt, haben seine Untergebenen freie Hand, an die praktische Ausführung der Beschlüsse zu gehen. Nixon übernahm diese Rolle im Nahost-Krieg, als er sich für die Einrichtung der Luftbrücke entschied. Ich erläuterte den Grundsatz, nach dem die Versorgung Israels mit Kriegsmaterial erfolgen sollte: In dieser Lage einer halben Konfrontation liegt unser einziges Interesse darin, die Sowjetunion so rasch wie möglich auf Grund laufen zu lassen. Wir müssen den Sowjets jede Veranlassung geben, zu einer raschen Lösung zu kommen. Wir müssen täglich größere Mengen von Kriegsmaterial ins Kampfgebiet bringen als sie. Als grobe Richtlinie schlug ich vor, daß wir jeweils fünfundzwanzig Prozent mehr als die Sowjets liefern sollten. Wir beschlossen, die Luftbrücke durch eine Versorgung auf dem Seeweg zu ergänzen, denn die Sowjets hatten in ihren Schwarzmeer-Häfen gewaltige Mengen von Kriegsmaterial auf Schiffe verladen, darunter auch ihre modernsten Waffen.

Wir mußten diese Konfrontation, bei der es um einen hohen Einsatz ging, mitten während der Watergate-Krise überstehen, in der Nixon es sogar mit dem Sonderstaatsanwalt Archibald Cox zu tun hatte und außerdem von Teilen des Kongresses und der Medien wegen unserer angeblich zu nachgiebigen Haltung in der Entspannungspolitik angegriffen wurde. Senator Henry M. Jackson beschuldigte mich am 14. Oktober öffentlich, daß ich mich von den Sowjets hätte verführen lassen. Der Leitartikler George F. Will behauptete am 16. Oktober, ideologische Blindheit – die nicht näher erläutert wurde – ließe mich nicht erkennen, daß die Entspannung »gestorben« sei. Am 18. Oktober behauptete Joseph Kraft, daß die Sowjets mich »übertölpelt« hätten.[15] Am 17. Oktober berichtete die *New York Times* sogar von einer immer größer werdenden Kluft zwischen mir und dem Präsidentenberater Melvin R. Laird. Ausgerechnet mit ihm sollte es zu Meinungsverschiedenheiten über die sowjetischen Absichten gekommen sein. Wie bei Laird nicht anders zu erwarten, hatte ich keine Ahnung, daß er zu dieser Frage überhaupt eine Meinung hatte, geschweige denn, eine andere als ich. Allerdings trifft es zu, daß ich immer wieder dazu geraten habe, im Umgang mit den Sowjets behutsam vorzugehen. In den Beziehungen zwischen Supermächten ist es notwendig, daß der Gewinner sich hüten muß, dem Gegner seine Überlegenheit im unrechten Augenblick zu deutlich zu zeigen. Auf einer Sitzung der WSAG sagte ich meinen Kollegen dazu:

> Wir müssen in dieser ganzen Angelegenheit Zurückhaltung üben, gleichgültig, was geschieht. Es darf keine Hintergrundinformationen geben. Wenn wir die Sache ohne eine Konfrontation mit den Sowjets und ohne unseren Beziehungen zu den Arabern schwer zu schaden hinter uns bringen können, dann werden wir unser Geld wert sein. Alles andere ist Effekthascherei. Wir werden in der Sache sehr hart sein und Israel weiterhin beliefern.

Die Meldungen klangen den ganzen Vormittag günstig. Noch vor Beginn der Sitzung der WSAG am 16. Oktober erfuhren wir, daß ein sowjetisches Flugzeug mit einem hohen Funktionär an Bord nach Kairo unterwegs war. Wir vermuteten, daß der sowjetische Premierminister Alexei Kossygin nach Kairo flog, denn er hatte überraschend ein Treffen mit dem dänischen Premierminister abgesagt, der sich gerade in Moskau aufhielt. Das mußte bedeuten, daß die Sowjets Sadat zur Annahme unserer Waffenstillstandsbedingungen bewegen wollten, denn niemand brauchte ihn zu überreden, an seinem gegenwärtigen Kurs festzuhalten. Und wahrscheinlich würde der sowjetische Druck die Beziehungen zwischen Ägypten und der Sowjetunion belasten.

Fast gleichzeitig wurden wir davon unterrichtet, daß ein schwacher, aus fünfundzwanzig israelischen Panzern bestehender Verband, den Suez-Kanal am großen Bittersee in westlicher Richtung überquert hatte und damit begann, die Flugabwehrstellungen zu zerstören. Wenn diese Operation gelang, dann garantierte sie den israelischen Sieg, weil die ägyptischen Streitkräfte östlich des Kanals in diesem Fall der vernichtenden Wirkung der israelischen Luftstreitkräfte ausgesetzt sein würden. Es war aber noch zu früh zu sagen, ob sich die Israelis westlich des Kanals würden halten können. Die WSAG hielt diesen Angriff für ein Kommandounternehmen, und auch die Israelis hatten es zunächst als solches dargestellt. Während dieser Sitzung, auf der wir militärstrategische Fragen diskutierten, wurde uns ein Pressebericht vorgelegt, der meldete, daß ich mit dem Nobelpreis ausgezeichnet worden war. Ich habe über dieses Ereignis im 8. Kapitel berichtet.

Am Dienstagabend, dem 16. Oktober, meldete ich Nixon, daß die Chancen für eine rasche Beendigung des Krieges 2:1 stünden. Bei unseren Bemühungen um einen Waffenstillstand am 13. Oktober hatten wir es uns zu leicht gemacht. Ich sagte, daß zu viel »Spiegelfechterei« dabeigewesen wäre. Jetzt wäre es viel eher möglich, zu einer Lösung zu kommen, denn wir wären nicht mehr davon abhängig, was andere unternähmen. Nun, da wir unsere eigenen Mittel einsetzten, würden die Erfolgsmöglichkeiten für unsere Strategie mit jedem Tag besser. Kossygin würde bei seinem Gespräch mit Sadat entweder nur zu einem Unentschieden kommen und damit die sowjetischen Beziehungen zu Kairo unterminieren, oder er würde ihn dazu bewegen, unseren Vorschlag anzunehmen. Beides mußte unsere Position in Kairo stärken. Der israelische Vorstoß über den Kanal wäre vielleicht nur ein Kommandounternehmen, was wir auch weiterhin annahmen. Aber er würde die SAM-Raketenstellungen schwächen und es dadurch den israelischen Streitkräften erleichtern, die Ägypter über den Kanal zurückzudrängen. Jetzt arbeitete die Zeit für uns.

Der 17. Oktober: auf dem Weg zum Waffenstillstand

Am Mittwoch, dem 17. Oktober, warteten wir immer noch auf eine Entscheidung, aber die Lage entwickelte sich immer mehr zu unseren Gunsten. Am frühen Morgen unterrichtete mich Dobrynin offiziell davon, daß Kossygin sich in Kairo aufhielt. Außerdem legte er mir eine Note von Breschnew vor, die unterstrich, was wir schon wußten: Die Sowjetunion könnte sich entschließen, mit Stellvertreterstreitkräften im Nahost-Krieg einzugreifen, würde es aber nicht zu einer Konfrontation mit uns kommen lassen. Breschnew konnte der Versuchung nicht widerstehen, uns an seine früheren Warnungen vor der Gefahr einer Explosion im Nahen Osten zu erinnern. Dabei erläuterte er zum wiederholten Mal die uns schon bekannte sowjetische Auffassung, daß, wenn Israel bis an die Grenzen von 1967 zurückginge, die Supermächte oder der Sicherheitsrat seine Sicherheit garantieren könnten. (Am Wert dieser Zusicherungen mußte man zweifeln, denn der Sicherheitsrat hatte sich unfähig erwiesen, in der zweiten Woche einer größeren kriegerischen Auseinandersetzung eine Abstimmung durchzuführen.) Aber die gewohnten Phrasen waren nur die Einleitung zu der Erklärung, daß sich die Lage durchaus wiederherstellen ließe; beide Supermächte sollten mäßigend auf die Beteiligten einwirken. Kurz gesagt, wenn die Sowjets uns nicht zu überlisten suchten – und unsere Luftbrücke raubte ihnen die Möglichkeit dazu –, dann würden sie uns nicht im Weg stehen und vielleicht sogar unsere Lösung unterstützen, in der wir, wie bereits gesagt, vorgeschlagen hatten, den Waffenstillstand nur mit einer allgemeinen Bestätigung der Resolution 242 des Sicherheitsrats zu verknüpfen.

Wir waren jetzt in der glücklichen Lage, keine weiteren Entscheidungen mehr treffen zu müssen, um den Ausgang der militärischen Konfrontation zu beeinflussen. Wir konnten größere Mengen von Kriegsmaterial liefern als die Sowjets, und unsere Freunde waren besser dazu in der Lage, das Material zu verwenden, das wir ihnen schickten. Aus diesem Grund brachten wir einen großen Teil des Mittwochs damit zu, die diplomatischen Aktionen nach dem Kriege vorzubereiten und die nicht am Krieg beteiligten arabischen Nationen daran zu hindern, in der Leidenschaft des Augenblicks Maßnahmen zu ergreifen, die sich nicht mehr rückgängig machen ließen. Der israelische Brückenkopf westlich des Kanals wurde immer größer. Jetzt war es kein Kommandounternehmen mehr, sondern eine regelrechte Gegenoffensive. Sehr bald würden die Ägypter keine andere Wahl haben, als um einen Waffenstillstand zu bitten.

Am gleichen Mittwoch besuchte eine aus den Außenministern Saudi-Arabiens, Marokkos, Algeriens und Kuwaits bestehende Delegation Washington, um sich für die arabische Sache einzusetzen. Ich empfing sie um 10.15 Uhr. Ich sagte ihnen, daß es zunächst den Vereinigten Staaten darauf ankäme, die Kämpfe zu beenden. Danach »werden wir diplomatische Anstrengungen unternehmen, um zu einem gerechten und dauerhaften Frieden zu kommen«. Der Krieg sollte so beendet werden, daß die arabisch-amerikanischen Verhältnisse »so freundlich wie möglich« zu gestalten wären. Eine Verlängerung des Konflikts brächte die Gefahr einer Konfrontation der Großmächte auf arabischem Boden mit sich – der ewige Alptraum der Araber. Ich sagte, daß man nicht über die allgemeine Anerkennung der Resolution 242 hinausgehen oder die Israelis zur Rückkehr auf die Grenzen von 1967 bewegen könnte. »Wenn Sie als Vorbedingung für einen Waffenstillstand alles verlangen, dann wird der Krieg weitergehen.«

Um 11.10 Uhr versammelten wir uns im Ovalen Zimmer und setzten das Gespräch mit Nixon fort. Der saudiarabische Außenminister, der höfliche und kluge Omar Saqqaf, erläuterte die arabische Haltung in gemäßigter Form: »Israel wird von den Arabern nicht mit der Vernichtung bedroht.« Der saudische Minister scheute sich nicht, ausdrücklich zu erklären, daß Israel ein Existenzrecht habe, allerdings innerhalb der Grenzen von 1967: »Wir verlangen nicht mehr als die Rückkehr an die Grenzen von 1967 und die Anerkennung des Rechts der Flüchtlinge, in ihr Land zurückzukehren oder für das entschädigt zu werden, was sie verloren haben. Diese Maßnahmen würden genügen, um die Stabilität und Integrität Israels zu garantieren.«

Wenngleich er die Existenz Israels anerkannte – und das war sicherlich die Mindestvoraussetzung für ernsthafte Verhandlungen –, hatte uns Saqqaf eine ungeheuer schwierige Aufgabe zugewiesen. Israel würde nach einem ihm von seinen Nachbarn aufgezwungenen Krieg nicht an die Grenzen von 1967 zurückkehren, besonders da sich die militärische Lage jetzt zu seinen Gunsten gewendet hatte. Andererseits konnte es ohne amerikanische Unterstützung keinen Fortschritt geben, auch wenn weniger radikale Forderungen gestellt wurden. Einige der im Büro des Präsidenten vertretenen arabischen Länder brauchten außerdem die Hilfe der Vereinigten Staaten, um sich der Bedrohung durch habgierige Nachbarn (und das waren oft ebenfalls Araber) zu erwehren und die unruhigen Verhältnisse im eigenen Land zu stabilisieren. Sie und wir mußten mit diesem scheinbaren Paradox fertig werden, ohne es ausdrücklich beim Namen zu nennen.

Nixon, der es großartig verstand, sich in so schwierigen Situationen zurechtzufinden, schlug genau den richtigen Ton an. Er versprach, die äußersten diplomatischen Anstrengungen zu unternehmen, ohne sich auf einen bestimmten Ausgang festzulegen. Zwar hatte Nixon nicht mehr die Zeit und die Nervenkraft, um die Führung fest in die Hand zu nehmen – er war gerade damit beschäftigt, sich gegen die Angriffe von Archibald Cox zu verteidigen, die zum Beginn des Amtsenthebungsverfahrens gegen ihn führen sollten –, aber er führte das Gespräch mit den arabischen Ministern vorbildlich und ohne den Anschein zu erwekken, persönlich angespannt zu sein. Dabei versuchte er, den arabischen Politikern verständlich zu machen, wo die Grenzen lagen, wenn auch weniger deutlich als ich:

> Ich werde mich um einen Waffenstillstand bemühen, und zwar nicht, um Sie zu überlisten und dafür zu sorgen, daß es zu einer Feuereinstellung in den jetzt erreichten Stellungen kommt, sondern um eine Basis dafür zu schaffen, von hier aus zu einer Lösung auf der Grundlage der Resolution 242 zu kommen. Dazu verpflichte ich mich Ihnen gegenüber. Wir werden Zurückhaltung üben, und wir hoffen, daß Sie es auch tun werden. Sie haben meine Zusage. Ich kann aber nicht kategorisch verlangen, daß Israel auf die Grenzen von 1967 zurückgeht, aber wir werden im Rahmen der Resolution 242 weiterarbeiten.

Im Verlauf des Gesprächs wurde Nixon immer lebhafter und sagte, daß ich die Rolle des Verhandlungsführers für die amerikanische Seite übernehmen sollte. Zu meinem Schrecken ließ er durchblicken, daß damit der Erfolg gesichert sei. Dann griff er ein aus seiner ersten Amtsperiode vertrautes Thema auf und versicherte seinen Gästen, daß ich trotz meiner jüdischen Herkunft nicht unter innenpolitischem, das heißt jüdischem Druck stünde. Saqqaf, der schon vorher gesagt hatte, daß ich »hervorragende Arbeit geleistet« hätte, wischte diesen Einwurf geschickt vom Tisch und meinte: »Wir sind alle Semiten.«

Nach diesen Gesprächen im Weißen Haus gab Saqqaf eine versöhnliche öffentliche Erklärung ab, in der er unter anderem sagte, daß er großes Vertrauen zu Präsident Nixon habe – sehr zum Mißfallen der Feinde Nixons, die sich eifrig darum bemühten, nachzuweisen, daß Watergate unsere Fähigkeit, mit Krisen fertig zu werden, stark beeinträchtigt habe. Saqqaf sagte: »Der Mann, der den Vietnam-Krieg beendet hat, der Mann, der in der Lage wäre, der ganzen Welt den Frieden zu bringen, kann auch bei der Friedensregelung in unserem Gebiet des Nahen Ostens ohne weiteres eine positive Rolle spielen.«

Die Versorgung Israels mit Kriegsmaterial über die amerikanische Luftbrücke hatte also die arabische Überzeugung, daß die Vereinigten Staaten den Schlüssel zum Frieden in der Hand hielten, nicht erschüttert – ja sie vielleicht sogar gestärkt. Die Minister schienen entschlossen, sich jeder Konfrontation zu enthalten. Als ich anschließend wieder mit ihnen zusammentraf, forderte ich unsere Gäste dringend auf, nicht das Unmögliche zu verlangen:

> Wir wissen, daß Israel nicht bereit ist, auf die gegenwärtigen arabischen Vorstellungen einzugehen. Die israelische Premierministerin hat das gestern gesagt. Doch welchen Zwängen wir auch unterworfen sein mögen, die Vereinigten Staaten werden in jedem Fall ihren Einfluß geltend machen müssen. Es gibt keinen Ersatz für den amerikanischen Einfluß. Die arabischen Armeen haben zwar mehr geleistet, als man erwarten konnte, aber diese Armeen können die politischen Ziele der Araber nicht ohne einen langen Krieg und das hohe Risiko einer Beteiligung der Großmächte erreichen.

Ich kann nicht behaupten, daß diese Feststellungen große Begeisterung ausgelöst haben, sie wurden aber auch nicht zurückgewiesen. Die vier Außenminister baten mich dringend, daß ich mich trotz aller persönlichen Vorbehalte an den Verhandlungen beteiligen sollte. Wenn man sich einem Medizinmann anvertraut hat, dann interpretiert man seinen Wirklichkeitssinn als Bescheidenheit. Ich war für sie der Deus ex machina – aber für den Erfolg konnte sich leider niemand verbürgen.

Ich hatte Scowcroft gebeten, Dinitz, während ich mit den arabischen Außenministern sprach, zu veranlassen, bei seiner Regierung nachzufragen, wie sie auf eine Verknüpfung des Waffenstillstandes mit der Aufforderung zur Beachtung der Resolution 242 regieren werde. Hier rechneten wir kaum mit Schwierigkeiten; schließlich bildete die Resolution schon seit sechs Jahren die Grundlage aller Nahost-Verhandlungen.

Die tägliche Sitzung der WSAG fand am 17. Oktober um 15.00 Uhr in entspannter Atmosphäre statt. Clements berichtete, daß unsere Lieferungen über die Luftbrücke die sowjetischen um fünfundzwanzig Prozent übertrafen. Ich selbst konnte zufrieden feststellen – die freundliche Stimmung der arabischen Minister schien es anzudeuten –, daß wir für die nächste Zeit nicht mit einem Ölembargo rechnen müßten. Etwas zutreffender war meine Voraussage, daß sich auf diplomatischer Ebene vor Kossygins Rückkehr nach Moskau kaum etwas bewegen würde. »Aber wir müssen die Lieferungen an Israel fortsetzen, und zwar so lange, bis eine Seite den Kampf aufgibt.«

Nach der Sitzung ging ich mit meinen Kollegen von der WSAG in das Ovale Zimmer, wo Nixon ihnen Mut machen wollte, der trotz der Belastung durch die Entscheidung über die Watergate-Tonbänder bewies, daß er die Lage in der Hand hatte:

> Niemand weiß besser, was auf dem Spiel steht: das Öl und unsere strategische Position. Wir können uns nicht auf einen Waffenstillstand einlassen, ohne erfolgreiche Verhandlungen geführt zu haben. Das Treffen heute morgen (mit den vier arabischen Ministern) sollte ein Beitrag dazu sein. Einige von ihnen – nicht die Algerier – haben die größten Befürchtungen, auf Gnade und Ungnade der Sowjetunion ausgeliefert zu werden. Die Saudis, die Marokkaner und sogar die Algerier fürchten das. Der zweite Aspekt betrifft unsere Beziehungen zur Sowjetunion. Das ist wichtiger als der Nahe Osten. Wir dürfen es nicht zulassen, daß eine von den Sowjets unterstützte Operation gegen eine von den Vereinigten Staaten unterstützte Operation Erfolg hat. Wenn das geschieht, wird unsere Glaubwürdigkeit überall schwer erschüttert.

Aber nach Abschluß der WSAG-Sitzung meldeten die Nachrichtenagenturen weitere Komplikationen. Die ölproduzierenden arabischen Länder hatten auf ihrer Sitzung in Kuwait die sofortige Senkung der Ölproduktion um fünf Prozent bekanntgegeben, der bis zum Rückzug Israels auf die Grenzen von 1967 weitere monatliche Kürzungen um jeweils fünf Prozent folgen sollten. Außerdem erhöhten die sechs Mitglieder der OPEC am Persischen Golf den Ölpreis einseitig um siebzig Prozent und zwar von 3,01 Dollar auf 5,12 Dollar pro Barrel. Wir hatten uns bisher so sehr um die Möglichkeit eines Embargos gesorgt, daß wir die Produktionskürzungen, die nach Schätzungen der CIA täglich zunächst eine Million Barrel ausmachen würden, für eine mehr oder weniger symbolische Geste hielten. Das waren sie auch – aber sie hatten revolutionäre Auswirkungen. Wir mußten immer deutlicher erkennen, daß das Kartell der Ölproduzenten die Preise nahezu willkürlich festsetzen konnte, indem es die Produktion manipulierte, und damit begann eine neue Phase der Nachkriegsgeschichte. Es dauerte einige Monate, bis alle Beteiligten begriffen hatten, welche Folgen dieses Vorgehen haben mußte. Ich werde diese Frage im 19. Kapitel behandeln.

Eines wurde sofort deutlich. Die unbestimmte Unruhe der Europäer wurde zur Panik. Die europäischen Länder distanzierten sich immer entschiedener von den Vereinigten Staaten. Europa schien kein anderes Ziel mehr zu haben, als sich den guten Willen der Ölproduzenten zu sichern, und dafür hatte es keine andere Strategie entwickelt als den Versuch, die gegenwärtig bestehenden Spannungen abzubauen. Michel Jobert übernahm dabei die Führung. Noch vor weniger als einer Woche, am 11. Oktober, hatte er in meinem Büro gesessen, um sich über unsere Diplomatie im Nahost-Krieg unterrichten zu lassen, und sich darüber verbreitet, wie notwendig es sei, den Dingen ihren Lauf zu lassen und den Krieg nicht vor die Vereinten Nationen zu bringen. Doch jetzt berichtete die Nachrichtenagentur Reuter von einer sehr kritischen Ansprache Joberts in der Nationalversammlung, in der er die Vereinigten Staaten dafür angegriffen hatte, daß sie mit Breschnew fraternisierten, während beide Seiten das Gebiet mit Waffen überschwemmten.

Auch Hussein wurde jetzt nervös. Er stellte fest, daß das Westufer des Jordan (ein Gebiet, das er nur allzu gern zurückerobert hätte) von israelischen Truppen entblößt war. Bei den Spekulationen über eine Friedensregelung waren die jordanischen Gebietsansprüche ständig heruntergespielt worden. Würde nun der zurückhaltendste Nachbar Israels, so fragte mich der König in einem Brief, damit belohnt werden, daß er aus dieser Friedensregelung ausgeschlossen wurde? Jetzt machte er sich Gedanken darüber, daß wir uns vor einiger Zeit geweigert hatten, alle von Jordanien bestellten Panzer auszuliefern, weil wir angeblich mit unserer Produktion nicht nachkamen, Israel aber große Mengen der gleichen Panzer schickten; und er konnte der Versuchung nicht widerstehen, mich in etwas melancholischem Ton auf diesen Umstand aufmerksam zu machen.

Indessen setzten wir unsere massiven Lieferungen über die Luftbrücke fort, hielten die Verbindungen zu allen Beteiligten und drängten auf einen mit der Resolution 242 verknüpften Waffenstillstand. Wir mußten unbedingt hart bleiben, aber auch zeigen, daß es eine ehrenhafte Lösung gab, und diesen schmalen Weg gehen, während sich Watergate einem neuen Höhepunkt näherte.

In der Woche, als wir Israel über die Luftbrücke versorgten, nahm die Entscheidung des Appellationsgerichts über die Herausgabe der Watergate-Tonbänder einen großen Teil der Aufmerksamkeit Nixons in Anspruch. Am 16. Oktober sprach Melvin Laird als erster Beamter des Weißen Hauses öffentlich von der Möglichkeit eines Verfahrens zur Amtsenthebung des Präsidenten. Am nächsten Tag legte der Justizminister Elliot Richardson dem Sonderstaatsanwalt Cox einen Vorschlag des Weißen Hauses vor, daß Nixon dem angesehenen Senator John Stennis erlauben werde, die Richtigkeit der vom Weißen Haus angebotenen Inhaltsangaben für die umstrittenen Tonbänder zu verifizieren. Haig hatte mir den Kompromiß skizzenhaft erläutert und geheimnisvoll hinzugefügt, daß der Präsident bereit sei, es auf eine Konfrontation mit Cox ankommen zu lassen. Zufällig hatte ich mich schon vor einigen Wochen für Mittwoch, dem 17. Oktober, mit Richardson zum Mittagessen verabredet. Er fühlte sich in seiner Stellung als Justizminister nicht wohl. Man hatte ihm in seiner Eigenschaft als Generalstaatsanwalt den wichtigsten Fall des Jahrhunderts, Watergate, fortgenommen und einen Sonderstaatsanwalt damit beauftragt. Er sagte mir, er hätte das ungute Gefühl, daß das Weiße Haus Cox in eine Situation manövrieren wollte, in welcher der Präsident Cox hinauswerfen könnte – was Richardson nicht zulassen wollte. Ich kann heute nicht mehr sagen, wie ich mich dazu geäußert habe.

Am Nachmittag sagte ich Dinitz, Israel sollte bei seinen militärischen Operationen davon ausgehen, daß wir nicht in der Lage sein würden, die Entscheidung über einen Waffenstillstand länger als achtundvierzig Stunden hinauszuzögern, wenn wir aufgefordert werden sollten, ihm zuzustimmen. Wir wußten, daß im Zentrum der Sinai-Front am Suez-Kanal eine Panzerschlacht wütete, aber wir erhielten aus Israel nur sehr spärliche Meldungen, aus denen sich nicht viel erkennen ließ. Es war jedoch klar, daß der Krieg nicht mehr sehr viel länger andauern konnte.

18./19. Oktober: eine Einladung nach Moskau

Am Donnerstagmorgen, dem 18. Oktober, meldete Israel, daß es seinen Brückenkopf westlich des Suez-Kanals verstärke, der sich jetzt etwa dreizehn Kilometer nach Norden und viereinhalb Kilometer nach Süden hin ausdehnte. Als ich Ron Ziegler die Unterlagen für die Pressekonferenz am Morgen gab, sagte ich ihm, daß ich mit einem Waffenstillstand am Sonntag oder Montag (dem 21. oder 22. Oktober) rechnete.

Am gleichen Tage traf auch endlich König Faisals Antwort an Nixon ein, die etwa den gleichen Inhalt hatte, wie der vor zwei Tagen an mich gerichtete Brief. Er war ebenso wie wir der Meinung, daß eine Verlängerung des Krieges den Sowjets helfen werde. Der Krieg könnte nur beendet werden, wenn Israel an die Grenzen von 1967 zurückkehrte. Der König schloß mit der gleichen zweideutigen Warnung, die auch sein erstes Schreiben enthalten hatte: »Wenn die Vereinigten Staaten Israel auch weiterhin zur Seite stehen, dann riskieren sie die Schwächung dieser (amerikanisch-saudischen) Freundschaft.« Aber diese Zurückhaltung wurde durch die Erklärung Saudi-Arabiens vom gleichen Tage, dem 18. Oktober, mehr als aufgewogen, daß die Saudis nämlich ihre Produktion um das Doppelte der Menge verringert hatten, die von den arabischen Ölministern am Vortag beschlossen worden war, nämlich um zehn Prozent. Vielleicht war das ganze aber auch nur ein Verwirrspiel der Araber. Die Saudis erklärten, daß sie ihre Ölproduktion auch weiterhin monatlich verringern würden, und drohten sogar damit, die Öllieferungen an die Vereinigten Staaten ganz einzustellen, wenn diese Schritte nicht zu »raschen, greifbaren Resultaten« führten.

Wenig später, am 18. Oktober gegen 18.25 Uhr, brachte mir Dinitz Golda Meirs Antwort auf unsere Anfrage zu der Verknüpfung des Waffenstillstandes mit der Resolution 242. Sie stellte eine klassische Illustration der israelischen Verhandlungstaktik dar. Dahinter standen das ungewöhnlich starke Gefühl der Verwundbarkeit und ein komplexes innenpolitisches System. Alle führenden Israelis, die ich kenne, stimmen fast instinktiv in einem Grundsatz überein: Man darf niemals dem ersten von den Vereinigten Staaten gemachten Vorschlag zustimmen, so günstig er auch erscheinen mag. Wenn Israel kampflos nachgibt – gleichgültig in welcher Frage –, dann könnten die Vereinigten Staaten auf den Gedanken kommen, daß es ein gefügiger Klient Amerikas sei, und Gott allein wisse, was wir in einem solchen Fall noch alles verlangen könnten.

Was auf internationaler Ebene nur allzu leicht geschieht, wird in der israelischen Innenpolitik zum unausweichlichen Schicksal. Die innenpolitischen Verfahren in Israel erklären die dort üblichen Verhandlungsmethoden, die den Verhandlungspartner zum Wahnsinn treiben können: Es wird um das geringste Zugeständnis gefeilscht, man läßt es niemals zu einem unerwarteten Kompromiß kommen, und einer Lösung darf man nur zustimmen, wenn alle Beteiligten zu erschöpft sind, so daß niemand mehr in der Lage ist, seiner Freude oder auch nur seinem guten Willen Ausdruck zu verleihen. Denn nur, wenn die für die nationale Sicherheit Israels Verantwortlichen beweisen können, daß sie ihren Verhandlungspartner unter Druck setzen können oder bis zuletzt an ihrem Standpunkt festhalten, können sie ihre skeptischen oder ehrgeizigen Kollegen davon überzeugen, daß sie keine andere Wahl hatten. Sie können sich keine großzügigen Gesten leisten, weil jeder Versuch, das zu tun, den Zusammenhalt der Regierung gefährden würde. Der Premierminister riskiert, daß man ihm (oder ihr) Nachgiebigkeit vorwirft, wenn er (oder sie) auf einen amerikanischen Vorschlag eingeht, ohne vorher festgestellt zu haben, was man unter Umständen noch erreichen könnte.

So lehnte auch Golda jetzt einen Waffenstillstand ab, um den sie noch vor einer Woche gebeten hatte. Insbesondere wies sie eine Verknüpfung mit der Resolution 242 zurück, die in allen Verhandlungen in den vergangenen sechs Jahren Israels heilige Kuh gewesen war. Jetzt erklärte Golda auf einmal, daß die Resolution ein Ergebnis des Krieges von 1967 gewesen wäre und deshalb mit dem gegenwärtigen Krieg nichts zu tun hätte. Sie wäre kein »Allheilmittel«, und es gäbe »keinen Grund für übermäßige Eile«.

Der Ton der Note war nicht unversöhnlich, aber ich hatte auch nicht die Absicht, auf ihre Forderungen einzugehen. Wir hatten Israel über zwei Wochen zur Seite gestanden, während es sich in tödlicher Gefahr befand, und die Entwicklungen bei den Vereinten Nationen mit unserer Verzögerungstaktik aufgehalten, als dies in Israels und unserem Interesse lag. Wir hatten in einem für Israel günstigen Zeitpunkt einen Waffenstillstand vorgeschlagen und Israel in einer äußerst bedrängten Lage mit Waffen beliefert. Jetzt konnten wir nicht unsere Beziehungen zu Europa und Japan aufs Spiel setzen, ein Ölembargo riskieren, eine Konfrontation mit den Sowjets heraufbeschwören und die noch mit uns befreundeten arabischen Länder brüskieren, indem wir einen Waffenstillstand auf unbestimmte Zeit hinausschoben oder auf die Anerkennung der Resolution 242 verzichteten, auf die wir uns berufen hatten, als wir sechs Jahre dem Druck der Sowjetunion und der radikalen Araber Widerstand leisteten. Das hätte auch nicht im Interesse Israels gelegen. Ohne die Resolution 242 gäbe es keine völkerrechtliche Basis für künftige Verhandlungen. Angesichts des Stimmenverhältnisses in den Vereinten Nationen mußte jede an ihrer Stelle gefaßte neue Resolution ungünstiger sein. Doch bisher sprachen wir nur über theoretische Fragen. Deshalb sagte ich Dinitz noch einmal, daß ich den Eindruck hätte, daß der Antrag für eine Waffenstillstandsresolution bald eingebracht werde, und Israel müßte seine militärischen Operationen beschleunigen, um sie notfalls innerhalb von achtundvierzig Stunden einstellen zu können.

Meine Vorahnungen bestätigten sich am gleichen Donnerstagabend, dem 18. Oktober, um 20.45 Uhr, als Dobrynin mich anrief, um mir eine dringende Botschaft von Breschnew zu übermitteln. Plötzlich waren die Sowjets bereit, etwas zu unternehmen. Dobrynin las mir den aus drei Teilen bestehenden Entwurf eines sowjetischen Vorschlags vor, der dem Sicherheitsrat der Vereinten Nationen vorgelegt werden sollte: 1. eine Aufforderung zum Waffenstillstand in den erreichten Stellungen, 2. einen Aufruf zum sofortigen, in Etappen durchzuführenden Rückzug der Isrealis »aus den besetzten arabischen Gebieten auf die in der Resolution 242 des Sicherheitsrats festgesetzte Linie, wobei dieser Rückzug in möglichst kurzer Zeit beendet sein soll«, und 3. eine Aufforderung, in »geeignete Konsultationen« einzutreten mit dem Ziel, einen gerechten Frieden zu schließen.

Auf die erste Forderung konnten wir ohne weiteres eingehen, denn wir hatten vor fünf Tagen mit Zustimmung Israels den gleichen Vorschlag gemacht. Danach würden die Israelis in ihren Stellungen etwa dreißig Kilometer vor Damaskus und auf der Westseite des Suez-Kanals bleiben können. Die zweite Forderung war eine Unverschämtheit; man konnte von Israel nicht verlangen, daß es als Voraussetzung für einen Waffenstillstand »sofort« mit dem Rückzug auf eine nicht festgelegte Linie begann und diesen Rückzug in kürzester Zeit beendete. Punkt 3 war nichts anderes als ein plumper Beschwichtigungsversuch. »Geeignete Konsultationen« konnte alles bedeuten. Sollte es sich dabei um die üblichen Verhandlungen im Rahmen der Vereinten Nationen handeln, wobei der Unterhändler zwischen den Parteien hin- und herreiste, dann ließ sich damit kaum etwas bewirken. Wenn jedoch direkte Verhandlungen zwischen den Arabern und Israel eingeleitet werden sollten, dann konnte dadurch eine bedeutende Wende in den Verhältnissen im Nahen Osten eingeleitet werden. In diesem Fall würde es zum ersten Mal seit der Gründung Israels dazu kommen, daß arabische Staaten in aller Öffentlichkeit in direkte Verhandlungen mit den Israelis eintraten.

Ich ließ mich sofort mit Nixon verbinden und sagte ihm: »Sie bewegen sich in unserer Richtung, aber sie sind noch nicht ganz da.« Nach meiner Schätzung brauchten wir noch »achtundvierzig bis zweiundsiebzig Stunden«, um die Sache unter Dach und Fach zu bringen.

Dann rief ich Dinitz an und konnte mir schon vorher denken, wie er reagieren würde. Über das Angebot in Punkt 3 sagte ich nichts, denn ich wußte, daß Israel sich mit Punkt 2 niemals einverstanden erklären würde. Ich hoffte aber, Punkt 3 noch ändern und darin die direkten Verhandlungen zwischen den Beteiligten einbauen zu können, die Israel angeblich anstrebte, bevor ich Dinitz das Angebot vorlegte.

Dobrynin wollte ich zunächst noch hinhalten. Ich sagte ihm, daß der sowjetische Vorschlag konstruktive Elemente hätte. Punkt 2 wäre jedoch unannehmbar, und Punkt 3 müßte präziser gefaßt werden. Wir wollten, um Zeit zu gewinnen, eine versöhnliche Atmosphäre schaffen und dem sowjetischen System Stoff für eine Analyse geben. Deshalb schickten wir gegen 22.30 Uhr Breschnew eine Antwort Nixons auf seine allgemein gehaltene Note vom Vortage, in der vom Waffenstillstand noch nicht die Rede gewesen war. Nixons Botschaft war eine wortreiche Erklärung, sprach beredt über die Notwendigkeit, die Beziehungen zwischen unseren beiden Ländern zu festigen, und setzte sich für energische gemeinsame Bemühungen zur Förderung des Friedens im Nahen Osten nach Beendigung der Feindseligkeiten ein. Aber wir vermieden es absichtlich, auf den sowjetischen Entwurf für eine Waffenstillstandsresolution Stellung zu nehmen. Dobrynin war viel zu intelligent, um nicht zu begreifen, daß wir Zeit gewinnen wollten – die übliche Taktik des voraussichtlichen Gewinners, dessen Position sich mit jeder Stunde verbessern kann.

Je näher der Waffenstillstand rückte, desto wichtiger war es, mit den arabischen Führern die Verbindung zu halten, auf die es jetzt ankam. König Hussein schickte ich das folgende Telegramm:

> Mir liegt viel daran, daß Sie wissen, was ich tue. Wir sprechen mit den Sowjets in der Absicht, uns über eine Resolution des Sicherheitsrats zu einigen, die zu einem Waffenstillstand an Ort und Stelle auffordert, dem sofort Verhandlungen zwischen den Parteien über eine fundamentale Friedensregelung folgen sollen. Bei einer solchen Regelung, Eure Majestät, ist es unvorstellbar, daß die Interessen Jordaniens, die Sie mir so überzeugend dargestellt haben, nicht ausreichend berücksichtigt werden könnten. Ich kann Ihnen versichern, daß Ihren Auffassungen das ganze Gewicht gegeben werden wird, das sie verdienen.

Die Partei, mit der wir am dringendsten die Verbindung aufnehmen mußten, war unser halber Gegner in Kairo, der sich, wie wir glaubten, in großer Bedrängnis befand. Die ägyptische Armee war jetzt in ernsten Schwierigkeiten. Es lag aber nicht in unserem Interesse, den Krieg mit einer Demütigung Ägyptens zu beenden. Wir hatten einen Sieg sowjetischer Waffen verhindern wollen, aber wir wünschten nicht Sadats

Sturz oder die Radikalisierung Ägyptens nach einer totalen Niederlage. Am 18. Oktober um 22.45 Uhr, als ich den sowjetischen Vorschlag mit Scowcroft besprach, sagte ich:

> Wir müssen erkennen, daß es schließlich eine sowjetische Niederlage geben wird. Die gleichen Gründe, aus denen wir eine israelische Niederlage nicht zulassen konnten, werden sich gegen sie auswirken, und zwar auch, wenn sie (die Araber) sagen, es sei die Versorgung mit Kriegsmaterial gewesen, woraus sie hätten erkennen sollen, daß es günstiger für sie gewesen wäre, sich auf unsere Seite zu stellen.

Deshalb schickte ich Ismail um Mitternacht eine versöhnliche, für Sadat bestimmte Note. Ihr Kern war die Bestätigung des vor zwei Tagen gemachten, an eine Bestätigung der Resolution 242 geknüpften Waffenstillstandsangebots. Um deutlich zu zeigen, daß wir die Würde Ägyptens respektierten, legte ich besonderen Wert auf die Tatsache, »daß Ägypten und seine arabischen Verbündeten die Lage wesentlich mit der auf dem Schlachtfeld gezeigten Stärke und der Tapferkeit ihrer Soldaten verändert haben. Davon sollte nichts durch eine weitere Verlängerung der Kampfhandlungen aufs Spiel gesetzt werden.« Ich schloß mit der nochmaligen Aufforderung, Ägypten möge auch unter den veränderten militärischen Bedingungen (die ich zwar nicht ausdrücklich erwähnte) dem Waffenstillstand zustimmen. Nachdem wir unserem Ziel so nahegekommen waren, hoffte ich, daß die zeitweilige Enttäuschung das komplexe Vorhaben nicht zerstören würde, an dessen Zustandekommen Sadat und wir so beharrlich gemeinsam gearbeitet hatten:

> Herr Ismail weiß, für wie wichtig wir es halten, daß die Feindseligkeiten möglichst bald unter Voraussetzungen beendet werden, die ernste Anstrengungen zur Erreichung einer grundsätzlichen Friedensregelung ermöglichen. Das bleibt unsere Auffassung. Dazu ist es wichtig, daß beide Seiten Zurückhaltung üben und sich daran erinnern, wie dringend notwendig gute Beziehungen auf lange Sicht sind.
> Mit herzlichen Grüßen.

Wir standen kurz vor der Beendigung des Krieges zu den von uns gewünschten Bedingungen. Aber wir durften nicht übermütig werden. Die Sowjetunion konnte jeden Augenblick ihre Waffenstillstandsresolution vorzeitig dem Sicherheitsrat vorlegen oder ein anderes Land veranlassen, es zu tun. Sie würde höchstwahrscheinlich mit Hilfe der europäischen und blockfreien Stimmen angenommen werden. Sogar China könnte den Antrag unterstützen. Unter welchem Vorwand könnten wir ein Veto einlegen? Und wenn wir es taten, dann wären wir in der darauffolgenden Krise isoliert; wir müßten mit sowjetischen Drohungen, der Distanzierung der Europäer und einer Radikalisierung der Araber rechnen. Und am Ende hätten wir nichts erreicht. Denn wenn wir dem israelischen Wunsch nachgaben, die Resolution 242 nicht mit dem Waffenstillstand zu verknüpfen, gäbe es keinen völkerrechtlichen Rahmen, innerhalb dessen verhandelt werden könnte. Unsere einzige realistische Option lag darin, im Verhandlungsprozeß die Führung zu übernehmen, für die israelische Offensive noch etwas Zeit zu gewinnen und dann zu einem Abschluß zu kommen, der es uns erlaubte, unsere diplomatischen Bemühungen nach dem Kriege unter den günstigsten Voraussetzungen zu beginnen.

Ich dachte noch über die am besten geeignete Taktik nach, als Breschnews Ungeduld uns einen Ausweg eröffnete.

Ich hatte eben die tägliche Sitzung der WSAG am Freitagmorgen, dem 19. Oktober, geschlossen. Unsere Informationen über die Absichten Israels waren nur skizzenhaft. Wir wußten, daß sie ihre Offensive fortsetzten und dreihundert Panzer am Westufer des Suez-Kanals versammelt hatten. Außerdem versuchten sie, die ägyptischen Verbindungslinien überall zu unterbrechen. Im Lauf des Tages erfuhren wir, daß sie in nördlicher Richtung gegen Ismailia und nach Süden zur Umgehung des großen Bittersees vorstießen, um die von Kairo nach Suez führende Straße zu sperren. Aber die Israelis unterrichteten uns nicht über ihre Angriffsziele oder ihren strategischen Plan. Sie sagten uns auch nicht, in welchem zeitlichen Rahmen sie ihre strategischen Ziele erreichen wollten. Auf der Vormittagssitzung der WSAG hatten wir beschlossen, die Versorgung Israels mit Kriegsmaterial fortzusetzen, bis der Waffenstillstand in Kraft getreten war. Dabei beschleunigten wir auch die Lieferungen auf dem Seewege, denn wir wollten nicht durch einen plötzlichen Waffenstillstand überrascht werden und nicht zulassen, daß die Sowjets ihre arabischen Freunde zur Fortsetzung eines Ermattungskrieges ermunterten.

Wenige Minuten nach 11.00 Uhr meldete sich Dobrynin mit einer dringenden Botschaft Breschnews an Nixon. Sie sprach von den zunehmenden Gefahren im Nahen Osten, die sogar den Beziehungen zwischen der Sowjetunion und den Vereinigten Staaten »schaden« könnten. Jetzt käme es darauf an, sofort wirksame Entscheidungen zu treffen:

> Da die Zeit ein wichtiger Faktor ist und es jetzt nicht nur auf jeden Tag, sondern auf jede Stunde ankommt, schlage ich vor, daß der amerikanische Außenminister und Ihr engster Mitarbeiter, Dr. Kissinger, sofort nach Moskau kommt, damit wir mit ihm als dem von Ihnen bevollmächtigten persönlichen Vertreter die notwendigen Verhandlungen führen können. Es wäre gut, wenn er schon morgen, am 20. Oktober, kommen könnte. Für eine rasche Antwort wäre ich Ihnen dankbar.

Mit dieser Einladung waren, wie ich glaubte, die meisten Probleme gelöst. Jetzt würde der Nahost-Krieg erst in den Vereinten Nationen behandelt werden, wenn es uns gelungen war, gemeinsam eine annehmbare Lösung zu finden. Auf dem Wege nach Moskau und bei den Verhandlungen dort wollte ich versuchen, die Sowjets zur Mäßigung zu veranlassen. Mit der Reise konnte ich die Dinge wenigstens um zweiundsiebzig Stunden hinauszögern, in denen sich der militärische Druck verstärken würde. Nixon und ich sprachen in diesem Sinne mit Haig und Scowcroft. Wir waren überzeugt, daß die Reise nach Moskau uns unseren strategischen Zielen näherbringen werde.

Es gab jedoch eine technische Schwierigkeit. Der Chef des chinesischen Verbindungsbüros, Botschafter Huang Zhen, hatte mich am gleichen Abend zu einem Festessen eingeladen, das er zu meinen Ehren im Mayflower-Hotel geben wollte. Ich konnte meine Absage natürlich nicht mit einer Reise nach Moskau begründen. Wenn ich jedoch teilnahm, dann war es ein guter Vorwand für die Verzögerung meines Abflugs bis zum Samstagmorgen. Nun würde ich die Verhandlungen in Moskau nicht vor Sonntag, also erst nach achtundvierzig Stunden beginnen können.

Ich rief Dobrynin aus meinem Büro im Weißen Haus an und sagte ihm, daß wir den Vorschlag von Breschnew für sehr interessant hielten, aber weshalb konnte Gromyko nicht nach Washington kommen? Dobrynin erklärte, daß die sowjetischen Entscheidungen die Teilnahme von Breschnew und Kossygin (der eben aus Kairo zurückgekehrt war), erforderten. Ich sagte dem sowjetischen Botschafter, daß wir die Note Breschnews noch am gleichen Nachmittag beantworten würden.

Anschließend unterrichtete ich Dinitz über den sowjetischen Vorschlag und besprach die Lage noch einmal mit Nixon und Haig. Am Mittag um 13.35 Uhr rief ich Dobrynin noch einmal aus meinem Büro im Außenministerium an und sagte ihm, daß ich am frühen Samstagmorgen abfliegen und am Abend in Moskau eintreffen würde. Die Verhandlungen mit der sowjetischen Führung könnte ich erst am Sonntagmorgen beginnen. Es wäre allerdings nicht möglich, über eine endgültige Friedensregelung oder irgendein anderes Thema zu sprechen als den Waffenstillstand. Ich dürfte voraussetzen, »daß während meines Fluges keine einseitigen Maßnahmen ergriffen werden«. Damit meinte ich, wie ich dem Botschafter sagte, irgendwelche Drohungen oder Initiativen im Rahmen der Vereinten Nationen oder anderswo. In der offiziellen Erklärung zu meiner Reise müßte ausdrücklich gesagt werden, daß ich auf »Einladung« der sowjetischen Regierung nach Moskau käme, damit nicht der Eindruck entstünde, daß ich dort als Bittsteller aufträte.

Um 16.30 Uhr nahm Dobrynin diese Bedingungen im Namen Breschnews an. Ich sagte ihm noch einmal, daß ich nicht darauf vorbereitet wäre, über Aspekte einer politischen Lösung zu verhandeln. Dobrynin meinte, daß die sowjetische Seite sich darüber im klaren sei. Anschließend traf ich mich mit Dinitz, um mir endgültig darüber klarzuwerden, welches die Haltung Israels war, und ihn über unsere Absichten zu informieren.

Doch inzwischen wurden die Auswirkungen von Watergate in ihrer unangenehmsten Form spürbar. Nixon stand noch mehr unter Druck als gewöhnlich. Der 19. Oktober war der Tag, an dem der Kompromiß mit Stennis wirksam werden sollte (und am folgenden Tag würde der unnachgiebige Cox von seinem Posten entlassen werden). Am Freitag um 15.30 Uhr teilte mir Haig mit, daß Nixon eine Erklärung zum Stennis-Kompromiß abgeben und gleichzeitig meine Reise bekanntgeben wollte. Ich verwahrte mich energisch dagegen und sagte, daß die Verknüpfung der Außenpolitik mit Watergate ein »billiger Trick« sei, den Nixon noch bedauern werde: »Man wird immer behaupten, daß er Watergate damit hätte verschleiern wollen. Ich bitte Sie inständig, sorgen Sie auf jeden Fall dafür, daß die Ankündigung meiner Reise, wenn er sie unbedingt machen will, unabhängig von allem anderen erfolgt.«

Haig war ein guter Soldat. Er hatte mir in Nixons Auftrag eine Mitteilung gemacht und überbrachte dem Präsidenten mit der gleichen Gewissenhaftigkeit meine Antwort. Schon nach wenigen Minuten meldete er sich wieder bei mir und teilte mir mit, Nixon hätte eingesehen, daß die außenpolitischen Belange den Vorrang hätten. Beide Erklärungen würden getrennt voneinander erfolgen. Der Präsident wollte nur dafür sorgen, daß die Reise nach Moskau vom Weißen Haus und nicht vom Außenministerium bekanntgegeben wurde, und zwar zu einem Termin, der selbstverständlich mit den Sowjets abgesprochen werden müßte.

Um 18.30 Uhr unterrichtete ich die Chinesen und um 18.50 Uhr den britischen Botschafter. Um 19.10 Uhr setzte ich mich noch einmal telefonisch mit Dinitz in Verbindung und sagte ihm, daß ich die Verhandlungen mit der Vorlage des Vorschlags einleiten würde, der den Vorstellungen Israels entsprach; der Waffenstillstand sollte nur mit den Friedensverhandlungen zwischen den kriegführenden Parteien verknüpft werden. Vor allem würde ich jedoch nicht der sowjetischen These zustimmen, daß die Resolution 242 den sofortigen und totalen Abzug der israelischen Truppen beinhaltete. Ich betonte jedoch, daß es mir wahrscheinlich nicht gelingen würde, eine Bezugnahme auf die Resolution 242 ganz zu verhindern. Ich hielt es sogar nicht für ratsam, den einzigen völkerrechtlichen Rahmen für die Friedensverhandlungen zu zerstören. Ich bat Dinitz, mich während meines Aufenthalts in Moskau über die Entwicklung der militärischen Lage auf dem laufenden zu halten. Vor Sonntagnachmittag Moskauer Zeit rechnete ich nicht mit irgendwelchen Verhandlungsergebnissen, würde sie aber sofort an Israel weitergeben. Israel müßte diesen Zeitplan im Auge behalten. Wie sich herausstellte, waren meine Vorausberechnungen nicht ganz falsch gewesen.

Um 19.15 Uhr kam ich zu einer kurzen Sitzung mit meinen Kollegen von der WSAG zusammen, mit denen ich die Lage schon seit zwei Wochen immer wieder gründlich erörtert hatte. Es waren Jim Schlesinger, Tom Moorer, Bill Colby und Brent Scowcroft. Unsere Zusammenkünfte hatten manchmal in einer gespannten Atmosphäre stattgefunden. Wir waren nicht immer einer Meinung gewesen, aber es war uns gelungen, für eine schwere Krise eine einigermaßen annehmbare Lösung zu finden. Vor uns lag die Chance, das Nahost-Problem aus einer ganz neuen Perspektive zu behandeln. Wir waren ungeheuer erleichtert. Das strategische Ziel meiner Moskau-Reise skizzierte ich wie folgt:

> Die Reise gibt uns einige Tage Zeit, sie können das Gesicht wahren, und wir vermeiden es, daß Gromyko mit harten Instruktionen nach Washington kommt. Brent wird Sie auf dem laufenden halten. Ich werde mich um einen einfachen Waffenstillstand bemühen, an den vielleicht die Aufforderung geknüpft sein könnte, in Friedensverhandlungen einzutreten. Das schlimme ist, daß Israel davon nichts hören will, aber ich werde es wahrscheinlich nicht vermeiden können, daß die Resolution 242 erwähnt wird. Vielleicht werde ich zu unserem ursprünglichen Status quo ante zurückkehren müssen.
>
> Im Nahen Osten weiß jeder: Wer den Frieden will, muß uns einschal-

ten. Dreimal haben sie es mit der Sowjetunion versucht, und dreimal ist das mißlungen.

Noch am gleichen Tag schrieb ich an König Hussein und den Schah von Persien, um sie von meiner bevorstehenden Reise zu unterrichten. Ich erklärte, daß wir diese Entscheidung »auf sowjetisches Drängen« getroffen hätten. »Was ich mit diesen Gesprächen erreichen will ist das gleiche, was wir von Anfang an erreichen wollten – die sofortige Einstellung der Kämpfe auf einer Grundlage, die einen baldigen Fortschritt auf dem Wege zu einem endgültigen, gerechten und dauernden Frieden ermöglicht.«

Ich habe mich seither gefragt, ob wir die sowjetische Einladung nicht zu schnell angenommen haben. Vielleicht hätte ich meine Abreise um weitere vierundzwanzig Stunden hinausschieben können, um den Israelis die Möglichkeit zu geben, die militärische Lage weiter zu verbessern. Andererseits hätten die Sowjets sofort begriffen, was wir damit beabsichtigten, und hätten versuchen können, unsere Verzögerungstaktik mit einem sofortigen Resolutionsantrag bei den Vereinten Nationen oder militärischen Gegenmaßnahmen zu begegnen. Auch die Enttäuschung der Araber hätte die ganze arabische Welt veranlaßt, sich gegen die Vereinigten Staaten zu stellen. Noch vor einer Woche hatte ich Israel geraten, noch nicht auf einen Waffenstillstand einzugehen, weil mir die militärische Lage keine günstigen Voraussetzungen für die diplomatischen Bemühungen nach dem Kriege zu bieten schien. Aber so wichtig es ist, auf dem Weg zum strategischen Erfolg nicht stehenzubleiben, so notwendig ist es auch, nichts Unmögliches zu verlangen. Wir hatten versucht, mehrere wilde Pferde gleichzeitig zu zähmen. Jetzt durften wir Virtuosität nicht mit einer Strategie auf lange Sicht verwechseln. Wir durften nicht alles aufs Spiel setzen, um Teilerfolge zu erringen, denn im großen und ganzen hatten wir uns durchgesetzt: Wir hatten die Voraussetzungen für einen diplomatischen Durchbruch geschaffen. Wir hatten die Sicherheit unserer Freunde gewahrt. Wir hatten einen Sieg sowjetischer Waffen verhindert. Wir hatten die Beziehungen zu den wichtigsten arabischen Ländern aufrechterhalten und dafür gesorgt, daß wir nach dem Krieg eine entscheidende Rolle in der Außenpolitik spielen würden. Und wir hatten das alles während der schwersten Verfassungskrise dieses Jahrhunderts geleistet.

Jetzt hatten wir die Trumpfkarten in der Hand. Unsere nächste Herausforderung bestand darin, sie richtig auszuspielen.

XII. Moskau, der Waffenstillstand und die Alarmierung der Streitkräfte

Die Reise nach Moskau

Am Samstagmorgen, dem 20. Oktober, fast genau zwei Wochen nach Kriegsausbruch, flogen meine Mitarbeiter und ich in die Sowjetunion ab. Ich nahm den sowjetischen Botschafter Antoli Dobrynin im Flugzeug mit, denn auch er wollte so rasch wie möglich in Moskau sein. Meine Abreise wurde geheimgehalten, aber unmittelbar nach dem Start des Flugzeugs veröffentlichte das Weiße Haus eine Erklärung, in der bekanntgegeben wurde, daß Präsident Nixon mich nach Moskau geschickt habe, um »direkt mit der sowjetischen Führung über die Möglichkeiten einer Beendigung der Feindseligkeiten im Nahen Osten zu sprechen.«

Auf dem Flug und bis zum Verhandlungsbeginn konnten wir erleichtert aufatmen, denn wir mußten nicht mehr fürchten, daß die Sowjets versuchen würden, die erregten Araber zu einem Kreuzzug gegen die Vereinigten Staaten anzustacheln. Aber im Laufe des Tages erkannten wir, daß sich andere Gefahren zusammenbrauten, als Saudi-Arabien die dramatische Erklärung abgab, daß es gemeinsam mit anderen ölproduzierenden arabischen Staaten *alle* Ölverkäufe an die Vereinigten Staaten einstellen werde.

Ich hatte Dobrynin gesagt, daß ich niemals unmittelbar nach einem langen Flug über viele Zeitzonen hinweg Verhandlungen aufnähme und daher die Gespräche erst am Sonntagmorgen Moskauer Zeit, also nach mehr als sechsunddreißig Stunden, beginnen könnten. Während dieser Zeit konnte sich die militärische Lage – und er wußte das ebenso gut wie ich – nur zu unseren Gunsten verändern. Ich hatte dem israelischen Botschafter Simcha Dinitz immer wieder gesagt, Israel täte gut daran, bei seinen militärischen Operationen daran zu denken, daß wir den Resolutionsantrag auf einen Waffenstillstand nicht länger als achtundvierzig Stunden hinauszögern könnten. (Durch meine Moskau-Reise verdoppelte sich die Zeitspanne.)

Während des Fluges erhielt ich zwei Berichte von Dinitz. In beiden meldete er sachlich die gegenwärtigen Stellungen der isarelischen Truppen, bezeichnete die erreichten Positionen mit ihren arabischen Ortsnamen, sagte aber nichts über die strategischen Absichten Israels oder über den Zeitraum, innerhalb dessen diese Absichten erreicht werden könnten. Aus einem Bericht ging hervor, daß die Israelis mit einem baldigen Waffenstillstand rechneten, und man konnte daraus entnehmen, daß die israelischen Streitkräfte jetzt zu erschöpft waren, um ihren Vormarsch noch lange fortsetzen zu können, was auch in Moskau geschah:

> Bei allen unseren Aktionen müssen wir berücksichtigen, daß es überraschend zu einem Waffenstillstand an Ort und Stelle kommen kann. Wenn der Waffenstillstand in Kraft tritt, dann sollten sich unsere Truppen in Stellungen befinden, die militärpolitisch sinnvoll sind. Der wei-

tere Vorstoß, den wir machen müssen, wird durch den großartigen Kampfgeist unserer Streitkräfte ermöglicht. Wir müssen jedoch bedenken, daß sie seit dem 6. Oktober fast ununterbrochen in schwere Kämpfe verwickelt gewesen sind.

Aus dem zweiten Bericht ging hervor, daß die israelischen Streitkräfte die von Kairo nach Suez führende Straße unterbrochen hatten, obwohl man damit rechnete, daß die Ägypter versuchen würden, diese Verbindungslinie im Gegenstoß wieder zu öffnen. Die ägyptischen Kräfte auf der anderen Seite des Suez-Kanals bestanden aus zwei sogenannten Armeen mit jeweils etwa fünfunddreißigtausend Mann. Die 2. Armee hielt den Nordabschnitt. Die 3. Armee im Süden lag vor der Stadt Suez. Wenn die Israelis die von Kairo nach Suez führende Straße unterbrochen hatten, war die 3. Armee praktisch eingeschlossen.

Ich unterrichtete Brent Scowcroft im Weißen Haus mit einem Funkspruch über den Inhalt der israelischen Meldungen:

Ich kann nicht deutlich genug darauf hinweisen, wie notwendig es ist, mich über die militärische Lage vollständig zu unterrichten. Ich brauche genaue Lagebeurteilungen, und ich brauche sie rasch und häufig.

Dinitz muß, ich wiederhole, er muß sich mindestens dreimal täglich mit Ihnen in Verbindung setzen, und ich brauche diese Berichte dann sofort. Sagen Sie ihm, daß er seine Nachrichtenverbindungen jetzt in Ordnung bringen sollte, wenn er es nicht schon getan hat. Diese Berichte müssen genau identifiziert werden.

Ich kann es nicht vermeiden, daß mir Fehler unterlaufen, wenn ich nicht auf dem laufenden gehalten werde und wenn ich nicht genau weiß, wie die Lage der Bodentruppen ist.

Während meines ganzen Aufenthalts in Moskau erhielt ich keinen einzigen militärischen Lagebericht von den Israelis, sondern nur Informationen aus amerikanischen Quellen. Die Israelis haben mir auch nicht erklärt, aus welchen Gründen diese Pause eingetreten ist. Vielleicht hat die israelische Führung selbst nicht genau gewußt, wo sich ihre rasch vorgehenden Verbände befanden oder welcher Stoßkeil eines von mehreren Verbänden vorgetragenen Angriffs am schnellsten vorankam.

Diese Moskau-Reise war außerordentlich anstrengend und brachte manchen Ärger. Mir kam es vor allem darauf an, daß meine Verhandlungsposition nicht durch unerwartete innenpolitische Entwicklungen in den Vereinigten Staaten geschwächt wurde. Deshalb wies ich Scowcroft schon während des Fluges an, den Neigungen des Verteidigungsministeriums entgegenzuwirken, den Umfang der Materiallieferungen an Israel, solange ich in Moskau war, aus finanziellen Gründen zu verringern. Ich sagte ihm noch einmal: »Wenn die Israelis siegen, dann wird es gleichgültig sein, was wir während der nächsten Tage geliefert haben. Wenn sich die Israelis aber nicht durchsetzen können und ihre Offensive abgewehrt wird, brauche ich für meine Verhandlungen jede nur bestmögliche Unterstützung.«

Während wir uns Moskau näherten, hatte ich das Gefühl, daß wir uns in einer sehr starken Verhandlungsposition befänden. Israel stand augenscheinlich vor einem entscheidenden Sieg. Aber meine Zuversicht wurde plötzlich durch eine überraschende Botschaft von Nixon erschüttert. Wir hatten auf dem Flug nach Moskau nicht erfahren, daß der 20. Oktober für den Präsidenten ein verhängnisvoller Tag war. Wir ahnten nichts von den dramatischen Entwicklungen, die später als »Massaker vom Samstagabend« bezeichnet wurden. Der Sonderstaatsanwalt Archibald Cox weigerte sich, die von Senator John Stennis geprüften Inhaltsangaben von Nixons Tonbändern als Beweismaterial zu akzeptieren, verlangte die Herausgabe der Bänder und lehnte Nixons Alternativvorschlag ab, im Austausch dagegen auf das Recht zu verzichten, die Herausgabe weiterer Dokumente unter Strafandrohung zu verlangen. Darauf wollte Nixon eine Entscheidung erzwingen und entließ Cox, was Justizminister Elliot Richardson und seinen Stellvertreter, William Ruckelshaus, veranlaßte, ebenfalls zurückzutreten.

Auf dem Flug nach Moskau erfuhr ich nichts von diesen neuen Entwicklungen. Ich spürte aber deutlich, daß Nixon sich mit ungewöhnlichem Eifer der Außenpolitik zugewendet hatte. Ich war auch schon früher auf dem Wege zu Verhandlungen mit Funksprüchen aus dem Weißen Haus bombardiert worden. Nixon tat es zum Teil, um seine Nerven zu beruhigen, zum Teil aber auch, um zu zeigen, daß er die Zügel in der Hand hatte – was in der Vergangenheit gelegentlich zu gereizten Wortgefechten geführt, aber nie ernste Folgen gehabt hatte. Aber diesmal unternahm Nixon einen Schritt, der wesentliche und unwiderrufliche Auswirkungen auf die Verhandlungen hatte. Es begann mit einem dringenden Funkspruch von Scowcroft, mit dem dieser mir den Entwurf eines Briefes übermittelte, den Nixon über die sowjetische Botschaft in Washington an Breschnew schicken wollte. Darin erklärte Nixon, daß er mir »volle Handlungsfreiheit« gewähre; »die Verpflichtungen, die er (Kissinger) im Lauf Ihrer Gespräche übernehmen sollte, finden meine volle Unterstützung.« Außerdem ersuchte Nixon den sowjetischen Regierungschef um seine Zustimmung dazu, daß

> wir uns beide dazu verpflichten, uns persönlich für die Erreichung dieses Ziels (eines Friedensschlusses) einzusetzen und die starke Führungsrolle zu übernehmen, die unsere jeweiligen Freunde in diesem Gebiet als zwingend anerkennen werden. Ich schicke Dr. Kissinger eine Botschaft, die er Ihnen mündlich vortragen wird und in der zum Ausdruck kommt, wie entschieden ich mich persönlich in dieser Richtung einsetze.

Ich war entsetzt. Dieser Brief bedeutete, daß ich jetzt keine Möglichkeit mehr hatte, die Entscheidungen hinauszuzögern. Die »volle Handlungsfreiheit« machte es mir unmöglich, in Moskau zu erklären, daß bestimmte Entscheidungen noch der Zustimmung des Präsidenten bedürften – die einzige Methode, Zeit zu gewinnen, um mich mit Israel zu beraten. Außerdem ging aus diesem Brief hervor, daß die Sowjets und wir den Beteiligten eine Gesamtlösung für den Nahen Osten aufzwingen sollten und ich bevollmächtigt war, auch über dieses Thema zu verhandeln – ein Zugeständnis, das unserer bisherigen Strategie widersprach, mit der wir den Waffenstillstand ganz unabhängig von einer politischen Lösung erreichen wollten.

Zweifellos zeigte dieser Eifer Nixons den Wunsch, mit einer bedeutenderen Sache in Verbindung gebracht zu werden als den nicht enden wollenden, peinlichen Erörterungen um die Herausgabe der Watergate-Tonbänder. Das schlimme war, daß der Brief Nixons an Breschnew die gewohnte Finesse vermissen ließ. Daß er dem sowjetischen Führer sagte, er schenke mir sein volles Vertrauen, war recht hilfreich. Aber seine Ausdrucksweise ging weit über das hinaus, was er beabsichtigte, und meine Verhandlungsposition wurde dadurch nicht besser. Im Gegenteil, in einer Lage, in der es darauf ankam, Zeit zu gewinnen, hatte ich jetzt keine Möglichkeit mehr, die Dinge hinauszuzögern, und daher auch keinen Verhandlungsspielraum.

Ich setzte deshalb sofort einen Funkspruch an Scowcroft ab und bat ihn, was für mich nicht gerade typisch war, meine Verhandlungsvollmachten einzuschränken: »Ich muß in der Lage sein, den Russen zu sagen, daß ich die Vorschläge dem Präsidenten zur Genehmigung vorlegen müsse. Wenn jedoch erklärt wird, daß ich uneingeschränkte Vollmachten hätte, hätte ich diese Möglichkeit nicht mehr.« Was nun die starke Führungsrolle gegenüber unseren jeweiligen Freunden in diesem Gebiet betraf, so warnte ich Scowcroft vorsichtig und sagte, »wenn das jemals veröffentlicht wird, dann könnte es für den Präsidenten recht schwierig werden.«

Mein Funkspruch traf zu spät in Washington ein. Nixon hatte in seiner Begeisterung, mit der er seine verzweifelte Stimmung zu verdecken suchte, Scowcroft gedrängt, den Brief sofort für seine Unterschrift vorbereiten zu lassen, ohne auf meine Stellungnahme zu warten. Als Nixon schließlich drohte, daß er den Brief andernfalls von seiner Privatsekretärin, Rose Mary Woods, schreiben und abfertigen lassen werde, gab Scowcroft nach. Wer sich für die Gepflogenheiten im Weißen Haus interessiert, muß wissen, daß es einen besonderen Grund gab, weshalb dieser Brief nicht mehr rückgängig gemacht werden konnte. Unter den mit der Maschine geschriebenen Brief setzte Nixon noch die folgende Nachschrift: »Mrs. Nixon sendet Frau Breschnew und Ihnen unsere herzlichsten Grüße.« Scowcroft bemerkte trocken: »Damit war mir jede Möglichkeit genommen, an diesem Schreiben noch irgend etwas zu ändern.« Ohne diesen Zusatz hätte er den Brief unter Umständen noch einmal mit den von mir vorgeschlagenen Korrekturen abschreiben lassen können. Jetzt wurde er aber um 11.25 Uhr Ortszeit in der sowjetischen Botschaft abgegeben.

Die Sowjets erkennen sofort jede Veränderung der Lage, die ihnen neue Möglichkeiten eröffnet, besonders wenn sie es eilig haben, zu einem Abschluß zu kommen. Schon nach wenigen Stunden traf Breschnews Antwort in Washington ein. So rasch hatte die Sowjetunion während meiner Zeit im Weißen Haus noch nie einen Brief beantwortet. Breschnew hatte begriffen, was geschehen war:

> Ich habe genau verstanden, was Sie meinten, als Sie erklärten, daß Dr. Kissinger Ihr engster Mitarbeiter sei, der Ihr volles Vertrauen besitzt und diesmal in Ihrem Namen sprechen wird, und daß die Verpflichtungen, die er im Lauf unserer Gespräche übernimmt, Ihre volle Unterstützung finden werden.

Auch die persönliche Note fehlte nicht; Breschnew fügte das folgende mit der Hand geschriebene Postskriptum an: »Frau Breschnew dankt Ihnen für die Grüße und erwidert sie mit meinen und ihren besten Wünschen für Mrs. Nixon und Sie.« Von Breschnews Antwort erfuhr ich erst, als ich im Kreml mit ihm sprach.

Die Geschichte wird nicht berichten, daß ich mich häufig geweigert hätte, Vollmachten zu übernehmen. Aber diesmal habe ich es tief bedauert, es tun zu müssen. Es war ein klassisches Beispiel dafür, wie »uneingeschränkte Vollmachten« einen behindern und die Flexibilität bei Verhandlungen einschränken können.

Wir trafen am Samstagabend, dem 20. Oktober, um 19.30 Uhr in Moskau ein. Es war mein erster Besuch in der sowjetischen Hauptstadt als amerikanischer Außenminister. Mein Kollege, der sowjetische Außenminister Andrei Gromyko, war zu meiner Begrüßung auf den Flughafen gekommen. Er begleitete uns auf der Fahrt zum Gästehaus auf den Lenin-Bergen oberhalb der Moskwa, die wir wie üblich im Rennwagentempo zurücklegten. Die Unterbringung war ebenso luxuriös und protzig wie bei meinen früheren Besuchen, nur diesmal wehte in Anerkennung meines neuen Status als Außenminister die amerikanische Flagge über dem Gebäude – eine protokollarische Höflichkeit, die mich eigenartig bewegte. Kaum hatten wir unsere Sachen ausgepackt, als uns die obligatorische reichliche Mahlzeit vorgesetzt wurde, die uns vollends erschöpfte. Obwohl ich Dobrynin gesagt hatte, daß ich mit den Verhandlungen erst am folgenden Morgen beginnen könnte, versuchten unsere Gastgeber, mich umzustimmen. Man eröffnete mir, daß Breschnew mich und meine Mitarbeiter zu einem »privaten« Essen am späten Samstagabend in das Politbüro im Kreml einladen würde – ohne Rücksicht darauf, daß wir eben gegessen hatten.

Eine private Einladung des Generalsekretärs durften wir nicht absagen, welche Gründe wir dafür auch haben mochten. Nach einem fünfzehn Stunden dauernden Flug und einem überreichen russischen Abendessen waren wir kaum noch in der Lage, einen klaren Gedanken zu fassen; in diesem Zustand fuhren wir jetzt im halsbrecherischen Tempo zum Kreml. Kurz nach 21.00 Uhr empfing uns Breschnew in einem himmelblauen Anzug, der aussah wie eine Fallschirmspringerkombination, und führte uns in sein Allerheiligstes. Die Mitte des Zimmers wurde von einem Konferenztisch ausgefüllt, an dem ohne weiteres vierzig Personen Platz fanden; an jedem Ende stand ein klobiger Schreibtisch mit einer Telefonkonsole, die in Form und Dimensionen an eine mittelgroße Orgel erinnerte.

Die Methoden der sowjetischen psychologischen Kriegführung waren so wirkungsvoll, daß wir fast erleichtert waren, als Breschnew uns vor dem Essen zu einem »inoffiziellen« Gespräch aufforderte. Dabei hielt er sich sogar fast an unsere Abmachung, am ersten Abend noch nicht mit den Verhandlungen zu beginnen. Allerdings wäre es paradox, zu behaupten, man könnte mit dem ersten Mann eines kommunistischen Staates ein belangloses Gespräch führen. So erinnerte er mich natürlich daran, daß ich »uneingeschränkte Vollmachten« hatte und meine Zusagen daher nicht in Washington bestätigt werden mußten. Um Zeit zu gewinnen, ging ich auf das Thema ein und sprach ausführlich über den grundsätzlichen Verzicht auf einseitige Vorteile und die Möglichkeiten, wie man es vermeiden könnte, die Spannungen zu verschärfen.

Ich hatte den Eindruck, daß dieses Gespräch ein geringer Preis für den dadurch eingehandelten Zeitgewinn wäre, wenn es uns auch einigermaßen bizarr vorkam. Schließlich sprachen wir sehr ausführlich über die Beziehungen zwischen unseren beiden Ländern, und zwar ausgerechnet in dem Augenblick, da beide Seiten die Gegner in einem blutigen Krieg mit Tausenden von Tonnen Kriegsmaterial belieferten und wir versuchten, den Einfluß der Gegenseite zu verringern oder soweit wie möglich auszuschalten. Breschnews Beitrag zur Erzeugung dieser eigenartigen Atmosphäre bestand darin, daß er behauptete, die Sowjets täten gar nichts Besonderes, wenn sie den Nahen Osten auf dem Luft- und Seewege mit Waffen versorgten; sie erfüllten damit nur alte, vor vier Jahren übernommene Verpflichtungen, »die uns zwingen, so viele Geschütze zu liefern«. Die Vorstellung, daß wenn Moskau den Nahost-Krieg anheizte, es dazu nur durch seine allgemein bekannte Vertragstreue veranlaßt würde, war eine Zumutung. Wir mußten sie uns nur anhören, weil wir es nicht schon an diesem Abend zu Meinungsverschiedenheiten kommen lassen wollten und es uns darauf ankam, den Beginn der konkreten Verhandlungen hinauszuschieben. Ich erwiderte sarkastisch: »Es kommt uns so vor, als erfüllten Sie Ihre seit vier Jahren übernommenen Verpflichtungen innerhalb von zwei Wochen – eine beeindruckende Leistung.«

Ein Abend in Gesellschaft der sowjetischen Führung durfte natürlich nicht vergehen, ohne daß wir ein paar versteckte Drohungen zu hören bekamen. Eher bedauernd als zornig sprach Breschnew von der Kriegsgefahr, die durch die Nahost-Krise nähergerückt sei. Er benutzte diese Gelegenheit, um auf sein Lieblingsthema zu kommen, welches er schon in Zavidovo und San Clemente zur Sprache gebracht hatte, daß nämlich die Supermächte einen von ihnen garantierten umfassenden Frieden im Nahen Osten erzwingen sollten. Aber ich lehnte es ab, dazu Stellung zu nehmen, und sagte, daß ich gekommen sei, um über den Waffenstillstand, nicht aber über einen Friedensvertrag zu sprechen. Nach einem kurzen Geplänkel einigten wir uns darauf, die konkreten Verhandlungen erst am folgenden Morgen, Sonntag um 11.00 Uhr, aufzunehmen. Lachend sagte ich, daß die Sitzung wahrscheinlich erst so spät beginnen könnte, weil Dobrynin vorher noch in die Kirche gehen müßte. »Das ist ihm ein Herzensbedürfnis«, parierte Breschnew. Wir beide wußten natürlich, daß wir Zeit brauchten, um die militärischen Lageberichte zu analysieren und damit die Grundpositionen für die folgenden Verhandlungen festzulegen.

Ich war überzeugt, daß wir gute Aussichten hatten, die von uns gewünschten Bedingungen auszuhandeln, einen Waffenstillstand in den gegenwärtigen Stellungen, eine vage Verknüpfung mit der Resolution 242 des Sicherheitsrats und den Durchbruch zu den ersten direkten Verhandlungen zwischen Israel und seinen arabischen Nachbarn seit der Schaffung des jüdischen Staats. Als ich jedoch in das Gästehaus zurückkehrte, erwartete mich dort eine niederschmetternde Überraschung. Es waren die Anweisungen, die Nixon in seinem Brief an Breschnew erwähnt hatte, und ein Funkspruch des Weißen Hauses, mit dem diese Anweisungen angekündigt wurden. Nixons Mitteilungen an mich bestanden aus zwei Teilen. Der erste enthielt seine Analyse der gegenwärtigen Lage im Nahen Osten und bestimmte Punkte, die ich Breschnew mündlich vortragen sollte. Der von Nixon persönlich diktierte Funkspruch war – und ich war mit seinem Inhalt keineswegs einverstanden – eine scharfsinnige Beurteilung des Nahost-Problems, ein erstaunlicher Beweis der Konzentrationsfähigkeit des Präsidenten, wenn man bedenkt, daß er zugleich den heftigsten, mit Watergate im Zusammenhang stehenden innenpolitischen Angriffen ausgesetzt war. Der nur für mich bestimmte analytische Teil brachte Nixons Überzeugung zum Ausdruck, daß die Sowjetunion und die Vereinigten Staaten das Kriegsende gemeinsam dazu benutzen sollten, im Nahen Osten eine umfassende Friedensregelung herbeizuführen: »Der gegenwärtige israelische Erfolg bei Suez darf uns nicht davon ablenken, jetzt alles nur mögliche für eine gerechte Friedensregelung zu tun.« Es läge sogar im Interesse Israels, wenn wir jetzt »jeden Druck ausübten, der notwendig sein sollte, die Annahme einer Friedensregelung zu erreichen, die vernünftig ist und die die Sowjets auf unsere Veranlassung den Arabern aufzwingen könnten«. Dann zählte Nixon die Hindernisse auf, die bisher einer Lösung im Wege gestanden hatten; die Unnachgiebigkeit Israels, die Weigerung der Araber, in realistische Verhandlungen einzutreten, und unsere »Voreingenommenheit für andere Initiativen«. Solche Faktoren dürften jetzt einer endgültigen Friedensregelung nicht mehr im Wege stehen. »Amerikanische innenpolitische Erwägungen«, schrieb Nixon und meinte damit die jüdischen Wählerstimmen, »werden auf unsere Entscheidungen in dieser Hinsicht absolut keinen, ich wiederhole, keinen Einfluß haben. Sie sollen wissen, daß ich bereit bin, die Israelis notfalls so weit unter Druck zu setzen, wie das notwendig ist, und zwar ohne Rücksicht auf die innenpolitischen Konsequenzen.«

Die an Breschnew gerichtete Verbalnote unterschied sich nicht wesentlich von dem an mich gerichteten Brief Nixons. Ich sollte darauf hinweisen, daß Nixon anders als beim Inkrafttreten der amerikanisch-sowjetischen Handelsvereinbarungen in der Nahost-Politik Entscheidungen treffen könnte, ohne von einem Veto im Kongreß daran gehindert zu werden. Nixon schrieb, er hätte zu spät erkannt, daß Breschnew bei seinem Besuch in San Clemente im Juni im wesentlichen recht gehabt hätte:

> Die Israelis und die Araber werden dieses Problem von sich aus niemals in vernünftiger Weise lösen können. Deshalb müssen Nixon und Breschnew, die das Problem objektiver betrachten, eingreifen, den richtigen Kurs für eine gerechte Friedenslösung festlegen und dann unsere jeweiligen Freunde unter den gebotenen Druck setzen, damit sie einer Lösung zustimmen, die diesem von Unruhen geplagten Gebiet endlich den Frieden bringt.

Es war ein Segen, daß ich von diesem Brief Nixons während meines eben zu Ende gegangenen »inoffiziellen« Zusammenseins mit Breschnew noch nichts gewußt hatte. Die Strategie der Vereinigten Staaten hatte bisher darin bestanden, den Waffenstillstand von einer politischen Lösung nach dem Kriege *abzukoppeln* und den Sowjets bei den Verhandlungen, die dem Waffenstillstand folgen würden, eine möglichst unbedeutende Rolle zuzuweisen. Was sich Nixon jetzt vorzustellen schien, würde uns in umfangreiche Verhandlungen verwickeln, deren Ergebnisse wir Israel als letzten Akt eines Krieges, an dem wir mit sowjetischen Waffen auf der arabischen Seite teilnahmen, aufzwingen würden. Die Araber würden Moskau dafür danken, uns auf einen Kurs gebracht zu haben, den wir bisher vermieden hatten. Wir würden auf jede Möglichkeit verzichten, die Araber zu beeinflussen. Sie würden jetzt eher dazu neigen, sich auf die Hilfe der Sowjetunion zu verlassen – es sei denn, die Sowjets wären bereit, sich vom Programm der radikalen Araber zu distanzieren, wofür es noch nie das geringste Anzeichen gegeben hatte. Doch selbst wenn Nixon jetzt von der zwischen uns vereinbarten Strategie abweichen wollte, dann durfte er es nicht in Moskau tun, denn sonst würden die Waffenstillstandsverhandlungen nur komplizierter. Wir würden bestenfalls zu einer Grundsatzvereinbarung kommen, die uns über Jahre hinaus belasten konnte. Deshalb hatte ich es mit Nixons Zustimmung zur Voraussetzung für meine Moskau-Reise gemacht, daß der einzige Tagesordnungspunkt der Waffenstillstand war. Wenn die Tagesordnung jetzt auch auf eine umfassende Friedensregelung ausgedehnt wurde, dann würden wir im Sumpf steckenbleiben.

Die Anspannungen der letzten zwei Wochen und der Mangel an Schlaf zeigten sich deutlich in dem sehr scharfen Text meines Funkspruchs an Scowcroft:

> Der Brief an Breschnew ist schon gegen mich verwendet worden. Der Generalsekretär hat sich geweigert, ihn entgegenzunehmen, als ich ihm sagte, daß ich über jeden neuen Vorschlag Rücksprache mit Washington halten müßte. Er machte mich darauf aufmerksam, daß mich der Präsident mit uneingeschränkten Vollmachten ausgestattet hat.
>
> Meine Position hier ist deshalb unhaltbar. Wenn ich die Anweisungen des Präsidenten wörtlich befolge, dann gebe ich die letzten Druckmittel aus der Hand, die mir für diese Verhandlungen noch zur Verfügung stehen. Uns kommt es vor allem darauf an, einen Waffenstillstand auszuhandeln. Es wird schon schwierig genug sein, die Israelis zur Annahme zu bewegen; als Teil einer umfassenden Regelung wird es unmöglich sein. Wenn der Krieg weitergeht, sind die Konsequenzen unabsehbar. Wir können den Weg, den der Präsident im Auge hat, erst gehen, wenn wir den Waffenstillstand mit der Zustimmung Israels zustande gebracht haben, aber nicht vorher. Bis dahin können uns weitere öffentliche Erklärungen nur überall schaden.

Wenn ich mir um ein Problem besondere Sorgen machte, dann verließ ich mich im allgemeinen nicht auf ein einziges Kommunikationsmittel. Deshalb rief ich auch jetzt Al Haig über eine normale, nicht abhörsichere Telefonleitung in Washington an und sagte ihm, wie wenig mir die Anweisungen des Präsidenten gefielen. »Können Sie mich nicht in

Frieden lassen? Ich habe meine eigenen Sorgen«, sagte Haig in einem ungewohnt gereizten Ton.

Aber ich beharrte darauf, daß mir Unrecht geschehen sei: »Was können Sie in Washington an einem Samstagabend schon für Sorgen haben?«

Haig antwortete verdrießlich: »Eben hat der Präsident Cox entlassen. Richardson und Ruckelshaus sind zurückgetreten, und hier ist die Hölle los.«

So erfuhr ich, was für Sorgen man an einem Samstagabend in Washington haben kann.

Die Vereinbarung eines Waffenstillstands

Jetzt war es noch wichtiger, den Krieg zu beenden, bevor die Sowjets in Versuchung gerieten, unser innenpolitisches Debakel für sich auszunutzen. Deshalb hielt ich mich genau an den vor meiner Abreise von Nixon genehmigten und weniger umfassenden Plan. Breschnew wiederum war in so großer Eile, einen Waffenstillstand herbeizuführen, daß er mich nicht mehr danach fragte, welche Anweisungen Nixon in seinem Brief gemeint hätte.

Mein für Sonntag, den 21. Oktober, vorgesehenes Gespräch mit Breschnew wurde auf die Mittagszeit verschoben, was uns ganz recht war. Trotz meiner über Dinitz an die israelische Regierung gerichteten dringenden Bitten hatten mich die Israelis nicht direkt über die militärische Lage unterrichtet. Die CIA meldete, daß ein höherer Beamter aus dem israelischen Verteidigungsministerium am späten Samstagabend erklärt habe, die israelischen Streitkräfte hätten alle von Kairo nach Ismailia und Suez führenden Straßen und Eisenbahnlinien unterbrochen und damit die ägyptischen Streitkräfte am Ostufer des Suez-Kanals eingeschlossen. Wie viele andere israelische Behauptungen während des Krieges schien sie uns ein weiterer Hinweis darauf zu sein, daß Israel seine wichtigsten strategischen Ziele an der ägyptischen Front erreichte.

Wir stellten auch weiterhin fest, daß Moskau Streitkräfte alarmiert hatte, die im Nahen Osten intervenieren könnten, darunter sieben sowjetische Luftlandedivisionen. Offenbar nahm Breschnew seine Beteuerungen, die Sowjetunion habe nur die allerfriedlichsten Absichten, nicht so wörtlich. Für den Fall, daß die Verhandlungen fehlschlugen, wollte auch er auf eine Alternative vorbereitet sein.

Die Berichte, die wir am Sonntagmorgen, dem 21. Oktober, bekamen, waren nicht mehr so eindeutig. Die Meldung der CIA sprach von schweren Kämpfen am Suez-Kanal und vermutete, daß beide Seiten auf Schwierigkeiten gestoßen seien. Der Brennpunkt der israelischen Aktivitäten lag angeblich zwischen dem großen Bittersee und Ismailia, was auf einen weiteren Vorstoß nach Norden, aber nicht auf eine Flankenbewegung nach Süden gegen Suez schließen ließ, die in Wirklichkeit vorbereitet wurde. (Die Israelis unternahmen Aufklärungsvorstöße in beiden Richtungen, nach Norden und nach Süden, aber dabei stellte es sich heraus, daß ein Vorgehen in südlicher Richtung einen größeren Erfolg bringen könnte.) Scowcroft teilte mir telegrafisch mit, daß er dem Präsidenten von stetigen, aber »recht langsamen« israelischen Fortschritten berichtet habe. Über die Prognosen oder Absichten Israels hatte ich keine direkten Informationen.

Am deutlichsten äußerte sich statt dessen der israelische Verteidigungsminister Moshe Dayan im Rundfunk. Er erklärte, Israels Lage müßte sich mit jedem Tag, den der Krieg weiterging, verbessern, Israel sei aber dennoch nicht in der Lage, sich einem Waffenstillstand zu widersetzen. Er schlug einen Waffenstillstand unter zwei Bedingungen vor: Beide Seiten sollten sich auf die Vorkriegslinien zurückziehen, oder beide Seiten sollten in den Stellungen bleiben, die sie bei Inkrafttreten des Waffenstillstands einnahmen. Als uns der Inhalt der Rede Dayans gemeldet wurde, standen wir kurz davor, die Verwirklichung der zweiten Bedingung zu erreichen.

Am frühen Morgen des 21. Oktobers vor meinem Gespräch mit Breschnew erreichte mich über Washington eine Botschaft aus Kairo. Zum ersten Mal deutete Hafiz Ismail an, daß Sadat bereit sein könnte, auf einen Waffenstillstand einzugehen, ohne ihn mit einer Gesamtlösung zu verknüpfen. Er schrieb, es werde Kairo genügen, wenn eine Friedenskonferenz zusammenträte und die Vereinigten Staaten gemeinsam mit der Sowjetunion den Waffenstillstand und den unmittelbar darauf folgenden Rückzug der israelischen Streitkräfte »garantierten«. Doch wir waren nicht in der Lage, eine solche Garantie zu geben, geschweige denn gemeinsam mit den Sowjets. Ich glaubte jedoch nicht, daß die Botschaft Ismails das letzte Wort Ägyptens sei.

Wegen des Zeitunterschiedes – in Washington war es jetzt noch sehr früh am Morgen – hörte ich nichts mehr über das »Massaker vom Samstagabend«. Ich bekam auch vor Abschluß der Verhandlungen und meiner Abreise keine weiteren Anweisungen mehr.

Während unsere Informationen sehr spärlich waren und uns nicht den Eindruck vermittelten, daß wir uns beeilen müßten, schienen die Sowjets viel besser unterrichtet zu sein. Denn als wir uns Sonntagmittag in Breschnews Büro trafen, war das sowjetische Team so sehr darauf bedacht, sich mit uns zu einigen, daß es eigentlich gar nicht mehr zu Verhandlungen kam. Breschnew eröffnete die Sitzung mit recht langatmigen Ausführungen darüber, daß er ebenso bereit wäre, über die Grundsätze einer allgemeinen Friedensregelung wie über den Waffenstillstand zu sprechen. Als ich ihm sagte, daß ich nur über den Waffenstillstand verhandeln wollte, ging er sofort darauf ein.

Breschnew eröffnete das Gespräch mit dem typisch sowjetischen Kunstgriff, zu behaupten, daß ich dem von Dobrynin in Washington vorgelegten sowjetischen Drei-Punkte-Plan prinzipiell zugestimmt (siehe 11. Kapitel) hätte. Das war mir neu, denn ich erinnerte mich, zwei der drei von den Sowjets genannten Bedingungen zurückgewiesen zu haben. Deshalb erläuterte ich unsere Haltung noch einmal. Ich sagte, der erste sowjetische Punkt, der einen Waffenstillstand verlangte, wäre von uns zu akzeptieren. Die zweite Forderung nach einem »sofortigen« israelischen Rückzug auf eine der Resolution 242 des Sicherheitsrats

»entsprechende Linie« wäre bedeutungslos, weil die Beteiligten sich auf eine solche Linie bisher noch nicht geeinigt hätten, weil es sinnlos wäre, von Israel einen Rückzug auf eine nicht existierende Linie zu verlangen, und weil Verhandlungen über eine Friedensregelung nach dem Kriege getrennt von den Waffenstillstandsverhandlungen geführt werden sollten. Der dritte sowjetische Punkt, der Aufruf zu »angemessenen Konsultationen« zur Vorbereitung der Verhandlungen müßte spezifiziert werden und deutlich zum Ausdruck bringen, daß direkte Gespräche zwischen Israel und den arabischen Staaten eingeleitet werden sollten.

Gewöhnlich halten die Sowjets längere Zeit an einer offiziell eingenommen Position fest und verkaufen den Verzicht auf eine unmögliche Forderung dann als großartiges Zugeständnis. Aber diesmal stimmte mir Breschnew zu, bevor ich meine Auffassungen näher begründet hatte: »Ich behaupte nicht, daß die Vorschläge ideal seien oder daß sie so, wie sie jetzt dastehen, angenommen werden können.«

Da ich nicht einen sowjetischen Entwurf zur Grundlage unserer Gespräche machen wollte, legte ich nur einen Gegenvorschlag vor, den Joe Sisco und ich am vergangenen Abend ausgearbeitet hatten. Mit unserem ersten Vorschlag verlangten wir einen Waffenstillstand in den jetzt erreichten Stellungen. Unser zweiter Punkt erwähnte das sowjetische Verlangen nach einem sofortigen israelischen Rückzug auf neue Linien gar nicht; er sprach überhaupt nicht von irgendeinem Truppenabzug, sondern forderte die Parteien ganz einfach auf, mit der Verwirklichung der Resolution 242 des Sicherheitsrats »in allen ihren Teilen« zu beginnen – eine so vage Forderung, daß sich die Diplomaten jahrelang erfolglos darum bemüht haben, sie übereinstimmend zu interpretieren. Drittens forderten wir die sofortige Aufnahme von Verhandlungen »zwischen den beteiligten Parteien« unter »geeignetem Schutz«. Mit anderen Worten, der Waffenstillstand sollte zu den direkten Verhandlungen mit Israel führen, die aufzunehmen sich die arabischen Staaten bisher standhaft geweigert hatten und die, wie mehrere israelische Regierungen behauptet hatten, die Tür zu ihren Zugeständnissen öffnen würden. Über irgendwelche Garantien sagten wir nichts.

Zu unserer Überraschung erklärten sich Breschnew und Gromyko mit unserem Text einverstanden und brachten nur noch ganz geringe Stilkorrekturen an.* Dann versuchten sie, den Begriff »angemessener Schutz« so zu interpretieren, daß die Vereinigten Staaten und die Sowjetunion für den Erfolg der direkten Verhandlungen die Garantie übernehmen sollten – mit anderen Worten, es sollte ein Diktatfrieden werden. Diesen Vorschlag lehnte ich ab. Ich definierte das Wort »Schutz« so, daß sowjetische und amerikanische Diplomaten bei Beginn der Verhandlungen anwesend sein sollten, später aber nur, wenn es um ganz entscheidende Fragen ging. Auch darauf gingen Breschnew und Gromyko ohne langes Feilschen ein.

Nach nur vier Stunden dauernden Verhandlungen einigten wir uns

* Der zwischen uns vereinbarte Text wurde vom Sicherheitsrat der Vereinten Nationen als Resolution 338 übernommen. Er ist in den Anmerkungen abgedruckt.

über den Text der Waffenstillstandsresolution und die Definition des Wortes »Schutz« – eine erstaunliche Leistung, wenn man bedenkt, wie viel Zeit die Übersetzung, die Überprüfung der Texte und die vielen Unterbrechungen gedauert haben, die entstanden, wenn sich beide Gruppen zusammensetzten, um einen bestimmten Punkt zu beraten.

Die Qualität der Vereinbarung übertraf sogar unsere Vorstellungen, die wir zwei Wochen zuvor hatten. Der ursprüngliche amerikanische Vorschlag forderte einen Waffenstillstand, der nur mit einer allgemeinen Bezugnahme auf die Resolution 242 des Sicherheitsrats verknüpft war. Vor vier Monaten hatte Breschnew im Kommuniqué nach dem Gipfel *jede* derartige Bezugnahme abgelehnt. Anschließend und während des Krieges hatten die Sowjets verlangt, daß wir eine gemeinsame Erklärung über die Bedeutung der Resolution 242 abgäben und Bedingungen diktierten, die sich in der sowjetischen Formulierung von dem Programm der radikalen Araber nicht unterscheiden ließen. Nun setzten wir uns mit unserer Haltung durch und überließen es den direkten Verhandlungen zwischen den Parteien, die Resolution 242 zu interpretieren. Der nicht deutlich definierte, von den Vereinigten Staaten und der Sowjetunion zu übernehmende »Schutz« hatte, wie ich Scowcroft in einem Funkspruch mitteilte, den Vorteil, daß andere Parteien, die auf uns Druck ausüben könnten, sich nicht in den Verhandlungsprozeß einschalten durften – und ich muß gestehen, daß ich damit einige unserer europäischen Verbündeten meinte.

Die einzige Frage, die in Moskau noch zu klären war, betraf den Zeitpunkt der Vorlage unserer gemeinsamen Waffenstillstandsresolution in New York. Breschnew und Gromyko wollten sie sofort dem Sicherheitsrat vorlegen, wobei der Waffenstillstand in dem Augenblick in Kraft treten sollte, in dem die Resolution angenommen wurde, und zeigten dadurch in einer wie verzweifelten Lage sich die arabischen Armeen befanden (wovon ich jedoch weder durch unsere Nachrichtendienste noch aus israelischen Quellen offiziell etwas erfahren hatte). Die sowjetischen Vorstellungen ließen sich jedoch unter keinen Umständen verwirklichen. Es war jetzt 16.00 Uhr nachmittags in Moskau und 9.00 Uhr vormittags in Washington. Wir würden eine Stunde brauchen, um einen Bericht und Anweisungen zu entwerfen. Eine weitere Stunde würde vergehen, bis die Texte auf telegrafischem Wege in Washington eingetroffen waren. Es mußten Gespräche mit den wichtigsten Angehörigen des Sicherheitsrats der Vereinten Nationen und vor allem mit Israel geführt werden. Wenn unsere Schätzungen richtig waren, konnten sie um 12.00 Uhr mittags Washingtoner Zeit beginnen. Ich schlug deshalb vor, daß die Vertreter der Vereinigten Staaten und der Sowjetunion um 18.00 Uhr New Yorker Zeit den Antrag für die Einberufung des Sicherheitsrats zu einer Sitzung um 21.00 Uhr stellen sollten. (Dadurch blieben neun Stunden Zeit für Konsultationen.) Der Waffenstillstand sollte nicht früher als zwölf Stunden *nach* Annahme der Resolution in Kraft treten, welcher wiederum eine mehrstündige Debatte vorausgehen würde. Breschnew stimmte diesem Zeitplan widerwillig zu und mußte erkennen, daß der Waffenstillstand frühestens nach vierundzwanzig Stunden in Kraft treten könnte. Er verpflichtete sich außerdem, den ganzen Einfluß der Sowjetunion dafür einzusetzen, daß alle Kriegsgefangenen baldmöglichst ausgetauscht würden. Auf diese Zusicherung hatte ich im Interesse Israels gedrängt.

Nach Abschluß der Verhandlungen kehrte die amerikanische Delegation in das staatliche Gästehaus zurück, um mit ihrer Arbeit zu beginnen. Meine Mitarbeiter und ich entwarfen in aller Eile einen Bericht an den Präsidenten und einen Brief Nixons an die israelische Premierministerin Meir, den Scowcroft in Washington sofort nach seinem Eintreffen Dinitz übergeben sollte. Wir glaubten, das werde spätestens um 12.00 Uhr Washingtoner Zeit geschehen, also neun Stunden vor Beginn der Sitzung des Sicherheitsrats und etwa zwölf Stunden vor der Abstimmung. Nixons Brief an Frau Meir erläuterte, was wir erreicht hatten:

> Sehr verehrte Frau Premierministerin, wir glauben, dies ist für Sie und für uns ein wesentlicher Erfolg und eine Anerkennung der Tapferkeit Ihrer Streitkräfte. (1.:) Ihre Streitkräfte könnten in den gegenwärtigen Stellungen bleiben, (2.:) das Wort »Rückzug« wird in der Resolution nicht erwähnt; (3.:) zum ersten Mal haben wir es erreicht, daß die Sowjetunion einer Resolution zustimmt, die zu direkten Verhandlungen ohne Vorbedingungen oder Qualifikationen zwischen den Parteien unter angemessenem Schutz auffordert. Zugleich sind wir und die Sowjets privat überein gekommen, Ihnen und den Arabern unseren gemeinsamen Schutz zu gewähren, wenn dadurch dieses Verfahren erleichtert wird und wenn die Parteien damit einverstanden sind.

Im übrigen wies der Brief auf den großen Unterschied zwischen der jetzt vorgeschlagenen Waffenstillstandsresolution und dem vor fünf Tagen öffentlich verkündeten Programm Sadats hin. Am Schluß bat der Präsident Frau Meir um eine sofortige Antwort.

Wir entwarfen auch Briefe an Hafiz Ismail, den Schah, König Hussein und unseren UN-Botschafter John Scali. Diese Arbeiten waren nachmittags gegen 17.30 Uhr Moskauer Zeit oder 10.30 Uhr vormittags Washingtoner Zeit abgeschlossen.

Um 18.30 Uhr traf ich mit dem britischen, dem französischen und dem australischen Botschafter in Moskau zusammen, und zwar mit den beiden ersten als Vertretern ständiger Mitglieder des Sicherheitsrats und dem australischen Botschafter, weil der Vertreter seines Landes im Oktober das Amt des Präsidenten des Sicherheitsrats in New York übernommen hatte. Diplomaten sind von Natur aus vorsichtig, wenn sie sich zu Fragen äußern sollen, zu denen ihre Regierungen noch nicht Stellung genommen haben. In diesem Fall waren sie so sehr von der positiven Reaktion in ihren Hauptstädten überzeugt, daß sie uns herzlich beglückwünschten, bevor sie in ihre Büros zurückkehrten, um ihre Berichte abzusetzen. Als Folge der gewaltigen Überlastung aller Telefon- und Telegraphenleitungen sind ihre Berichte wahrscheinlich früher eingetroffen als unsere.

Dann legte ich mich hin, um eine Stunde zu schlafen. Als ich gegen 20.00 Uhr aufwachte (in Washington war es 13.00 Uhr), stellte ich zu meinem Entsetzen fest, daß meine Berichte in Washington noch nicht angekommen waren. Meine Mitarbeiter hatten zunächst versucht, sie von der fünfundvierzig Minuten von hier entfernt in Moskau gelegenen amerikanischen Botschaft aus abzusetzen, aber das Botschaftspersonal hatte große Schwierigkeiten damit, weil für die Übermittlung vertraulicher Texte ein sehr umständliches Verfahren vorgeschrieben war, das viel Zeit erforderte. Dann versuchten wir, die Funkverbindung unseres Präsidentenflugzeuges auf dem Moskauer Flughafen Wnukowo II zu benutzen, das über Satellit mit dem Lagezimmer des Weißen Hauses verbunden war. Aber die Funksprüche kamen in Washington so entstellt an, daß man sie dort nicht entziffern konnte. Mein Mitarbeiter Larry Eagleburger stand in Verbindung mit unserer Botschaft und rief dann Brent Scowcroft in Washington über eine nicht abhörsichere Leitung an. Scowcroft konnte verstehen, daß wir uns über eine Waffenstillstandsresolution geeinigt hatten, aber der Brief an Golda Meir kam so verstümmelt an, daß er nicht an Dinitz weitergegeben werden konnte. So hatten wir keine andere Wahl und mußten ihn doch über die Botschaft absetzen.

Larry Eagleburger schildert meine Reaktion in einer später verfaßten Aufzeichnung, die er mir zur Verfügung gestellt hat, wie folgt:

> Ich erinnere mich daran, als sei es gestern gewesen. Ich saß in einem ziemlich großen Zimmer der Villa an einem Schreibtisch und schrie ins Telefon, um mich den Leuten in der Botschaft verständlich zu machen. (Ich schrie wegen der schlechten Telefonverbindung, *nicht* weil ich glaubte, damit die Beförderung der Telegramme beschleunigen zu können. Anders als gewisse Außenminister habe ich niemals geglaubt, daß man tote Gegenstände mit einer lauten Stimme beeindrucken könnte, auch wenn sie noch so schlecht funktionieren.) Es befanden sich zwanzig bis dreißig Menschen im Zimmer, die alle durcheinander sprachen. Joe Sisco (der sich nie durch besondere Zurückhaltung ausgezeichnet hat) sprach am lautesten. Kurz gesagt, das Zimmer war überfüllt, und es war geräuschvoll, aber ich wurde von den anderen weder gesehen noch gehört.
>
> Ich bemerkte nicht, wie Sie in diesem Augenblick hereinkamen und offenbar hörten, was ich sagte (ich weiß bis heute nicht, wie das möglich gewesen ist). Plötzlich hörte ich ein dumpfes Grollen: »Was, die Telegramme sind noch nicht fort!?!« Ich blickte auf und sah Sie mitten im Zimmer stehen. Sie dampften aus Nase, Augen und Ohren, und *niemand* (bis auf eine Ausnahme, von der ich noch berichten werde) war noch zu sehen. Die zwanzig oder dreißig Leute hatten sich – zweifellos unter Siscos Führung – mit einer solchen Plötzlichkeit in Luft aufgelöst, daß ein Geist sie darum beneidet hätte. Die einzige Ausnahme war Winston Lord, der sich irgendwie in eine Ecke gedrückt hatte. Er hatte sich entschlossen, dem Feuerwerk standzuhalten und das Blut (meines) aufzuwischen, wenn alles vorüber wäre. Winston hat seither einen besonderen Platz in meinem Herzen und meinen großen Respekt für seinen ungewöhnlichen Mut.

Die Situation war alles andere als komisch. Wir hatten mindestens vier Stunden verloren und dazu das Vertrauen der Israelis eingebüßt. Zunächst glaubte ich, daß es an irgendeinem technischen Versagen läge. Man sagte mir, die Funkverbindungen wären durch ein Gewitter gestört worden. Aber am nächsten Tag konnte ich es mir doch nicht vorstellen, daß in einem Flugzeug des Präsidenten mit den besten Nachrichtenübermittlungsgeräten, die in fünf Jahren niemals versagt hatten, *alle* Verbindungen gleichzeitig ausfallen konnten. Dann erinnerte ich mich an die Störungen des Funkverkehrs, als ich während meines Geheimbesuchs im April vor der Gipfelkonferenz von 1972 versucht hatte, Nixon von der abgestellten Maschine aus über Funk zu erreichen.[2] Wenn die Störungen absichtlich verursacht worden waren (was ich nicht beweisen kann*, dann haben sie den Sowjets kaum etwas genützt. Aber das allein schließt die Möglichkeit nicht aus). Was mich immer wieder erstaunt, ist, daß die Sowjets so oft bei ihren Manövern einen Vertrauensverlust in Kauf nehmen, der die geringen Vorteile kaum aufwiegt, die sie sich damit zu verschaffen glauben.

Durch diese Störungen hatte Israel wertvolle Zeit verloren, in der es seine militärischen Operationen auf den kurz bevorstehenden Waffenstillstand hätte abstimmen können. Eigentlich hätte dieser Verlust nichts ausmachen dürfen. Die Israelis wußten, daß ich in Moskau war, um einen Waffenstillstand auszuhandeln. Wir hatten ihnen immer wieder gesagt, daß sie nach Beginn der Verhandlungen nur noch wenig Zeit haben würden, ihre Operationen abzuschließen. Jetzt war es uns gelungen, die achtundvierzig Stunden, die ich Dinitz schon seit einer Woche zugesagt hatte, fast zu verdoppeln, und wahrscheinlich hatte Israel seine Operationen auf das höchstmögliche Tempo beschleunigt. Darüber hinaus konnte ich eine der »verlorenen« Stunden zurückgewinnen, indem ich John Scali in New York telegraphierte, daß wir nicht das gleiche Interesse wie die Sowjets an einer Annahme des Waffenstillstandes bis Mitternacht hätten, was wir ja auch Breschnew gesagt hatten. Der Resolutionsantrag wurde schließlich um 0.50 Uhr New Yorker Zeit angenommen.**

Das sowjetische Manöver – wenn es ein solches war – wirkte sich in der Hauptsache auf die Beziehungen zwischen den Vereinigten Staaten und Israel aus. Die Zeit, die wir durch die Kommunikationsschwierigkeiten verloren, ließ Israel nur etwa acht Stunden anstelle der zwölf, mit denen wir gerechnet hatten, um sich auf den Waffenstillstand einzustellen; deshalb hatte man in Jerusalem den Eindruck, vor ein Ultimatum gestellt zu sein, was wir nicht beabsichtigt hatten. Dadurch verzögerte sich auch die Unterrichtung unserer Regierungsmitglieder, der Parteiführer im Kongreß und anderer Länder, besonders der Volksrepublik China. Diese Aufgaben erledigte Scowcroft mit der gewohnten

* Dem Funker in der Maschine stehen eine ganze Reihe von Frequenzen zur Verfügung, um bei atmosphärischen Störungen die Aufrechterhaltung des Funkverkehrs über eine nicht gestörte Frequenz sicherzustellen. Diesmal waren alle Frequenzen mit starken Störungen überlagert, ein ganz ungewöhnliches Vorkommnis. Wir konnten unsere Funksprüche weder vom Flugzeug noch von der Botschaft aus absetzen, was so ungewöhnlich war, daß sofort eine Überprüfung eingeleitet wurde. Die meisten Fachleute glaubten, atmosphärische Interferenzen und andere technische Schwierigkeiten wären dafür verantwortlich. Der Funker im Flugzeug war jedoch davon überzeugt, daß so andauernde und starke Interferenzen nur mit Störsendern herbeigeführt sein konnten.

** Die Annahme der Resolution erfolgte in Wirklichkeit um 0.52 Uhr, aber die Vereinten Nationen rundeten die Zeit offiziell auf 0.50 Uhr ab.

Zuverlässigkeit. Der Chef des chinesischen Verbindungsbüros, Huang Tschen, war, wie alle chinesischen Diplomaten, wenn sie keine spezifischen Anweisungen haben, freundlich, aber undurchdringlich. Sicher gefiel es ihm nicht, daß die Vereinigten Staaten und die Sowjetunion dem Sicherheitsrat einen gemeinsamen Resolutionsantrag vorlegten, denn es ließ auf eine enge Zusammenarbeit der Supermächte schließen. Wir hatten jedoch die Chinesen sehr genau über unsere Strategie auf dem laufenden gehalten. (China nahm schließlich nicht an der Abstimmung im Sicherheitsrat teil – die denkbar mildeste Form der Distanzierung.)

Ich war schon damals davon überzeugt, daß wir mehr nicht hätten erreichen können, und bin es auch heute noch. Mit jedem Versuch, die Beteiligten zu größeren Zugeständnissen zu bewegen, hätten wir eine größere Krise riskiert, ohne Wesentliches dadurch zu erreichen; unsere Bemühungen um eine Friedensregelung wären gefährdet worden, die wir nun einleiten – und beherrschen – wollten. Wir hatten bewiesen, daß die sowjetischen Waffen den Arabern keine realistische militärische Alternative boten. Aber um aus dieser Erkenntnis etwas zu gewinnen, mußten wir auch zeigen, daß eine gemäßigte Haltung belohnt wurde. Wir hatten kein Interesse daran, unsere potentiellen arabischen Partner im Verlauf der Friedensverhandlungen den Radikalen oder den Sowjets in die Arme zu treiben. Es lag uns auch nichts an einer Konfrontation mit den Sowjets, die uns keinen Nutzen bringen konnte. Gegen Ende der gleichen Woche zeigten wir allerdings, daß wir die Konfrontation nicht scheuten, wenn vitale Interessen bedroht waren. Wir glaubten aber andererseits auch nicht, daß es in unserem vitalen Interesse lag, aus einem militärischen Rückschlag der Araber eine Katastrophe werden zu lassen.

Wenig später meldete Scali, daß der Sicherheitsrat den amerikanisch-sowjetischen Waffenstillstandsvorschlag als Resolution 338 übernommen hatte. Die Abstimmung fand am 22. Oktober um 0.50 Uhr New Yorker Zeit und um 7.50 Uhr vormittags Moskauer Zeit statt. Ich frühstückte mit Gromyko im staatlichen Gästehaus und war damit technisch sein Gastgeber. Es herrschte die Hochstimmung, die sich immer wieder am Schluß von schwierigen und riskanten Verhandlungen einstellt. Jetzt mußten wir vor allem noch einmal die Bedeutung des Begriffs »angemessener Schutz« definieren. Den Sowjets kam es offensichtlich darauf an, ihren arabischen Freunden zu zeigen, daß sie uns veranlaßt hatten, ihrem Programm zuzustimmen. Für uns galt das gerade Gegenteil. Wir zeichneten ein Dokument ab, das »Schutz« wie folgt definierte:

> Die Verhandlungen zwischen den beteiligten Parteien werden zunächst unter aktiver Beteiligung der Vereinigten Staaten und der Sowjetunion beginnen, die sich später im Lauf der Verhandlungen einschalten werden, wenn sie sich mit den Schlüsselfragen einer Friedensregelung beschäftigen.

Das Gespräch mit Gromyko bestand zum Teil aus sentimentalen Redensarten über die Bedeutung guter amerikanisch-sowjetischer Beziehungen, es wurden aber auch grobe Scherze gemacht; das alles zeigte, wie erleichtert man auf beiden Seiten darüber war, daß keine unwiderruflichen Entscheidungen hatten getroffen werden müssen. Gromyko bezeichnete seinen Verbündeten Sadat als »Papierkamel«. Trotz der frühen Stunde tranken wir uns mit Wodka zu, obwohl wir natürlich genau wußten, daß wir unsere Rivalität nur auf die diplomatische Ebene verlegt hatten. Sehr bald würden unsere Beziehungen wieder durch die Leidenschaften der Kombattanten im Nahen Osten, die Schwierigkeiten bei der praktischen Durchführung der Vereinbarungen und die natürliche Unvereinbarkeit der amerikanischen und sowjetischen Interessen belastet werden.

Eine Reise nach Israel in gespannter Atmosphäre

Am gleichen Abend, an dem es zwischen Washington und Jerusalem zu einem hektischen Notenaustausch über den Resolutionsantrag kam, schlug Premierministerin Golda Meir vor, daß ich auf dem Rückflug von Moskau in Israel Zwischenstation machen sollte. Das war sehr hübsch gesagt, aber Tel Aviv liegt nicht an der direkten Route von Moskau nach Washington. Golda hatte jedoch die Zustimmung Israels zur Resolution 338 des Sicherheitsrats delikater Weise nicht davon abhängig gemacht, daß ich die Einladung annahm. Aber wenngleich sie es nicht ausdrücklich sagte, so war doch klar, daß sie für die Nachkriegsphase und um sich in ihrem Kabinett durchsetzen zu können, unseren Beistand brauchte.

Nachdem ich mein Kommen zugesagt hatte, unterrichtete ich sofort Sadat, Hussein, die Sowjets und die Botschafter der NATO. Als Folge meines Entschlusses entstanden jedoch zahlreiche neue Schwierigkeiten. Ich traf die Entscheidung am 22. Oktober um 6.00 Uhr. Vier Stunden später sollte ich abfliegen. Dazu war eine neue Startgenehmigung für unsere Maschine erforderlich. Es ist nicht leicht, zu einer so frühen Stunde einen verantwortlichen sowjetischen Beamten zu finden, der schon aufgestanden ist. Noch schwieriger ist es, ihn dazu zu bewegen, daß er sofort einem Flugplan zustimmt, der uns über einen großen Teil der Sowjetunion führen würde, welcher sonst nicht von Ausländern überflogen werden darf – besonders da wir ursprünglich nach Westen und nicht nach Süden fliegen wollten. Unser Geschäftsträger in Moskau, Adolph (Spike) Dups, ein ausgezeichneter Diplomat, der 1979 als amerikanischer Botschafter in Afganistan ermordet wurde, beseitigte alle Schwierigkeiten mit Methoden, die kein Beamter des auswärtigen Dienstes preisgibt, denn sie garantieren die Unentbehrlichkeit dieser Leute. In kürzester Zeit lagen alle notwendigen Genehmigungen vor.

Gegen 10.00 Uhr Moskauer Zeit startete die Maschine. Auf halbem Weg nach Tel Aviv wurde mir plötzlich bewußt, daß wir uns Kriegsgebiet näherten. Der Waffenstillstand sollte erst nach mehreren Stunden in Kraft treten. Ich kam auf die etwas unbescheidene Idee, daß es nicht schlecht sein könnte, wenn wir den Begleitschutz von Flugzeugen der amerikanischen 6. Flotte anforderten. Larry Eagleburger setzte sich über Funk mit dem Pentagon in Verbindung, und die Nationale Militärische Kommandozentrale (NMCC) versprach, sofort alles in die Wege zu leiten. Das geschah auch. Die amerikanischen Streitkräfte bewiesen ihre Leistungsfähigkeit, und über Zypern nahmen uns mehrere Maschinen der amerikanischen Seestreitkräfte in ihre Mitte und begleiteten uns bis zu unserer Landung auf dem Flughafen von Tel Aviv, Lod.

Die Operation war weit schwieriger gewesen, als ich es mir damals hatte vorstellen können. Der Befehlshaber der 6. Flotte war Vizeadmiral Daniel Murphy, ein ehemaliger Mitarbeiter des Verteidigungsministers Melvin Laird und späterer Chef des Stabes von Vizepräsident George Bush. Einige Monate später traf Eagleburger auf einer Party in Washington zufällig mit Murphy zusammen und beglückwünschte ihn zu dieser hervorragenden Leistung seines Verbandes im Oktober 1973. Bei dieser Gelegenheit schilderte Murphy, was wirklich geschehen war.

Als das Pentagon die 6. Flotte beauftragte, den Schutz des Außenministers zu übernehmen, fand gerade eine Übung statt, an der auch auf Flugzeugträgern stationierte Maschinen teilnahmen. Admiral Murphy erkundigte sich nach unserer Position. Das NMCC konnte nur sagen, daß wir uns irgendwo zwischen Moskau und Tel Aviv befanden (vielleicht hatte sich unser Pilot gescheut, eine zu genaue Positionsangabe zu machen, damit wir nicht von Flugzeugen geortet werden konnten, deren Piloten weniger freundliche Absichten hatten). Murphy ließ sofort den Rest seiner Maschinen starten, die ebenso wie die schon in der Luft befindlichen den Auftrag erhielten, uns über dem östlichen Mittelmeer zu suchen, so lange der Treibstoff reichte, der bei einigen Maschinen schon zur Neige ging. Immer wieder fragte Murphy nach, ob die Piloten uns gefunden hätten, und mußte dabei die ständigen Anfragen des Pentagons beantworten und melden, »noch haben wir ihn nicht gefunden, aber wir werden es bald tun«. Zur Erleichterung des Admirals gelang es auch. Aber die Maschinen hatten inzwischen so viel Kraftstoff verbraucht, daß sie nach Erledigung ihres Auftrags gerade noch ihren Flugzeugträger erreichten. Murphy sagte Eagleburger, daß dies einer der aufregendsten Einsätze in seiner Amtszeit als Befehlshaber der 6. Flotte gewesen sei.

Man hat mich oft gefragt, welches der bewegendste Augenblick gewesen wäre, den ich im Dienste der amerikanischen Regierung erlebt hätte. Es ist schwer, denkwürdige Ereignisse miteinander zu vergleichen, die unter so verschiedenen kulturellen und politischen Gegebenheiten stattgefunden haben. Aber mein Eintreffen in Israel am Montag, dem 22. Oktober 1973, gehört mit Sicherheit zu den beeindruckendsten Erlebnissen.

Wir landeten auf dem Flughafen Lod, dem heutigen Ben-Gurion-Flughafen in Tel Aviv, um 13.00 Uhr Ortszeit. Später ist immer wieder behauptet worden, daß Israel den Krieg unbedingt hätte fortsetzen wollen und daß es den Israelis sehr schwergefallen wäre, sich mit dem Waffenstillstand abzufinden. Niemand wäre auf diesen Gedanken gekommen, der unseren Empfang miterlebt hat. Soldaten und Zivilisten erblickten in dem jetzt bevorstehenden Frieden die größte Wohltat. Israel hatte heldenhaft gekämpft, aber viel länger hätten die Israelis den Krieg nicht mehr durchstehen können. Die Menschen, die uns am Flughafen begrüßten, schienen es im tiefsten Inneren zu spüren, wie nahe sie dem Abgrund gekommen waren und wie sehr ein zwei Wochen dauernder Krieg sie erschöpft hatte. Kleine Gruppen von Soldaten und Zivilisten applaudierten uns mit Tränen in den Augen. Sie sahen so erschöpft aus, daß man glaubte, die Grenzen der menschlichen Leidensfähigkeit mit Händen greifen zu können. Israel hatte sich vollständig verausgabt, gleichgültig, was die militärischen Lagekarten zeigten. Die Bevölkerung sehnte sich so sehr nach Frieden, wie es nur Menschen tun können, die den Frieden nie gekannt haben.

Die gleiche Stimmung herrschte in Herzliyya bei Tel Aviv in dem seltsam modernistischen sogenannten Gästehaus auf dem Gipfel eines Berges, wo ich von Golda und ihrem Kabinett empfangen wurde. Das Gelände war von einem Stacheldrahtzaun umgeben, die Sicherheitsvorschriften waren sehr streng. Die Zimmer waren modern eingerichtet, aber nicht gerade elegant. Ich habe dieses Haus häufiger besucht und festgestellt, daß es sicher nicht dazu bestimmt war, »Gäste« unterzubringen. Es war vielmehr ein gegen Terroranschläge abgesichertes Haus für geheime Zusammenkünfte mit ausländischen Besuchern. Zu unserer Begrüßung hatten sich Golda Meir, Dayan, der Chef des Stabes, David Elazar, und andere Offiziere und Minister versammelt, unter ihnen der ehemalige Botschafter Yitzhak Rabin, der im Augenblick keinen offiziellen Posten einnahm, sich nicht an den Gesprächen beteiligte und eine rätselhaft verschlossene Miene zeigte. Die Gesichter waren von physischer und moralischer Erschöpfung gezeichnet. Wohl spürte man die typisch israelische Bravour, aber sie zu zeigen erfordert offensichtlich so viel Energie, daß es unsere israelischen Gesprächspartner eher zu erschöpfen als zu stärken schien. Sie sprachen von unmittelbar bevorstehenden Siegen, aber ohne Überzeugungskraft, und man hatte den Eindruck, als ob sie es nur täten, um bei uns den Eindruck der Unbesiegbarkeit zu wecken. Sie beschwerten sich darüber, daß sie jetzt nicht mehr die Möglichkeit hätten, die ägyptische 3. Armee ganz einzuschließen und zu vernichten, wofür sie noch drei Tage gebraucht hätten. Aber es waren die gleichen Leute, die immer wieder behauptet hatten, »wir brauchen noch drei Tage«, und damit die Lage jedesmal viel zu optimistisch beurteilten. Außerdem hätten wir nicht die Möglichkeit gehabt, den Waffenstillstand um drei weitere Tage hinauszuzögern, ohne eine Krise in den Beziehungen zwischen den Supermächten zu riskieren und die Beziehungen der Vereinigten Staaten zur arabischen Welt nachhaltig zu stören. Die politische Führung in Israel wußte das ganz genau. Deshalb war der Ton meiner Gesprächspartner eher melancholisch als vorwurfsvoll. Sie erinnerten sich an den ruhmreichen Krieg von 1967; es fiel ihnen schwer, sich den Realitäten der Stunde zu stellen.

Die ägyptische 3. Armee war auch nicht sehr lange das Gesprächsthema bei unserer Begegnung im Gästehaus. Als ich Golda Meir fragte, welches das nächste israelische Ziel gewesen wäre, wenn der Waffenstillstand es nicht verhindert hätte, erwähnte sie Port Fuad am nördlichen Ende des Suez-Kanals im Frontabschnitt der 2. Armee und soweit von der 3. Armee entfernt wie nur möglich. Wenn den Israelis am Tage der Verkündigung des Waffenstillstands etwas bewußt war, dann die Tatsache, daß ihre Verluste hoch genug waren – die zweitausend gefallenen israelischen Soldaten entsprachen zweihunderttausend Amerikanern.

Die Israelis spürten, daß sie die Aura der Unbesiegbarkeit verloren hatten, auch wenn die letzte Schlacht zu ihren Gunsten ausgegangen war. Die arabischen Armeen waren nicht vernichtet. Die arabischen Nationen hatten den Krieg nicht gewonnen, aber sie brauchten vor der militärischen Stärke Israels auch nicht mehr zu zittern. Israel war der Katastrophe gerade noch entgangen und hatte sich militärisch gehalten; am Schluß hielten die israelischen Armeen größere arabische Gebiete besetzt, als sie verloren hatten. Aber vor ihrem Land stand eine unsichere und einsame Zukunft, in der sie sich auf einen immer kleiner werdenden Kreis von Freunden verlassen mußten. Aber noch quälender war die Erkenntnis, daß Selbstgerechtigkeit zu diesem Ausgang des Krieges geführt hatte.

Jeder israelische Führer, mit dem wir zusammentrafen, wurde mit diesem Trauma auf andere Weise fertig, je nachdem, welche Chancen, jeder für seinen persönlichen Erfolg im politischen Leben sah. Sie alle fühlten, daß der Krieg der persönlichen Zukunft eines jeden einzelnen schwer geschadet hatte, und wirklich waren sie alle ein Jahr später nicht mehr an der politischen Macht beteiligt. Für Golda, die schon fast jedes bedeutende Regierungsamt innegehabt hatte, bedeutete diese Perspektive fast eine Erleichterung. Sie sorgte sich nicht um ihre politische Zukunft, sondern sie bedrückten die Verluste, die, wie sie glaubte, mit politischem Weitblick hätten vermieden werden können. Sie hatte ihr Privatleben geopfert und betrachtete ganz Israel als ihre Familie. Jeder gefallene israelische Soldat war für sie ein persönlicher Verlust. Die Ursache ihrer tiefen Verzweiflung waren nicht nur die gegenwärtigen Leiden ihres Volkes, sondern die schweren Prüfungen, die sie für die Zukunft erwartete und die sie besser ins Auge faßte als ihre Kollegen.

Golda scheute sich nicht, die Verantwortung für das Versagen des israelischen Nachrichtendienstes vor dem Krieg zu übernehmen; sie entschuldigte nichts und suchte nichts zu erklären. Frei von politischem Ehrgeiz bereitete sie sich darauf vor, was sie instinktiv als Israels nächste Herausforderung erwartete, daß nämlich die direkten Verhandlungen, die Israel seit so vielen Jahren mit solcher Leidenschaft gefordert hatte, zweifellos mit israelischen Zugeständnissen in Gang gebracht werden mußten. Für sie gehörte der Krieg schon jetzt der Vergangenheit an. Als einzige unter ihren Kollegen bereitete sie sich schon auf die nächste Schlacht vor, in der es, wie sie glaubte, darum gehen würde, die übrige Welt und besonders die Vereinigten Staaten daran zu hindern, ihre Probleme auf Kosten Israels zu lösen (oder was sie für einen hohen Preis hielt, den Israel würde bezahlen müssen, wenn sich der Status quo in irgendeiner Weise änderte). Aufmerksam beobachtete sie alle Vorgänge im Gästehaus, immer bereit, die Interessen ihres Landes zu verteidigen, und entschlossen, für jeden Kompromiß einen möglichst hohen Preis zu fordern. Ich wußte, daß ich als ihr Gesprächspartner keinen leichten Stand gegen ihre Hartnäckigkeit und Energie haben würde.

Der Chef des Stabes, General David (»Dado«) Elazar, stand auf der anderen Seite des Spektrums. Er wußte, daß jeder Krieg seine Opfer fordert; nun würde er das Opfer der israelischen Selbstzufriedenheit sein. Seine militärische und politische Laufbahn würde beendet sein, sobald sich die Politiker der Analyse des Krieges und seiner Ursachen zuwenden konnten. Ich möchte mich nicht an der Diskussion darüber beteiligen, wieweit er dafür verantwortlich gewesen ist, daß Israel seine Truppen nicht rechtzeitig mobil gemacht hat, denn darauf kommt es mir in diesem Zusammenhang nicht an. Ich hielt Elazar für einen Mann mit seltenen Qualitäten. Er zeigte eine vornehme Haltung, war aber ein Fatalist. Er unterrichtete uns sehr sachlich über die Lage, aber so, als wären die unmittelbar hinter uns liegenden erregenden Ereignisse schon Geschichte. Im folgenden Jahr trat er zurück, als ein Ausschuß der israelischen Regierung in erster Linie ihn dafür verantwortlich machte, daß Israel ungenügend auf den Krieg vorbereitet gewesen war. Das Privatleben, das er nun führen mußte, interessierte ihn nicht. Ein Jahr später starb er. Die medizinische Diagnose lautete: Herzanfall – der beste Ausdruck, den die Leute, die sich mit greifbaren Dingen beschäftigten, für ein gebrochenes Herz finden können.

Bei Dayan handelte es sich um einen besonders komplizierten Fall. In der Geschichte Israels stellen wir eine geradezu paradoxe Erscheinung fest. Hier hat ein Volk, das wegen seiner kosmopolitischen Einstellung und seines übermäßigen Intellektualismus so oft verfolgt worden ist, bei der Schaffung seines eigenen Staates Führer eines ganz neuen Typus hervorgebracht, des im Boden verwurzelten, realistischen, kämpferischen Bauern, der nicht durch eine übertriebene Phantasie belastet wird (oder jedenfalls nur durch einen feinen Instinkt für die herannahende Katastrophe) und als Pionier hartnäckig alles verteidigt, was er mühsam erobert hat, und zwar nicht nur so, als wäre die Diplomatie eine andere Form der Kriegführung – was schon Clausewitz gesagt hat –, sondern als folgte die Diplomatie auch den gleichen Regeln wie die Kriegführung. Dayan war eine einzigartige Mischung aus Altem und Neuem. Er zeichnete sich unter seinen Kollegen durch eine einzigartige Vorstellungsgabe, einen feinen Intellekt und die Fähigkeit aus, Israel in den großen Zusammenhängen der Weltpolitik zu sehen. Sein besonderes Interesse galt der Archäologie. Sie vermittelte ihm eine historische Perspektive, die sogar weit über die lange Geschichte seines eigenen Volks hinausreichte. Er begriff, daß nicht nur das jüdische Volk Katastrophen erlebt hatte, auch wenn es häufiger vom Schicksal heimgesucht worden war als andere Völker. Deshalb hatte er für die Haltung anderer Gesellschaften mehr Verständnis und war ihnen gegenüber toleranter als die meisten israelischen Führer, besonders gegenüber den Arabern. Er hatte die Intuition eines Dichters. Manchmal erkannte er die verschiedenen Seiten eines Problems so deutlich, daß er die für einen politischen Führer unerläßliche Zielstrebigkeit verlor, die bei seiner Premierministerin so stark ausgeprägt war. Dennoch war ich immer überzeugt gewesen, daß seine besonderen Qualitäten dringend gebraucht würden, wenn der Friedensprozeß begann, und daß Dayan der israelische Staatsmann wäre, der Israel wahrscheinlich am besten in den Frieden führen könnte.

Es war Dayans Tragödie, daß er, ebenso wie Moses, nur von weitem einen Blick auf das verheißene Land werfen durfte, daß ihm jedoch der Weg auf den Gipfel, von dem aus ihm dieser Anblick gewährt wurde, die Möglichkeit raubte, seine Visionen zu realisieren. Wie die meisten talentierten und künstlerisch begabten Menschen kannte er seinen eigenen Wert und war nicht frei von Eitelkeit. Im Verlauf von zwanzig Jahren hatte er Stellungen bekleidet, in denen sich seine ungewöhnlichen Fähigkeiten nicht voll auswirken konnten. Als Held des Krieges von 1956 genoß er hohes Ansehen, und 1967 rettete er sein Land durch einen überwältigenden militärischen Sieg (wen Rabin auch für den eigentlichen Retter des Vaterlandes gehalten haben mochte). Aber eine grausame Ironie des Schicksals wollte es, daß Dayan gerade in dem Augenblick, da seine Gaben am dringendsten gebraucht wurden, seine Aura verlor. Wenn der Chef des Stabes dafür verantwortlich gemacht wurde, daß Israel durch den Krieg überrascht worden war, dann mußte sich auch der Verteidigungsminister die gleichen Vorwürfe machen lassen. Jede Kritik am Chef des Stabes richtete sich im Grunde auch gegen seinen direkten Vorgesetzten.

Dieses Schicksal war für Dayan besonders schwer zu ertragen, weil er als weitblickendster israelischer Staatsmann nicht erkannt hatte, daß sich seine eigenen Voraussagen gerade in diesem Augenblick erfüllen sollten. Jahrelang hatte er seine warnende Stimme erhoben und gesagt, daß, wenn Israel sich nicht vom Suez-Kanal zurückzöge, es zum Kriege kommen müßte. Er hatte sich für eine Truppenentflechtung eingesetzt und hätte, wenn notwendig, auch einem einseitigen israelischen Truppenabzug zugestimmt, um eine Pufferzone zu schaffen. Es war ihm jedoch nicht gelungen, das Kabinett oder Golda Meir von seinen Auffassungen zu überzeugen. Ein einseitiger Truppenabzug war für sie einfach unvorstellbar. Dayan sollte recht behalten, aber unter Umständen, die ihn fast vernichtet haben. Es gab ungezählte Gründe, mit denen sich erklären ließ, weshalb er nicht erkannt hatte, daß der Angriff, vor dem er selbst so oft gewarnt hatte, unmittelbar bevorstand. Viele andere hatten sich über die Absichten Ägyptens ebenso geirrt wie er. Aber Helden verlieren auch den Glauben an sich selbst, wenn sie eingestehen müssen, daß auch sie sich irren können. Dayan identifizierte sich so sehr mit dem Bild, welches sich die Öffentlichkeit von ihm machte, daß er sich nicht dazu überwinden konnte, den einzigen Weg zu gehen, der ihn vielleicht aus seiner unglücklichen Lage hätte befreien können, und den Golda gegangen war: ehrlich zuzugeben, daß er die Lage falsch beurteilt hatte.

Nach 1973 war Dayan nicht mehr derselbe. Während des ganzen Krieges hatte er zwischen Verzweiflung und Euphorie hin und her geschwankt. Zeitweilig hatte er empfohlen, daß die israelischen Truppen sich an der Sinai-Front zurückziehen sollten, aber immer wieder hatte er voreilig von Siegen gesprochen, mit deren Verkündigung er den Erfolg der mit uns vereinbarten Politik gefährdete. Er erinnerte mich an einen Spieler, der im Roulette verloren hatte und nun den Verlust durch die ständige Verdoppelung des Einsatzes auszugleichen versuchte. Er war der Erfüllung seines Traumes, der israelische Friedens-Premierminister zu werden, schon zu nahe, um auf diesen Traum zu verzichten, und andererseits seinem Schicksal zu fern, als daß er es durch eine bloße Willensanstrengung hätte zwingen können. Er hatte nicht wie Golda den Gipfel erreicht, der es inzwischen gleichgültig geworden war, wie lange sie ihre Stellung einnehmen würde, er war aber auch nicht in den Abgrund gestürzt wie Elazar. Er schwankte zwischen Ehrgeiz und bösen Vorahnungen hin und her. Seine Zweifel waren zu groß, als daß er einen Angriff hätte wagen können, und seine Unsicherheit hinderte ihn daran, den Rückzug anzutreten. Er war zu sehr überzeugt davon, daß seine Stunde jetzt gekommen war, um zuzugeben, daß es der falsche Augenblick wäre und es daher vielleicht notwendig sei, geduldig auf die Gelegenheit zu warten, seine Mission zu erfüllen. Und so erlebte ich ihn auch im Gästehaus, wo er seine Gesprächspartner abwechselnd mit Vorwürfen überhäufte und versuchte, ihnen Mut zu machen. Nur wenn er sich unbeobachtet glaubte, spürte man die hinter allem liegende Melancholie und Frustration, die in der Folgezeit das Leben dieser ungewöhnlichen Persönlichkeit so sehr verbittern sollten.

Während dieses mit Emotionen beladenen Besuchs traf ich dreimal mit Golda zusammen. Das erste Gespräch führten wir zwischen 13.35 Uhr bis 14.15 Uhr. Dann waren wir von 14.30 Uhr bis 16.00 Uhr im Rahmen einer größeren Gruppe mit Vertretern beider Seiten beim Essen zusammen und dann bei einer militärischen Lagebesprechung von 16.15 Uhr bis 17.00 Uhr.

Goldas erste Frage an mich, als wir uns in einem privaten Zimmer zusammensetzten, betraf nicht den Krieg, sondern die Zukunft und die alptraumhaften Befürchtungen, die sie für diese Zukunft hegte. Gab es ein geheimes Abkommen mit der Sowjetunion, Israel zum Rückzug auf die Grenzen von 1967 zu zwingen? Als ich diese Vermutung energisch bestritt, fragte sie, ob es ein Abkommen über die Festlegung anderer Grenzlinien gäbe. Ich sagte, auch das wäre nicht der Fall. Als sie sich auch damit nicht zufriedengab und immer wieder festzustellen versuchte, auf welche Weise die Vereinigten Staaten Israel hintergehen könnten, verdeutlichte sie damit nur, in einer wie gefährlichen geo- und demographischen Lage sich ihr Land befand und wie sehr es von den Vereinigten Staaten abhängig war. Zwei Wochen hatten wir Israel zur Seite gestanden, seine Arsenale aufgefüllt, ein Ölembargo riskiert und es schließlich auf uns genommen, wir hatten alle unsere diplomatischen Bemühungen darauf gerichtet, diesem Land zu helfen, und mit der Resolution 338 viel mehr erreicht, als man in der ersten Woche hatte erwarten dürfen, als noch niemand an direkte Verhandlungen zwischen Arabern und Israelis dachte. Doch jetzt, als sich die allgemeine Erleichterung nach Beendigung des Krieges fast mit Händen greifen ließ, wurde sofort die Besorgnis spürbar, daß die Folgen der getroffenen Regelungen verhängnisvoll sein könnten. Seit fünfundzwanzig Jahren hatte sich Israel diplomatisch um direkte Verhandlungen mit den Arabern bemüht. Jetzt, da dieses Ziel in greifbarer Nähe war, erkannte Golda zu ihrem Schrecken – ihren Kabinettskollegen war das zum Glück noch nicht bewußt –, daß diese Verhandlungen Israel vor die schmerzlichen Entscheidungen stellten würde, die zu treffen es bisher hatte vermeiden können.

Die historischen Schrecken Israels wurden hier in der Form der talmudischen Exegese erörtert. Wir sprachen ausführlich über die Frage, ob § 2 der Waffenstillstandsresolution – die Verpflichtung zur Befolgung der Resolution 242 – einen organischen Bezug zu den direkten Verhandlungen hatte, die im § 3 der Resolution vorgesehen waren. Mit anderen Worten: Würde es bei den direkten Verhandlungen ausschließlich um die Rückkehr zu den Grenzen von 1967 gehen, oder würde Israel das Recht haben, eine eigene Interpretation der Resolution 242 vorzutragen? Ich versicherte Golda und ihren Kollegen, daß es keine geheimen Abmachungen gebe und die Verhandlungspartner jedes von ihnen gewünschte Thema zur Diskussion stellen könnten.

Kurz gesagt, die Unsicherheit Israels war so groß, daß man die Empfindung hatte, auch Worte könnten zu Dolchen werden. Golda wußte sehr gut, wie sehr sich das psychologische Gleichgewicht verschoben hatte und daß es sich auch nicht wiederherstellen ließ, wenn Israel seine erklärten Absichten durchsetzen sollte. Ich fragte sie, ob sie glaubte, daß Sadat die militärischen Rückschläge der letzten Phase des Krieges überleben könnte. Golda erwiderte ganz sachlich: »Das glaube ich. Denn er ist der Held. Er hat es gewagt.« Sie hatte recht. Israel war im Nachteil, auch wenn der Krieg mit einem israelischen Erfolg geendet hatte, denn Israels Ansprüche gingen über das menschliche Maß hinaus. Die Israelis konnten ihre Kriegsziele nicht durch einen einfachen militärischen Sieg erreichen; sie mußten ihre Gegner so vernichtend schlagen, daß sie sich nicht wieder erholen konnten. Angesichts der zahlenmäßigen Überlegenheit der Araber – Kairo allein hatte doppelt soviele Einwohner wie der ganze Staat Israel – konnte sich keine Nation, so heldenhaft sie auch kämpfte, auf die Dauer behaupten. Deshalb ist der Friede für Israel ebenso furchterregend wie notwendig. Während meines Besuchs in Israel ging es daher um die Kernfrage, ob der Friede geschlossen werden konnte, solange der heroische Geist Israels noch am Leben war und bevor die Brandung den einsamen Felsblock überspült hatte.

Während des Essens traf die Nachricht ein, daß Ägypten den Waffenstillstand um 17.00 Uhr Kairoer Ortszeit, also zwei Stunden vor dem festgesetzten Termin, in Kraft treten lassen wollte. Die Reaktion unserer israelischen Gastgeber war eine Mischung aus Erleichterung, Triumph und Resignation. Sie schwankte unsicher zwischen Hoffnung und Mißtrauen. Es kam zu einer planlosen Diskussion über die Grundregeln, die mit der Verwirrung endete, wie man sie so oft in historischen Augenblicken erlebt. Niemand konnte genau sagen, ob Kairo und Tel Aviv in der gleichen Zeitzone lagen. Die Kluft zwischen beiden Ländern war so tief, daß niemand in der Lage war, darüber Auskunft zu geben. Ich schickte Eagleburger ans Telefon und bat ihn, sich in Washington danach zu erkundigen. Während wir auf eine offizielle Bestätigung warteten, machte ich den Vorschlag, Israel sollte das Problem lösen, indem es den Termin auf 18.52 Uhr israelischer Zeit festsetzte – genau zwölf Stunden nach Annahme der Waffenstillstandsresolution; Kairo konnte dann den Termin auf die ägyptische Zeit umrechnen. (Es stellte sich heraus, daß wir damit den richtigen Zeitpunkt getroffen hatten.)

Auf der am Nachmittag stattfindenden militärischen Lagebesprechung erfuhren wir zum ersten Mal, wonach wir die Israelis schon seit einer Woche gefragt hatten; die genauen Stellungen und Angriffsziele der israelischen Streitkräfte am Westufer des Suez-Kanals. Die Karten zeigten, daß alle ägyptischen Nachschubstraßen zur 3. Armee mit Ausnahme einer Straße zweiter Ordnung im äußersten Süden abgeschnitten waren. Der israelische Offizier lobte den Gefechtswert der ägyptischen und der syrischen Armee. Von den Leistungen der irakischen Verbände, die ihnen gegenübergestanden hatten, waren die Israelis weniger beeindruckt.

Ich verließ Israel in gehobener, aber doch irgendwie düsterer Stimmung. Wir hatten unser strategisches Ziel erreicht, damit aber den Weg in eine ungewisse Zukunft geöffnet, den wir nur beschreiten konnten, wenn wir Disziplin und Zusammenhalt wahrten. Daß Ägypten verhandlungsbereit war, zeigte mir Hafiz Ismails Einladung, auf dem Rückflug in die Vereinigten Staaten in Kairo Station zu machen. Ich glaubte, den Israelis einen solchen Besuch nicht zumuten zu dürfen, und hatte außerdem das Gefühl, für einen ernsthaften Dialog mit den Ägyptern noch nicht genügend vorbereitet zu sein. Deshalb lehnte ich die Einladung höflich ab:

> Außenminister Kissinger dankt Herrn Ismail für seine Freundlichkeit, ihn zu einem Besuch in Kairo einzuladen. Leider ist diese Einladung erst eingetroffen, nachdem der Außenminister abgeflogen war und sich schon auf dem Wege nach London befand. Doch nun, nachdem der Waffenstillstand ausgehandelt worden ist, nimmt er die freundliche Einladung von Herrn Ismail, Kairo zu einem späteren Zeitpunkt zu besuchen, mit Vergnügen an. Er erwartet, daß es möglich sein wird, einen für beide Seiten geeigneten Termin für die allernächste Zukunft festzulegen und bis dahin den Gedankenaustausch mit Herrn Ismail über den gleichen Nachrichtenkanal wie bisher fortzusetzen.

Unterdessen war in Washington nach dem »Massaker von Samstagabend« die Bombe geplatzt. Auf dem Flug nach Westen erhielt ich nur zwei kurze Meldungen. Die eine hatte Scowcroft in einen Bericht über andere Themen eingefügt:

> Hier beschäftigt man sich jetzt fast ausschließlich mit der Affäre Richardson/Cox/Ruckelshaus. Die Medien sprechen fast nur noch von dem Verfahren zur Amtsenthebung des Präsidenten. Natürlich machte der Waffenstillstand große Schlagzeilen auf den Titelseiten der Zeitungen, aber die letzte Watergate-Krise stellte alles in den Schatten.

Haig telegrafierte weitere Einzelheiten:

> Leider werden Sie uns bei Ihrer Rückkehr in einer großen nationalen Krise finden, die durch die Entlassung von Cox und den daraus resultierenden Rücktritt von Richardson und Ruckelshaus entstanden ist.

> Da die Lage den Siedepunkt erreicht hat, sind die Erfolge in Moskau und ihre Auswirkungen etwas in den Hintergrund geraten, und ihre Bedeutung wird heruntergespielt. Aus diesem Grund ist es sehr wichtig, daß Sie sich nach Kräften darum bemühen, die nationale Perspektive zu vertreten, und daß alles daran gesetzt wird, die Öffentlichkeit darauf aufmerksam zu machen, was der Präsident für die Beilegung der Krise im Nahen Osten getan hat. Es ist durchaus möglich, daß es morgen im Kongreß zu einem Meinungsumschwung in Richtung auf ein Amtsenthebungsverfahren kommt, wenngleich wir darauf vertrauen, daß sich die kühleren Köpfe durchsetzen werden, wenn alles, was zugunsten des Präsidenten spricht, in der richtigen Weise berücksichtigt wird.
> Gegenwärtig hält der Präsident es für wichtig, daß sich die Führung beider Parteien morgen im Weißen Haus trifft; bei dieser Gelegenheit können Sie detailliert über die Lage im Nahen Osten berichten. In diesem Bericht sollten Sie deutlich darauf hinweisen, was der Präsident bisher geleistet hat und wie notwendig es ist, daß in den vor uns liegenden kritischen Tagen die nationale Einheit bewahrt und die Handlungsfähigkeit der Regierung gestärkt werden.

Als ich am Montagabend, dem 22. Oktober, auf dem Flughafen Heathrow bei London eine Zwischenlandung machte, um Sir Alec Douglas-Home über meine Eindrücke zu berichten, bekam ich durch die britischen Zeitungen eine recht lebendige Vorstellung davon, was geschehen war. Das Amtsenthebungsverfahren war eingeleitet. Ich kehrte in die Hauptstadt einer Nation zurück, die, während sie sich daran beteiligte, den Frieden im Nahen Osten wiederherzustellen, die Regierungsautorität im eigenen Lande verspielte.

Der Waffenstillstand zerbröckelt

Sir Alec begrüßte zwar die Beendigung des Krieges, zweifelte jedoch daran, ob der Waffenstillstand eingehalten werde. Er verfügte über Informationen, nach denen der syrische Präsident Hafezal-Asad am folgenden Tag eine Offensive beginnen wollte; dann könnte der Krieg aufs neue ausbrechen. Um keine Zeit mit langen Rückfragen in Washington zu verschwenden, verbanden mich Homes Mitarbeiter aus dem Auswärtigen Amt mit dem sowjetischen Botschafter in London. Schnell auf überraschende, neue Entwicklungen zu reagieren ist nicht die Stärke sowjetischer Diplomaten. So brauchte ich einige Zeit – und die nicht geringe Unterstützung der Beamten des britischen Auswärtigen Amtes – um ihn davon zu überzeugen, daß ich kein Hochstapler war. Der unglückliche Botschafter, der wahrscheinlich wünschte, er hätte für diesen Abend eine Einladung angenommen, veranlaßte mich, ihm Wort für Wort zu diktieren, was ich ihm sagen wollte; so wurde aus einem Gespräch eine diplomatische Note. Ich sagte ihm, daß Israel die Waffenstillstandsresolution angenommen hätte. Wenn Syrien eine Offensive beginnen sollte, lehnten wir jede Verantwortung für die Folgen ab. Er wagte es nicht, dazu Stellung zu nehmen.

Aber der Nahe Osten lehrt einen immer wieder, wo die Grenzen der menschlichen Berechenbarkeit liegen. Der Waffenstillstand zerbrökkelte tatsächlich, aber ganz anders, als wir es auf dem Flughafen von Heathrow befürchtet hatten. Im gleichen Augenblick, da der Krieg unter dem Schutz der Supermächte zu Ende zu gehen schien und unsere Medien anfingen, an der Entspannung zwischen den Vereinigten Staaten und der Sowjetunion gewisse Vorteile zu entdecken, wurden wir von der Konfrontation überrascht, um deren Vermeidung wir uns siebzehn Tage erfolgreich bemüht hatten.

Die Schwierigkeiten begannen am Suez-Kanal. Ich landete am Donnerstag, dem 23. Oktober, um 3.00 Uhr morgens auf dem Militärflughafen Andrews bei Washington und ging, zu Hause angekommen, nach einem langen Tag, der in Moskau begonnen hatte und an dem ich in Tel Aviv und London zwischengelandet war, endlich zu Bett. Als ich nach vier Stunden Schlaf am Vormittag in mein Büro kam, fand ich zwei Botschaften vor. Die eine kam aus Kairo, die andere aus Jerusalem. Hafiz Ismail unterrichtete mich mit knappen Worten, daß israelische Streitkräfte den eben in Kraft getretenen Waffenstillstand verletzt hatten und neue Stellungen bezogen. Ägypten träfe »alle für die Wahrung seiner Sicherheit notwendigen Maßnahmen«. Ismail fragte an, was die Vereinigten Staaten und die Sowjetunion unternähmen, um Israel zur strikten Einhaltung der Waffenstillstandsbedingungen zu veranlassen.

Das Schreiben von Botschafter Kenneth Keating in Israel war viel länger und unendlich komplexer. Golda hatte ihn zu einer sehr ausführlichen Lagebesprechung empfangen. Dabei hatte sie zunächst darauf hingewiesen, daß starke innenpolitische Kräfte den Waffenstillstand ablehnten. Sie könnte zwar die Zustimmung des israelischen Parlaments erreichen, aber nicht ohne geschicktes Manövrieren. Dann beschwerte sie sich nicht zu Unrecht über die Ungereimtheit der Haltung Jordaniens: Hussein hatte einem Waffenstillstand am Jordan-Westufer öffentlich zugestimmt (wo keine Kampfhandlungen stattgefunden hatten), versteckte sich aber dahinter, daß Syrien im Kampfgebiet keinen Befehl zur Feuereinstellung gegeben hatte (wohin Jordanien seine Verbände geschickt hatte). Da Frau Meir es bewußt vermied, über die Suez-Front zu sprechen, erwähnte Keating nun Informationen, die er vorher vom israelischen Militär bekommen hatte und nach denen Ägypten den Waffenstillstand angeblich in grober Form verletzte. Keating erklärte nun recht vorsichtig, daß man diese Meldungen mit einiger Skepsis aufnehmen könnte, denn allem Anschein nach machten die israelischen Truppen Geländegewinne. Er wäre überzeugt, daß Golda sich der Gefährlichkeit der Lage bewußt sei. Sie hatte zugegeben, daß die militärische Führung verlangt hatte, man sollte ihr noch »zwei oder drei Tage Zeit« geben, um die 3. Armee im Süden vollständig einzuschließen (ein Umstand, den man uns während unseres Aufenthalts in Moskau vorenthalten hatte), das Kabinett hätte diese Bitte jedoch abgelehnt. Nun hätten, wie sie behauptete, die Ägypter in der Nacht und lange nach Inkrafttreten des Waffenstillstands leider die Waffenruhe gebrochen und mit starken Kräften angegriffen. Aus diesem Grund hätte sie den israelischen Streitkräften befohlen, den Kampf so lange fortzusetzen, bis die Ägypter ihn einstellten.

Ich teilte Keatings Skepsis. Am Tage zuvor hatte man bei der militärischen Lagebesprechung nicht den Eindruck gewinnen können, daß die Ägypter noch über starke Offensivkräfte verfügten. Außerdem war daraus, was Golda Keating zu Beginn ihrer Unterredung gesagt hatte, zu entnehmen, daß die israelischen Truppenbefehlshaber den Waffenstillstand gewissenhaft einhalten würden. Jetzt hatte ich das unangenehme Gefühl, sie zu diesem Verhalten ermutigt zu haben, denn ich hatte während meines Besuchs in Israel – um Sympathien zu gewinnen – gesagt, daß ich es verstehen könnte, wenn sich der Beginn des Waffenstillstands während meines Heimfluges um ein paar Stunden verschöbe, als Ausgleich für die vier Stunden, die durch die nicht funktionierende Nachrichtenübermittlung von Moskau aus verlorengegangen waren. Doch diese Kämpfe zogen sich weit über die Zeit hin, an die ich gedacht hatte. Wir hatten den Termin des Inkrafttretens schon fast um zwanzig Stunden überschritten. Die Israelis haben auch weder damals noch später behauptet, daß sie berechtigt gewesen seien, die Kämpfe – außer zu ihrer eigenen Verteidigung – fortzusetzen. Andererseits waren Ismails und Goldas Äußerungen relativ gemäßigt. Beide Seiten verhielten sich nicht so, als müßte man mit einer neuen Krise rechnen.

Moskau hatte die beiden Meldungen offenbar noch nicht verdaut. Oder der Kreml hielt diese Waffenstillstandsverletzungen für die üblichen letzten Zuckungen, die einem mit großer Erbitterung geführten Krieg folgten. Statt dessen übermittelte uns der sowjetische Geschäftsträger Yuli M. Worontsow (Dobrynin war noch nicht aus der sowjetischen Hauptstadt zurückgekehrt) um 7.50 Uhr die positive Antwort Moskaus auf meine Warnung hinsichtlich der drohenden syrischen Offensive, die ich den Sowjets von Heathrow aus hatte zukommen lassen:

> Nach Empfang der Mitteilungen von Außenminister Kissinger haben wir die geeigneten Schritte unternommen. Wir möchten Dr. Kissinger von unserer Feststellung unterrichten, daß Syrien im Zusammenhang mit der letzten Resolution des Sicherheitsrats keine Maßnahmen dieser Art in Erwägung zieht.

Gegen 9.30 Uhr rief der Generalsekretär der Vereinten Nationen, Kurt Waldheim, an und berichtete, daß Ägypten sich offiziell über die Verletzung des Waffenstillstands durch Israel beschwert und eine Sitzung des Sicherheitsrats beantragt hätte. Waldheim schlug den Einsatz einer Friedenstruppe der Vereinten Nationen zur Überwachung des Waffenstillstands vor, die aus skandinavischen Truppen und Verbänden anderer Länder bestehen sollte. Ich sagte ihm, daß ich die Angelegenheit mit meinen Kollegen und den Sowjets besprechen wollte.

Wenige Minuten später sprach ich mit David Popper, dem zweiten Staatssekretär und Leiter der Abteilung für Angelegenheiten der Vereinten Nationen, über die Möglichkeiten und Methoden einer Überwachung des Waffenstillstandes. Er hielt es für das Praktischste, die gleiche Beobachtergruppe der Vereinten Nationen dafür einzusetzen, die schon vorher am Suez-Kanal stationiert gewesen war.

Dann sprach ich mit Worontsow. Um in einem freundlichen Ton zu beginnen, bat ich ihn zunächst, Breschnew für die sowjetische Gastfreundschaft zu danken. Dann wies ich darauf hin, daß der vereinbarte gemeinsame »Schutz« der Verhandlungen – auf den die Sowjets so großen Wert gelegt hatten – die rasche Erfüllung der Zusage Breschnews voraussetzte, die Entlassung der israelischen Kriegsgefangenen zu bewirken. Der Hauptzweck meines Anrufes war es jedoch, Worontsow von den gemeldeten Verletzungen des Waffenstillstands zu unterrichten, die sich die Parteien gegenseitig vorwarfen. Ich sagte, das beste wäre es, wenn der Sicherheitsrat Waldheim beauftragen würde, beide Seiten aufzufordern, sich sofort an die Waffenstillstandsbedingungen zu halten. Wenn der Sicherheitsrat es wünschen sollte, UN-Beobachter oder eine UN-Friedenstruppe zu entsenden, würden wir dem Vorschlag zustimmen. Worontsow hatte zu dieser Frage offensichtlich keine Anweisungen und beschränkte sich darauf, kurz »ja« oder »richtig« zu sagen, um zu zeigen, daß er mich verstanden hatte. Als ich ihm die Nachrichtenvermittlung des Weißen Hauses anbot, um eine raschere Verbindung mit Moskau herzustellen, lehnte er ab und versicherte, daß er innerhalb kürzester Zeit durchkommen werde. Mit anderen Worten, Dobrynin hatte, wie ich damals vermutete, am ersten Tag des Krieges schlechte Nachrichtenverbindungen zum Vorwand genommen und darum gebeten, unsere Vermittlung benutzen zu dürfen, um uns zu beweisen, daß die Sowjetunion nicht hinter unserem Rücken besondere Absprachen mit den Arabern traf.

Schon nach fünf Minuten rief mich Worontsow zurück. Offenbar hatte sich mein Anruf mit einer Nachricht aus Moskau gekreuzt. Dort machte man sich offenbar Sorgen um die Lage im Nahen Osten. In der sowjetischen Botschaft lag eine von Breschnew an mich gerichtete Note vor – ein ganz ungewöhnliches Verfahren, denn bisher hatte der Generalsekretär seine Mitteilungen ausschließlich an Nixon adressiert. Es dauerte eine Stunde, bis Breschnews Note übersetzt war und von der sowjetischen Botschaft ins Außenministerium geschickt werden konnte. Darin hieß es, daß die israelischen Streitkräfte am Westufer des Suez-Kanals entlang nach Süden vorstießen. Diese Nachricht käme aus Moskaus »eigenen zuverlässigen Informationsquellen« – mit anderen Worten, sie stammten nicht aus ägyptischen Quellen, sondern wahrscheinlich von den mit Überschallgeschwindigkeit fliegenden Aufklärungsflugzeugen des Typs MiG-25 Foxbat, die auf ägyptischen Militärflughäfen stationiert waren. Breschnew bezeichnete das Vorgehen Israels als »unannehmbar« und einen »flagranten Betrug«. Daraus mußte man schließen, daß sich die ägyptischen Streitkräfte in einer äußerst gefährdeten Lage befanden. Er schlug vor, bis zum Mittag eine Sitzung des Sicherheitsrats einzuberufen. Bis dahin hatten wir nur noch zwei Stunden Zeit. Auf der Sitzung sollte die Waffenstillstandsresolution bestätigt und angeordnet werden, alle Streitkräfte auf die Linie zurückzunehmen, die sie zu dem Zeitpunkt besetzt gehalten hatten, als die Waffenstillstandsresolution am 22. Oktober angenommen worden war, also zwölf Stunden *vor* dem eigentlichen Inkrafttreten des Waffenstillstandes. (Ein geschickter sowjetischer Schachzug, denn damit hätte

Israel weit hinter die Linien zurückgehen müssen, von denen die israelischen Truppen zu ihrem gegenwärtigen Angriff angetreten waren.) Breschnews Note war ein Entwurf für eine Resolution des Sicherheitsrats angefügt, die diesen Vorstellungen entsprach.

Wir befanden uns jetzt in einer sehr peinlichen Lage. Die Dringlichkeit von Breschnews Appell ließ vermuten, daß sich die ägyptische 3. Armee in einer viel ernsteren Lage befand, als wir es uns nach den Berichten unserer eigenen Nachrichtendienste und den Mitteilungen der Israelis vorstellten. Wenn die Vereinigten Staaten nichts dagegen unternahmen, daß die ägyptische Armee vernichtet wurde, nachdem ein von den Vereinigten Staaten unterstützter Waffenstillstand in Kraft getreten war und der amerikanische Außenminister Israel besucht hatte, dann würde auch das gemäßigte arabische Land nicht mehr mit uns zusammenarbeiten wollen. Deshalb mußten wir sofort etwas unternehmen.

Um 11.04 Uhr nahm ich die Verbindung zu Simcha Dinitz auf, um festzustellen, ob er Keatings Bericht etwas hinzuzufügen hätte. Er wußte nicht, wo die neue Front lag, konnte mir aber in Golda Meirs Namen »persönlich, vertraulich und aufrichtig mitteilen, daß die Kampfhandlungen an der ägyptischen Front nicht von uns begonnen worden sind«. Bei aller Zuneigung, die ich für Golda empfand, glaubte ich, daß sie meine Gutgläubigkeit zu sehr strapazierte, wenn sie mir einreden wollte, die israelischen Streitkräfte hätten die Kampfhandlungen nicht eingeleitet. Man konnte sich nicht vorstellen, daß die ägyptische 3. Armee nach Inkrafttreten eines Waffenstillstands, der sie vor der Vernichtung bewahrt hatte, zum Angriff antreten würde, um dann alle erreichbaren Stellen um einen neuen Waffenstillstand zu bitten, während sie die ganze Zeit auf harmlose Israelis schoß, die sich während ihres Vordringens nur selbst verteidigten.

Aber wir hatten jetzt keine Zeit für abstrakte Erörterungen. Ich sah mir mit Dinitz den sowjetischen Entwurf für eine Resolution der Vereinten Nationen an und sagte ihm, wir würden der sowjetischen Forderung nicht zustimmen, daß die Parteien an die Linien zurückkehren müßten, an denen sie sich befunden hatten, als der Sicherheitsrat die Waffenstillstandsresolution annahm. Ich hielt es aber für unmöglich, daß wir uns weigerten, die Rückkehr auf die Linien zu verlangen, welche von den Parteien zur Zeit des Inkrafttretens des Waffenstillstands eingenommen worden waren, also zwölf Stunden später. Ich sagte, daß wir mit dem Einsatz von UN-Beobachtern einverstanden wären. Dinitz versprach, sich Anweisungen zu holen.

Wenige Minuten später rief mich Golda an, vor allem, um mir zu versichern, daß Ägypten zuerst den Waffenstillstand verletzt habe. Ich murmelte etwas über meinen Eindruck, daß ihre Soldaten nicht besonders unglücklich über dieses überraschende Ereignis wären. Nachdem ich so meine Schlagfertigkeit bewiesen hatte, erläuterte ich ihr meine Vorstellungen zu der UN-Resolution. Ich schlug vor, daß die israelischen Truppen sich ein paar hundert Meter von ihren gegenwärtigen Stellungen zurückziehen und behaupten sollten, dies wäre die alte Waffenstillstandslinie. »Wie kann irgend jemand wissen, wo eine Linie in der Wüste liegt oder gelegen hat?« sagte ich. Goldas Melancholie angesichts meiner törichten Vorstellungen war auch noch über eine Entfernung von mehr als neuntausend Kilometern fast mit Händen zu greifen. Sie antwortete: »Man wird sehr genau wissen, wo unsere Front jetzt liegt.«

Jetzt hatte ich begriffen. Die Israelis hatten die letzte nach Suez führende Nachschubstraße abgeschnitten. Die ägyptische 3. Armee am Ostufer des Kanals war vollkommen eingeschlossen. Jetzt war die Krise unvermeidlich.

Ich mußte mich nach Kräften darum bemühen, sie zu entschärfen. Um 11.32 Uhr vormittags rief ich Worontsow an. Ich sagte ihm, daß wir nichts dagegen hätten, den Sicherheitsrat noch für heute mittag einzuberufen, daß aber eine Abstimmung erst sehr viel später werde stattfinden können. Wir seien jedoch nicht bereit, dem sowjetischen Vorschlag zuzustimmen, daß ein Rückzug auf die Stellungen angeordnet werden sollte, welche die Parteien zur Zeit der Abstimmung über den Waffenstillstand im Sicherheitsrat eingenommen hatten.

Um die Mittagszeit rief mich Dinitz an und machte mir eine recht komplizierte Mitteilung. Im wesentlichen besagte sie, daß sich die israelischen Streitkräfte nicht aus den Stellungen zurückziehen würden, die sie jetzt einnahmen. Dinitz sagte, die israelische Regierung stimme der Auffassung zu, daß niemand sagen könnte, wo die ursprüngliche Waffenstillstandslinie gelegen hätte. Deshalb werde sie einer Aufforderung, sich auf diese Linie zurückzuziehen, nicht Folge leisten. Israel wollte die Autorität der Vereinten Nationen nicht dadurch unterminieren, daß es einer Resolution zustimmte, die sich nicht durchsetzen ließe. Eine solche Feinfühligkeit gegenüber den Vereinten Nationen hätten wir nach dem bisherigen Verhalten Israels kaum erwartet. Aber unser Problem war damit nicht gelöst. Wir wiesen unseren Botschafter bei den Vereinten Nationen, Scali, an, den Sitzungsbeginn hinauszuzögern, bis wir uns darüber klargeworden waren, wie wir jetzt vorgehen wollten.

Um 12.36 Uhr traf eine dringende Note von Breschnew ein, diesmal mit der Anrede »Verehrter Herr Präsident«. Darin empörte sich Breschnew über den israelischen »Verrat« und gab uns die bindende Zusicherung, daß die arabischen Führer sich an die Waffenstillstandsbedingungen halten würden. Die Leidenschaftlichkeit seiner Worte ging auf Kosten der Präzision, denn die Frage, mit der wir wahrscheinlich die größten Schwierigkeiten haben würden, wurde mit keinem Wort erwähnt; ob und auf welche Linie sich die israelischen Streitkräfte zurückziehen sollten. Breschnew verlangte nur, daß die Kämpfe eingestellt werden sollten. Unter Berufung auf eine gar nicht existierende amerikanisch-sowjetische Garantie des Waffenstillstandes – vielleicht haben die Sowjets diese Behauptung aufgestellt, um Kairo zur Annahme des Waffenstillstandes zu veranlassen – wurden wir aufgefordert, uns an »den entscheidensten Maßnahmen« gemeinsam mit der Sowjetunion zu beteiligen und »ohne Verzögerung« den Waffenstillstand zu erzwingen. Wenn nicht mehr als ein einfacher Waffenstillstand erreicht werden sollte, dann war die Sache nach meiner Ansicht recht einfach. Wenn man aber auch an einen Rückzug der Israelis dachte, dann standen uns stürmische Zeiten bevor.

Um einem konkreteren sowjetischen Vorschlag vorzubauen, interpretierten wir Breschnews Note in unserer Antwort so, als wünschte er nur den Waffenstillstand. Unsere Note ging noch in der gleichen Stunde in Nixons Namen ab und behandelte die gegenwärtige Lage als so eindeutig, wie sie nach unserer Auffassung in Wirklichkeit nicht sein konnte:

> Ich möchte Ihnen versichern, daß wir die volle Verantwortung für die Beendigung der Feindseligkeiten durch Israel übernehmen. Nach unseren Informationen spricht alles dafür, daß die Verantwortung für die Verletzung des Waffenstillstands auf der ägyptischen Seite liegt, aber es ist jetzt nicht Zeit, sich über diese Frage zu streiten. Wir haben von Israel verlangt, daß es sofort Schritte unternimmt, die Feindseligkeiten einzustellen, und ich ersuche Sie dringend, im Hinblick auf die ägyptische Seite ähnliche Maßnahmen zu ergreifen.

Um 13.35 Uhr teilte ich Worontsow unsere Entscheidung mit. Wir würden eine neue Aufforderung, das Feuer einzustellen und auf die Stellungen zurückzugehen, die von beiden Seiten eingenommen wurden, als der Waffenstillstand in Kraft trat, unterstützen. Aber ich warnte Worontsow und sagte, daß die genaue Lage dieser Linie zwischen Ägypten und Israel ausgehandelt werden müßte, und ließ auch keinen Zweifel daran, daß diese Verhandlungen lange Zeit in Anspruch nehmen könnten. Ich sagte: »Wir würden es begrüßen, wenn Sie und wir diese Debatte nicht übereilt führen wollten.« Worontsow schien eifrig darum bemüht zu sein, mir entgegenzukommen: »Sollen sie sich mit Worten streiten, wenn sie nur nicht kämpfen.« Um mir keine Gelegenheit entgehen zu lassen, sagte ich Worontsow, daß alles viel einfacher würde, wenn Ägypten die israelischen Kriegsgefangenen entließe. Worontsow brauchte nur fünf Minuten, um mit Moskau zu sprechen und mir zu bestätigen, daß die sowjetische Führung mit meinem Vorschlag einverstanden war. Um 14.26 entschloß sich Breschnew zu dem ungewöhnlichen Schritt, seine Zustimmung in einer weiteren an Nixon gerichteten Note zu bestätigen. Wir wußten aber immer noch nicht genau, wo die israelische Armee stand. Aber die Dringlichkeit der sowjetischen Botschaft ließ kaum einen Zweifel daran, daß sich die ägyptische Armee in einer höchst gefährlichen Lage befand. Wir glaubten, Israel die größtmögliche Verhandlungsfreiheit gegeben zu haben. Es konnte die vorgesehenen Verhandlungen dazu benutzen, auch andere Forderungen vorzubringen und besonders auf die Entlassung der Kriegsgefangenen zu drängen. Aber Israel verlangte von uns, was wir ihm nicht geben konnten, ein Vetorecht gegenüber allen unseren Entscheidungen ohne Rücksicht auf ihre Bedeutung und freie Hand zur Vernichtung der ägyptischen 3. Armee.

Am Donnerstagnachmittag, dem 23. Oktober, traf eine zornige Verbalnote von Golda ein, die Dinitz uns vorlas. Sie bezeichnete den neuen Resolutionsvorschlag für den Sicherheitsrat als einen ägyptisch-sowjetischen Schwindel zur Vertuschung einer ägyptischen Waffenstillstandsverletzung: »Israel kann es nicht akzeptieren, daß es immer wieder vor russische und ägyptische Ultimaten gestellt wird, denen schließlich auch die Vereinigten Staaten zustimmen.« Es war allerdings kaum ein Ultimatum, wenn man Israel und Ägypten aufforderte, die Kämpfe einzustellen und über die Rückkehr zu einer Linie zu verhandeln, die wir absichtlich nicht festgelegt hatten. Wir hatten den sowjetischen Resolutionsentwurf wesentlich zu Israels Gunsten geändert. Aber alle Frustrationen, die sich in den vergangenen drei Wochen angesammelt hatten, fanden jetzt ihren Ausdruck in der Reaktion Israels. Golda teilte uns mit, daß Israel der Resolution nicht zustimmen und auch nicht darüber sprechen werde. Israel schien entschlossen, den Krieg mit einer Demütigung für Ägypten zu beenden. Wir hatten kein Interesse an Sadats Sturz, vor allem nicht, wenn er durch das Scheitern eines auch von uns unterstützten Waffenstillstands verursacht wurde. Wenn Israel durch die Ereignisse der vergangenen Wochen weniger erschüttert worden wäre, dann hätte es auch verstanden, daß es mit seinem Verhalten jede Hoffnung auf den Frieden gefährdete und es zu einer dauernden Konfrontation kommen mußte, falls es seinen Willen durchsetzte. Denn wenn Sadat stürzte, dann würde er wahrscheinlich von einem radikalen, prosowjetischen Politiker abgelöst werden. Die Sowjets würden mit neuen Rüstungslieferungen die Ausfälle der 3. Armee wieder ausgleichen, und es würde früher oder später zu einem neuen Krieg kommen, der uns vor die gleiche ausweglose Lage stellte, wie wir sie eben kaum überwunden hatten. Ein von uns beherrschter Friedensprozeß wäre damit gescheitert, bevor er angefangen hätte. Würden die Friedensverhandlungen irgendwann wiederaufgenommen werden, dann nur unter sehr viel ungünstigeren Voraussetzungen.

Das israelische Kabinett war zu sehr mit seinen innenpolitischen Schwierigkeiten beschäftigt, um die Situation einsehen zu können. Es verlangte nach Vergeltung und wollte erreichen, daß Israel von seinen Nachbarn wieder als unbesiegbar angesehen wurde. Da die Israelis einen wirklichen Frieden nicht kannten, waren sie nicht bereit, für eine solide amerikanische Vorstellung von einem möglichen Friedensprozeß auf einen greifbaren Vorteil zu verzichten, und zwar ohne Rücksicht darauf, wie sie sich diesen Vorteil verschafft hatten. Als Opfer mehrerer Kriege, die aus einem jeweils waffenstillstandsähnlichen Zustand entstanden waren, glaubte Israel nicht, daß die Verletzung des letzten Waffenstillstands ein bedeutendes internationales Ereignis sei.

In Kairo stellte sich die Lage ganz anders dar. Um 15.15 Uhr erhielten wir über die Nachrichtendienste eine dringende, direkt an Nixon gerichtete Botschaft von Sadat. Zum ersten Mal war Sadat als Absender genannt, ein deutliches Zeichen dafür, daß sich Ägypten in einer sehr bedrängten Lage befand. Der ägyptische Präsident machte den ungewöhnlichen Vorschlag, die Vereinigten Staaten, mit denen Ägypten seit sechs Jahren keine diplomatischen Beziehungen mehr unterhielt, sollten »wirksam intervenieren, selbst wenn das den Einsatz von Streitkräften erforderlich machte, um die vollständige Einhaltung der Waffenstillstands-Resolution in Übereinstimmung mit den amerikanisch-sowjetischen Vereinbarungen zu garantieren«. Sadat wies in seinem Brief darauf hin, daß die Vereinigten Staaten angeboten hätten, den Waffenstillstand zu »garantieren« (wahrscheinlich weil die Sowjetunion ihn falsch unterrichtet hatte): »Was jetzt trotz Ihrer Garantien geschieht, ist nicht dazu angetan, das Vertrauen zu künftigen Garantien zu stärken.« Wenngleich Sadat damit drohte, die eben erst wiederaufgenommenen Beziehungen zu den Vereinigten Staaten abzubrechen, schloß er seinen Brief »mit den herzlichsten Grüßen«.

Das ägyptische Ansinnen, amerikanische Streitkräfte gegen das mit uns verbündete Israel einzusetzen, war natürlich ebenso unmöglich wie der israelische Wunsch, diplomatisch einzugreifen, während israelische Streitkräfte eine ägyptische Armee aufrieben, die *nach* Inkrafttreten des Waffenstillstandes eingekreist worden war. Deshalb hielten wir an unserer Absicht fest, die Einstellung der Kämpfe herbeizuführen und die Kontrahenten anschließend an den Verhandlungstisch zu bringen, um sich über eine neue Waffenstillstands-Linie zu einigen. Um 17.15 Uhr beantwortete ich Breschnews Botschaft vom gleichen Tage, die er (vor seinem Brief an Nixon) an mich gerichtet hatte. Ich wiederholte Nixons Antwort, ging aber im Detail darüber hinaus und bestätigte, daß wir uns über eine neue gemeinsame Resolution geeinigt hatten, und zwar trotz gewisser Vorbehalte, weil es jetzt darauf ankäme, den Waffenstillstand durchzusetzen. Darüber, was die kriegführenden Parteien nach Eintreten des Waffenstillstands tun sollten, äußerte ich mich nur sehr vage:

> Wie ich Herrn Worontsow gesagt habe, und er hat es mir bestätigt, wurde unsere Bereitschaft, Ihrem Vorschlag für den Sicherheitsrat grundsätzlich zuzustimmen, möglich, als Ihre Regierung mir versicherte, sie werde Zurückhaltung üben, wenn es zwischen den Parteien im Hinblick auf die (Waffenstillstands-)Linien zu Meinungsverschiedenheiten kommen sollte.

Ich wies noch einmal darauf hin, daß der sofortige Austausch der Kriegsgefangenen wesentlich dazu beitragen könnte, einen »wirksamen Waffenstillstand« sicherzustellen.

Am späten Donnerstagnachmittag beantworteten wir in Nixons Namen Sadats Brief. Zunächst stellten wir klar, daß die sowjetische Behauptung, die Vereinigten Staaten hätten die Durchsetzung des Waffenstillstands »garantiert«, nicht den Tatsachen entsprach: »Alles, was wir garantiert haben – gleichgültig, was andere Quellen Ihnen gesagt haben mögen – war, daß wir uns nach Kräften und konstruktiv darum bemühen würden, einen politischen Prozeß zu fördern, der eine politische Lösung ermöglicht.« Trotzdem hätten wir von uns aus Israel gedrängt, sich an die Bestimmungen der Resolution 338 zu halten. Zugleich forderten wir auch Ägypten auf, seine Streitkräfte zur Einhaltung des Waffenstillstands zu veranlassen.

Um 20.30 Uhr teilte mir Dinitz mit, ich könnte Sadat in Goldas Namen feierlich versprechen, daß, wenn Ägypten sich wirklich an den Waffenstillstand hielte, auch die israelischen Streitkräfte das Feuer einstellen würden. Die Großzügigkeit dieses Vorschlags wurde ein wenig erschüttert, als Dinitz zugeben mußte, daß alle zur 3. Armee führenden Versorgungswege abgeschnitten waren. Die 3. Armee auszuhungern würde längere Zeit in Anspruch nehmen, als sie militärisch zu vernichten, würde aber auf das gleiche Ergebnis hinauslaufen und höchstwahrscheinlich auch zu einer Konfrontation mit den Sowjets führen. Diese konnten es nicht zulassen, daß ein von ihnen unterstützter Waffenstillstand zur Falle für ihren Verbündeten wurde.

Ich hoffte jedoch, daß wir uns so bald noch nicht mit diesem Problem würden beschäftigen müssen. Israel hatte dem neuen Waffenstillstand zugestimmt, und da ich Wert darauf legte, daß Ägypten erkannte, welche Rolle die Vereinigten Staaten dabei gespielt hatten, schickte ich Hafiz Ismail eine versöhnliche Note. Darin drängte ich die Ägypter, das Feuer einzustellen. Um Sadat einen Ausweg offenzulassen, fügte ich hinzu: »Sollte er sich zu einem solchen Befehl entschließen, könnte Herr Ismail, wenn er es wünscht, Dr. Kissinger von dieser Tatsache unterrichten, damit die amerikanische Seite auch andere Regierungen davon in Kenntnis setzen kann, wenn sie uns danach fragen.«

So schien die Ruhe am Donnerstagabend, dem 23. Oktober, wiederhergestellt zu sein. Der Sicherheitsrat der Vereinten Nationen nahm die Resolution 339 an, die den Waffenstillstand vom 22. Oktober bestätigte und die Parteien »drängte« (und nicht »forderte« – eine kleine Korrektur, auf die ich stolz war, ohne daß Israel mir dafür gedankt hätte), in die vorher eingenommenen Stellungen zurückzukehren.* Israel und Ägypten erklärten sich bereit, den Waffenstillstand am folgenden Morgen, dem 24. Oktober um 7.00 Uhr Ortszeit (15.00 Uhr in Washington) in Kraft treten zu lassen. Am Abend des 23. Oktober erklärte schließlich auch Syrien offiziell die Annahme des Waffenstillstandes.

Wir hatten den Eindruck, wenigstens einen gewissen Spielraum für unsere diplomatischen Bemühungen zurückgewonnen zu haben. Haig hatte mir am Donnerstagabend mitgeteilt, daß Nixon wegen Watergate »sehr, sehr niedergeschlagen« sei. Dem Rechtsausschuß des Repräsentantenhauses waren am gleichen Tage acht Resolutionen zur Amtsenthebung des Präsidenten vorgelegt worden. Aber ich wußte, daß der Präsident, welche tragischen Wendungen auch sein persönliches Schicksal nehmen sollte, während der bevorstehenden komplizierten außenpolitischen Verhandlungen fest und handlungsfähig bleiben würde.

24. und 25. Oktober: der Alarm

Krisen haben ihre eigene Dynamik. Die Einstellung der Kampfhandlungen kam unseren diplomatischen Absichten entgegen, widersprach jedoch der militärischen Realität. Die ägyptische 3. Armee mußte versuchen, sich aus der Umklammerung zu befreien. Ungeachtet des Waffenstillstandes würde Israel nur sehr ungern darauf verzichten, den Krieg mit einem vernichtenden Schlag zu beenden.

Am Mittwochmorgen, dem 24. Oktober um 8.00 Uhr – der neue Waffenstillstand war theoretisch schon sieben Stunden in Kraft, traf in meinem Büro im Weißen Haus eine Botschaft von Hafiz Ismail ein mit der Mitteilung, daß »die Israelis ihre Angriffe wiederaufgenommen

* Der Text der Resolution 339 findet sich in den Anmerkungen.[3]

haben«. Sadat werde sich sofort mit Nixon in Verbindung setzen, damit »wirksame Maßnahmen ergriffen werden können, um Israel zur Einhaltung des Waffenstillstands zu verpflichten«.

Ich konnte Dinitz noch zu Hause erreichen, aber er sagte, daß er in sein Büro fahren müßte, wo er über eine direkte Leitung nach Israel verfügte. Um 9.22 Uhr konnte ich endlich mit ihm sprechen. Er sagte mir, daß die eingeschlossene ägyptische Armee versucht hätte, in drei Richtungen auszubrechen, und zwar nach Westen gegen die Stadt Suez, nach Osten in Richtung auf den Mitla-Paß und nach Norden in Richtung auf die Stellungen der ägyptischen 2. Armee. Diese Angriffe seien alle abgeschlagen worden. Israel hätte sich dabei nur verteidigt und die ägyptischen Offensiven »blockiert«. Allerdings hatten die israelischen Truppen sich dabei in den Besitz der ägyptischen Flottenbasis bei Suez gesetzt. Sosehr ich Dinitz persönlich schätzte, seinem Bericht konnte ich keinen rechten Glauben schenken. Ich konnte verstehen, daß sich eine eingeschlossene Armee aus der Umklammerung zu befreien versucht und in Richtung auf ihre Versorgungsbasis ausbrechen will. Aber ein Vorstoß gegen den Mitla-Paß führte in die entgegengesetzte Richtung und war strategisch sinnlos. Viel eher konnte ich verstehen, daß die Israelis den ägyptischen Brückenkopf am Ostufer des Suez-Kanals beseitigen wollten. Wenige Minuten später warnte ich Dinitz: »Wenn Sie uns heute abend erzählen, Sie hätten zwanzigtausend Ägypter gefangengenommen, dann werden Sie uns nicht einreden können, die Ägypter hätten den Kampf begonnen.«

Kaum hatte ich das Gespräch mit Dinitz beendet, als Sadats Brief an Nixon eintraf. Sadat behauptete, daß Israel den Angriff wiederaufgenommen hätte, und bat Nixon dringend, zu »intervenieren, und zwar auch mit Bodentruppen, um Israel zur Einhaltung des Waffenstillstands zu zwingen. Soviel haben Sie versprochen.« Das klang nicht wie der Brief eines Mannes, der glaubte, daß seine Armee sich in der Offensive befände.

Ich setzte mich sofort wieder mit Dinitz in Verbindung. Wenn wir die Dinge so weiterlaufen ließen, dann war eine Konfrontation mit den Sowjets unvermeidlich. Auch alle Hoffnungen auf die Anknüpfung neuer Beziehungen zu Ägypten wären in diesem Fall vergeblich gewesen, und zugleich wäre jede Möglichkeit verspielt, Verhandlungen zwischen den Parteien zustande zu bringen. Am späten Abend des vorigen Tages hatten die Sowjets eine offizielle Erklärung abgegeben, in der sie Israel vor den »schwerwiegendsten Konsequenzen« warnten, wenn es seine »Aggression« nicht einstellte. Da sich Breschnew jetzt persönlich eingeschaltet hatte, wurden wieder alle Faktoren wirksam, welche die Alarmierung der sowjetischen Luftlandedivisionen und die Verstärkung der sowjetischen Flotte im Mittelmeer ausgelöst hatten. Ich sagte Dinitz, daß die Kunst der Außenpolitik darin bestünde, zu wissen, wann man die Erfolge der eigenen Siege sichern müßte. Es gäbe bestimmte Grenzen, die wir trotz unserer Freundschaft zu Israel nicht überschreiten dürften; so könnten wir es auch nicht zulassen, daß der Führer einer anderen Supermacht als Idiot hingestellt würde. Wenn nun Sadat die Sowjets ebenso wie uns auffordern würde, den Waffenstillstand mit Hilfe sowjetischer Truppen zu erzwingen, dann hätte Israel sich selbst übertölpelt.

Dinitz erklärte, daß Israel das Feuer einstellen werde, wenn es die Ägypter täten, und erklärte sich bereit, den amerikanischen Militärattachés unserer Botschaft in Tel Aviv einen Frontbesuch zu erlauben, wo sie feststellen könnten, daß der Waffenstillstand eingehalten würde. Ich erblickte darin ein Manöver, mit dem Israel Zeit gewinnen wollte. Bis dahin hatten die Kämpfe schon den größten Teil des Tages angedauert, und es würde viele Stunden dauern, bis man sich wieder auf einen Waffenstillstand geeinigt und die amerikanischen Militärbeobachter an die weit entfernte Sinai-Front gebracht hatte.

Aber in der Außenpolitik muß man sich mit dem zufriedengeben, was man in der Hand hat. Wir beantworteten Sadats Schreiben sofort, und so mißtrauisch wir auch waren, so bemühte Nixon sich doch um eine möglichst objektive Haltung und teilte Ägypten mit, daß wir alle Offensivoperationen verurteilten. Um den ägyptischen Präsidenten versöhnlicher zu stimmen, kam er noch einmal auf die Friedensverhandlungen zu sprechen:

> Die isrealische Regierung hat in ihrer Antwort behauptet, daß die ägyptische 3. Armee mit den Angriffen begonnen hätte; israelische Streitkräfte befänden sich in der Defensive und hätten den Befehl, nur zurückzuschießen, wenn sie angegriffen würden. Von hier aus ist es unmöglich, festzustellen, was wirklich geschehen ist. Ich möchte Ihnen versichern, daß die Vereinigten Staaten nach wie vor gegen jede israelische Offensivoperation sind und wirksame Maßnahmen ergreifen wollen, um solche Operationen zu beenden. Könnten Sie inzwischen dafür sorgen, daß auch Ihre Streitkräfte alle militärischen Aktionen einstellen. Außenminister Kissinger wird sich im Lauf des Tages mit Herrn Ismail in Verbindung setzen, um über die Möglichkeit direkter Gespräche zwischen unseren beiden Seiten über die Nachkriegsdiplomatie zu sprechen.

Von Moskau hatten wir noch nichts gehört. Aber wahrscheinlich hatte sich Sadat mit einem ähnlichen dringenden Appell auch an Breschnew gewandt. Die Übermittlung der Note, ihre Übersetzung und ihre Auswertung hatten sicherlich eine gewisse Zeit in Anspruch genommen. Aber ich war überzeugt, daß wir nicht lange auf einen kühlen Windstoß aus Moskau würden warten müssen.

Ich beschloß, dem zuvorzukommen. Um 9.45 Uhr rief ich den eben aus Moskau zurückgekehrten Dobrynin an und sagte ihm, »die Wahnsinnigen im Nahen Osten scheinen weiterzumachen«. Ohne selbst ganz davon überzeugt zu sein, erklärte ich, daß jede Seite behauptete, das Opfer des Angriffs der anderen zu sein. Da es keinen Sinn hatte, von vornherein in die Defensive zu gehen, sagte ich, »diesmal haben vielleicht die Ägypter angefangen, aber ich weiß es nicht genau. Wir haben nichts, wovon wir ausgehen können. Ich möchte nur wissen, was wir tun sollen.« Ich sagte Dobrynin, wir hätten die Israelis aufgefordert, ihre Offensivoperationen einzustellen. Sie hätten sich dazu bereit erklärt, wenn auch die Ägypter das Feuer einstellten. Jetzt würden wir alles tun, um die Einhaltung des Waffenstillstands durchzusetzen. Dobrynin hatte keine Anweisungen und sagte, daß er sich mit Moskau in Verbindung setzen müsse. Das paßte mir sehr gut. Zwanzig Minuten später, gegen 10.10 Uhr, gab ich der sowjetischen Bürokratie Stoff für neue Überlegungen. Ich berichtete Dobrynin von dem israelischen Vorschlag, daß die amerikanischen Militärattachés an die Front gehen sollten, um die Einhaltung des Waffenstillstandes zu überwachen, bis die UN-Beobachter eingetroffen wären, und tat so, als läge darin ein bedeutendes Zugeständnis. Ich schickte ihm auch eine Kopie des letzten Briefes von Nixon an Sadat. Damit hatte der Kreml, wenn er Wert darauf legte, die Möglichkeit, das Gesicht zu wahren. Außerdem war es ein Beweis unseres guten Willens.

Solange ein anderes Land damit beschäftigt ist, die Vorschläge eines Verhandlungspartners zu überprüfen, hat es keine Zeit, eigene Initiativen zu ergreifen; deshalb unterrichteten wir Sadat von den letzten Entwicklungen:

> Die israelische Premierministerin hat uns eben davon in Kenntnis gesetzt, daß die israelischen Streitkräfte den eindeutigen Befehl erhalten haben, in ihren Verteidigungsstellungen zu bleiben und nicht das Feuer zu eröffnen, wenn sie nicht selbst beschossen werden.
> Auf Ihren Vorschlag, die Vereinigten Staaten sollten militärische Beobachter ins Kampfgebiet entsenden, hat sich die israelische Regierung bereit erklärt, die amerikanischen Militärattachés sofort an die Front reisen zu lassen, um festzustellen, daß diese Befehle befolgt werden. Es wäre jetzt sehr hilfreich, wenn Sie Ihre Streitkräfte entsprechend anweisen würden.

Aber die Ereignisse im Nahen Osten hatten inzwischen eine Dynamik entwickelt, die sich durch solche Manöver nicht mehr beeinflussen ließ. Um 10.19 Uhr rief mich Dobrynin zurück und kündigte eine neue Note Breschnews an. Sie war scharf im Ton, aber inhaltlich unspezifisch. Die Anrede lautete schlicht »Mister President«. Das »sehr verehrter . . .« vom Vortage fehlte diesmal. Breschnew unterrichtete uns darin recht ausführlich von den »herausfordernden« israelischen Angriffen auf beiden Seiten des Suez-Kanals, die wenige Stunden nach Inkrafttreten der letzten Waffenstillstandsresolution begonnen hätten. Der Schluß der Note war inhaltlich vage, aber aggressiv im Ton:

> Natürlich fragen wir uns, was eigentlich dahintersteht. Ich muß ganz offen sagen, Herr Präsident, daß wir überzeugt von Ihren Möglichkeiten sind, Israel zu beeinflussen, ein so herausforderndes Verhalten Tel Avis zu beenden.
> Wir möchten hoffen, daß wir beide zu unserem Wort und zu den von uns getroffenen Vereinbarungen stehen werden.
> Ich würde es begrüßen, wenn Sie uns davon unterrichten wollten, welche Schritte Sie unternommen haben, um Israel zur strikten und sofortigen Einhaltung des Beschlusses des Sicherheitsrats vom 22. und 23. Oktober zu veranlassen.

Ich sagte Dobrynin, daß er von uns hören werde, sobald wir die Antwort formuliert hätten. Bis dahin mußte ich Israel klarmachen, in eine wie schwere Krise wir geraten waren. Wenn ich einer Mitteilung besonderen Nachdruck verleihen oder eine persönliche Konfrontation zwischen mir und dem israelischen Kabinett vermeiden wollte, bat ich Haig, Dinitz in Nixons Namen anzurufen. Das tat ich auch diesmal. Angesichts der schweren Angriffe, denen Nixon ausgesetzt war, bezweifle ich, daß Dinitz diese Kriegslist nicht durchschaut hat – aber vielleicht hat er wenigstens erkannt, daß jetzt schmerzliche Entscheidungen getroffen werden mußten. Haig verlangte die sofortige Beendigung der israelischen Offensivoperationen.

Am Mittwochvormittag um 10.30 Uhr übernahm ich den Vorsitz bei einer Sitzung der WSAG, unterrichtete meine Kollegen vom Stand der Dinge und empfahl, an unserem bisherigen Kurs festzuhalten:

> Die Araber mögen uns verachten, hassen oder verabscheuen, aber sie wissen jetzt, daß sie, wenn sie eine Beilegung der Krise wünschen, zu uns kommen müssen. Außer uns kann niemand ihnen helfen. Sie haben sich dreimal darauf verlassen, daß die Russen sie mit Kriegsmaterial beliefern, und dreimal haben sie dabei den kürzeren gezogen. Strategisch haben wir die Trümpfe in der Hand. Wir müssen sie nur richtig ausspielen.

Nach der Sitzung bemühte ich mich weiter darum, die Gemüter zu beruhigen und Zeit für diplomatische Verhandlungen zu gewinnen. Ich schickte eine Note an Ismail, in der ich Sadats Einladung nach Kairo annahm. Dabei schlug ich vor, daß ich schon am 7. November abreisen könnte, »um über die gegenwärtige Lage und die geeigneten Maßnahmen zur Vorbereitung einer dauernden Friedenslösung zu sprechen«.

Unterdessen hatte ich erfahren, daß die Israelis auf Haigs telefonische Anfrage recht unverständlich reagiert hatten. Dayan schickte ihm über Dinitz eine Note, und Golda Meir bat unseren Botschafter Keating zu sich. Beide sagten etwa das gleiche: Die Israelis versuchten, »das Feuer hinzunehmen, ohne es zu beantworten«. Sie hätten den ganzen Tag nicht versucht, weiter vorzustoßen, und »sie werden es auch nicht versuchen«. (Damit ließen sie jedoch die Möglichkeit eines Ermattungskrieges offen, in dessen Verlauf die eingeschlossene ägyptische 3. Armee ausgehungert und zur Kapitulation gezwungen werden könnte.) Israel habe verlangt, daß UN-Beobachter aus Kairo an das Westufer des Suez-Kanals kommen sollten, aber die Ägypter ließen sie augenscheinlich nicht zu. (Damit war aber die Frage, was am Ostufer geschah, nicht beantwortet.) Israel hätte konkrete Beweise dafür, das Ägypten den Kampf fortsetzen wollte, und zwar mit Unterstützung von Panzerverbänden, die aus Kairo herangeführt worden seien, um die israelischen Stellungen am Westufer zu durchbrechen. Die Israelis hätten nicht die Absicht, die ägyptischen Streitkräfte am Westufer anzugreifen. (Uns kam es natürlich in erster Linie auf das Verhalten der Israelis am Ostufer an.) Dayan fügte hinzu, daß Keating auch weiterhin auf dem laufenden gehalten werde und Zugang zu allen israelischen Informationen hätte »in dem weiteren Bemühen, den Außenminister zu beruhigen und von den guten Absichten Israels zu überzeugen«.

Ohne Rücksicht darauf, was wir persönlich von diesen Erklärungen hielten, nahmen wir Dayans Worte für bare Münze. Deshalb schickte Nixon um 13.00 Uhr eine Note an Breschnew, in der er die Erklärungen der Israelis zusammenfaßte. Eine Botschaft ähnlichen Inhalts schickte ich an Ismail. Sie kreuzte sich jedoch mit einer dringenden Note Sadats an Nixon. Sadat behauptete, daß Israel seine Offensivoperationen wiederaufgenommen hätte, und stimmte dann einem Angebot zu, daß wir *nicht* gemacht hatten – die sofortige Entsendung amerikanischer Beobachter oder Streitkräfte zur Überwachung des Waffenstillstandes auf der *ägyptischen* Seite. Was ich schon vor drei Stunden befürchtet hatte, war jetzt eingetreten. Sadat teilte uns mit, daß er »offiziell« mit der gleichen Bitte an die Sowjetunion herangetreten sei. Sehr bald nach Eintreffen dieser privaten Botschaft Sadats erfuhr ich durch eine Presseverlautbarung, daß Kairo öffentlich erklärt hatte, es werde eine Sitzung des Sicherheitsrats beantragen, um die Vereinigten Staaten und die Sowjetunion zur Entsendung von »Streitkräften« in den Nahen Osten aufzufordern. Damit zeichnete sich die nächste Krise am Horizont ab. Wir waren nicht bereit, amerikanische Truppen nach Ägypten zu schicken, und wollten auch die Entsendung sowjetischer Truppen nicht zulassen. Wir hatten uns nicht jahrelang darum bemüht, die militärische Präsenz der Sowjetunion in Ägypten abzubauen, um sie jetzt mit Hilfe einer UN-Resolution wiederherzustellen. Wir wollten auch nicht gemeinsam mit den Sowjets eine Truppe aufstellen, denn dadurch würde die militärische Präsenz der Sowjetunion im Nahen Osten als rechtmäßig anerkannt und die radikalen Elemente würden gestärkt. Die antisowjetischen Gemäßigten wie Saudi-Arabien, die Emirate, Jordanien und Kuwait könnten angesichts einer solchen Zusammenarbeit zwischen den Vereinigten Staaten und der Sowjetunion in Panik geraten. Es könnte sich als unmöglich erweisen, die sowjetischen Streitkräfte wieder zum Abzug zu bewegen, und die Sowjets würden immer wieder Vorwände finden, gegen Israel oder die gemäßigten Araber zu intervenieren.

Während wir zunächst abwarteten, ob der Bericht aus Kairo sich als falscher Alarm erweisen würde oder nicht, verstärkten die Sowjets die Spannungen. Um 15.35 Uhr meldete Dobrynin sich mit einer Botschaft des sowjetischen Außenministers Gromyko. Daß der Absender diesmal der Außenminister war, bedeutete eine gewisse Beruhigung, denn damit wurde die Konfrontation auf eine niedrigere Ebene verlegt, aber der Inhalt der Note war beunruhigend genug. Gromyko behauptete, daß Israel die militärischen Operationen intensivierte, und wenn die Israelis das Gegenteil behaupteten, so wäre das falsch. Er verlangte von mir nichts weiter, als daß ich den Präsidenten davon unterrichten sollte. Damit überließ er es uns, ein nicht näher definiertes Problem zu lösen, um uns später für ein Scheitern solcher Bemühungen verantwortlich machen zu können. Ich bat Dobrynin, um 16.00 Uhr in mein Büro zu kommen. Inzwischen setzte ich mich mit Dinitz in Verbindung und bat ihn um eine genaue Auskunft. Er erklärte, er habe erst vor fünf Minuten erfahren, daß an der Sinai-Front alles ruhig sei.

Es gab verschiedene Erklärungen für die einander widersprechenden sowjetischen und israelischen Behauptungen. Sie konnten beide richtig sein, denn es bestand die Möglichkeit, daß Gromyko und Dinitz die Lage so schilderten, wie sie sich zu verschiedenen Zeitpunkten dargestellt hatte. Da es eine gewisse Zeit gedauert hatte, bis bestimmte Nachrichten übermittelt worden waren, könnte Moskau von der Einstellung der Kampfhandlungen noch nichts gewußt haben, als Gromyko seine Note abschickte. Wenn das zutraf, dann würde sich Moskau beruhigen, sobald es von dem tatsächlichen Stand der Dinge Kenntnis genommen hatte. Es könnte aber auch sein, daß eine oder beide Seiten nicht die Wahrheit gesagt hatten. Wenn Israel entgegen seinen Behauptungen die Operationen fortsetzte, dann mußte es jetzt zu einer Konfrontation kommen. Wenn Gromyko wußte, daß Israel die Kampfhandlungen eingestellt hatte, seine Botschaft aber trotzdem auf den Weg brachte, dann wollte Moskau entweder in Kairo den Eindruck erwecken, daß die Sowjetunion durch ihr Eintreten die Feuereinstellung bewirkt hätte, oder die Sowjets suchten nach einem Vorwand, ihre Truppen nach Ägypten zurückzuschicken, um die Entscheidung zu erzwingen und die ägyptische 3. Armee aus der Umklammerung zu befreien. Jedenfalls konnte eine Feuereinstellung unser Grundproblem jetzt nicht mehr lösen. Selbst wenn die Kampfhandlungen eingestellt worden waren, blieb die 3. Armee eingeschlossen und befand sich in großer Gefahr.

Wir waren entschlossen, die Verlegung sowjetischer Truppen in den Nahen Osten wenn notwendig mit Gewalt zu verhindern, gleichgültig, unter welchem Vorwand die Verlegung geschah. Als Dobrynin kurz nach 16.00 Uhr bei mir erschien, sagte ich ihm, daß wir unser Veto gegen jede UN-Resolution einlegen würden, welche die Entsendung von Truppen eines dauernden Mitgliedes des Sicherheitsrats verlangte – und damit formulierte ich unsere Forderung so vorsichtig wie möglich und gab der Sowjetunion die Gelegenheit, auf ein Eingreifen zu verzichten, ohne das Gesicht zu verlieren.

Dobrynin hatte keine neuen Anweisungen, zeigte sich aber sehr versöhnlich. Da es jetzt in Moskau schon nach 23.00 Uhr war, muß er angenommen haben, daß er keine neuen Instruktionen mehr bekommen würde und sich die Lage daher zunächst beruhigen könnte. Er meinte, daß es vielleicht am günstigsten wäre, wenn wir versuchen wollten, ohne eine offizielle neue Resolution des Sicherheitsrats auszukommen. Statt dessen könnte der Präsident des Sicherheitsrats einfach zum Ausdruck bringen, daß die Mitglieder übereinstimmend der Auffassung seien, man sollte die Parteien erneut zur Einhaltung des Waffenstillstandes aufrufen. Erleichtert stimmte ich zu und sagte, daß die Methode gut wäre, um die Krise zu entschärfen. Die Atmosphäre hatte sich augenscheinlich so weit beruhigt – wie ich das auch auf einer Pressekonferenz am nächsten Tag zum Ausdruck brachte –, daß wir jetzt zu einem Meinungsaustausch über den Ort, die Teilnehmer und das Verfahren für eine Nahost-Friedenskonferenz kommen könnten. Wenn Dobrynin wußte, worüber wir sprachen (und im allgemeinen tat er das), dann hatte sich die sowjetische Führung entschlossen, aus einer ungünstigen Lage das Beste zu machen und den möglichst baldigen Beginn einer Friedenskonferenz anzustreben, weil sie auf diese Weise am besten aus ihrem Dilemma herauskam und auch die ägyptische 3. Armee vor der Vernichtung retten konnte. Wir waren gern bereit, dazu beizutragen.

In diesem Sinne bat ich das Nahost-Büro des Außenministeriums, mir Entwürfe für das Verfahren und die Zusammensetzung einer Friedenskonferenz vorzulegen. Der sowjetische Vertreter bei den Vereinten Nationen in New York, Jakow Malik, hatte bisher noch nicht erkennen lassen, daß er Sadats Bitte um einen Einsatz amerikanischer und sowjetischer Streitkräfte unterstützte. In Moskau war es jetzt bald Mitternacht. Wir hatten den Eindruck, daß es uns gelungen sei, wenigstens für den größeren Teil eines neuen Tages den Ausbruch einer Krise zu verhindern – und mit jeder Stunde verbesserten sich die Aussichten auf eine politische Lösung.

Doch am Mittwochabend, dem 24. Oktober um 19.05 Uhr (in Moskau war es der 25. Oktober, 2.05 Uhr morgens), entschloß sich die sowjetische Führung plötzlich, es auf die entscheidende Kraftprobe ankommen zu lassen. Dobrynin teilte mir mit, daß Malik angewiesen worden wäre, eine Resolution zu unterstützen, in der die Entsendung amerikanischer und sowjetischer Truppen in den Nahen Osten verlangt würde, wenn ein anderes Land diesen Antrag stellte – was sich, wie ich wußte, ohne weiteres arrangieren ließ; wenigstens Ägypten würde es tun. Ich hatte gerade noch Zeit, Dobrynin zu sagen, daß wir diesem Vorschlag niemals zustimmen würden, als ich das Gespräch unterbrechen mußte, weil der Präsident mich anrief.

Nixon war so erregt, wie ich ihn bis dahin noch niemals erlebt hatte. Die öffentliche Diskussion über das Amtsenthebungsverfahren wurde täglich lauter. Jetzt sagte er mir, er hoffte, daß ich auf einer für den nächsten Morgen angesetzten Sitzung, wo ich den führenden Kongreßabgeordneten einen Lagebericht geben wollte, zum Ausdruck bringen werde, welche zentrale Rolle er bei der Behandlung der Nahost-Krise spielte, und daß wir nicht auf ihn verzichten könnten. Schon vorher hatte er mich gedrängt, einige Senatoren anzurufen und ihnen das gleiche zu sagen – ein Symptom dafür, in welche Bedrängnis dieser stolze Mann geraten war. Jetzt sprach er nicht nur von seinem politischen, sondern auch von seinem physischen Ende: »Sie tun es, weil sie den Präsidenten umbringen wollen, und vielleicht wird es ihnen gelingen. Vielleicht werde ich physisch sterben.« Ich versuchte, ihn zu beruhigen, und sagte, in der Not wäre er immer am stärksten gewesen. Aber diesmal ließ er sich nicht trösten:

> Ihnen geht es nur um die Vernichtung. Das bringt mich manchmal so weit, daß ich sagen möchte, zum Teufel mit der ganzen Geschichte. Ich möchte einmal sehen, wie sie dieses Land regieren, und was dann daraus wird ... Das wirklich Tragische daran ist, wenn ich gehen muß, wird alles, was wir getan haben, auseinanderfallen. Die Russen werden sich nach anderen Gesprächspartnern umsehen, die Chinesen werden das Vertrauen verlieren, die Europäer werden das auch – sie begreifen einfach nicht, daß sie alles zum Fenster hinauswerfen. Ich weiß nicht, was in Gottes Namen ...

Hier kam die ganze Watergate-Tragödie in einem kurzen Telefongespräch zum Ausdruck. Nixon hatte recht, wenn er von den wahrscheinlichen internationalen Konsequenzen des Watergate-Skandals sprach, und auch in der Beurteilung der Motive einiger seiner Feinde war er nicht weit von der Wahrheit entfernt. Aber er hatte diesen alten Feinden selbst die Möglichkeit gegeben, alte Rechnungen zu begleichen. Jetzt befanden sich beide Seiten auf einem Kollisionskurs, von dem sie nicht mehr abweichen konnten. Seine Kritiker sahen sich kurz vor dem Ziel, das sie ein ganzes Leben lang verfolgt hatten, und Nixon war angesichts des herannahenden Alptraums gelähmt und nicht mehr in der Lage, die Katastrophe durch rechtzeitige Enthüllungen abzuwenden oder sie durch eine großzügige Geste zu transzendieren.

Wir steuerten unter Umständen auf die schwerste außenpolitische Krise der Amtszeit Nixons zu – denn hier kam es zur Konfrontation der Supermächte –, während der Präsident von seinen Gegnern und einem Kongreß in die Regierungsunfähigkeit getrieben wurde. Der Kongreß hatte seine Vollmachten beim Einsatz der Streitkräfte durch ein kürzlich erlassenes Gesetz wesentlich beschnitten. Um 19.15 Uhr abends war das Gespräch mit dem Präsidenten beendet, und in düsterer Stimmung griff ich wieder zum Telefon, um Dobrynin anzurufen. Der sowjetische Botschafter erklärte jetzt, daß das, was er mir vor drei Stunden gesagt hätte, »falsch« sei. Die Sowjetunion wünschte, daß die Vereinten Nationen zur Erzwingung des Waffenstillstands Truppen in den Nahen Osten entsendeten, und zwar auch sowjetische Truppen. Ich erwiderte kurz, daß wir dagegen unser Veto einlegen würden.

Es mußten dringende Vorbereitungen getroffen werden. Innerhalb der folgenden zehn Minuten ergriff ich eine Reihe von Maßnahmen. Ich wies Scali an, gegen die Aufstellung jeder Friedenstruppe, an der eine der Supermächte beteiligt werden sollte, das Veto einzulegen. Das gleiche galt für jede Verurteilung Israels, denn sie könnte der Vorwand für spätere Interventionen sein. Die von uns bevorzugte Alternative wäre eine Vergrößerung der Beobachtergruppe der Vereinten Nationen, die schon in der Resolution 339 gefordert worden war. Dann sagte ich Scali, daß er den chinesischen Botschafter Huang Hua vom Inhalt meiner Instruktionen in Kenntnis setzen sollte, denn ich war überzeugt, daß es den Chinesen nicht recht sein würde, wenn sowjetische Streitkräfte im Auftrag der Vereinten Nationen in den Nahen Osten verlegt würden. Wenn China unsere Auffassungen kannte, würde es sich wahrscheinlich unserem Veto anschließen. Da ich nicht wußte, welcher chinesische Botschafter die besseren Verbindungen zu Peking hatte, bat ich auch Scowcroft, Huang Tschen, den Chef des Verbindungsbüros in Washington, von unserer Entscheidung zu unterrichten und ihm zu sagen, welche Lösung wir für die richtige hielten.

Nachdem ich die Ausgangsstellung auf diese Weise vorläufig festgelegt hatte, rief ich Dobrynin um 19.25 Uhr abends noch einmal an. Ich ersuchte ihn dringend, die Sache nicht zum Äußersten kommen zu lassen. Wir wären bereit, UN-Beobachter in den Nahen Osten zu schicken, würden es aber nicht zulassen, daß unter irgendeinem Vorwand sowjetische Truppen dorthin verlegt würden. Dobrynin erwiderte, in Moskau »sind sie so böse geworden, daß sie Truppen einsetzen wollen«. Er warf uns vor, es zugelassen zu haben, »daß die Israelis tun können, was sie wollen«. Ich forderte ihn noch einmal dringend auf, zu verhindern, daß eine solche Resolution im Sicherheitsrat eingebracht würde: »Es wäre ein Jammer, deshalb in eine Konfrontation zu geraten.« In kritischen Situationen legte Dobrynin jede Zuvorkommenheit ab; dann reagierte er nur noch sachlich. Er sagte, er werde meine Stellungnahme nach Moskau weitermelden, er sei jedoch überzeugt, daß die sowjetische Führung das Thema ausdiskutiert und ihren Entschluß gefaßt hätte.

Unmittelbar darauf rief ich den britischen Botschafter, Lord Cromer an und bat ihn, er möge London veranlassen, sich unserem Veto anzuschließen. Um 19.35 Uhr unterrichtete ich Dinitz. Kurz nach 20.00 Uhr rief ich Dobrynin noch einmal an. Ich teilte ihm mit, daß nach unseren Erkenntnissen die Kampfhandlungen im Nahen Osten eingestellt worden seien. Es wäre immer noch Zeit, eine Konfrontation zu verhindern. Darin lag eine Warnung, aber ich vermied es bewußt, es auf eine Katastrophe ankommen zu lassen. Dobrynin verhielt sich ähnlich. »Geben Sie mir ein genaues Bild der Lage«, sagte er kühl und sachlich, als brauchte Moskau die Aufklärungsergebnisse unserer Nachrichtendienste, um sich über den Truppenaufmarsch im Nahen Osten ein Bild zu machen, »und ich werde ein Telegramm abschicken.«

Während sich die Lage auf diese Weise ständig zuspitzte, traf eine Note von Hafiz Ismail ein, in der mein Vorschlag angenommen wurde, am 7. November nach Kairo zu kommen.

Am Abend um 20.25 Uhr teilte mir Dobrynin mit, der ägyptische Außenminister Zayyat hätte vor wenigen Minuten in seiner Rede vor dem Sicherheitsrat offiziell beantragt, daß die Vereinigten Staaten und die Sowjetunion Streitkräfte in den Nahen Osten schickten. Ich forderte den sowjetischen Botschafter zu »großer Zurückhaltung« auf. Der ägyptische Vorschlag sei noch nicht angenommen worden, und wenn eine entsprechende Resolution eingebracht werden sollte, dann würden wir vom Wege engster Zusammenarbeit abkommen und auf einen sehr gefährlichen Kurs geraten. Dobrynin hatte keine neuen Anweisungen und erklärte, er habe mir »nur gesagt, was er (Zayyat) im Sicherheitsrat gesagt hätte«.

Nun schickte ich in Nixons Namen eine dringende Botschaft an Sadat, um ihm mitzuteilen, daß wir gegen jede Resolution im Sinne des ägyptischen Appells unser Veto einlegen würden. Sollte Ägypten an seinem Vorschlag festhalten, dann müßte auch meine Reise nach Kairo abgesagt werden. Sadat sollte wissen, daß er, wenn er auf der Verlegung von Streitkräften der Supermächte in den Nahen Osten bestand, seine vorsichtigen Annäherungsversuche an uns aufs Spiel setzte.

Die nächsten Nachrichten aus dem Sicherheitsrat klangen etwas günstiger. John Scali rief mich an, daß der sowjetische Vertreter bei den Vereinten Nationen in seiner Rede Israel zwar angegriffen und auch sehr in die Nähe eines Angriffs gegen die Vereinigten Staaten geraten wäre, sich aber der ägyptischen Initiative für eine Intervention der Supermächte nicht offiziell angeschlossen hätte. Ich beauftragte Scali, unsere Haltung darzulegen, und in einer sehr deutlichen Rede lehnte er die Intervention der Großmächte ab und empfahl dringend die rasche Entsendung einer größeren Zahl von UN-Beobachtern. Dabei machte er weder Ägypten noch Israel irgendwelche Vorwürfe. Um 21.32 Uhr bat ich Haig, den Präsidenten vom Stand der Dinge bei den Vereinten Nationen zu unterrichten; wir sprachen außerdem über den Inhalt einer Erklärung, die Nixon bei Beginn der für den folgenden Tag vorgesehenen Pressekonferenz abgeben könnte. Der Präsident war schon zu Bett gegangen. Haig und ich stimmten darin überein, daß wir möglicherweise vor der explosivsten Krise einer von Unruhe gekennzeichneten Amtszeit stünden.

Wenige Minuten später bestätigten sich unsere Befürchtungen in dramatischer Weise. Um 21.35 Uhr rief mich Dobrynin an. In Moskau war es 4.35 Uhr morgens. Dobrynin sagte, er hätte einen so dringenden Brief von Breschnew, daß er ihn mir am Telefon vorlesen müßte. Der Grund war mir sofort klar. Es war praktisch ein Ultimatum: Breschnew schlug vor, sowjetische und amerikanische Streitkräfte sollten gemeinsam nicht nur für die Einhaltung des Waffenstillstandes sorgen, sondern auch für die Durchsetzung »der zwischen uns vereinbarten Garantie für die Verwirklichung der Beschlüsse des Sicherheitsrats« – mit anderen Worten, wir sollten eine umfassende Friedensregelung erzwingen:

> Lassen Sie uns, die UdSSR und die Vereinigten Staaten, gemeinsam die sowjetischen und amerikanischen militärischen Kontingente sofort nach Ägypten entsenden, um die Befolgung der Beschlüsse des Sicherheitsrats vom 22. und 23. Oktober über die Einstellung des Feuers und aller militärischen Aktivitäten sicherzustellen und dafür zu sorgen, daß die zwischen uns vereinbarte Garantie für die Verwirklichung der Beschlüsse des Sicherheitsrats wirksam wird.
> Es ist notwendig, sich ohne Verzögerung daran zu halten. Ich möchte deutlich sagen, daß wir, wenn es Ihnen unmöglich erscheint, in dieser Angelegenheit gemeinsam mit uns vorzugehen, von der Notwendigkeit stehen würden, uns sofort mit der Frage zu beschäftigen, ob wir einseitig geeignete Schritte unternehmen müssen. Wir können Willkürakte Israels nicht zulassen.

Das war eine der ernstesten Herausforderungen, die sich ein sowjetischer Führer gegenüber einem amerikanischen Präsidenten bisher erlaubt hatte, und zwar von der hochmütigen Anrede »Mister President« bis zu dem ebenso hochmütigen Schlußsatz, der den Präsidenten aufforderte, »sofort eine klare Antwort« zu geben. Im übrigen schlug Breschnew nicht nur vor, daß amerikanische und sowjetische Streitkräfte die Einhaltung der Waffenstillstandsbedingungen erzwingen sollten, sondern verlangte auch die Durchsetzung einer endgültigen Friedensregelung, die zwar in ihren Einzelheiten noch nicht festgelegt war, die jedoch von Moskau während des vergangenen Jahres wiederholt erläutert und ebensooft von uns abgelehnt worden war. Für den Fall unserer Ablehnung drohte Breschnew damit, einseitig Truppen in den Nahen Osten zu verlegen.*

* Dobrynin sagte mir später, ich hätte das Wort »adhere« (»sich daran zu halten«) im ersten Satz des zweiten oben zitierten Absatzes mißverstanden. Er hätte diktiert »act here« (»hier zu handeln«). Abgesehen von der Tatsache, daß sich der Inhalt des Briefes damit nicht geändert hätte, haben wir nie eine offizielle Richtigstellung erhalten, obwohl wir in einer Antwort Nixons unsere Version dieses Satzes wörtlich wiederholt hatten, um deutlich zu sagen, wogegen wir Einwände erhoben.

Auf diesen Vorschlag konnten wir niemals eingehen. Wenn wir uns bereit erklärten, gemeinsam mit der Sowjetunion diesen Schritt zu tun, dann würden sowjetische Truppen mit unserem Segen wieder nach Ägypten verlegt werden. Damit würden wir entweder zu einem Anhängsel der Sowjetunion in einer gegen Israel gerichteten Machtdemonstration, oder wir würden schließlich mit sowjetischen Truppen in einem Land aneinandergeraten, das im Hinblick auf den Waffenstillstand die gleichen Ziele verfolgen mußte wie die Sowjetunion oder es sich nicht leisten konnte, den Eindruck zu erwecken, es sei mit den Absichten der Sowjets nicht einverstanden.

Aber die Auswirkungen würden weit über Ägypten hinausgehen. Wenn sowjetische Streitkräfte, gefolgt von einem amerikanischen Kontingent, unter dramatischen Umständen in Kairo erschienen, dann würden unsere traditionellen Freunde unter den gemäßigten Arabern zutiefst erschüttert, denn sie würden daraus entnehmen, daß sich die Vereinigten Staaten und die Sowjetunion auf ihre Kosten geeinigt hätten. Die Strategie, die wir mit unserer Außenpolitik in vier Friedensjahren und in zwei Wochen der Krise unter erheblichen Mühen verfolgt hatten, würde vergeblich gewesen sein. Ägypten würde wieder in den sowjetischen Einflußbereich geraten, und die Sowjetunion und ihre radikalen Verbündeten würden im Nahen Osten zum beherrschenden Faktor werden. China und Europa würden durch die militärische Zusammenarbeit der Vereinigten Staaten mit der Sowjetunion in einer vitalen Region zutiefst erschüttert werden. Und wenn das gemeinsame Unternehmen scheiterte und zu einer amerikanisch-sowjetischen Krise würde, was wahrscheinlich war, dann stünden wir allein da.

Ich zweifelte keinen Augenblick daran, daß wir den sowjetischen Vorschlag ablehnen mußten. Und wir mußten es in einer Form tun, mit der die Sowjets von dem angedrohten einseitigen Vorgehen – und auf das sie sich, wie wir aus den uns vorliegenden Berichten schließen konnten, auch vorbereiteten – abgeschreckt wurden. Wir hatten sehr konkrete Gründe, die Drohung ernst zu nehmen. Die CIA meldete, daß die Sowjets die Luftbrücke in den Nahen Osten am frühen Morgen des 24. eingestellt hatten, obwohl wir unsere Lieferungen fortsetzten. Daraus konnten wir den bedrohlichen Schluß ziehen, daß die Flugzeuge bereitgestellt wurden, um einige der Luftlandedivisionen zu befördern, die sich, wie wir ebenfalls erfahren hatten, im erhöhten Alarmzustand befanden. Auch ostdeutsche Verbände waren in Alarmzustand versetzt worden. Die Zahl der sowjetischen Schiffe im Mittelmeer war auf fünfundachtzig angewachsen. Das war die stärkste bisher in diesem Seegebiet versammelte sowjetische Flotte (am Schluß waren es mehr als hundert Schiffe). Am folgenden Tag stellten wir fest, daß eine aus zwölf Schiffen bestehende sowjetische Flotille, zu der auch zwei amphibische Fahrzeuge gehörten, Kurs auf Alexandria genommen hatte. Dazu gab es Berichte über bedrohliche Entwicklungen in anderen kritischen Gebieten. Ich konnte mich nicht des Eindrucks erwehren, daß die durch Watergate verursachte offensichtliche Schwäche Nixons wesentlich zu der Bereitschaft des Politbüros beigetragen hatte, eine so krasse Herausforderung zu wagen.

Solche Gedanken gingen mir durch den Kopf, als ich Dobrynin den Brief Breschnews noch einmal vorlas, um mich zu vergewissern, daß ich ihn richtig verstanden hatte. Ich warnte ihn vor einseitigen Schritten. Er sagte, er werde meine Warnung nach Moskau weitergeben. Jetzt waren wir beide vom Rhythmus der Konfrontation erfaßt, der seine eigene Logik hat. Jetzt mußte eine Seite sich zu einem Ausweichmanöver entschließen, um es nicht zum Zusammenstoß kommen zu lassen.

Um 21.50 Uhr abends unterrichtete ich Haig. Er glaubte zuerst, daß die Sowjets uns bluffen wollten: »Sie werden am Ende eines Krieges doch keine Streitkräfte ins Kampfgebiet schicken.« Ich hielt das Manöver zwar nicht für einen Bluff, aber das war jetzt gleichgültig. Wir durften es nicht riskieren, an einen Bluff zu glauben. Wenn wir angesichts dieser Bedrohung nichts unternahmen, dann würde die sowjetische Führung sich nicht mehr daran hindern lassen, die Drohung in die Tat umzusetzen. Wir konnten es jetzt einen Bluff nennen, falls es einer war, aber wir mußten den Tatsachen ins Auge sehen, wenn die Sowjets es ernst meinten. Eine andere Wahl hatten wir nicht. Ich fragte Haig, ob ich den Präsidenten wecken sollte. Er lehnte mit einem schroffen »nein« ab. Ich wußte, was das bedeutete. Haig glaubte, der Präsident sei durch die Watergate-Krise innerlich so aufgewühlt, daß er an den Vorbesprechungen nicht teilnehmen könnte. So mußte ich eine schwere Verantwortung auf mich nehmen. Mein Gespräch mit Nixon vom gleichen Abend hatte mich überzeugt, daß Haig recht hatte.

Die vor uns liegende Entscheidung erforderte dringend eine Sitzung der ranghöchsten Beamten unserer Regierung. Deshalb berief ich für 22.30 Uhr abends eine Sitzung der WSAG im Außenministerium ein. Bis dahin teilte ich Dinitz um 22.00 Uhr den Inhalt des Briefes von Breschnew mit und bat ihn um die Stellungnahme Israels. Ich sagte ihm, daß wir nicht die Absicht hätten, auf den Vorschlag einzugehen.

Um 22.15 Uhr rief ich Dobrynin an, um sicherzugehen, daß er begriff, welche Haltung wir einnahmen, und um zu verhüten, daß die Sowjetunion voreilige Schritte unternahm:

Kissinger: Wir versammeln unsere Leute, um über Ihren Brief zu beraten. Ich wollte Sie nur wissen lassen, daß alle einseitigen Maßnahmen, die ergriffen werden, bevor wir die Gelegenheit gehabt haben, ihn zu beantworten, sehr ernste Folgen haben wird.

Dobrynin: Ja, in Ordnung.

Kissinger: Das ist eine äußerst besorgniserregende Angelegenheit. Setzen Sie uns nicht unter Druck. Ich möchte das einmal wiederholen: Setzen Sie uns nicht unter Druck!

Dobrynin: In Ordnung.

In subtiler Weise verstärkte dieses Gespräch die Wirkung von Breschnews Drohbrief. Dobrynin hätte ohne weiteres sagen können, daß die Sowjets auf keinen Fall etwas unternehmen würden, bevor sie von uns gehört hätten. Als erfahrener Berufsdiplomat hatte er tausend Möglichkeiten, uns verständlich zu machen, daß wir zu heftig reagierten, daß die Drohung mit einseitigen Maßnahmen eine Redensart wäre, die normale Reaktion eines souveränen Staates, der sich an die Wand gedrängt fühlt. Statt dessen ließ Dobrynin es zu, daß der Eindruck bestehen blieb, wir stünden wirklich vor einer Krise, und nichts habe sich geändert, was uns veranlassen könnte, die Möglichkeit eines einseitigen sowjetischen Vorgehens mit militärischen Kräften im Nahen Osten auszuschließen. Der Gedanke an diese Möglichkeit beherrschte die Beratungen, vor denen unsere Regierung jetzt stand.

Um 22.20 Uhr sprach ich wieder mit Haig. Wir waren jetzt beide davon überzeugt, daß wir mit einer sowjetischen Intervention rechnen mußten. Haig empfahl mir, die Sitzung der WSAG in das Lagezimmer zu verlegen, um zu demonstrieren, daß das Weiße Haus die Zügel in der Hand hatte. Und er hatte recht, wenn er meinte, daß ich den Vorsitz diesmal in meiner Eigenschaft als Sicherheitsberater des Präsidenten und nicht als Außenminister übernehmen sollte. Wieder sprachen wir darüber, ob wir den Präsidenten wecken sollten. Haig wiederholte, ohne meine Frage direkt zu beantworten, daß es das beste wäre, die Sitzung im Weißen Haus abzuhalten. Er wollte damit sagen, daß er die Verantwortung dafür übernehmen werde, wer im Weißen Haus vom Inhalt der Gespräche unterrichtet wurde. Nixon schreibt in seinen Memoiren:

> Als Haig mich von diesem Brief unterrichtete, sagte ich, er und Kissinger sollten eine Sitzung im Weißen Haus abhalten, um die Pläne für eine entschlossene Reaktion auf eine kaum verhüllte Bedrohung mit der einseitigen sowjetischen Intervention zu formulieren. Mit Worten konnten wir nichts erreichen – wir mußten etwas unternehmen, und wenn es der Schock war, die Streitkräfte in Alarmbereitschaft zu versetzen.[4]

Die Sitzung begann am Mittwoch, dem 24. Oktober um 22.40 Uhr, im Lagezimmer des Weißen Hauses im Keller des Westflügels unter meinem Vorsitz. Sie dauerte mit mehreren Unterbrechungen bis zum Donnerstagmorgen um 2.00 Uhr. Die Teilnehmer waren Verteidigungsminister James Schlesinger, der Direktor der CIA, William Colby, der Vorsitzende der Joint Chiefs of Staff, Admiral Thomas Moorer, der Stabschef des Präsidenten, Alexander Haig, der stellvertretende Sicherheitsberater des Präsidenten, General Brent Scowcroft, mein militärischer Berater im Nationalen Sicherheitsrat, Commander Jonathan T. Howe, und ich.

Das Weiße Haus hat später erklärt, es wäre eine Sitzung des Nationalen Sicherheitsrats gewesen, es hat jedoch Meinungsverschiedenheiten darüber gegeben, ob es eine »richtige« Sitzung des Nationalen Sicherheitsrats hätte sein können, weil der Präsident nicht daran teilgenommen hat. (Auch der Vizepräsident fehlte, denn der am 12. Oktober von Präsident Nixon ernannte Gerald Ford war vom Senat noch nicht bestätigt worden.) Die Teilnehmer waren jedenfalls die Angehörigen des Nationalen Sicherheitsrats ohne den Präsidenten und den Vizepräsidenten.*

* Das Gesetz über die nationale Sicherheit von 1947, mit dem der Nationale Sicherheitsrat ins Leben gerufen wurde, bevollmächtige den Präsidenten, wenn er es wünschte, den Vorsitz an seiner Stelle einem anderen Ratsmitglied zu übertragen. Zu den gesetzlich vorgeschriebenen Mitgliedern des Nationalen Sicherheitsrats gehörten nicht nur der Außenminister und der Verteidigungsminister (mit dem Direktor der CIA und dem Vorsitzenden der Joint Chiefs of Staff als ge-

Jetzt stelle ich fest, daß die Sitzung in unseren internen Aufzeichnungen als »Zusammenkunft der leitenden Persönlichkeiten« der WSAG bezeichnet wird – ein seltenes Ereignis, das damals aber nicht zum erstenmal stattgefunden hat. Nachdem ich das Amt des Außenministers übernommen hatte, hielt ich es für richtig, daß der Vertreter des Verteidigungsministeriums ebenfalls im Kabinettsrang stehen sollte. Deshalb nahm Verteidigungsminister Schlesinger an den Sitzungen teil. Nixon hatte sich bis dahin nicht an den Beratungen der WSAG beteiligt (er erschien allerdings gelegentlich für kurze Zeit, um uns mit ein paar Worten aufzumuntern). Auf dieser Sitzung hat ihn daher niemand vermißt.

Zunächst erläuterte ich den Anwesenden die Lage im einzelnen. Während des größten Teils des Tages hatte es keinen besonderen Grund zur Sorge gegeben. Die Lage schien sich vielmehr allmählich zu beruhigen, als die Sowjets plötzlich um 19.00 Uhr unserer Zeit (in Moskau war es 2.00 Uhr morgens) beschlossen, zunächst die Verlegung amerikanischer und sowjetischer Streitkräfte in den Nahen Osten zu empfehlen und dann zu verlangen. Ich sagte, daß es nach meiner Auffassung ein Verbrechen wäre, wenn wir der sowjetischen Aufforderung Folge leisteten, und daß es verheerende Folgen für unsere Beziehungen zum Nahen Osten, zu China und Europa haben würde, denn alle diese Länder fürchteten aus den verschiedensten Gründen ein Zusammenspiel der Vereinigten Staaten und der Sowjetunion hinter ihrem Rükken. Es gab drei Möglichkeiten: 1. Die Sowjets hatten die ganze Zeit diese Absicht gehabt und mich nach Moskau eingeladen, um für die Vorbereitungen Zeit zu gewinnen; 2. sie hatten sich dazu entschlossen, als sie erkannten, welche Folgen eine arabische Niederlage für sie haben könnte, oder 3. sie fühlten sich durch Israel und uns hinters Licht geführt, als die Israelis nach Inkrafttreten des Waffenstillstandes darangingen, die ägyptische 3. Armee vollkommen einzuschließen und auszuhungern. Ich glaubte, daß ihre Motivation aus einer Kombination von Punkt 2 und 3 bestand.

Das war die Einleitung zu einer der gründlichsten Beratungen, die ich während meiner Amtszeit als Regierungsbeamter erlebt habe. Die Teilnehmer beschäftigten sich ausführlich mit den sowjetischen Maßnahmen, Motiven und Absichten. Im Lauf der Nacht gelangten wir alle zu der Überzeugung, daß der Kreml unmittelbar vor einer weittragen-

setzlich vorgeschriebenen Beratern), sondern auch die Leiter von Behörden wie des inzwischen aufgelösten National Security Resources Board und anderer wie der Teilstreitkräfte, deren Einfluß sich seither wesentlich verringert hat. In dem Gesetz wurden andere Ministerien wie etwa das Finanzministerium, deren Teilnahme oft erforderlich war, um weltpolitische Fragen realistisch zu behandeln, nicht erwähnt. Seit den fünfziger Jahren war es, wie das Gesetz es auch vorsah, immer häufiger der Fall, daß der Präsident nach seinem Gutdünken andere zur Teilnahme an den Sitzungen aufforderte. So ließ Johnson Justice Abe Fortas daran teilnehmen, und Nixon bat häufig Justizminister John Mitchell um seine Teilnahme. Der Präsident behielt jedoch das Recht, eine Sitzung seiner wichtigsten Berater einzuberufen, ohne diese Sitzung als eine Zusammenkunft des Nationalen Sicherheitsrats oder anders bezeichnen zu müssen. Praktisch war es dem Präsidenten seit einer Generation überlassen, Zusammensetzung und Tagesordnung einer Sitzung des Nationalen Sicherheitsrats – wenn es sich überhaupt um eine solche Sitzung handelte – zu bestimmen; diese Frage hat weder eine praktische noch eine verfassungsrechtliche Bedeutung.

den Entscheidung stand. Wir rechneten mit dem Beginn einer Luftbrücke zur Zeit der Morgendämmerung in Osteuropa, also nach etwa zwei Stunden. Um 23.00 Uhr abends Washingtoner Zeit unterbrach ich die Sitzung, um in dem verlassenen Vorzimmer des Westflügels im Weißen Haus mit Dinitz zu sprechen. Ich sagte ihm noch einmal, wir würden den sowjetischen Vorschlag ohne weitere Erörterungen ablehnen, wir müßten uns nur noch über die Taktik einigen. Dazu wäre es uns wichtig, die Auffassungen Israels zu kennen.

Als ich ins Lagezimmer zurückkehrte, einigten wir uns sehr rasch darüber, daß wir versuchen sollten, den sowjetischen Zeitplan in die Länge zu ziehen, indem wir den Kreml in Gespräche verwickelten. Dazu mußte die amerikanische Antwort versöhnlich im Ton, aber hart in der Sache sein. Wir stimmten auch darin überein, daß wir keine Wirkung erzielen könnten, wenn wir nicht gleichzeitig konkrete Schritte unternahmen, die deutlich zeigten, daß wir ein einseitiges Vorgehen der Sowjets nicht dulden würden. Am günstigsten wäre es, wenn Moskau von unserer Reaktion schon Kenntnis nähme, *bevor* unsere schriftliche Antwort dort eingetroffen war. Wir unterbrachen deshalb die Arbeit an einem Entwurf für die Antwort des Präsidenten an Breschnew, um die verschiedenen Maßnahmen zu erörtern, die notwendig waren, um uns aktionsbereit zu machen.

Unsere Streitkräfte stehen normalerweise auf verschiedenen Stufen der Alarmbereitschaft. Wir bezeichnen sie als Def Cons (für Defense Condition-Abwehrbereitschaft). Die Abstufung geht von Def Cons I bis zu Def Cons V. Def Cons I bedeutet Krieg. Def Cons II entspricht einer Lage, in der ein Angriff unmittelbar bevorsteht. Def Cons III ist die erhöhte Alarmbereitschaft, bei der noch nicht feststeht, daß man mit einem Krieg rechnen muß. Das ist in Friedenszeiten die höchste Alarmstufe. Die meisten amerikanischen Streitkräfte befanden sich normalerweise auf den Stufen Def Cons IV oder V. Eine Ausnahme bildeten die im pazifischen Raum Stationierten, die 1973 immer noch auf der Alarmstufe Def Cons III gehalten wurden. Diese Maßnahme war gewissermaßen ein Erbe aus dem Vietnam-Krieg. Die strategischen Luftstreitkräfte wurden gewöhnlich auf der Alarmstufe Def Cons IV gehalten.

Wir waren alle der Meinung, daß wir, wenn wir die Alarmbereitschaft erhöhen sollten, dann mindestens auf die Stufe Def Cons III gehen müßten, bevor die Sowjets es bemerkten. Selbst dann würden sie die Bedeutung einer solchen Maßnahme unter Umständen nicht rasch genug erkennen, um auf diplomatischer Ebene darauf zu reagieren. Deshalb sprachen wir über weitere Maßnahmen, die getroffen werden könnten, die jedoch in den Mobilmachungsplänen für Def Cons III nicht vorgesehen waren. Bevor wir solche Maßnahmen einleiten konnten, erließ Admiral Moorer um 23.41 Uhr einen Befehl an alle militärischen Dienststellen, die Alarmbereitschaft auf Def Cons III zu erhöhen.

Kurz zuvor – um 23.25 Uhr – hatte uns Dinitz die israelische Stellungnahme zu dem sowjetischen Vorschlag übermittelt – praktisch eine Variante des israelischen Vorschlags für die Truppenentflechtung von 1971: Die israelischen Streitkräfte sollten sich auf das Ostufer des

Suez-Kanals zurückziehen, die ägyptischen auf das Westufer und damit der anderen Seite jeweils einen Teil des bisher besetzten Geländes überlassen. Dann sollte auf jeder Seite des Kanals ein zehn Kilometer tiefer entmilitarisierter Gebietsstreifen geschaffen werden – ein undurchführbarer Vorschlag. Sadat würde es als Beleidigung auffassen, wenn man ihn aufforderte, ein Gebiet zu räumen, das sogar die Israelis als ägyptisches Territorium anerkannten. Er konnte auch den Krieg nicht damit beenden, daß er sich zehn Kilometer hinter die Linie zurückzog, an der der Krieg begonnen hatte. Und das Vorhaben war zu kompliziert, um sich noch vor einer sowjetischen Intervention darüber einigen zu können – wenn die Sowjets dazu entschlossen waren. Vielleicht würde der Vorschlag das Eingreifen der Sowjets sogar beschleunigen, wenn Sadat so sehr verärgert wurde, daß er auf einer Intervention der Großmächte *bestand.* Ich sagte Dinitz, ich würde den Vorschlag mit meinen Kollegen besprechen, ich wüßte aber schon jetzt, daß er unannehmbar sei. Wir hatten jedoch schließlich so viel damit zu tun, dem sowjetischen Eingreifen vorzubeugen, daß wir den israelischen Plan nicht mehr berücksichtigen konnten.

Dann beschlossen wir, die diplomatischen Möglichkeiten Moskaus zu beschneiden, indem wir Kairo aufforderten, die an Moskau gerichtete Einladung, Truppen in den Nahen Osten zu schicken, zurückzunehmen. Um 23.55 Uhr einigten wir uns auf den Text einer in Nixons Namen an Sadat gerichteten Note, in der wir es noch einmal ablehnten, einen amerikanisch-sowjetischen Truppenverband in den Nahen Osten zu schicken. Die Note enthielt die Warnung, daß wir sowjetischen Truppen auf ägyptischem Boden mit eigenen Streitkräften Widerstand leisten würden. Unter solchen Voraussetzungen müßte auch meine Reise nach Kairo zur Vorbereitung der Friedensverhandlungen abgesagt werden:

> Ich bitte Sie, die Konsequenzen für Ihr Land für den Fall zu bedenken, daß die beiden nuklearen Großmächte sich auf Ihrem Territorium gegenüberstehen. Ich bitte Sie außerdem zu überlegen, daß es für uns unmöglich ist, die diplomatische Initiative zu ergreifen, die mit Dr. Kissingers Besuch in Kairo am 7. November beginnen sollte, wenn die Streitkräfte einer der großen Nuklearmächte militärisch auf ägyptischem Boden eingreifen.

Unmittelbar nachdem wir die amerikanischen Streitkräfte in den Alarmzustand Def Con III versetzt hatten, bat ich Scowcroft, die Sitzung zu verlassen und Dobrynin anzurufen. Dazu gab ich ihm die folgenden Anweisungen:

> Sagen Sie ihm, die Sowjets sollten nichts unternehmen, bevor wir unsere Antwort formuliert haben. Sagen Sie ihm, Sie sind nicht ermächtigt, selbst Stellung zu nehmen. Ich nehme an einer Sitzung teil und kann sie nicht verlassen. Es dürften keine einseitigen Schritte unternommen werden, denn das hätte die ernstesten Konsequenzen. Wenn er irgend etwas sagt, dann können Sie erklären, Sie hätten die Anweisung, sich nicht dazu zu äußern. Sie sollen ruhig wissen, daß wir es ernst meinen.

Aber Dobrynin war ebenso vorsichtig und sagte nichts, als daß er unsere Botschaft nach Moskau weitergeben wollte. Kein Wort, um uns zu beruhigen, nichts darüber, daß es ein Mißverständnis wäre, und keine Empfehlung, daß wir zu Bett gehen und unsere Gespräche am folgenden Morgen wiederaufnehmen sollten, weil wir nichts zu befürchten hätten. Nur die lakonische Bestätigung, daß der sowjetische Botschafter bereit sei, unsere Antwort entgegenzunehmen.

Wenn Dobrynin mit dieser Haltung erreichen wollte, daß sich bei uns das Gefühl verstärkte, wir befänden uns in einer bedrohlichen Lage, dann hatte er sein Ziel erreicht. Unsere Überzeugung, daß die Sowjets in allernächster Zeit etwas unternehmen würden, verstärkte sich, als wir noch am gleichen Abend erfuhren, daß acht sowjetische Transportmaschinen vom Typ An-22, die jeweils mehr als zweihundert Soldaten aufnehmen konnten, bereitstanden, um in den nächsten Stunden von Budapest nach Ägypten zu fliegen. Außerdem stellten wir fest, daß Elemente der ostdeutschen Streitkräfte für 5.00 Uhr morgens Washingtoner Zeit, also nach fünf Stunden, in Alarmbereitschaft versetzt werden sollten. Nach unseren Schätzungen konnten die Sowjets täglich fünftausend Mann nach Ägypten verlegen. Nach unserer Meinung würde die sowjetische Führung nicht rasch genug erfahren, daß für unsere Truppen die Alarmstufe Def Con III angeordnet war. Es mußte also noch mehr geschehen. Um 0.20 Uhr alarmierten wir die 82. Luftlande-Division und bereiteten alles für ihren Abflug vor. Um 0.25 Uhr befahlen wir dem vor Italien liegenden Flugzeugträger *Franklin Delano Roosevelt,* sofort Kurs auf das östliche Mittelmeer zu nehmen und südlich von Kreta mit dem Flugzeugträger *Independence* zusammenzutreffen. Der Flugzeugträger *John F. Kennedy* und der ihn begleitende Kampfverband erhielten den Befehl, mit voller Kraft vom Atlantik ins Mittelmeer zu fahren. Nebenher spekulierten wir darüber, ob die Sowjets es auch mit einem »funktionierenden« Präsidenten aufgenommen hätten. Ich sagte: »Wir haben jetzt unseren schwächsten Punkt erreicht, aber wenn wir uns unterkriegen lassen, dann werden wir erst wirklich in Schwierigkeiten geraten.« Wir sprachen auch darüber, ob die Vereinigten Staaten in der Lage wären, als Reaktion auf die Entsendung sowjetischer Truppen nach Ägypten im Gegenzug eigene Truppen in dieses Gebiet zu verlegen. Einige meiner Kollegen fürchteten, unsere innenpolitische Lage könnte eine derartige militärische Maßnahme nicht zulassen. Aber ich hielt an meiner Überzeugung fest, daß wir im nationalen Interesse handeln müßten, und zwar ohne Rücksicht auf die Skepsis der Medien und die innenpolitische Opposition: »Wenn wir nicht tun können, was richtig ist, weil wir für unser Leben fürchten, dann sollten wir trotzdem das Richtige tun. Wir werden uns den Vorwurf unserer Medien gefallen lassen müssen, daß wir den Konflikt provoziert hätten. Richtiger wäre es zu behaupten, wir hätten es dazu kommen lassen, weil wir zu weich gewesen sind.«

Wir hatten unsere Streitkräfte in erhöhte Alarmbereitschaft versetzt, um Moskau ein Signal zu geben. Um 0.30 Uhr wendeten wir uns wieder dem Entwurf einer offiziellen Antwort des Präsidenten an Breschnew zu. Wir beschlossen, sie gegen 5.30 Uhr Washingtoner Zeit abzuschicken. Wenn die endgültige Entscheidung der Sowjets vom Inhalt dieses Briefes abhing, dann gewannen wir auf diese Weise mehr Zeit für unsere Vorbereitungen, und bis dahin würden die Sowjets von unseren Truppenbewegungen Kenntnis genommen haben. Um 1.30 Uhr unterrichtete ich die britische Regierung durch Botschafter Cromer davon, daß wir die amerikanischen Streitkräfte in erhöhte Alarmbereitschaft versetzt hatten, und teilte ihm den Inhalt von Breschnews Brief mit. Ich sagte ihm, daß wir eine Stunde nach Absendung unserer Antwort an die Sowjets, also gegen Mittag Brüsseler Zeit, den Nordatlantik-Rat offiziell vom Stand der Dinge in Kenntnis setzen würden. Wir hofften, daß Großbritannien uns sowohl im Nordatlantik-Rat als auch in anderen Hauptstädten unterstützen werde.

Das war ein klassisches Beispiel für die »besonderen Beziehungen« zu Großbritannien, es zeigte aber auch, wo die Grenzen für Konsultationen mit den Verbündeten lagen. Selbstverständlich teilten wir alle uns zugänglichen Informationen mit den Briten, obwohl sich die Regierung Heath eifrig darum bemühte, sich in Europa von uns zu distanzieren, und uns deutlich zu verstehen gegeben hatte, daß sie die Lage im Nahen Osten anders beurteilte als wir. Unsere anderen Verbündeten konnten wir nicht im voraus konsultieren, weil wir wollten, daß die Sowjets aus eigenen Quellen von unseren vorbereitenden Maßnahmen erfuhren und nicht durch bei den Verbündeten entstandene undichte Stellen. In diesem Fall hätten wir die Verbündeten auch mit gewissen Zusicherungen beruhigen müssen, und unsere Vorbereitungen hätten dann weniger bedrohlich gewirkt, als wir es wünschten. Ich muß zugeben, daß ich dieses Verfahren heute für falsch halte. Wir hätten unsere Verbündeten ein oder zwei Stunden vor dem Absenden unserer Antwort an Moskau informieren können. Das Risiko der undichten Stellen hätten wir auf uns nehmen müssen.

Um 1.35 Uhr erschien Dinitz noch einmal. Im Namen der israelischen Premierministerin bat er uns dringend, von Israel nicht den Rückzug auf die Stellungen zu verlangen, welche die israelischen Truppen bei Inkrafttreten des Waffenstillstandes am 22. Oktober eingenommen hatten. Ich versicherte ihm, daß wir nicht die Absicht hätten, Israel als Reaktion auf eine Drohung der Sowjets zu irgend etwas zu zwingen.

Um 1.45 Uhr rief Scowcroft in meinem Auftrag Dobrynin an und machte ihm die gleiche Mitteilung wie zuvor. Er fügte nur hinzu, daß unsere Beratungen noch mehrere Stunden in Anspruch nehmen würden. Aus meiner Weigerung, persönlich mit ihm zu sprechen, konnte Dobrynin nur entnehmen, daß wir nicht in der Stimmung seien, mit den Sowjets zu verhandeln. Wieder sagte er, er werde nach Moskau weiterberichten, versuchte aber auch diesmal nicht, uns zu beruhigen, sondern erklärte, er wäre bereit, unsere Antwort entgegenzunehmen. Gleichzeitig teilten wir dem Befehlshaber der amerikanischen Streitkräfte in Europa mit, daß er die vorgesehene Rückverlegung von Truppen, die an den jährlichen NATO-Manövern teilnahmen, um die rasche Verlegung von Verstärkungen auf den europäischen Kriegsschauplatz zu üben, in die Vereinigten Staaten auf einen späteren Zeitpunkt verschieben sollte.

Um 2.09 Uhr, wenige Minuten nach Schluß der offiziellen Sitzung, teilte ich Dinitz mit, daß wir uns über unsere Antwort an Breschnew geeinigt hätten. Wir würden keine neuen Vorschläge machen, sondern nur anregen, die Gruppe der UN-Beobachter zu verstärken. Ein gemeinsames militärisches Vorgehen würden wir unwiderruflich ablehnen und, wenn notwendig, einer einseitigen Intervention mit Gewalt Widerstand leisten. Außerdem bat ich Dinitz, mir persönlich zu sagen, wie lange Israel brauchen würde, um die ägyptische 3. Armee zu vernichten, wenn sich eine militärische Entscheidung nicht mehr vermeiden ließe.

Am frühen Morgen um 3.30 Uhr befahlen die Joint Chiefs of Staff weisungsgemäß die Rückkehr der auf Guam stationierten Maschinen vom Typ B-52 in die Vereinigten Staaten. Diese Verbände lagen dort seit dem Vietnam-Krieg und hatten zunächst die Aufgabe gehabt, die Wiederaufnahme der Kämpfe in Indochina zu verhindern. Der Kongreß hatte ihre Funktion durch im Sommer 1973 erlassene gesetzliche Bestimmungen unmöglich gemacht. Da wir jedoch hofften, daß Hanoi über die verfassungsrechtliche Lage in den Vereinigten Staaten nicht allzu gut unterrichtet war, hatten wir die Flugzeuge nicht verlegt, waren uns aber der Tatsache bewußt, daß wir diese geschickten Kriegsverlängerer nicht lange würden täuschen können. Jetzt benutzten wir die Gelegenheit, das sinnlose Spiel aufzugeben und den Sowjets dabei zu zeigen, daß wir unsere Kräfte für den Fall einer militärischen Entscheidung bereitstellten.

Morgens um 5.40 Uhr übermittelten wir Dobrynin endlich die Antwort an Breschnew in Nixons Namen. Darin lehnten wir alle sowjetischen Forderungen ab. Wir schickten den Brief mit einem Kurier in die sowjetische Botschaft, um keine mündlichen Erläuterungen geben zu müssen, und boten darin die Zustimmung der Vereinigten Staaten zu einer Verstärkung einer Überwachungsgruppe der Vereinten Nationen und die Bereitschaft, uns daran zu beteiligen, an. Diese Gruppe sollte aus Nichtkombattanten bestehen, nur vorübergehend tätig werden, und ihre einzige Aufgabe sollte es sein, »ausführlich über die Einhaltung der Waffenstillstandsbedingungen durch beide Seiten zu berichten«. Dann hieß es weiter:

> Sie müssen jedoch wissen, daß wir unter keinen Umständen ein einseitiges Vorgehen akzeptieren könnten. Das wäre eine Verletzung der zwischen uns getroffenen Vereinbarungen, der Grundsätze, die wir 1972 in Moskau mit unseren Unterschriften bestätigt haben, und des Artikels II der Vereinbarungen über die Verhinderung eines Krieges mit Kernwaffen. Wie ich oben erklärt habe, würde ein solches Vorgehen unberechenbare Konsequenzen nach sich ziehen, die im Interesse keines unserer beiden Länder lägen und alles beenden würden, worum wir uns mit solcher Energie bemüht haben.

Am Donnerstagmorgen, dem 25. Oktober um 6.30 Uhr – ich hatte nur drei Stunden geschlafen –, stellte ich fest, daß die amerikanische Öffentlichkeit schon von der weltweiten Alarmbereitschaft der amerikanischen Streitkräfte Kenntnis genommen hatte. Alle Morgenzeitungen berichteten darüber. Ich war schockiert. Diese überraschende Nachricht würde das Problem unweigerlich für Moskau zur Prestigefrage werden lassen, in Amerika leidenschaftliche Reaktionen auslösen und die Aussichten auf einen sowjetischen Rückzug in Frage stellen. Hier zeigte sich außerdem, wie sehr die Disziplin innerhalb unserer Regierung in den drei Jahren, die seit der Jordanien-Krise vom September 1970 vergangen waren, gelitten hatte. Auch damals hatten wir unsere Truppen in erhöhte Alarmbereitschaft versetzt, diese war aber erst drei Tage später nach Beilegung der Krise bekanntgeworden.[5] Der diesmal angeordnete Alarm war mitten in der Nacht innerhalb von drei Stunden durchgesickert. Jetzt mußten wir mit einer *öffentlichen* Konfrontation rechnen, und zwar nicht mit einer Marionette der Sowjetunion wie 1970, sondern mit dem Kreml selbst.

Aber der Tag in meinem Büro im Weißen Haus begann unter günstigen Vorzeichen. Kurz vor 8.00 Uhr erwarteten mich dort zwei Botschaften aus Ägypten, die im Abstand von einer Stunde eingetroffen waren. Es waren die Antworten auf meine an Ismail gerichtete Note und den Brief Nixons an Sadat. Mit der dem Ernst der Lage angemessenen Sorgfalt hatten die Ägypter die Botschaften numeriert, um uns deutlich zu machen, wie sich ihre Vorstellungen gewandelt hatten. Die erste Botschaft war die Antwort Ismails auf meinen Bericht vom Mittag des 24. Oktober über unsere Bemühungen, Israel zur Einhaltung des Waffenstillstandes zu bewegen. Trotz der verzweifelten Lage, in der sich die ägyptische 3. Armee befand – von der zu sprechen Ismail offenbar zu stolz war – erkannte er unsere Hilfsbereitschaft an. Er glaubte nicht, daß die Entsendung amerikanischer Militärattachés an die Front genügen würde, sondern behauptete, daß ein aus amerikanischen und sowjetischen Truppen bestehender Verband den Waffenstillstand am besten garantieren könnte. Da jedoch »die Vereinigten Staaten sich weigern, solche Maßnahmen zu ergreifen, bittet Ägypten den Sicherheitsrat um die Entsendung eines *internationalen* Verbandes« (kursiv des Verfassers). Das bedeutete, daß Ägypten auf die Forderung verzichtete, die die Krise ausgelöst hatte. Statt dessen ersuchte Ägypten jetzt um die Entsendung eines »internationalen Verbandes«, was nach der bei den Vereinten Nationen üblichen Praxis Streitkräfte der fünf ständigen Mitglieder des Sicherheitsrats und damit auch die Verlegung des amerikanisch-sowjetischen Verbandes *ausschloß*, die Breschnew verlangt hatte. Das kam in der zweiten Botschaft, dem Brief Sadats an Nixon, noch deutlicher zum Ausdruck. Hier stimmte er den Vorschlägen Nixons vom vergangenen Abend nicht nur inhaltlich zu, sondern folgte auch der Argumentation des amerikanischen Präsidenten:

> Ich verstehe die Überlegungen, die Sie mir im Hinblick auf die Verwendung eines amerikanisch-sowjetischen Verbandes vorgetragen

haben, und wir haben den Sicherheitsrat schon um die rasche Entsendung eines internationalen Verbandes in das Kampfgebiet gebeten, um die Einhaltung der Resolutionen des Sicherheitsrats zu überwachen. Das wird, wie wir hoffen, den Weg für weitere Maßnahmen ebnen, wie sie in der Resolution des Sicherheitsrats vom 22. Oktober für die Herstellung eines gerechten Friedens in diesem Raum vorgesehen sind.

Wir standen kurz davor, das diplomatische Spiel zu gewinnen. Es war sehr unwahrscheinlich, daß die Vereinten Nationen ohne Unterstützung Ägyptens eine Resolution verabschieden würden, mit der die Entsendung eines amerikanisch-sowjetischen Verbandes gefordert wurde. Wenn die Sowjets Truppen in das Kampfgebiet schickten, dann wäre das eine einseitige Maßnahme, die weder von dem betroffenen Land noch von den Vereinten Nationen sanktioniert war. Dagegen konnten wir uns viel leichter wehren, und wir waren entschlossen, es zu tun. Jetzt zeigte sich – wenngleich wir es zunächst nur vermuten konnten –, daß Sadat sich künftig mehr auf die diplomatische Unterstützung der Vereinigten Staaten als auf den militärischen Druck der Sowjetunion verlassen wollte.

Der zweite Silberstreif am Horizont war der erste Morgenbericht von John Scali, unserem Vertreter bei den Vereinten Nationen. Nachdem er sich am vergangenen Abend energisch gegen die Entsendung eines amerikanisch-sowjetischen Verbandes ausgesprochen hatte, war die Begeisterung für diese Idee merklich abgekühlt. Der Sicherheitsrat ist selten geneigt, gegen die entschlossene Opposition einer Supermacht abzustimmen, wenn sich eine Alternative anbietet, und er ist sehr geschickt darin, Alternativlösungen zu finden. Am frühen Vormittag des 25. Oktober hatten die Blockfreien in Erwartung eines Vetos der Vereinigten Staaten einen Resolutionsentwurf eingebracht, mit der der Generalsekretär aufgefordert wurde, die Zahl der UN-Beobachter zu vergrößern und »sofort eine Friedenstruppe der Vereinten Nationen aufzustellen, die dem Sicherheitsrat unterstellt werden soll«. Wenngleich der Resolutionsentwurf nicht sehr klar formuliert war, eröffnete er doch die Möglichkeit, die Supermächte von der Beteiligung an der Aufstellung des UN-Verbandes auszuschließen. Der Sicherheitsrat sollte noch am gleichen Vormittag um 10.30 Uhr zusammentreten, um über diesen Entwurf zu beraten.

Am späten Vormittag nahm auch Großbritannien zu Breschnews Brief Stellung, und zwar ganz in unserem Sinne. Cromer teilte uns mit, »sie (London) beurteilen die Note von Breschnew genauso wie Sie«. Der britische Botschafter in Moskau war angewiesen worden, Breschnew ausdrücklich vor einseitigen militärischen Maßnahmen zu warnen.

Zwar hatten sich unsere Besorgnisse noch nicht ganz zerstreuen lassen, aber als Haig und ich am Donnerstag, dem 25. Oktober, nach 8.00 Uhr Nixon einen Lagebericht vorlegten, war unsere Stimmung schon viel besser. Um mich zu vergewissern, überprüfte ich noch einmal die während der Nacht getroffenen diplomatischen und militärischen Entscheidungen. Wie in allen Krisensituationen behielt Nixon einen klaren

Kopf und begriff sofort, worauf es ankam. Ebenso wie wir hielt er es für eine beispiellose und grobe Herausforderung, wenn die Sowjetunion Kampfverbände in ein weit von ihrem Einflußgebiet entfernt gelegenes Land verlegte, dazu noch gegen den Willen der dortigen Regierung. Trotz des vor wenigen Tagen in Kraft getretenen Gesetzes über die Vollmachten des Präsidenten über die Verwendung der Streitkräfte war Nixon entschlossen, auf jede Stationierung sowjetischer Truppen im Nahen Osten mit der Entsendung amerikanischer Verbände zu reagieren und es dem Kongreß zu überlassen, diese Maßnahme wieder rückgängig zu machen – was nach dem neuen Gesetz möglich war.

Nach dem Gespräch mit Nixon schickten wir Sadat die Antwort des Präsidenten. Sie begrüßte »die staatsmännische Haltung« Sadats »zur Frage der Erhaltung des Friedens« und erklärte die amerikanische Bereitschaft, die Aufstellung einer internationalen Truppe zu unterstützen, der keine militärischen Verbände der ständigen Mitglieder des Sicherheitsrats angehören dürften.

In der Zeit von 8.40 Uhr bis 10.00 Uhr vormittags unterrichteten Nixon und ich führende Kongreßabgeordnete von den Ereignissen der vergangenen Nacht. Diese angesehenen Männer waren einerseits bereit, uns zu unterstützen, hatten aber auf der anderen Seite keine klaren Zielvorstellungen und wollten nicht eindeutig Stellung nehmen. Sie billigten es, daß wir die Streitkräfte in Alarmbereitschaft versetzt hatten, und waren begeistert davon, daß wir uns geweigert hatten, gemeinsam mit der Sowjetunion Truppen in den Nahen Osten zu schicken. Aber ihre positive Haltung war eher Ausdruck eines nach Vietnam entstandenen Isolationismus als ein Zeichen dafür, daß sie die Lage strategisch richtig beurteilten. Sie waren gegen die Entsendung eines aus amerikanischen und sowjetischen Truppen bestehenden Verbandes, weil sie überhaupt keine amerikanischen Truppen ins Ausland schicken wollten. Daß amerikanische Streitkräfte an diesem Unternehmen beteiligt werden sollten, störte sie viel mehr als der Einsatz der sowjetischen. Deshalb würden sie sich einer Entsendung amerikanischer Streitkräfte auch dann widersetzen, wenn sie nach unserer Auffassung benötigt wurden, um etwas gegen einseitige sowjetische Maßnahmen zu unternehmen. Sie waren nicht der Ansicht, daß ein solcher Verzicht das globale Gleichgewicht erschüttern und den vitalen Interessen der Vereinigten Staaten zuwiderlaufen könnte. Die Bereitschaft zur Zusammenarbeit nahm deutlich ab, als Nixon sagte, wir seien entschlossen, die Entsendung sowjetischer Truppen zu beantworten, indem wir amerikanische Truppen entweder nach Israel oder in mit uns befreundete arabische Länder schickten. Mehrere Kongreßabgeordnete meldeten schwere Bedenken dagegen an. Zwar gingen sie nicht so weit, uns mit offenem Widerstand zu drohen, ließen uns jedoch sehr deutlich erkennen, daß ihre Unterstützung für die Maßnahmen zur Erhöhung der Alarmbereitschaft nicht auch als Zustimmung zur Verlegung von Streitkräften interpretiert werden dürfte.

An diese ernüchternde Begegnung mußte ich denken, als ich nach einer weiteren Sitzung der WSAG, die um 10.15 Uhr begonnen hatte, um die Mittagszeit eine Pressekonferenz abhielt. Hier erkannte ich, daß wir starken Strömungen und Gegenströmungen in der öffentlichen Meinung und im Kongreß ausgesetzt waren. Die öffentliche Diskussion um die Entspannungspolitik wurde immer lebhafter, man hörte immer häufiger den erregten Vorwurf, daß wir uns auf eine nicht näher bezeichnete Weise von den Sowjets hätten übertölpeln lassen. Das Gegenteil war richtig. Unser politisches Ziel, den sowjetischen Einfluß im Nahen Osten zu schwächen und, wo möglich, auszuschalten, rückte unter dem Deckmantel der Entspannungspolitik immer näher. Eine Beendigung der Entspannungspolitik hätte die Sowjets zu einem politischen Angriff gegen uns im Nahen Osten veranlaßt, und damit wäre uns die Fortführung unserer Strategie wesentlich erschwert worden. Zudem wäre es zu einem Zeitpunkt zur offenen Konfrontation mit der Sowjetunion gekommen, in dem die Autorität unserer Exekutive auf dem Tiefpunkt angelangt war. Würden wir in der Lage sein, eine solche Konfrontation durchzustehen, und wohin würde sie führen? Welchen härteren Kurs konnten die Rhetoriker der Unnachgiebigkeit vorschlagen, wenn nicht die politische Linie, der wir schon folgten? Mit der Entspannungspolitik taten wir den Sowjets keinen Gefallen. Sie war zum Teil eine Notwendigkeit, zum Teil ein Beruhigungsmittel für Moskau, während wir versuchten, auf Kosten der Sowjets engere Beziehungen zum Nahen Osten anzuknüpfen. Zum Teil stellte die Entspannungspolitik aber auch den moralischen Imperativ des Nuklearzeitalters dar.

Deshalb eröffnete ich die Pressekonferenz – ohne mir vorher Notizen gemacht zu haben – mit einer kühlen, aber doch philosophischen Erläuterung unserer Auffassungen von den Beziehungen zwischen den Vereinigten Staaten und der Sowjetunion:

> Die Vereinigten Staaten und die Sowjetunion sind natürlich ideologische und, in gewissem Maß, politische Gegner. Aber die Vereinigten Staaten und die Sowjetunion tragen auch eine ganz besondere Verantwortung. Wir besitzen – wir beide – nukleare Arsenale, mit denen die ganze Menschheit ausgelöscht werden kann. Wir haben – beide – die besondere Pflicht, dafür zu sorgen, daß Konfrontationen in den Grenzen gehalten werden, innerhalb derer das zivilisierte Leben nicht bedroht wird. Wir beide werden früher oder später erkennen müssen, daß die Grundfragen, welche die Welt heute spalten, und die Probleme, mit denen wir rechnen müssen, die unausdenkbare Katastrophe nicht rechtfertigen, die ein mit Kernwaffen geführter Krieg bedeutet ...
>
> In einer Rede – Pacem in Terris – habe ich darauf hingewiesen, daß es Grenzen gibt, die wir nicht überschreiten dürfen. Ich habe erklärt, daß wir uns dem Versuch eines jeden Landes widersetzen werden, die Vorherrschaft zu gewinnen, sei es global oder regional; daß wir uns jedem Versuch widersetzen werden, die Entspannungspolitik zur Schwächung unserer Bündnisse zu benutzen, und daß wir darauf reagieren würden, wenn das Nachlassen von Spannungen als Tarnung für die Verschärfung von Konflikten in internationalen Unruheherden benutzt würde. Wir sind diesen Grundsätzen in der gegenwärtigen Lage gefolgt.

Es ist leicht, Konfrontationen zu beginnen, aber in unserem Zeitalter müssen wir wissen, wohin uns sie führen werden, und nicht nur, welche Pose wir zu Beginn einnehmen sollen.

An unserer Entschlossenheit in der gegenwärtigen Krise ließ ich keinen Zweifel:

Die Vereinigten Staaten sind nicht dafür, gemeinsam mit der Sowjetunion Streitkräfte in den Nahen Osten zu entsenden, und werden einem solchen Vorschlag nicht zustimmen. Die Vereinigten Staaten glauben, daß es im Nahen Osten jetzt vor allem darauf ankommt, Tatsachen festzustellen, festzustellen, wo die Fronten liegen, und festzustellen, wer anfängt zu schießen, damit der Sicherheitsrat die geeigneten Maßnahmen ergreifen kann. Es ist unvorstellbar, daß die Streitkräfte der Großmächte in der notwendigen Stärke ins Kampfgebiet entsendet werden, um beide kriegführenden Parteien in die Schranken zu weisen. Es ist unvorstellbar, daß wir die Rivalität zwischen den Großmächten in den Nahen Osten verlegen oder daß wir durch ein Zusammenwirken der Vereinigten Staaten und der Sowjetunion anderen eine militärische Lösung aufzwingen. Noch entschiedener lehnen die Vereinigten Staaten die Entsendung von militärischen Kräften in den Nahen Osten durch eine Großmacht, besonders aber durch eine Nuklearmacht ab, gleichgültig, unter welchem Vorwand eine solche Maßnahme getroffen wird.

Dann erklärte ich, »die Vieldeutigkeit gewisser Aktionen und Aussagen sowie bestimmter Vorbereitungsmaßnahmen, die getroffen werden mußten«, hätten uns zu dem Entschluß geführt, vorbeugende militärische Schritte anzuordnen. Dabei drückte ich mich absichtlich nicht sehr präzise aus. Wenn das Krisenmanagement kaltblütige und sogar brutale Schritte erfordert, um der anderen Seite die eigene Entschlossenheit zu beweisen, dann muß man ihr auch einen Ausweg zeigen. Den starken Mann zu spielen ist gut für das Ego, aber außenpolitisch töricht. Eine öffentliche Herausforderung hätte die Sowjets zu einer übermäßig harten Haltung provozieren können, die sogar über das hinausging, was das Politbüro für klug hielt. Viele Kriege haben sich nicht vermeiden lassen, weil der Weg zum Rückzug abgeschnitten war. Die Supermächte haben die besondere Verpflichtung, einander nicht zu demütigen. Gerade weil wir auf dem Weg zum Erfolg waren – und die Sowjets das wußten –, stellte ich den Ausgang so dar, daß er sich mit der Selbstachtung der Sowjetunion vereinbaren ließ:

Ich möchte deutlich sagen, daß die Sowjetunion bisher noch keine unwiderruflichen Maßnahmen getroffen hat. Wir hoffen, daß sie das auch nicht tun wird.

Ich wiederhole noch einmal, was ich auf dieser Pressekonferenz schon oft gesagt habe. Wir suchen keine Gelegenheit für eine Konfrontation mit der Sowjetunion. Wir fordern die Sowjetunion auch nicht auf, etwas rückgängig zu machen, was sie getan hat.

Die Möglichkeit für die Verfolgung eines gemeinsamen Weges im Sicherheitsrat und in der Außenpolitik bleibt offen. Die Maßnahmen, die wir getroffen haben und die der Präsident angeordnet hat, waren vorbeugende Maßnahmen. Sie richteten sich nicht gegen Aktionen, zu denen es schon gekommen war. Und deshalb gibt es keinen Grund für irgendein Land, auf etwas zu verzichten, was es noch nicht getan hat . . .

Breschnews Brief erwähnte ich nicht, denn ich wollte nicht das persönliche Prestige des Generalsekretärs ins Spiel bringen. Aber das nützte wenig. Irgendwie hatte Senator Henry M. Jackson von der Existenz des Briefes erfahren und ihn öffentlich als »brutal« und »drohend« bezeichnet, obwohl nur sehr wenige wußten, daß wir ihn bekommen hatten. Ein Reporter fragte mich nach Jacksons Erklärung. Ich vermied eine Stellungnahme und sagte – und das war nicht klug –, daß wir nach einer Woche weitere Tatsachen bekanntgeben würden.* Jetzt kam es für mich nicht darauf an, in einer Debatte Punkte zu sammeln, sondern ich hatte in einer gefährlichen Lage die amerikanischen Interessen zu verteidigen. Und die Geschichte lehrt, daß der gefährlichste Augenblick oft eintritt, wenn der Gegner augenscheinlich zum Rückzug bereit ist, aber dann durch einen Angriff gegen seine Selbstachtung gereizt wird, sich erneut zur Wehr zu setzen.

Die Alarmierung der Streitkräfte wurde sofort zum Anlaß, daß ich den durch Watergate entstandenen Zynismus zu spüren bekam. Man bombardierte mich mit zwei Arten von Fragen; ob das Verhalten der Sowjetunion die Folge unserer innenpolitischen Auseinandersetzung sei und ob wir die Krise aus innenpolitischen und weniger aus außenpolitischen Gründen heraufbeschworen hätten. Ein Journalist stellte sogar die recht grobe Frage, ob unser Verhalten denn wirklich »vernünftig« gewesen sei. Das Forschen nach sowjetischen Motiven verschaffte mir die Gelegenheit, auf den Alptraum hinzuweisen, von dem ich immer wieder heimgesucht wurde: »Keine Gesellschaft kann über Monate hinaus mit einer Autoritätskrise fertig werden, ohne irgendwann dafür zu bezahlen.«

Die Fragen nach unseren Motiven waren noch verletzender für uns, die wir eine Nacht quälender Unsicherheit hinter uns hatten. Sie zeigten jedoch, wie eng unser politischer Handlungsspielraum war. Wenn wir dem Rat der fanatischen Entspannungsgegner gefolgt wären und es auf eine Konfrontation hätten ankommen lassen, dann hätten uns die Bluthunde der Watergate-Krise mit Sicherheit Knüppel zwischen die Beine geworfen und behauptet, daß jede Herausforderung der Sowjetunion ein Manöver wäre, mit dem die ihnen verhaßte Beute, Nixon, ihnen zu entkommen versuchte. Um unseren Handlungsspielraum zu vergrößern, beantwortete ich die Fragen nach unseren Motiven sehr leidenschaftlich:

Wir versuchen, eine amerikanische Außenpolitik zu treiben, die nicht nur die Wünsche unserer Wähler berücksichtigt, sondern auch das, was wir künftigen Generationen schulden. Und es ist ein Symptom dafür, was in unserem Lande geschieht, daß man auf den Gedanken

* Auf einer Exekutivsitzung wurden die Kongreßausschüsse über den Alarm und die damit in Zusammenhang stehenden Fragen unterrichtet. Verteidigungsminister Schlesinger und ich erläuterten auf getrennten Pressekonferenzen die wesentlichen Entwicklungen. Alle Einzelheiten wurden der Öffentlichkeit jedoch aus den oben genannten Gründen nicht zugänglich gemacht. Die Ausschüsse haben sich dieser Entscheidung angeschlossen.[6]

kommen kann, wir könnten unsere Streitkräfte aus innenpolitischen Gründen alarmiert haben ...

Auf eine andere Frage antwortete ich:

> Wir versuchen, in einer sehr schwierigen Lage, den Frieden zu bewahren. Es ist Ihre Sache, meine Damen und Herren, zu entscheiden, ob dies der Augenblick ist, auch noch auf dem Felde der Außenpolitik eine Vertrauenskrise herbeizuführen ...
> Es muß ein Mindestmaß an Vertrauen darauf geben, daß die hohen Beamten in der amerikanischen Regierung nicht mit dem Leben des amerikanischen Volkes spielen.

Ich zitterte bei dem Gedanken daran, mit welchem Schicksal wir unter solchen Umständen hätten rechnen müssen, wenn die Krise noch sehr viel länger angedauert hätte. Es war ein Glück, daß auch die Sowjets das Risiko einer längeren Konfrontation fürchteten, und zwar auch angesichts der äußerst angespannten innenpolitischen Lage in den Vereinigten Staaten.

Nach der Pressekonferenz um 13.10 Uhr erhielt ich eine Mitteilung von Sadat, in der er offiziell der Entsendung einer internationalen Truppe zustimmte, die von den nichtständigen Mitgliedern des Sicherheitsrats zusammengestellt werden sollte (die Erwähnung des Sicherheitsrats war ein Irrtum, denn Sadat wollte sagen, die ständigen Mitglieder des Sicherheitsrats sollten keine Kontingente stellen, wogegen es allen anderen Mitgliedern der Vereinten Nationen überlassen blieb, es zu tun). Wenige Minuten später teilte Waldheim mir mit, daß der sowjetische Botschafter Malik den gleichen Plan unterstützen werde. Um 14.20 Uhr rief mich Dobrynin an und sagte, daß er einen neuen Brief von Breschnew hätte. Er klang so, als hätte es die Krise in der vergangenen Nacht niemals gegeben. Ohne seine Drohung aus der vergangenen Nacht mit einer einseitigen Intervention zu erwähnen, teilte Breschnew dem Präsidenten mit, daß er siebzig sowjetische »Vertreter« – augenscheinlich keine Militärs – beauftragt hätte, die Einhaltung des Waffenstillstandes zu beobachten. Mit einer für Breschnew charakteristischen Wendung tat er jetzt so, als sei sein Verzicht auf die Konfrontation darauf zurückzuführen, daß *wir* auf *seinen* Vorschlag eingegangen wären: »Da Sie, wie wir erfahren haben, jetzt bereit sind, eine Gruppe amerikanischer Beobachter mit dem gleichen Auftrag nach Ägypten zu schikken, sind wir bereit, in dieser Frage gemeinsam mit Ihnen vorzugehen.« Dann stellte er die erstaunliche These auf, daß die Ereignisse der vergangenen vierundzwanzig Stunden das Vorspiel für eine noch auffälligere sowjetisch-amerikanische Zusammenarbeit sein sollten:

> Nach der Entsendung von Beobachtern werden wir auch weiterhin alle unsere politischen Maßnahmen so treffen, daß sie den Beschlüssen des Sicherheitsrats und den zwischen uns getroffenen Vereinbarungen entsprechen, zu denen wir in Moskau mit Dr. Kissinger gekommen sind, der in Ihrem Namen mit uns verhandelt hat.

Die Sowjets hatten den Rückzug angetreten. Die unmittelbare Gefahr war gebannt. Wir hatten noch manche Klippe zu umschiffen. Aber wir wußten jetzt, daß wir, wenn wir Glück hatten und geschickt vorgingen, unseren Einfluß bei den Friedensverhandlungen verstärken konnten.

Die Aussicht darauf hatte auch dazu beigetragen, daß Sadat die Absicht aufgegeben hatte, sowjetische Streitkräfte nach Ägypten zurückzurufen.

Die Krise zeitigte die üblichen Nachwirkungen. Wir waren erleichtert, erschöpft und hatten das Gefühl, daß eine neue, wenn auch nicht so gefährliche Herausforderung nicht lange auf sich warten lassen würde. Ich rief Jim Schlesinger an, der die ganze Nacht im Lagezimmer mein Partner gewesen war, und dankte ihm, Tom Moorer und Bill Clements für ihre Mitarbeit. Ich tat es aus Überzeugung, denn ihre Hingabe und Charakterstärke hatte uns über eine Autoritätskrise hinweggeholfen und in die Lage versetzt, entschlossen und einmütig zu handeln. Ich empfahl Schlesinger, die Alarmstufe um Mitternacht wieder aufzuheben.

Führende Journalisten riefen an und verlangten die Veröffentlichung weiteren Informationsmaterials, um die skeptischen Presseleute zu überzeugen, daß es sich wirklich um eine echte Krise gehandelt hatte. Ein Leitartikler meinte, »die Begründung für eine so einschneidende Maßnahme schien zu schwach, um glaubwürdig zu sein«. Meine Antworten klangen freundlicher, als mir zumute war. Es wäre entschieden unklug gewesen, die öffentliche Demütigung der Sowjetunion noch deutlicher werden zu lassen.

Am Donnerstagnachmittag um 15.05 Uhr ließ ich die Ereignisse in einem Gespräch mit Nixon noch einmal Revue passieren. Wir sprachen über die Resolution des Sicherheitsrats, die Absicht, die erhöhte Alarmbereitschaft zu beenden, und Breschnews Brief. Ich sagte dem Präsidenten, daß ich den Brief vom 24. Oktober auf meiner Pressekonferenz nicht nach Form und Inhalt beurteilt hätte, weil es mir gefährlich erschienen sei, aus dieser Sache eine persönliche Konfrontation zwischen dem Präsidenten und dem Generalsekretär zu machen. Nixon war empört über die Unterstellung der Medien, daß er die Krise erzeugt hätte, um sich innenpolitisch Luft zu machen – und er selbst wußte besser als seine Kritiker, wie unmöglich eine solche Anschuldigung war.

Noch am gleichen Nachmittag wurde die Resolution 340 des Sicherheitsrats verabschiedet. Sie forderte die kriegführenden Parteien noch einmal auf, in die Stellungen zurückzukehren, die sie bei Inkrafttreten des Waffenstillstands am 22. Oktober eingenommen hatten. Auf unseren Vorschlag hatte man hier das Wort »zurückkehren« an die Stelle des ursprünglich verwendeten Wortes »zurückziehen« eingesetzt. Nach diesem Beschluß wurde ein internationaler Verband aufgestellt, dessen Kontingente von Mitgliedern der Vereinten Nationen unter Ausschluß der Großmächte gestellt werden sollten. (Der Text der Resolution 340 ist in den Anmerkungen abgedruckt.)[7] Ich drängte Waldheim telefonisch, dafür zu sorgen, daß auch andere dem Sowjetblock angehörende Nationen ausgeschlossen würden, und zwar mit der Begründung, daß kein Mitglied eines Militärbündnisses zur Teilnahme aufgefordert werden sollte.

Golda erhob gegen diese Resolution den gleichen entschiedenen Einspruch wie gegen die des vergangenen Tages. Sie wollte – ob wir unsere Streitkräfte nun alarmiert hatten oder nicht – nicht das Risiko eingehen, daß taktische Meinungsverschiedenheiten mit Israel zur Gewohnheit wurden.

Den ganzen Tag über fand ein lebhafter Meinungsaustausch mit Kairo statt. Die Ägypter hatten uns um Blutplasma und Medikamente für die eingeschlossene 3. Armee gebeten. Israel war zwar im Prinzip damit einverstanden, hielt es aber offenbar nicht für notwendig, sich beim Transport dringend benötigter Nachschubgüter zu beeilen. Die Israelis hofften noch immer auf die Kapitulation der 3. Armee.

Meine Gedanken wandten sich jetzt immer mehr den diplomatischen Schritten zu, durch die sich das gegenwärtig so stark gefährdete Gleichgewicht der Kräfte stabilisieren ließ. Nachdem wir die Krise mit knapper Mühe überwunden hatten, wollte ich die Aufmerksamkeit der Araber auf die Friedensaussichten lenken. Am späten Abend des 25. Oktober schickte ich Hafiz Ismail unter dem Vorwand, meinen Besuch in Kairo technisch vorzubereiten, eine Botschaft und ging dabei auf den Zweck meiner Reise ein:

> Ich freue mich darauf, mit Ihnen und den Persönlichkeiten zusammenzutreffen, die ich nach Ihrer Ansicht kennenlernen sollte, um dabei konstruktive Vorgespräche über die zahlreichen Probleme zu führen, die unsere beiden Länder betreffen. In der Zeit vor unserer Begegnung müssen wir beide versuchen, daß in den Beziehungen zwischen Ägypten und den Vereinigten Staaten eine konstruktive Atmosphäre erhalten bleibt.

Am Abend rief mich Nixon aus Camp David an und beglückwünschte mich zu meiner im Fernsehen übertragenen Pressekonferenz. Verständlicherweise war er ausschließlich mit Watergate beschäftigt. Schließlich hatte das »Massaker vom Samstagabend« erst vor fünf Tagen stattgefunden, und der Kongreß stand kurz davor, das Amtsenthebungsverfahren einzuleiten. Wenn es um die Öffentlichkeitsarbeit ging, dann bevorzugte Nixon Holzhammermethoden. Jetzt wollte er, daß ich die Chefs der großen Nachrichtenagenturen am folgenden Tag in das Weiße Haus einlud, um sie über die Alarmierung unserer Streitkräfte zu unterrichten. Dabei sollte ich besonders darauf hinweisen, wie unersetzlich Nixon sei. Ich sollte fragen, was geschehen wäre, wenn der Sprecher des Repräsentantenhauses, Carl Albert – der im Fall von Nixons Rücktritt die Amtsgeschäfte des Präsidenten hätte führen müssen – vor diesem Problem gestanden hätte. Wenige Minuten später kam er auf die Idee, daß ich das gleiche mit den führenden amerikanischen Juden tun sollte: »Versammeln Sie die ganze Bande in einem Zimmer und erklären Sie, sie seien in erster Linie Amerikaner, dann Mitglied der jüdischen Gemeinschaft in Amerika und an Israel interessiert. Wer wird Israel retten, und wer wird es in der Zukunft retten?«

Das war pathetisch, aber richtig. Er hatte die Verantwortung übernommen und sich den Folgen seines Handelns großartig und entschlossen gestellt. Und doch konnten wir Wirksamkeit und Geschlossenheit unserer Außenpolitik nur bewahren, wenn wir nichts dem Zufall überließen und dafür sorgten, daß wir nicht durch Watergate behindert wurden. Wenn die Öffentlichkeit unser außenpolitisches Handeln mit Watergate verknüpfte, dann waren die Hoffnungen für den Erfolg unserer Diplomatie und damit auf den Frieden zerstört. Deshalb bat ich Haig dringend, dem Präsidenten dieses Vorhaben auszureden. Der Schuß mußte nach hinten losgehen. Haig stimmte mir zu, und ich hörte nichts mehr davon.

Es gab jetzt noch ein unerledigtes Problem. Der aus zwölf Schiffen bestehende sowjetische Flottenverband näherte sich noch immer der in einigen Berichten unserer Regierung so bezeichneten »Landmasse« von Ägypten. Der Verband blieb auch nach Annahme der Resolution 340 des Sicherheitsrats auf dem gleichen Kurs. Vielleicht hatte Moskau die Schiffe vergessen, man durfte aber eher vermuten, daß sie bereitgehalten wurden, falls es bei dem Waffenstillstand zu neuen Schwierigkeiten kam. Am späten Abend des 25. Oktober meldete die CIA schließlich, daß der Verband hundert Seemeilen nördlich von Marsa Matruch vor Anker gegangen war. Am folgenden Tage verschwand er, und die Sowjetunion verzichtete in der Folgezeit auf ähnliche Drohgebärden.

Damit ging der letzte Tag zu Ende, an dem unsere Streitkräfte sich in Alarmbereitschaft befanden.

Die Nachwirkungen

Am Freitagmorgen, dem 26. Oktober, waren die amerikanischen Zeitungen voll von Kommentaren über die Alarmierung unserer Streitkräfte. Die meisten zeigten sich erleichtert darüber, daß eine erste Konfrontation mit den Sowjets vermieden worden war, und unterstützten mit ungewohnter Begeisterung unsere Entscheidung, den sowjetisch-ägyptischen Vorschlag für eine militärische Intervention der Supermächte abzulehnen.

Die *Washington Post* brachte an diesem Tag zwei Leitartikel. Der eine beschäftigte sich mit den »Watergate-Zusammenhängen« und nahm Anstoß daran, daß ich den Journalisten auf meiner Pressekonferenz zu verstehen gegeben hatte, die Presse unterminiere das Vertrauen der Öffentlichkeit: »Unsere Krise zu Hause wurde durch den Präsidenten geschaffen.« Der zweite Leitartikel vertrat die Auffassung, daß die Krise demonstriert hätte, wo Grenzen und Nutzen der Entspannung lägen. Nixon »hat nach unserer Auffassung mit bewundernswerter Festigkeit und Zurückhaltung reagiert«:

> Ob wir in dieser Krise (der Gefahr) wirklich so nahe gewesen sind, werden wir vielleicht erst wissen, wenn die Administration, wie Dr. Kissinger es zugesagt hat, die entsprechenden Texte und Tatsachen auf den Tisch legt. Die Beurteilung dieser Frage kann warten. Jetzt ist es wichtig, mit nüchterner Dankbarkeit festzustellen, daß die von Mr. Nixon und Mr. Breschnew in den vergangenen Jahren geschaffene Beziehung beiden bei ihrer Kraftprobe in dieser Woche sehr nützlich gewesen ist.

Auch die *New York Times* vertrat am 26. Oktober in zwei Leitartikeln die Auffassung, daß die Krise demonstrierte, »auf wie schwachen Füßen die amerikanisch-sowjetische Entspannung noch steht«. Die *Times* setzte sich für baldige Verhandlungen ein: »Mr. Kissinger meinte gestern, die Vorbereitungen könnten noch mehrere Wochen in Anspruch nehmen. Das genügt nach unserer Auffassung nicht.«

Das *Wall Street Journal* stellte sich entschieden hinter die Regierung: »Es ist unglaublich, daß einige Reporter auf der Pressekonferenz davon gesprochen haben, der Präsident hätte eine internationale Krise heraufbeschworen, um die Aufmerksamkeit von der innenpolitischen Krise abzulenken.« In einem Leitartikel der *Los Angeles Times* hieß es, »die amerikanische Teilmobilmachung . . . war das Richtige«. Die Zeitung erklärte sich mit der Behandlung der Krise durch die amerikanische Regierung seit Kriegsbeginn einverstanden. Sie lehnte jede militärische Intervention durch die Supermächte entschieden ab und lobte die Regierung für die Weigerung, daran teilzunehmen. Die *Chicago Tribune* meinte, »die von Mr. Kissinger erläuterte Nahost-Politik ist bewundernswert« und »in dieser Zeit dürfen die Amerikaner Vertrauen zur Außenpolitik unserer Regierung haben«.

Wir bemühten uns darum, die Krise auch zu entschärfen, indem wir jeden Angriff gegen die Selbstachtung der Sowjets vermieden. Es hätte keinen Sinn gehabt, wenn wir uns mit unseren Erfolgen gebrüstet hätten, denn dann hätte Moskau mit Sicherheit die nächste sich bietende Gelegenheit wahrgenommen, um die in der vergangenen Nacht erreichte Lösung in ihr Gegenteil zu verkehren.

Auch Breschnew trug dazu bei, die Atmosphäre zu entgiften, und hielt am 26. Oktober auf einer Sitzung des Weltfriedenskongresses in Moskau eine versöhnliche Rede. Dabei wies er auf die große Bedeutung der Entspannung hin. Die amerikanische Teilmobilmachung erwähnte er nicht, tadelte Israel jedoch dafür, den Waffenstillstand »perfide« verletzt zu haben. Er erläuterte noch einmal die bekannten Auffassungen der Sowjetunion für eine Lösung des Nahost-Problems, die praktisch auf die einseitige Unterstützung der radikalen Araber hinauslief. Doch zur Verwirklichung seines Programms sagte er nicht mehr als während der vergangenen vier Jahre – eine Unterlassung, die uns strategische Möglichkeiten eröffnete.

Mein Mitarbeiter Helmut Sonnenfeldt hat die Zwiespältigkeit in der Reaktion der öffentlichen Meinung bei uns auf diese Rede treffend dargestellt:

> In dieser verrückten Stadt wird die versöhnliche Rede (Breschnews), die zum Teil durch die Festigkeit, mit der wir auf die Bedrohung durch die Sowjets in der vergangenen Nacht reagiert haben, zum Teil durch Breschnews Interesse an seiner Entspannungspolitik veranlaßt worden ist, dazu führen, daß auch weiterhin behauptet wird, wir hätten aus innenpolitischen Gründen eine Krise herbeigeführt. Und was wir auch tun, um zu zeigen, daß unsere Maßnahmen gerechtfertigt waren, wird entweder verdeutlichen, auf wie schwachen Füßen die Entspannung steht, oder es wird die Russen veranlassen zu beweisen, daß wir sie in einer Konfrontation nicht zum Nachgeben gezwungen hätten.

Natürlich hatte die Entspannungspolitik die Krise nicht verhindert, obwohl einige unserer Kritiker behaupteten, es hätte so sein sollen. Das war nicht ganz aufrichtig, denn sie vergaßen, daß Entspannung nicht

Freundschaft bedeutet, sondern eine Strategie zur Regelung der Beziehungen zwischen Gegnern. Schließlich war das wichtigste Ziel unserer Nahost-Politik, den Einfluß der Sowjetunion in diesem Gebiet nach Möglichkeit zu reduzieren, wie auch die Sowjets darum bemüht waren, den amerikanischen Einfluß im Nahen Osten auszuschalten. Ich glaube aber doch, daß die Entspannung eine Reihe von Krisen gemildert hat, die durch ideologische Gegensätze und geopolitische Interessen fast unvermeidlich geworden waren; und ich glaube, wir haben durch unser Verhalten dem nationalen Interesse gedient.

So haben wir zum Beispiel versucht, den Einfluß und die Zahl der Beobachter zu begrenzen, die Breschnew nach Ägypten geschickt hatte, als er sich entschloß, die Krise zu beenden. Nachdem die Entsendung einer Friedenstruppe der Vereinten Nationen beschlossen worden war, waren diese Beobachter ohnedies überflüssig geworden. Nixon beantwortete den Brief Breschnews vom 25. Oktober fast vierundzwanzig Stunden später, am 26. Oktober um 13.00 Uhr. In seinem Schreiben ließ er keinen Zweifel daran, daß wir die Absicht hatten, die Zahl der Beobachter der Supermächte auf ein Mindestmaß zu begrenzen:

> Jetzt, da die Organisation der Vereinten Nationen zur Überwachung des Waffenstillstands erweitert und eine militärische Eingreif-Reserve der Vereinten Nationen aufgestellt worden ist, wäre es nicht mehr ratsam, eine amerikanisch-sowjetische Überwachungsgruppe einzusetzen. Ich schlage jetzt vor, daß wir die Entscheidung über die Zusammensetzung der Beobachtergruppe der Vereinten Nationen dem Generalsekretär überlassen. Wir würden es vorziehen, wenn für ihre Zusammensetzung die gleichen Einschränkungen gelten würden wie für die der Eingreifreserve der Vereinten Nationen, über die schon eine Einigung erzielt worden ist. Wir wären jedoch bereit, ein Ersuchen des Generalsekretärs, eine geringe Zahl amerikanischer Beobachter zur Verfügung zu stellen, in Erwägung zu ziehen, wenn er das wünschen sollte. Die sowjetischen Beobachter sollten auf die gleiche Weise integriert werden. Wir halten es nicht für notwendig, daß selbständige Beobachtergruppen aus einzelnen Ländern in diesem Gebiet operieren.

Anschließend entwickelte sich zwischen Dobrynin und mir ein Tauziehen um die Stärke des amerikanisch-sowjetischen Beobachterkontingents. Ich schlug zunächst vor, daß jede Seite nicht mehr als zwanzig Beobachter in das Kampfgebiet entsenden sollte. Schließlich einigten wir uns auf jeweils sechsunddreißig. Aber dann war doch alles vergeblich gewesen, denn Ägypten änderte seine Meinung und hielt die Anwesenheit von Beobachtern plötzlich für nicht mehr erforderlich. Der neue amtierende ägyptische Außenminister, Ismail Fahmy, sagte in Kairo, Ägypten wünsche und brauche die Beobachter nicht. Damit scheiterte der sowjetische Plan, ein besonderes amerikanisch-sowjetisches Kontingent aufzustellen, und die ganze Angelegenheit ging in den nun folgenden diplomatischen Verhandlungen unter.

Zwar waren wir mit der sowjetischen Interventionsdrohung fertig geworden, aber das Problem, das den Anlaß dazu gegeben hatte, war noch nicht gelöst. Die ägyptische 3. Armee war immer noch eingeschlossen. Sie wurde zwar nicht mehr angegriffen, aber allmählich ausgehungert. Die Wagenkolonne, mit der wir seit vierundzwanzig Stunden versuchten, die 3. Armee medizinisch zu versorgen, war von den Israelis unter immer neuen Vorwänden in den Außenbezirken der Stadt Suez aufgehalten worden. Israel behauptete, daß es die eingeschlossene Armee direkt mit Medikamenten versorge. Das konnten wir nicht überprüfen. Jedenfalls war auch darin der Versuch zu erkennen, die Ägypter zu demütigen und ihnen zu zeigen, daß die israelischen Streitkräfte ihr Schicksal in der Hand hielten. Das konnte Sadat sich auf die Dauer nicht gefallen lassen.

Und das tat er auch nicht. Am Freitag, dem 26. Oktober, um 9.30 Uhr schickte Sadat eine dringende Note an Nixon, in der er den Israelis den Vorwurf machte, daß sie die Lage dazu ausnützten, »die Verbindungslinien zur 3. ägyptischen Armee zu blockieren, um sie zu isolieren und zur Kapitulation zu zwingen«. Die Israelis hinderten die UN-Beobachter auch weiterhin daran, in dieses Gebiet zu kommen. Nun drohte Sadat, die Versorgungslinien durch einseitige Maßnahmen wieder zu öffnen. Er erklärte, er hätte auch die Sowjets von dieser Lage unterrichtet. Dann gab er uns zu verstehen, daß die Atmosphäre für »konstruktive« Gespräche mit mir belastet werden würde, wenn sich hier nicht bald ein Ausweg finden ließ. Er schrieb: »Ich möchte Ihnen mitteilen, daß wir zur Vorbereitung dieses Besuchs umfassende Vorschläge ausarbeiten, die, wie wir hoffen, einen Wendepunkt auf dem Wege zu einer endgültigen Friedenslösung aufzeigen werden.« Eine von beiden Seiten so oft als wichtig bezeichnete Reise hätte schon Wunder wirken müssen, um alle Erwartungen zu erfüllen, die sie aus hauptsächlich taktischen Gründen geweckt hatte. Offensichtlich versuchten wir, ebenso wie Kairo, meinen Besuch in Ägypten zu benutzen, um uns in eine möglichst günstige Ausgangsposition zu manövrieren; wir wollten zwischen Ägypten und die Sowjetunion einen Keil treiben und Sadat davon abhalten, die Sowjets um Unterstützung zu bitten; Sadat wollte uns veranlassen, Israel an der Vernichtung der ägyptischen 3. Armee zu hindern. Wie sich herausstellte, paßten diese beiden Vorhaben recht gut zueinander.

Wir hatten Israel während des ganzen Krieges aus den verschiedensten historischen, moralischen und strategischen Gründen unterstützt und sogar während der gefährlichen innenpolitischen Watergate-Krise einen Krieg gegen die Sowjetunion riskiert, aber das Interesse Israels und der Vereinigten Staaten verlangte nicht die Vernichtung der ägyptischen 3. Armee.

Hier ging es darum, daß Israel die ägyptische 3. Armee erst eine ganze Zeit *nach* Inkrafttreten eines von uns ausgehandelten Waffenstillstands eingeschlossen hatte. Das war Israel zwar gelungen, aber nun konnte es die 3. Armee nicht zur Kapitulation zwingen. Am späten Abend des 25. Oktober hatte Israel mir auf meine Anfrage mitgeteilt, daß die Kämpfe an der ganzen ägyptischen Front noch drei bis vier Tage andauern und große Mengen von Kriegsgerät herangeführt werden müßten, um die ägyptische 3. Armee zu vernichten, was unter keinen Umständen geschehen konnte, ohne daß es zu einer neuen schweren Krise mit der Sowjetunion, der endgültigen Verfeindung mit allen arabischen Staaten und einer Demütigung Sadats gekommen wäre.

Die restlose Vernichtung einer ägyptischen Armee nach dem Waffenstillstand hätte auch auf die Dauer nicht im Interesse Israels gelegen. Die israelische Führung war verärgert darüber, daß sie überrascht worden war, die schweren blutigen Verluste hatten sie tief getroffen, und sie mißtraute Sadat, der dieses Unheil über sie gebracht hatte. Deshalb wollte Israel den Krieg mit Sadats Vernichtung beenden. Solche Gefühle waren verständlich. Es lag jedoch in unserem Interesse, die Araber zur Mäßigung zu motivieren. In unserem Meinungsaustausch mit Kairo hatten wir uns davon überzeugt, daß Anwar Sadat uns die besten Aussichten dafür bot, den Frieden im Nahen Osten wiederherzustellen.

Nun, da wir die sowjetische Intervention abgewendet hatten, kam es darauf an, den Friedensprozeß einzuleiten. Dazu war die sofortige Entlastung der ägyptischen 3. Armee erforderlich – ein schwieriges taktisches Problem. In den Zielen war sich unsere Regierung einig, über die Methoden gab es Meinungsverschiedenheiten. Das Verteidigungsministerium hatte einen Plan vorgelegt, um die ägyptische 3. Armee mit amerikanischen Flugzeugen vom Typ C-130 zu versorgen. Andere drängten uns, die Luftbrücke nach Israel einzustellen. Ich konnte mich mit beiden Ideen nicht recht befreunden. Wir durften nicht im Abstand von zwei Wochen beide Gegner in einem Nahost-Krieg über eine Luftbrücke mit Material versorgen. Darüber hinaus könnte die unvermittelte Einstellung der Luftbrücke nach Israel als Distanzierung der Vereinigten Staaten von ihrem Verbündeten interpretiert werden, was die Araber noch unnachgiebiger machen und vielleicht zu einer neuen sowjetischen Intervention führen würde.

Deshalb versuchten wir, Israel am Freitag, dem 26. Oktober, zu bewegen, die ägyptische 3. Armee in irgendeiner Art zu versorgen, um uns nicht in die Opposition zu zwingen. Das war nicht leicht. Wir mußten eine ehrempfindliche, stolze und mit uns in mancher Hinsicht fast zu eng befreundete Nation davon überzeugen, daß sie nicht an einem Kurs festhalten durfte, der sich für die gegenwärtige Regierung in den bevorstehenden Wahlen* sehr günstig auswirken würde. Es mußte zudem in einer Weise geschehen, durch die die Öffentlichkeit den Eindruck gewann, daß unsere engen Beziehungen zu Israel aufrechterhalten blieben. Andererseits durften wir in der Zeit, in der wir die schwierigen Verhandlungen mit den Israelis führten, das Vertrauen Ägyptens nicht verscherzen. Das ganze Unternehmen wurde zu einem Wettrennen zwischen unserer Überzeugungskraft und dem Durchhaltevermögen der ägyptischen 3. Armee, von dem auch der Bestand einer gemäßigten Regierung in Ägypten abhängig war. Nachdem wir zunächst den russischen Bären mit großer Mühe veranlaßt hatten, sich in seinen Käfig zurückzuziehen, mußten wir alles tun, seinen erneuten Ausbruch zu verhindern. Der 26. Oktober war ein sehr langer Tag für mich.

* Die ursprünglich für den 30. Oktober angesetzten allgemeinen Wahlen in Israel wurden während des Krieges auf den 31. Dezember verschoben.

Wenige Minuten nach Empfang der Botschaft Sadats setzte ich mich mit Dinitz in Verbindung. Die ägyptische 3. Armee hatte indessen versucht, nördlich der Stadt Suez aus der Umklammerung auszubrechen, was zeigte, in einer wie verzweifelten Lage sie sich befand, denn schließlich mußten sich ihre materiellen Reserven im Verlauf dieses Unternehmens noch schneller erschöpfen. Dann mußten wir jetzt mit neuen Auseinandersetzungen über eine Verletzung des Waffenstillstandes rechnen. Ich drängte daher Israel, zwei Maßnahmen zu ergreifen. Die UN-Beobachter sollten aufgefordert werden, sofort zwischen beiden Armeen Stellung zu beziehen, um die Einhaltung des Waffenstillstandes zu überwachen. Daneben sollte Israel zulassen, daß die 3. Armee durch Lastwagenkolonnen mit Verpflegung, Wasser und Medikamenten versorgt wurde. Dabei würde die Armee eingeschlossen und kampfunfähig bleiben, als Verhandlungsobjekt benutzt werden können, aber nicht der Demütigung einer Kapitulation ausgesetzt sein. Dinitz versprach, mir sofort eine Antwort zukommen zu lassen. Ich unterrichtete ihn auch von meinem Plan, Ägypten zu besuchen.

Nixon hielt sich in Camp David auf und bereitete sich dort auf eine für den Abend vorgesehene Pressekonferenz im Fernsehen vor. Am Vormittag um 10.30 Uhr schickte ich Ägyptens Führer Sadat eine Botschaft im Namen des Präsidenten und erläuterte ihm unsere Vorschläge an Israel:

Es wird mehrere Stunden dauern, bis wir eine Stellungnahme zu diesen Punkten bekommen. Wir hoffen aufrichtig, daß Sie inzwischen vermeiden können, unwiderrufliche Maßnahmen zu treffen.

Es ermutigt mich sehr, daß Sie konkrete Vorbereitungen für die Gespräche während des bevorstehenden Besuchs von Außenminister Kissinger getroffen haben. Sie können sicher sein, daß er eine konstruktive Haltung einnehmen wird. Wir hoffen, sein Besuch wird ein Meilenstein auf dem Wege zu einer dauerhaften und gerechten Lösung sein.

Gegen Mittag sprach ich mit Nixon in Camp David und sagte ihm, was wir unternommen hatten. Als ich ihm von Sadats dringender Botschaft berichtete, die am frühen Morgen eingetroffen war, verlangte er, daß wir sie »sehr deutlich« an die Israelis weitergeben sollten, und zwar in seinen Worten (das hatte ich schon getan). »Wir müssen die von uns übernommenen Verpflichtungen einhalten.«

Als ich nach mehreren Stunden noch keine Antwort aus Israel hatte, rief ich Dinitz noch einmal an. Er hatte keine neuen Anweisungen, aber eine »persönliche« Idee: Jeder Ägypter, der die 3. Armee verlassen wollte, sollte das tun dürfen, aber unter Zurücklassung aller Waffen und Ausrüstungsstücke. Mit anderen Worten, eine öffentliche Demütigung für Ägypten – kein Wunder, daß dieser Vorschlag mir als »persönliche« Idee vorgelegt wurde. Ich wiederholte unseren Vorschlag, dringend gebrauchte, nichtmilitärische Versorgungsgüter durchzulassen, vor allem Verpflegung, Wasser und Medikamente. Ich fügte hinzu: »Sie werden diese Armee nicht gefangennehmen dürfen, dessen bin ich sicher.« Nach einigem Hin und Her warnte ich Dinitz noch einmal: »Offen gesagt, hielte ich es für einen Fehler, wenn Sie es auf eine totale Konfrontation ankommen ließen.« Ich bat noch einmal dringend um eine Antwort.

Nach fünf Stunden, gegen 14.30 Uhr – ich hatte nichts aus Israel gehört – traf eine neue dringende Botschaft Sadats an Nixon ein:

> Im gleichen Augenblick, da ich Ihre ermutigende Botschaft zur Frage des künftigen Friedens erhalte, beginnen die Israelis einen mit Luft- und Bodenstreitkräften geführten Angriff gegen die 3. Armee unter dem falschen Vorwand, daß sie zuerst angegriffen habe.
>
> Ich möchte Sie davon in Kenntnis setzen, daß wir uns in einer sehr kritischen Lage befinden und die Zukunft des Friedens in Gefahr ist. Ihre Garantie der Resolution des Sicherheitsrats wird unter Vorspiegelung falscher Tatsachen umgangen.
>
> Ich hoffe, wir können sofort etwas dagegen unternehmen, daß sich die Lage noch weiter verschärft.

Kurz darauf teilte mir Kurt Waldheim mit, daß Zayyat sich in New York in großer Erregung mit ihm in Verbindung gesetzt und gefragt hätte, ob es möglich sei, eine Sondersitzung des Sicherheitsrats einzuberufen, um gegen angebliche neue israelische Waffenstillstandsverletzungen zu protestieren. Die ägyptische Armee werde nicht kapitulieren. Ägypten werde sich gezwungen sehen, einseitige Maßnahmen zu ergreifen. Zayyat habe erklärt, der Wendepunkt sei erreicht.

Als ich Dinitz den Inhalt der ägyptischen Botschaft um 16.15 Uhr mitteilte, hatte er noch immer keine Anweisungen – sieben Stunden nach meiner dringenden Anfrage. Offensichtlich wollte die israelische Regierung Zeit gewinnen und hoffte, die ägyptische 3. Armee zur Kapitulation zu zwingen. Dinitz schlug nur vor, durch das Kabinett einen General zu schicken, um mir die Lage zu erläutern und einen »umfassenden Vorschlag« zu machen. Das brauchte jedoch Zeit, und die hatten wir nicht. Ich warnte Dinitz und sagte, daß es eine Grenze gäbe, über die wir uns nicht hinausdrängen lassen würden. Dinitz erwiderte und zeigte mir damit, mit welcher Entwicklung die Israelis rechneten: »Wir können sie nicht herauslassen (die 3. Armee), ohne etwas dafür zu bekommen.« Wenn ich versuchen sollte, das Problem durch unseren Behördenapparat lösen zu lassen, dann würde es dabei zu dem Beschluß kommen, daß die amerikanische Regierung die 3. Armee versorgen müßte, wie es auch das Verteidigungsministerium vorgeschlagen hatte. Ich sagte Dinitz, daß Israel sich in einer guten Verhandlungsposition befände und etwas dafür bekommen könnte, wenn auch nicht die Kapitulation der 3. Armee. Wir würden alles tun, um Gespräche zwischen Ägypten und Israel zu ermöglichen – ein schon seit langer Zeit von Israel angestrebtes Ziel. Doch die Fortsetzung der gegenwärtigen Taktiken müßte katastrophale Folgen haben:

> Sie müssen sich für diese Gespräche Zeit lassen. Wir werden gerne vorschlagen, daß die Gespräche zwischen Ihnen und den Ägyptern zur Lösung dieses Problems sofort beginnen sollen. Wir sind zur Zusammenarbeit bereit, aber ich sage Ihnen, dabei wird es wieder zu sowjetischen Maximalforderungen kommen, und Sie dürfen den Präsidenten nicht jeden Tag aufs neue in eine Konfrontation geraten lassen.

Jetzt verlangte ich eine Antwort vor Beginn der für 21.00 Uhr angesetzten Debatte im Sicherheitsrat.

Ich wollte immer noch einen Zusammenstoß mit Israel vermeiden und hoffte, eine konstruktive Antwort zu bekommen. Deshalb schickte ich Sadat in Nixons Namen eine Antwort, mit der ich Zeit zu gewinnen hoffte. Ich nannte Sadat die Punkte, an denen Israel die UN-Beobachter einsetzen wollte, und teilte ihm mit, daß Israel grundsätzlich mit der Lieferung von Medikamenten über die Stadt Suez einverstanden sei. Ich wies ihn außerdem darauf hin, daß Israel und Ägypten uns für die Waffenstillstandsverletzungen einander widersprechende Ursachen genannt hatten: »Sie müssen erkennen, daß es für uns unmöglich ist, zu beurteilen, wer sich an die Waffenstillstandsbedingungen hält und wer sie verletzt.« Ich sagte zu, daß, sobald unparteiische Beobachter im Kampfgebiet wären, sich die Vereinigten Staaten bereit erklären würden, die Verantwortlichen für die Verletzung des Waffenstillstandes zu identifizieren und zu verurteilen.

Damit war Sadat nicht gedient. Die Katastrophe stand unmittelbar bevor – die ägyptische Ehre war angegriffen, die Vorräte der 3. Armee schrumpften zusammen, und wir hatten die größten Schwierigkeiten, komplexe diplomatische Verhandlungen zum Abschluß zu bringen.

Um 19.10 Uhr, während Nixons Pressekonferenz, traf eine offizielle israelische Antwort ein. Auch sie stellte den Versuch dar, die Entscheidung weiter hinauszuzögern. Golda Meir ging auf meinen Vorschlag ein, mit den Ägyptern Gespräche darüber zu führen, »wie dieses Problem gelöst werden kann«. Über die Versorgung der 3. Armee sagte sie jedoch nichts. Ihre Absichten waren deutlich zu erkennen:

> Wir glauben, daß wir Ihnen etwas anbieten können – was weder die Kapitulation noch eine Demütigung bedeutet, sondern einen ehrenhaften Ausweg aus dieser Situation. Alles, was die Ägypter zu tun haben, ist, die Zeit, den Ort und den Rang ihres Vertreters zu nennen.

Aber die wirkliche Lage war viel komplexer. Die für die Araber bestehenden psychologischen Schwierigkeiten, direkte Gespräche aufzunehmen, wurden durch die bewußte Demütigung der 3. Armee nicht aus dem Wege geräumt. Es würde zumindest eine gewisse Zeit dauern, ein solches Treffen zu organisieren, aber mit jeder Stunde wurde die ägyptische 3. Armee weiter geschwächt. Golda erkannte dieses Problem und versuchte uns zu beschwichtigen: »Sie (die 3. Armee) befinden sich nicht in einer verzweifelten Lage; aber Sadat tut es.« Doch damit war noch keine Lösung gefunden, denn wir hatten ein noch größeres Interesse daran, Sadats Sturz zu verhindern, als an der Befreiung der 3. Armee aus ihrer mißlichen Lage. Aber beides war unauflöslich miteinander verknüpft. Um 19.55 Uhr gab ich den Inhalt der Note von Frau Meir – in der sie ägyptisch-israelische Gespräche vorgeschlagen hatte – an Hafiz Ismail in Kairo weiter.

Aber zwei inzwischen eingetretene Ereignisse verschärften die Lage noch mehr. Am Nachmittag um 16.30 Uhr wurden wir durch die Nachricht alarmiert, daß eine neue sowjetische Note unterwegs sei. Bisher waren von der Ankündigung bis zum Eintreffen solcher Botschaften nur selten mehr als fünfzehn Minuten vergangen. Jetzt war die Note nach zwei Stunden noch immer nicht eingetroffen. Ich fragte bei Dobrynin nach. Er behauptete, den Grund nicht zu kennen. War es die Absicht der Sowjets, unsere Nerven zu strapazieren und die psychologische Kriegführung wiederaufzunehmen, welche die Krise vor achtundvierzig Stunden gekennzeichnet hatte? Oder war Moskau zu dem Schluß gekommen, daß die beabsichtigte Mitteilung doch nicht den sowjetischen Interessen entsprach? Wir konnten nur warten, obwohl ich es für sehr unwahrscheinlich hielt, demnächst in ähnlich unverhüllter Weise bedroht zu werden wie im Verlauf der eben überwundenen Krise.

Während ich auf die sowjetische Note wartete, begann Nixon seine Pressekonferenz um 19.00 Uhr im Ostzimmer des Weißen Hauses und zerstörte damit fast das delikate Gleichgewicht, das wir zwischen einer festen Haltung und dem Verzicht auf jede Provokation aufrechtzuhalten suchten. Nach meiner Kenntnis der Geschichte war ich überzeugt, daß die unmittelbar auf einen diplomatischen Sieg folgende Zeit sehr oft die gefährlichste ist. Der Sieger ist versucht, die Schraube um eine Windung zu stark anzuziehen; der Verlierer, der noch unter der Demütigung der Niederlage leidet, kann dagegen so sehr darauf bedacht sein, den Verlust wettzumachen, daß er die ihm von der Vernunft gebotenen Grenzen überschreitet.

Aber Nixon sah sich anderen Zwängen ausgesetzt. Er war entschlossen, zu beweisen, daß er trotz aller Aufregungen über das »Massaker vom Samstagabend« und trotz des ihn bedrohenden Amtsenthebungsverfahrens die Zügel noch in der Hand hatte – und unentbehrlich war. Er mußte die Öffentlichkeit davon überzeugen, daß es eine wirkliche, und zwar nicht durch Watergate ausgelöste Krise gewesen war. Deshalb hatte Nixon Veranlassung, sie den Medien in den schwärzesten Farben zu schildern.

Er sagte: »Nach unseren Informationen hatte die Sowjetunion die Absicht, einen sehr starken Verband in den Nahen Osten zu schicken, einen militärischen Verband.« Daraufhin habe er eine militärische Teilmobilmachung angeordnet, deren Zweck es gewesen wäre, »der Sowjetunion zu zeigen, daß wir ein einseitiges Vorgehen der sowjetischen Seite nicht hinnehmen würden«.

Darüber hinaus schilderte der Präsident sein Vorgehen als eine persönliche Herausforderung Breschnews und den Notenausbruch etwas zu melodramatisch: »Ich möchte nicht sagen, daß seine an mich gerichtete Note grob und brutal gewesen sei, ich würde vielmehr sagen, sie war sehr entschieden und ließ keinen Zweifel daran, was beabsichtigt war. Und auch meine Antwort war sehr entschieden und ließ keinen Zweifel daran, wie wir reagieren würden.« Dann sprach Nixon darüber, wie Breschnew die militärische Kapazität der Vereinigten Staaten und die persönliche Machtposition Nixons einschätzen könnte, und diese Beurteilung wäre immer die gleiche gewesen, nachdem sich Nixon als der Präsident erwiesen hätte, der ohne Rücksicht auf den Druck der Öffentlichkeit Nordvietnam bombardierte. »Das hat Herrn Breschnew veranlaßt, so zu handeln, wie er es getan hat.« Seine Darstellung von Breschnews Zurückweichen gipfelte in der Behauptung, dies wäre »die schwierigste Krise gewesen, mit der wir es seit der Konfrontation wegen Kuba 1962 zu tun gehabt haben« – ein Vergleich, den ich in meiner Pressekonferenz absichtlich heruntergespielt hatte.

Im großen und ganzen hatte Nixon mit seinen Behauptungen recht. Es war jedoch nicht der geeignete Augenblick, Breschnew zu einer Kraftprobe herauszufordern. Ich war nach einigen schlaflosen Nächten überarbeitet und protestierte in einem Gespräch mit Haig vehement gegen diese Äußerungen, als könnte er ungeschehen machen, was die Öffentlichkeit schon registriert hatte. Haig hatte seine eigenen Schwierigkeiten, denn die nachrichtenhungrigen Medien hatten sich durch die internationalen Spannungen nicht davon abhalten lassen, mit unermüdlichen, bohrenden und manchmal unverschämten Fragen nach Watergate die innenpolitischen Spannungen zu verschärfen. Gekoppelt mit Nixons defensiven Antworten bewirkte die Pressekonferenz fast das Gegenteil von dem, was der Präsident beabsichtigt hatte, nämlich den Eindruck eines ruhigen, zielbewußten und entschlossenen Führers zu vermitteln. Kein Wunder, daß Haig mir antwortete: »Wenn Sie heute abend mit ihm sprechen, seien Sie nachsichtig. Er steht kurz vor dem Zusammenbruch.« Nach wenigen Minuten rief mich Haig noch einmal an, und was er mir sagte, zeigte deutlich, wie dringend notwendig es war, dem Präsidenten Mut zu machen: »Ich bin jetzt beim Präsidenten. Wir haben festgestellt, daß Sie der einzige sind, der noch nicht angerufen hat.« Ich kannte Nixons verzweifelte Unsicherheit nach jedem Auftritt in der Öffentlichkeit nur zu gut und konnte mir vorstellen, wie sein Gemütszustand durch die quälenden Ereignisse von Watergate noch zusätzlich belastet war. Deshalb war es sinnlos und es wäre grausam gewesen, sich jetzt auf eine Debatte über die Nuancen des Krisenmanagements einzulassen. Daher sagte ich zu Haig – nicht ohne Hintergedanken: »Es war wirklich eine Gewalttour.«

Die Haltung der Journalisten auf den beiden Pressekonferenzen ließ vermuten, daß, wenn es bald wieder zu einer Kraftprobe kommen sollte, die psychologische Atmosphäre für uns nicht mehr so günstig sein würde – was nicht nur für die Stimmung in den Vereinigten Staaten galt. Scali berichtete noch am gleichen Abend vom Hauptquartier der Vereinten Nationen in New York: »Ich glaube, daß, wenn wir die Israelis nicht veranlassen können, nachzugeben, wir hier alle Freunde verloren haben werden.« Ich sagte ihm, daß wir auf eine neue sowjetische Note warteten. Ich hätte den Eindruck, daß die Israelis sich lieber vergewaltigen ließen, als selbst die Initiative zu ergreifen. Ich wollte dagegen den Eindruck vermeiden, daß Israel, wenn das überhaupt möglich war, nur unter Druck nachgegeben hätte, denn daraus könnte ein Präzedenzfall werden. Deshalb drängte ich Dinitz noch einmal, einen Vorschlag vorzulegen, mit dem sich die Debatte bei den Vereinten Nationen entschärfen ließe. Aber Dinitz ließ sich durch persönliche Bitten ebensowenig beeindrucken wie durch Versuche, auf offiziellem Wege etwas zu erreichen. Er sprach noch einmal von den hohen Verlusten Israels in diesem Krieg und behauptete, daß die ägyptische 3. Armee, wenn sie mit Nachschub versorgt würde, die Offensive wiederaufnehmen werde. (Darum ging es aber gar nicht. Niemand hatte davon gesprochen, die *militärische Ausrüstung* der Ägypter zu ergänzen. Hier ging es nur darum, die Soldaten durch die Versorgung mit nichtmilitärischem Nachschub am Leben zu erhalten.) Doch Israel schien entschlossen, die 3. Armee auszuhungern. Ich sagte ungeduldig: »Wenn es soweit kommt, dann wird man Sie zwingen.« Jetzt konnte ich nur versprechen, dafür zu sorgen, daß »Sie nicht eine Sekunde bevor es wirklich nicht mehr zu umgehen ist, unter Druck gesetzt werden«.

Breschnews Note erreichte uns kurz nach 21.00 Uhr. Der sowjetische Führer drohte uns, diesmal jedoch nicht so direkt wie vor zwei Tagen. Er beschränkte sich auf den Vorwurf, daß das Vorgehen Israels die Interessen des weltweiten Friedens gefährde. Dann wiederholte er, was wir schon wußten: Sadat hätte die Vereinigten Staaten gebeten, Israel zur Einstellung seiner Aggression zu veranlassen und eine Versorgung der 3. Armee zu ermöglichen. Wir hätten unsere Hilfe innerhalb weniger Stunden zugesagt, aber die Zeit wäre verstrichen, ohne daß Sadats Ersuchen berücksichtigt worden wäre:

> Wenn wir in den nächsten Stunden nicht erfahren, daß die notwendigen Maßnahmen ergriffen worden sind, um die von Präsident Sadat aufgeworfenen Fragen zu lösen, dann werden wir die ernstesten Zweifel im Hinblick auf die Absichten der amerikanischen Seite haben müssen ...

Breschnew verlangte eine positive amerikanische Reaktion innerhalb der nächsten Stunden. Zum erstenmal erwähnte er auch die Alarmierung unserer Streitkräfte und erklärte, wenngleich er nicht darauf reagiert hätte, wäre unser Vorgehen nicht provoziert worden und dem Abbau internationaler Spannungen nicht förderlich gewesen.

Eine eigenartige Note. Sie sprach von der Bedrohung des Weltfriedens, sagte aber nicht, was die Sowjetunion dagegen unternehmen wollte. Sie forderte die Vereinigten Staaten zu einer Reaktion innerhalb weniger Stunden auf, drohte jedoch nicht mit Konsequenzen, sondern äußerte nur ernste Zweifel an unseren Absichten. Sie erwähnte deutlich die Alarmierung unserer Streitkräfte, aber die vorsichtige Formulierung ließ erkennen, daß die sowjetische Regierung wichtige Lehren daraus gezogen hatte. Trotzdem mußte es Grenzen für die Demonstration der Handlungsunfähigkeit der sowjetischen Führung geben, deren Überschreitung der Kreml nicht hinnehmen würde.

Ich hatte mich dem Verlangen unseres Behördenapparates widersetzt, die ägyptische 3. Armee durch die Vereinigten Staaten mit Nachschub versorgen zu lassen. Nach meiner Auffassung deutete die Unnachgiebigkeit Israels auf die Unsicherheit und Verzweiflung der israelischen Regierung hin, die, durch die Furcht vor der Isolierung und eine Katastrophenstimmung geprägt, tief in der Seele eines Volkes eingegraben waren. Dieses Volk hatte durch die Jahrtausende seiner Geschichte mit der Katastrophe leben müssen und mußte jetzt befürchten, daß es, wenn es einmal dem Druck von außen nachgab, damit eine niemals endende Reihe von ungerechtfertigten Forderungen auslösen würde. Hier zeigte sich auch, welche Folgen es haben kann, wenn in einem Kabinett widersprüchliche Auffassungen aufeinanderstoßen und niemand es wagt, »weicher« zu scheinen als seine Kollegen. Ich hatte mich den ganzen Tag darum bemüht, eine öffentliche Distanzierung der Vereinigten Staaten von Israel zu vermeiden und die psychologische Substanz Israels zu bewahren, während ich die Israelis auf der anderen Seite dazu bewegen wollte, bei dem Versuch, ihre Interessen zu schützen, nicht bis zum Äußersten zu gehen. Man mußte jedoch immer deutlicher erkennen, daß Israel nicht fähig war, eine Entscheidung zu treffen. Es war den Israelis offenbar lieber, unter Zwang auf ihre Beute zu verzichten, als sie freiwillig aufzugeben. Meine Aufgaben waren die eines Außenministers der Vereinigten Staaten und nicht die eines Psychiaters der israelischen Regierung. Höchst widerwillig kam ich zu der Überzeugung, daß es meine Pflicht wäre, eine Entscheidung zu erzwingen. Dabei konnte ich Israel nur einen Freundschaftsdienst leisten, wenn die Israelis mir ihn erlaubten: Ich konnte dafür sorgen, daß mein Verfahren in der Öffentlichkeit nicht bekannt wurde.

Am Freitagabend um 22.58 Uhr rief ich Dinitz in Nixons Auftrag an. Ich kann mich heute nicht mehr erinnern, ob ich den Anruf vorher mit dem Präsidenten abgesprochen habe; jedenfalls zweifelte ich nicht daran, daß der Präsident sich hinter mich stellen würde. Höchstwahrscheinlich hätte er schon früher eine Entscheidung erzwungen oder sich dafür entschieden, die ägyptische 3. Armee zu versorgen, wäre er nicht mit seiner Pressekonferenz und Watergate beschäftigt gewesen. Ich sagte Dinitz:

> Lassen Sie mich Ihnen die Reaktion des Präsidenten abschnittsweise erläutern. Zunächst verlangte er, daß ich Ihnen ganz eindeutig erkläre, wir könnten die Vernichtung der ägyptischen Armee in einer Lage nicht zulassen, die nach einem Waffenstillstand herbeigeführt worden ist, der zum Teil durch Verhandlungen erreicht wurde, an denen wir teilgenommen haben. Diese Option existiert daher nicht ... Zweitens verlangt er von Ihnen bis spätestens morgen früh um 8.00 Uhr eine Antwort auf die Frage, ob nichtmilitärischer Nachschub die Armee erreichen kann. Wenn Sie dem nicht zustimmen können, dann werden wir eine Resolution der Vereinten Nationen unterstützen müssen, die sich mit der Erzwingung der Einhaltung (der Resolutionen) 338 und 339 beschäftigen wird. Wir sind zu dieser Haltung gegen unseren Willen durch Ihre Unfähigkeit, eine Entscheidung zu treffen, getrieben worden. Welches die Gründe auch sein mögen, der Präsident wünscht, daß ich Ihnen unsere Haltung in diesem Sinne erläutere. (Wir verlangen) eine Antwort, die gewisse Verhandlungen und eine gewisse positive Reaktion im Hinblick auf den nichtmilitärischen Nachschub zuläßt, oder wir werden uns den anderen Mitgliedern des Sicherheitsrats anschließen und diese Sache zu einer internationalen Angelegenheit machen. Ich muß wiederholen, der Kurs, den Sie verfolgen, ist selbstmörderisch. Sie werden nicht die Gelegenheit erhalten, diese Armee zu vernichten. Sie vernichten die Möglichkeit für Verhandlungen ...

Ich versicherte Dinitz, daß wir Kairo von diesem diplomatischen Schritt nicht unterrichten, jeden israelischen Vorschlag an Ägypten weiterleiten und die Weigerung Israels unterstützen würden, die ägyptische 3. Armee mit *Kriegsmaterial* aufzufüllen. Es war Dinitz als einem der intelligentesten Diplomaten in Washington sicherlich nicht entgangen – und es hat ihn wahrscheinlich erleichtert –, daß wir von Israel nicht den Rückzug auf die Waffenstillstandslinie vom 22. Oktober verlangten. Nach diesem Gespräch habe ich aus verständlichen Gründen keine andere Regierung davon unterrichtet, daß wir Israel in dieser Weise unter Druck gesetzt hatten.

Am frühen Samstagmorgen, dem 27. Oktober um 2.30 Uhr, schickten wir Breschnew eine Antwort des Präsidenten. Sie war höflich, aber vage. Sie bestätigte, daß wir den Waffenstillstand unterstützten. Nixon versprach, die israelische Regierung zu drängen, die Versorgung der 3. Armee mit nichtmilitärischem Nachschub zuzulassen. Aus der Note ging nicht hervor, daß wir es schon getan hatten, und sie erwähnte auch nicht den von uns festgelegten Termin. Wir wollten der Sowjetunion nicht die Gelegenheit geben, sich mit einem eigenen Ultimatum an unsere Termine anzuhängen. Die Note versprach Moskau eine Antwort bis zum Spätnachmittag des Samstags Washingtoner Zeit. Das war sehr viel später als der Termin, den wir dem israelischen Kabinett gesetzt hatten. Auf diese Weise hatten wir noch die Möglichkeit, notfalls bestimmte Fragen zu klären. Nixons Note schloß mit einer Stellungnahme zur Alarmierung unserer Streitkräfte:

> Was nun die Maßnahmen der Vereinigten Staaten als Folge Ihres Briefes vom 24. Oktober betrifft, so möchte ich Sie an die folgenden Sätze in diesem Brief erinnern: »Es ist notwendig, sich ohne Verzögerung daran zu halten. Ich möchte ganz offen sagen, daß wir, wenn Sie es für möglich halten, in dieser Angelegenheit sofort gemeinsam mit uns zu handeln, uns vor die Notwendigkeit gestellt sähen, dringend die Frage angemessener einseitiger Maßnahmen zu klären.« Herr Generalsekretär, das sind ernste Worte, und sie sind hier in Washington ernst genommen worden.

Unmittelbar nach Absendung dieser Note an Moskau meldete sich Israel in der Form einer an mich gerichteten Botschaft von Golda Meir. Zwar hatte ich unsere Forderungen in Nixons Namen vorgetragen, aber Golda war eine zu erfahrene Politikerin, um es sofort auf eine direkte Konfrontation mit dem Präsidenten ankommen zu lassen. Sie sorgte immer dafür, daß alle Streitigkeiten mit Untergebenen ausgetragen wurden. Wenn sie den Präsidenten auf ein Podest stellte, dann gab sie ihm damit die letzte Gelegenheit, einen Kurswechsel vorzunehmen und sich von denen zu distanzieren, die es wagten, die von Golda vorausgesetzte Harmonie zu stören. Und wenn dieser Kunstgriff versagte, konnte ein Zugeständnis, das man dem Präsidenten im letzten Augenblick machte, mit Glück und Geschick wenigstens zu der Möglichkeit führen, später eine entsprechende Gegenleistung zu verlangen.

Der Brief selbst war typisch Golda, leidenschaftlich, selbstbewußt und gescheit. Er sollte das iraelische Kabinett ebenso beeindrucken wie die Regierung der Vereinigten Staaten. Sie versuchte, das Problem so darzustellen, als ob die Supermächte ihren Willen durchsetzen wollten, und tat so, als ob wir vor den Sowjets zurückgewichen seien – eine Behauptung, die, wenn sie bekannt wurde, uns innenpolitisch in größte Verlegenheit bringen mußte: »Ich habe keine Illusionen darüber, daß die beiden Großmächte uns zu allem zwingen werden.« Das sagte sie zu einer amerikanischen Aufforderung, zu der Stellung zu nehmen sie sich achtzehn Stunden geweigert hatte. Wir hatten Israel gebeten, *irgendeinen* Vorschlag zu machen, den wir vor dem Sicherheitsrat *gegen* den von den Sowjets ausgeübten Druck vertreten könnten. Sie erklärte in ihrem Brief, sie verlange nichts weiter, als daß wir Israel genau sagen sollten, was es tun müßte, »damit Ägypten den Sieg seiner Aggression verkünden kann«. Das war ihre Antwort auf den Vorschlag, eine Armee mit Verpflegung und Wasser versorgen zu lassen, die achtundvierzig Stunden nach Inkrafttreten eines von den Vereinigten Staaten ausgehandelten Waffenstillstandes eingeschlossen worden war und auch nach Erhalt dieser lebendswichtigen Versorgungsgüter eingeschlossen bleiben würde. Doch wenn sie Zugeständnisse machen mußte, konnte nichts diese Löwin veranlassen, es mit einer großzügigen Geste zu tun: »Es gibt nur eines, woran uns niemand hindern kann, und das ist, die Lage so darzustellen, wie sie in Wahrheit ist; daß Israel nicht für seine Taten bestraft wird, sondern nur dafür, daß es so groß ist, wie es ist, und dafür, daß es allein dasteht.«

Es war ein großartiger Brief für das israelische Kabinett: David stellte sich Goliath und wich um keinen Fußbreit zurück.

Ihre Empörung hinderte mich nicht daran, zu erkennen, daß sie in ihrer Antwort den wichtigsten Punkt nicht berührt hatte. Sie weigerte sich noch immer, einen Vorschlag zu machen. Sie bestand darauf, von uns gezwungen zu werden – und genau das hatte ich vermeiden wollen. Diese Haltung entsprach zum Teil ihrer Überzeugung, war zum Teil auf die komplizierte israelische Kabinettspolitik zurückzuführen, aber auch auf die bevorstehenden Wahlen, die es Golda leichter machten, nachzugeben, als die Initiative zu ergreifen.

Zwischen Bewunderung und Verzweiflung hin und her gerissen (Scowcroft sagte ich: »Es sind verrückte Helden!«), entwarf ich eine Antwort, als Sadat das Problem für uns löste – was ich wieder mit einer schlaflosen Nacht bezahlen mußte. Am Samstagmorgen um 3.07 Uhr teilte mir Hafiz Ismail mit, daß Ägypten direkten Gesprächen zwischen ägyptischen und israelischen Offizieren im Rang eines Generalmajors zustimmte, »um die militärischen Aspekte der Durchführung der Resolutionen 338 und 339 des Sicherheitsrats vom 22. und 23. Oktober 1973 zu behandeln«. Diese Gespräche sollten unter Aufsicht der Vereinten Nationen am Kilometerstein 101 an der von Kairo nach Suez führenden Straße stattfinden. Die einzigen Bedingungen wären ein »vollkommener« Waffenstillstand, der zwei Stunden vor dem für den gleichen Samstag um 15.00 Uhr Kairoer Zeit vorgesehenen Treffen in Kraft treten sollte, und die Erlaubnis für die Versorgung der 3. Armee durch einen Lastwagenkonvoi mit nichtmilitärischen Versorgungsgütern unter der Aufsicht der Vereinten Nationen und des Roten Kreuzes.

Goldas Empörung war voreilig gewesen. Durch unsere Vermittlung sollten jetzt die ersten direkten Gespräche zwischen israelischen und arabischen Vertretern seit der Unabhängigkeitserklärung Israels stattfinden. Israel behielt dabei die Kontrolle über die Nachschubwege zur ägyptischen 3. Armee, während die Vereinten Nationen fast einstimmig verlangten, daß die israelischen Streitkräfte sich auf die Stellungen vom 22. Oktober zurückzogen. Und das alles als Gegenleistung dafür, daß ein Lastwagenkonvoi nichtmilitärische Versorgungsgüter zu den eingeschlossenen Truppen bringen durfte.

Am frühen Morgen um 4.31 Uhr teilte ich Hafiz Ismail mit, daß wir seine Botschaft entschieden befürwortet und an Israel »als höchst dringend« weitergegeben hatten. Um 6.20 Uhr stimmte Israel dem ägyptischen Vorschlag ohne Einschränkungen zu, und ich unterrichtete Sadat unverzüglich davon. Drei Stunden später – wir wollten den Sowjets möglichst wenig Zeit für Störmanöver lassen – ging ein Brief in Nixons Namen an Breschnew, der ihn von den bevorstehenden ägyptisch-israelischen Gesprächen und der Zustimmung Israels zur Versorgung der eingeschlossenen Armee mit dem Lastwagenkonvoi unterrichtete. Aber im Nahen Osten ist es nicht einfach, eindeutige Lösungen zu finden. Vor jedem Schritt muß man den vor einem liegenden Boden prüfen und feststellen, ob man nicht in Treibsand gerät. Um 11.00 Uhr Washingtoner Zeit (in Kairo war es 17.00 Uhr) teilte uns Israel mit, daß die Ägypter zur verabredeten Zeit nicht am verabredeten Ort erschienen wären. Nach einem hektischen Notenwechsel stellte sich heraus, daß die ägyptischen Militärs auf ihrem Wege zu dem Treffen am Kilometerstein 101 von israelischen Posten, die nicht den Befehl erhalten hatten, sie durchzulassen, am Kilometerstein 85 aufgehalten worden waren. Diese Leute hatten es offenbar nicht besonders eilig gehabt, ihren Vorgesetzten das beispiellose Vorkommnis zu melden, daß ein ägyptischer Generalmajor verlangt hatte, mit einem israelischen Offizier gleichen Ranges zu sprechen. Doch dann wurde die Angelegenheit sehr bald in Ordnung gebracht. Ich sprach persönlich mit Golda. Augenscheinlich hatte Israel es unterlassen, den UN-General Ensio Siilasvuo zu veranlassen, die notwendigen Vorbereitungen zu treffen, was ich Ismail zugesagt hatte.* Nun verlangte ich, man sollte einen neuen Termin festsetzen und alle Beteiligten rechtzeitig informieren. Nach langem Hin und Her – alle Mitteilungen der nur wenige hundert Kilometer voneinander entfernten Parteien mußten über Washington geleitet werden, also über eine Gesamtentfernung von fast zwanzigtausend Kilometern – wurde das Treffen der beiden Generäle auf Mitternacht festgelegt.

Am Sonntag, dem 28. Oktober, um 1.30 Uhr morgens, anderthalb Stunden nach dem neu festgesetzten Termin, trafen sich schließlich die militärischen Vertreter Israels und Ägyptens unter der Aufsicht von Beobachtern der Vereinten Nationen zum erstenmal seit fünfundzwanzig Jahren zu direkten Gesprächen. Aber die Israelis brachten es fertig, den Lastwagenkonvoi noch einen ganzen Tag aufzuhalten. Am späten Abend des 26. hatten sie mir mitgeteilt, daß die ägyptische 3. Armee noch für die folgenden achtundvierzig Stunden mit Verpflegung und Wasser versorgt sei. Die Israelis waren entschlossen, ihren Gegner auf kleine Rationen zu setzen. Wenn die Ägypter vor Erschöpfung zusam-

* Ich habe mich inzwischen bei General Siilasvuo nach den Einzelheiten erkundigt. Er hat mir bestätigt, daß die Ursache für diese Panne in der Tat die allgemeine Verwirrung gewesen wäre. Ich habe damals allerdings den Verdacht gehabt, es sei ein israelisches Manöver.

menbrechen sollten, während der Konvoi unterwegs war, würde in Jerusalem niemand eine Träne vergießen. Am Montagmorgen, dem 29. Oktober, konnte ich Hafiz Ismail endlich mitteilen, daß der Konvoi seine Bestimmung erreicht hatte. Ägypten erklärte sich mit weiteren Gesprächen einverstanden. Dabei ist zwar nichts Wesentliches erreicht worden, aber die Möglichkeit für weitere Verhandlungen zeichnete sich schon ab. Sehr bald stellte es sich heraus, daß es auf dem einmal eingeschlagenen Weg keine Umkehr mehr gab.

Friedensaussichten

Wir hatten das Ziel unserer Strategie fast erreicht. Der Krieg war beendet, und zwar unter den größten Gefahren für die Position der Vereinigten Staaten im Nahen Osten. Amerika war zum entscheidenden Faktor in der Nahost-Politik geworden. Ägypten begann, sich auf uns zuzubewegen, und veranlaßte damit sogar die radikalen Regime, die Voraussetzungen für ihre Politik zu überprüfen. Sadat hatte uns deutlich zu verstehen gegeben, daß er beabsichtigte, einen Kurswechsel vorzunehmen – eine andere Erklärung gab es nicht für sein diszipliniertes, gemäßigtes und vorausschauendes Verhalten. Und das alles war möglich gewesen, während wir unseren Freunden in Israel im Kriege zur Seite standen und verhinderten, daß sie im Verlauf der chaotischen diplomatischen Vorgänge um den Waffenstillstand isoliert wurden.

Wie stark der Einfluß der Vereinigten Staaten in diesem Zusammenhang zugenommen hatte, zeigte sich auch in dem Ton, den die Sowjets jetzt im Umgang mit uns anschlugen. Am 29. Oktober schrieb Breschnew einen Brief an Nixon, in dem er abwechselnd wehmütig, vorwurfsvoll und drohend beklagte, daß sich die ägyptisch-israelischen Gespräche und die Versorgung der eingeschlossenen 3. Armee durch den Lastwagenkonvoi verzögert hätten. Breschnew sprach von einer Vertrauenskrise, die dadurch entstanden sei, daß Maßnahmen ergriffen worden wären, die objektiv als Unterstützung der »Militärclique« in Israel anzusehen wären (eine Auffassung, die einige amerikanische Kritiker offenbar nicht teilten, die glaubten, daß wir mit Moskau unter einer Decke steckten.) Breschnew forderte uns auf, gegen »Aggression« und »Täuschungsmanöver« zusammenzuarbeiten, hinter denen die Absicht stände, die sowjetisch-amerikanischen Beziehungen auszuhöhlen.

Sein Brief illustrierte das sowjetische Dilemma, zeigte aber auch, auf einen wie komplizierten Kurs wir uns begeben hatten. Nachdem es Breschnew nicht gelungen war, uns zu bluffen, hatten die sowjetischen Drohungen viel von ihrer Glaubwürdigkeit verloren. Ihre Proteste und Beschwerden kamen zu spät, denn nach einem Meinungsaustausch zwischen Kairo und Moskau verging oft so viel Zeit, daß die Probleme meist schon fast gelöst waren, wenn der Kreml sich mit uns in Verbindung setzte. Am 31. Oktober sagte ich Nixon: »Nur wir können die Israelis wirklich veranlassen, etwas zu tun, und deshalb versuchen sie (die Sowjets) immer wieder, eine gleiche Lage zu schaffen, in der sie behaupten können, sie hätten uns durch Drohungen oder damit, daß sie uns unter Druck gesetzt hätten, gezwungen, etwas zu tun, was wir ohnedies getan hätten.«

Einen Hinweis auf die Enttäuschung der Sowjets gab auch ihr Versuch, mit uns ein bilaterales Forum außerhalb der Vereinten Nationen zu schaffen, das ihnen die offizielle Berechtigung geben würde, den Waffenstillstand zu überwachen. Um die Sowjets zu beruhigen, ohne sie an unseren laufenden diplomatischen Bemühungen zu beteiligen, schlug ich Dobrynin am 31. Oktober vor, daß beide Länder je einen Vertreter beauftragen sollten, die Maßnahmen zum »Schutz« der Friedensverhandlungen auszuarbeiten, der uns nach der Resolution 338 des Sicherheitsrats übertragen wurde. Schon am nächsten Tag tat Gromyko so, als sollten diese Vertreter den Waffenstillstand überwachen. Sadat hatte sich inzwischen schon so eindeutig dafür entschieden, die Vereinigten Staaten in dem Friedensprozeß die führende Rolle übernehmen zu lassen, daß ich den Vorschlag nur noch dem amtierenden ägyptischen Außenminister, Ismail Fahmy, vorlegen mußte, der sich gerade in Washington aufhielt, um seiner Ablehnung sicher zu sein. Er war ebenso wenig daran interessiert, den Sowjets die Überwachung des Friedensprozesses anzuvertrauen, wie wir und verzögerte die definitive Antwort auf den Vorschlag, bis er sich im Sande verlief.

Wenn wir mutig unsere Chancen nutzten, konnte es uns durchaus gelingen, den Einfluß der Sowjets und der Radikalen in der arabischen Welt zu reduzieren oder die Sowjets zur Mäßigung zu zwingen. Am 3. November beantworteten wir den vor fünf Tagen eingetroffenen Brief Breschnews und bestätigten unsere Bereitschaft zur friedlichen Koexistenz. Nixon betonte, daß es notwendig sei, Zurückhaltung zu üben und auf einseitige Vorteile zu verzichten. Er ging aber auch in sachlichem Ton auf die laufenden SALT-Verhandlungen zwischen den Vereinigten Staaten und der Sowjetunion und auf die Wirtschaftsbeziehungen zwischen beiden Ländern ein. Wir wollten damit zeigen, daß es eine positive Alternative zur Konfrontation gab, und den Sowjets verständlich machen, aus welcher Perspektive die eben überwundene Krise beurteilt werden müßten, mit denen wir zu rechnen hatten.

In einer an relativ einfache Antworten auf schwierige Fragen gewöhnten Gesellschaft und im Rahmen einer innenpolitischen Struktur, die durch Watergate schwer angeschlagen war, forderte die Doppeldeutigkeit unserer Außenpolitik jedoch zunehmend die Opposition im Lande heraus. Den Konservativen wollte der zwischen den Vereinigten Staaten und der Sowjetunion stattfindende Dialog nicht gefallen. Die Liberalen mißtrauten dem Pragmatismus dieses Dialogs. Und beide Gruppen teilten die klassische amerikanische Nostalgie für eine Politik, die »höhere« Ziele verfolgte als das nationale Interesse. Ich bereitete mich indessen auf eine Reise in den Nahen Osten vor, die nicht nur die Wirksamkeit unserer Diplomatie, sondern auch unsere Fähigkeit auf die Probe stellen sollte, mit unseren widersprüchlichen innenpolitischen Zwängen fertig zu werden. Konnte sich Amerika, das jetzt im Ringen um den Frieden im Nahen Osten die entscheidende Rolle übernehmen sollte, von der tödlichen Erstarrung eines Vierteljahrhunderts befreien und eine ganz neue Außenpolitik gestalten?

XIII. Der erste Durchbruch im Nahen Osten

Fahmy und Golda

Ende Oktober 1973 war der Krieg vorüber, aber es gab noch genügend politischen Sprengstoff, der entschärft werden mußte. Die ägyptische 3. Armee auf der Sinai-Halbinsel war immer noch eingeschlossen. Die arabischen Ölproduzenten hatten ein Embargo verkündet und die Ölproduktion gedrosselt. Die Sowjetunion konnte ihre Rückschläge und den Verlust an Einfluß nicht verschmerzen. Uns war es gelungen, einen Waffenstillstand auszuhandeln, und jetzt mußten wir die Aufgaben des Vermittlers im Friedensprozeß übernehmen. Was daher zunächst als ein Besuch Ägyptens vorgesehen war – es war meine erste Reise in ein arabisches Land –, wurde schließlich zu einer Rundreise durch mehrere Länder im Nahen Osten.

Ich wußte, daß es kein Triumphzug sein würde, sondern bestenfalls eine Gelegenheit, die Lage zu entschärfen – oder eine Falle. Das günstigste Ergebnis wäre die Ausweitung unseres strategischen Handlungsspielraums. Andernfalls mußten wir mit einer Katastrophe rechnen. Wenn sich erweisen sollte, daß die Vereinigten Staaten hier nichts ausrichten konnten, dann würden Saudi-Arabien und Jordanien nicht mehr wagen, den gemäßigten Kurs zu unterstützen; Syrien würde eine noch radikalere Haltung einnehmen, und Ägypten würde wieder in das sowjetische Lager überwechseln. Die Sowjets würden mehr zurückgewinnen als das, was sie verloren hatten. Moskau hatte in dieser Krise bewiesen, daß es sein Verlangen mit Drohungen bekräftigen konnte, wenn diesen Drohungen auch nicht immer Taten folgten.

Die allgemeine Nervosität war so groß, daß Kairo sich nicht damit begnügte, meine Ankunft abzuwarten. Wir hatten es noch nicht ganz begriffen, daß es für Sadat fast ebensowichtig war wie für uns, zu demonstrieren, eine wie entscheidende Rolle die Vereinigten Staaten im Rahmen des Friedensprozesses spielten. Am 28. Oktober wurde ich überraschend davon unterrichtet, daß der amtierende Außenminister Ismail Fahmy von Sadat nach Washington geschickt wurde, ohne daß uns dieser Besuch vorher angekündigt worden war. Da ich auf dieser Reise nicht nach Israel gehen wollte (denn ich war im Oktober schon einmal dort gewesen), kam Premierministerin Golda Meir nach Washington, um am 31. Oktober noch vor meiner Abreise mit mir zu sprechen.

Die Schwierigkeit, mit der ich rechnen mußte, während Fahmy und Golda sich auf dem Wege nach Washington befanden, bestand darin, daß es wegen des auf schwachen Füßen stehenden Waffenstillstands zu Streitigkeiten kommen könnte, die meine Strategie behindern würden. Und es gab sehr konkrete Probleme. Wenn die ägyptische 3. Armee eingeschlossen blieb, dann mußte es immer wieder zu Schwierigkeiten kommen. Würde Israel die weitere Versorgung der von ihrer Nachschubbasis abgeschnittenen Ägypter zulassen oder versuchen, sie auszuhungern? Und wie ließ sich diese Versorgung sicherstellen, ohne daß sich die militärische Lage entscheidend veränderte? Wenn die Ägypter reichlich Nachschub erhielten, könnten die israelischen Streitkräfte am Westufer des Suez-Kanals unter Umständen selbst eingeschlossen werden. Außerdem verlangten die Israelis die Entlassung ihrer Kriegsgefangenen. Um den Beginn des Waffenstillstands zu beschleunigen, hatte Breschnew mir versprochen, daß er für den baldigen Austausch der Kriegsgefangenen sorgen werde. Jetzt mußte ich feststellen, daß weder Ägypten noch Syrien etwas von dieser Zusage wußten – während Israel auf ihrer Einhaltung bestand. Außerdem verlangte Israel die freie Durchfahrt durch die Straße von Bab el-Mandeb, die südliche Einfahrt ins Rote Meer, die – ohne daß dies offiziell erklärt worden war – von den Ägyptern blockiert wurde.

Wenn die Nachwehen des Konflikts die Gefahr mit sich brachten, aus einem vorläufigen einen Dauerzustand zu machen, dann lag eine weitere Gefahr in dem Versuch, eine umfassende Friedenslösung herbeizuführen. Ich bin sogar dafür kritisiert worden, daß ich die »Gelegenheit« für eine solche Lösung nicht ergriffen hätte.[1] Aber das war eine Fata Morgana. Wir wußten, daß Israel den Rückzug auf die Grenzen von 1967, was auch die Herausgabe der Altstadt von Jerusalem bedeutet hätte, kategorisch ablehnte. Kein arabischer Staat, und auch nicht der gemäßigste, hätte sich im Rahmen einer umfassenden Friedensregelung mit weniger zufriedengegeben. Israel hatte sich noch immer nicht von dem schweren Schock des arabischen Angriffs erholt und war wie gelähmt. Das Land stand vor Neuwahlen und mußte zunächst die innere Ordnung wiederherstellen. Das Verlangen, über einen Gesamtfriedensplan zu verhandeln, würde deshalb eher zu verzweifelten Maßnahmen wie etwa zur Beendigung des Waffenstillstandes oder zu einem psychologischen Zusammenbruch führen als zu einer Friedenslösung. Was nun die Araber betraf, so mußten alle Beteiligten einer Gesamtlösung zustimmen, und die radikalen Elemente in der arabischen Welt würden dabei das Vetorecht haben. Ägypten wäre dann nicht mehr Herr seiner Entscheidungen. Und die Sowjetunion würde als Anwalt der arabischen Seite auftreten und ein Maximalprogramm aufstellen, das sich, wie wir aus langjähriger Erfahrung wußten, nicht verwirklichen ließ. Unsere Verbündeten in Europa und Japan würden sich auf die Seite der Araber stellen, und damit wären wir vollkommen isoliert.

Angesichts all dieser Risiken – einerseits hätten wir uns in allen möglichen ermüdenden Kleinigkeiten festfahren oder auf der anderen Seite unsere Energie damit verbrauchen können, umfassendere Lösungen anzusteuern, die zwar erstrebenswert, aber kaum erreichbar waren – beschlossen wir, »Schritt für Schritt« vorzugehen. Wenn es uns nicht gelang, ehrgeizigere Pläne zu verwirklichen, dann würden wir von allen Seiten angegriffen werden – die Israelis würden uns beschuldigen, zuviel von ihnen verlangt zu haben, die Araber würden sagen, wir wären zu zurückhaltend gewesen, und unsere Verbündeten würden verärgert sein, weil sie selbst nichts unternehmen konnten – und die Sowjets würden die allgemeine Verwirrung ausnutzen, um ihre hegemonialen Ansprüche zu verfolgen. Der Staatsmann muß den möglichen Gewinn, den das politische Handeln bringt, gegen die Nachteile abwägen, die er mit seinem Vorgehen riskiert. Und er hat nur einmal die Gelegenheit, die Lage einzuschätzen. Anders als der neutrale Beobachter kann er sein Urteil, wenn es falsch gewesen ist, nicht in einer neuen Stellungnahme revidieren. Die Fehler des Staatsmannes lassen sich meist nicht wiedergutmachen. Unsere Zielsetzung mußte deshalb auf die psychologische Kapazität der Beteiligten Rücksicht nehmen. Wir mußten Ziele verfolgen, die von den Unversöhnlichen und den Fanatikern nicht abgelehnt werden konnten. Bei jedem Schritt mußten wir beweisen, daß wir weiter vorankamen. Dadurch würde das Vertrauen gestärkt und weitere Schritte erleichtert werden. Auf einer Sitzung der WSAG am 2. November sagte ich:

> Wir können den sowjetischen Einfluß in diesem Gebiet reduzieren und erreichen, daß das Ölembargo aufgehoben wird, wenn wir ein gemäßigtes Programm vorlegen, und das werden wir tun. Wenn nicht, werden die Araber den Sowjets wieder in die Arme getrieben, das Öl wird verloren sein, wir werden die ganze Welt gegen uns haben, und in den Vereinten Nationen wird niemand mehr seine Stimme für uns abgeben. Wir müssen den Arabern beweisen, daß es für sie günstiger ist, mit uns ein gemäßigtes Programm zu verfolgen, als mit den Russen die Verwirklichung eines radikalen Programms anzustreben.

Aber noch war das alles nur Theorie. Ich hatte bisher noch kein arabisches Land besucht und noch nie intensiv mit arabischen Politikern verhandelt. Ich hatte sie nur bei ihren seltenen Besuchen in Washington kennengelernt und konnte noch nicht beurteilen, ob das, was ich für logisch hielt, auch ihren Vorstellungen von Logik entsprach. Ich konnte auch noch nicht sagen, ob es mir gelingen würde, ein Vertrauensverhältnis mit ihnen herzustellen. Als ich zum Außenminister ernannt wurde, hatte man in der arabischen Welt wegen meiner jüdischen Herkunft gewisse Bedenken gehabt – aber man erkannte auch meine Leistungen bei den Verhandlungen um einen Waffenstillstand in Vietnam an und rechnete mit der Möglichkeit, daß ich mäßigend auf Israel einwirken würde.

Zu meinem Glück war Ismail Fahmy mein erster arabischer Gesprächspartner. Er war bisher nur amtierender ägyptischer Außenminister gewesen, wurde aber am 31. Oktober offiziell in diesem Amt bestätigt. Am Montag, dem 28. Oktober, landete er in Washington, kam unangemeldet zu mir ins Außenministerium und nahm die Festung im Sturm. »Der Präsident hat mich geschickt, um Sie kennenzulernen«, sagte er sachlich. »Ich soll ihm über Sie berichten und Ihren Besuch vorbereiten.« Mit anderen Worten, Sadat wollte einen persönlichen Eindruck von mir gewinnen, und Fahmy hatte den Auftrag, mir ein Zeugnis zu geben.

Sadat hätte keine bessere Wahl treffen können. Fahmy war zugleich aufrichtig und feinfühlig, entgegenkommend und geschliffen, höflich und empfindsam. Er hatte als Botschafter Ägyptens bei den Vereinten Nationen viele Jahre in den Vereinigten Staaten gelebt. Eines seiner Kinder war hier erzogen. Zur Zeit Nassers hatte er unter dem Vorwurf gelitten, pro-amerikanisch zu sein. Darin hatte sich Nasser geirrt. Fahmy bemühte sich zwar aufrichtig um bessere Beziehungen zum Westen, war aber ein leidenschaftlicher ägyptischer Nationalist. Ebenso wie Sadat suchte er die Annäherung an uns nicht aus Sentimentalität, sondern aufgrund einer kühlen Abwägung der Interessen Ägyptens. Nassers Politik hatte mit einer Katastrophe geendet; die Annäherung an die Sowjetunion hatte nicht zur Wiedergewinnung der verlorenen ägyptischen Gebiete geführt. Vielleicht ließ sich das, wozu man uns nicht hatte zwingen können, im Geiste einer vertrauensvollen Zusammenarbeit erreichen. Fahmy war ein anpassungsfähiger Taktiker, wußte aber genau, was er wollte, und hielt unerschütterlich an den einmal als richtig erkannten Grundsätzen fest.

Fahmy war gekommen, um mir zu schmeicheln und mich einzuschüchtern. In seiner romantischen Art schätzte er mein diplomatisches Geschick noch höher ein als ich selbst, der ich nicht gerade unter Minderwertigkeitskomplexen leide. Es scheint ein Wesenszug der Araber zu sein, daran zu glauben, irgendein dramatisches Ereignis oder eine ungewöhnliche Persönlichkeit könnten die Eintönigkeit, von der das menschliche Dasein normalerweise bestimmt wird, transzendieren; eine Persönlichkeit mit übernatürlichen Fähigkeiten wird als ein Instrument angesehen, das schwierige Entscheidungen übernehmen kann. Eine ähnliche Taktik verfolgte auch Fahmy, denn er erwartete, daß ich über einen ganz ungewöhnlichen und ungeheuer komplexen Plan für die Lösung aller Probleme verfügte – was mich wiederum vermuten ließ, daß ein Mann, der glaubte, so ungeheuer subtile Manöver durchschauen zu können, sich auch durch gröbere Verfahren, wie ich sie vielleicht anwenden könnte, nicht ablenken lassen würde. Fahmy war aber auch ein geschickter Diplomat, der es besonders gut verstand, Sadats Anweisungen, die oft eher visionär als detailliert waren, in praktische Verhandlungsvorschläge umzusetzen. Der untersetzte, rundliche Fahmy wirkte durchaus freundlich, er war ein wirklich umgänglicher Mann. Aber seine wachen Augen verrieten eine durchdringende Intelligenz. Zwar trat er mit der Konzilianz eines gebildeten Ägypters auf, um unnötige Konfrontationen zu vermeiden, aber er ließ keinen Zweifel daran, daß er zur Konfrontation bereit war, wenn sich Meinungsverschiedenheiten nicht beilegen ließen.

In Fahmy lernte ich den ersten jener bemerkenswerten arabischen Außenminister kennen, die sich gegenseitig als »Brüder« bezeichneten, aber augenscheinlich sonst nichts Gutes übereinander zu sagen wußten. Mit ihrem krankhaften Mißtrauen gegenüber den Absichten der anderen tauschten sie mit atemberaubender Geschwindigkeit Informationen aus und verschleierten ihre wirklichen Absichten mit einer Zurückhaltung, die sie mit großer Redegewandtheit zu tarnen wußten. Es bereitete großes Vergnügen, mit ihnen zusammenzusein, aber es erforderte auch gute Nerven. Fahmys »Brüder« pflegten ihm den Vorwurf zu machen, daß er besser in eine Außenministerkonferenz der NATO als zu seinen Kollegen von der Arabischen Liga paßte; er betrachtete sie als ahnungslose Amateure, die sich mehr für heroische Niederlagen als für praktische Leistungen interessierten. Sie hatten beide nicht ganz

Unrecht. Fahmy hatte größere Sympathien für den Westen und begriff die westliche Haltung besser als die meisten seiner Kollegen. Er besaß auch eine Fähigkeit, die den meisten seiner Mitbrüder fehlte: Er wußte, wie man von hochtrabenden Erklärungen zu praktischen Resultaten kommen konnte. Wenn man jedoch vergaß, daß man es bei Fahmy mit einem Araber zu tun hatte, konnte es gefährlich werden. In seinem Nationalismus verfolgte er auch umfassendere arabische Interessen. Wir wurden gute Freunde, vergaßen dabei aber nie, voreinander auf der Hut zu sein.

Fahmys Reise nach Washington hatte in erster Linie einen psychologischen Hintergrund. Er machte Vorschläge für ein arabisches Friedensprogramm, rechnete aber nicht mit einem baldigen Erfolg, denn er wußte, daß dazu langwierige Verhandlungen mit Israel notwendig waren und Sadat es sich nicht leisten konnte, den Beginn solcher Verhandlungen lange hinauszuzögern oder dabei zu scheitern. Deshalb betonte Fahmy, daß es ihm bei diesem Besuch um mehr ging als einen Augenblickserfolg; er wollte die Spannungen beseitigen, welche die ägyptisch-amerikanischen Beziehungen seit fast zwanzig Jahren belasteten.

Er hielt sich nicht damit auf, die Nichteinhaltung des Waffenstillstands zu beklagen, wenngleich es verständlich gewesen wäre, wenn er uns dafür verantwortlich gemacht hätte, daß wir nicht für die Durchsetzung von Vereinbarungen gesorgt hatten, die wir selbst ausgehandelt hatten. Er erkannte vielmehr an, daß wir den Waffenstillstand zustande gebracht und an Kilometer 101 die ersten Gespräche zwischen Israel und Ägypten ermöglichten. Die Ägypter haben eine vieltausendjährige Erfahrung im Umgang mit Ausländern und haben gelernt, sie zu beeinflussen; daher wissen sie auch, daß man andere am besten für sich gewinnen kann, wenn man sie erkennen läßt, daß sie einen guten Ruf zu verlieren haben. Die ungefährlichste Form der Schmeichelei ist es, seinen Gesprächspartner dafür zu loben, was er in der Vergangenheit geleistet hat.

Fahmy wollte sich durch unsere innenpolitischen Schwierigkeiten nicht stören lassen, sondern tat sogar so, als habe Sadat mit noch viel schwierigeren innenpolitischen Problemen zu kämpfen: »Sie haben hier diese lächerlichen Schwierigkeiten mit Watergate; in unserem Land ist die ganze innenpolitische Situation eine Krise.« Ich hoffte – und dachte dabei an alle Beteiligten –, daß er nicht wußte, wovon er sprach. Wenn sich Ägypten in einer noch schwereren Krise befand als wir, dann mußte der Versuch, Ägypten zu einem Bündniswechsel zu veranlassen, scheitern. Trotz seiner Schwierigkeiten, so fuhr Fahmy fort, wäre Sadat lebhaft daran interessiert, einen grundsätzlichen Wandel herbeizuführen, und zwar nicht nur in den Beziehungen zu den Vereinigten Staaten, sondern auch zu Israel: »Wir haben kein Interesse daran, Israel ins Meer zu werfen oder es zu besetzen, und zwar ohne Rücksicht auf die Lage der Palästinenser.« Mit anderen Worten, Ägypten akzeptierte nicht nur die Existenz Israels – was sehr bald zur Standardaussage einiger Länder im Nahen Osten wurde –, sondern Fahmy ließ keinen Zweifel daran, daß Ägypten sich durch die Palästinenser nicht davon abhalten lassen würde, nach einer Friedensregelung zu suchen; damit bekundete er eine ganz andere Haltung als die, die Hafiz Ismail mir gegenüber zu Jahresbeginn vertreten hatte.

Fahmy wußte auch, daß es sich im Nahen Osten im Grunde um ein psychologisches Problem handelte: »Vertrauen ist der Schlüssel . . . Israel und Ägypten müssen Vertrauen zueinander gewinnen, sonst werden wir nicht weiterkommen.« Kurz gesagt, die schwierigen Details der Verhandlungen über die Versorgung der 3. Armee durften nicht darüber hinwegtäuschen, wo das wirkliche und revolutionäre Ziel lag, nämlich bei einer Neuordnung der Perspektive im israelisch-arabischen Dialog.

Fahmy hatte aber auch bestimmte Vorstellungen davon, wie sich die Probleme bei der Versorgung der 3. Armee, der Entlassung der Kriegsgefangenen und der Blockade von Bab el-Mandeb lösen ließen. Ich hielt diese Ideen nicht für besonders praktikabel, denn sie gingen von der Vorstellung aus, daß Israel sich entweder auf die Waffenstillstandslinien vom 22. Oktober zurückziehen müßte (die Stellungen, die die israelischen Streitkräfte vor der Einschließung der 3. Armee eingenommen hatten) oder wenigstens einen zehn Kilometer breiten Korridor beiderseits der von Kairo nach Suez führenden Straße räumen sollte – womit das eintreten würde, was Israel fürchtete, daß nämlich die israelische Armee am Westufer des Suez-Kanals zwischen zwei feindliche Verbände geriete. Um Israel diese Sorge zu nehmen, bot Fahmy an, Ägypten zu verpflichten, auf dieser Straße kein Kriegsmaterial zu transportieren, was die Grundlage für neue Verhandlungen bilden könnte, vorausgesetzt wir konnten uns auf ein System einigen, die Einhaltung dieser Zusicherung zu überprüfen.

Da ich Goldas Besuch abwarten wollte, ließ ich mich auf keine detaillierten Verhandlungen ein, aber nachdem wir Fahmys Vorstellungen kennengelernt hatten, konnten wir viel rascher vorgehen, wenn sich eine Gelegenheit dazu ergab. Bis dahin kam es mir in erster Linie darauf an, einen endlosen Guerilla-Krieg um diese Probleme zu vermeiden. Dazu sagte ich Fahmy:

> Wenn ich mein ganzes Kapital für die Regelung aller Probleme ausgebe, die mit dem Waffenstillstand in Zusammenhang stehen, dann werde ich kein Kapital mehr haben, das ich für die Friedensverhandlungen verwenden kann. Wenn die Friedensverhandlungen scheitern, dann können wir uns auf die heutige oder auf die Linie vom 22. Oktober einigen – es wäre ohne jede Bedeutung, denn dann würde es wieder zum Krieg kommen. Heute stellt sich uns die Frage, wie wir uns über einen Waffenstillstand einigen können, der uns über die drei bis sechs Monate dauernden Friedensverhandlungen hinweghilft.

Warnend sagte ich Fahmy auch, daß das Ölembargo unsere Friedensbemühungen behindern und nicht fördern würde: »Wenn die Ölembargos und andere Behinderungen nicht aufhören, dann werden wir unsere diplomatischen Bemühungen einstellen. Wir lassen uns nicht unter Druck setzen.« Fahmy war zu klug, um sich einzubilden, daß er im Vertrauen auf seine Druckmittel alles uns zuschieben könnte, ohne auch selbst Zugeständnisse zu machen. Zwar gab er seine Forderung, die Israelis sollten sich auf die Linie vom 22. Oktober zurückziehen, nicht auf, gab mir aber zu verstehen, daß, wenn Israel einer Versorgung der 3. Armee mit nichtmilitärischen Gütern zustimmte, Ägypten unter Umständen bereit sein werde, die Blockade von Bab el-Mandeb aufzuheben und die israelischen Kriegsgefangenen zu entlassen. Aber würde Israel überhaupt eine Versorgung der eingeschlossenen feindlichen Armee zulassen. Nur die israelische Premierministerin konnte diese Frage beantworten.

Die Golda Meir, die am 31. Oktober nach Washington kam, war ein anderer Mensch als die israelische Premierministerin, die Nixon noch vor wenigen Monaten so selbstbewußt und keck gesagt hatte: »Wir haben es noch niemals so gut gehabt.« Der Krieg hatte sie zerbrochen. Sie hatte die Zügel noch fest in der Hand, aber sie litt mit jeder israelischen Familie, die einen Verlust zu beklagen hatte. In dieser psychischen Verfassung mußte sie als Führerin ihres Volkes mit einer neuen internationalen Lage fertigwerden, die ihr mehr oder weniger fremd war.

Jetzt begann sie zu begreifen, daß der Krieg zwar taktisch siegreich, aber strategisch unentschieden ausgegangen war. Israel hatte die Aura der Unbesiegbarkeit verloren und zugleich das damit verknüpfte Selbstvertrauen. Ein in sich gespaltenes Volk betrachtete das Ergebnis dieses Krieges, das es noch vor einem Jahr als einen Triumph gefeiert hätte, mit gemischten Gefühlen; die direkten Verhandlungen, die seit 1947 das erklärte Ziel der israelischen Diplomatie gewesen waren, fanden schon auf militärischer Ebene mit Ägypten statt, aber ihre Ergebnisse zerfielen zu Asche, als man erkannte, was dahinterstand. Alle konkreten Zugeständnisse, vor allem die territorialen, wurden von Israel verlangt, und wenn sich Israel einmal dazu bereit gefunden hatte, dann ließen sie sich nicht mehr rückgängig machen. Die arabischen Gegenleistungen waren eher immaterieller Natur wie etwa die diplomatische Anerkennung oder ein völkerrechtlich abgesicherter Friede, und sie konnten immer modifiziert oder sogar zurückgenommen werden. Die Hoffnung, daß Israel endlich von seinen Nachbarn anerkannt werde, trübte sich durch die Erkenntnis, daß für andere Länder die Anerkennung der Ausgangspunkt jeder Diplomatie und nicht ihr Ziel ist, und außerdem mußten die Israelis daran zweifeln, ob die Araber wirklich bereit waren, einen neuen politischen Kurs einzuschlagen, und wenn, ob sie auf die Dauer an diesem Kurs festhalten würden.

Die Beteiligung der Vereinigten Staaten an den diplomatischen Bemühungen verringerte die Schwierigkeiten nur zum Teil. Wenn wir zum Vermittler wurden, dann mußten sich die Beziehungen zwischen Israel und den Vereinigten Staaten in mancher Hinsicht ändern, wenn auch zunächst in einer kaum spürbaren Weise. Was Israel von den Vereinigten Staaten verlangte, waren zwei kaum miteinander zu vereinbarende Dinge: Amerika sollte die israelische Verhandlungsposition, die aufgrund innenpolitischer Zwänge immer unnachgiebiger zu werden drohte, bedingungslos unterstützen; und Amerika sollte die arabischen Länder dazu bewegen, den Staat Israel anzuerkennen und Frieden zu schließen. Um die erste Forderung zu erfüllen, müßten wir praktisch als Israels Anwalt auftreten; um das zweite Ziel zu erreichen, brauchten wir das Vertrauen der Araber und ihre Überzeugung, daß sie sich auf unsere Fairneß verlassen könnten. Wenn wir es mit dem Friedensprozeß ernst meinten, dann mußten wir auch den arabischen Standpunkt ernst nehmen. Deshalb würden wir uns gelegentlich von israelischen Auffassungen oder Maßnahmen distanzieren müssen, die wir für unvernünftig hielten. Vor einigen Jahren hatte ich dem israelischen Botschafter, Yitzhak Rabin, gesagt, daß, solange es das Ziel der amerikanischen Politik wäre, die Araber zu veranlassen, ihre Hoffnungen nicht mehr auf die Unterstützung durch die Sowjetunion zu setzen, die Politik der Vereinigten Staaten die gleiche sein würde wie die Israels. Doch sobald die Araber erkannt hätten, daß sie sich in ihren Erwartungen im Hinblick auf die Sowjetunion täuschten und sich deshalb uns zuwandten, um mit uns zusammenzuarbeiten, könnte es zu Unterschieden in den Auffassungen und Taktiken kommen. Diesem Augenblick näherten wir uns jetzt, wenigstens soweit es Ägypten betraf. Diese Situation erzeugte in Israel eine geradezu elementare Furcht, die Vereinigten Staaten könnten die neuen Beziehungen zur arabischen Welt zu hoch bewerten und Israel nicht mehr die gleiche Unterstützung gewähren wie bisher, und damit würde Israel seinen einzigen Freund verlieren.

Daß solche Befürchtungen noch keine konkrete Basis hatten, machte sie um so quälender. Wir hatten Israel während des Krieges und in den unmittelbar darauf folgenden Wirren in beispielloser Weise beigestanden; unsere engen Beziehungen zu diesem Land gingen weit über das normale Maß hinaus. Wir hatten Israel durch die Luftbrücke und unsere diplomatische Intervention gerettet. Eine Woche vor Goldas Besuch hatten wir verhindert, daß Israel in den Vereinten Nationen wegen der Verletzung des Waffenstillstandes verurteilt wurde, und hatten die Sowjetunion mit der Teilmobilmachung unserer Streitkräfte zum Nachgeben gezwungen. Aber nun ließen wir zum erstenmal erkennen, daß wir Israel unsere Unterstützung nicht bedingungslos gewähren könnten. Wir hatten erklärt, daß wir die Vernichtung der ägyptischen 3. Armee, die nach Inkrafttreten des Waffenstillstands eingeschlossen worden war, nicht zulassen würden. Daß wir Israel in dieser Frage nicht zustimmten, war nach unserer Auffassung die denkbar mildeste Form einer Distanzierung. Wir verlangten nicht den Rückzug der israelischen Streitkräfte auf die Stellungen vom 22. Oktober, sondern nur, daß Israel die Versorgung der eingeschlossenen Ägypter durch einen Lastwagenkonvoi mit Verpflegung und Medikamenten zuließ. Aber in Israel traten die sachlichen Gesichtspunkte eines solchen Unternehmens gegenüber seiner Symbolik in den Hintergrund. Wenn unsere Meinungsverschiedenheiten in diesem Punkt der Beginn einer Entwicklung darstellten, in deren Verlauf wir uns immer mehr von Israel distanzieren würden, dann war Israel verloren.

Zu jeder anderen Zeit hätte Golda die Gesamtlage kühl beurteilt und wäre zu dem Schluß gekommen, daß die Sicherheit Israels ausreichend geschützt wäre, wenn man mit einer amerikanischen Regierung, die für die strategischen Belange Israels Verständnis hatte, eine gemeinsame Strategie entwickelte. Aber diesmal kam sie neun Tage nach Inkrafttreten des Waffenstillstands und eine Woche nach den sowjetischen Drohungen, die zur Alarmierung der amerikanischen Streitkräfte geführt hatten, nach Washington. Sie war vollkommen erschöpft und versuchte, ihre Befürchtungen hinter einer trotzigen und herausfordernden Haltung zu verbergen. Mit düsteren Worten bezeichnete sie die Fahrt des einzigen Lastwagenkonvois als einen ägyptischen »Sieg«.

Doch das alles waren nur die äußeren Anzeichen für Goldas wirkliche Sorge, die dem bevorstehenden Friedensprozeß galt. Wenn die Verhandlungsposition Israels nicht sakrosankt war, wie weit würden wir dann gehen? Wenn sich Amerika das Recht vorbehielt, den israelischen Vorstellungen nicht in jedem Punkt zu folgen, womit mußte Israel dann rechnen? Es gab Antworten auf diese Fragen, und wir haben sie während der folgenden Wochen gefunden. Aber in diesem Augenblick hatte Golda den Eindruck, daß ihr Land der militärischen Niederlage nur entgangen wäre, um sich jetzt der Gefahr eines diplomatischen Zermürbungsfeldzugs ausgesetzt zu sehen. Am 1. November sagte Golda während der ersten Sitzung im Blair House – und gab den Verhandlungen damit die von ihr gewünschte Richtung –:

> Ich habe diese Reise gerade jetzt unternommen, weil wir in eine Lage geraten sind, in der wir uns über die Lösung konkreter Fragen hinaus über bestimmte Dinge klarwerden müssen ... Wir müssen die Pläne kennen, über die gesprochen wird. Wir müssen wissen, ob man uns vor vollendete Tatsachen stellen will, die andere geschaffen haben ... Vielleicht soll Israel alles tun, was Ägypten verlangt. Aber wir müssen wissen, was zwischen den Parteien geplant wird. Gibt es Pläne für die Verhandlungen? Wir sind für unser Volk verantwortlich.

Hier ging es natürlich nicht im entferntesten darum, Israel die Forderungen Ägyptens aufzuzwingen. Wie wir die Dinge sahen, ließ sich der Friedensprozeß unter keinen Umständen in Gang bringen, wenn wir die ägyptische 3. Armee nicht vor der Vernichtung bewahrten – und kein Land brauchte den Frieden dringender als Israel. Aber Golda konnte nicht glauben, daß wir oder sonst jemand wußten, auf welchem Weg ein solcher Friede zu erreichen wäre, und solange der Weg dorthin nicht deutlich zu erkennen war, wollte sie lieber dort bleiben, wo sie jetzt stand. Sie hatte es darüber hinaus auch mit einem echten Problem zu tun. Die immer höheren Forderungen an Israel hatten weniger etwas mit einer abstrakten Analyse ihres praktischen Werts als damit zu tun, daß sich die betroffenen Länder bestimmten Zwängen ausgesetzt sahen. Zwei Tage später sagte sie: »Nehmen wir an, wir beginnen mit den Friedensverhandlungen. Was wird dann mit uns geschehen? Die Sowjets werden ihre Meinung nicht ändern; die Europäer und die Japaner werden ihre Meinung nicht ändern. Das Öl befindet sich immer noch in arabischen Händen. Woher wissen Sie, daß Sie nicht weiter unter Druck gesetzt werden, um noch mehr herauszuschlagen?« Und wenn Israels Schicksal so beschaffen war, weshalb sollte man ihm nicht am Suez-Kanal begegnen, anstatt sich auf eine Linie zurückzuziehen, die der israelischen Grenze näher lag?

Eine gute Frage, die keine theoretische Antwort zuließ. Wir bemühten uns darum, Israels Furcht vor der Isolierung zu zerstreuen. Aber wenn ein Land von dem anderen abhängig ist, und besonders wenn dieses Abhängigkeitsverhältnis gegenüber einer Supermacht besteht, dann befindet sich das abhängige Land in einer sehr schwierigen Lage. Das Überleben eines kleinen Landes in einer feindlichen Umwelt kann so feine Probleme aufwerfen, daß sie von weit entfernt lebenden Nationen, deren Sicherheit nicht so unmittelbar bedroht ist, kaum begriffen werden können. Natürlich war man in Amerika eher bereit, für den Frieden Risiken einzugehen, als in Israel. Denn für Amerika waren es nur indirekte Risiken, während es für Israel dabei um das Überleben ging. Amerika konnte sich erlauben, zu experimentieren; für Israel konnte jede Fehlkalkulation zur Katastrophe führen.

So standen wir hier vor einer Herausforderung, die so alt war wie die Geschichte der zwischenstaatlichen Beziehungen. In einer Welt, in der die Völker voneinander abhängig sind, muß jede Nation ihre politischen Ziele irgendwie auf diejenigen der anderen abstimmen; kein Land kann es sich leisten, ausschließlich im eigenen Interesse zu handeln. Jahrzehntelang hatten arabische Starrheit und sowjetischer Druck die Illusion erzeugt, daß Israel nicht eine Außenpolitik, sondern nur eine Verteidigungspolitik treiben könnte. Aber der Oktober-Krieg und die Entscheidung Ägyptens, sich außenpolitisch zu mäßigen, hatten diesen Zustand beendet. Nun wehrte sich Golda nicht gegen die Strategie der Vereinigten Staaten, sondern gegen eine neue, viel komplexere Realität:

Meir: Wir haben den Krieg nicht begonnen, und doch . . .

Kissinger: Frau Premierministerin, wir stehen vor einer sehr tragischen Situation. Sie haben den Krieg nicht begonnen, aber Sie müssen eine weise Entscheidung treffen, wenn Sie das Überleben Israels schützen wollen. Vor dieser Entscheidung stehen Sie jetzt. Das ist meine aufrichtige Überzeugung als Ihr Freund.

Meir (mit bebender Stimme): Sie sagen, wir hätten keine Wahl.

Kissinger: Wir stehen vor einer internationalen Situation, wie ich sie Ihnen geschildert habe.

Meir: Sie sagen, wir müssen das Urteil der Vereinigten Staaten übernehmen . . . Müssen wir Ihre Lagebeurteilung akzeptieren? Auch wenn es unsere Angelegenheiten betrifft? Auch im Hinblick darauf, was für uns das Beste sei?

Kissinger: Wir alle müssen das Urteil anderer Nationen akzeptieren. Wir beugen uns Ihrem Urteil.

Golda fürchtete, daß, wenn sie unserem Urteil auch nur ein einziges Mal zustimmte, wir – auch wenn wir recht hatten – von Israel immer neue Zugeständnisse verlangen würden. Deshalb ging sie jetzt ins andere Extrem und erklärte, daß Israel es nicht nötig hätte, die Auffassungen anderer Nationen zu berücksichtigen – ein Luxus, den sich nicht einmal die Supermächte leisten konnten.

Wir mußten uns jedoch mit Israel einigen, denn sonst lag unsere Strategie in Scherben. Wenn Israel bei seiner Unnachgiebigkeit verharrte, dann verloren wir unsere zentrale Position in der Diplomatie. Wir hatten die Forderungen der radikalen Araber und der Sowjets in vielen Fällen wesentlich mildern können, aber, wie ich Golda sagte, »können wir das nur tun, wenn wir beweisen, daß wir unsere Zusagen einhalten, sie jedoch nicht«. Mit anderen Worten, wir durften die diplomatische Tagesordnung für den Nahen Osten nicht auf null reduzieren. Wenn unsere Bemühungen keine Ergebnisse zeitigten, dann würden die Araber keine Veranlassung haben, mit uns weiter zu verhandeln; es würde uns nicht gelingen, Ägypten von der Sowjetunion abzuspalten, und es gäbe keine gemäßigte Alternative zum arabischen Radikalismus. Auch die besten Freunde Israels konnten auf Verhandlungen und Zugeständnisse nicht verzichten; kein guter Freund der Israelis durfte sie zu einer Unnachgiebigkeit ermutigen, die die Position Israels allmählich aushöhlen und zu einer neuen Explosion führen mußte.

Golda wußte, daß diese Aussicht theoretisch richtig war, sie war aber noch nicht bereit, die Konsequenzen auf sich zu nehmen. Deshalb führte sie ein hartnäckiges Rückzugsgefecht in der Frage der Versorgung der ägyptischen 3. Armee. Dabei bezog sie wie jeder gute Stratege eine günstige Ausgangsposition und begründete ihre Haltung nicht mit dem nationalen Interesse Israels, sondern mit der Gefahr, daß die Vereinigten Staaten sich auf Kosten Israels mit der Sowjetunion einigen könnten. Mit dieser Taktik wollte sie geschickt die einflußreichen Freunde Israels in den Vereinigten Staaten auf ihre Seite bringen, trieb jedoch uns, die wir eine drei Wochen dauernde Krise hinter uns hatten, damit an den Rand der Verzweiflung, die fast ebenso groß war wie unsere Hochachtung vor Golda.

Bei diesem Besuch ließ sich Golda Meir auch nicht von dem protokollarischen Rang ihrer Gesprächspartner beeindrucken. Bei einem Gespräch mit Nixon im Ovalen Zimmer versuchte der Präsident, sie für Verhandlungen zu gewinnen:

> Die Frage, die Sie berücksichtigen müssen, lautet, ob Ihre durch unsere Phantom- und Skyhawk-Maschinen ermöglichte Politik Erfolg haben kann, wenn sie nicht zu einer Friedensregelung führt. Es fragt sich hier, ob eine Politik, deren einziges Ziel es ist, auf den Krieg vorbereitet zu sein, genügen wird – wenngleich Sie auch nach einem Friedensschluß auf einen Krieg vorbereitet sein müssen.
> Dieser letzte Krieg führt zu dem unausweichlichen Schluß, daß eine Politik des sich Eingrabens, bei der Sie uns sagen, wir sollten Ihnen die Waffen geben, und Sie würden mit diesen Waffen kämpfen, nicht das Ende sein kann. Sie müssen mit Ihrer Politik etwas bewegen, ebenso wie Sie sich auf Verhandlungen zubewegen.

Davon wollte Golda nichts hören. Sie war nicht bereit, die Sicherheit ihres Volks von Zusagen ihrer Nachbarn abhängig zu machen, die eben einen Überraschungsangriff geführt hatten. Und es war für sie unvorstellbar, eine eingeschlossene feindliche Armee zu versorgen, gleichgültig, wann diese Armee eingeschlossen worden war.

In ihrer Haltung kamen auch die Überzeugungen ihres Kabinetts zum Ausdruck. In ihrer Verzweiflung und Panik waren Goldas Kollegen vollständig erstarrt. Um diese Erstarrung aufzulösen, schlug ich vor, daß Israel der Zurücknahme seiner Streitkräfte auf die Stellungen des 22. Oktober »im Prinzip« zustimmen und sich bereit erklären sollte, die genaue Lage dieser Linie mit Ägypten auszuhandeln. Solche Verhandlungen würden viel Zeit in Anspruch nehmen, das heißt, das Problem würde zunächst auf Eis gelegt. Während der Dauer dieser Verhandlungen könnte die ägyptische 3. Armee über von den Vereinten Nationen überwachte Kontrollpunkte an der von Kairo nach Suez führenden Straße mit nichtmilitärischen Nachschubgütern versorgt werden. Während dieser Zeit könnten aus den Gesprächen umfassende Verhandlungen über eine Truppenentflechtung werden, und nach einer Truppenentflechtung würde die Frage nach einer Waffenstillstandslinie illusorisch sein. Zunächst ging Golda unter der Voraussetzung, daß auch das israelische Kabinett zustimmte, auf diesen Vorschlag ein. Am folgenden Abend sah sie sich gezwungen, ihn abzulehnen, weil ihr Kabinett einer Rückkehr auf die Stellungen vom 22. Oktober auch im Prinzip nicht zustimmen wollte und nicht bereit war, sich mit der Einrichtung von UN-Kontrollpunkten an der von Kairo nach Suez führenden Straße einverstanden zu erklären. Das israelische Kabinett wollte nichts anderes als Gespräche über eine allgemeine Truppenentflechtung.

Aber unter einer Truppenentflechtung stellten sich die Israelis das vor, was sie in der Nacht vorgeschlagen hatten, als die Vereinigten Staaten die Teilmobilmachung ihrer Streitkräfte anordneten: Israel sollte sich auf das Ostufer des Suez-Kanals zurückziehen, Ägypten auf das Westufer, und jede Seite sollte neue Stellungen zehn Kilometer hinter dem Kanal einnehmen – ein Geländetausch, bei dem Ägypten aufgefordert wurde, nicht nur die Gebiete zu räumen, die es während des Krieges besetzt hatte, sondern auch einen zehn Kilometer breiten Geländestreifen am Westufer freizugeben, wo die ägyptischen Streitkräfte vor dem Krieg ungehindert aufmarschiert waren. Wie Golda selbst zugeben mußte, würden die Ägypter auf einen solchen Vorschlag niemals eingehen. Wenn wir uns hinter diesen Plan stellten, dann mußten wir sogar damit rechnen, daß Sadat die Vereinigten Staaten als Vermittler ablehnte und die Feindseligkeiten wieder aufnahm.

Schließlich erklärte sich Golda Meir bereit, noch vor meiner Abreise nach Kairo eine Versorgungskolonne zur ägyptischen 3. Armee durchzulassen.

Die Stimmung auf den Sitzungen der WSAG wurde zunehmend gereizter. Einige meiner Kollegen setzten sich noch immer dafür ein, die eingeschlossene 3. Armee über eine *amerikanische* Luftbrücke zu versorgen. Einmal kam es sogar soweit, daß das Verteidigungsministerium die dafür benötigten Flugzeuge schon bereitstellte. Obwohl auch ich aufs äußerste beunruhigt war – schließlich hatten die über drei Wochen andauernden Spannungen und die schlaflosen Nächte nicht nur die Nerven der Israelis strapaziert –, widersetzte ich mich diesem Vorschlag energisch. Die Versorgung einer ägyptischen Armee über eine amerikanische Luftbrücke würde eine so deutliche Verschiebung amerikanischer Prioritäten signalisieren, daß wir unsere eigene Verhandlungsposition damit ausgehöhlt hätten. Ich bat meine Kollegen bei der WSAG dringend darum, an der Öffentlichkeit nicht den Eindruck zu erwecken, daß wir mit Israel nicht einverstanden waren, denn unser Einfluß im Nahen Osten würde geschwächt werden, wenn Israel nicht mehr als enger Verbündeter der Vereinigten Staaten angesehen würde, der sich nur schwer zum Nachgeben veranlassen ließ. Eine sichtbare

Spaltung zwischen uns würde zu einer Verstärkung des Drucks von außen herausfordern. Die Europäer, die Sowjetunion und die Blockfreien würden ermutigt werden, Lösungen zu verlangen, die sich noch viel schwieriger erreichen ließen, und damit mußten sich noch größere Probleme ergeben als diejenigen, mit denen wir es jetzt schon zu tun hatten. Wenn wir versuchten, mit Gewalt aus der Sackgasse herauszukommen, dann würde man es immer wieder von uns verlangen.

So schwierig die Gespräche mit Golda auch waren, im Grunde begriff auch sie, daß es nicht im Interesse Israels lag, die Dinge zum äußersten zu treiben. Sie hatte sogar pädagogische Absichten. Sie wollte uns lehren, daß jeder Versuch, unsere Probleme auf Israels Kosten zu lösen, schmerzliche Folgen für uns haben konnte. Dabei folgte sie einer taktischen Notwendigkeit. Sie wußte sehr wohl, daß das Problem der ägyptischen 3. Armee irgendwie gelöst werden würde, aber sie wollte ihr Kabinett nicht mit dieser Entscheidung belasten. Damit würde sie von ihrem Volk zuviel verlangen, das eben erst von arabischen Armeen angegriffen und fast in die Katastrophe gestürzt worden war. Für Israel war es leichter, amerikanischem Druck nachzugeben, als sich durch großzügige Initiativen selbst zu belasten. Golda hielt es für unklug, zu früh die Karten aufzudecken. Wenn sie erfuhr, was Sadat mir gesagt hatte, würde sie in ernsthafte Verhandlungen eintreten. Aber solange sie im Blair-House mit uns sprach, mußte sie mit dem Widerspruch ihres Kabinetts rechnen. Doch wenn sie wieder ihren Sitz als Regierungschef in Tel Aviv eingenommen hatte, würde es niemand mehr wagen, sich ihr zu widersetzen.

Ein Kontakt mit der PLO

Die schrecklichsten Alpträume verbanden sich für Israel mit der 1964 gegründeten Palästinensischen Befreiungsorganisation (PLO). Die Möglichkeit, daß eine Gruppe, die ganz Palästina für sich beanspruchte, irgendwie als legitim anerkannt werden könnte, hielten die Israelis für die größte Bedrohung ihrer Existenz. Aber angesichts der offenbar immer näher rückenden Verhandlungen verlangte die PLO immer entschiedener, daran beteiligt zu werden, während unsere diplomatischen Bemühungen durch die aktive Sabotage der PLO in große Schwierigkeiten geraten konnten. Damit standen wir vor einem delikaten Problem.

Damals wurden die Palästinenser allerdings noch nicht allgemein politisch anerkannt, ja nicht einmal von den arabischen Staaten. In der Resolution 242 des Sicherheitsrats der Vereinten Nationen vom November 1967 war nur von einem »Flüchtlingsproblem« die Rede, und diesen Flüchtlingen wurde darin keine politische Rolle zugewiesen. Die Nahost-Krise hatte ihren Ursprung in Palästina, aber alle Beteiligten nahmen zum Palästinenser-Problem eine sehr zweideutige Haltung ein. 1973 wurden sie bei den Vereinten Nationen noch als Flüchtlinge behandelt. In den Vereinigten Staaten und Westeuropa betrachtete man sie als Terroristen, die Sowjets sahen sie als ein Werkzeug, mit dem sich ihr Einfluß in diesem Gebiet verstärken ließ, und für die arabische Welt waren sie zugleich eine Inspiration und ein Störfaktor. Als die Bedeutung der PLO nach dem Oktober-Krieg sichtlich zunahm, wurde auch die Haltung ihrer Freunde immer zwiespältiger. Man konnte nie sagen, ob die Haltung der Araber Ausdruck einer aufrichtigen Zustimmung, der Furcht vor dem terroristischen Potential der Palästinenser oder des Wunsches war, radikale Gruppen im eigenen Lande für sich zu gewinnen.

Die Erfahrungen, die die Vereinigten Staaten mit der PLO gemacht hatten, waren bisher nicht sehr vertrauenerweckend. 1970 hatten palästinensische Terroristen drei nach Jordanien fliegende Verkehrsmaschinen gekapert und Hunderte von Passagieren als Geiseln genommen, darunter zahlreiche Amerikaner, die wochenlang festgehalten worden waren. Nachdem die PLO mehrere Attentatsversuche gegen Hussein organisiert hatte, versuchte sie, die Macht in Jordanien zu übernehmen. Im blutigen »Schwarzen September« warf Hussein sie aus Jordanien hinaus. 1972 übernahm die PLO die Verantwortung für das unter israelischen Sportlern bei den Olympischen Spielen in München angerichtete Massaker und verscherzte sich damit alle Sympathien in den Vereinigten Staaten. Im März 1973 ermordeten Anhänger der PLO zwei amerikanische Diplomaten in Khartum. Die PLO war also ausgesprochen anti-amerikanisch; ihr politisches Ziel bestand in der Vernichtung von zwei wichtigen Freunden der Vereinigten Staaten, Israels und des haschemitischen Königreichs Jordanien. Unter solchen Voraussetzungen hatten wir kein besonderes Interesse daran, den »Dialog« mit der PLO zu fördern, wie man später zu sagen pflegte – und zwar nicht, weil wir von Israel unter Druck gesetzt wurden, sondern weil es nach unserer Meinung nicht im nationalen Interesse der Vereinigten Staaten von Amerika lag.

Wir waren uns der Tatsache bewußt, daß sich die PLO aus den verschiedenartigsten Elementen zusammensetzte. Einige ihrer Mitglieder waren überzeugte Terroristen, andere formulierten ihre politischen Absichten nicht ganz so eindeutig, aber sie waren sich einig in der Ablehnung des Staates Israel. Mehrere arabische Nationen kontrollierten bestimmte Gruppen innerhalb der PLO, um damit im eigenen Land für Ruhe zu sorgen und die Politik der Palästinenser besser beeinflussen zu können. Aber daraus ergaben sich weitere komplexe Probleme. So unterstützte Syrien zum Beispiel die Gruppe der Saiqa, die mit Sicherheit stärker an die Regierung in Damaskus als an die Führung der PLO in Beirut gebunden war.

Deshalb hatte sich die PLO bis 1973 kaum jemals in die Verhandlungen eingeschaltet. In dem Abschlußkommuniqué nach dem Gipfeltreffen mit Nixon von 1972 in Moskau wurden die Palästinenser mit keinem Wort erwähnt, viel weniger die PLO. Auch in den von Gromyko und mir 1972 ausgearbeiteten allgemeinen Arbeitsgrundlagen war nur von Palästinensischen Flüchtlingen die Rede.[2] Das Kommuniqué des amerikanisch-sowjetischen Gipfeltreffens von 1973 sprach von den »legitimen Interessen des palästinensischen Volkes«, definierte diese Interessen aber nicht. Alle Planungen und Gespräche mit anderen Regierungen über das Jordan-Westufer gingen davon aus, daß König Hussein der Verhandlungspartner Israels sein werde.

Deshalb spielte die Frage, ob man mit den Palästinensern eine Verbindung aufnehmen sollte, in der Außenpolitik der Vereinigten Staaten 1943 keine besondere Rolle. Sie tauchte nur sehr selten auf, und dann auch nur auf der unteren Ebene der Nachrichtendienste. Ein Palästinenser-Staat unter der Führung der PLO war niemals Gegenstand ernsthafter Erörterungen.

Doch Mitte 1973 ergriff die PLO die Initiative, um eine Verbindung zu uns herzustellen. Ende Juli unterrichtete mich unser Botschafter im Iran, Richard Helms, der sich zur Vorbereitung eines Schah-Besuchs in den Vereinigten Staaten aufhielt, davon, daß ein enger Mitarbeiter des PLO-Führers Yasir Arafat an einen Botschaftsangehörigen herangetreten wäre. Er hatte erklärt, daß Arafat sich für einen Dialog mit den Vereinigten Staaten interessierte, und zwar über zwei Themen: Die Existenz Israels sei eine Tatsache, und Jordanien sei die Heimat des palästinensischen Staates (mit anderen Worten, Hussein müsse gestürzt werden). Außerdem wünschte die PLO die Klärung gewisser Fragen: Was verstanden wir unter dem Begriff »palästinensische Interessen« in dem von Breschnew und Nixon unterzeichneten Kommuniqué? Was wollten wir im Interesse der Palästinenser unternehmen? Wieviel war uns am Fortbestand des Königreichs Jordanien gelegen? Helms hatte Recht, wenn er sagte: »Es fragt sich, ob sie politische Gespräche mit den Fedayin führen wollen oder nicht.«

Ich sagte Helms, daß ich mir die Sache überlegen würde. Ich glaubte aber nicht, zu einem positiven Ergebnis kommen zu können. Ich hielt König Hussein für einen wertvollen Freund der Vereinigten Staaten, der uns zu diplomatischen Fortschritten in diesem Gebiet verhelfen konnte. Wir sollten uns darum bemühen, seine Stellung zu stärken, und nicht eine Gruppe unterstützen, die schon bei der ersten Kontaktaufnahme mit uns erklärt hatte, ihn stürzen zu wollen. Ein von der PLO geführter Palästinenser-Staat mußte notwendigerweise irredentistisch sein. Selbst wenn die PLO jetzt formal auf ihre ursprünglichen politischen Ziele verzichten sollte, würde sie nicht lange an einer gemäßigten Linie festhalten; dafür würden die zahlreichen radikalen Gruppen in ihren Reihen sorgen. Auch ihre engen Beziehungen zur Sowjetunion würden dazu führen, daß hier ein radikaler Staat wie Libyen oder Südjemen entstünde. Jedes palästinensische Gemeinwesen am Westufer des Jordan mußte sich im Lauf der Zeit gegen Jordanien wenden, wenn auch nur, um sich eine Basis für spätere, gegen Israel gerichtete Operationen zu schaffen und sich nicht an Friedensvereinbarungen halten zu müssen, nach denen das Jordan-Westufer mit Sicherheit entmilitarisiert werden würde.

Wenn die PLO jetzt den Eindruck erwecken wollte, daß sie zur Koexistenz mit Israel bereit sei, dann widersprach sie dem palästinensischen Nationalstatut von 1964, dem Gründungsdokument der Organisation. In ihrer gemäßigten Form verlangte die Politik der PLO einen aus Moslems, Juden und Christen zusammengesetzten weltlichen Staat in Palästina – mit anderen Worten, die Zerschlagung des Staates Israel.

Vor allen Arabern erhoben die Palästinenser die erbittertsten Vorwürfe gegen den jüdischen Staat. Selbst wenn Israel zu den Grenzen von 1967 am Jordan-Westufer zurückkehren und auf die Altstadt von Jerusalem verzichten würden – und es gab kaum jemanden, der das für möglich hielt –, würden die Palästinenser auch noch die Gebiete beanspruchen, mit denen sie durch ihren Namen verbunden waren. Deshalb konnte ein winziger Staat am Westufer für sie nur das Sprungbrett für die Erreichung ihrer eigentlichen politischen Ziele sein.

Am 3. August sagte ich Helms, daß wir die Anfrage Arafats nur mit einer Note beantworten könnten, die praktisch nichts aussagte, und lediglich erklären könnten, unser Ziel wäre die friedliche Koexistenz aller Staaten und Völker in diesem Gebiet. Die Vereinigten Staaten wären an den Vorstellungen der Palästinenser interessiert, wie man diesem Ziel durch Verhandlungen näher kommen könnte. Die dritte Frage müßten wir ganz eindeutig wie folgt beantworten: Der Sturz von Regierungen in der arabischen Welt käme für uns nicht in Frage; wir wären entschlossen, alles für den Fortbestand des Königreichs Jordanien zu tun.

Interessanterweise erreichten uns am 13. August ganz ähnliche Vorschläge der PLO über Marokko. König Hassan gab die gleichen Fragen an den damaligen stellvertretenden Direktor der CIA, Generalleutnant Vernon A. Walters weiter, als dieser dem König in Casablanca einen Besuch abstattete. Am folgenden Tag unterrichtete ich den israelischen Botschafter, Simcha Dinitz über die beiden Annäherungsversuche Arafats und unsere Antwort:

> Wir werden ihm sagen, daß wir keine Gespräche beginnen könnten, um drei Fragen zu beantworten. Er will natürlich nur, daß wir Jordanien überflüssig machen. Wir werden auf so etwas niemals eingehen. Das können Sie der Premierministerin sagen.

Dinitz ist auf diese Angelegenheit nicht wieder zurückgekommen. Am 17. August sagte ich dem israelischen Außenminister, Abba Eban, daß unsere Außenpolitik sich auf Jordanien und nicht auf die Palästinenser stütze. (Ich sagte ihm das nur ganz allgemein und überließ es Golda Meir, ihren Außenminister von Arafats Ouvertüren zu unterrichten.) Eban meinte, wir dürften keinen Zweifel daran lassen, »daß, wenn sie über die Palästinenser sprechen, sie es in Zusammenhang mit einer israelisch-jordanischen Friedensregelung tun«. Ich hatte keine Schwierigkeiten, einer Aufforderung zuzustimmen, die der politischen Lage der Vereinigten Staaten entsprach.

Am 3. September 1973 sagte König Hassan General Walters, daß es möglich sein würde, in ein Gespräch mit der PLO einzutreten, und Marokko bereit wäre, es zu arrangieren. Am 10. Oktober, vier Tage nach Ausbruch des Nahost-Krieges, hörten wir wieder von Arafat, diesmal allerdings nicht über Marokko. Wie ich im 11. Kapitel berichtet habe, kam die Botschaft vielmehr aus Beirut. Arafat erklärte darin, daß Ägypten und Syrien zwar eine Niederlage hinnehmen müßten, aber soweit ihr »Gesicht gewahrt« hätten, um in ernste Verhandlungen einzutreten. Die PLO wäre bereit, sich an den Verhandlungen der Araber mit Israel zu beteiligen. Sie hätte mit Jordanien eine Rechnung zu begleichen und nicht mit Israel, was aber in der gegenwärtigen Phase keine Rolle spielen müßte.

Solange der Krieg andauerte, beantworteten wir diese Anfrage nicht. Aber in der nach Beendigung der Kampfhandlungen herrschenden gespannten Atmosphäre überlegten wir uns, wie wir uns gegenüber den palästinensischen Annäherungsversuchen verhalten sollten. Für den Fall einer Konfrontation mit den Sowjets war es wichtig, dafür zu sorgen, daß die Araber die Sowjetunion bei einer Intervention möglichst wenig unterstützten. Sobald diese Gefahr gebannt war, lag es in unserem Interesse, die günstigsten Voraussetzungen dafür zu schaffen, daß sich gemäßigte Regierungen am Friedensprozeß beteiligten. Nun war die PLO eine Organisation, die überall in der arabischen Welt für Unruhe sorgen konnte. Uns lag daran, daß sie sich während der ersten schwierigen Phase unserer Annäherung an Ägypten und unserer Bemühungen um eine Unterstützung durch Saudi-Arabien möglichst zurückhaltend verhielt. Am 23. Oktober, als die Konfrontation um die Verletzungen des Waffenstillstandes sich ihrem ersten Höhepunkt näherte, erhielten wir eine weitere Botschaft, in der uns wieder mitgeteilt wurde, daß Arafat daran interessiert sei, an den Gesprächen beteiligt zu werden.

Am 25. Oktober, dem Tage, an dem wir unsere Streitkräfte alarmierten, beschlossen wir, uns mit diesem Angebot zu beschäftigen, um unseren Handlungsspielraum zu vergrößern. Mit der einzigen irgendwie bedeutungsvollen Botschaft, die wir während meiner Amtszeit der PLO haben zukommen lassen, teilten wir der Organisation über Marokko mit, daß wir bereit wären, einen Vertreter der amerikanischen Regierung zu Gesprächen mit offiziellen Vertretern der PLO zu entsenden, um eine Stellungnahme der Vereinigten Staaten zu Arafats Vorschlägen zu ermöglichen. (Mit anderen Worten, unser Beauftragter würde nicht die Vollmacht haben zu verhandeln, sondern eine offizielle Reaktion würde, wenn überhaupt, erst erfolgen, wenn wir von seinem Bericht Kenntnis genommen hatten.) Wir bestimmten General Walters zu unserem Vertreter. Er hatte in unserem Auftrag geheime Verbindungen zu den Nordvietnamesen und Chinesen in Paris aufgenommen und war ein Fachmann für diskrete Aufträge. Das Zusammentreffen sollte nach unseren Vorstellungen Anfang November stattfinden, unmittelbar vor meiner Reise nach Kairo, denn damit wollten wir erreichen, daß sich die PLO während dieser delikaten Phase ruhig verhielt. Die Begegnung fand am 3. November in der marokkanischen Hauptstadt Rabat statt. Ich hatte Walters angewiesen, möglichst lange Zeit auf diese Gespräche zu verwenden und sich ein möglichst klares Bild von den Vorstellungen der Palästinenser zu verschaffen. Er sollte ihnen jedoch keine Vorschläge machen, sondern erklären, daß er als Angehöriger des Nachrichtendienstes nur den Auftrag hätte, sich zu orientieren. Über die künftige politische Rolle der Palästinenser hatten wir die folgenden Vorstellungen:

Die Vereinigten Staaten haben nicht die Absicht, irgendwelche Vorschläge zu machen. Sie sind über die Geschichte der innerarabischen Politik und Kultur nicht genau genug unterrichtet, um sich Lösungen vorstellen zu können. Die Palästinenser müssen jedoch verstehen, daß die Vereinigten Staaten ihre Freunde grundsätzlich niemals verraten. Wir betrachten den König von Jordanien als unseren Freund. Wir würden daher erwarten, daß die Beziehungen zwischen der palästinensischen Bewegung und dem haschemitischen Königreich sich im Rahmen einer umfassenden Friedenslösung in Richtung auf eine Versöhnung entwickeln könnte.

Mit anderen Worten, wir wollten das Palästinenser-Problem nicht als eine internationale, sondern als eine innerarabische Frage behandelt wissen. Es war Sache der PLO, ihre Beziehungen zu anderen arabischen Staaten zu regeln. Dafür stellten wir jedoch eine Bedingung: Wir würden uns an keinem gegen Jordanien gerichteten Manöver beteiligen. So hatte die PLO nur die Möglichkeit, sich mit dem haschemitischen Königreich zu versöhnen, nicht aber die dortige Regierung zu stürzen.

Was für Jordanien galt, traf auf Israel in noch höherem Maß zu. Walters sollte klarstellen, daß sich die Vereinigten Staaten jeder Bedrohung des Überlebens Israels und jeder Infragestellung seiner Legitimität entgegenstellen würden. Darüber hinaus würden wir zum aktiven Widerstand übergehen, wenn die PLO noch einmal das Blut amerikanischer Bürger vergießen sollte.

Walters entledigte sich seines Auftrags mit der für ihn charakteristischen Tüchtigkeit und Diskretion. Der Vertreter der PLO, ein enger Mitarbeiter Arafats, schilderte ihm das an den Palästinensern begangene Unrecht. Seine Vorwürfe richteten sich in erster Linie gegen Jordanien; er erklärte, daß die Palästinenser niemals in einem haschemitischen Staat leben könnten. Auch könnten sie keinen eigenen Staat gründen, dessen Gebiet sich auf das Westufer des Jordan und den Gaza-Streifen beschränkte. Deshalb müßte die haschemitische Dynastie gestürzt werden, um den Palästinensern eine Heimat zu schaffen. Er wich jedoch der Frage aus, unter welchen Voraussetzungen die PLO Israel anerkennen würde, wenn überhaupt. Er sprach von einem weltlichen Staat (das Codewort für die Vernichtung Israels) und von der Möglichkeit, für Israel den Status wiederherzustellen, der in dem Teilungsplan der Vereinten Nationen von 1947 vorgesehen war – was eine weitere Einengung der israelischen Staatsgrenzen über die des Jahres 1967 hinaus bedeutete. Der Vertreter der PLO machte ebenso wie Walters keine konkreten Vorschläge. Bei ersten Begegnungen dieser Art werden im allgemeinen nur solche Erkundungsgespräche geführt, denn keine Seite will es darauf ankommen lassen, von der anderen sofort zurückgewiesen zu werden, und jede Seite versucht festzustellen, in welchen Punkten der Gesprächspartner eine gewisse Flexibilität zeigen könnte.

Doch wie sich herausstellte, war der Beginn unseres Dialogs mit der PLO auch sein Ende. Im März 1974 fand noch ein Treffen statt, aber wir kamen dabei nicht weiter als beim ersten.

Das war kein Zufall. In diesem Stadium widersprach es den Interessen der am Nahost-Konflikt Beteiligten, die PLO in die Gespräche einzubeziehen. Selbst wenn sich einige PLO-Führer bereit erklärt hätten, die Resolution 242 und das Existenzrecht Israels anzuerkennen – was diese Organisation bis zum heutigen Tag nicht getan hat –, war es angesichts der Dynamik dieser Bewegung unwahrscheinlich, daß sie auf die Dauer bei einem so gemäßigten Kurs bleiben würde. Das Gespräch in Rabat zeigte deutlich, daß die Anerkennung Israels in den Grenzen von 1967 nur ein erster Schritt war. Eine Nation unter der Führung der PLO wäre ideologisch verpflichtet, den jüdischen Staat zu zerschlagen. Für Jordanien bedeutete sie eine noch unmittelbarere Gefahr. Die Kontakte mit der PLO nahmen uns jeden Zweifel an der Absicht der Organisation, die haschemitische Dynastie zu stürzen.

Obwohl das Treffen in Rabat ursprünglich hatte geheimgehalten werden sollen, barg es zuviel Sprengstoff. Wir durften es nicht riskieren, daß andere Länder aus von uns nicht zu kontrollierenden Quellen davon erfuhren. Wenn es darüber hinaus durch die arabische Gerüchteküche in der Öffentlichkeit bekannt wurde, konnte eine solche Indiskretion noch dramatischere Konsequenzen haben, denn sie würde gerade die Länder beunruhigen, mit deren Unterstützung wir rechneten, wenn wir die Nahost-Politik in gemäßigte Bahnen lenken wollten. Deshalb unterrichtete ich Hussein, Sadat und Boumedienne und sprach später auch mit Asad. Brent Scowcroft informierte den israelischen Botschafter Dinitz.

Walters' Gespräch mit dem Vertreter der PLO hatte seinen Zweck erfüllt. Wir hatten Zeit gewonnen und verhindert, daß der Friedensprozeß gleich in seinen Anfängen von radikalen Elementen gestört wurde. In der Folgezeit unterblieben unmittelbar gegen Amerikaner gerichtete Angriffe – jedenfalls soweit es die Gruppe um Arafat betraf. Auf längere Sicht hat sich die Begegnung jedoch nicht ausgewirkt.

Meine erste Reise in den Nahen Osten

Ich verließ Washington am Montag, dem 5. November, um vor dem entscheidenden Besuch in Ägypten Zwischenaufenthalte in Marokko und Tunesien einzulegen. Ich hoffte, daß König Hassan und Präsident Habib Bourguiba als alte Freunde der Vereinigten Staaten uns bei unseren Bemühungen um ihre Brüder in der arabischen Welt moralisch unterstützen würden.

Wir landeten am gleichen Tage gegen 22.00 Uhr in Marokko, wo ich meinen Fuß zum erstenmal auf arabischen Boden setzte. Hier wurde ich auch zum erstenmal mit militärischen Ehren empfangen. Dieses Schauspiel beeindruckte mich tief, und zwar um so mehr, da mir niemand gesagt hatte, was mir bevorstand.

Als ich das Flugzeug verließ, bot sich mir der prächtige Anblick einer Kompanie hochgewachsener Soldaten in langen rotweißen Gewändern und weißen Turbanen. Bei meinem Eintreffen im Königspalast am nächsten Tag war mir zu Ehren die noch prächtiger uniformierte königliche Garde in weiten scharlachfarbenen und grünen Uniformen mit gezogenem Säbel angetreten. Ein Offizier mit der blanken Waffe in der Hand forderte mich auf, die Front abzuschreiten. Ich hatte nicht die leiseste Ahnung davon, wie eine solche Zeremonie vor sich gehen sollte.

Da ich die Angelegenheit möglichst rasch hinter mich bringen wollte, ging ich an der Reihe der vor mir aufgestellten Soldaten viel schneller vorbei, als man offenbar erwartet hatte. Vielleicht habe ich hier einen Weltrekord aufgestellt, denn als ich mich umwendete, hatte der Offizier, der mich begleitete, im Parademarsch erst die Hälfte der Strecke zurückgelegt. Ich wartete und reichte ihm, als er mich eingeholt hatte, die Hand – eine Geste, die sich als vergeblich erwies, denn der verwirrte Offizier hielt mir den blanken Säbel in einem Winkel von fünfundvierzig Grad entgegen. Aber er zeigte sich der Situation gewachsen. Mit einem halb mitleidigen, halb hochmütigen Blick steckte er den Säbel in die Scheide, zog sich den blütenweißen Handschuh aus und streckte mir nun seine Hand entgegen – aber ich hatte inzwischen meine Hand zurückgezogen und zum militärischen Gruß an die Schläfe gelegt. Schließlich schüttelte ich ihm doch die Hand und beeilte mich fortzukommen. Noch am gleichen Tag erlebte Joe Sisco im königlichen Palast ein Ungemach anderer Art. Er saß nachdenklich auf einem prächtigen, vergoldeten, mit rotem Samt bezogenen Stuhl in König Hassans Salon und schaukelte darauf hin und her. In dem Augenblick, als Seine Majestät das Zimmer betrat, krachte der Stuhl zusammen und Joe lag am Boden. Zum Glück haben die marokkanisch-amerikanischen Beziehungen diese Rückschläge überlebt.[3]

In Marokko laufen die aus Afrika, Europa und der arabischen Welt kommenden Wege zusammen, und die Küsten des Landes liegen am Atlantik und am Mittelmeer. Aus seinen wilden Bergen und trockenen Wüstengebieten kamen die Eroberer, die durch Jahrhunderte Nordafrika und Spanien manchmal brutal und gelegentlich großherzig beherrscht haben. Aber seine strategische Lage hat auch dazu geführt, daß Marokko zum Ziel fremder Invasionsarmeen geworden ist. Es ist abwechselnd Amboß und Hammer gewesen und hat alle Herrlichkeit und alle Schwächen des Menschen gesehen, seine Triumphe und seine Demütigungen. Die Angehörigen der oberen Klassen sind elegant und übersättigt. Sie stehen unter dem Eindruck des französischen Rationalismus und sind gleichzeitig geprägt von islamischem Stolz. Die große Masse der Bevölkerung lebt im Elend wie seit Jahrhunderten und ist sich zum großen Teil nicht des Umstandes bewußt, daß sie ihr Schicksal der geographischen Lage des Landes zu verdanken hat. Während der letzten Jahrhunderte hat Marokko im Kreuzfeuer der strategischen Interessen anderer Länder gestanden, was seine Herrscher gezwungen hat, das Staatsschiff geschickt, kaltblütig und selbstbewußt durch die Stürme der Geschichte zu steuern.

Die erbliche Monarchie, die sich bei der gegenwärtigen Dynastie bis ins 17. Jahrhundert zurückverfolgen läßt, wurde durch den Umstand gestärkt, daß Hassans Vater im Kampf um die Unabhängigkeit gegen Frankreich die führende Rolle gespielt hatte. Die Monarchie war der Spiegel der Zwiespältigkeit der marokkanischen Seele. Als kultivierter Weltmann hat König Hassan II. nie den gleichen Fehler begangen wie der Schah, der sich bewußt als weltlicher Herrscher darstellte. Als König des arabischen Reichs, das zu dem Konflikt mit Israel die größte Distanz halten konnte, hat er seinen Einfluß dazu genutzt, mäßigend zu wirken und sein Land nicht nur für Walters' geheime Zusammenkünfte mit der PLO zur Verfügung gestellt, sondern auch für geheime Kontakte zwischen Israelis und Ägyptern, die 1977 zu Sadats historischem Besuch in Jerusalem führte.

Die Regierungsformen in den Nachbarländern Marokkos waren weniger in der historischen Tradition verwurzelt. Das sozialistische Algerien suchte immer wieder nach Möglichkeiten, seinen Nachbarn und Rivalen zu schwächen, und das revolutionäre Libyen bemühte sich darum, die subversiven Kräfte in Marokko zu aktivieren. Angesichts dieser radikalen Herausforderungen mußte der König geschickt manövrieren, um den Eindruck zu vermeiden, ein rückständiger Feudalherrscher zu sein. Er gehörte zu den überzeugendsten Fürsprechern der Palästinenser und hat sich immer wieder für sie eingesetzt. Im Nahost-Krieg von 1973 schickte er als loyaler Araber einen marokkanischen Truppenverband an die syrische Front. Aber der König machte sich im Hinblick auf die Politik der Radikalen keine Illusionen. Er wußte, daß er es seinem Land nur ersparen konnte, zu sehr unter Druck gesetzt zu werden, wenn er das Kräfteverhältnis zwischen gemäßigten und radikalen Arabern zugunsten der gemäßigten beeinflußte. Dazu brauchte er die Unterstützung der Vereinigten Staaten, und diese gewann er immer wieder durch freundschaftliches Verhalten und kluge Ratschläge.

Bei unseren ersten Gesprächen erklärte ich die Notwendigkeit unserer Luftbrücke nach Israel mit dem Argument, wir dürften es nicht zulassen, daß sowjetische Waffen sich im Nahen Osten amerikanischen Waffen überlegen zeigten, denn dann werde das ganze Gebiet unter den Einfluß der Radikalen und der Sowjets geraten. Der König teilte unsere Auffassung. Er sagte: »Dann hätten wir nicht überleben können.« Unsere Begegnungen fanden in dem riesigen Königspalast in Rabat statt. Zuerst trafen wir uns zu einer großen Plenarsitzung und dann unter vier Augen in Hassans privatem Büro. Ich wollte ihm unsere Strategie verständlich machen: Wir durften unser diplomatisches Kapital nicht schon für den Waffenstillstand verausgaben, sondern mußten uns sofort um eine Truppenentflechtung bemühen. Auch diesen Gedanken unterstützte der König. Er sagte, er werde, um mir zu helfen, eine Botschaft nach Kairo schicken und Sadat versichern, daß

> (Kissinger) nicht der klassischen diplomatischen Linie folgt und es vorzieht, Emotionen und phantastische Vorstellungen zu vermeiden, um die Probleme und Realitäten in kühler, ruhiger und objektiver Weise zu behandeln. Wir haben vor allem den Eindruck, daß er, wenn er eine Verpflichtung eingeht, sich auch daran halten wird.

Da es hier so sehr auf immaterielle Dinge ankam, erwies uns der König damit, daß er Sadat psychologisch in seinem Vorhaben bestärkte, den wertvollsten Dienst.

Am 6. November verabschiedete ich mich von König Hassan und flog nach Tunesien, um mich dort der Unterstützung eines zweiten gemäßigten Führers und Freundes der Vereinigten Staaten, des Präsidenten Habib Bourguiba, zu versichern. Bourguiba gehörte zu derjenigen Generation der Freiheitskämpfer, deren Ehrgeiz darin bestand, das westliche Wertsystem zu übernehmen, und nicht, es zu zerstören. Er gehörte dem bürgerlichen Mittelstand an und war in Frankreich erzogen. Obwohl er im Gefängnis gesessen und in die Verbannung geschickt worden war, bemühte er sich darum, aus der Hauptstadt seines Landes eine kultivierte und moderne Metropole zu machen. Tunesien hatte die Unabhängigkeit schon 1956 erlangt, und es bestand bereits die Gefahr, daß seine politischen Strukturen erstarrten. Bourguiba war entschieden prowestlich, gemäßigt in seinen Äußerungen und maßvoll in seiner Politik. Ebenso wie sein Kollege in Marokko wollte er seine Verbundenheit mit der arabischen Sache dokumentieren, indem er die Palästinenser unterstützte. Aber Tunesien, das seine Nachbarn Algerien und Libyen für sich beanspruchten und das zum Teil nur wegen ihrer Rivalität überlebte, war darauf angewiesen, daß die gemäßigten Kräfte in der Welt die Oberhand behielten. Es konnte seine Existenz am besten sichern, wenn es ihm gelang, die Leidenschaften abzukühlen; es fürchtete eine Zunahme des sowjetischen Einflusses und des arabischen Radikalismus.

Von Bourguibas Palast aus überblickte man die Ruinen des alten Karthago, die mich daran erinnerten, daß die Geschichte immer von den Siegern geschrieben wird. Das von ihm entworfene Gebäude könnte Ausdruck der Phantasie eines Mannes sein, der sich das Leben im Gefängnis mit solchen Vorstellungen erträglich gemacht hat. Es wirkte fast wie ein Spielzeug. Auf den Korridoren sah man nichts als Gemälde, Büsten und Fotos von Bourguiba. An andere Gegenstände kann ich mich nicht erinnern. Die Räume hatten riesige Dimensionen. Und darin verlor sich fast dieser kleine alte Mann, der aussah wie ein französischer Intellektueller und dessen nervöse Ruhelosigkeit charakteristisch war für einen Menschen, der das Leben in der Gefängniszelle kennt.

Man hatte mir gesagt, daß man bei ihm schon die ersten Anzeichen einer Verkalkung spürte, aber sie beeinträchtigte nicht seinen klaren Verstand, wenngleich er nicht immer sofort zu dem Thema Stellung nahm, das man angeschnitten hatte. Gegenüber den Absichten der Sowjetunion hegte er größtes Mißtrauen und hielt das Anwachsen der sowjetischen Macht für bedrohlich. Er fürchtete, daß der Westen nicht diszipliniert genug sei, um den Sowjets wirksam Widerstand zu leisten. Er hoffte, daß sich der Einfluß der Vereinigten Staaten im Nahen Osten jetzt vergrößerte. Ich erläuterte ihm unsere Strategie: »Andere können Waffen liefern, aber nur die Vereinigten Staaten können territoriale Veränderungen herbeiführen.« Ich sagte, daß man uns nicht mit Öl erpressen dürfte. Wir würden unserer Überzeugung gemäß handeln und keinem äußeren Druck nachgeben. Mit trauriger Miene – und in kluger Erkenntnis der Realitäten – mußte Bourguiba zugeben, daß die »feindliche Haltung ein großer Fehler der Araber ist«.

Tunesien war unsere letzte Station vor Kairo, wo es sich entscheiden würde, ob meine Reise ein Erfolg gewesen war oder nicht.

Als ich am Dienstagabend, dem 6. November, zwei Wochen nach Inkrafttreten des Waffenstillstands, in Kairo landete, war der Flughafen immer noch verdunkelt. Ich konnte den ägyptischen Außenminister Fahmy am Fuß der Gangway kaum erkennen. Die Dunkelheit hinderte ihn nicht daran, mir in dem für ihn charakteristischen scherzhaften Ton seine Beschwerden vorzutragen, aber kaum hatte er angefangen, die unerfüllten Zusagen der Amerikaner und Israelis aufzuzählen, als sich auf dem asphaltierten Flugfeld ein lautes Trappeln hören ließ. Es waren die Kairoer Journalisten, die das Eintreffen des ersten höheren amerikanischen Beamten in Ägypten nach dem Krieg miterleben wollten. Plötzlich flammten Blitzlichter auf. Die mich begleitenden Sicherheitsbeamten versuchten, mich abzuschirmen, was ihnen aber nicht gelang. Wie so viele Ausländer vor ihnen sahen sie sich plötzlich einer Menschenmenge gegenüber, die ebenso unaufhaltsam auf sie eindrang wie die nahe Wüste, bis sie sich nicht mehr vom Fleck rühren konnten und sich in ihr Schicksal ergaben, das jedoch durch die offensichtliche Gutwilligkeit der Masse, die sich über alle Sicherheitsvorschriften hinwegsetzte, erträglich gemacht wurde. Es war nur gut, daß sich kein Terrorist als Reporter getarnt hatte, denn die begeisterten Menschen drängten sich so dicht um Fahmy und mich, daß ich den Eindruck hatte, daß es ihnen mehr auf den direkten körperlichen Kontakt mit den Gästen ankäme, als darauf, irgendwelche Fragen zu stellen. Schließlich wurden wir von einer Gruppe Soldaten gerettet, die eine Kette bildeten und uns zu einem Mercedes brachten, der als Nassers Staatskarosse schon bessere Tage gesehen hatte.

In meiner Unterkunft, dem Nil-Hilton-Hotel, erläuterte mir Fahmy das Besuchsprogramm. Am frühen Morgen sollte ich das ägyptische Museum besichtigen. Es folgten ein Gespräch mit Sadat, ein Besuch der Pyramiden und ein Essen in Fahmys Haus. Meine Begegnung mit Sadat war also zwischen zwei Besichtigungen von Altertümern gelegt worden. Vielleicht wollte man mir damit zu verstehen geben, daß Ägypten schließlich mit allen Ausländern fertiggeworden war; wenn es sie nicht besiegt hatte, dann hatte es sie doch überdauert.

Meinen ersten Eindruck von Kairo hatte ich am folgenden Morgen vom Balkon des Hotels aus. Die Stadt lag in einer ebenen Landschaft und wurde von einem schlammigen Flußlauf durchzogen. Man sah kein besonders auffallendes Gebäude mit Ausnahme eines hohen Turms, den Nasser Anfang der sechziger Jahre hatte bauen lassen, angeblich mit Geldern der CIA, die er »für etwas nicht näher Bezeichnetes, aber sehr Großes, sehr Auffallendes, sehr Dauerhaftes und sehr Teures« ausgeben wollte.[4] Sein Wunsch ging in Erfüllung, und jetzt war dieses keinem besonderen Zweck dienende Bauwerk aus allen Himmelsrichtungen schon von weitem als Wahrzeichen Kairos zu sehen. Wie bei so vielen ägyptischen Monumenten ist sein wichtigstes Attribut die Dauerhaftigkeit und nicht die Funktionalität. Wahrscheinlich wird es auch sehr lange an seinem Platz bleiben, denn in diesem uralten Land bewahren die trockene Luft und die heiße Sonne die menschlichen Torheiten ebenso wie seine Triumphe für viele Generationen.

Im Ägyptischen Museum konnte ich noch sehen, welche Maßnahmen man zum Schutz gegen israelische Luftangriffe getroffen hatte. Die Kunstgegenstände in den unteren Stockwerken waren noch in Kisten verpackt, und über den Fenstern der Glasvitrinen waren Klebstreifen angebracht, die den Blick des Beschauers störten. Überall waren Sandsäcke aufgeschichtet. Am meisten beeindruckte mich, wie stark die ägyptische Kunst die jeweiligen Eroberer des Landes beeinflußt hatte. In einem großen Saal konnte man feststellen, daß die hellenistischen Bildhauer nach Alexander dem Großen im Lauf der Zeit immer stärker ägyptischen Vorbildern gefolgt waren. Als die Griechen nach Ägypten kamen, waren ihre Statuen realistisch und zeigten ernste, aber durchaus menschliche Züge. Doch im Lauf einiger Generationen hob sich ihr Blick buchstäblich. Sie schauten nicht mehr geradeaus in die Augen eines anderen Menschen, sondern über die Menschen hinweg auf ferne Horizonte. Hier wurde die Enge der in Felder und Täler gegliederten europäischen Landschaft transzendiert, und das Auge des Menschen erfaßte die Unendlichkeit der ägyptischen Sandwüste. Die Gesichter verloren ihre Strenge und nahmen einen abstrakten, fast glückseligen und von allem Irdischen gelösten Ausdruck an, als habe die Zeit, die dem Sterblichen zugemessen ist, keine Bedeutung mehr für sie.

Gern denke ich noch heute an meinen Gang über den Tahrir vor dem Museum und die Freundlichkeit der Menschen auf der Straße. In Ägypten war ich offenbar noch ein Unbekannter. Aber die mir zum Schutz mitgegebenen Sicherheitsbeamten sind wahrscheinlich ein Beweis dafür gewesen, daß ich der amerikanische Gast war, über den die Zeitungen berichtet hatten. Ich sah aber nur fröhliche Gesichter und glaubte zu spüren, daß man hohe Erwartungen in meinen Besuch setzte. Wie vor etwas mehr als zwei Wochen in Israel spürte man, daß sich das Volk nach Frieden und einem Signal der Hoffnung sehnte.

Ich hatte eine schwere Verantwortung übernommen, und nach meinem Gespräch am frühen Morgen mit Arnaud de Borchgrave von *Newsweek,* der mir sagte, daß Sadat schon an die Wiederaufnahme der Feindseligkeiten dächte, war mir bewußt, wie schwierig die Verhandlungen sein würden. Die höheren ägyptischen Offiziere sahen in der Einschließung der 3. Armee einen Angriff auf die Ehre Ägyptens, der nicht hingenommen werden dürfte. Obwohl de Borchgrave vor sechs Monaten recht gehabt hatte, als er den unmittelbar bevorstehenden arabisch-israelischen Konflikt voraussagte, glaubte ich nicht, daß er diesmal recht behalten würde. Ich konnte mir nicht vorstellen, daß Sadat einen so großen Wert auf meinen Besuch gelegt hätte oder in seinen diplomatischen Bemühungen so flexibel gewesen wäre, wenn er die Absicht hätte, die Entscheidung mit militärischen Mitteln herbeizuführen. Aber diese Warnung ließ mich noch deutlicher erkennen, wie ernst die Lage war.

Die Menschenmassen auf den Straßen Kairos zeigten deutlicher als alle Worte, weshalb Israel so sehr um seine eigene Sicherheit besorgt war. Allein die Stadt Kairo hatte, wie gesagt, doppelt so viele Einwohner wie Israel. Alle drei Jahre nimmt die Bevölkerung Ägyptens um soviel zu, wie Israel Einwohner hat. Es war ein fast unlösbares Dilemma: Israel hatte die Fähigkeit, aber nicht das Vertrauen, Frieden zu schließen. Die Araber waren militärisch noch unterlegen, befanden sich aber in der Überzahl, und hatten Zeit. Sie konnten warten, bis Israel einen tödlichen Fehler machte, und da sich die Israelis dieser Gefahr bewußt waren, war ihre Außenpolitik unnachgiebig und starr.

Außerdem wußte ich, daß ich angesichts der innenpolitischen Lage in den Vereinigten Staaten und der Verhältnisse im Nahen Osten keinen großen Verhandlungsspielraum hatte. Nixon wurde immer ungeduldiger, denn seine Kritiker würden Watergate dafür verantwortlich machen, wenn meine Mission scheiterte, was den Sturz Nixons beschleunigen und seine Glaubwürdigkeit aushöhlen würde, was wiederum zur Schwächung unserer Position auf internationaler Ebene führen mußte. Am 5. November forderte Edward Brook aus Massachusetts als erster Senator aus der Partei des Präsidenten Nixon zum Rücktritt auf. Das gleiche taten das Nachrichtenmagazine *Time*, die *New York Times* und die Zeitung *Detroit News*. Wie immer, wenn er sich in die Enge getrieben fühlte, entschloß sich Nixon zum Angriff, und ein spektakulärer Durchbruch im Nahen Osten war nach seiner Auffassung die beste Angriffswaffe. Auf einer Kabinettssitzung am 6. November, bei der es um Energiefragen ging – ich befand mich in Kairo –, brachte Nixon überraschend das Nahost-Problem zur Sprache. Brent Scowcroft telegrafierte mir:

> Am Schluß der Kabinettssitzung überraschte uns der Präsident mit einer kurzen Rede über den Nahen Osten ... Der Präsident sagte, seine Worte sollten nicht ins Protokoll aufgenommen und das Thema sollte nicht weiter diskutiert werden, er wollte dem Kabinett jedoch in Zusammenhang mit der Energiefrage mitteilen, daß es notwendig werden könnte, Israel unter Druck zu setzen, um eine bedenkliche Ölknappheit abzuwenden. Er sagte, Golda hätte sich zunächst einigermaßen flexibel gezeigt, wäre dann aber völlig unzugänglich geworden, weil sie augenscheinlich glaubte, die Israelis könnten alles behalten, was sie jetzt in der Hand haben. Er sagte, es könnte sich für die Vereinigten Staaten als notwendig erweisen, zu den Vereinten Nationen zu gehen und Israel vielleicht auf andere Art unter Druck zu setzen. Er hoffte, es werde nicht notwendig sein, wenn es sich aber nicht vermeiden ließe, rechnete er mit dem Verständnis und der Unterstützung des Kabinetts, was auch immer geschehe ...
> Das Ganze war ein Schuß aus dem Dunkeln, und wir können nur hoffen, daß es nicht durchsickert ... Ich bin jedoch überzeugt, daß es innerhalb der Bürokratie keine Auswirkungen haben wird.

Wenn wir uns wegen des Öls gegen Israel wendeten, dann wäre darin ein Verzweiflungsakt zu sehen, mit dem wir nur das Gegenteil von dem erreichen würden, was wir beabsichtigten. Fanden wir uns nur ein einziges Mal bereit, Israel unter Druck zu setzen, um damit die Aufhebung des Ölembargos zu erreichen, dann hätten wir damit einen Präzedenzfall geschaffen, und die Araber würden immer wieder versuchen, das Öl als Waffe gegen uns zu gebrauchen, wenn sie ihre Forderungen durchsetzen wollten. Dabei konnten wir nur überall an Einfluß verlieren. Es würde uns weder gelingen, die Wünsche der Araber zu befriedigen – wenn wir uns daran beteiligten, den israelischen Widerstandswillen auszuhöhlen –, noch würde uns irgend jemand dafür danken, Kompromißlösungen gefunden zu haben. Wie durch ein Wunder ist es Haig und Scowcroft gelungen, Nixons Äußerungen nicht durchsickern zu lassen. Aber man durfte kaum daran zweifeln, daß Nixon dieser Strategie folgen würde, wenn meine Mission scheiterte.

Kurz vor Beginn der Gespräche in Kairo hatte ich auch erfahren, daß die Europäische Gemeinschaft am 6. November eine Nahost-Deklaration formuliert hatte, mit der die Unterzeichner den sofortigen Abzug Israels auf die Waffenstillstandslinien vom 22. Oktober verlangten und sich dazu noch der arabischen Interpretation der Resolution 242 des Sicherheitsrats anschlossen. Darin war nicht nur ein beunruhigendes Zeichen für die Schwäche der Europoäischen Gemeinschaft zu sehen, es richtete auch erheblichen Schaden an, denn es engte Sadats Handlungsspielraum ein. Konnte er sich mit weniger zufrieden geben, als ihm die Europäer zugestehen wollten? Die Antwort darauf würde mir zeigen, was sich erreichen ließ, denn das europäische Programm mußte auf längere Sicht in die Sackgasse führen. Ein Rückzug Israels auf die Stellungen vom 22. Oktober konnte die großen Anstrengungen, die wir dafür unternehmen mußten, nicht rechtfertigen. Aber wenn sich damit die Verpflichtung verband, Israel zur Anerkennung der Grenzen von 1967 zu zwingen, dann ließ sich dieses Ziel nicht erreichen. Wir befanden uns in einer Zwickmühle: Entweder erreichten wir zu wenig oder strebten eine Lösung an, die sich nicht erreichen ließ. Deshalb war es besser, unser ganzes diplomatisches Kapital für die durchaus erreichbare Truppenentflechtung einzusetzen; darin bestand das strategische Ziel der Vereinigten Staaten.

So standen wir beide, Sadat und ich, mit dem Rücken zur Wand. Für Sadat standen die 3. Armee und alle Hoffnungen auf eine durch Verhandlungen erzielte Lösung sowie die Fortsetzung seiner Umorientierung von der Sowjetunion auf die Vereinigten Staaten auf dem Spiel. Ich riskierte die Position der Vereinigten Staaten im Nahen Osten bei den Verhandlungen mit einem politischen Führer, den ich persönlich noch nicht kannte und den ich erst vor kurzem zu respektieren gelernt hatte. Sadat hatte die Möglichkeit, unsere Verhandlungen in die Sackgasse zu führen, aber dabei hatte ich den Vorteil zu wissen, daß es Sadat auf längere Sicht nichts nützte, wenn der Friedensprozeß ins Stokken geriet; deshalb könnte es mir gelingen, die Dinge wieder in Gang zu bringen.

Der Tahra-Palast liegt in Heliopolis, einem früher eleganten Vorort von Kairo, der heute darum kämpft, sein äußeres Erscheinungsbild zu wahren, denn er liegt zwischen den Slums am Stadtrand, die nach außen drängen, und dem Kasernenbereich am Flughafen, der sich ständig gegen die Stadt hin ausweitet. Früher lebte hier eine der Frauen König Faruks, und der Palast ist Ausdruck der ägyptischen Vorstellung, königlicher Pomp bestehe in der Verbindung der äußeren Fassade von

Fontainebleau mit der Inneneinrichtung britischer Landhäuser. Er liegt in einem geräumigen Park, der, wenn man bedenkt, daß es sich um die Residenz des Präsidenten handelt, einen recht verlassenen Eindruck macht.

Als ich hier am Morgen des 7. November eintraf, wurde ich am Fuß der zum Eingang führenden Freitreppe von zwei alten Bekannten in Empfang genommen. Der eine war Hafiz Ismail, der immer noch den Posten von Sadats Sicherheitsberater innehatte, ein aufrechter und umgänglicher Mann, der von Kairo aus über unseren »Sonderkanal« die Verbindung zu Washington hielt. Der andere war Ashraf Ghaorbal. Dieser ausgezeichnete, in Harvard erzogene Diplomat, der mit großem Geschick die ägyptische Interessenvertretung in Washington leitete, die eingerichtet worden war, weil wir keine offiziellen diplomatischen Beziehungen zu Ägypten unterhielten, war mir ungeheuer sympathisch. Er war zutiefst davon überzeugt, daß Ägypten an die Seite des Westens gehörte. (Zur Zeit der durch Nassers Flirt mit der Sowjetunion zwischen uns entstandenen gespannten Beziehungen hatte mir Ghaorbal einmal ein Gedicht geschickt, in dem er mich taktvoll aufforderte, Geduld zu üben.) Nun kam er auf mich zu und umarmte mich. Ich wußte, daß er mit dem Herzen auf meiner Seite stand. Bei solchen Gelegenheiten können kleine Gesten sehr ermutigen. Ismails und besonders Ghaorbals Gegenwart beruhigte mich und gab mir Hoffnung.

Wir gingen rasch die Treppe hinauf und betraten eine Halle, von der aus man einen schönen Blick auf den Park hatte. Dort angekommen wurde mir klar, weshalb es draußen so still gewesen war. In der Halle schienen sich alle Journalisten aus dem Nahen Osten und wenigstens Sadats halber Stab versammelt zu haben. Die Menschen standen wieder dicht gedrängt, und ich konnte nicht erkennen, ob irgendwelche Sicherheitsvorkehrungen getroffen waren. Ich wurde von verschiedenen Seiten angerempelt und konnte in dem hellen Scheinwerferlicht kaum etwas sehen, als ich plötzlich hinter mir einen tiefen Bariton hörte: »Willkommen, willkommen.«

Vor mir stand Sadat in einer Khaki-Uniform, den Mantel lässig über die Schultern gelegt (denn im November ist es im Innern ägyptischer Paläste kalt). Er war größer, dunkelhäutiger und imposanter, als ich erwartet hatte. Er wirkte vital und vertrauenerweckend. Dieser Bauernsohn zeigte eine natürliche Würde und aristokratische Haltung, die kaum zu seiner revolutionären Vergangenheit zu passen schienen, aber zugleich beeindruckten und beruhigten. Er wirkte vollkommen gelöst, und auch ich bemühte mich nach Kräften, so zu tun, als sei diese Begegnung die natürlichste Sache der Welt, wenngleich sie nur zwei Wochen nach einem Krieg stattfand, in dem wir den Feind Ägyptens bewaffnet und dann – nachdem wir unsere Truppen in Alarmzustand versetzt hatten – damit gedroht hatten, auf ägyptischem Boden militärisch zu intervenieren. Wir wollten beide nicht zeigen, wieviel jetzt auf dem Spiel stand, obwohl wir wußten, daß wir am Anfang einer der wenigen diplomatischen Verhandlungen standen, die man als historisch entscheidend würde bezeichnen müssen. Wir setzten uns auf ein Sofa und tasteten einander mit ein paar banalen Floskeln ab, die es bei solchen

Gelegenheiten ermöglichen, vor den Fotografen natürlich und gelöst zu wirken.

»Wie war Ihre Reise?«

»Ausgezeichnet, Herr Präsident.«

»Wir freuen uns, daß Sie gekommen sind.«

»Vielen Dank, Herr Präsident.«

Dann führte mich Sadat in sein geräumiges Arbeitszimmer. Durch die hohen französischen Fenster blickte man auf einen Rasenplatz, auf dem für unsere Mitarbeiter einige Korbstühle im Halbkreis aufgestellt worden waren. »Ich habe mir Ihren Besuch sehr dringend gewünscht«, sagte Sadat und stopfte sich die Pfeife. »Ich habe einen Plan für Sie. Man könnte ihn als Kissinger-Plan bezeichnen.«

Mit diesen Worten ging er zur anderen Seite des Zimmers hinüber, wo einige Lagekarten an der Wand hingen, und erläuterte mir einen Truppenentflechtungsplan, nach dem Israel zwei Drittel der Sinai-Halbinsel bis zu einer Linie von El Arish bis Ras Mohammed räumen sollte. Sadat muß sich klar darüber gewesen sein, daß diese Forderung unannehmbar war. Wenn wir schon Schwierigkeiten gehabt hatten, Israel zum Rückzug auf die Stellungen vom 22. Oktober am *Westufer* des Suez-Kanals zu bewegen, dann war es unvorstellbar, daß sich die israelischen Truppen so weit nach Osten zurückziehen würden, um den Suez-Kanal, die strategischen Pässe von Giddi und Mitla und den größten Teil der Sinai-Halbinsel aufzugeben. Und mit welchen Gegenleistungen konnte Israel rechnen? Daß Sadat sich dazu nur sehr unbestimmt äußerte, zeigte, daß er mich nur auf die Probe stellen wollte. Er nahm ein paar Züge aus seiner Pfeife und bat mich um meine Stellungnahme.

Ich hielt es für unklug, den ersten Vorschlag des Präsidenten kurzerhand abzulehnen, so unrealistisch er auch sein mochte, und wollte mich nicht in die Rolle des Kampfstiers drängen lassen, der die ersten Lanzenstiche des Pikadors in der Arena abwehren muß. Deshalb wechselte ich das Thema. Ich sagte, daß ich, bevor wir die aktuellen Fragen behandelten, gern gewußt hätte, wie es dem Präsidenten gelungen wäre, am 6. Oktober einen solchen Überraschungseffekt zu erzielen. Das wäre der Wendepunkt gewesen; was wir jetzt täten, wäre die Beschäftigung mit den unausweichlichen Folgen dieser Ereignisse.

Sadat senkte den Blick, sog an seiner Pfeife und lächelte. Er hatte begriffen, daß ich ihm ein Kompliment machen wollte und seine Fähigkeiten anerkannte. Er verhandelte aus einer Position der Stärke; er war kein Bittsteller; Ägypten hatte am Verhandlungstisch etwas zu sagen. Mit anderen Worten, er hatte die Ehre und Selbstachtung Ägyptens wieder hergestellt.

Zunächst behutsam, aber dann immer lebhafter werdend, berichtete Sadat von seinen einsamen Entschlüssen, von seiner Überzeugung, daß es nach dem Scheitern des Rogers-Plans von 1969 keine ernsthaften Verhandlungen geben könnte, solange Israel seine Sicherheit von seiner militärischen Überlegenheit abhängig machte. Es wäre für Ägypten unmöglich gewesen, nach einer schweren Demütigung aus einer Position der Schwäche in Verhandlungen einzutreten. Er sprach davon, wie sehr ihn die Sowjetunion enttäuscht hätte. Für Moskau wären die Beziehungen zu den Vereinigten Staaten wichtiger gewesen als die Unterstützung Ägyptens; die vorsichtige Behandlung der Nahost-Frage in dem Kommuniqué nach den Gipfelgesprächen Nixons von 1972 in Moskau hätte ihm alle Zweifel genommen.[5] Sadat hätte den Abzug der sowjetischen Truppen im Juli 1972 gefordert, weil die sowjetische Führung die Interessen Ägyptens mißachtet hätte, vor allem aber, weil Sadat damit rechnen mußte, daß sie ihn entweder an der Ausführung seiner militärischen Pläne hindern oder sein Vorgehen für sowjetische Zwecke ausnutzen würden.

Sadat hätte schon im November 1972 angreifen wollen, aber die militärische Führung in Ägypten wäre auf ein solches Unternehmen noch nicht vorbereitet gewesen und hätte ernste Zweifel am Erfolg gehabt. Dann hätte er seinen Chef des Stabes durch einen Offizier ablösen lassen, der seinen Plänen zustimmte und dem er auch selbst vertraute. In der Zwischenzeit wäre es ihm gelungen, Syrien an die Seite Ägyptens zu bringen. Durch die wiederholte Mobilmachung der ägyptischen Streitkräfte hätte er die Wachsamkeit Israels eingeschläfert. Als Israel im Mai 1973 auf die ägyptische Mobilmachung und Bereitstellung zur Überschreitung des Suez-Kanals selbst mobil gemacht hätte, wäre Sadat nichts anderes übriggeblieben, als den Angriff auf den Oktober zu verschieben, und zwar in der Erwartung, daß der falsche Alarm sich günstig für ihn auswirken werde. Nun habe er damit gerechnet, daß Israel sich durch die nächste Mobilmachung nicht würde beunruhigen lassen, und genau das war geschehen.

Ich fragte ihn, weshalb er unbedingt eine militärische Lösung angestrebt hätte. Warum hatte er die von uns zugesagte diplomatische Initiative nicht abgewartet? Sadat erwiderte, er hätte Israel beweisen wollen, daß seine Sicherheit nicht in der militärischen Überlegenheit läge, und schließlich wäre es ihm darauf angekommen, die Ehre Ägyptens wieder herzustellen – ein Kriegsziel, das kein Ausländer für ihn erreichen kann. Jetzt, da dies gelungen sei, ginge es ihm um die Verwirklichung von zwei Zielen: Er müßte »meine Gebiete« zurückgewinnen, und das bedeutete die Wiederherstellung der Grenzen von 1967 auf dem Sinai, und Frieden schließen. Bei der Verfolgung dieser Ziele würde er ebenso entschlossen und geduldig vorgehen wie bei der Vorbereitung auf den Krieg.

Sadat hatte zur Zeit der britischen Herrschaft in Ägypten die Jahre seiner Gefangenschaft damit zugebracht, seine englischen Sprachkenntnisse mit der Lektüre von Romanen und Kurzgeschichten zu vervollkommnen. Er und ein Mitgefangener hatten auf die gleiche Weise gemeinsam deutsch gelernt. Seine Ausdrucksweise war vielleicht aus diesem Grund etwas gespreizt und überkorrekt. Aber hinter seiner disziplinierten Sprechweise lag eine ungeheure Leidenschaft, als sei die Selbstdisziplin ein Damm, der elementare Kräfte bändigen mußte, die, einmal entfesselt, nicht mehr im Zaum zu halten wären. Wenn er sprach, kniff Sadat ein wenig die Augenlider zusammen, als blicke er nicht auf seinen Gesprächspartner, sondern auf einen fernen Horizont wie die ägyptischen Statuen, die ich in dem Museum gesehen hatte. Ich hörte aufmerksam zu, als er mir von seinen Ahnungen und Listen, von Ehre und Wagemut, Entschlossenheit und Zartgefühl berichtete und mußte erkennen, daß ich einer bemerkenswerten Persönlichkeit gegenübersaß. Sadat war offenbar nicht so vom Detail besessen wie viele mittelmäßige Führer, die glauben, deshalb die Zügel fester in der Hand zu haben, nur um dann von diesen Einzelheiten zugedeckt zu werden und den Überblick zu verlieren. Ich konnte noch nicht sagen, ob es möglich sein würde, Frieden zu schließen und beide Parteien an die Grenzen von 1967 zurückzuführen, oder ob Sadat die Ausdauer für die lange Reise besaß, die vor uns lag, wenn wir diese Möglichkeiten erproben wollten. Aber ich spürte, daß wir mit Sadat die beste Chance hatten, die Erstarrung zu lösen, in die der Nahe Osten seit der Gründung des Staates Israel geraten war. Es würde darauf ankommen, ob er bereit war, schrittweise in eine Richtung weiterzugehen, in der wir den Konflikt allmählich entschärfen konnten, ohne daß wir ihm den Erfolg garantierten. Dafür war in erster Linie Vertrauen erforderlich. Und deshalb mußte er verstehen, was wir für möglich hielten, und was er tun mußte, um es zu ermöglichen.

Deshalb wandte ich mich in der folgenden halben Stunde der Behandlung von Grundsatzfragen zu. Die Grundlage jeder Zusammenarbeit mußte das Verständnis für unsere langfristigen politischen Ziele sein – die Taktik würde sich fast automatisch daraus ergeben. Ich erläuterte ihm die amerikanische Strategie mit fast den gleichen Worten, wie ich es im Rahmen der WSAG vor meinen Kollegen getan hatte. Ich sagte, die Geschichte habe bewiesen, daß ein Fortschritt auf dem Wege zum Frieden unter zwei Voraussetzungen möglich sei. Wir brauchten einen arabischen Führer, der bereit war, seine Aussagen mit der Wirklichkeit in Einklang zu bringen, und ein Amerika, das bereit war, sich in diesem Friedensprozeß zu engagieren. Wir würden uns dabei nicht unter Druck setzen lassen, sondern was wir unternahmen, mußte freiwillig und nicht als Reaktion auf Drohungen geschehen. Wir hatten keine Veranlassung, von der Sowjetunion abhängige Länder besonders zuvorkommend zu behandeln. Nassers Versuch, uns zu Zugeständnissen zu bewegen, indem er mit sowjetischer Unterstützung die Dritte Welt gegen uns mobilisierte, hatte damals nichts bewirkt, und wir würden auch künftig auf solche Versuche nicht eingehen. Der Friede im Nahen Osten ließ sich nicht damit gewinnen, daß Verbündete der Vereinigten Staaten mit sowjetischen Waffen besiegt wurden. Das hatten wir eben bewiesen. Aber wir waren zur Zusammenarbeit mit einem Ägypten bereit, das seine eigene nationale Politik verfolgte. Wir hatten nicht die Absicht, Ägypten unter unseren Einfluß zu bringen, und ich konnte keine unüberbrückbaren Interessengegensätze zwischen uns feststellen.

»Und Israel?« fragte Sadat. Ich erklärte, daß Israel kein Konfliktstoff zwischen uns sein müßte. Es könnte nicht im Interesse Ägyptens liegen, Israel zu vernichten, denn damit ließe sich kein arabisches Problem lösen. Tausende von Ägyptern waren für eine Sache gestorben, die Amerika unter keinen Umständen unterstützen konnte. Wir würden die Zerstörung Israels niemals zulassen, fuhr ich fort, aber wir wären bereit, dazu beizutragen, daß berechtigte arabische Beschwerden berücksichtigt wurden. Bisher hatten wir von arabischer Seite nur Maximalforderungen gehört, die in ultimativer Form vorgetragen wurden. Die Erfahrung hatte gezeigt, daß eine solche Methode nur in die Sackgasse führte. Israel war in der Tat unnachgiebig gewesen, und zwar gelegentlich in empörender Weise. Aber als ein Mann, der so bewegend von der nationalen Würde gesprochen hatte, müßte Sadat die Psyche eines Landes verstehen, für das sich noch nie die Mindestvoraussetzung der Souveränität erfüllt hatte, die Anerkennung durch seine Nachbarn.

Ich forderte Sadat auf, den Frieden mit Israel als psychologisches und nicht als diplomatisches Problem anzusehen. Wenn Israel, wie er mit Recht verlangte, seine Sicherheit nicht von einer physischen Überlegenheit abhängig machen sollte, dann konnte es sich ohne Vertrauen nicht sicher fühlen. Das war der Beitrag, den die einflußreichste arabische Nation, Ägypten, leisten müßte. Wenn Ägypten dieses Erfordernis erfüllte, dann wollten wir uns nach Kräften um territoriale Veränderungen bemühen, auch wenn sie vielleicht nicht so umfangreich sein konnten wie in Sadats »Kissinger-Plan«.

Sadat hörte sich in aller Ruhe diese für arabische Ohren so ketzerisch klingenden Ideen an und rauchte dabei seine Pfeife. Er äußerte sich nicht weiter dazu, sondern sagte nur: »Und wie steht es mit meiner 3. Armee? Und mit dem Truppenabzug auf die Stellungen vom 22. Oktober?«

Ich war schon zu weit gegangen, um es noch mit irgendwelchen Kriegslisten zu versuchen. Deshalb sagte ich, er hätte zwei Möglichkeiten. Gestützt auf die Deklaration der Europäischen Gemeinschaft und die Hilfe der Sowjetunion könnte er die Rückkehr zu den Stellungen vom 22. Oktober verlangen. Damit würden wir in Schwierigkeiten geraten, ja, es könnte uns sogar sehr peinlich sein. Wir könnten uns schließlich veranlaßt sehen, einer solchen Lösung zuzustimmen. Aber darüber würden Wochen vergehen, und was hätten wir mit all unseren Bemühungen schließlich gewonnen? Israel würde am *Westufer* des Suez-Kanals wenige Kilometer zurückgegangen sein – ein Vorgang, der später unter viel schwierigeren Voraussetzungen wiederholt werden müßte, wenn es zu einer echten Truppenentflechtung kam, bei der Israel seine Streitkräfte über den Suez-Kanal zurücknehmen müßte. Es wäre daher besser, zunächst den Status quo bestehen zu lassen, der erträglicher würde, wenn die ägyptische 3. Armee mit nichtmilitärischen Gütern versorgt werden könnte. Wenn so die gegenwärtig bestehenden Spannungen abgebaut wären, würden die Vereinigten Staaten ihr Äußerstes tun, um eine wirkliche Truppenentflechtung zu bewirken, wobei Israel sich über den Kanal zurückziehen müßte – wenn auch nicht so weit wie nach seinem Plan, wahrscheinlich nicht einmal hinter die Pässe. Immerhin jedoch wäre damit zum ersten Mal arabisches Gebiet geräumt, das Israel längere Zeit besetzt gehalten hatte, und so könnte das Vertrauen geschaffen werden, das die Voraussetzung für weitere Schritte wäre. Die diplomatischen Bemühungen, die notwendig wären, Israel zum Rückzug auf die Linien vom 22. Oktober zu bewegen, wären etwa die gleichen, mit denen man die Israelis dazu bewegen könnte, einer Truppenentflechtung zuzustimmen, und wir wären nicht in der Lage, beides in kurzer Zeit zu bewerkstelligen. Paradoxerweise würde der Verzicht auf die Linien vom 22. Oktober den Abzug israelischer Streitkräfte vom Kanal sogar beschleunigen. Ich bat Sadat, sich für eine dieser beiden Möglichkeiten zu entscheiden, und sagte ihm, daß ich ihn in jedem Fall nach besten Kräften unterstützen würde.

Sadat überlegte und sagte mehrere Minuten kein Wort. Ich hatte ihn vor ein schwer zu lösendes Problem gestellt. Ich behauptete also, der Schlüssel zum Frieden wäre seine Zustimmung dazu, daß eine ägyptische Armee noch wochenlang in der Wüste eingeschlossen blieb und er sich auf das Urteil eines Amerikaners verlassen müßte, den er eben kennengelernt hatte und der selbst in der Nahost-Diplomatie völlig unerfahren war. Aber dann setzte mich Sadat in Erstaunen. Er versuchte weder zu feilschen noch zu argumentieren. Er bestritt nicht die Richtigkeit meiner Analyse und machte keinen Alternativvorschlag. Gegen alle Regeln der Diplomatie – die verlangen, daß man versucht, der Gegenseite Zugeständnisse abzuringen – sagte er ganz einfach, er sei mit meiner Analyse und mit dem von mir vorgeschlagenen Verfahren einverstanden. Er räumte ein, daß es falsch gewesen wäre, wenn Ägypten versucht hätte, seine politischen Ziele zu erreichen, indem es die Vereinigten Staaten in Schwierigkeiten brachte. Ägypten hätte genug vom Krieg, und er hätte nicht die Absicht, Israel zu vernichten. Nachdem die Selbstachtung Ägyptens wieder hergestellt sei, könnte er sich jetzt dem Frieden zuwenden, nach dem sein Volk sich sehnte. Er stimmte meiner Auffassung zu, daß man das Vertrauen Israels gewinnen müßte, wenn sich die Israelis am Friedensprozeß beteiligen sollten. Es wäre jedoch viel von ihm verlangt, sich um das Vertrauen eines Landes zu bemühen, das »sein« Territorium besetzt hielt.

Diese letzte Bemerkung war nur eine analytische Feststellung und wurde nicht getroffen, um etwas Besonderes zu erreichen. Sadat sagte, er wäre bereit, das Risiko einzugehen, daß es uns gelingen würde, die Truppenentflechtung und den Abzug der israelischen Streitkräfte über den Kanal zu bewirken. Er werde sich meiner Strategie anschließen. Die ägyptische 3. Armee müßte warten, und das wäre möglich, wenn ihre Versorgung sichergestellt wurde. Ich wäre dafür verantwortlich, diese Frage mit Israel auszuhandeln. Um dem von mir erläuterten diplomatischen Verfahren eine Chance zu geben, würde er zunächst auf die Zurücknahme der Truppen in die Stellungen vom 22. Oktober verzichten. Die Lösung weniger wichtiger Probleme wäre zu unbedeutend, um dafür die Leiden und Risiken eines Krieges auf sich zu nehmen.

Wirklich eine ungeheuer mutige Entscheidung! Wie wir später feststellten, hatte sich Sadat gegen die fast einstimmige Auffassung seiner Berater entschlossen, auf das Wort eines Amerikaners zu vertrauen, den er nicht kannte und der ihm versprochen hatte, zu versuchen, im Lauf der folgenden drei Monate ein wesentliches Stück voranzukommen. Wenn mein Vorhaben scheiterte – wenn ich die Möglichkeiten falsch eingeschätzt hatte, wenn ich ihn getäuscht hatte oder wenn die Moral der 3. Armee zusammenbrach, während die Soldaten in der Wüste eingeschlossen waren –, dann waren Sadats Untergang und eine tiefe Demütigung Ägyptens unvermeidlich.

Dann sagte mir Sadat, daß die 3. Armee nicht das Kernproblem in den Beziehungen zwischen Amerika und Ägypten wäre. Er wäre entschlossen, den von Nasser eingeschlagenen Kurs ein für allemal aufzugeben. Er werde die Beziehungen zu den Vereinigten Staaten so bald wie möglich wieder herstellen, und wenn das geschehen sei, würden sich diese Beziehungen zu einer Freundschaft entwickeln. Die Herstellung offizieller diplomatischer Beziehungen brauchte jedoch einen Anlaß, um diesen Schritt der ägyptischen Öffentlichkeit und seinen arabischen Brüdern verständlich zu machen. Er werde deshalb so lange warten, bis sich ein konkreter außenpolitischer Erfolg erkennen ließe.*

Aber dieser Aufschub hatte nur taktische Bedeutung und hing in erster Linie mit innerarabischen Problemen zusammen. Sadat hatte nicht die Absicht, uns damit unter Druck zu setzen. Er war sogar bereit, seine Absicht sofort nach Abschluß unserer Gespräche bekanntzugeben. Bis zur Aufnahme der offiziellen diplomatischen Beziehungen wollte er den Leiter der ägyptischen Interessenvertretung in Washington zum Botschafter befördern. Er hoffte, daß wir uns dieser Erklärung anschließen würden. Wir hatten schon seit vier Jahren versucht, die Beziehungen wiederherzustellen, und ich hatte einen entsprechenden Vorschlag mitgebracht. Wir einigten uns darüber, daß die Botschafter ihre Tätigkeit sofort aufnehmen und zunächst in den Interessenvertretungen arbeiten sollten, die sich praktisch nicht von Botschaften unterschieden.

Die Gefahren, die der neue Kurs mit sich brachte, für den er sich entschieden hatte, schienen Sadat nicht zu beunruhigen. Wie ein Arzt, der kühl überlegt, welches die beste Behandlungsmethode sein könnte, forderte er mich auf, ihm einen Vorschlag zu machen. Dabei setzte er voraus, daß ich besser beurteilen könnte als er, worauf Israel eingehen würde. Auch darin lag ein Zeichen für seinen Mut, sein psychologisches Verständnis und seinen Scharfsinn. Natürlich wußte ich, worauf Golda eingehen würde und was das Kabinett abgelehnt hatte. Da der Weg, über den wir uns geeinigt hatten, nur beschritten werden konnte, wenn die Vereinigten Staaten große Anstrengungen unternahmen, mußte er uns zu solchen Anstrengungen veranlassen, und er wußte, daß dies leichter sein würde, wenn er Vertrauen zeigte, anstatt mit uns um technische Details zu feilschen.

Ich sagte ihm, daß wir auf die Dauer nur Erfolg haben könnten, wenn wir jetzt Zurückhaltung übten, denn damit ließen sich Kontroversen am besten vermeiden. Ägypten kam es jetzt in erster Linie darauf an, die 3. Armee laufend mit nichtmilitärischem Nachschub über Kontrollpunkte zu versorgen, die nicht von den Israelis besetzt waren. Ich bin davon ausgegangen, was uns Golda im Blair House zugestanden hatte, bevor das Kabinett diese Zugeständnisse ablehnte, und machte deshalb die Vorschläge, die von beiden Parteien wenige Tage später in der Form des folgenden Sechs-Punkte-Plans angenommen wurden:

* Die offiziellen diplomatischen Beziehungen zwischen Ägypten und den Vereinigten Staaten wurden am 28. Februar 1974 wieder aufgenommen, kurz nach Abschluß der ersten ägyptisch-israelischen Vereinbarungen über eine Truppenentflechtung.

A. Ägypten und Israel verpflichten sich zur gewissenhaften Einhaltung des vom Sicherheitsrat der Vereinten Nationen vorgeschlagenen Waffenstillstands.
B. Beide Seiten kommen überein, sofort Gespräche aufzunehmen, um die Frage einer Rückkehr auf die Stellungen vom 22. Oktober im Rahmen von Vereinbarungen über eine Truppenentflechtung unter der Aufsicht der Vereinten Nationen zu lösen.
C. Die Stadt Suez wird täglich mit Verpflegung, Wasser und Medikamenten versorgt werden. Alle verwundeten Zivilpersonen in der Stadt Suez werden evakuiert.
D. Der Transport nichtmilitärischer Versorgungsgüter auf das Ostufer darf nicht behindert werden.
E. Die israelischen Kontrollpunkte an der von Kairo nach Suez führenden Straße werden durch Kontrollpunkte der Vereinten Nationen ersetzt werden. An dem bei Suez liegenden Ende dieser Straße können israelische Offiziere an der Überprüfung dieser Versorgungsgüter durch die Vereinten Nationen am Kanalufer teilnehmen.
F. Sobald die Kontrollpunkte der Vereinten Nationen an der von Kairo nach Suez führenden Straße eingerichtet sind, werden alle Kriegsgefangenen einschließlich der Verwundeten ausgetauscht.

Die Verpflichtung zur Einhaltung des Waffenstillstandes war eine Selbstverständlichkeit und brachte nichts Neues. Neu war dagegen die Übereinkunft in Punkt B, nach der die Rückkehr Israels auf die Stellungen vom 22. Oktober im Rahmen einer Truppenentflechtung stattfinden sollte. Golda Meir hatte diesen Vorschlag bei ihrem Besuch in Washington vorgelegt. Auf meine Frage, was das zu bedeuten hätte, antwortete sie, »nichts«. Die praktische Bedeutung dieser Bestimmung lag darin, daß die Kontroverse über das Zurückgehen auf die Linie vom 22. Oktober jetzt begraben wurde. Entweder gelang eine Truppenentflechtung und die Zurücknahme der Stellungen auf eine Linie *östlich* des Kanals weit *jenseits* der Linie vom 22. Oktober, oder wir gerieten in eine Krise, und die ganze Frage wurde bedeutungslos. Die Stellungen vom 22. Oktober waren jetzt auf jeden Fall, wie immer auch man über sie dachte, irrelevant.

Die gleiche Haltung führte zu einer Einigung über die Methode für die Überwachung der zur 3. Armee führenden Versorgungsstraße. In Washington war Golda von ihrem Kabinett verpflichtet worden, eine Überwachung der von Kairo nach Suez führenden Straße durch die Vereinten Nationen abzulehnen. Für Sadat hätte es jedoch eine Demütigung bedeutet, wenn er die nichtmilitärischen Nachschubgüter über israelische Kontrollpunkte hätte schicken müssen, und das wollte ich nicht zulassen. Mit unserer Lösung würde dieses Problem umgangen, und die Annahme des Kompromisses war ein Triumph des Vertrauens über konkrete Schwierigkeiten. Die Kontrollpunkte wurden den Vereinten Nationen unterstellt, aber israelische Offiziere erhielten die Erlaubnis, an der Überprüfung der Ladungen auf ihren nichtmilitärischen Inhalt teilzunehmen. Dabei konnten die Israelis erklären, daß die Posten der Vereinten Nationen mit ihrer Zustimmung auf »ihrer« Straße eingesetzt worden wären, und Ägypten konnte sich auf den Standpunkt stellen, der Einsatz von Vertretern der Vereinten Nationen bedeutete, daß diese Straße jetzt nicht mehr unter israelischer Kontrolle stand. Die Israelis konnten darauf hinweisen, daß ihre Offiziere an den Inspektionen beteiligt waren. Die Ägypter konnten sagen, dies sei Teil eines von den Vereinten Nationen durchgeführten Verfahrens. Aber in jedem Fall bestand jetzt die Möglichkeit, die ägyptische 3. Armee laufend mit nichtmilitärischem Nachschub zu versorgen.

Die Israelis hatten sich zu diesen Zugeständnissen nur bereit gefunden, weil Sadat im sechsten Punkt dem Austausch der Kriegsgefangenen nach Einrichtung der UN-Kontrollpunkte zustimmte – denn ich hatte ihm gesagt, daß die Israelis auf die Lösung dieser Frage den größten Wert legten.

Sadat nahm an dem im wesentlichen von uns ausgearbeiteten Entwurf nur ganz unwesentliche Korrekturen vor. Er sah darin mit Recht einen Ausdruck des Vertrauens und wollte damit dazu beitragen, daß die Vereinbarungen möglichst rasch verwirklicht wurden.

Privat sicherte er mir außerdem zu, daß Ägypten die Blockade der Straße von Bab el-Mandeb »lockern« werde, wenn die Israelis sich bereit erklärten, davon nur einen »mäßigen« Gebrauch zu machen. Sadat meinte dazu, da die Blockade niemals offiziell vorgenommen worden sei, könnte sie auch nicht offiziell beendet werden. Und zu viele öffentlich erklärte Zugeständnisse könnten seine Stellung gegenüber seinen arabischen Brüdern schwächen. Mit der »Lockerung« meinten Sadat und später Fahmy, daß Ägypten den normalen Schiffsverkehr durch die Meerenge nicht behindern würden. Das Ganze hatte nur eine psychologische Bedeutung, denn es ließ sich nicht feststellen, daß die Ägypter bisher irgendwelchen Schiffen die Durchfahrt verwehrt hatten. Wie alle vernünftigen Verträge boten auch diese Vereinbarungen beiden Seiten gewisse Vergünstigungen. Ägypten erhielt die Garantie für die Versorgung der 3. Armee und die Zusicherung, daß die von Kairo nach Suez führende Straße unter internationale Kontrolle gestellt wurde. Israel erreichte die Entlassung der Kriegsgefangenen und stand nicht mehr unter dem Druck, auf die Stellungen vom 22. Oktober zurückgehen zu müssen. Sadat war der Methode gefolgt, die ich bei ihm noch gut kennenlernen sollte: Er setzte sich über Trivialitäten hinweg und beschäftigte sich nur mit dem Wesentlichen, um weitgehende, ja sogar atemberaubende taktische Zugeständnisse zu machen und dafür eine nicht mehr rückgängig zu machende psychologische Veränderung der Lage einzutauschen. Der Umstand, daß er unserem Entwurf zustimmte, verpflichtete uns zu dem Versuch, die von ihm angestrebte Truppenentflechtung zustande zu bringen. Durch sein Entgegenkommen in der Frage des Rückzugs auf die Stellungen vom 22. Oktober und im Hinblick auf die Entlassung der Kriegsgefangenen räumte er das israelische Mißtrauen gegenüber seinen Absichten aus. Trotzdem waren seine Zugeständnisse relativ unbedeutend, und wenn er sich durch langes Feilschen noch weitere Vorteile verschafft hätte, dann hätten das nur kosmetische Korrekturen sein können, die bestenfalls der Eitelkeit Ägyptens schmeichelten. Der kluge Staatsmann weiß, daß er daran gemessen wird, welche historischen Entwicklungen er in Gang gesetzt hat, und nicht an seiner Geschicklichkeit in den vorangegangenen Verhandlungen.

Man darf Sadat allerdings nicht als einen gutmütigen Onkel ansehen, der es mit niemandem verderben will. Er war ebenso hart wie geduldig. Schließlich war er der Mann, der den Oktober-Krieg unermüdlich, geduldig und unter scheinbar ungünstigen Voraussetzungen vorbereitet hatte. Er war auch nicht bereit, alle seine Waffen beiseite zu legen. Gegenüber meiner Bitte, uns bei der Aufhebung des Ölembargos zu helfen, stellte er sich taub. Er erklärte entschieden, daß er bei seinen arabischen Brüdern nur etwas erreichen könnte, nachdem in den Verhandlungen konkrete Fortschritte gemacht worden seien.

Nachdem wir uns über das Sechs-Punkte-Programm geeinigt hatten, klatschte Sadat in die Hände, und ein Adjutant kam herein. Sadat bat ihn, Joe Sisco und Ismail Fahmy zu holen, die wir draußen auf ihren Korbstühlen sitzen sahen. Sie sollten das, worüber wir uns geeinigt hatten, in die offizielle Sprache des Sechs-Punkte-Plans übersetzen. Während wir warteten, wendete sich Sadat wieder an mich und erinnerte mich daran, einen wie weiten Weg wir noch zurücklegen müßten: »Vergessen Sie das nie, Dr. Kissinger. Ich treffe diese Vereinbarung mit den Vereinigten Staaten und nicht mit Israel.« Das war in der Tat der Kern des Problems – aber darin lag zum Teil auch die Lösung. Das Vertrauen zu den Vereinigten Staaten konnte zur Brücke über die durch vier Kriege gerissene Kluft werden.

Wir kamen überein, Joe Sisco und Hal Saunders mit dem offiziellen Text des Sechs-Punkte-Plans nach Israel zu schicken. Eine ägyptische Maschine sollte sie nach Zypern bringen, wo sie von einem israelischen Flugzeug abgeholt werden konnten. Ich war überzeugt, daß die Israelis dem Plan zustimmen würden, denn er enthielt fast alle Bedingungen, die das israelische Kabinett gestellt hatte, und ging sogar über Goldas Forderungen hinaus. Nun sollten sich Sisco und Saunders um die offizielle Bestätigung bemühen. Ich wollte in Kairo bleiben, denn Fahmy hatte zu dem zu meinen Ehren gegebenen Essen ein Reihe wichtiger Persönlichkeiten eingeladen, und außerdem wollte ich es vermeiden, mit einer unvorhergesehenen Reise nach Israel Aufsehen zu erregen. Es stellte sich heraus, daß ich die Verhältnisse im Nahen Osten noch nicht richtig zu beurteilen wußte. Den Beteiligten kam es weniger auf die Substanz der Vereinbarungen an als auf die psychologischen Begleitumstände. Wenn man es mit Jerusalem zu tun hatte, dann durfte man nichts als selbstverständlich voraussetzen. Das Überleben Israels hängt davon ab, daß jedermann den Eindruck hat, die Israelis würden ihre Interessen mit allen ihnen zur Verfügung stehenden Mitteln verteidigen. So gern ich an dem Essen bei Fahmy teilnahm, es wäre besser gewesen, wenn ich mein Programm geändert hätte.

Gewöhnlich ist jedes Einzelgespräch Teil einer längeren Verhandlungsrunde, und am Schluß ist man weniger erleichtert als erschöpft. Nur selten erlebt man das, was man als einen Wendepunkt bezeichnen könnte. Ich war in der Hoffnung nach Kairo gekommen, mit meiner Strategie auf dem Weg, den ich schon seit vier Jahren mühsam verfolgte, einen Schritt weiter zu kommen. Jetzt war uns bei einer einzigen

Begegnung mit dem ägyptischen Präsidenten einen Monat nach Kriegsbeginn der Durchbruch gelungen. Sadat hatte seine Beziehungen zu den Vereinigten Staaten zur Basis seiner Außenpolitik gemacht. Wenn wir unsere Strategie auch weiterhin mit Besonnenheit folgten, würde es immer schwieriger für ihn werden, einen neuen Kurswechsel vorzunehmen. Jetzt war es nur noch eine Frage der Zeit und der Geschicklichkeit, den Einfluß der Sowjetunion auszuschalten. Wir hatten die besten Aussichten für den Frieden und die Entwicklung einer gemäßigten Politik – vorausgesetzt, daß es uns gelang, das Gleichgewicht zwischen israelischen Befürchtungen und arabischer Ungeduld herzustellen.

Aber zunächst kam es mir darauf an, unseren Erfolg so lange geheimzuhalten, bis das Weiße Haus die Ernennung von Botschaftern bekanntgeben konnte und Golda von Sisco und Saunders über den Sechs-Punkte-Plan unterrichtet worden war. Wenn eine solche Erklärung jetzt in Kairo abgegeben wurde, dann mußte ich im Weißen Haus und in Jerusalem mit sehr unangenehmen Folgen rechnen. Das Bestreben jedes Präsidenten, wichtige Ereignisse selbst bekanntzugeben, verstärkte sich bei Nixon natürlich als Folge der verzweifelten Lage, in die er durch Watergate geraten war. Sadat und ich einigten uns darüber, daß die offizielle Bekanntgabe gegen Mittag Washingtoner Zeit, also etwa in sieben Stunden, gleichzeitig im Weißen Haus und in Kairo erfolgen sollte. Den Sechs-Punkte-Plan wollten wir nicht erwähnen, bevor Sisco und Saunders ihn in Jerusalem vorgelegt hatten. Die empfindlichen Israelis könnten seine Annahme verweigern, wenn der Eindruck erweckt wurde, daß es sich um einen ägyptischen Vorschlag handelte.

Das Bestreben, die Termine einzuhalten, kam auch in der Stimmung zum Ausdruck, in der Sadat und ich uns befanden, als wir nach unserem dreistündigen Gespräch zu unseren Mitarbeitern in den Park hinausgingen. Wir setzten uns in die Mitte des aus Korbstühlen gebildeten Halbkreises zu einem »Fototermin«, wie Haldeman dazu gesagt hätte – eine Begegnung mit der Presse, bei der die Journalisten normalerweise nur Aufnahmen machen, aber keine Fragen stellen. Solche Regeln werden aber von neugierigen Journalisten kaum beachtet, die der Auffassung sind, daß diese Regeln nicht durch Fragen, sondern nur durch Antworten verletzt werden können, und die Antworten werden von denen gegeben, die die Regeln aufgestellt haben.

Der impulsive Sadat beantwortete nun jede Frage, die ihm von den Reportern gestellt wurde. »Herr Präsident«, fragte einer von ihnen, »werden die Vereinigten Staaten die Lieferung von Kriegsmaterial an Israel über ihre Luftbrücke jetzt einstellen?«

»Das sollten Sie Dr. Kissinger fragen«, antwortete Sadat, der sehr wohl wußte, daß ich ihm mitgeteilt hatte, die Luftbrücke würde demnächst eingestellt werden. (Wir hatten das Unternehmen absichtlich noch ein paar Tage fortgesetzt, damit ich ihm das sagen konnte.)

»Zum Glück habe ich die Frage nicht verstanden«, erwiderte ich rasch. Aber das nächstemal konnte ich mich nicht so leicht aus der Affäre ziehen.

»Dr. Kissinger, werden die diplomatischen Beziehungen zwischen Ägypten und den Vereinigten Staaten wieder hergestellt werden?« fragte ein intelligenter Reporter. Ich dachte daran, wie wütend Nixon sein würde, wenn ich jetzt die Wahrheit sagte, aber ich wollte auch nicht lügen. Deshalb beantwortete ich die Frage nicht. Sadat hatte keine solchen Hemmungen. »Wir werden noch heute eine wichtige Mitteilung machen können; seien Sie geduldig«, strahlte Sadat, und jeder konnte sich denken, was er meinte.[6]

Der Rest meines Besuchs in Ägypten war vergleichsweise enttäuschend. Am Abend nahm ich an einem Essen teil, das Fahmy in seinem am Nil gelegenen Haus für mich gab. Er hatte dazu die Botschafter der anderen ständigen Mitglieder des Sicherheitsrats (Großbritannien, Frankreich, die Sowjetunion und die Volksrepublik China), führende Mitglieder der ägyptischen Regierung und den einflußreichen Journalisten Mohammed Heikal eingeladen. Die Chinesen hatten sich entschuldigt, wahrscheinlich, weil sie nicht mit den Sowjets zusammen kommen wollten, aber die anderen Botschafter waren erschienen. (Heikal hat über unser Tischgespräch einen poetischen und phantasievollen Bericht veröffentlicht.)[7]

Der Abend war eine von Fahmy und den anderen hohen ägyptischen Beamten inszenierte dramatische Demonstration, die zeigen sollte, daß Ägypten über die von Nasser herbeigeführte Abhängigkeit von der Sowjetunion hinaus jetzt auch andere Möglichkeiten hatte.

Am nächsten Vormittag, Donnerstag, den 8. November, besprach ich mit Fahmy die bevorstehende Genfer Friedenskonferenz, und dabei erläuterte ich ihm den Begriff des »angemessenen Schutzes«, der in den Moskauer Vereinbarungen über den Waffenstillstand enthalten war. Am 21. Oktober hatte Moskau Sadat zweifellos dazu gedrängt, dem Waffenstillstand zuzustimmen, und zwar unter Hinweis darauf, daß die Sowjetunion, die mit den Vereinigten Staaten diesen »Schutz« übernehmen sollte, Amerika und Israel unter Druck setzen werde. Doch jetzt hatte Ägypten sich den Vereinigten Staaten zugewendet und strebte nicht mehr eine sofortige Gesamtlösung an, sondern suchte seine Ziele im Rahmen eines Stufenplans zu erreichen. Eine Beteiligung der Sowjetunion an entscheidender Stelle erschien jetzt weniger wünschenswert, vielleicht sogar gefährlich, weil Moskau als Fürsprecher der radikalen arabischen Staaten auftreten und damit die Verwirklichung dessen gefährden könnte, was Sadat für erreichbar hielt. Deshalb wollten Ägypten und die Vereinigten Staaten verhindern, daß die Sowjets von der »Schutzgarantie« ein Vetorecht ableiteten. Wenn die Sowjets und ihre radikalen Verbündeten auf eine Gesamtlösung drängten und alles oder nichts verlangten, dann mußte der Krieg mit der gleichen Erstarrung enden, die der Anlaß für seinen Ausbruch gewesen war. Noch wußten wir nicht, ob sich Syrien an den Verhandlungen beteiligen würde. Wahrscheinlich würde es keiner anderen Tagesordnung zustimmen als der, die zu der sechs Jahre dauernden Erstarrung geführt hatte, und es würde sicher keine weniger araberfreundliche Haltung einnehmen als Moskau. Jetzt öffneten wir die Tür einen Spaltbreit, denn wir hatten Ägypten und Israel veranlaßt, die Truppenentflechtung als ersten Tagesordnungspunkt auf einer Friedenskonferenz anzuerkennen. Aber es lag noch ein weiter Weg in eine friedliche Zukunft vor uns.

Unsere Absicht war es, bei den diplomatischen Verhandlungen schrittweise vorzugehen und es den Sowjets bei jedem Schritt nach Möglichkeit zu erschweren, uns Hindernisse in den Weg zu legen. Die sowjetische Zustimmung zu diesem Stufenplan ließ sich jedoch nur gewinnen, wenn man dem Kreml in Aussicht stellte, ihn zu einem bestimmten Zeitpunkt an einer umfassenden Friedenskonferenz zu beteiligen. Während der Phase der Truppenentflechtung konnten wir mit der Zustimmung Moskaus rechnen, und zwar zum Teil, weil die Sowjets selbst keine Lösung für die Befreiung der ägyptischen 3. Armee aus ihrer schwierigen Lage hatten, und zum Teil, weil sie glaubten, daß die Vereinigten Staaten ihre führende Rolle nur während der Eröffnungsphase würden behaupten können, vor allem aber, weil sie damit rechneten, daß ihre Zeit nach Beginn der Genfer Friedenskonferenz kommen werde. Wir unternahmen nichts, was die Sowjets veranlassen könnte, ihre Meinung zu ändern, sondern unterrichteten sie gewissenhaft über alle Vorbereitungen für die Friedenskonferenz. Während meines Aufenthalts in Moskau im Oktober hatten wir die gemeinsamen »Schutzgarantien« auf ein Mindestmaß reduziert: Amerikanische und sowjetische Vertreter sollten sich nur zu Beginn an der Konferenz beteiligen und erst wieder eingeschaltet werden, wenn über die Schlüsselfragen verhandelt wurde. Für die Zukunft wollten wir im Hinblick auf die Definition dieser Schlüsselfragen äußerst zurückhaltend sein. Aber wir sorgten dafür, daß der Eindruck erhalten blieb, die Sowjetunion werde sich maßgeblich an der Friedenskonferenz beteiligen können, und taten alles, um sie daran zu hindern, sich in der Truppenentflechtungsphase einzuschalten.

Während meines ersten Besuchs in Kairo wurden meine Hoffnungen weit übertroffen. Mein Verhandlungsgeschick wurde öffentlich gelobt. Aber das bedeutet nicht, daß ich Sadat etwas eingeredet hatte, was er andernfalls nicht getan hätte. Was für einen Außenseiter aussah wie ein in geschickten Verhandlungen erzielter Durchbruch war in Wirklichkeit die Übereinstimmung ägyptischer und amerikanischer Auffassungen, die sich einander schon seit Jahren genähert hatten. Jede Seite hatte ihre Gründe gehabt, die Partnerschaft mit der anderen anzustreben – eine Partnerschaft, die das Tor zum Frieden öffnete und den Interessen aller Völker im Nahen Osten diente.

Anwar Sadat

In den Jahren, die der ersten Begegnung mit Anwar Sadat von 1973 folgten, wurde er zu einer in der ganzen Welt anerkannten Persönlichkeit. Damals war er in den Vereinigten Staaten fast unbekannt. Man hielt ihn bestenfalls für einen der zahlreichen unzuverlässigen politischen Führer in der arabischen Welt, deren anmaßendes Auftreten, gefährliche Streitsucht und blumenreiche Sprache faszinierend, aber schwierig auszuwerten seien. Doch nachdem ich ihn kennengelernt hatte, wußte ich, daß ich es mit einem großen Mann zu tun hatte.

Ich hatte die Ehre, die ersten Schritte auf seinem Weg zum Frieden an der Seite von Anwar Sadat zu tun. Dann verließ ich meinen Posten, und innerhalb eines Jahres unternahm er neue und kühne Vorstöße, die, wie ich geglaubt hatte, Jahrzehnte in Anspruch nehmen müßten. Die Erfüllung seines Traums schien in greifbare Nähe gerückt, als er einem Mordanschlag zum Opfer fiel. Propheten erfüllen ihre Aufgabe, indem sie gewöhnliche Männer und Frauen mit ihren Visionen inspirieren, aber sie bezahlen dafür damit, daß sie sich selbst aufopfern. Der Leser wird es mir daher verzeihen, wenn ich kurz vom Thema abweiche, um meinen verstorbenen Freund zu würdigen.

Isaiah Berlin hat einmal geschrieben, menschliche Größe sei die Fähigkeit, das Paradoxe ins Normale zu verwandeln.

Als Anwar Sadat die politische Bühne betrat, hatten die arabischen Länder zu wenig Vertrauen zu ihren Waffen und glaubten zu sehr an den Erfolg ihrer Beredtsamkeit. Die meisten von ihnen verließen sich auf die Sowjetunion, die ihnen Waffen für sinnlose Kriege, aber keine Programme für Fortschritte auf diplomatischer Ebene liefern konnten. Verhandlungen bestanden aus anspruchsvollen Schlagworten, mit denen unerfüllbare Forderungen aufgestellt wurden. Die arabischen Länder verlangten augenscheinlich die Früchte des Friedens, ohne es zu wagen, das Wort Frieden auszusprechen. Die Nationen der Welt beobachteten aus den Kulissen ein Drama, das auch ihr Schicksal mitbestimmte, das sie augenscheinlich jedoch nicht beeinflussen konnten.

Innerhalb von wenigen Jahren fand Sadat einen Ausweg aus diesem Labyrinth. Als er starb, war der Friedensprozeß zur Selbstverständlichkeit geworden. Die Freundschaft zwischen Ägypten und den Vereinigten Staaten war ein Eckstein für die Stabilität im Nahen Osten. Mit seiner Reise nach Jerusalem hat Sadat 1977 all jenen, für die nur materieller Gewinn eine Bedeutung hat, demonstriert, daß die Visionen eines großen Mannes die materiellen Belange transzendieren. Er hatte begriffen, daß eine heroische Geste eine neue Realität erzeugen kann.

Die Eigenschaften, die den bedeutenden politischen Führer vom mittelmäßigen unterscheiden, sind nicht die Fähigkeiten seines Intellekts, sondern sein Weitblick und sein Mut. Der große Mann versteht den Kern eines Problems; der mittelmäßige Politiker sieht nur die Symptome. Der große Mann konzentriert sich auf die Beziehungen der Ereignisse zueinander; der mittelmäßige sieht nur eine Reihe von augenscheinlich voneinander unabhängigen Phänomenen. Der große Mann hat eine Vorstellung von der Zukunft, die ihn befähigt, die Hindernisse in den richtigen Proportionen zu sehen; der mittelmäßige hält Kieselsteine, die ihm im Wege liegen, für Felsblöcke.

Sadat hat die Einsamkeit, die das Schicksal des Mannes ist, der die Welt aus den gewohnten Kategorien herausführt und ihr den Weg dorthin weist, wo sie noch nie gewesen ist, mit Seelenstärke getragen. Er hatte die Geduld und die Heiterkeit der ägyptischen Massen, aus denen er stammte. Ich habe ihn einmal in dem schlichten Haus im Dorf Mit Abul-Kom im Nil-Delta besucht, wo er geboren wurde und in das er in regelmäßigen Zeitabständen zurückkehrte. Jemand, der das Leben in einer abwechslungsreichen, gegliederten Landschaft gewohnt ist, erlebt die absolut flache Ebene in dieser Gegend geradezu als einen Schock. Es gab hier keinen geographischen Bezugspunkt, nichts, was zwischen dem Individuum und der Unendlichkeit hätte vermitteln können. Die Beziehungen des einzelnen zum Universum wurden hier durch die allgegenwärtige und ständig wahrzunehmende Masse anderer Menschen hergestellt. Der Bevölkerungsdruck in Ägypten ist eines der immer wiederkehrenden Themen in der Literatur des Landes. Im Geburtsdorf von Sadat, und ich glaube in allen Dörfern Unterägyptens, konnte man ihn fast mit Händen greifen, wenn man ihn auch nur in der Form des Rauchs wahrnahm, der aus den zahllosen Schornsteinen aufstieg und sich über die Bäume und Hecken erhob, die das kleine Anwesen Sadats gegen die seiner Nachbarn abschirmten. Eine schwermütige Ruhe lag über der Geschäftigkeit, die einen, wie man sehr wohl wußte, auf allen Seiten umgab; der Rhythmus einer Zivilisation durchdrang die Atmosphäre, aber man sah und hörte nichts davon. Man fühlte sich eigenartig geborgen wie im Mutterleib. Sadat hat mir einmal gesagt, und es klang ein wenig rätselhaft, daß er sich in der Abenddämmerung am wohlsten fühlte, wenn er wußte, daß alle Dorfbewohner in ihren Häusern versammelt waren und das Abendessen kochten. Hier an der Quelle holte sich Sadat immer wieder die Kraft, die ihm seine innere Sicherheit verlieh, und hier spürte er instinktiv die Sehnsucht seines Volks nach Frieden.

Aber es gab auch einen anderen Sadat, der sich nicht damit zufriedengab, an der Quelle zu rasten, sondern ruhelos im ganzen Land herumreiste. Frau Sadat hat mir einmal gesagt, darin läge der Ausgleich für die Jahre, die ihr Mann im Gefängnis zugebracht hatte. Er fühlte sich beengt, wenn er zu lange an einem Ort blieb. Sadats Bedürfnis, sich nicht einengen zu lassen, war nicht nur physischer Natur; er konnte es auch psychisch nicht ertragen, wenn die Bedeutung des Lebens durch irgend etwas an den Status quo gefesselt werden sollte. Er öffnete seinem Volk die Augen für bis dahin nicht wahrgenommene Horizonte. Dabei hat er mehr für die arabische Sache getan als seine arabischen Brüder, die sich auf eine aggressive Rhetorik beschränkten. Er hat größere Gebiete zurückgewonnen, den Westen zu umfangreicheren Hilfeleistungen veranlaßt und mehr für das internationale Ansehen der arabischen Sache getan als die führenden Araber, die ihn auf den Konferenzen der sogenannten Ablehnungsfront bekämpften. Er hat sein Volk zur Partnerschaft mit dem Westen geführt, denn er wußte, daß das Bewußtsein, sich für gemeinsame Werte einzusetzen, die Hilfsbereitschaft mehr fördert als ein hochmütiger Stolz, der in großartigen Posen zum Ausdruck kommt. Nachdem er auf diese Weise die Gegensätze versöhnt und das Rätsel gelöst hatte, wurde er von den Aposteln des Gemeinen, den Ängstlichen, den Vertretern des Ritualismus umgebracht, die er beschämt hatte, indem er ihre Maßstäbe sprengte und sich von ihrer niedrigen Gesinnung nicht beeindrucken ließ.

Sadats Leidenschaft für den Frieden wurde im Lauf der Zeit immer intensiver und profunder. Als ich ihm zum erstenmal begegnete, war der Friede ein taktisches Instrument, das den Interessen Ägyptens zu dienen hatte. Zur Zeit seines Todes war er für ihn zur Aufgabe im Dienst der Menschheit geworden.

Wir kannten uns noch nicht lange, da besuchte ich mit ihm ein Militärlazarett, und er sprach mit bewegenden Worten davon, wie sehr Ägypten gelitten hatte, daß dieser sinnlose Konflikt beendet werden müßte und er keinen einzigen jungen Mann mehr in den Tod schicken wollte. Er sagte, Ägypten brauchte jetzt keine Kriegshelden mehr. Zum letztenmal habe ich ihn in dem Flugzeug gesehen, in dem er 1981 während seines letzten Aufenthalts in den Vereinigten Staaten von Washington nach New York flog. Er hatte eben den vierten amerikanischen Präsidenten in den acht Jahren kennengelernt, die vergangen waren, seit er die Zusammenarbeit mit uns wieder aufgenommen hatte, machte einen etwas ermüdeten Eindruck und war vielleicht ein wenig enttäuscht, weil unsere innenpolitischen Verhältnisse ihn zwangen, in so kurzen Zeitabständen immer wieder um Vertrauen zu werben und seine Vorstellungen zu erläutern. Aber dann kam die gewohnte Vitalität wieder zum Ausbruch. Er erzählte mir, daß er für Ende April 1982 aus Anlaß der Rückgabe des Sinai an Ägypten große Feierlichkeiten plante, die eine Woche dauern sollten. Vielleicht wäre es mir möglich, wenigstens für ein paar Tage daran teilzunehmen, denn wir hätten uns schließlich gemeinsam auf diese Reise begeben. Anschließend könnten wir vielleicht zum Berg Sinai fahren. Dort könnte er mir den Platz zeigen, von dem aus man die ganze Wüste überblickt und wo er dem Frieden drei Gotteshäuser weihen wollte, ein moslemisches, ein jüdisches und ein christliches. Dort könnten wir beide eine Zeitlang meditieren.

Aber einen Staatsmann darf man nicht nur als Philosophen und Träumer ansehen. Er muß seine Intuition irgendwo in die Realität umsetzen, und zwar manchmal gegen sehr harte materielle Widerstände. Sadat war weder blauäugig noch weich. Er war kein Pazifist. Er glaubte nicht an den Frieden um jeden Preis. Er war kompromißbereit, aber nicht nachgiebig. Er wußte, wenn die Ehre es erforderte, würde er von seinen Soldaten wieder verlangen müssen, daß sie sich als Helden bewährten.

Jede zu simple Beurteilung Sadats kann daher zu Irrtümern führen. Dutzende von Amerikanern sind nach Ägypten gekommen und haben sich von ihm bezaubern lassen. Aber er konnte auch zurückhaltend, nachdenklich und verschlossen sein. Wie viele Mächtige dieser Erde hatte er eine geradezu sinnliche Beziehung zur Autorität. Er konnte ein amüsanter Gesprächspartner sein, aber wenn man ihn besser kennenlernte, stellte man fest, daß ihn das Gesellschaftliche langweilte. Viel lieber suchte er die Einsamkeit, um seinen eigenen Gedanken nachzugehen. Die meisten seiner kühnen Initiativen waren während solcher Perioden der Zurückgezogenheit und Meditation entstanden, oft in seinem Heimatdorf. Ich kenne keinen anderen politischen Führer, der den Wert der Einsamkeit so zu schätzen wußte wie er und dieser Erkenntnis so konsequent gefolgt wäre.

Seine weltmännische Art ließ einen leicht vergessen, daß er als Revolutionär begonnen hatte, der für die Unabhängigkeit seines Landes kämpfte und deshalb mehrmals im Gefängnis gesessen hatte. Solche

Männer passen sich nie wieder der Norm an, so liebenswürdig sie sich auch geben mögen. Zum revolutionären Führer eignet sich nur eine Persönlichkeit, die fähig ist, einer Idee mit ganzer Hingabe zu dienen. Wer das tut, verzichtet auf die normalen Attribute des Erfolgs, denn die Sache, um die es geht, läßt sich nicht an normalen Maßstäben messen. Man kann die Überzeugungen solcher Männer nur herausfordern, wenn man bereit ist zu kämpfen. Stellt man sich ihnen in den Weg, dann muß man die Folgen tragen. Sadat ließ sich Zeit, aber er verfolgte ein Ziel so lange und so ausdauernd, bis er es erreicht hatte.

Er hatte ein hervorragendes psychologisches Einfühlungsvermögen. Mit den vier Präsidenten, die er kennenlernte, konnte er sehr geschickt umgehen. Er behandelte Nixon als großen Staatsmann, Ford als die Inkarnation des guten Willens, Carter als Missionar, der für diese Welt eigentlich zu gut ist, und Reagan als den menschenfreundlichen Führer einer revolutionären Volksbewegung und damit ging er mit großem Feingefühl auf die Vorstellungen ein, die jede dieser Persönlichkeiten von sich selbst hatte, und gewann damit das Vertrauen jedes einzelnen. Er bemühte sich darum, die Interessen Ägyptens mit denen der Vereinigten Staaten in Einklang zu bringen. Immer wieder forderte er uns auf, an den Verhandlungen nicht als Vermittler, sondern als unmittelbar interessierte Partei teilzunehmen, oder er bot uns an, unsere Vorschläge zu akzeptieren – ein Angebot, auf das man nur eingehen konnte, wenn man begriffen hatte, daß es zu seiner Strategie gehörte und nicht einen Verzicht darstellte. Und doch war es ein echter Vertrauensbeweis, der über das Bestreben hinausging, den Interessen des eigenen Landes zu dienen. Sadat hatte ein unerschütterliches Vertrauen zum amerikanischen Gerechtigkeitssinn. Das Vertrauen zu unserer Führung hat sich für ihn bezahlt gemacht, denn es veranlaßte sie, dieses Vertrauen zu rechtfertigen.

Sadat hatte richtig erkannt, daß der arabische Radikalismus die besonderen Beziehungen der Vereinigten Staaten zu Israel stärken mußte. Dieser Radikalismus bot Amerika keine Alternative, sondern begründete die strategische Notwendigkeit, an den bestehenden moralischen Bindungen festzuhalten. Deshalb steuerte Sadat einen Kurs, den man für wahnsinnig hielt, bis er bewies, daß es möglich war. Er drängte die Vereinigten Staaten zu einer objektiveren Haltung, um neue moralische Bindungen zu schaffen, welche die Amerikaner veranlassen konnten, sich für die Rückgabe von Gebieten einzusetzen, die die Araber für sich beanspruchten. Und in diesem Sinn war die Reise nach Jerusalem von 1977 zugleich ein Beweis der Großherzigkeit und eine Methode, Israel psychologisch zu entwaffnen. Es war eine einzigartige Geste der Versöhnung und eine Methode, den jüdischen Staat zu isolieren.

Daraus erklärt sich die ambivalente Haltung Israels gegenüber Sadat. Die Israelis, die seit Jahrzehnten vom Haß ihrer Nachbarn verfolgt worden waren, reagierten auf Sadats Ouvertüren zunächst ungläubig, aber dann hoffnungsfroh und sogar begeistert. Es gab in Israel aber auch die nagende Sorge, wenn sich die Vereinigten Staaten von Ägypten führen ließen, könnte der jüdische Staat schließlich allein und ohne Freunde in einer feindlichen Welt dastehen. Deshalb waren die Israelis zwischen dem Entschluß, auf Sadats Angebot einzugehen und um die Bedingungen zu feilschen, also zwischen ihren Hoffnungen und Alpträumen, hin und hergerissen. Die letzte Seite in einer Geschichte, in der sich sowohl die Hoffnungen als auch die Alpträume Israels erfüllen könnten, ist noch nicht geschrieben.

Wie alle großen Männer hatte Sadat auch die Schwächen, die seinen Tugenden entsprachen. Die gleichen Qualitäten, die ihn befähigten, Hindernisse aus dem Weg zu räumen, ließen ihn ungeduldig werden, wenn andere seinen hochfliegenden Gedanken nicht folgen konnten. Es fiel ihm schwer, an die guten Absichten seiner Kritiker zu glauben, wenn man auch zugeben muß, daß man sehr vielen seiner Kritikern auch beim besten Willen solche guten Absichten nicht unterstellen darf. Wenn er herausgefordert wurde, dann ging er in die von ihm gewählte Richtung noch weiter, um seinen Gegnern zu zeigen, daß sie ihn nicht aufhalten könnten. Auf diese Weise provozierte er durch sein mutiges Verhalten diejenigen, die ihm auf dem Weg zum Frieden Hindernisse in den Weg legen wollten. Der Friedensprozeß nahm ihn im Lauf der Zeit so sehr in Anspruch, daß er ihn zeitweilig den täglichen Bedürfnissen des einfachen Ägypters unterzuordnen schien, besonders nachdem das Volk begonnen hatte, den Frieden als etwas so Selbstverständliches anzusehen, daß es nicht mehr glaubte, noch dafür kämpfen zu müssen. Es ist die Aufgabe großer Männer, erstarrte Formen zu zerbrechen. Danach ist es oft ihr Schicksal, soweit über das gewohnte Maß hinauszureichen, daß die Masse beginnt, sich nach einer weniger anspruchsvollen Führung zu sehnen.

Aber Sadat war mehr als die Summe seiner Teile. Es war irgendwie ein Wunder der Schöpfung, daß dieser Bauernsohn und zunächst unterschätzte Politiker die Weisheit und den Mut des großen Staatsmanns und gelegentlich die Eingebungen des Propheten hatte. Aber der Nährboden aller dieser Qualitäten war eine seine ganze Persönlichkeit durchdringende Menschlichkeit. Wer kann es vergessen, daß er dem gestürzten Schah vom Iran eine Zuflucht in Ägypten angeboten hat, nachdem dieser von seinen Freunden verlassen worden war? Diese schuldeten ihm viel mehr, ließen sich aber jetzt durch Sadat vertreten, der das mit unvergleichlicher Großherzigkeit und Vornehmheit tat und so die Ehre all jener rettete, die ihrer moralischen Verpflichtung nicht nachgekommen waren.

Nach meinem Ausscheiden aus dem Amt besuchte ich noch einmal Ägypten, und Sadat lud meine Frau, meinen Sohn und mich zum Essen in seine Villa am Meer in Alexandria ein. Der Tisch war an der Stelle auf dem Rasenplatz gedeckt worden, wo wir die Vereinbarungen über die zweite Truppenentflechtung ausgehandelt und unterzeichnet hatten. Im Lauf des Abends sagte ich, daß alle Amerikaner, die mit Sadat zusammengearbeitet hätten, in seiner Schuld stünden; er hätte dafür gesorgt, daß sie Erfolg hatten. Diese Bemerkung störte ihn, und er kam immer wieder darauf zurück. Er wollte nicht, daß seine Bemühungen persönlich genommen wurden. Es war seine Pflicht, seinem Volk die verlorene Würde wiederzugeben und seinem Land und vielleicht der Welt einen Weg zu öffnen, der neue Hoffnungen weckte.

Doch diesmal hatte sich Sadat geirrt. Er hatte uns allen auch persönlich geholfen. Es wirkte bei ihm nur so leicht und so natürlich, daß wir seine Gegenwart viel zu sehr als eine Selbstverständlichkeit hinnahmen. Nachdem er uns verlassen hatte und wir den Weg zum Frieden allein fortsetzen mußten, wurde es uns in grausamer Weise bewußt, wie sehr wir ihn brauchten.

Kein anderes Volk ist von der Vorstellung der Unsterblichkeit so besessen gewesen wie das ägyptische. Nirgends hat man so hartnäckig versucht, die Zeit festzuhalten – manchmal mit unerhörter Kühnheit und dann wieder passiv; einmal mit Geduld und unter Verzicht auf große Anstrengungen und dann wieder durch die Errichtung gewaltiger Bauwerke als Zeugen des Glaubens an die Zukunft.Die Pyramiden von Giseh haben in ihrer Schlichtheit und Monumentalität über einen Zeitraum, der nach menschlichen Vorstellungen schon fast an die Ewigkeit heranreicht, den Elementen und der Zerstörungswut des Menschen getrotzt. An keinem anderen Ort der Welt wird der Mensch so ausschließlich durch seine eigenen Leistungen zur Demut gezwungen. In jenem Ozean aus Sand, den das grünende Nil-Tal durchschneidet, trifft der Blick des Menschen über Hunderte von Kilometern auf kein einziges Naturdenkmal, das ihm seine Winzigkeit bewußt macht; die atemberaubendsten Wahrzeichen sind von Menschenhand errichtet. Ihre Größe und Schönheit lassen uns in Ehrfurcht verstummen, vor allem aber beeindruckt uns der Geist, aus dem sie geschaffen sind. Die ägyptischen Kolossalstatuen wecken die gleichen Gefühle. Die Figuren sind überlebensgroß, und doch sind die Gesichter unendlich menschlich, und ihr Blick ist auf ferne Horizonte gerichtet.

Ein solcher Mensch war Anwar Sadat. Erst die Zukunft wird uns sagen, ob er einen irreversiblen historischen Prozeß eingeleitet hat, oder ob sein Schicksal dem des Pharao Echnaton gleichen wird, der angesichts der unendlichen Vielfalt der ägyptischen Götterwelt von einem Monotheismus träumte, dem sich die Menschen erst tausend Jahre später zugewendet haben. Doch wohin die Entwicklung auch gehen mag, niemand, der die Geschichte kennt, wird je vergessen, daß der Weg zum Frieden im Nahen Osten mit Anwar Sadat begonnen hat, und daß jeder Fortschritt auf diesem Wege ohne ihn nicht möglich gewesen wäre. Ob wir unsere Bestimmung erreichen, liegt an uns. Anwar Sadat hat schon jetzt die Unsterblichkeit gewonnen, von der seine ägyptischen Vorfahren träumten. Er wird für uns eine Inspiration sein, wenn wir Erfolg haben. Wenn wir scheitern, wird er uns beschämen. Aber in jedem Fall ist seine Hingabe an den Frieden das Denkmal, das er sich selbst gesetzt hat, seine Pyramide.

Sisco und Saunders in Israel

Wie gesagt, schickte ich Joe Sisco und Hal Saunders nach Israel, weil ich die Gäste, die Fahmy zum Essen eingeladen hatte, nicht beleidigen wollte. Außerdem hätte meine Abreise mit meinem ganzen Gefolge und der Presse nach Israel als Anzeichen für eine Krise in den Vereinigten Staaten und als Versuch gedeutet werden können, Israel unter Druck zu setzen. Schließlich konnte ich mir auch nicht vorstellen, daß es jetzt in Jerusalem noch zu einer Kontroverse kommen würde. Schließlich würde Israel seine Kriegsgefangenen zurückbekommen, nicht mehr unter dem Druck stehen, sich auf die Stellungen vom 22. Oktober zurückziehen zu müssen, und die Blockade der Straße von Bab el-Mandeb würde aufgehoben werden, und zwar als Gegenleistungen für die Erlaubnis, daß die Vereinten Nationen Kontrollpunkte an einer Straße einrichteten, die noch von Israel beherrscht wurde, um die Versorgung einer Armee zu ermöglichen, die nach der internationalen Lage (und auch im wohlverstandenen Interesse Israels) nicht vernichtet werden durfte. Um ganz sicherzugehen, hatte ich Sisco bevollmächtigt, Israel zu versichern, daß, wenn es dem Sechs-Punkte-Plan zustimmte, wir gegen jede künftige Resolution der Vereinten Nationen, die eine Rückkehr auf die Stellungen vom 22. Oktober verlangte, unser Veto einlegen würden.

Aber wir hatten nicht bedacht, wie unser Vorgehen psychologisch auf die Israelis wirken könnte. Für eine Nation, der es darauf ankam, ihre Zukunft selbst zu gestalten, war es ein Alptraum, daß wir es für selbstverständlich ansehen könnten, sie würde Vereinbarungen zustimmmen, die Amerika hinter ihrem Rücken getroffen hatte, und solche Vermutungen wurden geweckt, indem ich meine Untergebenen nach Israel schickte – obwohl ich erst vor vier Tagen meine Gespräche mit Frau Meir abgeschlossen hatte.

Sisco und Saunders trafen sich am Mittwochabend, dem 7. November, mit der israelischen Verhandlungsdelegation im gleichen Gästehaus, wo ich vor zwei Wochen mit Golda zusammengetroffen war. Die Sitzung begann augenscheinlich unter günstigen Vorzeichen. Golda beglückwünschte Sisco zu unserem Erfolg. Aber sehr bald zeigte es sich, welche Bedenken die israelische Seite hatte. Als Vertreter eines alten, traditionsreichen Landes hatte Sadat das Gefühl, die Zeit wäre auf seiner Seite und er könnte sich eine großzügige Geste leisten. Israel, das um sein Existenzrecht kämpfte, konnte seine Identität nur im Ringen gegen seine Widersacher bewahren – jedenfalls zog es diese Lehre aus der Geschichte. Die israelische Innenpolitik, verbunden mit der Unsicherheit einer Nation, deren Legitimität bestritten wird, erzeugte bei den Israelis einen kleinlichen Verhandlungsstil, der jeden Gesprächspartner zum Wahnsinn treiben konnte.

Mit der Gründlichkeit eines Spürhundes – mit einem Auge bei den bevorstehenden Wahlen – erörterte Golda alle Probleme, die die Opposition im Parlament zur Sprache bringen könnte oder die unter Umständen von ihren Koalitionspartnern zu ihrem Nachteil ausgeschlachtet würden. So wollte die israelische Verhandlungsdelegation zum Beispiel wissen, was damit gemeint sei, wenn die Ägypter sich bereit erklärten, bei der Blockade der Straße von Bab el-Mandeb sich Zurückhaltung aufzuerlegen. Sie fragten, wo die Kontrollpunkte an der von Kairo nach Suez führenden Straße eingerichtet werden sollten, und wer die Straßenabschnitte zwischen den Kontrollpunkten beherrschen werde. Das waren aber gerade die Fragen, an denen die Vereinbarungen scheitern konnten, wenn sie nicht restlos geklärt wurden. Wir hatten plötzlich den Eindruck, als wollte die israelische Verhandlungsdelegation alle von uns ausgehandelten Pluspunkte für sich verbuchen und so tun, als bestünde die Möglichkeit, nach der unerwarteten Annahme der israelischen Vorschläge durch Ägypten die geringen Zugeständnisse zurückzunehmen, die den Durchbruch erst ermöglicht hatten. Doch Golda war ebenso klug wie hart. Nachdem sie Sisco mehrere Stunden durch die Mangel gedreht und ihre Wachsamkeit unter Beweis gestellt hatte, bat sie ihn, mir zu sagen, was mit Sicherheit schon vorher feststand:

> Wir werden morgen eine Kabinettsssitzung haben. Ich hoffe, daß es dabei keine Schwierigkeiten geben wird. Sollte es doch der Fall sein, dann werde ich versuchen, sie zu überwinden. Richten Sie ihm meine besten Grüße aus und sagen Sie ihm, daß sein Erfolg phantastisch ist.

Dinitz überbrachte Scowcroft am Morgen des 8. November eine Erklärung ähnlichen Inhalts. Aber schon nach wenigen Stunden bahnte sich eine Entwicklung an, mit der wir nicht gerechnet hatten. Golda hatte die Nachgiebigkeit ihres Kabinetts überschätzt, das nicht auf einen typisch israelischen taktischen Schachzug verzichten wollte – die Unterzeichnung einer »Denkschrift zu Vereinbarungen« zwischen den Vereinigten Staaten und Israel. In dem Bewußtsein, unter allen Nationen der Welt nur einen einzigen wahren Freund zu haben, verlangten die Israelis immer wieder nach Zusicherungen in Form weiterer Zugeständnisse oder schriftlicher Erklärungen zur Interpretation schon bestehender Vereinbarungen. In diesem Fall war die Denkschrift eine detaillierte Erklärung darüber, wie Israel die Bestimmungen des Sechs-Punkte-Plans zu interpretieren wünschte. Diese Interpretationen waren nicht unvernünftig. Wir waren bereit, sie inoffiziell zu akzeptieren und uns für den Fall, daß es zu Meinungsverschiedenheiten kam, zur Unterstützung Israels zu verpflichten. Was wir nicht tun konnten, was das Kabinett jedoch offenbar von uns verlangte, war das folgende: Die von Israel und den Vereinigten Staaten unterzeichnete Denkschrift sollte die Grundlage für die Vereinbarungen zwischen Ägypten und Israel werden. Um das zu erreichen, hätten wir noch einmal mit Sadat sprechen und ihn bitten müssen, offiziell zu bestätigen, was er nur de facto akzeptieren konnte: die Aufhebung der Blockade bei Bab el-Mandeb, die Kontrolle der von Kairo nach Suez führenden Straße durch Israel und die Einzelheiten der Versorgung der ägyptischen 3. Armee, was jeden Araber nur allzu deutlich daran erinnert hätte, in einer wie verzweifelten Lage sich die eingeschlossenen ägyptischen Truppen befanden. Saunders machte den klugen Vorschlag, Golda sollte gegenüber dem israelischen Parlament eine Erklärung über die israelische Interpretation des Abkommens abgeben, der wir nicht widersprechen würden. Wir könnten jedoch Sadat nicht auffordern, dieser Erklärung offiziell zuzustimmen, auch wenn er ihren Inhalt in der Praxis akzeptierte. Damit war augenscheinlich alles geklärt.

Sisco und Saunders stießen in Riad wieder zu mir. Wir wollten die Annahme der Sechs-Punkte-Vereinbarungen am folgenden Tag, Freitag, dem 9. November, in einem offenen Brief an den Generalsekretär der Vereinten Nationen, Kurt Waldheim, bekanntgeben – was ich von Riad aus den Regierungen in Kairo und Jerusalem mitteilte.

Alles schien den gewünschten Verlauf zu nehmen, als Fahmy mir am frühen Freitagmorgen telegrafisch mitteilte, daß Israel eine neue Interpretation der Vereinbarungen verlangte. Der israelische Unterhändler bei den Gesprächen am Kilometer 101, General Ahron Yariv, hatte getan, was Sisco und Saunders als unmöglich bezeichnet hatten. Er hatte die offizielle Anerkennung der zwischen Israel und den Vereinigten Staaten vereinbarten Interpretation durch Ägypten verlangt. Außerdem beklagte sich Fahmy darüber, daß Jerusalem das stillschweigende Übereinkommen im Hinblick auf die Blockade hatte durchsickern lassen und nun behauptete, Israel »kontrollierte« die von Kairo nach Suez führende Straße. Er schlug vor, mit der Bekanntgabe der Vereinbarungen so lange zu warten, bis diese Fragen geklärt wären.

Ich hatte schon ähnliches befürchtet. Inoffizielle Vereinbarungen haben, besonders in Zeiten eines Wahlkampfes, für das israelische Kabinett keine Bedeutung. Sie können die Regierung dem Vorwurf aussetzen, bei den Verhandlungen nicht alle Möglichkeiten ausgeschöpft zu haben. Ich kann mich nur an wenige Denkschriften über stillschweigende Vereinbarungen erinnern, die nicht schon sehr bald öffentlich bekannt geworden sind. General Yariv hatte uns offenbar beweisen wollen, daß wir uns irrten, wenn wir glaubten, daß Ägypten auf solche Wünsche Israels nicht eingehen werde.

Nun fürchtete ich, daß, wenn wir die Bekanntgabe noch weiter hinausschoben, sich die Verhandlungen in einer Unzahl von Details festfahren würden. Deshalb schickte ich Fahmy von Riad aus eine Botschaft mit einem Vorschlag, wie er am besten das Gesicht wahren konnte. Ich sagte darin, daß wir zwar Spekulationen über die Aufhebung der Blockade bei Bab el-Mandeb nicht verhindern könnten, uns jedoch dazu verpflichten wollten, derartige Spekulationen nicht zu bestätigen. Alle anderen Einzelfragen sollten von den militärischen Vertretern beider Seiten am Kilometer 101 besprochen werden. Nach meiner Auffassung handelte es sich dabei um rein technische, nicht aber um grundsätzliche Angelegenheiten. Dann interpretierte ich die Einzelvereinbarungen etwa so, wie Sisco es in Übereinstimmung mit den Israelis in Jerusalem getan hatte, forderte Fahmy aber nicht auf, dazu Stellung zu nehmen. Am Schluß bat ich ihn dringend, das Zustandekommen der Vereinbarungen zum vorgesehenen Termin bekanntzugeben, und zwar in weniger als zehn Stunden, es sei denn, daß neue Komplikationen es überhaupt unmöglich machten, zu einer Vereinbarung zu kommen.

Im gleichen Sinne telegrafierte ich von Islamabad aus an Golda. (Ich hatte auf meiner Reise nach Peking in Pakistan Station gemacht.) Ich berichtete ihr von den Beschwerden Ägyptens und bat sie dringend, dafür zu sorgen, daß die Vereinbarungen in der Presse und den Medien nicht in emotionaler Weise interpretiert wurden. Außerdem teilte ich ihr mit, Sadat habe erklärt, »eine sichtbare (israelische) Präsenz auf der Straße wird seine Stellung im Hinblick auf die Vereinbarungen unhaltbar machen«. Dann sah ich mir noch einmal die Antwort an, die ich

Fahmy geschickt hatte, und bat Golda, die Vereinbarungen ebenfalls termingerecht bekanntzugeben: »Es ist wichtig, daß Israel den Bestimmungen der Vereinbarungen jetzt in einer positiven Haltung zustimmt und Ihre Unterhändler nicht störend eingreifen.«

Schon nach drei Stunden schickte mir Fahmy seine Zusage. Er hatte begriffen, daß es im Interesse aller Beteiligten lag, eine Vereinbarung nicht zu detailliert zu interpretieren, wenn sie sich darum bemühte, für die konkreten Erfordernisse eine Formel zu finden, die es jedem erlaubte, das Gesicht zu wahren. Deshalb erklärte sich Fahmy mit meinen »Erläuterungen« einverstanden und bat mich, Waldheim den vorgesehenen Brief zu schreiben.

Golda kam zu dem gleichen Schluß, konnte aber ihre Erregung nicht verbergen. Sie empörte sich darüber, daß ich hätte annehmen können, ein israelischer Unterhändler würde sich auf irgendwelche Störmanöver einlassen. Sie rief den amerikanischen Botschafter Kenneth Keating zu sich und bezeichnete mein Telegramm als »Ultimatum«. Dieser Vorwurf war kaum verständlich, denn Ägypten war auf die Grundforderungen Israels eingegangen, und wir hatten uns bereit erklärt, die israelische Interpretation zu unterstützen. Wir hatten nur darum gebeten, etwas weniger ins Detail zu gehen, um die praktische Durchführung der vereinbarten Maßnahmen nicht mit theoretischen Erörterungen zu belasten. Doch Golda machte düstere Andeutungen und sprach von ihrem möglichen Rücktritt, um ihren Posten für einen härteren Unterhändler freizumachen – eine erschreckende Drohung, aber zum Glück wußten wir, daß sie undurchführbar war.

Doch trotz aller Empörung fand Golda dann schließlich zu einer sehr maßvollen Haltung zurück. Wie so oft wollte sie mit ihren harten Worten nur sicherstellen, daß wir auch weiterhin mit Israel zusammenarbeiteten. Sie sagte, da wir von einem *amerikanischen* Brief an Waldheim gesprochen hätten, könnte sie uns nicht daran hindern. Was sie selbst beträfe, so werde Israel seine grundsätzliche Zustimmung bekanntgeben, und zwar unter der Voraussetzung, daß die »Klarstellungen« erfolgten, deren es, wie sie genau wußte, jetzt nicht mehr bedurfte. Es muß ein besonderes Vergnügen sein, eine ultimative Forderung für etwas aufzustellen, was man schon in der Hand hat. (Außerdem war es eine gute Methode, den Inhalt der Denkschrift über die Verständigung zwischen den Vereinigten Staaten und Israel durchsickern zu lassen.)

Nun beschlossen wir, den Abschluß der Vereinbarungen termingerecht bekanntzugeben. Im letzten Augenblick bat uns Fahmy, einen Satz in meinem an Waldheim gerichteten Brief zu streichen. Wir teilten ihm mit, daß es dafür bereits zu spät sei. So wurde der Sechs-Punkte-Plan am Mittag des 9. November in den Vereinigten Staaten bekanntgegeben. (In Israel verzögerte sich die Unterzeichnung jedoch wegen des dazwischen liegenden Sabbat bis zum 11. November.) Von Islamabad aus schrieb ich Golda einen versöhnlichen Brief und versuchte damit, meine innere Erregung zu tarnen. Dafür ließ ich meine schlechte Laune an dem anständigen Kenneth Keating aus, der nach meiner Ansicht Golda nicht energisch genug widersprochen hatte – doch in Wirklichkeit hatte er damit bewiesen, daß er klüger war als ich.

Ebenso wie Fahmy am Tage zuvor erklärte Golda jetzt, mit dem Ergebnis sehr zufrieden zu sein. Keating berichtete, sie wäre »entspannt, warmherzig und zuvorkommend« gewesen. Nachdem sie bewiesen hatte, daß sie sich zu nichts zwingen ließ – offenbar glaubte sie, sie hätte es nötiger als wir, das unter Beweis zu stellen, wenngleich wir noch immer die Narben spürten, die ihre Angriffe gegen uns zurückgelassen hatten –, brachte sie die Vereinbarungen in Rekordgeschwindigkeit durch das Kabinett. Sie wurden am 11. November am Kilometer 101 unterzeichnet, während ich in China war.

Während der zwei Monate, in denen die Vereinbarungen in Kraft blieben, bis sie durch den Vertrag über die Truppenentflechtung abgelöst wurden, traten bei der Durchführung keinerlei Schwierigkeiten auf. Auf die von den Vereinigten Staaten und Israel unterzeichnete Denkschrift sind die Israelis nicht mehr zurückgekommen, ein Beweis dafür, daß sich beide Seiten viel besser verstanden, als man es angesichts der erregten Diskussionen hätte annehmen sollen, bei denen ich der Prügelknabe gewesen war.

Amman

Ich hatte alle diese Kontakte zu Ägypten und Israel von den verschiedenen, weit auseinanderliegenden Hauptstädten aufnehmen müssen, die ich auf meiner langen Flugreise besuchte. Nach der Abreise aus Ägypten machte ich am 8. November die erste Zwischenlandung in Jordanien. Gegenüber der Weltstadt Kairo bildete das staubige Amman einen auffallenden Kontrast. Die Stadt lag an den Hängen der Gebirge am Ostufer des Jordan, und in klaren Nächten konnte man von hier die Lichter von Jerusalem sehen. Nach meiner Landung durfte ich mich wieder im Abschreiten einer militärischen Ehrenwache üben. Diesmal mäßigte ich mein Tempo, so daß der Befehlshaber der Ehrenkompanie mit mir Schritt halten konnte. Allerdings brachte ich es immer noch nicht fertig, meine Schritte dem mitreißenden Takt der Marschmusik anzupassen.

Vom Flughafen fuhren wir zum Palast des Königs, der, an den im Nahen Osten geltenden Maßstäben gemessen, durchaus bescheiden wirkte. Der König begrüßte uns mit der gewohnten Höflichkeit und Kameradschaft, die damals noch Ausdruck der guten Beziehungen zwischen unseren Ländern waren. Es tat uns leid, daß unser bester arabischer Freund diesmal nur an der Peripherie des Friedensprozesses stand. Da er nicht am Krieg teilgenommen hatte (er hatte nur eine Brigade nach Syrien geschickt), brauchte er auch keine Waffenstillstandslinie zu stabilisieren. Obwohl er seine freundschaftliche Haltung gegenüber den Vereinigten Staaten nicht geändert hatte (und trotz der historisch begründeten Spannungen zwischen den Haschemiten und der saudischen Dynastie), hatte man ihn nicht mit einem Ölembargo unter Druck gesetzt. Deshalb konnten wir uns in unserem Gespräch auf Erinnerungen und theoretische Fragen beschränken.

Hussein bedauerte die Ereignisse, die zum Krieg geführt hatten, von dessen Ausbruch er, wie er mir sagte, überrascht worden war. Das Dilemma, in dem er sich befand, schilderte er ganz richtig:

> Jordanien ist das arabische Land, das sich bevölkerungspolitisch und territorial in der schwierigsten Lage befindet. Eine Teilnahme am Kriege hätte zur Vernichtung Jordaniens führen können; dabei wäre ein Vakuum entstanden, das radikale Elemente ausgefüllt hätten. Die Nichtbeteiligung am Krieg hätte andererseits dazu führen können, daß Jordanien völlig isoliert und zum Sündenbock gemacht worden wäre.

Eine scharfsinnige Analyse. Mit einer Kompromißlösung konnte das Land jedoch kaum erwarten, von außen unterstützt zu werden – und wenn im Verlauf des Friedensprozesses das Palästinenser-Problem auf den Verhandlungstisch kam, mußte Jordanien in eine äußerst prekäre Lage geraten. Hussein sagte dazu:

> Unsere Lage unterscheidet sich von der Syriens und Ägyptens, die beide nicht unmittelbar vom Palästinenser-Problem betroffen sind und schon vor dem Krieg von 1967 in international anerkannten Grenzen existierten. Jordaniens Grenze von 1967 war die Waffenstillstandslinie. Das Jordan-Westufer ist zugleich jordanisches Territorium und Teil Palästinas. Die Bevölkerung ist jordanisch und palästinensisch. Die Rechte der Palästinenser haben mit dem Westufer und Jordanien nichts zu tun, wohl aber mit Israel. Nun fragt sich, wer die Palästinenser vertreten soll. Nach unserer Auffassung ist das Jordan-Westufer von Israel besetztes jordanisch-palästinensisches Gebiet. Es ist die Pflicht Jordaniens, dieses Territorium zurückzugewinnen, wobei kleinere Gebietsteile ausgetauscht werden könnten. Außerdem können wir die Verantwortung für die moslemischen und christlichen Teile Jerusalems nicht aufgeben, das jedoch eine ungeteilte Stadt bleiben sollte.

Mit anderen Worten, Hussein lehnte es ebenso entschlossen wie Israel ab, der PLO am Jordan-Westufer eine politische Rolle zuzuweisen. Wenn es um eine Rückgabe palästinensischen Gebiets an die arabische Nation ging, dann sollte nach Auffassung des Königs Jordanien die Verhandlungen führen. Nach Abschluß solcher Verhandlungen mußte die weitere Entwicklung in diesem Gebiet den Grundsätzen des Selbstbestimmungsrechts folgen. Der König war entschlossen, unter allen Umständen die Interessen seines Landes zu wahren. Er würde sich Vereinbarungen an anderen Fronten über eine Truppenentflechtung nicht widersetzen, empfahl jedoch dringend, solche Vereinbarungen auf einen Zeitpunkt zu verschieben, zu dem eine umfassende Friedensregelung als ganzes »Paket« getroffen werden könnte. Die Schwierigkeit lag jedoch darin, daß wir unmittelbar nach einem Krieg und angesichts der Stellungen, in der sich die Armeen beider Seiten gegenwärtig befanden, diese Möglichkeit nicht hatten. Die ägyptische 3. Armee konnte nicht in der Wüste bleiben, und das gleiche galt für die zweiunddreißig Kilometer vor Damaskus liegende israelische Armee, während man versuchte, auf dem Verhandlungsweg eine Lösung für das Palästinenser-Problem zu finden.

Ich sagte Hussein, daß die Truppenentflechtung der erste Schritt sein müßte. Die beste Möglichkeit, die Interessen Jordaniens bei der Lösung der Palästinenserfrage zu schützen, bestünde darin, Jordanien als Gründungsmitglied zur Teilnahme an der Genfer Konferenz einzuladen; damit würde es zum Sprecher der Palästinenser. Ich unterrichtete den König auch über den Sechs-Punkte-Plan.

Wir brauchten Zeit, um uns mit den unmittelbaren Kriegsfolgen zu beschäftigen, bevor wir uns einer Friedensregelung zuwendeten. Manchmal kann man nichts Besseres tun, aber die Zeit ist ein neutraler Faktor, und sie kann das politische Handeln nicht ersetzen. In diesem Fall entwickelte sich die Lage, wie ich das noch im einzelnen erläutern werde, so, daß für die jordanische Option keine Zeit mehr blieb, weil die innenpolitische Lage in Israel (und in den Vereinigten Staaten), die von den Radikalen angeheizte Stimmung im arabischen Lager und die Dringlichkeit der Truppenentflechtung eine solche Lösung nicht mehr zuließen – was im höchsten Grade bedauerlich war.

Riad

Während meiner Reise durch den Nahen Osten nahm die Katastrophe von Watergate ihren unaufhaltsamen Verlauf im Rahmen der für den Kongreß und die Judikative vorgeschriebenen Verfahren. Der Rechtsausschuß des Repräsentantenhauses beriet im Gefolge des »Massakers vom Samstagabend« über acht Resolutionen zur Amtsenthebung des Präsidenten. Am 5. November wurde Leon Jaworski als Sonderankläger vereidigt und trat die Nachfolge von Archibald Cox an. Er hatte sich von Nixon die Zusage geben lassen, daß der Präsident ihn nicht entlassen und seine Unabhängigkeit nicht einschränken werde, wenn nicht bestimmte Angehörige des Kongresses einem solchen Vorgehen zustimmten. Am 5. November während meines Aufenthalts in Riad verurteilte der Richter John Sirica sechs Angeklagte im Watergate-Prozeß.

Verständlicherweise bemühte sich Nixon eifrig darum, zu demonstrieren, daß seine außenpolitische Handlungsfähigkeit durch diese Katastrophe nicht beeinträchtigt worden war. Er wollte vielmehr mit seinen außenpolitischen Erfolgen beweisen, daß er in seinem Amt nicht zu ersetzen sei. Haig teilte mir mit, daß Nixon begeistert von der Bekanntgabe des Abschlusses der Sechs-Punkte-Vereinbarungen sei. Er konnte mit Recht stolz darauf sein, was er mit seiner Standhaftigkeit erreicht hatte – und angesichts der innenpolitischen Schwierigkeiten, mit denen er zu kämpfen hatte, war seine Leistung wirklich erstaunlich. Aber inzwischen ließ sich die Krise auch durch außenpolitische Erfolge nicht mehr beilegen. Da Nixon wegen seiner angeblichen Verfehlungen in der Innenpolitik angegriffen wurde, ließen sich diese Vorwürfe nicht durch außenpolitische Leistungen entkräften. Im Weißen Haus erkannte man diese Situation offenbar nicht so deutlich, denn hier hatte man die Vorstellung, daß auf jeder Station meiner Reise aufsehenerregende Erfolge erzielt werden könnten. Den in Kairo getroffenen Vereinbarungen sollte die Aufhebung des Ölembargos in Riad folgen, wo ich am 8. November eintraf. Aber dieses Ergebnis sollte, wie Haig mir einschärfte, nicht während meiner Reise bekanntgegeben werden, sondern es müßte der Eindruck entstehen, daß wir es einer Initiative Nixons zu verdanken hätten. Deshalb telegrafierte Haig:

> Er hofft, daß die auf diesem Gebiet erzielten Fortschritte nach Ihrer Rückkehr von ihm selbst im Weißen Haus bekanntgegeben werden können. Im Zusammenhang mit einer solchen Erklärung, wie Scowcroft Ihnen schon gesagt hat, legt der Präsident Wert darauf, sich schon nächste Woche in Washington mit Faisal zu treffen. Er hofft, nach dieser Begegnung Fortschritte auf dem Gebiet der Ölversorgung bekanntgeben zu können.

Die intensive Arbeit und die schweren Belastungen durch den Druck, den die Parteien im Nahost-Konflikt auf mich ausübten, ließen mich viel weniger verständnisvoll reagieren, als es der so sehr in Bedrängnis geratene Präsident verdient hätte. Selbstverständlich will jeder Präsident als Architekt eines außenpolitischen Triumphs angesehen werden. Angesichts des hohen Ansehens, das Nixon in Saudi-Arabien genoß, entsprach sein Wunsch auch durchaus der Wirklichkeit. Aber alles blieb Theorie. Saudi-Arabien konnte das Embargo nicht schon zwei Wochen nach seiner Verhängung aufheben. Und wenn, dann ließ sich diese Tatsache nicht so lange geheimhalten, bis ich von meiner Reise zurückgekehrt war, die noch zehn Tage dauern sollte. Außerdem war ein Besuch Faisals in Washington so bald nach dem Krieg ganz unvorstellbar. Er widerspräche der ganzen saudischen Strategie, deren Ziel es gewesen war, sich möglichst mit den radikalen Arabern zu einigen.

Ich telegrafierte daher Haig:

> Jeder Versuch, eine Begegnung mit Faisal in Washington zu arrangieren, wäre heller Wahnsinn. Jeder arabische Führer, mit dem ich bisher gesprochen habe, hat mir unmißverständlich erklärt, daß es viel leichter wäre, die Schraube de facto zu lockern, als ein solches Verhalten zur offiziellen arabischen Politik zu machen. Der einzige, ich wiederhole, der einzige Weg, auf dem wir vorankommen können, ist der Weg, den wir jetzt gehen. Eine an Faisal gerichtete Einladung würde in der ganzen arabischen Welt als Zusammenbruch der amerikanischen Außenpolitik angesehen werden. Sie würde die Araber veranlassen, die Vereinigten Staaten noch mehr mit der Ölwaffe unter Druck zu setzen, nicht aber, darauf zu verzichten. Auch gibt es keinen erkennbaren Grund für Faisal, in der Anfangsphase des Friedensprozesses zu freundschaftlichen Gesprächen nach Washington zu kommen. Sollte sich zeigen, daß Faisal bereit ist, eine Einigung in der Ölfrage öffentlich bekanntgeben zu lassen, dann hätte ich natürlich nichts, ich wiederhole, nichts dagegen, wenn der Präsident es in Washington täte.

Die Gelegenheit, Nixon diesen Wunsch zu erfüllen, hat sich nicht ergeben. Ich hatte keine Möglichkeit, Riad zu dramatischen Zugeständnissen zu bewegen, denn alles Spektakuläre widerspricht der Tradition des Landes und dem Charakter seiner Führer.

Im Herbst 1973 war das Königreich Saudi-Arabien gegen seinen Willen in den Strudel der Weltpolitik gezogen worden. Es mußte sich den Turbulenzen, in die es geraten war, vor einem historischen und psychologischen Hintergrund stellen, der sich von den Gegebenheiten in fast allen anderen arabischen Staaten unterschied.

Mekka und Medina sind die heiligen Stätten der islamischen Welt. Der Prophet hatte seine Botschaft zuerst in der kargen Wüste und den felsigen Bergen Arabiens verkündet. Von ihr brachen die Armeen auf, die seinen Glauben über einen großen Teil der damals bekannten Welt verbreiteten. Bald darauf ließ die Geschichte wieder den Vorhang fallen, und die folgenden Jahrhunderte prägten sich tiefer in das Gedächtnis der Stämme und Herrscher dieses weiten Gebiets ein, als in die historischen Aufzeichnungen. Man weiß nur wenig von den Unruhen, dem Leiden, den Siegen und Niederlagen, zu denen es in diesem weiten Hochland gekommen ist, wo der Mensch, gestützt auf grandiose religiöse Überzeugungen, sein Leben am Rand des Existenzminimums fristete.

Das heutige Saudi-Arabien schüttelte nach dem Ersten Weltkrieg die türkische Herrschaft ab. Das Königreich trägt den Namen des ersten dynastischen Herrschers Ibn Saud, der die über die ganze arabische Halbinsel verstreuten Feudalherrschaften vereinigte und zusammenhielt, weil seine Untertanen ihn als Patriarchen anerkannten und sich einer strengen, puritanischen Ethik mit tief religiöser Hingabe unterwarfen. Der Saudi betrachtet den Ungläubigen mit Argwohn und mißtraut dem Fremden. Darin unterscheidet er sich nicht von den zahlreichen anderen Völkern dieser Region. Aber während der Ägypter davon überzeugt ist, mit seiner Geschicklichkeit den Fremden beeinflussen zu können, und der Syrer sogar glaubt, ihm militärisch überlegen zu sein, sucht sich der Saudi durch äußerste Zurückhaltung zu schützen. Deshalb wirken die Saudis so distanziert und undurchdringlich. Ein Mysterium kann man nicht unterwerfen, denn sein Kern läßt sich durch die Mittel der politischen Macht nicht bloßlegen. So verhüllt Saudi-Arabien seine Verwundbarkeit durch seine Undurchdringlichkeit und verbirgt sein Unvermögen, die Motive des Fremden zu durchschauen, hinter einem reservierten Stolz.

Die königliche Familie hat eine ungeheuer schwierige Aufgabe zu bewältigen. Sie herrscht über Stämme, die seit alters her das Leben von Nomaden führen und der Krone treu ergeben sind, und über eine städtische Massenbevölkerung, die so zahlreich ist wie die westlicher Großstädte. Der Mittelstand, der jetzt an Bedeutung zunimmt, lebt in der uralten, halbfeudalen Tradition der gegenseitigen Verpflichtung. Die Herrschenden beweisen ihr Feingefühl und ihre Weisheit, indem sie in ihrem monarchischen System einen Konsens entwickeln, innerhalb dessen jeder Angehörige der sehr großen königlichen Familie irgendwie an den Entscheidungen beteiligt ist. Man weiß nicht, wie viele ausländische Arbeiter – Palästinenser, Syrer, Libanesen, Ägypter, Pakistanis und Jemeniten – hier leben und ein Mosaik bilden, das durch den gemeinsamen islamischen Glauben und die Achtung vor der traditionellen Autorität zusammengehalten wird.

Es besteht ohne Zweifel ein Gefühl der Verwundbarkeit in diesem heute unvorstellbar reichen Land, dessen Reichtum aber nicht genügt, um die Sicherheit nach außen zu garantieren. Seine Herrscher leben mit dem Alptraum, daß der Neid der Nachbarn zu dem Versuch führen könnte, dieses Land zu erobern. Sie kennen das Schicksal anderer Nationen in dieser Region, und deshalb nehmen sie gegenüber allen wirtschaftlichen und sozialen Neuerungen, welche die traditionelle Herrschaftsform aushöhlen könnten, eine ambivalente Haltung ein. Die Politik Saudi-Arabiens hat sich in jüngster Zeit durch eine Vorsicht ausgezeichnet, bei der sich das Ausweichen vor eindeutigen Entscheidungen zu einer Kunstform entwickelt hat. Denn wenn das Königreich eine sehr gradlinige Politik triebe, würde es zum Brennpunkt aller Streitigkeiten werden, es würde sich Forderungen, Drohungen und Schmeicheleien aussetzen, deren kumulative Wirkung die Unabhängigkeit und den Zusammenhalt gefährden könnte.

So hat sich hier eine Verhaltensweise entwickelt, die zugleich undurchsichtig und beharrlich, zurückhaltend und selbstbewußt ist. Das Königreich Saudi-Arabien hat sich bisher aus der direkten Konfrontation heraushalten können, auch wenn seine Kapitalreserven die Konfrontation erst ermöglicht hat. Ein Beispiel dafür war das Ölembargo. Es hat mit großem Geschick den Eindruck vermieden, daß seine eigenen Auffassungen entscheidend sein könnten. Dabei ist es immer bestrebt gewesen, sich durch einen Konsens zu schützen, für den andere die Verantwortung übernehmen mußten – entweder der Schah des Iran, die radikale Mehrheit in der OPEC oder das unnachgiebige Israel. Immer muß irgend jemand anderes irgend etwas tun, bevor die Saudis eingreifen können – eine hervorragende Methode, sich nicht unter Druck setzen zu lassen, die genau den Bedürfnissen des Königreichs entspricht.

Dahinter stehen auch nicht nur taktische Überlegungen. Der politische Kurs Saudi-Arabiens muß sich an bestimmten festen Punkten orientieren – an der aufrichtigen Freundschaft zu den Vereinigten Staaten, an einer tief empfundenen arabischen Loyalität und an der Gewißheit, von innen und von außen bedroht zu werden. Es ist nicht die Schuld Saudi-Arabiens, wenn diese Gegebenheiten gelegentlich in Widerspruch zueinander geraten. Deshalb ist die Widersprüchlichkeit der saudischen Außenpolitik durch die politische Lage bedingt und nicht die Folge freiwilliger Entschlüsse.

So hat es auch keinen Sinn, die vorsichtigen Herrscher in Saudi-Arabien aus dem Gleichgewicht bringen zu wollen. Die Eitelkeit veranlaßt die meisten politischen Führer, ihre eigene Bedeutung zu übertreiben. Die saudischen Prinzen unter Faisal waren gegenüber dieser Versuchung immun, und das hat sich seither nicht geändert. In ihrer Zurückhaltung lassen sich die Saudis weder durch Beredsamkeit noch durch Drohungen beeindrucken. Jede Nachgiebigkeit würde den Eindruck hinterlassen, daß sie über einen großen Handlungsspielraum verfügten, was den ausländischen Gesprächspartner zu immer neuen Bitten und Forderungen veranlassen würde. Es ist daher viel besser, so zu tun, als ob alles eine Folge von Entwicklungen sei, die von Saudi-Arabien nicht beeinflußt werden könnten. Riad ist nicht der Ort, an dem man bei Verhandlungen mit einem entscheidenden Durchbruch rechnen darf.

Ich wußte von alledem noch kaum etwas, als meine Maschine kurz vor Sonnenuntergang vor einem modernen Flughafengebäude ausrollte, wo sich vor wenigen Jahren nur ein unfruchtbares Hochplateau nach allen Himmelsrichtungen hin ausgedehnt hatte. An der Gangway begrüßte mich Omar Aqqaf, der Staatsminister für Auswärtige Angelegenheiten (den Titel des Außenministers beanspruchte Faisal für sich selbst). Ich hatte den höflichen und weltmännischen Aqqaf zum letztenmal vor ein paar Wochen im gut sitzenden Anzug in Washington gesehen. Jetzt war er in der wallenden weißen Robe mit arabischer Kopfbedeckung erschienen und ließ die Perlen eines arabischen Rosenkranzes durch die Finger gleiten. Er führte mich durch zwei Reihen von Soldaten in die marmorne königliche Empfangshalle, einen prächtig ausgestatteten Raum, in dem die Möbel an die Wände herangerückt waren, so daß nichts die prächtigen orientalischen Teppiche verdeckte, mit denen der ganze Boden belegt war. Beturbante Diener in arabischer Tracht servierten bitteren schwarzen Kaffee in kleinen Tassen.

Ebenso wie Brasilia war Riad an dieser Stelle aufgebaut worden, weil man das Regierungszentrum weiter ins Landesinnere hatte verlegen wollen. Aber Riad unterschied sich von Brasilia dadurch, daß es hier keine vom Staat als symbolische Brennpunkte errichtete große Gebäude oder Monumente gab. Die Stadt war eine Verbeugung der Saudis vor der westlichen Technologie und zugleich ein Beweis für ihre Irrelevanz. Zwar mußte es einen städtischen Wohnkomplex geben, aber nach der saudischen Wertskala bedurfte er keines zentralen Plans. Riesige Paläste standen neben Hütten, es fehlten der Charme einer traditionsreichen alten Stadt und die nervöse Spannung einer modernen Schöpfung. Es gab nicht einmal einen Königspalast, die Residenz des Königs war vielmehr das private Wohnhaus des Prinzen, der zum König gewählt worden war. 1973 waren erst wenige Ministerien von Dschidda nach Riad umgezogen, und sie waren vorläufig in modernen Betonklötzen untergebracht. Die späteren Ministerien waren zwar größer, in einzelnen Fällen sogar riesig, aber über das ganze Stadtgebiet verstreut, so daß man keinen Teil von Riad als das Regierungsviertel bezeichnen konnte. Das gleiche galt für die Residenzen der Scheichs und Prinzen, die versteckt hinter hohen Mauern unmittelbar neben den einfachsten Behausungen lagen. Die königliche Familie stammte schließlich von Beduinen ab und lebte immer noch in dem gleichen einfachen, durch die Tradition bestimmten Stil wie zu der Zeit vor der Ausbeutung der Ölfelder, die sie so unerhört reich gemacht hatte.

Das 1973 als Gästehaus verwendete Gebäude (es ist seither durch ein anderes ersetzt worden) war ein typisches Beispiel – es war viel zu groß und wirkte trotzdem wie eine Übergangslösung. Man ließ mir nur wenig Zeit, mich frisch zu machen, und brachte mich dann zum Palast des Königs, wo Faisal mir einen Empfang und ein Essen gab – eine Ehre, die etwas zu bedeuten hatte.

Faisals Palast hatte monumentale Ausmaße. In Begleitung von zwei Wachposten mit gezogenen Säbeln wurde ich in eine riesige Halle geführt, die mir die Ausmaße eines Fußballplatzes zu haben schien. Dutzende von Würdenträgern des Königreichs (Frauen waren selbstverständlich nicht zu sehen) saßen, bekleidet mit den gleichen schwarzen Roben und weißen Kopfbedeckungen, unbeweglich und schweigend an den Wänden. Es roch nach Weihrauch, der durch die Klima-Anlage im Raum verteilt wurde. Dem Eingang gegenüber – mir kam es vor, als seien es hundert Meter – saß König Faisal ibn Abd al-Aziz Al Sa'ud auf einer leicht erhöhten Plattform in würdevoller Haltung. Er hatte ein auffallend scharf geschnittenes, edles Gesicht. Als ich den Raum betrat, erhob er sich und zwang damit alle Prinzen und Scheichs, ihm mit einer fließenden, an ein Ballett erinnernden Bewegung in schwarz und weiß zu folgen. Dann kam er einen Schritt auf mich zu, während ich den ganzen Weg bis zu ihm allein zurücklegen mußte. Später sagte man mir, daß dieser eine Schritt ein Zeichen besonderer Höflichkeit gewesen wäre. Ich war mir in diesem Augenblick nur der Tatsache bewußt, daß es eine unendlich weite Strecke war, die ich bis zum Podium hinter mich bringen mußte. Ich durfte neben Seiner Majestät Platz nehmen und von dort aus einige Minuten die ehrwürdige Versammlung betrachten. Dabei überlegte ich mir, wie seltsam es war, daß das Schicksal es einem Flüchtling vor der Nazi-Verfolgung bestimmt hatte, hier in Arabien als Vertreter der amerikanischen Demokratie empfangen zu werden. Anschließend wurde ich durch den königlichen Zeremonienmeister vorgestellt, schritt die ganze lange Reihe der Würdenträger ab und schüttelte jedem einzelnen die Hand, während mir die Namen genannt wurden.

Dann führte mich der König zum Essen. Wir setzten uns an den Kopf des mittleren Tisches, neben dem im rechten Winkel zwei weitere Tische aufgestellt waren, an denen auch einige Herren in westlicher Kleidung saßen. Es waren meine Mitarbeiter, die in dieser arabischen Umgebung irgendwie deplaciert wirkten, wie Eindringlinge in die elegante Uniformität der saudischen Roben. Es war wie eine zu wenig geprobte Sinfonie. Als der König das Wort ergriff, verstummte alles, aber meine Erwiderung ging in dem Gemurmel der allgemeinen Konversation unter. Das Schweigen, das die Rede des Königs begleitete, erhöhte meine Aufmerksamkeit, als ich zum erstenmal zu hören bekam, was in der ganzen arabischen Welt und vielen anderen Weltgegenden sofort als Faisals Standardrede erkannt worden wäre. Das Grundthema war die Behauptung, Juden und Kommunisten bemühten sich, manchmal durch paralleles Vorgehen, dann wieder, indem sie zusammenarbeiteten, die zivilisierte Welt, wie wir sie kannten, zu unterminieren. Faisal, der von meiner Herkunft entweder nichts wußte oder mich delikaterweise in eine besondere Kategorie einordnete, verlangte, daß dieser Verschwörung zwischen Juden und Kommunisten ein für allemal ein Ende bereitet werden müßte. Ihr Außenposten im Nahen Osten wäre der Staat Israel, den der Bolschewismus nur in der Absicht dort eingerichtet hätte, zwischen Amerika und die Araber einen Keil zu treiben.

Es fiel mir schwer, auf eine solche Argumentation die richtige Antwort zu finden. Als Faisal schließlich behauptete, die jüdisch-kommunistische Verschwörung versuchte jetzt auch, in der amerikanischen Regierung Einfluß zu gewinnen, beschloß ich, das Thema zu wechseln. Deshalb fragte ich Seine Majestät nach einem Bild an der gegenüberliegenden Wand, das ich für ein dekoratives Kunstwerk hielt. Man erklärte mir, es sei eine heilige Oase – die darstellende Kunst ist im Islam verboten. Meine Taktlosigkeit versetzte Faisal für einige Minuten in tiefe Melancholie, was zur Folge hatte, daß das Gespräch am ganzen Tisch verstummte. Dieses unheimliche Schweigen hat meine Mitarbeiter wahrscheinlich veranlaßt, sich zu fragen, wie es mir in so kurzer Zeit gelungen wäre, die Ölversorgung des Westens aufs Spiel zu setzen. Es half auch nichts, als ich Sadat als den Führer der Araber bezeichnete. Die mürrische Reaktion Seiner Majestät zeigte, daß es eine Grenze gab, über die hinaus man die arabische Solidarität nicht beschwören durfte.

Der König sprach immer mit sanfter Stimme, auch wenn er etwas besonders betonen wollte. Seine Ausdrucksweise ließ oft mehrere Interpretationen zu; dadurch schützte er sich davor, in einer von ihm nicht gewollten Weise zitiert zu werden und damit in peinliche Situationen zu geraten. Bei seinen Audienzen saß er in der Mitte des Raumes, der jeweilige Gesprächspartner zu seiner Rechten und ihm gegenüber der Dolmetscher, während die Berater jeder Seite an den Wänden Platz nahmen, wo man im Flüsterton gesprochene Worte nicht mehr hören konnte. In einem so großen Raum hätte man sich im übrigen auch mit lautem Rufen kaum verständigen können, und daher waren alle anderen Anwesenden auf ganz natürliche Weise aus dem Gespräch ausgeschlossen. Wenn der König mit mir sprach, sah er starr geradeaus und blickte nur gelegentlich unter seiner Kopfbedeckung zu mir herüber, um festzustellen, ob ich einen besonders rätselhaften Ausspruch begriffen hatte.

Das alles war mir so vollkommen neu, daß ich zunächst Schwierigkeiten hatte, die Bedeutung dessen, was geschah, zu beurteilen. Faisals Standardrhetorik war für einen westlichen Diplomaten leicht zu durchschauen, aber als ich ihn näher kennenlernte, stellte ich fest, daß er seltene Qualitäten besaß. Er war hochintelligent, eine sehr starke Persönlichkeit und doch klug genug, um seine Stärke nicht zur Schau zu stellen. In ihm vereinigten sich Überzeugung und taktisches Geschick. Er glaubte an das, was er tat, und er tat, was ihm nützte. Was er über den Kommunismus und den Zionismus gesagt hatte, entsprach, so bizarr es in den Ohren eines westlichen Besuchers auch klingen mochte, seiner tiefsten Überzeugung. Es entsprach aber auch genau den taktischen Notwendigkeiten seines Landes. Der entschiedene Antikommunismus sollte die Vereinigten Staaten beruhigen und brachte den Anspruch auf Schutz vor äußeren Gefahren zum Ausdruck (und alle potentiellen Feinde waren in der Tat von der Sowjetunion bewaffnet worden). Die leidenschaftliche Ablehnung des Zionismus entsprach den Auffassungen der radikalen Araber und der PLO und hielt sie davon ab, die Monarchie innenpolitisch zu unterminieren, wozu sie sonst versucht sein könnten. Aber dieser Angriff wurde dennoch in einer so unbestimmten Richtung geführt, daß sich keine klaren Konsequenzen daraus ableiten ließen; er wies in keine bestimmte außenpolitische Richtung, sondern legte sich nur auf einen grundsätzlichen Antikommunismus fest.

In Faisal verbanden sich eine starke Religiosität und diplomatische Klugheit. Er war vor seiner Thronbesteigung nicht umsonst jahrelang saudi-arabischer Außenminister gewesen. Die Religion gab ihm die innere Kraft, den Gefahren ins Auge zu sehen, die Saudi-Arabien bedrohten, und ihnen gelassen zu begegnen. Außerdem gab sie diesem Land, das sich, wenn auch zögernd, allmählich modernisierte, den notwendigen Zusammenhalt und schützte es vor der Habgier seiner Nachbarn. Es ist nicht schwierig, einen gewöhnlichen Staatsmann politisch unter Druck zu setzen; dafür gibt es im Nahen Osten recht wirksame Methoden; aber es ist etwas ganz anderes, einen frommen Mann zu erpressen, der in seiner Heiligkeit über jeden Streit erhaben ist. Durch seine Religiosität vereinigte Faisal in sich Erhabenheit und Anonymität, großen Einfluß auf die Massen und den notwendigen Abstand von ihnen. So gelang Faisal das ungewöhnliche Kunststück, eine Stellung im ruhigen Zentrum eines Wirbelsturms einzunehmen, wobei er sich stets der schäumenden Wogen bewußt war, die ihn umbrausten. Seine Situation verlangte großes Geschick und innere Unabhängigkeit.

Faisal galt mit Recht als aufrichtiger, ehrenhafter Mann. Er war eine sehr feinfühlige Persönlichkeit und überlegte sich jedes Wort, das er sprach. Er sagte kein unüberlegtes Wort; jeder Satz hatte seine Bedeutung, auch wenn weniger intelligente Menschen manchmal nicht sofort begriffen, was er meinte. Wir konnten uns glücklich schätzen, daß Faisal ein aufrichtiger Freund der Vereinigten Staaten war – eine Freundschaft, die wir erwiderten –, aber er zweifelte an unserem Scharfblick und unserer Standfestigkeit. Er war noch so tief in der beduinischen Tradition verwurzelt, daß sein politisches Handeln wesentlich von persönlichen Beziehungen bestimmt wurde. Er war absolut zuverlässig und hielt sogar im allgemeinen mehr, als er versprochen hatte. Aber nach dreißigjährigen Erfahrungen in hohen Stellungen hatte er zu oft erlebt, daß die amerikanische Politik nicht immer den gleichen Kurs verfolgte, um die Zukunft seines Landes nicht ohne Einschränkungen von den Stimmungswechseln abhängig zu machen, deren Zeuge er gewesen war. So legte er sich nicht gern fest, stellte sich nach Möglichkeit auf die Seite der Vereinigten Staaten, tat dies aber nicht, wenn er damit die Interessen Arabiens gefährdete, wie er sie begriff. Vor allem kannte er aber auch die Schwächen seines eigenen Landes. Er versuchte niemals, den Vermittler zu spielen, weil er davon überzeugt war, daß Saudi-Arabien trotz all seines Reichtums – und vielleicht sogar gerade deswegen – nicht in allen Krisen eine Vermittlerrolle übernehmen konnte.

Als ich seine Haltung besser begriffen hatte, erkannte ich, daß es für Faisal leichter war, augenscheinlich spontan zu handeln, als einer Aufforderung zu folgen. Es stärkte seine Stellung in der arabischen Welt, wenn er aufrichtig sagen konnte, daß man ihn nicht um Unterstützung gebeten hätte, und er daher auch keine Zusagen gemacht habe – was ihn jedoch nicht davon abhielt, von sich aus und vollkommen freiwillig das zu tun, was uns nützte. Dann brauchte er seinen arabischen Brüdern nicht zu erklären, daß er den Amerikanern gegenüber dazu verpflichtet gewesen wäre oder es ihnen versprochen hätte. Ich sorgte dafür, daß er über den Inhalt unserer Verhandlungen laufend unterrichtet wurde, und habe ihn häufig in Riad aufgesucht, um ihn persönlich zu informieren. Nach unseren ersten Begegnungen habe ich ihn nie um etwas Bestimmtes gebeten, aber ich habe in anderem Zusammenhang oft eine hilfreiche saudische Fußspur erkennen können, die so unauffällig gesetzt worden war, daß sie von jedem Windstoß verwischt werden konnte.

König Faisal hat Erstaunliches geleistet. Unter seiner Führung wurde sein Land ernstgenommen, es behielt sich jedoch das Recht vor, selbst zu bestimmen, welche Rolle es spielte. Ob er es beabsichtigt hat oder nicht, er hat in der Weltwirtschaft eine Revolution ermöglicht und das globale Gleichgewicht der Kräfte wesentlich verschoben, indem er die Wirkung des Öls als einer Waffe durch das Gewicht Saudi-Arabiens erhöhte und damit sein Land zu einem bedeutenden Faktor in der Weltpolitik machte. Aber er stellte diese revolutionären Entscheidungen so dar, als habe er sie widerwillig und blutenden Herzens getroffen; zu dieser Haltung zwangen ihn die Habgier anderer und die unkontrollierbaren Leidenschaften der Völker dieser Region.

Wenn man die saudische Politik als das Ergebnis des Zusammenwirkens aller Kräfte in diesem Gebiet und nicht als die Gestaltung dieser Kräfte begreift, dann ist diese Vorstellung richtig. Wenn der Staatsmann der Steuermann ist, der das Staatsschiff durch die vom Sturm aufgepeitschten Wogen steuert, dann hat es Faisal meisterhaft verstanden, sein zerbrechliches Fahrzeug vor dem Wind zu halten und es vor dem Leckschlagen zu bewahren – keine geringe Leistung, wenn man bedenkt, was in den Nachbarländern Saudi-Arabiens geschehen ist.

Alle diese Tendenzen wurden erkennbar, als ich mich nach dem Essen mit Faisal zu einem Gespräch zusammensetzte. Anders als Sadat war er kein Freund dramatischer Initiativen. Seine Größe verbarg sich hinter der Anonymität. Ich brauchte für den Erfolg unserer Nahost-Diplomatie seinen guten Willen und wollte ihm verständlich machen, daß das Ölembargo unsere Beziehungen schwer belastete. Die beiden Gesprächsebenen – was ich ihm begreiflich machen wollte und was er anzuerkennen bereit war – waren nicht immer die gleichen. Wir umkreisten uns vorsichtig wie zwei Ringkämpfer, bevor sie zupacken, und beobachteten einander genau, ohne schließlich über die erste Phase des gegenseitigen Abtastens hinauszukommen.

Ich erläuterte dem König unsere Nahost-Strategie etwa im gleichen Sinn wie gegenüber Sadat, ohne auf taktische Einzelheiten einzugehen. Faisal verstand mich ohnedies sehr gut. Seine Haltung drückte Aufmerksamkeit und Verständnis aus. Aber seine Worte, die zweifellos an arabische Führer weitergegeben werden würden, und zwar auch an die PLO, waren elegante Wiederholungen der Darstellung eines umfassenden Programms, das sich mit unserer Strategie nicht vereinbaren ließ. Er sagte, der Friede mit Israel wäre möglich – für Faisal ein ungewöhnliches Zugeständnis –, schränkte seine Erklärung aber sofort dadurch ein, daß er den Rückzug Israels auf die Grenzen von 1967 und die Rückkehr *aller* palästinensischen Flüchtlinge in ihre Heimat zur Bedingung machte, was praktisch den Zustrom von mehr als einer Million Araber in das Israel innerhalb der Grenzen von 1967 bedeutet hätte. Über den dort zu errichtenden Staat sagte Faisal: »In Palästina muß nach entsprechenden Vereinbarungen ein gemischter jüdisch-islamischer Staat entstehen.« Mit anderen Worten, er wiederholte die Forderungen der PLO. Ich erklärte, das wäre nicht möglich. Faisal antwortete verschmitzt: »Israel würde sich in dem Augenblick zurückziehen, wenn Israel erkennen müßte, daß Sie es nicht mehr beschützen und verwöhnen.« Er sagte es mit königlicher Würde, ohne laut zu werden, aber auch ohne Flexibilität, als wäre es vor allem seine Aufgabe, Grundsatzerklärungen abzugeben, nicht aber Richtlinien für praktisches Handeln. Zum arabisch-israelischen Problem nahm Faisal eine bestimmte Haltung ein, weigerte sich aber, ein Programm vorzulegen.

Das Gespräch wurde schwieriger, als wir uns dem Öl zuwandten. Auf Nixons Veranlassung sollte ich Faisal dazu bewegen, das Embargo aufzuheben oder abzumildern. Hätte ich mehr von dem Mechanismus der Ölpreisgestaltung verstanden, dann hätte ich erkannt, daß die saudischen Produktionskürzungen gefährlicher waren als das Embargo, denn sie wirkten sich entscheidend auf die Ölversorgung der ganzen Welt aus und waren deshalb der auslösende Faktor für den Preisanstieg, der jetzt alle Kapitalreserven schluckte. Aber meine Unwissenheit wirkte sich nicht aus. Faisal, der den Preismechanismus sehr gut kannte, erklärte, daß er die Produktion steigern werde, wenn er das Embargo aufgehoben hätte. Er gab sogar zu, daß er »glühend daran interessiert sei, es so bald wie möglich zu tun«. Leider befände sich Saudi-Arabien in einer »peinlichen« Lage. Es müßten konkrete Fortschritte zu erkennen sein, bevor man den anderen arabischen Staaten vorschlagen könnte, das Schwert der Ölwaffe in die Scheide zu stecken. Gerade weil er ein Freund der Vereinigten Staaten wäre, könnte er nicht allein etwas unternehmen.

Nachdem ich mit meinen geopolitischen Argumenten nichts hatte ausrichten können, versuchte ich es mit psychologischen. Ich sagte, es wäre schmerzlich, von einem Freund unter Druck gesetzt zu werden, und es wäre uns nicht zuzumuten, einem solchen Druck nachzugeben. Doch Faisal drehte den Spieß um und erklärte: »Ich habe noch mehr gelitten als Sie.« Er sagte sogar, die Belastungen für ihn seien so groß, daß er mit einem Nervenzusammenbruch rechnen müßte. Ich erwiderte, man könnte nicht von uns verlangen, daß wir uns erpressen ließen. Doch Faisal wußte sich zu wehren. Er sagte, er hätte Verständnis für meine überzeugenden Erklärungen, aber leider sei Saudi-Arabien gebunden, denn die Entscheidung wäre von allen Arabern gemeinsam getroffen worden. »Was ich brauche ist ein Anlaß, der mich berechtigt, zu meinen Kollegen zu gehen und ihnen das zu empfehlen.«

Nun versuchte ich, einen Kompromißvorschlag zu machen. Wenn Saudi-Arabien nicht bereit wäre, das Embargo aufzuheben, vielleicht wäre es möglich, es nicht so streng anzuwenden. Faisal erklärte sich durchaus kompromißbereit. Vielleicht könnten wir uns auf halbem Wege treffen, wenn wir angesichts der Tatsache, daß wir Israel nicht zum Verzicht auf alle Eroberungen und dazu bewegen könnten, der Rückkehr der Palästinenser zuzustimmen, erklären würden, dies sei unser politisches Ziel, und zwar in der Form einer an Israel gerichteten Forderung der Vereinigten Staaten. Ich lehnte höflich ab.

In diesem würdevoll getanzten Menuett nahmen wir alle klassischen Posen ein, es gelang uns aber nicht, unsere Bewegungen aufeinander abzustimmen. Solange der Protokollführer ihn hören konnte, wich Faisal keinen Millimeter von seiner einmal eingenommenen Haltung ab.

Doch als er mich an die Tür begleitete, gewährte er mir in einer Minute den Segen für unsere Diplomatie, auf den ich in den stundenlangen komplizierten Gesprächen vergeblich gewartet hatte. Er tat es auf geheimnisvolle Weise, als unsere Worte nicht mehr aufgezeichnet wurden, aber doch in Hörweite der anderen Prinzen, als wäre der wichtigste Satz, den er mir zu sagen hatte, nur ein plötzlicher Einfall oder eine formale Höflichkeit: »Wir beten zum allmächtigen Gott, daß er Ihnen auch weiter bei all Ihren edlen Bemühungen Erfolg schenken möge. Ich habe mit Eurer Exzellenz sehr freimütig gesprochen, weil ich Ihre erwiesene Fähigkeit und Weisheit respektiere.« Faisal sagte niemals ein Wort zuviel, und wenn er unser schrittweises Vorgehen als »edel« bezeichnete, dann wollte er damit sagen, daß er unsere Politik unterstützen würde, wenn auch auf seine eigene komplizierte Weise. Auch war es nicht bloße Höflichkeit oder Schmeichelei, wenn er mir vor seinen ranghöchsten Ratgebern seine persönliche Anerkennung ausgesprochen hatte, und zwar obwohl er wußte, welcher Religion ich angehörte.

Da Faisal nicht wissen konnte, ob ich ihn richtig verstanden hatte, bekam ich unmittelbar nach der Audienz beim König im Gästehaus einen Besuch von zwei Männern, die einer nach dem anderen zu mir kamen. Der erste war Prinz Fahd, der damalige Innenminister, der als der starke Mann in Saudi-Arabien galt. Als ich Fahd besser kennenlernte, stellte ich fest, daß er weniger indirekt war als sein Halbbruder, der König, aber ebenso feinsinnig und intelligent. Auch er war ein guter Freund unseres Landes. Er hatte an meinem Gespräch mit dem König teilgenommen und konnte daher alles bestätigen, was der König gesagt hatte, aber aus bestimmten Gründen nicht allzu deutlich hatte aussprechen wollen. Der Inhalt unseres Gesprächs, das nicht öffentlich angekündigt worden war, brauchte aus diesem Grund in der arabischen Welt nicht bekanntgegeben zu werden. Nun sagte mir Fahd:

> Es hat mich gefreut, zu hören, wie Sie Seiner Majestät dem König so einleuchtend die Schwierigkeiten der Vereinigten Staaten erläutert haben und besonders solche Schwierigkeiten, die von denen nicht verstanden werden, die die Vereinigten Staaten nicht kennen.
> Und ich möchte Eurer Exzellenz versichern, daß ich zu denen gehören werde, die Ihnen helfen werden, den Weg zu gehen, von dem Sie gesprochen haben ...
> Es beruhigt uns zu hören, welche einzelnen Schritte Sie unternehmen werden, und ich habe das untrügliche Gefühl, daß dies zu guten Ergebnissen führen wird. Und wir erkennen auch, daß nicht alles über Nacht geschehen kann, sondern schrittweise, aber rasch getan werden muß.

Darin lag die königliche Zustimmung zu unserem Stufenplan, ein wertvoller Vertrauensbeweis. Fahd verpflichtete sich dann, alles zu tun, um die Hindernisse aus dem Weg zu räumen, welche die Beziehungen zwischen den Vereinigten Staaten und Saudi-Arabien belasteten, und dazu gehörte auch das Ölembargo. Er sagte, er werde demnächst in die Vereinigten Staaten kommen, um die Freundschaft der Saudis gegenüber Amerika zu demonstrieren.

Als ich mich an der Tür des Gästehauses von ihm verabschiedete, wartete Omar Saqqaf, der ebenfalls an der Audienz teilgenommen hatte, schon auf mich. Auch er hatte sich nicht angemeldet. Er besuchte mich zweifellos ebenso auf Veranlassung des Königs, um offener mit mir zu sprechen, als dies bei der offiziellen Audienz möglich gewesen war. Saqqaf fürchtete, daß ich entmutigt sein könnte, weil ich die Andeutungen des Königs vielleicht nicht verstanden hätte. Er kam sofort zur Sache: »Soweit ich das sehen konnte, sind sie beide schwierig gewesen. Aber es war ein Gespräch unter Freunden. Sie werden erleben, daß das Gespräch etwas genützt hat.« Er sagte, die Saudis erkannten meine Bemühungen an. Die Alternative zu Sadat wäre der Schützling der Sowjets, Ali Sabri. Ich erwiderte: »Wenn die radikalen Araber mit Hilfe sowjetischer Waffen siegen, dann bedeutet dieser Sieg auch für Sie eine Bedrohung.« Saqqaf, der sich sein ganzes Leben mit den Problemen des Nahen Ostens beschäftigt hatte, stimmte mir zu. Er bestätigte in gemäßigter Form, welche Schwierigkeiten es zwischen den Arabern und Israel gab: »Beide Seiten müssen begreifen, daß sie sich nicht gegenseitig umbringen wollen. Das ist eine Schlange, die sich in den Schwanz beißt.« Ebenso wie Fahd erklärte Saqqaf, Saudi-Arabien habe großes Interesse daran, daß ich meine Bemühungen fortsetzte, denn das werde sich auch günstig für sein Land auswirken. Saudi-Arabien werde mir keine Hindernisse in den Weg legen, sondern mich höchstwahrscheinlich unterstützen.

Wie der König mir schon gesagt hatte, bestätigte Saqqaf, daß Syrien großes Interesse hätte, auf höchster Ebene den Kontakt mit mir aufzunehmen, eine Begegnung mit dem Präsidenten Hafez Asad war gemeint. Ich sagte ihm, ich würde nach meiner Rückkehr von Washington aus die Verbindung zu Asad aufnehmen. Dadurch erhielt Saqqaf die Möglichkeit, schon vor mir mit Damaskus zu sprechen, mir den Weg zu ebnen und bei den Syrern den Eindruck zu erwecken, daß ein Zustandekommen solcher Kontakte Saudi-Arabien zu verdanken wäre.

Auf meiner Reise im November gelang es mir, den Nahost-Krieg endgültig zu beenden. Der Waffenstillstand wurde stabilisiert und es wurden die ersten Vorbereitungen für die Nachkriegsdiplomatie getroffen. Am 14. November hatten Ägypten und Israel sich am Kilometer 101 im einzelnen darüber geeinigt, wie der Sechs-Punkte-Plan verwirklicht werden sollte. Wir hatten wesentlich zum Erfolg dieser Verhandlungen beigetragen. Allmählich hatten wir uns eine Position geschaffen, in der es entscheidend auf unsere Unterstützung ankam, wenn Fortschritte gemacht werden sollten, während wir uns systematisch darum bemüht hatten, den Sowjets die Möglichkeit zu nehmen, störend einzugreifen. Jetzt konnten wir uns auf den nächsten Schritt konzentrieren, das Zustandekommen der Genfer Friedenskonferenz und das Abstecken des Weges zum Frieden. Doch zunächst mußten auf dem Schachbrett der Diplomatie noch bestimmte Züge gemacht werden.

XIV. Zwischenspiel am Persischen Golf

Von Riad aus führte mich meine Reise in Länder, die zur Lösung der gegenwärtigen Krise im Nahen Osten verhältnismäßig wenig beitragen konnten, die jedoch im Rahmen unseres Gesamtplans für die Sicherheit und den Frieden in der Welt eine wichtige Rolle spielten. Der Iran war der Schlüssel zum Gleichgewicht der Kräfte im Persischen Golf. Pakistan war schon seit langer Zeit mit den Vereinigten Staaten befreundet, und wir hatten uns tatkräftig für seine Unabhängigkeit eingesetzt. China konnte wesentlich zum globalen Gleichgewicht der Kräfte beitragen, und Japan war eine Hauptstütze in unserem Bündnissystem. (Über meine Besuche in Peking und Tokio werde ich noch an anderer Stelle berichten.)

Am 9. November 1973 machte ich in Teheran Station, um mit dem Schah des Iran zusammenzutreffen, der seit siebenunddreißig Jahren mit den Vereinigten Staaten verbündet war. Das Schicksal und sein Volk haben es mit dem Schah nicht gut gemeint. Amerika und seine Verbündeten haben damit, wie sie ihn später behandelten, Schande über sich gebracht; sie haben diesen Freund nicht nur politisch im Stich gelassen – was als Folge der brutalen Erfordernisse des nationalen Interesses notwendig werden kann –, sondern auch menschlich, als er Zuflucht suchte und nirgends Hilfe und Trost finden konnte. Die Geschichte wird von den Siegern geschrieben, und in diesem Fall sind sie sehr grausam gewesen.

Es ist vieles Falsche über die Beziehungen Amerikas zum Schah behauptet worden. Man hat versucht, den Eindruck zu erwecken, daß Amerika den iranischen Herrscher aus persönlicher Freundschaft oder aus Vorliebe für das autoritäre Herrschaftssystem unterstützt habe. Die Wirklichkeit war viel komplexer. Eine enge Beziehung, die unter acht amerikanischen Präsidenten beider politischen Parteien bestanden hat, muß tiefere Ursachen gehabt haben als persönliche Neigungen. Die Freundschaft zwischen Amerika und dem Iran war nicht Ausdruck persönlicher Sympathien, sondern geopolitischer Realitäten. Die Bedeutung des Iran hatte mit den rein persönlichen Auffassungen der Führer in beiden Ländern nichts zu tun. Der Iran, der neben Ägypten und China auf die längste Geschichte als selbständiger Staat zurückblicken kann, ist die Landbrücke zwischen der Sowjetunion und dem arabischen Nahen Osten. Unter dem Schah war er eine Barriere, welche die gefährdeten Länder Pakistan und Afghanistan von der Bedrohung durch den sowjetischen Expansionismus und den Unruhen im Nahen Osten schützte. Der Iran ist bei weitem die stärkste Nation an der Straße von Hormuz, durch die mehr als vierzig Prozent des von den demokratischen Industriestaaten importierten Öls transportiert werden. Das Land selbst hat eine Produktionskapazität von mehr als sechs Millionen Barrel Öl am Tag (seine Produktion ist gelegentlich auf acht Millionen Barrel täglich gesteigert worden) – ein wesentlicher Beitrag zur Ölversorgung der ganzen Welt, und der Rückgang der iranischen Ölproduktion nach dem Sturz des Schah im Jahr 1979 hat zu einer Weltwirtschaftskrise geführt. Es bedarf keiner komplizierten Theorien über eine Vorliebe für autoritäre Regierungen oder persönliche Freundschaften, um zu erklären, weshalb amerikanische Präsidenten von Franklin Roosevelt bis Jimmy Carter der Auffassung gewesen sind, daß zwischen den Vereinigten Staaten und einem mit Amerika befreundeten Iran parallele Interessen bestehen.

In diesen Beziehungen lagen die Vorteile nicht nur auf einer Seite, was auch angesichts der Tatsache undenkbar wäre, daß diese Beziehungen über eine so lange Zeit bestanden haben. Was die fanatischen und irregeleiteten Nachfolger des Schahs auch behaupten mögen, historisch gesehen kam die ernsteste Bedrohung der Unabhängigkeit des Iran nicht von dem mehr als zwölftausend Kilometer entfernt gelegenen Amerika, sondern über die traditionellen Einfallswege aus dem Norden von der nach Macht und Einfluß strebenden Sowjetunion und aus dem Westen, wo der Irak die vor einem halben Jahrhundert festgelegten Grenzen korrigieren wollte. Ein kluger iranischer Herrscher mußte es deshalb für sicherer halten, sich auf ein Land zu stützen, das durch zwei Kontinente von ihm getrennt war, als auf einen Nachbarn, der seine Unabhängigkeit entlang der ganzen Grenze nicht anerkannt hatte. Die Vereinigten Staaten schätzten sich glücklich, daß die volkreichste und potentiell stärkste Nation am Persischen Golf nicht den jetzt in Mode gekommenen Tendenzen der Blockfreiheit folgte, die sich im Lauf der Zeit immer weniger vom Anti-Amerikanismus unterscheiden ließen.

Als intelligenter Analytiker der außenpolitischen Lage suchte der Schah die Sicherheit des Iran nicht darin, daß er unentschlossen zwischen den Supermächten hin und her manövrierte, sondern in einer festen Bindung an die Vereinigten Staaten. Aber er hatte erlebt, wie Großbritannien sich aus der Golf-Region zurückzog, Amerika in Südostasien in Bedrängnis geriet, und erkannte, daß sich der Iran eines Tages auch auf seine eigene Stärke würde verlassen müssen. Deshalb versuchte er durch die Modernisierung und wirtschaftliche Entwicklung seines Landes die Unterstützung des Volkes für seine Herrschaft zu gewinnen und den Iran in die Lage zu versetzen, einen Teil der Verteidigungslasten selbst zu übernehmen. Er erkannte, daß er im Notfall eher auf eine Hilfe von außen rechnen konnte, wenn der Iran den Gefahren im Nahen Osten selbst begegnen und sogar die Sowjets zwingen könnte, sich im Falle einer Aggression in ein so großes Abenteuer zu stürzen, daß niemand mehr an ihren Absichten zweifeln konnte.

Später, als für uns schon alles verloren war, hat man in Amerika die eigenen Schuldgefühle zu übertönen versucht, indem man Nixon für das Schicksal des Iran verantwortlich machte, weil er sich 1972 entschlossen hätte, unserem Verbündeten hochtechnische Rüstungsgüter zu verkaufen. Diese kritische Haltung hat augenscheinlich zwei sonst miteinander verfeindete Gruppen veranlaßt, gemeinsam vorzugehen – einmal die Neokonservativen, von denen sich erst kürzlich einige dazu entschlossen haben, ihren Widerstand gegen jedes amerikanische Engagement im Ausland aufzugeben; sie erklärten, die »Nixon-Doktrin« hätte sich als brüchig erwiesen. Da der Iran und andere bedrohte Länder sich niemals selbst verteidigen könnten, hätten wir von Anfang an wissen müssen, daß nur die Stationierung amerikanischer Streitkräfte im Persischen Golf den notwendigen Schutzschirm bieten könnten.[1] Andere vertraten die entgegengesetzte und heute beliebtere Theorie, die dem liberalen Klischee von der Verwerflichkeit aller Waffenverkäufe und der Vorstellung entsprach, daß der Schah sein Volk unterdrückt hätte. Keine dieser Theorien läßt sich historisch oder geographisch begründen.

Denn 1972 hatte es Nixon nicht mit einer Theorie, sondern mit einer Realität zu tun. Nachdem sich Großbritannien Ende 1971 aus der Golf-Region zurückgezogen hatte, schlossen der Irak und die Sowjetunion im April 1972 einen Freundschaftsvertrag, in dessen Rahmen dieses radikalste arabische Land mit großen Mengen sowjetischen Kriegsmaterials ausgerüstet wurde. Um zu verhindern, daß der Irak am Persischen Golf die Vorherrschaft gewann, mußten wir hier entweder amerikanische Streitkräfte stationieren oder die schon vorhandenen örtlichen Kräfte stärken. Als man sich in Amerika darum bemühte, Vietnam zu vergessen, und als später die Konservativen an Einfluß gewannen, erinnerte sich kaum jemand mehr an die damals herrschende Stimmung. Zu jener Zeit war man allgemein der Auffassung, die Vereinigten Staaten dürften sich nicht mehr so intensiv im Ausland engagieren; sogar die Konservativen unterstützten solche Tendenzen. Der Kongreß strich jedes Militärbudget zusammen. Als wir in Diego Garcia im Indischen Ozean eine militärische Basis einrichten wollten, wurden wir von den Kongreßabgeordneten heftig dafür angegriffen. Die dafür benötigten Geldmittel ließen sich erst beschaffen, als wir die Anlage nur als Stützpunkt bezeichneten und ausdrücklich darauf verzichteten, einen für schwere Bombenflugzeuge geeigneten Flughafen zu bauen. Die Stationierung von Truppen auf diesem Stützpunkt wurde nur unter bestimmten Voraussetzungen zugelassen – und Diego Garcia liegt dreitausendzweihundert Kilometer vor der Küste des Iran. Wie wir heute feststellen müssen, ist es eine ungeheuer schwierige und vielleicht praktisch und logistisch undurchführbare Aufgabe, auch unter den günstigsten Voraussetzungen eine glaubwürdige militärische Verteidigungskapazität für den Persischen Golf zu schaffen. Deshalb entschlossen wir uns 1972, dem Iran bei der Aufrüstung zu helfen, damit dort kein gefährliches Vakuum entstand. Die Nixon-Doktrin hat auch von keinem Land erwartet, sich allein gegen eine Supermacht zu verteidigen, sondern sie bot jedem Verbündeten, der von einer Nuklearmacht angegriffen werden sollte – und das konnte nur die Sowjetunion sein –, und bereit war, sich zu verteidigen, ausdrücklich die Hilfe der Vereinigten Staaten an.[2] Über Jahrzehnte hinaus hat der Iran unter dem Schah wesentlich zur Stabilität im Nahen und Mittleren Osten und zur internationalen Sicherheit beigetragen. Und er – oder andere Gruppen, die seine Auffassungen teilten – hätten das wahrscheinlich auch weiterhin getan, wenn unsere Nachfolger eine klügere Außenpolitik getrieben hätten.

Man hat unserer Politik aber auch vorgeworfen, daß der Fehler nicht darin gelegen habe, den Schah zu bewaffnen, sondern daß es falsch gewesen wäre, ihm einen »Blankoscheck« für unbegrenzte Waffenkäufe auszustellen. Das ist eine Verleumdung, denn es hat nie einen Blankoscheck gegeben. Nixons Entscheidung wurde durch die Bitte des Schah ausgelöst, neue hochmoderne Flugzeuge der Typen F-14 oder F-15 kaufen zu dürfen. Aus den verschiedensten Gründen verzögerte das Pentagon die Entscheidung, und zwar zum Teil, weil das Verteidigungsministerium lieber veraltete Maschinen abgestoßen hätte, zum Teil aber auch, weil es unsere Streitkräfte auffüllen wollte. Das Ministerium hat sich aber Nixons Entscheidung niemals offen widersetzt. Als der Präsident im Mai 1972 Teheran besuchte, brachte der Schah die Angelegenheit zur Sprache und wies darauf hin, daß er auch die Möglichkeit hätte, vergleichbare, wenn auch nicht ganz so leistungsfähige französische Maschinen zu kaufen. Nixon stimmte im Prinzip dem Verkauf von Maschinen des Typs F-14 oder F-15 zu. Nach seiner Rückkehr gab er eine entsprechende Direktive heraus. Das Verteidigungsministerium machte einen Gegenvorschlag: Der Schah sollte seine Entscheidung über den Kauf dieser Flugzeugtypen so lange verschieben, bis sie beide in der Praxis erprobt worden wären. Die F-14 würden 1973 einsatzbereit sein, die F-15 erst 1976 oder 1977. Damit würde die Entscheidung erst in vier Jahren fallen können. Um dieser Verzögerungstaktik ein Ende zu bereiten, ordnete Nixon an, die Entscheidung über den Kauf dieser Flugzeuge und den Zeitpunkt der Auslieferung der Regierung des Iran zu überlassen. Darin liegt in diesem Zusammenhang die Bedeutung der oft zitierten Direktive; die Sache endete mit Nixons kategorischem Befehl, das Pentagon dürfte nicht versuchen, die iranische Entscheidung darüber, welcher Flugzeugtyp geliefert werden sollte, vorwegzunehmen.

Jedenfalls kann nur jemand, der die in unserer Regierung üblichen Verfahren nicht kennt oder dem es darauf ankommt, die Diskussion durch immer neue Argumente in die Länge zu ziehen, behaupten, daß diese Direktive Nixons Watergate und seinen Rücktritt überlebt und alle Entscheidungen der beiden folgenden Administrationen beeinflußt habe – während dieser Zeit sind neunzig Prozent aller größeren Waffenverkäufe getätigt worden. Ich bezweifle sogar, daß die Präsidenten Ford und Carter sich der Existenz dieser Direktive bewußt gewesen sind – auch ich hatte sie vergessen –, als sie den späteren Waffenverkäufen zustimmten, die unvergleichlich viel umfangreicher waren als die von Nixon genehmigten. Die Präsidenten Ford und Carter haben sich für die militärische Stärkung des Schahs aus den gleichen Gründen eingesetzt wie Nixon. Beide waren der Auffassung, daß diese Maßnahme im dringenden Interesse der Vereinigten Staaten, des Iran und der Stabilität in dieser Region lag. (Verteidigungsminister James Schlesinger ernannte einen Beauftragten im Iran, der die iranischen Rüstungskäufe bearbeiten sollte.) Daß diese strategische Lagebeurteilung richtig war, beweist die Tatsache, daß der revolutionäre Iran nach dem Tod des Schah von dem mit sowjetischen Waffen ausgerüsteten Irak angegriffen wurde (ein Ereignis, zu dem es niemals gekommen wäre, solange das Bündnis des Iran mit den Vereinigten Staaten noch intakt war) und daß der Iran der Katastrophe nur entgangen ist, weil er über die viel geschmähten amerikanischen Waffen verfügte. Ein weiterer Beweis ist der Umstand, daß die iranische Regierung, als sie noch die amerikanischen Geiseln in der Hand hatte, verschiedentlich die Lieferung von Ersatzteilen zur Bedingung für die Freilassung der Geiseln gemacht hat.

Heute nach zehn Jahren erkennt man, daß der Sturz des Schah nichts mit den Waffenkäufen zu tun gehabt hat. Hätten sich die Vereinigten Staaten bei Beginn des Umsturzes anders verhalten, dann hätten die Militärs vielleicht zu der Zeit, als sich die Monarchie aufzulösen begann, ein politisches Gegengewicht gegen den Radikalismus bilden können. Der wichtigste auslösende Faktor für den Sturz des Schah war die Politik, die er im Westen gelernt hatte; die Modernisierung einer feudalen, islamischen Gesellschaft, die rasche wirtschaftliche Entwicklung, die die Finanzen des Iran viel stärker in Anspruch genommen hat als die Rüstungskäufe. Der Schah hat die westlichen akademischen Doktrinen wörtlich genommen, daß die Ursache der politischen Instabilität die Kluft zwischen der wirtschaftlichen Erwartung und den wirtschaftlichen Leistungen ist. Wenn die »Revolution der wachsenden Erwartungen« berücksichtigt würde, so lautete das Argument, dann werde die politische Stabilität fast automatisch folgen. Westliche liberale Grundsätze haben den Schah veranlaßt, einen weltlichen, modernen Staat nach dem reformistischen Vorbild Kemal Atatürks aufzubauen und einer Bevölkerung die Industrialisierung aufzuzwingen, die kaum dem Feudalzeitalter entwachsen war. Während der ersten zwanzig Jahre schien er Erfolg damit zu haben. Das Bruttosozialprodukt im Iran wuchs jedes Jahr um fast zehn Prozent. Es wurde eine Bodenreform durchgeführt, das öffentliche Schulsystem wurde ausgebaut, und die Frauenrechte wurden gefördert, die Arbeiter wurden am Gewinn der Unternehmen beteiligt und das Gesundheitswesen wurde reformiert.

Aber das Ergebnis war nicht die nach den akademischen Theorien zu erwartende politische Stabilität. Mit der Industrialisierung wurde die Landbevölkerung entwurzelt und zog in die überbevölkerten Städte, wo sie moralisch und psychologisch überfordert wurde. Die Zunahme des Bruttosozialprodukts ließ eine neue Gesellschaft entstehen, die ebenso wie in vergleichbaren Perioden der europäischen Geschichte stärker an der Regierung beteiligt werden wollte. Das Erziehungssystem erzeugte eine intellektuelle Gärung und förderte den Radikalismus, der selbstverständlich das System der absoluten Monarchie im Sinne des Schah ablehnte. Die modernen kulturellen Einflüsse aus dem Westen, die jetzt, nachdem der Damm der kulturellen Isolation gebrochen war, in den Iran strömten, überspülten die religiösen und gesellschaftlichen Traditionen. Die Entwurzelten, die neuen Machthaber, die Orthodoxen und die spirituell Enteigneten vereinigten sich trotz ihrer unterschiedlichen und oft widersprüchlichen Motive, um die Herrschaft des Schah in einer Orgie des Hasses und der Rachsucht hinwegzufegen.

Aber wofür wollten sie sich rächen? Natürlich hat es am Hof des Schah Korruption gegeben; das ist in der ganzen Region nichts Ungewöhnliches. Auch das heutige Regime ist zum Teil korrupt. Die Exzesse der Geheimpolizei, der gefürchteten Savak, waren unverzeihlich, auch wenn manches heute vielleicht übertrieben wird.* Zweifellos lebte der Schah zu isoliert, um zu begreifen, daß seine wirtschaftlichen Erfolge neue politische Realitäten schufen, gegen die mit Unterdrükkungsmaßnahmen nichts auszurichten war. Aber seine zahlreichen Fehler sind wahrscheinlich weniger schwerwiegend gewesen als die Praktiken anderer Nationen am Persischen Golf oder blockfreier Staaten, die nicht so scharf kritisiert worden sind. Und nichts, was damals geschehen ist, läßt sich mit den Hexenverfolgungen, Hinrichtungen, dem Terrorismus und dem Wahnsinn vergleichen, die der Iran anschließend über sich ergehen lassen mußte und in ihrer blutigen Grausamkeit und Selbstgerechtigkeit an die schlimmsten Exzesse Robespierres erinnern.

Der Schah stürzte, weil sich legitime Unzufriedenheit mit der Ablehnung der Modernisierung und des Schah als eines angeblich gemäßigten bedeutenden Führers verband. Man hat den Schah weniger wegen seiner Fehler verurteilt als für das, was er richtig gemacht hat. Seine Feinde waren diejenigen, die seine Reformen ablehnten und den Westen haßten. Sie lehnten den Absolutismus nur ab, solange er sich auf weltliche Grundsätze stützte. Die Sieger waren zunächst nicht aufgeklärte Dissidenten mit liberalen, demokratischen Auffassungen, sondern gehörten der rückständigsten Gruppe der iranischen Gesellschaft an. Es waren die religiösen Ayathollas, die die Menschenwürde nicht mit Freiheit und Fortschritt, sondern mit veralteten Moralgesetzen und religiösen Vorschriften identifizierten. Ihre Unabhängigkeitserklärung richtete sich gegen alle ausgleichenden kulturellen Einflüsse, die heute weltweit spürbar sind, gegen die ihnen fremden Doktrinen des Kommunismus ebenso wie gegen die Wertvorstellungen des Westens. Hier erleben wir ein Streben nach Identität und Glaubensvorstellungen in einer Welt, die nach Auffassung dieser Menschen durch die korrumpierende Wirkung der Uniformität den einzelnen zu entwurzeln droht.

Was an unserer Politik in den siebziger Jahren mit Recht kritisiert wird, ist die Tatsache, daß wir diese fast metaphysische Rebellion gegen die Modernisierung nicht begriffen haben. Wir waren nicht nur durch unsere Loyalität gegenüber dem Schah zu geblendet, um zu begreifen, was uns vorgeworfen wurde – aber es gibt schlimmere Vorwürfe als den, daß eine Nation ihrem Verbündeten treu zur Seite gestanden hat –, sondern auch durch die westlichen Auffassungen über wirtschaftlichen und gesellschaftlichen Fortschritt als Allheilmittel, Auffassungen, die gerade von den Kritikern vertreten wurden, die sich jetzt hämisch über den Sturz des Schah freuen. Bei unserer Abreise aus Teheran habe ich einem uns begleitenden Journalisten gesagt, daß nach allen geschichtlichen Erfahrungen eine so stürmische wirtschaftliche Entwicklung wie im Iran zur Revolution führen müßte. Aber solche Überlegungen hatten damals keinen besonderen Wert, denn ich fügte sofort hinzu, augenscheinlich könnte die Dynamik dieses sehr raschen Wachstums die politischen Gefahren der Industrialisierung überwinden. Darin irrte ich

* Die SAVAK hat auch heute ihren Einfluß nicht verloren, wenn auch unter einem neuen Namen und anderen Voraussetzungen.

mich. In Wirklichkeit hat das Tempo der Modernisierung den politischen Umsturz beschleunigt. Die scheinbare Stabilität des Jahres 1976 hat uns getäuscht. Zwei Jahre nach meinem Ausscheiden aus dem Amt explodierte der Kessel. Die ungeschickten Reaktionen in Teheran und Washington verschärften die Tragödie und vernichteten die innenpolitischen Erfolge von zwei Jahrzehnten – und die internationalen Beziehungen, die der Sache des Friedens im Persischen Golf gedient hatten.

Aber das Problem liegt tiefer und läßt sich nicht nur mit Schuldbekenntnissen erklären. Angenommen, wir hätten die Gefahren erkannt, was hätten die Vereinigten Staaten empfehlen sollen? Haben wir eine politische Theorie für die Weiterentwicklung von Entwicklungsländern? Wissen wir, wie in feudalen, religiösen Gesellschaftssystemen der Ausgleich zwischen Autorität und Freiheit und zwischen Menschenrechten und Anarchie geschaffen werden soll? Es ist leicht zu behaupten, daß Fortschritte auf dem Weg zur parlamentarischen Demokratie und zur Teilnahme des Volkes an politischen Entscheidungen die Lage entschärft hätten. Abgesehen von der Frage, ob wir darauf Einfluß nehmen konnten, hätten diese »aufgeklärten« Maßnahmen die Katastrophe wahrscheinlich nur beschleunigt. Das Herrschaftssystem des Schah wurde in der Hauptsache von Gruppen bedroht, die sich für solche westlichen Vorstellungen nicht interessierten. Seine unversöhnlichsten Feinde waren die konservativen Feudalisten, die ihre sozialen Privilegien verloren hatten, und die radikalen Linken. Beide hatten nichts für seine parlamentarische Demokratie übrig. Nach dem Sturz des Schah schalteten sie zunächst die wenigen Fürsprecher demokratischer Institutionen aus und wandten sich erst dann den Streitigkeiten in den eigenen Reihen zu, um sich gegenseitig zu vernichten.

Darin waltete kein Zufall. Das Konzept der repräsentativen Demokratie setzt einen sozialen Zusammenhalt voraus, den es in vielen Entwicklungsländern nicht gibt. Wo die Regierung das wichtigste Instrument für den gesellschaftlichen Zusammenhalt darstellt, lassen sich Oppositionen und Regierung nicht immer voneinander unterscheiden, und es läßt sich auch nicht erkennen, womit die Autorität und mit ihr der Staat unterminiert wird. Der Revolutionsführer im Iran war selbstverständlich kein Demokrat mit reformistischen Neigungen, sondern ein finster entschlossener Reaktionär, der sich, sobald er sein Amt übernommen hatte, diktatorische Vollmachten anmaßte, die weit über das hinausgingen, was der Schah je für sich beansprucht hatte.

Uns fehlt in der Tat eine schlüssige Vorstellung davon, wie sich die elementaren Kräfte, die im Rahmen einer industriellen und wirtschaftlichen Weiterentwicklung frei werden, in ruhige Kanäle lenken lassen. Die liberale Demokratie hat sich im Lauf von Jahrhunderten in Gesellschaftssystemen entwickelt, die in ihrem Wesen aristokratisch und bürgerlich waren. Das allgemeine Wahlrecht ist im Westen erst nach dem Ersten Weltkrieg eingeführt worden (sogar in den Vereinigten Staaten wurden die Senatoren noch 1913 indirekt gewählt.) In solchen Kulturen hat die Minderheit die Möglichkeit, zur Mehrheit zu werden, und der politische Kampf um die Macht führt nicht zur Vernichtung des Verlierers. Das ist in Ländern, wo es zwischen den einzelnen Stämmen, Religionen oder Rassen große Unterschiede gibt oder wo ein Staat geschaffen wurde, um eine Bevölkerung zu regieren, deren gemeinsame Grunderfahrung eine Kolonialherrschaft ist, ganz anders. In diesem Fall führt die Gewöhnung an das Zusammenleben der Massen eher zum Totalitarismus als zur Demokratie. Ironischerweise erleben wir es heute, daß der Leninismus in so vielen Entwicklungsländern als erstrebenswert angesehen wird, weil er die Herrschenden legitimiert, im Amt zu bleiben, und nicht, weil seine Wirtschaftstheorien als attraktiv empfunden werden (die offensichtlich versagt haben). Gerade deshalb haben sich die meisten Führer von Unabhängigkeitsbewegungen entschlossen, in die Politik zu gehen. Unser Dilemma liegt darin, daß wir auf unsere Wertmaßstäbe nicht verzichten können, aber noch nicht gelernt haben, politische Institutionen zu schaffen, welche die Spannungen in den ersten Phasen der Entwicklung überwinden können.

Viele alte Freunde der Vereinigten Staaten am Persischen Golf stehen heute mit uns vor den gleichen Schwierigkeiten. Wir wissen, daß ihre innenpolitische Basis instabil ist, wir haben aber noch keine wirksamen Mittel gefunden, sie zu stabilisieren. Die gegenwärtigen Herrscher zu unterstützen, verträgt sich zwar nicht mit unseren demokratischen Grundsätzen, liegt aber andererseits in unserem nationalen Interesse. Im Persischen Golf ist die Alternative zu den mit uns befreundeten autoritären Herrschaftssystemen fast unausweichlich ein uns feindlicher Totalitarismus. Die politischen Konzepte, die wir ihnen zu vermitteln suchen, gefährden nach ihrer Auffassung den Zusammenhalt ihrer Gesellschaftsstruktur. Wenn darin der einzige Ausweg besteht, den wir zu bieten haben, dann können sie durchaus eine Verständigung mit den radikalen Strömen in diesem Gebiet suchen. Dieses Dilemma bleibt eine der wichtigsten intellektuellen Herausforderungen für das politische Denken in Amerika und dem Westen.

Am 9. November 1973 hätte man geglaubt, der Iran sei das Land im Nahen Osten, auf das solche Überlegungen am wenigsten zuträfen. Ich war aus symbolischen und konkreten Gründen nach Teheran gekommen. Symbolisch wollte ich die Bedeutung unterstreichen, die unsere Beziehung zum Iran für uns hatte, und damit die Abenteuerlust machtgieriger Nachbarn dämpfen. Rein sachlich wollte ich feststellen, wie der Schah die weltpolitische Lage und besonders die Verhältnisse im Nahen Osten beurteilte. Aber vor allem wollte ich ihm sagen, wie sehr wir es anerkannten, daß er uns während der Krisen in den vergangenen Monaten so tatkräftig unterstützt hatte.

Wir waren dem Schah für seine absolut zuverlässige Loyalität während des Oktober-Krieges zu großem Dank verpflichtet. Unsere Verbündeten in der NATO hatten den Sowjets erlaubt, bei ihrer Luftbrücke in den Nahen Osten ihr Staatsgebiet zu überfliegen; der Schah hatte sich standhaft geweigert, es zu erlauben. Er war mit Sadat befreundet, hatte aber nicht versucht, uns diplomatisch unter Druck zu setzen. Er hielt uns vielmehr, soweit er es konnte, über die Absichten der Araber auf dem laufenden, und stand uns auch als Vermittler zur Verfügung – wenngleich sich sein Angebot erübrigte, weil wir eine direkte Verbindung zu Sadat hergestellt hatten. Aber vor allem weigerte er sich, uns ebenso wie die anderen Ölproduzenten im Persischen Golf unter Druck zu setzen. Der Iran beteiligte sich nicht am arabischen Ölembargo und senkte auch nicht seine Ölproduktion. Darin bestanden die Maßnahmen, die zuerst eine Panik und dann eine Ölknappheit auslösten und schließlich den massiven Preisanstieg ermöglichten (das hat revisionistische Historiker nicht davon abgehalten, dem Schah die Schuld für den Anstieg des Ölpreises zu geben, für den andere die gleiche, wenn nicht eine noch größere Verantwortung trugen).*

Er hat auch Israel weiterhin mit Öl beliefert. Als wir einen Verband von Flugzeugträgern in den Indischen Ozean verlegten, wurde er mit Treibstoff versorgt, ohne daß der Schah Gegenleistungen von uns verlangte. Ein feindlicher Iran hätte unsere diplomatischen Bemühungen durchkreuzen können, die uns die Bewältigung der Krise erlaubten. Hätte der Iran eine indifferente Haltung eingenommen, wäre unsere Aufgabe erheblich erschwert worden. Ich habe es immer für meine Pflicht gehalten, daran zu erinnern, welchen großen Dienst der Schah damals unserem Land und den Völkern der freien Welt geleistet hat, besonders als er später selbst in eine so verzweifelte Lage geraten war.

Wenn es das Schicksal der Welt sein sollte, ein diesen ganzen Erdball umspannender Markt zu werden, dann werden unsere Flughäfen die Marktplätze sein. Dort spürt man schon heute nichts mehr von den kulturellen und nationalen Eigenarten der Länder, in denen sie liegen. Der luxuriös eingerichtete königliche Pavillon auf dem Teheraner Flughafen Mehrabad hätte überall auf der Welt als Empfangsraum für Staatsgäste dienen können. Nur die wertvollen Perserteppiche, die den Boden bedeckten, deuteten an, wo wir uns befanden. Hier blieben wir nur wenige Minuten, um von dem vornehmen älteren Herrn begrüßt zu werden, der das iranische Außenministerium leitete, Abas Ali Khalatbari. Er begleitete unseren Botschafter Richard Helms und mich zum kaiserlichen Palast am Stadtrand. Wie immer verließ uns der Außenminister an der Tür zum kaiserlichen Arbeitszimmer. Er hat weder an diesem noch an anderen Gesprächen teilgenommen, die ich mit dem Schah geführt habe. Seine Stellung war eigentlich eher die eines Protokollchefs als die des Leiters der iranischen Diplomatie. Er begrüßte alle Besucher, die im Rang unter dem Staatsoberhaupt standen, und vertrat sein Land auf Konferenzen, an denen der Schah nicht selbst teilnehmen mußte. Aber der Schah behielt sich alle wichtigen außenpolitischen Entscheidungen vor. Ich erwähne all diese Umstände, weil dieser zurückhaltende und zuvorkommende Mann nach der Revolution und nach einem sinnlosen, nur eine Stunde dauernden Gerichtsverfahren vollkommen unschuldig hingerichtet worden ist. Mohammed Reza Pahlevi war stets höflich und zurückhaltend, was zum Teil an seiner Schüchternheit lag, aber auch an dem Unterschied im protokollarischen Rang und seiner Auffassung davon, wie sich ein Kaiser zu verhalten hätte. Sein Vater, ein primitiver Kosak, der 1920 durch einen Gewaltstreich auf den Thron gekommen war, hatte ihm diese Haltung beigebracht; man hatte aber niemals das Gefühl, daß sich der Schah dabei nicht wohl fühlte. Er

* Siehe 19. Kapitel

war für die Einsamkeit erzogen, bis er sie im Exil in grausamer und übertriebener Form zu spüren bekam, als er von fast allen verlassen wurde, die vierzig Jahre um seine Gunst gebuhlt hatten.

Der Schah war ein hervorragender Analytiker großer strategischer Zusammenhänge. Er glaubte, daß der radikale Irak als Rammbock gegen alle gemäßigten prowestlichen Regierungen im Nahen Osten eingesetzt werde. Wenn dieses Land auch nicht als sowjetischer Satellitenstaat bezeichnet werden konnte, würde ein von den Sowjets bewaffneter Irak den Sowjets wertvolle Dienste leisten, wenn er prowestliche Regierungen wie etwa in Saudi-Arabien einschüchterte. Gleichzeitig würde er auf Jordanien und sogar auch auf Syrien Druck ausüben, das zwar radikale Neigungen hatte, aber alles andere als eine sowjetische Marionette war. Der Schah glaubte, daß die Sowjetunion versuchen werde, den Iran zwischen Afghanistan und dem von den Sowjets abhängigen Irak zu zerreiben. Die Revolution in Kabul, als deren Folge der afghanische König vor kurzem von einem neuen Präsidenten, Mohammed Daoud, abgelöst worden war, bereitete dem Schah besondere Sorgen. Sie war von Offizieren mit ausgesprochen prosowjetischen Tendenzen angezettelt worden; deshalb mußte man für die Zukunft mit erheblichen Schwierigkeiten rechnen. Der Schah glaubte, daß die Revolution Daouds durchaus die Vorläuferin noch radikalerer Umstürze sein könnte – wie sich später herausgestellt hat, eine zutreffende Prophezeiung. Wenngleich Doud Nationalist war, konnte die Sowjetunion ihn ohne weiteres dazu mißbrauchen, die politische Lage im Mittleren Osten zu destabilisieren. Der afghanische Irredentismus, dem es darauf ankam, unzufriedene ethnische Gruppen in den Grenzgebieten von Pakistan und Iran (die Pashtunen und Belutschis) zur Rebellion anzustacheln, konnte eine Zangenbewegung auslösen, deren praktische Folge es wäre, daß die Sowjets näher an den Indischen Ozean heranrückten. Der Schah beabsichtigte, Pakistan so weit zu unterstützen, wie unsere gesetzlichen Bestimmungen die Verwendung amerikanischer Waffen bei einem solchen Unternehmen zuließen. Er sagte, wir sollten versuchen zu verhindern, daß der »fruchtbare Halbmond« – der Irak, Syrien und Jordanien – von Bagdad regiert würde. Er werde den Irak binden, indem er die rebellierenden Kurden im Irak unterstützte und eine starke Armee in der Nähe der Grenze stationierte.

Trotz all seiner Sympathien für Sadat betrachtete der Schah Israel als strategische Achse dieses ganzen Gebietes. Er glaubte, er sei indirekt mitverantwortlich dafür, daß Jordanien seine Unabhängigkeit bewahren könnte, denn Israel hinderte Syrien und den Irak daran, militärisch gegen Jordanien vorzugehen. Aus dem gleichen Grund garantierte Israel auch die Unabhängigkeit des Libanon. Leider triebe Israel keine so kluge Außenpolitik, wie es strategisch für die Sicherheit im ganzen Nahen Osten notwendig wäre. Mit seiner diplomatischen Unnachgiebigkeit machte Israel den gemäßigten arabischen Regierungen das Leben schwer, von deren Haltung seine Existenz schließlich abhinge, und schwächte unter Umständen den Einfluß der Vereinigten Staaten. Der Schah lobte unser Verhalten während des Nahost-Krieges – besonders die Teilmobilmachung unserer Streitkräfte – und begrüßte unsere neuen Kontakte mit Ägypten. Ich unterrichtete ihn über den Inhalt des Sechs-Punkte-Plans. Er glaubte, daß Sadat die beste Garantie für eine gemäßigte und friedliche Entwicklung wäre. Die Vereinigten Staaten sollten ihr Äußerstes tun, ihn zu ermutigen.

Ich wies darauf hin, daß uns das arabische Ölembargo und die Verringerung der Ölproduktion in eine unmögliche Lage gebracht hatten. Wir wären bereit, auf legitime Bedürfnisse Rücksicht zu nehmen, dürften jedoch nicht zulassen, daß der Eindruck entstand, die sogenannte Ölwaffe könnte uns zu Entscheidungen zwingen, die wir sonst nicht treffen würden. Alle unsere Freunde in der arabischen Welt hätten ein Interesse daran, zu zeigen, daß die Radikalen uns nicht erpressen konnten und Amerika den Schlüssel zu einer umfassenden Friedenslösung in der Hand hielt. Wenn wir diese Haltung aufgäben, dann würden sich alle diplomatischen Erfolge in ihr Gegenteil verwandeln und die radikalen Kräfte zu neuen Erpressungsversuchen veranlassen. Der Schah stimmte mir zu. Er versprach, sich mit Ägypten und Saudi-Arabien in Verbindung zu setzen und ihnen eine Aufhebung des Ölembargos zu empfehlen. Wie versprochen schickte er schon wenige Tage später einen Beauftragten nach Saudi-Arabien und schrieb Sadat einen Brief.

In meinem Gespräch mit dem Schah kam deutlich zum Ausdruck, welches zu seiner Regierungszeit die Basis der iranisch-amerikanischen Beziehungen war. Natürlich war seine Analyse zum Teil dadurch begründet, daß er seine eigene Politik rechtfertigen wollte, was aber nicht bedeuten muß, daß eine solche Analyse falsch ist. Gerade die Abwendung des Westens vom Iran hat am Persischen Golf und im Indischen Ozean zu Umwälzungen geführt, die zu dem Zeitpunkt, da ich dieses schreibe, noch nicht beendet sind.

Das Schicksal des Schah und das seines Landes sollten uns lehren, daß es keine einfachen Antworten gibt. Wer sich eine friedlichere Welt wünscht, muß eine Vorstellung davon haben, wie sie aussehen soll. Wer Gerechtigkeit anstrebt, muß begreifen, daß sich dieses Ziel nicht erreichen läßt, wenn man nur seinen Unwillen über die Ungerechtigkeit zum Ausdruck bringt. Es gehört mehr dazu. Und wir müssen gründlicher über die politische Entwicklung in befreundeten Ländern nachdenken, deren Stabilität eine wichtige Voraussetzung unserer Sicherheit ist. In dieser Hinsicht können wir aus dieser Tragödie, die einen so hohen Preis gefordert hat, vielleicht immer noch etwas lernen.

Nachts machten wir Station in Islamabad in dem mit uns befreundeten Pakistan. Auch der so sprunghafte Führer dieses Landes, Zulfikar Ali Bhutto, ist inzwischen auf tragische Weise ums Leben gekommen – was nichts daran ändert, daß ich ihn für einen ungewöhnlich fähigen Mann gehalten habe, dessen Rücksichtslosigkeit ebenso groß war wie seine Intelligenz. Während sein Nachbar, der Schah, stürzte, weil er zu lange an seinem autoritäten Herrschaftssystem festgehalten hatte, führte Bhutto seine Vernichtung herbei, indem er zu früh das Mandat seines Volkes suchte und dann die Wahlergebnisse manipulierte. Diese Begünstigung seiner selbst ist wahrscheinlich ein Versuch gewesen, vor seiner verhaßten Feindin, Indira Gandhi, einen Vorsprung zu gewinnen, die in Indien den Notstand ausgerufen hatte, um größere Regierungsvollmachten zu erhalten. Man muß aber auch zugeben, daß Bhutto seine eigenen Fähigkeiten trotz aller Arroganz einigermaßen richtig eingeschätzt hat. Er hat es verstanden, mit ungewöhnlichem Geschick – man könnte es auch Opportunismus nennen – während seines politischen Lebens den Weg durch ein ideologisches Labyrinth zu finden. Ich hatte 1971 auch miterlebt, wie er sein Land nach einer vernichtenden Niederlage im Krieg gegen Indien, in dem Pakistan zerschlagen wurde und in Ostpakistan der neue unabhängige Staat Bangla Desh entstand, in eine neue Zukunft führte. Bhutto hatte in jener tragischen Periode umsichtig und weise gehandelt und anschließend den Vereinigten Staaten seine Freundschaft bewahrt.

Man hatte Bhutto immer wieder »Weichheit« vorgeworfen, einmal gegenüber der Sowjetunion und dann gegenüber China. Ich habe nie daran gezweifelt, daß er fähig war, sich jedem Lande anzunähern, wenn er damit nach seiner Meinung dem nationalen Interesse Pakistans diente. Nach 1970 ist es in der Tat sehr günstig für Pakistan gewesen, sich mit den beiden Großmächten gutzustellen, dessen gegenseitige Annäherung es gefördert hat, mit den Vereinigten Staaten und der Volksrepublik China. Als Verbündeter beider Großmächte nahm Pakistan eine einzigartige Stellung ein. Einerseits konnte es mit beträchtlicher diplomatischer Unterstützung rechnen, andererseits wurde die Lage Pakistans dadurch auch sehr viel schwieriger. Denn das sowjetische Vordringen gegen den Indischen Ozean und der Unmut Indiens wegen der Abtrennung Pakistans im Jahre 1947 konnten dazu führen, daß das Land von zwei Seiten unter Druck gesetzt wurde. Die Dankbarkeit seiner mächtigen Freunde ließ sich auch nur schwer in konkrete Hilfe umsetzen. Der Kongreß der Vereinigten Staaten wollte einer Militärhilfe für Pakistan und der Lieferung amerikanischen Kriegsmaterials aus dem Iran nicht zustimmen, und China verfügte nicht über eine leistungsfähige Industrie, um größere Mengen von Kriegsmaterial liefern zu können. Während meiner ganzen Amtszeit war das Dilemma, wie man die Unabhängigkeit Pakistans am besten schützen könnte, ein ausgezeichnetes Beispiel für den Konflikt zwischen unserem nationalen Interesse und den innenpolitischen Schwierigkeiten, die sich den Maßnahmen entgegenstellten, welche diesem Interesse dienen sollten. Wir waren uns der Bedeutung Pakistans ebenso bewußt wie unserer Unfähigkeit, unserer Lagebeurteilung entsprechend zu handeln; das kam in jeder neuen Sitzungsperiode des Kongresses erneut zum Ausdruck. Es gelang uns, eine sehr bescheidene Lieferung von Kriegsmaterial durchzusetzen und damit eine Zusage zu erfüllen, die Präsident Johnson vor mehr als fünf Jahren gegeben hatte. Aber wir veranstalteten zahlreiche Begegnungen, um einer Verpflichtung nachzukommen, die Präsident Kennedy vor zehn Jahren übernommen hatte: deutlich zu zeigen, daß die Vereinigten Staaten eine Bedrohung der Unabhängigkeit Pakistans nicht ohne weiteres hinnehmen würden. Während der Watergate-Krise mußten wir aus der Not eine Tugend machen und eine umfassende Strategie entwickeln.

Bhutto beurteilte die Strategie der Sowjetunion nicht sehr viel anders als der Schah. Auch er fürchtete, daß der neue afghanische Führer

Daoud von den Sowjets ermutigt werden könnte, unter dem Vorwand, für die Autonomie der Pashtunen und Belutschis zu kämpfen, in Pakistan einzudringen und gegen den Indischen Ozean vorzustoßen. Wie sich herausstellte, bereitete sich Daoud auf ein solches Unternehmen vor, verzichtete aber dann darauf, als er erkannte, daß es sinnlos wäre, zusätzliche Gebiete zu beanspruchen, wenn die Unabhängigkeit Afghanistans im Rücken von der Sowjetunion bedroht wurde. Anschließend enthielt sich Daoud aller gegen den Iran und Pakistan gerichteten Störmanöver und versuchte vorsichtig, sein Land aus der Abhängigkeit von Machtblöcken herauszuführen. Fünf Jahre später bezahlte er für diese Bestrebungen mit seinem Leben in einem kommunistischen Staatsstreich, und die Sowjets gingen an die Verwirklichung der Absichten, von denen der Schah und Bhutto gesprochen hatten.

Die südlichen Randgebiete Asiens – der Iran, Pakistan und Afghanistan – bilden eine Region der Welt, die Amerikanern fern und fremd erscheinen mag, und doch liegt hier ein Brennpunkt der Sicherheit der Welt. Wenige Jahre nach meiner 1973 dorthin unternommenen Reise wurde dieses Gebiet von großen Umwälzungen heimgesucht. Von der Revolution im Iran bis zum sowjetischen Einfall in Afghanistan und dem iranisch-irakischen Krieg bewiesen die Ereignisse in dramatischer Weise die Verwundbarkeit des Persischen Golfs – der den Westen mit dem lebenswichtigen Öl versorgte. Die vitale Bedeutung dieser Region war schon seit langem ein Thema der klugen Strategen, die ich jetzt besuchen wollte, Mao Tse-tungs und Tschou En-lais. Wir hatten viel miteinander zu besprechen.

XV. Tschou En-lai tritt von der politischen Bühne ab; ich führe ein weiteres Gespräch mit Mao

Tschou gerät ins Feuer

Mit traurigem Herzen denke ich an die letzten Gespräche, die ich mit dem chinesischen Premierminister Tschou En-lai geführt habe. Sie fanden etwa drei Monate später als vorgesehen statt, und als es dazu kam, stand Tschou kurz vor dem Ausscheiden aus dem Amt, was wir damals allerdings noch nicht wußten.

Wie ich im 8. Kapitel berichtet habe, hatte sich Tschou Ende Mai und im Juni bereit erklärt, dafür zu sorgen, daß China sich hinter einen amerikanischen Kompromißvorschlag zur Beendigung des Krieges in Kambodscha stellen werde. Wir dachten dabei an einen Waffenstillstand, die Einstellung der amerikanischen Bombenangriffe und die sofortige Aufnahme von Verhandlungen mit dem Prinzen Norodon Sihanouk über die Bildung einer Koalitionsregierung unter der Führung des neutralistischen Prinzen. Tschou wäre niemals so weit gegangen, wenn er nicht angenommen hätte, die Zustimmung der Roten Khmer zu diesem

Plan gewinnen zu können. Die Roten Khmer hätten sich zu dieser für sie ganz untypischen Haltung auch nie entschlossen, wenn es ihnen unsere Bombenangriffe nicht verwehrt hätten, den angestrebten totalen Sieg zu erringen. Diese Entwicklung sollte einsetzen, sobald Sihanouk in der ersten Juliwoche von einer längeren Reise nach Peking zurückgekehrt war. Ich sollte im August 1973 zu normalen Konsultationen nach Peking kommen und bei dieser Gelegenheit mit Sihanouk einen politischen Dialog beginnen.

Wenige Tage vor Sihanouks Rücktritt untersagte der Kongreß nach einer Abstimmung jede militärische Tätigkeit der Vereinigten Staaten in Indochina. Wir mußten die Bombenangriffe in Kambodscha am 15. August einstellen. Damit verloren wir das wirksamste Druckmittel. Die Roten Khmer hatten jetzt keine Veranlassung mehr, über einen Waffenstillstand zu verhandeln, zu dem wir durch Gesetz verpflichtet worden waren. Tschou En-lai, dem unser Versagen innenpolitisch schwer geschadet hatte, sagte meine Begegnung mit Sihanouk ab und verlegte meinen Besuch ostentativ auf den 16. August, den Tag nach der Einstellung der Bombenangriffe. Das war ein Schlag ins Gesicht, und Tschou hat sicherlich nicht an meiner Ablehnung gezweifelt. Ich teilte sie ihm am 25. Juli mit.

Nach diesem Mißgeschick bewegte sich zwischen Peking und Washington eine Zeitlang kaum etwas. Beide Seiten waren frustriert, und jede nahm der anderen ihr Verhalten übel. Tschou En-lai geriet innenpolitisch in immer größere Schwierigkeiten. In unserem Meinungsaustausch über die Festsetzung eines neuen Besuchstermins entstanden lange Pausen. Die Chinesen waren mit den Vorbereitungen für ihren Parteitag beschäftigt und ließen uns bis zum 17. August warten, bevor sie sich mit dem 6. September einverstanden erklärten. Aber am 22. August wurde meine Ernennung zum Außenminister bekanntgegeben. Da ich nicht reisen konnte, bevor die Ernennung bestätigt worden war, verschob ich meinen Besuch auf Ende Oktober. Am Tag meiner Ernennung schickte ich Tschou eine persönliche Botschaft und sagte ihm, daß ich die chinesisch-amerikanischen Beziehungen für einen »Eckstein in der amerikanischen Außenpolitik« hielte und den amerikanischen Botschafter in China, David Bruce, bitten würde, von Peking nach Washington zu kommen, um mir bei der Übernahme meines neuen Amtes zu helfen. Bruce war angewiesen worden, den Premierminister und den stellvertretenden Außenminister Tschiao Kuan-hua, den damaligen amtierenden Außenminister, um eine Unterredung zu bitten und festzustellen, wie sie gegenwärtig die chinesisch-amerikanischen Beziehungen beurteilten.

Am 29. August empfing Tschiao Bruce im Außenministerium. Er erwähnte Tschou En-lai nicht, sondern richtete nur dessen Glückwünsche zu meiner Ernennung aus. Er sagte, die Chinesen »begrüßten« meinen bevorstehenden Besuch. Doch bis dahin hätten sie uns praktisch nichts mitzuteilen. Tschiao selbst wäre der Auffassung, unsere Beziehungen entwickelten sich »normal«. Die Verbindungsbüros in unseren beiden Hauptstädten schüfen eine objektive Realität. Mit anderen Worten, es gebe keinen Grund zur Sorge; unsere Beziehungen hätten jetzt ihre eigene Dynamik, sicherlich hätte ich zu vielen Aspekten dieser Beziehungen meine eigenen Auffassungen, und »die Chinesen haben die ihren«. Das war zweifellos ein verschleierter Hinweis auf meine heftige Reaktion, als Tschou En-lai den Dialog über Kambodscha abbrach. (»Dies ist das erstemal im Verlauf der Entwicklung unserer neuen Beziehungen, daß ich mich nicht auf das chinesische Wort habe verlassen können.«) Aber Tschiao hatte auf unsere Differenzen vor allem deshalb hingewiesen, weil er auf den Fortbestand gemeinsamer Interessen hinweisen wollte. Er sagte, der neue Stil, den die Diplomatie durch die chinesisch-amerikanischen Beziehungen und das Kommuniqué von Shanghai angenommen hätte, läge darin, »nicht zu versuchen, unsere Differenzen zu verschweigen, sondern sie freimütig zuzugeben.« Bruce meinte lakonisch: »Tschiao war zwar wie gewöhnlich höflich und zuvorkommend, aber es war klar, daß er nicht den Wunsch hatte, ein Gespräch fortzusetzen, das in bloße Freundlichkeiten ausartete.«

Es gab viele Gründe für die Zurückhaltung der Chinesen. Zweifellos wirkte sich hier noch meine scharfe Reaktion auf die Zurücknahme der Kambodscha-Initiative aus. Schließlich waren es nicht die Chinesen gewesen, die ihre Meinung geändert hatten, sondern der Kongreß der Vereinigten Staaten, der den vorgesehenen Verhandlungen die Grundlage entzogen hatte. Die Chinesen waren sicherlich verwirrt durch unsere innenpolitischen Umwälzungen und wußten nicht mehr, wie vertrauenswürdig und zuverlässig wir künftig sein würden. Und das vorzeitige Scheitern der Verhandlungen über Kambodscha hatte die innenpolitischen Angriffe gegen Tschou En-lai verstärkt, dem augenscheinlich vorgeworfen wurde, daß er sich habe übertölpeln lassen, während wir versucht hätten, die Sowjetunion gegen China auszuspielen.

Im September hörten wir verwirrende Signale in Erklärungen heraus, die ranghöhere chinesische Diplomaten in den verschiedensten Hauptstädten überall in der Welt abgaben. Wir stellten zum erstenmal fest, daß die Chinesen nicht mehr wie bisher eine zusammenhängende und einheitliche politische Linie verfolgten – mit Sicherheit ein Anzeichen für einen innenpolitischen Kampf in China, der die Vertreter der Volksrepublik unsicher machte, da sie nicht wußten, welche Partei siegen werde. Deshalb richten sie ihre Äußerungen danach, mit wessen Erfolg sie rechneten. Einige von ihnen behaupteten, daß die Beziehungen zwischen den Vereinigten Staaten und China in eine Sackgasse geraten wären, vor allem im Hinblick auf Taiwan. Andere deuteten an, daß ohne weiteres Fortschritte erzielt werden könnten, wenn die Vereinigten Staaten das »Prinzip« des einen China anerkannten; aber das klang mehr nach einer Formel, mit der man sich darum bemühte, das Gesicht zu wahren, als nach einer konkreten politischen Forderung. Da es in jüngster Zeit keine Gespräche und deshalb auch keine Kontroverse über Taiwan gegeben hatte, muß diese Frage im Rahmen eines politischen Machtkampfes zur Sprache gekommen sein, als es darum ging, zu beurteilen, welchen Wert die Wiederherstellung der Beziehungen zu den Vereinigten Staaten hätte. Wir erfuhren aus einem Bericht, der Grund für die Verschiebung meines im August geplanten Besuchs wäre, daß das Zentralkomitee die Politik von Tschou En-lai nicht unterstützte und er deshalb zunächst seine innenpolitische Basis aufbauen müßte. Dieser Eindruck verstärkte sich, als einer der wichtigsten Mitarbeiter Tschous als Botschafter nach Ottawa versetzt wurde, weil er angeblich die Vereinigten Staaten dafür kritisiert hatte, daß sie versuchten, die chinesisch-sowjetische Rivalität zu manipulieren. Ich muß aber darauf hinweisen, daß uns das alles erst viel später klargeworden ist. Damals haben wir nur feststellen können, daß verwirrende Signale aus China kamen.

Ein weiteres rätselhaftes Phänomen war die gegen Konfuzius gerichtete Kampagne in den chinesischen Medien. Im Westen gab es die verschiedensten Auffassungen darüber, welchen Sinn es haben könnte, einen vor fast zweitausendfünfhundert Jahren verstorbenen Philosophen anzugreifen, so einflußreich er auch bei der Gestaltung der chinesischen Kultur und der Verwandlung des Staates in eine alles durchdringende Institution zur Erziehung des Volkes gewesen sein mochte. Die aesopische Indirektheit der chinesischen Medien gab uns kaum die Möglichkeit, die Ursachen dieses Phänomens zu ergründen. Unsere Analytiker stritten sich sogar darüber, ob diese Kampagne gegen Tschou gerichtet sei oder ihn stützen sollte. Wenn man bedenkt, daß Konfuzius ein Aristokrat gewesen ist, dessen Lebensstil und Philosophie der Zurückhaltung das öffentliche Leben in China über so viele Jahrhunderte beherrscht hatte, dann mußte man vermuten, daß Tschou En-lai das Angriffsziel war. Der hervorragende Kenner Chinas beim Stabe des Nationalen Sicherheitsrats, Richard H. Solomon, machte mich auf einen wichtigen Artikel in der chinesischen Parteizeitung *Rote Flagge* vom November aufmerksam, in dem ein »Aristokrat« aus alter Zeit kritisiert wurde, der sich dafür eingesetzt hatte, freundschaftliche Beziehungen zu »entfernt gelegenen Ländern« anzuknüpfen, um der Bedrohung durch Nachbarstaaten zu begegnen, der jedoch feststellen mußte, daß er auf einem Vulkan saß.*

Doch obwohl San Sui (Tschou) Premierminister geworden war, saß er auf einem Vulkan, der in jedem Augenblick ausbrechen konnte. In dem von Tschao beherrschten Staat waren die alten Aristokraten (die militärischen Regionalbefehlshaber?) immer noch sehr mächtig.

Sogar Tschou En-lai schien von Zweifeln geplagt zu sein. Mit einem ausländischen Diplomaten sprach er von seinen Zweifeln über die künftige Entwicklung der amerikanisch-chinesischen Beziehungen. Tschou meinte, wenn sich die beiden Supermächte verständigen könnten, werde die chinesische Karte für die Vereinigten Staaten nicht mehr den gleichen Wert haben wie vorher. Aber Tschou En-lai war zu klug, um sich gegen die Realität aufzulehnen. Selbstverständlich lag es nicht im Interesse der Vereinigten Staaten, den einen kommunistischen Rie-

* Diese durchsichtige Allegorie ist ein typisches Beispiel für den Stil der öffentlichen Debatte in China. Der Mann, hinter dem wir Tschou vermuteten, kritisiert seine Gegner dafür, daß sie empfehlen, mit benachbarten Ländern (das heißt mit den Sowjets) Freundschaft zu schließen und entfernte Länder (die Vereinigten Staaten) anzugreifen, um ihre ererbten Privilegien zu bewahren, und empfiehlt, »mit entfernten Ländern Freundschaft zu schließen und die benachbarten anzugreifen«. San Sui (Tschou En-lai) gewann die Zustimmung des Königs Tschao (Mao) und wurde zum Gastminister für den Aufgabenbereich der militärischen Angelegenheiten ernannt.

sen gegen den anderen auszuspielen. Aber wir durften es noch weniger zulassen, daß die Sowjetunion Peking unterwarf oder demütigte. Deshalb machte Tschou noch eine Äußerung, die zunächst wie ein Widerspruch klang. Trotz seiner Zweifel werde er sich auch weiterhin darum bemühen, die Beziehungen zu den Vereinigten Staaten zu verbessern. Es gebe jedoch Grenzen, die China nicht überschreiten könnte; so könnte es die amerikanische Politik in Kambodscha nicht unterstützen, so wichtig auch die Verbindungen mit Washington wären.

Anfang Oktober hatten wir den (falschen) Eindruck, daß sich die innenpolitischen Kontroversen in China ihrem Ende näherten. Der stellvertretende Außenminister Kuan-hua kam als Leiter der chinesischen Delegation bei der Vollversammlung der Vereinten Nationen nach New York, um die Standardrede in dem schon gewohnten aggressiven Ton zu halten. Am 3. Oktober lud ich ihn in mein Appartement im Waldorf Towers Hotel ein, das wie gewohnt in freundlichster Atmosphäre stattfand.

Tschiao war bester Laune. Er glaubte, er hätte uns mit seiner Rede vor der Vollversammlung der Vereinten Nationen »nicht unwesentlich geholfen«, was mir angesichts seiner revolutionären Rhetorik nicht ganz verständlich war.

»Nicht überall«, wandte ich höflich ein.

»Wenn ich Ihnen überall helfen wollte, dann könnte ich es nirgends tun«, antwortete Tschiao, ein gelehriger Schüler Hegels. Wenn er »als Philosoph« sprechen wollte, dann müßte er sagen, daß wir *beide* einen Fehler gemacht hätten, als wir uns auf eine Einmischung in Kambodscha einließen – für einen Chinesen ein seltenes Eingeständnis. Aber noch auffallender war seine Behauptung, China wäre es im Grunde gleichgültig, wer in Kambodscha siegte:

> Ob Kambodscha nun rot, rosa, schwarz, weiß oder was sonst noch wird, welche Bedeutung wird das schließlich für die Weltgeschichte haben? Für uns beide wäre es das beste, wenn wir uns in Kambodscha überhaupt nicht einmischten. Ich weiß, daß Sie gewisse Schwierigkeiten haben, die wir nicht haben. Das sind Ihre Schwierigkeiten mit dem Kongreß und mit der Presse.

Mit anderen Worten, China gab der amerikanischen Regierung nicht die Schuld an dem Fiasko; dafür waren der Kongreß und die Medien verantwortlich. Ich hatte gesagt, die Chinesen und die Nordvietnamesen hätten in Kambodscha nicht die gleichen Interessen. Tschiao wich dieser Frage aus und stellte ein zweites Mal unter Beweis, daß er die Hegelsche Dialektik beherrschte: »Ich würde nicht sagen, daß es hier darum geht, ob wir verschiedene Interessen haben, sondern vielmehr darum, daß die Voraussetzungen nicht die gleichen sind.« Das war ein Unterschied, der im Grunde keiner war und zugleich das Eingeständnis, daß Hanoi und Peking entgegengesetzte Auffassungen vertraten. Aber der schlaue Tschiao wollte von vorneherein jeden amerikanischen Versuch verhindern, China noch einmal in den kambodschanischen Sumpf zu locken. Er sagte, diese Frage sei eigentlich bedeutungslos. Vor 1954 hätte China nichts von Kambodscha gewußt, denn es läge hinter seinem historischen Horizont, mit anderen Worten, China werde in diesem Fall seine traditionelle Gleichgültigkeit zeigen. Der chinesische Außenminister Kuan-hua meinte, daß es für China und die Vereinigten Staaten am besten wäre, die ganze Angelegenheit zu vergessen:

> Das kambodschanische Problem ist in mancher Hinsicht für uns beide das gleiche. Sie haben uns nicht um Hilfe gebeten, und wir haben es umgekehrt auch nicht getan. Ich möchte nur auf das folgende hinweisen: Angesichts der Gesamtlage ist die kambodschanische Frage mit Sicherheit nur ein zweitrangiges Problem.

Peking, der Hort der revolutionären Rechtgläubigkeit, wollte ganz offensichtlich nichts mehr mit Kambodscha zu tun haben. Die Chinesen ließen nicht erkennen, welcher Entwicklung in Kambodscha sie den Vorzug geben würden, und legten unserer Politik keine Hindernisse in den Weg. Als intelligente Analytiker konnten sie allerdings kaum einen Zweifel daran haben, welchen Lauf die Ereignisse in Kambodscha nehmen würden. Sie mußten auch erkennen, daß ein Zusammenbruch Kambodschas zu einer ähnlichen Entwicklung in Südvietnam führen mußte. Sie hatten unsere Ausdauer und unsere Beurteilung der geopolitischen Zusammenhänge falsch eingeschätzt. Sie hatten geglaubt, daß die Vereinigten Staaten begreifen würden, welche Auswirkungen eine Niederlage auf ihre Stellung in der Welt haben würde. Deshalb nahmen sie an, daß wir in Indochina an unserem Kurs festhalten und für den Fortbestand der vier unabhängigen Staaten im ehemaligen französischen Kolonialreich sorgen würden, was auch im Interesse Chinas gelegen hätte. Damit wäre einer der Alpträume der Volksrepublik China vermieden worden, das Entstehen eines mächtigen, wiedervereinigten Nachbarn an der chinesischen Südgrenze, der ganz Indochina beherrschte und eng mit der Sowjetunion verbündet war. Jetzt, da unsere innenpolitische Uneinigkeit das bisher Undenkbare möglich zu machen schien, konnte China nichts anderes tun, als die Bedeutung dessen, was mit größter Wahrscheinlichkeit eintreten würde, herunterzuspielen, ohne wirklich daran zu glauben. Tschou En-lai hielt es nicht für sinnvoll, den geopolitischen Rückschlag, den er hatte erleben müssen, zu verschlimmern, indem er auch die Beziehungen zu den Vereinigten Staaten insgesamt belastete. Tschiaos Aussagen ließen erkennen, daß wir beide wußten, vor welchem Dilemma wir in Indochina standen. Jetzt mußten wir dafür sorgen, daß die Entwicklung in Indochina uns nicht daran hinderte, unser wichtigstes gemeinsames Ziel weiter zu verfolgen, die Eindämmung der militärischen Macht der Sowjetunion.

So endete die Begegnung in einer versöhnlichen und freundschaftlichen Atmosphäre. Tschiao empfahl eine mehr nach zwei Seiten ausgerichtete amerikanische Politik im Nahen Osten, die Israel und die arabischen Staaten in gleicher Weise berücksichtigte. Er sagte, als Freunde, »die wir jetzt schon seit einer Reihe von Jahren sind, können wir offen miteinander sprechen«. Gelegentlich könnte er sich gezwungen sehen, bestimmte von uns getroffene Maßnahmen zu kritisieren, aber als mein Freund würde er an mir persönlich niemals Kritik üben. Augenscheinlich hatten die innenpolitischen Auseinandersetzungen in Peking mit einem Sieg der Vertreter einer versöhnlichen Linie geendet. Man hatte sich entschlossen, die chinesisch-amerikanischen Beziehungen weiter auszubauen.

Vor meiner Abreise nach Peking, die als Folge des Nahost-Krieges auf den November hatte verschoben werden müssen, ergab sich noch eine Gelegenheit, guten Willen zu beweisen. Der Anlaß war ironischerweise Kambodscha, das Land, das uns nicht loslassen wollte, sosehr sich die Chinesen auch darum bemühten, seine Bedeutung herunterzuspielen. Am 15. Oktober brachte mir der Chef des chinesischen Verbindungsbüros in Washington, Huang Tschen, eine Botschaft von Tschou En-lai: Die Mutter des Prinzen Sihanouk war in Pnom Penh schwer erkrankt, und Sihanouk wollte sie vor ihrem Tode noch einmal wiedersehen. Er hatte versprochen, die Königinmutter nicht in seinen politischen Kampf hineinzuziehen. Ich beantwortete die Anfrage am 16. Oktober und teilte Tschou En-lai mit, daß wir alle notwendigen Vorbereitungen getroffen hätten. Die Königinmutter und ihre Ärzte könnten mit einem Sonderflugzeug der Air France nach China fliegen. Sihanouk hat sich gewissenhaft an seine Zusage gehalten und den Aufenthalt seiner Mutter in China nicht politisch ausgewertet.

Am Ende meines Fluges um die Welt traf ich in China ein. Bhutto hatte mich auf dem Flughafen von Islamabad mit einer berittenen Ehrengarde verabschiedet, die eigentlich nur einem Staatsoberhaupt zusteht. Im Fernsehen hatte Bhutto erklärt, da so viele »Hohlköpfe«, die Pakistan besucht hätten, dieses hohe Amt bekleideten, wäre es nur fair gegenüber den Pferden, daß sie auch einmal ein intelligentes menschliches Wesen zu Gesicht bekämen.

Wir nahmen die gleiche Route wie bei meinem ersten geheimen Besuch in China. Wieder überflogen wir den Himalaya, und Tschou En-lai schickte mir zur Begrüßung eine fast aus den gleichen Personen bestehende Delegation entgegen, die mich bis nach China begleitete. Ein einmaliges Erlebnis läßt sich natürlich niemals wiederholen. Die Erregung, von der man ergriffen wird, wenn man etwas ganz Neues kennenlernt, stellt sich zum zweitenmal nicht ein. Und als Außenminister begleitete mich natürlich ein viel größerer Apparat als auf der ersten, abenteuerlichen Reise, die ich mehr oder weniger allein unternommen hatte. Dafür kam ich jetzt in dem Bewußtsein nach China, daß wir innerhalb von etwas mehr als zwei Jahren ein solides Gebäude errichtet hatten. Wir besuchten ein Land, das vergleichbare Vorstellungen von unserem bedeutenden Sicherheitsproblem hatte und dessen Führung die weltpolitische Lage mit großem Scharfsinn zu beurteilen wußte.

Am späten Samstagnachmittag, dem 10. November 1973, traf ich zu meinem sechsten Besuch in Peking ein und wurde mit großer Herzlichkeit empfangen. Premierminister Tschou En-lai begrüßte uns in der Großen Halle des Volkes und gab uns anschließend ein Bankett, zu dem fast zweihundert Gäste geladen waren (für chinesische Verhältnisse eine bescheidene Veranstaltung). Tschou En-lai und ich waren schon vorher in kleinem Kreis inoffiziell zu einem halbstündigen Gespräch zusammengekommen. Tschou begrüßte meine »Wirbelwinddiplomatie« im Nahen Osten. Der Ausdruck »Pendeldiplomatie« war noch nicht erfunden. Er bat mich, Präsident Nixon seine guten Wünsche und seine Bewunderung für die Entschlossenheit auszurichten, die er mit der Teilmobilmachung der amerikanischen Streitkräfte im Oktober bewiesen hätte (und deutete damit an, daß Watergate an der Wertschätzung Chinas für den Präsidenten nichts geändert hat). Besonders lobte er unsere Bemühungen, den sowjetischen Einfluß in der arabischen Welt zu reduzieren. Er sagte, zunächst hätte er geglaubt, wir hätten die Gelegenheit versäumt, als Sadat das sowjetische Militärpersonal aus Ägypten auswies. Jetzt habe er unsere Strategie begriffen, den richtigen Zeitpunkt für ein entschlossenes Vorgehen abzuwarten.

Nach diesem Gespräch begleitete mich Tschou zum Essen, das uns aus protokollarischen Gründen der chinesische Außenminister Ji Peng Fei gab. Wie bei den Chinesen üblich, war alles getan worden, um uns den Eindruck zu vermitteln, daß wir gerngesehene Gäste wären. Zum erstenmal spielte mir zu Ehren eine Militärkapelle abwechselnd amerikanische und chinesische Musikstücke (Nixon war natürlich auf die gleiche Weise geehrt worden). Der Außenminister würdigte in seinem Trinkspruch die Fortschritte in unseren Beziehungen, erwähnte besonders das Verbindungsbüro und sagte, er wäre überzeugt, daß sich diese Beziehungen völlig normalisieren würden. In meiner Antwort zeigte sich, wie schwer es mir fiel, mich von einer guten Idee zu trennen. So sprach ich jetzt bei meinem sechsten Besuch in China zum viertenmal davon, daß China für uns zunächst ein geheimnisvolles Land gewesen wäre, jetzt aber nicht mehr. Tschou, von dem dieser Gedanke stammte, verbarg seine Langeweile hinter einem geduldigen Lächeln.

Dieser freundliche Empfang bestimmte auch die Atmosphäre des ganzen Besuchs. Unsere Gespräche wurden auf zwei Ebenen geführt. Eine Expertengruppe behandelte bilaterale Fragen, besonders die Intensivierung des Kulturaustauschs, der Handelsbeziehungen und Probleme, die seit der Periode des Konflikts noch nicht gelöst worden waren, wie die Freigabe blockierter chinesischer Vermögenswerte im Austausch gegen die Regelung von Ansprüchen amerikanischer Bürger. Während meiner vorangegangenen Besuche hatten sich die Beamten des Außenministeriums nur mit technischen Fragen beschäftigt, während ich die politischen Gespräche führte. Jetzt, da ich selbst Außenminister war, konnten wir auf solche Manöver verzichten. Aber das Verfahren hatte sich als praktisch erwiesen, und deshalb blieben wir dabei. Damit zeigte sich, wie ich meine, daß auch bürokratische Manöver gelegentlich einen konkreten Wert haben.

Einem inzwischen bewährten Verfahren folgend, besprachen Tschou En-lai und ich im Beisein unserer wichtigsten Mitarbeiter in allen Einzelheiten die internationale Lage. Daß ich zu Beginn erklärte, wir hätten es uns inzwischen zur Gewohnheit gemacht, offen und ehrlich miteinander zu sprechen und weit voraus zu denken, war keine diplomatische Höflichkeitsfloskel. Diese Haltung war vielmehr einer der Schlüssel zu den chinesisch-amerikanischen Beziehungen in einer Lage, in der man nicht mit konkreten Ergebnissen rechnen konnte und es darauf ankam, eine grundsätzliche Übereinstimmung herzustellen. Was uns verband, waren keine offiziellen Vereinbarungen, sondern eine gemeinsame Beurteilung der internationalen Situation. Die Medien, deren Vertreter mich auf dieser Reise zum erstenmal begleiteten, neigten dazu, den Erfolg meines Besuchs daran zu messen, wie weit wir im Hinblick auf Taiwan vorankamen. Tschou hatte begriffen, daß alles, was jetzt in dieser Frage geschehen könnte, die Beziehungen zwischen den Vereinigten Staaten und China in beiden Ländern nur belasten würde, wenn er diesen Gedanken aus verständlichen innenpolitischen Gründen auch nicht aussprechen konnte. Deshalb bemühten wir uns vor allem um eine gemeinsame Analyse der Weltlage, durften sie aber aus dem ebenso verständlichen Grund, daß wir die Sowjetunion nicht verärgern wollten, nicht öffentlich bekanntgeben. So interpretierten die Medien den vielleicht freundschaftlichsten Besuch, den ich China abgestattet habe, so, als habe sich dabei herausgestellt, daß die Weiterentwicklung unserer Beziehungen ins Stocken geraten wäre.

Anders als bei meinem Besuch im Februar und im Gegensatz zu dem, was wir über die innenpolitischen Kontroversen in China wußten, sprach Tschou die Beziehungen zwischen den Vereinigten Staaten und der Sowjetunion nicht an. Er fragte mich auch nicht wie zu Jahresbeginn, ob es unsere politische Absicht wäre, »die ungesunden Gewässer nach Osten fließen zu lassen«. Vielleicht hatte er sich bei den innenpolitischen Auseinandersetzungen durchsetzen können. Ich hielt es jedoch für wahrscheinlicher, daß er innenpolitisch geschwächt war und die Vorwürfe seiner Kritiker nicht rechtfertigen wollte, indem er die von ihnen beanstandeten Themen mit mir besprach.

Deshalb schlug ich zum erstenmal aus eigener Initiative vor, unsere Strategie gegenüber der Sowjetunion zu analysieren. Diese Analyse brachte gegenüber dem, was ich vor neun Monaten gesagt hatte, kaum etwas Neues (siehe 3. Kapitel), was auch nicht möglich war. Schließlich ändern sich solche Strategien nicht innerhalb weniger Monate, und wenn, dann untergräbt es das Vertrauen. Staatsmänner wissen die Beständigkeit und Zuverlässigkeit ihrer Partner zu schätzen, nicht aber das unaufhörliche Suchen nach immer neuen Zauberformeln.

Ich hielt es für richtig, mich zunächst gegen die übliche Kritik an der Entspannungspolitik zu wenden. Ich sagte, ich zweifelte nicht daran, daß die Sowjetunion ein periodisches Nachlassen der Spannungen dazu benutzen wollte, die Einigkeit im Westen zu erschüttern und die Verteidigungskapazität zu schwächen – was jedoch nur bedeutete, daß die sowjetische Führung eigene Zielvorstellungen hatte, und damit müßte man in der Politik einer Großmacht rechnen. Wir glaubten dagegen, daß die Zeit auf unserer Seite stünde. Wir könnten ein Nachlassen der Spannungen besser vertragen als das sowjetische System, das für sein Fortbestehen offenbar die Furcht vor Krisen brauchte. Die Auflösungstendenzen im Sowjetblock, die schon in Ungarn und der Tschechoslowakei sichtbar würden, müßten sich demnächst auch an anderer Stelle zeigen. Ich erinnerte Tschou daran, daß ich am 8. Oktober in meiner Pacem-in-Terris-Rede davor gewarnt hatte, durch die Entspannungspolitik unsere Beziehungen zu mit uns befreundeten Nationen auszuhöhlen; wir würden uns jedem Versuch der Sowjetunion widersetzen, internationale Krisen zur Verstärkung ihres Einflusses zu benutzen:

Wenn es wieder zu Aggressionen kommt, werden wir entschlossen handeln, wenn notwendig, sogar brutal, aber dazu müssen wir vorher beweisen, daß wir provoziert worden sind. Und ich glaube, in der Nahost-Krise haben wir das bewiesen.

Tschou En-lai widersprach mir nicht. Entweder hatte ich ihn überzeugt, oder er glaubte, wir hätten uns auf unsere politische Linie so weit festgelegt, daß es unmöglich wäre, uns in einem Gespräch zu einer Kursänderung zu veranlassen. Letzteres hielt ich für wahrscheinlicher. Die Unsicherheit unserer europäischen Verbündeten erstaunte und verwirrte ihn. Er konnte ihre ambivalente Haltung gegenüber unserer Teilmobilmachung und meiner Nahost-Reise nicht verstehen. Er sagte, wir hätten auch China nicht vor dem Alarm konsultiert, es habe unser Vorgehen offiziell gutgeheißen. Es war symptomatisch für die angespannten Beziehungen zwischen den Vereinigten Staaten und Europa (siehe 16. Kapitel), daß ich bei der Beantwortung dieser Fragen nicht sehr rücksichtsvoll war, wenn ich mich auch darum bemühte, die Lage richtig darzustellen:

Wenn es um hohe Einsätze geht, man aber nicht bereit ist, etwas zu riskieren, dann läßt sich dabei kaum etwas gewinnen. Unsere Verbündeten im Westen träumen im geheimen davon, im Nahen Osten ihre Position von 1940 wiederherstellen zu können, ohne etwas zu riskieren oder sich besonders dafür anstrengen zu müssen, und deshalb herrscht bei ihnen angesichts unserer größeren Aktivität in diesem Raum ein unbestimmtes Gefühl der Eifersucht und der Beunruhigung.

Ich sagte, daß europäische Regierungschefs sich daran gewöhnt hätten, als Vermittler zwischen Ost und West aufzutreten. Sie erweckten in der Öffentlichkeit ihrer eigenen Länder den Eindruck, als ob sie friedliebender als die Vereinigten Staaten wären, denn sie wüßten, daß wir an der Einkreisung der Sowjetunion festhalten würden:

Sie alle stehen vor dem Problem, daß sie aus innenpolitischen Gründen das eine sagen müssen, während sie sehr wohl begreifen, daß wir genau das Richtige tun. Deshalb nehmen sie sehr oft, besonders wenn eine Entwicklung schon abgeschlossen ist, in der Öffentlichkeit eine Haltung ein, die ihrer Beurteilung der wirklichen Lage widerspricht.

Angesichts einer flexibleren amerikanischen Politik könnten sich die europäischen Führer diesen Luxus nicht erlauben. Diese zwänge sie, ihre eigenen Verteidigungsanstrengungen ernster zu nehmen und ihre Vorschläge selbst zu verantworten. Bei einem zweiten Gespräch über das gleiche Thema sagte ich am nächsten Tag:

Wenn wir bei diesen Bemühungen etwas weiter nach links gehen als die Westeuropäer, dann, um sie daran zu hindern, noch weiter zu gehen, weil sie fürchten werden, daß wir uns auf ihre Kosten mit der Sowjetunion einigen könnten. Dieser Gedanke wird sie so stark beunruhigen, daß sie beginnen werden, an ihren eigenen Beitrag zur Verteidigung zu denken.

Tschou En-lai nickte zustimmend. Aber er stellte eine Frage, die sich, wie wir wissen, nicht beantworten ließ: »Aber diese Leute werden das nicht begreifen können.« Da lag auch wirklich unser Dilemma. Wenn wir längere Krisen überstehen wollten, mußten wir die Öffentlichkeit von unseren friedlichen Absichten überzeugen. Wenn wir den Zusammenhalt im Bündnis bewahren wollten, dann durften wir es nicht zulassen, daß unsere Freunde in Europa die Entspannungspolitik als ihr Monopol betrachteten. Wenn wir jedoch auf diesem Wege zu weit gingen, dann konnte es geschehen, daß die Öffentlichkeit in den Vereinigten Staaten an den Absichten der Sowjetunion zu zweifeln begann oder daß unsere Verbündeten ein Wettrennen nach Moskau veranstalteten. In der Atmosphäre von Watergate stieß eine Politik, die so komplizierte Manöver erforderte, auf Schwierigkeiten. Der Westen hat bis zum heutigen Tage diese Schwierigkeiten nicht überwinden können, aber sein Zusammenhalt und seine Zielbewußtheit, seine Sicherheit und sein Selbstvertrauen werden schließlich davon abhängen, ob dies gelingt.

In den nächsten Tagen behandelten Tschou und ich systematisch eine große Zahl internationaler Probleme. Tschou hatte schon vor unserem Eintreffen die von uns im Nahen Osten verfolgte Strategie richtig analysiert. Am 11. November sagte ich ihm, die Bedeutung des Sechs-Punkte-Plans – der im übrigen am gleichen Tage von Ägypten und Israel unterzeichnet wurde – läge nicht in seinen einzelnen Bedingungen, so wichtig diese auch wären, »sondern darin, daß er zwischen Ägypten und den Vereinigten Staaten ohne Beteiligung der Sowjetunion ausgehandelt worden ist«. Tschou hatte begriffen, was das bedeutete: »Ich hatte daran gedacht, Sie in meinem Trinkspruch gestern abend dazu zu beglückwünschen, aber ich fürchtete, daß die Journalisten es hören könnten.« Ich erläuterte unsere Strategie im Hinblick auf die Genfer Friedenskonferenz: In der Plenarsitzung würden wir das schon Bekannte offiziell noch einmal vortragen, aber die eigentlichen Verhandlungen sollten unter unserer Ägide außerhalb des Konferenzsaales auf bilateraler Basis zwischen den einzelnen arabischen Ländern und Israel geführt werden.

Im Hinblick auf Indochina erläuterte ich noch einmal unsere Haltung gegenüber Sihanouk:

> Wir stellen uns nicht grundsätzlich gegen Sihanouk. In vielen seiner privaten und öffentlichen Erklärungen kommt zum Ausdruck, daß er irrtümlich glaubt, die Regierung der Vereinigten Staaten lehnte ihn grundsätzlich ab. Das ist vollkommen falsch. Wenn er als wirklich unabhängiger Mann nach Kambodscha zurückkehren könnte, dann wären wir stark daran interessiert, daß er die Führung übernähme. Wir interessieren uns nicht für ihn, solange er der Gefangene einer bestimmten Fraktion ist, die ihn nur kurze Zeit benutzen will, um international anerkannt zu werden.

Aber ein gebranntes Kind scheut das Feuer, und Tschou En-lai wollte sich auf dieses Thema nicht mehr einlassen. Er erwiderte, über Kambodscha könnten wir nur im Zusammenhang mit ganz Indochina sprechen, und dann müßten wir uns während einer ganzen Sitzung ausschließlich mit diesem Thema beschäftigen. Er kam jedoch nicht wieder darauf zurück, sondern sagte mir nur, daß er aus seinen Gesprächen mit der nordvietnamesischen Führung entnehmen müßte, sie hätte

»nicht die Absicht, jetzt eine größere Offensive zu beginnen« – was das »jetzt« und »größer« betraf, hatte er recht.

Als wir uns dem Irak und Afghanistan zuwandten, gab Tschou seine ablehnende Haltung auf. Nach seiner Auffassung hatten die Sowjets den Irak nach ihrer Ausweisung aus Ägypten zum Angelpunkt ihrer Nahost-Politik gemacht. Die Vereinigten Staaten müßten sich ganz besonders darum bemühen, zu verhindern, daß der radikale Irak die Vorherrschaft am Persischen Golf übernahm. Im Gegensatz dazu wäre der Schah des Iran ein weitblickender Führer, der die Weltlage richtig beurteilte – was wieder zeigte, daß für Peking die Geopolitik gegenüber der Ideologie den Vorrang hatte. Was Afghanistan betraf, so war Tschou En-lai sichtlich beunruhigt durch den Staatsstreich, der Mohammed Daoud an die Macht gebracht hatte. Die Offiziere in der unmittelbaren Umgebung von Daoud wären prosowjetisch, und wir müßten wahrscheinlich mit weiteren Umstürzen in Afghanistan rechnen. Der gegen die Nachbarländer Pakistan und Iran gerichtete afghanische Irredentismus begünstigte, auch wenn er nicht von den Sowjets inspiriert sei, die sowjetischen Absichten. Er werde Pakistan und den Iran schwächen und Moskau einen Zugang zum Indischen Ozean verschaffen. Die Vereinigten Staaten sollten Pakistan stärken, das sich in großer Gefahr befände.

Leider hatten Tschou und ich, sosehr wir einander achteten, einander diametral entgegengesetzte Probleme. Tschou war der Vertreter eines Landes, dessen politische Führung befähigt war, die Weltlage zutreffend zu analysieren, aber nicht über die physischen Mittel verfügte, ihre Erkenntnisse in die Tat umzusetzen. Ich war der Außenminister eines Landes, das die physischen Mittel besaß und die geopolitische Lage ähnlich interpretierte, aber nach Vietnam und in der Atmosphäre von Watergate nicht den innenpolitischen Konsens hinter sich hatte, seine Vorstellungen zu realisieren. Sosehr ich den Empfehlungen Tschous zustimmte, ich wußte, daß der Kongreß jeden Versuch, Pakistan zu stärken, vereiteln würde. Militärischen Beistand zu leisten war außer Mode geraten. Im Kongreß waren die meisten Abgeordneten überzeugt, daß Indien wichtiger für uns wäre; eine engere militärische Beziehung zu Pakistan hätte sie irritiert. Ich sagte Tschou, um Pakistan zu stützen, könnten wir bestenfalls den Iran militärisch stärken. So lag es zum Teil an unseren innenpolitischen Schwierigkeiten, daß der Schah die Rolle des Beschützers seiner Nachbarn übernehmen mußte.

Verglichen mit jedem anderen normalen diplomatischen Gedankenaustausch, hatte der Dialog mit Tschou En-lai einen hohen Rang. Aber meine Mitarbeiter, die mich schon auf meinen früheren China-Reisen begleitet hatten, besonders Winston, vermißten bei den Gesprächen die Vitalität und den Esprit, die sie früher ausgezeichnet hatten. Tschou stellte eindringliche und scharfsinnige Fragen und kommentierte das, was wir ihm sagten, intelligent und verständnisvoll, aber irgend etwas fehlte. Zum erstenmal verzichtete er auf seine ausführlichen, brillanten Analysen, die das Gespräch mit ihm intellektuell so anregend gemacht hatten. Hatte er an Einfluß verloren? Oder hatten sich unsere Auffassungen so wenig geändert, daß solche Kommentare sich erübrigten?

Tschou machte einen vorsichtigen Eindruck, was gar nicht zu ihm passen wollte – als wüßte er, daß er diese Begegnung dazu ausnutzen müßte, eine möglichst reiche Saat auszusäen, ohne sicher zu sein, ob er die Ernte noch erleben werde. Er schien Wert darauf zu legen, es der antiamerikanischen Fraktion in Peking zu verwehren, das Taiwan-Problem zum Ausgangspunkt ihrer gegen uns gerichteten Angriffe zu nehmen. Er hörte geduldig zu, als ich ihm erklärte, weshalb es nicht möglich sei, die »japanische Formel« für Taiwan zu akzeptieren. Danach würden die Vereinigten Staaten die diplomatischen Beziehungen zu Taipeh abbrechen müssen, um ihr Verhältnis zu Peking zu normalisieren. Ich meinte, daß die Normalisierung vielleicht möglich wäre, wenn man den japanischen Vorstellungen nicht folgte, sondern die Vereinigten Staaten »dem Grundsatz des einen China« zustimmten. Tschou lehnte diese Idee nicht ab. Zu meiner Überraschung fragte er mich am folgenden Tag, ob ich dafür eine präzise Formel hätte. Hier schien sich fast der Gedankenaustausch zu wiederholen, der zu der Einrichtung der Verbindungsbüros geführt hatte. Tschou nahm sogar einen Satz in das Kommuniqué auf, in dem zum Ausdruck kam, daß eine Normalisierung die Anerkennung des »Prinzips« des einen China durch die Vereinigten Staaten erforderte – was wir niemals bestritten hatten. Wir sollten nicht erfahren, was Tschou wirklich im Sinn hatte, denn er schied aus seinem Amt aus oder wurde daraus entlassen, bevor wir die Möglichkeit hatten, festzustellen, was dieser Satz praktisch bedeuten sollte.

In dieser Stimmung des fast mit Besorgnis gehüteten guten Willens machte die Gruppe, die sich mit bilateralen Problemen beschäftigte, wesentliche Fortschritte. Man einigte sich über die Erweiterung der Stäbe und der Aufgaben der Verbindungsbüros. Wir beschlossen, den Kulturaustausch zu intensivieren und das Handelsvolumen zu vergrößern. Die Frage der Entschädigungen und der Vermögenswerte wurde einer Lösung nähergebracht – wenngleich Tschou es nicht vermeiden konnte, darauf hinzuweisen, daß unsere Drohung, die Ansprüche gegebenenfalls auf rechtlichem Wege einzuklagen, irrelevant waren, denn wie könnte man eine Regierung unter Anklage stellen, die man nicht anerkannte? Doch seltsamerweise waren wir trotz all dieser Fortschritte, die bei normalen diplomatischen Verhandlungen etwas Selbstverständliches sind, etwas beunruhigt. Wir wußten nicht, weshalb Tschou En-lai so sehr darauf bedacht war, das alles unter Dach und Fach zu bringen. Er nannte uns nicht, wie er es sonst getan hatte, seine Gründe und sagte auch nicht, was er schließlich erreichen wollte – was an einen strahlenden, etwas schwülen Sommertag erinnerte, dessen Schönheit der Vorbote eines fernen Gewitters ist.

Eine neue Begegnung mit Mao

Daß uns diesmal die offizielle außenpolitische Linie nicht von Tschou En-lai erläutert werden würde, erkannten wir am Montag, dem 12. November, als wir am Spätnachmittag zu einem Besuch bei dem Vorsitzenden Mao Tse-tung eingeladen wurden. Die Aufforderung an uns erging ebenso überraschend und kategorisch wie bei allen früheren Gelegenheiten, und zwar während einer regulären Arbeitssitzung. Wir fuhren in chinesischen Kraftwagen auf dem uns inzwischen vertrauten Weg zu der schlichten Residenz Maos in der verbotenen Stadt. Tschou En-lai begleitete mich in meinem Wagen. Der Vorraum mit dem Pingpongtisch und das Arbeitszimmer mit den Bücherwänden und den im Halbkreis aufgestellten Sesseln waren uns schon fast vertraut. Aber es war unmöglich, sich an diese Inkarnation der Willenskraft zu gewöhnen, die uns mit dem charakteristischen, leicht spöttischen und dämonischen Lächeln begrüßte. Mao sah so wohl aus, wie ich es noch nicht erlebt hatte, und scherzte mit meinen Begleitern, David Bruce und Winston Lord, über das Alter von Bruce, die Jugend von Lord und die Tatsache, daß er älter war als beide. Er war jetzt achtzig.

Das alles kannten wir schon. Neu war, daß Mao, der zwar den gleichen sokratischen Dialog mit mir aufnahm wie bei unseren beiden ersten Begegnungen, jetzt nicht mehr in den für ihn charakteristischen Andeutungen sprach, sondern die Dinge ganz präzise beim Namen nannte. Er überließ es nicht mehr Tschou En-lai, seine gleichnishaften Äußerungen zu deuten, sondern übernahm dessen Rolle und artikulierte selbst seine politischen Auffassungen. Er gab sich auch nicht damit zufrieden, allgemeine Richtlinien festzulegen, sondern bemühte sich darum, den genauen Weg in die Generalstabskarte einzuzeichnen. Zunächst fragte er, worüber Tschou und ich gesprochen hätten.

»Über den Expansionismus«, antwortete Tschou, und ich erkannte daraus, daß die Eindämmungspolitik gegenüber der Sowjetunion in China noch immer ganz oben auf der Prioritätsliste stand.

»Wer expandiert, er?« fragte Mao und zeigte auf mich – als wäre ihm das alles neu, und Tschou hätte ihm nicht jeden Tag Bericht erstattet.

»Er hat damit angefangen«, antwortete Tschou, »aber andere haben ihn eingeholt.« Mao stimmte der Auffassung Tschou En-lais freudig zu, daß die Sowjets jetzt die gefährlichste Bedrohung darstellten, warnte aber zugleich davor, diese Gefahr zu überschätzen, weil daraus ein zu großes Entgegenkommen entstehen könnte. Er sagte, der sowjetische Expansionismus sei zwar »bedauerlich«, aber der Mut der Sowjets entspräche nicht ihren ehrgeizigen Plänen; das hätte ihr Verhalten in der Kuba-Krise und während der letzten amerikanischen Teilmobilmachung gezeigt. Er illustrierte die Verachtung, die er für die sowjetischen Führer empfand, noch einmal mit einem Bericht von seiner Begegnung mit dem sowjetischen Premierminister Alexei Kossygin, der 1969 uneingeladen auf dem Flughafen von Peking gelandet war, um über den Abbau der chinesisch-sowjetischen Spannungen zu sprechen:

> Ich sagte, ich hätte schon gleich erklärt, dieser Kampf werde noch zehntausend Jahre weitergehen. Da er jedoch gekommen sei, um persönlich mit mir zu sprechen, wollte ich diese Frist um eintausend Jahre kürzen (Gelächter). Und Sie müssen anerkennen, wie großzügig ich bin. Gewöhnlich konzediere ich nur hundert Jahre.
> Ein anderes Mal kam ein rumänischer Beamter, der sich bei mir für

die Sowjetunion einsetzen wollte. Diesmal gestand ich ihm wieder eintausend Jahre zu (Gelächter). Sie sehen also, mein Zeitlimit wird kürzer und kürzer.

Und zum fünftenmal kam der rumänische Präsident Ceauşescu wieder – das war vor zwei Jahren –, und wieder sprach er das gleiche Problem an, und ich sagte: »Was Sie auch sagen, diesmal kann ich keine weiteren Zugeständnisse mehr machen« (Gelächter).

Da der Vorsitzende sich jetzt zu einem achttausend Jahre dauernden Kampf verpflichtet hatte, hielt er weitere taktische Manöver für sinnlos. Er sagte, die amerikanische Diplomatie verließe sich zu sehr auf »Schattenboxen«. Seine Strategie gründete sich mehr auf direkte Schläge. Er hatte natürlich keine andere Wahl. Wenn eine Million sowjetische Soldaten an der chinesischen Grenze standen, dann dachte man nicht mehr an Flexibilität. Aber ich hielt es für sinnlos, mich mit ihm über taktische Fragen zu streiten, sondern sagte, daß wir trotz aller Unterschiede in unserer Taktik unsere Entschlossenheit bewiesen hätten, uns Herausforderungen zu widersetzen. Hier könnten wir uns treffen. Er antwortete: »Ich glaube daran. Und deshalb war Ihre letzte Reise in die arabische Welt eine gute Sache.«

Es zeigte sich, daß sich Mao in erster Linie nicht um unsere Politik gegenüber der Sowjetunion, sondern um unsere innenpolitische Lage und besonders um Watergate Sorgen machte. Was konnte eine Eindämmungsstrategie bewirken, wenn wir als Folge unserer innenpolitischen Zerstrittenheit die Fähigkeit verloren, sie in die Tat umzusetzen? Er konnte es einfach nicht begreifen, daß Watergate die Menschen so beunruhigte, und bezeichnete die ganze Affäre verächtlich als ein Manöver, um dem Präsidenten »den Wind aus den Segeln zu nehmen«. Der Vorfall selbst wäre »sehr mager, und doch entsteht deshalb ein solcher Aufruhr. Wir sind jedenfalls nicht glücklich darüber.« Er hätte jedoch keine Veranlassung, einen Präsidenten anzugreifen, der gute Arbeit geleistet hätte:

Es sieht so aus, als hätte die Arbeitslosigkeit stark abgenommen und als sei der amerikanische Dollar relativ stabil. Deshalb gibt es offenbar keine besonderen Probleme. Warum soll man die Watergate-Affäre so aufbauschen?

Man konnte dem absoluten Beherrscher des Reichs der Mitte die Feinheiten eines Verfassungssystems nicht verständlich machen, das auf einer gegenseitigen und ausgewogenen Kontrolle der Verfassungsorgane beruhte und in dem auch der höchste Staatsbeamte dem Gesetz unterworfen war. Aber Mao hatte in gewisser Weise nicht unrecht. Er interessierte sich nicht für die komplizierten Zusammenhänge unseres innenpolitischen Dramas. Watergate hatte nur soweit eine Bedeutung für ihn, wie es sich auf unsere Fähigkeit auswirkte, etwas gegen den sowjetischen Expansionismus zu unternehmen. Und so gesehen waren die Verstöße, um die es bei Watergate ging, gegenüber den geopolitischen Konsequenzen bedeutungslos.

Tschou hatte es vermieden, von den chinesischen Sorgen hinsichtlich unserer Langzeitpolitik gegenüber der Sowjetunion zu sprechen, und das gefürchtete amerikanisch-sowjetische Kondominium nicht erwähnt. Mao war nicht so taktvoll, wenn auch viel zu stolz, um von mir direkte Zusagen zu verlangen. Er nahm deshalb den Umweg über die Frage nach etwaigen geheimen Absprachen zwischen uns und Moskau. Er sagte, früher hätte er daran gezweifelt, daß wir Geheimnisse für uns behalten könnten. Jetzt wäre er überzeugt, daß wir es könnten, denn schließlich hätten wir auch meine erste China-Reise geheimgehalten. Aber dann kam er zur Sache: »Und eine andere Sache wären Ihre Beziehungen zur Sowjetunion.« Es gab keine geheimen Absprachen mit den Sowjets, und das sagte ich ihm auch. Wir würden dem Kreml niemals ein Druckmittel durch Gespräche in die Hand geben, die, wenn ihr Inhalt durchsickerte, uns isolieren müßten. Wir unterrichteten Peking vielmehr wie immer ausführlich über alle Gespräche mit den Sowjets.

Ich war mir bewußt, daß meine Versicherung nicht glaubwürdiger war als eine Liebeserklärung, die man einem eifersüchtigen Menschen macht. Die Unsicherheit, die den Verdacht entstehen läßt, entwertet jede Beteuerung. Aber trotzdem tat Mao so, als glaubte er mir, und nahm das Thema zum Anlaß für eine brillante Analyse der strategischen Gesamtposition der Sowjetunion.

Mao behauptete, daß Moskau nach außen hin stark wirkte, sich jedoch übernommen hätte. Es müßte sich vor Japan und China in acht nehmen, dürfte Südasien und den Nahen Osten nicht aus dem Auge verlieren und stünde in Europa an einer weiteren Front, wo es viel stärkere Streitkräfte unterhalten müßte als an der chinesischen Grenze. Nur ein Viertel der sowjetischen Streitkräfte wäre gegen China aufmarschiert – damit unterschätzte er diese Kräfte. Daraus schloß Mao, daß die Sowjetunion China nicht angreifen könnte, »wenn Sie es nicht zulassen und ihnen zuerst den Nahen Osten und Europa geben, damit sie ihre Truppen nach Osten verlegen können«. Aber auch das Gegenteil wäre richtig. Wir wären daher der Schlüssel zur globalen Sicherheit. Die wirkliche Gefahr läge darin, daß das potentielle Opfer die Erfordernisse des geopolitischen Gleichgewichts nicht erkennen könnte. Wenn alle, die von der sowjetischen Aggression bedroht werden, zusammenarbeiteten, dann wäre die Sicherheit eines jeden einzelnen garantiert, und die Sowjets würden in zunehmend größere Schwierigkeiten geraten. Wenn das nicht geschah, wäre jeder einzelne in Gefahr. Mit anderen Worten, Eindämmung.

Von diesen Voraussetzungen ausgehend, sprach Mao dann von der Haltung verschiedener europäischer Länder. Es war erstaunlich, wieviel dieser alte Mann über die innenpolitischen Verhältnisse in weit von China entfernt gelegenen Ländern wußte und wie er zu seinen klaren Schlußfolgerungen kam, ohne sich auf irgendwelche Notizen stützen zu müssen. Mao war zutiefst davon überzeugt, daß unsere europäischen Verbündeten zwar aus den verschiedensten Gründen in ihrer Haltung schwankten, aber schließlich ihre vitalen Interessen nicht aufgeben würden, um sowjetischen Schmeicheleien nachzugeben. Es wäre daher wichtig, vorübergehend verwirrende Taktiken nicht mit auf lange Sicht wirkenden Tendenzen zu verwechseln. Wir sollten an unserer klaren Linie festhalten, auch wenn einige unserer Freunde zu zögern schienen, denn mit der Zeit würden sie sich durch unser Beispiel ermutigen lassen.

Mao äußerste diese Gedanken nicht im Zusammenhang, sondern in lapidaren Sätzen, die auszusprechen ihn physische Anstrengung kosteten. Vielleicht zwangen ihn die Folgen seines Schlaganfalls zu dieser Form des Dialogs, so daß er immer wieder Zeit brauchte, sich zu sammeln. Aber vielleicht war es schon immer seine Gewohnheit gewesen, mit seinen Gesprächspartnern solche Dialoge zu führen. Jedenfalls gab er kurze und prägnante Äußerungen von sich, die jedesmal mit einer Frage endeten, die sich selbst beantwortete und keinen anderen Schluß zuließ. So zwang er mich, ihm jedesmal auf der Reise zu dem von ihm festgelegten intellektuellen Bestimmungsort zu folgen.

Nachdem wir eine Stunde damit zugebracht hatten, die internationale Lage zu analysieren, wandte Mao sich plötzlich Taiwan zu, und zwar nicht, um uns herauszufordern, sondern um verschleiert die Möglichkeit für eine Lösung anzudeuten. Er habe gehört, daß die drei baltischen Staaten immer noch Botschaften in den Vereinigten Staaten unterhielten. Das bestätigte ich. »Und die Sowjetunion hat sie nicht aufgefordert, diese Botschaften aufzulösen, bevor sie diplomatische Beziehungen zu Ihnen aufnahm?« Das war nicht ganz richtig, denn zu der Zeit, als wir die Beziehungen zur Sowjetunion aufnahmen, erkannte auch sie die baltischen Staaten an. Aber wenn Mao damit sagen wollte, daß die Beziehungen, die wir zu Taiwan unterhielten, kein Hindernis für eine Normalisierung unserer Beziehungen zur Volksrepublik China waren, dann hatte ich keinen Grund, auf feine historische Unterschiede hinzuweisen. Deshalb stimmte ich ihm zu. Nun schaltete sich auch Tschou En-lai ein und sagte, die baltischen Staaten könnten, obwohl sie diplomatische Beziehungen zu den Vereinigten Staaten unterhielten, nicht in die Vereinten Nationen aufgenommen werden. Sollte das heißen, daß sich China mit einem völkerrechtlichen Sonderstatus für Taiwan einverstanden erklären könnte und damit zufriedengeben würde, wenn die Vereinten Nationen Taiwan ausschlössen?

Nun schwenkte Mao in eine andere Richtung, um das gleiche zu sagen, aber diesmal auf eine noch umständlichere Art. Da er an die Einheit der Gegensätze glaubte, begann er mit der Feststellung eines Widerspruchs. Wenn wir diplomatische Beziehungen zu Peking aufnehmen wollten, dann müßten wir grundsätzlich die Beziehungen zu Taiwan abbrechen. Er glaube auch nicht an eine friedliche Lösung; schließlich wären die politischen Führer Taiwans »eine Bande von Konterrevolutionären«.

Darin läge aber kein unlösbares Dilemma. Er hätte keine Eile, seinen unverrückbaren Grundsatz in die Tat umzusetzen: »Ich sage, wir können zunächst ohne Taiwan auskommen und hundert Jahre darauf warten, daß es zu uns kommt. Erwarten Sie nicht, daß sich die Dinge dieser Welt so rasch entwickeln. Wozu diese große Eile?« Aber die Beziehungen zwischen Peking und Washington brauchten nicht dem langsamen Trommelschlag der internen chinesischen Auseinandersetzungen zu folgen; hier brauchte man nicht so lange zu warten: »Was Ihre Beziehungen zu uns betrifft, so glaube ich, wir brauchen keine hundert

Jahre ... Aber das müssen Sie entscheiden. Wir werden Sie nicht drängen.«

Was sollte das alles bedeuten? Wollte Mao andeuten, daß sich die Normalisierung unserer Beziehungen von der Taiwan-Frage abtrennen ließ? Und warum überließ er es uns, den Zeitpunkt der Normalisierung zu bestimmen? Wenigstens konnten wir daraus schließen, daß China nicht versuchen werde, Taiwan kurz darauf zu schlucken. Sicher bedeutete es, daß Taiwan der Aufnahme von diplomatischen Beziehungen zwischen unseren beiden Ländern nicht im Wege stehen werde und daß wir im Gegensatz zu den Vorstellungen der Öffentlichkeit in dieser Sache nicht unter Druck standen. Ich möchte glauben, daß Mao ebenso wie Tschou En-lai am Tag zuvor mich indirekt aufforderte, einen Vorschlag zu machen, der in sich den Grundsatz des einen China mit der praktischen Anerkennung des Status quo verband. Wir werden die Wahrheit nie erfahren, weil sich die innenpolitische Lage in der Volksrepublik China so rasch änderte, so daß wir keine Zeit mehr hatten, uns der Bedeutung der Äußerungen Maos zu vergewissern, und in der gegenwärtigen Situation spielte sie keine große Rolle. Jedenfalls hatte Mao gesagt, daß China in den nächsten hundert Jahren aus seinen Grundprinzipien keine politischen Konsequenzen ziehen werde. Damit wir ihn auch richtig verstanden – denn niemand konnte sich auf die Intelligenz westlicher Diplomaten verlassen –, verglich er die Situation in Taiwan mit derjenigen in Hongkong und Makao, wo es China auch nicht eilig hätte (und außerdem diplomatische Beziehungen zu den Ländern unterhielt, die sie »besetzten«). Er sagte, Taiwan wäre keine bedeutende Frage: »Bedeutend ist die Frage der gesamten internationalen Lage.«

Damit war Taiwan erledigt, und Mao hatte mit keinem Wort gedroht, uns unter Druck setzen zu wollen, sondern ausdrücklich darauf verzichtet. Nun wandte er sich dem Nahen Osten zu und umrahmte das Gespräch über Taiwan mit zwei Vorlesungen darüber, wie man dem sowjetischen Expansionismus in zwei weit auseinander liegenden Gebieten begegnen müßte. Daß er die Beziehungen zu den Vereinigten Staaten mit großer Aufmerksamkeit verfolgte, bewies er, als er berichtete, wie er auf ein Gespräch reagiert hätte, das ich am Tage der amerikanischen Teilmobilmachung mit dem Chef des chinesischen Verbindungsbüros geführt hatte. Der unglückliche Huang Tschen war völlig überrascht gewesen, als ich ihn darüber unterrichtete. Er hatte daher, wie es der offiziellen chinesischen Linie entsprach, die arabische Position unterstützt. Nun bemühte sich Mao, das Gespräch in die richtige Perspektive zu rücken. Huang Tschen habe mit Recht erklärt, daß China die arabischen Bestrebungen unterstütze, aber »er hat die Bedeutung des Widerstandes der Vereinigten Staaten gegen die Sowjetunion nicht begriffen«. China »begrüßte es«, daß wir »die Sowjetunion in Verlegenheit gebracht und dafür gesorgt haben, daß die Sowjetunion den Nahen Osten nicht beherrschen kann«. Mit anderen Worten, die Eindämmung hatte die Priorität gegenüber allen anderen Erwägungen – einschließlich der freundschaftlichen Beziehungen Chinas zu den arabischen Ländern.

Dann sprach Mao noch einmal über die Stärken und Schwächen verschiedener Staaten in diesem Gebiet und erwähnte dabei fast jedes einzelne Land. Er wies auf die Bedeutung der Türkei, des Iran und Pakistans als Barrieren gegen den sowjetischen Expansionismus hin. Der Irak und Südjemen beunruhigten ihn. Er empfahl uns dringend, unsere Position im Indischen Ozean zu stärken. Hier erwies er sich als der typische kalte Krieger; unsere Konservativen wären stolz auf ihn gewesen. Er behandelte alle diese Themen ohne schriftliche Unterlagen und ohne von seinen Kollegen unterstützt zu werden, die sich in ehrfürchtiges Schweigen hüllten.

Am Schluß wandte sich Mao Japan zu. Er lobte meine Entscheidung, auf dem Heimweg einige Tage in Tokio Station zu machen. Japan dürfte sich nicht durch die Vereinigten Staaten vernachlässigt fühlen. Die Japaner wären von Natur unsicher und empfindsam. Er werde dafür sorgen, daß Tokio nicht durch China gezwungen würde, sich zwischen den Vereinigten Staaten und China zu entscheiden. Dadurch könnte die japanische Politik polarisiert werden; die Unsicherheit Japans würde größer werden, was zur Stärkung des traditionellen Nationalismus führen könnte. »Für sie sind gute Beziehungen zu den Vereinigten Staaten das Wichtigste«, sagte er wohlwollend. »Wir kommen erst an zweiter Stelle.« Der Apostel der Weltrevolution erklärte, daß er alles tun werde, um Japan zu veranlassen, seine Prioritäten so zu setzen. Japan sollte nicht versuchen, in völliger Unabhängigkeit ein Land gegen das andere auszuspielen, denn das könnte nur chauvinistische Gelüste wecken. Auch wir sollten unseren Beitrag dazu leisten und enge Fühlung zu Japan halten. Als einer der Architekten des ersten »Nixon-Schocks« – damit meinte er meine Geheimreise nach China – hätte ich persönlich eine wichtige Aufgabe: »Sie fürchten sich vor Ihnen und Sie sollten versuchen, ihnen diese Furcht zu nehmen.«

Das Paradoxe an dieser ganzen Theorie war fast mit Händen zu greifen. Wenn China jetzt das Bündnis zwischen den Vereinigten Staaten und Japan so begeistert unterstützte, dann widersprach es damit direkt dem Mißtrauen, das ich während meines ersten Besuchs in Peking erlebt hatte. Knapp zwei Jahre nach der ersten Kontaktaufnahme belehrte der ergraute Revolutionär den amerikanischen Außenminister darüber, wie die Vereinigten Staaten ihre Bündnisse zusammenhalten sollten. Ausgehend von den entgegengesetzten Seiten des ideologischen Spektrums, waren wir stillschweigend zu Partnern bei der Aufrechterhaltung des globalen Gleichgewichts geworden.

Nach zweieinhalb Stunden gab Tschou En-lai das Zeichen zum Aufbruch. Aber der Vorsitzende wollte zuerst noch hören, daß es im Hinblick auf die innenpolitische Situation in den Vereinigten Staaten keinen Grund zur Beunruhigung gäbe. Was Mao jetzt am wenigsten wünschte, war der innenpolitische Umsturz in Amerika, der nach seiner politischen Theorie unvermeidlich und wünschenswert war. Wie der Komponist einer Symphonie kam er am Schluß auf sein Eröffnungsthema zurück: Würde Watergate die Autorität eines Präsidenten aushöhlen, mit dem er mehr oder weniger übereinstimmte? Was für ein Präsident könnte nach solchen Umwälzungen dieses Amt übernehmen?

Er fürchtete, daß mit einem demokratischen Präsidenten Amerika zum Isolationismus zurückkehren könnte. Nun wollte er wissen, was ich darüber dachte. Nach meiner Überzeugung konnte es nicht im Interesse Amerikas liegen, so zu tun, als ob nur eine einzige Persönlichkeit, deren Amtszeit nicht über das Jahr 1976 hinausgehen würde und früher beendet sein könnte, in der Lage wäre, die amerikanische China-Politik zu garantieren. Deshalb sagte ich, daß die Realitäten die Grundlinien unserer Politik bestimmen würden, und zwar ohne Rücksicht darauf, welche Partei den Präsidenten stellte. Es könnte jedoch eine gewisse Atempause eintreten, bis eine neue Regierung sich mit diesen Realitäten vertraut gemacht hätte. Mao entging keine Nuance dessen, was ich gesagt hatte. »Dann gehören Sie in die gleiche Kategorie wie ich. Wir sind beide vermutlich mehr oder weniger mißtrauisch«, erwiderte der Vorsitzende.

Besonders beunruhigte ihn der Gedanke an einen amerikanischen Truppenabzug aus Europa, eine Maßnahme, die immer wieder von demokratischen Senatoren gefordert wurde. Ich sagte, daß unsere beiden Parteien sich auch in der Bereitschaft unterschieden, »im Fall einer Herausforderung sehr brutal und sehr rasch zu handeln«. Mao meinte, daß es nicht notwendig wäre, eine diplomatische Front aufzubauen; was ich wirklich gemeint hatte, war die Bereitschaft, einen Krieg zu riskieren. Obwohl Mao Tse-tung als Kriegshetzer galt, fügte er lachend hinzu, er hoffte, daß der Krieg nur mit konventionellen Waffen geführt werde. Ich versuchte, ihn von diesem Gedanken abzubringen, und sagte: »Wir werden auf keinen Fall einen Krieg beginnen.« Diese Erklärung wollte Mao nicht gefallen, und deshalb warnte er mich, bevor ich mich von ihm verabschiedete: »Die Sowjetunion verhält sich brutal gegenüber den Schwachen und fürchtet sich vor den Starken.« Mit anderen Worten, nehmen Sie Moskau nicht die Furcht, daß wir zum Krieg entschlossen sein könnten.

Wir wollten schon von unseren Sesseln aufstehen und uns verabschieden, als Mao plötzlich auf unser Gespräch vom Februar zurückkam, als er gesagt hatte, daß wir uns vor den chinesischen Frauen in acht nehmen sollten, um damit auf die politischen Ränke seiner Frau anzuspielen. »Und Sie sollten nicht versuchen, Miß Wang oder Miß Tang einzuschüchtern, denn sie sind verhältnismäßig weich.«* Ich bestritt, bei einer dieser Damen entdeckt zu haben, daß sie besonders weich wären. Aber Mao behauptete geheimnisvoll: »Sie (Miß Tang) ist Amerikanerin, aber sie (Miß Wang) ist eine sowjetische Spionin.« Er lachte, und damit endete die Begegnung nach fast drei Stunden. Der Vorsitzende erhob sich mühsam, aber ohne fremde Hilfe, und begleitete uns mit langsamen, schlurfenden Schritten bis ins Vorzimmer – eine besondere Auszeichnung. Als er sich von uns verabschiedete, machten die Fotografen noch einige Aufnahmen. Er sagte mir: »Und bitte grüßen Sie den Präsidenten Richard Nixon persönlich von mir.«

Tschou nahm mich zur Seite, bat mich um meine Zustimmung zu ei-

* Damit meinte er Miß Wang Hairong, die stellvertretende Außenministerin und angeblich Maos Nichte, und Miß Tang Wensheng oder Nancy Tang, die in Amerika geborene Dolmetscherin.

ner öffentlichen Erklärung, in der von einem »umfassenden und weitblickenden Gespräch in freundschaftlicher Atmosphäre« die Rede sein sollte, und erwähnte noch einmal die Grüße des Vorsitzenden an Nixon. Nach chinesischen Maßstäben war diese Erklärung gleichbedeutend mit der begeisterten Zustimmung Maos zu den amerikanisch-chinesischen Beziehungen.

Es war eine erstaunliche Leistung des Vorsitzenden gewesen. David Bruce, der im Laufe von dreißig Jahren alle bedeutenden europäischen Politiker kennengelernt hatte, sagte, wir wären Zeugen der ungewöhnlichsten und diszipliniertesten Lagebeurteilung gewesen, die er je von einem Staatsmann gehört habe, und das sei um so beeindruckender gewesen, da es so spontan und zufällig gewirkt hätte.

Aber was bedeutete es schließlich, weshalb hielt es Mao für notwendig, sich mit seiner enormen Autorität hinter eine so detaillierte Beurteilung der internationalen Lage zu stellen? Zweifellos hielten die Chinesen unsere Begegnung für außerordentlich wichtig, was auch durch die ungewöhnlich lange Dauer bewiesen wurde (besonders, da dieses Gespräch nicht mit einem Staatsoberhaupt geführt wurde), der herzliche Ton der Abschlußerklärung, die Aufmerksamkeit, mit der die Begegnung von der chinesischen Presse registriert wurde, und die Auswahl der Bilder, mit denen die Zeitungsberichte illustriert wurden, die einen strahlenden Mao zeigten, der meine Hand mit beiden Händen ergriffen hatte, während Tschou mit ernstem Gesicht in den Hintergrund gerückt war.

Auch der Zeitpunkt des Gesprächs hatte seine Bedeutung, denn die Begegnung mit Mao fiel mit einem Empfang zusammen, den David Bruce zu meinen Ehren für das Diplomatische Korps im diplomatischen Klub geplant hatte. Ich mußte so lange bei Mao bleiben, daß die Gäste sich schon verabschiedet hatten, als ich endlich zum Empfang erschien. Vom chinesischen Standpunkt bot diese Situation den Vorteil, daß jeder Botschafter gezwungen war, zu Hause zu berichten, wie lange mein Gespräch mit Mao gedauert hatte – ein Gespräch, das den Chinesen wichtig genug erschien, um das ganze Diplomatische Korps warten zu lassen. Das alles war kein Zufall, denn gegen Ende der Begegnung entschuldigte sich Mao bei David Bruce dafür, daß er »eine Zeit in Anspruch genommen habe, für die andere Aktivitäten vorgesehen waren«. (Wollte Mao damit sagen, daß Bruce als Chef eines Verbindungsbüros nicht das Recht hatte, akkreditierte Botschafter zu einem halboffiziellen Empfang einzuladen?)

Zweifellos standen hinter dem Verhalten unserer schwer durchschaubaren Gastgeber die verschiedensten Motive. Heute glaube ich, daß der ausführliche Dialog mit Mao zwei Hauptursachen hatte, die vielleicht zueinander in Beziehung standen: die schwere innenpolitische Kontroverse in China und der bevorstehende Rücktritt Tschou En-lais. Möglicherweise bedurfte es Maos großer Autorität, um den Streit über die chinesische Außenpolitik zu beenden, der im Sommer begonnen und durch das kambodschanische Fiasko neue Nahrung erhalten hatte. Aber Mao stellte sich nur selten eindeutig hinter eine der streitenden Gruppen, weil er sich in seiner Manövrierfähigkeit nicht einschränken lassen wollte. So war es möglich, daß er Tschous politischer Linie folgte, persönlich aber einen der Gegner Tschous unterstützte. Das würde erklären, weshalb Mao mich während des Gesprächs plötzlich fragte, ob ich Guo Moro kannte, »der deutsch versteht« – was eigentlich kein Anlaß sein konnte, die Bekanntschaft mit mir zu suchen. Als ich erwiderte, daß ich mit diesem Herrn noch nie zusammengetroffen wäre, sagte Mao: »Das ist ein Mann, der Konfuzius verehrt, aber heute ist er Mitglied unseres Zentralkomitees.« Aus welchem Grund sollte ich den Kontakt zu einem Konfuzius-Verehrer suchen, während in der Volksrepublik China ein Feldzug gegen Konfuzius geführt wurde? Und wer in China würde die Kühnheit besitzen, eine solche Begegnung zu arrangieren? Oder sollte es heißen, daß auch ein Konfuzianer Mitglied des Zentralkomitees der Chinesischen Kommunistischen Partei sein könnte und der Feldzug gegen Konfuzius beendet wäre? Als ich ein Tischgespräch mit dem stellvertretenden Außenminister Tschiao Kuan-hua erwähnte, machte Mao wieder eine Andeutung, die mich vor ein Rätsel stellte: Er sagte im Scherz oder drohend »Lord Tschiao« und deutete damit an, daß Tschiao der Oberschicht angehörte, die demnächst ausgeschaltet werden sollte. Auch Konfuzius wurde der Vorwurf gemacht, daß er dieser Klasse angehört habe.

Welches auch der Stand der innenpolitischen Auseinandersetzungen zur Zeit meines Besuchs gewesen sein mag, schon zwei Monate später war Tschou En-lai aus seinem Amt ausgeschieden, und zwar nach den offiziellen Verlautbarungen aus Krankheitsgründen. Ließ sich die etwas unsichere Haltung des Premierministers damit erklären, daß er wußte, die Krebserkrankung würde seinem Leben bald ein Ende setzen? Oder war sein bevorstehendes Abtreten von der politischen Bühne die Ursache? Hatte Mao ihn ebenso wie alle seine anderen Stellvertreter aus dem Amt gedrängt, oder fügte sich Tschou dem Unvermeidlichen, dem politischen Druck oder dem Nahen des Todes? Hatte die Erwähnung der Frauen eine Warnung sein sollen, oder wollte mich Mao beruhigen, als er sagte, sie seien weich? Eines stand fest; bei Mao hatte jedes Wort, das er aussprach, eine Bedeutung, auch wenn wir den Sinn nicht verstehen konnten.

Nach dieser Begegnung habe ich nie wieder ein ernstes Gespräch mit Tschou En-lai geführt. Ein Jahr später besuchte ich ihn mit meiner Frau und meinen Kindern in einem Krankenhaus, das aber eher den Eindruck eines Erholungsheims machte. Wir führten ein ganz unverbindliches Gespräch, und ich konnte als Laie keine Veränderung in seinem Aussehen feststellen. Doch sobald ich auf eine wichtige Frage zu sprechen kam, wechselte Tschou das Thema. Er sagte, daß seine Ärzte es ihm verboten hätten, über solche Dinge zu sprechen. Weshalb die Erörterung von politischen Problemen seine Gesundheit mehr gefährdete als ein Gespräch über Belanglosigkeiten, erklärte er nicht. Unser Zusammensein ist für ihn wahrscheinlich ebenso schmerzlich gewesen wie für mich.

Bevor meine Reise im November 1973 zu Ende ging, bekam ich noch einen Eindruck davon, unter welchem Druck Tschou En-lai stand.

Während des Abschiedsessens regten mich die festliche Atmosphäre und die freundlichen Trinksprüche an, Konfuzius zu erwähnen. Entweder hatte mein Denkvermögen unter dem häufigen Wechsel der Zeitzonen gelitten, oder die vielen *mao-tai* taten ihre Wirkung. Anders kann ich es nicht erklären, wie ich auf den Gedanken kam, gerade dieses explosive Thema zu berühren. Ich erklärte, China wäre seit jeher konfuzianisch gewesen, und zwar in dem Sinn, daß es den Chinesen selbstverständlich erschiene, den Staat als ein großes Erziehungsinstitut anzusehen, welches das Verhalten, die Moral und die Politik bestimmte. Dieses Konzept, so meinte ich, hätte überlebt, wenn natürlich auch der Inhalt der heute geltenden Lehre das genau Gegenteil der konfuzianischen sei.

Nach dieser Erklärung, mit der ich – so taktlos wie selten – praktisch behauptet hatte, Mao wäre ein Konfuzianer, verlor Tschou zum erstenmal, seit ich ihn kannte, die Selbstbeherrschung. Obwohl zunächst nur der Dolmetscher meine Worte verstanden hatte, bezeichnete er meine Behauptung aufs äußerste erregt und mit scharfen Worten als falsch. Er wollte es auch nicht akzeptieren, als ich ihn bat, jedes Mißverständnis meiner Unkenntnis zuzuschreiben. Er ließ sich nicht besänftigen, sondern sorgte dafür, daß Nancy Tang – der man später radikale Neigungen vorgeworfen hat – jedes Wort ins Protokoll aufnahm.

Welches auch der Grund für Tschous Ausscheiden aus seinen Ämtern gewesen sein mag, nach dieser Reise hat kein chinesischer Gesprächspartner mehr seinen Namen erwähnt. Wenn ich auf frühere Gespräche mit ihm zurückkam, erinnerten mich die Chinesen an meinen Dialog mit Mao, in dem alle Probleme und praktisch alle Länder, die beide Seiten interessierten, erörtert worden waren. In diesem Sinne hatte die Begegnung mit dem Vorsitzenden sowohl unmittelbare als auch langfristige Auswirkungen, wenngleich ich die letzteren erst erheblich später erkennen konnte. Für den Rest meiner Amtszeit wurde dieser Dialog mit Mao für die Chinesen zur Bibel der amerikanisch-chinesischen Beziehungen. Für uns war es ein konstruktives Gespräch gewesen. Zwar gewann die radikale Gruppe, die später als Viererbande bezeichnet wurde, an Einfluß, aber der Dialog schuf eine Ebene, unter welche Tschous Arbeit nicht gezerrt werden konnte, auch wenn unsere Beziehungen unter dem immer stärker werdenden Einfluß der Radikalen auf die Tagespolitik zeitweilig stagnierten.

Davon spürte ich damals in der gehobenen Stimmung nach meinem Erfolg in Kairo und der Anerkennung, die ich in Peking gefunden hatte, natürlich noch nichts. Mit Maos Zustimmung konnten alle Verhandlungen rasch und erfolgreich abgeschlossen werden. Die Frage der amerikanischen Ansprüche auf Vergütung der enteigneten Vermögen wurde geregelt bis auf gewisse technische und juristische Probleme, von denen man jedoch nicht annahm, daß sie einer Einigung im Wege stehen würden. Wir vereinbarten den Text eines Schlußkommuniqués, das einen bedeutenden Fortschritt darstellte. Nur weil die Medien sich vor allem mit Taiwan beschäftigten, wurde seine Bedeutung unterschätzt. Es brachte zum Ausdruck, daß sich beide Seiten allen hegemonialen Bestrebungen auf der Welt widersetzten, nicht nur im »asiatisch-pazifischen Raum« (wie im Schanghai-Kommuniqué von 1972), und bestätigte die Notwendigkeit, die Konsultationen zwischen beiden Ländern auf »autoritativer Ebene« zu vertiefen, um diesem Ziel näherzukommen. Auch die kulturellen und wirtschaftlichen Kontakte sollten intensiviert werden. Der Aufgabenbereich der Verbindungsbüros wurde erweitert. Tschou En-lai hatte einen Satz eingefügt, in dem es hieß, daß sich »die Normalisierung der Beziehungen zwischen China und den Vereinigten Staaten nur auf der Basis einer Bestätigung des Prinzips realisieren läßt, daß es nur ein China gibt«. Als wir den Text fertiggestellt hatten, brachte Tschou fast wie im Scherz den Vorschlag, wir sollten jetzt feststellen, was in diesem Kommuniqué neu wäre. Dabei machte er mich besonders auf den Satz über Taiwan aufmerksam, denn wahrscheinlich glaubte er, daß Barbaren gewisse Feinheiten nicht erkennen könnten. Die »Bestätigung eines Prinzips« war keine unmögliche Forderung; wir waren schon im Schanghai-Kommuniqué in dieser Richtung sehr weit gegangen und hatten dieses Prinzip in keiner Phase unserer China-Politik in Frage gestellt. Die von Mao und Tschou gemachten Andeutungen waren sicherlich Hinweise auf ein neues Angebot, wir konnten aber noch nicht erkennen, worin es bestehen sollte. Tschou hatte gesagt, er werde Huang Zhen nach Peking kommen lassen, um ihn über das Wesen eines intensivierten Dialogs zu unterrichten, der jetzt im Sinne dieses Kommuniqués beginnen sollte.

Es ist deshalb nicht verwunderlich, daß mein Besuch in einer sehr freundschaftlichen Atmosphäre zu Ende ging. Auf der letzten gemeinsamen Sitzung dankte mir Tschou dafür, daß wir Sihanouks Mutter bei ihrer Reise von Phnom Penh nach Peking geholfen hatten. Er sagte mir auch, daß seine Protokollbeamten ihm eine Liste westlicher Journalisten übergeben hätten, die in Kambodscha vermißt waren. Ich hatte sie absichtlich auf einem Tisch im Gästehaus liegengelassen, um uns die Peinlichkeit eines Streitgesprächs darüber zu ersparen, ob China einen Einfluß bei den Roten Khmer hätte. Tschou versprach mir, sein möglichstes zu tun. Ich wußte allerdings, daß das nicht viel war. So endete unsere letzte offizielle Begegnung in der Hoffnung, daß wir einen neuen Kurs festgelegt hätten, und doch wurden wir von einer etwas melancholischen Stimmung ergriffen, als ahnten wir, daß die Zeiten eines so guten Einvernehmens ein für allemal vorüber waren.

Tschou En-lai: Vielleicht liegt es im amerikanischen Nationalcharakter, daß sich die Amerikaner von denen betören lassen, die freundlich und milde zu sein scheinen. (Damit meinte er Indien.)
Kissinger: Ja.
Tschou: Aber die Welt ist nicht so einfach. Wir wünschen Ihnen Erfolg und wünschen auch dem Präsidenten Erfolg.
Kissinger: Vielen Dank, und ich danke Ihnen auch für den freundlichen Empfang, den Sie uns wie immer bereitet haben.
Tschou: Das haben Sie verdient. Und nachdem wir den Kurs festgelegt haben wie 1971, werden wir an diesem Kurs festhalten.
Kissinger: Das werden wir auch tun.
Tschou: Deshalb haben wir bei der Schilderung Ihrer Begegnung mit dem Vorsitzenden das Wort Weitblick verwendet.

Tschou hatte diesen Besuch mit meiner ersten geheimen Reise nach Peking verglichen und erblickte darin den Beginn für bedeutende Fortschritte auf dem einmal eingeschlagenen Weg. Darin sollte er sich irren. Wir gerieten beide in die Wogen dramatischer innenpolitischer Entwicklungen. Huang Zhen wurde, wie Tschou es versprochen hatte, nach Peking zurückgerufen. Aber er kehrte vier Monate nicht nach Washington zurück, und als er es schließlich tat, hatte er uns nichts zu sagen. Die Gespräche über die Vergütung der amerikanischen Ansprüche wurden von den Chinesen unter fadenscheinigen Vorwänden abgebrochen. Die Initiativen für den Kulturaustausch und die Belebung des Handels ließen auf sich warten. Die allgemeine politische Orientierung blieb bestehen, aber die konkreten Maßnahmen wurden eingefroren. Während meiner Besuche in den Jahren 1974 und 1975 war die Atmosphäre kühl, oder sie dienten nur dazu, die Beziehungen nicht einschlafen zu lassen, was allerdings auch nicht geschah.

Zwei gleichzeitige innenpolitische Krisen haben diesen Zustand begünstigt. Solange die Spannungen in Washington fortbestanden, waren wir für die Chinesen kein so interessanter Partner mehr. Mit der Aushöhlung der Autorität des Präsidenten mußte auch unsere Glaubwürdigkeit abnehmen, was auch ich nicht ändern konnte, wenn ich das Gegenteil behauptete. Selbst ein intaktes China hätte allen Grund zur Zurückhaltung gehabt, solange das Drama von Watergate nicht beendet war.

Jetzt wußten wir, daß es zur gleichen Zeit auch in China zu einer Führungskrise gekommen war. In dem Gespräch, das Mao mit mir geführt hatte, waren die Grundlinien der chinesischen Politik zwar festgelegt worden, aber es wäre unmöglich, alle die verschiedenen Interpretationen, deren Inhalt zunehmend von der radikalen Viererbande bestimmt wurde, in einem einzigen Dokument zusammenzufassen.

Doch wenn sich auch die Hoffnungen nicht erfüllten, die wir Ende 1973 hegten, so blieben doch die Grundvoraussetzungen erhalten, die in dem Dialog mit Tschou und Mao festgelegt worden waren. In diesem Sinne hatte der alternde Vorsitzende in seinem Gespräch mit mir seinen eigenen Neigungen zum Radikalismus Grenzen gesetzt. Gelegentlich kam es zum Gedankenaustausch auf höchster Ebene mit dem de-facto-Nachfolger Tschous, dem stellvertretenden Premierminister Deng Xiaoping und mit Tschiao Kuan-hua, der sehr bald den Posten des Außenministers übernahm. Bei diesen Gesprächen vermißte ich die bisher gewohnte menschliche Wärme, aber in der Substanz änderte sich nichts. Es gelang uns, das Wesentliche einer Beziehung zu bewahren, die in diesen unruhigen Zeiten und angesichts der Spannungen in beiden Ländern, die mit unseren außenpolitischen Absichten nichts zu tun hatten, entscheidend für die Erhaltung des Weltfriedens waren. Staatsmänner haben auch schon oft weniger gute Arbeit geleistet.

XVI. Schwierigkeiten mit unseren Verbündeten

Im Herbst 1973 hatten wir mit unerwarteten Schwierigkeiten zu kämpfen, als wir uns darum bemühten, das zwischen den Vereinigten Staaten und den anderen demokratischen Ländern bestehende Bündnissystem mit neuem Leben zu erfüllen. In Europa hatte der Ausbau der europäischen Einheit den Vorrang; die europäischen Regierungen standen unter innenpolitischem Druck; Amerika war durch Watergate in seinen Grundfesten erschüttert worden. Der Oktober-Krieg und die Ölknappheit gaben den letzten Anstoß zur gefährlichen Verschärfung der Lage. Jeder einzelne Verbündete hatte mit eigenen Problemen zu kämpfen. Die meisten Regierungen verloren die innenpolitische Unterstützung für eine weitblickende Politik. Bei den wichtigsten Verbündeten konnte sich 1974 kein einziger Regierungschef in seinem Amt behaupten. Damit beginnt eine Periode der Spannungen in unseren Beziehungen zu Europa und Japan. Die Ölkrise erzeugte ähnliche Spannungen innerhalb unserer atlantischen und pazifischen Bündnisse, aber hier ging es um Probleme, die sich je nach den kulturellen und historischen Gegebenheiten in der betreffenden Region voneinander unterschieden.

Das Ende des Europa-Jahrs

Für kein umfassendes Programm ist eine so frenetische Choreographie entworfen worden wie für unser Europa-Jahr. Das Schlimme war, daß die meisten Veranstaltungen, die wir in diesem Rahmen ins Leben riefen, kaum etwas bewirkten. Wir wollten dem westlichen Bündnis mit einer sogenannten Atlantischen Deklaration neue politische Anstöße geben. Diese Deklaration sollte aufzeigen, welche gemeinsamen positiven Ziele wir verfolgten, und beweisen, wie notwendig es wäre, die kommunistische Aggression einzudämmen. Wir glaubten, der nach dem Zweiten Weltkrieg herangewachsenen Generation beweisen zu müssen, daß die politischen Führer sich mit Aufgaben beschäftigten, die über die Koordinierung technischer Entscheidungen hinausgingen, wenn die Regierungen nicht ihre Legitimität und das Bündnis nicht seinen Zusammenhalt verlieren sollten. Aber unsere Verbündeten waren mit anderen Dingen beschäftigt. Sie benutzten unsere Initiative für eine Atlantische Deklaration als Amboß, auf dem sie ihre eigenen, noch in den Anfängen steckenden Institutionen schmieden wollten. Sie interessierten sich weniger dafür, eine neue Basis für die atlantische Einheit zu schaffen, und einige sahen solche Bemühungen sogar als Störung bei der Erfüllung wichtigerer Aufgaben an – die vielleicht sogar beabsichtigt sein könnte. Ich will nicht behaupten, daß wir recht und unsere Verbündeten unrecht gehabt hätten. Wie in den meisten Tragödien hatte jede Seite von ihrem Standpunkt aus recht, und beide Seiten verfolgten durchaus vertretbare Ziele.

Doch 1973 war mit Sicherheit ein Jahr, in dem die Demokratien

Symptome einer kollektiven Lähmung zeigten. Richard Nixon war ein Gefangener des Watergate-Skandals; Georges Pompidou lag im Sterben; Willy Brandts Autorität schrumpfte mit jedem Tag; Edward Heath, der sich eifrig um die europäischen Belange bemühte, hatte es zunehmend mit innenpolitischen Krisen zu tun. Es gelang keinem Regierungschef, sich mit seiner ganzen Autorität hinter eine Entscheidung zu stellen, die sie alle in die Lage versetzt hätte, sich aus den Zwängen des rein taktischen Manövrierens zu befreien. Die europäische und die amerikanische Außenpolitik waren, um das Mindeste zu sagen, nicht mehr im Gleichklang.

In dieser Lage war der französische Außenminister Michel Jobert der Impresario eleganter Verschleierungsmanöver. Im 5. Kapitel habe ich geschildert, wie er uns veranlaßt hat, die Europäische Gemeinschaft zu umgehen, es Frankreich zu überlassen, den europäischen Konsens herbeizuführen, und wie er dann eine plötzliche Kursänderung vornahm, um zu verlangen, daß alle Gespräche über das Europa-Jahr ausschließlich im Rahmen der Europäischen Gemeinschaft geführt würden, die er inzwischen dazu gebracht hatte, unsere Vorschläge abzulehnen. Sein fein ausgeklügelter Plan sah ein zeitraubendes und demütigendes Verfahren vor, das praktisch Europa zwang, seine Identität wenn nicht im Gegensatz zu uns, dann doch in einer Weise zu suchen, in der deutliche Unterschiede zum Ausdruck kamen. Im Juli 1973 beschlossen die europäischen Regierungschefs in Kopenhagen, ohne uns vorher konsultiert zu haben, daß kein Mitglied der Gemeinschaft sich einzeln mit uns über eine letzten Endes amerikanische Initiative unterhalten dürfte, bevor eine gemeinsame Haltung der Gemeinschaft erarbeitet worden wäre. Wenn das geschehen sei, würde sie uns vom dänischen Außenminister Knut Borge Andersen erläutert werden, der den Vorsitz bei den Außenministerkonferenzen der Neun innehatte, der turnusgemäß halbjährlich wechselte. Dieser ehrenwerte Herr sollte jedoch nicht bevollmächtigt werden, mit uns zu verhandeln. Er durfte unsere Stellungnahme zur Kenntnis nehmen und sie seinen Kollegen übermitteln. Sie sollten seinen Bericht in Empfang nehmen, darüber beraten und dann selbst Stellung nehmen. Anschließend sollte im gleichen Verfahren über diese Stellungnahmen beraten werden.

Wir wurden daher nicht zu Konsultationen eingeladen, die die atlantischen Beziehungen hätten neu beleben können, sondern zur Teilnahme an einem bürokratischen Manöver, das diese Beziehungen zu ersticken drohte. Man forderte uns auf, mit einem Minister zu verhandeln, der keine Vollmachten hatte, während die Bevollmächtigten selbst nicht mit uns sprechen durften. Wir hatten gehofft, uns aufs neue über gemeinsame politische Ziele einigen zu können und neue Vorstellungen von einer gemeinsamen Zukunft zu gewinnen. Statt dessen stellte sich das für einen atlantischen Dialog in Aussicht genommene Verfahren als viel starrer heraus als der Gedankenaustausch mit den Sowjets, deren Unterhändler trotz all ihrer Steifheit und Hemmungen im allgemeinen nicht nur zuhören, sondern auch etwas sagen durften.

Die Vorstellungen unserer Verbündeten von der Gestaltung der vorgesehenen Reise des Präsidenten nach Europa waren ebenso widersinnig. Der Präsident sollte unter Umständen – das stand allerdings noch nicht fest – bei der NATO mit den anderen Regierungschefs über Sicherheitsfragen sprechen dürfen. Doch es wurde dem Präsidenten zugemutet, politische und wirtschaftliche Fragen mit dem dänischen Premierminister zu erörtern, dessen Land den Vorsitz im Ministerrat innehatte, und er sollte, wenn sich Frankreich damit einverstanden erklärte, mit den Außenministern der anderen Länder zusammenkommen. Die europäischen Regierungschefs sollten jedoch nicht dem Gremium angehören, das ihre Einheit verkörperte. Dies alles hatte nur dann einen Sinn, wenn der Ausbau der internen Struktur der Europäischen Gemeinschaft die einzige Priorität der westlichen Politik gewesen wäre. Aber wenn unser Konzept, daß die transatlantischen Bindungen eines moralischen Kurswechsels bedurften, überhaupt einen Wert hatte, dann machte der europäische Legalismus alle solche Bemühungen zunichte. Wenn in einem so formalistischen Verfahren endlich eine Deklaration über gemeinsame politische Ziele zustande gekommen wäre, dann hätte sie jede Bedeutung und jede Schwungkraft verloren.

Dieses Problem kam auch in einem Gespräch zwischen Sir Alec Douglas-Home und mir zum Ausdruck. »Aber wie können wir die europäische Einheit zur Wirklichkeit werden lassen, wenn wir nicht miteinander reden?« sagte der ehrwürdige britische Außenminister. »Wer sollte uns denn vertreten, wenn nicht der Vorsitzende des Ministerrats, der alle sechs Monate abgelöst wird?« Aber das war es gar nicht, was uns störte, wir hatten nichts dagegen, mit dem Vorsitzenden des Ministerrats zu sprechen, sondern uns störte die Weigerung der anderen Mitglieder, sich mit uns in Verbindung zu setzen. Ich sagte ihm zu diesem Thema:

> Wir begrüßen eine gemeinsame europäische Haltung, und wir unterstützen die Idee der europäischen Einheit. Wenn aber der Preis dafür ist, daß wir nicht mit unseren traditionellen europäischen Freunden sprechen können, dann würde es im Laufe der Zeit zu entscheidenden Veränderungen in unseren Beziehungen kommen.

Es fragte sich, warum sich Europa im Umgang mit seinem engsten Verbündeten an so starre Formen halten sollte, wobei die bilateralen Kontakte abgebrochen wurden, die sich über zwei Jahrzehnte oder eine noch längere Zeit entwickelt hatten. Unsere Verbündeten unterhielten die diplomatischen Beziehungen zu keinem anderen Teil der Welt auf diese Weise. Das eigenartige und, um offen zu sein, empörende an dieser Art des Dialogs war die Tatsache, daß die gleichen Männer, die auf so geschickte Weise den amerikanischen Präsidenten auszuschalten suchten, uns gleichzeitig drängten, an einem kollektiven Gipfeltreffen mit Leonid Breschnew teilzunehmen, um die europäische Sicherheitskonferenz zum Abschluß zu bringen. Bei dieser Gelegenheit wollten sie sich alle mit den osteuropäischen und besonders dem sowjetischen Regierungschef treffen und beauftragten nicht den Vorsitzenden des Ministerrats mit ihrer Vertretung.

Zu anderen Zeiten hätten wir uns vielleicht von diesem Unternehmen zurückgezogen. Aber wir hatten noch nicht alle Hoffnungen aufgegeben und befanden uns außerdem in einem gewissen Dilemma. Natürlich kann eine vorübergehende Schwäche Regierungen veranlassen, an etwas festzuhalten, was sie unter günstigeren Voraussetzungen niemals riskieren würden. Angesichts von Watergate wollten wir auf keinen Fall einen Autoritätsverlust des Präsidenten erkennen lassen, und neben diesem Debakel gab es das ironische Problem, daß wir unsere Initiative nur aufgeben konnten, wenn wir in Kauf nahmen, der Aushöhlung der europäischen Einheit beschuldigt zu werden. Alle unsere Verbündeten waren, nachdem sie den schwerfälligen Apparat der Europäischen Gemeinschaft auf den atlantischen Dialog eingestellt hatten, daran interessiert, diesen Dialog weiterzuführen, denn vor diesem Hintergrund ließ sich die europäische Identität gut sichtbar machen. In unserer Ungewißheit warteten wir, wenn auch nicht geduldig, so doch ohne viel zu sagen, ob unser Vorhaben gelingen oder fehlschlagen würde.

Im September 1973 lebte das Europa-Jahr nach der Sommerpause wieder auf. Wir hörten, daß die politischen Direktoren der Mitglieder der Gemeinschaft (die unseren Unterstaatssekretären entsprachen) am 10. September den Außenministern den Entwurf einer atlantischen Erklärung vorlegen würden, waren jedoch davon nicht offiziell in Kenntnis gesetzt worden, sondern erfuhren es von alten Freunden, denen viel an der Festigung der atlantischen Beziehungen lag. Am 8. September berichtete unser Botschafter in Paris, John Irwin, daß Jobert glaubte, wir würden uns mit jedem Entwurf einverstanden erklären, so nichtssagend er auch wäre, und deshalb hielt er es für überflüssig, ihm einen konkreten Inhalt zu geben:

> Da wir (die Vereinigten Staaten) ein Papier wünschten (das heißt eine schriftliche Grundsatzerklärung), werde es ein Papier geben, dem jeder, wir und die Europäer, zustimmen könnten. Er wußte, daß wir ein Papier mit konkretem Inhalt lieber sehen würden, gab jedoch zu verstehen, daß uns jede Erklärung um ihrer selbst willen recht sein werde.

Aber Jobert irrte sich mit seinem extremen Zynismus. Entgegen seiner Voraussage waren wir nicht bereit, ein bedeutungsloses Dokument zu unterzeichnen, sondern wollten dann lieber das ganze Projekt fallenlassen.

Am 25. September präzisierte Außenminister Andersen endlich die Reaktion Europas auf meine vor fünf Monaten gehaltene Rede. Es war ein nichtssagendes Dokument und löste einen Dialog der Schwerhörigen aus. Die Atmosphäre wurde außerdem dadurch belastet, daß der Inhalt des Dokuments, auf das wir monatelang gewartet hatten, kurz vor seiner Veröffentlichung an die *New York Times* weitergegeben worden war. Als mir Andersen eine Verbalnote vorlas und den Text der Erklärung der Europäischen Gemeinschaft vorlegte, ohne bevollmächtigt zu sein, darüber zu verhandeln, konnte ich nicht viel dazu sagen. Andersen, der selbst voll und ganz hinter dem Atlantischen Bündnis stand, war es sichtlich peinlich, mit dem mächtigen Verbündeten Dänemarks eine Konfrontationspolitik treiben zu müssen. Aber seine Kollegen hatten ihm keinen Handlungsspielraum gelassen, und Dänemarks

Einfluß in Europa war nicht so groß, daß er von sich aus die Initiative hätte ergreifen können.

Andersen war angewiesen worden, vorzuschlagen, alle künftigen Verhandlungen über den Deklarationsentwurf auf der Ebene der politischen Direktoren zu führen. Um zu verhindern, daß wir einen Alternativvorschlag machten, sollte er unsere Zustimmung zur sofortigen Einberufung einer Sitzung erwirken, was darauf hinauslief, daß wir auf eines unserer Hauptziele im Rahmen des Europa-Jahrs hätten verzichten müssen. In einem solchen Verfahren konnte kein Dokument entstehen, das den Anstoß zum Beginn einer neuen Ära gab. In den europäischen Außenministerien sind die politischen Direktoren Beamte; sie dürfen keine politischen Entscheidungen treffen. Jede Aufgabe, die ihnen zugeteilt wird, erfüllen sie mit größter Gewissenhaftigkeit, aber sie müssen es ihren politischen Vorgesetzten überlassen, in der Diplomatie Weitblick und Gedankenreichtum zur Wirkung zu bringen. Der vorgesehene Dialog war daher zumindest sehr zeitraubend, denn jeder neue Gedanke und jede Meinungsverschiedenheit mußten auf höherer Ebene behandelt werden, wo alles dem gleichen zeitraubenden Verfahren unterworfen wurde, welches das Dokument hervorgebracht hatte. In einem Gespräch mit Andersen kam deutlich zum Ausdruck, welche Kluft in den transatlantischen Beziehungen entstanden war:

Kissinger: Unser Problem liegt darin, daß wir in der Zeit vom 23. Juli bis zum 19. September überhaupt nicht konsultiert worden sind. Jetzt legen Sie uns ein Dokument vor und verlangen innerhalb einer Woche eine Sitzung der politischen Direktoren. Wir beschäftigen uns hier mit außerordentlich wichtigen Fragen, aber es gibt keine laufenden Konsultationen.

Andersen: Sie müssen verstehen, wie schwierig es für die Neun gewesen ist, sich über das zu einigen, was wir jetzt haben.

Kissinger: Ja, für Europa bedeutet das einen beachtlichen Fortschritt, aber nicht für die atlantischen Beziehungen.

Der von der Europäischen Gemeinschaft ausgearbeitete Entwurf war auch nicht die Mühe wert, die darauf verwendet wurde. Er war kaum mehr als die Zusammenfassung von zwei anderen Dokumenten, der Deklaration der Gipfelkonferenz der Europäischen Gemeinschaft vom vergangenen Oktober und der Grundsätze, auf die man sich bei der Sitzung der Internationalen Wirtschaftskonferenz in Tokio geeinigt hatte. Hier wurde darauf hingewiesen, daß die Europäische Gemeinschaft und die Vereinigten Staaten eine jeweils eigene Identität besaßen; die Vereinigten Staaten wurden ausdrücklich aufgefordert, die Europäische Gemeinschaft im Rahmen der Weltpolitik als »fest umrissene Einheit« anzuerkennen, ein verletzendes Ansinnen, das den Verdacht nahelegte, daß wir uns unter Umständen gegen eine Einrichtung stellen könnten, die gerade amerikanischen Initiativen viel zu verdanken hatte. Von »gegenseitiger Abhängigkeit« war nicht die Rede. Der Entwurf erwähnte nicht einmal die Idee der atlantischen »Partnerschaft«, geschweige denn die Notwendigkeit, diese Partnerschaft zu stärken oder auf eine breitere Basis zu stellen. Der Deklarationsentwurf brachte weder etwas Neues, noch wies er uns höhere Ziele. Er verlangte kaum mehr als die amerikanische Zustimmung zu den Beschlüssen der Europäer auf ihrer Gipfelkonferenz vor fast einem Jahr über ihre internen Beziehungen.

Noch am gleichen Tag nahm ich in einem Gespräch mit dem deutschen Außenminister Walter Scheel Stellung zu dem Dokument:

> Wir glaubten, daß es mehr als zwanzig Jahre nach Gründung der NATO neue Vorstellungen darüber geben müßte, wohin wir steuern. Wir wollten die Völker auf beiden Seiten des Atlantik aufrufen, sich zu etwas Nützlichem zusammenzuschließen. Der Weg dorthin sollte mehr sein als eine kontroverse Verhandlungsrunde.

Normalerweise hätte man solche Streitigkeiten auf einer Gipfelkonferenz beilegen können. Aber wir spürten nur allzu deutlich, daß es unseren Verbündeten unangenehm war, mit dem schwer angeschlagenen Nixon zusammmenzutreffen. Kein verbündeter Regierungschef hielt es für nützlich, mit Nixon zu sprechen, während die Enthüllungen von Watergate sich überschlugen und von den Medien hinausposaunt wurden. Einige von ihnen glaubten, sie könnten dadurch ihre innenpolitische Position schwächen. Als ich Walter Scheel in einem Gespräch sagte, daß es zu einem Gipfeltreffen vielleicht erst nach dem 1. Januar des nächsten Jahres kommen könnte, antwortete er mit einem Freudschen Versprecher und sagte: »Uns wäre es lieber, wenn es schon in diesem Jahr sein könnte. Das wäre aus psychologischen Gründen besser, denn nächstes Jahr werden wir den Vorsitz übernehmen.« Das hieß, Brandt würde den Posten des Vorsitzenden während eines Nixon-Besuchs lieber einem anderen überlassen. (Um fair zu sein, muß ich sagen, daß Scheel es vielleicht für unklug gehalten hätte, wenn ein deutscher Bundeskanzler in der Abschlußphase des atlantischen Dialogs als Sprecher für Europa aufgetreten wäre – ein Problem, das sich leicht hätte vermeiden lassen, wenn sich die anderen Regierungschefs bereit gefunden hätten, sich ihm anzuschließen.)

Jobert blockierte wiederum jeden konkreten Fortschritt, um zu verhindern, daß die Identität Europas der atlantischen Partnerschaft untergeordnet wurde. Andererseits wünschte er aber auch keinen demonstrativen Fehlschlag, denn dadurch hätte unsere Bereitschaft, uns an der Verteidigung Europas zu beteiligen, geschwächt werden können. Als ich am nächsten Tag, dem 26. September, zu einem Essen mit ihm zusammentraf, bemühte er sich nach Kräften, die Dinge zwischen diesen beiden Polen in der Schwebe zu halten. Wieder spielten wir das ganze Repertoire durch. Er zeigte sich als jovialer Gesprächspartner, was durchaus nicht seiner wirklichen Haltung entsprach. Ich bewunderte Joberts Intelligenz und seinen beißenden Humor. Er beneidete mich darum, daß ich von Nixon mit so weitgehenden Vollmachten ausgestattet war. »Ich werde englisch sprechen«, begann Jobert, »wenn es mir auch schwerfällt.« – »Sie brauchen keine sehr umfangreichen Englischkenntnisse dazu, ›no‹ zu sagen«, antwortete ich. Es folgte der fast paranoide Angriff auf unsere Motive. Jobert behauptete, daß wir, wenn wir mit den anderen Europäern sprächen, dabei in Wirklichkeit das Entstehen eines vereinten Europas verhindern wollten. Großbritannien hätte uns fraglos den Entwurf eines Textes der Erklärung der Gemeinschaft gegeben. (Er sagte allerdings nicht, weshalb das ein Verbrechen wäre, aber im übrigen stimmte es nicht. Doch wenn Jobert Heath' Engagement für Europa nicht genügte, dann konnte man beiden nicht helfen.)

Aber das war nur ein Vorgeplänkel, denn es folgte eine böswillige Interpretation der Motive Nixons für den Vorschlag, eine Europa-Reise zu unternehmen: »Was denken Sie über den Besuch des Präsidenten? Gibt es innenpolitische Probleme, die vermuten lassen, daß er nicht kommen könnte, oder glauben Sie wirklich, daß er kommen wird?« Ich erwiderte scharf:

> Ob der Präsident reist oder nicht, hängt von zwei Dingen ab. Erstens geht es um die Substanz. Er will nicht nur die Hauptstädte bereisen. Das hätte keinen Zweck. Zweitens wird er unter keinen Umständen zusammen mit Personen ein Dokument unterzeichnen, die im Rang unter ihm stehen. Er wird auch nicht multilateral mit Leuten zusammenkommen, die nicht seiner Rangstufe entsprechen.

Jobert hatte eine hervorragende Idee für die Lösung dieses letzten Problems. Weshalb verschoben wir nicht das ganze Unternehmen und schlossen es in der zweiten Hälfte 1974 ab, denn dann würde Pompidou den Vorsitz übernommen haben? Dadurch würde natürlich die führende Rolle Frankreichs in Europa unterstützt. Wie auf diese Weise das von mir angesprochene Problem gelöst werden sollte – die Unmöglichkeit, daß unser Präsident an einem Treffen der europäischen Außenminister teilnahm, bei dem nur ein Staatsoberhaupt den Vorsitz führte –, sagte mir Jobert nicht.

Und doch machte Jobert gerade in dem Augenblick, als ich den Eindruck hatte, das Karussell werde niemals zum Stillstand kommen, die konstruktivste Geste, die ein europäischer Minister im atlantischen Dialog gemacht hat. Er legte den Entwurf für eine Deklaration zum Atlantischen Bündnis vor, der ganz im Gegensatz zu der Erklärung der Europäischen Gemeinschaft ungewöhnlich vernünftig und gründlich durchdacht war. Dieser stammte zum großen Teil von dem hochbegabten französischen Botschafter bei der NATO, Françoise de Rose, und bestätigte in überzeugender Weise, wie wichtig es sei, die gemeinsame Verteidigung zu stärken. Der Entwurf brachte sehr einleuchtend zum Ausdruck, daß die Strategie der jeweils veränderten Lage angepaßt werden müßte, und erläuterte die relative Bedeutung der nuklearen gegenüber den konventionellen Streitkräften. Es war eine hervorragende Darstellung der Ziele des Bündnisses, und eine der wichtigsten Aussagen war die ausdrückliche Warnung, man dürfe nicht vergessen, daß das Bündnis in einer Periode der Entspannung keine geringere, sondern eher eine größere Bedeutung hätte.

Was fehlte, war die politische Dimension. Was über die Koordination der Außenpolitik gegenüber dem Osten gesagt wurde, war so zweideutig wie die französische Praxis auf diesem Gebiet. Auch die Notwendigkeit, daß Europa seine Verteidigungsanstrengungen vergrößern müßte, wurde nicht erwähnt. Wir hielten diesen Punkt für besonders wichtig, weil der Kongreß gerade dem sogenannten Jackson-Nunn-Zusatzantrag zugestimmt hatte, der es den Vereinigten Staaten zur Pflicht machte, für eine ausgewogene Verteilung der Verteidigungslasten zu sorgen. Wenn dieses Problem außer acht gelassen würde, dann könnte der Druck im Kongreß in Richtung auf eine Reduzierung unserer Streitkräfte in Europa wieder stärker werden. Aber das waren Mängel, die sich in ernsthaften Verhandlungen korrigieren ließen.

Doch bald stellte sich heraus, daß das Papier eine neue Variation des gleichen Manövers war, das Jobert schon die ganze Zeit betrieb. In der Deklaration zum Atlantischen Bündnis war er so zuvorkommend und in dem Papier zur Europäischen Gemeinschaft so rücksichtslos unnachgiebig, weil nach seiner Vorstellung ein Erfolg im Bündnis und ein Fehlschlag in Europa zwei Seiten der gleichen Medaille waren. Jobert wünschte, daß sich die Vereinigten Staaten uneingeschränkt zur Verteidigung Europas verpflichteten, aber wir sollten unsere politischen Bindungen an Europa möglichst weitgehend reduzieren: Gaullismus reinsten Wassers. Schließlich war es ein Glaubensartikel de Gaulles und all seiner Jünger gewesen, daß Europa für den militärischen Schutz, den die Vereinigten Staaten ihm gewährten, keinen Preis zu bezahlen brauchte, weil die Verteidigung Europas im Interesse Amerikas läge. Die Vereinigten Staaten könnten es sich nicht leisten, Europa von den Sowjets besetzen zu lassen. Nach Joberts Auffassung schadete es nichts – und könnte unter Umständen sogar nützen –, wenn man hin und wieder auf die Notwendigkeit gemeinsamer Verteidigungsanstrengungen hinwies, aber diese Tatsache schloß nicht die Verpflichtung zu politischen Konsultationen ein. Was diente solchen Zielen besser als eine starke NATO-Deklaration und eine schwache Deklaration zur Europäischen Gemeinschaft? So erklärte sich das Paradox, daß Jobert die eine Institution leidenschaftlich unterstützte und die andere unermüdlich zu blockieren suchte.

Aber die Außenpolitik ist kein Seminar in abstrakter Logik; wenn sie die psychologische Realität vernachlässigt, baut sie auf Sand. Die öffentliche Meinung in den Vereinigten Staaten würde es auf die Dauer nicht zulassen, daß viele amerikanische Soldaten auf einem Kontinent ihr Leben riskierten, der sich weigerte, von »Partnerschaft« oder »Gegenseitigkeit« zu sprechen, oder es vermied zu erklären, welches unsere gemeinsamen politischen Ziele seien. Unsere ausdrückliche Absicht war es gewesen, mit dem Europa-Jahr das moralische Engagement der Vereinigten Staaten zu stärken. Wenn Europa nicht bereit war, die gleichen politischen Ziele zu verfolgen, dann mußte sich Amerika darauf beschränken, seine Streitkräfte zur Verfügung zu stellen, und die psychologischen Bindungen in der Atlantischen Gemeinschaft würden sich auflösen. Die französische Analyse war rational, aber in den Beziehungen zwischen den Nationen gibt es eine moralische und psychologische Komponente, die außer acht zu lassen den Staatsmann in Gefahr bringt.

Ende September war genug geschehen, alle am atlantischen Dialog Beteiligten zum Durchhalten zu veranlassen. Die Befürworter eines vereinten Europa sahen in diesem Dialog ein Mittel, ihr Vorhaben zu fördern. Die kleinen europäischen Nationen suchten nach einer Formel zur Stärkung sowohl der atlantischen Bindungen als auch der europäischen Einheit. Wir hatten endlich einen Text in der Hand, mit dem wir arbeiten konnten, und wir waren nicht geneigt, öffentlich unsere Enttäuschung zum Ausdruck zu bringen. Hätten wir zugegeben, daß unsere Initiative gescheitert war, dann hätten sich im Kongreß die Stimmen derjenigen vermehrt, die einen Truppenabzug befürworteten (der Senat hatte inzwischen mit überwältigender Mehrheit eine Resolution angenommen, die eine Verringerung aller in Übersee stationierten amerikanischen Streitkräfte um vierzig Prozent empfahl). In diesem Fall konnte es aber auch geschehen, daß einzelne Verbündete gegenüber Moskau die diplomatische Initiative ergriffen.

Deshalb setzten wir unsere Bemühungen fort, lehnten das Gremium der politischen Direktoren nicht ab und versuchten, in dem französischen Entwurf für die Deklaration zum Atlantischen Bündnis das Positive zu sehen. Auf einer Pressekonferenz am 26. September 1973 äußerte ich mich recht hoffnungsvoll:

> Im Dialog mit den Europäern stehen wir vor der Verschmelzung verschiedener Prozesse. Da gibt es den Prozeß der europäischen Integration. Und es gibt den Prozeß der Sicherheitsdebatte innerhalb der NATO. Und wir haben das Bemühen, den atlantischen Beziehungen eine neuen Sinn zu geben, und darin sind alle anderen Probleme eingeschlossen.
>
> Wir glauben, wir sind auf dem Weg zu dem Ziel, das wir uns Anfang dieses Jahres vorgenommen haben, ein gutes Stück vorangekommen. Wir haben nützliche Gespräche geführt, und diese Gespräche werden im konstruktiven Geist weitergeführt werden.

Bisher hatten wir uns mehr um Verfahrensfragen als um die Substanz und mehr um Terminfragen als um unsere politischen Ziele gestritten. Alle Beteiligten – und sogar Jobert – hatten die offene Konfrontation gescheut und immer wieder darauf hingewiesen, daß Meinungsverschiedenheiten auf Mißverständnissen beruhten oder rein technische Dinge betrafen, nicht aber Ausdruck gegensätzlicher Interessen wären. Höchstwahrscheinlich hätte die Initiative, wenn sie nicht behindert worden wäre, zu einem befriedigenden Abschluß gebracht werden können, denn schließlich gab es eine Grenze, über welche die Obstruktionspolitik nicht hinausgehen konnte. Alle von mir in meiner Rede zum Europa-Jahr geäußerten Hoffnungen hätten sich vielleicht nicht erfüllt, aber die Entwicklung hätte doch eine positive Richtung nehmen können.

Aber mit dem Ausbruch des Krieges im Nahen Osten endete ein Unternehmen, das man entweder als Illusion oder als Scharade bezeichnen kann. In manchen für die Verbündeten wichtigen Fragen zeigte es sich, daß die Interessen der einzelnen Länder sich unterschieden oder einander sogar widersprachen. Und was noch schmerzlicher war, einige unserer Verbündeten schienen Wert darauf zu legen, den Dissens in aller Deutlichkeit zu zeigen.

Ebenso wie es in einer Familie schwere Spannungen geben kann, die zunächst unterdrückt werden, um nach außen den Anschein zu wahren, und die eines Tages doch mit großer Heftigkeit zum Ausbruch kommen, so ging es uns auch nach Ausbruch des Nahost-Krieges mit den Bündnissystemen, denen wir angehörten. Die bis dahin nur theoretisch erörterte Frage, ob die amerikanischen und europäischen Interessen immer parallel liefen, und die bis dahin abstrakt geführte Debatte über das Wesen und die Grenzen der Entspannung führten schon mit dem ersten Tag des Krieges zu heftigen Auseinandersetzungen.

Dabei hatten unsere Verbündeten von ihrem Standpunkt aus nicht ganz unrecht. Die meisten waren davon überzeugt, daß es zu diesem Krieg gekommen wäre, weil wir nicht energisch genug auf eine endgültige Regelung der Israel betreffenden Probleme gedrängt hätten, sondern die vitalen europäischen Interessen aus Gründen der amerikanischen Innenpolitik aufs Spiel setzten. Die stets latent vorhandene Auffassung, die Spannungen im Nahen Osten würden sich sofort beseitigen lassen, wenn Israel zu den Grenzen von 1967 zurückkehrte, wurde jetzt immer deutlicher zum Ausdruck gebracht. Unsere Gegenargumente klangen noch weniger überzeugend, als an die Stelle sachlicher Analysen die panische Furcht vor den möglichen Konsequenzen dieser Entwicklung trat. Nach unserer Auffassung hatte der arabische Radikalismus zum Teil ideologische Hintergründe und war nicht nur durch den arabisch-israelischen Konflikt verursacht worden; unter sowjetischem Druck gemachte Zugeständnisse würden die Haltung der Radikalen eher stärken als schwächen, und die Aufstellung von unerfüllbaren Forderungen würde das Prestige der Demokratien schwächen. Unsere europäischen Verbündeten glaubten nicht, daß wir bei einem schrittweisen Vorgehen etwas erreichen würden, sondern meinten, ein Erfolg wäre nur erreichbar, wenn man die radikalen arabischen Staaten einschaltete. Vor Ausbruch des Nahost-Krieges waren diese Meinungsverschiedenheiten noch nicht so deutlich zum Ausdruck gekommen, und man hatte es auf beiden Seiten des Atlantik vermieden, eine Entscheidung zu erzwingen. Doch nach Kriegsausbruch gaben viele unserer Verbündeten die bis dahin geübte Zurückhaltung auf.

Heute kommt es nicht mehr darauf an, wessen Analyse richtig gewesen ist. Ich habe unsere Überlegungen in den vorangegangenen Kapiteln ausführlich dargestellt. Die Europäer haben mit Sicherheit keine frivole Haltung eingenommen. Die Abhängigkeit der europäischen Länder vom Öl wurde von ihnen noch deutlicher empfunden, weil sie jetzt tatenlos eine Krise in einer Region hinnehmen mußten, in der sie früher die beherrschende Rolle gespielt hatten. Das eigentliche Problem, um das es nach Ausbruch des Oktober-Krieges ging, war die Frage nach dem richtigen Verhalten der Verbündeten angesichts eines Ausnahmezustands, während sie sich weder über die Ursachen noch über die zur Abhilfe notwendigen Maßnahmen einigen konnten. Sollten sie den Umstand, daß ihre Partner in Bedrängnis gekommen waren, dazu ausnutzen, ihre eigenen Auffassungen durchzusetzen? Oder hatten sie die Verpflichtung, ihre Differenzen der Erkenntnis unterzuordnen, daß die Demütigung des Verbündeten, der nach Lage der Dinge in der strategisch günstigsten Position ist, den Ausgang der Konfrontation zu beeinflussen, die Struktur der gemeinsamen Verteidigung und die Möglichkeit schwächt, gemeinsame Ziele zu erreichen? Als wir 1956 erlebten, wie die Briten und Franzosen versuchten, sich in den Besitz des Suez-Kanals zu setzen, und vor einer ähnlichen Entscheidung standen, zwangen die Vereinigten Staaten ihre Verbündeten, der amerikanischen Lagebeurteilung zu folgen. Wenngleich ich damals meine Zweifel an der militärischen Planung Großbritanniens und Frankreichs hatte, war ich doch ein entschiedener Gegner der Politik der Regierung Eisenhower. Ich habe immer geglaubt, die Schwierigkeiten, in die wir später geraten sind, ließen sich darauf zurückführen, daß wir damals unsere Verbündeten falsch behandelt haben. Unser Verhalten schürte ein schon lange unter der Oberfläche glimmendes Mißtrauen gegenüber Amerika und brachte den Verbündeten ihre eigene Hilflosigkeit so deutlich zum Bewußtsein, daß sie geneigt waren, ihr Engagement in Übersee aufzugeben und damit den Vereinigten Staaten neue Lasten aufzubürden.

Jetzt war es zu einem Rollentausch gekommen, und Europa verhielt sich auch nicht klüger als wir vor fast zwei Jahrzehnten. Am ersten Kriegstag, dem 6. Oktober, waren Großbritannien und Frankreich nicht bereit, unserem Vorschlag für eine Waffenstillstandsresolution der Vereinten Nationen zu folgen, welche die kriegführenden Parteien auffordern sollte, den Status quo ante wiederherzustellen. Am 10. Oktober erklärte unser NATO-Verbündeter, die Türkei, der Luftstützpunkt Incirlik und andere amerikanische Einrichtungen in der Türkei stünden nur für Operationen der NATO zur Verfügung, wir dürften sie aber für nichts verwenden, was etwas mit dem Nahost-Krieg zu tun hatte. Am 11. Oktober gab die Türkei dazu eine öffentliche Erklärung ab. Damit sah sich Griechenland von seinem Erzrivalen herausgefordert und glaubte, ihm nicht nachstehen zu dürfen. Am 13. Oktober erklärte der griechische Außenminister Christos Xanthopoulos-Palamas, »amerikanische Stützpunkte haben mit dem arabisch-israelischen Krieg nichts zu tun«.[1] (Am 13. Oktober setzten wir unsere Luftbrücke in vollem Umfang ein.)

Spanien war unter Franco zwar noch kein Mitglied der NATO, war jedoch durch einen Vertrag über Freundschaft und Zusammenarbeit mit den Vereinigten Staaten verbunden. Aber am 11. Oktober erklärte die spanische Regierung, sie werde den Vereinigten Staaten nicht erlauben, spanische Stützpunkte im Rahmen »eines lokalen Konflikts wie des arabisch-israelischen Krieges« zu benutzen. Für den Fall, daß diese Erklärung noch nicht deutlich genug war, hieß es in einer zweiten Erklärung, unsere Stützpunkte in Spanien dürften in Verbindung mit dem Nahost-Krieg »zu keiner Zeit, auf keine Weise und weder direkt noch indirekt« benutzt werden.[2]

Doch wie man auch unsere von unseren Verbündeten kritisierte Nahost-Politik beurteilen mochte, die Würfel waren gefallen, und je länger der Krieg dauerte, desto gefährlicher wurde die Lage für alle demokratischen Länder. Die Katastrophe ließ sich am sichersten abwenden, wenn der Krieg so rasch wie möglich beendet wurde, und wenn der Westen in dieser Frage einig gewesen wäre, dann hätte er die Lage entscheidend beeinflussen können. Statt dessen distanzierten sich alle unsere Verbündeten in der NATO mit Ausnahme von Portugal, den Niederlanden und der Bundesrepublik Deutschland (zeitweilig) direkt oder indirekt von der Luftbrücke und untersagten uns das Überfliegen ihrer Staatsgebiete. So mußten in Deutschland startende amerikanische Maschinen zunächst auf den Atlantik hinausfliegen, Frankreich und Spanien umfliegen und bei Gibraltar den Kurs über das Mittelmeer nach Israel nehmen – ein Umweg von fast dreitausendzweihundert Kilometern. (Nach dem Kriege beschwerte ich mich bei Sir Alec Douglas-Home, daß die Sowjetunion größere Möglichkeiten gehabt hatte, den Luftraum der NATO zu benutzen, als die Vereinigten Staaten, denn ein großer Teil der für den Nahen Osten bestimmten sowjetischen Flugzeuge benutzte ungehindert den alliierten Luftraum.)

Während des ganzen Krieges gab man uns zu verstehen und bediente sich dabei der zahlreichen indirekten Möglichkeiten, die einer Regierung zur Verfügung stehen, die so eng mit uns verbunden war wie die britische, daß man es in London begrüßen würde, wenn wir weder für die Luftbrücke noch für Aufklärungsflüge im Nahen Osten britische Stützpunkte benutzten. Zu einer offiziellen Ablehnung der Luftbrücke ist es nicht gekommen, denn wir hatten den Briten deutlich zu verstehen gegeben, daß wir sie nicht um Erlaubnis bitten würden. Wenn wir daher das Kampfgebiet gelegentlich in großer Höhe mit unseren Aufklärungsmaschinen vom Typ SR-71 mit Überschallgeschwindigkeit überflogen – was im Rahmen des Entscheidungsprozesses unerläßlich war –, dann mußten die Flugzeuge in den Vereinigten Staaten starten, was die Kosten erhöhte, aber die Wirksamkeit dieser Unternehmen verringerte. Weitere Schwierigkeiten ergaben sich daraus, daß unsere Maschinen die auf alliiertem Territorium liegenden Basen auch zum Auftanken nicht anfliegen durften – eine Bestimmung, die wir nur mit recht komplizierten Manövern umgehen konnten.

Typisch für die Haltung, mit der wir es zu tun hatten, war es, als Jobert mir am 11. Oktober in Washington sagte, daß Frankreich nicht wünsche, sich an den diplomatischen Bemühungen um die Beendigung des Krieges zu beteiligen. Nur die Vereinigten Staaten und die Sowjetunion hätten Aussicht auf Erfolg: »Wenn sich die beiden Großmächte nicht einigen können, dann können auch wir nichts ausrichten.« Jobert erklärte, daß Frankreich keine voreiligen Schritte unternehmen werde, fügte aber ein paar freundliche Worte über unsere Taktik hinzu – was ich von ihm nicht erwartet hätte – was ihn aber nicht hinderte, uns schon sechs Tage später in einer Rede vor der Nationalversammlung und während der Krieg noch im Gange war, heftig anzugreifen. Nachdem er behauptet hatte, Israel wäre das Land, das es im Nahen Osten nicht zum Frieden kommen ließe, machte Jobert die Vereinigten Staaten und die Sowjetunion dafür verantwortlich, daß der Krieg noch nicht beendet wäre. Mit dieser Behauptung stellte er beide Supermächte auf die gleiche moralische Stufe, und genau das war die intellektuelle Voraussetzung für den europäischen Neutralismus: »Wir sehen, wie sich Herr Breschnew, der Apostel der Entspannung, und Dr. Kissinger, der jetzt mit dem Friedensnobelpreis ausgezeichnet worden ist, die Hände schütteln, während sie (die kriegführenden Parteien) über ihre Luftbrücken mit Tausenden Tonnen Kriegsmaterial beliefern.«

Man distanzierte sich im Nahen Osten von uns und unternahm gleichzeitig den Versuch, jeder möglichen Krise mit der Sowjetunion aus dem Wege zu gehen. Es bestand die Neigung, an der Fadenscheinigkeit »unserer« Entspannungsbemühungen gegenüber der Sowjetunion herumzukritisieren – als wären uns unsere Verbündeten auf diesem Wege nicht schon um Jahre voraus und als hätten sie uns nicht ständig gedrängt, ihrem Beispiel zu folgen. Aber zugleich erwarteten sie von uns, daß wir unter Ausnutzung eben dieser Entspannung die bestehenden Krisen überwinden.

Der Generalsekretär der NATO, Joseph Luns, wies am 14. Oktober allerdings darauf hin, daß die Sowjetunion während einiger Phasen des Nahost-Krieges die Grundsätze des internationalen Verhaltens verletzt hätte, die 1972 zwischen Breschnew und Nixon vereinbart und von ihnen unterzeichnet worden waren[3], besonders die Verpflichtung, sich keine einseitigen Vorteile zu verschaffen. Aber warum wandte er sich mit dieser Erklärung nur an die Vereinigten Staaten? Da die großen europäischen Länder schon vor mehreren Jahren ähnliche Dokumente unterzeichnet hatten, bestand für sie die gleiche Möglichkeit, gegen das Verhalten der Sowjetunion zu protestieren. Statt dessen überließen sie es uns, die Sowjets im Nahen Osten in die Schranken zu weisen. Der sowjetische Expansionismus war nur dann ein ausschließlich amerikanisches Problem, wenn man voraussetzte, daß die Vereinigten Staaten im Nahen Osten andere Interessen als Europa hätten, und wenn Europa von einer Radikalisierung des Nahen Ostens weniger zu fürchten hätte als wir – ein absurder Gedanke, denn die Europäer würden die Auswirkungen einer sowjetischen Vorherrschaft im Nahen Osten viel deutlicher zu spüren bekommen. Wenn es wirklich darauf ankam, dafür zu sorgen, daß der Kreml seinen Verpflichtungen nachkam und sich der Konflikt nicht verschärfte, mußten Europa und Amerika es gemeinsam tun. Wirtschaftlicher Druck, die Verschiebung der europäischen Sicherheitskonferenz oder sogar der Verzicht darauf, ein Abbau der Kontakte – das alles erforderte ein gemeinsames Vorgehen auf beiden Seiten des Atlantik, wie wir in den folgenden Jahren gesehen haben.

Aber als die Furcht vor der Konfrontation zunahm, gingen einige unserer Alliierten in die entgegengesetzte Richtung. Sie verlangten den Abschluß der europäischen Sicherheitskonferenz auf Gipfelebene und wollten das Netz ihrer Wirtschaftsbeziehungen zur kommunistischen Welt nicht wegen des Nahen Ostens aufs Spiel setzen, denn diese Wirtschaftsbeziehungen wurden für sie noch wichtiger, als die Ölkrise eine weltweite Rezession auslöste. Wieder war es Jobert, der die Lage am kompromißlosesten darstellte.

Während des Krieges hatte Jobert die Vereinigten Staaten und die Sowjetunion augenscheinlich auf die gleiche moralische Stufe gestellt, aber unmittelbar nach Kriegsende war es ihm wichtiger, die Gebiete abzustecken, auf denen Europa mit der Sowjetunion zusammenarbeiten sollte, als etwas über die Beziehungen zu den Vereinigten Staaten zu sagen. Einer seiner Haupteinwände gegen die *sowjetisch-amerikanische* Entspannung war es sogar, daß die Sowjetunion dadurch gehindert werden könnte, den Kulturaustausch und den Handel mit Europa zu intensivieren.* Die Entspannung hatte nach Jobert drei Aspekte, und in jedem Fall konstruierte er daraus einen gegen die Vereinigten Staaten gerichteten Vorwurf: Die Entspannung wurde dafür verantwortlich gemacht, daß die Nahost-Krise nicht verhindert werden konnte; die Entspannungspolitik sollte jedoch für den Abbau von Spannungen sorgen; und sie sollte Europa die Möglichkeit geben, sich nicht mehr ausschließlich auf die Vereinigten Staaten stützen zu müssen.

Nach Ausbruch des Nahost-Krieges hätte man sich nicht mehr darüber streiten sollen, ob die amerikanische Politik vor oder auch während des Krieges immer klug gewesen sei. Es ging um die Frage, ob Europa seine Interessen am besten dadurch schützen könnte, daß es sich von uns distanzierte, oder ob es besser beraten war, wenn es sich uns anschloß. Ließ sich die Ölversorgung dadurch sichern, daß man den radikalen Arabern schmeichelte, oder ermutigte man die radikalen Kräfte mit einer solchen Politik zu noch größerer Unnachgiebigkeit, die zur Verlängerung des Krieges und zum Scheitern der diplomatischen Bemühungen führen könnte? Halfen Vorschläge, die niemals akzeptiert würden, dem Friedensprozeß, oder höhlten sie die Stellung der gemäßigten Araber wie Sadat aus, die zu einer Reihe praktisch möglicher Schritte bereit waren? Durfte man nun damit rechnen, daß eine Distanzierung von den Vereinigten Staaten die Sowjets zur politischen Mäßigung veranlassen werde, oder würde sich der Kreml versucht sehen, jetzt die westlichen Verbündeten gegeneinander auszuspielen und damit die Sicherheit aller freien Völker zu gefährden? Wir waren über-

* Der folgende Auszug aus Joberts Rede vor der französischen Nationalversammlung am 12. Oktober illustriert diesen Punkt:

Wie alle friedliebenden Völker wollen auch wir die Entspannung. Die Konferenz über Sicherheit und Zusammenarbeit in Europa ist im übrigen das natürliche Ergebnis einer Tendenz, welche die internationale Szene in den vergangenen zehn Jahren geprägt hat, in denen die Länder des Ostens und des Westens, nachdem sie einander feindlich gegenübergestanden hatten und in den Vorurteilen des Kalten Krieges gefangen waren, allmählich dazu übergingen, zunächst gelegentlich miteinander zu sprechen, um dann immer engere wissenschaftliche, technische und wirtschaftliche Beziehungen zu knüpfen. Frankreichs Bemühungen in dieser Richtung, die auf General des Gaulles Initiative begonnen haben, sind beispielhaft dafür. Und wir halten es für unbedingt erforderlich, daß folgendes konsolidiert und erweitert werden sollte: Kontakte auf höchster Ebene zwischen Frankreich und der Sowjetunion und zwischen Frankreich und vielen anderen sozialistischen Ländern wie denen, die der Premierminister während seiner Reise nach Ungarn und Bulgarien besucht hat, entsprechend unserem Wunsch, zu zeigen, daß ein Land wie das unsere das Hindernis überwinden kann, das durch die Verschiedenheit der Regierungsformen entsteht; sie demonstrieren das aufrichtige Verlangen der Menschen nach Frieden und ihren Wunsch, einander kennenzulernen.

Doch wenngleich es diese Konsultationen oft ermöglicht haben, zu den gleichen Analysen einiger die Welt und Europa betreffender Probleme zu kommen, besonders zwischen der Sowjetunion und Frankreich, so sind wir doch besorgt – und das haben wir auch unseren sowjetischen Freunden gesagt –, daß wir, wenn wir dem Dialog zwischen den beiden Supermächten einen zu hohen Wert beimessen würden, die Gelegenheit verlieren könnten, die Zusammenarbeit zu intensivieren, die für Europa so nützlich ist.

zeugt, daß die Einigkeit uns die größten Vorteile bieten würde; die meisten unserer Verbündeten entschieden sich für die Distanzierung.

Europa vermied es, sich dieser schmerzlichen Realität zu stellen, indem es legalistisch argumentierte, daß das Nordatlantische Bündnis keine Verpflichtungen im Nahen Osten hätte. Doch nach unserer Auffassung gründete sich der Zusammenhalt innerhalb des Bündnisses nicht auf Rechtsansprüche, sondern auf die Erfordernisse der gemeinsamen Interessen. Wenn sich enge Verbündete behandeln wie schlaue Anwälte und ein so wichtiges Gebiet wie den Nahen Osten aus ihrer gemeinsamen Interessensphäre ausklammern, dann setzen sie ihr Bündnis der Gefahr aus, durch wechselnde Stimmungen geschwächt zu werden.

Als der Waffenstillstand in Kraft trat und die Araber ihre Ölproduktionen drosselten, mußten wir erkennen, daß sich unsere Verbündeten noch entschiedener von uns distanzierten. Der britische Außenminister Douglas-Home hatte mir bei meiner Abreise in einem persönlichen Brief mit herzlichen Worten versichert, daß Großbritannien meine Reise nach Moskau begrüßte. Dort hatte ich am 21. Oktober den britischen und den französischen Botschafter eine Stunde nach Abschluß der Gespräche über den Waffenstillstand mit Breschnew über deren Inhalt unterrichtet. Wahrscheinlich haben London und Paris früher die Ergebnisse meiner Verhandlungen im Kreml erfahren als Washington, sicher aber früher als Jerusalem, und zwar, weil es uns nicht gelungen war, sofort die Verbindung mit unserer Regierung aufzunehmen (siehe 12. Kapitel). Doch als es sich am 22. Oktober herausstellte, daß es beim Inkrafttreten des Waffenstillstandes Schwierigkeiten gab, löste sich der mühsam aufrechterhaltene Zusammenhalt unter den Verbündeten auf. Am 23. Oktober wurde unser Botschafter in Bonn, Martin Hillenbrand, überraschend davon unterrichtet, daß die Bundesrepublik Deutschland die Verschiffung amerikanischen Kriegsmaterials von deutschen Häfen nach Israel nicht mehr genehmigen werde. Am nächsten Tag folgte eine zweite sehr deutliche deutsche Verbalnote. Ihr Wortlaut war symptomatisch. Der Staatssekretär im Außenministerium, Paul Franck, sagte Hillenbrand, die Bundesrepublik Deutschland hätte während des Krieges Verständnis für unsere Interessen gezeigt und dürfte jetzt erwarten, daß auch wir für ihre Interessen Verständnis zeigten (als ginge es hier nicht gerade um die deutschen Interessen und als hätten die Deutschen uns einen Gefallen getan).

Nach der Alarmierung unserer Streitkräfte erhöhten sich die Spannungen. Unsere Verbündeten beruhigte es nicht – und das hätte durchaus der Fall sein können –, daß die Vereinigten Staaten auch während der durch Watergate entstandenen Autoritätskrise bereit waren, zur Verteidigung des globalen Gleichgewichts ein erhebliches Risiko einzugehen. Statt dessen konzentrierten sie sich auf die nicht zu leugnende Tatsache, daß sie nicht vorher von einer Truppenalarmierung in Kenntnis gesetzt worden waren, die auch für in Europa stationierte amerikanische Verbände galt. Der Alarm war ausgelöst worden, weil wir überzeugt waren, daß die Sowjets sich überlegten, ob sie Truppen in den Nahen Osten schicken sollten, und wir nur wenige Stunden Zeit hätten, den Kreml vor einem solchen Schritt zu warnen. Nun wollten wir demonstrieren, daß wir die Möglichkeit einer sowjetischen Intervention ernst nahmen.

Später veröffentlichte Presseberichte sprachen von der »Schockwelle«, die über Europa hinweggegangen sei, nachdem die »explosive Nachricht« von dem amerikanischen Alarm bekanntgeworden war.[4] Einige Verbündete machten uns den Vorwurf, daß sie von dem Alarm erst durch die Nachrichtenmedien erfahren hätten, was natürlich nicht für alle Regierungen zutraf. Wie im 12. Kapitel berichtet, hatten wir den britischen Botschafter Cromer am Morgen des 25. Oktober sowohl von Breschnews drohendem Brief als auch von unseren vorbereitenden Maßnahmen in Kenntnis gesetzt, und zwar eine knappe Stunde nachdem die ersten Entscheidungen gefallen waren und lange bevor sie in Kraft gesetzt wurden. Cromer hat uns später bestätigt, daß London Breschnews Drohungen ebenso ernst nahm wie wir. Doch Großbritannien hatte mit unserer Vorankündigung des Alarms die gleichen Schwierigkeiten wie mit unseren besonderen Konsultationen über die Vereinbarung zur Verhinderung eines mit Kernwaffen geführten Krieges (siehe 7. Kapitel). Die Briten scheuten sich, auf den Sonderstatus aufmerksam zu machen, den sie in Washington genossen, und unternahmen daher nichts gegen die Kritik der anderen Verbündeten, sondern stimmten sogar in den allgemeinen Protest dagegen ein, daß wir die Verbündeten nicht ausreichend konsultiert hätten. Am 31. Oktober berichtete die *New York Times,* der britische Premierminister Heath hätte sich am Tage zuvor ausdrücklich geweigert, dem nuklearen Alarm zuzustimmen – was die Temperatur in Washington um einige Grade ansteigen ließ.

Rein theoretisch hatten unsere Verbündeten mit ihren Beschwerden recht. Praktisch hatten wir nur sehr wenig Zeit und mußten sehr wichtige Fragen gegeneinander abwägen. Wir mußten die drohenden militärischen Maßnahmen der Sowjetunion im Auge behalten, uns auf Gegenmaßnahmen vorbereiten und dafür sorgen, daß die Sowjets diese Vorbereitungen zur Kenntnis nahmen – was sie vielleicht veranlassen würde, ihr Vorhaben aufzuschieben. Unsere schriftliche Antwort an Breschnew, die ihn gegen 5.30 Uhr Washingtoner Zeit erreichen müßte, würde dem Kreml einen Vorwand liefern, die Angelegenheit beizulegen. Unser Botschafter bei der NATO, Donald Rumsfeld, würde angewiesen werden, die NATO eine Stunde nach Übergabe unserer Note an die Sowjets zu unterrichten. Wir entschieden uns für diesen Zeitplan vor allem, weil wir wußten, daß unsere Verbündeten uns nur unterstützen würden, wenn wir ihnen sagen könnten, bis an welche Grenzen wir gehen würden. Diese Zusicherungen sollten jedoch in Moskau nicht durch Indiskretionen unserer Verbündeten bekannt werden, bevor das Politbüro wenigstens eine vorläufige Entscheidung getroffen hatte.

Die Einwände unserer Verbündeten richteten sich nicht so sehr gegen diesen Zeitplan wie gegen die Tatsache, daß sie keine Möglichkeit hatten, unsere Entscheidung zu beeinflussen. Aber angesichts der akuten Gefahren gab es keine Zeit mehr für einen Meinungsaustausch, und, um offen zu sein, hätten wir einer von der unseren abweichenden Meinung nicht zustimmen können. Entweder mußten wir unsere Streitkräfte alarmieren oder darauf verzichten. Eine Zwischenlösung gab es nicht. Hier ging es auch noch nicht um konkrete Maßnahmen, sondern nur um die Vorbereitung darauf. Aber wir glaubten dennoch, wir wären in eine so gefährliche Lage geraten, so daß wir verpflichtet waren, als Verantwortliche für die Sicherheit des Westens zu handeln. Ob wir die Gefahren richtig eingeschätzt haben, müssen die Historiker entscheiden, die diese Periode objektiver beurteilen können. Doch an jenem Abend einer potentiellen Krise war es unsere Pflicht, so zu handeln, wie es nach unserer Einschätzung der Lage notwendig war. Einseitige Schritte wie eine Truppenalarmierung können natürlich nur ein letzter Ausweg sein. Wenn irgend möglich, sollten die Verbündeten konsultiert werden. Wir müssen aber damit rechnen, daß es wieder zu solchen Krisensituationen kommen wird, und niemand kann ein Interesse daran haben, daß die Macht, die die Hauptverantwortung für die Sicherheit der freien Welt trägt, angesichts einer unmittelbar bevorstehenden sowjetischen Intervention durch bürokratische Verfahrensfragen am Eingreifen gehindert wird.

Die Ablehnung der Teilmobilmachung ging ironischerweise so weit, daß sie sich auch auf unsere diplomatischen Bemühungen erstreckte, mit denen wir die drohende amerikanisch-sowjetische Konfrontation zu beendigen suchten. Um den Sowjets eine Möglichkeit zu zeigen, wie sie das Gesicht wahren könnten – und um einseitigen sowjetischen Maßnahmen einen rechtlichen Riegel vorzuschieben –, setzten wir uns dafür ein, eine Alarmtruppe der Vereinten Nationen aufzustellen, an der sich die Streitkräfte der ständigen Mitglieder des Sicherheitsrats nicht beteiligten durften. Als Sadat unserem Plan zustimmte, glaubten wir, das Spiel gewonnen zu haben. Aber Großbritannien und Frankreich erhoben Einwände dagegen, weil sie sich nicht beteiligen sollten, obwohl ich bis heute nicht verstehe, welche Vorteile ihnen ihre Beteiligung an einem Verband der Vereinten Nationen gebracht hätte. Ihre UN-Botschafter drohten kurz mit einem Veto, obwohl sie damit riskierten, daß die Frage der Entsendung sowjetischer Truppen in den Nahen Osten wieder akut wurde.

Die Bundesrepublik Deutschland entschloß sich, am 25. Oktober, dem Tag unserer Teilmobilmachung, öffentlich zu erklären, was sie uns vertraulich schon mitgeteilt hatte. In einer kategorischen Regierungserklärung hieß es:

> Waffenlieferungen von westdeutschem Gebiet oder von in Westdeutschland bestehenden Depots an eine der kriegführenden Parteien können nicht zugelassen werden. Die westdeutsche Regierung erwartet von Amerika, Lieferungen von und über Westdeutschland endgültig einzustellen.

Da wir dem vertraulichen Ersuchen der Bundesrepublik bereits nachkamen, konnte der Zweck der öffentlichen Erklärung nur darin bestehen, zu demonstrieren, daß sich Bonn von Washington distanzierte, um während einer akuten Krise vermeintlichen arabischen Freunden einen Gefallen zu tun. Auch die spanische Regierung brachte es fertig, nach dem 25. Oktober zu erklären, daß die Alarmierung der amerikanischen Streitkräfte nicht für amerikanische Stützpunkte in Spanien gelte, weil die Verwendung dieser Stützpunkte die Zustimmung beider Länder voraussetzte. Am 26. Oktober stellten unsere Verbündeten auf Ersuchen Frankreichs die Arbeit an dem Deklarationsentwurf der NATO ein, um ihrem Mißfallen darüber Ausdruck zu verleihen, daß sie vor der Alarmierung der amerikanischen Streitkräfte nicht konsultiert worden waren. Am 27. Oktober erklärte ein italienischer Regierungssprecher, daß die Mitgliedschaft im Bündnis Italien nicht verpflichte, die Vereinigten Staaten in ihrer Nahost-Politik zu unterstützen.

In unserer Empörung darüber, daß wir in einer Krise allein gelassen wurden, und da unsere Nerven nach mehreren durchwachten Nächten aufs äußerste angespannt waren, reagierten wir so, daß sich die Spannungen weiter verschärfen mußten. Am 25. Oktober ließen wir in Bonn eine sehr deutliche Note überreichen:

> Die Regierung der Vereinigten Staaten glaubt, daß es katastrophale Folgen haben könnte, wenn der Westen angesichts einer von der Sowjetunion unterstützten militärischen Aktion gegen Israel Schwäche und Uneinigkeit zeigt.

Ähnliche Beschwerden richteten wir an die Briten und andere. Wachsende Unsicherheit und Nervenanspannung entluden sich am 26. Oktober in zahlreichen öffentlichen Erklärungen, die den Eindruck bestätigten, daß das westliche Bündnis schwer erschüttert worden war. Ich wies den Sprecher des Außenministeriums, Robert McCloskey, an, der Presse zu sagen, »wir wären betroffen davon, daß eine Anzahl unserer Verbündeten offenbar bestrebt seien, sich praktisch öffentlich von uns zu distanzieren«. McCloskey fügte von sich aus hinzu: »Wir hätten uns gefreut, wenn unsere Verbündeten etwas mehr Einigkeit gezeigt und uns gemeinsam unterstützt hätten.« Auch Verteidigungsminister James Schlesinger nahm in scharfer Form Stellung und sagte auf einer Pressekonferenz im Pentagon, die amerikanischen Maßnahmen in Europa hätten den Zweck, unsere Verteidigungsbereitschaft zu erhöhen. Aber

> die Reaktionen des deutschen Außenministeriums veranlassen uns zu der Frage, ob sie über die Verteidigungsbereitschaft ebenso denken wie wir, und deshalb werden wir über dieses Thema noch nachdenken müssen.

Ein glücklicher Zufall wollte es, daß auch Nixon am gleichen Abend, weniger als achtundvierzig Stunden nach dem Truppenalarm, eine Pressekonferenz abhielt.* Nixon schloß sich unserer Kritik an und billigte ausdrücklich McCloskeys Ausführungen vor den Journalisten. Dann beleuchtete er das Problem noch aus einer anderen Perspektive: »Europa, das achtzig Prozent seines Öls aus dem Nahen Osten bezieht, wäre in diesem Winter erfroren, wenn es keine Lösung gegeben hätte.« Das hieß mit anderen Worten, daß unser Verhalten und die Teilmobilmachung mehr dazu beigetragen hatten, die Versorgung Europas mit Öl sicherzustellen als die Distanzierung der Europäer von den Verei-

* Bei dieser Gelegenheit schilderte er auch seine dramatische Konfrontation mit Breschnew (siehe 12. Kapitel).

nigten Staaten. Ich hatte dem deutschen Botschafter Berndt von Staden schon vorher das gleiche gesagt:

> Wir wissen, daß die Europäer mehr vom arabischen Öl abhängig sind als wir, aber wir glauben nicht, daß diese Abhängigkeit geringer wird, wenn sie sich in einer so wichtigen Angelegenheit von uns distanzieren. Eine solche Distanzierung wird den Europäern in der arabischen Welt nichts nützen. Die Araber wissen, daß eine politische Lösung nur mit amerikanischer Hilfe gefunden werden kann. Die Kapitulation der Europäer vor den Arabern wird ihnen die Ölversorgung nicht sichern, aber sie kann darüber hinaus katastrophale Folgen hinsichtlich der Sowjetunion haben, die, wenn man es zuläßt, daß sie im Nahen Osten Erfolg hat, höchstwahrscheinlich anderswo eine noch aggressivere Politik führen wird. Je mehr der sowjetische Einfluß verringert werden kann, desto größer wird auf lange Sicht unser Gewinn sein, auch wenn wir kurzfristig einen gewissen Preis dafür bezahlen müssen.

Unsere Verbündeten waren jedoch unter gar keinen Umständen bereit, auch kurzfristig etwas dafür zu bezahlen, daß der sowjetische Einfluß eingedämmt wurde. Die Deutschen ließen den Inhalt eines Briefes von Willy Brandt an Nixon vom 28. Oktober sofort durchsickern, weil sie glaubten, daß seine Argumentation in der deutschen Öffentlichkeit auf Zustimmung stoßen werde. Die geringe Unterstützung, die Brandt den Vereinigten Staaten für ihre Maßnahmen zusicherte, gewährte er nicht, weil er diese Maßnahmen für richtig hielt, sondern vor allem, weil kein anderes Land stark genug war, mit der Krise fertig zu werden. Er hielt es sogar für richtig, in für uns verletzender Weise hinzuzufügen, daß er zu seiner Beurteilung gekommen wäre, ohne die Einzelheiten oder Maßnahmen oder die Gründe dafür zu kennen, weshalb wir so gehandelt hätten. Aber zu diesem Zeitpunkt, mehr als zweiundsiebzig Stunden nach der Alarmierung der amerikanischen Streitkräfte und nachdem wir die Öffentlichkeit und die verbündeten Regierungen über unsere Maßnahmen unterrichtet hatten, lag ihm ein sehr ausführlicher Bericht vor. Mit seiner Bemerkung wollte er daher sagen, daß wir ihn nicht überzeugt und entweder unklug gehandelt hätten oder daß wir bestimmte Informationen zurückhielten. Der Hauptzweck seines Briefes bestand darin, zu erläutern, weshalb die Bundesrepublik Deutschland die Versorgung Israels aus deutschen Depots untersagt hatte. Die Bundesrepublik Deutschland hätte so gehandelt, weil sich die gemeinsamen Verantwortlichkeiten des Bündnisses nicht auf den Nahen Osten erstreckten – als wäre es den Verbündeten in der NATO durch die Bestimmungen des Bündnisvertrages verboten, einander außerhalb von Europa zu unterstützen.

Aber wenn unsere Analyse richtig war, dann hatten alle Verbündeten ein Interesse daran, daß die Sowjets oder die radikalen Araber daran gehindert wurden, den Nahen Osten zu beherrschen – was in der Antwort Nixons an Brandt vom 30. Oktober sehr deutlich zum Ausdruck kam:

> Sie erklären, daß diese Krise nicht im gemeinsamen Verantwortungsbereich des Bündnisses gelegen habe und daß der militärische Nachschub für Israel für Zwecke bestimmt gewesen wäre, die nicht in der

Verantwortlichkeit des Bündnisses lägen. Ich glaube nicht, daß wir eine so feine Trennlinie ziehen dürfen, wenn die Sowjetunion so stark beteiligt war und ist und wenn die Krise sich auf das ganze Netz der Ost-West-Beziehungen auszudehnen drohte. Ich glaube, man darf die Bündnisverpflichtungen nicht mit doppeltem Maß messen und behaupten, daß die Beziehungen der Vereinigten Staaten zur Sowjetunion sich von der Politik trennen ließen, die unsere Verbündeten gegenüber der Sowjetunion verfolgen. Wenn unsere Verbündeten sich im Nahen Osten von den Vereinigten Staaten distanzieren, glauben sie vielleicht, daß sie ihre unmittelbaren wirtschaftlichen Interessen schützten, sie tun es aber nur um einen hohen Preis auf lange Sicht. Eine differenzierte Entspannung, mit der die Verbündeten hoffen, ihre guten Beziehungen zur Sowjetunion zu schützen, kann das Bündnis nur spalten und schließlich zu katastrophalen Konsequenzen für Europa führen.

Hier lag der Kern der Meinungsverschiedenheiten zwischen den Vereinigten Staaten und Europa. Sechs Monate vor Ausbruch des Nahost-Krieges hatten wir uns um eine Definition der gemeinsamen weltpolitischen Ziele bemüht. Unsere Verbündeten waren dieser Initiative unter den verschiedensten sachlichen und verfahrensmäßigen Vorwänden ausgewichen und so weit gegangen, in den Deklarationen, in denen die Einheit des Westens zum Ausdruck kommen sollte, Begriffe wie »Partnerschaft« und »gegenseitige Abhängigkeit« nicht aufnehmen zu wollen. Die Krise im Nahen Osten ließ uns plötzlich erkennen, daß die Einwände der Europäer nicht nur formalistisch oder institutionell gewesen waren, wie sie behaupteten. Auch waren sie nicht durch taktlose amerikanische Erklärungen provoziert worden – auch wenn unsere Ausdrucksweise nicht immer ganz glücklich gewesen war. Es zeigte sich vielmehr immer deutlicher, daß Europa freie Hand haben wollte, eine andere Politik zu treiben als die Vereinigten Staaten, und im Nahen Osten stand diese Politik sogar im Widerspruch zur amerikanischen. Plötzlich behaupteten gerade die Länder, die sich beklagt hatten, als ich ihnen in erster Linie regionale Interessen unterstellte, daß ihre Verpflichtungen ausschließlich regional wären.

Natürlich war es möglich, die amerikanische Politik vom europäischen Standpunkt her scharf zu kritisieren. Aber man könnte auch behaupten, das Atlantische Bündnis müßte, um effektiv zu bleiben, sein Äußerstes tun, um zu verhindern, daß widersprüchliche Auffassungen über fundamentale Interessen nicht weiterschwelten, weil diese Probleme nicht genügend beachtet wurden. Gerade um auf solche Probleme eingehen zu können, hatten wir die Initiative für das Europa-Jahr ergriffen. Wenn es zu einer Krise kam, dann sollte man auf beiden Seiten des Atlantik die Risiken der Distanzierung sorgfältig gegen die Risiken des Zusammenstehens abwägen. Es ist in der Tat eine interessante Frage, ob es sich Verbündete *leisten* können, gerade den Partner zu überstimmen, der nach den gegebenen Umständen am ehesten in der Lage ist, den Verlauf der Ereignisse zu beeinflussen. Ein Bündnis, für dessen Wirksamkeit die Partner nicht bereit sind, ihre eigene Handlungsfreiheit einzuschränken, befindet sich auf dem Weg zum Zerfall.

1973 hätte ein Scheitern der amerikanischen Politik im Nahen Osten für den Westen eine Katastrophe bedeutet – auch wenn die Europäer die Lage richtiger beurteilt haben sollten als wir, was ich ernsthaft bezweifle. Die Gewinner des Zusammenbruchs der amerikanischen Politik wären nicht die westeuropäischen Länder, sondern Kräfte gewesen, von denen man nicht erwarten durfte, daß sie unter den verschiedenen demokratischen Industrienationen sehr feine Unterschiede machen würden.

Wenn ich heute auf die Geschichte dieser Periode zurückblicke, dann fällt mir auf, daß unsere europäischen Verbündeten zwar keinen Hehl aus ihrer Ablehnung unserer Politik machten, daß sie aber niemals eine schlüssige Alternative angeboten haben. Auch haben sie sich nicht mit den Konsequenzen beschäftigt, die sich für sie ergeben würden, wenn unsere Strategie versagte – obwohl sie ein Versagen augenscheinlich erwartet haben. Zwar hat Heath am 31. Oktober einen sehr verständnisvollen Brief an Nixon geschrieben, aber im übrigen hat niemand versucht, eine Strategie zu entwickeln, die sich von der unseren unterschied, und niemand hat sich ernsthaft um Konsultationen bemüht. Unsere Verbündeten gaben sich damit zufrieden, uns die Verantwortung für die notwendigen diplomatischen Schritte zu überlassen, aber sie waren nicht bereit, die Risiken mitzutragen.

Wesentliche Meinungsverschiedenheiten gab es im Hinblick auf zwei Aspekte der Nahost-Politik – die Ziele der Nachkriegsdiplomatie und die Reaktion auf das Ölembargo und die Verringerung der Produktion.

Mit der möglichen Ausnahme der Niederlande hatten unsere europäischen Verbündeten klare Vorstellungen darüber, was dem Waffenstillstand folgen sollte. Die Vereinigten Staaten sollten Israel unter Druck setzen, sofort zu den Grenzen von 1967 zurückzukehren. Man glaubte, daß wir die Möglichkeit hätten, Israel unseren Willen aufzuzwingen. Wenn wir zögerten, es zu tun, dann deshalb, weil wir die Interessen Europas unseren innenpolitischen Zwängen unterordnen wollten. Die Europäer verlangten von Nixon, sich auf diesem Gebiet durchzusetzen, obwohl sie wußten, wie sehr er durch Watergate in Bedrängnis geraten war. Doch niemand konnte sagen, wie er das tun sollte. Auch schienen die Europäer nicht begriffen zu haben, daß es im Nahen Osten ein sehr akutes Problem gab, wo die ägyptischen und israelischen Streitkräfte jeweils die Nachschublinien der anderen Seite bedrohten und eine israelische Armee zweiunddreißig Kilometer vor Damaskus stand. Die Truppenentflechtung war nach Meinung der meisten arabischen Führer jetzt das Wichtigste; diese Auffassung vertraten sogar Algerien und Syrien. Diese Auffassung hatte ich im Dezember auf meiner zweiten Reise durch den Nahen Osten immer wieder zu hören bekommen (siehe 17. Kapitel). Unsere Verbündeten waren sich kaum der Tatsache bewußt, daß sie mit ihren Äußerungen die radikalen Araber gegenüber den gemäßigten Arabern unterstützten und den sowjetischen Einfluß auf beide Lager stärkten. Nichts deutete darauf hin, daß sie die Hindernisse und Risiken erkannt hatten, die bei dem Versuch entstehen würden, in dieser Phase eine endgültige Friedensregelung herbeizuführen, denn wir hatten mit Syrien noch keinen Kontakt auf höchster Ebene aufgenommen, wußten noch nicht genau, wie sich Ägypten einstellen werde, und außerdem ergaben sich durch die Verteilung der Streitkräfte bei Kriegsende besondere Notwendigkeiten. Wenn solche Argumente überhaupt gehört wurden, dann bezeichnete man sie als den vergeblichen Versuch, eine falsche Politik zu rechtfertigen, oder als Ausflüchte, die es den Vereinigten Staaten ermöglichen sollten, die Verhandlungen in ihrem Sinne zu beeinflussen. Ebenso wie im atlantischen Dialog gaben unsere Verbündeten den Verfahrensfragen den Vorrang und vernachlässigten dabei das Wesentliche. Sie verlangten, in einer nicht näher bezeichneten Weise an der Nachkriegsdiplomatie beteiligt zu werden. Aber ihre Araber-Freundlichkeit und ihr Verlangen nach einer Gesamtlösung, die sich nicht durchsetzen ließ, machten es unmöglich, daß sie eine Vermittlerrolle übernahmen. Sie wollten nicht erkennen, daß sie hier nur eine Nebenrolle spielen konnten – obwohl sie es sich selbst zuzuschreiben hatten, wenn sie jetzt an den Rand der Ereignisse gedrängt worden waren, und zwar auch deswegen, weil sie keine gemeinsame Ölpolitik hatten entwickeln wollen.

Die Politik der Europäischen Gemeinschaft war darauf angelegt, die Ölproduzenten bei guter Stimmung zu halten. Unsere Verbündeten weigerten sich standhaft, Maßnahmen zu treffen, die zur »Konfrontation« führen könnten; dazu gehörte auch eine gemeinsame Haltung aller Ölverbraucher. So trieben das Öl und die erwähnten Meinungsverschiedenheiten Europa zur immer entschiedeneren Opposition gegen unsere Nahost-Strategie.

In dieser Lage waren die ständigen Erklärungen europäischer Politiker, daß Europa einig sein müßte, um seinen politischen Willen durchsetzen zu können, nicht nur Ausdruck der Überzeugung, daß neue Institutionen geschaffen werden müßten, womit auch wir einverstanden waren. Die Umstände ließen sie bedrohlicher erscheinen. Am 31. Oktober verlangte Pompidou nach einer gemeinsamen europäischen Nahost-Politik. Er erklärte, daß Europa in der Weltpolitik eine bedeutendere Rolle übernehmen müßte, denn es könnte gefährlich sein und zu allgemeinen Interessenkonflikten führen, wenn man es den Vereinigten Staaten und der Sowjetunion überließe, weltweite Krisen beizulegen. Wenn diese Erklärung überhaupt etwas bedeutete, dann, daß Europa die Möglichkeit haben sollte, sich im Nahen Osten gegen beide Seiten zu stellen und sich aus dem Ost-West-Konflikt herauszuhalten; darin liege die einzige Möglichkeit, zu verhindern, daß die ganze Welt in diesen Konflikt hineingezogen würde. Um solche Möglichkeiten zu entwickeln, müßte man sich sofort darüber einigen, regelmäßige Gipfeltreffen mit den europäischen Partnern Frankreichs zu veranstalten. Pompidous Kollegen erklärten sich mit diesem Vorschlag einverstanden.

Wie eine selbständige europäische Nahost-Politik aussehen könnte, zeigte sich schon nach weniger als einer Woche. Am 6. November 1973 trafen sich die Außenminister der Europäischen Gemeinschaft in Brüssel. Obwohl ich schon auf dem Wege nach Kairo war und wir sie über unsere Strategie unterrichtet hatten, nach der die Truppenentflechtung gegenüber dem Feilschen um die Waffenstillstandslinie vom 22. Oktober den Vorrang haben sollte, hielten sie es für richtig, ein Programm vorzulegen, das eine direkte Herausforderung unserer Politik darstellte. Ohne uns in Kenntnis zu setzen und ohne auf das Ergebnis meiner Gespräche in Kairo zu warten, verlangten unsere europäischen Verbündeten den sofortigen Rückzug Israels auf die Stellungen vom 22. Oktober zur Stabilisierung des Waffenstillstandes und auf die Grenzen von 1967 zur Sicherung des Friedens. Ganz abgesehen davon, wer hier recht hatte, mußte die Erklärung der Europäer entweder unsere diplomatischen Bemühungen untergraben oder demonstrieren, daß die Haltung Europas in diesem Zusammenhang bedeutungslos war; beides konnte sich nur schädlich auswirken. Die Eile der Europäer ließ sich nur damit erklären, daß sie früher als wir eine eigene Position entwikkeln wollten, und zwar auch, wenn wir mit unseren Bemühungen Erfolg hatten, denn sie wollten es unter allen Umständen verhindern, daß ihnen der Boden unter den Füßen fortgezogen wurde. Sie brauchten eine Plattform, von der aus sie sich uns entgegenstellen konnten, wenn wir scheiterten.

Am 8. November zitierte die *New York Times* eine europäische »diplomatische Quelle« in Brüssel, nach der die Nahost-Krise die Opposition gegen unsere Bemühungen gestärkt hätte, Begriffe wie »Partnerschaft« und »gegenseitige Abhängigkeit« in die vorgesehene Erklärung der Europäischen Gemeinschaft zu den amerikanisch-europäischen Beziehungen aufzunehmen.[5] Augenscheinlich kam es hier auf den Begriff der Unabhängigkeit als Voraussetzung für die politische Opposition an.

Wie schon berichtet, heizte Jobert am 12. November die Stimmung mit einer scharfen Rede vor der französischen Nationalversammlung weiter an. Er machte den Vereinigten Staaten Vorwürfe, weil sie ihre Verbündeten während des Nahost-Krieges nicht konsultiert hätten. Dann griff er die Supermächte an und warf ihnen vor, sie versuchten, im Nahen Osten eine Lösung in ihrem Sinne herbeizuführen, während Europa

> zum vergessenen Opfer des Konflikts wird, aber doch zu einem Opfer, wenngleich es ständig vor den Gefahren gewarnt hat. Seine gefährliche Lage und seine Verbitterung sind deutlich erkennbar. Aber es hat auch feststellen müssen, daß es bei den Absprachen der Großmächte eine Schachfigur und nicht ein Instrument oder ein wichtiger politischer Faktor war. Es kann und muß daraus eine fundamentale Lehre ziehen.
>
> Viele Menschen erwarten, daß Europa jetzt nicht nur reagiert, sondern endlich wirklich geboren wird.

Jobert wollte mit seiner Rede zum Ausdruck bringen, daß Europa seine Identität als ständige Herausforderung für die Vereinigten Staaten artikulierte. Dabei setzte er voraus, daß die Interessen Europas und der Vereinigten Staaten in verschiedene Richtungen liefen. Europa könnte seine Stellung nur behaupten, wenn es zur Konfrontation mit seinem Verbündeten jenseits des Atlantik bereit wäre – wenngleich Jobert erklärte, daß man auf diesen Verbündeten nicht verzichten könnte, weil man ihn für die gemeinsame Verteidigung brauchte.[6] Wie lange Amerika noch eine glaubwürdige Sicherheitsgarantie für ein Europa bieten würde, das sich im Hinblick auf unserer Meinung nach vitale gemeinsame Interessen von den Vereinigten Staaten distanzierte, war kaum Gegenstand der privaten oder öffentlichen Diskussion.

Mitte November nahm Brandt das Thema in einer Rede vor dem Europäischen Parlament wieder auf: »In einer Welt, deren Schicksal nicht allein von zwei Supermächten bestimmt werden kann und soll, ist der Einfluß eines Vereinten Europas unverzichtbar geworden.« Am 20. November trafen sich die Außenminister der Europäischen Gemeinschaft in Kopenhagen zur Vorbereitung eines europäischen Gipfeltreffens, auf dem die Nahost-Krise behandelt werden sollte. Man sagte uns nicht, zu welchen vorläufigen Schlußfolgerungen man gekommen wäre, obwohl wir zur gleichen Zeit schwierige Verhandlungen führten, um den Nahen Osten auf den Weg zum Frieden zu bringen und das Zustandekommen der Genfer Friedenskonferenz zu ermöglichen.

Normalerweise hätte ein solcher Angriff unserer Verbündeten dazu geführt, daß sich die Amerikaner geschlossen hinter ihre Regierung stellten. Die führenden Männer beider Parteien, die das weltpolitische Engagement der Vereinigten Staaten im Rahmen der NATO als Eckstein einer solchen Politik unterstützten, hätten sich zur Verteidigung dieses Konzepts zusammengefunden wie 1971, als das Mansfield-Amendment abgelehnt worden war, das den Abzug amerikanischer Streitkräfte aus Europa verlangte.

Aber 1973 war kein normales Jahr. In der Atmosphäre von Watergate fand der Vorwurf der Europäer, daß die Vereinigten Staaten eine anmaßende Außenpolitik trieben, williges Gehör. Viele, die das Atlantische Bündnis bisher unterstützt hatten, konnten nicht glauben, daß Nixon auch nur in einer einzigen Beziehung recht hatte. In einem Leitartikel der *New York Times* vom 31. Oktober kam die gleiche Haltung zum Ausdruck, die auch andere führende Presseorgane vertraten:

> Daß Washington die Verbündeten trotz zahlloser Versprechungen nicht konsultiert und nicht im voraus von seiner Entscheidung unterrichtet hat, eine Teilmobilmachung anzuordnen, die auch ihre Interessen berührte, paßt in das traurige Bild, das wir von dieser Regierung gewohnt sind. Nixon und Außenminister Kissinger können überzeugend erklären, daß wir nicht auf die guten Beziehungen zwischen den Vereinigten Staaten und Europa verzichten dürfen. Aber ihr Verhalten, besonders in einer Krise, entspricht nicht ihren Worten.

Anfang November veröffentlichte Senator Edward M. Kennedy einen fünf Seiten langen Aufsatz, in dem er die Nixon-Regierung beschuldigte, »durch ihre Unbesonnenheit eine Krise im atlantischen Bündnis herbeizuführen«, und verlangte, daß wir uns ausdrücklich zu »dem Prinzip der Konsultation unserer Verbündeten« bekennen sollten.[7] Am 21. November wiederholte Professor Zbigniew Brzezinski in einem Zeitungsartikel Vorwürfe, die sich zu einem parteipolitischen Refrain zu entwickeln begannen: »Man kann sich kaum einen politischen Kurs vorstellen, der eher geeignet wäre, den Beziehungen innerhalb des

Bündnisses zu schaden und besonders dem Grundsatz der Konsultation unter den Verbündeten, als denjenigen, dem die Vereinigten Staaten in den letzten Tagen einseitig gefolgt sind.«[8]

Aber natürlich handelte es sich hier nicht nur darum, daß wir versäumt hatten, unsere Verbündeten zu konsultieren, sondern das Problem lag viel tiefer – wie sich in der britischen Reaktion auf eine Pressekonferenz zeigte, die ich am 21. November hielt. Ich wies dabei auf drei Punkte hin. Ich sagte, erstens bliebe das Atlantische Bündnis auch weiterhin der Kern der amerikanischen Außenpolitik. Aber zugleich

> muß man zu dem vielleicht traurigen Schluß kommen, daß einige unserer europäischen Verbündeten glaubten, ihre Interessen unterschieden sich so sehr von denen der Vereinigten Staaten, daß sie bereit waren, sich von den Vereinigten Staaten in einer Angelegenheit zu distanzieren, die eine ganz große weltpolitische Bedeutung hat und von der wir glauben, daß sie auch für unsere Verbündeten tiefgreifende Konsequenzen haben wird.

Schließlich erklärte ich, daß die Verbündeten nicht konsultiert worden seien, wäre nicht das Hauptproblem:

> Es ist eine unbestreitbare Tatsache, daß in dieser Lage die Länder, die am gründlichsten konsultiert wurden, in der Zusammenarbeit mit uns die größten Schwierigkeiten gemacht haben und daß die Länder, die die größte Bereitschaft zur Zusammenarbeit gezeigt haben, am wenigsten konsultiert worden sind.

Diese letzte Aussage in einer im übrigen sehr versöhnlichen Stellungnahme bedeutete für Heath eine Herausforderung, denn er konnte mit recht annehmen, daß Großbritannien eines der Länder wäre, an die ich gedacht hatte, als ich von den am gründlichsten konsultierten Verbündeten sprach. Bei einem Essen mit amerikanischen Journalisten am 28. November machte er seinem Ärger Luft. Zunächst erklärte er, was er sagte, wäre nur seine Privatmeinung, aber als er sich mehr für das Thema zu erwärmen begann, sah es nicht mehr so aus. Ohne es zu wollen, sprach Heath jedoch bei dieser Gelegenheit auch das aus, was mir am wichtigsten zu sein schien. Der Mangel an Konsultationen wäre nur der äußere und scheinbare Anlaß für die Meinungsverschiedenheiten zwischen Europa und den Vereinigten Staaten gewesen. Das eigentliche Problem wären die Gegensätze im Hinblick auf die politischen Perspektiven, die sich auch durch noch so gründliche Konsultationen nicht ausräumen ließen. Unsere Botschaft berichtete über die Auffassungen von Heath wie folgt:

> Es habe niemals eine Übereinstimmung zwischen den Vereinigten Staaten und Europa über die Nahost-Politik gegeben. »Ich möchte hier die Suez-Frage nicht erwähnen, aber für viele Menschen ist sie durchaus akut.« Der Nahe Osten liegt außerhalb der NATO. Während der vergangenen sechs Jahre – seit dem Krieg von 1967 – haben die Vereinigten Staaten reichlich Gelegenheit gehabt, Israel unter Druck zu setzen, um es an den Verhandlungstisch zu bringen, haben aber nichts getan. Auf den Viermächtekonferenzen sind wir von den Amerikanern beruhigt worden. Wir alle wußten, was geschehen würde, und es ist geschehen. Ein neuer Krieg war unvermeidlich. (Aus den

Äußerungen von Heath ging deutlich hervor, daß Großbritannien nach seiner Auffassung seit 1967 mit der amerikanischen Politik nicht einverstanden war und daß die Vereinigten Staaten bei der Formulierung ihrer Nahost-Politik die britischen Auffassungen nicht berücksichtigt hätten.)

In dieser Lage verschärfte sich die Haltung beider Seiten. Für Länder wie Großbritannien und Frankreich war es schwer zu ertragen und sogar demütigend, an einer Konferenz über den Frieden im Nahen Osten nicht beteiligt zu werden. Aber ihr Verhalten mußte dazu führen, daß Israel sie nicht als unparteiisch akzeptierte, und sogar wir hatten den Eindruck, daß die Europäer der sowjetischen Position näherstanden und deshalb die einzige Strategie objektiv behinderten, die nach unserer Auffassung zum Erfolg führen konnte. Wir glaubten sogar, daß einige unserer wichtigsten Verbündeten sich nicht in erster Linie dafür interessierten, eine Langzeitstrategie zu entwickeln, sondern nur erreichen wollten, daß die Araber die gegen sie gerichteten Einschränkungen der Ölversorgung aufhoben – wenn notwendig, auf unsere Kosten. Es wurde deshalb immer schwieriger, zwischen den Bemühungen zu unterscheiden, die darauf gerichtet waren, für den Fall des Fehlschlagens unserer Strategie ein Sicherheitsnetz zu bauen, und der Sabotage dieser Strategie.

Amerika und seine demokratischen Verbündeten trieben nicht nur in zwei Richtungen auseinander, sondern gerieten auf Kollisionskurs. Aber diese Tendenzen beunruhigten nicht nur uns. Sir Alec Douglas-Home war so besorgt, daß er mir einen Tag nach den leidenschaftlichen Äußerungen seines Premierministers, am 29. November, einen persönlichen Brief schrieb. Darin erklärte er, daß die NATO die Achse der britischen Außen- und Verteidigungspolitik wäre. Aber er sagte auch: »Ich glaube, Sie würden uns nicht für gute Freunde und Verbündete halten, wenn wir die amerikanische Politik blind unterstützten, obwohl wir sie für falsch hielten.« Dann sagte er, Großbritannien hätte jahrelang für die Nahost-Politik den gleichen Kurs empfohlen und habe seine Auffassung auch unter dem Eindruck der neuesten Ereignisse nicht geändert. Am Schluß faßte er seine Ansichten darüber zusammen, wie die Krise überwunden werden könnte:

Wir stehen fest an der Seite der Vereinigten Staaten, soweit es Ost-West-Probleme betrifft, die zu einer ernsten Konfrontation führen könnten. Wo Zweifel auftreten könnten, wird sich die Waagschale voraussichtlich entschieden auf die amerikanische Seite neigen. Aber Sie müssen Ihrerseits alles tun, um die Gebiete möglichst eng einzugrenzen, auf denen es zu Ungewißheiten kommen könnte. Mit anderen Worten, Sie sollten uns noch mehr systematisch ins Vertrauen ziehen und uns schon zu einer Zeit konsultieren, in der sich Krisen und Konfrontationen abzeichnen. Ich glaube, das gilt auch für den Nahen Osten, wo, wenn ich das sagen darf, die amerikanischen Regierungen im Lauf der Jahre nach meiner Auffassung der Politik Großbritanniens und anderer nicht das notwendige Gewicht beigemessen haben, einer Politik, die auch einiges für sich hat und vielleicht sogar eine ganze Menge. Nach meiner Überzeugung sollten Sie die alte

Vertraulichkeit wiederherstellen, und ich sehe keinen Grund, weshalb das nicht möglich wäre.

Wie ich schon betont habe, war Home einer der klügsten und anständigsten Männer, die zu kennen ich den Vorzug hatte. Wir haben niemals daran gezweifelt, daß für ihn die atlantische Partnerschaft ein moralisches Erfordernis war. Anders als sein Premierminister glaubte er nicht, daß die Bindungen Großbritanniens an Europa die Lockerung der transatlantischen Beziehungen verlangten, die wir über mehr als drei Jahrzehnte so eng geknüpft hatten. Home sagte in seinem Brief kaum etwas, dem ich hätte widersprechen müssen. Seine Kritik an der Politik früherer amerikanischer Regierungen war nicht unberechtigt. Wir waren bereit, das Konsultationsverfahren zu verbessern, ja, es lag uns sogar sehr viel daran. Ich fürchtete nur, daß die neuen, innerhalb der Europäischen Gemeinschaft geltenden Verfahren sie behindern würden. Keiner von uns hatte ein Patentrezept dafür, wie man die europäische Identität und die atlantische Partnerschaft am besten aufeinander abstimmen sollte, besonders wenn diese »Identität« sich der unseren im Nahen Osten entgegenstellte. Doch ermutigt durch Homes Worte, beschlossen wir, es noch einmal zu versuchen.

Der Nordatlantikrat und meine Ansprache vor der Society of Pilgrims

Alle Außenminister des Bündnisses trafen sich im Dezember in Brüssel zur halbjährlichen Ministerkonferenz des Nordatlantikrats. Die Atmosphäre war alles andere als ideal. Wir alle wußten genau, welche Sorgen wir hatten, wahrscheinlich sogar zu genau. Die Angehörigen der Neuner-Gruppe schienen ganz im Bann der Idee des Vereinigten Europa zu stehen. Sie verhielten sich, als genügte es, unsere konkreten Fragen damit zu beantworten, indem sie darauf hinwiesen, eine wie komplexe Aufgabe es wäre, einen europäischen Konsens zu erreichen, und daß auf diesem Wege ein viel rascherer Fortschritt gemacht würde, als man hätte erwarten dürfen.

Aber die Konferenz mußte dennoch beruhigend wirken. Der Nordatlantikrat ist der institutionelle Ausdruck des Bündnisses und ist ins Leben gerufen worden, um die allgemeine Sicherheit zu stärken, ein Ziel, das auch bei den schärfsten Kontroversen niemals von einem Verbündeten in Frage gestellt worden ist. Die hier vorgeschriebenen Verfahren fördern den Konsens. Und ebenso wie Frankreich solche Verfahren dazu benutzt hat, die Europäische Gemeinschaft zu beherrschen, hatten wir als das Land, das den nuklearen Schirm zur Verfügung stellte, im Atlantikrat eine entscheidende Stimme. Verbündete, die nicht zur Europäischen Gemeinschaft gehörten, wollten nicht, daß der transatlantische Streit ihre Sicherheit gefährdete. Die meisten Mitglieder der Neuner-Gemeinschaft wollten es, wenn sie frei wählen könnten, nach Möglichkeit vermeiden, sich zwischen dem von Großbritannien unterstützten Frankreich und den Vereinigten Staaten entscheiden zu müssen. Der energische Generalsekretär der NATO, Joseph Luns, konnte jedoch mit onkelhafter Strenge jeden einschüchtern, der es wagte, von seinen Vorstellungen über die Erfordernisse des Zusammenhalts im Bündnis abzuweichen.

So konnte die Konferenz in Brüssel wenig zur Heilung der Wunden beitragen. Ich gab nach meiner Ankunft eine Erklärung ab und wiederholte darin, daß die NATO der Eckstein unserer Außenpolitik wäre, ein Klischee, das augenscheinlich die Gemüter beruhigte, auch wenn es zum Vorwand genommen wurde, eine offensichtlich von der unseren abweichenden Politik zu betreiben. Und ich rief dazu auf, daß man an die Zukunft denken und etwas zur Stärkung der Allianz unternehmen sollte. Am folgenden Tag führte ich Gespräche mit den einzelnen Außenministern. Die jüngsten Unstimmigkeiten kamen nur darin zum Ausdruck, daß ich zuerst mit den beiden Außenministern der Verbündeten sprach, die uns während der Nahost-Krise zur Seite gestanden hatten – der Niederlande und Portugals. Aber wie so oft, wenn man besonders stolz auf eine subtile Geste ist, haben auch diesmal meine Kollegen augenscheinlich nicht verstanden, was ich damit zum Ausdruck bringen wollte, oder hielten es nicht für angebracht, sich es anmerken zu lassen.

Auf jeder NATO-Konferenz ergibt sich die Gelegenheit für die Außenminister der Vereinigten Staaten, Großbritanniens, Frankreichs und der Bundesrepublik Deutschland, zu einem Essen zusammenzukommen. In der NATO gibt es keine anerkannte Hierarchie, in der die Reihenfolge der Staaten nach ihrem Einfluß bestimmt wird, und deshalb ist der Vorwand für ein solches Treffen der »großen Vier« ihre besondere Verantwortung für Berlin. Seit Abschluß der Berlin-Vereinbarungen von 1971 ist Berlin kein besonders wichtiger Verhandlungsgegenstand mehr gewesen. Was zu diesem Thema zu besprechen ist, kann in wenigen Minuten erledigt werden. Die übrige Zeit wird für die Erörterung der Weltlage verwendet. Das Essen am 9. Dezember verlief recht angenehm. Home bemühte sich tapfer, gute Miene zum bösen Spiel zu machen und die jüngsten Meinungsverschiedenheiten herunterzuspielen. Er stellte sich auf den schon bekannten legalistischen Standpunkt, daß niemals daran gedacht worden wäre, der NATO eine Verantwortung für den Nahen Osten aufzuerlegen. Im übrigen wiesen die Europäer in höflicher Form darauf hin, daß sie es vermißt hätten, vor unserer Teilmobilmachung konsultiert zu werden. Ich erwiderte, daß wir mit unseren Bemühungen einen Sieg sowjetischer Waffen verhindert hätten und auch noch weiter daran arbeiteten, den sowjetischen Einfluß einzudämmen – ein Vorhaben, das im Interesse aller Verbündeten liegen müßte. Jobert versuchte, sich von der besten Seite zu zeigen, und beschränkte sich auf eindringliche konkrete Fragen und versprach, am folgenden Tag vor der Plenarsitzung eine gemäßigte Rede zu halten.

Angesichts des wesentlichen Beitrags, den wir zur Verteidigung des Westens leisten, steht der amerikanische Außenminister bei den Plenarsitzungen natürlich im Mittelpunkt der allgemeinen Aufmerksamkeit, und seine Rede ist ein wichtiger Beitrag. Am 10. Dezember empfahl ich dringend die Annahme eines aus drei Teilen bestehenden Programms. Die beiden gemeinsamen Erklärungen sollten so rasch wie möglich in ihrer endgültigen Form vorgelegt werden. Es sollte ein Verfahren für Konsultationen über gemeinsame Probleme außerhalb des Gebiets der NATO ausgearbeitet werden. Und schließlich sollten wir uns gemeinsam mit der Energiekrise beschäftigen. Um den Beschwerden über unzureichende Konsultationen zu begegnen, machte ich den Vorschlag, daß die stellvertretenden Außenminister regelmäßig zusammenkommen sollten, damit wir uns über Politik außerhalb des Gebiets, für das die NATO verantwortlich war, abstimmen könnten. Im Mai hatten die Franzosen dieser Idee in Reykjavik halbherzig zugestimmt – jedenfalls war das unser Eindruck gewesen –, aber sie war bisher noch nicht verwirklicht worden.

Ob Jobert, der darauf bestand, als letzter zu sprechen, schon von vornherein die Absicht gehabt hatte, zum Angriff überzugehen, oder ob meine Ausführungen ihn dazu veranlaßt haben, weiß ich nicht. Welches seine Motive auch gewesen sein mögen, er erwähnte meinen Vorschlag für eine Intensivierung der Konsultationen nicht. Statt dessen benutzte er die Gelegenheit für seinen wohlvorbereiteten Angriff gegen das Kondominium, über das sich die beiden Supermächte angeblich schon geeinigt hätten. Er bezeichnete die Bestimmung über gegenseitige Konsultationen in der Vereinbarung zwischen den Vereinigten Staaten und der Sowjetunion zur Verhinderung eines mit Kernwaffen geführten Krieges als das flagranteste Beispiel (siehe 7. Kapitel) und behauptete, daß es für Europa besser wäre, wenn es seine eigene Politik entwickelte. Ich machte von dem nur selten in Anspruch genommenen Recht der Erwiderung Gebrauch, verwahrte mich mit aller Schärfe gegen diese Behauptung und erläuterte die Bestimmungen dieser Vereinbarung, deren Bedeutung und Geschichte Jobert sehr gut kannte, und schloß: »Ich wiederhole diese Tatsachen für das zu veröffentlichende Protokoll. Wenn sie in Zukunft immer noch falsch interpretiert werden sollten, dann kann das nicht unbeabsichtigt geschehen.«

Aber die Erregung legte sich rasch. Die NATO war für Joberts Ausfälle nicht das richtige Forum. Die Erinnerung an eine fünfundzwanzigjährige Zusammenarbeit ließ sich nicht dadurch auslöschen, daß sich jemand in einer Debatte als scharfzüngiger Redner erwies. Am folgenden Morgen traf ich mit Jobert beim Frühstück zusammen. Unsere privaten Begegnungen verliefen ausnahmslos sehr angenehm und sogar unterhaltsam, denn mein französischer Kollege war ein ungewöhnlich charmanter, hochintelligenter und scharfsinniger Gesprächspartner. Um mir seinen guten Willen zu beweisen, zog er seine Bedenken gegen ein Zusammentreffen mit den Außenministern der Europäischen Gemeinschaft, das ich beabsichtigt hatte, zurück.

Daß eine Konferenz mit neun Außenministern, von denen acht auch Mitglieder der NATO waren (die einzige Ausnahme war Irland) im Rahmen der atlantischen Beziehungen zum Problem werden konnte, zeigte, wie stark der atlantische Zusammenhalt schon unter dem komplexen Verfahren gelitten hatte, das zu einem Vereinten Europa führen sollte – zumindest durch die Art, wie Jobert dieses Verfahren praktizierte. Nachdem er die Worte »Partnerschaft« und »gegenseitige Abhängigkeit« aus der geplanten gemeinsamen Erklärung der Vereinigten

Staaten und der Europäischen Gemeinschaft gestrichen hatte, legte Jobert auch sein Veto gegen Gespräche zwischen Amerika und Europa auf Ministerebene ein. Joberts Kollegen haben die Absurdität dieser Haltung wahrscheinlich erkannt. Der dänische Außenminister Andersen, der die Pflichten des Präsidenten im Ministerrat der Gemeinschaft mit Würde und Geschick wahrnahm, hat sie mit Sicherheit für unsinnig gehalten. Vielleicht spürte Jobert aber auch selbst, daß er auf der Plenarsitzung der NATO zu weit gegangen war. Auf jeden Fall fand meine Begegnung mit den neun Außenministern der Gemeinschaft am Nachmittag des 11. Dezember statt, nachdem die Konferenz des Nordatlantikrats zu Ende gegangen war.

Die Situation war bizarr. Ich hatte eben fast drei Tage mit acht von ihnen zugebracht und war ihnen als Gruppe und einzeln begegnet. Es gab praktisch nichts Neues zu besprechen. Darüber hinaus hielten es meine Kollegen angesichts der Besorgnisse Frankreichs, die Europäische Gemeinschaft könnte in der NATO »aufgelöst« werden, für nicht angezeigt, das Treffen im NATO-Hauptquartier außerhalb von Brüssel zu veranstalten, wo wir uns alle aufhielten und wo es deshalb am bequemsten für uns gewesen wäre. Jobert weigerte sich auch, die Begegnung in einem offiziellen Gebäude wie etwa in einer Botschaft zu arrangieren. An seine Gründe kann ich mich heute nicht mehr erinnern, wenn ich sie je gekannt haben sollte. Die Kompromißlösung bot sich in dem von Andersen bewohnten Appartement im Brüsseler Hilton-Hotel.

Diese Begegnung der Außenminister wird nicht in die Geschichte eingehen, weil die Beteiligten bei dieser Gelegenheit sehr viel Neues erfahren haben – mit Ausnahme des boshaften irischen Außenministers, Garret Fitz Gerald, der die transatlantischen Stammesriten noch nicht kannte. Ihm zuliebe erläuterte ich noch einmal unsere Argumente für das Europa-Jahr, die meine anderen Kollegen mit Sicherheit schon zum Überdruß kannten. Zwei oder drei Minister gaben pflichtgemäß formale Erklärungen ab, hatten aber auch nicht mehr Phantasie als ich und wußten nichts Neues zu sagen. Fitz Gerald, der diese ganze Persiflage noch nie erlebt hatte, amüsierte sich hervorragend. Aber selbst seinem Humor und scharfen Verstand gelang es nicht, uns länger als eine Stunde zusammenzuhalten – sehr zur Erleichterung von Jobert, dem viel daran lag, daß dieses Treffen nicht zur ständigen Einrichtung wurde.

Nachdem wir uns getrennt hatten, begleitete mich ein strahlender Andersen, der nur noch einen Monat das Amt des Präsidenten innehaben würde, in die Hotelhalle und sprach zu den wartenden Journalisten von einer »historischen« Begegnung. Der Däne war das unschuldige Opfer des Tauziehens zwischen dem legalen Formalismus der Gemeinschaft und unseren abstrakten Begriffen von Partnerschaft und schien erleichtert darüber zu sein, daß jetzt alles vorüber war – jedenfalls für ihn in seiner Eigenschaft als Vorsitzender. Aus meiner Sicht unterstrich das Treffen eher die Schwächen in den Beziehungen der Vereinigten Staaten zu Europa, als daß es dazu beigetragen hätte, Gegensätze zu überbrücken.

Ich unternahm daher noch einen Versuch zur Versöhnung, um den Streit zu beenden. Schon vor vielen Monaten hatte ich mich bereit erklärt, vor der Society of Pilgrims in London einen Vortrag zu halten. Wie der Name sagt, handelt es sich um eine angesehene Vereinigung von Persönlichkeiten, die sich besonders um die angloamerikanischen Beziehungen bemühten. Ich hatte den ersten Termin wegen des Nahost-Krieges absagen müssen. Als mein Besuch jetzt unmittelbar nach der NATO-Konferenz stattfinden sollte, erklärte sich Sir Alec bereit, mich der Versammlung vorzustellen. Während der ganzen hinter uns liegenden schwierigen Periode hatte er keine Mühe gescheut, die Beziehungen zwischen Europa und den Vereinigten Staaten zu verbessern. Nun hatte er großzügig erklärt, daß mein Besuch in Brüssel »das Bündnis gestärkt« hätte, und hatte einen Teil der Schuld für die gegenwärtigen Spannungen in den atlantischen Beziehungen den Europäern angelastet, als er vor der Presse erklärte, daß sie »nicht so rasch wie die Vereinigten Staaten erkannt« hätten, welche strategische Bedeutung der Nahost-Krieg hatte.

Bei einem offiziellen Essen am Abend des 12. Dezember sprach ich nun wieder von den Gründen, die uns veranlaßt hatten, das Europa-Jahr ins Leben zu rufen – die zunehmende Stärke Europas, das jetzt deutlich werdende nukleare Gleichgewicht, die Auswirkungen einer Periode, in denen Spannungen abgebaut worden waren, und die zunehmende gegenseitige wirtschaftliche Abhängigkeit unserer Länder. Das alles war unter veränderten psychologischen Voraussetzungen geschehen, welche die moralische Basis des Zusammenhalts unseres Bündnissystems schwächen konnten:

> Die nächste Generation der führenden Persönlichkeiten in Europa, Kanada und Amerika werden weder dieselbe persönliche Erinnerung noch dieselben emotionellen Bindungen an das Atlantische Bündnis haben wie seine Gründer. Sogar heute hat die Mehrheit der Menschen auf beiden Seiten des Atlantik nicht die Bedrohung erlebt, die zur Schaffung des Bündnisses geführt hat, und kennt auch nicht das Gefühl der Befriedigung, das sich für uns mit seinem Entstehen verbindet. Noch heute stimmen regelmäßig vierzig Senatoren in den Vereinigten Staaten für den massiven einseitigen Abbau der in Europa stationierten amerikanischen Streitkräfte. Noch heute gibt es Europäer, die glauben, ihre Identität ließe sich an ihrer Distanz von den Vereinigten Staaten messen. Auf beiden Seiten des Atlantik stehen wir vor der anormalen und gefährlichen Situation, in der die Öffentlichkeit den außenpolitischen Erfolg zunehmend an den Beziehungen mit unseren Gegnern mißt, während die Beziehungen zu unseren Verbündeten augenscheinlich durch kleinlichen Streit und Desinteresse gekennzeichnet sind.

Dann nannte ich die vier Grundsätze der amerikanischen Politik, welche die Grundlage unseres Dialogs mit unseren europäischen Verbündeten sein würde: die Notwendigkeit der Koexistenz von Ost und West, und zwar unter der Voraussetzung, daß »wir dafür sorgen müssen, daß die Entspannungspolitik nicht die Freundschaften unterminiert, welche die Entspannung ermöglicht haben«; die Notwendigkeit der gemeinsamen Verteidigungsanstrengungen; die Realität der europäischen Einheit; und die Tatsache, daß wir zunehmend wirtschaftlich voneinander abhängig sind. Ich erklärte, daß wir bereit zu intensiven Konsultationen wären über diese oder irgendwelche anderen Themen, die uns die Europäer vorschlagen wollten. Zugleich warnte ich davor, diese Konsultationen in einen zu formalistischen Rahmen zu zwingen:

> Aber lassen Sie uns auch daran denken, daß auch das beste Konsultationsverfahren gemeinsame Vorstellungen und gemeinsame Ziele nicht ersetzen kann; es kann nicht an die Stelle des ganzen Netzes immaterieller Bindungen treten, die der eigentliche Lebensnerv der transatlantischen und besonders der angloamerikanischen Beziehungen sind. Wir müssen darauf achten, daß wir die europäische Einheit nicht in zu legalistischen Kategorien verstehen, denn damit würden wir das aufgeben, was unser Bündnis so einzigartig macht, daß nämlich im tiefsten Sinn Europa und Amerika einander nicht als Fremde betrachten, die herkömmliche diplomatische Beziehungen pflegen, sondern als Mitglieder einer größeren Gemeinschaft, die sich manchmal unter schmerzlichen Bedingungen, aber schließlich immer kooperativ an einem gemeinsamen Unternehmen beteiligt.
> Wenn wir in die Zukunft blicken, dann erkennen wir, daß unsere jüngsten Meinungsverschiedenheiten im Vergleich mit den Herausforderungen, denen wir uns in Zukunft stellen müssen, bedeutungslos gewesen sind. Ein neues internationales System ist an die Stelle der Struktur in den Jahren unmittelbar nach dem Krieg getreten. Die Außenpolitik Chinas und der Sowjetunion ist im Wandel begriffen. Westeuropa schließt sich zusammen. Neue Nationen suchen ihre Identität und die ihnen angemessene Rolle. Noch heute verändern sich die wirtschaftlichen Beziehungen rascher als die Strukturen, aus denen sie hervorgegangen sind. Wir – Europa, Kanada und Amerika – haben nur die Wahl zwischen zwei Extremen, der gemeinsamen Kreativität oder der getrennten Bedeutungslosigkeit.

Als Beispiel für diese neue Kreativität forderte ich die demokratischen Industrienationen auf, eine energiepolitische Aktionsgruppe zu bilden,

> die aus älteren und angesehenen Persönlichkeiten bestehen und das Mandat haben sollte, innerhalb von drei Monaten ein erstes Aktionsprogramm für die Zusammenarbeit auf allen Gebieten des Energieproblems zu entwickeln. Wir würden es den Mitgliedern der Neun überlassen, ob sie an diesem Vorhaben als Europäische Gemeinschaft teilnehmen wollen.

Und ich schloß mit dem Appell, den moralischen Zusammenhalt zu wahren:

> Es ist unsere Pflicht und liegt in unserem eigenen Interesse, die erfolgreichste Partnerschaft in der Geschichte am Leben zu erhalten. Die Vereinigten Staaten sind entschlossen, die Atlantische Gemeinschaft für die Zukunft zu einer ebenso vitalen, positiven Kraft werden zu lassen, wie sie es in der Vergangenheit gewesen ist. Was bisher als eine Selbstverständlichkeit angesehen worden ist, muß jetzt er-

neuert werden. Das ist keine amerikanische Herausforderung an Europa, es ist eine historische Herausforderung an uns alle.

Ich habe aus dieser Rede so ausführlich zitiert, weil es für mich kein politisches Ziel gab, das mir mehr bedeutete als die Aufrechterhaltung der lebenswichtigen Partnerschaft zwischen den Vereinigten Staaten und Europa. In der Pilgrims-Rede wollte ich mich mit den Beschwerden der Europäer auseinandersetzen. Deshalb erklärte ich mich uneingeschränkt zu Konsultationen bereit, bestätigte ausdrücklich die globalen Verantwortlichkeiten Europas und wandte mich gegen die falsche Vorstellung, wir wollten Europa eine regionale Rolle zuweisen. Ich legte den Vorschlag auf den Tisch, daß wir gemeinsam das Energieproblem lösen sollten, das unsere Verbündeten fast in eine Panik getrieben hatte (siehe 19. Kapitel).

Soweit es möglich war, den Europäern ihre Sorgen mit Zusicherungen zu nehmen, war es mit dieser Rede geschehen, und da sich viele Beschwerden gegen bestimmte Formulierungen in meiner ersten Rede zum Europa-Jahr richteten, die ich jetzt entweder zurückgenommen oder in den richtigen Zusammenhang gestellt hatte, hätte es jetzt möglich sein sollen, zu einem Geist der Zusammenarbeit zurückzukehren.

Aber die folgenden Ereignisse bewiesen, daß die Probleme viel tiefer lagen. Wir wollten den atlantischen Beziehungen eine neue Zielrichtung geben, doch unseren Verbündeten kam es in erster Linie darauf an, ein Vereintes Europa zu schaffen. Sie glaubten – nach meiner Meinung irrten sie sich darin –, daß sich beide Ziele nicht gleichzeitig verwirklichen ließen. Jedenfalls wurden beide Vorhaben immer wieder durch innenpolitische Umwälzungen, außenpolitische Krisen und Schwierigkeiten bei der Einhaltung von Terminen gestört. Sehr bald stellten sich uns die gleichen Hindernisse in den Weg, mit denen wir es schon während des vergangenen Jahres zu tun gehabt hatten. Ich reiste aus London ab, um mich wieder dem Friedensprozeß im Nahen Osten zuzuwenden, und zwar in erster Linie mit von den Vereinigten Staaten einseitig ergriffenen Initiativen. Wenige Tage später trafen sich die Regierungschefs der Europäischen Gemeinschaft in Kopenhagen, um ihre Identität ebenso einseitig zu definieren. Sie reagierten nicht auf meine Pilgrims-Rede und ließen meinen Vorschlag zur Schaffung neuer Konsultationsmechanismen ebenso unbeachtet wie die Anregung, eine Aktionsgruppe zur Behandlung energiewirtschaftlicher Fragen zu gründen. Das Thema, mit dem sie sich eingehend beschäftigen wollten, war der Nahe Osten. Sie erneuerten ihr Verlangen nach einer umfassenden Gesamtlösung – während ich mich darum bemühte, die Genfer Konferenz zustande zu bringen und eine schrittweise Truppenentflechtung einzuleiten, die sogar von den radikalen arabischen Staaten unterstützt werden sollte. Diesmal war ich in Riad, als mich die Nachricht von einer Erklärung der Europäischen Gemeinschaft erreichte. Hier erfuhr ich auch, daß sich unsere Verbündeten mit Deklarationen nicht zufriedengeben wollten. Die Franzosen verlangten einen besonderen »europäisch-arabischen Dialog«. Angesichts der erklärten Absichten Europas mußte ein solches Vorhaben unseren Bemühungen zuwiderlaufen, und das europäische Gipfeltreffen zeigte uns in seinem Verlauf auch anhand eines anderen Ereignisses, daß die politischen Bestrebungen der Europäer in eine ganz andere Richtung liefen. Eine Gruppe arabischer Außenminister war nach Kopenhagen gekommen und hatte augenscheinlich keine Verfahrensschwierigkeiten, mit den Regierungschefs der Gemeinschaft zusammenzutreffen – jedenfalls stellten sich ihnen weniger Hindernisse in den Weg als Nixon bei seinem Versuch, das Europa-Jahr zum Erfolg zu führen. Niemand kam auf den Gedanken, daß die Außenminister nur mit den Präsidenten der Gemeinschaft zusammentreffen sollten – was man dem amerikanischen Präsidenten zugemutet hatte. Allerdings behaupteten einige Verbündete, das Auftauchen der Araber hätte sie überrascht; man wäre hier einer Eingebung des Augenblicks gefolgt. Wir wußten, daß es anders war, und ihnen war es klar, daß wir es wußten.

In dieser Atmosphäre besuchte ich Jobert am 19. Dezember in seinem Büro am Quai d'Orsay, um ihn von den Ergebnissen meiner eben beendeten Reise durch den Nahen Osten und der bevorstehenden Genfer Konferenz zu unterrichten. Unser Gespräch war wie üblich gekennzeichnet durch den Geist des persönlichen guten Willens, dem eine vorsichtige Abwehrhaltung bestimmte Grenzen setzte. Jobert fragte mich, wie ich mich unter meinen wirklichen Freunden fühlte. Ich sagte, ich gäbe zu, mich unter Freunden zu befinden, gleichgültig, ob es wirkliche Freunde wären oder nicht. Ihn reizte das Paradox, und er war zum Scherzen aufgelegt. Es bereitete ihm Vergnügen, so zu tun, als entsprächen seine persönlichen Ansichten nicht der Politik, die er im nationalen Interesse und auf Anweisung seines Präsidenten verfolgen mußte. Er sagte mir, auch er hielte unser schrittweises Vorgehen im Nahen Osten eigentlich für richtig. Als französischer Außenminister sähe er sich leider gezwungen, eine andere Haltung zu vertreten. Er werde dabei möglichst behutsam vorgehen. Ich fragte ihn, wieso es im Interesse Frankreichs läge, nicht seiner Überzeugung gemäß zu handeln. Er erwiderte, Frankreich müßte im Nahen Osten das Gesicht wahren. Schließlich hätten wir Europa die Teilnahme an Entscheidungen in diesem Gebiet verwehrt. Das bestritt ich. Ich fragte ihn, was Frankreich tun würde, wenn es selbst noch unmittelbar im Nahen Osten engagiert wäre. Jobert antwortete, diese Möglichkeit wäre grundsätzlich eine große Genugtuung, in Wirklichkeit könnte er aber nicht sagen, wie sich Frankreich dann verhalten würde.

Waren denn alle diese herausfordernden Gesten und Redereien nur Ausdruck des Bemühens, den Schein zu wahren? Jobert sagte mir nicht, was er dachte. Vielmehr versuchte er, nachdem er sich praktisch mit unserer Nahost-Politik einverstanden erklärt hatte, unsere Europa-Politik in Frage zu stellen. Er beschuldigte uns, ausgerechnet Luxemburg dafür einzusetzen, den Zusammenhalt der Neun zu blockieren. Aber diese Behauptung war so absurd, daß selbst Jobert den Gedanken nicht weiter verfolgte, und so endete das Gespräch mit einem neuen Widerspruch: »Nun, Sie werden ohnedies niemals ein starkes Europa erleben.« Aber wozu dann all die leidenschaftlichen Reden und herausfordernden Erklärungen? Jobert verhielt sich wie jemand, der dazu verurteilt ist, zur Ehre seines Landes das Falsche zu tun. Auch in seinen

Äußerungen zu den verschiedenen atlantischen Deklarationen konnte er sich zu keiner klaren Stellungnahme entschließen. Er könnte noch nicht sagen, ob er selbst den Entwurf für eine Erklärung der Europäischen Gemeinschaft vorlegen werde, würde es mir jedoch Anfang Januar mitteilen (er hat es nie getan) und sagte, damit würde sich die Lage auch nicht ändern. Jobert erkannte die Komplexität der Situation, sagte aber nicht, in welcher Richtung ein Ausweg zu suchen sei. Vielleicht fürchtete er auch, daß jede Lösung die Vorherrschaft Frankreichs in Europa bedrohen könnte. In diesem Fall war es für Frankreich am günstigsten, wenn nichts geschah, und dann konnte es nur in Joberts Interesse liegen, daß wir nicht so bald aus der Sackgasse herauskamen.

Daraus bestand im wesentlichen auch Georges Pompidous Thema, als ich am folgenden Tag, dem 20. Dezember 1973, zum letztenmal mit ihm zusammenkam. Pompidou war aus härterem Holz geschnitzt als Jobert, weniger zum Scherzen aufgelegt und wußte, daß er bald sterben würde. Er ließ sich die furchtbaren Schmerzen, unter denen er, wie ich später erfuhr, ständig litt, nicht anmerken und war höflich und zuvorkommend wie immer. Aber vielleicht hat ihn die kurze Frist, die das Schicksal ihm noch ließ, veranlaßt, jede vorstellbare Initiative mit einer für ihn ganz uncharakteristischen Unmittelbarkeit abzulehnen. Er erklärte, daß Frankreich sich nicht für die Genfer Konferenz interessierte, denn die Sowjetunion und die Vereinigten Staaten hätten es von der Teilnahme ausgeschlossen. Was die Beziehungen zwischen den Vereinigten Staaten und Europa betraf, so weigerte er sich, sie genauer zu definieren:

> Als Franzose kann ich Ihnen sagen, daß wir keine offizielle Erklärung als Basis für die Beziehungen zwischen Europa und den Vereinigten Staaten brauchen. Wir sind nicht sehr stark daran interessiert – uns wäre es lieber, wenn es gar keine Deklaration gäbe oder doch nur eine sehr kurze und mehr auf europäische Initiative zustande gekommene Deklaration, die bewirken würde, daß sich eine amerikanische Unbedenklichkeitserklärung erübrigt.

Er lehnte auch meinen Vorschlag ab, eine Aktionsgruppe zur Lösung energiepolitischer Fragen zu bilden. Jeder Zusammenschluß der Ölverbraucher könnte zu einer Konfrontation mit den Ölproduzenten führen. Er wollte es unter keinen Umständen darauf ankommen lassen, daß die Ölversorgung Frankreichs gefährdet wurde. Deshalb hätte es keinen Sinn, wenn sich die Ölverbraucher zusammenschlössen.

Wenn Frankreich freie Hand im Nahen Osten verlangte, sich weigerte, an einem Zusammenschluß der Ölverbraucher teilzunehmen und eine atlantische Deklaration für sinnlos hielt, dann blieb vom atlantischen Dialog nicht mehr viel übrig. Wenn zwei Auffassungen über die künftige Entwicklung einander so sehr widersprechen, dann kann nur eine von beiden richtig sein. Was sich nicht durch Vorausplanung erreichen läßt, muß in diesem Fall durch die praktische Erfahrung erreicht werden. Zu dieser schmerzlichen Methode, das eigene Schicksal zu bestimmen, hatten sich die atlantischen Nationen durch ihre eigene Uneinigkeit verurteilt. Das Europa-Jahr war vorüber.

Wo lagen die Fehler?

Viele Faktoren haben zusammengewirkt, um zu diesem enttäuschenden Ergebnis zu führen. Die kritischen Vorwürfe, die 1973 erhoben wurden, haben seither an Bedeutung verloren und sind zum Teil kleinlich und von parteilichen Motiven bestimmt gewesen. So hatte man behauptet, daß wir lieber mit unseren Gegnern als mit unseren Verbündeten verhandelten, die europäischen Nationen unzureichend konsultiert hätten und unsere Freunde unter Druck setzten.

Natürlich war es weniger kompliziert, mit autoritären Regierungen zu verhandeln, aber das Europa-Jahr bedeutete für uns viel mehr als jede Initiative gegenüber der kommunistischen Welt. Deshalb haben wir uns trotz so zahlreicher Zurückweisungen immer wieder um die Verbesserung der Beziehungen zu Europa bemüht. Was nun die Konsultationen betrifft, so läßt mein Bericht kaum einen Zweifel daran, daß wir uns im Rahmen des Europa-Jahrs aufrichtig darum bemüht haben.

Sicherlich haben wir taktische Fehler gemacht. Es war ungeschickt, zu versuchen, eine wichtige außenpolitische Initiative dem nationalen Sicherheitsberater zu überlassen, sie entsprach jedoch dem Wunsch des Präsidenten, und da die Amtszeit des Außenministers Rogers zu Ende ging, lag mir viel daran, selbst diesen Versuch zu unternehmen. Wir hatten auch auf anderen Gebieten Erfolg gehabt, ohne das Außenministerium einzuschalten. Aber die Beziehungen zu den europäischen Nationen eigneten sich nicht für die Methoden der Geheimdiplomatie, deren Ergebnisse in aufsehenerregenden Bekanntmachungen gipfeln sollten. Im Rahmen unserer nordatlantischen Beziehungen hatten sich Konsultationsmethoden entwickelt, die vom Beamtenapparat in den einzelnen Ländern eifersüchtig und manchmal sogar leidenschaftlich verteidigt wurden. Wäre ich schon zu Anfang dieses Unternehmens Außenminister und nicht Sicherheitsberater gewesen, dann hätte ich vielleicht deutlicher gespürt, daß es notwendig war, die Außenministerien unserer Verbündeten einzuschalten. Aber für das Weiße Haus war es einfacher, sich mit den Regierungschefs direkt in Verbindung zu setzen, was die Fachleute in den Ministerien verärgerte, auf deren guten Willen wir angewiesen waren, wenn die im Rahmen unserer Initiative notwendigen detaillierten Verhandlungen zum Erfolg führen sollten.

Doch darin bestanden nur die äußeren Schwierigkeiten. Die eigentlichen Probleme lagen tiefer, und zwar auf vier Gebieten: dem Nahost-Konflikt, den Ost-West-Beziehungen, dem Streben nach einer größeren politischen Geschlossenheit in Europa und Watergate.

Durch die Nahost-Krise wurden uns zwei Grundprobleme in den atlantischen Beziehungen bewußt gemacht. Wie sollen sich Verbündete verhalten, wenn es in einem Gebiet zu Schwierigkeiten kommt, für das sie nach den Buchstaben der geltenden Verträge keine Verpflichtungen übernommen haben, das jedoch die vitalen Interessen aller Beteiligten berührt? Und wie sollen sich Verbündete verhalten, wenn es zu fundamentalen Meinungsverschiedenheiten über die einzuschlagende außenpolitische Richtung kommt? Natürlich schaffen nicht alle Meinungsverschiedenheiten unter Verbündeten die gleichen Probleme. Es gibt Fragen, die vor allem nur eine Partei betreffen, und in solchen Fällen gewinnt man nicht viel, wenn man sich um einen Konsens bemüht. Hier kann man mit Verständnis und Abwarten – oder mit in aller Ruhe und unauffällig geführten Konsultationen – gefährliche Auseinandersetzungen vermeiden. Ein typisches Beispiel dafür war unsere Haltung gegenüber Brandts Ostpolitik. Schwierig sind Probleme, bei denen es um vergleichbare Interessen beider Seiten geht, die von jeder Seite anders beurteilt werden, wie es ganz entschieden im Nahen Osten der Fall war.

Was nun die völkerrechtlichen Verpflichtungen betrifft, so wiederhole ich meine Überzeugung, daß das Atlantische Bündnis, wenn man es auf seinen rechtlichen Inhalt reduziert, früher oder später auch in den Bereichen versagen wird, in denen formale gegenseitige Verpflichtungen bestehen. Der Lebensnerv eines Bündnisses ist die gemeinsame Überzeugung, daß die Sicherheit eines jeden einzelnen Verbündeten im vitalen Interesse aller anderen liegt. Es darf im Krisenfall nicht dazu kommen, daß jeder zuerst seine Rechtsexperten fragen muß, wozu er verpflichtet ist. Und schließlich muß das westliche Bündnis auch durch die Herzen seiner Mitglieder und nicht nur durch ihren Verstand zusammengehalten werden. Daraus folgt, daß eine Bedrohung der vitalen Interessen eines Partners alle anderen nicht gleichgültig lassen darf, auch wenn der Bündnisvertrag im Einzelfall die Unterstützung nicht ausdrücklich verlangt. Wenn daher die Sicherheit des Westens auf dem Spiel steht, dann darf es keine entscheidende Rolle spielen, aus welcher Richtung die Bedrohung kommt. Gelänge es der Sowjetunion, im Nahen Osten die Vorherrschaft zu gewinnen, dann hätte sie die Möglichkeit, der NATO ihre wichtigsten Versorgungslinien abzuschneiden. In diesem Falle wäre der Zusammenbruch Europas ebenso gewiß, wie wenn sowjetische Armeen bis an den Ärmelkanal vorstießen. Wenn die radikalen arabischen Regimes die Oberhand gewannen, dann würde das, wenn auch auf Umwegen, die gleichen Folgen haben – auch wenn man in einigen europäischen Ländern anderer Auffassung ist.

Doch was kann die theoretische Bedeutung der Einigkeit im Bündnis außerhalb des Gebiets bewirken, das im Verantwortungsbereich der NATO liegt, wenn sich in einer bestimmten Lage radikale Meinungsverschiedenheiten ergeben? Sind die Verbündeten verpflichtet, sich den einseitigen Entscheidungen eines ranghöheren Partners zu unterwerfen, auch wenn diese Entscheidungen nach ihrer Beurteilung der Lage falsch sind? Unsere europäischen Verbündeten haben uns das Problem immer wieder in dieser Form vorgelegt, und ihre Frage läßt sich nicht theoretisch beantworten. Es müssen weit größere Anstrengungen als bisher unternommen werden, um es nicht wieder zu einer solchen Konfrontation kommen zu lassen. Wenn sich Differenzen nicht ausgleichen lassen, dann muß der eine oder der andere Partner klug genug sein, wenigstens so lange beiseite zu stehen, bis es sich erwiesen hat, ob die eingeschlagene Richtung zum Erfolg führt. Wenn jeder Verbündete darauf besteht, daß man seinem Vorschlag folgt, dann muß es zu einem ungesunden Wettstreit und zu Konflikten kommen. Jede Seite riskiert, die Bemühungen des anderen zum Scheitern zu bringen, ohne sich selbst durchsetzen zu können. Spaltungen innerhalb des Bündnisses werden den Druck von außen verstärken, und das Bündnis gerät in die Gefahr, auseinanderzubrechen.

Im Herbst 1973 hatte man den Eindruck, daß das Atlantische Bündnis sich nicht aus diesem Circulus vitiosus befreien konnte. Wie einige unserer Verbündeten unsere Nahost-Politik auch vor dem Kriege beurteilt haben mochten, die praktische Konsequenz ihres in diesem Kapitel dargestellten Verhaltens war die Lähmung unserer Strategie, wenn sie Erfolg hatten, oder der Beweis der Handlungsunfähigkeit Europas, wenn sie scheiterten. Aber in jedem Falle waren wir die einzige verbündete Macht, die in der Lage war, rasche Fortschritte zu bewirken und damit die Voraussetzungen für eine Entschärfung der Krise zu schaffen und den Sowjets die Möglichkeit zu nehmen, ihren politischen Zielen näher zu kommen. Daß Europa den Verletzungen des Waffenstillstandes anders begegnen wollte als wir, war verständlich. Daß die Europäer ihre Auffassung jedoch am Tage meines Eintreffens in Kairo öffentlich bekanntgaben, behinderte unsere Strategie ebenso wie die Sadats, und das hat keinem freien Land etwas genützt.

Wenn ich in diesem Kapitel so oft von »Europa« gesprochen habe, dann habe ich diesen Begriff nicht ganz richtig verwendet. An der Spitze der Opposition gegen unsere Politik stand Frankreich in Michel Joberts Person, der von Heath unterstützt wurde, während Brandt die Haltung der Franzosen und Briten tolerierte, und jeder von ihnen hatte seine eigenen Gründe. Die Benelux-Länder, Dänemark und Italien fühlten sich durch die sich verschärfende Konfrontation beunruhigt. Sie waren nicht geneigt, unserer Nahost-Politik direkt entgegenzutreten, auch wenn sie gewisse private Vorbehalte hatten. Aber auch für sie hatten die neu geschaffenen politischen Institutionen, denen es vor allem darauf ankam, den Eindruck eines monolithischen Zusammenhalts zu vermitteln, einen besonderen Wert. Der politische Konsens in der Europäischen Gemeinschaft wurde augenscheinlich durch zwei Methoden herbeigeführt. Entweder suchte man den niedrigsten gemeinsamen Nenner für Belanglosigkeit oder Unbestimmtheit oder man entschied sich für eine Politik, die von einem Partner besonders leidenschaftlich befürwortet wurde und die andere, die nicht unbedingt von der Richtigkeit solcher Auffassungen überzeugt waren oder sie sogar vorsichtig ablehnten, glaubten unterstützen zu müssen, um die Geschlossenheit Europas zu bewahren.

Die Ost-West-Beziehungen hatten unter anderem unsere Initiative veranlaßt und waren die hauptsächliche Ursache für ihr Scheitern. Wir wollten keinen psychologischen Ballast für das Verhalten der Demokratien gegenüber der kommunistischen Welt schaffen. Wie ich in meiner Pilgrims-Rede gesagt hatte, kam es darauf an, den anormalen Zustand zu überwinden, in dem die Öffentlichkeit immer mehr dazu neigte, außenpolitische Erfolge an den Beziehungen zu unseren Gegnern zu messen. Wir meinten es mit der Bestätigung der atlantischen Solidarität ernst und waren bereit, die Entspannungspolitik dem Konsens mit unseren Verbündeten unterzuordnen. Aber nicht alle unsere Verbündeten zeigten die gleiche Bereitschaft. Einige von ihnen versprachen sich von ihrem Entgegenkommen gegenüber dem Osten innen- und außenpolitisch sehr viel. Wie die zitierte Rede Joberts zeigt, wäre es einigen unserer Partner lieber gewesen, wenn wir uns mit unseren Entspannungsbemühungen mehr zurückhielten, damit sie ihre eigenen intensivieren könnten.

Frankreich und Deutschland war zwar viel daran gelegen, *unsere* Handlungsfreiheit einzuschränken, sie waren aber nicht bereit, als Gegenleistung die Außenpolitik des Westens straffer zu koordinieren. Brandt wollte sich in seiner Ostpolitik nicht durch intensivere Bemühungen um einen atlantischen Konsens behindern lassen. Aber eine deutsche Außenpolitik, der keine Grenzen gesetzt waren, beunruhigte die Franzosen. Zu Beginn der siebziger Jahre hat Pompidou dadurch ein Gegengewicht gegen die Bestrebungen Deutschlands herzustellen versucht, daß er näher an uns heranrückte. 1973 weckte das Mißtrauen gegenüber Bonn unter Joberts Einfluß Pompidous gaullistische Instinkte, und jetzt versuchte er, Deutschland dadurch in Schranken zu halten, daß er den europäischen Interessen gegenüber den amerikanischen den Vorrang einräumte und ebenso wie Deutschland seine Fühler nach Osten ausstreckte. Man verlor dabei die Gefahr aus dem Auge, daß ein Wettrennen der Europäer nach Moskau früher oder später zum ersten Schritt auf eine Finnlandisierung Europas hin werden könnte, und zwar in dem Sinne, daß eine Lockerung der politischen Bindungen an Amerika sich auf die Dauer auch auf die Sicherheit auswirken mußte, oder man tat solche Möglichkeiten als lächerlich ab, weil man zu intensiv mit kurzfristigen taktischen Fragen beschäftigt war, mit denen Staatsmänner nur allzuoft ihre tiefe Sorge um die Zukunft zu verdecken suchen.

Die dritte wesentliche Ursache dafür, daß wir uns aus dieser festgefahrenen Lage nicht befreien konnten, war der Umstand, daß der Rhythmus des politischen Pulsschlags in Europa ein anderer war als in den Vereinigten Staaten. Jetzt, da der Vietnam-Krieg hinter uns lag, suchten wir nach schöpferischen Aufgaben, um mit unserem innenpolitischen Trauma fertig zu werden. Aber bei unseren Verbündeten bestanden solche Zwänge nicht. Im Gegenteil, sie hatten das Gefühl, daß die vor ihnen liegenden Aufgaben sie voll ausfüllten. Nach langem Zögern war der Gemeinsame Markt Anfang 1973 von sechs auf neun Länder ausgedehnt worden. Unser Vorschlag, sich über die atlantischen Beziehungen auszusprechen, löste nun, wenn auch vielleicht unbeabsichtigt, die Frage aus, wer für Europa sprechen sollte, und die Europäer suchten die Antwort dadurch zu finden, daß sie rein formalistische Verfahren entwickelten, die normale Konsultationen unmöglich machten. Sogar Politiker, die es nicht für unvereinbar hielten, die atlantischen Bindungen und die europäische Einheit gleichzeitig zu stärken, fürchteten, daß Europa sich nicht gleichzeitig mit beiden Vorhaben beschäftigen könnte. Sir Alec Douglas-Home hat diese Auffassung fast bestätigt, als er sagte:

> Unter idealen Voraussetzungen hätten wir uns für einen anderen Zeitplan entschieden. Es wäre uns lieber gewesen, wenn die neue Neuner-Gemeinschaft Zeit gehabt hätte, sich zusammenzufinden und

sorgfältiger zu überlegen, auf welchem Wege sie zu einer gemeinsamen Haltung kommen könnte. Aber unter dem Druck der Ereignisse auf beiden Seiten des Atlantik und in Japan sehen wir uns alle gezwungen, das Tempo zu beschleunigen.

Andere und besonders die kleineren Länder stimmten Jean Monnets These zu, daß ein transatlantischer Dialog die europäische Einheit stärken könnte, weil er Europa zwänge, mit einer Stimme zu sprechen. Aber damit gerieten wir nur in den schon zehn Jahre alten europäischen Streit zwischen Frankreich, das in einem Vereinten Europa die Führung übernehmen wollte, und Ländern wie Belgien, welche die formale Gleichberechtigung verlangten, während die Bundesrepublik Deutschland unentschlossen zwischen den verschiedenen Auffassungen hin- und herschwankte.

Für einige Europäer, besonders für Frankreich, ließ sich die europäische Einheit nicht von der Art und Weise trennen, in der sie zustande kam. Die Franzosen wollten auf keinen Fall, daß sie einer *amerikanischen* Initiative zu verdanken sei. In Großbritannien vertrat Heath eine ähnliche Auffassung. Für ihn ergäbe sich dann wenigstens die sehr unangenehme Möglichkeit, unter Umständen zwischen Paris und Washington wählen zu müssen, was, wie er glaubte, 1963 zum Scheitern seiner Verhandlungen über den Beitritt Großbritanniens zur Europäischen Gemeinschaft geführt hatte. Er hatte sich vorsorglich für Paris entschieden, bevor diese Entscheidung von ihm verlangt worden war. Brandt war zunächst am zugänglichsten, wenn eine solche Bereitwilligkeit auch unter den 1973 herrschenden Umständen ein sehr relativer Begriff war. Aber selbst er war nicht bereit, sich deshalb gegen seine Kollegen in Frankreich und Großbritannien zu stellen, besonders da er es vermeiden wollte, die atlantischen Bindungen enger zu knüpfen, um für seine Ostpolitik freie Hand zu behalten.

Unser Dilemma bestand darin, daß wir, wenn wir Monnets Rat folgten und uns für die europäische Einheit stark machten, mit einer Wiederholung der sechziger Jahre rechnen mußten, weil Paris in einer solchen Haltung eine Herausforderung gegenüber dem französischen Anspruch auf Führung in Europa sehen würde. Wenn wir jedoch auf die französischen Empfindlichkeiten Rücksicht nahmen und Frankreich anstelle der Europäischen Gemeinschaft zu unserem Gesprächspartner machten, dann mußten sich die Beziehungen zu den natürlichen Befürwortern unserer Initiative abkühlen. Um nicht übergangen zu werden, hielten die kleineren europäischen Staaten an den Konsultativverfahren der Europäischen Gemeinschaft fest, die noch nicht erprobt, zeitraubend und damit ein wesentlicher Anlaß für Reibereien waren. Und so gerieten wir auf einem Umweg schließlich doch in einen Streit mit Frankreich und bewiesen damit, wie ich glaube, daß sich der Erfolg nicht immer einstellt, wenn man das genaue Gegenteil von dem tut, was vor zehn Jahren zum Scheitern eines Unternehmens geführt hat.

Ein europäischer Staatsmann, der zugleich eine starke Persönlichkeit war, hätte vielleicht alle diese Tendenzen zusammenfassen und eine schöpferische Politik daraus gestalten können. Leider standen jedoch die einflußreichsten europäischen Regierungschefs, die eine solche

Aufgabe hätten übernehmen können, alle vor eigenen Problemen. 1973 hatte Pompidous physisches Martyrium schon begonnen. Die Krankheit und die Medikamente, mit denen er sie bekämpfen mußte, raubten ihm die Konzentrationsfähigkeit und Klarheit des Denkens, die er für seine politischen Entscheidungen brauchte. Er mußte seine ganze Energie aufwenden, um nach außen hin die stoische Ruhe zu zeigen, hinter der er seine Qualen so zu verbergen wußte, daß sogar die Analytiker unserer Nachrichtendienste an der Ernsthaftigkeit seines Zustandes zweifelten. Da er wußte, daß ihm nur noch wenig Zeit zur Verfügung stand, beeilte er sich, das zu Ende zu führen, was er sich vorgenommen hatte, war reizbar und verständlicherweise gegenüber plumpen Taktiken unzugänglicher, als wenn er auf längere Sicht hätte planen können. Wir hatten damit gerechnet, daß Pompidou im Europa-Jahr auf unserer Seite stehen würde, und ich glaube, unter normalen Voraussetzungen hätte er es auch getan.

Das Schicksal hat es gewollt, daß alle wichtigen Gesprächspartner im atlantischen Dialog fast gleichzeitig entweder aus persönlichen oder aus innenpolitischen Gründen ihrer Handlungsfähigkeit und Autorität beraubt worden sind. Willy Brandt stand, nachdem ihm mit seiner Ostpolitik ein symbolischer Durchbruch gelungen war, vor einer Vielzahl von Problemen in der Wirtschafts- und Außenpolitik, für deren Lösung er nicht die notwendigen persönlichen Voraussetzungen mitbrachte. Es wurde immer wieder von der Möglichkeit seines Rücktritts gesprochen. Schon sechs Monate später fand seine Partei einen Vorwand, ihn aus dem Amt zu entfernen. Als wir unsere Initiative vorlegten, schien die Position von Heath in Großbritannien unangefochten. Aber im Laufe des Jahres 1973 mußte er seine ganze Energie für die Lösung industrieller Probleme in Großbritannien verbrauchen.

Doch während die unentschlossene Haltung der Europäer in mancher Hinsicht verständlich war und wir sie vielleicht nicht immer ganz richtig verstanden haben, gibt es doch kaum eine Entschuldigung für die brüskierende und geradezu hochmütige Art, mit der die europäischen Nationen bei allem Verständnis für ihre Probleme ein Land behandelten, das ihre Wirtschaft aufgebaut hatte und auch jetzt noch ihre Sicherheit garantierte. Das Streben der Europäer nach Identität und Zusammenhalt war eine Sache, aber es war etwas ganz anderes, dieses Ziel durch Taktiken erreichen zu wollen, die eine bewußte Konfrontation mit den Vereinigten Staaten darstellten.

Daß es den Europäern nicht recht war, wenn sich die Vereinigten Staaten in die Gestaltung der innereuropäischen Strukturen einmischten, war durchaus verständlich. Die europäische Integration wurde auch in Monnets Version immer zum Teil durch das Bestreben motiviert, von Washington unabhängig zu werden. Aber unsere Verbündeten hätten dieses Ziel ebenso leicht und unter günstigeren Voraussetzungen erreichen können, wenn sie das Europa-Jahr rasch zum Abschluß gebracht und sich dann der Schaffung ihrer Institutionen auf der soliden Basis einer neu definierten atlantischen Beziehung zugewendet hätten. Die ein Jahr später verfaßte Deklaration zu den atlantischen Beziehungen hätte schon drei Monate nach unserem Angebot entworfen werden können, um in einem Gipfeltreffen im Rahmen des Bündnisses ihren Höhepunkt zu finden. Statt dessen entschlossen sich unsere Verbündeten zu einem Verfahren, das für uns verletzend, unwirksam und destruktiv war. Man hat es nie wieder angewendet.

Die verschiedenen verfahrensmäßigen und technischen Einwände der europäischen Regierungschefs waren zum Teil eine Reaktion auf Watergate. Nixon hatte es mit einer viel ernsteren innenpolitischen Krise zu tun als alle seine Kollegen, hielt sich aber am längsten im Amt. Doch die Bestätigung der moralischen Einheit des Westens konnte nicht unter der Führung eines Präsidenten der Vereinigten Staaten erfolgen, der vor einem Amtsenthebungsverfahren stand.

Ein interessantes Zeugnis dafür, wie sich Watergate in Europa auswirkte, war ein Bericht, den wir im September über die Auffassung des politischen Direktors im belgischen Außenministerium, Etienne Davignon, erhielten, der meinte, Jobert hätte jetzt ein besonderes Interesse dafür gezeigt, das Europa-Jahr möglichst rasch zum Abschluß zu bringen, weil er meinte, Watergate werde im November beendet sein und die Verhandlungsposition der Vereinigten Staaten werde damit wieder gestärkt werden. Es gab auch noch zahlreiche andere Hinweise. Bei Beginn von Nixons zweiter Amtszeit dachte man in Großbritannien an einen Staatsbesuch, bei dem der Präsident als Staatsoberhaupt empfangen und im Buckingham-Palast untergebracht werden sollte. Die Gespräche darüber verzögerten sich, als das ganze Ausmaß der Watergate-Affäre deutlich wurde. Willy Brandt hielt technisch an seiner Einladung fest, aber der Chef des deutschen Auswärtigen Amtes hatte, wie wir aus zuverlässiger Quelle erfuhren, gesagt, daß der Besuch des Präsidenten zu »unliebsamen Ereignissen« führen könnte, mit anderen Worten, zu Demonstrationen. Auch die französische Einladung wurde nicht zurückgezogen, aber die Franzosen haben uns niemals einen Terminvorschlag gemacht.

Die europäischen Regierungschefs hielten sich deutlich zurück. Während sich die Watergate-Krise zuspitzte, sorgten sie dafür, daß jedes Gespräch mit Amerikanern unentschieden zu Ende ging. So lief sich eine Initiative, die ihren Höhepunkt in einem Gipfeltreffen hätte finden sollen, im Behördenapparat fest, der viel mehr daran interessiert war, an einer sakramentalen Liturgie festzuhalten als an der Bestätigung der Grundwerte der Demokratie. Die europäische Verzögerungstaktik wurde durch unser innenpolitisches Vakuum wesentlich erleichtert. Der Präsident verlor zusehends den Rückhalt der Öffentlichkeit, was auch unseren Kritikern in Europa nicht entging. Jetzt konnten sie damit rechnen, daß auch ihre unsinnigsten Vorwürfe gegen die amerikanische Politik mehr Beachtung fanden als in normalen Zeiten. Es gab kaum noch jemand, der auch nur gegen die häßlichsten Manöver Einspruch erhob.

Wenn ich heute alles noch einmal überdenke, dann muß ich sagen, daß, auch wenn der erste Versuch gescheitert war, es doch richtig gewesen ist, ihn zu unternehmen. Wir hatten die richtigen Fragen gestellt, was am besten dadurch bewiesen wird, daß die meisten von ihnen heute unter viel schwierigeren Verhältnissen noch nicht beantwortet sind. Daß unsere Bemühungen nicht zum Erfolg geführt haben, lag daran, daß die wichtigsten Länder ihre Innenpolitik nicht mit den dringendsten Erfordernissen für die Zukunft in Einklang bringen konnten – und darin zeigt sich die ernsteste Herausforderung für die moderne Demokratie.

Japanische Perspektiven

Wir hatten vergleichbare Probleme mit unserem wichtigsten Verbündeten im Pazifik, mit Japan. Aber Japan befand sich nicht in einer Identitätskrise; es stellte uns nicht vor grundsätzliche Entscheidungen. Unsere Meinungsverschiedenheiten sind zu keiner Zeit in einem gehässigen Ton ausgetragen worden. Der japanische Nationalcharakter würde so etwas nicht zulassen.

Als ich mein erstes politisches Amt übernahm, gab es kein größeres Land, von dem ich weniger verstand als von Japan. Wie die meisten Amerikaner bewunderte ich die unerhörte Leistung des Wiederaufbaus nach der vernichtenden Niederlage im Zweiten Weltkrieg. Aber ich begriff noch nicht den einzigartigen Charakter Japans. Im Westen war der Feudalismus allmählich durch die Industrialisierung über einen Zeitraum von mehr als hundertfünfzig Jahren zerstört worden. Japan hat sich in weniger als einer Generation modernisiert, indem es die feudalen Wertbegriffe der gegenseitigen Verpflichtung mit einem neuen Ethos der industriellen Leistungsfähigkeit verknüpfte. Der Westen hat ein Regierungssystem entwickelt, das auf ein Konzept der Autorität gegründet ist; das Recht, Anordnungen zu treffen, die befolgt werden, weil sie rechtlichen oder verfassungsmäßigen Normen entsprechen. Die Basis in Japan ist der Konsens. Der Führer hat nicht automatisch das Recht, seinesgleichen seinen Willen aufzuzwingen, sondern die Möglichkeit, ihre Zustimmung zu gewinnen – oder wenigstens den Anschein zu erwecken, daß er sich darum bemüht. Ein hohes Staatsamt berechtigt den Inhaber dieses Amtes in Japan nicht, Befehle zu geben, sondern stattet ihn nur mit dem Privileg aus, bei dem Versuch, andere zu überzeugen, die Führung zu übernehmen.

Fast überall anders würde ein solches Regierungssystem zur Stagnation führen. Aber Japan ist nicht so wie andere Länder. Es hat auf seinen Inseln auf eng begrenztem Raum und in fast vollständiger Isolation von allen anderen Ländern eine große Zivilisation geschaffen. Es hat die aus China kommenden kulturellen Anregungen in eigene subtile und besondere Formen gegossen und daraus eine Tradition geschaffen, welche die japanische Gesellschaft mehr zu einer Familie als zu einem Staat hat werden lassen. In ihrer komplizierten Art verstehen die Japaner den Sinn einer Sache wie das Unfaßbare auf die gleiche Weise, so daß Entscheidungen (die anderswo durch ein politisches Verfahren gewonnen werden) aus dem sozialen Konsens entstehen. Ob die japanische Kultur entstanden ist, weil es die Koexistenz auf dichtbesiedelten, rohstoffarmen Inseln erforderte, oder ob diese Kultur das Aufblühen Japans erst ermöglicht hat, müssen die Anthropologen entscheiden.

Jedenfalls besteht kein Zweifel daran, daß die Symbiose zwischen sozialen Wertvorstellungen und politischer Struktur ungewöhnliche Leistungen ermöglicht hat. Wie viele Länder, die später kolonisiert wurden, stand Japan am Ende des 19. Jahrhunderts vor der anscheinend schweren Wahl zwischen der Modernisierung im westlichen Sinne und einer den alten Traditionen entsprechenden Entwicklung. Japan »öffnete« sich, weil es mit Waffengewalt dazu gezwungen wurde. Doch diese Öffnung führte nicht zur Unterwerfung. Im Gegenteil, die herrschenden Gruppen in Japan entschieden sich für alles, was sie brauchten, um ihr nationales Schicksal selbst zu bestimmen – und diese Voraussetzungen waren die moderne Naturwissenschaft und die industrielle Entwicklung. Daß es Japan gelingen würde, das zunächst unmöglich Erscheinende zu leisten, daß es sich im höchsten Maße technisierte und konventionelle politische Institutionen schuf, dabei aber doch das kulturelle Erbe bewahrte, ließ sich im Augenblick der Entscheidung nicht voraussehen. Japan hat seine Identität riskiert, um seine Unabhängigkeit zu bewahren – ein Entschluß, der außergewöhnlichen Mut und ein Übermaß an Hingabe erforderte.

Im Gegensatz dazu hat das kaiserliche China, als es sich ähnlichen Zwängen ausgesetzt sah, nicht gewagt, das aufs Spiel zu setzen, was das Leben dem Anschein nach lebenswert machte; es vertraute seinem diplomatischen Geschick, auch aus einer Position der Schwäche heraus Ausländer zu manipulieren. Um den Preis einer ständigen Demütigung vermied China die totale Kolonisierung, indem es einer größtmöglichen Zahl von Nationen die Gelegenheit bot, sich in seinem Land zu bereichern, und es bewahrte sich einen Rest von Autonomie, indem es die in ihrer Gewinnsucht konkurrierenden Nationen gegeneinander ausspielte.

Japan vertraute nicht so sehr auf seine kulturelle Überlegenheit oder sein diplomatisches Geschick. Es beschloß vielmehr, so stark zu werden, daß keine fremde Nation es wagen würde, ihm ihren Willen aufzuzwingen. Im Lauf der Zeit eroberte sich Japan eine Stellung, in der es andere Nationen zu einem Verhalten zwingen konnte, das es selbst ablehnte; es wurde zu einer Kolonialmacht.

Das alles geschah innerhalb einer Generation und mit Methoden, die für die Japaner zur Regel werden sollten. Nachdem Kaiser Meiji 1868 die Herrschaft wieder übernommen hatte, gingen Studiengruppen ins Ausland, um auf bestimmten Gebieten Erfahrungen zu sammeln, und zwar bei den Nationen, die auf diesen Gebieten die größten Erfolge zu verzeichnen hatten. So lieferte Großbritannien das Vorbild für die Flotte, Deutschland für die Armee und Amerika zunehmend für seine Leistungen auf technologischem Gebiet. Was man hier gelernt hatte, wurde von einer führenden Schicht übernommen, die einen erstaunlichen Zusammenhalt bewies und die Erfahrungen des Westens mit großem Geschick auf die wesentlichen Bedürfnisse Japans anzuwenden wußte.

Nach der Katastrophe des Zweiten Weltkrieges gingen die japanischen Führer mit der für sie charakteristischen Zähigkeit daran, Japan wieder aufzubauen. Sie machten aus ihrem Land eine Demokratie und eine wirtschaftliche Supermacht. Bis heute haben sie darauf verzichtet, eine entsprechende weltpolitische Rolle zu beanspruchen, weil sie klug genug waren zu erkennen, daß die Welt unter solchen Voraussetzungen die ungehemmte wirtschaftliche Konkurrenz Japans nicht ertragen würde und sie damit den militärischen Schutz aufs Spiel setzen könnten, den ihnen die Vereinigten Staaten mit ihrer Sicherheitsgarantie gegen geringe Kosten gewährten.

Dieser Fortschritt wurde mit bewährten Methoden erreicht. Die führende Schicht setzte sich wohlüberlegte, langfristige Ziele. Dabei einigte man sich nicht auf einen Kompromiß zwischen verschiedenen Möglichkeiten, die von einzelnen Gruppen bevorzugt wurden, sondern ging von einer gründlichen Analyse der Verhältnisse und Tendenzen im eigenen Land und in der übrigen Welt aus. Japan investierte mehr in die Erforschung ausländischer Methoden und wendete die Ergebnisse erfolgreicher an als irgendein anderes größeres Industrieland. Der Konsens wurde zu einer Methode, festzustellen, wie Zukunftsprobleme am erfolgreichsten gelöst werden könnten, und nicht – wie es andernorts geschah – zu einem System, das den Status quo bestätigte. Nur ein Land mit einer so bewundernswerten Moral und einem so festen Zusammenhalt konnte die Disziplin aufbringen, gesellschaftliche Prioritäten zu setzen, ohne sie gesetzlich zu verankern, und nationale Ziele zu definieren, die eine Umstellung der arbeitenden Bevölkerung auf neue Technologien und neue Produkte erforderten, ohne daß es dabei zu wesentlichen sozialen Konflikten gekommen wäre.[9]

Der wirtschaftliche Wiederaufstieg Japans wurde durch eine Reihe einzigartiger Institutionen ermöglicht; ein paternalistisches Verhältnis zwischen Arbeitnehmern und Betriebsleitung und eine soziale Struktur, in der die Beschäftigten praktisch auf Lebenszeit angestellt und als Partner behandelt werden, die im gemeinsamen Interesse zusammenarbeiten. Ein wichtiger Faktor ist die öffentliche Meinung, die dadurch gebildet wird, daß die Medien, die in ihren Grundauffassungen selbst Teil des allgemeinen Konsens sind, die Teilnahme an jedem Aspekt des Entscheidungsprozesses propagieren. (Deshalb fällt es der japanischen Regierung auch so schwer, Geheimnisse zu wahren. Die Offenheit gehört zu einem Stil, in dem Regierung und Medien einander nicht als Gegner betrachten, sondern als an dem gleichen Prozeß Beteiligte.)

Uns Amerikanern fällt es nicht leicht, das japanische System zu verstehen. Ich habe lange Zeit gebraucht, um zu begreifen, wie Entscheidungen getroffen werden, und selbst, nachdem ich intellektuell ein gewisses Verständnis dafür gewonnen hatte, habe ich nicht immer begriffen, wie es sich unter bestimmten Voraussetzungen in der Praxis auswirkt. Denn eines der Eigenheiten des japanischen Systems liegt darin, daß es für Außenseiter schwer durchschaubar bleibt. Es ist nicht so, daß die japanischen Führer ihre Absichten zu verschleiern suchen, aber wenn sie es wollen – und das ist nicht immer der Fall –, dann können sie außerordentlich diskret sein. Es ist vielmehr so, daß es hier weniger Geheimnisse im westlichen Sinne gibt als bei den Entscheidungsprozessen im konventionellen Behördenapparat. In den anderen demokratischen Industriestaaten wird ein Problem definiert. Dann einigt man sich über die verschiedenen Lösungsmöglichkeiten, und irgend jemand trifft die Entscheidung, oder man findet einen Kompromiß zwischen den verschiedenen Optionen. Der bürokratische Eigenwille und die sachlichen Erfordernisse verschmelzen. Es gibt erkennbare Gewinner und Verlierer, oder es kommt zu einem Kompromiß zwischen verschiedenen Anschauungen als Ausdruck eines Gleichgewichts der Kräfte. Zu jeder Zeit läßt sich erkennen, in welchem Stadium sich der Entscheidungsprozeß im Rahmen des Behördenapparats befindet.

Das japanische System bietet demgegenüber wesentliche Vorteile. Es gibt buchstäblich niemanden, der selbständig Entscheidungen treffen kann. Nur ein Dilettant würde versuchen, einen japanischen Minister unter Druck zu setzen. Selbst wenn er aus Höflichkeit nachgibt, kann er seine Zusage nicht einhalten. Doch wenn der Konsens erreicht ist, gleichgültig, aus welchen Gründen, dann wird der Entschluß rasch, entschieden und in einem Umfang in die Tat umgesetzt wie in keinem westlichen Land. An dem Entscheidungsprozeß sind so viele wichtige Persönlichkeiten beteiligt, und sie begreifen die Betonung jeder Entscheidung so gut, daß ihr Beschluß eine ungeheure Dynamik entwikkelt. Was könnte erfolgreicher sein, als eine Gesellschaft, die so informationshungrig ist, sich nicht unter Druck setzen läßt und einmal getroffene Entscheidungen mit solcher Energie in die Tat umsetzt?

Der Ausländer unterschätzt führende Persönlichkeiten in Japan auf eigene Gefahr. Es ist zwar richtig, daß sie nicht ein so feines Begriffsempfinden haben wie die Chinesen, sich nicht so klar artikulieren können wie die Europäer und nicht so überschwenglich offen und freimütig sind wie die Amerikaner. Aber das sind auch nicht die Eigenschaften, um derentwillen sie ausgewählt wurden. Sie wollen sich im Umgang mit Ausländern informieren und versuchen nicht, ihre Gesprächspartner mit Worten zu überzeugen. Sie planen die Zukunft ihrer Gesellschaft und haben es nicht nötig, ihr Verhalten zu begründen. Die wichtigste Führungsqualität in Japan ist die Fähigkeit, einen Konsens nicht dadurch herbeizuführen, daß man die Menschen zu etwas überredet, was sie nicht wollen, sondern daß man in ihnen das Verlangen weckt, zu tun, was im allgemeinen Interesse liegt. Japanische Diplomaten wenden im allgemeinen nicht das übliche Verfahren an, einen Vorschlag zu machen, der dann zum Verhandlungsgegenstand wird. Denn es würde voraussetzen, daß der einzelne eine Entscheidungsvollmacht besitzt. Man würde den japanischen Diplomaten in eine peinliche Lage bringen, wenn man von ihm verlangte, etwas zu ändern, was er selbst nicht beschlossen hat, oder auf einen Kompromiß zu verzichten und notfalls seinen Willen durchzusetzen. Damit verstieße man gegen die legendären Höflichkeitsformen eines Landes, dessen soziale Konflikte gelöst werden, ohne daß es am Schluß Gewinner und Verlierer gibt.

Der typische japanische Führer sieht sich durch seine kulturelle Tradition gezwungen, im Umgang mit Ausländern – fast um jeden Preis – klare Aussagen zu vermeiden. Damit entsteht eine fast unüberwindliche kulturelle Barriere in der Diplomatie, die im Westen die systematische Suche nach einer gemeinsamen Basis voraussetzt, ein Verfahren, welches das japanische Ethos entschieden ablehnt. Auf internationalen Konferenzen meldet sich der japanische Chefdelegierte nur selten zu Wort. Manchmal scheint er zu schlummern, während seine Mitarbeiter gewissenhaft jedes Wort notieren, um anschließend in Tokio darüber beraten zu können. Die japanische Stellungnahme wird meist nur einmal in einer sorgfältig verfaßten Erklärung zum Ausdruck gebracht. Anschließend kommt es kaum noch zu einem Meinungsaustausch, aber auch die Positionen der anderen Verhandlungsteilnehmer werden nicht angegriffen. Die Auffassungen der anderen Beteiligten werden in Tokio analysiert. Die Antwort wird das Ergebnis einer gewissenhaften Abwägung japanischer Interessen sein und nicht eine Reaktion auf die in der Konferenz gestellten Forderungen. Es wäre ein gefährlicher Fehler zu glauben, die führenden Politiker in Japan seien farblos, und ihre Zurückhaltung mit Verständnislosigkeit zu verwechseln. In Japan sind die höchsten Stellen von Persönlichkeiten besetzt, die eine lange Lehrzeit hinter sich haben, in deren Verlauf alle zweitklassigen Bewerber ausgemerzt werden. Aber es lohnt sich, japanische Entscheidungen in einem japanischen Kontext zu beeinflussen und nicht im Auf und Ab einer Konferenz, deren Verlauf vom Zufall bestimmt sein kann und vom japanischen Politiker als willkürlich angesehen wird.

Wenn japanische Politiker an Konferenzen teilnehmen, dann haben sie sich gewöhnlich viel intensiver darauf vorbereitet als ihre Gesprächspartner. Nach ihrer Auffassung würde ein schlecht vorbereitetes Treffen dazu führen, daß die eine Seite zum Nachgeben gezwungen wird, oder mit einem Kompromiß enden, der niemandem etwas nützt. Deshalb neigen die Japaner dazu, ihre Zugeständnisse zu machen, *bevor* es zu einer diplomatischen Begegnung gekommen ist, indem sie sich auf die Verhandlungen ebenso gewissenhaft vorbereiten wie auf alle anderen Entscheidungen. Sie verschaffen sich die notwendigen Informationen durch eine sehr große Zahl von Beauftragten, die oft einen hohen Rang einnehmen – zum Beispiel durch ehemalige Premierminister oder hohe Parteifunktionäre, die gerade kein Ministeramt innehaben. Sie befinden sich in der angenehmen Lage, die Regierung zu nichts verpflichten zu können. Man kann ihnen nicht vorwerfen, daß sie zu einem bestimmten Problem keine Stellung genommen haben, weil man so etwas gar nicht von ihnen erwarten darf. Aber ihre Erfahrungen befähigen sie in einzigartiger Weise, die Auffassungen ihrer Gesprächspartner kennenzulernen, und diese Erkenntnisse sind die Grundlage für in Japan getroffene Entscheidungen, die – und das muß besonders anerkannt werden – gewöhnlich die Auffassungen anderer Nationen berücksichtigen.

Japanische Diplomaten bemühen sich ebenso wie die führenden Politiker nicht um den Sieg, sondern um den Konsens. Sie wissen, daß die erzwungene Zustimmung in den Beziehungen souveräner Staaten zueinander keine Garantie für die bereitwillige Ausführung ist, und bemühen sich daher, unter Wahrung äußerster Disziplin zu einem Interessenausgleich zu kommen. Wenn notwendig, sind sie bereit, ihre eigene Haltung zu korrigieren, und zwar möglichst vor Konferenzbeginn, aber wenn das nicht möglich ist, nach der Konferenz. Sie tun es aber sehr ungern während der Verhandlungen, denn das japanische System gewährt keinem Außenminister das Recht der persönlichen Entscheidungsfreiheit.

Wenn man erreichen will, daß die japanische Regierung einen bestimmten Gesichtspunkt berücksichtigt, dann muß man ihr dieses Problem vorlegen, bevor sich ein Konsens gebildet haben kann, und zwar nach Möglichkeit durch einen hochangesehenen japanischen Privatmann, der kein offizielles Amt innehat. Andererseits sucht sich ein hochrangiger japanischer Diplomat oder sogar ein Minister durch eine Frage nur sehr selten zu informieren. Er will damit vielmehr auf möglichst unaufdringliche Weise den Konsens zum Ausdruck bringen, und erwartet, in diesem Augenblick auf Verständnis zu stoßen. Wenn es wirklich zu Meinungsverschiedenheiten kommt, dann ist es wichtig, sie in sehr rücksichtsvoller Weise zum Ausdruck zu bringen, damit eine Korrektur der japanischen Haltung ohne Gesichtsverlust erfolgen kann. Man darf niemals erwarten, daß ein japanischer Gesprächspartner in der Lage ist, sofort eindeutig Stellung zu nehmen; man muß ihm Zeit lassen, eine Kursänderung vorzunehmen.

Die Schwierigkeit, zwischen der offiziellen und der inoffiziellen Ebene zu unterscheiden, die unklare Ausdrucksweise und der (falsche) Eindruck, der japanische Gesprächspartner sei nicht bereit, Gegenargumente zu berücksichtigen, können Verhandlungen mit japanischen Diplomaten zu einer schweren Geduldsprobe werden lassen. Diese Schwierigkeiten können auch zu verhängnisvollen Mißverständnissen führen. In den ersten Jahren meiner Regierungstätigkeit ignorierte ich die inoffiziellen japanischen Emissäre, weil ich nicht begriffen hatte, welche »offizielle« Funktion sie hatten. Ich hörte mir aufmerksam an, was japanische Diplomaten zu sagen hatten, begriff aber sehr oft nicht, was hinter ihren Worten lag. Wenn wir ein Problem hatten, setzte ich mich mit dem verantwortlichen Minister in Verbindung und versuchte, ihn von der Richtigkeit unserer Auffassungen zu überzeugen. Verblüfft durch einen solchen Mangel an Feingefühl und zu höflich, mir zu sagen, daß er selbst eine solche Entscheidung nicht treffen könnte, suchte der unglückliche Minister nach Ausflüchten oder machte, wenn er sich in die Enge getrieben fühlte, Zusagen, von denen er nicht wußte, wie er sie erfüllen sollte.*

Als ich Japan im November 1973 nach meiner China-Reise besuchte, wurde ich vor alle diese Probleme gestellt. Die Beziehungen zwischen den Vereinigten Staaten und Japan waren erheblichen Belastungen ausgesetzt, weil alle Schwierigkeiten, die in Europa fast eine Panik ausge-

* Darin lag der Grund, weshalb wir bei den Textilverhandlungen 1969 bis 1971 in die Sackgasse gerieten. Der damalige Premierminister Eisaku Sato wollte Nixon und mir nicht direkt widersprechen und erklärte sich deshalb bereit, unseren Vorschlägen zuzustimmen, obwohl er dazu nicht berechtigt war – was zu der bizarren Situation führte, daß der japanische Premierminister uns aufforderte, noch *härtere* Bedingungen zu stellen, damit er in den Gesprächen mit seinen Kollegen und anderen, an den Entscheidungen beteiligten wichtigen Persönlichkeiten einen größeren Verhandlungsspielraum habe und sie zur Annahme unserer ursprünglichen Vorschläge bewegen konnte. Unsere Beamten, die einen Kompromiß aushandeln wollten, ließen ihn im Stich und mäßigten ihre Forderungen, und damit nahmen sie uns die letzte Chance für einen erfolgreichen Abschluß der Verhandlungen.[10]

löst hatten, in Japan womöglich noch deutlicher zu spüren waren. Die Energiekrise ging der japanischen Wirtschaft ans Mark. Wie alle anderen Industriestaaten hatte Japan seine Wirtschaft unter der Voraussetzung aufgebaut, daß ihm billige Energiequellen zur Verfügung stünden. Die Japaner importierten neunzig Prozent ihres Energiebedarfs und waren daher völlig von diesen Lieferungen aus dem Ausland abhängig. Die Verringerung der arabischen Ölproduktion, der beginnende Preisanstieg (die Ölpreise hatten sich im Oktober fast verdoppelt) und das Verlangen, Öllieferungen von einer araber-freundlichen Haltung im arabisch-israelischen Konflikt abhängig zu machen, brachten Japan in ein ernstes Dilemma. Bisher hatten die Japaner es vermieden, sich außenpolitisch zu binden. Sicherheitspolitisch stützten sie sich auf unsere militärischen Garantien, und die japanischen Führer begriffen anders als einige ihrer europäischen Kollegen, daß man nicht die Vorteile aller möglichen politischen Richtungen für sich in Anspruch nehmen darf. Wenn man den Schutz einer ausländischen Macht in Anspruch nimmt, dann wäre es sträflicher Leichtsinn, so zu tun, als könnte man sich nach Gutdünken in entscheidenden Fragen von dieser Macht distanzieren. Auch hielten es die japanischen Führer anders als die Europäer nicht für notwendig, ihre Identität zu sichern, indem sie gegenüber den Vereinigten Staaten eine Politik der Nadelstiche trieben.

Doch mußte die japanische Führung im November 1973 ebenso wie die Europäer erkennen – wenn sie es auch nur ungern tat –, daß es im nationalen Interesse Japans liegen könnte, sich von der amerikanischen Politik im Nahen Osten zu distanzieren. Sie war überzeugt, die japanische Öffentlichkeit verlangte, daß die Regierung demonstrativ etwas zur Beilegung der Energiekrise unternahm – gleichgültig, was.

Diese Haltung bedeutete nicht, daß die japanischen Politiker persönlich und grundsätzlich mit unserer Nahost-Politik nicht einverstanden waren. Sie haben uns nie ihre Auffassung zu diesem Problem erläutert und haben sich vielleicht auch keine eigene Meinung dazu gebildet, weil sie grundsätzlich kein Kapital für Dinge aufwenden, die sie nicht beeinflussen können. Hier ging es um fundamentalere Probleme. Die Einzigartigkeit der japanischen Haltung kommt auch darin zum Ausdruck, daß die Japaner unglaublich anpassungsfähig sind, wenn es um das Überleben ihres Landes geht. Japan hat den Feudalismus abgeschafft und dafür eine militaristische Autokratie eingetauscht, und unter der Einwirkung von Erschütterungen, die von außen kamen, hat es schließlich eine demokratische Regierungsform angenommen. In jedem Fall fand sich Japan bereit – vielleicht nicht immer ganz bewußt –, dem Druck von außen nachzugeben, um dabei das wesentlich Japanische zu bewahren. Deshalb kam es für die japanische Führung weniger darauf an, welche Auffassungen im Einzelfall die richtigen waren – das war ihr sehr häufig völlig gleichgültig –, sondern es ging darum, abzuwägen, welchen Zwängen sie nachgeben müßte.

Die erste Reaktion der Japaner auf das Ölembargo und die Produktionseinschränkungen bestand darin, daß sie sich noch fester an die Vereinigten Staaten anschlossen. So stimmte Japan der Europäischen

Gemeinschaft nicht zu, als die Europäer am 6. November öffentlich erklärten, daß sie im Nahen Osten andere politische Ziele als wir verfolgten. Aber als ich am 14. November nach Tokio kam, regten sich dort schon Zweifel an der Richtigkeit dieser Haltung. Man hatte sich dort nicht mit einer neuen Analyse unserer Strategie beschäftigt, sondern mit den möglichen Auswirkungen und der wahrscheinlichen Dauer der Verknappung des arabischen Öls. Wenn die Energiekrise Ausdruck neuer Tendenzen und nicht einer vorübergehenden Regelwidrigkeit war, konnte es Japan nicht riskieren, weiter im Fahrwasser der amerikanischen Außenpolitik dahinzutreiben. Diese Annahme war richtig, ob nun unser Verfahren der schrittweisen Friedensregelung im Nahen Osten den Erfolg brachte oder scheiterte. Die japanischen Führer erklärten, daß sie zu diesen Problemen keine eigene Meinung hätten, und ich glaubte ihnen das. Wenn unsere Politik versagte, dann würde Japan die ganze Frustration der arabischen Welt zu spüren bekommen – wie Premierminister Kakuei Tanaka mir erklärte. Aber auch ein Erfolg der amerikanischen Politik könnte dazu führen, daß die Ölproduzenten Japan für unwichtig hielten; wir würden den Gewinn einstecken, während die Interessen der Japaner unbeachtet blieben.

Die japanische Politik glich zwar äußerlich der europäischen, unterschied sich aber in ihrem Geist grundsätzlich von ihr. Die Europäer vertraten aus Überzeugung andere Auffassungen. Einige europäische Regierungschefs waren aufgebracht, weil sie glaubten, unsere innenpolitischen Belastungen gefährdeten das Wirtschaftswachstum in ihren Ländern und ihre eigene politische Zukunft. Die Japaner waren weit davon entfernt, uns Vorwürfe zu machen. Sie bestritten nicht die Richtigkeit politischer Entscheidungen. Unter strenger Beachtung geheiligter Verhaltensnormen verhielten sie sich wie Wissenschaftler, die kaltblütig die objektiven Erfordernisse ihres Landes im Energiebereich beurteilten. Es ging ihnen um die sachliche Lösung eines Problems und nicht um eine bestimmte politische Richtung. Anders als die Europäer warb Japan nicht für bestimmte Auffassungen und behauptete auch nicht, die richtige Lösung finden zu können. Es nahm eine Haltung ein, weil es erwartete, sich damit aus einer Notlage befreien zu können. Und wenn es den japanischen Führern nicht gelingen sollte, unsere Zustimmung zu ihrer Haltung zu finden, dann würden sie alles tun, um den Preis für Meinungsverschiedenheiten so niedrig wie möglich zu halten.

Seit Jahrhunderten gilt Macchiavelli als die Inkarnation des Zynismus, aber er selbst hat sich für einen Moralisten gehalten. Seine Lehrsätze beschreiben eine Welt, wie er sie vorfand, und nicht, wie er sie sich wünschte. Er war sogar überzeugt, daß nur ein Herrscher mit strengen moralischen Grundsätzen einer klaren politischen Linie folgen könnte, während er sich auf Manöver einließ, von denen bedauerlicherweise das Überleben des Staates abhing. So war irgendwie auch die Haltung meiner japanischen Gesprächspartner. Sie behaupteten nicht, daß ihr Verhalten gerecht oder klug wäre. Es nahm auf die Realitäten Rücksicht und war deshalb kein Diskussionsgegenstand.

Premierminister Kakuei Tanaka und Außenminister Masayoshi

Ohira hatten die Aufgabe übernommen, mich davon zu unterrichten. Tanaka war der erste japanische Premierminister, dessen Werdegang nicht den hergebrachten Vorstellungen entsprach. Er hatte keine der großen Universitäten absolviert und stammte aus bescheidenen Verhältnissen. In seinem Auftreten war er ausgesprochen westlich und verbarg seinen Ehrgeiz nicht hinter der geduldigen Indirektheit des klassischen japanischen Politikers. Für einen japanischen Premierminister war er ungewöhnlich jung – erst Anfang der Fünfzig. Er hatte seine hohe Stellung der Fähigkeit zu verdanken, innerhalb der herrschenden liberaldemokratischen Partei die größte »Fraktion« hinter sich zu bringen – eine Gruppe, die dadurch zusammengehalten wurde, daß sich die einzelnen Mitglieder gegenseitig die Bälle zuspielten. Normalerweise hätte Tanaka noch etwa zehn Jahre warten müssen, um seinen ranghöheren Kollegen die Möglichkeit zu geben, sich um den Posten des Regierungschefs zu bewerben. Aber entweder war er zu ungeduldig oder er zweifelte daran, daß er als Außenseiter seine Anhänger angesichts der systematischen Abwerbungsversuche durch die traditionellen Politiker lange genug zusammenhalten könnte, die zwar geschliffenere Manieren hatten, aber nicht weniger rücksichtslos waren als er. (Aber in dieser Beurteilung der Lage irrte er sich. Die Gruppe seiner Anhänger überlebte und gewann trotz aller Wechselfälle in Tanakas politischer Laufbahn an Einfluß.)

Tanaka wurde 1972 unter äußeren Umständen Premierminister, die nach japanischen Begriffen einem Staatsstreich gleichkamen, und er hat dafür bezahlen müssen. Als er unter Beschuß geriet, fehlte ihm die Unterstützung, die sich die Angehörigen des japanischen Establishments gewöhnlich gewähren.

Tanakas Schicksal zeigte damit eigenartige Parallelen zu dem Nixons. Wie Nixon war er ein außerordentlich fähiger Mann, und wie Nixon fehlte es ihm an Selbstsicherheit, und was für einen Japaner noch erstaunlicher ist, er zeigte es. Er blieb nur achtzehn Monate Premierminister. Auf mich machte er den Eindruck eines außerordentlich intelligenten und ungewöhnlich freimütigen Mannes. Er war der japanische Politiker, der den Regierungschefs anderer Länder am nächsten kam, indem er im Gespräch den Eindruck vermittelte, als könnte er aus eigener Machtvollkommenheit handeln. Eigenartigerweise nahm das seinen Erklärungen einen Teil ihrer Glaubwürdigkeit. Sie waren eindeutiger als die seiner Kollegen, aber in seltsamer Weise weniger informativ, denn man konnte niemals ganz sicher sein, ob das, was er sagte, dem japanischen Konsens oder nur seiner persönlichen Auffassung entsprach. So trug die japanische Methode, die man geradezu als ästhetisch bezeichnen darf und die es verlangt, daß jedes Argument im Zusammenhang gesehen werden muß, den Sieg über die vom Westen bevorzugte rationale Form des Dialogs davon.

Tanaka erläuterte mir das Problem Japans mit einem im Stakkato eines Schnellfeuergewehrs gehaltenen Vortrag und unternahm dabei nicht den Versuch, etwas zu verschleiern oder unangenehmen Fragen auszuweichen. Er legte mir die Statistiken über die Öleinfuhren vor und sagte, welche Auswirkungen ein Rückgang im Energieverbrauch auf die japanische Produktivität und das Leben des Volkes haben werde. Die japanische Öffentlichkeit dürfte nicht den Eindruck gewinnen, daß er die Dinge schleifen ließe; wenn die Regierung nichts unternähme, dann werde es so aussehen, als ließe sich Japan freiwillig erdrosseln. Tanaka meinte, daß er irgendwie sein Verständnis für die arabische Sache zum Ausdruck bringen müsse, auch wenn das nichts an der amerikanischen Politik ändern könnte. Er wies ausdrücklich darauf hin, daß es auch gar nicht die Absicht Japans wäre, die amerikanische Politik zu beeinflussen.

Dann versuchte ich, ihm unsere Strategie verständlich zu machen. Ich fragte, welchen Nutzen die Europäer davon gehabt hätten, sich von uns zu distanzieren. Es hätte keinen Sinn, uns Erfolg zu wünschen und dann Maßnahmen zu ergreifen, die bestenfalls wirkungslos blieben oder schlimmstenfalls unsere Politik schwächten, indem sie es den gemäßigten Arabern erschwerten, sich mit weniger zufriedenzugeben, als das Programm unserer Verbündeten vorsah. Wenn Japan dem Kurs der Europäischen Gemeinschaft folgte, könnten wir nicht mehr tun, als dazu zu schweigen. Würden wir zur Stellungnahme gezwungen, dann müßten wir Kritik üben.

Aber wenn ein japanischer Premierminister einen Vorschlag macht, bittet er nicht um Rat. Er teilt einen Beschluß mit. Nachdem wir beide unsere Erklärungen abgegeben hatten, blieb die Angelegenheit daher in der Schwebe, und wenn Tanaka erklärte, er und seine Kollegen würden prüfen, was ich gesagt hatte, hieß das so viel, daß die Japaner an ihrer Entscheidung festhalten würden.

Masayoshi Ohira folgte der üblichen japanischen Methode, und man darf ohne Übertreibung sagen, daß sie sich nicht automatisch mit meinem etwas aggressiveren Temperament vertrug. Man kann sich wahrscheinlich kaum größere Gegensätze vorstellen als den subtilen, indirekten japanischen Außenminister und seinen analytischen amerikanischen Kollegen, dessen Politik in diesem Augenblick deutlich dramatische Züge annahm. Ich hatte Ohira während meines Japan-Besuchs im Juni 1972 kennengelernt. Unsere Botschaft gab damals ein Essen für mich, zu dem auch einige ehemalige japanische Außenminister eingeladen wurden. Leider suchte man gerade nach einem Nachfolger für Premierminister Eisaku Sato, und Ohira sollte eine Schlüsselfigur sein. Er war jedoch nicht bereit, seine Gedanken einem Amerikaner anzuvertrauen, den er nicht kannte und der bewiesen hatte, daß ihm, was Japan betraf, das notwendige Feingefühl fehlte. Wir brachten den ganzen Abend miteinander zu, und Ohira beeindruckte mich durch seine ungewöhnliche Fähigkeit, nur sehr wenig zu sagen und mir dabei doch in einer unübertrefflich höflichen Art das Gefühl des absoluten guten Willens zu vermitteln.

Im Lauf der Zeit entstand eine auf echte Zuneigung gegründete Freundschaft. Ohira lehrte mich sehr geduldig das Verständnis für japanische Belange. Dadurch konnte ich die Bedeutung feiner Nuancen besser begreifen. Er verbarg seine großen Fähigkeiten hinter einem bescheidenen Auftreten und hielt immer mehr, als er versprach. Er demonstrierte die Weisheit des Sprichworts, daß Freundschaft mehr darin zum Ausdruck kommen kann, was unausgesprochen bleibt, als in dem, was gesagt wird.

In seinen Erinnerungen schildert Ohira die Herzlichkeit unserer Beziehungen und die internen Diskussionen in Japan bei meiner Ankunft im November 1973. Die überwiegende Mehrheit im japanischen Kabinett sprach sich für eine Distanzierung von den Vereinigten Staaten aus. In seinen Memoiren zitiert er zustimmend meine Erklärung, daß Japan mit seiner Nachgiebigkeit nur die Verachtung, aber nicht den guten Willen der arabischen Führer auslösen werde.

Doch während der Begegnung mit mir sagte er nichts, woraus ich auf die internen Meinungsverschiedenheiten im japanischen Kabinett hätte schließen können. Vielmehr vermittelte er durch seine weniger bestimmte Art den Eindruck größerer Entschiedenheit als Tanaka mit seinen plumpen Zusicherungen. Bezeichnenderweise eröffnete Ohira das Gespräch mit einer Andeutung, die den japanischen Standpunkt erkennen ließ, ohne mich direkt zu provozieren. Noch bevor wir uns zu einem konkreten Thema geäußert hatten, legte er mir den Entwurf einer Denkschrift vor, die als Unterlage für eine Presseerklärung nach unserem Gespräch gedacht war. Sie besagte im wesentlichen, daß Israel unter Druck gesetzt werden müßte, in den Friedensverhandlungen flexibel zu sein. Mit dieser Methode verfolgte er mehrere Absichten. Er orientierte mich über die japanische Haltung und ermöglichte einen Rückzug ohne Gesichtsverlust. Natürlich konnte Ohira nicht von einer Übereinstimmung zwischen uns sprechen, wenn ich es ablehnte. Als ich, wie nicht anders zu erwarten, Einwände erhob, zog Ohira seinen Vorschlag sofort zurück – und verschaffte sich damit die Möglichkeit, in den arabischen Hauptstädten erklären zu lassen, daß Japan sich mit seinem Standpunkt nicht hätte durchsetzen können, sondern dem Druck der Vereinigten Staaten habe nachgeben müssen.

Der Rest des Gesprächs – das doppelt so lange dauerte wie meine Begegnung mit Tanaka – war die praktische Anwendung eines Grundsatzes, über den Ohira in seiner Autobiographie schreibt:

> In der Diplomatie ist es, auch wenn man keine Übereinstimmung erreichen kann, wichtig, daß jede Seite die Haltung der anderen versteht. Daß Verständnis und Vertrauen geweckt werden, ist in der Tat ebenso wichtig wie das Streben nach Übereinstimmung. Besonders zwischen Japan und den Vereinigten Staaten ist dieser Grundsatz von größter Bedeutung.[12]

Ohira stellte mit mir ein geduldiges, behutsames Kreuzverhör über die Nahost-Politik an, das gleichzeitig vorsichtig, aber unerbittlich, verständnisvoll, aber absolut zielbewußt war. Welchen Zeitplan hatte ich im Auge? Was wollten wir erreichen, eine lokale oder eine umfassende Friedensregelung? Welches waren unsere Einwände gegen eine Erklärung zugunsten der Araber, da auch die Europäer eine solche Erklärung abgegeben hatten? Welchen Schaden könnte eine japanische Erklärung anrichten, besonders wenn Japan seinen Standpunkt in zurückhaltender Form darlegte? Ohira ließ mich, wenngleich er es nicht ausdrücklich sagte, sehr deutlich erkennen, daß Japan der Energiekrise nicht begegnen könnte, ohne sich zu einer Haltung zu bekennen, die von der unseren abwich, daß es aber auch alles tun werde, um die Freundschaft zu den Vereinigten Staaten zu bewahren.

Wie ich diese geradezu klinische Methode beurteilte, war eigentlich gleichgültig, besonders da sie mir so erläutert wurde, daß ich sie weder akzeptieren noch ablehnen konnte. Ich sagte, daß die arabischen Staaten drei Möglichkeiten hätten. Sie könnten damit rechnen, daß die Sowjetunion zu ihren Gunsten Druckmittel anwendete; sie könnten damit rechnen, daß die Bemühungen der Europäer und Japaner mit ihrer Haltung den gewünschten Erfolg herbeiführten, oder sie könnten sich auf die Vereinigten Staaten verlassen. Wir wären entschlossen, die erste Möglichkeit zu blockieren, und wir hätten kein Interesse daran, die zweite Möglichkeit als glaubwürdig erscheinen zu lassen, denn die praktische Konsequenz könnte sein, daß wir unsere diplomatischen Bemühungen um eine Friedensregelung aufgäben. Aber Ohira ließ sich nicht bluffen; er wußte, daß wir unsere Gründe für diese Strategie hatten. Wie das offizielle Protokoll der Unterredung zeigt, hatte er meine Absichten durchschaut:

> Minister Ohira sagte, er verstünde, was der Außenminister gesagt hatte, und wiederholte, der Außenminister habe gesagt, daß Japan, auch wenn es den arabischen Forderungen zustimmte oder besondere Schritte unternahm, aus dem gegenwärtigen arabischen Ölembargo nicht ausgeschlossen werden würde. Er wollte sich jedoch auch vergewissern, ob der Außenminister sagte, es werde die Aufgabe der Vereinigten Staaten, eine friedliche Lösung zu bewirken, erschweren, wenn Japan sich hinter die Araber stellte. Im Anschluß daran hatte es den Anschein, daß der Minister sagte, Japan sollte in jedem Fall und ohne Rücksicht auf einen von den Arabern ausgeübten Druck der Strategie der Vereinigten Staaten folgen, denn dann bestünden die besten Hoffnungen für eine baldige Friedensregelung im Nahen Osten und damit für eine Aufhebung des Ölembargos.

Die Zusammenfassung von Ohira traf den Kern der Sache. Sie widerlegte die Auffassung, daß Mißverständnisse durch Konsultationen ausgeräumt werden könnten. Hier lag das Problem darin, daß wir einander sehr gut verstanden. Unsere von Ohira erläuterte Haltung ließ sich nicht mit dem vereinbaren, was er und Tanaka als Grundvoraussetzung der japanischen Politik bezeichnet hatten, daß nämlich Japan eine entschieden eigene und von der unseren abweichende Haltung einnehmen müßte. Deshalb kam schon in der Formulierung dieser Haltung zum Ausdruck, daß ich sie nicht akzeptieren konnte, während ich in höflicher Form darauf hingewiesen wurde, daß man mich verstanden hatte. Dann wendete sich unser Gespräch anderen Themen zu; dem Europa-Jahr, meiner China-Reise und der Ölversorgung der in Japan stationierten amerikanischen Streitkräfte. Am Schluß war es klar, daß Japan dem von Europa vorgezeichneten Weg folgen werde. Aber ich wußte auch, daß es dies widerwillig und nicht sehr überzeugt tun würde. Es würde Erklärungen abgeben, aber sich nicht mit seinem ganzen Gewicht gegen uns stellen. Japan forderte uns nicht heraus wie unsere europäischen Verbündeten, sondern tat, was es in seinem eigenen Interesse für notwendig hielt. Mit ihrer seidenweichen und indirekten

Art hatten uns die Japaner vor allem unter der Leitung von Ohira mit einem Mindestmaß an Reibereien vor eine Lage gestellt und eine Haltung eingenommen, die sie in ihrem nationalen Interesse und um der innenpolitischen Stabilität willen einnehmen zu müssen glaubten, ohne dabei den Kern der japanisch-amerikanischen Partnerschaft zu gefährden.

Am 22. November 1973 gab die japanische Regierung eine Erklärung ab, die der Haltung der Europäischen Gemeinschaft entsprach. Diese Erklärung wurde in der für die Japaner charakteristischen Weise vorbereitet. Unmittelbar nach meiner Abreise brachte die englischsprachige Presse in Tokio zahlreiche Berichte, nach denen es zwischen mir und der japanischen Führung Meinungsverschiedenheiten gegeben hätte (die Zeitungen in japanischer Sprache beschäftigten sich mit diesem Thema nicht). Das war sachlich nicht falsch, sagte aber nichts über die Harmonie und den guten Willen, welche die Atmosphäre bestimmt hatten. Damit vermittelten jedoch die Medien, die von den Diplomaten aus dem Nahen Osten gelesen wurden, den Eindruck, daß Japan seine Schuldigkeit getan hätte. Ich beschwerte mich beim japanischen Botschafter, und Ohira gab darauf in der *japanischsprachigen* Presse eine Erklärung ab, in der er jede Meinungsverschiedenheit dementierte. Diese Zeitungen hatten natürlich keinen Grund, das Dementi abzudrucken, denn sie hatten nichts über solche Meinungsverschiedenheiten berichtet. Trotz all dieser komplizierten Manöver hatte ich großes Vertrauen zu Masayoshi Ohira und wies den Sprecher des Außenministeriums an, zu erklären, daß wir zwar mit der Entscheidung Japans nicht einverstanden wären, aber wüßten, welche Umstände sie dazu gezwungen hätten.

Ende 1973 war es uns trotz aller Anstrengungen nicht gelungen, die demokratischen Industriestaaten zu einer geschlossenen Haltung zu bewegen – welches auch die Gründe gewesen sein mögen. Und doch sind die Samenkörner, die wir ausgestreut haben, trotz aller Krisen und Meinungsverschiedenheiten nicht auf steinigen Boden gefallen. Die Ereignisse haben unsere Bemühungen – wenigstens vorübergehend – gerechtfertigt. Innerhalb von zwei Jahren, nachdem wir 1973 versucht hatten, den Dialog in Gang zu bringen, hat ihn die Wirklichkeit zustande gebracht. Durch die Energiekrise Ende 1973 sahen sich die ölverbrauchenden Nationen gezwungen, wenn zunächst auch sehr zögernd, eine Institution zu schaffen. Ende 1974 wurde die Internationale Energie-Agentur gegründet, um die Zusammenarbeit der Energieverbraucher bei der Suche nach neuen Energiequellen, beim Energiesparen und bei der Abwehr neuer Embargos zu fördern. Es erwies sich als notwendig, Gipfeltreffen zu veranstalten, auf denen die Regierungschefs der demokratischen Industriestaaten sich über gemeinsame Ziele einigen sollten, weil die gegenseitige Abhängigkeit der Nationen dies verlangte. Diese Begegnungen folgten einer europäischen, und zwar einer französischen Initiative.* Diese Treffen wurden sehr bald auch auf politische Gespräche ausgedehnt und zur ständigen Einrichtung gemacht. In Zukunft sollten sie einmal jährlich veranstaltet werden. Ende 1976 standen die Beziehungen der demokratischen Industrienationen als

Folge der verschiedenartigsten Zwänge und Überzeugungen wieder auf einer soliden Basis, und damit erfüllten sich manche der Hoffnungen, derentwegen wir das Europa-Jahr ins Leben gerufen hatten.

Seither ist es zu neuen Spaltungen gekommen. Wie schon früher, liegen ihnen konkrete Probleme und nicht Verfahrensfragen zugrunde. Der Umstand, daß es auch während der drei Regierungen nach Nixon immer wieder Meinungsverschiedenheiten gegeben hat und die Gegensätze sich zugespitzt haben, zeigt, daß es sich um mehr als gegensätzliche Auffassungen in taktischen Fragen handelt. Die Ereignisse haben in dramatischer Weise besonders die Gefahren demonstriert, die entstehen, wenn man es den Sowjets erlaubt, eine selektive Entspannungspolitik zu treiben und unsere Verbündeten gegeneinander auszuspielen – eine Gefahr, mit der wir schon rechneten, als wir die Initiative für das Europa-Jahr ergriffen. Daß man es Anfang der siebziger Jahre versäumt hat, neue technologische Entwicklungen und Veränderungen der militärischen Kapazität zu berücksichtigen, hat dazu geführt, daß wir zehn Jahre später mit erschreckender Plötzlichkeit vor neue Probleme gestellt worden sind und es zu einer Polarisierung zwischen den Pazifisten, die jede Aufrüstung ablehnen, und den Rüstungsexperten, die alles nur denkbare unterstützen, gekommen ist. Das doktrinäre Problem steht im Vordergrund, denn weder Emotionen noch die Technologie können die Instrumente sein, die uns in dem Zeitalter, in dem wir leben, den richtigen Weg weisen. Das gleiche gilt für die Wirtschaft, wo sich die Industrienationen immer noch darum bemühen, die Erfordernisse ihrer Innenpolitik mit den Realitäten der gegenseitigen Abhängigkeit in Einklang zu bringen. Die Risiken sind deutlich erkennbar. Freie Gesellschaften können nicht einmal den inneren Zusammenhalt wahren, wenn sie nur die gegenwärtige Lage meistern und hoffen, daß die Zukunft für sich selbst sorgen werde. Allzu häufig werden Krisen dadurch heraufbeschworen, daß man Problemen ausweicht. Die Zukunft muß gestaltet werden, oder sie wird uns in die Katastrophe führen. Hier liegt die Bewährungsprobe für den demokratischen Staatsmann.

* Ironischerweise war es der französische Präsident und Nachfolger Pompidous, Valèry Giscard d'Estaing, der darauf bestand, die Teilnehmerzahl an diesen Gipfeltreffen so klein wie möglich zu halten. Die Teilnahme sollte möglichst auf Frankreich, Großbritannien, die Bundesrepublik Deutschland und die Vereinigten Staaten beschränkt bleiben. Nur gegen den Widerstand Frankreichs wurden auch die anderen Mitglieder eingeladen: Japan, Italien, Kanada und ein Vertreter der Europäischen Gemeinschaft.

XVII. Die Genfer Konferenz

Die Strategie

Kurz vor Weihnachten 1973 trafen sich Araber und Israelis zum erstenmal in einem Vierteljahrhundert in Genf, um auf hoher politischer Ebene Auge in Auge miteinander zu verhandeln. Hinter dieser Konferenz standen komplexe diplomatische Bemühungen. Die Begeisterung der Israelis, die schon seit langem ein solches Treffen verlangt hatten, schwand immer mehr dahin, je näher der Verhandlungstermin rückte. Es war jedoch entscheidend, daß die Konferenz so rasch wie möglich zusammentrat, um den Waffenstillstand aufrechtzuerhalten, das Streben nach Frieden zu symbolisieren und besonders einen Rahmen für die Truppenentflechtung zu schaffen, die herbeizuführen wir uns verpflichtet hatten.

Zunächst hatte man gegen Ende der Verhandlungen, die zu dem Waffenstillstand führten, an eine Konferenz der Araber und Israelis gedacht, die unter amerikanischem und sowjetischem Schutz stattfinden und auf der eine umfassende Friedensregelung ausgehandelt werden sollte. Zweifellos haben die Sowjets den von ihnen abhängigen Arabern den Waffenstillstand im Oktober mit dem Argument schmackhaft gemacht, daß der amerikanisch-sowjetische »Schutz« den Sowjets die Möglichkeit bieten werde, die arabischen Maximalforderungen durchzusetzen – mit anderen Worten, hier werde sich der umfassende Plan verwirklichen lassen, den Breschnew in San Clemente Nixon hatte verkaufen wollen.

Doch schließlich konnten wir uns mit unserer Strategie des schrittweisen Vorgehens durchsetzen, weil alle Beteiligten, sogar das radikale Syrien und die Sowjetunion, jeder aus seinen eigenen Gründen, einsehen mußten, daß die nach dem Krieg entstandene verworrene militärische Lage gefährlich und unhaltbar war. Doch zur Verwirklichung dieser Vorstellungen mußten weit voneinander abweichende nationale Ziele in Einklang gebracht werden. Auf der Genfer Konferenz konnten alle Beteiligten zu einem symbolischen Akt zusammengeführt werden, wobei jede Seite, wenigstens zeitweise, ihren eigenen Weg verfolgen konnte. Es war ebenso kompliziert, diese umfangreiche Versammlung zustande zu bringen, wie sie in ruhige Bahnen zu lenken, während die Verhandlungen auf bilateraler Ebene weitergeführt wurden.

Sadat hatte die klarsten Vorstellungen von dem, was er erreichen wollte. Er war entschlossen, das Bündnis Ägyptens mit der Sowjetunion aufzugeben und enge Beziehungen zu den Vereinigten Staaten anzuknüpfen – ein delikates und riskantes Manöver, denn er riskierte dabei immer wieder, sich zu weit von der Sowjetunion zu entfernen und damit ihre diplomatische Unterstützung zu verlieren, und sich noch nicht weit genug den Vereinigten Staaten genähert zu haben, um es uns zu ermöglichen, als Fürsprecher Ägyptens aufzutreten. In einem ähnlichen Dilemma befand er sich gegenüber seinen arabischen Brüdern. Sadat konnte sein Ziel niemals erreichen, wenn er es zuließ, daß

Syrien gegen seine Politik ein Veto einlegte. Doch bis er mit seiner Friedensinitiative ein gutes Stück vorangekommen war, brauchte Sadat die Möglichkeit, mit der Wiedereröffnung der Feindseligkeiten zu drohen, und diese Drohung war nicht glaubwürdig, wenn das Bündnis mit Syrien nicht weiter bestand. So war die Genfer Konferenz für Sadat in seiner unsicheren Lage zwischen beiden Supermächten und der Abhängigkeit von Syrien für den Fall, daß er eine Entscheidung erzwingen mußte, ein Sicherheitsnetz, ein Forum, an das er appellieren konnte, wenn alle Bemühungen scheiterten.

Die Widersprüche, mit denen es Syrien zu tun hatte, waren ganz anders als Sadats Probleme. Die radikale Baath-Partei, die in Damaskus an der Regierung war, hatte ihr politisches Programm darauf gegründet, daß sie den Staat Israel ablehnte. Doch die Teilnahme an einer Friedenskonferenz mit Israel bedeutete unausweichlich eine gewisse Anerkennung des jüdischen Staates, denn mit wem sollten die Verhandlungen sonst geführt werden? Und deshalb mußte Syrien einen innenpolitischen Preis bezahlen, ohne etwas Konkretes dafür zu gewinnen. Außerdem konnte das Leben in Syrien sich nicht normalisieren, solange israelische Streitkräfte vor den Toren von Damaskus standen. Deshalb mußte sich Präsident Asad, wenn auch widerwillig, in den bevorstehenden Verhandlungen um eine Truppenentflechtung bemühen.

Für Sadat war die Truppenentflechtung der erste Schritt auf dem Wege zu einem Separatfrieden zwischen Ägypten und Israel, zu dem es angesichts der unentschlossenen Haltung Syriens kommen mußte. Asad wiederum glaubte, dies wäre die letzte Phase vor einer neuen Konfrontation mit Israel – wenigstens auf diplomatischer Ebene.

Jordanien nahm die vielleicht komplexeste Haltung ein. Jeder arabische Staat erklärte, er sei der Sache der Palästinenser verpflichtet – zum Teil aus Überzeugung, zum Teil aber auch, um es nicht mit den radikalen Kräften im Nahen Osten zu verderben. Sich für die Palästinenser einzusetzen, war sogar für Staaten günstig, die mit unserer Methode des schrittweisen Vorgehens einverstanden waren. Die unvermeidlichen Kompromisse konnten dann als Schritte dargestellt werden, die schließlich zu einer Lösung des Palästinenser-Problems führen sollten. Jeder arabische Führer konnte sich an diesem Spiel beteiligen – mit Ausnahme unseres Freundes, des Königs Hussein. Ein Palästinenser-Staat konnte nur auf Kosten der bisherigen Position Jordaniens in Palästina entstehen (Jordanien hatte in den Jahren 1948 bis 1967 die Regierungsgewalt am Jordan-Westufer innegehabt), und mit seiner Gründung würde sich das Ringen um die Existenz des Haschemiten-Staates ostwärts des Jordan erneuern. Die Führer der PLO hatten oft genug feierlich erklärt, daß der blutige Kampf gegen Hussein ihnen noch wichtiger sei als der Kampf gegen Israel, und Hussein konnte kaum mit der Unterstützung seiner arabischen Brüder rechnen.

Jordanien war darüber hinaus gar nicht in der Lage, mit der Wiederaufnahme militärischer Operationen zu drohen. Doch während Hussein kein unmittelbares Interesse an der Truppenentflechtung hatte, über die hier verhandelt wurde, befürwortete er die Genfer Konferenz, weil er dabei *seinen* Anspruch, für die Palästinenser zu sprechen, zum

Ausdruck bringen konnte. Jede Vereinbarung über die Truppenentflechtung konnte ein Präzedenzfall dafür sein, Jordanien an das Jordan-Westufer zurückzubringen. Wir befürworteten Husseins Teilnahme an der Genfer Konferenz aus den gleichen Gründen.

Auch Israel hatte Interesse an einer Genfer Konferenz, die zu einer schrittweisen Friedensregelung auf diplomatischer Ebene führte. Während die Israelis an sich durchaus bereit waren, zunächst dort zu bleiben, wo sie gegenwärtig standen, würde es schwierig sein, die Stellungen jenseits des Suez-Kanals zu halten, denn dadurch wurde eine Demobilisierung der israelischen Armee verhindert. Außerdem würde Israel seine Kriegsgefangenen in Syrien niemals zurückbekommen, wenn es nicht die Stellungen vor Damaskus räumte.

Die Perspektiven der beiden Supermächte unterschieden sich insofern, als sie verschiedene politische Ziele verfolgten. Die Sowjetunion befand sich in dem gleichen Dilemma wie während meiner ganzen Amtsperiode. Solange sie nicht bereit war, sich von dem umfassenden arabischen Programm zu distanzieren, konnte sie keinen Beitrag zu einer diplomatischen Lösung leisten. Dieses Programm hätte sich auch unter amerikanischem Druck nicht verwirklichen lassen. Moskau konnte die Annahme der arabischen Bedingungen nicht durchsetzen, wenn es die von ihm abhängigen arabischen Staaten mit Waffen belieferte, was der eben zu Ende gegangene Krieg bewiesen hatte. Auch war es zu einer direkten militärischen Konfrontation nicht bereit, was unsere Teilmobilmachung gezeigt hatte. Durch die Schwerfälligkeit und Ungeschicklichkeit seiner Diplomatie zur Handlungsunfähigkeit verurteilt, erblickte der Kreml in der Genfer Konferenz ein Mittel, unseren Handlungsspielraum einzuengen, um sich den Beifall aller Beteiligten zu sichern, wenn die Sowjetunion gewisse Fortschritte zuließ, indem sie sich an unsere Rockschöße hängte. Aber wenn die Verhandlungen in die Sackgasse geraten sollten, was noch wahrscheinlicher war, dann konnten die Sowjets uns dafür verantwortlich machen.

Unsere Lage war so aussichtsreich wie kompliziert. Nur wir hatten ein Programm vorgelegt, das sich verwirklichen ließ. Ägypten und schließlich auch Syrien *verlangten* unsere Teilnahme. Wahrscheinlich überschätzten sie unseren Einfluß auf Israel. Für sie war es auch leichter, amerikanischen Vorschlägen zuzustimmen, als sich israelischen Forderungen zu beugen. Wenn uns bei unserem schrittweisen Vorgehen ein wesentlicher Durchbruch gelang, dann zwangen wir die radikalen Kräfte zum Schweigen. Die gemäßigten arabischen Staaten würden ermutigt, bei ihrer Haltung zu bleiben, und der sowjetische Einfluß würde sich verringern. Es wäre nicht ohne Bedeutung, auf dem Wege über eine Truppenentflechtung einen Truppenabzug auszuhandeln, wie einige unserer Verbündeten behaupteten, er stellte vielmehr die psychologische Voraussetzung für weiterreichende Schritte dar. Schließlich wäre es damit zum erstenmal gelungen, Israel auf dem Verhandlungswege zur Aufgabe von Gebieten zu veranlassen, die es längere Zeit besetzt gehalten hatte.

Die Politik der Vereinigten Staaten ging deshalb gleichzeitig auf mehreren Ebenen vor. Wir beteiligten uns am Zustandekommen der

Genfer Konferenz, um zu demonstrieren, daß wir uns für eine umfassende Friedenslösung engagierten, um in einer schwierigen Phase während des gefährdeten Waffenstillstands nicht den Kontakt mit der Sowjetunion zu verlieren und um im Rahmen dieser Konferenz weiterverhandeln zu können, wenn andere Lösungsversuche scheitern sollten. Unsere Aufgabe wurde dadurch erleichtert, daß es der Sowjetunion nach dem Alarm im Oktober und der Verkündung des Sechs-Punkte-Plans im November nicht gelungen war, die von Kairo und Damaskus geforderte Truppenentflechtung zu bewirken. Insbesondere wußte Moskau, daß Ägypten es nicht zulassen konnte, daß seine 3. Armee auf der Sinai-Halbinsel über die Monate und vielleicht Jahre eingeschlossen blieb, die eine Konferenz über einen umfassenden Frieden in Anspruch nehmen konnte. Die Truppenentflechtung auf dem Sinai zu sabotieren, hätte deshalb die praktische Folge, daß es durch einen Ausbruchsversuch der 3. Armee wieder zum Kriege kam oder, und das war eher zu erwarten, daß sich beide Seiten auch außerhalb von Genf auf bilateraler Ebene einigten. Aus diesem Grund erklärte sich Moskau damit einverstanden, in der ersten Phase der Genfer Konferenz über die Truppenentflechtung zu verhandeln – und daher mit einer Strategie, die darauf gerichtet war, den Einfluß der Sowjetunion zu reduzieren.

Die demokratischen Industriestaaten in Westeuropa und Japan mußten widerwillig die Rolle der Zuschauer übernehmen. Ihnen war viel am Erfolg der diplomatischen Bemühungen gelegen, damit das Ölembargo und die Produktionsbeschränkungen aufgehoben würden, die ihre Wirtschaft bedrohten. Es war ihnen jedoch durchaus nicht recht, daß die Verhandlungen unter der Schirmherrschaft der Vereinigten Staaten und der Sowjetunion stattfanden, und zwar im Rahmen einer Konferenz, an der sie sich nicht beteiligen durften, obwohl ihre Politik zum Entstehen dieser Lage beigetragen hatte. Sie widersetzten sich den in Aussicht genommenen Vereinbarungen, weil sie wiederholt für eine umfassende Gesamtlösung eingetreten waren. Deshalb nahmen unsere Verbündeten gegenüber unserem Forum eine sehr kühle Haltung ein und lehnten den einzigen von uns für realistisch gehaltenen Ausgang entschieden ab – keine sehr glückliche Situation.

Wir hatten keinen Zweifel daran gelassen, daß wir uns – ohne Rücksicht auf Watergate – jedem sowjetischen, radikalen oder europäischen Druck im Nahen Osten widersetzen würden. Ich erläuterte unsere Strategie bei einem inoffiziellen Mittagessen mit Jim Schlesinger, Bill Colby, Tom Moorer und Ken Rush am 29. November:

> Unsere Strategie muß sein, die Dinge trotz des Drucks der Sowjetunion, der Briten und Franzosen zu verzögern – damit sie alle erkennen, daß nur wir etwas zu bieten haben. Dadurch werden wir Sadat und den gemäßigten Arabern helfen. Alle Araber kommen jetzt zu uns. Wir werden am 16. weitermachen. Dann sind die israelischen Wahlen schon näher gerückt.* Dann müssen wir für die Truppenentflechtung sorgen.

* Wir glaubten, daß Israel vor den für den 31. Dezember angesetzten allgemeinen Wahlen keine Zugeständnisse machen könnte. Der Beginn der Genfer Konferenz war zunächst auf den 16., dann auf den 18. Dezember festgesetzt, aber schließlich begann sie am 21. Dezember.

In der Diplomatie kommt es darauf an, die besseren Karten in der Hand zu haben. Wir hatten sie und haben sie auch ausgespielt.

Die Gespräche bei Kilometer 101 und der Beginn der Truppenentflechtung

Während sich unsere Vorstellungen zu realisieren begannen, mußten wir uns auch mit konkreten Dingen beschäftigen: Eine ägyptische Armee war in der Wüste eingeschlossen, und ihre verzweifelte Lage wurde von Woche zu Woche unhaltbarer. Selbst wenn Sadat bereit war, mit Rücksicht auf die Erfordernisse unserer Strategie zu warten, würden einige seiner Untergebenen, die den Ring der Israelis um die 3. Armee sprengen wollten, versucht sein, diese Entwicklung zu beschleunigen, bevor das komplizierte Spiel vor Beginn der Genfer Konferenz beendet war. Ihr Instrument waren die ägyptisch-israelischen militärischen Gespräche bei Kilometer 101 an der von Kairo nach Suez führenden Straße, wo die Generäle Aharon Yariv aus Israel und Abdel Ghany el-Gamasy aus Ägypten über die praktische Durchführung des im November aufgestellten Sechs-Punkte-Programms verhandelten. Zunächst beschäftigte man sich bei diesen Begegnungen in erster Linie mit Fragen wie dem Austausch der Gefangenen, der Versorgung von Suez und der 3. Armee und der Einrichtung von Kontrollpunkten – mit anderen Worten den letzten vier der sechs Punkte.* (Der erste Austausch ägyptischer und israelischer Kriegsgefangener fand am 15. November statt.) Über die ersten beiden Punkte – die Einhaltung des Waffenstillstandes und besonders die »Frage der Rückkehr zu den Stellungen vom 22. Oktober im Rahmen der Vereinbarungen über die Entflechtung und das Auseinanderrücken von Truppen unter dem Schutz der Vereinten Nationen« – mußte noch gesprochen werden. Ich hatte mit Sadat vereinbart, die Frage der Truppenentflechtung erst *nach* Beginn der Genfer Konferenz zu behandeln.

Aber Sadats Untergebene waren ungeduldig. Sie verlangten, daß schon *vor* der Genfer Konferenz Fortschritte auf dem Wege zur Truppenentflechtung gemacht wurden, und zwar entweder in Verhandlungen über einen Gesamtplan zu diesem Vorhaben, oder dadurch, daß sofort der Rückzug der Israelis auf die Stellungen vom 22. Oktober erzwungen wurde – was das auch immer bedeutete. Die entschiedene Weigerung, diese Lösung überhaupt in Erwägung zu ziehen, war der Anlaß für die Krise in den vergangenen Monaten und auch für die amerikanische Teilmobilmachung.** Jedenfalls brachte Gamasy die Gespräche bei Kilometer 101 mit Yariv rascher voran, als ich es nach meinen Verhandlungen mit Sadat erwartet hatte.

* Zu den sechs Punkten siehe 13. Kapitel.

** Militärisch war die Haltung Israels nicht unbegründet. Sogar der ägyptische Kriegsminister, General Ahmed Ismail Ali, sagte einem amerikanischen Diplomaten Mitte November, nach einem Rückzug auf die Stellungen vom 22. Oktober würden die israelischen Streitkräfte am Westufer des Kanals in eine sehr bedrängte und gefährliche Lage geraten; sinnvoll wäre nur eine weitergehende Entflechtung der Streitkräfte auf beiden Seiten.

Auch in Israel gab es Kreise, denen eine rasche Truppenentflechtung vor Beginn der Konferenz in Genf lieber gewesen wäre. Die Gespräche bei Kilometer 101 gaben Israel die Möglichkeit, sich von der Bevormundung durch die Vereinigten Staaten zu befreien. Hier bot sich die Gelegenheit zu erproben, ob sich der Lieblingsplan der Israelis für einen beiderseitigen Abzug vom Suez-Kanal verwirklichen ließ oder nicht. Auch Golda, die sich jetzt um die Wiederwahl bemühte, wäre es nicht unlieb gewesen, wenn sie ihren Wählern hätte zeigen können, daß bei Kilometer 101 *irgend etwas* geschah. Die Schwierigkeit bestand jedoch darin, daß sich die israelische Regierung nicht ganz einig darüber war, was im einzelnen bei Kilometer 101 geschehen sollte oder wie die Truppenentflechtung mit Ägypten durchzuführen wäre. General Yariv, der ehemalige Chef des israelischen Nachrichtendienstes, ein brillanter Stratege, erwies sich äußerst geschickt bei der Entwicklung von Alternativvorschlägen für die Umgruppierung der Streitkräfte Israels, Ägyptens und der Vereinten Nationen in den verschiedenen Stellungen auf der Sinai-Halbinsel. Seiner schöpferischen Phantasie entsprangen zahlreiche israelische Vorschläge, die Gamasy vorgelegt wurden und immer deutlicher zeigten, welche Vorstellungen die Israelis im einzelnen von der Truppenentflechtung hatten. Aber die Lage wurde noch unübersichtlicher, da Gamasy alle Vorschläge Yarivs mit eigenen Gegenvorschlägen beantwortete. Yarivs Pläne fanden nicht in jedem einzelnen Fall die Zustimmung des israelischen Kabinetts, und Sadat wollte uns an diesen Entscheidungen beteiligen und nicht ausschließen. So gerieten die Gespräche in eine Sackgasse.

Es kam für uns zu einer großen Geduldsprobe. Vor allem wußten wir niemals genau, was bei Kilometer 101 geschah. Wir erhielten verschiedene Berichte von den Israelis, den Ägyptern und den Vereinten Nationen über die Vorgänge im Zelt, wo diese ungewöhnlichen Begegnungen stattfanden. Die Berichte stimmten jedoch nur in einem einzigen Punkt überein, in dem Umstand, daß sie uns stets achtundvierzig Stunden nach den Ereignissen erreichten. Oft lagen uns drei verschiedene Darstellungen über die Gründe vor, weshalb man in einer bestimmten Frage nicht weitergekommen war – und manchmal waren es sogar vier. Nichts wäre uns unangenehmer gewesen, als wenn sich die Verhandlungen über die Truppenentflechtung festgefahren hätten, denn im Auseinanderziehen der Streitkräfte auf der Sinai-Halbinsel bestand das Kernstück unserer Strategie. Andererseits lag uns, um offen zu sein, nicht sehr viel daran, daß es bei Kilometer 101 vor Beginn der Genfer Konferenz zum Durchbruch kam. Am 3. Dezember warnte ich Botschafter Dinitz und sagte: »Nehmen wir an, Yariv wird zum großen Helden der Truppenentflechtung, was wollen Sie dann am 18. Dezember (in Genf) noch besprechen?« Nach unserer Strategie mußte zunächst die Konferenz zusammentreten, um die Lage zu entschärfen und zu zeigen, daß Fortschritte gemacht wurden, und dann wollten wir dafür sorgen, daß die Vereinigten Staaten bei den Verhandlungen die entscheidende Rolle spielten. Wenn die Truppenentflechtung nicht mehr auf der Tagesordnung stand, würden wir uns gezwungen sehen, an einem endlosen Tauziehen über weiterreichende Fragen teilzunehmen, für die es, wie ich wußte, wenn überhaupt, keine rasche Lösung geben konnte.

Aber das Problem bei Kilometer 101 würde wahrscheinlich nicht in einem Durchbruch bestehen, sondern die Verhandlungen dort würden ins Stocken geraten. Erstens war ich überzeugt, daß es Golda lieber sein würde, wenn vor den israelischen Wahlen keine Entscheidung fiel (und daher auch nicht vor Beginn der Genfer Konferenz) und daß ihr Kabinett der gleichen Auffassung war. Zweitens war man auch in Ägypten noch nicht so weit. Allerdings hatte Yariv einige grundsätzliche Vorschläge gemacht, die später in die Bestimmungen für die Truppenentflechtung aufgenommen wurden, und zwar für die Begrenzung der Aufstellung von Waffen in den Stellungen auf beiden Seiten, zwischen denen die UN-Truppen stationiert werden sollten. Aber seine Vorstellungen darüber, welche Waffen in diesen Zonen zugelassen werden sollten, waren zu restriktiv, um auch nur von dem gemäßigsten ägyptischen Regierungschef angenommen zu werden. Es zeigte sich daher schon sehr bald, daß Sadat keine einschränkenden Bestimmungen für seine eigenen Streitkräfte auf ägyptischem Boden akzeptieren konnte, wenn sie von Israel vorgeschlagen wurden. Hier bedurfte es der Vermittlung durch die Vereinigten Staaten. Am 29. November löste Ägypten dieses Problem: Die Ägypter brachen die Gespräche am Kilometer 101 ab, angeblich, weil sich Yariv überraschend geweigert hatte, zu sagen, wie stark die in den Stellungen verbleibenden Truppen und wie tief die Stellungen selbst sein sollten. Deshalb konnte die Entscheidung über die Truppenentflechtung erst auf der Genfer Konferenz getroffen werden – wie wir es von Anfang an geplant hatten.

Das Verhalten der Sowjets bewies nun, daß Moskau über keinen von sowjetischen Strategen mit diabolischer Schläue ausgeklügelten Gesamtplan verfügte. Die Sowjetunion war so sehr darauf versessen, sich an den Verhandlungen zu beteiligen, daß es ihr auch lieber war, wenn die Truppenentflechtung der Genfer Konferenz vorbehalten blieb. Am 26. November bat ich den sowjetischen Botschafter Dobrynin, seinen Kollegen in Kairo, Sergei Winogradow, zu beruhigen, der ebenso wie Fahmy darauf drängte, mit der Truppenentflechtung schon vor der Genfer Konferenz zu beginnen. Am folgenden Tag teilte mir Dobrynin mit, Winogradow habe nur über die Beschwerden der Ägypter berichtet, teilte aber ihre Auffassungen nicht. Am 30. November sprach ich mit Dobrynin über das Scheitern der Gespräche bei Kilometer 101 und tat so, als verfolgte die Sowjetunion hier die gleichen Ziele wie wir, deutete aber nicht an, daß diese Entwicklung Ägypten veranlassen könnte, sich noch mehr von Moskau zu distanzieren. »Ich glaube wirklich, daß wir jetzt auf dem richtigen Weg sind«, sagte ich, denn jetzt könnten wir die von uns vereinbarte Strategie weiterverfolgen. Weshalb ich glaubte, Dobrynin würde sich meinem Urteil anschließen, läßt sich allerdings nicht mehr erkennen, und ich erinnere mich auch nicht mehr daran. Dobrynin antwortete entsprechend: »Vielleicht gefällt uns die Lage nicht – damit ist nicht der Truppenabzug gemeint –, aber da wir Realisten sind, stimmen wir Ihnen zu.« Ich sagte Dobrynin, ich könnte mich zwar nicht auf einen bestimmten Termin für die Truppenentflechtung festlegen, könnte aber zusagen, daß sich die Vereinigten Staaten Anfang Januar energisch darum bemühen würden, sie zustandezubringen: »Dann kann es nur noch wenige Wochen dauern.«

Der tüchtige Winogradow konnte der Versuchung nicht widerstehen, einen lächerlichen Pluspunkt zu kassieren – auch wenn er damit die zwischen uns bestehende Vertrauensbasis erschütterte –, und teilte diesen Terminplan Fahmy mit, als wäre es der geschickten sowjetischen Diplomatie gelungen, uns zu diesem Zugeständnis zu bewegen (und als wären wir so dilettantisch, mit Moskau über einen Terminplan zu sprechen, über den wir uns noch nicht mit Sadat geeinigt hatten). Winogradow erntete mit seiner kleinen Intrige nur eine zynische Antwort Fahmys.

Das Ergebnis meines Gedankenaustauschs mit Dobrynin war, daß die Sowjets darauf verzichteten, mit den Ägyptern auf eine Beschleunigung der Truppenentflechtung vor Beginn der Genfer Konferenz zu drängen, so daß wir das Tempo der Verhandlungen über das Auseinanderrücken der israelischen und ägyptischen Streitkräfte unter Kontrolle behielten. Das Verhalten Moskaus wurde zwar von vielen Faktoren beeinflußt – und dazu gehörte auch der Irrtum, die Sowjetunion könnte durch die Genfer Verhandlungen ihren Einfluß im Nahen Osten stärken –, aber die sowjetische Zurückhaltung wurde entschieden auch durch den Wunsch bestimmt, die Beziehungen zu den Vereinigten Staaten nicht zu belasten. Am 10. November hatte Breschnew an Nixon geschrieben: »Wir möchten dafür sorgen, daß wir nicht nur die gegenwärtige Nahost-Krise überwinden, sondern daß es uns auch gelingt, in dem Bemühen um die Verbesserung der Beziehungen zwischen unseren beiden Ländern voranzukommen.«

Trotz ihrer Neigung, sich bei jeder Gelegenheit kleine Vorteile zu verschaffen, blieben die Sowjets während des ganzen November bei ihrer Haltung, unterstützten uns in dem Bemühen, die Genfer Konferenz zustandezubringen, und wichen dem ägyptischen Druck aus, die Truppenentflechtung vorzeitig in Gang zu setzen. Zwar befanden sich die Sowjets in keiner sehr günstigen Ausgangsposition, aber wenn sie bestimmte Absichten verfolgten, dann haben sie uns dabei nicht wesentlich gestört. Die Entspannungsbemühungen hinderten uns nicht daran, darauf zu achten, daß der sowjetische Einfluß im Nahen Osten zurückgedrängt wurde, aber auch die Sowjets versuchten immer wieder, sich bei den Arabern beliebt zu machen. Man muß jedoch gerecht sein und anerkennen, daß Moskau niemals versucht hat, einen großangelegten diplomatischen Feldzug gegen uns zu beginnen. Andererseits wollten auch wir es unter allen Umständen vermeiden, die Sowjetunion vor der Weltöffentlichkeit zu demütigen, auch wenn wir ihren Einfluß zu schwächen suchten. Die Entspannung bemüht sich darum, Konflikte zwischen Gegnern abzubauen, ihr Ziel ist es jedoch nicht, Freundschaft zu stiften.

Unmittelbar nach dem Scheitern der Gespräche bei Kilometer 101 schien die Ungeduld der Ägypter zu wachsen. (Ich sage »schien«, weil ich nicht genau weiß, ob es nicht ein Manöver Fahmys gewesen ist, der uns unter Druck setzen wollte.) Unserem neuen Botschafter in Ägypten, Hermann Eilts, sagte Fahmy immer wieder, wie sehr er es bedauerte, daß kein Fortschritt zu erkennen wäre. Er behauptete, auch Sadat verlangte jetzt, daß wir auf dem Wege zur Truppenentflechtung ein Stück weiter kämen, denn darin läge die Voraussetzung für die Teilnahme Ägyptens an der Genfer Konferenz. Es gab auch Anzeichen dafür, daß Ägypten die Vereinigten Staaten und die Sowjetunion auffordern könnte, die ins Stocken geratenen Verhandlungen wieder in Gang zu bringen, und es, falls dies nicht gelang, den Weltsicherheitsrat anrufen werde. Als Eilts daran erinnerte, daß Sadat und ich uns darüber geeinigt hätten, die Truppenentflechtung als ersten Punkt auf die Tagesordnung einer Friedenskonferenz zu setzen, erwiderte Fahmy in scharfer Form, daß auf der Friedenskonferenz jederzeit über die *zweite* Phase der Truppenentflechtung verhandelt werden könnte. Aber er muß gewußt haben, wie unmöglich diese Forderung war. Israel würde sich niemals bereit finden, seine Stellungen innerhalb von einem Monat zweimal über eine größere Strecke zurückzunehmen. Und eine an die Sowjetunion und die Vereinigten Staaten gerichtete Aufforderung Ägyptens, die Verhandlungen aus der Sackgasse herauszuführen, hätte zu einer ähnlichen Krise geführt, wie vor einem Monat, und es wäre ebensowenig dabei herausgekommen.

Jetzt bestand die Gefahr, daß Fahmys Manöver, wie so oft im Nahen Osten, zu einer echten Bedrohung wurden, wenn sich die Parteien an ihrer eigenen Rethorik berauschten und das, was sie hörten, auch in die Tat umsetzen wollten. Uns erreichten Berichte, nach denen Ägypten sich überlegte, seine militärischen Aktionen wieder aufzunehmen. Jetzt kam es darauf an, die Dinge in die richtige Perspektive zu rücken. Am 1. Dezember schickte ich einen von mir entworfenen, sehr deutlichen Brief Nixons an Sadat und schrieb gleichzeitig an Fahmy, den ich davor warnte, sich an die Supermächte zu wenden:

> Lassen Sie mich mit dem gebührenden Respekt sagen, wenn Sie die Vereinigten Staaten und die Sowjetunion auffordern, in das Gebiet zu kommen, um die Durchführung der Resolution des Sicherheitsrats zu garantieren, dann wäre das ein folgenschwerer Schritt, ein Schritt, der weder den Interessen Ihres Landes noch der Sache des Weltfriedens im allgemeinen dienen würde.

Nachdem Nixon in seinem Brief deutlich erklärt hatte, daß wir uns im Dezember dem Druck der Sowjetunion ebenso widersetzen würden, wie wir es im Oktober getan hatten, wiederholte er, was ich auch in meinem Schreiben an Fahmy betonte – daß die Wiederaufnahme der Feindseligkeiten alles zerstören würde, was wir in den letzten Monaten erreicht hatten: »Ein Scheitern des Waffenstillstandes würde uns bedauerlicherweise wieder zur Konfrontation zwingen, und diese Gelegenheit wäre dann unter Umständen unwiederbringlich verloren.«

Unserer Warnung – die nach meiner Meinung Sadat nicht unwillkommen sein konnte, weil sie ihm helfen würde, die Heißsporne im eigenen Lager zu besänftigen – stand die optimistische Beurteilung der Erfolgsaussichten unserer diplomatischen Bemühungen gegenüber. Die objektiven Voraussetzungen für den Fortschritt waren, wie wir in beiden Briefen erklärten, so gut wie nie zuvor. Nixon erklärte, daß die

Vereinigten Staaten sich dazu verpflichteten, nach Beginn der Genfer Konferenz große Anstrengungen zu unternehmen: »Die Vereinigten Staaten werden auf der Friedenskonferenz in der Lage sein, ihren Einfluß in Richtung auf einen Frieden zur Geltung zu bringen, der sich auf die Resolution 242 des Weltsicherheitsrats stützt.« Um unsere Strategie aufeinander abzustimmen – und dieser Wunsch stand höchstwahrscheinlich hinter den ägyptischen Beschwerden –, schlug Nixon vor, daß ich eine neue Reise durch den Nahen Osten antreten sollte, die mich am 13. Dezember nach Kairo bringen würde.

In seiner Antwort mußte Sadat den Schein wahren und wiederholte einige seiner Beschwerden. In Fahmys Schreiben kam seine Ungeduld nicht ganz so deutlich zum Ausdruck, und im übrigen beschäftigte er sich mit der Frage, ob und unter welchen Voraussetzungen die Gespräche bei Kilometer 101 wieder aufgenommen werden könnten. Aber die Zeit arbeitete für uns: Je näher der Konferenzbeginn (am 18. Dezember) und die israelischen Wahlen (die am 31. Dezember stattfinden sollten) heranrückten, desto weniger Zeit blieb für lange Erörterungen. Da es keine anderen Pläne gab, über die wir uns geeinigt hatten, mußte die Truppenentflechtung als erster Punkt auf der Tagesordnung stehen. Daher wurden die Voraussetzungen für die Vermittlerrolle der Vereinigten Staaten und eine Einigung über das von uns vorgeschlagene schrittweise Vorgehen immer günstiger.

Der Weg nach Genf

Die bevorstehende Friedenskonferenz zwang uns, im Rahmen einer scheinbar widersprüchlichen Lage zu manövrieren. Wir bemühten uns darum, eine multilaterale Konferenz zustandezubringen, aber wir wollten sie in erster Linie für bilaterale Gespräche nutzen. Wir brauchten die Unterstützung der Sowjetunion, um eine solche Konferenz überhaupt zu ermöglichen, wollten aber nach ihrem Beginn versuchen, den Einfluß der Sowjets weitgehend einzudämmen. Die Friedenskonferenz sollte die Sowjets zunächst beruhigen, aber dann würde eine Phase folgen, in der unsere Beziehungen einer großen Belastung ausgesetzt werden mußten.

Ich hatte am 17. November unmittelbar nach meiner Reise um die Welt in Washington mit Dobrynin gesprochen. Seine Vorgesetzten waren über meine Vorstöße in den arabischen Hauptstädten sicher nicht besonders erfreut, und das Sechs-Punkte-Programm, das ohne Beteiligung der Sowjetunion und ohne sie vorher in Kenntnis gesetzt zu haben, erarbeitet worden war, hat ihnen sicher noch weniger gefallen. Auch mein Besuch in Peking hatte die Gemüter im Kreml vermutlich nicht beruhigt. Jetzt hielt ich es für notwendig, mich weniger kontroversen Fragen zuzuwenden. Nach einem kurzen unverbindlichen Gespräch mit Dobrynin, in dem ich ihm nichts wesentliches über meine Reise mitteilte, wechselte ich das Thema. Ich sagte, daß wir jetzt bereit wären, die Genfer Konferenz einzuberufen. Dazu schlug ich vor, daß die Vereinigten Staaten und die Sowjetunion dem Generalsekretär der

Vereinten Nationen eine gemeinsame Note vorlegen sollten, der dann die einzelnen Teilnehmer einladen könnte. Ich benannte Ägypten, Syrien, Jordanien und Israel. (Die Palästinenser erwähnte ich nicht.) Ich sagte Dobrynin, wir würden ihm den Entwurf eines solchen Briefes zur Stellungnahme übergeben. Mit anderen Worten, wir wollen keine Zeit mit Vorwürfen über Vergangenes verschwenden, sondern uns an die unmittelbar vor uns liegenden Aufgaben machen. Nichts erwärmt das Herz eines Berufsdiplomaten so sehr wie eine unmittelbar bevorstehende größere Konferenz. Hier können sich die reichen Erfahrungen bewähren, die man ein Leben lang beim Studium von Verfahrensfragen, abstrusen protokollarischen Vorschriften und Begriffen wie »Schutzherrschaft« und »Vorsitz« erworben hat. Um alle diese Dinge ging es bei der Vorbereitung der Genfer Konferenz. Vier Tage später, am 21. November, schickte ich Dobrynin unseren Entwurf für den Brief an Waldheim. Darin hieß es ganz einfach, die Vereinigten Staaten und die Sowjetunion bäten, nachdem sie sich mit den Hauptbeteiligten in Verbindung gesetzt hätten, den Generalsekretär der Vereinten Nationen, Jordanien, Israel, Ägypten und Syrien zu einer am 17. oder 18. Dezember beginnenden Konferenz nach Genf einzuladen. Die Konferenz werde unter dem »gemeinsamen Vorsitz« der Vereinigten Staaten und der Sowjetunion stattfinden. Der Rest des Briefes beschäftigte sich mit technischen Einzelheiten.

Moskau hielt die Angelegenheit für so dringend, daß die sowjetische Antwort schon am folgenden Tag eintraf. Eine so schnelle Reaktion hatte ich bisher noch nie erlebt. Dobrynin sagte mir, die sowjetische Regierung wäre mit den Terminvorschlägen einverstanden. Außenminister Andreij Gromyko werde gern an der Konferenz teilnehmen. Er würde sich freuen, wenn auch ich möglichst lange in Genf bleiben könnte. Ich sagte meine Teilnahme für zwei Tage zu und schlug vor, am Tag vor Konferenzbeginn mit Gromyko zum Abendessen zusammenzukommen.

Am folgenden Tag, dem 23. November, legte mir Dobrynin einen Gegenentwurf vor. Darin zeigte sich sehr deutlich, daß die Sowjets große Bedenken hatten und mit einem Scheitern der Konferenz rechneten. Der sowjetische Entwurf enthielt einen Punkt, den wir übersehen hatten: Die Konferenz werde unter dem »Schutz« der Vereinigten Staaten und der Sowjetunion stattfinden. Der sowjetische Entwurf betonte, daß die Konferenz auf der Ebene der Außenminister beginnen und dann von »besonders beauftragten Vertretern im Rang von Botschaftern« weitergeführt werden würde. Daß der Sowjetunion so viel daran gelegen war, ihren Sonderstatus auf der Konferenz bestätigen zu lassen und dafür zu sorgen, daß die Verhandlungen ständig auf hoher Ebene geführt wurden, war der berechtigte Ausdruck ihrer Befürchtung, wir könnten versuchen, den Verhandlungen ihre Bedeutung zu nehmen, indem wir sie auf eine niedrigere Ebene verlegten. Aus der Sicht Moskaus bestand die Gefahr, daß, wenn alle anderen Beteiligten einverständlich unserer Strategie folgten, es keine verfahrensrechtlichen Möglichkeiten der Verhinderung gäbe. Der protokollarische Rang der Bevollmächtigten wäre praktisch bedeutungslos, wenn die Verhandlungen in erster Linie bilateral geführt würden. Gromyko hatte das Problem richtig analysiert. Seine Schwierigkeit lag jedoch darin, daß es keine Lösung gab.

Wie eilig es die Sowjets hatten, die Konferenz zustandezubringen, zeigt sich auch darin, daß auch in ihrem Entwurf die Palästinenser nicht erwähnt wurden. (Die Einladung beschränkte sich auf Syrien, Ägypten, Jordanien und Israel, »ohne die Möglichkeit zu präjudizieren, daß in einer späteren Phase weitere Teilnehmer eingeladen werden«.)

Während wir uns um das Zustandekommen der Konferenz bemühten, auf der es unter anderem auch darum gehen würde, welche Gebiete Israel freigeben sollte, hielten es die arabischen Regierungschefs für notwendig, ein Gipfeltreffen einzuberufen. Bei allen bisherigen Veranstaltungen dieser Art hatten sie die Tatsache, daß ihre Auffassungen in vieler Hinsicht weit auseinandergingen, nur mit lautstarken, emotionalen Reden überdecken können. Auch das Gipfeltreffen in Algier bildete keine Ausnahme. Die arabischen Außenminister trafen sich am 24. November. Die Regierungschefs nahmen vom 26. bis 28. November an der Gipfelkonferenz teil. Die dabei vertretenen Auffassungen waren so unterschiedlich und widersprüchlich wie die farbigen Persönlichkeiten, aus denen sich die Versammlung zusammensetzte. Die beiden extremen Gruppen im arabischen Spektrum – Libyen und der Irak auf der radikalen Seite und Jordanien auf der gemäßigten – boykottierten praktisch das Treffen; die Radikalen, weil sie sich jeder Friedensregelung widersetzten, und König Hussein aus den verschiedensten Gründen, unter anderem, weil er mit Recht fürchtete, es könnten Beschlüsse zugunsten der PLO gefaßt werden. Ägypten nahm an der Konferenz teil, weil es die anderen arabischen Staaten veranlassen wollte, der ägyptischen Politik nach dem Waffenstillstand nachträglich zuzustimmen. Die Ägypter waren sich des Wertes der neuen Beziehungen zu den Vereinigten Staaten noch nicht ganz sicher und waren noch nicht so weit vom Erfolg der Friedensbemühungen überzeugt, daß sie einen Alleingang wagen wollten. Syrien erwartete, daß die auf diesem Treffen zum Ausdruck kommende arabische Solidarität Ägypten daran hindern werde, einen Separatfrieden zu schließen. Saudi-Arabien bemühte sich um einen Konsens, um sich nicht für die Radikalen oder die Gemäßigten entscheiden zu müssen. Die anderen arabischen Staaten schwankten zwischen zwei Extremen hin und her – auf der einen Seite die von Sadat vertretene besonnene Haltung und auf der anderen die mit leidenschaftlichen Reden erhobene Forderung nach arabischer Einigkeit, womit diese Konferenz wie alle anderen arabischen Gipfeltreffen in eine militante Richtung gedrängt wurde.

Am Schluß konnte sich niemand wirklich durchsetzen. Ägypten erhielt die vorbehaltliche Zustimmung für Maßnahmen, die sich nicht mehr rückgängig machen ließen. Die Einleitung des Friedensprozesses wurde zögernd gutgeheißen. Aber das dafür vorgeschlagene Programm unterschied sich nicht von dem Verfahren, das den Friedensprozeß sechs Jahre zuvor ins Stocken gebracht hatte. Die Forderungen lauteten: Israel sollte sofort alle besetzten arabischen Gebiete einschließlich von Jerusalem räumen, und »das palästinensische Volk soll alle seine nationalen Rechte ausüben dürfen«.[1] In der ersten Forderung hatte man es sorgsam vermieden, den Begriff »besetzte arabische Gebiete« zu definieren, aber da der PLO-Führer Arafat an dem Treffen teilnahm und der Forderung zustimmte, kann es daran gelegen haben, daß man die Möglichkeit offen lassen wollte, über die Standardforderung, Israel sollte sich auf die Grenzen von 1967 zurückziehen, hinauszugehen und auf den Teilungsplan der Vereinten Nationen von 1947 zurückzukommen. Was die Versammlung als »die vollen nationalen Rechte« der Palästinenser ansah, wurde nicht näher erklärt. Daß ihnen die Übernahme des Jordan-Westufers durch Jordanien nicht genügen würde, zeigte sich sehr deutlich daran, daß die Gipfelkonferenz die PLO als »einzige« Vertretung der Palästinenser anerkannte.

Das Ergebnis dieses Gipfeltreffens bestand darin, daß die Haltung Israels und Jordaniens – die Konferenz von Algier richtete sich in erster Linie gegen diese beiden Staaten – gegenüber der Genfer Konferenz negativ beeinflußt wurde. Am 1. Dezember sagte der jordanische Premierminister, Zaid Rifai, unserem Botschafter Dean Brown, die Beschlüsse von Algier bedeuteten, daß Jordanien aufgefordert würde, zu versuchen, mit Israel über die Rückgabe des Jordan-Westufers und des arabischen Teils von Jerusalem zu verhandeln, die Verantwortung (und im Falle eines Scheiterns die Schuld) für alle notwendigen territorialen Zugeständnisse zu übernehmen und dann alles, was Israel aufzugeben bereit war, den Palästinensern zu übergeben. Jordanien wollte eine solche Rolle nicht übernehmen. Doch Rifai wiederholte, daß Jordanien »im Prinzip« bereit wäre, sich an der Genfer Konferenz zu beteiligen; es nähme unser Argument ernst, daß es, wenn es seine Teilnahme verweigerte, riskierte, seinen Gegnern in die Hände zu spielen, weil es den Anschein erweckte, seinen Anspruch auf das Jordan-Westufer aufgegeben zu haben.

Es wurde auch immer schwieriger, Israel zur Teilnahme an der Genfer Konferenz zu bewegen. Israel war entschlossen, sich den in Algier erhobenen Forderungen zu widersetzen. Die Gipfelkonferenz in Algier brachte daher neue Spannungen in die Diplomatie, und sehr bald mußten wir feststellen, daß alle nach Genf eingeladenen Staaten am Wortlaut der Einladung etwas auszusetzen hatten. Israel verlangte, die Einladung müßte als Bestimmung enthalten, daß die ursprüngliche Zusammensetzung der Konferenz nur auf einstimmigen Beschluß der Teilnehmer auf weitere Staaten ausgedehnt werden dürfte. Damit wurde der PLO die Teilnahme offiziell verwehrt, denn Israel konnte gegen einen entsprechenden Antrag jederzeit sein Veto einlegen. Außerdem waren die Israelis gegenüber den Vereinten Nationen sehr mißtrauisch und wollten ihnen nur eine zeremonielle Rolle zubilligen. Wie nicht anders zu erwarten, ging der ägyptische Außenminister Fahmy nach Algier in die entgegengesetzte Richtung und verlangte, daß in dem Brief ausdrücklich die Teilnahme der Palästinenser an der Konferenz zu einem späteren Zeitpunkt erwähnt werden müßte. Sein Vorschlag sollte so formuliert werden, daß man in der ersten Phase der Konferenz über *»den Zeitpunkt* der Teilnahme der Palästinenser« sprechen werde – was natürlich bedeutete, daß die Teilnahme an sich schon beschlossene Sache wäre. Aber Fahmy kritisierte unseren Entwurf auch noch in anderer Beziehung. Er wollte den sowjetischen Einfluß schwächen und erhob deswegen Einwände gegen den sowjetisch-amerikanischen »Schutz«. Statt dessen sollten die Vereinten Nationen mehr im Vordergrund stehen. Syrien hüllte sich in Schweigen.

Doch so haarspalterisch diese Einwände waren, sie mußten allen Beteiligten vorgetragen werden; jeder einzelne Kompromißvorschlag mußte dabei die Runde machen. Die Konferenz drohte in Papier zu ersticken. Dadurch ergaben sich für mich besonders große Schwierigkeiten, weil ich am Samstag, dem 8. Dezember, zu einer NATO-Konferenz nach Brüssel reiste, um dann die Rundreise durch den Nahen Osten anzutreten, so daß jeder Vorschlag, der in Washington eintraf, mir überallhin nachgeschickt und meine Antwort über Washington an alle Beteiligten weitergegeben werden mußte. Die überbeanspruchten Funker in meinem Flugzeug haben sich dabei hervorragend bewährt.

Am 5. Dezember legten wir einen neuen Entwurf für den Einladungsbrief vor, mit dem wir versuchten, allen Beteiligten den Eindruck zu vermitteln, daß ihre Wünsche wenigstens zum Teil berücksichtigt worden wären. Aber jeder konnte sich natürlich jetzt darüber beschweren, daß nicht alle seine Forderungen erfüllt worden seien. Die Unterlagen beweisen, daß sie sich in der Tat mehr darum bemüht haben, ihre Beschwerden anzubringen, als ihrer Befriedigung Ausdruck zu verleihen.

Nach der Formulierung in unserem neuen Entwurf ließ sich die Rolle der Vereinten Nationen so interpretieren, als werde die Konferenz nur von ihnen einberufen, nicht aber geleitet. Der Generalsekretär sollte nur an der Eröffnungsphase teilnehmen. Was die Palästinenser betraf, so hieß es jetzt, »die Frage« (und nicht »der Zeitpunkt«) ihrer Teilnahme werde in der ersten Phase der Konferenz behandelt werden – woraus hervorging, daß diese Frage noch nicht gelöst war. Für uns war das kein wesentliches Zugeständnis, denn damit wurde nur zugelassen, wozu jeder Teilnehmer ohnedies berechtigt war, nämlich mitzubestimmen, ob weitere Teilnehmer zu der Konferenz eingeladen werden sollten. Doch für Golda war auch dieser Passus zuviel, und sie widersetzte sich jeder Erwähnung der Palästinenser ohne Rücksicht darauf, wie vorsichtig oder unter welchen Vorbehalten sie erfolgte.

Jetzt fing also das Tauziehen an. Die Sowjetunion verlangte, die Konferenz sollte unter dem »Schutz« der Vereinigten Staaten und der Sowjetunion stattfinden. Ägypten war ebenso unnachgiebig mit seiner Forderung, daß die Vereinten Nationen als Veranstalter die Leitung übernahmen. Die Sowjetunion und Ägypten erklärten, es müßte, wie im ersten Entwurf, vom »Zeitpunkt« der Teilnahme der Palästinenser gesprochen werden. Um uns nicht übermütig werden zu lassen, lehnte Israel eine Schutzfunktion der Vereinten Nationen ab und stellte neue Bedingungen: Auch wenn sich herausstellen sollte, daß es sich mit dem endgültigen Text einverstanden erklären könnte, werde Israel nicht mit den Syrern zusammentreffen, solange sie nicht alle israelischen Kriegsgefangenen entlassen hätten. Das war die Lage elf Tage vor dem vorgesehenen Beginn der Konferenz.

Ich reagierte darauf mit einem Hagel von Telegrammen. Am 11. Dezember hatten alle Beteiligten bis auf einen nachgegeben und sich inoffiziell mit unserem Entwurf vom 5. Dezember einverstanden erklärt. Aber Israel hielt an seinem Standpunkt fest, denn die Wahlen rückten immer näher. Dayan hatte mir am 7. Dezember bei einem Blitzbesuch in Washington gesagt, »Golda kann nicht in die Wahlen gehen, wenn es noch irgendeinen Zweifel daran gibt, ob sich die Palästinenser an der Konferenz beteiligen werden«.

Aber ganz abgesehen von allen wahltaktischen Erwägungen hatte Golda Meir in ihrer elementaren Art ein entscheidendes Argument auf ihrer Seite, das in der allgemeinen Aufregung übersehen worden war. Daß wir die Palästinenser erwähnt hatten, war an sich ganz harmlos, aber hinter der Tatsache, daß die Araber auf ihrer Erwähnung bestanden, verbarg sich eine ganz konkrete und nicht nur eine verfahrenstechnische Absicht. In dem Einladungsschreiben wurde ein einzelner Punkt der Tagesordnung besonders hervorgehoben. Für Golda ging es daher um ein psychologisches und nicht um ein technisches Problem. Sie wußte, daß Verfahrensfragen auf dieser Friedenskonferenz zu haßerfüllten Debatten über gefährliche und ganz konkrete Fragen führen mußten.

Wenn sie sich einmal zu etwas entschlossen hatte, wich Golda keinen Zoll zurück. Sie ließ sich auch durch ein direktes Eingreifen Nixons nicht erweichen. Am 13. Dezember erfuhr der Präsident bei der Vorlage der Morgenpost von der negativen Haltung der israelischen Regierung. Er heftete die folgende Notiz an den Bericht: »K – sagen Sie Eban und seinen Freunden – wenn diese Forderung einen neuen Krieg auslöst, dann führen sie ihn allein.« Da ich nicht in Washington war, gab Scowcroft den Inhalt der Notiz Nixons an Dinitz weiter – ich nehme an, in einer etwas abgemilderten Form. Wenn man Nixon aus der Betäubung weckte, in die er durch Watergate geraten war, dann erwachte sein Kampfgeist. Er schrieb Golda einen persönlichen Brief, der mit der Drohung schloß, daß die Vereinigten Staaten Israel ihre Unterstützung entziehen würden:

> Ich möchte Ihnen in allem Ernst sagen, wenn Israel sich nicht positiv zur Teilnahme an der Konferenz auf der Basis des von uns entworfenen Briefes entschließt, dann wird das weder in den Vereinigten Staaten noch in der Welt verstanden werden, und ich werde die Unterstützung nicht mehr rechtfertigen können, die ich Ihrer Regierung ständig in unserem beiderseitigen Interesse gewährt habe.

Der gewohnten Taktik folgend, beantwortete Golda Nixons Brief nicht, sondern erklärte, sie würde mir ihre Antwort in Jerusalem persönlich geben (was sie niemals getan hat). Die israelische Botschaft ließ Scowcroft nur wissen, daß die Premierministerin sich nicht habe überzeugen lassen.

Am 13. Dezember flog ich von Europa in den Nahen Osten. In fünf Tagen sollte die Genfer Konferenz beginnen, und man hatte sich noch immer nicht über den Text der Einladung geeinigt.

Jede Reise in den Nahen Osten erfordert ihre eigene Choreographie. Wir operierten gleichzeitig in drei Dimensionen; auf der Ebene der amerikanisch-sowjetischen Beziehungen, im Ringen um eine Einflußnahme auf die Beziehungen zwischen den gemäßigten und radikalen Arabern und im Rahmen der arabisch-israelischen Krise. Diese Probleme überschnitten sich zum Teil, waren zum Teil aber auch unabhängig voneinander. Jedes Unternehmen im Nahen Osten war daher wie ein Auftritt in einem Zirkus mit drei Manegen. Der Unterschied bestand nur darin, daß, wenn man eine dieser drei Manegen betrat, die Akteure in den anderen beiden ihre Vorstellung unterbrachen und ihr Verhalten danach einrichteten, was sie in der ersten Manege sahen oder – und das war besonders verwirrend – glaubten zu sehen.

Die Erfahrung hat mich gelehrt, daß die intensiven arabischen Rivalitäten und Eifersüchte trotz der so oft beschworenen Solidarität der arabischen Länder ein kaum richtig abzuschätzender Faktor waren, und die Beurteilung der Folgen solcher Spannungen wurde dadurch erschwert, daß es sich um ganz persönliche Probleme handelte. Wie ich im 13. Kapitel berichtet habe, wurde meine Bemerkung über die führende Rolle Sadats in der arabischen Welt bei meinem Essen bei König Faisal in Riad sehr zurückhaltend aufgenommen. Später hörte ich aus anderen arabischen Quellen, daß Saudi-Arabien in diesem Punkt besonders empfindlich sei. Man riet uns, nicht damit zu rechnen, daß König Faisal Sadats Auffassungen in jedem Falle folgen werde; Faisal werde darauf bestehen, seine eigenen Auffassungen zu vertreten.

Ich hatte auch festgestellt, daß sich Neuigkeiten mit unglaublicher Geschwindigkeit in der arabischen Welt verbreiten, daß sie auf jeder Zwischenstation leicht verändert werden, daß aber insgesamt ein Bericht daraus entsteht, der psychologisch den Kern der Sache trifft, auch wenn nicht alle Tatsachen stimmen. Da die meisten politischen Überlegungen menschlichen Gehirnen entspringen, ist das psychologische Element oft entscheidend. Die ungewöhnliche geistige Beweglichkeit arabischer Führer befähigt sie, ihr Vorgehen genau auf die Erfordernisse der Lage abzustimmen und sich eine moralische Basis zu schaffen. Da die wichtigsten arabischen Politiker sich weitgehend durch Gerüchte orientieren lassen und ihnen unter Umständen mehr Glauben schenken als direkten Berichten, ist es gewöhnlich angezeigt, Verhandlungen vorzubereiten, indem man irgendeinen anderen arabischen Führer von den Argumenten unterrichten läßt, die man vorzutragen hat. Auch wenn der arabische Gesprächspartner nicht alles glaubt, was sein arabischer Bruder ihm sagt – ein fast obligatorischer Beweis der eigenen männlichen Würde –, wird er Informationen aus zweiter Hand als Tribut für seinen Status als Eingeweihter werten und glauben, damit gegenüber seinen Rivalen im Vorteil zu sein. Man muß jedoch dafür sorgen, daß man sich eine besonders wichtige Mitteilung für die Begegnung mit dem Hauptgesprächspartner vorbehält. So sehr er es schätzen mag, auf indirektem Wege unterrichtet zu werden, Exklusivität bedeutet ihm noch mehr.

Ein Ziel, das wir mit der Genfer Konferenz verfolgten, bestand darin, zu vermeiden, daß der Friedensprozeß von den Gegensätzen zwischen Radikalen und Gemäßigten in der arabischen Welt beherrscht wurde. Deshalb hatte mein Besuch in Damaskus auf dieser zweiten Reise in den Nahen Osten die gleiche Bedeutung wie mein Aufenthalt in Kairo auf der ersten. Wenn Syrien an der Genfer Konferenz teilnahm oder sich auch nur damit abfand – und bisher hatten wir direkt noch nichts von den Syrern gehört –, und wenn es sich damit einverstanden erklärte, die Truppenentflechtung als ersten Punkt auf die Tagesordnung zu setzen, dann war unsere Strategie gerettet. Andernfalls würde es in jeder Phase der Verhandlungen zu erbitterten Auseinandersetzungen kommen. Aber wir durften hoffen. Seit der Beendigung des Krieges hatte sich Syrien vorsichtig um die Kontaktaufnahme mit den Vereinigten Staaten bemüht. Ich hatte mich am 2. November in Washington mit dem stellvertretenden syrischen Außenminister Mohammad Zakariya Ismail getroffen, der nach Amerika gekommen war, um an einer Sitzung der Vollversammlung der Vereinten Nationen teilzunehmen. Er brachte keinerlei Instruktionen mit, aber schon die Tatsache, daß ein höherer syrischer Beamter nach vielen Jahren nach Washington kam, war nach meiner Auffassung angesichts der politischen Lage alles, was Damaskus in diesem Augenblick tun konnte. Am 8. November hatte man mir in Saudi-Arabien gesagt, der syrische Präsident Hafez al-Asad wünschte direkte Gespräche mit uns. Am 21. November traf ich mit dem Vertreter Syriens bei den Vereinten Nationen, Haytham Kaylani, zusammen, um meinen für den 15. Dezember vorgesehenen Besuch in Damaskus mit ihm zu besprechen.

Kein arabischer Führer war besser geeignet, mir die Wege in Damaskus zu ebnen, als Präsident Houari Boumedienne von Algerien, der mit großer Leidenschaft seine Unabhängigkeit vertrat und als Radikaler besonders enge Beziehungen zu Syrien unterhielt. Während des Oktober-Krieges hatte er Moskau einen kurzen Besuch abgestattet, um die Sowjets zu bitten, die arabische Sache militärisch zu unterstützen. In Kairo verlautete, daß er enttäuscht zurückgekehrt wäre. Ich durfte nicht erwarten, daß Boumedienne die amerikanische Außenpolitik öffentlich unterstützte. Dafür war er seiner Ideologie zu sehr verpflichtet. Aber wenn er sich in Syrien inoffiziell dafür verwandte oder sich wenigstens nicht dagegen stellte, würde er Asad für die Zusammenarbeit mit uns Rückendeckung geben, und der Druck der Radikalen auf Saudi-Arabien könnte nachlassen.

Am Donnerstag, dem 13. Dezember, landeten wir im Nieselregen in Algier; das Wetter entsprach dem kühlen Empfang. Der lebhafte Abdelaziz Bouteflika, der zu der Delegation der arabischen Außenminister gehört hat, die Nixon und mich während des Krieges besuchten (siehe 11. Kapitel), brachte es nicht fertig, eine so ernste Miene aufzusetzen wie seine ihn begleitenden Kollegen. Jung, vital, elegant angezogen, mit einem wallenden Umhang bekleidet und mit einer dicken Zigarre im Mund genoß Bouteflika offensichtlich die Gelegenheit, von den Fernsehkameras aufgenommen zu werden. Er begrüßte mich viel herzlicher, als es offiziell eingestanden werden konnte.

Auf der schnellen Fahrt zur Residenz von Boumedienne in den an der Küste liegenden Bergen, von wo aus man einen Blick auf das Mittelmeer genießen konnte, mußte ich an eine Begegnung mit dem großen französischen Schriftsteller Albert Camus denken, den ich vor zwanzig Jahren in seinem kleinen Büro im Verlagshaus Gallimard in Paris besucht hatte. Ich war damals Examensstudent und gab eine kleine Zeitschrift mit dem Namen *Confluence* heraus, die Beiträge europäischer und amerikanischer Schriftsteller zu den verschiedensten Themen brachte und es sich zur Aufgabe gemacht hatte, die atlantischen Bindungen zu fördern. Wir hatten einen Artikel von Camus abgedruckt, und ich suchte ihn auf, um ihm zu sagen, wie sehr ich ihn schätzte. Meine Jugend schien ihn nicht zu überraschen (ich war damals dreißig Jahre alt), und er ließ mich auch nicht merken, daß meine Zeitschrift wahrscheinlich die unbedeutendste Veröffentlichung war, die einen seiner Artikel abgedruckt hatte. Ganz überraschend – fast wie im Selbstgespräch und als sei ich nur der unbedeutende Anlaß für diese Reflektionen – begann Camus, von Algerien zu sprechen, das damals noch eine französische Provinz und sein Geburtsland war. Mit sanften Worten erzählte er von der Versöhnlichkeit und Toleranz, die in diesem Lande herrschten, das geprägt war von der Sonne des Mittelmeers, strengen Traditionen und einer gelungenen Mischung verschiedener Kulturen. Er meinte, hier könnte der Mensch danach streben, das Ideal der Brüderlichkeit zu verwirklichen, wenn dies auf dieser Welt überhaupt möglich wäre. Aber Camus fürchtete bereits für die Zukunft seiner Heimat. Er hoffte, daß der Nationalismus sie nicht daran hindern werde, ihre zivilisatorische Mission zu erfüllen, und konnte den Gedanken nicht ertragen, daß die Leidenschaften unseres Zeitalters auch Algerien überschwemmen und es ihm entfremden könnten. Seine Suche nach Identität dürfte niemals zur Trennung von Frankreich führen. Viele seiner Gedanken waren mir damals noch unverständlich, denn die kommende Revolution war erst als fernes Wetterleuchten zu erkennen. Jetzt, da ich mich auf dem Weg zu einer Begegnung mit dem siegreichen Führer der algerischen Nationalisten befand, hatten die Franzosen das Land schon seit mehr als zehn Jahren verlassen. Was man auch über das moderne Algerien sagen konnte, in Versöhnungsbereitschaft, Brüderlichkeit und Toleranz unter Menschen verschiedener Volkszugehörigkeit würde wahrscheinlich nicht sein Beitrag zur Geschichte bestehen. Nach einem mit großer Erbitterung geführten Krieg hatte es in seiner Außenpolitik die kompromißlose Philosophie übernommen, welche die Staatsgründung ermöglicht hatte, und dazu die marxistische Rhetorik, welche die politische Führung des Landes in die Lage versetzte, es zu beherrschen, ohne sich der Unbequemlichkeit periodischer Wahlen unterziehen zu müssen.

Bei unserem Eintreffen in Boumediennes Residenz in einem Flügel des Palasts des früheren französischen Generalgouverneurs war im Hof eine Ehrenwache in prächtigen Uniformen angetreten. Das Zimmer, in dem unsere Begegnung stattfand, war lang und düster. An dem der Tür gegenüberliegenden Ende stand hoch aufgerichtet Boumedienne im schweren schwarzen Umhang, eine Zigarre in der Hand. Sein

Kostüm schien die algerische Uniform zu sein. Später erfuhr ich, daß Boumedienne die Dauer der Gespräche, die er führte, an der Zahl der Zigarren maß, die er dabei rauchte. Diese Gespräche dauerten eine, zwei und nur selten drei Zigarrenlängen. Da ich davon nichts wußte, habe ich die Zigarren nicht gezählt, die für das Gespräch mit mir vorgesehen waren. Jedenfalls schien Boumedienne viel Zeit zu haben. Gleich zu Beginn machte er mich ausdrücklich darauf aufmerksam, daß er kubanische Zigarren rauchte. Er hatte die asketischen Züge und stechenden Augen eines Fanatikers, aber geschliffene Manieren und einen höflichen Ton. Er verhielt sich wie ein Mann, dem es noch nicht genügte, als militärischer Führer ein grausames Ringen um die Unabhängigkeit gewonnen zu haben. Wie viele militärische Dilettanten, schätzte Boumedienne die Kriegskunst nicht so sehr wie ein anderes Gebiet, auf dem er noch weniger zu Hause war und das für ihn deshalb etwas Geheimnisvolles hatte, das der politischen Philosophie. Er gehörte der Generation an, für welche die Liturgie der Schlagworte der Dritten Welt zur zweiten Natur geworden war. Amerika war »imperialistisch«, der Marxismus war »progressiv«, die Dritte Welt wurde »ausgebeutet« und war von Natur aus »friedliebend«. Ähnlich wie Camus war er überzeugt davon, daß alles, was in Algerien geschah, eine universale Bedeutung hatte. Aber anders als der sanfte Franzose glaubte er nicht, daß die Bedeutung Algeriens in seiner versöhnlichen Haltung läge, sondern in der puritanischen Verwirklichung revolutionärer Ideen. Das wichtigste war die unerbittliche Konfrontation und nicht die Teilnahme an einer universalen Kultur, die er verachtete. Und so war das Thema des Gesprächs zwischen dem Präsidenten des revolutionären Algerien und des Außenministers der kapitalistischen Vereinigten Staaten von Amerika vor allem der Gegensatz in unseren Grundauffassungen von den internationalen Beziehungen. Es war so, als debattierten zwei Professoren der politischen Wissenschaft höchst gelehrt über das Wesen ihrer Disziplin.

Boumedienne begann mit einer höflichen Floskel, die zugleich eine beruhigende Feststellung war: »Es ist gut, daß Sie in den Nahen Osten gekommen sind.« Wenn das radikale Algerien meine Bemühungen gut hieß, dann hatte unsere Strategie ihr Ziel schon zur Hälfte erreicht. Vielleicht hat Boumedienne gespürt, daß er etwas zu weit gegangen war, deswegen fügte er warnend hinzu: »Es ist eine Region der Leidenschaften. Große Probleme und große Leidenschaften.« Ohne mir die Gelegenheit zu einer Erwiderung zu geben, kam Boumedienne sofort auf sein Hauptthema zu sprechen, und zwar in dem, wie er es nannte, »algerischen Aktionsstil«:

> In den letzten Jahren haben Sie China ein großes Angebot gemacht, und auf Ihrer Reise in die Sowjetunion haben Sie eine bedeutende Initiative ergriffen. Sie haben den Konflikt in Indochina beigelegt. Es stellt sich die Frage: Ist dies ein Wandel in der Politik der Vereinigten Staaten? Ist die Welt immer noch in zwei oder drei Lager gespalten?
>
> Ich bin ein Araber der Generation, die zwei Arten von Demütigungen erlebt hat; die Demütigung des Kolonialismus, des britischen oder französischen, und des Kolonialismus, den man Israel nennt – eines

Landes mit drei Millionen Einwohnern, das wegen einer gewissen massiven Unterstützung der Gendarm der Region ist.

In diesem Zusammenhang gibt es objektiv drei Möglichkeiten: Einen arabischen Frieden, der sogar mit Israel ausgehandelt werden kann. Ich habe mit Frankreich verhandelt. Aber das kann nicht mit Gewalt geschehen. Das ist unser großes Verlangen. Da die Welt so ist, wie sie ist, und da die Vereinigten Staaten und Rußland existieren, ist die zweite Möglichkeit ein russisch-amerikanischer Friede. Sie haben den Waffenstillstand herbeigeführt. Es sind die Vereinigten Staaten, die in diesen Verhandlungen die wichtigste Rolle spielen.

Ich kann nicht glauben, daß es ein gerechter Friede sein kann, wenn es ein amerikanischer Friede ist. Auf der einen Seite haben wir den vietnamesischen Frieden, aber da ist auch Israel. Auf der einen Seite hat es Pakistan gegeben, aber auf der anderen Seite auch Chile.*

Boumedienne wollte sich die Logik seiner Darstellungen von mir bestätigen lassen. Er erklärte sich bereit, »sogar« mit Israel verhandeln zu wollen – ein bemerkenswertes Angebot für einen arabischen Führer, der auf seinen Radikalismus so stolz war – und er hatte auf die zentrale Rolle der Vereinigten Staaten hingewiesen. Jetzt verlangte er eine intellektuelle Rechtfertigung der marxistischen Lehre, für die Amerika das politische Schreckgespenst war, und wollte eine Bestätigung dafür haben, daß er sich selbst in seiner Beurteilung der Vereinigten Staaten geirrt hatte. Er erkannte an, daß sich Amerika gegenüber China geöffnet, mit Hanoi verhandelt und seinen Freunden in Pakistan zur Seite gestanden hatte. Aber andere Maßnahmen, die wir zur Verteidigung unserer Interessen und Wertvorstellungen ergriffen hatten, wollten ihm weniger gut gefallen. Augenscheinlich verlangte er die Freiheit, sich auszusuchen, was ihm gefiel, oder er wollte uns sogar zu seinem radikalen Sozialismus bekehren. Wenn dieser Versuch nicht gelang, dann wollte er sich selbst davon überzeugen, daß man uns vertrauen könnte. Allerdings wollte er mir nicht erklären, weshalb meine Worte angesichts seiner eigenen marxistischen Überzeugung über Materialismus und Kapitalismus glaubwürdig sein könnten.

Von den drei Möglichkeiten, die Boumedienne erwähnt hatte, schien ihm die gemeinsam von den Vereinigten Staaten und der Sowjetunion angestrebte Lösung für den Nahen Osten *am wenigsten* zu gefallen. Sein Mißtrauen gegenüber der Sowjetunion, das er trotz seiner marxistischen Neigungen nicht unterdrücken konnte, kam sehr deutlich im folgenden kurzen Wortwechsel zum Ausdruck:

Boumedienne: Glauben Sie, daß die Sowjetunion für die Araber kämpfen würde?

Kissinger: Nein.

Boumedienne: Ich auch nicht.

Angesichts des von Boumedienne angeschlagenen Tons hatte es keinen Sinn, daß ich meine Zeit damit verschwendete, ihn mit den Feinheiten unseres Entwurfs für eine Einladung zur Genfer Konferenz vertraut zu

* Dies war interessant: Boumedienne hielt es für »fortschrittlich«, daß wir uns 1971 Pakistan zugewendet hatten.

machen. Ich konnte sein Vertrauen nicht gewinnen, indem ich ihm zeigte, wie geschickt wir zweideutige Texte formulieren konnten. Ob wir uns einigen konnten, hing davon ab, ob Boumedienne unsere Absichten begriff, wenn er sie auch nicht teilte. Die Voraussetzung für erfolgreiche Verhandlungen mit früheren oder möglichen Gegnern – und Algerien war unser Gegner gewesen und könnte es ohne weiteres wieder werden – besteht darin, die Vorbedingungen für eine Verständigung zu schaffen, die auch die unvermeidlichen Belastungen durch die Zwänge der praktischen Politik überdauern können. Deshalb nutzte ich die Begegnung vor allem dazu, ihm die Vorstellungen zu erläutern, die unserer Politik zugrunde lagen. Besonders suchte ich seine Bedenken im Hinblick auf eine mögliche Vormachtstellung der Supermächte im Nahen Osten zu zerstreuen. Ich erklärte:

> In der Weltpolitik entspricht es unserer Grundauffassung, daß jeder Versuch der physischen Vorherrschaft mit den objektiv vorhandenen Tendenzen und Verhältnissen dieser Periode unvereinbar ist. Deshalb haben wir versucht, alle Tendenzen zu fördern, die zu wirklicher Unabhängigkeit führen und Amerika – ich mag das Wort »Imperialismus« nicht – von der objektiven Notwendigkeit befreien, für jeden Teil der Welt Entscheidungen zu treffen. Deshalb begrüßen wir die Vereinigung Europas und unternehmen nichts dagegen, und wir haben sogar nichts dagegen einzuwenden, wenn dieses Europa uns gelegentlich angreift. Denn wenn es wirklich vom Geist der Unabhängigkeit geleitet wird, dann wird es sich früher oder später gegen die ihm drohenden realen Gefahren verteidigen. Es braucht die Unterstützung der Menschen, wenn es das tun will. Wir nehmen diese Haltung nicht aus reiner Freundlichkeit ein, sondern weil wir uns auf jedem anderen Wege physisch und psychisch erschöpfen würden.

Deshalb sollten die Beziehungen Algeriens zu Amerika, so fuhr ich fort, nicht durch modische Schlagwörter wie »Imperialismus« oder »Kolonialismus« bestimmt werden. Vielmehr sollte man uns danach beurteilen, ob wir klar definierte nationale Interessen miteinander in Einklang bringen könnten:

> Wir möchten mit den wirklich unabhängigen arabischen Staaten verhandeln. Wenn Sie in Ihrer Außenpolitik Dinge tun, die wir entschieden ablehnen, dann werden wir reagieren. Wenn wir Dinge tun, die Sie entschieden ablehnen, werden Sie reagieren, wie wir es in den Vereinten Nationen oft erleben. Aber wenn diese Beziehung nicht in permanenter Feindschaft erstarrt, dann können wir damit leben. Ich habe Ihrem Außenminister in Washington während des Krieges gesagt, wir würden, sobald der Krieg vorüber wäre, große Anstrengungen unternehmen, und ich habe ihm in Gegenwart von konservativeren Außenministern gesagt, daß wir die revolutionären Aspekte Algeriens respektieren.
>
> Wir streben daher nicht nach einer amerikanischen Lösung, sondern nach der Möglichkeit für die arabischen Nationen, sich von der Israel-Besessenheit zu befreien und die natürlichen Bestrebungen in der arabischen Welt zur Wirkung zu bringen.

Aber so leicht wollte sich Boumedienne von seinem Vorurteil nicht abbringen lassen, daß die Supermächte ein perfides Spiel trieben. Er meinte, wenn es zwischen der Sowjetunion und den Vereinigten Staaten kein stillschweigendes Übereinkommen zur Beherrschung anderer Länder gäbe, dann müßte zwischen beiden eine Rivalität bestehen, und in diesem Fall wollte er wissen, wo ich die Grenze zwischen den beiden Sphären ziehen würde und was wir tun wollten, um die »Grauzonen« für uns zu gewinnen. Hier zeigte sich, daß er auch die Rivalität der Großmächte fürchtete und feststellen wollte, welcher Handlungsspielraum den kleineren Ländern bliebe – was mir die Gelegenheit verschaffte, noch einmal deutlich auszusprechen, daß wir jedes Kondominium ablehnten: »Wir erkennen keine sowjetische Einflußsphäre an, und wir wünschen keine amerikanische Einflußsphäre.« Unsere Rivalität mit der Sowjetunion ginge nicht auf Kosten des Nahen Ostens. Ich wollte Boumedienne aber auch nicht auf den Gedanken bringen, daß die kleineren Länder uns gegeneinander ausspielen könnten. »Herr Präsident, man kann ernstzunehmende Menschen nicht umstimmen. Wir werden Sie nicht umstimmen und auf unsere Seite ziehen. Sie werden im eigenen Interesse handeln. Deshalb wird es niemals dauerhafte Siege geben. Für uns fragt es sich, ob Ihre Auffassungen und unsere Auffassungen nebeneinander bestehen können.« Wie viele Regierungschefs blockfreier Nationen nahm auch Boumedienne gegenüber der Rivalität zwischen den Großmächten keine ganz klare Haltung ein. Er erklärte, daß er nicht das Objekt einer solchen Rivalität sein wollte. Es machte ihm aber nichts aus, eine solche Rivalität für sich auszunutzen, wenn sich ihm die Möglichkeit dafür bot. Offensichtlich mochte er die Sowjets nicht. Er widersprach mir nicht, als ich sagte: »Aber es gibt eine wichtige Grundsatzfrage für uns, die Sie verstehen müssen. Wenn die Sowjetunion in Genf eine sehr dramatische Geste macht, werden wir uns widersetzen. Man kann uns nicht unter Druck setzen.«

Als wir konkret über die Diplomatie im Nahen Osten sprachen, erwies sich Boumedienne als erstaunlich pragmatisch. Unmittelbar nach Abschluß der arabischen Gipfelkonferenz, die in seiner Hauptstadt abgehalten worden war, erklärte sich Boumedienne damit einverstanden, daß sich die Genfer Konferenz in ihrer ersten Phase auf die Truppenentflechtung konzentrieren sollte. Diese Aussage mußte bedeuten, daß sich auch Asad dafür ausgesprochen oder ihn sogar gebeten hatte, mit mir über dieses Thema zu sprechen. Boumedienne hätte von sich aus eine so heikle Frage niemals angesprochen. Meine Vermutung bestätigte sich sofort, als er hinzufügte, er wollte sich vergewissern, daß Syrien in unseren diplomatischen Bemühungen eingeschlossen wäre, was ich ihm bestätigte. Ich sagte ihm, die arabische Welt wäre für mich zu kompliziert, als daß ich für jeden einzelnen Besuch eine neue Geschichte erfinden könnte, und überließe es ihm daher, Damaskus davon zu unterrichten, was ich ihm gesagt hätte. Darin bestand kein großes Zugeständnis, denn ein Hauptgrund für mein Gespräch mit ihm war es gewesen, Syrien über meine Haltung unterrichten zu lassen (natürlich wollte ich auch so viel wie möglich über Asads Vorstellungen erfahren, bevor ich nach Syrien weiterreiste). Jedenfalls wußte ich jetzt, daß sich Boumedienne ohne Rücksicht auf meine Wünsche mit Asad in

Verbindung setzen würde. Ich sagte ihm, für die Truppenentflechtung auf den Golan-Höhen sollten die gleichen Grundsätze gelten wie auf der Sinai-Halbinsel. Ich lehnte jedoch den Vorschlag ab, daß wir die Sinai-Phase zum Abschluß bringen sollten, und zwar vor der Genfer Konferenz, besonders weil dadurch (wie er sagte) unsere Ölversorgung erleichtert würde.

Zu diesem letzten Punkt gab ich ihm eine sehr scharfe Antwort und sagte, das Öl wäre für uns ein grundsätzliches Problem. Wir könnten es nicht hinnehmen, von denen bedroht zu werden, die uns gleichzeitig um Unterstützung bäten, und könnten nicht das Unmögliche versprechen. Wir würden uns an den Zeitplan halten, den ich Sadat bei unserer ersten Begegnung erläutert hatte, die Genfer Konferenz nach der ersten Sitzung unterbrechen und die Verhandlungen in der Zeit um den 10. Januar wiederaufnehmen. Dann würden wir größere Anstrengungen unternehmen, um die Truppenentflechtung auf der Sinai-Halbinsel zum Abschluß zu bringen, und uns anschließend der Truppenentflechtung an der syrischen Front zuwenden, wahrscheinlich im Februar – aber nur, wenn das Embargo inzwischen aufgehoben wäre.

Meinem strategischen Grundsatz entsprechend, nur über das Erreichbare zu verhandeln, vermied ich es, die Frage nach den Grenzen von 1967 anzuschneiden, und was die zu erwartenden Kontroversen um den Text der Einladung betraf, so warnte ich Boumedienne und sagte, wenn jetzt die Palästinenser-Frage auf den Tisch gelegt würde, dann werde das jeden weiteren Fortschritt unmöglich machen. Boumedienne bestand nicht darauf und beruhigte sein Gewissen vielleicht damit, daß er an das Treffen General Walters' in Rabat mit den PLO-Führern dachte, von dem er unterrichtet worden war.

Wir beendeten das Gespräch in freundlicher Atmosphäre. Boumedienne war grundsätzlich einverstanden, die diplomatischen Beziehungen zu den Vereinigten Staaten wiederaufzunehmen, glaubte allerdings, daß es dafür noch zu früh sei. Die Leiter unserer Interessenvertretungen in Algier und Washington sollten jedoch sofort einen höheren diplomatischen Rang erhalten. Unsere Vereinbarungen entsprachen damit den vor vier Wochen mit Ägypten getroffenen. Wir beschlossen, unser zweistündiges Gespräch gegenüber der Öffentlichkeit als »freimütig« (was bedeutete, daß wir Meinungsverschiedenheiten hatten), aber »sehr konstruktiv« zu bezeichnen (womit wir sagen wollten, daß wir in vieler Hinsicht gemeinsame Auffassungen vertraten und eine gute Atmosphäre geschaffen hatten).

Auf dem Flughafen sagte Bouteflika den Journalisten, daß mein Besuch einen Wendepunkt in den algerisch-amerikanischen Beziehungen bezeichne und daß Algerien die Bemühungen der Vereinigten Staaten um Frieden im Nahen Osten unterstütze – was hieß, daß Algerien uns in Damaskus unterstützen und uns auf der Genfer Konferenz nicht behindern werde.

Aber das Entgegenkommen der Algerier hatte seine Grenzen. Sie waren bereit, während einer bestimmten Zeit taktisch mit uns zusammenzuarbeiten, und wir waren stillschweigend übereingekommen, unsere unvermeidlichen Differenzen in weltpolitischen Fragen nicht mit unnötiger Schärfe auszutragen. Doch in der sehr schwierigen Anfangsphase unserer Nahost-Diplomatie durften wir jetzt mit der Unterstützung Algeriens rechnen, was uns angesichts der Tatsache, daß Algerien in der Dritten Welt als ein radikaler und revolutionärer Staat galt, nicht unwesentlich bei unseren Bemühungen helfen würde.

Wiedersehen mit Kairo

Ich landete von Algerien kommend am Donnerstagabend, dem 13. Dezember, auf dem Flughafen Kairo. Die Gebäude waren noch verdunkelt, denn schließlich lag die Front nur etwa achtzig Kilometer von hier entfernt. Außenminister Fahmy begrüßte mich etwas mürrisch, aber nicht unfreundlich. In den vergangenen zwei Wochen hatte er uns durch sein geschicktes und konstruktives Verhalten geholfen, beschwerte sich aber jetzt über die Verzögerungen und erklärte, daß die Geduld der Ägypter ihre Grenzen hätte. Ich wußte noch nicht, daß Golda den Entwurf für die Einladung nach Genf abgelehnt hatte. Es freute mich aber, daß Ägypten mit der Form einverstanden war, in der wir die Palästinenser erwähnt hatten (wir hatten von »der Frage« gesprochen). Bei einem gemeinsamen Gespräch mit dem amerikanischen und dem sowjetischen Botschafter hatte Fahmy außerdem erklärt, unser Entwurf stellte die gemeinsame »syrisch-ägyptische« Haltung dar. Wenn unser Vorschlag als ein Eingehen auf ägyptische Forderungen dargestellt wurde, dann wurde dadurch die Gefahr eines sowjetischen Einspruchs vermindert. Wenn die Angelegenheit vorher mit Syrien abgeklärt worden war, dann konnten die Sowjets und die radikalen Araber nicht mehr versuchen, Gegenforderungen aufzustellen.

Aber es gab auch Anzeichen dafür, daß die ägyptische Flexibilität ihre Grenzen hatte. Am Tage meines Eintreffens hatte die führende Kairoer Tageszeitung *Al-Ahram* erklärt, das Ölembargo könnte nur aufgehoben werden, wenn die Israelis die von ihnen besetzten arabischen Gebiete räumten. Weiter hieß es in diesem Artikel: »Die Lösung liegt nicht in klugen und zweideutigen diplomatischen Formulierungen, die jede Seite so interpretieren kann, wie es ihr am besten paßt.« Im Hinblick auf unsere Bemühungen, die Genfer Konferenz zustande zu bringen, traf diese Kritik durchaus zu, wenn sie sich aber gegen den Kern unserer Nahost-Diplomatie richtete, dann war sie falsch. »Es wäre törichter Macchiavellianismus, wenn man den verschiedenen Parteien jeweils etwas anderes erzählen wollte«, sagte ich den Reportern in meinem Flugzeug.[2] Ich hoffte, daß sie es ihren ägyptischen Kollegen weitergeben würden.

Fahmy begleitete mich in Nassers altem Mercedes zu Sadats zweiter Residenz an den Nil-Dämmen. Jetzt konnte nur noch Sadat bestimmen, ob die Friedensbemühungen auf der Konferenz, die schon in fünf Tagen beginnen sollte, Fortschritte machen oder ob wir unser Kapital in einer endlosen Debatte über den Entwurf von Einladungen und geschickt formulierte Texte verausgaben würden, über die eigentlich gar nicht hätte gesprochen werden sollen. Die Streitigkeiten um das Einladungsschreiben konnten uns nur in die Sackgasse führen, aber keinen Fortschritt bringen. Der Text der Einladung konnte die Verhandlungen nicht ersetzen. Sie mußten jetzt in Gang kommen, denn sonst konnte eine außerordentlich gefährliche Lage entstehen.

Die Organisation der Genfer Konferenz war eine wichtige Angelegenheit. Wie beim Schachspiel konnten schon die ersten Züge den Ausgang bestimmen. Mir kam es darauf an, daß auf der Konferenz in verschiedenen Gruppen verhandelt wurde, und zwar zwischen Ägypten und Israel, Syrien und Israel sowie Jordanien und Israel. Dann konnte die Sowjetunion die radikalen Araber nicht als Schachfiguren benutzen, um Fortschritte auf der Plenarsitzung zu blockieren. Aber die Sowjets stimmten dem Vorschlag, in Untergruppen zu verhandeln, sofort zu; wahrscheinlich, weil Ägypten und Syrien auf eine rasche Truppenentflechtung drängten. Aber Moskau hatte sich vorbehalten, erst in Genf über meinen zweiten Vorschlag zu entscheiden, daß sowjetische und amerikanische Vertreter nicht an den Verhandlungen der Untergruppen teilnehmen sollten, wo die eigentliche Arbeit getan werden würde, außer auf Einladung der Parteien. Ich wollte es zu direkten Verhandlungen kommen lassen und uns die Flexibilität bewahren, um ohne sowjetisches Veto hinter den Kulissen agieren zu können. Wenn Sadat sich damit einverstanden erklärte, dann würde die Sowjetunion uns kaum noch behindern können.

Sadats Residenz Barrages ist ein elegantes Gebäude nördlich von Kairo. Es wurde im vergangenen Jahrhundert als Wohnhaus für britische Ingenieure errichtet. Es liegt im grünen Teil des Nil-Tals an einem uralten Entwässerungskanal und ist von blühenden Gärten umgeben. Wir fuhren durch eine schöne, mit Jasmin und Feigen bepflanzte Anlage und hielten vor einer Freitreppe, die zum Eingang einer geräumigen Villa hinaufführte. In dem großen Empfangszimmer links des Eingangs erwartete uns Sadat in Uniform.

Nachdem uns die Presse und meine Sicherheitsbeamten verlassen hatten, setzten Sadat und ich uns auf ein niedriges, an der Wand stehendes Sofa und begannen unser Gespräch, das wir, nachdem ein Tisch hereingerollt worden war, beim Essen fortsetzten. Ohne auf die Schwierigkeiten beim Zustandekommen der Genfer Konferenz einzugehen, erläuterte Sadat seine Vorstellungen von der Zukunft. Er sagte, er hegte tiefes Mißtrauen gegenüber der Sowjetunion. Bei jedem Besuch in Moskau hätten ihn die Sowjets mit ihrer Grobheit und Herablassung gedemütigt. Sie hätten Ägypten nur benutzen wollen, um ihre eigenen selbstsüchtigen Absichten durchzusetzen und hätten Nasser buchstäblich das Herz gebrochen; als er wenige Wochen vor seinem Tode von seinem letzten Besuch in Moskau zurückgekehrt sei, wäre er entschlossen gewesen, sich aus einer Umarmung zu befreien, die ihn zu ersticken drohte. Jetzt, da Sadat die Selbstachtung Ägyptens wieder hergestellt habe, wollte er diese Absicht Nassers verwirklichen. Er werde die letzten Reste der sowjetischen Präsenz in Ägypten allmählich beseitigen und die vier mit Überschallgeschwindigkeit fliegenden Aufklärer vom Typ Mig-25 Foxbat, die auf dem Flughafen Kairo-West stationiert waren, sowie das sowjetische Geschwader in Alexandria nach

Hause schicken. Den sowjetisch-ägyptischen Freundschaftsvertrag würde er entweder einschlafen lassen oder kündigen. Darüber sei die letzte Entscheidung noch nicht gefallen. Diese Maßnahmen könnte er aber erst ergreifen, wenn wir auf dem Weg zum Frieden ein wesentliches Stück vorangekommen waren. Er gab offen zu, daß er auf die Lieferung sowjetischen Kriegsmaterials angewiesen sei. Es wäre ihm jedoch lieber, sich auf amerikanische Waffen umzustellen, in nächster Zukunft wäre das aber kaum möglich. Er könnte auch noch nicht ganz auf die diplomatische Unterstützung durch die Sowjetunion verzichten, bevor sich Erfolge auf einem neuen Kurs nachweisen ließen. Aber wenn die Verhandlungen wieder ins Stocken geraten sollten, würde er in einen neuen Krieg getrieben werden. Jetzt setzte er jedoch alle Erwartungen auf die Vereinigten Staaten. »Sie halten alle Karten in der Hand«, sagte er, und dieser Ausspruch sollte bald zum Schlagwort werden.

Das war, um das Mindeste zu sagen, eine ungewöhnliche Darstellung. Gewöhnlich muß man in einem solchen Fall mit schlichter Erpressung rechnen, mit der Drohung, daß die Beziehungen zum Gegner gefestigt werden, falls es keine Fortschritte in der gewünschten Richtung gibt. Sadat drohte mir nicht und deutete auch nicht an, daß er es tun könnte. Er wollte sich wirklich von den Sowjets lösen. Um ihn zu veranlassen, daß er seine Bindungen an unseren Hauptgegner aufgab, brauchten wir nur auf dem Weg weiterzugehen, den wir schon in unserem eigenen Interesse beschritten hatten. Wie dies bei Sadat so oft der Fall war, verbarg er seine politische Klugheit hinter der Maske der Naivität. Er hatte erkannt, daß er nicht aus der Sackgasse herauskommen konnte, wenn er sich weiter auf die Sowjetunion verließ. Deshalb hielt er es für sinnlos, uns mit etwas zu drohen, was seinen eigenen Interessen widersprach. Es war besser, das Unvermeidliche als Zugeständnis anzubieten, einen Anspruch auf Gegenleistung zu begründen und vor allem das gegenseitige Vertrauen zu fördern, denn letzteres war der Schlüssel zu seiner Strategie.

Sadat sagte mir auch, ich hätte recht gehabt, als ich vor vier Wochen darauf hinwies, daß der Friede in erster Linie ein psychologisches Problem wäre, aber die Hindernisse lägen nicht nur auf der israelischen Seite. Die Araber wären stolz; sie wären gedemütigt worden und hätten Schwierigkeiten, einen Weg aus der Sackgasse, in der sie sich befanden, zum Frieden zu finden, nach dem sich die meisten von ihnen sehnten. Er, Sadat, werde versuchen, diesen Weg zu finden – wenn notwendig, allein, aber er hoffte, seine arabischen Brüder würden ihm in nicht allzu ferner Zukunft folgen. Doch Israel müßte ihn dabei unterstützen. Ich könnte Golda Meir sagen, er wäre aufrichtig bestrebt, den Frieden zu erreichen, aber nicht um den Preis »meiner« Gebiete. Er fragte mich, ob ich glaubte, daß Golda stark genug wäre, Frieden zu schließen – eine kluge Frage, denn er wußte, daß nicht ein gefügiger israelischer Regierungschef Frieden schließen könnte, sondern nur ein starker. Ich sagte, wenn Stärke das wichtigste Erfordernis wäre, dann sei er bei Golda an der richtigen Adresse.

Natürlich brachten uns diese theoretischen Überlegungen der Lösung der unmittelbar bevorstehenden Probleme nicht näher. Wir befanden uns in der paradoxen Situation, daß der Entwurf einer Einladung dem Zustandekommen der Konferenz im Wege stand, mit der sich alle Beteiligten einverstanden erklärt hatten. Hier Klarheit zu schaffen, überließ Sadat großzügig mir.

Ich war inzwischen zu der Auffassung gelangt, daß es die Aufgabe eines Theologen und nicht eines Diplomaten wäre, den Streit über den Text der Einladung zu beenden. Die Exegese der einzelnen Abschnitte dieses Briefes konnte uns nicht weiterbringen. Ich wollte deshalb zunächst die grundsätzlichen Fragen klären und sagte, bei allem Respekt glaubte ich nicht, daß es eine realistische militärische Option gäbe. Sollte der Krieg von neuem beginnen, wie Sadat angedeutet hatte, dann würde daraus die gleiche Lage entstehen wie im Oktober. Die ägyptische Armee wäre immer noch mit sowjetischen Waffen ausgerüstet und von sowjetischem Nachschub abhängig. Ägypten würde wieder in die Arme der Sowjetunion getrieben. Bei uns bestünde dagegen immer noch das Interesse zu demonstrieren, daß sich das Problem nicht mit sowjetischen Waffen lösen ließ. Das Ergebnis wäre ein neues Unentschieden in einer noch verlustreicheren kriegerischen Auseinandersetzung, die uns vor das gleiche Dilemma stellen würde wie jetzt. Nur Sadat werde dann ein Gefangener Moskaus sein und nicht mehr die Möglichkeit haben, sich den Vereinigten Staaten anzuschließen.

Jetzt käme es darauf an, sich über die Nebensächlichkeiten im Text der Einladung zur Genfer Konferenz hinwegzusetzen, mit denen alle Beteiligten versuchten, das Ergebnis der Verhandlungen vor Konferenzbeginn vorwegzunehmen. Der Friede im Nahen Osten ließe sich nicht durch den Wortlaut eines Schriftstücks herbeiführen. Vielleicht könnten wir das ganze ausführliche Schreiben zusammenstreichen und nur noch in einem einzigen Abschnitt die Einladung aussprechen, um es der Konferenz zu überlassen, über die kleinlichen Streitpunkte zu entscheiden. Wenn es uns ernst mit der Truppenentflechtung zuerst an der ägyptischen und dann an der syrischen Front wäre, dann müßte vor allem die Genfer Konferenz zusammentreten, und zwar auf eine für alle akzeptable Einladung hin. Hier müßten so rasch wie möglich Untergruppen gebildet werden (am besten ohne Beteiligung der Sowjetunion), um in konkrete Verhandlungen einzutreten. Jede Erwähnung der Palästinenser würde die Israelis an ihrer empfindlichsten Stelle treffen. Man dürfe es Israel jetzt nicht zumuten, unmittelbar vor den Wahlen und nach einem Kriege, der die Grundlagen der israelischen Außenpolitik in mancher Weise verändert hatte, sich mit einer so schwierigen Frage zu beschäftigen. Ein möglichst kurz gefaßtes Einladungsschreiben könnte uns das ganze Dilemma ersparen.

Sadat hörte mir in der für ihn charakteristischen Haltung mit leicht zusammengekniffenen Augenlidern zu. Und er reagierte genauso wie vor einem Monat. Ohne mir zu widersprechen, stimmte er mir grundsätzlich zu. Ägypten werde sich an der Konferenz beteiligen, und zwar auch, wenn Syrien ihr fernblieb. Es könnte doch nicht so schwierig sein, einen Brief zu entwerfen, der alle Beteiligten befriedigte. Ihm genügte ein kurzes Einladungsschreiben, was allerdings eine gewisse Verzögerung bedeuten könnte, denn ein ganz neuer Entwurf brauchte wieder die Zustimmung aller Parteien. Ich benutzte Sadats Angebot dazu, ihm einen Kompromiß in der Palästinenser-Frage vorzuschlagen. Ich sagte Sadat, wenn wir an dem ausführlichen Einladungsschreiben festhielten, wäre es vielleicht das beste, wenn wir uns darauf einigten, daß die Möglichkeit der Teilnahme anderer Gruppen in neutraler Form angesprochen wurde, und zwar ohne die Palästinenser zu erwähnen. So könnte es zum Beispiel heißen, daß *»die Frage nach weiteren Teilnehmern«* in der ersten Phase der Konferenz besprochen werden sollte. Die Araber könnten dann sagen, sie würden die Teilnahme der Palästinenser verlangen; Israel könnte erklären, es würde sie ablehnen. Aber das alles würde nach Konferenzbeginn geschehen, und wenn es die Konferenzteilnehmer nicht wollten, würde das Problem niemals gelöst werden.

Sadat sagte, er werde seine Entscheidung zum Wortlaut der Einladung nach meinem Besuch in Damaskus treffen, ließ aber kaum einen Zweifel daran, daß er meinem Vorschlag zustimmen würde. Um Israels Besorgnisse zu zerstreuen, machte er das Angebot einer grundsätzlichen Zusicherung an Israel. Ohne Rücksicht auf den Text des Einladungsschreibens wollte er sich verpflichten, das Palästinenser-Problem so lange nicht auf den Tisch zu legen, wie die Verhandlungen über die Truppenentflechtung dauerten. Mit anderen Worten, die Angelegenheit sollte für die folgenden Monate auf Eis gelegt werden.

Was nun das von mir in Aussicht genommene Verhandlungsverfahren betraf, so erklärte sich Sadat damit einverstanden, daß möglichst bald Untergruppen gebildet werden sollten. Nur auf diese Weise könnten die Verbände auf der Sinai-Halbinsel rasch auseinandergezogen werden, denn Syrien würde auf einer Plenarsitzung mit Sicherheit sein Veto dagegen einlegen, daß die Truppenentflechtung an der ägyptischen Front beginnen sollte. Aus ähnlichen Gründen – diesmal zur Vermeidung eines sowjetischen Vetos – stimmte er dem Vorschlag zu, daß die Sowjetunion und die Vereinigten Staaten an den Verhandlungen der Untergruppen nicht beteiligt werden sollten. Aber er stellte zwei Bedingungen: Die Vereinigten Staaten müßten auch während der Verhandlungen aktiv bleiben. Um ihre Tätigkeit nach außen zu demonstrieren, sollte ich Anfang Januar in den Nahen Osten zurückkehren, um mit ihm die Grundsätze für den Entflechtungsplan auszuarbeiten, damit sich die Verhandlungen nach dem erneuten Zusammentreten der Genfer Konferenz, das für den 10. Januar vorgesehen war, nicht wieder festfuhren.

Inzwischen war es Mitternacht geworden. Sadat machte den Vorschlag, daß wir am folgenden Morgen über die Einzelheiten der Truppenentflechtung sprechen sollten. Aber der Tag, der in Brüssel begonnen und mich von Algier nach Kairo gebracht hatte, war noch nicht vorüber. Ich verabschiedete mich von Sadat, traf mich um 1.30 Uhr in Kairo mit dem sowjetischen Botschafter Winogradow und teilte ihm unsere Absicht mit, nur ein ganz kurzes Einladungsschreiben zu verfassen. Da er keine Anweisungen aus Moskau hatte, konnte er mir nur sagen, daß er meinen Vorschlag weitergeben werde.

Währenddessen wurde ich immer wieder an Watergate und unsere so unsicher gewordene innenpolitische Basis erinnert. Mit seinen ständigen Ausflüchten hatte Nixon jetzt jede Möglichkeit verloren, die Ereignisse entscheidend zu beeinflussen. Er war jetzt der Gefangene seiner eigenen Darstellung der Vorgänge um Watergate, und ich war immer noch davon überzeugt, daß er sich an den Inhalt der Tonbänder nicht mehr erinnerte. Im Dezember löste es allgemeine Empörung aus, als bekannt wurde, daß auf einem Band achtzehneinhalb Minuten gelöscht waren. Außerdem warfen ihm die Medien Unregelmäßigkeiten bei seinen Einkommensteuererklärungen vor.

Nixon hätte ein Übermensch sein müssen, wenn er gelassen hingenommen hätte, daß sein Außenminister immer wieder für außenpolitische Erfolge gelobt wurde, die eigentlich seiner Standhaftigkeit zu verdanken waren. Sein Unwille kam besonders dann zum Ausdruck, wenn ein dramatisches Ereignis Aufsehen in der Öffentlichkeit erregte, denn für einen Politiker ist die Anerkennung durch die Öffentlichkeit lebenswichtig. In solchen Fällen äußerte sich der lange zurückgehaltene Groll in Temperamentsausbrüchen. Ich nehme an, daß meine Reaktion darauf heute verständlicher ist als damals.

Die Wahrheit war wie immer komplex. Nixons Verdienste wurden nicht in dem Maß anerkannt, wie er es verdient hätte. Die Arbeit seiner Untergebenen wurde zum Teil überbewertet, aber daß sich die Öffentlichkeit so stark mit meiner Person beschäftigte, war nur die Folge des Dilemmas, in dem sich der Präsident befand, und nicht seine Ursache. Nachdem Watergate über einen bestimmten Punkt hinweggegangen war – besonders nach Bekanntwerden der Tonbänder –, entwickelte es seine eigene Dynamik.

Aber die gleiche Ausdauer, mit der Nixon die schweren Prüfungen ertrug, denen er sich stellen mußte, ließ ihn auch hoffen, daß ein spektakulärer außenpolitischer Erfolg ihn aus seiner verzweifelten Lage retten könnte. Deshalb empörte es ihn, als meine Rede vom 12. Dezember vor der Society of Pilgrims in London von den Medien so stark beachtet wurde (siehe 16. Kapitel). Ich hatte mit Nixon ein paarmal darüber gesprochen, daß ich diese Rede halten wollte. Dann hatte ich den Text den zuständigen Behörden vorgelegt. General Scowcroft hatte dem Präsidenten den Entwurf vorgelegt. Ich weiß nicht, ob Nixon ihn gelesen hat, glaube es aber nicht, denn er war zu sehr mit anderen Dingen beschäftigt. Seine Einwände richteten sich im übrigen auch nicht gegen den Inhalt, sondern gegen das unerwartet starke Echo in der Öffentlichkeit – besonders was die Energiepolitik betraf, denn hier hoffte er, zu einem überraschenden Durchbruch zu kommen.

Als ich daher am 13. Dezember im Nahen Osten eintraf, bat Nixon, um mir den Wind aus den Segeln zu nehmen, den sowjetischen Botschafter Dobrynin zu einem privaten Gespräch ins Weiße Haus – ein ganz ungewöhnlicher Vorfall. Scowcroft schickte mir das folgende Telegramm:

> Vor ein paar Minuten hat der Präsident Botschafter Dobrynin gebeten, zu ihm zu kommen – allein. Er sagte nur, er wollte mit ihm über den Nahen Osten sprechen, erwähnte aber keine Einzelheiten. Dobrynin kam, führte mit dem Präsidenten ein etwa halbstündiges Ge-

spräch und ist eben wieder gegangen. Ich fragte Dobrynin, wie das Gespräch verlaufen sei, und er sagte, er wäre sehr zufrieden – es wäre eines der befriedigendsten Gespräche gewesen, die er mit dem Präsidenten geführt habe.

Das war offensichtlich eine Reaktion auf Ihre Pilgrims-Rede. Ich werde sehen, ob Haig feststellen kann, was besprochen worden ist, und werde es Ihnen natürlich sofort mitteilen. Zwar weiß ich, daß dies eine besorgniserregende Entwicklung ist, es könnte aber noch schlimmer kommen.

Der letzte Satz war ein Beweis für Scowcrofts Feingefühl und Takt. Ich beurteilte die Begegnung nicht so objektiv, besonders, da der Präsident der Presse erklären ließ, es habe eine »allgemeine Erörterung der Beziehungen zwischen den Vereinigten Staaten und der Sowjetunion« stattgefunden. Es war keine Kleinigkeit, wenn das Weiße Haus im Auftrag des Präsidenten eine Erklärung abgab, aus der sich nur entnehmen ließ, daß er beabsichtigte, unsere Bindungen an die Sowjetunion zu festigen, während Sadat mir am gleichen Tage mitgeteilt hatte, daß er den sowjetisch-ägyptischen Freundschaftsvertrag kündigen wollte. Nachdem ich mich die ganze Nacht mit den aktuellen Fragen der Nahost-Politik beschäftigt hatte, schickte ich Scowcroft und Haig in den frühen Morgenstunden mehrere Funksprüche und verlangte, über den Inhalt des Gesprächs zwischen dem Präsidenten und dem sowjetischen Botschafter unterrichtet zu werden. Ich erklärte, die Verhandlungen über die Genfer Konferenz seien in eine entscheidende Phase eingetreten. Ich würde mich demnächst mit Gromyko treffen und dürfte nicht weniger über den Inhalt des Gesprächs wissen als er. Sadat fürchtete noch immer, daß die Vereinigten Staaten und die Sowjetunion hinter seinem Rücken geheime Absprachen treffen könnten.

Aber weder Haig noch Scowcroft konnten Nixon dazu bewegen, genau zu sagen, worüber gesprochen worden war. Ihm kam es offenbar vor allem darauf an, zu zeigen, daß er der Herr im Hause war. Wahrscheinlich hat es sich nur um einen Meinungsaustausch über allgemeine Themen gehandelt, denn die Sowjets haben das Gespräch uns gegenüber nie erwähnt. Scowcroft, der sich durch nichts aus der Ruhe bringen ließ und der wahrscheinlich, wenn er nicht die Militärakademie besucht hätte, ein hervorragender Psychiater geworden wäre, versuchte mich zu beruhigen, indem er mir erklärte, weshalb es noch schlimmer hätte kommen können: »Wir (Haig und Scowcroft) konnten es wenigstens verhindern, daß der Präsident den saudischen Botschafter empfing, der auch ins Weiße Haus gebeten wurde.« Haig riet mir dringend, dafür zu sorgen, daß der Pressesprecher des Außenministeriums nicht den Eindruck entstehen ließ, es entwickelte sich ein gewisser Abstand zwischen mir und dem Weißen Haus. Am Schluß seiner Mitteilung hieß es:

Es wäre töricht zu erwarten, daß die gegenwärtigen Schwierigkeiten behoben werden könnten, und ich bin überzeugt, daß wir auch weiterhin mit ihnen fertig werden und auf alles achten müssen, was damit zusammenhängt. Doch nichts wäre schädlicher, als wenn wir es zuließen, daß diese Dinge uns an der Erfüllung viel wichtigerer Aufgaben hindern. Wenn wir dieses Problem nicht aus den Augen verlieren, dann brauchen wir jetzt und auf längere Sicht nichts weiter zu unternehmen, und es ist uns bisher immer gelungen, damit fertig zu werden.

Damit hatte er recht – aber ich konnte mich mit der Situation erst abfinden, als die Sonne über Kairo aufging.

Am Freitag, dem 14. Dezember um 10.00 Uhr, war ich wieder bei Sadat in seiner Residenz im Nil-Tal. Unser Thema war jetzt die Truppenentflechtung. Sadat fragte mich nach unserem »Plan«. Er konnte sich noch immer nicht von der Idee trennen, daß es einen »Kissinger-Plan« geben müßte. Ich sagte ihm, ich hielte es für falsch, sich auf ein ganz bestimmtes Programm festzulegen. Es würde sich nicht vermeiden lassen, daß es bekannt würde, und wenn es sich dann nicht in allen Punkten durchführen ließ, konnte das ganze Unternehmen scheitern. Damit gefährdeten wir den sehr realen Fortschritt, der erreicht wäre, wenn Israel seine Truppen um ein wesentliches Stück zurücknahm und die ägyptischen und israelischen Streitkräfte auseinanderrückten. Ich schlug deshalb vor, zunächst über die Grundsätze zu sprechen, von denen wir uns bei den Verhandlungen leiten lassen sollten.

Dabei zeigte es sich, daß die Verhandlungen bei Kilometer 101 doch recht nützlich gewesen waren – besonders bestimmte israelische Vorstellungen, die Yariv dem ägyptischen General Gamasy vorgelegt hatte. Ausgehend von den Gesprächen zwischen Yariv und Gamasy sprach ich über die Möglichkeit, daß Ägypten schwächere Verbände östlich des Suez-Kanals lassen könnte, während Israel seine Truppen bis an den Mitla-Paß, etwa zweiunddreißig Kilometer hinter dem Kanal, zurücknahm, und die von den Vereinten Nationen zur Verfügung gestellten Truppen die dazwischen liegende Zone besetzten. Sadat und ich gingen nicht so weit, bestimmte Linien auf der Karte einzuzeichnen oder darüber zu sprechen, ob und wieweit die Bewaffnung der Verbände in den einzelnen Zonen beschränkt werden sollte. Die Lösung dieser Fragen überließen wir einer späteren Begegnung und den Verhandlungen in Genf, die, wie wir hofften, nach der ersten Phase geführt werden würden.

Nach dem Mittagessen stellten wir uns gemeinsam der Presse. Ich benutzte die Gelegenheit, die Tagesordnung der geplanten Genfer Konferenz festzulegen: »Wir sind übereingekommen, daß die Truppenentflechtung – die Trennung der Streitkräfte voneinander – das Hauptverhandlungsthema in der ersten Phase der Friedenskonferenz sein soll, und ich werde in andere Länder reisen, um mit ihnen darüber zu sprechen, wie wir dabei verfahren wollen.« Dann erklärte Sadat seine Zustimmung zu dem, was ich öffentlich gesagt hatte, aber auch zu dem Verfahren, das ich den anderen Regierungschefs im persönlichen Gespräch vorschlagen wollte: »Ich bin wirklich sehr befriedigt nach den langen, fruchtbaren Gesprächen, die wir geführt haben.«

Es folgte ein seltsames Frage-und-Antwort-Spiel über den Zeitplan für die Truppenentflechtung. Ein Reporter, der nicht wußte, welche Bedeutung dieser Feiertag für einen frommen Moslem hatte, fragte, ob Sadat immer noch hoffte, daß die Truppenentflechtung noch vor Weihnachten beginnen könnte. Sadat bestätigte das, wußte allerdings ganz genau, daß wir vereinbart hatten, nichts zu unternehmen, bevor ich Anfang Januar wieder nach Kairo kam. Er hatte noch nicht gelernt, mit der aufdringlichen amerikanischen Presse umzugehen – später hat er es glänzend verstanden.

Als ich Kairo verließ, hatte ich das Gefühl, daß die Dinge endlich ins rechte Lot kamen. Wir konnten mit einiger Sicherheit damit rechnen, daß Ägypten an der Konferenz teilnehmen würde; Jordanien würde ihr nicht fernbleiben, wenn es nicht fürchten mußte, vor der PLO das Feld räumen zu müssen. Wir haben uns mit Kairo über einen Zeitplan und das generelle Verfahren für die Truppenentflechtung geeinigt. Sadat hatte außerdem zugesagt, nach Abschluß der Truppenentflechtung im Januar die Aufhebung des Ölembargos zu empfehlen. Das große Fragezeichen blieb Syrien, aber mein Gespräch mit Boumedienne hatte mich auch in dieser Hinsicht ermutigt. Ich war in bester Stimmung, dachte an meine Pressekonferenz von 1972, auf der ich den Durchbruch bei den Vietnam-Verhandlungen bekanntgegeben hatte, und sagte den Journalisten: »Ich bin der Ansicht, daß wir vor dem Beginn einer Konferenz stehen.«

Rückkehr nach Riad

Die Stadt Riad liegt wie zufällig auf einem öden Hochplateau ausgestreut und hat ihre Entstehung der Entscheidung zu verdanken, die Hauptstadt des Königreichs von dem heißen, feuchten Dschidda in eine Höhe zu verlegen, wo die Luft trockner und die Temperaturen relativ verträglich sind – wobei die Betonung auf dem Wort »relativ« liegen muß. So ist Riad die Inkarnation der irgendwie geheimnisvollen Qualität des Staates. Der König residiert hier mit seinen Ministern wenigstens acht Monate des Jahres, aber die Stadt hat noch keinen offiziellen Status. Damals lagen die ausländischen Botschaften und die Büros des Außenministeriums in Dschidda, während sich der Außenminister Omar Saqqaf meist in der Nähe des Königs in Riad aufhielt.

Dieses System sorgte dafür, daß sich die Ausländer möglichst wenig bemerkbar machen oder die Regierung unter Druck setzen konnten. Bis Ende der siebziger Jahre gab es in Riad nur wenige und recht unkomfortable Hotels. Botschafter, die uneingeladen in die Stadt kamen, hatten Schwierigkeiten, eine Unterkunft oder einen Gesprächspartner zu finden. Die Diplomaten wurden entweder zu Gesprächen aufgefordert oder mußten schon lange im voraus um eine solche Begegnung nachsuchen. Für den amerikanischen Botschafter ergaben sich solche Unbequemlichkeiten nur, wenn er, wie Hermann Eilts (als er unser Botschafter in Saudi-Arabien war) nicht gern ein Flugzeug benutzte und die zehn Stunden nach Riad im Kraftfahrzeug zurücklegen mußte, wenn er etwas zu besprechen hatte. Unsere Diplomaten wurden in der Praxis jedoch fast automatisch vorgelassen, und die Beziehungen zwischen unseren beiden Ländern waren herzlich und freundschaftlich.

Diese freundliche Haltung kam auch bei meinem Eintreffen am 14.

Dezember – es war mein zweiter Besuch in Saudi-Arabien – zum Ausdruck. Wieder stand Omar Saqqaf in seinem offiziellen arabischen Gewand an der Gangway und spielte mit den Perlen seines Rosenkranzes. Wieder nahm er mich bei der Hand und führte mich durch das Spalier der in weiße Gewänder gekleideten Ehrenwache in die marmorne königliche Empfangshalle. Dort servierte man uns bitteren saudischen Kaffee, während die Fernsehkameras den Empfang filmten und die mich begleitenden Journalisten versuchten, uns Fragen zu stellen.

Ich hatte den Eindruck, daß die Reporter, die ständig mit mir auf Reisen waren, sich in Saudi-Arabien nicht so aggressiv verhielten wie in den meisten anderen Orten. Sie wurden mit größter Zuvorkommenheit als Gäste behandelt, von denen man die gleiche Höflichkeit erwartete. Dabei möchte ich es meinen Begleitern auf so mancher langen Reise überlassen, zu erklären, Höflichkeit sei ihre zweite Natur. Jedenfalls bestritten sie, eingeschüchtert zu sein. Vielleicht lag ihre Zurückhaltung daran, daß wir in Riad gewöhnlich am Ende einer anstrengenden Reise eintrafen und sie sich danach sehnten, endlich die verdiente Ruhe zu finden, auf die sie jedoch verzichten müßten, wenn der Portier im einzigen Hotel der Stadt vergessen haben sollte, das Zimmer für sie zu reservieren.

Ich wurde wieder in dem geräumigen staatlichen Gästehaus untergebracht, dessen Eleganz und Bequemlichkeit aber noch nicht ganz seiner Größe entsprach (bei meinen späteren Besuchen wurde dieser Mangel allerdings mehr als ausgeglichen). Nach einem kurzen Essen holte mich Saqqaf ab, um mich zum König zu begleiten. Ich wurde im königlichen Diwan, dem privaten Arbeitszimmer des Monarchen, empfangen, wo ebenso wie bei der letzten Audienz zwei Stühle in der Mitte des Zimmers aufgestellt waren. Mein Platz war rechts neben dem König. Gegenüber stand ein dritter Stuhl für den Dolmetscher. Die Berater saßen in zwei Reihen an den einander gegenüberliegenden Längswänden in einem Abstand von uns, in dem sie unserem Gespräch kaum folgen und sich selbst nicht daran beteiligen konnten. Während die Fotografen ihre Aufnahmen machten, zeigte der König ein ernstes Gesicht. Ich wußte, daß Boumedienne schon einen Beauftragten nach Riad geschickt hatte. Auf dem Flughafen hatte ich ein ägyptisches Regierungsflugzeug gesehen und nahm an, daß Sadat seinen Vertrauten Ashraf Marwan beauftragt hatte, Faisal über die ägyptische Version unserer Begegnung zu unterrichten.

Seine Majestät eröffnete das Gespräch, indem er mir erklärte, wie sehr er Nixon schätzte. Er kannte den Präsidenten schon seit zwanzig Jahren. Die Freundschaft, die die beiden Männer verband, hatte mit ihren offiziellen Ämtern nichts zu tun. Er wollte mir auf seine Art sagen, daß die Enthüllungen von Watergate an seiner Haltung gegenüber Nixon nichts ändern könnten. Als wir uns den konkreten politischen Fragen zuwandten, modifizierte Faisal, was er mir vor einem Monat gesagt hatte. Damals hatten seine Vorschläge fast der extremen Haltung der PLO entsprochen. Er hatte die Errichtung eines weltlichen Staats in Palästina für Juden und Moslems gefordert – mit anderen Worten die Auflösung des Staates Israel. Jetzt drängte er auf die Rückkehr Israels zu den Grenzen von 1967 und die Herausgabe der Altstadt von Jerusalem. Bei meinem letzten Besuch hatte Faisal verlangt, daß entweder alle Palästinenser das Recht haben sollten, in ihre Heimat zurückzukehren (was praktisch die Vernichtung Israels bedeutet hätte, das von Arabern überflutet worden wäre), oder daß die Palästinenser entschädigt werden müßten. Diesmal waren die von Faisal erhobenen Forderungen nicht mehr so bestimmt, und er sprach nur noch von Entschädigung. So zeigte er, daß auch er versuchte, flexibel zu sein. Bezeichnenderweise modifizierte er jetzt seine frühere Haltung, als wäre das, was er sagte, die absolute Wahrheit. Doch nicht die kleinste Geste deutete darauf hin, daß Saudi-Arabien, wenn auch zögernd und widerwillig, sich zum erstenmal in den Friedensprozeß einschaltete. Darin lag die eigentliche Bedeutung der Worte Faisals, die aber trotz allem noch keine Basis für einen Kompromiß darstellten. Er gab eine Haltung und ein Programm vor und bedeutete, daß sich Saudi-Arabien den Friedensbemühungen anderer Länder nicht widersetzen werde.

In dieser Atmosphäre erläuterte ich ihm unsere Pläne für die Einberufung der Genfer Konferenz, die Einrichtung der Untergruppen und die Tagesordnung: Die Truppenentflechtung sollte zuerst an der ägyptischen und dann an der syrischen Front erfolgen. Faisal gab mir in der für ihn typischen indirekten Art zu verstehen, daß er unser Vorgehen für richtig hielt. Auch darin sah ich ein günstiges Zeichen dafür, daß die Syrer eine positive Haltung einnahmen. Faisal hätte sich niemals zum Einlenken bereit gefunden, wenn er damit den Unwillen Syriens riskierte – besonders bei einem seiner engsten Berater, Rashad Pharaon, der Syrer war.

Ins Gästehaus zurückgekehrt, fand ich eine Nachricht vor, die alles zu vernichten drohte. Das israelische Kabinett hatte die Entscheidung über die Teilnahme an der Genfer Konferenz vertagt. Der Entwurf für das Einladungsschreiben genügte ihr auch in der revidierten Form nicht. Da ich erst am Sonntag, dem 16. Dezember, in Israel sein würde, konnte die Genfer Konferenz nicht mehr am 18. Dezember beginnen. Ich mußte den Termin deshalb auf den 21. Dezember verlegen und die Einladung unter Umständen in der mit Sadat besprochenen verkürzten Form hinausgehen lassen. Ich setzte mich sofort mit Sadat und Gromyko in Verbindung und schlug ihnen dieses Verfahren vor. Es war ein Beweis dafür, wie sehr sie an einem baldigen Konferenzbeginn interessiert waren, daß sie gegen diese zweite Verschiebung des Konferenzbeginns keine Einwände erhoben. Zugleich verfaßte ich im Namen des Präsidenten eine scharfe Note an Golda Meir, die sie von der Terminänderung unterrichtete, in der jedoch erklärt wurde, daß die Vereinigten Staaten sich ohne Rücksicht auf die Entscheidung Israels an der Eröffnung der Konferenz beteiligen würden. Diese Entscheidung müßte spätestens getroffen werden, wenn ich Israel in achtundvierzig Stunden besuchte.

Am Samstagmorgen besuchte mich der kluge, alte Omar Saqqaf im staatlichen Gästehaus. Ich sage »alt«, weil er mit seinem vom Wind und Wetter gegerbten, zerfurchten Gesicht viel älter aussah, als er war. Er war erst Anfang der Fünfzig, hatte jedoch offenbar das Leben voll ausgekostet. Wie vor vier Wochen wollte er mir erläutern, was der König hatte sagen wollen:

Der König persönlich kann nichts tun, woran er nicht glaubt. Nach diesem Grundsatz lebt er seit 1936. Er glaubt an die arabische Sache. Er ist ein König. Dem König von Thailand fühlt er sich mehr verbunden als Präsident Pompidou. Das ist seine Art zu denken. Deshalb ist er für diese Sache und kann seine Meinung nicht ohne weiteres ändern. Natürlich haben Sie gesehen, daß er eigentlich eine positive Haltung einnimmt. Ich bin überzeugt, er hat mehr gesagt als je zuvor.

Zu meinem Bedauern mußte ich zugeben, daß ich ihn nicht so gut verstanden hätte. Auch unter äußerstem Druck hätte ich nicht genau sagen können, was Faisal gemeint hatte – und gerade das hatte der verschlagene König erreichen wollen. Er hatte die besten Absichten, aber er würde sein Verhalten den Umständen anpassen, und dazu gehörten der Druck, den die anderen arabischen Staaten auf ihn ausübten, und die Frage, ob in den Verhandlungen Fortschritte erzielt wurden oder nicht. Mit seiner optimistischen Darstellung wollte Saqqaf daher sagen, daß die Haltung der Vereinigten Staaten in der arabischen Welt jetzt besser verstanden werde und sich deshalb der Handlungsspielraum Saudi-Arabiens vergrößert hätte. Er erläuterte mir, wie sich die Ansichten in den verschiedenen arabischen Ländern entwickelten, in einer fast ebenso umständlichen Art wie seine Herren, und so entstand ein Dialog, der wie der verzweifelte Versuch klang, den frühen Hemingway zu imitieren. »Er ist sehr intelligent«, sagte Saqqaf von Boumedienne:

Er hat sich geändert. Vorher war er wie der Irak oder Libyen. Er bot uns bei Bedarf seine Flugzeuge und Waffen an. Soweit hat sich seine Politik nicht verändert. Aber er ist nicht der gleiche. Er läßt Ihnen die Wahl.

Kissinger: Genau.

Saqqaf: Zu kämpfen oder zu einer Friedenslösung zu kommen. Es kam die Zeit, da jeder nicht so sehr für die Sache wie für die Würde des arabischen Mannes kämpfte. Ist er der Mann, der hochmoderne Waffen brauchen kann? Oder geht er nur hinaus, um zu sterben?

Kissinger: Ich habe nie an die Theorie geglaubt, daß die Araber nicht kämpfen könnten, weil ich die Geschichte kenne.

Saqqaf: Ja, ja, Sie kennen die Geschichte.

Kissinger: Es gibt Leute in Israel, die das geglaubt haben. Aber jahrhundertelang fürchteten die Menschen, daß die Araber niemals aufhören würden zu kämpfen.

Saqqaf: Hafez al-Asad hat mir gesagt, er wüßte es selbst nicht genau. Aber hinter uns liegen dreißig schlechte Jahre. Und furchtbare zehn Jahre.

Er versicherte mir: »Ich glaube, das Gespräch mit dem König ist sehr günstig verlaufen.« Dann bat mich Saqqaf, mit mir und unserem Botschafter, James E. Akins, ohne Zeugen sprechen zu dürfen. Er machte mir die offizielle Zusage, daß Saudi-Arabien nicht nur das Embargo aufheben und die Ölproduktion steigern, sondern auch die anderen arabischen Ölproduzenten drängen werde, das gleiche zu tun. Da er keinen genauen Termin nannte, hatte diese Erklärung eher eine dramatische Wirkung als einen konkreten Inhalt. Aber als sich Saqqaf auf dem Flughafen von mir verabschiedete, wiederholte er seine Zusage öffentlich: »Wir glauben, wir können jedes Hindernis beseitigen, das unsere Beziehungen stört.«

Es folgte eine ganz persönliche Bemerkung: »Ich habe mich über die Begegnung mit meinem Freund, Dr. Kissinger, sehr gefreut, den ich Henry nenne.« Damit wurde er zum ersten Araber, der mich beim Vornamen nannte. Von nun an entwickelten sich die Dinge in eine neue Richtung. Das Erfreuliche daran war nicht nur die damit verbundene menschliche Wärme, sondern diese Haltung der Saudis würde mir auch in Syrien nützlich sein, dem mein nächster Besuch galt.

Mein erster Besuch in Damaskus

Syrien machte auf mich einen so abstoßenden Eindruck, wie ich es mir nach den Schilderungen vor meiner Reise dorthin nicht hätte vorstellen können. Die syrische Regierung zeichnete sich unter allen arabischen Regimen als eine der radikalsten aus. Syrien war mit Sicherheit der militanteste der sogenannten Konfrontationsstaaten – der unmittelbaren Nachbarn Israels, die bisher jede Verhandlung mit den Israelis abgelehnt hatten. Syrien war 1946 unabhängig geworden; seither bestand die Geschichte des Landes aus blutigen Unruhen, radikalen Veränderungen und einer Reihe von Staatsstreichen, welche die Spannungen in der syrischen Gesellschaft und die Zwänge der arabischen Politik und Ideologien widerspiegelten. Der damalige und noch heute amtierende Präsident Hafez al-Asad hatte seinen noch radikaleren Vorgänger im November 1970 zum Rücktritt gezwungen, nachdem Syrien in der Jordanien-Krise seinen Leichtsinn mit einer katastrophalen Niederlage hatte bezahlen müssen. Der damalige Verteidigungsminister Asad hatte es erlebt, wohin eine so verantwortungslose Politik führen kann, und daraus gelernt. Jetzt war er schon mehr als elf Jahre im Amt, länger als jeder andere syrische Regierungschef vor ihm.

Bis 1973 hatte Syrien es abgelehnt, über den Frieden zu sprechen. Für Syrien war der Staat Israel eine illegale Schöpfung, und da die Syrer entschlossen waren, den jüdischen Staat zu vernichten, kümmerten sie sich auch nicht viel darum, wo die Staatsgrenzen lagen. Nach 1967 hatte Damaskus die diplomatischen Beziehungen zu Washington abgebrochen und uns nicht einmal erlaubt, eine kleine Interessenvertretung einzurichten, wie wir sie in Kairo unterhielten, um eine Gesprächsmöglichkeit zu haben. In internationalen Gremien wie den Vereinten Nationen kannten wir Syrien als einen Freund der Sowjetunion und wußten, daß es zu den führenden radikalen arabischen Staaten gehörte. Jetzt kam ich als erster amerikanischer Außenminister nach zwanzig Jahren nach Damaskus.

Als ich am Samstag, dem 15. Dezember 1973, eintraf, begrüßte mich mein offizieller Gastgeber, Abd al-Halim Khaddam, der stellvertretende Premierminister und Außenminister, am Flughafen. Die Fahrt in die Hauptstadt dauerte etwa eine halbe Stunde. Die ersten zwanzig Minuten rasten wir eine schnurgerade Straße entlang, bogen dann an einem Platz mit Kreisverkehr in halsbrecherischem Tempo ab und fuhren weiter über die Boulevards des modernen Damaskus. Die hohe Geschwindigkeit dieser Fahrt hatte vielleicht etwas mit dem Umstand zu tun, daß sich in der Nähe des Flugplatzes palästinensische Flüchtlingslager befanden. Für meine Sicherheit waren die aufwendigsten Vorkehrungen getroffen worden, die ich bisher erlebt hatte. Mit bewaffneten Männern besetzte Lastwagen hatten sich vor und hinter unser Fahrzeug gesetzt, und außerdem begleiteten uns mehrere Autos mit Sicherheitsbeamten in Zivil. An der vom Flughafen in die Stadt führenden Straße waren im Abstand von jeweils sieben Metern bewaffnete Soldaten aufgestellt. Aber dieser ganze Aufwand wirkte nicht gerade beruhigend, denn ich mußte daran denken, daß mir ein Nahost-Experte gesagt hatte: »Wenn Ihnen in Syrien etwas zustößt, dann aus den Reihen der Sicherheitskräfte.«

Khaddam war die Verkörperung der syrischen Doppelzüngigkeit. Der kompakte, dynamische, leicht drohend wirkende Mann, der aber auch herzhaft lachen konnte (seine strahlend blauen Augen waren vielleicht ein Erbe aus der Kreuzfahrerzeit) war der typische Vertreter des stolzen syrischen Nationalismus, der für sich eine bedeutende Rolle in der Weltpolitik beanspruchte. Khaddam sagte mir, einerseits würde er nicht der erste Syrer sein, der ein Dokument mit Israel unterzeichnet, aber andererseits wäre ich auf das ausdrückliche Verlangen Syriens nach Damaskus gekommen. Da mein Besuch keinen anderen Zweck haben konnte, als Syrien irgendwie zur Teilnahme an den Verhandlungen zu verhelfen, zeigten die ungewöhnlichen Anstrengungen, die hier unternommen wurden, daß Syrien etwas von mir wollte – auch wenn Khaddam es entschieden bestritt. In seiner Rhetorik mochte Syrien zwar hart und unzugänglich sein, aber durch sein Verhalten hatte es den Friedensprozeß gefördert und sich teilweise auch schon darauf eingerichtet. Ich versuchte nicht, Syrien darüber zu täuschen, welche diplomatischen Schritte die Vereinigten Staaten unternehmen wollten. Während eines kurzen Höflichkeitsbesuchs im syrischen Auswärtigen Amt sagte ich meinem Kollegen Khaddam in Gegenwart einiger seiner Landsleute:

> Fünfundzwanzig Jahre haben wir über Proklamationen, Deklarationen und Vorschläge debattiert, und ich muß Ihnen offen sagen, daß Sie von den Europäern bessere Deklarationen bekommen werden als von uns. Aber auf der anderen Seite haben Ihnen die Vereinigten Staaten mehr zu bieten. Ich sage Ihnen ganz offen, angesichts unserer innenpolitischen Lage gibt es für uns nur die Möglichkeit, zunächst nicht von einer endgültigen Lösung zu sprechen, sondern schrittweise vorzugehen. Wir sind keine Kinder. Ohne Ihre Zustimmung ist keine Lösung möglich. Niemand, der etwas mit Ihnen zu tun gehabt hat, verfällt der Illusion, daß Sie Ihre Prinzipien aufgeben würden. Aber wir müssen diesen ersten Schritt tun, denn sonst wird es niemals zu einem letzten Schritt kommen. Jedes Unternehmen, das mit lautstarken Deklarationen begonnen hat, hat nur Explosionen ausgelöst.

Bevor Khaddam Zeit für eine sicher aggressive Erwiderung finden konnte, wurde ich in den Präsidentenpalast gebeten.

Was die Syrer stolz den Präsidentenpalast nannten, war in Wirklichkeit ein kleines, modernes Gebäude, ein ehemaliges Privathaus an einer schmalen, von Bäumen gesäumten Straße und stand zwischen anderen bescheidenen Villen. Das Haus hat früher wahrscheinlich einem kleinen Kaufmann gehört. Nur die beiden rotweißgestreiften Schilderhäuschen am Eingang zeigten, daß es sich um ein offizielles Gebäude handelte. Man betrat das Haus durch eine Glastür, dahinter führte eine Treppe zu einem schmalen Korridor bis an die Tür des Zimmers, in dem mich der Präsident empfing. Als Arbeitszimmer eines Präsidenten wirkte es klein. Die Einrichtung bestand aus an den Wänden herumstehenden Lehnstühlen und Sofas. Die schweren Samtvorhänge waren zugezogen, wahrscheinlich aus Sicherheitsgründen. Sonst hätten auch die Bewohner des Hauses auf der gegenüberliegenden Straßenseite über alles, was hier vorging, Buch führen können. Als ich im Mai 1974 häufiger mit Asad zusammenkam, entstand so eine fast beklemmende Atmosphäre.

Asad war mittelgroß. Er hatte glänzende dunkle Augen, ein Schnurrbart beherrschte das ausdrucksvolle Gesicht. Hals und Hinterkopf bildeten eine gerade Linie; so entstand der Eindruck, daß der syrische Präsident sich ständig etwas nach vorn beugte, um einem unaufmerksamen Gesprächspartner unvermittelt ins Gesicht springen zu können. Wir saßen bei unseren Gesprächen immer nebeneinander auf einem braunen Sofa und konnten, wenn wir nach links blickten, ein Gemälde betrachten, das die Einnahme der letzten Kreuzritterburg durch arabische Armeen darstellte. Die symbolische Bedeutung des Bildes fiel sofort ins Auge. Asad wies immer wieder darauf hin, daß Israel früher oder später das gleiche Schicksal beschieden sei. Er sprach mit ruhiger, aber fester Stimme und wirkte dabei etwas ungelenk und scheu. Während sich Sadat ruhig von seinem Gesprächspartner distanzierte, wirkte Asad ungeheuer intensiv. Sadat war ein nachdenklicher Mensch; der syrische Präsident interessierte sich nur für die Wirklichkeit. Die beiden Männer glichen sich nur in ihren Leidenschaften.

Asad war der Präsident eines Landes mit einer alten Tradition und einer jungen Geschichte. Damaskus ist zugleich die Quelle des modernen arabischen Nationalismus und Ausdruck seiner Enttäuschungen. Durch Jahrhunderte von Eroberern beherrscht, zuletzt von den Türken und Franzosen, hat der syrische Staat es nicht vermocht, die Träume seiner Gründer zu verwirklichen. In seinen gegenwärtigen Grenzen hat Syrien nicht die lange geschichtliche Vergangenheit der Selbstregierung, die Ägypten die historische Perspektive verleiht. Syrien fehlen die Größe und die Kontinuität, die den ägyptischen Präsidenten in die Lage versetzen, mit der Selbstsicherheit zu handeln, die durch die Überzeugung begründet ist, daß sein Land, was auch geschehen mag, der Angelpunkt des Geschehens im Nahen Osten sein wird. In der syrischen Geschichte wechseln sich Erfolge und Katastrophen ab, wobei die Katastrophen den größeren Anteil gehabt haben. Die Ungerechtigkeiten, die das Land unter der Fremdherrschaft hat erdulden müssen, haben sich tief in die Seele des syrischen Volkes eingebrannt. Asad hat mir gesagt, Syrien wäre vor dem Ersten Weltkrieg von der Türkei, dann von Großbritannien und Frankreich und in neuerer Zeit von den Vereinigten Staaten verraten worden, die den Staat Israel geschaffen hätten.

Wenn ein Volk überzeugt ist, daß alle seine Schwierigkeiten aus dem Ausland kommen, dann wird ein morbides Mißtrauen zur Haltung der ganzen Nation. Syrien besitzt weder den Glauben Ägyptens an seine zivilisatorische Kraft und Aufgabe noch den Reichtum Saudi-Arabiens und dessen stolze Distanziertheit. Die politischen Führer in Syrien leben von der Konfrontation, aber ohne das Selbstvertrauen, das notwendig ist, um sie durchzustehen. Sie wollen eine führende Rolle in der arabischen Welt übernehmen, haben aber nicht die Kraft, sie zu beanspruchen. So klammern sie sich an die Reinheit der Sache, für die sie kämpfen, müssen jedoch erkennen, daß ihnen die praktischen Mittel zur Verwirklichung ihrer Ideen fehlen.

Denn sie spüren, auch wenn sie es sich nicht eingestehen wollen, daß die Kräfte Syriens zur Verwirklichung ihrer Bestrebungen nicht ausreichen, und daß diese Bestrebungen nicht einmal im Interesse Syriens liegen. Syrien ist keine homogene Nation; dreiundsechzig Prozent der Bevölkerung sind sunnitische Moslems. Dazu gibt es andere mohammedanische Sekten wie etwa die Alawiten (zwölf Prozent der Bevölkerung). Der nicht unwesentliche christliche Bevölkerungsteil stellt dreizehn Prozent. Fast zweihunderttausend Palästinenser vervollständigen das Mosaik. Die herrschende Baath-Partei sieht sich als Quintessenz des arabischen Nationalismus, ein Anspruch, der ihr von der irakischen Bruderpartei streitig gemacht wird. Da die Baath-Partei ausschließlich und kompromißlos für die arabische Sache eintritt, war die Anerkennung der Legitimität Israels für die syrischen Politiker ein traumatisches Ereignis, und zwar noch bevor an die einzelnen Bestimmungen einer Friedensregelung gedacht wurde. In dieser Haltung wurden sie durch die innerarabische Politik bestärkt, denn die Syrer mußten darauf achten, daß sie nicht von der verhaßten irakischen Partei an Unversöhnlichkeit übertroffen wurden. Nur die Militärs schienen zu begreifen, welche Folgen eine Konfrontation haben würde.

Die Regierung wurde von den Alawiten beherrscht – auch Asad gehörte zu dieser Gruppe –, die in der Geschichte des Landes meist eine verachtete ländliche Minorität gebildet hatten und nur körperliche Arbeit verrichten durften. Aber wie viele ähnliche unterpriviligierte Gruppen stellten sie einen unverhältnismäßig großen Teil der Streitkräfte, wo die Begabten ebenso wie in anderen Ländern gute Aufstiegsmöglichkeiten hatten. Als Anhänger der syrischen Baath-Partei und besonders ihres militärischen Flügels gewannen die Alawiten an Einfluß, als die Baath-Partei 1963 in Damaskus an die Macht kam. Wie andere starke Minderheiten hat sich ihr Einfluß innenpolitisch durch den starken Zusammenhalt und die Eroberung von Schlüsselstellungen gefestigt, so daß sie heute eine Stellung einnehmen, die weit stärker ist, als man nach ihrer Zahl erwarten dürfte. Ihr internationaler Einfluß gründet sich darauf, daß sie kompromißlose Verfechter des syrischen Nationalismus sind. Darauf sind sie mit Recht stolz. Die syrischen Militärs verfolgen jedoch aufmerksam die Machenschaften der radikalen zivilen Politiker, die ihren rabiaten Nationalismus ausnutzen könnten, um an die Macht zu kommen. Syrien ist eines der wenigen Länder, wo die zivilen politischen Führer aggressiver sind als die militärischen.

Wenn sich die Rhetorik zu sehr von der Wirklichkeit entfernt, muß eine schizophrene Lage entstehen. 1973 war es so weit gekommen, daß der Kurs der »Ablehnungsfront« Syrien in die Sackgasse geführt hatte. Die israelische Armee stand zweiunddreißig Kilometer vor Damaskus, und Syrien war in seiner hochmütigen Haltung isoliert. Asad hätte den jüdischen Staat am liebsten vernichtet, aber er erkannte, daß ihn weder Ägypten noch Saudi-Arabien bei diesem Unternehmen unterstützen würden, und daß der Preis für einen Alleingang die Auflösung des inneren Zusammenhalts in Syrien und vielleicht sogar seiner Existenz sein könnte. Er hatte sich länger als alle seine Vorgänger im Amt gehalten, weil er ebenso klug wie leidenschaftlich war, so realistisch wie ideologisch geprägt.

Als ich zum erstenmal mit Asad zusammentraf, war er zu dem Schluß gekommen, daß Syrien nicht stark genug wäre, um alle Araber zu einer Nation zu vereinen; es müsse die verlorenen syrischen Gebiete zurückgewinnen, bevor es ehrgeizigere Ziele verfolgen könnte. Deshalb war Asad widerwillig zu dem gleichen Entschluß gekommen, den Sadat spontan gefaßt hatte. Er wollte den Friedensprozeß nicht behindern. Das erste Ziel war für ihn eine Vereinbarung über die Truppenentflechtung auf den Golan-Höhen. Wie er sich anschließend verhalten wollte, wußte er wahrscheinlich selbst noch nicht.

Aber auch das erste Vorhaben stellte Asad vor ein komplexes taktisches Problem. Es zeigte sich von Anfang an, daß er nicht das gleiche persönliche Ansehen genoß wie Sadat. Ich kann mich nicht daran erinnern, daß Sadat jemals davon gesprochen hätte, innenpolitische Schwierigkeiten könnten seine Außenpolitik behindern. Selbst wenn es sie gab, war seine Stellung stark genug, mit ihnen fertigzuwerden. Er handelte im eigenen Namen. Mit anderen Worten, er übernahm die persönliche Verantwortung für die ägyptische Außenpolitik. (Am Ende mußte er diese tapfere Haltung mit dem Leben bezahlen.)

Solche Vollmachten hat Asad niemals für sich in Anspruch genommen. Er führte viele wichtige Gespräche mit mir, besonders nachdem die Verhandlungen begonnen hatten, nur unter vier Augen und in Gegenwart meines Dolmetschers, denn wahrscheinlich wollte er keine Spuren von seinen ersten vorsichtigen Versuchen, zu einer Einigung zu kommen, hinterlassen. Seine Taktik bestand darin, mit einer Maximalforderung zu beginnen, um festzustellen, wie kompromißbereit die Gegenseite wäre. Dann ließ er sich unter Umständen auf das Erreichbare zurückdrängen, aber in einem verbissen geführten Rückzugsgefecht, welches erkennen ließ, daß man für jedes Zugeständnis einen hohen Preis bezahlen mußte und keine großen Erwartungen daran knüpfen durfte. (Seine Verhandlungsmethode unterschied sich in dieser Hinsicht kaum von der israelischen, so sehr beiden Seiten dieser Vergleich mißfallen wird.) Sobald er wußte, woran er war, zog er seine engsten Berater hinzu. Zu ihnen gehörten höhere Militärs und natürlich die syrischen Dolmetscher. In ihrer Gegenwart erörterten wir alle Probleme noch einmal und versuchten, unseren vorangegangenen Dialog möglichst wortgetreu zu rekapitulieren. Dabei verhielten wir uns wie Schauspieler auf einer Probe. So zeitraubend, entnervend und bizarr dieses Verfahren auch war, es bot Asad den Vorteil, daß er niemals selbst ein Zugeständnis aushandeln mußte. Jedenfalls zunächst nicht. Das blieb mir überlassen. Seine Kollegen wurden in die Verhandlungen einbezogen und hatten die Möglichkeit, Einwände zu erheben, taten es aber fast nie. Die Argumente, die Asad überzeugt hatten, überzeugten auch sie – ein sehr erfolgreiches innenpolitisches Spiel, das mich manche schlaflose Nacht gekostet hat. Während der langen Verhandlungsrunde mit Syrien kehrte ich gewöhnlich nach meinem Gespräch mit Asad nach Israel zurück, um einer israelischen Verhandlungsdelegation Bericht zu erstatten, die ihrerseits den Ehrgeiz hatte, nicht zugänglicher zu sein als die Syrer.

Im Laufe der Zeit lernte ich Asad außerordentlich schätzen. Angesichts der in Syrien herrschenden Verhältnisse nahm er eine durchaus gemäßigte Haltung ein. Er unterhielt enge Beziehungen zu den Sowjets, denn sie lieferten ihm die Waffen. Aber er war alles andere als eine sowjetische Marionette. Er hatte einen scharfen Verstand, der sich manchmal in sarkastisch-humorvollen Bemerkungen äußerte. Ich glaube, ich war der erste westliche Politiker, mit dem er so intensive Kontakte gepflegt hat. Er nutzte diese Gelegenheit, um mich über seine Auffassungen vom politischen System des Westens zu belehren. Bei der großen Verhandlungsrunde mit Syrien brachte Asad die erste Stunde eines jeden Gesprächs mit mir zu, indem er mich ausführlich über die Einrichtungen und Persönlichkeiten in den westlichen Demokratien befragte. Da er damals gerade Englisch lernte, haben unsere langen Gespräche wahrscheinlich wenigstens eine unverwischbare Spur hinterlassen: Ich neckte ihn damit, daß er der einzige arabische Führer sei, der das Englische mit deutschem Akzent spräche.

Asad ließ sich nie aus der Ruhe bringen. In den Verhandlungen bewies er Kühnheit und Beharrlichkeit wie ein Berufsspieler und achtete darauf, jede Chance für ein Zugeständnis auszunutzen. Ich sagte ihm einmal, ich hätte es erlebt, daß sich meine Verhandlungspartner bis an den Rand des Abgrunds manövrieren ließen, um zu zeigen, daß sie keinen Handlungsspielraum mehr hatten. Ich kannte sogar Unterhändler, die schon halb über dem Rand des Abgrundes schwebten und einem praktisch mit dem Selbstmord drohten. Er war der einzige, der sogar den Sprung in den Abgrund wagte und hoffte, sich im Fallen noch an einem Baum festklammern zu können, der, wie er wußte, dort stand. Als ich ihm diesen Vergleich erzählte, strahlte er.

Bei unserer ersten Begegnung am 15. Dezember zeigten wir uns beide von unserer besten Seite, denn wir wollten uns zunächst nur kennenlernen und noch nicht zu irgendwelchen Absprachen kommen. Asad leitete das Gespräch ein, indem er mir sagte, daß seine arabischen Brüder, besonders Sadat und Boumedienne, ihm von ihren Gesprächen mit mir berichtet hätten. Darin bestand eine Warnung, die besagte, daß es keinen Sinn hatte, ihn täuschen zu wollen, aber es bedeutete auch, daß es sich lohnen könnte, mit mir zu sprechen. Im übrigen hatte ich Sadat und Boumedienne darum gebeten, Asad vom Inhalt der Gespräche mit ihnen zu unterrichten. Wenn die Genfer Konferenz wirklich zustandekommen sollte, dann war es wichtig, daß alle Mitglieder dieses Orchesters nach den gleichen Noten spielten. Auf Asads Fragen erläuterte ich ihm die Hauptelemente unserer Strategie, wie ich sie auch Boumedienne, Sadat und König Faisal vorgetragen hatte.

Asad gab mir deutlich zu verstehen, daß er es nicht bedauern würde, wenn die Genfer Konferenz nicht zustande käme, und sagte, er »träumte nicht davon, an der Konferenz teilzunehmen«. Es wäre ihm am liebsten gewesen, die Früchte solcher Verhandlungen zu ernten, ohne sich selbst durch eine aktive Teilnahme irgendwie kompromittieren zu müssen. Doch bevor er die endgültige Entscheidung traf, wollte er wissen, wie die Vereinigten Staaten und die Sowjetunion die Lage beurteilten. Damit gab er mir zu verstehen, daß Syrien ein Kondominium der Supermächte nicht dulden würde. Auch wollte er sagen, daß er keine sowjetische Marionette war, denn sonst hätte er mich nicht nach den Auffassungen der Sowjets zu fragen brauchen. Ich beschloß, auf diese Eröffnung einzugehen:

> Uns wäre es lieber, wenn Sie mit uns und nicht mit der Sowjetunion eine Vereinbarung träfen. Die Sowjets haben ihre Vorschläge und einen Plan für eine Friedensregelung vorgelegt. Ich bin nicht darauf eingegangen. Wenn es akzeptable Vorschläge sind, dann können wir sie den Arabern direkt vorlegen. Viele Menschen versuchen, uns Ratschläge zu geben. Wir müssen die Israelis bearbeiten, und dabei kann uns die Sowjetunion nicht helfen. Die Sowjets haben keinen Einfluß auf die Israelis. Wir sind uns nur in einem Punkt einig; wir wollen die Konferenz, und wir werden miteinander in Verbindung bleiben. Es gibt keine Vereinbarungen über irgendwelche konkreten Fragen. Wenn man Ihnen etwas anderes gesagt hat, dann stimmt das nicht. Ich habe Boumedienne gesagt, daß wir im Nahen Osten keine Einflußsphären anerkennen. Was auf der Konferenz geschehen wird, wird von Ihnen und von uns abhängen. Sie können mit den Sowjets sprechen, denn wir wollen die syrisch-sowjetischen Beziehungen nicht beeinflussen.

Das war natürlich nicht die ganze Wahrheit; aber eine realistische Darstellung. Wir wollten die syrisch-sowjetischen Beziehungen beeinflussen, denn uns wäre es lieber gewesen, wenn sie sich gelockert hätten. Aber dafür mußte Asad seine eigenen Gründe haben und nicht unsere. Wir konnten die syrisch-sowjetischen Beziehungen am besten beeinflussen, indem wir Damaskus Vorteile für eine engere Bindung an die Vereinigten Staaten anboten.

Als ich die Einladung zur Konferenz erwähnte, erlebte ich eine große Überraschung. Ich erläuterte ihm den Text des Briefes und die verschiedenen Formulierungen zur Frage der Palästinenser in allen Einzelheiten und sagte am Schluß, daß ich es für das beste hielte, die Palästinenser nicht ausdrücklich zu erwähnen. Asad erklärte sich mit *allen* Änderungsvorschlägen einverstanden. Ich sagte ihm, der Konferenzbeginn werde wahrscheinlich um drei Tage verschoben werden müssen. Auch das war ihm nicht unangenehm. Einen Augenblick dachte ich, der angeblich radikalste arabische Präsident erwiese sich erstaunlicherweise als der zugänglichste.

Aber diese Annahme war eine Illusion. Als ich ihn fragte, ob er irgend etwas an dem Text des Briefes auszusetzen hätte, sagte er, er habe einen besonderen Einwand. Er wäre sehr einverstanden damit, daß ich in dem Entwurf im Hinblick auf den zu erwartenden Verlauf der Konferenz gewisse Veränderungen vorgenommen hätte, aber er könnte sich nicht mit dem Satz einverstanden erklären, in dem die Teilnehmer aufgezählt wurden und wir erklärten, daß Syrien, Ägypten, Israel und Jordanien ihre Teilnahme an der Genfer Konferenz zugesagt hätten. Syrien hätte nicht die Absicht, nach Genf zu gehen. Deshalb wäre es auch gleichgültig, ob er am 18. oder am 21. Dezember nicht erschiene, und ebenso unerheblich wäre es, was das Einladungsschreiben über die Palästinenser oder die Vereinten Nationen sagte.

Im ersten Augenblick wußte ich nicht, was ich sagen sollte. Aber dann wurde mir klar, daß Asad mir in Wirklichkeit geholfen hatte. Er hatte sich nur geweigert, an der Plenarsitzung zur Eröffnung der Konferenz teilzunehmen, lehnte aber das Verhandlungskonzept nicht ab. Er wollte die Konferenz nicht blockieren und segnete sie deshalb gewissermaßen mit der linken Hand ab. Er hatte gegen den Text der Einladung nichts einzuwenden, aber er betrachtete diese Einladung – mit Recht – als bedeutungslos.

Asad interessierte sich also nicht für das Verfahren, sondern für das Ergebnis der Konferenz. Davon würde schließlich auch die Entscheidung abhängen, ob Syrien sich beteiligte oder nicht. Bis dahin wollte sich Asad alle Möglichkeiten offenhalten. Jetzt hatte er drei Fragen: Stimmten die Vereinigten Staaten mit ihm darin überein, daß Syrien keinen Teil seines Staatsgebiets aufgeben könnte? Waren auch wir der Ansicht, daß es ohne die Palästinenser keine Lösung geben könnte? Gingen wir nach Genf, um eine Lösung zu finden, welche die ersten beiden Punkte berücksichtigte, oder »nur, um nachzudenken und eine lange Zeit verstreichen zu lassen, ohne zu einer radikalen Lösung zu kommen«?

Diese Fragen waren zwar sehr scharfsinnig, ließen sich aber nicht beantworten. Jeder Versuch, eine präzise Antwort zu geben, würde die Friedensbemühungen zum Scheitern bringen, bevor sie begonnen hatten. In dieser Phase konnten wir auf eine konstruktive Vieldeutigkeit nicht verzichten. Mit anderen Worten, das Endergebnis mußte sich aus den Verhandlungen ergeben und konnte nicht vorherbestimmt werden. Daß die Verhandlungen keine Vergnügungsreise werden würden, zeigte sich in Asads Haltung gegenüber dem israelischen Verlangen nach »sicheren« Grenzen. Er sagte, die Grenzen von 1967 wären von Tel Aviv weiter entfernt als von Damaskus. Er hätte daher eher den Anspruch darauf, die Grenze von 1967 weiter nach Israel hinein zu verlegen, und die Israelis hätten daher keinen Anspruch auf die Golan-Höhen.

Doch wenn Asad zu einer bestimmten Frage Stellung genommen hatte, lag ihm nichts daran, noch länger über diese Frage zu diskutieren.

Ihm ging es in erster Linie um die Truppenentflechtung. Die Ägypter hatten ihm – wahrscheinlich, um ihn zur Teilnahme an der Genfer Konferenz zu bewegen – offenbar zu verstehen gegeben, daß die Vereinbarungen über die Truppenentflechtung auf der Sinai-Halbinsel praktisch schon unter Dach und Fach wären und es jetzt nicht mehr lange dauern könnte, bis auch eine Lösung für die Golan-Höhen gefunden wurde. So hielt er es für selbstverständlich, meinen Besuch zu Verhandlungen über die Fragen zu nutzen, die speziell Syrien betrafen. Er sagte mir, er wäre mit Sadat der Auffassung, daß die Genfer Konferenz nur ein Rahmen sein sollte und daß die syrisch-israelische Truppenentflechtung mit mir ausgehandelt werden müßte, wollte jedoch das Verhandlungsergebnis vorwegnehmen.

Leider lagen die Dinge nicht ganz so einfach. Ich sagte, wir hätten uns noch lange nicht über die Truppenentflechtung an der ägyptischen Front geeinigt. Aber in Ägypten gäbe es eine Geschichte solcher Verhandlungen, die bis in das Jahr 1971 zurückreichte, und nach dem Waffenstillstand hätte es die Gespräche bei Kilometer 101 und andere Diskussionen gegeben. Wir wüßten, in welchem Rahmen die Sinai-Verhandlungen geführt werden könnten. Für die Verhandlungen über die Golan-Höhen gäbe es jedoch noch keinen festen Rahmen. Ich wüßte nicht, was ich vorschlagen sollte. Auch hätte ich keine Vorstellungen von der Haltung Israels. (Natürlich kannte ich das Mißtrauen der Israelis gegenüber Syrien und wußte genau, welche ungeheuren Anstrengungen uns bevorstanden, wenn wir diese Verhandlungen überhaupt in Gang bringen wollten.) Im Augenblick konnte ich nichts anderes versprechen, als daß wir uns ernsthaft darum bemühen würden, nach dem Auseinanderrücken der Streitkräfte an der ägyptischen Front das gleiche an der syrischen Front zu erreichen.

Aber Asad ließ sich nicht beschwichtigen und legte mir eine Karte des Golan vor, um mir zu zeigen, was eine Truppenentflechtung hier bedeutete. Israel müßte praktisch alle 1973 und 1967 besetzten syrischen Gebiete aufgeben. (Asad sah darin ein Zugeständnis, denn nach seiner Auffassung sollten sich die Israelis bis an die Grenze von 1967 zurückziehen.) Diesem Verlangen würden die Israelis niemals zustimmen. Es war sogar gefährlich, diese Forderung überhaupt zu erwähnen, denn dann würden sich die Israelis unter Umständen weigern, die Gespräche fortzusetzen. Deshalb beendete ich die Diskussion über dieses Thema:

> Wir können nichts anderes tun, als uns nach Kräften um eine Lösung zu bemühen. Wir haben nichts versprochen, was wir nicht halten können. Ich bin nicht in der Lage, eine Vereinbarung zu treffen. Es wäre unverantwortlich, wenn ich versuchen wollte, mich auf bestimmte Linien festzulegen. Ich habe die Angelegenheit noch nicht genau geprüft. Wenn ich so etwas täte, würden Sie die Achtung vor mir verlieren. Ich bin jemand, den Sie ernst nehmen müssen.

Aber Asad ließ nicht locker. »Wenn wir uns auf Gespräche einlassen, dann liegt darin schon ein Nachteil für uns«, sagte er und sprach damit sein eigentliches politisches Problem an. Um sich an den Genfer Verhandlungen beteiligen zu können, mußte er einen gewissen Erfolg nachweisen. Syrien würde sich erst an der Genfer Konferenz beteiligen können, wenn die Verhandlungen über die Truppenentflechtung erfolgreich abgeschlossen waren. Er wiederholte jedoch, er hätte nichts dagegen, daß andere nach Genf gingen.

Hinter dieser augenscheinlich unsinnigen Reaktion steckte ein entscheidender Durchbruch. In der für ihn charakteristischen verschleierten Art erklärte sich Asad praktisch mit dem Friedensprozeß und unserer Strategie einverstanden. Wenn Syrien mit der Friedenskonferenz einverstanden und ihm der Inhalt des Einladungsschreibens gleichgültig war, dann waren alle Hindernisse beseitigt. Der Palästinenser-Frage konnten wir ausweichen, wenn wir sie in der Einladung in die Kategorie der »anderen Teilnehmer« einreihten. Das Verlangen Israels, daß die Kriegsgefangenen entlassen sein müßten, bevor es gemeinsam mit Syrien an einer Konferenz teilnehmen könnte, wurde zur akademischen Frage.

In dem Gedankenaustausch mit Sadat erhoben sich aber auch ernste Fragen im Hinblick auf die sowjetische Diplomatie. Wir hatten mit den Sowjets vereinbart, daß Moskau bei den Vorbereitungen für die Genfer Konferenz seinen Einfluß in Damaskus geltend machen sollte, während wir das gleiche in Israel taten. Moskau hatte in den letzten vier Wochen mit keinem Wort erwähnt, daß die Teilnahme Syriens an der Konferenz fraglich wäre oder daß Syrien Einwände erhöbe oder sogar Bedingungen stellte. Wußten die Sowjets nichts davon? Oder wollten sie uns täuschen? Und wenn ja, warum? Wenn Moskau Asads Einwände kannte und es den Sowjets nicht gelungen war, seine Bedenken auszuräumen, dann war der sowjetische Einfluß auf Damaskus geringer, als wir angenommen hatten. Wenn die Sowjets uns getäuscht hatten, dann war das Motiv schwer zu erkennen. Wahrscheinlich hatte der sowjetische Botschafter in Damaskus keine sehr guten Verbindungen. Später haben die Syrer recht abfällig von ihm gesprochen. Es fällt den Sowjets schwer, sich psychologisch auf die Araber einzustellen, und es kommt immer wieder vor, daß sie auch ihre besten Freunde durch ihr plumpes Verhalten verärgern.

Ihre Bemühungen in Syrien waren offensichtlich gescheitert, aber gleichzeitig empfingen wir aus Moskau auch noch andere Signale. Am 15. Dezember sprach Winogradow in Kairo mit Eilts und sagte ihm, daß Moskau mit meinem Alternativvorschlag, nur ein ganz kurzes Einladungsschreiben hinausgehen zu lassen, einverstanden sei. Aber am späten Abend des gleichen Tages sagte Dobrynin Scowcroft in Washington, Moskau werde damit einverstanden sein, wenn es mir gelang, die anderen Teilnehmer zu überzeugen. (Das war inzwischen nicht mehr nötig.)

In Wirklichkeit kam es gar nicht darauf an, daß Syrien an der ersten Plenarsitzung der Genfer Konferenz teilnahm – in mancher Hinsicht war es für uns sogar besser, wenn die Syrer der Sitzung fernblieben. (Asad wußte das vielleicht auch.) Aber um das Interesse der Syrer am Friedensprozeß wachzuhalten, hielt ich es für wichtig, daß Asad die Verantwortung für seine Weigerung übernahm, und deshalb mußten wir ihm das Gefühl geben, daß wir es begrüßen würden, wenn er seine

Meinung änderte. Wie bei vielen anderen Gelegenheiten war es nicht ganz einfach, ein solches Vorhaben in die Tat umzusetzen. Ich mußte zu vermeiden suchen, daß unsere Begegnung in der Sackgasse endete, denn es würde einen schlechten Eindruck machen, und ich würde nicht offen sagen können, weshalb es viel günstiger wäre, wenn Syrien der Plenarsitzung fernblieb. Um den Schein zu wahren, sagte ich Asad, daß wir ihm nach meinem für den nächsten Tag vorgesehenen Besuch in Israel einen amerikanischen Beamten schicken würden, der ihn vom Inhalt meiner Gespräche mit Golda unterrichten sollte und ihm die endgültige Fassung des Einladungsbriefes vorlegen würde, damit er wenigstens wüßte, was er ablehnte. Da Asad den Eindruck vermeiden wollte, daß er von der Teilnahme ausgeschlossen würde, stimmte er diesem Verfahren gerne zu. Um die Kontaktaufnahme zwischen uns zu erleichtern, schlug ich vor, daß Syrien und die Vereinigten Staaten in beiden Hauptstädten Interessenvertretungen einrichten sollten. Auch damit war Asad einverstanden. Er meinte, ich sollte unsere Gespräche gegenüber der Presse als »offen und nützlich« bezeichnen.

Wir hatten mehr erreicht, als wir erhofft hatten. Syrien würde sich dem Friedensprozeß nicht widersetzen und würde wahrscheinlich später an den Verhandlungen über die Truppenentflechtung teilnehmen, die einen wichtigen Teil unserer Strategie darstellten. Es war uns gelungen, das leidenschaftlich auf seine Unabhängigkeit bedachte Syrien zu bewegen, im Rahmen der dramatischen Bemühungen um den Frieden eine konstruktive Rolle zu übernehmen.

Eine Erholungspause in Amman

Das Gespräch mit Asad hatte gegen 16.00 Uhr begonnen. Um 19.30 Uhr hätte ich die kurze Strecke nach Amman fliegen sollen, um mit König Hussein zu Abend zu essen. Doch die Begegnung in Damaskus dauerte bis 22.30 Uhr abends – sechseinhalb Stunden. Die Journalisten fragten sich schon, ob ich entführt worden sei. War ich der hundertachtundzwanzigste Kriegsgefangene? Traf ich mich etwa im geheimen mit Yasir Arafat? Um 23.00 Uhr abends hörten die Reporter endlich die Sirenen meiner Kraftwagenkolonne. Ein mißtrauischer Reporter meinte: »Entweder kommt er endlich, oder sie kommen, um uns abzuholen.«[3]

Mir war zumute wie dem Dirigenten eines Orchesters, der den verschiedensten und nicht aufeinander abgestimmten Instrumenten einen harmonischen Klang entlocken wollte. Wir hätten es gern gesehen, wenn Hussein in Genf eine wichtige Rolle übernommen hätte, und ich schuldete dem König einen Bericht über meine Reise. Daß ich mich verspätet hatte, beeinträchtigte seine freundliche Haltung nicht. Er ließ mir noch nach Mitternacht ein Abendessen servieren, und am nächsten Morgen frühstückte ich mit ihm und seinem Bruder, Kronprinz Hassan, wobei wir unsere Beratungen fortsetzten.

Es war für mich ausgesprochen erholsam, wieder in Amman zu sein. Jordanien unterhielt freundschaftliche Beziehungen zu den Vereinigten

Staaten und drohte uns nicht mit schlimmen Konsequenzen für den Fall, daß wir seine Empfehlungen nicht beachteten. Es hatte auch nicht die Möglichkeit, sich der Ölwaffe zu bedienen. Mit seiner Teilnahme am Krieg von 1973 hatte Jordanien die arabische Solidarität respektiert und gleichzeitig erkannt, daß es der Sache des Friedens durch seine Zurückhaltung diente. Man muß zugeben, daß Hussein einen Preis dafür bezahlen mußte, denn heute interessiert sich kaum noch jemand für die jordanischen Ansprüche auf das Jordan-Westufer.

Als ich am 15. Dezember nach Amman kam, mußte ich feststellen, daß Hussein der einzige arabische Regierungschef war, dem seine »Brüder« nichts über meine Reisen und Gespräche mitgeteilt hatten. Ich mußte deshalb noch einmal einen detaillierten Bericht über die Vorbereitungen zur Genfer Konferenz und unsere strategischen Ziele abgeben. Jordanien verfolgte in Genf ähnliche Absichten wie wir. An einer Teilnahme der Palästinenser war Hussein ebensowenig interessiert; wenn sie sich nicht vermeiden ließ, dann sollten die Palästinenser in die jordanische Delegation aufgenommen werden. Alle jordanischen Politiker hatten, was die Absichten der anderen arabischen Staaten betraf, schwere Bedenken. Premierminister Zaid Rifai sagte: »Ich fürchte, Ägypten wird seine eigenen Vereinbarungen treffen und Jordanien im Stich lassen.« Der Kronprinz hatte schon immer den Verdacht gehabt, daß Syrien Jordanien annektieren wollte. Aus all diesen Gründen wäre es dem König lieber gewesen, wenn sich die Araber in Genf nur durch eine Delegation vertreten ließen, denn damit könnte vermieden werden, daß Einzelvereinbarungen getroffen und neue Teilnehmer eingeladen wurden. Wenn sich dieses Ziel nicht erreichen ließ – es widersprach auch unserer Strategie –, dann wollte er sich getrennten Verhandlungen nicht widersetzen, solange diese Verhandlungen Teile eines »Verhandlungspakets« blieben.

Wir glaubten, daß sich nach der Truppenentflechtung an der syrischen Front eine Gelegenheit für Verhandlungen zwischen Israel und Jordanien ergeben könnte. Rifai bat mich dringend, bei meinem nächsten Besuch in Israel vorzuschlagen, Israel möge einen kleinen Teil des am Ostufer des Jordan besetzten Gebiets räumen und die nahe am Jordan gelegene Stadt Jericho mit ihrer ausschließlich arabischen Bevölkerung an Jordanien zurückgeben zur Bestätigung des jordanischen Anspruchs auf das Westufer; König Hussein würde dadurch zum Verhandlungspartner Israels für alle Fragen, die das Jordan-Westufer betrafen. Ich versprach, dieser Bitte nachzukommen, und tat es auch. Aber Israel konnte sich nicht gleichzeitig mit der Genfer Konferenz, Parlamentswahlen, der Truppenentflechtung auf der Sinai-Halbinsel und einem Abzug aus Jericho beschäftigen.

Deshalb ließ sich diese Idee nicht verwirklichen. Nach Beendigung der Truppenentflechtung an der ägyptischen und syrischen Front Mitte 1974 neigte sich Nixons Amtszeit ihrem Ende zu. Bevor der neue Präsident die Initiative ergreifen konnte, beraubten die anderen arabischen Staaten in einem Anfall emotionaler Kurzsichtigkeit Hussein der Möglichkeit, in Verhandlungen über das Westufer einzutreten, und bestimmten die PLO, die anzuerkennen Israel am wenigsten bereit war, zum Verhandlungspartner. Damit verhinderten die Araber selbst zunächst jede Freigabe jordanischen Territoriums am Westufer durch Israel.

Daraus erklärt sich zum Teil auch Husseins späteres Verhalten, als er das Risiko einging, sich um die Unterstützung der radikalen Araber zu bemühen, und zwar zuerst in Syrien und dann im Irak. Daneben nahm er auch wieder Kontakt zur Sowjetunion auf und suchte sich von den Vereinigten Staaten etwas mehr zu distanzieren. Dabei nahm er gegenüber einigen alten persönlichen Freunden und Bewunderern demonstrativ eine kühlere Haltung ein.

Libanon

Am Sonntag, dem 16. Dezember, flog ich in den Libanon. In jenen fernen Tagen galt der Libanon als Vorbild für das friedliche Zusammenleben der verschiedenen Religionen im Nahen Osten. Theoretisch gab es eine christliche Mehrheit, und auch die hohen Staatsämter waren entsprechend aufgeteilt. Der Präsident des Libanon war immer ein Christ, der Premierminister ein Moslem. In Wirklichkeit war das Verhältnis wahrscheinlich gerade umgekehrt, aber wenn man die Situation offen zugegeben hätte, dann wäre damit die sehr zerbrechliche innere Struktur des Landes gefährdet worden. So umging man das Problem, indem man 30 Jahre lang keine Volkszählung veranstaltete.

Die beiden Religionsgemeinschaften existierten nebeneinander, das wirtschaftliche Leben im Libanon blühte auf, und Beirut wurde zu einer vitalen, kosmopolitischen Metropole. Dieser glückliche Zustand hätte ohne weiteres andauern können, wenn sich die palästinensischen Führer nicht 1970 nach ihrer Ausweisung aus Jordanien entschlossen hätten, im Libanon ihre zentrale Operationsbasis einzurichten.

Daraus ergaben sich zwei Konsequenzen: Der Libanon wurde in die arabisch-israelische Konfrontation in einer mit seinem nationalen Interesse nicht zu vereinbarenden Weise hineingezogen, denn der Grenzverlauf zwischen dem Libanon und Israel war bis dahin niemals Gegenstand von Meinungsverschiedenheiten gewesen. Hier zeigte sich aber auch die Dynamik der Palästinensischen Freiheitsbewegung. Man hätte erkennen müssen, daß ein Land, das organisierte paramilitärische palästinensische Verbände aufnimmt, seine eigene Souveränität gefährdet. Diese Verbände sehen es als ihre wichtigste Aufgabe an, Kommandounternehmen gegen Israel durchzuführen. Dabei benutzen sie das Gastland als gesicherte Bereitstellungsbasis. Israel sieht sich zu Vergeltungsschlägen gezwungen, und das Gastland wird in einen Krieg hineingezogen, den es nicht hat führen wollen. (Hussein hatte solche gegen Israel gerichtete Unternehmen verboten, woraus 1970 eine der Ursachen für seine Konfrontation mit den Palästinensern entstand. Der Libanon war zu schwach dafür.) Wenn die Palästinenser sich im Lande festsetzen und ihre eigenen Streitkräfte aufstellen dürfen, dann werden sie zum Staat im Staate. Dabei setzen sie sich zuerst über das im Gastland herrschende Recht hinweg und versuchen dann, diesem Land ihren Willen aufzuzwingen. Was Hussein 1970 mit Unterstützung der loyalen Beduinen der jordanischen Armee mit Gewalt verhindert hatte, mußte der Libanon zulassen, denn seine schwache Regierung und die in sich gespaltene libanesische Armee konnten sich gegen die Palästinenser nicht durchsetzen.

Diese Entwicklung befand sich 1973 erst in ihren Anfängen, aber die Gefahren waren schon deutlich zu erkennen. Es zeigte sich bereits, daß die Palästinenser für den inneren Zusammenhalt des Libanon eine große Gefahr bedeuteten. Deshalb befürwortete die libanesische Regierung, die im übrigen zu den moderatesten im Nahen Osten gehörte, am leidenschaftlichsten die Schaffung eines eigenen Palästinenserstaates, und zwar, um die Palästinenser aus dem Libanon herauszubekommen!

Diese Schwierigkeiten waren auch das Thema meines Gesprächs mit den libanesischen Führern auf dem Flughafen von Rayak, sechzig Kilometer außerhalb von Beirut. Wir waren dort aus Sicherheitsgründen zusammengekommen. Die mich begleitenden Sicherheitsbeamten hielten es für zu riskant, angesichts der Tatsache, daß es sowjetische Flugabwehrraketen gab, die ein Mann von der Schulter aus bedienen konnte, auf dem Beiruter Flughafen zu landen, denn zwei palästinensische Flüchtlingslager befanden sich unmittelbar neben der Anflugschneise. Der konkrete Anlaß für die Vorsichtsmaßnahme bestand in einem Bericht, nach dem meine Maschine abgeschossen werden sollte. Außerdem waren in Beirut Massendemonstrationen veranstaltet worden. Wir trafen uns deshalb in der Offiziersmesse des Militärflughafens; und hier fanden meine ersten Gespräche mit dem libanesischen Außenminister Fu'ad Naffa' und seinem Stab statt. Anschließend konferierte ich mit dem libanesischen Präsidenten Suleiman Frangieh und dem Premierminister Taqi al-Din al-Sulh und ihren Mitarbeitern. Der Außenminister hatte eine Liste von Fragen, die inhaltlich denen von Asad entsprachen, und auch meine Antworten waren die gleichen: Gespräche über die endgültige Grenzziehung wären verfrüht, und die Bestrebungen der Palästinenser könnten erst im Rahmen einer endgültigen Gesamtlösung berücksichtigt werden. Ebenso wie in Damaskus weigerte ich mich, diese Fragen im einzelnen zu erörtern. Dann erläuterte ich das für die Eröffnung der Genfer Konferenz vorgesehene Verfahren, sprach von den Untergruppen und der ersten Verhandlungsphase über die Truppenentflechtung. Unsere Gastgeber hätten nicht freundlicher und verständnisvoller sein können. Sie begrüßten das Interesse der Vereinigten Staaten am Friedensprozeß, hatten selbst aber keine konkreten Vorschläge. Ihnen ging es in erster Linie darum, den sowjetischen Einfluß im Nahen Osten zu schwächen, vor allem aber suchten sie unsere Unterstützung bei der Lösung des Palästinenser-Problems zu gewinnen, und das bedeutete, daß für sie außerhalb des Libanon eine Heimat gefunden werden sollte.

Ich brachte es nicht übers Herz, dem Präsidenten Frangieh zu sagen, daß ich, nach allem, was ich im Nahen Osten gehört hatte, nicht glaubte, irgend jemand würde ihm seine aufdringlichen Gäste abnehmen. Alle anderen arabischen Führer, mit denen ich gesprochen hatte –

vielleicht mit Ausnahme der Politiker in Saudi-Arabien –, glaubten, daß nur sehr wenige Palästinenser an das Jordan-Westufer zurückkehren wollten, gleichgültig, wer dieses Gebiet beherrschte. Und da Israel mit Sicherheit verlangen würde, daß jeder Gebietsteil am Westufer, der den Arabern übergeben würde, entmilitarisiert werden müßte, und es unvorstellbar war, daß die Palästinenser bereit sein würden, sich entwaffnen zu lassen, würde der Libanon wahrscheinlich auch weiterhin mit den bewaffneten Palästinensern leben müssen.

Ich denke heute mit großem Bedauern an diese kultivierten Männer, die in einem von Unruhen heimgesuchten Teil der Welt eine demokratische Gesellschaft aufgebaut hatten, in der sich verschiedene Religionen gegenseitig achteten. Ihren Leistungen war kein dauernder Erfolg beschieden. Die Leidenschaften, die hier wüteten, waren zu stark, um von subtilen Verfassungsgrundsätzen im Zaum gehalten zu werden. Wie sie es in Jordanien versucht hatten, zerstörten die Palästinenser jetzt das delikate Gleichgewicht der Stabilität im Libanon. Noch bevor der Friedensprozeß zu Ende geführt werden konnte, wurde der Libanon in Stücke gerissen. Während ich diese Zeilen schreibe, jagen in dem zur Ohnmacht verurteilten Land alle Gruppen und Kräfte des Nahen Ostens ihren unerfüllbaren Träumen nach und schaffen damit einen alptraumhaften Zustand.

Israel

Am Sonntagabend, dem 16. Dezember, landete ich in Israel. Es war das dritte Land, das ich an diesem Tag besuchte und das siebente auf meiner vier Tage dauernden Reise durch den Nahen Osten. Ich war gekommen, um Israel zur Teilnahme an der Genfer Konferenz zu bewegen, und zwar mit dem Zugeständnis, eine Einladung zu verschicken, die alle Streitfragen offenließ. Aber ich machte mir keine Illusionen. Zwei Wochen vor den Wahlen würde kein israelischer Politiker seine Stellung für eine Konferenz riskieren, an deren Zustandekommen sie alle kein besonderes Interesse hatten.

Doch die durch den Wahlkampf erzeugte Stimmung war nur eine oberflächliche Manifestation einer tiefer liegenden Sorge. Das hartnäkkig geführte Rückzugsgefecht Israels war nicht ein Zeichen von Arroganz, wie viele Araber glaubten. Dahinter stand vielmehr die ganz akute Furcht vor der Katastrophe. Die kleinliche, legalistische Verhandlungsmethode entsprang dem Bewußtsein, daß ein kleines Drei-Millionen-Volk, umgeben von einer mehr als hundert Millionen zählenden feindlichen Bevölkerung, historisch schwach ist und daß daran auch eine relative militärische Überlegenheit nichts ändern kann. Diese Kinder des Gettos kannten im tiefsten Inneren ihr eigenes Verhängnis, gegen das sie sich aufbäumten und das durch ihr eigenes Verhalten immer bedrohlicher wurde: Sie hatten einen Staat gegründet, der wieder zum Getto geworden war. Sie waren von ihren Nachbarn geächtet, allein auf sich angewiesen und abhängig von der Unterstützung eines weit entfernten Landes, das viele andere wichtige Aufgaben hatte.

Auch die vielschichtige Strategie, die ich entworfen hatte, konnte sie nicht aus ihrem Dilemma befreien. Ich verteidigte die Methode des schrittweisen Vorgehens und sagte, damit ließe es sich verhindern, daß eine gegen Israel gerichtete globale Koalition entstand. Golda ließ sich nicht überzeugen:

> Wenn die Welt im März oder April wieder anfängt, Druck auf uns auszuüben, dann werden wir x Kilometer hinter dem Kanal stehen. Wir werden in einer ungünstigen Lage kämpfen müssen. Und die Welt wird nicht sagen, »der Zorn des Herrn komme über eure beiden Häuser«, die Welt wird sagen, »der Zorn des Herrn komme über das Haus Israel«.

Golda hatte nicht ganz unrecht. Unsere Strategie bewahrte Israel nicht vor den Gefahren eines Rückzugs, sondern konnte sie nur verringern. Golda war stark genug, sich den Realitäten zu stellen, so schmerzlich sie auch sein mochten. Zur Truppenentflechtung sagte sie: »Wenn wir realistisch und ehrlich gegen uns selbst sind, wir Israelis, dann heißt es in Wirklichkeit, wir sind aus diesem Krieg, der gewesen ist, wie er war, durch einen Rückzug herausgekommen. So ist es, wenn man die Dinge beim Namen nennt. Ein Rückzug, weiter nichts.«

Golda hatte recht, und Sadat war der einzige Araber, der begriff, daß sie recht hatte. Es ist ein Beweis ihrer menschlichen Größe, daß sie trotzdem diesen Weg gegangen ist. Sie hat besetztes Gebiet geräumt, um Zeit zu gewinnen, und territoriale Zugeständnisse gemacht, um die Anerkennung Israels durchzusetzen. Aber man durfte nicht von ihr erwarten, daß sie es freudig oder mit einer großzügigen Geste tat. Sadat war ein großer Mann, weil er wußte, welche Bedeutung immaterielle Werte haben. Golda mußte festhalten, was sie besaß. Die Umstände erlaubten ihr nicht, krumme Wege zu gehen. Aber wenn man die Bilanz zieht, dann muß man erkennen, daß sie zum Frieden ebenso viel beigetragen hat wie der ägyptische Präsident und ihre Pflicht mutig, gelegentlich böse knurrend, aber immer mit Würde erfüllt hat.

Bei allem Verständnis für die historische Notlage Israels und bei aller persönlichen Zuneigung zu Golda mußten wir jetzt die zähneknirschende und erschöpfende Exegese über uns ergehen lassen, die die israelische Verhandlungsdelegation für uns bereithielt. Zunächst erörterten wir das Einladungsschreiben Zeile um Zeile. In Wirklichkeit war der Kampf schon halb gewonnen, als Sadat zustimmte und Asad nichts dagegen einzuwenden hatte, daß wir auf die ausdrückliche Erwähnung der Palästinenser verzichteten. Die nichtssagende Formulierung in unserem neuen und endgültigen Text besagte nur, daß die »Frage anderer Teilnehmer aus dem Nahen Osten in der ersten Phase der Konferenz erörtert werden wird«. (Der besondere Hinweis auf den »Nahen Osten« war ein indirekter Beitrag Asads. Er hatte mich darauf hingewiesen, daß, wenn wir die Einladung nicht auf diese Region beschränkten, jedes beliebige Land darum ersuchen könnte, an der Konferenz teilnehmen zu dürfen.)

Da dieses Problem jetzt im Sinne Israels gelöst war, versuchte die Verhandlungsdelegation ihr Glück mit den anderen Fragen. In ihrem tiefen Mißtrauen gegenüber den Vereinten Nationen bewiesen die Israelis ein unwahrscheinliches Geschick bei der Erfindung alternativer Formulierungen, mit denen die Autorität dieser Organisation bei der Einberufung der Konferenz und die Rolle des Generalsekretärs geschwächt werden sollten. Zum Glück hatten diese Versuche im Grunde nur eine Alibifunktion und wurden nicht mit der gewohnten Ausdauer fortgesetzt, so daß wir noch ein paar Stunden Schlaf fanden. Daß es mir gelungen war, die Palästinenser-Frage zu lösen, hatte meinen Gesprächspartnern den Wind aus den Segeln genommen – aber Verhandlungen mit Israelis sind niemals einfach, auch wenn das Verhandlungsthema sie nicht besonders erregt.

Nachdem wir uns grundsätzlich über den Text des Briefes geeinigt hatten, prüften wir gemeinsam den Entwurf eines Begleitschreibens, das auf Wunsch Israels mit der Einladung verschickt werden sollte. Schließlich rief ich verzweifelt aus:

> Ich versuche, in dieses Gespräch einen Sinn für die Wirklichkeit zu bringen. Die Stimmung in Amerika ist jetzt so, daß Sie, wenn Israel immer mehr als Hindernis vor den Verhandlungen und als Ursache der Ölknappheit angesehen wird, gewaltige Schwierigkeiten bekommen werden. Ob nun diese Zusatzerklärung verfaßt wird oder nicht.

»Ich weiß«, erwiderte Golda ungeduldig. Sie hatte ihre eigenen innenpolitischen Probleme – einen aggressiven und einigen rechten Flügel und eine öffentliche Meinung, die sich ihrer Sache nicht sicher war. Worum es hier ging, war kein außenpolitisches, sondern ein psychologisches Problem. Sie mußte beweisen, daß sie Israels Interessen vertrat und wir sie angehört hatten. Was wir daraufhin unternahmen, gehörte in eine andere geschichtliche Periode.

Nachdem wir fünf Stunden, bis nach Mitternacht, ohne Unterbrechung verhandelt hatten, lagen um 0.42 Uhr alle Dokumente einschließlich eines neuen Entwurfs für das Einladungsschreiben auf dem Tisch.* Die Palästinenser wurden nicht erwähnt, und die Vereinten Nationen waren nur für die Einberufung der Konferenz verantwortlich, hatten jedoch keine Aufsichtsfunktionen während ihres Verlaufs – was nur ein kleiner Sieg für Israel war, denn niemand konnte etwas dagegen unternehmen, daß die Palästinenser-Frage auf der Konferenz zur Sprache kam. Aber Israel hatte sich, während seine Vertreter uns an den Rand eines Nervenzusammenbruchs getrieben hatten, verpflichtet, an Verhandlungen teilzunehmen, die, wie die israelische Führung genau wußte, nur vorankommen konnten, wenn es bereit war, nachzugeben. Um 13.00 Uhr trat das Kabinett zusammen und billigte unser Verhandlungsergebnis. Meine erschöpften Mitarbeiter mußten die Berichte für das Weiße Haus, alle Teilnehmer aus dem Nahen Osten und die Sowjetunion verfassen, denn wir brauchten ihr Einverständnis zu den Textänderungen.

Das israelische Kabinett hat – oder hatte wenigstens damals – eine durch nichts zu überbietende Ausdauer darin, sich selbst zu kasteien. Es konnte den Lauf der Ereignisse nicht mehr aufhalten, aber es mußte sich immer wieder vergewissern, daß ihm nicht zufällig doch eine

* Der endgültige Text des Einladungbriefes ist in den Anmerkungen abgedruckt.[4]

Chance entgangen war. Am Montagmorgen, dem 17. Dezember, kamen die beiden Verhandlungsdelegationen noch einmal zu einer vier Stunden dauernden Sitzung zusammen. Das Thema war diesmal die Truppenentflechtung. Dabei ließen wir die Gespräche bei Kilometer 101 Revue passieren und prüften die dort vorgelegten Pläne. Ich berichtete über die mir zuletzt vorgetragenen Vorstellungen Sadats, erläuterte meine eigenen Ideen und hörte mir an, was die Israelis dazu zu sagen hatten. Auf die Einzelheiten wollten wir erst im Januar zurückkommen. Aber ich war schon jetzt davon überzeugt, daß Ägypten und Israel gute Aussichten hatten, die auf Biegen oder Brechen angelegten diplomatischen Verhandlungen zu einem guten Ende zu führen, für die wir unsere Position im Nahen Osten aufs Spiel gesetzt hatten.

Unmittelbar vor meiner Abreise aus Jerusalem suchte ich Yad Vashem, die Gedenkstätte für die sechs Millionen Juden, auf, die von den Nazis ermordet worden waren. Ich hatte es mir verbeten, daß die Presse mich dabei begleitete, und benutzte diese Gelegenheit, um über meine eigene Vergangenheit nachzudenken, über die Erbarmungslosigkeit der Geschichte und über die Verpflichtungen, die der Staatsmann gegenüber der Menschheit zu übernehmen hat. Dem israelischen Volk wollte ich damit zeigen, daß ich seine Befürchtungen verstand und respektieren würde, die es angesichts eines Friedensprozesses hegte, der so unvermeidlich, so hoffnungsvoll und doch so ungeheuer schmerzlich war.

Als ich Israel am Nachmittag des 17. Dezember verließ, glaubte ich, darauf vertrauen zu können, daß sich unser strategischer Plan wie beabsichtigt realisieren ließ. Wir durften jetzt damit rechnen, daß die Genfer Konferenz drei Tage später beginnen würde. Eine Vereinbarung zwischen Israel und Ägypten über die Truppenentflechtung war in greifbare Nähe gerückt. Ich schickte Botschaften an Sadat, Hussein, Asad, Faisal, Boumedienne und den Schah und unterrichtete sie über den Inhalt meiner während der vergangenen Tage geführten Gespräche. Unser Erfolg hing von dem Vertrauen ab, das man uns entgegenbrachte; deshalb mußten alle interessierten Regierungschefs wissen, was gesagt und getan worden war. (Und weil alle aus den Vereinigten Staaten kommenden Informationen in der Gerüchteküche des Nahen Ostens einen hohen Nachrichtenwert besaßen, sorgten wir dafür, daß alle Berichte inhaltlich übereinstimmten, aber nicht den gleichen Wortlaut hatten. Im letzteren Fall wären die Berichte in den arabischen Hauptstädten nicht mit der gleichen Aufmerksamkeit gelesen worden. Wenn jeder den gleichen Bericht bekommen hätte, dann wäre der Eindruck eines Rundbriefs entstanden.) Auch unsere Verbündeten in der NATO wurden unterrichtet. Am 18. Dezember stimmten Israel, Ägypten, Jordanien und die Sowjetunion dem Text des Einladungsbriefes zu, nachdem noch ein paar kleinere Korrekturen vorgenommen worden waren. Wie versprochen, fragten wir am 18. Dezember noch einmal bei Asad nach. Ich schickte unseren Botschafter in Beirut, William Buffum, nach Damaskus mit dem Auftrag, dort den neuen Text des Einladungsbriefes vorzulegen. Aber wie erwartet ließ mich Asad wissen, daß Syrien nicht an der Friedenskonferenz teilnehmen werde. Deshalb wurden aus dem Brief an Waldheim im letzten Augenblick die Namen der Länder gestrichen, die sich dafür ausgesprochen hatten, daß alle »beteiligten Parteien« nach Genf kommen sollten.

Ganz am Schluß gab es auch in Washington noch gewisse Schwierigkeiten. Nixon, der sich immer noch über die israelische Halsstarrigkeit in der vergangenen Woche ärgerte, wollte ein Viertel der 2,2 Milliarden Dollar streichen, die wir Israel als Zusatzhilfe nach dem Kriege für den Fall versprochen hatten, daß es uns keine Hindernisse in den Weg legte. Ich widersetzte mich, denn ich war überzeugt, daß die Israelis in ihrer Verzweiflung eine noch herausfordernde Haltung einnehmen würden, und es gab wirklich keine triftigen Gründe für eine solche Maßnahme. Nach einem kurzen Gedankenaustausch mit Scowcroft ließ Nixon seine Absicht fallen. Am 19. Dezember schickte ich dem Präsidenten einen ausführlichen Bericht über die Erwartungen, die ich mit der Genfer Konferenz und ihren Folgen verknüpfte. (Er ist im Anhang abgedruckt.)[5]

Endlich standen wir am Start. Jetzt würde sich erweisen, ob wir das Rennen gewinnen konnten.

Die Genfer Konferenz

Bevor ich nach Genf ging, besuchte ich noch Lissabon, Madrid und Paris. Ich schuldete der portugiesischen Regierung für ihre Hilfe bei unserer Luftbrücke ein Zeichen dafür, daß wir sie unterstützten. Mit Spanien standen wir in Verhandlungen über die Einrichtung amerikanischer Stützpunkte im Lande. In Paris traf ich mich zum letztenmal mit meinem alten nordvietnamesischen Gegner Le Duc Tho, der immer unverschämter wurde, je deutlicher er erkannte, daß die innenpolitischen Schwierigkeiten der Vereinigten Staaten für Hanoi neue und entscheidende strategische Möglichkeiten eröffneten. In der französischen Hauptstadt unterrichtete ich auch Präsident George Pompidou von unseren Plänen und der Strategie für die Genfer Konferenz. Der schwerkranke Präsident hatte die größte Mühe, die Ruhe zu bewahren und höflich zu bleiben, wie es sonst seine Art war, denn es ärgerte ihn, daß Frankreich an diesem Unternehmen nicht beteiligt war. Ich verstand die Haltung dieses stolzen Mannes. Andererseits gab es aber auch kaum eine einzige den Nahen Osten betreffende umstrittene Frage – und auch nur wenige auf anderen Gebieten –, in der sich Frankreich in letzter Zeit auf unsere Seite gestellt hatte. Solange die Franzosen glaubten, daß es in ihrem Interesse läge, im Nahen Osten das Programm der radikalen Araber zu unterstützen, wären wir durch eine Teilnahme Frankreichs isoliert worden, denn die Vereinigten Staaten verfolgten gemäßigtere, begrenztere und nach unserer Auffassung leichter zu verwirklichende Ziele.

Vor meiner Abreise aus Paris nahm der algerische Außenminister Abdelaziz Bouteflika, mit dem ich erst vor einer Woche in Algier gesprochen hatte, meine Einladung an, mich in der Residenz des amerikanischen Botschafters aufzusuchen, wo ich ihm über die Ergebnisse meiner Reise durch den Nahen Osten berichtete. Ich teilte ihm kurz den Inhalt der geführten Gespräche mit und versicherte ihm, ich hätte Verständnis dafür, daß Syrien sich zunächst nicht an der Konferenz beteiligen wollte. Ich sagte ihm, wir seien entschlossen, uns für eine Truppenentflechtung auf dem Golan unmittelbar nach Abschluß dieser Operationen auf der Sinai-Halbinsel einzusetzen. Der revolutionäre Bouteflika erläuterte mir noch einmal in dem bekannten ideologischen Jargon die Probleme seiner radikalen Freunde, der Palästinenser, aber der Weltmann Bouteflika begriff, daß die Uneinigkeit der Palästinenser und die Nebenabsichten der arabischen Regierungen eine Lösung des Problems unmöglich machten. Er räumte offen ein, daß sich das Palästinenser-Problem komplizierte, weil jedes Land in der Region eine andere Palästinenser-Gruppe unterstützte. Daraus ergab sich, daß Algerien sich unserem Verfahren und unserer Strategie ebensowenig widersetzen würde wie Syrien.

Am späten Donnerstagnachmittag, dem 20. Dezember, fand meine anstrengende Reise, die sich jetzt schon über zwei Wochen hinzog, ihren Höhepunkt mit meinem Eintreffen in Genf. Zwar verknüpften wir mit der Konferenz nur bescheidene Erwartungen, aber ich hoffte von ganzem Herzen, daß sie den Beginn eines Prozesses einleiten könnte, der die Leiden des vergangenen Krieges rechtfertigte und die großen Mühen der vergangenen Monate belohnte. In dieser gehobenen Stimmung sagte ich der Presse auf dem Flughafen:

> Das Schicksal der Araber und Juden war im Verlauf der Geschichte unauflöslich miteinander verknüpft und ging durch die gleichen Höhen und Tiefen. In den vergangenen Jahrhunderten haben beide ähnlich grausame Verfolgungen erlebt – die einen wurden über die ganze Welt zerstreut und mißhandelt, die anderen in ihrem eigenen ehemaligen Herrschaftsbereich der Autonomie und Freiheit beraubt. Aber während des letzten Vierteljahrhunderts ist es ihnen beiden fast gelungen, ihre Vergangenheit zu bewältigen; es sind nicht mehr von außen kommende Kräfte, die sie bedrängen, sondern der Kampf, den sie gegeneinander führen. Deshalb ist es notwendig, daß sich im Land der Araber und Juden, wo Mißtrauen und Haß in so tragischer Weise der geistigen Botschaft widersprechen, die von hier aus verkündet worden ist, die Stimme der Versöhnung Gehör verschafft.

In Genf erwartete mich auch eine freundschaftliche und hochherzige Botschaft Nixons:

> Am Vorabend des Zusammentretens der historischen Konferenz über den Nahen Osten möchte ich Ihnen meine Anerkennung und die Dankbarkeit des amerikanischen Volkes für den entscheidenden Beitrag aussprechen, den Sie zu diesem großen Unternehmen geleistet haben. Ohne Ihr diplomatisches Geschick, Ihre Ausdauer und Ihre Hingabe an die Sache des Friedens könnte diese Konferenz nicht stattfinden. Wenn dies auch nur der erste Schritt auf dem Wege zu einem gerechten und dauerhaften Frieden im Nahen Osten ist, so ist es doch ein hochbedeutsamer Schritt, und das amerikanische Volk ist stolz darauf, daß sein Außenminister ihn ermöglicht hat. Ich brauche Ihnen nicht zu sagen, daß Sie bei unserer Zusammenarbeit an diesem

lebenswichtigen Vorhaben meiner vollen Unterstützung sicher sein können. Mit herzlichen Grüßen.

Man durfte sicher nicht erwarten, daß sich die in Genf versammelten Männer nur vom Geist der Versöhnung leiten lassen würden. Die Vertreter der hier miteinander ringenden Parteien konnten das Experiment mit dem Frieden nur wagen, wenn sie immer wieder auf die Haltung der Vertreter einer harten Linie im eigenen Lande Rücksicht nahmen. Und alle Hauptakteure hatten begriffen, daß der einzige Erfolg der Konferenz in ihrer Eröffnung bestand. Mit Fortschritten durfte man nur bei Verhandlungen in anderen Gremien rechnen.

Diese Situation hatte Andrei Gromyko endlich auch erkannt, mit dem ich am Donnerstag zu Abend aß, bevor am Freitag die Plenarsitzung eröffnet wurde. Daß die Konferenz zustandekam, war den Bemühungen der Vereinigten Staaten zu verdanken, während die Sowjetunion, wenn überhaupt, nur eine Nebenrolle gespielt hatte. Gromyko hatte vergessen, daß er mir diese Aufgabe überlassen hatte, damit er mich im Fall eines Scheiterns dafür verantwortlich machen konnte, wenigstens aber für die Korrekturen im Einladungsschreiben, zu denen mich unzufriedene arabische Teilnehmer zwingen würden. Während der ganzen Vorbereitungszeit hatten sich die sowjetischen Diplomaten entweder als unfähig erwiesen oder versucht, unsere Arbeit zu behindern. Wahrscheinlich traf beides zu. Aber die Anstrengungen, die für die Vorbereitung der Konferenz unternommen wurden und schließlich zum Erfolg geführt hatten, stärkten den Einfluß der Vereinigten Staaten, denn nun erkannten alle Araber und sogar auch die Radikalen, daß sie auf unsere Mitarbeit nicht verzichten konnten.

Als Gromyko mürrisch erklärte, die Sowjetunion werde sich aus dem Friedensprozeß nicht ausschließen lassen, muß er besonders deshalb enttäuscht gewesen sein, weil er wußte, daß sich die Sowjets dieses unlösbare Dilemma selbst zuzuschreiben hatten. So lange die Sowjetunion keine Beziehungen zu Israel unterhielt, waren wir die einzige Supermacht, die einen Dialog mit beiden Seiten führten. Und solange die Sowjets nur die Forderungen der radikalen Araber wiederholten, hatten wir, wie ich Asad gesagt hatte, immer die besseren Möglichkeiten, direkt mit den arabischen Staaten zu verhandeln und ihre Anerkennung für jeden Erfolg zu gewinnen. Nun versuchte Gromyko, den Vorteil, der sich für die Sowjets daraus ergab, daß sie sich mit uns um den Frieden bemühten, damit zu verbinden, jede Forderung der Araber uneingeschränkt zu unterstützen. Wir wollten uns an diesem Spiel nicht beteiligen. Aber vor allem war es die Ungeschicklichkeit der sowjetischen Diplomatie und nicht unser Verhalten, die Moskau dazu verurteilte, beiseite stehen zu müssen. Wir bemühten uns dagegen systematisch darum, den Rahmen für bilaterale Verhandlungen zwischen den Parteien zu schaffen, die durch unsere Vermittlung *nach* der Konferenz zustande kommen sollten. Da die Sowjetunion keine Alternative anbieten konnte, erklärten sich sogar die von ihr abhängigen Staaten wie Syrien mit unserem Verfahren einverstanden, denn nur so konnten sie mit Fortschritten rechnen.

Bei dem Abendessen einigten wir uns über eine an sich unwesentliche Verfahrensfrage, um es der Sowjetunion zu ermöglichen, das Gesicht zu wahren. Die Sowjetunion und die Vereinigten Staaten waren zunächst überein gekommen, zur Genfer Konferenz ständige Vertreter im Rang von Botschaftern zu schicken. Nun schlug Gromyko vor, diese Botschafter sollten auch nach der offiziellen ersten Sitzung in Genf bleiben und die Verbindung zueinander halten. Außerdem sollten sie zur Verfügung stehen, wenn die Untergruppen sie bei ihren bilateralen Gesprächen einzuschalten wünschten. Allerdings hatte ich auf meiner Reise dafür gesorgt, daß dieser Fall wahrscheinlich nicht eintreten würde. Gromyko wollte damit die getrennt laufenden bilateralen Gespräche außerhalb der Konferenz offensichtlich komplizieren. Ich erklärte mich einverstanden, weil ich nicht glaubte, daß die Verhandlungen, wie wir sie in die Wege geleitet hatten, durch solche Tricks noch gestört werden könnten. Zu unserem Vertreter ernannte ich Ellsworth Bunker, einen unserer tüchtigsten Diplomaten, der selbstbewußt genug war, sich nicht in eine Lage drängen zu lassen, die unsere Absichten gefährden könnte. Gromyko ernannte Winogradow, der sich in Kairo unbeliebt gemacht hatte und daher für einen neuen Posten zur Verfügung stand, zum sowjetischen Vertreter. Er bewies, wie recht Metternich gehabt hatte, als er über einen zaristischen Diplomaten die folgende Bemerkung machte: »Niemand läßt sich leichter besiegen, als ein Diplomat, der sich selbst für verschlagen hält. Am schwierigsten ist es, mit den ehrlichen fertig zu werden.« Bunker und Winogradow trafen im Januar gelegentlich zusammen. Anschließend beschäftigte sich Bunker hauptsächlich mit den Verhandlungen über den Panama-Kanal, womit ich ihn außerdem beauftragt hatte. Im Juni war es uns gelungen, außerhalb von Genf zwei Vereinbarungen abzuschließen. Winogradow war abgereist. Die Konferenz ist nie wieder zusammengetreten.

Am Freitagmorgen, dem 21. Dezember 1973, kam es nur noch darauf an, die Vertreter aller Beteiligten zur offiziellen Eröffnungssitzung im Palais des Nations zu versammeln. Aber nach wochenlangen mühevollen Vorbereitungen, von denen man hätte annehmen sollen, daß sie alle Hindernisse aus dem Weg geräumt hätten, entstand im letzten Augenblick eine neue Schwierigkeit. Diesmal ging es um die Sitzordnung. Gromyko hatte Waldheim eine Sitzordnung vorgeschlagen, die ebenso durchsichtig wie unannehmbar war. Die Vertreter der Sowjetunion, Ägyptens und Syriens* sollten rechts vom Generalsekretär Platz nehmen, die Vereinigten Staaten, Israel und Jordanien links. Damit würde Jordanien mit seinem Platz neben Israel und den Vereinigten Staaten von den anderen arabischen Ländern getrennt werden, während die Sowjetunion demonstrieren könnte, daß sie die Schutzmacht der gerechten arabischen Sache sei – was sie angeblich mit der zuverlässigen Unterstützung ihrer Satelliten in der Vergangenheit bewiesen hatte. Soweit ich Sadats Vorstellungen kannte, hätte ihm diese Symbolik ebenso wenig gefallen wie den Teilnehmern, denen Gromyko ihre Pätze auf unserer Seite des Tisches zugewiesen hatte.

* Für Syrien sollte ein Platz freigelassen werden, um zu zeigen, daß es zu einem späteren Zeitpunkt an der Konferenz teilnehmen könnte.

Da Gromykos Vorschlag unsinnig war und auch nicht dem diplomatischen Protokoll entsprach, lehnte Waldheim ihn ab und zeigte damit, daß er wußte, wer die besseren Trümpfe in der Hand hielt. Er schlug deshalb vor, nach dem gleichen Grundsatz zu verfahren wie bei den Vereinten Nationen und die Delegationen aus dem Nahen Osten in alphabetischer Reihenfolge zu plazieren. Aber daraus ergab sich ein neues Problem, denn jetzt hätte der Vertreter Ägyptens zwischen denen Israels und der Sowjetunion Platz nehmen müssen, was Fahmy lieber vermeiden wollte. Deshalb machte er den Gegenvorschlag, Jordanien und nicht Ägypten neben Israel zu setzen, aber von dieser Symbolik wollten die Jordanier nichts wissen.

Als ich schon glaubte, alles wäre verloren – der für den Beginn der Sitzung vorgesehene Termin war schon verstrichen –, kam der gewandte stellvertretende Generaldirektor des israelischen Außenministeriums, Ephraim (Eppie) Evron, auf eine geradezu salomonische Lösung. Er meinte, die Vereinigten Staaten sollten den Sitz zwischen Ägypten und Jordanien einnehmen und die Sowjetunion zwischen Israel und dem für Syrien reservierten leeren Stuhl, und zwar an einem Tisch mit sieben Ecken und sieben Seiten. Auch für diese Sitzordnung gab es keine bessere Begründung als für jede beliebige andere, aber das Problem war damit gelöst. Gromyko, der das Spiel mit einem durchsichtigen Trick begonnen hatte, demonstrierte am Schluß seinen guten Willen – was sich auch darin zeigte, daß er sich zu einer Begegnung mit dem israelischen Außenminister Abba Eban einverstanden erklärte. Moskau hatte die diplomatischen Beziehungen zu Israel abgebrochen, aber ich war ebenso wie Eban der Auffassung, daß es vernünftig wäre, wenn Israel um ein solches Treffen bat. Gromyko nahm den Vorschlag an und erklärte kühl, daß es ganz normal wäre, wenn ein Teilnehmer an einer internationalen Konferenz seinem Kollegen einen Höflichkeitsbesuch machte.

So war die Genfer Konferenz endlich doch in Gang gekommen. Wie vorgesehen, wurden zahlreiche Reden gehalten, mit denen jeder Teilnehmer sich gegen die Vorwürfe zu schützen suchte, die ihm im eigenen Lande am meisten schaden könnten. Für Ägypten war es die Behauptung Syriens, daß Kairo mit dem Gedanken an einen Separatfrieden spiele; für Jordanien war es der Zweifel daran, daß es sich ebenso energisch für die arabische Sache einsetzte wie seine arabischen Brüder. Israel mußte es einerseits vermeiden, von den israelischen Oppositionsparteien am rechten Flügel der Nachgiebigkeit beschuldigt zu werden, wollte sich aber andererseits von den Europäern und Amerikanern nicht vorwerfen lassen, die Konferenz in eine Sackgasse geführt zu haben. Die Sowjetunion wollte ihren Anspruch, auch weiterhin entscheidend am Friedensprozeß mitwirken zu können, festigen, und die Vereinigten Staaten mußten beweisen, daß niemand auf ihre Mitwirkung verzichten konnte.

Gromyko eröffnete die Konferenz mit einer für sowjetische Verhältnisse zurückhaltenden Rede. Wie üblich, kritisierte er die »aggressive« Haltung Israels und forderte die Israelis zur Rückkehr zu den Grenzen von 1967 auf. Aber er betonte auch, daß die Araber die Souveränität Israels anerkennen und dem israelischen Staat das Existenzrecht zugestehen müßten. Es war die übliche sowjetische Litanei, die jedoch diesmal in relativ versöhnlicher Form vorgetragen wurde. Sie eröffnete keine neuen Perspektiven, trug aber auch nichts zur Verschärfung der Lage bei.

Ich ergriff als nächster das Wort und beschäftigte mich mit vier wichtigen Gesichtspunkten. Ich wies darauf hin, daß der Waffenstillstand unbedingt eingehalten werden müßte. Dann sagte ich, es sei notwendig, sich realistische Vorstellungen davon zu machen, was sich in kurzer Zeit erreichen ließe. Der erste Schritt müßte die baldige Truppenentflechtung sein, und schließlich sei es erforderlich, daß die Parteien miteinander verhandelten, denn sie würden mit den Ergebnissen dieser Verhandlungen leben müssen. Wenigstens konnte niemand behaupten, daß ich nicht eindeutig dargestellt hätte, worin unsere Strategie bestand. Es amüsierte meine Zuhörer, als ich versuchte, ein orientalisches Sprichwort in arabischer Sprache zu zitieren. Es ging mir dabei ähnlich wie in China, wo die Chinesen bei einer ähnlichen Mutprobe nicht begriffen, was ich sagen wollte, bis sie die offizielle Übersetzung in der Sprache zu hören bekamen, die ich angeblich benutzt hatte.

Der nächste Redner war Fahmy. Mit einem Seitenblick auf Damaskus vermied er es, sich irgendwie festzulegen. Er verlangte den Abzug aller israelischen Streitkräfte und die Räumung aller Gebiete bis an die Grenzen von 1967. Für die Palästinenser forderte er das Recht der Selbstbestimmung. Doch jedem Staat sollten die Unverletzlichkeit seines Gebiets und die politische Unabhängigkeit garantiert werden, und das galt daher auch für Israel. Nachdem Ägypten deutlich erklärt hatte, an welchen Grundsätzen es unbedingt festhalten werde, konnte es sich dem Problem der Truppenentflechtung zuwenden – ein Thema, das Fahmy in seiner Rede nicht erwähnte.

Die härteste Haltung nahm der jordanische Premierminister Zaid Rifai ein, der in Wirklichkeit die gemäßigtsten Ansichten vertrat. Sein Katalog israelischer Übergriffe war wesentlich länger als der Fahmys. Über eine friedliche Lösung hatte er dagegen weniger zu sagen. Seine Verhandlungsposition war aber auch viel schwieriger. Jordanien galt in der arabischen Welt wegen seiner freundschaftlichen Beziehungen zu den Vereinigten Staaten und seiner Bereitschaft, sich mit Israel zu einigen, als am wenigsten vertrauenswürdig. Anschließend sagte mir Rifai vertraulich, er habe mit dem Ton seiner Rede auf die arabische Politik Rücksicht nehmen müssen. Es war eine bizarre Friedenskonferenz – wenn auch nicht die einzige in der Geschichte –, auf der die offizielle Haltung der gegnerischen Parteien im großen und ganzen dem widersprach, was sie in der Praxis taten. Die Aggressivität der Rhetorik steigerte sich im gleichen Maß wie die Versöhnlichkeit der Politik.

Der israelische Außenminister Abba Eban sprach als letzter. Er hatte wahrscheinlich um das letzte Wort gebeten, um auf die Ausführungen seiner Vorredner eingehen zu können und die Wirkung dessen, was er zu sagen hatte, dadurch zu erhöhen, daß seine Worte am Schluß dieser Redeschlacht eine besondere Stellung einnahmen – was er nicht nötig gehabt hätte. In der geschliffenen Form, mit der er sich als Redner einen Namen gemacht hatte, war der Vortrag Ebans der längste und mit Sicherheit der überzeugendste auf dieser Konferenz. Gemäßigt im Ton und fest in der Sache wies der israelische Außenminister auf die Bedeutung der mit einem Frieden verbundenen völkerrechtlichen Verpflichtungen hin, lehnte die Gründung eines Palästinenser-Staates ab und forderte alle Beteiligten zur Geduld auf, denn der Friedensprozeß würde sich nach seiner Auffassung über eine lange Zeit hinziehen. Fahmy hielt es für notwendig, zu diesen Ausführungen noch einmal Stellung zu nehmen. Damit ging die offizielle Plenarsitzung der Genfer Konferenz zu Ende.

In vertraulichen Gesprächen mit Fahmy, Rifai, Eban und Gromyko erörterte ich noch einmal alle Einzelheiten des Verfahrens. Fahmy hielt es für richtig, die Konferenz noch nicht offiziell zu vertagen, um den Gesprächen über die Truppenentflechtung, die ich für den Januar vorgesehen hatte, einen Rahmen zu geben. Er mißtraute den Motiven der Israelis sehr und war eifrig darum bemüht, seinen arabischen Brüdern zu beweisen, daß »irgend etwas« geschah. Deshalb ersuchte er Israel, sofort einen Offizier nach Genf zu schicken, damit die bei Kilometer 101 begonnenen militärischen Gespräche fortgesetzt werden könnten. Ich veranlaßte Eban, dem zu entsprechen, obwohl ich gewisse Bedenken hatte und fürchtete, daß dieser Offizier Dinge sagen könnte, die unser Vorhaben gefährdeten. Das Erscheinen dieses Offiziers zu Gesprächen, die am 26. Dezember beginnen sollten, erregte kein geringes Aufsehen.

Alle diese taktischen Manöver waren nur das äußere Zeichen für eine fundamentale Veränderung. Die Genfer Konferenz war, ganz abgesehen von ihren bizarren Aspekten, an sich schon ein erheblicher Erfolg. Zum erstenmal hatten zwei arabische Staaten – Ägypten und Jordanien – hochrangige Vertreter beauftragt, sich mit Israel an einen Tisch zu setzen. Alle drei Reden richteten sich zwar in erster Linie an die Bevölkerung im eigenen Land, vermieden aber sorgfältig jede Stellungnahme oder programmatische Erklärung, mit der die Tür zu weiteren Verhandlungen zugeschlagen worden wäre. Niemand verweigerte die weitere Teilnahme, und alle Konferenzteilnehmer erklärten sich mit dem von den Vereinigten Staaten vorgeschlagenen schrittweisen Vorgehen einverstanden.

Ebenso bedeutsam war die Haltung Syriens. Die Syrer nahmen zwar nicht an der Konferenz teil, aber dahinter standen vor allem taktische Gründe, wie sich darin zeigte, daß Damaskus keine Einwände dagegen erhob, wenn am Konferenztisch ein Platz für Syrien mit einem entsprechenden Namensschild reserviert wurde. Damit war die Teilnahme Syriens offiziell vorgesehen, das jetzt die Möglichkeit hatte, entweder einen Vertreter zur Plenarsitzung oder zur Verhandlung im Rahmen der Untergruppen zu schicken.

So stellte Genf im Rahmen der Strategie, die wir seit dem Oktober-Krieg energisch voranzutreiben suchten, einen bedeutenden Erfolg dar. Während dieses Krieges galten unsere größten Befürchtungen einem Triumph der sowjetischen Waffen, dem wachsenden sowjetischen Einfluß im Nahen Osten, einer eventuellen Panik der Israelis, der Möglichkeit, daß sich die arabischen Nationen hinter ein radikales, gegen die Vereinigten Staaten gerichtetes Programm stellten, und einer europäisch-japanischen Koalition, die sich von uns distanzierte und dem Druck der Radikalen nachgab, weil sie ihre Versorgung mit Öl gefährdet sah. Unter solchen Voraussetzungen wäre eine konstruktive Diplomatie nach dem Krieg nicht mehr möglich gewesen.

Wir hatten einen Friedensprozeß in Gang gesetzt, und zwar während der durch Watergate heraufbeschworenen innenpolitischen Krise. Der Autoritätsverlust unserer Exekutive war nicht mehr aufzuhalten. Ich kann dieses Paradox nur damit erklären, daß sich die arabischen Staaten die Machtlosigkeit ihres Deus ex machina und die Israelis die potentielle Schwäche ihrer Schutzmacht nicht eingestehen wollten. Sie halfen uns damit, das Trugbild amerikanischer Entschlossenheit und Zielstrebigkeit lebendig zu erhalten, eine Fata Morgana, die, wie so oft in der turbulenten Geschichte des Nahen Ostens, ihre eigene Realität erzeugte.

Die Genfer Konferenz von 1973 öffnete deshalb die Tür zum Frieden, durch die Ägypten und Israel schließlich gegangen sind, und wir können nur hoffen, daß ihnen die anderen Nationen im Nahen Osten folgen werden, wenn die Zeit reif dazu ist.

XVIII. Diplomatie im Pendelverkehr: Die Truppenentflechtung an der ägyptisch-israelischen Front

Die Anfänge der Reisediplomatie

Das Wort »Pendeldiplomatie« ist zur Standardbezeichnung für meine Verhandlungen im Nahen Osten geworden, als hätten wir das Hin- und Herpendeln zwischen den einzelnen Hauptstädten allein zu diesem Zweck erfunden. Der Ausdruck wurde von dem schlagfertigen Joe Sisco geprägt, als wir in der zweiten Januarwoche 1974 ständig zwischen Assuan und Jerusalem hin- und herfliegen mußten. Die Idee, die Verhandlungen über die Truppenentflechtung auf der Sinai-Halbinsel in einer einzigen ununterbrochenen diplomatischen Operation zu Ende zu bringen, stammte von Anwar Sadat, der den Vorschlag machte, daß wir meine Reise im Januar, auf der ich mich ursprünglich nur um die Festlegung der Grundsätze für die Truppenentflechtung bemühen wollte, dazu ausnutzen sollten, zu einer definitiven Vereinbarung zu kommen.

In Wirklichkeit waren die Voraussetzungen für den »Durchbruch« im Januar 1974 schon wenigstens drei Monate früher geschaffen worden. Darin gipfelte die Strategie, mit der wir uns im Oktober-Krieg durchgesetzt hatten und mit der wir erreichen wollten, daß ein Sieg sowjetischer Waffen unmöglich gemacht wurde; daß die Araber, besonders an der ägyptischen Front, nicht gedemütigt wurden; daß eine Friedenskonferenz zustandekam, in deren Rahmen Untergruppen die Einzelheiten einer Friedensregelung aushandeln konnten, ohne durch die Rhetorik in den Plenarsitzungen behindert zu werden; daß man sich darum bemühen sollte, schrittweise voranzukommen, ohne sofort eine umfassende Gesamtlösung anzusteuern, und daß wir unsere Beziehungen zu Ägypten festigten, das den Mut aufgebracht hatte, auf diesem Wege voranzugehen.

Im raschen Auseinanderziehen der Truppen am Suez-Kanal lag der Schlüssel zum Erfolg. Ich war überzeugt, daß Syrien dem ägyptischen Beispiel folgen würde. Außerdem rechnete ich fest mit der Aufhebung des Ölembargos. Dann würden wir in der Lage sein, den Friedenskongreß voranzubringen, ohne mit einem neuen Ausbruch des Krieges rechnen zu müssen.

Sadat beschäftigte sich schon seit meinem Besuch im November, als wir vereinbart hatten, die Truppenentflechtung als ersten Punkt auf die Tagesordnung der Genfer Konferenz zu setzen, mit der praktischen Durchführung dieses Unternehmens. Er hatte mir schon damals und im Dezember seine Vorstellungen in großen Zügen erläutert und Israel die Annahme seiner Vorschläge schmackhaft zu machen versucht, indem er den Suez-Kanal (der seit dem Juni-Krieg von 1967 blockiert war) von Schiffswracks räumen zu lassen und für den Verkehr freizugeben, sobald die Streitkräfte beider Länder auseinandergerückt wären. Israelische und ägyptische Offiziere hatten bei Kilometer 101 über die praktische Durchführung der Entflechtung verhandelt, wo der israelische Vertreter, General Yariv, den Ägyptern ein israelisches »Konzept« vorgelegt hatte. Diese Gespräche hatten zwar nicht zu einem konkreten Ergebnis geführt, waren aber insofern nützlich gewesen, als sie beiden Seiten vor Augen führten, wo die Grenzen des Möglichen lagen.

Nach Eröffnung der Genfer Konferenz am 21. und 22. Dezember war Ägypten so sehr an einem Fortschritt bei der Truppenentflechtung interessiert, daß es die Einberufung einer Sitzung der ägyptisch-israelischen militärischen Arbeitsgruppe für den 26. Dezember in Genf verlangte, obwohl jeder wußte, daß erst nach den israelischen Wahlen am 31. Dezember etwas geschehen könnte. Diese Sitzung wäre praktisch eine Fortführung der Gespräche bei Kilometer 101 gewesen. Unabhängig davon hatte ich die israelische Regierung zu der Zusage bewegen können, unmittelbar nach den Wahlen einen offiziellen Vorschlag für die Truppenentflechtung vorzulegen. In der komplexen Welt der israelischen Innenpolitik war das keine einfache Sache. Seit Bestehen des israelischen Staates hat noch niemals eine Partei die absolute Mehrheit für sich gewinnen können. Jede Regierung war eine Koalition aus miteinander konkurrierenden Parteien gewesen, die ihrerseits in verschiedene Flügel aufgespalten waren, und die Koalitionen hatten jeweils einen stärkeren Zusammenhalt bewiesen als die einzelnen Parteien, aus denen sie bestanden. Der Zusammenhalt des Kabinetts ist unmittelbar nach einer Wahl noch nicht gefestigt, besonders wenn diese Wahl nicht einer Richtung einen deutlichen Sieg gebracht hat. Am 31. Dezember 1973 verlor die regierende Arbeiterpartei fünf Prozent ihrer Stimmen und damit sieben Sitze in dem aus hundertzwanzig Abgeordneten bestehenden Parlament (anstelle von sechsundfünfzig verfügte sie jetzt nur noch über neunundvierzig Sitze). Dieser Rückschlag war vor allem die Folge eines durch den Oktober-Krieg verursachten Prestigeverlusts. Gemeinsam mit ihrem alten Koalitionspartner, der Nationalreligiösen Partei, hatte sie immer noch die Mehrheit, aber jetzt würde der Einfluß dieser Partei, welche die Annexion des Jordan-Westufers auf ihr Programm gesetzt hatte, viel stärker sein. Golda konnte Premierministerin bleiben, wenn ihre Partei es wünschte. Aber auch ihr Ansehen hatte durch den Ausgang des Krieges gelitten.

Die israelischen Kabinette sind zwar im allgemeinen schwer unter einen Hut zu bringen, doch paradoxerweise sind sie am stabilsten unmittelbar vor den Wahlen oder während Koalitionsverhandlungen stattfinden. Eine etwas ausgefallene Bestimmung der israelischen Verfassung besagt, daß die Minister während dieser Periode nicht zurücktreten *dürfen*. Es gibt deshalb keine Möglichkeit, eine Übergangsregierung zu bilden.

Es war während einer solchen Periode – die Koalitionsverhandlungen hatten eben begonnen –, daß Verteidigungsminister Moshe Dayan Anfang Januar 1974 nach Washington kam. Er hatte den ersten vom Kabinett gebilligten, durchführbaren Plan für eine Truppenentflechtung mitgebracht. Dayans neuer Plan stellte die Umsetzung des von General Yariv bei Kilometer 101 vorgelegten »Konzepts« in ein konkretes Aktionsprogramm dar. Wie bei allen israelischen Vorschlägen tat Dayan auch diesmal so, als gäbe es kaum eine Möglichkeit, über Korrekturen zu sprechen. Er sagte, das Kabinett habe ihm nur einen ganz geringen Verhandlungsspielraum zugestanden.

Nach Dayans Vorstellungen sollte Ägypten das von den ägyptischen Streitkräften besetzte Gebiet bis zu einer zwischen sechs und zehn Kilometern jenseits des Ostufers des Suez-Kanals verlaufenden Linie behalten, während sich die israelischen Streitkräfte auf eine neue, etwa zwanzig Kilometer ostwärts des Kanals verlaufende Linie zurückzogen. Der Vorschlag beinhaltete, daß Israel seinen Brückenkopf auf dem Westufer aufgab – Golda nannte es den Brückenkopf in »Afrika« –, durch den Israel die ägyptische 3. Armee am Südabschnitt der Front isoliert hatte.

Zugleich schlug Dayan eine »Ausdünnung« der Streitkräfte auf beiden Seiten des Kanals vor. Danach sollte es entlang der gesamten neunzig Kilometer breiten Front fünf verschiedene Zonen geben, in denen jeweils besondere Bestimmungen für Waffenbegrenzungen galten. Auf der Sinai-Halbinsel würden beide Seiten durch eine von den Vereinten Nationen überwachte, sechs bis zehn Kilometer breite Pufferzone getrennt sein. Beiderseits dieser Pufferzone sollte eine sechs bis zehn Kilometer tiefe »leichte Sicherheitszone« eingerichtet werden, in der die hier eingesetzten Truppen »verdünnt« wurden. Daran schloß sich auf beiden Seiten eine etwa dreißig Kilometer tiefe Zone an, in der nur eine bestimmte Zahl von Waffen in Stellung gehen dürften. Die israelischen Hauptstellungen lägen damit unmittelbar westlich der beiden Sinai-Pässe.

Die praktische Konsequenz des Plans von Dayan wäre es gewesen, daß sich alle ägyptischen Streitkräfte, die während des Krieges den Suez-Kanal überschritten hatten, mit Ausnahme von zwei oder drei Bataillonen (oder tausendachthundert Mann) zurückziehen müßten. Zwei ägyptische Feldarmeen mit siebzigtausend Mann, 270 Panzern und 994 Geschützen würden die Sinai-Halbinsel räumen müssen. Dayan bestand vor allem darauf, daß keine ägyptischen Panzer am Ostufer des Kanals bleiben dürften. In der ägyptischen Zone, in der nur eine begrenzte Zahl von Waffen zugelassen werden sollte (dreißig Kilometer westlich des Kanals), wollte Dayan die Zahl der Panzer auf dreihundert beschränken und verlangte eine Zurückverlegung der Artillerie und Flugabwehrstellungen auf eine Linie, von der aus die israelischen Stellungen nicht mehr beschossen werden konnten. Er machte sich hier offensichtlich den Umstand zunutze, daß sich die Empörung der anderen Seite über einen so einseitigen Vorschlag zunächst gegen den Vermittler richtet.

Daneben stellte Dayan Ägypten auch eine Reihe politischer Bedingungen, und damit bekam sein Vorschlag eine neue Dimension, über die bei Kilometer 101 noch nicht verhandelt worden war. Die Forderungen lauteten: Beendigung des Kriegszustandes zwischen Ägypten und Israel, Aufhebung der Blockade von Bab el-Mandeb und die Verpflichtung, den Suez-Kanal zu öffnen und israelischen Schiffen und Ladungen die Durchfahrt zu erlauben. Von uns verlangte Israel die Zusicherung, es auf lange Sicht mit Kriegsmaterial zu beliefern.

Ich sagte Dayan, sein Truppenentflechtungsplan wäre »intellektuell beachtlich«, ein »guter Vorschlag« und ein »großer Schritt vorwärts«. Ich wäre bereit, ihn Ägypten vorzulegen, wir könnten jedoch nicht die Aufgabe des Vermittlers übernehmen und würden Ägypten damit auch nicht vor ein Ultimatum stellen. Es müßte Raum gelassen werden, um die ägyptische Haltung in Rechnung zu ziehen. Ich sagte schon jetzt, daß es zu Meinungsverschiedenheiten darüber kommen werde, wie weit die israelischen Verbände zurückgenommen werden sollten. Weitere Streitpunkte wären die Waffenbeschränkungen in den einzelnen Zonen, das Verlangen Israels, den Kriegszustand zu beenden und die Verpflichtung Ägyptens gegenüber Israel, den Suez-Kanal zu öffnen. Die Einwände würden sich zum Teil gegen praktische Maßnahmen, zum Teil aber auch gegen das Verfahren richten. Ich glaubte nicht, daß Ägypten Israel das Recht einräumen werde, zu bestimmen, was Ägypten auf seinem souveränen Territorium tun dürfte.

Trotz dieser Vorbehalte war ich jedoch überzeugt, daß wir uns der Phase genähert hatten, in der die Verhandlungen beginnen konnten. Beide Seiten sprachen von den gleichen Konzepten, auch wenn sich ihre Vorstellungen von der praktischen Durchführung noch unterschieden. Wenn Verhandlungen jedoch schon so weit ins Detail gehen, dann ist der Erfolg sehr wahrscheinlich – es sei denn, eine Seite hat sich zunächst bewußt flexibel gezeigt, um sich in ein besseres Licht zu setzen, bevor sie die Gespräche abbricht. Ägypten konnte nicht so vorgehen, solange seine 3. Armee eingeschlossen war, und Israel hätte bei einem solchen Verhalten mit der politischen Isolierung rechnen müssen.

Die Aussichten für einen Erfolg waren gut, auch wenn es noch große Schwierigkeiten geben würde.

Deshalb sprach ich jetzt mit Dayan darüber, wie man die Verhandlungen am besten in Schwung bringen könnte. Es boten sich drei Möglichkeiten: Israel könnte seinen neuen Plan im Rahmen der ägyptisch-israelischen Arbeitsgruppe in Genf vorlegen. Die Vereinigten Staaten könnten ihren Botschafter in Kairo veranlassen, ihn der ägyptischen Regierung und am besten Sadat selbst vorzulegen. Oder ich könnte in den Nahen Osten reisen, um die Grundlagen für die Verhandlungen der Arbeitsgruppe in Genf auszuarbeiten, die dann an die praktische Arbeit gehen müßte. Wenn wir das Unternehmen in Genf begannen, mußten wir damit rechnen, daß die Sowjets uns behinderten, indem sie unerfüllbare Vorschläge machten und Ägypten in eine peinliche Lage brachten, wenn es versuchte, flexibel zu sein. In diesem Fall würde der Vorschlag auch den beschwerlichen Weg durch die ägyptischen Behörden nehmen müssen, die wahrscheinlich kein Risiko eingehen wollten, auf die Mängel hinweisen und es Sadat überlassen würden, das letzte Wort zu sprechen. Sadat würde sich vielleicht bereit finden, es zu tun, aber dieses Verfahren würde ihm das Leben unnötig erschweren. Beauftragten wir jedoch unseren Botschafter, Hermann Eilts, den israelischen Plan vorzulegen, konnten wir sicher sein, daß Sadat ihn als erster sah. Doch Eilts hatte keine Verhandlungsvollmachten und konnte sich nicht über die Haltung Israels orientieren. Deshalb bot dieses Verfahren Sadat nicht die Möglichkeit des von ihm bevorzugten plötzlichen Zuschlagens.

Das alles ließ Dayan und mich zu der Überzeugung kommen, daß es am besten wäre, wenn ich Sadat den israelischen Vorschlag persönlich vorlegte, und zwar um so mehr, als ich ihm versprochen hatte, daß ich mich unmittelbar nach den israelischen Wahlen direkt einschalten würde. Sicher spielte bei mir auch meine Eitelkeit eine Rolle, und Dayan hatte wahrscheinlich innenpolitische Hintergedanken. Er wünschte eine Vereinbarung, aber er brauchte Unterstützung, um das israelische Parlament von der Richtigkeit seiner Vorstellungen zu überzeugen.

Was später als dramatischer Überraschungserfolg gefeiert wurde, war daher in Wirklichkeit ein sorgfältig vorbereitetes Unternehmen. Ich glaube, daß der Außenminister in der Regel nicht zu wichtigen Verhandlungen ins Ausland reisen sollte, wenn er nicht sehr gute Aussichten auf Erfolg hat. Da der Entscheidungsspielraum in der Diplomatie sehr gering ist, kann das psychologische Element eine wesentliche Rolle spielen. Wenn jemand der Ruf vorausgeht, daß er ein erfolgreicher Unterhändler ist, dann ist das eine große Hilfe. Aber auch das Scheitern hat seine Konsequenzen. Ein Außenminister, der zu viele erfolglose Reisen unternimmt, verringert seine Möglichkeiten, und es ist gefährlich, sich auf Persönlichkeiten oder das Verhandlungsgeschick zu verlassen, wenn man aus einer festgefahrenen Situation herauskommen will. Damit kann man die Schwächen einer schlecht konzipierten Strategie nicht ausgleichen. Aber Anfang Januar 1974 waren die denkbar besten Voraussetzungen gegeben. Wir hatten an dem Problem schon zwei Monate gearbeitet. Beide Seiten gingen schon aufeinander zu, und beide fürchteten die ungünstigen Folgen eines Scheiterns.

Während Dayan und ich überlegten, wie wir vorgehen sollten, wurde der israelische Vorschlag als Folge einer für uns peinlichen Indiskretion bekannt. Es ist schon schwierig, die israelische Regierung zu bewegen, eine klare Verhandlungsposition einzunehmen, aber es ist fast unmöglich, einen israelischen Vorschlag geheimzuhalten, wenn er einmal formuliert ist. Jeder Minister ist versucht, sich in den Vordergrund zu schieben und zu behaupten, er wäre dafür verantwortlich. Jeder Unterhändler will den Eindruck erwecken, der Durchbruch sei ihm zu verdanken. Selbst grobe Vorstöße gegen die Disziplin haben für den einzelnen im allgemeinen keine unangenehmen Folgen. Doch die Geheimhaltung des israelischen Konzepts wäre aus verschiedenen Gründen wichtig gewesen. Ägypten hätte leichter zustimmen können, wenn der Eindruck entstanden wäre, daß der Vorschlag dem Einfluß der Vereinigten Staaten zu verdanken sei und keine israelische Forderung darstellte. In der Öffentlichkeit wurden bestimmte Erwartungen geweckt, die es beiden Seiten erschwerten, in den folgenden Verhandlungen nachzugeben. Und die Öffentlichkeit konnte verlangen, daß sich auch andere an dem Unternehmen beteiligten, so etwa die Sowjets.

Meine Mitarbeiter und ich waren daher entsetzt, als mir am 5. Januar während einer Besprechung mit Dayan ein Telegramm aus Genf vorgelegt wurde, in dem es hieß, der israelische Vertreter bei der Genfer Arbeitsgruppe, General Mordechai Gur, habe zwei hypothetische »Modelle« vorgetragen, von denen das eine dem von Dayan in Washington vorgelegten Vorschlag verdächtig ähnlich sah. Dayan behauptete, ebenso überrascht zu sein. Damit gerieten wir in eine sehr unangenehme Lage. Ich sagte Dayan, wir könnten jetzt nicht mehr behaupten, daß der Vorschlag gemeinsam von Israel und den Vereinigten Staaten ausgearbeitet worden sei, wenn er schon während seines Gesprächs mit mir in Genf vorgelegt würde. Die Ägypter würden zwischen einem »Modell« und einem offiziellen Vorschlag keinen Unterschied feststellen können, gar nicht zu reden von der psychologischen Schwierigkeit, einen noch so vernünftigen israelischen Vorschlag zu akzeptieren. Darüber hinaus würden sich jetzt sicher auch die Sowjets einschalten müssen – was sie auch nach ein paar Tagen taten, als mich Dobrynin anrief und mich auf das »Modell« von Gur ansprach. Die Schwierigkeiten wurden behoben, als General Gur sein »Modell« ein paar Tage nach der Vorlage wieder zurückzog und wenig überzeugend behauptete, daß es nur der »Illustration« der Lage dienen sollte.

Sadat hat sich wahrscheinlich nicht täuschen lassen, denn schließlich war die ganze israelische Presse voller ähnlicher Ideen. Doch nach außen hin akzeptierte er diese Darstellung, denn sie paßte in seine Strategie, nach der eine Vereinbarung über die Truppenentflechtung das Ergebnis einer amerikanischen Initiative sein sollte. Es wäre in diesem Augenblick zu gefährlich für ihn gewesen, mit Israel direkt zu verhandeln. Deshalb bereitete ich meine Reise nach Kairo vor. Ich schickte Sadat eine Botschaft und teilte ihm darin mit, daß ich bereit wäre, nach Ägypten zu kommen, um festzustellen, welches Verfahren er bei der

Truppenentflechtung für richtig hielte. Dayan sollte indessen meine Vorschläge dem israelischen Kabinett vortragen. Am 8. Januar bat mich Sadat, sofort abzureisen; er werde mich in Assuan erwarten.

Indessen bereitete uns Watergate immer größere Sorgen. Nixon, der länger als vorgesehen in San Clemente gewesen war, ärgerte sich darüber, daß mein Ansehen in der Öffentlichkeit zunahm – was sich nicht nur in seiner Reaktion auf meine Pilgrims-Rede äußerte. Seit er sich in die Einsamkeit zurückgezogen hatte, sprach er kaum noch mit mir. Mein Kontaktmann war der Stabschef des Weißen Hauses, Al Haig. Er berichtete, Nixon wäre verkrampft und stark erregt. Der Präsident glaubte noch immer, ein spektakulärer Erfolg könnte demonstrieren, daß er unersetzlich sei, und seine Qualen beenden. Er träumte immer wieder davon, daß durch seine Initiative das Ölembargo aufgehoben werden könnte. So erzählte mir Haig zum Beispiel am 7. Januar, daß der Direktor einer Ölfirma aus Kalifornien Nixon mit einem arabischen Delegierten bekanntgemacht hätte, der sich bereit erklärt habe, für die Aufhebung des Embargos zu sorgen. Ich habe nie erfahren, wer das war und was der Inhalt der Gespräche mit ihm gewesen ist. Hier wiederholte sich augenscheinlich die Begegnung mit Dobrynin vor drei Wochen. Aber das Ölembargo ließ sich durch keinen Gewaltstreich und auch nicht auf diesem Wege beseitigen. Die Geheimnistuerei ließ jedoch darauf schließen, daß Watergate sehr bald das Vertrauensverhältnis zwischen dem Präsidenten und seinem Außenminister zerstören könnte, das auch in den ruhigsten Zeiten die Voraussetzung für die ordnungsgemäße Abwicklung der Außenpolitik war – gar nicht zu reden von einer so schweren institutionellen Krise, wie wir sie gerade durchmachten.

Am 8. Januar teilte ich Haig mit, ich hätte den Eindruck, daß Sadat die Sache »schnell zum Abschluß bringen« wollte, aber »so lange diese eigenartigen Manöver weitergehen, werden wir uns sehr beeilen müssen, sonst werden wir niemals damit zu Rande kommen«. Haig wußte nicht, wie Nixon reagieren würde; er schien immer noch mit dem geheimnisvollen Araber zu verhandeln. Doch unsere Befürchtung, Nixon könnte die Sache hinauszögern, war unbegründet. Heute wissen wir aus dem Tagebuch des Präsidenten, daß er sich damals überlegte, wie er sich gegen das Amtsenthebungsverfahren wehren sollte (5. Januar: »Handle wie ein Präsident«).[1] Als er noch am gleichen Tag meine Reise genehmigte, hat er wirklich so gehandelt.

Die Vorarbeiten waren zum großen Teil geleistet, und wir mußten nur noch einige Kleinigkeiten erledigen. Wenn irgend möglich, wollte ich die Sowjets daran hindern, mich bei den letzten Vorbereitungen für die Truppenentflechtung zu stören. Ich sagte Dobrynin, der Zweck meiner Reise wäre es, aus dem israelischen »Modell« konkrete Vorschläge zu machen. Unser ständiger Vertreter bei den Genfer Gesprächen, Ellsworth Bunker, sollte mich begleiten. Das Ergebnis meiner Gespräche sollte die Grundlage für detaillierte Verhandlungen in Genf sein. Das paßte Dobrynin sehr gut. Er wußte, daß die Sowjets selbst keinen Plan für die Truppenentflechtung vorlegen konnten, in Genf aber die Gelegenheit haben würden, zu den »Grundsätzen« Stellung zu nehmen. (Die ganze Operation war nicht als Schachzug gedacht, um die andere Seite zu überlisten, wirkte sich aber so aus. Es war genau das Verfahren, das wir hatten anwenden wollen, bis Sadat die Entwicklung *nach* meinem Eintreffen in Assuan beschleunigte.) Dobrynin wünschte mir für die Reise »das allerbeste« – was heißen sollte, daß die Sowjets das Ergebnis in aller Ruhe abwarten wollten.

Ich unterrichtete den Generalsekretär der Vereinten Nationen, Waldheim, im gleichen Sinne. Waldheim konnte uns nützlich werden, wenn die Verhandlungen in Genf wieder aufgenommen wurden, und er würde das, was er von uns erfahren hatte, unter die Leute bringen. Vor allem würde er die blockfreien Staaten unterrichten, denen es lieber war, von dritter Seite informiert zu werden als von uns.

Nach Abschluß all dieser Vorbereitungen flog ich kurz nach Mitternacht am Freitag, dem 11. Januar 1974, vom Luftwaffenstützpunkt Andrews ab, um in die erste Phase meiner »Pendeldiplomatie« einzutreten.

Wieder macht uns Watergate zu schaffen

Watergate war ein vielköpfiges Ungeheuer. Niemand konnte sagen, wann die Öffentlichkeit durch eine neue Sensation aufgeschreckt werden würde. In der durch Zweifel und Verdächtigungen entstandenen ungesunden Atmosphäre steigerte jede neue Enthüllung, auch wenn sie noch so trivial war und nichts mit dem Gesamtproblem zu tun hatte, die augenscheinlich durch nichts zu befriedigende Sensationslust der Öffentlichkeit. Jede scheinbare Abweichung von früheren Berichten vergrößerte die »Glaubwürdigkeitslücke« der Regierung, und ich wurde von der alptraumhaften Vorstellung geängstigt, daß mit dem Dahinschwinden der Autorität des Präsidenten unserer Außenpolitik jede Grundlage entzogen werden konnte.

Am Tage meiner Abreise in den Nahen Osten wurde ein bizarres Ereignis aus dem Jahr 1971 an der Öffentlichkeit bekannt. Die Tatsachen waren die folgenden: Im Oktober 1962, etwa zur Zeit der Kuba-Krise, hatten die Joint Chiefs of Staff einen Verbindungsoffizier zum Stabe des Nationalen Sicherheitsrats abgestellt, der die Verbindung zwischen dem Pentagon und dem Weißen Haus halten sollte – keine ganz einfache Aufgabe. Theoretisch ist das Weiße Haus berechtigt, mit allen Informationen versorgt zu werden, die es braucht oder anfordert, es hat aber auch ein Interesse daran, daß die zuständigen Behörden entsprechend unterrichtet werden.

In der Praxis ist die Sache nicht so einfach. Oft weiß man im Weißen Haus nicht, über welche schriftlichen Unterlagen die Behörden verfügen, und die Behörden wissen nicht immer, was das Weiße Haus braucht. Aber auch wenn sie es wissen, scheuen sie sich, innerbehördliche Meinungsverschiedenheiten erkennbar werden zu lassen. Im Zweifelsfall wollen sie sich in ein möglichst günstiges Licht setzen und halten deshalb Informationen zurück, die ihnen schaden könnten oder die den Empfehlungen widersprechen, die sie schließlich gegeben haben.

Das gleiche gilt natürlich auch für die Weitergabe von Informationen, über die nur das Weiße Haus verfügt.

Ein geschickter Verbindungsoffizier mit aufmerksamen Mitarbeitern kann dem Weißen Haus und den Behörden helfen, einander besser zu verstehen. Er hat ähnliche Funktionen wie ein Militärattaché im Ausland, steht aber vor der Schwierigkeit, einerseits im allgemeinen Interesse in Erfahrung zu bringen, was aus Unwissenheit oder versehentlich nicht mitgeteilt worden ist, und andererseits auszuspüren, was bewußt geheimgehalten wird. Wenn ein Ministerium oder eine andere Behörde versucht, sich geheime Nachrichten aus dem Weißen Haus zu beschaffen, dann bedeutet es praktisch, daß der Präsident von seinen Untergebenen ausspioniert wird. Auch wenn Beamte untergeordneter Behörden die administrativen Praktiken des Präsidenten nicht billigen, sollten sie nicht versuchen, sie auf Umwegen zu sabotieren.

Ende 1971 mußte ich feststellen, daß einige Mitarbeiter im Verbindungsbüro der Joint Chiefs of Staff beim Nationalen Sicherheitsrat vielleicht die Grenzen zwischen ihren rechtmäßigen Aufgaben und dem Vertrauensmißbrauch überschritten hatten. Während des indisch-pakistanischen Krieges kam es in den Vereinigten Staaten zu einer leidenschaftlichen Kontroverse um die Frage, ob die Regierung Pakistan nicht zu sehr bevorzugte. Im Rahmen eines erbitterten Behördenstreits wurden streng geheime Dokumente dem Leitartikler Jack Anderson zugespielt. Einige von ihnen enthielten Informationen über die Stationierung amerikanischer Flotteneinheiten in der Bucht von Bengalen. Es muß dem damaligen Chef des Verbindungsbüros der Joint Chiefs of Staff, Konteradmiral Robert O. Welander, hoch angerechnet werden, daß er meinem damaligen Stellvertreter Haig mitteilte, interne Nachforschungen hätten ergeben, daß die Papiere unter Umständen von Angehörigen seines Büros weitergegeben worden seien. Haig meldete es mir und auf meine Anweisung dem Präsidentenberater John Ehrlichman, den Nixon beauftragt hatte, den Fall Anderson zu untersuchen.

Ein Verwaltungsunteroffizier der Marine bei Welanders Stab war der Hauptverdächtige. Wenn er wirklich Geheimdokumente an Anderson weitergegeben hatte (was bis heute noch nicht geklärt ist), dann war das der gravierendste Fall in einer ganzen Reihe von Berichten über seine Vorgesetzten im Weißen Haus, die auf diesem Weg an die Öffentlichkeit gelangt sind. Der junge Unteroffizier hatte es besonders leicht, weil man ihn für so unbedeutend hielt, daß niemand daran gedacht hatte, ihn besonders überwachen zu lassen. Er wurde oft als Kurier eingesetzt und mußte wichtige Dokumente auf dem Wege zwischen meinem Büro und dem Exekutivgebäude auf der anderen Straßenseite, wo die meisten Angehörigen meines Stabes ihre Büros hatten, hin- und hertragen. Er war auffallend diensteifrig und fleißig. General Haig hatte ihn gelegentlich auf seinen Reisen nach Südostasien mitgenommen, und auf Haigs Empfehlung begleitete er mich im Sommer 1971 auf meiner Weltreise. Bei dieser Gelegenheit hat er, wie er später aussagte, meine Aktentasche durchstöbert und alle Papiere gelesen oder abgeschrieben, die er in die Finger bekam. Manchmal verschaffte er sich auch Durchschriften von vertraulichen Dokumenten, die eigentlich hätten verbrannt werden sollen. Im Laufe der Zeit lieferte er dem Chef des Verbindungsbüros eine sehr große Zahl von Dokumenten, die dieser an den Vorsitzenden der Joint Chiefs of Staff weitergab. Auf diese Weise hat der Vorsitzende vielleicht von meiner Geheimreise nach Peking schon zwei Tage vor ihrer Bekanntgabe erfahren. (Der Unteroffizier hat mich nicht nach China begleitet und ist von uns auch nicht über meine Absicht, dorthin zu reisen, unterrichtet worden. Er hat sich aber wahrscheinlich die Kopie eines für Nixon bestimmten Reiseberichts und andere vertrauliche Berichte verschafft, die auf meinem Heimflug entworfen und mit der Maschine geschrieben worden waren.)

Mit solchen Praktiken hat das Verbindungsbüro schon sehr bald nach meiner Ernennung zum Sicherheitsberater des Präsidenten begonnen. Ich weiß allerdings nicht, ob der damalige Vorsitzende der Joint Chiefs of Staff, General Earle Wheeler, gewußt hat, wie seine Untergebenen an die Dokumente gekommen waren, oder ob er glaubte, daß er diese Informationen der tüchtigen Arbeit des Verbindungsoffiziers verdankte. Ich hielt den inzwischen verstorbenen Wheeler für einen hochanständigen Menschen. Auch nach dem Admiral Thomas Moorer 1970 den Vorsitz der Joint Chiefs of Staff übernommen hatte, verschaffte sich das Verbindungsbüro seine Informationen auf dem gleichen Weg. Moorer hat behauptet, daß man ihm nicht gemeldet hätte, wie die Dokumente beschafft worden wären, er habe ihnen aber auch keine besondere Beachtung geschenkt, denn er wäre über ihren Inhalt von mir unterrichtet worden. Ich habe keinen Grund, am Wort eines Offiziers zu zweifeln, mit dem ich eng zusammenarbeitete und den ich außerordentlich schätzte.

Nachdem ich von diesen Indiskretionen erfahren hatte, änderte sich meine Haltung allerdings. Ich wurde von John Ehrlichman auf diese Dinge aufmerksam gemacht. Er ließ mich Teile eines auf Band aufgenommenen Gesprächs mit Admiral Welander anhören, in dem dieser die Vorgänge erläuterte, über die ich eben berichtet habe. Was ich im Dezember 1971 erfahren hatte, gab mir, wie ich glaubte, jeden Anlaß, tief gekränkt zu sein. Damals sagte mir Nixon, daß er, wenn ich es wünschte, diziplinarisch gegen Welander vorgehen und Moorer, dessen Amtszeit nach sechs Monaten abgelaufen wäre, nicht wieder zum Vorsitzenden ernennen werde. Er sagte aber auch, ich sollte daran denken, welche Auswirkungen es auf die Streitkräfte und das Land haben würde, wenn während des Vietnam-Krieges und der erbarmungslos gegen die Streitkräfte geführten Angriffe diese schmutzige Wäsche vor der Öffentlichkeit gewaschen würde. Diese Geschichte wäre Wasser auf die Mühlen der Friedensbewegungen. Ich ließ mich von Nixon überzeugen. Im Dezember 1971 schloß ich das Verbindungsbüro der Joint Chiefs of Staff und verlangte die Versetzung des gesamten Personals innerhalb von vierundzwanzig Stunden. Sonst haben weder Nixon noch ich in dieser Sache etwas unternommen.

Welander wurde zunächst mit anderen Aufgaben betraut und nahm dann seinen Abschied. Der Unteroffizier wurde ebenfalls versetzt. Als diese Tataschen bekannt wurden, während ich mich Ende Januar im Nahen Osten aufhielt, richteten sich die Vorwürfe nicht gegen die Personen, von denen man hätte annehmen sollen, daß sie sich eines solchen Vertrauensbruchs schuldig gemacht hätten, sondern gegen Nixon und seine Regierung. Die Medien nahmen auch mich aufs Korn. Was war das für eine Regierung, in der militärisches Personal beim Mißbrauch von Dokumenten zusammenarbeitete und verdächtige Personen ihre Aussagen auf Tonband machten? Man fragte, ob ich etwa im Mai 1973 gelogen hätte, als ich sagte, daß ich von der Existenz der »Klempner« nichts gewußt hätte, denn der Admiral wäre doch von dem »Klempner« David Young befragt worden? Ich habe schon im 4. Kapitel gesagt, was ich über die »Klempner« wußte. Natürlich war mir bekannt, daß Ehrlichman für die Aufklärung der Fälle verantwortlich war, in denen vertrauliche, Sicherheitsfragen betreffende Informationen durchgesickert waren. Ich hatte den Eindruck, daß solche Untersuchungen von Fall zu Fall durchgeführt wurden. In Wirklichkeit scheinen seine Mitarbeiter (Egil Krogh und David Young) keine anderen Aufgaben gehabt zu haben. Aber angesichts der sensationellen Berichte, die jetzt die Öffentlichkeit beunruhigten, kam es auf solche Feinheiten nicht mehr an. Wenn ich nur ein einziges Tonband abhörte, auf dem eine von Young durchgeführte Befragung aufgezeichnet war, konnte ich daraus nicht schließen, daß er keine anderen Aufgaben hatte, und wenn man es mir gesagt hätte, dann hätte ich nichts dabei gefunden. Ich habe mir über diese ganze Angelegenheit einfach keine Gedanken gemacht.

Diese eine Befragung war alles, was ich über das gegen den Unteroffizier eingeleitete Untersuchungsverfahren wußte. Ehrlichman legte einen offiziellen Bericht vor, den er mir aber nicht gezeigt hat. Verteidigungsminister Melvin Laird wies seinen Chefberater, Fred Buzhardt, ebenfalls an, eine Untersuchung durchzuführen. Auch von ihrem Ergebnis habe ich nichts erfahren, was im Weißen Haus zu Nixons Zeit nichts Ungewöhnliches war. Jede Abteilung hatte nur Zugang zu den Informationen, die ihr Arbeitsgebiet betrafen, und die Belange der inneren Sicherheit gehörten nicht in meinen Zuständigkeitsbereich.

Natürlich konnten die Medien eine andere Einstellung zu dieser Frage haben. Wenn wirklich militärische Geheimnisse aus politischen Gründen an die Presse weitergegeben wurden und sogar von Personen, die die Zusammenhänge nicht kannten, dann bestand durchaus die Möglichkeit, daß die Medien nicht ganz unrecht hatten, wenn sie von Nixons Wahnvorstellungen sprachen. Zwar ließen sich damit die Übergriffe, die unter der Bezeichnung Watergate zusammengefaßt wurden, nicht entschuldigen, aber vielleicht ließen sich die Ursachen zum Teil dadurch erklären, und dann könnte man Nixon mildernde Umstände zubilligen.

Aber Watergate hatte seine eigene Logik. Dieses von seinen Jägern gehetzte Wild durfte nicht mit mildernden Umständen rechnen. Hier mußte das Opfer die Schuld für die militärische Spionage auf sich nehmen und nicht der Spion. Es entwickelten sich drei Richtungen für die Urteilsbegründung. Erstens sagte man, unter Nixon würden die Entscheidungsprozesse so sehr nach allen Seiten abgeschirmt, daß die Joint Chiefs keinen anderen Ausweg gehabt hätten, als die Dinge selbst in die Hand zu nehmen. Zweitens behauptete man, da das Verbindungsbüro eingerichtet worden sei, um Informationen aus dem Pentagon rascher ins Weiße Haus gelangen zu lassen, wäre es durchaus fair gewesen, dafür zu sorgen, daß der Informationsfluß auch in die entgegengesetzte Richtung lief. Die Militärs hätten durchaus das Recht, von ihrem Oberbefehlshaber Gegenleistungen zu verlangen und sich die von ihnen benötigten Informationen mit den dafür am besten geeigneten Methoden zu verschaffen. Drittens erklärte man, die ganze Angelegenheit wäre eine kleinliche Reaktion des Weißen Hauses auf das Durchsickern von Informationen – mit anderen Worten, der Vorfall bewiese, daß der Präsident tatsächlich unter Wahnvorstellungen litt.

Was ich von der ganzen Sache hielt, ist in einer Empfehlung enthalten, die ich am 14. Januar an Scowcroft übermittelte:

> Die Tatsachen in diesem Fall, die nach meiner Ansicht berücksichtigt werden sollten, wenn wir dazu Stellung nehmen, sind die folgenden:
> Die Aktivitäten der Joint Chiefs of Staff, welche die Zeitungen als »Spionage« bezeichnen, haben 1969 begonnen und nicht als Folge von 1971 ergriffenen Initiativen.
> Diese Aktionen wurden während meiner ersten geheimen diplomatischen Initiative fortgesetzt und können deshalb kaum von ihr verursacht worden sein.
> Keinerlei Informationen der Nachrichtendienste sind jemals irgendeinem Mitglied des Nationalen Sicherheitsrats vorenthalten worden. Da die Jont Chiefs in der WSAG vertreten waren, ist es Unsinn zu behaupten, daß »Protokolle von Beratungen« der WSAG Gegenstand dieser Art von Nachrichtenbeschaffung gewesen seien.
> Die einzigen Angelegenheiten, die vertraulich behandelt worden sind, waren die drei Geheimverhandlungen. Aber selbst hier sind die konkreten Inhalte von den verschiedenen interministeriellen Gremien beraten worden, auch wenn der Zweck dieser Beratungen nicht immer bekannt war.
> Das Verbindungsbüro der Joint Chiefs of Staff wurde ausdrücklich für den Zweck eingerichtet, dem Militär Zugang zu den Aktivitäten des Nationalen Sicherheitsrats und zum Stabe des Nationalen Sicherheitsrats zu verschaffen. Diese Tatsache widerlegt auch die Vorwürfe, die jetzt in der Presse erscheinen.
> Es wäre nützlich, diejenigen, die diese Vorwürfe erheben, aufzufordern, im einzelnen zu sagen, welche Dokumente den Joint Chiefs of Staff vorenthalten worden sind. Ich kenne keine.

Meine Analyse war besser als meine Empfehlung. Es hatte keinen Sinn, darüber zu streiten, ob es sich rechtfertigen ließe, daß sich eine untergeordnete Behörde ohne Genehmigung Dokumente aus dem Weißen Haus beschaffte. So etwas durfte nicht hingenommen werden, gleichgültig, welche Vorgänge das Weiße Haus vertraulich behandelt oder wie es die Regierungsgeschäfte abwickelt. Moorer hatte den einzig richtigen Weg beschritten. Er bestritt, es nötig gehabt zu haben, einen Spion ins Weiße Haus einzuschleusen, da er enge Beziehungen zu mir unterhielt. Das Ganze wäre das Werk übereifriger Untergebener. Ich hatte am 10. Januar, wenige Stunden vor meiner Abreise in den Nahen

Osten, dem Vorsitzenden des Senatsausschusses für die Streitkräfte, Senator John Stennis, sinngemäß das gleiche gesagt und ihn dringend gebeten, möglichst rasch gerichtliche Schritte zu unternehmen, bevor weniger verantwortungsbewußte Gruppen die Berufssoldaten in den Strudel von Watergate zogen.

Senator Stennis führte im Februar 1974 Anhörungen durch.[2] Der Streitkräfteausschuß veröffentlichte einen Bericht, der Admiral Moorer entlastete und die ganze Angelegenheit in den richtigen Zusammenhang stellte. Ich erwähne diesen Vorfall hier, weil er symptomatisch für die schmutzige Atmosphäre von Watergate ist, in der die Medien während der ganzen Woche der ersten Phase meiner Reisediplomatie, als es sich erweisen mußte, ob wir mit unserer Nahost-Politik Erfolg haben würden oder nicht, sich durch eine Art der Informationsbeschaffung benebeln ließen, die nur dazu führen konnte, daß die Autorität des Unterhändlers ausgehöhlt wurde. Um gegenüber den Medien fair zu sein, muß man sagen, daß diese schädlichen Folgen in Wirklichkeit nicht eingetreten sind. Aber diese Dinge haben uns in einer entscheidenden Woche angespanntester Arbeit zusätzlich psychisch und physisch belastet.

Assuan, 11./12. Januar

Mein Reiseplan – zuerst nach Ägypten, dann nach Israel und dann wieder nach Ägypten zu gehen – war auf die psychologischen Notwendigkeiten und den Handlungsspielraum jeder Seite abgestimmt. Ich wollte nicht mit einem israelischen Plan nach Ägypten kommen, denn damit hätte ich den Eindruck erweckt, als Sprecher Israels aufzutreten. Ich konnte das voreilig von Gur in Genf vorgelegte »Modell« und den Verzicht auf dieses Modell sogar zu meinem Vorteil ausnutzen, wenn ich so tat, als hätten wir durch unser Eingreifen die Meinungsverschiedenheiten im israelischen Kabinett beseitigen können. Sadat wußte genau, welche Rolle Israel spielte – schließlich hatte ich ihm für Januar einen konkreten Plan zugesagt –, aber aus innenpolitischen Gründen mußte er besonders auf den Beitrag der Vereinigten Staaten hinweisen. Und weil der Verhandlungsspielraum in der Praxis nicht sehr groß sein würde, kam es darauf an, den ersten israelischen Plan so darzustellen, als wäre er unter unserem Einfluß zustandegekommen und nähme schon Rücksicht auf die Auffassungen Ägyptens (was im übrigen auch der Wahrheit entsprach).

Nach einer kurzen Zwischenlandung in Spanien zum Auftanken meiner Maschine landeten wir am Freitagabend, dem 11. Januar, gegen 20.30 Uhr auf einem verdunkelten Militärflughafen in der Wüste bei Assuan. Es war mein erster Besuch in Oberägypten. Obwohl es schon Abend war, konnte man die Betonbunker, die Fliegerabwehrstellungen, Panzer, gepanzerte Truppentransportfahrzeuge und Truppenkonzentrationen erkennen. Assuan hatte für Ägypten eine ganz besondere strategische Bedeutung. Die Zerstörung des hohen Dammes konnte die Wirtschaft des Landes auf lange Zeit ruinieren. Ich hatte jetzt aber ganz andere und viel persönlichere Sorgen. Wir wußten, daß in Assuan eine Staffel nordkoreanischer Jagdflugzeuge stationiert war. Ich überlegte mir, in welcher Sprache die Ägypter mit ihren Verbündeten verkehrten, und ob die Koreaner, wenn sie erfuhren, daß der amerikanische Außenminister mit seiner Maschine den Flughafen ansteuerte, nicht angeregt werden könnten, etwas zu unternehmen. Im Dunklen vor dem etwas schäbigen Flughafengebäude begrüßte mich Außenminister Fahmy in der inzwischen schon gewohnten Weise mit Kuß und Umarmung. Ich erwartete, daß unsere Gespräche am nächsten Morgen beginnen würden. Wann immer möglich, richtete ich es so ein, daß ich nach meinen Überseereisen an meinem Bestimmungsort zu spät für ernste Gespräche eintraf. So konnte ich rechtzeitig zu Bett gehen und die Zeitverschiebung ausgleichen. (Es ist mir niemals bewußt geworden, daß mir dieses Phänomen etwas ausmachte; meine Mitarbeiter, die mich begleiteten, haben aber vielleicht anders empfunden.) Aber Fahmy sagte mir, daß Sadat mich erwartete, und ließ mir keine Wahl.

Assuan ist ein etwa sechshundertfünfzig Kilometer südlich von Kairo gelegener Kurort, dessen mildes Klima Sadat dazu bewogen hatte, sein Büro im Winter für ein paar Wochen hierher zu verlegen. Hier am ersten Katarakt des Nil lag zur Zeit der Pharaonen die Grenze Oberägyptens. Nilaufwärts lag Nubien, der heutige Sudan. Der Ort ist eine heitere Oase an jenem Wasserlauf, der den Menschen Leben und Hoffnung und dem Boden Feuchtigkeit und Fruchtbarkeit bringt. Der an beiden Flußufern gelegene kultivierte Streifen ist viel schmaler als im fruchtbaren Nil-Delta Unterägyptens und verschwindet streckenweise ganz.

Auf der Fahrt vom Flughafen in die Stadt überquert man den ersten, von britischen Ingenieuren um die Jahrhundertwende gebauten Assuan-Damm. Er ist bescheidener als der von den Sowjets errichtete hohe Damm und auch weniger gut geeignet, die Wassermassen zu regulieren. Aber er belastet die Umwelt viel weniger, denn er läßt den fruchtbaren Schlick durchfließen, den der hohe Damm zurückhält und der Ägypten daher zwingt, große Mengen Kunstdünger zu importieren. Außerdem hat der hohe Damm die Fischerei von Alexandria zerstört. Aus dem Fluß, der sich durch den schmalen Grünstreifen schlängelt, sieht man die typischen arabischen Segelschiffe, die Dhaus, dahingleiten. Auf beiden Seiten erstrecken sich gewaltige Sanddünen bis zum fernen Horizont. In dieser Wüste hat man den Eindruck, daß alles gleich aussieht, in welche Richtung man auch blickt; ohne Kompaß kann der Wanderer sich nicht zurechtfinden. Man hört keinen Laut, und in der absoluten Stille gewinnt man einen eigenartigen Abstand von den Dingen, als wäre man plötzlich auf einen fernen, verlassenen Planeten versetzt worden.

Sadats Villa war ein bescheidenes, aus Stein errichtetes Gästehaus der Regierung. Man betrat zunächst ein kleines Vorzimmer. Unmittelbar dahinter lag ein Arbeitszimmer mit dem Blick auf den Nil. Die Möbel waren so angeordnet, daß man mit dem Gesicht zur Tür saß und nicht zum Fenster hinausschauen konnte. Sadat und ich saßen gewöhnlich in den beiden Ecken eines Sofas, das parallel zu den Fenstern aufgestellt war. Über das ganze Zimmer waren noch einige andere Sessel verteilt. (Während dieses Besuchs sprach ich gewöhnlich allein mit Sadat. An den späteren Verhandlungen nahm fast immer der damalige Vizepräsident, Hosni Mubarak, teil.) Rechts neben dem Arbeitszimmer lag ein Konferenzzimmer, links ein Speisezimmer.

Sadat, diesmal in Uniform, begrüßte mich mit einem herzlichen »Willkommen« und führte mich in das Arbeitszimmer. Wie es seine Art war, kam er sofort auf den Kern des Problems zu sprechen. Er sagte, daß er es nicht für sinnvoll hielte, »Prinzipien« zu entwickeln, die in Genf mit konkreten Inhalten ausgefüllt werden würden. Ein solches Verfahren böte den radikalen Arabern die Möglichkeit, Opposition zu treiben, und die Sowjets könnten sie für ihre Störmanöver ausnutzen. Wahrscheinlich würde es uns nicht mehr Mühe machen, die ganze Angelegenheit gleich zu Ende zu bringen, als uns nur über Grundsätze zu einigen. Die seit dem Oktober-Krieg laufenden diplomatischen Verhandlungen müßten irgendwie zum Abschluß gebracht werden. Jetzt wäre es Zeit, den ganzen Meinungsaustausch, die gemeinsamen Grundsätze und die vagen Andeutungen in einem Schlußdokument zusammenzufassen. Deshalb forderte mich Sadat auf, so lange im Nahen Osten zu bleiben, bis die Verhandlungen entweder zum Erfolg geführt hatten oder gescheitert waren. Er würde selbst das Äußerste tun, um das gemeinsame Ziel zu erreichen. Eine Vereinbarung über die Truppenentflechtung war nach seiner Auffassung eine wesentliche Voraussetzung dafür, in den arabisch-amerikanischen Beziehungen ein neues Kapitel zu beginnen und dem Friedensprozeß mit Israel neuen Schwung zu verleihen.

Um seine Aufrichtigkeit zu demonstrieren, setzte sich Sadat selbst einen Termin. Er würde in der folgenden Woche zu einer Reise durch die arabische Welt aufbrechen (am 18. Januar) und hoffte, bis dahin zu einer Vereinbarung zu kommen. In diesem Fall wollte er bei seinen Besuchen in den arabischen Hauptstädten darauf drängen, daß das Ölembargo aufgehoben wurde. Sadat bot mir außerdem an, die Aufhebung des Embargos in einer Weise vornehmen zu lassen, daß sie von der Öffentlichkeit als ein Erfolg Nixons angesehen werden könnte. Mit diesem Angebot zeigte er, daß man auch in Ägypten von unseren innenpolitischen Schwierigkeiten Kenntnis genommen hatte.

Das verlockende Angebot, das er uns machte, hatte in Wirklichkeit eine viel geringere Bedeutung als der Termin, den er sich selbst setzte. Normalerweise schwächt ein Unterhändler, der sich selbst unter Zeitdruck setzt, seine Verhandlungsposition, es sei denn, der Vermittler ist überzeugt, ein Fehlschlagen der Verhandlungen sei gefährlicher für sein eigenes Land als für die beiden Parteien, zwischen denen er vermittelt – und das kommt nur sehr selten vor. Bei den Gesprächen über die Truppenentflechtung standen wir vor einer ganz anderen Situation. Deshalb garantierte der von Sadat gesetzte Termin, daß er mit seinen Zugeständnissen bis an die äußerste Grenze gehen würde. Wir kamen überein, am folgenden Tag beim Mittagessen über den konkreten Inhalt der Vorschläge zu sprechen.

Um 23.00 Uhr kam ich endlich in meine Unterkunft, das neue Katarakt-Hotel, ein Hochhaus an einer malerischen Nil-Schleife. Unmittelbar daneben lag das alte Katarakt-Hotel, ein prächtiges Sandsteingebäude aus vergangener Zeit. An den hohen Zimmerdecken rotierten große Ventilatoren. Die Fensterläden waren geschlossen, was den Zimmern eine etwas geheimnisvolle Atmosphäre verlieh. Es sah aus wie der Schauplatz eines Romans von Agatha Christie – und das war es auch wirklich –, aber seine besten Tage waren längst vergangen und mit ihnen das britische Kolonialreich und der aristokratische Geschmack der herrschenden Klasse in diesem Reich, dem dieses Gebäude entsprach. Das neue Katarakt-Hotel war Ausdruck der Wertmaßstäbe eines neuen Imperialismus, des sowjetischen. Hier war das einzige Zugeständnis an die Ästhetik der herrliche Blick über das alte Gebäude hinweg zum Nil und darüber hinaus auf das aus weißem Marmor errichtete Mausoleum Aga Khans. In dem neuen Hotel ist die Einrichtung funktional und kitschig, als wäre jedes Zugeständnis an die persönliche Bequemlichkeit eine Anerkennung des Individualismus, den das kommunistische System überwinden will. Offenbar wollte Fahmy unsere Geduld prüfen, denn er lud meine Begleitung und mich zu einem späten Abendessen in den verlassenen Speisesaal ein.

Am Samstagmorgen wollten uns die Ägypter eine besondere Freude machen. Bevor ich die Verhandlungen wieder aufnahm, veranstalteten sie eine Besichtigungstour. Dabei bekam ich auch den monumentalen hohen Damm in Assuan zu sehen und verstieß gegen den Grundsatz, auf offiziellen Reisen im Ausland nichts zu besichtigen, was mich nicht auch im eigenen Lande interessieren würde. So hatte ich es bisher vermieden, Stahlwerke, Ölraffinerien oder andere Wunder der modernen Technologie zu besuchen, die eines gemeinsam haben: Ihre Technik ist mir völlig unverständlich, und ihre Architektur interessiert mich nicht. Aber die Ägypter verbanden mit diesem Besuch wahrscheinlich einen subtilen politischen Hinweis. Ich weiß nicht recht, ob sie den Vereinigten Staaten oder der Sowjetunion einen Nadelstich versetzen wollten. Deshalb bemühte ich mich, großes Interesse zu heucheln, als mir die Ingenieure die Wirkungsweise der riesigen Turbinen erklärten, und ich war wirklich fasziniert, als ich den riesigen Stausee hinter den grauen Betonmauern erblickte.

Anschließend besuchten wir einen Ort, den ich auch überall anders aufgesucht hätte. Mit Booten fuhren wir zu den beeindruckenden Tempelanlagen von Philae, die aus dem steigenden Wasser des Nasser-Sees geborgen wurden (so hieß der hinter der Barriere des hohen Dammes entstehende Stausee). Die Arbeiten hatten damals gerade begonnen. Zwei gewaltige Pylone am Tempeleingang ragten aus dem wirbelnden Wasser heraus und trotzten den Elementen, wie sie bis jetzt die Zeiten überdauert hatten. Einem uns begleitenden Journalisten sagte ich scherzend: »Bevor wir hier fertig sind, werden wir noch alles zu sehen bekommen.« Damit hatte ich gar nicht so unrecht. Während der Verhandlungen von 1975 stattete ich Philae einen zweiten Besuch ab. Ein Damm schützte die Anlage vor den Wassermassen, die inzwischen wieder in ihrer ganzen Größe dastand und von der Sommersonne getrocknet war. Wir besichtigten das großartige Bauwerk am Seegrund, bevor es abgetragen und an anderer Stelle wieder aufgerichtet wurde. Fünf Jahre später war das Werk vollendet, und die Tempel standen in alter Pracht auf einer nahegelegenen Insel.

Um 11.00 Uhr war ich wieder in Sadats Villa. Beim Mittagessen sprachen wir über den gegenwärtigen Stand der Verhandlungen. Drei Probleme mußten gelöst werden. Wir mußten die jeweils vorderste Linie der Stellungen beider Armeen festlegen und uns darüber einigen, welche Beschränkungen für die Bewaffnung der Streitkräfte in welchen Zonen gelten sollten. Schließlich ging es um Fragen wie die Aufhebung der Blockade der Straßen von Bab el-Mandeb und Tiran sowie das Durchfahrtsrecht durch den Suez-Kanal für israelische Schiffe. Es gab aber auch den israelischen Forderungskatalog, den Sadat zum Glück nicht im einzelnen kannte. Die Israelis verlangten die Beendigung des Kriegszustandes, die Wiedereröffnung des Suez-Kanals und den Wiederaufbau der am Kanal gelegenen Städte. (Ich behielt mir die Erörterung dieser Fragen für einen späteren Zeitpunkt vor, denn wenn wir schon Schwierigkeiten hatten, uns über die grundsätzlichen Fragen zu einigen, dann konnten solche Forderungen nur Verwirrung stiften. Gelang uns jedoch ein Durchbruch, dann würde es auch leichter sein, mit diesen Problemen fertig zu werden.)

Sadat hatte die Vorstellung, daß Israel sofort zwei Drittel der Sinai-Halbinsel räumen sollte, schon lange aufgegeben. Aber er blieb bei seiner Forderung, daß sich die Israelis hinter die strategisch wichtigen Pässe bei Mitla und Giddi zurückziehen sollten, und erklärte sich bereit, am Ostufer des Kanals nicht, wie ursprünglich beabsichtigt, drei Divisionen zu stationieren, sondern nur anderthalb, war aber zu einem weiteren Nachgeben nicht bereit. Er lehnte auch die von Israel geforderte starke Verminderung der in den Stellungen einzusetzenden Waffen ab.

Ich wußte, daß Israel darauf nicht eingehen würde (wahrscheinlich war sich auch Sadat darüber im klaren, wenn sein Stab ihn über den Inhalt der israelischen Pressekommentare unterrichtet hatte, die mit einem Aufschrei der Empörung auf den durchgesickerten Plan Dayans reagierten – aber auch er mußte Verhandlungserfolge nachweisen können). In dieser Phase hielt ich es jedoch für sinnlos, über strittige Fragen zu diskutieren. Als Vermittler übermittelte ich grundsätzlich alle Vorschläge, die einer der beiden Parteien wichtig waren, und sorgte damit dafür, daß beide das Gefühl hatten, ihre Auffassungen würden von der Gegenseite in angemessener Weise gewürdigt. Nur wenn die Verhandlungen ins Stocken zu geraten drohten, versuchte ich, meine Ideen einzubringen und Kompromißvorschläge zu machen, die ich am folgenden Tag, es war der 13. Januar, in Israel dem stellvertretenden Premierminister, Yigal Allon, erläuterte:

> Lassen Sie mich genau erklären, welche Stellung ich einnehmen muß, um meine Aufgabe als Vermittler erfüllen zu können. Ich kann in Ägypten nicht als Anwalt Israels auftreten. Ich kann in Ägypten nicht eine bestimmte Auffassung vertreten und ihm (Sadat) dann sagen, nun gut, ich habe meine Meinung geändert. Die Auffassung, die ich ihm vortrage, ist die einzige, über die ich mit ihm verhandeln kann.

Wenn ich das interpretiere, was ich für Ihre Auffassung halte, dann kann ich ihm nur sagen, die Stellungen könnten etwa um fünf Kilometer vor- oder zurückverlegt werden, oder ich könnte ihm sagen, es wäre Zeitverschwendung, wenn ich versuchen wollte, seinen Vorschlag weiterzugeben. Wenn er sagt: »Ich brauche noch zwei Bataillone«, dann kann ich nicht sagen, ich sei damit einverstanden. Ich kann aber sagen, ich würde seinen Vorschlag an Israel weitergeben und feststellen, was die israelische Regierung dazu zu sagen hat. Ich werde unter keinen Umständen mehr tun, als ihm sagen, ich würde Israel bestimmte Dinge zur Stellungnahme vorlegen. Dann werden Sie alle Ihnen von mir vorgelegten Vorschläge ungehindert ablehnen können. So muß ich in meinem eigenen Interesse verfahren, weil ich nicht in eine Lage geraten will, in der ich von Ihnen bevollmächtigt worden bin zu erklären, ich sei mit vier Bataillonen und nicht mit drei Bataillonen einverstanden. Damit gerate ich in eine unangenehme Lage, weil er dannn glauben könnte, ich versuchte, für Israel die günstigsten Bedingungen auszuhandeln. Dann würde meine Vermittlertätigkeit auch Ägypten nichts mehr nützen. Als Vermittler bin ich Ihnen insofern nützlich, als ich ihm Ihre Vorstellungen erläutern und ihn veranlassen kann, bestimmte Probleme ganz auszuklammern. Mit anderen Fragen komme ich hierher, und Sie können seine Forderungen ablehnen.

Diese Grundsätze galten natürlich für den Fall, daß ich Israel ägyptische Vorschläge vorlegte. Meine Gewissenhaftigkeit erleichterte mir diese Aufgabe nicht unbedingt. Die Einschaltung eines Vermittlers veranlaßt die Parteien, extreme Forderungen aufzustellen und dem Vermittler vorzuwerfen, daß er sich nicht genügend um ihre Durchsetzung bemüht habe, wenn sie abgelehnt werden, und zu behaupten, daß es an ihm läge, wenn sie unerfüllbare Forderungen aufgestellt hätten. Das israelische Kabinett verstand es besonders gut, sich bei seinen Entscheidungen von Vermittlern helfen zu lassen.

Sadat war in seinem Ton zwar fest, aber da er so großen Wert darauf legte, rasch zu einer Einigung zu kommen, konnten seine Vorschläge keine unabdingbaren Forderungen sein. Er bestätigte noch einmal, daß mit der Truppenentflechtung die Blockade der Straße von Bab el-Mandeb aufgehoben würde und für Israel bestimmte Schiffsladungen die Genehmigung erhalten sollten, den Suez-Kanal zu passieren. Augenzwinkernd sagte Sadat, er wüßte, daß Israel auch die Durchfahrt für seine Schiffe verlangte, aber schließlich hätte Dayans Schwiegersohn, Oberst Dov Sion, öffentlich erklärt, Israel werde sich damit zufrieden geben, wenn sich die Genehmigung auf die Ladungen beschränkte. (Auch das war, wie ich betrübt feststellen mußte, eine Eröffnungsposition, von der man später abgerückt war, weil man ihre Auswirkungen auf die öffentliche Meinung fürchtete.) Günstiger schien es mir, daß Sadat sich verpflichtete, die Palästinenser-Frage nicht auf den Verhandlungstisch zu legen, solange die Truppenentflechtung, und zwar auch die an der syrischen Front, nicht abgeschlossen war.

Sadat glaubte inzwischen so fest an den Erfolg unserer Verhandlungen, daß er schon anfing, von den Modalitäten der Unterzeichnung zu sprechen. Aus Furcht vor sowjetischen Manövern wollte er die Vereinbarungen nicht in Genf unterzeichnen, sondern schlug vor, es bei Kilometer 101 zu tun. Besonders stolz war er auf eine Idee, deren Verwirklichung sowohl Nixon als auch die Sowjets in Harnisch gebracht hätte: Ich sollte an der Zeremonie der Unterzeichnung teilnehmen. Aber noch waren wir lange nicht soweit. Ich hatte nicht die Absicht, Nixon zu verärgern, indem ich mich in den Vordergrund drängte, und wollte auch Gromyko nicht demütigen, denn hier wäre symbolisch zum Ausdruck gekommen, was längst zur Wirklichkeit geworden war, daß nämlich aus dem so oft und so gründlich erörterten »amerikanisch-sowjetischen Schutz« eine einseitige amerikanische Initiative geworden war.

Bis dahin war Syrien noch in keiner Weise berücksichtigt worden. Sadat war überzeugt, daß, wenn Ägypten nicht allein die Initiative ergriffe, Präsident Hafez al-Asad immer einen Vorwand finden würde, die Entscheidung hinauszuzögern oder unmögliche Forderungen aufzustellen. Eine Vereinbarung über die Truppenentflechtung auf der Sinai-Halbinsel würde dagegen den Syrern helfen, ihre eigene Lage realistischer zu beurteilen. Da Syrien sich nicht an der Genfer Konferenz beteiligen wollte, erklärte sich Sadat bereit, syrische Offiziere in die ägyptische militärische Delegation aufzunehmen, um ein Forum zu schaffen, in dessen Rahmen über eine Truppenentflechtung an der syrischen Front verhandelt werden könnte. Ich war mir nicht sicher, daß die Beziehungen zwischen den beiden Verbündeten diese Lösung zulassen würden oder daß sich Asad mit einem Verfahren einverstanden erklären könnte, in dem Syrien anders behandelt wurde als Ägypten. Aber das waren technische Fragen, die mit dem Grundproblem nichts zu tun hatten. Sadat glaubte, daß entweder die ganze Initiative in die Sackgasse geraten, oder ein Anfangserfolg für Ägypten die Tür für Syrien öffnen und schließlich zu einem Gesamtfrieden führen würde, und darin hatte er recht.

Das Gespräch mit Sadat hatte dreieinhalb Stunden gedauert. Am Samstag, dem 12. Januar, verließ ich Assuan um 16.00 Uhr, um zwei Stunden später in Israel zu landen und die endgültige Fassung des israelischen Plans entgegenzunehmen.

Jerusalem, 12./13. Januar

Auf dem Flug erfuhr ich, daß Golda an den Gesprächen nicht teilnehmen konnte. Sie war an Gürtelrose erkrankt. (In Israel erzählte man sich, Golda litte an so vielen verschiedenen Krankheiten, daß jeder israelische Medizinstudent, der das Glück hätte, sie untersuchen zu dürfen, automatisch den medizinischen Doktorgrad erwerben könnte.) Würde Sadat, wenn die Verhandlungen scheiterten, an die Echtheit ihrer Krankheit glauben?

Aber ich glaubte noch nicht an das Scheitern der Verhandlungen. Auch Israel war am Zustandekommen der Vereinbarungen interessiert. Es konnte den Brückenkopf westlich des Suez-Kanals nicht halten, ohne die Mobilmachung seiner Streitkräfte aufrechtzuerhalten, was eine schwere wirtschaftliche Belastung bedeutete. Und in Genf würden die Israelis fast vollständig isoliert sein – wie sich zeigte, als ich Golda unmittelbar nach meiner Ankunft gegen 20.000 Uhr in ihrem an einer schmalen Straße in Jerusalem gelegenen kleinen Haus aufsuchte. In Amerika hätte eine kleinbürgerliche Familie diese aus einem bescheidenen Wohnzimmer, einem winzigen Arbeitszimmer und einem kleinen Eßzimmer bestehende Unterkunft bewohnt, hier war es die Residenz der Premierministerin. Golda war körperlich geschwächt und litt unter Schmerzen, war aber geistig hellwach und schlagfertig wie immer. Sie sagte mir, daß sie Sadat mißtraute – wie sie allem mißtraute, was aus Ägypten kam oder etwas mit einem israelischen Rückzug zu tun hatte –, aber sie sagte es in freundlichem Ton und warnte mich, die Lage nicht zu optimistisch zu beurteilen. Es fehlte die gewohnte Aggressivität, und ich spürte, daß mir diesmal die nervenzerrüttenden, legalistischen und haarspalterischen Verhandlungen erspart bleiben würden.

Was natürlich nicht heißen soll, daß man von israelischen Unterhändlern schonend behandelt werden könnte. In Israel durfte ich keine Sehenswürdigkeiten besichtigen. Auch wenn die Verhandlungen nicht im gleichen Tempo geführt wurden wie bisher, mußte die Tagesordnung dem Kabinett demonstrieren, daß es die israelische Verhandlungsdelegation nicht versäumt hatte festzustellen, wo meine Belastungsgrenze lag. Auf meinen Besuch bei Golda folgte am Samstagabend ein drei Stunden dauerndes Arbeitsessen mit der Verhandlungsdelegation unter der sachkundigen Führung des stellvertretenden Premierministers Yigal Allon, mit dem ich seit den fünfziger Jahren eng befreundet war, als er in Harvard mein Student gewesen war. Anschließend sprach ich eine Stunde mit Verteidigungsminister Dayan über die Einzelheiten des israelischen Plans. Am Sonntag, dem 13. Januar, frühstückte ich mit Allon, nahm an einem Arbeitsessen mit Außenminister Eban und der Verhandlungsdelegation teil, lernte die Familien von in Syrien festgehaltenen israelischen Kriegsgefangenen kennen, sprach mit Eban noch einmal über den politischen Rahmen der Vereinbarungen und nahm nach einer mehr als eine Stunde dauernden Autofahrt an einem Empfang in Dayans Haus bei Tel Aviv teil.

Meine Gesprächspartner machten diesmal einen entspannten Eindruck; ich konnte daraus entnehmen, daß die interne Kontroverse vorübergehend beigelegt war. Zum erstenmal hatte sich das Kabinett einstimmig für die Truppenentflechtung ausgesprochen, was gelungen war, weil alle strittigen Fragen zugunsten Israels entschieden worden waren. Jetzt blieb es mir überlassen, Sadat zu überzeugen und seine Zustimmung zu erwirken.

Das israelische Kabinett reagierte sehr geschickt auf meinen Einwand, daß ich Sadat Dayans Plan nicht in ultimativer Form vorlegen könnte, sondern die Möglichkeit haben müßte, Zugeständnisse zu machen. Um meinen Verhandlungsspielraum zu erweitern, verlangten die Israelis von mir, Sadat zunächst härtere Bedingungen vorzuschlagen, um dann auf Dayans Plan auszuweichen. Ich wußte, daß Sadat sich so nicht täuschen ließ. Die israelische Presse hatte zu ausführlich über den

Dayan-Plan berichtet. Mir standen daher noch harte Verhandlungen in Assuan und Jerusalem bevor.

Die von den Israelis vorgeschlagene vorderste Linie ihrer Stellungen lag immer noch westlich der strategisch beherrschenden Pässe am Fuß des auf der Sinai-Halbinsel von Norden nach Süden verlaufenden Gebirgsrückens. Die ägyptische Front auf der Sinai-Halbinsel sollte so verlaufen, daß einige jetzt von der ägyptischen 3. Armee besetzten Gebiete von der Friedenstruppe der Vereinten Nationen übernommen wurden. (Nach dem für Ägypten günstigeren Plan Dayans sollten die Ägypter eine ununterbrochene Linie sechs bis zehn Kilometer ostwärts des Kanals besetzen.) Die Begrenzung der Truppenstärken blieb die gleiche; nicht mehr als zwei bis drei Bataillone am Ostufer des Kanals, keine Panzer und keine Artillerie. Keine ägyptischen Flugabwehrraketen dürften am Westufer näher als dreißig Kilometer an den Kanal herangebracht werden (damit blieben sie vierzig Kilometer westlich der ägyptischen vordersten Linie). Das gleiche galt für die Artillerie, die so weit zurückgenommen werden müßte, daß sie die israelischen Stellungen nicht mehr erreichen konnte. (Dazu hatten die Israelis für die Stellungen der Geschütze verschiedener Kaliber jeweils andere Entfernungen festgelegt. Danach müßten zusätzlich hundert ägyptische Geschütze und mehrere Flugabwehrstellungen zurückverlegt werden.) Auch in der Dreißig-Kilometer-Zone *westlich* des Kanals dürften nicht mehr als dreihundert Panzer aufmarschieren. Ich sagte lachend: »Ich kann es kaum erwarten, Gamasy diese Nachricht zu überbringen.«

Die Israelis erklärten, wenn Sadat nicht die Absicht hätte, den Krieg von neuem zu beginnen, brauchte er keine starken Kräfte in vorderster Linie, was im Prinzip richtig war, aber dabei übersahen die Israelis, daß sie von Sadat erwarteten, tief in einem unbestreitbar ägyptischen Territorium Waffenbegrenzungen hinzunehmen und sich mit dem Abzug starker Kräfte aus Stellungen einverstanden zu erklären, die sie auch *vor* Beginn des Krieges eingenommen hatten.

Außerdem stellte Israel auch härtere politische Forderungen. Es verlangte die ausdrückliche Zusage, daß Sadat den Kanal freimachen, die Städte am Kanal wieder aufbauen, israelischen Schiffen die Durchfahrt durch den Kanal erlauben und den Kriegszustand für beendigt erklären sollte. Ich widersetzte mich diesen Forderungen nicht, sondern konzentrierte mich darauf, mich genau über die Haltung Israels zu informieren und konkrete Fragen zu stellen. Ich sagte, daß wir mit einer sehr komplexen Reaktion Sadats rechnen müßten, wollte aber nicht versuchen, den israelischen Vorschlag zu modifizieren, bevor ich seine Stellungnahme dazu kannte.

Wir begeben uns in die Gefahr, nur noch in Schlagworten zu reden. Wenn er den Vorschlag ablehnt, dann wird er es, soweit ich das beurteilen kann, aus innenpolitischen Gründen tun. Ebenso wie Sie hat auch er seine innenpolitischen Probleme. Und Sie verlangen von ihm, daß er seiner Armee, die er schließlich hinter sich gebracht hat, eine Menge Befehle gibt, denen sich die Militärs nur sehr ungern fügen werden. Ich weiß nicht, ob er das tun kann oder nicht. Nachdem ich so viele Stunden mit ihm gesprochen habe, bezweifle ich nicht, daß er aufrichtig eine Lösung wünscht und mit an Sicherheit grenzender Wahrscheinlichkeit den Frieden in der Kanalzone bewahren will. Ob seine innenpolitische Lage es zuläßt, es zu tun, was nach Ihrer Auffassung Ihre innenpolitische Lage erfordert, weiß ich nicht, aber wir werden es innerhalb der nächsten sechsunddreißig Stunden feststellen. Es hat keinen Sinn, sich darum zu streiten. Die Lage ist aber nicht so einfach, daß man nur zu fragen brauchte: »Will er den Frieden oder will er den Frieden nicht?«

Doch hatte man den Eindruck, daß dies trotz der augenscheinlich so entschlossenen Haltung der israelischen Unterhändler nicht das letzte Wort Israels war. Augenscheinlich waren die sehr weit gehenden Forderungen im Blick auf die innenpolitische Lage in Israel gestellt worden. In der ausdrucksstarken Sprache der Diplomatie durften wir sagen, daß wir auf einen Durchbruch zusteuerten, und schließlich würde Israel trotz aller drohenden Reden einen wesentlichen Beitrag dazu leisten.

Die Gespräche mit den israelischen Unterhändlern waren relativ ruhig verlaufen; niemand sprach davon, daß sich die Verhandlungen festfahren könnten. So war auch die Stimmung auf dem am Sonntagabend von Dayan in seinem schlichten Haus in Tel Aviv gegebenen Empfang, der zu einer festlichen Veranstaltung wurde. Das Haus selbst hätte irgendwo am Rande einer amerikanischen Stadt stehen können, aber der Garten war mit Dayans archäologischen Schätzen angefüllt wie ein Museum, Ausdruck der Besessenheit so vieler Israelis, die sich darum bemühten, die Beziehungen zu der fernen Vergangenheit ihres Volkes neu zu knüpfen oder wenigstens die uralte Identität ihres Landes zu bestätigen – als müßten sie das bohrende Gefühl der eigenen Unsicherheit durch die konkrete Demonstration der historischen Kontinuität bannen. Dayan und der Chef des Stabes, General David Elazar, führten mich in ein kleines Arbeitszimmer und zeigten mir zwei Karten. Hier waren die harte »neue« Linie, die für die Israelis günstiger war als die von Gur den Ägyptern in Genf gezeigte, und die von Dayan in Washington vorgelegte eingetragen, die der von Gur vorgeschlagenen entsprach und die ich den Ägyptern einräumen sollte, falls sie die erste ablehnten. Wir alle wußten, daß ich mit den Verhandlungen über die neue Linie nicht viel Zeit zubringen würde, aber die Israelis hatten eine hämische Freude an ihrem Trick mit der »neuen« Stellung. Als wir herauskamen, spürten die dort versammelten Journalisten unsere zuversichtliche Stimmung. Ich sagte: »Der Grund dafür, daß die Israelis nicht besser behandelt werden, ist, daß Eban mich nicht küßt.«

Vor meinem Abflug nach Assuan wies ich Scowcroft an, Dobrynin vom Stand der Dinge zu unterrichten. Wir wollten unbedingt vermeiden, daß die Sowjets sich einschalteten, während sich die Verhandlungen einem Höhepunkt näherten. Wenn Moskau glaubte, daß unsere Bemühungen scheitern müßten, dann würden die Sowjets unter Umständen eine härtere Haltung einnehmen und versuchen, die Scherben aufzusammeln. Aber wenn der Kreml erkannte, daß wir nicht mehr über »Grundsätze« verhandelten, sondern uns einer Vereinbarung näherten, könnte er versuchen, uns Steine in den Weg zu legen und uns wieder an den Verhandlungstisch nach Genf zurückzuholen. Die für Dobrynin bestimmte Note gab die Tatsachen korrekt wieder, war aber nicht besonders präzise und klar verständlich. Hier hieß es nur, ich hätte die Lage mit beiden Seiten besprochen, gewisse Fortschritte gemacht (wobei wir offen ließen, in welcher Richtung) und würde die Sowjets auf dem laufenden halten.

Am Sonntagabend um 20.15 Uhr waren wir wieder auf dem Flug nach Assuan. Der tüchtige, sehr energische Joe Sisco, der gelegentlich mehr beantwortete, als er gefragt wurde, begrüßte die uns begleitenden Reporter mit den Worten: »Wir heißen Sie an Bord der ägyptisch-israelischen Pendelmaschine willkommen!« Damit war der Begriff »Pendeldiplomatie« geprägt.

Das fliegende Außenministerium

Unser fliegendes Hauptquartier war eine Boeing 707 der amerikanischen Luftwaffe mit der Bezeichnung SAM 86970. (Die Buchstaben SAM bedeuteten Special Air Missions, und 86970 war die Nummer der Maschine.) Sie war die *Air Force One* der Präsidenten Eisenhower und Kennedy und die *Air Force Two* des Vizepräsidenten Lyndon Johnson gewesen.[3] 1974 war es die dritte Maschine in der Luftflotte des Präsidenten. Wie eine verarmte Familie, die bessere Tage gesehen hatte, suchte sie ihre Deklassierung mit dem Stolz der hervorragenden Besatzung und der tadellosen Polsterung wettzumachen, die in den Jahren, in denen ich das Flugzeug benutzte, nicht erneuert wurde. Das Bodenpersonal pflegte die Maschine liebevoll und entwickelte gute freundschaftliche Beziehungen zur Besatzung.

Der erste Gegenstand, der einem in die Augen fiel, wenn man die Maschine betrat, war eine große elektronische Schalttafel, die von zwei Sergeanten bedient wurde. Sie war der Mittelpunkt eines Kommunikationsnetzes, durch das die SAM 86970 in wenigen Minuten über kodierte Fernschreiber mit jedem Teil der Welt verbunden werden konnte. Wenn notwendig stand mir auch ein Funktelefon zur Verfügung, das ich aber nur sehr selten benutzte. Während des Fluges empfing ich über diese Vermittlung alle Telegramme vom Außenministerium oder vom Weißen Haus, und ich konnte meine Anweisungen an das Ministerium oder die Berichte an das Lagezimmer des Weißen Hauses absetzen. In fremden Hauptstädten, wo wir keine Botschaften unterhielten oder wo ich den Inhalt meiner Korrespondenz mit Washington der Botschaft nicht zugänglich machen wollte, benutzten wir die Maschine auch am Boden als Kommunikationszentrum. Da ich die Verantwortung für die Arbeit im Außenministerium auch während meiner Reisen nicht aus der Hand geben wollte, empfingen wir eine sehr große Zahl von Funksprüchen, die von den hervorragend ausgebildeten Funkern aufgenommen, von den Angehörigen meines Stabes entschlüsselt und von mir und meinen Mitarbeitern ausgewertet wurden. Unsere Antworten gingen über das gleiche System wieder hinaus. Diese kleine, aber sehr leistungsfähige Funkvermittlung war das Herz des ganzen Unternehmens. Ohne sie wäre meine Reisediplomatie nicht möglich gewesen. Dahinter war der Flugzeugrumpf in vier Sektionen aufgeteilt. In der ersten an der Steuerbordseite neben einem Korridor gelegenen standen zwei Sofas an der Außenwand, die als Betten benutzt werden konnten. Gegenüber waren ein Klapptisch und zwei Sessel angebracht. Das war mein Aufenthaltsraum, in dem ich arbeitete und mich ausruhen konnte. Hier las ich die Berichte, führte Besprechungen mit meinen Kollegen und legte mich gelegentlich zum Schlafen hin. Auf dem Flug zu Besprechungen hatte ich dazu allerdings nur selten Gelegenheit, denn dann nutzte ich die Zeit, alle notwendigen Unterlagen zu lesen.

Die nächste Sektion war ein Konferenzraum, der über die ganze Breite der Maschine ging. In der Mitte stand ein nierenförmiger Tisch, der an drei Seiten von blau bezogenen Sofas umrahmt wurde. An der vierten Seite stand ein seinerzeit für Lyndon Johnson angebrachter riesiger Sessel. Er konnte mit Knopfdruck in jede beliebige Stellung gebracht werden, wie ich es bis dahin für unmöglich gehalten hatte. Auch der Tisch konnte hydraulisch gehoben und gesenkt werden, war aber nicht ganz so beweglich wie der Sessel. Manchmal passierte es einem unvorsichtigen Neuling, daß er zwischen dem sich hebenden Sessel und dem sich senkenden Tisch eingeklemmt wurde. Dieser Konferenzraum sollte eigentlich jederzeit für den Zweck bereitstehen, für den er gedacht war, aber meist hielten sich hier einige meiner Mitarbeiter auf, und überall lagen Akten, Aktentaschen und ein paar Koffer herum. Wenn ich mich in meine Kabine zurückgezogen hatte, legten sich meine erschöpften Mitarbeiter auf die Sofas, manchmal aber auch auf den Boden. Der Konferenzraum diente den verschiedensten Zwecken. Dort unterrichtete ich die mich begleitenden Journalisten und hielt die notwendigen Stabsbesprechungen ab. Oft setzte ich mich hier auch mit meinen Mitarbeitern zum Essen zusammen.

Es folgte ein Arbeitsraum für die rangältesten Angehörigen meines Stabes. Auf beiden Seiten des Mittelganges stand je ein Tisch. An beiden Tischen konnten bis zu acht Personen Platz nehmen. Auf einem dritten kleineren Tisch stand eine elektrische Schreibmaschine. Wenn notwendig, konnte man auch auf einen der größeren Tische eine Schreibmaschine stellen. Daneben war ein kleines Fotokopiergerät angebracht. Auf unseren Flügen im Nahen Osten war hier Siscos Reich. Meine Mitarbeiter ordneten die eintreffenden Funksprüche und stellten mich gelegentlich auf die Probe, indem sie einen Text verfaßten, der meinen Anordnungen völlig widersprach, um dann gespannt auf das unvermeidliche Feuerwerk zu warten. Am meisten freute es sie natürlich, wenn ich es nicht merkte. Sie stellten die für die folgenden Verhandlungen notwendigen Unterlagen zusammen, gewöhnlich in Form einer Denkschrift, in der die Positionen beider Seiten miteinander verglichen wurden. Die Denkschrift enthielt außerdem unsere Beurteilung über die Flexibilität der Verhandlungspartner und eine Liste aller Themen, die noch zu behandeln waren.

Alles geschah meist unter ungeheurem Zeitdruck, denn die Arbeit mußte bei der nächsten Landung getan sein. Die Zeit, in der wir zwischen Assuan und Jerusalem hin- und herpendelten, war für meine

Mitarbeiter nicht so anstrengend wie die Zeit meiner Verhandlungen zwischen Syrien und Israel, weil sie auf den Flügen von und nach Ägypten eine um fünfundsiebzig Minuten längere Flugzeit hatten. Ein paarmal mußten wir vor der Landung zur Überraschung der uns erwartenden Gastgeber über dem Flughafen kreisen, weil wir unsere Vorbereitungen noch nicht beendet hatten. Die Menschen hielten die Anstrengungen besser aus als die technischen Geräte. Gelegentlich streikte das Kopiergerät. Dann schluckte es eine Seite, und weder das Original noch die Kopie kamen wieder zum Vorschein. Es kam sogar vor, daß eine Seite unter starker Rauchentwicklung verbrannte und die Maschine in Brand zu setzen drohte. Ein anderesmal löste sich das Gerät aus seinen Halterungen und drohte Joe Sisco zu verschlingen. Sisco wurde gerettet, und Winston Lord atmete erleichtert auf und sagte, wenn wir das Gerät nicht rechtzeitig angehalten hätten, dann wären Joes ungezählte Kopien über den ganzen Nahen Osten verstreut worden – was sicherlich unvorstellbare Konsequenzen nach sich gezogen hätte, die weder wir noch der Nahe Osten verantworten könnten.

In der vierten Abteilung ging es am lustigsten zu. In etwa zehn Sitzreihen waren die übrigen Mitglieder des Stabes, das Sicherheitspersonal, die Funker und ganz hinten die vierzehn oder fünfzehn Journalisten untergebracht, die mich gewöhnlich begleiteten.* Daß Journalisten den Außenminister auf seinen Reisen begleiteten, ist, glaube ich, von Dean Rusk eingeführt worden. Die Auswahl erfolgte nach der Bedeutung der Medien, die sie vertraten – die großen amerikanischen Tageszeitungen, die Fernsehgesellschaften, die Nachrichtenagenturen und die Nachrichtenmagazine. Die noch zur Verfügung stehenden Plätze wurden abwechselnd den Vertretern anderer Nachrichtenmedien überlassen. Meine Beziehungen zu dieser schwer zu bändigenden Gesellschaft waren natürlich so komplex, wie es angesichts der verschiedenartigen Aufgaben, die wir zu erfüllen hatten, erwartet werden mußte. Die Medien haben das größte Interesse an einem direkten Kontakt mit höheren Beamten, fürchten sich aber, von ihnen beeinflußt zu werden. Deshalb sind sie oft entweder zu skeptisch oder halten es für zu einfach, Glaubwürdigkeitslücken entdecken zu können. Der Beamte braucht die Medien, um seine Auffassungen zu erläutern, und ist seinerseits versucht, ihnen einen einseitigen Bericht zu geben oder sie unter Druck zu setzen. Mit diesen Einschränkungen denke ich mit freundschaftlichen Gefühlen an die Männer und Frauen, die mich auf meinen Flugreisen begleitet und manchmal auch zur Verzweiflung gebracht haben.

* Zu den Journalisten, die mich auf den meisten Reisen begleitet haben, gehörten Richard Valeriani von NBC, Marvin Kalb oder Bernard Kalb von CBS, Ted Koppel oder Barrie Dunsmore von ABC, Jerrold Schecter von *Time*, Bruce van Voorst von *News Week*, Barry Schweid von AB, Jim Anderson von *Group W. News*, Richard Growald oder Wilbur Landrey von UPU, Lars-Erik Nelson von *Reuters*, Bernhard Gwertzman von der *New York Times*, Marylin Berger oder Murrey Marder von der *Washington Post*, Jeremiha O'Leary vom *Washington Star*, Stan Carter von der *New York Daily News*, John Wallach von der *Hearth Press*, John MacLean von der *Chicago Tribune*, Darius Jhadvala vom *Boston Globe*, Oswald Johnston von der *Los Angeles Times*, Robert Keatley vom *Wall Street Journal*, Charlotte Saikowski oder Dana Adams Chmidt vom *Christian Science Monitor* und Marie Koenig oder William Sprague von USIA.[4]

Die Journalisten, die mit mir zwischen Jerusalem und den arabischen Hauptstädten hin- und hergependelt sind, hatten eine besonders schwierige Aufgabe, denn sie mußten sich meinem Terminplan anpassen, wußten aber nie, wann eine Besprechung enden würde oder wann sie mit einer wirklich wichtigen Nachricht rechnen konnten. Wenn ich, gewöhnlich lange nach Mitternacht, zu Bett gegangen war, mußten sie ihre Berichte schreiben und auf den Weg bringen. Morgens mußten sie viel früher aufstehen als ich, um rechtzeitig am Flughafen zu sein und durch die Gepäckkontrolle zu kommen, damit die Maschine starten konnte, sobald ich an Bord war. In der Maschine und in den Hotels waren sie viel weniger gut untergebracht als ich. Trotz all dieser Schwierigkeiten waren die Berichte über meine Reisen fair und zeichneten sich oft durch großen Sachverstand aus. Meine Reisegesellschaft hatte zum Glück nicht unter der Gehässigkeit und Böswilligkeit zu leiden, welche die Atmosphäre in Washington zur Zeit der Watergate-Krise belastete.

Ich bemühte mich nach Kräften darum, die Journalisten mit »Hintergrundinformationen« zu versorgen, was bedeutete, daß sie mich nicht namentlich, sondern nur als »höheren Beamten« zitieren durften. Gewöhnlich bat ich sie sofort nach dem Start der Maschine in den Konferenzraum. Dort teilte ich ihnen nur sehr selten Einzelheiten über die Verhandlungen mit, bemühte mich aber darum, die Probleme, um die es ging, zutreffend darzustellen und zu sagen, wie ich die Erfolgsaussichten gerade beurteilte. Die Reporter, die mich ständig auf diesen Flügen begleiteten, entwickelten großes Geschick, sich aus dem, was ich ihnen sagte, ein zutreffendes Bild zu machen. Schließlich gingen sie so weit, sich eine besondere Freude daraus zu machen, Sadat zur Bestätigung dessen zu bewegen, was ich noch nicht ausdrücklich hatte zugeben wollen, bevor sich alle Verhandlungspartner darüber geeinigt hatten. Manchmal tat Sadat ihnen den Gefallen – zu meinem großen Kummer. Aber wahrscheinlich kannte er die politischen Zusammenhänge besser, als ich vermutete, denn seine Enthüllungen haben niemals den von mir befürchteten Schaden angerichtet.

Ich hoffe, daß die Journalisten es mir nicht übelnehmen werden, wenn ich sage, sie wären während dieser Reisen im Nahen Osten so stark an einem glücklichen Ausgang der Verhandlungen interessiert gewesen, daß ich schließlich unter einem schweren psychologischen Druck stand, weil ich mir kaum vorstellen konnte, was geschehen würde, wenn ich ihren Erwartungen nicht gerecht werden sollte. Diese Haltung läßt sich vielleicht damit erklären, daß sich jeder gewünscht hat, die Unbequemlichkeiten dieser Reisen mit einem Erfolg zu krönen, und vielleicht hätte ein erfolgreicher Abschluß der Verhandlungen auch dem Ansehen der Berichterstatter genützt. Ob diese hartgesottenen Profis es nun zugeben wollen oder nicht, ich bin überzeugt, auch sie haben gehofft, daß ihr Land in der bedrückenden Atmosphäre von Watergate etwas leisten würde, worauf sie stolz sein könnten. Und sie haben mich, auch wenn es nicht ihre Aufgabe war, in entscheidenden Augenblicken – nicht durch ihre Berichte, sondern durch ihre Haltung – moralisch unterstützt.

Wir landeten um 22.30 Uhr auf dem verdunkelten Militärflughafen. Zum Glück verlangte Fahmy nicht sofort einen genauen Bericht von mir und gab sich mit der Erklärung zufrieden, daß ich Karten und einen offiziellen israelischen Plan mitgebracht hätte. Auch Sadat wollte erst am nächsten Morgen mit mir sprechen.

Der Präsident empfing mich am Montagmorgen, den 14. Januar, um 10.00 Uhr in einem Pavillon im Garten seiner Villa. Es war ein herrlicher, angenehm warmer Tag, und die Sonne stand hoch am wolkenlosen Himmel. Sadat trug noch immer Uniform und wartete geduldig, bis die Fotografen ihre Arbeit getan hatten. Nachdem wir uns eine halbe Stunde zwanglos unterhalten hatten, führte er mich ins Haus. Ich ließ mir die beiden Karten bringen, die man mir in Israel mitgegeben hatte. Da ich wußte, daß der zweite Vorschlag für die Ausweichstellungen der Israelis der einzig realistische war, hielt ich mich mit dem ersten nicht lange auf, denn ich fürchtete, Sadat damit zu verärgern. Ich sagte, wir könnten eine Menge Zeit sparen, wenn wir davon ausgingen, daß sich die Israelis nicht weiter als auf eine Linie *westlich* der Pässe zurückziehen würden. Sadat äußerte sich nur zu dem Vorschlag, daß sich die ägyptischen Streitkräfte im Süden um wenige Kilometer zurückziehen sollten, um der UN-Friedenstruppe Platz zu machen. Er erklärte diese Maßnahme zu einem moralischen Problem; niemand dürfte von den ägyptischen Truppen verlangen, ägyptisches Gebiet zu räumen. Dann erläuterte ich den israelischen Vorschlag zur Truppenentflechtung und nannte zunächst die politischen Forderungen, als Sadat mich unterbrach: »Meine Mitarbeiter sollten das auch hören.« Es war das einzige Mal, daß Sadat bei Verhandlungen mit mir die Zustimmung seiner Untergebenen brauchte. Wie heikel das Problem war, zeigte sich auch daran, daß Sadat meine Hilfe in Anspruch nahm, um auf ägyptischer Seite einen Konsens herbeizuführen.

Aber zunächst kam es gar nicht zu diesem Konsens. Wir begaben uns ins Konferenzzimmer, wo die beiden Verhandlungsdelegationen an einem großen Tisch Platz nahmen, wie es nur bei hochoffiziellen Gelegenheiten dieser Art üblich ist. An der einen Seite des Tisches saß die amerikanische Delegation; links und rechts neben mir Joe Sisco und Ellsworth Bunker (in seiner Eigenschaft als Botschafter bei der Genfer Konferenz), und Peter Rodman übernahm die Aufgaben des Protokollführers. Neben Sadat saßen Gamasy und Fahmy, aber die Ägypter hielten sich nicht so streng an die diplomatischen Gepflogenheiten, sondern verzichteten auf einen eigenen Protokollführer.

Das Gespräch begann mit einem Scherz. Ich sagte, in den nächsten Stunden werde es sich herausstellen, ob ich einen »Kissinger-Plan« mitgebracht hätte (ob die Verhandlungen mit einem Erfolg enden würden) oder einen »Sisco-Plan« (was das Scheitern unserer Bemühungen bedeuten würde). Fahmy erwiderte spitz, im Falle eines Sisco-Plans würden die Ägypter Siscos Leiche einbalsamieren und im Tal der Könige beisetzen. Aber die Scherze hörten sehr bald auf, als ich erläuterte, wie sich Israel die Truppenentflechtung vorstellte, und ganz detailliert auf die militärischen Aspekte einging. Sadat sagte nur wenig, sog an seiner Pfeife und stellte nur hin und wieder sehr klare und präzise Fragen. Als ich begann, die anderen von den Israelis vorgeschlagenen Bedingungen aufzuzählen, wurde die Stimmung frostig. Zur Freigabe des Suez-Kanals rief Sadat ungehalten aus: »Das sind politische Fragen!« Und als ich davon sprach, daß die Israelis verlangten, alle ausländischen Truppen und Freiwilligen aus Ägypten zu entfernen, brummte er nur: »Lächerlich!«

General Gamasy war weniger zurückhaltend. Er bezeichnete das Verlangen Israels, die Zahl der in den einzelnen Zonen zu stationierenden Truppen und Waffen zu begrenzen, als unerhört. Wenn alle Panzer vom Ostufer des Kanals abgezogen würden und die in der Dreißig-Kilometer-Zone am Westufer stehenden Verbände ausgedünnt wurden, dann wären die ägyptischen Kräfte an dieser Front schwächer als vor dem Krieg. Gamasy behauptete, daß mit diesem Plan die Sicherheit Israels gestärkt und die Ägyptens geschwächt werden sollte. Darüber hinaus hätten die israelischen Vorschläge so viele politische Komponenten, daß er als Soldat nicht der geeignete Mann wäre, derartige Vereinbarungen zu unterzeichnen. Auch der Kilometer 101 wäre dafür nicht der richtige Ort, denn dort ginge es nur um militärische Angelegenheiten.

Mit anderen Worten, Gamasy ließ erkennen, daß er die Militärs am liebsten aus den Verhandlungen herausgehalten hätte. Dieser disziplinierte, zuverlässige Offizier, unter dessen Befehl ägyptische Streitkräfte den Suez-Kanal überschritten hatten, war ein kühler Rechner und nicht so emotional wie einige seiner Kollegen. Er mußte deshalb ernst genommen werden. Der absolut pflichttreue Gamasy, dem man auch keinen persönlichen Ehrgeiz nachsagen konnte, würde entscheiden, ob die Streitkräfte die Vereinbarungen unterstützten.

Sadat hörte sich die Argumente mit halb geschlossenen Augen in aller Ruhe an, ohne sich anmerken zu lassen, was er dachte. Schließlich fragte er: »Können wir hier einen aus Vertretern beider Seiten bestehenden Arbeitsausschuß bilden?«

»Gewiß«, antwortete ich, und um es ihm zu ermöglichen, sich mit seinen Mitarbeitern über die Haltung der ägyptischen Seite zu einigen, fügte ich hinzu: »Wäre es Ihnen lieber, wenn wir Sie jetzt allein ließen?«

Sadat nahm einen Zug aus seiner Pfeife. »Nein, denn zuerst müssen wir, Sie und ich, uns über die Grundsätze einigen, die für die Arbeit des Ausschusses maßgebend sein sollen.« Damit stand er auf und bat mich, ihn in sein Arbeitszimmer zu begleiten.

Hier setzte sich Sadat in eine Sofaecke und fragte nachdenklich: »Meinen sie es ernst?« Ich sagte, ich glaubte nicht, daß sich die israelische Verhandlungsdelegation mit einer Zurücknahme der israelischen vorderen Linie, die jetzt westlich der strategischen Pässe liegen sollte, einverstanden erklären würden. Wenn sie sich hinter die Pässe zurückzögen, dann gäbe es außer in den Pässen selbst keine für die Verteidigung geeignete Stellung mehr für sie. Nach meiner Ansicht würde das israelische Parlament eine solche Lösung für die erste Phase der Truppenentflechtung nicht zulassen. Vielleicht würden die Israelis im Hinblick auf eine Begrenzung der Waffen in den verschiedenen Zonen etwas flexibler sein, aber darüber hätte ich in Jerusalem nichts gehört. Sadat mußte jetzt vor allem entscheiden, wie rasch er vorankommen wollte. Einige Bedingungen ließen sich sicherlich noch modifizieren, aber dazu wären lange Verhandlungen erforderlich. Er würde sich überlegen müssen, was in der Zwischenzeit in der arabischen Welt geschehen konnte. Die Sowjets würden höchstwahrscheinlich alles tun, um die ganzen Verhandlungen scheitern zu lassen. Die Truppenentflechtung würde außerdem zum Thema der hitzig geführten Debatten um die Kabinettsbildung in Israel werden, die in einer Woche nach Zusammentreten des neuen Parlaments beginnen würden. Wahrscheinlich würde sich auch nach längerer Zeit nicht sehr viel mehr erreichen lassen als jetzt.

Sadat wußte natürlich, daß er die ägyptische 3. Armee nicht monatelang in der Wüste allein lassen konnte, und eine diplomatische Konfrontation zwischen Ägypten und den Vereinigten Staaten widerspräche seiner Strategie, deren Kern die Annäherung an Amerika war.

Jetzt mußte es sich entscheiden, ob unsere Bemühungen Erfolg haben würden oder nicht; deshalb kamen mir die nächsten Minuten, in denen Sadat schweigend in seiner Sofaecke saß, wie eine Ewigkeit vor. »Diese Narren«, murmelte er, und ich wußte nicht sofort, daß er damit das isrealische Kabinett meinte. »Warum wollen sie Gamasy so sehr demütigen? Wenn ich angreifen will, kann ich über Nacht Hunderte von Panzern über den Kanal bringen. Ich will nicht angreifen, und so ist es ganz gleichgültig, wie viele Panzer dort stehen.« Ich sagte, die Isrealis wollten mit ihren Bedingungen niemanden demütigen, sondern nur ihr eigenes Gewissen beruhigen. Sie wollten nur zeigen, daß sie für ihren praktisch einseitigen Rückzug auf der Sinai-Halbinsel eine Gegenleistung bekämen, auch wenn diese Gegenleistung praktisch nichts bedeutete. Sie wollten die Falken in den eigenen Reihen beruhigen, vor allem aber das quälende Gefühl der Unsicherheit, von dem ich vorhin gesprochen hätte.

Sadat hüllte sich wieder in Schweigen. Doch dann traf er ganz plötzlich die Entscheidung, die den Erfolg der Verhandlungen sicherstellte. Er erklärte sich damit einverstanden, daß die Israelis an einer Linie westlich der Pässe blieben. Aber er selbst wollte seine Stellungen im Südabschnitt nicht drei Kilometer zurücknehmen, um den UN-Truppen Platz zu machen. Dort müßte Israel ein entsprechendes Gebiet räumen. Er könnte nicht alle israelischen Wünsche erfüllen. Das war typisch für Sadat; tapfer und berechnend, vertrauensvoll und taktisch geschickt. Die Forderungen waren im Grunde Ausdruck innenpolitischer Zwänge in Israel und nicht das Ergebnis einer militärischen Lagebeurteilung. Nun hatte Sadat diesen Forderungen ihre Schärfe genommen, ohne wesentliche Zugeständnisse gemacht zu haben. Gleichzeitig verpflichtete er die Vereinigten Staaten, die Verhandlungen zu einem erfolgreichen Abschluß zu bringen.

Was nun die Truppenbegrenzungen in den vordersten Stellungen betraf, so erklärte Sadat, daß er niemandem erlauben dürfte, Ägypten zu sagen, wie die ägyptische Hauptkampflinie auf ägyptischem Territorium aussehen sollte. Auch könnte er dem israelischen Plan für die Einteilung in Zonen, in denen nur eine begrenzte Zahl von Waffen in Stellung gebracht werden dürften, nicht zustimmen. Diese Einschränkungen wären zu kompliziert. Zur Vereinfachung schlug er vor, sich auf nur *zwei* Linien zu einigen, auf die vorderste israelische Linie (unmittelbar westlich der Pässe) und auf die vorderste ägyptische Linie sechs bis zehn Kilometer östlich des Kanals). Das zwischen diesen beiden Linien gelegene Gebiet wäre dann die von den Vereinten Nationen zu überwachende Zone. Welche Waffen eingesetzt werden dürften, sollte in der Zahl der Kilometer zum Ausdruck kommen, die ihre Stellungen von der jeweils vordersten Linie entfernt waren. Sadat akzeptierte das Prinzip, daß weder Flugabwehrraketen noch Artillerie dort in Stellung gehen sollten, wo sie noch die vorderste Linie der anderen Seite erreichen könnten. Er sagte, die Flugabwehrraketen sollten etwa dreißig Kilometer hinter der ägyptischen vordersten Linie (oder zehn Kilometer weniger als im israelischen Vorschlag, denn Israel war bei seinen Entfernungsangaben vom Kanal ausgegangen) in Stellung gehen dürfen. Vor einer endgültigen Entscheidung wollte er aber auch noch Gamasys Ansicht hören. Er meinte, sein Chef des Stabes werde sich nur ungern überzeugen lassen, und ich sollte alles tun, diese Entfernungen zugunsten von Ägypten zu korrigieren.*

Was nun die Truppenverringerung im einzelnen betraf, so würde es nicht genügen, nur zwei oder drei ägyptische Bataillone östlich des Suez-Kanals zu stationieren, wie es Israel verlangte. Sadat dachte an zehn Bataillone, sagte aber, er werde mit der größten Zahl von Bataillonen einverstanden sein, die ich ihm nach Rücksprache mit den Israelis nennen könnte, vorausgesetzt, diese Zahl käme seinen Vorstellungen entgegen. Außerdem könnte er es sich nicht verbieten lassen, auf ägyptischem Boden Panzer zu stationieren. Seine Infanterie wäre in der Zusammenarbeit mit Panzern ausgebildet worden und würde sich ohne Panzer wehrlos fühlen. Nun wollte er es mir überlassen, mit den Israelis die Zahl der Panzer auszuhandeln, die am Ostufer des Kanals bleiben konnten. Diese Lösung wäre er der Selbstachtung Ägyptens schuldig. Das gleiche galt für die Artillerie. Ich sollte mit Gamasy darüber sprechen, welche Kaliber und welche Verbände jeweils so eingesetzt werden könnten, daß ihre Schußweite nicht bis an die vorderste israelische Linie reichte. Ich sagte ihm, daß die Israelis mir weder für die Panzer noch für die Artillerie einen Verhandlungsspielraum eingeräumt hätten. Ich glaubte nicht, daß sie mit der Stationierung von mehr als fünfzig Panzern östlich des Kanals einverstanden sein würden. Wahrscheinlich würden es nur dreißig sein, vielleicht würde ich aber auch gar nichts erreichen können. Sadat erwiderte, er werde auch mit einer geringen Zahl von Panzern einverstanden sein, solange nicht der Eindruck entstand, daß ägyptische Streitkräfte nicht auf ägyptischem Boden stationiert werden dürften.

* Sadats Vorstellungen sind auf der Karte, welche die endgültigen Stellungen nach der Truppenentflechtung zeigt, zum größten Teil berücksichtigt.

Aber solche Argumente sollten den Israelis nicht vorgetragen werden, deshalb fragte Sadat, warum ich nicht einen *amerikanischen* Plan vorlegen wollte, der die Truppen- und Waffenbegrenzungen vorschrieb. Er und Golda könnten dann eine solche Vereinbarung unterzeichnen. Was nun die politischen Bedingungen beträfe, wäre er bereit, seine Auffassungen brieflich Präsident Nixon zu erläutern. Auch wir könnten uns nach Belieben mit jedem anderen Land in Verbindung setzen. Er könnte sich jedoch nicht offiziell dazu verpflichten, den Suez-Kanal zu räumen und freizugeben. Er könnte mir aber sagen, daß er es freiwillig tun werde – sobald Israel darauf verzichtete, es zu verlangen. Dann werde er mit den Räumungsarbeiten beginnen, sobald beide Armeen die in den Vereinbarungen über die Truppenentflechtung vorgesehenen Stellungen erreicht hätten. Eine offizielle Beendigung des Kriegszustandes käme nicht in Frage, sie würde zu einer Explosion in der arabischen Welt führen. Er könnte sich jedoch noch einmal feierlich verpflichten, den Waffenstillstand einzuhalten.

Dann bat mich Sadat um meine Stellungnahme. Ich hatte eigentlich nichts mehr dazu zu sagen. Ebenso wie im November war es Sadat gelungen, das Wesentliche vom rein Taktischen zu trennen. Das Entscheidende war, daß Sadat den Israelis eine vorderste Linie westlich der strategischen Pässe zugestand und daß er für die Beschränkung des Einsatzes von Truppen und Waffen eine geniale Lösung gefunden hatte. Alles andere waren rein kosmetische Maßnahmen. Er und Golda hatten begriffen, daß das wichtigste Ereignis der erste, freiwillige, größere Rückzug Israels innerhalb von fast zwanzig Jahren sein würde. Die Einzelheiten, über die mit solcher Leidenschaft debattiert wurde, waren von zweitrangiger Bedeutung. Wenn der Friedensprozeß fortgeführt werden konnte, dann war es gleichgültig, wo die Truppen nach Abschluß der ersten Phase standen. Wenn dieser Prozeß nicht weiterging, mußte es zu neuen gefährlichen Spannungen kommen. Die Vereinbarungen über die Truppenentflechtung bezeichneten jedoch vor allem den Übergang Ägyptens aus der Abhängigkeit von der Sowjetunion zur Partnerschaft (wie Sadat es bezeichnete) mit den Vereinigten Staaten. Damit nahm auch unser Interesse am Friedensprozeß zu, und zwar besonders, wenn sich der Erfolg auf einen amerikanischen Vorschlag zurückführen ließ.

Jetzt kam es darauf an, die grundsätzliche Einigung in die Praxis umzusetzen. Bevor wir uns wieder mit unseren Mitarbeitern trafen, rief Sadat Gamasy herein und sagte: »Dr. Kissinger und ich haben uns darüber geeinigt, wie wir zu einer Vereinbarung kommen werden. Sie, Gamasy, werden sie unterzeichnen.« Damit hatte Sadat jeden Widerstand gebrochen, bevor Gamasy von den neuen Vorschlägen gehört hatte. Sadat erfüllte so die Funktion, die ein Regierungschef keinem anderen übertragen kann: Er übernahm selbst die volle Verantwortung für seine Entscheidung.

Als wir uns wieder am Konferenztisch gegenüber saßen, fragte ich Sadat: »Darf ich den Inhalt unseres Gesprächs zusammenfassen?« Der folgende Wortwechsel illustriert die Stimmung im Augenblick des Durchbruchs besser als jede andere Schilderung:

Sadat: Bitte, Sie sind viel klüger.
Kissinger: Aber nicht so weise. Der Präsident und ich haben nicht nur über die technischen Bestimmungen gesprochen, sondern auch über die Frage, ob wir jetzt rasch vorankommen oder es der langsamen Entwicklung in Genf überlassen wollen. Die technischen Fragen lassen sich vielleicht in Genf besser lösen, aber wir sind zu der Auffassung gelangt, daß es günstiger sein wird, rasch voranzukommen. Das ist Ihre Auffassung.
Ägypten kann an der ägyptischen vordersten Linie verteidigt werden. Israel läßt sich an der israelischen Linie nicht verteidigen. Deshalb wäre es eine politisch unannehmbare Forderung, wenn die Ägypter ihre eigene Verteidigungslinie auf ägyptischem Gebiet zurücknehmen sollten. Ich muß sagen, ich halte das für ein sehr überzeugendes Argument.
Ich bin daher bereit, nach Israel zurückzugehen und etwas mitzunehmen, von dem ich bisher noch nichts gehört habe – den Vorschlag, auf alle diese Zonen zu verzichten. Die israelischen Streitkräfte werden bis auf diese Linie zurückgehen, und die ägyptischen Streitkräfte werden auf jene Linie zurückgehen, und die ägyptische Linie ist hier festgelegt – so daß ein ägyptischer Rückzug nicht erforderlich ist. Alle Begrenzungen werden daher nicht im Hinblick auf ein Zurücknehmen der vordersten Linie, sondern im Hinblick auf die Entfernungen zwischen der vordersten ägyptischen Linie, dem Kanal und der israelischen vordersten Linie festgelegt werden.
Zweitens sprach Präsident Sadat davon, daß es für Ägypten sehr schwierig sei, ein Dokument zu unterzeichnen, das ihn zu Truppenbegrenzungen auf ägyptischem Territorium verpflichtet.
Sadat: Ganz richtig.
Kissinger: So haben wir an verschiedene Möglichkeiten gedacht wie zum Beispiel Briefe an die Präsidenten usw. Dann kam der Präsident auf eine Idee, die geprüft werden sollte – daß wir einen Brief an Präsident Sadat und an die israelische Premierministerin schreiben sollten, in dem wir gewisse Truppenbegrenzungen vorschlagen. Damit wären diese Begrenzungen keine Verpflichtungen der einen Partei gegenüber der anderen.
Sadat: Das wäre ein amerikanischer Vorschlag.
Kissinger: Und auf diese Weise wäre nicht erkennbar, wer wem etwas abverlangt.
Die Arbeitsgruppe sollte zwei Dokumente entwerfen – eine bei Kilometer 101 zu unterzeichnende Vereinbarung und einen an beide Seiten gerichteten amerikanischen Vorschlag, in dem gewisse Truppenbegrenzungen erläutert werden. Dazu muß ich sagen, daß ich keine Ahnung habe, wie die Israelis reagieren werden. In dem ägyptisch-israelischen Dokument kann es heißen, daß es Truppenbegrenzungen geben wird – die nicht im einzelnen erläutert werden –, und zwar in beiden Zonen, und daß alle anderen Begrenzungen danach festgelegt werden, wie weit die betreffenden Stellungen von der ägyptischen vordersten Linie entfernt sind.
Zu diesen Begrenzungen meint der Präsident, daß die Streitkräfte am

Ostufer wesentlich stärker sein müßten als nach dem israelischen Vorschlag. Diese Frage sollte in den Dokumenten offengelassen werden. Ich weiß, woran der Präsident denkt, aber ich weiß auch, daß ich die Entscheidung nicht treffen kann. Er ist nicht bereit, auf alle Panzer zu verzichten.

Sadat: Ganz richtig.

Kissinger: Dann haben der Präsident und ich uns darauf geeinigt, daß in diesen Zonen, die geographisch festgelegt werden, auch keine Waffen in Stellung gehen sollten, mit denen die Stellungen der anderen Seite erreicht werden können. Bis zu einer Entfernung von dreißig Kilometern von der ägyptischen vordersten Linie und von dreißig Kilometern von der israelischen vordersten Linie sollte keine Artillerie und sollten keine Flugabwehrrakten in Stellung gehen.

Ich habe dem Präsidenten gesagt, diese Vereinbarung würde mit Sicherheit veröffentlicht werden.

Sadat: Nicht von der amerikanischen Seite.

Kissinger: Ich möchte Ägypten nicht in eine peinliche Lage bringen. Aber es gibt keine Möglichkeit, Israel an der Veröffentlichung zu hindern, in ihrem Parlament usw. Dann unterrichtete ich den Präsidenten über die israelischen Forderungen –

Sadat: Von den politischen.

Kissinger: Von den politischen. Wir lassen die Sache mit den ausländischen Truppen und Freiwilligen fallen. Wir gehen auch nicht auf das Problem der freien Durchfahrt für israelische Schiffe durch den Kanal und des zivilen Flugverkehrs ein. Was Bab el-Mandeb betrifft, so sind wir übereingekommen, daß der Präsident mir einen Brief über die Aktionen der ägyptischen Streitkräfte schreiben wird.

Dann sprachen wir noch im einzelnen über den Truppenaufmarsch hinter den vordersten Linien. Ich sagte Sadat, daß ich erst nach Abschluß der Verhandlungen nach Damaskus und Amman gehen würde, was ihn sehr zu erleichtern schien. Wir rechneten jetzt so fest mit einem Erfolg, daß wir uns schon über das Verfahren für den Abschluß der Gespräche Gedanken machten:

Kissinger: Darf ich einen praktischen Vorschlag machen?

Sadat: Ja.

Kissinger: Daß ich mich jetzt mit meinen Kollegen zusammensetze und wir zwei Dokumente entwerfen, die ich Ihnen um 16.30 Uhr vorlegen werde. Um 20.30 Uhr möchte ich abfliegen und Israel davon verständigen, daß ich voraussichtlich um 22.45 Uhr dort eintreffen und morgen abend hierher zurückkehren werde.

Sie werden wahrscheinlich länger als einen Tag brauchen, unsere Vorschläge zu prüfen; dazu wird das Kabinett zusammentreten müssen. Daher werde ich wahrscheinlich am Mittwoch wieder hier sein. Oder gibt es irgendeinen Tag, an dem es Ihnen nicht passen würde?

Sadat: Nein, nein.

Kissinger: Wahrscheinlich werde ich dann noch einmal nach Israel zurückkehren müssen, und wenn ich dann wieder hierher komme, wird die Sache erledigt sein. Denn das Problem mit den Panzern und mit den vordersten Linien wird sich nicht sofort lösen lassen.

Sisco: Was sagen wir der Presse?

Kissinger: Ich glaube, wir sollten ihr jetzt noch nichts sagen. Aber wir haben vereinbart, daß wir ihr an einem bestimmten Punkt sagen sollten: »Es ist ein komplexes Problem, es sind schwierige Verhandlungen. Ich habe eine ägyptische Lagekarte, die ich nach Israel mitnehme. Immerhin sind wir heute ein gutes Stück vorangekommen, und ich bin überzeugt, daß wir Fortschritte erzielen werden.« Dann werden die Gegner der Vereinbarungen nicht glauben, daß die Verhandlungen kurz vor dem Scheitern stehen. Ich mache mir nur Sorgen darum, daß der hier anwesende General das Kommunikationsproblem mit den hiesigen Nordkoreanern noch nicht gelöst hat und diese mich abschießen werden. (Gelächter)

Sadat: Sie sind ganz in der Nähe. (Gelächter)

Kissinger: In welcher Sprache verkehren Sie mit ihnen?

Gamasy: Koreanisch. (Gelächter)

Sadat: Ich habe eine Idee. Wir lassen Sisco versuchsweise vorausfliegen. (Gelächter)

Daß die vier Stunden dauernde Konferenz – wie sie begonnen hatte – mit einem Scherz über Joe Sisco endete, zeigte, daß der immer optimistische Unterstaatssekretär, dessen Geschick und reiche Erfahrungen wesentlich dazu beigetragen hatten, daß wir soweit gekommen waren, die Herzen der Beteiligten auf beiden Seiten für sich gewonnen hatte.

Kurz nach 17.00 Uhr trafen sich die ägyptische und die amerikanische Arbeitsgruppe in einer durch Vorhänge abgeteilten Ecke des großen Speisesaals im neuen Katarakt-Hotel. Den Ägyptern wollte Sadats Entscheidung nicht recht gefallen. Fahmy deutete es nur an, aber Gamasy ließ sich seine Unzufriedenheit deutlich anmerken und war kühl und reserviert. Beide leisteten hervorragende Arbeit. Nachdem Sadat die volle Verantwortung übernommen hatte, entwickelte sich alles weitere sehr schnell. Gamasy wußte, welche Geschütze die israelischen Stellungen vom Ostufer aus nicht erreichen konnten. Es waren 122-mm-Haubitzen mit einer Reichweite von zwölf Kilometern. Das wollte ich den Israelis sagen. Gamasy ärgerte sich besonders darüber, daß die Flugabwehrraketen am Westufer zurückgenommen werden sollten. Er sagte, daß er als Soldat nur einen Plan für die Zurücknahme dieser Stellungen um fünfundzwanzig Kilometer entwerfen würde, also fünfzehn Kilometer weniger, als Israel verlangte. Wenn die Israelis sich damit nicht einverstanden erklärten, dann müßte Sadat die endgültige Entscheidung treffen. Sisco und ich hatten sowohl den Text einer ägyptisch-israelischen Vereinbarung als auch den eines »Vorschlags der Vereinigten Staaten« über die Waffenbegrenzungen entworfen, der beiden Seiten zur Annahme empfohlen werden sollte. Gemeinsam prüften wir beide Dokumente Zeile um Zeile. Gamasy und Fahmy entschuldigten sich um 18.40 Uhr, um Sadat die Texte vorzulegen. Ich sollte auf dem Wege zum Flughafen noch einmal zu Sadat kommen, der mich dann von seiner endgültigen Stellungnahme unterrichten wollte.

Um 19.15 Uhr saß ich dem Präsidenten in seinem Arbeitszimmer gegenüber. Er hielt sich nicht lange mit den Entwürfen auf, die wir mit

Gamasy und Fahmy ausgearbeitet hatten, und bat mich, mein Bestes zu tun. Ich wüßte jetzt, worauf es Ägypten ankäme. Er selbst werde alles tun, um die Vereinbarungen noch in dieser Woche zum Abschluß zu bringen. Er hätte sich noch einmal überlegt, was ich über das Durchsikkern der Bedingungen in Israel gesagt hatte, besonders über die Vorschläge zur Begrenzung der Waffen. Wenn diese Dinge vor der Unterzeichnung durchsickerten, dann werde er die Vereinbarungen nicht unterschreiben können. Wenn sie nach seiner Reise durch die arabischen Hauptstädte bekannt würden, würde es ihm nützen, und wenn sie nach einer Geheimsitzung des israelischen Parlaments durchsickerten, hätte er Verständnis dafür. Er wollte den Israelis die Annahme psychologisch nach Möglichkeit erleichtern. Amerikanische Aufklärungsflugzeuge dürften die Stellungen nach der Truppenentflechtung alle zwei Wochen überfliegen, vorausgesetzt, daß die Aufnahmen beiden Seiten zur Verfügung gestellt würden. Als Reaktion auf das israelische Verlangen, die Kanalzone wieder zu besiedeln, legte er einen genialen Vorschlag vor (Israel erblickte darin einen Beweis seiner friedlichen Absichten). Er könnte sich gegenüber keiner ausländischen Regierung, auch nicht gegenüber der amerikanischen, verpflichten, in einer so eindeutig inneren Angelegenheit etwas zu unternehmen, wie es der Wiederaufbau der ägyptischen Städte am Kanal sei, werde diese Schwierigkeit aber umgehen, indem er uns bäte, Israel zu der Zusage zu bewegen, daß es die Wohngebiete in dieser Gegend nicht angreifen werde – eine Verpflichtung, die nur einen Sinn hatte, wenn sich das Leben in der Kanalzone normalisieren sollte.

Sadat legte großen Wert darauf, mich davon zu überzeugen, daß er sich von der Sowjetunion distanzieren wollte. Er wiederholte, er hätte die Absicht, die Verlegung der sowjetischen Aufklärungsflugzeuge aus Ägypten zu verlangen und den Freundschaftsvertrag mit der Sowjetunion von 1975 zu kündigen. Er wollte engere Kontakte mit den Vereinigten Staaten aufnehmen und einen Gedankenaustausch über die Entwicklung der künftigen Zusammenarbeit beginnen.

Das alles entsprach natürlich auch dem Wunsch, daß die Vereinigten Staaten Israel zu weiteren Zugeständnissen veranlaßten. Daß Sadat im Interesse Ägyptens handelte, war für ihn als Präsidenten dieses Landes eine Selbstverständlichkeit. Er hatte begriffen, daß den ägyptischen Interessen durch eine Versöhnung mit den Vereinigten Staaten und dem Frieden mit Israel am besten gedient war, und bewies dadurch, daß er Weitblick besaß.

Die Pendeldiplomatie geht zu Ende

Am Montag, dem 14. Januar, um 23.00 Uhr, etwas mehr als vierundzwanzig Stunden nach unserem Abflug von dort, landeten wir wieder auf dem Ben-Gurion-Flughafen in Tel Aviv. Bei unserem Abflug hatte es zu regnen begonnen, und der Sturm war jetzt so heftig geworden, daß wir den Hubschrauber nicht benutzen konnten, den uns die Israelis zur Verfügung stellten, um rascher nach Jerusalem zu kommen. Aber ich legte ohnedies keinen besonderen Wert darauf, einen Hubschrauber zu benutzen. Damals war die neue Straße noch nicht fertig, die den Flughafen mit Jerusalem verband, und die Autofahrt nahm mehr als eine Stunde in Anspruch. So hatten Eban und ich schon im Wagen die Möglichkeit, uns über den gegenwärtigen Stand der Dinge zu unterrichten. Bestimmte Schlüsselfragen hoben wir uns allerdings für Jerusalem auf, wo wir mit Dinitz zusammentreffen wollten, der nicht nur israelischer Botschafter in Washington war, sondern Goldas besonderes Vertrauen genoß.

In meinem Appartement im sechsten Stock des King David Hotels besprachen wir zu dritt die Lage. Dinitz und Eban taten diesmal nicht so, als wäre jedes Zugeständnis nur die Anerkennung einer berechtigten israelischen Forderung, sondern zeigten sich überrascht davon, daß wir in so kurzer Zeit so viel erreicht hatten. Sie waren in einer freiheitlichen Demokratie aufgewachsen und erzogen und konnten sich kaum vorstellen, welche großzügigen Gesten in einem autoritären System möglich waren. Dieses für Sadat charakteristische Verfahren hat sie immer wieder in Erstaunen versetzt. Als ich die dreißig Panzer erwähnte, die Sadat am Ostufer des Kanals stationieren wollte, fragte Dinitz bezeichnenderweise: »Sie wollen sagen, er hat nicht zuerst von dreihundert Panzern gesprochen?« Sadat feilschte im allgemeinen nicht. Ebenso wie Tschou Enlai, mit dem man ihn im übrigen kaum vergleichen konnte, legte Sadat seine Forderungen bei Verhandlungsbeginn auf den Tisch und blieb dann auch meist dabei. Ich habe den Israelis diese Taktik Sadats nicht im einzelnen erläutert, um zu vermeiden, daß meine Gesprächspartner – für die Sadat immer noch ein Wesen von einem anderen Stern war – mir vorwarfen, ich bemühte mich nicht energisch genug darum, Sadat zu Zugeständnissen zu bewegen. Nun vereinbarten wir, daß israelische Verhandlungsdelegationen meinen Bericht in der Nacht prüfen sollten, um am folgenden Morgen dazu Stellung zu nehmen. Wenn alles glattging, konnte ich vielleicht schon am nächsten Abend nach Assuan zurückfliegen.

Nach fast fünfzehn Stunden dauernden ununterbrochenen Verhandlungen in zwei Ländern verfaßte ich einen Bericht an Präsident Nixon. Dobrynin schickte ich über Scowcroft eine Note, in der ich ihm mitteilte, daß wir vorangekommen wären, sagte aber wieder nicht, in welcher Richtung. Auch in meinen Botschaften an die Außenminister von Großbritannien, Frankreich und der Bundesrepublik Deutschland teilte ich keine Einzelheiten mit. Ich wollte nicht das Risiko eingehen, daß die Europäer ihre Initiativen wiederholten und die Vereinbarungen gefährdeten, die zum Greifen nahe vor uns lagen.

Am Dienstagmorgen wurde ich durch einen Funkspruch von Scowcroft geweckt, der mich aufgrund des am vergangenen Abend an Nixon abgeschickten Berichts ermahnte, keine Vereinbarung zu treffen, ohne ausdrücklich darauf hinzuweisen, welchen Anteil der Präsident daran gehabt habe, was nach Auffassung von Scowcroft und Haig verlangte, daß ich nach Washington zurückkehrte, um dort die Anweisungen des Präsidenten entgegenzunehmen, und zwar so, daß die Öffentlichkeit es erfuhr, und anschließend die Verhandlungen zu Ende führte. Doch das kam nicht in Frage. Wenn ich meinen Aufenthalt im Nahen Osten für drei Tage unterbrach – und das war das mindeste –, dann konnte es allzu leicht geschehen, daß der mühsam ausgehandelte Kompromiß nicht zustande kam. Das neue israelische Parlament würde in fünf Tagen zusammentreten und die Regierung wahrscheinlich veranlassen, eine Erklärung über die Truppenbegrenzungen abzugeben. Sadat hatte jedoch erklärt, das vorzeitige Bekanntwerden der Vereinbarungen werde es ihm unmöglich machen, sie zu unterzeichnen. Deshalb würde Sadat entweder seine Reise durch die arabische Welt verschieben müssen, was als Scheitern unserer Verhandlungen gedeutet werden würde, oder er konnte eine weitere Verzögerung nur vermeiden, indem er Erklärungen abgab, in denen er sich die Entscheidung für eine spätere Zeit vorbehielt. In Israel würden die Verhandlungen durch den schwierigen Prozeß der Kabinettsumbildung in den Hintergrund gedrängt werden, und die Öffentlichkeit würde meine Abreise unter Umständen als Beweis dafür ansehen, daß wir in eine Sackgasse geraten wären. Kurz gesagt, ich hätte mit dem Flug nach Washington zu viel riskiert.

Bevor ich Scowcroft antwortete, wollte ich die Reaktion der israelischen Regierung abwarten. Am Dienstagmorgen brachte mir Dinitz zum Frühstück gute Nachrichten. Die Israelis nahmen einen grundsätzlich positive Haltung ein. Er sagte, ich sollte diese Haltung nicht vergessen, denn die israelische Verhandlungsdelegation würde mir sicher noch Schwierigkeiten machen – eine nützliche Warnung, denn als wir uns eine Stunde später im Konferenzzimmer der Premierministerin trafen, hätte niemand auf den Gedanken kommen können, daß in Assuan irgend etwas erreicht worden wäre. Wie Dinitz vorausgesagt hatte, nahmen uns unsere israelischen Gesprächspartner in ein unbarmherziges Kreuzverhör zu jedem technischen Aspekt des Problems.* Jetzt wurde plötzlich die Behauptung aufgestellt, daß Sadat, indem er seine Truppen im Süden ihrer Stellungen um wenige Kilometer verschob, den israelischen Streitkräften am Mitla-Paß (etwa sechzig Kilometer nordöstlich der Stellungen) über eine Straße in die Flanke stoßen wollte, die zu neun Zehntel von den Israelis beherrscht wurde. Aber ich glaubte deutlich zu spüren – vielleicht hatte ich mich aber auch nur von Dinitz beruhigen lassen –, daß die geradezu hysterische Spannung gewichen war, welche unsere Sitzungen bisher gekennzeichnet hatte. Die israelischen Unterhändler stellten ihre Fragen wirklich nicht, um mich zu ärgern, sondern um Antworten zu bekommen, die skeptische Kabinettskolle-

* Die israelische Verhandlungsdelegation wurde gewöhnlich von der Premierministerin Gold Meir geleitet. Diesmal war sie jedoch zu Hause geblieben, um sich von ihrer Krankheit zu erholen, und der stellvertretende Premierminister Yigal Alon hatte den Vorsitz übernommen. Die anderen Mitglieder der Verhandlungsdelegation waren Außenminister Abba Eban, Verteidigungsminister Moshe Dayan, Botschafter Simcha Dinitz, der Chef des Stabes, General David Elazar, der Generaldirektor des Büros der Premierministerin, Mordechai Gazit, der Generaldirektor des Außenministeriums, Avraham Kidron, der stellvertretende Generaldirektor des Außenministeriums, Ephraim Evron, und Dayans Adjudant, Oberst Aryeh Bar-On. Auf der amerikanischen Seite unterstützten mich Unterstaatssekretär Joseph J. Sisco, Botschafter Ellsworth Bunker, der Rechtsberater des Außenministeriums, Carlyle E. Maw, der amerikanische Botschafter in Israel, Kenneth Keating, der zweite Staatssekretär im Außenministerium, Alfred L. Atherton jun., Harold H. Saunders und Peter W. Rodman vom Stabe des Nationalen Sicherheitsrats.

gen und eine feindliche Opposition im Parlament befriedigten. Sie suchten nach Gründen, mit denen sich die Zustimmung zu den Vereinbarungen rechtfertigen ließ, und wollten die Verhandlungen nicht torpedieren.

Um 11.30 Uhr zogen sich die israelischen Unterhändler zu Beratungen mit Golda zurück, und ich ging in das auf einem nahen Berg gelegene israelische Museum. Um 14.00 Uhr versammelten wir uns zum Mittagessen in der Wohnung des Außenministers. Für meine israelischen Gesprächspartner war es offenbar eine Pflichtverletzung, wenn sie ihre Zeit mit belanglosen Gesprächen vergeudeten, und deshalb war es nur natürlich, daß Allon, nachdem wir uns gesetzt hatten, erklärte: »Meine Herren, da die Suppe noch sehr heiß ist, können wir sofort mit dem geschäftlichen Teil beginnen.« Aber seine Ungeduld ließ sich erklären, denn er brannte darauf, uns mitzuteilen, daß die israelischen Unterhändler den Durchbruch gebilligt hatten:

Allon: Im großen und ganzen müssen wir sagen, daß Sie bei Ihren Besuchen in Jerusalem und Assuan sehr weit vorangekommen sind. Wir werden Ihnen gewisse Korrekturen nennen, die auch Sie für logisch ansehen werden. Für uns gibt es keinen Grund, weshalb die Unterzeichnung bei Kilometer 101 nicht am Freitag stattfinden sollte. Was wir akzeptieren, ist, wir akzeptieren das geographische Konzept. (Gelächter)

Kissinger: Es ist ein großer Sieg, Israel zur Annahme seiner eigenen Vorschläge zu bewegen. (Gelächter)

Allon: Was jedoch den südlichen Abschnitt betrifft, so hat unser Chef des Stabes noch Bedenken, und wir werden versuchen, entgegenkommend zu sein.

Kissinger: Gut.

Dinitz: Aber nicht nach Süden kommend. (Gelächter)

Allon: Nehmen wir an, wir verlegen die vorderste Linie nach Süden – und ich glaube, wir werden das tun –, aber das von uns geräumte Gebiet müßte von den Vereinten Nationen und nicht von ihnen besetzt werden, und sie werden alles behalten, was sie jetzt haben.

Dinitz: Sie werden ihre Stellungen auch verlegen.

Kissinger: Nein.

Dayan: Sie werden bleiben, wo sie sind – so ist es auf unserer Karte eingezeichnet. Wenn wir nicht zurückgingen, würden die UN-Truppen keinen Platz haben.

Kissinger: Vor allem wird es angesichts ihrer Mentalität nützlich sein. Psychologisch wird jeder Kilometer, den Sie ihnen zugestehen, nützlich sein.

Allon: Unser General Elazar ist in sein Stabsquartier gefahren und prüft es.

Kissinger: Gut.

Allon: Was die Zahl der Bataillone betrifft, so konnten auch wir uns zunächst nicht einigen, denn als wir sagten, zwei bis drei Bataillone, haben wir es ernst gemeint. Wenn Sie es schaffen, daß es nur fünf oder sechs sind, wird Ihnen der Ben-Gurion-Preis verliehen werden.

Kissinger: Sechs ist unmöglich.

Allon: Wenn sie zehn verlangen und wir bei sechs oder vielleicht acht bleiben . . .
Kissinger: Vielleicht. Nun ja, vielleicht neun.
Allon: Nein.
Dinitz: Yigal hätte das nicht sagen sollen (acht Bataillone).
Kissinger: Das können wir nicht machen, weil es zu lange dauern würde; seine Berater werden nicht damit einverstanden sein.

Damit war alles geregelt. Wir einigten uns darauf, die Truppenstärke auf acht Bataillone und siebentausend Mann zu begrenzen. Meine Gesprächspartner drängten mich, zu versuchen, Sadat zu weiteren Zugeständnissen zu bewegen, aber ich glaubte, ihn zu kennen; es konnte unangenehme Folgen haben, wenn wir versuchten, mit ihm zu feilschen. Dayan setzte sich mit seinem Vorschlag durch, Kairo die Stationierung von dreißig Panzern östlich des Kanals zu gestatten, und zwar unter der Voraussetzung, daß Ägypten die Flugabwehrraketen nicht näher als dreißig Kilometer vor der vordersten israelischen Linie in Stellung brachte (das waren zehn Kilometer weniger als in dem ursprünglichen Vorschlag Israels). Im übrigen akzeptierten die Israelis Sadats Konzept, nach dem das Gebiet nicht in so viele Zonen eingeteilt werden sollte, und den Gesamtrahmen für eine Grundsatzvereinbarung mit einem besonderen »Vorschlag der Vereinigten Staaten« über die Begrenzung der Truppenstärken und Zusatzprotokollen über andere Fragen. Israel verzichtete auf die Forderung nach Aufhebung des Kriegszustandes und verlangte dafür einen Verzicht auf »feindliche Akte«. (Auch diese Forderung wurde im Verlauf weiterer Verhandlungen abgemildert.)

Zunächst versuchten die Israelis auch, den Abschluß der Vereinbarungen mit der Entlassung israelischer Kriegsgefangener zu verknüpfen, die in Syrien festgehalten wurden. Dem hielt ich entgegen, daß dafür Asad zuständig wäre. Da er an einem separaten ägyptischen Truppenentflechtungs-Abkommen ohnedies nicht interessiert sei, würden wir damit nur einen besonderen Anlaß geben, die Kriegsgefangenen nicht freizugeben. Er würde vielmehr Gegenforderungen stellen und sowohl Ägypten als auch Israel zu erpressen versuchen. Und Sadat würde, wenn Israel (und die Vereinigten Staaten) ihn auf diese Weise mit Syrien in Verbindung brachten, keine andere Wahl haben, als ein Programm zu unterstützen, das unter syrischem Einfluß wahrscheinlich immer radikaler werden müßte. Die beste Methode, eine baldige Freilassung der israelischen Kriegsgefangenen in Syrien herbeizuführen, bestünde darin, rasch zum Abschluß der gegenwärtigen Verhandlungen zu kommen. Das Verlangen Syriens, möglichst bald dem Beispiel Ägyptens zu folgen, könnte dann als Hebel für die Entlassung der Kriegsgefangenen benutzt werden. Aus diesen Gründen zogen die Israelis ihren Vorschlag zurück.

Um 16.00 Uhr suchte ich Golda in ihrer Wohnung auf und sprach mit ihr über den Text der Vereinbarungen und seine Bedeutung. Ich hatte es vorher schon zweimal mit ihren Kollegen getan, aber sie war sehr besorgt und krank. Schließlich war es der erste israelische Rückzug seit 1956.

Nachdem wir alle Besprechungen hinter uns gebracht hatten, fing die mühselige Kleinarbeit an. Am Nachmittag um 17.30 Uhr kam das israelische Kabinett zu einer Sitzung zusammen, um über die neue Position der israelischen Verhandlungsdelegation zu beraten. Im King David Hotel mußten meine Mitarbeiter und ich den Text der Vereinbarungen und des »Vorschlags der Vereinigten Staaten« unter Berücksichtigung der eben geführten Gespräche umschreiben. Dann mußte eine umfangreiche Denkschrift verfaßt werden, in der wir Israel unsere Definition einzelner Bestimmungen bestätigten. Inzwischen waren wir uns des Erfolgs so sicher, daß wir uns auch schon an den Entwurf der Zusicherungen machten, die Nixon jeder Seite im Namen der anderen übermitteln sollte. Wenngleich diese Zusicherungen technisch einseitige Erklärungen waren, mußten sie in beiden Hauptstädten überprüft werden, damit sie den Ansprüchen beider Seiten genügten. Um 23.00 Uhr kamen Dayan, Elazar und Dinitz und später auch Evron zu mir, um die militärischen Bestimmungen zu prüfen und mir mitzuteilen, daß das Kabinett eine grundsätzlich positive Haltung eingenommen hätte. Die endgültige Zustimmung werde es aber erst bei meinem nächsten Besuch in Israel geben. Am Mittwoch, dem 16. Januar, um 2.45 Uhr war das neunzehnstündige Verhandlungsmarathon schließlich zu Ende.

Jetzt mußte ich nur noch Washington davon unterrichten, daß meine Rückkehr in die amerikanische Hauptstadt zum gegenwärtigen Zeitpunkt das zarte Gewebe, das wir unter großen Mühen gesponnen hatten, zerstören könnte. Israel und Ägypten würden einen solchen Schritt mit Sicherheit als undurchsichtiges amerikanisches Manöver deuten. Wenn wir unseren Verhandlungspartnern den wahren Grund nannten und einer von ihnen (um sich selbst zu schützen) ihn durchsickern ließ, dann hatte meine Rückkehr nach Washington ihren Zweck verfehlt. Ich erklärte, wenn ich nicht den direkten Befehl erhielte, würde ich bleiben, um noch einmal mit beiden Seiten zu sprechen. Wenn es wirklich gelingen sollte, die Vereinbarungen unter Dach und Fach zu bringen, dann könnte Nixon das Ereignis natürlich vom Weißen Haus aus bekanntgeben. Aber ich hörte nichts mehr von dieser Absicht.

Am Mittwoch um 7.30 Uhr sahen meine Kollegen und ich die Texte noch einmal durch; ich weiß nicht, wie oft wir es schon getan hatten. Um 8.30 Uhr besprachen wir sie mit der israelischen Verhandlungsdelegation. Um 10.30 Uhr fuhren wir von Jerusalem zum Flughafen Ben Gurion; es regnete noch immer in Strömen. Zum Glück war Eban ein unterhaltsamer Gesprächspartner, sonst wäre die lange Fahrt sehr anstrengend für mich gewesen. Kurz vor dem Start meiner Maschine um 11.40 Uhr brachte mir Dayan die korrigierte Karte vom südlichen Frontabschnitt, auf der eine weitere Zurücknahme der israelischen Stellungen eingezeichnet war, die ich Sadat anbieten konnte. Im Flugzeug zeigte ich Eban und Dayan stolz mein fliegendes Büro. Im rückwärtigen Teil der Maschine unterhielten wir uns mit den Journalisten. Ich sagte scherzend, nach der Definition von Eban wäre Objektivität die hundertprozentige Zustimmung zum israelischen Standpunkt. Danach hätte ich kläglich versagt, denn ich hätte ihm nur zu fünfundneunzig Prozent zustimmen können. Eban sagte wehmütig, er hätte mich gern auf dem Flug nach Assuan begleitet. Er und seine Frau wären auf der Hochzeitsreise 1945 im alten Katarakt-Hotel abgestiegen. Jetzt schien Ägypten in unerreichbarer Ferne zu liegen. Als Eban das Flugzeug verließ, mußte ich an ein Gespräch mit seiner schönen und charmanten Frau Suzy denken, die mir einmal gesagt hatte, sie hätte schon in so vielen Ländern gelebt, daß sie sie nicht mehr alle aufzählen könnte. »Und welches Volk gefällt Ihnen am besten?« hatte ich sie gefragt. Das war zur Zeit einer schweren Krise mit Ägypten unter Nasser. »Das ägyptische«, sagte sie zu meiner Überraschung, denn damals galt Ägypten als Erzfeind Israels. Sie war in Ismailia geboren und aufgewachsen.

Um dieses Problem war es uns bei unseren Bemühungen in den vergangenen Tagen und Wochen letzten Endes gegangen: Wir wollten versuchen, nach zwanzig Jahren Krieg wieder menschliche Beziehungen anzuknüpfen. Diesem Gedanken habe ich meiner Erklärung vor dem Abflug aus Israel Ausdruck verliehen:

> Wir alle hoffen natürlich, daß der Prozeß, um den wir uns bemühen, zu Vereinbarungen führen wird, die einen Wendepunkt in den Verhältnissen im Nahen Osten bezeichnen könnten. Aber als der Verhandlungspartner, der zwischen Ägypten und Israel hin- und hergereist ist, darf ich vielleicht eine persönliche Bemerkung machen. Mich ermutigt es am meisten, den Geist der Fairneß und Gerechtigkeit zu erleben, der auf beiden Seiten zum Ausdruck gekommen ist, und die konstruktive und positive Art, mit der beide Seiten sich darum bemüht haben, in der äußerst wichtigen Frage der Truppenentflechtung zu einer Vereinbarung zu kommen. Und wenn dieser Geist lebendig erhalten werden kann, dann gibt es vielleicht die Hoffnung, daß dieses Gebiet, das so schwer hat leiden müssen, endlich Frieden findet.

So verließen wir Israel an diesem kühlen regnerischen Tag zu der vielleicht letzten Verhandlungsrunde in Ägypten, wenn die Vereinbarungen Freitag, den 18. Januar, unterzeichnet werden sollten. Denn es war schon Mittwoch um die Mittagszeit. Die Verhandlungen mußten jetzt abgeschlossen werden oder doch so weit vorankommen, daß der Rest telegrafisch erledigt werden konnte.

Am Nachmittag um 14.15 Uhr landeten wir in Assuan. Der Sand leuchtete uns im strahlenden Sonnenschein entgegen. Von Sadats Pavillon aus, den wir fünfzehn Minuten später erreichten, lagen die großen Dünen unter dem strahlenden Himmel jenseits des Nil wie auf einem Gemälde. Sadat und ich zogen uns sofort in das Arbeitszimmer des Präsidenten zurück. Fahmy und Sisco warteten im Garten und kamen von Zeit zu Zeit herein, um einzelne Textstellen mit uns zu besprechen. Ich erläuterte Sadat den gegenwärtigen Stand der Verhandlungen anhand der vorliegenden Dokumente.

Zunächst bot ich ihm für die Stellungen östlich des Kanals sechs ägyptische Bataillone und viertausendfünfhundert Mann an, wie Dayan mich gebeten hatte, aber ich verschwendete nicht viel Zeit darauf, denn ich wußte, daß die israelischen Unterhändler bereit waren, acht Bataillone und siebentausend Mann zu akzeptieren. Der wichtigste Punkt war die Sorge der Israelis um die Frage, bis auf welche Entfernung Ägypten die Flugabwehrraketen von der vordersten Linie zurücknehmen würde. Und gerade hier würde Gamasy wahrscheinlich am wenigsten bereit sein, Zugeständnisse zu machen. Er hatte bis auf fünfundzwanzig Kilometer heranrücken wollen, aber Israel bestand auf einem Abstand von dreißig Kilometern (zunächst waren es vierzig gewesen). Ich sagte Sadat, ich glaubte, damit wäre es den Israelis wirklich ernst, und es sei nicht nur eine vorläufige Verhandlungsposition. Sadat sagte mir, er würde sich damit einverstanden erklären, da Gamasy jedoch so gereizt wäre, wie er ihn noch niemals erlebt hatte, sollte ich doch noch einmal versuchen, eine kürzere Entfernung auszuhandeln. Wenn Israel sich weigerte, sollte ich ihm telegrafieren. Die Unterzeichnung der Vereinbarungen würde sich dadurch nicht verzögern. Der Wert eines Unterhändlers liegt darin, daß er, wenn ihm beide Seiten vertrauen, Kontroversen ihre Schärfe nehmen und Probleme ausräumen kann, bei denen es um das Prestige geht.

Die Überprüfung der verschiedenen Zusicherungen nahm zwar viel Zeit in Anspruch, war jedoch nicht besonders schwierig. Nur wenn es sich um innerägyptische Angelegenheiten handelte, wie die Neubesiedlung der Kanalzone, wollte Sadat nur ungern irgendwelche Zusicherungen geben, akzeptierte aber einen von mir entworfenen Vorschlag, mit dem ich auf eine Anregung zurückkam, die er vor achtundvierzig Stunden gegeben hatte. Ich ging noch einen Schritt weiter und sagte, Nixon werde Sadat einen Brief schreiben und erklären, er hätte erfahren, daß Ägypten die Absicht habe, den Kanal freizumachen, und er jetzt mit der »Wiederaufnahme normaler wirtschaftlicher Aktivitäten« in diesem Gebiet rechnen dürfte. Die Vereinigten Staaten würden »ihr Äußerstes tun«, um Israel davon abzubringen, dichtbesiedelte Gebiete anzugreifen. Sadat bat mich, diesen Absatz zu korrigieren und zu schreiben, die Vereinigten Staaten »geben ihnen die Zusicherung«, daß Israel das nicht tun würde. Ich erklärte mich einverstanden, die in der ersten Fassung noch enthaltene Drohung zu streichen.

Auch die anderen Zusicherungen wurden akzeptiert, wenn auch nicht ganz ohne Einwände von Fahmy. Sadat erklärte sich damit einverstanden, daß die Vereinigten Staaten in unregelmäßigen Abständen Aufklärungsflüge über der von den UN-Truppen besetzten Zone unternahmen, und nicht, wie er zunächst vorgeschlagen hatte, alle zwei Wochen. Da diese Flüge überraschend durchgeführt werden sollten, würde es den Truppen auf beiden Seiten erschwert, gegen die Vereinbarungen zu verstoßen. Er versprach, den israelischen zivilen Luftverkehr am Roten Meer nicht zu behindern. Diese Zusage war für die Israelis besonders wichtig, denn über dieses Gebiet führte die einzige Fluglinie für den zivilen Luftverkehr, die Israel mit Afrika verband. Was die Räumung des Suez-Kanals betraf, so deutete Sadat an, daß er sich nach unseren strategischen Bedürfnissen richten werde, ob es sehr schnell geschehen sollte oder nicht.*

* In Amerika gab es Meinungsverschiedenheiten darüber, ob die Öffnung des Suez-Kanals nicht in erster Linie der Sowjetunion Vorteile bringen würde, deren Schiffe sonst einen weiten Umweg machen mußten, um den Indischen Ozean zu erreichen. Die amerikanische Regierung war einstimmig der Auffassung, daß dieser Vorteil bei weitem durch den strategischen Rückschlag aufgewogen wurde, den die Sowjets hinnehmen mußten, wenn sich Ägypten dem Westen zuwandte und Frieden mit Israel schloß.

Wir beendeten das Gespräch um 16.45 Uhr. Um 18.00 Uhr trafen sich Gamasy, Fahmy und drei ägyptische Beamte mit Bunker, Sisco, Maw, Rodman und mir im Speisesaal des neuen Katarakt-Hotels. Wieder gingen wir alle Texte durch, um sie in die endgültige Form zu bringen. Besonders schwierig war es, Gamasy zu überzeugen. Einmal stand er sogar auf und ging hinaus, denn nach seiner Auffassung behandelten wir eine politische und keine militärische Vereinbarung. Aber er überlegte es sich wieder und kam zurück. Doch er kämpfte auch weiterhin verbissen für das Limit von nur fünfundzwanzig Kilometern für die Flugabwehrraketenstellungen und sagte, er müßte der Armee erklären, warum die Flugabwehrstellungen nach einem erfolgreichen Krieg zurückgenommen werden müßten. Er sagte meinen Mitarbeitern, er könnte das wohl der ägyptischen Zivilbevölkerung erklären, »aber nicht unseren Streitkräften«. Er wies darauf hin, daß Ägypten in diesem Augenblick östlich des Kanals fünf verstärkte Divisionen stationiert hatte, aber »morgen werden es nur noch siebentausend Soldaten sein«. Noch schlimmer wäre es, die Flugabwehrstellungen Ägyptens am Westufer zurückzunehmen: »Psychologisch ist das schlecht für unsere Streitkräfte.«

Aber Gamasy war nicht nur ein Patriot, sondern auch ein Gentleman. Ich bot ihm eine Garantie dafür an, daß Israel die Versorgungswege der 3. Armee achtundvierzig Stunden nach Abschluß der Vereinbarungen bedingungslos öffnen werde. Gamasy antwortete: »Das brauche ich nicht schriftlich. Geben Sie mir Ihr Wort.« Außerdem bestand er auf dem Recht, mehrere Haubitzen und Mörserbatterien am Ostufer in Stellung zu bringen. Ich wußte, daß Israel darauf eingehen würde, ging aber in dieser Runde noch nicht darauf ein, um später als Gegenleistung die Rückverlegung der Flugabwehrraketen verlangen zu können, denn in dieser Frage würden die Israelis wahrscheinlich nicht nachgeben.

Um 20.00 Uhr ging ich mit Fahmy zu Sadat. Der Präsident führte mich allein in sein Arbeitszimmer. Er hatte von Gamasys Temperamentsausbrüchen gehört und sagte nachdenklich: »Meine Armee! Zuerst hatte ich Schwierigkeiten, sie davon zu überzeugen, daß wir Krieg führen müßten. Jetzt habe ich Schwierigkeiten, den Soldaten beizubringen, daß es Zeit ist, Frieden zu schließen.« Er war entschlossen, auf dem einmal eingeschlagenen Weg weiterzugehen. Über die Truppenstationierungen gab es nur noch unwesentliche Meinungsverschiedenheiten. Da ich die Empfindlichkeiten beider Seiten kannte, sollte ich versuchen, einen Ausgleich zu finden. Er sagte mir, daß er darüber nachgedacht hätte, was ich ihm über das Gefühl der Unsicherheit bei den Israelis gesagt hatte. Als Zeichen seines guten Willens könnte ich Golda Meir mitteilen, daß er nicht von dem Recht Gebrauch machen werde, dreißig Panzer am östlichen Kanalufer zu stationieren. Ihm käme es vor allem darauf an, den Grundsatz anerkannt zu wissen, daß Ägypten das Recht hatte, seine schweren Waffen auf ägyptischem Territorium zu stationieren. Da dies jetzt feststand, werde er keinen Gebrauch davon machen. Mit einer dramatischen Geste bat er mich, Golda eine persönliche Botschaft zu überbringen. Es war die erste direkte Botschaft eines ägyptischen Regierungschefs an den israelischen Regierungschef nach sechsundzwanzig Jahren. Sadat diktierte mir die folgenden Sätze:

> Sie müssen meine Worte ernst nehmen. Als ich 1971 die Initiative ergriff, habe ich das so gemeint. Als ich mit dem Krieg drohte, meinte ich es ernst. Wenn ich jetzt vom Frieden spreche, dann meine ich es ernst.
>
> Wir haben bisher keinen Kontakt gehabt. Jetzt stehen uns die Dienste von Dr. Kissinger zur Verfügung. Lassen Sie uns davon Gebrauch machen und über ihn miteinander sprechen.

Damit trennten wir uns. Ich würde ihn erst wiedersehen, wenn die Verhandlungen erfolgreich abgeschlossen oder in letzter Sekunde gescheitert waren. Wir befanden uns auf der Zielgeraden. Ägypten mußte sich noch bereit erklären, seine Flugabwehrraketen um weitere fünf Kilometer zurückzunehmen, und Israel mußte mit der Stationierung von ein paar Haubitzen und Panzerabwehrgeschützen am Ostufer des Kanals einverstanden sein. Sonst stand der Unterzeichnung der Vereinbarungen nichts mehr im Wege.

Als ich am späten Mittwochabend, dem 16. Januar, in strömendem Regen in Israel landete, führte ich mit Eban, Dinitz und Evron von Mitternacht bis 2.00 Uhr morgens ein erstes Orientierungsgespräch. Anschließend arbeiteten mein Stab und ich noch ein paar Stunden an der Zusammenstellung der Dokumente. Außerdem entwarfen wir für Nixon eine Erklärung, mit der er den erfolgreichen Abschluß der Verhandlungen bekanntgeben sollte. Am frühen Donnerstagmorgen rief ich Haig an und teilte ihm mit, daß Nixon wahrscheinlich noch am gleichen Abend im Fernsehen sprechen könnte.

Als wir nach vier Stunden Schlaf aufwachten, schneite es. Es war kalt geworden. Durch die Straßen von Jerusalem fegte seit Jahrzehnten der erste Schneesturm. Der Verkehr kam völlig zum Erliegen. Als ich aus dem Fenster meines Zimmers im sechsten Stock des King David Hotels blickte, sah ich die Gebäude und die Mauer der Altstadt von Jerusalem vor dem Ölberg hinter einem weißen Schleier liegen. Darüber wölbte sich ein grauer Himmel. Ein Bild des absoluten Friedens.

Aber ich wurde sehr bald aus meinen Träumen gerissen, denn der Alltag verlangte sein Recht. Mein Besuch bei Golda mußte abgesagt werden, denn es war unmöglich, zu ihrem Haus durchzukommen. Ich dachte nur ungern daran, wie man in Assuan, wo es keine Schneestürme gab, auf eine Verzögerung reagieren würde, weil der Straßenverkehr in der israelischen Hauptstadt lahmgelegt war. Aber dann rettete mich Dayan und besorgte Jeeps und Truppentransportfahrzeuge, mit denen er die israelische Verhandlungsdelegation zu meinem Hotel brachte. Hier versammelten wir uns um 9.30 Uhr. Wie immer in der Schlußphase von Verhandlungen beschäftigten wir uns sehr ausgiebig mit Fragen, deren Beantwortung sonst nicht mehr als fünf Minuten in Anspruch genommen hätte. Um die Mittagszeit hatten wir uns praktisch darüber geeinigt, daß ich Sadat telegrafisch bitten sollte, für die Flugabwehrraketen das Limit von dreißig Kilometern zu akzeptieren (ich wußte, daß er es tun würde). Die israelische Verhandlungsdelegation wollte indessen dem Kabinett die ägyptische Forderung zur endgültigen Zustimmung vorlegen, daß dreißig Panzer und sechs Haubitzenbatterien am Ostufer des Kanals stationiert werden dürften. Um Sadat die Sorge zu nehmen, daß die Limitierung der Waffenstationierungen vor der Unterzeichnung der Vereinbarungen durchsickern könnte, und um seinem Wunsch entgegenzukommen, daß ein Bekanntwerden dieser Vereinbarungen auf eine Indiskretion nach einer Geheimsitzung des israelischen Parlaments zurückzuführen sein sollte, machte Dayan einen genialen Vorschlag. Im israelischen Parlament gab es keine Geheimsitzungen; deshalb einigten wir uns, die ausgehandelten Bedingungen in einer Geheimsitzung des Ausschusses für Verteidigung und auswärtige Angelegenheiten bekanntzugeben. (Was hier besprochen wurde, sickerte regelmäßig durch. Weshalb Sadat diesem Verfahren den Vorzug gab, habe ich nie begriffen. Vielleicht meinte er, wenn die Israelis diese Dinge auf einer Geheimsitzung behandelten, zeigten sie damit, daß sie die Empfindlichkeiten der ägyptischen Armee berücksichtigen wollten.) Um die Mittagszeit war alles unter Dach und Fach. »Es ist eine gute Vereinbarung«, sagte ich.

»Es ist keine schlechte Vereinbarung«, sagte Allon.

»›Nicht schlecht‹ ist im Hebräischen das gleiche wie ›gut‹«, meinte der Diplomat Eban.

Um 12.35 Uhr fuhr ich in einem Armeefahrzeug zur Residenz der Premierministerin durch den dreißig Zentimeter tiefen Schnee. Ich wollte ihr persönlich sagen, was ich den israelischen Unterhändlern erläutert hatte, denn wie ich erfahren hatte, wollte sie trotz ihres schlechten Gesundheitszustandes die Kabinettssitzung leiten, auf der die Vereinbarungen gebilligt werden sollten – eine ermutigende Nachricht. Damit war der Erfolg garantiert. Sie würde sich für die Annahme der Vereinbarungen mit der gleichen Leidenschaft einsetzen, mit der sie vorher die Interessen ihres Landes verteidigt hatte. Ich las ihr Sadats persönliche Botschaft vor. »Das ist eine gute Sache«, sagte sie lakonisch. »Warum tut er das?« Nach einem Konflikt, der eine ganze Generation überdauert hat, ist es nicht leicht, an die Aufrichtigkeit des Gegners zu glauben – besonders wenn dieser Gegner den Prozeß, in dem wir uns gegenwärtig befanden, mit einem Überraschungsangriff eingeleitet hatte.

Jetzt konnten wir nur noch warten. Da Golda den Vorsitz führte, war der einzige Unsicherheitsfaktor die Möglichkeit, daß ihre Kollegen versuchen würden, sich in eine günstige Ausgangsposition zu manövrieren, um in das neue Kabinett aufgenommen zu werden, das nach der Parlamentssitzung in vier Tagen gebildet werden sollte. Obwohl wir bei ruhiger Überlegung zuversichtlich sein durften, fürchteten meine Mitarbeiter und ich immer noch, daß eine unvorhergesehene Panne uns um den Erfolg betrügen könnte. Ich rief Fahmy – über Washington – an und sagte ihm, die Israelis müßten noch eine Kabinettssitzung abhalten, ich hoffte jedoch, bis 17.00 Uhr eine positive Antwort zu bekommen. In dieser gespannten Stimmung stattete ich dem israelischen Präsidenten, Ephraim Katzir, der sich als Wissenschaftler einen Namen gemacht hatte, einen Höflichkeitsbesuch ab.

Um 15.55 Uhr kamen Eban, Dinitz und Evron zu mir ins Hotel und brachten gute Nachricht mit:

Eban: Das Kabinett hat den Vereinbarungen zugestimmt. Wir werden eine Erklärung abgeben.

Kissinger: Sie wollen sagen, sie billigen den gegenwärtigen Stand der Verhandlungen unter der Voraussetzung, daß bestimmte technische Fragen noch klargestellt werden.

Evron: Sie haben eine Erklärung abgegeben, daß die Regierung einstimmig die Premierministerin bevollmächtigt hat, den amerikanischen Außenminister von dieser Entscheidung zu unterrichten, daß es aber noch ein paar technische Punkte gibt. Ich hoffe, daß man in Kairo nicht zu nervös werden wird.

Kissinger: Man wird sehr nervös werden!

Aber die technischen Fragen ließen sich alle lösen oder waren schon gelöst. Dinitz ließ Champagner kommen, und Eban brachte einen Trinkspruch aus, wobei er in der für die Israelis typischen Art seine Glückwünsche mit der Aufforderung verband, die Einhaltung aller Absprachen zu garantieren.

Eban: Wir sollten auf die Vereinbarungen anstoßen. Und auf einen Friedensvertrag.

Kissinger: Damit ergibt sich wenigstens die Möglichkeit neuer Beziehungen zu Ägypten.

Eban: Sie haben gesagt, das könnte ein Wendepunkt sein.

Kissinger: Ja, das könnte es sein.

Botschafter Eilts und Hal Saunders, die diesmal in Ägypten zurückgeblieben waren, hatten inzwischen die endgültigen Texte für Sadat zusammengestellt. Um 19.00 Uhr erfuhren wir, daß Sadat den »Vorschlag der Vereinigten Staaten« für die Truppenreduzierungen abgezeichnet hatte. (»Abgezeichnet« ist ein technischer diplomatischer Begriff, der bedeutet, daß der Text einer Vereinbarung festgelegt ist, bis er endgültig unterschrieben wird. Das bedeutet praktisch: »Wenn ich etwas unterschreibe, dann wird es dieser Text sein.«) Darauf tranken Sisco und ich noch ein Glas Champagner.

Um 21.00 Uhr Jerusalemer Zeit (in Washington war es 15.00 Uhr) stellte sich der stolze Präsident Nixon der Presse und gab die folgende Erklärung ab, deren Text vorher von Ägypten und Israel gebilligt worden war:

> Gemäß den Beschlüssen der Genfer Konferenz sind die Regierungen von Ägypten und Israel mit Unterstützung der Regierung der Vereinigten Staaten übereingekommen, ihre militärischen Streitkräfte zu entflechten und auseinanderzuziehen. Die Vereinbarungen sollen am Freitag, dem 18. Januar, um 12.00 Uhr mittags ägyptisch-israelischer Zeit bei Kilometer 101 an der von Kairo nach Suez führenden Straße von den Stabschefs Ägyptens und Israels unterzeichnet werden. Der Befehlshaber der Überwachungsstreitkräfte der Vereinten Nationen, General Siilasvuo, ist von den Parteien gebeten worden, bei der Unterzeichnung anwesend zu sein.

Die Freude über den erfolgreichen Abschluß der Verhandlungen war groß, aber jetzt mußten wir uns mit der praktischen Durchführung beschäftigen. Die amerikanische Verhandlungsdelegation hatte die Verantwortung für die Herstellung des offiziellen Textes übernommen, der bei Kilometer 101 unterzeichnet werden sollte.* In dieser endgültigen Version mußten die letzten Korrekturen berücksichtigt werden, und anschließend wurde der Rechtsberater des amerikanischen Außenministers, Carlyle E. Maw, beauftragt, an der Unterzeichnungszeremonie teilzunehmen. Der angesehene siebzigjährige New Yorker Anwalt bestieg vor dem King David Hotel ein offenes israelisches Militärfahrzeug, um durch den Schneesturm nach Tel Aviv zu fahren. Von dort brachte ihn ein israelisches Flugzeug nach Zypern. Hier stieg er in ein ägyptisches Flugzeug um und fuhr, in Ägypten angekommen, am folgenden Morgen im Kraftfahrzeug zum Kilometer 101. Dort traf er sich mit Hal Saunders.

Der »Vorschlag der Vereinigten Staaten« über die Waffenbegrenzungen hinter beiden Linien war in zwei Briefen enthalten, die Nixon an Golda Meir und Sadat geschrieben hatte. Die Unterzeichnung des Vorschlags bedeutete seine Annahme.** Außerdem hatte der Präsident beiden Seiten in verschiedenen Briefen Garantien und Absichtserklärungen übermittelt, die zum Beispiel die Durchfahrtsrechte durch Wasserstraßen und den Wiederaufbau der Städte in der Kanalzone betrafen. Unsere Botschafter, Keating in Israel und Eilts in Ägypten, erhielten Anweisungen über die Inkraftsetzung der Vereinbarungen.

Jedes wichtige Ereignis führt in Washington zu einer ausführlichen Unterrichtung der Öffentlichkeit. Wenn es sich um gute Nachrichten handelt, dann übernimmt die Regierung diese Aufgabe sehr gern. Aus diesem Grund mußten meine erschöpften Mitarbeiter einen ganzen Stapel von Telegrammen entwerfen, um alle zuständigen Stellen entsprechend zu unterrichten. Brent Scowcroft sollte vor der öffentlichen Bekanntgabe die führenden Kongreßabgeordneten ins Bild setzen. Das gleiche galt für Dobrynin, dem er den Text der allgemeinen Vereinbarungen vorlegen mußte. Außerdem waren unsere wichtigsten Verbündeten in der NATO und die Chinesen zu unterrichten. Deshalb mußten in kürzester Zeit die verschiedensten Texte verfaßt werden, aber die Spannung war gewichen, und die Arbeit machte uns Freude.

Präsident Nixon und Vizepräsident Ford riefen an und gratulierten uns. (Der begeisterte Nixon telefonierte auch mit Sadat und Frau Meir.) Gegen Mitternacht hielt ich eine Pressekonferenz ab und erläuterte das Abkommen den mich begleitenden Journalisten, die unsere Freude und Genugtuung teilten. Auch die härtesten Profis waren stolz darauf, Zeugen eines historischen Ereignisses gewesen zu sein, bei dem ihr Land eine entscheidende und positive Rolle gespielt hatte.

Am frühen Freitagmorgen fuhr ich noch einmal durch die verschnei-

* Der Text der Grundvereinbarungen über die Truppenentflechtung ist im Anhang abgedruckt.[5]

** Der »Vorschlag der Vereinigten Staaten«, der von Präsident Sadat und Premierministerin Meir unterzeichnet wurde, ist im Anhang abgedruckt.[6]

ten Straßen von Jerusalem, um die erkrankte Premierministerin aufzusuchen und sie um die Unterzeichnung des »Vorschlags der Vereinigten Staaten« zu bitten. Sie stand meinem Herzen besonders nah. Es war ihr gelungen, ihr Land in einer schweren Krise zusammenzuhalten; dabei hatte sie sich gelegentlich auch gegen den einzigen Freund dieses Landes stellen müssen. Sie hatte sich nur widerwillig zu Verhandlungen bewegen lassen, gegen die alle ihre Instinkte rebellierten, aber sie hatte erkannt, daß nun die Zeit gekommen war, mit Würde und Selbstvertrauen diese Vereinbarungen zu treffen. Damit hatte sie gezeigt, daß Israel in Krieg und Frieden Herr seines Schicksals geblieben war. Vor den Kameras der Reporter unterzeichnete Golda das Dokument über die Waffenbegrenzungen. Dann gab sie mir privat eine freundliche schriftliche Antwort auf Sadats Botschaft, die ich ihr zwei Tage zuvor überbracht hatte. Die große Erleichterung und Freude des Augenblicks kamen in den Erklärungen zum Ausdruck, die den im winzigen Wohnzimmer Goldas versammelten Journalisten übergeben wurden. Für mich war es eine jener Gelegenheiten, bei denen mir bewußt wird, daß sich die großen Anstrengungen lohnen, die man als Diplomat auf sich nehmen muß. Nach monatelangen und manchmal harten Auseinandersetzungen war Golda jetzt sichtlich erleichtert. Die großen Empfindlichkeiten waren in diesem Augenblick nicht mehr zu spüren; dafür kam in ihren Worten die tiefe und aufrichtige Sehnsucht ihres Volkes nach Frieden zum Ausdruck:

> Herr Außenminister, ich glaube, nicht nur die hier Versammelten sind sich der Tatsache bewußt, daß der heutige Tag ein großer Tag ist, ein Tag, der, wie ich hoffe, ein Anfang ist, und in seinem Gefolge wird ein Tag kommen, an dem wir im Nahen Osten Frieden haben werden. Frieden für Israel und seine Nachbarn. Und ich hoffe, dies ist der Anfang eines Prozesses, der zu einem dauerhaften Frieden zwischen Ägypten und Israel führen wird.
>
> Ich glaube, es wäre nichts Neues, wenn ich Ihnen sagte, Herr Außenminister, daß Sie etwas damit zu tun gehabt haben. Wir verwenden nicht gern Worte, die nur wie Worte klingen. Aber ich glaube ehrlich und aufrichtig, daß Sie in dieser Woche Geschichte gemacht haben. Ich weiß, Sie haben nicht erst in dieser Woche damit begonnen, aber ich zweifle nicht daran. Ich möchte Ihnen im Namen des Volkes von Israel sagen, wie sehr wir das zu schätzen wissen.
>
> Ich möchte dem Präsidenten der Vereinigten Staaten sagen, daß sein Verständnis für die Probleme des Nahen Ostens, sein Verständnis für die Probleme Israels und seiner Nachbarn mit Sicherheit zu diesem Tag geführt hat. Israel und seine Bevölkerung werden das, was er getan hat, seine Haltung und seine Bemühungen nicht vergessen.
>
> Es wird in den nächsten Tagen viele, viele Mütter und junge Frauen und Kinder in Israel geben, die ein Wiedersehen feiern werden mit denen, die viele Monate an der Front gestanden und für die Sicherheit Israels gesorgt haben, und sie werden sehr glücklich sein. Wir hoffen, den Tag zu erleben, und das glaube ich ehrlich und aufrichtig, den Tag, an dem Armeen etwas sein werden, das der Vergangenheit angehört.

Und ich möchte Ihnen meinen Dank für Ihre Geduld sagen. Weisheit ist etwas, das einem geschenkt wird oder nicht. Man wird entweder damit geboren, oder man besitzt sie nicht, und dafür bedarf es keiner besonderen Anerkennung. Aber für Ihre Geduld, Ihre Arbeit, Ihre Geduld mit beiden Seiten. Mit uns haben Sie es leicht gehabt (Gelächter), aber vielleicht haben Sie mit der anderen Seite Probleme gehabt.

Es kam nur sehr selten vor, daß ein israelischer Regierungschef jemand öffentlich eine Anerkennung aussprach. Ihr Lob war die höchste Auszeichnung, die das Land zu vergeben hatte. Ich antwortete:

Kein Volk hat in der letzten Generation mehr gelitten als das Volk Israels. Kein Volk hat mehr Grund, sich nach Frieden zu sehnen als das Volk Israels. Und deshalb muß dieser Tag, der, wie wir hoffen, für alle Völker der Welt ein bedeutender Tag ist, für dieses Land einen besonders tiefen Sinn haben, denn dieses Land hat im Lauf seiner ganzen Geschichte niemals das erlebt, was für andere Nationen selbstverständlich ist, eine Periode der Anerkennung und eine Periode des Friedens.

Wir alle, die wir den Vorzug gehabt haben, mit Ihnen, Frau Premierministerin, und mit Ihren Kollegen zusammenzuarbeiten, werden versuchen, weiter voranzukommen, um dafür zu sorgen, daß das, was heute geschehen ist, kein Zwischenspiel bleibt, sondern als der Tag angesehen wird, an dem der Friede in ein Gebiet gekommen ist, das der Welt so viele große Dinge geschenkt hat, damit die großen Gaben und die Energie all seiner Völker in konstruktiver Weise wirken können. Wir verlassen Sie heute und hoffen, mit Ihnen auch weiterhin an der Verwirklichung gemeinsamer Ziele zusammenarbeiten zu dürfen.

Meine nächste Station war Assuan, wo ich Sadat um seine Unterschrift für den gleichen amerikanischen Vorschlag bitten wollte. Die offizielle Unterzeichnung der Grundvereinbarungen bei Kilometer 101 war auf 12.00 Uhr mittags angesetzt. Wenn ich zu spät nach Assuan kam, dann würde, wie ich Eban sagte, eine »nicht uninteressante Situation« entstehen. Die Grundvereinbarungen wären – praktisch unwiderruflich – unterzeichnet, nicht aber die im amerikanischen Vorschlag vorgesehenen Truppen- und Waffenverringerungen, die alle relevanten Einzelheiten enthielten.

Die Abreise aus Jerusalem stellte uns vor einige Probleme. Die Straße zum Flughafen war durch Schnee blockiert; deshalb kamen unsere Gastgeber auf die kluge Idee, die Eisenbahn zu benutzen. Zum Glück verlangten sie nicht von mir, im Hubschrauber durch das Schneetreiben zu fliegen. Ich hatte nicht gewußt, daß es zwischen Jerusalem und Tel Aviv eine Bahnverbindung gab. Es stellte sich jedoch heraus, daß sich diese Wissenslücke durchaus verschmerzen ließ. Die Waggons stammten noch aus türkischer Zeit, wie der gebildete Eban behauptete. Wenn sie erst später gebaut worden waren, dann hatte man sie stark überbeansprucht. Doch als wir durch die verschneiten judäischen Berge fuhren, schien uns die Fahrt der passende surrealistische Anschluß der drei Monate dauernden heftigen diplomatischen Tätigkeit zu sein.

Die Geschichte ist eine Chronik der Schlachten, der Siege und Niederlagen, der Triumphe des Willens – wobei die Hochstimmung der einen Seite die Verzweiflung der anderen bedeutet. Selten sind die Augenblicke des Triumphs, in denen es keine Verlierer gibt. Über solche Fragen sprachen Eban und ich, während die Eisenbahn durch die schweigende Landschaft fuhr, die so viel menschliche Grausamkeit und zugleich das sehnsüchtige Streben nach Transzendenz gesehen hatte. Wie würde der Frieden auf die Seele eines Landes wirken, das seine Identität in einem Kampf gewonnen hatte? Würden die arabischen Nationen sich jemals mit der Realität eines Friedens mit Israel abfinden? Konnten beide Seiten ihre bösen Erinnerungen und Ängste überwinden? Das waren die entscheidenden Fragen, die sich dem Außenminister eines Landes stellten, in dem Juden und Araber zusammen lebten und das sich doch von einem Gast aus einem neuntausend Kilometer entfernten Land die Psyche der arabischen Nation erklären lassen mußte, die, was Israel anging, ebensogut auf der Rückseite des Mondes hätten leben können. Versuchte Sadat, mit einem geschickten taktischen Manöver seine traditionellen Ziele zu verwirklichen, oder erlebten wir eine historische Wende? Ich glaubte an das letztere, aber niemand konnte es mit Sicherheit sagen, und der ägyptische Präsident konnte nicht die Verantwortung dafür übernehmen, was seine Nachfolger tun würden. Sicherte sich Israel durch sein Nachgeben die Anerkennung, oder wurde damit ein Prozeß in Gang gesetzt, in dessen Verlauf es immer mehr geschwächt werden würde? – Was sich erst herausstellen würde, wenn die heute für diese Politik Verantwortlichen nicht mehr am Leben waren. Doch Israel hatte gar keine andere Wahl. Es konnte nicht riskieren, auf dieses Experiment zu verzichten, denn der jüdische Staat verlöre seine moralische Substanz, wenn er seine Existenz auf nackte Gewalt gründen wollte.

An jenem Morgen waren jedoch die Hoffnungen stärker als alle Bedenken. In der *Jerusalem Post* war eine Karikatur abgedruckt, die mich als Friedensengel zeigte, worin eher der Ausdruck der Träume eines Volkes, das noch keinen einzigen Tag im Frieden gelebt hatte, als eine Anerkennung meiner Verdienste zu sehen war. Auf der Fahrt in der Eisenbahn sprachen Eban und ich nur von den Dingen, die man später – wenn wir Glück hatten – als die leichtesten Schritte auf einer langen Reise bezeichnen würde, und wir beide wußten davon.

Am Freitagmorgen, dem 18. Januar, um 10.30 Uhr gingen wir an Bord der Maschine, die uns zum letzten Mal nach Assuan bringen sollte. Was wir hier über das Verhalten der Sowjets erfuhren, war geeignet, jede Euphorie zu dämpfen. Schon seit einer Woche hatten wir gehört, daß die Sowjets verärgert waren, besonders gegenüber Ägypten, aus den Verhandlungen ausgeschlossen worden zu sein, und glaubten, wir hätten die Genfer Konferenz gelähmt, um selbst die führende Rolle übernehmen zu können. Nun gab es Anzeichen dafür, daß sie den Eindruck zu erwecken suchten, wenn Moskau an den Gesprächen teilgenommen hätte, dann wäre die Position Kairos gestärkt worden. Die Truppenentflechtung stellten sie als einen Sieg Israels dar. Daraus ließ sich auch entnehmen, daß Moskau Syrien nicht empfehlen würde, eine gemäßigte Haltung einzunehmen, solange die Sowjetunion nicht an den Verhandlungen beteiligt wurde.

Wie Brent Scowcroft berichtete, hatte Breschnew an Nixon geschrieben und sich darüber beschwert, daß die Absprache

> über eine aktive Teilnahme sowjetischer und amerikanischer Vertreter an den Gesprächen in Genf mit arabischen und israelischen Delegierten über die Schlüsselfragen einer Beilegung des Konflikts im Nahen Osten praktisch nicht eingehalten wird. Jetzt erhebt sich insbesondere die Frage nach der Teilnahme von Vertretern der UdSSR und der Vereinigten Staaten an den Verhandlungen über die Truppenentflechtung.

Breschnew schlug vor, Gromyko und ich sollten uns am 7. und 8. Februar in Genf treffen, um alles zu analysieren,

> was seit Inkrafttreten des Waffenstillstands im Nahen Osten geschehen ist, vom Standpunkt unserer Vereinbarungen mit Ihnen, nach der beide Länder ihre Bemühungen um eine friedliche Lösung in dieser Region koordinieren sollten.

Die sowjetische Kritik an Ägypten und Breschnews Brief zeigten uns allzu deutlich, was geschehen wäre, wenn wir versucht hätten, in Genf eine Lösung herbeizuführen. Moskau hätte eine extreme Haltung eingenommen, die wir nicht hätten unterstützen können, und hätte die arabischen Regierungen unter Druck gesetzt, die es sich nicht leisten konnten, weniger arabisch zu sein als ihre sowjetischen Fürsprecher. Außerdem hätten die Sowjets versucht, Sadat zu zwingen, sich von uns zu distanzieren. Deshalb hatte ich nicht die Absicht, die Truppenentflechtung zu gefährden, indem ich den Eindruck erweckte, daß die Sowjetunion und die Vereinigten Staaten sich hinter dem Rücken der anderen Beteiligten zu einem gemeinsamen Vorgehen entschlossen hätten, während ägyptische und israelische Armeen in ihre neuen Stellungen rückten und Syrien sich überlegte, ob es diesem Beispiel nicht folgen sollte. Ein diplomatischer Kunstgriff ist es, eine Ablehnung in die Form einer grundsätzlichen Zustimmung zu kleiden. In diesem Fall kam ich den sowjetischen Wünschen so weit nach, daß ich mich mit einem Treffen einverstanden erklärte, aber auf einer Ebene, auf der politisch nichts Entscheidendes erreicht werden konnte. Ich wies Scowcroft an, Dobrynin zu sagen,

> daß der Präsident Breschnews Botschaft nach meiner Rückkehr persönlich mit mir besprechen wird. Dann würde ich mich mit Dobrynin in Verbindung setzen.
>
> Sie sollten ihm auch sagen, daß Botschafter Bunker schon am Montag in Genf eintreffen wird, um sich mit Winogradow zu treffen und mit ihm über die neue Lage und meine Reise durch den Nahen Osten zu sprechen.

Bunker wurde angewiesen, nichts zu dramatisieren; er brauchte sich also nur ganz natürlich zu geben. Seine gelegentlichen und inhaltslosen Gespräche mit Sergei Winogradow, seinem sowjetischen Kollegen, der ebenso wie er ständiger Vertreter seines Landes in Genf war, waren alles, was von der Genfer Konferenz noch übriggeblieben war.

Ich landete um 12.45 Uhr in Assuan und fuhr sofort zu Sadats Rasthaus. »Willkommen, Henry«, begrüßte er mich neben dem Pavillon im Garten, damit die Fotografen ihre Aufnahmen machen konnten. Er redete mich jetzt zum ersten Mal mit meinem Vornamen an. Dann führte er mich in sein Arbeitszimmer und unterschrieb wortlos den »Vorschlag der Vereinigten Staaten« zur Waffenbegrenzung. Goldas Brief, den ich ihm anschließend übergab, hatte folgenden Wortlaut:

> Ich bin mir zufiefst der Bedeutung einer Botschaft bewußt, die der Premierminister von Israel vom Präsidenten von Ägypten empfangen hat.
>
> Es ist für mich in der Tat eine Quelle tiefer Befriedigung, und ich hoffe aufrichtig, daß die Kontakte zwischen uns über Dr. Kissinger fortgeführt werden und sich als wichtiger Wendepunkt in unseren Beziehungen erweisen. Ich werde für meinen Teil alles tun, um Vertrauen und Verständnis zwischen uns herzustellen.
>
> Unsere beiden Völker brauchen und verdienen den Frieden. Ich bin fest davon überzeugt, daß der Frieden das Ziel ist, das wir mit unserer ganzen Energie verfolgen müssen.
>
> Lassen Sie mich wiederholen, was Sie in Ihrer Botschaft gesagt haben: »Wenn ich von einem dauernden Frieden zwischen uns spreche, dann meine ich es so.«
>
> Es ist in der Tat für uns beide von großem Vorteil, daß wir Dr. Kissinger haben, dem wir beide vertrauen und der bereit ist, seine Weisheit und seine Gaben in den Dienst der Sache des Friedens zu stellen. Ich weiß, er wird sich auch weiterhin unermüdlich für unsere gemeinsamen Interessen einsetzen.

Es folgte eine Szene wie aus einem sentimentalen Film. Sadat hatte den Brief gelesen, zusammengefaltet und seine Brille abgenommen, als sein Adjutant Ashraf Marwan ins Zimmer kam und ihm etwas ins Ohr flüsterte. Sadat stand auf, kam auf mich zu und küßte mich auf beide Wangen. Dann sagte er: »Sie haben eben die Vereinbarungen bei Kilometer 101 unterschrieben.« Dann fügte er hinzu: »Heute ziehe ich meine Uniform aus – und werde sie hoffentlich niemals wieder anziehen müssen, es sei denn zu feierlichen Gelegenheiten. Sagen Sie ihr (Golda), das ist die Antwort auf ihren Brief.«

Dann setzten wir unser Gespräch in sachlichem Ton fort, als sei nichts Ungewöhnliches geschehen. Sadat wollte demnächst nach Syrien gehen, um die Vereinbarungen zu erläutern und sich anschließend dafür zu verbürgen, daß sich Syrien für den Fall einer Teilnahme an der nächsten Phase der Verhandlungen über die Truppenentflechtung konstruktiv verhalten werde. Er sagte mir auch, er rechnete damit, daß das Ölembargo in der nächsten Woche aufgehoben würde. Doch leider war Sadats Urteil über seine arabischen Kollegen nicht so zutreffend wie seine Vorstellungen von der amerikanischen Psychologie und dem Weg zum Frieden. Wie wir sehen werden, waren beide Voraussagen zu optimistisch.

Sadat hielt sich an seine Zusage, von den Israelis keine weiteren Gebietsräumungen zu verlangen, solange die Truppenentflechtung ordnungsgemäß durchgeführt wurde. Um zu verhindern, daß die Sowjets auf den Gedanken kamen, uns mit der Vorlage unannehmbarer Pläne zu stören, wollte er den ägyptischen Botschafter in der folgenden Woche von der Genfer Konferenz abberufen. Wir sollten Israel mitteilen, daß er Ende Februar einen wesentlichen Teil seiner Streitkräfte demobilisieren wollte. (Israel folgte sehr bald diesem Beispiel.) Er stellte mir für die Nacht eine Unterkunft in Luxor zur Verfügung, damit ich mich vor dem, wie er wußte, schwierigen Besuch in Syrien ausruhen könnte. Dann begleitete mich Sadat zu meinem Wagen. Er legte mir die Hände auf die Schultern und sagte mir in Hörweite der Journalisten mit seiner tiefen Stimme: »Herr Außenminister, Sie sind nicht nur mein Freund, Sie sind auch mein Bruder.« Und dann küßte mich der Präsident Ägyptens auf beide Wangen – diesmal vor den Fernsehkameras.

Luxor ist das alte Theben, die Hauptstadt Oberägyptens und das Monument seiner alten Herrlichkeit. Der französische Ägyptologe, Jean François Champollion, soll beim Anblick der gewaltigen Ruinen tief bewegt ausgerufen haben: »Theben ist das größte Wort, das je gesprochen wurde.« Am Nachmittag besichtigten wir die Ruinen des Tempels von Luxor am Nilufer, ein gigantisches Zeugnis des menschlichen Strebens nach Unsterblichkeit. In die Ecke dieses Bauwerks hätte die größte Kathedrale der Welt gepaßt, und seine Mittelachse schien sich bis in die Ewigkeit auszudehnen als Ausdruck des Gefühls der Ägypter für das Unendliche. Überall begrüßte uns die Menge mit Beifall und zeigte uns damit, mit welcher Erleichterung die ägyptische Bevölkerung das Ende des Krieges aufnahm. Hier erlebten wir wirklich die Friedensliebe des ägyptischen Volkes, die so aufrichtig war wie der Mut und die Überzeugungskraft seines Präsidenten.

Am späten Abend fuhren wir durch die immer noch verdunkelten Straßen der Stadt. Plötzlich wurde das Licht eingeschaltet. Sadat hatte die Verdunkelung, wie er es schon lange versprochen hatte, an dem Abend beendet, an dem die Vereinbarungen über die Truppenentflechtung unterzeichnet worden waren. Vor uns lag die Allee mit den widderköpfigen Sphingen, an deren Ende die hohen Säulen standen, die den Eingang des Tempels von Karnak bezeichneten, der prächtigen Stadt des »Königs der Götter«, Amun, wo achtzigtausend Priester den Gottheiten des alten Ägypten gedient hatten, bis auch die Zeit für die dauerhafteste Kultur auf unserem Planeten abgelaufen war. Hier bot sich uns eine vielleicht etwas melodramatische Aufführung von »Klang und Licht«. Die monumentalen Statuen, Säulen, Tore und Obelisken wurden von Scheinwerfern angestrahlt und füllten einen so weiten Raum, daß man sie nicht mit einem Blick erfassen konnte. Man mußte sie immer wieder aus einer anderen Perspektive betrachten, um auch nur einen einigermaßen zutreffenden Eindruck zu gewinnen. An einer Stelle wurde in der Nähe eines angestrahlten Obelisken ein Papyrus verlesen, den eine ägyptische Königin vor viertausend Jahren verfaßt hatte. Sie hatte zu ihrem Andenken einen goldenen Obelisken errichten wollen, aber ihre Ratgeber hatten diesen Plan vereitelt. Sie mußte sich mit Stein begnügen. Ob diese Geschichte nun eine Legende oder eine geschichtliche Tatsache war, sie illustrierte eindrucksvoll die Relativität des Begriffs Ruhm. Die Königin war unvergessen geblieben, weil sie nach dem Unerreichbaren gestrebt hatte, aber ihr persönlicher Wunsch hatte sich nicht erfüllt. Ein goldener Obelisk wäre schon lange der Habgier eines der Eroberer zum Opfer gefallen, die diese ehrwürdige alte Hauptstadt im Lauf der Jahrtausende eingenommen hatten. Die Umstände, die es der längst verstorbenen Königin verwehrten, sich ihre persönlichen Wünsche zu erfüllen, hatten ihr die Unsterblichkeit garantiert. Was würde von unseren Bemühungen in zehn Jahren übriggeblieben sein? Hatten wir das Dauerhafte vom Vergänglichen besser zu unterscheiden vermocht als jene Königin aus alter Zeit?

Akaba, Damaskus und Tel Aviv

Auf diese dramatischen Entwicklungen konnte nur ein Antiklimax folgen. Aber obwohl wir emotional erschöpft waren, mußten wir noch nach Jordanien gehen, um zu demonstrieren, daß der gemäßigte Herrscher, unser alter Freund König Hussein, nicht darunter leiden würde, weil er sich geweigert hatte, uns unter Druck zu setzen. Aber zunächst war es noch wichtiger, Syrien zum Handeln zu bewegen. Wenn Sadat uns als gemäßigte Kraft in der arabischen Welt erhalten bleiben sollte, dann durfte er nicht der einzige sein, der ein Truppenentflechtungs-Abkommen geschlossen hatte, denn dann wäre er in eine gefährliche Lage geraten. Wir alle und auch Israel hatten ein Interesse daran, Asad zum Handeln zu bewegen. Wenn er dem Beispiel Ägyptens folgte, mußten sich die Aussichten für die Zukunft wesentlich verbessern.

Hussein hatte mich nach Akaba eingeladen, einem Kurort, der an der Stelle liegt, wo der Jordan in das Rote Meer mündet. Es gibt nur wenige Orte, an denen die Ironie der Situation im Nahen Osten so deutlich zum Ausdruck kommt wie hier. Ein knapp dreizehn Kilometer langer Strand liegt zwischen den kahlen Bergen der saudischen Küste im Süden, dem israelischen Hafen Eilat und dem ägyptischen Sinai im Westen. Im Norden reicht die Wüste bis an den Horizont, unregelmäßig unterbrochen von zackigen Bergen, die an die sorgfältig arrangierten Felsblöcke in japanischen Sandgärten erinnern. Am schmalen, flachen Strand des Roten Meeres liegen zwei Küstenstädte, das israelische Eilat und das jordanische Akaba, die fast ineinander übergehen, als gehörten sie zum gleichen Gemeinwesen. Und doch sind sie durch nichts verbunden, und ihre Bewohner kommen niemals zusammen. Surfer und Taucher riskieren es, versehentlich in die territorialen Gewässer eines anderen Landes zu geraten, das sich theoretisch mit ihrem eigenen Land im Kriege befindet. Flugzeuge, welche die hier gelegenen Flughäfen anfliegen, müssen darauf achten, daß sie nicht in einen fremden Luftraum geraten, und sind gezwungen, den Landestreifen im Steilflug anzufliegen, während saudische oder ägyptische Gebirgszüge ihnen bedrohlich nahe kommen.

Dieses Risiko erhöhte sich in Akaba, weil König Hussein, ein passionierter Pilot, gelegentlich auf den Gedanken kam, Gästen, die er besonders schätzte, zur Begrüßung entgegenzufliegen. Bei dieser Gelegenheit gefiel es Seiner Majestät, in einem Hubschrauber in dem schmalen Raum zwischen der rechten Tragfläche der SAM 86970 und den saudischen Bergen sein Können als Kunstflieger zu beweisen. Wäre ein jordanischer Beamter an Bord unserer Maschine gewesen, dann hätte er uns ohne weiteres zur Unterzeichnung jedes beliebigen Dokuments veranlassen können, wenn wir damit erreicht hätten, daß der Monarch zur Erde zurückkehrte.

Am Samstagnachmittag, dem 19. Januar, trafen wir uns in Husseins Bungalow am Strand, weniger als hundert Meter von dem Stacheldraht entfernt, der die Grenze mit Israel bezeichnete. Hussein, sein Bruder, Kronprinz Hassan, Premierminister Zaid Rifai und der Chef des Stabes, General Zaid Bin Shakir, begrüßten uns als alte Freunde. Die Jordanier begrüßten das Zustandekommen der Truppenentflechtungsabmachungen mit herzlichen Worten. »Beide Stabschefs sind sehr böse auf mich gewesen«, scherzte ich. »Es ist ein unerhörter Erfolg«, antwortete Hussein.

Aber die Vereinbarungen bereiteten unseren jordanischen Gastgebern auch große Sorgen. Es war ihnen klar, daß Syrien jetzt folgen mußte. Das war wichtig, damit die radikalen Syrer als Reaktion auf irgendwelche Vorgänge an der jordanischen Front nicht eingreifen konnten. Aber die Jordanier drängten darauf, daß auch sie bald an die Reihe kommen müßten, und wenn das möglich wäre, würden sie keine Mühe scheuen, den Prozeß zu beschleunigen. Bis dahin wünschten sie baldige Gespräche auf der Arbeitsebene über den Beginn eines israelischen Abzugs aus dem besetzten Gebiet am Westufer des Jordan und eine Truppenentflechtung zu ähnlichen Bedingungen wie an der ägyptischen Front. Der Alptraum Jordaniens war es, daß seine arabischen Brüder ihm das Recht nehmen könnten, die Gebiete zurückzufordern, die es 1967 an Israel verloren hatte. Jordanien hatte sogar zwei Alpträume im Hinblick auf das Jordan-Westufer. Der eine war die dauerhafte Besetzung durch Israel und der andere ein PLO-Staat, dessen erstes Ziel es wäre, das haschemitische Königreich zu vernichten.

Dafür hatte ich Verständnis. Husseins strategischer Lagebeurteilung stimmte ich zu:

> Israel hat zwei Möglichkeiten: Entweder muß es sich mit Arafat arrangieren oder mit Eurer Majestät. Wenn ich israelischer Premierminster wäre, dann würde ich mich beeilen, Verhandlungen mit Eurer Majestät zu beginnen, denn das wäre die beste Garantie gegen Arafat.

Aber in diesem Fall ließ sich das Problem durch die Darstellung der Alternativen nicht lösen, denn Israel wollte keines von beiden. Deshalb waren unsere Gespräche und was darauf folgte eine Wiederholung dessen, was während meines Besuchs im Dezember geschehen war. Damals hatte ich der israelischen Führung Rifais Vorschläge für eine sehr bescheidene »Entflechtung« im Jordan-Tal vorgelegt, wobei es hauptsächlich um den Abzug aus dem am Jordan gelegenen Jericho ging. Dieser Vorschlag war abgelehnt worden, weil er Allons Plänen widersprach, nach denen Israel das Jordan-Tal aus Sicherheitsgründen behalten müßte. Ich sagte, da Allon mit uns im Zimmer säße, könnte ihn nichts davon abhalten, seinen Plan zu modifizieren. Man nahm diese Bemerkung als Scherz auf, und das war sie zum Teil auch. Aber als ich fragte, ob es im Rahmen des Allon-Planes eine Möglichkeit für die

Truppenentflechtung gäbe, stieß ich auf ein Paradox. Der Allon-Plan konnte nicht Grundlage einer Truppenentflechtung an der jordanischen Front sein, weil Allons Koalitionspartner, die Nationalreligiöse Partei, sich weigerte, auch nur einen Teil des Gebiets am Jordan-Westufer aufzugeben. Deshalb würde Israel einen Vorschlag ablehnen, der sich mit dem Allon-Plan nicht vereinbaren ließ, würde aber auch nicht bereit sein, über den Allon-Plan zu verhandeln, weil das Kabinett nicht geschlossen dahinterstand.

Aber die Jordanier ließen sich nicht entmutigen und legten einen Truppenentflechtungsplan vor, nach dem Jordanien und Israel jeweils acht Kilometer vom Flußlauf bis an den Fuß der Gebirgszüge zurückgehen sollten, die das Jordan-Tal begrenzen. In dem von Israel geräumten Gebiet würde eine jordanische Zivilverwaltung eingesetzt werden, besonders in der Stadt Jericho. Jordanische Streitkräfte würden den Fluß nicht überschreiten und sich ihm auch nicht mehr als bis auf acht Kilometer nähern. Für diese Verhandlungen sollte möglichst bald eine Arbeitsgruppe gebildet werden, um den Anspruch Jordaniens zu bekräftigen, daß es die Palästinenser vertrat. Ich sagte dem König, daß ich seine Ideen in den nächsten Wochen mit den Israelis besprechen wollte.

Husseins Haltung war gemäßigt und staatsmännisch. Aber er konnte nichts erreichen, denn in Israel wurde eine neue Koalitionsregierung gebildet, zu der eine Partei gehörte, die jede territoriale Veränderung am Jordan-Westufer kategorisch ablehnte. In dieser Lage bestand nicht einmal die Möglichkeit, eine Arbeitsgruppe zu bilden. Am Ende des Jahres sollte der doktrinäre Fanatismus in der arabischen Welt diese verpaßte Gelegenheit zu einer strategischen Katastrophe werden lassen. Aus diesem Grund hat es am Jordan-Westufer bis zu dem Tage, an dem ich diese Zeilen schreibe, keine Fortschritte gegeben.

Ich übernachtete in Husseins Villa am Strand und flog am Sonntagmorgen, dem 20. Januar, nach Syrien.

Die Atmosphäre in Damaskus war noch gespannter als bei meinem ersten Besuch im Dezember. Sadats Höflichkeitsbesuch hatte augenscheinlich nicht den gewünschten Erfolg gebracht. Die Syrer hatten ihn nicht einmal in die Stadt hereingelassen und sich nur im Flughafenhotel mit ihm getroffen. Vorher hatte Damaskus verlangt, daß die Truppenentflechtung an der ägyptischen Front erst vorgenommen werden sollte, wenn sie in Syrien beendet war. Aber Sadat war nicht bereit gewesen, seine in der Wüste eingeschlossene 3. Armee in ihrer unangenehmen Lage allein zu lassen, während Syrien in langen Verhandlungen versuchte, die schwierige Situation an der syrischen Front zu klären. Auch ich konnte Asad jetzt nicht mitteilen, daß Israel damit einverstanden wäre, in Verhandlungen über die Truppenentflechtung einzutreten. Golda hatte ihr Kabinett noch nicht mit zu vielen schmerzlichen Entscheidungen belasten wollen. Aber sie hatte begriffen, daß die Aussicht auf eine Truppenentflechtung an der syrischen Front Asad veranlassen könnte, seinen Widerstand gegen Sadats politischen Kurs zu mäßigen. Sie fand eine salomonische Lösung. Sie bevollmächtigte Dayan, der sich 1967 gegen die Besetzung der Golan-Höhen ausgesprochen hatte, mir seine »persönlichen« Ideen über eine Truppenentflechtung an der syrischen Front zu erläutern. Darüber durfte ich jetzt mit Asad sprechen, konnte aber nicht dafür garantieren, daß Israel sich daran halten würde, wenn er sich einverstanden erklärte.

Dieses Verfahren war sogar für mich zu kompliziert. Schließlich hatte ich auch gar nicht die Gelegenheit, es mit Asad zu erörtern, denn in dem fünfstündigen Gespräch mit dem syrischen Regierungschef kam es ihm vielmehr darauf an, über seine Unzufriedenheit mit Sadat und seine eigenen Forderungen zu sprechen, als sich die Vorschläge Israels anzuhören. Auch ich hatte kein besonderes Interesse daran, ihm die israelischen Ideen zu erläutern, denn dabei handelte es sich nicht um einen offiziellen Vorschlag, und außerdem waren sie so undurchsichtig, daß sie nur das Mißtrauen der Syrer vergrößert hätten. Vor meinem Eintreffen in Damaskus hatte der Chef unserer dortigen Interessenvertretung, Thomas Scotes, mir seine Lagebeurteilung geschickt, in der er sagte, Asad wollte zwar verhandeln, müßte aber Rücksicht darauf nehmen, daß die syrische Bevölkerung einen abgrundtiefen Haß gegen Israel hegte, und wenn er nicht behutsam vorginge, könnte er sogar seine eigene innenpolitische Stellung gefährden.

Das Verhalten der syrischen Politiker bestätigte diese Auffassung. Sie behandelten mich sehr höflich, zum Teil, um zu zeigen, daß sie mich nicht für das Vorgehen Ägyptens verantwortlich machten, zum Teil weil Sadat seinen Besuch doch erfogreich abgeschlossen hatte – und das war vielleicht der Hauptgrund ihrer Verärgerung. Den Syrern kam es in erster Linie darauf an, den Abzug der gegen Damaskus vorgestoßenen israelischen Truppen zu erreichen, und da sie sich weigerten, direkt mit den Israelis zu verhandeln, brauchten sie mich als Vermittler. Sie stellten jetzt keine Bedingungen mehr. Anders als vor vier Wochen verlangten sie nicht mehr die Vorlage eines Entwurfs von Vereinbarungen, deren technische Aspekte der einzige Verhandlungsgegenstand sein sollten. Jetzt waren sie offensichtlich verhandlungsbereit und fürchteten sogar, aus der Friedensregelung ausgeschlossen zu werden.

Der grimmige stellvertretende Premierminister und Minister für auswärtige Angelegenheiten, Abd al-Halem Khaddam, leitete die neue Gesprächsrunde ein, indem er sich in gereiztem Ton über Jordanien beschwerte, das augenscheinlich bei den Truppenentflechtungs-Verhandlungen bevorzugt würde. Ich dachte im stillen, daß es gut wäre, wenn er recht hätte. Aber ich sagte: »Israel gibt Syrien den Vorzug wegen der langen, durch freundschaftliche Gefühle bestimmten gemeinsamen Geschichte.«

»Wir erwidern diese freundschaftlichen Gefühle«, antwortete Khaddam grinsend. Augenscheinlich wollte er sich seine Auffassung bestätigen lassen und sagte im Hinblick auf Israel in sarkastischem Ton: »Das Recht ist immer auf der Seite des Stärkeren, weil er stark ist.«

Man hatte mir gesagt, daß Khaddam nur Menschen respektierte, die es wagten, ihm zu widersprechen. Deshalb sagte ich: »Nicht alle Schwachen sind unbedingt unschuldig.«

Aber Khaddam interessierte sich nicht für ein philosophisches Gespräch. Er wollte wissen, ob ich mich für die Truppenentflechtung an der syrischen Front ebenso einsetzen würde wie für die an der ägyptischen: »Alles, was wir verlangen, ist Gerechtigkeit. Wir sind überzeugt, daß Sie mit Ihren Bemühungen Erfolg haben werden. Deshalb kommt es darauf an, daß Sie sich intensiv mit dem Problem beschäftigen. Das ist das Wesentliche.«

Wenn der leidenschaftlich nationalistische und auf seinen Radikalismus stolze Khaddam sagte, die Zusammenarbeit mit den Vereinigten Staaten wäre ein wesentliches Element seiner Politik, dann war das eine revolutionäre Äußerung. Es muß ihm sehr schwergefallen sein, diese Kehrtwendung zu vollziehen und sich positiv zu unseren Absichten einzustellen. (Khaddams wirkliche Einstellung gegenüber den Vereinigten Staaten zeigte sich Monate später in einem Gespräch mit unserem Botschafter Richard Murphy. Als meine Maschine zur Landung ansetzte, wandte sich Murphy an Khaddam, mit dem er meine Ankunft auf dem Flughafen erwartete, und sagte: »Ich finde, das Flugzeug ist eine Strafe Gottes.« »Nein«, antwortete Khaddam, »das ist Amerika.«) In dieser Stimmung begaben wir uns zur Residenz des Präsidenten, der mir einen anderthalbstündigen Vortrag über Sadats Hinterhältigkeit hielt. Seine Selbstbeherrschung und die eiskalte, bewußt unemotionale Art, hinter der er seinen Zorn zu verbergen suchte, waren beeindrukkend. Dann forderte mich Asad auf, ihm einen Überblick über die weltpolitische Lage zu verschaffen, und unterbrach mich immer wieder durch sarkastische Zwischenbemerkungen. Da ich damit rechnen mußte, daß er den Inhalt unseres Gesprächs wenigstens zum Teil nach Moskau weitergeben würde, gab ich ihm eine pressereife Erklärung: »Unsere Politik ist nicht antisowjetisch; wir erkennen an, daß die Sowjetunion ein großes Interesse am Nahen Osten hat. Wir bekämpfen sie nicht.« Asad mochte weltpolitisch unerfahren sein, aber er war ein Realist: »Sie verwehren ihnen die Teilnahme an den Friedensverhandlungen, aber Sie bekämpfen sie nicht?« antwortete er ohne Schärfe, ja, man spürte sogar, daß er unsere Haltung in gewisser Weise respektierte.

Aber dann schien er wieder zum Scherzen aufgelegt zu sein. Er hatte von seinen arabischen Brüdern gehört, daß es mein Grundsatz war, nach Möglichkeit zu verhindern, daß amerikanische Waffen von sowjetischen besiegt wurden, und deshalb schlug er vor, die syrische Armee mit amerikanischen Waffen auszurüsten.

Kissinger: Sie sollten dankbar sein. Jedesmal, wenn ich nach Damaskus komme, erhalten Sie eine neue Lieferung von Panzern (aus der Sowjetunion).

Asad: Sie befinden sich auf einer Mission, die dazu führen könnte, daß wir keine Panzer mehr brauchen. Wir haben unsere arabischen Brüder, soweit sie nicht in die Konfrontation verwickelt sind, gebeten, amerikanische Waffen für uns zu kaufen.

Kissinger: Für welche Waffen interessieren Sie sich?

Asad: Jede Art von Waffen – Panzer, Raketen, alles –, nur damit nicht mehr davon geredet wird, daß amerikanische Waffen gegen sowjetische Waffen eingesetzt werden. Das Problem sollte so dargestellt werden, als ob sich Araber und Israelis gegenüberstehen, nicht die

Vereinigten Staaten und die Sowjetunion. Andere Araber haben mir gesagt, Sie würden es nicht zulassen, daß amerikanische Waffen von sowjetischen besiegt würden. Ich möchte deshalb vorschlagen, daß wir eine Lage schaffen, in der amerikanische Waffen gegen amerikanische Waffen eingesetzt werden.

Kissinger: Die nächste Initiative des Präsidenten wird es sein, Israel zu empfehlen, sowjetische Waffen zu kaufen.

Aber nach diesem Geplänkel erklärte sich Asad im Prinzip mit dem Beginn von Verhandlungen über eine Truppenentflechtung an der syrischen Front unter amerikanischer Schutzherrschaft bereit. Er legte sogar einen Plan vor, mit dem er seinen vor einem Monat gemachten Vorschlag, die Front sollte nach der Entflechtung entlang der Grenze von 1967 verlaufen, etwas modifizierte. In Syrien ist »modifizieren« ein relativer Begriff. Asad ging zunächst davon aus, daß Israel als Voraussetzung für eine Truppenentflechtung alle im Oktober-Krieg besetzten Gebiete und die Hälfte der 1967 eroberten Golan-Höhen räumte. Ich dachte an das Feuerwerk, das ich erleben würde, wenn ich Golda diesen Vorschlag unterbreitete.

Aber Asad hatte sich sehr gründlich mit der Lage beschäftigt. Er sprach sogar von einer Zone, in der nur eine begrenzte Zahl von Waffen zugelassen werden sollte, eine allerdings nur sehr schmale Zone, ein fünf Kilometer breiter Streifen beiderseits der Trennlinie. Das war nicht viel, aber die Golan-Höhen nahmen auch eine viel kleinere Fläche ein als die Sinai-Halbinsel. Das ganze Gebiet ist etwa dreißig Kilometer tief. Ich verschwendete keine Zeit darauf, mich mit ihm über diese Fragen zu streiten. Es hatte keinen Sinn, über Bedingungen zu sprechen, solange sich Israel nicht einmal grundsätzlich zu Verhandlungen bereit erklärt hatte. Ich sagte Asad, daß ich in Israel Station machen und dort über seine Vorstellungen berichten würde. (Ich hielt es für wichtig, in Damaskus den Eindruck zu hinterlassen, daß ein gewisser Fortschritt erreicht war, weil ich verhindern wollte, daß Sadat völlig isoliert wurde.) Asad zeigte sich schon fast bereit, eine Liste der israelischen Kriegsgefangenen zu übergeben, was für die Israelis die Mindestvoraussetzung für den Beginn von Verhandlungen war. »Sobald wir etwas weitergekommen sind, werden wir mit Ihnen vereinbaren, eine angemessene Zahl herauszugeben.« Dann erklärte er – und das war entscheidend –, daß kein israelischer Kriegsgefangener gestorben wäre.

Am Schluß sagte mir Asad, ich könnte die Presse davon unterrichten, daß die Gespräche »konstruktiv« gewesen wären, was eine entscheidende Unterstützung der ägyptischen Vereinbarungen in der arabischen Welt bedeutete. Auf der Fahrt zum Flughafen teilte ich Khaddam mit, was ich den Medien sagen wollte:

Ich werde mich für Ihre Gastfreundschaft bedanken und werde sagen, daß ich mehr als vier Stunden mit Präsident Asad gesprochen habe. Wir haben uns beide zu den bilateralen Beziehungen geäußert und vor allem über die Aussichten für einen Frieden im Nahen Osten gesprochen. Im Hinblick auf den Nahen Osten haben wir sowohl die Truppenentflechtung als auch eine dauernde Friedenslösung behandelt, auf die wir hinarbeiten müssen und die zu fördern die Vereinigten Staaten sich verpflichtet haben. Die Gespräche sind sehr nützlich und sehr konstruktiv gewesen und haben nach meiner Auffassung dazu beigetragen, die Beziehungen zwischen Syrien und den Vereinigten Staaten zu festigen und uns dem Frieden im Nahen Osten näherzubringen. Präsident Asad hat mir seine Vorstellungen zu dem Problem der Truppenentflechtung wie auch zu dem Problem eines dauerhaften Friedens dargelegt, und wir werden diese Vorstellungen sorgfältig prüfen und unsere Bemühungen fortsetzen.

Khaddam erwiderte: »Wenn man mich fragt, werde ich sagen, ich hätte nichts hinzuzufügen. Das bedeutet, daß ich unterstütze, was Sie gesagt haben.« Es bedeutete aber auch, daß die Syrer mit einem schrittweisen Vorgehen bei der Truppenentflechtung auf den Golan-Höhen einverstanden waren.

Leider hatte ich aber nicht das Einverständnis Israels. Am späten Sonntagabend flog ich nach Israel und versuchte, Sadat zu entlasten, indem ich mich bereit erklärte, die Vermittlung in den Verhandlungen mit Syrien zu übernehmen. In einem Aufenthaltsraum auf dem Flughafen Ben Gurion erläuterte ich unsere Vorstellungen Allon und anderen Mitgliedern der israelischen Verhandlungsdelegation. Dayan war nicht erschienen. Wahrscheinlich wurde er im eigenen Lande so scharf kritisiert, daß er sich nicht noch zusätzlich mit den syrischen Verhandlungen belasten wollte. Die Israelis, die von den mühsamen Verhandlungen über die Vereinbarungen mit Ägypten noch immer völlig erschöpft zu sein schienen, hatten offenbar nicht die Neigung, sich schon jetzt mit dem viel schwierigeren, emotionalen Problem der Golan-Höhen herumzuschlagen. Sie nahmen von Asads Vorschlägen Kenntnis, aber ohne Zustimmung des Kabinetts konnten sie nicht einmal daran herumkritisieren, denn dann würde es heißen, daß sie in Verhandlungen eingetreten wären. Sie drängten auf die Übergabe einer Liste der Kriegsgefangenen, aber zu diesem Thema konnte ich ihnen nur mitteilen, was Asad mir gesagt hatte. Wir einigten uns auf eine Presseerklärung, aus der zu entnehmen war, daß die Verhandlungen begonnen hatten, während meine israelischen Gesprächspartner nicht gezwungen waren, sich jetzt schon festzulegen:

Ich habe der israelischen Regierung ein paar Ideen zur Truppenentflechtung an der syrischen Front vorgelegt. Die israelische Regierung wird diese Ideen jetzt prüfen und uns nach Beratungen im Kabinett ihre Auffassungen bekanntgeben, und wir werden dann sehen, wie sich die Lage entwickelt.

Was nun Jordanien anging, so war die Haltung meiner israelischen Gesprächspartner noch undurchsichtiger. Sie hörten sich meinen Bericht über Husseins Vorschläge aufmerksam an und stellten verständnisvolle Fragen. Aber keiner von ihnen war bereit, einen eventuellen Posten im neuen Kabinett von Anfang an mit einer Hypothek zu belasten und das Veto der Nationalreligiösen Partei zu riskieren, das diese mit Sicherheit einlegen würde, wenn sie sich bereit erklärten, einen noch so kleinen Teil des Gebiets am Jordan-Westufer zu räumen oder auch nur über eine solche Möglichkeit zu verhandeln – auch wenn es nur die Stadt Jericho wäre.

Nach zehn ereignisreichen Tagen im Nahen Osten saßen wir am Sonntag, dem 20. Januar, um 20.30 Uhr endlich wieder in unserer Maschine, um nach Washington zurückzufliegen. Der abendliche Abflug löste bei den mich begleitenden Journalisten fast eine Rebellion aus, die an einem Tag drei Länder besucht hatten, über jeden Zwischenaufenthalt berichten mußten und jetzt einen vierzehnstündigen Flug vor sich hatten, auf dem sie sich nicht wie ich zu Bett legen und ausruhen konnten. Aber ich hatte keine andere Wahl. Mich erwartete ein ungeduldiger Präsident, der dem Kongreß über die Ereignisse meiner Reise berichten wollte, und sich auf die selten gewordene Gelegenheit freute, ein positives Ereignis bekanntzugeben.

Endlich wieder in Washington

Am Montagmorgen, dem 21. Januar, um 4.30 Uhr waren wir nach einer kurzen Zwischenlandung auf dem Flughafen von Heathrow, wo ich Sir Alec Douglas-Home von der Ergebnissen meiner Reise unterrichtete, wieder in Washington. Vom Flugzeug aus hatte ich Botschaften an die wichtigsten arabischen Regierungschefs und mehrere NATO-Verbündete geschickt. Darin faßte ich den Inhalt meiner Gespräche in den arabischen Hauptstädten und in Jerusalem zusammen, die ich nach meiner Abreise aus Ägypten geführt hatte. Asad und Hussein interessierten sich natürlich besonders für die Reaktion Israels auf ihre Vorschläge. Ich teilte Hussein mit, ich hätte den Israelis von seinem »Interesse an der Bildung einer jordanisch-israelischen Arbeitsgruppe im Rahmen von Genf« berichtet und »sie wissen lassen, daß ich diese Angelegenheit Ende dieser Woche im einzelnen behandeln möchte«. In meiner Botschaft an Asad schrieb ich:

> Während meines Zwischenaufenthalts in Israel auf dem Rückflug nach Washington am Sonntagabend habe ich der israelischen Regierung Ihren Vorschlag zur Truppenentflechtung vorgelegt. Die Israelis haben mir gesagt, daß sie eine Antwort vorbereiten, und sobald ich von ihnen höre, werde ich mich wieder mit Ihnen in Verbindung setzen.

Das war nicht viel, aber damit hielt ich die Verbindung zu den Syrern aufrecht und konnte Sadat entlasten.

Nixon war begeistert. In den vergangenen Wochen hatte er wenig Erfreuliches erlebt. Er war besonders stolz darauf, daß es seiner Regierung auch während einer innenpolitischen Krise gelungen war, im Rahmen der Friedensregelung für den Nahen Osten eine entscheidende Rolle zu spielen, und erläuterte den führenden Kongreßabgeordneten die Vorgänge sehr klar und gründlich, die bohrende Fragen stellten und wissen wollten, ob die Vereinigten Staaten irgendwelche »geheimen Verpflichtungen« übernommen hätten – als könnten die Vereinigten Staaten sich nur aufgrund von Geheimverträgen weltpolitisch engagieren und nicht ausgehend von der strategischen Wirklichkeit und als hätte es nicht viel ernstere Konsequenzen, wenn wir uns nicht einschalteten. Angesichts der begeisterten Zustimmung eines großen Teils der amerikanischen Öffentlichkeit verzichteten die Abgeordneten wenigstens auf den gehässigen Ton, an den sie sich im Zusammenhang mit Watergate im Umgang mit dem Präsidenten gewöhnt hatten, konnten sich aber doch nicht dazu durchringen, Nixon die uneingeschränkte Zustimmung zu geben, auf die er – nach meiner Auffassung mit Recht – gehofft hatte. Die einzige Ausnahme bildete ironischerweise J. William Fulbright.

Am nächsten Tag, dem 22. Januar, hielt ich eine Pressekonferenz ab und beschäftigte mich dabei mit den mir inzwischen schon vertrauten Themen – den Bestimmungen der Vereinbarungen und den von den Parteien abgegebenen Zusicherungen. Wieder mußte ich zu der Frage Stellung nehmen, ob es »geheime« amerikanische Verpflichtungen gäbe. Einen wesentlichen Teil der Pressekonferenz nahm die Affäre mit dem Marineunteroffizier aus meinem Büro in Anspruch, die den Beginn der Reise überschattet hatte. Ich hatte nicht die Zeit gehabt, mich in die Feinheiten dieses Falls zu vertiefen und mich auf die inquisitorischen Fragen der Medien vorzubereiten, die sich im Verlauf des Watergate-Skandals an solche Erörterungen gewöhnt hatten. So wurde ich gefragt, ob ich gewußt hätte, daß eine Untersuchung eingeleitet worden war, um festzustellen, wie es zu den Anderson-Indiskretionen gekommen wäre. Die Journalisten wollten wissen, ob mir bekannt wäre, daß David Young die Untersuchung geführt hätte. Er war einer der »Klempner« und hatte eine Zeitlang in meinem Büro gearbeitet. Mir wurde sehr bald klar, worauf diese Fragerei hinaus sollte. Wenn ich überhaupt etwas wußte, dann müßte ich auch in die meisten Aktivitäten der »Klempner« verwickelt sein – eine im Grunde unlogische Schlußfolgerung. Es folgten noch ein paar ähnliche Fragen. Zwar stand keine böse Absicht dahinter, aber gerade das ließ sie so gefährlich erscheinen. Hier zeigte sich deutlich, auf einem wie schmalen Grat wir balancierten. Die Regierungsautorität war in der Tat schwer erschüttert. Auch ein außenpolitischer Erfolg konnte die Entwicklung nicht mehr aufhalten, und wir würden eine längere internationale Krise kaum durchstehen können.

Doch damit bestätigte sich nur, was jeder wußte. Im Winter 1973/1974 waren die Vereinigten Staaten kein glückliches Land. Es herrschten Mißtrauen, Verbitterung und Zynismus. Die Öffentlichkeit verlangte nach sensationellen Enthüllungen, und dieses Verlangen war leider in mancher Hinsicht gerechtfertigt. Aber oft stand auch nur eine einfache Sensationslust dahinter. Die Gründe ließen sich unschwer erkennen. Vertrauen ist ein wertvolles Gut. Wenn es einmal angeschlagen ist, muß es Zeit haben, organisch zu wachsen. Es läßt sich nicht durch eine Willensanstrengung oder unter Berufung auf die nationale Sicherheit wiederherstellen.

Und doch, wenn wir eine solide Basis errichtet hatten, dann würden die Ereignisse demonstrieren, daß im Nahen Osten eine Wende eingetreten war. Wenn wir nur etwas Glück hatten, würde der Friedensprozeß trotz aller Hindernisse seinen Fortgang nehmen. Auch in dieser für die Vereinigten Staaten so bedrückenden Zeit haben sich Dinge ereignet, auf die wir stolz sein dürfen. Auch wenn nicht wir es gewesen sind, die schließlich den Weg zum Frieden gefunden haben, so dürfen wir doch mit Genugtuung daran denken, daß alles hier begonnen hat, wenn dieser Friede jemals Wirklichkeit werden sollte.

XIX. Die Energiekrise

Die Jahre der tatenlosen Selbstgefälligkeit

Ich war in Hochstimmung nach Washington zurückgekehrt. Aber politische Krisen führen nur selten zu dramatischen Umwälzungen. Der Wandel kleidet sich oft in das Alltägliche und tritt nicht in der Form einer großen Generalreinigung, sondern als Folge einer Reihe technischer Entwicklungen auf. So war es auch mit der Energiekrise, die jetzt über uns hereinbrach.

Sie nahm schon bei ihrem Beginn 1973 dramatische Formen an und führte dazu, daß sich die Welt, wie sie nach dem Kriege entstanden war, entscheidend und unwiderruflich veränderte. Die anscheinend unaufhaltsame Zunahme des allgemeinen Wohlstandes wurde plötzlich in ihr Gegenteil verkehrt. Zugleich ergriff die Inflation die Industrieländer wie ein Waldbrand, und die Rezession forderte Millionen von Arbeitslosen. Die ärmeren Länder, die über kein Öl verfügten, erlebten eine schwere Wirtschaftsdepression und mußten sich so weit verschulden, daß mit einem Ausgleich nicht mehr zu rechnen war, während die ölproduzierenden Länder plötzlich über viel mehr Geld verfügten, als sie jemals ausgeben konnten. Ihr gewaltiger Devisenüberschuß ließ die Währungen schwanken, und zwar sowohl aus wirtschaftlichen als auch aus politischen Gründen. Aber diese Entwicklung war nicht nur eine wirtschaftliche Revolution, sondern viel bedenklicher war der Umstand, daß das Öl zur Waffe der politischen Erpressung wurde. Die demokratischen Industrienationen mußten nicht nur wirtschaftliche Umwälzungen, sondern auch fundamentale Veränderungen in ihrer Gesellschaftsstruktur und in ihrem politischen Leben hinnehmen.

Gegenmaßnahmen erwiesen sich über lange Zeit als wirkungslos, und wir spüren bis heute die Folgen dieser Ereignisse. Unser Wirtschaftssystem hat sich noch nicht davon erholt, und die politischen und gesellschaftlichen Folgen sind noch immer zu spüren.

Wie konnte ein so tiefgreifender und folgenschwerer Wandel uns derartig überraschen? Manches läßt sich im Rückblick deutlicher erkennen, denn die Wurzeln und Warnsignale für dramatische Veränderungen waren da. Die Revolution auf dem Ölmarkt folgte dem Muster vieler historischer Revolutionen. Sie alle waren unvermeidlich, aber ihre Unvermeidlichkeit hat sich erst im nachhinein erkennen lassen. Es ist für den Historiker fast unmöglich zu verstehen, daß man vor dem Beginn großer Revolutionen in der Menschheitsgeschichte oft nicht einmal erkannt hat, daß es zu Veränderungen kommen würde. In der Illusion des Glaubens an die Dauer befangen, haben die Opfer solcher Revolutionen die Vorzeichen, welche die Nachwelt als eindeutig erkannt hat, als vorübergehende Abweichungen vom Normalen abgetan. Deshalb hat man es versäumt, die Dämme zu verstärken, welche die Flut hätten aufhalten können, bis sie plötzlich brachen und die Wassermassen diejenigen umspülten, die an eine Gefahr nicht hatten glauben wollen.

Zur Zeit von Richard Nixons Amtsantritt betrachtete die Weltwirtschaft das billige Öl als naturgegeben und hielt die übermäßige Produktionskapazität für das größte wirtschaftliche Problem. Wenn wir uns überhaupt Gedanken über die politische Dimension machten, dann darüber, wie die Forderungen der ölproduzierenden Länder befriedigt werden sollten, die sich um den Zugang zu unserem Markt bewarben und als Gegenleistung außenpolitische Zugeständnisse anboten. Ende der sechziger Jahre importierten die Vereinigten Staaten nur etwa zwanzig Prozent ihres Ölbedarfs. Wir beruhigten uns in der Annahme, daß wir noch über große, unerschlossene, eigene Reserven verfügten. Im Norden Alaskas entdeckte Ölvorkommen konnten den Bedarf angeblich für lange Zeit sicherstellen. Daneben verfügten wir vor der Küste über große Ölreserven und glaubten, sehr bald darauf zurückgreifen zu können, wenn eine Verknappung die Preise in die Höhe treiben würde.* Die sogenannte Texas Railroad Commission, die das Niveau der amerikanischen Produktion bestimmte, blieb weiterhin unter der Kapazität, um den Inlandpreis bei 3,30 Dollar pro Barrel zu halten – mehr als ein Doller pro Barrel über dem Weltmarktpreis – und um die Exploration und die Bohrungen im Inland zu fördern. Die Ölimporte wurden durch ein 1959 von Präsident Eisenhower eingeführtes System geregelt, das genaue Quoten für die Importmengen setzte.

Auf diese Weise hatten die Vereinigten Staaten einen entscheidenden Einfluß auf den Weltmarktpreis für Öl. Wenn der Preis über eine von uns als wünschenswert angesehene Höhe hinausging, konnten wir unsere Produktion steigern, unsere Importe begrenzen und unsere ausländischen Lieferanten zwingen, Öl auf dem Weltmarkt anzubieten. Wenn wir wirklich energisch vorgehen wollten, dann konnten wir in den Vereinigten Staaten mehr Öl produzieren und es im Ausland verkaufen. Die ölproduzierenden Länder im Nahen Osten hatten daher ein Interesse daran, die Preise niedrig zu halten. Man betrachtete die 1960 geschaffene Organisation der erdölexportierenden Länder (OPEC) nicht als ein ernstzunehmendes Kartell.** Man glaubte im allgemeinen, daß die Ölproduzenten einen Preisanstieg nicht durch eine Einschränkung der Produktion erzwingen könnten, weil dann ihre Erlöse so stark zurückgehen würden, daß sie den Bankrott erklären müßten, bevor die demokratischen Industrienationen die Auswirkungen eines solchen Verfahrens zu spüren bekamen. Das Fiasko des arabischen

* Als der Ölpreis bei drei Dollar pro Barrel lag, glaubte man, daß das unter dem Meeresboden liegende Öl zu einem Preis von fünf Doller gefördert werden kann, und hielt diesen Preis für wirtschaftlich vertretbar. Der Preis dieses Öls liegt auch heute noch über dem Weltmarktpreis.

** Die Mitglieder der OPEC waren Saudi-Arabien, der Irak, Kuwait, der Iran, Venezuela, Algerien, Libyen, Qatar, die Vereinigten Arabischen Emirate, Nigeria, Gabun, Indonesien und Ekuador.

Ölembargos von 1967, das angesichts der ununterbrochenen iranischen und der gesteigerten amerikanischen und westlichen Produktion zusammenbrach, schien diese Annahme zu bestätigen.

Als Nixon am 25. März 1969 einen Kabinettsausschuß zur Überwachung der Ölimporte schuf, der das Quotensystem überprüfen sollte, dachte er an nichts weniger als an eine Energiekrise. Dieser Ausschuß arbeitete unter dem Vorsitz des Arbeitsministers George P. Shultz, und daneben gehörten ihm der Außenminister, der Verteidigungsminister, der Finanzminister, der Innenminister, der Handelsminister und der Direktor des Office of Emergency Preparedness (Behörde für die Abwendung von Notständen) und andere hohe Beamte als Beobachter an. Das Weiße Haus wurde vom Präsidentenberater Peter M. Flanigan vertreten, einem Finanzexperten. Mein Büro übernahm in diesem Zusammenhang keine konkreten Aufgaben. Bestenfalls beobachtete es das Problem im Hinblick auf die Möglichkeit einer Gefährdung der nationalen Sicherheit – und eine solche Situation hielt man damals für sehr unwahrscheinlich.

Der Ausschuß beschäftigte sich ein Jahr mit diesem Thema, veranstaltete Anhörungen, deren Ergebnisse auf zehntausend Seiten festgehalten wurden, und legte im Februar 1970 einen vierhundert Seiten starken Bericht vor, dessen wichtigste Empfehlung darin bestand, die Importquoten durch Zölle zu ersetzen. Damit sollten ausländische Ölproduzenten frei auf dem amerikanischen Markt konkurrieren dürfen, solange sie die geforderten Einfuhrzölle entrichteten. Auf dem so entstandenen freien Markt würde der Zoll den inländischen Ölpreis drükken, und die Regierung ersparte sich die Aufgabe, das importierte Öl zuzuteilen. Wenn jedoch die Importe zu umfangreich wurden, konnten die Zölle jederzeit erhöht werden. Man behandelte die Entscheidung über die Importmengen als eine innenpolitische Entscheidung der Vereinigten Staaten, bei der wir außerordentlich flexibel sein könnten.

Wie sehr wir uns bei unseren Planungen 1970 getäuscht haben, zeigt sich darin, daß der Bericht damit rechnete, die Vereinigten Staaten würden 1980 bei gleichbleibenden Preisen nur siebenundzwanzig Prozent ihres Ölbedarfs importieren, und in den folgenden zehn Jahren werde der Ölpreis auf dem Weltmarkt nicht wesentlich ansteigen.[1] (In Wirklichkeit importierten wir Ende der siebziger Jahre fast fünfzig Prozent unseres Öls, und der Weltmarktpreis war auf mehr als das Zehnfache gestiegen.) Der Ausschuß beschäftigte sich mit Fragen der nationalen Sicherheit nur insofern, indem er empfahl, die Vereinigten Staaten in erster Linie mit Öl aus der westlichen Hemisphäre zu versorgen, damit wir nur mit zehn Prozent des importierten Öls vom Nahen Osten abhängig waren. (1979 waren es mehr als vierzig Prozent.)

Unsere Regierungsbehörden, die für unsere Ölpolitik verantwortlich waren, sprachen sich gegen eine stärkere ausländische Konkurrenz aus. Der Innenminister, der Wirtschaftsminister und der Vorsitzende der Bundesenergiebehörde legten einen Alternativbericht vor, in dem sie behaupteten, die neuen Zollbestimmungen würden den Inlandspreis für Öl auf etwa 2,50 Dollar pro Barrel drücken, den inländischen Ölproduzenten jeden Anreiz nehmen, ihre Produktion zu erhöhen, und uns damit innerhalb von zehn Jahren in unerwünschter Weise von den Importen abhängig machen. (Die Minderheit, die sie vertraten, lehnte es auch ab, für den Notfall Reserven anzulegen, weil sie »wirtschaftlich nicht vernünftig« wären.) Nixon stellte sich – aus innenpolitischen Gründen – auf die Seite dieser Minderheit und behielt das Quotensystem bei. Damit entschied er sich für geringere Importmengen und etwas höhere Preise. Dieses Quotensystem blieb mit einigen geringen Korrekturen während weiterer drei Jahre in Kraft, was zu Debatten führte, die sich aus heutiger Sicht so lesen, als hätten sie in der Steinzeit stattgefunden.

Mein Büro hat sich an diesen Debatten nicht beteiligt. Es wurde weder konsultiert noch über die wichtigsten Entscheidungen unterrichtet. Ich will damit nicht sagen, daß vernünftigere Entscheidungen getroffen worden wären, wenn ich mich eingeschaltet hätte; mir fehlten auf diesem Gebiet die notwendigen Sachkenntnisse. Ich erwähne diese Tatsache nur, um zu zeigen, wie sehr man das Energieproblem damals als ein innen- und nicht als ein außenpolitisches angesehen hat. Die einzigen außenpolitischen Überlegungen, die während der ersten Jahre der Amtszeit Nixons im Blick auf das Öl angestellt wurden, betrafen die Zuteilungen *innerhalb* der oberen Grenze der amerikanischen Importe. Damals glaubte man, daß die Produzenten und nicht die Verbraucher die Bittsteller wären, denn die OPEC-Länder bemühten sich auf unserem Markt um günstige Verkaufsbedingungen. Ein typischer Fall waren unsere Beziehungen zum Iran. Später hat man manchmal behauptet, daß die Politik der Nixon-Regierung gegenüber dem Schah durch unseren Wunsch beeinflußt worden wäre, seine Einnahmen zu erhöhen, um ihm den Kauf zusätzlichen Kriegsmaterials zu ermöglichen – eine Umkehrung der Wahrheit. Der Schah hat sich immer wieder darüber beschwert, daß wir nicht genug iranisches Öl kauften. Als er im März 1969 zur Beisetzung des ehemaligen Präsidenten Eisenhowers nach Washington kam, machte ich ihm in der iranischen Botschaft einen Höflichkeitsbesuch. Er machte mir bei dieser Gelegenheit das Angebot, uns dabei zu helfen, einen Vorrat an Erdöl in ehemaligen Salzbergwerken anzulegen, damit wir im Kriegsfall über die notwendigen Reserven verfügten. Dazu wollte er uns zehn Jahre lang täglich eine Million Barrel zu dem erstaunlich günstigen Preis von einem Dollar pro Barrel liefern. Ich trug das Angebot des Schahs den Ölexperten in unserer Regierung vor, die es aus dem Handgelenk ablehnten. Eine Erhöhung der iranischen Quote wäre nur auf Kosten Saudi-Arabiens und anderer mit uns befreundeter Länder im Persischen Golf möglich. Es gab jedoch auch das unüberwindliche Problem, daß die Regierung der Vereinigten Staaten nur für militärische Zwecke Öl kaufte, und dieser Bedarf wurde zum großen Teil von Saudi-Arabien gedeckt. Im übrigen wurde das Öl von privaten Gesellschaften importiert. Eine starke Beteiligung der Regierung an diesem Geschäft hätte es erforderlich gemacht, zum Teil die Lieferanten zu wechseln. Die Ölgesellschaften hätten ihre Bezugsmengen anderswo reduzieren müssen, um den Schah zu befriedigen – es sei denn, wir waren bereit, eine Preissenkung in Kauf zu nehmen, indem wir die Quoten um die Importmengen aus dem

Iran aufstockten. Ich wurde beauftragt, seiner Kaiserlichen Majestät diese schlechte Nachricht zu überbringen. (Als der Ölpreis später eskalierte und die Nachfrage so stark wurde, daß es den Anschein hatte, sie werde sich nicht mehr befriedigen lassen, muß der Schah, obwohl er als weltlicher Herrscher galt, der Vorsehung dafür gedankt haben, daß wir ein für uns so atemberaubend günstiges Angebot abgelehnt hatten.)

Im Oktober 1969 kam der Schah wieder in die Vereinigten Staaten, diesmal zu einem offiziellen Staatsbesuch, und sprach über die amerikanischen Ölimporte mit Nixon persönlich. Der Schah glaubte, daß ihm hundertfünfundfünfzig Millionen Dollar für sein Entwicklungsprogramm fehlten – eine Summe, die den Ölproduzenten heute lächerlich vorkommen würde. Nixon versprach ihm, alles zu tun, um die Ölexporte aus dem Iran zu erhöhen. Damals mußte Nixon die bittere Erfahrung machen, daß der Präsident der Vereinigten Staaten auf die Zuteilung der Importmengen für Erdöl kaum einen Einfluß hatte. Zwar legte die amerikanische Regierung die Importquoten fest, aber die Entscheidung darüber, wo das Öl gekauft und produziert werden sollte, traf ein aus den sieben größten Ölgesellschaften bestehendes Konsortium – die sogenannten Großen. Die Quote setzte die Höchstmenge fest, die jedoch nicht erreicht werden mußte. Über die Einkäufe mußte jedes Land einzeln mit den »Großen« verhandeln.

Die Ölgesellschaften arbeiteten in den Erzeugerländern mit Konzessionen. Sie waren Eigentümer der Produktionsanlagen und der Raffinerien und zahlten den Lieferländern eine vereinbarte Summe pro Barrel. Die großen Ölgesellschaften und nicht die Regierungen trafen die Entscheidungen über den Grundpreis, die Produktionsmengen und das Marketing. Sie hatten schon genügend Schwierigkeiten gehabt, einen Marktanteil für Libyen zu finden, wo die Ölvorkommen erst Ende der fünfziger Jahre entdeckt worden waren, und mußten ihre Schwierigkeiten nicht noch durch eine Erhöhung des iranischen Anteils vergrößern.* Als ihnen Nixons Ersuchen vorgelegt wurde, weigerten sich die amerikanischen Partner des Konsortiums, ihm nachzukommen, und zwar auch, wenn sich das Verteidigungsministerium bereit erklären sollte, einen Teil seines Bedarfs im Iran zu beziehen, denn der amerikanische Anteil an der iranischen Förderung war viel geringer als etwa in Saudi-Arabien. Flanigan schrieb am 10. Januar 1970 in einer von mir angeforderten Denkschrift, »ein wesentlicher Teil der Gewinne aus diesen Verkäufen wird nicht amerikanischen Gesellschaften zufließen, wenn wir uns um iranisches Öl bemühten«. Am 30. Juli 1970 – neun Monate, nachdem Nixon dem Schah versprochen hatte, ihm beim Ver-

* Ein amerikanischer Wissenschaftler hat ihr Dilemma wie folgt dargestellt:
Als die in Libyen geförderten Ölmengen ständig zunahmen, mußten sich die großen Ölgesellschaften zunehmend Gedanken darüber machen, ob die Länder am Persischen Golf die zum Ausgleich notwendigen Produktionssenkungen und die damit verbundene Verringerung ihrer Einnahmen hinnehmen würden. Da die Produktionsmengen der Großen im Nahen Osten ihre Fördermengen in Libyen um das Zwanzigfache überstiegen, konnten sie in dem ersteren Gebiet bedeutend mehr verlieren, als sie jemals im letzteren gewinnen konnten. Wenn sie jedoch die Produktion in Libyen einstellten, würden ihre Konzessionen wahrscheinlich an die Unabhängigen vergeben werden, die dann nur das Volumen der unkontrollierten Förderung vergrößern würden.[2]

kauf seines Öls zu helfen – mußte er ihm schreiben, daß er nicht in der Lage wäre, sein Versprechen zu halten.

Nichts illustriert besser die falschen Vorstellungen, die einer großen Umwälzung vorausgehen können. Die demokratischen Industrienationen, die Ölgesellschaften und die Erzeugerländer ließen sich von einem Kaleidoskop der Illusionen blenden, von der angeblichen Überschußkapazität in den Vereinigten Staaten, von der Furcht vor einer Ölschwemme, die zu massiven Preiseinbrüchen führen könnte, von dem augenscheinlichen Interesse der verschiedenen Erzeugerländer, ihre Produktion zu erhöhen, und von der Annahme, daß einzelne Erzeuger immer bereit sein würden, Preise zu unterbieten, um ihre Einnahmen auf Kosten der anderen zu erhöhen – Vorstellungen, die im direkten Widerspruch zu der Wirklichkeit standen, die allmählich sichtbar wurde. Ihre ganze Bedeutung konnte zunächst nicht erkannt werden, weil die Ölgesellschaften seit mehr als einer Generation praktisch die Preise diktiert und die Marketingentscheidungen getroffen hatten. Die Regierung der Vereinigten Staaten scheute sich aus grundsätzlichen Erwägungen, die Arbeitsweise eines Markts zu beeinflussen, da sie ihr effizient erschien und augenscheinlich mit den Langzeitinteressen des Landes im Einklang stand.

Der Sturm braut sich zusammen: 1970 bis 1973

Mit Beginn des neuen Jahrzehnts begann sich alles zu ändern. Das Verhältnis von Angebot und Nachfrage auf der ganzen Welt verschob sich unaufhaltsam zuungunsten der Verbraucher. Die Nachfrage stieg, am stärksten in den Vereinigten Staaten. Schon bald verfügten wir nicht mehr über die Kapazität, mehr zu produzieren, als wir brauchten. Anfang 1972 hob die Texas Railroad Commission zum erstenmal alle Beförderungsbeschränkungen in den Vereinigten Staaten auf. Ende des Jahres produzierten die Vereinigten Staaten mit voller Kapazität – ohne im Notfall in der Lage zu sein, die Produktion zu steigern. Damit trat eine entscheidende Wende ein. Der Bedarf im Inland und in der ganzen Welt nahm zu, und die Weltwirtschaft steuerte auf das Ende eines über drei Jahrzehnte fast ununterbrochenen wirtschaftlichen Aufschwungs zu. Amerika importierte das Öl nicht mehr, weil es bequemer war, sondern weil es die Importe brauchte. 1947 hatten die Vereinigten Staaten 8,1 Prozent ihres Ölbedarfs importiert, 1973 waren es 36,1 Prozent.[3] Wir konnten den Ölpreis auf dem Weltmarkt nicht mehr drücken, indem wir die eigene Produktion steigerten, ja, wir konnten uns nicht einmal mehr vor den Folgen eines Lieferstops schützen und verloren daher die Möglichkeit, den Markt zu beeinflussen. Das Gleichgewicht der Kräfte auf dem Energiesektor verlagerte sich von der Texas Gulf zum Persischen Golf. Die ölfördernden Länder der OPEC nahmen das Steuer in die Hand. Es war nur noch eine Frage der Zeit, bis sie diesen Vorteil für sich ausnutzten.

Das Ausmaß dieses Wandels ließ sich nicht sofort erkennen, denn eine Zeitlang wurden die Preise noch zwischen den privaten Ölgesellschaften und den Förderländern ausgehandelt. Deshalb hielt man auch weiterhin an der Illusion fest, daß man einen im Welthandel üblichen Vorgang und nicht eine revolutionäre Umwälzung erlebte. Weil die Symptome, die Anfang der siebziger Jahre zu verzeichnenden Preiserhöhungen, sehr bescheiden waren, schien diese Entwicklung keine wesentlichen Auswirkungen auf die Binnenwirtschaft zu haben, ganz zu schweigen von der nationalen Sicherheit.

Der unmittelbare Anlaß bildete die im September 1969 in Libyen erfolgte Machtübernahme durch den radikalen Oberst Muammar Khadhafi, der den prowestlichen König Idris gestürzt hatte. (Ich muß jedoch ausdrücklich darauf hinweisen, daß die Preisexplosion nicht die Folge einer persönlichen Entscheidung gewesen ist. Die Verhältnisse auf dem Ölmarkt hätten sie in jedem Fall herbeigeführt, wenn sich die Entwicklung vielleicht auch über längere Zeit hinausgezogen hätte.) Bis dahin spielten die konservativen Regierungen unter den Ölförderländern die beherrschende Rolle. Ihr Interesse an einer Erhöhung ihrer Einkünfte wurde durch ihre Erwartung gemäßigt, von den demokratischen Industrienationen gegen äußere (und vielleicht sogar gegen innere) Bedrohungen geschützt zu werden. Khadhafi waren solche Vorstellungen fremd. Als leidenschaftlicher Radikaler war er entschlossen, sich von jedem westlichen Einfluß zu befreien. Daß er die Weltwirtschaft dabei schwächte, war ihm gleichgültig. Unsere Regierungsbeamten, besonders die im Außenministerium, hingen immer noch der romantischen Vorstellung nach, der Radikalismus in der Dritten Welt wäre nichts anderes als ein frustrierter westlicher Liberalismus. Sie glaubten, daß die führenden Politiker in der Dritten Welt sich dem Extremismus zugewandt hätten, weil der Westen sich hinter die Konservativen gestellt hatte, weil wir ihre Reformbestrebungen nicht begriffen und weil ihre Gesellschaften rückständig wären und einen radikalen Wandel verlangten[4] – sie führten praktisch jede nur denkbare Erklärung ins Feld, nur nicht die naheliegendste, daß nämlich diese Leute überzeugte Anhänger einer Ideologie waren, die unversöhnlich antiwestliche Doktrinen vertrat.

Ich habe schon davon gesprochen, daß ich in Nixons erster Amtsperiode keine aktive Rolle in der Nahost-Politik gespielt habe. Hin und wieder wurde im Rahmen der WSAG beiläufig darüber gesprochen, welche Haltung wir gegenüber der neuen libyschen Regierung einnehmen sollten. Auf einer Sitzung am 24. November 1969 fragte ich, ob der Vierziger-Ausschuß sich mit der Möglichkeit der Einschaltung unseres Geheimdienstes beschäftigen sollte. Die Nachrichtendienste legten eine Studie über die wirtschaftlichen und politischen Schwachpunkte in Libyen an, hatten aber kein besonders großes Interesse für diese Fragen. Alle Vorschläge für ein direktes Eingreifen wurden abgelehnt, was mich zu dem Ausruf veranlaßte, ich wäre dagegen, dem Präsidenten ein Papier vorzulegen, das nur den Vorschlag enthielt, nichts zu unternehmen. Aber damit änderte sich nichts an der gemeinsamen Auffassung der an diesem Gespräch Beteiligten. Die meisten glaubten, daß die wirkliche Gefahr der Radikalisierung in unserer *Opposition* gegen Khadhafi läge. Der große Luftwaffenstützpunkt Wheelus – den wir auf Khadhafis Verlangen räumen sollten – hatte angeblich keine besondere Bedeutung. Man erklärte, daß wir unsere Interessen im Hinblick auf die Ölversorgung am besten schützen könnten, wenn wir dieses Problem von allen militärischen Belangen trennten. Nach einem von den Ministerien für eine Sitzung der WSAG gemeinsam verfaßten Papier war die Energieversorgung nur gefährdet, wenn wir etwas unternähmen, was die neue revolutionäre Regierung in Libyen verärgern könnte:

> Wir erkennen keine unmittelbare Bedrohung dieser (Öl-)Interessen, wenngleich sie entstehen könnte, wenn das Regime bedroht wird oder zunehmend instabil wird, wenn es um Wheelus zu einer wirklichen Konfrontation kommt oder wenn die Feindseligkeiten im Nahen Osten wiederaufgenommen werden.

Die Behörden stimmten darin überein, daß uns nichts anderes übrigblieb, als uns mit Khadhafi zu arrangieren:

> Unsere gegenwärtige Strategie ist bestrebt in dem Bemühen, befriedigende Beziehungen zu dem neuen Regime herzustellen. Die Wiederherstellung des Zahlungsausgleichs und die Sicherheit der amerikanischen Investitionen in der Ölproduktion sind nach unserer Auffassung die wichtigsten Erfordernisse. Wir wollen uns darum bemühen, uns die militärischen Einrichtungen zu erhalten, aber nicht auf Kosten einer Bedrohung unserer wirtschaftlichen Gewinne. Wir wollen auch die Interessen der von dem libyschen Öl abhängigen Europäer schützen. Es ist buchstäblich das einzige »unersetzliche« Öl in der Welt, und zwar sowohl nach der Qualität als auch nach der geographischen Lage.

Während sich die Vereinigten Staaten damit begnügten, passiv zu bleiben, wollten die Westeuropäer sich aktiv um die Gunst des radikalen Herrschers von Libyen bemühen. Europa hatte sich allerdings sehr viel mehr vom importierten Öl und besonders vom libyschen Öl abhängig gemacht. 1950 wurden fünfundsiebzig Prozent des europäischen Energiebedarfs durch Kohle gedeckt. 1970 hatte die durch Regierungsinitiativen gestützte Vorstellung, man könnte auf lange Sicht mit billigem und reichlich fließendem Öl rechnen, dazu geführt, daß dieser Energiebedarf zu sechzig Prozent mit fast ausschließlich importiertem Öl gedeckt wurde. Fünfundzwanzig Prozent des in Europa für die Energieerzeugung benötigten Öls lieferte Libyen. Die Folge war, daß Frankreich vier Monate, nachdem Khadhafi an die Macht gekommen war, mit Libyen einen Vertrag über den Verkauf von hundert hochmodernen Düsenflugzeugen unterzeichnete. Die Franzosen beruhigten ihr Gewissen, indem sie Libyen verpflichteten, diese Maschinen nicht den Nachbarstaaten Israels zur Verfügung zu stellen, ein absurdes und in der Praxis nicht durchzusetzendes Verlangen. Da es in Libyen nur sehr wenige an Düsenflugzeugen ausgebildete Piloten gab, konnten diese Maschinen nur dafür bestimmt sein, sie auf irgendeine Weise den arabischen Bruderstaaten zur Verfügung zu stellen. Andere europäische Länder schlossen sich dieser Beschwichtigungspolitik an. Besonders freundliche Beziehungen entwickelten sich zwischen Libyen und der Bundesrepublik Deutschland.

Wie so oft werden Entscheidungen, die zu der Zeit, da sie getroffen werden, als Ausdruck der Weisheit und Mäßigung angesehen werden, von der Nachwelt als unverantwortlich und gefährlich erkannt. Aus kurzfristigen wirtschaftlichen Erwägungen akzeptierte der Westen Khadhafis Revolution, und wie sich herausgestellt hat, wurden dadurch auch die politischen Beziehungen des Westens zu den konservativen Ölförderländern beeinflußt. Libyen hat den Herrschern dieser Länder eine nachdrückliche Lektion erteilt: Die demokratischen Industriestaaten waren nicht bereit, befreundete Regierungen zu schützen, wenn ihre radikalen Nachfolger, die sich offen zu ihrer Feindschaft gegenüber den Konservativen bekannten, den Demokratien nicht den Zugang zum Öl verwehrten. Daher hatte es offenbar keinen Sinn, sich den guten Willen des Westens erkaufen zu wollen, indem man sich beim Ölpreis oder auf irgendeinem anderen Gebiet Zurückhaltung auferlegte. Während der ersten ein oder zwei Jahre ergab sich nicht die Gelegenheit, diese Erkenntnisse praktisch wirksam werden zu lassen. Doch als sich die Verhältnisse auf dem Markt veränderten, begann man es auch in der Haltung der gemäßigten Regierungen zu spüren.

So veränderte sich das politische Gleichgewicht ebenso, wie sich durch die veränderten Verhältnisse auf dem Weltmarkt das wirtschaftliche Gleichgewicht verschob. Dann löste das radikale Libyen einen Prozeß aus, in dessen Verlauf die Förderländer allmählich feststellten, welchen beherrschenden Einfluß sie auf dem Ölmarkt hatten, und begannen, diesen Einfluß auszuüben. Die nun beginnende Revolution vollzog sich in drei deutlich voneinander zu unterscheidenden Phasen. Zunächst kam es zu einem schleichenden Anstieg der Ölpreise. Dann lösten die Förderländer die Ölsgesellschaften allmählich als Eigentümer ab und übernahmen die Förderung in eigener Regie. Und schließlich sahen sich die Regierungen der Ölförderländer in der Lage, den Verkauf des Öls an politische Bedingungen zu knüpfen, besonders im arabisch-israelischen Konflikt.

Anfang 1970 verlangte Libyen höhere Lizenzgebühren von den Gesellschaften, die auf libyschem Boden das Öl förderten. Die Libyer befanden sich in einer relativ günstigen Verhandlungsposition, denn die großen Ölgesellschaften hatten die Produktion hier nicht so fest im Griff wie am Persischen Golf. Da Libyen verhältnismäßig spät mit der Ölförderung begonnen hatte und weil die großen Ölgesellschaften ihre Öllieferanten nur ungern wechselten, übernahmen die »Unabhängigen« den größten Teil der Produktion in Libyen. Doch sie waren viel schwächere Verhandlungspartner als ihre großen Konkurrenten. Sie konnten den Ausfall libyscher Lieferungen nicht mit Produktionssteigerungen am Persischen Golf ausgleichen und nichts gegen die Drohung Libyens unternehmen, ihre Förderanlagen zu schließen. Am 29. Januar 1970 wurde die Lage kritisch, als die libysche Regierung den Barrel-Preis um vierzig Cent – das waren zwanzig Prozent – erhöhte. Diese Preiserhöhung war zwar, verglichen mit späteren Preissprüngen, noch bescheiden, aber es war der größte Preisanstieg, den es bis dahin im Rahmen der Verhandlungen um den Ölpreis gegeben hatte. Die Ölgesellschaften weigerten sich zunächst, den geforderten Preis zu zahlen; daraufhin griffen die Libyer zu beispiellosen Einschüchterungsmethoden.

Libyen wandte sich zunächst gegen das schwächste Glied in der Kette, die unabhängige Gesellschaft Occidental Petroleum, und zwang sie zu erheblich stärkeren Produktionskürzungen als ihre Konkurrenten. Am 12. Juni 1970 wurde die Produktion von Occidental von achthunderttausend Barrel täglich auf fünfhunderttausend und am 19. August noch einmal auf vierhundertvierzigtausend gesenkt; damit verringerte sich der Ausstoß von Occidental um fünfundvierzig Prozent. Hier hatte ein Förderland zum erstenmal praktisch ein Embargo verhängt. Die großen Ölgesellschaften demonstrierten ihre Kurzsichtigkeit, als sie einen unbequemen Konkurrenten einfach hängenließen und es ablehnten, die Occidental durch Ersatzlieferungen zu stützen, damit sie ihre Verluste ausgleichen konnte. Die auf diese Weise isolierte und schwer getroffene Gesellschaft beugte sich am 4. September 1970 den erpresserischen Forderungen Libyens und erhöhte den Ölpreis um dreißig Cent pro Barrel. Dieser Preis stieg im Lauf der folgenden fünf Jahre um weitere vierzig Cent. Die anderen Gesellschaften schlossen sich sehr bald an.[5]

In dieser Phase waren die wirtschaftlichen Auswirkungen der Preiserhöhungen weniger deutlich spürbar als die politischen Folgen. Bis jetzt hatten die Ölgesellschaften die Preise gemeinsam ausgehandelt. Jetzt war die geschlossene Front der Gesellschaften aufgebrochen, und damit verschwand ein ausgleichendes Element zwischen den Ölförderländern und den Ölverbrauchern. So entstand zwischen den Lieferländern im Mittelmeerraum und denen am Persischen Golf ein System, innerhalb dessen sich die Preise gegenseitig in die Höhe trieben. Libyen rechtfertigte seine höheren Preise mit den Argumenten, daß die Transportkosten für das libysche Öl niedriger waren als für das aus dem Golf kommende, daß das libysche Öl eine bessere Qualität hatte und daß Libyen das Geschäft mit unabhängigen Ölgesellschaften abwickelte. Die Produzenten am Persischen Golf wollten es nicht zulassen, daß ihr Konkurrent höhere Gewinne erzielte, und steigerten deshalb ihrerseits die Preise, um sie den libyschen anzugleichen. Als nun Libyen den Preisvorsprung verloren hatte, stellte es neue Forderungen, die wieder eine Preiserhöhung am Persischen Golf zur Folge hatten, und der ganze Vorgang wiederholte sich. Diese Spirale konnte zunächst kein Ende finden. Die im Verlauf einer Generation entstandene Struktur des internationalen Erdölmarktes brach zusammen.

Daran war deutlich zu erkennen, daß irgendwo schwere Fehler begangen worden waren, aber zunächst begriff man das noch nicht. Die Preissteigerungen, die prozentual zwar erheblich waren, hatten auf einer sehr niedrigen Stufe angefangen. Zunächst blieben die Preise unter drei Dollar pro Barrel und lagen damit niedriger als die amerikanischen Inlandspreise. Die Steigerung widersprach daher augenscheinlich nicht der Forderung der demokratischen Industrieländer und ihrer Wirtschaft, daß ihnen ausreichende Mengen preisgünstigen Öls zur Verfügung stehen müßten. Deshalb hielten sich die Regierungen der westlichen Länder aus den Verhandlungen über die sprunghaft ansteigenden

Ölpreise zwischen den Erzeugerländern und den Ölgesellschaften heraus. Als Nixon auf seiner Europa-Reise am 3. Oktober 1970 nach Chequers kam, teilte der britische Außenminister Sir Alec Douglas-Home dem amerikanischen Außenminister William Rogers mit, man habe den britischen Ölgesellschaften in Libyen gesagt, daß sie sich von ihrem »kaufmännischen Urteilsvermögen« leiten lassen sollten. Mit anderen Worten, da hier keine Sicherheitsinteressen berührt wurden, ließ die Regierung sie allein.

Im Dezember 1970 folgten die OPEC-Länder dem libyschen Beispiel. Ihre Vertreter kamen zu einer Konferenz in Caracas zusammen und verlangten neue Verhandlungen über die Preise zwischen den großen Ölgesellschaften und allen Erdöl exportierenden Ländern – was bedeutete, daß die Ölproduzenten Förderung und Verkauf ihres Öls von nun an selbst in die Hand nahmen. Die Ölgesellschaften reagierten zu spät auf diese Entwicklung. Im Januar 1971 faßten sie einen Entschluß, zu dem sie sich noch vor vier Monaten nicht hatten durchringen können. Von nun an wollten sie nur noch gemeinsam über die Preise verhandeln und sich vor Erpressungsversuchen schützen, indem sie sich das vorhandene Öl teilten. Ironischerweise wollten sie der Preistreiberei durch ihr Verlangen begegnen, daß auch die OPEC-Länder geschlossen über die Preise verhandeln sollten. Die OPEC ging auf diesen Vorschlag nur allzu gern ein und bildete ein wirksames Kartell, das jetzt bereit war, im Gegensatz zur bisherigen Praxis die Produktion fast aller Mitglieder zu senken.

Endlich interessierte sich auch die Regierung der Vereinigten Staaten für diese Entwicklung – auf Drängen der Ölgesellschaften, die, wie es ihrer Grundeinstellung entsprach, erst im allerletzten Augenblick um Unterstützung baten, aber auch nur um ein kurzfristiges Eingreifen der Regierung, denn sie fürchteten, im Rahmen einer langfristig angelegten Strategie unter staatliche Kontrolle zu geraten. Sie baten das Justizministerium um die Genehmigung, eine geschlossene Front zu bilden, das für diesen Fall das Antitrust-Gesetz außer Kraft setzen mußte, was es auch tat. Auf das Drängen der Ölgesellschaften reiste Unterstaatssekretär John N. Irwin II. am 16. Januar 1971 in den Nahen Osten, um die Ölförderländer zu bitten, sich bei ihren Forderungen zu mäßigen.

Leider fiel es unserer Regierung schwer, genau zu sagen, was sie unter dem Begriff »Mäßigung« verstand. Die taktische Notwendigkeit, die von der OPEC für neue Verhandlungen gesetzten Fristen einzuhalten, verschleierte das Erfordernis, die Situation auf dem Ölmarkt von Grund auf zu überprüfen. Am 14. Januar hatten meine tüchtigen Mitarbeiter C. Fred Bergsten und Harold Saunders aufgrund ihrer Beobachtungen bei den rasch voranschreitenden Verhandlungen der Ölgesellschaften empfohlen, die Vor- und Nachteile eines Eingreifens der amerikanischen Regierung gründlicher zu untersuchen. Sie begründeten ihre Auffassung, die Regierung sollte sich aus den Auseinandersetzungen zwischen den Ölproduzenten und den Ölgesellschaften heraushalten: Der Anstieg der Energiepreise werde sich in erster Linie in Europa und Japan auswirken und wahrscheinlich die Wettbewerbssituation für die Vereinigten Staaten verbessern. Um eine Konfrontation überstehen zu können, würden wir unter Umständen das Öl rationieren müssen, um das europäische Wirtschaftsgefüge zu stützen – ein schwieriges Unternehmen in einem Land, das schwer unter den Auswirkungen des Vietnam-Krieges zu leiden hatte. Um ihre Verhandlungsposition gegenüber den Ölproduzenten zu stärken, könnten die Ölgesellschaften die Regierung unter Druck setzen und von ihr verlangen, in den arabisch-israelischen Konflikt einzugreifen, was unserer Strategie widersprach, zu demonstrieren, wo die Grenzen des sowjetischen Einflusses lagen. Eine Konfrontation würde außerdem den Beziehungen zwischen den Vereinigten Staaten und der arabischen Welt schaden.

Aber meine Mitarbeiter hatten sich auch überlegt, welche Argumente für ein Eingreifen der Regierung sprachen, und dazu gehörte vor allem die Notwendigkeit, zu verhindern, daß die von den Erzeugerländern in Gang gesetzte Preisspirale sich politisch auswirkte. Es bestand außerdem die Gefahr einer Unterbrechung der Ölversorgung, was nicht nur unsere eigene Sicherheit, sondern auch die unserer Verbündeten gefährden würde. Wenngleich ich persönlich eher zu der Auffassung neigte, daß sich die Regierung aktiver einschalten sollte, glaubte ich, eine solche Empfehlung in dieser Lage noch nicht geben zu können. Deshalb wählte ich einen bewährten Ausweg. Am 15. Januar 1971 gab ich die Anweisung zur Ausarbeitung einer Studie über die Auswirkungen des Problems auf die nationale Sicherheit.

Noch bevor die Arbeit an dieser Studie recht in Gang gekommen war, setzten sich die Argumente gegen eine Intervention der Regierung durch, was den in den Vereinigten Staaten schon lange geltenden politischen Grundsätzen entsprach. Die amerikanische Regierung griff im allgemeinen nicht in handelspolitische Kontroversen ein. Wir hatten etwas dagegen unternommen, daß amerikanische Firmen ohne angemessene Entschädigung enteignet wurden, aber soweit mir bekannt war, hatten wir uns noch niemals an Verhandlungen über Preise beteiligt.

Am 18. Januar, Irwin war in den Nahen Osten abgereist, legte ich Nixon eine Denkschrift vor, an der Bergsten und Saunders mitgearbeitet hatten und die über den gegenwärtigen Stand der Verhandlungen zwischen den OPEC-Ländern und den Ölgesellschaften berichtete. Hier erklärte ich, wenn wir die Ölgesellschaften ermutigten, sich den Forderungen der Erzeugerländer zu widersetzen, dann müßten sechs Fragen beantwortet werden:

> Werden die Gesellschaften zusammenhalten und sich gemeinsam den Forderungen Libyens widersetzen? ... Wird Libyen bei seinen extremen Forderungen bleiben und das libysche Öl nicht mehr fließen lassen, wenn diese Forderungen nicht erfüllt werden? ... Werden die anderen Araber zu Libyen halten und auch ihre Produktion einstellen? ... Werden die europäischen Regierungen wegen der möglichen Ölknappheit in eine Panik geraten, direkte Verhandlungen mit Libyen anstreben und dabei die Ölgesellschaften umgehen? Oder werden sich die Europäer zusammenschließen und sich den arabischen Forderungen energisch widersetzen? Werden wir dann den Ölverbrauch im Inland rationieren, um den Europäern bei ihrem Widerstand gegen die Araber zu helfen, und/oder werden wir Israel erneut

unter Druck setzen, um die Araber politisch in unserem Sinne zu beeinflussen?

Meine Denkschrift schloß mit der folgenden Warnung: »Doch alles, was bisher geschehen ist, waren taktische Schritte und Reaktionen. Ich habe deshalb angeordnet, daß rasch eine Studie angefertigt werden soll, die zeigt, welches unsere Grundinteressen in dieser Lage sind und welche Rolle wir übernehmen sollten, um einer Lösung näherzukommen.«

Bevor diese Fragen beantwortet und die Studien angefertigt werden konnten, waren die Verhandlungen schon abgeschlossen. Irwin war auf die Reise geschickt worden, nachdem Nixon ein Gespräch mit Außenminister William Rogers geführt hatte, an dem ich nicht teilgenommen habe. Ich weiß nicht, ob man ihm besondere Anweisungen mit auf den Weg gegeben hat. Wahrscheinlich sind es nur ganz allgemeine Instruktionen gewesen. Wenn amerikanische Unterhändler nicht direkt beauftragt werden, es auf eine Konfrontation ankommen zu lassen, neigen sie instinktiv dazu, ihren Verhandlungspartner zunächst von unseren Absichten zu unterrichten, und zwar in dem Sinne, daß ein Beweis des guten Willens die Atmosphäre günstig beeinflußt. Es überraschte uns daher nicht, als Irwin dem Präsidenten am 25. Januar stolz meldete, er hätte die zwei Länder, die er besucht hatte (Saudi-Arabien und Kuweit), ausdrücklich darauf hingewiesen, daß wir uns – unserer Tradition folgend – nicht in die Details von Wirtschaftsverhandlungen einmischen würden. Damit hatte er diesen Ölförderländern die einzige Furcht genommen, die sie zur Mäßigung hätten veranlassen können, die Furcht vor einer Einmischung der Regierung der Vereinigten Staaten. Wenn eine Konfrontation vermieden werden sollte, und wenn unsere Regierung sich in die Einzelheiten nicht einmischte, dann würden die Ölgesellschaften nachgeben müssen.

Nachdem sie erkannt hatten, in einer wie günstigen Verhandlungsposition sie sich befanden, drehten die politischen Führer, mit denen Irwin gesprochen hatte, den Spieß um. Sie erklärten, das Verlangen, mit allen OPEC-Staaten gemeinsam zu verhandeln, wäre ein Manöver der Ölgesellschaften, um die einzelnen Förderländer gegeneinander auszuspielen. Im Widerspruch zu allem, was wir in jüngster Zeit erlebt hatten, behaupteten sie, Einzelverhandlungen mit den Ölerzeugern am Persischen Golf und am Mittelmeer wären die beste Methode, sie zur Mäßigung zu veranlassen. Die Ölproduzenten am Persischen Golf erklärten, sie wollten selbständig vorgehen, denn wenn sie gemeinsam mit den Libyern verhandelten, werde Khadhafi gegen ihre Vorschläge sein Veto einlegen. Sie behaupteten (mit Recht), daß der reale Ölpreis in den vergangenen fünf Jahren gefallen wäre – unter Berücksichtigung der Inflation –, während die Preise für die von ihnen importierten Güter gestiegen seien.

Wir erlebten eine Verhandlungstaktik, die sich während der nächsten zehn Jahre zu einer Kunstform entwickeln sollte. Jede Gruppe innerhalb der OPEC machte, wenn sie zu diesem Problem Stellung nahm, andere für den Preisanstieg verantwortlich. Es gab komplexe saudische Theorien, die dem Schah die ganze Verantwortung aufbürdeten, und ebenso komplexe iranische Argumente, die zu beweisen suchten, daß die arabischen Ölproduzenten am Golf, besonders die Saudis, die treibende Kraft wären. Man konnte nur staunen, wie es eine Gruppe von politischen Führern fertiggebracht hatte, etwas zu tun, das so gar nicht ihrer Überzeugung entsprach. In Wirklichkeit waren natürlich alle Ölförderländer für die Preissteigerungen. Kein Mitglied der OPEC war bereit, das Kartell zu brechen. In der Praxis unterstützten sie alle eine Strategie, die nur zu einem Ergebnis führen konnte: zu einem ganz erheblichen Preisanstieg, der sich über ein Jahrzehnt fortsetzen würde.

Irwin kam zu dem Schluß, daß die Ölgesellschaften versuchen sollten, die günstigsten Bedingungen auszuhandeln. In seinem Bericht an den Präsidenten erklärte er:

> Sie (die OPEC-Länder) weisen ausdrücklich darauf hin, daß sie sich in den Verhandlungen den Ölgesellschaften widersetzen werden, auch wenn es dabei zur totalen Einstellung der Produktion kommen müßte. Zwar glaube ich, mit meiner Reise etwas Zeit gewonnen und den drei Regierungen eine Perspektive vermittelt zu haben, die ihnen bisher fehlte, aber ich bin, was ihre Entscheidungen betrifft, alles andere als optimistisch, es sei denn, die Unterhändler der Ölgesellschaften können die Förderländer davon überzeugen, daß sie ernsthaft und im sachlichen und zeitlichen Rahmen der Beschlüsse der OPEC-Konferenz in Caracas verhandeln wollen.

Unser Entschluß, uns nicht einzumischen, nahm das Ergebnis vorweg; die Ölgesellschaften mußten nachgeben. Sie erklärten sich mit »getrennten«, aber »gleichlaufenden« Verhandlungen einverstanden, mit anderen Worten, sie beugten sich der preistreiberischen Taktik der Ölproduzenten. Das Ergebnis waren die am 14. Februar 1971 abgeschlossenen Vereinbarungen von Teheran, nach denen der Ölpreis am Persischen Golf um etwa vierzig Cent pro Barrel heraufgesetzt wurde. Nach den am 2. April in Tripolis getroffenen Vereinbarungen stieg der Ölpreis, wie nicht anders zu erwarten, um einen noch etwas höheren Betrag. Beide Erzeugergruppen sagten zu, dieses Preisniveau für die nächsten fünf Jahre halten zu wollen – wahrscheinlich ist noch nie ein feierliches Versprechen dieses Umfangs so rasch wieder gebrochen worden.

Während der folgenden Monate hatte man den Eindruck, daß der Ölmarkt sich stabilisiert hätte. König Faisal kam im Mai 1971 nach Washington. Bei diesem Besuch ist über das Öl offenbar nicht gesprochen worden. Der Preisanstieg für Öl aus dem Nahen Osten hatte sich noch nicht wesentlich auf die Wirtschaft der demokratischen Industrienationen ausgewirkt, am wenigsten auf die der Vereinigten Staaten. Es ist daher ein Beweis dafür, daß Nixon einen hervorragenden Instinkt hatte, drohende Probleme vorauszusehen und ihnen vorzubeugen, wenn er am 4. Juni 1971 den Kongreß dringend ersuchte, sich um die Erschließung alternativer Energiequellen zu bemühen. Bei einer Besprechung im Weißen Haus erklärte Nixon stolz, »das war das erstemal, daß ein Präsident dem Kongreß eine ausführliche Botschaft zum Energieproblem geschickt hat«. Die Botschaft des Präsidenten ist von den zuständigen Behörden vorbereitet worden. Ich war nicht daran beteiligt. Man hatte noch nicht das Gefühl, da es sich um ein dringendes

Problem handelte, und niemand dachte an eine internationale Krise. Man konnte sich nicht vorstellen, daß die Ölförderung über längere Zeit hinaus gefährdet werden könnte. Nixon hatte sich in einer Botschaft mit einer Frage beschäftigt, die uns wahrscheinlich erst in ferner Zukunft berühren würde.

Die Regierungen der OPEC-Länder übernehmen die Kontrolle

Diese Zukunft hatte schon begonnen. Die fundamentale Veränderung der Verhandlungspositionen wurde unterstrichen durch die Geschwindigkeit und Intensität des Verlangens der OPEC-Staaten, das gleiche Thema wiederaufzunehmen. Nur wenige Monate nach Abschluß der Vereinbarungen vom Februar und April 1971, mit denen die Preise für fünf Jahre hätten stabilisiert werden sollen, wurden auf der OPEC-Konferenz in Beirut im September neue Preisforderungen erhoben. Jetzt erklärte man einfach, daß der im Sommer erfolgte Kursverfall des Dollars ausgeglichen werden müßte – was zu einem weiteren Preisanstieg von fast neun Prozent und zu der Aussicht führte, den Ölpreis jeweils nach Ablauf eines Vierteljahres korrigieren zu müssen. Noch wichtiger war, daß die OPEC von den Ölgesellschaften eine »Billigkeitsbeteiligung« verlangten. Darin steckte der Beginn der Verstaatlichung und hatte natürlich die praktische Auswirkung, daß die Förderländer ihre Gewinne vergrößerten. Die Ölgesellschaften hatten die Wahl, entweder die Preise anzuheben oder sich mit den durch die teilweise Beteiligung der Regierungen entstehenden Verlusten abzufinden.

Die Verhandlungen über die »Beteiligung« begannen im März 1972 zwischen den Gesellschaften und einer Verhandlungsdelegation der OPEC unter Scheich Ahmed Zaki Yamani von Saudi-Arabien.* Zunächst verlangten die OPEC-Länder eine Beteiligung von zwanzig Prozent. Unter dem starken Druck der Saudis erklärten sich die Ölgesellschaften einverstanden. Doch nach kurzer Zeit erhöhten die OPEC-Länder ihre Forderungen. Die Saudis wollten sich zunächst mit zwanzig Prozent zufriedengeben, aber nach Ablauf einer bestimmten Zeit verlangten sie (ebenso wie die radikalen Staaten und vielleicht unter deren Druck) einundfünfzig Prozent. Diese galoppierende Verstaatlichung mußte dazu führen, daß die großen Ölgesellschaften nur noch die Aufgaben des Marketing und der Verwaltung übernahmen. Der Ölpreis konnte unter solchen Voraussetzungen nicht mehr ausgehandelt werden, sondern wurde von den Regierungen der Erzeugerländer festgesetzt.

Sehr bald wurden die Verhandlungen über die Beteiligung der Regierungen zum Spiegelbild der Preisverhandlungen. Ein anfängliches Zugeständnis führte nicht zu festen Vereinbarungen, sondern zu ge-

* Die hier beteiligten OPEC-Staaten waren Saudi-Arabien und die kleinen Golfstaaten. Der Iran beteiligte sich nicht an den Verhandlungen, denn die iranische Regierung behauptete, daß sich die Struktur ihres Ölgeschäfts sich nicht für eine staatliche Beteiligung nach dem in Aussicht genommenen Muster eigne. Libyen ging seinen eigenen Weg, ebenso auch in anderer Form der Irak und Algerien.

steigerten Forderungen. Es gab auf diesem Markt augenscheinlich keine obere Grenze mehr für das, was die Ölproduzenten verlangen konnten.

Im Sommer 1972 gerieten die Verhandlungen zwischen Yamani und den Ölgesellschaften ins Stocken, weil man sich über die finanzielle Entschädigung der Gesellschaften nicht einigen konnte, und die OPEC drohte mit Zwangsmaßnahmen. Zum erstenmal fühlten sich die Saudis stark genug, die Regierung der Vereinigten Staaten zur Intervention *gegen* die Ölgesellschaften aufzufordern, und beriefen sich dabei auf die zwischen Faisal und Nixon bestehende persönliche Freundschaft. Auch die Ölgesellschaften appellierten an das Weiße Haus. Sie erinnerten an den Grundsatz, daß die Regierung zum Eingreifen verpflichtet wäre, wenn amerikanische Firmen ohne angemessene Entschädigung enteignet wurden. In dem saudischen Angebot war der Wert des amerikanischen Eigentums in der Tat viel zu niedrig angesetzt worden.

Der damalige stellvertretende Ölminister von Saudi-Arabien, Prinz Saud Faisal, kam Anfang August 1972 nach Washington. Ich hatte an den Verhandlungen bisher noch nicht teilgenommen, führte aber auf Bitten der Gesellschaften ein längeres Gespräch mit ihm (genauso wie der höhere Beamte im Außenministerium Flanigan). Mir ging es dabei mehr um die Tatsache der Enteignung als um die Höhe der Entschädigung. Mit dem Vorgehen der Saudis entstand die Gefahr, daß amerikanische Firmen zu Instrumenten fremder Regierungen wurden, wobei sich jede Meinungsverschiedenheit zu einer Konfrontation der Regierungen auswachsen konnte. Gegenüber Saud vertrat ich die Auffassung, daß es zwar nicht unseren politischen Gepflogenheiten entsprach, bei Verhandlungen mit privaten Firmen einzugreifen, daß jedoch in diesem Fall die niedrige Entschädigung und der hohe Wert des Eigentums, an dem die saudische Regierung beteiligt werden sollte, die Bedeutung einer solchen Enteignung erhöhten. Unsere Beziehungen zu Saudi-Arabien gründeten sich nicht allein auf wirtschaftliche Überlegungen, wenn wir jedoch auf dem Gebiet der Wirtschaft in die Enge getrieben würden, dann könnte sich das auch auf unsere politischen Beziehungen auswirken.

Der intelligente und feinfühlige Saud hätte nicht aufmerksamer und höflicher zuhören können. Er sagte, Saudi-Arabien suche keinen Konflikt mit den Vereinigten Staaten. Sein Land werde das Äußerste tun, um zu einer gerechten Lösung zu kommen. Es sei zu Verhandlungen über eine angemessene Entschädigung bereit und wäre daran interessiert, unsere Ansichten über die Beteiligung der Regierung zu hören. Die Saudis würden es begrüßen, wenn wir ihnen mitteilen könnten, welche Vertragsbedingungen die Vereinigten Staaten hinsichtlich beider Fragen für gerechtfertigt ansähen.

Ich hatte den Eindruck, wir näherten uns einem Kompromiß. Doch als ich den Ölgesellschaften mitteilte, wie Saud reagiert hatte, erlebte ich eine Überraschung. Sie waren durchaus bereit gewesen, die Regierung der Vereinigten Staaten einzuschalten, damit sie ganz allgemein Druck auf ihre Verhandlungspartner ausübte, wünschten aber nicht, daß wir in ihrem Namen die Verhandlungen führten, und lehnten mein

Angebot ab, den Saudis ihre Vorschläge für eine gerechte Entschädigung oder für die Art der Beteiligung der saudischen Regierung vorzutragen, hinter die sich die amerikanische Regierung stellen würde. Sie interessierten sich vielmehr dafür, daß die Entschädigung heraufgesetzt würde, als daß die Saudis sich in geringerem Maß beteiligten. Die Entschädigung würde in der Bilanz zum Ausdruck kommen. Eine Verringerung der saudischen Beteiligung faßten die Ölgesellschaften vielleicht nur als ein Hinausschieben des Unvermeidlichen auf. Oder ihre Erfahrungen mit Irwins Mission hatten sie verschreckt. Sie fürchteten, daß es sich schließlich doch zu ihrem Nachteil auswirken könnte, wenn die Regierung in ihrem Namen die andere Seite unter Druck setzte.

Saudi-Arabien nahm in den folgenden Monaten hinsichtlich der Entschädigung eine zugänglichere Haltung ein. Die Ölgesellschaften ihrerseits stimmten einer fünfundzwanzigprozentigen saudischen Beteiligung zu, die sich bis 1982 auf einundfünfzig Prozent erhöhen sollte. Das einmalige Eingreifen der amerikanischen Regierung hatte den Gesellschaften sofort finanzielle Vorteile gebracht. Aber die Gesellschaften hatten – und das war nach meiner Auffassung kurzsichtig, jedenfalls was das nationale Interesse der Vereinigten Staaten betraf – in der, wie sich später herausstellte, wichtigsten Frage nachgegeben. Wenn die Erzeugerländer einundfünfzig Prozent der Anteile besaßen, dann mußten die Ölgesellschaften zu Instrumenten von Nationen werden, deren Interessen nicht unbedingt den unseren entsprachen.

Solange reichliche Mengen zur Verfügung standen und die Kosten relativ niedrig lagen, hatten die Gesellschaften die Exploration, die technologische Entwicklung und das Marketing mit großem Erfolg selbst in der Hand gehabt und damit ganz wesentlich zum weltweiten wirtschaftlichen Wachstum beigetragen. Aber nichts in der Organisation oder in der Grundeinstellung der Gesellschaften befähigte sie, mit den Problemen fertig zu werden, die entstanden, wenn sich das Öl ständig verteuerte, dessen Preis und Förderung von einem aus mehreren Regierungen gebildeten Kartell kontrolliert wurden. Die Gesellschaften scheuten sich vor der Konfrontation mit den Förderländern, weil sie glaubten – aus ihrer Sicht mit Recht –, daß sie an gutem Willen verloren, was sie bei einer Kraftprobe vielleicht gewinnen könnten. Sie hatten sich darauf spezialisiert, mit den Ländern in diesem Gebiet gut auszukommen. Für einen Belagerungszustand waren sie emotional nicht ausgerüstet. Immer schneller näherte sich der Zeitpunkt, zu dem die Fördermengen und der Preis des Öls einseitig von den Regierungen der Ölproduzenten festgesetzt werden würden und nicht mehr mit den Ölgesellschaften ausgehandelt werden mußte.

Doch Denkkategorien, an die man sich gewöhnt hat, lassen sich nicht leicht verdrängen. Das zeigte sich in der amerikanischen Haltung, als Nixon im Mai 1972 den Iran besuchte. Anstatt zu versuchen, den Iran als Alternativquelle für den Fall übertriebener Forderungen der arabischen Mitglieder der OPEC zu entwickeln, empfahl man dem Präsidenten, bei der gegenwärtigen politischen Linie zu bleiben. Peter Flanigan folgte in einer Denkschrift, die ich für Nixon in verkürzter Form zusammenfaßte, der orthodoxen Auffassung, daß der Schah bei Ihren Gesprächen in Teheran nicht in seinem Verlangen bestärkt werden sollte, das iranische Öl auf dem amerikanischen Markt unterzubringen. Er (Flanigan) argumentiert, das werde unsere Beziehungen zu den anderen persischen Golfstaaten und zu Venezuela erheblich belasten und uns die Erfüllung der schon ohnedies außerordentlich schwierigen Aufgabe unmöglich machen, das durch Gesetz festgelegte Ölimportprogramm durchzuführen.

Als ich Nixon Flanigans Auffassungen vortrug, erklärte ich, daß ich ihm, soweit es die kurzfristige Entwicklung beträfe, zustimmen müßte, daß ich mir aber über ein langfristiges Problem Sorgen machte: Wie sollten wir erreichen, daß wir mit unserem Importprogramm von uns potentiell feindlich eingestellten Lieferanten unabhängiger würden?

Nach meiner Überzeugung gibt es in diesem Zusammenhang eine wichtige Frage, die wir entscheiden müssen, und zwar die Frage nach den Kriterien für die Auswahl der Länder, aus denen wir Öl und andere Energieträger importieren sollen, wenn unser Bedarf an importierter Energie sich in den nächsten zehn Jahren wesentlich erhöhen wird. Es wäre zum Beispiel möglich, Kriterien festzulegen, nach denen wir uns für befreundete Länder entscheiden, um unseren Bedarf bei ihnen und nicht bei uns weniger freundlich gesonnen zu decken.

Nixon ließ meine Analyse unbeachtet. In seinen Gesprächen mit dem Schah erwähnte er das Öl kaum. Der Schah machte eine kurze, weitsichtige Bemerkung und sagte, da die Industrieländer im Lauf der Zeit einen immer größeren Prozentsatz ihres Energiebedarfs importieren müßten, nähme die strategische Bedeutung des Nahen Ostens ständig zu. Doch weder er noch Nixon erörterten die praktischen Konsequenzen ihrer theoretischen Erkenntnisse.

Wenige Wochen nach Nixons Besuch nutzte der Schah seine gute Verhandlungsposition dazu aus, die Gewinne des Iran zu steigern. Wie gesagt hatte der Iran an den Verhandlungen über die Beteiligung der Ölförderländer an den Ölgesellschaften nicht teilgenommen, weil seine Industrie anders strukturiert war als die der arabischen Länder am Persischen Golf. Nun kam der Schah jedoch auf einen Vorschlag zurück, den er vor zwei Jahren gemacht hatte. Er ergriff gegenüber dem Konsortium eine Reihe von Maßnahmen, um die Ölproduktion des Iran zu steigern, die Gewinne zu erhöhen und die direkte Beteiligung des Iran an der Ölwirtschaft zu intensivieren. Als Gegenleistung sollten die Verträge der Ölgesellschaften im Iran von 1979 an um weitere fünfzehn Jahre verlängert werden. Diese Vereinbarungen wurden von unserer Regierung so behandelt, als wären sie unanfechtbar. Die preistreibenden Taktiken der Förderländer waren noch nicht ausreichend analysiert. So schickte Nixon auf Empfehlung der interessierten Behörden dem Schah ein Telegramm und beglückwünschte ihn zu seiner gemäßigten Haltung.

Aber dieser Glückwunsch kam zu früh. Man hatte den Eindruck, daß die Ölverhandlungen die Lage niemals würden stabilisieren können. Saudi-Arabien, das sich mit den Gesellschaften über eine staatliche Beteiligung von einundfünfzig Prozent geeinigt hatte, begann sehr bald, seine Ölpolitik mit seinem Bemühen um eine Lösung des arabisch-israelischen Konflikts zu verknüpfen. Und als der Schah begriffen hatte, welche Zugeständnisse Saudi-Arabien mit der staatlichen Beteiligung gemacht worden waren, nahm er seinen Vorschlag, die Verträge um fünfzehn Jahre zu verlängern, wieder zurück, mit der Begründung, daß seine innenpolitische Position es ihm nicht erlaubte, sich mit ungünstigeren Bedingungen zufriedenzugeben als Yamani. Anfang 1973 begann er neue Verhandlungen und verstieß praktisch gegen die im vergangenen Jahr getroffenen Vereinbarungen. Dabei legte er einen Plan vor, der die mit den OPEC-Verhandlungen eingeleitete Entwicklung zum logischen Abschluß brachte. Praktisch lief dieser Plan darauf hinaus, die Ölgesellschaften in Verkaufsagenturen für den Iran zu verwandeln. Die unmittelbaren Auswirkungen auf den Ölpreis waren unwesentlich. Doch hinter diesen Entscheidungen stand ebenso wie hinter Yamanis Verhalten ein revolutionärer Wandel, denn nun hatten die Regierungen der OPEC-Staaten die Möglichkeit, den Ölpreis einseitig festzusetzen.

Ende 1972 wurde es bei den Gesprächen über den Preis und die Eigentumsverhältnisse immer deutlicher, daß der Anstieg der amerikanischen Ölimporte uns auf die Dauer immer verwundbarer machen mußte. Es kam zu Anhörungen im amerikanischen Repräsentantenhaus, und die Regierung der Vereinigten Staaten setzte eine ganze Reihe von Energie-Ausschüssen ein. Anfang 1973 beauftragte Nixon John Ehrlichman (der bald von der Bildfläche verschwinden sollte), George Shultz und mich, zu untersuchen, welche Beziehungen zwischen der Energiepolitik, der Außenpolitik und der Sicherheitspolitik bestünden. Bevor diese Untersuchung abgeschlossen werden konnte, beantworteten die Ereignisse diese Fragen.

Mich beunruhigten zunehmend die eskalierenden Forderungen der Ölproduzenten. Ich war überzeugt, daß die Vereinigten Staaten dieses Problem nicht allein lösen könnten. Alle Verbraucherländer mußten zusammenarbeiten. Am 16. Januar 1973 sprach ich in diesem Sinne mit dem britischen Kabinettssekretär, Sir Burke Trend:

> Ich könnte mir vorstellen, daß die Ölversorgung unterbrochen wird. Das wird sicher geschehen, wenn die Verbrauchernationen so uneinig bleiben, wie sie es sind. Wir sollten darüber sprechen, welche umfassenden Maßnahmen getroffen werden müssen, um mit dem Energieproblem fertig zu werden ... Zuerst müssen wir deutlich sagen, was wir erreichen wollen; welches ist der Bedarf, wo liegen die Energiequellen, und wie können wir die Energie produzierenden Nationen daran hindern, die Verbrauchernationen gegeneinander auszuspielen? Wie macht man so etwas? Alternative Energiequellen für einige Länder, oder ein gemeinsames Vorgehen oder beides?

Am 8. März teilte ich den Nachrichtendiensten mit, daß der Präsident »angeordnet hat, eine Studie zu der Frage anzufertigen, welche Auswirkungen die Versorgung der Welt mit Energie und ihre Verteilung auf die nationale Sicherheit haben kann«. Am 18. April 1973 legte Nixon dem Kongreß umfangreiche Vorschläge zum Energieproblem vor, die Initiativen zum Energiesparen, zur Steigerung der amerikanischen Produktion und zur Schaffung der organisatorischen Voraussetzungen für die Behandlung dieses Problems durch die Regierung enthielten. Das Quotensystem sollte durch ein einfacheres Lizenzsystem ersetzt werden (nach dem Importmengen, die über dem Niveau von 1973 lagen, mit Sonderabgaben belegt werden sollten). Auf eine Rationalisierung sollte verzichtet werden. In seiner Botschaft räumte der Präsident freimütig ein, daß »es notwendig sein wird, größere Mengen von Brennstoff zu importieren«. In einer zweiten Botschaft zur Energieversorgung vom 29. Juni ordnete Nixon weitere organisatorische Maßnahmen an. Der Gouverneur von Colorado, John A. Love, wurde zum Direktor eines erweiterten energiepolitischen Büros im Exekutivbüro des Präsidenten ernannt.

Am 29. April appellierte ich noch einmal an Burke Trend, sich für die Zusammenarbeit der Ölverbraucher einzusetzen, und berichtete ihm über das, was wir inzwischen unternommen hatten:

> Wenn alle ölverbrauchenden Nationen darauf warten, daß eine der anderen in eine Katastrophe gerät, damit sie selbst einspringen und ihre Reserven aufstocken können, dann werden wir früher oder später einen Präzedenzfall dafür haben, alles zu zerschlagen, was es in den Industrienationen gibt. Wir brauchen eine Idee dafür, wie wir zusammenarbeiten sollten, um diese Gefahren zu vermeiden. Wir sind bereit, es zu tun.

Am 23. April forderte ich die demokratischen Industrienationen in meiner Ansprache zum Europa-Jahr auf, dem immer dringenderen Energieproblem mit einer konzertierten Reaktion zu begegnen. Im gleichen Sommer wies ich auf einer interministeriellen Besprechung über die amerikanische Libyen-Politik darauf hin, für wie wichtig ich die Zusammenarbeit der Verbraucherländer hielt:

> Ich kenne die Legende, nach der jeder Versuch der Verbraucherländer, sich zusammenzuschließen, zu einer Konfrontation mit den Erzeugerländern führen wird. Das ist eine Art Glaubensbekenntnis, und wir sollten es auf seinen Wahrheitsgehalt prüfen.

Es gab auch eine Gruppe von Leuten, welche die Solidarität der Verbraucherländer nicht für so wichtig hielten. Nach ihrer Auffassung war das Ölproblem im wesentlichen eine bilateral zwischen den Vereinigten Staaten und Saudi-Arabien zu lösende Frage. Deshalb sollten wir unsere politischen und militärischen Beziehungen zu diesem Land festigen. Der stellvertretende Verteidigungsminister, William Clements, empfahl, die Zusammenarbeit auf dem Verteidigungssektor zu intensivieren. Der stellvertretende Finanzminister, William Simon (der bald darauf zum Direktor der Bundesenergiebehörde ernannt wurde), befürwortete eine wirtschaftliche Partnerschaft. Eine immer größer werdende Zahl von Experten behauptete, daß die Fördermengen Saudi-Arabiens entscheidend von unserer Haltung gegenüber Israel beeinflußt würden.[6]

Ich war entschieden dafür, unsere bilateralen Beziehungen zu Saudi-Arabien auszubauen. Im Lauf dieses Jahres waren wir in der von Clements und Simon empfohlenen Richtung ein gutes Stück vorangekommen. Was jedoch die Verknüpfung der Ölpolitik mit dem arabisch-israelischen Konflikt betraf, so hielt ich es für unklug, wenn wir es täten, aber gefährlich für Saudi-Arabien. Da sich die Saudis ohnedies schon sehr stark engagiert hatten, würde sich ihre Lage noch mehr komplizieren, wenn sie die Verantwortung für arabisch-israelische Verhandlungen übernehmen sollten. Entweder riskierten sie damit eine Konfrontation mit den radikalen Arabern, wenn sie sie jedoch unterstützten, riskierten sie einen Konflikt mit uns und den Beweis, daß sie unfähig waren, auf dem Wege zur Lösung dieses Problems voranzukommen. Denn auch wenn wir es gewollt hätten, hatten wir keine Möglichkeit, »den Saudis das zu geben, was sie verlangten«, solange die Autorität des Präsidenten so geschwächt war wie zu dieser Zeit.

Diese Meinungsverschiedenheiten über die richtige Taktik wurden sehr bald von den Ereignissen eingeholt. Im Lauf von drei Jahren hatten die Ölförderländer eine neue Infrastruktur entwickelt und dabei die Schwäche und Unentschlossenheit der Verbraucher ausgenutzt. Das Bekenntnis zu den Grundsätzen des freien Marktes hatte die Regierungen, und besonders die Regierung der Vereinigten Staaten, veranlaßt, sich nicht an den Verhandlungen zu beteiligen, während die Ölgesellschaften selbst wehrlos dem Diktat der Förderländer folgen mußten. Politische Forderungen waren mit wirtschaftlichen verknüpft worden. Als das auf der westlichen Hemisphäre geförderte Öl die Importe aus der arabischen Welt nicht mehr ersetzen konnte, wurde ein Produktionsstop der OPEC-Länder plötzlich zur tödlichen Waffe. Im Oktober-Krieg konnte sie triumphieren. Erstaunlicherweise hatte man die ganze Bedeutung dieses Zwangsmittels bei Kriegsbeginn noch nicht begriffen. Wahrscheinlich hat das nichts geschadet, denn andernfalls hätten wir vielleicht nicht die Einigkeit und Entschlossenheit aufgebracht, an einem Kurs festzuhalten, der uns durch die geopolitischen Zwänge diktiert wurde.

Der Oktober-Krieg und das Energieproblem: der erste Ölschock

Bei Kriegsausbruch sprach man in Regierungskreisen bei uns vorsichtig von der Möglichkeit eines Ölembargos. Man erinnerte sich an die Erfahrungen des Jahres 1967, und nur wenige glaubten, daß ein Embargo auf die Dauer ernste Folgen haben könnte. Der stellvertretende Staatssekretär Roy Atherton sagte jedoch schon auf der ersten Sitzung der WSAG am Vormittag des 6. Oktober ein Embargo voraus, und der stellvertretende Außenminister Kenneth Rush erklärte besorgt, wir hätten für diesen Fall keine geeigneten Maßnahmen vorgesehen. Noch am gleichen Abend verlangte ich von den zuständigen Behörden, die für diesen Fall notwendigen Vorbereitungen zu treffen, und tat das von nun an auf jeder Sitzung der WSAG, ohne selbst eine klare Vorstellung davon zu haben, was geschehen müßte. Bill Simon, Gouverneur Love und Charles DiBona, als Energieberater des Präsidenten, haben hervorragende Pionierarbeit geleistet. Aber die Ereignisse überschlugen sich dermaßen, daß wir mit unseren Planungen nicht hinterherkommen konnten. Man erwog die Möglichkeit, das Benzin zu rationieren, aber alle Behörden vertraten die Auffassung, dafür sei es noch zu früh. Ich empfahl, die Verbrauchernationen sollten eine geschlossene Front bilden und Pläne ausarbeiten, für den Fall eines Embargos die vorhandenen Ölreserven zu teilen, aber keiner unserer Verbündeten war bereit, über einen solchen Plan auch nur zu sprechen.

Das zeigte sich am 11. Oktober, als der französische Außenminister Michel Jobert mich zum erstenmal nach meiner Ernennung zum Außenminister besuchte. Jobert warnte mich und sagte, die Ölproduzenten würden den Ölpreis demnächst verdoppeln. Würden wir diese Erhöhung akzeptieren? Natürlich nicht, aber wenn nur die Vereinigten Staaten sich dagegen wehrten, würde es nichts nützen. Jobert war jedoch gegen die Solidarität der Verbraucher. Ich sagte Jobert, der Preisdruck sei nicht in erster Linie eine Folge des Krieges. Die Konferenz der OPEC-Staaten, die am 8. Oktober in Wien begann, war schon lange vor Ausbruch der Feindseligkeiten für diesen Termin einberufen worden. Wenn man nun dem Preisanstieg begegnen wollte, dann ergäben sich zwei Probleme. Bisher wären die Verhandlungen von den Ölgesellschaften geführt worden, die eine Beteiligung der Regierungen an diesen Gesprächen ablehnten, und sie hätten den Preisanstieg an die Verbraucher weitergegeben. Wenn jedoch die Regierungen jetzt versuchten, etwas gegen die Preisspirale zu unternehmen, dann müßten alle Verbraucher zusammenarbeiten. Ich sagte:

> Wir haben keine Strategie . . . Es steckt wirklich eine Art Wahnsinn darin. Ihr Eigentum wird in Algerien verstaatlicht, und dann gehen unsere Gesellschaften dorthin und nehmen Ihren Platz ein. Unser Eigentum könnte anderswo verstaatlicht werden, und an unsere Stelle treten wieder andere. Über all das sollten wir mit den Verbrauchernationen sprechen.
>
> Es ist eine Illusion zu glauben, daß es nach Beendigung des Krieges keine Probleme mit dem Öl mehr geben wird. Aber die Methode, mit der wir diese Frage behandeln, ist selbstmörderisch. Zuerst müssen wir das eigene Haus in Ordnung bringen. Wir sind bereit, mit Ihnen auf sehr vertraulicher Basis darüber zu sprechen. Wenn Sie uns jemanden schicken wollen, der das tun könnte, würden wir es begrüßen.

Jobert kam auf das Angebot, vertrauliche Gespräche zu führen, nicht zurück und nahm gegenüber der Möglichkeit einer Zusammenarbeit der Verbraucherländer auch weiterhin eine kühl-ablehnende Haltung ein. Der amerikanische Vorschlag, eine gemeinsame Strategie der Verbrauchernationen zu entwickeln, lag seit meiner Rede zum Europa-Jahr vor sechs Monaten auf dem Tisch. Er war seither mehrmals wiederholt worden. Man hatte ihn ignoriert, weil besonders Frankreich in der Energiefrage freie Hand behalten wollte. Die Franzosen wollten die Krise dazu ausnutzen, mit den Förderländern günstige bilaterale Absprachen zu treffen.

Am 16. Oktober gab die OPEC die Taktik der schleichenden Ölpreiserhöhung zugunsten eines dramatischen Preisanstiegs auf. Mit einem aufsehenerregenden, beispiellosen Schritt und ohne mit den Verbrauchern darüber gesprochen zu haben, erhöhten sechs Golf-Staaten den bisherigen Ölpreis um siebzig Prozent – von Dollar 3,01 auf Dollar

5,12. Auf einer Konferenz in Kuwait kamen die arabischen Mitglieder der OPEC am folgenden Tag überein, ihre Ölproduktion um fünf Prozent zu senken und jeden Monat um weitere fünf Prozent herunterzugehen, bis Israel veranlaßt worden wäre, alle besetzten arabischen Gebiete zu räumen. Am 18. Oktober erklärte Saudi-Arabien, daß es über die vereinbarte Produktionskürzung hinausgehen und seine Produktion um zehn Prozent senken werde, bis die arabischen Bedingungen für eine Beilegung der Krise im Nahen Osten erfüllt wären. Diese Produktionskürzungen ermöglichten, ganz abgesehen von dem politischen Hintergrund, die Aufrechterhaltung des höheren Preises und legten den Grund für noch dramatischere Preissteigerungen.

Die Lage spitzte sich sehr bald noch mehr zu. Am 19. Oktober bat Nixon den Kongreß um Genehmigung eines 2,2-Milliarden-Dollar-Pakets für die Unterstützung Israels mit Kriegsmaterial, das über die Luftbrücke nach Israel geflogen werden sollte. Dieser Antrag wurde in der Form einer in erster Linie finanzpolitischen Routineentscheidung vorgelegt. Es gab im Etat der amerikanischen Regierung keinen Posten, aus dem die Luftbrücke nach Israel bezahlt werden konnte. Das Verteidigungsministerium fürchtete, es werde diese Kosten übernehmen und andere Programme einschränken müssen. Leute, die Erfahrungen im Umgang mit der Legislative hatten, meinten, daß es leichter sein würde, die Zustimmung des Parlaments zu einem Zusatzetat zu erreichen, solange der Krieg andauerte, als nach Beendigung der Kampfhandlungen. Die Entscheidung, den Antrag zu stellen, wurde daher aufgrund von technischen Erwägungen getroffen. Ich habe keine Unterlagen dafür finden können, daß uns irgend jemand vor einer möglichen Reaktion der Araber gewarnt hat. Aber es hat vor Beginn der Luftbrücke durchaus solche Befürchtungen gegeben. Jetzt, fast eine Woche später, glaubte man, das Schlimmste wäre vorüber.

Der Zeitpunkt für den Antrag hätte nicht ungünstiger gewählt werden können. Bis dahin war es uns gelungen, den Eindruck zu erwecken, daß unsere Luftbrücke eine Reaktion auf sowjetische Kriegsvorbereitungen und das Scheitern unserer Waffenstillstands-Initiative wäre. In den Vereinten Nationen hatten wir die Vorlage von Resolutionen verhindert, gegen die wir unser Veto hätten einlegen müssen, und dadurch vermieden, die Araber zu sehr zu verärgern. Als wir aber nun am letzten Wochenende des Krieges, während sich die ägyptische Armee in großer Bedrängnis befand und israelische Streitkräfte vor Damaskus standen, unser Hilfsprogramm in Höhe von 2,2 Milliarden Dollar bekanntgaben, hatten die Araber den konkreten Anlaß zur Verärgerung gefunden. Es wäre viel klüger gewesen, die offizielle Vorlage auf einen Zeitpunkt nach der Vereinbarung des Waffenstillstandes zu verlegen. Dann hätten wir die Maßnahme als Beitrag zur Beendigung des Krieges hinstellen können.

Die Araber reagierten sofort. Am Tage nach der Bekanntgabe unserer Maßnahme – ich flog am gleichen Tag nach Moskau, um über einen Waffenstillstand zu verhandeln – verkündete Saudi-Arabien ein totales Ölembargo für die Vereinigten Staaten. Später dehnten die arabischen Mitglieder der OPEC das Embargo auf die Niederlande aus, die europäische Regierung, die unsere Politik am deutlichsten unterstützt hatte. Die Entscheidung der OPEC vom 16. Oktober, den Ölpreis zu erhöhen, die am 17. Oktober in Kuwait getroffene Entscheidung, die Ölproduktion der arabischen Staaten zu kürzen und das arabische Ölembargo vom 20. Oktober haben zusammengenommen den Weltmarkt für Erdöl revolutioniert.

Die Verantwortlichen verstanden von der Struktur des Ölmarkts so wenig, daß die Hauptsorge zunächst dem Embargo galt. Während der folgenden fünf Monate drehte sich alles um die Frage, wie dieses Embargo wiederaufgehoben werden könnte, und zwar zum Teil, weil Nixon glaubte, hier einen spektakulären Erfolg erringen zu können, mit dem sich Watergate überwinden ließ. In Wirklichkeit war das arabische Embargo eine symbolische Geste und hatte kaum praktische Auswirkungen. Natürlich wurden die Öllieferungen aus Saudi-Arabien und anderen arabischen Staaten in die Vereinigten Staaten eingestellt. Aber da die Ölgesellschaften über gemeinsame Vorräte verfügten, ersetzten sie das arabische Öl, auf dem das Embargo lag, durch anderes, nichtarabisches Öl, das frei geliefert werden konnte, und verschoben die anderen Zuteilungen entsprechend. Das Embargo hatte in der Hauptsache psychologische Auswirkungen. Die Befürchtung, daß es ausgedehnt werden könnte – daß die Araber noch weitere Produktionskürzungen vornehmen würden –, löste eine Welle von Panikkäufen der europäischen Länder und Japans aus, so daß Versorgungsengpässe entstanden und die Preise noch mehr in die Höhe getrieben wurden.

In Wirklichkeit waren es die Produktionssenkungen, welche die Veränderungen auf dem Markt herbeiführten. Sie beeinflußten eine Verschiebung des Gleichgewichts zwischen Angebot und Nachfrage und demonstrierten, daß die Ölförderländer einen ungeheuer wirksamen Hebel in der Hand hatten. Durch ihr Zögern vergrößerten die Verbrauchernationen ihre Schwierigkeiten. Weil sie nicht zusammenarbeiten wollten, machten sie sich immer abhängiger von den Ölproduzenten und erzwangen praktisch die Fortdauer der Krise.

Auf einer Sitzung des Stabes des Außenministeriums am 18. Oktober widersprach ich der Behauptung, daß die Ölgesellschaften keine andere Wahl hätten und sich mit den neuen Preissteigerungen abfinden müßten:

> Was wollen wir tun? ... Im nächsten Jahr werden sie auf zehn Dollar hinaufgehen. Wird man das auch akzeptieren müssen? Dann gehen sie auf zwanzig Dollar. Gibt es irgendeinen Punkt, an dem sie Widerstand leisten müssen? Mein Instinkt sagt mir, da die Lage immer ernster wird, ist es besser, es rechtzeitig zu einer Konfrontation kommen zu lassen.

Die Zahlen, mit denen ich sarkastisch hatte demonstrieren wollen, zu wie absurden Verhältnissen es führen könnte, wenn die Ölverbraucher einfach resignierten, begannen schon im Lauf von sechs Wochen Wirklichkeit zu werden. Ich hatte recht gehabt, aber ebenso auch der Unterstaatssekretär für wirtschaftliche Angelegenheiten, William J. Casey, als er erwiderte: »Gut und schön, aber was bedeutet eine Konfrontation? Niemand in dieser Regierung hat bisher gesagt, wie man solchen

Forderungen begegnen soll.« Jede Ölstrategie mußte damit beginnen, daß sich alle größeren Verbrauchernationen solidarisch zusammenschlossen – was durch sechs Monate andauernde transatlantische Spannungen verhindert wurde, die sich jetzt durch die von den Preissteigerungen, Produktionskürzungen und dem Embargo ausgelöste Panik noch verschärften. Keine europäische Regierung ging auf unser Angebot ein, vertraulich über eine Zusammenarbeit auf dem Energiesektor mit uns zu sprechen. Sie alle ließen keine Gelegenheit vergehen, sich von unserer Nahost-Politik zu distanzieren – wie ich im 16. Kapitel geschildert habe. Die europäischen Nationen weigerten sich sogar, ihre Ölvorräte mit den Niederlanden zu teilen, die ebenfalls von dem Ölembargo getroffen waren, weil sie fürchteten, daß die Förderländer als Gegenmaßnahme das Embargo auf sie ausdehnen würden.

In dieser Lage waren die Vereinigten Staaten gezwungen, eine einseitige Strategie zu entwickeln. Sie hatte drei Komponenten: ein nationales Energieprogramm, mit dem wir versuchen wollten, auf dem Weltenergiemarkt das Gleichgewicht einigermaßen wiederherzustellen; eine Nahost-Politik, die sich keinem Druck beugte, ob er nun von unseren Verbündeten oder von den Ölproduzenten ausging, und zwar ohne Rücksicht darauf, wie schmerzlich das für uns war. Unter solchen Voraussetzungen hofften wir, unsere Bemühungen um die Solidarität der Verbraucher wiederaufnehmen zu können.

Am 7. November 1973 verkündete Nixon das Projekt »Unabhängigkeit«, mit dem sich die Vereinigten Staaten verpflichteten, sich bis 1980 durch Sparmaßnahmen und die Entwicklung alternativer Energiequellen von importierter Energie unabhängig zu machen. In gewisser Beziehung war das eine sehr großsprecherische Erklärung, denn alles deutete darauf hin, daß sich unsere Abhängigkeit von importierter Energie bis 1980 verstärken und nicht verringern würde. Doch andererseits wies Nixon, wenn er zur Erreichung dieses Ziels auch eine viel zu kurze Zeit ansetzte, dem Land die richtige Richtung. Wenn Nixon vor ein außenpolitisches Problem gestellt wurde, suchte er nach Möglichkeiten, dieses Problem mit den Wurzeln auszureißen, und nicht, es zu mildern. Amerika mußte lernen, im Umgang mit Energie sparsamer zu sein, und bei der Entwicklung von alternativen Energiequellen mehr Initiative entwickeln und entschlossener vorgehen. Wenn es uns gelang, uns unabhängiger von importiertem Öl zu machen, dann mußte sich die Verhandlungsposition *aller* Ölverbraucher in dramatischer Weise verbessern, was auch geschehen ist, wenn es auch länger gedauert hat, als Nixon glaubte.

Mit einer solchen Langzeitstrategie ließ sich natürlich das uns unmittelbar bedrängende Problem der Meinungsverschiedenheiten mit unseren Verbündeten über die richtige politische Linie nicht lösen.

Mit dem »Projekt Unabhängigkeit« demonstrierten wir gleichzeitig, daß man das Tempo oder den Inhalt unserer Diplomatie nicht beeinflussen konnte, wenn man uns unter Druck setzte. Wir hielten an der von uns zu Beginn des Krieges entwickelten politischen Linie fest, wenngleich wir von vielen unserer Verbündeten unter Druck gesetzt wurden, die die Ölproduzenten besänftigen wollten, indem sie sich hinter ihre politischen Forderungen stellten. So schmerzlich es für uns auch war, wir glaubten, den Interessen unserer Verbündeten am besten zu dienen, wenn wir ihnen zeigten, daß sie unsere Entscheidungen nicht beeinflussen konnten, denn dadurch nahmen wir den Ölproduzenten den Anlaß, Druck auf sie auszuüben.

Es dauerte Monate, bis unsere Strategie Wirkung zeigte, und wir mußten einen Preis dafür bezahlen, besonders in den Beziehungen zu unseren Verbündeten. Der Distanzierungsprozeß – den wir nicht eingeleitet hatten – entwickelte sich zum Circulus vitiosus. Für stolze Nationen, die bis vor nicht langer Zeit eine beherrschende Rolle im Nahen Osten gespielt hatten, bedeutete es eine schwere Demütigung, erkennen zu müssen, daß sie in der Nahost-Politik nichts mehr zu sagen hatten. Aber sie selbst haben wesentlich dazu beigetragen, die Spannungen zu verschärfen. Im Dezember 1973 erfuhren wir, daß einige unserer Verbündeten von den Arabern verlangt hatten, bevorzugt behandelt zu werden, weil sie sich gegen unsere Politik gestellt hätten. Sie erklärten sogar, daß die Vereinigten Staaten auch dann nicht belohnt werden dürften, wenn sie mit ihren diplomatischen Bemühungen Fortschritte erzielten. Das gegen uns verhängte Embargo müßte also mehrere Monate in Kraft bleiben, denn sonst würde sich herausstellen, daß die Distanzierung der Europäer und Japaner von unserer Politik sinnlos gewesen war. Wir haben nicht den Beweis dafür erbringen können, daß dies wirklich so gewesen ist, aber die Berichte darüber waren zu zahlreich, als daß sie völlig unbegründet hätten sein können. Jedenfalls war diese Periode in den Beziehungen innerhalb des Bündnisses nicht sehr glücklich.

Im Hinblick auf den von den Förderländern ausgeübten Druck glaubten wir, daß es im Interesse der gemäßigten unter ihnen läge, wenn wir sie davor bewahrten, die Verantwortung für die sicherlich sehr komplexen und mit großer Erbitterung geführten Verhandlungen über einen arabisch-israelischen Frieden übernehmen zu müssen. Wenn wir Saudi-Arabien in die Einzelheiten dieser Verhandlungen hineinzögen, dann setzten wir einen von uns hochgeschätzten Freund dem Druck aller möglichen Seiten aus, obwohl das nicht notwendig wäre. Die gemäßigten arabischen Ölproduzenten befanden sich ohnedies in einer sehr komplexen Situation. Nachdem sie in einem von Emotionen bestimmten Augenblick zur Ölwaffe gegriffen hatten, fiel es ihnen schwer, sie wieder aus der Hand zu legen. Die Notwendigkeit, die Geschlossenheit aller arabischen Länder zu wahren, verschaffte den Radikalen praktisch das Vetorecht.

Sadat hatte während des Krieges dazu beigetragen, daß die Ölwaffe eingesetzt wurde. Bei unseren ersten Gesprächen mit ihm erklärte er ebenso wie seine arabischen Brüder, daß das Embargo durch eine multilaterale Entscheidung zustande gekommen wäre und auch nur durch einen gemeinsamen Entschluß aufgehoben werden könnte. Er müßte deshalb auf Fortschritte in den Friedensgesprächen hinweisen können, bevor er eine Aufhebung des Embargos empfehlen könnte. Solange er nicht versuchte, mehr von uns zu verlangen als vor dem Embargo – und damit nicht eine neue Eskalation heraufbeschwor –, waren wir bereit, diese seine Haltung hinzunehmen. Aber wir haben ihn von vornherein darauf aufmerksam gemacht, daß wir unsere diplomatischen Bemühungen nicht über die ägyptisch-israelische Truppenentflechtung hinaus fortsetzen könnten, wenn das Embargo nicht aufgehoben wurde. Damit richteten wir die Ölwaffe jetzt gegen die Ölproduzenten. Da Sadat diese Drohung begriffen hatte, drängte er seit Ende November auf die schrittweise Aufhebung der Beschränkungen, und zwar parallel zu der Verwirklichung der ersten Vereinbarungen über die Truppenentflechtung. Aber sogar für Sadat war es leichter gewesen, die Ölwaffe in die Hand zu nehmen, als sie wieder beiseite zu legen.

König Faisal sagte mir, er könnte das Embargo weder einseitig noch auf Empfehlung eines einzelnen arabischen Führers wie Sadat aufheben, und ich glaube, er hat das ehrlich gemeint. Eine Aufhebung des Embargos ohne die Zustimmung der anderen arabischen Ölstaaten hätte unangenehme Folgen für ihn gehabt. Die Verbesserung der Beziehungen zu den Vereinigten Staaten hätte ihm die Bedrohung durch die Radikalen eingebracht, und dieser Preis wäre zu hoch gewesen. Dieses Risiko wollte Faisal nicht eingehen, bevor nicht an der syrischen Front Fortschritte erkennbar waren. Doch wir konnten nicht so lange warten. Die Truppenentflechtung auf den Golan-Höhen würde sich noch Monate hinziehen. Und wenn wir es den Ölförderländern erlaubten, eine Hürde nach der anderen aufzubauen, dann würde das Wettrennen niemals ein Ende finden. Jeder Erfolg würde nur zu neuen politischen Forderungen führen, und wir wären ständig dem Druck mit der Ölwaffe ausgesetzt. Andererseits würde die Ölwaffe wirkungslos sein, wenn wir uns weigerten, die Truppenentflechtung an der syrischen Front voranzutreiben – soweit die Ölförderländer an der Lösung dieses Problems ein Interesse hatten, was auf die meisten zutraf. Deshalb überließ ich es ihnen, sich aus dem Dilemma zu befreien, in das sie durch eigene Schuld geraten waren.

Der arabische Politiker, der für den Westen der wichtigste Gesprächspartner in der Öldiplomatie zu sein schien, war der saudische Ölminister, Scheich Ahmed Zaki Yamani. Ich war mit ihm schon mehrmals zusammengetroffen, bevor er als Folge der Ölkrise zu einer gefürchteten Persönlichkeit geworden war und er auf seinen Weltreisen von seinen Verehrern umschmeichelt und von den Journalisten verfolgt wurde, die begierig jedes seiner Worte registrierten. Ich hatte ihn als sehr intelligenten und gebildeten Mann kennengelernt. Man konnte sich mit ihm über die verschiedensten Themen unterhalten, sein besonderes Interesse galt der Soziologie und der Psychologie. Mit seinen hellwachen Augen und dem kleinen Van-Dyke-Bart sah er aus wie ein etwas hochmütiger junger Mann aus reichem Hause, der sich zum Vergnügen mit der Ölpolitik beschäftigte und selbst kaum an die apokalyptische Botschaft glaubte, die er zu verkünden hatte, besonders da er sie mit sanfter Stimme und entschuldigendem Lächeln vortrug, in einer Haltung, die den von ihm vertretenen Maßnahmen und ihren Folgen eigentlich nicht entsprach.

In einer anderen Gesellschaft oder zu einer anderen Zeit wäre Yamani vielleicht Gelehrter oder der Führer einer Splitterpartei der gemäßigten Rechten oder Linken geworden, deren Einfluß nicht von der Zahl, sondern von der intellektuellen Integrität ihrer Mitglieder ausging – was zum Beispiel für die Republikanische Partei Italiens gilt, die stolz darauf ist, daß ihre wenigen Mitglieder rigorose moralische Grundsätze vertreten. Aber da er in seinem Land und zu dieser Zeit wegen seiner Herkunft nicht zur politischen Führung gehören konnte, die dem hohen Adel vorbehalten war, und daher zu begabt war, um in der Masse unterzugehen, eroberte er sich schließlich eine Stellung, in der er zwar nicht an den Hebeln der Macht saß, in der er jedoch eine ungeheuer wichtige Aufgabe zu erfüllen hatte. Yamani wurde zum Techniker par excellence, fast unentbehrlich für die Industrie, die in der Wirtschaft seines Landes und schließlich auch in der Weltwirtschaft eine zentrale Rolle spielte. Nichts war ohne ihn möglich. Aber die letzten Entscheidungen wurden von anderen getroffen, und zwar aufgrund von Überlegungen, für die er nur die technischen Daten lieferte, und als Reaktion auf Zwänge, die er nicht beeinflussen konnte (aber vielleicht auf seine Weise auszunutzen wußte).

Yamanis Einfluß auf die weltpolitische Entwicklung entsprach daher in keiner Weise seiner persönlichen Stellung innerhalb Saudi-Arabiens. In der Welt genoß er hohes Ansehen und wurde von vielen gefürchtet. Er war gewissermaßen die Stimme des Königreichs und manchmal sogar der ganzen arabischen Welt. Aber in Saudi-Arabien nahm er eine viel bescheidenere Stellung ein. Er gehörte nicht zur königlichen Familie und nicht zur Aristokratie, sondern hatte seinen Aufstieg in einer von alten Traditionen geprägten Gesellschaft seiner ungewöhnlichen Begabung zu verdanken. Er stand außerhalb des inneren Kreises und hat nur selten an den Gesprächen teilgenommen, die ich mit den Fürstlichkeiten führte. Wenn er zugegen war, saß er seinem protokollarischen Rang entsprechend in der Reihe der mittleren Staatsbeamten und hat sich niemals zu Wort gemeldet. Ich habe mir manchmal überlegt, ob die gelegentlich scharfen Äußerungen Yamanis nicht Ausdruck seiner eigenen Unsicherheit und des Bedürfnisses gewesen sind, seine Stellung unter den wichtigsten arabischen Führern in den Augen der Welt zu behaupten, und nicht immer der offiziellen Haltung des Königreichs entsprachen.

In diesem Sinne war Yamani die Verkörperung der Widersprüchlichkeiten, in die sein Land als einer der größten Ölproduzenten geraten war. Der Übergang vom Feudalismus in das moderne technische Zeitalter ist immer ein traumatischer Vorgang. Das Dilemma Saudi-Arabiens liegt darin, daß die hohen Einkünfte aus dem Öl, die ihm eine so entscheidende Stellung in der Weltwirtschaft verschafft haben, auch den Prozeß der internen Modernisierung in einem Tempo vorantreiben, das bisher noch keine Gesellschaft auf einer vergleichbaren politischen Evolutionsstufe erlebt hat. Die Führungsschicht Saudi-Arabiens betrachtet eine so ungeheuer rasche Entwicklung sicherlich mit gemischten Gefühlen. Die politische Basis feudaler Gesellschaften sind die durch die Tradition begründeten und in den meisten Fällen ganz persönlichen gegenseitigen Verpflichtungen. Der moderne Staat setzt rechtliche oder bürokratische Normen, um berechenbar zu bleiben. Der

Feudalstaat betont den Status. Die Gesellschaft eines modernen Staates ist eine Leistungsgesellschaft. Yamani war der Vertreter eines neuen Verdienstadels, dessen Einfluß ebenso rasch wachsen würde wie die Gewinne aus dem Öl, die zu steigern seine Aufgabe war. Die wirtschaftliche und gesellschaftliche Entwicklung bedeutete eine Herausforderung für die traditionellen Lebensgewohnheiten und die alten Machthaber. Die Modernisierung erfordert es, daß Tausende im Ausland ausgebildet werden und dabei Wertmaßstäbe kennenlernen, die sich nicht leicht mit denen eines nach innen blickenden, autoritären Staates vereinbaren lassen, der sich auf die Loyalität von Beduinenstämmen stützt. Ein einzelner Yamani hatte für Saudi-Arabien einen großen Wert. Aber was würde geschehen, wenn es eines Tages Zehntausende von Yamanis gäbe? Wie würde sich der Status dieser neuen gesellschaftlichen Gruppen mit den Ansprüchen einer herrschenden Klasse vereinbaren lassen, die ihre Stellung einer alten Familientradition verdankte? Wie ließen sich Vergangenheit und Zukunft erfolgreich miteinander verschmelzen?

Die so künstlich wirkenden saudi-arabischen Städte, die ich in einem der vorangegangenen Kapitel geschildert habe, symbolisierten den Übergang von der Tradition der Beduinen zu einem neuen Lebensstil. Sie sollten zur Heimat nicht nur des neuen Verdienstadels, sondern auch eines entpersonalisierten, aus den Stammesverbänden herausgerissenen Proletariats werden, das gerade deshalb, weil es nicht verarmte und daher nicht von der unmittelbaren Sorge um das Überleben bedrängt war, von Unruhe ergriffen wurde. Die Vereinigten Staaten hatten in erster Linie die Beziehungen zu der Welt der Prinzen gepflegt. Sie waren die guten Freunde unseres Landes, und es gab nach meiner Auffassung keine alternative Herrschaftsform, die für uns nicht ungünstiger gewesen wäre. Ich wünschte ihnen Erfolg bei ihrer Bemühung, den neuen Herausforderungen gerecht zu werden, die mit ihrer eigenen Ölpolitik auf sie zukamen. Sie beschleunigte den inneren Wandel, der Saudi-Arabien sehr rasch in eine Zukunft führen wird, über die sich heute noch nichts aussagen läßt.

Yamani hat diese Schwierigkeiten mit keinem Wort erwähnt; er war ihre Verkörperung, während er sich wahrscheinlich gleichzeitig gegen sie wehrte. Er hat die ihm zugeteilten Aufgaben mit bewundernswertem Geschick gelöst. Aber die Geschichte wird unter Umständen beweisen, daß er, als er dazu beitrug, die Weltwirtschaft zu revolutionieren, für seine eigene Gesellschaft eine monumentale Herausforderung auf dem Felde der politischen Entwicklung heraufbeschworen hat.

Unmittelbar nach dem Ölembargo sah sich Saudi-Arabien in einer höchst unangenehmen Lage. Seine freundschaftlichen Beziehungen zu den Vereinigten Staaten bedeuteten ihm aus emotionalen und praktischen Gründen sehr viel. Es fürchtete die Auswirkungen des Radikalismus in der arabischen Welt, aber die Solidarität des arabischen Lagers entsprach seiner moralischen Überzeugung und den Sicherheitsbedürfnissen des Königreichs. Saudi-Arabien konnte sich eine Isolierung in der arabischen Welt nicht leisten. Es durfte sich nicht mit dem Stigma des aus der Gemeinschaft ausgestoßenen Reaktionärs belasten oder vorwerfen lassen, daß es sich zu wenig für die arabische Sache einsetzte. Mit der Anwendung der Ölwaffe geriet das Land jedoch in eine immer schwierigere Lage.

Die Folge waren eine Reihe von saudischen Erklärungen, in denen zum Ausdruck kam, in wie viele verschiedene Richtungen Saudi-Arabien sich gedrängt fühlte, und diese Erklärungen schienen einander auszuschließen. Am 11. November schickte mir Yamani eine Botschaft, die er ausdrücklich als »nichtoffiziell« bezeichnete, um ihre Bedeutung einzuschränken. (Im übrigen ist es nicht üblich, daß saudische Minister einem amerikanischen Außenminister private Botschaften schicken, wenn sie nicht glauben, dazu bevollmächtigt zu sein.) Hier hieß es, daß nur dann »etwas« im Hinblick auf das Embargo getan werden könnte, wenn die Vereinigten Staaten eine »Erklärung über die Beachtung der Resolution 242 des Weltsicherheitsrats und insbesondere über den Abzug aus dem besetzten arabischen Gebiet« abgeben würden. Mit anderen Worten, Yamani verlangte von uns, daß wir uns dazu verpflichteten, Israel bis auf die Grenzen von 1967 zurückzudrängen. Eine solche Verpflichtung konnten die Vereinigten Staaten nicht übernehmen. Auf einer Pressekonferenz in Peking beantwortete ich am 12. November eine Frage nach amerikanischen Garantien sehr viel allgemeiner (mit einer Standardantwort). Hier erklärte ich mich im Prinzip mit Gebietsräumungen einverstanden, aber unter der Voraussetzung, daß die dabei entstehenden neuen Grenzen in Verhandlungen festgelegt werden müßten:

> Wir haben noch keine besonderen Garantien gegeben. Aber ich würde annehmen, wenn die Friedensverhandlungen erfolgreich verlaufen, wird es, besonders für Israel, ein sehr ernstes Problem geben, und zwar wird die Frage beantwortet werden müssen, wie Israel seine Sicherheit wahren soll, wenn die endgültigen Grenzen nicht mehr an der Waffenstillstandslinie liegen werden und wenn Gebietsräumungen erforderlich werden sollten, wie sie die Resolution 242 des Weltsicherheitsrats vorsieht ...

In meiner Antwort an Yamani machte ich aus der Not eine Tugend und erinnerte ihn an diese Aussage.

Am 17. November erhielt ich eine etwas andere Analyse: Man teilte mir mit, daß König Faisal nicht bereit wäre, das Embargo als Gegenleistung für die Räumung eines nur wenige Kilometer breiten Wüstenstreifens auf der Sinai-Halbinsel aufzuheben. Er verlangte vielmehr, daß Israel auf seine Souveränitätsrechte in Jerusalem verzichtete. Darüber hinaus verlangte jede Modifizierung des Embargos die Zustimmung Syriens, Kuwaits, Ägyptens und Algeriens. Gleichzeitig teilte man uns mit, daß Yamani andere arabische Hauptstädte aufsuchen werde, um sich dort über die Stimmung unterrichten zu lassen. Allerdings sagte man uns nicht, zu welchem Zweck diese Reisen stattfinden sollten.

Am Tage darauf übermittelte mir der Beauftragte eines sehr einflußreichen Prinzen eine andere Version der saudischen Absichten. Das Verlangen Faisals, Israel sollte bis auf die Grenzen von 1967 zurückgehen, stellte das letzte Ziel Saudi-Arabiens dar, es werde jedoch nicht unbedingt das Verhalten Saudi-Arabiens im Hinblick auf seine Ölpolitik bestimmen. Eine Modifizierung des Embargos wäre möglich, sobald »wirksame und konkrete« Schritte in Richtung auf den Frieden unternommen würden. Das könnte zum Beispiel der *Beginn* eines israelischen Rückzugs aus den gegenwärtigen Linien sein. Der Beauftragte sagte dabei jedoch nicht, ob der gleichzeitige Rückzug an der ägyptischen und der syrischen Front oder nur ein Abzug israelischer Truppen an der ägyptischen Front gemeint war.

Am gleichen Tage, dem 18. November, verknüpften die arabischen Ölminister auf ihrer Konferenz in Wien das Öl wiederum mit der Nahost-Politik. Sie gaben bekannt, daß sie in »Anerkennung« der Haltung der Europäischen Gemeinschaft gegenüber dem Nahen Osten auf die für Dezember vorgesehene fünfprozentige Produktionssenkung verzichteten. Damit belohnten die arabischen Minister die Europäische Gemeinschaft nur mit der Aufrechterhaltung eines außerordentlich schwer zu ertragenden Status quo. Sie unternahmen nichts gegen die Folgen der beiden vorangegangenen Produktionssenkungen, welche die gefährliche Krise ausgelöst hatten. Das Embargo gegen die Niederlande blieb bestehen und, was noch bezeichnender war, wurde von den anderen Ölstaaten gebilligt.

Am 19. November teilte uns Yamani die Ergebnisse seiner Konsultationen mit den anderen arabischen Staaten mit. Dabei kehrte er zu seiner harten Haltung zurück und verknüpfte die Aufhebung des Embargos mit der Zustimmung Israels zu »einem Zeitplan« für den Abzug aus »allen« besetzten Gebieten. Yamani stellte diesen Beschluß sogar so dar, als erwiesen die Araber den Vereinigten Staaten damit einen besonderen Gefallen. Die Forderung würde unserer Stimme in den Verhandlungen mit den Israelis ein größeres Gewicht verleihen, und wir würden sie leichter dazu bewegen können, an einer Friedenskonferenz teilzunehmen und die von ihnen besetzten Gebiete zu räumen. Auf solche Vorschläge konnten wir nicht eingehen. Wir hatten sehr viel Verständnis für die Schwierigkeiten unserer Freunde in Saudi-Arabien. Wenn wir uns jedoch verpflichteten, als Gegenleistung für Öllieferungen von anderen gestellte Bedingungen durchzusetzen, befanden wir uns auf schlüpfrigem Boden. Saudi-Arabien würde es in diesem Fall nicht dabei bewenden lassen können. Die radikalen Staaten würden es drängen, weitere Forderungen zu stellen. Früher oder später würden wir uns endgültig weigern müssen, solchen Forderungen nachzukommen. Die Saudis, die sich dann darum bemühen mußten, sich von den Zwängen zu befreien, die sie in entgegengesetzte Richtungen drängten, würden schließlich zwischen den Forderungen der Radikalen und dem Widerstand der Vereinigten Staaten gefangen sein. Deshalb war es vernünftiger, wenn wir uns solchen Forderungen widersetzten, bevor die Entwicklung außer Kontrolle geriet – so der wesentliche Inhalt eines Briefes, den ich am 21. November dem Prinzen Fahd schrieb, als ich ihn zu einem Besuch in Washington einlud. Darin teilte ich ihm warnend mit, daß es für uns »sehr schwierig sein wird, in den bevorstehenden Verhandlungen alles zu tun, was wir tun möchten, wenn wir mit der

Fortsetzung des Ölboykotts bedroht werden«. Das wäre kein »freundschaftliches Verhalten«, sondern könnte zu einer Konfrontation führen, die sich nicht mit der »Haltung« vereinbaren läßt, »die wir einnehmen müssen, wenn die Verhandlungen überhaupt eine Chance auf Erfolg haben sollen«.

Wenn man seinen Verhandlungspartner in einem Nervenkrieg von der eigenen Entschlossenheit überzeugen will, dann ist es manchmal sehr nützlich, eine offizielle Haltung einzunehmen, die man nicht ohne Prestigeverlust aufgeben kann. Deshalb wiederholte ich am gleichen Tag auf einer Pressekonferenz, was wir bisher den Ölförderländern nur vertraulich gesagt hatten:

> Die Länder, die versuchen, die Vereinigten Staaten wirtschaftlich unter Druck zu setzen, sollten sich überlegen, ob es angemessen ist, solche Maßnahmen zu ergreifen, während die Friedensverhandlungen vorbereitet werden oder sogar schon im Gange sind. Ich möchte im Namen der Regierung der Vereinigten Staaten erklären, daß wir unseren Kurs nicht unter einem solchen Druck ändern werden, daß wir deutlich gesagt haben, welche Politik wir verfolgen, daß wir erklärt haben, welches unsere Verpflichtungen sind, und daß wir diesen Verpflichtungen nachkommen werden und nicht bereit sind, irgendeinem Druck nachzugeben ...

Darüber hinaus würden die Vereinigten Staaten Erpressungsversuche künftig nicht passiv hinnehmen. An einem bestimmten Punkt müßte man mit Gegenmaßnahmen rechnen:

> Es ist klar, daß die Vereinigten Staaten, wenn wir weiter in unvernünftiger Weise und auf nicht absehbare Zeit unter Druck gesetzt werden, darüber nachdenken müssen, welche Gegenmaßnahmen sie treffen sollten. Wir würden das außerordentlich ungern tun, und wir hoffen immer noch, daß es nicht soweit kommen wird.

Das waren keine leeren Drohungen. Ich forderte bei den zuständigen Behörden eine Reihe von Studien über mögliche Gegenmaßnahmen an, die gegen die arabischen Mitglieder der OPEC ergriffen werden könnten, wenn das Embargo nicht aufgehoben wurde. Bis Ende des Monats lagen mir eine Reihe von Maßnahmekatalogen vor.

Yamani reagierte sofort. Daß er an einem empfindlichen Punkt getroffen war, zeigte sich in seinem unbeherrschten Verhalten bei einem Fernsehinterview in Kopenhagen am 22. November. Er drohte, die Ölproduktion um achtzig Prozent zu senken, wenn die Vereinigten Staaten, Europa oder Japan Gegenmaßnahmen ergreifen sollten, und erklärte, daß jedes militärische Vorgehen der Vereinigten Staaten »Selbstmord« wäre, denn dann würden die Araber die Ölfelder in die Luft sprengen. Da er jedoch wußte, daß die Vereinigten Staaten nicht so sehr vom arabischen Öl abhängig waren, warnte er die Europäer davor, sich den Gegenmaßnahmen Amerikas anzuschließen, denn »Ihre (europäische) Wirtschaft wird dann mit Sicherheit sofort zusammenbrechen«.[7] Yamani und der ihn auf dieser Reise begleitende algerische Ölminister Belaid Abdessalam äußerten sich überall in Europa zu dem gleichen Thema, ließen aber die Möglichkeit offen, daß Europa (mit Ausnahme der Niederlande) und Japan mit einer bevorzugten

Behandlung rechnen könnten, wenn sich diese Länder von den Vereinigten Staaten distanzierten und eine araberfreundliche Politik trieben.

Am gleichen Tage sprach unser neuer Botschafter in Riad, der Ölexperte James Akins, mit dem saudischen Außenminister, Omar Saqqaf, und drängte ihn, das Ölembargo aufzuheben. Saqqaf wiederholte, was Yamani schon früher gesagt hatte, daß nämlich die Produktionssenkungen und Embargos eigentlich dazu bestimmt wären, den Vereinigten Staaten einen Hebel in die Hand zu geben, um Israel zu Zugeständnissen zu bewegen. Eigentlich erwiese uns Saudi-Arabien damit einen Gefallen. Akins sagte, daß die Vereinigten Staaten sich unter Umständen besänftigen lassen würden, wenn unsere 6. Flotte wieder mit Öl versorgt und die nächste vorgesehene Produktionssenkung um fünf Prozent aufgehoben werden würde. In einem Telegramm erinnerte ich Akins daran, daß es nicht unserer Ölstrategie entspräche, eine teilweise Aufhebung des Embargos anzustreben:

> Unsere Strategie ist es, den Arabern klarzumachen, daß sie, wenn sie wollen, daß wir uns in die Friedensbemühungen einschalten, zuerst die beschlossenen Lieferbeschränkungen aufheben müssen, die sie jedoch nicht von Fortschritten in den Verhandlungen abhängig machen dürfen. Wir wünschen zwar, daß unsere Flotte auch weiterhin mit Öl versorgt wird, aber darüber hinaus verlangen wir die Rückkehr zu der Lage vor den Produktionssenkungen und Embargos und nicht nur den Verzicht auf weitere Produktionssenkungen und Restriktionen.

Am 25. November hielt Nixon eine größere Rede und erläuterte darin ein ausführliches Energie-Sparprogramm. Durch Haig hatte ich erfahren, daß er beabsichtigte, einen persönlichen Beauftragten nach Riad zu schicken, der sich um die Aufhebung des Embargos bemühen und bestimmte Zusicherungen für unser Verhalten auf der Genfer Konferenz machen sollte. Ich war entschieden dagegen. Meine Haltung ist wahrscheinlich zum Teil auch die normale Reaktion eines Unterhändlers gegen den Eingriff in seinen vermeintlichen Verantwortungsbereich gewesen. Es entsprach aber auch nicht unserer Strategie. Wenn wir einen Sonderbeauftragten nach Riad schickten, um mit Zugeständnissen in Genf eine Aufhebung des Ölembargos einzuhandeln, dann konnten wir kaum den Eindruck vermitteln, daß wir gegen jeden Erpressungsversuch gefeit wären; doch davon hing der Erfolg unserer Politik ab. Wir wären als Bittsteller aufgetreten und hätten die Saudis allen Gefahren ausgeliefert, die sich für sie in den arabisch-israelischen Verhandlungen verbargen. Es gelang mir, den Präsidenten von dieser Idee abzubringen. Auf der Sitzung der WSAG am 29. November erläuterte ich meine Gedankengänge wie folgt:

> Wenn wir uns dem Embargo beugen und mit den Saudis über die auf der Konferenz anzunehmenden Bedingungen verhandeln, werden wir uns in eine Zwickmühle begeben. Es würde viel zu lange dauern. Die Saudis würden damit die Verantwortung für jeden arabischen Erfolg übernehmen müssen und von den Radikalen in die Enge getrieben werden. Die Briten und Franzosen würden zu Bocksprüngen ermutigt

werden . . . Sie mögen ein Monopol auf das Öl haben, aber wir haben ein Monopol auf politischen Fortschritt.

Es war schon schwierig genug, alle Mitglieder unserer Regierung von der Richtigkeit dieser Argumentation zu überzeugen; unsere Verbündeten wollten nichts davon hören. Sie distanzierten sich auch weiterhin von unserer Politik. Am 22. November nahm Japan eine ähnliche Stellung ein wie die europäischen Länder am 6. November. Am 28. November belohnten die Araber Japan auf einer Gipfelkonferenz in Algier, indem sie ihm die gleichen Zugeständnisse (Verzicht auf die nächste Produktionssenkung) machten wie der Europäischen Gemeinschaft am 18. November. Und in London sicherte Yamani – nach Presseberichten – den Briten (und damit auch anderen europäischen Ländern) zu, daß Großbritannien für seine araberfreundliche Haltung mit der Garantie belohnt werden würde, mit den gleichen Ölmengen versorgt zu werden wie vor dem arabisch-israelischen Krieg.

Unterdessen gingen die vorsichtigen Manöver in Saudi-Arabien weiter. Die Saudis wollten das Embargo aufheben, aber nur mit Zustimmung der Radikalen. Damit war in nächster Zukunft nicht zu rechnen, und so gab sich Saudi-Arabien die größte Mühe, das Unvereinbare miteinander auszusöhnen. Sein Vorgehen ging uns zwar gelegentlich auf die Nerven, aber die Saudis zeigten dabei ein erstaunliches Geschick. Sie umschifften die gefährlichen Untiefen, ohne daß es zur Katastrophe kam, und hoben schließlich das Embargo auf, ohne daß die Radikalen allzu scharf dagegen protestierten.

Zur Vorbereitung brauchte Saudi-Arabien Zeit. Man teilte uns am 3. Dezember mit, daß Prinz Fahd die Einladung nach Washington angenommen hätte. Seine Absicht wäre es, sich mit uns über die Modalitäten der Aufhebung des Embargos und die Zurücknahme der Produktionssenkung zu einigen, die während meines für den 14. Dezember vorgesehenen Besuchs in Riad bekanntgegeben werden sollten. Die einzigen Bedingungen würden die vorherige Zustimmung Sadats, Asads und Boumediennes und die Verwirklichung des Sechs-Punkte-Programms sein, das im November vor der Genfer Konferenz vereinbart worden war. (Diese letzte Bedingung war schon erfüllt.) Am gleichen Tag kabelte ich Fahd, daß ich überzeugt wäre, es würde möglich sein, etwas zu erreichen, während Nixon einen freundlichen Brief an König Faisal schrieb, in dem er auf die beiden für uns wichtigen Themen hinwies. Wenn das Embargo und die Produktionssenkungen nicht rückgängig gemacht würden, wird es uns die öffentliche Meinung in Amerika

nicht erlauben, Ihnen gegenüber auch weiterhin mit solcher Zurückhaltung zu begegnen, wie es nach Ihrer und unserer Ansicht notwendig ist . . . Eine Atmosphäre der sich verschärfenden Konfrontation würde sich nur zu unserem beiderseitigen Nachteil auswirken und denen nützen, die an der Aufrechterhaltung des Status quo interessiert sind.

In einer mit Hand geschriebenen Nachschrift verpflichtete sich Nixon persönlich, alles für die vollständige Beachtung der Resolution 242 und 338 tun zu wollen.

Aber schon am nächsten Tag, dem 4. Dezember, nahm der saudische Ministerrat seine Entscheidung zurück, von der er uns erst vierundzwanzig Stunden zuvor in Kenntnis gesetzt hatte. Fahd werde nicht nach Amerika kommen, und Saudi-Arabien wünschte nicht, daß die Aufhebung des Embargos als bilaterale amerikanisch-saudische Entscheidung angesehen würde. Das geeignete Gremium für die Durchführung des Programms vom 3. Dezember – und diese Absicht wurde bestätigt – werde eine Konferenz der arabischen Ölminister am 8. Dezember in Kuwait sein. Dem gemeinsamen Interesse wäre besser damit gedient, wenn Prinz Fahd jetzt im Nahen Osten bliebe und dort für die Aufhebung des Embargos und der Produktionssenkungen innerhalb des vereinbarten Rahmens wirkte.

Der 5. Dezember brachte eine weitere augenscheinliche Verhärtung des arabischen Standpunkts. Die reisenden Ölminister von Saudi-Arabien und Algerien, Yamani und Abdessalam, suchten mich auf ihrer Reise durch die Industrieländer der Welt in Washington auf. Bei diesem Gespräch nahm Yamani wieder eine harte Haltung ein. Er erklärte, das Embargo könnte nur aufgehoben werden, und Saudi-Arabien könnte zu dem Vorkriegsniveau der Produktion nur zurückkehren »nach einem Zeitplan, der dem Zeitplan des Abzugs der israelischen Truppen entspricht«. Mit anderen Worten, was man uns am 3. Dezember angedeutet hatte – daß das Embargo in Verbindung mit der Genfer Konferenz aufgehoben werden würde –, galt jetzt nicht mehr. Dieses Ansinnen lehnte ich ab:

> Das ist eine Grundsatzfrage. Wir haben Ihrem König und anderen arabischen Führern hinsichtlich unserer Absichten unser Wort gegeben. Sollen wir uns jetzt erpressen lassen, während wir guten Glaubens versuchen, den arabischen Wünschen entgegenzukommen?

Am folgenden Tag wurde die Lage durch das, was Yamani mir sagte, noch unübersichtlicher. Diesmal hatte er den radikalen Algerier nicht mitgebracht und erklärte, daß die offizielle Haltung seines Landes in der Praxis sehr flexibel interpretiert werden könne. Das Embargo würde aufgehoben, wenn es uns gelänge, die ägyptisch-israelische Truppenentflechtung wie geplant im Januar durchzuführen.

Die Konferenz der arabischen Ölminister am 8. Dezember in Kuwait beendete den Schwall dieser widersprüchlichen Erklärungen, mit denen die Entscheidungen über das Öl einmal an die Verpflichtung Israels gebunden wurden, alle besetzten Gebiete zu räumen, dann wieder an die Beendigung einer Phase der Truppenentflechtung, an die Beachtung des Sechs-Punkte-Plans und schließlich auch an die Truppenentflechtung an der syrischen Front. Das Schlußkommuniqué der Konferenz bewies, daß niemand sich gegen die Radikalen stellen wollte. Die Minister verknüpften die Aufhebung des Embargos an die Annahme eines »Zeitplans« für die vollkommene Räumung aller besetzten Gebiete einschließlich von Jerusalem durch Israel und den tatsächlichen Beginn des Abzugs der Israelis aus diesen Gebieten. Diese Forderungen konnten zu keiner Lösung führen, und die Minister wußten das auch. Dennoch versuchten sie, uns auch noch in einem anderen Punkt zu erpressen: Der Verzicht auf die für Dezember vorgesehene fünfprozentige Produktionssenkung würde für diejenigen Nationen rückgängig gemacht werden, die »nicht konkrete Beweise für ihre freundliche Haltung liefern, indem sie zum Beispiel die Vereinigten Staaten oder Israel unter Druck setzen«.

Wir waren entschlossen, keine Bedingungen für Friedensverhandlungen zu akzeptieren, die noch nicht einmal begonnen hatten, um so für den Fall, daß wir nicht schnell genug auf diese Forderungen eingingen, weitere Zwangsmaßnahmen durch die Araber zu legitimieren. Die arabischen Förderländer ließen uns keine andere Möglichkeit. Mitte Dezember mußten wir erkennen, daß sich die Situation sehr bald vollkommen festgefahren haben würde.

Der zweite Ölschock: Teheran und Kuwait

Die Ölminister hatten sich eine sehr geschickte Taktik zurechtgelegt. Sie stellten die außenpolitischen Fragen in den Vordergrund, die am leichtesten zu Differenzen mit unseren Verbündeten führen konnten. Wir waren entschlossen, in dem Tempo vorzugehen, das wir für richtig hielten, um nicht in eine Krise zu geraten. Unsere Verbündeten hatten sich so sehr an ein ununterbrochenes wirtschaftliches Wachstum gewöhnt, daß sie nicht bereit waren, Risiken auf sich zu nehmen, und sie beurteilten diese Risiken danach, was die aggressiven, radikalen Araber ihnen sagten. Doch trotz der Enttäuschung über das Verhalten unserer Verbündeten glaubten wir immer noch, daß der Schlüssel für eine Strategie auf lange Sicht die Solidarität unter den Öl verbrauchenden Nationen wäre. Sie allein berechtigte zu der Hoffnung, daß sich die Verhältnisse auf dem Markt verändern und das Gleichgewicht in der Weltwirtschaft wiederherstellen ließ. Außerdem hielten wir es für die politische Gesundung der von der wirtschaftlichen und sozialen Krise erschütterten Demokratien für wichtig, daß sie ihr Schicksal selbst in die Hand nahmen.

Aber die Europäische Gemeinschaft bestätigte auf der am 14. und 15. Dezember in Kopenhagen zusammengetretenen Gipfelkonferenz ihre am 6. November gegebene Erklärung zur Nahost-Politik und nahm sogar eine noch härtere Haltung ein. Damit stellte sie sich vor der Öffentlichkeit gegen die von uns eingeschlagene außenpolitische Richtung. Außerdem wurde auf der Konferenz beschlossen, die Möglichkeiten für einen regelmäßigen »europäisch-arabischen Dialog« zu erkunden. Die praktische Konsequenz eines solchen Dialogs konnte nur sein, daß die atlantischen Differenzen institutionalisiert wurden. Die folgenden Monate waren gekennzeichnet durch das Schwanken unserer Verbündeten zwischen Zusammenarbeit mit uns und Distanzierung von uns sowie durch den Versuch, sich um eine Entscheidung zu drükken, indem sie versuchten, beides gleichzeitig zu tun.

Wir konnten gegen die europäische Beschwichtigungspolitik nur etwas erreichen, wenn wir selbst bewiesen, daß man uns nicht unter Druck setzen konnte. Ich bemühte mich, diesen Eindruck im Dezember auf meiner Reise in den Nahen Osten zu verstärken, als ich die Genfer

Konferenz vorbereitete (siehe 17. Kapitel). Überall wies ich ausdrücklich darauf hin, daß es nicht möglich sei, das einzige Land zu erpressen, das in der Lage war, für Fortschritte auf dem Wege zum Frieden zu sorgen, und erhebliche Anstrengungen unternahm, dieses Ziel zu erreichen. Ich warnte meine jeweiligen Gastgeber und sagte ihnen, sie dürften nicht damit rechnen, daß wir uns von den Europäern von unserem Kurs abbringen lassen würden. Der algerische Präsident Boumedienne zeigte Verständnis dafür, daß kein Land, das sich seine Selbstachtung bewahren will, sich unter Druck setzen lassen darf. Er sagte, er wäre dafür, daß die Ölförderung wieder in vollem Ausmaß aufgenommen würde, weil Algerien Devisen brauchte. Sadat versprach, sich um die Aufhebung des Ölembargos zu bemühen, sobald wir uns über die Truppenentflechtung an der ägyptischen Front geeinigt hätten. Als ich am 14. Dezember nach Riad kam, schien König Faisal Sadats Vorstellungen zu teilen und deutete an, daß die Produktion wieder in vollem Umfang aufgenommen würde, sobald das Embargo aufgehoben sei.

Am 19. Dezember kam aus Saudi-Arabien ein neues positives Signal, als Saqqaf unserem Botschafter Akins versicherte, daß die Araber erreicht hätten, was sie wollten; jetzt müßte das Ölembargo aufgehoben werden. Faisal werde den arabischen Ölministern seinen Standpunkt auf einem Treffen unmittelbar nach der Genfer Konferenz am 25. Dezember erläutern. Nach anderen Berichten hatte Yamani ähnliche Äußerungen getan.

Während dieser ganzen Zeit machten sich die wirtschaftlichen Konsequenzen der Energiekrise immer unangenehmer bemerkbar. Weder die Beschwichtigungspolitik der Europäer gegenüber den Arabern noch meine Reisediplomatie konnten die wirtschaftlichen Auswirkungen der Produktionssenkungen oder den psychologischen Schock des Embargos erträglicher machen. Und dann, wenige Tage nach den ermutigenden Gesprächen in Riad, kam es zu einem völlig unerwarteten Ereignis mit verheerenden Folgen: Der Ölpreis wurde noch einmal verdoppelt.

Die Ölförderländer hatten zwei wichtige Konferenzen anberaumt: Die Mitgliedsstaaten der OPEC am Persischen Golf sollten am 22. und 23. Dezember in Teheran zusammenkommen, um über die Ölpreise zu beraten. Anschließend sollten sich die arabischen Mitglieder der OPEC am 24. und 25. Dezember in Kuwait treffen, um über das Embargo und die Produktionseinschränkungen zu sprechen. Am 21. Dezember, unmittelbar vor seiner Abreise nach Teheran, sagte Yamani unserem Botschafter Akins, Faisal und seine Minister hätten die Lage noch einmal erörtert. Sie hätten in den letzten Tagen eine zu extreme Haltung eingenommen. Doch mit einer vollständigen Aufhebung des Embargos riskierten sie die Opposition aller radikalen Araber und vielleicht sogar Sadats Widerstand. Saudi-Arabien könnte daher nur auf einer Abschwächung des Embargos und eine begrenzte Erhöhung der Produktion hinwirken.

Überraschender war jedoch der Umstand, daß Yamani einen Tag vor der Konferenz von Teheran plötzlich von einer neuen Anhebung des Ölpreises sprach, obwohl er behauptete, Saudi-Arabien sei nicht dafür.

Niemand hatte bisher von einer solchen Möglichkeit gesprochen. Bei meinem Besuch in Riad vor einer Woche war das Thema unserer Besprechungen nur die Aufhebung des Embargos gewesen. Nun erklärte Yamani, Saudi-Arabien wäre nur ein unschuldiger Zuschauer, der Schuldige sei der Schah des Iran. Akins bat uns nun, auf alle OPEC-Staaten mäßigend einzuwirken. Ich erhielt den telegrafischen Bericht von Akins am 21. Dezember in Genf. Am folgenden Tag schickte ich an den Iran und alle anderen Regierungen der OPEC-Staaten Depeschen, in denen ich sie dringend aufforderte, keinen weiteren Preissteigerungen zuzustimmen. Darüber hinaus appellierte ich an die Regierungen aller Industrienationen im Westen und an Japan, sich bei der OPEC gegen Preissteigerungen stark zu machen. Nichts deutete darauf hin, daß sie es getan haben, jedenfalls nicht mit dem notwendigen Nachdruck.

Unsere Bemühungen blieben erfolglos; man muß allerdings bezweifeln, daß zu einem so späten Zeitpunkt überhaupt noch etwas hätte erreicht werden können. Am 22. und 23. Dezember setzten die Ölminister der OPEC in Teheran den Ölpreis von Dollar 5,12 pro Barrel auf Dollar 11,65 pro Barrel herauf, ein Preisanstieg um 128 Prozent über den siebzigprozentigen Anstieg vom Oktober hinaus. Damit war der Ölpreis innerhalb von zwei Monaten um 387 Prozent gestiegen.

Heute wissen wir, daß diese Entscheidung eines der wichtigsten Ereignisse in der Geschichte unseres Jahrhunderts gewesen ist. Allein die Statistik vermittelt uns ein erschütterndes Bild. Innerhalb von achtundvierzig Stunden erhöhte sich die Ölrechnung für die Vereinigten Staaten, Kanada, Westeuropa und Japan um jährlich vierzig Milliarden Dollar – ein unerhörter Schlag gegen die Zahlungsbilanzen, das wirtschaftliche Wachstum, die Beschäftigungslage, die Preisstabilität und den sozialen Zusammenhalt dieser Länder. Die Entscheidung von Teheran kostete auch für die Entwicklungsländer mehr als die Summe aller Auslandshilfsprogramme der demokratischen Industrienationen, und es entstanden wieder die verzweifelten Zustände, die mit der Auslandshilfe hatten beseitigt werden sollen. Aber die Auswirkungen auf lange Sicht waren noch schwerwiegender. *Alle* betroffenen Länder, auch die Ölförderstaaten selbst, standen vor gewaltigen Umwälzungen ihrer inneren Struktur.

Die relativ ruhige innenpolitische Lage in den demokratischen Industrienationen war dem über zwei Jahrzehnte fast ununterbrochen andauernden wirtschaftlichen Wachstum zu verdanken. Eine ständige Zunahme des Bruttosozialprodukts hatte die Finanzierung eines weit gespannten Netzes der sozialen Sicherheit ermöglicht. Es war möglich gewesen, bestimmten gesellschaftlichen Gruppen zu helfen, ohne anderen etwas fortzunehmen. So war die Bürgerrechtsrevolution in Amerika zum Beispiel ein deutliches Zeichen für den zunehmenden Wohlstand der schwarzen Amerikaner nach 1945, und diese Entwicklung machte immer größere Fortschritte. Man hatte das glückliche Gefühl, daß alle gesellschaftlichen Gruppen gleichzeitig und auf unabsehbare Zeit an diesem Fortschritt partizipieren könnten. Diese Vorstellung war durchaus gerechtfertigt. Die Studentenunruhen der sechziger Jahre in fast allen Industrieländern waren natürlich ein Warnzeichen gewesen und hatten demonstriert, daß der materielle Wohlstand nicht genügte, eine Gesellschaft zusammenzuhalten, und daß das wirtschaftliche Wachstum einer neuen Generation, die nach einem tieferen Sinn des Lebens suchte, nicht automatisch eine emotionale Befriedigung bot. Aber man durfte hoffen, daß diese Probleme, wenn sie einmal erkannt waren, gelöst werden würden.

Die Wirtschaftskrise, die in den siebziger Jahren begonnen hat und sich in die achtziger Jahre fortsetzt, hat diese Hoffnungen zerstört. Innerhalb der Länder und zwischen ihnen werden die Konflikte und nicht der Zusammenhalt begünstigt. Der übertriebene Preisanstieg beim Mineralöl hat zu einer Inflation und zum Sinken der Nachfrage geführt. Der Schwund der Kaufkraft in der Weltwirtschaft – der sich darin ausdrückt, daß in den OPEC-Ländern viele Milliarden Dollar festliegen, die nicht ausgegeben werden – ließ sich durch die Regierungen nicht beseitigen, die versuchten, der Inflation Herr zu werden, während die Ölpreis-Explosion das Wirtschaftsgefüge der Länder erschütterte und die Arbeiter die Preissteigerungen durch erhöhte Lohnforderungen auszugleichen suchten. Eine restriktive Geldpolitik und protektionistische Tendenzen im Handel waren und sind immer noch an der Tagesordnung. Der Mittelstand, dessen Ersparnisse das Wachstum ermöglicht hatten und dessen Zurückhaltung die Basis für eine im Geiste der Versöhnung geführte Politik gewesen war, wurde überall immer wieder zur Kasse gebeten. Die Erbitterung, mit der die gesellschaftlichen Konflikte Mitte und Ende der siebziger Jahre in einigen europäischen Ländern ausgetragen wurden – in Großbritannien, Italien, Spanien, Portugal, Frankreich und sogar in der Bundesrepublik Deutschland –, waren das Erbe der Ölpreis-Explosion.

Noch heute spüren wir die innenpolitischen Folgen dieser Entwicklung. Das politische Dilemma der Demokratie liegt darin, daß die Zeit, die man braucht, um gegenwärtig bestehende wirtschaftliche Probleme zu lösen, viel länger ist als die Wahlperioden, nach deren Ablauf die Leistungen der politischen Führer auf den Prüfstein der Wahlurnen gelegt werden. Wie viele Politiker gibt es, die ihre Stellung riskieren, indem sie offen sagen, daß die guten Zeiten vorüber seien? Wer ist bereit, seinen Wählern zu erklären, daß eine vernünftige Politik ein zumindest zeitweiliges Absinken des Lebensstandards zur Folge haben wird? Und was geschieht in der enttäuschenden Periode, wenn junge Männer und Frauen die Schulen und Universitäten verlassen, um festzustellen, daß die von ihnen erworbenen Kenntnisse nicht gebraucht werden und sie sich in die Reihen der Millionen von Arbeitslosen gedrängt sehen, die als Folge der Ölkrise ihre Arbeitsplätze verloren haben? Diese Situation öffnet der Demagogie, der politischen Polarisation und der Gewalt Tür und Tor.

Wenn es richtig war, daß die in den Entwicklungsländern gewährte Wirtschaftshilfe notwendig gewesen ist, um zu verhindern, daß es auf unserem Planeten nur sehr wenige Reiche und sehr viele arme Länder gibt, und wenn es notwendig ist, diese Kluft zu schließen, um den Frieden zu erhalten, dann hat der Anstieg des Ölpreises genau in die entgegengesetzte Richtung gewirkt. Die meisten Entwicklungsländer sind vollkommen von dem importierten Mineralöl abhängig, um ihre Industrien und ihre Landwirtschaft weiter zu entwickeln; sie brauchen eine Ausweitung des Welthandels, Investitionen und Entwicklungshilfe. Ihre Hoffnungen auf Fortschritt wurden durch die Ölpreis-Explosion zerstört. Für sie beginnt eine neue düstere Phase der Verschuldung und des Mangels – und dazu kommt der beunruhigende Umstand, daß ihre Zahlungsunfähigkeit das Bankwesen in den fortgeschrittenen Ländern unterminieren könnte, das ihnen seit Jahrzehnten die notwendigen Kredite zur Verfügung gestellt hatte. Unser Mitgefühl schwächt sich vielleicht deshalb ein wenig ab, weil wir nicht verstehen können, daß diese Länder sich den ungebührlich hohen Forderungen der Ölproduzenten widerspruchslos beugten, aber dem Westen bittere Vorwürfe machten, der ebenso wie sie zum Opfer dieser Ölpolitik geworden war. Darin zeigt sich entweder ihre Hilflosigkeit oder die Tatsache, daß sie von falschen Ideologien verführt wurden. In Wirklichkeit war es, wie ich im September 1975 in einer Ansprache vor den Vereinten Nationen gesagt habe, so, daß »der vernichtendste Schlag gegen die wirtschaftliche Entwicklung in diesem Jahrzehnt nicht von der ›imperialistischen Raubgier‹, sondern von dem Kartell der Erdöl exportierenden Länder geführt wurde, die ihr Monopol dazu ausnutzten, die Preise willkürlich heraufzusetzen«. Und doch haben die armen Länder von Zeit zu Zeit ihrem Verständnis für die politischen Ziele der radikalen Ölstaaten Ausdruck verliehen. Diese Unterwürfigkeit hat ihnen natürlich kaum etwas genützt. Hier und da wurde ihnen ein Bröckchen vorgeworfen, aber die Hilfszusagen wurden nur selten eingehalten.

Es ist in der Geschichte bisher noch niemals vorgekommen, daß eine Gruppe von relativ so schwachen Nationen gegen so geringen Widerstand dramatische Veränderungen dieses Ausmaßes im Leben der überwältigenden Mehrheit der übrigen Weltbevölkerung hat erzwingen können. Die ausgleichende Gerechtigkeit – wenn man das so bezeichnen darf – liegt darin, daß sie mit diesem »Erfolg« ihre eigene Stabilität gefährden, was auch ihnen allmählich zum Bewußtsein kommen könnte. Nur wenige politische Strukturen können auf die Dauer eine derartige Beschleunigung der Wachstumsrate aufrechterhalten, die durch eine so enorme Verschiebung des Reichtums ermöglicht worden ist. Es muß dabei zu Erschütterungen kommen, denen auch stabilere politische Systeme und Traditionen kaum standhalten könnten. Die politischen Institutionen in den meisten Ölländern gehören nicht in diese Kategorie.

Der Umsturz, der sich Ende der siebziger Jahre im Iran vollzogen hat, war eine Karikatur und eine Warnung. Die überhitzte wirtschaftliche Entwicklung, die durch den Preisanstieg ermöglicht wurde, provozierte eine elementare Reaktion, mit der die materialistischen Werte abgelehnt wurden, die das rasche Wachstum veranlaßt hatten. Das Endresultat war ironischerweise die systematische Verarmung des Landes. Aber die Ölförder-Länder werden nicht nur von inneren Umwälzungen bedroht. Der Umstand, daß die demokratischen Industrienationen wirtschaftlich geschwächt werden, könnte noch dazu führen, daß sich das von den Ölländern angesammelte Kapital verflüchtigt wie eine Fata

Morgana. Denn eine Finanzkrise des Westens würde auch die Investitionen der Ölproduzenten in diesen Ländern vernichten. Oder wenn der Westen wirtschaftlich nicht mehr in der Lage sein sollte, den militärischen Schutz des Persischen Golfs zu garantieren – oder wenn er das Interesse daran verliert, Nationen zu schützen, die die Weltwirtschaft systematisch zerstören –, dann könnten viele Erdöl produzierende Länder zur leichten Beute raubgieriger ausländischer Mächte werden.

So geraten die Förderländer in ein Dilemma, das die Geschichte denjenigen auferlegt, die sie in eine bestimmte Richtung zwingen wollen. Wenn sie ihre übermäßig hohen Gewinne zu rasch ausgeben, riskieren sie innenpolitische Umwälzungen; wenn sie sie horten, nehmen sie eine Schwächung des internationalen Wirtschaftssystems in Kauf, die so weit gehen kann, daß sie zu Opfern ihrer eigenen Politik werden.

Die Ölkrise hat sich für alle nachteilig ausgewirkt. Doch ein Ereignis von so großer historischer Bedeutung verlangt eine ernsthaftere Analyse als die durchsichtigen Entschuldigungen einiger Ölproduzenten oder die demagogische Suche nach Sündenböcken, auf die sich andere begeben haben. Das absurdeste Beispiel ist vielleicht die immer wieder aufgestellte Behauptung, man hätte uns immer wieder vor der Gefahr der Preissteigerungen gewarnt, und wir hätten diese Warnungen nicht beachtet, weil Washington mit den hohen Gewinnen aus dem Ölgeschäft die iranische Aufrüstung finanzieren wollte.[8] Aus der Darstellung der Ereignisse auf diesen Seiten läßt sich unschwer erkennen, daß weder wir noch die mit uns verbündeten Industriestaaten davon unterrichtet worden sind, daß ein so gewaltiger Preisanstieg geplant war, bis wir unmittelbar davor standen und nichts mehr dagegen unternehmen konnten. Wir haben uns im letzten Augenblick energisch dagegen gewehrt. Die Vereinigten Staaten haben in dem Preisanstieg nie etwas anderes als eine Katastrophe gesehen, und niemand hat sie als ein Mittel zur Finanzierung iranischer Waffenkäufe oder anderer Vorhaben begrüßt. Wir wissen heute, wie diese den Tatsachen widersprechenden Behauptungen in die Welt gesetzt worden sind. Am 29. Dezember 1973 habe ich dem Schah in Nixons Namen eine Botschaft geschickt, in der ich in schärfster Form gegen den Preisanstieg protestierte:

> Der Präsident macht sich die größten Sorgen um die destabilisierenden Auswirkungen, die der in Teheran vereinbarte Preisanstieg für Rohöl aus dem Persischen Golf auf die Weltwirtschaft haben wird, und um die katastrophalen Schwierigkeiten, in die das internationale Währungssystem dadurch geraten kann. Es wird nicht nur zu Preiserhöhungen für Fertigwaren führen, sondern auch schwere Nachteile für die Wirtschaft der Ölverbraucher mit sich bringen, was zu einer weltweiten Rezession führen könnte, die schließlich niemandem etwas nützte, auch nicht den Erdöl exportierenden Ländern.
>
> Wir glauben, daß diese drastische Preiserhöhung besonders unvernünftig ist, da sie zu einem Zeitpunkt vorgenommen wird, in dem die Ölvorräte künstlich reduziert werden ... Wir verlangen mit allem Nachdruck, daß (1) die jüngsten in Teheran getroffenen Entscheidungen überprüft werden, daß (2) Schritte eingeleitet werden, um in solche Beratungen einzutreten, die nach unserer Auffassung im Inter-

esse der meisten Verbraucher und Förderländer liegen und daß (3) die Ölförderländer gründlich untersuchen, welche nachteiligen Auswirkungen der Preisanstieg auf die Zahlungsbilanzen praktisch aller Nationen der freien Welt haben wird und welche Folgen sich daraus für den Welthandel im allgemeinen und das internationale Währungssystem im besonderen ergeben werden.

Die Behauptung, daß Washington die Öl produzierenden Länder zu den Preissteigerungen ermutigt oder mit ihnen unter einer Decke gesteckt hätte, ist demagogische Ignoranz, aber es ist schon schwieriger zu sagen, welche OPEC-Länder die Verantwortung dafür tragen. Während der vergangenen drei Jahre der zunächst allmählich und dann rapide erfolgenden Preissteigerungen hat es die OPEC mit großem Geschick verstanden, die Verantwortung immer wieder von einem Mitglied auf das nächste abzuwälzen. Die beiden großen Rivalen am Persischen Golf, der Iran und Saudi-Arabien, haben sich darin besonders hervorgetan. Wenn wir mit den Vertretern eines dieser beiden Länder sprachen, dann war immer der andere der Schuldige. Wenn wir unseren Gesprächspartnern glauben wollten, dann mußten wir nur staunen, wie es möglich gewesen war, daß es angesichts ihrer entschiedenen Ablehnung eines solchen Verfahrens zu diesen Preissteigerungen hatte kommen können. In Wirklichkeit haben *alle* wichtigen Mitglieder der OPEC die Preissteigerungen unterstützt. Der Schah verfügte über einen besser organisierten Behördenapparat und die geeigneten Mitabeiter, um eine im westlichen Sinn logische Begründung zu formulieren, mit der der Ölpreis mit den Mindestpreisen für alternative Energiequellen verknüpft wurde. Er hat jedoch niemals versucht, den Markt zu beeinflussen, indem er die Produktion drosselte. Ein Grund dafür war der Umstand, daß die Kapazität des Iran nicht ausreichte und der eigene Bedarf zu groß war, um einen Produktionsrückgang zuzulassen, der den Weltmarktpreis für Erdöl hätte beeinflussen können.

Komplexe Theorien zu entwickeln liegt den Saudis nicht. Saudi-Arabien gab seine Entscheidungen über die Fördermengen, welche die Preisgestaltung wesentlich beeinflußten, nur bekannt und überließ es anderen, die Zusammenhänge zu erläutern. Die Metaphysiker können sich bis in die Ewigkeit darum streiten, was wirksamer gewesen sei, die Theorie ohne Aktion oder die Aktion ohne Theorie. Beide Faktoren waren die notwendigen Voraussetzungen für das, was nun geschah.

Ernstzunehmende Analytiker stimmen darin überein, daß sich der Iran nicht deshalb hinter die Preiserhöhungen vom Dezember gestellt hat, weil er mit den Vereinigten Staaten unter einer Decke steckte, sondern weil die Gebote auf einer Auktion für iranisches Öl Mitte Dezember auf dem sogenannten Spot-Markt, dem freien Markt, so stark gestiegen waren, wie man es bisher noch nie erlebt hatte, und zwar bis auf sechzehn bis siebzehn Dollar pro Barrel.[9] Der Schah folgerte daraus, daß der offizielle Festpreis, der damals bei Doller 5,12 lag, zu niedrig wäre, und machte den Vorschlag, die OPEC sollte den Preis auf Dollar 11,65 anheben; alle anderen Mitgliedstaaten der OPEC schlossen sich dieser Meinung bereitwillig an. Das plötzliche Eingreifen des Schah war als solches schon eine Überraschung, denn bisher hatte er bei der

Preisgestaltung keine entscheidende Rolle gespielt.[10] Seine Fördermengen waren nicht groß genug, als daß er eine solche Rolle hätte beanspruchen können. Der Iran hatte sich weder an dem arabischen Ölembargo noch an der Drosselung der Produktion im Oktober beteiligt, die den Anstoß zu den Preissteigerungen gegeben hatten. Vielleicht wollte er damit innenpolitische Lorbeeren ernten. Höchstwahrscheinlich begrüßte er die Gelegenheit, seine Solidarität mit seinen arabischen Nachbarn zu beweisen, nachdem er sich während des Nahost-Krieges von ihnen distanziert und Israel mit Öl beliefert hatte. Damals hatte er unsere Flotte mit Öl versorgt und das Embargo und die Produktionseinschränkungen noch bis zum Tag vor Beginn der Konferenz in Teheran verurteilt. Welches seine Motive auch gewesen sein mögen, später mußte er es hinnehmen, daß man ihn für die Ölpreis-Explosion verantwortlich machte, die eine wirtschaftliche und politische Umwälzung herbeigeführt hat, obwohl er weniger dazu beigetragen hat als viele andere und obwohl es keinen Beweis dafür gibt, daß seine Kollegen gegen diese Maßnahmen Einspruch erhoben hätten (außer im vertraulichen und im Flüsterton geführten Gespräch mit ihren Opfern). Der Schah hat für seine Eitelkeit, einmal im Rampenlicht der Weltgeschichte stehen zu wollen, einen sehr hohen Preis zahlen müssen.

Die OPEC-Staaten bewiesen sehr bald, daß sie gelernt hatten, sich die politische Uneinigkeit der demokratischen Industrienationen zunutze zu machen. Am 24. und 25. Dezember kamen die arabischen Ölminister in Kuwait zusammen, um die Verbraucher davon abzuhalten, eine geschlossene Front zu bilden, aber auch, um diejenigen zu belohnen, die sich von den Vereinigten Staaten distanziert hatten, und über das Embargo und die Produktionskürzungen zu sprechen. Das Ergebnis sah ganz anders aus, als wir erwartet hatten. Das Embargo gegen die Vereinigten Staaten wurde weder aufgehoben noch modifiziert. Dagegen wurden die den Europäern und Japanern auferlegten Lieferbeschränkungen gelockert (aber nicht für die Niederlande). Man verzichtete auf die für Januar vorgesehene fünfprozentige Produktionskürzung und erhöhte die Fördermengen statt dessen um zehn Prozent. Yamani gab die Entscheidung bekannt. Er rechtfertigte die Diskriminierung der Vereinigten Staaten mit einem »sehr offensichtlichen Unterschied zwischen denen, die zu den Arabern stehen, und denen, die zum Feinde stehen, sowie denen, die dazwischen stehen«. Während die Minister einen »allmählichen Wandel« in der Haltung der Vereinigten Staaten feststellten, beschlossen sie trotzdem, bei dem gegen Amerika gerichteten Embargo zu bleiben, bis, wie Yamani sagte, »fruchtbarere Ergebnisse« erreicht wären.

Wir reagierten auf diese Beschlüsse nicht mit der kühlen Zurückhaltung, die dem Staatsmann von den Lehrbüchern empfohlen wird, und fühlten uns nach wochenlangen Gesprächen mit den verschiedenen arabischen Führern getäuscht. Der starke Preisanstieg wurde doppelt schmerzlich empfunden, weil er völlig unerwartet kam und von einer Bestätigung der gegen die Vereinigten Staaten gerichteten diskriminierenden Praktiken begleitet war.

Der feinfühlige Yamani und seine komplexe Regierung waren nicht so entgegenkommend gewesen, wie wir es nach ihren Worten hätten erwarten dürfen. Die Steigerung der Ölförderung, die nur der übrigen Welt zugute kommen sollte, führte zu einer Vermehrung der Ölreserven auf dem Weltmarkt. Die Ölgesellschaften, die das vorhandene Öl auf die Verbraucher verteilten, verfügten jetzt über größere gemeinsame Vorräte, und der bisher herrschende Mangel war behoben. In dieser Lage war die Beibehaltung des Embargos eine Behinderung und eine Beleidigung, aber das Embargo schadete uns nicht wesentlich. Doch zunächst hatte man einen ganz anderen Eindruck. Für das Land, das die Hauptlast der Friedensbemühungen trug, war der Symbolismus der andauernden Diskriminierung schwer zu ertragen. Auch gab es nichts, womit die verheerenden wirtschaftlichen Auswirkungen des Preisanstiegs hätten ausgeglichen werden können.

Wie nicht anders zu erwarten, gab Yamani in seinen Gesprächen mit Akins Kuwait, Abu Dhabi und dem Irak die Schuld an der Katastrophe, wie er vorher den Iran dafür verantwortlich gemacht hatte, aber das änderte nichts an der Lage. Am 28. Dezember schrieb Nixon einen sehr scharfen Brief an Faisal und warnte den König, daß dieses Vorgehen die guten Beziehungen seines Landes zu den Vereinigten Staaten aufs schwerste gefährdete:

> Sie wissen, einen wie großen Wert ich auf enge Beziehungen zur arabischen Welt und besonders zu Saudi-Arabien lege. Aber die deutlich diskriminierenden Maßnahmen der Ölproduzenten können dazu führen, daß die Vereinigten Staaten den wirksamen Beitrag nicht mehr leisten können, den zu leisten sie in den nächsten Tagen entschlossen waren. Deshalb muß ich Ihnen vertraulich sagen, daß es absolut notwendig ist, das Ölembargo und die gegen die Vereinigten Staaten gerichteten Produktionseinschränkungen sofort zu beenden.

Am gleichen Tag schrieb ich in diesem Sinne an Saqqaf und protestierte gegen die »drastischen und ungerechtfertigten Preiserhöhungen«, die in Teheran bekanntgegeben worden waren: »Ich möchte Ihre Regierung davon in Kenntnis setzen, daß uns die unvermeidlichen und in katastrophaler Weise destabilisierenden Auswirkungen auf die Wirtschaft und das Währungssystem der freien Welt zutiefst beunruhigen.« Auch an Sadat schrieben Nixon und ich am 28. Dezember und wiesen ihn darauf hin, daß die Vereinigten Staaten die »sofortige« Aufhebung des Embargos und der Produktionskürzungen verlangten. Wir erklärten, die Vereinigten Staaten würden, solange das Embargo andauerte, ihre Friedensbemühungen nicht fortsetzen. Aus unserer Botschaft an den Schah vom 29. Dezember, in der wir energisch gegen den Preisanstieg protestierten, habe ich oben schon zitiert.

Die Preisexplosion war ein weiterer Beweis dafür, daß die Uneinigkeit unter den Verbrauchernationen uns allen schadete. Jetzt mußten die Verbraucher Solidarität beweisen. Am 29. Dezember appellierte ich an Sir Alec Douglas-Home:

> Die Entscheidungen wurden natürlich einseitig getroffen, ohne auch nur den Schein zu wahren, daß man mit den internationalen Gesellschaften oder den Verbrauchernationen verhandeln wollte. Darüber hinaus müssen wir wahrscheinlich im nächsten Frühjahr mit weiteren

kräftigen Preiserhöhungen rechnen, wenn wir nicht sofort etwas unternehmen, um die ganze Entwicklung in einem vernünftigen Rahmen zu halten.

Weil ich mit dem Szenarium gerechnet habe, das wir jetzt erleben, habe ich den Vorschlag gemacht, eine energiepolitische Aktionsgruppe zu bilden. Wir sind dabei, ein Programm zu entwickeln, das wir für die Schaffung einer solchen Gruppe vorschlagen wollen, aber bevor ich Ihnen einen Plan vorlegen kann, möchte ich Ihnen sagen, wie sehr mich die jüngsten Maßnahmen der Erzeugerländer beunruhigen. Man kann es kaum begreifen, daß sich die Verbrauchernationen angesichts einer solchen Lage paralysieren lassen.

Aber die Europäer reagierten tatsächlich so, daß sie wie gelähmt nichts unternahmen. Home sprach sich in einer Antwort prinzipiell für die Zusammenarbeit der Verbrauchernationen aus, erklärte jedoch, er zweifelte daran, daß sich mit der Schaffung einer für die Dauer bestehenden Organisation etwas erreichen ließe. Mehrere Verbündete sahen sich durch die Beschlüsse in Kuwait in ihrer Haltung bestätigt. Sie hatten sich von den Vereinigten Staaten distanziert und waren dafür bevorzugt behandelt worden.

Die Aufhebung des Embargos

Bei Jahresende standen die Vereinigten Staaten praktisch mit ihrer Forderung nach einer sofortigen Aufhebung des Embargos allein da. Ägypten und Saudi-Arabien wollten uns keine eindeutige Antwort geben. Beide Länder behaupteten, das Embargo werde aufgehoben, sobald der Konsens unter allen arabischen Staaten hergestellt wäre. Am 29. Dezember teilte uns Saqqaf mit, er wäre überrascht von der Heftigkeit unserer Reaktion. Sadat versprach, nach Riad zu reisen und persönlich die Aufhebung des Embargos zu empfehlen, sobald die Truppenentflechtung an der Sinai-Front beendet wäre. Saqqaf versprach am 31. Dezember und am 3. Januar 1974, das Embargo werde nach der Truppenentflechtung an der ägyptischen Front aufgehoben, gab uns aber zu verstehen, daß noch weitere Bedingungen daran geknüpft werden könnten.

Wir stellten uns auf den Standpunkt, daß wir keine Bittsteller seien. Auf einer Pressekonferenz am 2. Januar 1974 erklärte ich, daß die Aufrechterhaltung des Embargos immer sinnloser würde. Auf die Frage nach möglichen amerikanischen Gegenmaßnahmen beschränkte ich mich darauf zu sagen, daß »gegenwärtig keine besonderen Maßnahmen« vorgesehen seien – eine verhaltene Drohung. Am 7. Januar warnte Verteidigungsminister Schlesinger öffentlich vor der Möglichkeit von Vergeltungsmaßnahmen gegen die Ölproduzenten, was in der arabischen Welt einen Sturm der Entrüstung auslöste. In einigen Ländern schien man die Doktrin zu verbreiten, daß der Kampf gegen den wirtschaftlichen Würgegriff der Vereinigten Staaten (und anderer demokratischer Industrienationen) in stoischer Ruhe und Passivität durchgestanden werden müßte. Schlesinger hatte mir vorher nicht gesagt, daß er diese Erklärung abgeben werde. Wir hatten zwar schon häufig über strategische Fragen gesprochen, aber auf diesem Gebiet noch keine bestimmte Taktik verabredet. Aber seine Bemerkung war durchaus angebracht, und deshalb widersprach ich seiner Drohung auf meiner Pressekonferenz am 10. Januar nicht, sondern sagte nur, ich hoffte, die Umstände würden es erlauben, daß wir nicht davon Gebrauch machen müßten:

> Nun, soweit ich den Verteidigungsminister Schlesinger verstanden habe, hat er von einer theoretischen Möglichkeit gesprochen, die sich ergeben könnte, wenn der Druck sich übermäßig verstärkt. Wenn ich ihn richtig verstehe, dann hat er auch darauf hingewiesen, daß dieser Punkt noch nicht erreicht sei.

Am 11. Januar flog ich kurz nach Mitternacht ab, um die letzte Verhandlungsphase zum Abschluß zu bringen, die ihren Höhepunkt in den Vereinbarungen zwischen Ägypten und Israel über die Truppenentflechtung fand. Während der folgenden Tage und Wochen wurden wir mit den verwirrendsten Berichten überschüttet. Nachdem ich die Hälfte meiner Gespräche absolviert hatte, erhielt ich am 13. Januar ein beunruhigendes Signal. Die Saudis hatten erklärt, daß die Truppenentflechtung auf dem Sinai allein nicht genügen würde. Damit würde sich sogar die militärische Lage Israels verbessern, denn dann läge eine entmilitarisierte Zone zwischen den israelischen und den arabischen Streitkräften. Man brauchte »konkrete Beweise« dafür, daß Israel sich zu weiteren »unverzüglichen« Gebietsräumungen verpflichten werde und daß die Rechte der Palästinenser bei einer Friedensregelung berücksichtigt wurden. Wir waren uns nicht sicher, was dieser Bericht bedeutete, außer daß die Saudis unter erheblichem Druck standen. Denn Sadat blieb optimistisch. Am 14. Januar wiederholte er in Assuan sein Versprechen, sofort nach Abschluß der Truppenentflechtung auf der Sinai-Halbinsel nach Riad zu gehen. Er war überzeugt, erreichen zu können, daß das Embargo nicht später als bis zum 28. Januar aufgehoben würde. Ich warnte ihn und sagte, die Truppenentflechtung würde nicht vollzogen werden, wenn das Embargo nicht aufgehoben würde.

Im Weißen Haus herrschte große Aufregung, als man dort erfuhr, wie rasch wir in der Frage der ägyptisch-israelischen Truppenentflechtung vorangekommen waren. Meine täglichen Berichte an Nixon, in denen ich Sadats Versprechen erwähnte, eine baldige Aufhebung des Embargos herbeizuführen, weckten in Nixon das Verlangen, möglichst bald eine Erklärung des Weißen Hauses abzugeben. Scowcroft teilte mir deshalb am 19. Januar fernschriftlich mit, daß Nixon die Aufhebung des Embargos in seiner vom Fernsehen übertragenen Rede vor dem Kongreß zur Lage der Nation am 30. Januar persönlich bekanntgeben wollte. Angesichts der Tatsache, daß Saudi-Arabien seine Haltung schon so oft unter dem Druck der Radikalen geändert hatte, durften wir nicht damit rechnen, daß Riad es den Vereinigten Staaten erlauben würde, ein Ereignis bekanntzugeben, das, wie die Saudis immer wieder betont hatten, eine rein arabische Entscheidung wäre. Von Syrien aus schickte ich Scowcroft am 20. Januar ein recht unbeherrschtes Telegramm:

> Es besteht gar keine Möglichkeit, die Aufhebung des Ölembargos so zu arrangieren, daß der Präsident eine Erklärung zu dieser Aufhebung abgeben könnte. Es ist doch kein Geheimnis, daß wir es mit zehn arabischen Ländern zu tun haben, von denen sechs radikal sind.

Aber das Ereignis, um das es bei diesem Tauziehen ging, stellte sich nicht so rasch ein, wie wir geglaubt hatten. Faisal hatte praktisch den Staaten, deren Ansprüche noch nicht befriedigt waren und die kein Interesse daran hatten, den Vereinigten Staaten zu helfen, ein Vetorecht eingeräumt. Eines dieser Länder war Syrien. Am 21. Januar verlangte Hafez al-Asad, daß die Ölwaffe zu seiner Unterstützung ebenso eingesetzt werden sollte, wie sie auch Ägypten zur Verfügung gestanden hatte. Das Embargo sollte wenigstens solange in Kraft bleiben, bis die erste Truppenentflechtung an der syrischen Front abgeschlossen war.

Saudi-Arabien wollte die Vereinigten Staaten nicht verärgern, befand sich aber in einer zu gefährlichen Lage, als daß es hätte wagen können, sich in der arabischen Welt isolieren zu lassen. So wechselte die Haltung der Saudis diesmal noch rascher als zuvor. Zum Beispiel sprach Saqqaf am 20. Januar mit Akins und sagte ihm, Saudi-Arabien werde das Embargo aufheben, und zwar ohne Rücksicht auf das, was die anderen Öl produzierenden Länder täten. Die Aufhebung würde unmittelbar nach einer Konferenz der arabischen Ölminister in Kairo am 22. Januar erfolgen. Aber am 23. Januar teilte der König Akins mit, daß er sich noch immer um die Zustimmung der anderen arabischen Staaten bemühte. Inzwischen schickte mir Sadat eine enttäuschte Botschaft nach seiner Rundreise durch die arabische Welt. Zwar gab sich Kairo die größte Mühe, aber es stellte sich heraus, daß die »arabischen Brüder« immer mehr dazu neigten, die Aufhebung des Embargos mit konkreten Fortschritten bei der Truppenentflechtung an der syrischen Front zu verknüpfen. Die Saudis fanden immer neue Ausflüchte. Am 27. Januar teilte uns Saqqaf mit, daß er noch immer hoffte, Nixon vor seiner Ansprache im Kongreß eine positive Antwort geben zu können.

Aber der 30. Januar ging vorüber, ohne daß etwas geschah. Andeutungen in der amerikanischen Presse über eine wichtige Erklärung des Präsidenten in seiner Rede über die Lage der Nation erfüllten sich nicht. Nixon konnte am Fernsehen nur sagen, er glaubte, die Araber würden demnächst zusammenkommen, um über die Aufhebung des Embargos »zu sprechen«, was nicht unbedingt heißen mußte, daß es aufgegeben würde. Am 3. Februar ließ uns Faisal wissen, daß seine Bemühungen gescheitert waren. Die Araber schienen sich darin einig zu sein, als Voraussetzung für eine Aufhebung des Embargos Fortschritte an der syrischen Front zu verlangen. Wir erfuhren, daß Boumedienne die Aufhebung des Embargos empfohlen hätte, aber Asad wäre hart geblieben.

Wir wollten dieses Spiel nicht länger mitmachen. Hier stand unsere Glaubwürdigkeit auf dem Spiel. Wir verlangten die Einhaltung der uns gegebenen Zusagen und erhoben diese Forderung mit sehr deutlichen Worten.

Nixon schrieb Faisal einen verärgerten Brief, in dem er dem König mitteilte, daß die Vereinigten Staaten sich getäuscht fühlten. Wir würden auf keine neuen Bedingungen eingehen und die Truppenentflechtung an der syrischen Front nicht einleiten, solange das Embargo in Kraft blieb. Er deutete sogar an, daß wir die früheren Zusagen Saudi-Arabiens öffentlich bekanntgeben würden, was Saqqaf zu der kühlen (aber nicht unberechtigten) Antwort veranlaßte, dann werde er die Öffentlichkeit wissen lassen, daß unsere Forderungen ebenso oft mit den innenpolitischen Bedürfnissen wie mit dem nationalen Interesse der Vereinigten Staaten verknüpft gewesen wären, und damit wäre wieder zum Ausdruck gekommen, wie sehr wir durch Watergate gedemütigt worden waren.

Ich selbst schrieb verärgerte Briefe an Sadat, Asad und Boumedienne und sagte ihnen, wenn die arabischen Ölförderländer uns ernst nähmen und glaubten, was sie selbst gesagt hätten – daß Israel ohne unsere Hilfe nicht zum Abzug seiner Truppen veranlaßt werden könnte –, dann hätte sich das Blatt gewendet. Sie und nicht wir müßten eine Möglichkeit finden, das Embargo aufzuheben.

Nach Empfang dieser Briefe änderte sich der Ton der arabischen Antworten. Die arabischen Ölförder-Länder hatten auf ihren Konferenzen in den vergangenen Monaten immer höhere Forderungen gestellt, weil sie wußten, daß ihnen keine Gegenmaßnahmen drohten. Aber das energische Auftreten der Vereinigten Staaten veranlaßte sie jetzt, ihre Haltung zu überdenken. Niemand sprach mehr von einer Drosselung der Produktion, womit man bisher ständig gedroht hatte. Wenn die Ölförderung im gleichen Ausmaß weiterlief, dann ließen sich die Auswirkungen des Embargos berechnen. Seine Bedeutung lag in erster Linie darin, daß damit die Fähigkeit demonstriert werden konnte, einseitig Druck auszuüben, aber wir waren entschlossen, uns dagegen zu wehren. Auch neue politische Forderungen wurden jetzt nicht mehr aufgestellt. Fast alles, was uns die Araber mitteilten, betraf neuerdings taktische Fragen im Zusammenhang mit der Aufhebung des Embargos.

Am 6. Februar sprach Faisal wieder mit Akins und teilte ihm mit, daß er sich um die Zustimmung der Araber (es waren vor allem die Syrer) zur Beendigung des Embargos bemühe. Am folgenden Tag schickte er Saqqaf nach Syrien, um einen arabischen Minigipfel vorzuschlagen, an dem Faisal, Sadat, Boumedienne und Asad am 12. bis 13. Februar in Assuan teilnehmen sollten. Asad stimmte dem Treffen widerwillig zu, weigerte sich aber, nach Ägypten zu gehen. Welches der Verhandlungsort auch sein würde, er kann kaum einen Zweifel daran gehabt haben, was ihn dort erwartete. Seine Brüder würden ihn drängen, das Embargo aufzuheben. Vielleicht konnte er den Termin verzögern, aber auf die Dauer ließ sich die Aufhebung nicht mehr verhindern. Die Ölwaffe würde Syrien bei den Verhandlungen über die Truppenentflechtung nicht mehr zur Verfügung stehen.

Am 9. Februar beantwortete Asad meinen Brief und erklärte zweideutig, daß das Ölproblem eine pan-arabische Angelegenheit wäre. Er beschwerte sich darüber, daß im Hinblick auf Syrien noch keine konkreten Fortschritte erzielt worden wären, die es ihm ermöglichen würden, seine Haltung zu ändern – was wie eine an uns gerichtete Aufforderung, ja fast wie eine dringende Bitte klang, die Verhandlungen mit

Syrien in Gang zu bringen, um ihm die Möglichkeit für eine Änderung seiner Haltung zu geben. Für uns gab es viele Gründe, das gleiche zu wünschen. Wir hatten den Eindruck, daß sich in der arabischen Welt allmählich der gemäßigte Kurs durchsetzen werde.

Am 11. Februar schlug Sadat vor, das Minigipfeltreffen in Algier zu veranstalten – ein kluger Vorschlag. Boumedienne, der sich eben darum bemühte, die Beziehungen zu den Vereinigten Staaten wieder aufzunehmen, würde wahrscheinlich nicht darauf bestehen, das Embargo aufrecht zu erhalten, wenn die Gespräche in seiner Hauptstadt geführt wurden, und als »Radikaler« war Boumedienne Syriens zuverlässigster Fürsprecher. Am 12. Februar erhielt ich eine Botschaft von Boumedienne, mit der er diese Vermutung bestätigte. Er teilte mir mit, er würde sich für die Aufhebung des Embargos einsetzen. Er hoffte, die Vereinigten Staaten würden Maßnahmen oder Erklärungen vermeiden, welche die Atmosphäre stören könnten.

Auf dem arabischen Minigipfel fand man eine Formel, mit der man das Gesicht wahren konnte; ich sollte im Februar eine Erkundungsreise durch den Nahen Osten unternehmen, um die Truppenentflechtung an der syrischen Front vorzubereiten. Diesem Vorschlag konnte ich ohne weiteres zustimmen. Einen Monat später wurde das Ölembargo aufgehoben. (Ich werde diese Reise im 21. Kapitel schildern.)

Wir hatten eine schwierige Periode hinter uns gebracht, ohne uns erpressen zu lassen. Die Aufhebung des Embargos stand unmittelbar bevor, und wir hatten demonstriert, daß wir uns gegen die Ölwaffe wehren konnten. Jetzt konnte sich die Panik unserer Verbündeten legen.

Aber wir durften uns keine Illusionen machen. Es war nur ein vorübergehender und in erster Linie taktischer Erfolg. Die Verhältnisse auf dem Weltmarkt hatten sich nicht geändert. Die Wirtschaftskrise in den demokratischen Ländern hatte erst begonnen. Die politischen und gesellschaftlichen Konsequenzen ließen sich erst sehr undeutlich erkennen. Wir mußten immer noch die Frage beantworten, ob und wie die demokratischen Industrienationen ihr Schicksal wieder selbst in die Hand nehmen könnten. Dieser Aufgabe wandten wir uns jetzt zu.

XX. Die Energiepolitik und die Demokratien

Eine energiepolitische Strategie

Eine energiepolitische Strategie auf lange Sicht erforderte vor allem eine geschlossene Front der demokratischen Industrienationen. Wir waren uns der Tatsache bewußt, daß unsere Verbündeten nur ungern eine gemeinsame Verhandlungsposition gegenüber den Förderländern entwickeln wollten. Doch schon eine Intensivierung der Bemühungen der einzelnen Verbraucherländer würde ihre Verhandlungsposition wesentlich stärken. Die Zusammenarbeit beim Energiesparen, die Entwicklung von alternativen Energiequellen und das Anlegen gemeinsamer Vorräte für den Notfall würden die Verhältnisse auf dem Markt ändern und damit auch das Kräftegleichgewicht bei den Verhandlungen.

Weil die Vereinigten Staaten von allen Demokratien am wenigsten vom importierten Öl abhängig und wirtschaftlich am stärksten waren, glaubten wir, am ehesten in der Lage zu sein, die Führung zu übernehmen und Vorschläge zu machen, die auf den Nutzen aller gerichtet waren. Wir hofften, daß in der Realität der gegenwärtigen Krise uns die Zweideutigkeiten und Ausflüchte erspart würden, die das abstraktere Unternehmen des Europa-Jahrs gekennzeichnet hatten.

Ohne uns durch die Ablehnung früherer Vorschläge abschrecken zu lassen, unternahmen wir mit meiner am 12. Dezember 1973 in London gehaltenen Pilgrims-Rede einen neuen Versuch (ich habe darüber im 16. Kapitel berichtet). Ich versicherte, mit der Zusammenarbeit auf dem Energiesektor täten uns unsere Verbündeten keinen Gefallen, denn die Vereinigten Staaten wären von allen demokratischen Industrienationen diejenige, die ihre Probleme am ehesten allein lösen könnte. Aber dennoch wären alle Versuche einzelner Nationen, diese Probleme im Alleingang zu lösen, zum Scheitern verurteilt. Deshalb schlug ich vor, die demokratischen Industrienationen sollten eine energiepolitische Aktionsgruppe bilden, eine Union der Verbraucherländer mit dem Ziel, alternative Energiequellen zu finden, das Energiesparen zu fördern und gemeinsam mit den Energieproduzenten zu verhandeln:

> Wir müssen an die tieferen Ursachen der Energiekrise denken. Sie ist nicht einfach das Ergebnis des arabisch-israelischen Krieges. Sie ist die unausweichliche Konsequenz des explosiven Anwachsens der weltweiten Nachfrage, welche die Interessen der Anbieter überholt hat. Der Nahost-Krieg hat aus einer chronischen eine akute Krise gemacht, aber zu einer Krise wäre es in jedem Fall gekommen. Auch wenn die Vorkriegsproduktion in vollem Umfang wieder aufgenommen wird, bleibt uns das Problem, die Mineralölmengen, die auf der Welt produziert werden, auf die Mengen abzustimmen, die sie verbraucht.
>
> Die einzige Lösung auf lange Sicht sind massive Anstrengungen, die Förderländer zu einer Steigerung ihrer Produktion anzuregen, die Verbraucher zu einem sparsameren Verbrauch der vorhandenen Mengen zu ermutigen und alternative Energiequellen zu entwickeln.
>
> Diese Aufgabe könnten die Vereinigten Staaten unter großen Schwierigkeiten allein lösen; Europa kann das allein nicht tun. Wir ziehen es deshalb entschieden vor, gemeinsam zu handeln, und Europa braucht dieses gemeinsame Vorgehen.
>
> Dazu schlagen die Vereinigten Staaten vor, daß die europäischen Nationen, Nordamerika und Japan eine energiepolitische Aktionsgruppe ins Leben rufen, die aus hochrangigen und angesehenen Persönlichkeiten bestehen und den Auftrag erhalten soll, innerhalb von drei Monaten ein vorläufiges Aktionsprogramm für die Zusammenarbeit auf dem ganzen Energiesektor zu entwickeln. Wir würden es den Mitgliedern der Neun überlassen, ob sie sich an dieser Gruppe lieber im Rahmen der Europäischen Gemeinschaft beteiligen wollen.

Die Reaktion der Europäer war zwiespältig. Die Leitartikel in den Tageszeitungen kommentierten meine Rede im allgemeinen positiv. Aber die Regierungen wollten sich offenbar zu nichts verpflichten. Der Grund lag darin, daß die meisten eine Zusammenarbeit auf dem Energiesektor nur in einem begrenzten taktischen Sinn für vernünftig hielten. So wollten sie etwa die amerikanische Technologie dafür einsetzen, alternative Energiequellen zu entwickeln, und waren bereit, im Notfall auch auf unsere immer geringer werdenden Reserven zurückzugreifen. Aber an einer konzertierten Diplomatie konnten sie keinen Geschmack finden, weil sie glaubten, daß der Versuch, geschlossen aufzutreten, die Ölförder-Länder zu Gegenmaßnahmen »provozieren« werde. Nichts konnte die Demoralisierung der Demokratien – es war schon fast eine Bankrotterklärung – besser illustrieren. Man war bereit, sich mit einem Kartell der Förderländer abzufinden, hielt jedoch einen Zusammenschluß der Verbraucher für zu riskant. Die Ölförder-Länder mit einer Bevölkerung von etwa fünfzig Millionen in unterentwickelten Wirtschaften erpreßten praktisch die fortgeschrittenen Industriegesellschaften mit einer Bevölkerung von insgesamt einer Milliarde Menschen und diktierten dabei nicht nur die Verkaufsbedingungen für das Öl, sondern auch den Rahmen der politischen Beziehungen zu ihren Abnehmern.

In einem Gespräch, das ich am 20. Dezember in Paris mit dem französischen Präsidenten, Georges Pompidou, führte, wurde diese Situation sehr deutlich. Er sagte mir, Frankreich werde auf keinen Fall das Risiko eingehen, auf die Versorgung mit Öl verzichten zu müssen. Es werde sich keiner Gruppe anschließen und an keiner Politik beteiligen, die zu einer Konfrontation führen könnte:

> Wenn wir von einem Dialog zwischen Verbrauchern und Erzeugern sprechen, dann können wir problemlos über die Modalitäten eines solchen Dialogs diskutieren. Ich könnte jedoch der Errichtung eines Konsortiums von Verbrauchern nicht zustimmen, die den Erzeugern eine Lösung aufzwingen wollen. Bei Ihnen wird nur etwa ein Zehntel des Bedarfs mit arabischem Öl gedeckt. Wir sind vollständig von den Arabern abhängig. Wir können uns den Luxus nicht leisten, drei oder vier Jahre sorgenvoll und ängstlich darauf zu warten, bis die Araber das Problem verstehen. Ich kann unter keinen Umständen eine Lage akzeptieren, in der wir auf das arabische Öl verzichten müßten, auch nicht, wenn es nur ein Jahr ist.

Wenn aber jemand nicht bereit ist, zu riskieren, daß Verhandlungen scheitern – die mildeste Form der Konfrontation –, dann hat er nur noch die Wahl zwischen verschiedenen Formen der Beschwichtigungspolitik. Die meisten unserer Verbündeten waren überzeugt, daß sie ihre Ölversorgung am besten sichern könnten, wenn sie auf die politischen Forderungen der Araber eingingen, nicht aber, wenn sie eine geschlossene Front bildeten, um sich dem arabischen Druck zu widersetzen.

So reagierte man nicht auf meine Pilgrims-Rede, sondern fügte sich den Forderungen der Ölproduzenten. Auf dem Gipfeltreffen der Europäischen Gemeinschaft am 14. und 15. Dezember in Kopenhagen erschien, angeblich »unerwartet«, eine Gruppe arabischer Außenminister, die sich dafür einsetzen wollte, daß die Europäische Gemeinschaft Druck auf Israel ausübte. Wenn man den Berichten, die uns erreichten, glauben darf, dann muß dies das erste Mal in der Geschichte gewesen sein, daß eine Delegation von Außenministern uneingeladen auf dem Gipfeltreffen eines Kontinents erschien, zu dem sie nicht gehörte. Wir wußten nicht, wer diesen »Überraschungsbesuch« organisiert hatte. Wir hatten Jobert im Verdacht, aber ohne Zustimmung seiner Kollegen hätte es nicht dazu kommen können.

Unsere Vorschläge zur Zusammenarbeit in der Energiepolitik stießen im Grunde auf die gleichen Hindernisse, die unsere vorangegangenen Bemühungen um eine Festigung des atlantischen Zusammenhalts hatten scheitern lassen. Jobert und wahrscheinlich auch Pompidou wollten sich auf keinen Fall einer Gruppierung anschließen, in der die Vereinigten Staaten einen entscheidenden Einfluß hatten und die einseitigen Initiativen entgegenwirken wollte. Hier trafen Grundauffassungen und Eigennutz zusammen. Frankreich stand in der vordersten Front derjenigen unserer Verbündeten, die das Embargo zum Vorwand nahmen, mit den Ölförder-Ländern bilaterale Geschäfte abzuschließen. Dabei ging es in erster Linie um Rüstungslieferungen gegen Öl. Und es war Frankreich, das in dem sogenannten europäisch-arabischen Dialog die Rolle der Speerspitze übernahm, in der europäischen Alternative zu unserer Nahost-Politik, deren niemals deutlich ausgesprochener Sinn nur die Distanzierung von den Vereinigten Staaten sein konnte.

Jobert schrieb mir am 28. Dezember, nach den Beschlüssen der OPEC vom 17. Dezember. Er akzeptierte grundsätzlich die Zusammenarbeit der Verbraucherländer, aber nach seiner Interpretation ließ sich eine gemeinsame Verhandlungsposition nicht erreichen. Kein Wunder, denn er bemühte sich gerade in diesem Augenblick um das Zustandekommen eines bilateralen Ölgeschäfts zwischen Frankreich und den Förderländern im Nahen Osten. In seinem Brief redete er mich mit »Herr Minister und lieber Freund« an, und versuchte, meiner Pilgrims-Rede die Zähne zu ziehen. Er erklärte, sein Vorschlag werde den von mir entworfenen Plan vielleicht komplizieren, er glaubte jedoch, seine Verwirklichung könnte sich damit erleichtern. »Komplizieren« war nicht das richtige Wort; »ausweichen« hätte besser gepaßt.

Nach Joberts Vorschlag sollte man schrittweise vorgehen. Europa, die Vereinigten Staaten, Kanada und Japan sollten jeweils eine eigene autonome Energiepolitik entwickeln und ihre Beziehungen zu den Ölförderländern den jeweils eigenen Bedürfnissen anpassen. Auf einer zweiten Stufe könnten sie im Rahmen hochtechnologischer Projekte wie etwa bei Tiefseebohrungen oder der Kohlevergasung zusammenarbeiten. Drittens könnten alle demokratischen Industrienationen bei Energiesparprogrammen und ähnlichen Vorhaben im Rahmen der Organisation für Wirtschaftliche Zusammenarbeit und Entwicklung (OECD) zusammenarbeiten. Die OECD war ein lockerer Zusammenschluß der wichtigsten Industrienationen, der aus der Marshall-Planorganisation hervorgegangen war, aber sich bisher noch nicht durch entschlossenes Handeln ausgezeichnet hatte. Schließlich würden die Verbraucherländer den Ölförder-Ländern nicht als geschlossene

Einheit gegenüberstehen, sondern auf einer Weltkonferenz, die sich mit dem Energieproblem beschäftigen sollte, im wesentlichen bilateral verhandeln und eine noch umfassendere Konferenz zur Behandlung von Rohstoff-Fragen im allgemeinen vorbereiten.

Der Plan war intelligent, aber doch zu durchsichtig. Jobert wollte damit an die hochentwickelten amerikanischen Technologien herankommen, während er alle anderen Fragen einem so unhandlichen Gremium überließ, daß praktisch jedes Verbraucherland selbständig handeln konnte – ja sogar dazu gezwungen wurde. Darüber hinaus stünden in diesem Fall die nicht straff organisierten Verbraucherländer nicht den einzelnen Ölförder-Ländern, sondern der geschlossenen OPEC gegenüber. Wir hatten den Eindruck, mit dem französischen Vorschlag werde die Schwäche der demokratischen Industrienationen geradezu institutionalisiert und nicht beseitigt.

Ebenso wie andere politische Führer, die sich für den europäisch-arabischen Dialog einsetzten, bestritten die Franzosen entschieden alle politischen Absichten oder versteckten Motive. Aber der Umstand, daß die Franzosen die Vorbereitungen für ihre Initiative mit dem Schleier des Geheimnisses umgaben und sich weigerten, uns im einzelnen über ihren Inhalt zu unterrichten, ließ uns an ihrer Aufrichtigkeit zweifeln. Doch allmählich erfuhren wir von dem Umfang und den möglichen Folgen des Vorhabens – und zwar vor allem durch Diplomaten befreundeter Länder, die uns über diese Vorgänge unterrichteten, ohne daß es die anderen alliierten Partner wußten und manchmal sogar ohne Wissen ihrer eigenen Vorgesetzten. So hatte Frankreich zum Beispiel auf einer Konferenz der politischen Direktoren (das sind höhere Beamte im Auswärtigen Dienst) der Europäischen Gemeinschaft in Bonn am 10. und 11. Januar vorgeschlagen, den europäisch-arabischen Dialog auf der Expertenebene zu beginnen und mit einer Außenministerkonferenz abzuschließen, was an sich schon bewies, daß es sich dabei nicht nur um technische Fragen oder den Kulturaustausch handeln konnte – uns hatte man mitgeteilt, daß dies der Zweck des Unternehmens wäre. Am 30. Januar ließ ich unseren diplomatischen Vertretungen in Europa Anweisungen übermitteln, in denen ich besonders darauf hinwies, daß

> Konsultationen gegenseitige Unterrichtung verlangen; bevor die Mitgliedsstaaten im Nahen Osten eine wichtige Initiative in Gang setzen, würden wir erwarten, daß alles getan wird, uns im voraus zu konsultieren und jede Möglichkeit auszuschalten, daß unsere politischen Bestrebungen auseinanderlaufen ...

Am 1. Februar kamen die Nahost-Experten der Europäischen Gemeinschaft zusammen. Als die Frage gestellt wurde, ob die Vereinigten Staaten unterrichtet worden seien, erklärte der Vertreter der Bundesrepublik Deutschland, der den Vorsitz führte, daß die Vereinigten Staaten schon in großen Zügen über die Vorschläge und Prinzipien unterrichtet worden wären – was insofern richtig war, als wir aus inoffiziellen Quellen Berichte erhalten hatten, die uns alarmierten, jedoch kaum eine Grundlage für ernsthafte Gespräche bilden konnte. Außerdem war es eine für uns beleidigende Methode.

Am 6. und 7. Februar kamen die politischen Direktoren wieder zusammen und stimmten der französischen Empfehlung, der europäisch-arabische Dialog sollte zu einer Konferenz der Außenminister führen, grundsätzlich zu. Wir sind von diesem Beschluß niemals offiziell unterrichtet worden. Der Vorschlag, der deutsche Außenminister Walter Scheel sollte mich in seiner Eigenschaft als Präsident des Ministerrats informieren, wurde sogar von den Franzosen abgelehnt.

Wir hatten gegen einen europäisch-arabischen Dialog als solchen nichts einzuwenden. Dieser Dialog war so selbstverständlich wie unvermeidlich. Uns beunruhigten bestimmte Verfahrensfragen und die Themen dieser Gespräche. Unsere Verbündeten zögerten nicht, sich im Rahmen der NATO-Konsultationen über die amerikanische Politik zu informieren. Zugleich vermieden sie es, mit uns über Beschlüsse der Europäischen Gemeinschaft zu sprechen, bevor sie gefaßt wurden und nichts mehr dagegen unternommen werden konnte. Sie verschanzten sich dabei hinter komplexen neuen Verfahren, die die vorherige Zustimmung aller Verbündeten erforderten. Solange sich dieser Umstand auf die atlantischen Beziehungen beschränkte, war er nur störend, aber der Schaden beschränkte sich darauf, daß wir von neuen Initiativen abgehalten wurden. Doch in dem Hexenkessel des Nahen Ostens drohte die europäische Initiative einer Außenministerkonferenz, unsere sorgfältig ausgearbeitete Strategie zu sabotieren. Wir gingen schrittweise vor, während sich die Europäische Gemeinschaft öffentlich verpflichtet hatte, eine umfassende Gesamtlösung zu unterstützen. Wir verhandelten mit den Hauptbeteiligten im Nahen Osten getrennt, während die Europäer alle arabischen Länder in einem Forum vereinigen wollten, in dessen Rahmen nach meiner Überzeugung die Radikalen die Oberhand gewinnen würden. Dazu sagte ich dem britischen Außenminister, Sir Alec Douglas-Home, Anfang Februar:

> Ich möchte Ihnen nur sagen, daß es die schlimmsten Folgen haben wird, wenn alle arabischen Staaten – die gemäßigten und die radikalen – zusammenkommen. Es muß dazu führen, daß die radikalen übertriebene Forderungen stellen, denen sich die gemäßigten kaum widersetzen können. Die europäischen Führer werden dabei unter Druck gesetzt werden, das Programm der radikalen Araber in jedem Punkt zu unterstützen. Zweitens werden alle Fragen miteinander verknüpft werden, was negative Auswirkungen auf unsere politischen Verhandlungen haben muß. Sadat hat uns gesagt, daß man in einer solchen Lage nur schrittweise vorgehen könnte. Wenn Sie diese Initiative der Europäischen Gemeinschaft weiter verfolgen, dann wird alles durcheinander geraten, und wir werden schließlich die Scherben aufsammeln müssen.

Frankreich empfahl den Dialog mit den Arabern darüber hinaus ausdrücklich als Alternative zu einem geschlossenen Auftreten der Verbraucherländer gegenüber den Ölförder-Ländern. Sogar die europäischen Führer, die unsere Methode nicht so entschieden ablehnten wie die Franzosen, suchten sich von den einander widersprechenden Zwängen dadurch zu befreien, daß sie sich in einzelnen Punkten unserer und in anderen der Haltung der Franzosen anschlossen, was zu einer institutionalisierten Ambivalenz führte. Nur wenige europäische Nationen stimmten Frankreich uneingeschränkt zu, und doch war niemand – ebenso wie im Europa-Jahr – bereit, es auf eine Konfrontation ankommen zu lassen. Auch wollte uns niemand verärgern. Deshalb bekannten sich die meisten grundsätzlich zur Zusammenarbeit der Verbraucherländer, interpretierten diesen Gedanken aber so, daß die von Frankreich empfohlenen autonomen Verhandlungen trotzdem möglich seien. Jedes Zugeständnis in der einen Richtung löste einen anderen Schritt in die entgegengesetzte Richtung aus. Anfang Januar neigten viele europäische Politiker – aber nicht die französischen – dazu, im Energiebereich irgendwie zusammenzuarbeiten. Zugleich warnte die Europäische Kommission davor, das Energieproblem so zu behandeln, daß es »die politische Solidarität der Gemeinschaft« schwächen könnte, die »ihre Existenz und Bedeutung demonstrieren soll« – eine deutlich gegen uns gerichtete Spitze.

Uns bedrohte jetzt offenbar der gleiche alptraumhafte, unüberschaubare Wust von Verfahrensfragen wie im Europa-Jahr, aber diesmal ging es nicht um ein Problem, das die Zukunft mit schweren Hypotheken belastete, sondern wir wurden ganz unmittelbar bedroht. Aus diesem Grund beschlossen wir, eine Entscheidung zu erzwingen; am 9. Januar 1974 lud der Präsident offiziell für Anfang Februar zu einer Energiekonferenz in Washington ein. Am 10. Januar gaben der Chef der Bundesenergiebehörde, William Simon, und ich auf einer gemeinsamen Pressekonferenz die Absicht unserer Regierung bekannt, dieses Treffen zu veranstalten. Wir wiesen auf die dringende Notwendigkeit hin, daß die Verbrauchernationen zu einer gemeinsamen Lagebeurteilung kommen müßten, um dann eine gemeinsame Strategie zu verfolgen. Ich sagte:

> Was nun die Verbraucherländer betrifft, so wird sich an der Lage auf dem Energiesektor und ihrer Bedeutung für die Zukunft erweisen, ob unsere Politik, die wir im Rahmen des internationalen Systems während der vergangenen fünfundzwanzig Jahre gegenüber den Entwicklungsländern verfolgt haben, richtig gewesen ist.
>
> Es wird sich erweisen, ob die Welt wirklich unabhängig geworden ist und ob die Isolation und die selbstsüchtigen Methoden einzelner Länder nicht für alle Beteiligten katastrophale Folgen haben müssen.

Um zu vermeiden, daß es wieder zu einem endlosen Tauziehen um die Frage kam, wer für Europa sprechen sollte, luden wir alle wichtigen energieverbrauchenden Länder der demokratischen Welt einzeln nach Washington ein, zunächst die im Energieausschuß der OECD vertretenen Staaten. Die Europäische Gemeinschaft wurde besonders eingeladen und aufgefordert, zu entscheiden, auf welcher Ebene sie teilnehmen wollte.* Jetzt wollten wir sehen, ob man uns wieder zumuten würde, über die Belange der europäischen Länder nur mit einem einzi-

* Die eingeladenen Länder waren Kanada, Frankreich, die Bundesrepublik Deutschland, Italien, Japan, die Niederlande, Norwegen und Großbritannien. Die Einladung an die Europäische Gemeinschaft wurde in einem an den westdeutschen Bundeskanzler Willy Brandt gerichteten Brief ausgesprochen, der turnusgemäß das Amt des Präsidenten der Gemeinschaft übernommen hatte. Außerdem wurde der Generalsekretär der OECD, Jonkheer Emile van Lennep, eingeladen.

gen Beauftragten zu sprechen, oder ob die Europäer das Thema für wichtig genug hielten, um die Konsultationen in einem dafür besser geeigneten Rahmen zu führen.

Keines der mit uns verbündeten Länder hatte ein besonderes Interesse an einer Konferenz der Verbraucherländer, und ihre Reaktion reichte von Resignation bis zur Ablehnung. Aber wenn man sich von unserer Nahost-Politik mit Erklärungen distanzierte, die keine große Wirkung haben konnten, dann ließ sich das noch hinnehmen; etwas ganz anderes war es, sich in Fragen der Energieversorgung von einem Partner zu isolieren, der sich, wenn es zu bilateralen Gesprächen kommen sollte, in einer viel stärkeren Verhandlungsposition befinden würde und den man im Fall eines Lieferstops dringend als Ersatzlieferanten brauchte. Bei einer Besprechung mit meinen Mitarbeitern im Außenministerium sagte ich am 8. Januar:

> Die Europäer müssen begreifen, daß es nach unserer Auffassung im allgemeinen Interesse liegt, zu einer multilateralen Lösung zu kommen, bei der keine Gruppe oder Region besonders bevorzugt wird, weil wir glauben, daß es uns allen schaden wird, wenn wir bei unseren Nachbarn betteln gehen müssen. Sie müssen begreifen, daß wir bereit sind, fair mit ihnen zusammenzuarbeiten, wenngleich wir dabei mehr leisten müssen, um die weltweite Stabilität zu stützen, als sie. Aber sie müssen auch begreifen, daß wir ihnen unter keinen Umständen freie Hand für bilaterale Geschäfte geben werden. Wenn sie nicht multilateral arbeiten wollen, dann werden wir sie dazu zwingen, indem wir selbst bilateral vorgehen. Wenn wir in bilaterale Verhandlungen eintreten, dann können wir ihnen, glaube ich, in den meisten Gebieten zuvorkommen. Wir werden ihnen unter keinen Umständen das Feld für bilaterale Verhandlungen überlassen.

Während des ganzen Monats Januar verhandelten wir mit Vertretern Großbritanniens, der Bundesrepublik und kleineren Staaten, die sich bemühten, das Unmögliche zu tun. Sie wollten uns soweit wie möglich entgegenkommen, um die atlantische Gemeinschaft nicht zu gefährden, die Wünsche der Franzosen berücksichtigen, um die europäische Identität zu artikulieren, und die Ölproduzenten bei Laune halten, indem sie sich von uns distanzierten, um ihre Energieversorgung nicht zu gefährden. Auch die Japaner ließen deutlich erkennen, daß sie eine Doppelstrategie verfolgten. Einerseits erkannten sie die Notwendigkeit einer wirksamen Zusammenarbeit der Verbraucherländer an, auf der anderen Seite fürchteten sie die Konfrontation mit den Ölförder-Ländern. Die Premierminister von Japan und Großbritannien und der westdeutsche Bundeskanzler nahmen innerhalb einer Woche Nixons Einladung an. Sie äußerten sich jedoch recht ablehnend zu der Idee, daß sich die Verbraucherländer auf die Dauer organisatorisch zusammenschließen sollten. Sie hielten eine solche Maßnahme für »provokativ« – obwohl die Ölförder-Länder die Verbraucher nicht konsultiert hatten, als sie die OPEC bildeten und voller Stolz als geschlossene Gruppe auftraten. Jeder einzelne Regierungschef erklärte uns, er erwartete, die Ölproduzenten zur Zusammenarbeit mit der Konferenz der Verbraucherländer zu veranlassen – was fast ein Widerspruch in sich war. Man suchte nach allen nur erdenklichen Vorwänden, die einzig vernünftige Lösung zu umgehen, die Schaffung einer Organisation, in der die Solidarität der Verbraucher auf die Dauer zum Ausdruck gebracht werden konnte. Die Briten, die immer am ehesten bereit waren, mit uns zusammenzuarbeiten, waren auch nur bereit, eine aus den in Washington akkreditierten Botschaftern bestehende »Kontaktgruppe« zu bilden, deren Aufgabe es sein sollte, die Arbeit in den schon bestehenden Institutionen zu koordinieren. Kein anderer Verbündeter wagte es, so weit ins einzelne zu gehen. Aber die Bildung einer Gruppe von Botschaftern war ein Betäubungsmittel und kein Heilmittel. Sie würden für jede einzelne Sitzung besondere Anweisungen brauchen, und außerdem fehlte ihnen der Mitarbeiterstab, um fruchtbare Arbeit leisten zu können. Eine solche Einrichtung würde nach den ersten Sitzungen ihren Sinn verlieren und in Vergessenheit geraten. Am 11. Februar sagte ich Alec Home, daß es sich hier nicht nur um ein politisches, sondern auch um ein moralisches Problem handelte:

> Wir sollten irgendeinen Apparat schaffen, der uns in die Lage versetzt, eine gemeinsame Haltung der Verbraucher zu erarbeiten. Wir brauchen das. Zweitens scheinen dreißig Millionen Erdölproduzenten zusammengekommen zu sein, um ihre Haltung gemeinsam zu vertreten. Sie haben ein Kartell. Warum sollen sie fähig sein, achthundert Millionen Verbrauchern ihren Willen aufzuzwingen? Warum glauben wir, daß die Verbraucher nicht miteinander reden dürfen? Die wichtigen Länder in diesem Gebiet sind der Iran und Saudi-Arabien. Sie sind beide vollkommen abhängig von der politischen Unterstützung durch die Vereinigten Staaten. Warum sollte Europa diesen politischen Einfluß Amerikas nicht auch auf dem Energiesektor nutzen wollen? Hier haben wir die Gelegenheit für eine moralische Demonstration dessen, was der Westen tun kann, wenn er sich zusammenschließt, und daß er sich nicht herumstoßen läßt. Wir müssen begreifen, daß dies ein gemeinsames Problem ist und wir auf gemeinsame Lösungen hinarbeiten müssen.

Indessen waren die europäischen Nationen, was die Energiepolitik betraf, *nicht* mehr bereit, ihre Zukunft einem einzigen Beauftragten anzuvertrauen, der ganz Europa vertrat. Die Europäische Gemeinschaft wollte sich irgendwie beteiligen, aber das wollten auch die Außenminister der einzelnen Länder, die wir eingeladen hatten. Und die vier energiearmen Länder der Gemeinschaft, die nicht eingeladen worden waren, verlangten ebenfalls, durch ihre Außenminister vertreten zu werden.* So hatten wir es, kurz gesagt, in der Energiepolitik, anders als im Bündnis selbst, im gleichen Forum mit den verbündeten Regierungen und mit der Gemeinschaft zu tun.

Es gab jedoch einen Verbündeten, der diese Ambivalenz nicht dulden wollte. Am 18. Januar schrieb mir Michel Jobert einen seiner Briefe, in denen er mich mit »Lieber Freund« anredete. Darin erhob er Einwände gegen eine Konferenz in Washington, eine Konferenz der Au-

* Die dreizehn Länder, die schließlich an der Konferenz teilnahmen, waren Belgien, Kanada, Dänemark, Frankreich, die Bundesrepublik Deutschland, Irland, Italien, Japan, Luxemburg, die Niederlande, Norwegen, Großbritannien und die Vereinigten Staaten.

ßenminister, einen Zusammenschluß der Verbraucherländer, gegen die Einladung Japans und gegen die Form, in der die Europäische Gemeinschaft zur Teilnahme eingeladen worden war. Es war statistisch unwahrscheinlich, daß ein von einer ernstzunehmenden Regierung vorgelegtes Dokument so viele Irrtümer enthalten könnte, wie er sie unserem Einladungsschreiben zur Last legte. Dennoch zeigte er sich großzügig bereit, einen Alternativvorschlag zu machen: Frankreich wollte so bald wie möglich eine energiepolitische Konferenz im Rahmen der Vereinten Nationen zustande bringen, weil es glaubte, daß sie zur Mäßigung der Haltung der Ölförder-Länder, der Verbraucher und der Entwicklungsländer beitragen würde. Dabei erwähnte Jobert jedoch nicht, daß die OPEC auf einer von den Vereinten Nationen veranstalteten Konferenz, an der hundertfünfzig Nationen teilnahmen, geschlossen, die Verbraucherländer aber in Gruppen aufgespalten, auftreten würden. Die Entwicklungsländer würden sich zweifellos auf die Seite der Ölförder-Länder stellen, weil sie sich entweder durch vage Versprechungen hatten kaufen lassen, mit denen ihnen Preiszugeständnisse und Wirtschaftshilfe zugesagt wurde, oder weil sie in ihrem Eigensinn glaubten, die Loyalität der Dritten Welt unter Beweis stellen zu müssen. Die kommunistischen Länder hätten dabei die einmalige Gelegenheit, die schwierige Lage, in die der Westen geraten war, für ihre Zwecke auszunutzen. Die Vereinigten Staaten wären isoliert. Jobert schloß seinen Brief mit einem für ihn so charakteristischen Paradox und versicherte mich des französischen Interesses am Energieproblem, zeigte sich überrascht von unserer Einladung zu der Konferenz im Februar, beschwor aber auch unsere »sehr solide Freundschaft« als »höchst bedeutsam«.

Unsere Botschaft in Paris berichtete am 21. Januar, daß die Franzosen unseren Vorschlag, eine Energie-Konferenz einzuberufen, »mit wenig Begeisterung und einer Haltung, die schon fast an Feindschaft erinnerte«, betrachteten. Am 24. Januar erklärte Pompidou:

> Wir müssen reden; Erzeuger und Verbraucher müssen einander verstehen. Deshalb müssen sie zusammenkommen, und wir sind zum Beispiel bereit, bilateral auf europäischer Ebene mit einer Gruppe arabischer Erzeuger zusammenzutreffen, und auf globaler Ebene mit reichen und armen Verbraucherländern – denn es gibt wichtige Verbraucher, die arm sind und bereits erheblich unter der gegenwärtigen Lage leiden . . .[1]

Kurz gesagt, Frankreich war bereit, mit jedermann zu sprechen, lehnte aber eine Konferenz ab, an der die Vereinigten Staaten und unsere Verbündeten beteiligt waren. Trotzdem nahmen sie alle, einer nach dem anderen, Nixons Einladung an. Frankreich reagierte darauf mit einer Reise Joberts nach Syrien, Saudi-Arabien, Kuwait und in den Irak, die eine direkte Herausforderung für die Politik der Vereinigten Staaten bedeutete. Hier versuchte er, auf nationaler Basis Ölgeschäfte abzuschließen und nahm damit die preistreiberischen Methoden der arabischen Öllieferanten widerspruchslos hin. Zugleich ermutigte er die radikalen Araber, sich den amerikanischen Vermittlungsversuchen zu widersetzen. In Bagdad warnte er vor »Zwischenlösungen« – und wendete sich damit gegen die eben abgeschlossene Truppenentflechtung an der ägyptisch-israelischen Front. Die amerikanische Politik kritisierte er mit der hämischen Bemerkung: »Weshalb dreht sich die Hand, die den Schlüssel hält, so langsam?« Die Energiekonferenz in Washington bezeichnete er als ein gegen die Araber gerichtetes »politisches« Manöver und sagte, es werde kein zweiter Wiener Kongreß daraus werden – ein Seitenhieb auf meine wissenschaftliche Arbeit und zugleich die Zusage, daß die Energiekonferenz in Washington zu keinen dauernden Ergebnissen führen werde (Jobert war durchaus in der Lage, dafür zu sorgen). Noch vor seiner Abreise aus Bagdad sprach er mit einem syrischen Journalisten über das gleiche Thema und machte den Syrern ein Kompliment für das Geschick, mit dem sie »ihre militärische Lage an der Front konsolidiert haben, um auf jede Eventualität vorbereitet zu sein«. Damit hat er die Syrer ausgerechnet in dem Augenblick, da wir anfingen, uns um die Truppenentflechtung auf den Golan-Höhen zu bemühen, nicht gerade zur Mäßigung ermahnt. Man sollte es uns verzeihen, wenn wir solche Taktiken nicht nur als gegen unsere Interessen gerichtet, sondern auch als auf lange Sicht ungeheuer schädlich für die anderen demokratischen Industrienationen angesehen haben, denn wenn diese Haltung in der arabischen Welt ernstgenommen worden wäre, dann hätte im Nahen Osten eine Krise entstehen können, gegen die Frankreich nichts unternehmen konnte.

Frankreich hüllte sich bis zum fünften Tag vor der Eröffnungssitzung der Konferenz in Schweigen. Erst am 6. Februar gab ein Regierungssprecher nach einer Sitzung des französischen Kabinetts bekannt, daß sich Jobert beteiligen werde:

> Die Teilnahme unseres Landes an dieser Konferenz entspricht nicht nur den Regeln der Höflichkeit, sondern auch dem Wunsch, es Europa zu ermöglichen, eine gemeinsame Haltung einzunehmen. Während Frankreich geneigt ist, sich an einem Gedankenaustausch über die verschiedenen Aspekte des Energieproblems zu beteiligen, wäre es nicht in der Lage, der Errichtung einer Organisation der Öl verbrauchenden Industrieländer zuzustimmen, die unabhängig von anderen Verbraucherländern, besonders den Entwicklungsländern, und von den Erzeugerländern sein würde.

Die offizielle Bestätigung des Kabinettsbeschlusses wurde dem Weißen Haus in einem knappen Telegramm Pompidous mitgeteilt, *nachdem* die Entscheidung öffentlich bekanntgegeben worden war – ein unerhörter Vorgang und ein Affront gegenüber einem engen Verbündeten. Das Telegramm enthielt kein einziges persönliches erläuterndes Wort des französischen Präsidenten.

Aber nicht nur das Verfahren war ungewöhnlich. Die Verlautbarung des Regierungssprechers ließ deutlich erkennen, daß Frankreich schon das Konzept der Konferenz ablehnte. Hier wurde behauptet, daß Jobert nach Washington geschickt werde, weil es die »Höflichkeit« erforderte. Er werde jedoch einer Verbraucherorganisation nicht zustimmen können. Er wäre allein beauftragt, sich an einem Meinungsaustausch über »verschiedene Aspekte des Energieproblems« zu beteiligen – als wäre die Konferenz ein wissenschaftliches Kolloquium und nicht ein Forum, auf dem Entscheidungen getroffen werden sollten. Der erklärte Zweck der Teilnahme Frankreichs bestand darin, kein bestimmtes Ziel zu erreichen, sondern »es Europa zu erlauben, eine gemeinsame Haltung« einzunehmen. Nach Auffassung der Franzosen bedeutete das, daß Paris in der Europäischen Gemeinschaft sein Veto einlegen wollte, um damit die Ergebnisse der Konferenz zu torpedieren.

Die Richtung, in die Frankreich seine europäischen Partner drängen wollte, und das Ausmaß, in dem sich die französischen Auffassungen durchzusetzen begannen, zeigten sich in einem Beschluß des Ministerrats der Europäischen Gemeinschaft in Brüssel vom 5. Februar, dem Tage vor dem Beschluß des französischen Kabinetts (vielleicht war es die Bedingung, an die Jobert seine Teilnahme geknüpft hatte). Die neun Außenminister bestimmten den westdeutschen Außenminister Walter Scheel in seiner Eigenschaft als Präsident des Ministerrats und den Präsidenten der Kommission, François-Xavier Ortoli, zu den offiziellen Vertretern der Gemeinschaft. Sie wurden angewiesen, unter allen Umständen dafür zu sorgen, daß es zu keiner Konfrontation mit den Ölförderländern kam. Sie sollten sich gegen die Schaffung einer neuen ständigen Organisation der Verbraucherländer stellen und dafür einsetzen, daß sofort der Dialog mit den Ölförderländern aufgenommen würde. Schließlich sollten sie sich dafür einsetzen, daß alle energiepolitischen Fragen von den bereits vorhandenen internationalen Institutionen behandelt werden sollten.

Das war nach unserer Auffassung nicht der Zweck der Konferenz. Sie begann daher unter ungünstigen Vorzeichen.

Die Minister treffen zusammen

Die Energiekonferenz in Washington war ein ungewöhnliches Ereignis. Sie war eine Zusammenkunft von Verbündeten, aber man hatte doch den Eindruck, als stießen politische Gegner aufeinander. Sie war einberufen worden, um die Solidarität unter den Verbraucherländern weiter zu entwickeln, aber sie verlor sich in dem gleichen formelhaften Labyrinth, in dem der atlantische Dialog schon seit einem Jahr steckengeblieben war. Wieder sahen wir uns zu einer Konfrontation gezwungen, die wir nicht gesucht hatten. Wir wären nur zu gerne bereit gewesen, mit einem vereinten Europa im Geiste des Gebens und Nehmens umzugehen; es gab Raum genug für abweichende Meinungen. Aber die Herausforderung, vor die Jobert uns stellte, ging weit darüber hinaus. Er nahm das Energieproblem – wie vorher das Europa-Jahr – zum Vorwand, eine Identität für Europa zu schaffen, das sich unter französischer Führung in Opposition zu den Vereinigten Staaten stellen sollte. Die Franzosen bezeichneten unsere Initiative als den amerikanischen Versuch, den Einfluß der Vereinigten Staaten unter Ausnutzung der Energiekrise im atlantischen Raum zu verstärken, und bekämpften sie deshalb verbissen. Sie stellten die abwegige Behauptung auf, daß unsere Absicht sich deutlich daran zeige, daß wir Japan eingeladen hatten. Dieser Tatbestand war nach ihrer Vorstellung die Wiedergeburt der

Ideen, die den atlantischen Erklärungen zugrunde lagen, gegen die sie ein so leidenschaftliches Rückzugsgefecht geführt hatten.

Zweifellos waren wir bei beiden Initiativen von der Erkenntnis ausgegangen, daß die demokratischen Industrienationen vor gemeinsamen Problemen standen. Aber während das Europa-Jahr das moralische Bewußtsein stärken sollte, um uns in die Lage zu versetzen, mit Problemen fertigzuwerden, die noch in der Zukunft lagen, sollte die Energiekonferenz eine deutlich erkennbare und unmittelbar vor uns liegende Gefahr bekämpfen. Man konnte durchaus darüber diskutieren, welche Methoden bei Konsultationen angewendet werden sollten, wenn es sich um eine abstrakte Deklaration handelte, und es war auch nicht ganz unberechtigt, wenn man sich Sorgen darum machte, daß die Identität Europas durch eine Institutionalisierung der atlantischen Einheit verlorengehen könnte – auch wenn Jobert damals eine berechtigte theoretische Überlegung übermäßig strapaziert hat. Aber der Energiekrise konnte man nicht beikommen, wenn man versuchte, für einzelne Regionen verschiedene Lösungen zu finden. Es war keine theoretische Alternative, mit diesem Problem durch die Solidarität der Verbraucher fertigzuwerden; es war die einzig vernünftige Strategie zur Wiederherstellung der Ausgewogenheit auf dem Welt-Energiemarkt, was wahrscheinlich viel mehr im vitalen Interesse Europas (und Frankreichs) als im Interesse der Vereinigten Staaten lag.

In Vorträgen vor den Clubs der Universitäten von Harvard, Yale und Princeton erläuterte ich am 6. Februar unsere Absichten:

> Wir haben es für wichtig gehalten, daß die Nationen, die fünfundachtzig Prozent der Energie in der Welt verbrauchen und importieren, zuerst zusammenkommen, weil sie ein sehr großes gemeinsames Problem haben, das nur durch gemeinsame Bemühungen gelöst werden kann, das jedoch zum Ruin aller führen wird, wenn man versucht, auf einseitiger Basis damit fertig zu werden . . .
>
> Wenn jede Nation bei ihren Nachbarn betteln geht, dann wird sich ein Zusammenbruch der Weltwirtschaft nicht vermeiden lassen, und die ganze Struktur kooperativer weltweiter Beziehungen, die wir seit dem Kriege entwickelt haben, wird aufs äußerste gefährdet sein.

Das war das Thema unserer Gespräche mit den verschiedenen Außenministern, die am Wochenende um den 9. Februar zur Energiekonferenz nach Washington kamen. Ich hatte mich in den drei Wochen seit meiner Rückkehr aus Ägypten ununterbrochen mit den Vorbereitungen für diese Konferenz beschäftigt, wobei mir eine Gruppe von Kollegen geholfen hatte, der Finanzminister George P. Shultz, der Leiter der Bundesbehörde für finanzielle Rücklagen, Arthur Burns, der Leiter der Bundesenergiebehörde, William Simon und der Unterstaatssekretär für Sicherheitsfragen, William Donaldson.* Wir hatten ein Programm für

* Botschafter David Bruce nahm ebenfalls an der Konferenz teil. Eine Arbeitsgruppe unter Helmut Sonnenfeldt und Winston Lord, zu der auch Bill Donaldson, Arthur Hartman (2. Staatssekretär für europäische Angelegenheiten) und Charles Cooper als Vertreter des Stabes des Nationalen Sicherheitsrats gehörten, bereiteten die Arbeitspapiere vor, verfaßten die ersten Entwürfe für meine Reden und sorgten im übrigen für den möglichst reibungslosen Verlauf der Konferenz.

die Zusammenarbeit auf dem Energiesektor entworfen, in dem sieben Aufgabengebiete aufgeführt waren: Energiesparen, alternative Energiequellen, Forschung und Entwicklung, Verteilung der Reserven im Notfall, internationale Zusammenarbeit auf finanziellem Gebiet, Unterstützung der armen Entwicklungsländer und Beziehungen zwischen Verbraucherländern und Ölförderländern. Wir wollten den Verbrauchern den Rahmen für eine integrierte, wohl überlegte Strategie liefern und ihnen die Zuversicht geben, daß sie die Zukunft meistern könnten, wenn sie alle zusammenarbeiteten. Auf einer Planungssitzung im Januar hatte ich gesagt:

> Was wir tun müssen, ist, wir müssen dem Energieproblem seinen mysteriösen Charakter nehmen. Das heißt, wir müssen die Europäer und die Japaner mit den Tatsachen konfrontieren. Wenn wir ihnen zeigen können, daß sich die Situtation meistern läßt und gar nicht so schlecht ist, daß sie sich nicht um bilaterale Abschlüsse zu bemühen brauchen, daß die von uns vorgeschlagene Zusammenarbeit nur in ihrem eigenen Interesse liegt, dann werden wir bei diesem Unternehmen Erfolg haben.

Über diese Richtlinien hatte eine Delegation unter der Leitung von Donaldson vor der Konferenz in verschiedenen Hauptstädten mit den Konferenzteilnehmern gesprochen, und am Sonntag, dem 10. Februar, legten wir den Außenministern der wichtigsten Länder in einer Reihe bilateraler Gespräche eine noch mehr ins einzelne gehende Version unseres Planes vor.

Am Morgen frühstückte ich mit Walter Scheel, der als westdeutscher Außenminister und als Präsident des Ministerrats der Europäischen Gemeinschaft gekommen war. Ich sagte ihm, daß wir auf dieser Konferenz feststellen wollten, ob es die Möglichkeit für eine weltweite Zusammenarbeit gebe. Wir hätten kein Interesse an unklaren Ergebnissen und wollten es nicht zulassen, daß ein Scheitern mit schönen Reden verschleiert würde. Es wäre uns lieber, Meinungsverschiedenheiten klar auszusprechen und daraus die politischen Konsequenzen zu ziehen – eine milde Drohung, mit der ich sagen wollte, daß Unnachgiebigkeit diesmal nicht ohne Folgen bleiben würde. Scheel versuchte nicht, die Beschlüsse der Außenministerkonferenz in Brüssel zu verteidigen, machte Jobert dafür verantwortlich und sagte, man müßte Frankreich »etwas« dafür geben, daß es in der Gemeinschaft bliebe:

> Wenn wir die Lage in Europa betrachten, dann sehen wir uns in einer schwierigen Situation. Die Franzosen scheinen immer wieder so vorzugehen, daß es ihren eigenen Interessen am meisten schadet. Beispiele dafür sind ihre vom internationalen Geldmarkt unabhängige Festsetzung des Wechselkurses und die Versuche, sich besondere wirtschaftliche Vorteile zu verschaffen. Wir wissen, daß so etwas schließlich zum Chaos führen muß, und das versuchen wir zu verhindern. Es gibt in allen unseren Regierungen Politiker, denen viel daran gelegen ist, die Franzosen vom Austritt aus der Gemeinschaft abzuhalten.

Scheel fragte, ob wir das Ergebnis der Konferenz solange offen lassen könnten, bis die europäischen Außenminister wenige Tage später zusammengekommen wären. Sie könnten sich dann über eine gemeinsame Haltung einigen und den Eindruck erwecken, daß Europa selbst die Initiative ergriffen habe. So könnte das Prestige Frankreichs gewahrt werden. Ich sagte, das wäre nur möglich, wenn man uns mit absoluter Sicherheit zusagen könnte, daß sich die Gemeinschaft den Beschlüssen der Konferenz geschlossen beugen würde. Scheel erklärte mit traurigem Gesicht, daß er eine solche Garantie nicht geben könnte. Unter diesen Voraussetzungen konnte auch ich der Verschiebung einer Entscheidung nicht zustimmen.

Als nächstes mußte die Frage entschieden werden, ob eine ständige energiepolitische Verbraucherorganisation geschaffen werden sollte. Scheel erklärte, daß ein jeder Versuch in dieser Richtung auf die entschiedene Opposition Frankreichs stoßen werde. Ich antwortete, daß es mir gleichgültig wäre, unter welchem Etikett die Verbraucherländer zusammenarbeiten wollten. Wir würden uns nicht darüber streiten, ob ein Ausschuß, dessen Zusammentreten auf der Konferenz beschlossen würde, als eine vorläufige oder eine ständige Einrichtung betrachtet werde. Einige der sieben Aufgabengebiete, die wir bezeichnet hätten, könnten von schon bestehenden Institutionen bearbeitet werden, zum Beispiel mit Sicherheit die internationale finanzielle Sicherheit und die Hilfsmaßnahmen für die ärmeren Entwicklungsländer. Für andere Fragen müßten, da sie erst jetzt auf uns zukämen, besondere Arbeitsgruppen und Koordinierungsmechanismen geschaffen werden. Um auf die Empfindlichkeiten Frankreichs Rücksicht zu nehmen, könnten wir diese Gruppen im Rahmen der OECD bilden, der Frankreich schon angehörte, wenngleich Scheel und ich genau wußten, daß dies an der Substanz des Problems nichts ändern würde. Ich hatte den Eindruck, daß Scheel Washington nicht mit gebrochenem Herzen verlassen würde, wenn ich das ganze Projekt fallenließe. Aber zweifellos war er sich der Realitäten bewußt, auch wenn er sich von unseren Argumenten nicht ganz überzeugen ließ. Europa konnte auf die Solidarität der Verbraucher nicht verzichten, weil es sich sonst in einer neuen Notsituation nicht mehr würde helfen können. Auch Deutschland konnte es sich nicht erlauben, im Krisenfall allein und ohne fremde Hilfe vorzugehen, und deshalb würde es sich uns anschließen. Unser Gespräch zeigte mit aller Deutlichkeit, daß die Europäer die unter französischem Einfluß vor ein paar Tagen in Brüssel vereinbarte Haltung auf der Konferenz nicht mit großer Begeisterung unterstützen würden. Der Präsident des Ministerrats der Europäischen Gemeinschaft gab mir zu verstehen, daß seine Kollegen ihre Anweisungen nicht wörtlich befolgen wollten. Später würden sie versuchen, einen Rückzieher zu machen und Frankreich dafür zu entschädigen, daß sie das Richtige getan hatten.

Nach dem Frühstück mit Scheel sprach ich mit dem kanadischen Außenminister Mitchell Sharp, aß mit dem japanischen Außenminister Masayoshi Ohira zu Mittag, traf mich mit dem Präsidenten der Europäischen Kommission, Ortoli, und frühstückte am nächsten Morgen mit Alec Douglas-Home. Sie alle bestätigten mich in meiner Auffassung, daß wir uns auf sicherem Boden befanden. Wenn es zur entscheidenden Auseinandersetzung kam, würden wir nicht allein dastehen. Die Bereitwilligkeit zur Zusammenarbeit war allerdings nicht so groß, wie es nach unserer Ansicht nötig gewesen wäre. Alle Minister, mit denen ich sprach, fürchteten sich vor einer Konfrontation mit den Förderländern. Aus dem Ton ihrer Erklärungen hätte man niemals schließen können, daß die Ölproduzenten eben den Preis vervierfacht, die Produktion gedrosselt und ein selektives Embargo als politische Waffe eingesetzt hatten. Wenn nicht sie uns eine Konfrontation aufgezwungen hatten, dann brauchten wir einen neuen Wortschatz.

Mindestens ein Teil der vorgeschlagenen praktischen Maßnahmen – eine Aufteilung der Reserven im Notfall, Energiesparmaßnahmen und die gemeinsame Entwicklung alternativer Energiequellen – bedeuteten keine Risiken. Welche Haltung die Verbraucher auch gegenüber den Ölförderländern einnahmen, ob sie sich einschüchtern ließen oder Mut zeigten, mit solchen Schritten konnten sie ihre Verhandlungsposition nur stärken. Man erkannte jetzt auch, daß wir damit nicht nur die Interessen der Vereinigten Staaten im engeren Sinne zu verteidigen suchten – und das war Joberts Achillesferse. Wir waren von allen Konferenzteilnehmern diejenigen, die am ehesten ohne fremde Hilfe auskommen konnten. Aber eine Welt, in der viele Völker nur noch die Rolle von zerlumpten Bettlern übernehmen mußten, entsprach nicht unseren Vorstellungen von Fortschritt oder Gerechtigkeit.

Vor Konferenzbeginn am Morgen des 11. Februar führte ich noch zwei weitere wichtige Gespräche. Am Sonntagabend, dem 10. Februar um 19.00 Uhr traf ich meinen alten, guten Freund Helmut Schmidt, den damaligen deutschen Finanzminister. Ich hatte Schmidt vor zwanzig Jahren bei einem Besuch in der Bundesrepublick Deutschland kennengelernt, er war mir damals als vielversprechender junger Mann vorgestellt worden. Er machte bei dieser ersten Begegnung den Eindruck eines draufgängerischen, energischen und intelligenten Mannes auf mich. Seither hatten wir persönlichen Kontakt gehalten. Allmählich wurde mir klar, daß seine etwas arrogante Haltung der Abwehrmechanismus eines feinfühligen, fast sentimentalen Mannes war, der seinen Intellekt und seinen analytischen Verstand einsetzen mußte, um seine Emotionen im Zaum zu halten. Sehr bald entwickelte sich eine persönliche Freundschaft zwischen uns, die über die Aufgaben hinausging, die das Schicksal uns bestimmt hatte. Wir wußten beide, daß wir unserem Land nicht dienen konnten, indem wir unsere Auffassungen durchsetzten, sondern daß wir nach Lösungen suchen mußten, die wir mit gutem Gewissen vertreten konnten. Auf die Leistungen von Schmidt als Bundeskanzler werde ich an anderer Stelle zu sprechen kommen. An jenem Abend in Washington, als es draußen schon anfing dunkel zu werden, führten wir in meinem riesigen Büro im Außenministerium, das einen Ausblick auf das Lincoln Memorial bot, ein nachdenkliches Gespräch. Ich sagte Schmidt, ich fürchtete, die Autoritätskrise werde unter Umständen so deutlich erkennbar werden, daß uns auch kein außenpolitischer Kraftakt mehr vor der Katastrophe würde retten können. Ich könnte mir auch nicht vorstellen, daß irgendein anderes Land die Rolle übernahm, auf die wir unter Umständen verzichten mußten. Der Westen verhielte sich jetzt ähnlich wie die alten griechischen Stadtstaaten; jedes Land versuchte, seinen eigenen Willen durchzusetzen, und verausgabte damit seine geistige Substanz. Die morgen beginnende Konferenz werde zum Symbol unseres Untergangs oder, wenn wir Glück hatten, zum Wendepunkt werden.

Schmidt hatte im eigenen Land mit einer innenpolitischen Krise zu kämpfen, denn Bundeskanzler Willy Brandt glitten die Zügel allmählich aus der Hand. Doch Schmidt sprach davon kein Wort. Er sagte, er hätte genug von der Politik. Er stünde seit zwanzig Jahren im politischen Leben und gehörte seit fünf Jahren zur Führungsspitze. Es hätte für ihn keinen Sinn, weiterzumachen. Gegen Ende des Jahres werde er zurücktreten. Ich hatte schon früher ähnliche Gedanken von ihm gehört; offenbar konnte sich dieser kämpferische und doch so empfindsame Mann nur zwingen, weiterzumachen, wenn er von Zeit zu Zeit erklärte, daß er den einzigen Beruf an den Nagel hängen werde, der ihn wirklich interessierte. Ich appellierte an seine Zuverlässigkeit, die Eigenschaft, die, wie ich wußte, für ihn die wichtigste war, und sagte, daß jeder selbst beurteilen müßte, wo die Grenzen seiner Leistungsfähigkeit lägen und wann er den Anforderungen eines hohen Staatsamtes nicht mehr gewachsen war. Ich wollte ihm nur zu verstehen geben, wie beruhigend es war, zu wissen, daß eine so absolut vertrauenswürdige Persönlichkeit ein hohes Amt in der westlichen Welt innehatte.

Schmidt widersprach mir nicht. Er sagte, daß es ihm gleichgültig wäre, ob er bliebe oder ginge, denn er hätte nichts zu verlieren. Er stimmte unserer Beurteilung der Energiekrise grundsätzlich zu und war mit dem von uns vorgeschlagenen Programm durchaus einverstanden. Er werde sich nach Kräften dafür einsetzen. Da Außenminister Scheel als Präsident des Ministerrats der Europäischen Gemeinschaft auftreten müßte, würde Schmidt den Standpunkt der Bundesrepublik Deutschland vertreten. Er versicherte, er werde sich nicht an dem Versuch beteiligen, die europäischen Länder in die Opposition gegen die Vereinigten Staaten zu drängen, wenn das Problem, um das es hier ging, nur durch gemeinsame Anstrengungen zu lösen wäre. Er würde sich entschieden für ein Programm einsetzen, das unseren Absichten entspräche.

Mit der Unterstützung Deutschlands, Japans und Großbritanniens hatten wir auf dieser Konferenz die besseren Karten in der Hand. Mir wäre es jedoch lieber gewesen, Joberts Zustimmung zu gewinnen, um zu vermeiden, daß er überstimmt wurde. Er war am frühen Abend des 10. Februar fast unmittelbar nach Beendigung seiner Reise durch den Nahen Osten in Washington eingetroffen. Gegen 21.30 Uhr suchte ich ihn in der französischen Botschaft auf. Er war der einzige Außenminister, den ich nicht gebeten hatte, mich in meinem Büro aufzusuchen (wenn ich alle anderen in ihren Botschaften besucht hätte, hätte ich es zeitlich nicht schaffen können). Mein Besuch bei ihm sollte meinen guten Willen zum Ausdruck bringen. Trotz Joberts Ausfällen gegen uns auf der Reise durch den Nahen Osten war mir die französisch-amerikanische Freundschaft zu wertvoll, um einen Zusammenstoß zu riskieren, der niemandem etwas nützen konnte. Ich mochte Jobert auch persönlich sehr gern. Ich hatte die Regierungen der Präsidenten Kennedy und Johnson scharf kritisiert, weil sie es auf eine Konfrontation mit Frankreich anlegten und damit zur Polarisierung unserer Europa-Politik beitrugen. Nach meiner Überzeugung gab es bei einer solchen Kraftprobe keine Gewinner und keine Verlierer. Deshalb wollte ich eine letzte Anstrengung unternehmen, um zu einer Lösung zu kommen und, wenn sie mißlingen sollte, mich davon zu überzeugen, daß sich ein Konflikt nicht mehr vermeiden ließ.

Jobert hat später dramatische Schilderungen von unserer Begegnung verfaßt. Er behauptete, ich hätte ihm furchtbare Szenen gemacht, um die anderen Europäer zu terrorisieren. Schließlich wäre es ihm gelungen, mich zu zähmen; er hätte mir gesagt, daß solche Taktiken bei ihm nicht wirken würden. Angeblich hätte es mir die Sprache verschlagen, und wir hätten uns eine Zeitlang schweigend gegenüber gesessen, bis sich unsere Erregung gelegt habe.[2] Diese Geschichte ist typisch für Joberts romantische Phantasie. Vielleicht ist es unmöglich, den Hergang einer Begegnung, die ohne Zeugen stattgefunden hat, wahrheitsgemäß darzustellen, und Philosophen mögen erklären, daß es viele Wahrheiten gäbe, die sich nur aus der Perspektive der einzelnen Beteiligten erkennen ließen wie in dem japanischen Film *Rashomon*.

Aber wie auch immer, nach meiner Erinnerung ist die Begegnung ganz anders verlaufen. Als ich Jobert fragte, was ihn an der Energiekonferenz störte, erwiderte er einfach, »die amerikanische Führung«. Ich forderte ihn auf, nicht auf einen Kollisionskurs zu gehen, der für alle freien Völker katastrophale Folgen haben müßte, und sagte, daß die Vereinigten Staaten die Konferenz nicht einberufen hätten, um in der atlantischen Gemeinschaft eine führende Rolle zu übernehmen, sondern daß die Erdölkrise uns keine andere Möglichkeit ließe. Soweit es um formale Fragen ginge, würde ich alles tun, um Frankreich die Zustimmung psychologisch zu erleichtern. Ich würde zum Beispiel, wie ich schon Scheel gesagt hatte, bereit sein, einer energiepolitischen Aktionsgruppe im Rahmen der OECD zuzustimmen, wenn damit die französischen Vorbehalte gegen die Schaffung neuer Institutionen ausgeräumt werden könnten. Es käme jedoch auf die Substanz unserer Vorschläge an. Wir würden eine allgemeine Katastrophe heraufbeschwören, wenn jede Verbrauchernation auf sich selbst angewiesen bliebe.

Soweit ich mich erinnere, reagierte Jobert mit beißendem Sarkasmus auf meine Vorschläge. Er wäre gerne bereit, der OECD die Lösung energiepolitischer Probleme zu übertragen, aber nur im Rahmen der schon bestehenden Ausschüsse (wobei er genau wußte, daß damit nicht alle von uns angesprochenen Aufgabengebiete erfaßt waren). Frankreich werde eine Fortsetzung der Washingtoner Konferenz am Sitz der OECD in Paris begrüßen, könnte sich aber nicht im voraus verpflichten, daß diese Konferenz mit einem positiven Ergebnis zu Ende ging. (Mit anderen Worten, er behielt sich für Frankreich das Vetorecht vor.) Damit forderte mich Jobert praktisch auf, unsere energiepolitischen Pläne auf den Abfallhaufen zu werfen – und ihm dabei zu helfen. Wenn die Konferenz in Washington zu Ende ging, ohne zu einem Ergebnis zu kommen, dann war das Scheitern in Paris vorprogrammiert, falls sich die OECD überhaupt mit diesem Thema beschäftigen wollte. Seufzend beschwerte sich Jobert bei mir darüber, daß man ihm das Leben so schwer machte. Er stünde zwischen den sehr konkreten Problemen einer Konferenz und den Anforderungen, die sein schwer kranker Präsident an ihn stellte, mit denen er nicht ganz einverstanden wäre. Dafür hatte ich Verständnis. Aber ich konnte ihm nicht aus seinem innenpolitischen Dilemma heraushelfen, indem ich auf die von uns mit dieser Konferenz verfolgten Ziele verzichtete. So waren wir uns wenigstens in einem Punkt einig: Eine Kraftprobe ließ sich nicht mehr vermeiden.

Die Energiekonferenz in Washington

Taktisch befanden sich die Vereinigten Staaten in einer günstigen Position. Die wichtigsten Konferenzteilnehmer wollten Frankreich in seiner starren Haltung nicht unterstützen. Wir wußten aber noch nicht, ob sie sich geschlossen hinter ein vernünftiges, konkretes Programm stellen würden. Die Gefahr lag nicht darin, daß wir mit einem Scheitern der Konferenz rechnen mußten, sondern wir mußten fürchten, daß nur halbe Maßnahmen ergriffen würden. Nach der Eröffnungssitzung am 11. Februar sagte ich Al Haig:

> Die Franzosen sind isoliert, aber es kommt nicht zu dem, was geschehen sollte, zu einer gemeinsamen Aktion. Sie suchen alle nach Möglichkeiten, mit den arabischen Ölförder-Ländern ins Gespräch zu kommen, bevor sie wissen, was sie wollen. Sie sind nicht bereit, auf die Grundvoraussetzung einzugehen (die geschlossene Front der Verbraucher). Wir werden gerade so viel erreichen, daß wir den Schein wahren können. Aber es gibt hier kein strategisches Konzept.

Die Minister und Delegierten versammelten sich in dem heute so bezeichneten Loy Henderson Conference Room des Außenministeriums, einem geräumigen Saal im Erdgeschoß. Wir hatten die Delegierten der einzelnen Länder in alphabetischer Reihenfolge an einem langen rechteckigen Tisch Platz nehmen lassen. Die Minister saßen am Tisch, ihre Mitarbeiter unmittelbar hinter ihnen. In einer dritten Reihe saßen die Vertreter anderer Interessengruppen. Die amerikanische Delegation war wie üblich besonders groß. Jede interessierte Bundesbehörde hatte sich unbedingt vertreten lassen wollen, und außer der Bundespost gab es kaum eine, die nicht an den hier behandelten Problemen ein wesentliches Interesse zu haben behauptete. Als Gastgeber saß ich am Kopfende des Tisches neben Walter Scheel. Jedes Land wurde durch wenigstens zwei Minister vertreten. Gewöhnlich waren es der Außenminister und der Finanzminister (die Japaner hatten ihren Außenminister und den Minister für Wissenschaft und Technologie geschickt). Nur Jobert war allein. Pompidou war mit der Teilnahme des Finanzministers Valéry Giscard d'Estaing nicht einverstanden gewesen, um zu demonstrieren, daß er diese Konferenz nicht für besonders wichtig hielt. Außerdem herrschte zwischen ihm und seinem brillanten Finanzminister ein etwas gespanntes Verhältnis – vielleicht weil beide Männer Fachleute auf dem gleichen Gebiet waren und Giscard keinen Zweifel daran ließ, daß er damit rechnete, die Nachfolge seines kranken Regierungschefs anzutreten.

Ich eröffnete die Konferenz mit einer Erläuterung des Energieproblems, deren Inhalt meine Kollegen schon vorher zum Teil hatten durchsickern lassen. Ich zitierte meinen großen Vorgänger, Dean Acheson, der gesagt hatte, der Grund für das Scheitern von Konferenzen läge gewöhnlich darin, daß man »großen, mutige Entscheidungen erfordernden und anspruchsvollen Problemen ängstlich und verkrampft mit halben Maßnahmen begegnet«. Ich erklärte, daß die Vereinigten Staaten die Konferenz einberufen hätten, bevor sich die Positionen der Teilnehmer verhärtet hätten, und wir damit ein zentrales Anliegen verfolgten:

> Wir müssen das Energieproblem unter allen Umständen auf der Grundlage der Zusammenarbeit *aller* Nationen lösen. Täten wir das nicht, dann sehe sich die Welt durch eine Entwicklung bedroht, in der ein rücksichtsloser Konkurrenzkampf, autarkistische Bestrebungen, Rivalitäten und eine Wirtschaftsdepression ähnliche Folgen haben könnten wie in den dreißiger Jahren. Zum Glück läßt sich das Problem noch multilateral lösen: Die Politik der einzelnen Nationen ist noch in der Entwicklung begriffen, praktische Lösungen für das Energieproblem sind technisch durchführbar, und die Zusammenarbeit mit den Ölförder-Ländern steht uns politisch noch offen.

Dann legte ich der Versammlung das oben erläuterte Sieben-Punkte-Programm für die Zusammenarbeit der Verbraucherländer vor. Ich sprach von der Nützlichkeit des Dialogs mit den Erdölproduzenten, den alle meine Kollegen empfahlen. Aber ich betonte, daß sich dieser Dialog nach unserer Auffassung aus der Solidarität der Verbraucherländer entwickeln müßte und nicht an ihre Stelle treten könnte:

> Eine gut vorbereitete Konferenz der Produzenten und Verbraucher, auf der die Verbraucher als Gruppe oder einzeln keine selbstsüchtigen Ziele verfolgen, wird keinesfalls zu einer Konfrontation führen, sondern vielmehr die Grundlage für eine neue kooperative Beziehung schaffen, aber nur, wenn diese Konferenz sorgfältig vorbereitet wird – und wenn die Verbraucherländer vorher eine solide Basis für die Zusammenarbeit miteinander gelegt haben.

Unser großer Energiefachmann William Simon unterstützte meine Rede mit seinen Ausführungen. Er bemühte sich, der Energiekrise ihren Schrecken zu nehmen, indem er auf ihre Ursachen und die Maßnahmen einging, mit denen sie sich bewältigen ließ, und zeigte, daß die Lage zwar ernst war, sich aber im Lauf der Zeit normalisieren ließe, wenn die Verbraucherländer sich entschlossen, Informationen auszutauschen, gemeinsam neue Energiequellen zu entwickeln und Energie zu sparen. Dann kam Simon auf sein Lieblingsthema zu sprechen und sagte, daß es sogar im Interesse der Ölförder-Länder läge, den Ölpreis unter das gegenwärtige Niveau von elf Dollar pro Barrel zu senken – eine These, die ihn selbst wahrscheinlich mehr überzeugt hat als seine Zuhörer. Finanzminister George Shultz schlug gemeinsame Maßnahmen zur Überwindung der durch die hohen Ölpreise entstandenen finanziellen Schwierigkeiten vor. Kurz gesagt, die Vereinigten Staaten nahmen eine grundsätzlich optimistische Haltung ein. Wir waren überzeugt, daß die Verbraucherländer sich zwar in einer Krise befänden, aber ihr Schicksal noch selbst in die Hand nehmen könnten. Die schweren Erschütterungen auf dem Energiesektor wären nicht das Werk finsterer Kräfte, sondern die Folge von Umständen, die sich zum Besseren verändern ließen. Um dieses Ziel zu erreichen, dürfte man sich nicht dem Diktat der Erzeugerländer beugen, sondern müßte die wirtschaftlichen Voraussetzungen ändern, welche die Krise verursacht hatten.

Es wäre übertrieben, wenn ich behaupten wollte, daß die hier versammelten Minister sich dieser Auffassung uneingeschränkt angeschlossen hättten. Sie hätten wahrscheinlich lieber auf diese Konferenz verzichtet, oder, wenn das nicht möglich gewesen wäre, einen Kurs gesteuert, der weder eine Entscheidung brachte noch zu einem endgültigen Scheitern führte. Da ihnen jedoch ein konkretes Programm vorgelegt worden war, mußten sie dazu Stellung nehmen. Walter Scheel sprach in der für ihn charakteristischen eleganten Form für die Europäische Gemeinschaft. Aber seine Rede war alles andere als ein Aufruf zu gemeinsamem Handeln. Einerseits hatte ihn die Gemeinschaft beauftragt, sich der organisierten Zusammenarbeit der Verbraucherländer zu widersetzen, andererseits mußte er auf die Tatsache Rücksicht nehmen, daß die in Washington versammelten Minister unseren Auffassungen zustimmten und nicht bereit waren, in der Hauptstadt der Vereinigten Staaten amerikanische Vorschläge zum Scheitern zu bringen. Persönlich vertrat Scheel die gleiche Auffassung wie die anderen Außenminister. Er folgte daher meiner Empfehlung und vermied es, sich darauf festzulegen, ob die unter Umständen neu zu schaffenden Institutionen Dauereinrichtungen sein sollten oder nicht. Da es sich um ein ganz neues Problem handelte, brauchten wir zunächst besondere Arbeitsgruppen, die sich damit beschäftigen mußten. Wie lange sie tätig sein würden, hing davon ab, über welchen Zeitraum man sie wirklich brauchte, und nicht von irgendwelchen Durchführungsbestimmungen. Aber was Scheel, wenn auch nur andeutungsweise, sagte, war praktisch die Anerkennung unserer Forderungen nach der Solidarität der Verbraucher. Helmut Schmidt sprach für die Bundesrepublik Deutschland und verdeutlichte, was Scheel nur hatte vermuten lassen können.

Sir Alec Douglas Home stellte sich fast uneingeschränkt hinter unsere Initiative. Masayoshi Ohira vermied eine klare Stellungnahme und sprach sich sowohl für die Zusammenarbeit der Verbrauchernationen als auch für die Einberufung einer Konferenz aus, an der Verbraucher und Erzeuger teilnehmen sollten. In klassisch japanischer Weise drückte er sich so gewunden aus, daß ich Simon einen Zettel zusteckte, auf den ich geschrieben hatte: »Bill, haben Sie begriffen, was Ohira sagen will?« Simon, der zum erstenmal als Hauptbeteiligter an einer internationalen Konferenz teilnahm, beantwortete meine Frage mit der Notiz: »Ich bin nicht ganz sicher. Ich habe in diesen Dingen noch keine Erfahrung, aber ich glaube, er ist sehr entgegenkommend, und was die Zusammenarbeit betrifft, so sind seine Ausführungen ermutigend, *aber* sie wollen sich auch sehr energisch um bilaterale Kontakte bemühen.«

Daß die amerikanische Haltung eine solche Unterstützung fand, löste das nun folgende Feuerwerk aus. Es gehört zu den ungeschriebenen Gesetzen der Diplomatie, daß persönliche Beziehungen von offiziellen Meinungsverschiedenheiten nicht berührt werden dürfen. Der Diplomat vertritt die Interessen seines Landes und nicht seine persönlichen Auffassungen. Man erwartet von ihm, daß er sich nicht durch persönliche Sympathien oder Antipathien leiten läßt, sondern ausschließlich von der Staatsräson. In der Praxis läßt sich diese Haltung in dieser Absolutheit natürlich niemals erreichen. Man kann das subjektive Element nicht völlig ausschalten, aber es ist immerhin nützlich, sich um die Einhaltung dieser Regeln zu bemühen, denn sie garantieren dafür, daß die äußeren Formen auch in der Kontroverse gewahrt werden. Der höfliche Umgang miteinander erlaubt es, auf Kompromisse einzugehen und sogar den Forderungen der Gegenseite nachzugeben, ohne daß das Ego beteiligt wird, und damit den Weg zu einer Lösung des jeweiligen Problems zu ebnen. Doch Jobert war nicht in der Lage, das Sachliche vom Persönlichen zu trennen. Er konnte äußerst charmant und zuvorkommend sein, und sein beißender Humor war so unterhaltsam wie scharfsinnig. Aber wenn er anfing, seinen Auftritt zu genießen, besonders vor einer größeren Zuhörerschaft, dann verlor Jobert nur allzu leicht die Selbstbeherrschung. Mit sarkastischen Worten beschuldigte er Scheel, gegen die Anweisungen der Gemeinschaft verstoßen zu haben und daher auch nicht bevollmächtigt zu sein, eine solche Stellungnahme abzugeben. Er warf Schmidt Verrat vor – wahrscheinlich an Europa – und behauptete, daß er das Sprachrohr der Vereinigten Staaten wäre. Er selbst wäre gekommen, um die Einheit Europas zu retten, weil seine Kollegen die Einladung ohne Rücksicht auf Frankreich angenommen hätten. Nun spielte er sich als der Hüter des Mandats der Gemeinschaft auf und behauptete, die Befürchtungen, die ihn zu dieser Reise nach Washington veranlaßt hätten, wären bestätigt worden.

Mit den Vereinigten Staaten ging Jobert nicht zarter um. Er warf uns vor, eine schlecht vorbereitete, falsch konzipierte Konferenz einberufen zu haben, um den Vereinigten Staaten die Vorherrschaft zu sichern, nicht aber um das Energieproblem zu lösen. Er zitierte den demokratischen Senator Edmund Muskie, der die Politik der Nixon-Regierung kritisiert hatte. Jobert machte selbst keine Vorschläge. Er hatte weder eine Alternative noch einen Ergänzungsvorschlag anzubieten, und lehnte eine gemeinsame Energiepolitik in jeder Form ab. Sein einziges Ziel war, die Konferenz zu torpedieren. Offensichtlich war Frankreich entschlossen, seinen Energiebedarf im Rahmen bilateraler Geschäfte zu decken. Durch die Unterstützung radikaler Regime, besonders des Irak, wollten sich die Franzosen eine Ausnahmestellung sichern und versuchen, Europa in das gleiche Fahrwasser zu ziehen, und zwar auf dem Wege über einen europäisch-arabischen Dialog.

Das Schweigen seiner Kollegen am Tisch hätte Jobert deutlich zeigen müssen, daß er diesmal zu weit gegangen war.

Die eigentliche Arbeit auf jeder Konferenz beginnt gewöhnlich, wenn die Plenarsitzungen zu Ende gegangen sind. Dann wird in den meisten Fällen ein Schlußkommuniqué verfaßt, in dem man zum Ausdruck bringt, daß die Konferenzteilnehmer zu gemeinsamen Schlüssen gekommen sind. In fast jedem Fall gibt es ein besonderes Problem, an dem sich die widersprüchlichen Auffassungen ablesen lassen, und das damit zum Prüfstein der einander widersprechenden Positionen wird. Die Art der Lösung dieses Problems bestimmt den weiteren Verlauf der Konferenz, und anschließend klärt sich im allgemeinen auch die Gesamtlage. In diesem Fall ging es darum, ob eine Organisation geschaffen werden sollte, um die in unserem Vorschlag bezeichneten Aufgaben zu übernehmen (gleichgültig unter welchem Etikett).

Bevor es wegen dieser Frage zu einer Konfrontation kommen konnte, mußte sich die Europäische Gemeinschaft über ihre Haltung klar werden. Sie mußte entscheiden, ob Jobert oder Scheel mit der Interpretation ihres Mandats recht gehabt hatte. Es stand den Ministern auch frei, ihre Entscheidung nicht im Namen der Gemeinschaft, sondern als Vertreter einzelner souveräner Staaten zu treffen, was den größten Teil des Tages in Anspruch nehmen würde, an dem die Konferenz zu Ende gehen sollte, am Dienstag, dem 12. Februar. Man vereinbarte deshalb, die Konferenz um einen Tag zu verlängern – obwohl die britische Delegation so bald wie möglich nach Hause zurückkehren wollte, weil in Großbritannien zwei Wochen später die Parlamentswahlen stattfinden sollten.

Vor Beginn dieser Beratungen lud Nixon als Gastgeber die Konferenzteilnehmer zu dem obligatorischen offiziellen Essen ein. Das Jahr der schweren innenpolitischen Krisen war nicht spurlos an ihm vorübergegangen. Der Watergate-Skandal hatte ihn an den Rand der völligen Erschöpfung gebracht. Auf den meisten Pressekonferenzen wurde er erbarmungslos ins Kreuzverhör genommen und mußte zu den jeweils jüngsten Enthüllungen Stellung nehmen. Am 30. Januar, weniger als zwei Wochen vor Konferenzbeginn, hatte er am Schluß seiner Rede zur Lage der Nation wie aus dem Stegreif darum gebeten, das Amtsenthebungsverfahren zu beschleunigen, damit die normalen Regierungsgeschäfte wieder aufgenommen werden könnten – aber wahrscheinlich hatte er diesen Auftritt sehr sorgfältig vorbereitet. Er hegte vergebliche Hoffnungen, die sich allein aus Verfahrensgründen nicht erfüllen konnten. Seine Gegner waren entschlossen, die Demütigung des Präsidenten so lange wie möglich hinauszuziehen, und er selbst war nicht mehr in der Lage, Klarheit in den Wirrwarr des komplexen schmutzigen Geschehens zu bringen, das als Watergate-Affäre die Öffentlichkeit beunruhigte, um dieser schweren Prüfung ein Ende zu bereiten.

Die Energiekonferenz war für Nixon in dieser Lage eher eine lästige Störung als ein Anlaß zur Freude, was sie unter normalen Umständen hätte sein können. Ich berichtete ihm zweimal täglich über den Verlauf der Sitzungen. Was er mir dazu sagte, bewies, daß er klar erkannt hatte, worum es hier ging. Er war mit unserer Strategie durchaus einverstanden. Doch auf der anderen Seite fehlte das gewohnte Engagement, und man hatte den Eindruck, als sei er nur noch ein stummer Beobachter seiner eigenen Regierungstätigkeit als Präsident. In dieser Atmosphäre fürchteten wir, daß das Staatsdiner zu einer Katastrophe werden könnte. Zunächst wollte Nixon gar nicht daran teilnehmen oder wenigstens auf seine Tischrede verzichten. Noch am Nachmittag um 17.30

Uhr, zwei Stunden vor Beginn des Essens, sprach ich mit Nixon, Haig und Scowcroft und bat den Präsidenten dringend um eine kurze Ansprache.

Ohne eine Tischrede des Präsidenten wäre ein solches Essen eigentlich sinnlos gewesen. Gesellschaftliche Veranstaltungen für Teilnehmer an einer internationalen Konferenz sind oft sehr langweilig. Die gleichen Leute, die schon den ganzen Tag miteinander gerungen oder sich gegenseitig gelangweilt hatten, sitzen nun am Abend in der gleichen protokollarischen Rangordnung zusammen. Es wäre erstaunlich, wenn sie sich jetzt noch etwas Neues zu sagen hätten. Deshalb ist ein solches Ereignis in erster Linie eine Gelegenheit, dem Gastgeber seine Achtung zu bezeigen und ihm die Gelegenheit zu geben, den Gästen das zu sagen, was er für besonders wichtig hält. Nach langem Hin und Her erklärte sich Nixon endlich bereit, ein paar Worte zu sagen, weigerte sich aber, einen Trinkspruch auszubringen. Er behauptete, daß Sir Alec Douglas-Home der einzige Außenminister wäre, den er persönlich schätzte, und wenn das Protokoll es nicht zuließe, Home allein zuzutrinken, dann werde er auch mit keinem anderen Gast anstoßen. Ich empfahl ihm dringend, Scheel in seiner Eigenschaft als Präsidenten des Europarats anzuerkennen, aber Nixon wollte sich nicht festlegen. Als der Präsident schließlich aufstand, um zu sprechen, hatte ich keine Ahnung, was er sagen und wie er enden würde.

Doch Nixons improvisierte und seine widerwillig gehaltene Tischrede wurde zu dem Ereignis, das auf dieser Konferenz das größte Aufsehen erregte. Nur wenige von uns wußten, wie absurd Joberts Vorstellungen und auch vieler anderer Minister waren, daß diese Tischrede Teil eines wohl durchdachten Manövers wäre, mit dem er seine Zuhörer unter Druck setzen wollte. In Wirklichkeit war es eine für Nixon sehr charakteristische, spontane Rede und besonders bemerkenswert, weil er sie wirklich ganz allein verfaßt hatte. Mein einziger Beitrag bestand darin, daß ich Nixon gebeten hatte, jede Konfrontation zu vermeiden. Ich war der Auffassung, wir befänden uns taktisch im Vorteil und würden uns durchsetzen, so daß wir es nicht nötig hatten, die anderen Konferenzteilnehmer irgendwie unter Druck zu setzen. Nixon erklärte sich einverstanden, aber wie ich wußte, lebte er gern gefährlich. Auch auf dem Gipfel des Erfolgs hatte es ihm Freude gemacht, zu zeigen, wie nahe er an die Grenze dessen herangehen konnte, was er nach den von uns auf seine persönliche Anordnung angefertigten Denkschriften unbedingt vermeiden mußte. Immer wieder wagte er sich so nah an den Abgrund heran, den ich als gefährlich bezeichnet hatte, daß man nicht sagen konnte, ob meine Denkschrift von ihm als Warnung oder als Herausforderung aufgefaßt worden war – wahrscheinlich beides.

An diesem Abend war der Präsident wieder ganz er selbst. Er stieß keine Drohungen aus; im Gegenteil, er verzichtete ausdrücklich darauf. Unschuldig erklärte er, daß ihm nichts ferner läge, als das Energieproblem mit Sicherheitsfragen zu verknüpfen. Es wäre nicht seine Schuld – er schilderte damit nur die Wirklichkeit –, wenn er davon spräche, wie sehr der Kongreß ihn unter Druck gesetzt hätte, die überall auf der

Welt stationierten amerikanischen Streitkräfte abzuziehen, und zwar auch aus Europa:

In den letzten Jahren – und vielleicht hat sich diese Entwicklung in gewisser Weise auch als Folge unserer sehr unangenehmen Erfahrungen in Vietnam beschleunigt – müssen wir zunehmend isolationistische Tendenzen feststellen, und zwar nicht nur auf dem Gebiet der Sicherheit – denn diejenigen, die zum Beispiel glauben, daß wir unsere Streitkräfte aus Europa und im übrigen auch aus der ganzen übrigen Welt abziehen sollten, würden damit in Kauf nehmen, daß unsere Vertragsverpflichtungen gegenüber anderen Nationen im Fernen Osten und in Europa bedeutungslos werden –, sondern auch im Hinblick auf den Handel, wo es Leute gibt, die sich entschieden gegen unsere Initiativen auf dem Gebiet des Handels stellen und die sogar die Initiativen auf dem Gebiet der internationalen Währungen ablehnen, mit denen Sie alle vertraut sind.

Selbstverständlich erkärte er, er werde sich so lange wie möglich gegen alle isolationistischen Tendenzen wehren, aber er schulde es seinen Gästen, sie davor zu warnen, daß diese Kräfte in Amerika durch die europäische Einseitigkeit in der Energiefrage gestärkt werden und sogar seine Bemühungen scheitern lassen könnten:

Vielleicht ist es kurzfristig gesehen eine gute Politik, aber staatsmännisch und auf weite Sicht deshalb eine katastrophale Politik, denn wenn jede Nation praktisch ihren eigenen Weg geht, oder, wie ich mich ausgedrückt habe, ihr eigenes Geschäft eröffnet, dann wird folgendes dabei herauskommen: Die Energiepreise werden steigen, unsere Wirtschaft wird verfallen, und wir werden alle auseinandergetrieben werden ...

Ich glaube, daß es, wenn ich mich so ausdrücken darf, im »wohlverstandenen egoistischen Interesse« jeder Nation liegt, in Sicherheitsfragen zusammenzuarbeiten, im Handel zusammenzuarbeiten und in der Entwicklung unserer Energiequellen zusammenzuarbeiten sowie beim Kauf der Energie, die wir brauchen, um es zu ermöglichen, daß sich der große industrielle Komplex der freien Welt zu immer höheren Leistungen entwickelt.

Hier hatte Nixon – einer fatalistischen Augenblickseingebung folgend – das getan, was er zu Beginn seiner Ansprache bestritten hatte: Er verknüpfte die Sicherheitspolitik mit der Energiepolitik: »Sicherheit und wirtschaftliche Überlegungen sind unauflöslich miteinander verknüpft, und die Energie läßt sich von beidem nicht trennen.« Um mir schließlich die letzte Spannung zu nehmen, brachte Nixon am Schluß einen Toast auf Walter Scheel aus, wie ich es ihm geraten hatte – wenngleich er nur auf einem Umweg dazu kam. Er sagte, er habe daran gedacht, seinen Trinkspruch auf die Außenminister auszubringen, die schon Premierminister gewesen wären (das war die Verbeugung vor seinem Freund Alec Home), aber dann hätte er sich entschlossen, den Außenminister besonders zu ehren, der auch den Titel eines Präsidenten führte (den des Ministerrats der Europäischen Gemeinschaft) – und hier bemühte sich Nixon ganz bewußt, seinen Toast nicht mit den persönlichen Verdiensten des deutschen Außenministers zu verknüpfen.

Die Rede war eine beachtliche Leistung und hatte die gewünschte Wirkung. Alle Medien berichteten über die von Nixon zunächst bestrittene und dann bestätigte Verknüpfung, und zwar zum Teil zustimmend, besonders in Großbritannien. Andere, und zwar fast nur die französischen, deuteten die Worte des Präsidenten als Beweis für das Vormachtstreben der Vereinigten Staaten, dem man sich widersetzen müßte. Den Konferenzteilnehmern bewies die Rede, daß der von uns gemachte Vorschlag den Auffassungen des amerikanischen Präsidenten entsprach und nicht den persönlichen Neigungen seiner Untergebenen.

Auch jetzt noch wäre es für Jobert nicht schwierig gewesen, zu einem Kompromiß zu kommen; dadurch hätte er unsere Strategie leichter zum Scheitern bringen können als durch seine Unnachgiebigkeit. Die meisten Außenminister wären begeistert auf jeden Vorschlag eingegangen, der es ihnen ermöglicht hätte, das Gesicht zu wahren, auch wenn die Konferenz damit jede praktische Bedeutung verloren hätte. Doch Jobert entschloß sich, bis zum bitteren Ende zu kämpfen. Er lehnte die Schaffung jeder Verbraucherorganisation strikt ab. (Seine wirklichen Absichten zeigten sich wenige Wochen später, als er – vergeblich – eine europäische Gruppierung zur Behandlung des Energieproblems vorschlug, deren Hauptvorteil in seinen Augen darin gelegen haben muß, daß wir nicht dazugehörten.) Außerdem verwahrte er sich entschieden, die auf der Washingtoner Energiekonferenz begonnenen Gespräche in irgendeiner Form fortzusetzen.

So kam es am Dienstag, den 12. Februar, am zweiten Tag der Konferenz, zu einer Kraftprobe. Die Plenarsitzungen waren immer wieder unterbrochen worden, um den Teilnehmern Gelegenheit für Konsultationen zu geben. Die wichtigsten waren die Zusammenkünfte der Mitglieder der Europäischen Gemeinschaft. Die Vereinigten Staaten hielten sich möglichst im Hintergrund. Wir bemühten uns nach Kräften, es nicht zu einem französisch-amerikanischen Duell kommen zu lassen, das Jobert unter Umständen in die Lage versetzt hätte, seine Kollegen im Namen der europäischen Solidarität hinter sich zu bringen.

Um 11.45 Uhr kam Home zu mir ins Außenministerium, um mir das vorläufige Ergebnis der Beratungen der Europäer mitzuteilen. Die acht Länder widersetzten sich den Bemühungen Frankreichs, die Schaffung von Verbraucherorganisationen zu verhindern. Ihre größte Sorge bestand darin, daß wir, wenn sie fest blieben, uns auf einen bilateralen Kompromiß mit Frankreich einigen könnten. Das waren die traurigen Nachwehen der Periode, in der Jobert uns unter Ausschluß der Europäischen Gemeinschaft in bilaterale Gespräche über den atlantischen Dialog verwickelt hatte. Ich versicherte Home, daß solche Gespräche jetzt nicht stattfänden, und sagte ihm, daß wir ihn sofort verständigen würden, wenn Frankreich an uns herantreten sollte. Wir würden ohne die Zustimmung der Verbündeten, die zu uns gestanden hätten, keine Vereinbarungen treffen. Dann sagte ich ihm, daß es, wenn wir bis zum Schluß der Plenarsitzung nicht aus der Sackgasse herauskämen, nach meiner Ansicht das beste wäre, wenn Japan einen Vorschlag dazu machte, in welcher Form die Beratungen weitergeführt werden könnten. Darin läge für Frankreich keine so große Herausforderung und es würde dem Zusammenhalt der Europäischen Gemeinschaft weniger schaden, wenn die Europäer nicht selbst einen Vorschlag machten, gegen den Paris Einwände hätte oder der auf Anregung der Vereinigten Staaten erfolgte. Home sagte, daß er mit Ohira darüber sprechen werde.

Für 13.00 Uhr hatte ich die Außenminister zum Mittagessen eingeladen. Um meine Versöhnungsbereitschaft zu demonstrieren, setzte ich Jobert gegen jede protokollarische Regel rechts neben mich. Aber mit dieser Geste hatte ich nur einen Teilerfolg. Jobert verspätete sich, bat mich aber dann um ein Gespräch unter vier Augen. Wenn auch nur wenige unserer Kollegen davon gehört hatten (und dafür hatte Jobert gesorgt), so mußte diese Neuigkeit natürlich sofort die Runde machen. Offensichtlich hoffte Jobert, die Europäer in ihren Entschlüssen wankend zu machen. Deshalb sprach ich kurz mit Home und sagte ihm, daß wir unser Wort halten würden. Er teilte mir mit, daß Ohira sich bereit erklärt hatte, einen Vorschlag für die Fortsetzung der Beratungen nach der Konferenz einzubringen.

Um 16.00 Uhr führte ich ein vierzig Minuten dauerndes Gespräch mit Jobert. Wie schon so oft sagte er, er hoffte, ich hätte begriffen, daß seine Aggressivität den Anweisungen entspreche, die er erhalten hätte. Er persönlich neigte angeblich zu einer flexibleren Haltung. Er stimmte mir zu, als ich sagte, ein offener Bruch könnte allen Beteiligten nur schaden. Er wäre bereit, Pompidou im Sinne unseres Gesprächs vom vergangenen Samstagabend einen Kompromißvorschlag zu machen. In meinem Bericht an Nixon sagte ich zu Joberts Vorschlag:

> Sie wollen nicht, daß auf dieser Konferenz die Einrichtung einer für eine gewisse Zeit tätigen Organisation beschlossen wird, weil sie nicht wünschen, daß Washington dafür die Lorbeeren erntet ...
> Jetzt haben sie mir vorgeschlagen, in einem Monat in Paris eine Konferenz im Rahmen der OECD abzuhalten, um dort die Errichtung einer solchen Organisation zu beschließen, und sie haben sich bereit erklärt, in der Zwischenzeit vorläufige Beratungsgremien zu bilden.

Das bedeutete, daß Frankreich im Rahmen der OECD nicht von seinem Vetorecht Gebrauch machen, sondern die Errichtung einer Organisation unterstützen würde. Um seinen guten Willen zu beweisen, würde es sogar der Schaffung von Beratungsgremien zustimmen, die bis zum Beginn der OECD-Konferenz die Arbeit weiterführen könnten.

Das Angebot war verlockend, es konnte aber auch eine Falle sein. Erstens war die OECD eine sehr schwerfällige Einrichtung, und die Franzosen konnten sie, wenn sie uns Schwierigkeiten machen wollten, dazu mißbrauchen, gegen unsere Vorschläge einen Guerillakrieg zu führen. Die in der Zwischenzeit beschlossenen Maßnahmen ließen sich unter Umständen aufschieben. Im Lauf eines Monats könnten den europäischen Staaten, die sich jetzt geeinigt hatten, Bedenken kommen. Jetzt kam es darauf an, daß Frankreich und die Vereinigten Staaten sich in der Sache einigten. Früher hätten wir es versucht, aber nun hatten wir das Vertrauen verloren. Schließlich waren wir den gleichen Weg schon einmal gegangen. Wenn wir uns jetzt nur mit Frankreich einigten, bestand die Gefahr, daß wir die Zustimmung der anderen Europäer verloren.

Ich sagte Jobert, daß ich mit Nixon und den anderen Konferenzteilnehmern über seinen Vorschlag sprechen müßte. Wir würden nur darauf eingehen können, wenn er der Errichtung eines vorläufigen Gremiums zustimmte, das den Vorstellungen entspräche, die die anderen Konferenzteilnehmer entwickelt hätten; wenn Pompidou die feste Zusage machte, daß Frankreich auf der Konferenz unseren Vorschlägen zustimmte, das heißt, wenn die OECD-Konferenz in Paris in erster Linie zur Ratifizierung und Weiterentwicklung der in Washington getroffenen Entscheidungen führen sollte.

Zu meiner Überraschung erklärte sich Jobert bereit, Pompidou diese Vorschläge zu unterbreiten. Ich unterrichtete Home vom Inhalt meines Gesprächs und wiederholte mein Versprechen, im Einvernehmen mit Jobert nichts zu unternehmen, was die anderen Mitglieder der Europäischen Gemeinschaft nicht billigten (die genaue Umkehrung dessen, was mit der atlantischen Deklaration geschehen war).

Auf der nächsten Plenarsitzung um 17.00 Uhr wurden keine weiteren Beschlüsse gefaßt, denn alles wartete auf Joberts Entscheidung.

Gegen 18.30 Uhr nahm ich an der Feier zum neunzigsten Geburtstag von Alice Roosevelt Longworth, der Tochter Theodore Roosevelts, teil, einer lebendigen Zeugin der Geschichte unseres Jahrhunderts. Auch Nixon war erschienen, denn er bewunderte diese strenge, angriffslustige alte Dame und ihren beißenden Humor. Sie war in der ersten Woche nach Nixons Amtsantritt bei einem Essen im engsten Familienkreis im Weißen Haus meine Tischdame gewesen. Damals war ich noch ein unbekanntes Mitglied des Stabes des Weißen Hauses, hatte meine akademische Laufbahn aufgegeben, stand noch immer unter dem starken Eindruck der Nähe der politischen Macht und wußte nicht recht, wie ich mich hier zurechtfinden würde. Damals hatte sie gesagt: »Sie werden es noch zu etwas bringen. Sie haben dieses gewisse Augenzwinkern.«

Frau Longworth war eines der wenigen Mitglieder jenes alten Establishments aus den Oststaaten, das Nixon nicht als feindlich oder hochmütig empfand. Sie hatte keinen Ehrgeiz mehr und war weise. Sie erinnerte sich noch an die Zeit, als der Präsident in Washington jeden Nachmittag im Rock Creek Park ausreiten und viele Monate an der Oyster Bay zubringen konnte. Sie kannte die menschlichen Schwächen zu gut und war mit den bösen Intrigen Washingtons zu vertraut, um sich von Angebern beeindrucken zu lassen. Sie hatte die Vergänglichkeit des äußeren Ruhmes erfahren und wußte, was es bedeutete, Charakter zu haben. Auf dem Gipfel meiner politischen Laufbahn hat sie mir gesagt, der Tag werde kommen, an dem ich zurücktreten müßte, und die Bewährungsprobe für mich werde darin bestehen, wie ich mich zu meinen Nachfolgern einstellte – nicht an der Öffentlichkeit, sondern in meinem eigenen Inneren. Würde ich Mitleid mit ihnen haben, wenn sie in Schwierigkeiten gerieten, oder würde ich mich an ihrem Unglück weiden? Sie gestand mir, daß sie und ihr Vater diese Probe während der Amtszeit des Präsidenten Taft nicht bestanden hätten.

Ich bin Alice Longworth regelmäßig in den Häusern zahlreicher Freunde begegnet, und sie hat mich ein paarmal zum Essen eingeladen. Sie hielt noch hof in ihrem altmodischen Haus an der Massachusetts Avenue. Diese feingliedrige alte Dame mit dem schütteren grauen Haar schien mir besser mit den jüngsten Entwicklungen vertraut zu sein und ein zutreffenderes Urteil zu besitzen als die meisten Kollegen, mit denen ich den Tag zugebracht hatte. Wir hatten uns sehr selbstsicher über die revolutionären Veränderungen unterhalten, die wir in unserer Zeit erlebten, und davon gesprochen, wie notwendig es sei, all diesen Herausforderungen gerecht zu werden. Aber wenn ich an die heute lebenden führenden Persönlichkeiten dachte, dann konnte ich mir nicht vorstellen, daß einer von ihnen mit der gleichen Würde alt werden könnte wie Alice Longworth. Ihnen fehlte die innere Sicherheit, um ganz nur sie selbst zu sein. Welcher politische Führer würde einen noch beeindrucken, wenn er auf die Macht verzichten müßte, über die er jetzt verfügte? Wie viele von ihnen würden ein Scheitern oder den Verlust ihres Amtes hinnehmen, ohne das Selbstvertrauen zu verlieren? Und wenn sie das Scheitern fürchteten, wie konnten sie dann Erfolg haben? Würden sie es wagen, die gewohnten Bahnen zu verlassen – das wichtigste Erfordernis bei revolutionären Ereignissen – und sich über die Konventionen zu stellen, mit denen sie gefühlsmäßig verbunden waren?

Schon wenige Minuten nach meiner Rückkehr ins Außenministerium hatte mich der Alltag wieder. Sir Alec Douglas-Home, der Außenminister, der in seiner Art Alice Longworth am nächsten kam, suchte mich auf und teilte mir mit, zu welchem Ergebnis die europäischen Konferenzteilnehmer bei ihren Beratungen gekommen waren. Er sagte, alle Europäer wären in ihrer Haltung gegenüber Frankreich fest geblieben und entschlossen, eine Nachfolgekonferenz einzuberufen. Ein Scheitern wollten sie auf keinen Fall hinnehmen. Doch Jobert wehrte sich entschieden dagegen, irgendwelche Beratungsgremien einzusetzen. Dagegen wären seine Kollegen bereit, in der Plenarsitzung zu erklären, daß sie sich darüber geeinigt hätten, offizielle Vertreter für die Nachfolgekonferenz zu ernennen. Frankreich könnte sich diesem Beschluß entweder anschließen oder sich die Entscheidung für einen späteren Zeitpunkt vorbehalten. Home teilte mir noch mit, daß Jobert nach Paris telegrafiert und um Anweisungen gebeten habe. Er warnte mich und sagte, daß wir uns nicht mit verwaschenen, unklaren Formulierungen zufriedengeben dürften. Da er meine gaullistischen Neigungen kannte, bat er mich dringend, gegenüber Jobert fest zu bleiben. Ich versicherte ihm noch einmal, daß ich über die vereinbarten Positionen nicht hinausgehen und mich mit ihm in Verbindung setzen würde, bevor ich etwas unternähme.

Aber die Befürchtungen und Hoffnungen von Home erfüllten sich nicht. Jobert erklärte, er hätte sich seine Anweisungen noch einmal bestätigen lassen. Pompidou lehnte den Kompromiß ab, über den ich mit Jobert gesprochen hatte. Er habe es Jobert nicht erlaubt, sich mit der Einsetzung der von den Europäern vorgeschlagenen Beratungsgremien einverstanden zu erklären. Es blieb uns nichts anderes übrig, als auf der Plenarsitzung aus dieser Sackgasse herauszukommen.

Die Konferenzteilnehmer versammelten sich am Mittwochvormittag, dem 13. Februar, um 9.50 Uhr. Eine Arbeitsgruppe hatte den Entwurf eines Kommuniqués verfaßt, in dem erklärt wurde, die Energiekrise sei ein globales Problem, und keine Nation dürfte hoffen, ihm ausweichen zu können. Der Entwurf bestätigte die »Notwendigkeit eines umfassenden Aktionsprogramms mit kooperativen Maßnahmen«. Dann wurden die sieben Aufgabengebiete, die ich in meiner Eröffnungsrede genannt hatte, der besonderen Aufmerksamkeit der Teilnehmer empfohlen. Um sich mit ihnen zu beschäftigen, schlug das Kommuniqué die Bildung einer Gruppe unter der Leitung höherer Beamter vor, die mit einem ständigen Mitarbeiterstab die Durchführung der notwendigen Beschlüsse koordinieren sollten.

Ich beschloß, an diesem Vormittag zwei Plenarsitzungen abzuhalten. In der ersten sollten die Prinzipien behandelt werden, die dem Kommuniqué zugrunde lagen, und in der zweiten sollte der Text des Kommuniqués genehmigt werden. Bei diesem Verfahren wurde der Eindruck vermieden, daß die Vereinigten Staaten die Annahme des Kommuniqués erzwungen hätten. Außerdem verhinderten wir auf diese Weise ein langes Feilschen um die richtige Ausdrucksweise, das die ganze Sache erheblich hätte verzögern können. Für den Fall, daß wir doch noch auf überraschenden Widerstand stießen, ließen sich Unstimmigkeiten während der zweiten Sitzung aus dem Weg räumen.

Ich hatte meinen langjährigen und zuverlässigen Freund, den norwegischen Außenminister Knut Frydenlund, gebeten, den theoretischen Teil des Kommuniqués vorzutragen. Ich hielt diesen Weg für richtig, weil er ein Land vertrat, das nicht zur Europäischen Gemeinschaft gehörte, und deshalb nicht an die Anweisungen der Gemeinschaft gebunden war. Der japanische Außenminister Ohira hatte sich schon bereit erklärt, den Vorschlag zur Bildung der Nachfolgeinstitutionen vorzulegen. Um der Konfrontation vorzubeugen, sollte jeder Außenminister die Gelegenheit erhalten, sich zu äußern – obwohl alle wußten, welches die entscheidenden Reden sein würden. Ich legte die Reihenfolge der Redner so fest, daß mein Nachbar zur Linken als erster sprach und anschließend jeder einzelne nach der Sitzordnung aufgerufen wurde. Diese Folge bot den Vorteil, daß Jobert erst sprechen konnte, nachdem Frydenlund und Ohira ihre Anträge gestellt hatten. Ein Vorsitzender, der es in einer Konferenz nur mit einem Gegner zu tun hat, kann sich eine solche Taktik leisten.

Zunächst lief alles wie geplant. Frydenlund bewährte sich glänzend und versteckte seinen scharfen analytischen Verstand hinter einer Fassade onkelhafter Liebenswürdigkeit. Erst als Ohira an der Reihe war, wurde die Lage bedenklich. Der japanische Außenminister gab eine längere Erklärung ab. Aber leider waren seine Ausführungen fast unverständlich. Er war zu sehr der geschliffene Japaner, um sich in einer Situation, die auf eine Konfrontation zusteuerte, zu einer eindeutigen Haltung zu bekennen. Er behandelte das Thema vielmehr auf typisch japanische Art, erläuterte ausführlich beide Standpunkte und ließ nur andeutungsweise erkennen, daß er unserer Richtung den Vorzug gab. Mit seiner taktvollen Haltung wollte er jede Konfrontation vermeiden, und in den Ohren eines Uneingeweihten klangen seine Worte so, als wäre die Haltung der Franzosen ebenso zu rechtfertigen wie unsere. Niemand konnte daraus ableiten, wofür er sich entscheiden sollte, was sich auch in den überraschten Gesichtern besonders derjenigen ausdrückte, die mit einem Durchbruch gerechnet hatten.

Alec Douglas-Home rettete die Situation. Mit der kühlen Unerschrockenheit, dem Erbe einer über Jahrhunderte zurückgehenden aristokratischen Ahnenreihe, ergriff er unmittelbar nach Ohira das Wort. Er begann mit den Worten: »Wenn ich den ehrenwerten Außenminister von Japan richtig verstanden habe . . .« und erläuterte dann den Standpunkt, auf den wir uns geeinigt hatten, in einer Weise, die kaum noch daran erinnerte, was Ohira gemeint, geschweige denn gesagt hatte. Ohira sah den einzigen kultivierten Kollegen in dieser Versammlung grobschlächtiger Barbaren mit strahlendem Lächeln an und erklärte, Home habe ihn in der Tat ganz richtig verstanden. Er durfte stolz sein, denn er hatte mit seiner Rede und mit japanischem Geschick das Eis gebrochen.

Dann mußte die Versammlung noch eine bissige, aggressive Rede Joberts über sich ergehen lassen, mit der er sowohl seine europäischen Partner und besonders Schmidt als auch die Vereinigten Staaten angriff. Doch um 11.40 Uhr hatte man sich über die Grundsätze geeinigt.

Um 12.36 Uhr versammelten sich die Kongreßteilnehmer zur zweiten Plenarsitzung, um über das Kommuniqué zu beraten. Der Text des Entwurfs wurde ohne Korrektur angenommen, nur Frankreich war mit den Durchführungsbestimmungen nicht einverstanden, in denen die Aufgabengebiete für die Zusammenarbeit der Verbraucherländer und die dafür zu schaffenden Nachfolgeorganisationen behandelt wurden.

Wir hatten einen großen Teil unserer Absichten verwirklichen können, und es war uns gelungen, eine Verbraucherorganisation zu schaffen. Sie mußte zwar keine besonders sensationellen Aufgaben übernehmen, und es war nicht schwer, die Verbraucherländer zur Zusammenarbeit auf Gebieten zu bewegen, wo sie keine Konfrontation riskierten, wie etwa beim Energiesparen, beim Anlegen gemeinsamer Reserven und bei der Entwicklung neuer Energiequellen. Aber alle diese Bemühungen würden gemeinsam ihre Verhandlungsposition gegenüber den Ölförder-Ländern stärken. Einige verneinten allerdings, daß dies ihre Absicht wäre, und glaubten das sogar angesichts der Befürchtungen, die sie hegten. Aber die Wirklichkeit ist mehr als das, was die Leute darüber sagen, und als die Internationale Energieagentur noch im Lauf des Jahres geschaffen wurde, förderte sie den Zusammenhalt der demokratischen Industrienationen auf dem Energiesektor und stärkte damit die Verhandlungsposition der Verbraucherländer.

In gehobener Stimmung rief ich alle Mitglieder der amerikanischen Verhandlungsdelegation an und dankte ihnen für ihre Mitarbeit. Sie hatten die Konferenz gewissenhaft vorbereitet und ihre Aufgaben in vorbildlicher Weise erfüllt. Innerhalb des Organisationsausschusses, dem Shultz, Burns, Simon, Bruce und ich angehört hatten, war es nicht zu den üblichen bürokratischen Plänkeleien gekommen. Diese Gruppe hatte der Konferenz ihren konzeptionellen Rahmen gegeben und unsere Taktik von Tag zu Tag festgelegt. Die weiter oben erwähnte Arbeitsgruppe hatte die Texte entworfen. Diese pflichtbewußten Beamten hatten dafür gesorgt, daß die amerikanische Delegation am besten vorbereitet war und daß die Konferenz – im Gegensatz zu dem, was Jobert daran auszusetzen hatte – eine der produktivsten und effektivsten war, an die ich mich erinnern kann.

Vor hundert Jahren wäre die Sache damit erledigt gewesen. Aber heute gibt es einen Schiedsrichter, der bei internationalen Ereignissen dem Sieger den Lorbeer überreicht: Die Medien folgen ihren eigenen Zwängen und sprechen das Urteil über die Bedeutung des Erreichten. Der Diplomat gilt als voreingenommen. Die Journalisten übernehmen die Rolle der Geschworenen und des Richters und entscheiden, was die Öffentlichkeit hört oder liest. Naturgemäß interessieren sie sich mehr für das Drama des Augenblicks als für seine Auswirkungen in der Zukunft, die sie meist skeptisch oder zynisch beurteilen. Mit anderen Worten, kein internationales Treffen ist wirklich vorüber, bevor die Medien nicht dazu Stellung genommen haben. Deshalb waren alle Hauptbeteiligten der Washingtoner Konferenz gezwungen, noch einmal auf die Bühne zu kommen, ihre Rolle im Drama zu interpretieren, ihre Vorstellungen zu erläutern und zu versuchen, künftige Ereignisse zu beeinflussen, indem sie die gegenwärtigen deuteten. Deswegen gehören die von Jobert und mir am Nachmittag gegebenen Pressekonferenzen als letzter Akt zu der Konferenz von Washington. (Natürlich haben auch andere Delegationen die Presse ihrer Länder unterrichtet, aber sie wurden weniger beachtet und legten auch keinen besonderen Wert darauf, denn sie wollten kontroverse Standpunkte ausgleichen und sich durch keine allzu deutlichen Stellungnahmen festlegen.)

Ich ließ Jobert den Vortritt, und zwar nicht nur aus Höflichkeit, sondern um mit meinen Erklärungen auf seine Stellungnahme eingehen zu können. Ich vermutete, daß er sich besonders mit den augenblicklich bestehenden Meinungsverschiedenheiten beschäftigen würde – zum Beweis der Richtigkeit meiner These, daß nur die Zusammenarbeit zum Erfolg führen könnte. Jobert erkannte meine Absichten sehr gut, aber er hatte keine Wahl, denn die Uhren in Europa waren denen in Washington um sechs Stunden voraus, und er mußte sofort etwas sagen oder ganz darauf verzichten. So äußerte er sich in denkbar bissiger Form und behauptete, daß die Energiekonferenz in Washington nichts Wesentliches geleistet hätte. Sie wäre ein amerikanischer Schachzug gewesen und hätte den Vereinigten Staaten die Vorherrschaft in Europa sichern sollen:

> Ich glaube, die Schlagzeilen, die auf diese Angelegenheit verschwendet worden sind, waren zu groß. Aus unserer Sicht ist es eine zweitrangige Konferenz gewesen, nachlässig vorbereitet und sogar nicht einmal sehr sorgfältig konzipiert, denn bei Beginn ließ sich noch nicht erkennen, welchen Grundvorstellungen sie folgen sollte. Viele schriftliche Unterlagen mußten nachgereicht werden ... (Augenscheinlich)

war es auch in gewisser Weise ein innenpolitisches Unternehmen zugunsten der Vereinigten Staaten – bewußt oder unbewußt, das weiß ich nicht – und ... das Energieproblem war vor allem ein Vorwand.

Er wiederholte, was er schon in Bagdad als gegen mich gerichtete Spitze gesagt hatte: Die Konferenz in Washington wäre nicht der Wiener Kongreß. Mit anderen Worten, sie würde keine historischen Auswirkungen haben. Er behauptete noch einmal, ursprünglich hätte er sich nicht an dieser Konferenz beteiligen wollen, habe aber dem Drängen seiner europäischen Partner widerwillig nachgegeben, um ihnen (und nicht etwa den Vereinigten Staaten) seinen guten Willen zu beweisen. Er wäre nach Washington gereist, weil man sich vorher auf eine bestimmte Haltung geeinigt hätte:

> Aber da sie wünschten, daß ich sie begleitete, obwohl sie die Vorbehalte der französischen Regierung gegen diese Konferenz kannten, erklärte ich mich damit einverstanden für den Fall, daß sie so freundlich wären, eine Vereinbarung mit mir zu unterzeichnen, die augenscheinlich alle Beteiligten befriedigt.

Eine nicht besonders feine Art zu behaupten, daß seine europäischen Kollegen ihn verraten und sich nicht an das Mandat der Europäischen Gemeinschaft gehalten hätten. Allerdings erklärte er nicht, worin ein Verstoß gegen die Absichten der Europäischen Gemeinschaft liegen könnte, wenn seine acht europäischen Kollegen ihre Stimme gegen ihn abgaben. Er betrachtete die Abstimmung auch nicht als endgültig: »Einige Leute haben von Emotionen und nicht von Vernunft gesprochen. Wenn sie wieder zu Hause sind, werden sie vielleicht erkennen, worin der Unterschied zwischen Emotionen und Vernunft liegt.«

Jobert machte Helmut Schmidt persönlich für dieses Ergebnis verantwortlich und warf ihm vor, daß er sich gegen Europa und für Amerika entschieden habe – als bedeutete die Zustimmung zu amerikanischen Vorstellungen die Verleugnung europäischer Interessen. Und da er schon einmal dabei war, die Kontroverse auf die persönliche Ebene zu verlegen, folgte ein gegen mich gerichteter Seitenhieb. Er erhob Einwände gegen einen Zeitungsartikel, der Parallelen zwischen seinem und meinem Leben gezogen hatte, weil wir beide im Ausland geboren waren – er in Marokko – und beide erst als junge Männer in das Land gekommen wären, das wir jetzt vertraten. Jobert wollte von solchen Vergleichen nichts wissen. Er wäre Franzose, aber ich wäre kein richtiger Amerikaner: »Sie sehen, wie die Amerikaner die Dinge betrachten. Ich glaube, unsere Zuhörer wissen ganz einfach, daß ich zwar in Marokko geboren, aber immer Franzose gewesen bin.«

Nachsicht ist nicht meine starke Seite. In diesem Fall mußte ich sie üben, wenn ich unserer Sache nicht schaden sollte. Was wir erreicht hatten, mußte über viele Jahre hinaus im Geiste der freundschaftlichen Zusammenarbeit gefördert werden, und zwar, wie wir hofften, eines Tages auch mit Beteiligung Frankreichs. Es lag in Joberts Interesse, die Bedeutung der Konferenz herunterzuspielen; es lag in unserem Interesse, die Bedeutung der Kontroverse herunterzuspielen. Seine Strategie stellte die gegenwärtige Lage in den Vordergrund; mit unserer Strategie suchten wir die Zukunft auf längere Sicht zu gestalten. Deshalb eröffnete ich meine Pressekonferenz in versöhnlichem Ton:

> Diese Konferenz gründete sich ... auf die Annahme, auf unsere Überzeugung, daß die Welt vor einem Problem stand, das – wenigstens in den Dimensionen, mit denen wir es zu tun haben – überraschend über sie hereingebrochen war. Angesichts der augenscheinlichen Versorgungsmängel bestand die Neigung, in Panik zu geraten und zu glauben, wir könnten unser Schicksal nicht mehr selbst bestimmen. Das lag zum Teil an bestimmten Informationslücken.
>
> Zu diesen Versorgungsengpässen kam Ende Dezember das ernste Problem der rapiden Preissteigerungen.
>
> Die Vereinigten Staaten sind der Auffassung, daß sich die Schwierigkeiten, die durch diese beiden Phänomene entstanden sind – die Nachfrage, die wenigstens zeitweilig größer war als das Angebot, und der rapide Preisanstieg –, nur auf globaler Basis und durch multilaterale Maßnahmen gelöst werden können.
>
> Wir vertreten diese Auffassung nicht, um damit eine bestimmte Theorie von der Organisation der Welt zu rechtfertigen. Wir haben die Schaffung von Institutionen nicht empfohlen, weil wir unbedingt solche Institutionen errichten wollen. Wir waren und sind noch heute davon überzeugt, daß dies ein weltweites Problem ist, das nicht durch Einzelaktionen gelöst werden kann. Es ist vielmehr ein Problem, an dem sich so deutlich wie kaum irgendwo erkennen läßt, daß das allgemeine Interesse mit dem individuellen Interesse identisch ist ...

Ich weigerte mich, den Köder zu nehmen, den Jobert mir hingeworfen hatte, und erklärte, daß die Meinungsverschiedenheiten mit Frankreich ein vorübergehendes Phänomen wären und die atlantische Gemeinschaft nicht in Gefahr wäre:

> Die Vereinigten Staaten betrachten die atlantischen Beziehungen als Angelpunkt ihrer Außenpolitik. Wir haben uns in den vergangenen Jahren darum bemüht, diese Beziehungen zu stärken.
>
> Die Tatsache, daß es zwischen uns und Frankreich Meinungsverschiedenheiten darüber gibt, wie diese atlantischen Beziehungen gestärkt werden sollten, darf nicht darüber hinwegtäuschen, welche zentrale Bedeutung wir diesen Beziehungen beimessen oder daß wir anerkennen, wie lebenswichtig die Freundschaft zu allen europäischen Ländern einschließlich Frankreichs für die Sicherheit aller Nationen des atlantischen Bündnisses ist ...

Nach meiner Auffassung wären die demokratischen Industrienationen nicht mehr in der Lage, ihren inneren Zusammenhalt zu wahren oder ihre Beziehungen zueinander zu festigen, wenn die Öffentlichkeit in diesen Ländern nicht den Eindruck hätte, daß alles getan würde, um der neuen wirtschaftlichen Herausforderung wirksam zu begegnen. Eine Politik, mit der jeder sich nur um die eigenen nationalen Belange kümmert in der Hoffnung, die gegenwärtige Krise ohne unmittelbaren Schaden zu überstehen, mußte scheitern, denn sie würde das Vertrauen zu den demokratischen Institutionen schwächen, die Regierungen demoralisieren und die politischen Bindungen lockern, von denen die Sicherheit des Westens abhing. Neben diesen großen Aufgaben waren die Streitigkeiten zwischen Frankreich und den Vereinigten Staaten kleinlich und sogar unwürdig. Ich hielt es für unsere Pflicht, so bald wie möglich einen Schlußstrich darunter zu ziehen.

Die Energiekonferenz in Washington leistete dazu ihren Beitrag. Zu Beginn meines Gesprächs mit Ohira hatte der japanische Botschafter Takeshi Yasukawa gesagt, daß, wenn diese Konferenz nicht scheiterte, man sie als einen Erfolg betrachten müßte. Ich widersprach ihm: Wenn sie kein Erfolg war, dann müßte man sie als gescheitert ansehen. Wie bei manchen Wortspielen, so kam auch in diesem eine bestimmte Haltung zum Ausdruck. Das Scheitern war einfach festzustellen, aber es war nicht so leicht zu bestimmen, was man als Erfolg ansehen durfte. Auf taktischer Ebene war uns einiges gelungen. Wir hatten eine Konferenz, an der sich dreizehn Nationen beteiligten, zu einem Abschluß gebracht, den zu akzeptieren die anderen Teilnehmer sich zunächst gescheut hatten, weil sie fürchteten, die Ölförder-Länder zu verärgern. Im Lauf des folgenden Jahres brachten die Demokratien die Schlüsselelemente der von uns entwickelten Strategie systematisch zur Wirkung: das Energiesparen, die finanzielle Absicherung, die technische Zusammenarbeit, die Anlage gemeinsamer Reserven für den Notfall und die Unterstützung der Entwicklungsländer. Trotz mancher Bedenken hatte die Konferenz eine Verbraucherorganisation geschaffen und ihr Aufgaben übertragen, welche die Verbraucherländer auf die Dauer stärken mußten. Die Internationale Energieagentur hat sich bewährt und ist bis zum heutigen Tage diejenige Einrichtung, welche die Solidarität unter den demokratischen Industriestaaten auf dem Energiesektor garantiert.

In den folgenden Jahren hat sich die Energieversorgungslage wesentlich gebessert, und das haben wir zum Teil der zunehmenden Solidarität der Verbraucherländer zu verdanken. Auch die Weltmarktlage auf dem Ölsektor ist stabiler geworden. In den auf den Schock von 1973 folgenden fünf Jahren hat es keine dramatischen Ölpreissteigerungen mehr gegeben. Von 1974 bis einschließlich 1978 ist der Ölpreis prozentual unter der Inflationsrate geblieben. Der reale Preis für Öl ist während dieses Zeitraums um etwa fünfundzwanzig Prozent *gesunken*.[3] Erst der 1978/1970 erfolgte Umsturz im Iran, der einen Verlust von vier Millionen Barrels iranischen Öls pro Tag mit sich brachte, setzte eine neue Preisspirale in Gang, die zu dem Zeitpunkt, da ich dieses schreibe, zum Stillstand gekommen zu sein scheint, und zwar zum Teil als Folge einer Intensivierung der von uns 1974 vorgeschlagenen Maßnahmen für das Energiesparen und die Entwicklung alternativer Energiequellen.

Neue Aufregungen

Aber die Zeit unmittelbar nach der Konferenz war gekennzeichnet von den Nachwehen der eben überwundenen Kontroversen und nicht von klaren Entscheidungen. Bevor wir unser Ziel erreichten, erlebten wir eine Explosion, die wir in Washington hatten vermeiden können. Jeder Diplomat muß mit Enttäuschungen rechnen; er weiß, daß, wenn alles dafür geopfert wird, die Auffassungen einer Partei in jeder umstrittenen Frage zu rechtfertigen, dann wird das Vertrauen schwer erschüttert. Jobert war nicht bereit, um solcher Erkenntnisse willen Zurückhaltung zu üben, sondern entschlossen, den Vereinigten Staaten die führende Rolle unter den demokratischen Industrienationen streitig zu machen – denn eine solche Entwicklung war der Alptraum aller Gaullisten. Er konnte die Entscheidungen der Energiekonferenz nicht rückgängig machen, konnte aber innerhalb der Europäischen Gemeinschaft auf Beschlüsse drängen, die, wie er wußte, Kontroversen mit den Vereinigten Staaten heraufbeschwören würden. Und seine Kollegen glaubten, ihn versöhnen zu müssen, nachdem sie auf der Energiekonferenz einer Resolution zugestimmt hatten, mit der er nicht einverstanden war.

Deshalb setzte Jobert in den auf die Energiekonferenz folgenden Wochen seine Angriffe unermüdlich fort. Auf einer Lagebesprechung des Auswärtigen Ausschusses der französischen Nationalversammlung am 21. Februar rechtfertigte er sein Verhalten und behauptete, er hätte niemals seine Stimme erhoben, obwohl er auf der Konferenz beleidigt und brutal angegriffen worden sei. Bei einer anderen Gelegenheit beschwerte er sich darüber, daß die Vereinigten Staaten behauptet hätten, Frankreich habe nicht das Recht, mit den Öl fördernden arabischen Ländern bilaterale Absprachen zu treffen. (In Wirklichkeit hatten wir darauf hingewiesen, wie schädlich solche bilateralen Geschäfte im allgemeinen wären.) Am gleichen Tage teilte ein gut unterrichteter Beamter des Quai d'Orsay unserer Botschaft mit, der Kernpunkt der gegenwärtigen französischen Analyse der europäisch-amerikanischen Beziehungen wäre, daß die Vereinigten Staaten versuchten, »wieder die Leitung der Operationen in den atlantischen Angelegenheiten zu übernehmen«. Er mokierte sich darüber, daß ich auf meiner Reise in den Nahen Osten einen Zwischenaufenthalt in London eingelegt hatte, um die Briten ins Bild zu setzen, und erklärte, damit hätte ich meine Gastgeber »in eine peinliche Lage versetzt« (die mich ausdrücklich um diesen Besuch gebeten hatten).

Die Vorstellung, daß die atlantischen Beziehungen ein ewiger Streit zwischen den Vereinigten Staaten und Frankreich um die Vorherrschaft im Bündnis wären, entsprach weder unseren Absichten noch der Praxis unserer Außenpolitik. Unser größter Fehler war es vielmehr gewesen, daß wir uns 1973 zu intensiv um eine Zusammenarbeit mit Frankreich bemüht hatten, denn damit waren die anderen Europäer und besonders die kleineren Mitglieder der Gemeinschaft verärgert worden. Diese Zwangsvorstellungen und Fehlbeurteilungen kamen in bisher nicht dagewesener Schärfe in einem ausführlichen Interview zum Ausdruck, das Jobert der einflußreichen französischen Zeitschrift *Le Point* gegeben hatte. Jobert stellte drei Behauptungen auf; erstens erklärte er, daß das Abkommen zwischen den Vereinigten Staaten und der Sowjetunion zur Verhinderung eines Krieges mit Kernwaffen einen Wendepunkt bezeichnete, denn damit sei eine neue Beziehung zwischen den Supermächten entstanden, die auf ein Kondominium hinauslaufe; ein weiterer Wendepunkt wäre der 6. November 1973, weil Europa an diesem Tage mit der Formulierung einer eigenen Nahost-Politik gewissermaßen eine Unabhängigkeitserklärung von den Vereinigten Staaten abgegeben hätte; drittens hätte Jobert erkennen müssen, daß ich in Wirklichkeit nicht für die Geschlossenheit Europas einträte, was angeblich meine wiederholten Vorschläge bewiesen, nur mit den drei großen europäischen Ländern zu verhandeln. Die einzig zutreffende Behauptung, die zweite, war der Kern des Problems; die beiden anderen waren falsch und demagogisch. Die Entwicklung war in eine entscheidende Phase geraten, als Europa seine Unabhängigkeit beweisen mußte, indem es die einzigen Friedensbemühungen behinderte, die im Nahen Osten unternommen wurden. Wie man die Vereinbarungen zur Verhinderung eines mit Kernwaffen geführten Krieges auch beurteilen mochte (und ich halte dieses Abkommen nicht für einen unserer großen außenpolitischen Triumphe), Jobert wußte sehr gut – und wir hatten es ihm wiederholt gesagt –, daß wir auf diese Weise einen für uns sehr unangenehmen Vorschlag der Sowjetunion auf Eis gelegt und einen sowjetischen Angriff gegen China mit einem völkerrechtlichen Hindernis blockiert, aber nicht eine neue außenpolitische Richtung eingeschlagen hatten. Wenn er behauptete, daß wir es vorzögen, nur mit den größeren europäischen Ländern zu verhandeln, dann widersprach das der Wahrheit und war ein unglaublicher Zynismus. Es war Jobert gewesen, der die Zusammenarbeit im Europa-Jahr davon abhängig gemacht hatte, daß wir nur mit den großen europäischen Ländern und nur auf bilateraler Ebene verhandelten. Daß Frankreich sich unserer politischen Linie widersetzte, war verständlich; aber ein mit solcher Erbitterung geführter Angriff war gefährlich und ließ sich nur damit erklären, daß die Vereinigten Staaten für ihre Schutzfunktion keine Gegenleistung verlangten.

Aber Jobert beschränkte seine Angriffe nicht auf unsere Beziehungen zu Europa. Vom 20. bis zum 23. Februar nahm ich an einer wichtigen Sitzung der Außenminister der westlichen Hemisphäre in Mexico City teil, mit der ein neuer Dialog zwischen den Vereinigten Staaten und ihren Nachbarn eingeleitet werden sollte. Dieses Unternehmen berührte die Interessen Frankreichs kaum. In wenigstens einer südamerikanischen Hauptstadt hatte der französische Botschafter am Tag vor der Abreise des Außenministers nach Mexico City (wie dieser Minister mir berichtete) ihm eine Kopie des Abkommens über die Verhinderung eines mit Kernwaffen geführten Krieges übergeben und ihn vor einem amerikanisch-sowjetischen Kondominium gewarnt. Darüber hinaus häuften sich die Berichte – die wir wegen ihrer Häufigkeit nicht unbeachtet lassen konnten –, nach denen französische Diplomaten im Nahen Osten ihren leicht erregbaren arabischen Gesprächspartnern Empfehlungen gaben, die darauf hinausliefen, daß sie sich mit der Aufhebung des gegen die Vereinigten Staaten gerichteten Ölembargos nicht zu sehr beeilen sollten.[4]

Jobert ging noch weiter und bemühte sich um einen europäisch-arabischen politischen Dialog, der inhaltlich den diplomatischen Bemühungen der Vereinigten Staaten um den Frieden in diesem Gebiet in jeder Hinsicht widersprach. Beim besten Willen mußten die gemäßigten Araber bei einer Konferenz aller arabischen Außenminister unter den

Druck der Radikalen geraten, und die Europäer würden dabei gezwungen werden, ein Programm mit radikalen Tendenzen zu unterstützen, das dem widersprach, was wir für realistisch hielten. Diesen Standpunkt hatte ich auf der Energiekonferenz in Washington mehreren verbündeten Außenministern sehr deutlich gesagt, unter anderem auch Home und Scheel. Am 26. Februar legte ich auf meinem Flug in den Nahen Osten, wo ich Vorgespräche über die Truppenentflechtung an der syrischen Front führen wollte, einen Zwischenaufenthalt in London ein und erläuterte Home noch einmal meinen Standpunkt. Ich werde im folgenden Kapitel über die diplomatischen Bemühungen zu diesem Problem im Zusammenhang mit der Aufhebug des Ölembargos berichten. Hier genügt es zu sagen, daß die Lage immer noch sehr gespannt war. Auf der Heimreise machte ich am Sonntag, dem 3. März, eine Zwischenlandung in der Bundesrepublik Deutschland, um in Bonn mit Helmut Schmidt zu sprechen, der mir in Washington gesagt hatte, daß die deutschen Politiker gekränkt wären, weil ich nur in Paris oder London übernachtete, was – wenigstens soweit es mir bewußt war – nur an den günstigeren Flugplänen lag. Aber nachdem ich erfahren hatte, welche symbolische Bedeutung Bonn solchen Besuchen beimaß, arrangierte ich für meine nächste Reise in den Nahen Osten einen Zwischenaufenthalt in der deutschen Hauptstadt. Und um uns zu zeigen, wie wichtig uns die atlantischen Beziehungen waren, arrangierte ich für den Nachmittag des folgenden Tages ein Treffen beim Nordatlantikrat in Brüssel, um unsere Verbündeten über den Stand der Dinge zu unterrichten.

Beide Besuche demonstrierten, daß es dem Menschen nicht gegeben ist, in die Zukunft zu blicken. Ich erreichte das Gegenteil von dem, was ich beabsichtigt hatte, und bereitete eine Explosion vor, die schließlich zur Reinigung der Atmosphäre führte.

Am frühen Morgen des 4. März trafen die Außenminister der Gemeinschaft in Brüssel zusammen. Es war ein trauriges Zeichen, daß der Außenminister der Vereinigten Staaten sich im NATO-Hauptquartier aufhielt, um die verbündeten Botschafter über die Lage zu unterrichten, während sich sieben Außenminister nur fünfzehn Minuten von diesem Hauptquartier entfernt in der gleichen Stadt aufhielten und nicht an dieser Lagebesprechung teilnahmen, weil sie fürchteten, Frankreich zu verärgern. Aber so war die Lage, und ich hatte beschlossen, keine Staatsaffäre daraus zu machen. Ich machte Scheel in seiner Eigenschaft als Präsident des Ministerrats sogar den Vorschlag, meinen Besuch bei der NATO zu verschieben, um nicht den Eindruck zu erwecken, die Europäer beeinflussen zu wollen. Er hielt das nicht für notwendig, denn man hätte aus einem solchen Verhalten schließen können, daß es zwischen der NATO und der Europäischen Gemeinschaft Widersprüchlichkeiten gebe.

Mein Gespräch mit Scheel beim Abendessen am 3. März hätte nicht freundlicher sein können. Er beglückwünschte mich zu meiner Reise durch den Nahen Osten und sprach von den atlantischen Spannungen, als wären sie eine französische Krankheit, gegen die Deutschland immun sei. Er sagte, er verstünde die französische Politik nicht, Jobert habe Komplexe, und seine Haltung wäre unlogisch. »Deshalb werden wir nie verstehen, was die Franzosen eigentlich wollen.«

Wir trafen uns im sogenannten Kanzlerbungalow, der Residenz des deutschen Bundeskanzlers am Rhein im Park des im 19. Jahrhundert erbauten Palais Schaumburg. Konrad Adenauer hatte das Kanzleramt in das Palais verlegt, als Bonn die Hauptstadt Westdeutschlands wurde. (Adenauer hatte sich für Bonn entschieden, weil es in der Nähe von Rhöndorf lag, wo er zu Hause war. Man erzählte sich, daß er auf die Frage nach dem Grund geantwortet hätte: »Was hätte ich denn tun sollen? Rhöndorf zur Bundeshauptstadt machen?«) Sein Nachfolger Ludwig Erhard, der nicht in dieser Gegend beheimatet war, hatte sich verpflichtet gefühlt, eine offizielle Residenz für den Bundeskanzler bauen zu lassen. Was den braven bayerischen Bürger veranlaßt hat, einen so modernistischen Bau in diese altmodische Umgebung zu setzen, hat mir niemand erklären können. Aber das Gebäude sieht plump aus, obwohl eine Seitenwand nur aus Glas besteht, und aufdringlich, obwohl es einstöckig ist. Die Repräsentationsräume sind zu groß und die Wohnräume für ein so komplexes Bauwerk zu klein und verschachtelt. Alles scheint den Bewohner darauf hinweisen zu wollen, daß er hier nur Gast ist. Es fehlt jede Wärme, alles Persönliche oder Anheimelnde. Eine der Entscheidungen Willy Brandts, die ich niemals kritisiert habe, war seine Weigerung, hier zu wohnen.

Aber meine Betrachtungen über die Architektur des Kanzlerbungalows beeinträchtigten nicht die freundliche Atmosphäre des Abends. Scheel stellte Joberts Haltung so dar, als handelte es sich um ein gemeinsames deutsch-amerikanisches Problem, zu dessen Lösung man nur Zeit und Geduld brauchte. Im angenehmen Bewußtsein des Gelingens der Energiekonferenz in Washington hatte ich keine besonderen Sorgen. Daß das Entwerfen der verschiedenen atlantischen Deklarationen so viel Zeit in Anspruch nahm, war irritierend, fiel aber nicht weiter ins Gewicht, denn inzwischen hatten diese Deklarationen schon fast ihre Bedeutung verloren. Scheel sagte mir, ein neuer Entwurf für die Deklaration der Europäischen Gemeinschaft werde nach einer Woche vorliegen. Dann besprachen wir Nixons Besuch zur Unterzeichnung der Dokumente und stellten fest, daß Ende April der geeignete Zeitpunkt wäre.

Ganz am Ende unseres Gesprächs erwähnte Scheel nebenher, wenn sich die Außenminister der Gemeinschaft am folgenden Tag mit dem europäisch-arabischen Dialog beschäftigten (die Zeitungen hatten schon darauf hingewiesen), würden sie wahrscheinlich Gespräche auf technischen Gebieten wie etwa Gesundheit und Wissenschaft beschließen. Ich erblickte darin keine Schwierigkeiten und wechselte sofort das Thema.

Am nächsten Morgen besuchte ich Bundeskanzler Brandt auf dem Venusberg in einem hügeligen Vorort von Bonn in der ehemaligen offiziellen Residenz des Außenministers. Brandt hatte diesen Posten Ende der sechziger Jahre innegehabt. Nachdem er Bundeskanzler geworden war, hatte er sein Domizil in diesem menschlicheren Haus auf einem Hügel oberhalb von Bonn nicht aufgegeben. Zwei Monate nach meinem Besuch sollte er gezwungen werden, aus dem Amt auszuscheiden. Er hatte schon jetzt den melancholischen, in die Ferne gerichteten Blick, den ich bei Nixon so gut kannte und der offenbar den unmittelbar bevorstehenden Verlust von etwas anzeigte, was jemand sehr wertvoll ist. In unserem Gespräch entstanden immer wieder längere Pausen, aber die Atmosphäre war nicht gespannt. Ich schnitt viele der Themen an, die ich am Abend zuvor mit Scheel besprochen hatte. Dabei wies ich ihn noch einmal auf das Risiko hin, daß jede Zusammenkunft europäischer und arabischer Außenminister die radikalen Araber stärken könnte. Ich hatte es zu oft erlebt, daß die einzelnen arabischen Minister, wenn sie mit mir allein sprachen, sehr gemäßigte Auffassungen vertraten, aber eine viel radikalere Haltung einnahmen, wenn sie es in Gegenwart ihrer arabischen Brüder tun mußten. Ich sagte Brandt, daß wir nichts gegen ein vereintes Europa einzuwenden hätten, was Jobert auch immer behaupten mochte: »Die europäische Identität erlaubt es durchaus, uns in Angelegenheiten zu konsultieren, die uns alle betreffen.« Brandt machte keine Andeutung darüber, daß sich in Brüssel irgend etwas Ungewöhnliches ereignen könnte.

Vom Venusberg flog ich im Hubschrauber zum Flughafen und traf gegen 14.00 Uhr in Brüssel ein. Im NATO-Hauptquartier hatte Scheel für mich die Nachricht hinterlassen, daß er sich freuen werde, wenn ich ihn nach Beendigung meiner Gespräche bei der NATO in der deutschen Botschaft in Brüssel aufsuchen könnte. Er wollte mich über das Ergebnis des Treffens der Außenminister der Gemeinschaft unterrichten. Die psychologische Trennung der Europäischen Gemeinschaft von der NATO war augenscheinlich an einem Punkt angelangt, an dem der Präsident des Ministerrats nicht mehr in das Hauptquartier des Bündnisses gehen konnte, dessen Aufgabe die gemeinsame Verteidigung war, um mit dem wichtigsten Verbündeten Europas zu sprechen – obwohl er wußte, daß das NATO-Hauptquartier unmittelbar am Flugplatz lag und ich einen langen transatlantischen Flug vor mir hatte.

Ich erläuterte den NATO-Botschaftern unsere Gesamtstrategie im Nahen Osten und die von uns für die kommenden Monate vorgesehenen diplomatischen Schritte. Zwar gab ich ihnen nur einen allgemeinen Überblick, ging aber doch so weit ins Detail, daß die Gesprächspartner im Nahen Osten erkennen mußten, was vereinbart worden war, wenn der Inhalt meiner Ausführungen an sie weitergegeben wurde – und dessen war ich sicher. Nach dieser Lagebesprechung stellten sich der Generalsekretär der NATO, Joseph Luns, und ich in optimistischer Stimmung der Presse. Ich erklärte, ich hätte den Eindruck gehabt, daß

> am Tisch des NATO-Rats eine beachtliche Übereinstimmung der Auffassungen über die Ziele und ein beachtliches Verständnis für die Methoden geherrscht hat. Ich kann mich nicht erinnern, daß widersprechende Ansichten geäußert worden wären. Oder habe ich unrecht, Herr Generalsekretär?

Luns erklärte nachdrücklich, ich wäre zu bescheiden gewesen. Man wäre sich mehr als einig:

> Alle Länder des Bündnisses erkennen mit großer Befriedigung an, was die Vereinigten Staaten in der Person ihres Außenministers seit

dem vergangenen November im Nahen Osten getan haben, als die ersten Gespräche geführt wurden. Wir blicken zuversichtlicher in die Zukunft, weil wir damit rechnen, daß wir bei diesem schrittweisen Vorgehen dem Frieden näherkommen werden, was im Interesse aller Mitglieder liegen wird.

Diese positive Stimmung wurde mit einem Donnerschlag hinweggefegt. Ein Journalist wollte wissen, ob es mir bewußt sei, daß die neun Außenminister der Europäischen Gemeinschaft eben durch Walter Scheel ihren Beschluß bekanntgegeben hatten, einen europäisch-arabischen Dialog zu beginnen, bei dem über die verschiedensten Themen gesprochen werden und der seinen Höhepunkt in einer Außenministerkonferenz finden sollte. Ich antwortete kühl, daß ich nicht zu einem Ereignis Stellung nehmen könnte, von dem ich offiziell noch nicht unterrichtet wäre. Ich würde in der deutschen Botschaft mit Scheel zusammenkommen.

Ich konnte mir sehr gut vorstellen, was geschehen war. Obwohl der britische Außenminister nicht an der Sitzung teilnahm – Edward Heath hatte eben die Parlamentswahlen verloren –, hatte Jobert eine Entscheidung erzwungen. Seine Kollegen hatten sich ihm entweder nicht widersetzen können, oder sie wollten ihn dafür entschädigen, daß sie ihn auf der Energiekonferenz in Washington im Stich gelassen hatten. Ich hatte die Gemeinschaft schon seit Monaten gewarnt und gesagt, eine Entscheidung wie die augenscheinlich jetzt getroffene werde uns veranlassen, uns in aller Öffentlichkeit zu distanzieren. Nun war ich nicht gewillt nachzugeben, besonders angesichts der Tatsache, daß es uns nicht leichtfiel, den einmal eingeschlagenen Kurs in der Nahost-Politik zu halten.

Der Schock, öffentlich und ohne Vorwarnung vor ein *fait accompli* gestellt worden zu sein, veranlaßte mich, in dem nun folgenden Gespräch mit Scheel eine sehr kühle Haltung einzunehmen; auch der Umstand, daß wir erst vor vierundzwanzig Stunden einen sehr angenehmen Abend miteinander zugebracht hatten, konnte daran nichts ändern. Nun erläuterte mir Scheel ein Verfahren, das bisher in keinem seiner Aspekte mit uns erörtert worden war. Es war der französische Plan für den europäisch-arabischen Dialog. Scheel mußte wissen, wie sehr uns dieser mißfallen würde. Er versuchte, uns zu beschwichtigen, und versprach, mir innerhalb von zwei Wochen einen neuen Entwurf für die Deklaration der Europäischen Gemeinschaft vorzulegen (siehe 16. Kapitel). Als täte man uns einen besonderen Gefallen mit einer rhetorischen Bestätigung der atlantischen Gemeinschaft und als würden wir uns dafür mit unilateralen Maßnahmen einverstanden erklären, die diese Einheit zur Farce machten. Er erklärte seine Bereitschaft, eine Einladung Nixons für die zweite Aprilhälfte zu arrangieren – als wäre Nixon bereit, alles zu schlucken, weil ihm eine Europa-Reise innenpolitisch nützen könnte. Ich erwiderte scharf:

Ich stelle fest, daß wir jetzt von einer Entscheidung unterrichtet werden, nachdem wir aus den Zeitungen davon erfahren haben und nachdem ich auf einer Pressekonferenz darüber befragt worden bin. Das unterstreicht unsere Bedenken gegenüber Entscheidungen, die

> vorbereitet werden, ohne uns zu informieren, und die getroffen werden, ohne uns zu konsultieren.
>
> Zweitens ist die Tatsache, daß die Gemeinschaft kein Interesse daran hat, die Friedensbemühungen zu unterminieren, ganz irrelevant. Die Gemeinschaft ist jedenfalls nicht in der Lage zu garantieren, daß dies nicht geschehen wird.
>
> Drittens habe ich Ihnen schon gesagt, daß wir es entschieden ablehnen, die Araber in dieser Weise zusammenzubringen.
>
> Viertens werden sich die Vereinigten Staaten die Handlungsfreiheit bewahren, ähnliche Schritte zu ergreifen, wenn wir glauben, daß sie in unserem eigenen nationalen Interesse liegen, und die Gemeinschaft erst danach von solchen Schritten in Kenntnis zu setzen.
>
> Fünftens erkläre ich in allem Ernst, daß die Vereinigten Staaten dieses Verfahren auf die Dauer nicht akzeptieren werden, ohne daß es ganz wesentliche Auswirkungen auf unsere Beziehungen haben wird.

Scheel blieb die ganze Zeit kühl, beherrscht und präzise und behauptete, das Ganze wäre ein Verfahrensfehler. Die Gemeinschaft hätte nur einen schon im Dezember in Kopenhagen gefaßten Beschluß verwirklicht. Er werde öffentlich erklären, die Gemeinschaft habe mich von dem europäisch-arabischen Dialog unterrichtet. Schließlich wiederholte er, daß die Europäer bereit wären, Nixon zur Unterzeichnung der verschiedenen Deklarationen einzuladen. Aber ich hatte genug von der demütigenden Art, mit der die Verbündeten unserem Präsidenten Einladungen präsentierten, um sich damit irgendwelche Vorteile zu verschaffen:

> Ich würde es begrüßen, wenn der zweite Teil Ihrer Erklärung über den Besuch des Präsidenten nicht veröffentlicht würde. Ich werde das mit dem Präsidenten besprechen und Ihnen mitteilen, was der Präsident über die Unterzeichnung der Deklaration denkt. Ich werde Sie wissen lassen, ob die politischen Direktoren mit den neuen Daten einverstanden sind und wann der Präsident nach Europa kommen könnte ...
>
> Was Kopenhagen betrifft, so fällt es mir schwer, auf diese Konferenz Bezug zu nehmen, denn wir sind über diese Konferenz nicht unterrichtet worden, und man hat uns auch nicht mitgeteilt, wie die Araber dorthin gekommen sind. Und doch hat diese Konferenz zu Arbeiten geführt, über die man uns nichts gesagt hat, und jetzt zu einem Treffen, über das wir nicht unterrichtet worden sind. Ich muß in aller Form erklären, daß man so nicht lange verfahren kann.

Wir waren entschlossen, keinen Schritt mehr zurückzuweichen. Die neuen »Konsultationsmethoden« zwischen Europa und den Vereinigten Staaten gingen weit über die in erster Linie theoretische Ebene der Deklarationen hinaus. Wir verfolgten auf von uns als lebenswichtig angesehenen Gebieten voneinander abweichende politische Kurse. Auf meinem Rückflug in die Vereinigten Staaten unterrichtete der »höhere Beamte«, von dem man in nächster Zeit immer wieder zu hören bekam, die Journalisten in meiner Maschine von der Unannehmbarkeit dieser Methoden und unserer Reaktion auf den europäisch-arabischen Dialog. Nach meiner Rückkehr am 6. März schrieb Nixon einen scharfen

Brief an Brandt in dessen Eigenschaft als Präsident der Europäischen Gemeinschaft. Nixon erhob die bekannten Einwände gegen Verfahren und Inhalt und sagte bis auf weiteres jede Beteiligung der Vereinigten Staaten am Entwurf einer Deklaration der Europäischen Gemeinschaft ab, bis die Lage geklärt sei, was natürlich die Verschiebung seiner Europa-Reise zur Folge hatte.

Brandt antwortete am 8. März und bat uns dringend, die Arbeit an den Deklarationen fortzusetzen, denn sie werde dazu beitragen, »die Gespräche über die europäisch-amerikanischen Beziehungen in ruhigere Bahnen zu lenken«. Er verlieh der Hoffnung Ausdruck, daß Nixon in der zweiten Aprilhälfte nach Brüssel kommen könne. Damit erschienen wir nicht mehr als Bittsteller im Rahmen eines Unternehmens, dessen Ziel es war, die atlantischen Beziehungen zu stärken. Brandt verteidigte jedoch die Entscheidungen der Europäer, sich mit den Arabern zu treffen, und behauptete, daß darin kein Konkurrenzunternehmen, sondern eine Unterstützung unserer Politik zu sehen sei.

Am 11. März trug ich unfreiwillig dazu bei, die Spannungen zu verschärfen. In einem Vortrag vor den Ehefrauen von Kongreßabgeordneten sagte ich – in der Absicht, einen historischen Überblick zu vermitteln –, daß Europa sich psychologisch noch nicht von den Folgen des Ersten Weltkrieges erholt hätte. Ich wollte damit erklären, weshalb ein mit Kernwaffen geführter Krieg auf allen Seiten nicht wiedergutzumachenden Schaden anrichten müßte. Der Erste Weltkrieg hatte gezeigt, daß übermäßige Verluste an Menschenleben den Zusammenhalt von Gesellschaften zerstören konnten. Ich hatte diese Äußerung zwar im Kontext der amerikanisch-sowjetischen Beziehungen getan, aber meine Ausführungen wurden in einigen Teilen Europas mit Empörung aufgenommen. Meine eigene Empörung war kaum geringer, aber sie richtete sich gegen meine unglücklichen Mitarbeiter, die mir nicht mitgeteilt hatten, daß Journalisten an dieser Versammlung teilnehmen würden.

Doch angesichts des Dramas, das sich nun entwickelte, waren meine Äußerungen nur von zweitrangiger Bedeutung. Am 15. März beantwortete Nixon Brandts Brief. Er lehnte es ab, sich weiter am Entwurf einer Deklaration der Vereinigten Staaten und der Europäischen Gemeinschaft zu beteiligen und legte die Einladung zur Unterzeichnung auf Eis – was deutlich zeigte, daß Nixon das nationale Interesse der Vereinigten Staaten über seine Watergate-Probleme stellte. Er werde auf keinen Fall nach Europa kommen:

> Nach unserer Auffassung wäre eine wirklich konsultative Beziehung die natürlichste und normalste Manifestation der Partnerschaft, die über eine so lange Zeit zwischen den Vereinigten Staaten und den Neun im atlantischen Rahmen bestanden hat. Aber aus den Erfahrungen der vergangenen Monate scheint klar hervorzugehen, daß die Neun in dieser Hinsicht Bedenken haben und daß deshalb das Bestreben, Formulierungen zu finden, die wir für wichtig halten, nur zu weiteren Meinungsverschiedenheiten oder sogar zur Verärgerung führen kann. Wenn wir andererseits versuchen wollten, die offenbar bestehenden Meinungsverschiedenheiten mit freundlichen Worten zuzudecken, dann würden wir dadurch nach meiner Auffassung ein

fundamentales Problem verschleiern, dem wir uns früher oder später auf beiden Seiten des Atlantiks stellen müssen, und es könnte sogar dazu kommen, daß sich unsere Beziehungen in einer Weise entwikkeln, wie wir es für die Zukunft nicht wünschen. Deshalb bin ich zu dem Schluß gekommen, daß es richtiger wäre zu warten, bis die Zeit reif ist, und zu hoffen, daß es sich zu einem späteren Zeitpunkt erweisen wird, wie vorteilhaft es für uns alle wäre, wenn wir organischere Methoden für die gegenseitige Konsultation entwickeln könnten. Unter diesen Umständen sollte die Möglichkeit meiner Teilnahme an der Unterzeichnung der Deklaration, die Sie freundlicherweise in Ihrem Brief erwähnt haben, natürlich auch auf einen späteren Zeitpunkt verschoben werden.

Nixons Schreiben war zum größten Teil von meinen Mitarbeitern und mir entworfen worden, aber Nixon nahm, nachdem er einmal Blut geleckt hatte, mit dem für ihn charakteristischen Instinkt für den richtigen Zeitpunkt, dem Gegner an die Kehle zu fahren, den Kampf auf. Am 15. März nahm Nixon an einer Veranstaltung des Executives' Club of Chicago teil, auf der ihm Fragen gestellt wurden, und mit einer seiner Antworten zeigte er deutlich, daß seine Geduld zu Ende war:

Nun, die Europäer können nicht beides haben. Sie können nicht die Beteiligung und Zusammenarbeit der Vereinigten Staaten an der Sicherheitsfront haben und dann an der wirtschaftlichen und politischen Front die Konfrontation haben wollen. Und bevor die Europäer nicht bereit sind, sich hinzusetzen und mit uns an der wirtschaftlichen und politischen Front ebenso wie an der Sicherheitsfront zusammenzuarbeiten, sollte kein Treffen der Regierungschefs in Aussicht genommen werden.

Am 19. März äußerte sich Nixon zum gleichen Thema auf einer ähnlichen Veranstaltung der National Association of Broadcasters in Houston. Doch nun waren schon neue Kräfte am Werk.

Unsere hektischen diplomatischen Bemühungen im Nahen Osten zeigten ihre ersten Auswirkungen. Am 18. März hoben die arabischen Ölminister das Embargo auf, ohne irgendwelche Gegenleistungen zu verlangen. Der Beschluß sollte am 1. Juni noch einmal überprüft werden, aber diese Überprüfung fand nicht statt. Einen Tag später gab Saudi-Arabien bekannt, es werde die Ölproduktion um eine Million Barrel täglich steigern, um zur Stabilisierung der Preise beizutragen. Die Panikstimmung in Europa ließ sofort nach, und die Haltung der Europäer begann sich zu verändern. Unsere feste Haltung hatte irgendwie dazu geführt, daß sich jetzt die Lage entschärfte. Da wir nicht mehr auf die Fertigstellung einer atlantischen Deklaration oder eine Europa-Reise Nixons drängten, hatten die Europäer nichts mehr, womit sie uns unter Druck setzen konnten. Die sachlichen Meinungsverschiedenheiten waren kein Anlaß für eine Krise. Wir befürworteten den Zusammenschluß der europäischen Länder und wünschten nur nicht, daß sich das Organisationsprinzip gegen die Vereinigten Staaten richtete. Wir verlangten nur, daß uns die Gemeinschaft ebenso konsultierte wie alle anderen Länder der Welt. Die Konsultation hatte sich aus einer ganz besonderen Konstellation von Persönlichkeiten und Ereignissen ergeben. Nixons schwere Belastung durch Watergate, die zunehmende Schwäche der Regierungen Heath und Brandt und Pompidous tödliche Krankheit sorgten dafür, daß die atlantischen Beziehungen durcheinander gerieten – was gar nicht nötig gewesen wäre.

Andere Ereignisse begannen, die politische Landschaft zu verändern. Als es zur Explosion kam, war Edward Heath – dem es unendlich schwergefallen war, eine andere Haltung einzunehmen als Frankreich – in den Wahlen am 28. Februar unterlegen. Die neue Labour-Regierung unter Harold Wilson vertrat im Hinblick auf die Erfordernisse einer Europäischen Gemeinschaft subtilere Auffassungen. Als ich einen Monat später nach London kam, sagte der neue Außenminister, James Callaghan, seinen Untergebenen in meiner Gegenwart, daß wir die Politik der gegenseitigen Nadelstiche ein für allemal aufgeben sollten. Am 16. März machte der deutsche Botschafter in Washington, Berndt von Staden, Vorschläge für neue Konsultationsmechanismen. Die Europäische Gemeinschaft sollte mit den Konsultationen nicht mehr warten, bis die Außenminister die verschiedenen Vorhaben einbetoniert hätten; er fragte mich, was ich von Konsultationen hielte, die aufgenommen werden könnten, nachdem sich die politischen Direktoren über ein Problem geeinigt hatten, aber bevor dieses Problem dem Außenminister vorgelegt worden sei. Ich sagte Staden, daß darin wahrscheinlich die Lösung des Verfahrensproblems läge.

Am 24. März machte ich auf einer Moskau-Reise Zwischenstation in Bonn, und zwar auf Scheels ausdrücklichen Wunsch. Für mich überraschend beteiligte sich auch Brandt an dem Gespräch. Die deutschen Politiker machten mir den offiziellen Vorschlag, die Idee Stadens in die Tat umzusetzen. Ich ging sofort darauf ein, denn ich hatte schon vorher mit Nixon darüber gesprochen. Wir nutzten das Zusammensein aus, um den ganzen Fragenkomplex zu erörtern, der unser Bündnis belastete, und erreichten völlige Übereinstimmung. Die in der Europäischen Gemeinschaft üblichen Verfahren konnten uns jetzt offenbar nicht mehr daran hindern, reibungslos zusammenzuarbeiten.

Als Georges Pompidou etwas mehr als eine Woche später starb, ging auch Joberts Amtszeit zu Ende. Anfang April führte ich sehr versöhnliche Gespräche mit Scheel und Gaston Thorn, dem damaligen luxemburgischen Außenminister, dessen politische Laufbahn bewies, welche große und manchmal sogar entscheidende Bedeutung Integrität, Intelligenz und guter Wille haben können, auch wenn sie nur von dem Vertreter eines winzigen Landes gezeigt werden. Die Briten erklärten sich bereit, die Deklaration der NATO zu entwerfen. Darin wurden die wichtigsten Elemente der Deklaration aufgenommen, die zunächst von den Vereinigten Staaten und der Europäischen Gemeinschaft herausgegeben werden sollte; der Rest wurde fallengelassen.

Die neue französische Regierung unter dem Präsidenten Valéry Giscard d'Estaing mit Jean Sauvagnargues als Außenminister fand eine ganz neue Beziehung zu uns. Auf der nächsten NATO-Konferenz, die im Juni in Ottawa stattfand, war die Krise gebannt. In der Bundesrepublik Deutschland war Brandt von Helmut Schmidt abgelöst worden, der schon auf der Energiekonferenz deutlich gezeigt hatte, wo seine Prioritäten lagen. In Ottawa wurde zudem die atlantische Deklaration verkündet, wie wir sie von Anfang an vorgeschlagen hatten.

Die engen Beziehungen, die wir durch offizielle Deklarationen zu erreichen versucht hatten, waren schließlich das Ergebnis gemeinsamer Bedürfnisse und praktischer Vereinbarungen. Das gegenseitige Vertrauen war wiederhergestellt. Nun ließen sich plötzlich alle wichtigen Fragen ohne Schwierigkeiten lösen. Dazu fanden regelmäßige und vertrauensvolle Konsultationen statt. Mitte 1974 begann eine der besten Phasen der atlantischen Kooperation seit Jahrzehnten.

Und doch ging die Problematik der freien Welt über die persönlichen Beziehungen weit hinaus und umfaßte ein größeres Gebiet als das der Energieversorgung. Ich bin auch noch heute überzeugt, daß die Lebensfähigkeit der Demokratie in unserer Zeit weitgehend von dem Vertrauen der Öffentlichkeit zu der Fähigkeit der demokratischen Gesellschaft abhängt, ihre Zukunft selbst zu gestalten. Da zunehmende wirtschaftliche Schwierigkeiten die Moral, den Optimismus und den sozialen Frieden in den Industrienationen zu erschüttern drohten, war die entschiedene Demonstration einer wirksamen kollektiven Reaktion nach meiner Auffassung von entscheidender politischer und moralischer Bedeutung. Unsere innere Zerrissenheit mußte das überall vorhandene Gefühl der Hilflosigkeit, des Ausgeliefertseins und der Verwundbarkeit im Westen vertiefen und die Kräfte in der Welt ermutigen, die den Westen für dekadent hielten und überzeugt waren, daß das Schicksal der westlichen Demokratien besiegelt wäre. Dieser Herausforderung müssen wir uns auch heute noch stellen. Wenn wir wirklich vom Wert unserer Zivilisation überzeugt sind, dann werden wir auch weiterhin zusammenstehen und unsere gemeinsamen Ziele verfolgen, die dieser Zivilisation ihren Wert und ihre Kraft verleihen.

XXI. Der Weg nach Damaskus: eine Erkundungsreise

Nach Abschluß der Energiekonferenz und vor Beginn der Kontroverse mit unseren Verbündeten flog ich noch einmal in den Nahen Osten, um Verhandlungen aufzunehmen, die nicht zu so dramatischen Ergebnissen führen sollten wie die Gespräche, die ich vor mehr als vier Wochen über die Truppenentflechtung auf der Sinai-Halbinsel geführt hatte, die jedoch in ihren Konsequenzen fast ebenso wichtig waren.

Der Erfolg unserer diplomatischen Strategie im Nahen Osten im Februar 1974 hing davon ab, ob es uns gelingen würde, die beiden Todfeinde Israel und Syrien zu versöhnen. Dazu mußten wir vor allem die Truppenentflechtung auf den Golan-Höhen zustande bringen. Wenn die arabischen Führer glaubten, die Vereinigten Staaten und *nur* die Vereinigten Staaten könnten dieses Ziel erreichen, dann war es auch glaubwürdig, wenn wir uns auf den Standpunkt stellten, daß wir die Vermittlung nur übernehmen würden, wenn das Ölembargo aufgehoben wurde – eine gewagte Sache, denn wir selbst hatten an diesen Verhandlungen ein Interesse, weil wir die Lage im Nahen Osten in der Hand behalten und verhindern wollten, daß Sadat isoliert wurde. Wenn wir jedoch die Ölwaffe jetzt gegen die Ölförderländer einsetzten, dann war es mehr als Taktik. Es war der Kern unserer politischen Bestrebungen, die Verbraucherländer in einer geschlossenen Front zu vereinigen, die sich so sehr um die Ölversorgung sorgten, daß sie riskierten, politisch erpreßbar zu werden. Aus diesen Gründen war es auch notwendig gewesen, auf der Energiekonferenz in Washington die etwas gewagte Behauptung aufzustellen, daß wir das Embargo auch allein und ohne Unterstützung anderer Länder beenden würden.

Man konnte sich kaum eine schwierigere Aufgabe als die Vermittlung zwischen Syrien und Israel vorstellen. Das Verhältnis beider Länder zueinander wurde von einem so tiefen Mißtrauen beherrscht, wie es nur zwischen zwei Nationen entstehen kann, die auf das gleiche Gebiet Anspruch erheben und einander aus tiefster Seele hassen. Die Syrer betrachteten Palästina als Teil von »Großsyrien« und den jüdischen Staat als Hindernis auf dem Wege zur Vereinigung aller arabischen Länder. In Israel wußte man, daß Syrien von allen Nachbarn der militanteste und unversöhnlichste war. Im Grunde hatte Ägypten an den Palästinensern kein besonderes Interesse, und die Ägypter mußten nationale Vorurteile aufgeben, um sich für diese Sache zu begeistern. Hier zeigte sich, wie stark der ideologische Zusammenhalt der Araber war, denn er veranlaßte Ägypten, über eine so lange Zeit so viel für eine Sache zu opfern, die für die Ägypter emotional so wenig bedeutete. Der Libanon sehnte sich nach Frieden, war aber zu sehr damit beschäftigt, seinen inneren Zusammenhalt zu wahren, um in der Nahost-Politik eine aktive Rolle zu spielen. Er setzte sich für die Schaffung eines Palästinenser-Staats ein, aber aus einem negativen Grund. Damit sollte das Problem der palästinensischen Flüchtlinge in Libanon gelöst werden, das die innere Struktur der Nation zu vernichten drohte und es dann auch getan hat. Das Haschemiten-Königreich Jordanien war fast die ganze Zeit verhandlungsbereit gewesen. Nur Syrien hatte die Unnachgiebigkeit zur nationalen Sache gemacht. Es hatte sich standhaft geweigert, Israel anzuerkennen, mit Israel im Rahmen irgendeines internationalen Gremiums zu sprechen oder sich mit Vermittlungsversuchen einverstanden zu erklären, deren Voraussetzung eine Anerkennung des Existenzrechts von Israel gewesen wäre.

Die Judenverfolgungen in Syrien und die syrische Geschichte der feindseligen Wankelmütigkeit machten das Element der Undurchschaubarkeit in israelischen Augen zu einer schweren Bedrohung. Aber seltsamerweise – die Syrer und Israelis werden mir diese Behauptung übelnehmen – glichen sie sich in Auffassung und Verhalten mehr als etwa Israel und Ägypten. Die ägyptische Führung ist zuvorkommend, selbstsicher und kosmopolitisch. Die syrischen Politiker sind empfindlich, stolz und leicht beleidigt. Ägypten ist es gewohnt, im Nahen Osten die führende Rolle zu spielen. In der Haltung der Ägypter liegt eine gewisse majestätische Selbstsicherheit. Syrien ringt um die Anerkennung seiner Vorzüge und muß sich gegen den Hochmut seiner

Nachbarn wehren. Die Haltung der Israelis gleicht der syrischen in mancher Weise.

Der ägyptische Präsident war sich seiner Autorität sicher. Er brauchte für die von ihm getroffenen Maßnahmen nicht die Zustimmung seiner Regierung oder des Parlaments, und wenn er sie brauchte, verstand er es glänzend, zu verbergen, wie er sie gewonnen hatte. Sadat hatte schon seit 1971 in dieser oder jener Form verhandelt. Hafez al-Asad trat zum erstenmal in einen Verhandlungsprozeß ein. Für eine so umstrittene Sache wie Verhandlungen mit Israel mußte er täglich um die Zustimmung seiner Regierungsmitglieder ringen, was unter Umständen jedesmal viele Stunden in Anspruch nahm. Selbst wenn er gewollt hätte, wäre es ihm unmöglich gewesen, so großzügig zu sein wie Sadat, der auf taktische Vorteile verzichtete, um auf lange Sicht vorauszuplanen. Der syrische Präsident mußte, wenn er seine Autorität nicht verlieren wollte, bei jedem Schritt, den er tat, Erfolge nachweisen. Er konnte nur Zugeständnisse machen, wenn er durch höhere Gewalt dazu gezwungen wurde. Die israelische Führung befand sich aus ganz anderen Gründen in der gleichen Lage.

Wenn jede Seite die innenpolitischen Schwierigkeiten der anderen verstanden hätte – aber das war leider nicht der Fall –, dann hätte auch das nicht viel geholfen. Das Spiegelbild eines Dilemmas ist ein Dilemma. Niemand konnte über den eigenen Schatten springen. Es bedeutete für beide schon eine ungeheure Anstrengung, den Rahmen für Verhandlungen miteinander zu finden.

Zunächst gab es keinen israelischen Kabinettsbeschluß für den Beginn von Verhandlungen mit Syrien über die Truppenentflechtung; es gab sogar, wenn man so sagen will, nicht einmal ein israelisches Kabinett. Die Diskussionen über die Bildung einer neuen Regierung nach dem unentschiedenen Ausgang der allgemeinen Wahlen vom 31. Dezember 1973 waren noch in Gang. Der Umstand, daß die regierende Arbeiterpartei in dem kleinen, aus nur hundertzwanzig Mitgliedern bestehenden Parlament sieben Sitze verloren hatte, in dem eine Koalition aus zahlreichen Gruppierungen gebildet werden mußte, erwies sich als verhängnisvoll. Der oppositionelle Likud-Block unter Menachem Begin war zu schwach, um die Regierung zu übernehmen. Aber auch die Arbeiterpartei konnte allein keine neue Regierung bilden, ohne, wie Dayan erklärte, »wenigen kleinen Parteien weitreichende Zugeständnisse zu machen, um sie zu einem Beitritt zu einer Koalitionsregierung zu veranlassen«.[1] Golda Meir schrieb über den Wahlausgang:

> Der ganze rechte Flügel hatte sich jetzt zu einem eigenen Block zusammengeschlossen. Es hätte wieder eine Koalition gebildet werden müssen, und das wäre eine zermürbende Arbeit gewesen, da der religiöse Block, unser traditionelle Koalitionspartner, in sich über die Frage zutiefst zerstritten war, wer ihn führen und welche Politik er in dieser ungeheuer schwierigen Zeit verfolgen sollte.[2]

Die alten Kabinettsmitglieder mußten während dieser Zeit auf ihren Posten bleiben, weil nach der israelischen Verfassung kein Mitglied einer Übergangsregierung zurücktreten darf. Stabiler als jedes andere israelische Kabinett, aber der Tatsache bewußt, daß sie nicht mehr lange in der Regierungsverantwortung bleiben würde, suchte sich die Übergangsregierung durch alle Gefahren, Versuchungen und Zwänge hindurchzulavieren. Sie war sich der Gefahr bewußt, daß die Truppenentflechtung an der ägyptischen Front ins Stocken geraten könnte, wenn man auf den Golan-Höhen nicht weiterkam, und daß Israel dann für die Verlängerung des Ölembargos verantwortlich gemacht werden würde. Sie wußte aber auch, daß die Öffentlichkeit Israels einen Frieden mit Syrien als Illusion betrachtete. Immer wieder kam es zu sporadischen Artillerieduellen zwischen syrischen und israelischen Truppen auf den Golan-Höhen.

Der Golan war auch nicht die Sinai-Halbinsel. Der Suez-Kanal war mehr als zweihundert Kilometer von der israelischen Grenze des Jahres 1967 entfernt, und dazwischen lag die unfruchtbare, menschenleere Wüste. Auf den Golan-Höhen waren die Israelis nach dem Krieg von 1967 etwa fünfundzwanzig Kilometer auf syrisches Gebiet vorgedrungen. Der israelische Stoßkeil gegen Damaskus nach dem Krieg von 1973 war etwa um die gleiche Entfernung vorangetrieben. Die Lage auf den Golan-Höhen war in jeder Hinsicht viel komplizierter als auf der Sinai-Halbinsel. Es handelte sich um viel kleinere Gebiete, über deren Räumung verhandelt werden konnte. Das Ausweichen um nur einen Kilometer in dieser oder jener Richtung konnte strategische Bedeutung gewinnen. Auf der Sinai-Halbinsel gab es nur wenige israelische Siedlungen, vor allem in der Nähe der israelischen Grenze. Auf den Golan-Höhen hatten die Israelis jedoch etwa zwanzig neue Siedlungen gegründet, und sie lagen sehr oft nur wenige Kilometer von der Waffenstillstandslinie des Jahres 1967 entfernt. Da Israel seit seinem Bestehen noch nie eine Siedlung aufgegeben hatte und es auch mit Sicherheit nicht im Rahmen einer Vereinbarung über die Truppenentflechtung tun würde, gab es nur einen sehr geringen Spielraum für Kompromisse oder Gebietsräumungen. Man rechnete damit, daß Syrien die Städte und Dörfer in diesem Gebiet wieder besiedeln wollte. Wenn Tausende von Zivilisten in das Gebiet strömten, komplizierten sich die israelischen Sicherheitsprobleme und die Aufgabe, die vereinbarten Waffenbeschränkungen zu überprüfen. Schließlich lehnten die Nachbarn Syriens – besonders die radikale Baath-Partei im Irak – alle Verhandlungen mit Israel ab, und außerdem bestand zwischen dieser Partei und ähnlichen Gruppierungen in Damaskus eine erbitterte Rivalität.

In dieser Lage konnte keine Seite großzügig sein, und beide Parteien leisteten ihren Beitrag zum Friedensprozeß in Form überzogener Forderungen. Es muß deshalb dem israelischen Kabinett und dem syrischen Präsidenten hoch angerechnet werden, daß sie ihre Vorurteile überwunden haben. Der Versuch, das Unvereinbare miteinander zu versöhnen, begann am Sonntag, dem 20. Januar 1974. Bevor ich nach Abschluß der Vereinbarungen zur Truppenentflechtung an der ägyptisch-israelischen Front nach Hause zurückkehrte, war ich zu einem kurzen Zwischenaufenthalt in Damaskus gelandet, um unser Interesse an einem Fortschritt bei der Truppenentflechtung an der syrischen Front zu demonstrieren. Asad hatte mir dazu seine Vorstellungen erläutert. Seine Forderungen waren nicht gerade bescheiden. Seine Unerfahrenheit in der Verhandlungstaktik zeigte sich darin, daß er für den Abzug der israelischen Truppen drei Alternativ-Vorschläge machte (was natürlich dazu führen mußte, daß nur über den für Israel günstigsten Vorschlag verhandelt wurde). Aber er zeigte nicht sehr viel Kompromißbereitschaft. Auch der Vorschlag, mit dem er Israel am weitesten entgegenkam, verlangte die Räumung des gesamten im Krieg von 1973 besetzten syrischen Gebiets und der Hälfte der 1967 eingenommenen Golan-Höhen, während er als Gegenleistung nur die Feuereinstellung und die Truppenentflechtung anbot. Aber die weitgehenden Forderungen hatten nicht die entscheidene Bedeutung wie die Tatsache, daß Syrien überhaupt bereit war zu verhandeln. Darin bestand eine entscheidende Wende in der Haltung Syriens. Um den Eindruck zu vermitteln, daß wir bei unseren Bemühungen vorangekommen waren, flog ich noch am gleichen Abend nach Tel Aviv und legte einer israelischen Verhandlungsdelegation Asads Vorschläge vor, aber die Israelis waren so wenig verhandlungsbereit, daß sie nicht einmal um die Bedingungen feilschen wollten.

Nach Washington zurückgekehrt, erhielt ich am 28. Januar Frau Meirs Antwort. Um das Problem nicht ihrem Übergangskabinett vorlegen zu müssen, stellte sie eine Bedingung: Es könnte keine Verhandlungen geben, bevor sich nicht erkennen ließe, daß Syrien die israelischen Kriegsgefangenen entlassen werde. Israel verlangte zumindest eine Namensliste seiner Kriegsgefangenen und die Inspektion der Gefangenenlager durch das Rote Kreuz, das berichten sollte, wie diese Gefangenen behandelt würden. Inzwischen hatte ich meine Erfahrungen bei der Ausdeutung israelischer Erklärungen gesammelt. So sagte ich dem israelischen Botschafter Simcha Dinitz, Golda habe es sorgfältig vermieden zu sagen, daß sie verhandeln *werde*, wenn diese Bedingungen erfüllt würden. Dinitz räumte ein, daß ich recht hatte. Da kein Kabinettsbeschluß vorläge, hätte sie keine andere Wahl gehabt. Er glaubte jedoch, daß, wenn die Syrer auf diese Bedingungen eingingen, es höchstwahrscheinlich zu Verhandlungen kommen würde.

Ich richtete mich darauf ein. Am 29. Januar teilte ich Asad (und Sadat) mit, daß, wenn Syrien eine Liste der Kriegsgefangenen vorlegte und es dem Roten Kreuz erlaubte, die Gefangenenlager zu besuchen, durchaus die Möglichkeit bestünde, Israel zu Gegenvorschlägen für die Truppenentflechtung zu bewegen. Am 30. Januar bestätigte Dinitz diese Auffassung. Während der folgenden Tage arbeitete ich einen Gesamtvorschlag und einen Zeitplan aus und übermittelte Asad meine Vorschläge am 5. Februar.

Dieser Vorschlag sah fünf Schritte vor. Erstens würden wir Israel mitteilen, wie viele Kriegsgefangene in Syrien festgehalten wurden. Zweitens werde Syrien eine Namensliste dieser israelischen Kriegsgefangenen an seine Interessenvertretung in Washington schicken. Drittens würde Israel aufgefordert werden, einen konkreten Vorschlag für die Truppenentflechtung vorzulegen, den ich im Austausch gegen die Kriegsgefangenenliste entgegennehmen wollte. Viertens würde ich nach dem Besuch des Roten Kreuzes bei den israelischen Kriegsgefangenen in Syrien Asad den israelischen Vorschlag für die Truppenentflechtung vorlegen und gleichzeitig Israel auffordern, einen höheren Beamten nach Washington zu schicken, um über mögliche Korrekturen zu verhandeln. Fünftens würde ein Verhandlungsprozeß im Rahmen der schon bestehenden israelisch-ägyptischen militärischen Arbeitsgruppe in Genf beginnen.

Ich betonte jedoch, daß ich nicht mit den Verhandlungen beginnen würde, bevor das Ölembargo aufgehoben wäre: »Ich werde erst in der Lage sein, mit Israel Bemühungen zur Lösung des Problems der syrisch-israelischen Truppenentflechtung einzuleiten, nachdem das Ölembargo aufgehoben worden ist.« Am 6. Februar wies ich Botschafter Hermann Eilts in Kairo an, den ägyptischen Außenminister Ismail Fahmy von dem Vorschlag zu unterrichten und ebenfalls darauf hinzuweisen, daß das Ölembargo »sofort« aufgehoben werden sollte.

Asad wartete nur achtundvierzig Stunden mit dem ersten von mir vorgeschlagenen Schritt. Am 7. Februar erhielten wir die Mitteilung, daß Syrien fünfundsechzig israelische Kriegsgefangene hatte – mehr als die Israelis angenommen hatten, und daher trug diese Mitteilung zur Beruhigung der israelischen Regierung bei. Jetzt wußte man, daß Syrien im Rahmen des Truppenentflechtungsabkommens nicht weniger Kriegsgefangene entlassen konnte.

Das sowjetische Dilemma

Doch nun erschien ein Besucher auf der Bildfläche, der unsere Lage noch mehr komplizierte. Der sowjetische Außenminister Andrej Gromyko, der Leonid Breschnew auf einer Reise nach Havanna begleitet hatte, kam nach Washington und blieb am 4. und 5. Februar in der amerikanischen Hauptstadt, um uns wegen unseres »einseitigen« Vorgehens im Nahen Osten zur Rede zu stellen. Bevor Nixon ihn empfing, faßte ich die Probleme, vor die wir durch die sowjetische Nahost-Politik gestellt wurden, in einer Denkschrift für Nixon zusammen:

> Die Sowjets sind offensichtlich durch den raschen Fortschritt bei den amerikanischen Verhandlungen mit Israel und den Arabern überrascht worden und ärgern sich natürlich darüber, daß sie praktisch davon ausgeschlossen worden sind. Zunächst haben sie zumindest ihrem Unwillen Ausdruck verliehen, besonders gegenüber den Ägyptern. Aber in den letzten Tagen – und das zeigt sich in den Äußerungen, die Breschnew auf Kuba gemacht hat – scheinen sich die Sowjets allmählich mit unserem Konzept von einer Truppenentflechtung und dem Verfahren einer schrittweisen vorläufigen Friedensregelung abzufinden . . . Soweit sie einen Einfluß in Damaskus haben, ermutigen sie die Syrer dazu, die Verhandlungen über die Truppenentflechtung an ihrer Front aufzunehmen, aber nur unter der Bedingung, daß es in Verbindung mit der Genfer Konferenz steht und die Sowjets beteiligt werden.
>
> Vor allem wissen wir bisher noch nicht, ob die Sowjets die Verhandlungen in der nächsten Phase stören werden; ob sie . . . ernsthafte Verhandlungen blockieren oder komplizieren werden, indem sie zum

Beispiel eine Teilnahme der Palästinenser an der Genfer Konferenz erzwingen. Jedenfalls gibt es zahlreiche taktische Schritte, die sie unternehmen könnten, um dafür zu sorgen, daß die fundamentalen Probleme nicht gelöst werden. Das Risiko für Moskau liegt darin, daß aus den Verhandlungen eine Konfrontation entsteht, die wieder zum Kriege führen könnte. Aus diesem Grunde unterstützen die Sowjets wahrscheinlich die Truppenentflechtung, was es beiden Seiten erschweren wird, wieder zu den Waffen zu greifen, den Sowjets aber die Möglichkeit offenläßt, sich mit ihren Manipulationen in die Lösung der Grundprobleme einzuschalten.

Als Gromyko am 4. Februar um 16.30 Uhr von Nixon empfangen wurde, war er besonders schlechter Stimmung. Der Präsident und der mürrische sowjetische Diplomat saßen auf den beiden Sesseln mit den hohen Rückenlehnen beiderseits des Kamins im Ovalen Zimmer. Der Berater des Außenministeriums, Helmut Sonnenfeldt, Botschafter Walter Stoessel und ich hatten auf dem Sofa neben Nixons Stuhl Platz genommen. Der sowjetische Botschafter Anatoli Dobrynin und der Dolmetscher Viktor Suchodrow saßen auf dem Sofa uns gegenüber. Gromyko warf den Vereinigten Staaten vor, sie verstießen systematisch gegen die mit mir vor wenigen Monaten im Oktober in Moskau getroffene Absprache, daß die Nahost-Verhandlungen unter dem »Schutz« der Vereinigten Staaten und der Sowjetunion stattfinden sollten. Nun erklärte Gromyko, daß auch die Sowjetunion die Möglichkeit hätte, im Nahen Osten einseitig vorzugehen und unsere Bemühungen, wenn sie wollte, stören könnte. Bisher hätte sie es vermieden. Wenn wir gemeinsam vorgegangen wären, dann wären wir schon weiter vorangekommen.

Gromykos Vorstellungen von der Bedeutung des amerikanisch-sowjetischen »Schutzes« waren bizarr. Wir hatten uns in Moskau bereit erklärt, gemeinsam mit der Sowjetunion diese Schutzfunktionen zu übernehmen, um den arabischen Staaten die direkten Verhandlungen mit Israel zu erleichtern, aber schon damals hatten wir erklärt, daß die Vereinigten Staaten und die Sowjetunion nur an der Anfangsphase und in anderen entscheidenden Augenblicken an den Verhandlungen teilnehmen sollten. Niemand hatte daran gedacht, daß dieser »Schutz« den Beteiligten aufgezwungen werden sollte, wenn sie ein anderes Verfahren vorzogen, oder daß damit die Möglichkeit geschaffen werden sollte, Verhandlungen, die vorankamen, abzubremsen. Wir konnten es uns damals nicht vorstellen, daß Länder, die wir als sowjetische Verbündete ansahen, schließlich lieber ohne die Sowjets vorgehen würden. Aber gerade das geschah.

Wenn Gromyko behauptete, daß die Teilnahme der Sowjetunion den Fortgang der Verhandlungen beschleunigt hätte, dann waren wir vom Gegenteil überzeugt. Hätte sich Gromyko an den Verhandlungen beteiligt, dann wäre er mit Sicherheit den bekannten, stereotypen und formalistischen sowjetischen Methoden gefolgt. Er hätte ein detailliertes Programm für eine umfassende Friedenslösung vorgelegt, das, von allgemeinen Grundsätzen ausgehend, alle Einzelheiten festgelegt hätte. Dann hätte er sich mühsam durch die Tagesordnung gequält, und die

Lage hätte sich in ungezählten langweiligen Sitzungen mit jeder Verhandlungsrunde immer mehr festgefahren. Solche Taktiken konnten die friedliebenden bürgerlichen Gesellschaften des Westens erschöpfen, aber im Nahen Osten, wo sich die Leidenschaften leichter entzünden, hätten sie zu unerträglichen Spannungen geführt. Darüber hinaus hatten die Sowjets bewiesen, daß sie ganz auf der Seite der radikalen Araber standen, und damit hätten sie den Verhandlungsverlauf erstarren lassen und jede Flexibilität verhindert. Selbst wenn man den Sowjets den guten Willen zugestand, waren die sowjetischen Verhandlungsmethoden lähmend. War dieser gute Wille nicht vorhanden, dann mußte es gefährlich werden. Auch Sadat teilte diese Auffassung – gar nicht zu reden von Israel, das, nachdem es 1967 die diplomatischen Beziehungen zu Moskau abgebrochen hatte, nicht mehr an einer sowjetischen Beteiligung interessiert war.

Was nun Gromykos Drohung betraf, Moskau hätte die Möglichkeit, andere arabische Staaten zu veranlassen, den Friedensprozeß zu behindern, so hielten wir sie für eine gewaltige Übertreibung – wenigstens in der ersten Verhandlungsphase. Der algerische Präsident Houari Boumedienne hatte mir gesagt, er hielte unsere Strategie für richtig. Das mit Moskau verbündete Syrien verlangte die Beteiligung der Vereinigten Staaten nach dem Vorbild der Verhandlungen über die Truppenentflechtung auf der Sinai-Halbinsel, mit anderen Worten, ohne die UdSSR. Auf der sowjetischen Seite standen nun nur noch Länder wie der Irak und Libyen. Mit solchen Verbündeten konnte Moskau uns kaum behindern, besonders solange der Iran mit uns verbündet war und die Streitkräfte des Irak an dessen Ostgrenze, weit von Syrien entfernt, fesselte.

Wir waren daher nicht bereit, unsere Strategie zu ändern, wollten es aber auch nicht zu einem Bruch mit der Sowjetunion kommen lassen. Sie hatte immerhin die Möglichkeit, uns zu stören. Ein unter Ausnutzung aller dazu geeigneten Kräfte geführter sowjetischer Angriff gegen unsere Politik würde uns unsere Aufgabe erschweren, und angesichts der Watergate-Krise durften wir uns auf die innenpolitische Unterstützung der Regierungspolitik nicht verlassen. Deshalb wollten wir Zurückhaltung üben und es während des Gromyko-Besuchs nicht zu unnötigen Spannungen kommen lassen.

Die Begegnung im Ovalen Zimmer gab Nixon die Gelegenheit, sein Geschick unter Beweis zu stellen, seine Gesprächspartner zu verwirren. Er war ein Meister der philosophischen Erklärung, die nichts erklärte, sondern den Eindruck erweckte, daß er mit seinem Gesprächspartner ein Geheimnis teilte. Deshalb brachte Nixon mit dem freundlichsten Gesicht seine Befriedigung über die bisher erzielten diplomatischen Fortschritte zum Ausdruck. Die Vereinigten Staaten wären aktiv geworden, weil die Beteiligten es gewünscht hatten. Es ließ sich zwar nicht beweisen, daß wir versucht hätten, ihnen diesen Wunsch auszureden, aber das hinderte Nixon nicht daran, zu erklären, daß er es vorgezogen hätte, wenn sich die Sowjetunion an unseren Bemühungen beteiligt hätte. Andererseits gebe es für die Supermächte verschiedene konkrete Voraussetzungen: »Auf einigen Gebieten können wir etwas erreichen, wo Sie nichts erreichen können. Daran müssen wir denken.« Mit anderen Worten, Nixon war für eine Zusammenarbeit der Supermächte im Nahen Osten außer auf den Gebieten, wo diese Zusammenarbeit nicht seinen Zwecken diente. Nixon meinte, wo und wie man zusammenarbeiten sollte, wäre ein taktisches Problem, das Gromyko und ich lösen müßten. Damit zog sich der Präsident geschickt aus der Schußlinie. Das alles trug Nixon mit der unschuldigen Miene eines naiven jungen Mannes vom Lande vor, als handelte es sich um irgendein fürchterliches Mißverständnis über ein Thema, das zu trivial wäre, als daß er seine Zeit damit verschwenden dürfte. Er tat so, als sähe er nichts lieber als eine amerikanisch-sowjetische Zusammenarbeit im Nahen Osten und anderswo, aber man dürfte nicht von ihm erwarten, daß er sich auch noch um die Details kümmerte. In bester Laune schloß Nixon das Gespräch mit der Versicherung, er sei überzeugt, Gromyko und ich würden Mittel und Wege finden, das Problem zu lösen.

Aber Gromyko ließ sich nicht so leicht hinters Licht führen. Er wußte sehr genau, daß Nixon ihm nichts Konkretes in die Hand gegeben hatte. Am Schluß des Gesprächs war er nicht einen Schritt weitergekommen. Andererseits hatte Nixon manche interessante Andeutung gemacht, was einen so erfahrenen Politiker wie Gromyko veranlaßte, mich um eine Präzisierung der Äußerungen des Präsidenten zu bitten – in einem Privatgespräch am 5. Februar. In dem Versuch, Ausflüchte zu finden, war ich längst nicht so geschickt wie Nixon. Gromyko wollte sich von mir jedenfalls nicht mit den leeren Phrasen abspeisen lassen, die das Protokoll einem Staatsoberhaupt gestattet. Gromyko tat nun so, als habe er Nixons Worten entnommen, der Präsident wäre grundsätzlich der Meinung, daß im Nahen Osten nichts geschehen dürfte, ohne daß sich die Sowjetunion und die Vereinigten Staaten darüber geeinigt hätten. Ich kannte meinen verschlagenen Chef natürlich besser als er und bezweifelte, daß Gromyko wirklich von der Richtigkeit seiner Interpretation überzeugt war. Dahinter verbarg sich allerdings die Tatsache, daß sich die Sowjetunion in einer äußerst peinlichen Lage befand. Gromyko hatte keine andere Wahl. Er wollte sich an einem diplomatischen Prozeß beteiligen, zu dem er nichts beitragen konnte, und was noch wichtiger war, er wollte eine Rolle übernehmen, die ihm sogar seine arabischen Freunde nicht zugestanden.

Uns lag nichts daran, die Sowjetunion in eine peinliche Lage zu bringen, sondern wir brauchten Handlungsfreiheit. Wenn Moskau wirklich an der Stabilität im Nahen Osten interessiert war, dann konnte die Tatsache, daß wir in dem Verhandlungsprozeß die entscheidende Rolle übernommen hatten, nur die Eitelkeit der Sowjets kränken, aber die sowjetischen Interessen wurden dadurch nicht berührt. Die Truppenentflechtung an der syrischen Front war notwendig, um die Lage im Nahen Osten zu entspannen und die Möglichkeiten für einen Friedensschluß zu schaffen. Unsere Vermittlerrolle würde uns voraussichtlich nur wenig Nutzen bringen. Man wird in der Politik nur selten für Dienste belohnt, die man geleistet hat. Welchen Einfluß wir auf die Dauer auf die Ereignisse im Nahen Osten haben würden, hing davon ab, was wir für die Zeit nach dem Friedensschluß anzubieten hatten. Aber Gromyko ließ es sich nicht nehmen, das ganze Problem sehr gründlich mit mir durchzusprechen. Ich machte ihm die unbestimmte Zusage, daß die Vereinigten Staaten grundsätzlich zu einem Informationsaustausch mit der Sowjetunion bereit wären und ihr Vorgehen gegebenenfalls mit Moskau koordinieren wollten. Aber Gromyko wollte mich auf konkrete Zusagen festlegen. Ich versteckte mich hinter den am Konflikt beteiligten Ländern und sagte, um der Fairneß willen müßten wir sie um ihre Stellungnahme bitten. Der Angelpunkt des Problems war natürlich nicht nur die Tatsache, daß zwischen Moskau und Jerusalem keine diplomatischen Beziehungen bestanden, sondern der Umstand, daß sich die Sowjets einseitig auf ein arabisches Programm festgelegt hatten, welches sich, wie die Erfahrung zeigte, nicht verwirklichen ließ. So war es die Erkenntnis, daß die Sowjets keinen Fortschritt bewirken konnten, welche die besten Freunde der Sowjets in diesem Gebiet – wie Syrien – veranlaßte, sich an uns zu wenden, wie sie Sadat schon gezwungen hatte, einen Kurswechsel vorzunehmen.

Während Gromyko versuchte, festzustellen, wieweit wir zu einem gemeinsamen Vorgehen bereit wären, wollte ich wissen, ob die Sowjetunion die Araber veranlassen könnte und wollte, flexibler zu sein. Es zeigte sich jedoch sehr bald, daß die Sowjets in einer amerikanisch-sowjetischen »Garantie« für die Einhaltung der Friedensvereinbarungen ihren wichtigsten Verhandlungsbeitrag sahen. Nach Gromykos Interpretation würde diese Garantie die Supermächte berechtigen, im Fall offenkundiger Verletzungen zu intervenieren, und zwar, wenn wir damit einverstanden waren, gemeinsam, wenn nicht, einseitig – wie Moskau es im Oktober versucht hatte, als wir unsere Streitkräfte in den Alarmzustand versetzten. An einer solchen Absprache konnten wir kein Interesse haben. Ich wollte aber trotzdem Einzelheiten von ihm wissen: Würden die beteiligten Länder im Nahen Osten diesem Verfahren zustimmen oder die Intervention anfordern müssen? Was meinte Gromyko damit? Wir schlossen es nicht aus, uns an Garantien zu beteiligen, wenn die Parteien uns darum bitten sollten, wir würden uns aber nicht mit einem Verfahren einverstanden erklären, in dem wir diese Garantien gegen ihren Willen übernehmen müßten. Jetzt stellte Gromyko mit einer müden Handbewegung fest, daß er bei mir einen »Mangel an Begeisterung« entdeckt habe. In Wirklichkeit wollten wir beide vermeiden, uns festzulegen, und wir waren beide zu erfahren, um uns über die Folgen unseres Vorgehens Illusionen zu machen. Aber andererseits waren uns die amerikanisch-sowjetischen Beziehungen zu wertvoll, um einen offenen Bruch zu riskieren.

Wir wollten mit unserer Strategie den Einfluß der Sowjetunion im Nahen Osten schwächen, weil sich die Interessen unserer beiden Länder in diesem Gebiet (und unsere diplomatischen Methoden) nicht aufeinander abstimmen ließen, wenigstens nicht, solange sich die Sowjetunion hinter ein arabisches Maximalprogramm stellte und nichts unternahm, die mit ihr befreundeten arabischen Staaten zur Kompromißbereitschaft zu bewegen. In dieser Lage konnte man durch diplomatische Kontakte zwischen den Vereinigten Staaten und der Sowjetunion im günstigsten Fall erreichen, daß sich die Auswirkungen der Interessengegensätze im Nahen Osten milderten, indem wir den Sowjets auf anderen Gebieten günstige Angebote machten. Das ist uns gelungen. Die Sowjets wagten es nicht, die Beziehungen zwischen unseren beiden Ländern in anderen politischen Dimensionen schlechter werden zu lassen. In diesem Sinne ist es die Entspannungspolitik gewesen, die es den Vereinigten Staaten erlaubt hat, im Nahen Osten eine diplomatische Revolution herbeizuführen. In einer Periode der offenen Konfrontation mit der Sowjetunion hätten wir niemals einen solchen Handlungsspielraum gehabt. Die Ereignisse im Nahen Osten widerlegen das so oft verwendete Schlagwort, daß die Entspannungspolitik eine »Einbahnstraße« wäre.

Ich hielt das Gromyko gegebene Versprechen, den Parteien den sowjetischen Vorschlag zu unterbreiten, und erläuterte ihn am 6. Februar in einer an die Syrer gerichteten Note:

> ... daß künftig alle unsere diplomatischen Aktivitäten im Nahen Osten auf einer gemeinsamen amerikanisch-sowjetischen Basis durchgeführt und daß die Modalitäten gemeinsam sein sollten. Sie wünschen darüber hinaus, daß alle Aktivitäten in Genf erfolgen und daß die Vereinigten Staaten und die Sowjetunion an allen in Genf stattfindenden Begegnungen zwischen den Parteien teilnehmen.

Daß ich mich mit Damaskus in Verbindung setzte, war auch deshalb notwendig, weil Gromyko höchstwahrscheinlich Asad seine Version der Gespräche in Washington mitteilen und der Kreml wiederum von den Syrern erfahren würde, ob und was von uns dazu gesagt worden war. Die Israelis erklärten erwartungsgemäß, sie würden sich niemals einem sowjetischen Veto beugen und auch niemals damit einverstanden sein, daß die Sowjets an allen Sitzungen teilnahmen.

Die Antwort der Syrer klang interessanter und zweideutig. Sie stellten uns zwei Fragen: Erstens. Hatten wir Moskau gesagt, daß wir Asad um seine Stellungnahme bitten würden? Und zweitens. Hatten wir Moskau den Inhalt meiner verschiedenen Gespräche mit Asad anvertraut und auch von dem Plan vom 5. Februar gesprochen, die Verhandlungen zu beginnen? Diese Fragen konnten nur bedeuten, daß es zwischen Moskau und Damaskus nicht so enge Kontakte gab, wie wir angenommen hatten. Insbesondere schien Syrien seinem Verbündeten nichts über den Plan gesagt zu haben, nach dem wir vorgehen wollten. Offenbar fürchteten die Syrer, daß Moskau von uns erfahren hätte, was sie den Sowjets verschwiegen hatten. Die Anfragen deuteten die faszinierende Möglichkeit an, daß Syrien trotz seines Bündnisses die Sowjets aus den Verhandlungen ausschließen wollte und nun versuchte, festzustellen, was es damit riskierte. Die syrischen Fragen gaben darauf eigentlich schon die Antwort, denn wenn Syrien an einer Beteiligung der Sowjets gelegen wäre, dann hätte es die Tatsache begrüßt, daß wir Moskau mitgeteilt hatten, wir hätten die Syrer konsultiert. Am 8. Februar schickten wir unsere sorgfältig formulierte Antwort ab. Darin hieß es, wir hätten Gromyko nur gesagt, wir würden Syrien um seine Stellungnahme bitten. Wir hätten uns dabei auf keine bestimmte Ebene festgelegt. Über unseren Plan vom 5. Februar hätten wir den Sowjets keine Einzelheiten mitgeteilt.

Asad reagierte sofort und übermittelte uns am 9. Februar eine sehr sorgfältig formulierte Antwort. Der syrische Präsident dankte mir dafür, daß ich ihn vom Inhalt der amerikanisch-sowjetischen Gespräche über den Nahen Osten unterrichtet hatte. Er sagte, Syrien habe nichts gegen Absprachen zwischen den Vereinigten Staaten und der Sowjetunion einzuwenden, verfüge aber nicht über genügend Informationen, um einen konkreten und durchführbaren Plan vorzulegen – was nur bedeuten konnte, daß Syrien mit einer gemeinsamen amerikanisch-sowjetischen Vermittlung einverstanden war, wenn wir es wünschten, und daß Syrien seine Beziehungen zu Moskau nicht durch die Ablehnung eines solchen Vorschlags gefährden wollte, ihn aber auch nicht besonders befürwortete.

Offenbar war Asad eine Teilnahme Moskaus nicht besonders angenehm; so wollte er uns deutlich zu verstehen geben, daß die Sowjets in Damaskus keinen Sonderstatus als Berater hatten. Er wollte nicht einmal zu dem sowjetischen Vorschlag zur Koordinierung unserer Bemühungen Stellung nehmen, über den ich ihn unterrichtet hatte. Alle noch vorhandenen Zweifel wurden uns damit genommen, daß Asad im gleichen Brief das in unserem Plan vom 5. Februar vorgeschlagene Verfahren akzeptierte – das Moskau ausschloß und den Vereinigten Staaten die Funktionen des Vermittlers zuwies.

Diese Entwicklung zeigte in dramatischer Weise, wie weit Syrien in den drei Wochen nach Abschluß der Vereinbarungen über die Truppenentflechtung an der ägyptischen Front gekommen war. Die Syrer hatten mitgeteilt, wie viele israelische Kriegsgefangene sie festhielten; sie hatten versprochen, uns eine Namensliste der Kriegsgefangenen zu übergeben und dem Roten Kreuz zu erlauben, die Gefangenenlager zu besuchen; und es hatte einem Verfahren zugestimmt, in dem die Vereinigten Staaten die Vermittlung übernahmen. Nun waren wir verpflichtet, Asad eine israelische Antwort auf seine Vorschläge zu der Truppenentflechtung auf den Golan-Höhen zu übermitteln. Doch vorher mußten wir allen Beteiligten deutlich zu verstehen geben, daß die Verhandlungen über eine Regelung auf dem Golan nicht isoliert geführt werden konnten. Ich brachte deshalb am folgenden Tag meine Befriedigung darüber zum Ausdruck, daß Asad eine so positive Haltung eingenommen hatte, betonte jedoch, daß die Verhandlungen nicht vorankommen konnten, solange das Ölembargo nicht aufgehoben war:

> Wie der Außenminister in seinem Brief vom 5. Februar an Präsident Asad ausgeführt hat, wird er, sobald die Frage des Ölembargos geregelt ist, mit den Israelis die Schritte einleiten, die in unserem Vorschlag für das Verfahren erläutert werden ... Weitere Schritte unsererseits werden erst nach einer endgültigen Regelung der Embargofrage erfolgen.

Briefe ähnlichen Inhalts gingen an Sadat, Boumedienne und Faisal, die sich am 12. Februar in Algier zu einem arabischen Minigipfel mit Asad treffen sollten. Während der Energiekonferenz in Washington warteten wir auf die Ergebnisse dieser arabischen Konferenz.

Auf der Energiekonferenz in Washington wurde ständig davon gesprochen, daß eine Konfrontation mit den Ölförderländern vermieden werden müßte. Die feierlichen Erklärungen über die Notwendigkeit eines Dialogs zwischen den Verbraucherländern und den Ölproduzenten gehörten zur Liturgie aller Aussprachen. Aber die meisten Teilnehmer hatten den Verdacht, daß die Vereinigten Staaten diese Ziele nicht mit der gleichen Begeisterung verfolgten. Doch die arabischen Ölförderländer machten uns, die wir diese Konferenz organisiert hatten, kaum irgendwelche Vorwürfe. Die arabischen Regierungschefs nahmen bei ihrem Treffen in Algier von der Geheimsitzung in Washington kaum Notiz. Unsere Drohung, uns aus den Verhandlungen zurückzuziehen, führte nicht dazu, daß die Araber zur Ölwaffe griffen, sondern zu einem neuen Appell an die Vereinigten Staaten, sich in die syrischen Verhandlungen einzuschalten.

Dieses Bestreben ließ sich allerdings nicht sofort erkennen, weil das, was die wichtigsten arabischen Regierungschefs wirklich erreichen wollten, in einem arabischen Konsens unterging, dessen Rhetorik sehr stark von den Radikalen beeinflußt wurde. Inzwischen war ich überzeugt, daß die Teilnehmer am Gipfeltreffen in Algier – Sadat, Boumedienne, Faisal und sogar Asad – das Ölembargo für eine schwere Belastung ihrer Politik hielten. Aber keiner von ihnen wollte sich vorwerfen lassen, zu wenig militant gewesen zu sein. Jeder einzelne von ihnen war glücklich, einem Beschluß seiner Brüder zustimmen zu können, aber – mit Sadats Ausnahme – jeder scheute sich, selbst die Initiative zu ergreifen. Das war besonders problematisch für Saudi-Arabien, das mit Überzeugung für die gesamtarabischen Interessen eintrat und sich dadurch gleichzeitig gegen seine habgierigen radikalen Nachbarn absicherte. Diese Ambivalenz spiegelte sich in einer Reihe verwirrender Entwicklungen.

Auf das Gipfeltreffen in Algier sollte eine Konferenz der arabischen Ölminister in der libyschen Hauptstadt Tripolis am 14. Februar folgen, auf der über die Aufhebung des Ölembargos gesprochen werden sollte. Die erste Nachricht, die wir aus Algier erhielten, besagte, daß die Konferenz in Tripolis abgesagt worden sei, was bedeutete, daß die vier Regierungschefs auf dem Minigipfel nicht wußten, wieweit sie mit der Unterstützung der anderen arabischen Länder rechnen konnten. Es folgte ein Kommuniqué, das von neuem bestätigte, die arabischen Führer seien übereinstimmend der Auffassung, daß Israel alle besetzten Gebiete räumen müßte, und die »Garantie der Rechte des arabischen palästinensischen Volkes in ihren Territorien und ihrer Nation« verlangte.

Man erklärte, daß diese harte Haltung eine Reaktion auf die Unnachgiebigkeit Israels wäre. In der Tat hatte sich die israelische Premierministerin am 9. Februar dazu hinreißen lassen, vor einer Gruppe israelischer Siedler auf den Golan-Höhen sehr herausfordernde und unkluge Erkärungen abzugeben. Sie war viel zu intelligent, um nicht zu begreifen, welches diplomatische Risiko sie mit solchen Äußerungen einging, aber der Oppositionsführer Menachem Begin machte ihr immer wieder den Vorwurf, daß sie zu nachgiebig wäre – was niemand verstehen konnte, der wie ich mit ihr verhandelt hatte. Auch ihre potentiellen Koalitionspartner von den religiösen Parteien drängten sie immer wieder, energischer aufzutreten. Nun hatte sie erklärt, daß sie die Golan-Höhen mit ihren Siedlungen als unbestreitbar israelisches Gebiet betrachtete und sich einen Rückzug von den Waffenstillstandslinien mit Syrien aus dem Jahr 1967 oder eine Räumung von Quneitra nicht vorstellen könnte. Am 11. Februar sagte ich Dinitz, diese Erklärung von Golda hätte zu keinem ungeeigneteren Zeitpunkt kommen können. Am 14. Februar teilten wir der syrischen Regierung in Damaskus mit, daß wir »mit den Israelis auf diplomatischem Wege Gespräche über die Erklärung von Frau Meir über den Golan aufgenommen« hätten.

Es zeigte sich jedoch, daß das Kommuniqué von Algier eine Art Zaubertrick war. Seine harten Formulierungen hatten die radikalen Araber ablenken sollen, aber die Außenminister Omar Saqqaf und Ismail Fahmy aus Saudi-Arabien und Ägypten wurden nach Washington geschickt, um uns mitzuteilen, was »im geheimen« beschlossen worden war. Niemand hatte uns auf dieses freudige Ereignis vorbereitet, und so sah ich mich gezwungen, Kay Biscayne sofort wieder zu verlassen, wo ich eben angekommen war, um mit dem Präsidenten ein ruhiges Wochenende zu verleben.

Die Regierungschefs, die am Gipfel in Algier teilgenommen hatten, unterrichteten mich indessen einzeln von den Ergebnissen ihrer Gespräche. Boumediennes Chefberater teilte uns mit, daß das Ölembargo auf der nächsten Sitzung der Ölminister aufgehoben würde, die Syrer würden uns demnächst im Sinne meiner Vorschläge vom 5. Februar eine Liste der israelischen Kriegsgefangenen übergeben, und die vier Regierungschefs würden es begrüßen, wenn ich sofort in den Nahen Osten reiste, um den Verhandlungsprozeß in Gang zu setzen. Aber dann erfuhren wir vom saudischen Ölminister Yamani, der sich mit unserem Botschafter James Akins in Verbindung gesetzt hatte, daß der Minigipfel gescheitert wäre. Asad hätte nicht nachgeben wollen und behauptete, daß die Truppenentflechtung auf der Sinai-Halbinsel nur Israel etwas genützt hätte. Er hätte verlangt, daß Israel mit dem Truppenabzug auf dem Golan beginnen müsse, *bevor* das Embargo aufgehoben werden könnte. Hatte uns Yamani nur mit Gerüchten abgespeist oder verfügte er über vertrauliche Informationen? Nach Akins' Bericht über ein anschließendes Gespräch mit König Faisal waren die Ausführungen des Königs wie üblich doppeldeutig gewesen. Faisal hatte gesagt, daß es schwierig sein werde, das Embargo aufzuheben, solange man in Syrien nicht weitergekommen sei. Der König hätte gemeint, daß ich persönlich in den Nahen Osten kommen sollte, um damit unseren guten Willen unter Beweis zu stellen.

Am 16. Februar sagte ein syrischer Beamter unserem Geschäftsträger in Damaskus, dem sehr tüchtigen und energischen Thomas Scotes – er erinnerte mich an Joe Sisco –, man habe beschlossen, das Embargo schrittweise aufzuheben. Eine teilweise Aufhebung sollte auf der nächsten Konferenz der Ölminister erfolgen. Alle Beschränkungen sollten jedoch erst nach Abschluß der Truppenentflechtung auf den Golan-Höhen aufgehoben werden. Als Grund für dieses Zögern nannte der Beamte Golda Meirs jüngste Erklärung. Angeblich stieß Asad in der syrischen Regierung auf starken Widerstand, wo man nicht einmal damit einverstanden war, daß er über eine Truppenentflechtung verhandelte. Wenn er sich weiter am Friedensprozeß beteiligen wollte, dann mußte er zuerst beweisen, daß er die notwendige Energie aufbrachte, sich gegen israelische Maximalforderungen zu wehren. Mit anderen Worten, um eine versöhnliche Haltung zeigen zu können, brauchte man zuerst eine Demonstration männlicher Stärke. Im Nahen Osten ist das nun einmal so.

Diese verwirrenden und zum Teil einander widersprechenden Nachrichten bedeuteten, daß man Beschlüsse gefaßt hatte, mit denen bestimmte Faktoren verknüpft wurden. So sollte die Aufhebung des Ölembargos schrittweise und gleichzeitig mit bestimmten Fortschritten bei der Truppenentflechtung auf dem Golan erfolgen. Doch während die Beschlüsse von Algier den Arabern vielleicht die Möglichkeit geben sollten, bei einer Aufhebung des Ölembargos das Gesicht zu wahren, erschwerten sie uns ein Weiterkommen in den Verhandlungen so sehr, daß wir uns dagegen wehren mußten. Daß Syrien beabsichtigte, uns die Liste der Kriegsgefangenen auszuhändigen (offiziell war uns das noch nicht mitgeteilt worden), war ein ermutigendes Zeichen. Es konnte sich aber auch als taktischer Schachzug erweisen, der es den Syrern ermöglichen sollte, beim Embargo zu bleiben, wenn sich die israelischen Vorschläge für die Truppenentflechtung als unannehmbar oder unverschämt herausstellen sollten – und das war angesichts der israelischen Verhandlungsmethoden und Goldas innenpolitischer Schwierigkeiten durchaus möglich. Mit einer Reise in den Nahen Osten könnte es mir vielleicht gelingen, die scharfen Reaktionen abzumildern, die sich nicht vermeiden lassen würden, wenn der syrischen Führung ein israelischer Plan ohne nähere Erläuterung vorgelegt wurde. Sollte es jedoch während meines Aufenthalts im Nahen Osten zu einer Explosion kommen, dann hätten wir keine Möglichkeit mehr, die Dinge in Ordnung zu bringen. So konnte mein persönliches Auftreten entweder zum Vorwand genommen werden, das Embargo aufzuheben oder es fortzusetzen.

Ich neigte dazu, alles auf eine Karte zu setzen und meine Beteiligung so lange zu verweigern, bis das Embargo unwiderruflich aufgehoben war. Doch Nixon wollte es diesmal nicht auf eine Kraftprobe ankommen lassen. Er stand nun schon seit zehn Monaten unter dem Druck von Watergate und glaubte immer noch, daß eine dramatische Aufhebung des Embargos unter seiner persönlichen Führung das Allheilmittel wäre, ihn aus seiner mißlichen Lage zu befreien. Doch in diesem Punkt verließ ihn sein sonst so sicheres politisches Urteilsvermögen. Er wußte, daß die Warteschlangen an den Tankstellen die bevorstehende innenpolitische Katastrophe andeuteten. Er wollte aber nicht begreifen, daß eine Beendigung dieses Zustandes ihn politisch nicht mehr retten konnte. Selbst der spektakulärste Erfolg konnte das unerbittliche Schicksal nicht mehr aufhalten, das sich über ihm zusammenzog. Doch kaum waren ein paar Wochen vergangen, entwickelte der Präsident irgendeinen neuen Plan und wollte einen Sonderbeauftragten zu König Faisal schicken, um ihn an die persönliche Freundschaft mit Nixon zu erinnern. Ich lehnte diese Methode als demütigend ab und war überzeugt, daß wir den Saudis damit das Mittel an die Hand geben würden, uns noch mehr unter Druck zu setzen. Aber da ich von solchen Absichten nur durch dritte Personen erfuhr, mit denen Nixon gesprochen hatte, ergab sich für mich nicht die Gelegenheit, Einwände zu erheben – was Nixon offenbar vermeiden wollte.

Am 7. Februar, auf dem Höhepunkt unserer energischen Bemühungen, eine bedingungslose Aufhebung des Ölembargos zu erzwingen, ergriff der Präsident wieder die Initiative für ein solches Unternehmen. Ich war für einen Tag nach Panama geflogen, und Nixon nutzte die Gelegenheit aus, sich persönlich an den saudischen Botschafter zu wenden. Der Präsident empfing den Botschafter im Kartenzimmer des Weißen Hauses, um zu demonstrieren, worum es bei diesem Gespräch ging – und ließ die Pressefotografen kommen. Dann übernahm er praktisch die persönliche Garantie dafür, daß die Aufhebung des Embargos nicht nur zu einer befriedigenden Lösung auf den Golan-Höhen, sondern auch zu einer endgültigen Friedensregelung führen werde. Dabei vermied er bewußt, sich auf endgültige Grenzen festzulegen, ließ aber keinen Zweifel an seinen Absichten: »Wir werden so schnell wie möglich eine endgültige Regelung ausarbeiten. Dahinter steht das ganze Prestige meines Amtes. Sie sollten wissen, daß ich mein Ziel mit Hilfe von bestimmten Gruppen in diesem Lande erreichen werde.« Dann erklärte Nixon, daß auch er persönlich an einer Reise in den Nahen Osten interessiert wäre, und zwar schon im gleichen Frühjahr.

Der Präsident hatte mir nichts von seiner Absicht gesagt, und nachdem ich drei Wochen für eine bedingungslose Aufhebung des Embargos gekämpft hatte, war ich nicht besonders glücklich, als ich von diesem überraschenden Gespräch erfuhr. So kam es zu dem üblichen Gedankenaustausch zwischen Brent Scowcroft und mir. Unmittelbar nachdem ich von der Begegnung erfahren hatte, schickte ich ihm auf dem Flug nach Panama einen Funkspruch, in dem ich die Begegnung als »gefährlich« bezeichnete und erklärte, daß sie nur das Gegenteil von dem bewirken werde, was beabsichtigt war. In seiner Antwort erklärte Scowcroft, daß der Besuch des Botschafters besser wäre als andere Alternativen (wie zum Beispiel die Entsendung eines Sonderbeauftragten des Präsidenten nach Saudi-Arabien) – die bewährte Methode, mit der Scowcroft mich in solchen Fällen zu besänftigen pflegte. Der Besuch des Botschafters zeigte schließlich keine sichtbare Wirkung.

Als Fahmy und Saqqaf im Anschluß an die Konferenz von Algier nach Washington kamen, drängte ich Nixon, es jetzt auf eine Kraftprobe ankommen zu lassen. Ich empfahl ihm, den beiden Außenministern mitteilen zu lassen, daß der Präsident sie nicht empfangen werde, wenn sie nicht bereit wären, die bedingungslose Aufhebung des Ölembargos zu garantieren. Ich würde in jedem Fall in den Nahen Osten reisen, um das am 5. Februar mit Asad abgesprochene Verfahren einzuleiten, was bedeutete, daß ich den Syrern einen israelischen Plan für die

Truppenentflechtung auf den Golan-Höhen vorlegen und dafür eine Liste der in Syrien festgehaltenen israelischen Kriegsgefangenen in Empfang nehmen wollte. Aber ich sagte dem Präsidenten, wir müßten den Arabern klarmachen, daß jeder weitere Fortschritt von ihrer Ölpolitik abhinge. Wir würden uns auf keinen Fall unter Druck setzen lassen. Nixon hatte seine Zweifel:

> Sehen Sie, mich interessiert nur das Ölembargo. Das ist das einzige, wofür das Land sich interessiert. Es ist den Leuten verdammt gleichgültig, was in Syrien geschieht. Das ist unser Problem. Ich glaube, wir sollten mit ihnen sprechen, aber ich weiß nicht, ob Ihre Reise wirklich so wichtig ist, wenn wir sie nicht in irgendeiner Weise mit dem Embargo verknüpfen können – Sie sehen, vor welchem Problem wir hier stehen.

Ich antwortete: »Nun, Herr Präsident, mit dem Embargo können wir es nicht verknüpfen, und ich glaube, je mehr wir das Embargo in den Vordergrund stellen, desto geringer werden die Möglichkeiten, seine Aufhebung zu bewirken.«

Wie fast immer, wenn er sich zwischen innenpolitischen und außenpolitischen Notwendigkeiten entscheiden mußte, beugte sich Nixon schließlich den strategischen Erfordernissen. Er erklärte sich damit einverstanden, nicht mehr über das Embargo zu verhandeln. Wir sollten jede Verknüpfung verweigern oder vielmehr das Embargo als Waffe gegen die Ölförderländer verwenden. Er würde die beiden Außenminister nicht empfangen, wenn sie ihm nicht die bedingungslose Aufhebung des Embargos versprachen. Ich schickte deshalb am 16. Februar neue Anweisungen an unsere Diplomaten in Kairo, Dschiddah, Kuwait, Algier und Damaskus:

> Als Teil unserer Gesamthaltung in den nächsten Tagen beabsichtigen wir, das Embargo nicht mehr zu erwähnen. Wir haben unsere Haltung in dieser Angelegenheit immer wieder deutlich zum Ausdruck gebracht, und wir beabsichtigen, in dieser Sache künftig weder privat noch offiziell etwas zu unternehmen. Unsere diplomatischen Vertretungen sollten sich daher weder öffentlich noch privat zu dieser Frage äußern, und was dazu gesagt werden soll, wird in Washington gesagt werden.

Ismail Fahmy und Omar Saqqaf trafen am 16. Februar in Washington ein und zwangen mich damit, auf das erste ruhige Wochenende seit zwei Monaten zu verzichten. Sie waren noch etwas verstört, weil in ihrer Maschine auf dem Flug eine Kaffeemaschine explodiert war und Saqqaf an einen zionistischen Terroranschlag dachte. Aber die beiden Herren beruhigten sich sehr bald und gaben mir ein klassisches Beispiel dafür, welche Spannungen in der arabischen Welt zwischen den gemeinsamen Zielen und dem typischen arabischen Individualismus bestanden.

Saqqaf und Fahmy waren arabische Brüder. Aber sie waren, was ihren politischen Rang betraf, auch Rivalen, was in zahlreichen Nebensächlichkeiten zum Ausdruck kam. Ich begrüßte sie auf dem Flughafen und begleitete sie zum Shoreham-Hotel, wo jeder von ihnen ein Appartement bezog. Wir trafen uns in dem Appartement von Saqqaf, denn er war der Dienstältere. Doch daraus ergab sich sofort eine Protokollfrage, denn Fahmy trug den Titel eines Außenministers, während sein saudischer Kollege, der die gleichen Aufgaben erfüllte, nur Staatsminister war. Nachdem wir uns zusammengesetzt hatten, sagte ich ihnen, daß ich bereit wäre, in den Nahen Osten zu gehen, um Israel die Liste der in Syrien festgehaltenen Kriegsgefangenen zu übergeben und dafür einen konkreten israelischen Vorschlag für die Truppenentflechtung auf den Golan-Höhen entgegenzunehmen. Ich sagte, daß wahrscheinlich der erste israelische Vorschlag von Syrien nicht akzeptiert werden könne; sein Wert läge in erster Linie darin, daß mit seiner Vorlage die Verhandlungen symbolisch begonnen hätten. Die Vereinigten Staaten würden es jedoch nicht akzeptieren, wenn man versuchen sollte, den israelischen Vorschlag mit einer Fortsetzung des Ölembargos zu verknüpfen. Wenn die beiden Herren mit Präsident Nixon sprechen wollten, dann müßten sie vorher versprechen, daß das Embargo unabhängig davon, was auf meiner Nahost-Reise geschah, aufgehoben würde.

Fahmy und Saqqaf waren erfahrene Diplomaten. Sie wußten, daß es einen Gesichtsverlust bedeuten würde, wenn sie Washington verlassen mußten, ohne vom Präsidenten empfangen worden zu sein. Die Glaubwürdigkeit der Politik ihrer Länder würde darunter leiden. Sie begriffen daher sofort, daß das Tauziehen zu Ende war und eine Entscheidung sich nicht mehr vermeiden ließ. Als Berufsdiplomaten unternahmen sie jetzt nicht mehr den Versuch, mich umzustimmen, sondern suchten nach einer Lösung. Sie erklärten daher, sofort um nähere Anweisungen bitten und ihre Antwort innerhalb von achtundvierzig Stunden vorlegen zu wollen.

Was sollte nun bis dahin geschehen? Als ich Fahmy zu seinem Appartement begleitete, fragte er, ob es möglich wäre, daß er allein vom Präsidenten empfangen würde, bevor beide Minister die gemeinsame Antwort überreichten. Er werde Nixon sagen können, was in Algier wirklich geschehen sei. Diese Begegnung sollte natürlich geheimgehalten werden. Als ich mich verabschiedete, bestand er darauf, mich nicht nur bis an die Tür seines Appartements, sondern bis zum Hoteleingang zu begleiten, natürlicher Ausdruck der legendären ägyptischen Höflichkeit, aber ich konnte den etwas bösartigen Gedanken nicht ganz verdrängen, er hätte auf diese Weise auch dafür sorgen wollen, daß ich nicht mehr die Gelegenheit hatte, mich allein mit Saqqaf zu treffen.

Doch ich wollte die Eifersucht meines saudischen Kollegen nicht herausfordern. Deshalb stieg ich in meinen Wagen, ließ mich um den Block fahren und stieg an einem zweiten Hoteleingang aus (zum Glück war das Shoreham-Hotel groß genug für solche Manöver). Im Hotel angekommen, suchte ich Saqqaf auf, der mir sofort bewies, daß sich die Araber auch dann wie Brüder gleichen, wenn es darauf ankommt, einen Gegenspieler zu überlisten. Auch er hätte sich gefreut, allein mit Nixon zu sprechen, bevor beide Minister ihm die gemeinsame Antwort überreichten. Er sagte, er werde in der Lage sein, wesentlich zum Verständnis des Präsidenten für die wirkliche Bedeutung der Botschaft beizutragen.

Ich kannte meine beiden Freunde zu gut, um damit zu rechnen, daß eine solche Begegnung geheimbleiben würde. Die halbe Freude bestand für sie schon darin, der Welt zeigen zu können, daß sie besonders enge Beziehungen zu den Vereinigten Staaten unterhielten. Ich fand daher eine Kompromißlösung und traf mich am Sonntag, dem 17. Februar, mit Saqqaf und Fahmy jeweils unter vier Augen, um mit ihnen zum xten Mal über die Lage zu sprechen. Außerdem frühstückte ich mit Simcha Dinitz und erläuterte ihm unsere Strategie. Das israelische Kabinett hatte inzwischen die Sache kompliziert, indem es mitteilte, daß es über die Truppenentflechtung an der syrischen Front nicht im Rahmen des ägyptisch-israelischen Militär-Ausschusses in Genf sprechen werde. Das war einer der im im Fünf-Punkte-Plan vom 5. Februar vorgesehenen Schritte. (Zum Glück erübrigten sich solche Gespräche, wenn ich zu den Methoden meiner Reisediplomatie zurückkehrte.)

Ich wartete jetzt nur noch auf den offiziellen arabischen Bericht aus Algier. Bisher hatten wir nur vage Andeutungen über eine Verknüpfung des Embargos mit der Truppenentflechtung an der syrischen Front gehört.

Am Montagvormittag, dem 18. Februar, um 11.35 Uhr, mehr als sechsunddreißig Stunden nach ihrem Eintreffen, hatten die beiden Außenminister endlich ihre neuen Anweisungen erhalten und besuchten mich im Außenministerium. Sie erklärten, daß das Embargo sich jetzt getrennt von der Truppenentflechtung an der syrischen Front behandeln ließe. Unsere Taktik hatte sich bewährt. Die Liste der israelischen Kriegsgefangenen in Syrien war auf dem Wege nach Washington und würde mir unmittelbar vor meiner Abreise in den Nahen Osten übergeben werden, so daß ich sie den Israelis in Jerusalem überreichen konnte. Nachdem dieser Punkt erledigt war, sagte Saqqaf – und das war durchaus verständlich: »Henry, ich weiß nicht, worüber wir jetzt noch sprechen sollen. Sie haben mit mir gesprochen, und Sie haben mit meinem Freund gesprochen. Ich weiß nicht, welche Themen es noch gibt.« Ich wollte mich aber doch noch vergewissern, wie weit wir wirklich gekommen waren:

Kissinger: Soweit ich Sie verstanden habe, haben Sie gesagt, man hätte sich grundsätzlich dazu entschieden, das Embargo aufzuheben.
Saqqaf: Zum 1. März.
Kissinger: Auf der nächsten Sitzung der Ölminister.
Saqqaf: In zwei Wochen oder zehn Tagen.
Kissinger: Das heißt praktisch ohne Vorbedingungen. Die Entscheidung ist gefallen. Zweitens drängen Sie uns, alles zu tun, damit die Truppenentflechtung an der syrischen Front zustande kommt. Drittens würden es die vier Regierungschefs für nützlich halten, wenn ich in den Nahen Osten käme. Sie haben vorgeschlagen, ich sollte vor der islamischen Konferenz (die für die Zeit vom 22. bis 24. Februar in Lahore vorgesehen war) abreisen.
Saqqaf: Vor der Reise nach Mexico.
Kissinger (lachend): Ja. Das kann ich nicht, aber ich werde unmittelbar danach kommen. Das meinen Sie doch? . . .
Saqqaf: Ja.
Kissinger: Jetzt werde ich das alles dem Präsidenten melden.

Nun erhob sich die Frage, was mit der Gefangenenliste geschehen sollte, wenn sie in Washington eintraf. Wenn sie bis unmittelbar vor meinem Abflug in den Nahen Osten noch mehr als eine Woche in der syrischen Botschaft blieb, würde es nach Erpressung aussehen. Außerdem konnten die Syrer in dieser Zeit ihre Meinung ändern. Wenn wir sie sofort nach Jerusalem weiterleiteten, könnte das israelische Kabinett unter dem Druck der Koalitionsverhandlungen bis zu meiner Ankunft in Jerusalem neue Bedingungen verabreden. Wenn aber, was noch wichtiger war, der Vorschlag Israels für den Golan so wenig entgegenkommend war, wie ich fürchtete, dann würde der Umstand, daß für seine Vorbereitung mehr als zehn Tage gebraucht worden waren, von Damaskus als Beleidigung empfunden werden.

Schließlich einigten wir uns auf einen so ausgefallenen Kompromiß, daß nicht nur die Araber, sondern auch ich Gefallen daran fand. Fahmy und Saqqaf sollten den syrischen Vertreter in Washington auffordern, mir die Liste in einem versiegelten Umschlag zu übergeben. Ich würde ihn bis zu meiner Abreise in meinem Safe aufbewahren. Auf meiner Reise in den Nahen Osten würde ich zunächst Damaskus aufsuchen. Den aus Amerika mitgebrachten Umschlag würde ich von Syrien nach Israel bringen, um dort einen Plan für die Truppenentflechtung auf den Golan-Höhen in Empfang zu nehmen. Auf diese Weise konnten beide Seiten das Gesicht wahren. Syrien würde seinen Beitrag nicht zu früh geleistet haben, Israel hätte sein Ziel erreicht, und wir könnten erklären, nicht genügend Zeit gehabt zu haben, einen verhandlungsfähigen Vorschlag auszuhandeln. Die beiden Botschafter verdienen höchstes Lob für den Entwurf eines fein ausgeklügelten Plans, der in jeder Hinsicht den arabischen Ansprüchen an Komplexität entsprach.

Am 20. Februar nahm ich in Washington die Kriegsgefangenenliste in einem versiegelten Umschlag in Empfang. Ich bewahrte ihn in meinem Panzerschrank auf, änderte meinen Plan aber nur in einer Hinsicht. Um Golda zu beruhigen, ließ ich ihr durch Dinitz streng vertraulich mitteilen, daß ich die Liste schon hatte und sie ihr am 27. Februar, von Damaskus kommend, übergeben würde. Golda bewies mir, daß die israelische Regierung ein Geheimnis bewahren kann, wenn sie es will (aber vielleicht hat auch sie selbst ihre Ministerkollegen nicht eingeweiht). Jedenfalls ist kein Wort über dies Vorausinformation durchgesickert.*

Am 19. Februar, drei Tage nach ihrer Ankunft in Washington, wurden die beiden Minister im Ovalen Zimmer des Weißen Hauses vom Präsidenten empfangen. Nixon, der sich vier Tage in Florida entspannt hatte, war in bester Form. Saqqaf, Fahmy und ich hatten während der vergangenen drei Tage immer wieder das gleiche Thema erörtert und warteten begierig darauf, endlich mit dem Präsidenten darüber sprechen zu können. Wie ließ sich eine Verknüpfung vermeiden, zu der uns die konkrete Lage zwang, die aber aus diplomatischen Erwägungen abgelehnt werden mußte. Nixon bat mich zunächst um einen zusammen-

* Nachdem ich die Liste den Israelis übergeben hatte, sagte ich den mich begleitenden Journalisten, daß ich sie schon vor meinem Besuch in Damaskus gehabt hätte.

fassenden Bericht. Ich rekapitulierte die Hauptpunkte unserer Gespräche während des letzten Zusammenseins und wies noch einmal ausdrücklich darauf hin, daß die Aufhebung des Ölembargos an keine Bedingungen geknüpft werden dürfte und alle arabischen Minister uns gebeten hatten, unseren ganzen Einfluß für eine Truppenentflechtung an der syrischen Front einzusetzen. Fahmy, der in den vergangenen Tagen sehr entgegenkommend gewesen war, bestätigte, daß meine Zusammenfassung den Tatsachen entsprach. Saqqaf, der sich der Tatsache bewußt war, daß Saudi-Arabien in einzelnen Punkten eine eigene Haltung einnehmen mußte, war in seiner Stellungnahme nicht ganz so positiv, sondern kritisierte meine Interpretation des Begriffs »bedingungslos«: »Es ist richtig, daß wir an die Aufhebung des Embargos keine Bedingungen geknüpft haben, aber Sie müssen bedenken, daß es nicht umsonst aufgehoben wird . . . Das Embargo wird nicht aufgehoben werden, ohne daß nicht auch etwas anderes geschieht.«

Dagegen verwahrte ich mich entschieden. Nixon fand eine sehr geschickte Formel für unseren Widerstand gegen die Anwendung des Prinzips der Verknüpfung im Nahen Osten – das wir in den Ost-West-Beziehungen für so wertvoll hielten. Er sagte, wir wollten die Aufhebung des Ölembargos als ein von anderen Problemen isoliertes Ereignis ansehen, um dem Arabern wirksamer helfen zu können:

> Wir werden für den Frieden arbeiten und Ihnen soweit helfen, wie Sie es wünschen; wir werden Ihnen Unterstützung gewähren. Wenn das Embargo aufgehoben wird, werden Sie entscheidend dazu beitragen, daß es bald zu einer Vereinbarung kommt. Wenn nicht, werden Sie es uns wesentlich erschweren, eine nützliche Rolle zu spielen. Die Schlüsselfrage ist: Wünschen Sie, daß wir einen wesentlichen Beitrag dazu leisten, daß Israel zugänglicher wird, und wollen Sie auf eine vernünftige Friedensregelung hinarbeiten? Dann ergeben sich folgende Möglichkeiten – unsere Hilfe, wirtschaftlich, industriell, kulturell. Wichtig ist nicht das Embargo oder die Begleitumstände, sondern die Chance für einen Wiederaufbau im Nahen Osten.

Fahmy erklärte, daß das, was er eben gehört habe, von »historischer Bedeutung« wäre. Darauf gegründet, »wird das Embargo aufgehoben werden, es wird keine Bedingungen geben«. Nixon verpflichtete sich seinerseits, die Gespräche über die Truppenentflechtung zu einem erfolgreichen Abschluß zu bringen. Ich hatte das zwar schon seit vier Wochen gesagt, aber Saqqaf behandelte das Angebot des Präsidenten wie ein wesentliches neues Zugeständnis: »Das ist es, woran wir gedacht haben. Wir wollen Sie nicht festlegen, Herr Präsident, aber das haben wir hören wollen.«

Anschließend stellten wir uns alle der Presse. Nixon gab bekannt, daß er mich noch einmal in den Nahen Osten schicken werde, um auf eine baldige Truppenentflechtung an der syrisch-israelischen Front hinzuwirken. Er selbst werde sich um einen »dauerhaften« Frieden bemühen. Saqqaf sprach von Nixon als »mein Freund«, machte einen sehr erleichterten Eindruck, erklärte, er hoffte, es werde sehr bald etwas geschehen »zum Nutzen der Vereinigten Staaten, des Nahen Ostens und der ganzen Welt«. Fahmy sagte, die beiden Außenminister hätten wichtige Entscheidungen mitgeteilt, die die vier Regierungschefs in Algier getroffen hätten, und begrüßte Nixons Zusage, sich um einen dauerhaften Frieden zu bemühen, sowie meine bevorstehende Reise in dieses Gebiet.

Anders als bei den meisten Gelegenheiten äußerte ich mich nicht. Mir brummte der Schädel vor lauter bedingungslosen Bedingungen und nicht geknüpften Verknüpfungen. Ich dachte an meine Reise in den Nahen Osten, die unter sehr eigenartigen Voraussetzungen begann. Ich wurde nach Syrien geschickt, um dort eine Gefangenenliste abzuholen, die sich schon in meinem Besitz befand, und sollte in Israel einen Verhandlungsvorschlag entgegennehmen, von dem ich wußte, daß er unannehmbar war. Die Hauptbeteiligten wußten das alles. Aber im Nahen Osten vermischen sich Wahrheit und Dichtung. Wir waren uns darin einig, daß wir uns genau nach dem Drehbuch richten mußten, um die Aufhebung des Embargos und die Beendigung des Krieges auf den Golan-Höhen zu erreichen. Und wie in vielen orientalischen Märchen wurde die Scharade zur Wirklichkeit, als es sich im Lauf meiner Reise herausstellte, daß sie schließlich doch einen Sinn hatte. Das Drehbuch war plötzlich geändert worden. Jetzt bestand meine Aufgabe weniger darin, für einen Fortschritt bei den Verhandlungen zu sorgen, sondern ich mußte es den Beteiligten psychologisch ermöglichen, sich damit abzufinden, daß wir an einem toten Punkt angekommen waren.

Ein ereignisreicher Besuch in Damaskus

Vor der Abreise zu meinem vierten Besuch im Nahen Osten kam es noch zu einem ärgerlichen Zwischenspiel. Am 19. Februar hatte ich Gromyko gesagt, was er auch in der Zeitung hätte lesen können, daß ich nämlich auf Ersuchen Saudi-Arabiens und Ägyptens in einigen Tagen abreisen würde, um »den geeigneten Rahmen für Verhandlungen zu schaffen, denen die Parteien zustimmen könnten«. Auf diese Mitteilung erhielt ich keine Antwort. Aber am 24. Februar bekam ich ein Telegramm vom syrischen Außenminister Abd al-Halim Khaddam aus Lahore, wo er mit Sadat an dem islamischen Gipfeltreffen teilnahm. Gromyko hatte aus heiterem Himmel mitgeteilt, daß auch er nach Damaskus reisen werde, angeblich, um mit mir an den Verhandlungen über die Truppenentflechtung teilzunehmen. Nun wollte Khaddam möglichst rasch wissen, ob die Vereinigten Staaten mit der Sowjetunion vereinbart hätten, daß Gromyko und ich uns in der syrischen Hauptstadt treffen sollten.

Der Versuch Moskaus, sich in die diplomatischen Bemühungen einzuschalten, war plump und ein Zugeständnis der Schwäche, und die syrische Reaktion zeigte mit erstaunlicher Deutlichkeit, daß sich Asad nur mit Gromykos Teilnahme an den Verhandlungen einverstanden erklären würde, wenn die Vereinigten Staaten es verlangten. Ich beschloß, festzustellen, ob ich mit dieser Annahme recht hatte, und äußerte mich nicht zu der Frage, ob wir die Beteiligung Gromykos an den Gesprächen in Damaskus für wünschenswert hielten, sondern teilte Khaddam nur die Tatsachen mit: »Die Vereinigten Staaten haben mit der UdSSR nichts vereinbart, und wir haben keine Kenntnis von diesem Vorhaben.«

Als ich am Donnerstagabend, dem 26. Februar, um 21.35 Uhr von London kommend in Damaskus landete, war Gromyko noch nicht eingetroffen. Khaddam begrüßte mich sehr herzlich und begleitete mich auf der bekannten Rennstrecke an den trostlosen palästinensischen Flüchtlingslagern vorbei in das Stadtzentrum. Damaskus liegt auf einer Ebene, die sich so weit nach Osten ausdehnt, wie das Auge reicht. Im Westen stößt sie an das Hermon-Gebirge, dessen Gipfel bei vielen meiner Besuche mit Schnee bedeckt waren. Ich muß wenigstens schon dreißigmal in Damaskus gewesen sein, aber ich habe niemals mehr von der Stadt zu sehen bekommen als die vom Flughafen zum staatlichen Gästehaus führende Straße und den kurzen Weg von dort zum nur um die Ecke gelegenen Präsidentenbüros. Mein einziger Versuch, die Altstadt zu besuchen, mußte aus Sicherheitsgründen abgesagt werden, was ich noch schildern werde. Der Teil der Stadt, den ich mit meiner Wagenkolonne durchquerte, zeigte noch den französischen Einfluß. Es waren breite, von Bäumen gesäumte Straßen, deren Häusern es anzusehen war, daß sie glücklichere Tage erlebt hatten. Die Haltung des durchschnittlichen Syrers wirkt gleichgültig. Hier erlebte man weder die lebhafte Anteilnahme der Bevölkerung am politischen Geschehen wie in Kairo noch die Mischung aus Hoffnung auf Frieden und Furcht vor Verrat, die für Jerusalem so kennzeichnend ist. Die Syrer waren zu stolz, um Interesse für einen amerikanischen Abgesandten zu bekunden, lebten aber doch zu sehr in der Tradition der arabischen Gastfreundschaft, um sich von der antiamerikanischen Propaganda beeinflussen zu lassen, die gewöhnlich von der syrischen Presse verbreitet wurde.

Im Gegensatz zu den Gruselgeschichten, die man sich von ihnen erzählt, waren die Syrer stets vollendete Gastgeber und glichen durch ihre Höflichkeit alles aus, was die spartanische Einrichtung des Gästehauses vermissen ließ. Trotz der späten Stunde bestand Khaddam darauf, mich zum Abendessen einzuladen. Tom Scotes, der Chef unserer Interessenvertretung, hatte mich gewarnt und gesagt, daß mich ein leichtes Abendessen erwartete. Später habe ich mich bei Sadat beklagt und ihm gesagt, »ein leichtes Abendessen läßt sich nicht einmal in die arabische Sprache übersetzen«. Die üppige Mahlzeit und die für Khaddam so wenig charakteristische Freundlichkeit zeigten mir, daß Syrien sehr viel an der Truppenentflechtung auf den Golan-Höhen gelegen war. Er sagte mir, daß Syrien mir für meine Bemühungen außerordentlich dankbar sei – ein unerhörtes Kompliment aus dem Munde eines Vertreters der militanten Baath-Partei. Auch über die Energiekonferenz in Washington äußerte er sich sehr wohlwollend. Er bestritt nicht, daß die Ölpreise zu hoch seien, machte aber Israel für die Preisexplosion verantwortlich. Er erklärte, daß nur der Krieg die Ölförderländer veranlaßt habe, die Marktlage in so exorbitanter Weise auszunutzen. Er konnte diese Gelegenheit auch nicht vorübergehen lassen, ohne mir zu erklären, daß Palästina historisch ein Teil Syriens sei – eine etwas schwer verständliche Behauptung, denn das moderne Syrien existiert erst seit 1920 (obwohl ein Satellitenkönigreich Syrien, das das gesamte Gebiet zwischen der Türkei und Ägypten umfaßte, Teil des Ottomanischen Reiches gewesen war). Aber Khaddam wies auch mit großem Nachdruck darauf hin, daß sich Syrien nicht provozieren lassen werde. Daraus durfte ich schließen, daß es die Gespräche nicht abbrechen würde, wenn die ersten Vorschläge Israels unbefriedigend waren, was ich immer wieder vorausgesagt hatte.

Eigentlich hatte Khaddam nur die Aufgabe, mich so lange zu beschäftigen, bis das Staatsdiner zu Ende war, das Asad dem rumänischen Präsidenten Nicolae Ceauşescu gab. Um Mitternacht wurde ich zu einem Gespräch mit Asad gebeten, das mehr als dreieinhalb Stunden dauern sollte. Wir trafen uns wie üblich in dem düsteren Salon des bescheidenen Präsidentenpalastes, und auch diesmal waren die schweren Samtvorhänge vor den Fenstern zugezogen. Asad und ich nahmen auf hochlehnigen Armsesseln Platz, unsere Berater auf Sofas. Die Syrer setzten sich wieder unter das symbolträchtige Gemälde, das die Einnahme der Kreuzritterburgen durch mohammedanische Armeen darstellte.

Asad leitete das Gespräch mit der Versicherung ein, daß er sich ganz auf unsere aktive Teilnahme an den Verhandlungen verließe.

Asad: Gewisse Berichte der Medien und gewisse von Ihnen abgegebene Erklärungen haben uns den Eindruck vermittelt, daß Sie nur ein unschuldiger Vermittler von Botschaften wären.

Kissinger: Das ist der Eindruck, den die Öffentlichkeit hat.

Asad: Das ist sehr unschuldig. Selbst wenn wir das wünschten, wäre es für Sie unmöglich.

Kissinger: Sie glauben doch nicht, daß ich unschuldig bin, oder wollen Sie nicht, daß ich unschuldig bin?

Asad: Das Wort »unschuldig« könnte mehrere Bedeutungen haben. Vielleicht soll der Eindruck entstehen, daß Dr. Kissinger mehr tut als nur der einen Seite die Auffassungen der anderen zu übermitteln; dabei fehlt jede Dynamik, und es entsteht der Eindruck, daß Sie nichts Wirksames unternehmen. Das würde man als eine unschuldige Rolle bezeichnen, aber das gilt nicht für Dr. Kissinger.

An dieser Stelle darf die bemerkenswerte Persönlichkeit nicht unerwähnt bleiben, die mir bei meinen Gesprächen in Damaskus und Riad als Dolmetscher gedient hat. Alle meine arabischen Gesprächspartner waren begeistert von der Präzision seiner Übersetzungen ins Arabische (wenngleich sie nicht alle wirklich in der Lage waren, dies zu beurteilen), von seiner Bildung und seinem poetischen Feingefühl (Qualitäten, die sie dagegen sehr gut beurteilen konnten). Der geborene Palästinenser Isa Sabbagh war ein schon ergrauter, vornehm wirkender Herr mit einem Spitzbart, den man für einen Privatgelehrten aus der Zeit der Jahrhundertwende hätte halten können, dessen Familie bessere Tage gesehen hatte. In der arabischen Welt kannte man ihn überall als Sprecher in den Rundfunksendungen der BBC und der Stimme Amerikas. Ich habe nie erfahren, auf welche Weise Sabbagh amerikanischer Bürger geworden ist, um in Amerika zu einer wichtigen Stütze des Auswärtigen Dienstes zu werden (seine wichtigste Aufgabe war die eines Sonderberaters bei unserem Botschafter in Saudi-Arabien). Für mich war es ein großes Glück, daß mir mit ihm ein Mann zur Verfügung stand, dessen persönliches Schicksal so eng mit den tragischen Entwicklungen und dem Leiden der Völker des Nahen Ostens verknüpft war. Ich bin überzeugt, daß Sabbagh mit dem Herzen auf der Seite der Palästinenser stand, und doch mußte er in der Zusammenarbeit mit mir einer Politik dienen, in deren Rahmen dieses Problem einen relativ niedrigen Rang einnahm. Er hat sich dabei stets absolut korrekt verhalten, als könnte er seinem Volk am meisten nützen, wenn er die ihm hier gestellten Aufgaben mit äußerster Gewissenhaftigkeit erfüllte.

Nachdem wir darüber gesprochen hatten, wie ich Frau Meir die Liste der israelischen Gefangenen übergeben sollte, stimmte Asad auch dem nächsten, wichtigen, von mir vorgesehenen Schritt zu. Das Rote Kreuz könnte sofort mit den Besuchen in den Gefangenenlagern beginnen, und um seinen guten Willen zu beweisen, bot Asad an, schon am folgenden Tag oder doch so bald wie möglich damit anzufangen. Dann ging er auf einen anderen allegorischen Pressebericht ein, um mir deutlich zu machen, wieviel ihm an der Zusammenarbeit mit uns gelegen war. Er sagte, es gäbe Zeitungsberichte, wonach ich glaubte, daß er weniger flexibel wäre als Sadat, weil er innenpolitisch unter Druck gesetzt würde. (Das war in der Tat mein Eindruck, ich erinnerte mich allerdings nicht an einen Bericht, aus dem dies zu entnehmen war.) Asad bestritt es. Es gäbe keine oppositionellen Gruppierungen in Syrien, und er wäre ebenso »beweglich« wie jeder andere arabische Führer. Ich nahm das Thema auf und bemühte mich, es so zu tun, daß ich seinen empfindlichen Stolz nicht verletzte:

> Ich glaube, ich verstehe Sie. Sie befinden sich in einer viel komplexeren Lage; Ihr Land ist nicht so weit von Palästina entfernt, Sie haben es nicht mit einer Wüste zu tun, und das Gebiet, um das es geht, ist kleiner. Die Lage ist nicht so wie auf der Sinai-Halbinsel, und Sie müssen bei diesem Unternehmen Risiken eingehen. Das ist meine persönliche Beurteilung der Lage. (Asad nickt bejahend.) Sie haben mehr Nachbarn als Ägypten.

Und das war wirklich so. Wenn Asad eine gemäßigte Haltung annahm, dann mußte er nicht nur mit dem Widerstand im eigenen Lande, sondern auch mit dem seines radikalen Nachbarn Irak rechnen. Ich hatte diese Umstände nur in andere Worte gefaßt, aber nicht bestritten.

Es zeigte sich sehr bald, daß Asad gegen das von mir vorgesehene Verhandlungsverfahren schwere Bedenken hatte. Er hatte den Eindruck vermitteln wollen, daß sein Zögern seiner Überzeugung entsprach und kein Zeichen der Schwäche war. Ich hatte am 5. Februar vorgeschlagen, syrische und israelische Offiziere sollten sich im Rahmen des militärischen Arbeitsauschusses treffen, der in Genf noch funktionsfähig war, wenngleich seit Anfang Januar keine Sitzung mehr stattgefunden hatte. Diese Idee stammte von Sadat, der glaubte, es werde Asad die Peinlichkeit getrennter syrisch-israelischer Verhandlungen ersparen und im übrigen für das »Wohlverhalten« der Syrer sorgen. Aber dieses Verfahen brachte auch Risiken mit sich. Es würde schwierig sein, die Teilnahme der Sowjets an Besprechungen in Genf zu verhindern, denn gerade das hatte Gromyko verlangt. Jeder Versuch, eine direkte Begegnung zwischen Syrern und Israelis zu veranstalten, konnte andererseits sehr leicht dazu führen, daß die Verhandlungen bald ins Stocken gerieten.

Asad hatte das früher erkannt als ich. Er sagte, daß ein Zusammentreffen syrischer und israelischer Offiziere in Genf in jedem Fall erst stattfinden sollte, *nachdem* man sich über die Grundsätze geeinigt hätte. Mit anderen Worten, Asad wünschte, daß *ich* die wichtigsten Verhandlungen führte, wie ich es im Falle von Ägypten getan hatte:

> Wir könnten alles, was Sie erwähnt haben, besprechen, *nachdem* eine Einigung erzielt ist. Aber mit der Liste und den Besuchen des Roten Kreuzes . . . unmittelbar danach . . . die Offiziere (nach Genf) zu schicken, wenn die Verhandlungen ins Stocken geraten könnten, das wäre ein bißchen viel.

Er wünschte auch keine Beteiligung der Sowjets. Das wurde mir klar, als er mir stolz und sehr genau erzählte, wie er Gromyko daran gehindert hatte, nach Damaskus zu kommen, solange ich dort war. Der sowjetische Außenminister sollte nach meiner Abreise eintreffen und Syrien am gleichen Vormittag verlassen, an dem ich nach Damaskus zurückkehrte, am 1. März – keine sehr freundliche Behandlung des wichtigsten Waffenlieferanten Syriens.

Die Vorstellung, daß ich mit den ganzen Verhandlungen über die Truppenentflechtung an der syrischen Front in eine Sackgasse geraten könnte, erfüllte mich mit Schrecken. »Dann würde ich meine ganze Zeit hier zubringen müssen«, sagte ich und wußte nicht, wie recht ich damit hatte. Es blieb mir gar nichts anderes übrig. Nur auf diese Weise konnte ich den Gefahren ausweichen, die ich auf mich zukommen sah. Wenn Asad den ersten israelischen Vorschlag ablehnte, den ich ihm bei meiner Rückkehr nach achtundvierzig Stunden vorlegen wollte, dann würden wir weder mit unseren Gesprächen über die Truppenentflechtung noch mit unseren Bemühungen um die Aufhebung des Embargos weiterkommen (wenn wir auch noch so energisch bestritten hatten, daß zwischen beiden Problemen ein Zusammenhang bestand). Jetzt kam es darauf an, unter allen Umständen zu verhindern, daß die Verhandlungen in den nächsten Tagen scheiterten. Schlimmstenfalls mußte ich meine Bemühungen so lange unterbrechen, bis das Embargo aufgehoben war, und hoffen, daß politische und wirtschaftliche Zwänge den Rückgriff auf ein neues Embargo verhindern würden.

Ich wandte deshalb die gleiche Taktik an wie in den vergangenen Wochen. Der israelische Plan, den ich nach Damaskus zurückbringen würde, könnte angesichts der gegenwärtigen israelischen Koalitionspolitik wahrscheinlich von Syrien nicht akzeptiert werden. Asad hatte mir schon gesagt, daß er nicht auf eine Wiederherstellung der Linie eingehen könnte, die vor dem 6. Oktober 1973 bestanden hatte. Israel müßte sich unter allen Umständen weiter zurückziehen, denn sonst wären sechstausend syrische Soldaten vergeblich gestorben. Ich war überzeugt, daß der israelische Vorschlag für Syrien noch ungünstiger aussehen würde als ein Rückzug auf die Linie vom 6. Oktober. Deshalb versuchte ich Asad davon zu überzeugen, daß es jetzt vor allem darauf ankäme, daß ich in zwei Tagen überhaupt einen israelischen Vorschlag mitbrachte, der Israel verpflichtete, über die Golan-Höhen zu verhandeln. Ich würde ohne Rücksicht auf den Inhalt des Vorschlags Frau Meir bitten, in einigen Wochen einen höheren Beamten nach Washington zu schicken, mit dem ich weitere Gespräche führen und nach Möglichkeit eine Modifizierung des ersten Vorschlags aushandeln könnte. Danach sollte ein höherer syrischer Beamter nach Washington kommen, um die Gespräche fortzusetzen. Wenn sich die Standpunkte etwas mehr angenähert hätten, würde ich in den Nahen Osten zurückkehren und die Verhandlungen zu Ende führen. Die Besuche der beiden Beauftragten in Washington könnten an die Stelle der im Rahmen der Militärausschüsse in Genf vorgesehenen Gespräche treten.

Asad nahm meinen Vorschlag an. Daß er einem so vagen und unverbindlichen Verfahren zustimmte, welches es uns ermöglichte, die Zeit bis zum Abschluß der Konferenz der Ölminister zu überbrücken, war der beste Beweis dafür, daß ihm wirklich etwas am Erfolg der Verhandlungen über die Truppenentflechtung gelegen war. Inzwischen war es Mittwoch, 3.00 Uhr, und mein Tag hatte in London begonnen, aber er endete wie fast alle meine Besuche bei Asad mit einem einstündigen Gespräch über allgemeine Fragen. Asad wollte wissen, wann wir von dem ägyptisch-syrischen Plan gehört hätten, am 6. Oktober anzugreifen. Als ich ihm sagte, daß die ersten Meldungen erst wenige Stunden vor Angriffsbeginn bei uns eingetroffen wären, war er sichtlich befriedigt. Dann sprachen wir über die Jordanien-Krise von 1970 wie zwei alte Veteranen, die einander in fast vergessenen Schlachten gegenübergestanden hatten, wodurch zwischen beiden ein festeres Band entstanden war als zwischen denen, die niemals die Leidenschaften eines solchen Ringens kennengelernt hatten. Wir verabredeten uns für den folgenden Vormittag – in wenigen Stunden – vor allem, um mir die Möglichkeit zu geben, den Fragen der Presse mit der Begründung auszuweichen, die Gespräche seien noch nicht beendet. Ich wollte es unbedingt vermeiden, daß Meldungen über meine Verhandlungen in Damaskus in Israel eintrafen, bevor ich selbst dort war.

Um 4.00 Uhr fiel ich endlich todmüde ins Bett und hoffte, ein paar Stunden schlafen zu können. Doch ich wurde zum Opfer der, wie ich in meinem erschöpften Zustand glaubte, psychologischen Kriegführung der Syrer. Das staatliche Gästehaus lag unmittelbar neben einer Moschee. Um 4.30 Uhr wurden die Gläubigen zum Gebet gerufen, mit einer Stimme, die von einem Lautsprecher verstärkt wurde, der unmittelbar neben meinem Fenster angebracht zu sein schien. Ich flehte Larry Eagleburger an, dafür zu sorgen, daß der Lautsprecher ausgeschaltet wurde. Er reagierte mit der Bereitwilligkeit eines Beamten, dem sein kurz vor dem Nervenzusammenbruch stehender Außenminister einen unausführbaren Auftrag gibt, und versicherte mir, daß er alles tun werde, was in seinen Kräften stand. Zum Glück war er vernünftig genug, nichts gegen die geheiligten religiösen Bräuche in unserem Gastland zu unternehmen.

Am Mittwochmorgen, dem 27. Februar, um 9.40 Uhr traf ich mich wieder mit Asad. Obwohl wir die Sitzung ursprünglich nur als Formalität betrachtet hatten, dauerte sie mehr als drei Stunden. Asad bat mich aus technischen Gründen um einen Tag Aufschub für den Besuch der Vertreter des Roten Kreuzes bei den israelischen Kriegsgefangenen. Dann sprachen wir noch einmal über das vereinbarte Verfahren. Asad konnte mich nicht abreisen lassen, ohne sich noch einmal um die Garantie dafür zu bemühen, die endgültige Waffenstillstandslinie so zu legen, daß die syrische Armee im Oktober-Krieg Gelände gewonnen hatte (eine Absicht, der auch der gemäßigste Israeli niemals zustimmen würde). In dieser Lage gehörte einiges dazu, wenn Asad erklärte, er werde eher am Status quo festhalten, als den Krieg unter der Bedingung zu beenden, daß Israel nur die neu besetzten Gebiete räumte:

> Es ist nicht notwendig, daß wir schon heute zu unserem Recht kommen; es kann morgen geschehen. Aber diesen Krieg damit zu beenden, daß wir vor Israel als Bettler auftreten – das ist unmöglich. Das würde ich auch aus persönlichen Gründen nicht akzeptieren können. Nein. Nachdem ich das gesagt habe, möchte ich erklären, daß wir keine Gelegenheit ungenutzt lassen werden, Frieden zu schließen. Aber es besteht ein Unterschied zwischen Frieden und Kapitulation.

Trotzige Worte, aber durch sein Verhalten bewies er Verständigungsbereitschaft. Zuerst hatte er uns die Zahl der israelischen Kriegsgefangenen genannt und dann eine Namensliste übergeben. Er hatte dem Roten Kreuz erlaubt, die Gefangenenlager zu besuchen, und war auf ein Verfahren eingegangen, mit dem, wie er wußte, zunächst nur Zeit gewonnen werden sollte. Der Regierungschef des militantesten Nachbarlandes von Israel verließ sich vollkommen auf die Vereinigten Staaten, für Syrien ein gewagteres Unternehmen im Vergleich mit Sadats Kurswechsel vor wenigen Wochen. Aber anders als sein ägyptischer Kollege ging Asad keinen Schritt weiter. Nach dem ersten Entgegenkommen tat er so, als wäre es jetzt Sache der Vereinigten Staaten, seine Absichten zu verwirklichen und seine Probleme zu lösen. Er hielt das großzügige Entgegenkommen, mit dem der ägyptische Präsident den psychologischen Rahmen geschaffen hatte, innerhalb dessen es keine Alternative für den Frieden gab, nicht für notwendig – oder hatte vielleicht nicht den Handlungsspielraum.

Aber am 27. Februar schien es uns zu genügen, daß der Verhandlungsprozeß überhaupt in Gang gekommen war. Die Gespräche am Vormittag dauerten zu lange, als daß ich noch, wie geplant, die Omayed-Moschee hätte besichtigen können. Das prächtige Gebäude, eine ehemalige byzantinische Kirche, lag in der Nähe des von geschäftigem Leben erfüllten Basars von Damaskus. Der Verzicht auf dieses Unternehmen hat mir vielleicht das Leben gerettet. Am nächsten Tag erfuhren wir, daß auf dem Weg zur Moschee Bomben gelegt worden waren, die unter meinem Wagen detonieren sollten – was sich erst herausstellte, als die palästinensischen Terroristen, die die Sprengladungen angebracht hatten, sich danach erkundigten, ob sie den Attentatsversuch nach meiner Rückkehr in achtundvierzig Stunden wiederholen sollten. Wir gaben ihnen nicht die Gelegenheit, die Antwort auf diese Frage zu geben.

Nach diesem Zwischenfall wurden die Sicherheitsvorkehrungen

noch strenger. Bei meinen Fahrten durch Damaskus nahmen wir jedesmal eine neue Route und ließen sogar als Ablenkungsmanöver eine zweite Wagenkolonne auf einem anderen Weg zum jeweiligen Bestimmungsort fahren. Ob dadurch die Terroristen ebenso verwirrt wurden wie ich, weiß ich nicht. In den Berichten, die später bei uns eingingen, hieß es, daß sie jedesmal gewußt hätten, welche Kolonne mein Fahrzeug begleitete. Den Syrern war das sehr peinlich, und sie waren sehr verärgert über die Fedayin, doch die Terroristen haben augenscheinlich keinen weiteren Attentatsversuch vorbereitet. Auf die Besichtigung der Omayed-Moschee habe ich jedoch endgültig verzichten müssen.

Bei meiner Abreise aus Damaskus wußte ich von alledem noch nichts. Ich ging in der Hoffnung nach Israel, daß es uns gelungen war, den ersten Schritt auf dem Wege zu Verhandlungen erfolgreich abzuschließen.

Dramatische Entwicklungen in Israel

Das Demoralisierende an den Verhandlungen zwischen Syrien und Israel war der Umstand, daß das, was die eine Seite für ein bedeutendes Zugeständnis hielt, von der anderen als eine Selbstverständlichkeit angesehen wurde. Für Asad waren die Übergabe der Gefangenenliste und die Besuchsgenehmigung für das Rote Kreuz großzügige Gesten und ein politisches Risiko. Er hätte die Frage der Kriegsgefangenen viel lieber so behandelt wie die Nordvietnamesen, die weder ihre Namen bekanntgaben noch etwas über ihre Behandlung mitteilten, sondern sie praktisch als Geiseln behandelten. Doch für Israel, das seit der Feuereinstellung bereit gewesen war, einem Gefangenenaustausch zuzustimmen, war die Übergabe der Namensliste nur die Erfüllung einer selbstverständlichen Minimalforderung und kein Zugeständnis, das eine Gegenleistung erforderlich machte.* Für die Syrer hätte eine Rückkehr zur Linie vom 6. Oktober – dabei hätte Israel nur das Gebiet zurückgeben müssen, das es im Krieg von 1973 bei seinem Vorstoß nach Syrien besetzt hatte – bedeutet, daß der Krieg umsonst gewesen war, was Asad innenpolitisch geschwächt hätte. Aber auch jede andere neue Linie brachte ihre Probleme mit sich, denn Syrien hätte, in jedem Fall die Besetzung eines Teils der Golan-Höhen durch Israel hinnehmen müssen. Aber die Israelis erkannten, daß es militärisch für sie am günstigsten war, nichts zu unternehmen. Die israelischen Streitkräfte standen nur fünfunddreißig Kilometer vor Damaskus und lagen hier in Stellungen, die sich leichter verteidigen ließen als irgendwelche anderen. Kurz gesagt, Ende Februar war es mir endlich gelungen, die beiden widerspenstigen Pferde fast bis zur Startlinie zu bringen. Jetzt kam es nur noch darauf an, ob sie laufen würden.

Die israelische Übergangsregierung war kaum der ideale Partner für

* Israel hatte dreihundertachtzig syrische Kriegsgefangene in Gewahrsam. Hundertvierzig israelische Soldaten waren an der syrischen Front als vermißt gemeldet, von denen fünfundsechzig überlebt hatten und auf der syrischen Kriegsgefangenenliste standen.

solche Verhandlungen. Die Koalition bestand aus (Goldas) Arbeiterpartei und der nationalreligiösen Partei. Aber die religiöse Partei weigerte sich unter den verschiedensten Vorwänden, die Koalition mit Golda fortzusetzen, wahrscheinlich, weil sie nach dem Oktober-Krieg sehr viele Anhänger verloren hatte. Heftige Angriffe richteten sich vor allem gegen Moshe Dayan, dem man als Verteidigungsminister den Vorwurf machen konnte, daß Israel auf den Oktober-Krieg nicht genügend vorbereitet gewesen sei. Seine öffentlichen Auftritte führten immer wieder zu Demonstrationen. Dabei wurde der Sieger von 1956 und 1967 häufig mit dem Ruf »Mörder« begrüßt und geschmäht. Aber hinter Dayan stand die wichtige Rafi-Fraktion der Arbeiterpartei, und wenn er zurücktrat, würde es für Golda noch schwieriger werden, ein Kabinett zu bilden – es war sogar denkbar, daß sie dann scheitern würde.

Doch gerade war Dayan zurückgetreten. Unmittelbar vor meiner Abreise hatte er in dramatischer Form erklärt, daß er nicht bereit wäre, in Goldas neuem Kabinett einen Ministerposten zu übernehmen. Gerüchtweise verlautete sogar, daß er während meines Besuchs in Israel nicht mit mir sprechen, sondern für diese Zeit außer Landes gehen werde, was auf die Verhandlungen mit Syrien katastrophale Auswirkungen gehabt hätte. In der arabischen Welt genoß Dayan sogar eine gewisse Bewunderung als einfallsreicher und sogar flexibler Mann. Man wußte, daß die letzte Phase bei der Truppenentflechtung an der ägyptischen Front erst zustande gekommen war, nachdem Dayan im Januar Washington besucht hatte. In weiten Kreisen war man der Ansicht, daß die Haltung des israelischen Kabinetts wesentlich von Dayans Ideen beeinflußt sei. Ich hatte mit Asad über die Möglichkeit gesprochen, daß Dayan nach Washington kommen könnte, und hatte damit andeuten wollen, daß in einem solchen Fall bessere Aussichten bestünden, weiterzukommen. Seine Weigerung, sich an den Gesprächen zu beteiligen, bei denen ich die Israelis veranlassen wollte, einen Vorschlag für die Truppenentflechtung an der syrischen Front zu machen, hätte Anlaß zu Mißdeutungen gegeben – sogar bei mir. Deshalb richtete ich einen dringenden Appell an Dayan, sich die Sache noch einmal zu überlegen. Schließlich konnte Golda ihn überreden, sich noch einmal für einen Kabinettsposten zur Verfügung zu stellen. Aber als ich in Jerusalem eintraf, waren die Nachwirkungen der Kontroverse noch nicht verklungen. Dayan war in keiner guten Verfassung. Er machte einen bedrückten, ja fast verbitterten Eindruck.

Ich hätte mir für meinen Besuch in Israel keinen ungeeigneteren Moment aussuchen können. Die neue Regierung war noch nicht gebildet, und strittige Probleme waren das letzte, womit sich die Übergangsregierung jetzt beschäftigen wollte. Jede neue Linie auf dem Golan mußte näher an den israelischen Siedlungen liegen. Die Opposition gegen Goldas Politik war so stark, daß sie sich kaum noch im Zaum halten ließ. Die meisten Israelis wollten die Verhandlungen über diese Fragen auf einen späteren Termin verlegen. Auf dem Flug in den Nahen Osten war mir gemeldet worden, daß Israel bei allen Gesprächen über die Truppenentflechtung an der syrischen Front die Entlassung der Kriegsgefangenen als ersten Punkt auf die Tagesordnung setzen wollte – eine ganz neue Bedingung. Diese Forderung mußte dazu führen, daß die Verhandlungen ins Stocken gerieten. In einer scharfen Antwort erklärte ich, daß ich mich strikt an das am 5. Februar vereinbarte Verfahren halten würde, das nur die Übergabe der Gefangenenliste und die Besuche des Roten Kreuzes verlangte. Golda hatte mir durch Dinitz antworten lassen, es könnte nichts schaden, wenn ich es versuchte; ich hätte sie mißverstanden. Sie wünschte aber, daß die Entlassung der Kriegsgefangenen auch auf die Tagesordnung gesetzt würde. Das war natürlich etwas ganz anderes, hätte aber nicht besonders erwähnt werden müssen.

Diesmal begann mein Besuch in Jerusalem mit einem zu Herzen gehenden und mich zutiefst bewegenden Erlebnis. Am 27. Februar um 16.30 Uhr besuchte ich Golda in dem aus Sandstein errichteten Regierungsgebäude am westlichen Stadtrand von Jerusalem. Nachdem wir uns den Fotografen gestellt hatten, führte sie mich in ihr kleines, spartanisch schlichtes Privatbüro, wo wir uns an den Kaffeetisch setzten. Auf israelischer Seite nahm Simcha Dinitz, auf amerikanischer Peter Rodman an dem Gespräch teil.

In Israel hat jedes Menschenleben einen hohen Wert. Wir Amerikaner hatten vor nicht langer Zeit die Sorge um unsere Kriegsgefangenen und Vermißten in Indochina erlebt. Aber Israel ist so klein, daß sich die Israelis wie eine große Familie empfinden (in der es natürlich auch zu jenen heftigen Streitigkeiten kommt, wie sie sich nur Familien leisten können). Die lebendige Erinnerung an die jahrhundertelangen Verfolgungen und an den Versuch der totalen Vernichtung ist so tief in das Bewußtsein des einzelnen eingegraben, daß der Verlust auch nur eines einzigen Menschen an die Katastrophe erinnert, von der das ganze Volk heimgesucht werden könnte. Wie viele im Grunde sentimentale Menschen wirken die Israelis gelegentlich rauh und abweisend, aber das liegt nur daran, daß sie ihre Gefühle nicht zeigen wollen, um nicht für schwach oder unbeherrscht gehalten zu werden.

Die Liste der überlebenden israelischen Kriegsgefangenen war für Golda kein Verhandlungsgegenstand und kein politisches Pfand; sie war vielmehr ein Dokument, das ihr sagte, ob ein Mitglied ihrer Familie noch am Leben war, und die Namen der jungen Männer, die sie verzeichnete, würden bei den betroffenen Familien unendliche Freude auslösen – und die fehlenden Namen bedeuteten Kummer und Verzweiflung. Goldas von Sorgen gezeichnete Gesicht zeigte mir, mit welcher Spannung sie auf die Übergabe der Liste gewartet hatte und mit welcher Erleichterung sie das Dokument jetzt entgegennahm, obwohl sie sich dazu zwang, zunächst ganz sachlich die technischen Einzelheiten zu erörtern:

Kissinger: Lassen Sie uns zuerst das wichtige Problem erledigen. Hier ist die Liste. Sie ist in arabischer Sprache abgefaßt. (Ich reichte ihr das Papier, und sie las es aufmerksam durch.)

Meir: Sind es fünfundsechzig?

Kissinger: Ja.

Meir: Sie sind alle am Leben?

Kissinger: Ja, man hat es mir garantiert, sie sind alle am Leben. Der erste Besuch des Roten Kreuzes soll heute morgen erfolgen. (Das Rote Kreuz hat die Kriegsgefangenen erst am 1. März besuchen können.) Sie werden sich morgen mit uns in Verbindung setzen.

Meir (erregt): Wir dürfen keine Zeit verlieren. Vorgestern abend habe ich mit den Familienangehörigen gesprochen. Ich habe alles vorbereitet für den Fall, daß Dr. Kissinger die Liste mitbringt. Wir werden sie in Tel Aviv übersetzen lassen, und alle Eltern werden in zwei Stunden benachrichtigt.

Kissinger: Die Syrer wünschen nicht, daß nur Israel die Übergabe der Liste bekanntgibt.

Meir: Sollen Sie das tun?

Kissinger: Nein, Sie können es tun, aber die Syrer wollen nicht, daß nur Sie es tun. Hier ist unser Vorschlag.

Ich überreichte ihr den Entwurf einer kurzen amerikanischen Erklärung über das vereinbarte Verfahren:

Außenminister Kissinger hat dem Präsidenten das folgende mitgeteilt:

1. Der Außenminister ist von der syrischen Regierung bevollmächtigt worden, der israelischen Regierung eine Liste der Gesamtzahl israelischer Kriegsgefangener zu übergeben, die sich im Gewahrsam der syrischen Regierung befinden. Es sind 65 (fünfundsechzig) Namen auf der Liste.

2. Die Regierung von Syrien hat sich damit einverstanden erklärt, daß das Rote Kreuz, beginnend am Morgen des 1. März, die in Syrien festgehaltenen israelischen Kriegsgefangenen besucht.

3. Die israelische Regierung wird dem Außenminister (der Vereinigten Staaten) am 1. März ihre Vorstellung über die Entflechtung syrischer und israelischer Streitkräfte zur Übermittlung an die syrische Regierung bekanntgeben. Der Außenminister wird diese Vorstellungen persönlich in Damaskus vortragen.

Dann sagte ich:

Kissinger: Sie sind durch diesen Wortlaut nicht gebunden, aber Sie sollten für den Punkt 3 eine Formulierung finden. Wann wollen Sie die Erkärung abgeben?

Meir: Nicht bevor die Familien verständigt worden sind. Haben Sie etwas dagegen, daß Elazar jetzt hereinkommt und die Liste übernimmt?

Kissinger: Nein.

Ich sagte Golda, daß ich warten würde, bis sie ihre Erklärung abgegeben hatte. Nun stand Dinitz auf, um den Chef des Stabes hereinzuholen. An der Tür blieb er stehen, wandte sich an mich und sagte mit ruhiger Stimme: »Es ist sehr aufregend, Herr Außenminister.«

Der Stabschef David Elazar war einer der wirklich vornehmen Männer, die ich kennengelernt habe, und ich wußte, daß er – zu Unrecht – für die israelischen Rückschläge im Oktober-Krieg verantwortlich gemacht und geopfert werden sollte. Er hat sein Schicksal schweigend und mit Würde getragen. Er kam ins Zimmer, Golda reichte ihm die Liste, er las sie und wandte sich ab, um mir nicht zu zeigen, daß er weinte. Dann kam er auf mich zu und sagte mit rauher Stimme: »Dr. Kissinger, wir sind sehr dankbar.« Golda sprach mit mir über die Benachrichtigung der Familien, und wir vereinbarten einen Zeitpunkt für die offizielle Bekanntgabe, während ich dafür sorgte, daß Goldas Erklärung sofort anschließend vom Weißen Haus bestätigt werden würde. Elazar fuhr indessen nach Tel Aviv, um die Liste dem Verteidigungsministerium zu übergeben.

Meine Aufgabe war es jetzt, Goldas Zustimmung zu dem neuen Verfahren zu gewinnen, über das ich mich mit Asad geeinigt hatte. Ich sagte ihr, Asad hätte erklärt, daß er die Gespräche abbrechen werde, wenn Israel nur die Rückkehr zu der Linie vom 6. Oktober anbot. Ich vermutete, daß die Israelis sich kaum zu einem günstigeren Angebot entschließen würden (eine viel zu optimistische Einschätzung der Lage), und sagte, daß es jetzt darauf ankäme, Zeit zu gewinnen und es nicht schon an diesem entscheidenden Punkt zum Scheitern des ganzen Unternehmens kommen zu lassen: »Wir dürfen es nicht zu einem großen Krach kommen lassen, bevor Pompidou nach Rußland geht... und solange sich Gromyko in der Gegend aufhält. Damit würden sie jeden in die Sache hineinziehen – alle, die jetzt noch mit großer Spannung auf einen Erfolg warten.« Nach meinem nächsten Besuch in Israel würde ich mit Faisal sprechen. Es wäre am günstigsten, die Gespräche im Fluß zu halten. Mir wäre es am liebsten, wenn ich Asad bestätigen könnte, daß Dayan, gleichgültig, wie er den israelischen Vorschlag für eine Truppenentflechtung beurteilte, nach zwei Wochen zu weiteren Besprechungen nach Washington kommen würde.

Golda konnte furchtbar starrköpfig sein, aber nicht, wenn man ihr auf einem silbernen Tablett die Gelegenheit für einen Aufschub anbot, der es ihr erlaubte, in aller Ruhe die Kabinettsumbildung vorzunehmen. Daher ging sie sofort auf meinen Vorschlag ein. Sie würde Dayan beziehungsweise den neuernannten Verteidigungsminister nach Washington schicken.

Um 18.00 Uhr trafen wir uns mit den Verhandlungsdelegationen, mit den Veteranen der Gespräche über die Truppenentflechtung an der ägyptischen Front, die mit einem so positiven Ergebnis zu Ende gegangen waren, daß wir fast die vielen mit Zähneknirschen absolvierten Verhandlungsrunden vergaßen, die diesem Erfolg vorangegangen waren. Aber ganz hatte ich diese anstrengenden Tage doch nicht aus meinem Bewußtsein verdrängen können. Als ich meine Gesprächspartner jetzt wiedersah, beschlichen mich Zweifel, die fast ebenso stark waren wie meine persönliche Zuneigung für sie. Zunächst dankte mir Golda in Gegenwart ihrer Kollegen noch einmal für die Gefangenenliste. In ihrer barschen, aber doch feinfühligen Art machte sie mir das denkbar größte Kompliment, als sie sagte, daß ich aus menschlichen und nicht aus politischen Gründen gehandelt hätte:

> Ich glaube, daß der Außenminister auch ohne viele Worte weiß, was er getan hat und was es für uns bedeutet, diese Liste bekommen zu haben. Vielleicht werden sich die Menschen anderswo über sechzig Namen, über fünfundsechzig Namen nicht aufregen, aber Sie alle verstehen das, und für uns bedeutet es mehr, als wir sagen können – und wirklich, ich möchte nicht »danke« sagen, weil ich weiß, daß Sie es getan haben, weil Sie wußten, worum es ging; aber ich möchte, daß

Sie wissen, welche Gefühle unsere Menschen bewegen. Sie werden es, dessen bin ich sicher, auf der Straße und überall fühlen. Was Sie getan haben, ist eine große Sache.

Die Herzlichkeit dieser ersten Worte änderte aber, wie sich sofort herausstellte, nichts an der harten Haltung der Israelis. Dayan, der die Aufgaben des Sprechers übernommen hatte, faßte sie in der Feststellung zusammen, daß die Truppenentflechtung an der syrischen Front ein einseitiges israelisches Zugeständnis wäre; anders als die Truppenentflechtung auf der Sinai-Halbinsel brächte sie der israelischen Seite keine Vorteile. »Wir werden dafür keinerlei Gegenleistung bekommen«, sagte Dayan, der sich als erster für die Truppenentflechtung auf der Sinai-Halbinsel eingesetzt hatte, 1967 gegen die Besetzung der Golan-Höhen gewesen war, aber jetzt psychologisch schon nicht mehr zur Regierung gehörte und in der Opposition stand. Zum Teil lag darin harte Verhandlungstaktik. Wenn man damit beginnt, das Verhandlungskonzept in Bausch und Bogen abzulehnen, vermeidet man in konkreten Fragen unter Druck gesetzt zu werden. Wenn man anschließend auch nur die geringsten Zugeständnisse macht (und dazu gehörte in diesem Fall die Vorlage eines Plans), dann haben diese symbolische Bedeutung, und man kann eine Gegenleistung beanspruchen. Aber zum Teil lag darin auch Ausdruck des tief sitzenden israelischen Hasses und Mißtrauens gegenüber allem, was aus Syrien kam – ein genaues Spiegelbild dessen, was ich auf der anderen Seite erlebt hatte.

Ob es nun Absicht war oder Instinkt, die praktische Folge war, daß wir einen großen Teil der Zeit nicht damit zubrachten, über den israelischen Truppenentflechtungsplan zu sprechen – und dazu war ich hergekommen –, sondern über die Frage, weshalb überhaupt verhandelt werden sollte, ein Problem, von dem ich geglaubt hatte, daß es schon seit Wochen erledigt wäre. Ich begründete ausführlich, weshalb die Truppenentflechtung auf den Golan-Höhen eine politische Notwendigkeit wäre. Sie wäre der Schlüssel für eine gemäßigte politische Entwicklung in der ganzen Region:

Was Israel aus den Verhandlungen mit Syrien gewinnt, ist, daß ein radikaler arabischer Staat gemeinsam mit Israel ein Dokument unterzeichnet. Damit wird der Druck auf Ägypten nachlassen, den eigentlich nur Syrien erzeugen kann . . . Es verschafft den gemäßigten Arabern . . . die Möglichgkeit, ihren politischen Kurs zu rechtfertigen. Und von diesem Augenblick an wird es bei jeder mit Syrien zu lösenden Streitfrage nicht um Grundsätze gehen, sondern um die Taktik. Wenn Syrien an diesen Verhandlungen beteiligt wird, dann werden schließlich auch die verzweifelten sowjetischen Bemühungen um eine Beteiligung für wenigstens – nun ja, da wir uns hier in einer Krise befinden, halte ich schon einen Aufschub von sechs Monaten für einen Gewinn.

Dann sagte ich, ein weiterer Vorteil läge darin, auf diese Weise verhindern zu können, daß der von der Sowjetunion, den europäischen Ländern und Japan ausgehende Druck gemeinsam zur Wirkung käme. Aber der überzeugendste Grund wäre ein positiver, denn dies wäre der beste und vielleicht einzige Weg zum Frieden:

> Ich muß Ihnen ehrlich sagen: Ich bin überzeugt, daß Ägypten wirklich bereit ist, mit Israel Frieden zu schließen, und daran habe ich nie gezweifelt. Ich kann mir nicht vorstellen, daß Sadat im Hinblick auf eine Gesamtlösung eine so ausgewogene Haltung einnehmen würde, solange die Frage nach der Souveränität irgendwie umgangen werden kann, wie er es in den Vereinbarungen über die Truppenentflechtung getan hat...

Meine israelischen Gesprächspartner, die weder Sadat noch Asad persönlich kannten, hielten meine Meinung für übertrieben. Sie hatten Sadat im Verdacht, daß er sie überlisten wollte, und waren von Asads bösen Absichten überzeugt. Und doch widersprach mir Golda diesmal nicht so leidenschaftlich wie in den ersten Phasen der Verhandlungen mit Ägypten unmittelbar nach dem Krieg, was natürlich noch nicht bedeutete, daß sie bereit war, sich mit mir zu einigen. Andererseits wollte sie – im Gegensatz zu vielen ihrer Kabinettsmitglieder – den Verhandlungsprozeß einleiten. Deshalb paßte es ihr sehr gut, daß ihre Kollegen eine geopolitische Analyse von mir hörten, die auch sie veranlassen könnte, den Verhandlungen zuzustimmen. Leider war ich nicht überzeugend genug, um meine israelischen Gesprächspartner zur Vorlage eines Vorschlags zu bewegen, der auch nur die geringste Aussicht auf einen Kompromiß bot. Dayan und Elazar erläuterten mir den israelischen Standpunkt, und was sie mir präsentierten, war kein offizieller Truppenentflechtungs-Vorschlag, sondern eine »schematische Darstellung« – damit wollten sie wahrscheinlich sagen, daß das ganze Kabinett diese Formel noch nicht kannte, um sich eine Hintertür offenzuhalten, falls Asad sich wider alles Erwarten mit den darin enthaltenen Vorschlägen einverstanden erklären sollte.

Im wesentlichen glich die »schematische Darstellung« den komplexen Plänen oder »Modellen«, an denen die Gespräche bei Kilometer 101 gescheitert waren. Sie sahen eine von den Vereinten Nationen zu überwachende, wenige Kilometer tiefe Pufferzone vor, an die auf beiden Seiten ein zehn Kilometer breiter Streifen grenzte, in dem Stärke und Bewaffnung der Streitkräfte in einer nicht näher festgelegten Weise beschränkt werden sollten. Es folgte ein zwanzig Kilometer breiter Streifen, in dem keine Artillerie in Stellung gebracht werden durfte. Hinter diesem Streifen lag ein dreißig bis vierzig Kilometer tiefer Gürtel, innerhalb dessen beide Seiten auf die Aufstellung von Boden-Luft-Raketen verzichteten. Um ein so komplexes Vorhaben zu verwirklichen, hätte man einen Mathematiker gebraucht. Auf dem engen Raum der Golan-Höhen – das Gebiet war höchstens fünfundzwanzig Kilometer tief – sollten sieben Zonen eingerichtet werden, die bei den angegebenen Entfernungen bis hinter Damaskus reichen würden. Aber damit könnte man fertig werden, oder man könnte die Sache auf dem Verhandlungswege vereinfachen, vorausgesetzt, daß die Linie, auf die sich Israel zurückzog, einigermaßen Asads Vorstellungen entsprach.

Doch darin bestand, wie sich herausstellte, das schwierigste Problem. Wie gesagt, hatte Asad erklärt, daß er, wenn die Israelis nur bis auf die Linie vom 6. Oktober, auf die Vorkriegslinie, zurückgehen wollten, nicht weiterverhandeln werde. Er müßte darüber hinaus einen gewissen Geländegewinn machen, und zwar einen Teil des Gebiets zurückbekommen, das Israel 1967 besetzt hatte. Andernfalls könnte er die Verhandlungen im eigenen Lande nicht rechtfertigen. Nach der »schematischen Darstellung« wurde ihm dieser Ärger von vornherein erspart, denn sie verlangte eine Vorverlegung der alten israelischen Front. Im einzelnen ging es nur darum, daß die von den Israelis im Oktober-Krieg neu besetzte Frontausbuchtung in drei Zonen aufgeteilt werden sollte, und nur die am weitesten ostwärts gelegene – praktisch schon im Einzugsgebiet von Damaskus – würde an Syrien zurückgegeben werden. Der mittlere Teil sollte von den Vereinten Nationen überwacht werden, während der westliche Teil von den Israelis besetzt bliebe. Damit würde die vorderste israelische Linie gegenüber dem Frontverlauf vom 6. Oktober in ostwärtiger Richtung nach Syrien vorverlegt werden. Da die Tiefe der Zonen, in denen die Beschränkungen für die Aufstellung bestimmter Waffen gelten sollten, von der vordersten syrischen Linie aus gemessen wurden, müßten die Syrer ihre Luftverteidigung hinter Damaskus zurücknehmen, und sogar die Artillerie dürfte erst am Rande der Hauptstadt in Stellung gehen.

Es hatte keinen Sinn, auf solche Vorschläge näher einzugehen. Sie waren mir nicht in dem gewohnten herausfordernden Ton vorgelegt worden, sondern ich hatte eher den Eindruck, daß es meinen Gesprächspartnern peinlich war, mir so etwas zuzumuten. Diese Vorschläge zeigten, daß es in Israel keine verhandlungsfähige Regierung gab, die eine eindeutige Haltung einnahm. Die schematische Darstellung war so absurd, daß sie mich sogar ermutigte. Ich war überzeugt, daß Israel nach der Bildung der neuen Regierung nicht bei dieser Haltung bleiben würde. Es kam daher auch nicht zu der intensiven Debatte, die mit Sicherheit entstanden wäre, wenn ich den Plan ernst genommen hätte. Ich sagte nur, daß nach meiner Schätzung die endgültige Waffenstillstandslinie um eine Entfernung von zwei bis vier Kilometern *westlich* der Vorkriegslinie zurückgenommen und das seit 1967 von Israel besetzte Gebiet von Quneitra an Syrien zurückgegeben werden müßte. Normalerweise wartete ich wenigstens die erste Verhandlungsrunde ab, bevor ich meine eigenen Ideen vortrug. Aber der israelische Plan war so unmöglich, daß ich es diesmal für richtig hielt, meine israelischen Freunde zunächst auf den Boden der Tatsachen zu stellen. Ich tat es nicht in sehr eindringlicher Form, und sie widersprachen mir auch nicht – im Grunde ein gutes Zeichen.

Mit viel größeren Schwierigkeiten mußte ich in Damaskus rechnen, wo man mich am 1. März mit dem israelischen Plan erwartete, der eine so lebhafte transatlantische Korrespondenz ausgelöst hatte. Asad hatte mir versprochen, nach einigen Wochen einen Sonderbotschafter zu weiteren Gesprächen nach Washington zu schicken, aber damals hatte er noch nicht gewußt, wie absurd das israelische Angebot war. Wenn er es mit der Ablehnung der Vorkriegslinie wirklich ernst gemeint hatte, dann mußte er mich mit diesem Angebot wieder nach Hause schicken, und unsere Vermittlungsbemühungen im Nahen Osten wären im ungeeignetsten Augenblick gescheitert, denn Gromyko hielt sich immer noch im Nahen Osten auf, Pompidou stand vor seiner Reise nach Moskau, unsere Verbündeten wollten einen europäisch-arabischen Dialog aufnehmen und die arabischen Ölminister hatten noch keinen Beschluß über die Aufhebung des Embargos gefaßt.

Ich entschloß mich deshalb, etwas zu tun, womit niemand gerechnet hatte. Es kam darauf an, die Verhandlungen jetzt nicht endgültig scheitern zu lassen, was ich nur erreichen konnte, wenn ich Asad diesmal *keinen* israelischen Plan vorlegte, auch wenn die Übergabe der Kriegsgefangenenliste nur unter dieser Voraussetzung erfolgt war. Ich wollte ihm erklären, daß ich ihm in dieser Phase nur einen allgemeinen Eindruck von den israelischen Vorstellungen vermitteln könnte, aber keinen Plan. Die Einzelheiten ließen sich besser bei einem Besuch syrischer und israelischer Sonderbotschafter in Washington besprechen. Meinen israelischen Gesprächspartnern sagte ich:

> Ich werde (Asad) sagen, daß wir über den Plan gesprochen haben. Da dies die erste Gelegenheit gewesen sei, ihn mit Ihnen zu erörtern, da Sie bis dahin noch nicht die Liste hatten, hätten sich so viele Schwierigkeiten ergeben, daß ich es noch nicht für richtig hielte, ihn vorzulegen. Aber um auf der anderen Seite Ihren guten Willen zu beweisen, hätten Sie angeboten, nach Ablauf von zwei Wochen einen hochrangigen Sonderbotschafter nach Washington zu schicken. Ich bin sicher, daß ich Sadat dazu bewegen kann, diesen Plan zu unterstützen, denn Sadat kann nicht wünschen, daß diese Mission scheitert. Jedes andere Vorgehen ist zu gefährlich.

Die israelische Verhandlungsdelegation war froh, daß man ihr jetzt nicht vorwerfen konnte, für das Scheitern der Gespräche verantwortlich zu sein, und da sie vor dem Zusammentreten der neuen Regierung keine offizielle Stellungnahme abgeben konnte, ging sie gern und ohne Widerspruch auf meinen Vorschlag ein. Jetzt wollte ich, wie geplant, zuerst nach Kairo gehen, dann in Jerusalem den nicht vorhandenen Plan abholen und hoffen, den Abend in Damaskus zu überstehen, ohne daß alles auseinanderfiel.

Ein neuer Besuch in Kairo

Ich war überzeugt, daß Sadat mich bei meinem Versuch, Zeit zu gewinnen, unterstützen würde. Er wollte, ebenso wie wir, ein Scheitern unserer Bemühungen verhindern, denn sonst wäre er gezwungen, eine militante Haltung einzunehmen, die seiner Gesamtstrategie widersprach, und das Ölembargo würde nicht aufgehoben werden können, was, wie er wußte, die araberfeindliche Stimmung in den Vereinigten Staaten anheizen mußte. Ich glaubte auch nicht, daß ihn mein vorsichtiges Taktieren ärgern würde. Wenn die Truppenentflechtung an der syrischen Front allzu glatt verlief, dann könnten ihm die radikalen Araber sagen, er hätte mit dem Sinai-Abkommen warten sollen, um eine gemeinsame syrisch-ägyptische Vereinbarung zustande zu bringen, oder er hätte zu viel Zeit auf die Verhandlungen verschwendet. Es wäre auch menschlich verständlich, wenn er es, vielleicht sogar unbewußt, vorgezogen hätte, selbst mehr erreicht zu haben als Asad.

Über solche taktischen Erwägungen hinaus hatten Sadat und ich ganz ähnliche Vorstellungen von den in der Diplomatie anzuwendenden Methoden. Wir waren beide überzeugt, daß Passivität auf keinen Fall die richtige Haltung ist. Dann übernehmen andere die Initiative, und man verbraucht seine Energie mit Reaktionen auf Entwicklungen, die man nicht selbst in Gang gesetzt hat. Dabei verliert man allmählich die Fähigkeit, die Ereignisse eintscheidend zu beeinflussen. Man verliert das Gefühl für die richtige Richtung und hält es schon für einen Erfolg, wenn man den Mißerfolg vermieden hat. Viel besser ist es, einer Tagesordnung zu folgen, die man selbst bestimmt hat, oder, wenn das nicht möglich ist, so vorzugehen, daß man möglichst alle Fäden in der Hand behält.

Mit diesen Vorstellungen traf ich am Donnerstagmorgen, dem 28. Februar, in Ägypten ein und suchte Sadat in seiner Wochenendvilla bei Gizeh auf. Der Anblick der uralten Pyramiden, deren Konturen in flimmerndem Sonnenlicht verschwammen, beruhigte die angespannten Nerven. Ich erläuterte Sadat die komplexe innenpolitische Lage in Israel, sagte, die israelischen Vorschläge wären so extrem, daß sie nicht ernstgenommen werden dürften, und erklärte ihm, wie ich jetzt vorgehen wollte. Da Sadat die geographischen Verhältnisse auf den Golan-Höhen nicht genau im Gedächtnis hatte, bat er seinen Stabschef, General Gamasy, eine große Karte hereinzubringen, die auf dem Boden ausgebreitet werden mußte. Ich stellte fest, daß darauf die Waffenstillstandslinien eingezeichnet waren, die mir Asad am 20. Januar erläutert und offensichtlich auch an Kairo weitergegeben hatte. Mit seinem sicheren Instinkt für die Bedeutung der Public Relations ließ Sadat die Fotografen rufen, die uns beim Kartenstudium aufnehmen mußten – ein sichtbarer Beweis dafür, daß etwas unternommen wurde. Meine Freude an diesem kleinen taktischen Manöver wurde allerdings durch die Befürchtung getrübt, daß man auf einem Foto unter Umständen die von den Syrern vorgeschlagenen Linien erkennen werde, was in Israel zu empörten Reaktionen führen könnte.

Als wir wieder allein waren, befahl Sadat General Gamasy, sofort nach Damaskus zu fliegen. Augenzwinkernd sagte er mir, daß er Gamasy in seiner Eigenschaft als Oberbefehlshaber der gemeinsamen arabischen Armeen schickte, was nach dem Eindruck, den ich von der Haltung der Syrer hatte, sehr kränkend für sie sein mußte. Gamasy hatte den Auftrag, ausgehend von seinen Erfahrungen als Unterhändler bei Kilometer 101, Asad mit der Verhandlungstaktik der Israelis vertraut zu machen und die syrische Führung davon zu überzeugen, daß das von mir vorgeschlagene Verfahren auch ohne einen konkreten israelischen Vorschlag die besten Erfolgschancen böte.

Anschließend nahmen Sadat und ich allein das Mittagessen ein. Wie bei unseren Gesprächen in Assuan bat er mich um eine freimütige Beurteilung der Lage, und wie damals sagte ich ihm ganz offen meine Meinung. Nach der Kabinettsbildung in Israel werde es wahrscheinlich unter großen Anstrengungen möglich sein, Israel zum Rückzug auf die Linie vom 6. Oktober zu bewegen, was Asad jedoch nicht genügte. Mit einem neuerlichen energischen Vorstoß könnte es unter Umständen gelingen, die Israelis zu veranlassen, einen weiteren, nur wenige Kilometer breiten Geländestreifen zu räumen, der als von den Vereinten Nationen überwachte neutrale Zone der syrischen Zivilverwaltung unterstellt werden könnte. Um dieses Ziel zu erreichen, würden wir wahrscheinlich viele Wochen brauchen. Die Syrer würden mit ihrer aggressiven Verhandlungstaktik allein nichts erreichen können, und man könnte sich kaum zwei Verhandlungspartner vorstellen, für die eine Einigung auf größere Schwierigkeiten stoßen würde, selbst wenn beide Seiten sie wünschten.

Sadat stimmte mir zu. Aber er gab mir zwei Umstände zu bedenken, welche die ägyptische Diplomatie in einander entgegengesetzte Richtungen zu ziehen drohten. Sadat war entschlossen, Frieden zu schließen und sich möglichst rasch von der Sowjetunion zu distanzieren. Doch andererseits hatte er eine Ehrenpflicht gegenüber Syrien, wenigstens so lange, wie die Vorkriegslinien noch nicht wiederhergestellt waren. Wenn Israel nicht alle neu besetzten syrischen Gebiete zurückgab und Syrien den Krieg wieder aufnahm, würde er seinem Verbündeten zu Hilfe kommen, auch wenn er damit das ganze Gebäude seiner Friedenspolitik zusammenstürzen ließ. Wenn es Asad jedoch gelingen sollte, die Israelis zum Rückzug bis an die Vorkriegslinie zu bewegen, wollte Sadat dies den anderen arabischen Staaten als einen entscheidenden Erfolg darstellen. Auch wenn nichts weiter erreicht werden konnte, werde er den Vereinigten Staaten seine besondere Anerkennung für ihre Bemühungen aussprechen. Allerdings könnte er Asad keine Vorwürfe machen, wenn er eine solche Lösung ablehnte. In diesem Fall müßte er sich hinter Asad stellen. Wenn aber Israel bereit war, nur um wenige Kilomter *hinter* die Linie vom 6. Oktober zurückzugehen, würde Asad in gewissem Sinne das gleiche erreicht haben wie er auf der Sinai-Halbinsel. Wenn Syrien auf ein solches Angebot nicht einginge, würde Sadat bereit sein, Asad öffentlich für das Abbrechen der Gespräche verantwortlich zu machen, und sich nicht an einem Krieg beteiligen, den Syrien unter solchen Voraussetzungen beginnen würde.

Leider war Sadat bei diesen Verhandlungen nicht mein arabischer Gesprächspartner. Er konnte die Lage auf den Golan-Höhen nicht durch einen seiner kühnen Entschlüsse beeinflussen, sondern sich nur mit seinem Prestige hinter meine Bemühungen stellen und es den Syrern erschweren, die Verhandlungen zum Scheitern zu bringen. Daß Sadat nach meinem Bericht Gamasy ostentativ nach Damaskus schickte, zeigte deutlich, daß er jetzt überzeugt war, den Friedensprozeß auf den Golan-Höhen weiter verfolgen zu müssen. Natürlich bedeutete es auch, daß Asad unrecht hätte, wenn er die Gespräche nach meinem bevorstehenden Besuch in Damaskus abbrechen würde, selbst wenn ich ihm nicht den versprochenen israelischen Plan mitbrachte. Nach dem Essen unternahm Sadat einen weiteren Schritt, um mich in meinen Bemühungen zu unterstützen. Er nahm noch vor meiner Abreise aus Kairo öffentlich zu meinem Vorhaben Stellung und machte die auf der Veranda seiner Villa versammelten Journalisten darauf aufmerksam, daß er jetzt Zivil trug, eine symbolische Bestätigung dafür, daß eine neue Ära des Friedens begonnen hätte. Außerdem sprach er mir öffentlich seine Anerkennung für meine diplomatische Tätigkeit aus, und als er gefragt wurde, was er Asad raten würde, sagte er: »Haben Sie Vertrauen zu Henry.«

Sadat ging sogar noch weiter; er stellte sich auch öffentlich hinter unsere Strategie. Er sagte, Syrien werde, um zu einer Vereinbarung zu kommen, ähnlich wie Ägypten auf der Sinai-Halbinsel durch mehrere Verhandlungsphasen gehen müssen. Um zu verhindern, daß Gromyko – der am folgenden Nachmittag nach Kairo kommen sollte – den Verhandlungsprozeß störte, suchte Sadat auch das Interesse für die Truppentflechtung an der syrischen Front zu wecken. Er erklärte, daß die zweite Phase einer Genfer Konferenz erst nach Beendigung der syrisch-israelischen Truppenentflechtung beginnen könnte. Damit gab er Gromyko zu verstehen, daß jede Einmischung in die Verhandlungen die Genfer Konferenz platzen lassen könnte, womit die Sowjets das wichtigste oder sogar einzige Forum verloren, auf dem sie sich an der Nahost-Diplomatie beteiligen konnten.

Um 22.00 Uhr lud Fahmy meine Begleitung und mich zum Essen ins Sheraton-Hotel ein – aber die Hauptattraktion war die berühmte Bauchtänzerin Nagwa Fuad. Sie sah aus wie eine etwas reifere und jüngere Ausgabe von Rita Hayworth und rechtfertigte mit ihren atemberaubenden Leistungen ihren Ruf als beste Tänzerin des Nahen Ostens. Trotz der späten Stunde und ihrer ständigen Klagen über das anstrengende Programm meiner Reisen entwickelten meine Mitarbeiter ungeahnte Energien, als sie sich mit den Ellbogen durch die dicht gedrängten Zuschauer bis an den Rand der Tanzfläche kämpften. Die mich begleitenden Journalisten hatten endlich ein Thema gefunden, das ihren intellektuellen und kulturellen Ansprüchen genügte. Richard Valeriani von NBC schrieb einen ausführlichen und sehr anschaulichen Bericht über Fräulein Fuads berückende Bewegungen und die nervösen, aber doch zurückhaltenden Reaktionen meiner Mitarbeiter.[3]

Dieses Unternehmen diente jedoch offenbar nicht nur dem Zweck, uns zu amüsieren, sondern unsere Gastgeber verfolgten damit auch noch andere Absichten. Das Erscheinen das ägyptischen Außenministers in einem Nachtlokal demonstrierte, daß die Krise gebannt war und der Friedensprozeß begonnen hatte. Vielleicht verbarg sich dahinter sogar eine kleine, gegen Gromyko gerichtete Spitze. Er war so unvorsichtig gewesen zu verlangen, ebenso behandelt zu werden wie ich. Nun würde auch er eine Einladung ins Sheraton-Hotel erhalten, um Fräulein Fuads verführerische Bewegungen zu bewundern, was ihn vor das schwierige Problem stellte, in seiner puritanischen Hauptstadt oder seinen ebenso puritanischen, radikalen arabischen Freunden erklären zu müssen, was ihn zu dieser Exkursion veranlaßt habe (ich weiß allerdings nicht, ob er die Einladung angenommen hat).

Für die Ankunft des sowjetischen Diplomaten am folgenden Freitagmorgen, dem 1. März, hatten seine ägyptischen Gastgeber eine weitere Demonstration vorbereitet, mit der sie ihm zeigen wollten, daß sich ihre Prioritäten geändert hatten. Sadat glaubte, daß gerade dieser Tag sich wie kein anderer für die Bekanntgabe der Wiederherstellung voller diplomatischer Beziehungen zu den Vereinigten Staaten eignete. Seine

Ungeduld veranlaßte ihn sogar, die Weltöffentlichkeit zwei Stunden vor dem offiziellen Inkrafttreten unserer Vereinbarungen davon in Kenntnis zu setzen.

Es war kein welterschütterndes Ereignis, weil wir praktisch seit meinem ersten Besuch im November ganz normale und sogar ungewöhnlich herzliche und produktive Beziehungen unterhielten. Formaljuristisch leitete Hermann Eilts immer noch die amerikanische Interessenvertretung in Kairo, die der spanischen Botschaft angeschlossen war. Das gleiche traf für Ashraf Ghorbal in Washington zu. Aber symbolisch hatte die Aufnahme offizieller diplomatischer Beziehungen eine große Bedeutung, und meine Mitarbeiter und ich waren zutiefst bewegt, als am Freitagmorgen das Sternenbanner zum ersten Mal nach fast sieben Jahren vor unserer Botschaft gehißt wurde. Fahmy und ich sprachen einige freundliche Worte zu dieser Gelegenheit und ermöglichten es damit den ägyptischen Medien, Gromykos Eintreffen durch die Berichte über die Flaggenhissung in den Hintergrund zu rücken. Deutlicher hätte Sadat seinen Kurswechsel nicht demonstrieren können.

Wir empfanden fast Mitleid mit Gromyko, der jetzt die Hauptstädte bereiste, die noch vor wenigen Monaten Bollwerke des sowjetischen Einflusses gewesen waren. In Damaskus hatte man ihm nahegelegt, seinen Besuch zu verschieben, um ein Zusammentreffen mit mir zu vermeiden. Jetzt erlebte er in Kairo diesen bewußten Affront. Und es waren arabische Entscheidungen, keine amerikanischen. »Es liegt nicht in unserem Interesse, Gromyko zu demütigen«, sagte ich Golda während eines sechs Stunden dauernden Zwischenaufenthalts im Gästehaus bei Tel Aviv, wo ich sie und ihre Kollegen am Freitagnachmittag über das Ergebnis meines Besuchs in Kairo unterrichtete. Diese Behauptung entsprach den Tatsachen. Zwar versuchten wir, die strategische Position der Sowjetunion im Nahen Osten zu schwächen, hatten aber kein Interesse daran, ihre Ohnmacht deutlich werden zu lassen. In der Außenpolitik muß man zwischen Schein und Wirklichkeit unterscheiden. Je stärker die eigene Position ist, desto leichter kann man darauf verzichten, der anderen Seite zu zeigen, wie schwach sie ist. In den meisten Fällen ist es unklug, die eigenen Erfolge mit Beleidigungen zu verbinden. Ein wichtiger Grundsatz in der Diplomatie besteht darin, daß man das Notwendige tun muß, ohne der anderen Seite Anlaß zu Vergeltungsmaßnahmen zu geben, damit die Tür für eine spätere Zusammenarbeit auf anderen Gebieten offen bleibt.

Die israelische Verhandlungsdelegation hatte keine Zeit, sich jetzt mit solchen philosophischen Fragen zu beschäftigen, denn sie war ganz von der Kabinettsbildung in Anspruch genommen. Golda hoffte, dem Parlament in drei Tagen ihr neues Kabinett vorstellen zu können. Wenn notwendig, wollte sie eine Minderheitsregierung bilden. So wünschten mir die israelischen Unterhändler viel Erfolg für meine Mission in Damaskus. Hier war es meine Aufgabe, die Möglichkeiten für weitere Verhandlungen offenzuhalten, ohne über einen konkreten israelischen Plan zu sprechen.

Auf dem Flug nach Damaskus am frühen Freitagabend erfuhr ich, daß die Watergate-Lawine unaufhaltsam weiterrollte. Scowcroft meldete mir mit einem Blitztelegramm, daß ein Geschworenengericht des Bundes die Beamten der Nixon-Regierung H. R. Haldeman, John Ehrlichman, John Mitchell, Charles Colson, Robert Mardian, Gordon Strachan und den Washingtoner Anwalt Kenneth Parkinson unter Anklage gestellt hatte. Ich war erschüttert zu hören, in eine wie katastrophale Lage Haldeman, Ehrlichman und Mitchell geraten waren. Sie waren in einer schwierigen Periode meine Kollegen gewesen und hatten manchmal als meine Rivalen, aber häufiger gemeinsam mit mir für den Erfolg einer Regierung gearbeitet, der sie vertrauten, und sich aufrichtig um das Wohl ihres Landes bemüht. Ich konnte sie nicht als Kriminelle ansehen und kann es auch heute noch nicht, obwohl ich nicht daran zweifelte, daß es im Weißen Haus zu schmutzigen Machenschaften gekommen war, in die auch sie hineingeraten sein müssen. Ich kannte ihre Familien und habe mich niemals an den gegen sie gerichteten öffentlichen Beschimpfungen beteiligt, die mir in ihrer Selbstgerechtigkeit manchmal pharisäisch vorkamen.

Ihre Tragödie unterstrich die Tatsache, daß sich die Nixon-Regierung angesichts dieses innenpolitischen Debakels keinen einzigen außenpolitischen Rückschlag leisten konnte, und zwar nicht, weil Nixon noch mehr geschwächt werden könnte – denn jetzt mußte ich erkennen, daß er seine Autorität niemals mehr zurückgewinnen konnte. Aber wenn unsere Glaubwürdigkeit in der Außenpolitik zerstört war, dann würde unser Ansehen, das wir mit so großer Mühe zu erhalten gesucht hatten, einen schweren Schlag erleiden, und wir wären Herausforderungen ausgesetzt, die zu Krisen führen konnten, mit denen fertigzuwerden wir kaum in der Lage sein würden.

Mein Zusammentreffen mit Hafez al-Asad am Abend des 1. März gehörte daher zu einer jener Begegnungen, deren Scheitern schweren Schaden anrichten kann, während sich der Erfolg kaum erkennen läßt, und in diesem Fall wäre es schon ein Erfolg, wenn es mir gelang, ein Scheitern zu vermeiden, denn damit wäre eine Fortsetzung langwieriger und nervenaufreibender Verhandlungen garantiert. Um 19.30 Uhr saß ich Asad wieder in seinem Wohnzimmer mit den schweren Samtvorhängen gegenüber. Jeder von uns hatte nur einen Mitarbeiter zu diesem Gespräch mitgebracht (mich begleitete diesmal Roy Atherton, und die Aufgaben des Dolmetschers hatte wie immer Isa Sabbagh übernommen). Das Gespräch dauerte vier Stunden und verlief nach dem Muster, das inzwischen schon fast zum Ritual geworden war. Obwohl es um einen hohen Einsatz ging, sprachen wir während der ersten Stunde über Themen, die mit den aktuellen Problemen nichts zu tun hatten. Diese Methode war jedoch insofern ntüzlich, als wir feststellen konnten, in welcher Gemütsverfassung sich der Gesprächspartner befand. So unterhielten wir uns zunächst über die hohen Anforderungen, die ich an die Mitglieder meines Stabes stellen mußte, über die Frage, ob spontane Ansprachen oder gut vorbereitete Reden besser auf die

Zuhörer wirkten, welche Argumente sie am meisten überzeugten und welche Kriterien die Qualität eines offiziellen Dokuments bestimmten. Daraus entwickelte sich eine Diskussion über Franklin Roosevelts Außenpolitik. Ich vertrat die Auffassung, daß Roosevelt ein bedeutender politischer Führer gewesen wäre, der die geopolitische Wirklichkeit nicht immer richtig einzuschätzen gewußt habe, der jedoch ein ausgezeichnetes Gefühl für die in Amerika gültigen ideellen Werte gehabt hätte. Ich sagte, Roosevelt hätte nicht verstanden, daß eine der größten Schwierigkeiten darin lag, den Krieg so zu führen, daß er nach Kriegsende gegenüber der Sowjetunion in einer möglichst günstigen Verhandlungsposition war. Asad fragte mich, ob ich diesen Fehler in unserer Nahost-Politik vermeiden werde. Ich wich dieser Frage aus und sagte, unsere Nahost-Politik wäre nicht antisowjetisch (denn ich dachte natürlich daran, daß Asad seinem Verbündeten Bericht erstatten mußte). Wir hätten kein Interesse daran, andere Staaten im Nahen Osten von uns abhängig zu machen (ich mußte etwas gegen seine und Boumediennes Furcht vor dem amerikanischen »Imperialismus« tun). Unsere Hoffnung wäre es, daß die arabischen Staaten eine von der Sowjetunion unabhängige Politik verfolgen würden (was natürlich im Falle von Syrien bedeutete, daß es uns wesentlich entgegenkommen müßte). Asad erklärte, das sei auch seine Absicht; einer Verbesserung der Beziehungen zu den Vereinigten Staaten stünde nichts im Wege, solange sich die Vereinigten Staaten nicht rigoros hinter die Besetzung syrischen Territoriums durch Israel stellten.

Damit kamen wir nach einer Stunde zum erstenmal auf die Truppenentflechtung zu sprechen. Asad sagte schlicht: »Wenn die Vereinbarungen über die Truppenentflechtung unterzeichnet sind, könnten wir den Status unserer Vertretungen anheben ...« Dabei konnte man nicht überhören, daß er gesagt hatte »wenn« und nicht »falls«.

Aber der syrische Präsident hatte keine Eile, sich mit den konkreten Fragen zu beschäftigen, die uns zusammengeführt hatten. Er sprach vielmehr über Gromyko. Der sowjetische Außenminister hatte sich, wie Asad mir erzählte, fast vierundzwanzig Stunden in der syrischen Hauptstadt befunden, bevor er ihn empfangen habe. (Ich hatte bisher höchstens ein paar Stunden warten müssen, und dann auch nur, weil Asad an einem Staatsdiner teilnahm.) In der Außenpolitik lassen sich wichtige Prioritäten oft mit kleinen Gesten andeuten.

Wenn Asad die Begegnung richtig schilderte, dann hatte Gromyko während dieses Besuchs eine recht dünne Suppe vorgesetzt bekommen. Asad hätte Gromyko kaum mehr gesagt, als was er auch in den Zeitungen hätte lesen können. Über die Waffenstillstandslinie hätte er nicht gesprochen, weil er sich durch die Sowjets nicht zu einer Unnachgiebigkeit verpflichten wollte, mit der er die Verhandlungen zum Scheitern bringen könnte. Im Verlauf des weiteren Gesprächs bat er mich dringend, den Sowjets nichts von meinen Vorstellungen über dieses delikate Thema zu sagen. Er wollte sich offensichtlich nicht zu früh unter Druck setzen lassen. Ich fragte, was geschehen werde, wenn Gromyko auf der Rückreise von Kairo wieder nach Damaskus käme, wie eben bekanntgegeben worden war. Asad behauptete, das wäre kein

Problem. Er und Gromyko hätten auch über bilaterale Fragen gesprochen, unter anderem über die Wirtschaftsbeziehungen. Wenn Gromyko zurückkäme, werde der sowjetische Außenminister diese Angelegenheiten mit anderen syrischen Beamten besprechen. Asad versprach mir auch, dafür zu sorgen, daß Gromyko nicht in Damaskus sein würde, wenn ich zur Abwicklung der letzten Verhandlungsphase zurückkehrte.

Die Pendeldiplomatie kann nur Erfolg haben, wenn der Diplomat, der die Vermittlung übernommen hat, sich um ein Ziel bemüht, das beide Parteien anstreben, aber ohne ihn nicht erreichen können. Gromyko befand sich nicht in dieser Lage. Er konnte seinen arabischen Freunden nicht das geben, was sie sich am meisten wünschten. Seine Reise diente allein dem sowjetischen Prestige und der Förderung freundschaftlicher Beziehungen – und damit kann man auf der internationalen Bühne nicht sehr viel erreichen. Sein Verhalten war symptomatisch für die sowjetische Unsicherheit und nicht ein Zeichen dafür, daß die Sowjetunion die Lage beherrschte.

Die Sowjets hatten sich durch ihre eigene Grobschlächtigkeit in diese ungünstige Situation gebracht. Seit 1967 hatten sie in allen wichtigen arabischen Ländern sehr günstige Möglichkeiten gehabt, ihren Einfluß geltend zu machen. Auch wir waren gezwungen gewesen, den angeblich so großen Einfluß der Sowjetunion in den mit ihr befreundeten arabischen Ländern zu akzeptieren und die Sowjets in schwierigen Situationen wie etwa in der Krise von 1970 und im Oktober-Krieg um Unterstützung zu bitten. Es muß für Gromyko sehr ärgerlich gewesen sein, so deutlich eine untergeordnete Rolle angewiesen zu bekommen, aber die Schritte, die er dagegen unternahm, brachten ihn in eine noch ungünstigere Situation. Denn wenn die Sowjetunion zu einer Lösung hätte beitragen wollen oder weniger Wert auf den äußeren Schein gelegt hätte, dann hätte sie begreifen müssen, daß unsere gegenwärtige Überlegenheit nur die Folge taktischer Umstände war. Aber die Sowjets fühlen sich so unsicher, daß sie auch den Anschein des Schwindens ihres Einflusses nicht ertragen können, und wenn sie sich lautstark gegen das Unvermeidliche wehren, dann schwächen sie ihre Position mehr als notwendig.

Nachdem nun schon anderthalb Stunden mit solchen theoretischen Überlegungen vergangen waren, wurde ich etwas ungeduldig und sagte schließlich, »wenn der Präsident bereit ist, könnten wir vielleicht über die Truppenentflechtung sprechen«.

Doch Asad wollte nicht mehr sagen, als daß er von General Gamasy persönlich über meinen Besuch in Kairo unterrichtet worden wäre. Ob es psychologische Kriegführung war oder ob er mit einer Verlängerung des Gesprächs Unbeteiligte beeindrucken wollte, er glaubte, sich für meine Vorlesungen über geopolitische Fragen mit einem Vortrag über die Struktur der palästinensischen Befreiungsorganisation revanchieren zu müssen. Er wies darauf hin, daß Fatah, die von Yasir Arafat geführte Gruppe, nur eine Teilorganisation wäre; die von den Syrern beherrschte Saiqa wäre ebenso bedeutend. Sie wäre zwar zahlenmäßig schwächer, aber besser ausgebildet, und wir sollten mit diesen Leuten

Verbindung aufnehmen, was natürlich zu weiteren Erörterungen über die Jordanien-Krise von 1970 führte.

Wieder vergingen zwanzig Minuten mit der Erörterung von Nebensächlichkeiten, aber endlich ließ sich Asad herab, auf das Thema meines Besuchs zu kommen. Natürlich erfuhren weder die Medien noch andere außenstehende Beobachter etwas über den Verlauf unseres Gesprächs. Sie durften annehmen, daß wir entweder verzweifelt miteinander rangen oder wesentliche Fortschritte machten. Asad sagte, der Besuch Gamasys in Damaskus hätte ihn beunruhigt – ich konnte allerdings nicht erkennen, ob allein der Besuch eines ägyptischen Beamten oder der Inhalt seiner Mitteilungen den syrischen Präsidenten außer Fassung gebracht hatte. Jedenfalls hatte die ägyptische Initiative ihren Zweck erfüllt und den Boden psychologisch für mich vorbereitet. Als ich Asad sagte, ich glaubte, daß es sich nicht lohnte, ihm die israelischen Ideen vorzutragen, und deshalb hätte ich auch noch keinen Plan mitgebracht, kam es nicht zu der gefürchteten Explosion. Ich empfahl dringend, den Friedensprozeß mit dem Besuch eines israelischen Unterhändlers in Washington zu beginnen, anstatt mit einem Vorschlag, der keine Diskussionsbasis sein könnte. Anschließend sollte auch ein syrischer Beauftragter in die Vereinigten Staaten reisen, es sei denn – und das sagte ich, um Asad ein wenig zu reizen –, daß er eine Persönlichkeit seines besonderen Vertrauens mit dieser Mission beauftragen wollte. Mit anderen Worten, ich wollte ihm verständlich machen, daß der Verzicht auf einen Plan besser wäre als der israelische Plan. Asad machte ein paar ärgerliche Bemerkungen über die Unvernunft Israels, die durch die Vereinigten Staaten unterstützt würde. Er werde, wenn notwendig, auch allein für die Rückgewinnung syrischen Territoriums kämpfen. Aber nachdem er seine lange Tirade – die er in ruhigem Ton und offensichtlich nur deshalb vorgetragen hatte, damit sie in das Protokoll aufgenommen wurde – beendet hatte, nahm er meinen Vorschlag an. Vielleicht war es ihm auch gar nicht unangenehm, nicht sofort zu einem israelischen Plan Stellung nehmen zu müssen. Jetzt brauchte er Gromyko nicht Bericht zu erstatten und hatte mehr Zeit, die politischen Kräfte im eigenen Lande hinter sich zu bringen.

Die nun folgende Stunde brachten wir mit der Erörterung des neuen Schachzuges zu, den Asad in jede einzelne Verhandlungsrunde einzuschieben wußte. Die meisten Staatsmänner treten in Verhandlungen ein, um zu erreichen, daß sich aus den Gesprächen schließlich eine Lösung ergibt. Asad versuchte, schon vor Verhandlungsbeginn die Garantie für die Lösung zu bekommen. Jetzt wollte er mit mir eine Absprache über die Linie treffen, auf die sich die israelischen Streitkräfte zurückziehen würden. Nachdem ich eben erlebt hatte, wie schwer es den Israelis gefallen war, überhaupt einen Vorschlag für eine solche Linie zu machen, wäre es verwegen gewesen, Asad zu weitgehenden Forderungen zu ermutigen. Aber Asad war sehr hartnäckig, so unerfüllbar seine Vorstellungen auch waren – an denen sich erkennen ließ, unter welchen innenpolitischen Zwängen er stand. Schließlich rief ich aus: »Sie sind ein so hartnäckiger Unterhändler, daß es unsere Nerven nicht aushalten würden, ständig mit Ihnen verhandeln zu müssen.« Der Gedankenaustausch gab mir die Gelegenheit, Asad klarzumachen, daß Israel auch auf seine mir bei anderer Gelegenheit gestellten Minimalforderungen, die Rückgabe der Hälfte des Golan-Gebiets, nicht eingehen werde. Im Rahmen eines Truppenentflechtungs-Abkommens würde Israel keine der inzwischen dort angelegten Siedlungen räumen. Im günstigsten Fall würden die Israelis ein kleines Stück hinter die Vorkriegslinie zurückgehen, aber die neue Linie müßte unter allen Umständen vor den Siedlungen liegen. Wenn Asad sich einverstanden erklärte, in dem von mir vorgeschlagenen Sinne weiter zu verhandeln, dann waren die Grenzen der Truppenentflechtungs-Verhandlungen praktisch schon abgesteckt. Allerdings wußte ich, daß es auch in diesem Rahmen zu außerordentlich schwierigen Verhandlungen kommen würde.

Jetzt mußten wir uns nur noch darüber einigen, wie wir die Ergebnisse unseres Gesprächs der Öffentlichkeit präsentieren sollten. Asad wollte erklären, er und nicht ich hätte die »Ideen« Israels zurückgewiesen – diese Aussage konnte uns beiden innenpolitisch nützen. Wir einigten uns darauf, der Presse die folgenden Erklärungen zu übergeben:

A. Der (amerikanische) Außenminister hat die israelischen Vorstellungen nach Damaskus mitgebracht, um sie mit Präsident Asad zu besprechen. Syrien hat die israelischen Ideen nicht akzeptiert und eigene Ideen vorgelegt. Die Gespräche werden in Washington fortgesetzt werden.

B. Israel hat sich bereiterklärt, im Lauf der folgenden zwei Wochen einen ranghöheren Sonderbeauftragten nach Washington zu entsenden, um die Gespräche dort fortzusetzen. Syrien ist bereit, falls notwendig anschließend ranghöhere Beauftragte nach Washington zu schicken, um die Gespräche mit dem Außenminister fortzusetzen.

C. Wir sehen dem weiteren Verlauf des Verhandlungsprozesses zuversichtlich entgegen und werden alle Anstrengungen unternehmen, um die Gespräche zu einem erfolgreichen Abschluß zu bringen.

Wir hatten unser erstes Ziel erreicht. Die Verhandlungen zwischen Syrien und Israel hatten im Rahmen eines Verfahrens begonnen, bei dem wir die Zügel in der Hand hatten, und das nicht weitergehen würde, wenn das Ölembargo nicht aufgehoben wurde. Syrien hatte öffentlich erklärt, daß es die Erfolgsaussichten »zuversichtlich« beurteilte. Ich unterrichtete Jerusalem und Kairo von diesem Ergebnis; meine Gesprächspartner in Riad und Amman wollte ich persönlich informieren.

Riad

Am Samstag, dem 2. März, war die Stimmung in Riad viel weniger gespannt als während meiner beiden letzten Besuche. Ich hatte beschlossen, so zu tun, als wäre es selbstverständlich, daß das Ölembargo auf der nächsten Konferenz der Ölminister aufgehoben wurde. Deshalb bedurfte es keiner langen Diskussionen über dieses Thema. Es war auch nicht notwendig, sich lange mit der Truppenentflechtung auf den Golan-Höhen aufzuhalten. Ein Verfahren, das in Damaskus akzeptiert worden war, würde in Riad nicht auf Widerstand stoßen; denn es widersprach den Grundsätzen der saudischen Außenpolitik, sich dem Beschluß eines radikalen arabischen Staates zu widersetzen, der dem Frieden diente.

Die Vereinigten Staaten beabsichtigten, den amerikanisch-saudischen Dialog zu institutionalisieren und über das Embargo hinaus zu positiven Themen zu kommen. (Wir wollten uns auch durch den europäisch-arabischen Dialog nicht isolieren lassen.) Schon vor einigen Monaten hatte ich eine Studie in Auftrag gegeben, in der untersucht werden sollte, in welcher Form die Vereinigten Staaten mit Saudi-Arabien zusammenarbeiten könnten, wobei es darauf ankam, daß die Saudis an einer Stärkung der Vereinigten Staaten interessiert waren und konkrete Vorteile von einer solchen Zusammenarbeit erwarteten, und zwar unter der Voraussetzung, daß das Ölembargo aufgehoben wurde. Wenn dies gelang, würde Saudi-Arabien nicht mehr bereit sein, Maßnahmen zu ergreifen, die unserer Wirtschaft schadeten. Botschafter Akins und eine aus Beamten des Außenministeriums, des Finanzministeriums und des Nationalen Sicherheitsrats bestehende Gruppe hatte Programme für technische Unterstützung und wirtschaftliche Entwicklungen vorgelegt, und auch das Verteidigungsministerium hatte schon seit längerer Zeit bestimmte Vorstellungen über eine militärische Zusammenarbeit mit Saudi-Arabien. Um alle diese Vorhaben zu koordinieren, sollten nach meiner Meinung saudisch-amerikanische Ausschüsse auf verschiedenen Gebieten eingerichtet werden. Damit würde die Möglichkeit geschaffen, über die Erfordernisse der Tagespolitik hinaus laufend über diese Fragen zu diskutieren.

Innerhalb von sechs Stunden hatte ich drei Begegnungen. Zuerst unterrichtete ich Omar Saqqaf über den Stand der Truppenentflechtungs-Verhandlungen. Wie erwartet, interessierte sich Saudi-Arabien in erster Linie dafür, daß ein gewisser Fortschritt auf dem Wege zu einer für Syrien akzeptablen Lösung erkennbar wäre. Wie alle anderen arabischen Führer wußte auch Saqqaf, daß Asad im Hinblick auf die Linie vom 6. Oktober allergisch war. Aber er war zu klug, um sich auf dieses Problem festzulegen, bevor die Verhandlungen begonnen hatten. Ich sagte ihm, daß ich mit Prinz Fahd und dem König vor allem über die Beziehungen zwischen den Vereinigten Staaten und Saudi-Arabien auf lange Sicht sprechen wollte, nicht aber über das Öl und die Truppenentflechtung. Saqqaf zeigte sich hocherfreut. Er sagte, der König werde sehr gern über diese Dinge sprechen, und die Saudis interessierten sich besonders für die Wirtschaftsbeziehungen. Ich erwiderte, wir wären bereit, Saudi-Arabien nach Aufhebung des Embargos auf diesem Gebiet sehr weit entgegenzukommen.

Als ich im Palast des Prinzen eintraf, des zweitmächtigsten Mannes im Königreich, war dieser schon vom Inhalt meiner Unterredung mit Saqqaf unterrichtet worden. Seine Reaktion bestätigte die Richtigkeit unserer Strategie, mit der wir unter anderem Europa beweisen wollten, daß die Vereinigten Staaten bei allen bilateralen Kontaktaufnahmen mit den Arabern mehr erreichen konnten als sie, wenn sie die aussichtsreichere Methode der Solidarität der Ölverbraucher ablehnten. Die bilateralen Beziehungen zu den Vereinigten Staaten standen, wie Prinz Fahd mir bei Beginn unseres Gesprächs unaufgefordert versicherte, auf der saudischen Prioritätsliste an oberster Stelle. Er sagte, viel europäische Länder hätten ihm Vorschläge für Langzeitprojekte gemacht, diese Angebote wären jedoch abgelehnt worden, weil das Königreich enge Beziehungen zu den Vereinigten Staaten aufnehmen wollte. Ich erläuterte ihm die verschiedenen gemeinsamen Programme, die wir ins Auge gefaßt hatten. Ich sagte ihm, daß wir auch bereit wären, unsere Politik auf der arabischen Halbinsel mit der Saudi-Arabiens zu koordinieren – um der wachsenden saudischen Sorge Rechnung zu tragen, das Königreich könnte von den radikalen Kräften im Irak von Norden und in Südjemen von Süden her in die Zange genommen werden. Ich sagte ihm, daß wir die Feinde Saudi-Arabiens als unsere Feinde betrachteten. Das Embargo erwähnte ich nur ganz am Schluß unseres Gesprächs. Es wäre eine schwere Belastung für unsere Beziehungen und eine weitere Verzögerung der Aufhebung des Embargos werde eine schwere Vertrauenskrise auslösen. Fahd sagte, er hätte den Eindruck, es läge dem König sehr viel daran, die »Ölpumpen« wieder in Gang zu bringen – ein Hinweis darauf, daß nicht nur das Embargo aufgehoben werden sollte, sondern die Saudis auch beabsichtigten, die Ölförderung wieder in vollem Umfang aufzunehmen, deren Drosselung die größere Gefahr dargestellt hatte.

Der König selbst war viel zu verschlagen, um mir feste Zusagen zu machen. Er begrüßte mich herzlich, und als ich mich neben ihn gesetzt hatte, wandte er sich mir mit einem freundlichen Blick zu und sagte, daß er für den Erfolg meiner Mission beten werde. Man tat Saudi-Arabien keinen Gefallen, wenn man es aufforderte, zu einem umstrittenen Problem Stellung zu nehmen. Deshalb unterrichtete ich den König über die Lage, bat ihn aber nicht darum, sich zu etwas zu verpflichten. Ich hatte immer wieder festgestellt, daß seine Freundschaftsbeteuerungen einen durchaus konkreten Hintergrund hatten, indem er unsere Diplomatie unterstützte, vor allem in Syrien, wo er Asad dringend empfahl, die Verhandlungen weiter zu verfolgen.

Auch diesmal drehte sich unser Gespräch hauptsächlich um das Standardthema des Königs, die verderblichen Einflüsse des Kommunismus und des Zionismus. Auf beide Phänomene ging er im einzelnen ein, beschäftigte sich aber vor allem mit ihrem Zusammenwirken. Faisal hielt die nach außen hin demonstrierte Feindschaft Moskaus gegenüber dem jüdischen Staat für viel weniger bedeutend als die Tatsache, daß viele israelische Führer in Rußland geboren waren und daß die Sowjets jetzt immer mehr Juden nach Israel auswandern ließen. Aber diese seltsame Geschichte verwischte wie eine Sandwolke in der Wüste sehr wirkungsvoll alle Trennungslinien. Verglichen mit dem epischen Konflikt zwischen Gut und Böse hatten die kleinen Alltagssorgen eigentlich keine Bedeutung. Und wenn sich die Wolke aufgelöst hatte, blieb nichts übrig als Faisals Segen für unsere Bemühungen um die Truppenentflechtung an der syrisch-israelischen Front. Ohne sich selbst in die Schußlinie zu begeben, hatte der König mir versichert, daß er für unseren Erfolg beten werde. Damit war ich mir der Unterstützung Saudi-Arabiens sicher. Daß die Aufhebung des Embargos unmittelbar bevorstand, erkannte ich daran, daß der König in meiner Gegenwart seinen Ministern befahl, mit uns über die technologische, wirtschaftliche und militärische Zusammenarbeit zu sprechen. Daß er so enge Beziehungen zu den Vereinigten Staaten anknüpfte, ohne die Ölwaffe aus der Hand gelegt zu haben, war unvorstellbar. Er muß sich über meine geistige Beschränktheit gewundert haben, als ich am Ende des Gesprächs trotzdem noch auf das Öl zurückkam. Faisal beschränkte sich nur darauf zu sagen, daß er alles tun werde, damit das Embargo aufgehoben würde. Wahrscheinlich durfte er keine weitergehenden Zugeständnisse machen, ohne den Konsens der arabischen Staaten zu gefährden. Aber ich glaubte ihm. Sein offensichtliches starkes Interesse an einer Zusammenarbeit der Vereinigten Staaten mit Saudi-Arabien auf technischem und wirtschaftlichem Gebiet zeigte, daß nicht nur die eine Seite ein Druckmittel in der Hand hatte.

Omar Saqqaf, der fürchtete, daß ich die komplexen Verhandlungsmethoden der Saudis wahrscheinlich niemals durchschauen würde, bemühte sich auf dem Weg zum Flughafen, mir jede Sorge zu nehmen. Er sagte, aus dem Gespräch ging klar hervor, daß der König das Embargo aufheben werde. Faisal habe bewußt vermieden, mir diese Zusage zu machen, sagte Saqqaf in seiner Verzweiflung über meinen Mangel an Feingefühl, »damit Sie diesen Beschluß nicht auf dem Flughafen der Presse mitteilen können; die Entscheidung darf nicht in Saudi-Arabien bekanntgegeben werden«. In Amerika ging mir zwar der Ruf voraus, daß ich ein begeisterter Verfechter der Geheimdiplomatie wäre, aber diese Kunde war offenbar noch nicht bis Saudi-Arabien gedrungen. Doch immerhin bewahrheitete sich Saqqafs Zusage, als das Embargo nach zwei Wochen wirklich aufgehoben wurde.

Die jordanische Option

Jordanien war auch diesmal die letzte Station auf meiner Reise durch den Nahen Osten. Ich hatte es zum Teil so eingerichtet, weil die Atmosphäre hier am freundlichsten war und ich mich in der Gesellschaft von Freunden am besten von den anstrengenden, hinter mir liegenden Verhandlungen erholen konnte. Aber Jordanien war auch das Land, das mir zu dieser Zeit bei meinen diplomatischen Bemühungen die geringsten Sorgen machte. Und doch weckte dieser Besuch melancholische Gefühle, aber ich hatte keine Möglichkeit, mein schlechtes Gewissen zu besänftigen. In der gegenwärtigen Lage war jedermann, und auch der tapfere jordanische König, davon überzeugt, daß die Truppenentflechtung an der syrischen Front Vorrang hatte. Durch sie stützten wir Sadats Friedenspolitik, wenn auch nur vorübergehend. Außerdem war es Jordanien lieber, die Verhandlungen erst nach einer Regelung mit Syrien aufzunehmen, um es nicht, wie 1970, zu einer Konfrontation zwischen Syrien und Jordanien kommen zu lassen.

Der Fall Jordanien war eine klassische Demonstration dafür, daß aus einer zutreffenden Analyse nicht immer die richtigen politischen

Schlüsse gezogen werden. Auf die Gefahr, daß sich mein Ruf, ein sehr unbescheidener Mensch zu sein, noch verschlechtert, muß ich sagen, daß ich die Dynamik der Lage durchaus begriffen hatte. Ich hatte Israel immer wieder gewarnt und gesagt, es hätte die Wahl, sich entweder mit Hussein oder mit Arafat einigen zu müssen. Eines von beiden mußte geschehen. So erklärte ich am 8. Februar vor meiner Abreise in den Nahen Osten einer Gruppe jüdischer Führer in den Vereinigten Staaten:

> Wenn sich die Israelis nicht innerhalb der nächsten sechs Monate irgendwie mit Hussein über das Jordan-Westufer einigen können, dann rechne ich damit, daß Arafat international anerkannt werden und die Welt in ein Chaos geraten wird . . . Als Berater der israelischen Regierung würde ich dem Premierminister sagen: »Um Gottes willen, tun Sie etwas mit Hussein, solange er noch mitspielt.«

Dem israelischen Botschafter Dinitz sagte ich am 9. Februar das gleiche: Wenn Israel mit Hussein nicht innerhalb eines Jahres zu einer Vereinbarung käme, »wird Arafat der Sprecher für das Westufer sein«.

Aber zu diesem Zeitpunkt waren Gespräche über das Jordan-Westufer aus innenpolitischen Gründen für Israel kaum denkbar, denn bei der Bildung der Koalitionsregierung brauchte man die nationalreligiöse Partei als Partner. Als ich Jerusalem am 1. März verließ, um nach Damaskus, Riad und Amman zu fliegen, hatten mich Golda und ihre Kollegen angefleht, nichts darüber bekannt werden zu lassen, daß wir das Jordan-Westufer in unseren Gesprächen überhaupt erwähnt hatten.

Aus diesem Grund fand mein Besuch in Amman in der Nacht vom 2. zum 3. März trotz aller nach außen gezeigten Freundschaft und Herzlichkeit in einer melancholischen Atmosphäre statt. Die Gespräche mit König Hussein, Kronprinz Hassan und Premierminister Zaid Rifai zeigten, daß wir in der Sache übereinstimmten, aber daran zweifeln mußten, wie sich unsere Vorstellungen in die Praxis umsetzen ließen, um so mehr, da Israel erst kürzlich den bescheidenen jordanischen Plan für eine Truppenentflechtung abgelehnt hatte, der mir unmittelbar nach der Truppenentflechtung auf der Sinai-Halbinsel am 19. Januar in Akaba übergeben worden war (siehe 18. Kapitel).

Ich empfahl Hussein, nach der Regierungsumbildung in Israel diese Frage noch einmal auf den Tisch zu legen. Hussein hatte Gerüchte gehört, nach denen die Vereinigten Staaten die Gründung eines Palästinenser-Staates begrüßen oder der Bildung einer Exilregierung durch die PLO zustimmen würden, wie sie von anderen arabischen Staaten angestrebt wurde. Ich lehnte solche Pläne entschieden ab. (Obwohl ich es nicht ausdrücklich sagte, zweifelte ich nicht daran, daß auf der unteren Ebene unseres Außenministeriums solche Auffassungen vertreten wurden.) Ich sagte:

> Eure Majestät haben unsere uneingeschränkte Unterstützung. Die Gerüchte, die Ihnen zu Ohren kommen, sind unbegründet, wenn sie nicht von uns bestätigt werden. Wenn wir Ihnen etwas mitzuteilen haben, dann sagen wir es Ihnen direkt. Dazu brauchen wir keine Gerüchte oder sonstige Umwege . . . Wir werden uns nicht hinter Ihrem Rücken mit der PLO in Verbindung setzen . . . Wir können uns tatsächlich nicht vorstellen, daß irgend jemand außer Eurer Majestät die

Rolle des Sprechers für das Westufer übernimmt. Das ist unsere Politik.

Aber solche Zusicherungen konnten Hussein nicht aus seinem Dilemma befreien. Er erklärte, er hätte nur die Möglichkeit, entweder »die volle Verantwortung dafür zu übernehmen, daß Israel veranlaßt würde, das Westufer zu räumen«, oder seinen arabischen Brüdern mitzuteilen, daß »wir das Problem nicht in diesem Sinne lösen können und sie deshalb versuchen müßten, in Zusammenarbeit mit den Palästinensern andere Möglichkeiten zu finden«. Die Vereinigten Staaten sahen sich in dieser Phase gezwungen, Syrien den Vorrang einzuräumen. Die innenpolitische Lage in Israel machte es unmöglich, daß wir uns gleichzeitig mit mehreren Problemen beschäftigten. Alle Beteiligten und auch Hussein waren übereinstimmend der Ansicht, daß wir die Lage an der syrischen Front klären müßten, um auf dem Weg zum Frieden voranzukommen.

Diese Nahost-Reise, die angenehmste meiner ganzen Amtszeit, ging mit einem eindrucksvollen militärischen Schauspiel zu Ende, als wir im Beisein der königlichen Familie einen Wachaufzug nach britischem Vorbild erlebten. Wir hatten den Eindruck, ein wesentliches Stück vorangekommen zu sein. Wir hatten mehr erreicht, als geplant. Die syrisch-israelischen Verhandlungen hatten begonnen, das Ölembargo sollte demnächst aufgehoben werden – Saqqaf bestätigte es Akins wenige Tage später –, und wir glaubten, es bestünde immer noch eine Möglichkeit für israelisch-jordanische Verhandlungen über das Jordan-Westufer und damit die Lösung des Palästinenser-Problems.

Am 18. März hoben die Ölminister das Embargo auf, ohne irgendwelche Bedingungen daran zu knüpfen. Dieser Beschluß sollte am 1. Juni noch einmal überprüft werden, doch diese Überprüfung fand nicht statt. Saudi-Arabien gab bekannt, daß es die Ölförderung um eine Million Barrel pro Tag erhöhen werde, was zur Stabilisierung des Ölpreises beitrug (der reale Ölpreis fiel sogar in den kommenden Jahren). Die hektische Reisediplomatie der vergangenen Monate hatte sich bezahlt gemacht. Wir hatten für unsere Nahost-Politik, die Energiepolitik und den Ausbau der Beziehungen zu unseren Verbündeten Handlungsspielraum gewonnen.

XXII. Der Verfall der Entspannungspolitik: ein Wendepunkt

Die Entspannungspolitik wird angegriffen

Unter großen Mühen kamen wir allmählich auf dem Wege zum Frieden im Nahen Osten voran. Wir durften dabei jedoch nicht vergessen, daß es unsere Aufgabe war, den Frieden in der Welt zu stärken. Das amerikanische Volk verlangte das von seiner Führung, und das Nuklearzeitalter stellte uns diese Forderung als moralische und praktische Notwendigkeit. Die traumatischen Erfahrungen aus dem Vietnam-Krieg hatten uns eine entscheidende Lektion erteilt: Das Vertrauen des amerikanischen Volkes zur Friedensliebe seiner Führung war ein hoher Wert, auf den wir nicht verzichten konnten, wenn wir eine erfolgreiche Außenpolitik führen wollten. Die Voraussetzung für den Zusammenhalt unserer Bündnisse war die Überzeugung unserer Verbündeten, daß das Ziel unserer Außenpolitik der Friede war. Die Plattform des Friedens war die beste Basis für den Widerstand gegen jede aggressive Politik. Aufrichtige Männer und Frauen guten Willens konnten nur eine Politik unterstützen, die sich positive Ziele gesetzt hatte.

Aber die Verantwortung der politischen Führung liegt nicht allein im Bekenntnis zu einem bestimmten Ziel. Ihre Haltung muß vor allem mit den Wertmaßstäben ihrer Gesellschaft vereinbar sein. Wenn man den Frieden nur als einen Zustand ansieht, in dem kein Krieg geführt wird, wenn die Friedenssehnsucht sich nicht mit dem Gefühl für Gerechtigkeit verbindet, dann kann ein verächtlicher Pazifismus entstehen, der die Welt den verantwortungslosesten und rücksichtslosesten Kräften überläßt. Die staatsmännische Weisheit der amerikanischen Führung wird sich daran bewähren müssen, daß sie einen Frieden ermöglicht, der sich auf gegenseitige Zurückhaltung stützt, daß sie unsere Ordnungsprinzipien mit dem in unserem Lande geltenden Freiheitsbegriff in Einklang bringt, daß sie sich um Frieden bemüht, ohne zu resignieren, und für die von ihr als richtig erkannte Ordnung eintritt, ohne es auf eine sinnlose Konfrontation ankommen zu lassen.

Die für eine solche Politik erforderliche Disziplin und das Gefühl für die richtigen Proportionen fielen den durch Watergate ausgelösten Leidenschaften zum Opfer. Es war überraschend, daß sich der Friede in einer begrenzten Region leichter herstellen ließ als der Weltfrieden. Der regionale Frieden ist, besonders im Nahen Osten, oft das Ergebnis der Bewältigung einer Krise. Und gegen meine ursprüngliche Erwartung hat Watergate das Krisenmanagement von allen außenpolitischen Aspekten am wenigsten behindert. Bis zum Tage seines Ausscheidens aus dem Präsidentenamt galt Nixon überall im Ausland als der Mann, der bereit war, die Macht und das Ansehen der Vereinigten Staaten entschlossen und rücksichtslos einzusetzen. Unsere Gegner wagten es nicht, angesichts der kurzen Fristen, die ihnen in dieser kritischen Lage gestellt waren, zu erproben, wie stark die Autorität des Präsidenten gelitten hatte. Kein Land ließ es auf eine direkte Konfrontation ankommen, bis die Sowjetunion uns gegen Ende des Nahost-Krieges zur militärischen Teilmobilmachung veranlaßte, als einer der von ihr abhängigen Staaten in eine verzweifelte Lage geraten war. Aber als wir ihnen die Zähne zeigten, gaben die Sowjets nach. Die Krise verschaffte uns die Gelegenheit, den Verlauf der Ereignisse entscheidend zu beeinflussen und gegen den Willen unserer Verbündeten und der Sowjets sowie trotz aller Drohungen der radikalen Araber Ägypten zum Bündniswechsel zu bewegen.

Aber im Gesamtzusammenhang der Ost-West-Beziehungen waren wir weniger erfolgreich. Während wir im Nahen Osten schrittweise vorankamen, kam es zu einem systematischen Zerfall unserer Ost-

West-Politik. Wir waren in der Lage eines Seiltänzers, der die Hälfte der Strecke zurückgelegt hat und plötzlich sieht, daß das Sicherheitsnetz unter ihm fortgezogen wird und das Gleichgewicht seiner Balancierstange sich verschiebt. Die Zuschauer bilden sich ein, da er so weit gekommen ist, könnte es nicht so schwierig sein, und das Risiko ließe sich erhöhen. Nun rufen sie ihm zu, er hätte von Anfang an bessere Möglichkeiten gehabt, auf die andere Seite zu gelangen.

Im Licht der historischen Erfahrungen Amerikas waren die Beziehungen zur Sowjetunion auch unter den günstigsten Voraussetzungen eine schwere Herausforderung für uns gewesen. Die weltpolitischen Zusammenhänge sind von den Amerikanern traditionsgemäß immer manichäisch aufgefaßt worden: Danach gibt es in den zwischenstaatlichen Beziehungen nur Freundschaft oder Feindschaft; ein Kompromiß ist ausgeschlossen. Friedliche Perioden verlangen guten Willen, Verhandlungsbereitschaft, Ausgleich oder Methoden, mit denen die Beziehungen zwischen den Nationen nach den für die zwischenmenschlichen Beziehungen geltenden Grundsätzen gestaltet werden. Im Kriege muß dagegen eine unversöhnliche, feindliche Haltung eingenommen werden. Der Konflikt wird als »unnatürlicher« Zustand verstanden; er wird von bösen Menschen oder Motiven verursacht und kann daher nur durch die Vernichtung der Schuldigen beendet werden.

Nach der amerikanischen Tradition ist die Außenpolitik weniger ein nahtloses Gewebe als vielmehr eine Serie von Episoden oder getrennten Einzelproblemen, die jeweils durch den gesunden Menschenverstand und mit den vorhandenen Mitteln gelöst werden müssen. Dabei stellt man sich eine in ihrer Anlage friedliche Welt vor, deren Harmonie gelegentlich durch Krisen gestört wird, die eine Abweichung von der Norm darstellen. Diese Auffassung hatte sich zum Teil entwickelt, weil Amerika geographisch weit vom Zentrum der weltpolitischen Ereignisse entfernt lag, was es in die Lage versetzte, anderen Ländern die Verantwortung für die Aufrechterhaltung des globalen Gleichgewichts der Kräfte aufzubürden. Doch solche Vorstellungen ließen sich nicht mehr rechtfertigen, als mit dem Anwachsen der sowjetischen Macht unsere Unverwundbarkeit verlorenging und wir uns gezwungen sahen, den Isolationismus aufzugeben. Aber was im Rahmen einer allmählichen geistigen Entwicklung hätte geschehen können, wurde unter den besonderen Voraussetzungen der Nachkriegsperiode zum Trauma.

Die Sowjetunion ist eine Tyrannei und ein ideologischer Gegner und entspricht damit den traditionellen Vorstellungen vom unversöhnlichen Konflikt zwischen Gut und Böse. Doch die ideologische Feindschaft gegenüber der Sowjetunion verwandelt sich wie in der herkömmlichen Großmachtpolitik in eine geopolitische Rivalität, wobei das Streben nach Übergewicht auf jeder Seite nur zu kleinen Fortschritten führen kann, die aber in der Akkumulation das globale Gleichgewicht der Kräfte empfindlich stören müssen. Wenn wir uns daher zu sehr darauf vorbereiten, einer umfassenden moralischen Herausforderung auf allen Gebieten mit einer apokalyptischen Konfrontation zu begegnen, riskieren wir, die weniger deutlich erkennbaren sowjetischen Versuche, das Gleichgewicht der Kräfte mit kleinen Schritten ins Wanken zu bringen, zu übersehen und nicht wirksam zu bekämpfen. Nach dem Zweiten Weltkrieg sind wir in das Nuklearzeitalter eingetreten, und jetzt riskierte der Staatsmann nicht mehr nur seine Armeen, sondern seine ganze Gesellschaft und sogar die Existenz der Menschheit. Unser Gegner wurde damit in gewissem Sinne ein Partner in dem Bemühen um Abwendung eines Krieges mit Kernwaffen – dieser Aspekt wurde zum unverzichtbaren moralischen, politischen und strategischen Gebot.

Noch niemals hat eine Gesellschaft vor einer so komplexen Aufgabe gestanden, und nur selten sind die Menschen weniger gut darauf vorbereitet gewesen. Die einzige Art der Bedrohung des Gleichgewichts der Kräfte, auf die uns die Geschichte und unsere Erfahrung vorbereitet hatten – der totale Krieg, wie ihn Hitler geführt hat –, war im Zeitalter der Stellvertreterkonflikte, der Guerillakriege und der politischen und ideologischen Kriegführung die Möglichkeit, mit der wir am wenigsten rechnen mußten. Die Herausforderungen, denen wir uns jetzt zu stellen hatten, ließen sich nur schwer erkennen, wir sind ihnen, wenn überhaupt, nur zögernd begegnet, und sie haben – von Korea über Vietnam bis Angola – in unserer Gesellschaft zu tiefgreifenden Spaltungen geführt. Und der Gedanke, daß wir mit unserem Gegner, während wir ihm Widerstand leisteten, in einem bestimmten Ausmaß auch zusammenarbeiten müßten, stieß zunächst auf wenig Verständnis. Gefühlsmäßig lagen uns die einfacheren Erkenntnisse eines vergangenen Zeitalters näher. Die liberalen Kräfte widersprachen der These, daß es sich um einen unversöhnlichen Konflikt handelte, und bestritten die Notwendigkeit der Verteidigung. Die Konservativen wollten es nicht hinnehmen, daß man im Nuklearzeitalter unter Umständen mit dem Gegner zusammenarbeiten müßte. Beide rebellierten gegen die Vorstellung, daß es zur Aufrechterhaltung des globalen Gleichgewichts der Kräfte ständiger Bemühungen bedürfte.

Die wichtigste Aufgabe in Nixons zweiter Amtszeit war daher eine psychologische. Wir mußten das Bewußtsein der amerikanischen Öffentlichkeit dafür schärfen, wie komplex die Welt war, mit der wir es jetzt zu tun hatten. Als Führungsmacht unter den demokratisch regierten Ländern trugen die Vereinigten Staaten die Verantwortung für die Verteidigung der globalen Sicherheit, und zwar auch gegen nicht deutlich erkennbare und scheinbar nicht sehr ernst zu nehmende Angriffe, und auch dann, während wir gleichzeitig die Grenzen der Koexistenz mit einer moralisch abstoßenden Ideologie absteckten. Wir mußten lernen, daß es keine endgültigen Antworten gab. Ich war damals und bin auch noch heute davon überzeugt, daß die Lösung weder in einer apokalyptischen Kraftprobe noch in einer Aussöhnung der Ideologien liegt. Wir müssen vielmehr die Kraft finden, der sowjetischen Herausforderung im Verlauf einer historischen Epoche zeitweilig mit entschlossenem Widerstand und zeitweilig mit Verhandlungsbereitschaft zu begegnen. Das heißt, daß wir niemals allen Forderungen genügen können, daß alle Lösungen unvollständig bleiben müssen und daß alles, was wir tun, der Kritik und den Angriffen unserer eigenen Öffentlichkeit ausgesetzt ist.

Die Nixon-Regierung hat sich darum bemüht, das Hin- und Herschwanken Amerikas zwischen Überengagement und Isolationismus, zwischen dem missionarischen Eifer von Kreuzfahrern und dem Hang zur Abkehr von der Wirklichkeit ein Ende zu bereiten. Wir haben uns darum bemüht, die amerikanische Politik auf einen realistischen Sinn für das nationale Interesse und die Erfordernisse des Gleichgewichts der Kräfte zu gründen. Der amerikanische Idealismus sollte uns die Ausdauer geben, um ein Ringen über lange Zeit hinweg durchzuhalten, bei dem es keinen eindeutig zu definierenden Wendepunkt gab. Eine solche Politik war schließlich nur möglich, wenn die Öffentlichkeit der Regierung vertraute und die Dinge in den richtigen Proportionen sah. Diese Fähigkeiten wurden zu keiner Zeit dringender gebraucht und haben uns niemals mehr gefehlt als zu der Zeit, in der ein so großer Teil der Energie des amerikanischen Volkes im Fegefeuer von Watergate verbraucht wurde.

Die Historiker werden niemals die Frage beantworten können, ob Nixon ohne Watergate dieses Ziel erreicht hätte. Ernstzunehmende Männer und Frauen, die ich achte, glauben, daß unsere Methoden unvereinbar mit der amerikanischen Psyche seien, aber ich bin ebenso sehr davon überzeugt, daß der von ihnen geforderte, mit allen von uns zur Verfügung stehenden Kräften geführte Kreuzzug der Wirklichkeit unserer Zeit nicht gerecht werden kann.* Wir waren davon überzeugt, ein Ziel zu verfolgen, das sich verwirklichen ließ. Wenn wir dies nicht geglaubt hätten, dann hätten wir die Umwälzungen dieser Periode nicht durchstehen können. Wir waren uns des ideologischen und geopolitischen Konflikts zutiefst bewußt – schließlich hatten wir in Vietnam Aufgaben erfüllt, zu denen sich unsere Vorgänger verpflichtet hatten, und waren dabei auf die erbitttertste innenpolitische Opposition seit dem Bürgerkrieg gestoßen. Wir hatten es getan, um das Vertrauen der freien Völker dieser Welt in unsere Glaubwürdigkeit zu rechtfertigen. Aber wir haben auch erkannt, welche Verantwortung wir für das Überleben der Menschheit trugen. Und wir konnten niemals vergessen, welchen Qualen unsere Gesellschaft über ein Jahrzehnt ausgesetzt gewesen war. Wir suchten keine vermeidbaren Konfrontationen, sondern bemühten uns um den Glauben der Öffentlichkeit an unsere Friedensliebe, auf den wir in beiden Fällen angewiesen waren, und zwar sowohl für den Fall, daß uns der sowjetische Expansionismus trotz aller Bemühungen zur Konfrontation zwingen würde, als auch dann, wenn das, was beide Seiten aus taktischen Gründen begonnen hatten, zu einer echten Koexistenz werden sollte.

Die Entspannungspolitik ruhte daher auf zwei Säulen, dem Widerstand gegen den sowjetischen Expansionismus und der Bereitschaft, über konkrete Fragen zu verhandeln; auf dem Konzept der Abschreckung und der Bereitschaft, die Möglichkeiten der Koexistenz auszuloten. Die Nixon-Regierung hatte sich 1970 in Jordanien und Cienfuegos, 1971 im indisch-pakistanischen Krieg und in jüngster Zeit mit der Teilmobilmachung am Ende des Oktober-Kriegs von 1973 energisch den

* Siehe 7. Kapitel.

Herausforderungen der Sowjetunion und ihrer Verbündeten widersetzt. Wir mußten uns gegen eine erbitterte Opposition im Kongreß wehren, um eine starke Verteidigungspolitik durchzusetzen. Zugleich schöpften wir aber auch die Möglichkeiten aus, die uns, beginnend mit den Berlin-Vereinbarungen von 1971, auf dem Verhandlungswege geboten wurden. Auf dem Moskauer Gipfel von 1972 ließ sich unsere Strategie deutlich erkennen. Im frühen Frühjahr 1973 waren eine Reihe von Vereinbarungen über Rüstungskontrolle und technische Zusammenarbeit abgeschlossen worden, und andere zeichneten sich am Horizont ab. Wir haben deshalb niemals geglaubt, daß die Spannungen in den Beziehungen zu unseren Gegnern damit beendet wären, und wer glaubte, daß dies der Prüfstein unserer Politik sei, hat unsere Absichten mißverstanden und unsere Zielsetzung falsch interpretiert. Wir haben niemals unseren Entschluß aufgegeben, das militärische Gleichgewicht aufrechtzuerhalten oder uns dem sowjetischen Expansionismus zu widersetzen. Wir waren allerdings bereit, die Risiken zu verringern, die eine Rivalität der Supermächte mit sich brachte, und die Kritierien für eine Koexistenz auszuloten. Wir hatten gelernt, daß in der Demokratie die Voraussetzung für das Überstehen eines sich über lange Zeit ausdehnenden Ringens die ständige Demonstration der Bereitschaft ist, das Ringen zu beenden. Schließlich waren wir davon überzeugt, daß eine lange Friedensperiode das sowjetische System eher aushöhlen würde als unseres.

Einem Präsidenten mit dem Prestige, das Nixon sich während seiner ersten Amtsperiode durch seine außenpolitischen Erfolge erworben hatte, hätte diese erzieherische Aufgabe vielleicht übernehmen können. Die Realitäten des Nuklearzeitalters und die Zwänge, die sich aus einer lange dauernden ideologischen Konfrontation ergaben, hätten der Öffentlichkeit in einem geduldigen, ernsthaften und offenen Dialog dargestellt werden können, wie er nach dem Zweiten Weltkrieg geführt worden war, um den amerikanischen Isolationismus zu überwinden. Aber die um Vietnam mit großer Erbitterung geführten innenpolitischen Kämpfe und das häßliche Mißtrauen, das Watergate in der Bevölkerung gesät hatte, erzeugten ein innenpolitisches Klima, das für vernünftige Diskussionen nicht geeignet war.

So trafen sich die Konservativen, die die Kommunisten haßten, und die Liberalen, die Nixon haßten, in einer seltenen Konstellation, wie wir sie bei einer Sonnenfinsternis erleben. Die Konservativen störten die zahlreichen Vereinbarungen, die wir mit einem erklärten Gegner getroffen hatten. Sie glaubten nicht, daß Amerika wachsam bleiben werde, während es bei der Entspannungspolitik angebliche »Fortschritte« gab, und waren überzeugt, daß sich die Verteidigungsbereitschaft der Vereinigten Staaten nur mit ideologischer Militanz garantieren ließe. Sie verlangten die kompromißlose verbale Feindschaft und schienen gelegentlich rhetorische Unnachgiebigkeit höher einzuschätzen als Härte in der Sache.

Die Haltung der Liberalen war komplexer. Die Nixon-Regierung bemühte sich um Rüstungskontrolle, den Ost-West-Handel und andere Dinge, die schon seit Jahrzehnten von den Liberalen gefordert worden waren. Aber der gegen Nixon angesammelte Haß saß zu tief. Im Unterbewußtsein schienen sie sogar zu glauben, daß, wenn Nixon für die Entspannung war, der Kalte Krieg vielleicht doch nicht so schlecht war. Aber viele Liberale, die sich mit großer Leidenschaft gegen das amerikanische Engagement in Übersee gewehrt hatten – besonders in Indochina –, mußten im Nahost-Krieg feststellen, in welche Gefahr freie Völker gerieten, wenn die Vereinigten Staaten darauf verzichteten, zur Aufrechterhaltung des Gleichgewichts der Kräfte in bestimmten Regionen gegen Länder vorzugehen, die von der Sowjetunion bewaffnet worden waren. Wie viele Konvertiten propagierten sie ihre neuen Erkenntnisse mit der gleichen Leidenschaft und manchmal mit dem gleichen Mangel an Unterscheidungsvermögen, mit denen sie vorher für ihre entgegengesetzten Überzeugungen eingetreten waren.

Nun fühlten sich Liberale und Konservative in ihren Angriffen gegen unsere Ost-West-Politik zum Teil gerade deshalb bestätigt, weil sie augenscheinlich Erfolg hatte. Wäre der Kalte Krieg mit ganzer Heftigkeit weitergegangen, dann hätte man sicher Nixon dafür verantwortlich gemacht und lautstark eine versöhnlichere Politik verlangt. Doch als die Zeit verging und von der Sowjetunion augenscheinlich keine unmittelbare Gefahr drohte, schien es sicherer, unsere Politik zu kritisieren und sich gegen den bekannten Kommunistenhasser zu wenden – besonders wo es um die Menschenrechte ging, denn hier konnte man Nixon moralisches Versagen vorwerfen, ohne militärische oder nachweisbare politische Risiken einzugehen.

Das Ergebnis war ein intellektuelles Chaos. Jahrelang hatte man Nixon als Kalten Krieger beschimpft und erklärt, er zöge in Indochina einen sinnlosen antikommunistischen Krieg in die Länge. Aber auch ich mußte manche Angriffe hinnehmen, weil ich den Vietnam-Krieg nur unter für uns ehrenhaften Bedingungen beenden wollte. Doch plötzlich entstand eine neue Legende. Man behauptete, Nixon und ich hätten uns von der Sowjetunion betören lassen. Menschenrechtsapostel empörten sich darüber, daß die Entspannungspolitik nicht dazu genutzt wurde, die innere Struktur der Sowjetunion durch legislative Ultimaten zu verändern. Ein Teil der seltsamen Koalition aus Liberalen und Konservativen beschuldigte uns, daß wir mit unseren Bemühungen um die Abrüstung zu weit gingen, und der andere behauptete, daß wir nicht weit genug gingen. Dogmatische Verteidigungsexperten verlangten, daß die Rüstungskontroll-Verhandlungen erreichen sollten, was einseitige Programme des Verteidigungsministeriums nicht anstrebten und was der Kongreß bei jeder Vorlage abgelehnt hätte: die genaue zahlenmäßige Ausgewogenheit in allen Kategorien der strategischen Waffen. Für die Liberalen war der Abbau der Spannungen eine Selbstverständlichkeit, während die Konservativen die Entspannungspolitik ablehnten, als könnten wir uns eine Konfrontation mit der anderen Supermacht leisten, während das Land von dem nationalen Trauma eines immer schwächer werdenden Präsidenten geschüttelt wurde. Aber sosehr die Auffassungen beider Gruppierungen auch auseinandergehen mochten, sie kritisierten gemeinsam unsere Politik auf dem Gebiet der Wirtschaft und der Rüstungskontrolle und höhlten sie durch öffentliche Angriffe und gesetzgeberische Maßnahmen aus, ohne selbst eine folgerichtige Strategie anbieten zu können.

Alle Manöver hätten unwirksam bleiben können, wenn diese Kräfte nicht einen starken Führer gefunden hätten, der die beiden opponierenden Gruppen hinter sich vereinigte und ihre Aufmerksamkeit auf konkrete Probleme lenkte, die es ermöglichten, mit gesetzgeberischen Maßnahmen in die Außenpolitik einzugreifen. Senator Henry M. Jackson vom Staat Washington gehörte der Demokratischen Partei an und war wegen seiner progressiven innenpolitischen Auffassungen bei der Arbeiterbewegung sehr angesehen. Er hatte sich seine Sporen auf der konservativen Seite des politischen Spektrums verdient, weil er sich energisch für eine starke Verteidigungspolitik einsetzte und zwei Regierungen im Vietnam-Krieg mutig unterstützt hatte. Ohne daß er es gewollt hätte, hielt die Nixon-Regierung ihn nicht für einen Gegner, was einen großen Vorteil für ihn bedeutete. Wir bewunderten ihn und konnten nicht glauben, daß er die Grundvoraussetzungen für unsere Politik in Frage stellte, und hatten den Eindruck, daß es sich nur um taktische Meinungsverschiedenheiten oder Mißverständnisse handelte, die man mit geduldigen Verhandlungen zwischen Jackson und der Regierung aus dem Wege räumen könnte.

Doch dann mußten wir erkennen, daß der Angriff gezielt war. Jackson wollte unsere Politik zu Fall bringen und nicht modifizieren. Als schwerfälliger, nachdenklicher, eigensinniger Lutheraner skandinavischer Herkunft ging Jackson die Probleme nicht mit großartigen Reden oder brillanten Manövern an, sondern mit einer durch nichts zu erschütternden Ausdauer und Beharrlichkeit. Er hatte sich sehr eingehend mit der sowjetischen Strategie und Taktik beschäftigt und war überzeugt, daß die Sowjets den Untergang der freien Welt beschlossen hatten und jede Vereinbarung für sie nur ein taktisches Manöver mit dem Ziel war, unseren Untergang mit noch größerer Gewißheit herbeizuführen – eine durchaus zutreffende Beurteilung der sowjetischen Intentionen. Wir stimmten Jackson jedoch nicht in der Auffassung zu, daß deshalb alle Verhandlungen vergeblich wären und die einzig richtige Methode im Umgang mit der Sowjetunion die Konfrontation sei.

Nach meiner Auffassung mußten wir eine politische Lösung finden, die sowohl der internationalen als auch der innenpolitischen Lage Rechnung trug. Nixon war ein Absolutist und kannte nur Schwarz und Weiß. Wir glaubten an die Möglichkeit einer stufenweisen Entwicklung und bemühten uns um eine Politik, die über eine längere geschichtliche Periode beibehalten werden konnte. Jackson lehnte fast jede Vereinbarung ab, die der Sowjetunion irgendwelche Vorteile brachte. Wir hielten es für selbstverständlich, daß die Sowjets keinen Vertrag unterzeichnen würden, der ihnen nicht *irgendeinen* Gewinn versprach. Uns kam es darauf an, daß sich *unsere* Lage nach Abschluß eines Vertrages gebessert hatte. Wir konnten der Behauptung nicht zustimmen, daß wir in jedem Fall ausmanövriert wurden. Unsere Erfahrungen im Nahen Osten und anderswo hatten uns vom Gegenteil überzeugt.

Jackson war nicht der Mann, mit dem man über seine festen Überzeugungen debattieren konnte. Er versuchte sich um jeden Preis durchzusetzen und errichtete eine Reihe legislativer Hürden, die unsere Ost-West-Politik im Lauf der Zeit lähmten. Dabei wurde er von den tüchtigsten – und rücksichtslosesten – Mitarbeitern unterstützt, die ich in Washington kennengelernt hatte. Sie engten systematisch jeden Spielraum für Gespräche zwischen der Regierung und dem Senator ein, indem sie die Motive der Regierung in unglaublich gehässiger Weise interpretierten, und verstanden es mit ungewöhnlichem Geschick, alle vertraulichen, an die Presse durchgesickerten Informationen auszunutzen. Der Angriff hatte auch deshalb eine so große Wirkung, weil er uns philosophisch und emotional völlig unvorbereitet traf. Weder Nixon noch ich hatten damit gerechnet, daß an die Stelle der Forderung, den Vietnam-Krieg um jeden Preis zu beenden, das Verlangen treten werde, einen politischen Kurs einzuschlagen, dessen praktische Konsequenz die Erhebung der Konfrontation zum politischen Grundsatz gewesen wäre, und zwar zur Zeit unserer schwersten innenpolitischen Krise in diesem Jahrhundert, in deren Folge die Handlungsfähigkeit des Präsidenten so stark eingeschränkt war wie noch nie seit dem Zweiten Weltkrieg.

Die Kontroverse über die Entspannungspolitik wurde mit großer Leidenschaft ausgetragen. Diese Ereignisse werden sicherlich ganz verschieden beurteilt werden, und auch von Persönlichkeiten, vor denen ich große Achtung habe und die auf anderen Gebieten unsere Verbündeten und nicht unsere Gegner gewesen sind. Aber gerade das war das Tragische an dieser Entwicklung. Ich muß aber trotzdem den Versuch unternehmen, darzustellen, wie der Konflikt aus der Perspektive derjenigen unter uns angesehen wurde, die in diesen turbulenten Zeiten die politische Verantwortung trugen. Wir sahen uns plötzlich Angriffen ausgesetzt, denen wir nur schwer begegnen konnten, weil der Symbolik die Substanz überschattete und die Kritik an einzelnen Maßnahmen an die Stelle von Meinungsverschiedenheiten in Grundsatzfragen trat.

Die Gesetzesvorlage von Jackson und Vanik

In dem gegen die Entspannungspolitik geführten Feldzug war ein Angriffsziel der Ost-West-Handel. Ausgelöst wurden diese Angriffe durch die jüdische Auswanderung aus der Sowjetunion.

Die Ereignisse nahmen hier einen recht eigenartigen Verlauf. Wie ich schon im 7. Kapitel berichtet habe, wurde Nixon bei seinem Amtsantritt erheblich unter Druck gesetzt, das Volumen des Ost-West-Handels zu vergrößern, indem er der Sowjetunion die Meistbegünstigungsklausel zubilligte – obwohl die Sowjets vor weniger als sechs Monaten die Tschechoslowakei besetzt hatten. Wir widersetzten uns dieser Forderung mit der Begründung, daß die Sowjetunion vorher ihre Zurückhaltung auf internationaler Ebene und ihre Bereitschaft, konkrete Probleme beizulegen, beweisen müßte, wie etwa in Vietnam und Berlin. Diese als »linkage« (Verknüpfung) bezeichnete Politik wurde als nicht abzuwendendes Überbleibsel des Kalten Krieges angegriffen, als eine falsche Methode, die alle Konflikte noch mehr ausweiten und uns die

Möglichkeiten verbauen würde, besondere Probleme zu lösen. Wir blieben bei unserer Haltung. Als der sowjetische Druck in lebenswichtigen Bereichen nachließ wie in Berlin, dem Nahen Osten oder bei SALT und die Sowjets nichts unternahmen, als wir Hanoi unter Druck setzten, schlossen wir 1972 ein Handelsabkommen mit der Sowjetunion ab, mit dem die sowjetischen Schulden aus dem Zweiten Weltkrieg nach dem Pacht- und Leihgesetz beglichen wurden, während wir der Sowjetunion als Gegenleistung die Meistbegünstigungsklausel zubilligten. Damals erhob niemand Einwände gegen die Bedingungen dieser Vereinbarungen oder gegen den Rahmen, innerhalb dessen sie getroffen wurden.

Wir glaubten nicht – wie man später behauptet hat –, daß die Ausweitung des Handels an sich schon die Sowjetunion zu einer gemäßigten Haltung veranlassen könnte, und gründeten unsere Ost-West-Politik in erster Linie auf den Widerstand gegen weitere sowjetische Abenteuer und die Aufrechterhaltung des globalen Gleichgewichts der Kräfte. Wirtschaftliche Anreize konnten dieses Gleichgewicht nicht ersetzen. Aber wir glaubten, daß die Sowjets sich eher veranlaßt sehen würden, Zurückhaltung zu üben, wenn wir ihnen durch ein gewisses Entgegenkommen wie etwa im Ost-West-Handel positive Anreize boten. Wie ich schon erläutert habe, ist die Bezeichnung Meistbegünstigungsklausel eigentlich falsch. Sie gewährt nur einen Status, den hundert andere Nationen schon besitzen, und dieser Status interessierte die Sowjetunion mehr als die damit verbundenen wirtschaftlichen Vorteile.

In Nixons zweiter Amtszeit waren die bisherigen Gegner der »linkage« plötzlich Feuer und Flamme für diese Theorie, wollten sie aber auch auf ganz anderen Gebieten angewendet sehen als wir. Wir hatten uns dabei bisher nur auf das Verhalten der Sowjets im internationalen Rahmen beschränkt, und zwar dort, wo fremde Nationen im allgemeinen historische und völkerrechtliche Verpflichtungen eingegangen waren. Unsere Kritiker wollten damit jetzt Veränderungen in der sowjetischen Innenpolitik bewirken, auf einem viel problematischeren und empfindlicheren Gebiet. In Nixons erster Amtsperiode hatten sich weder Senator Jackson noch andere führende Persönlichkeiten, die sich um die Auswanderung sowjetischer Juden bemühten, kritisch zu diesem Thema geäußert. Es war uns durch unsere diplomatischen Bemühungen gelungen, die Zahl der Auswanderungsgenehmigungen fast auf das Hundertfache zu steigern. 1968 waren es vierhundert und 1973 fünfunddreißigtausend gewesen. Wir waren überzeugt, daß wir diesen Erfolg einer diskreten Diplomatie zu verdanken hatten, denn wir waren mit unseren Forderungen nie vor die Öffentlichkeit getreten und hatten alles über vertrauliche Kontakte über das Weiße Haus abgewickelt. Selbst in der Hitze des Wahlkampfes von 1972 verzichtete Nixon darauf, auf diese Erfolge hinzuweisen, und hielt es für wichtiger, die Arbeit im stillen fortsetzen zu können, als Wahlkampfpunkte zu sammeln. Als wir erfuhren, daß Alexander Solschenizyn für sein Leben fürchtete, habe ich wiederholt im Auftrage des Präsidenten mit Dobrynin gesprochen und ihm zugesagt, daß wir, wenn Solschenizyn die Sowjetunion verlassen dürfte, seinen Aufenthalt im Westen nicht politisch ausschlachten würden.

Ich habe schon im 7. Kapitel berichtet, wie Senator Jackson 1972 die Auswanderung sowjetischer Juden zum Anlaß nahm, den Sowjets die Meistbegünstigungsklausel vorzuenthalten, um sie zur Abschaffung der Auswanderungssteuer zu zwingen. Zu Beginn haben wir diese Bemühungen begrüßt, denn sie führten zunächst zu beachtlichen Erfolgen. Im April 1973 erklärten sich die Sowjets bereit, auf die Steuer zu verzichten, und wir glaubten, daß jetzt der Weg frei wäre, das vereinbarte Programm in die Tat umzusetzen. Leider überzeugte dieser Erfolg Jackson von der Richtigkeit seiner Beurteilung der sowjetischen Taktik. Er hielt seine These für bewiesen, daß sich die Sowjets schließlich immer dem amerikanischen Druck beugen würden. Nachdem die Sowjets die Auswanderungssteuer praktisch aufgehoben hatten, steigerte er seine Forderungen und wollte einen taktischen Erfolg zu einer Umkehr in der sowjetischen Innenpolitik ausbauen. Er verlangte die Annahme seiner Gesetzesvorlage, die eine Gewährung der Meistbegünstigungsklausel für jedes nicht dem gemeinsamen Markt angehörende, also kommunistische Land verbot, welches seinen Bürgern nicht das uneingeschränkte Recht zur Auswanderung gewährte. (Der Text der Gesetzesvorlage ist im Anhang abgedruckt.)[1]

Unserer Ansicht nach verhielt Jackson sich wie jemand, der einmal Roulette gewonnen hat und jetzt sein Jahresbudget darauf abstellt, daß er bei jedem Spiel gewinnen wird. Sein Verhalten mußte früher oder später zu Rückschlägen führen. Die Sowjetunion konnte zwar in einem Einzelfall eine verwaltungsrechtliche Bestimmung lockern, würde es aber niemals zulassen, daß eine fremde Nation ihr das Verhalten in bestimmten Angelegenheiten vorschrieb, die nach dem Völkerrecht in dem Zuständigkeitsbereich jedes souveränen Staates lagen. Die Sache wurde noch gefährlicher, wenn ein solcher Versuch unter den Augen der Öffentlichkeit stattfand. Die sowjetische Auswanderungspolitik würde sich selbstverständlich nach dem allgemeinen Stand der amerikanisch-sowjetischen Beziehungen richten. Wenn als Folge von Jacksons Verhalten Spannungen entstanden, dann würde sich die Zahl der Auswanderer mit Sicherheit verringern, aber nicht erhöhen. (Der Gesetzesantrag der Senatoren Jackson und Vanik hat genau das bewirkt.) Wenn dazu nach Abschluß von Vereinbarungen neue Bedingungen gestellt wurden, und zwar Bedingungen, die niemals Teil unserer Außenpolitik oder unserer innenpolitischen Debatte gewesen waren, dann ergab sich die ernst zu nehmende Frage nach unserer Zuverlässigkeit als Verhandlungspartner. Auf einer Pressekonferenz am 25. Juni 1973 sagte ich:

> Es würde ernste Zweifel an unserer Vertragstreue wecken, wenn in jedem einzelnen Fall der Teil einer Vereinbarung, der von dieser oder jener Seite zu erfüllen ist, zum Gegenstand weiterer Bedingungen gemacht würde, die nicht Gegenstand der ursprünglichen Verhandlungen gewesen sind.

Wir glaubten aber nicht, daß Jackson die Dinge so weit treiben würde. wir achteten ihn und bewunderten seine Integrität und glaubten, daß wir uns mit ihm auf Bedingungen einigen könnten, die zwar über das hinausgingen, was wir zunächst für möglich hielten, ohne dabei die Voraussetzungen für die von uns ins Auge gefaßte Politik zu zerstören.

Deshalb warteten wir ab, was Jackson unternehmen würde, denn wir waren überzeugt, daß er, wenn er das Vertrauen seiner jüdischen Wähler gewonnen hätte, sich schließlich zu einem Kompromiß bereit finden werde. Ich sagte den jüdischen Führern immer wieder, wir wären bereit, anzuerkennen, daß Jackson wesentlich dazu beigetragen hatte, die Sowjetunion zur Lockerung ihrer Auswanderungsbestimmungen zu bewegen. Ich könnte erklären, daß der Druck, den er ausgeübt hätte, wenn er sich in Grenzen hielte, nützlich gewesen sei. Wir erkannten viel zu spät, daß es Jackson bei seinem ganzen Feldzug darauf ankam, zu beweisen, was sich erreichen ließe. Er wollte keinen Kompromiß, jedenfalls nicht das, was man so bezeichnen könnte. Und im Sommer 1973, als die Watergate-Enthüllungen wie eine Sturzflut über uns hereinbrachen, hatte es die Regierung besonders schwer, sich der von Jackson so bezeichneten moralischen Herausforderung zu entziehen.

Die Sowjets komplizierten das Problem durch eine Reihe für sie charakteristischer plumper Maßnahmen. Im Sommer 1973 wurde der Historiker Andrei Amalrik zu zwei Jahren Gefängnis verurteilt, der angesehene Physiker Andrei Sacharow wurde wegen seiner politischen Aktivitäten polizeilich verwarnt und Solschenizyn geriet in immer ärgere Bedrängnis. Zwei weitere Dissidenten wurden vor Gericht gestellt.

Unter dem Eindruck dieser Ereignisse begannen liberale Gruppen, die bisher die Entspannungspolitik unterstützt und Jacksons Auffassungen zu Vietnam verurteilt hatten, seine Gesetzesvorlage zu unterstützen. Auch die *Americans for Democratic Action* und die *Federation of American Scientists* stellten sich dahinter. Die *New York Times*, die 1969 erklärt hatte, Handelsbeschränkungen wären Methoden des Kalten Krieges, die nur das Gegenteil von dem bewirken könnten, was wir beabsichtigten[2], änderte plötzlich ihre Meinung. Am 3. September 1973 beklagte sich die *Times* bissig darüber, daß Nixon mit der Fortführung der Handelsgespräche angesichts dieser Menschenrechtsverletzungen augenscheinlich belohnt werde, indem die sowjetische Presse im Hinblick auf Watergate sehr rücksichtsvoll sei, und erklärte, daß »ein defacto-Bündnis zwischen Nixon und Breschnew« entstanden wäre, welches sich »gegen die Dissidenten in beiden Ländern richte«. Am 18. September behauptete die *Times* zwar, daß sie noch immer die Anwendung der Meistbegünstigungsklausel auf die Sowjetunion befürwortete, wies jedoch darauf hin, daß sie mit der Frage der Menschenrechte verknüpft werden müßte, und stärkte damit die politischen Gruppierungen, die eine Anwendung der Meistbegünstigungsklausel auf den Handel mit der Sowjetunion ablehnten:

> Es wäre gut, wenn die sowjetische Führung erkennen wollte, daß die moralische Entrüstung in Amerika über das Schicksal der russischen Dissidenten eine Tatsache von politischer Bedeutung ist. Wir würden uns freuen, wenn diese Besorgnis auch öffentlich und auf höchster Ebene der Regierung der Vereinigten Staaten zum Ausdruck käme. Die jüngste Moskau-Reise des Ministers für Gesundheit, Erziehung

und Soziales (Caspar) Weinberger und der vorgesehene Besuch des Finanzministers (George) Shultz lassen im Gegensatz dazu vermuten, daß die Regierung so sehr am Ost-Handel und an der Entspannung interessiert ist, daß sie die ebenso berechtigten Sorgen der amerikanischen Bevölkerung wegen der Menschenrechtsverletzungen überall auf der Welt nicht berücksichtigen zu müssen glaubt.

Inzwischen hatte der Kongreß der Vereinigten Staaten einen offenen Brief des Wissenschaftlers Sacharow erhalten, in dem dieser sich für Jacksons Gesetzesvorlage aussprach.[3] Sacharow war 1968 durch einen sehr überzeugenden Aufsatz im Westen bekannt geworden, in dem er die Intensivierung des wirtschaftlichen und wissenschaftlichen Austausches zwischen Ost und West empfahl, weil er glaubte, daß das sowjetische System sich dadurch erträglicher gestalten lasse.[4] Als Sacharow jetzt einen Kurswechsel vornahm, öffneten sich die Schleusentore. Arthur M. Schlesinger jr., bisher ein entschiedener Befürworter des Ost-West-Handels, schrieb am 27. September im *Wall Street Journal*: »Vertrauen Sie immer dem Mann an vorderster Front.«

Leider lagen die Dinge nicht so einfach. Ich empfand aufrichtige Bewunderung für Sacharow, der zu der bevorrechtigten Klasse der Nuklearwissenschaftler der sowjetischen Militärtechnologie gehört hatte, und dann zum Helden wurde, als er den Mut aufbrachte, sich der Isolation und den Schikanen auszusetzen, die der sowjetische Staat seinen Dissidenten zuteil werden läßt. Ich hatte Freunden beim Massachusetts Institute of Technology geholfen, Ausreisegenehmigungen für Sacharows Kinder zu beschaffen, die in den Vereinigten Staaten studieren wollten. Bei den Anhörungen vor meiner Bestätigung als Außenminister am 7. September 1973 hatte ich gesagt:

> Ich persönlich bin sehr beeindruckt von dem Wissenschaftler Sacharow, der vor fünf oder sechs Jahren eine ausführliche Erklärung seiner Vorstellungen von der menschlichen Freiheit und von den Fortschritten verfaßt hat, die damals nach seiner Auffassung in der Sowjetunion in dieser Richtung gemacht wurden. Als Gelehrter bin ich enttäuscht, daß diese Entwicklung nicht weitergeht, und ich bin zutiefst erschüttert von dem, was jener Wissenschaftler Sacharow über die gegenwärtig herrschenden Verhältnisse berichtet.

Doch ein Außenminister hat die Aufgabe, moralische Probleme in praktisches politisches Handeln umzusetzen, und hier kam es darauf an, wie weit sich diese Zustände durch einen in aller Öffentlichkeit ausgeübten Druck der Vereinigten Staaten verändern ließen. Wir stimmten mit Jackson darin überein, daß die Rechte des einzelnen und die Auswanderungspraktik in der Sowjetunion verbessert werden müßten, und bemühten uns darum mit den nach unseren Erfahrungen einzig wirksamen Methoden. Aber die Dissidenten selbst hatten keine eigennützigen Motive. Sie interessierten sich nicht dafür, ihre eigenen Lebensumstände zu verbessern. Hätten sie das gewollt, dann hätten sie es nicht riskiert, gegen die Regierung Opposition zu machen. Ihr mit bewundernswerter Energie und Tapferkeit angestrebtes Ziel war die Veränderung des sowjetischen Systems auf politischer und moralischer Ebene. Die kompromißlose Haltung, mit der sie alle Erniedrigungen und Schikanen auf sich nahmen, ließ sie den Gradualismus diplomatischer Methoden verachten.

Deshalb waren die »Männer an vorderster Front« nicht geeignet, Maßstäbe für die amerikanische Strategie zu setzen. Die Diplomatie ist vielleicht, wie Clausewitz meint, die Fortführung des Krieges mit anderen Mitteln, aber sie hat ihre eigenen angemessenen Taktiken. Sie muß berücksichtigen, daß in den Beziehungen zwischen souveränen Staaten auch die edelsten Ziele im allgemeinen nur schrittweise erreicht werden können. Propheten erweitern den Horizont, aber der Staatsmann kann ihren hohen Anforderungen nicht immer genügen. Jeder Versuch, das sowjetische System zu verwandeln – und zwar nicht durch den Beginn eines historischen Erosionsprozesses, dem wir den Vorzug gegeben hätten, sondern durch das Verlangen nach ständigen Veränderungen –, mußte auf den energischen Widerstand des sowjetischen Politbüros stoßen. Die Bolschewiken sind nun einmal Experten im Umgang mit der politischen Macht. Die Regierung Carter hat es erleben müssen, daß der unverhüllte Versuch, einen Wandel herbeizuführen, zur offenen Konfrontation führen muß. Wenn schließlich Amerika an diesem Kurs nicht festhalten könnte oder wollte, müßte es eine doppelte Niederlage hinnehmen: Die Menschenrechte in der Sowjetunion würden noch weniger beachtet werden, und die Glaubwürdigkeit unserer Außenpolitik wäre in Frage gestellt.

Als der Kongreß im September 1973 aus dem Urlaub zurückkehrte, veranlaßte Jackson die Aufnahme von Sacharows Brief in die offiziellen Akten des Kongresses, die *Congressional Record*. Am gleichen Tage telegrafierte der Vorsitzende der Gewerkschaft AFL-CIO, George Meany, dem Bewilligungsausschuß des Repräsentantenhauses und empfahl ihm die Annahme des von Jackson eingebrachten Gesetzesantrages.

Die Regierung bemühte sich indessen immer noch um einen Kompromiß mit Jackson. Zunächst suchten wir mit einem parlamentarischen Manöver Zeit zu gewinnen. Wir wollten die Meistbegünstigungsklausel ganz aus dem zur Abstimmung vorliegenden Handelsgesetz herausnehmen, um damit auch Jacksons Zusatzantrag jeden Boden zu entziehen. Auf diese Weise wollten wir eine Konferenz zwischen dem Senat, der Jacksons Zusatzantrag wahrscheinlich genehmigen würde, und dem Repräsentantenhaus erzwingen. In dieser Konferenz wollten wir einen Kompromiß ausarbeiten – ein geschickter Schachzug, zu dem uns unsere Experten geraten hatten, aber die Erfolgschancen waren praktisch gleich Null. Hier zeigte sich vielmehr, zu welchen Umwegen uns der Autoritätsverlust des Präsidenten zwingen konnte. Die Regierung, die der Sowjetunion die Meistbegünstigungsklausel zugestehen wollte, geriet in die absurde taktische Lage, diesen Schritt jetzt verzögern zu müssen. Jackson, der entschlossen war, uns an unserem Vorhaben zu hindern, verlangte eine Abstimmung über diese Frage, um dann die endgültige Entscheidung mit seiner Gesetzesvorlage zu erzwingen.

Von der Öffentlichkeit durfte man nicht erwarten, daß sie diese komplexen Zusammenhänge durchschaute. Kein Kongreßabgeordneter wollte sich offen gegen ein Vorhaben aussprechen, das angeblich die

Sowjetunion dazu bringen würde, ihre Auswanderungsbestimmungen zu lockern. Die jüdischen Gruppen unterstützten Jackson oder wußten nicht, wie sie sich von ihm distanzieren sollten. Nixons Gegner widersetzten sich grundsätzlich jedem Vorschlag des Präsidenten. Die Konservativen ergriffen freudig jede Gelegenheit, gegen die Sowjetunion zu stimmen. Watergate hatte den Präsidenten aller moralischen und politischen Druckmittel beraubt. Am 26. September stimmte der Bewilligungssausschuß dem Handelsgesetz mit Jacksons und Vaniks Zusatzantrag zu – angesichts des weltpolitischen Meinungsaustausches zwischen Nixon und dem sowjetischen Außenminister Andrei Gromyko, der in vier Tagen stattfinden sollte, eine bedenkliche Sache. Gromyko und Nixon erwähnten den Zusatzantrag nur nebenbei, denn die Sowjets glaubten immer noch, daß Nixon sich schließlich doch noch durchsetzen werde.

Als Folge des Nahost-Krieges und seiner Begleiterscheinungen trat eine Pause in den parlamentarischen Manövern ein, die sich zugunsten der Anhänger Jacksons auswirkte. Je weniger Zeit für eine Entscheidung zur Verfügung stand, bevor sich der Kongreß vertagte, desto schwieriger würde es für die Regierung sein, die notwendigen Stimmen zu gewinnen. Jackson hatte nichts dagegen, mit der Vorlage des Handelsgesetzes bis zur nächsten Sitzung des Kongreßes zu warten, denn er rechnete damit, daß die Befürworter dieses Gesetzes es nicht zulassen würden, durch einen Meinungsstreit über die Gewährung der Meistbegünstigungsklausel an die Sowjetunion die allgemeine Liberalisierung des Handels aufzuhalten, und er sollte recht behalten.

Die Debatte über Jacksons Zusatzantrag dehnte sich sehr bald auch auf andere Aspekte unserer Außenpolitik aus. Unter normalen Umständen hätte Jackson unsere Politik unterstützt, denn sie gründete sich schließlich auf eine harte, gelegentlich sogar rücksichtslose Strategie, mit der wir das mit uns verbündete Israel unterstützten, während wir uns darum bemühten, den sowjetischen Einfluß in der arabischen Welt zurückzudrängen. (Jackson hatte uns sogar unterstützt, als wir unsere Streitkräfte in den Alarmzustand versetzten.) Aber um seinen Gesetzesantrag durchzubringen, konnte er nicht zugeben, daß uns die Entspannungspolitik in die Lage versetzt hatte, den sowjetischen Druck im Nahen Osten zu verringern, den Sowjets erfolgreich Widerstand zu leisten und Moskau schließlich auszumanövrieren. Die Chinesen, die sich sehr eingehend mit der internationalen Lage beschäftigt hatten, begriffen die Situation sehr wohl. Jackson und seine Gefolgsleute hatten ein besonderes Interesse daran, die Regierung als zu wenig resolut darzustellen. In der so geschaffenen Lage konnte die Regierung nicht recht behalten, denn selbst wenn sich die Sowjets mäßigten, wurde darin ein Anlaß gesehen, uns Vorwürfe zu machen. Ein verständnisvoller jüdischer Führer, der sich um einen Kompromiß bemühte, sagte mir über Jacksons Argumentation im April 1974: »Die Sowjets müssen etwas dafür bekommen, daß sie sich anständig verhalten. Was? Das kann doch nicht im amerikanischen Interesse liegen.« Jackson manövrierte uns in eine ausweglose Situation. Wenn sich die Sowjets mäßigten, dann müßten sie irgend etwas dafür bekommen haben, und wenn sich nicht erkennen ließ, was, dann war es noch gefährlicher, weil wir den für die Sowjets entstandenen Vorteil nicht erkannten. Wenn sie uns nicht entgegenkamen, dann mußten sie bestraft werden, indem wir bereits gemachte Zusagen nicht einhielten. Jackson wollte seinen Zusatzantrag auf jeden Fall durchbringen, denn er riskierte angeblich nichts damit. Er begründete sein Begehren sehr widersprüchlich und behauptete, daß die Entspannung ein Betrug sei, aber durch seine Manöver nicht gefährdet werden könnte. Ein Chronist behauptet, Jackson hätte seinen Anhängern erklärt: »Wenn Sie glauben, daß die Entspannung scheitern wird, dann täuschen Sie sich.«[5]

Während sich Jackson auf den Angriff vorbereitete, war ich auf Reisen im Nahen Osten und in China. Anfang Dezember 1973 schrieb Nixon schließlich an den Sprecher des Repräsentantenhauses, Carl Albert, und warf dabei das ganze Prestige des Präsidenten in die Waagschale. Er stellte ihn vor die Wahl, entweder Jacksons und Vaniks Gesetzesvorlage abzulehnen oder die Meistbegünstigungsklausel aus dem Gesetz zu streichen. Aber das Prestige des Präsidenten war schon so angeschlagen, daß die Gesetzesvorlage am 11. Dezember – ich befand mich wieder auf dem Weg in den Nahen Osten – mit 319 gegen 80 Stimmen vom Repräsentantenhaus angenommen wurde. Der Antrag, die Meistbegünstigungsklausel aus dem Handelsgesetz zu streichen, wurde mit 298 gegen 106 Stimmen abgelehnt.

Jetzt mußte das Handelsgesetz noch vom Senat gebilligt werden, wo die Regierung noch geringere Aussichten hatte, sich durchzusetzen. Ich bemühte mich immer noch darum, eine Einigung mit Jackson herbeizuführen. Am 8. Februar 1974, unmittelbar vor Beginn der Washingtoner Energiekonferenz, sagte ich einer Gruppe jüdischer Führer, daß mir viel daran läge, mit Jackson ins reine zu kommen:

Kissinger: Ich weiß, daß wir uns gütlich einigen können, und zwar so, daß seine Leistungen anerkannt werden – wenn er daran interessiert ist.

Fragesteller: Würde es etwas nützen, wenn man ihm zu verstehen gibt, daß es ihm persönlich nicht schaden würde, wenn er auf einen Kompromiß eingeht?

Kissinger: Das genügt noch nicht. Es würde seinem Ansehen in der jüdischen Gemeinde sehr nützen. Aber ich fürchte, daß, wenn ich mich zu früh mit ihm in Verbindung setze, daraus eine Konfrontation zwischen ihm und mir wird ...

Fragesteller: Jackson ist überzeugt, daß er sich mit seiner Gesetzesvorlage und seiner Politik durchsetzen wird, und er hat recht.

Am 6. März 1974, zwei Tage nach meiner Rückkehr von der Nahost-Reise, auf der ich die syrisch-israelischen Verhandlungen in Gang gebracht hatte, traf ich mich endlich mit Jackson, um das Problem zu lösen. Ein Dialog begann, der mich sehnsüchtig an die relativ ruhige Zeit im Nahen Osten zurückdenken ließ. Um mich auf das Gespräch mit Jackson vorzubereiten, hatte ich Dobrynin gebeten, mir statistische Unterlagen über die jüdische Auswanderung zu geben. Im vergangenen Jahr hatten die Sowjets uns versprochen, die Zahl der Auswanderer nicht zu reduzieren, und damit praktisch fest zugesagt, daß jährlich etwa fünfunddreißigtausend Personen das Land verlassen dürften. Die Sowjets hielten sich an ihr Versprechen, aber da im Vergleich mit dem gleichen Zeitraum des Jahres 1972 im letzten Viertel des Jahres 1973 achtundzwanzig Prozent weniger Auswanderer die Sowjetunion verlassen hatten, glaubten die Sowjets, uns eine Erklärung zu schulden. Sie teilten uns mit, daß »die jüngsten Ereignisse im Nahen Osten« sowjetische Bürger veranlaßt hätten, sich zu überlegen, ob sie in dieses Gebiet auswandern wollten – ein recht überzeugendes Argument. Außerdem bedeutete es, daß eine größere Zahl von Auswanderern die Sowjetunion verlassen hätte, wenn der Krieg nicht ausgebrochen wäre. Ein weiterer Erfolg war auch darin zu sehen, daß die Sowjets zum erstenmal auf unsere dringenden Bitten eingingen, »Härtefälle« zu berücksichtigen. Dabei handelte es sich um Personen, die entweder ihre Arbeit verloren hatten oder im Gefängnis saßen und um deren Schicksal sich der Kongreß und das Weiße Haus bemüht hatten. Ich hatte Dobrynin eine Liste mit 738 Härtefällen vorgelegt. Jetzt teilte man uns mit, daß 268 von ihnen Ausreisegenehmigungen erhalten hätten oder noch bekommen würden. 177 Personen hatten angeblich keine Anträge gestellt. 149 Anträge waren abgelehnt worden, aber diese Fälle würden noch einmal überprüft. Die Sowjetunion hatte bisher noch niemals einer ausländischen Regierung Rechenschaft über das Schicksal von Einzelpersonen abgelegt. War das nun Jacksons harter Haltung oder unseren diskreten diplomatischen Bemühungen zu verdanken? Wahrscheinlich beidem. Jackson hatte die Sowjets unter Druck gesetzt, und wir hatten dafür gesorgt, daß sich ein Verfahren entwickelte, mit dem die aus Gewissensgründen verfolgten Menschen in die Freiheit entlassen werden konnten. Ich war durchaus bereit, Jacksons Verdienste anzuerkennen, und glaubte, daß die besten Voraussetzungen für ein fruchtbares Gespräch bestünden. Ich mußte noch viel lernen.

Jackson war ein außerordentlich schwieriger Gesprächspartner. Er drängte mich sofort an die Wand: Wenn die Sowjets unnachgiebig waren, dann mußte seine Gesetzesvorlage angenommen werden. Als ich ihm vorhielt, daß dieser Kurs sehr gefährlich sei, behauptete er, daß die Administration sich zu wenig um die Menschenrechte kümmerte. Wenn die Sowjets Zugeständnisse machten, dann sei bewiesen, daß man sie auch zu weiteren Zugeständnissen zwingen könnte. Die sowjetische Note tat Jackson als unwesentlich ab, behauptete aber, daß man daraus erkennen könnte, mit welchen Erfolgen wir rechnen dürften, wenn wir seiner Taktik folgten.

Ich erkannte sehr bald, daß ich es mit einem Meister der psychologischen Kriegführung zu tun hatte. Jackson und seine Leute versuchten den Anschein zu erwecken, ich wäre schuld daran, daß es noch keine Lösung gebe, weil ich es nicht wagte, von den Sowjets eine Erhöhung der Auswandererzahlen zu verlangen. In Wirklichkeit war ich davon überzeugt – und ich sollte recht behalten –, daß es eine Grenze gab, über die sich die Sowjets nicht hinausdrängen ließen. Wenn sie erreicht war, würden die Sowjets eine Kehrtwendung machen, die Auswanderungsquote wieder herabsetzen und unserer Außenpolitik unter Umständen auch auf anderen Gebieten Schwierigkeiten bereiten – besonders während der delikaten Nahost-Verhandlungen, wo sie durchaus solche Möglichkeiten hatten.

Unglücklicherweise mußte ich am Morgen nach meinem ersten Gespräch mit Jackson eine schon lange vorgesehene Aussage vor dem Finanzausschuß des Senats machen, der das Handelsgesetz beriet. Ich hatte Jackson einen Kompromiß vorgeschlagen und gesagt, daß der Senat, nachdem wir der Sowjetunion die Meistbegünstigungsklausel zugestanden hatten, die sowjetischen Auswanderungspraktiken in regelmäßigen Zeitabständen – etwa alle zwei Jahre – überprüfen und so auf die Sowjets einen gewissen Druck ausüben könnte. Jackson hat ihn abgelehnt und erklärt, er könnte nur eine schriftliche sowjetische Garantie dafür akzeptieren, daß die Zahl der Auswanderer ganz wesentlich steigen würde. In meiner schon vor einiger Zeit entworfenen und schriftlich fixierten Aussage wiederholte ich die bekannten Argumente gegen Jacksons Änderungsantrag. Seine Mitarbeiter behaupteten später, daß ich ihn damit unter Druck setzen wollte. In Wirklichkeit habe ich mich bemüht, ihm entgegenzukommen und jeden Anschein zu vermeiden, daß ich es auf eine Kraftprobe ankommen lassen wollte:

> Ich habe erst nach einigem Zögern einen Kompromiß vorgeschlagen, weil ich es nicht zu einer Kontroverse über einen Vorschlag der Regierung und den des Antragstellers dieser Gesetzesvorlagen kommen lassen wollte und ich aufrichtig hoffte, daß wir uns noch einigen können.

Der demokratische Senator Gaylord Nelson aus Wisconsin, der die Regierung sonst nicht unterstützte, fühlte sich dadurch angeregt, einen eigenen Kompromißvorschlag zu machen. Es war etwa der gleiche, den Jackson am Abend zuvor abgelehnt hatte. Nelson wußte, soweit mir bekannt war, nicht, daß ich am Abend zuvor mit Jackson gesprochen hatte, und kannte natürlich auch nicht meinen Kompromißvorschlag. Jetzt konnte ich aber einer direkten Frage nicht ausweichen und sagte, der Vorschlag Nelsons gefiele mir recht gut. Jacksons Mitarbeiter (und soweit ich weiß auch Jackson selbst) behaupteten, darin eine Beleidigung zu sehen. Sie ließen in der Presse verbreiten, daß ich versuchte, das Rennen über den Finanzausschuß zu gewinnen – eine abwegige Vorstellung, denn der Außenminister hatte die Pflicht, dem Ausschuß, der die Gesetzesvorlagen bearbeitete, seine ehrliche Meinung zu sagen. Um mir keinen Fluchtweg offenzulassen, gab Jackson am 8. März eine offizielle Erklärung ab, in der er den Kompromiß ablehnte. Unser Dialog glich immer mehr Verhandlungen zwischen zwei souveränen Ländern.

Am 15. März 1974 – ich hoffte immer noch, die Spannungen abbauen zu können – traf ich mich mit Jackson und Abraham Ribicoff, einem Senator, der den jüdischen Gruppen im Lande nahestand, ein ungewöhnlich anständiger und gerecht denkender Mann, mit dem mich heute eine enge Freundschaft verbindet. Jackson sagte, daß, wenn sich die Sowjets schriftlich verpflichten würden, hunderttausend Ausreisevisa auszustellen – eine Erhöhung der gegenwärtigen Quote auf das Dreifache –, werde er sich die Vorlage seines Änderungsantrages noch einmal überlegen. Ribicoff war diese Forderung sichtlich peinlich.

Die Sowjets würden sich auf eine solche Zahl niemals festlegen. Da ich mir aber auch nicht Jacksons Feindschaft zuziehen wollte, sagte ich ihm, daß ich die Zahl hunderttausend zur Verhandlungsgrundlage machen und eine härtere Haltung einnehmen würde, »wenn das auch nicht Ihr letztes Wort sein kann«. Er beantwortete diese Feststellung nicht, wahrscheinlich aus Mitleid mit meinem Unverstand. Als die Zahl hunderttausend, für mich überraschend, in der Öffentlichkeit bekannt wurde, beschuldigte mich Jackson, daß ich sie weitergegeben hätte. Wahrscheinlich waren seine eigenen Mitarbeiter dafür verantwortlich, denn nur ihnen konnte diese Indiskretion etwas nützen. Das Außenministerium hatte selbstverständlich kein Interesse daran, eine Forderung durchsickern zu lassen, die, wie wir wußten, unerfüllbar war und Jackson auf eine Haltung festlegte, von der er sich kaum noch distanzieren konnte. Schließlich mußte sie die Sowjets davon überzeugen, daß wir mit den Verhandlungen zu diesem Thema durch kein vorstellbares sowjetisches Zugeständnis weiterkommen würden.

Um die Dinge noch mehr zu komplizieren, behielt sich Jackson seine endgültige Stellungnahme für den Fall vor, daß die Sowjets wirklich hunderttausend Ausreisegenehmigungen erteilten, was höchst unwahrscheinlich war. Er erklärte, daß sie der Eintrittspreis dafür wären, über die »Möglichkeit« eines Kompromisses »nachzudenken«. Die Verhandlungen begannen mich an meine Begegnungen mit den Nordvietnamesen zu erinnern, deren Taktik es auch gewesen war, mich zu Vorschlägen zu ermuntern, die sie dann mit Kriterien belasteten, von denen ich nicht in Kenntnis gesetzt wurde.

Jacksons Taktiken zwangen mich, meine eigenen Vorstellungen von einem Kompromiß zu formulieren, wobei ich mir durchaus bewußt war, daß der Senator sie höchstwahrscheinlich ablehnen werde. Es war symptomatisch für die sich zwischen uns entwickelnde Gegnerschaft, daß ich meinen Vorschlag zuerst Gromyko vorlegte, weil ich glaubte, daß er kein so schwieriger Verhandlungspartner wäre. Dem Finanzausschuß des Sentas erläuterte ich den Vorschlag kurz wie folgt:

> Ich würde versuchen, mich über die sowjetischen Verwaltungspraktiken durch die sowjetische Führung unterrichten zu lassen. Dann könnte man ihnen (den sowjetischen Führern) diese Erläuterungen in der Form eines Briefes übermitteln, hinter dem unsere Regierung stehen würde.

Ich beabsichtigte, auf diese Weise die Weigerung der Sowjets zu umgehen, einem anderen Land einen Einblick in die sowjetische Verwaltungspraxis zu gewähren. Der Kreml würde vielleicht eine Erklärung der Regierung der Vereinigten Staaten hinnehmen, wenn sie sich auf die sowjetischen Verwaltungspraktiken berief, solange er nicht eine offizielle internationale Verpflichtung damit übernahm und den Vereinigten Staaten das Interventionsrecht zugestand.

Die Gelegenheit, Gromyko den Vorschlag vorzulegen, bot sich auf einer Reise nach Moskau vom 24. bis zum 28. März 1974. Der Zweck meines Besuchs war, das für Ende Juni vorgesehene Gipfeltreffen zwischen Nixon und Breschnew vorzubereiten. Der Zeitpunkt für dieses Unternehmen war nicht gerade glücklich gewählt. Nixons Lage wurde mit jedem Tag verzweifelter. Die Sowjets waren bei den Verhandlungen über die Truppenentflechtung an der syrischen Front in die Kulissen gedrängt worden, und der amerikanisch-sowjetische Handel wurde auf eine Weise behindert, mit der wir nicht gerechnet hatten. Am 8. März hatte der Rechnungshof, eine Kongreßbehörde, nachgefragt, ob die Regierung bei der Gewährung von Krediten an die Sowjetunion alle geltenden Vorschriften beachtet hätte. Darauf stellte die Export-Import-Bank die Bearbeitung der Kreditanträge für die Sowjetunion vom 11. bis zum 23. März ein. (Dann hob der Justizminister diese Anordnung wieder auf.) Angesichts der durch Watergate entstandenen Belastungen, der festgefahrenen Gespräche über die Meistbegünstigungsklausel und der um die Entspannung und die SALT-Verhandlungen bestehenden Kontroversen war es nicht einfach, mit der sowjetischen Führung zu sprechen. Gromyko lehnte meine Vorschläge jedoch nicht ab, obwohl er mir auch keine klare Zusage gab. Ich fühlte mich dadurch ermutigt, das Gespräch mit Jackson wiederaufzunehmen.

Nach meiner Rückkehr aus Moskau legte ich Anfang April den Senatoren Jackson, Ribicoff und Javits den Kompromißvorschlag vor. Aber die Senatoren hatten keine Veranlassung, nachzugeben. Ich sollte dafür verantwortlich gemacht werden, daß es mir nicht gelungen war, ihre Forderungen durchzusetzen. Ribicoff, dem Jacksons Methoden nie recht gefallen wollten, meinte richtig: »Was wir erreicht haben, wird den Senator niemals zufriedenstellen.« Jackson bezeichnete die Zahl hunderttausend als eine »Zielvorstellung« – eine leichte Modifizierung seiner bisherigen Haltung. Javits sagte, es wäre nicht zu erkennen, daß sich die Sowjets »bewegt« hätten. Jackson glaubte vielleicht, daß er mir einen zu leichten Auftrag gegeben hätte, und erläuterte mir nun eine neue raffinierte Idee. Er behauptete, daß Auswanderungsgenehmigungen vor allem solchen Juden erteilt würden, die in der Provinz lebten und deshalb auf einer niedrigeren Bildungs- und Kulturstufe stünden als die Bewohner Moskaus – nach Jacksons Auffassung eine Schikane. Wenn die Sowjets in den Genuß der Meistbegünstigungsklausel kommen wollten, müßten sie die Auswahl ändern. Und Javits erklärte: »Das heißt, der Außenminister muß nach Moskau zurückkehren und weiterverhandeln.« Man forderte mich auf, die Zahl der Auswanderungsgenehmigungen für sowjetische Juden auf das Dreifache zu erhöhen (bevor sich Jackson dieser Sache angenommen hatte, war es uns gelungen, die Quote auf das Hundertfache zu steigern. Außerdem sollte ich den Sowjets sagen, aus welchen Regionen der Sowjetunion die Auswanderer kommen müßten – und das alles als Gegenleistung dafür, daß wir die Sowjets im Hinblick auf den Warenaustausch ebenso behandelten wie mehr als hundert andere Nationen.)

Es war nervenaufreibend zu erleben, daß eine Politik, die unsere Regierung entwickelt und zum Erfolg geführt hatte, zum Gegenstand eines politischen Tauziehens wurde, und das ausgerechnet in einem Augenblick, da es darauf ankam, daß die Sowjets uns nicht bei den syrisch-israelischen Verhandlungen störten. Um das zu verhindern, traf ich mich am 28. und 29. April in Genf mit Gromyko. Gegenüber den Senatoren fühlte ich mich verpflichtet, mit ihm auch über das Auswandererproblem zu sprechen, ein Thema, das kaum geeignet war, Gromyko zu beruhigen. Ich befand mich in der Lage eines Stierkämpfers, der versucht, dem Stier mit geschickten Bewegungen auszuweichen, während irgend jemand hinter seinem Rücken ein rotes Tuch schwenkt, um die Aufmerksamkeit des wütenden Tiers auf den Matador zu lenken. Ich erinnerte Gromyko daran, daß er und Breschnew mir gesagt hatten, es gäbe keine gesetzlichen Bestimmungen, die eine Auswanderung verhindern könnten, es sei denn, der Antragsteller wäre Geheimnisträger und dürfte das Land aus Sicherheitsgründen nicht verlassen. Außerdem hätte man mir versichert, es werde keine Schikanen geben. Weshalb sollte ich das nicht auch meinen Gesprächspartnern im amerikanischen Senat sagen, denn die sowjetische Führung hätte mir von sich aus diese Zusicherungen gemacht. Wenn in diesem Sinne verfahren würde, dann müßte es doch zu einer Erhöhung der Auswandererzahlen führen. Ich fragte Gromyko, ob ich den Senatoren bei meiner Rückkehr sagen könnte, daß wir mit vierzigtausend bis fünfundvierzigtausend jüdischen Auswanderern aus der Sowjetunion rechnen könnten, was eine Zunahme um fünfzehn bis dreißig Prozent bedeuten würde.

Gromyko wollte sich zwar ungern festlegen, lehnte meine Bitte aber nicht ab. Er sagte, daß ich den Senatoren mitteilen könnte, nach welchen Kriterien die Auswanderungsgenehmigungen erteilt würden. Die Höchstzahl von fünfundvierzigtausend Auswanderern wäre eine ungefähre Richtzahl, dürfte aber nicht als sowjetische Verpflichtung angesehen werden, denn die Sowjets wüßten nicht, wie viele Anträge gestellt würden. Die sowjetische Führung wollte nicht in die Lage geraten, ihre Bürger zur Auswanderung in die Vereinigten Staaten zwingen zu müssen, um eine moralische Verpflichtung zu erfüllen.

Als ich schließlich so leichtsinnig wurde, nach der geographischen Herkunft der Auswanderer zu fragen, geriet Gromyko zwar nicht außer Fassung, wurde aber merklich kühler. Mit eisiger Miene sagte er, er werde sich höheren Orts danach erkundigen. Die Phantasie, mit der wir auf immer neue Forderungen kamen, war offenbar unerschöpflich.

Die Zusage, die Zahl der Ausreisegenehmigungen auf fünfundvierzigtausend zu erhöhen, wäre unter normalen Verhältnissen als ein wesentliches Zugeständnis angesehen worden, und wenn ich gerecht sein will, dann muß ich zugeben, daß Jackson viel dazu beigetragen hat, daß wir in dieser Frage so weit gekommen sind. Aber die Kontroversen der vergangenen Monate hatten das Vertrauensverhältnis zwischen dem Senator und der Regierung schwer belastet. Ich wagte nicht, nach Washington zu berichten, was Gromyko mir gesagt hatte, weil ich fürchtete, Jackson könnte mit der Erklärung, daß dieses Ergebnis völlig unzureichend sei, unsere ohnedies schon so schwierigen Friedensbemühungen im Nahen Osten stören, während ich mich an Ort und Stelle um die Lösung dieser Probleme bemühte und nicht auf seine Vorwürfe reagieren konnte. Deshalb beschloß ich, die Senatoren erst nach meiner Reise, die, wie ich glaubte, nicht mehr als zehn Tage in Anspruch nehmen würde, persönlich zu informieren. Aber wie sich herausstellte, mußte ich nervenaufreibende vierunddreißig Tage im Nahen Osten bleiben, und während dieser Zeit konnte Jackson seine Anhängerschaft zum Widerstand gegen jeden Kompromiß mobilisieren.

Als ich am 4. Juni nach Washington zurückkehrte, bestätigte Dobrynin mir mündlich die Zahl von fünfundvierzigtausend Auswanderern und teilte mir schriftlich mit, daß nur 1,6 Prozent der eingereichten Anträge auf Auswanderung abgelehnt worden wären. Außerdem gab er mir eine Aufstellung, aus der ersichtlich war, wie diese Anträge, nach Monaten aufgeschlüsselt, über einen Zeitraum von sechs Monaten behandelt worden waren. Ein solches Entgegenkommen hatten wir bisher noch nie erlebt. Das war nach meiner Ansicht der richtige Zeitpunkt für eine endgültige Lösung. Aber Jackson verlangte gar nicht nach einer Lösung, sondern suchte die Konfrontation.

Im Grunde ging es um die Entspannungspolitik. In dieser Frage nahm Jackson eine andere Haltung ein als Javits und Ribicoff. Bei meinem nächsten Gespräch mit den drei Senatoren erklärten sie sich bereit, meinem Vorschlag zu folgen und dem Finanzausschuß eine schriftliche Erklärung über die sowjetischen Praktiken vorzulegen. Am 8. Juni gab Jackson eine für seine Verhältnisse versöhnliche Erklärung ab: »Wir verlangen nicht, daß alle Antragsteller gleichzeitig die Sowjetunion verlassen dürfen.«

Doch bald hatte man den Eindruck, daß Jackson gerade das erreichen wollte. Was mit der einen Hand gegeben wurde, nahm die andere wieder fort. Denn die hinter Jackson stehenden Kräfte hatten zwei Monate daran gearbeitet, dem Ost-West-Handel einen doppelten Riegel vorzuschieben. Sie hatten dafür gesorgt, daß der Handel zwischen den Vereinigten Staaten und der Sowjetunion ohne Rücksicht auf die Meistbegünstigungsklausel abgewürgt wurde, indem die Export-Import-Bank den Sowjets keine Kredite mehr gewährte.

In einem großen Regierungsapparat ist es unmöglich, gleichzeitig alle anstehenden Probleme zu behandeln. Daher kann ein geschickter Gegner aus einem Problem, das bis dahin routinemäßig behandelt wurde, eine Krise werden lassen. Am 30. Juni 1974 mußte das Verfügungsrecht des Präsidenten über die Mittel der Export-Import-Bank vom Kongreß neu bestätigt werden, was seit Jahrzehnten in dem vorgeschriebenen zweijährigen Turnus anstandslos geschehen war. Aber diesmal wurde die anderweitig stark engagierte Regierung von Gegnern überrascht, die hier eine Möglichkeit herausgefunden hatten, Kredite zu beschränken, und zwar entweder für den Fall, daß Jacksons Gesetzesvorlage nicht angenommen wurde, oder um ein weiteres Mittel in die Hand zu bekommen, den Ost-West-Handel zu behindern.

So legten nun die Senatoren Adlai Stevenson und Henry Jackson mit Unterstützung von achtzehn anderen Senatoren ein ganzes Paket von Gesetzesvorlagen auf den Tisch, die es dem Kongreß angeblich ermöglichen sollten, die ihm zustehende Kontrolle der Außenpolitik wirksamer auszuüben. Mit diesen neuen Bestimmungen wurde der Kongreß bevollmächtigt, alle die Fünfzig-Millionen-Dollar-Grenze übersteigenden Kredite der Export-Import-Bank zu überprüfen, und für alle der Sowjetunion zu gewährenden Kredite wurde eine Höchstsumme von dreihundert Millionen Dollar festgelegt. Stevenson ließ keinen Zweifel daran, was dahinterstand: »Diese Gesetzesvorlage ist Ausdruck der Besorgnisse (Jacksons) und seines unerhörten Aufwandes an Zeit und Mühe.«

Zwar würde es Wochen dauern, bis der Kongreß wirklich tätig werden konnte, aber die möglichen Auswirkungen dieser neuen Bestimmungen ließen sich sofort erkennen. Die hinter Jackson stehenden Kräfte hätten jetzt ein Instrument in der Hand, der Gewährung eines jeden Kredits mittlerer Größenordnung unter jedem beliebigen Vorwand Hindernisse in den Weg zu legen. Damit könnten sie willkürlich neue Voraussetzungen schaffen, und zwar auch, wenn die sowjetischen Zusicherungen in der Auswanderungsfrage dazu führen sollten, daß die Vereinigten Staaten der Sowjetunion die Meistbegünstigungsklausel einräumten. Im übrigen würde die für die Kredite festgelegte Höchstsumme die Finanzierung größerer Geschäfte ohnedies unmöglich machen. Daraus entstand ein Teufelskreis: Kreditbeschränkungen mußten die Sowjets veranlassen, ihre Zusagen im Hinblick auf die Auswanderquoten nicht einzuhalten, und das unersättliche Verlangen der Senatoren nach weiteren Zusagen würde sie veranlassen, einen Kompromiß immer wieder hinauszuschieben.

Hinter diesem ganzen Manöver stand auch die Befürchtung – und sie hat zu Jacksons Erfolg beigetragen –, daß Nixon versuchen könnte, sich durch einen Erfolg beim Moskauer Gipfeltreffen den Folgen von Watergate zu entziehen. Normalerweise begraben unsere beiden politischen Parteien vor einem solchen Gipfeltreffen ihre Differenzen und schließen sich zusammen. Im Sommer 1974 fürchteten viele Gegner des Präsidenten, Nixon könnte für Moskau irgendeine Sensation planen, um seinen Verfolgern ein Schnippchen zu schlagen. Damit taten sie Nixon unrecht, der genau wußte, daß die Geschichte ihn schließlich nach seinen wirklichen außenpolitischen Erfolgen und nicht danach beurteilen würde, mit welchem Geschick er sich aus einer schwierigen Lage herausmanövrierte. Aber diese Beurteilung war irgendwie verständlich, wenn man Nixon nur aus den Medien oder so kannte, wie er sich an der Öffentlichkeit gab. Jackson und andere Entspannungsgegner waren entschlossen, Nixon für Moskau nichts in die Hand zu geben, wofür er sich Erfolge hätte einhandeln können. Deshalb bemühten sie sich – mit Erfolg – darum, die Verhandlungen über eine »Kompromißlösung« bis zu Nixons Rückkehr aus Moskau und nach Möglichkeit über den Zeitpunkt hinauszuschieben, an dem sich sein Schicksal entscheiden sollte. Am 24. Juni, zwei Tage vor Nixons Abreise nach Moskau, erklärte Jackson, daß er neue und nicht näher bezeichnete Bedingungen stellen werde. Damit unterbrach er alle Verhandlungen und hinderte Nixon daran, in Moskau glaubwürdig über die Auswandererfrage zu sprechen. Jackson gab zu, daß gewisse Fortschritte erzielt worden seien, bezeichnete sie aber als unbefriedigend. Er behauptete, es wäre möglich, die Sowjets zu weiteren Zugeständnissen zu bewegen, »wenn wir hart bleiben . . . Warum sollen wir Zugeständnisse machen, ohne etwas dafür zu verlangen?« Er sagte nicht, welche Zugeständnisse wir gemacht hätten oder weshalb die Vorschläge der Sowjets »nichts« wären. Er fügte hinzu, daß es ihm gleichgültig wäre, wenn er das Gipfeltreffen damit gefährdete, denn nach seiner Auffassung hätte es gar nicht erst abgehalten werden sollen.

Die Entspannungsgegner waren ihrem Ziel ein gutes Stück nähergekommen. Sie hatten das, was für uns ein Sicherheitsventil gewesen war, zu einer Streitfrage gemacht, und zwar sowohl innenpolitisch als auch in unseren Beziehungen zur Sowjetunion. Wir hatten uns in unserer Haltung gegenüber den Sowjets um einen Ausgleich von Leistungen und Gegenleistungen bemüht. Es war uns aber nicht gelungen, uns im Hinblick auf die Meistbegünstigungsklausel durchzusetzen. Augenscheinlich waren wir nicht in der Lage, die finanziellen Voraussetzungen für die jetzt schon bestehenden Handelsbeziehungen zu schaffen – und das alles, obwohl die Sowjets der Auswanderung von Juden in einem Umfang zugestimmt hatten, wie er noch vor wenigen Jahren unvorstellbar gewesen wäre. Im Sommer 1974 konnten wir der Sowjetunion praktisch keine Vergünstigungen mehr anbieten.*

Die Verteidigungspolitik gerät in Schwierigkeiten

Wir hatten aber auch kaum noch die Möglichkeit, die Sowjetunion ernsthaft zu bedrohen. Die lautstark verkündete Bereitschaft zur Konfrontation führte nicht zur Bereitschaft, erhöhte Verteidigungsanstrengungen zu unterstützen. Die Liberalen mochten sich für eine ideologische Kraftprobe in der Frage der Menschenrechte einsetzen, erkannten aber nicht, daß zwischen diesem Problem und einer erhöhten militärischen Verteidigungsbereitschaft ein Zusammenhang bestand. Während der folgenden zwei Jahre hat der Kongreß ständig versucht, den Verteidigungsetat zu kürzen. Damit forderten unsere Kritiker Krisen heraus, während sie uns die Mittel vorenthielten, diese Krisen zu bewältigen.

Es gab auch Leute, die behaupteten, daß die Entspannungspolitik unsere Verteidigungsbereitschaft schwäche. Damit stellten sie die Geschichte auf den Kopf. In Nixons erster Amtsperiode, als von Entspannung noch nicht die Rede war, hatte der Kongreß unseren Verteidigungsetat um vierzig Milliarden Dollar gekürzt mit der Begründung, daß nur auf diese Weise die Regierung zu einer versöhnlicheren Politik gezwungen werden könnte. Nixon mußte damals einen verzweifelten Kampf gegen die vom Kongreß beschlossenen Kürzungen, die Angriffe gegen die Entwicklung neuer Waffen und die Versuche starker Kräfte führen, die sogar unsere in Westeuropa stationierten Truppen abziehen wollten.[6] Alle diese Behinderungen und die neuen Entwicklungen in der militärischen Technologie hatten zu Beginn von Nixons zweiter Amtsperiode zu besorgniserregenden Schwächen in unserer Verteidigungsbereitschaft geführt.

Wir hatten niemals geglaubt, daß die Verteidigungslasten als Folge der Entspannungspolitik geringer werden würden. Im Gegenteil, sehr

* Das Handelsgesetz mit dem von Jackson vorgelegten Zusatz trat Ende 1974 in Kraft. Die Zahl der Auswanderer aus der Sowjetunion ging 1975 auf dreizehntausendzweihundert, also gegenüber 1973 um mehr als zwanzigtausend zurück.

bald nach dem Moskauer Gipfel von 1972 verlangte Nixon eine Erhöhung der Verteidigungsausgaben um 4,5 Milliarden Dollar. Es war ironisch, aber kein Zufall, daß es uns nach Jahren vergeblicher Versuche, unsere Kritiker mit einem stark beschnittenen Verteidigungsetat zu besänftigen, nach Abschluß der SALT-Vereinbarungen gelang, offizielle Vorschläge für die Erhöhung der Verteidigungsausgaben zu machen. Auf meine Empfehlung entschied Nixon sich jedesmal für die höchste vom Verteidigungsministerium vorgeschlagene Summe. Kein Waffensystem, das die Joint Chiefs und das Verteidigungsministerium zur Entwicklung vorschlugen, wurde vom Weißen Haus abgelehnt. Wir bemühten uns sogar darum, die Zahl unserer militärischen Optionen zu erhöhen und so starke Kräfte aufzustellen, daß es uns möglich wurde, feindliche Angriffe auf jeder denkbaren Ebene abzuwehren.

Im Lauf der Zeit stellte sich heraus, daß der richtige Einsatz der vorhandenen Kräfte eine noch größere Herausforderung bedeutete als die Bereitstellung der für die Verteidigung benötigten Mittel. Im Vietnam-Krieg war der Verteidigungsetat vor allem durch Ausgaben für militärisches Verbrauchsmaterial belastet worden. So waren in der Struktur der amerikanischen Gesamtstreitkräfte Lücken entstanden; trotzdem hatte sich der Kongreß fast allen Rüstungsprogrammen widersetzt, die wir empfahlen, um unsere Verteidigungsbereitschaft den realen Gegebenheiten anzupassen. Wir hatten eine zehn Jahre dauernde technologische Revolution hinter uns. Nach ihrer Demütigung in der Kuba-Krise von 1962 leiteten die Sowjets, wie schon erwähnt, ein umfassendes Rüstungsprogramm ein, um uns auf dem Felde der strategischen Waffen so bald wie möglich einzuholen, was mit der Zeit die Basis unserer seit 1945 verfolgten Strategie erschüttern mußte. Diese stützte sich auf die Überlegenheit der Vereinigten Staaten mit strategischen Kernwaffen zum Ausgleich des sowjetischen Vorsprungs bei den konventionellen Streitkräften und der geographischen Nähe zu strategisch wichtigen Gebieten wie Westeuropa und dem Nahen Osten. Zu Beginn von Nixons zweiter Amtsperiode verfügten die Sowjets über die gleiche Zahl strategischer Trägerraketen und waren uns im Wurfgewicht (dem Gesamtgewicht der Sprengköpfe) überlegen. Die Verwendung strategischer Kernwaffen zur Abwehr eines sowjetischen Angriffs wurde damit zu einer immer weniger glaubwürdigen Methode. Der unannehmbar hohe Preis für einen mit Kernwaffen geführten Krieg – man rechnete mit mehr als hundert Millionen Toten innerhalb von wenigen Tagen – würde wahrscheinlich sowohl den Widerstandswillen als auch die Aggressivität schwächen. Unsere Kapazität, Widerstand zu leisten, wäre, besonders wenn es in den lebenswichtigen sogenannten Grauzonen wie im Nahen Osten zu Krisen käme, die nicht durch Bündnisse geschützt wurden, in Frage gestellt. In den demokratischen Ländern mußte der Pazifismus Boden gewinnen, denn die Alternativen eines mit Kernwaffen geführten Krieges hießen Kapitulation oder Weltuntergang. Aus dem Schlagwort »Besser rot als tot« wurde ein Programm.

Das Paradox des gegenwärtigen militärischen Stärkeverhältnisses liegt darin, daß mit der ungeheuren Zunahme des Elements der Macht die traditionelle Beziehung zwischen Macht und Politik ausgehöhlt worden ist. Bis zum Ende des Zweiten Weltkrieges wäre es keinem politischen Führer eingefallen, daß es für das militärische Machtpotential eine obere Grenze geben könnte. Da es nur wenige technologische Alternativen gab, beurteilte man die Stärke eines Landes nach quantitativen Maßstäben. Heute geht es darum, dafür zu sorgen, daß unsere Stärke im richtigen Verhältnis zu unseren außenpolitischen Zielen steht. In der heutigen Lage ist, gleichgültig, wie wir oder unsere Gegner Umfang oder Qualität des strategischen Arsenals ausbauen, eine Tatsache nicht zu übersehen: Der Einsatz aller vorhandenen strategischen Nuklearwaffen kann das Leben, wie wir es jetzt kennen, vollständig vernichten.

Hätten die Demokratien sich darauf konzentriert, was ihre eigentliche Aufgabe ist, dann hätten sie in dieser neuen Lage zu zwei Schlußfolgerungen kommen müssen. Erstens lag es in ihrem Interesse, sich solange wie möglich die Fähigkeit zum Gegenschlag zu erhalten, das heißt, die Kapazität, die landgeschützten sowjetischen Fernlenkwaffen zu bedrohen, die das Rückgrat der strategischen Streitkräfte der Sowjetunion bilden. Solange die Sowjets mit einem solchen Gegenschlag als Reaktion auf einen örtlich begrenzten Angriff rechnen mußten, bedeuteten solche Abenteuer ein sehr großes Risiko für sie.*

Zweitens – und das widerspricht in gewisser Weise der ersten These – kann auch eine erhebliche Modernisierung unserer strategischen Streitkräfte nur dazu führen, daß sie uns etwas länger schützen werden, aber nicht auf die Dauer. Unter den heute gegebenen militärischen Voraussetzungen ist noch niemals eine Kernwaffe eingesetzt worden, auch nicht gegen einen Gegner, der selbst einen Gegenschlag führen könnte. Man hat sogar noch auf keiner Seite gleichzeitig eine größere Zahl von Fernlenkgeschossen abgefeuert, und keine Seite hat diese Fernlenkgeschosse jemals in nord-südlicher Richtung abgefeuert, wie dies im Kriege geschehen müßte. Doch würde zum Beginn eines Überraschungsangriffs mit allen verfügbaren Mitteln die Überzeugung gehören, daß Tausende von Fernlenkgeschossen, die in sorgfältig aufeinander abgestimmten Angriffen abgefeuert würden – von Land, von See und aus der Luft –, alle Tausende von Kilometern entfernten Ziele in der vorausgeplanten Reihenfolge und Zuverlässigkeit vernichten würden, bevor die andere Seite ihre Waffen zum Gegenschlag einsetzen kann, und zwar so wirksam, daß der Gegner mit seinem Gegenschlag keinen nicht zu verantwortenden Schaden mehr anrichtet. Jede Fehlbe-

* Das Gegenargument lautet, daß sie versucht sein könnten, einen Präventivschlag gegen uns zu führen. Solange wir über die notwendige Anzahl verschiedener Kategorien strategischer Streitkräfte verfügen, läßt sich diese Gefahr in Grenzen halten. Gegenwärtig entfallen auf unsere landgestützten Fernlenkwaffen weniger als vierzig Prozent des Gesamtwurfgewichts, während es bei den Sowjets mehr als fünfundachtzig Prozent sind, und diese Unausgewogenheit begünstigt uns. Wenn die Sowjets ihre Nachbarn nur angreifen oder unter Druck setzen können, wenn sie gleichzeitig auch die Vereinigten Staaten angreifen, wird die Wirkung der Abschreckung viel größer sein. Sie werden es sich sehr genau überlegen, ob sie mit der Vernichtung der Kräfte rechnen müssen, die sie zum Gegenschlag bereitgestellt haben. Wenn sie die Wahl haben, entweder ein Nachbarland und gleichzeitig auch die Vereinigten Staaten anzugreifen oder nichts zu unternehmen, dann werden sie wahrscheinlich nichts tun.

rechnung und jedes technische Versagen bedeutete in diesem Fall die absolute nationale Katastrophe.

Aus diesen Gründen muß es der Hauptzweck des strategischen Arsenals auf beiden Seiten sein, den Gegner vom Einsatz seiner Kräfte mit ebenso leistungsfähigen Waffen abzuschrecken und dafür zu sorgen, daß dritte Länder nicht den Eindruck gewinnen, es bestünde eine Unausgewogenheit auf dem Gebiet der strategischen Streitkräfte. Kein amerikanischer Präsident hat in irgendeiner Krise ernsthaft einen Einsatz von Nuklearwaffen in Erwägung gezogen. Es gab daher, kurz gesagt, für die amerikanische Verteidigungspolitik keine wichtigere Aufgabe, als die wesentliche Stärkung der Kapazität für die Regionalverteidigung. Die amerikanische Verteidigungspolitik bekennt sich seit Anfang der sechziger Jahre zu diesem Ziel, aber der notwendige Ausbau der konventionellen und taktisch nuklearen Streitkräfte ist durch den Vietnam-Krieg und die daraus resultierende militärfeindliche Stimmung verhindert worden.

1973 brauchten wir einen starken Präsidenten, der seine Aufgaben während einer ganzen Amtsperiode ungehindert erfüllen konnte, um die Verteidigungsdoktrin, die Waffensysteme und die für eine neue Strategie notwendigen Ausgaben zu überprüfen. Nixon hatte diese Notwendigkeit erkannt, aber die Autorität des Präsidenten war im Schwinden. Der Kongreß interessierte sich vielmehr dafür, die Vollmachten des Regierungschefs zu beschneiden, als für die militärische Stärkung der Vereinigten Staaten. Die Opposition gegen den Krieg in Vietnam fand ein neues Ziel, und die gleichen Leute wandten sich jetzt gegen jede Stärkung unserer Verteidigungsbereitschaft. Man lehnte den Ausbau der strategischen Streitkräfte als provokativ und nutzlos ab. Die Stärkung der konventionellen Streitkräfte bezeichnete man als gefährlich, weil uns eine solche Entwicklung angeblich in Versuchung führen könnte, in entfernt gelegenen Regionen Abenteuer zu suchen. Mit solchen Argumenten gelang es dem Führer der Mehrheit im Senat, Mike Mansfield, zweimal, die Absicht der Nixon-Regierung zu durchkreuzen, schnelle Versorgungsschiffe bauen zu lassen – eine Idee, die viel später wiederauftauchte, als es um den Schutz des Persischen Golfs ging. Den Konservativen gefielen Mansfields Argumente nicht, aber sie wußten, daß die öffentliche Meinung die massive Aufstockung des Verteidigungsetats ablehnen würde, die zu einer wesentlichen Umstrukturierung unserer Streitkräfte erforderlich gewesen wäre.

Nach dem Waffenstillstand in Vietnam gelang es uns, das Verteidigungsbudget um fünf Prozent zu vergrößern. Die damit zu finanzierenden Programme waren zum größten Teil Versuche, einen Ausgleich für die rasch zunehmende strategische Kapazität der Sowjetunion zu schaffen: Es waren der strategische Bomber des Typs B-1, das mit Fernlenkwaffen ausgerüstete U-Boot Trident, der Marschflugkörper und die neue, schwerere, landgestützte interkontinentale Fernlenkwaffe MX. Die Umstellung auf die Regionalverteidigung begann, kam aber erst in Schwung, nachdem der Kongreß seine Haltung geändert hatte.

Aber auch dieser relativ bescheidene Wandel stieß auf große Schwierigkeiten, denn die Erinnerung an Vietnam war noch sehr lebendig, und auch hier machten sich die Folgen von Watergate bemerkbar. Nach Beendigung des Vietnam-Krieges verloren die extremsten Argumente an Wirksamkeit – Amerika wäre kriegslüstern und von Natur aus interventionistisch. Die Angriffe verlagerten sich auf eine weniger emotionale Ebene, behinderten aber trotzdem eine Steigerung der Verteidigungsausgaben. Die Entwicklung jedes neuen strategischen Waffensystems stieß auf Einwände, die sich nicht immer vereinbaren ließen. Man erklärte, angesichts unserer »Overkill-Kapazität« brauchten wir solche Waffen nicht; die Aufrüstung wäre gefährlich, weil sie die Sowjets zu ähnlichen Maßnahmen veranlassen werde und einen Rüstungswettlauf zur Folge haben müßte, und daß der Erfolg der SALT-Verhandlungen damit in Frage gestellt würde. Im Lauf der Zeit tauchten immer wieder neue Varianten solcher Argumente auf. Die Entwicklung neuer Systeme werde uns insofern schwächen, als wir dann nicht mehr in der Lage wären, in fernerer Zukunft noch modernere und wirkungsvollere Systeme zu bauen. Selbst wenn es den Rüstungsgegnern nicht gelang, die Entwicklung eines neuen Waffensystems ganz abzuwürgen, verzögerten sie es, indem sie immer wieder neue Gutachten verlangten – über die Methode des Einsatzes, über die Auswirkungen auf die Umwelt und auf die Rüstungskontroll-Verhandlungen.

Seit Mitte der sechziger Jahre sind alle neuen strategischen Waffensysteme aller Regierungen aus einigen dieser Gründe angegriffen worden, und alle Verzögerungen, Beschneidungen oder Verzichte zeigen sehr deutlich, mit welchem Erfolg die Aufrüstungsgegner gewirkt haben. Das Bombenflugzeug vom Typ B-70, die ABM, die B-1, die MX, die Fernlenkwaffe vom Typ Trident II sind entweder aus dem Programm gestrichen worden, oder ihre Entwicklung wurde um Jahre hinausgezögert – in einzelnen Fällen über ein ganzes Jahrzehnt –, weil alle diese Vorhaben überprüft werden mußten. Dabei wandte man sich jedesmal in erster Linie gegen die neueste Entwicklung.

Am 30. September 1973 kommentierte die *Chicago Tribune* zutreffend:

> Die Kritiker greifen wichtige neue Waffenprogramme an, und zwar nicht mit einem Frontalangriff und der Behauptung, daß die Programme völlig verfehlt seien, sondern mit subtilen Hinweisen darauf, daß wir zu rasch, zu weit, in die falsche Richtung oder mit einer zu hohen finanziellen Belastung vorgingen. Sie streben Beschränkungen an, mit denen die Entwicklung einer nützlichen neuen Waffe nicht ganz unmöglich gemacht wird, die jedoch ihre Wirkungsmöglichkeiten entscheidend verringert.

1973 richteten sich solche Angriffe gegen das mit Kernkraft angetriebene und mit Kernwaffen ausgerüstete U-Boot Trident und den strategischen Bomber vom Typ B-1. Der B-1-Bomber sollte an die Stelle des B-52-Bombers treten, der damals schon mehr als zwanzig Jahre alt war. Mit dem Trident-U-Boot würden sich Reichweite und Wurfgewicht unserer auf Unterseebooten stationierten Fernlenkwaffen erhöhen, und sie wären weniger verwundbar, weil sie weiträumiger operieren könnten.

Die gegen diese Waffen vorgebrachten Argumente folgten einer neuen Linie. Anfang der sechziger Jahre begann die Brookings-Institution, eine Vereinigung von Fachleuten mit dem Sitz in Washington, mit der Veröffentlichung eines Jahresberichts mit dem Titel *Setting National Priorities*, in dem die Auffassungen der demokratischen Mehrheit im Kongreß und auch einiger Republikaner zum Ausdruck kamen. Zu dem Trident-Projekt erklärte der Bericht 1973, dieses Waffensystem sei zwar nicht überflüssig, es ließe sich jedoch »in einem etwas gemäßigteren Tempo und zu bedeutend niedrigeren Kosten« entwickeln, »wenn man sich zehn Jahre Zeit ließe, und würde dann keine Gefahr für die Sicherheit der Vereinigten Staaten darstellen«.[7] Das Programm sollte danach entweder langsamer verwirklicht oder auf einen Zeitpunkt verschoben werden, zu dem eine präziser treffende Fernlenkwaffe – die Trident II – Anfang der achtziger Jahre zur Verfügung stünde. (Ende der siebziger Jahre kritisierten die Gegner der neuen strategischen Programme natürlich die Fernlenkwaffe Trident II und behaupteten, wir brauchten sie nicht. Schließlich gelang es ihnen, die Entwicklung noch weiter hinauszuzögern – nachdem es der Nixon-Regierung gelungen war, den Bau der Trident I durchzusetzen.)

Zu dem B-1-Bomber erklärte der Jahresbericht – und brachte damit eine im Kongreß verbreitete Auffassung zum Ausdruck –, daß das Flugzeug 1975 zum Zeitpunkt seiner In-Dienst-Stellung »nur deshalb verwendet werden wird, weil es keine andere Option gegeben hat«. Deshalb sollte die Entscheidung für den Bau jedes neuen Bombenflugzeugs solange verschoben werden, bis sich aus den SALT II-Verhandlungen deutlicher erkennen läßt, »was wir in der Zukunft brauchen werden«. Eine andere Alternative bestünde darin, »die Entscheidung um zwei oder drei Jahre hinauszuschieben und jetzt in die Parallelentwicklung eines anderen strategischen Flugzeugs zu investieren, eines Mittelstreckenbombers, der mit Langstrecken-Marschflugkörpern ausgerüstet ist«.[8] (Die Carter-Regierung vertrat im übrigen die gleiche Auffassung.)

Die Auswirkungen dieser Angriffe ließen sich nicht nach den gleichen Kriterien beurteilen wie Abstimmungssiege oder -niederlagen. Es entsteht vielmehr ein Teufelskreis, in dem das Pentagon, um Störungen zu vermeiden und wichtige Programme zu schützen, der Kritik im Kongreß zuvorkommen wollte, indem es seine Forschungs- und Entwicklungsprogramme kürzte. Im allgemeinen wurde jeweils nur die Entwicklung eines Waffenmodells vorangetrieben, damit der Kongreß sich nicht für eines von mehreren Projekten entscheiden konnte, das den Absichten des Pentagon womöglich am wenigsten entsprach. So habe ich zum Beispiel schon im 7. Kapitel berichtet, daß das Pentagon mit der Entwicklung des Marschflugkörpers zögerte, weil es fürchtete, daß man dieses Vorhaben zum Vorwand nehmen werde, auf den Bau des B-1-Bombers zu verzichten. Es gab auch in der Tat Vorgänge, die zu solchen Befürchtungen Anlaß gaben. Nachdem Nixon 1973 die Mittel für Forschung und Entwicklung der Fernlenkwaffe MX bewilligt hatte, verzichteten die Militärs zum Beispiel auf die Vermehrung der Sprengköpfe bei der Minuteman III, weil sie fürchteten, die Einführung dieser Mehrfachsprengköpfe könnte die Entwicklung neuer Fernlenkwaffen verzögern. Die Folge war, daß über einen Zeitraum von fast zehn Jahren weder die Minuteman III ausgebaut noch eine neue Fernlenkwaffe entwickelt wurde.

Das Trident-Projekt wurde unter großen Schwierigkeiten weiterverfolgt. Am 27. September 1973 verhinderte der Senat in einer knappen Abstimmung (47 gegen 49 Stimmen) die Annahme eines Vorschlags, mit dem das ganze Programm zu Fall gebracht worden wäre. Doch der Sieg verlangte seinen Preis. Im Herbst 1973 schlug das Pentagon für den im Januar 1974 vorzulegenden Etat vor, jährlich nicht wie beabsichtigt drei, sondern nur ein Trident-U-Boot in Dienst zu stellen. Es bedurfte des energischen Eingreifens des Weißen Hauses, diese Entscheidung rückgängig zu machen – und das ist auch nur teilweise gelungen.

Meine persönliche Haltung zu den umstrittenen Trident- und B-1-Programmen ist wesentlich von unserer innenpolitischen Debatte beeinflußt worden. Im Idealfall hätte ich es am liebsten gesehen, wenn unsere strategische Doktrin im Licht der massiven sowjetischen Aufrüstung systematisch überprüft worden wäre, denn damit hatte die Bedeutung unserer strategischen Streitkräfte abgenommen, während die konventionellen Streitkräfte eine ganz neue und wichtige Rolle übernehmen mußten. Aber ich war mir schmerzlich der Tatsache bewußt, daß jede Überprüfung weitere Entwicklungen verzögern mußte und in dem herrschenden Klima nicht sehr viel zur Klärung der Lage beitragen konnte. Wenn die Entwicklung eines jeden neuen amerikanischen Waffensystems abgewürgt wurde, während die Sowjets, wie wir wußten, vier neue Typen von Fernlenkwaffen entwickelten, würden sie uns früher oder später überholen, gleichgültig welche beeindruckenden Berechnungen unsere Systemanalytiker anstellten. In absehbarer Zeit würde sich die Treffsicherheit der sowjetischen Fernlenkwaffen wesentlich erhöhen, und unsere Stellungen würden verwundbarer werden. Wenn wir uns weigerten, an diesem Wettrüsten teilzunehmen, dann mußte daraus praktisch eine einseitige Abrüstung entstehen.

Die MX geriet sofort in die Strömungen und Gegenströmungen einer kontroversen Verteidigungsdebatte. Die Argumente, die für diese Waffe sprachen – die Verwundbarkeit der Minuteman-Raketen –, stießen auf die Behauptung, daß ein sowjetischer Präventivschlag angesichts unserer dreifachen Möglichkeit, mit land- und seegestützten Fernlenkwaffen, die durch Bombenflugzeuge ergänzt wurden, einen Gegenschlag zu führen, zu gefährlich für sie wäre, besonders da niemand über praktische Erfahrungen mit einem so massiven Angriff verfügte. Doch die gleichen Leute, die nicht an einen sowjetischen Präventivangriff glaubten, lehnten die MX ab, weil sie für die Sowjets eine solche Bedrohung darstellte, daß sie die Sowjetunion trotz der dreifachen Abschreckung zu einem Erstschlag veranlassen könnten. Niemand wollte sagen, weshalb die Minuteman-Fernlenkwaffen vor sowjetischen Angriffen sicher seien, die MX aber nicht. Als Folge dieser Diskussion mußte die Aufstellung dieser Waffen nach einem so komplexen Plan erfolgen und sich die Stationierungskosten so stark erhöhen, daß wir nicht mehr mit der Zustimmung des Kongreßes und der

Öffentlichkeit rechnen durften. Nach meiner Auffassung waren die Sowjets gegen einen Erstschlag weniger gut geschützt als wir, weil die sowjetischen strategischen Fernlenkwaffen zum größten Teil landgestützt und in festen Stellungen untergebracht waren. Die amerikanische Gegenschlagkapazität gewährte uns eine gewisse Sicherheit und mußte die Sowjets zur Zurückhaltung veranlassen. Aber deshalb erübrigte sich nicht die Umstellung unserer Verteidigungspolitik auf eine mit stärkeren Kräften geführte regionale Verteidigung.

Von dem Trident-U-Boot hielt ich nicht sehr viel. Es war nach meiner Ansicht falsch, ein großes Schiff mit vierundzwanzig Fernlenkwaffen auszurüsten, denn die kleineren Polaris- und Poseidon-U-Boote mit jeweils sechzehn Raketen konnten die gleiche Aufgabe ebensogut erfüllen. Mit jedem Trident-U-Boot riskierten wir den Verlust eines größeren Prozentsatzes unserer seegestützten strategischen Fernlenkwaffen als mit dem Einsatz ihrer Vorgänger, und da man damit rechnen mußte, daß sich die Bekämpfung von U-Booten technisch vervollkommnen würde, hätte ich es für richtiger gehalten, in die entgegengesetzte Richtung zu gehen und mehr U-Boote mit jeweils weniger Fernlenkwaffen auszurüsten. Verteidigungsminister James Schlesinger teilte diese Ansicht und hatte die Anfertigung einer Studie zur Entwicklung eines kleineren U-Boots angeordnet. Ich fürchtete aber auch, daß wir, wenn wir unsere Pläne jedesmal änderten, bevor wir in die Produktion gingen, denen entgegenkamen, die alle unsere Programme einfrieren wollten. Wenn sie sich durchsetzten, dann würden keine neuen Waffen mehr gebaut werden können. Ich berief mich daher auf die vorläufige Entscheidung des Verteidigungsministeriums, die Produktion der Trident einzuschränken, und schrieb im Januar 1974 in einer für Nixon bestimmten Denkschrift:

> Ich teile die Bedenken Schlesingers wegen der Größe und der Kosten der Trident-Boote und unterstütze nachdrücklich seine Bemühungen um die Entwicklung eines kleineren, billigeren Boots und die Beschleunigung der Ausrüstung der U-Boote mit der Trident-I-Fernlenkwaffe. Immerhin werden wir wenigstens sechs Trident-Boote in Dienst stellen müssen, wenn wir einen einsatzfähigen Verband haben wollen. Vorausgesetzt, wir brauchen mindestens sechs Boote, dann würde die Finanzierung von drei Einheiten pro Jahr, die auch noch für das kommende Jahr gesichert sein müßte, uns nicht daran hindern, anstelle weiterer Tridents ein billigeres und kleineres Boot in Dienst zu stellen, wenn die Entwicklung abgeschlossen ist.

Schließlich stellte sich heraus, daß die Entwicklung kleinerer U-Boote keine Vorteile bot. Die verschiedensten Faktoren bewirkten eine Verlangsamung der Trident-Produktion. Die Trident I wurde weitergebaut, der Bau der Trident II verzögerte sich. Aber für diese Verzögerungen war das Weiße Haus nicht verantwortlich.

Die Sorge, daß das Erreichbare blockiert wurde, wenn man die Ideallösung finden wollte, veranlaßte mich auch, mich für den Bau des B-1-Bombers einzusetzen. Ob das Modell den höchsten Anforderungen entsprach, müssen Waffenexperten entscheiden. Nach meiner Auffassung durften sich die Vereinigten Staaten auf die Dauer nicht auf ein

Flugzeug verlassen, das älter war als viele seiner Piloten (die B-52). Wir mußten uns aus der Lage befreien, in der die Entwicklung neuer Waffen behindert wurde, indem man veraltete Systeme über den grünen Klee lobte oder sich an Modellen berauschte, die es noch kaum auf dem Zeichenbrett gab. (Während ich diese Zeilen schreibe, argumentiert man in klassischer Weise mit der Behauptung gegen den Bau der B-1, daß jetzt eine Technik entwickelt würde, mit der es möglich wäre, das Erfassen anfliegender Flugzeuge durch Radar zu verhindern.)

Der damals im Stab des Nationalen Sicherheitsrats für Verteidigungsfragen verantwortliche Philip Odeen hatte mich in einer Denkschrift vom 10. August 1973 gewarnt:

> Wir treten in die späten siebziger Jahre ein, während wir uns auf zwei hochriskante Modernisierungsprogramme (Trident und B-1) verlassen, welche die künftige Überlebensfähigkeit unserer Bomber und Fernlenkwaffen garantieren sollen. Unsere Flexibilität wird durch den Mangel an Ausweichprogrammen wie etwa für mobile Fernlenkwaffen und ein durchführbares Programm für Marschflugkörper eingeengt. *Darüber hinaus geraten wir immer mehr in die unmögliche Lage, nicht auf ein Scheitern der SALT II-Verhandlungen reagieren zu können.*

Ich teilte diese Besorgnisse und drängte nicht nur darauf, die Marschflugkörper weiterzuentwickeln, sondern verlangte auch weitere Arbeiten an von Flugzeugen aus zu startenden Fernlenkwaffen, um die Verwundbarkeit unserer landgestützten Systeme zu verringern. Wenn wir auf ein Waffensystem verzichten sollten, dann sollte dies nach meiner Auffassung wenigstens nicht aufgrund einer einseitig getroffenen Budgetentscheidung, sondern im Rahmen von SALT geschehen – um die Sowjetunion zu einem Zugeständnis zu veranlassen.

Ich wollte dieses Problem bei der Überprüfung des demnächst vorzulegenden Verteidigungsbudgets vor dem Ausschuß zur Überprüfung des Verteidigungsprogramms zur Sprache bringen. Am 3. Oktober 1973 erließ ich in meiner Eigenschaft als Vorsitzender eine Direktive, in der ich verlangte, daß sich das Verteidigungsministerium vordringlich mit einem Programm zur Entwicklung eines strategischen Marschflugkörpers beschäftigen sollte.

Mit dieser Denkschrift stieß ich auch auf den Widerstand des gefürchteten Verteidigungsministers. Schlesinger war einer der brillantesten Analytiker, die mir in der Regierung begegnet sind. Er unternahm zu jener Zeit heroische Anstrengungen, mit einer Reihe von Schwierigkeiten fertig zu werden, über die ich zum Teil hier berichtet habe. Dabei wurde er gelegentlich durch den Mangel an den notwendigen Mitteln, aber nie durch Verständnislosigkeit behindert. Unsere strategischen Vorstellungen waren fast identisch. Aber kein Akademiker räumt dem anderen gern den Vorrang ein, und kein Verteidigungsminister nimmt es ohne weiteres hin, wenn ihm der Außenminister Vorschriften machen will.

Schlesinger war außerdem mindestens ebenso eitel wie ich. Er wollte es nicht hinnehmen, daß die Vorrechte des Verteidigungsministeriums vom Vorsitzenden eines interministeriellen Ausschusses in Frage gestellt wurden. Am 29. Oktober erfuhr ich von dritter Seite, daß Schlesinger befohlen hatte, alle Kopien meiner Direktive aus dem Verkehr zu ziehen. Doch abgesehen von allen Zuständigkeitsfragen war Schlesinger zweifellos der Meinung, daß er mit Trident und B-1 genug zu tun hätte und sich nicht mit einem Kongreß, der sich zu keiner klaren Meinung durchringen konnte, wegen der Einführung eines neuen Waffensystems herumzuschlagen brauchte. Am 29. Oktober hatte die Nahost-Krise ihren Höhepunkt erreicht, und es war dringend erforderlich, daß das Außenministerium enge Fühlung zum Verteidigungsministerium hielt. Nixon war vollauf mit Watergate beschäftigt. Deshalb wollte ich aus der Angelegenheit keine Staatsaffäre machen und teilte dem Präsidenten nichts über diese Herausforderung mit.

Ich erwähne sie nicht, um jetzt nach acht Jahren einen bürokratischen Streit beizulegen, sondern um zu zeigen, welche einander widersprechende Tendenzen die Verteidigungspolitik ausgerechnet in dem Augenblick auszuhöhlen drohten, da wir in eine Konfrontation mit der Sowjetunion gedrängt wurden. Wir mußten gleichzeitig unsere Verpflichtungen zur Stärkung der nationalen Verteidigung erfüllen und die Verhandlungen mit der Sowjetunion rechtfertigen. Dabei wurden die Verbündeten der einen Schlacht zu Gegnern in der zweiten. Die Militärs verteidigten, was sie hatten, und wagten es nicht, eine Revision der Verteidigungsdoktrin vorzuschlagen, um nicht den Verlust von Kräften zu riskieren, über die sie noch verfügten. Selbst Kabinettsmitglieder mit vergleichbaren Auffassungen wie Schlesinger und ich hatten Schwierigkeiten, Differenzen beizulegen, weil das Weiße Haus nicht in der Lage war, uns zu disziplinieren.

Noch ernster wirkte sich diese Ausweglosigkeit auf die konventionellen Streitkräfte aus, wo sich die schon bestehenden Mängel immer stärker fühlbar machten, obwohl der Verteidigungsetat aufgestockt worden war. Alle bisher vorgenommenen Kürzungen waren zu Lasten der Regionalverteidigung gegangen. Die Armee, die während des Vietnam-Krieges am stärksten gewesen war, hatte inzwischen fünf Divisionen verloren und mußte dringend modernisiert werden. Die Luftstreitkräfte hatten die Etatkürzungen mit der bewährten Methode überstanden, ihre Struktur beizubehalten, dafür aber an Einsatzbereitschaft eingebüßt zu haben. 1973 war diese Entwicklung an einen Punkt gelangt, an dem sie nicht mehr weitergehen durfte. Deshalb löste das Verteidigungsministerium für das Rechnungsjahr 1974 fünf Jagdfliegergeschwader auf, eine Verringerung von etwas mehr als zwanzig Prozent. Die Flotte war hinter den Luftstreitkräften um einen Schritt zurückgeblieben. Sie verschaffte sich die Mittel für die Modernisierung, indem sie an der Instandhaltung der Schiffe sparte. Nach der Schätzung der Fachleute in meinem Stab waren im günstigsten Fall nur fünfzig Prozent aller Kriegsschiffe begrenzt einsatzfähig.

Trotzdem drängte der Kongreß noch ebenso auf die Reduzierung unserer Streitkräfte im Ausland wie zur Zeit des Tauziehens um das Mansfield-Amendment von 1971. Am 27. September 1973 entschied sich der Senat mit 49 gegen 46 Stimmen für die zahlenmäßige Reduzierung der in Übersee stationierten amerikanischen Truppen um vierzig

Prozent. Diese Gesetzesvorlage wurde nach äußersten Anstrengungen der Administration schließlich mit 51 zu 44 Stimmen abgelehnt und durch eine zweite Version ersetzt, die den Abzug von hundertzehntausend Mann verlangte (das waren dreiundzwanzig Prozent). Als wir auch diese Klippe umschifft hatten, stimmte der Senat für den Teilabzug von Truppen aus Ländern, die den Unterhalt unserer Soldaten nicht finanzierten. Zwar gelang es uns, alle diese Maßnahmen abzuwenden, aber man hatte den Eindruck, daß es nur noch eine Frage der Zeit wäre, bis diese Gesetzesvorlagen, mit denen unsere Verteidigungsbereitschaft wesentlich geschwächt würde, angenommen werden müßten.

Die gleiche Neigung, unsere Eingreifkapazität in Übersee zu schwächen, veranlaßte den Kongreß, den Bau ständiger Einrichtungen für die Stationierung von B-52-Bombern auf der neu errichteten Basis Diego Garcia im Indischen Ozean zu verbieten.

Die Einzelheiten der Budgetdebatten sollten entsprechend ihrem intellektuellen Wert möglichst bald in Vergessenheit geraten. Ihre Bedeutung liegt darin, daß wir dazu gedrängt wurden, uns wegen Nebensächlichkeiten auf eine Konfrontation mit der Sowjetunion einzulassen, während der Kongreß die Verteidigungspolitik schwer behinderte, die Autorität des Präsidenten als Folge von Watergate immer mehr verfiel und zahllose restriktive Gesetze erlassen wurden. Revisionistische Historiker neigen dazu, die Tatsache unter den Tisch fallen zu lassen, daß die Regierung an zwei Fronten kämpfen mußte: gegen diejenigen, die ihr vorwarfen, daß sie keine Konfrontation wagte, und gegen andere, die ihr die militärischen Mittel nehmen wollte, um mit den Herausforderungen fertig zu werden, die mit Sicherheit auf sie zukommen würden. Die Aufforderung zahlreicher Kritiker zu mehr Konfrontation entsprach weder der öffentlichen Meinung noch der wirklichen Haltung des Kongresses in Fragen der Verteidigung. Rhetorische Härte ohne ein strategisches Konzept und ohne Unterstützung durch die Öffentlichkeit ist keine Politik, sondern ein anormaler Zustand, und dahin trieb uns zu dieser Zeit die innenpolitische Diskussion.

Neue SALT-Verhandlungen

Das Alptraumhafte an der nationalen Auseinandersetzung war die Tatsache, daß die verschiedenen Gruppen, die sich jeweils zu einer anderen Auffassung bekannten, augenscheinlich keine erkennbare logische Beziehung zueinander hatten. Die Mehrheit, die sich für Jacksons Gesetzesvorlage aussprach, unterstützte nicht unbedingt eine starke Verteidigungspolitik. Aber paradoxerweise wollte sich die Mehrheit derjenigen, die sich gegen unsere Verteidigungspolitik wandten, nicht bereit finden, die Verhandlungen über die Begrenzung strategischer Waffen zu unterstützen, und diese Frage löste schließlich einen größeren Meinungsstreit aus als die Bemühungen um die Stärkung unserer Verteidigung. Ebenso wie das Jackson-Amendment wurde SALT immer mehr zu einem Symbol. Seine Gegner wollten die SALT-Verhandlungen zum Scheitern bringen, und zwar ohne Rücksicht auf die darin auszuhandelnden Bedingungen oder die Alternativen, mit denen wir im Falle eines Scheiterns würden leben müssen.

Wenn die sowjetische Innenpolitik den Liberalen die Handhabe gegeben hatte, den Ost-West-Handel zu bekämpfen, dann erfüllte SALT eine ähnliche Funktion für die Konservativen. Senator Jackson vereinigte beide Gruppen. Wieder demonstrierte ein einziger Senator, was ein entschlossener, fähiger Mann, der von der Richtigkeit seiner Auffassungen überzeugt war, in dem Vakuum bewirken konnte, das durch den Verfall der Autorität des Präsidenten entstanden war. Hier konnte Jackson sogar noch mehr erreichen als in der Frage der Meistbegünstigungsklausel. Als zweiter Mann der Demokratischen Partei im Streitkräfte-Ausschuß des Senats stellte er eine Kraft dar, mit der das Pentagon rechnen mußte. Er konnte durch die Verweigerung von Geldmitteln Druck ausüben und einfach dadurch, daß er sich in die Kulissen zurückzog, das Gleichgewicht zugunsten einer antimilitärischen Lobby verschieben. Die Joint Chiefs of Staff und die höheren Beamten im Verteidigungsministerium standen vor einer unauflösbaren Alternative, zwischen ihrer Überzeugung oder wenigstens der Loyalität gegenüber der Regierung und der Tatsache, daß sie Jacksons Unterstützung in Schlüsselfragen für wichtige Programme und bei Personalentscheidungen brauchten.

SALT unterschied sich von dem Ost-West-Handel auch insofern, als sich nicht beweisen läßt, daß ein geschlosseneres Amerika in der Lage gewesen wäre, einen günstigeren Ausgang zu bewirken. Die Sowjets haben keinen einzigen Vorschlag vorgelegt, dem auch nur eine an der innenpolitischen Debatte beteiligte Gruppe hätte zustimmen wollen. Technisch war die Haltung unserer Regierung Ausdruck eines gemeinsamen Standpunkts. In diesem Sinne waren unsere innenpolitischen Kontroversen bloß Schattenboxen. Hier ging es niemals um eine konkrete Entscheidung, sondern nur um die Furcht davor, was geschehen *könnte*. Zugleich besteht kein Zweifel daran, daß unsere gemeinsame Haltung ebenso oft einen zweifelhaften Kompromiß wie den Versuch darstellte, ein konkretes Ziel zu erreichen. Und dadurch entstand ein Vakuum in den Verhandlungen.

Die Erfahrung hat gezeigt, daß die sowjetische Bürokratie strukturell vielleicht unfähig ist, eine kreative Haltung zu SALT zu entwickeln. Wenn man Dobrynin glauben durfte, dann war jedes sowjetische Ministerium ausschließlich mit den Problemen beschäftigt, für die es zuständig war. So war das Außenministerium zum Beispiel nicht berechtigt, zu strategischen Programmen Stellung zu nehmen, die im Kompetenzbereich des Verteidigungsministerium lagen. Angeblich durfte sich das Verteidigungsministerium nicht zu diplomatischen Vorschlägen äußern. Mir ist es allerdings schwergefallen, das zu glauben, denn die Verteidigungsminister Andrei Gretschko und Dimitri Ustinow waren Mitglieder des Politbüros. Die politische Gesamtkonzeption wird im Politbüro entwickelt oder vielleicht im persönlichen Büro des Generalsekretärs, aber Dobrynin behauptete, daß sie sich leichter als Reaktion auf einen amerikanischen Vorschlag als auf sowjetische Initiative entfalten ließe. Der sowjetische Beamtenapparat ist offenbar keine Ausnahme von der Regel, daß niemand freiwillig die Verantwortung für ein Zugeständnis übernimmt. So sind die sowjetischen Vorschläge im allgemeinen formalistisch und unwahrscheinlich einseitig. Ich kann mich an keinen einzigen Fall erinnern, in dem ein Durchbruch nicht die Folge einer amerikanischen Initiative gewesen wäre. Während andere Elemente der Entspannung sich systematisch auflösten, gab es für die Sowjets immer weniger nichtmilitärische Beweggründe, auf unsere ständig schwächer werdenden Versuche, aus der Erstarrung herauszukommen, zu reagieren.

Ich habe im 7. Kapitel die Debatte geschildert, die durch die SALT I-Vereinbarungen ausgelöst wurde, wobei das Rüstungsniveau, das ohne Einspruch der Opposition im Verlauf von zehn Jahren von Administrationen beider Parteien einseitig von den Vereinigten Staaten festgelegt worden war, plötzlich als »gefährlich« bezeichnet wurde, nachdem es in einem Vertrag festgeschrieben worden war. In Wirklichkeit ist das Rüstungsniveau *auf beiden Seiten* das Ergebnis von Beschlüssen gewesen, die gefaßt worden waren, bevor es den Begriff »SALT« gab oder ernsthafte Verhandlungen über die Rüstungskontrolle geführt worden waren. Bezogen auf die Gesamtzahl der strategischen Systeme – der land- und seegestützten Fernlenkwaffen und Bombenflugzeuge – waren die Vereinigten Staaten geringfügig unterlegen, wenn man die hundertfünfzig überalterten sowjetischen strategischen Bomber als ernst zu nehmende Waffen mitzählte. Auf der anderen Seite waren die Vereinigten Staaten in der Technologie, der Treffsicherheit und der Zahl der Mehrfachsprengköpfe für die Fernlenkwaffen weit voraus, und das waren schließlich die Waffen, die ihre Ziele wirklich erreichen konnten.

Es kam daher vor allem auf den zeitlichen Rahmen an. Wenn beide Seiten ungehindert an der Realisierung der bestehenden Rüstungsprogramme weiterarbeiteten, dann würden die Vereinigten Staaten in den letzten zwei Dritteln der siebziger Jahre in der Zahl, Qualität und Treffsicherheit einsatzfähiger Waffen, das heißt an Sprengköpfen und Bomben, weit überlegen sein. Andererseits würde die Sowjetunion in der Lage sein, mit ihren stärkeren Fernlenkwaffen, die ein größeres Wurfgewicht befördern konnten, eine größere Zahl von Mehrfachsprengköpfen zum Einsatz zu bringen. Irgendwann in den achtziger Jahren würden unsere landgestützten Fernlenkwaffen bei einem Erstschlag der Sowjets getroffen werden können, wenn wir nicht stärker aufrüsteten oder die Sowjets das Tempo ihrer Rüstungen verlangsamten. Es blieben uns aber immer noch eine große Zahl von auf U-Booten installierten Fernlenkwaffen und schweren Bombenflugzeugen. Sie eigneten sich als Vergeltungswaffen und zur Zerstörung von Großstädten. Man glaubte aber, sie wären nicht präzise und stark genug, um gegen die sowjetischen landgestützten Fernlenkwaffen in ihren unterirdischen Betonsilos eingesetzt zu werden.

In der Debatte ging es darum, welche Rolle die Rüstungsbegrenzung bei dem Bemühen spielen konnte, die Verwundbarkeit unserer für einen Vergeltungsschlag vorgesehenen strategischen Waffen herabzusetzen. Das war Teil einer umfassenderen Kontroverse über die Frage, ob die Rüstungskontrolle unsere Sicherheit erhöhte oder ihr schadete.

Die Rüstungskontrolle hatte in den siebziger Jahren schon eine sehr komplexe Geschichte. Zu Beginn des Nuklearzeitalters hatten einige Wissenschaftler erklärt, einseitige Rüstungsbeschränkungen würden die Sowjets veranlassen, uns einzuholen. So drängte uns Anfang der fünfziger Jahre eine bemerkenswerte Gruppe unter der Führung von J. Robert Oppenheimer, auf die Entwicklung der Wasserstoffbombe zu verzichten, weil wir damit die Sowjetunion zu dem gleichen Verzicht veranlassen würden. Die gleiche Vorstellung tauchte in der Debatte über die Entwicklung der Flugabwehrraketen ABM wieder auf.[9] Sie hat später wesentlich zu Präsident Carters Entscheidung beigetragen, auf den Bau des B-1-Bombenflugzeuges zu verzichten. Es gab aber nicht den geringsten Beweis dafür, daß sich die Sowjets von solchen Grundsätzen leiten ließen, sondern überzeugende Beweise dagegen. Die sowjetischen Rüstungsprogramme werden von unseren Entscheidungen *nicht* beeinflußt. Verteidigungsminister Harold Brown hat gegen Ende von Carters Amtszeit gesagt: »Wir haben festgestellt, daß sie, wenn wir Waffen bauen, ebenfalls bauen; wenn wir die Produktion einstellen, dann bauen sie weiter . . .«[10]

In den sechziger Jahren hatte sich eine andere Theorie entwickelt. Hier ging es nicht um einen einseitigen Verzicht, sondern man behauptete, daß das gemeinsame Interesse an der strategischen Stabilität auf beiden Seiten strategische Streitkräfte verlangte, die von der jeweils anderen nicht vernichtet werden konnten. Bei den Rüstungskontroll-Verhandlungen sollte versucht werden, eine Lage zu schaffen, in der keine Seite sich durch einen Erstschlag Vorteile verschaffen konnte, und die zugleich den apokalyptischen Vernichtungsschlag bei einem Vergeltungsangriff unmöglich machte. Man glaubte, daß, wenn niemand mehr einen Überraschungsangriff zu fürchten brauchte, auch die Gefahr von Kurzschlußentscheidungen gebannt wäre, durch die aus einer Krise ein Weltbrand entstehen könnte.

Die Nuklearstrategie ist abstrakt und theoretisch, weil wir – zum Glück für die Menschheit – keine Erfahrungen haben, aus denen wir lernen könnten. Die Gelehrten haben jedoch kaum von der Tatsache Kenntnis genommen, daß auch der *beiderseitige* Verzicht nie dagewesene Konsequenzen haben mußte. Noch niemals hat eine Großmacht die Unverwundbarkeit der Streitkräfte ihres Hauptgegners oder die Verwundbarkeit der eigenen Bevölkerung als Beitrag zur Stabilität angesehen. Hier ergab sich eine Schlußfolgerung, die zu ziehen nicht alle Vertreter dieser Thesen bereit waren. Wenn man zu erreichen beabsichtigte, daß die strategischen Streitkräfte auf beiden Seiten unverwundbar waren – oder diesen Zustand auch nur technologisch anstrebte –, dann hatten unsere strategischen Streitkräfte nicht mehr die Möglichkeit, die sowjetische Überlegenheit in der konventionellen Rüstung oder die sowjetische Kapazität, regional zu intervenieren, auszugleichen. Im Zustand der strategischen Ausgewogenheit, ob er nun durch Rüstungskontroll-Verhandlungen oder aus technologischen Gründen oder als Ergebnis beider Faktoren erreicht worden war, würden die Demokratien ihre konventionellen Streitkräfte aufrüsten müssen, wenn sie es vermeiden wollten, politisch erpreßbar zu werden.

Leider haben sich die wenigsten Befürworter der Rüstungskontrolle mit dieser Konsequenz auseinandersetzen wollen. Im allgemeinen haben sich die Gruppen, die für die Kontrolle strategischer Waffen eintreten, der Aufrüstung auf anderen militärischen Ebenen widersetzt, was zu dem anormalen Zustand geführt hat, daß die Gegner von SALT meist versucht haben, das strategische Gleichgewicht durch die Wiederherstellung unserer traditionellen nuklearen Überlegenheit zu erreichen, was angesichts der großen Zahl nuklearer Sprengköpfe auf beiden Seiten eine Utopie ist. Andererseits haben die Befürworter von SALT aus der strategischen Ausgewogenheit, für die sie sich einsetzten und deren Herbeiführung sie beschleunigen wollten, nicht die Konsequenzen für die örtliche Verteidigung ziehen wollen. Beide Richtungen haben deshalb aus verschiedenen Gründen im allgemeinen die Notwendigkeit übersehen, die regionalen oder konventionellen Streitkräfte zu stärken.

Zur Zeit von Nixons Amtseinführung hatten die führenden Meinungsmacher ganz bestimmte Vorstellungen von der Rüstungskontrolle. Sie war zudem mit der Schaffung der Rüstungskontroll- und Abrüstungsbehörde (ACDA) institutionalisiert worden, die politische Richtlinien entwickeln und Vereinbarungen aushandeln sollte. Unter den Präsidenten Kennedy und Johnson hatte die amerikanische Regierung Verhandlungen mit der Sowjetunion über dieses Thema begonnen. Kennedy hatte Vereinbarungen über ein Verbot von Kernwaffenversuchen in der Atmosphäre getroffen. Johnson hatte einen Vertrag über die Nichtweitergabe von Kernwaffen unterzeichnet. SALT war auf die Tagesordnung eines für 1968 vorgesehenen Treffens zwischen Präsident Johnson und führenden sowjetischen Politikern gesetzt worden, das wegen des sowjetischen Einfalls in die Tschechoslowakei abgesagt wurde.

Die Nixon-Regierung wollte SALT zunächst mit dem geopolitischen Verhalten der Sowjetunion verknüpfen. Zwar hat sie diese Theorie niemals aufgegeben, sah sich jedoch unter immer stärker werdenden Druck gesetzt, Rüstungskontroll-Gespräche zu beginnen, und zwar praktisch bedingungslos.[11] Schließlich erblickte das Verteidigungsministerium, das diesem Unternehmen aus verständlichen Gründen skeptisch gegenübergestanden hatte, in SALT die Möglichkeit, die Lücke zu schließen, die als Folge der Streichungen, die der Kongreß im Verteidigungsetat erzwungen hatte, zwischen der Stärke der sowjetischen und amerikanischen strategischen Streitkräfte entstanden war. Das Pentagon drängte uns, die Sowjetunion in den Rüstungskontroll-Verhandlungen zu veranlassen, eine Höchstzahl der Abschußrampen für strategische Offensiv-Fernlenkwaffen anzuerkennen. 1970 empfahl der stellvertretende Verteidigungsminister David Packard in einer Denkschrift, unserer SALT-Delegation eine neue Anweisung zu geben, »mit der wir versuchen können, bis Mitte Oktober oder spätestens bis November in Wien zu einer Vereinbarung zu kommen«. Er glaubte, daß eine frühzeitige, wenn auch begrenzte Vereinbarung wichtig wäre, weil die bevorstehenden »Kürzungen des Haushaltes«, die »wahrscheinlich« zu einer »weitgehenden Reduzierung des Verteidigungsprogramms einschließlich der strategischen Streitkräfte« führen werde, einen »wesentlichen Einfluß auf den zeitlichen Ablauf unserer SALT-Taktik« haben würde. Die im neuen Haushalt geforderten Kürzungen würden in den Vereinigten Staaten eher akzeptiert und in der Sowjetunion als ein »Zeichen des guten Willens« angesehen werden, wenn Fortschritte bei SALT erzielt worden waren, aber wenn das nicht geschehen wäre, würde unsere Verhandlungsposition geschwächt.[12]

All diese Tendenzen hatten zu SALT I geführt. Sie waren auch noch in den 1973 beginnenden offiziellen Verhandlungen für SALT II wirksam. Es gab zahlreiche theoretische und zugleich hochtechnische Faktoren, die bei diesen Vereinbarungen berücksichtigt werden mußten (siehe 7. Kapitel). Aber die Kontroverse, um die es vor allem ging, betraf, wie ich schon gesagt habe, die psychologischen und philosophischen Aspekte der Außenpolitik. Die »Psychiater« sahen in SALT einen wichtigen Schritt in Richtung auf die Entspannung und eine Welt, die nicht mehr durch die Schrecken der Kernwaffen bedroht wurde. Die »Theologen« mißtrauten jeder Vereinbarung mit der Sowjetunion, die für sie die Inkarnation des Bösen schlechthin war. Wenn der Kreml bereit war, etwas zu unterzeichnen, dann konnte dies nicht in unserem Interesse liegen. Sie widersetzten sich den SALT-Vereinbarungen nicht, weil sie mit den Bedingungen nicht einverstanden waren, sondern aus grundsätzlichen Erwägungen.

In dieser Debatte stand ich ganz allein. Was die Verteidigungspolitik betraf, so gehörte ich zu den Falken, im Hinblick auf SALT war ich eine Taube und machte mir damit Feinde auf beiden Seiten. Ich war gegen das Konzept von der »gesicherten Vernichtung«, das hohe Verluste der Zivilbevölkerung in einem mit Kernwaffen geführten Krieg in Kauf nahm, und war überzeugt, daß wir unsere konventionellen Streitkräfte verstärken müßten. Ich hielt aber auch ein SALT-Abkommen im Rahmen einer vernünftigen Sicherheitspolitik für wichtig. Allerdings glaubte ich nicht, daß sich die Spannungen allein durch die Rüstungskontrolle abbauen ließen. Wenn die Kontrolle der strategischen Waffen nicht mit einer gewissen Zurückhaltung im geopolitischen Wettstreit der Supermächte verknüpft war, dann konnte sie für die expansionistischen Absichten der Sowjetunion zum Sicherheitsventil werden – zum Instrument für sowjetische Friedensoffensiven, mit denen neue Aggressionen kompensiert oder getarnt werden sollten. Bei jeder neuen Aggression der Sowjets würden diese darauf hinweisen, daß die Rüstungskontrolle angesichts neuer Spannungen noch wichtiger geworden wäre. Deshalb war ich für eine Politik der »linkage« (Verknüpfung).

Aber ich teilte nicht die Auffassungen gewisser konservativer Kritiker, weil nach meiner Überzeugung die Kernwaffen den Schrecken des Krieges eine neue Dimension verliehen und auch die Verantwortung der Staatsführung eine neue Dimension erhielt. Die technologische Entwicklung lief in die Richtung einer Ausgewogenheit der Kräfte, und deshalb könnte die Rüstungskontrolle das strategische Wettrüsten stabilisieren und Mittel für den Ausbau unserer konventionellen und regionalen Streitkräfte freisetzen, denn auf diesem Gebiet gab es gegenwärtig eine deutliche Unausgewogenheit.

In den Vereinigten Staaten und bei unseren Verbündeten mehrten sich die Stimmen, die eine Verlangsamung des Wettrüstens verlangten. Doch am schlimmsten ist es, wenn der Staatsmann durch äußeren Druck, aber gegen seinen Willen, zu Verhandlungen gezwungen wird; er sollte sich immer darum bemühen, eine Lage zu beherrschen, in die er unfreiwillig geraten ist. Auf dem Gebiet der strategischen Waffen hatten wir es zudem mit einem ganz praktischen Problem zu tun: Wenn die Sowjets alle ihre am Boden stationierten Fernlenkwaffen mit zielgenauen Mehrfachsprengköpfen ausrüsteten, dann waren unsere bodengestützten Fernlenkwaffen Anfang der achtziger Jahre aufs äußerste gefährdet. Nach meiner Auffassung bot uns SALT II die Möglichkeit, diese Gefahr über eine längere Periode hinauszuschieben.

Die technologische Entwicklung in der Sowjetunion ließ erkennen, daß es höchste Zeit war, auf diesem Gebiet etwas zu unternehmen. 1973 hatten wir erkannt, daß die Sowjets vier neue Fernlenkwaffen entwickelten. Sie sprachen dabei von der »Modernisierung« schon vorhandener Modelle. SALT I verbot nicht die »Modernisierung« interkontinentaler Fernlenkwaffen, vorausgesetzt, die Ausmaße der Silos wurden nicht um mehr als fünfzehn Prozent vergrößert. Aber die Sowjets schränkten ihre Aufrüstung mit Sicherheit nicht ein, und diese Waffen waren, wenn man es ganz objektiv betrachtete, in Wirklichkeit neu. Da sie so bald nach der Unterzeichnung von SALT I auftauchten, durften wir nicht mehr daran zweifeln, daß die Sowjets unter Stabilität etwas ganz anderes verstanden als die Verfechter der Rüstungskontrolle bei uns. Im Sommer 1973 stellten wir fest, daß zwei neue Typen sowjetischer, mit Mehrfachsprengköpfen ausgerüsteter, interkontinentaler Fernlenkwaffen erprobt wurden – die neue »leichte« SS-17, die gegen die SS-11 ausgetauscht wurde und mit drei bis vier Sprengköpfen ausgerüstet war, und die schwere SS-18, die an die Stelle der SS-9 trat und nach ersten Schätzungen mit neun Sprengköpfen versehen war. (Schließlich waren es acht.) Beide Waffen konnten mit einem sogenannten »Kaltstart« zum Einsatz gebracht werden. Das heißt, die Fernlenkgeschosse wurden mechanisch aus ihren Silos nach oben herausgeschoben, dann wurde der Raketentreibsatz gezündet und brachte das Geschoß auf seine Flugbahn. Bei dieser Technik sparte man Treibstoff, das Wurfgewicht erhöhte sich und damit auch die Zahl der Sprengköpfe, die abgefeuert werden konnten. Außerdem ließen sich die Silos zum zweitenmal verwenden. Ende 1973 tauchte eine weitere Fernlenkwaffe auf, die SS-19, die nach der alten Methode »heiß« gestartet wurde. Es war die bis dahin leistungsfähigste Waffe. Technisch war sie, verglichen mit der riesigen SS-18, ein mittelschweres Geschoß. Aber im übrigen kam sie in der Wirkung den »schweren« Fernlenkwaffen sehr nahe, deren Zahl durch SALT I auf 308 begrenzt war. Die Sowjets nutzten also die zahlenmäßige Begrenzung dazu aus, ihre Waffen qualitativ zu verstärken. Jetzt ließ sich ausrechnen, daß unsere bodengestützten Minuteman-Waffen spätestens Mitte der achtziger Jahre mit einem sowjetischen Erstschlag außer Gefecht gesetzt werden konnten.

Doch in der Frage, wie man dieser Gefahr begegnen sollte, gingen die Meinungen auseinander. Unsere Kritiker verlangten in erster Linie den Abbruch der SALT-Verhandlungen. Ihre Einwände im einzelnen waren unerheblich, aber sie waren finster entschlossen, SALT zu verhindern und der Entspannungspolitik ein Ende zu bereiten. Der einzige konkrete Inhalt ihres Angriffs bestand in der Forderung, daß eine Ausgewogenheit in der Leistungsfähigkeit der Aggregate hergestellt werden müßte. Jackson hatte 1973 die Zustimmung des Senats zu SALT I mit einem weiteren Zusatzantrag belastet, der für die Anschlußverhandlungen das Erreichen dieser Ausgewogenheit verlangte und davon ausging, daß die bestehenden Vereinbarungen den Anforderungen nicht genügten. Das Verteidigungsministerium interpretierte dies als die zahlenmäßige Ausgewogenheit bei allen Waffenkategorien. Der Vorgang war ein Lehrbeispiel dafür, wie politische Emotionen kühle Berechnungen gegenstandslos machen können. Auch wenn der Kongreß die heiß umstrittenen Programme für die Trident und den B-1-Bomber genehmigen sollte, würden wir noch nicht über die Zahl von Abschußvorrichtungen verfügen, die nach Auffassung der Joint Chiefs of Staff vorausgesetzt werden mußten, um SALT zu unterstützen. Zwar hatten sie kein Produktionsprogramm vorgelegt, mit dem sich das nukleare Gleichgewicht erreichen ließ, aber sie verlangten von mir, dieses Gleichgewicht mit der Sowjetunion auszuhandeln – was nur bedeuten konnte, daß wir die Sowjets auffordern sollten, bis auf *unser* Niveau abzurüsten. Wenn sie nun auf unseren Vorschlag nicht eingingen, dann mußten wir ihnen die zahlenmäßige Überlegenheit zugestehen und auf eine Vereinbarung verzichten! Also standen die Sowjets ohne ein Abkommen über die Rüstungskontrolle günstiger da, als wenn sie sich mit uns vertraglich geeinigt hätten – eine seltsame Art, eine Theorie auf den Kopf zu stellen. Ich hielt das Problem für komplexer: Die gleiche Anzahl von Abschußrampen war nur ein Kriterium und nicht einmal das wichtigste. Ich wollte mit den SALT-Verhandlungen erreichen, daß unsere landgestützten strategischen Fernlenkwaffen über eine möglichst lange Zeit nicht durch einen feindlichen Angriff zerstört werden konnten. Es war deshalb notwendig, daß die Sowjets ihre Fernlenkwaffen nicht mehr so rasch mit Mehrfachsprengköpfen ausrüsteten. Alles andere war nach meiner Ansicht Zahlenspielerei. Niemand bezweifelte die Richtigkeit dieser Ansicht. Die Diskussion ging vielmehr darum, welche Gegenleistung wir erbringen sollten. Doch niemand war bereit, größere Zugeständnisse zu machen. Im Mai 1973 waren wir dieser Frage in unserem offiziellen Vorschlag ausgewichen. Er verlangte die gleiche Zahl von Aggregaten auf beiden Seiten und das Einfrieren der Ausstattung bodengestützter Fernlenkwaffen mit Mehrfachsprengköpfen (siehe 7. Kapitel). Da wir bereits dreihundertfünfzig mit Mehrfachsprengköpfen ausgerüstete Minuteman III in Stellung gebracht hatten (insgesamt sollten fünfhundertfünfzig aufgestellt werden) und die Sowjets bisher über solche Waffen noch nicht verfügten, durften wir nicht damit rechnen, daß es uns die Sowjets ohne weiteres erlauben würden, diese Waffen bei der Gesamtberechnung nicht zu berücksichtigen. Für die Sowjets bedeutete es keinen Vorteil, wenn wir auf vierhundert Sprengköpfe verzichteten, während die Sowjets unter Umständen auf siebentausend verzichten mußten.* Wir legten diesen Vorschlag trotzdem auf den Tisch, weil wir damit die kontroverse Diskussion im eigenen Lande zu besänftigen hofften. Niemand konnte der Nachgiebigkeit beschuldigt werden, wenn wir das Recht in Anspruch nahmen, eine Anzahl von Fernlenkwaffen in Stellung zu bringen, die wir gar nicht bauen wollten, während wir von den Sowjets verlangten, die Zahl ihrer Mehrfachsprengköpfe unter das Niveau ihrer Kapazität zu senken. Das war eine Diplomatie wie im Märchen: Man brauchte sich etwas nur intensiv genug zu wünschen, um alles zu erreichen, ohne etwas dafür bezahlen zu müssen.

Nachdem das Zahlenspiel begonnen hatte, wurde sogar die Frage nach der gleichen Anzahl der Aggregate kontrovers – obwohl wir noch weit davon entfernt waren, uns darüber zu einigen. Unsere Fernlenkwaffen waren kleiner als die sowjetischen und deshalb auch mit weniger Sprengköpfen ausgerüstet. Aber jetzt definierten die Analytiker des Pentagon die Ausgewogenheit nach einem neuen Kriterium und verlangten, daß beide Seiten über das gleiche Wurfgewicht verfügen sollten. (Das alles geschah, ohne daß es ein amerikanisches Programm gab, die Unausgewogenheiten in der eigenen Rüstung auszugleichen.) Auch das Wurfgewicht war ein in erster Linie theoretischer Maßstab, denn es kam darauf an, wo es festgesetzt wurde. Setzte man die obere Grenze bei unserem gegenwärtigen Niveau an, dann mußten die Sowjets entweder ihre strategischen Streitkräfte etwa um ein Fünftel der unseren verringern oder alles verschrotten und nach amerikanischem Vorbild wieder aufbauen. Mit solchen Forderungen würden wir uns bei SALT kaum durchsetzen können. Wenn man sich darauf einigte, das Niveau hinaufzusetzen und dem sowjetischen anzupassen, dann hätte es nur eine Bedeutung, wenn wir unsere vorhandenen Waffen verschrotteten und unser System nach sowjetischem Vorbild wieder aufbauten. Oder wir könnten die Zahl unserer Minuteman verdoppeln und damit eine Überlegenheit von 2 zu 1 erreichen. Keine dieser Maßnahmen ist jemals vorgeschlagen worden, und es bestand auch kaum die Möglichkeit, daß der Kongreß dazu seine Zustimmung geben würde.

Ich hatte nichts dagegen, daß wir die Sowjets zur Verringerung ihres gesamten Wurfgewichts veranlaßten. Ich war nur dagegen, SALT mit Aufgaben zu belasten, die mit diesen Verhandlungen nicht erfüllt werden konnten, denn ich glaubte nicht, daß man mit Verhandlungen erreichen konnte, was in unserem einseitigen Rüstungsprogramm nicht vorgesehen war. Einige unserer Kritiker schienen das jedoch zu glauben. Da die Pläne von hochintelligenten Männern ausgearbeitet wurden, muß man vermuten, daß sie sich mehr vor Senator Jacksons scharfer Kritik als vor dem Scheitern der SALT-Verhandlung fürchteten. 1973 waren die Joint Chiefs of Staff so sehr darauf versessen, das »strategische Gleichgewicht« herzustellen, daß sie bereit waren, auf *alle* Begrenzungen bei den Mehrfachsprengköpfen zu verzichten, wenn damit das Gleichgewicht bei den Abschußvorrichtungen erreicht wurde. Damit räumten sie den Sowjets eine gewaltige potentielle Überlegenheit

* In diesem Fall würden wir sechshundert Mehrfachsprengköpfe abbauen (jeweils drei von zweihundert Minuteman III) und sie durch zweihundert einfache Sprengköpfe ersetzen, daher die Zahl vierhundert.

an Sprengköpfen ein, und zwar für das Recht, ein paar hundert zusätzliche Abschußvorrichtungen zu bauen, was völlig illusorisch war. Wenn darüber hinaus jede Seite alle strategischen Fernlenkwaffen mit Mehrfachsprengköpfen ausrüsten konnte, käme es kaum noch darauf an, auf welche Höchstzahl von Fernlenkgeschossen man sich einigte. Die landgestützten Fernlenkwaffen jeder Seite würden mit der Erhöhung der Zahl der Sprengköpfe immer verwundbarer werden, denn die Zahl der Ziele blieb die gleiche.

Auf einer Sitzung zur Bestätigung unserer Forderungen am 15. August 1973 fragte ich ungläubig: »Sie wollen also alle Einschränkungen für die Mehrfachsprengköpfe wegfallen lassen, sich auf die gleiche Zahl von Aggregaten einigen und dabei freie Hand behalten, die Ausrüstung zu mischen oder vielleicht zu reduzieren, und zwar ohne Rücksicht auf die Überlegenheit (der Sowjetunion) bei den Mehrfachsprengköpfen, solange wir das Recht haben, unsere Streitkräfte den sowjetischen spiegelbildlich anzugleichen?« Ich hätte auch hinzufügen können, daß das Verteidigungsministerium niemals ein Interesse gezeigt hatte, dies zu tun.

Schlesinger begriff mindestens ebensogut wie ich, welche strategische Bedrohung es für uns bedeutete, wenn die Sowjets die meisten ihrer bodengestützten Fernlenkwaffen mit Mehrfachsprengköpfen ausrüsteten. Aber er mußte mit Jackson fertig werden und die Joint Chiefs of Staff beruhigen. Auf sein Drängen machte das Pentagon einen »Kompromißvorschlag« für das gleiche Wurfgewicht bei den Mehrfachsprengköpfen. Diese Bedingung sollte dem Vorschlag der Joint Chief of Staff hinzugefügt werden, der eine Höchstzahl von 2350 Fernlenkwaffen forderte. Doch damit gerieten wir in das gleiche Dilemma wie bei den früher vorgelegten Plänen. Da das Wurfgewicht der einzelnen sowjetischen Fernlenkwaffen größer war als das der amerikanischen, bedeutete es, daß sie viel weniger einzelne Waffen mit Mehrfachsprengköpfen ausstatten könnten als wir. Die genaue Zahl würde davon abhängen, welchen Waffentyp sie mit Mehrfachsprengköpfen ausstatten wollten. An sich war der Vorschlag genial, das schlimme war nur, daß er sich nicht realisieren ließ. Wir hätten damit auf nichts verzichten müssen, aber wenn die Sowjets nicht darauf eingingen, dann hatten wir kein Programm, das es uns ermöglicht hätte, durch einseitige Maßnahmen die Ausgewogenheit zu erreichen.

Im Sommer 1973 hatte die Doktrin von der gleichen Zahl der Aggregate uns in eine unhaltbare Lage gebracht. Die einzelnen Behörden waren bereit, sich mit einer geringeren Zahl von Abschußrampen einverstanden zu erklären und auch ein geringeres Wurfgewicht hinzunehmen, als sie eigentlich hätten bauen wollen (sie sind auch weiter bis in Präsident Reagans Amtszeit bei dieser Auffassung geblieben). Sie waren nicht bereit, diese Zahlen vertraglich festzulegen, wenngleich damit die Gesamtzahl der sowjetischen Sprengköpfe geringer geworden wäre als die der amerikanischen. Die Unterhändler wurden dazu gedrängt, in jeder Kategorie ein theoretisches Gleichgewicht auszuhandeln, man gab ihnen aber nichts in die Hand, was sie als Gegenleistung hätten anbieten können.

Vor diesem Hintergrund müssen wir die innenpolitische Debatte über SALT betrachten. Einen Monat nach Breschnews Besuch in den Vereinigten Staaten, am 26. Juli 1973, sprach ich mit Dobrynin über SALT. Er sagte, unser Vorschlag, die Sowjets sollten keine weiteren landgestützten Fernlenkwaffen in Stellung bringen, wäre von Breschnew sehr übel aufgenommen worden. Landgestützte interkontinentale Fernlenkwaffen wären schließlich die wichtigsten Waffen im strategischen Arsenal der Sowjetunion. Die Sowjets wären bereit, über eine Begrenzung der landgestützten und auf U-Booten stationierten Fernlenkwaffen mit Mehrfachsprengköpfen nach dem Grundsatz der »gleichen Sicherheit« zu verhandeln. Am folgenden Tag legten mir die Sowjets eine »mündliche Note« vor, die auf diese Vorstellungen näher einging. Sie ließ uns deutlich erkennen, daß der Kreml sich durch die Entspannungspolitik nicht von seiner üblichen Verschleierungstaktik abhalten ließ, denn die Sowjets verlangten praktisch eine zahlenmäßige Überlegenheit auf allen Gebieten. Moskau kam zu diesen Forderungen, weil es in die Gesamtzahl der zu berücksichtigenden Waffen auch die amerikanischen Mittelstreckenwaffen einbezog, mit denen Bombenflugzeuge in Europa oder auf Flugzeugträgern ausgerüstet waren. Damit wurde ein wunder Punkt berührt, denn die Europäer fürchteten, daß wir bei den SALT-Gesprächen, an denen sie nicht beteiligt waren, ihre Sicherheit gefährden könnten. (Wären wir auf diese Vorschläge eingegangen, dann hätten die Sowjets die Gesamtzahl ihrer Abschußrampen um sechshundert erhöhen können.) Außerdem verlangten die Sowjets eine weitere »Kompensation« dafür, daß sie sich nicht nur auf einen Krieg in Europa, sondern auch auf eine Konfrontation mit China vorbereiten müßten. Die Vorschläge, die sowjetische Unterhändler zu Beginn von Verhandlungen machen, zeichnen sich nicht durch Bescheidenheit aus. Nun verlangten sie die zahlenmäßgie Überlegenheit in strategischen Waffen als »Kompensation« für die Zahl der Feinde, die sie sich durch eine Diplomatie der Erpressungen und Drohungen gemacht hatten.

In einer von meinem Mitarbeiterstab am 1. August verfaßten Denkschrift hieß es, daß der sowjetische Vorschlag »die üblichen schäbigen verbalen Tricks« enthielte. Die Bereitschaft, auch die mit Mehrfachsprengköpfen ausgerüsteten, von U-Booten zu verschießenden Fernlenkwaffen zu berücksichtigen, bedeutete wenig, denn die Sowjetunion würde in den folgenden fünf Jahren nicht über solche Waffen verfügen und könnte daher ihre ganze Quote für den Bau der erlaubten, mit Mehrfachsprengköpfen ausgerüsteten Waffen bei den landgestützten Systemen verwenden, an deren Verringerung uns so viel gelegen war. Aber die sowjetische Note zeigte auch sehr deutlich, worum es hier eigentlich ging. Die Sowjets waren nicht bereit, auf landgestützte Fernlenkwaffen mit Mehrfachsprengköpfen zu verzichten, jedenfalls nicht für den Preis, den wir bisher dafür angeboten hatten (wir hatten uns bereit erklärt, keine weiteren Minuteman III mehr in Stellung zu bringen, nachdem erst sechzig Prozent der vorgesehenen Waffen fertiggestellt worden waren). Aber auch auf andere Bedingungen wären sie höchstwahrscheinlich nicht eingegangen. Wir mußten uns jetzt darüber klar werden, wo wir die Grenzen für die Mehrfachsprengköpfe setzen sollten, die strategisch wichtig und verifizierbar waren.

Am 9. August traf ich mich mit Dobrynin, um mit ihm über die sowjetische »mündliche Note« vom 27. Juli zu sprechen. Ich sagte, ich wüßte nicht, was die Sowjets im Zusammenhang mit den Mehrfachsprengköpfen unter dem Begriff »gleiche Sicherheit« verstünden. Wenn sie sich auf eine gleiche Zahl von Fernlenkwaffen einigen wollten, dann verlangten wir die gleiche Zahl von Sprengköpfen. Ich fügte hinzu, daß man das Problem auch anders anpacken und vom gleichen Wurfgewicht ausgehen könnte, ein Gedanke, der von Jim Schlesinger stammte. (Ich sagte natürlich nicht, daß die Sowjetunion in diesem Fall viel weniger Fernlenkwaffen mit Mehrfachsprengköpfen ausrüsten könnte.)

Dobrynins Antwort überraschte mich. Anstatt auf diese technischen Details einzugehen, sagte er, die Vereinigten Staaten und die Sowjetunion sollten einen »großen Schritt« vorwärts tun und sich darüber einigen, zehn Jahre lang *keine* neuen Fernlenkwaffen mehr in Stellung zu bringen. Auf meine Frage bestätigte Dobrynin, daß diese Einigung natürlich besonders für das System Trident gelten müßte. In seiner Begeisterung warf er auch gleich die sowjetischen SS-17 und SS-19 in diesen Topf. Bei unserem nächsten Zusammentreffen kam er sofort auf das gleiche Thema zu sprechen. Er behauptete, daß unsere Waffen alle »neu« und daher verboten wären. Die sowjetischen Fernlenkwaffen wären nur »modernisiert« worden und daher nicht verboten. Mit dieser Unverschämtheit endete der einzige sowjetische SALT-Vorschlag, der – solange ich im Amt war – zunächst einen neuen Gedanken zu enthalten schien.

Am 15. August 1973 versammelte ich den Verifizierungsausschuß, um die für die zweite Septemberhälfte vorgesehene Wiederaufnahme der offiziellen SALT-Gespräche in Genf vorzubereiten. Die Haltung unserer Behörden hatte sich nicht geändert. Niemand wollte sich dem Kernproblem stellen, daß die Sowjetunion uns, wenn keine Vereinbarung zustande kam, Anfang der achtziger Jahre bei den mit Mehrfachsprengköpfen ausgerüsteten Fernlenkwaffen zahlenmäßig überlegen sei und über mehr Sprengköpfe verfügen würde als wir. In dem damals herrschenden Klima bestand praktisch keine Aussicht darauf, daß der Kongreß einer Stärkung unserer strategischen Streitkräfte über die schon jetzt umstrittenen Programme für das Trident-System und den B-1-Bomber hinaus zustimmen würde. Selbst wenn wir unsere strategischen Streitkräfte über das bisher vorgesehene Maß hinaus ausbauen würden – unter dem schon jetzt vorauszusehenden empörten Protest der öffentlichen Meinung –, dann müßten die Mittel aus dem allgemeinen Streitkräftefonds genommen werden, der eigentlich für die regionale Verteidigung vorgesehen war, die auf der militärischen Prioritätenliste obenan stand.

Die Joint Chiefs of Staff blieben auch weiterhin bei ihrer Forderung, daß auf beiden Seiten nur die gleiche Zahl von Aggregaten zugelassen werden dürfte (das heißt die Vereinigten Staaten und die Sowjetunion müßten jeweils über die gleiche Zahl von Fernlenkwaffen verfügen).

Dafür waren sie bereit, auf jeden Versuch zur Begrenzung der Mehrfachsprengköpfe zu verzichten, und gewährten der Sowjetunion damit eine Überlegenheit von Sprengköpfen, während sie selbst nur über die gleiche Zahl von Trägerwaffen verfügten. Die Joint Chiefs of Staff blieben auch noch den ganzen Herbst über bei dieser Haltung. Ihr Vertreter, Generalleutnant Edward Rowny, erklärte am 23. November, die Chiefs wüßten nicht, was sie »für eine Vereinbarung über die Erprobung schwerer, mit Mehrfachsprengköpfen ausgestatteter Fernlenkwaffen bezahlen könnten . . .« Mit anderen Worten, die Doktrin von der Ausgewogenheit der Aggregate – und hier hatten wir kein entsprechendes Programm – war so sakrosankt geworden, daß wir unter Berufung auf sie den Sowjets zugestehen wollten, ihre schweren Fernlenkwaffen mit Mehrfachsprengköpfen auszurüsten, auch wenn dadurch alle unsere Minuteman-Stellungen von der Sowjetunion ausgeschaltet werden könnten und damit jede Ausgewogenheit bei den Aggregaten zur strategischen Absurdität würde. Was bedeutete in einer solchen Welt schon die Festsetzung von Höchstzahlen?

Es war in der Tat schwierig, hier eine intellektuell befriedigende Lösung zu finden. Wenn sichergestellt wurde, daß die Sowjetunion über die gleiche Zahl von Aggregaten verfügte wie wir, dann waren unsere landgestützten Fernlenkwaffen immer noch der Vernichtung durch einen sowjetischen Erstschlag ausgesetzt. Ein Abbau der Waffensysteme, den einige konservative Gegner von SALT leidenschaflich befürworteten, würde die Lage wahrscheinlich zunächst nur erschweren, wenigstens bis zu einem Zeitpunkt, zu dem wir ein sehr niedriges Niveau bei den mit Mehrfachsprengköpfen ausgerüsteten Waffen erreicht hätten. Andernfalls würde sich bei einer geringeren Zahl von Trägerraketen das zahlenmäßige Verhältnis zwischen ihnen und den Sprengköpfen nicht verändern, denn jede Fernlenkwaffe war mit mehreren Sprengköpfen ausgerüstet. Auf diese Weise würde sich die Anzahl der Ziele verringern, wodurch ein Überraschungsangriff erleichtert würde.

So verging der Herbst 1973, ohne daß eine Seite einen verhandlungsfähigen Vorschlag vorgelegt hätte. Wir blieben bei unserer im Mai definierten Haltung und verlangten eine Begrenzung der sowjetischen landgestützten und mit Mehrfachsprengköpfen ausgerüsteten Fernlenkwaffen, während ein intensives sowjetisches Erprobungsprogramm deutlich zeigte, daß wir mit SALT dieses Ziel nicht erreichen konnten. Die Sowjets legten den mir von Dobrynin erläuterten Vorschlag vor, während der nächsten zehn Jahre die Einführung aller neuen Systeme zu verbieten. Doch da diesem Vorschlag die exzentrische sowjetische Definition dessen zugrundelag, was neu sein sollte – und dazu gehörten alle amerikanischen und keine sowjetischen Fernlenkwaffen –, hatte es keinen Sinn, auf diesen Vorschlag näher einzugehen. Gromyko kam zu seinem jährlichen Herbstbesuch in die Vereinigten Staaten und verließ uns wieder, ohne mehr gesagt zu haben, als daß er das Problem noch einmal überprüfen wollte. Er war mir gegenüber leicht im Vorteil, denn wir hatten auf das letzte Angebot der Sowjetunion nicht reagiert. Unsere Vorstellungen lagen so weit auseinander, daß es die bürokratischen Anstrengungen nicht lohnte, unseren letzten Vorschlag zu modifizieren, so unbefriedigend er auch gewesen sein mochte.

Der Nahost-Krieg und seine Folgen beschäftigten die politische Führung auf beiden Seiten noch bis Jahresende. Erst im Januar 1974 kamen die Beratungen über SALT wieder in Bewegung. Auf einer Sitzung des Nationalen Sicherheitsrats am 24. Januar legte ich dem Präsidenten die Probleme nach rein strategischen Gesichtspunkten vor: »Im wesentlichen streben wir die Ausgewogenheit an. Aber wir müssen uns davor hüten, in einem Rüstungswettlauf keine wesentlichen Unausgewogenheiten zu akzeptieren, weil wir bei SALT nicht das erreichen können, was wir als Ausgewogenheit ansehen.« Auf der gleichen Sitzung sagte ich etwas später: »Viele Leute haben die absolute Ausgewogenheit beim Wurfgewicht verlangt. Ich wünschte, unsere militärischen Programme würden mit der gleichen Energie verfolgt, mit der wir uns bei SALT engagieren.«

Nach meiner Auffassung war eine Begrenzung der sowjetischen Mehrfachsprengköpfe das Wichtigste, und ich glaubte, daß es nichts schaden könnte, wenn man sich auf die oberste Grenze einigte, die das Pentagon in der von ihm veröffentlichten Fünf-Jahres-Projektion festgelegt hatte und nicht überschreiten wollte (und angesichts der Stimmung im Kongreß würden wir Glück haben, wenn wir diese Grenze erreichten). Das bedeutete praktisch, daß ich mich für eine Ausdehnung der Zwischenvereinbarungen von 1972 auf eine weitere Reihe von Jahren aussprach – wobei eine Unausgewogenheit bei der Gesamtzahl der Startrampen für Fernlenkwaffen hingenommen werden müßte –, *vorausgesetzt,* daß die Sowjets eine entsprechende Unausgewogenheit bei der Gesamtzahl der mit Mehrfachsprengköpfen ausgerüsteten landgestützten interkontinentalen Fernwaffen hinnahmen. Es kam darauf an, von welchen Voraussetzungen man bei dieser Zählung ausging, aber das Ungleichgewicht würde bei etwa dreihundert mit Mehrfachsprengköpfen versehenen Fernlenkwaffen zu unseren Gunsten liegen. Damit wäre die sowjetische Überlegenheit bei der Gesamtzahl der Trägerraketen durch die amerikanische Überlegenheit bei der entscheidenden Kategorie der mit Mehrfachsprengköpfen ausgerüsteten Waffen mehr als ausgeglichen, denn wir würden so über eine größere Zahl von Sprengköpfen verfügen, und unsere Abschußrampen wären weniger der Gefahr ausgesetzt, bei einem gegnerischen Überraschungsangriff vernichtet zu werden. Wenn man so will, dann war dieser Ausgleich asymmetrisch.

Jetzt kam es darauf an, die Theorie in die Praxis umzusetzen, was bedeutete, daß wir, bevor wir anfingen, mit den Sowjets zu verhandeln, unsere Vorstellungen der eigenen Bürokratie schmackhaft machen mußten. Unsere Nachrichtendienste hatten inzwischen festgestellt, daß sich die Sowjets nicht davon abhalten lassen würden, einseitige Vorschläge zu machen. Botschafter U. Alexis Johnson, der Leiter unserer SALT-Delegation, schlug eine Begrenzung der Aggregate auf 2350 Abschußrampen (das waren hundertfünfzig mehr, als unser einseitiges Programm vorsah, und die Zahl lag um zweihundert unter dem sowjetischen Rüstungsprogramm) vor. *Außerdem* sollten gleiche Obergrenzen für das Wurfgewicht der Aggregate und der mit Mehrfachsprengköpfen ausgerüsteten Trägerraketen festgelegt werden. Am 11. Januar 1974 sagte uns das Pentagon endlich, welches Wurfgewicht seinen Vorstellungen entsprach. Eine vom stellvertretenden Verteidigungsminister und vom Vorsitzenden der Joint Chiefs verfaßte Denkschrift erlaubte uns großzügig, alle möglichen amerikanischen Programme zu verwirklichen, während sie jedem sowjetischen Programm Beschränkungen auferlegte. Wir würden danach die Zahl unserer mit Mehrfachsprengköpfen ausgerüsteten Minuteman III um 450 auf 1000 erhöhen und das ganze Programm für von Unterseebooten zu verschießende Fernlenkwaffen (einschließlich von 240 Trident-Raketen) verwirklichen dürfen. Für die Sowjets sah die Denkschrift mehrere Optionen vor, doch nach jeder müßten sie darauf verzichten, ihre 308 schweren Fernlenkgeschosse mit Mehrfachsprengköpfen auszustatten, und das gleiche sollte auch für die neuen Mittelstreckenraketen SS-17 oder SS-19 gelten. Wenn die Sowjets sich entschlossen, die SS-19 mit dem größten Wurfgewicht in Stellung zu bringen, dann sollten sie nur hundert von ihnen mit Mehrfachsprengköpfen ausstatten dürfen, aber nur wenn sie auf alle anderen Programme für bodengestützte und mit Mehrfachsprengköpfen ausgerüstete Fernlenkwaffen verzichtete.

Wie eine solche Vereinbarung zu erreichen wäre, blieb dem Unterhändler überlassen. Da schließlich ich diese Aufgabe würde übernehmen müssen, trug keine Behörde ein großes Risiko, wenn sie einseitige Vorschläge machte. Sollte es mir nicht gelingen, dieses Verhandlungsziel zu erreichen, dann konnte man mir Mangel an Verhandlungsgeschick oder Festigkeit vorwerfen, was Jacksons Mitarbeiter gegenüber den Medien ohnedies ständig taten. Das war die Rache der Bürokraten, denen meine Selbständigkeit in der Diplomatie während Nixons erster Amtsperiode nicht gefallen hatte.

Es war natürlich unmöglich, die Sowjets davon zu überzeugen, daß sie auf jeder Ebene abrüsten sollten, während wir in allen Kategorien aufrüsten durften. Auf einer Sitzung des Nationalen Sicherheitsrats sprach man davon, daß wir mehr für die Verteidigung tun müßten, wenn die SALT-Verhandlungen scheitern sollten. Schlesinger meinte, wenn wir den Verteidigungsetat jährlich um zwei Milliarden Dollar erhöhten, könnten wir »bedeutende neue Programme« auflegen. Der Chef für Flottenoperationen, Admiral Elmo Zumwalt, dachte natürlich sofort an die Belange der Marine und verlangte den Bau von zwei weiteren U-Booten – oder achtundvierzig Fernlenkwaffen – pro Jahr (während die Flotte de facto ihr Programm reduzierte). Jedenfalls würden wir fast zehn Jahre brauchen, um die Sowjets in der Anzahl der Aggregate einzuholen – vorausgesetzt, die Sowjets unternahmen nicht die gleichen Anstrengungen, womit man aber kaum rechnen durfte.

Niemand fand sich bereit, das Problem im Rahmen unserer internen Diskussionen realistischer anzupacken. Nixon war vollkommen mit Watergate beschäftigt. Ich war eben erst aus dem Nahen Osten zurückgekehrt, wo ich über die Truppenentflechtung auf der Sinai-Halbinsel verhandelt hatte, und bereitete mich auf die Energiekonferenz in Washington vor. Dem Pentagon machte es nichts aus, daß die Gespräche ins Stocken geraten waren. Auch ich glaubte, daß sich die Dinge nach einer gewissen Pause eher in der von mir angestrebten Richtung weiterentwickeln würden. Zuerst mußten wir beweisen, daß wir auf dem bisher eingeschlagenen Weg nicht weiterkamen und es auch nicht in unserem Interesse lag, diesen Weg weiterzuverfolgen.

So einigten wir uns schließlich auf eine Lösung, die jedem gab, was er wünschte – gewöhnlich der beste Beweis dafür, daß an die Stelle einer vernünftigen Strategie der Konsens getreten ist. Die Joint Chiefs of Staff verlangten die gleiche Anzahl von Aggregaten. Botschafter Johnson bekam seine Höchstzahl von 2350. Schlesinger setzte sich mit seiner Theorie durch, die das gleiche Wurfgewicht für alle Mehrfachsprengköpfe verlangte. Hier legten wir uns nicht auf eine bestimmte Zahl fest, sagten Johnson jedoch, daß wir für die bodengestützten und mit Mehrfachsprengköpfen ausgerüsteten Waffen wahrscheinlich nicht über das Wurfgewicht unserer gesamten Minuteman-Waffen hinausgehen würden. Wenn die Sowjets sich mit dem Wurfgewicht uns anpaßten, dann mußten sie die Zahl ihrer mit Mehrfachsprengköpfen ausgerüsteten Fernlenkwaffen auf zweihundert begrenzen.

Senator Jackson hatte sich inzwischen mit einem Brief an den Präsidenten eingeschaltet, aus dem zu entnehmen war, daß er über gute Nachrichtenverbindungen zu den Joint Chiefs of Staff verfügte. Er stellte sich entschieden hinter die im Papier des Verteidigungsministeriums vertretenen Konzepte und ging sogar noch einen Schritt weiter, denn er verknüpfte sie mit der Verringerung der Startrampen auf 1760 und die entsprechende Verringerung der Mehrfachsprengköpfe (ausgehend von der Ausgewogenheit der Wurfgewichte). Er betrachtete es als eine »Abweichung«, wenn wir uns vor allem mit der Begrenzung der Mehrfachsprengköpfe beschäftigten. Nachdem ich erlebt hatte, wie Jackson Gesetze zu blockieren verstand, die nicht durch die Kongreßausschüsse überprüft werden mußten, zu denen er gehörte, zweifelte ich nicht an seiner Fähigkeit, als ranghöheres Mitglied des Streitkräfte-Ausschusses die SALT-Vereinbarungen entscheidend beeinflussen zu können.

Es war unvermeidlich, daß sich die Gespräche sehr bald festfahren würden, wenn die amerikanische und die sowjetische SALT-Delegation am 19. Februar 1974 wieder ihre Beratungen in Genf aufnahmen. Der einzig neue Aspekt war ein Hinweis aus den Reihen der sowjetischen Delegation, daß Moskau darauf verzichten könnte, die amerikanischen Mittelstreckensysteme am Ende des ganzen Prozesses und nachdem alle anderen Probleme gelöst waren, mitzuzählen. In der Praxis würde sich also die nächste Gelegenheit, aus der Sackgasse herauszukommen, bei meinem Moskau-Besuch Ende März ergeben, bei dem ich das für Juni vorgesehene Gipfeltreffen vorbereiten sollte.

Was wir wirklich brauchten, war ein neues Konzept und keine neue Arithmetik. SALT mochte in mancher Hinsicht nützlich sein, die sowjetischen Kapazitäten ließen sich jedoch nicht reduzieren, während wir die unseren erweiterten, wenn wir nicht ein massives Produktionsprogramm auf die Beine stellen konnten. Deshalb schlug ich eine Verlängerung der Gültigkeitsdauer der Zwischenvereinbarungen von drei

Jahren vor, vorausgesetzt, daß die Sowjets eine Unterlegenheit bei den mit Mehrfachsprengköpfen ausgerüsteten interkontinentalen Fernlenkwaffen hinnahmen, die ihrer Überlegenheit bei der Gesamtzahl der Abschußrampen entsprach. Damit würden die Sowjets auf zweihundertachtzig bodengestützte und mit Mehrfachsprengköpfen ausgerüstete Trägerraketen verzichten – so groß war ihre Überlegenheit bei den Abschußrampen. Dabei gingen wir immer davon aus, daß wir nach unserem Programm über fünfhundertfünfzig Minuteman III verfügen sollten. Ich glaubte, daß die Behörden, die für eine endgültige Vereinbarung die gleichen Zahlen für alle Aggregate auf beiden Seiten verlangten, sich mit einer Zwischenvereinbarung einverstanden erklären würden. Sie boten uns sogar kurzfristig einen Gewinn von mehr als tausendvierhundert Sprengköpfen.* Die Sowjets würden außerdem auf mehrere tausend Sprengköpfe auf Trägerraketen verzichten müssen, die gemäß den Vereinbarungen nicht mit Mehrfachsprengköpfen ausgestattet werden durften.

Ich rechnete nicht damit, daß die Sowjets mit den von uns vorgeschlagenen Zahlen einverstanden sein würden. Es gab keine realistische Aussicht darauf, daß sie sich mit zweihundertsiebzig bodengestützten und mit Mehrfachsprengköpfen ausgerüsteten interkontinentalen Fernlenkgeschossen zufriedengaben. Wenn aber der Grundsatz akzeptiert wurde, daß es nicht auf die Zahl der Aggregate, sondern auf die der Mehrfachsprengköpfe ankam, hoffte ich auf ein Ergebnis, das den Zeitpunkt hinauszögern konnte, zu dem die Sowjetunion über eine Erstschlagkapazität verfügte.

Zu diesem Thema fand am Nachmittag des 21. März eine Sitzung des Nationalen Sicherheitsrats statt. Ich begründete meinen Vorschlag für die Zwischenvereinbarungen und erläuterte, wie die Zahl der Mehrfachsprengköpfe verringert werden sollte. (Um mich verständlich zu machen, ging ich von der Annahme aus, daß wir die tausend Minuteman-Trägerraketen, die wir besaßen, alle mit Mehrfachsprengköpfen ausrüsteten, obwohl es ein solches Programm nicht gab, sondern nur eine Denkschrift des Verteidigungsministeriums vom 11. Januar, in der es hieß, die bei SALT verlangten Begrenzungen des Wurfgewichts sollten es uns erlauben, alle diese Waffen mit Mehrfachsprengköpfen auszustatten.)

Wir müssen entscheiden, ob wir uns in der Zwischenvereinbarung über die Mehrfachsprengköpfe einigen oder uns um ein endgültiges Abkommen bemühen wollen. Wenn wir letzteres tun, müssen wir entscheiden, wie lange Zeit wir brauchen, und uns selbst einen Termin setzen. Wir können entweder das Tempo ihres Vorgehens verlangsamen oder das unsere beschleunigen. Wenn wir nichts unternehmen, wird die Lücke angesichts dessen, was sie in Stellung bringen, immer größer werden. Wenn wir den sowjetischen Vorschlag nicht annehmen können, dann wird uns nichts anderes übrigbleiben, als intern einen Termin festzulegen und mit der Entwicklung des Programms von

* Die Sowjets müßten danach auf zweihundertachtzig mit sechs Sprengköpfen ausgerüstete Mittelstrecken-Waffen verzichten, an deren Stelle ihnen zweihundertachtzig Einzelsprengköpfe zugestanden wurden.

Jim sofort zu beginnen. Aber ich muß darauf hinweisen, wo die Unterschiede liegen; mit Minuteman III können wir dreitausend Waffen oder, wenn wir sie mit Mehrfachsprengköpfen ausrüsten, vielleicht siebentausend haben. Sie haben tausendfünfhundert Waffen mit jeweils sechs bis acht Mehrfachsprengköpfen. Der Abstand wird sich vergrößern. Bei SALT II werden wir das Tempo herabsetzen und das neue System von Jim als Verhandlungsobjekt benutzen können. Oder wir können die Verhandlungen an einem bestimmten Punkt abbrechen und erklären, wir wollten ein permanentes Abkommen aushandeln. *Die denkbar schlechteste Situation wäre es, über eine permanente Vereinbarung weiterzuverhandeln und gleichzeitig unser gegenwärtiges Produktionsprogramm weiterlaufen zu lassen.*

Aber gerade das wurde uns durch die öffentliche Meinung in den Vereinigten Staaten aufgezwungen.

Schlesinger erklärte sich mit einigen Vorbehalten einverstanden:

Ich glaube, daß es tragisch wäre, wenn wir nicht zu einer SALT-Vereinbarung kommen können, die letzten Endes zu einer umfassenden Ausgewogenheit führt. Aber wir sind mit der Vereinbarung über die Mehrfachsprengköpfe einverstanden, doch mehr als Zwischenstation auf dem Weg zu einer Dauervereinbarung, die eine grundsätzliche Ausgewogenheit garantiert. Wenn man in eine Zwischenvereinbarung ein Abkommen über die Mehrfachsprengköpfe einbaut, so ist das vielleicht ganz nützlich. Auf längere Sicht kommt es auf das Wurfgewicht an, doch zunächst ist das nicht so wichtig, denn sie können es nicht ausnutzen. Vor 1980 besteht keine Gefahr, daß die Sowjetunion fühlbar überlegen wird.

Die Joint Chiefs of Staff wollten dem Verteidigungsminister nicht widersprechen; unser SALT-Unterhändler war glücklich, für die Verhandlungen etwas in der Hand zu haben. Deshalb stimmte Nixon am Schluß der Sitzung dem Vorschlag zu. Ich faßte ihn in die Form einer Verbalnote, die Dobrynin vor meinem für den 24. März geplanten Eintreffen nach Moskau vorausschicken konnte, damit die Sowjets Zeit hatten, sich mit unseren Vorstellungen zu beschäftigen. Nixon schrieb einen persönlichen Brief an Breschnew und teilte ihm mit, daß ich bevollmächtigt wäre, zu sowjetischen Gegenvorschlägen Stellung zu nehmen.

Es besteht immer die Gefahr, daß man bürokratische Fortschritte mit konkreten Erfolgen verwechselt. So war es auch diesmal bei meiner Abreise nach Moskau, denn mein Optimismus war größer, als es die Lage rechtfertigte.

Ein neuer Besuch in Moskau

Wer in Washington ein höheres Staatsamt übernimmt, sollte sich im Umgang mit den Medien stets an die folgenden Grundregeln halten: 1. sage niemals etwas voraus, dessen du nicht hundertprozentig sicher bist. Und 2. wird es auch dann besser sein, den wahrscheinlichen Erfolg herunterzuspielen. Die Medien vergessen eine falsche Voraussage niemals. Sie interessieren sich für Termine und Gewißheiten und lassen für Nuancen oder Wahrscheinlichkeiten wenig Raum. Wenn der Politiker nicht auf die Imponderabilien hinweist, werden die Medien nicht von sich aus darauf kommen, daß auch diese eine Rolle spielen könnten. Selbst wenn er sie erwähnt, werden sie oft außer acht gelassen, weil sich die Berichterstattung besser dafür eignet, die Dinge zu simplifizieren, als sie zu qualifizieren. Auch unter den günstigsten Voraussetzungen wird ein Erfolg niemals den Erwartungen entsprechen, die seine Voraussage geweckt hat. Die Richtigkeit der Voraussage wird immer in Frage gestellt werden; der Erfolg wird als Selbstverständlichkeit hingenommen, weil er vorausgesagt worden ist.

Auf einer Pressekonferenz am 21. März, unmittelbar vor meiner Abreise nach Moskau, verstieß ich gegen alle diese Regeln. Ich freute mich so sehr darüber, daß es mir gelungen war, unsere Haltung zu SALT auf eine intellektuell vertretbare Grundlage zu stellen, daß ich glaubte, in Moskau ähnliches erreichen zu können. Auf die Frage eines Journalisten hielt ich einen Vortrag über die Geschichte von SALT, der zwar den Tatsachen gerecht wurde, aber gewisse psychologische Mängel aufwies:

> Alle SALT-Verhandlungen, ja sogar alle Abrüstungsverhandlungen, sind durch drei Phasen gegangen. Es gibt eine Anfangsphase, in der technische Informationen ausgetauscht werden, und sie findet gewöhnlich statt, wenn die Verhandlungen ins Stocken geraten sind, das heißt, die Verhandlungspositionen haben sich einander noch nicht angenähert, aber die technischen Aspekte der Probleme werden klargestellt.
>
> Dann – und das ist im wesentlichen bisher in Genf geschehen – wird ein Punkt erreicht, an dem es zu einem begrifflichen Durchbruch kommt. Das heißt, jetzt müssen sich beide Seiten darüber einig werden, was sie erreichen wollen. Und im Anschluß daran muß es zu harten Verhandlungen über den konkreten Inhalt dieses begrifflichen Durchbruchs kommen.

Das war eine großartige politische Theorie für ein Seminar über internationale Beziehungen. Leider erwarteten die Medien Aussagen, die das Ergebnis vorwegnahmen, interessierten sich aber weniger für den Verhandlungsprozeß. Sie konzentrierten sich auf den Ausdruck »begrifflicher Durchbruch« und nicht für seine Erläuterung. Da ich von einem »Durchbruch« gesprochen hatte, kam es nicht mehr darauf an, ob dieser Durchbruch begrifflich war oder nicht, sondern ich hatte einen Maßstab gesetzt, an dem meine in drei Tagen beginnende Reise gemessen werden konnte. Ich hatte übersehen, daß sich die Sowjets niemals schnell mit einer neuen Verhandlungsposition abfinden, und bisher war es bei einer SALT-Verhandlung noch niemals zu einem Durchbruch gekommen, weil jemand einen Brief an Breschnew geschrieben hatte. In diesem Fall hatten die Sowjets keinen Grund, uns bei SALT entgegenzukommen, um etwa unseren allmählich verkümmernden Beziehungen neuen Schwung zu verleihen. Daß ich von einem »begrifflichen Durchbruch« gesprochen hatte, zeitigte etwa das gleiche Ergebnis wie meine Pressekonferenz vor achtzehn Monaten, auf der ich gesagt hatte: »Der Frieden steht vor der Tür.« Eine letzte Regel, die jeder Politiker beachten sollte: Wenn du der Versuchung nicht widerstehen kannst, eine Voraussage zu machen, dann drücke dich klar und verständlich aus; wenn du ein Talent für Aphorismen hast, dann wirst du es niemals vermeiden, Fehler zu machen.

Ich war noch nicht lange in Moskau, als ich erkannte, daß nicht alles so glatt über die Bühne gehen würde, wie ich gehofft hatte. Ich stellte schon eine leichte Abkühlung fest, als ich nicht in das Jagdhaus Zavidovo eingeladen wurde, wo immer eine entspannte Atmosphäre herrschte (Gromyko hatte mir im Februar gesagt, daß unsere Besprechungen dort stattfinden würden), sondern daß ich die Gespräche in dem eher protokollbewußten Moskau führen mußte. Die sowjetische Gastfreundschaft war allerdings überschäumend wie immer, und ich wurde herzlich empfangen. Breschnew strahlte und war bester Laune. Er hatte ein paar neue Spielzeuge. Vor ihm lag ein Gegenstand aus Messing, und wenn er den Deckel abnahm, kamen sechs nach oben herausragende patronenförmige Messinghülsen zum Vorschein. Ich fragte, ob es das Modell eines sowjetischen Mehrfachsprengkopfs wäre und ob ich berichten dürfte, daß jede sowjetische Fernlenkwaffe sechs Sprengköpfe hätte (ich kannte Schätzungen, die sich auf weniger konkrete Beweismittel stützten). Breschnew bereitete meine Frage sichtliches Vergnügen. Er öffnete eine der Patronen und zeigte mir, daß sie sechs Zigaretten enthielt. Zwei andere Spielzeuge waren eine französische Armbanduhr, bei der man das ganze Werk sehen konnte, und eine Schiffsuhr, die Breschnew läuten ließ, wenn er glaubte, daß die Gespräche an einem wichtigen Punkt angelangt seien – zum Beispiel, als er seinen eigenen SALT-Vorschlag geringfügig modifizierte.

Breschnew leitete die Sitzung mit dem Hinweis ein, daß er trotz der »Komplikationen« (er lehnte es ab, mir zuzustimmen und es als »Enttäuschungen« zu bezeichnen) unverändert an der Entspannung festhielte. Er sagte, ohne auf die »verschiedenen Details« dessen eingehen zu wollen, was gerade in den Vereinigten Staaten stattfände – und er habe eine Menge davon gehört und gelesen –, schiene Präsident Nixon fest entschlossen, die Beziehungen zwischen der Sowjetunion und den Vereinigten Staaten weiter zu »vertiefen«. Er fühlte sich verpflichtet, darauf hinzuweisen, daß wir, um weiterzukommen, einige »Schwierigkeiten und Hindernisse« überwinden müßten, die eng mit einer Verbesserung nicht nur der Beziehungen zwischen den Vereinigten Staaten und der Sowjetunion, sondern auch der Atmosphäre in der ganzen Welt verbunden wären. Er wäre dennoch überzeugt, daß die Erfahrungen aus der Vergangenheit uns helfen würden, die richtigen Lösungen zu finden, ohne gegen die Grundsätze zu verstoßen, über die wir uns geeinigt hätten.

Meine Antwort war entsprechend, aber die Beziehungen zwischen Supermächten, die ideologische Gegner sind, lassen sich nicht dadurch verbessern, daß beide Seiten beteuern, sie hätten nur die besten Absichten. In Wirklichkeit standen nur kontroverse Themen auf der Tagesordnung. Wie oben gesagt, brachte ich zum Problem der Meistbegünstigungsklausel nur weitere Forderungen, aber keine Vorschläge mit, die uns hätten weiterbringen können. Ich hatte die unangenehme Aufgabe, dem Generalsekretär eines totalitären Staates nicht nur sagen zu müssen, daß wir eine weitere Lockerung der Auswanderungsbestimmungen verlangten, sondern daß wir ihm auch vorschreiben wollten, aus welchen Teilen seines Landes die Auswanderer stammen sollten. Wir konnten es zwar vermeiden, daß die Verhandlungen über diese Frage scheiterten, und Ende des Monats machten die Sowjets sogar einige Zugeständnisse, aber in den internationalen Beziehungen bekommt man nichts umsonst. Wenn die Sowjets uns im Hinblick auf die jüdische Auswanderung entgegenkamen, dann mußten wir damit rechnen, daß sie auf anderen Gebieten weniger zugänglich sein würden.

Am schwierigsten gestalteten sich die Gespräche über den Nahen Osten. Hier nahm Breschnew eine drohende Haltung ein. Ebenso wie Gromyko vor sechs Wochen in Washington beschuldigte er uns, gegen die Absprache verstoßen zu haben, daß die Verhandlungen unter dem gemeinsamen Schutz der Vereinigten Staaten und der Sowjetunion stehen sollten, und zwar zuerst in Ägypten und dann in Syrien. Und auch diesmal antwortete ich, dieser Schutz hätte die Verhandlungen zwischen den Parteien erleichtern und sie nicht daran hindern sollen, im Rahmen des am besten dafür geeigneten Forums miteinander zu sprechen. Ich erklärte mich bereit, regelmäßig mit Gromyko oder anderen sowjetischen Vertretern über den Nahen Osten zu sprechen. Aber Breschnew gab sich nicht damit zufrieden, sondern behauptete – nicht zu Unrecht –, daß ich über Verfahrensfragen spräche; er wäre nur an der Substanz interessiert. Ich böte ihm Informationen an, aber er verlangte die Beteiligung der Sowjetunion. Nachdem er sich eine halbe Stunde das Wortgeplänkel zwischen Gromyko und mir über unsere Konsultationsmethoden angehört hatte, kam Breschnew auf den Kern der Sache und bewies damit, daß es die Sowjets durchaus verstanden, sich den Realitäten anzupassen. Er sagte, er habe »aufmerksam« den Gedankenaustausch zwischen Gromyko und mir verfolgt und festgestellt, daß wir damit nur bewiesen hätten, wie recht er mit seiner Kritik hätte. Er habe noch nie erlebt, daß wir so offen zugegeben hätten, eine Beteiligung der Sowjetunion behindern zu wollen. Da nun beide Seiten ihre Auffassungen zu dieser Frage dargelegt hätten, hätte er »die Hände frei, nach eigenem Gutdünken vorzugehen«, schloß er drohend.

Ich machte die etwas irrelevante Bemerkung, die amerikanisch-sowjetischen Beziehungen wären wichtiger als die Frage, ob die Waffenstillstandslinie auf den Golan-Höhen um fünf Kilometer in dieser oder jener Richtung verschoben werden sollte. Breschnew erklärte, auch ihm wären diese Beziehungen sehr wichtig, und wollte damit augenscheinlich sagen, daß das Nahost-Problem nichts daran ändern könnte.

Diese Einsicht veranlaßte ihn aber nicht, auf raschere Fortschritte bei den SALT-Verhandlungen hinzuwirken, von denen die Gespräche über die anderen Themen umrahmt wurden. Wir sprachen auf den ersten beiden Sitzungen am 25. März und auf der letzten Sitzung am 27. März über SALT. In der ersten Sitzung schlug Breschnew vor, die Gültigkeit des Zwischenabkommens bis über das Jahr 1980 hinaus zu verlängern und es durch eine Begrenzung der Zahl der Mehrfachsprengköpfe für beide Seiten auf tausend zu begrenzen. Die Vereinigten Staaten und die Sowjetunion würden dann selbst die Zusammensetzung ihrer Streitkräfte bestimmen können. Technisch war damit die Möglichkeit gegeben, die land- und seegestützten Fernlenkwaffen »beliebig zu mischen«. Seltsamerweise kam dieser Vorschlag den Vorstellungen der Joint Chiefs of Staff näher als das, was ich nach Moskau mitgebracht hatte – nur die Unausgewogenheit bei der Anzahl der Aggregate als Ergebnis von SALT I war damit noch nicht beseitigt. Aber der Vorschlag entsprach trotzdem noch nicht unseren Bedürfnissen, und zwar aus Gründen, die ich Breschnew auf der Sitzung am Abend des 25. März wie folgt erläuterte:

> Lassen Sie mich Ihnen unsere Schwierigkeiten erklären, und lassen Sie mich erklären, wie sie sich in den Vereinigten Staaten darstellen. Sie werden sich erinnern, was ich in meiner öffentlichen Aussage erklärt habe, als Senator Jackson die erste Vereinbarung angriff; wir haben sie mit der Begründung verteidigt, daß die zahlenmäßige Unausgewogenheit in der ersten Phase durch die Mehrfachsprengköpfe ausgeglichen wurde. Wenn wir jetzt die Vereinbarungen erweitern und tausend mit Mehrfachsprengköpfen ausgerüstete Fernlenkwaffen hinzufügen, dann wird man uns wenigstens in zwei Punkten kritisieren: Man wird erstens sagen, daß der zahlenmäßige Vorsprung wegen der Anzahl der Sprengköpfe jetzt wirksam werden wird. Zweitens werden Sie, weil die Sowjetunion an jeder Trägerrakete mehr Sprengköpfe hat als wir, nicht nur bei der Gesamtzahl der Fernlenkwaffen, sondern auch bei der Gesamtzahl der Sprengköpfe eine zahlenmäßige Überlegenheit haben. Drittens werden wir kritisiert werden, weil die sowjetischen Sprengköpfe schwerer sind als unsere, und das bedeutet, daß die bodengestützten Streitkräfte der Sowjetunion in der Lage sein werden, den ersten Schlag gegen uns zu führen. Und wenn daher für die bodengestützten Fernlenkwaffen keine zahlenmäßige Höchstgrenze festgelegt wird, um die höhere Anzahl von Mehrfachsprengköpfen an diesen Trägerraketen auszugleichen, wird sich eine sehr komplizierte Lage ergeben. Außerdem haben wir das Problem, daß wir bei der Höchstgrenze von tausend Stück sehr bald aufhören müßten, Mehrfachsprengköpfe zu installieren, während Sie erst damit beginnen. Wir würden nicht feststellen können, wann Sie damit aufhören würden. Am Ende werden Sie die Zahl tausend erreichen. Wenn Sie also an Ihren bodengestützten Trägerraketen etwa fünfhundert bis achthundert anbringen – ich trage Ihnen diese Argumente ganz ehrlich vor, wie man sie auch uns vorlegen wird –, und wenn Ihre Berechnung richtig ist, nach der jede Trägerrakete mit sechs Mehrfachsprengköpfen ausgerüstet werden soll, dann würden Sie über dreitausend bis fünftausend Sprengköpfe verfügen und in der Lage sein, unsere Minuteman-Stellungen zu zerstören.
>
> Das sind keine Vermutungen, sondern die Argumente, mit denen wir rechnen müssen. Ich wollte Ihnen nur sagen, wie man bei uns darüber denkt.

Breschnew bestritt natürlich energisch, daß die sowjetische Führung daran denken könnte, unsere Minuteman-Stellungen so massiv anzugreifen, und er bestritt, daß SALT I zu einer zahlenmäßigen Unausgewogenheit geführt habe. Er legte eine Karte vor, auf der die Gebiete in der Sowjetunion eingezeichnet waren, die von unseren Mittelstreckensystemen in Europa oder im Mittelmeer erreicht werden konnten. Die Eintragungen entsprachen etwa der wirklichen Lage, wenn unsere Jagdbomber so eingesetzt wurden, daß sie nur die Strecke bis zum Ziel flogen, eine Annahme, von der die sowjetischen Planer ausgehen mußten, denn sie entsprach ihrer Version für den »ungünstigsten Fall«. Unser Vorschlag, die Sowjetunion sollte sich darauf beschränken, nur bis zu zweihundertsiebzig interkontinentale Fernlenkwaffen in Stellung zu bringen, war für die Sowjets unannehmbar. Breschnew sagte: »Wenn ich dem zustimme, dann wird dies mein letztes Zusammentreffen mit Dr. Kissinger sein, denn man wird mich dafür vernichten.« Nachdem wir noch über alle möglichen technischen Fragen gesprochen hatten, einigten wir uns darauf, die angeschnittenen Fragen noch einmal zu überprüfen und dann erneut darüber zu zu sprechen.

Dieses Gespräch fand am letzten Tage meines Moskau-Besuchs, dem 27. März, statt. Dabei kam es tatsächlich zu einer Art begrifflichen Durchbruchs. Auch wenn die skeptischen Journalisten und auch einige Angehörige unserer Regierung dies nicht anerkennen wollten. Das Treffen mit Breschnew verzögerte sich durch eine sechs Stunden dauernde Sitzung des Politbüros. Bezeichnenderweise sagte man uns das erst am Schluß der Sitzung. Die für den Vormittag vorgesehene Besprechung wurde abgesagt, und wir warteten in unserem Gästehaus auf den Lenin-Bergen auf eine Einladung, die erst um 17.00 Uhr erfolgte. Einem Protokollbeamten hatte ich sarkastisch gesagt, ich hätte immer schon meinen Winterurlaub in Moskau verbringen wollen. Doch schließlich kam die Sitzung zustande, allerdings sicher nicht, weil ich mich beschwert hatte, sondern nur, weil die Politbüro-Sitzung zu Ende gegangen war. Nachdem er das Gespräch mit den üblichen freundlichen Begrüßungsworten eröffnet hatte, erklärte Breschnew, die Sowjetunion wäre bereit, das *Prinzip* der zahlenmäßigen Unausgewogenheit bei den Aggregaten für die Mehrfachsprengköpfe zu akzeptieren. Er schlug vor, daß die Vereinigten Staaten tausendeinhundert Trägerraketen mit Mehrfachsprengköpfen ausrüsten sollten, die Sowjetunion aber nur tausend.

Damit kamen wir ein gutes Stück weiter, auch wenn Breschnew uns deutlich zeigte, daß er diesen Vorschlag nur sehr widerwillig machte. Die Sowjets legen sich bei ihren Verhandlungen niemals von vornherein fest. Ich kann mich an keinen Fall erinnern, in dem die sowjetische Haltung bei Beginn der Verhandlungen auch nur annähernd die gleiche gewesen ist wie bei ihrem Abschluß. Nachdem man uns jetzt grundsätzlich eine größere Zahl von Trägerraketen zugebilligt hatte, würden wir diesen Vorteil in weiteren Verhandlungen ausbauen müssen.

Breschnew formulierte seinen Vorschlag sehr geschickt. Er erklärte, die Gesamtzahl der Trägerraketen wäre die richtige, weil die Sowjets im Rahmen von SALT I zweihundertzehn Fernlenkwaffen verschrotteten und die neunzig Fernlenkwaffen der britischen und französischen strategischen Streitkräfte nicht mitgezählt worden wären. Mit anderen

Worten, der Kreml schenkte uns aus lauter Herzensgüte genau die dreihundert Fernlenkwaffen, um die sie uns nach unserer Darstellung überlegen waren. (Es stellte sich heraus, daß diese Berechnung falsch war, denn auch nach der Verschrottung von zweihundertzehn Fernlenkwaffen blieben die Sowjets uns zahlenmäßig überlegen.) Und schließlich trieben sie ihre Großzügigkeit auf die Spitze und verzichteten nach Breschnews Version auf weitere hundert Fernlenkwaffen. Damit vereinfachte sich Breschnews Rechnung noch mehr. Er hätte sagen können, daß, wenn er auf hundert mit Mehrfachsprengköpfen ausgerüstete Trägerraketen verzichtete, er uns weitere fünfhundert Sprengköpfe schenkte, und damit wäre die Lücke geschlossen. Beide Seiten würden in diesem Fall über die gleiche Zahl von Aggregaten verfügen.

Breschnew war sich dieses Umstandes sicher bewußt, sagte es aber nicht ausdrücklich – vielleicht weil seine Rüstungsexperten nicht ganz so komplexe Berechnungen anstellten wie unsere. Aber die Argumente waren noch nicht schlüssig. Wir hatten erst einen begrifflichen Durchbruch erzielt; die Zahlenverhältnisse stimmten noch nicht. Angesichts der Tatsache, daß die Sowjets über Waffen mit einem viel höheren Wurfgewicht verfügten, waren sie uns mit ihren tausend mit Mehrfachsprengköpfen ausgerüsteten Fernlenkwaffen immer noch weit überlegen. Wir bezweifelten, daß die Sowjetunion vor Ende 1980 – bis dahin sollten die Vereinbarungen gelten – mehr als tausend mit Mehrfachsprengköpfen ausgerüstete Trägerraketen aufstellen konnten. Wir würden deshalb kaum mehr als die Ratifizierung des Produktionsprogramms auf beiden Seiten erreichen. (Man würde natürlich auch davon ausgehen, daß die Obergrenzen nach Auslaufen der Zwischenvereinbarungen erhöht werden könnten.) Bedenklicher war der Umstand, daß Breschnews Vorschlag praktisch einen Versuch darstellte, den bei uns erreichten Zustand einzufrieren, während die Sowjetunion uns mit den Mehrfachsprengköpfen einholte – besonders da wir unser Produktionsprogramm (mit Ausnahme der Trident) 1977 abgeschlossen haben würden, während die Sowjets weiterproduzierten. Damit konnte die Sowjetunion theoretisch die ihr zugestandenen bodengestützten Mehrfachsprengköpfe bauen und erst nach 1980 zum Bau der seegestützten Mehrfachsprengköpfe übergehen, und dann war die Zwischenvereinbarung abgelaufen.

Deshalb verlangte ich, daß in einer Vereinbarung über die Höchstzahl der Mehrfachsprengköpfe auch die Höchstzahl der bodengestützten Fernlenkwaffen festgeschrieben sein müßte. Aber Breschnew weigerte sich hartnäckig, eine solche Verpflichtung zu übernehmen. Er sagte, er wäre bereit, zu der inoffiziellen Zusage, uns alljährlich über die Planungen für die Ausrüstung der Unterseeboote mit Fernlenkwaffen zu unterrichten, werde aber einer offiziellen Begrenzung nicht zustimmen. Solche Mitteilungen waren bedeutungslos. Wenn es keine vereinbarte Obergrenze gab, dann konnten wir keine Einwände erheben, und ein Bericht pro Jahr käme immer zu spät, um unsere Beschlüsse zu beeinflussen. Andererseits würden wir hier höchstwahrscheinlich nicht mehr erfahren, als uns von unseren Nachrichtendiensten gemeldet wurde.

Wir befanden uns damit in einer ganz ähnlichen Lage wie schon bei vielen anderen Verhandlungen. Es war ungeheuer wichtig, daß sich das Zahlenverhältnis bei den Mehrfachsprengköpfen zu unseren Gunsten verschoben hatte. Aber der sowjetische Vorschlag für die Realisierung dieses Vorhabens war widersinnig. Ich lehnte ihn ab, ohne mich mit Washington in Verbindung gesetzt zu haben. Dann erklärte ich, ob sich Breschnews »Durchbruch« in eine Vereinbarung umsetzen ließe, hinge von zwei Faktoren ab. Wir müßten feststellen, ob sich die Lücke bei den Mehrfachsprengköpfen auf beiden Seiten vergrößern könnte und ob die Sowjets damit einverstanden wären, eine obere Grenze für die Gesamtzahl der mit Mehrfachsprengköpfen ausgerüsteten bodengestützten Fernlenkwaffen festzusetzen. Ohne daß diese beiden Bedingungen erfüllt wären, hätte eine SALT-Vereinbarung nur einen optischen Wert. Schließlich einigten wir uns darauf, daß beide Seiten ihre Positionen überprüfen und wir den Gedankenaustausch fortsetzen wollten.

Als dieses Ergebnis meiner Gespräche bekannt wurde, sprachen die Kommentare in unserer Presse von einem beklagenswerten Scheitern meiner Reise nach Moskau und bewiesen damit, daß die verantwortlichen Journalisten keine Ahnung von den sowjetischen Verhandlungstaktiken hatten. Nach Abschluß der Moskauer Gespräche befanden wir uns in Wirklichkeit in keiner ungünstigen taktischen Position. Die Sowjets hatten einen neuen Vorschlag auf den Tisch gelegt, der alles andere als großzügig war, und wir standen höchstwahrscheinlich vor sehr schwierigen Verhandlungen, wenn wir unser Ziel erreichen wollten. Aber das war für uns nichts Neues. Es läßt sich nicht beweisen, ob wir uns schließlich mit der Forderung durchgesetzt hätten, daß die Zahl der Mehrfachsprengköpfe auf beiden Seiten verschieden groß sein sollte. Man darf aber sagen, daß die Entwicklung in die richtige Richtung lief. Das Zustandekommen einer Vereinbarung hing von verschiedenen Faktoren ab: den Zwängen, denen das sowjetische System ausgesetzt sein würde, bestimmten Forderungen, die die Sowjets als Ausgleich für ihre Zugeständnisse auf anderen Gebieten stellen könnten, der Zielstrebigkeit und Geschlossenheit der amerikanischen Verhandlungsposition und der Frage, wie die Sowjets Nixons persönliche Lage beurteilten. Bedauerlicherweise war von Geschlossenheit und Zielstrebigkeit auf amerikanischer Seite kaum etwas zu erkennen. Eines der ernstesten Probleme war der galoppierende Autoritätsverlust des Präsidenten. Im April 1974 war der Rechtsausschuß des Repräsentantenhauses praktisch entschlossen, ein Amtsenthebungsverfahren einzuleiten. Die Vorzeichen waren so deutlich erkennbar, daß Gromyko im April entsprechende Fragen nach der Regierungsfähigkeit unserer Administration stellte. Die Überlegungen des Politbüros zu der Frage, wie viele Zugeständnisse die Sowjetunion uns in dieser Verhandlungsrunde machen sollte, sind mit Sicherheit von Überlegungen über das baldige Ende der Amtszeit des Präsidenten beeinflußt worden.

Wir wußten aus Erfahrung, daß man, wenn man vorankommen wollte, ein Konzept, über das man sich geeinigt hatte, mit Nachdruck verfolgen mußte. Es war notwendig, alle möglichen Varianten und Änderungen auszuschöpfen, bis die Sowjets davon überzeugt waren, daß sie Zugeständnisse machen mußten, wenn sie die Verhandlungen nicht platzen lassen wollten. Ein voll funktionsfähiger Nixon hätte den Regierungsapparat zu einem solchen Vorgehen gezwungen, der zwar von der Richtigkeit dieses Verfahrens überzeugt war, aber nicht den Mut hatte, es konsequent durchzuführen. Aber unter dem Einfluß von Watergate kam es immer wieder zu inneren Spaltungen. Den an den Beratungen beteiligten Behörden wäre es am liebsten gewesen, wenn wir uns auf die gleiche Anzahl von Trägerraketen für beide Seiten hätten einigen können, auch wenn diese Absprache schließlich dazu geführt hätte, daß die Sowjets über mehr Sprengköpfe verfügt hätten als nach dem von mir bevorzugten Plan (und sogar nach dem unannehmbaren sowjetischen Plan). Einer der Hauptgründe für diese scheinbar so unsinnige Haltung war die Furcht der Beamten vor den Vorwürfen, denen sie bei Aussagen vor dem Kongreß ausgesetzt sein würden.

Welches die Gründe auch gewesen sein mögen, auf einer Sitzung des Verifizierungsgremiums am 27. April wurde deutlich, daß niemand sich für unsere offzielle Haltung begeistern konnte. Ich sollte am 28. und 29. April in Genf mit Gromyko sprechen. Unser wichtigstes Thema war Syrien, aber ich mußte damit rechnen, daß wir auch über SALT reden würden. Auf der Sitzung des Verifizierungsgremiums sprach ich mich für einen Gegenvorschlag an die Sowjets aus, mit dem die sowjetischen mit Mehrfachsprengköpfen ausgerüsteten Fernlenkwaffen bis 1980 auf die Höchstzahl von achthundertfünfzig limitiert werden sollten. Mein Mitarbeiterstab und ich rechneten – aufgrund von Berichten unserer Nachrichtendienste – damit, daß die Sowjets bis dahin wahrscheinlich über etwa zweihundert auf U-Booten stationierte und mit Mehrfachsprengköpfen ausgerüstete Trägerraketen verfügen würden, was praktisch bedeutete, daß die Sowjetunion die Zahl der bodengestützten mit Mehrfachsprengköpfen ausgerüsteten interkontinentalen Fernlenkwaffen auf etwa sechshundert reduzieren müßte. Nun hörte ich die überraschende Meinung, daß diese Zahl, durch die das sowjetische Potential um mehrere tausend Sprengköpfe geschwächt wurde, keine Bedeutung hätte, weil auch sechshundert interkontinentale Fernlenkwaffen unsere Minuteman bedrohen könnten. Das hieß aber auch, daß es gleichgültig wäre, über wie viele Sprengköpfe die Sowjets verfügten, wenn eine bestimmte Zahl erreicht war. Dann war es natürlich kaum verständlich, weshalb man sich so darüber aufregte, daß bei SALT I ein Ungleichgewicht bei den Trägerraketen ausgehandelt worden war – wobei die Sowjets nur dreihundert Einfachsprengköpfe mehr haben würden als wir, was durch unsere Überlegenheit bei den Bombenflugzeugen ausgeglichen wurde. Es war richtig, daß auch sechshundert mit Mehrfachsprengköpfen ausgerüstete Trägerraketen unsere Minuteman bedrohen konnten, aber unsere Kritiker sagten nicht, wie sich unsere Lage bessern sollte, wenn man eine Vereinbarung torpedierte, und weshalb es bedeutungslos wäre, wenn wir erreichen würden, daß ein paar tausend Sprengköpfe weniger gebaut werden (was, wenn es zutraf, auch im Hinblick auf unser Verteidigungsprogramm fundamentale Fragen aufwarf).

Indessen hatte unsere innenpolitische Debatte liturgische Formen angenommen. Schlagworte waren zu Waffen in einer philosophischen Kontroverse über das Wesen der Ost-West-Beziehungen geworden. Wir gerieten in ein Dilemma, das wir schon aus unseren Erfahrungen mit Vietnam kannen: Leute, deren Grundauffassungen auseinandergingen, fürchteten sich mehr vor dem Erfolg von Verhandlungen als vor ihrem Scheitern. Auch wenn wir nur ganz geringe Fortschritte zu machen schienen, kamen sie mit neuen Einwänden. Sie verlangten die gleiche Zahl von Aggregaten, aber dafür hatten wir kein eigenes Programm. Sie beschwerten sich darüber, daß wir von dem gesamten Wurfgewicht sprachen, das wir selbst beschlossen hatten und zu keinem Zeitpunkt hatten ändern wollen, und leugneten jetzt die Bedeutung jeder Begrenzung der Mehrfachsprengköpfe. Schließlich hätten wir die Lücke beim Wurfgewicht schließen können, wenn wir die Minuteman mit sechs oder sieben Sprengköpfen ausrüsteten. Die zahlenmäßige Unausgewogenheit konnte behoben werden, wenn wir uns dazu entschlossen, die Herstellung von Marschflugkörpern voranzutreiben. Auch die Entwicklung einer neuen Fernlenkwaffe wurde nach den bisher auf dem Tisch liegenden Vorschlägen für SALT nicht ausgeschlossen. Auf der einen Seite bekämpften diese Kritiker die SALT-Verhandlungen und gaben ihnen auf der anderen Seite unrealistische Aufgaben. In meiner Verzweiflung sagte ich auf der Sitzung am 27. April:

> Was lese ich da alles über das Problem des Wurfgewichts? Ich möchte wissen, weshalb wir uns ständig so aufregen. Wenn wir eine größere Fernlenkwaffe haben wollen, warum bauen wir sie nicht? Wer hindert uns daran? Ich habe, seit ich hier bin, noch nie etwas davon gehört, daß eine neue interkontinentale Fernlenkwaffe entwickelt werden soll . . .
>
> Es gibt in den Zwischenvereinbarungen nichts, was Sie daran hindern könnte, eine neue Fernlenkwaffe zu entwickeln. Niemand hindert Sie daran, es zu tun, und ich versichere Ihnen, auch das Weiße Haus wird Sie nicht daran hindern. Alles, was wir jetzt besitzen, solange die Zwischenvereinbarungen gelten, ist die Trident. Wenn die Zwischenvereinbarungen verlängert werden, dann sollten wir mit der Entwicklung einer neuen Fernlenkwaffe beginnen.
>
> Niemand hat jemals behauptet, daß SALT irgendein Produktionsprogramm behindern werde. Sie können die Zwischenvereinbarungen dafür nicht verantwortlich machen. Unser Programm ist das Ergebnis unserer Entscheidungen. SALT zwingt uns nicht zum Verzicht auf irgendein Programm.

Am Schluß wurde ich bevollmächtigt, die Möglichkeiten für die Verwirklichung meines »Plans« zu erkunden. Aber ich glaubte kaum, daß die Behörden sich alle geschlossen hinter mich stellen würden, wenn die Sowjets sich einverstanden erklären sollten, und zwar durfte ich noch weniger damit rechnen, wenn Jackson den Angriff startete, den er mit Sicherheit schon plante. Es bestand in der Tat die hohe Wahrscheinlichkeit, daß viele meiner Kollegen sich am Schluß von meinem Vorhaben distanzieren würden, und es war nicht gerade ermutigend, unter solchen Voraussetzungen Gespräche mit Gromyko zu beginnen.

Wie nicht anders zu erwarten, endeten die Gespräche, die ich am 28.

und 29. April mit Gromyko über SALT führte, ohne konkretes Ergebnis. Es gab auf beiden Seiten noch zu viele Unklarheiten, als daß wir uns schon jetzt um eine endgültige Lösung des ganzen Problems hätten bemühen können. Gromyko war mit vielen anderen Fragen beschäftigt, und ich hatte nicht die Vollmacht, unsere Vorschläge zu variieren. Gromyko stellte mir die für die Sowjets wichtigste Frage: »Welche Vorteile ergeben sich für uns?« Die Sowjets hatten wirklich keine Veranlassung, ihre Programme zu kürzen, während wir uns keine Beschränkungen auferlegten. Ich malte ein düsteres Bild und sagte ihm, was wir tun würden, wenn es zu keiner Vereinbarung käme: Wir würden alle Minuteman mit Mehrfachsprengköpfen ausrüsten und weitere Trident-U-Boote bauen. Aber Gromyko kannte unser Fünf-Jahres-Programm, denn unsere Vorhaben wurden – um es unseren Gegnern noch einfacher zu machen – jedes Jahr veröffentlicht, und er muß daran gezweifelt haben, daß es dem schwer angeschlagenen Präsidenten gelingen werde, diese Vorhaben gegen den Widerstand eines rebellischen Kongreßes durchzusetzen.

Als ich nach einem Monat aus Syrien zurückkehrte, war unser ganzer Behördenapparat erstarrt. Nixons Amtszeit neigte sich ihrem Ende zu. Die Beamten, die ihre Aufgabe ernst nahmen, fürchteten, daß ein unter solchen Voraussetzungen ausgehandeltes SALT-Abkommen trotz aller scheinbaren Vorteile erhebliche Mängel aufweisen müßte. Außerdem könnte es den Eindruck erwecken, daß es Nixons letzten Versuch darstellte, seinem Schicksal zu entgehen. In jedem Fall überlegte man sich, ob es dem nächsten Präsidenten nicht gelingen könnte, noch günstigere Bedingungen auszuhandeln.

Solche Überlegungen müssen auch hinter Schlesingers Entscheidung gestanden haben, jetzt unsere offizielle Haltung abzulehnen, der er noch vor einem Monat zugestimmt hatte. Jetzt war er dagegen, die Unausgewogenheit bei den Aggregaten mit einer größeren Zahl von Mehrfachsprengköpfen auszugleichen, und setzte sich entschieden dafür ein, beiden Seiten die gleiche Zahl von Aggregaten zuzugestehen. Gleichzeitig setzte er sich für eine drastische Reduzierung der Gesamtzahlen ein. Er tat das in seiner Antwort auf einen Brief Jacksons vom 22. April, in der dieser den Minister aufgefordert hatte, zu den Reduzierungsvorschlägen des Senators Stellung zu nehmen, der ebenfalls die gleiche Zahl von Aggregaten auf beiden Seiten empfohlen hatte. Schlesinger ließ sich zunächst Zeit, lobte aber am 3. Juni die von Jackson gemachten Vorschläge:

> Ihr Vorschlag berücksichtigt im allgemeinen die meisten Kriterien, die gegenwärtig als Richtlinien für SALT gelten, und enthält auch andere positive Gedanken, was in der beiliegenden Lagebeurteilung zum Ausdruck kommt.

Dieser Brief bedeutete praktisch das Ende der Regelung, über die wir bisher verhandelt hatten. Die Sowjets, die erlebt hatten, was Jackson erreichen konnte, wenn er den Ost-West-Handel blockieren wollte, können nicht daran gezweifelt haben, was ihm gelingen werde, wenn er von Nixons Verteidigungsminister unterstützt wurde. Jedenfalls war es weder wahrscheinlich noch wünschenswert, daß ein Abkommen ratifiziert werden würde, das nicht die volle Unterstützung des Pentagon hatte. Im Rahmen der Vorbereitungen für das Gipfeltreffen erörterte unsere Regierung noch einmal SALT II, und Nixon und Breschnew führten während unseres Aufenthalts in der Sowjetunion ein längeres Gespräch über dieses Thema (siehe 24. Kapitel). Doch rückblickend muß man erkennen, daß die Aussichten, SALT noch während Nixons Amtszeit unter Dach und Fach zu bringen, mit Schlesingers Brief Anfang Juni 1974 geschwunden waren.

Schlußfolgerungen

Auch heute, nach fast zehn Jahren, glaube ich, daß wir mit unseren Vorschlägen im Frühjahr 1974 eine bessere Möglichkeit gehabt haben, den Bau der sowjetischen Mehrfachsprengköpfe in Grenzen zu halten, als mit den Vorschlägen, die uns später in einer innenpolitischen Zwangslage aufgezwungen wurden. Das Verlangen, die gleiche Zahl der Aggregate durchzusetzen, von unseren Gegnern so lautstark artikuliert, hatte nur einen symbolischen, aber keinen konkreten Wert. Im November 1974 stimmten die Sowjets in Wladiwostok dem Vorschlag zu, die Zahl der Aggregate auf beiden Seiten einander anzugleichen. Aber keine der amerikanischen Nachfolgeregierungen (und auch nicht die Regierung Reagan) hat versucht, bis zu der uns zugestandenen Höchstgrenze aufzurüsten. Alle Regierungen haben sich freiwillig mit der zahlenmäßigen Unterlegenheit an Trägerraketen abgefunden, die sie als Teil der Vereinbarungen nicht akzeptieren wollten. Indessen verfügt die Sowjetunion über eine viel größere Anzahl von Mehrfachsprengköpfen, als wir sie bei den Vorbereitungen für das Gipfeltreffen vorgesehen hatten und die von den SALT-Gegnern als zu gefährlich abgelehnt worden war. Sie verfügen über Tausende von Sprengköpfen, auf die sie hätten verzichten müssen, wenn wir uns 1974 mit unseren Vorstellungen durchgesetzt hätten. Und die Vereinigten Staaten haben die Anzahl ihrer Trägerraketen nicht erhöht.

Man könnte sagen, daß es strategisch nichts zu bedeuten hätte, wenn die Sowjets ein paar tausend Sprengköpfe weniger hätten. Man kann aber nicht gleichzeitig behaupten, daß die amerikanische Regierung »zu weich« gewesen wäre, als sie sich bereit erklärte, diese Verminderung im Austausch gegen dreihundert Trägerraketen mit Einfachsprengköpfen zu erreichen. Es hatte auch keinen Sinn, von den SALT-Unterhändlern zu verlangen, die Sowjets auf diplomatischem Wege zur Reduzierung ihrer Streitkräfte bis auf eine Ebene zu veranlassen, auf der sie uns nicht mehr bedrohten, während wir kein Rüstungsprogramm hatten, mit dem wir Druck auf die Sowjetunion hätten ausüben können. Aber selbst in diesem Fall hätten wir die Frage beantworten müssen: Wenn eine Überlegenheit von tausendfünfhundert Sprengköpfen bei SALT bedeutungslos war, welche Vorteile hätte uns ein Rüstungsprogramm bieten können, das eine strategische Bedeutung hatte? Mit anderen Worten: Es handelte sich um die ganz einfache Frage, die ich den Journalisten auf einer viel belächelten Pressekonferenz in Moskau am Ende der Gipfelkonferenz gestellt habe: »Was in Gottes Namen ist strategische Überlegenheit?« Bevor wir diese Frage nicht beantwortet haben, wird die Rüstungskontrolle immer wieder durch Demagogie und wird die strategische Aufrüstung durch das Fehlen einer vernünftigen Planung bedroht werden.

Natürlich machten uns die Sowjets immer wieder unmögliche Vorschläge, aber sie werden das gleiche wahrscheinlich auch von uns sagen. Ich könnte mich nicht dafür verbürgen, was geschehen wäre, wenn wir unter normalen Voraussetzungen mit einem starken, regierungsfähigen Präsidenten und einer einigen amerikanischen Regierung verhandelt hätten. Im Frühjahr 1974 ist SALT nach meiner Ansicht jedoch zum Prügelknaben im Rahmen einer fundamentalen philosophischen Auseinandersetzung um die Ost-West-Beziehungen gemacht worden. Für seine Verfechter wurde SALT zum Selbstzweck, für seine Gegner stellte es eine Gefahr dar, die um jeden Preis bekämpft werden mußte. SALT war nicht mehr Teil einer umfassenden und zusammenhängenden Sicherheitspolitik oder einer Gesamtstrategie. Aus jedem Zusammenhang gerissen, wurde es zu einem Waisenkind und einem Opfer, zerrieben zwischen einem liberalen Idealismus, der zum Begriff der Macht keine Beziehung hatte, und einem konservativen Dogmatismus, der jeden Sinn für die richtigen Proportionen verloren hatte und keine vernünftige Strategie verfolgte. Vor allem aber war SALT zum Scheitern verurteilt, weil der Präsident unter den schweren Belastungen von Watergate seine Führungsfähigkeit verloren hatte.

Leider läßt sich nie beweisen, was man mit verpaßten Gelegenheiten wirklich verloren hat. Das Traurige an der Periode, über die ich hier berichtet habe, bestand darin, daß die Vereinigten Staaten zu schwach geworden waren, um sich der sowjetischen Aggression wirksam zu widersetzen und eine bessere Welt aufzubauen, weil eine innenpolitische Auseinandersetzung stattfand, bei der schließlich aus ehrlichen Meinungsverschiedenheiten eine Art Bürgerkrieg wurde. Unmittelbar nachdem Golda Meir ihren Rücktritt erklärt hatte, sagte ich ihr in ernster Stimmung:

> Die Welt steuert vielleicht auf einen Krieg zu, weil die totalitären Länder zu bürokratisch und die demokratischen zu demagogisch sind. Offen gesagt, werde ich innerhalb der folgenden sechs Monate vielleicht vor der gleichen Entscheidung stehen, die Sie getroffen haben. Ich kann nicht gleichzeitig gegen die organisierte Arbeiterschaft, den Kongreß, die Liberalen und die Intellektuellen kämpfen. Das hat mit Ihrem Problem nichts zu tun. Wenn der Kalte Krieg sechs Monate gedauert hat, dann werden wir wieder beim »Frieden um jeden Preis« angelangt sein. Dafür sind die Leute verantwortlich, die uns jahrelang wegen Vietnam demoralisiert haben. Wenn ich im einzelnen erläutern würde, was ich tue, dann würde ich Meany für mich gewinnen, aber die Russen verlieren. Ich treibe die härteste Politik, die sich über längere Zeit durchhalten läßt.

Das soll nicht heißen, daß wir die Sowjets zu den nun folgenden Aggressionen »provoziert« hätten. Kein Volk hat das Recht, überall in der Welt Stellvertreterstreitkräfte für sich kämpfen zu lassen, weil man ihm die Meistbegünstigungsklausel verweigert. Auch geht es nicht an, daß ein Land, wie die Sowjets bei SALT, seinem Gesprächspartner die intellektuelle Verantwortung dafür aufbürdet, einen Ausweg aus jeder Pattsituation zu finden. Es gibt keine Entschuldigung für den Einsatz sowjetisch-kubanischer Expeditionsstreitkräfte in Angola und Äthiopien, für das sowjetische Eingreifen in Südjemen und den Einmarsch in Afghanistan, dafür, daß der Kreml Nordvietnam ermutigt hat, zuerst Südvietnam und Laos und dann Kambodscha zu besetzen, und es gibt keine Entschuldigung dafür, daß die Sowjets Polen brutal unter Druck gesetzt haben. Andere Nationen haben Enttäuschungen erlebt, ohne deshalb die internationale Ordnung aus dem Gleichgewicht zu bringen. Wohl haben auch wir Fehler gemacht, aber der entscheidende Angriff gegen die Entspannung kam aus Moskau und nicht aus Washington.

Trotzdem denke ich mit schmerzlichen Gefühlen daran, wie Amerika 1973 und 1974 seine innere Geschlossenheit verloren hat. Man hätte denken können, daß ein durch Watergate erschüttertes Amerika, das nach dem Waffenstillstand in Vietnam in eine gefährliche Lage geraten war und mit dem Nahen Osten und der Energiekrise sehr schwierige Aufgaben übernehmen mußte, von Konfrontationen genug hatte. Statt dessen mußten wir feststellen, daß die Ost-West-Beziehungen, nachdem es uns gelungen war, die Lage zu beruhigen, zu einem immer heftiger umstrittenen politischen Thema wurden. Wir hielten es für einen beachtlichen Erfolg, daß wir Moskau daran gehindert hatten, unsere Autoritätskrise auszunutzen, so wie wir vorher die Entspannungspolitik benutzt hatten, Hanoi zu isolieren und unser Engagement in Vietnam zu beenden. Jetzt waren wir dabei, den sowjetischen Einfluß im Nahen Osten in dramatischer Weise zu reduzieren. Aber dadurch wurde nicht verhindert, daß zunächst nur einzelne Stimmen laut wurden, welche die Entspannungspolitik angriffen, und dann eine riesige Verleumdungskampagne aus diesen Angriffen wurde – als hätte ein tödlich verwundeter Präsident noch die Möglichkeit, sein Land größeren Risiken auszusetzen.

Ich habe keinen Zweifel daran, daß wir in dieser Periode die Möglichkeit gehabt hätten, eine ausgewogene, sorgfältig durchdachte Ost-West-Politik zu entwickeln, aber sie aus den oben genannten Gründen verloren haben. Aus den Erfahrungen, die wir 1973 und 1974 gemacht haben, müssen wir die nüchterne Lehre ziehen, daß es idealistischen Vorstellungen schließlich nicht gelungen ist, die Anwendung der Menschenrechte auf die Juden in der Sowjetunion zu fördern (1975 ging die Zahl der Auswanderer gegenüber 1973 um vierzig Prozent zurück); daß die Aushöhlung von SALT unsere militärische Lage nicht verbessert hat und daß der Kreuzzug gegen die Entspannung dort, wo er Erfolg hatte, widersinnige Konsequenzen gehabt hat. Die Lösungen, die schließlich Gesetzeskraft erlangten, haben die sowjetische Expansion nicht eindämmen können. Die Übergriffe der Sowjetunion nahmen zu, und die gleichen inneren Spaltungen, die zu der Konfrontation geführt hatten, hinderten uns daran, den Sowjets wirkungsvoll entgegenzutreten. Die Sowjetunion hatte keinen Anlaß, sich vernünftiger zu verhalten. Die Regierung gab sich keinen Illusionen über die sowjetischen Absichten hin, aber die innenpolitische Debatte verwirrte die Öffentlichkeit und hat nicht dazu beigetragen, daß die Nation die Komplexität der uns aufgebürdeten Herausforderung begriff. Deshalb hat diese Diskussion die Fähigkeit der Vereinigten Staaten, die Sowjetunion an ihren Abenteuern zu hindern oder neue Möglichkeiten für eine Koexistenz zu finden, verringert und nicht gefördert.

Die Auffassungen unserer Kritiker waren theoretisch besser fundiert als die technischen Hindernisse, die sie unserer Politik mit solchem Geschick in den Weg stellten. Es war eine ernste Frage, ob das amerikanische Volk eine längere Kraftprobe auf einer anderen Ebene als der eines moralischen Kreuzzugs über längere Zeit bestehen könnte. Unsere Politik enthielt das Risiko, daß die Wachsamkeit als Folge ständiger Verhandlungen nachließ – was sicher auch zur sowjetischen Strategie gehört hat. Andererseits weigerten sich unsere Kritiker, der Realität ins Auge zu sehen, daß die von ihnen empfohlene Alternative die Gefahr mit sich brachte, uns von unseren Verbündeten und schließlich auch von unserem eigenen Volk zu isolieren. Wir glaubten, daß, wenn wir uns darum bemühten, im Friedensprozeß die beherrschende Rolle zu spielen, wir besser auf das uns bevorstehende und wahrscheinlich sehr lange dauernde Ringen vorbereitet sein würden, mit dem unsere konservativen Kritiker ebenso rechneten wie wir. Es war eine nationale Tragödie, daß diejenigen, die unserer strategischen Analyse zustimmten, wegen taktischer Meinungsverschiedenheiten einen Bürgerkrieg gegen uns führten.

Wenn wir unsere Sicherheit und das Wohl unserer Bevölkerung im Nuklearzeitalter schützen und bewahren und durch unser Verhalten der Welt Hoffnung geben wollen, dann muß unsere Außenpolitik positive Ziele verfolgen. Dazu sind ein geeintes Volk und das Bewußtsein der Kontinuität erforderlich. Unsere weltpolitischen Ziele dürfen nicht wieder unseren inneren Differenzen untergeordnet werden. Die Außenpolitik darf nicht zum Gegenstand von Debatten und Plänkeleien von Interessengruppen werden. Ein innerlich zerrissenes Amerika beraubt die Welt jeder Hoffnung. Nur ein vereintes Land kann dazu beitragen, die internationale Sicherheit zu wahren und für die Völker auf diesem Planeten eine bessere Zukunft zu gestalten.

XXIII. Reisediplomatie im Nahen Osten: Syrien

Im Frühjahr 1974 war es allen Beteiligten klar, daß die syrischen Verhandlungen an erster Stelle auf der Prioritätenliste standen. Sie bildeten den Schlußstein im Friedensprozeß im Nahen Osten. Wenn es gelang, sie abzuschließen, würde Sadat seinen Kurs weiterverfolgen können, ohne beschuldigt zu werden, seinen Verbündeten zu verraten; darin bestand auch die Voraussetzung für den Verzicht der arabischen Staaten auf ein neues Ölembargo, und schließlich wäre damit unsere beherrschende Rolle in der Nahost-Diplomatie besiegelt. Aber die Welt steht nicht still und läßt niemand Zeit, sich vor jedem neuen Schritt zu sammeln. Viele hegen die Vorstellung, daß der Diplomat die Möglichkeit hätte, in aller Ruhe eine komplizierte Schachaufgabe nach der anderen zu lösen, aber in der Praxis kann man sich nur selten nach außen abschirmen und vollständig auf jede neue Aufgabe konzentrieren. Ich war am 4. März von der Reise zurückgekehrt, auf der ich mich mit den Beteiligten über das Verhandlungsverfahren für die Truppenentflechtung an der syrischen Front geeinigt hatte. Unmittelbar anschließend kam es zur Kontroverse mit unseren europäischen Verbündeten, auf die beide Seiten schon seit mehr als einem Jahr hingewirkt hatten. Weniger als zwei Wochen später war ich in Moskau. Dann fand die sechste Sondersitzung der Vollversammlung der Vereinten Nationen über Fragen der Wirtschaftsentwicklung statt und spülte einen unübersehbaren Strom bedeutender Gäste nach Washington.

Und am 30. März heiratete ich Nancy Maginnes, ein Ereignis, dessen Auswirkungen für mein persönliches Leben alles andere in den Schatten stellte.

Es dauerte daher fast zwei Monate, bevor ich meine Reisen im Nahen Osten wiederaufnahm. Erst Ende April begannen die anstrengenden Verhandlungen, die schließlich zur Entflechtung der israelischen und syrischen Armeen auf den Golan-Höhen führten. Ich hatte meine junge Frau gebeten, mich zu begleiten, und ihr geraten, möglichst leichtes Gepäck mitzunehmen. Bei der Abreise hatte ich keine Vorstellung davon, wieviel Zeit ich brauchen würde und welche dramatischen Ereignisse mir bevorstanden. Vierunddreißig lange Tage mußte ich zwischen Damaskus und Jerusalem hin- und herfliegen. In Israel wurde ich mit feindlichen Demonstrationen begrüßt, und in den Straßen von Damaskus wurde ich unfreundlich angestarrt. Wie vertraut waren mir schon bald die Straßen, die von den Flughäfen in die beiden Hauptstädte führten! Sie waren nur zweihundertvierzig Kilometer voneinander entfernt, und doch wußten ihre Bewohner kaum etwas voneinander. Ich sehe noch heute die kahlen judäischen Berge und die Ebene von Damaskus mit dem schneebedeckten Gipfel des Hermon am fernen Horizont vor mir. Meine Aufgabe war es, jeder Seite die Auffassungen der anderen zu erläutern, immer wieder Vorschläge zu unterbreiten, um aus einer Pattsituation herauszukommen; ich mußte mich manche lange Nacht mit komplexen und für den Außenstehenden unverständlichen Fragen herumschlagen, die durch die Leidenschaften und dramatischen Erfahrungen des Nahen Ostens historische Bedeutung erlangt hatten. Und doch bestand darin nicht das Entscheidende. Was die Vermittlung zwischen Syrien und Israel zu einem so bewegenden und quälenden Erlebnis machte, war der Umstand, daß beide Seiten dabei allmählich eine leise Ahnung davon bekamen, ihre einzige Hoffnung für die Zukunft könnte in der Koexistenz liegen. Auf diesem Wege haben sie mehr erreicht als eine politische Vereinbarung; sie haben etwas über sich selbst erfahren.

Bevor ich mit dieser Arbeit beginnen konnte, kam es vor allem darauf an, die Sowjets daran zu hindern, störend in die Verhandlungen einzugreifen, denn dann wäre unter Umständen alle Mühe umsonst gewesen. Die Entspannungspolitik hat mir dabei geholfen, ebenso aber auch das Verfahren, auf das wir uns für diese Verhandlungen geeinigt hatten. Aber der Erfolg war hier in erster Linie der strategischen Realität zu verdanken, die durch unsere Politik entstanden war – der Tatsache, daß wir die einzige Macht waren, die mit allen Beteiligten sprechen und dabei etwas erreichen konnte.

Im Februar war es mir gelungen, Israel und Syrien zur Entsendung von Sonderbotschaftern nach Washington zu veranlassen, um getrennt voneinander mit mir über die Truppenentflechtung zu sprechen. Dadurch wollte ich vermeiden, den völlig unannehmbaren israelischen Plan für die Truppenentflechtung Asad persönlich vorzulegen. Die israelischen Vorschläge waren in Wirklichkeit auch weniger ein Plan als ein taktischer Schachzug, der es Israel erlauben sollte, aus der Kabinettskrise herauszukommen, bevor es in ernsthafte Verhandlungen eintrat. Ich lud Moshe Dayan ein, mich nach meiner Moskau-Reise im März zu besuchen, denn so würde ich der sowjetischen Führung nicht sagen müssen, was er mitgebracht hatte. Ich rechnete jedoch nicht damit, daß seine Vorschläge schon eine befriedigende Verhandlungsgrundlage sein würden. Der Besuch des syrischen Sonderbotschafters sollte nach der Abreise des Präsidenten Asad nach Moskau Mitte April erfolgen. Auf diese Weise wollte ich vermeiden, daß Syrien sich von den Sowjets den Rücken stärken ließ, um uns unter Druck zu setzen.

Diese taktischen Schachzüge würden mir nichts genützt haben, wenn Asad und Sadat nicht begriffen hätten, daß es in ihrem Interesse lag, wenn die Vereinigten Staaten die Vermittlung übernahmen. Bei Sadat war ich mir meiner Sache sicher, aber Asad war noch nie wirklich auf die Probe gestellt worden. Dazu ergab sich sehr bald eine Gelegenheit. Als ich vom 24. bis zum 28. März in Moskau war, verlangten Breschnew und Gromyko, daß die Truppenentflechtung an der syrischen Front in Gegenwart sowjetischer Vertreter in Genf ausgehandelt werden sollte. Ich war noch immer überzeugt, daß wir auf diese Weise nichts erreichen würden; daher berief ich mich wie im Februar, als ich diesen Vorschlag abgelehnt hatte, auch jetzt auf die arabischen Freunde der Sowjetunion. Von Moskau aus bat ich Sadat und Asad telegrafisch um ihre Stellungnahme.

Fahmy forderte mich in Sadats Namen auf, nicht nachzugeben, auch wenn Asad zustimmen sollte. Ich hatte damit gerechnet, denn Sadat hatte es noch nötiger als wir zu zeigen, daß nur die Vereinigten Staaten im Nahen Osten etwas erreichen konnten. So mutig Sadats Haltung auch gewesen ist, ich weiß nicht, wie er sich mit seiner Forderung, nur die Vereinigten Staaten dürften die Vermittlung übernehmen, durchsetzen wollte, wenn Asad sich dagegen ausgesprochen hätte. Nichts zeigte so deutlich die schwache Position der Sowjetunion wie die Tatsache, daß Asad es nicht tat. Wenige Stunden nach Empfang meiner Anfrage teilte mir Asad mit, daß er sich an das vereinbarte Verfahren halten werde. Er könnte sich mit einer Verlegung der Gespräche nach Genf nur einverstanden erklären, *nachdem* die Vereinbarungen in großen Zügen von mir »im Gebiet selbst« ausgearbeitet worden wären. In Genf könnten dann die letzten noch nicht erledigten Details geklärt werden. Es gäbe keinen Grund, von dem Anfang März vereinbarten Verfahren abzuweichen. Es war immerhin bemerkenswert, daß der syrische Präsident lieber *ohne* seinen Hauptverbündeten verhandeln wollte.

Aber deshalb gaben die Sowjets ihre Versuche noch nicht auf. Es folgte eine typische und sehr durchsichtige sowjetische Fehlinformation. Im Nahen Osten wurde plötzlich verbreitet, daß ich den Sowjets in Moskau gesagt hätte, Israel werde die Golan-Höhen niemals räumen. Am 30. März schrieb ich an Asad und dementierte diesen Bericht mit aller Entschiedenheit. Asad antwortete am 2. April, akzeptierte meine Version und bezeichnete die Berichte als einen böswilligen Täuschungsversuch und erklärte ausdrücklich, daß er solchen Gerüchten keinen Glauben schenkte.

Es folgten zwei aufeinander abgestimmte Versuche, uns unter Druck zu setzen. Gromyko sprach mit Nixon in Washington, während Breschnew versuchte, Asad in Moskau unter Druck zu setzen. Gromyko, der an der Sondersitzung der Vollversammlung der Vereinten Nationen in New York teilgenommen hatte, kam am 12. April nach Washington und beschwerte sich mit harten Worten bei Nixon. Er bezeichnete unser Vorgehen als »separatistisch«; er werde sich nicht mit Konsultationen zufriedengeben, mit denen er nur auf dem laufenden gehalten würde. Die Sowjets verlangten ein gemeinsames Vorgehen. Allerdings konnte Gromyko nicht konkret sagen, was er damit meinte. Vor dem Gespräch mit Gromyko hatte ich Nixon eine Denkschrift geschickt und ihn gewarnt:

> Jede direkte Beteiligung der Sowjets an den Verhandlungen im Nahen Osten wird die Chancen für einen Erfolg der Friedensbemühungen wesentlich verringern. Erstens wünschen Sadat und Asad ebenso wie Israel ihre Teilnahme nicht. Zweitens wollen sie alle Probleme in einem großen Paket zusammenschnüren und in Genf darüber verhandeln, und wir glauben, daß das ganze Unternehmen ins Stocken geraten wird, wenn wir die Verhandlungen nicht in einzelne Abschnitte aufteilen, die sich politisch handhaben lassen. Wir müssen daher die Sowjets auch weiterhin ausschließen, während wir vor der Öffentlichkeit diesen Ausschluß herunterspielen und ihnen privat erklären, wir würden sie über jeden Schritt in den Verhandlungen auf dem laufenden halten. Wir sind bereit, ganz allgemein über die Truppenentflechtung an der syrisch-israelischen Front mit ihnen zu sprechen oder theoretisch die künftige Rolle der Genfer Konferenz zu erörtern, wir wollen aber nicht so weit in die Einzelheiten gehen, daß die Sowjets in die Lage versetzt werden, sich bestimmten Vorschlägen zu widersetzen.

Nixon hat sich erstaunlich gut in diesem Dickicht zurechtgefunden. Er sagte Gromyko, nichts läge ihm ferner, als Moskau auszuschließen. Unsere ganze Strategie wäre darauf gerichtet, den Sowjets eine entscheidende Rolle zukommen zu lassen – was für mich eine ebenso große Neuigkeit war wir für Gromyko. Die Vereinigten Staaten beschäftigten sich nur mit den Teilproblemen, bei denen sie glaubten, allein am besten voranzukommen. Wenn Gromyko die Rollen tauschen wollte, um die Israelis zu einer Vereinbarung über die Golan-Höhen zu veranlassen, dann hätten wir nichts dagegen, wenn er es versuchte. In diesem Fall würden wir gerne die Verhandlungen mit den Syrern übernehmen. (Aber natürlich würden die Sowjets auch in diesem Fall draußen bleiben, denn es gab keine Frage, in der sie die Möglichkeit hatten, Israel wesentlich zu beeinflussen.) Doch Nixon tat, als gingen ihn Kleinigkeiten wie die Modalitäten von Verhandlungen, über die man sich schon geeinigt hätte, nichts mehr an. Wie im Februar überließ er die Lösung dieses technischen Problems den Außenministern, denen es ihre Stellung verbot, eine so erhaben distanzierte Stellung einzunehmen: »Ich hoffe, Sie und Dr. Kissinger werden sich verständigen, damit wir unserem Ziel näherkommen, der Friedensregelung, die wir beide anstreben. Ich überlasse das Ihnen beiden, und Dobrynin kann die Rolle des Unparteiischen übernehmen.«

Ich selbst schlug Gromyko ein Treffen in Genf für Ende April auf meiner Heimreise von Syrien vor. Gromyko schlug als Treffpunkt Damaskus vor. Aber zu einem Treffen gehören zwei, und ich wollte mit einem Zusammentreffen in einer Hauptstadt des Nahen Ostens nicht den Eindruck eines amerikanisch-sowjetischen Kondominiums erwekken.

Asad hielt natürlich den Schlüssel in der Hand. Er hätte unsere Politik jederzeit torpedieren können. Wie sehr es auf ihn ankam, zeigte auch der Empfang, den man ihm in Moskau bereitete. Bei dem Essen, das Breschnew im Kreml zu seinen Ehren gab, erklärte der Parteisekretär, »Ersatzpläne« für die Truppenentflechtung würden bedeuten, daß »an die Stelle einer Gesamtregelung Teilvereinbarungen einer anderen Art« treten. Dann dankte er Syrien pathetisch dafür, daß es »die Bedeutung der Teilnahme der Sowjetunion« an einer Friedensregelung anerkannt habe. Was das bedeuten sollte, war unklar. Es konnte sich nicht auf die laufenden Verhandlungen beziehen.

In dem gemeinsamen sowjetisch-syrischen Kommuniqué vom 16. April hieß es, jede Truppenentflechtung müsse Teil einer umfassenden Friedensregelung im Nahen Osten sein. Beide Seiten hätten über die weitere Stärkung der militärischen Kapazität Syriens gesprochen und die notwendigen Schritte dazu festgelegt. Schließlich wurde noch eine brennende Lunte ans Pulverfaß gelegt, denn die Sowjets bestätigten das »unveräußerliche Recht« Syriens, »alle wirksamen Mittel für die Befreiung ihrer besetzten Gebiete anzuwenden«.[1]

Der überzeugte Nationalist Asad nahm die sowjetischen Waffen an, nicht aber das sowjetische Programm. Am 18. April schrieb er mir, daß er während seines Aufenthalts in Moskau seinem Gesprächspartner einen allgemeinen Überblick über die Aktivitäten gegeben hätte, die im Rahmen der Truppenentflechtung erfolgen müßten. Aber – und das war das Wichtige – er behauptete, daß er keine Vereinbarung getroffen habe, die dem Verfahren zuwiderlaufen könnte, über das er sich mit mir geeinigt hätte. Mit anderen Worten, so großzügig er auch in Moskau aufgenommen worden war, Asad würde sich an den Plan halten, nach dem die Sowjets nicht an den Verhandlungen beteiligt werden sollten. Was Gromykos Wunsch betraf, sich in Damaskus mit mir zu treffen, so ging Asad so weit, wie er es wagen konnte, sich von den sowjetischen Wünschen zu distanzieren. Er erklärte, die Sowjets hätten mit ihm nicht über diesen Punkt gesprochen. Syrien wäre einverstanden, wenn dieses Treffen »dem gemeinsamen Wunsch« beider Supermächte entspreche. Mit anderen Worten, Asad wollte ein solches Treffen nicht vorschlagen und auch nichts dagegen unternehmen, wenn ich ablehnte. Er wollte aber auch nicht der Prügelknabe sein. Diese Ehre überließ er mir. Noch am gleichen Tag erläuterte ein Berater des syrischen Präsidenten, der fürchtete, sein Chef könnte sich nicht deutlich genug ausgedrückt haben, unserem Geschäftsträger Tom Scotes die Haltung Syriens. Er sagte noch einmal, daß, wenn beide Seiten dieses Treffen wünschten, Syrien einverstanden sein werde, aber Damaskus werde ihm nicht zustimmen, wenn Washington es nicht wünschte. Das war deutlich genug.

Ein Treffen zwischen Gromyko und mir in Genf genügte den Sowjets natürlich nicht. Es war aber mehr, als Ägypten lieb war. Am 18. April – an diesem Tag erklärte Sadat öffentlich, daß die Ära zu Ende gegangen wäre, in der Ägypten ausschließlich auf die Militärhilfe der Sowjetunion angewiesen war – suchte der ägyptische Außenminister Ismail Fahmy Nixon auf. Er war in die Vereinigten Staaten gekommen, um an einer Sitzung des Sicherheitsrats der Vereinten Nationen teilzunehmen, auf der den Libanon betreffende Fragen behandelt wurden. Fahmy unterstrich, was er uns schon von Kairo aus mitgeteilt hatte, daß nämlich jede sichtbare Beteiligung der Sowjetunion an den Vorgängen im Nahen Osten den amerikanischen Einfluß und Sadats Handlungsfreiheit unterminieren werde. Er sagte, Ägypten brauchte die politische Unterstützung Amerikas und »rotes Licht« für die Sowjets. Hilfsbereite europäische Verbündete hätten ihm schon gesagt, daß wir uns verpflichtet hätten, im Nahen Osten gemeinsam mit der Sowjetunion vorzugehen. Nun fiel es uns nicht schwer, Fahmy unsere Strategie zu erläutern. Allerdings hatten wir nicht das gleiche Interesse wie Ägypten, Moskau zu demütigen und den Sowjets zu zeigen, wie wenig sie im Nahen Osten ausrichten konnten, denn Ägypten mußte seinen Entschluß rechtfertigen, die engen Beziehungen zur Sowjetunion aufzugeben und eng mit den Vereinigten Staaten zusammenzuarbeiten.

Die arabische Welt

Der Umstand, daß die Sowjets nicht an den Verhandlungen beteiligt wurden, gab den Vereinigten Staaten relativ freie Hand, denn auch die arabischen Führer waren sich darin einig, daß es jetzt vor allem darauf ankam, die Verhandlungen zwischen Syrien und Israel zum Abschluß zu bringen. Radikale Führer wie Asad und Boumedienne vertraten diese Auffassung ebenso wie die gemäßigten Regierungschefs Faisal und Hussein. Sogar Yassir Arafat von der PLO war der gleichen Auffassung.

Die PLO ließ Anfang 1974 wieder etwas von sich hören. Auf Arafats Beteiligung legten wir ebensowenig Wert wie darauf, mit Gromyko am gleichen Tisch zu sitzen, denn wir betrachteten die PLO als eine potentiell zersetzende Kraft.

Man muß sich daran erinnern, welche Rolle die PLO damals spielte. Auch die meisten arabischen Staaten erkannten diese Organisation nicht als die einzige Vertretung der Palästinenser an, und uns stellte sie sich in erster Linie als eine terroristische Gruppe dar. Das Programm der PLO verlangte noch immer die Vernichtung Israels und die Schaffung eines weltlichen Staates in Palästina. Bei dem einzigen Gespräch, das wir auf höherer Ebene mit der PLO geführt hatten, war uns ausdrücklich erklärt worden, daß es ihr Ziel wäre, die Haschemiten-Monarchie in Jordanien zu vernichten.

Ich habe im 8. Kapitel die Begegnung zwischen einem ranghöheren PLO-Führer und dem damaligen Direktor der CIA, General Vernon Walters, im November 1973 geschildert. Wir hatten in der schwierigen Phase unmittelbar nach dem Kriege die PLO beruhigen wollen, um nicht bei den Vorbereitungen für die Genfer Konferenz und die Truppenentflechtung an der ägyptisch-israelischen Front gestört zu werden. Jetzt befanden wir uns in einer ähnlich kritischen Situation.

Da wir die Araber (und die Israelis) von unseren Absichten unterrichtet hatten, konnte es uns nicht überraschen, wenn auch die PLO sich einzuschalten versuchte. Allerdings konnten wir sie nicht als Verhandlungspartner akzeptieren, solange sie ihre terroristischen Ziele nicht aufgab und Israel nicht anerkannte. Wenige Tage nach Abschluß meiner Reisen durch den Nahen Osten im Januar 1974 unterrichtete Sadat unseren Botschafter Hermann Eilts über die Haltung der Araber nach der Truppenentflechtung. Sadat erwähnte, daß er mit Arafat und König Hassan von Marokko gesprochen hatte, und sagte, falls ich es wünschte, ließe sich jederzeit ein Treffen zwischen mir und dem PLO-Führer arrangieren. Ich ging auf diesen Vorschlag nicht ein.

Am 10. Februar machte Fahmy den Vorschlag, Eilts sollte in Kairo die Verbindung zu Vertretern der PLO aufnehmen. Uns lag nichts daran, unsere Ägypten-Politik mit der PLO zu verknüpfen oder das ägyptische Prestige bei undurchsichtigen Verhandlungen über das Jordan-Westufer aufs Spiel zu setzen. Als die PLO daher am 12. Februar über Marokko ein neues Treffen mit Walters vorschlug, schienen sich damit mehrere Probleme gleichzeitig lösen zu lassen. Die uns in Kairo gemachten Angebote wurden gegenstandslos; einer Reihe kleinerer Mitglieder der OPEC würde die Entscheidung über das Ölembargo erleichtert werden; vor allem aber ließ sich vielleicht die Atmosphäre für die bevorstehenden syrischen Verhandlungen entschärfen. Deshalb stimmten wir am 16. Februar einem weiteren Treffen zwischen Walters und einem Vertreter der PLO in Marokko zu.

Die Begegnung fand am 7. März statt. Wieder erhielt Walters nur die Anweisung, sich anzuhören, was der Vertreter der PLO zu sagen hatte. Er wollte Zeit gewinnen, denn das war vor allem unsere Absicht, und sagte dem PLO-Führer, daß wir die Kontakte erst aufnehmen könnten, wenn die Truppenentflechtung an der syrischen Front abgeschlossen wäre. Auch der Vertreter der PLO hatte uns nichts anderes zu sagen als bei der ersten Begegnung. Er versuchte, uns unter Druck zu setzen, und erklärte, die PLO hätte auch die Möglichkeit, mit der Sowjetunion zu verhandeln. Im übrigen stünden ihr beträchtliche finanzielle Mittel aus Ölverkäufen zur Verfügung. Er behauptete auch, einen Angriff gegen mein Flugzeug verhindert zu haben, als ich im Dezember Beirut besuchen wollte (siehe 17. Kapitel). Walters wies darauf hin, es hätte mir keine besondere Freude gemacht, zu erfahren, daß im Februar in Damaskus ein Attentat gegen mich geplant worden wäre (siehe 21. Kapitel). Der General warnte den PLO-Führer wie in seinem ersten Gespräch vor gegen die Vereinigten Staaten gerichteten terroristischen Anschlägen. Weder Walters noch der Vertreter der PLO erwähnten irgendwelche mit der Friedensregelung in Zusammenhang stehende Fragen.

Am 20. April setzte sich ein Beauftragter Arafats mit einem Angehörigen der amerikanischen Botschaft in Beirut in Verbindung und fragte ihn, welche Haltung die Vereinigten Staaten zur Teilnahme der PLO an den Genfer Verhandlungen einnehmen würden. Am 1. Mai, nach Beginn meiner Verhandlungen über die Truppenentflechtung an der syrischen Front, ließen wir ihm eine beschwichtigende Antwort zukommen. Während meiner Amtszeit haben wir, abgesehen von technischen Kontakten auf niedriger Ebene während der Libanon-Krise von 1976, keine Gespräche mehr mit der PLO geführt.

Es ließ sich aber deutlich erkennen, in welche Richtung die Entwicklung ging. Je länger sich die Verhandlungen über die Aufhebung der israelischen Besetzung am Jordan-Westufer hinzogen, desto mehr wuchsen der politische Status und das politische Gewicht der PLO. Die Pattsituation am Jordan-Westufer war eine Demütigung für König Hussein, denn sie widerlegte seine Behauptung, daß der von ihm verfolgte gemäßigte Kurs dazu führen werde, palästinensisches Gebiet wieder unter arabische Kontrolle zu bringen.

Als Hussein am 12. März nach Washington kam, war er verständlicherweise düsterer Stimmung. Nachdem ich im Januar in Akaba mit ihm gesprochen hatte, war er meinem Rat gefolgt und hatte seine bescheidenen Vorstellungen über eine Truppenentflechtung am Jordan den Israelis direkt vorgelegt. Der Zeitpunkt, zu dem das geschah, zeigte deutlich, wie ungeduldig Hussein war, denn es hatte wenig Sinn, mit den Israelis über das Jordan-Westufer zu sprechen, während ein neues Kabinett gebildet wurde. Wie nicht anders zu erwarten, lehnten die Israelis Husseins Vorschlag rundweg ab. Sie machten den schon bekannten Gegenvorschlag, Jordanien sollte die Zivilverwaltung am Westufer übernehmen, während Israel das Gebiet auch weiterhin militärisch besetzt hielt.* Darauf konnte Jordanien nicht eingehen. Es war

* Die von Menachim Begin geführte und damals in der Opposition stehende Likud-Partei lehnte sogar diesen Vorschlag ab. Als Begin Ministerpräsident geworden war, übernahm er in dieser Frage die Haltung der Arbeiter-Partei und bezeichnete die von ihr vorgesehene Regelung als »Autonomie«.

ein erstaunlicher Beweis dafür, wie wenig sich die Israelis psychologisch in die Lage der Araber versetzen konnten, daß sie diesen Vorschlag ständig wiederholten. Auch der gemäßigste arabische Regierungschef hätte die Verwaltung eines von Israel besetzten Jordan-Westufers niemals übernehmen können.

Hussein war deprimiert. Er wußte, er durfte nicht erwarten, daß das israelische Kabinett sich gleichzeitig mit den Golan-Höhen und dem Jordan-Westufer beschäftigte, und war sich auch der Tatsache bewußt, daß es angesichts der explosiven militärischen Lage auf dem Golan und des dringenden Verlangens aller arabischen Staaten notwendig war, zuerst über die Truppenentflechtung an der syrischen Front zu verhandeln. Aber Hussein machte sich Gedanken darüber, ob nicht die gleiche Kräfteverteilung ihn auch später daran hindern könnte, seine Probleme mit Israel zu lösen. Deshalb dachte er ernsthaft daran, die Verhandlungen endgültig abzubrechen. Damit bliebe jedoch die PLO der einzige denkbare Verhandlungspartner für Israel, und Hussein war immer noch davon überzeugt, daß die PLO ihre Feindschaft gegen ihn und seine Dynastie nicht aufgeben werde.

Ich hatte volles Verständnis für Husseins Haltung. Während seines Besuchs bei Nixon am 12. März sagte ich: »Israel hat sich den realen Alternativen nicht gestellt. Die Israelis müssen entweder mit König Hussein oder mit Arafat verhandeln. Die Israelis können nicht beide Verhandlungspartner ablehnen.« Aber ich wußte auch, daß sich an den Prioritäten nichts ändern ließ. Wir mußten den Abschluß der syrischen Verhandlungen abwarten, bevor wir uns dem Jordan-Westufer zuwandten, denn wir wollten nicht, daß sich die radikalen Araber wütend auf Jordanien stürzten oder daß Asad in seiner Enttäuschung Sadat dafür verantworlich machte, wenn die syrisch-israelischen Verhandlungen ins Stocken gerieten. Angesichts der gespannten innenpolitischen Lage in Israel und in den Vereinigten Staaten war ich mir nicht sicher, ob wir nur einer intellektuellen Theorie oder einem konkreten Operationsplan folgten. Ich fühlte mich wie jemand, der in einem Alptraum auf die Eisenbahnschienen gebunden ist und versucht, sich loszureißen, während der Zug auf ihn zudonnert. Was das Jordan-Westufer betrifft, so ist es uns nicht mehr gelungen, rechtzeitig freizukommen.

Ein Vorspiel zur neuen Verhandlungsrunde

Wir hatten keine Veranlassung, den Verhandlungen zwischen Israel und Syrien mit großem Optimismus entgegenzusehen. Die Aussichten, zwischen zwei Nationen, die einander so sehr mißtrauten, eine Vereinbarung zustande zu bringen, waren niemals besonders günstig gewesen. Die täglichen Artillerieduelle auf den Golan-Höhen gingen weiter. Es zeigten sich aber auch andere Wolken am Horizont.

Am bedenklichsten war die sich immer länger hinziehende Kabinettskrise in Israel. Die Parteien rangen erbittert und leidenschaftlich um die Regierungsbildung, ohne zu einem Ergebnis zu kommen. Sie alle stellten extrem hohe Forderungen, bevor sie sich bereit erklärten, der Koalition beizutreten, besonders die national-religiöse Partei, auf die Golda Meirs Arbeiter-Partei als Koalitionspartner angewiesen war. Bei dem Meinungsstreit ging es unter anderem auch um Moshe Dayans Persönlichkeit. Als Verteidigungsminister machte man ihn immer noch dafür verantwortlich, daß die Araber im Oktober einen so erfolgreichen Überraschungsangriff hatten führen können. Wie ich im 21. Kapitel berichtet habe, erklärte er am 25. Februar in dramatischer Form, daß er für das neue Kabinett nicht zur Verfügung stehen werde. Sein Kollege und Jünger Shimon Peres folgte seinem Beispiel. Aber damit verlor Golda die acht Sitze von Dayans Gefolgsleuten, und die religiöse Partei weigerte sich, die Koalition zu verlassen. Nachdem Golda selbst mit dem Rücktritt gedroht hatte, war es am 4. März gelungen, Dayan umzustimmen. Die Artillerieduelle mit den Syrern auf den Golan-Höhen hatten sich intensiviert, was Golda ausnutzte, um Dayan zu sagen, daß es angesichts einer neuen Kriegsdrohung seine Pflicht wäre, sich zur Verfügung zu stellen. Am 10. März konnte Golda ihre neue Regierung vorstellen, in der Dayan und Peres ihre bisherigen Posten übernahmen.

Aber der Sturm, dem die neue Regierung Meir standhalten mußte, hatte sich noch nicht gelegt. Am 2. April legte der Agranat-Ausschuß, der im November gebildet worden war, um zu untersuchen, wo die Nachrichtendienste im Oktober versagt hatten, seinen ersten Bericht vor. Er konzentrierte sich auf die »direkte Verantwortlichkeit« einzelner Persönlichkeiten, die angeblich versäumt hatten, etwas gegen den bevorstehenden arabischen Angriff zu unternehmen. Zu ihnen gehörte auch der Chef des Stabes, General David Elazar, der sofort zurücktrat. Es ist eine in der Innenpolitik immer wieder zu beoachtende Regel, daß die Opfer, die auf dem Höhepunkt einer Krise angeboten werden, die Stimmung nur aufheizen, anstatt sie zu beruhigen; ich habe noch nie etwas anderes erlebt. Nach dem Rücktritt von Elazar konzentrierten sich die Angriffe daher auf seinen Vorgesetzten Dayan, denn man konnte kaum behaupten, daß der Verteidigungsminister für die Maßnahmen seines Chefs des Stabes nicht verantwortlich wäre.

Nun war es nur noch eine Frage der Zeit, daß auch Golda von der Sturmflut ergriffen wurde. Weil sie diese Situation erkannte, sagte Golda am 10. April der Führungsmannschaft ihrer Partei, sie hätte jetzt genug. Am 11. April gab sie vor dem Parlament ihre offizielle Rücktrittserklärung bekannt. Bis zur Wahl ihres Nachfolgers mußte sie die Führung einer Übergangsregierung übernehmen. Der Kandidat für den Posten des Ministerpräsidenten war mein alter Freund Yitzhak Rabin, ein ehemaliger Kriegsheld, Chef des Stabes und Botschafter in Washington. Nun war es seine Aufgabe, mit den zerstrittenen israelischen Parteien zu verhandeln und eine Koalition zu bilden. Deshalb überschnitten sich die syrisch-israelischen Verhandlungen mit den Koalitionsverhandlungen, was unsere ohnedies nicht leichte Aufgabe komplizierte.

Das außenpolitische Problem, das Ende März 1974 die Gemüter in Israel erregte, war nicht die Truppenentflechtung an der syrischen Front, sondern das Inkrafttreten der mit Ägypten getroffenen Vereinbarungen. Die Truppenentflechtung auf der Sinai-Halbinsel war am 5. März abgeschlossen. Unmittelbar darauf begann die Überprüfung der neuen Stellungen durch die Vereinten Nationen und amerikanischen Aufklärungsflüge. Am 10. März stellte man fest, daß Ägypten in der Dreißig-Kilometer-Zone, wo keine Flugabwehr-Raketen in Stellung gebracht werden durften, drei Stellungen ausgebaut hatte, in denen Boden-Luft-Raketen aufgestellt werden konnten. Die Inspekteure der Vereinten Nationen konnten die Frage nicht beantworten, ob Stellungen ohne Waffen technisch eine Verletzung der Vereinbarungen darstellten. Auf jeden Fall entsprachen sie nicht dem Geist der Vereinbarungen, denn sie ermöglichten es Ägypten, praktisch über Nacht neue Waffen in der verbotenen Zone zum Einsatz zu bringen. Außerdem stellte sich heraus, daß Ägypten in der Zone, für die bestimmte Begrenzungen in der Bewaffnung der dort eingesetzten Truppen vorgeschrieben waren, die doppelte Zahl der 122-Millimeter-Haubitzen eingesetzt hatte, die nach unserer Auffassung dort stehen durften (es waren zweiundsiebzig und nicht sechsunddreißig). Auch die Zahl der Panzer war um sechs überschritten worden.

Diese Vertragsverletzungen konfrontierten uns mit einem Problem. Ich glaubte genau zu wissen, wie Israel reagieren würde. Die Israelis hatten als Gegenleistung für Sicherheitsgarantien Gelände geräumt. Wenn sie zuließen, daß ihre Sicherheit allmählich ausgehöhlt wurde, dann mußte aus der vereinbarten schrittweisen Räumung ein bedingungsloser Rückzug werden. Ich war aber auch überzeugt davon, daß Sadat seine Strategie für so unwesentliche Gewinne nicht bewußt aufs Spiel setzen würde. Es war durchaus möglich, daß die Verletzungen der Vereinbarungen entweder die Folge von Mißverständnissen hinsichtlich der Vertragsbedingungen oder Maßnahmen unterer Organe waren, von denen Sadat nichts wußte. Wir brauchten jedenfalls Sadats Unterstützung bei den Verhandlungen mit Syrien.

Ich hielt es daher für unnötig und unklug, aus dieser Angelegenheit sofort eine öffentliche Konfrontation mit Sadat zu machen. Offiziell erhobene Vorwürfe könnten Ägypten zu einer Kraftprobe veranlassen, um sein Prestige zu wahren, oder Sadat demütigen, weil er vor den Augen der Öffentlichkeit gezwungen würde nachzugeben. Deshalb schickte ich einen Fachmann unseres Nachrichtendienstes zu Sadat und nach Israel, um beide Regierungen über die Ereignisse unserer Aufklärungsflüge zu unterrichten. Sadat sollte als erster informiert werden. Ich wies den Beamten an, dem ägyptischen Präsidenten zu sagen, daß der nächste Aufklärungsflug in einer Woche stattfinden werde. Damit hatte Sadat Gelegenheit, etwaige Vertragsverletzungen zu korrigieren, ohne sie offiziell eingestehen zu müssen. Als die Luftaufnahmen unserer Aufklärung bei uns eintrafen, dauerte es noch einige Tage, bevor wir den Fachmann auf die Reise schicken konnten. Das israelische Kabinett sollte von demselben Beamten des Nachrichtendienstes zwei Tage später als Sadat von den Aufklärungsergebnissen in Kenntnis gesetzt werden.

Bei Sadat stießen wir auf keine Schwierigkeiten; er befahl sofort den Abzug *aller* Panzer vom Westufer des Kanals und erfüllte damit das

Versprechen, das er mir bei unseren Gesprächen über die Truppenentflechtung gemacht hatte. Die überhöhte Zahl der Geschütze war, wie Sadat erklärte, als Folge eines technischen Mißverständnisses in dieser Zone in Stellung gebracht worden. Nach den Bestimmungen der Vereinbarungen waren sechs Batterien zugelassen. Die Israelis (und wir) hatten angenommen, daß eine ägyptische Batterie sechs Geschütze hätte, in Wirklichkeit hatte sie aber zwölf. Trotzdem befahl Sadat in Gegenwart unseres Botschafters Eilts dem ägyptischen Kriegsminister, die überzähligen Geschütze abzuziehen und damit den Vereinbarungen in unserem Sinne Genüge zu leisten.

Leider durften wir nicht damit rechnen, daß eine israelische Übergangsregierung diese Angelegenheit auf die leichte Schulter nahm. Irgendwie bekam die Presse Wind davon, daß Israel den Ägyptern »Verstöße« zum Vorwurf machte, besonders wegen der überzähligen Geschütze – und gerade das hatten wir vermeiden wollen. Am 21. März sprach ich mit Dinitz: »Ich bitte Sie, lassen Sie es nicht zu einer Debatte über das Verhalten Ägyptens kommen. Ägypten kann in Syrien nichts für Sie tun, wenn Sie es ständig angreifen.« Da ich fürchtete, daß die ägyptischen Militärs Sadats Befehle nicht sofort ausgeführt haben könnten, sprach ich am 22. März mit Fahmy und sagte ihm, es hätte im Januar große Anstrengungen gekostet, das israelische Kabinett zur Annahme der nun vereinbarten Beschränkungen zu bewegen. Ich hätte daher »eine persönliche Verantwortung dafür, daß die Zahl der Geschütze auf insgesamt sechsunddreißig beschränkt wird. Ich hoffe, daß dieses Mißverständnis ohne weitere Schwierigkeiten bereinigt werden kann.«

Fahmy erklärte sich widerwillig bereit, den Abzug der Geschütze zu beschleunigen, sagte aber, daß dafür gewisse organisatorische Umstellungen erforderlich wären, die nicht bis zum nächsten Aufklärungsflug am 25. März abgeschlossen werden könnten. Um es den Ägyptern leichter zu machen, veranlaßte ich die Verschiebung der Aufklärungsflüge um einige Tage, was zu heftigen Auseinandersetzungen mit Golda führte. Ihre Kritiker beschuldigten sie immer noch der Nachlässigkeit vor dem Oktober-Krieg und behaupteten sogar, sie wäre auch jetzt viel zu weich. Deshalb schickte sie mir kurz vor meiner Abreise nach Moskau am 23. März ein Ultimatum: Wenn die überzähligen Geschütze nicht bis zum 27. März abgezogen seien, werde Dayan seinen für den 29. März vorgesehenen Besuch in Washington absagen, wo er die Verhandlungen über die Truppenentflechtung an der syrischen Front beginnen sollte.

Wenn es etwas gab, das mir unangenehmer wäre als eine Konfrontation mit Sadat, dann war es ein Scheitern der syrischen Verhandlungen eine Woche nach der Aufhebung des Ölembargos. Asad war auf die von mir arrangierte Scharade eingegangen, um Israel die Überwindung seiner innenpolitischen Krise zu ermöglichen. Wenn jetzt aber Dayans Reise abgesagt wurde – das einzige konkrete »Ergebnis« meiner bisherigen Bemühungen –, dann wurde Syrien wieder in die Konfrontation gezwungen und den Sowjets in die Arme getrieben, besonders da Asad demnächst nach Moskau reisen sollte. Wenn die Truppenentflechtungs-Verhandlungen zwischen Syrien und Israel mit ägyptischen

Kontroversen verknüpft wurden, mußte sich die Nahost-Krise noch mehr ausweiten, und unsere Bemühungen, sie schrittweise und in Einzelprobleme aufgeteilt beizulegen, wären umsonst gewesen – und das alles wegen der Einhaltung bestimmter Termine für den Abzug von sechsunddreißig Haubitzen, mit dem sich Sadat schon einverstanden erklärt hatte.

Deshalb setzte ich mich sofort mit Dinitz in Verbindung und beschwerte mich in sehr scharfer Form: »Es kann nicht in Ihrem Interesse liegen, mit Sadat in eine öffentliche Konfrontation zu geraten ... Sie können doch um Himmels willen aus diesen Verstößen keine Staatsaffäre machen, während ich in Moskau bin.« Ich drohte ihm, daß, wenn Dayan nicht zum vereinbarten Termin in Washington erschiene, ich mich nicht mehr an den Verhandlungen beteiligen würde. Rückblikkend muß ich allerdings sagen, daß ich nicht weiß, wie ein Verzicht der Vereinigten Staaten uns hätte nützen können oder weshalb Israel einen solchen Schritt hätte bedauern müssen. Mit einem Wutanfall konnte man jedenfalls Golda nicht beeindrucken, es sei denn, man verlangte etwas, das auch in ihrem Interesse lag. Doch nachdem sie der Opposition im eigenen Lande gezeigt hatte, daß sie auch hart sein konnte, zog sie ihr Ultimatum zurück. Am 3. April teilte Kairo uns mit, daß die Geschütze abgezogen wären. Die Aufnahmen unserer Aufklärungsflugzeuge bestätigten diese Meldung. Während der nun folgenden schwierigen Verhandlungsphase blieb es an der ägyptischen Front ruhig.

Ein neuer Besuch Dayans

Einen Tag nach meiner Rückkehr aus Moskau – am Vorabend meiner Hochzeit –, am 29. März, begannen endlich die syrischen Verhandlungen mit dem schon lange erwarteten Besuch Dayans in Washington. Die Reise eines Diplomaten konnte kaum mit größeren Erwartungen belastet sein als diese. Seit Monaten hatten wir Dayans Besuch zum Vorwand genommen, konkrete Vorschläge immer wieder hinauszuschieben. Aber auch Dayan konnte die Entwicklung nicht sehr viel weiterbringen. Man merkte ihm die Auswirkungen der häßlichen, demütigenden und ungerechtfertigten Angriffe an, denen er im eigenen Lande ausgesetzt gewesen war. Es war ihm unmöglich, sich innerlich von seinen Gegnern zu distanzieren, denn er war äußerst empfindlich. Ichbezogen, künstlerisch begabt, hoch intelligent und sehr geschickt im Umgang mit anderen Menschen, war Dayan emotional trotzdem sehr stark von ihrer Meinung über ihn abhängig. Unter normalen Umständen war er von allen führenden Politikern in Israel der geistvollste. Wenn er sich abgelehnt fühlte, zog er sich zurück und grollte. Doch auch wenn er weniger empfindlich gewesen wäre, hätte Dayan in der gegenwärtigen Lage große Schwierigkeiten gehabt, bei den Verhandlungen über die Truppenentflechtung auf den Golan-Höhen einen Durchbruch zu erzielen. Denn das israelische Kabinett, das um sein Überleben kämpfte, sollte ein Gebiet räumen, das die israelische Armee unter gewaltigen blutigen Verlusten einem verhaßten Feind entrissen hatte, ohne etwas Wesentliches dafür zu gewinnen.

Wir wollten in diesen Gesprächen feststellen, wie weit Israel gehen konnte und um welchen Preis es nicht nur auf die im Oktober-Krieg von 1973 besetzten Gebiete verzichten würde (dieser Krieg war von Syrien begonnen worden), sondern auch einen symbolischen Gebietsstreifen räumen könnte, den Israel schon 1967 besetzt hatte. 1973 hatten die Israelis im Südabschnitt der syrischen Front nur unwesentliche Geländegewinne gemacht, aber im Norden war eine große Frontausbuchtung von Westen nach Osten auf syrischem Gebiet entstanden, die bis auf zweiunddreißig Kilometer an Damaskus heranreichte und den Hermon-Berg einschloß, der die Ebene beherrschte, in der Damaskus lag. Nach der Truppenentflechtung würde zwischen den israelischen und syrischen Streitkräften eine neue Trennlinie entstehen, die nach Norden und Süden lief. Eine entmilitarisierte Pufferzone sollte von einer Friedenstruppe der Vereinten Nationen kontrolliert werden. Auf beiden Seiten der entmilitarisierten Zone waren Geländestreifen vorgesehen, in denen bestimmte Beschränkungen für die dort aufzustellenden Waffen gelten sollten. Bei meinen letzten Gesprächen hatten die Israelis verlangt, daß alle im letzten Krieg von Israel besetzten und jetzt zu räumenden Gebiete den Vereinten Nationen übergeben werden sollten und daß die Rückkehr syrischer Zivilisten in dieses Gebiet nicht zugelassen werden dürfte.

Der neue von Dayan vorgelegte Plan bedeutete einen wesentlichen Fortschritt. Er sah die Rückkehr syrischer Streitkräfte auf das erste Drittel der Frontausbuchtung vor, das die Zone darstellen sollte, in der die Waffenbeschränkungen galten. Der Vorschlag verzichtete auf das Verbot für die Rückkehr der Bevölkerung in das von den Vereinten Nationen zu kontrollierende Gebiet. Das bedeutete, daß zwei Drittel der Frontausbuchtung wieder besiedelt werden durften. Die israelische vorderste oder Trennlinie lag danach jedoch immer noch *ostwärts* der Vorkriegslinie (also näher an Damaskus als bisher). Mit anderen Worten, Israel beanspruchte für sich nach Beendigung des Krieges etwa ein Drittel der Frontausbuchtung. Israel hatte damit zwar wesentliche Zugeständnisse gemacht, aber alle arabischen Regierungschefs, die gemäßigten ebenso wie die radikalen, hatten mir gesagt, daß Asad sich nicht einmal mit der Wiederherstellung der Linie vom 6. Oktober zufriedengeben dürfte. Er müßte das gleiche erreichen wie Ägypten, dem ein zusätzlicher Gebietsstreifen auf der Sinai-Halbinsel zugesprochen worden war. Deshalb war es unumgänglich, daß Israel auf einen vergleichbaren Gebietsstreifen verzichtete, den es nach dem Krieg von 1967 besetzt hatte.

Eine besondere Schwierigkeit lag darin, daß nach dem Krieg von 1967 zwanzig israelische Siedlungen auf den Golan-Höhen entstanden waren. Einige von ihnen lagen nur etwa fünf Kilometer hinter der vordersten Linie vor dem Oktober-Krieg. Bei unseren Verhandlungen ging es nun um die Frage, ob wir bei der Truppenentflechtung eine neue Linie in dem schmalen Streifen ziehen konnten, die die israelischen Siedlungen nicht berührte, damit Syrien einen gewissen Geländegewinn verbuchen konnte, der sich mit dem Ägyptens an der Sinai-Front vergleichen ließ. Ich sagte Dayan:

> Logisch betrachtet, ist Ihr Vorschlag vernünftig. Die Rückkehr der Zivilisten ist vernünftig. Aber diese Linien sind unmöglich. Das können wir der Gegenseite nur sagen, wenn wir gleichzeitig andeuten, daß hier noch etwas getan werden könnte. Ich habe Ihrem Botschafter gesagt, daß ein schmaler Streifen auf den Golan-Höhen einschließlich von Quneitra in die Vereinbarungen aufgenommen werden müßte. Ich weiß, daß Sie nicht bevollmächtigt sind, darüber zu verhandeln. Das ist auch nicht notwendig. Ich gehe auch deshalb so langsam vor, um Israel Zeit zu lassen, sich die Sache noch einmal zu überlegen.

Aus Dayans Schweigen schloß ich, daß sein Vorschlag noch nicht das letzte Wort Israels war, er wollte nur nicht der Minister sein, der das Zugeständnis machte.

Meine nächste Aufgabe bestand darin, Asad bei der Stange zu halten. Der übliche Bericht an alle Beteiligten – mit dem ich der Gefahr begegnen wollte, daß sich das Mißtrauen auf beiden Seiten durch irgendwelche Gerüchte erhöhte – würde diesmal recht spärlich ausfallen. Ich hatte schon einige Telegramme mit Asad ausgetauscht. Dabei hatte ich mich am 7. März gegen seinen Versuch gewehrt, mich im voraus auf eine Waffenstillstandslinie festzulegen, die von den Israelis die Räumung einiger Siedlungen verlangt hätte. Den arabischen Regierungschefs hatte ich immer wieder gesagt, daß die Israelis im Rahmen der Truppenentflechtung keine einzige Siedlung räumen würden, und den Israelis hatte ich zugesagt, nicht darauf zu drängen. Andererseits hatte ich ausdrücklich auf ein inoffizielles Gespräch mit dem israelischen Außenminister Abba Eban hingewiesen, daß ich am 15. März in Washington mit ihm geführt hatte, und betont, daß er anschließend öffentlich von dem israelischen Wunsch gesprochen hatte, zu einer Vereinbarung über die Truppenentflechtung auf den Golan-Höhen zu kommen. Am 30. März unterrichtete ich Asad vom Inhalt meines Gesprächs mit Dayan und wies dabei besonders auf die positiven Elemente seines Vorschlags hin. Dazu gehörten eine neue Aufteilung der Zonen, innerhalb derer nur eine begrenzte Zahl von Waffen in Stellung gebracht werden durften, und die Rückkehr der Zivilbevölkerung in die geräumten Gebiete. Ich wies darauf hin, daß ich Dayan gesagt hatte, daß, »soweit ich die Haltung des Präsidenten Asad kenne«, ihm die letzten israelischen Vorschläge wahrscheinlich nicht genügen würden. Natürlich informierte ich auch Sadat, Hussein, Fahmy und Saqqaf.

Am 3. April schrieb ich Golda Meir, daß wir einen neuen israelischen Vorschlag brauchten, der meine Dayan vorgetragenen Einwände berücksichtigte. Am 9. April teilte sie mir mit, daß der von Dayan in Washington vorgelegte Plan noch immer der offiziellen Haltung ihrer Regierung entspräche. Nach der israelischen Verfassung war sie verpflichtet, sich hinter die Haltung ihres Kabinetts zu stellen. Aber sie deutete eine gewisse Flexibilität an, denn sie erklärte sich bereit, während meines nächsten Besuchs über »Ideen« zu sprechen, »die Sie mir vortragen wollen«. Am folgenden Tag erklärte sie vor der Führung ihrer Partei die Absicht zurückzutreten, und am Tage darauf gab sie vor dem israelischen Parlament die offizielle Rücktrittserklärung ab. Deshalb konnte sie sich in die nun folgenden Verhandlungen nicht mehr einschalten. Aber da sie jetzt nicht mehr von den Zwängen der Tagespolitik bedrängt wurde, unternahm die Löwin noch einmal den heroischen Versuch, eine Vereinbarung mit den verhaßten Syrern zu ermöglichen, die ihr zwar eigentlich nicht paßte, die sie jedoch im Interesse der Sicherheit ihres Landes für unbedingt notwendig hielt.

Der syrische Sonderbotschafter

Am 13. April traf der syrische Unterhändler endlich bei uns ein. Zum erstenmal nach zwanzig Jahren kam ein ranghoher Vertreter der syrischen Regierung nach Washington. Er wußte ebensowenig wie wir, was Golda Meirs Rücktritt zu bedeuten hatte. Wir überlegten, ob die Verhandlungen aus diesem Grunde scheitern oder sich nur verzögern würden, beschlossen jedoch, mit unseren Bemühungen fortzufahren, als wäre nichts geschehen.

Präsident Asad hatte den Chef des Stabes für den Nachrichtendienst der syrischen Armee, Brigadegeneral Hikmat al-Shihabi, zu seinem Sonderbotschafter ernannt. Als guter Freund Asads eignete er sich besonders für diese Aufgabe. Er schien aufrichtig daran interessiert zu sein, die Beziehungen zu den Vereinigten Staaten zu verbessern. In seiner Haltung kam deutlich das Dilemma zum Ausdruck, in dem sich sein Land befand. Der leidenschaftliche und stolze Mann war zugleich ein wenig unsicher, herausfordernd und offensichtlich sehr besorgt, seinem Rang entsprechend anerkannt zu werden. Syrien war nicht stark genug, um sich mit seinen Forderungen durchsetzen zu können, aber auch zu wenig selbstbewußt und mißtrauisch, um sich auf die Hilfe anderer zu verlassen (daher das übertrieben herausfordernde Auftreten). Mit Gewalt konnte es nichts ausrichten, aber auch nicht dadurch, daß es moralische Ansprüche stellte. Doch trotzdem unternahmen die Syrer – ebenso wie die Israelis – große Anstrengungen, ihre Vorurteile und Befürchtungen zu überwinden. In einem Brief vom 1. April hatte Asad mir versichert, Shihabi käme nicht in der Absicht, es auf eine Konfrontation ankommen zu lassen. Man wäre bereit, abzuwarten, welche Angebote ich zu unterbreiten hätte.

Ebenso wie Dayan brachte Shihabi Zugeständnisse mit, die aus der syrischen Perspektive sehr weit gingen, aber, wie ich wußte, Israel noch nicht genügen würden. Bei unserem ersten Gespräch am Morgen des 13. April erklärte er sich mit einer Begrenzung der Truppenstärke beiderseits der Trennlinie einverstanden. Bisher hatte Syrien diesen Vorschlag abgelehnt, weil er sich nicht mit der Souveränität des Landes vereinbaren ließe. Er hatte auch nichts gegen die Einrichtung einer von den Vereinten Nationen überwachten Pufferzone einzuwenden, wünschte jedoch, daß zivile Beobachter diese Aufgabe übernähmen, weil in diesem Geländestreifen Tausende von Zivilpersonen leben würden. Außerdem schlug er vor, das System der Zonen, in denen eine Waffenbeschränkung gelten sollte, zu vereinfachen (nach den Erfahrungen an der ägyptischen Front hielt ich das für möglich). Mit der von Dayan vorgeschlagenen Trennlinie konnte sich Shihabi nicht einverstanden erklären. Er hatte eine geringfügig modifizierte Version des ersten Vorschlags von Asad mitgebracht, nachdem sich die Israelis auf dem Golan über eine weite Strecke zurückziehen sollten. Ich sagte Shihabi das gleiche, was ich auch Dayan erklärt hatte: »Ich habe Ihrem Präsidenten immer gesagt, daß ich nicht glaube, wir könnten uns über die von ihm vorgeschlagenen Linien einigen. Aber ich werde die günstigste Linie aushandeln, die wir erreichen können.«

Von meiner eigenen Beredsamkeit beflügelt, faßte ich die gegenwärtige Lage wie folgt zusammen:

> Die Truppenentflechtung wird sich also in folgenden Schritten vollziehen: Eine Vorwärtsbewegung der syrischen Streitkräfte, ein Zurücknehmen der israelischen Streitkräfte, ein Ausdünnen der israelischen Streitkräfte hinter der Rückzugslinie und die Rückkehr syrischer Zivilisten in die geräumten Gebiete. Das sind die positiven Elemente, über die wir uns schon geeinigt haben. Worüber wir uns noch nicht geeinigt haben, das ist die Linie. Was daher zu tun bleibt, wenn ich in den Nahen Osten komme, ist eine Verschiebung der Linie. Und wir müssen uns über die Verteilung der Streitkräfte einigen. Auf beiden Seiten.

Das war so, als wollte man sagen, die Schweiz läge in einer Ebene, wenn irgend jemand die Alpen forträumte. Shihabi, der nicht die Aufgabe hatte, ein Verfahren vorzuschlagen, stimmte freudig zu. Als ich ihm großzügig versicherte, daß nur noch zwei Fragen geklärt werden müßten – die Trennlinie und die Begrenzung der Streitkräfte –, ließ ich mich zu sehr von den Erfahrungen leiten, die ich bei der Truppenentflechtung auf der Sinai-Halbinsel gemacht hatte.

Es ist verhältnismäßig einfach, aus Fehlern zu lernen. Aber der Nachteil eines Erfolgs kann darin liegen, daß man sich weigert zu glauben, daß es etwas zu lernen gibt. Die Versuchung ist zu groß, frühere Erfolge wiederholen zu wollen. Zwar gibt es in der Geschichte gewisse, in einem bestimmten Rhythmus wiederkehrende Tendenzen, aber die konkreten Ereignisse treten nur selten zum zweiten Mal auf. Der kluge Staatsmann wird sich davor hüten, routinemäßig zu handeln. Er wird die konkreten Gegebenheiten analysieren und darauf achten, welche besonderen und einzigartigen Umstände in der Vergangenheit zum Erfolg geführt haben. Bei der Truppenentflechtung auf der Sinai-Halbinsel war es sehr rasch zu einer Einigung gekommen, weil beide Seiten ein Interesse daran hatten. Der israelische Brückenkopf am Westufer des Suez-Kanals war mehr als hundertsechzig Kilometer von Israel entfernt und ließ sich nur halten, wenn die israelischen Streitkräfte ständig in Alarmbereitschaft blieben. Israel mußte dafür sorgen, daß die Kampftätigkeit nicht wiederauflebte. Golda hatte das größte Interesse daran, die Verhandlungen abzuschließen, bevor sie durch das neu gewählte Parlament gezwungen wurde, in den schwierigen Prozeß der Kabinettsumbildung einzutreten. Sadat mußte seine 3. Armee aus der Umklammerung befreien und vor allem mit seiner Außenpolitik eine Kehrtwendung machen. Er wollte nicht das Scheitern seiner sorgfältig vorbereiteten Pläne dadurch riskieren, daß die Kampftätigkeit wiederauflebte, was sich kaum vermeiden lassen würde, wenn der Status quo sehr viel länger bestehenblieb. Beide Länder suchten nach einem Weg zum Frieden; Israel ohne Glauben und mit viel Hoffnung, Ägypten mit viel Glauben, aber weniger Hoffnung. Und Sadat stellte sich zur Verfügung, um mit seinen dramatischen Entschlüssen das Triviale vom Wesentlichen zu trennen.

An der syrischen Front gab es solche Zwänge und solche Überzeugungen nicht. Syrien und Israel – besonders aber Israel – empfanden die bestehende militärische Lage als durchaus erträglich. Sie glaubten beide nicht, daß sie jetzt eine neue Richtung einschlügen oder etwa einen Prozeß einleiteten, der sich nicht mehr rückgängig machen ließ. Trotz der gefährlichen Lage, in der sich die ägyptische 3. Armee befand, standen noch fünf ägyptische Divisionen jenseits des Suez-Kanals an der Linie, die nach der Truppenentflechtung die neue Grenze bilden sollte. In der Nähe der Linie mitten auf den Golan-Höhen, die Asad erreichen wollte, oder auch an der weniger weit vorgeschobenen Linie jenseits der Vorkriegsgrenze standen keine syrischen Truppen. Asad wollte mit den Verhandlungen erreichen, was ihm auf dem Schlachtfeld nicht gelungen war. Für die Israelis sah die Truppenentflechtung auf dem Golan in verdächtiger Weise aus wie ein einseitige Rückzug, der es Asad erlauben sollte, zu erklären, daß Syrien diesen Krieg nicht umsonst geführt hätte – und das war für das Opfer eines Überraschungsangriffs kein sehr erstrebenswertes Ziel.

Nach der Truppenentflechtung an der ägyptischen Front hielt Israel immer noch den größten Teil der Sinai-Halbinsel besetzt und hatte damit für die spätere Friedenskonferenz ein Faustpfand in der Hand. Wenn aber Israel an der syrischen Front darauf einging, sich auch nur ein kleines Stück über die Linie von 1967 nach Westen zurückzuziehen – wenn auch nur, um Syrien etwas Ähnliches zu bieten wie Ägypten –, dann hatte es in Genf nichts mehr anzubieten (denn Golda konnte es sich nicht vorstellen, die israelischen Siedlungen auf den Golan-Höhen aufzugeben). Aber auch Syrien mußte sich von altgewohnten Vorstellungen trennen. Wenn es sich jetzt bereit erklärte, Israel anzuerkennen, nachdem es sich seit einer Generation geweigert hatte, es zu tun, und mit dem verhaßten Gegner zu verhandeln, dann war das ein traumatisches Ereignis. Wenn eine Linie auf dem Golan gezogen wurde, wenn auch nur als Zwischenlösung, dann billigte Syrien den Israelis in gewisser Weise das Recht zu, dort zu sein, und das war eigentlich undenkbar. Wenn für die Festlegung dieser Linie auch nur stillschweigend die Existenz der israelischen Siedlungen der entscheidende Faktor war, dann lag in dieser Situation ein schmerzliches Zugeständnis, das jeden syrischen Führer im tiefsten Inneren treffen mußte. Selbst die Verringerung der Streitkräfte in bestimmten Zonen war ein psychologisches Problem. Angesichts der kurzen Entfernungen, mit denen man es hier zu tun hatte, mußte jede Zone, für die eine Beschränkung für die dort zu stationierenden Waffen vereinbart wurde, Damaskus gefährlich nahe kommen. Außerdem würden sich die syrischen Truppen dabei aus einigen ihrer Vorkriegsstellungen zurückziehen müssen.

Kurz gesagt, die Verhandlungen waren sowohl für Israel als auch für Syrien eine beängstigende Sache. Auf beiden Seiten herrschten Zweifel, Enttäuschung und gelegentlich ohnmächtige Wut. Als ich Golda bei Gelegenheit zu erläutern versuchte, was im Rahmen der Gesamtstrategie auf dem Spiel stand, reagierte sie sehr erregt und erklärte, sie wäre nicht bereit, auch für sehr wichtige amerikanische Ziele mit israelischer Münze zu bezahlen:

> Ich habe es immer und immer wieder gesagt, wir haben kein Öl und wir haben keinen Wert als Störfaktor. Wir können den Vereinigten Staaten nicht sagen: »Ihr wollt das nicht für uns tun, also werden wir Gromyko auffordern, zu uns zu kommen.« Er wird nicht kommen, und wir haben kein Öl, dessen Förderung wir einstellen könnten. Wir haben nichts als nur das eine: Wir sind entschlossen, am Leben zu bleiben und unsere Menschen nicht umbringen zu lassen. Aber es gibt eine Sache, auf die ich nicht eingehen kann – und das ist vielleicht nicht sehr freundlich –, daß Israel den Preis für alle diese Dinge bezahlen muß.

Was Golda als »ihren« Preis betrachtete, sah Asad als »sein« Gebiet an. Er war zu leidenschaftlich, um wie Golda alttestamentarische Strafpredigten zu halten, aber gegen Ende meines Aufenthalts im Nahen Osten sagte er mir – und das entsprach sinngemäß der israelischen Haltung –, daß die Truppenentflechtung vielleicht gar nicht im arabischen Interesse läge: »Das Konzept der Truppenentflechtung als solches ist aus arabischer Sicht das gleiche, als ließe man aus mehreren Ballons die Luft heraus und verzichtete auf die Gewißheit der Kampfbereitschaft, der Wachsamkeit, des arabischen Zusammenhalts.« Doch leider war die psychische Bedrängnis, in die er und sein Volk geraten waren, keine Garantie für annehmbare Vorschläge. Im Gegenteil, beide Seiten brauchten so viel psychische Energie, um überhaupt einen Vorschlag zu entwerfen, daß sie geneigt waren, schon die Existenz eines Vorschlags für wichtiger zu halten als jeden konkreten Fortschritt.

Dadurch wurde die Aufgabe des Vermittlers erschwert, der zugleich Alibifunktionen übernehmen und ein Deus ex machina sein sollte. Syrien trat in die Verhandlungen ein, um Israel zur Räumung der Golan-Höhen zu veranlassen. Die knappe Mehrheit von Israelis, die eine Truppenentflechtung auf dem Golan befürworteten, sah in den Verhandlungen ein Mittel, die Inbesitznahme dieses Gebietes durch Israel zu zementieren. Diese Kluft ließ sich in den Vorgesprächen nicht überbrücken. Jeder noch mögliche Kompromiß mußte auf höchster Ebene gefunden werden.

Trotzdem brauchte man auf allen Seiten den Anschein, daß die Verhandlungen vorankamen. Die gemäßigten Araber wollten damit die Aufhebung des Ölembargos rechtfertigen. Syrien wollte sich wenigstens die Möglichkeit offenhalten, die im Oktober-Krieg verlorenen Gebiete zurückzugewinnen. Israel wollte seine Gefangenen frei bekommen, und die Vereinigten Staaten wollten in dem Friedensprozeß weiterhin die beherrschende Rolle spielen und ihren Einfluß in der arabischen Welt stärken. Die verschiedensten und manchmal unvereinbaren Motive führten zur Zusammenarbeit an einem illusionären und komplizierten Vorhaben, ohne die jedoch richtige Verhandlungen niemals zustande kommen konnten.

Schon vor Beginn meiner Pendeldiplomatie kam es immer wieder zu neuen Versuchen, durch Tricks und Manöver Vorteile zu gewinnen. Am 27. April, am Vorabend meiner Abreise, erhielten wir eine Nachricht, die uns bedenklich stimmte. Asad erklärte plötzlich, es habe ein Mißverständnis gegeben. Nachdem Shihabi mit einer von den Vereinten Nationen überwachten Pufferzone einverstanden war, teilte mir Asad jetzt mit, es wäre nicht notwendig, Zonen einzurichten, in denen für die dort stationierten Streitkräfte und ihre Bewaffnung bestimmte Beschränkungen galten – auch diesem Vorschlag hatte Shihabi zugestimmt. Aber es war unvorstellbar, daß Israel damit einverstanden sein würde, daß die Hauptkräfte der syrischen Armee nach Abschluß der Vereinbarungen die Gebiete besetzten, die die Israelis eben geräumt hatten. Ich hatte es jetzt mit zwei Problemen zu tun, an denen die Verhandlungen scheitern mußten, wenn ich sie nicht aus dem Weg räumte. Wenn Israel darauf bestand, daß die Trennlinie nicht weiter zurückgenommen werden dürfte, würden die Verhandlungen in Damaskus scheitern. Wenn Asad seine Vorstellungen über die Zonen nicht aufgab, in denen für die dort stationierten Kräfte bestimmte Beschränkungen gelten sollten, dann würde meine Mission in Jerusalem zu Ende gehen.

Aber dazu kam es nicht. Die Regierungschefs auf beiden Seiten waren sich ihrer Sache nicht ganz sicher, und jeder bemühte sich darum, eine Möglichkeit für die Lösung der Probleme offenzuhalten. Sosehr Asad und Gold einander mißtrauten, unternahmen sie doch große Anstrengungen, ihre eigenen Vorurteile und die ihrer Kollegen zu überwinden. Zu den wichtigsten Sitzungen brachte Golda stets diejenigen Mitglieder ihres Kabinetts mit, die einen Beitrag zu den Beratungen leisten konnten. Asad hörte sich meinen Bericht zuerst allein an und zog dann seine Berater hinzu, denen ich meine Argumente noch einmal vortragen mußte. Wahrscheinlich wollte er sich nicht vorwerfen lassen, von mir zu unüberlegten Schritten überredet worden zu sein. Im Laufe der Zeit schloß sich eine Lücke, die zu Anfang beide Parteien wie eine tiefe Kluft voneinander getrennt hatte. Als alles vorüber war, hatten beide Regierungschefs unter Befürchtungen und Zweifel und trotz des gegenseitigen Mißtrauens mit vielen kleinen Kompromissen ein neues Kapitel in der Geschichte des Nahen Ostens geschrieben.

Ein libanesisches Zwischenspiel

Die durch psychische Komplexe ausgelöste übergroße Vorsicht auf beiden Seiten war schon an sich ein schwieriges Problem. Aber auch die äußeren Umstände bedrohten immer wieder den Erfolg, dem wir uns mit vorsichtigen kleinen Schritten zu nähern versuchten. Am 11. April griffen palästinensische Guerillas, die aus dem Libanon auf israelisches Gebiet gekommen waren, die kleine nordisraelische Stadt Kiryat Shamon an und töteten achtzehn Bewohner, und zwar ausschließlich Zivilisten. Die israelische Luftwaffe griff zur Vergeltung einige Dörfer im südlichen Libanon an, die angeblich palästinensischen Terroristen als Unterschlupf dienten. Was anschließend geschah, hat sich seither zur Standardpraktik bei den Vereinten Nationen entwickelt. Eine immer größer werdende Zahl von Mitgliedern der Weltorganisation scheint es als ganz normal anzusehen, daß radikale Guerillas einen souveränen Staat aus geschützten Bereitstellungsräumen angreifen, die ihnen in einem Nachbarland zur Verfügung gestellt werden – was praktisch bedeutet, daß die angegriffene Nation irgendwie außerhalb des Geltungsbereichs des Völkerrechts steht. Wenn das Opfer solcher Angriffe Gegenmaßnahmen ergreift, wird es verurteilt. Diese doppelte Moral erfordert ein besonders hohes Maß an Heuchelei, wenn es sich bei dem Opfer wie im Falle Israels um ein Mitglied der Vereinten Nationen handelt. Aber die Weltorganisation hat sich niemals davor gescheut, mit ihren Abstimmungen den Vorurteilen ihrer Mitglieder Ausdruck zu verleihen.

Die Praxis der Vereinten Nationen, dem Teufelskreis von Terrorismus und Vergeltungsmaßnahmen zu begegnen, hatte inzwischen feste Formen angenommen. Die libanesische Regierung sah sich, zum Teil von radikalen Elementen unter Druck gesetzt, gezwungen, eine Sondersitzung des Weltsicherheitsrats zu beantragen, auf der alle Mitglieder eine Resolution beantragten, mit der *nur* die Reaktion Israels, aber nicht der Überfall der Terroristen verurteilt werden sollte. Gegen eine solche Resolution legten wir normalerweise unser Veto ein. Das Szenarium war auch in diesem Fall das übliche, aber die Begleitumstände waren es nicht, denn ich stand kurz vor der Abreise zu den Verhandlungen über die Truppenentflechtung an der syrischen Front. Deshalb mußte ich es unter allen Umständen vermeiden, Israel zu verärgern, das bei diesen Verhandlungen die größeren Zugeständnisse machen mußte. Zugleich brauchte ich – oder wenigstens glaube ich das – die Unterstützung anderer arabischer Staaten, um Syrien zur Aufgabe seiner extremen Forderungen zu bewegen. Die gemäßigten Araber erklärten, daß ein amerikanisches Veto es ihnen erschweren werde, den anderen arabischen Staaten eine größere Zurückhaltung zu empfehlen. Und der libanesische Außenminister, ein vernünftiger Mann, dessen Regierung in große Bedrängnis geraten war, weil sie sowohl von ihren ungebetenen Gästen, den Guerillas, als auch von ihren energischen Nachbarn unter Druck gesetzt wurde, flehte uns in weiser Voraussicht an, eine Möglichkeit zu finden, die territoriale Integrität des Libanon zu sichern, denn sonst wäre die Unabhängigkeit seines Landes aufs äußerste gefährdet.

In einer solchen Lage ist es immer am besten, auf beschwichtigende Reden zu verzichten und auf den Kern der Sache zu kommen. Mit anderen Worten, es ist am klügsten, dem Recht zum Siege zu verhelfen. Wenn man sich auf Ausweichmanöver einläßt, dann ermutigt man die radikalen Elemente und extremen Forderungen, denn jede Seite wird versuchen, mit allen nur erdenklichen Mitteln die größten Vorteile für sich herauszuschlagen. In diesem Falle wäre es wichtig gewesen, entweder beide Seiten zu verurteilen oder keine. Wenn man versucht, die

Wahrheit mit Manipulationen zu verschleiern, dann wird das Mittel zum Zweck, was besonders leicht bei den so außerordentlich komplexen Abstimmungsverfahren der Vereinten Nationen geschieht. Die dort üblichen albernen Besänftigungsversuche lassen vergessen, daß man nicht weiterkommen kann, wenn man unverschämten Übergriffen mit albernen Argumenten begegnet.

Aber so klug sind wir damals nicht gewesen. Die »Blockfreien« hatten einen Resolutionsentwurf vorgelegt, der in den Delegationen herumgereicht wurde. Er enthielt sieben Abschnitte, davon fünf, die die von Israel gegen den Libanon geführten Angriffe mit aller Schärfe verurteilten. Doch nirgends wurde der Überfall der Terroristen auf Kiryat Shamon erwähnt. Die Vereinigten Staaten legten einen Gegenentwurf vor, in dem sowohl der Angriff gegen Kiryat Shamon als auch die Vergeltungsmaßnahmen Israels »bedauert« wurden. Er wurde von keinem anderen Land unterstützt. Ein europäischer »Kompromißvorschlag« verurteilte alle »Gewaltakte«, erwähnte aber insbesondere den gegen den Libanon geführten israelischen Vergeltungsangriff. Da wir von so vielen Seiten unter Druck gesetzt wurden, schien uns jedoch dieser Mittelweg gangbar zu sein, besonders, da wir jetzt öffentlich erklären konnten, daß der Angriff gegen Kiryat Shamon ein solcher »Gewaltakt« wäre.

Um uns in der arabischen Welt die notwendige Unterstützung für die bevorstehenden Verhandlungen zu sichern, stimmten wir für diese Resolution. Sie traf aber nicht den Kern der Sache, denn so geschickt sie auch formuliert sein mochte, sie machte einen moralischen Unterschied zwischen dem Angriff gegen ein israelisches Dorf und der israelischen Vergeltung. Ersteres wurde nur andeutungsweise verurteilt, das zweite aber ausdrücklich. Die Israelis waren mit gutem Grund empört. Aber ihr Protest war übertrieben. Wir hatten uns taktisch unklug verhalten, aber nicht, wie sie behaupteten, unsere politische Richtung geändert. Doch dieser Schritt führte dazu, daß sich die Israelis noch stärker bedroht und isoliert fühlten.

Die Verhandlungen beginnen: die Trennlinie

Meine Reise begann unter einem guten Stern. Es war das erste Mal, daß mich Nancy ins Ausland begleitete. Mit ihrer Heiterkeit, ihrem guten Willen und dem besänftigenden Einfluß, den sie auf mich ausübte, machte sie allen das Leben leichter. Welche große Anstrengung damit für sie selbst verbunden war, läßt sich daraus erkennen, daß sie sich trotz der freundlichen Aufnahme durch unsere Gastgeber zwei Magengeschwüre zuzog, die sie zwangen, nach Beendigung der Reise für mehrere Wochen eine Klinik aufzusuchen.

Auch diesmal begleiteten mich meine bewährten Nahost-Experten: Joe Sisco, Roy Atherton, Hal Saunders und Peter Rodman. Robert McCloskey übernahm die Aufgaben eines Beraters und Pressesprechers, und ihm stand der Pressesekretär des Außenministeriums, Robert Anderson, zur Seite. Unser tüchtiger ehemaliger Botschafter in Saigon, Ellsworth Bunker, der mich durch das feindliche Labyrinth der vietnamesischen Friedensverhandlungen begleitet hatte, beteiligte sich als amerikanischer »ständiger Vertreter« auf der Genfer Konferenz, wo im Augenblick eine Verhandlungspause eingetreten war. Auf allen Flügen zwischen Damaskus und Jerusalem und im ganzen Nahen Osten nahm ich außerdem eine Gruppe von vierzehn erfahrenen Journalisten mit. Auch wenn ich mich hätte abkapseln wollen, wäre es mir nicht gelungen, denn es ist unvorstellbar, daß die Presse tagelang – und schließlich über mehrere Wochen – darauf verzichtet hätte, den Außenminister über den Fortgang der Verhandlungen zu befragen, schon gar nicht angesichts der Tatsache, daß sich die innenpolitische Lage in Washington immer mehr zuspitzte.

Der erste Teil meiner Reise verlief außerordentlich erfolgreich. Am Wochenende des 28. und 29. April traf ich in Genf mit Gromyko zusammen. Wir absolvierten das übliche Schattenboxen. Die Sowjetunion wollte an Verhandlungen beteiligt werden, zu denen sie nichts beizutragen hatte und obwohl die Parteien ihre Teilnahme nicht wünschten. Gromyko folgte weiterhin einem Kurs, auf dem die Sowjetunion nach meiner Ansicht eher Demütigungen hinnehmen mußte als Erfolge haben würde. Wieder drängte er mich zu einem symbolischen Treffen in Damaskus. Er deutete sogar an, daß er ohne Rücksicht auf meine Wünsche in die syrische Hauptstadt kommen werde. Ich wich einer definitiven Antwort aus. Als ich Asad später von Gromykos Plan unterrichtete, sagte ich ihm, daß ich gegen den Besuch des sowjetischen Außenministers in der Hauptstadt eines befreundeten Landes nichts einwenden könnte – vorausgesetzt, er wollte sich dort nicht mit mir treffen.

Ich war mir meiner Sache sehr sicher und zeigte es wahrscheinlich zu deutlich. Ich sagte Gromyko, daß ich hoffte, die Vereinbarungen bis zum 9. oder 10. Mai unter Dach und Fach zu haben. Er widersprach mir nicht und bestritt auch nicht, daß das Hauptproblem darin bestünde, die Israelis zum Rückzug bis auf die Vorkriegslinie zu bewegen, wobei sie vielleicht noch einen wenige Kilometer breiten Gebietsstreifen räumen müßten, den sie 1967 besetzt hatten. Gromyko schien nicht ganz sicher zu sein, wo die sowjetischen Interessen lagen. Denn sowohl Ägypten als auch wir hatten die Wiederaufnahme der Gespräche in Genf davon abhängig gemacht, daß vorher die Vereinbarungen über die Truppenentflechtung an der syrischen Front abgeschlossen sein müßten.

Wir beendeten unsere Gespräche mit einem Kommuniqué, aus dem zum erstenmal zu entnehmen war, daß ein erfolgreicher amerikanisch-sowjetischer Gedankenaustausch über den Nahen Osten stattgefunden hatte. Für die Sowjets war zu wenig dabei herausgekommen, für Israel und Ägypten vielleicht etwas zu viel, und Syrien verzichtete auf eine Stellungnahme:

> Der Minister und der Außenminister haben ihre Auffassungen über den gegenwärtigen Stand der Verhandlungen über eine Friedensregelung im Nahen Osten und über die nächste Phase dieser Verhandlungen ausgetauscht. Beide Seiten sind übereingekommen, ihren Einfluß in Richtung auf einen positiven Ausgang geltend zu machen

und in engem Kontakt zu bleiben, um ihre Bemühungen um eine Friedensregelung in diesem Gebiet nach Möglichkeit zu koordinieren. Beide Seiten haben sich für die baldige Wiederaufnahme der Arbeit der Genfer Friedenskonferenz über den Nahen Osten ausgesprochen.

Am Montag, dem 29. April, flog ich weiter nach Algier, um die Nacht dort zu verbringen, und hoffte, Boumedienne dafür zu gewinnen, Asad in unserem Sinne zu beeinflussen. Ich hatte ihn erst vor zwei Wochen in Washington gesehen, als er Nixon einen Besuch abstattete. Wie damals sprach er sich für die Truppenentflechtung auf den Golan-Höhen aus, erklärte allerdings, daß daraus nur der erste Schritt auf dem Wege zur Wiederherstellung der syrischen Grenzen aus der Zeit vor 1967 bestehen könnte. Er werde unsere Bemühungen unterstützen, was mich hoffen ließ, daß er Syrien einen Kompromiß empfehlen würde.

Boumedienne betrachtete sich zwar selbst als Radikalen, hatte aber mit den Sowjets nur wenig im Sinn. Er hatte gehört, daß Gromyko in den Nahen Osten kommen wollte. Ich sagte, ich würde mich nicht mit ihm in einer arabischen Hauptstadt treffen: »Ich werde das nicht tun, weil ich nicht den Eindruck erwecken will, daß er und wir den arabischen Ländern etwas vorschreiben wollen.« Boumedienne stimmte mir zu und sagte, daß ein solches Treffen nur einen schlechten Eindruck machen und den Syrern nichts helfen werde, und behauptete, es wäre auch Asad sehr peinlich, daß Gromyko sich unbedingt mit mir in Damaskus treffen wollte. Er glaubte, es genügte vollständig, daß wir uns schon in Genf gesehen hatten. Auf seine Bitte sagte ich ihm ehrlich, was wir von den Sowjets hielten:

Ich werde ganz offen mit Ihnen sprechen, Herr Präsident. Ich gebe Ihnen zuerst meine Einschätzung. Sie haben sie kennengelernt, und Sie haben Ihre eigene Meinung. Die Sowjets sind nicht sehr weitblikkend. Sie sind sehr bürokratisch und sehr stark mit ihren internen Manövern beschäftigt. Sie sind bereit, für den Anschein einen hohen Preis zu bezahlen, aber das ist nicht die Wirklichkeit. Ihre Taktik ist die Einschüchterung, sie sind aber nicht bereit, viel zu riskieren. Wenn sie mit ihrer Einschüchterungstaktik keinen Erfolg haben, geben sie sofort nach. Das ist meine allgemeine Beurteilung.

Andererseits fürchten sie für den Fall eines Krieges eine syrische Niederlage, weil sie damit zu Entscheidungen gezwungen werden könnten, die sie nicht treffen wollen und durch die sie in Konflikte geraten könnten, die ihnen unangenehm sind. Deshalb haben sie keine klare politische Linie. Im Grunde haben sie kein Interesse am Erfolg meiner Bemühungen, aber sie fürchten gleichzeitig die Konsequenzen meines Scheiterns.

Boumedienne hatte ähnliche Erfahrungen gemacht:

Die Sowjets sind sehr schwierig. Wir unterhalten schon seit 1963 Beziehungen zu ihnen. Trotzdem muß ich zugeben, daß dieses Zögern schon immer charakteristisch für ihre Haltung gewesen ist.

So hat Sadat zum Beispiel Waffen von ihnen verlangt, ganz besonders vor dem Oktober-Krieg. Sie haben Waffen geschickt, aber nicht in der gewünschten Menge und auch nicht das, was er angefordert hatte. Während des Krieges waren sie verpflichtet, Sadat die Waffen zu schicken, die er anforderte.

Aber im allgemeinen gibt es für sie eine Grenze; ich bezeichne sie als die rote Linie. Über diese rote Linie gehen sie nicht hinaus. Es ist die Linie, die zwischen ihnen und den Vereinigten Staaten liegt.

Was Boumedienne sagte, zeigte deutlich, vor welchem Dilemma die Sowjets im Nahen Osten standen. Sie waren zwar bereit, im trüben zu fischen, wollten sich aber auf kein größeres Risiko einlassen. Sie verlangten nach den Früchten des Erfolgs, waren aber nicht bereit, die dafür erforderlichen komplexen Anstrengungen zu unternehmen. Ihre Stärke lag nicht in einem wohldurchdachten strategischen Plan, sondern sie waren darauf aus, die Verwirrung ihrer Gegner auszunutzen. Sie scheuten eine Kraftprobe mit den Vereinigten Staaten. Es gab deshalb eine Grenze für den sowjetischen Expansionismus, wenn wir fest bleiben, und eine Möglichkeit für die Koexistenz, wenn wir eine weitblickende Politik verfolgten.

Von Algier aus flog ich nicht direkt in eine der Hauptstädte der beiden Verhandlungspartner, sondern ging zunächst nach Alexandria, um meine Strategie mit dem ägyptischen Präsidenten abzustimmen. Sadat hatte alle Vorbehalte gegenüber den Vereinigten Staaten aufgegeben. Er stellte uns den am Strand gelegenen Safa-Palast zur Verfügung, dazu eine Ehrenwache in prächtigen Uniformen, die uns überallhin begleitete. Wir besichtigten die Ausgrabungen eines römischen Amphitheaters, an dessen äußerem Rand ägyptische Lanzenreiter Aufstellung nahmen und einen dramatischen Hintergrund bildeten. Sadat und Fahmy drängten mich, die Truppenentflechtung an der syrischen Front auf dieser Reise zum Abschluß zu bringen. Wenn ich unverrichteterdinge nach Amerika zurückkehrte, dann könnte sich Syrien an den Weltsicherheitsrat wenden, und damit würde die Sowjetunion wieder in die Verhandlungen eingeschaltet werden. Anschließend würde sich eine arabische Gipfelkonferenz der Sache annehmen, und die Lage würde vollkommen außer Kontrolle geraten. Unsere ägyptischen Gastgeber hielten mit ihrer Meinung nicht zurück und erklärten freimütig, daß sie es für sinnlos hielten, die Angelegenheit auf diese Weise beschleunigen zu wollen. Sie versprachen, jedes Verfahren zu unterstützen, das sich mit der Lösung an der ägyptischen Front vergleichen ließ. Dabei sollte Syrien sowohl das 1973 von Israel besetzte Gebiet als auch ein wenige Kilometer breiter Streifen einschließlich der Stadt Quneitra, die Israel 1967 erobert hatte, überlassen werden. Allerdings konnten mir die Ägypter nicht sagen, wie ich die Israelis dazu bringen sollte, auf diese Forderungen einzugehen.

Während der folgenden Wochen ließ uns der Gedanke an Quneitra nicht mehr los und verfolgte uns sogar bis in unsere Träume (und Alpträume). Vor dem Krieg von 1967 war es die Provinzhauptstadt der Golan-Region gewesen, ein staubiges kleines Nest unmittelbar unterhalb der Golan-Höhen, bewohnt von zwanzigtausend Ladenbesitzern, Bauern und kleinen Beamten. Nun wurde diese Stadt für einen Monat zum Mittelpunkt der Nahost-Politik, denn sie lag nur drei Kilometer hinter der Linie, die 1967 von den Israelis bei ihrem Vorstoß nach Syrien erreicht worden war. Der Ort war bei den Kämpfen von 1967, dann im Krieg von 1973 und schließlich nach Beendigung des letzten Krieges aus keinem ersichtlichen Grund von israelischen Planierraupen schwer beschädigt worden.

Quneitra erfüllte alle Voraussetzungen für die symbolische Rolle, die es spielen sollte. Die Israelis hatten sich dort nicht niedergelassen. Die nächste israelische Siedlung lag vier Kilometer westlich davon an einem Berghang. Aber einige Felder, die von den Bewohnern der israelischen Siedlungen bewirtschaftet wurden, reichten bis auf wenige hundert Meter an den Stadtrand heran. Die ein paar Kilometer westlich der Stadt gelegenen Hügel waren sehr gute Aussichtspunkte und hatten daher eine besondere strategische Bedeutung, was die Aufgabe erschwerte, eine Trennlinie durch dieses schwer umkämpfte Gelände zu ziehen. Quneitra selbst hatte strategisch keine Bedeutung, aber es war eine Kriegsbeute, dessen Besitz für beide Seiten eine symbolische Bedeutung hatte. Am Schicksal dieser Stadt würde es sich entscheiden, ob die Verhandlungen zu einem Erfolg führten oder scheiterten.

Hier kam es mehr als anderswo auf das Durchhaltevermögen der Unterhändler an. Denn in dem Augenblick, als ich hier eine Entscheidung erzwingen mußte, erreichte Watergate seinen Höhepunkt, und der Präsident geriet in die bisher schwierigste Lage. Am 30. April veröffentlichte das Weiße Haus eine umfangreiche Dokumentation mit den Abschriften auf Tonband aufgenommener und im Ovalen Zimmer geführter Gespräche über Watergate. Mit dieser ungewöhnlichen Geste der Selbsterniedrigung wollte der Präsident beweisen, daß er nichts zu verbergen hatte und die Tonbänder ihn nicht belasteten. Außerdem sollte damit vermieden werden, daß der mit den Untersuchungen von Watergate beauftragte Staatsanwalt oder der Rechtsausschuß des Repräsentantenhauses die Vorlage weiterer Bänder verlangte. Aber der Versuch mißlang und bewirkte das genaue Gegenteil. Der grobe, kaltschnäuzige und gelegentlich obszöne Ton der Gespräche und ihr Inhalt schockierten die Öffentlichkeit. Senator Hugh Scott aus Pennsylvania, der Führer der republikanischen Minderheit im Senat, bezeichnete sie als »ekelhaft«. Die Medien beschäftigten sich kaum noch mit einem anderen Thema. So stand bei meinen Verhandlungen die Autorität des Präsidenten nicht mehr hinter mir.

Bei meiner Ankunft am Donnerstag, dem 2. Mai, schlug mir in Israel eine Welle der Empörung entgegen. Im Januar hatte man mich noch als einen Botschafter des Friedens empfangen. Drei Monate später wurde ich mit Plakaten begrüßt, auf denen mein Name in arabischen Schriftzeichen zu lesen war, als wäre ich ein Vertreter der Araber. Begins Likud-Partei organisierte Demonstrationen, welche die Straßen blockierten, an der das Haus von Golda Meir lag; deshalb trafen wir uns gewöhnlich im Büro des Premierministers. Hinter diesen böswilligen Protesten stand nur eine Minderheit. Die meisten Israelis sehnten sich nach Frieden und physischer Sicherheit im eigenen Lande, schwankten aber zwischen Furcht und Friedenssehnsucht hin und her. Ein gutes Beispiel für die schizophrene Haltung der Israelis gab der Masseur im King-David-Hotel, wo meine Mitarbeiter und ich untergebracht waren.

Die Brachialgewalt, mit der er sich über mich hermachte, war sicherlich kein Zeichen seines guten Willens. Während er mich durchknetete, erklärte er, für meinen Erfolg zu beten; ganz Israel hätte seine Hoffnungen auf mich gesetzt. Ich fragte ihn, wie viele Kilometer Israel am Golan aufgeben könnte. »Aufgeben? Kilometer? Auf dem Golan? Sie müssen verrückt sein!« brüllte der Masseur empört und machte sich mit doppelter Energie daran, mich weiter zu quälen.

Daß wir in den Vereinten Natioen für die Resolution der Europäer gestimmt hatten, kränkte die Israelis zutiefst. Man erblickte darin die ersten Anzeichen für einen möglichen Kurswechsel in der amerikanischen Außenpolitik. Was aber noch schlimmer war, es war ein Symptom dafür, daß Israel immer mehr in die moralische Isolation geriet. Als wir in die Verhandlungen eintraten, nahmen die Spannungen konkretere Formen an. Frau Meir und ihre Minister wußten sehr gut, welche Mindestzugeständnisse ich für notwendig hielt, um die Verhandlungen zu einem erfolgreichen Abschluß zu bringen, denn ich hatte es Dayan am 29. März gesagt, hatte es im April Golda geschrieben und unzählige Male mit Dinitz darüber gesprochen. Aber meine israelischen Gesprächspartner waren deshalb nicht nachgiebiger geworden. Ihnen ging es weniger um einzelne Bedingungen als um das Prinzip. Weshalb sollte Syrien, nachdem es einen Krieg begonnen und dabei Gelände verloren hatte, mit einer günstigeren Trennlinie belohnt werden als der, die vorher bestanden hatte? Golda trug diesen Standpunkt mit großer Vehemenz vor:

> Wenn Sie mich in die Enge treiben, dann weiß ich nicht, wie ich zu den Leuten gehen und ihnen erklären soll: Macht euch nichts daraus, es hat einen Krieg gegeben und dann noch einen, noch mehr Tote, noch mehr Verwundete, aber wir müssen syrisches Gebiet räumen. Warum? Weil Asad gesagt hat, es ist sein Gebiet. Ich kann niemals akzeptieren, daß es zwischen dem Angreifer und dem Angegriffenen keinen Unterschied gibt; das kann ich nicht akzeptieren. Wir haben keine Angst vor Begin; ich habe keine Angst vor Sharon, aber ich kann mit mir selbst keinen Frieden machen, wenn ich mir vorstelle, daß wir in sieben Jahren zwei Kriege geführt haben, und welchen Preis wir dafür bezahlen mußten. Dann sagt Asad, er muß seine Gebiete zurückbekommen. Ich finde, das ist eine unglaubliche Chuzpe. Wie ist das möglich? Ermutigt das nicht unsere Nachbarn, weiterzukämpfen, wenn sie nichts dabei zu verlieren haben?

Wäre Adad dabeigewesen, dann hätte er gesagt, der Kern des Problems läge darin, daß Golda nicht begreifen könnte, über syrisches Gebiet zu sprechen. Für ihn gab es keine andere Wahl, als für ein Gebiet weiterzukämpfen, das historisch zu Syrien gehörte, und er empfand es als ein sehr weitgehendes Zugeständnis, wenn er sich auch nur mit einer vorübergehenden Waffenstillstandslinie einverstanden erklärte.

Aber meine Aufgabe als Vermittler war es nicht, die Argumente beider Seiten zu wiederholen. Auf lange Sicht stand Israel vor geradezu metaphysischen Problemen. Es hatte nur einen einzigen Verbündeten und stand so allein da wie keine andere souveräne Nation. Selbst wenn es zum Opfer paramilitärischer Angriffe wurde, sah es sich Schmähungen aus der ganzen Welt ausgesetzt. Seine Nachbarn konnten jederzeit neue Forderungen stellen und, wie Golda immer wieder erklärte, wurde dann mit den gleichen Argumenten unter Druck gesetzt, mit denen jetzt die Forderung nach neuen Zugeständnissen begründet wurden. Nur wenige Nationen hätten solchen psychischen Anspannungen standhalten können. Die Daseinsberechtigung Israels war besser begründet, als man glauben mochte, wenn man sich über die Pendanterie und die trotzige Haltung der Israelis ärgerte. Aber gerade darin kam die ewige Furcht des jüdischen Volkes zum Ausdruck, daß es eines Tages zum Opfer der Frustrationen einer Umwelt werden könnte, in der es leben mußte.

Ich hatte sehr viel Verständnis für Goldas Auffassungen und konnte ihre Sorgen durchaus begreifen. Trotzdem war es meine Pflicht, einen politischen Kurs zu verfolgen, der einer nüchternen Analyse der realen Gegebenheiten entsprach. Hier durfte man sich nicht durch Verzweiflung oder das Gefühl leiten lassen, daß Israel Unrecht geschehen wäre. Ich mußte es den Israelis verständlich machen, welche geopolitischen Erfordernisse sie zu berücksichtigen hatten. Auch wenn Israel seine Entscheidungen nur schweren Herzens treffen konnte, es brauchte einen klaren Kopf und ein kühles Urteilsvermögen. Und deshalb glichen meine Begegnungen mit der israelischen Führung eher politischen Seminaren über die Philosophie der internationalen Beziehungen als diplomatischen Verhandlungen.

Ich vertrat die Auffassung, daß die Lage Israels zwar ernst wäre, gleichgültig, wie es sich verhielt, aber nicht hoffnungslos. Mit Disziplin und Selbstvertrauen konnte es sich eine gewise Handlungsfreiheit bewahren. Das Festhalten am Status quo wäre der sicherste Weg in die Katastrophe gewesen.

Später hat man behauptet, meine Verhandlungstaktik hätte darin bestanden, jeder Seite das zu sagen, was sie hören wollte. Mit einer so oberflächlichen Betrachtungsweise wird man der Arbeit des Diplomaten nicht gerecht, und es ist mit Sicherheit nicht meine Methode gewesen. Bei allen Verhandlungen muß man davon ausgehen, daß der Verhandlungspartner über einen bestimmten Intelligenzgrad verfügt und man ihn auf die Dauer nicht täuschen kann. Schließlich wird er doch hinter die Wahrheit kommen. Wenn man versucht hat, ihn irrezuführen, dann hat man sein Vertrauen ein für allemal verloren, und da man in der Außenpolitik immer wieder mit den gleichen Menschen zusammentrifft, ist ein Vertrauensverlust ein nicht zu überwindendes Hindernis.

Gleichzeitig wurde mir auch zu Unrecht unterstellt, daß ich einen der größten Fehler begangen hätte, die einem Unterhändler unterlaufen können; daß ich nämlich angenommen hätte, die Nationen, mit denen ich es zu tun hatte, würden ihre Informationen nicht austauschen – und das ausgerechnet in der arabischen Welt. Selbst Staaten, die keine diplomatischen Beziehungen unterhalten, registrieren sehr aufmerksam die offiziellen Erklärungen und die Medien der anderen Seite und versuchen, mit Hilfe der Nachrichtendienste einen Einblick in die Entscheidungsprozesse zu gewinnen. Deshalb ist es unmöglich, hier mit einer doppelten Buchführung zu arbeiten und sich dabei das Vertrauen des Verhandlungspartners zu bewahren. Das einmal verlorene Vertrauen läßt sich nicht zurückgewinnen, und ohne Vertrauen wird jede Verhandlung zu einer brutalen Kraftprobe.

Als Vermittler habe ich versucht, die wirklichen Absichten beider Seiten so gründlich wie möglich kennenzulernen und zu begreifen, denn die offizielle Haltung spiegelt oft eher innenpolitische oder bürokratische Zwänge als Überzeugungen. Ich habe in jedem Fall *beiden* Parteien schon zu Beginn des Verhandlungsprozesses in fast gleichlautender Form gesagt, was ich erreichen wollte. Darin bestand sowohl eine praktische als auch eine moralische Maßnahme, denn wie hätte ich sonst zu einer konkreten Lösung kommen sollen? Allerdings ließ ich mich nicht daran hindern, jeweils andere Argumente anzuführen, um dem jeweiligen Verhandlungspartner zu erklären, weshalb die Erreichung eines solchen Zieles in seinem Interesse lag. Gerade dadurch berücksichtigte ich die real gegebenen Umstände. Es wird nur zu einer Vereinbarung kommen, wenn beide Seiten sich gegenseitig *gewisse* Vorteile zugestehen, wie sie sie begreifen, und diese Vorteile werden je nach der Interessenlage verschieden sein. Nur Dilettanten glauben, daß es möglich sei, nur einer Seite Vorteile zu verschaffen. Wenn das so wäre, dann würden solche Vereinbarungen nicht eingehalten werden. Ein Vermittler, der sich für eine derartige Lösung einsetzte, würde sehr bald das Vertrauen der einen Partei verlieren und daher auch nichts mehr ausrichten können. Die Schwierigkeit der Aufgabe des Vermittlers besteht darin, daß er feststellen muß, weshalb eine vereinbarte Lösung aus *verschiedenen* Gründen im *gemeinsamen* Interesse liegen kann.

Deshalb habe ich mich am längsten in Israel aufgehalten, besonders in der ersten Phase dieser Verhandlungen, und den Israelis die internationale Bedeutung des Problems erläutert. Nur in diesem Zusammenhang hatten die besonderen Lösungen, um die es ging, einen Sinn. Das folgende sind Auszüge aus Erläuterungen, die ich den Israelis im Lauf des Monats gegeben habe:

> Wenn diese Verhandlungen scheitern, dann müssen wir, glaube ich, damit rechnen, daß die beherrschende Rolle Amerikas in diesem Friedensprozeß beendet ist, wenn wir nicht eine annehmbare Lösung für die Truppenentflechtung zustande bringen können. Das Argument, das wir (den Arabern) vorgelegt haben, ist, daß wir zwar weniger versprechen, aber wir damit wenigstens ein kleines Stück vorankommen könnten, und das ist besser als gar kein Fortschritt. Und damit wird es, wie ich glaube, dann zu Ende sein.
>
> Ich glaube, es ist wichtig, daß man die schwerwiegenden Folgen eines Scheiterns der Verhandlungen im Zusammenhang mit dem begreift, was auf diplomatischer Ebene geschieht, was militärisch geschieht und was in den Vereinigten Staaten geschieht (2. Mai).
>
> In Amerika haben wir jetzt eine eigenartige Verkettung von Umständen insofern, als Nixons Gegner, Jacksons Anhänger, die Entspannungsgegner und die Konservativen sich vereinigen können. Während der folgenden sechs Monate werden sie vielleicht die illusionäre Vorstellung hegen, daß in Amerika irgend etwas geschieht, solange

es nichts kostet und man nichts damit riskiert. Ich bin in Amerika schon oft genug mit Krisen fertig geworden, um das zu wissen. Und die Verfechter einer harten Linie wissen nicht, was sie konkret tun sollen. Sie können sich nur in Positur setzen, aber sie sind nicht so hart, sobald es um mehr geht als um Worte. Das ist mein Alptraum (4. Mai).

Die nächste Frage ist die folgende: Wird das, worüber wir jetzt sprechen, Israel eher helfen oder wird es Israel eher schaden? Ist eine Vereinbarung über die Truppenentflechtung für Israel besser, auch wenn man alle die Gefahren berücksichtigt, von denen Rabin und Peres gesprochen haben, oder nicht? Ich glaube, auch wenn alle Konsequenzen, die hier erwähnt worden sind, eintreffen werden, wird es schließlich Israel nützen. Weil dabei die Vereinigten Staaten in der Diplomatie an vorderster Front bleiben, weil es leichter wird, die Dinge von Genf abzukoppeln, weil es die Lage an der syrischen Front beruhigt und weil Ägypten bei der Stange bleibt.

In dieser Lage kommt es darauf an, ob die Vereinigten Staaten sich über längere Zeit hinaus wirksam hinter die israelische Haltung stellen können. Ich glaube, wir können uns nicht hinter Verhandlungen stellen, die an Fragen scheitern, die von der Öffentlichkeit in Amerika nicht begriffen werden, die zu einem Ölembargo führen und außerdem zu einer unaufhörlichen Reihe von Krisen, vielleicht sogar zum Kriege. Der jüdische Bevölkerungsteil in den Vereinigten Staaten wird uns unter Druck setzen, es zu tun. Aber ich mache Sie darauf aufmerksam, daß es zwischen Krisenmanagement und Reden einen Unterschied gibt. Man kann nicht große Reden halten und dabei in einer Weise etwas gegen Krisen unternehmen, daß man schrittweise alles verliert. Und die Redner können bei ihrer Rhetorik bleiben und sogar harte Forderungen stellen, und trotzdem nichts damit bewirken (5. Mai).

Es übersteigt doch nicht das menschliche Begriffsvermögen, wenn wir uns für Ihre Verteidigung einsetzen und Sie entschlossen sind, zu überleben, die wichtigsten Faktoren zu bedenken – die Rolle der Sowjetunion, die Rolle der Araber, die Rolle der Europäer, das Problem des Rüstungswettlaufs in diesem Gebiet und womit man rechnen muß, wie die Vereinigten Staaten ihre politische, wirtschaftliche und militärische Stärke so einsetzen können, daß es nicht nur Kraftmeierei ist, wie man mit Krisen fertig werden muß. Hier zu improvisieren und darauf zu warten, daß irgend etwas Sensationelles geschieht, wäre absolut unverantwortlich (14. Mai).

Am 2. Mai, es war mein erster Tag in Israel, führte ich mit Golda und ihren Kabinettskollegen in verschiedener Zusammensetzung und mit nur kurzen Unterbrechungen in der Zeit von 12.15 Uhr mittags bis 1.30 Uhr morgens die einleitenden Gespräche. Offiziell blieben die Israelis bei den in Dayans Plan enthaltenen Forderungen. Aber ich spürte, daß sie ihn irgendwie revidieren wollten. Es war allerdings nicht so, daß ich die israelische Verhandlungsdelegation von der Richtigkeit eines neuen Arguments überzeugt hätte. Ich diente ihnen vielmehr als Vorwand, einen unter innenpolitischem Druck entstandenen Vorschlag zu modifizieren. Viele meiner israelischen Gesprächspartner wußten, daß ihr Plan sich nicht verwirklichen ließ, auch wenn sie noch nicht bereit waren, sich meine Ideen zu eigen zu machen. Am späten Abend legte Dayan ein »persönliches« Konzept vor: Vielleicht könnte die israelische vorderste Linie (durch die Verbreiterung der von den Vereinten Nationen überwachten Pufferzone) etwas nach Westen verschoben werden, so daß der Ostteil von Quneitra zu Syrien käme, während Israel den Westteil behielt. Aber Syrien wäre niemals darauf eingegangen, Quneitra zu teilen, und Israel brachte es keine Vorteile, es konnte der Regierung höchstens innenpolitisch nützen. Aber darauf kam es nicht an. Dieser Vorschlag Dayans zeigte, daß Israel den psychologischen Rubikon überschritten hatte. Eine Zurücknahme der Vorkriegslinie lag im Bereich des Möglichen.

Der Weg Israels zu einem verhandlungsfähigen Vorschlag würde schmerzlich und weit sein. Zwar konnte uns die israelische Verhandlungstaktik manchmal zur Verzweiflung treiben, aber es lag nicht in unserem Interesse, wenn die Israelis zu weitgehende Zugeständnisse machten. Denn, wie gesagt, wenn sich herausstellte, daß wir Israel überhaupt zum Nachgeben veranlassen konnten, würden die Araber höhere Forderungen stellen. Dann würde man uns die Schuld geben, wenn Israel nicht auf die arabischen Bedingungen einging, die immer unerfüllbarer werden würden, je nachgiebiger die Israelis waren. Der Erfolg unserer Strategie hing davon ab, daß wir das einzige Land waren, daß die Israelis zu Zugeständnissen bewegen konnte, aber auch davon, daß man erkannte, eine wie schwierige Aufgabe wir damit übernommen hatten. Die Israelis ihrerseits haben sich mit Sicherheit mehr um die Erfüllung dieser zweiten Voraussetzung bemüht als um die der ersten.

So beschloß ich, zu der Taktik zurückzukehren, die ich auf meiner ersten Reise angewendet hatte. Ich wollte nach Damaskus gehen, ohne schon einen festen Vorschlag mitzubringen, und dort einige weniger wichtige Fragen klären, um den Israelis Zeit zu geben, die Lage zu überdenken. Ich rechnete zunächst mit einem freundlichen Empfang in der syrischen Hauptstadt, war aber überzeugt, daß, wenn es dazu kam, die Bedingungen festzulegen, aus einem arabisch-israelischen Konflikt ein arabisch-amerikanischer werden würde. Von Damaskus wollte ich nach Alexandria fliegen, um die anderen arabischen Staaten nach Möglichkeit für die Unterstützung meiner Strategie zu gewinnen, und dann nach Israel zurückkehren. Ich war jetzt schon sechs Tage mit dieser Pendeldiplomatie beschäftigt. In Ägypten hatten wir in der gleichen Zeit den Durchbruch erzielt und beschäftigten uns schon mit den rein technischen Fragen. Diesmal hatte ich vor meinen mit Spannung erwarteten Verhandlungen in Syrien Damaskus noch nicht einmal einen Eröffnungsvorschlag gemacht.

Ich befand mich in einer eigenartigen Lage. Bisher hatten nur Verhandlungen zwischen mir und Israel stattgefunden. Im Verlauf mehrerer Wochen hatten die Israelis eine Reihe von Vorschlägen gemacht, die alle unannehmbar waren, was mir nicht nur Asad gesagt hatte, auch alle anderen Araber waren dieser Auffassung. Ich hatte sie Syrien mitgeteilt, manchmal über andere arabische Länder, und zwar nicht als Vorschläge, sondern als »Illustration« der Vorstellungen Israels, um zu beweisen, wie schwierig das ganze Problem war, und als Modelle – jedenfalls niemals als offizielle Vorschläge. Asad hatte daher noch nicht die Möglichkeit gehabt, einen bestimmten Plan abzulehnen; sein Prestige war von den Verhandlungen noch nicht berührt. Dieser Augenblick war, wie ich glaubte, erst gekommen, wenn sich die Standpunkte beider Seiten etwas stärker angenähert hatten. Aus den gleichen Gründen hatte ich den Israelis die von den Syrern vorgeschlagene Trennlinie nur als Illustration der Vorstellungen Asads erläutert. Strenggenommen war ich auf dieser Reise weniger ein Vermittler als ein Berater, der beiden Parteien sagte, was möglich war, ohne die Verhandlungen sofort zum Scheitern zu bringen. Ich übernahm die Rolle des politischen Wisenschaftlers und erklärte ihnen die Struktur der internationalen Ordnung und bemühte mich, beide Nachbarn über die politischen und psychologischen Gegebenheiten jenseits der Grenze aufzuklären und ihnen das Verständnis des Mannes auf der anderen Seite der Grenze zu ermöglichen, der für sie so fremd und geheimnisvoll war wie ein Besucher aus dem Weltraum.

Asad hatte mir vor mehr als zwei Monaten die Liste der israelischen Kriegsgefangenen gegeben, weil ich ihm dafür die Vorlage eines israelischen Vorschlags versprochen hatte. Nun versuchte ich noch am Beginn dieser Reise dem entscheidenden Problem der Festlegung der Trennlinie auszuweichen. Zuerst wollte ich Nebenfragen klären, weil ich hoffte, daß, wenn sich die Syrer dabei flexibel zeigten, es leichter sein würde, Israel zur Zurücknahme der vordersten Linie zu bewegen.

Die tiefe Kluft zwischen beiden Seiten wurde mir am Freitag, dem 3. Mai, auf der Fahrt vom Flughafen nach Damaskus noch einmal ganz deutlich, als ich zu Beginn der Verhandlungen nach Syrien gekommen war. Wenn Golda jede Gebietsräumung als Bedrohung der Sicherheit Israels und Belohnung des Angreifers ansah, dann glaubte der syrische Außenminister Khaddam, der mich auf dieser Fahrt nach Damaskus begleitete, mit der gleichen Leidenschaft, daß es für Syrien nicht nur ein Recht, sondern die Pflicht war, das Gebiet zurückzufordern, auf das es einen historischen Anspruch zu haben glaubte:

Khaddam: Trifft es nicht auch zu, daß das israelische Volk, das seit fünfundzwanzig Jahren, von Feinden umringt, in ständiger Unsicherheit lebt, den Frieden wünscht?

Kissinger: Auf längere Sicht, ja. Aber Israel befindet sich schon seit so langer Zeit im Belagerungszustand, daß es den Menschen dort schwerfällt, sich eine Vorstellung vom Frieden zu machen. Und besonders im Hinblick auf Syrien haben sie einen Komplex. Sie halten Sie für sehr hart. Ich sage ihnen das Gegenteil – daß Sie sehr sanft sind, daß man gut mit Ihnen umgehen kann, daß Sie versöhnungsbereit sind (Gelächter).

Khaddam: Glauben sie im Ernst, daß wir nachsichtig sein können, wenn sie unser Territorium besetzt halten?

In Damaskus gab es keine Möglichkeiten, ausländische Gäste sehr aufwendig zu bewirten. Khaddam hatte deshalb ein Mittagessen für mich im Orient-Club vorbereiten lassen. In diesem Restaurant verkehrten prominente Syrer, und dort sollte ich auch mit anderen syrischen Ministern zusammentreffen. Diese Geste hatte etwas zu bedeuten. Die stolzen Syrer hätten es nicht gewagt, ihre innenpolitische Stellung zu gefährden, indem sie sich auf ein Unternehmen einließen, von dem sie annahmen, daß es scheitern oder dessen Ausgang unpopulär sein würde.

Die Atmosphäre während des Mittagessens war durchaus freundlich. Aber die Stimmung in Asads Konferenzzimmer war merklich kühler, wenn es der Präsident auch niemals an der persönlichen Höflichkeit fehlen ließ. Zum Glück lieferte uns Gromyko ein Thema, mit dem das Gespräch beginnen konnte. Er hatte sich für den 5. Mai, also in zwei Tagen, in Damaskus angesagt, was seinen syrischen Gastgebern recht peinlich war, denn dieser Besuch bedeutete eine Unterbrechung unserer Gespräche. Außerdem war Dobrynin an Scowcroft herangetreten und hatte ihn gebeten, ein Treffen zwischen Gromyko und mir in Damaskus zu arrangieren. Wieder lehnte ich Damaskus ab und schlug vor, auf der Insel Zypern zusammenzukommen. Ich nannte den 7. Mai, um dem israelischen Kabinett mehr Zeit für seine Beratungen zu geben, und hatte damit den willkommenen Vorwand, den Gang der Gespräche zu verlangsamen, denn mir lag nichts daran, daß Gromyko schon unsere ersten Gespräche sezierte. Jetzt teilte ich Asad mit, daß ich nicht vor dem 8. Mai, also erst nach Gromykos Abreise, nach Damaskus zurückkehren wollte. Damit wollte ich die Syrer veranlassen, den Besuch des sowjetischen Außenministers möglichst abzukürzen. Die eigentlichen Verhandlungen konnten daher erst am elften Tage meines Aufenthalts im Nahen Osten beginnen – vorausgesetzt, die Positionen beider Seiten hatten sich bis dahin so weit angenähert, daß wir offizielle Vorschläge vorlegen konnten.

Historiker, die alle vorhandenen Unterlagen prüfen, werden zweifellos zu dem Schluß kommen, daß Asad und ich trotz der langen Pause, die seit unserem letzten Gespräch vergangen war, an jenem Nachmittag alles getan hätten, um nicht zur Sache zu kommen. Wenn man ein Gespräch mit Asad begann, dann hatte man den Eindruck, daß er niemals aufhören werde, sich nur über Nebensächlichkeiten zu unterhalten. Diesmal sprachen wir über Gromyko. Asad erzählte mir von dem Besuch einer Gruppe von Geschäftsleuten, der von dem Nachrichtenmagazin *Time* arrangiert worden war. Ich beantwortete wie üblich seine Fragen mit einer professoralen Vorlesung, diesmal über die israelische Innenpolitik. Aber das alles hatte nur atmosphärische Bedeutung; es zeigte seinen guten Willen und ließ darauf schließen, daß Fortschritte gemacht werden könnten. Aber die Stimmung wurde sichtlich kühler, als ich über Dayans Plan berichtete – nicht als Vorschlag, sondern als ein Projekt, das vom israelischen Kabinett beraten wurde. (Wie ich Sadat später sagte, tat ich es zum Teil, weil Dayans Plan so unmöglich war, daß jedes israelische Zugeständnis sich daneben sehr vorteilhaft ausmachen würde.)

Mein Versuch, Dayans Vorstellungen in möglichst milder Form vorzutragen, änderte nichts an Asads Empörung. Er sagte, der Plan wäre

»beleidigend« und mache ihn »nervös und gereizt«. Der Plan bewiese, daß Israel seine Eroberungen für wichtiger hielte als den Frieden. Aber auch die Syrer konnten unnachgiebig sein, was sich deutlich zeigte, als Asad mir noch einmal den Plan vorlegte, den Shihabi nach Washington mitgebracht hatte. Danach sollte Israel mehr als die Hälfte des Gebiets auf dem Golan räumen, das es vor dem Kriege besetzt hatte: »Wenn meine Linie nicht akzeptiert werden kann, werden wir zu keiner Vereinbarung kommen. Im Hinblick auf unsere Linie gibt es keinen Verhandlungsspielraum. Ich werde keinen Meter von der Linie zurückweichen, die wir festgelegt haben« – was ebenso unwahrscheinlich war wie die Annahme, daß Israel an dem sogenannten Dayan-Plan festhalten werde. Beide Seiten waren zu weit gegangen und mußten sich jetzt ernsthaft darum bemühen, ihre Differenzen auszugleichen.

Um unser Gespräch nicht weiter zu belasten, wandte ich mich weniger wichtigen Fragen zu. Hier kamen wir besser voran. Asad erklärte sich bereit, die israelische Frontausbuchtung nicht mehr so häufig mit Artillerie beschießen zu lassen und in der Zeit, in der ich mich im Nahen Osten befand, die Kommandounternehmen gegen israelische Stellungen einzustellen. Im Prinzip akzeptierte er eine entmilitarisierte Pufferzone nach dem Vorbild der mit Ägypten getroffenen Vereinbarungen, die von den Vereinten Nationen überwacht werden sollte. Auch dem Austausch der Gefangenen stimmte er zu. Was die Zonen betraf, in denen die Bewaffnung der dort stationierten Streitkräfte bestimmten Beschränkungen unterworfen sein sollte, wollte er sich nicht festlegen. Eine Entmilitarisierung war auf dem Golan sehr viel schwieriger als auf der Sinai-Halbinsel, denn es war vorgesehen, daß die syrischen Zivilisten in das gesamte von Israel geräumte Gebiet einschließlich der Zone der Vereinten Nationen zurückkehren sollten, und Syrien wollte nicht darauf verzichten, sie militärisch zu sichern. Am frühen Samstagmorgen, dem 4. Mai, erörterte ich diese Frage auf der Fahrt zum Flughafen noch einmal mit Khaddam. Am Nachmittag schickte mir Asad eine Botschaft nach Alexandria und teilte mir mit, daß Syrien den Waffenbegrenzungen nicht zustimme. Die »Nichtzustimmung« war weniger scharf als eine strikte Ablehnung, aber es war noch lange keine positive Antwort.

Ein Berater Asads sagte Tom Scotes, ich hätte aus Israel »gar nichts« mitgebracht. Er hatte nicht ganz unrecht. Er fügte hinzu, die syrische Führung wäre »enttäuscht, überrascht und entmutigt«. Wir hatten sechs Stunden gebraucht, um soweit zu kommen. Wir mußten damit rechnen, daß sich die Verhandlungen sehr lange hinziehen würden.

Nun beschloß ich, die Unterstützung der anderen arabischen Staaten für einen Kompromißplan zu gewinnen, den bisher keine Seite gesehen oder gebilligt hatte. Am 4. Mai besprach ich in Alexandria mit Sadat, was Ägypten unterstützen könnte. Sadat stellte das Problem sehr deutlich dar: War es möglich, Asad wenige Kilometer über die Linie vom 6. Oktober hinaus zuzugestehen, damit er das Gesicht wahren könnte? Ich bat Hal Saunders um eine Erläuterung der topographischen Gegebenheiten. Dabei handelte es sich um einen drei Kilometer im Westen gelegenen Höhenzug und zwei Berge unmittelbar nördlich und südlich, auf die Israel nicht verzichten wollte, weil sie sich als hervorragende Verteidigungsstellungen anboten. Sadat antwortete:

> Ein sehr schwieriges Problem, aber man sollte es nach politischen und nicht nur nach militärischen Gesichtspunkten zu lösen versuchen. Es liegt in ihrem und auch in unserem Interesse, das Feuer einzustellen. Beide Seiten erleiden Verluste. Und zugleich versucht die Sowjetunion, Syrien in eine extreme Position hineinzumanövrieren. Aus innenpolitischen Gründen braucht Israel Ruhe, es braucht eine Atempause und muß sein Haus in Ordnung bringen. Auch ich brauche eine Atempause, um alles für den nächsten Schritt vorzubereiten. Können Sie das verstehen? Asad hetzt die ganze arabische Welt gegen mich auf. Die Israelis sollten dafür Verständnis haben. Es läge hundertprozentig in ihrem Interesse. Wir versuchen nicht, ihre Siedlungen zu besetzen, aber wir sagen, daß sie (die Syrer) aus psychologischen Gründen etwas über die Linie vom 6. Oktober hinaus haben müssen. Was das sein soll, müssen wir aushandeln. Quneitra muß dazugehören. Das kann ich der ganzen arabischen Welt verkaufen, und Hafez Asad kann das Gesicht wahren.

Und dann fügte Sadat noch hinzu:

> Lassen Sie uns den Syrern zuerst die ganze Fronteinbuchtung und alles geben, was die Israelis einschließlich von Quneitra über die Linie vom 6. Oktober hinaus zugestehen wollen. Das ist eine rein psychologische Frage. So was kann ich hundertprozentig unterstützen, und zwar auch in der arabischen Welt.

Das schlimme war natürlich, daß Irsrael auf keine dieser Forderungen eingehen wollte, nicht einmal auf die völlige Räumung der Frontausbuchtung. Wir versuchten indessen, Syrien von den Arabern unter Druck setzen zu lassen, damit es einem noch nicht vorliegenden israelischen Vorschlag zustimmte, den Asad wahrscheinlich trotzdem ablehnen würde. Trotzdem schlug Sadat vor, seinen Vertrauten Ashraf Marwan mit Saunders nach Saudi-Arabien und Algerien zu schicken, um diese Länder zu veranlassen, uns gegenüber Syrien zu unterstützen.

Marwan und Saunders wurden am späten Abend des 4. Mai, eine Stunde nach ihrem Eintreffen in Saudi-Arabien, von König Faisal empfangen, was angesichts ihres protokollarischen Rangs ganz ungewöhnlich war. Noch erstaunlicher war es, daß der König bereit war, sich die gemeinsame amerikanisch-ägyptische Haltung erläutern zu lassen. Ich hatte Saunders angewiesen, Faisal ins Bild zu setzen, aber keine besonderen Wünsche zu äußern. Der König würde selbst wissen, was er zu tun hatte – wenn er es überhaupt für richtig hielt, sich einzuschalten. Er war so zweideutig, wortkarg, aber auf seine Weise hilfsbereit wie immer. Er hatte gegen den von uns ins Auge gefaßten Kompromiß nichts einzuwenden, sprach sich aber auch nicht eindeutig dafür aus. Wir könnten mit seiner Unterstützung für Ägypten und Syrien rechnen, wenn es notwendig würde, orakelte er.

Am folgenden Tag interpretierte Saqqaf die Worte des Königs, wie er das auch bei meinen Besuchen getan hatte. Was Saqqafs Worten besonderes Gewicht verlieh, war die Tatsache, daß er den vielleicht engsten Berater Faisals, den Syrer Rashad Pharaon, mitgebracht hatte. Ob letzterer die Verbindung zu Damaskus hielt, weiß ich nicht, nehme es aber an. Auf jeden Fall wußte er sicher, wie weit Israel mit seinen Forderungen gehen konnte. Pharaon sagte, wenn die Israelis Quneitra räumten und die Stadt unter syrische Verwaltung gestellt würde, dann wäre das ein guter Vorschlag, den Saudi-Arabien und, wie er glaubte, auch Algerien unterstützen würden. Ich kannte die saudischen Verhandlungsmethoden jetzt schon so gut, daß ich begriffen hatte, daß ein Berater des Königs von Saudi-Arabien nur »glaubte«, was er wußte.

Von Riad flogen Saunders und Marwan nach Algerien. Boumedienne war zurückhaltend. Er sagte, wenn Israel um einen oder zwei Kilometer feilschte, dann könnte man den israelischen Absichten nicht trauen. Aber grundsätzlich könnte er sagen, daß Asad etwa das gleiche erreichen möchte wie Sadat – mit anderen Worten, die Räumung eines von den Israelis besetzten Geländestreifens jenseits der Vorkriegslinie. Er wünschte mir Glück und erklärte, daß er nichts tun werde, was meine Aufgabe komplizieren könnte. Privat sagte er Marwan, daß er die Lage positiv beurteilte. Marwan reiste allein nach Kuwait weiter, und auch dort war die Reaktion positiv.

Damit hatten wir uns die Unterstützung der Araber gesichert, soweit es in dieser Lage möglich war. Es war eigentlich erstaunlich, daß sich so viele arabische Führer mit einem Plan einverstanden erklärten, den Syrien noch nicht gebilligt hatte. Die Reise durch die arabischen Länder hatte neben anderem auch den Zweck, Asad mit unseren Vorstellungen vertraut zu machen. Ich konnte sicher sein, daß jeder arabische Führer, mit dem wir gesprochen hatten, den Inhalt unserer Gespräche nach Damaskus weitergeben würde – ohne sich dabei selbst in ein schlechtes Licht zu setzen.

Es fehlte uns aber noch immer ein israelischer Vorschlag. Von Ägypten kehrte ich nach Israel zurück, wo lautstarke Demonstrationen stattfanden. Auf langen Sitzungen (am Samstag, dem 4. Mai, von 8.15 Uhr abends bis 1.15 Uhr morgens und am Sonntag von 10.15 Uhr bis 13.30 Uhr) erläuterte ich den Israelis den gegenwärtigen Stand der Verhandlungen. Ich berichtete über die Reaktionen der verschiedenen arabischen Länder und wies ausdrücklich darauf hin, daß der erste israelische Vorschlag niemals akzeptiert werden würde. Selbst wenn Asad dazu bereit wäre, müßte er die Auffassungen aller anderen arabischen Führer berücksichtigen. Dayans »persönlicher« Vorschlag, Quneitra zwischen Israel und Syrien aufzuteilen, wäre noch gefährlicher, denn er würde nicht nur als Beleidigung, sondern als Beschimpfung aufgefaßt werden:

> Ich wiederhole, wir stehen vor folgendem Problem: Erstens müssen wir zu einer Vereinbarung kommen. Zweitens, wenn wir uns nicht einigen können, dann müssen wir zunächst über alles andere als über die Trennlinie verhandeln; über die Zonen, in denen die Begrenzungen für die Bewaffnung gelten sollen, über den Status der von den Vereinten Nationen zu stellenden Streitkräfte, kurz gesagt, über alle technischen Fragen, bei denen es sich nicht um etwas absolut Grundsätzliches handelt. Drittens, wenn die Verhandlungen über die Trennlinie scheitern, dann müssen wir so über die einzelnen Themen spre-

chen, daß nicht alle arabischen Staaten, die Sowjetunion und Westeuropa die Ergebnisse ablehnen.

Golda blieb hart; sie wollte sich mit dem Abzug aus Quneitra nicht einverstanden erklären. Die Syrer hätten nicht das Recht, nach einem verlorenen Krieg Gebietsansprüche zu stellen. »Was wir daher dem Kabinett vorlegen, wird *nicht* die Übergabe von Quneitra an die Syrer sein.« Das Kabinett wollte höchstens Dayans Ideen als offiziellen Vorschlag billigen – was bedeutete, daß das östliche Drittel von Quneitra den Syrern zugesprochen werden sollte, die westlichen Zweidrittel sollte Israel behalten. Damit begann ein neues Tauziehen. Nachdem die Israelis sich jedoch bereit erklärt hatten, die Stadt zu teilen, hatten sie praktisch auf die Vorkriegslinie verzichtet. Es hatte keinen Sinn, den schrittweisen Fortschritt wegen ein paar Straßen in Quneitra aufs Spiel zu setzen. Vielleicht wich Golda nur deshalb schrittweise zurück, weil sie ihrem Kabinett (und unter Umständen sich selbst) beweisen wollte, daß der Vorschlag so nicht angenommen werden könnte. Deshalb bat ich meine Verhandlungspartner offiziell, den israelischen Vorschlag noch einmal zu beraten. Um dem Kabinett Zeit dafür zu lassen, flog ich nach Amman. Nach einwöchiger Verhandlungsdauer war ich bisher nur einmal in Damaskus gewesen.

Als ich am 5. Mai nach Amman kam, um die Nacht über dort zu bleiben, empfing mich Hussein mit der denkbar größten Zuvorkommenheit. Er versuchte nicht, mich unter Druck zu setzen. Wie seine arabischen Brüder stimmte er unserer Gesamtstrategie zu. Er wußte, daß er im Unterschied zu ihnen in Damaskus kaum etwas würde ausrichten können. Er glaubte, daß Asad am Schluß höchstwahrscheinlich mit meinen Vorschlägen einverstanden sein würde, das heißt mit einer geringen Grenzberichtigung und der Übernahme von Quneitra durch Syrien. Wenn die Vereinbarungen zustande kämen, würde Asad den bisher von Syrien verfolgten radikalen Kurs aufgeben können. Was nun die Truppenentflechtung an der jordanischen Front betraf, so versprach ich Hussein, nach der Truppenentflechtung an der syrischen Front und nach der Entscheidung über das Amtsenthebungsverfahren gegen den amerikanischen Präsidenten zu den Problemen am Jordan-Westufer zurückzukehren. Ich hoffte, daß es im Sommer soweit sein würde.

Als ich am Montagabend, dem 6. Mai, nach Jerusalem zurückkehrte, hatte das israelische Kabinett seine Vorschläge modifiziert. Die israelische Verschleppungstaktik, die endlosen Arbeitssitzungen, die Vorwürfe wegen einer angeblichen Nötigung Israels, die talmudische Exaktheit, die deutlich erkennbaren Seelenqualen unserer Gesprächspartner erzeugten eine überaus nervöse Atmosphäre, und man war erschüttert zu sehen, wie sich hier die Seele eines Volkes vor aller Öffentlichkeit entblößte. Das israelische Kabinett verschleierte so die Tatsache, daß es in winzigen Schritten zurückwich und alles unternahm, seine schlimmen Befürchtungen zu überwinden und eine erträgliche Zukunft zu gestalten, ohne hoffen zu dürfen, in der Außenwelt für diese Mühen Anerkennung zu finden. Die Räumung des Ostteils von Quneitra wurde als offizieller Vorschlag der Regierung in den neuen Plan aufgenommen. Aber noch wichtiger war der Beschluß, die Verteidigungslinie hinter die Linie vom 6. Oktober bis an den westlichen Stadtrand von Quneitra zurückzunehmen. Die innenpolitischen Verhältnisse in Israel ließen eine großzügige Geste nicht zu. Verbunden mit diesem Vorschlag war die Forderung, daß Quneitra geteilt werden müßte. Syrien könnte den Ostteil der Stadt verwalten, eine aus UN-Beobachtern und Israelis bestehende Gruppe den mittleren Teil, und am Westrand der Stadt sollten sich israelische Siedler niederlassen können (wahrscheinlich – abgesehen von innenpolitischen Zwängen –, um Syrien daran zu hindern, die unmittelbar an das von Israel genutzte landwirtschaftliche Gebiet grenzenden Teile der Stadt zu besiedeln). Das Vorhaben war für einen so kleinen Ort unsinnig. Was für eine Weltstadt wie Berlin ein Alptraum bedeutete – die Mauer, die Berlin teilte –, mußte in einer kleinen Provinzstadt noch unerträglicher sein. Andererseits schien mir der neue israelische Vorschlag ein Schritt zu sein, mit dem sich die israelische Führung allmählich damit vertraut machte, daß die Zeit ein Verbündeter sein könnte und es möglich wäre, dafür auf ein paar Kilometer auf dem Golan zu verzichten. Daß das israelische Kabinett dieses Problem begriffen hatte, zeigte sich darin, daß in dem Vorschlag auch einige hilfreiche Verschiebungen der Vorkriegslinie im Süden zugestanden wurden.

Ich glaubte daher, daß wir uns in die richtige Richtung bewegten, bat die Israelis jedoch, sich die Sache noch einmal zu überlegen, weil ich mich am folgenden Tag auf Zypern mit Gromyko treffen und in der Lage sein wollte, ihm zu sagen, daß Israel noch keinen offiziellen Vorschlag vorgelegt hatte. Ich hielt den Plan in seiner gegenwärtigen Form für unannehmbar, aber in der Diplomatie ist der erste Schritt von entscheidender Bedeutung. Nachdem de Gaulle seinerzeit den schwarzafrikanischen französischen Kolonien die Unabhängigkeit gewährt hatte, war es nur noch eine Frage der Zeit, bis auch Algerien selbständig wurde. Als das israelische Kabinett sich bereit erklärt hatte, die Verteidigungslinie westlich von Quneitra einzurichten, konnten die Verhandlungen nicht mehr an weniger wichtigen Fragen scheitern wie etwa an dem Recht Israels, den westlichen Stadtrand zu besiedeln, was nicht geschehen war, solange dem nichts im Wege stand. Und schließlich durfte der Westrand von Quneitra nach dem eigenen Vorschlag der Israelis auch nicht militärisch besetzt werden. Das israelische Kabinett hatte es nicht eilig und war gern bereit, mich ohne Instruktionen zum Treffen mit Gromyko abreisen zu sehen.

Meine Begegnung mit dem sowjetischen Außenminister am Dienstag, dem 7. Mai, in Nikosia hatte ihre bizarren Aspekte. Sie fand unter der Ägide des würdigen Präsidenten von Zypern, des Erzbischofs Makarios, statt, der es sichtlich genoß, daß auf seiner Insel über Fragen verhandelt wurde, die der Bedeutung seiner Stellung und Persönlichkeit entsprachen. Er empfing Gromyko und mich getrennt und veranstaltete eine offizielle Begrüßung für beide Delegationen. Mit seinem gewichtigen Auftreten ließ er erkennen, daß das Schicksal ihm einen bösen Streich gespielt hatte, als er die Verantwortung für die Verwaltung dieser obskuren Insel übernehmen mußte. Es hätte nicht großer Überredungskunst bedurft, ihn davon zu überzeugen, daß er sich persönlich in die Nahost-Politik einschalten müßte. Als Gromyko und ich uns zu unserem Privatgespräch in den Präsidentenpalast zurückzogen, verzichtete Seine Eminenz mit Bedauern darauf, sich nicht an der Beratung der Probleme beteiligen zu können. Er hätte sicherlich manches an Verschlagenheit und diplomatischem Geschick dazu beitragen können, was er aus einer jahrtausendealten byzantinischen Tradition der Staatskunst übernommen hatte.

Es war die geeignete Ouvertüre für den folgenden Gedankenaustausch. Um den Anschein zu wahren, daß sich die Sowjetunion auch weiterhin an den Nahost-Verhandlungen beteiligte, war Gromyko jetzt gekommen, weil er nach allem, was ich ihm in Genf gesagt hatte, damit rechnete, daß die Gespräche in die entscheidende Phase getreten waren. Durch die inzwischen eingetretenen Verzögerungen hatte seine Reise eigentlich jeden Sinn verloren. Sie bewies nur, daß die nüchterne Analyse des nationalen Interesses nicht das einzige Motiv ist, das hinter dem Handeln eines Staatsmanns steht.

Der verletzte Stolz der Sowjetunion, die sich jetzt dort an die Peripherie des Geschehens gedrängt sah, wo sie bisher eine beherrschende Rolle gespielt hatte, war sicherlich auch ein Grund für Gromykos Erscheinen. Seine plumpen Annäherungsversuche waren vielleicht auch ein Anzeichen für gewisse Spannungen im sowjetischen Regierungsapparat. Einige unserer Sowjetexperten glaubten, daß das Politbüro den Außenminister für die Rückschläge der Sowjets im Nahen Osten verantwortlich machte, der jetzt versuchte, mit seinen heftigen, aber wenig erfolgreichen Bemühungen den verlorenen Einfluß für Moskau zurückzugewinnen. Doch welches seine Gründe auch gewesen sein mögen, er hatte ebenso wie wir damit gerechnet, daß die Verhandlungen rascher vorankommen würden. Unter den gegebenen Umständen war unser Gespräch nicht mehr als eine Wiederholung des Gedankenaustausches vor einer Woche in Genf.

Gromyko bestätigte, was wir schon wußten, und sagte, für Damaskus wäre Quneitra der Schlüssel zur Lösung des ganzen Problems. Er wiederholte die grundsätzlichen sowjetischen Einwände gegen Teilvereinbarungen, räumte aber dann ein, daß sie uns vielleicht weiter bringen könnten, wenn man sie auf irgendeine Weise mit einer umfassenden Friedensregelung verknüpfte und Israel sich bereit fände, seinen guten Willen unter Beweis zu stellen, indem es ein möglichst großes Gebiet räumte. Diese Vorschläge waren so allgemein gehalten, daß ich ihnen zustimmen konnte, ohne auf Einzelheiten eingehen zu müssen. Gromyko war viel zu erfahren und intelligent, um nicht zu begreifen, was geschah, und versuchte deshalb auch nicht, sich gegen eine Entwicklung zu sträuben, an der er nichts ändern konnte. In meinem Bericht an Nixon schrieb ich:

> Er bestätigte unsere Auffassung, daß Quneitra für die Syrer der wichtigste Verhandlungsgegenstand ist und daß die Verhandlungen mit Syrien, wenn sie es bekommen, zum Erfolg führen könnten. Ich habe ihn mehrmals ausdrücklich darauf hingewiesen, daß die Vereinigten Staaten und die Sowjetunion die Lage nur verschärfen würden, wenn wir versuchten, uns zu übertreffen, indem wir uns hinter die jeweili-

> gen Maximalforderungen beider Seiten stellten. Er versicherte mir, daß die Sowjetunion keine Spannungen in diesem Gebiet wünsche. Kurz gesagt, ich glaube zwar, wir können kaum damit rechnen, daß die Sowjets uns bei den Verhandlungen mit Syrien wesentlich helfen können, ich kann aber auch keine ernsthaften Anzeichen dafür erkennen, daß sie entschlossen – oder fähig – wären, die Verhandlungen in dieser Phase zum Scheitern zu bringen.

Makarios unterbrach unsere Sitzung und lud uns zum Essen ein. Er ließ uns Wiener Schnitzel vorsetzen, wahrscheinlich mir zu Ehren. Dann verabschiedete ich mich von Gromyko. Unsere Begegnung hatte weniger Zeit in Anspruch genommen als erwartet, denn Gromyko mußte nach Moskau zurückfliegen, um einen ausländischen Würdenträger zu begrüßen. Da ich früher abflog als vorgesehen, mußte ich die bekannte Journalistin Marilyn Berger von der *Washington Post* auf Zypern zurücklassen, die an den Strand gegangen war, um sich zu sonnen. Kurz vor dem Start meiner Maschine – die Gangway war schon fortgeschoben worden – erinnerte sich irgend jemand daran, daß wir noch ihren Paß hatten. Wir warfen ihn aus der Tür des Flugzeugs und baten einen Angestellten der amerikanischen Botschaft, ihn Marilyn zu übergeben, damit sie uns mit der nächsten Maschine folgen konnte. Zum Glück verkehrten damals viele Maschinen zwischen Zypern und Jerusalem für Reisende, die aus der arabischen Welt kamen, um von hier aus nach Israel weiterzufliegen. So konnten wir Marilyn am nächsten Tag wieder in Jerusalem in Empfang nehmen.

Als ich am Dienstagabend in Israel eintraf, erfuhr ich, daß sich der amerikanische Kongreß zu einer erfreulichen Geste der Solidarität entschlossen hatte. Der Führer der parlamentarischen Mehrheit, der demokratische Senator Mike Mansfield, hatte am gleichen Vormittag die folgende Erklärung abgegeben:

> Ich möchte bei dieser Gelegenheit nur erklären, daß der Senat die Reise von Dr. Kissinger zur Kenntnis nimmt und daß wir ihn vollständig und uneingeschränkt bei seinen Bemühungen unterstützen, im Nahen Osten einen Weg zum Frieden zu finden, einen Weg, der, wie es jetzt den Anschein hat, nach Damaskus führt.

Diese Erklärung hätte zu keinem günstigeren Zeitpunkt kommen können. Das israelische Kabinett hatte weiteren Modifizierungen zugestimmt, von denen mich der neue Chef des Stabes, General Mordechai Gur, unterrichtete. Bei unseren ersten Begegnungen hatte mir seine abweisende Art nicht gefallen. Ich hielt ihn zunächst für arrogant und überheblich. Aber dann begriff ich, daß er sich auf diese Weise von den kleinlichen politischen Manövern distanzieren wollte. Wie bei vielen im Lande geborenen Israelis war die rauhe Schale dieses an sich freundlichen Mannes nur der Schutzschild, mit dem er sich vor einer feindlichen Welt abschirmte. In seiner freien Zeit beschäftigte sich Gur damit, Kindermärchen zu schreiben. Im Lauf der Zeit lernte ich ihn als einen selbstbewußten, ehrlichen und sehr umgänglichen Menschen kennen.*

* 1981 nahm er seinen Abschied als Offizier, wurde ins Parlament gewählt und begann eine vielversprechende politische Laufbahn.

Als ehemaliger Befehlshaber im Nordabschnitt kannte er die Verhältnisse an der syrischen Front sehr gut. Offensichtlich bemühte er sich darum, mir keine Argumente zu liefern, die seinem Land schaden könnten. Er wollte mich aber auch nicht täuschen, sondern trug mir einen relativ gemäßigten israelischen Vorschlag vor. Er bestätigte die Rückverlegung der vordersten Linie an den Westrand von Quneitra. Dann sagte er, daß Israel bereit wäre, seine Stellungen auf dem Berg Hermon im Norden zurückzunehmen, im Süden den kleinen Ort Rafid und drei befestigte Stellungen an der Vorkriegslinie zu räumen und die vorgesehene Pufferzone bei einigen Dörfern zu verbreitern, um die Rückkehr weiterer syrischer Zivilisten zu ermöglichen. Im Hinblick auf die Zivilverwaltung von Quneitra hatten die Israelis ihren Standpunkt nicht geändert.

Ich telegrafierte Sadat, Boumedienne und Faisal und teilte ihnen mit, daß die Verhandlungen Fortschritte gemacht hatten. Am nächsten Morgen sagte ich Golda, daß ich in Damaskus nur den Quneitra betreffenden Teil des israelischen Plans vorlegen würde. Da Asad ihn mit Sicherheit ablehnen würde, wollte ich es vermeiden, daß gleichzeitig auch die anderen israelischen Zugeständnisse gegenstandslos wurden. Mit ihnen ließe sich vielleicht später eine Pattsituation überwinden, oder, wenn es zu einem Durchbruch kommen sollte, könnte man sie den Syrern als besonderes Zeichen des guten Willens präsentieren. Soweit ich weiß, hat es die israelische Führung noch niemals abgelehnt, ihre Zugeständnisse in kleinsten Dosen verabfolgen zu lassen. Auch diesmal folgte Golda der Tradition und war, um es ganz schlicht zu sagen, begeistert. Wenn Asad die Verhandlungen abbrach, weil er mit den Quneitra betreffenden Vorschlägen nicht einverstanden war, dann würden diese endlosen Nachtsitzungen mit dem niemals zufriedenen amerikanischen Verbündeten aufhören. Wir behaupteten, die Sicherheit Israels ließe sich durch Manöver und nicht durch das starre Festhalten an bestimmten Grundsätzen erreichen. Daraufhin folgten noch nervenaufreibendere Sitzungen mit einem Kabinett, das der Premierministerin die Verantwortung für die Flexibilität aufbürdete, die notwendig war, um das Land davor zu bewahren, daß es von den feindlichen oder verständnislosen Kräften erdrückt wurde, die es auf allen Seiten umgaben.

Am Mittwoch, dem 8. Mai, dem elften Tag dieser Verhandlungsrunde, spürten wir wieder, wie sehr sich diese Gespräche von dem unterschieden, was wir bei den Verhandlungen mit Ägypten erlebt hatten. In Assuan mußten wir nur mit einem einzigen arabischen Führer sprechen, der begriffen hatte, worauf es ankam. In Syrien konnten wir nur weiterkommen, wenn wir fast die ganze arabische Welt einschalteten. Darin bestand unser Sicherheitsnetz für den Fall eines Scheiterns, es beraubte uns aber gleichzeitig jeder Flexibilität, denn wir waren auf eine Liste von Problemen festgelegt, die wir nacheinander lösen mußten, um voranzukommen. Auf dem Sinai hatte uns Israel sofort sein nahezu günstigstes Angebot vorgelegt; auf dem Golan mußten wir diesen Punkt in mühsamen und langwierigen Verhandlungen in kleinen Schritten erreichen, meist in anstrengenden und bedrückenden Nachtsitzungen.

Am 8. Mai kam ich zum zweiten Mal nach Damaskus. (Wahrscheinlich hätte ich meinen Gleichmut nicht bewahren können, wenn ich gewußt hätte, daß ich allein in dieser Verhandlungsrunde dreizehnmal nach Damaskus würde fliegen müssen.) Jetzt konnte ich es nicht mehr vermeiden, das Problem der Trennlinie zur Sprache zu bringen. Wie üblich, wurde ich auf dem Flughafen von Khaddam begrüßt, der mich auf der Fahrt in die Stadt begleitete, um mir den guten Willen der syrischen Seite zu beweisen. Deswegen hoffte ich auf einen günstigen Verlauf der Gespräche, denn die arabischen Führer hatten den Syrern zweifellos mitgeteilt, welche neuen Vorstellungen wir mitbrachten. »Sie sind uns jederzeit willkommen, ob wir nun über die Truppenentflechtung sprechen oder nicht«, sagte der Mann, der im Westen von vielen für eine Geißel Gottes gehalten wurde. Ich erwähnte kurz die psychologischen Schwierigkeiten, auf die ich in Israel gestoßen war. Khaddams Antwort verdeutlichte, weshalb es so schwierig war, hier zu einer Einigung zu kommen: »Wenn es ihnen schwerfällt, fremdes Gebiet zu räumen, wie können sie erwarten, daß es anderen leichtfallen wird, es ihnen zu überlassen?«

Asad konnte scheinbar nicht darauf verzichten, seine Gespräche mit Nebensächlichkeiten zu beginnen. Diesmal interessierte er sich für das amerikanische Bombenflugzeug vom Typ F-111, dessen technische Details ihn als ehemaligen Befehlshaber der syrischen Luftstreitkräfte faszinierten. Auf Umwegen, die sich aus dem schriftlichen Protokoll nicht mehr erkennen lassen, kamen wir auf die Entscheidungsprozesse bei arabischen Gipfelkonferenzen zu sprechen. Erst nach dem Austausch der obligatorischen Bonmots kamen wir auf das eigentliche Thema zu sprechen, das sich bedauerlicherweise nicht zum Scherzen eignete. Da ich wußte, daß die mitgebrachten Vorschläge abgelehnt würden, erläuterte ich zunächst die Zusammenhänge. Während ich in Israel über die internationalen Auswirkungen der Ereignisse im Nahen Osten gesprochen hatte, um das Kabinett davon zu überzeugen, daß es ein großzügigeres Angebot machen müßte, erklärte ich Asad, weshalb Syrien sich mit weniger zufriedengeben müßte, als es zu erreichen wünschte:

> Ich beurteile die Lage wie folgt: Erstens sind die syrischen Verhandlungen aus den verschiedensten Gründen viel schwieriger als die ägyptischen. Einmal ist das Gebiet, um das es geht, viel kleiner. Außerdem spielt dabei die Zivilbevölkerung eine Rolle. Das Gebiet liegt viel näher an den Sicherheitszentren beider Länder. Und in Israel werden emotionale und psychologische Reaktion ausgelöst.
>
> Auch die militärische Lage ist anders: Die israelische »Frontausbuchtung« jenseits des Kanals konnte über einen fünfzehn bis zwanzig Kilometer breiten Geländestreifen versorgt werden. Sie lag zwischen zwei ägyptischen Armeen. Das Frontgebiet war ebenes Gelände, und die Nachschublinien führten über eine sehr weite Strecke. Deshalb war die Versorgung der in der Front eingesetzten Truppen gefährdet. Die in der syrischen Frontausbuchtung eingesetzten Verbände fühlen sich sicherer. Ich beschreibe nur die Lage und verteidige sie nicht. Hinter den israelischen Stellungen liegt eine Gebirgskette, daneben der Berg Hermon. Diese Stellungen geben die Israelis nur ungern auf.

Wenn Sie sich die Vereinbarungen über die Truppenentflechtung an der ägyptischen Front ansehen, dann werden Sie feststellen, daß sich die Israelis nur an dem Abschnitt zurückgezogen haben, wo ihnen ägyptische Truppen gegenüberlagen. Auf der anderen Seite des Kanals standen fünf ägyptische Divisionen. In Ägypten haben wir eine Linie festgelegt, die sich an der bestehenden Front orientierte und die Räumung der Frontausbuchtung verlangte. Die von den Vereinten Nationen überwachte Zone lag im flachen, unbewohnten Gelände.
In Syrien geht es um ganz andere Probleme. Erstens soll eine syrische Zivilverwaltung eingesetzt werden. Zweitens sprechen wir über den israelischen Abzug aus neu besetzten Gebieten. In Ägypten haben die Israelis keine neu eroberten Gebiete aufgegeben.

Ich fügte hinzu, daß es letzten Endes nicht um ein militärisches, sondern um ein politisches und psychologisches Problem ginge.

Asads Antwort war für syrische Verhältnisse erstaunlich zurückhaltend und zeigte, wie klar er erkannt hatte, daß es hier zum großen Teil um immaterielle Fragen ging:

Asad: Die Schwierigkeit auf der syrischen Seite liegt darin, daß die Menschen hier, die seit sechsundzwanzig Jahren mit Haß gefüttert worden sind, diese Haltung nicht über Nacht aufgeben können, weil wir eine politische Kursänderung vorgenommen haben. Wir würden keinen einzigen Schritt tun, der nicht im Interesse unseres Volkes läge. Wir alle sind Menschen – wir alle reagieren impulsiv. Aber wenn wir eine führende Stellung einnehmen, müssen wir uns beherrschen, analysieren und das tun, was in unserem eigenen Interesse liegt. Ein gerechter Friede liegt im Interesse unseres Volkes.
Kissinger: Und im Interesse Israels und aller Völker in diesem Gebiet.

Doch diese philosophischen Erörterungen ersparten es mir nicht, Asad den israelischen Vorschlag vorzulegen und damit das Risiko eines Scheiterns der Gespräche mit Syrien einzugehen. Wie ich Golda gesagt hatte, hob ich besonders hervor, daß Israel bereit wäre, die Verteidigungslinie bis an den Westrand von Quneitra zurückzunehmen. Dabei erwähnte ich einige der von Gur zugestandenen Modifizierungen, um anzudeuten, in welche Richtung sich die Israelis bewegen könnten, erwähnte aber nicht die Frontverschiebungen auf dem Berg Hermon im Norden und bei Rafid im Süden.

Asad explodierte nicht und versuchte auch nicht zu feilschen. Kühl und analytisch nahm er Stellung zu dem, was ich ihm vorgetragen hatte:

Ich stelle also folgendes fest: Feststellung Nummer 1: Es gibt keinen Abzug hinter die Linie vom 6. Oktober. Feststellung Nummer 2: Es gibt keine gerade und parallel verlaufende Linie. Das kompliziert die Lage. Feststellung Nummer 3: Sie bleiben an bestimmten Punkten, die sie nach dem 22. Oktober besetzt haben. Zum Beispiel auf dem Berg Hermon, wo sie vorher keine Stellungen hatten. Der einzige Beobachtungsposten, den sie besaßen, befand sich an der Linie vom 6. Oktober. Feststellung Nummer 4: Es gibt kein größeres Gebiet, das sie räumen werden. Es gibt an keiner Stelle eine wesentliche Zurücknahme der vordersten Linie.

Ich wies noch einmal darauf hin, daß Israel schließlich sowohl die 1973 entstandene Frontausbuchtung als auch Quneitra räumen würde. Aber Asad ließ sich nicht aus dem Konzept bringen. Er hatte wahrscheinlich die israelischen Zeitungen gelesen, die manchmal früher vom Inhalt der Kabinettsberatungen unterrichtet waren als die amerikanische Verhandlungsdelegation. »Sie werden Quneitra nicht zurückgeben«, sagte Asad. »Sie haben Quneitra nur geteilt.«

Bei komplizierten Verhandlungen können Nuancen entscheidend sein. Natürlich konnte Asad an den Vorschlägen, die ich ihm mitgebracht hatte, keinen Gefallen finden. Augenscheinlich wollte er mir sagen, daß ihn bei Quneitra weniger die Tiefe des israelischen Rückzuges als vielmehr die administrative Teilung der Stadt störte. Aber noch wichtiger war es, daß er nicht mehr die Zurücknahme der israelischen Stellungen bis auf die im »Shihabi-Plan« vorgesehene Linie verlangte. Jetzt sprach er von einer Linie, die »in der Nähe« der zuerst erwähnten liegen sollte. Beide Seiten bewegten sich, während sie einander mit militanten Reden drohten, oder sogar mit Hilfe solcher Drohungen fast unmerklich aufeinander zu, was auch darin zum Ausdruck kam, daß Asad mich aufforderte, der Presse zu sagen, die Verhandlungen seien nicht unterbrochen worden. Mit anderen Worten, wir waren weiter vorangekommen.

Nachdem ich am Flughafen mit den Medien gesprochen hatte und während die mich begleitenden Journalisten das Flugzeug bestiegen, führte mich Shihabi in ein kleines Empfangszimmer. Er sagte, er wäre ein alter Freund Asads und könnte mir versichern, Asad und seine engsten Berater wünschten eine Vereinbarung, sie müßten aber in der Lage sein, sie gegen den erbitterten Widerstand der radikalen Opposition im eigenen Lande zu verteidigen. Die Rückgabe Quneitras werde jede Bedeutung verlieren, wenn die Stadt nicht wieder besiedelt werden könnte. Die bisherigen israelischen Vorschläge machten diese Absicht vollkommen unmöglich, weil die Stadt geteilt werden sollte und die israelische Front den Stadtgrenzen zu nahe lag. Wenn es uns gelänge, hier eine Frontberichtigung zu erreichen und Israel zu einer Räumung der Quneitra umgebenden Berge zu bewegen, werde Asad alles tun, um zu einer Vereinbarung zu kommen.

Damit waren wir wieder in der Tretmühle. Die Israelis glaubten, ein wesentliches Zugeständnis gemacht zu haben – und wenn man den letzten mit dem ersten Vorschlag verglich, dann traf das auch zu. Aber die Syrer waren der Ansicht, daß man ihnen noch zu wenig entgegengekommen wäre – und auch sie hatten recht, wenn man das Erreichte mit dem verglich, was sie zunächst verlangt hatten. Die israelische Führung war empört, daß die unter so großen Mühen zustandegekommenen Vorschläge als unzureichend angesehen wurden. In Damaskus betrachtete man es dagegen als eine Unverschämtheit, daß die Israelis um den Besitz von Straßen in einer syrischen Stadt feilschten. Diese widersprüchlichen Perspektiven, Ziele, Emotionen, Befürchtungen und historisch begründeten Auffassungen ließen sich nicht aus dem Wege räumen. Meine Aufgabe war es, beide Parteien darauf aufmerksam zu machen, welche weitreichenden und tragischen Folgen es haben würde, wenn sie sich über die Fragen nicht einigen konnten, die jetzt ihre Leidenschaft erregten, und zu welchen Hoffnungen sie berechtigt wären, wenn es ihnen gelang, ihre so tief sitzenden Hemmungen zu überwinden.

Am Abend des 8. Mai nach Jerusalem zurückgekehrt, sagte ich Golda, wir sollten mit weiteren Gesprächen über die Haltung Israels warten, bis ich mit König Faisal und Sadat gesprochen hatte. Entscheidungen sollten nicht in einem Vakuum getroffen werden. Bei dieser Gelegenheit erfuhr ich zum ersten Mal, daß ein weiterer israelischer Rückzug vor Quneitra auch deswegen so schwierig war, weil es hier drei Felder gab, die zu einer nur wenige Kilometer entfernt gelegenen israelischen Siedlung gehörten. Israel hatte noch niemals von Israelis besiedeltes und kultiviertes Land aufgegeben und wollte das auch nicht im Rahmen eines Truppenentflechtungsabkommens tun. Es war zum Verzweifeln, hier erleben zu müssen, daß der Friedensprozeß im Nahen Osten von einer relativ so nebensächlichen Frage bedroht werden konnte. In meinem Bericht an Nixon schrieb ich:

> Ich werde natürlich alles tun, um Asad zu überzeugen. Wenn sich der oben erwähnte israelische Vorschlag als unzureichend erweist, werden die Israelis vor einer kritischen Alternative stehen: Entweder werden die Verhandlungen ins Stocken geraten, und sie werden damit rechnen müssen, daß die Kampfhandlungen auf den Golan-Höhen wiederaufleben, oder sie werden noch ein paar Kilometer zurückgehen müssen, was ihre Sicherheit zwar nicht beeinträchtigen, aber sie zwingen würde, auf ein paar bebaute Felder zu verzichten, die zu einer 1968 bei Quneitra errichteten Siedlung gehören. Aber auch Asad, dem offenbar an einem Truppenentflechtungsabkommen gelegen ist, wird innenpolitisch unter Druck gesetzt. Er hat wiederholt darauf hingewiesen, daß dieses Truppenentflechtungsabkommen seinem Volk nach einem sechsundzwanzig Jahre dauernden Ringen verständlich gemacht werden muß und den Gegnern seines Regimes nicht die Gelegenheit bieten darf, ihn zu stürzen.

König Faisal, mit dem ich am 9. Mai sprach, war wie immer zweideutig, aber augenscheinlich hilfsbereit. Er sagte mir wieder, daß er auf den Erfolg unserer Diplomatie hoffte. Soweit er wüßte, würden die Syrer vernünftig sein, wenn auch die Israelis vernünftig wären. Natürlich unterhielt er ständige Kontakte mit Damaskus. Der König unterstützte Asads Haltung: Syrien verlangte die Herausgabe der Berge bei Quneitra, die Räumung der Stadt und die Zurücknahme der vordersten israelischen Linie auf der ganzen Frontbreite. Aber ebensowenig wie bei den Gesprächen mit Asad am Tage zuvor war die Rede von den gemäß dem Shihabi-Plan eingezeichneten Stellungen auf der Karte, die Asad mir früher gezeigt hatte. Auf dem Flughafen sagte Saqqaf den dort versammelten Journalisten, daß der König mir Erfolg bei meinen Bemühungen wünschte. Die vorsichtigen Saudis hätten dies niemals getan, wenn sie mit unserem Verfahren nicht einverstanden gewesen wären und, was noch wichtiger war, wenn sie nicht aus den ihnen vorliegenden Informationen den Eindruck gewonnen hätten, daß ich gute Erfolgschancen hatte.

Am späten Abend traf ich in Kairo ein. Nachdem ich um 22.00 Uhr kurz mit Sadat gesprochen hatte, kam Ismail Fahmy auf die Idee, daß Nancy noch nicht den richtigen Eindruck vom Nahen Osten haben könnte, ohne die berühmte Bauchtänzerin Nagwa Fuad gesehen zu haben, die er mir auf meiner letzten Nahost-Reise gezeigt hatte. Deshalb lud er mich und meine ganze Begleitung in das Sheraton-Hotel ein – doch leider befand sich Nagwa Fuad in Alexandria, drei Stunden von hier entfernt. Fahmy war wie vom Donner gerührt. Er stürzte ans Telefon, und Nagwa Fuad setzte sich ins Auto und fuhr allein nach Kairo zurück, zog sich um und erfreute uns um 2.00 Uhr morgens mit einer Sondervorstellung. Miß Fuad bewies ihr großes Können, indem sie ihren Ärger in unglaubliche Verrenkungen übersetzte. Fahmy strahlte und sog genüßlich an seiner kubanischen Zigarre. Er muß geglaubt haben , daß wir, wenn wir vor 3.00 Uhr morgens zu Bett gegangen wären, genauso krank würden wie ein Tiefseetaucher, der zu rasch an die Oberfläche kommt. Aber wenn er es für unangemessen gehalten hat, mit der nächtlichen Routine zu brechen, die uns die Diplomatie aufgezwungen hatte, dann auf eine sehr angenehme Weise. Wir verdanken Fahmy (und der begabten Nagwa Fuad) den unterhaltsamsten Abend unserer vierunddreißig Tage dauernden Odyssee.

Während eines vier Stunden dauernden Gesprächs mit Sadat in seinem Ferienhaus bei Gizeh berieten wir die Lage auf den Golan-Höhen in allen Einzelheiten und überlegten, welche Anhöhen nach Festlegung der Trennlinie von israelischen oder syrischen Truppen besetzt werden sollten. Ich unterrichtete Sadat von den israelischen Zugeständnissen auf dem Berg Hermon im Norden und im Raum Rafid im Süden, die ich in Damaskus noch nicht erwähnt hatte, und sagte, daß es schwierig sein würde, die israelischen Verteidigungsstellungen um Quneitra zu verlegen. Ich glaubte aber nicht, daß der Vorschlag, israelische Zivilisten am Westrand einer unbewohnten Stadt anzusiedeln, ernst gemeint sein könnte.

Sadat hatte den Eindruck, daß wir unserem Ziel schon sehr nahe gekommen wären. Asad brauchte Quneitra, um einen konkreten Gewinn vorweisen und erklären zu können, daß er das gleiche erreicht hätte wie Ägypten. Nun wäre die Sache so weit gediehen, daß man sich einigen könnte. Sadat sagte, Asad hätte zu viel Freude am Feilschen, als daß er darauf verzichten würde, von jetzt an sollte ich jedoch versuchen, rascher vorwärtszukommen. Sadat wiederholte seine Warnungen aus der vergangenen Woche: Wenn die Verhandlungen scheiterten, werde es zu einem sehr stark von den Radikalen beeinflußten arabischen Gipfeltreffen kommen, und hier würden Entscheidungen getroffen werden, die für alle Beteiligten und auch für Ägypten bindend wären, was den ganzen Friedensprozeß in Gefahr bringen könnte. Der Einfluß der Sowjetunion würde zunehmen, was früher oder später zu einer neuen Explosion führen müßte. Sadat sagte, er wäre bereit, unsere Position öffentlich zu unterstützen, besonders wenn es uns gelang, um Quneitra etwas mehr Luft zu schaffen. Wenn notwendig, werde er seinen Kriegsminister, den Marschall Ahmed Esmail Ali, oder seinen Stabschef, General Gamasy, nach Damaskus schicken und Asad empfehlen lassen, auf die von mir vorgeschlagenen Bedingungen einzugehen. Ich sollte ihm sagen, wann ich den Zeitpunkt für gekommen hielte.

Es war ein tröstliches Gefühl, zu wissen, daß ich mir des guten Willens der Saudis und der Unterstützung Ägyptens sicher sein konnte. Aber als ich am Freitag, dem 10. Mai, nach Israel abflog, wußte ich, daß ich mich, wenn es zu Spannungen kommen sollte, nicht mehr ganz darauf verlassen konnte. Ich will damit nicht sagen, daß unsere arabischen Freunde unaufrichtig gewesen wären. Wenn es schließlich aber doch zum Bruch kam, dann würden die Emotionen und nicht kühle Überlegungen im Vordergrund stehen, und die arabischen Führer würden sich vielleicht von Gefühlen hinreißen lassen, die sich schwer berechnen und im Zaum halten ließen. Schon wenige Tage später warnte mich sogar Asad und riet, die gemäßigten Erklärungen seiner arabischen Brüder nicht zu ernst zu nehmen. Wenn er nicht mit einer Truppenentflechtung einverstanden wäre und die Rückgabe aller syrischen Gebiete verlangte, dann könnte kein arabisches Land ihm die Unterstützung verweigern.

Das war der eine Aspekt unseres Dilemmas. Der andere war, daß Israel es vermeiden wollte, mit diesen Verhandlungen einen Präzedenzfall zu schaffen, der zu weiteren Forderungen auf dem Golan führen könnte. Die Israelis fürchteten, großzügige Zugeständnisse könnten die Syrer reizen, noch mehr zu verlangen. In dieser kontroversen Lage mußte ich Asad davon abhalten, seine arabischen Brüder zum heiligen Krieg aufzurufen, und verhindern, daß Israel aus den Verhandlungen eine Kraftprobe werden ließ.

Mit all diesen Schwierigkeiten stand ich praktisch allein da. Nixon las meine täglichen Berichte sorgfältig durch. In gewisser Weise waren sie der einzige psychologische Halt in seinem Ringen um die Bewahrung seiner Position als Präsident. Er hat mich während der ganzen Zeit bereitwillig unterstützt. Aber mit der Veröffentlichung der Tonbänder hatte die letzte Phase seiner Amtszeit begonnen. Die *Chicago Tribune*, die den Präsidenten bisher in jeder Lage unterstützt hatte, sprach sich am 9. Mai für ein Amtsenthebungsverfahren oder Nixons freiwilligen Rücktritt aus. Der Führer der Minderheit im Repräsentantenhaus, John Rhodes, machte Andeutungen im gleichen Sinne. Vizepräsident Gerald Ford sprach von einer durch Watergate entstandenen »Vertrauenskrise« und erklärte, daß er einen »Reinigungsprozeß« begrüßen werde, der dem Recht und der Wahrheit zum Durchbruch verhelfen sollte.

Nixon war bereit, aktiv an den Verhandlungen teilzunehmen, schrieb eine Reihe energischer, ja sogar drohender Briefe an die führenden Politiker in Israel und unterstützte damit meine verschiedenen Kompromißvorschläge. Aber diese Briefe hatten kaum eine Wirkung, denn das israelische Kabinett wußte sehr genau, welchen Autoritätsverlust Nixon hatte hinnehmen müssen, und glaubte nicht, daß er es auf eine Kraftprobe ankommen lassen würde. (Darin irrten sich die Israelis. Nixon war niemals mutiger, als wenn er sich angegriffen und verwundet fühlte.) Jedenfalls hatte es am 10. Mai keinen Sinn, von den Israelis neue Zugeständnisse zu verlangen, bevor ich Asad am 12. Mai gesagt hatte, wie weit sie ihm auf dem Berg Hermon und bei Rafid entgegenkommen wollten, und bevor Asad selbst die Gelegenheit gehabt hatte, auf die Empfehlungen aus Riad und Kairo zu reagieren.

Ich hatte sogar einen an levantinische Praktiken erinnernden hinterhältigen Plan gefaßt. Ich wollte die israelischen Änderungsvorschläge im Norden und Süden der Front, von denen ich bei meinem letzten Besuch nicht gesprochen hatte, als Reaktionen auf dringende Empfehlungen von Sadat und Faisal darstellen. Wahrscheinlich würde Asad mir diese Zuweisung nicht ganz abnehmen, aber ich hatte es schon erlebt, daß im Nahen Osten Legenden entstanden waren, die einen viel weniger konkreten Hintergrund hatten. Bedauerlicherweise bietet sich die israelische Außenpolitik nur selten für solche Filigranarbeit an. Als ich aus Kairo kommend am 10. Mai in Jerusalem eintraf, konnte man die israelischen Vorschläge in allen Zeitungen lesen. Dayan hatte sie dem außenpolitischen Ausschuß der Knesset vorgetragen, und von dort waren sie an die Presse weitergegeben worden. Was ich in Damaskus als »neue« israelische Zugeständnisse vortragen wollte, mußte jetzt so aussehen, als hätten Sadat und Faisal sich mit mir geeinigt, »Asad ein mieses Geschäft vorzuschlagen«. In diesem Sinne beschwerte ich mich bei der israelischen Verhandlungsdelegation, was nicht zur Verbesserung des Verhandlungsklimas beitrug. Wir blieben bei dem Beschluß, meinen nächsten Besuch in Damaskus abzuwarten, bevor neue Entscheidungen getroffen wurden.

Der 11. Mai war Ellsworth Bunkers achtzigster Geburtstag. Er hatte fünf Jahre lang die amerikanische Ehre und die Interessen der Vereinigten Staaten mit einer vornehmen und selbstlosen Haltung während der schmerzlichsten Periode des Vietnam-Krieges in Saigon verteidigt. Er hatte seinem Land gedient, während Amerika von inneren Spaltungen bedroht war, die Regierung eine unentschlossene Haltung einnahm und unsere Verbündeten seine Arbeit nicht anerkennen wollten. Dabei hatte er über die Tatsachen berichtet, wie er sie sah, und sich unbeirrt an die Grundsätze der Pflichterfüllung und Hingabe gehalten, die seine ganze Laufbahn als Diplomat bestimmten. Bunker war erst als reifer Mann in den Auswärtigen Dienst eingetreten. Er hatte es nicht mehr nötig, sich selbst etwas zu beweisen, und wußte, daß, wenn die Leidenschaften verraucht waren, Amerika weiterleben würde. Wir werden nicht danach beurteilt werden, wie wir auf die Emotionen des Augenblicks reagierten, sondern ob wir uns an die Grundwerte gehalten haben, die das Fundament des politischen Lebens in den Vereinigten Staaten darstellen. Dem schlanken, wortkargen Neuengländer wäre eine solche wortreiche Würdigung wahrscheinlich peinlich gewesen. Er hat mehr getan, als über diese Dinge zu sprechen; er war selbst eine Verkörperung dieser Grundwerte. Ich habe ihm kontroverse Aufträge zugemutet, wie die Verhandlungen über Panama, weil er sich nicht scheute, für seine Überzeugung einzustehen. Kritiker könnten die Richtigkeit seiner Auffassungen bestreiten, aber es war unmöglich, seinen Patriotismus oder seine Integrität in Frage zu stellen. Und er hatte einen sicheren Instinkt für das Wesentliche. Ich hatte ihn zu unserem Vertreter bei den Genfer Gesprächen ernannt, weil ich diese Aufgabe einem hochangesehenen Sonderbotschafter übertragen wollte, der sich nicht beleidigt fühlen würde, weil unsere Strategie dieses Forum zur Bedeutungslosigkeit verdammte. Auf meinen Reisen durch den Nahen Osten schätzte ich ihn als klugen Berater. Er übte einen stabilisierenden Einfluß aus und hatte einen scharfen Blick für das Wesentliche in jeder Lage. Die Anstrengungen dieser vierunddreißig Tage dauernden Reise vertrug er ebensogut, wenn nicht besser als meine fünfzig Jahre jüngeren Mitarbeiter.

Nun versammelten wir uns inmitten aller Spannungen, Enttäuschungen und Zweifel am Erfolg unseres Unternehmens zu einer Überraschungsparty, die Botschafter Keating zu seinen Ehren im King-David-Hotel veranstaltete. Die israelischen und amerikanischen Unterhändler trafen sich hier in seltener Einmütigkeit, um unseren Kollegen zu feiern. In meinem Trinkspruch sagte ich, Bunker wäre die Verkörperung all dessen, was in Amerika gut und dauerhaft sei; er zeigte uns, »wo wir als Volk und als Gesellschaft stehen«. Unsere innenpolitische Lage war damals so angespannt, daß ein Teil der Presse meine Worte als Kommentar zu Watergate interpretierte und behauptete, ich hätte damit sagen wollen, er wäre der Amerikaner, der, anders als Nixon, das wirkliche Amerika vertrete. So hatte ich es nicht gemeint – wenigstens nicht bewußt. Meine Worte waren vielmehr ein Versuch, uns allen für die noch bevorstehenden Mühen Mut zu machen und uns daran zu erinnern, daß es trotz aller Enttäuschungen ein Privileg war, mit einer Mission beauftragt zu sein, deren Ziel es war, die Hoffnung auf die Zukunft zu stärken und den Frieden zu gewinnen. Sehr bald gingen wir wieder an unsere Aufgabe, denn schon am nächsten Morgen, Sonntag, dem 12. Mai, flogen wir nach Damaskus.

Die Besuche in den verschiedenen Hauptstädten waren inzwischen schon zur Routine geworden. Meine erschöpften Mitarbeiter und die wißbegierigen Journalisten begleiteten mich im Flugzeug auf jeder dieser Reisen. In Damaskus wurde ich von Khaddam in Empfang genommen, der sich immer noch nicht ganz daran gewöhnt hatte, so häufig mit dem Vertreter des imperialistischen Amerika zusammenzukommen. So zynisch er sein konnte, er versäumte es niemals, mir ein paar anerkennende Worte zu sagen. Auf der rasenden Fahrt vom Flughafen in die Hauptstadt versicherte er mir, daß Syrien das größte Interesse am Zustandekommen der Vereinbarungen und an einer Verbesserung der Beziehungen zu den Vereinigten Staaten hätte. Er bemühte sich offensichtlich darum, die Atmosphäre aufzulockern, nahm aber nie Stellung zu konkreten Problemen. Wohl hörte er sich an, wenn ich über meine Eindrücke in Israel berichtete, aber Details interessierten ihn nicht. Ihre Erörterung und die Erläuterung der syrischen Politik überließ er seinem Präsidenten. Vielleicht wollte er als loyaler Anhänger der Baath-Partei auch nicht die Verantwortung für die Verhandlungen mit Israel übernehmen. Nach einem kurzen Aufenthalt im Gästehaus versammelten wir uns in Asads Konferenzzimmer zu einem einstündigen, allgemeine Fragen berührenden Gespräch, bis ich Asad meinen Bericht vorlegen konnte. Dann verwandelte sich Asads Zuvorkommenheit in eisigen Sarkasmus bei dem Gedanken, daß er mit Israel über »sein« Gebiet verhandeln mußte. Oft unterbrach er das Gespräch, um seine Berater hereinzurufen, vor denen ich meinen ganzen Vortrag wiederholen mußte. Anschließend gab ich eine Presseerklärung ab – gewöhnlich auf dem Flughafen von Damaskus, wo ich kurz die Haltung beider Parteien erläuterte. Den Journalisten in meiner Maschine gab ich während des Fluges einen etwas ausführlicheren Hintergrundbericht. Asad verlangte jedesmal eine positive Lagebeurteilung, denn er wollte sich in seiner Handlungsfreiheit nicht durch pessimistische Berichte einengen lassen. Auf dem Ben-Gurion-Flughafen von Tel Aviv erwartete mich der weltgewandte, humorvolle, warmherzige Abba Eban. Neben ihm stand Simcha Dinitz, aufmerksam, zum Scherzen aufgelegt und gespannt auf die Ergebnisse meiner Gespräche in Damaskus wartend. Beide Männer hielten es nicht für notwendig, daß ich die Einzelheiten meines Berichts für die Begegnung mit Golda Meir reservierte, und riskierten es auch nicht, mein Selbstvertrauen durch übermäßiges Lob zu stärken. Kaum saßen wir im Wagen, drängten mich Eban und Dinitz, ihnen während der einstündigen Fahrt nach Jerusalem einen genauen Bericht über meinen Besuch zu geben, und stellten fest, ob ich ihre Ansprüche erfüllt hatte, die niemals sehr bescheiden waren. In Jerusalem angekommen, mußte ich mich der gleichen Prüfung durch die israelische Verhandlungsdelegation unterziehen, und oft folgte danach eine Sitzung in erweitertem Rahmen. Das Hauptthema der Israelis waren nicht die einzelnen Vorschläge – eigentlich gefiel ihnen das ganze Konzept nicht –, sondern die Schwächen der Syrer, ihre absolute Unzuverlässigkeit und die an Gewißheit grenzende Wahrscheinlichkeit eines neuen Krieges. Die mühsam beherrschte Wut der Syrer erschien mir gefährlich, die Haltung der Israelis war gekennzeichnet durch die Verzweiflung über ihre Verwundbarkeit. Die syrischen Unterhändler, deren Armeen bis unmittelbar vor die eigene Hauptstadt zurückgedrängt worden waren, ließen sich von der Überzeugung leiten, daß die Geschichte auf ihrer Seite stand. Das militärisch überlegene Israel verhielt sich so, als könnte ein falscher Schritt seine Vernichtung bedeuten. So gab es bei den Verhandlungen einen seltsamen Rollentausch zwischen Sieger und Besiegtem; der Stärkere verlangte Garantien und der Schwächere die Rückgabe verlorenen Territoriums. Syrien nötigte einem mit seiner Selbstdisziplin Respekt ab. Die Israelis erweckten mit ihren bösen Vorahnungen das Mitleid des neutralen Beobachters.

Am 12. Mai lief in Damaskus das gewohnte Besuchsprogramm ab. Khaddam begrüßte mich am Flughafen mit den Worten: »Gott sei Dank, daß wir Sie heil wiederhaben.« Er sagte, es läge ihm sehr viel daran, die Vereinbarungen zum Abschluß zu bringen. Um Asad für die halbe Stunde, in der ich mich im Gästehaus frisch machte, etwas zum Nachdenken zu geben, bat ich Khaddam, sich die Vorschläge anzusehen, die ich mitgebracht hatte, und dabei nicht nur darauf zu achten, daß die Trennlinie hier oder dort um einen Kilometer verschoben worden war, sondern zu überlegen, was konkret dahinter stand:

> Die Schwierigkeit liegt darin, die Bedürfnisse beider Seiten zu berücksichtigen und einen Prozeß in Gang zu bringen. Psychologisch hat der Rückzug an der syrischen Front für Israel mehr zu bedeuten als der Rückzug vom Suez-Kanal. Ein bedeutender Unterschied liegt in fol-

gendem: Die syrische Armee wird weiter vorrücken; die ägyptische Armee ging nach den Bestimmungen der Vereinbarungen zurück.

Ich wußte, daß ein für die Syrer günstig ausfallender Vergleich mit der Lage an der ägyptischen Front ihre Selbstachtung stärken würde.

Doch das genügte noch nicht, Asads Zustimmung zu gewinnen. Während unserer um 13.30 Uhr beginnenden, fünf Stunden dauernden Sitzung wurden auch der Verteidigungsminister, General Mustafa Tlas, und der Chef des Stabes der Luftstreitkräfte, General Najd Jamil, sowie Shihabi und Khaddam an dem Gespräch beteiligt. Es ging dabei um die israelischen Vorschläge, die ich vor wenigen Tagen mitgebracht hatte. Asad sagte, solange die Israelis die Berge bei Quneitra besetzt hielten und Teile der Stadt von den Vereinten Nationen überwacht würden, um die Syrer von den Israelis zu trennen, die die Felder am Stadtrand bearbeiteten, könnte er die Zivilbevölkerung nicht zurückschicken. Er schlug vor, daß die Israelis sich anderthalb Kilometer auf den rückwärtigen Hang der im Westen liegenden Berge zurückziehen und von dort eine gerade Linie ziehen sollten, um nicht den Eindruck zu erwecken, daß die Stadt eingeschlossen wäre. Ich hatte mit der israelischen Verhandlungsdelegation immer wieder über die Lage bei Quneitra gesprochen und wußte, daß die Israelis es aus Sicherheitsgründen für unbedingt notwendig hielten, den Gebirgszug bei Quneitra zu besetzen, war aber auch davon überzeugt, daß gewisse Korrekturen noch möglich waren und die von Israel vorgeschlagene Linie bei Quneitra den Arabern als Demütigung und nicht als ein Fortschritt erscheinen mußte.

Ich hatte das Gefühl, daß wir jetzt an die Grenze dessen kamen, was einer vernünftigen Vermittlung möglich war. Es war absurd, die Glaubwürdigkeit der Vereinigten Staaten mit der Teppichflickerei aufs Spiel zu setzen, mit der wir uns jetzt beschäftigten. Schließlich würde Syrien, wenn die Verhandlungen scheiterten, den daraus resultierenden Krieg verlieren; und Israel würde die Gelegenheit verspielt haben, Frieden zu schließen. Wir hatten Israel vor der totalen Isolation bewahrt und Syrien einen Weg gewiesen, daß in der israelischen Frontausbuchtung besetzte Gebiet zurückzugewinnen. Ich beschloß daher, jetzt die Entscheidung zu erzwingen, indem ich beide Seiten veranlaßte, ihre endgültige Entscheidung über die Festlegung der Trennlinie zu treffen und die Verhandlungen zu unterbrechen, wenn sich die Meinungsverschiedenheiten nicht überbrücken ließen. Mit anderen Worten, ich setzte die Parteien so weit unter Druck, wie es mir möglich war. Die Tatsache, daß beide Seiten wußten, sich nicht ohne fremde Hilfe aus der Pattsituation befreien zu können, wenn wir auch weiterhin die Vermittlung übernahmen, sollte sie zu einer akzeptablen Lösung zwingen.

Die Empfehlung, Israel sollte seine Haltung noch einmal überdenken, löste bei Golda einen Temperamentsausbruch aus. »Er kann nicht bekommen, was er will«, erklärte sie am Montag, dem 13. Mai, kategorisch. »Er hat nicht das Recht, solche Forderungen zu stellen.« Es bestand jedoch keineswegs die Gefahr, daß Asad auch nur annähernd das erreichte, was er zunächst gefordert hatte. Ich erwiderte mit einiger Erregung:

Wir haben immer angenommen, ja, wir waren sogar davon überzeugt, daß es Ihr Wunsch wäre, den Krieg mit in irgendeiner Form geführten direkten Verhandlungen zu beenden. Es ist uns gelungen, die negativen Auswirkungen solcher Verhandlungen auf Israel abzufangen, und wir haben die Zahl der noch strittigen Fragen jetzt so weit verringern können, daß wir ständig gezwungen werden, Asad zu verteidigen, wenn wir über einen halben Kilometer an einer Linie sprechen, die nur einen Kilometer von der alten Trennlinie entfernt ist; Sie müßten dann vor einem internationalen Forum täglich erleben, daß Sie aufgefordert würden, auf die Linie von 1967 zu verzichten, und die Vereinigten Staaten täglich, zu der Linie von 1967 Stellung zu nehmen. Uns ist es bei diesen Verhandlungen gelungen, die Aufhebung des Ölembargos zu erreichen, und wir haben die Russen im Nahen Osten lächerlich gemacht. Wenn Sie sich nun unter russischem Druck und angesichts eines Ölembargos mit all diesen Problemen herumschlagen müßten, dann würden Sie nicht über das Drusendorf im nördlichen Frontabschnitt sprechen. Sie würden es mit verdammt schwierigeren Problemen zu tun haben.

Ich riet der israelischen Verhandlungsdelegation, wie ich es am Tage zuvor auch Asad geraten hatte, sich nicht mit geringfügigen Korrekturen der vordersten Linie aufzuhalten. Es käme im größeren Rahmen vielmehr darauf an,

ob sie bereit sind, das Scheitern der ganzen Strategie in Kauf zu nehmen, die sie bisher recht gut vor den schwerwiegenden Konsequenzen des Krieges in der Nachkriegszeit geschützt hat, oder ob wir jetzt einer anderen Strategie folgen sollen.

Was ich sagte, überzeugte die Israelis ebensowenig, wie es Asad überzeugt hatte. Regierungen, die eine akute Gefahr abwenden müssen, haben kaum die Neigung, in die weitere Zukunft zu blicken. Aber alles, was ich sagte, hatte eigentlich nur etwas mit dieser Zukunft zu tun. Die innenpolitischen Rückschläge, mit denen beide Parteien rechneten, wenn sie meinem Rat folgten, würden sofort spürbar werden, während man über die weiteren Folgen nur spekulieren konnte. Nach drei Sitzungen war die israelische Verhandlungsdelegation endlich bereit, ein bescheidenes Zugeständnis zu machen. Wahrscheinlich hatten sie von vornherein damit gerechnet, in diesem Punkt nachgeben zu müssen: Syrien sollte die Zivilverwaltung in der ganzen Stadt Quneitra übernehmen, und alle syrischen Zivilisten sollten die Erlaubnis bekommen, in die Stadt zurückzukehren.

Aber das israelische Kabinett beanspruchte noch immer das Quneitra von drei Seiten umgebende Gelände einschließlich aller Berge. Die israelischen Streitkräfte sollten zum Schutz der Siedler bei der Bearbeitung ihrer Felder ihre Stellungen am Stadtrand einnehmen dürfen, und alle aus der Stadt führenden Straßen sollten mit Stacheldraht abgesperrt werden. Wenn dies das letzte Angebot Israels war, dann waren wir endgültig in die Sackgasse geraten.

Als letztes verzweifeltes Manöver teilte ich Sadat mit, daß jetzt der kritische Augenblick gekommen wäre, einen Sonderbotschafter nach Damaskus zu schicken. Unmittelbar nach Eintreffen meiner Nachricht reiste General Gamasy ab, um mit Asad zu sprechen.

Als ich am 14. Mai nach Damaskus zurückkehrte, reagierte Asad genau so, wie ich es erwartet hatte. Unter solchen Voraussetzungen könnte er die Zivilbevölkerung nicht nach Quneitra zurückschicken, und es hätte auch keinen Sinn, eine unbewohnbare Stadt in Besitz zu nehmen. Er machte einen Gegenvorschlag: Die Berge westlich von Quneitra sollten zwischen Israel (an den Westhängen) und Syrien (an den Osthängen) aufgeteilt werden. Der Gebirgskamm sollte dabei von den Truppen der Vereinten Nationen besetzt werden. Erstaunlicherweise sagte Asad, daß er das Existenzrecht der israelischen Siedlungen nicht in Frage stellen werde, aber einen gewissen Freiraum für die syrischen Siedlungen brauchte. Wenn man bedenkt, wie wichtig den Syrern der Besitz der Golan-Höhen war, dann war das Zugeständnis ungewöhnlich und zeigte, wieviel Asad daran lag, die israelische Frontausbuchtung vor Damaskus loszuwerden – auch wenn er es immer wieder bestritten hatte.

Ursprünglich hatte ich die Gespräche nach dieser Verhandlungsrunde abbrechen wollen. Am Abend des 14. Mai – es war der siebzehnte Tag meiner Verhandlungen mit Syrien und Israel – war das Hauptthema meines Gesprächs mit Golda die Art und Weise, wie die Verhandlungen unterbrochen werden sollten. Zwei Umstände veranlaßten mich, meine Absicht aufzugeben. Erstens hatte mich Asad gebeten, einen weiteren Vorstoß zu unternehmen. Gamasy war aus Damaskus nach Ägypten zurückgekehrt und hatte berichtet, daß Asad unter allen Umständen einen erfolgreichen Abschluß der Verhandlungen herbeiführen wollte und die syrischen Medien die Lage bisher noch optimistisch beurteilten.

Am Morgen des 15. Mai erreichte uns eine erschütternde Nachricht: Ein Kommando palästinensischer Terroristen hatte die im nördlichen Israel gelegene Stadt Ma'alot angegriffen. Die Guerillas hatten zunächst drei Mitglieder einer Familie ermordet, dann die Schule besetzt und vier Lehrer und mehr als neunzig Schulkinder als Geiseln genommen. Sie forderten die Freilassung von zwanzig Fedayin aus israelischen Gefängnissen. Die Botschafter von Frankreich und Rumänien sollten die Vermittlung übernehmen.

Die Stadt Jerusalem erstarrte in düsterem Schweigen. Die schlimmen Vorahnungen Israels, das sich von seinen Freunden verlassen und von Feinden umringt sah, letztere entschlossen, die Nation zu zerstören, waren Wirklichkeit geworden. Israelische Kinder schwebten in tödlicher Gefahr, während die Regierung über einen Frieden verhandelte. Doch Israel blieb angesichts der Krise ruhig und besonnen. Der mögliche Verzicht auf ein relativ kleines Gebiet, das historisch nie zu Palästina gehört hatte, war Anlaß fast hysterischer Straßendemonstrationen und leidenschaftlicher Diskussionen im Kabinett gewesen. Doch jetzt, da sich ein furchtbarer Alptraum zu verwirklichen drohte, zeigte Israel die stoische Haltung, die es diesem Volk ermöglicht hatte, die Heimsuchungen von Jahrtausenden zu überleben. Die Demonstranten, die sich mir an die Fersen geheftet hatten, verschwanden, und das Kabinett versammelte sich zu einer Krisensitzung. Die Politiker, die bisher jede Gelegenheit ergriffen hatten, den Arabern Doppelzüngigkeit und Betrug vorzuwerfen, verzichteten darauf, zu behaupten, daß dieser Vorfall die Richtigkeit ihrer Behauptung beweise.

Im Gegenteil, Golda schickte Simcha Dinitz zu mir in das King-David-Hotel und entschuldigte sich dafür, daß das Kabinett sich nicht an die mit mir getroffene Verabredung halten könnte, weil es sich mit der Krise von Ma'alot beschäftigen müßte. Das war eine Selbstverständlichkeit. Das Besondere daran war, daß sie, die sich so hartnäckig gegen jedes Zugeständnis gesträubt hatte, jetzt durch Dinitz bestätigen ließ, wieviel ihr am erfolgreichen Ausgang unserer Verhandlungen gelegen war. Sie wußte, wie aufreibend es für mich gewesen war, das kleinliche Tauziehen mitzumachen, in dessen Verlauf Israel den Syrern die Rückgabe von Quneitra in winzigen Schritten von jeweils nicht mehr als hundert Metern zugebilligt hatte. Vielleicht konnte mir Dinitz erklären, weshalb der Streit um den Besitz der Berge bei Quneitra nicht nur auf einer psychologischen Verirrung beruht hatte. Das Golda mir jetzt zeigte, daß sie an den Frieden dachte, während sie sich um das Schicksal dieser Kinder sorgte, bedeutete mir mehr als die ganze Rhetorik, die ich in den letzten Wochen hatte anhören müssen.

Und sie hätte mir keinen besseren Mann schicken können. Dinitz und ich kannten uns schon lange. Ich vertraute ihm, und wir waren gute Freunde. Er verteidigte die Haltung Israels mit allem Nachdruck, hatte aber auch Verständnis für die menschlichen Dimensionen und hat niemals versucht, mich zu täuschen.

Jetzt sagte mir Dinitz, daß wir bisher noch nicht über die wirklichen Sorgen Israels gesprochen hätten. Die israelische Regierung klammerte sich an die Vorkriegslinie nicht, weil sie sich stark fühlte, sondern aus einem Gefühl der Unsicherheit. Israel verfügte nicht über das Personal, um eine durchgehende befestigte Linie zu besetzen wie die Syrer auf ihrer Seite. Die israelischen Verteidigungsstellungen stützten sich auf eine Reihe von befestigten Punkten, und deshalb spielten die geographischen Gegebenheiten eine besonders wichtige Rolle. Die Demarkationslinie auf den Golan-Höhen war 1967 so festgelegt worden, weil sich diese Stellungen am leichtesten verteidigen ließen. In einigen Abschnitten gab es keine anderen Verteidigungsmöglichkeiten. Aus diesem Grund hatte sich das Kabinett so hartnäckig gegen die Verlegung der Linie südlich von Quneitra gewehrt. In dem ganzen Gebiet gab es keine andere für die Verteidigung geeignete Stellung. Aus ähnlichen psychologischen und militärischen Gründen war der Besitz der hinter Quneitra gelegenen Berge für Israel so ungeheuer wichtig. Hier ging es nicht darum, daß um wenige Meter gefeilscht wurde; Israel durfte im Rahmen der Truppenentflechtung nicht die einzigen Stellungen aufgeben, die ihm die Abwehr eines feindlichen Angriffs ermöglichten.

Ich antwortete, daß wir uns viel Ärger hätten ersparen können, wenn diese Gesichtspunkte schon früher geklärt worden wären. Dinitz sagte, es wäre nicht geschehen, weil es bedeutet hätte, daß Israel auf den Golan-Höhen nicht weiter zurückgehen könnte, und das Kabinett hätte sich gescheut, mich in eine Zwangslage zu bringen. Außerdem erlaubte die israelische Kabinettspolitik nicht die Erörterung konzeptioneller Fragen. Das Kabinett könnte sich nur zu einer Reihe von Entscheidungen äußern und hätte bei der Beschlußfassung keinen Spielraum, diese Entscheidungen zu modifizieren. Der Entscheidungsprozeß wäre so schwierig, daß die psychologischen Bedürfnisse der anderen Seite weder begriffen noch berücksichtigt werden könnten. Nur in der Stunde der Not öffnete sich das Herz Israels für die Gefühle anderer, und damit wurde die Krise von Ma'alot zum Anstoß für den Durchbruch in den Verhandlungen.

Ich sagte Dinitz, daß, wenn die Verhandlungen wiederaufgenommen werden sollten, Israel mehr Verständnis für den Stolz der Syrer zeigen, bei Quneitra einen breiteren Geländestreifen an die Syrer abtreten und, soweit es die israelische Sicherheit zuließe, versuchen müßte, großzügig zu sein. Ich würde meinerseits versuchen, Asad von seiner Forderung abzubringen, daß Israel die Berge im Westen räumen sollte. Doch bis dahin müßte ich selbstverständlich anerkennen, daß die Sorge um Ma'alot im Vordergrund stand.

Ich wollte nicht den Eindruck erwecken, daß ein terroristischer Angriff der Anlaß dafür sein könnte, meine Mission zu beenden, um damit nicht weitere Überfälle herauszufordern. Nachdem sich Dinitz verabschiedet hatte, schickte ich Botschaften an Asad, Sadat, Hussein, Saqqaf und Boumedienne und bat sie, sich für die Freilassung der Kinder einzusetzen. In dem Telegramm an Asad schrieb ich:

> Ich könnte mir nicht vorstellen, daß der Präsident der Sache der Araber und den syrisch-amerikanischen Beziehungen in den Vereinigten Staaten mehr nützen könnte, als wenn er sich und Syrien in den Augen der Öffentlichkeit von diesem Zwischenfall distanziert.

In einer öffentlichen Erklärung sagte ich, daß die Vereinigten Staaten alle verantwortlich denkenden Regierungen aufforderten, diesen unerhörten Zwischenfall zu verurteilen, und appellierte an die Geiselnehmer, die Kinder freizulassen: »Gewalttaten wie diese werden keiner Seite dienen, sondern nur die Aussichten auf den Frieden unterminieren.«

Auf der Krisensitzung des israelischen Kabinetts am 15. Mai erklärte sich die israelische Regierung zum ersten Mal in ihrer Geschichte bereit, über die Forderungen der Terroristen zu verhandeln. Golda erklärte: »Jedermann im Lande weiß, welche Probleme sich daraus ergeben, wenn man Terroristen aus dem Gefängnis entläßt, aber das Kabinett ist der Auffassung, daß wir auf dem Rücken von Kindern keinen Krieg führen.«

Als einziger arabischer Politiker beantwortete Sadat mein Telegramm, bedauerte den Vorfall und drängte Israel, sich auch weiterhin um eine Truppenentflechtung zu bemühen. Er wäre bereit, darüber zu reden, wie man solche Zwischenfälle künftig vermeiden könnte. Auf syrischer Seite beschwerten sich Asads Berater bei Tom Scotes, weil bei israelischen Kommandounternehmen am Berg Hermon libanesische und syrische Zivilisten ums Leben gekommen wären, ohne daß die Vereinigten Staaten dagegen protestiert hätten. Aber noch am gleichen Tage sprach ein Berater Asads mit Scotes und sagte ihm, daß der Zwischenfall keine negativen Auswirkungen auf die Verhandlungen haben dürfte. Syrien hätte von diesem Unternehmen nichts gewußt und wäre nicht dafür verantwortlich. Da die Opfer des Überfalls Kinder waren, wurden alle Beteiligten in seltsamer Weise daran erinnert, welches die fundamentalen Probleme waren, um die es ging. Nach einem fast drei Wochen dauernden, frustrierenden Feilschen waren beide Seiten angesichts des drohenden Blutvergießens nicht mehr bereit, Verhandlungen abzubrechen, die noch vierundzwanzig Stunden früher fast gescheitert wären.

Einem Funkspruch aus Washington konnte ich entnehmen, daß die seit Wochen andauernde Watergate-Krise ihre Wirkungen zeigte. Nixons Pressesekretär, Ron Ziegler, beschwerte sich bei Brent Scowcroft, daß ich in meiner Erklärung über Ma'alot den Präsidenten nicht erwähnt hätte (der im übrigen selbst öffentlich seine Besorgnis und Empörung zum Ausdruck gebracht hatte). Scowcroft meldete mir: »Ich habe ihn (Ziegler) beruhigt.« Aber selbst der gewöhnlich unerschütterliche Scowcroft fing an, sich über »diese Ausbrüche von Trivialitäten« zu ärgern.

Aber das war nur ein Nadelstich. Besorgniserregender war ein persönliches Eingreifen des Präsidenten. Er hatte meine täglichen Berichte sorgfältig gelesen. Ich hatte ihn einige Male gebeten, sich an das israelische Kabinett zu wenden und es um ein größeres Entgegenkommen zu bitten, was ihn wahrscheinlich in seiner Meinung bestärkt hatte, Israel wäre dafür verantwortlich, daß wir nicht weiterkamen. Die Möglichkeit des Scheiterns unserer diplomatischen Bemühungen steigerte jetzt offenbar seine Befürchtungen, seine Fähigkeit, eine erfolgreiche Außenpolitik zu treiben, könnte in Zweifel gezogen werden, und damit werde ihm die letzte Chance genommen, die Watergate-Krise zu überstehen. Das war zuviel. Mitten in der Nacht – er wußte noch nichts von dem Überfall auf Ma'alot – rief er Scowcroft zweimal an und befahl ihm, jede Hilfe für Israel zu streichen, wenn es seine Haltung bis zum nächsten Morgen nicht geändert hätte. Dabei sagte er nicht, an welche Maßnahmen er im einzelnen dachte.

Angesichts von Ma'alot war ein solches Vorgehen doppelt fragwürdig. In einem Telegramm an Scowcroft riet ich entschieden davon ab. Unsere ganze Strategie würde ins Wanken geraten, und wir würden im Nahen Osten Kräfte freisetzen, die wir nicht kontrollieren konnten. Wir verdankten unsere beherrschende Stellung der Tatsache, daß alle Beteiligten überzeugt waren, nur die Vereinigten Staaten könnten Israel veranlassen, mehr Entgegenkommen zu zeigen – und auch das war eine ungeheuer schwere Aufgabe. Wenn nun der Eindruck entstand, wir wären unter Umständen bereit, unserem Verbündeten das Rückgrat zu brechen, dann würde man uns jedesmal, wenn die Verhandlungen ins Stocken gerieten, einen Mangel an Entschlossenheit vorwerfen. Außerdem könne Israel in seiner Verzweiflung über die Stränge schlagen. Dann hätte die Sowjetunion den willkommenen Anlaß, sich in aggressiver Form einzuschalten. Aus diesem Grunde wäre es falsch gewesen, sich jetzt öffentlich von Israel zu distanzieren.

Noch ehe Nixon antworten konnte, hatten die Israelis die Geiselnahme in Ma'alot gewaltsam beendet. Die Verhandlungen waren weitergegangen – vielleicht, um die Terroristen in Sicherheit zu wiegen.

Gegen Abend stürmte ein israelisches Kommando die Schule und tötete die drei Terroristen. Aber auch sechzehn Schulkinder mußten das Unternehmen mit dem Leben bezahlen, achtundsechzig wurden verwundet – alle durch palästinensische Handgranaten.[2]

Die israelische Bevölkerung war erschüttert, aber erstaunlich diszipliniert. Nancy und ich machten Golda einen Besuch. Die Demonstranten waren von der Straße verschwunden, und so konnten wir sie ungehindert in ihrer Wohnung aufsuchen. Ich habe es immer als Beleidigung der Leidtragenden empfunden, wenn man versucht, sie mit Worten zu trösten. In einem solchen Fall kann man höchstens versuchen, dem anderen zu zeigen, daß man Verständnis für seinen Schmerz hat, und dazu muß man nicht viele Worte machen. Golda sagte, letzten Endes hätte sie die Verantwortung übernehmen müssen, denn darin bestände die Aufgabe eines nationalen Führers. Offenbar wäre es das Schicksal der Juden, Opfer der Gewalt sein zu müssen, aber wenn Kinder umgebracht würden, dann wäre es zuviel. Sie sprach ohne Pathos wie ein Wissenschaftler, der Tatsachen analysiert. In dem gleichen, fast resignierenden Ton sagte Golda, jetzt müßten wir uns wieder unserer Aufgabe zuwenden, Frieden zu machen. Sie werde für den Abend eine Kabinettssitzung einberufen, um festzustellen, ob der israelische Vorschlag noch modifiziert werden könnte. Die israelische Verhandlungsdelegation stünde uns für den nächsten Vormittag zur Verfügung. Vielleicht wäre es richtig, wenn ich jetzt einen amerikanischen Vorschlag vorlegte.

Der »Vorschlag der Vereinigten Staaten«

Der Zwischenfall von Ma'alot hatte Golda mit Sicherheit zutiefst erschüttert, aber das Kabinett war deshalb nicht bereit, ein größeres Risiko auf sich zu nehmen. Am Donnerstagvormittag, dem 16. Mai, um 9.45 Uhr setzten wir uns wieder zusammen. Die Anstrengungen des vergangenen Tages waren für Golda zu groß gewesen, so daß sie erkrankt war. Deshalb mußte der stellvertretende Premierminister Yigal Allon den Vorsitz übernehmen. Ich sagte, ich wäre bereit, noch einen letzten Versuch zu unternehmen. Aber wir dürften uns keine Illusionen machen. Eine Unterbrechung der Verhandlungen würde vier bis sechs Wochen dauern, und in dieser Zeit würden beide Seiten ihre Haltung öffentlich bekanntgeben, gezwungen sein, daran festzuhalten, und versuchen, sich jede denkbare Unterstützung zu verschaffen. Dann würde es höchstwahrscheinlich nicht mehr möglich sein, Zugeständnisse zu machen, mit denen sich Pattsituationen in laufenden Verhandlungen vermeiden ließen. Auf einer arabischen Gipfelkonferenz würden zudem sicherlich Forderungen aufgestellt werden, an die sich sowohl Asad als auch Sadat gebunden fühlen mußten. Die Sowjetunion würde aktiver werden, und die Vereinigten Staaten würden den Verlauf der Ereignisse nicht mehr bestimmen können.

Meine israelischen Gesprächspartner widersprachen mir nicht. Ihnen fehlte entweder die Überzeugung oder die innenpolitische Möglichkeit, neue Vorstellungen zu entwickeln. Allon sagte, wenn sie wirklich überzeugt sein könnten, daß die Vorschläge, die sie jetzt vorlegten, die endgültigen wären, dann würden sie vielleicht die dafür notwendige Energie aufbringen. Sie könnten aber nicht ständig neue, wenn auch noch so geringfügige Änderungsvorschläge auf den Tisch legen, wenn sie von Damaskus immer wieder zurückgewiesen würden. Ich stellte mir vor (sagte es aber nicht), wieviel besser es gewesen wäre und wieviel weiter wir hätten kommen können, wenn wir zu Beginn der Verhandlungen alle Zugeständnisse in einem Paket zusammengeschnürt hätten, wie ich es bei den Chinesen gelernt hatte. Damit hätten wir uns viel Ärger ersparen können und, da psychologische Faktoren eine so große Rolle spielten, moralisch viel gewonnen. Aber dafür war es jetzt zu spät.

Nun da Allon so nachdenklich davon gesprochen hatte, daß die Israelis keine weiteren Änderungsvorschläge mehr machen könnten, es aber ein endgültiges Angebot geben müßte, hielt ich die Zeit für gekommen, Goldas Idee aufzugreifen und beiden Seiten einen »amerikanischen Vorschlag« vorzulegen. Ich war so im Januar bei den Verhandlungen mit Ägypten verfahren – aber damals nur, um es beiden Seiten zu ermöglichen, das Gesicht zu wahren, wenn sie sich auf Bedingungen einigten, denen sie im Grunde schon zugestimmt hatten. Diesmal waren die Parteien noch weit von einer Einigung entfernt – jedenfalls psychologisch, wenn auch nicht in der Sache. Ich mußte mir jetzt überlegen, wie ein fairer Kompromiß aussehen könnte. Dabei riskierte ich, daß beide Parteien, wenn sie den Sprung nicht wagten, den Kompromiß ablehnen würden. Ich erkannte aber auch den möglichen Nutzen eines solchen Verfahrens. Deshalb sagte ich:

> Wenn wir den Israelis einen Vorschlag der Vereinigten Staaten vorlegen, dann würde uns das, glaube ich, einen taktischen Vorteil bringen; a) weil er (Asad) den Eindruck hätte, daß wir Sie veranlaßt hätten, es zu tun. Es ist vielleicht nicht sehr taktvoll, wenn ich Ihnen das sage. Damit würden sich die Vereinigten Staaten aktiv in die Verhandlungen einschalten. Die Grenze des Erreichbaren würde in diesem Fall durch mich festgelegt und nicht durch Sie. Auf diese Weise müßte er sich nicht einer israelischen Forderung fügen, sondern nur anerkennen, daß ich diese Grenze richtig erkannt habe.

Etwas später fügte ich hinzu:

> Sie haben mir gesagt, was Sie mir sagen können. Ich habe den Eindruck, daß Ihr Kabinett um jeden nur hundert Meter breiten Geländestreifen kämpfen wird, um zu beweisen, daß um jedes Zugeständnis erbittert gerungen wurde, um dann allmählich an einer Linie anzukommen, die ich vorschlage, vielleicht aber auch nicht. Aber das wäre in jedem Fall nicht leicht. Und Sie wollen sehen, daß alles Menschenmögliche getan worden ist, und sich selbst beweisen, daß Sie jede nur denkbare Anstrengung unternommen haben.
>
> Ich hätte die besten Erfolgsmöglichkeiten – und mir gefällt die Idee mit dem amerikanischen Vorschlag –, wenn ich sagte: »Sehen Sie, das ist nach meiner Auffassung das absolute Maximum dessen, was erreicht werden kann. Es hat keinen Sinn mehr, sich darüber zu strei-

ten. Es hat keinen Sinn zu feilschen. Mehr läßt sich bei den verdammten Gesprächen mit dem israelischen Kabinett nicht herausholen. Mehr als das? Nein! Und das kann ich nur tun, wenn Sie ja sagen.« Dann muß es aber auch nach etwas aussehen. Es darf dann auch nicht überall in den Vereinigten Staaten und in Israel heißen, daß ich in meinem Eifer, eine Vereinbarung zustande zu bringen, Israel verraten hätte, weil ich dem Präsidenten helfen wollte; daß ich in meinem Eifer, dem Präsidenten in der Watergate-Krise zu helfen, Israel vergewaltigt hätte. Lassen Sie uns ehrlich miteinander sein.
Ich möchte nur, daß Sie das wissen. Sie brauchen mir nichts mehr zu sagen, aber wenn wir uns entschließen, diesen Weg zu gehen, dann müssen wir dabei Verständnis füreinander haben. Ich nehme an, die bloße Tatsache, daß Sie mich einen amerikanischen Vorschlag machen lassen oder mich dazu ermutigen, zeigt, daß Sie bereit sind, Ihren Vorschlag noch einmal zu überdenken, oder wir würden nicht hier sitzen. Andernfalls könnte ich die Verhandlungen abbrechen.

Die israelische Verhandlungsdelegation erklärte sich mit dieser Methode einverstanden. Allerdings hatten die israelischen Unterhändler auch nicht genügend Vertrauen zu mir, um mir einen Blankoscheck zu geben – und das durften sie auch nicht. Sie sagten mir, daß die kultivierten Ackerflächen am Stadtrand von Quneitra kein Verhandlungsgegenstand sein dürften. Der Chef des Stabes erläuterte mir in großen Zügen die militärischen Kriterien, die er berücksichtigen würde, wenn das Kabinett ihn aufforderte, zu meinem Vorschlag Stellung zu nehmen. Ich glaubte, ziemlich genau zu wissen, wie weit ich gehen durfte, wollte es mir aber von Golda bestätigen oder in den Einzelheiten erklären lassen, denn sie mußte die Zustimmung des Kabinetts gewinnen, wenn Asad auf den Vorschlag eingehen sollte. Deshalb suchte ich sie noch einmal in ihrer Privatwohnung auf.

Obwohl Golda nach Abschluß der Verhandlungen zurücktreten sollte, war sie immer noch die beherrschende Persönlichkeit. Yitzhak Rabin, der den Posten des Ministerpräsidenten übernehmen sollte, nahm zwar an den Sitzungen teil, begnügte sich aber mit einer Nebenrolle, zum Teil aus eigenem Entschluß, vor allem aber, weil Golda, die keine anderen politischen Verpflichtungen mehr hatte, diese Verhandlungen vollkommen beherrschte. Sie hatte leidenschaftlich, intelligent und hartnäckig um jeden Quadratmeter gekämpft, wußte aber auch, wann die Zeit gekommen war, die Verhandlungen zum Abschluß zu bringen. Sie sagte, viele ihrer Kollegen wollten sich mit dem, was sie sagten, ein Alibi verschaffen, sie aber wollte es jetzt auf sich nehmen, den amerikanischen Vorschlag durch das Kabinett zu bringen.

Ausgehend von meinen Erfahrungen mit den Mitgliedern des Kabinets und Goldas Äußerungen, sagte ich ihr, daß der »Vorschlag der Vereinigten Staaten« die folgenden drei Elemente enthalten würde:

Die Linie um Quneitra würde etwa zweihundert Meter nach Westen verlegt werden, wobei der Streifen zwischen dieser Linie und den im Westen gelegenen Bergen (das waren etwa anderthalb Kilometer) entmilitarisiert und unter die Aufsicht der Vereinten Nationen gestellt werden sollte.

Die Berge selbst würden von israelischen Truppen besetzt bleiben, deren Bewaffnung jedoch strengen Begrenzungen unterworfen sein würden. Für die Einhaltung dieser Bestimmungen würden die Vereinigten Staaten gegenüber Syrien die bilaterale Garantie übernehmen. Die vorderste israelische Linie würde nördlich und südlich von Quneitra um einen Kilometer zurückgenommen, um Asad entgegenzukommen, der gesagt hatte, daß er einer Rückkehr der Zivilbevölkerung nicht zustimmen könnte, solange die Stadt an drei Seiten von israelischen Truppen eingeschlossen war. Außerdem erhielt Asad damit etwa die von Norden nach Süden führende begradigte Linie, die er verlangt hatte.

Da Golda mir allein gegenübersaß, hatte sie es nicht nötig, offizielle Erklärungen abzugeben. Sie begriff sehr gut, daß sie mit dem Eingehen auf den »amerikanischen Vorschlag« ihr moralisches Terrain sicherte: Zumindest konnte Israel jetzt für den Fall eines Scheiterns der Verhandlungen nicht mehr dafür verantwortlich gemacht werden. Dafür sorgte auch die amerikanische Erklärung, daß Israel in der gegenwärtigen Gesprächsrunde bis an die äußerste Grenze der territorialen Zugeständnisse gegangen wäre und man keine weiteren territorialen Forderungen mehr stellen würde.

Auch auf syrischer Seite war man aufrichtig an einer Lösung dieser Probleme interessiert. Wie in Israel zeigte die Gefahr des Scheiterns der Verhandlungen, welche Bedeutung man ihnen beimaß. Der Tod von sechzehn israelischen Kindern hatte bewirkt, was den Diplomaten in dreiwöchigen schwierigen Verhandlungen nicht gelungen war. Man erkannte, daß der Friede eine große Bedeutung hatte, weil die Alternative das Leiden Unschuldiger bedeutete.

Am Donnerstagnachmittag, dem 16. Mai, sprach Khaddam auf der Fahrt vom Flughafen in die Stadt von gewissen Mächten in diesem Gebiet, die gegen den Frieden zu arbeiten versuchten. Er widersprach mir nicht, als ich die Vermutung äußerte, daß er damit die Sowjetunion, den Irak und die Palästinenser gemeint haben könnte.

So sah das Vorspiel zu einer strapaziösen achtstündigen Sitzung mit Asad von 18.00 Uhr abends bis 2.00 Uhr morgens aus. Das erste Gesprächsthema war Ma'alot. Asad nahm dazu eine kühl distanzierte Haltung ein. Er verteidigte den palästinensischen Überfall nicht und vermied es, das Verhalten der Palästinenser zu rechtfertigen, die ja nur ihr eigenes Land befreien wollten. Er stellte vielmehr die praktische Frage: Weshalb wollte Israel nicht zwanzig Gefangene freilassen und seine Kinder retten? Aber er wußte sehr wohl, um welche Grundsätze es hier ging. Widerstrebend bewunderte er sogar die israelische Entscheidung. Was den Libanon betraf, so war er weniger zurückhaltend.* Er sagte, die israelischen Vergeltungsaktionen könnten früher oder später Syrien in den Konflikt hineinziehen. Schon jetzt veranlaßte der Tod eines einzigen Palästinensers fünfzig Männer, sich den Guerillas anzuschließen.

Aber das alles waren nur die Präliminarien für unser Gespräch über

* Die israelische Luftwaffe hatte am 16. Mai zur Vergeltung für Ma'alot palästinensische Ziele im Libanon angegriffen. Am nächsten Tag folgte ein Kommandounternehmen mit Bodentruppen.

die Truppenentflechtung. Wieder wurde die tiefe Kluft sichtbar, die beide Seiten trennte, weil die Zugeständnisse, mit denen sich die Israelis nach ihrer Auffassung ins eigene Fleisch schnitten, für die Syrer eine geradezu unverschämte Halsstarrigkeit darstellten.

Asad sagte:

> Was wollen die Israelis eigentlich? Ich habe schon erklärt, daß wir die Siedlungen nicht anrühren werden. Ich habe schon erklärt, daß ich die Berge berücksichtigen werde. Ich verlange nur eine gerade Linie in einer gewissen Entfernung von der alten Linie um meiner Bevölkerung willen, und dann können sie hinter dieser neuen Linie jede gewünschte Verteidigungsstellung bauen und dabei so nahe an diese Linie herangehen, wie sie wollen.

Allerdings behauptete die israelische Führung, daß es keine andere für die Verteidigung geeignete Linie gäbe und Asads Vorschlag wäre ein Trick. Beide Seiten waren vermutlich aufrichtig. Nach der israelischen Militärdoktrin bedeuteten die syrischen Forderungen praktisch die einseitige Entwaffnung. Für das syrische Nationalgefühl war allein schon die Vorstellung, daß Israel sich auf den Golan-Höhen zur Verteidigung einrichten könnte, ein Affront. Die Israelis hatten kein Verständnis für das sehr empfindliche Ehrgefühl der Syrer, und die Syrer begriffen nicht, daß der Unabhängigkeit Israels eine Mischung aus Furcht und Unsicherheit zugrunde lag.

Und aus diesem Grund war auch Asads nächste Frage bedeutungslos:

> Die fundamentale Tatsache, die die Israelis begreifen sollten, ist, daß wir, wenn für die Truppenentflechtung eine befriedigende Lösung gefunden werden kann, es dort sehr lange aushalten können; dann können wir dort bleiben, Siedlungen einrichten und wieder aufbauen. Wenn wir gezwungen werden, einer unbefriedigenden Lösung zuzustimmen, dann werden wir, auch wenn wir darauf eingehen, ständig darauf drängen, unser Gebiet weiter auszudehen. Warum begreifen sie das nicht?

Da Israel wenig Neigung hatte, weitere territoriale Zugeständnisse zu machen, waren Asads Gefühle der israelischen Führung relativ gleichgültig, was bedauerlich war, denn ich glaube, daß im Sommer 1974 beide Seiten wenigstens den Schimmer einer Vorstellung davon gehabt haben, wie es sein könnte, wenn beide Länder in Frieden miteinander lebten.

Da es keinen Sinn hatte, sich weiter mit abstrakten Theorien zu beschäftigen, legte ich Asad den »Vorschlag der Vereinigten Staaten« vor. Er unterbrach mich sofort und rief nach seinem Verteidigungsminister und dem Chef des Stabes. Offenbar wollte er nicht allein die Verantwortung für wichtige Entscheidungen übernehmen und es vermeiden, daß seine Kollegen (und potentiellen Rivalen) später behaupteten, er hätte sich überrumpeln lassen. Deshalb genügte es ihm nicht, zu wiederholen, was ich gesagt hatte, sondern er verlangte, daß ich meine neuen Gesprächspartner mit den gleichen Argumenten überzeugen sollte, was jedenfalls bewies, daß wir uns einer Entscheidung näherten.

Während wir auf die Generäle warteten, neckte ich ihn: »Sie versuchen, mich einzuschüchtern.« Asad antwortete vielsagend, daß ich mich vom Außenminister einschüchtern lassen sollte; die Generäle würden das friedliebende Element sein, sie liebten die Russen ebensosehr wie ich. Er hatte insofern recht, als in Syrien die Politiker die Ideologen waren, während die Militärs wußten, welche Risiken eine Fortsetzung des Krieges gegen Israel mit sich bringen würde und welchen Preis ihr Land dafür bezahlen müßte.

Asad und die beiden Generäle hörten sich meinen Vorschlag an. Der kritische Punkt war die Besetzung der Höhenstellungen durch die Israelis. Asad verlangte immer noch, daß Israel den Gebirgskamm räumen und seine Stellungen am Westhang einrichten müßte. Auf dem Kamm und am Osthang sollte die von den Vereinten Nationen überwachte Zone liegen. Auf die Besetzung der Höhenstellungen durch Syrien hatte er schon vorher verzichtet. Wenn die Israelis den Gebirgskamm besetzten, dann könnten sie das friedliche Leben beobachten, das sich, wie er hoffte, wieder in Quneitra entwickeln würde. Daher verlangte er die Besetzung dieser Stellungen durch eine Friedenstruppe der Vereinten Nationen oder, wenn notwendig, sogar durch amerikanische Streitkräfte.

Ich erklärte, daß ich über diese Fragen nicht verhandeln könnte, denn ich konnte nicht gut in Jerusalem von neuem mit Verhandlungen über einen *amerikanischen* Vorschlag beginnen, der darüber hinaus in Syrien noch nicht angenommen worden war. Ich schlug deshalb vor, eine Erklärung zu entwerfen, mit der die Gespräche vertagt wurden. Asad war ein kühler Unterhändler. Ohne sich seine Erregung anmerken zu lassen, stimmte er mir zu. Wir verfaßten eine gemeinsame Erklärung, mit der die Gespräche unterbrochen wurden und aus der hervorging, daß wir beabsichtigten, sie nach ein paar Wochen wiederaufzunehmen. Der Text klang herzlich und enthielt die Versicherung der gegenseitigen Hochachtung.

Als der Entwurf vor uns lag, sagte Asad, daß es ihm sehr leid täte, die Gespräche auf diese Weise zu beenden. Deshalb bäte er mich, vor meiner endgültigen Abreise noch einmal nach Damaskus zu kommen. Ich erwiderte, daß ich über meinen eigenen Vorschlag nicht hinausgehen könnte:

> Ich kann diesen Vorschlag nur noch den Israelis vorlegen. Ich kann ihnen die Annahme meiner Vorstellungen empfehlen, und ich kann ihnen Ihre Vorschläge übermitteln, aber es besteht kein Zweifel daran, daß ich mit meinen Empfehlungen nicht weitergehen kann als mit dem hier vorgelegten Verfahren. Was darüber hinausgeht, ist Ihr Vorschlag, der – und das muß ich Ihnen jetzt sagen – nach meiner Überzeugung abgelehnt werden wird.

Aber Asad drängte mich: »Bitte tun Sie es trotzdem und kommen Sie nach Damaskus zurück. Lassen Sie uns noch einen Versuch unternehmen – dann können wir die Gespräche immer noch vertagen.«

Damit wurde der »Vorschlag der Vereinigten Staaten« zur Eintrittskarte für die nächste Verhandlungsrunde. Wir kehrten am Freitag, dem 17. Mai, um 2.30 Uhr nach Israel zurück. Nancy, die während der letzten Gesprächsrunden in Jerusalem geblieben war, weil sie sich nicht wohl fühlte, mußte feststellen, daß sie als meine Frau unter anderem auch die Freude hatte, in Israel mitten in der Nacht geweckt zu werden, um mich von dem eine Stunde entfernten Flughafen abzuholen und dann in Begleitung von Eban und Dinitz wieder ins Hotel zurückzubringen, die nicht darauf verzichten wollten, als erste vom Ausgang meiner Gespräche unterrichtet zu werden.

Am Freitagmorgen stattete ich Frau Meir einen einstündigen Besuch in ihrem Hause ab und setzte mich am Freitagnachmittag drei Stunden mit der ganzen Verhandlungsdelegation zusammen. Israel konnte auf Asads Vorschlag, den Gebirgskamm von neutralen Truppen oder den Streitkräften einer dritten Macht besetzen zu lassen, nicht eingehen. Die israelischen Unterhändler zeigten sich jedoch insofern flexibel, als sie sich bereit erklärten, dort keine Waffen einzusetzen, die Quneitra beschießen könnten. Ich baute deshalb in meinen Vorschlag eine besondere Zone auf dem Gebirgskamm ein, in der besondere Bestimmungen für die Bewaffnung gelten sollten, und wollte Asad diesen Vorschlag in einem offiziellen Brief der Vereinigten Staaten unterbreiten. Aber das israelische Kabinett hatte noch nicht seine offizielle Zustimmung dazu gegeben und würde es auch nicht tun, bevor Asad darauf eingegangen war.

Ich war überzeugt, daß Asad nicht nachgeben würde und wir die Gespräche vertagen müßten, und entwarf daher mit den israelischen Unterhändlern eine Erklärung dieses Inhalts, die gleichzeitig mit der entsprechenden Erklärung, über die wir uns schon in Damaskus geeinigt hatten, veröffentlicht werden sollte. Ich war so fest davon überzeugt, daß Asad den Vorschlag ablehnen werde, daß ich schon jetzt die Vorbereitungen dafür traf, auf dem Rückflug von Damaskus eine kurze Zwischenlandung auf dem Flughafen Ben Gurion zu machen, um mich von den Israelis zu verabschieden, und dann nach Alexandria weiterzufliegen. Von dort wollte ich am folgenden Tag nach Washington zurückkehren.

So flog ich am Samstag, dem 18. Mai – es war der einundzwanzigste Tag meiner Nahost-Reise –, wieder nach Damaskus und glaubte, damit eine erfolglose Verhandlungsrunde abschließen zu müssen.

Yigal Allon begleitete mich zum Flughafen. Da Sabbat war, herrschte überall Ruhe. Allon war derjenige israelische Minister, den ich schon am längsten kannte. Er war 1957 in Harvard mein Student gewesen, und wir waren gute Freunde. Er gehörte zu den Begründern der israelischen Armee und hatte sich im Unabhängigkeitskrieg ausgezeichnet. Er war der warmherzigste und vielleicht am wenigsten analytische israelische Politiker der zweiten Generation. Wenn er sich nicht in Jerusalem aufhielt, dann wohnte er in seinem geliebten Kibbuz am Fuß der Golan-Höhen, wo ich ihn Anfang der sechziger Jahre einmal besucht hatte. Normalerweise war er der versöhnlichste aller israelischen Unterhändler, aber wenn es um den Golan ging, vertrat er mit großer Leidenschaft den israelischen Standpunkt. Zu viele seiner Freunde waren dort im syrischen Artilleriefeuer ums Leben gekommen. In seinem Kibbuz hatte man so viele Bunker bauen müssen, um die Bevölkerung vor den syrischen Feuerüberfällen zu schützen, daß er sich nicht vorstellen konnte, ein großzügiger israelischer Vorschlag werde eine neue Beziehung zu Syrien möglich machen. Er war nicht bereit, sich auf den guten Willen der Syrer zu verlassen, sondern verlangte konkrete Garantien. Aber weil er ein so warmherziger und anständiger Mensch war, kam in ihm das israelische Dilemma in besonders dramatischer Form zum Ausdruck. Seine Sehnsucht nach Frieden war so intensiv und sogar naiv, wie es nur bei einem Menschen möglich ist, der den Frieden niemals erlebt hat. Ich habe versucht, ihm klarzumachen, daß der Friede für die meisten Menschen und in den meisten geschichtlichen Perioden ein sehr unsicherer Zustand gewesen ist und nicht darin bestanden hat, alle Spannungen für Jahrtausende zu beseitigen, wie es sich so viele Israelis vorstellten. Andererseits verlangte er aber auch nach absoluter Sicherheit, was bedeutet hätte, daß alle Nachbarn Israels zur militärischen Ohnmacht verdammt würden oder daß Israel auf dem Territorium dieser Nachbarn einen Sicherheitsgürtel um das ganze Land legte. Hier war es schwierig, wenn nicht unmöglich, ein Gleichgewicht der Kräfte herzustellen, das die Bedürfnisse aller Beteiligten berücksichtigte.

Auf unserer Fahrt zum Flughafen durch die Berge Judäas sprach Yigal mit mir wieder von seiner Friedenssehnsucht. Der harte israelische Pionier zeigte eine ganz ähnliche Haltung wie der leidenschaftliche Nationalist Khaddam auf unseren Fahrten durch die syrische Ebene nach Damaskus. Keiner von beiden wußte, wie seine Sehnsüchte verwirklicht werden sollten, und beide hofften, daß ich eine magische Formel finden könnte, die aus dieser ausweglosen Situation herausführte. Diesmal rechnete Allon nicht einmal damit. Er hatte an allen unseren Gesprächen teilgenommen und wußte, daß unsere Möglichkeiten jetzt erschöpft waren. In äußerste Not geraten, sucht der Jude Zuflucht bei der prophetischen Inspiration und hofft auf das Eingreifen höherer Mächte. »Sie werden es schaffen«, sagte er, »ich weiß, Sie werden heute abend zurückkommen.« Welch ein Jammer, dachte ich, daß offenbar nur diejenigen Wunder erleben, die nicht damit rechnen.

Dayan wartete im Flugzeug auf mich. (Das Verteidigungsministerium befindet sich in Tel Aviv und ist daher nicht so weit vom Flughafen entfernt.) Er hatte schwer unter den gegen ihn geführten Angriffen gelitten und bei den Verhandlungen entweder geschwiegen oder wenige sarkastische Bemerkungen gemacht. Dem nächsten Kabinett sollte er nicht angehören. Er glaubte, daß seine politische Laufbahn zu Ende sei. Ich war überzeugt, daß er persönlich den Abschluß der Vereinbarungen befürwortete. Schließlich war er schon 1967 gegen eine Besetzung der Golan-Höhen gewesen. Aber bei den Kabinettsberatungen wollte er den Eindruck erwecken, wachsam zu sein. Deshalb wies er auf die Schwächen jedes Vorschlags hin, der auf den Tisch gelegt wurde, ohne eine Alternative anzubieten. Unter anderem hatte mich Golda um den amerikanischen Vorschlag gebeten, weil sie eine Kontroverse mit Dayan über die Frage vermeiden wollte, ob Israel seine Forderungen noch einmal modifizieren sollte.

Wenn ein Beschluß gefaßt war – und andere die Verantwortung dafür übernommen hatten, war Dayan konstruktiv, ideenreich und hilfsbereit wie immer. Am Freitagabend war mir plötzlich eingefallen, daß wir noch über keine Karte verfügten, in der der »Vorschlag der Vereinigten Staaten« eingezeichnet war. Hier brauchte ich die Hilfe der tüchtigen Kartographen des israelischen Verteidigungsministeriums, aber es war Sabbat. Gegen 1.00 Uhr nachts rief ich Dayan in seinem Haus bei Tel Aviv an. Die allgemeine Erschöpfung hatte dazu geführt, daß niemand mehr Rücksicht auf den anderen nahm. Nachdem ich ihn geweckt hatte, hielt ich mich nicht mit langen Vorreden auf. »Könnten Sie mir nicht morgen früh ein paar Karten mit dem ›amerikanischen Vorschlag‹ ans Flugzeug bringen?« sagte ich. »Warum nicht?« antwortete Dayan und legte den Hörer auf. Am Samstagmorgen war er da und hatte die Karten unter dem Arm. (Auf dem Fluge sah ich mir die Einzeichnungen genau an, ließ die Karten aber in der Maschine zurück. Wäre ich mit israelischen Karten in den syrischen Präsidentenpalast gekommen, dann hätte unser Vorschlag ausgesehen wie ein israelisches Ultimatum und wäre mit Sicherheit abgelehnt worden.

Inzwischen waren alle Passagiere in meiner Maschine von der eigenartigen Stimmung ergriffen, die sich zu gleichen Teilen aus Erregung, totaler Erschöpfung und Verzweiflung zusammensetzte. Ob es nun die Diplomaten, meine anderen Mitarbeiter, die Journalisten, die Flugzeugbesatzung, das Sicherheitspersonal oder die Funker waren, sie alle hatten das Gefühl, an einem gemeinsamen Unternehmen beteiligt zu sein. Ich hatte die Mitreisenden jüdischen Glaubens gewarnt und ihnen gesagt, daß sie, wenn wir uns noch länger hier aufhielten, nach israelischem Recht Bürger dieses Landes sein würden und in die israelische Armee eingezogen werden könnten.

Die Journalisten, die als Gefangene dieser Mission an meine Maschine gefesselt waren, trugen am Rockaufschlag Plaketten mit der Aufschrift »Befreit Kissingers vierzehn Gefangene«.* Diese tüchtigen Verfechter des ersten Zusatzartikels unserer Verfassung und Bewahrer der Interessen der Öffentlichkeit betrachteten sich als objektiv, skeptisch und persönlich unbeteiligt. Ich muß es ihnen hoch anrechnen, daß sie es nicht gewesen sind. Sie alle teilten unsere Hoffnungen und Befürchtungen bei den Verhandlungen mit Israel und fühlten mit uns, wenn unsere Geduld in Syrien immer wieder auf die Probe gestellt wurde. Sie wußten, daß ein Erfolg unserer Bemühungen den Frieden nicht garantieren konnte, daß ein Scheitern aber fast unausweichlich zum Kriege führen mußte. Sie alle waren gedrückter Stimmung, als wir das Flugzeug bestiegen, um, wie wir glaubten, den letzten Flug nach

* Die tüchtigen Überlebenden der syrischen Pendeldiplomatie waren Richard Valeriani von NBC, Marvin Kalb von CBS, Barrie Dunsmore von ABC, Marilyn Berger von der *Washington Post*, Bernard Gwertzman von der *New York Times*, Barry Schweid von AP, Wilbur Landrey von UPI, Jim Anderson von *Group W. News*, Bruce van Voorst von *News Week*, Jeremiah O'Leary vom *Washington Star*, John Mulliken vom Nachrichtenmagazin *Time*, Marie Koenig von USIA, Darius Ihabvala vom *Boston Globe* und Charlotte Saikowski vom *Christian Science Monitor*. Die Rivalität zwischen der *Washington Post* und dem *Star* – Marilyn Berger und Jerry O'Leary – kam auf dieser Reise besonders deutlich zum Ausdruck, in dem die beiden sich immer wieder um die besten Plätze stritten, wenn ich die Journalisten nach meinen Gesprächen über deren Inhalt unterrichtete. Wir entwickelten deshalb ein besonderes Verfahren, nach dem die Berichterstatter ihre Plätze im Turnus wechseln mußten, das als die »Berger-O'Leary-Truppenentflechtungs-Vereinbarung« bezeichnet wurde und fast ebenso schwer auszuhandeln war wie die Truppenentflechtung an der syrisch-israelischen Front.

Damaskus anzutreten. Unter normalen Umständen war jeder Besuch in Ägypten ein besonderes Erlebnis für sie, aber diesmal freuten sie sich nicht auf unsere Zwischenlandung in Alexandria, denn sie wäre das Symbol für das Scheitern unserer Mission. Auf dem kurzen Flug nach Damaskus kam Marvin Kalb, einer der gebildetsten und intelligentesten Reporter, in meine kleine Kabine und sagte: »Lassen Sie nicht lokker, Herr Minister. Wir glauben an Sie; Sie können es schaffen.« In diesen nervenaufreibenden Wochen hat mich kaum etwas so gefreut und ermutigt wie diese wenigen Worte.

Kalb und Allon haben mich überschätzt. Der Ausgang des Unternehmens hatte mit meinem Verhandlungsgeschick nichts mehr zu tun. Ich konnte jetzt nur noch dafür sorgen, daß jede Seite eine klare Vorstellung von der Haltung der anderen hatte, und erklären, weshalb eine Pattsituation für beide Seiten nur nachteilige Folgen haben könnte. Vor allem mußte ich jedoch die Vorstellung lebendig erhalten, daß es um menschliche Belange ging, eine Tatsache, die allen Beteiligten instinktiv bewußt geworden war, als das Leben der Kinder, die von den Terroristen als Geiseln genommen worden waren, in äußerte Lebensgefahr geriet.

Am Samstagnachmittag holte mich Khaddam auf dem Flughafen ab. Normalerweise hätte er nicht im Traum daran gedacht, sich vor seinem Präsidenten einen genauen Bericht von mir geben zu lassen. Diesmal gab er seine Zurückhaltung auf und fragte, ob die Israelis auf Asads letzte Vorschläge eingegangen wären. Ich erwiderte, daß sie ihren Standpunkt geringfügig modifiziert hätten, aber nicht annähernd so weit gegangen wären, wie es der Vorschlag seines Präsidenten verlangte. Khaddam erklärte, daß, selbst wenn die Gespräche abgebrochen werden müßten, wir alles tun sollten, um die syrisch-amerikanischen Beziehungen zu verbessern. Ich sagte, das hinge davon ab, ob Syrien aus der Vertagung der Gespräche eine Konfrontation der Supermächte machte. Khaddam bestritt diese Möglichkeit und behauptete, daß Syrien vollkommen unabhängig wäre. Er sagte, was auch geschehe, eine Bereinigung der Lage auf dem Golan läge im nationalen Interesse Syriens, und die Entscheidung darüber könnte keiner Supermacht überlassen werden. Aber wir wußten beide, daß, wenn unsere Mission scheiterte, keiner von uns mehr in der Lage sein würde, den Lauf der Dinge durch großartige Erklärungen zu beeinflussen. Der eigentliche Sinn der Vereinbarung über die Truppenentflechtung lag ja darin, daß wir uns die Fähigkeit bewahrten, den Lauf der Ereignisse auch weiterhin entscheidend zu beeinflussen.

In der Diplomatie muß man sich, wenn man etwas erreichen will, oft gleichgültig stellen, obwohl man es kaum abwarten kann, zur Sache zu kommen. Khaddam hielt es jedenfalls für richtig, uns zunächst im Orient-Club zum Mittagessen einzuladen, wo sich auch andere wichtige Mitglieder des syrischen Kabinetts eingefunden hatten. Ob es arabische Gastfreundschaft oder psychologische Kriegführung war, läßt sich schwer sagen, aber ein Unbeteiligter hätte aus der hier herrschenden angenehmen, freundlichen Atmosphäre kaum schließen können, daß uns am Nachmittag eine entscheidende Sitzung erwartete. Außerdem schien niemand besonders daran interessiert zu sein, zu erfahren, wie die Entscheidung ausfallen würde.

Am Nachmittag um 16.05 Uhr wurde ich endlich von Präsident Asad empfangen. Auch diesmal wichen wir nicht von dem gewohnten Ritual ab und fingen mit dem üblichen Wortgeplänkel an. Ich teilte Asad mit, daß der sowjetische Vertreter bei der zur Zeit unterbrochenen Genfer Konferenz, Winogradow, unseren Vertreter, Ellsworth Bunker, der drei Monate nicht in Genf gewesen war, um eine Begegnung gebeten hatte. Ich sagte, Winogradow wollte beim Nichtstun nicht allein sein. Asad meinte, Winogradow wollte seine schwere Bürde mit jemandem teilen. So scherzten wir auch über ein Gerücht über einen möglichen Besuch Breschnews in Damaskus. Asad behauptete, daß er davon nur aus der Presse wüßte, schien aber keinen besonderen Wert darauf zu legen. Ich hielt ihm einen kurzen Vortrag über die Verhandlungsmethoden der Nord- und Südvietnamesen und über die innenpolitische Krise in Israel. Die Syrer ließen sich ihre Ungeduld nicht anmerken, sondern bewiesen ihr Interesse für die Ergebnisse meiner Gespräche in Jerusalem nur, indem sie die Gespräche über allgemein interessierende Fragen, die sonst zwei Stunden gedauert hatten, diesmal auf dreißig Minuten abkürzten.

Dann trug ich ihnen ganz sachlich die letzten kleinen Korrekturen am »Vorschlag der Vereinigten Staaten« vor. Es handelte sich dabei um folgendes:

> Ganz Quneitra sollte unter syrische Verwaltung gestellt werden.
>
> Zweihundert Meter westlich von Quneitra, gemessen von den an der westlichen Straße gelegenen Gebäuden, sollte eine neue Linie gezogen werden. Diese Linie war durch Barrikaden kenntlich zu machen.
>
> Das Gebiet westlich der Linie sollte entmilitarisiert werden. Die Vereinten Nationen sollten die Einhaltung dieser Bedingungen überwachen. Israelische Zivilisten würden die Erlaubnis erhalten, die Felder in diesem Gebiet zu bestellen.
>
> Die vorderste Linie der militärischen Stellungen Israels sollte unmittelbar vor dem Osthang der beiden beherrschenden Berge verlaufen, aber auf dem Gebirgskamm dürften keine Waffen in Stellung gehen, die Quneitra unter direkten Beschuß nehmen könnten. Diese Garantie sollte in einem Brief des Präsidenten Nixon an den Präsidenten Asad festgeschrieben werden.
>
> Die Linie nördlich und südlich von Quneitra sollte so begradigt werden, daß Quneitra nicht mehr von israelischen Stellungen eingeschlossen wurde.

Asad hatte offenbar seine Entscheidung getroffen. Er feilschte nicht und verlangte auch keine weiteren Erklärungen. Zu meiner großen Überraschung nahm er den Vorschlag an:

> Dr. Kissinger hat im Namen der Vereinigten Staaten ernsthafte Anstrengungen unternommen, und es gibt viele, die diesen Bemühungen keinen Erfolg wünschen; und wenn wir das nicht erkennen, dann wird die Gelegenheit verpaßt sein. Deshalb wollen wir es gegenüber den Vereinigten Staaten aktenkundig machen, daß wir eine positivere Haltung einnehmen. Wir wünschen, daß Sie wissen, wer dem Frieden

im Wege steht. Davon ausgehend, wollen wir auf die Gebirgsstellungen verzichten.
Wir tun dies nicht für Israel und nicht aus Furcht vor Israel – ein Krieg würde zu unseren Gunsten ausgehen –, sondern weil wir für einen gerechten Frieden möglichst weiten Raum lassen wollen. Ein gerechter Friede muß den totalen Abzug und die Wiederherstellung der Rechte der Palästinenser bedeuten. Wir tun es, um für die Friedensbemühungen der Vereinigten Staaten günstige Voraussetzungen zu schaffen. Wir berücksichtigen dabei auch die innenpolitischen Verhältnisse in den Vereinigten Staaten. Wir wissen, wenn dies nicht gelingt, würde das Scheitern dazu benutzt werden, Ihnen in den Vereinigten Staaten erhebliche Schwierigkeiten zu machen.

Eine stolze Erklärung, die Asad nicht leichtgefallen sein dürfte. Trotz meiner berüchtigten Selbstüberschätzung habe ich nicht einen Augenblick daran gedacht, daß Asad nachgegeben hätte, um mir einen Gefallen zu tun. Er gab sich mit der Erfüllung eines geringen Teils seiner Forderungen zufrieden, welche die Rückgabe eines historisch zu Syrien gehörenden Gebiets verlangten, weil ein Staatsmann schließlich die Realitäten anerkennen muß. Hier lagen die Dinge so, daß Syrien den Nahen Osten zwar ins Chaos stürzen konnte, aber nicht in der Lage war, die von Israel im Oktober-Krieg besetzten Gebiete ohne fremde Hilfe zurückzugewinnen oder die bescheidenen Grenzkorrekturen zu erreichen, die ich angeboten hatte. Israel war nur widerwillig auf meinen Plan eingegangen; seine Verhandlungsmethoden waren oft nervenaufreibend gewesen. Aber das Ergebnis brachte den Syrern einen Gewinn, der größer war, als was nach einer kühlen Berechnung der bestehenden Kräfteverteilung möglich gewesen wäre. Dieser Erfolg war dem Einfluß der Vereinigten Staaten zu verdanken, die Israel davon überzeugt hatten, daß es im Rahmen des Friedensprozesses eine Anzahlung leisten müßte, wenn es ihm auch noch so schwerfiel. Es war ein Beweis von Asads staatsmännischer Klugheit, daß er sich den Tatsachen stellte, die jeder syrische Führer vor ihm nicht hatte anerkennen wollen.

Auf dem Weg zum Flughafen waren Khaddam und ich erleichtert, vermieden zu haben, was wir beide fürchteten, aber glaubten, nicht verhindern zu können. Er sagte: »Als wir ins Zimmer kamen, war ich überzeugt, daß die Entscheidung anders ausfallen würde.« Ich sagte die Wahrheit, als ich antwortete: »Das habe ich auch geglaubt.«

Die Verringerung der Streitkräfte

Wir verließen Damaskus in gehobener Stimmung. Der Flug nach Ägypten wurde verschoben, und wir teilten den Israelis den Zeitpunkt unseres Eintreffens in Jerusalem mit. Viele Touristen, die Zimmer im King-David-Hotel gebucht hatten, werden sich darüber geärgert haben, jetzt abgewiesen zu werden, weil die Zimmer von der zurückgekehrten amerikanischen Karawane in Anspruch genommen wurden. Aber die israelische Gastfreundschaft und die Hoffnung auf den Frieden verlangten es. Ich unterrichtete Sadat, Boumedienne, Hussein und Faisal von dem bevorstehenden Durchbruch. Dabei betonte ich, daß es der »Vorschlag der Vereinigten Staaten« gewesen wäre, dem Syrien zugestimmt hatte, und – da ich sicher war, der Inhalt meiner Botschaft werde auch in Damaskus bekannt werden – lobte Asads staatsmännische Klugheit.

Ich war überzeugt, daß die Abfassung der Vereinbarungen im einzelnen keine großen Schwierigkeiten mehr machen würde. Am Donnerstag, dem 23. Mai, besprach ich mit Asad die Abfassung des Textes. Hier mußten ebenso wie in der Vereinbarung über die Truppenentflechtung an der ägyptischen Front die Zonen festgelegt werden, in denen hinter der vordersten Linie auf beiden Seiten bestimmte Beschränkungen für die dort zugelassenen Waffen gelten sollten.

Es stellte sich heraus, daß ich mit meinen Erwartungen viel zu optimistisch gewesen war. Zunächst mußten die gleichen Unterschiede zwischen dem Sinai und dem Golan berücksichtigt werden, die die Festlegung der Trennlinie so erschwert hatten. Auf der Sinai-Halbinsel lagen die Stellungen in einem weit von der ägyptischen Hauptstadt entfernten Wüstengebiet. Doch sogar dort war es schwierig gewesen, Gamasy davon zu überzeugen, daß es auf beiden Seiten einen dreißig Kilometer breiten Gürtel geben sollte, in dem nur bestimmte Waffen in Stellung gebracht werden durften. Es hatte eines direkten Befehls von Sadat bedurft, um dies durchzusetzen, obwohl General Gamasy ruhiger war, einen besseren Überblick hatte und gegenüber Israel eine tolerantere Haltung einnahm als die syrischen Generäle und Asad. Aber wenn man dieses Verfahren auf die syrische Front übertrug, dann reichte eine solche Zone bis in die Außenbezirke von Damaskus. Sogar die Israelis empfahlen, die Breite dieses Gürtels auf fünfundzwanzig Kilometer herabzusetzen. Die Syrer machten den weniger großzügigen Gegenvorschlag, daß diese Zone nur fünf Kilometer breit sein sollte. Darüber hinaus vollzog sich die Truppenentflechtung auf dem Sinai in einem fast völlig unbewohnten Gebiet. In Syrien sollten mehr als zwanzigtausend Zivilisten in die von den Israelis geräumte Frontausbuchtung und eine noch nicht festgelegte Zahl von Menschen nach Quneitra und Rafid zurückkehren. Dazu gehörten auch die syrische Verwaltung und die syrische Polizei. Daraus ergab sich das Problem, daß Stärke und Bewaffnung der für die innere Sicherheit eingesetzten Kräfte innerhalb der für diese Zone vereinbarten Grenzen bleiben mußten.

Doch gerade weil die Zivilbevölkerung in diese Gebiete zurückkehren sollte, widersetzte sich Asad energisch der Stationierung von Truppen der Vereinten Nationen in der Pufferzone. Statt dessen schlug er vor, die Zahl der UN-Beobachter auf den Golan-Höhen zur Überwachung der nach dem Krieg von 1967 entstandenen Trennlinie etwas zu erhöhen. Dagegen verlangte Israel den Einsatz militärischer Verbände der Vereinten Nationen in einer Stärke von mindestens dreitausend Mann. Nach den Vorstellungen von Asad sollten es jedoch nur wenige hundert einzelne Beobachter sein.

Das nächste Problem war die Einrichtung der von den Vereinten Nationen zu überwachenden Pufferzone zwischen den vordersten Stellungen auf beiden Seiten. Auf der Sinai-Halbinsel war die entsprechende

Zone sechs bis zehn Kilometer breit, lag in der Wüste und, was noch wichtiger war, auf dem vorher von den Israelis besetzten Gebiet. Deshalb verkleinerte sich dort das von Israel kontrollierte Territorium entsprechend. Auf dem Golan wurden die israelischen Streitkräfte nur an zwei Abschnitten und auch dort nur um wenige Kilometer hinter die Vorkriegslinie zurückgenommen. Die Schaffung einer Pufferzone würde daher die Zurücknahme der syrischen Vorkriegslinie nach Osten bedeuten – obwohl die syrische Zivilverwaltung in der Gegenrichtung bis in die von den Vereinten Nationen überwachte Zone hinein vorverlegt wurde. Die im Westen gelegene Trennlinie, auf die sich die israelischen Streitkräfte zurückzogen, wurde in den Verhandlungen als »blaue Linie« bezeichnet. Die neue vorderste Linie der syrischen Stellungen wurde als »rote Linie« bezeichnet. Als Asad begriffen hatte, daß die rote Linie hinter der Vorkriegslinie lag, kam es zu ebenso erbitterten und komplexen Auseinandersetzungen wie um die ursprüngliche Trennlinie (die blaue Linie). Israel wollte die rote Linie möglichst weit nach Syrien hineinverlegen (sechs bis acht Kilometer ostwärts der Vorkriegslinie), so daß die syrischen Stellungen weiter zurückgenommen werden mußten als vor dem Kriege. Deshalb kam es zu heftigen Auseinandersetzungen über das Verlangen Israels, daß einige Dörfer, die bisher *hinter* den syrischen Linien gelegen hatten, jetzt in der von den Vereinten Nationen überwachten Zone liegen sollten, wo sie nicht mehr wie bisher von der syrischen Armee geschützt sein würden.

Ein weiteres Problem ergab sich am Berg Hermon – eigentlich eine parallel zur libanesischen Grenze verlaufende Gebirgskette, welche die syrische Ebene und Damaskus beherrscht. Seit Ausbruch des Oktober-Krieges hielt Israel fünf Stellungen in der Nähe des Gipfels besetzt. Zunächst hatte Syrien die Räumung des Hermon verlangt; wenigstens sollte Israel diese Stellungen den Vereinten Nationen übergeben. Das war keine Nebensächlichkeit, denn in diesem Frontabschnitt ergaben sich für Damaskus ähnliche Probleme wie bei den westlich von Quneitra gelegenen Bergen für die Provinzstadt. Israel konnte von dort die ganze Ebene von Damaskus überblicken. Wenn jedoch Syrien den Hermon besetzte, konnten die syrischen Truppen das gesamte von Israel besetzte Gebiet im Golan überwachen.

Aber die schwierigste Frage ergab sich aus dem Verlangen Israels, daß Asad sich verpflichten sollte, Kommandounternehmen palästinensischer Terroristen über die Trennlinie hinweg zu verhindern. Ironischerweise war dies wie mancher andere Streitpunkt eine eher theoretische als praktische Frage. Asad hatte die Palästinenser niemals dazu ermutigt, von syrischem Gebiet aus Überfälle gegen Israel zu unternehmen, und hatte es auch nicht erlaubt. Die Syrer waren nicht geneigt, sich von Dritten in riskante Abenteuer hineinziehen zu lassen, deren Verlauf sie nicht beeinflussen konnten. Aber solche Zusicherungen zu geben war eine andere Sache. Sadat hatte keine ähnlichen Schwierigkeiten, weil es in Ägypten keine Fedayin gab und weil die Trennlinie mehr als hundertsechzig Kilometer vor der israelischen Grenze lag. Aber auf den Fahrten vom Flughafen nach Damaskus, die mich an den palästinensischen Flüchtlingslagern vorbeiführten, hatte ich deutlich gesehen, welche Rolle dieses Problem im politischen Leben Syriens spielte. Kein syrischer Politiker konnte sich öffentlich von der Sache der Palästinenser distanzieren, auch wenn er sich darum bemühte, ihren Einfluß auf die syrische Innenpolitik zu beschränken und selbst auf die Politik der PLO durch die Saika, das palästinensische Element, das von Damaskus kontrolliert wurde, Einfluß zu nehmen. Aber auch die Haltung Israels war in mancher Weise widersprüchlich. Durch die Weigerung, eine Vereinbarung zu schließen, wäre die Bedrohung durch die Guerillas nicht beseitigt worden, sondern die Lage hätte sich verschärft, weil es noch eher zu einer militärischen Konfrontation gekommen wäre.

Bei der Lösung dieser zahlreichen kontroversen Fragen durfte ich kaum mit der Unterstützung durch die Regierungschefs der anderen arabischen Länder rechnen. Sie waren bereit gewesen, sich für einen Kompromiß bei der Festlegung der Trennlinie einzusetzen, weil damit die auf andere Weise nicht erreichbare Räumung der Frontausbuchtung garantiert war. Aber außer Sadat war für sie alle die Frage der Truppenbegrenzungen zu technisch und das Palästinenser-Problem zu gefährlich. Sie würden sich in jedem Fall auf Asads Seite stellen. Deshalb hielt ich die wichtigsten arabischen Führer über die Gesamtentwicklung auf dem laufenden, bat sie aber nicht um Hilfe. Ich hatte auch keine Zeit mehr, einen Zwischenaufenthalt in Kairo einzulegen, um mit Sadat über die verschiedenen Streitpunkte zu sprechen.

Die Situation in Washington wurde immer unhaltbarer. Schon am 17. Mai hatte James Reston in der *New York Times* die lange Dauer meiner Verhandlungen im Nahen Osten damit zu begründen versucht, daß ich mich aus dem innenpolitischen Gerangel in Washington heraushalten wollte:

> Mr. Kissinger ist die Schlüsselfigur in dieser Kabinettsfrage. Er hält sich aus dem Ringen um Watergate und die Amtsenthebung heraus. Man könnte sogar vermuten, daß er seine Pendeldiplomatie ausdehnt, um den immer komplexer und giftiger werdenden Kontroversen in Washington auszuweichen.

Das war falsch, aber am 22. Mai beschäftigten sich auch die mich begleitenden Fernsehkorrespondenten von CBS und NBC mit diesem Thema.

Wenn die Medien zum Teil ein großes Interesse daran zu haben schienen, daß ich bald nach Hause zurückkehrte – oder meine lange Abwesenheit kritisierten –, dann beschloß das Weiße Haus plötzlich, meinen Aufenthalt dort zu verlängern, um zu demonstrieren, daß der Präsident selbst die Verhandlungen leitete. Am 18. Mai, dem Tag des Durchbruchs zur Einigung über die Trennlinie, gab das Pressebüro des Weißen Hauses bekannt, daß der Präsident mich aufgefordert hätte, so lange wie notwendig im Nahen Osten zu bleiben, was fast zu einer Katastrophe führte. Das wirksamste Mittel, Israel und Syrien unter Druck zu setzen, bestand in der Drohung, ich würde abreisen. Am 21. Mai, als ich beiden Seiten ein Ultimatum gestellt und gesagt hatte, daß die Verhandlungen am Freitag, dem 24. Mai, abgeschlossen sein müßten, war Nixon selbst in Key Biscayne, aber sein Pressebüro wiederholte, ohne an die Folgen zu denken, die Erklärung noch einmal. Man wollte mich damit natürlich nicht behindern, aber man wählte die einfachste Methode, um zu demonstrieren, daß der Präsident persönlich Einfluß auf den Verlauf der Verhandlungen nahm. Ich schickte ein dringendes Telegramm an Scowcroft:

> Bitte halten Sie die Presseleute besser im Zaum. Ich habe beiden Seiten gesagt, daß ich am Freitag abreisen würde, um die Verhandlungen in Schwung zu halten. Ich denke, wenn der Präsident mir Anweisungen geben will, dann gibt es dafür bessere Methoden als auf dem Weg über die Presse.
>
> Jedenfalls werde ich an diesem Wochenende abreisen, nachdem ich, wie ich mit Sicherheit glaube, alles erreicht habe, was sich auf dieser Reise erreichen läßt. Wir werden innerhalb der nächsten achtundvierzig Stunden einen Erfolg haben oder gescheitert sein.

Ein weiteres Anzeichen dafür, welche Unruhe in Washington herrschte, waren die mit Übereifer vorangetriebenen Pläne für eine Reise des Präsidenten in den Nahen Osten. Ich erhielt zahllose Anweisungen des Weißen Hauses, diese Möglichkeit mit meinen Gastgebern zu besprechen, und ging darauf ein, wenngleich es sich recht ungünstig auswirkte, denn meine Verhandlungspartner entnahmen daraus, daß die Vereinigten Staaten dringend am Abschluß der Vereinbarungen interessiert waren, was sie veranlassen konnte, die Entscheidung hinauszuzögern. Die Voraussetzung für die Reise des Präsidenten war die erfolgreiche Beendigung dieser Verhandlungsrunde. Wenn ich scheiterte, würde sich der Präsident ausgerechnet zu einem Zeitpunkt hier aufhalten, in dem unsere Strategie sich als unwirksam erwies und die Spannungen sich verschärften. Wenn sich die Verhandlungsrunde in die Länge zog, mußte die Reise des Präsidenten aufgeschoben werden, und damit vermehrten sich die Direktiven des Weißen Hauses, die mich drängten, hierzubleiben und das Vorhaben zu einem erfolgreichen Abschluß zu bringen.

Während dieser ganzen Zeit mußte ich mich natürlich auch um alle anderen Aufgaben kümmern, die das Außenministerium zu erledigen hatte. Zum Glück war es eine relativ ruhige Periode. In der Bundesrepublik Deutschland, in Frankreich und Großbritannien wurden die Regierungen umgebildet, und man begrüßte eine Atempause, in der die Übernahme der Regierungsgeschäfte ungestört erfolgen konnte. China wünschte unserem Unternehmen Erfolg und hatte kein Interesse daran, uns zu behindern. Der Sowjetunion gefiel mein Alleingang zwar nicht, sie wollte aber die Entspannung nicht durch eine erkennbare Obstruktionspolitik gefährden – besonders im Hinblick auf den bevorstehenden Besuch des Präsidenten in Moskau. Die Entwicklungsländer hatten ihr Verlangen, in den Mittelpunkt des internationalen Interesses gestellt zu werden, mit lautstarken Reden auf der sechsten Sondersitzung der Vollversammlung der Vereinten Nationen im April befriedigt.

Doch Ruhe ist im Hinblick auf die Arbeit des amerikanischen Außenministers ein relativer Begriff. Täglich wurden wir mit einer Flut von Telegrammen überschüttet, die alle von meinen Mitarbeitern im reisenden Außenministerium bearbeitet werden mußten. Die fleißigen Angehörigen des Außenministeriums in meiner Maschine und in Washington sorgten dafür, daß die Korrespondenz in beiden Richtungen weiterlief. Ich selbst mußte eine Unzahl wichtiger Entscheidungen treffen. Die Atlantische Deklaration lag endlich vor. Ich hatte zwei wichtige Besprechungen mit lateinamerikanischen Außenministern geführt, um einen neuen Dialog mit unseren Nachbarn in der westlichen Hemisphäre einzuleiten. Aber es gab natürlich eine Grenze, an der es nicht mehr möglich war, mein Ministerium aus der Aktentasche zu leiten.

In dieser Hektik übernahm ich wieder meine Aufgabe als reisender Psychiater. Dayans Vorschlag, der den Erfahrungen an der Sinai-Front entsprach, daß die schweren Waffen auf jeder Seite so in Stellung gehen müßten, daß sie nicht die gegnerische Front erreichen könnten, war militärisch sehr vernünftig. Dem syrischen Präsidenten wollte er jedoch nicht einleuchten, denn er erblickte darin ein Mittel, die israelischen Siedlungen auf syrischem Boden zu schützen. Außerdem fürchtete er, seine Flugabwehrstellungen hinter Damaskus zurücknehmen zu müssen. Wenn es um die syrische Souveränität und Würde ging, dann konnte Asad sehr überzeugend sein. Aber die Alternative, vor der er stand, waren nicht die vollständig ausgerüsteten syrischen Streitkräfte vor Damaskus, sondern er mußte damit rechnen, daß die Vereinbarungen nicht zustande kamen, und in diesem Fall würden die voll bewaffneten israelischen Sreitkräfte auch weiter vor seiner Hauptstadt stehen.

So begannen beide Parteien in einer sehr feindseligen Haltung über die schwierig zu lösenden Einzelfragen zu verhandeln. Meine Vermittlertätigkeit bestand nur darin, jeder Seite die Haltung der anderen zu interpretieren und gelegentlich zu sagen, wie man nach meiner Ansicht am besten aus einer Pattsituation herauskäme.

In den letzten Tagen der Verhandlungsrunde entwickelte sich ein fester Zeitplan. Am Morgen traf ich mich in Jerusalem mit der israelischen Verhandlungsdelegation. Gegen Mittag fuhr meine Wagenkolonne zu dem eine Stunde entfernt gelegenen Ben-Gurion-Flughafen. Am frühen Nachmittag traf ich in Damaskus ein. Nach einem meist mehrstündigen Gespräch mit Asad kehrte ich nach Israel zurück, wo ich mich gewöhnlich noch einmal mit den israelischen Unterhändlern traf. Vom 20. bis zum 25. Mai brachte ich zwanzig Stunden in Gesprächen mit den Israelis zu. Meine Gespräche in Syrien nahmen während des gleichen Zeitraums dreißig Stunden in Anspruch. Ich kam keine Nacht vor 3.00 Uhr ins Bett, und meine Mitarbeiter arbeiteten sogar noch länger. Am Samstagabend, dem 25. Mai, waren wir dem Abschluß der Vereinbarungen so nahegekommen, daß ich sagte: »Wenn wir jetzt noch scheitern, dann wird niemand erklären können, wieso.«

Die Ursache konnte nur noch in der psychischen Erschöpfung aller Beteiligten liegen. Beide Seiten hatten sich vollständig verausgabt. Sie hatten sich über die Truppenstärken und die Bewaffnung in der ersten Zone zehn Kilometer hinter der jeweiligen vordersten Linie geeinigt. Diese Daten sollten in einem von beiden Seiten unterzeichneten »Vorschlag der Vereinigten Staaten« enthalten sein. Asad wollte sich nicht in einem Abkommen mit Israel verpflichten, seine Streitkräfte in einer vor Damaskus liegenden zweiten zehn bis zwanzig Kilometer tiefen

Zone zu verringern, aber er war bereit, mir seine Absichten schriftlich zu bestätigen, wenn wir uns über die Einzelheiten geeinigt hatten. Der »Vorschlag der Vereinigten Staaten« sollte außerdem die einschränkenden Bestimmungen für die Bewaffnung in dem zehn bis zwanzig Kilometer breiten Gürten enthalten. Dort sollten keine Geschütze mit einer Reichweite von mehr als zwanzig Kilometern in Stellung gehen, und die Aufstellung von Boden-Luft-Raketen sollte nicht näher als fünfundzwanzig Kilometer hinter der vordersten Linie erfolgen dürfen.

Jetzt war nur noch die genaue Lage der Linie festzulegen, von der aus diese Entfernungen gemessen werden sollten. Asad widersetzte sich immer noch energisch einer Zurücknahme der vordersten syrischen Stellungen (der roten Linie) auf eine Linie hinter den Dörfern, die bis dahin von den syrischen Streitkräften geschützt worden waren. Israel wollte sich dagegen mit keiner anderen Möglichkeit zufriedengeben. Was nun die Überwachung durch die Vereinten Nationen betraf, so entwickelte ich ein Konzept, das die Struktur der UN-Friedenstruppe in Ägypten mit der Nomenklatur verband, die seit 1967 auf den Golan-Höhen angewandt worden war. Asad wollte die Bezeichnung »Streitkräfte« vermeiden, war aber mit der Bezeichnung »Beobachter« einverstanden. Golda lehnte die Beobachter ab und verlangte den Einsatz von Streitkräften. Was wäre natürlicher gewesen als die Schaffung eines Zwitters mit der Bezeichnung »Kräfte der Vereinten Nationen zur Beobachtung der Truppenentflechtung«? Niemand könnte dann genau sagen, welche Aufgaben diese Organisation zu übernehmen hätte. Aber Asad verlangte, das Wort »Kräfte« durch das Wort »Organisation« zu ersetzen, aber ich glaubte nicht, daß er die Verhandlungen wegen dieser Frage platzen lassen würde. Auch über die Mannschaftsstärke dieser »Organisation« gab es noch Streit. Außerdem waren die Syrer nicht bereit, offizielle Zusicherungen im Hinblick auf paramilitärische Aktivitäten der Palästinenser zu geben.

Indessen war auch die Sowjetunion wieder aktiv geworden. Ob er nun glaubte, daß die Vereinbarungen kurz vor ihrem Abschluß stünden, oder ob er mit dem Scheitern der Verhandlungen rechnete – vielleicht wollte er aber auch für jede Möglichkeit gewappnet sein –, Gromyko sagte sich wieder in Damaskus an. Ich erklärte Asad:

> Erstens, ich werde mich in Damaskus nicht mit Gromyko treffen. Zweitens, ich werde nicht nach Damaskus kommen, solange sich Gromyko in Damaskus aufhält. Drittens sind Sie ein souveränes Land, und ich werde Ihnen nicht sagen, was Sie tun sollen, solange Sie die ersten beiden Bedingungen akzeptieren. Was Sie mit Gromyko tun, ist Ihre Sache.

Am 26. Mai konnte ich es mit meiner Stellung als amerikanischer Außenminister nicht mehr vereinbaren, länger im Ausland zu bleiben. Bisher hatte noch kein amerikanischer Außenminister eine so lange ununterbrochene Auslandsreise unternommen. Gromyko sollte am 27. Mai – mein Geburtstag – in Damaskus eintreffen. Ich hätte mir ein schöneres Geburtstagsgeschenk wünschen können. Mein nächster Besuch in Damaskus mußte der letzte auf dieser Reise sein.

Am Sonntag, dem 26. Mai, es war der neunundzwanzigste Tag dieser Verhandlungsrunde, waren beide Parteien wieder an einen Punkt gekommen, mit dem sie gerechnet hatten, ohne zu wissen, wie sie ihn überwinden sollten. Sie wußten, daß der endgültige Erfolg mit relativ geringen Zugeständnissen gesichert war, und doch hätte auch der kleinste Schritt nur mit größtem Widerwillen vollzogen werden können. Man war so weit gekommen, weil einmal die Israelis und dann die Syrer vor den Konsequenzen eines Scheiterns zurückgeschreckt waren, aber trotzdem konnte sich keine der beiden Parteien vorstellen, wie ein wirklicher Friede aussehen sollte. Die physisch und emotional erschöpften amerikanischen Unterhändler wurden von beiden Regierungschefs aufgefordert, nicht miteinander zu vereinbarende Zusicherungen zu geben, mit denen sie ein letztes Zugeständnis würden rechtfertigen können. Auch wenn sich die Verhandlungen noch über längere Zeit hinzogen, würden sich die Probleme nicht von selbst lösen. Wenn wir nicht bald zu einem Abschluß kamen, würden wir vor weitere schwierige Entscheidungen gestellt werden, und wir mußten eher mit einer neuen Explosion als mit einer Beruhigung der Lage rechnen. Wenn jemand über eine tiefe Kluft springen will und die andere Seite nur um einen Zentimeter verfehlt, dann stürzt er ebenso ab, als wenn er einen Meter zu kurz gesprungen wäre.

Vor meinem Abflug nach Damaskus gab Golda am Sonntag im Blauen Zimmer des King-David-Hotels ein Festessen zu meinen Ehren. Der Start der Maschine mußte mehrmals verschoben werden, weil meine Gespräche mit den israelischen Unterhändlern länger dauerten als vorgesehen. Um 15.00 Uhr war es endlich soweit. Das lange Warten hatte uns hungrig gemacht, und wir beeilten uns mit dem Essen, um so rasch wie möglich zum Flughafen zu kommen und uns in Damaskus nicht zu verspäten. Wir waren der Verzweiflung nahe und stellten uns vor, was geschehen würde, wenn wir so kurz vor dem Ziel scheiterten, hofften aber doch, daß alle Opfer nicht umsonst gewesen waren, denn der Erfolg ließ sich schon fast mit Händen greifen. Golda sprach mit bewegenden Worten davon, wie ich dazu beigetragen hätte, daß Israel die Haltung der Araber jetzt besser verstand – schließlich eine der wichtigsten Voraussetzungen für eine Friedensregelung:

> Ich glaube, er hat uns gelehrt, daß es nicht genügt, recht zu haben und von seinem Recht überzeugt zu sein. Das wissen wir. Aber um so weit zu kommen, daß wir uns mit den Menschen in diesem Gebiet wirklich zusammensetzen können, müssen wir sie auch begreifen, und zwar nicht, um etwas Unrechtes zu akzeptieren, sondern um wenigstens Verständnis für sie zu haben. Ich glaube, er hat uns kennengelernt; er hat unglaubliche Geduld mit uns gehabt – Stunden und Stunden und Stunden. Was auch geschieht, Sie alle, die uns jetzt verlassen, werden wissen, daß es für jeden Israeli, für jeden Mann, für jede Frau und für jedes Kind in diesem Lande keinen größeren Wunsch gibt als den ganz einfachen Wunsch nach Frieden. Wir wollen morgens aufstehen können und wissen, daß niemand gestorben

> ist, weil er von jemandem angegriffen wurde, der über die Grenze kam. Wir wollen nicht, daß sie sterben, und wir wollen nicht, daß sie morden. Wir wollen nicht, daß sie auf irgend jemanden schießen. Wenn in diesem Gebiet der Friede wiederhergestellt wird, dann glaube ich, Dr. Kissinger – und ich sage das ohne Übertreibung –, daß Sie nach den Israelis der erste auf der Liste derjenigen sein werden, die dies ermöglicht haben, weil Sie uns verstehen, weil Sie den Frieden wünschen und weil Sie wissen, daß wir ihn wünschen. Wir hoffen, daß er kommen wird. Ich bin überzeugt, daß er eines Tages kommen wird. Aber wenn Sie es ermöglichen können, daß der Friede kommt, solange ich noch am Leben bin, werde ich Ihnen doppelt dankbar sein.

Ich antwortete:

> Als wir uns an diese Aufgabe machten und manchmal glaubten, daß wir scheitern würden, und dann doch wieder vorankamen, waren wir alle entschlossen, unabhängig davon, ob dieses Unternehmen gelang oder nicht, den einmal eingeschlagenen Weg erfolgreich zu beenden, diesem Gebiet den Frieden zu bringen und alle unsere Kräfte dafür einzusetzen, um das zu realisieren, was wir begonnen hatten. Frau Premierministerin, Sie vertreten die Generation, die in dieses Land gekommen ist, als es nur ein Traum war, und Sie haben getan, was nur sehr wenigen vergönnt ist – Sie haben in dieses Land ein Volk gebracht, Sie haben aus diesem Land einen Staat gemacht und aus diesem Staat eine Heimat. Wir alle, die wir den Vorzug gehabt haben, mit Ihnen zusammenzuarbeiten, haben uns durch Ihre Größe als menschliches Wesen und durch Ihre Qualitäten als führende Persönlichkeit in Ihrem Lande inspirieren lassen. Wir teilen mit Ihnen die Hoffnung auf einen dauerhaften Frieden, in dem die Kinder ihre Unschuld bewahren und alle Menschen sich konstruktiven Aufgaben zuwenden können.

Wenn sich die Außenpolitik durch Emotionen beeinflussen ließe, dann wären wir um 16.30 Uhr mit der Gewißheit zu der entscheidenden Sitzung in Damaskus abgeflogen, einen Durchbruch zu erzielen. Aber Gefühle können nur die Standhaftigkeit verleihen, die Mühsal zu ertragen, mit der die Diplomatie in winzigen Schritten vorankommt, während sie sich jeder noch so geringen Veränderung der Lage anzupassen sucht. Ich hatte Asad von Israel aus geschrieben, daß dies mein unwiderruflich letzter Besuch in Damaskus sein würde.

Der syrische Präsident zeigte mir sofort, daß er sich nicht bluffen ließ. Er teilte mir mit, daß er, da ich am folgenden Morgen abreisen wollte, sich bereit erklärt hätte, Gromyko noch am Mittag des gleichen Tages zu empfangen. Aber er zeigte mir auch, wo die Grenzen der syrisch-sowjetischen Beziehungen lagen. Als ich ihm sagte, daß dadurch unser Spielraum sehr eng begrenzt wäre, wandte er sich an einen seiner Berater und verlegte die Ankunft des Außenministers seines größten Waffenlieferanten kühl auf 22.00 Uhr. Aber auch damit standen uns nur knapp vierundzwanzig Stunden für die Erledigung unserer Aufgabe zur Verfügung.

An diesem Sonntagabend, dem 26. Mai, fanden zwei Sitzungen mit

Asad statt. Die erste begann um 21.00 Uhr und dauerte bis Mitternacht. An ihr nahm eine größere Gruppe von Beratern teil. Zu ihnen gehörten auf syrischer Seite der Verteidigungsminister, der Chef des Stabes der Luftstreitkräfte, Shihabi und Khaddam. Die zweite Sitzung begann um 12.15 Uhr und endete am frühen Morgen meines Geburtstags um 2.30 Uhr. Während Asad und ich, begleitet von nur einem Berater, uns zu Tisch setzten, um ein spätes Abendessen einzunehmen, überprüften Khaddam und Joe Sisco die Texte der verschiedenen Dokumente. Aber das Ergebnis beider Sitzungen war das gleiche. Asad blieb unerbittlich, feilschte unaufhörlich um die syrische Linie (die rote Linie), die Truppenbegrenzungen, die Stärke des Kontingents der Vereinten Nationen und die Palästinenser. Außerdem verlangte er eine schriftliche Zusicherung der Vereinigten Staaten, daß sie sich für eine Rückkehr Israels auf die Grenzen von 1967 einsetzen würden. Ich konnte nur versprechen, daß sich Amerika auch weiterhin an dem Friedensprozeß beteiligen würde. Zur gleichen Zeit stieß Sisco bei Khaddam auf eine Mauer.

Von 3.00 bis 4.00 Uhr sprach ich im staatlichen Gästehaus mit Sisco und meinen anderen Mitarbeitern. Wir waren vollkommen erschöpft und kamen zu dem Schluß, daß unsere Bemühungen auf dieser Reise endgültig gescheitert waren. Aus der für den gleichen Vormittag vorgesehenen Sitzung mit Asad wollte ich meinen Abschiedsbesuch machen.

Meine Mitarbeiter waren so freundlich gewesen, dafür zu sorgen, daß mein Geburtstag nicht nur in so trüber Stimmung begangen wurde. Tom Scotes improvisierte eine Geburtstagsparty am frühen Morgen und hatte dazu einen riesigen Kuchen backen lassen. Die Journalisten schenkten mir ein Plakat, das die Anzeige einer Fluglinie parodierte und die Aufschrift trug: »Ich bin Henry, fliegt mich nach Damaskus.«

Die anderen Mitarbeiter waren vor Erschöpfung auf eine etwas ausgefallene Idee gekommen, mit der sie mich zu meinem Geburtstag überraschen wollten. Vor etwa einem Monat hatte ich sie im Scherz kritisiert, als Ron Ziegler behauptete, auf einer Insel der Bahamas, auf der er das Wochenende verbracht hätte, wäre am Strand eine Flaschenpost mit einem Brief angespült worden, dessen Inhalt Nixon betraf. »Warum können Sie so etwas nicht auch für mich tun?« fragte ich Robert McCloskey, der für die Beziehungen zur Presse, zum Kongreß und viele andere Aufgabengebiete verantwortlich war, wo ich einen umsichtigen und klugen Berater brauchte. Er hatte sich meinen Wunsch zu Herzen genommen und einen geschickten israelischen Handwerker, der sich darauf verstand, Altertümer zu fälschen, veranlaßt, auf einen kleinen, flachen braunen Stein die hebräische Inschrift zu meißeln: »H. A. K. war hier – 5683 – Quneitra.«* Das sollte bedeuten, daß ich die Reinkarnation eines alten jüdischen Fürsten aus diesem Gebiet wäre, denn nur so ließe es sich erklären, weshalb ich mit solchem Eifer jede Straße, jede Anhöhe und jeden Stein in der Provinzhauptstadt des Golan zu erforschen suchte. Ein der Inschrift beigefügter Pressebericht enthielt alle diese Angaben. Aber im letzten Augenblick fehlte McClos-

* Nach dem hebräischen Kalender entspricht das Jahr 5683 dem Jahr 1923 unserer Zeitrechnung, meinem Geburtsjahr. Aber ich bin leider nicht in Quneitra, sondern in Fürth geboren.

key der Mut, mir dieses Geschenk zu geben, oder er glaubte, daß die Stimmung an diesem Geburtstag sich nicht für einen solchen Scherz eignete – womit er recht hatte. Er überreichte mir den Stein schließlich drei Tage später auf dem Rückflug in die Vereinigten Staaten im Rahmen einer kleinen improvisierten Zeremonie.

Ich freute mich über die Geburtstagstorte, aber der Gedanke an die bevorstehende Abreise bedrückte mich. In dieser melancholischen Stimmung traf ich mich kurz vor 10.00 Uhr mit Asad. Ich wollte mich von ihm verabschieden und hatte nur Peter Rodman mitgenommen. Isa Sabbagh übernahm die Aufgabe des Dolmetschers. Wir unterhielten uns unverbindlich über die verschiedenen Verhandlungsphasen, als wären wir nur Zuschauer bei einem Naturereignis, das wir selbst nicht beeinflussen konnten. Ich erinnerte mich an die Wünsche des Weißen Hauses und erwähnte noch einmal Nixons Wunsch, den Nahen Osten zu besuchen. Asad meinte, daß es sich nicht mit der Würde des Präsidenten der Vereinigten Staaten vertrüge, nach dem Scheitern einer diplomatischen Mission in den Nahen Osten zu kommen. Sollte Nixon jedoch anders darüber denken – vielleicht nach Rücksprache mit einem anderen arabischen Führer (das war sehr taktvoll) –, dann werde sich Asad freuen, ihn in Damaskus zu empfangen. Dann entwarfen wir eine neue Erklärung für den Abbruch der Gespräche. Dabei kam es zu geringfügigen Meinungsverschiedenheiten über einen von mir vorgeschlagenen Satz, in dem es hieß, daß Asad einen Beauftragten nach Washington schicken werde, um die Gespräche fortzuführen. Er sagte mit enttäuschter Miene: »Wir könnten sagen, daß wir einen Sonderbeauftragten nach Washington schicken würden, aber er müßte irgendeine andere Aufgabe haben. Wenn es uns nicht gelungen ist, dann wird es auch einem Sonderbotschafter in Washington nicht gelingen.« Wir einigten uns darauf, daß ein syrischer Beauftragter sich um die Weiterentwicklung der syrisch-amerikanischen Beziehungen bemühen sollte, nicht aber um die Truppenentflechtung auf dem Golan.

Nach einmonatigen Verhandlungen mit Asad hatte ich ihn schätzengelernt. Er war stolz, hart, intelligent und freundlich und hatte uns vor manche schwierige Situation gestellt, aber ich hatte erlebt, wie sehr er sich darum bemühte, das Problem der arabisch-israelischen Koexistenz in den Griff zu bekommen. Innerlich rebellierte er gegen diese Vorstellungen, aber jetzt war er trotzdem fast so weit, sie zu akzeptieren. Wie Golda, die diese Frage aus einer anderen Perspektive sah, spürte er etwas von der Realität des Friedens. Alle die Zugeständnisse und Forderungen hatten zum Teil nur taktische Bedeutung, waren aber andererseits eine geistige Odyssee für ihn gewesen. Als ich aufstand, um mich zu verabschieden, war mir etwas wehmütig ums Herz. Auch er hatte sich erhoben, und während wir zur Tür gingen, sagte Asad plötzlich:

> Nachdem wir diese freundlichen, menschlichen Beziehungen hergestellt haben, aus Loyalität, aus persönlicher Zuneigung und angesichts der Notwendigkeit guter Beziehungen zwischen Syrien und den Vereinigten Staaten, ist es mir ein besonderes Bedürfnis, Sie nicht zu verletzen. Was glauben Sie, wie weit ließe sich die rote Linie (die vorderste Linie der syrischen Stellungen) noch verlegen? Wenn

> das überhaupt möglich ist. Lassen Sie uns ganz offen miteinander sprechen.

Das war unerhört. Asad hatte den Faden bis zum letzten Millimeter ausgesponnen und ermöglichte jetzt den nächsten entscheidenden Schritt für den Abschluß einer Vereinbarung. Ich hatte ihm im Dezember gesagt, daß er mich an einen Unterhändler erinnerte, der am Rande eines Abgrundes steht und, um seine Verhandlungsposition zu verbessern, in die Tiefe springt, weil er hofft, sich im Fall noch an etwas festhalten zu können. Dieses »Etwas« war jetzt ich. Natürlich würde kein syrischer Politiker eine Vereinbarung mit Israel treffen, weil ihm ein amerikanischer Politiker besonders sympathisch war, aber jetzt mußte ich auf dieses Spiel eingehen, das wahrscheinlich nur in der arabischen Welt verstanden werden konnte. Dort sind persönliche Beziehungen niemals bedeutungslos; sie sind der Katalysator für die Leidenschaften der Menschen:

> Ich möchte nichts tun, womit ich den Präsidenten Asad verletzen könnte. Wenn der Präsident auf etwas einginge, das ihm extrem schwerfällt und später unangenehme Folgen für ihn hat, widerspräche dies den Absichten der Vereinigten Staaten. Ich möchte deshalb nicht dafür verantwortlich sein, daß der Präsident auf meine Veranlassung etwas unternommen hat, das ihm später schaden könnte. Darin läge ein taktischer Erfolg, aber eine strategische Niederlage.

Asad hatte den Rubikon überschritten. Wenn er aus Zuneigung zu mir Selbstmord verüben wollte – und das bedeutete sein Angebot augenscheinlich –, dann war das seine Sache. In Wirklichkeit hatte die syrische Führung höchstwahrscheinlich schon am Abend zuvor beschlossen, auf meine Vorschläge einzugehen, wollte aber absolut sicher sein, daß sie den letzten Blutstropfen aus dem Stein gequetscht hatte. Nun schlug ich vor – und tat so, als wäre dies meine Idee –, daß die rote Linie noch einen Kilometer vorverlegt werden sollte. In Wirklichkeit hatte mich die israelische Verhandlungsdelegation dazu ermächtigt, ich hatte aber den Vorschlag am vergangenen Abend nicht gemacht, weil er in der allgemeinen Kontroverse untergegangen wäre. Mein Beitrag zur Lösung des Problems der syrischen Dörfer, die vor den vordersten syrischen Stellungen liegen sollten, bestand in dem Vorschlag, die rote Linie im Bogen um sie herumzulegen, wobei die Syrer sich hier den gleichen Beschränkungen unterwerfen müßten wie die Israelis auf den Bergen westlich von Quneitra. Das heißt, hier durften keine Waffen in Stellung gebracht werden, die in das israelische Gebiet hinein reichten.

Unser Gespräch über die palästinensischen Terroristen war nur ein wenige Minuten dauerndes Geplänkel. Asad sagte, er könnte keine rechtlich bindende Verpflichtung dafür übernehmen, die Palästinenser an ihren Aktionen zu hindern. Hier handelte es sich um ein unlösbares politisches Problem und eine Grundsatzfrage. Ich schlug vor, die Vereinigten Staaten sollten eine Erklärung abgeben, in der bestätigt würde, daß die Feuereinstellung auf den Golan-Höhen auch für alle Aktionen der Guerillas gelte; wenn es zu solchen Aktionen käme, würden sich die Vereinigten Staaten politisch hinter die israelischen Vergeltungsmaßnahmen stellen. Asad meinte, amerikanische Erklärungen wären unser Problem. In diesem Falle sehe er keinen Grund, daß Syrien offiziell dagegen protestierte. Wieder schien die Lösung in greifbare Nähe gerückt zu sein.

Aber gebranntes Kind scheut das Feuer. Ich sagte Asad, daß ich für einen letzten Versuch bereit wäre, vorausgesetzt, er versuchte nicht, noch weitere Zugeständnisse auszuhandeln. Wir sollten jetzt einen Text aufsetzen, der nur noch der Zustimmung durch die Israelis bedürfte und den ich nach Jerusalem mitnehmen könnte. Weitere Verhandlungen wären nicht mehr möglich. Wir sollten den Entwurf in dieser Sitzung fertigstellen. Dann sollte Asad sich mit seinen Kabinettskollegen beraten, und ich würde mit meinen Mitarbeitern sprechen. In einer Stunde könnten wir uns wieder treffen und feststellen, ob wir uns auf dieser Basis einigen könnten. Auf etwas anderes könnte ich jetzt nicht mehr eingehen. Wir trennten uns um 11.30 Uhr.

Um 12.35 Uhr kamen wir wieder zusammen, um den Text zu entwerfen, einigten uns aber darauf, die Verhandlungen als solche nicht mehr weiterzuführen. Diese Arbeit sollte höchstens drei Stunden in Anspruch nehmen. Dem israelischen Kabinett ließ ich mitteilen, daß ich um 18.00 Uhr wieder in Jerusalem sein würde.

Am Nachmittag um 14.20 Uhr setzten wir uns mit unseren Beratern zusammen. Aber einem Syrer zu sagen, daß er nicht feilschen dürfte, ist so, als wollte man einem Fisch das Schwimmen verbieten. Schon nach wenigen Minuten hatte eine jener alptraumhaften Kraftproben begonnen, die nur dadurch etwas erträglicher wurde, daß Asad sie mit seinem beißenden Humor und der arabischen Gastfreundschaft auzulockern verstand. (Aber in der Aufregung der Schlußphase ging diese Gastfreundschaft nicht so weit, daß man uns etwas zu essen anbot.) Um 22.00 Uhr, nach siebeneinhalb Stunden, waren wir endlich etwa dort, wo Asad und ich unser Vormittagsgespräch beendet hatten – nur hatte Asad sich selbst und seine Kollegen jetzt noch einmal davon überzeugt, daß sich beim besten Willen nichts mehr herausholen ließ. Wir legten die rote Linie, die von den Israelis noch akzeptiert werden mußte, dort fest, wo Asad und ich sie am Vormittag vorgesehen hatten. Das Kontingent der Vereinten Nationen sollte 1250 Mann stark sein und die offizielle Bezeichnung United Nations Disengagement Observer Force (UNDOF) haben. Asad brauchte die Zahl der Panzer und die Truppenstärken vor Damaskus und hinter der Zehn-Kilometer-Zone nicht zu beschränken, versicherte mir jedoch, daß er dort nicht mehr als neun Brigaden stationieren werde, und nur drei von ihnen würden Panzerbrigaden sein. Diese Truppenstärken würde ich den Israelis brieflich mitteilen. Innerhalb der zehn bis zwanzig Kilometer breiten Zone würden nicht mehr als 162 Geschütze mit einer Reichweite unter zwanzig Kilometern in Stellung gehen. Artillerieverbände mit einer größeren Reichweite dürften nur zwanzig Kilometer hinter der vordersten Linie aufgestellt werden. Für die Boden-Luft-Raketen war die Mindestentfernung von der syrischen vorderen Linie fünfundzwanzig Kilometer. Alle militärischen Beschränkungen sollten ebenso wie bei der Truppenentflechtung auf der Sinai-Halbinsel auf einen »Vorschlag der Vereinigten Staaten« von Syrien und Israel akzeptiert werden. Schließlich verabredeten wir, daß Sisco die israelische Antwort am folgenden Tag um die Mittagszeit nach Damaskus bringen würde, was jede weitere Verhandlungen ausschloß, denn Sisco hatte nur den Auftrag, den endgültigen Text der Dokumente vorzulegen.

Jetzt mußten wir uns nur noch darüber einigen, was mit Gromyko geschehen sollte. Sein Flugzeug war schon gegen 21.00 Uhr über Damaskus angekommen, während Asad und ich noch mitten in den Verhandlungen steckten. Ich sagte, um die israelische Zustimmung zu beschleunigen, müßte jeder Anschein vermieden werden, daß sich Gromyko am Zustandekommen der Vereinbarung beteiligt hätte. Kein Problem, sagte der Chef des Stabes der syrischen Luftwaffe. Gromykos Maschine könnte noch eine Zeitlang kreisen. Gegen 21.45 Uhr ging Gromykos Maschine allmählich der Treibstoff aus. Großmütig stimmte ich seiner Landung zu, vorausgesetzt, daß sein Flugzeug nicht neben meinem geparkt wurde – ich wollte vermeiden, daß aus Pressefotos falsche Schlüsse gezogen wurden. Gromykos Maschine wurde daraufhin in eine dunkle Ecke des Flugplatzes dirigiert, wo der sowjetische Außenminister von Syriens stellvertretendem Außenminister begrüßt wurde – alle höheren Chargen verhandelten mit mir. Um das Maß vollzumachen, versprach Asad, daß er Gromyko erst empfangen werde, nachdem Sisco mit der israelischen Antwort zurückgekehrt sei.

Shihabi und Khaddam begleiteten mich zum Flughafen. Auf dem Weg dorthin kam uns Gromykos Autokolonne entgegen – ein bedeutungsvoller Augenblick, der deutlicher zeigte als alles, worüber wir in diesem Monat so mühsam verhandelt hatten und welche Revolution sich in der Nahost-Politik vollzogen hatte.

Es war das schönste Geburtstagsgeschenk meines Lebens. Den Frieden im Nahen Osten hatte ich noch nicht wiederherstellen können, aber im Krieg war eine Pause eingetreten, die lange genug währen sollte, um den diplomatischen Bemühungen eine Chance zu geben.

Ich wußte, daß Israel noch nicht endgültig zugestimmt hatte, aber ich spürte instinktiv, daß es unmöglich war, dem Erfolg so nahe zu kommen und doch noch zu scheitern.

Die Schlußphase: Israel

Auf der Fahrt zum Flughafen warnte ich Khaddam und sagte, daß jede Lösung, die wir in Damaskus gefunden hätten, in Jerusalem zum Problem werde. Ich rechnete damit, daß ich die ganze Nacht mit den Israelis würde verhandeln müssen. Die Gespräche mit dem israelischen Kabinett könnten sich sogar noch bis in den nächsten Tag hineinziehen. Anschließend würde ich Sisco mit der Antwort nach Damaskus schikken, aber weitere Verhandlungen könnte es nicht mehr geben. Syrien müßte bereit sein, ja oder nein zu sagen.

Die von uns entworfenen Dokumente berücksichtigten zwar fast alle Forderungen der Israelis, aber ich erinnerte mich noch schmerzlich an den November 1973, als ich in meiner Naivität geglaubt hatte, daß wir zu einer Vereinbarung gekommen wären, weil Sadat fast allen Forderungen Goldas zugestimmt hatte. Damals hatte ich Sisco nach Israel geschickt, um die Zustimmung der Israelis abzuholen – und man hatte meine Mühen belohnt, indem man mir vorwarf, daß ich Israel ein Ultimatum gestellt hätte. Die Selbstachtung Israels verlangte es, daß jeder Anschein vermieden wurde, die letzte Verhandlungsphase wäre von Damaskus diktiert worden. Deshalb äußerte ich mich vor der Presse auf dem Flughafen in Damaskus sehr zurückhaltend:

> Es ist uns gelungen, die Meinungsverschiedenheiten bis auf ganz wenige auszuräumen, und ich kehre jetzt nach Israel zurück, um heute abend mit der israelischen Verhandlungsdelegation zusammenzukommen und festzustellen, wie diese Meinungsverschiedenheiten nach ihrer Auffassung überbrückt werden können. Morgen wird Mr. Sisco von meiner Delegation nach Damaskus zurückkehren, um Präsident Asad und den Außenminister vom Inhalt dieser Beratung zu unterrichten.

Ich fügte hinzu, daß ich auf dieser Reise nicht mehr nach Syrien zurückkehren würde.

Diesmal übersahen die hartgesottenen, feinfühligen und erfahrenen Journalisten in meiner Maschine eine Nuance. Ihre Erschöpfung hat dabei sicher eine Rolle gespielt. Aber sie begriffen nicht, was die Rückkehr Siscos nach Damaskus bedeutete. Es gab hier nur zwei Möglichkeiten: Entweder standen wir unmittelbar vor dem Abschluß der Vereinbarungen, oder unser Vorhaben war gescheitert. Da es in den vergangenen fünf Wochen immer wieder so ausgesehen hatte, als läge der Erfolg in greifbarer Nähe, wir uns aber jedesmal getäuscht hatten, war die zweite Möglichkeit wahrscheinlicher. Deshalb spekulierten viele erfahrene Journalisten an dem Tag, an dem der Erfolg wirklich unausweichlich schien, über die Ursachen und Konsequenzen eines Scheiterns unserer Mission – mit Bedauern und guten Willens, und es hat niemandem geschadet, nur den Gleichmut im Weißen Haus hat es ins Wanken gebracht.

Golda, die ihre Mitarbeiter am frühen Dienstagmorgen, dem 28. Mai, um 1.00 Uhr um sich versammelte, litt an solchen Zweifeln nicht. Sie erkannte sofort, daß der Durchbruch gelungen war. Ich berichtete in allen Einzelheiten über die Gespräche der vergangenen vierundzwanzig Stunden. Wir überprüften noch einmal die Lage der syrischen Linie, die Stellungen auf dem Berg Hermon, die Palästinenser-Frage und die Zusammensetzung des Kontingents der Vereinten Nationen. Ich sagte, ich hätte die Stärke dieses Kontingents eigentlich auf die unsinnige Zahl 1286 festlegen wollen, um das israelische Kabinett in Erregung zu versetzen, weil es sich nicht erklären könnte, was mich dazu veranlaßt hätte.

Die Besprechung dauerte zwei Stunden. Ich war heiser, todmüde und konnte kaum ein Wort herausbringen. Kurz vor 3.00 Uhr hatte Golda genug gehört und wollte für 8.00 Uhr am gleichen Vormittag, also in fünf Stunden, eine Kabinettssitzung einberufen. Der Augenblick der Entscheidung stand vor der Tür. »Ihr jungen Leute geht jetzt zu Bett«, sagte Golda lächelnd und beendete die Sitzung.

Ich wußte, daß sie sich für die Vereinbarung mit der gleichen Intensität einsetzen würde wie vorher für die israelischen Forderungen. Nach den wochenlangen manchmal stürmischen und oft abstrusen Diskussionen waren wir zum Grundsätzlichen zurückgekehrt. Niemand mußte unter Druck gesetzt werden. Deshalb faßte ich das Ergebnis folgendermaßen zusammen:

> Sie haben einen weiten Weg hinter sich. Wenn Sie sich dagegen entscheiden, wird niemand auf der amerikanischen Seite es für ungerechtfertigt halten, und deshalb darf diese Überlegung keine Rolle spielen. Es kommt jedoch darauf an, die Konsequenzen einer Vereinbarung gegen die Konsequenzen der Ablehnung dieser Vereinbarung abzuwägen, die mit einem Land getroffen werden soll, über dessen Zuverlässigkeit wir keine Gewißheit haben, das aber ohne eine Vereinbarung nicht zuverlässiger sein wird.

Die amerikanische Gruppe ging gegen 3.30 Uhr auseinander. Bis 9.00 Uhr hatten wir Zeit, uns auszuschlafen. Inzwischen hatte Golda ihr Kabinett versammelt. Ich hatte mit einer schnellen Entscheidung gerechnet und Asad gesagt, daß Sisco mit seiner Nachricht gegen Mittag in Damaskus sein werde. Er hatte mir versprochen, Gromyko nicht zu empfangen, bevor er mit Sisco gesprochen hatte, und daraus erkannte ich deutlich, wo die syrischen Prioritäten lagen.

Nachdem wir wochenlang ununterbrochen auf Hochtouren gearbeitet hatten, blieb meinen Kollegen und mir nichts mehr zu tun übrig. Wir saßen in meinem Apartment im King-David-Hotel und blickten aus den Fenstern auf die Altstadt von Jerusalem hinunter. Die goldene Kuppel des Felsendoms, einer der heiligsten Moscheen des Islam, glänzte im warmen Licht der Frühlingssonne. Welche Leidenschaften hatten andere, weniger schöne Berge in den vergangenen Wochen geweckt: In regelmäßigen Zeitabständen kam Dinitz herein, um uns zu sagen, daß die Kabinettssitzung noch nicht zu Ende war. Ich war so nervös, daß ich ihn zwischendurch dreimal anrief. Endlich um 13.15 Uhr kam Dinitz mit der Nachricht: Das Kabinett sei optimistisch, müßte aber noch einmal mit mir sprechen. Um 14.00 Uhr traf ich mich mit Golda, Dayan, Eban, Dinitz, Gur und dem Direktor des Büros des Premierministers, Mordechai Gazit. Ich hatte Sisco und Rodman mitgenommen.

Golda kam sofort zur Sache. »Hören Sie zu, von 8.30 Uhr bis vor fünfzehn Minuten – es ist eine tragische Sitzung, denn wir alle stimmen darin überein, daß wir eine Vereinbarung haben müssen –, aber wir alle sind einstimmig der Meinung, wenn wir im Hinblick auf die Terroristen keine konkrete Zusage haben können . . .«

Damit waren wir bei der am schwierigsten zu lösenden Frage. Nach Ma'alot konnte man Israel nicht zumuten, den Terrorismus aus den Vereinbarungen auszuklammern. Ebenso unmöglich war es, von den leidenschaftlichen Nationalisten in Damaskus zu verlangen, daß sie sich öffentlich von den Palästinensern distanzieren sollten. Es war aber auch eine Tatsache, daß es während all dieser Jahre auf den Golan-Höhen praktisch keine terroristischen Attentate gegeben hatte. Jeder, der das syrische Regierungssystem kannte, wußte, daß Damaskus höchstwahrscheinlich keiner paramilitärischen Organisation, die nicht von den Syrern kontrolliert wurde, gestatten würde, von ihrem Gebiet aus zu operieren. Ich sagte, Asad würde es nicht zulassen:

> Wie ich die Lage sehe, besteht das Problem darin, daß Ihre innenpolitische Lage es erfordert, auf den Terrorismus aufmerksam zu machen, und seine innenpolitische Lage es von ihm verlangt, den Terrorismus nicht zu erwähnen. Es ist in der Praxis so, wie ich gesagt habe. Je offizieller die Erklärung sein soll, die Sie verlangen, desto unwahrscheinlicher ist es, daß Sie sie bekommen werden.

Aber die Israelis verlangten irgend etwas, konnten allerdings nicht genau sagen, was. Auf jeden Fall müßte ich selbst nach Damaskus zurückfliegen und mit irgendeiner Zusicherung zurückkommen. Das war viel verlangt. Sie wußten genau, daß die Gefahr der terroristischen Anschläge mit dem Scheitern der Vereinbarungen wegen dieses Problems nicht gebannt sein würde; die Situation konnte höchstens noch gefährlicher werden. Die Israelis verlangten einen Rechtsschutz gegen etwas, das in Wirklichkeit ein politisches und psychologisches Problem war. Vor allem aber mußte sich das Kabinett vor der Knesseth verantworten, denn man hatte sich voreilig dazu verpflichtet, jede Vereinbarung vor der Unterzeichnung dem israelischen Parlament vorzulegen.

Um meine Aufgabe zu erleichtern, erklärte sich die israelische Verhandlungsdelegation nach einigen halbherzigen Versuchen, den Text hier und dort zu modifizieren, mit der Fassung der Dokumente einverstanden. Die syrische vorderste Linie sollte entsprechend meinem Vorschlag vorverlegt werden und nur an einer einzigen Stelle dort bleiben, wo sie bisher gelegen hatte. Gegen 15.15 Uhr führte mich Golda in ihr kleines Büro. Sie sagte mir, daß sie in drei Tagen zurücktreten werde. Mit der Truppenentflechtungs-Vereinbarung wollte sie einen Strich unter den letzten Krieg ziehen. Dann könnte sie sagen, daß sie ihre Aufgabe erfüllt hätte. Es wäre ihr persönlicher Wunsch, daß ich nach Damaskus ginge und nicht Sisco, denn dann würde sie das Scheitern unserer Bemühungen im letzten Augenblick ertragen können. Ich könnte bei Asad mehr erreichen als jeder andere, und wenn nicht, dann wüßte sie wenigstens, daß alles Menschenmögliche getan worden wäre. Ich fügte mich widerstrebend ihrem Wunsch. Aber ich warnte sie und sagte, daß ich Gromyko in Damaskus einen Höflichkeitsbesuch abstatten müßte. Es wäre eine Beleidigung, wenn ich mich weigern würde, ihn aufzusuchen, während ich mich in der gleichen Stadt aufhielt wie er.

Deshalb unterrichteten wir Damaskus, daß ich Israel um 17.30 Uhr verlassen würde und hoffte, so bald wie möglich mit Asad sprechen zu können – ein Zeichen dafür, wie sich unsere Beziehungen verändert hatten. Noch vor vier Monaten wäre es unvorstellbar gewesen, daß die empfindlichen Syrer einem Amerikaner erlaubten, den Zeitpunkt für ein Treffen mit ihrem Präsidenten festzusetzen.

Weniger als vierundzwanzig Stunden nachdem ich erklärt hatte, ich würde nicht mehr nach Damaskus kommen, war ich wieder in der syrischen Hauptstadt. Khaddam holte mich an diesem Dienstagabend auf dem Flughafen ab, und wir konnten unser freundschaftliches Gespräch wieder aufnehmen. »Willkommen«, sagte er freundlich. »Ich glaube, nicht einmal der Außenminister wird jetzt noch den Abschluß der Vereinbarungen verhindern können«, erwiderte ich. Auf der Fahrt zum Gästehaus sagte mir Khaddam, daß es, als sich Siscos Eintreffen immer wieder verzögerte, Asad nicht mehr möglich gewesen wäre, sein Versprechen zu halten und ein Zusammentreffen mit Gromyko weiter hinauszuschieben. Es wäre aber nur ein halbstündiger Höflichkeitsbesuch gewesen. Die Syrer hätten ihm über den Stand der Verhandlungen kaum etwas gesagt. Ich kannte inzwischen meinen diskreten und stolzen Gesprächspartner gut genug, um ihm das zu glauben.

Abends um 20.15 Uhr ging ich allein zu Asad, der nur Isa Sabbagh hinzugezogen hatte. Es handelte sich jetzt nur noch um ein menschliches Problem, und meine Aufgabe war es, Motive verständlich zu machen, nicht aber neue Vorschläge zu formulieren. Mit persönlicher Anteilnahme erklärte ich dem syrischen Präsidenten, weshalb sich die Israelis nach Ma'alot so unsicher fühlten, und ich glaube, Asad hat die Situation verstanden, auch wenn er selbst unter anderen Zwängen stand. Er sprach zurückhaltend, aber leidenschaftlich von dem tragischen Schicksal eines Volkes, das keine Heimat, keine Identität und vor allem keine Hoffnung hatte. Er habe nicht das Recht, den Rest des Glaubens an die Zukunft zu zerstören, der den Palästinensern noch geblieben war, indem er den Anschein erweckte, sich auf die Seite ihrer Feinde zu stellen. Andererseits wäre es kein Zufall gewesen, daß die Terroristen auf dem Golan bisher nicht aktiv geworden wären. Es wäre auch nicht damit zu rechnen, daß es sich änderte. Der Golan werde kein von Terroristen heimgesuchtes Gebiet werden, weil die syrische Politik solches verhinderte, nicht wegen israelischer Drohungen oder unverbindlicher syrischer Zusagen. Ich verstand jetzt besser, weshalb man auf dem Golan nicht mit Aktionen der palästinensischen Terroristen rechnen mußte. Nachdem wir fünf Wochen damit zugebracht hatten, uns über jedes kleine Detail zu einigen, würde ich jetzt die Verantwortung dafür übernehmen müssen, wenn ich dem israelischen Kabinett erklärte, nach meiner Auffassung wäre es sehr unwahrscheinlich, daß Guerillas dort tätig würden. Israel sollte sich mit einer amerikanischen Zusicherung zufrieden geben, daß die Vereinigten Staaten Israel unterstützen würden, wenn ich mich geirrt hatte und die Israelis auf Guerilla-Angriffe reagierten. Eine solche Reaktion würden wir nicht als Verletzung des Waffenstillstands ansehen.

Es war jetzt 22.45 Uhr, und ich wartete ungeduldig darauf, Damaskus verlassen zu können. Ich wußte, daß Golda und die ganze Verhandlungsdelegation auf mich warteten. Aber Asad wollte mich nicht loslassen. Ich müßte zuerst mit ihm zu Abend essen. Dazu hatte er auch seine engsten Mitarbeiter, Verteidigungsminister General Tlas, der Gedichte schrieb, den Chef des Heeresnachrichtendienstes, General Shihabi, den Chef der Luftstreitkräfte, Jamil, und den stellvertretenden Premierminister und Außenminister, Khaddam, eingeladen. Aber sie waren von Gromyko zum Essen eingeladen worden und wurden, wie Asad mir sagte, allmählich hungrig. Ich erklärte, daß Gromyko auch auf mich wartete. »Das macht nichts«, sagte Asad kühl, »irgendjemand wird sein Abendbrot essen.«

Damit gingen wir in Asads kleines Speisezimmer hinüber, das ebenso wie alle anderen Räume wirkte wie eine nach allen Seiten abgeschirmte Höhle. Die Stimmung war so entspannt und freundlich wie nie zuvor. Ich erwähnte, daß Gromyko mir von einem sibirischen Vogel erzählt hatte, den er jagte und der damit angelockt wird, daß man seinen Balzruf imitiert. Ich fragte Asad, ob Gromyko ihn diesen Ruf einmal habe hören lassen. »Er singt nur in Ihrer Gegenwart«, lachte Asad. Vielleicht werde er es anstelle eines Abschlußkommuniques tun, erwiderte ich.

Asad neckte mich und fragte, weshalb ich mich davor gefürchtet hätte, Sisco allein nach Damaskus zu schicken. Ich sagte, ich hätte mich nicht vor seinem Mißerfolg, sondern vor seinem Erfolg gefürchtet. Dann machte ich eine spöttische Bemerkung über Siscos dichterische Inspiration, der die offizielle Bezeichnung für das Kontingent der Vereinten Nationen kreiert hatte:

Kissinger: Es ist ein episches Gedicht. (Gelächter) Er hat es vom Verteidigungsminister. Solange diese Gruppe besteht, wird sie sich der Tatsache bewußt sein, daß sie etwas getan hat, was im Lauf einer sechstausendjährigen Geschichte noch niemals getan worden ist. Es hat noch niemals eine Organisation mit dem Namen UNDOF gegeben. (Gelächter)

Asad: Das habe ich gestern auch gedacht.

Kissinger: Ich habe noch nie ein Gedicht des Verteidigungsministers gehört.

Shihabi: Ich wohl; der Unterschied zwischen den Worten und ihrer Bedeutung ist der gleiche. (Gelächter)

Der Verteidigungsminister trug ein langes Scherzgedicht in arabischer Sprache vor, das meine Gastgeber außerordentlich amüsierte.

Nach einer Stunde versammelten wir uns wieder im Konferenzzimmer, um einen letzten Blick auf die Karten zu werfen. Gemeinsam mit dem Chef des Stabes der Armee sahen wir uns noch einmal alle Berge und Straßen an, mit denen wir uns fast fünf Wochen so intensiv beschäftigt hatten. Dann einigten wir uns über die Art der Bekanntgabe der Vereinbarung – die, wie wir hofften, am folgenden Tag um 19.00 Uhr syrischer Zeit erfolgen sollte. Die Unterzeichnung sollte am Freitag, dem 31. Mai, stattfinden.

Um Mitternacht konnte ich endlich Andrei Gromyko in einem staatlichen Gästehaus aufsuchen, das ich noch nicht kannte. Für den sowjetischen Außenminister war es eigentlich eine Demütigung, aber er ließ sich nichts anmerken. Wenn er kein besserer Schauspieler war, als ich vermutete, wußte er so gut wie nichts über den Verlauf unserer Verhandlungen. Auch jetzt sprachen wir nur knappe zehn Minuten über dieses Thema. Nur über die Weigerung Syriens, eine offizielle Verpflichtung dafür zu übernehmen, daß Syrien Terrorangriffe der Palästinenser im Golan-Gebiet verhindern werde, schien er oberflächlich unterrichtet worden zu sein. Wie nicht anders zu erwarten, unterstützte Gromyko den syrischen Standpunkt, tat es aber eher lustlos. Er gab sich wie ein Professor, der eine politische Frage analysiert, mit der er selbst nichts zu tun hat, aber nicht wie der Außenminister einer Supermacht.

Es folgte ein Routinegespräch über die Europäische Sicherheitskonferenz und SALT, und nach einer knappen halben Stunde holte mich Khaddam ab, um mich zum Flughafen zu begleiten.

Im Wagen versprach er mir noch einmal, daß Syrien nichts gegen eine einseitige amerikanische Erklärung unternehmen werde, in der die Vereinigten Staaten ihre Haltung gegenüber Guerilla-Angriffen zum Ausdruck brachten. Obwohl Gromyko sich gerade in Damaskus aufhielt, hielt es Khaddam für richtiger, daß Moskau über den Abschluß der Vereinbarungen offiziell von Washington aus unterrichtet wurde. Mir war diese Haltung unverständlich, es sei denn, es steckte ein gewisser Sadismus dahinter. Khaddam hoffte, daß die offizielle Bekanntmachung schon um 17.00 Uhr erfolgen könnte.

Als ich am Mittwoch, dem 29. Mai, kurz nach Mitternacht in Israel ankam, mußte ich sofort wieder an einer langen Nachtsitzung teilnehmen. Golda teilte mir mit, daß es Rabin gelungen wäre, ein Kabinett zu bilden. Er würde es am Sonntag, dem 2. Juni, dem Parlament vorstellen. Freitag, der 31. Mai, würde der letzte Tag ihrer Amtszeit sein. Das Ende ihrer politischen Laufbahn schien Golda nicht zu erregen. Ich glaube, es bedeutete für sie einen gewissen Trost, daß es ihr gelungen war, die letzten israelischen Kriegsgefangenen nach Hause zu bringen, die Opfer eines Krieges, für dessen Ausbruch sie sich verantwortlich fühlte, und daß sie bei den Verhandlungen über den Waffenstillstand auf den Golan-Höhen den Vorsitz geführt hatte.

Aber weder der unmittelbar bevorstehende Rücktritt noch das Verlangen, diesen Rücktritt mit einem letzten politischen Erfolg zu verbinden, veranlaßte sie, in ihrer Wachsamkeit nachzulassen. In den stillen, frühen Morgenstunden sprach ich unter vier Augen mit ihr und berichtete von meinen Gesprächen mit Asad. Golda erklärte sich bereit, vor dem israelischen Parlament eine Erklärung zu den Guerilla-Angriffen abzugeben. Nach einigen Änderungen einigten wir uns auf den folgenden Text, der vor der Knesseth, dem israelischen Parlament, in dieser Form verlesen wurde:

> Was die Verhinderung terroristischer Aktivitäten betrifft, so haben uns die Vereinigten Staaten von ihrer Haltung zu jenem ersten Paragraphen der Vereinbarungen unterrichtet, und sie ist die folgende: »Von bewaffneten Gruppen oder einzelnen durchgeführte Kommandounternehmen über die Demarkationslinie hinweg sind eine Verletzung des Waffenstillstands. Israel ist in Ausübung seines Rechts auf Selbstverteidigung ermächtigt, solche Aktionen mit allen zur Verfügung stehenden Mitteln zu verhindern. Die Vereinigten Staaten würden solche Aktionen Israels nicht als Verletzung des Waffenstillstands ansehen und werden sie politisch unterstützen.«
>
> Ich nehme an, die Vereinigten Staaten hätten uns eine solche Erklärung nicht gegeben, wenn sie nicht eine solide Basis dafür haben, es zu tun, und ich gebe diese Erklärung mit Wissen der Vereinigten Staaten ab.

Die Syrer reagierten nicht auf diese Erklärung.

Golda hatte im Lauf der Verhandlungen leidenschaftlich um jeden Quadratzentimeter Boden gekämpft und immer wieder versucht, neue

Ausweichmöglichkeiten zu finden, aber nun traf sie die letzte Entscheidung, weil sie uns und den Syrern vertraute. Es war symbolisch, daß am Schluß beide Regierungschefs trotz des beiderseitigen Mißtrauens die Realität immaterieller Gegebenheiten anerkennen mußten.

Die letzte Sitzung mit der vollständigen Verhandlungsdelegation fand am frühen Morgen von 2.45 Uhr bis 4.00 Uhr statt. Kurze Zeit darauf trat das Kabinett zusammen und stimmte der Vereinbarung zu.

Aber wir hatten keine Zeit, uns auszuruhen. Die Dokumente mußten ausgefertigt und nach Damaskus geschickt werden (und zwar auf dem Umweg über Washington). Dann ging es an die Vorbereitung der Bekanntgabe und der Unterzeichnung des Abkommens. Im letzten Augenblick baten die Syrer um eine fünfstündige Verschiebung der Bekanntgabe und die Verlegung der Unterzeichnung vom 31. Mai auf den 2. Juni. Da Frau Meir bis dahin schon zurückgetreten sein würde, benötigten wir dazu die Zustimmung des neuen Kabinetts. Ich verdächtigte Gromyko, hier seine Hand im Spiel gehabt zu haben. Nach einigen scharf formulierten Telegrammen erklärte sich Asad schließlich mit dem ursprünglichen Zeitplan einverstanden.

Am Mittwoch, dem 29. Mai, um 13.00 Uhr Washingtoner Zeit (in Jerusalem war es 19.00 Uhr, in Damaskus 20.00 Uhr) verlas Präsident Nixon im Presseraum des Weißen Hauses die folgende Erklärung:

> Die Gespräche des Außenministers der Vereinigten Staaten, Dr. Henry Kissinger, mit Syrien und Israel haben zu einer Vereinbarung über die Entflechtung syrischer und israelischer Streitkräfte geführt. Die Vereinbarung wird von militärischen Vertretern Syriens und Israels im Rahmen der ägyptisch-israelischen militärischen Arbeitsgruppe bei der Genfer Konferenz am Freitag – diesem Freitag, dem 31. Mai – unterzeichnet werden.*

Am gleichen Abend gab Golda einen Empfang in dem spartanisch eingerichteten Konferenzzimmer ihres Büros. Dazu waren das vollständige Kabinett und die führenden Parlamentsabgeordneten erschienen. Die Gesichter all dieser Menschen waren von Erschöpfung und Erleichterung gezeichnet. Waren es wirklich die gleichen Männer und Frauen, die mit solcher Hartnäckigkeit ihren Standpunkt vetreten hatten und bereit gewesen waren, alles zu riskieren? War ihre Erleichterung der Beweis dafür, daß sie die Konsequenzen der Spannungen gefürchtet hatten, die in Kauf zu nehmen sie augenscheinlich bereit gewesen waren? Wahrscheinlich muß man beide Fragen mit ja beantworten. Nach einer fast acht Monate währenden Krise waren die führenden israelischen Politiker am Ende ihrer Nervenkraft. Sie hatten ihren Befürchtungen nicht nachgegeben und nicht gewagt, ihren Hoffnungen zu trauen, und so waren sie mit winzigen Schritten und größter Vorsicht vorangegangen, hatten sich zu keiner großzügigen Geste aufraffen können, waren aber trotzdem während der ganzen Zeit entschlossen gewesen, zu einer Vereinbarung zu kommen.

* Das Abkommen wurde zum festgesetzten Zeitpunkt unterzeichnet. Sein Text und der des »Vorschlags der Vereinigten Staaten« sind im Anhang abgedruckt.[3]

Golda war fast zu müde, um noch etwas zu sagen, aber was sie sagte, war inspiriert von dem großen Traum eines Volkes, das nichts anderes kannte als den Krieg:

Dies ist zweifellos ein wichtiger Abend, ein Abend, an dem wir auf ernste Bemühungen, schwere innere Kämpfe und die Suche nach Möglichkeiten zurückblicken, die es noch vor kurzer Zeit kaum zu geben schien.

Dies ist ein Tag, der, wie wir hoffen, nicht nur für kurze Zeit die Ruhe an unserer Nordgrenze wiederherstellen, sondern auch dafür sorgen wird, daß syrische Mütter, israelische Mütter, syrische junge Frauen, israelische junge Frauen und die Kinder auf beiden Seiten der Grenze nachts ruhig schlafen können, ohne sich vor den Schrecken des Krieges fürchten zu müssen und ohne in ihren Träumen von der Angst verfolgt zu werden, daß geliebte Menschen noch am Leben sind und auch morgen noch am Leben sein werden. Diese Hoffnung haben wir für unser Volk und für unsere Nachbarn, und wir hoffen, daß alles gelingt. Wir beten dafür, daß dies der Beginn eines wirklichen und dauernden Friedens mit all unseren Nachbarn an allen Grenzen ist. Und wir tun das für die Völker auf beiden Seiten der Grenze.

Es hatte lange gedauert, bis eine israelische Premierministerin verständnisvoll von den Hoffnungen und Träumen des syrischen Volkes ebenso sprechen konnte wie von denen des israelischen Volkes.

Ich begnügte mich mit ein paar Banalitäten und sagte, daß wir die vergangenen Monate und diesen Höhepunkt niemals vergessen würden. Dann küßte ich Golda auf die Wange. Aber Golda konnte zu viel Sentimentalität nicht vertragen. Offenbar erinnerte sie sich daran, daß ich auch arabische Führer umarmt hatte, und sagte: »Ich fürchtete, Sie küssen nur Männer.«

Am folgenden Tag begleitete mich Abba Eban zum Flughafen und sagte wehmütig:

Heute abend wird der amerikanische Außenminister nicht zurückkommen. Ich kann das nur mit dem Verstand, aber nicht mit dem Gefühl begreifen. Unsere täglichen Begegnungen sind fast zu einem Teil unseres Lebens geworden.

Dann sprach er von der psychologischen Bedeutung der vergangenen fünf Wochen. Wir waren bis an den Rand der Verzweiflung getrieben worden und hatten diese Verzweiflung mit Willenskraft und mit dem Glauben an den Frieden überwunden.

Während eines kurzen Zwischenaufenthalts in Kairo besuchte ich den Vater der Truppenentflechtung, Anwar Sadat. Wir trafen uns in der Residenz des Präsidenten bei Gizeh zuerst unter vier Augen und dann mit unseren Beratern. Sadat war ungeheuer erleichtert. Fast sechs Monate hatten ihn die anderen arabischen Länder mit Vorwürfen überhäuft, weil er im Januar eine Sondervereinbarung mit Israel über die Truppenentflechtung getroffen hatte. Doch ohne seinen mutigen Entschluß wären wir an beiden Fronten nicht aus der Pattsituation herausgekommen. Die sechsunddreißig Tage dauernden, so ungeheuer schwierigen Verhandlungen mit Syrien hatten uns gezeigt, was geschehen wäre, wenn wir versucht hätten, gleichzeitig über die Truppenentflechtung auf dem Sinai und auf den Golan-Höhen zu verhandeln. Unsere Bemühungen wären mit Sicherheit gescheitert, und wir hätten mit einem neuen Krieg rechnen müssen. Die 3. Armee hätte nicht so lange in der Wüste bleiben können, ohne einen Ausbruchsversuch zu unternehmen. Und Asad hätte große Schwierigkeiten gehabt, für seine Friedensbemühungen die notwendige innenpolitische Unterstützung zu finden. Sadat hatte die erste Zurücknahme israelischer Streitkräfte ermöglicht, und dabei hatte die arabische Diplomatie eine wesentliche Rolle gespielt.

Aber er dachte jetzt schon an die Zukunft. Jetzt war der Weg frei, mit größeren Schritten auf den Frieden zuzugehen und die Annäherung Ägyptens an die Vereinigten Staaten beschleunigt voranzutreiben. In Nixons unmittelbar bevorstehendem Besuch erblickte er das Symbol für das Vertrauensverhältnis zwischen Ägypten und Amerika. Wir beschlossen, die Bildung eines gemeinsamen Ausschusses für die Zusammenarbeit auf wirtschaftlichem, wissenschaftlichem und kulturellem Gebiet bekanntzugeben. Unser Gespräch über weitere Schritte an den verschiedenen arabischen Fronten fand in der vertrauensvollen und freundschaftlichen Atmosphäre statt, die sich in den vergangenen Monaten entwickelt hatte. Sadat fragte, ob Rabin ebenso mutig wäre wie Golda. Ich beglückwünschte ihn dazu, daß er begriffen hatte, worauf es ankam, denn er hatte nicht die oberflächliche Frage gestellt, ob er ein Falke oder eine Taube wäre. Sadat sagte, daß man Rabin Zeit lassen müßte, Boden unter die Füße zu bekommen. Er war klug genug zu verstehen, daß man Geduld haben mußte, damit Israel die psychologischen Hürden überwinden könnte, denn das werde, so paradox es anmuten mochte, den Friedensprozeß beschleunigen. Und auch Sadat brauchte Zeit, um in der arabischen Welt »ein neues Bild von Amerika« entstehen zu lassen. Er nannte mich einen »Magier«. Ich sagte, er hätte mich zum Magier gemacht, und das war auch so; er hatte eine neue Realität geschaffen, und ich hatte nur beiden Seiten geholfen, den Weg zu beschreiten, den er geöffnet hatte.

Die syrische Verhandlungsrunde war eine ungeheure Strapaze gewesen, aber sie hatte einen Reifeprozeß eingeleitet. Die Truppenentflechtung auf der Sinai-Halbinsel konnte man fast als ein Kinderspiel bezeichnen. Wir hatten große Hindernisse überwunden, ein großer Mann hatte den Blick für das Wesentliche gehabt. Wir waren zu einem raschen Abschluß gekommen und hatten eine fast perfekte Symmetrie zwischen Wunsch und Erfüllung erreicht. Aber das entsprach nicht der Realität im Nahen Osten, wo fundamentale Leidenschaften und Grundsätze aufeinander stoßen. Auf den Golan-Höhen war kein Raum für großzügige Gesten, mit denen Sadat den Friedensprozeß veredelt und die abstrusen Debatten überflüssig gemacht hatte, die seit Jahrzehnten an die Stelle des echten Dialogs getreten waren. Auf dem Golan hatten beide Seiten nicht diese Handlungsfreiheit, und um jedes Zugeständnis mußte erbittert gerungen werden. Die ganze Verhandlungsrunde war ein ewiges Feilschen um kleine Vorteile gewesen, aber jeder Schritt war eine Station auf dem Weg zu einem Ziel gewesen, das eine geistige Notwendigkeit darstellte. An jedem kritischen Punkt gerieten beide

Seiten an den Rand des Abgrunds, der einen neuen Konflikt heraufbeschwören konnte. Vor diesem Abgrund wichen beide Parteien immer wieder zurück. Sie brachten es nicht fertig, die erste Chance für den Frieden ungenutzt zu lassen. So ist aus diesen mühsamen Verhandlungen eine Vereinbarung entstanden, die trotz aller Komplexität, Brüchigkeit und trotz allen Mißtrauens fast ein Jahrzehnt überdauert hat, ohne wirklich ernsthaft gefährdet zu sein. Es hat kaum nennenswerte Beschwerden über Vertragsverletzungen gegeben, und auch während der Krisen im Libanon ist die Vereinbarung am Golan nicht in Frage gestellt worden. In den acht Jahren seit der Unterzeichnung des Abkommens ist es zu keinem Zwischenfall gekommen, der meiner Beurteilung widersprochen hätte, die ich spätabends in Asads Wohnzimmer über die Aktivitäten palästinensischer Terroristen abgegeben habe. Das Vertrauen, das die Unterzeichnung des Abkommens ermöglichte, hat sich bewährt.*

Die Bedeutung der Truppenentflechtung auf den Golan-Höhen war nicht nur und auch nicht in erster Linie eine psychologische. Es war auch ein bedeutender politischer Durchbruch. Wenn das radikale Syrien eine Vereinbarung mit Israel unterzeichnen konnte, dann gab es keine ideologischen Hindernisse für Friedensgespräche mit anderen arabischen Staaten. Im Sommer kamen die Außenminister aller Länder des Nahen Ostens nach Washington, um unsere Haltung in der Nahost-Politik zu ergründen. Das war kein Zufall, sondern ein Symbol dafür, daß der sowjetische Einfluß in diesem Gebiet immer schwächer wurde. Bevor wir uns an umfassendere Aufgaben machten, wollten wir zunächst zwei kleinere Schritte unternehmen. Wir wollten versuchen, ernsthafte Verhandlungen zwischen Jordanien und Israel über die Lage am Jordan-Westufer zustande zu bringen, und wir wußten, daß es auch möglich war, auf dem Sinai weiter voranzukommen. Wenn Israel sich bereit erklärte, schrittweise zurückzugehen, dann näherten wir uns einer umfassenden Friedensregelung. Nach Abschluß der syrischen Verhandlungsrunde wußten wir noch nicht, mit welchen Vorhaben wir beginnen sollten. Aber die Truppenentflechtung an der syrischen Front war eine Voraussetzung für beides. Irgendwann würden wir in die Lage kommen, an mehreren Fronten gleichzeitig vorzugehen. Auch Syrien rechnete damit, daß wir uns weiterhin an den Verhandlungen beteiligten. Nach einem ersten Erfolg in den Verhandlungen mit Jordanien und einer weiteren Vereinbarung mit Ägypten wollten wir uns darum bemühen, festzustellen, unter welchen Voraussetzungen der Kriegszustand an allen Fronten offiziell aufgehoben werden konnte.

Die syrische Verhandlungsrunde erschien uns deshalb als Wasserscheide zwischen der durch den Oktober-Krieg eingeleiteten Krisenperiode und einer Periode des Friedens, der wir zustrebten. Allerdings wußten wir nicht, was ein Land, das selbst von einer Verfassungskrise erschüttert wurde, versuchen und erreichen konnte. Wir glaubten jedoch, unsere Möglichkeiten noch nicht ausgeschöpft zu haben. Im Ge-

* Diesen Abschnitt habe ich vor der Annexion der Golan-Höhen durch Israel im Dezember 1981 geschrieben.

genteil. Wir wollten weiter vorangehen – und wir haben es auch getan. Dabei hatten wir die leidenschaftliche Hoffnung, daß der Augenblick kommen werde, da alle Nationen in diesem Gebiet den entscheidenden Schritt zur Versöhnung wagen würden, zu der sie durch ihre Opfer schon lange berechtigt waren.

XXIV. Das letzte Hurra

Die Salzburger Pressekonferenz

Während sich die Verhandlungsrunde über die Truppenentflechtung an der syrischen Front immer mehr in die Länge zog, machten wir uns Vorstellungen von der Heimkehr in die Vereinigten Staaten wie ein Wüstenwanderer von einer Oase. Je länger und nervenaufreibender unser Arbeitstag wurde, desto idyllischer erschien uns die bevorstehende Heimkehr. Wir hätten nie geglaubt, daß unsere Visionen zu einer Fata Morgana werden sollten.

Die Truppenentflechtung an der syrisch-israelischen Front war der letzte größere außenpolitische Erfolg der Nixon-Regierung. Der Kern unserer Außenpolitik schien weitgehend gegen die zersetzenden Auswirkungen der Watergate-Katastrophe abgeschirmt zu sein, als gäbe es ein stillschweigendes Übereinkommen, das die Erfordernisse für unser nationales Überleben anerkannte. Aber so konnte es nicht weitergehen. Wenn die Struktur einer Gesellschaft brüchig geworden ist, wird früher oder später der Punkt erreicht, an dem alles zusammenbricht. Sehr bald nach Abschluß der Vereinbarungen zwischen Syrien und Israel wurde unsere Außenpolitik einem direkten Angriff ausgesetzt. Die Hülle, die mich bis dahin augenscheinlich geschützt hatte, wurde plötzlich zerrissen.

Am frühen Morgen des 31. Mai um 1.50 Uhr landete ich auf dem Militärflughafen Andrews. Hinter mir lag eine vierunddreißig Tage dauernde Verhandlungsrunde, die mir Anerkennung durch die Öffentlichkeit in so hohem Maße eingebracht hatte wie kaum einem anderen amerikanischen Außenminister. Auf dem Umschlag des Nachrichtenmagazins *News Week* war ich als Supermann abgebildet. Die Abbildung auf der Titelseite von *Time* war weniger spektakulär, aber fast ebenso schmeichelhaft. Die Journalisten bezeichneten meinen Erfolg als eine der größten diplomatischen Leistungen der Geschichte – und es gibt keinen Beweis dafür, daß ich dem widersprochen hätte. Es gibt die (zweifelhafte) Anekdote, ich hätte, als mir jemand auf einer Gesellschaft dafür dankte, daß ich die Welt gerettet hätte, geantwortet: »Gern geschehen.«

In Wirklichkeit war meine Stimmung verwickelter. Ich war physisch erschöpft und emotional ausgehöhlt und erlebte die Ernüchterung, die auf jede große Anstrengung folgt. Ich wußte besser als jeder andere, wie schmal der Grat zwischen Erfolg und Niederlage gewesen war.

Hätte mich Asad vor ein paar Tagen – an meinem Geburtstag – nicht zurückgerufen, als ich aus seinem Zimmer gehen wollte, so wäre jede Mühe umsonst gewesen. Viele von denen, die mir jetzt Beifall spendeten, hätten mich dafür getadelt, daß ich das Prestige der Vereinigten Staaten durch so ausgedehnte persönliche Verhandlungen aufs Spiel gesetzt hatte. Einen Vorgeschmack davon hatte ich bekommen, als die Verhandlungen drei Tage vor der Unterzeichnung ins Stocken zu geraten schienen und der persönlich so anständige Korrespondent von CBS, Marvin Kalb, am 28. Mai berichtete:

> Heute ist der einunddreißigste Tag der Kissinger-Reise mit dem Ziel, ein Truppenentflechtungs-Abkommen zwischen Syrien und Israel zustande zu bringen. Bisher hat der Außenminister bei sechzehn Besuchen in Israel, zwölf in Damaskus, auf dem Wege von Washington in den Nahen Osten und zwischen Jerusalem und Damaskus hin- und herpendelnd 28800 Kilometer zurückgelegt – ein unglaublicher Aufwand an Energie und persönlichem Einsatz. Sein Ziel ist es gewesen, dieses Abkommen unter Dach und Fach zu bringen. Wenn es ihm nicht gelungen ist, wie es den Anschein hat, dann liegt es nicht daran, daß er seine Pflichten nicht ernstgenommen hätte.
>
> Es sind Fehler gemacht worden, und man hat die Lage nicht immer richtig beurteilt. Vielleicht hätte Kissinger diese Reise gar nicht unternehmen sollen. Vielleicht hätte er Sisco beauftragen sollen, die Vorarbeiten zu leisten, um persönlich einzugreifen, sobald die Differenzen soweit überbrückt waren, daß er mit seinem persönlichen Einfluß den Durchbruch erzwingen konnte. Vielleicht hätte er aber auch schon nach den ersten zwei Wochen nach Hause zurückkehren und nicht im Nahen Osten auf die Chance warten sollen, zum Abschluß der Verhandlungen zu kommen.
>
> Er hat viel investiert, aber das Geschäft nicht abschließen können. Wahrscheinlich wird er nie wieder so viel in eine einzige Verhandlungsrunde investieren. Voraussichtlich wird er morgen nach Washington zurückkehren, und dann wird er viele Fragen über die Verhandlungen, über seine Lagebeurteilung und über die Zukunft des Nahen Ostens beantworten müssen. Kissinger ist immer ein fatalistischer Unterhändler gewesen – es gibt Dinge, die man tun kann, und es gibt Dinge, die man nicht tun kann. Für ihn ist das Schlimmste, es nicht versucht zu haben. Dessen wird man ihn nicht beschuldigen können.

Aber ich wußte, daß auch der Erfolg nur ein Anfang war, wie ein Bergsteiger, der sich auf einer Bergwiese ausruht und zum Gipfel hinüberblickt, dem er augenscheinlich noch immer nicht nähergekommen ist. Wir hatten unseren Handlungsspielraum erweitert, aber ich wußte, welchen Preis wir dafür bezahlt hatten. Die Zeit der scheinbaren Wunder war vorüber. Wir waren fest entschlossen, ausgehend von den beiden Truppenentflechtungs-Abkommen, einen dauerhaften Frieden für den Nahen Osten auszuhandeln, aber die Schwierigkeiten, die dem im Wege standen, würden das bisher Erreichte, das so ungeheure Mühen gekostet hatte, weit in den Schatten stellen. Im Verlauf der weiteren Entwicklung würden Leidenschaften geweckt werden, die viel elementarer waren als alles, was uns, wie Abba Eban mir zum Abschied sagte, mehr als einmal über den Rand der Verzweiflung hinaus getrieben hatte.

Während der ersten Tage nach meiner Rückkehr überlegte ich mir, wie wir eine solche Odyssee beginnen sollten, während sich die durch Watergate entstandenen inneren Spaltungen zusehends verschärften. Ich war jetzt überzeugt, daß das Amtsenthebungsverfahren gegen Nixon nicht mehr zu vermeiden war. Die Freigabe seiner Version der auf Tonband aufgenommenen Gespräche im Ovalen Zimmer hatten die letzten Hemmungen beseitigt. Es gab fast keine Persönlichkeit des öffentlichen Lebens mehr, die sich für ihn einsetzen wollte, und auch in der Bevölkerung war die Zahl seiner Anhänger auf nur fünfundzwanzig Prozent zusammengeschmolzen. Der Zerfall der Autorität des Präsidenten war schmerzlich zu beobachten. Dabei zeigte Nixon eine ungewöhnliche Selbstdisziplin, aber dahinter verbarg sich nur seine Verwundbarkeit, und seine Widerstandskraft war vollständig erschöpft. Nach fünf Jahren der Zusammenarbeit mit diesem Mann konnte es niemand unberührt lassen, wenn man nun erlebte, wie sein Kampfgeist ihn verließ, der uns so oft inspiriert hatte.

In dieser Stimmung, zwischen Ehrfurcht und Entsetzen hin- und herschwankend, suchte ich das innere Gleichgewicht wiederzugewinnen, während man mir auf der einen Seite schmeichelte und ich auf der anderen den Zerfall unserer Regierung beobachten mußte, als ich mich plötzlich und völlig unerwartet mit in die Schlangengrube gerissen sah.

Die Sensationslust, mit der die Öffentlichkeit nach immer neuen Enthüllungen verlangte, hatte ihre eigene Logik entwickelt. Aus den Maßnahmen, die ergriffen worden waren, um die Wahrheit über offiziell verschleierte Verfehlungen ans Licht zu bringen, war das unersättliche Verlangen geworden, neue »Tatsachen« zu enthüllen, die in vielen Fällen nur Verzerrungen der Wahrheit waren. Jedes neue Untersuchungsverfahren wurde so behandelt, als ginge es um Einzelfragen, die mit nichts anderem im Zusammenhang standen. Jedes offizielle Dokument war eine Offenbarung, und man tat so, als hätte man niemals etwas davon gehört, daß es Akten gibt, die nur entstanden sind, um aufbewahrt zu werden, und Denkschriften, die keinen anderen Zweck haben, als die Spuren ihres Verfassers zu verwischen. Zweifellos haben die Watergate-Untersuchungen in dramatischer Weise zum Ausdruck gebracht, daß auch die Inhaber höchster Staatsämter nicht außerhalb des Gesetzes stehen. Aber im Sommer 1974 entstand mit Watergate ein nationaler Masochismus, der mit unseren Fehlern auch unsere Substanz zu vernichten drohte. Und plötzlich war ich an der Reihe.

Es handelte sich dabei um das Wiederkäuen der schon ungezählte Male behandelten Fragen nach dem Anzapfen von Telefonleitungen und der Tätigkeit der »Klempner«. Die ersten Anzeichen waren schon während meiner Nahost-Reise erkennbar gewesen. John Ehrlichman sollte im Sommer vor Gericht gestellt werden, beschuldigt, in die Aktivitäten der »Klempner« verwickelt zu sein, und dazu gehörte auch der Einbruch in die Praxis des Psychiaters von Daniel Ellsberg. Ehrlichman hatte nun versucht, seine Beteiligung zu rechtfertigen, indem er behauptete, daß diese Maßnahmen aus Gründen der nationalen Sicherheit notwendig gewesen wären. Dazu legte er dem Gericht am 1. Mai eine eidesstattliche Erklärung vor, in der er behauptete, daß die Gruppe der »Klempner« 1971 auf drei Sitzungen geschaffen worden wäre, und ich hätte an einer dieser Sitzungen teilgenommen. Charles Colson, der wegen anderer Vergehen unter Anklage stand, hatte am 29. April für das gegen Ehrlichman eingeleitete Verfahren ebenfalls eine eidesstattliche Erklärung gleichen Inhalts vorgelegt.* Diese beiden Vorfälle machten Schlagzeilen, denn damit wurde behauptet, daß ich schon die ganze Zeit von der Existenz der »Klempner« und ihren ungesetzlichen Aktivitäten gewußt hätte und meine Dementis nicht der Wahrheit entsprächen. Hier ging es wieder um die gleichen Probleme, die bei meiner Anhörung im September 1973 behandelt worden waren und im Januar 1974 bei der Untersuchung gegen den Verwaltungsunteroffizier der Marine noch einmal zur Sprache kamen, der Dokumente aus meiner Aktentasche entwendet hatte (siehe 10. und 18. Kapitel). Die Wiederholung machte die Beschuldigungen nicht glaubwürdiger.

Während meiner Geheimreise nach China im Juli 1971 hatte Ehrlichman meinen damaligen Mitarbeiter David Young aufgefordert, in seinen Stab überzuwechseln. Bei meiner Rückkehr am 13. Juli beschwerte ich mich bei Ehrlichman darüber und sagte ihm, daß er die Versetzung nicht in meiner Abwesenheit hätte vornehmen dürfen. Zwei Tage später lud Nixon einige ranghöhere Mitarbeiter, darunter auch Ehrlichman und mich, zu einem Essen in Los Angeles zur Feier seines Auftritts im Fernsehen ein, bei dem er die Öffentlichkeit über meine Geheimreise unterrichtet hatte. Nach einem heiteren Abend mit Nixon, der offensichtlich die seltene Gelegenheit genoß, die Zustimmung der Öffentlichkeit gefunden zu haben, flogen Ehrlichman und ich im Hubschrauber nach San Clemente zurück und gerieten dabei in einen Wortwechsel über David Young. Ehrlichman behauptete, daß er es besser als ich verstünde, talentierte Leute an der richtigen Stelle einzusetzen, was die Tatsache beweise, daß Young sein Angebot angenommen hätte. Ich glaubte, daß Ehrlichman mich angriffe, weil er mir meine Erfolge in China nicht gönnte. Wenn Ehrlichman in diesem Gespräch die Klempner erwähnt oder mir gesagt hat, daß er Young für derartige Aufgaben einsetzen werde, dann ist es mir entgangen. Ich hatte den Eindruck, daß Young damit beschäftigt werden sollte, die Freigabe von Geheimdokumenten zu überprüfen. Wie schon oben gesagt, hätte ich es nicht für falsch gehalten, wenn Ehrlichman in seinem Büro eine kleine Gruppe damit beschäftigt hätte, undichte Stellen zu untersuchen, die vertrauliche Informationen durchsickern ließen. Niemand hat je behauptet, daß

* Den Behauptungen Colsons widersprach ein Brief, den er mir unaufgefordert am 11. Juni 1973 geschrieben hatte. Darin heißt es:

> Zu keiner Zeit habe ich in dem Gespräch (mit dem amerikanischen Generalstaatsanwalt) behauptet, daß Sie veranlaßt hätten, die Klempnergruppe zu bilden, obwohl ich gesagt habe, daß alle zu jener Zeit sehr ernste Sorgen hatten.
> Ich habe den Staatsanwälten ausdrücklich gesagt, daß ich über die Aufstellung der Gruppe der Klempner nicht unterrichtet worden bin und daß ich an Sitzungen nicht teilgenommen habe, auf denen beschlossen wurde, die Gruppe der Klempner zu bilden.

ich etwas von den späteren illegalen Aktivitäten der Klempner gewußt hätte.

Aber meine Ansicht spielte jetzt keine Rolle. Nach Vorlage der eidesstattlichen Erklärungen von Ehrlichman und Colson im Mai 1974 wurde wieder darüber spekuliert, ob ich aus der Aussage eines Admirals, der im Dezember 1971 eine Verletzung der Sicherheitsvorschriften gemeldet hatte, hätte entnehmen können, welche anderen Aufgaben Young noch erfüllen mußte, oder ob ich mich an den Inhalt eines Gesprächs vom Juli 1971 im Hubschrauber erinnerte, das nach einem aufregenden Tag geführt worden war, an dem wir uns fast ausschließlich mit dem Durchbruch in unserer China-Politik beschäftigt hatten. Am 11. Mai behauptete Morton Halperin, ein ehemaliger Angehöriger des Stabes des Nationalen Sicherheitsrats, dessen Telefon abgehört worden war und der mich ständig in den Gerichten und in den Medien verfolgte, auf einer Journalistenkonferenz in Boston, daß ich mich des Meineids schuldig gemacht hätte. Am 12. Mai während meiner Nahost-Reise berichtete der *Boston Globe* darüber.

Eine Woche später veröffentlichten Zeitungen der Knight-Kette Enthüllungen über ein aus dem Weißen Haus stammendes Tonband, dessen Inhalt über den Rechtsausschuß des Repräsentantenhauses an die Presse weitergegeben worden war. In einer zum Teil unverständlichen Tonbandaufnahme eines Gesprächs im Ovalen Zimmer, das Nixon am 28. Februar 1973 mit John Dean geführt hatte, sagte er etwas, das so klang, als erinnerte er sich daran, ich hätte verlangt, daß das Telefon meines ehemaligen Mitarbeiters Anthony Lake abgehört werden sollte, nachdem dieser angefangen hatte, für den Präsidentschaftskandidaten Edmund Muskie zu arbeiten.[1] Dieses Band hätte meiner Aussage vor dem außenpolitischen Ausschuß des Senats widersprochen, in der ich behauptet hatte, daß ich mich ausschließlich an die Kriterien gehalten hätte, die von Nixon bei der Benennung von zu überprüfenden Persönlichkeiten festgelegt waren. Die Angehörigkeit zum Stabe eines Präsidentschaftskandidaten gehörte natürlich nicht zu diesen Kriterien. Außerdem war die Behauptung falsch. Was der Präsident drei Jahre später in dem auf Tonband aufgezeichneten Gespräch gesagt hatte, entsprach nicht den Tatsachen. Nixon hatte sich getäuscht. (Lake ist im übrigen schon im Mai 1970 abgehört worden, während er noch für die Regierung arbeitete, also lange bevor er zu Muskies Stab stieß – und damals hat das FBI mir auf Nixons Befehl keine Berichte mehr über abgehörte Telefongespräche zugestellt.) Was die aus dem Zusammenhang zitierten Worte Nixons wirklich bedeuteten, hat sich bisher nicht aufklären lassen. Die entscheidenden Worte waren praktisch unhörbar. Was Nixon sagen wollte – und weshalb er ihm diese Geschichte erzählte –, würde sich ohnedies nur aus dem Zusammenhang erkennen lassen. Wer Nixon kannte, hätte nie behauptet, daß ein aus dem Zusammenhang gerissener Satz mehr sein könnte, als ein Teil eines komplexen Gedankengangs.

Aber die Medien, die mit Watergate ihre große Chance hatten, interessierten sich mehr für die Veröffentlichung von Geheimdokumenten als für deren kritische Analyse. Am 21. Mai – ich war immer noch im

Nahen Osten – wurde mir ein Artikel aus dem linksgerichteten Nachrichtenmagazin *New Times* zugeschickt, der recht deutlich zeigte, welche Stimmung sich bei gewissen Journalisten entwickelte:

Henry Kissingers Flitterwochen sind vorüber. Es gibt Anzeichen dafür, daß die Medien ihm jetzt zum erstenmal an den Kragen wollen. Ein Redakteur aus Washington hat mir gesagt: »Es besteht der starke Eindruck, daß Kissinger wegen Meineids unter Anklage gestellt werden könnte, weil er vor dem Senat ausgesagt hat, daß er nichts über das Abhören von Telefonen wüßte. Wir werden sehr dämlich aussehen, wenn wir nicht die Kurve vor dem Geschworenengericht kriegen.«

Das ferne Grollen wurde unmittelbar nach meiner Rückkehr aus dem Nahen Osten zu einer Lawine. Anfang Juni überprüfte der Rechtsausschuß des Repräsentantenhauses im Rahmen des Amtsenthebungsverfahrens die Akten des FBI über das Abhören von Telefonen. Auch dieses Material sickerte an die Presse durch.

Wer es auch gewesen sein mag, der als Angehöriger des Rechtsausschusses oder seines Mitarbeiterstabes diese Dokumente an die Presse weitergegeben hat, er kann nicht gewußt haben, daß die Senatoren John Sparkman und Clifford Case das gleiche Material im September 1973 geprüft haben, als sie vom außenpolitischen Ausschuß des Senats beauftragt wurden, meine Aussagen zu diesem Aspekt in der Exekutivsitzung zu beurteilen. Wie ich schon berichtet habe, widersprachen meine Erinnerungen an diese Ereignisse dem Inhalt einiger Denkschriften in den internen Akten des FBI. J. Edgar Hoover hatte jedesmal behauptet, daß irgendein Beamter außerhalb der Hierarchie des FBI jede einzelne Abhöraktion »angefordert« hätte, und zwar auch in Fällen, in denen ich selbst gehört hatte, wie Hoover eine solche Überwachung Nixon empfahl. Wie der ehemalige Außenminister Dean Rusk später vor dem außenpolitischen Senatsausschuß ausgesagt hat, als sich der Ausschuß mit diesem Thema beschäftigte, war Hoover ein sehr erfahrener und geschickter Bürokrat, der wußte, wie wichtig es ist, sich selbst Flanken und Rücken zu sichern.[2]

1973 habe ich mit den Senatoren Sparkman und Case alle Akten der FBI über das Abhören von Telefonen durchgesehen und ihnen gesagt, an welche Fälle ich mich erinnerte. Der damalige Justizminister Elliot Richardson und der damalige stellvertretende Justizminister und amtierende Direktor des FBI, William Ruckelshaus, haben meine Aussage bestätigt. Später habe ich in der Exekutivsitzung des Senatsausschusses über jeden einzelnen Fall berichtet, von dem ich persönlich Kenntnis hatte. Der Rechtsausschuß des Repräsentantenhauses wußte davon nichts, als er mit der Überprüfung der Akten begann. Übereifrige Mitarbeiter, die glaubten, ein neues Opfer gefunden zu haben, ließen durchsickern, was sie für einen »neuen Beweis« dafür hielten, daß meine früher gemachten öffentlichen Aussagen unwahr gewesen wären. Damit verdichtete sich der Verdacht, daß ich mich des Meineids schuldig gemacht hätte. Die *Washington Post*, die sich bei der Verfolgung von Übeltätern nicht übertreffen lassen wollte, wärmte in ihrer Ausgabe vom 6. Juni die alten Geschichten wieder auf.

Am gleichen Tage – knappe sechs Tage nach meiner Reise durch den

Nahen Osten – hielt ich die erste Pressekonferenz seit meiner Rückkehr ab. Fast fünf Wochen war ich, geographisch und in meinem Bewußtsein – weit von der fieberheißen Atmosphäre in Washington entfernt gewesen und hatte mich in jedem wachen Augenblick ausschließlich mit Angelegenheiten beschäftigt, die nichts mit den Haarspaltereien zu tun hatten, wer vor fünf Jahren das Abhören von Telefonen »angeregt« oder »angefordert« hatte. An nichts dachte ich weniger als an die Möglichkeit, daß ich im Rahmen der Watergate-Untersuchungen ins Kreuzverhör genommen werden könnte. Aber nun wurde ich eines Besseren belehrt.

Es war geradezu bizarr, daß sich keine der ersten sechs Fragen mit der Truppenentflechtung auf dem Golan beschäftigte. Die erste Frage betraf die unmittelbar bevorstehende Unterzeichnung der Atlantischen Deklaration. Die zweite Frage lautete, ob wir immer noch beabsichtigten, die Sowjets aus dem Nahen Osten »hinauszuwerfen«, wie ich es vor etwa vier Jahren in San Clemente angedeutet hätte. Aber dann fielen alle Hemmungen. Ein Journalist wollte etwas über die »Klempner« und die eidesstattlichen Erklärungen von Ehrlichman und Colson wissen. Dann sollte ich sagen, welche »Beweismittel« dem Rechtsausschuß des Repräsentantenhauses dafür vorlägen, daß ich zu denen gehört hatte, die das Abhören von Telefonleitungen »angeregt« hätten. Nach einigen nebensächlichen Fragen zur Lage im Nahen Osten gingen die Journalisten wieder zum Angriff über. Man forderte mich auf, zu erklären, wie es möglich wäre, daß ich von der Existenz der »Klempner« nichts gewußt hätte, während mir bekannt war, daß der Marineunteroffizier von Young überprüft wurde. Die nächste Frage war eigentlich keine Bitte um Aufklärung mehr, sondern eine schlecht verschleierte Beschuldigung. Ich wurde gefragt, ob ich mich angesichts des bevorstehenden Meineidsverfahrens schon mit einem Anwalt in Verbindung gesetzt hätte. Bisher hatte ich an eine solche Möglichkeit noch nicht gedacht. Aber diese Frage empörte mich, und ich antwortete böse:

> Ich habe mich nicht mit einem Anwalt in Verbindung gesetzt, und ich verwalte mein Amt nicht, als bildete ich eine Verschwörung. Ich stehe zu den Erklärungen, die ich abgegeben habe, und ich werde zu diesem Thema keine Fragen mehr beantworten.

Man kann Journalisten auf einer Pressekonferenz nicht stärker provozieren als durch die Weigerung, Fragen zu einem bestimmten Thema zu beantworten. Meine Weigerung zeigte mir, wie sehr ich die Selbstbeherrschung verloren hatte. Meine Unsicherheit hatte auf die Reporter die gleiche Wirkung wie das Zappeln eines verwundeten Fisches auf einen Hai. Nun sprang Clark Mollenhoff auf, ein gefürchteter Mann, der es besonders auf Beamte abgesehen hatte, die zu Ausflüchten neigen. Er rief mit Stentorstimme:

> Herr Minister, zu dieser Frage – was Sie hier liefern, das sind Ausflüchte, und Sie wollen sich nicht erinnern. So etwas haben wir während der ganzen Watergate-Periode schon seit Wochen erlebt. Ich überlege mir, warum Sie die direkte Frage nicht beantworten können, ob Sie daran beteiligt gewesen sind, anzuregen, daß die Telefone Ihrer Untergebenen abgehört werden.

Als ich auf meine Aussage vor dem außenpolitischen Senatsausschuß hinwies, schrie er mich mit vier Fragen nieder, mit denen er mich immer tiefer in das schwierige Problem verwickelte, indem er verlangte, den Begriff »anregen« zu definieren, bis ich wehmütig sagte: »Ich dachte, dies ist eine Pressekonferenz und kein Kreuzverhör.«

Ich mußte feststellen, daß ein Beamter in der Watergate-Atmosphäre sich schon verdächtig machte, wenn er nicht alle Daten parat hatte, um zu Angelegenheiten Stellung zu nehmen, mit denen er sich vor vier oder fünf Jahren nur wenige Minuten beschäftigt hatte. Auch das geringste Zögern – selbst wenn es durch Überraschung oder Verwirrung verursacht war – veranlaßte andere Journalisten, die Sache aufzugreifen in der Furcht, daß es ihrem Ruf schaden könnte, wenn sie ein einmal aufgescheuchtes Wild nicht verfolgten.

Die Pressekonferenz vom 6. Juni öffnete das Schleusentor. Über die außenpolitischen Fragen und Antworten brachten die Zeitungen so gut wie nichts. An den folgenden drei Tagen brachte die *New York Times* vier Artikel über das Anzapfen von Telefonen unter Schlagzeilen wie: »Kissinger bestreitet wieder, Anzapfen angeregt zu haben« (7. Juni); »Angaben über Politiker zurückzuführen auf Telefonabhören aus ›Sicherheitsgründen‹« (7. Juni); »Kissinger widerlegt Nixon in der Abhöraffäre« (8. Juni); »Kissinger und der Befehl an das FBI, das Abhören von Telefonen einzustellen« (9. Juni).

Die *Washington Post* und andere führende Zeitungen verfuhren etwa nach dem gleichen Verfahren. Jede Zeitung wiederholte die Berichte der anderen, und obwohl es praktisch kein neues Material gab, entstand der Eindruck der Aktualität. Die *Washington Post* führte den Angriff an: »Wie steht es mit Kissinger?« hieß es in ihrem Leitartikel vom 7. Juni, der dem außenpolitischen Senatsausschuß empfahl, eine neue Untersuchung einzuleiten. »Informationen werden zurückgehalten«, hieß es im Leitartikel der *New York Times* vom 11. Juni, der davon sprach, daß es notwendig sei, ein gerichtliches Verfahren zu eröffnen:

> Wir beobachten mit Bedauern, daß Außenminister Kissinger augenscheinlich der Aufforderung nicht nachkommen will, etwas über seine Rolle in dieser schmutzigen Affäre auszusagen. Wenn es zu ernsteren Vorwürfen kommen sollte, dann müssen der Kongreß und die Gerichte entscheiden.

Die wöchentlich erscheinenden Nachrichtenmagazine beteiligten sich an der Kampagne. Der Bericht in dem Nachrichtenmagazin *Time* trug die Überschrift: »Eine Kissinger-Verbindung?« Der Leitartikel in *News Week* war überschrieben: »Ein häßlicher Fleck auf Herrn Saubermann?«

Ich war zutiefst entsetzt. Innerhalb einer Woche stürzte ich aus der gehobenen Stimmung nach dem gelungenen Durchbruch im Nahen Osten in den Sumpf von Watergate. Was mir die Kraft gegeben hatte, die schweren Jahre des Vietnam-Krieges und die schmerzlichen Erfahrungen von Watergate zu ertragen, war das Gefühl, daß ich für das Land, das meine Familie vor der Tyrannei gerettet hatte, etwas geleistet hätte, wenn ich in kritischer Zeit für seine Ehre und die hier geltenden Wertbegriffe eingetreten war. Ich war an vielen schwierigen Entscheidungen beteiligt, die zu energischen und oft gewalttätigen Aktionen geführt hatten, aber ich hatte mich nicht beirren lassen, weil ich überzeugt war – und vielleicht war das arrogant –, daß es, wenn die Schlußbilanz gezogen wurde, ein Beitrag zur Freiheit in der ganzen Welt wäre, wenn ich mich darum bemühte, die Weltgeltung und das kreative Engagement der Vereinigten Staaten von Amerika in einer Ära der Umwälzungen zu fördern. Der Staatsmann hat schließlich nicht das Recht zu verlangen, nur in ruhigen Zeiten wirken zu dürfen. Wenn meinem Dienst das moralische Fundament entzogen wurde, hätte das öffentliche Leben keine Bedeutung mehr für mich. Ich bin mir der Tatsache bewußt, daß es hohen Staatsbeamten oft schwerfällt, zwischen dem Gemeinwohl und ihre eigenen Rolle zu unterscheiden, aber mir ging es nicht ausschließlich um meine persönliche Eitelkeit. Es war fast ein Wunder, daß unser Land das Trauma des Zerfalls des Präsidentenamtes überlebt hat, ohne sich der tödlichen Herausforderung durch eine fremde Macht stellen zu müssen. Unsere Risiken hätten sich vervielfacht, wenn ein Präsident, der vor einem Amtsenthebungsverfahren stand, mit einem der Korruption verdächtigen Außenminister hätte regieren müssen.

Am Dienstag, den 11. Juni, behaupteten die führenden Nachrichtenmedien in den Vereinigten Staaten – die *New York Times*, die *Washington Post, Time* und *News Week*, die *Washington Star-News*, die *Chicago Sun-Times* und viele andere –, ernstzunehmende neue Beweismittel hätten den Verdacht ergeben, daß ich des Meineids schuldig wäre; deshalb müßte ein neues Untersuchungsverfahren eingeleitet werden. Angesichts der Symbiose zwischen dem Kongreß und der Presse und des mir bekannten Zyklus bei der Verbreitung von Nachrichten glaubte ich, daß, wenn ich nichts unternähme, sehr bald Kongreßabgeordnete das gleiche Thema aufnehmen würden. Normalerweise – und besonders da nur ich die Beschuldigungen widerlegen konnte – würden sich Kongreßabgeordnete und Senatoren verpflichtet fühlen, im Fernsehen ein neues Untersuchungsverfahren zu verlangen. Die Forderungen der Abgeordneten würden zum Thema weiterer Presseberichte und Kommentare werden und den Eindruck erwecken, als hätte es eine Flut neuer Enthüllungen gegeben. Dann stünde mir der Wind ins Gesicht, und ich müßte in der Defensive bleiben, während ich Nixon auf seiner Reise durch den Nahen Osten begleitete und nicht in der Lage war, mich nachhaltig und wirksam zu verteidigen.

Es kam also darauf an, so rasch wie möglich eine Entscheidung zu suchen und entweder meinen guten Ruf wiederherzustellen, oder das Amt des Außenministers einer weniger umstrittenen Persönlichkeit zu übergeben. Diese Verdächtigungen waren für mich natürlich sehr schmerzlich. Aber ich analysierte die Situation ganz kühl. Ich kannte das Material des FBI, das dem Rechtsausschuß des Repräsentantenhauses vorlag, denn ich hatte es im vergangenen September mit dem außenpolitischen Senatsausschuß durchgesehen. Ich war überzeugt, daß, wenn die Dokumente einzeln und in gewissen Zeitabständen bekannt würden, es zu endlosen Fragen und Dementis kommen müßte, bei denen es im Grunde immer um das gleiche Thema ging. Wenn Nixon und ich dann aus dem Nahen Osten zurückkehrten, würde mein guter Ruf einen so großen Schaden genommen haben, daß es gleichgültig wäre, ob ich auf meinem Posten blieb oder zurücktrat. Gegen den Rat meiner engsten Mitarbeiter (mit Ausnahme von Larry Eagleburger) beschloß ich, eine Pressekonferenz abzuhalten und alles auf eine Karte setzen. Ich wollte dabei alle gegen mich vorgetragenen Argumente in einem zusammenhängenden Bericht darstellen und den Gegenbeweis liefern. Dabei wollte ich eine vollständige Rehabilitierung verlangen oder zurücktreten: eine Roßkur. Doch dadurch konnte ich eine rasche Entscheidung erzwingen und die schwärende Wunde heilen, die sich während der vergangenen Wochen gebildet hatte und sich nicht schließen wollte. Meine Kollegen – und auch Al Haig – glaubten, daß ich durch eine Pressekonferenz nur alte Geschichten zum Leben erwecken würde, die sich andernfalls im Sande verlaufen würden. Aber ich war überzeugt, daß die Angelegenheit nicht in Vergessenheit geraten werde, wenn wir nicht zum Angriff übergingen.

So die Vorgeschichte der ungewöhnlichen Pressekonferenz, die ich am Dienstag, dem 11. Juni 1974, in Salzburg abhielt. Nixon war auf dem Wege in den Nahen Osten und hatte einen Zwischenaufenthalt in Salzburg eingelegt, um sich zwei Nächte und einen ganzen Tag an den Zeitunterschied zu gewöhnen, bevor er nach Kairo weiterflog. Außerdem frischte er hier alte Erinnerungen auf. Er war im Mai 1972 vor seiner triumphalen Reise nach Moskau und nach der Verminung und Bombardierung Nordvietnams in Salzburg gewesen. Jetzt wollte er sich an den Augenblick erinnern, als er sich über das Urteil seiner Kritiker und einiger seiner Ratgeber hinweggesetzt und sein politisches Überleben riskiert hatte, um seine Vorstellung von der nationalen Ehre der Vereinigten Staaten angesichts eines zynischen Einfalls der Nordvietnamesen in Südvietnam zu verteidigen. Jetzt, im Juli 1974, wurde er von allen Seiten angegriffen und litt an einer sehr schmerzhaften Venenentzündung. Seine Reise, auf der er seine außenpolitischen Erfolge demonstrieren wollte, wurde plötzlich von einem Skandal überschattet, der meine Person betraf. Nichts kam ihm weniger gelegen als Schlagzeilen, mit denen die Aufmerksamkeit der Öffentlichkeit von der Bedeutung seiner Nahost-Reise abgelenkt wurde. Während des Fluges sprach ich mit ihm nicht über meine Schwierigkeiten. Auch er berührte das Thema nicht – was ein besonderes Licht auf unsere Beziehungen wirft. Aber Haig sagte mir ganz aufrichtig, wie der Präsident und sein Stabschef die Angelegenheit behandelt wissen wollten. Ich sollte die Angriffe ebenso wie er mit Gelassenheit hinnehmen, bis die Angelegenheit in Vergessenheit geriet.

Ich hielt dieses Verfahren für falsch. Wenn ich nichts unternahm, war die Zerstörung unserer Außenpolitik und mein persönlicher Untergang durch täglich neue Sensationen besiegelt. Es würde Nixon nicht mehr möglich sein, eine triumphale Reise durch den Nahen Osten zu unternehmen und sich ausschließlich mit den Problemen zu beschäftigen, auf die es dort ankam. Wenn der Angriff gegen mich einmal begonnen hatte, würde er nicht von selbst eingestellt werden. Die Medien würden sich vielmehr verpflichtet fühlen, ihn fortzusetzen, um damit zu rechtfertigen, daß sie ihn begonnen hatten. Wir mußten daher nach meiner Auffassung entweder eine Entscheidung erzwingen oder uns allmählich mit Methoden zermürben lassen, die ein aggressiver Journalismus seit anderthalb Jahren entwickelt und verfeinert hatte.

Haig, Eagleburger, Scowcroft und ich erörterten das Thema auf dem Flug nach Salzburg bis zur Erschöpfung. Ich hatte versucht, wieder die Initiative zu ergreifen, am 10. Juni an den Vorsitzenden des außenpolitischen Senatsausschusses, Senator Fulbright, geschrieben und ihn gebeten, sein Ausschuß möge die Anschuldigungen überprüfen:

> Sie werden sich daran erinnern, daß meine Aussage über das aus Gründen der nationalen Sicherheit vom Präsidenten angeordnete Abhören von Telefonleitungen, das vom FBI unter Aufsicht des Justizministers durchgeführt wurde, aus drei Teilen bestand; aus einer öffentlichen Aussage, aus Aussagen in einer ausgedehnten Exekutivsitzung und aus Aussagen während einer Sitzung mit den Senatoren Sparkman und Case, bei der wir die Akten des FBI über diese Angelegenheit durchgesehen haben. Die Besprechung mit den Senatoren Sparkman und Case fand in Gegenwart des damaligen Justizministers Richardson und des damaligen stellvertretenden Justizministers Ruckelshaus statt.
>
> Ich weise ausdrücklich darauf hin, weil seit meiner Aussage kein neues Material vorgelegt worden ist mit Ausnahme eines kurzen Auszuges aus einem Tonband des Präsidenten, bei dem ein großer Teil als unverständlich bezeichnet wird. Die jetzt der Öffentlichkeit bekanntgewordenen Dokumente haben mir, soweit ich weiß, vor meiner Aussage vorgelegen. Sie wurden den Senatoren Sparkman und Case vor meiner Besprechung mit Ihnen übergeben. In wenigen Fällen waren die Umstände nach meiner Erinnerung anders, als in den Dokumenten beschrieben. In diesen Fällen habe ich auf erkennbare Ungereimtheiten hingewiesen und sie erläutert. Wenn jetzt behauptet wird, daß neue Beweismittel aufgetaucht wären, die meiner Aussage widersprächen, denn entbehrt diese Behauptung jeder Grundlage. Alle verfügbaren Beweismittel sind, soweit ich weiß, in den öffentlichen und vertraulichen Anhörungen zur Sprache gekommen, die meiner Bestätigung (als Außenminister) vorausgegangen sind.

Was mich schließlich veranlaßte, eine große Pressekonferenz einzuberufen, war der oben zitierte Leitartikel in der *New York Times* vom 11. Juni, in dem es hieß, daß es angezeigt sein könnte, gerichtlich gegen mich vorzugehen. Als das Flugzeug in Österreich landete, hatte ich beschlossen, dem Rat meiner Kollegen nicht zu folgen. Haig war mit meiner Entscheidung nicht einverstanden, willigte aber schließlich ein. Ich wußte nicht, ob er mit Nixon darüber gesprochen hatte, ich hatte es nicht getan.

So trat ich am 11. Juni im Kavaliershaus des staatlichen Gästehauses, Schloß Klessheim, in der schönen Mozart-Stadt Salzburg, vor die in aller Eile zusammengerufenen, beim Weißen Haus akkreditierten Journalisten. Das Kavaliershaus war eine Hotelschule; hier wurde das Gefolge der Staatsgäste untergebracht, die in Schloß Klessheim wohnten. Die Schule diente der Ausbildung von Hotelpersonal nach den in Österreich geltenden hohen Maßstäben. Der große Raum, in dem die

Pressekonferenz stattfand, war mit prächtigen Gobelins geschmückt. Die Fernsehscheinwerfer verbreiteten eine unangenehme Hitze, und die Atmosphäre war aufs höchste gespannt. Ich begann mit der Verlesung meines Briefes an Senator Fulbright, den ich um eine Wiederaufnahme der Untersuchung gebeten hatte, um die Verdächtigungen ein für allemal zu entkräften. Dann schilderte ich die Vorgeschichte des Abhörens von Telefonleitungen, meine Rolle dabei, erläuterte den Inhalt der Denkschriften des FBI, erklärte, daß der außenpolitische Senatsausschuß über all diese Tatsachen unterrichtet gewesen wäre, und wandte mich besonderen Fragen zu, die in der Presse behandelt worden waren. Dann sprach ich über die »Klempner« und meine Beziehungen zu David Young. Ich verteidigte meine Ehre als Staatsbeamter und erklärte, daß ich vor dem zuständigen Kongreßausschuß die gleichen Aussagen unter Eid machen würde.

> Unsere nationale Debatte ist jetzt an einen Punkt gelangt, an dem es möglich ist, daß Dokumente, die schon einem Ausschuß vorgelegt worden sind, von einem zweiten Ausschuß zum Teil der Öffentlichkeit zugänglich gemacht werden können, ohne daß ihr Inhalt näher erläutert wird; Staatsbeamte werden aufgefordert, die geheimsten Dokumente der Öffentlichkeit preiszugeben, aber ungenannte Quellen können die Glaubwürdigkeit und die Ehre höherer Regierungsbeamter angreifen, ohne aufgefordert zu werden, sich selbst namentlich der Öffentlichkeit zu stellen.

Am Schluß meiner einleitenden Erklärung deutete ich an, daß es mir unmöglich wäre, meine Pflichten weiter wahrzunehmen, wenn ich nicht rehabilitiert würde, und als ich direkt danach gefragt wurde, wiederholte ich diese Erklärung mit Nachruck:

> *Frage:* Herr Minister, Sie scheinen sagen zu wollen, wenn diese Kampagnen nicht eingestellt werden, werden Sie zurücktreten. Darf man Ihren Worten das entnehmen?
>
> *Kissinger:* Hier geht es mir nicht um eine Kampagne. Es kommt auf die Wahrheit an. Ich glaube nicht, daß es möglich ist, die Außenpolitik der Vereinigten Staaten unter diesen Voraussetzungen weiterzuführen, wenn der Charakter und die Glaubwürdigkeit des Außenministers in Frage gestellt werden. Und wenn das nicht geklärt wird, werde ich zurücktreten.

Das Weiße Haus reagierte ablehnend. Nixon weigerte sich, mit mir zu sprechen. Sogar Ron Ziegler wollte sich nicht mit mir aussprechen. Haig äußerte gegenüber der Presse, daß ich nach den langen und schwierigen Verhandlungen im Nahen Osten überarbeitet und schlecht gelaunt wäre. Am Abend gab Ziegler im Namen von Nixon eine Erklärung ab, in der mein »Wunsch«, meine Ehre zu verteidigen, anerkannt wurde, aber der Präsident bestätigte, daß »diejenigen in den Vereinigten Staaten und in der Welt, die den Frieden suchen und die Verdienste des Außenministers Kissinger um das internationale Vertrauen und die Verständigung kennen, seine (des Präsidenten) Auffassung teilen, daß die Ehre des Außenministers nicht verteidigt werden muß«. (Mit anderen Worten, meine Pressekonferenz war unbegründet gewesen.)

In Washington schlug die Salzburger Pressekonferenz wie eine

Bombe ein. Die Abgeordneten beider Parteien stellten sich in ihrer Mehrheit hinter mich. Die Senatoren Muskie, Mansfield, Fulbright, Humphrey, Cranston, Javits und Percy unterstützten mich mit sehr deutlichen Erklärungen. Der Abgeordnete Robert Drinan, ein scharfer Kritiker der Administration, der dem Rechtsausschuß angehörte, erklärte, er würde sich freuen, wenn er bestätigen könnte, daß ich für das Abhörprogramm direkt verantwortlich wäre, er könnte es aber leider nicht. Am Donnerstagabend, dem 13. Juni, hatte eine Resolution, die der konservative Senator James B. Allen aus Alabama dem Senat vorgelegt hatte und die mich unterstützte, die Unterstützung einundfünfzig weiterer Senatoren gefunden. Sie beschäftigte sich nicht direkt mit der Frage des Anzapfens von Telefonleitungen, sondern sprach mir die Anerkennung des Senats für meine außenpolitischen Leistungen aus und versicherte mich des uneingeschränkten Vertrauens und der Überzeugung der Senatoren, daß meine »Integrität und Wahrhaftigkeit« über jeden Zweifel erhaben wäre. Die Liste der Senatoren, die dahinterstanden, reichte von den Konservativen Barry Goldwater und Henry Jackson – und Sam Ervin – bis zu den Liberalen John Tunney und Thomas Eagleton. William Ruckelshaus, der während des letzten Untersuchungsverfahrens amtierender Direktor des FBI gewesen war – und jetzt einer der Helden des »Massakers vom Samstagabend« – erklärte in dem Fernsehprogramm »Face the Nation« am 16. Juni 1974: »Soweit ich es erkennen kann, hat er die Rolle, die er gespielt hat, zutreffend beschrieben.«

Dieser Gegenangriff veranlaßte die Medien sehr bald zum Rückzug. Jetzt sprach man von meiner Überreaktion; ich wäre überarbeitet, überempfindlich und hätte eine zu dünne Haut für die harten innenpolitischen Auseinandersetzungen. Auch mein alter Freund Hubert Humphrey äußerte sich in diesem Sinne:

> Wir wollen natürlich nicht, daß Dr. Kissinger zurücktritt. Als Freund möchte ich ihm sagen: »Bleiben Sie bei der Stange – bleiben Sie kühl.« Ich glaube, er ist erschöpft. Er arbeitet zu hart. Er ist kein gewählter Beamter. Er ist es nicht gewohnt, die schweren Schläge hinzunehmen, an die wir Politiker uns zum Teil schon gewöhnt haben. Er soll nur seine Gelassenheit bewahren.

Von anderer Stelle hörte man, es wäre schon häufiger vorgekommen, daß ein Außenminister angegriffen wurde, ohne mit seinem Rücktritt zu drohen. Man verdächtigte mich jetzt nicht mehr des Meineids, sondern warf mir vor, unbeherrscht und launisch zu sein.

Nichts hätte deutlicher beweisen können, wie recht ich gehabt hatte, eine Entscheidung zu erzwingen, und daß es keine Alternative zu der Pressekonferenz gegeben hatte. Während der vier Tage, die der Salzburger Pressekonferenz vorausgingen, hörte man überall böse Verdächtigungen und Gerüchte über neue Verfehlungen. Jetzt bestand der einzige Vorwurf darin, daß ich zu empfindlich auf die Beschuldigungen reagiert hätte, die nichts anderes gewesen wären als ein politischer Witz und deshalb nicht ernst genommen werden dürften. Mir war es auf jeden Fall viel angenehmer, wegen meiner Dünnhäutigkeit und Überempfindlichkeit verspottet zu werden, als dem Vorwurf ausgesetzt zu sein, daß ich vor einem Senatsausschuß unter Eid gelogen hätte. Vielleicht traf es zu, daß Außenminister Dean Acheson, wie einige Kritiker behaupteten, scharf angegriffen worden war, ohne mit seinem Rücktritt zu drohen. Aber ob man wegen seiner Politik oder seines Urteilsvermögens angegriffen wird, ist etwas ganz anderes, als ob man während einer Verfassungskrise beschuldigt wird, einen Meineid geleistet zu haben. Hier mußte ich eine Entscheidung herbeiführen, und das konnte ich nur mit einer Rücktrittsdrohung tun. Jede andere Reaktion hätte zu wehleidig ausgesehen. Ich konnte mir nicht vorstellen, daß ein Land, dessen Vizepräsident in Ungnade gefallen und aus dem Amt entfernt worden war und dessen Präsident unmittelbar vor einem Amtsenthebungsverfahren stand, sich einen Außenminister leisten konnte, der moralisch ins Zwielicht geraten war. Das wollte ich sagen, als ich auf der Pressekonferenz erklärte:

> Ich habe geglaubt, alles tun zu müssen, um die inneren Spaltungen in diesem Lande zu heilen. Ich habe geglaubt, alles tun zu müssen, um die Würde der amerikanischen Wertvorstellungen zu bewahren und es zu ermöglichen, daß die Amerikaner stolz darauf sein können, wie sie im Ausland vertreten werden.
>
> Ich kann das nur tun, wenn meine Ehre intakt ist, und die Öffentlichkeit hat ein Anrecht darauf, mir vertrauen zu dürfen. Wenn das nicht gewährleistet ist, dann kann ich meine Pflichten nicht mehr erfüllen, und in diesem Fall werde ich sie sofort an eine Persönlichkeit abgeben, die weniger als ich öffentlichen Angriffen ausgesetzt ist.

Wäre die Reaktion anders gewesen, dann wäre ich zurückgetreten.

Allerdings mußte ich für diese Pressekonferenz einen hohen Preis bezahlen. Niemand darf die Medien ungestraft angreifen, und meine Kritik konzentrierte sich darauf, daß die Medien sich auf ungenannte Quellen gestützt hatten. Ich bin auch noch heute davon überzeugt, daß anonyme Denunzianten den Journalisten eine Macht verleihen, über die keine Regierungsbehörde verfügt, und daß sie Staatsbeamte sehr oft unhaltbaren Vorwürfen durch Personen aussetzen, deren Motive – und Wahrheitsliebe – sich nicht überprüfen lassen. Aber eine Pressekonferenz eignet sich nicht dafür, dieses Problem zu behandeln, auch wenn ich in meinem Fall keine andere Wahl hatte. Meine Beziehungen zu den Medien haben sich seither noch nicht vollkommen normalisiert. Zwar ist es nie wieder zu einem systematischen Angriff gekommen, aber ich bin seither viel häufiger kritisiert worden als früher. Und meine Rücktrittsdrohung berechtigte die Presse zu Spekulationen darüber, weshalb ich später meinen Einfluß verloren habe.

Die Auswirkungen auf meine Beziehungen zu Nixon waren noch ernster, auch wenn ich darunter nicht mehr sehr lange leiden mußte – aber das hatte andere Gründe. Zwar hat er niemals mit mir darüber gesprochen, aber er distanzierte sich so deutlich von mir, daß ich spürte, wie wenig er mit meinem Verhalten einverstanden war. Die Gründe für die ganze Aufregung lassen sich schwer finden. Zwar habe ich ihm – wenn ich mich so ausdrücken darf – einen Tag lang die Schau gestohlen. Aber ein ruhigerer Präsident hätte erkannt, daß der unvermeidliche Vertrauensschwund, der andernfalls eingetreten wäre, uns viel mehr geschadet hätte. Vielleicht paßte es ihm aber auch nicht, daß ich das Geschwür rechtzeitig geöffnet und alle Tatsachen auf den Tisch gelegt hatte, ein Verfahren, das auch in seinem Fall das richtige gewesen wäre, für das es aber jetzt zu spät war. Wäre Nixon nicht sehr bald in den Strudel von Watergate gerissen worden, dann hätte ich wahrscheinlich nicht mehr sehr lange seiner Regierung angehören können.

Die Salzburger Pressekonferenz hatte ihren Zweck erfüllt; die anonymen Anschuldigungen waren widerlegt und hörten auf. Sie erzwang die Berücksichtigung der dokumentarischen Beweismittel. Zweifellos haben gewisse Nixon-Hasser darauf verzichtet, mich weiter unter Druck zu setzen, weil sie glaubten, daß sich mit der Einleitung neuer Untersuchungen die Jagd auf ihre wichtigste Beute komplizieren oder verzögern könnte. Der außenpolitische Senatsausschuß leitete am 10. Juli eine neue Serie von Anhörungen ein. Am 12. Juli schrieb Nixon an Senator Fulbright und stellte die Ereignisse so dar, wie er sie sah. Fulbright hatte Nixon insbesondere nach der Erklärung des Präsidenten vom 22. Mai 1973 gefragt, mit der dieser selbst die Verantwortung für das Abhören von Telefonleitungen übernommen hatte: »Ich habe dieses ganze Programm genehmigt. Jede einzelne Abhöraktion erfolgte in Übereinstimmung mit den damals geltenden Gesetzen und entsprach einer schon lange geübten Praxis.« In seinem Brief vom 12. Juli 1974 bestätigte Nixon die frühere Erklärung und seine Auffassung, das von ihm befohlene Anzapfen der Telefonleitungen wäre gerechtfertigt und legal gewesen. Er sagte, meine Aussage über seine Rolle wäre »vollständig richtig« gewesen, und er (Nixon) übernähme die volle Verantwortung.* Justizminister William Saxbe, der Direktor des FBI, Clarence Kelley und andere Beamte des FBI haben in ihren Aussagen meine Darstellung der Ereignisse bestätigt und interessanterweise erklärt, daß die Zahl der aus Sicherheitsgründen angeordneten Telefonüberwachungen sich nicht wesentlich gegenüber der geändert hätte, die in den Amtsperioden von Eisenhower, Kennedy, Johnson und Nixon üblich gewesen wäre. Dean Rusk hat, wie schon oben erwähnt, ebenfalls ausgesagt und J. Edgar Hoovers bürokratische und selbstherrliche Methoden geschildert. Unter anderem sagte er, Hoover Befehle zu geben wäre ebenso gewesen, als hätte man General de Gaulle etwas befehlen wollen. In meiner Aussage am 23. Juli bestätigte ich, was ich schon früher gesagt hatte, und ging auf jede einzelne Abhöraktion ein, an die ich mich erinnerte. Alle diese Anhörungen fanden in geschlossener Sitzung statt, aber die Sitzungsprotokolle sind später mit geringfügigen Auslassungen zur Veröffentlichung freigegeben worden.[4]

Am 6. August veröffentlichte der Ausschuß seinen Bericht. Der einstimmige Beschluß lautete, das Verfahren hätte ergeben, daß »die entscheidenden Fragen betreffend die Rolle des Außenministers Kissinger als befriedigend beantwortet betrachtet werden sollten«. Es ging in erster Linie um semantische Unstimmigkeiten: »Es gibt keine wesentlichen Unterschiede zwischen den neu gewonnenen Erkenntnissen und den Aussagen von Dr. Kissinger vor diesem Ausschuß im Rahmen der

* Der vollständige Text des Briefes von Nixon ist in den Anmerkungen abgedruckt.[3]

Anhörungen im vergangenen Jahr zu seiner Bestätigung im Amt.« Der Ausschuß bestätigte deshalb das Ergebnis des Untersuchungsverfahrens im vorigen Jahr; meine Beteiligung an den Abhöraktionen »gibt keinen Anlaß, seine Bestätigung als Außenminister zu verweigern«. Mit dem Bericht des Ausschusses vom 6. August war die Kontroverse über meine Beteiligung an der Abhöraffäre für den Rest meiner Amtszeit beendet. Drei Tage später wurde alles von der Katastrophe überschattet, die mit Nixons Rücktritt über uns hereinbrach.

Nixons Nahost-Reise

Nixons Reise durch den Nahen Osten war ein Triumph und ein Alptraum, ein Höhepunkt und das Vorspiel zum letzten Akt. Schon seit Monaten hatte Nixon auf dieses Unternehmen gedrängt, und im Mai hatte er mich immer stärker unter Druck gesetzt, die Reise vorzubereiten. Ich glaube, er hatte damals schon die Hoffnung aufgegeben, seine Kritiker noch von Watergate ablenken zu können. Im tiefsten Inneren muß er erkannt haben, daß er die Lage nicht mehr beherrschte und sein politisches Schicksal nur noch von Zufälligkeiten oder dem Verhalten anderer Menschen abhing. Ich war mit den Verhandlungen in Jerusalem und Damaskus beschäftigt, während Nixons Reise geplant wurde, und kannte daher seine Gedanken nicht. Ich hielt den Besuch des Präsidenten im Nahen Osten für wichtig, weil er die neue Rolle der Vereinigten Staaten und unser Engagement im Friedensprozeß symbolisierte – falls es uns gelang, die Truppenentflechtung auf den Golan-Höhen zu bewerkstelligen.

Die Auslandsreise eines Staatsoberhaupts kann den verschiedensten Zwecken dienen. Ihre besondere Bedeutung liegt unter Umständen darin, eine Wende in der Politik anzuzeigen. In diesem Sinne war Nixons dramatische China-Reise im Jahr 1972 wichtiger als die dort geführten Gespräche, so nützlich sie auch gewesen sein mochten. Nixons Auftreten in Peking zeigte der Welt, daß die Periode der chinesisch-amerikanischen Feindschaft vorüber war und daß beide großen Nationen sich bereit gefunden hatten, auf außenpolitischem Gebiet zusammenzuarbeiten. Das gleiche galt für Nixons Reise 1974 durch den Nahen Osten. Die Hauptstädte, in die er kam, wurden – außer Kairo – zum ersten Mal von einem amerikanischen Präsidenten aufgesucht. In Kairo hatte Franklin Roosevelt 1943 an einer Konferenz teilgenommen.

Noch vor einem Jahr hätte man jeden für verrückt erklärt, der gesagt hätte, daß der amerikanische Präsident in Kairo, Alexandria und den zwischen beiden Städten liegenden Dörfern von Millionen begeisterter Ägypter stürmisch begrüßt werden würde, und niemand hätte geglaubt, daß das radikale Syrien einen amerikanischen Präsidenten nach Damaskus einladen und ihm einen so herzlichen Empfang bereiten würde. Auch wäre es undenkbar gewesen, daß die Führer der in erbitterter Feindschaft lebenden Länder Israel und Saudi-Arabien gemeinsam die zentrale Rolle des amerikanischen Präsidenten anerkennen würden, obwohl seine innenpolitische Stellung schon schwer erschüttert war – acht Monate nach einem Nahost-Krieg, in dem Amerika Israel mit Waffen beliefert hatte, während die Araber ein Ölembargo gegen uns verhängten, die Sowjets mit einer Intervention drohten und sich die Europäer verzweifelt bemühten, sich soweit wie möglich von den Vereinigten Staaten zu distanzieren.

Da ich auf diesen Seiten über meine persönlichen Erfahrungen berichte, könnte der Eindruck entstehen, daß ich allein die Zügel der Außenpolitik in der Hand gehabt hätte. Dem war nicht so. Natürlich war ich für die taktische Durchführung verantwortlich, aber auch der einflußreichste Außenminister kann die Strategie nicht selbst gestalten. Nur ein Präsident konnte die komplexe und harte Politik bestimmen, die uns soweit gebracht hatte und sich gegenüber einem unentschlossenen Behördenapparat, schwankenden Verbündeten, einer nervösen Sowjetunion und den leidenschaftlichen Kriegsgegnern im Nahen Osten durchsetzte. Der Beifall, den Nixon erntete, war Ausdruck des Vertrauens der Völker im Nahen Osten zu einem Amerika, das Festigkeit und Stärke bewiesen hatte und den Weg in eine hoffnungsvollere Zukunft wies, aber auch Ausdruck persönlicher Anerkennung.

Die Medien schienen trotz der Watergate-Krise der gleichen Meinung zu sein. Die Leitartikler erwähnten zwar, daß dieses Unternehmen einen propagandistischen Wert hatte, äußerten sich aber im großen und ganzen positiv. Einige sorgten sich sogar nicht ganz ohne Grund darum, daß der Präsident mit einem zu großen Erfolg die Spannungen zwischen den Vereinigten Staaten und der Sowjetunion verschärfen könnte. (So der Grundton der Leitartikel in der *New York Times* vom 10. Juni, der *Baltimore Sun* vom 11. Juni und des Kolumnisten Joseph Kraft vom gleichen Tag.) Aber andere Zeitungen – die *Los Angeles Times* (vom 31. Mai), der *Christian Science Monitor* (vom 5. Juni), das *Wall Street Journal* (vom 10. Juni) und die *Chicago Tribune* (vom 11. Juni) – beurteilten die Reise in ihren Leitartikeln sehr positiv.

Doch auch die erfahrensten Leitartikler konnten nicht ermessen, welche persönliche Tragödie mit diesem Unternehmen verknüpft war. Nixon wurde überall begeistert gefeiert, aber der Beifall und der mit solchen Staatsbesuchen verbundene Prunk ließen ihn zwischen freudiger Erregung und tiefen Depressionen hin und her schwanken. Wenn die Regierungschefs mit ihm darüber sprachen, welche Hoffnungen sie für die Zukunft hegten, spürte man deutlich, wie erleichtert Nixon auf solche Themen einging. Die Zukunft interessierte ihn, und darüber hatte er gründlich nachgedacht. Aber schon wenige Augenblicke später konnte er völlig geistesabwesend und gleichgültig wirken. Die Gespräche bewiesen, was Nixon mit seiner Politik erreicht hatte, aber er wußte auch, daß er selbst in der Zukunft, die er ermöglicht hatte, keine Rolle mehr spielen würde. Seine Gastgeber spendeten ihm Beifall für den Erfolg, Möglichkeiten für künftige positive Entwicklungen geschaffen zu haben. Je länger die Reise dauerte, desto blasser wurde sein Gesicht und desto häufiger nahmen seine Augen den wehmütigen, in die Ferne gerichteten Ausdruck an, der bewies, daß dieser Mann von der großen und vielleicht einzigen Aufgabe Abschied nahm, die er sich gestellt hatte. Ihn zu beobachten war ungeheuer schmerzlich. In Washington hatte er unter dem ständigen Druck des verzweifelten Ringens von Watergate mit all seinen schmutzigen Details gestanden, doch ironischerweise kam ihm das wirkliche Ausmaß seiner persönlichen Katastrophe auf dieser triumphalen Reise durch den Nahen Osten erst richtig zum Bewußtsein. Er durfte einen Blick auf das Land der Verheißungen werfen, das er selbst niemals würde betreten dürfen. Golda Meir hat später eine sehr zutreffende Bemerkung dazu gemacht: »Wir haben immer noch keinen Besuch eines amerikanischen Präsidenten erlebt. Nixon war hier, aber seine Gedanken waren ganz woanders.«

Während der ganzen Zeit litt er schwer unter einer Venenentzündung. Oft mußte er starke Schmerzen ertragen, auch seine engsten Mitarbeiter wußten zunächst nichts davon. Als er gegen den Rat der Ärzte die Reise unternahm, begab er sich in ernste Lebensgefahr, denn das Blutgerinnsel, das sich in der Vene eines Beins festgesetzt hatte, hätte sich lösen und ins Herz geraten können.

Der überschwengliche Empfang, den man uns in Kairo bereitete, ließ Nixon für wenige Tage allen Kummer vergessen. Wir landeten am Mittwoch, dem 12. Juni. Von dem Augenblick an, in dem Nixon ägyptischen Boden betrat, konnten wir deutlich erkennen, daß man ihm die entscheidende Rolle im Rahmen des Friedensprozesses zuwies. Bisher war ich auf meinen Reisen mit Schmeicheleien und Aufmerksamkeiten überhäuft worden, und jetzt – ich muß es zu meiner Schande gestehen – empfand ich es verwirrend und sogar ein wenig schmerzlich, im Rahmen einer Präsidentenreise eine Nebenrolle, im Grunde eine Selbstverständlichkeit, zugewiesen zu bekommen. Die Medien, die sich nach der Salzburger Pressekonferenz keine Zurückhaltung mehr auferlegen mußten, berichteten schadenfroh, daß ich nur wenig beachtet würde und einen »verdrießlichen« Eindruck machte. Nixon war natürlich begeistert von Sadats Begrüßungsworten, daß Amerika »unter der Führung des Präsidenten Nixon« den entscheidenden Beitrag zur Förderung des Friedens im Nahen Osten geleistet habe.

Herzliche Worte, aber sie verblaßten vor dem triumphalen Empfang, den die Bevölkerung dem Präsidenten auf der Fahrt vom Flughafen zu seiner Residenz im Qubbah-Palast bereitete. Etwa eine Million jubelnder Ägypter säumten die Straße, als Nixon und Sadat im offenen Wagen vorüberfuhren (zum Ärger unserer Geheimdienstbeamten, die es nach dem Attentat auf Kennedy lieber sahen, wenn der Präsident einen geschlossenen Wagen benutzte). Offensichtlich waren diese Demonstrationen sorgfältig vorbereitet, denn man konnte sich kaum vorstellen, daß Zehntausende von Ägyptern während all der Jahre, in denen Ägypten und die Vereinigten Staaten keine diplomatischen Beziehungen unterhielten, Fotos von Nixon in der Schublade gehabt hatten. Auch ein Lautsprecherwagen, aus dem immer wieder der Ruf: »Es lebe Nixon; es lebe Sadat!« in englischer Sprache ertönte, war nicht durch reinen Zufall aufgetaucht. Das gleiche galt für die Plakate mit den Aufschriften »Frieden für das Land des Friedens« und »Wir vertrauen Nixon«. Einige Mitarbeiter des Weißen Hauses, die am Ende der Kolonne fuhren, erzählten mir später, sie hätten gesehen, wie die Menschen, nachdem Nixon vorübergefahren war, auf Lastwagen verladen wurden, um auf Umwegen wieder an die Triumphstraße gebracht zu werden und den Eindruck des Massendeliriums zu verdoppeln.

Doch ob nun diese Menschen aus eigenem Antrieb erschienen oder hier herbefohlen waren, die Begeisterung und Freundlichkeit, die uns entgegenschlugen, konnten nicht organisiert sein. Zumindest bedeutete dieser Empfang, daß Sadat Nixons Reise benutzte, um zu unterstreichen, daß sich die jetzt von ihm eingeschlagene neue politische Richtung nicht mehr rückgängig machen ließ, und das war bedeutsam genug. Daß er sich dieser Methode bediente, um seine Absichten zum Ausdruck zu bringen, bewies zudem, wie glücklich die Masse des ägyptischen Volkes über einen neuen Kurs war, der die Beendigung des Krieges und den Beginn des Weges zum Frieden bedeutete. Die Bevölkerung war in Feiertagsstimmung. Viele hatten rote Blumen in der Hand, andere winkten mit Fähnchen. Man hatte den Eindruck, daß der Präsident durch den Jubel der Menge, die immer wieder die Absperrungskette der Polizisten zu durchbrechen drohte, zum Qubbah-Palast vorangeschoben würde. An vielen Stellen drängten sich die Menschen so dicht vor den Häusern und auf den Balkonen, daß es aussah, als wären die Mauern der Häuser geborsten, weil sie die Menge nicht mehr halten konnten.

Der Qubbah-Palast ist ein geräumiges, prächtiges Gebäude, das ein ägyptischer König im 19. Jahrhundert nach britischem Vorbild hat errichten lassen. Im Inneren erinnert es jedoch an ein etwas verwahrlostes Luxushotel in irgendeinem osteuropäischen, kommunistischen Land. In einem gepflegten Park gelegen, war die prächtige Fassade der imposante Hintergrund für die offizielle Ankunftszeremonie vor dem Hauptportal. Sadat feierte Nixon als einen »Mann des Friedens«. Nixon erblickte in seinem Besuch eine Gelegenheit, »das Fundament einer neuen Beziehung zwischen zwei großen Völkern zu festigen, die entschlossen sind, künftig in der Verfolgung großer Ziele zusammenzuarbeiten«. Diesmal brachten die Begrüßungsreden bei einem Staatsbesuch tatsächlich eine Realität zum Ausdruck. Die Führer beider Länder waren entschlossen, Frieden zu machen, und die ägyptische Bevölkerung begeisterte sich augenscheinlich für diesen Gedanken.

Noch am gleichen Tage trafen sich Nixon und Sadat zu Gesprächen im Tahra-Palast, wo ich dem ägyptischen Präsidenten zum erstenmal begegnet war. Sadat trug Nixon bei dieser Gelegenheit seine Analyse der Lage im Nahen Osten, seine Ansichten über die Beziehungen der Supermächte und seine Gedanken über die in nächster Zeit zu ergreifenden Maßnahmen vor. Vieles davon war mir schon bekannt, aber es war wichtig, daß der Präsident persönlich erlebte, mit welcher Leidenschaft Sadat seine Auffassungen vortrug – oder es wäre wichtig gewesen, wenn Nixon seine Politik, die er so erfolgversprechend begonnen hatte, hätte fortsetzen können. Sadat erläuterte das Standardprogramm der Araber; die Rückkehr Israels auf die Grenzen von 1967 und die Einsetzung der Palästinenser in ihre Rechte. Dabei legte er besonderen Wert auf die Wiederherstellung der Grenzen Ägyptens von 1967. Sadat empfahl, den Zusammentritt der Genfer Konferenz auf einen späteren Zeitpunkt zu verschieben. Er wollte es vermeiden, die Sowjetunion wieder ins Spiel zu bringen. Seine Verzögerungstaktik bestand darin, zunächst bilaterale Gespräche zwischen den Parteien einzuleiten, ein Verfahren, das, wie wir im Europa-Jahr festgestellt hatten, hervorragend geeignet ist, Aktivität vorzutäuschen, ohne daß wirklich etwas geschieht.

Mit seinen Antworten folgte Nixon dem gewohnten Muster. Seine Beurteilung der internationalen Lage bewies Intelligenz und Scharfsinn. Für die Probleme des Nahen Ostens hatte er viel Verständnis. Das Verfahren, das Sadat im Hinblick auf die Genfer Konferenz vorschlug, war komplex genug, um Nixons Vorliebe für komplizierte Taktiken anzusprechen, und deshalb konnten sich die beiden Männer rasch über diese Frage einigen. Aber Nixon war in Kairo ebensowenig wie in Washington bereit, einem konkreten Vorschlag zu widersprechen, mit dem er nicht einverstanden war. Zur Frage des israelischen Rückzugs hatte ich ihm in der für diese Gelegenheit verfaßten Denkschrift empfohlen, so unentschieden wie notwendig zu reagieren. Da das Problem nur durch Verhandlungen gelöst werden konnte, sollte er es vermeiden, sich für oder gegen die Grenzen von 1967 auszusprechen. Auch für einen gesunden Nixon, der nicht durch Watergate belastet wurde, wäre es nicht einfach gewesen, unsere bewußt unklare Haltung überzeugend zu begründen. Nixon tat es jetzt so gut, wie es die Umstände zuließen. Er griff zu seiner altbewährten Methode zu erklären, daß er mit den Zielen seines Gesprächspartners übereinstimmte, taktische Probleme von anderen gelöst werden sollten und deutete an, er werde mit seiner Politik in die gleiche Richtung gehen wie Sadat, nur langsamer und vielleicht auf Umwegen; was schließlich dabei herauskäme, werde sich aus der Entwicklung der Lage ergeben. Aber Sadat ließ sich, obwohl er nach außen hin freundlich und gelassen blieb, nicht so leicht abspeisen. Seine Worte waren taktvoll und verbindlich, aber er blieb bei seinen Forderungen. Allmählich gab Nixon nach, und Sadat hätte seinen umständlichen Äußerungen entnehmen können, daß er sich den ägyptischen Standpunkt zu eigen gemacht hatte. Wer Nixon kannte, hätte sofort gewußt, daß er mit seinen Äußerungen vermeiden wollte, unter Druck gesetzt zu werden, und sich in unangehmer Weise mit Detailfragen beschäftigte, um das für ihn schwierige Thema zu wechseln, nicht aber, um sich für die Vereinigten Staaten zu etwas zu verpflichten. Was Sadat sich dabei gedacht hat, läßt sich nicht sagen, aber er machte einen recht zufriedenen Eindruck. Höchstwahrscheinlich erwartete er keine Bestätigung, die es ihm erlaubt hätte, Nixon festzulegen. Ihm genügte es, festzustellen, wie Nixon darauf reagierte, wenn man ihn unter Druck setzte, auf die Rückkehr zu den Grenzen von 1967 hinzuwirken.

Am Abend gab Sadat dem Präsidenten ein glänzendes Essen im Park des Qubbah-Palasts und unterhielt seine amerikanischen Gäste, die von ihren Kollegen aufregende Geschichten über das interessante Nachtleben in Kairo gehört hatten, mit einem großartigen Auftritt von Nagwa Fuad. In seinem Trinkspruch erwähnte Sadat pflichtgemäß auch die Palästinenser:

> Herr Präsident, lassen Sie mich ganz offen zu Ihnen reden, damit es künftig keine Mißverständnisse oder falsche Deutungen darüber gibt,

was in unserer Region geschieht. Die politische Lösung und der Respekt vor den nationalen Bestrebungen der Palästinenser stehen im Mittelpunkt des ganzen Problems. Es gibt keine Lösung und keinen anderen Weg zu einem dauerhaften Frieden, ohne eine politische Lösung des Palästinenser-Problems.

Er machte jedoch keinen konkreten Vorschlag dazu, wie dies erreicht werden könnte.

Am folgenden Tag fuhr Sadat mit Nixon mit der Eisenbahn durch die im Nil-Delta gelegenen Dörfer nach Alexandria. Der Jubel der Bevölkerung war noch größer und eindrucksvoller als in Kairo. Die beiden Regierungschefs saßen in einem luxuriösen, an den Seiten offenen viktorianischen Wagen. Wenn der Zug durch ein Dorf kam, standen sie auf, hielten sich an einer Stange fest und zeigten sich der Menge. Ein plötzlicher Ruck hätte unsere beiden Länder ihrer politischen Führung berauben können. Überall sah man Plakate, die in englischer Sprache den Frieden verkündeten. Der Umstand, daß die meisten Menschen die Aufschriften auf den Spruchbändern, die sie trugen, nicht lesen konnten, beeinträchtigte nicht die Begeisterung der Menge. Diese Menschen wußten, daß sie den Frieden wollten. Keine Anweisung der Regierung konnte eine solche allgemeine und wilde Begeisterung erzeugen, wenn die Friedenssehnsucht und die Zuneigung für Sadat nicht echt waren. Auf der Eisenbahnfahrt hielten beide Präsidenten eine kurze Pressekonferenz ab, wobei wieder eine gefährliche Situation entstand, denn die sich drängenden Journalisten hätten Sadat und Nixon aus dem offenen Wagen stoßen und damit das Problem lösen können, welche Nachricht auf den Titelseiten der Abendzeitungen an erster Stelle stehen würde. Nixon bestätigte noch einmal das von uns entwikkelte schrittweise Verfahren auf dem Weg zum Frieden, »nicht weil wir langsam vorgehen, sondern weil wir unser Ziel erreichen wollen«. Im einzelnen erklärte Nixon, daß er die Probleme der betroffenen Länder nacheinander zu lösen versuchen und mit Ägypten beginnen wollte, was angesichts des Mißtrauens unter den arabischen Brüdern in den Ohren der syrischen und jordanischen Führer nicht wie Musik geklungen haben muß. Sadat beobachtete die Szene mit gelassener väterlicher Zustimmung und machte den amerikanischen Präsidenten auf die Spruchbänder mit der Aufschrift »Wir vertrauen Nixon« aufmerksam. Wahrscheinlich hat Nixon es bedauert, daß die Ägypter im Rechtsausschuß des Repräsentantenhauses nicht vertreten waren, als Sadat erklärte:

Seit dem 6. Oktober und seit dieser Wandel in der amerikanischen Politik eingetreten ist, gibt es die Möglichkeit für den Frieden in diesem Gebiet, und Präsident Nixon hat noch niemals sein Wort gebrochen. Er hat jedesmal Wort gehalten. Deshalb glaube ich, daß wir, wenn sich diese dynamische Entwicklung fortsetzt, den Frieden gewinnen können.

Aber dann sagte Sadat zwei bedeutungsvolle Worte, die vielleicht wichtigsten, die einer der beiden Präsidenten an diesem Tag gesprochen hat. Ein Reporter erwähnte die bilateralen Gespräche, die vor dem Zusammentritt der Genfer Konferenz geführt werden sollten, und fragte in diesem Zusammenhang, ob Ägypten mit Israel sprechen werde. »Noch nicht«, sagte Sadat und sog an seiner Pfeife.

Jeder neue Empfang in Ägypten schien den vorigen zu übertreffen. Der Jubel der Menge in Alexandria war überschäumend. Mehr als eine Million Ägypter standen an der Straße, die vom Bahnhof entlang der Küste bis zum Märchenschloß Ras el-Tin führte, ein von König Faruks Vater errichtetes monumentales Prunkgebäude auf einer Halbinsel im Hafen von Alexandria, eine schlechte Imitation von Versailles. Ich brauchte, wenn ich mich beeilte, zehn Minuten, um vom Portal in mein Zimmer zu gelangen – wenn ich mich unterwegs nicht verirrte.

In Ras el-Tin überprüften die beiden Präsidenten die Dokumente, die am folgenden Tag in Kairo unterzeichnet werden sollten. Eines trug die großartig klingende Überschrift »Grundsätze für die Beziehungen und die Zusammenarbeit zwischen Ägypten und den Vereinigten Staaten«. Es sah eine weitgehende Zusammenarbeit auf wissenschaftlichem, technischem, wirtschaftlichem und kulturellem Gebiet vor, und zwar nach dem Vorbild der Vereinbarungen, die wir schon mit Saudi-Arabien getroffen hatten. Wir schufen neue Einrichtungen für die bilaterale Zusammenarbeit mit arabischen Ländern auf vielen Gebieten, um die politischen Bindungen zu festigen. Es würde einige Zeit dauern, bis alle diese Vorhaben wirklich in Schwung kamen, aber sie stellten ein Netz dar, das die arabischen Nationen veranlaßte, auf das Wohl der Vereinigten Staaten bedacht zu sein, und sie hindern konnte, die Ölwaffe politisch zu mißbrauchen. (Außerdem sicherten wir uns mit der Aufnahme solcher Beziehungen gegen den europäischen Bilateralismus ab.)

Das Dokument enthielt auch eine Erklärung zum Nahen Osten, in der das Palästinenser-Problem praktisch ebenso behandelt wurde wie im Abschlußkommunique zum Gipfeltreffen von 1973 zwischen Nixon und Breschnew. Hier hieß es, eine gerechte Lösung »sollte die legitimen Interessen aller Völker im Nahen Osten einschließlich des palästinensischen Volkes und das Existenzrecht aller Staaten in diesem Gebiet angemessen berücksichtigen«. Der erste Teil würde in Jerusalem kaum auf Begeisterung stoßen, der zweite Teil entsprach jedoch durchaus den Vorstellungen Israels. Unser Versprechen, das vor einigen Jahrzehnten abgebrannte Opernhaus in Kairo wieder aufzubauen, ist augenscheinlich im Lauf der Zeit in Vergessenheit geraten. Hier hat eine westliche Nation zum erstenmal versucht, einen Staat im Nahen Osten durch das Versprechen, eine Kunstform zu fördern, die in diesem Teil der Welt keine Wurzeln hatte, für sich zu gewinnen. Eines Tages wird man hier vielleicht wieder die Oper »Aida« hören können, etwa beim Staatsbesuch eines Präsidenten von Äthiopien.

Am kontroversesten war eine Vereinbarung, bis zu deren praktischer Verwirklichung noch einige Zeit vergehen sollte. Die beiden Nationen verpflichteten sich, die Verhandlungen über eine Zusammenarbeit auf dem Gebiet der Kernenergie unter von beiden Seiten anerkannten Vorbehalten aufzunehmen. Wir wollten damit europäischen Manövern zuvorkommen, die Kernenergie als Hebel zu benutzen, um sich einen stärkeren Einfluß in den arabischen Ländern zu sichern, wie Frankreich im Irak. Außerdem glaubten wir, auf diese Weise eher verhindern zu können, daß die Kernenergie für militärische Zwecke verwendet wurde, und daran hatten wir ein größeres Interesse als jeder andere potentielle Lieferant. Das alles war ganz vernünftig, aber das Problem der Kernenergie erwies sich schließlich als politisch, wenn nicht gar im wörtlichen Sinne zu explosiv. Israel protestierte und verbarg seine eigentlichen Befürchtungen hinter der Beschwerde, nicht konsultiert worden zu sein (wir hatten Israel ein ähnliches Angebot gemacht, konnten uns aber nicht darüber einigen, wie das Projekt überwacht werden sollte). Auch der Kongreß lehnte das Vorhaben unter dem Einfluß des allgegenwärtigen Henry Jackson ab. Erst sieben Jahre später konnte eine Vereinbarung entsprechenden Inhalts mit Ägypten unterzeichnet werden.[5]

Das Ehepaar Nixon gab Sadat ein Essen im Ras-el-Tin-Palast, das in freundlicher Atmosphäre stattfand. Das einzig unangenehme bei solchen Veranstaltungen ist nur der Umstand, daß das Protokoll bei solchen Staatsbesuchen immer die gleiche Sitzordnung vorschreibt. Nach zwei Tagen hat man alle Gesprächsthemen mit seinen Tischnachbarn erschöpft und sieht sich gezwungen, nur noch über banale oder surrealistische Dinge zu reden.

Der Aufenthalt in Ägypten endete mit einem Ausflug im Hubschrauber zu Sadats Ferienhaus bei den Pyramiden von Gizeh, und auf der Rückfahrt nach Kairo im offenen Wagen wurde der Präsident wieder begeistert umjubelt. Man schätzte, daß mindestens sieben Millionen Ägypter auf die Straße gegangen waren, um Nixon zu begrüßen. Die Kameraderie zwischen den beiden Präsidenten war so herzlich geworden, daß Nixon, als Sadat den Präsidentenhubschrauber bewunderte, ihm diesen auf der Stelle zum Geschenk machte.

Am Freitagabend, dem 14. Juni, verließen wir das vitale, kosmopolitische Kairo und flogen nach Dschiddah, in das puritanische, fremdartige, geheimnisvolle Verwaltungszentrum von Saudi-Arabien. In diesem Land ist es nicht üblich, seine Gefühle in lauten Demonstrationen zum Ausdruck zu bringen, da sie nicht dem politischen Stil der Saudis entsprechen. Seine Majestät König Faisal begrüßte Nixon mit ernstem Gesicht und in majestätischer Haltung, um ihn vom Flughafen in das riesige staatliche Gästehaus zu begleiten. Auf der Fahrt zeigte es sich, daß die Saudis taktvolle Leute waren und wußten, welcher Rahmen für eine solche Gelegenheit angemessen war. Es mochte unhöflich wirken, daß sich auf den Straßen keine jubelnde Menschenmenge versammelt hatte, aber das widersprach der saudischen Tradition. So fuhren wir an einer, wie die Medien es genannt haben würden, beachtlichen Menschenmenge vorüber, die rhythmisch in die Hände klatschte, während die geschlossenen Limousinen an ihnen vorbeirollten.

In der großen Empfangshalle des Gästehauses führten König Faisal, Nixon und ihre Begleitung zwanglose Gespräche, wobei sich Faisal wahrscheinlich gewundert haben wird, wie es dazu hatte kommen können, daß die Frau des amerikanischen Präsidenten im Widerspruch zum strengen saudischen Protokoll an dieser Versammlung teilnehmen durfte. Normalerweise werden die Frauen in Saudi-Arabien streng von den Männern getrennt. (Bei meinen Besuchen war Nancy gewöhnlich schon auf dem Flughafen meinen Blick entschwunden, und ich sah sie erst bei der Abreise wieder. Im Flugzeug schwärmte sie dann von der unvergleichlichen Gastfreundschaft der Damen des Königreichs, die ich niemals zu Gesicht bekam.) Vielleicht hat der feinsinnige König die ganze Sache aber auch deshalb so eingerichtet, weil er den Sitten unseres Landes und unserer First Lady seinen Respekt bezeigen wollte. Faisals ernste Miene schien mir bei dieser Gelegenheit jedenfalls um eine Schattierung strenger zu sein als gewöhnlich. Doch anschließend hielt man sich genau an die saudische Tradition. Kein männliches Mitglied der amerikanischen Delegation mit Ausnahme des Präsidenten bekam Frau Nixon zu sehen, bevor wir uns zur Abreise auf dem Flughafen versammelten.

Der Besuch verlief nach bewährtem saudischem Muster. Bei einem Essen, an dem nur Männer teilnahmen, lobte der König in einer Tischrede die Vereinigten Staaten für ihre Beteiligung an den Nahost-Verhandlungen und sprach von der moralischen Verpflichtung, eine Lösung für die Palästinenser-Frage zu finden. Nixon sprach in seiner Antwort von seinen eigenen außenpolitischen Erfolgen und ließ sich in seiner Begeisterung dazu hinreißen, ausführlich die von ihm erzielten bedeutenden Fortschritte gegenüber China und der Sowjetunion zu behandeln – über deren hinterhältige und bösartige Absichten, besonders was die Sowjetunion betraf, Faisal am folgenden Tag eingehende Betrachtungen anstellte.

Saudi-Arabien, das nicht direkt an den Nahost-Verhandlungen beteiligt gewesen war, interessierte sich in der Hauptsache für die allgemeine Richtung der amerikanischen Politik und weniger für die taktischen Belange. Der König blieb der bewährten Methode treu, sich nicht durch eine klare Stellungnahme zu bestimmten Problemen festzulegen. Für Nixons Auffassung, daß man sich mit der Fortführung der Genfer Gespräche Zeit lassen sollte, zeigte er Verständnis. Er begrüßte es, daß wir ihn rechtzeitig davon unterrichtet hatten, die diplomatischen Beziehungen zu Syrien während unseres bevorstehenden Besuchs in Damaskus wiederaufzunehmen. Es schien ihm zu gefallen, daß Nixon erklärte, ein starkes Saudi-Arabien wäre für die Sicherheit im Persischen Golf von großer Bedeutung. Der König reagierte nicht darauf, als Nixon sagte, daß die Verhandlungen über das Jordan-Westufer rascher vorankommen würden, wenn Israel mit Jordanien und nicht mit der PLO verhandelte. Schließlich meinte Faisal, er sei geneigt, die Ölpreise zu senken, vorausgesetzt, die anderen Ölförderländer folgten seinem Rat (womit kaum zu rechnen war).

Aus den Gesprächen ließen sich zwei Dinge deutlich erkennen: Nixon hatte in Faisal einen Gegenspieler gefunden, der sich ebenso unklar ausdrücken konnte wie er selbst. Ich hatte die Erfahrung gemacht, daß man bei dem König eher mit Taten als mit Worten rechnen konnte. Aber es war nicht zu übersehen, daß der saudische König den amerikanischen Präsidenten aufrichtig bewunderte. In seiner Erklärung zum Abschluß des Präsidentenbesuchs wich Faisal entschieden von seinen sonstigen Gewohnheiten ab. Er sprach sich nicht nur für eine gemeinsame Politik im Nahen Osten aus, sondern erwähnte auch ausdrücklich die innenpolitischen Verhältnisse in den Vereinigten Staaten:

> Besonders wichtig wird es sein, daß unsere Freunde in den Vereinigten Staaten von Amerika klug genug sind, sich hinter Sie zu stellen, sich um Sie zu scharen, Herr Präsident, in Ihren edlen Bestrebungen, die in der Geschichte der Menschheit fast einmalig dastehen, den Frieden und die Gerechtigkeit in der Welt zu sichern.
> Und wer sich gegen Sie stellt, Herr Präsident, in den Vereinigten Staaten von Amerika oder außerhalb der Vereinigten Staaten von Amerika, oder wer sich gegen uns als Ihre Freunde in diesem Teil der Welt stellt, hat offenbar nur ein Ziel: Er will die Welt spalten, strebt eine unheilvolle Polarisierung der Welt an, will Unheil stiften, was sich nachteilig auf die Ruhe und den Frieden in der Welt auswirken würde.

Im allgemeinen ist es nicht üblich, daß Staatschefs ausländische Hauptstädte besuchen, wenn zu dem betreffenden Land keine diplomatischen Beziehungen bestehen, denn wenn keine Botschaften eingerichtet worden sind, lassen sich daraus Rückschlüsse auf die Beziehungen zwischen beiden Ländern ziehen. Für Nixon schien diese Regel nicht zu gelten. Er hat zweimal dagegen verstoßen, als er Staatsbesuche unternahm, deren Zweck es nicht war, schon bestehende freundschaftliche Beziehungen zu feiern, sondern mit denen solche Beziehungen aufgenommen werden sollten. Er war 1972 in Peking gewesen, obwohl die Vereinigten Staaten damals noch Taipeh als die rechtmäßige Regierung von ganz China anerkannten. Als er nun nach Damaskus reiste, war die Situation ganz ähnlich. Wir hatten erst vor knapp sechs Monaten die Verbindung mit Syrien aufgenommen. Aber während der Verhandlungsrunde im Mai hatte mir Asad zu verstehen gegeben, daß er einen Besuch Nixons begrüßen werde. Er wollte nicht, daß Syrien in dem Land, das nach seiner Auffassung den Schlüssel zum Frieden in der Hand hatte, nur einen zweitrangigen Status genoß. Man hatte mir überall in der arabischen Welt glaubwürdig versichert, daß es in Syrien eine starke Opposition gegen die Truppenentflechtungs-Vereinbarungen gab. Ich war überzeugt, daß Nixon in Damaskus freundlich empfangen werden würde. Es konnte nicht in Asads Interesse liegen, den amerikanischen Präsidenten einzuladen, um ihn zu demütigen. Man macht sich nicht mutwillig die stärkste Nation der Welt zum Feinde.

Als wir uns Damaskus am 5. Juni näherten, schienen die Syrer trotz bester Absichten gerade das oder sogar noch schlimmeres tun zu wollen. Das syrische Protokoll schreibt vor, daß jedes Staatsoberhaupt im syrischen Luftraum von einer aus syrischen Militärflugzeugen gebildeten Ehrengarde eskortiert wird. Im amerikanischen Protokoll gibt es so etwas nicht. Unser Sicherheitsdienst befürchtet, daß es zwischen Piloten, die verschiedene Sprachen sprechen, zu Zusammenstößen kommen könnte. Wir hatten den Syrern diesen Einwand mitgeteilt, aber sie setzten sich entweder darüber hinweg, oder die entsprechenden Befehle waren nicht rasch genug an die unteren Dienststellen weitergeleitet worden.

Der hervorragende Pilot des Präsidenten, Oberst Ralph Albertazzie, hatte die *Air Force One* eben auf fünftausend Meter heruntergebracht, als er beobachtete, daß sich vier in der Sowjetunion gebaute MiG seiner Maschine näherten, zwei auf jeder Seite. Man wird nicht Pilot der Präsidentenmaschine, wenn man nicht über eine gute Portion Selbstvertrauen verfügt und ein hervorragender Flieger ist. Er beschloß, nicht erst abzuwarten, ob es sich um eine Ehrengarde oder womöglich um Militärmaschinen irgendeiner radikalen Terroristengruppe handelte. Deshalb ging er mit seiner Boeing 707 in den Sturzflug über, um die lästige Eskorte loszuwerden, ein Manöver, das mit einer schweren Verkehrsmaschine wenig Erfolgschancen hat, wenn sie es mit modernen Jagdflugzeugen aufnehmen muß. Leider wurden dabei auch die Passagiere der *Air Force One* etwas durcheinandergerüttelt. Doch die Zivilisten im Flugzeug waren so sehr davon überzeugt, daß die Präsidentenmaschine unverwundbar wäre, daß sich niemand aufregte. Aber ein Blick auf Brent Scowcroft – der Generalleutnant bei der amerikanischen Luftwaffe war – belehrte mich eines Besseren. Er befürchtete offenbar das Schlimmste, und wir befanden uns auch tatsächlich in Gefahr. Larry Eagleburger bewies die Kaltblütigkeit des erfahrenen Beamten im Auswärtigen Dienst. Er war gerade dabei gewesen, bestimmte protokollarische Details auf einen Zettel zu schreiben, um ihn mir zu übergeben, als er feststellte, daß Scowcroft plötzlich blaß geworden war. Der letzte Satz auf dem Zettel lautete: »Sie werden die Maschine nach Mrs. Nixon verlassen.« Nun fügte er hinzu: »Hoffentlich« und überreichte mir schweigend den Zettel.

Die syrischen Piloten glaubten wahrscheinlich, die Kunstflugfigur der Präsidentenmaschine wäre eine verrückte amerikanische Erwiderung ihrer Begrüßung und hielten sich trotz aller Versuche unseres Piloten, sie loszuwerden, dicht neben uns. Niemals ist eine amerikanische Delegation glücklicher gewesen, in Damaskus zu landen als bei dieser Gelegenheit.

Asad hatte für den Empfang des Präsidenten ein streng militärisches Begrüßungszeremoniell organisiert. Der Flughafen lag so weit außerhalb der Stadt, daß es kaum möglich gewesen wäre, Nixon hier mit einer Massendemonstration zu empfangen. Aber auf der Fahrt durch Damaskus waren die Straßen von freundlich winkenden Menschen gesäumt, an denen Nixon und Asad jedoch so rasch vorbeifuhren, daß weder Attentäter noch Demonstranten die Möglichkeit hatten, sich besonders bemerkbar zu machen. Aus Sicherheitsgründen war der Weg, den die Fahrzeugkolonne nehmen würde, nicht vorher bekanntgegeben worden. Allerdings werden die Bewohner von Damaskus gewußt haben, daß es hier nur wenige Auswahlmöglichkeiten gab. Angesichts dieser Voraussetzungen war die Begrüßung des Präsidenten durch die Bevölkerung auffallend herzlich. Die lange Periode der Entfremdung zwischen beiden Völkern schien beendet zu sein. Außenminister Khaddam und ich unterhielten uns auf der Fahrt über unsere Erlebnisse während der letzten Verhandlungsrunde. Ihm würde dieser Vergleich wahrscheinlich nicht gefallen, aber er sagte mir fast das gleiche, was mir Eban vor zwei Wochen in Israel beim Abschied gesagt hatte: »Nach Ihrer Abreise entstand in unserem Leben so etwas wie ein Vakuum, als ob wir nichts mehr zu tun hätten.«

Asad hatte Nixons Besuch sorgfältig vorbereitet und Arnaud de Borchgrave[6] für die letzte Ausgabe des Nachrichtenmagazins *News Week* ein Interview gegeben. Nach syrischen Maßstäben war es durchaus versöhnlich. Der syrische Präsident erkannte darin meinen Beitrag zu den Truppenentflechtungs-Verhandlungen an und sagte: »Ohne ihn wäre es nicht möglich geworden.« Er bestätigte den Wunsch Syriens, im Nahen Osten zu einem »echten Frieden« zu kommen, der im Interesse eines »jeden Landes« in diesem Gebiet läge, und zwar unter Beachtung der Resolutionen 242 und 338 des Weltsicherheitsrats, die Syrien kürzlich anerkannt hatte. Es gäbe zwar noch gewisse Meinungsverschiedenheiten mit den Vereinigten Staaten im Hinblick auf die Interpretation dieser Beschlüsse, aber Asad schien dennoch der Auffassung zu sein, daß wir im Rahmen des Friedensprozesses die zentrale Rolle spielten. Bezeichnenderweise erwähnte er weder Gromyko noch die Sowjetunion. Zu einem künftigen Palästinenser-Staat wollte er sich nicht äußern und erklärte, die Entscheidung über diese Frage müßte der PLO überlassen werden. Hier hatte de Borchgrave die Gelegenheit ergriffen, Asad die entscheidende Frage zu stellen: »Auch wenn diese Entscheidung darin besteht, den Staat Israel zu zerschlagen?« Asads Antwort war bezeichnend für seine Haltung: »Ich stelle mir vor, daß die Entscheidung der PLO über den Geist der UN-Resolutionen nicht hinausgehen wird. Sie verlangen nicht die Auflösung des Staates Israel.« Eine sehr geschickte Art zu sagen, daß Syrien die Existenz des Staates Israel anerkannte, und die PLO davon in Kenntnis zu setzen, daß ihre Forderung, Israel müsse vernichtet werden, mit den Friedensverhandlungen ebensowenig vereinbar wäre wie mit den Resolutionen des Weltsicherheitsrats, die Syrien eben anerkannt hatte.

Dazu gehörte einiger Mut. Die syrische Regierung schien entschlossen, die Möglichkeit des Friedensprozesses wahrzunehmen, wenngleich die syrische Öffentlichkeit seit Jahrzehnten auf eine unnachgiebige Haltung eingeschworen worden war und viele politische Gruppen in Syrien vom linken Flügel der Baath-Partei bis zu den radikalen Palästinensern sich leidenschaftlich direkten Verhandlungen mit Israel und einer Wiederherstellung der diplomatischen Beziehungen zu den Vereinigten Staaten widersetzten. Nach meinen Erfahrungen während der jüngsten Verhandlungsrunde war ich überzeugt, daß es Asad schwer haben würde, sich mit seinem gemäßigten Kurs gegenüber der radikalen Führung – besonders bei den Zivilisten in seiner Regierung – durchzusetzen. Man schien allgemein zu fürchten, daß Syrien schließlich von seinen arabischen Verbündeten betrogen werden würde, die mit Israel Sondervereinbarungen treffen könnten, oder daß die Supermächte nicht mehr bereit sein könnten, im Interesse Syriens weitere Risiken einzugehen.

Aus diesen Gründen genügte es Asad nicht, bei seinem Gespräch mit Nixon am Sonntagmorgen, dem 16. Juni, nur allgemeine Grundsatzfragen zu erörtern, wie in dem Gedankenaustausch mit Sadat geschehen, oder eine Atmosphäre des guten Willens zu schaffen wie bei der Begegnung mit Faisal. Er brauchte Rückendeckung für die Auseinandersetzungen mit seinen radikalen Kritikern und seinen arabischen Verbündeten. Als typischer Syrer war er zu intelligent, um sich mit Beruhigungspillen oder Ausflüchten zufriedenzugeben. So wurde seine Begegnung mit Nixon zu einem Kreuzverhör über unsere Interpretation der Nahost-Resolutionen des Weltsicherheitsrats und über die genauen Ziele der amerikanischen Politik – einer Politik, die ihre Erfolge der Tatsache zu verdanken hatte, daß wir es vermieden hatten, uns auf ganz bestimmte Ziele festzulegen.

Im Mai hatte mich Asad wiederholt um eine schriftliche Zusage gebeten, daß wir die syrische Forderung auf Rückgabe des gesamten Golan-Gebiets unterstützten. Ich war dieser Bitte ausgewichen. Nun kam Asad in seinem Gespräch mit Nixon darauf zurück, der sich immer davor scheute, Verpflichtungen einzugehen, die ihm keinen Ausweg offenließen.

Wie üblich erläuterte der Präsident sehr umständlich, daß er den syrischen Bestrebungen grundsätzlich zustimmte, es aber für schädlich hielte, sich öffentlich dafür auszusprechen. Zugleich bestätigte er, daß die Vereinigten Staaten verpflichtet wären, sich für das Existenzrecht Israels einzusetzen. Er erläuterte seine Ansicht mit einem recht unglücklichen Gleichnis:

> Es wäre schön und gut, wenn ich mit großen Worten sagen wollte, was erreicht werden wird. Aber damit würde eine internationale Debatte über die entscheidenden letzten Schritte entstehen, und es wäre nicht mehr möglich, diese entscheidenden Schritte zu tun. Lassen Sie mich Ihnen das an einem Beispiel verdeutlichen. Wenn Sie einen Mann ein Abhang hinunterstoßen wollen und ihm sagen, er sollte nur noch einen Schritt nach rückwärts tun und dann wieder einen Schritt, dann wird er, wenn er weiß, in welche Richtung er gehen soll, stehenbleiben.
>
> Wenn ich offen sage, was ich erreichen will, dann nehme ich mir selbst alle Möglichkeiten, und man wird wieder versuchen, eine militärische Lösung zu finden, die im Laufe von fünfundzwanzig Jahren keinen Erfolg gebracht hat. Das ist der einzige Grund dafür, daß wir uns in unseren Erklärungen auf das Allgemeine beschränken.

Mit solchen verschwommenen Aussagen hatte Nixon, der dabei den Eindruck zu erwecken verstand, seinem Gesprächspartner ein großes Geheimnis anzuvertrauen, im allgemeinen Erfolg. Entweder wollte sein Gesprächspartner nicht zugeben, daß er den Präsidenten nicht ganz verstanden hatte, besonders wenn Nixon ihn in ein großes Geheimnis einweihte, oder er würde sich scheuen, den amerikanischen Präsidenten noch mehr unter Druck zu setzen. Wahrscheinlich hat mancher Politiker das Spiel durchschaut und ist zu dem Schluß gekommen, daß Vorsicht der beste Teil der Tapferkeit sei. Aber Asad gehörte nicht zu dieser Kategorie, denn die innenpolitische Lage in Syrien erlaubte es ihm nicht, höflich zu sein, und die Wiederaufnahme der Beziehungen zu den Vereinigten Staaten steckte erst in ihren Anfängen und konnte ihn nicht zur Zurückhaltung zwingen.

Zunächst schien alles ganz glattzugehen. Asad beteiligte sich ohne Widerstreben an dem im Grunde bedeutungslosen philosophischen Geplänkel, tat es aber nur, um die freundliche Atmosphäre nicht zu stören, denn am Nachmittag um 12.45 Uhr sollten beide Präsidenten vor einer Gruppe von Journalisten auf den Stufen des Präsidentenpalasts die Wiederaufnahme der diplomatischen Beziehungen zwischen Syrien und den Vereinigten Staaten bekanntgeben.

Aber nachdem das geschehen war, kehrten beide Staatschefs in Asads Arbeitszimmer zurück, wo Asad sich jetzt energisch darum bemühte, den unverbindlichen Erklärungen des Präsidenten einen konkreten Inhalt zu geben. Vor dem Zusammentreffen mit der Presse hatte er sich befriedigt zu unserer Entspannungspolitik geäußert, aber gesagt, daß dieses Thema bei den blockfreien Staaten widersprüchliche Gefühle weckte, wenn sie auch noch so entschieden das Gegenteil behaupteten. Zwar verringere die Entspannungspolitik das Risiko der Konfrontation, sie sollte aber nicht auf Kosten der kleinen Länder verfolgt werden. Er bestritt auch nicht die Notwendigkeit, weiterhin schrittweise vorzugehen. Aber er wollte jetzt einigermaßen genau wissen, in welcher Phase und wie Syrien an dieser Politik beteiligt werden sollte. Das veranlaßte ihn, eine Reihe gezielter Fragen über unsere Verhandlungsstrategie zu stellen: Auch wenn ein Kompromiß zunächst schwierig erschiene, waren die Vereinigten Staaten trotzdem bereit, sich für die vollständige Verwirklichung der Resolution 338 einzusetzen? Hatten die Vereinigten Staaten etwas dagegen einzuwenden, daß Syrien auf die Erfüllung aller in der Resolution 338 gestellten Bedingungen bestand? Bedeutete unser schrittweises Vorgehen, daß wir uns jeweils nur mit einem einzigen Thema beschäftigen wollten? Konnten wir uns vorstellen, daß Israel die Golan-Höhen räumen werde, wenn es die Sinai-Halbinsel geräumt hatte? Und schließlich fragte der syrische Präsident – und hier gab es kein Ausweichen –, wo sollten nach Auffassung der Vereinigten Staaten künftig die endgültigen Grenzen Israels liegen?

Nichts war Nixon unangenehmer, als so ins Kreuzverhör genommen zu werden. Ich versuchte, dem Präsidenten beizustehen und Zeit zu gewinnen. Zum Glück mußten wir Damaskus, um rechtzeitig in Israel anzukommen, um 14.30 Uhr verlassen. Deshalb erklärte ich, worum sich Asad Sorgen machte: »Präsident Asad glaubt, wir hätten uns mit Ägypten schon (über den endgültigen Grenzverlauf) geeinigt. Das ist nicht richtig. Wir haben mit Sadat nur ganz allgemein über diese Frage gesprochen.« Aber im Grunde war Nixon doch auf sich selbst angewiesen und sah sich hier zu einer Konfrontation gezwungen, die er aus tiefstem Herzen verabscheute. Er versuchte, sich möglichst zweideutig auszudrücken und seine Weigerung, zu bestimmten Fragen Stellung zu nehmen, mit taktischen Erwägungen zu begründen. Aber im Lauf der Zeit rückte der Augenblick immer näher, an dem er Asads Vorstellungen von der künftigen Grenzziehung zustimmen mußte. Asad, der die Methoden meines Chefs nicht kannte, hätte nicht ganz unrecht gehabt, aus dem Gespräch zu entnehmen, daß Nixon auf die ihm eigene umständliche Weise einer vollkommenen Räumung der Golan-Höhen durch Israel zustimmte.

Ich war überzeugt, daß es nicht im Interesse der Beteiligten läge, sich über die Ergebnisse dieser Gespräche Illusionen zu machen. Auf der

Fahrt zum Flughafen meinte Khaddam, die Verhandlungen wären für seinen Geschmack zu glatt verlaufen. Ich warnte ihn:

> Sie sind ein intelligenter Mann. Sie werden keine zu großen Erwartungen daran knüpfen. Im Ernst, Herr Außenminister, heute können wir alles versprechen. Aber ich möchte nichts versprechen, was wir nicht halten können. In der letzten Phase, wenn die Differenzen weitgehend abgebaut sind, können wir realistisch darüber reden, welche endgültige Grenzziehung möglich ist.

Bis zu unserem Eintreffen auf dem Flughafen sprachen wir über die engen persönlichen Beziehungen, die zwischen uns entstanden waren, und über das Vertrauensverhältnis, das sich zwischen unseren beiden Chefs entwickelte.

Seither ist viel geschehen, und beide Länder sind wieder in Opposition zueinander geraten. Mancherorts glaubt man, Syrien sei wieder ein sowjetischer Satellitenstaat. Ich habe meine Zweifel. Während ich über eine längere Zeit hinaus fast täglich mit den Syrern verhandelte, hatte ich nicht diesen Eindruck. Ob sich ihr Konflikt mit Israel lösen läßt, wird sich erst erweisen, wenn es zu konkreten Verhandlungen zwischen beiden Ländern kommt. Dafür scheint es, während ich diese Zeilen schreibe, kaum eine Möglichkeit zu geben. Aber auch zu Beginn des Prozesses der Truppenentflechtung im Jahr 1973 hat niemand solche Verhandlungen für möglich gehalten. Ich hoffe, daß es bald wieder zu Kontakten zwischen den Vereinigten Staaten und diesem stolzen, schwierig zu behandelnden, leidenschaftlich nationalistischen Volk kommen wird.

Der Empfang in Israel am Nachmittag des 16. Juni unterschied sich von allem, was wir auf unseren bisherigen Besuchen erlebt hatten. Israel war unser Freund und Verbündeter. Wir hatten schwere Krisen gemeinsam überstanden. Aber es war der erste Besuch eines amerikanischen Präsidenten in diesem Land, das so sehr unter seiner Isolation litt und sich so sehr scheute, es zuzugeben. Die Begegnung war für beide Seiten aber auch eine emotionale Belastung, denn man spürte deutlich eine gewisse Unsicherheit hinter der Überbetonung unserer historischen und dauerhaften Freundschaft. Überall anders hatte die politische Führung dem Wunsch Ausdruck verliehen, Amerika sollte dafür sorgen, daß der Friedensprozeß Fortschritte machte und sich womöglich beschleunigte. In Israel brauchte die neue Regierung vor allem eine Ruhepause. Sie sorgte sich darum, wohin die Entwicklung jetzt führen werde, unter welchen Bedingungen Frieden geschlossen werden könnte und vielleicht am meisten um die auf diesem Wege zu erwartenden innenpolitischen Kontroversen. Die israelische Führung wußte nicht recht, was die diplomatische Revolution bedeutete, die Nixon veranlaßt hatte, in den Nahen Osten zu reisen. Hätte man diesen Männern ein Wahrheitsserum verabreicht und sie gezwungen, ihre im Unterbewußtsein schlummernden Gedanken preiszugeben, dann hätten sie vielleicht am liebsten auf den Besuch des Präsidenten verzichtet, wenn es möglich geworden wäre, dadurch die Entwicklung aufzuhalten, die dieser Besuch auslöste. Nixon wiederum war entschlossen, die Verhandlungen fortzusetzen, und er befand sich in dem einzigen Land, in dem der Friedensprozeß auf dieser Reise einer Rechtfertigung bedurfte. Daß die Atmosphäre durch gewisse Spannungen belastet war – was keine Seite zugeben wollte und mit denen auch niemand fertig werden konnte –, zeigte sich in dem Empfang, den Nixon in seiner Autobiographie zutreffend wie folgt geschildert hat: »Unser Empfang in Israel war zwar, an den allgemein gültigen Maßstäben gemessen, herzlich, aber der zurückhaltendste auf der ganzen Reise.«[7]

Deshalb enthielten auch die Tischreden mehr versteckte Andeutungen und waren die Gespräche inhaltsreicher als bei den anderen Staatsbesuchen. Auf den offiziellen Empfängen beschwor der israelische Präsident, Ephraim Katzir, im Namen des Kabinetts immer wieder das unauflösliche Band zwischen Israel und den Vereinigten Staaten und die tiefe Dankbarkeit unserer Gastgeber für die auf Nixons Veranlassung gewährte Hilfe, was bedeuten sollte, daß die bisherige Form unserer Beziehungen allen Bedürfnissen gerecht wurde und nicht modifiziert zu werden brauchte. Nixon behauptete das genaue Gegenteil. Er betonte seine Bereitschaft, Israel langfristig wirtschaftlich und militärisch zu unterstützen, aber er fügte eine gedämpfte Warnung hinzu und sagte, als Gegenleistung erwartete er von Israel Flexibilität am Konferenztisch. Bei seiner Begrüßungsansprache bedankte er sich für das Verständnis, das das israelische Volk für die Besuche des amerikanischen Präsidenten bei seinen traditionellen Gegnern gezeigt hätte – was schon an Taktlosigkeit grenzte. In seiner Tischrede bei dem zu seinen Ehren gegebenen Essen ging er – aus dem Stegreif – noch einmal auf die Notwendigkeit einer größeren diplomatischen Flexibilität Israels ein.

Yitzhak Rabin hatte eben das Amt des Regierungschefs übernommen. Nixon kannte ihn als israelischen Botschafter in Washington und hatte eine hohe Meinung von ihm. Nun ging er auf die Qualitäten des neuen Premierministers ein, lobte seine Leistungen als militärischer Führer und belehrte ihn darüber, daß ihm zwei Wege offenstünden. Er könnte sich wie ein Politiker verhalten, der das Risiko scheut, oder wie ein Staatsmann, der das Wagnis unternimmt, Frieden zu schließen. Nixon ließ keinen Zweifel daran, welchen Weg er für den richtigeren hielt. Dazu sagte er:

> Es ist ein Weg, der berücksichtigt, daß der ständige Krieg in diesem Gebiet keine Lösung für das Überleben Israels bietet und vor allem nicht gerechtfertigt werden kann – daß jede Möglichkeit ausgeschöpft werden muß, um ihn im Interesse der Zukunft jener Kinder zu verhindern, die wir heute zu Hunderten und Tausenden auf den Straßen von Jerusalem gesehen haben.

Bei seinen Gesprächen mit Rabin und dessen wichtigsten Kollegen, dem Außenminister Yigal Allon, dem Verteidigungsminister Shimon Peres und Botschafter Simcha Dinitz, wurde Nixon noch deutlicher:

> Wir denken noch an die Zeiten, als Israel mit den Beziehungen zu den Vereinigten Staaten sehr zufrieden war, als wir Israel unterstützten und die besten Freunde Israels waren und als Ihre unmittelbaren, kriegerischen Nachbarn, Syrien und Ägypten, auch als Feinde der Vereinigten Staaten galten. Über diese Zeiten könnten einige Leute in

diesem Land sagen, und viele unserer sehr guten Freunde in der jüdischen Gemeinschaft in den Vereinigten Staaten sagen es jetzt: Laßt uns zu den alten Zeiten zurückkehren. Gebt uns nur die Waffen, und wir können alle unsere Feinde und auch alle die anderen besiegen. Das halte ich nicht für die richtige Politik. Ich glaube nicht, daß darin eine Hoffnung für die Zukunft liegt. Die Zeit wird gegen uns arbeiten.

Grundsätzlich bestritt niemand, daß der Frieden ein erstrebenswertes Ziel sei. Aber unmittelbar nach den Vereinbarungen über die Truppenentflechtung an beiden Fronten wollten wir den Friedensprozeß vorantreiben, während Israel fürchtete, die Kontrolle über einen Verhandlungsprozeß zu verlieren, der zum Selbstzweck zu werden drohte. Rabin erläuterte die israelische Haltung: Der Friede müßte in eine Relation zur Sicherheit gebracht werden; der Friedensprozeß brauchte Zeit, denn um wirklich etwas zu bedeuten, müßte sich die Grundhaltung der Betroffenen ändern; dieser Prozeß könnte nicht nur aus einer Reihe israelischer Rückzüge bestehen; Gegenleistungen wären notwendig; Israel werde die Angriffe der Terroristen nicht hinnehmen; Israels Stärke müßte gewahrt bleiben.

Er hoffte, daß die Vereinigten Staaten ihre Beziehungen zu den Arabern in einem »gemäßigten« Tempo ausbauen und das Schwergewicht auf die wirtschaftliche und nicht auf die militärische Hilfe legen würden.

Unbestreitbare Forderungen, aber in ihnen lag auch der Kern der diplomatischen Schwierigkeiten, denn wir hatten keine gemeinsame amerikanisch-israelische Antwort auf Fragen, wie sie Asad uns in Damaskus gestellt hatte: Welche konkreten Maßnahmen sollten ergriffen werden? Wie wollten wir unsere Absichten verwirklichen? Es gab vier allgemeine strategische Alternativen. Wir konnten den Status quo beibehalten, wie er sich nach der Truppenentflechtung an beiden Fronten ergeben hatte; wir konnten nach Genf zurückkehren, um eine Gesamtlösung zu finden; wir konnten mit Ägypten den nächsten Schritt vollziehen, oder wir konnten einen ersten Schritt mit Jordanien auf dem Jordan-Westufer tun.

Das Festhalten am Status quo schied von vornherein aus. Damit würden wir die Position der Vereinigten Staaten in allen arabischen Ländern schwächen, und im Lauf der Zeit würde es zum Ausbruch neuer Feindseligkeiten führen. Für eine umfassende Gesamtlösung war es nach unserer Ansicht noch zu früh. Wenn wir darüber verhandelten, würden sich die Sowjets wieder einschalten, und es würden sich zahlreiche Probleme ergeben, für die noch keine Lösung in Sicht war. Wir würden in diesem Fall mit einem neuen Ausbruch der Feindseligkeiten rechnen müssen, während Nixon vor einem Amtsenthebungsverfahren stand und in Israel eine neue Regierung gebildet worden war, die im Parlament nur über eine Mehrheit von einer einzigen Stimme verfügte. Außerdem wäre Ägypten nur ungern nach Genf zurückgekehrt. In jedem Fall würden wir sehr bald in eine Pattsituation geraten, um eine Weiterführung der diplomatischen Bemühungen würde erschwert oder unmöglich gemacht werden.

Die beiden echten Alternativen waren, entweder auf der Sinai-Halbinsel weiterzukommen oder eine Truppenentflechtungs-Vereinbarung mit Jordanien in Gang zu bringen. Sadat hatte uns gedrängt, zu versuchen, an der ägyptischen Front weiterzukommen. Er wollte möglichst bald einen Friedensvertrag abschließen, denn er glaubte, von allen Beteiligten wäre er der einzige, dem das gelingen könnte.

Nach meiner Ansicht sollte der nächste Schritt jedoch zu einer Vereinbarung mit Jordanien führen. Unser im Sommer 1974 gefaßter Entschluß, die Verhandlungen mit Jordanien über das Westufer so lange zu verschieben, bis unsere innenpolitische Krise beigelegt war, hatte schwerwiegende Folgen und wirkte sich entscheidend auf die Entwicklung im gesamten Gebiet aus. Die Rücksicht auf innenpolitische Faktoren in den Vereinigten Staaten, in Israel und den arabischen Ländern, die alle Beteiligten aus verschiedenen Gründen veranlaßt hatte, den Weg des geringsten Widerstandes zu gehen, hatte sich denkbar ungünstig ausgewirkt.

Ich hatte geglaubt, daß es für alle Beteiligten am günstigsten wäre, so bald wie möglich die jordanische Präsenz auf dem Jordan-Westufer wiederherzustellen. Damit würde das gemäßigte Jordanien zum Unterhändler der palästinensischen Phase des Friedensprozesses werden. Eine immer größere Zahl von Unbeteiligten – europäische Regierungen und amerikanische Intellektuelle – bezeichneten jedoch die PLO als den Schlüssel zum Jordan-Westufer. Ich war überzeugt, daß damit die Tür für eine Friedensregelung zugeschlagen werden würde. Es wäre ungeheuer schwierig und würde viel Energie, Seelenkraft und sehr viel Zeit kosten, Israel mit einer Gruppe an den Konferenztisch zu bringen, die seine Zerstörung auf ihre Fahnen geschrieben und seit zehn Jahren einen blutigen Guerillakrieg in Israel führte; dabei mußte der ganze Friedensprozeß ins Stocken geraten. Dieses Unternehmen konnte, wie ich glaubte, nicht gelingen, ohne daß wir Israel brutal und eindeutig davon überzeugten, daß es vollständig von der Unterstützung durch die Vereinigten Staaten abhängig war. Damit würden wir nach meiner Ansicht Israel psychologisch das Rückgrat brechen und den Staat in seinem innersten Gefüge zerstören, was auch nicht im Interesse der Vereinigten Staaten läge, unter anderem auch deshalb, weil ein demoralisiertes Israel noch mehr auf den amerikanischen Schutz angewiesen und noch weniger bereit wäre, unseren Rat anzunehmen. Wir würden in jeden kleinen Grenzzwischenfall hineingezogen werden, weil wir die Existenz Israels garantieren müßten, und würden auf die Dauer unsere Beziehungen mit allen anderen Ländern dieser Region aufs Spiel setzen. Selbst wenn ich mich täuschte und ein psychologisch intaktes Israel zu Gesprächen mit der PLO veranlaßt werden könnte, würde daran erst der Beginn alptraumhafter Verhandlungen bestehen, nicht ihr Ende.

Wenn also Fortschritte am Jordan-Westufer gemacht werden sollten, dann war Jordanien der einzig mögliche Verhandlungspartner. Sollte die PLO wirklich eine gemäßigtere Haltung einnehmen – und das war durchaus nicht klar –, dann konnte sie es bei den anschließenden Verhandlungen mit Jordanien ebenso beweisen wie andere arabische Länder, die an einer Lösung der Palästinenser-Frage interessiert waren. Auf diese Weise würde die PLO zu einem arabischen und nicht zu einem amerikanischen Problem.

Ich habe mich in jenem schicksalhaften Sommer 1974 bei vielen Gelegenheiten zu diesem Thema geäußert. Am 31. Mai hatte ich in einer geschlossenen Sitzung des außenpolitischen Senatsausschusses gesagt:

> Wenn ich vor diesem Ausschuß ganz offen sprechen soll, dann muß ich sagen, daß der vernünftigste nächste Schritt Jordanien wäre, und zwar aus zwei Gründen: Erstens, weil es die gemäßigste arabische Regierung hat und eine freundliche Haltung gegenüber den Vereinigten Staaten einnimmt.
>
> Und zweitens, weil die beste Methode, die Palästinenser-Frage zu behandeln, darin bestünde, die Jordanier auf das Westufer zu bringen und damit die Palästinenser-Frage zu einem Problem zwischen den Jordaniern und den Palästinensern und nicht zwischen den Palästinensern und den Israelis zu machen.
>
> Andererseits erlaubt es die israelische Innenpolitik nicht, jetzt an eine Truppenentflechtung am Jordan zu gehen, weil die israelische Regierung dazu die Unterstützung der Nationalreligiösen Partei braucht.

Am 5. Juni sagte ich einer Gruppe führender amerikanischer Juden: »Ich habe ihnen (der israelischen Führung) gesagt, sie sollten sich jetzt Jordanien zuwenden, aber die innenpolitische Lage in Israel verhindert das.« Am 8. Juni sagte ich Moshe Dayan, der wenige Tage nach seinem Austritt aus der Regierung in die Vereinigten Staaten gekommen war: »Es gibt die Möglichkeit für zwei Strategien – die Jordanier an das Jordan-Westufer zu bringen oder jede Kontaktaufnahme mit Jordanien zu verweigern, und dann wird früher oder später um die Palästinenser die Hölle losbrechen.« Während des Nixon-Besuchs in Israel sprach ich am 17. Juni im gleichen Sinne mit Premierminister Rabin und wiederholte meine Stellungnahme am gleichen Tag auf einer Pressekonferenz:

> Natürlich ließen sich die Palästinenser am wirksamsten an diesem Prozeß beteiligen, wenn Verhandlungen mit Jordanien aufgenommen würden, denn dafür gibt es einen historischen Hintergrund, und Israel hat sich grundsätzlich immer dazu bereit erklärt.

Aber die Voraussetzungen für einen solchen Schritt waren nicht gegeben. Das israelische Kabinett stand vor zwei unüberwindlichen Schwierigkeiten. Die knappe Mehrheit von einer Stimme im Parlament war eine zu schmale Basis für Verhandlungen über eine so umstrittene Frage wie die Truppenentflechtung am Jordan-Westufer. Ein sehr großer Teil der israelischen Bevölkerung war der Auffassung, daß es am Jordan-Westufer keinerlei autonome arabische politische Autorität geben dürfte. Andere widersetzten sich der Abtretung auch des kleinsten Gebietsstreifens, weil sie glaubten, daß dieses Land den Juden im Alten Testament übereignet worden wäre. Die Nationalreligiöse Partei würde die Regierung mit Sicherheit stürzen, sobald nur das geringste Anzeichen darauf hindeutete, daß Verhandlungen über das Jordan-Westufer aufgenommen werden sollten. All das hatte Golda Meir veranlaßt – und das war das zweite Hindernis – zu versprechen, daß es Neuwahlen geben werde, *bevor* eine Vereinbarung über das Jordan-Westufer getroffen war. Verständlicherweise waren Rabin und seine Kollegen jedoch nicht geneigt, schon wenige Wochen nach ihrem Amtsantritt Neuwahlen auszuschreiben.

Auch für uns gab es Gründe, die dagegen sprachen. Wenn wir die Aufnahme von Verhandlungen mit Jordanien verlangten, mußten wir mit Neuwahlen in Israel rechnen, und erfahrungsgemäß dauerte es nach solchen Wahlen mindestens ein halbes Jahr, bis eine neue Regierung gebildet werden konnte. Unsere Bemühungen würden in dem Augenblick ins Stocken geraten, da unser Einfluß als Folge der gelungenen Truppenentflechtung auf den Golan-Höhen am stärksten war. Außerdem war ein Präsident, der vor einem Amtsenthebungsverfahren stand, kaum in der Lage, auf Verhandlungen zu drängen, die, wenn sich Israel wehrte – was so gut wie sicher war –, die Zahl seiner Gegner im eigenen Lande vervielfachen würde.

Wir mußten aber auch mit dem Widerstand Ägyptens rechnen. Wir bewunderten Sadat und erblickten in ihm die treibende Kraft auf dem Wege zum Frieden im Nahen Osten, auf die wir nicht verzichten konnten. Ohne seine Hilfe würde die Lage im Nahen Osten mit Sicherheit wieder in die Erstarrung zurückfallen. Sadat war gegen die später so bezeichnete jordanische Opposition. Jedenfalls war er nicht bereit, noch länger als ein halbes Jahr darauf zu warten, daß er auf dem Sinai ein weiteres Stück vorankam, weil Israel Neuwahlen ausschrieb und man nicht voraussagen konnte, wieviel Zeit die Verhandlungen mit Jordanien in Ansprech nehmen würden. Sein tiefsitzendes Mißtrauen gegenüber Hussein bestärkte ihn in der kühlen Überlegung, daß eine Truppenentflechtung an der jordanischen Front zu viele Risiken mit sich brachte, als daß man darüber den Friedensprozeß im Nahen Osten aufs Spiel setzen dürfte, den er unter so großen Mühen bis an diesen Punkt vorangebracht hatte. Sicher hat er sich auch überlegt, daß eine Truppenentflechtung an der jordanischen Front niemals isoliert von anderen Entwicklungen vorgenommen werden könnte. Damit würde das palästinensische Drama neue Impulse bekommen und im ganzen Gebiet spürbar werden, und zwar mit einer Logik, die nicht an Zeitpläne anderer gebunden war.

Auch Syrien hatte kein großes Interesse an der Aufnahme von Verhandlungen zwischen Israel und Jordanien. Während meiner letzten Nahost-Mission hatte ich mit Asad darüber gesprochen, ob er es für empfehlenswert hielte, Hussein die Verantwortung für die Verhandlungen über das Jordan-Westufer zu übertragen. Er hatte es nicht abgelehnt, sondern unverbindlich geantwortet, daß man gründlich darüber nachdenken müßte, wie sich das Palästinenser-Problem am besten lösen ließe, was zumindest bedeutete, daß Syrien einen gewissen Abstand zur PLO wahrte. Syrien unterstützte energisch, was es als das Recht des palästinensischen Volkes bezeichnete, aber die Syrer versuchten zugleich, ihren Einfluß bei der PLO zu stärken, denn nach einer alten Überlieferung gehörte Palästina zum syrischen Großreich. Wenige Jahre später widersetzte sich Syrien der Machtübernahme im Libanon durch die PLO und verbündete sich vorübergehend mit den verhaßten Christen, um zu verhindern, daß die Palästinenser die Herrschaft in einem Nachbarland übernahmen. 1974 legte Syrien keinen konkreten Plan für die Lösung des Palästinenser-Problems vor. Gegenüber der PLO nahm es eine reservierte Haltung ein. Was die jordanische Option betraf, so waren sich die Syrer der Schwierigkeiten stärker bewußt als der Möglichkeiten. Kein höherer syrischer Beamter hat mit irgendeinem Gesprächspartner ernsthaft über die Möglichkeit einer Truppenentflechtung am Jordan-Westufer gesprochen.

Zwischen unserer Analyse und den konkreten Gegebenheiten hin und her gerissen, versuchte ich, Zeit zu gewinnen, und hielt sowohl die ägyptische als auch die jordanische Option offen, ohne mich für eine von beiden zu entscheiden, in der Hoffnung, daß die Umstände eine Lösung bringen würden. Ich bin nur selten diesen Weg gegangen und habe mich gewöhnlich intellektuell dagegen gewehrt. Die äußeren Umstände als solche sind neutral, und es kommt häufiger vor, daß sie jemand in eine Zwangslage bringen, als daß sie nützen. Der Staatsmann, der die Ereignisse nicht gestalten kann, wird sich sehr bald ihren Zwängen fügen müssen. Dabei wird er in die Defensive geraten und sich mit Taktiken herumschlagen müssen, anstatt seine politischen Ziele zu verfolgen.

Genau das geschah im Hinblick auf die Palästinenser-Frage. Als die PLO auf einer arabischen Gipfelkonferenz in Rabat am 28. Oktober 1974 zur einzigen arabischen Vertretung und zum Sprecher für das Jordan-Westufer ernannt und Jordanien aus den diplomatischen Bemühungen um dieses Problem ausgeschaltet wurde, geriet Israel in das Dilemma, das ich vorausgesagt hatte, und die Palästinenser-Frage wurde zum unlösbaren Problem. Beides hat sich bis heute nicht geändert.

Während des Nixon-Besuchs in Israel lagen diese Entwicklungen noch in der Zukunft. Rabin und Nixon erörterten die nächsten Schritte nur ganz allgemein und fast oberflächlich. Rabin kam es darauf an, weitere diplomatische Bemühungen mit Waffenlieferungen für Israel zu verknüpfen, während Nixon die Israelis zur Fortsetzung der Verhandlungen verpflichten wollte. Beide bekamen, was sie wollten, aber das erleichterte uns nicht die vor uns liegenden Entscheidungen. Im Augenblick entsprach es den Bedürfnissen auf beiden Seiten, die strategischen Fragen in einem langwierigen Konsultationsprozeß untergehen zu lassen. Man einigte sich darüber, daß der neue Außenminister, Yigal Allon, im Spätsommer nach Washington kommen sollte. Ein Besuch Rabins sollte sich anschließen. In der Zwischenzeit wollten wir auch die Außenminister von Ägypten und Syrien sowie den König und den Premierminister von Jordanien einladen. Aus dem Gedankenaustausch mit diesen Männern sollte sich, wie wir hofften, bis zum Frühherbst eine Strategie entwickeln.

Oberflächlich betrachtet, war diese Methode recht vernünftig. Nach Abschluß der Truppenentflechtung an der syrischen Front vor nur zwei Wochen und so bald nach der Amtsübernahme einer neuen Regierung in Jerusalem lag es im Interesse aller Beteiligten, eine Pause einzulegen, in der Konsultationen stattfanden und jeder Zeit hatte, sich seine Gedanken zu machen. So hatten wir es auch in allen arabischen Ländern deutlich ausgesprochen. Womit wir nicht gerechnet hatte, waren die

Beschlüsse von Rabat. Allerdings hätte die jordanische Option wahrscheinlich auch sonst kaum eine Chance gehabt.

Die wenig beneidenswerte Lage, in der sich Jordanien befand, wurde durch zwei Tatsachen symbolisiert: Es war das letzte Land, das Nixon auf dieser Reise besuchte, und ich konnte ihn nicht dorthin begleiten. Ersteres hatte den gleichen Grund, weshalb auch ich bei allen meinen Reisen unsere haschemitischen Freunde zuletzt aufsuchte: In Amman mußten keine Entscheidungen getroffen werden. Wir wußten, was geschehen mußte, aber daß es geschah, hing von Ereignissen in anderen Ländern ab. Die Atmosphäre in Amman eignete sich sehr gut, die bisherigen Ergebnisse einer Reise zusammenzufassen und in freundlicher Umgebung in die richtige Perspektive zu rücken. Ich konnte den Präsidenten nicht nach Jordanien begleiten, weil ich am Halbjahrestreffen der NATO-Außenminister in Ottawa teilnehmen mußte, zu dem ich mich ohnedies schon um einen Tag verspätet hatte. Auf dieser Konferenz sollte endlich die von mir vor vierzehn Monaten vorgeschlagene Atlantische Deklaration bekanntgegeben werden, und wenn ich nicht teilgenommen hätte, dann hätte man darin einen unfreundlichen Affront gegenüber meinen atlantischen Kollegen gesehen. Da die Nahost-Reise noch unbedingt vor dem Moskauer Gipfel stattfinden mußte und man in Israel nicht an einem Samstag ankommen konnte, gab es auch hier keine Flexibilität.

Aber das war für die Jordanier nur ein schwacher Trost, die das Gefühl gehabt haben müssen, die Abwesenheit des wichtigsten amerikanischen Unterhändlers bewiese, daß sie nur eine zweitrangige Rolle spielten. Wie ich den Berichten entnehmen konnte, die Scowcroft mir schickte, verlief Nixons Besuch am 17. und 18. Juni den Umständen entsprechend ganz zufriedenstellend. Nixon wiederholte seine Standardthese, daß die Methoden, mit denen es uns gelungen war, die Beziehungen zu China wiederaufzunehmen und das Verhältnis zur Sowjetunion in ruhigere Bahnen zu lenken, sich auch im Nahen Osten bewähren würden. In einer Tischrede sagte er das gleiche, was er auf dieser Reise recht wirkungsvoll bei fast jeder Gelegenheit erklärt hatte: »Ich sage Ihnen nicht, wo dieser Weg enden wird. Ich kann Ihnen nicht sagen, wann er enden wird. Das Wichtige ist, daß wir uns auf den Weg begeben haben.« Das Schlimme war nur, daß wir uns mit Jordanien noch nicht auf diesen Weg begeben hatten. Immerhin verabschiedete Hussein seinen Gast mit der gleichen prächtigen Truppenparade, die auch ich schon erlebt hatte, und ließ vier von den Briten ausgebildete beduinische Musikkapellen am Präsidenten vorbeimarschieren.

Damit endete Nixons Vorstoß in den Nahen Osten. Für seine Begleitung war es ein beängstigendes Unternehmen gewesen. In der übertrieben rücksichtsvollen Behandlung Nixons durch seine Gastgeber zeigte sich das Mitleid, das zu wecken kein Staatsoberhaupt sich leisten kann. Daß einige Regierungschefs den Präsidenten so behandelten, als wäre er wirklich noch regierungsfähig, lag nur daran, daß sie die innenpolitische Lage in den Vereinigten Staaten nicht genau kannten. Andere taten es, weil es für sie keine Möglichkeit gab, ein fremdes Staatsoberhaupt anders zu behandeln, und wieder andere, weil ihre ganze Politik sich darauf stützte, daß die Vereinigten Staaten die Weltlage beherrschten. Aber wir, die wir zu Nixons Gefolge gehörten, machten uns keine Illusionen, denn wir wußten zuviel. Wir dachten daran, wie es hätte sein können, aber jeder von uns war sich darüber klar, was uns wirklich bevorstand. Natürlich ließ sich noch nicht voraussagen, unter welchen äußeren Umständen Nixons Rücktritt erfolgen würde, der jetzt einen großen außenpolitischen Erfolg im Nahen Osten mit spektakulären öffentlichen Auftritten und Banketten feierte.

Die Verzweiflung manifestierte sich in einem unaufhörlichen kleinlichen Gerangel. Ron Ziegler verteidigte das Ansehen des Präsidenten gegenüber der Presse mit der wilden Aggressivität eines Polizeihundes. Es gab ständig Streit über die Unterbringung des Präsidentengefolges und die Sitzverteilung in dem von Kairo nach Alexandria fahrenden Zug. Aber das alles war nur der Ausdruck der Frustration, die uns erfaßt hatte, wenn wir, ohne darüber zu sprechen, daran dachten, vor welchem Hintergrund diese Reise stattfand.

Wir erlebten mit einiger Verwunderung den überschwenglichen Empfang in Hauptstädten von Ländern, mit denen die Vereinigten Staaten erst vor wenigen Monaten die Beziehungen aufgenommen hatten, und waren stolz darauf, daß unser Land eine zentrale Rolle bei den Bemühungen um einen Frieden spielte, der nicht nur Amerika selbst betraf, sondern zwischen Nationen hergestellt werden sollte, die ohne unsere Vermittlung nicht miteinander sprechen und auch nicht die Methoden finden konnten, die zur Versöhnung führen mußten. Alle Staatsoberhäupter wollten sich von uns den Weg in die Zukunft weisen lassen. Nixon erledigte seine Aufgabe, während er unter unsäglichen körperlichen und seelischen Qualen litt, kommentierte die Ereignisse klug und reagierte mit Festigkeit und Verständnis auf die Bedürfnisse seiner Gesprächspartner. Das einzige, was er nicht bieten konnte, was jedoch am dringendsten notwendig gewesen wäre, waren zuverlässige Richtlinien für eine langfristige amerikanische Außenpolitik. Denn bald würde er nur noch ein unbeteiligter Beobachter der Ereignisse sein, an deren Gestaltung er mitgewirkt hatte.

Weitere Anschuldigungen

Unsere innenpolitische Krise ließ sich jetzt mit einer Malaria vergleichen. Das Fieber stieg an, und der Patient verfiel für einige Tage dem Delirium. Plötzlich sank die Temperatur, und alle Krankheitssymptome waren verschwunden, nur das Opfer war schwächer geworden. Der Unterschied bestand nur darin, daß ein Malaria-Patient im Normalfall gesund wird.

Nach meiner Rückkehr aus Syrien war ich wegen der Telefonüberwachungen unter Beschuß geraten. Nach Nixons Nahost-Reise waren die gegen uns erhobenen Vorwürfe so absurd und weit hergeholt, daß ich zunächst nicht wußte, was ich dagegen unternehmen sollte. Senator Henry Jackson hatte behauptet, Nixon und ich hätten mit den Sowjets eine geheime Abmachung getroffen, die sie in die Lage versetzte, die im ersten SALT-Abkommen festgelegte Grenze um 124 Fernlenkwaffen zu überschreiten. Während die Aufregung wegen des Anzapfens der Telefonleitungen Ausdruck von Heuchelei und Verwirrung gewesen war, handelte es sich bei dem Vorwurf, wir hätten geheime Absprachen mit der Sowjetunion getroffen, um ein rein innenpolitisches Manöver.

Im Sommer 1974 war Nixons Position schon so weit geschwächt, daß sich niemand mehr durch irgendwelche Rücksichten auf unsere internationale Position davon abhalten ließ, den Präsidenten mit allen zur Verfügung stehenden Mitteln anzugreifen. Nixons bevorstehender Sturz ermutigte seine Gegner sogar dazu, noch schärfer gegen ihn vorzugehen. Dabei entwickelte sich die Auffassung, daß es im nationalen Interesse läge, den schwer angeschlagenen Präsidenten seiner politischen Handlungsfähigkeit zu berauben, damit er bei dem bevorstehenden Gipfeltreffen mit Breschnew keine Zugeständnisse machte, die uns schaden könnten.

Nixon sollte am 27. Juni 1974 zu seiner dritten Gipfelkonferenz mit der sowjetischen Führung in Moskau eintreffen. Wie wenig Rücksicht er in dieser letzten Phase seiner Präsidentschaft auf die Empfindlichkeiten der Sowjets nahm, zeigte sich darin, daß er seinen Besuch in Moskau um drei Tage verschob, um in den Nahen Osten reisen und auf dem Wege nach Moskau eine Zwischenlandung in Brüssel einlegen zu können, wo die eben fertiggestellte Atlantische Deklaration unterzeichnet werden sollte – denn beide Vorhaben konnten nur das Mißfallen des Kreml erregen. Trotzdem glaubte Jackson, daß er der Nation einen besonderen Dienst leistete, wenn er die Glaubwürdigkeit der Regierung unterminierte und damit die Verhandlungsfähigkeit des Präsidenten einschränkte. Vielleicht hat er auch wirklich geglaubt, was seine Mitarbeiter ihm über die nur in ihrer Phantasie bestehende geheime Absprache gesagt hatten.

Abgesehen davon, ob seine Vorwürfe berechtigt waren oder nicht, Jackson konnte ein gefährlicher Gegner sein. Er war ein Fachmann auf dem Gebiet der Verteidigung und verfügte deshalb über ein umfangreiches technisches Wissen. Als zweiter Mann im Streitkräfteausschuß des Senats hatte er viele Freunde im Pentagon, die ihn mit allen denkbaren internen Informationen versorgten. Wenn ich als Zeuge von ihm befragt wurde, geriet ich oft in die eigenartige Lage, mit Geheimdokumenten der Joint Chiefs of Staff konfrontiert zu werden, die dem Weißen Haus noch niemals vorgelegen hatten. Außerdem hatte Jackson viele Verbündete, die ihn auch auf anderen Gebieten unterstützten, wie zum Beispiel in der Frage der jüdischen Auswanderung aus der Sowjetunion. Sie waren zwar nicht meine Gegner, aber sie wollten auch Jacksons Glaubwürdigkeit nicht erschüttern und gaben ihm daher moralische Unterstützung.

In normalen Zeiten wären seine absurden Vorwürfe wegen ihrer Sinnlosigkeit nicht durchzusetzen gewesen. Was hätte einen Präsidenten und seinen wichtigsten außenpolitischen Berater veranlassen können, den Sowjets insgeheim 124 Fernlenkwaffen mehr zuzugestehen, als vereinbart? Es war, auch wenn man von den technischen Einzelheiten nichts verstand, undenkbar. Aber in den letzten Wochen von Nixons Amtszeit war kein Vorwurf so unsinnig, daß er nicht doch Gehör fand, und um gerecht zu sein, muß man sagen, daß viele anscheinend unglaubliche Vermutungen sich als richtig erwiesen. Was Jacksons Beschuldigungen so gefährlich machte, war der Umstand, daß es sich um hochtechnische Vorschriften in den SALT-Vereinbarungen handelte, die für den Laien kaum verständlich waren. Wenn man sie widerlegen wollte, dann mußte man auf so komplexe Zusammenhänge eingehen, daß der nicht Eingeweihte den Eindruck gewann, irgend etwas sei nicht in Ordnung, wenn so umständliche Erklärungen notwendig wären. So werde ich vielleicht auch mit dem, was ich auf diesen Seiten zu sagen habe, den gleichen Eindruck erwecken.

Nach den Zwischenvereinbarungen über die Begrenzung strategischer Offensivwaffen von 1972 durfte die Sowjetunion 950 moderne Fernlenkwaffen auf 62 mit Atomkraft betriebenen U-Booten installieren. Um auf diese Zahl zu kommen und unterhalb der Höchstgrenze zu bleiben, mußten die Sowjets 210 ältere interkontinentale Fernlenkwaffen verschrotten. In der Diskussion zwischen den amerikanischen und sowjetischen Unterhändlern auf dem Moskauer Gipfel von 1972 ging es darum, welche älteren Fernlenkwaffen die Sowjets austauschen sollten.[8] Es lag im Interesse der Sowjets, die ältesten und technisch überholten Waffen, und zwar vor allem solche, die nicht interkontinental eingesetzt werden konnten und ohnedies ausrangiert werden sollten, durch moderne zu ersetzen. Wir hatten dagegen ein Interesse daran, daß die Waffen abgebaut wurden, die uns am gefährlichsten waren. Im Verlauf der abschließenden Verhandlungen in Moskau hatten mein Stab und ich nach Konsultationen mit den Joint Chiefs of Staff die folgenden Prioritäten für die sowjetischen Fernlenkwaffen festgelegt, die für den Abbau vorgesehen waren. Die Waffe, die wir vor allem los sein wollten, war die bodengestützte interkontinentale Fernlenkwaffe SS-7. Sie hatte eine Reichweite von mehr als 9600 Kilometern und einen Sprengkopf mit einer Sprengwirkung von sechs Megatonnen. Siebzig dieser schweren Waffen waren in betonierten unterirdischen Silos stationiert und daher relativ gut gegen Angriffe geschützt. An zweiter Stelle standen 134 interkontinentale Fernlenkwaffen der Typen SS-7 und SS-8 auf über dem Boden befindlichen Abschußrampen (die SS-8 war eine Variante der SS-7). Sie ließen sich entweder für einen ersten Schlag oder für einen Vergeltungsschlag gegen einen amerikanischen Angriff mit Kernwaffen einsetzen, bei dem die strategischen Streitkräfte der Sowjetunion nicht vernichtet worden waren. An dritter Stelle standen dreißig Fernlenkwaffen, die auf älteren, mit Kernkraft angetriebenen sowjetischen U-Booten installiert waren, die zur H-Klasse gehörten. Jede dieser Waffen hatte eine Reichweite von nur 1400 Kilometern und einen relativ schwachen Sprengkopf, aber die U-Boote konnten sehr lange Zeit im Einsatz bleiben. An letzter Stelle auf unserer Prioritätsliste standen sechzig oder siebzig Fernlenkwaffen auf noch älteren U-Booten, die zu der von uns so bezeichneten G-Klasse gehörten. Diese U-Boote wurden von Dieselmaschinen angetrieben, waren laut und hatten keinen großen Operationsradius. Ihre Fernlenkgeschosse hatten eine Reichweite von 480 bis 1100 Kilometern. Neun dieser U-Boote (mit 27 Kurzstreckenraketen) mußten, um ihre Waffen abfeuern zu können, auftauchen.

Wir betrachteten die U-Boote von der G-Klasse nicht als eine strategische Bedrohung. Keines dieser Fahrzeuge hatte seit 1966 vor unserer Atlantik-Küste oder seit 1969 vor unserer Pazifik-Küste operiert. Wir mußten auch kaum damit rechnen, daß die Sowjetunion siebzig relativ schwach wirkende Waffen auf veralteten U-Booten bis auf wenige hundert Kilometer an unsere Küsten heranbringen würde, während sie schon über mehr als tausend interkontinentale Fernlenkwaffen verfügte, 1500 interkontinentale Fernlenkwaffen baute und dazu 950 auf U-Booten installierte Waffen mit einer Reichweite von 2300 Kilometern und mehr. Wir wünschten deshalb nicht, daß die Sowjets diese veralteten Waffen gegen moderne austauschten.

Wie sich herausstellte, entsprachen die SALT-Vereinbarungen genau unseren Prioritäten. Die U-Boote der H-Klasse wurden darin als »modern« bezeichnet. Wenn die Sowjets 950 der modernsten, auf See stationierten Fernlenkwaffen bauen wollten, dann müßten die U-Boote der H-Klasse außer Dienst gestellt werden, denn sonst würden ihre dreißig Fernlenkwaffen in der Gesamtzahl berücksichtig werden. Die 210 Fernlenkwaffen der Typen SS-7 und SS-8 würden verschrottet werden müssen. Damit glaubten wir, unser Ziel erreicht zu haben, die Sowjetunion daran zu hindern, daß sie veraltete Waffen, die sie ohnehin außer Dienst stellen wollte, gegen modernere austauschte. Um den Sowjets jedes Schlupfloch zu verbauen, erklärten wir, daß, wenn die Sowjets aus irgendwelchen unverständlichen Gründen die veralteten U-Boote von der G-Klasse mit modernen Fernlenkwaffen ausrüsteten, auch sie in die Gesamtzahl von 950 aufgenommen werden müßten. Auf dieses Verhandlungsergebnis waren wir sehr stolz.

Am Abend nach der Unterzeichnung der Vereinbarungen, es war der 26. Mai 1972, unterrichtete ich nach Mitternacht die Presse in einem Moskauer Nachtlokal, das uns damals als Pressezentrum diente. Als ich nach den U-Booten der G-Klasse gefragt wurde, antwortete ich:

> Wenn sie modernisiert werden, gehören sie zu den 950. (Die Sowjets) brauchen sie nicht außer Dienst zu stellen. Wenn sie auf 950 kommen wollen, müssen sie die U-Boote der H-Klasse außer Dienst stellen. Sie brauchen die U-Boote der G-Klasse nicht außer Dienst zu stellen, aber wenn sie sie modernisieren, gehören sie zu den 950.

Das Verfahren, nach dem der Austausch solcher Waffen vorgenommen werden sollte, war daher nicht geheim. Auf unserer Rückreise am 5. Juni unterrichteten wir die zuständigen Ministerien und Behörden im gleichen Sinne und wiesen sie an, diese Interpretation »bei der Vorbereitung von Aussagen und der Beantwortung von Fragen« zu verwenden.

Am 14. Juni schickte uns die Sowjetunion eine Verbalnote mit einem typisch sowjetischen Schachzug. Sie hatten sich die Sache noch einmal überlegt und verlangten jetzt genau das Gegenteil von dem, was wir in Moskau mit ihnen vereinbart hatten. Wir hatten ursprünglich verlangt, daß die auf den U-Booten der G-Klasse installierten Fernlenkwaffen zu den zugelassenen 950 zählen sollten. Die Sowjets hatte sich dem energisch widersetzt, und zwar mit dem Argument, weder die Fernlenkwaffen noch die U-Boote wären »modern« im eigentlichen Sinne dieses Wortes. Wir hatten uns auf ein Austauschverfahren geeinigt, das für uns schließlich günstiger war als unser erster Vorschlag. Die sowjetische Note vom 14. Juni rückte von diesem »Kompromiß« wieder ab und akzeptierte unseren ersten Vorschlag. Daraus hätte sich praktisch ergeben, daß die Sowjets die siebzig Fernlenkwaffen auf den Booten der G-Klasse austauschen dürften. Nach diesem Austausch könnten die Sowjets die siebzig interkontinentalen Fernlenkwaffen des Typs SS-7 in den Betonsilos behalten – und das waren die Waffen, an deren Verschrottung uns am meisten gelegen war.

Natürlich verlangten wir in unserer Antwort Mitte Juni die Einhaltung der Vereinbarungen, wie sie im Verhandlungsprotokoll eindeutig festgelegt waren. Die Sowjets, denen es nun nicht gelungen war, uns zu übertölpeln, erklärten, ein Versuch hätte doch nichts schaden können. Sie akzeptierten jedoch unsere Interpretation. In diesem Sinne unterrichtete ich auch führende Politiker beider Parteien. Im Juli sagte der Chefunterhändler bei SALT, Gerard Smith, vor dem Kongreß aus, daß unsere Interpretation ohne Widerspruch von der Sowjetunion akzeptiert worden wäre.

Dabei wäre es geblieben, hätte ich nicht beschlossen, alle bis dahin noch nicht behandelten Fragen zu klären. Obwohl die Entspannungspolitik um diese Zeit Triumphe zu feiern schien, wollte ich mich nicht allein auf mündliche Absprachen mit den Sowjets verlassen. Ich forderte sie deshalb auf, ein Dokument zu unterschreiben, das die vereinbarte Interpretation enthielt. Mit überraschender Bereitwilligkeit erklärten sie sich damit einverstanden. Am 24. Juli 1972 unterzeichneten Dobrynin und ich ein einseitiges Dokument mit dem pedantischen Titel »Klarstellung der Interpretation des Protokolls der Zwischenvereinbarungen«. Ich wiederholte noch einmal, wie der Austausch nach unserer Auffassung durchgeführt werden sollte, und äußerte mich noch zu anderen den gleichen Themenkreis betreffenden Fragen. Mit ungewöhnlicher Akribie definierten wir eine »moderne« Fernlenkwaffe als »eine Fernlenkwaffe des Typs, der auf mit Kernkraft angetriebenen U-Booten installiert ist, welche die Sowjetunion seit 1965 in Dienst gestellt hat«. Der Notenaustausch des Weißen Hauses mit fremden Mächten wurde im allgemeinen nicht dem Behördenapparat vorgelegt. Dieses Papier wurde nach den im Weißen Haus geltenden Regeln behandelt und dort in Verwahrung genommen – ein Triumph der Routine über den Gehalt. Nach unserer Auffassung änderte sich damit nichts, denn die gleichen Vereinbarungen galten auch weiterhin. Die zuständigen Ministerien waren schon vor mehr als fünf Wochen im Sinne der offiziellen Interpretation unterrichtet worden, wie sie auch in diesem Dokument zum Ausdruck kam.

Dieses Verfahren stellte sich jedoch als ein wenn auch unabsichtlich begangener Fehler heraus. Die Sowjets, die keinen Grund hatten, zu glauben, daß es sich um ein vertrauliches Dokument handelte, erwähnten es im Juni 1973 während der SALT-Verhandlungen in Genf. Auf Anfrage übermittelte das Weiße Haus den Text an die zuständigen Behörden. Der Zorn von Beamten, die sich übergangen fühlen, kann manchmal merkwürdige Formen annehmen. Meist behaupten sie, sie hätten viel mehr erreicht, wenn sie konsultiert worden wären, und finden jetzt irgendwelche Schwächen im Text eines solchen Dokuments, die ihren Adleraugen niemals entgangen wären. In diesem Fall hatte sich irgendein Winkeladvokat mit dem haarspalterischen Argument auf unsere Definition der modernen Fernlenkwaffen gestürzt, daß die Sowjets, wenn es sich um »eine Fernlenkwaffe des Typs handelt, mit dem mit Kernkraft angetriebene und seit 1965 in der Sowjetunion in Dienst gestellte U-Boote ausgerüstet sind«, in der Lage wären, die mit Dieselmotoren angetriebene G-Klasse mit einer ganz modernen Fernlenkwaffe auszurüsten, solange keine mit Kernkraft angetriebenen U-Boote damit ausgerüstet würden.

Das Genie, das auf diese Interpretation gekommen war, erklärte allerdings nicht, was die Sowjets dazu veranlassen könnte, eine ganz neue Waffe für ein veraltetes U-Boot zu entwickeln, das während der letzten fünf Jahre nicht vor unseren Küsten operiert hatte, um es dann nur dort einzusetzen. Der Betreffende ließ sich auch dadurch nicht beirren, daß die Sowjets ihr gesamtes Arsenal mit einem so faulen Trick um genau siebzig Fernlenkwaffen vergrößern würden. Die Sowjetunion, stets darauf bedacht, auch den kleinsten Vorteil für sich auszunutzen, hat niemals etwas Ähnliches behauptet. Und auch wir hätten einer solchen Verdrehung des Verhandlungsergebnisses nie zugestimmt. Auf einer Pressekonferenz am 24. Juni 1974 sagte ich:

> Vielleicht ist es möglich, daß diese haarspalterische Interpretation zutrifft, sie entspricht aber absolut nicht dem Protokoll der Verhandlungen – sie ist vollkommen unvereinbar mit allen vorher geführten Gesprächen. Die Vereinigten Staaten würden sie entschieden ablehnen.

Natürlich haben die Sowjets damals eine solche Waffe nicht entwickelt und es auch später nicht getan.

Doch ganz abgesehen davon, was ich über die Motive dachte, die hinter solchen bürokratischen Einwänden steckten, ich hielt es für klug, dafür zu sorgen, daß das angebliche Schlupfloch verstopft wurde. Am 15. Oktober 1973 gab ich dem amerikanischen Vertreter bei dem ständigen amerikanisch-sowjetischen Konsultativausschuß, der sich mit der Interpretation der SALT-Vereinbarungen beschäftigte, die Anweisung, die Angelegenheit noch einmal klarzustellen. Die überraschten Sowjets, die nun feststellten, daß wir Hintertüren für sie fanden, an die sie niemals gedacht hatten, erklärten sich nach einigem Zögern mit einer neuen Klarstellung einverstanden. Über den Text hatten wir uns schon geeinigt, als Jackson sich an die Öffentlichkeit wandte. Er sollte zusammen mit zahlreichen anderen Nebenvereinbarungen während des Nixon-Besuchs in Moskau unterzeichnet werden. Jackson muß davon gewußt haben; jedenfalls wäre es ihm mit seinen guten Verbindungen nicht schwergefallen, es festzustellen.

Als er der Öffentlichkeit die von ihm so bezeichnete »beunruhigende« Mitteilung machte, wir hätten es der Sowjetunion erlaubt, die bei SALT I festgelegte obere Grenze ihrer nuklearen Rüstung zu überschreiten, hatte Jackson buchstäblich keinen konkreten Beweis in der Hand. Aber er verwirrte die Lage noch mehr, als er uns den zweiten und, wenn das möglich ist, noch weniger zu rechtfertigenden Vorwurf machte. Es handelte sich dabei um den Austausch von alten interkontinentalen Fernlenkwaffen gegen von U-Booten abzuschießende Raketen. Als wir den Sowjets das Recht zugestanden, ihre älteren interkontinentalen Fernlenkwaffen auszutauschen, nahmen wir für uns das Recht in Anspruch, etwas Vergleichbares zu tun. Die einzigen älteren Fernlenkwaffen, die wir hätten austauschen können, waren 54 interkontinentale Fernlenkwaffen vom Typ Titan II. Daß sie überhaupt noch vorhanden waren, lag vor allem daran, daß das Weiße Haus auf meine Empfehlung mehrere Versuche des Pentagon vereitelt hatte, dadurch Kosten zu sparen, daß sie einseitig verschrottet wurden (wie es schließlich 1981 beschlossen wurde). Die einzige Schwierigkeit war, daß wir nichts haben würden, womit wir sie nach dem Auslaufen der Zwischenvereinbarungen hätten ersetzen können. Das neue U-Boot vom Typ Trident mit der dafür entwickelten Fernlenkwaffe konnte nicht vor 1978 in Dienst gestellt werden (dieser Termin mußte später noch verschoben werden). Am Ende des Gipfeltreffens von 1972 wandte Nixon einen Taschenspielertrick an, den man zum Abschluß von Verhandlungen oft erleben kann: Er übergab Breschnew einen Brief, in dem er ihm etwas zusicherte, was er ohnedies tun wollte. Er erklärte, daß wir auf das Recht verzichten würden, die Titan-Raketen in Dienst zu stellen, bevor die Zwischenvereinbarungen 1977 ausgelaufen waren. In Wirklichkeit hätten wir das gar nicht tun können, denn die neuen U-Boote konnten bis dahin noch nicht fertig sein. Während der Brief selbst vertraulich war, war es unsere Absicht nicht. Als ich die führenden Kongreßabgeordneten der beiden Parteien am 15. Juni 1972 über die Lage unterrichtete, sagte ich:

> Die Zwischenvereinbarungen werden die Vereinigten Staaten nicht daran hindern, die laufenden und geplanten Programme für strategische Offensivwaffen fortzusetzen, denn weder die Umstellung auf Mehrfachsprengköpfe noch der Bau der B-1 müssen nach den Vertragsbedingungen eingestellt werden, und das ULMS-(das heutige Trident-)U-Boot-System soll nicht vor 1977 in Dienst gestellt werden, und das ist auch niemals beabsichtigt worden.

Außerdem veröffentlichte das Verteidigungsministerium eine Erklärung über seine Planungen über die folgenden fünf Jahre, in der die gleichen Zahlen genannt wurden, wie in Nixons Brief an Breschnew. Mit anderen Worten, auch diese Vereinbarungen waren nicht »geheim«.

Jacksons Vorwurf, unsere »geheime« Absprache hätte den Sowjets einen Vorsprung von 124 zusätzlichen Fernlenkwaffen eingeräumt, war daher durch eine ganz absurde Berechnung zustande gekommen. Er hatte unsere 54 älteren Titan-Raketen (die wir »versprochen« hatten, nicht vor 1977 gegen modernere auf dem Trident-U-Boot stationierte Fernlenkwaffen auszutauschen) und die siebzig sowjetischen seegestützten Raketen auf ihren veralteten U-Booten der Klasse G (die in die

Gesamtzahl der zugelassenen Waffen nur aufgenommen werden durften, wenn sie modernisiert wurden) zusammenaddiert.

Die Sowjets haben nie den Versuch unternommen, die Fernlenkwaffen auf den U-Booten der Klasse G zu modernisieren, die heute (1981) seit mehr als zwölf Jahren nicht mehr vor unseren Küsten gesichtet worden sind. Sie hätten es im übrigen nur in Verletzung der mit uns getroffenen Vereinbarungen tun können und dabei die gesamten Ost-West-Beziehungen aufs Spiel gesetzt. Wenn sie bereit gewesen wären, dieses Risiko einzugehen, dann hätten sie die Vereinbarungen sicherlich in einer für sie günstigeren Weise gebrochen. Was nun den Ersatz veralteter gegen moderne Waffen betrifft, so sind die darüber getroffenen Vereinbarungen heute überholt. Aber auch im Juni 1974, als Jackson dieses Problem zur Sprache brachte, hatten wir den Sowjets über die bei SALT festgelegten Grenzen hinaus keine einzige Fernlenkwaffe zugestanden. Es hat keine geheime Absprache gegeben, die Sowjets bekamen keine Sonderrechte, und die Sowjetunion ist nicht bevorzugt worden.

Aber im Juni 1974 sorgte die Watergate-Atmosphäre dafür, daß man sich auf jeden noch so schlecht begründeten Vorwurf stürzte. So begann achtundvierzig Stunden nach meiner Rückkehr von Nixons Nahost-Reise der innenpolitische Alptraum von neuem. Alle Fernsehsender meldeten ganz sachlich den Vorwurf, es gäbe geheime Absprachen zum Vorteil der Sowjetunion. Führende Zeitungen brachten mehrspaltige Schlagzeilen zum gleichen Thema. Es war eine interessante Illustration der These, daß die Innenpolitik nichts anderes sei als ein permanenter Skandal. Als am Donnerstag, dem 20. Juni, die ersten Meldungen erschienen, wußte ich buchstäblich nicht, was Jackson meinte. Ich brachte die folgenden zwei Tage damit zu, festzustellen, was uns vorgeworfen wurde, während Henry Jackson in jeder abendlichen Nachrichtensendung auf dem Fernsehschirm erschien und sehr geschickt die Rolle des ehrlichen Jungen vom Lande spielte, der versucht, Licht in die dunklen Machenschaften der Regierung zu bringen. Dabei machte er uns keine konkreten Vorwürfe, ließ aber deutlich erkennen, daß wir nach seiner Auffassung vor einer sehr gefährlichen Entwicklung standen. Wie immer nährten ungenannte Quellen diese Beschuldigungen, und Jackson verlieh ihnen Glaubwürdigkeit, indem er besorgt fragte, was seine Untersuchungen schließlich enthüllen würden. Ich konnte die Zusammenhänge unmöglich mit einer kurzen Erklärung erläutern und mußte außerdem noch einmal genau alle Unterlagen prüfen, die mir im einzelnen nicht gegenwärtig waren. Deshalb setzte ich für den Montag nach diesem Wochenende eine Pressekonferenz an, was wiederum den Eindruck erweckte, daß, wo so viel Rauch wäre, auch ein Feuer sein müßte.*

* Der folgende Auszug aus der Nachrichtensendung von CBS am Samstag, dem 22. Juni, gibt einen Eindruck von der Stimmung. (Ich möchte ausdrücklich darauf hinweisen, daß der Fernsehreporter Dan Rather durchaus fair gewesen ist. Er war das Opfer dessen, was die Nachrichtenabteilung seiner Fernsehgesellschaft ihm vorgelegt hatte):

Rather: Washingtoner Quellen sagen, daß den Sowjets nach den vom Kongreß gebilligten Vereinbarungen über die Begrenzung der strategischen Rüstung von 1972 insgesamt 950 Fernlenkwaffen zugestanden werden, daß aber nach einer späteren, augenscheinlich

Während des Wochenendes kam es zu wilden Spekulationen darüber, ob ein neuer »Skandal« ausgegraben worden wäre. Am Montag, dem 24. Juni, einen Tag vor meiner Abreise mit Nixon nach Brüssel und Moskau, faßte ich die Tatsachen auf meiner Pressekonferenz wie folgt zusammen:

Die der sowjetischen Seite zugestandene Gesamtsumme, die dem Kongreß vorgelegt worden ist und anschließend veröffentlicht wurde, ist durch keine Vereinbarung, keine Absprachen und keine Klarstellung verändert worden – weder öffentlich noch vertraulich. Die Gesamtzahl der den Vereinigten Staaten zugestandenen Fernlenkwaffen, die dem Kongreß und der Öffentlichkeit vorgelegt worden ist, ist durch keine Vereinbarung oder Absprache geändert worden – weder öffentlich noch vertraulich. Die Zahlen sind genau diejenigen, die bekanntgegeben worden sind – es sind genau die Zahlen, die vereinbart worden sind –, und der ganze Meinungsstreit dreht sich um abseitige Aspekte der Bestimmungen für den Austausch solcher Waffen und nicht um den konkreten Kern der Vereinbarungen.

Aber Jackson hielt sich an den Buchstaben seines Vorwurfs und behauptete, er hätte Beweise dafür, daß es geheime Vereinbarungen gäbe – was richtig war, wenn man sich bei der Interpretation der Begriffe »Vereinbarung« und »geheim« eine gewisse dichterische Freiheit nahm. Dazu war das Thema so umfangreich und der Gegenbeweis erforderte so komplexe Erläuterungen, während die Vorwürfe ganz simpel waren, daß es den Medien ungeheurer schwerfiel, in einer ausgewogenen Form zu reagieren (allerdings haben sie im großen und ganzen Verständnis gezeigt, besonders die Journalisten, die sich mit dem außerordentlich schwierigen Gegenstand der Abrüstungsdebatte im einzelnen vertraut gemacht hatten).

Am gleichen Nachmittag sagte ich vor Jacksons Unterausschuß des Senatsausschusses für die Streitkräfte aus. Jackson ließ mich vereidigen, was praktisch bedeutete, daß er den Außenminister nur dann veranlassen könnte, die Wahrheit zu sagen, wenn er ihm drohte, ihn andernfalls wegen Meineids unter Anklage stellen zu lassen. Technisch war es eine geschlossene Sitzung, was bedeutete, daß die Medien ausgeschlossen waren. Jackson umging diesen für ihn unbequemen Umstand, indem er die Sitzung immer wieder verließ, um die wartenden Journalisten von den »Enthüllungen« zu unterrichten, zu denen er mich gezwungen hatte. Dabei kam es bei einer Gelegenheit zu einem heftigen Wortwechsel mit meinem zweiten Staatssekretär für die Beziehun-

geheimen Vereinbarung die Gesamtzahl der sowjetischen Fernlenkwaffen auf eine Zahl von 1020 angehoben worden sei. Und diese Quellen sagen, die ursprüngliche Zahl von 710 amerikanischen seegestützten Fernlenkwaffen sei auf 656 gekürzt worden.
Jackson: Ich werde diese Frage besser beantworten können, nachdem er am Montag ausgesagt hat. Ich weiß nicht, ob diese Vereinbarungen, Absprachen und Interpretationen Dr. Kissinger und die Russen betreffen oder nur den Präsidenten und die Russen. Das werden wir feststellen müssen.
Rather: Aber das Außenministerium in Washington hat bestritten, daß es mit den Sowjets irgendwelche Absprachen über die Gesamtzahl der Fernlenkwaffen gibt. Ein Sprecher hat gesagt, Kissinger wird sich am Montag auf einer Pressekonferenz dazu äußern. Am gleichen Tag wird Kissinger vor dem Jackson-Ausschuß aussagen.

gen zum Kongreß, dem ehemaligen Gouverneur von Virginia, Linwood Holten, der dieses Verfahren mit Recht beanstandete.

Es ging um einen hohen Einsatz. Am 25. Juni stellte sich die *Washington Post* hinter mich und schrieb in ihrem Leitartikel: »Außenminister Kissinger, dessen Glaubwürdigkeit auch im Zusammenhang mit dem Abhören von Telefonen in Frage gestellt worden ist, hätte kaum im Amt bleiben können, wenn sich herausgestellt hätte, daß er über die Fernlenkwaffen eine Falschaussage gemacht hat.«

Aber ich war nur zufällig in die Schußlinie geraten, denn mich wollte man nicht zum Rücktritt zwingen. Der Angriff richtete sich gegen jede Flexibilität bei Verhandlungen über SALT II auf dem bevorstehenden Moskauer Gipfel. Die Beamten, die vor dem Streitkräfteausschuß aussagen sollten, wußten jetzt, wie peinlich diese Befragung für sie werden würde. Am sichersten war es natürlich, sich möglichst an die am wenigsten umstrittenen Probleme zu halten. Die Sowjets wußten, daß jeder Vorschlag des schwer angeschlagenen Präsidenten nach seiner Rückkehr brutal und rücksichtslos unter die Lupe genommen werden würde. Deshalb verringerte sich das Interesse der Sowjets zur Behandlung wichtiger Fragen, und das betraf insbesondere SALT, soweit sie es überhaupt vorhatten, noch mehr.

Die absurden gegen mich gerichteten Vorwürfe hörten sehr bald auf. In Brüssel mußte ich noch am 26. Juni auf einer Pressekonferenz Fragen über bestimmte Typen von Fernlenkwaffen beantworten, die jedoch durch unsere Klarstellung schon überholt waren. Damit war dieses Problem zunächst erledigt und kam erst wieder nach unserer Rückkehr aus Moskau zur Sprache. Nachdem ich die Tatsachen offiziell auf den Tisch gelegt hatte, wurde zutreffend über sie berichtet, und die Medien wandten sich bald anderen, für sie lohnenderen Themen zu. Aber die Episode war ein weiterer Nagel für den Sarg der Ost-West-Beziehungen. Wahrscheinlich ist noch niemals ein Präsident unter schwierigeren Voraussetzungen und mit weniger Verhandlungsspielraum zu Gesprächen mit der Sowjetunion nach Moskau gereist. Ich hoffe, daß es niemals wieder vorkommen wird.

Der Moskauer Gipfel von 1974

SALT war nicht das einzige Thema, das in Moskau auf der Tagesordnung stand und zugleich in unserer innenpolitischen Auseinandersetzung eine Rolle spielte. Nachdem man der Öffentlichkeit eingeredet hatte, daß Nixon, um sich zu retten, auf dem Moskauer Gipfel wahrscheinlich versuchen werde, ein Kaninchen aus dem Zylinder zu ziehen, wollten seine Gegner ihm systematisch jeden Verhandlungsspielraum nehmen. Ich habe schon im 22. Kapitel geschildert, wie Jackson am 24. Juni, einen Tag vor Nixons Abreise nach Moskau, erklärte, er hätte vor, neue und nicht näher bezeichnete Voraussetzungen für den Handel mit der Sowjetunion und die Auswanderung zu schaffen, und wie es ihm dadurch gelang, diese Themen aus der Tagesordnung für den Gipfel zu streichen. Gleichzeitig waren in das dem Senat vorliegende Außenhandelsgesetz neben den Handelsbeschränkungen auch Kreditrestriktionen eingebaut worden. Während wir den Sowjets versicherten, daß wir uns dagegen wehren würden, zeigte es sich, daß wir ähnliche Zusagen im Hinblick auf die Gesetzesvorlage der Senatoren Jackson und Vanik nicht einhalten konnten. Auch auf anderen Gebieten glaubten die Sowjets nicht, mit der Möglichkeit eines gemeinsamen Vorgehens rechnen zu können, und sahen daher auch keine Veranlassung, uns irgendwelche interessanten Zugeständnisse zu machen. Im Nahen Osten gab es in der Tat kaum Aussicht auf ein gemeinsames Vorgehen, und auch bei SALT wurden die Entscheidungen systematisch vorweggenommen.

Am 14. Juni zeigten diese Störversuche ein konkretes Ergebnis, als Paul Nitze als Vertreter des Verteidigungsministeriums bei unserer SALT-Delegation zurücktrat. (Augenscheinlich hatte er es schon am 28. Mai tun wollen, aber Schlesinger hatte es ihm ausgeredet.) Nitze war einer unser fähigsten höheren Beamten und der beste Theoretiker auf dem Gebiet der nationalen Verteidigung. Unter Truman und Acheson war er Direktor des politischen Planungsstabes im Außenministerium gewesen. Unter Kennedy hatte er das Amt des Marineministers und unter Johnson den Posten eines stellvertretenden Verteidigungsministers innegehabt. Er hatte sich sein ganzes Leben mit Fragen der nationalen Strategie beschäftigt und gehörte zu der kleinen Gruppe aufrichtiger und kluger Männer und Frauen, die es mit der Unterstützung beider Parteien und ihrer gelegentlichen Kritiker ermöglicht hatten, daß die amerikanische Außenpolitik in der Zeit nach dem Kriege ihre Stetigkeit bewahrte. Zwischen ihm und mir war es manchmal zu Meinungsverschiedenheiten gekommen, wie es bei vernünftigen Menschen unvermeidlich ist, aber ich habe ihn immer hochgeschätzt und schätze ihn auch noch heute. 1969 hätte ihn Nixon auf meine Empfehlung hin fast zum Botschafter in Bonn ernannt. Aber der Präsident überlegte es sich, als seine Fachberater ihm sagten, daß die Ernennung von Nitze im Senat auf den Widerstand der Konservativen stoßen werde.

Weshalb die Konservativen Nitze mißtrauten, habe ich niemals begriffen. Er muß Ende der vierziger oder Anfang der fünfziger Jahre irgendwie Anstoß erregt haben, denn als er in der Regierung Eisenhower stellvertretender Verteidigungsminister werden sollte, legte der republikanische Senator Robert A. Taft sein Veto dagegen ein. Welches der Anlaß auch gewesen sein mag, der Fall beweist die geradezu formelhafte Unpersönlichkeit der Konservativen. Während der folgenden zwanzig Jahre hat Nitze auf jedem Gebiet einen sehr klaren politischen Kurs verfolgt. Melvin Laird ernannte ihn mit ausdrücklicher Zustimmung des Weißen Hauses 1970 zum Vertreter des Verteidigungsministeriums bei der amerikanischen SALT-Delegation. Im März 1974 schlug Schlesinger ihn wieder für einen Posten vor, auf dem er die Zustimmung des Senats brauchte. Es war der des stellvertretenden Verteidigungsministers, der ihm vor zwanzig Jahren versagt worden war. Es ist ein Beweis für Nitzes Patriotismus, daß er bereit gewesen ist, der Nixon-Regierung in einem niedrigeren Rang zu dienen, als er es unter

Johnson schon getan hatte. Ich unterstützte seine Ernennung und empfahl ihn ausdrücklich dem Vorsitzenden des Senatsausschusses für die Streitkräfte, Senator John Stennis, der sich zunächst nicht für Nitze begeistern konnte. Aber wieder scheiterte das Vorhaben an der Opposition der Konservativen, die diesmal von Senator Barry Goldwater angeführt wurde. Der offizielle Vorschlag für Nitzes Ernennung hat dem Weißen Haus niemals vorgelegen. Nitze blieb bei der SALT-Delegation, bis er am 14. Juni zurücktrat und Nixon öffentlich scharf angriff:

> Nach meiner Auffassung wäre es illusorisch, wenn man versuchen wollte, die deprimierende Realität der traumatischen Ereignisse, die sich jetzt in unserer Hauptstadt vollziehen, und die Auswirkungen dieser Ereignisse auf der internationalen Bühne zu ignorieren oder fortzuwischen.
>
> Bevor das Präsidentenamt seine Hauptaufgaben nicht erfüllen kann, die Verfassung zu schützen und für eine Einhaltung der Gesetze zu sorgen und damit in der Heimat und im Ausland funktionsfähig zu bleiben, sehe ich keine realen Möglichkeiten, gewisse unselige Tendenzen in der gegenwärtigen Entwicklung rückgängig zu machen.

Mit anderen Worten, Nitze erklärte, daß er einem Präsidenten – von dem er erst vor drei Monaten die Ernennung zu einem höheren Posten angenommen hatte – nicht mehr dienen könnte, weil er glaubte, Nixons Verwicklung in die Watergate-Affäre machte die Weiterführung einer wirksamen Außenpolitik unmöglich. Es gab aber auch noch andere konkrete Meinungsverschiedenheiten. Ein erstaunlicher Angriff so kurze Zeit vor Nixons Reise nach Moskau, aber er zeigte in dramatischer Weise, daß Nixon keine innenpolitische Basis mehr für irgendwelche wichtigen Vereinbarungen in Moskau hatte, gleichgültig welchen Inhalts.

So haben höchstwahrscheinlich auch die Sowjets die Lage beurteilt. Schon seit Monaten spielten sie sogar im direkten Gespräch mit Nixon immer häufiger auf Watergate an. Am 11. April hatte Gromyko bei einem Besuch in Washington dem Präsidenten gesagt:

> Wir in der sowjetischen Führung sind sehr zufrieden damit, daß Sie trotz gewisser bekannter Schwierigkeiten – auf die ich nicht näher eingehen möchte – an Ihrer politischen Linie festhalten, und wir bewundern Sie dafür auf menschlicher Ebene.

Zufällig war auch unser Botschafter in Moskau, Walter Stoessel, am gleichen Tag von Breschnew empfangen worden. Der Generalsekretär fragte ihn, ob und wie weit die »innenpolitischen Schwierigkeiten« in Amerika den Lauf der Ereignisse negativ beeinflussen könnten. Breschnew beantwortete seine eigene Frage und sagte, dies werde sich in naher Zukunft zeigen, und bewies damit, daß er sich über Watergate genau orientieren ließ. Es fehlte ihm aber doch das Verständnis für die Feinheiten in einem Regierungssystem mit demokratischer Verfassung. Wie Stoessel berichtete, war er erstaunt, »daß die Vereinigten Staaten an den Punkt gelangt wären, wo der Präsident wegen seiner Steuern belästigt würde. Er bewunderte den Präsidenten dafür, daß er sich dagegen wehrte.« Am 28. April hatte mich Gromyko in Genf sehr genau über das Amtsenthebungsverfahren befragt. Da Dobrynin zweifellos sehr ausführlich über die Ereignisse in Washington berichtete, hat er uns mit dieser ungewöhnlichen Frage offenbar deutlich zeigen wollen, daß die Sowjetunion zunehmend an unserer Verhandlungsfähigkeit zweifelte.

Ob sich Moskau durch Watergate veranlaßt gesehen hat, die Ost-West-Beziehungen im Frühjahr 1974 abkühlen zu lassen, ob der Grund dafür die allgemeine Entwicklung unserer innenpolitischen Debatte gewesen ist oder ob Moskau diese Umstände nur zum Vorwand genommen hat, während es eigene und rein sowjetische Gründe für seine Haltung hatte, läßt sich allein aus amerikanischen Dokumenten nicht entscheiden. Tatsache ist, daß sich die Haltung der Sowjets im April 1974 änderte. Die Vorbereitungen für ein Gipfeltreffen oder für SALT-Gespräche folgen gewöhnlich einem bestimmten Muster. Nach einem weit überzogenen sowjetischen Eröffnungsvorschlag kommt es meist zu einem Feilschen, das sich über längere Zeit hinzieht. Wenn die Sowjets schließlich glauben, erkannt zu haben, daß sie mit ihrer Starrheit nicht mehr erreichen können, kommt es zu einem Durchbruch. Wenn auch die erste sowjetische Forderung unannehmbar ist, bildet sie doch die Basis für das anschließende Tauziehen. Wenn wir in solchen Fällen an unserer Grundauffassung festhielten, näherten sich die Standpunkte beider Seiten allmählich, bis es mit Hilfe eines besonderen Anlasses, wie etwa eines Gipfeltreffens, schließlich gelang, eine Einigung zu erzielen.

So schienen sich auch die SALT-Verhandlungen im Frühjahr 1974 zu entwickeln. Über ein Jahr hatten beide Seiten nur Vorschläge gemacht, mit denen nichts erreicht werden konnte, als daß sie zu den Akten genommen wurden. Dann einigten sich unsere Regierungsbehörden auf ein Konzept der »ausgewogenen Asymmetrien«. Eine sowjetische Überlegenheit bei der Gesamtzahl der Trägerraketen (entsprechend den Programmen auf beiden Seiten) wurde durch eine zahlenmäßige Überlegenheit amerikanischer, mit Mehrfachsprengköpfen ausgerüsteten Fernlenkwaffen aufgewogen – nach unserer Auffassung sogar mehr als aufgewogen. Als ich im März nach Moskau reiste, schien Breschnew mit diesem Verfahren einverstanden zu sein. Er schlug eine Erweiterung der Zwischenvereinbarungen von 1972 vor, wonach die sowjetische Überlegenheit bei der Zahl der Trägerraketen beibehalten werden sollte, während uns eine Überlegenheit mit hundert Fernlenkwaffen zugestanden wurde, die mit Mehrfachsprengköpfen ausgerüstet waren, und zwar über die Zeit hinaus, in der die Zwischenvereinbarungen gelten sollten. Aus Gründen, auf die ich im 22. Kapitel näher eingegangen bin, hielten wir die amerikanische Überlegenheit mit nur hundert Fernlenkwaffen für unzureichend, ja sogar für lächerlich. Aber wenn wir an unsere bisherigen Erfahrungen dachten, dann durften wir annehmen, daß wir bei den Verhandlungen zwischen Gromyko und mir zu realistischeren Zahlen kommen würden.

Das geschah jedoch nicht. Die Verhandlungen fuhren sich vielmehr fest. Die Sowjets weigerten sich, auf verschiedene Vorschläge einzugehen, nach denen die Höchstzahl der mit Mehrfachsprengköpfen ausgerüsteten Trägerraketen verringert werden sollte. Außerdem wollten sie auf besondere Begrenzungen für die bodengestützten interkontinentalen Fernlenkwaffen, um die es uns vor allem ging, nicht eingehen. Das Eigenartige bei unserer innenpolitischen Debatte war, daß *niemand* in unserer Regierung auf die sowjetischen Vorschläge eingehen wollte. Die oft geäußerte Befürchtung, Nixon könnte, um sich im Weißen Haus zu halten, für uns ungünstige Vereinbarungen treffen, war vollkommen unbegründet. Das Weiße Haus strebte vielmehr eine Lösung an, die unsere Vorschläge vom März, denen alle Regierungsbehörden zugestimmt hatten, berücksichtigte. Wir hofften daher auf einen Konsens im Hinblick auf »ausgewogene Asymmetrien«, die im Interesse der Vereinigten Staaten liegen könnten, falls sich die Tür für einen Durchbruch öffnete. Es folgten sehr viel vorsichtigere Verhandlungen, um zu diesem Konsens zu kommen. Dabei hatten wir einen viel geringeren Verhandlungsspielraum als bisher.

Doch plötzlich erstarrten die Fronten, und es fällt mir auch noch heute schwer, dieses Phänomen zu erklären. Der Führer der Revolte in der eigenen Regierung war Nixons Verteidigungsminister, James Schlesinger. Ich habe schon gesagt, eine wie hohe Meinung ich von Schlesingers analytischem Verstand und Tüchtigkeit hatte. Gegen den Widerstand eines feindlichen Kongresses war es ihm gelungen, unsere Verteidigungskapazität wesentlich zu stärken. Dabei hatte er unsere Verteidigungsdoktrin in wichtigen Punkten sehr vernünftig umgestellt, und zwar sowohl im Hinblick auf die strategischen als auch auf die taktischen Streitkräfte. Einer seiner zuverlässigsten Verbündeten bei diesem Unternehmen war Senator Jackson gewesen. Was vielleicht als Vernunftsehe begonnen hatte, wurde zu einer echten Symbiose. Die zwischen den beiden Männern entstandene persönliche Freundschaft gründete sich auf ihre gemeinsamen Auffassungen. Aber damit wurde Schlesinger allmählich in die offene Opposition gegen seinen Präsidenten gedrängt.

Zweifellos hat die persönliche Rivalität zwischen uns auch eine gewisse Rolle gespielt. Wie ich schon gesagt habe, wollte Schlesinger nicht einsehen, weshalb ich als Berater des Präsidenten mehr Einfluß haben sollte als er. Ihm gefielen nicht meine – um es milde auszudrükken – nicht immer taktvollen Methoden. So habe ich zum Beispiel die SALT-Verhandlungen fast bis zum Ende meiner Amtszeit nur mit Angehörigen meines Stabes geführt und das Verteidigungsministerium nicht daran beteiligt. Das war taktlos und unklug, denn für einen Vertreter des Verteidigungsministeriums wäre die Teilnahme an den Verhandlungen sehr lehrreich gewesen. Er hätte dabei gelernt, die Rhetorik des Pentagon an den Realitäten zu messen, die bei den Verhandlungen zum Ausdruck kamen (wie das geschah, als der SALT-Experte James P. Wade während Präsident Fords Regierungszeit zu meiner Arbeitsgruppe stieß). Außerdem wäre es leichter gewesen, die Unterstützung des Verteidigungsministeriums für die Belange des Nationalen Sicherheitsrats zu gewinnen. Aber auch Schlesinger war kein schüchternes Mauerblümchen, sondern hart im Nehmen und im Geben. Nach einiger Zeit hatte er keine Gelegenheit mehr versäumt, sich gegen mich durchzusetzen, auch wenn wir in der Beurteilung der strategischen Lage ganz ähnliche Auffassungen vertraten. Er hielt es für richtig, so zu tun, als wäre er im Hinblick auf SALT wachsamer und vorsichtiger als ich – was man von einem Verteidigungsminister auch erwarten durfte. Andererseits war auch ich eher geneigt, mich gegen Übergriffe des Verteidigungsministeriums in geopolitische Bereiche zu wehren. Aber die Differenzen zwischen Schlesinger und mir waren mehr persönlich als intellektuell begründet, wenngleich auch die verschiedenen Auffassungen und Aufgaben beider Ministerien eine Rolle dabei gespielt haben. Das war ein Jammer, denn Schlesinger war einer der tüchtigsten hohen Staatsbeamten, und unsere Zusammenarbeit hätte im Interesse des Landes gelegen. In normaleren Zeiten wäre es uns wahrscheinlich nicht so schwergefallen, am gleichen Strang zu ziehen. (Allerdings wären wir beide in normalen Zeiten niemals ins Kabinett aufgenommen worden.)

Wie es auch gewesen sein mag, Schlesinger scheint Anfang Juni zu den gleichen Schlüssen gekommen zu sein wie Nitze. Er hatte kein Interesse mehr daran, die SALT-Verhandlungen voranzutreiben, und glaubte, daß die Regierung nicht mehr über das moralische Kapital verfügte, um eine Debatte über ein umstrittenes Ergebnis dieser Verhandlungen durchzustehen. Deshalb versuchte er, die diplomatischen Bemühungen ganz offen zu blockieren. Wenn er mir, was seine Intelligenz betraf, zumindest ebenbürtig war, an Arroganz hat er mich sicherlich übertroffen. Unter normalen Voraussetzungen hätte sein Verhalten mit Sicherheit zu seiner Entlassung geführt, aber unter dem Druck von Watergate konnte Nixon an einen solchen Schritt nicht einmal denken.

Im Dezember des vorigen Jahres hatte Jackson öffentlich vorgeschlagen, bei den SALT-Vereinbarungen die Zahl der Trägerraketen herabzusetzen und auszugleichen. Unsere Bemühungen, eine obere Grenze für die Mehrfachsprengköpfe festzulegen – der Kern unserer Position bei SALT –, bezeichnete er als »übertrieben«. Im April schrieb Jackson an Schlesinger und bat ihn um seine Stellungnahme. Am 3. Juni 1974 beantwortete Schlesinger Jacksons Brief – wahrscheinlich war dieser Briefwechsel vorher abgesprochen worden – und stimmte seinen Vorschlägen zu. Mit anderen Worten, er distanzierte sich von den offziellen amerikanischen Vorschlägen, die den Sowjets bereits vorlagen (siehe Kapitel 22). Damit wurden praktisch alle unsere Pläne blockiert, die darauf hinausgingen, Unausgewogenheiten auszugleichen, also die Unausgewogenheit bei der einen Art von Trägerraketen durch eine Unausgewogenheit an anderer Stelle aufzuheben. Nach dem Empfang von Schlesingers Brief konnte Jackson behaupten, daß das Verteidigungsministerium hinter seinen Vorschlägen stünde, und lehnte praktisch die Auffassungen seines Oberbefehlshabers ab.

Am gleichen Tag, an dem Schlesinger an Jackson geschrieben hatte, traf auch ein Brief Paul Nitzes an den Präsidenten ein. Nitze, der zehn Tage später zurücktreten sollte, erklärte, jede Vereinbarung, die den Sowjets mehr als zweihundert bis dreihundert interkontinentale Fernlenkwaffen mit Mehrfachsprengköpfen zugestand, wäre strategisch nicht vertretbar, weil eine größere Zahl solcher Waffen die amerikanischen bodengestützten strategischen Waffen mit der Vernichtung bedrohte. Viele Gegner von SALT machten den Fehler, zu verlangen, daß mit Verhandlungen über Rüstungskontrolle nicht nur der Rüstungswettlauf stabilisiert werden, sondern auch alle strategischen Schwierigkeiten gelöst werden sollten. Wenn jedoch eine SALT-Vereinbarung nicht zustande kam, dann bedeutete das nicht, daß die Sowjets weniger als dreihundert Trägerraketen mit Mehrfachsprengköpfen ausrüsteten. Auch unsere bodengestützten strategischen Waffen würden in diesem Fall ebenso stark gefährdet sein, denn nach allen Berechnungen würden die Sowjets dann ihre mit Mehrfachsprengköpfen ausgerüsteten Kräfte verstärken und damit unsere strategischen Streitkräfte wesentlich mehr bedrohen. Es wäre vernünftig gewesen, darüber zu sprechen, ob solche Berechnungen realistisch waren, ob sich die Bedrohung durch die Sowjetunion verringerte, wenn keine Vereinbarungen getroffen würden, und ob durch den Abschluß eines SALT-Vertrages unsere Verwundbarkeit geringer werden könnte. Schließlich war der Kongreß unter dem Eindruck von Vietnam und Watergate nicht bereit, ein umfangreiches Rüstungsprogramm zu finanzieren oder auch nur die verhältnismäßig geringe Summe von zwei Milliarden Dollar jährlich zu bewilligen, von der Schlesinger gesprochen hatte.

Hier muß noch einmal gesagt werden, daß dies alles geschah, ohne daß wir die Bürokratie irgendwie herausgefordert hätten. Ich war eben von meiner Reise durch den Nahen Osten zurückgekehrt. Als Schlesinger die Bombe platzen ließ, hatten wir uns in den SALT-Verhandlungen den Sowjets um keinen Schritt genähert. Es war ein Manöver, mit dem Schlesinger einem Phantom zuvorkommen wollte, denn Nixon hatte nicht vor, uns in Moskau mit irgendwelchen Überraschungen zu überrumpeln.

Nachdem Nixon von Schlesingers Brief an Jackson Kenntnis genommen hatte, bestellte er den Verteidigungsminister am 6. Juni ins Ovale Zimmer. Offenbar hatte er den Verdacht, daß Schlesinger und Jackson unter einer Decke steckten. In einer normalen Regierung würde kein Kabinettsmitglied, das Wert darauf legte, seine Stellung zu behalten, sich öffentlich von der Politik des Präsidenten distanzieren. Daß Nixon sich gezwungen sah, seinen Verteidigungsminister zu behandeln, als wäre dieser gleichberechtigt mit dem Präsidenten, zeigte, wie weit seine Autorität als Präsident erschüttert war. Man muß es Nixon jedoch hoch anrechnen, daß er seine Abneigung gegen persönliche Konfrontationen überwand und das Grundproblem in seinem Gespräch mit Schlesinger sehr zutreffend analysierte:

> Lassen Sie mich Ihnen sagen, wie ich den Spielstand beurteile. Es ist komisch, daß das Verteidigungsministerium, das Außenministerium und jedermann jetzt erkennt, daß der Kommunismus schlecht ist und man der Sowjetunion nicht vertrauen kann; ich habe das schon längst gewußt. Nitze meint, wir sollten die sowjetischen Vorschläge auf allen Gebieten blockieren, bei SALT, bei den Mehrfachsprengköpfen, bei TTB* und bei den Bodenluftraketen.
>
> Das verstehe ich. Es gibt in der Bürokratie Meinungsverschiedenhei-

* Das war der Stufenplan für das Verbot von Kernwaffenversuchen, der an anderer Stelle in diesem Kapitel behandelt werden wird.

ten über die von uns zu erreichenden Ziele. Das Außenministerium wünscht sich eine Kraftprobe, weil der Streit nicht dort entstanden ist. Das gleiche gilt für die CIA. Im Verteidigungsministerium will man – nicht Sie – die Verhandlungen blockieren, um mehr Geld zu bekommen – mehr Schiffe usw. Das ist nicht nur Eigennutz. Man ist dort aufrichtig davon überzeugt, daß eine Vereinbarung uns nichts bringen wird. Das ist so wie bei SALT I – obwohl wir dabei auf nichts verzichtet haben. Offen gesagt, als Minister müssen Sie Ihr Ministerium leiten. Sie müssen sagen, was Sie denken. Ihre Vorgänger haben Briefe geschrieben, um ihre Auffassungen aktenkundig zu machen – und sie haben Meinungen geäußert, die weder akzeptiert noch abgelehnt werden konnten, um sich alle Türen offenzuhalten. Es enttäuscht mich, wenn ich sehe, daß Sie den gleichen Weg gehen.

Schlesinger äußerte sich zweideutig, blieb aber grundsätzlich bei seiner Meinung. Er behauptete, daß er für eine Begrenzung der Zahl der Mehrfachsprengköpfe wäre, gab jedoch zu, daß solche Begrenzungen bedeutungslos wären, wenn man den Sowjets erlaubte, mehr als 360 bis 450 Trägerraketen mit Mehrfachsprengköpfen auszurüsten. Ebensowenig wie Nitze konnte er erklären, weshalb sich die Sowjets an diese obere Grenze halten würden, wenn es zu keiner Vereinbarung käme. Er ließ jedoch erkennen, daß es ihm am liebsten wäre, wenn die Höchstzahl der Trägerraketen auf beiden Seiten auf 2500 festgesetzt würde. Diese Zahl lag wenigstens um 350 über dem, was die Vereinigten Staaten produzieren wollten, und um etwa hundert unter der Gesamtzahl der sowjetischen Trägerwaffen. Nun lag die Schwierigkeit darin, daß Nixon keinen Alternativvorschlag anzubieten hatte. Er verlangte von Schlesinger nur mehr Flexibilität und moralische Unterstützung, nicht aber seine Zustimmung zu irgendeinem neuen Vorschlag, denn einen solchen Vorschlag gab es nicht. In dieser Lage verhallte Nixons fast wehmütiger Appell in einem Vakuum:

Wir brauchen Ihre Hilfe. Helfen Sie Kissinger, einen Ausweg zu finden. Ich werde mich mit Breschnew auseinandersetzen. Ich habe in meiner Rede gesagt, die Vereinigten Staaten wären jeder anderen Macht überlegen. Das amerikanische Volk wünscht in seiner schlichten Art zu denken nicht den Frieden um jeden Preis, aber es wünscht den Frieden. Viele meiner Freunde sind entsetzt darüber, daß wir überhaupt mit der Sowjetunion sprechen. Aber sollen wir es zulassen, daß sich die Welt in einen Rüstungswettlauf stürzt, oder werden wir etwas dagegen unternehmen können?

In dieser gespenstischen Lage angesichts der Unnachgiebigkeit der Sowjets und von seinen eigenen Untergebenen angegriffen, versammelte Nixon am 20. Juni, fünf Tage vor seiner Abreise nach Moskau, den Nationalen Sicherheitsrat. Es standen keine Entscheidungen auf der Tagesordnung. Wir berieten nur den Eventualfall, daß die Sowjets während unseres Aufenthalts in Moskau ein Angebot machen könnten. Auf Nixons Veranlassung erläuterte ich unsere Lage:

Wenn die Vereinigten Staaten nicht aufrüsten, dann wird die Sowjetunion den Vereinigten Staaten in den achtziger Jahren zahlenmäßig an mit Mehrfachsprengköpfen ausgestatteten Fernlenkwaffen überlegen sein; vielleicht schon 1980, vielleicht aber auch erst 1982, was davon abhängt, wie rasch diese Waffen gebaut werden können. Wenn sie sich mit ihrer Aufrüstung ebenso beeilen wie bisher, dann könnte die Unausgewogenheit dramatische Proportionen annehmen. Wir haben nur die Wahl, durchzusetzen, daß sie ihr Rüstungsprogramm verlangsamen, oder selbst aufzurüsten. Am ungünstigsten wäre es, wenn wir sie nicht veranlassen könnten, sich Beschränkungen aufzuerlegen, und selbst nicht weiter aufrüsteten.

Nixon fiel mir ins Wort und sagte, genau das könnte geschehen: »Wenn sie sich keine Beschränkungen auferlegen, dann könnten wir alle Hebel in Bewegung setzen, um die Unterstützung des Kongresses zu gewinnen, und das könnte geschehen. Aber mir geht es vor allem darum, daß es nicht geschieht.«

Dann erläuterte ich zusammenfassend das strategische Problem:

Der Stand der Verhandlungen ist der folgende. Wir sprechen gegenwärtig darüber, daß die in den Zwischenvereinbarungen festgelegten Zahlen noch bis etwa 1979 oder 1980 gelten sollten – dieser Termin ist wichtig, denn Trident kommt 1977/1978. Als Gegenleistung dafür erwarten wir, eine Begrenzung der Gesamtzahl der mit Mehrfachsprengköpfen ausgerüsteten Trägerraketen zu erreichen. Sie wollen uns 1100 zugestehen und verlangen für sich tausend. Wir haben ihnen gesagt, daß das nicht ausreicht. In diesem Fall müßten wir unsere Programme etwa in einem Jahr einstellen und es zulassen, daß die sowjetische Aufrüstung weitergeht. Ich kenne kein Regierungsmitglied, das mit der Annahme dieses Vorschlags einverstanden wäre. Aber vielleicht bieten sie uns ein für uns günstigeres Zahlenverhältnis an. Im Augenblick müssen Sie, Herr Präsident, keine Entscheidungen treffen. Es liegt uns ein Angebot vor, aber nur ein unbefriedigendes Angebot. Nehmen wir aber an, sie gestehen uns eine größere zahlenmäßige Überlegenheit zu – würden wir dann bereit sein, die Zwischenvereinbarungen auf 1979 oder 1980 auszudehnen und einige größere Trägerraketen in unser Programm aufzunehmen? Das werden Sie unter Umständen entscheiden müssen. Ich sehe nicht, daß das der Fall sein wird, und möchte sogar voraussagen, daß Sie nicht vor dieser Entscheidung stehen werden, weil sie uns kein für uns günstigeres Zahlenverhältnis anbieten werden.

Mit anderen Worten, ich schlug vor, festzustellen, welche Möglichkeit bestünde, daß unsere Vorschläge angenommen wurden. Wir wollten uns auf den Fall vorbereiten, daß die Sowjets flexibler auf unsere Vorschläge im März reagierten, als wir zunächst angenommen hatten, und *alle* Behörden, die auf dieser Sitzung vertreten waren, sollten dem zustimmen. Schlesinger wiederholte in seiner Antwort das, was er Nixon am 6. Juni gesagt hatte, und machte einen völlig neuen Vorschlag, mit dem eine Woche vor Beginn des Gipfeltreffens die Verhandlungen der vergangenen sechs Monate praktisch gegenstandslos wurden. Er erklärte, daß der einzige Vorschlag, über den jetzt gesprochen wurde, bedeutungslos wäre. Nach seinem neuen Vorschlag sollten beide Seiten jeweils 2500 Trägerraketen haben, wir sollten 660 interkontinentale Fernlenkwaffen des Typs Minuteman mit Mehrfachsprengköpfen ausrüsten dürfen, die Sowjetunion dagegen nur 360. Die Zahl der auf U-Booten stationierten und mit Mehrfachsprengköpfen ausgerüsteten Fernlenkwaffen sollte nicht begrenzt werden. Die Gültigkeitsdauer der Zwischenvereinbarungen sollte bis 1979 ausgedehnt werden.

Nun hatte die Sowjetunion gerade diesen Vorschlag erst im März abgelehnt, und zwar aus verständlichen Gründen. Damit wurden keinem amerikanischen Rüstungsprogramm irgendwelche Beschränkungen auferlegt, wohl aber dem einzigen sowjetischen Programm für die Ausrüstung von Trägerraketen mit Mehrfachsprengköpfen. Die Höchstzahl für die Minuteman lag *über* dem, was das Verteidigungsministerium in seinem Jahresbericht für die folgenden fünf Jahre vorgeschlagen hatte. Die Sowjets verfügten jedoch nach unserer Schätzung über die Kapazität, wenigstens fünfhundert mit Mehrfachsprengköpfen ausgerüstete interkontinentale Fernlenkwaffen mehr zu bauen, als ihnen der Plan des Pentagon für die Dauer der Laufzeit der Zwischenvereinbarung zugestehen wollte. Unser einziger Gegenvorschlag bestand darin, als Ausgleich für die sechs besten sowjetischen Fernlenkwaffen 150 Minuteman III zu bauen. Damit versuchten wir, die mögliche Aufstellung von 3000 sowjetischen Sprengköpfen zu verhindern, indem wir drohten, 450 aufzustellen. Niemand konnte behaupten, daß dies bedrohlich genug klang, um die Sowjets zum Nachgeben zu veranlassen, so lautstark die Befürworter dieses Plans im übrigen auch ihre antikommunistischen Thesen vertraten. Breschnew hatte mir im März gesagt, als ich ihm diesen Plan zum ersten Mal vorlegte, daß er nicht lange im Amt bleiben könne, wenn er darauf einginge.

Aber Schlesinger wollte davon nichts hören. Der Umstand, daß die Sowjets seinen Vorschlag schon abgelehnt hatten, überzeugte ihn nicht. Sie hätten bisher nur mit mir verhandelt, aber auf dem Gipfeltreffen würden sie es mit seinem Herrn und Meister zu tun bekommen:

> Herr Breschnew hat eine hohe Meinung von Ihnen, Herr Präsident. Sie können sehr überzeugend sein – Sie sind sehr redegewandt. Ich glaube, Sie können sie dazu bewegen, jährlich nur fünfundachtzig und nicht zweihundert zu bauen. Damit werden Sie einen bedeutenden Durchbruch erzielt haben.

Ein »bedeutender Durchbruch« war eine Untertreibung. Mit Redegewandtheit konnte man ihn nicht erreichen. Auch Demosthenes oder Daniel Webster* hätten ihn nicht erreicht. Dazu bedurfte es eines Wunders.

Nur ein Minister, der glaubte, daß Nixon nicht mehr lange Präsident sein würde, konnte so herablassend mit seinem Staatsoberhaupt sprechen. Nixon schrieb in sein Tagebuch: Das war »wirklich eine Beleidigung der Intelligenz aller Anwesenden und besonders meiner«.[9] In ruhigeren Zeiten hätte man erkannt, daß sich dieser selbstgerechte Dogmatismus nicht rechtfertigen ließ, mit dem unsere innenpolitischen Gegner die amerikanische Ostpolitik angriffen. Das Problem ließ sich durchaus vernünftig analysieren. Schlesinger und ich stimmten darin überein, daß die Obergrenze von tausend sowjetischen Mehrfach-

* Obwohl Daniel Webster zweimal Außenminister gewesen war.

sprengköpfen zu hoch lag. Es war in Wirklichkeit gar keine Obergrenze. Wir waren beide der Auffassung, daß die Obergrenze für die sowjetischen Fernlenkwaffen bei 360 liegen sollte. Unsere Meinungen gingen nur im Hinblick auf das Erreichbare auseinander. Wenn ich recht hatte und die Sowjets den Vorschlag trotz Nixons Redegewandtheit ablehnten, ging es schließlich ganz einfach um die folgende Frage: Gab es für die sowjetischen Mehrfachsprengköpfe eine Obergrenze, die über 360 und unter tausend lag und zugleich unsere Stellung verbesserte? Bei kühler Überlegung mußte man sich sagen, daß es so sein müßte.

Schlesinger hatte angedeutet, daß, wenn wir uns in diesem Sommer nicht einigen könnten, sein Gegenvorschlag wäre, unser Programm für Minuteman III um 150 (oder 450 Sprengköpfe) zu erweitern. Wenn wir erreichen konnten, daß sich die Sowjets mit 800 bis 850 mit Mehrfachsprengköpfen versehenen Fernlenkwaffen begnügten, eine Obergrenze, die ich (vielleicht irrtümlich) für erreichbar hielt, dann hätten die Sowjets gegenüber dem Vorschlag von Breschnew auf 900 bis 1200 Sprengköpfe verzichten müssen und verglichen mit dem gegenwärtigen Rüstungsstand 3000 Sprengköpfe weniger gehabt. Wenn man das als unwesentlich abtat, dann läßt sich kaum verstehen, weshalb man bei SALT I so empört darüber gewesen war, daß die Sowjets uns mit 300 Trägerraketen mit jeweils nur einem Sprengkopf überlegen waren.

Schließlich haben wir die zusätzlichen Minuteman III nicht gebaut, vor allem deshalb, weil das Pentagon einen solchen Plan nicht vorlegte. Das Fehlen einer Vereinbarung führte sehr bald dazu, daß der Vorschlag, daß die Sowjets nur 360 interkontinentale Fernlenkwaffen mit Mehrfachsprengköpfen ausrüsten sollten, zu einem Hirngespinst wurde. Die Sowjetunion hat inzwischen sogar die Obergrenze von tausend überschritten, die wir 1974 als unannehmbar angesehen haben. Die heute geltende, bei SALT II ausgehandelte Obergrenze liegt bei 1200 um 200 über dem Angebot von Breschnew. Heute, nach der Amtsübernahme durch die dritte Regierung seit jener Zeit, liegt die Gesamtzahl der Trägerraketen unserer strategischen Streitkräfte etwas unter der Zahl, die im Fünfjahresplan von 1974 vorgesehen war. Keine der auf Nixon folgenden Regierungen hat die Aggregate bauen lassen, die 1974 auf Verlangen des Pentagon bei SALT hätten ausgehandelt werden sollen. Sie haben sich vielmehr damit begnügt, trotz des Fehlens von Vereinbarungen bei unserem bisherigen Produktionsprogramm zu bleiben. So viel zu dem Argument, daß SALT für das strategische Dilemma verantwortlich ist, vor dem wir heute stehen.

Zu jeder anderen Zeit wäre eine Kampagne mit dem Ziel, die »Kriegshetzer« von 1972 als »Beschwichtigungspolitiker« darzustellen, die 1974 plötzlich den »Frieden um jeden Preis« verlangen, lächerlich gewesen. Aber in den letzten Wochen von Nixons Amtszeit hatte die Stimmung den Siedepunkt erreicht, und man tat so, als wäre dies die natürlichste Sache von der Welt. Auch auf die Sitzung des Nationalen Sicherheitsrats folgte am nächsten Tag der Vorwurf, daß wir mit der Sowjetunion eine geheime Absprache über die Fernlenkwaffen getroffen hätten, von der ich oben gesprochen habe.

Was den ganzen Streit noch sinnloser erscheinen ließ, war die Tatsache, daß es wahrscheinlich nicht möglich sein würde, Bedingungen auszuhandeln, die mit unserer nationalen Ehre vereinbar waren, und auf etwas anderes würde Nixon nicht eingehen. Es waren nicht unsere Meinungsverschiedenheiten über SALT, an denen ein Abkommen scheiterte, es lag vielmehr daran, daß die Sowjets entschlossen waren, während dieses Sommers, da die Auflösung der Nixon-Regierung immer deutlicher wurde, nicht weiter zu verhandeln – was ihre Gründe im einzelnen auch sein mochten. Aber das Tauziehen innerhalb der Regierung erschütterte die Würde des Präsidenten während seiner letzten Reise als Regierungschef.

Wenn das Gipfeltreffen unter denkbar ungünstigen Voraussetzungen in den Vereinigten Staaten stattfand, dann waren die internationalen Vorbedingungen wenn möglich noch ungünstiger. 1972 hatte die Sowjetunion das Gipfeltreffen nicht abgesagt, obwohl wir Nordvietnam weiter bombardierten und die nordvietnamesischen Häfen blokkierten, was sehr deutlich zeigte, daß die Sowjets mit wichtigen Beschlüssen rechneten und ein großes Interesse an dem direkten Gespräch mit dem Präsidenten hatten. Sie wollten es nicht versäumen, angesichts der sich rasch entwickelnden chinesisch-amerikanischen Beziehungen ins Hintertreffen zu geraten. 1973 wollte die Sowjetunion eine Vereinbarung über die Verhinderung eines Krieges mit Kernwaffen abschließen, und Breschnew hatte größtes Interesse daran, mit uns über den Nahen Osten zu sprechen. Aber Ende Juni 1974 konnte keiner dieser Faktoren mit Ausnahme des sowjetischen Wunsches, China zu isolieren, Nixons fast mit jeder Woche deutlicher spürbaren Autoritätsschwund überbrücken.

Auch die Sowjetunion befand sich in keiner sehr günstigen Lage. Theoretisch hatten die Jahre der Entspannung uns mehr gebracht als unseren Gegnern – trotz der gegenteiligen Behauptungen unserer Kritiker. Um Nixon auf das Gipfeltreffen vorzubereiten, verfaßte ich ein Orientierungspapier; darin hieß es:

> Die sowjetische Führung reagiert zwar empfindlich auf jede Verschiebung des Gleichgewichts der Kräfte, aber sie muß erkennen, daß sich die diplomatische Position der Vereinigten Staaten seit ihrem letzten Zusammentreffen mit Breschnew nicht geschwächt hat, daß sich die Sowjetunion aber in mancher Hinsicht in einer weniger günstigen Lage befindet, und zwar im Nahen Osten, in gewissem Grade in Europa und auch im Fernen Osten. Die sowjetischen Rückschläge und Enttäuschungen haben daher in Moskau wahrscheinlich Zweifel daran entstehen lassen, welchen Wert eine Fortsetzung der Entspannungspolitik mit dem Westen und mit den Vereinigten Staaten haben könnte. Breschnew hat sich jedoch bisher so stark für die Entspannungspolitik engagiert, daß er sie nicht ohne weiteres aufgeben kann, ohne seine persönliche Machtposition zu gefährden.

Diese Lagebeurteilung erwies sich als richtig. Breschnew war nur sehr ungern bereit, seinen Versuch aufzugeben, die Beziehungen der Sowjetunion zum Westen zu verbessern. Aber er verzichtete, nachdem er das ganze Ausmaß unserer innenpolitischen Katastrophe erkannt hatte, auf jede größere Anstrengung, den bestehenden Rahmen zu erweitern. Dazu brauchte er, was die Franzosen einen *interlocuteur valable* nennen – einen Gesprächspartner, der in der Lage ist, konkrete Zusagen zu machen und diese Zusagen zu erfüllen. Und dazu war Nixon immer weniger in der Lage. Ein Präsident in seiner zweiten Amtsperiode verliert ohnedies einen Teil seines Handlungsspielraums. Mit jedem Monat kommt der Tag seines Rücktritts näher und damit der Zeitpunkt, an dem er seinen politischen Einfluß verliert. In Nixons Fall wurde diese Entwicklung durch Watergate beschleunigt. Fast alle politischen Beobachter waren überzeugt, daß er schon im zweiten Jahr seiner zweiten Amtsperiode zurücktreten müsse.

Die Werkzeuge des Staatsmannes sind politische Klugheit und Autorität. Nichts kann die Intuition ersetzen, die ihm sagt, welche Ereignisse zueinander in Beziehung stehen und von grundlegender Bedeutung sind, bei welchen es sich nur um Augenblickserscheinungen handelt, welche Faktoren relevant sind und welche ihn nur von der einmal als richtig erkannten politischen Linie ablenken können. Diese Fähigkeit hat Nixon sich bis zum bitteren Ende bewahrt und sogar noch gesteigert. Aber alle Bemühungen eines Staatsmannes werden zu einen rein akademischen Übung, wenn er seinen Gesprächspartner nicht davon überzeugen kann, daß er in der Lage ist, seine politischen Vorstellungen zu verwirklichen. Das Wesen der Diplomatie besteht im Austausch von Zusagen für künftige Leistungen, aber die Fähigkeit dazu hatte Nixon beängstigend rasch verloren. Deshalb war er für die Sowjets kein interessanter Verhandlungspartner mehr. Immerhin haben sie ihn bis zuletzt höflich und sogar respektvoll behandelt. Aber im Sommer 1974 waren sie nicht mehr bereit, gegenüber Nixon langfristige Verpflichtungen zu übernehmen oder etwas für seinen guten Willen zu bezahlen. Auf dem Moskauer Gipfel von 1974 bestand nicht die Gefahr, daß gegen die Interessen der Vereinigten Staaten gerichtete geheime Absprachen getroffen wurden, sondern das Gegenteil war richtig – wir mußten fürchten, daß eine völlig bedeutungslose Begegnung daraus wurde.

Nixon flog zunächst nach Brüssel, wo sich die Regierungschefs des Nordatlantischen Bündnisses versammelten, um feierlich die Atlantische Deklaration zu unterzeichnen, ein Ereignis, das sich um mehr als ein Jahr verspätet hatte. Es war das fünfundzwanzigjährige Jubiläum der NATO, aber die Stimmung war gedrückt. Die Hauptverbündeten, Deutschland, Frankreich, Großbritannien und Italien, waren nicht mehr von den Persönlichkeiten vertreten, die sich im vergangenen Jahr an der leidenschaftlichen Debatte beteiligt hatten. Der Text der Deklaration entsprach in seinem Inhalt dem, was wir uns für eine neue Atlantik-Charta vorgestellt hatten. Doch die Bestätigung der Einigkeit, die keine konkreten Maßnahmen erfordert, deren Zustandekommen aber doch vierzehn Monate braucht, ist kaum ein Zeichen dafür, daß sich die Unterzeichner ihrer Verpflichtungen von neuem bewußt geworden sind.

Nixon genoß in Europa hohes Ansehen. Die meisten Europäer sahen in Watergate mehr ein politisches Manöver der Gegner Nixons als einen Verstoß der Administration gegen die Legalität. Die westlichen Regierungschefs behandelten Nixon mit dem Respekt, den sie für ihn empfanden, und der Rücksichtnahme, die ein vorübergehend Erkrankter verdient. In gewisser Weise war die Bekräftigung des Zusammenstehens gegen eine potentielle sowjetische Aggression in dem Augenblick, da der Präsident zu einem inzwischen jährlich stattfindenden Gipfeltreffen mit der sowjetischen Führung reiste, unter anderem ein Anzeichen dafür, daß die beiden Säulen unserer Ost-West-Politik, die Eindämmung und die Koexistenz, noch fest auf ihren Fundamenten standen. Doch andererseits verlor die Symbolik ihre dramatische Wirkung, weil die Zusammenkunft eher den Charakter eines Abschiedstreffens als den eines politischen Ereignisses hatte.

Wenn man alle diese Umstände bedenkt, dann sind unsere sowjetischen Gastgeber in für sie uncharakteristischer Weise sehr rücksichtsvoll mit dem menschlich so sehr in Bedrängnis geratenen Nixon umgegangen. Breschnew begrüßte den Präsidenten auf dem Moskauer Flughafen Wnukowo II am 27. Juni, was er bei Nixons letztem Besuch nicht getan hatte. Damals war Breschnew nur Generalsekretär der kommunistischen Partei gewesen und hatte ausländische Besucher nur selten am Flughafen begrüßt, wenn es sich nicht auch um hohe kommunistische Parteifunktionäre handelte. Er begleitete Nixon zum Kreml, wo der Präsident in den gleichen luxuriösen Räumen aus der Zarenzeit untergebracht wurde wie im Mai 1972. Anschließend führten Nixon und Breschnew ein längeres Gespräch, bei dem nur der sowjetische Dolmetscher Viktor Suchodrew zugegen war. Das Begrüßungsessen verzögerte sich um eine halbe Stunde, was bei den Wartenden die übliche Besorgnis auslöste. Nixon hat mir über den Inhalt seines Gesprächs nichts gesagt, und auch die Sowjets haben nichts darüber verlautet. Da der Präsident sehr bald darauf von seinem Amt zurücktrat, hat es keine konkreten Auswirkungen gehabt. Es war wie der Ruf eines einsamen Wüstenwanderers, der verhallt, ohne ein Echo zu finden.

Aber es gab gewisse Grenzen, über die der gute Wille der Sowjets nicht hinausging. In seiner Erwiderung auf Breschnews Trinkspruch versuchte Nixon, wie er es oft tat, wenn er aus dem Stegreif sprach, aus einer Augenblicksstimmung einen Grundsatz herauszufiltern. Er lobte die positive Entwicklung der amerikanisch-sowjetischen Beziehungen in den vergangen zwei Jahren und erklärte:

> Sie wurden ermöglicht durch eine persönliche Beziehung, die sich zwischen dem Generalsekretär und dem Präsidenten der Vereinigten Staaten entwickelt hat. Und diese persönlichen Beziehungen sind auch zwischen den höchsten Beamten in unseren beiden Regierungen entstanden.
>
> Man sagt, jede Vereinbarung ist nur so viel wert, wie die Bereitschaft der Vertragspartner, sich daran zu halten. Wegen unserer persönlichen Beziehungen besteht kein Zweifel an unserem guten Willen, diese Vereinbarungen einzuhalten und weitere zu treffen, wenn sie in unserem beiderseitigen Interesse liegen.

Es wäre auch unter den günstigsten Voraussetzungen für die sowjetische Führung kaum möglich gewesen, der Behauptung zuzustimmen, ihre Politik gründete sich auf persönliche Beziehungen. Die kommunistische Philosophie ist schließlich rein materialistisch begründet. Sogar in ihren privaten Äußerungen erklären sowjetische Führer immer wieder, daß sich ihre Politik ausschließlich auf objektive Faktoren, nicht aber auf Zufälligkeiten oder Gefühle gründet. Aber zu einer Zeit, da man jeden Augenblick mit Nixons Sturz rechnen mußte, hatte Breschnew nicht nur ein Interesse daran, seine marxistische Philosophie zu rechtfertigen, sondern wollte seine Politik auf keinen Fall mit Nixons Schicksal verknüpfen. In der Meldung der sowjetischen Nachrichtenagentur Tass war Nixons Tischrede daher sehr frei übersetzt worden. Es fehlte das Wort »persönlich«, und man hatte den Eindruck, daß Nixon von der Beziehung zwischen den beiden Ländern, nicht aber von seinen persönlichen Beziehungen zu Breschnew gesprochen hatte. Der Kreml war nicht bereit, zu viel Rücksicht auf den amerikanischen Präsidenten zu nehmen und sich der Auffassung anzuschließen, daß die Entspannung ausschließlich von den persönlichen guten Beziehungen zu Nixon abhinge.

Unsere Presse bemerkte diese Unstimmigkeit sofort. Der Generaldirektor von Tass, Leonid M. Samjatin, der ebenso wie Ron Ziegler an den täglichen Pressekonferenzen teilnahm, erklärte lächelnd, die sowjetische Übersetzung sei korrekt und alle Berichte, die das Gegenteil behaupteten, zeigten, daß ihre Verfasser die russische Sprache nicht beherrschten; und Suchodrew sagte uns, die Auslassung wäre unabsichtlich erfolgt – aber wie sich später herausstellte, war das nichts anderes als eine taktvolle Ausrede. Ziegler, der es als seine wichtigste Aufgabe ansah, Nixons Unersetzlichkeit zu beweisen, behauptete, der Irrtum sei entstanden, weil die Parteizeitung *Prawda,* die am Morgen erscheint, unter Zeitdruck geraten wäre. »Ich rechne damit, in der Abendausgabe der *Iswestija* etwas von den ›persönlichen Beziehungen‹ zu lesen.« Die *Iswestija* war die regierungsamtliche, erst am Abend erscheinende Tageszeitung. Er mußte sehr bald erfahren, daß die Sowjets sich in ihrem Bemühen um einen korrekten Journalismus nie unter Zeitdruck setzen lassen, denn die *Iswestija* hielt sich genau an den Bericht der *Prawda.* Die Nachrichtenagentur Tass korrigierte die Tischrede des Präsidenten auch an einer anderen Stelle. Nixon hatte gesagt, daß Breschnews Gegenbesuch in den Vereinigten Staaten für das »nächste Jahr« vorgesehen wäre, was bedeutete, daß sich die jährlichen Gipfeltreffen fortsetzen würden. Die Sowjets weigerten sich, einen festen Termin zu nennen; daher erwähnte die Tass den Gegenbesuch, ohne ein Datum zu erwähnen. Auch diese Tatsache wurde nicht näher erklärt, denn das war nicht notwendig. Die Sowjets waren darauf bedacht, keine unnötigen Risiken einzugehen.

Der Moskauer Gipfel von 1974 litt daher unter den gleichen Ungereimtheiten wie die Nahost-Reise. Nixons treue Gefolgsleute – praktisch war ihm nur noch Ziegler wirklich treu geblieben – bemühten sich darum, die persönliche Rolle des Präsidenten in den Vordergrund zu stellen. Aber die Sowjets wollten wichtige politische Vorhaben nicht mit dem Schicksal einer einzelnen Persönlichkeit verknüpfen, was allerdings auch im nationalen Interesse der Vereinigten Staaten lag, denn nur so konnten wir angesichts von Watergate unsere internationale Position bewahren. Wir mußten beweisen, daß eine wohlbegründete Politik innenpolitische Katastrophen überlebte, weil sie Ausdruck langfristiger nationaler Ziele war.

In der von inneren Spannungen, Befürchtungen und bösen Vorahnungen belasteten Stimmung kam es wieder zu den kleinlichen Streitereien unter den Mitarbeitern des Präsidenten, die wir schon auf der Nahost-Reise erlebt hatten, aber diesmal waren die Auseinandersetzungen schärfer und nahmen gelegentlich absurde Formen an. So kam es zum Beispiel zwischen Al Haig und mir zu einem unsinnigen Streit darüber, wer von uns beiden das Zimmer neben dem Appartement des Präsidenten beziehen sollte – ein unter diesen Umständen etwas fragwürdiger Prestigegewinn. Haig ging dabei als Sieger hervor. Es war wie der Streit um die besten Plätze am Kapitänstisch der *Titanic,* nachdem das Schiff den Eisberg gerammt hatte.

Meine persönlichen Beziehungen zu Nixon waren zu dieser Zeit ungewöhnlich kühl. Ich wußte nicht, ob er mir meine Pressekonferenz in Salzburg immer noch übel nahm, oder ob er, wie der Leitartikler William Safier glaubte, der angeblich gute Beziehungen zu mehreren engen Mitarbeitern Nixons hatte – meine Schwierigkeiten benutzte, um seine eigene Autorität zu stärken.[10] Im letzteren Fall war es ein vergeblicher Versuch. Nixon war noch mächtig genug, um mich in den Hintergrund zu drängen, aber er hatte keine Möglichkeiten mehr, seine eigene Autorität wieder herzustellen. Am einleuchtendsten ist die Erklärung, daß er vierunddreißig Stimmen im Senat brauchte, um das Amtsenthebungsverfahren abzuwenden, und die meisten dieser Stimmen auf der konservativen Seite für sich zu gewinnen hoffte. Wenn das zutrifft – denn ich wurde wegen meines Eintretens für die Entspannungspolitik angegriffen –, dann war der Leitartikel von Safier ein Versuch Nixons, sich von mir zu distanzieren und die guten Beziehungen zu seinen alten Anhängern wieder herzustellen.

Wie es auch gewesen sein mochte, der Präsident war im Umgang mit mir viel förmlicher als vorher. Die Medien hatten mir die Salzburger Pressekonferenz noch nicht verziehen. Immer wieder haben sie mich an meine Rücktrittsdrohung erinnert. Sie griffen jedes Anzeichen auf, aus dem sich schließen ließ, daß die Beziehungen zwischen dem Präsidenten und mir abgekühlt waren, daß meine Autorität gelitten hatte oder daß ich unter einer schweren Nervenbelastung litt. Der Umstand, daß Gromyko und ich auf einem Spaziergang im Park von Breschnews Strandvilla auf der Krim drei Meter hinter Breschnew und Nixon hergingen, machte Schlagzeilen: Entweder war ich schlechter Laune oder der Präsident hatte mir eine zweitrangige Rolle zugewiesen – oder beides.

In Wirklichkeit lagen die Dinge viel einfacher. Natürlich war ich nach mehr als zwei Monate dauernden Reisens erschöpft. Aber der Präsident, der wegen seiner Venenentzündung unter sehr starken Schmerzen litt, hatte es viel schwerer als die hinter ihm herlaufenden Mitglieder seines Gefolges. Nixon verstand viel zu viel von der Außenpolitik und den Regierungsgeschäften, um nicht zu begreifen, daß ernsthafte Verhandlungen am meisten behindert wurden, weil die Sowjets überzeugt waren, daß, wenn er politisch überlebte, es ihm an Autorität mangeln werde, daß er jedoch höchstwahrscheinlich nicht überleben werde. Es muß Nixon außerordentlich schwer gefallen sein zu ertragen, daß ich – trotz aller Schwierigkeiten, die mir im Wege standen – mit Sicherheit die Katastrophe überleben würde, die er nicht akzeptieren wollte, obwohl er jetzt gespürt haben muß, daß sie unvermeidlich war. Es kam aber noch hinzu, daß die Medien mich lange Zeit als den Unterhändler des Friedens und ihn fast als einen »wahnsinnigen Bombenwerfer« bezeichnet hatten.

So war es kein Wunder, daß die physischen Anstrengungen Nixons Energie zunehmend zu erschöpfen schienen. Oft war er geistesabwesend und distanziert, aber nur selten, weil er mit mir unzufrieden war. Ihn bedrückte vor allem, daß er sich von dem trennen mußte, was allein seinem Leben eine Bedeutung gegeben und die fast übermenschliche Selbstdisziplin ermöglicht hatte, um die Diskrepanz zu überwinden, die zwischen dem an der Öffentlichkeit wirkenden politischen Führer und seinem eigentlichen, eher scheuen und sanften Wesen bestand. So lange er noch von den äußeren Symbolen des Präsidentenamtes umgeben war, mußte er sich auf eine Zukunft in der Einsamkeit vorbereiten, wo die Musik verklungen und der Traum verflogen sein würde, den er sein Leben lang geträumt hatte.

In seinem Ablauf folgte dieser Besuch dem Vorbild des Moskauer Gipfels von 1972.[11] Das Begrüßungsessen fand in dem prächtigen Granowit-Saal des Kreml-Palastes aus dem 15. Jahrhundert statt, dessen Deckengewölbe mit religiösen Gemälden geschmückt waren. Im allgemeinen wurden täglich zwei Plenarsitzungen im Katharinen-Saal abgehalten, einem schönen, mit vergoldetem Stuck geschmückten Raum. In den Pausen zwischen den offiziellen Sitzungen traf ich mich mit Gromyko, um mit ihm über die wichtigsten Fragen zu sprechen, die in den zu unterzeichnenden Dokumenten behandelt wurden. Für die Zeit von Samstag nachmittag, dem 29. Juni, bis Montag vormittag, dem 1. Juli, lud Breschnew den Präsidenten und sein ganzes Gefolge auf die Krim ein.

Auf sowjetischer Seite nahm wie bisher die Troika Breschnew, Kossygin und Podgorny an den Verhandlungen teil, aber Breschnew schien es nicht mehr so nötig zu haben, die äußeren Formen der kollektiven Führung zu beachten wie vor zwei Jahren. Jetzt beherrschte er das Gespräch, war gut vorbereitet und über jedes Thema genau informiert, besonders über militärische Angelegenheiten. Was mir bei diesem Gipfeltreffen besonders auffiel, war die Tatsache, daß der protokollarische Aufwand so gar nicht dem entsprach, was der schwer angeschlagene Nixon noch realisieren konnte. So bald sich gezeigt hatte, daß mit einem größeren Durchbruch nicht zu rechnen war, ließ die Spannung nach, und die äußere Harmonie wurde zum Selbstzweck. Die Atmosphäre war freundlich. Wunderbarerweise begannen alle Sitzungen pünktlich zur vorgesehenen Zeit. Es gab keine leidenschaftlichen Auftritte wie bei den ersten beiden Gipfeltreffen. 1972 war es dabei um Vietnam und 1973 um den Nahen Osten gegangen. Diese Harmonie war aber für uns nicht besonders schmeichelhaft. Die sowjetische Führung rechnete nicht mehr damit, daß Nixon noch lange im Amt bleiben würde, und hatte daher ihre Erwartungen heruntergeschraubt. Sie stellte zwar noch ihre Forderungen, aber in einem eher gedämpften Ton. Auch die europäische Sicherheitskonferenz wurde erwähnt. Inzwischen hatten sich schon so viele westeuropäische Regierungschefs darüber geeinigt, daß diese Konferenz mit einem Gipfeltreffen abschließen sollte, daß es keinen Sinn mehr hatte, wenn die Vereinigten Staaten die Entscheidung über diese Frage weiter hinauszuzögern suchten. (Daraus sollte die Helsinki-Konferenz von 1975 werden, an der Gerald Ford teilnahm, wofür er in den Vereinigten Staaten angegriffen wurde.) Und die übrigen Fragen, die später in der sogenannten Schlußakte von Helsinki zusammengefaßt wurden, waren damals noch nicht klar genug gefaßt – zunächst handelte es sich um das Problem, einen von allen Beteiligten zu akzeptierenden Text zu entwerfen –, um auf höchster Ebene entschieden zu werden. Das Thema wurde allerdings sehr ausführlich behandelt, ohne daß irgendwelche Entscheidungen getroffen wurden.

Über den Nahen Osten kam es zu einem kurzen Geplänkel. Breschnew erkundigte sich nach den Zielen unserer Politik und betonte, wie notwendig ein gemeinsames amerikanisch-sowjetisches Vorgehen wäre, aber nicht mehr mit der gleichen Leidenschaft wie bei den Gesprächen, die er im März mit mir geführt hatte. Die Sowjets hatten aus ihren jüngsten Erfahrungen etwas gelernt. Da es nichts schaden kann, wenn ein Diplomat den Eindruck erweckt, daß er mit seinen politischen Entscheidungen das Unvermeidliche bewirkt habe, wies Breschnew ausdrücklich auf den Nutzen einseitiger Bemühungen hin, wo diese am wirksamsten wären. In einem Gespräch mit mir räumte Gromyko ein, daß unsere Politik im Nahen Osten komplexer wäre, als man es auf den ersten Blick vermuten könnte. Er sagte das keineswegs gehässig. Die Sowjets schienen schließlich doch die richtigen Schlüsse aus der peinlichen Lage gezogen zu haben, in die sie im Frühjahr geraten waren. Wenn sie sich jetzt um eine offizielle Rolle bemühten, dann bewiesen sie damit nur ihre Ohnmacht. Sie würden so lange warten müssen, bis wir einen Fehler machten oder unsere Strategie aus irgendeinem Grund scheiterte.

Unsere sowjetischen Gesprächspartner stellten umstrittene Themen in den Vordergrund, indem sie sie auf die Tagesordnung für die Gespräche der Regierungschefs setzten, obwohl es eigentlich Aufgabe der Außenminister gewesen wäre, sich mit ihnen zu befassen. So kam es zu komplizierten technischen Erörterungen über Vereinbarungen, die für die Unterzeichnung während des Gipfeltreffens vorbereitet worden waren. Drei von ihnen hatten einige Bedeutung; ein Abkommen zur Erforschung der Möglichkeiten, gegen die Umwelt gerichtete Methoden der Kriegführung zu verbieten; eine Vereinbarung über den Verzicht auf die Einrichtung weiterer Stellungen für Boden-Luft-Raketen, die nach dem Vertrag von 1972 über die Begrenzung von Verteidigungswaffen zugelassen waren, und ein Vertragsentwurf zum Verbot von unterirdischen Kernwaffenversuchen über eine bestimmte »Schwelle« der Detonationskraft.

Die Vereinbarung, ein Verbot der Umweltzerstörung für militärische Zwecke auszuhandeln – zum Beispiel Klimaveränderungen – gehörte zu den Absprachen, die geschickte Bürokraten zustandebringen, weil sie es für notwendig halten, das Ansehen ihrer politischen Führer zu fördern, indem sie etwas für das Allgemeinwohl tun. Es war eine Verbeugung vor den humanitären Forderungen der Öffentlichkeit. Das Ziel der Vereinbarung war nicht umstritten, weil man nicht konkret sagen konnte, wie es in der Praxis aussehen würde, und weil kaum jemand wagte, öffentlich für eine Methode der Kriegführung einzutreten, bei der die Umwelt zerstört wurde. Im Mai 1977 ist in Genf eine umfassende internationale Konvention zu diesem Thema von den Vereinigten Staaten, der Sowjetunion und dreißig anderen Ländern unterzeichnet worden.

Das Protokoll über die Boden-Luft-Raketen ging auf den 1972 unterzeichneten Vertrag zurück, mit dem die Zahl der Stellungen der Boden-Luft-Raketen zur Abwehr interkontinentaler Fernlenkwaffen auf zwei in jedem Lande begrenzt wurde, die mindestens tausenddreihundert Kilometer auseinanderliegen sollten. Jede Seite erhielt dabei das Recht, ihre Hauptstadt und eine Gruppe von interkontinentalen Fernlenkwaffen zu verteidigen. Nun hatten weder die Vereinigten Staaten noch die Sowjetunion bisher voll von diesem Recht Gebrauch gemacht. Die Sowjets hatten zum Schutz von Moskau ein ABM-System in Stellung gebracht, und wir hatten eine Raketenabwehrstellung zum Schutz von interkontinentalen Fernlenkwaffen bei Grand Forks in North Dakota eingerichtet. Ein zweites Stellungssystem gab es weder in den Vereinigten Staaten noch in der Sowjetunion. Auf dem Gipfeltreffen von 1974 einigten sich beide Seiten, es bei jeweils einem Stellungssystem in jedem Lande bewenden zu lassen. Dieser Vertrag war für uns etwas vorteilhafter als für die Sowjetunion, denn wir konnten nicht damit rechnen, daß der Kongreß jemals die für die Einrichtung eines zweiten Stellungssystems notwendigen Gelder bewilligen würde, während es in der Sowjetunion solche Hindernisse nicht gab.

Dieser Zusatz ergab sich aus der Logik des ursprünglich geschlossenen Abkommens über die Aufstellung von Boden-Luft-Raketen. Wenn der Abschreckungseffekt dadurch gesteigert wurde, daß die Zivilbevölkerung auf beiden Seiten von Angriffen mit Kernwaffen bedroht blieb, dann war es besser, wenn es auf jeder Seite nur eine ABM-Stellung gab. Ja, der Einsatz solcher Waffen hatte in diesem Fall überhaupt nur wenig Sinn. Was jedoch nicht berücksichtigt wurde, war die Frage, ob die Überlegungen, die zu diesem Abkommen geführt hatten, richtig gewesen waren, und das Schweigen über diesen Punkt ist bezeichnend dafür, von welchen Vorstellungen man bei solchen Verhandlungen ausgeht. Nach 1972 konnte man sich über die Zahl der in den ersten SALT-Vereinbarungen zugelassenen Offensivwaffen nicht einigen, obwohl praktisch erlaubt wurde, was beide Seiten ohnedies geplant hatten. Dabei vergaß man fast die ungeheuerliche Doktrin, auf die sich die Sicherheit einer Nation stützte – auf die Verwundbarkeit ihrer Bevölkerung und ihrer Raketenstellungen. Rückblickend ist es mir noch weniger klar als zu der Zeit, als ich meine Zustimmung zu dieser Vereinbarung gab, weshalb der Schutz der Raketenstellungen nicht die strategische Stabilität erhöht hätte, besonders nachdem die Bedrohung durch die Mehrfachsprengköpfe verstärkt worden war. Wenn die fest eingebauten Silos mit den Startrampen für die interkontinentalen Fernlenkwaffen nicht durch Boden-Luft-Raketen geschützt werden, wird der Angriff gegen solche Stellungen zu einem rein technischen Problem. Angesichts der Erhöhung der Treffsicherheit und der Zahl der einzusetzenden Sprengköpfe ist es nicht unlogisch, wenn man die Verteidigung der interkontinentalen Fernlenkwaffen mit Boden-Luft-Raketen für möglich hält, vorausgesetzt, man verfügt über die erforderliche Technologie. In jedem Fall war das Abkommen von 1974 über die Beschränkung der ABM-Stellungen ein weiterer kleiner Schritt auf dem Wege, gegen den es praktisch keine Opposition gab.

Die interessanteste Vereinbarung war die über die »Schwelle«, welche bei Kernwaffenversuchen nicht überschritten werden dürfte. Der Kern aller sowjetischen Abrüstungsvorschläge war ein absolutes Verbot aller Kernwaffenversuche gewesen. (Das Testverbot von 1963, das zwischen den Vereinigten Staaten, Großbritannien und der Sowjetunion ausgehandelt wurde, verbot Versuche mit Kernwaffen in der Atmosphäre, im Weltraum oder unter Wasser, erlaubte aber weiterhin unterirdische Kernwaffenversuche.) Die Sowjets hatten jedoch immer wieder das Verbot aller Kernwaffenversuche gefordert und verlangt, daß auch andere Nationen sich anschließen sollten. Wenn es nicht geschah, dann sollten die Signatarmächte das Recht haben, von dem Vertrag zurückzutreten. Der sowjetische Vorschlag war von den amerikanischen Administrationen beider Parteien immer wieder zurückgewiesen worden. Das Verteidigungsministerium und seine wissenschaftlichen Berater führten das überzeugende Argument ins Feld, daß unser Waffenarsenal ohne praktische Versuche nicht weiterentwickelt werden könnte und es schwierig wäre, geheime unterirdische Kernwaffentests nachzuweisen. Das Außenministerium wollte andere Nuklearmächte, etwa China oder Frankreich, nicht unter Druck setzen, was praktisch durch die Rücktrittsklausel geschah. Anfang Februar 1974 legte Dobrynin den inzwischen bekannten sowjetischen Vorschlag für ein umfassendes Testverbot vor und folgte damit dem sowjetischen Grundsatz, daß man niemals wissen kann, ob eine Tür sich öffnen läßt, wenn man es nicht versucht. Wir lehnten diesen Vorschlag ab. Am 4. Februar versuchte Gromyko festzustellen, ob wir Dobrynin die kalte Schulter gezeigt hatten, weil wir den Vorschlag aus dem Munde eines hochrangigen sowjetischen Politikers hören wollten. Deshalb schlug er ihn als Mitglied des Politbüros noch einmal dem Präsidenten vor. Doch wir lehnten den Vorschlag auch diesmal ab. Nun kamen die Sowjets auf die Idee, die Zahl der zugelassenen Atomversuche zu begrenzen – beide Seiten sollten jährlich nur eine bestimmte Anzahl von Kernwaffenversuchen durchführen dürfen, was weniger gefährlich war als das totale Verbot, es ergaben sich dabei aber erhebliche Schwierigkeiten bei der Überwachung.

Während meines Moskau-Aufenthalts im März sprach ich das Problem der Überwachung der Versuche an und lehnte jede Vereinbarung ab, mit der, wenn auch stillschweigend, Druck auf dritte Länder ausgeübt wurde. Breschnew machte den Gegenvorschlag eines qualitativen Testverbots, wonach die Detonationskraft der einzelnen Versuche eine bestimmte »Schwelle« nicht überschreiten dürfte. Mit anderen Worten, unterirdische Tests durften nur mit Sprengsätzen bis zu einer bestimmten Sprengkraft durchgeführt werden. Ich erklärte mich bereit, darüber zu verhandeln. Die sowjetische Strategie stützte sich mehr als die amerikanische auf Waffen mit sehr hoher Sprengwirkung. Wenn nun die Tests auf Waffen mit niedriger Sprengkraft beschränkt wurden, dann war es für uns vorteilhaft. Aber die Überwachung solcher Versuche wurde, je geringer die Sprengkraft war, desto schwieriger. Eine solche Vereinbarung würde bei Verbündeten wie Frankreich und mit uns befreundeten Ländern wie China auf geringeren Widerstand stoßen, denn sie wurden dabei nicht unter Druck gesetzt, sondern behielten ihre Handlungsfreiheit. In den Monaten vor dem Gipfeltreffen von 1974 verfeinerten wir das Konzept eines Verbots von Kernwaffenversuchen, die über eine bestimmte Sprengkraft hinausgingen, intern und in Gesprächen mit den Sowjets. Ursprünglich sollte die Verbotsschwelle nach seismischen Daten festgelegt werden, aber nun wollten wir die Handhabung vereinfachen, indem wir die obere Grenze auf hundertfünfzig Kilotonnen festlegten.

Wenngleich der Wert eines an eine obere Schwelle gebundenen Testverbots im Rahmen unserer Bemühungen um die Rüstungskontrolle relativ gering war, ergaben sich daraus Diskussionen über die Verifizierung solcher Versuche, die einen bedeutenden Fortschritt darstellten. Wenn wir überprüfen sollten, welche Kernwaffentests unterhalb der Schwelle von hundertfünfzig Kilotonnen lagen, würde uns die Sowjetunion sagen müssen, wo die Versuche stattfanden, und sich verpflichten müssen, keine Versuche an anderer Stelle durchzuführen, und uns Angaben über die geologische Formation in dem Versuchsgelände zu machen, damit wir unsere Geräte entsprechend einstellen konnten. Dazu erklärte sich die Sowjetunion überraschenderweise bereit. Nun stellte sich aber auch die Frage nach sogenannten »friedlichen Kernexplosionen« – das heißt nach der Verwendung nuklearer Sprengsätze beim Bau von Kanälen oder bei der Umleitung von Wasserwegen. Keine Seite wollte diese Möglichkeit ausschließen, aber die Vereinigten Staaten wollten es vermeiden, daß militärische Versuche als zu friedlichen Zwecken durchgeführte Explosionen getarnt wurden. Da sich die geographische Lage friedlicher Explosionen durch internationale Vereinbarungen nicht im voraus festlegen ließ, verlangten wir das Recht der Inspektion an Ort und Stelle. Nach langwierigen Verhandlungen erklärte sich die Sowjetunion zum ersten Mal in ihrer Geschichte mit diesem Verfahren grundsätzlich einverstanden. Die Einzelheiten darüber sollten gemäß einem den Vereinbarungen angefügten Protokoll ausgearbeitet werden, bevor das neue Versuchsverbot, das nur Tests mit einer bestimmten Sprengkraft zuließ, 1967 in Kraft trat.

Wer sich um das Verifizierungsproblem Sorgen machte – das war jeder, der sich ernsthaft mit der Rüstungskontrolle beschäftigte –, hätte dieses neue Versuchsverbot als ein potentiell wichtiges, richtungsweisendes Projekt begrüßen sollen. Noch niemals hatte sich die Sowjetunion bereit erklärt, vergleichbare Vorhaben an Ort und Stelle inspizieren zu lassen, und noch nie hatte sie über ein militärisches Versuchsprogramm so detaillierte Angaben gemacht. Und da nicht einmal diejenigen, die allen sowjetischen Motiven mißtrauten, glaubten, daß das Verbot von Kernwaffenversuchen, die eine vereinbarte Schwelle überschritten, uns militärische Nachteile bringen werde, müssen die Sowjets mit ihrer Nachgiebigkeit beabsichtigt haben, die Entspannungspolitik nicht ganz einschlafen zu lassen.

Doch inzwischen war die Entspannung in den Vereinigten Staaten zu einem umstrittenen Thema geworden, und auch in Moskau begann man, am Wert dieser Politik zu zweifeln. Deshalb konnte auch das neue Testverbot dem Gipfeltreffen keine Impulse geben und die Gespräche nicht beflügeln. Es ging dabei zu sehr um technische Fragen, als daß diese Vereinbarung die ungeteilte Aufmerksamkeit der Regierungschefs hätte beanspruchen können, die nicht bereit waren, sich ausschließlich darauf zu konzentrieren. Als das Versuchsverbot am Freitag, dem 28. Juni, zur Sprache kam, muß Kossygin entweder seine Notizen vergessen haben, oder er war so sehr in alten Vorstellungen befangen, daß er ständig zu der alten Litanei zurückkehrte und behauptete, das neue Versuchsverbot wäre praktisch weniger wirkungsvoll als das generelle Verbot aller Atomversuche. Gromyko und ich wurden beauftragt, über die Fortschritte bei unseren Verhandlungen zu berichten. Aber Kossygin hatte andere Vorstellungen. Sobald er gehört hatte, über welches Thema gesprochen werden sollte, setzte er sich leidenschaftlich für einen vollständigen Versuchsstop ein. Er widersprach allen Gegenargumenten, auch denen Nixons, der ebenfalls vergessen zu haben schien, daß wir uns versammelt hatten, um den Abschluß einer neuen Vereinbarung zu feiern, nicht aber um einen abgelehnten gemeinsamen Beschluß zu loben. Nixon griff zu seiner alten Taktik und erklärte, daß er eigentlich mit Kossygin übereinstimmte, verfolgte aber das gleiche Ziel auf einem anderen Wege – was für mich ganz neu war. Kossygin argumentierte gegen eine Vereinbarung, die seine Regierung jetzt unterzeichnen wollte, und Nixon erklärte sich mit einem Vorhaben einverstanden, das er selbst vor vier Monaten abgelehnt hatte. Nach einem einstündigen Gespräch war die Verwirrung vollständig, und die Außenminister wurden beauftragt, sich in einem besonderen Gespräch über dieses Thema zu einigen.

In den Vereinigten Staaten wurde das Verbot von Kernwaffenversuchen, die über eine bestimmte Schwelle hinausgingen, nicht abgelehnt, weil dieser Gedanke auf die erbitterte Gegnerschaft bestimmter Gruppen stieß, sondern weil die Öffentlichkeit sich nicht für das Projekt interessierte. Mit Ausnahme einer kleinen Gruppe von Experten auf dem Gebiet der Rüstungskontrolle, die sich für die Inspektion an Ort und Stelle interessierte, fand diese Idee keine Befürworter. Die meisten Liberalen verlangten ein allgemeines und umfassendes Testverbot. Sie behaupteten, daß es lächerlich wäre, die obere Grenze auf hundertfünfzig Kilotonnen festzusetzen, und widersetzten sich der Vereinbarung. Damit verhinderten sie den ersten Durchbruch, der es uns erlaubt hätte, die Einhaltung einer Vereinbarung an Ort und Stelle zu überprüfen. Es war ein klassisches Beispiel dafür, wie das Beste des Guten Feind sein kann. Die Konservativen widersetzten sich dem neuen Testverbot nicht. Sie waren aber auch nicht bereit, für eine Sache zu kämpfen, die von den Liberalen fallen gelassen wurde, nachdem die Liberalen selbst zunächst auf diese Idee gekommen waren. Damit entstand eine Koalition zwischen denen, die mehr erreichen wollten, und anderen, die nicht bereit waren, sich mit Nachdruck dafür einzusetzen. Die Carter-Regierung verzichtete endgültig auf dieses Vorhaben. Das Abkommen wartet noch heute, fast acht Jahre nach seiner Unterzeichnung, auf die Ratifizierung durch den Senat. Nachdem deutlich geworden war, daß es in den Vereinigten Staaten keine Mehrheit fand, verloren die Sowjets das Interesse daran und nahmen ihre Kampagne für ein allgemeines Testverbot wieder auf. Nichts verdeutlichte die Tatsache, daß die Entspannungspolitik und die Rüstungskontrolle die Unterstützung der Öffentlichkeit in den Vereinigten Staaten verloren hatten, besser als diese Entwicklung der Lage.

SALT blieb auch weiterhin das schwierigste Thema, zum Teil durch unsere eigene Schuld. Seit Abschluß der für fünf Jahre geltenden Zwischenvereinbarungen im Jahr 1972 waren erst zwei Jahre vergangen. Der Vertrag würde also frühestens 1977 auslaufen. Das Drängen auf einen baldigen Abschluß neuer Vereinbarungen hatte daher nur innenpolitische Gründe. Die Regierung Nixon hatte bisher nach jedem Gipfeltreffen mit einer Überraschung aufwarten können. 1972 bestand es in der Tatsache, daß das Treffen überhaupt stattfand, aber man hatte auch nicht damit gerechnet, daß wir bei SALT zu einem so raschen Abschluß kommen würden und dazu eine Grundsatzvereinbarung über das Verhalten auf internationaler Ebene treffen könnten. 1973 war der Vertrag über die Verhinderung eines mit Kernwaffen geführten Krieges unterzeichnet worden. Ganz abgesehen von Watergate hätte es 1974 in unserem Interesse gelegen, deutlich zu machen, daß man von jährlich stattfindenden Gipfeltreffen nicht jedesmal aufsehenerregende Ergebnisse erwarten dürfte. Die Beziehungen zwischen zwei Nationen lassen sich nicht in einen Terminplan für Sensationen pressen, noch weniger, wenn es sich um ideologische und geopolitische Gegner handelt. Es gab ganz einfach nicht so viele kontroverse Fragen, daß man jedes Jahr mit der Lösung entscheidender Probleme hätte rechnen dürfen. Nachdem die Ost-West-Gipfel zur ständigen Einrichtung geworden waren, bestand ihr Nutzen viel mehr in der Möglichkeit, daß die Regierungschefs auf beiden Seiten einander verstehen lernten und feststellten, wie weit sich die andere Seite unter Druck setzen ließ, oder welche Möglichkeiten es gab, zu Vereinbarungen zu kommen. In diesem Sinne war das Gipfeltreffen von 1974 so »normal«, wie die anderen ungewöhnlich gewesen waren.

Aber in dem von Unruhen gekennzeichneten Sommer 1974 haben nur wenige das erkannt. Die Öffentlichkeit, die Medien und in gewissem Grade auch die Regierung waren so stark auf die Dramatik der innenpolitischen Entwicklungen fixiert wie ein Drogenabhängiger auf seine Spritze. Jedes Gespräch des Präsidenten oder des Außenministers mit den Sowjets, das nicht zu einem Durchbruch führte, wurde von den Medien als Fehlschlag gewertet, auch wenn die Verhandlungen im übrigen gute Fortschritte machten. Jedes zu erwartende Treffen auf höherer Ebene löste in den Vereinigten Staaten leidenschaftliche Debatten im Behördenapparat aus. Auch wenn alle Ministerien sich darüber klar waren, daß nicht mit einem Durchbruch zu rechnen war, vermuteten sie, daß es auf dem Wege über inoffizielle Kontakte zu irgendwelchen Entscheidungen kommen könnte, und versuchten, jedes Ergebnis zu blockieren, mit dem sie nicht einverstanden waren.

Im Sommer 1974 war auch SALT zu einem Thema der innenpolitischen Auseinandersetzung geworden. Die SALT-Verhandlungen wurden im Rahmen grundsätzlicher Auseinandersetzungen zum Maßstab für die Beziehungen zwischen den Vereinigten Staaten und der Sowjetunion und sogar für Nixons Regierungsfähigkeit. Rückblickend wäre es klüger gewesen, rechtzeitig zu sagen – spätestens nach der katastrophalen Sitzung des Nationalen Sicherheitsrats am 20. Juni –, daß ein Durchbruch nicht zu erwarten war und die Regierungschefs ihre Beratungen über SALT unterbrechen würden, bis auf unterer Ebene weitere Fortschritte erzielt worden waren. Aber niemand wollte einräumen, daß dies das vernünftigere Verfahren wäre, und zwar zum Teil, weil ich jetzt in erster Linie mit der Lösung des Nahost-Konflikts beschäftigt war, zum Teil, weil man jede Verzögerung mit Watergate begründet hätte, und damit der Druck auf eine Amtsenthebung Nixons verstärkt worden wäre. Die Gegner von SALT hätten diese Gelegenheit außerdem dazu benutzt, zu zeigen, wie wenig man noch Nixons Ost-West-Politik vertraute.

Damit ergab sich für uns die denkbar ungünstigste Lage. Eine erbitterte innenpolitische Kontroverse hinderte uns daran, eine umfassende, zielbewußte Strategie zu verfolgen, ohne die Verhandlungen mit den Sowjets niemals zu einem Ergebnis führen können. Nachdem die Sowjetunion im März der Unausgewogenheit bei der Anzahl der Mehrfachsprengköpfe zugestimmt hatte, sagte mir Dobrynin privat, daß es möglich wäre, diesen Abstand noch zu vergrößern, wie wir es vorgeschlagen hatten. Aber es ist den Vereinigten Staaten nicht gelungen, einen realistischen, umfassenden Plan vorzulegen. Nixon und ich mußten uns immer wieder gegen die Flankenangriffe derjenigen schützen, die sich darauf spezialisiert hatten, die Schwächen eines jeden Plans aufs Korn zu nehmen, der nicht ihren Idealvorstellungen entsprach, die jedoch keine Veranlassung sahen, darüber nachzudenken, was geschehen würde, wenn wir zu keiner Vereinbarung kamen.

Die Haltung des Verteidigungsministeriums auf der Sitzung des Nationalen Sicherheitsrats vom 20. Juni mußte uns in die Sackgasse führen. Keine noch so große Überredungskunst konnte die Sowjets dazu bewegen, einem Abkommen zuzustimmen, nach dem die Gesamtzahl unserer Trägerraketen sich erhöhen und die Produktion sowjetischer Mehrfachsprengköpfe sich verringern würde, ohne daß die Sowjets eine Gegenleistung dafür erhielten.

Das ist auch nicht geschehen. Schon die äußeren Umstände waren symbolisch für unsere Schwierigkeiten. Die Konferenz auf der Krim am

30. Juni fand ganz in der Nähe von Jalta statt. Nixon wollte es vermeiden, die Erinnerungen an die Kontroverse wachzurufen, die um die Konferenz von 1945 und die Gespräche Roosevelts mit Stalin entstanden war. Die Ergebnisse dieser Konferenz waren schon seit langer Zeit heftig von den Konservativen kritisiert worden. Das Weiße Haus verlangte deshalb, daß als Tagungssort der Außenbezirk von Jalta, Oreanda, genannt werden sollte, wo die Villen der Mitglieder des Politbüros lagen und die Gespräch auch wirklich geführt wurden. Doch leider richteten die Sowjets das Pressezentrum in einem Hotel in Jalta ein, und alle Berichte, die von der Krim in die Vereinigten Staaten gelangten, trugen die Ortsbezeichnung Jalta.

Wir versammelten uns im Garten von Breschnews Residenz, einer schönen, in die zerklüftete Steilküste eingefügten Anlage, deren Klippen ins Schwarze Meer abfielen. Breschnew führte Nixon in die sogenannte Grotte, eine Kalksteinhöhle am Fuß des Steilhangs. Diese im 19. Jahrhundert entstandene romantische Spielerei paßte eigentlich nicht zu dem Führer eines Landes, der eine materialistische Geschichtsinterpretation vertrat. Während die beiden Regierungschefs allein miteinander sprachen, saßen Gromyko und ich mit unseren Mitarbeitern neben einem riesigen Schwimmbecken olympischen Ausmaßes, das von Glaswänden umgeben war, die sich auf Knopfdruck öffneten. An diesem klaren, sonnigen Tag fand unser Gespräch im Freien statt. Nixon und Breschnew blieben mehr als drei Stunden unsichtbar. Ebenso wie in Moskau wurde ich zunächst nicht über den Inhalt ihrer Besprechung unterrichtet, und auch die Sowjets äußerten sich nicht dazu, behaupteten aber auch nicht, daß Nixon irgendwelche Zugeständnisse gemacht hätte. Schließlich wurden wir aufgefordert, uns mit den Regierungschefs zusammenzusetzen.

Sie hatten offensichtlich nicht über SALT gesprochen. Dieses Thema sollten Gromyko und ich behandeln. Nixon, der nicht alle Zahlen im Kopf hatte, bat mich, für die amerikanische Seite die Leitung bei dem Gespräch über SALT zu übernehmen. Breschnew war damit einverstanden und sagte:

> Ich habe dem Präsidenten gesagt, wir hätten es begrüßt, daß er Dr. Kissinger nach Moskau geschickt hat. Er hat uns gegenüber immer eine harte Haltung eingenommen, und wir haben ihm sehr offen unsere Meinung gesagt. Wir haben ihm gesagt, wo unsere Grenzen liegen. Irgendwo muß die Wahrheit zu finden sein, und deshalb sollte er uns sagen, wo wir beginnen müssen, um zu einer Vereinbarung zu kommen.

Darin lag eine Einladung für einen Kompromißvorschlag in einer nach sowjetischen Maßstäben versöhnlichen Form und zugleich die Andeutung, daß Breschnew nicht unbedingt bei der ursprünglichen sowjetischen Haltung bleiben würde. Ich legte eine Variante des Plans unseres Verteidigungsministeriums vor, der jedoch auf Ablehnung stieß und zu einer sinnlosen und scharfen Debatte führte. Breschnew war nicht bereit, auch nur auf einen der darin enthaltenen Punkte einzugehen. Er erklärte, daß wir nach unserem Vorschlag viertausend Sprengköpfe mehr als die Sowjetunion hätten, und damit hatte er nicht ganz unrecht.

Er hatte höchstwahrscheinlich aus veröffentlichten Berichten erfahren, daß die Grenzen, die wir uns selbst setzen wollten, im großen und ganzen unseremProduktionsprogramm entsprachen: »Es ist wichtig, zu einer Vereinbarung zu kommen, aber es sollte eine Vereinbarung sein, die das Rüstungswettrennen begrenzt und verlangsamt. Nach dem von Dr. Kissinger vorgetragenen Vorschlag tun die Vereinigten Staaten nicht viel weniger, als sie auch ohne eine Vereinbarung tun würden.« Ich erwiderte, daß nach unserem Vorschlag der Bau der Mehrfachsprengköpfe bei uns langsamer vonstatten gehen werde als in der Sowjetunion. Aber Breschnew hatte begriffen, daß wir mit unserem Produktionsprogramm unmittelbar vor dem Abschluß standen. Er erklärte, daß er unseren Vorschlag nicht für ein großes Entgegenkommen hielte; wir wären weit voraus und sollten nicht so tun, als sei das anders.

Trotz dieser Widersprüche war die Stimmung auf der Krim im allgemeinen freundlich. Die Sowjets legten es nicht darauf an, Nixon in eine peinliche Lage zu bringen. Alle amerikanischen Gesprächsteilnehmer hatten sogar den Eindruck, daß die Sowjets kein Interesse daran hätten, in eine Sackgasse zu geraten. Breschnew und seine Kollegen forderten uns immer wieder auf, neue Vorschläge im Rahmen der gegeneinander ausgewogenen Asymmetrien zu machen. Aber angesichts unserer innenpolitischen Lage fehlte es uns an Flexibilität, und die Sowjets hatten keinen Anlaß, uns großzügig entgegenzukommen – was auch unter den günstigsten Voraussetzungen niemals ihre Stärke war. Breschnew, dem zwei Generäle assistierten, legte uns Karten vor, die zeigten, wie die Sowjetunion unser Erstschlagspotential beurteilte, und zwar unter Berücksichtigung unserer Basen in Übersee. Ich hatte diese Karten schon im März gesehen. Natürlich stellte Breschnew dabei die Lage der Sowjetunion nicht als hoffnungslos dar, und die Lagebeurteilung war durchaus nicht unrealistisch. Es war das klassische Szenarium für den militärisch schlimmsten Fall, das den Alptraum der Strategen schilderte, bei dem alles gleichzeitig in die falsche Richtung läuft. Aber so unwahrscheinlich es sein mag, daß dieser Fall tatsächlich eintritt, man muß auf ihn vorbereitet sein. Die Schwierigkeit liegt darin, sich für den Fall, daß auf beiden Seiten die denkbar ungünstigste Lage eintritt, auf Beschränkungen zu einigen.

Die Besprechung in der Grotte endete ohne konkrete Ergebnisse. Aber keine Seite wollte zugeben, daß die Verhandlungen gescheitert wären. Man beschloß, daß ich Nixon auf seinem für den nächsten Tag vorgesehenen offiziellen Besuch in Minsk nicht begleiten, sondern mit Breschnew nach Moskau zurückkehren sollte, um festzustellen, wo wir noch weiterkommen könnten. Aber auch Breschnew wollte nicht den Eindruck erwecken, daß er sich in einem persönlichen Gespräch mit dem amerikanischen Außenminister umstimmen lassen könnte. Auf dem Rückflug führten wir ein kurzes Gespräch über SALT. Am Flughafen wurden wir von dem heutigen sowjetischen Verteidigungsminister Dimitri Ustinow abgeholt, der damals als Mitglied des Politbüros für die Rüstungsindustrie verantwortlich war. In einem Empfangsraum auf dem Flughafen forderte mich Breschnew auf, meine Vorstellungen über die gegeneinander abgewogenen Asymmetrien zu erläutern und die Zahlenangaben zu wiederholen, die ich auf der Krim vorgelegt hatte. In meiner Gegenwart berief er für den gleichen Nachmittag eine Sitzung des Politbüros ein. Anschließend sollten Gromyko und ich zu einer weiteren Besprechung zusammenkommen. Am gleichen Abend sprach ich mit dem sowjetischen Außenminister noch einmal über SALT. Gromyko erklärte, daß die von der amerikanischen Seite vorgelegten Zahlen keine Basis für eine Lösung wären. Die Beschränkungen wären zu groß und die Frist (bis 1979) zu kurz. Ich sagte, die Schwierigkeit läge darin, die Fristen in die richtige Beziehung zu Qualität und Quantität zu setzen. Wir hätten über extreme Positionen gesprochen, und zwar entweder über eine auf die Dauer geltende Vereinbarung, die so klang, als ließe sie sich niemals erreichen, und beide Seiten veranlaßte, für jeden denkbaren Eventualfall Vorkehrungen zu treffen, oder über eine Verlängerung der bestehenden Abkommen um zwei bis drei Jahre, die zu einer endlosen Debatte über einen Ausgleich führte, der in so kurzer Zeit nicht zu erreichen war. Vielleicht sollten wir versuchen, ein ganz neues Abkommen auszuhandeln, das an die Stelle der Zwischenvereinbarungen treten und über längere Zeit gelten könnte, vielleicht für zehn Jahre von 1975 bis 1985. Ich machte diesen Vorschlag, um für uns die Möglichkeit offen zu halten, entweder »die gleiche Zahl von Trägerraketen« oder »ausgewogene Asymmetrien« auszuhandeln, und zwar innerhalb eines für die militärische Planung relevanten zeitlichen Rahmens. Dann könnten die Sowjets die in den Zwischenvereinbarungen ausgehandelten Zahlen ohne Gesichtsverlust verändern, und wir hätten eine Gelegenheit, das Problem der Mehrfachsprengköpfe noch einmal zu überdenken. Gromyko akzeptierte meinen Vorschlag, und die Verhandlungen wurden auf eine neue Basis gestellt. Nixon und Breschnew vereinbarten, im Winter noch einmal zusammenzukommen, um sich über das neue Verfahren zu einigen, was den Sowjets die Möglichkeit verschaffte, Nixons Überlebenschancen zu beurteilen, ohne die SALT-Verhandlungen abzubrechen.

Der neue Rahmen für SALT war kein unbedeutender Erfolg und hätte entsprechend gewürdigt werden können, wenn die Medien und die Bürokratie nicht auf Sensationen gewartet hätten. Auf diese Weise wurde der Weg für die Vereinbarungen von Wladiwostok und ernsthafte Verhandlungen über SALT II frei. Doch die Aufnahme der neuen Vorschläge in den Vereinigten Staaten zeigte deutlich, daß SALT den begrifflichen Unterbau verloren hatte. Die verschiedenen strategischen Möglichkeiten wurden nicht mehr einer kühlen Analyse unterzogen, sondern unsere innenpolitische Debatte verzettelte sich im Streit um rein formalistische Fragen. Einige Entspannungsgegner erblickten jetzt in der Ablehnung von SALT den Schlüssel zu der von ihnen bevorzugten Politik – als könnte (in Abwesenheit anderer Maßnahmen) das Scheitern eines Vertragsabschlusses die strategische Position der Vereinigten Staaten bessern. Einige Verteidiger der Entspannungspolitik behandelten SALT dagegen fast als Selbstzweck – als würden die amerikanisch-sowjetischen Beziehungen nicht auch durch das militärische Gleichgewicht und ein verantwortungsbewußtes geopolitisches Verhalten der Sowjets beeinflußt. Die Vorstellung, wir sollten uns auf die gleiche Zahl der Trägerraketen auf beiden Seiten einigen, beherrschte die SALT-Debatte gerade in dem Augenblick, da die Zahl der Trägerraketen durch die Weiterentwicklung der Mehrfachsprengköpfe immer weniger über das strategische Gleichgewicht aussagte. Man konnte sich kaum noch vorstellen, daß sich irgendein Plan gegenüber den unaufhörlichen ideologischen und technologischen Angriffen durchsetzen könnte, mit denen wir in jedem Fall rechnen mußten. Langsam aber sicher näherten wir uns der für uns ungünstigsten Position, in der die sowjetische Rüstung ohne SALT-Abkommen ungehindert weitergehen konnte, während wir im Kongreß keine Unterstützung für die Ausweitung unserer eigenen strategischen Programme fanden.

Daß wir auf der Krim einer Vereinbarung schon sehr nahe gekommen waren, zeigte sich schon nach weniger als fünf Monaten Ende November, als ein neuer Präsident in Wladiwostok einen Vertrag unterzeichnete, der sowohl den Vorstellungen entsprach, die wir auf dem Gipfeltreffen von 1974 entwickelt hatten, als auch dem Zeitplan, der auf dem Gipfeltreffen von 1973 festgelegt worden war. In Wladiwostok entschieden sich beide Seiten für den Grundsatz der gleichen Zahl von Trägerraketen. Das Prinzip der ausgewogenen Asymmetrien, für das ich mich eingesetzt hatte, fand bei den amerikanischen Behörden und der Öffentlichkeit keine Unterstützung. Dabei erkannte kaum jemand, daß wir, wenn wir auf eine Ausgewogenheit bei der Gesamtzahl der Fernlenkwaffen eingingen, den Sowjets zusätzliche zweitausendvierhundert Sprengköpfe oder sogar noch mehr zugestanden, über die sie andernfalls nicht verfügt hätten.*

Ein Triumph der Theologie über die Analyse.

Vielleicht hat es Breschnew nicht gewagt, mit einem zu Tode verwundeten Präsidenten eine Vereinbarung zu treffen. Aber die äußeren Umstände konnten nicht so ungünstig sein, daß er nicht doch auf das China-Problem zu sprechen kam, das ihn so stark beunruhigte. Mein ehemaliger Mitarbeiter, William G. Hyland, hat inzwischen die Vermutung geäußert, ein entscheidendes Motiv für Breschnews Entspannungspolitik wäre seine Absicht gewesen, China zu isolieren. Deshalb habe er immer wieder versucht, Absprachen mit uns zu treffen, mit denen wir uns verpflichtet hätten, nichts gegen eine Vernichtung Chinas durch die Sowjetunion zu unternehmen. Nun meint Hyland, als Breschnew erkannte, daß wir darauf nicht eingehen würden, hätte auch sein Interesse für die Entspannung nachgelassen.[12] Ob Breschnew wirklich von uns erwartet hat, daß wir seinen China betreffenden Plänen zustimmen würden, oder ob er das überhaupt hat erwarten können, haben damals weder Hyland noch ich gewußt. Es gab jedoch durchaus Anzeichen dafür, daß Breschnew immer wieder an diese Möglichkeit

* Im Sommer 1974 hatten uns die Sowjets eine Höchstzahl von tausend mit Mehrfachsprengköpfen ausgerüstete Fernlenkwaffen angeboten, und ich glaubte damals, bei harten Verhandlungen hätten wir diese Zahl noch auf etwa achthundert drücken können. Der SALT II-Vertrag von 1979 billigte beiden Seiten jeweils tausendzweihundert mit Mehrfachsprengköpfen ausgerüstete interkontinentale Fernlenkwaffen und seegestützte Fernlenkwaffen zu. Wenn man annimmt, daß jede sowjetische Fernlenkwaffe sechs Sprengköpfe hatte, dann kommt man auf die Zahl von zweitausendvierhundert zusätzlichen sowjetischen Sprengköpfen.

gedacht hat. 1970, noch bevor die eigentliche Entspannungspolitik eingeleitet worden war, hatten die Sowjets sich mit einem unserer SALT-Unterhändler in Verbindung gesetzt und ihn gefragt, ob die Vereinigten Staaten einen gegen China gerichteten Präventivschlag hinnehmen würden.[13] Während meines Moskau-Besuchs im April 1972 und auf dem Gipfeltreffen im gleichen Jahr machten uns die Sowjets Andeutungen in dieser Richtung, aber keine konkreten Vorschläge. 1973 machte Moskau keinen Hehl daraus, daß seine Version der Vereinbarungen zur Verhinderung eines mit Kernwaffen geführten Krieges verhindern sollte, daß die Vereinigten Staaten auf einen sowjetischen Angriff gegen China mit dem Einsatz von Kernwaffen reagierten. Auch als ich 1973 in Zavidovo war, hatte mich Breschnew danach gefragt und in San Clemente Nixon gesagt, daß, wenn wir China Waffen liefern würden, es Krieg bedeuten würde. Als Podgorny im April 1974 auf der Beisetzung von Pompidou in Paris mit Nixon zusammentraf, sagte er ihm, daß China *gezwungen* werden sollte, sich an der allgemeinen Abrüstung zu beteiligen, wenn es das nicht freiwillig täte. Wir hatten alle diese Vorschläge zurückgewiesen oder unbeachtet gelassen.

Jetzt kamen die Sowjets auf das gleiche Thema zurück. Bei Breschnews Gespräch mit Nixon in der Grotte war das Thema ein bedingungsloser Nichtangriffspakt zwischen den Vereinigten Staaten und der Sowjetunion gewesen. Nixon sprach in Oreanda unter dem Siegel der Verschwiegenheit mit mir darüber und meinte, daß wir diesen Vorschlag prüfen sollten. Er sagte, vielleicht könnte man gegen Ende des Jahres auf dem Minigipfel, wenn über SALT gesprochen wurde, darauf zurückkommen. Augenscheinlich hat auch Gromyko Nixon während des Essens, das der Präsident am Abend des 2. Juli für die sowjetische Führung gab, gesagt, daß China den Frieden bedrohte.[14] Nixon rief mich heran und unterrichtete mich in Hörweite des sowjetischen Dolmetschers Suchodrew von Breschnews Vorschlag. Er trug mir auf, mit Dobrynin über die Idee eines Nichtangriffspakts zu sprechen und das Thema auf die Tagesordnung des Minigipfels zu setzen. Das gleiche hatte er mir schon auf der Krim vertraulich mitgeteilt.

Noch vor einem Jahr hätte ich der ganzen Angelegenheit keine Bedeutung zugemessen. Ich hätte angenommen, daß Nixon wieder mit einem seiner komplexen Manöver beschäftigt war, um Zeit zu gewinnen und Breschnew mit der Aussicht auf einen Nichtangriffspakt zu weiteren Zugeständnissen in aktuelleren Fragen zu veranlassen. Angesichts der schlechten Erfahrungen, die wir mit dem Vertrag über die Verhinderung eines mit Kernwaffen geführten Krieges gemacht hatten, hätte ich diese Strategie wahrscheinlich als zu riskant abgelehnt, aber ich wäre sicher gewesen, daß ich Nixon von der Gefährlichkeit eines solchen Flirts mit dem Kondominium hätte überzeugen können. Dahinter stand natürlich die Vorstellung, daß die Vereinigten Staaten der Sowjetunion für einen Angriff gegen China freie Hand geben sollten.

Wenn ich aber jetzt den von Zweifeln gequälten und körperlich leidenden Präsidenten beobachtete, der seine ganze Energie aufwenden mußte, um diese Woche zu überstehen, dann war ich mir nicht so sicher, ob Nixon in der Lage sein würde, die Kräfte zu beherrschen, die er entfesselt hatte. Ich hatte den Eindruck, daß er entweder unseren sowjetischen oder unseren chinesischen Anker riskierte – oder beide –, um eines geringen taktischen Erfolges willen. Ich sagte Scowcroft, daß ich diese Anweisung nicht befolgen und zurücktreten würde, wenn Nixon es von mir verlangte. Nixon kam nie wieder darauf zurück, und auch die Sowjets haben das Thema nicht mehr aufgegriffen, denn ich sagte Dobrynin, daß es keinen Sinn hätte, sich weiter damit zu beschäftigen.

Ich will damit nicht sagen, daß Nixon dem sowjetischen Vorschlag wirklich folgen wollte. Angesichts seines bisherigen Verhaltens, seiner Intelligenz und seiner Überzeugungen hätte er dieses Vorhaben, auch wenn er kurz mit dem Gedanken gespielt haben mag, niemals in die Tat umgesetzt. Aber es war symptomatisch dafür, wie sehr der innere Zusammenhalt in der Regierung schon ins Wanken geraten war, daß ein solches Mißtrauen zwischen zwei Männern aufkommen konnte, die, so sehr sie sich auch in ihren Persönlichkeiten voneinander unterschieden, fünfeinhalb stürmische Jahre zusammengearbeitet hatten, um eine neue außenpolitische Linie für die Vereinigten Staaten zu entwickeln und zu einem bedeutenden Teil in die Tat umzusetzen – und in deren Rahmen die Beziehungen zu China ein entscheidendes Element waren.

In dieser Atmosphäre hielt ich am 3. Juli in Moskau eine Pressekonferenz ab. Viel hatte sich verändert, seit ich vor zwei Jahren die Medien über SALT I unterrichtet und in meiner Unschuld ehrlich geglaubt hatte, daß sich auf dem Schachbrett der Diplomatie ungewöhnliche und sogar historische Ausblicke ergäben. Jetzt war die Atmosphäre von Skeptik und Mißtrauen bestimmt. Ich war mit zwei kurzen Unterbrechungen mehr als zwei Monate im Ausland gewesen, zuerst bei der syrischen Verhandlungsrunde, dann mit Nixon auf dessen Nahost-Reise und jetzt als Teilnehmer am sowjetischen Gipfel. Aber meine beiden Zwischenaufenthalte in Washington (von zehn und sechs Tagen) waren nervenaufreibender gewesen als die Reisen. Während des ersten Aufenthalts in unserer Hauptstadt hatte ich mich gegen Beschuldigungen verteidigen müssen, die das Anzapfen von Telefonleitungen betrafen. Während des zweiten Aufenthalts hatte man mir »geheime Absprachen« über SALT vorgeworfen, und beide Male hatte ich alle Hände voll zu tun, um die Reisen des Präsidenten vorzubereiten. Vor und während der Reise in die Sowjetunion waren uns die unmöglichsten Absichten unterstellt worden – in öffentlichen Erklärungen und Andeutungen des Senators Jacksons, von Paul Nitze, von dem zurückgetretenen Chef für Flottenoperationen, Elmo Zumwalt, und in Pressekommentaren –, und man hatte uns gewarnt, den Sowjets zu weitgehende Zugeständnisse zu machen. Ich hatte den Eindruck, daß die delikate Struktur unserer Ost-West-Beziehungen ausgerechnet in dem Augenblick unterminiert wurde, in dem die Vereinigten Staaten eine schwere institutionelle Krise erlebten, und daß wir damit internationale Verwicklungen riskierten, denen wir unter solchen Umständen möglicherweise nicht gewachsen sein würden. Dadurch wurde ich zu zwei Äußerungen auf der Pressekonferenz veranlaßt, die als Aufschneiderei interpretiert werden könnten, aber in Wirklichkeit Ausdruck meiner

Verzweiflung über Tendenzen waren, die ein unter so großen Mühen aufgebautes Gebäude gefährdeten. Doch besonders beunruhigte mich der Nihilismus unseres innenpolitischen Dialogs. Als ich gefragt wurde, weshalb die Waffenbegrenzungen nicht umfassender wären, antwortete ich:

> Beide Seiten müssen ihr militärisches Establishment davon überzeugen, daß es günstig ist, Zurückhaltung zu üben, und dieser Gedanke ist für die Militärs auf beiden Seiten keine Selbstverständlichkeit.

Im weiteren Verlauf der Pressekonferenz wurde ich gefragt, was 1985 geschehen werde, wenn es uns nicht gelang, vor 1977 einen neuen SALT-Vertrag abzuschließen. Ich reagierte sehr leidenschaftlich:

> Wenn wir vor 1977 nicht zu einer Vereinbarung gekommen sind, dann werden Sie, glaube ich, eine Explosion der Technologie und eine Explosion der Zahlen erleben, an deren Ende wir froh sein werden, wenn wir noch die gegenwärtige Stabilität haben, wobei es jedoch unmöglich sein wird zu sagen, was die strategische Überlegenheit bedeutet. Und eine der Fragen, die unser Land beantworten muß, lautet: Was in Gottes Namen ist strategische Überlegenheit? Was ist ihre Bedeutung politisch, militärisch, operativ bei dieser Zahl von Waffen? Was tut man damit?

Die erste Antwort war eine Feststellung von Tatsachen. Es war vielleicht keine sehr taktvolle Aussage, aber sie gründete sich auf meine Erfahrungen. Man kann von Militärs nicht erwarten, daß sie positiv über eine Begrenzung des Wettrüstens denken; das ist auch gar nicht erstrebenswert. Ihre Pflicht ist es, für die militärische Stärke ihrer Nation zu sorgen. Sie haben den Auftrag, sich militärisch durchzusetzen, wenn alle anderen Mittel versagen. Militärs, die zu Abrüstungsexperten werden, werden wahrscheinlich ihre wichtigste Aufgabe vernachlässigen. Es ist die politische Führung, die das Gleichgewicht herstellen muß, welches die Basis jeder Rüstungsbegrenzung ist. Zwar waren es Binsenwahrheiten, die ich ausgesprochen hatte, aber es war alles andere als klug, solche Äußerungen in der sowjetischen Hauptstadt von sich zu geben.

Was ich von der militärischen Überlegenheit gesagt hatte, war eine einigermaßen zutreffende Voraussage dessen, was dann wirklich geschehen ist. Aber sie konnte zu der simplifizierenden Vorstellung führen, daß die strategische Überlegenheit jede Bedeutung verloren hätte, was ich jedoch nicht glaubte.[15] Seit zwanzig Jahren war der Verlust unserer strategischen Überlegenheit meine größte Sorge gewesen. Ich hatte als Wissenschaftlicher und als Politiker immer wieder gepredigt, daß wir am Anfang einer neuen Ära standen, in der wir der regionalen Verteidigung größere Aufmerksamkeit zuwenden müßten, besonders auf konventioneller Ebene. Ich war ein entschiedener Befürworter von Programmen gewesen, die notwendig waren, um das strategische Gleichgewicht aufrecht zu erhalten, von den Boden-Luft-Raketen und Mehrfachsprengköpfen bis zu den neuen seegestützten Fernlenkwaffen und den Marschflugkörpern. Aber jetzt begann ich an der Tendenz zu verzweifeln, das strategische Gleichgewicht an der Zahl der Trägerraketen messen zu wollen, und zwar zu einer Zeit, da die Zahl der

Sprengköpfe auf beiden Seiten viel besorgniserregender war und jede Analyse zeigte, daß kein Rüstungsprogramm Verluste verhüten konnte, die jeden Staatsmann lähmen und die Völker dem Pazifismus in die Arme treiben mußten. Was wir auch unternahmen, es würde unmöglich sein, je die überwältigende Überlegenheit wiederzugewinnen, die wir bis Ende der sechziger Jahre gehabt hatten, und es war eine Flucht vor der Realität, eine Vergangenheit herbeizusehnen, die sich aus technologischen Gründen nicht mehr zurückholen ließ.

Die Frage nach der Bedeutung der Überlegenheit war viel komplexer, als es in unserer innenpolitischen Debatte zum Ausdruck kam. Wir waren durch mehrere Phasen gegangen. Bis Anfang der fünfziger Jahre hatten wir ein atomares Monopol, das uns in die Lage versetzte, die konventionelle Unterlegenheit mit strategischen Waffen auszugleichen, ohne einen Vergeltungsschlag fürchten zu müssen. Bis in die sechziger Jahre verfügten wir über eine so starke Überlegenheit, daß wir mit einem ersten Schlag wahrscheinlich die sowjetischen Kräfte vernichten konnten, die zu einem Gegenschlag fähig gewesen wären; die Sowjets verfügten über keine vergleichbare Kapazität. Jedenfalls würden die Sowjets, die in ihrem strategischen Denken immer mit der ungünstigsten Möglichkeit rechneten, niemals einen ersten Schlag gewagt haben. Auch jetzt würde die Sowjetunion nicht leichten Herzens einen Krieg mit den Vereinigten Staaten beginnen, weil die sowjetische Führung unser Mobilmachungspotential fürchtete und niemals ganz sicher sein konnte, daß wir gegen alle Berechnungen nicht doch die strategischen Kernwaffen gegen sie einsetzten. Aber zur Zeit des Gipfels von 1974 konnten wir, wie oben gesagt, auf eine fundamentale strategische Neuorientierung nicht mehr verzichten.

Gerade daran hinderte uns jedoch die innenpolitische Debatte. Zwei nach meiner Auffassung primitive Richtungen machten es augenscheinlich unmöglich, vernünftig über unsere Möglichkeiten zu diskutieren. Die eine wollte die Strategie auf die Schrecken eines Krieges mit Kernwaffen gründen und rechnete aus, welche Zahl von Kernwaffen genügte, um unter der Zivilbevölkerung ein unvorstellbares Gemetzel anzurichten. Die andere Richtung betrachtete jede zahlenmäßige Überlegenheit als strategisch bedeutsam, ohne sie zu den äußeren Umständen oder den damit verbundenen Risiken in Beziehung zu setzen. Ich habe mich immer dafür eingesetzt, eine starke Gegenschlagkapazität zu unterhalten, um eine Reserve zu haben und den sowjetischen Berechnungen für den denkbar ungünstigsten Fall etwas entgegenzusetzen. Aber das war nach meiner Auffassung nur ein Beruhigungsmittel. Wir durften nicht darauf verzichten, größere Anstrengungen auf dem Gebiet der regionalen und konventionellen Verteidigung zu unternehmen. Es war mein Alptraum, daß sich unsere innenpolitischen Streitigkeiten nur auf symbolische Probleme konzentrierten. Wenn ich verlangte, man sollte analysieren, was die strategische Überlegenheit bedeutete, dann berührte ich damit den Kern unseres Sicherheitsproblems, auch wenn meine Formulierung zu oberflächlich war, um auszudrücken, was ich wirklich meinte, aber doch aphoristisch genug, um in unserer innenpolitischen Debatte gegen mich ausgenutzt zu werden.

Meine wirklichen Befürchtungen kamen in den Sätzen klar zum Ausdruck, die meiner Stellungnahme zur Überlegenheit folgten:

> Wir werden in einer außerordentlich komplexen Welt leben, in der es Möglichkeiten für einen mit Kernwaffen geführten Krieg gibt, die man sich vor fünfzehn Jahren zu Beginn des Nuklearzeitalters noch nicht vorstellen konnte, und das ist es, was uns Sorgen bereitet, nicht die Meinungsverschiedenheiten, von denen man in den Berichten über die täglich stattfindenden Diskussionen liest.

Aber im Juli 1974 war Washington nicht der geeignete Ort für solche Überlegungen. Während wir noch in Moskau waren, hielt Verteidigungsminister Schlesinger im Pentagon eine Pressekonferenz ab und erklärte, er vertraue darauf, daß sich auch das Militär für die Rüstungskontrolle einsetzen werde. Dabei wandte er sich gegen meine Auffassungen von der strategischen Überlegenheit, ohne im einzelnen darauf einzugehen. So hatten die Vereinigten Staaten nicht nur einen Präsidenten, dessen Stellung so stark erschüttert war, daß man täglich mit seinem Rücktritt rechnen mußte, sondern es bestand auch eine an der Öffentlichkeit ausgetragene Meinungsverschiedenheit zwischen dem Außenminister und dem Verteidigungsminister.

Das seltsame an dieser Lage war, daß das Gipfeltreffen, gemessen an den in normalen Zeiten geltenden Kriterien, als Erfolg hätte bezeichnet werden dürfen. Es waren wichtige Vereinbarungen unterzeichnet worden – wenn auch nicht so sensationelle wie bei früheren Gelegenheiten, aber es waren doch Abkommen, die zeigten, daß die beiden Supermächte ernsthaft darum bemüht waren, ihre Beziehungen zu festigen. Sogar bei SALT waren wir dem Verständnis unserer beiderseitigen Positionen nähergekommen, als man es im allgemeinen erkannte. Wäre es anders gewesen, dann hätte Ford als neuer Präsident nicht vier Monate nach seiner Amtsübernahme die Verhandlungen mit den Sowjets in Wladiwostok erfolgreich abschließen können. Im übrigen wäre es, wie ich schon oben gesagt habe, günstiger, bei Gipfeltreffen nicht so großen Wert auf die Unterzeichnung spektakulärer Abkommen zu legen, sondern vor allem die Gelegenheit auszunutzen, ernsthaft über die internationale Lage zu sprechen. Letzteres war Nixon und seinen Gesprächspartnern im Juni 1974 in einer entspannteren Atmosphäre gelungen als bei irgendeinem früheren Treffen. Diese Art von Lagebeurteilungen im großen Rahmen waren Nixons Stärke. Hier bewies er zum letzten Mal seine Fähigkeit, in großen Zusammenhängen zu denken, und dabei gelang es ihm, die von allen Seiten auf ihn einstürmenden Probleme zeitweilig abzuschütteln.

Daß die Sowjets den zu Tode verwundeten Präsidenten so rücksichtsvoll behandelten, war der beste Beweis dafür, daß er sie mit seiner Politik beeindruckt hatte. Im sowjetischen System gibt es keine Kategorien für Politiker, die aus irgendeinem Grund ihren Einfluß verloren haben. Die Sowjets hätten bei dieser Gelegenheit durchaus die Möglichkeit gehabt, an dem alten Kommunistenhasser Nixon Rache zu nehmen und ihn spüren zu lassen, daß sich seine politische Laufbahn dem Ende näherte, und niemand versteht sich besser auf solche Taktiken als das Politbüro der Kommunistischen Partei der Sowjetunion. Doch der

Präsident wurde mit Respekt und Höflichkeit behandelt – eine Anerkennung seiner Berechenbarkeit, die für die sowjetische Führung einen höheren Wert besitzt als Sentimentalität. Der Kreml achtete seine Festigkeit und Nüchternheit, und diese Eigenschaften werden in Moskau höher geschätzt als Beteuerungen guten Willens.

Doch unsere Medien vermittelten nicht diesen Eindruck. Die *New York Times* beklagte sich über die »Zerbrechlichkeit der Entspannungspolitik«. Die *Washington Post* bezeichnete das Gipfeltreffen als »große Enttäuschung«. Das Nachrichtenmagazin *News Week* sprach von einem »Gipfel, der nicht bezwungen wurde«. Beim Abschluß des Gipfeltreffens von 1974 mußte ich erkennen, daß wir am Ende unseres Lateins waren. Wenn die Autorität des Präsidentenamtes nicht bald wieder hergestellt wurde, dann war die Katastrophe nicht mehr aufzuhalten, und zwar nicht, weil der Gipfel ein Mißerfolg gewesen war, sondern weil sich schon bei den Vorbereitungen für dieses Treffen deutlich gezeigt hatte, daß der Präsident seine Administration nicht mehr in der Hand hatte.

Mitte Juli war ich zu der Überzeugung gelangt, daß endlich ein Schlußstrich unter Watergate gezogen werden müßte, und dazu mußte Nixon zurücktreten. Bis dahin hatte ich das Unvorstellbare zu verdrängen gesucht. Aber ich erkannte Nixons zunehmenden Machtverlust und wußte spätestens nach der Veröffentlichung des Inhalts der Tonbänder im Mai, daß sein Schicksal besiegelt war. Aber ich hatte es für meine Pflicht gehalten, der Krise entgegen zu wirken, indem ich die Illusion der Autorität und Kontinuität so lange wie möglich aufrecht erhielt, und hatte mich geweigert, darüber zu spekulieren, wie das Ende aussehen könnte. Ich war arrogant genug zu glauben, daß ich die Außenpolitik auch mit einem schwer angeschlagenen Präsidenten ungehindert weiterführen könnte.

Die Ereignisse am Rande von Nixons Reisen haben diese Illusion zerstört. Sie bewiesen, daß kein Außenminister in der Lage ist, die Außenpolitik unserer Nation allein zu bestimmen. Der Autoritätsverlust des Präsidenten führte dazu, daß das Verantwortungsbewußtsein in der Regierung, im Kongreß und bei den Medien in erschreckender Weise abnahm, was eine ernste Bedrohung unserer Sicherheit bedeutete. Es kam nicht darauf an, wer bei den verschiedenen Kontroversen innerhalb der Bürokratie von Washington recht hatte. Die Unmöglichkeit, die Meinungsverschiedenheiten beizulegen, mußte früher oder später unserer Politik ihre Stärke und Zielrichtung nehmen und unsere Strategie unglaubwürdig erscheinen lassen. Was als Alptraum begonnen hatte, schien jetzt zur Notwendigkeit zu werden: daß es für die Nation besser wäre, wenn Nixon von seinem Amt als Präsident zurückträte. Ich war immer noch davon überzeugt, man wäre zu streng mit ihm ins Gericht gegangen, und seine Feinde hätten sich nicht nur von ihrem Gerechtigkeitssinn, sondern auch von scheinheiligem Hochmut leiten lassen. Ich bewunderte seine Standhaftigkeit und Selbstbeherrschung, und trotz aller Meinungsverschiedenheiten waren meine Gefühle für den vom Schicksal gezeichneten Präsidenten herzlicher als je zuvor. Doch ich unternahm nichts, um den nach meiner Auffassung notwendigen Rücktritt des Präsidenten zu beschleunigen. Was auch geschehen mochte und wer Nixon in dieser Lage auch im Stich lassen sollte, ich hatte beschlossen, dem Mann treu zu bleiben, der mich in mein hohes Amt berufen hatte, um die Kontinuität der Regierung zu sichern. Aber in tiefster Seele begann ich zu fühlen, was man manchmal gegenüber einem unheilbar Kranken empfindet. Ich hoffte, das unvermeidliche Ende werde – auch um unseres Landes willen – möglichst rasch kommen und – um des Präsidenten willen – gnädig sein.

XXV. Das Ende der Regierung Nixon

Die lange Heimreise

Die vom Fernsehen übertragene Begrüßungszeremonie für den am 3. Juli 1974 vom Moskauer Gipfel zurückgekehrten Präsidenten sollte auf dem Militärflughafen Loring in Maine stattfinden. Man hatte sich für diese Veranstaltung einen möglichst weit von Washington entfernt gelegenen Militärflughafen ausgesucht, weil es nicht einfach gewesen wäre, in der Landeshauptstadt einen repräsentativen Empfang zu organisieren. Vizepräsident Ford lobte Nixon in seiner Begrüßungsansprache dafür, daß er einen neuen Beitrag zur Erhaltung des Weltfriedens geleistet und eine erfolgreichere Außenpolitik getrieben hatte, »als wir sie bisher erlebt haben und wie es sie vielleicht in der Geschichte unseres Landes noch nie gegeben hat«. Mit Hilfe des Bodenpersonals und der Bevölkerung hatte man dem Präsidenten einen glänzenden Empfang bereitet, und nur der Ort, an dem er stattfand, ließ erkennen, in welcher Bedrängnis Nixon sich eigentlich befand.

Ich war in Europa zurückgeblieben, um den Verpflichtungen zu genügen, die uns die Atlantische Deklaration auferlegte, und um unsere Verbündeten vom Inhalt der Gespräche mit Breschnew zu unterrichten. Zuerst flog ich nach Brüssel zum NATO-Hauptquartier und dann nach Paris, Rom, München, London und Madrid. Es war kein Zufall, daß ich mit den politischen Führern in der Bundesrepublik in München zusammentraf. Dort hatten sie sich für die Endspiele der Fußball-Weltmeisterschaften versammelt. Am Flughafen sagte ich den Journalisten, daß kein Sportereignis mich daran hindern könnte, meine Verpflichtungen gegenüber unseren Verbündeten zu erfüllen. Da die deutsche Regierung wußte, daß ich ein begeisterter Anhänger des Fußballsports war, hatte sie dafür gesorgt, daß mich die politischen Gespräche nicht daran hinderten, das Endspiel im Olympiastadion anzusehen. Es war ein sehr erholsames Wochenende. Der neue westdeutsche Außenminister in Helmut Schmidts Koalitionskabinett, Hans-Dietrich Genscher, brachte mich am Samstagnachmittag, dem 6. Juli, im Hubschrauber zu einem ausführlichen Gedankenaustausch in einen in den Voralpen gelegenen Ort. Am Abend veranstaltete er eine Gesellschaft, zu der viele bekannte Persönlichkeiten aus der Politik, den Medien und der Unterhaltungsindustrie eingeladen waren. Am folgenden Tag gewann die deutsche Mannschaft das Endspiel und bestätigte meine Theorie über die Zusammenhänge zwischen dem Nationalcharakter und dem Stil der Nationalmannschaften beim Fußball. Die Deutschen folgten der Taktik des Schlieffen-Plans mit komplizierten Manövern und fein ausgeklügelten Spielzügen. Wenn alles nach Plan verlief und die Zuschauer mit ihrem Beifall die Spieler unterstützten, dann waren sie nicht zu besiegen. Aber man konnte nicht wissen, wie die deutsche Mannschaft reagieren würde, wenn der Gegner den sorgfältig vorbereiteten Plan durchkreuzte und sie improvisieren mußte. Die holländische Mannschaft wurde geschlagen, obwohl sie hervorragende Leistungen zeigte, weil sie schließlich nicht den notwendigen Siegeswillen aufbringen konnte. (So war es auch mit anderen Mannschaften. Die Engländer, die früher zu den besten Fußballspielern gehört hatten, verließen sich jetzt auf die Kondition der Spieler und ihren Ruhm, blieben aber bei ihrem etwas altmodischen und pedantischen Stil. Sie waren deshalb schon lange vorher aus der Konkurrenz ausgeschieden. Brasilien, unübertroffen in seiner waghalsigen Virtuosität, wußte jetzt nicht, ob es bei seiner traditionellen Spontaneität bleiben oder sich dem methodischeren europäischen Stil anpassen sollte. 1974 erreichte die brasilianische Mannschaft nur den vierten Platz, was für Brasilien fast eine nationale Katastrophe bedeutete.)

In Washington war alles ruhig. Scowcroft berichtete, »soweit ich es erkennen kann, geschieht hier praktisch nichts. Man scheint nichts anderes im Sinn zu haben, als sich auszuruhen. Nach einem Gespräch mit Al (Haig) scheint die Stimmung entspannt.«

Es war die Stille vor dem Sturm. Als ich am 9. Juli nach Washington zurückkehrte, wartete die Stadt auf die befreiende letzte Entscheidung über Watergate. Niemand wußte, wann der Höhepunkt erreicht sein würde, aber man zweifelte auch nicht mehr daran, daß er unvermeidbar war und unmittelbar bevorstand. Am 15. Juni hatte das oberste Bundesgericht sich bereit erklärt, darüber zu beraten, ob das Geschworenengericht, das über Watergate das Urteil sprechen sollte, berechtigt wäre, den Präsidenten Nixon als nicht unter Anklage stehenden Mitverschwörer bei der Vertuschung des Watergate-Einbruchs beim Namen zu nennen. Etwa zwei Wochen früher hatte das oberste Bundesgericht sich bereit erklärt, zu entscheiden, ob Sonderstaatsanwalt Leon Jaworski berechtigt wäre, die Herausgabe von Tonbändern mit vierundsechzig im Weißen Haus geführten Gesprächen unter Strafandrohung zu verlangen. Am 21. Juni hatte der Rechtsausschuß des Repräsentantenhauses sechs Wochen dauernde geheime Anhörungen im Rahmen des Amtsenthebungsverfahrens abgeschlossen. Am 26. Juni begann das Verfahren gegen den Berater des Weißen Hausen, John Ehrlichman, der beschuldigt wurde, in den Einbruch in die Praxis des Psychiaters von Daniel Ellsberg verwickelt zu sein und unter Eid falsche Aussagen gemacht zu haben.

Im vorigen Jahr hatten die Watergate-Anhörungen im Senat an dem Tag begonnen, an dem Nixon das Gipfeltreffen mit Breschnew beendete. 1974 wurden die Sitzungen durch das Wochenende vom 4. Juli unterbrochen. Aber von diesem Tage an wurde das Leben der Nation von der bevorstehenden Entscheidung über Watergate beherrscht.

Am 8. Juli behandelte das oberste Bundesgericht die Frage, ob Nixon gezwungen werden sollte, die Tonbänder mit den Aufzeichnungen von vierundsechzig Gesprächen im Ovalen Zimmer auszuhändigen. Am 12. Juli wurden Ehrlichman und mehrere andere schuldig gesprochen. Am folgenden Tag veröffentlichte der Senatsausschuß für Watergate einen gemeinsamen, zweitausend Seiten starken Bericht über die Verschleierungsversuche von Watergate und Unregelmäßigkeiten bei der Finanzierung von Nixons Wahlkampf im Jahr 1972. Die Senatoren äußerten sich nicht dazu, ob der Präsident an den Verschleierungsmanövern teilgenommen hatte, aber am 19. Juli empfahlen die der parlamentarischen Mehrheit und Minderheit angehörenden Rechtsberater des Rechtsausschusses dem Senat, den Präsidenten wegen eines oder mehrerer Verstöße, die eine Amtsenthebung rechtfertigten, vor Gericht zu stellen. Dazu gehörten die Behinderung der Gerichte, der Mißbrauch der Amtsgewalt des Präsidenten beim Umgang mit Regierungsbehörden und die Mißachtung des Kongresses und der Gerichte. Sie erklärten, »rechtlich denkende und handelnde Männer würden den Präsidenten schuldig sprechen«.

Das waren die Stationen auf dem Wege zur Vernichtung eines Präsidenten, und ich habe diese Entwicklung mit Abscheu mit angesehen. Nixon war nach San Clemente gegangen und wartete auf den Ausgang eines Verfahrens, das er weder beherrschen noch wesentlich beeinflussen konnte. Ich blieb in Washington, flog aber zweimal – für den 19. und 20. und für den 25. und 26. Juli – nach Kalifornien, um dem Präsidenten beizustehen. Dabei erwähnte er Watergate kaum, und wenn, dann sprach er nicht über den Inhalt der Vorwürfe, sondern über die Stimmenverteilung im Repräsentantenhaus und im Senat, um auszurechnen, welche Chancen er hatte. Er war wie jemand, der seinen Alptraum im Wachen erlebt. Seine übertriebene Selbstdisziplin hatte das Debakel nicht verhindern können, ja, vielleicht hatte sie es sogar heraufbeschworen. Denn er hatte alle Instinkte verdrängt, die ihm normalerweise die ihm drohende Gefahr bewußt gemacht hätten. Seine engsten Vertrauten hatten ihn in dieser Haltung bestärkt, weil ihnen Verfahrensfragen wichtiger erschienen als die Substanz ihrer Politik. Nun wußten sie nicht, wie sie reagieren sollten, da das Verfahren anders lief, als sie geglaubt hatten.

Diejenigen unter uns, die fünfeinhalb Jahre mit Nixon zusammengearbeitet hatten, brachten es nicht fertig, in die Schmährufe einzustimmen, die von den Medien verbreitet wurden. Wir billigten die schäbigen Praktiken nicht, die durch Watergate ans Licht gekommen waren, und fanden sie ebenso abstoßend wie jeder andere. Auch machten wir uns über die jetzt ans Licht gekommenen Verschleierungsversuche und Lügen keine Illusionen. Wir hatten selbst einiges davon erlebt. Aber wir sahen die Dinge aus einer anderen Perspektive. Wir erkannten, wie aus einem schweren Fehler eine nationale Katastrophe geworden war, und wußten besser als die meisten, daß Nixon nicht so sehr ein Lügner war, sondern viel mehr sich selbst davon überzeugt hatte, daß seine

Ausreden der Wahrheit entsprachen. Auch wir waren verschiedentlich vom Präsidenten manipuliert und gegeneinander ausgespielt worden und wußten nur allzu gut, daß Nixon nicht in der Lage war, einem anderen Menschen vollständig zu vertrauen. Auch seine engsten Mitarbeiter waren sich niemals sicher, daß sie seine Gedanken ganz durchschauten, und wußten deshalb auch jetzt nicht, wie sie ihm helfen sollten.

Nixon hatte keine wirklich engen Freunde. Auch seine engsten Vertrauten mußten ständig befürchten, fallengelassen zu werden, wenn Nixon dies aus irgendeinem unerfindlichen Grund für richtig hielt. Ich habe dem verstorbenen John Osborne, einem der klügsten Leitartikler, den ich kannte, und der als Vertreter von *The New Republic* die Kolumne »White House Watch« schrieb, diese Atmosphäre, wie ich meine, zutreffend geschildert. 1971, ich war eben von meiner Geheimreise nach China zurückgekehrt und dadurch in der Öffentlichkeit bekannt geworden, fragte mich John, wie ich mich als Regisseur des Dramas fühlte. Ich antwortete aufrichtig: »John, ich weiß nicht, ob ich der Regisseur in diesem Drama oder ein Schauspieler in einem anderen Stück bin, über dessen Inhalt mir noch niemand etwas gesagt hat.«

Kein Präsident in neuerer Zeit ist seinem Charakter nach weniger für das politische Leben geeignet gewesen als Nixon. In seiner Schüchternheit war ihm nichts unangenehmer, als neue Menschen kennenzulernen. Nur in der Anonymität einer großen, beifallspendenden Menschenmenge fühlte er sich sicher. Er lebte in der ständigen Furcht, zurückgewiesen zu werden, und gestaltete die menschlichen Beziehungen so, daß eine Zurückweisung, wenn sie kam, so aussah, als wäre sie von ihm gekommen. Aber sein Stolz erlaubte es ihm nicht, zuzugeben, daß er emotional von der Zustimmung anderer Menschen abhängig war und sich von dieser Abhängigkeit nicht befreien konnte. In seiner Unsicherheit tat er zunächst so, als hätte ihm ein grausames Schicksal bestimmt, abgelehnt zu werden, und brachte es dann fertig, durch sein eigenes Verhalten dafür zu sorgen, daß diese böse Vorahnung sich erfüllte. Ich brauche nicht zu sagen, daß keiner von uns ihm ins Herz sehen konnte. Aber viel bezeichnender war die Tatsache, daß jeder seiner Mitarbeiter einen anderen Nixon kannte, was daran lag, daß der Präsident sich in seiner Haltung dem jeweiligen Gesprächspartner anpaßte und ihn so behandelte, wie es nach seiner Auffassung den Fähigkeiten und dem Herkommen des Gegenüber entsprach.

Als die Abschriften der im Ovalen Zimmer über Watergate geführten Gespräche veröffentlicht wurden, war ich überrascht von Nixons deftiger Sprache, die sich manchmal der vulgärsten Slang-Ausdrücke bediente. Ich kann mir nicht vorstellen, daß ich mich so sehr an diese Ausdrucksweise gewöhnt hatte und sie nicht mehr wahrnahm. Der Nixon, der mit mir über außenpolitische Fragen sprach, tat es jedenfalls in dem etwas gespreizten, pedantischen Ton, in dem er sich auch vor der Öffentlichkeit äußerte. Ich habe immer wieder gesagt, daß wir, die wir täglich mit ihm umgingen, gelernt hatten, einen großen Teil dessen, was er sagte, unbeachtet zu lassen, besonders wenn diese Äußerungen in der Erregung des Augenblicks gefallen waren. Wir glaubten, daß er von uns verlangte, mit der Ausführung seiner zu extrem anmutenden Direktiven zu warten und unserem Präsidenten die Gelegenheit zu geben, seine Fantasien auszuleben. Wir waren seine ausführenden Organe, aber er rechnete damit, daß wir begriffen, welche Anweisungen der zweite, besonnene Nixon nicht befolgt sehen wollte.

Eine ganz persönliche Schwäche und, wie ich glaube, eine der Ursachen von Watergate, war Nixons Haßliebe zur Familie Kennedy. Im Präsidentschaftswahlkampf von 1960 waren er, John und Robert Kennedy erbitterte Gegner gewesen. In der Öffentlichkeit galt Nixon als der Mann, der auf der gegenüber liegenden Seite des politischen Spektrums stand und dessen Haltung sich mit der seiner inzwischen verstorbenen Rivalen nicht vereinbaren ließ. Es ist tatsächlich wahrscheinlich, daß die Kennedys konservativer oder skeptischer waren als viele ihrer Nachfolger (oder wenigstens so gestartet sind), während Nixon selbst gemäßigter und feinfühliger war als seine konservativen Anhänger.

Wie Lyndon Johnson vor ihm hätte Nixon alles darum gegeben, so bewundert zu werden wie John Kennedy. Nixon schrieb die Erfolge der Familie Kennedy der Technik und nicht ihrer überzeugenden Politik zu und verbrachte jede Woche viele Stunden damit, über die rücksichtslosen politischen Taktiken und Publicity-Tricks nachzudenken, denen die Kennedys nach seiner Meinung ihre Macht zu verdanken hatten. Nixon war überzeugt davon, daß das Abhören von Telefonen im Wahlkampf von 1960 eine der wichtigsten Waffen im Arsenal der Kennedys gewesen wäre, und diese Ansicht haben zweifellos viele seiner Mitarbeiter geteilt. Er hat seinen Verdacht jedoch niemals öffentlich ausgesprochen. Es gibt zwar keine Beweise dafür, daß Nixon das Anzapfen der Telefone im Hauptquartier des Wahlausschusses der Demokratischen Partei angeordnet hat, aber seine Überzeugung, das dieses Verfahren erprobt sei, hat vielleicht den Anstoß gegeben. Wenn man sich fragt, warum das Nixon-Team 1972 das Risiko eingegangen ist, einen politischen Gegner abzuhören, der praktisch schon besiegt war, dann könnte die Antwort lauten: Der Sieg wäre nicht vollständig gewesen, wenn dabei nicht auch die verhaßten, gefürchteten und zugleich bewunderten Kennedys in jeder Hinsicht übertroffen wurden. Es war ein Akt der Vergeltung für vielleicht eingebildete Kränkungen und keine Maßnahme, um ein bestimmtes Ziel zu erreichen. (Nixon hat gelegentlich angedeutet, daß in den von ihm und Agnew im Wahlkampf von 1968 benutzten Flugzeugen Abhörvorrichtungen angebracht worden wären, aber selbst wenn dieser Verdacht zutraf, hat er nicht sagen können, wieso die Kennedys dafür verantwortlich gemacht werden konnten.)[1]

Der Charakter der meisten Menschen hat einen innersten Kern, der im Mittelpunkt ihrer Entwicklung steht. Bei Nixon gab es mehrere solche Schwerpunkte. Deshalb konnte er nicht mit sich selbst in Frieden leben. Jeder Versuch, seinen komplexen Charakter anhand eines Attributs zu deuten, muß fehlschlagen. Die Auffassung seiner Verleumder, Nixon wäre eine Inkarnation des Bösen gewesen, ist ebenso falsch wie die grenzenlose Bewunderung seiner glühenden Anhänger. Bei näherer

Bekanntschaft erkannte man, daß es das gigantische Ringen der sich in Nixon vereinigenden verschiedenen Persönlichkeiten miteinander war, das ihn zu einem so ruhelosen und impulsiven Menschen machte. Dieses Ringen hörte niemals auf. Weder die dunkle noch die empfindsame Seite seines Wesens hat auf die Dauer die Oberhand gewonnen. Einmal herrschte die eine, dann wieder die andere Seite seiner Persönlichkeit vor, und damit entstand der Eindruck der Bedrohlichkeit, des Gequältseins, der Unberechenbarkeit und letzten Endes der ungeheuren Verwundbarkeit.

Deshalb haben am Schluß wir alle, die wir mit Nixon eng zusammenarbeiteten, trotz allen Ärgers, aller Unehrlichkeit und aller bizarren Qualitäten unseres Präsidenten einen gewissen widerwilligen Respekt und das fast zarte Gefühl entwickelt, ihn in Schutz nehmen zu müssen. Wir hatten erlebt, wie seine uns zum Wahnsinn treibenden Absonderlichkeiten einem verzweifelten Konflikt zwischen unvereinbaren Elementen entsprangen, und daß in Wirklichkeit er selbst das Opfer seiner unharmonischen Natur war. Wir erlebten einen Nixon, der sanft und rücksichtsvoll sein konnte, ja, seine ungewöhnlichsten Methoden dienten der Absicht, andere Menschen nicht in einer direkten Konfrontation verletzen zu müssen. Er hatte einen scharfen analytischen Verstand und die Fähigkeit, den Dingen auf den Grund zu gehen, besonders in der Außenpolitik. Er war ein großer Patriot und zutiefst davon überzeugt, daß es die Mission der Vereinigten Staaten war, Sicherheit und Freiheit in der Welt zu schützen. Er hat den Vietnam-Krieg nicht, wie er es hätte tun können, seinen demokratischen Vorgängern zum Vorwurf gemacht. Er glaubte, es den Familien der in Vietnam gefallenen amerikanischen Soldaten zu schulden, zu bestätigen, daß sie für eine gerechte Sache gestorben waren. Und er glaubte auch selbst daran, daß die Sache gerecht war. Trotz aller Demonstrationen der Härte war es sein größter Wunsch, als Idealist in die Geschichte einzugehen. Am ersten Tag nach seiner Amtsübernahme als Präsident verlangte er nach dem Schreibtisch von Woodrow Wilson und hat ihn, solange er im Ovalen Zimmer residierte, auch benutzt. Im Beratungszimmer des Kabinetts hing ein Porträt des Präsidenten Wilson. Oft sprach er von seiner Mutter, und die Eigenschaft, die er an ihr am meisten schätzte, war ihre menschliche Güte. Er scheint sie furchtbar vermißt zu haben, als sie ihn in ganz jungen Jahren verließ, um die Pflege eines älteren, an Tuberkulose sterbenden Bruders zu übernehmen.

Natürlich erkannten seine engsten Mitarbeiter besser als andere, wie sehr ihm das Gefühl für die richtigen Proportionen fehlte. Wenn er sich in Krisensituationen den Anschein gab, kühl über der Sache zu stehen, dann wurde dieses Bild durch die hartnäckige Verzweiflung verzerrt, mit der er sich gegen alle Schwierigkeiten wehrte – aus dem Fatalismus geboren, daß am Schluß doch alles anders kam, als er es wollte. Deshalb war sein Mut noch erstaunlicher, denn er kam nicht wie bei de Gaulle, Churchill oder Roosevelt aus dem Glauben, daß seine Bemühungen schließlich doch von Erfolg gekrönt sein würden.

Die Gefühle, die ich Nixon entgegenbrachte, waren dementsprechend komplex. Seine ungeschliffene Art hatte mich oft abgestoßen.

Ich ärgerte mich darüber, ständig manipuliert zu werden, und hätte mich sicherer gefühlt, wenn er sich klarer ausgedrückt hätte und seine Methoden durchschaubarer gewesen wären. Trotzdem war ich ihm zutiefst dankbar dafür, daß er mir die Gelegenheit gegeben hatte, meinem Land zu dienen, zuerst als nationaler Sicherheitsberater und dann als Außenminister. Was auf Außenseiter wie schlechte Laune wirkte, erkannte ich als Furcht vor Zurückweisung. Was oft den Anschein der Verschlagenheit weckte, begriff ich als Mittel, sich angesichts innerer Zweifel an der eigenen Urteilsfähigkeit mehrere Wege offen zu halten. Nur wenige Menschen haben ein so starkes Bedürfnis, geliebt zu werden, und nur wenigen fehlt so sehr die Möglichkeit, ihrer eigenen Liebe mit Worten Ausdruck zu verleihen. Komplexität war sein Abwehrmechanismus, ein Minderwertigkeitskomplex seine geheime Schwäche, und schließlich wurde beides zu seiner zweiten Natur und führte dazu, was er am meisten fürchtete. Ich war Zeuge seiner einsamen Entschlüsse gewesen, seines Ringens mit dem Zweifel an sich selbst, das trotzdem oft zu beachtlichen Erfolgen führte. Im ersten Band meiner Memoiren habe ich von meinen Gefühlen gegenüber Nixon an dem Abend berichtet, an dem er den Waffenstillstand in Vietnam bekanntgab, und achtzehn Monate später, als sich die Amtszeit dieses Präsidenten ihrem Ende näherte, habe ich das gleiche noch viel tiefer empfunden.:

Welcher ungewöhnlichen Mittel bedient sich das Schicksal, um seine Absichten zu verwirklichen! Dieser in der Stunde seines Triumphes so einsame Mann mit zum Teil so selbstsüchtigen Motiven hatte unsere Nation durch eine der qualvollsten Perioden ihrer Geschichte geführt. Obwohl er von Natur aus nicht mutig war, hatte er sich zu selten mutigen Entschlüssen durchgerungen. Im Grund verschlossen und einsam, hatte er sich dazu gezwungen, sein Volk aufzurufen, sich dieser Herausforderung zu stellen. Sein Ziel war die Revolutionierung der amerikanischen Außenpolitik gewesen, mit der das verhängnisvolle Schwanken zwischen Überengagement und Isolation überwunden werden sollte. Verachtet vom Establishment, schwankend in seinen Wertvorstellungen, hatte er sich den Sinn für die nationale Ehre und Verantwortung bewahrt und war entschlossen, zu beweisen, daß das stärkste freie Land nicht das Recht hatte, auf seine Einflußmöglichkeiten zu verzichten. Was wäre geschehen, wenn das Establishment, das er so ablehnte, ihm einige Zuneigung entgegengebracht hätte? Hätte er sich noch tiefer in seine Ressentiments vergraben, oder wäre es ihm möglich gewesen, sich zu befreien? Jetzt kam es nicht mehr darauf an. Auch wenn er sich nun ganz in die Einsamkeit zurückgezogen hatte und am Ende einer Periode tiefer innenpolitischer Spaltungen stand, sah er doch vielversprechende Möglichkeiten vor sich, wie sie nur wenigen Staatsmännern geboten worden sind. Er konnte sich eine neue internationale Ordnung vorstellen, in der Feindschaften abgebaut, Freundschaften gestärkt und in den jungen Nationen neue Hoffnungen geweckt wurden. Das war für Amerika und die Menschheit ein lohnendes Ziel. Im Augenblick des Triumphs stand er auf einem Gipfel, der bald zum jähen Abgrund werden sollte, und doch hatte er uns trotz all seiner Schwächen und Fehler durch eine gewaltige Willensanstrengung einen ungewöhnlichen Erfolg beschert, in dem sich Träume und Möglichkeiten vereinigten.[2]

Während der letzten, quälenden Monate der Präsidentschaft Nixons mußte ich oft an eine Reise durch seine Jugend denken, die er im Sommer 1970 mit mir unternommen hatte. Der Vorstoß nach Kambodscha lag hinter uns, aber die Wunden waren noch nicht verheilt. Nixon erholte sich in San Clemente von den Anstrengungen, die es gekostet hatte, seine Entscheidung vor einer leidenschaftlichen innenpolitischen Opposition und schweren Angriffen gegen seine Person zu verteidigen – doch nach seiner Auffassung hatte er nicht anders handeln können, wenn die Vereinigten Staaten ihr Engagement in Indochina unter Wahrung ihrer Ehre beenden sollten. An einem Samstagnachmittag war ich in jenem Hotel in Laguna Beach eingekehrt, das wir als Pressezentrum benutzten, als ich plötzlich ans Telefon gerufen wurde. Die allgegenwärtige Telefonvermittlung im Weißen Haus hatte mich dort aufgespürt. Der Präsident ließ mich fragen, ob ich mit ihm und Bebe Rebozo nach Los Angeles fahren wollte. Dort könnten wir im Restaurant Chasen zu Abend essen. Das Mädchen an der Vermittlung konnte sich an keinen Fall erinnern, daß jemand die Einladung des Präsidenten zum Abendessen ausgeschlagen hätte. Sie sagte mir, daß der Präsident schon abgefahren wäre und mich in wenigen Minuten abholen würde. Ich solle auf dem Bürgersteig vor den Läden und Restaurants gegenüber dem Hotel auf ihn warten.

Nixon hatte nicht die Absicht, direkt nach Los Angeles zu fahren. Vorher wollte er Rebozo und mir unbedingt seinen Geburtsort Yorba Linda zeigen. So fuhren wir in dem unauffälligen, von einem Geheimdienstagenten gesteuerten Lincoln zu Nixons bescheidenem Geburtshaus. Die Fahrt hatte zunächst keine andere Bedeutung für uns, als daß es eine Ehre war, vom Präsidenten der Vereinigten Staaten eingeladen zu werden. Rebozo und ich teilten daher auch nicht die Erregung, von der Nixon offenbar ergriffen war. Wir gingen um das Haus herum, als Nixon plötzlich feststellte, daß uns zwei Wagen gefolgt waren. In dem einen saßen mehrere Agenten des Geheimdienstes, in dem anderen die allgegenwärtigen Reporter.

Das alles – der Geheimdienst und die Presse – gehörte zum täglichen Leben des Präsidenten, und diesmal war es das denkbar kleinste Gefolge, das sich ihm an die Fersen geheftet hatte. Aber Nixon verlor so sehr die Selbstbeherrschung, wie ich es weder vorher noch nachher jemals erlebt habe. Er verlangte, die Wagen sollten sofort zurückfahren, und erklärte, er werde nicht weiterfahren, wenn die Geheimdienstbeamten und die Journalisten seinem Wagen noch weiter folgten. Er wollte allein sein. Er wäre der Präsident und könnte befehlen, daß man ihn in Ruhe ließe. Dabei schrie er so laut, daß die verdutzten Geheimdienstbeamten gegen jede Vorschrift verstießen und, gefolgt von den Journalisten, davonfuhren.

So kam es, daß Nixon zum ersten Mal in seiner ganzen Amtszeit außerhalb seines Wohnbereichs mit einem Freund, einem Mitarbeiter und einem einzigen Fahrer vom Geheimdienst allein war. Ich bin überzeugt, daß es manchem Terroristen den Mund wässrig gemacht hätte, zu wissen, ein wie leichtes Ziel der Präsident der Vereinigten Staaten an jenem Samstagnachmittag bot. Nixon und sein Sicherheitsberater verfügten gemeinsam über alle geheimen Informationen dieses Landes, die zu kennen sich lohnte, und fuhren, nur von einem einzigen Leibwächter bewacht, der außerdem noch ihren Wagen steuern mußte, durch Südkalifornien.

Als die beiden Wagen uns verlassen hatten, war Nixon so entspannt, wie ich ihn noch niemals gesehen hatte. Er und ich saßen im Fond des Wagens, Rebozo neben dem Fahrer. So fuhren wir weiter in die kleine Stadt Whittier. Nixon zeigte uns die Tankstelle, die seiner Familie gehört hatte. Unmittelbar nach ihrem Verkauf war auf dem Grundstück, das dazu gehörte, eine Ölquelle entdeckt worden. Dann zeigte er uns das Hotel, in dem die entmutigten Republikaner versucht hatten, den geeigneten Mann zu finden, der sich als ihr Kandidat für die Kongreßwahlen dem wahrscheinlich unschlagbaren demokratischen Kandidaten des Bezirks stellen sollte. Auch das war ein einmaliger Vorgang. Nixon hatte sich um die Kandidatur beworben, weil er nichts Besseres zu tun hatte. Zu seiner Überraschung wurde er gewählt und zum Sieger in einer Wahl, in der sogar seine eigenen Parteifreunde dem Gegner die besseren Chancen eingeräumt hatten. Anschließend fuhren wir zum Whittier College, und Nixon erinnerte sich seiner Lehrer, denen er viel zu verdanken hatte. Es war einer der seltenen Augenblicke, in denen ich nicht das Gefühl hatte, daß er sich bei seinen Äußerungen von irgendwelchen Hintergedanken leiten ließ. Der Nixon auf dem Rücksitz seines Wagens war nicht der sich gewunden ausdrückende, mißtrauische, mit Komplexen belastete Politiker, den ich aus dem Ovalen Zimmer kannte, sondern ein freundlicher Mensch, der sich schlicht auszudrücken wußte und Herzenswärme ausstrahlte.

Während er zum ersten Mal so freundlich und offen mit mir sprach, kam mir plötzlich zum Bewußtsein, daß er mir die ganze Zeit erzählt hatte, wie er alles eigentlich nur einem Zufall zu verdanken hätte. Seine Geschichte hatte keine Moral, sondern zeigte höchstens, wie leicht alles auch hätte ganz anders kommen können – und Nixon fühlte das noch viel deutlicher als ich. Denn ich hatte bisher den Eindruck gehabt, daß nur ein ungewöhnlich disziplinierter und ausdauernder Mann es hätte schaffen können, als fast aussichtsloser Kandidat für die Kongreßwahlen zu beginnen und dann Präsident der Vereinigten Staaten zu werden. Doch Nixon betrachtete die Dinge offensichtlich ganz anders. An diesem Nachmittag in Whittier verleugnete er seine schlichte Herkunft nicht und schien viel besser in diese Umgebung zu passen als in den Rahmen, in den er als Präsident gestellt war.

Für mich ist diese Fahrt durch Südkalifornien immer ein Schlüssel zu Nixons rätselhaftem Charakter gewesen. Archimedes hatte gesagt: »Gebt mir einen festen Punkt, und ich werde die Erde aus den Angeln heben.« Nixon wollte die Welt aus den Angeln heben, aber ihm fehlte dieser feste Punkt. Das ist wahrscheinlich auch der Grund dafür, daß man bei ihm immer wieder den Eindruck hatte, er fühlte sich ein wenig deplaciert. Er war im Grund ein gefühlvoller, fast sentimentaler

Mensch, doch man hatte stets die Befürchtung, daß seine Sentimentalität zur Rührseligkeit werden könnte. Wenn er den harten Mann spielte, übertrieb er und verfehlte seine Wirkung, weil er seine Härte an Objekten zu beweisen suchte, die dafür nicht geeignet waren. Nixon hat große Erfolge gehabt, hat aber immer daran gezweifelt, ob er sie verdient hätte.

Auf der Fahrt nach Los Angeles kam er plötzlich auf die Idee, daß Rebozo und ich nicht nur sehen sollten, wo er hergekommen war, sondern auch, wie weit er es gebracht hatte. Er wollte an dem Wohnhaus vorüberfahren, in dem er zwei Jahre gelebt und sich von der Niederlage bei den Präsidentschaftswahlen des Jahres 1960 erholt hatte. Er werde den Fahrer dirigieren, denn es sei nur ein Umweg von wenigen Minuten.

Doch bald stellte sich heraus, daß Nixon nicht mehr genau wußte, wo das Haus lag. Er sagte, es läge in einer großen, neuen Wohngegend in einem Canyon in der Nähe des Beverly Hills Hotels. Mehr als eine Stunde fuhren wir durch alle in der Nähe gelegenen Canyons und die davon abzweigenden Straßen, konnten das Haus aber nicht finden, und während dieser Suche wurde aus dem entspannten, zugänglichen Nixon wieder der aufgeregte, nervöse Präsident, den ich so gut kannte. Seine Jugenderinnerungen wirkten beruhigend auf ihn. Er erinnerte sich an die Zeit seiner politischen Kämpfe. Doch nun konnte er den Ort nicht finden, an dem er seine ersten Erfolge erlebt hatte.

Nixon hatte sich ein Ziel gesetzt, das die menschliche Leistungsfähigkeit übersteigt. Er wollte aus sich einen ganz neuen, ganz anderen Menschen machen, eine neue Persönlichkeit, als könnte er als einziger Mensch auf der ganzen Welt seinem Schicksal entfliehen. Aber die Götter haben ihn für seine Vermessenheit einen hohen Preis bezahlen lassen. Zuerst war es das Gefühl der inneren Unsicherheit, das ihn niemals losgelassen hat. Und schließlich mußte er erfahren, was schon die Griechen wußten: daß die härteste Strafe die Erfüllung aller Wünsche sein kann. Nixon hatte drei Dinge erreichen wollen: Er wollte die Präsidentschaftswahlen mit der größten Stimmenmehrheit in der Geschichte der Vereinigten Staaten gewinnen, er wollte in die Geschichte als der amerikanische Präsident eingehen, der seinem Land und der Welt den Frieden gebracht hatte, und er wollte vom »Establishment« als ebenbürtig anerkannt werden. Ende 1972 und Anfang 1973 hatte er das alles erreicht, und zwei Monate später hatte er alles wieder verloren – zum Teil, weil bei ihm aus einem Traum eine Besessenheit geworden war. Auf seinem Weg zum Erfolg war er in die verschiedensten Richtungen gegangen, aber er hatte keinen Ort gefunden, an dem er hätte Wurzeln schlagen können, keine Zuflucht, keinen Trost, keinen inneren Frieden. Er hat nie gewußt, wo er wirklich zu Hause war.

Eine neue Krise

Im Juli warteten wir alle gespannt auf den Ausgang der Gerichtsverfahren, der Untersuchungen und des Amtsenthebungsverfahrens, die zwar alle ihren eigenen Gesetzen folgten, aber plötzlich gleichzeitig ihren Höhepunkt zu erreichen schienen, als werde diese Entwicklung von einer unsichtbaren Hand gelenkt. Selbst auf internationaler Bühne bewegte sich kaum etwas. In den Vereinigten Staaten mußten wir uns gegen die Kritik wehren, das Gipfeltreffen sei ein Mißerfolg gewesen und die Entspannungspolitik sei gefährdet, weil es uns nicht gelungen wäre, ein SALT-Abkommen zu unterzeichnen. Aber wäre das geschehen, dann hätte man uns vorgeworfen, auf ungünstige Bedingungen eingegangen zu sein, um den Präsidenten zu retten. Die Spannungen, die schon seit mehr als einem Jahr an unseren Kräften zehrten, hätten sich nur noch weiter verschärft. Da es keine internationalen Vereinbarungen gibt, bei denen nicht beide Seiten Zugeständnisse machen, hätten wir diejenigen, die behaupteten, wir hätten bessere Bedingungen aushandeln sollen, niemals widerlegen können. Wer hätte nicht sagen können, ein Präsident, dessen Glaubwürdigkeit so stark gelitten hatte, wäre nicht in der Lage, die bestmöglichen Bedingungen auszuhandeln? Im Juli 1974 glaubten nur noch dreizehn Prozent der Bevölkerung, daß Nixon seine Aufgaben als Präsident zufriedenstellend erfüllte – der niedrigste Prozentsatz, seit es Meinungsumfragen gab.

Der angebliche Konflikt zwischen Schlesinger und mir war in den Augen der Öffentlichkeit Ausdruck der Kontroverse um SALT. Wir bestritten beide, daß es in der Sache wesentliche Meinungsverschiedenheiten zwischen uns gäbe. Das war zwar richtig, und man hätte daraus schließen können, daß es zwischen uns auch keinen Streit gab, aber das war falsch. Es war das übliche Tauziehen um persönliches Prestige, für das es keine Lösung gab, weil der Präsident nicht mehr in der Lage war, ein Machtwort zu sprechen. Ich brauche hier nicht mehr auf die Einzelheiten einzugehen, muß aber heute sagen, daß es niemals dazu hätte kommen müssen. Aber es zeigte, wie gefährdet die außenpolitische Lage der Vereinigten Staaten im Sommer 1974 war. Unser Regierungssystem verlangt einen starken Präsidenten, der den Zusammenhalt in der Regierung garantiert. Wenn die Autorität des Präsidenten schwindet, gibt es keine Möglichkeit mehr, Streitigkeiten dieser Art beizulegen. Die Administration war aufs höchste gefährdet, wenn es in dieser verzweifelten Lage noch zu einem Amtsenthebungsverfahren kam.

Das Ausland beobachtete die zunehmende Lähmung einer der wichtigsten Stützen des internationalen Systems mit Schrecken und Verwirrung. Man konnte nicht glauben, was geschah. Mit Ausnahme weniger intelligenter politischer Führer war man überall davon überzeugt, daß Nixon die Krise bald überwunden haben würde. Auch als das Undenkbare im Verlauf des Juli in immer größere Nähe zu rücken schien, zeigten selbst unsere Gegner erstaunliche Zurückhaltung – vielleicht die größte Anerkennung für die Außenpolitik der Nixon-Regierung.

Wir und besonders Nixon hatten seit Jahren von einer »Struktur des Friedens« gesprochen, und vielleicht hing dieser Begriff unseren Kritikern schon zum Halse heraus. In seiner verzweifelten Lage hat Nixon seine übertriebene Ausdrucksweise sicher nicht gemäßigt. Trotzdem haben sich die ausländischen Staatsmänner fast ausnahmslos ruhig und respektvoll verhalten, während der Präsident in seiner Machtlosigkeit von jedem kleinen amerikanischen Beamten ungestraft herausgefordert werden konnte. Einige dieser Staatsmänner haben Zurückhaltung geübt, weil sie damit rechneten, daß Nixon sich wieder erholen würde, aber die Mehrheit verhielt sich so, weil sie in unser strategisches System einbezogen worden war. Fast alle glaubten, daß das gegenwärtig bestehende internationale System günstiger für sie wäre als jede denkbare Alternative. Die Sowjets wollten sich die Option für die Entspannung als Gegengewicht gegen China offenhalten. Die Chinesen brauchten uns als Gegengewicht gegenüber den Sowjets. Die demokratischen Industrienationen hatten uns Schwierigkeiten gemacht, als damit keine Gefahr für sie verbunden war, aber ihre neuen Regierungschefs versprachen sich von der Zusammenarbeit mit uns Sicherheit und Fortschritt. Die Nationen im Nahen Osten hatten keine andere Alternative, als den Friedensprozeß mit unserer Hilfe fortzusetzen. Wir hatten ein besseres Fundament errichtet, als es uns bewußt war. Die größte Anerkennung von Nixons Leistungen lag in der Rücksicht der Nationen der Welt auf den tödlich verwundeten Präsidenten.

Nur in der Ägäis, wo der alte Haß zwischen Griechen und Türken auf Zypern von neuem aufgeflammt war, entstand während der letzten Wochen von Nixons Amtszeit eine internationale Krise. Aber die Beteiligten nutzten die Schwäche des amerikanischen Präsidenten nicht aus und berücksichtigten sie auch nicht in ihren Entscheidungen. Es war ein Ausbruch alter Feindseligkeiten und Zwänge, aber immerhin zeigte sich hier die Schwäche einer uneinigen Regierung, deren Zusammenhalt durch den Präsidenten nicht mehr gewährleistet werden konnte. Ich muß eine eingehendere Erörterung der Zypern-Krise auf einen späteren Zeitpunkt verschieben, denn sie dauerte bis in die Amtszeit des Präsidenten Ford, und die Auswirkungen spüren wir noch heute, denn die endgültige Lösung ist bis jetzt nicht gefunden. Ich berühre sie hier nur, um zu zeigen, daß außenpolitische Fragen uns auch noch belastet haben, während wir uns auf den letzten Akt von Nixons Tragödie vorbereiteten.

Griechen und Türken kamen zum ersten Mal in Berührung, als die Türken von Asien her das byzantinische Reich systematisch zerschlugen, schließlich 1453 Konstantinopel eroberten und 1571 die Herrschaft auf Zypern übernahmen. Seit jener Zeit besteht zwischen beiden Völkern eine schicksalhafte Beziehung. Auf beiden Seiten verübte Grausamkeiten haben einen Haß erzeugt, der gerade deshalb so unversöhnlich ist, weil beide Völker so sehr voneinander abhängig sind. Eine Zeitlang haben die gebildeteren und erfahreneren Griechen hohe Staatsämter im ottomanischen Reich inngehabt. Aber der Griechen-Haß äußerte sich in häufigen Progromen, bis die griechische Bevölkerung in der Türkei praktisch durch Massaker und Vertreibungen Anfang der zwanziger Jahre so gut wie vernichtet war. Beide Nationen haben auch weiterhin koexistiert (wenn das der richtige Ausdruck ist). Die Griechen standen unter dem Schatten der militärischen Vorherrschaft der Türkei, und die Türken fürchteten die intellektuelle Überlegenheit der Griechen, und beide waren überzeugt, daß der jeweils andere ihm das Existenzrecht streitig machte. Beide betrachteten sich als Opfer des anderen und wollten ihrem Schicksal zuvorkommen, indem sie an ihrem Nachbarn Rache nahmen. Der griechisch-türkische Konflikt beruht auf einer der ältesten historischen Erbfeindschaften.

Nach dem Zweiten Weltkrieg traten die alten Feinde Griechenland und Türkei als Verbündete der NATO bei, um gemeinsam den östlichen Mittelmeerraum zu sichern. Aber ihre atavistische Gegnerschaft fand einen Brennpunkt auf der siebzig Kilometer vor der türkischen Küste gelegenen Insel Zypern mit einer Bevölkerung von achtzig Prozent Griechen und etwa zwanzig Prozent Türken – eine explosive Mischung.

Wie in vielen anderen Fällen, in denen eine Nation aus verschiedenen Volksgruppen bestand, blieb der innere Friede solange gewahrt, wie die Insel unter fremder Herrschaft stand. Als die Briten Zypern jedoch 1960 die Unabhängigkeit gewährten, wobei Großbritannien, Griechenland und die Türkei die Garantie für den Aufbau der innenpolitischen Struktur übernahmen, sah sich der schlaue griechisch-orthodoxe Erzbischof Makarios III., der Führer der griechischen Zyprioten in ihrem Kampf gegen die britische Herrschaft, verpflichtet, der türkischen Minorität so weitgehende Rechte für eine Selbstverwaltung zuzugestehen, wie es sich mit seinen Vorstellungen über Fragen der Innenpolitik und der nationalgriechischen Belange nicht vereinbaren ließ. Er hatte diesem System nur halbherzig zugestimmt, und nachdem Zypern unabhängig geworden war, ging er daran, systematisch rückgängig zu machen, wozu er sich zunächst verpflichtet hatte. Er wollte praktisch einen Einheitsstaat schaffen, in dem die türkische Minorität automatisch überstimmt wurde. So entstanden auf der unabhängig gewordenen Insel Zypern schwere innenpolitische Spannungen; 1967 konnte eine militärische Intervention der Türkei im letzten Augenblick nur durch eine deutliche Warnung Präsident Johnsons vermieden werden. Seither ist es für die Türken ein politischer Glaubensartikel, daß die Nachgiebigkeit gegenüber den Vereinigten Staaten ein Fehler gewesen sei und niemals wiederholt werden dürfte. Ich hatte immer damit gerechnet, daß die nächste innenpolitische Krise auf Zypern eine türkische Intervention auslösen werde.

Aber Makarios spielte auch weiterhin mit dem Feuer. 1972 kaufte er tschechische Waffen, um einen privaten paramilitärischen Verband als Gegengewicht gegen die von der Verfassung vorgesehenen Streitkräfte zu schaffen. 1974 versuchte er, die vom griechischen Bevölkerungselement beherrschte Nationalgarde unter seine Kontrolle zu bringen. In Griechenland herrschte damals eine ausgesprochen antikommunistische, militärische Junta, die alle Kontakte, die Makarios mit radikalen Ländern der Dritten Welt aufgenommen hatte, mit tiefem Mißtrauen beobachtete, weil sie darin prokommunistische Neigungen des Erzbischofs zu erkennen glaubte. Die Junta unterstützte deshalb den Plan, Makarios zu stürzen und auf Zypern eine Regierung einzusetzen, die bereit war, engere Beziehungen zu Griechenland aufzunehmen. Dabei übersahen die griechischen Militärs, daß ein Sturz der verfassungsmäßigen Regierung auf Zypern die Türkei veranlassen mußte, ihre bisherige Zurückhaltung aufzugeben. Natürlich gefiel Makarios' Politik den Türken ebenso wenig wie den Griechen, aber ihre Lösung war ein Bundesstaat, der praktisch die Teilung der Insel bedeutete. Ein Anschluß Zyperns an Griechenland wäre nach türkischer Auffassung lebensbedrohend für den türkischen Bevölkerungsteil und widerspräche den türkischen Sicherheitsinteressen auf der Insel. Hier gab es keine Möglichkeit für einen Ausgleich. Schließlich hatten die Türken nicht vergessen, wie sie vor fünfzig Jahren ein ähnliches Problem behandelt und eine griechische Minderheit vernichtet hatten.

Am 15. Juli – sechs Tage nach meiner Rückkehr aus der Sowjetunion und Europa – wurde Makarios in einem Staatsstreich gestürzt, als er von einem Wochenendurlaub in seine Residenz zurückkam. Dabei fiel er fast einem Attentat zum Opfer. Er wurde von dem sehr unerfreulichen Abenteurer Nikos Sampson abgelöst, von dem man wußte, daß er einen Anschluß der Insel an Griechenland befürwortete. Eine Krise ließ sich jetzt nicht mehr vermeiden. Doch nichts kam uns in diesem Augenblick weniger gelegen als eine Krise, besonders wenn sie sich zwischen zwei Verbündeten in der NATO entwickelte. Gleichgültig, auf wessen Seite wir uns stellten oder wie die ganze Sache ausging, die Ostflanke des Mittelmeerraums wurde in gefährlicher Weise geschwächt. Dazu fehlte es unserer Regierung an dem notwendigen Zusammenhalt, und der Präsident verfügte nicht mehr über die Autorität, eine längere Krise durchzuhalten.

Das Zypern-Problem schlug sofort auf die amerikanische Innenpolitik durch. Griechenland war eine Militärdiktatur. Deshalb verlangten alle Gruppen, die unsere Einstellung gegenüber den Menschenrechten kritisierten, daß wir uns gegen die Griechen als Anstifter dieser Unruhen wenden sollten. Man hoffte, daß ein Scheitern der griechischen Bemühungen auf Zypern den Sturz der verhaßten griechischen Obersten zur Folge haben werde. Diese Auffassung wurde nicht nur von Nixons traditionellen Gegnern mit aller Leidenschaft vertreten, auch die meisten Angehörigen des Außenministeriums waren der gleichen Ansicht, und der Verteidigungsminister bekehrte sich im Verlauf der folgenden Wochen immer deutlicher zu der gleichen Haltung.

Für mich war die Frage nicht so einfach zu lösen. Ich hielt es für sehr unwahrscheinlich, daß die Türkei den Anschluß Zyperns an Griechenland hinnehmen würde. Es war nicht zu übersehen, daß die Türkei es auf eine Kraftprobe ankommen lassen wollte – jedenfalls sah ich die Lage so. Ob ein Land einen Vorwand sucht, militärisch vorzugehen, oder bereit ist, einen Kompromiß zu schließen, läßt sich am besten daraus erkennen, ob es mit den Vorschlägen, die es macht, leben könnte. Wenn diese Vorschläge nicht seinen wirklichen Interessen und seiner bisherigen Haltung entsprechen, dann kann man einigermaßen gewiß sein, daß es sich auf den Krieg vorbereitet. So verhielt es sich auch mit der türkischen Haltung in der ersten Woche nach Makrios' Sturz. Man konnte sich kaum vorstellen, daß ein ausländischer Regierungschef in der Türkei unbeliebter gewesen wäre als Makarios. Nicht zu unrecht machte man ihn dafür verantwortlich, daß die türkische Minderheit auf Zypern in jeder Weise benachteiligt war. Während früherer Krisen hatte die Türkei immer wieder seine Absetzung verlangt. Plötzlich erhob Ankara die Forderung, daß Makarios wieder in sein Amt eingesetzt werden sollte. Offenbar rechneten die Türken damit, daß Athen mit der Wiedereinsetzung von Makarios noch weniger einverstanden sein würde. Ankara wollte wahrscheinlich die griechische Weigerung zum Vorwand nehmen, Zypern militärisch zu besetzen. (Schließlich ergab sich auch noch ein kleines technisches Problem, denn etwa einen Tag lang wußte niemand, ob Makarios überhaupt noch am Leben war und wo er sich aufhielt.)

Die Forderungen der Türken ließen kaum mehr einen Zweifel daran, daß sie intervenieren wollten. Wenn sich die Vereinigten Staaten nun gegen die Militärjunta in Griechenland stellten, dann war die türkische Intervention zur Gewißheit geworden. In diesem Fall hielt ich es für wahrscheinlich, daß es in Griechenland zu einer Katastrophe kommen würde. Nur ein Regime, das jeden Wirklichkeitssinn verloren hatte, würde dieZypern-Frage zum Anlaß nehmen, sich gleichzeitig mit Makarios und der Türkei anzulegen. Am 21. Juli erläuterte ich auf einer Sitzung der WSAG meine Auffassung und sagte, daß die griechische Regierung höchstwahrscheinlich über ihre eigenen törichten Maßnahmen stürzen werde. Deswegen dürfte auf keinen Fall der Eindruck entstehen, daß die Vereinigten Staaten für die Demütigung Griechenlands verantwortlich wären. Andererseits würde man uns, wenn wir versuchten, die militärische Intervention der Türkei auf Zypern zu verhindern, vorwerfen, daß wir die griechische Junta unterstützen. Eine Landung der Türken auf der Insel hätten wir im übrigen nur verhindern können, wenn wir mit dem militärischen Eingreifen der Vereinigten Staaten gedroht hätten. Das war unmöglich. Als ich mit den führenden Abgeordneten im Kongreß diese Frage besprach, stellte ich fest, daß sie alle der Auffassung waren, daß wir uns vollständig heraushalten sollten. Wenn es zu einer Krise in der NATO kam, konnten wir es nicht vermeiden, uns diplomatisch einzuschalten, aber in den letzten drei Wochen von Nixons Präsidentschaft war es uns unmöglich, glaubhafte Drohungen auszusprechen oder glaubhafte Zusagen zu machen – und das sind die einzigen Mittel, mit denen man auf diplomatischer Ebene etwas bewirken kann.

Deshalb schickte ich in der Woche nach dem 15. Juli Joe Sisco nach London, Ankara und Athen. Großbritannien versuchte als eine der Garantiemächte, zwischen den Partein zu vermitteln. Sisco hatte den Auftrag, den Briten bei der Einleitung von Verhandlungen zu helfen, die eine türkische Invasion verzögern und dazu führen sollten, daß Sampsons Regime auf Zypern an seinen eigenen Schwächen scheiterte. Aber die Türkei interessierte sich nicht für eine auf dem Verhandlungswege zu erreichende Lösung. Sie war entschlossen, alte Rechnungen zu begleichen. Am 19. Juli landeten die Türken auf Zypern und stießen auf unerwartet starken Widerstand.

Nun standen wir vor einem strategischen Dilemma. Wir wollten Griechenland und die Türkei im Bündnis behalten und unüberbrückbare Gegensätze vermeiden. Die in amerikanischen Regierungskreisen in der ersten Woche nach der türkischen Invasion vorherrschende Meinung kam auf einer Sitzung der WSAG am 21. Juli zum Ausdruck. Zwei Tage nach Beginn der türkischen Invasion auf Zypern verlangte

Schlesinger, daß wir uns deutlich von der griechischen Regierung distanzieren, unsere Kernwaffen aus Griechenland abziehen und darauf verzichten sollten, die Einheiten der amerikanischen 6. Flotte in griechischen Häfen versorgen zu lassen. Um für seine Auffassung die Unterstützung der Öffentlichkeit zu gewinnen, wurde dieser Vorschlag an die *Washington Post* weitergegeben. Ich war überzeugt, daß die Junta in Athen sich höchstens noch eine Woche an der Macht halten konnte, daß wir aber noch jahrelang unter den Folgen zu leiden haben würden, wenn der Eindruck entstand, daß wir für die Katastrophe in Griechenland verantwortlich wären. Was man auch über unsere bisherige Politik gegenüber der griechischen Junta denken mochte, wenn es zum Kriege zwischen Griechenland und der Türkei käme, durften wir uns von diesem Ereignis auf keinen Fall distanzieren. Unsere wichtigste Aufgabe war es zunächst, den Krieg zu verhindern. Wenn wir unsere Kernwaffen aus Griechenland abzogen, während die Türkei Zypern besetzte, würden die Türken nur zu weiterem militärischem Vorgehen ermutigt werden. Außerdem fürchtete ich, daß, wenn die Kernwaffen einmal abgezogen wären, wir sie vielleicht niemals mehr dort hinbringen könnten, und damit hätten wir einen gefährlichen Präzedenzfall geschaffen.

Nixon war in San Clemente, und obwohl ich ihn auf dem laufenden hielt, konnte er sich nicht auf dieses Problem konzentrieren und entscheiden, ob ich oder Schlesinger recht hätten, besonders nicht angesichts der Tatsache, daß sich die Lage immer wieder änderte. Er war so sehr mit Watergate beschäftigt, daß es uns nicht mehr möglich war, dem Präsidenten wichtige außenpolitische Papiere vorzulegen. Es gingen so viele Watergate betreffende Dokumente auf dem offiziellen Dienstweg nach San Clemente, daß ich am 19. Juli ausdrücklich darum bitten mußte, meine die Zypern-Krise betreffenden Telegramme bevorzugt abzufertigen.

In der Nacht vom 21. zum 22. Juli erzwangen wir einen Waffenstillstand, indem wir der Türkei drohten, die Kernwaffen aus ihren vorgeschobenen Stellungen abzuziehen, besonders dort, wo die Gefahr bestand, daß sie in den Krieg gegen Griechenland hineingezogen würden. Daraufhin stellte die Türkei die militärischen Operationen ein, die bis dahin ohnedies nur einen kleinen Brückenkopf auf der Insel besetzt hatte. So waren die Voraussetzungen für neue Verhandlungen geschaffen, die nach zwei Tagen beginnen sollten. Die Verhandlungsposition der türkischen Minderheit auf der Insel hatte sich verbessert, und man durfte hoffen, daß für die Bewohner Zyperns günstigere Lebensbedingungen geschaffen werden konnten.

Am 22. Juli wurde die Militärjunta in Athen gestürzt und von einer demokratischen Regierung unter dem angesehenen konservativen Politiker Konstantin Karamanlis abgelöst. Schon nach wenigen Tagen änderte sich die Stimmung in den Vereinigten Staaten. Die gleichen Gruppen, die uns vorgeworfen hatten, daß wir nichts gegen das Regime in Griechenland unternähmen, verlangten nun, mit aller Schärfe gegen die Türkei vorzugehen. Mit anderen Worten, wir sollten die Türken für eine von den Griechen ausgelöste Krise verantwortlich machen und unsere Politik auf die innenpolitischen Strukturen der Regierungen in Athen und Ankara einstellen, ohne auf die Hintergründe der Auseinandersetzungen auf Zypern einzugehen, und uns für eine Seite entscheiden, während wir daran interessiert sein mußten, daß der Konflikt zwischen zwei strategisch wichtigen Verbündeten im östlichen Mittelmeerraum beigelegt wurde. Und das alles in den Wochen, da die Regierung der Vereinigten Staaten kurz vor dem Zusammenbruch stand. Zwei Wochen lang konnten wir die Krise meistern, aber am Wochenende nach Nixons Rücktritt flammte sie wieder auf und erreichte ihren Höhepunkt mit einer zweiten türkischen Landung auf der Insel. Während sich Ford während der folgenden Monate darum bemühte, die Autorität der Exekutive wieder herzustellen, zerstörte der Kongreß mit eigenmächtigen Maßnahmen das Gleichgewicht zwischen den Parteien, das wir so mühsam aufrecht erhalten hatten. Er verabschiedete ein Gesetz, mit dem Waffenlieferungen an die Türkei verboten wurden, und machten damit jede Vermittlung durch die Vereinigten Staaten unmöglich – von den Konsequenzen haben wir uns bis heute noch nicht erholt.

Doch schon in der dritten Juliwoche stellte sich heraus, daß wir den Lauf der Ereignisse nicht mehr beeinflussen konnten. In der Außenpolitik kommt es, wie ich immer wieder betont habe, auf Nuancen an. Man muß fähig sein, die verschiedensten und widersprüchlichsten Elemente in eine sinnvolle Beziehung zueinander zu setzen. Der dafür erforderliche Zusammenhalt in der amerikanischen Regierung war nicht mehr gegeben.

Bei den internen Auseinandersetzungen ging es nicht mehr um Sachfragen, sondern sie waren zu Streitigkeiten um die Vorrangstellung der einzelnen Mitglieder des Kabinetts ausgeartet. Schlesinger und ich stritten uns immerzu um Zuständigkeitsfragen. Jedes Problem, ob es sich dabei um SALT, die Menschenrechte oder Zypern handelte, wurde zum Anlaß von Spannungen. Wenn ich mich in diesem bürokratischen Gerangel nicht mehr durchsetzen konnte, wurden wir politisch handlungsunfähig, denn mit den Methoden, die wir jetzt anwandten, ließen sich Krisen nicht mehr bewältigen. Früher oder später mußten wir jede Möglichkeit einer Einflußnahme verlieren. Daraus ergab sich die Notwendigkeit, unsere Verfassungskrise zu beenden, wenn die Nation nicht in eine Katastrophe geraten sollte.

Wir sind am Ende

Die Entscheidung stand unmittelbar bevor und wurde durch einen Spruch des obersten Gerichtshofs der Vereinigten Staaten ermöglicht. Am 24. Juli verkündete das Gericht den einstimmigen Beschluß der acht an diesem Verfahren beteiligten Richter, daß die Vorrangstellung des Präsidenten, die zwar verfassungsmäßig begründet wäre, ihn nicht dazu berechtigte, sich über die unparteiliche Rechtssprechung hinwegzusetzen. Der Präsident wurde aufgefordert, dem Richter John Sirica die vierundsechzig Tonbänder zu übergeben, deren Herausgabe im Rahmen des Gerichtsverfahrens gegen sechs ehemalige Mitarbeiter des

Weißen Hauses unter Strafandrohung verlangt worden war. Nixons Anwalt erklärte sich sofort bereit, sich der Anordnung des Gerichts zu beugen. Jeder von uns, der Nixon und seine Ausdruckweise kannte, wußte, daß dies das Ende war. Wenn die Tonbänder den Präsidenten auch juristisch nicht belasten sollten, würden sie ihn doch politisch untragbar machen.

Aber Nixon, der sich noch immer in San Clemente aufhielt, erwähnte Watergate in unseren täglichen Telefongesprächen nicht oder äußerte sich wenigstens nicht zum konkreten Inhalt der gegen ihn gerichteten Vorwürfe. Wir besprachen vielmehr routinemäßig die außenpolitischen Tagesereignisse. Hin und wieder nannte er den Namen irgendeines Kongreßabgeordneten – gewöhnlich konservative Demokraten aus dem Süden – und sagte mir, auf wen ich besonders achten sollte. Die Abstimmung im Repräsentantenhaus über die Amtsenthebung schien unmittelbar bevorzustehen.

Ich bemühte mich diskret um Informationen über die Einzelheiten dieses Verfahrens. Nach der Verfassung kann das Repräsentantenhaus mit Stimmenmehrheit den Präsidenten aufgrund bestimmter Anklagepunkte wegen Amtsmißbrauchs zur Rechenschaft ziehen oder unter Anklage stellen, und zwar in einem Verfahren, das etwa dem eines Geschworenengerichts entspricht. Dann tritt der Senat zusammen und übernimmt die Aufgaben des Richters und der Geschworenen unter dem Vorsitz des obersten Richters der Vereinigten Staaten. Zur Verurteilung, das heißt zur Amtsenthebung des Präsidenten, ist eine Zweidrittelmehrheit erforderlich.

Nixons Schicksal wurde daher vom Ergebnis eines Rechenexempels bestimmt. Es kam darauf an, ob sich die einfache Mehrheit des Repräsentantenhauses für ein Amtsenthebungsverfahren aussprach und ob sich im Senat ein Drittel plus eine Stimme mobilisieren ließ, um die Annahme des Antrags zu verhindern. Senator Jacob Javits sagte mir, daß er nicht vor November mit dem Beginn des Verfahrens im Senat rechnete, mit dem Ergebnis könnte man kaum vor Ende Januar rechnen – erschreckende Aussichten. Angesichts dessen, was wir in den letzten Wochen und Monaten durchgemacht hatten, waren weitere fünf Monate mit einem noch schwächeren Präsidenten unvorstellbar. Was noch schlimmer war, Javits meinte, Nixon werde gezwungen sein, während des größten Teils des Verfahrens »im Gericht« anwesend zu sein.

Ich wollte Nixon deshalb bitten, eine kleine Gruppe von Männern für die Zeit, in der er selbst nicht zur Verfügung stand, zu bevollmächtigen, in seinem Namen zu handeln, wobei er jederzeit das Recht haben sollte, Einspruch gegen ihre Entscheidungen einzulegen. Ich dachte dabei an Ford, Schlesinger, den Finanzminister Simon, Haig und mich. Außerdem wollte ich vorschlagen, daß die Führer der beiden Parteien im Kongreß, der demokratische Senator Mike Mansfield und der republikanische Senator Hugh Scott, der Sprecher des Hauses, Carl Albert, und der Fraktionsführer der Republikaner im Repräsentantenhaus, John Rhodes, wöchentlich zweimal mit dieser Gruppe zusammenkommen sollten, um über die wichtigsten politischen Fragen unterrichtet zu werden. Im Rahmen eines solchen Systems würde es möglich sein, die

Regierungsgeschäfte weiterzuführen, wenn es sich auch nicht für ein Krisenmanagement oder ernsthafte Planungen eignete. Zum Glück erübrigte sich diese Maßnahme.

Aber die täglichen außenpolitischen Aufgaben mußten trotz allem erledigt werden. Ich habe die folgenden Ereignisse in meinem Bericht aufgenommen, weil sie einen größeren Teil meiner Zeit in Anspruch nahmen als die Beschäftigung mit dem gegen den Präsidenten eingeleiteten Amtsenthebungsverfahren. Am Tage nach dem Beschluß des obersten Gerichtshofs kam der deutsche Außenminister Hans-Dietrich Genscher zu seinem ersten offiziellen Besuch nach Amerika. Natürlich wollte er auch den Präsidenten sprechen. Ich hatte Genscher am 11. Juni, dem Tag meiner Salzburger Pressekonferenz, kennengelernt. Damals lud er mich nach Bad Reichenhall ein, weil ihm viel daran gelegen war, die deutsch-amerikanischen Beziehungen zu verbessern, die während des Europa-Jahrs und der letzten, von Unsicherheiten begleiteten Periode der Amtszeit von Brandt gelitten hatten. Genscher war damals noch ein Neuling auf dem Gebiet der Außenpolitik, ohne praktische Erfahrungen und intensive Studien. Er hatte mich jedoch mit seiner entschiedenen, selbstsicheren Art und seinen verständnisvollen Fragen beeindruckt. Aber gerade dieser Tag eignete sich nicht besonders gut für ruhige Gespräche. Weder er noch ich erwähnten meine Pressekonferenz. Erst beim Abschied sagte ich ihm, ich hätte ein Geschwür öffnen müssen und glaubte nicht, daß die von mir geforderte Untersuchung zu meinem Rücktritt führen werde. Wenn ich das annähme, dann wäre ich freiwillig zurückgetreten. Außerdem unterrichtete ich ihn Anfang Juli nach der Rückkehr vom Moskauer Gipfeltreffen über den Inhalt unserer Gespräche mit der sowjetischen Führung.

Genscher gehörte zu den wenigen Persönlichkeiten, die sich erst im späteren Leben mit der Außenpolitik beschäftigen und sich dann als ungewöhnlich talentiert erweisen. Er hatte begriffen, daß die exponierte Lage der Bundesrepublik keine komplexen Manöver zuließ. Seine Erfolge verdankte er seiner Zuverlässigkeit, seinem Urteilsvermögen, seiner Intelligenz, Anständigkeit und der Fähigkeit, Vertrauen zu wecken. Meine Nachfolger und ich haben ihn als einen durchaus ernstzunehmenden Politiker kennen- und schätzengelernt. Wenn er uns zustimmte, empfanden wir es als eine wertvolle Bestätigung unserer Auffassungen, und wenn es, was selten vorkam, Meinungsverschiedenheiten gab, dann haben wir seine Warnungen aufmerksam zur Kenntnis genommen. Die Freundschaft, die sich zwischen uns entwikkelt hat, ist für mich ein großer Gewinn.

Diesmal flog ich mit ihm am 25. Juli nach San Clemente, um ihn Nixon vorzustellen. Wir machten eine Zwischenlandung in North Dakota, um eine Minuteman-Stellung und die einzige uns noch verbliebene Raketenabwehrstellung zu besichtigen. Sie ist inzwischen wegen der hohen Kosten abgebaut worden. Auch ich hatte diese Anlage bisher noch nicht gesehen. (Der Hauptgrund für meinen Besuch war, den Senator Milton Young von North Dakota, der uns immer wieder geholfen hatte, bei seinem Wahlkampf zu unterstützen. Er war ein wichtiges Mitglied des Bewilligungsausschusses des Senats.)

Die Nuklearstrategie ist ein irgendwie abstraktes und esoterisches Gebiet. Bei diesem Besuch wurden meine Vorstellungen einerseits konkreter, paradoxerweise aber auch abstrakter. Es war ein furchterregender Anblick. Wenn man die Stellungen von Fernlenkwaffen überfliegt, die die ganze Menschheit vernichten können, wenn ein einziger fehlbarer Mensch einen bestimmten Entschluß faßt, dann weckt das in jedem trotz aller eingebauten Sicherungen ein latentes Gefühl des Mißtrauens und des Unbehagens, und man fragt sich, wessen der Mensch fähig sein kann. Hier stehen Waffen bereit, wie es sie bisher noch nie gegeben hat, und niemand kann sagen, welches die Konsequenzen ihres praktischen Einsatzes sein werden, denn es gibt keine praktischen Erfahrungen auf diesem Gebiet. Wie abstrakt die Beziehungen derjenigen, die über sie verfügen, zu den Waffen sind, auf die sie ihre Strategie stützen, zeigt sich in der Haltung, die wir zu den Versuchen einnehmen, die mit ihnen angestellt werden. Man hat noch niemals eine Minuteman-Rakete von ihrer Rampe abgeschossen, auch nicht ohne Sprengkopf, und kein Verteidigungsminister hat das Risiko eingehen wollen, daß ein solches brennendes Geschoß wegen eines technischen Fehlers über amerikanischem Territorium abstürzen könnte. Alle Versuche sind in einem Testsilo auf dem Luftwaffenstützpunkt Vandenberg an der pazifischen Küste durchgeführt worden. Man hat noch niemals mehrere Minuteman-Raketen gleichzeitig abgeschossen, obwohl unsere Strategie für den äußersten Notfall den gleichzeitigen Einsatz einer großen Zahl dieser Waffen vorsieht. (In der Sowjetunion muß es ganz ähnliche Probleme geben.) Das alles zeigt, wie fragwürdig alle Theorien sind, die sich mit einem mit Kernwaffen geführten Krieg beschäftigen, bei dem es für einen Gegenschlag auf Sekunden ankommt.

Aber die Abstraktheit dieser Waffen hat noch eine andere Dimension. Ihre Verwundbarkeit erfordert es, daß sie stets in höchster Alarmbereitschaft gehalten werden müssen. Sie sind daher für die Diplomatie fast nutzlos. In einer Krise kann man die Alarmstufe nicht erhöhen wie zum Beispiel bei den Bombenflugzeugen, um dem Gegner zu sagen, daß die Lage ernst wird. Als wir im Oktober 1973 während der Nahost-Krise unsere Streitkräfte in erhöhte Alarmbereitschaft versetzten, konnte der Teil unseres Verteidigungspotentials, der das Rückgrat unserer Abwehrkraft darstellt, nicht einbezogen werden und hat daher eigenartigerweise den diplomatischen Druck nicht verstärken können, der durch diese Maßnahme ausgelöst werden sollte. Das waren die 1054 interkontinentalen Fernlenkwaffen in unserem Arsenal.

Keine Generation von Staatsmännern bisher hat mit so unbekannten Faktoren politische Entscheidungen treffen müssen, die uns an den Rand des Weltuntergangs führen können. Nur wenige politische Führer (Nixon ist eine der seltenen Ausnahmen) haben sich so eingehend mit der Nuklearstrategie beschäftigen können, wie es die Fachleute über Jahre hinaus getan haben. Bei ihnen besteht die Gefahr, daß sie unter den Einfluß derjenigen geraten, die das Problem simplifizieren. Das sind die gedankenlosen Verfechter eines absoluten Pazifismus auf der linken und die ebenso gedankenlosen Verfechter der Theorie, daß es sich bei der neuen Technologie um etwas durchaus Konventionelles handelte, auf der rechten Seite. Ich fragte mich nun, ob es uns gelingen werde, auf die Dauer das Verantwortungsgefühl aufzubringen, das Schicksal der Menschheit nicht von der Urteilsfähigkeit eines einzelnen Menschen abhängig zu machen. Werden wir den Mut besitzen, uns den pazifistischen Tendenzen zu widersetzen, welche die Welt den Rücksichtslosesten überantworten wollen? Genscher und ich waren bei unserer Besichtigung der Anlage von der Tüchtigkeit und dem Diensteifer des Personals und der technischen Vollkommenheit der Waffen und Alarmanlagen tief beeindruckt. Aber das nahm uns nicht die Sorge, daß das Überleben unserer Zivilisation einer Technologie anvertraut werden mußte, die so weit über alle menschlichen Erfahrungen und die Fähigkeit hinausging, ihre Konsequenzen abzuschätzen.

Am 26. Juli, zwei Tage nach der Entscheidung des obersten Gerichtshofs, machte ich Genscher mit Nixon bekannt. Ich war erschüttert zu sehen, wie sich der Präsident in nur einer Woche äußerlich verändert hatte. Er war totenblaß. Zwar machte er einen gefaßten Eindruck, aber es kostete ihn offensichtlich große Mühe, ein normales Gespräch zu führen. Er saß auf dem Sofa in seinem Büro und sah hinaus auf den Pazifischen Ozean. Sein Blick und seine Gedanken schweiften weit hinaus in die Ferne und überdeckten offenbar alles, was wir ihm vorzutragen versuchten. Er erwähnte seine persönlichen Schwierigkeiten mit keinem Wort, sprach vernünftig, aber wie ein Automat. In seiner Stimme lag eine gewisse Wehmut. Was er sagte, war durchaus intelligent, aber er trug es so vor, als ginge es ihn nichts mehr an. Es waren nur noch Feststellungen und keine Stellungnahmen. Am Abend zuvor hatte er im Fernsehen über die Inflation gesprochen – ein verzweifelter Versuch, vierundzwanzig Stunden nach dem vernichtenden Urteil des obersten Gerichtshofs den Eindruck der Normalität zu erwecken. Genscher beglückwünschte den Präsidenten zu seiner Rede. Nixon sah den deutschen Außenminister traurig an wie ein Professor, der für eine akademische Arbeit gelobt wird, aber nicht wie ein Regierungschef, dessen politischen Entscheidungen man zustimmt.

Nachdem Genscher und ich die Fragen der Reporter beantwortet hatten – auf die Frage nach einem Besuch des Präsidenten in der Bundesrepublik gab Genscher eine unverbindliche Antwort –, machten wir einen Spaziergang am Rande der zum Pazifik abfallenden Steilküste. »Wie lange kann das noch weitergehen?« fragte Genscher unvermittelt. Das war die Schlüsselfrage. Was würde mit unseren Verbündeten geschehen, wenn die Regierungsunfähigkeit des Präsidenten andauerte? Das wollte Genscher wissen. Wie stand es um den Frieden? Alles, was darüber geredet wurde, war so banal, aber die Realität war eine Schicksalsfrage. Ich versuchte, ihn zu beruhigen, und sagte, die Lage werde sich bald klären. Wir wären bereit, ebenso entschlossen zu handeln wie seinerzeit bei der Teilmobilmachung im Oktober. Aber in Wirklichkeit war es ein Täuschungsmanöver, die Frage hing weiter in der Luft und beantwortete sich irgendwie von selbst.

Am gleichen Nachmittag verstießen Haig und ich gegen eine bisher stets beachtete stillschweigende Vereinbarung. Wir hatten es bisher beide nicht gewagt, die Möglichkeit eines Rücktritts von Nixon zu erwähnen. Wir hatten es irgendwie für falsch gehalten, uns zu zeigen, daß wir solche Zweifel hegten. Unsere Pflicht war es, die Regierungsfähigkeit des Präsidenten zu erhalten. Aber jetzt gab es kein Ausweichen mehr. Die Katastrophe stand unmittelbar bevor. Als ich daher Haig in seinem kleinen Büro neben dem des Präsidenten gegenübersaß, stellte ich ihm die gleiche Frage, die ich eben von Genscher gehört hatte: »Wie lange kann das noch weitergehen?« Haig machte einen erschöpften Eindruck. Er sagte, er wüßte nicht, wie es enden würde. Er kannte nicht den Inhalt der Tonbänder, die dem Gericht übergeben worden waren. Sie wurden im Augenblick geprüft. Aber er war ebenso wie ich davon überzeugt, daß eine Sprengladung darin versteckt war – wenn nicht in diesen Bändern dann in anderen. Nixon sagte so vieles, was er nicht im Ernst meinte, daß er eine solche Überprüfung nicht unbeschadet überstehen konnte. Haig fragte mich, was nach meiner Ansicht seine Pflicht sei. Ich hatte schon so lange mit ihm zusammengearbeitet, daß ich überzeugt war, er hätte selbst schon gründlich über diese Frage nachgedacht und wäre auch schon zu einem Entschluß gekommen. Wahrscheinlich wollte er sich mit seiner Frage eher informieren, als einen guten Rat holen.

Ich sagte, da der Rücktritt des Präsidenten unvermeidlich wäre, läge es im nationalen Interesse, daß er so rasch wie möglich erfolgte. Haig und ich hätten eine besondere Verantwortung dafür, diesem verzweifelten Zustand ein Ende zu bereiten, soweit es in unserer Macht lag, und dafür zu sorgen, daß die Amtsübernahme durch den neuen Präsidenten möglichst reibungslos vonstatten ging. Und doch befanden wir uns in einer sehr schwierigen Lage. Es mußte unter allen Umständen vermieden werden, daß der Präsident im Rahmen eines Amtsenthebungsverfahrens vor Gericht gestellt wurde. Es durfte aber auch nicht so aussehen, als wäre Nixon von seinen eigenen engsten Mitarbeiter gestürzt worden. Wenn irgend möglich, mußte er auf eigenen Entschluß und weil es im nationalen Interesse lag, zurücktreten. Wenn er selbst nicht zu dieser Erkenntnis kam, dann mußten andere vom Volk gewählte Staatsbeamte ihn von der Richtigkeit eines solchen Verhaltens überzeugen. Da wir unsere Stellungen Nixon verdankten, hatten wir die Pflicht, ihm in dieser Zeit schwerster Prüfungen beizustehen. Vielleicht gab ihm das die Kraft, zu tun, was getan werden mußte. Schließlich hatte er in wirklich entscheidenden Augenblicken noch niemals versagt. Deshalb dürften wir über das Schicksal des Präsidenten nicht mit denjenigen sprechen, die es entscheidend beeinflussen konnten, und wir dürften auch nicht den Eindruck erwecken, daß wir, seine engsten Mitarbeiter, ihn jetzt im Stich ließen. Unsere Pflicht in dieser Situation wäre es, treu zum Präsidenten zu stehen. Das Ansehen unseres Landes erforderte es, daß der Präsident nicht von denen gestürzt wurde, die er selbst in ihre Ämter berufen hatte.

Haig stimmte mir zu; er war zweifellos unabhängig von mir zu der gleichen Auffassung gelangt. Er sagte, er würde wahrscheinlich früher als ich erfahren, wann der kritische Punkt erreicht wäre. Dann wollte er sich mit mir in Verbindung setzen. Er rechnete wie bisher mit meiner Unterstützung.

Nur wer die Ereignisse aus nächster Nähe miterlebt hat, kann ermessen, welchen Dienst Al Haig der Nation geleistet hat. Seiner Willenskraft, Hingabe und Selbstdisziplin haben wir es zu verdanken, daß die Regierung der Vereinigten Staaten handlungsfähig blieb. Er hat mehr als jeder andere dazu beigetragen, daß nach außen hin die Funktionsfähigkeit des Weißen Hauses demonstriert wurde. Er sorgte dafür, daß alle notwendigen Entscheidungen sachlich vorbereitet wurden. Er hat seinem Präsidenten treu gedient, aber niemals vergessen, was er seinem Land schuldig war. All das konnte natürlich nur ein sehr charakterstarker und selbstbewußter Mann leisten. Seine Methoden waren manchmal grob, und die Art und Weise, mit der er seine offizielle Stellung verteidigte, konnte für die Betroffenen sehr unangenehm sein. Aber die Aufgabe, die er zu erfüllen hatte, war nichts für zarte Gemüter. Er hatte dafür zu sorgen, daß die Vereinigten Staaten ihre Fähigkeit bewahrten, der freien Welt zu dienen, den Unterdrückten Hoffnung zu geben und dank ihrer ungeheuren Vitalität das Land zu sein, von dem man erwarten durfte, daß es den Weg des Verständnisses und der Menschlichkeit gehen werde. Es ist nicht notwendig, daß die Vertreter Amerikas in der Stunde der Not alle diese Qualitäten verkörpern, solange sie es ermöglichen, daß unser Land es tut.

Haig hat sich vor und nach den letzten tragischen Monaten der Amtszeit des Präsidenten Nixon in einzigartiger Weise um das Wohl unseres Landes verdient gemacht. Aber den größten Dienst hat er der Republik geleistet, als er sich in dieser entscheidenden Phase hinter den Präsidenten stellte und ihn gleichzeitig gegen alle Widerstände und Befürchtungen zum Rücktritt veranlaßte, den auch Nixon schließlich für unumgänglich hielt. Haig hat seinem Präsidenten die Treue gehalten, aber auch den Institutionen seines Landes. Ich glaube nicht, daß sich ohne ihn eine Katastrophe hätte vermeiden lassen.

Das Unheil, das sich über Nixon zusammenbraute, ließ sich nicht mehr abwenden. Schon am nächsten Tag, Samstag, den 27. Juli, entschied sich der Rechtsausschuß des Repräsentantenhauses mit siebenundzwanzig gegen elf Stimmen, den Präsidenten nach Artikel 1 des Amtsenthebungsverfahrens unter Anklage zu stellen, wobei sechs Republikaner mit den im Ausschuß vertretenen Demokraten gegen den Präsidenten stimmten. Die Anklage lautete auf Behinderung der Justiz. Ich verfolgte das Verfahren wenige Minuten im Fernsehen und war erschüttert, erleben zu müssen, was in unserem Land möglich war und welchen persönlichen Qualen der Präsident ausgesetzt wurde, mit dem ich fünfeinhalb Jahre zusammengearbeitet hatte. Ich konnte die Selbstgerechtigkeit der Kommentatoren und einiger Abgeordneter nicht ertragen, obwohl oder vielleicht weil ich erkennen mußte, daß, wenn ich diesem Ausschuß angehört hätte, es meine Pflicht gewesen wäre, mit der Mehrheit abzustimmen. Am 29. Juli stimmte der Ausschuß dem 2. Artikel des Amtsenthebungsverfahrens mit achtundzwanzig gegen zehn Stimmen zu, der Nixon des Machtmißbrauchs beschuldigte. Am gleichen Tag wurde die Gründung eines Ausschusses bekanntgegeben, der die Bezeichnung trug: Konservative für die Amtsenthebung des Präsidenten. Damit hatte Nixon alle seine alten Anhänger verloren. Der

Senat bereitete sich auf das Verfahren vor, und der dafür verantwortliche Ausschuß erhielt die Anweisung, die für ein solches Verfahren geltenden Regeln und Präzedenzfälle zu prüfen. Am 30. Juli stimmte der Rechtsausschuß mit einundzwanzig gegen siebzehn Stimmen für die Anwendung des 3. Artikels des Amtsenthebungsverfahrens, mit dem der Präsident beschuldigt wurde, verfassungswidrig den unter Strafandrohung gegebenen Anordnungen des Gerichts nicht gefolgt zu sein. Am 31. Juli wurde John Ehrlichman wegen konspirativer Tätigkeiten und Meineides zu einer Gefängnisstrafe von zwanzig Monaten bis fünf Jahren verurteilt – eine der persönlichen Tragödien, denn Nixon hatte, während er seinen eigenen Sturz vorbereitete, das Leben fast all seiner engen Mitarbeiter vernichtet.

Am 28. Juli war der Präsident nach Washington zurückgekehrt. Am 31. Juli rief mich Haig an und sagte mir, er müßte mich dringend sprechen. Er kam zu mir ins Außenministerium, was er bisher nur sehr selten getan hatte. Gewöhnlich trafen wir uns in seinem Büro im Weißen Haus nach den Kabinettssitzungen im Lagezimmer. Er kam sofort auf den Kern der Sache zu sprechen. Die Bombe war geplatzt. Aus einem am Tage zuvor dem Sonderstaatsanwalt übergebenen Tonband – darauf war ein Gespräch zwischen Nixon und Haldeman vom 23. Juni 1972, weniger als eine Woche nach dem Einbruch im Watergate-Hotel, aufgezeichnet – ging klar hervor, daß Nixon über die Verschleierungsversuche Bescheid wußte. Man durfte sogar vermuten, daß er sie angeordnet hatte. Jetzt ließ sich das Amtsenthebungsverfahren nicht mehr vermeiden, das wahrscheinlich auch zur Verurteilung des Präsidenten führen würde. Haig und ich mußten unser weiteres Vorgehen koordinieren. Er fragte mich, ob er Nixons Verteidiger warnen sollte, nicht zu viel zu riskieren. Ich sagte, der Inhalt des Tonbandes würde mit Sicherheit bekannt werden. Dafür würde entweder der Sonderstaatsanwalt oder der Rechtsausschuß des Repräsentantenhauses sorgen. Das Weiße Haus könnte dem zuvorkommen und selbst den Inhalt dieses Gesprächs veröffentlichen, und zwar in Verbindung mit einer Erklärung, die es für angemessen hielt. Ich hielt es nicht für richtig, daß sich Haig mit Nixons Verteidigern in Verbindung setzte. Das wäre nicht seine Aufgabe. Es könnte nur dazu führen, daß man ihn zum Sündenbock machte. Haig – und nach Möglichkeit auch ich – mußten alles tun, Nixon den Rücktritt zu erleichtern. Haigs wichtigste Aufgabe, die ihm auch niemand abnehmen konnte, bestand darin, Nixon die psychologische Unterstützung zu geben, das Notwendige zu tun.

Nach diesem Gespräch setzte sich Haig täglich mit mir in Verbindung. Meist ging ich morgens zuerst ins Weiße Haus, um mit ihm zu sprechen. Am Donnerstag, dem 1. August, sagte er mir, es deutete alles auf einen baldigen Rücktritt hin, aber Nixons Angehörige weigerten sich immer noch entschieden. Am Freitag, dem 2. August, berichtete er, daß Nixon sich noch immer weigerte; vielleicht würde es notwendig sein, das Weiße Haus zum Schutz des Präsidenten durch die 82. Luftlandedivision sichern zu lassen. Ich sagte, das wäre Unsinn. Ein Präsident könnte seine Amtsgeschäfte nicht wahrnehmen, wenn das Weiße Haus von Bajonetten umgeben wäre. Haig war ganz meiner Meinung.

Als Offizier konnte er sich die Armee in dieser Rolle nicht vorstellen. Er hatte mir nur verständlich machen wollen, auf welche Ideen man inzwischen schon gekommen war. Am Wochenende fand in Camp David eine Besprechung statt, an der Nixons engste Vertraute (zu denen ich nicht gehörte) teilnahmen, um über die jetzt zu verfolgende Taktik zu beraten. Aber unabhängig davon, was hier beschlossen wurde, das belastende Tonband würde am Montag, dem 5. August, veröffentlicht werden, und damit erhielt das Weiße Haus die Gelegenheit, zu erklären, was zu erklären war. Nixon wollte vor seiner Stellungnahme jedoch die Reaktion der Öffentlichkeit abwarten. Ich überlegte mir, ob das Tonband wirklich so belastend war, wie Haig annahm. Er hatte mir die Abschrift nicht gezeigt und gesagt, sie sei noch in Arbeit. Ich wußte nicht recht, ob Haig durch die schweren Belastungen der vergangenen Monate gereizt war und zu heftig reagierte oder ob wir wirklich am Ende unseres Lateins waren.

Wir standen vor einem großen Reinigungsprozeß, ohne wirklich zu wissen, worum es ging. Ich wußte, daß diejenigen, die während dieser ganzen Zeit mit Watergate beschäftigt gewesen waren, sich nicht mehr durch die Auswirkungen auf die Öffentlichkeit beeindrucken ließen. Sie hatten so viele Sensationen erlebt, daß sie nicht mehr glauben konnten, irgendeine Enthüllung könnte die letzte sein. Und die Macht hat ebenso wie das Präsidentenamt eine solche Faszination und eine so große eigene Dynamik, daß man sich kaum mit der Tatsache abfinden kann, die Amtszeit eines Präsidenten könnte vorzeitig beendet werden, auch wenn das Ende schon unmittelbar vor der Tür steht. Die Routine der täglichen Entscheidungen erzeugt die Illusion, daß die Autorität nicht gelitten hat, auch wenn sie in Wirklichkeit kaum noch vorhanden ist. Diese Unfähigkeit, mit dem Verzicht auf die eigene Machtposition fertig zu werden, die sich immer wieder deutlich zeigt, wenn die Amtszeit eines Präsidenten ganz normal zu Ende geht, war in Nixons Fall noch deutlicher zu spüren.

Ich vermutete, daß Haig die Konsequenzen der Veröffentlichung der Tonbänder richtig einschätzte. Aber ich bereitete mich an diesem Wochenende in meinem Büro nicht auf den Machtwechsel vor, sondern auf meine Aussage vor dem außenpolitischen Senatsausschuß über unsere Entspannungspolitik auf der für den folgenden Donnerstag, den 8. August, vorgesehenen Sitzung. Der Vorsitzende des Ausschusses, Senator Fulbright, hatte die Sitzung schon vor Wochen einberufen, um eine ausgewogene grundsätzliche Beurteilung der Ost-West-Beziehungen zu ermöglichen. Für unsere Gegner auf beiden Seiten des politischen Spektrums bestand darin eine willkommene Gelegenheit, Nixons Außenpolitik anzugreifen. Ehemalige Angehörige liberaler Regierungen und Vertreter der harten Linie rissen sich darum, hier ihre Aussagen zu machen, und hatten vermutlich nicht die Absicht, die Politik dieser Regierung zu verteidigen.

Am Sonntagnachmittag, dem 4. August, kam Ron Zieglers Assistentin, Diane Sawyer, zu mir, um sich über einige die Öffentlichkeitsarbeit betreffende Fragen zu orientieren, bevor sie nach Camp David fuhr, um mit Ziegler zu sprechen. Ich fragte sie, ob ihre Mühe angesichts der

Tatsache, daß demnächst der Inhalt des Tonbandes veröffentlicht würde, überhaupt noch einen Sinn hätte. Die schöne, intelligente Diane war sichtlich erstaunt. Sie kannte den Inhalt des Tonbands nicht, glaubte aber nicht, daß es überhaupt noch einen Höhepunkt geben werde. Sie hatte vielmehr den Eindruck, alles würde langsam ausbluten. »Höchstwahrscheinlich wird das Tonband in dem politischen Durcheinander untergehen.«

Wir lebten in einer surrealistischen Welt. Die Opfer in diesem Drama hatten diesen Alptraum schon so lange ertragen müssen, daß ihnen dieser Zustand schon ganz natürlich vorkam. Die Gefahr, in der sie sich befanden, war für sie zur Banalität geworden, und deshalb glaubten sie nicht mehr an die Möglichkeit einer Steigerung. Am Montagmorgen, dem 5. August, sprach ich mit Nixon. Er beglückwünschte mich zu den monatlichen Konferenzen, die ich mit den führenden Vertretern des Repräsentantenhauses abhielt, aber er warnte mich und sagte, ich dürfte nicht vergessen, daß die meisten Demokraten unsere Feinde wären. Es lohnte sich nur, mit den Demokraten aus den Südstaaten den Kontakt zu pflegen; ich sollte sie zu einer Lagebesprechung einladen. Er wäre überzeugt, daß Vizepräsident Ford sich freuen würde, ein solches Treffen zu arrangieren. Mit keinem Wort erwähnte er Watergate oder die bevorstehende Freigabe des Tonbandes.

Auf Veranlassung des Präsidenten rief ich Ford an. Ich habe ihn später nie gefragt, was er von diesem Anruf gehalten hat – wahrscheinlich hat er geglaubt, daß ich versuchte, mich unmittelbar vor der Machtübernahme durch ihn in Erinnerung zu bringen. Aber er ging ganz sachlich auf meine Anfrage ein. Er sagte, er würde sich freuen, ein solches Treffen mit seinen alten Freunden aus dem Repräsentantenhaus zu arrangieren, glaubte jedoch nicht, daß viel dabei herauskommen könnte. Nach seiner Auffassung würden wir im Repräsentantenhaus eine knappe Niederlage hinnehmen müssen. Wir sollten jedoch in Verbindung bleiben. Vielleicht könnte ich ihn demnächst aufsuchen, um ihn über die Lage zu unterrichten, wie ich es bisher regelmäßig getan hatte.

Am frühen Nachmittag rief mich Ziegler an. Er hielt es für richtig, mich über den Inhalt eines Teils des Tonbandes zu unterrichten, das gegen 16.00 Uhr veröffentlicht werden sollte. Aber was Ziegler mir sagte, betraf nicht Watergate, sondern ein Gespräch zwischen Nixon und Haldeman über die Frage, ob Rogers an einer Sitzung teilnehmen sollte, auf der ich Nixon nach meiner Rückkehr aus China über meine Gespräche mit den Chinesen unterrichten sollte, oder ob ein Foto mit Nixon genügte. Ziegler glaubte, daß mich dieses Detail amüsieren werde. Ich war entsetzt. Das Tonband mußte mehr enthalten als das. Wenn das alles war, dann hatte Haig seine Urteilsfähigkeit vollständig eingebüßt. Aber wenn es mehr enthielt, dann stand Ziegler nicht mehr auf dem Boden der Tatsachen.

Ich mußte ebenso wie alle anderen auf die Veröffentlichung der Abschrift durch das Weiße Haus bis 16.00 Uhr warten. Es zeigte sich, daß Haig sehr wohl gewußt hatte, wovon er sprach. Die Abschrift enthielt drei Gespräche des Präsidenten mit Haldeman vom 23. Juni 1972, eine

Woche nach dem Einbruch im Watergate-Hotel. Dabei hatte er versucht, die Untersuchung des Falles durch das FBI wenigstens teilweise zu verhindern, weil er bestimmte Leute schützen wollte, die dem Wahlkampfausschuß seiner Partei angehörten. Mit der Abschrift des Tonbandes wurde eine ungewöhnlich defensive Erklärung des Präsidenten veröffentlicht, in der er einräumte, daß die Verschleierungsmaßnahmen aus politischen und Sicherheitsgründen getroffen worden wären; wenn der Präsident seinen Anwälten den Inhalt der Gespräche vorenthalten hätte, dann hätte darin eine ihn schwer belastende Unterlassung bestanden. Doch im weiteren erklärte er, trotz dieser Fehler könnte nicht bestritten werden, daß er, als er alle Tatsachen erfahren hätte, die vollständige Aufklärung des Falles und die Bestrafung aller Schuldigen verlangt habe: »Ich bin fest davon überzeugt, daß, wenn alle Beweismittel vorliegen, die extreme Maßnahme eines Amtsenthebungsverfahrens und der Absetzung eines Präsidenten nicht zu rechtfertigen sein wird. Ich vertraue darauf, daß sich diese Auffassung im Verlauf des von der Verfassung vorgeschriebenen Verfahrens durchsetzen wird.«

Aber dafür war es viel zu spät. Das Tonband war der letzte Strohhalm gewesen. Es veranlaßte alle, die bisher noch gezögert hatten, sich für das Amtsenthebungsverfahren einzusetzen. Für andere war es der Vorwand, Nixon fallenzulassen. Es hatte zu viele Sensationen und Schocks gegeben; die Angelegenheit mußte so rasch wie möglich zum Abschluß gebracht werden.

Ich wurde mit telefonischen Anfragen überschüttet, weigerte mich aber, Stellung zu nehmen. Man legte mir nahe, mich öffentlich gegen Nixon auszusprechen und damit seinen Rücktritt zu erzwingen. Auch das lehnte ich ab. Ich war fest entschlossen, Nixon nicht in den Rücken zu fallen. Soweit es mir möglich war, wollte ich sanften Druck auf ihn ausüben, um ihn zum freiwilligen Rücktritt zu bewegen.

Ein scheinbar seltsamer Zufall wollte es, daß das chinesische Verbindungsbüro in Washington fast an jedem entscheidenden Wendepunkt in der Watergate-Krise ein Abendessen zu meinen Ehren veranstaltete. Am 30. April 1973 hatte der chinesische Vertreter nach der Entlassung von Haldeman und Ehrlichman durch Nixon in seinem Trinkspruch das Ende der Watergate-Affäre begrüßt. Am 19. Oktober, einen Abend vor dem »Massaker am Samstagabend«, hatten sich die Chinesen darüber gefreut, daß der Stennis-Kompromiß die ganze, für sie undurchschaubare Angelegenheit zum Abschluß gebracht hätte. Jetzt, am Montagabend, dem 5. August, hatten sich zahlreiche Mitglieder des Washingtoner Establishments zu meinen Ehren im chinesischen Verbindungsbüro versammelt. Aber diesmal standen wir wirklich vor dem Abschluß von Watergate, wenigstens was Nixon betraf. Aber niemand schien sich wirklich darüber zu freuen. Viele der Gäste hatten an Nixons Vernichtung mitgewirkt, und ein paar von ihnen verfolgten ihn immer noch mit ihrem Haß, während sie frommes Entsetzen über die angeblich so tragische Entwicklung heuchelten. Vor allem aber fürchtete man sich vor der Zukunft, und dieses Gefühl war stärker als die Selbstgerechtigkeit und verdrängte den jahrelang gehegten Haß. Einen flüchtigen Augenblick lang hatte man das Empfinden, daß wir alle uns in großer Gefahr befänden. Man fürchtete, das öffentliche Schauspiel der Vernichtung eines Präsidenten gefährdete den Bestand unseres Gesellschaftssystems.

Unsere chinesischen Gastgeber erkundigten sich danach, ob sich die Politik der Vereinigten Staaten ändern würde, wenn Nixon zurücktrat. Zum ersten Mal sprachen sie mit mir über diese Möglichkeit. Sie fragten, ob ich Außenminister bleiben würde. Offensichtlich war ihnen die Kontinuität unserer Politik sehr wichtig. In meiner Tischrede versicherte ich ihnen, daß die Beziehungen zwischen unseren beiden Ländern auf einem festen Fundament stünden, vermied es aber sorgfältig, nichts zu sagen, was die Journalisten unter den Gästen so deuten konnten, als wäre der Abtritt des Präsidenten – sein freiwilliger Rücktritt oder seine Amtsenthebung – schon eine feststehende Tatsache.

Als das Essen zu Ende war, war das Ereignis eingetreten, von dem, wie Haig mir gesagt hatte, Nixon seine Entscheidung abhängig machen wollte. Vier Republikaner, die als Angehörige des Rechtsausschusses gegen das Amtsenthebungsverfahren gestimmt hatten, sagten, daß sie im Parlament dafür stimmen würden. Der Einpeitscher der Republikanischen Fraktion im Senat, Senator Robert Griffin, verlangte Nixons Rücktritt. Vizepräsident Ford distanzierte sich und erklärte,

> es liegt nicht mehr im Interesse der Öffentlichkeit, wenn ich meine schon einmal zum Ausdruck gebrachte Überzeugung wiederhole, daß der Präsident nach allen mir und dem amerikanischen Volk bekannten Beweismitteln sich keines Vergehens schuldig gemacht hat, das eine Amtsenthebung rechtfertigt.

Viele besorgte Leute waren inzwischen an mich herangetreten und hatten mich gedrängt, die Entscheidung zu erzwingen und mit meinem Rücktritt zu drohen, falls Nixon sich nicht zu diesem Schritt entschließen könnte. Einige wenige empfahlen mir sogar, mich auf die 25. Zusatzbestimmung unserer Verfassung zu berufen und zu erklären, daß der Präsident unzurechnungsfähig sei. Das war ausgeschlossen. Als vom Präsidenten ernannter Minister hatte ich nicht das moralische Recht, ihn zum Rücktritt zu zwingen. Außerdem wäre ein solcher Schritt für einen im Ausland geborenen Amerikaner eine unerträgliche historische Belastung. Haig berichtete zwar, daß Nixon immer noch zögerte, aber ich war überzeugt, daß er schließlich doch das Richtige tun werde, und hielt es für wichtig, daß die Nation den Eindruck gewann, er wäre selbst zu diesem Entschluß gekommen.

Für den nächsten Vormittag, Donnerstag, den 6. August, war für 10.00 Uhr eine Kabinettssitzung anberaumt. Da sich der Präsident verspätet hatte, wurde sie auf 11.00 Uhr verschoben. Als ich ins Beratungszimmer kam, stellte ich fest, daß alle Minister davon überzeugt waren, daß sich der Rücktritt des Präsidenten nicht mehr vermeiden ließe. Ford stand hinter dem Stuhl des Vizepräsidenten und sprach freundlich mit den Ministern, die sich um ihn versammelt hatten – das war, gelinde gesagt, eine ungewöhnliche Szene, die man auf Kabinettssitzungen zu Zeiten, in denen der Präsident voll funktionsfähig war, kaum erlebt hätte. Der Vizepräsident wird zwar höflich behandelt, aber doch nur als

Nebenfigur. Ich saß auf meinem Platz rechts neben dem Stuhl des Präsidenten, als Nixon hereinkam. Alle Anwesenden eilten an ihre Plätze. Es war unmöglich, für diesen gequälten Mann kein Mitleid zu empfinden. Ich hatte zu viele Stunden mit ihm zugebracht, um nicht deutlich zu spüren, in welche Panik er geraten war. Ich wußte, daß sein forsches Auftreten nur eine Maske war.

Nixon eröffnete die Sitzung mit der Erklärung, zu dem wichtigsten Thema Stellung nehmen zu wollen, das unsere Nation jetzt bewegte. Das war – so bizarr es klingen mochte – die Inflation. Er sprach davon, wie er gegen einen Etat in Höhe von fünfunddreißig Milliarden Dollar sein Veto eingelegt hätte, und zwar sogar während der Watergate-Krise. Aber wir müßten mit noch schwierigeren Zeiten rechnen.

Ganz unvermittelt wandte er sich der Frage zu, die uns alle bedrängte. Er dankte dem Kabinett dafür, daß es ihn während all dieser Schwierigkeiten unterstützt hätte. Er sei sich der Tatsache bewußt, wie sehr ihm die Veröffentlichung des Tonbandes vom 23. Juni 1972 schaden würde. Er wollte von seinen Ministern nichts verlangen, was sie persönlich in eine peinliche Lage bringen könnte oder nicht ihren Überzeugungen entspräche. Sie könnten ihrem Land und ihrem Präsidenten damit den besten Dienst erweisen, daß sie in den vor uns liegenden Monaten ihre Ministerien möglichst gut und gewissenhaft verwalteten. Er selbst wüßte, daß manche es für richtig halten würden, wenn er zurückträte. Er hätte schon manche schwierige Zeit erlebt, könnte aber auch auf Erfolge zurückblicken und dürfte bei seinen Entschlüssen nicht nur seine persönlichen Bedürfnisse berücksichtigen, sondern müßte auch daran denken, welche Verpflichtungen ihm das Präsidentenamt auferlegte. Wenn er unter Zwang zurückträte, könnte aus dem Präsidialsystem ein parlamentarisches System werden, in dem ein Präsident nur so lange im Amt bleiben könnte, wie er das Vertrauen der Legislative genoß.

Aber darum ging es hier gar nicht. Die Amtsenthebung eines Präsidenten war ein ganz anderer Vorgang als eine Abstimmung im Parlament, das dem Regierungschef sein Vertrauen entzog. Was Nixon hier sagte, war nicht die Vorlesung eines Professors für politische Wissenschaften. Er stellte seinem Kabinett auf Umwegen die Vertrauensfrage und hoffte auf Sympathie, auf die Bereitschaft der Minister, den Kampf an seiner Seite fortzusetzen, und irgendeine Bestätigung, daß der Kampf um den Erhalt des Präsidentenamtes für ihn im nationalen Interesse läge.

Aber er stieß gegen eine Mauer verlegenen Schweigens. Die Anwesenden blätterte nervös in ihren Papieren, bis Ford sich erhob und der peinlichen Situation ein Ende bereitete: »Herr Präsident, mit Ihrer Erlaubnis möchte ich etwas sagen.« Nixon nickte, und Ford fuhr fort:

> Alle Anwesenden wissen, in einer wie schwierigen Lage ich mich befinde. Niemand bedauert diese tragische Episode so sehr wie ich. Meine aufrichtige Sympathie gehört Ihnen und Ihrer bewunderungswürdigen Familie. Aber ich möchte ausdrücklich erklären, daß ich, wenn ich gewußt hätte, was in den vergangenen vierundzwanzig Stunden im Hinblick auf Watergate bekanntgeworden ist, eine Reihe

von Erklärungen nicht abgegeben hätte, die ich als Führer der Minderheit im Kongreß oder als Vizepräsident abgegeben habe. Ich habe gestern eine Entscheidung getroffen, und Sie werden vielleicht wissen, daß ich gegenüber der Presse erklärt habe, ich könnte wegen meiner Verpflichtungen gegenüber dem Kongreß und der Öffentlichkeit als unmittelbar Beteiligter nicht weiter Stellung nehmen. Ich bin überzeugt, daß es im Repräsentantenhaus zu einem Amtsenthebungsverfahren kommen wird. Ich kann das Ergebnis im Senat nicht voraussagen und möchte dazu auch nicht Stellung nehmen. Sie haben die beste Außenpolitik getrieben, die es in diesem Lande jemals gegeben hat – eine hervorragende Leistung, und die Bevölkerung erkennt sie an. Lassen Sie mich Ihnen versichern, daß ich beabsichtige, die Außenpolitik dieser Regierung und Ihren Kampf gegen die Inflation auch weiterhin zu unterstützen.[3]

Nixon schien nur das zu hören, was Ford über die Inflation sagte. Er erwiderte, daß der Vizepräsident recht hätte, aber er hätte nicht verstanden, was er zu Watergate hätte sagen wollen. Der Präsident griff jetzt einen Vorschlag auf, den Ford vor einigen Tagen gemacht hatte und mit dem er einen Wirtschaftsgipfel anregte, an dem Unternehmer und Gewerkschaften über die Bekämpfung der Inflation beraten sollten. Nach einigen nebensächlichen Äußerungen zu diesem Thema und über den neuen Etat für das Landwirtschaftsministerium unterbrach Justizminister William Saxbe die Debatte und sagte: »Herr Präsident, ich glaube, wir sollten keine Gipfelkonferenz einberufen. Wir sollten uns vielmehr vergewissern, ob Sie noch fähig sind, zu regieren.« George Bush, damals Vorsitzender des Parteivorstandes der Republikaner, nahm das Thema auf. Er sagte, daß die Republikanische Partei schweren Schaden genommen hätte; die bevorstehenden Kongreßwahlen drohten für sie zur Katastrophe zu werden. Watergate müßte so rasch wie möglich zum Abschluß gebracht werden. Er sagte es zwar nicht ausdrücklich, aber wir alle wußten genau, was er meinte. Watergate konnte nur überwunden werden, wenn Nixon sofort zurücktrat.

Das war grausam, aber es war notwendig. Es war nicht gut, daß die von Nixon selbst ernannten Minister ihn jetzt zum Rücktritt zwangen, aber er ließ ihnen keine andere Wahl. Hätte er wirklich wissen wollen, wie das Kabinett über diese Frage dachte, dann hätte er einige der dienstälteren Minister ins Ovale Zimmer bitten oder sogar einzeln mit ihnen sprechen können. Damit hätte er sich ein viel zutreffenderes Bild von den Auffassungen seiner Mitarbeiter machen können als mit diesem Auftritt eines verzweifelten Mannes, den die Gegenwart ihrer Kollegen dazu zwang, seine korrekte Haltung aktenkundig zu machen, während diese Männer kaum wußten, wofür er sich um ihre Unterstützung bemühte. Es war ein für Nixon typischer Auftritt. Er fürchtete sich, auf den Widerspruch und die Ablehnung der einzelnen Persönlichkeiten zu stoßen, und hatte deshalb ein möglichst großes Forum um sich versammelt. Er hatte auf das Vertrauensvotum der ganzen Gruppe gehofft, hatte versucht, die Versammlung vor vollendete Tatsachen zu stellen, und damit fast eine Rebellion ausgelöst.

Es gibt keine Körperschaft, die weniger zur Rebellion neigt als das

Kabinett eines Präsidenten. Jeder Minister verdankt seine Ernennung dem Präsidenten, und seine Autorität stützt sich auf ihn. Ich bin seit Präsident Kennedys Amtszeit Zeuge ungezählter Gespräche zwischen Präsidenten und Ministern gewesen und habe festgestellt, daß die Minister im allgemeinen nachgiebig, gelegentlich sogar unterwürfig sind. Wenn die Mitglieder von Nixons Kabinett glaubten, sagen zu müssen, was sie sagten, dann können sie nur den Eindruck gehabt haben, im Hinblick auf Watergate hintergangen worden zu sein. Wenn sie es wagten, das zu sagen, dann müssen sie überzeugt gewesen sein, daß Nixons Tage als Präsident gezählt waren. Aber schon aus persönlicher Rücksichtnahme gegenüber Nixon durfte es nicht so weitergehen. Außerdem wäre es dann nicht möglich gewesen, seinen Rücktritt mit einer sehr wichtigen Erkenntnis zu verbinden: daß unser Regierungssystem lebensfähig blieb, unsere Regierungsform demokratisch war und wir mit dem für unsere Nation charakteristischen Optimismus in die Zukunft blickten, den Watergate uns zu nehmen drohte. Es war mehr als genug gesagt worden. Das Kabinett schuldete es dem Präsidenten, ihm nicht die Selbstachtung und die persönliche Würde zu nehmen. Deshalb ergriff ich jetzt als dienstältester Minister das Wort:

> Wir sind nicht zusammengekommen, um uns dafür zu entschuldigen, was wir nicht leisten können. Wir sind hier, um das zu tun, was die Nation von uns verlangt. Dies ist eine sehr schwierige Zeit für unser Land. Es ist unsere Pflicht, Zuversicht zu zeigen. Wir müssen demonstrieren, daß das Land die von der Verfassung vorgeschriebenen Verfahren durchführen kann. Um der Außenpolitik willen müssen wir entschlossen und in völliger Übereinstimmung handeln. Wenn uns das gelingt, können wir den Frieden wahren.[4]

Nach der Sitzung ging ich hinaus auf den Fahrweg vor dem Westflügel des Weißen Hauses. Auch andere Kabinettsmitglieder gaben noch Erklärungen ab. Dann trat ich vor die Fernsehkameras, um die amerikanische Öffentlichkeit soweit wie möglich zu beruhigen und dem Ausland den Eindruck zu vermitteln, daß die Stabilität unserer Regierung gewährleistet war:

> Die Außenpolitik der Vereinigten Staaten ist im nationalen Interesse und im Interesse des Weltfriedens immer von beiden Parteien getragen worden, und das wird auch so bleiben. Wenn es um Krieg oder Frieden geht, dann darf keine ausländische Regierung daran zweifeln, in welchem Sinne unsere Außenpolitik geführt wird.[5]

Gegen 12.45 Uhr ging ich unangemeldet ins Ovale Zimmer. Ich teilte dem Präsidenten unter vier Augen mit, was ich den Medien gesagt hatte. Ich erklärte, weder das noch meine Worte auf der Kabinettssitzung wären alles, was ich zu sagen hätte. Nachdem ich fünfeinhalb Jahre eng mit dem Präsidenten zusammengearbeitet hätte, wäre es meine Pflicht, ihm zu sagen, daß er seinem Lande am besten dienen würde, wenn er jetzt zurücktrete. Es wäre zwar richtig, politische Angriffe tapfer zu ertragen, wie er es stets getan habe. Aber ein Amtsenthebungsverfahren würde ihn monatelang beschäftigen, die Nation verwirren und unsere Außenpolitik lähmen. Das wäre für unser Land zu gefährlich und eine zu große Demütigung für den Präsidenten. Nach meiner Auffassung müßte er sein Amt freiwillig zur Verfügung stellen. Zum Schluß sagte ich, wie er sich auch entscheiden sollte, ich würde diese meine Auffassungen nicht außerhalb des Ovalen Zimmers äußern.

In der schweren Bedrängnis während der vergangenen Wochen hatte mich der Präsident niemals um Rat gefragt. Auch jetzt tat er es nicht. Er sagte, er wäre mir dankbar für meine Offenheit. Er würde ernsthaft über meine Worte nachdenken und die Verbindung zu mir halten.

Das war alles. Haig sagte mir noch am gleichen Tag, daß Nixon jetzt wieder daran dächte, doch zurückzutreten. Er wollte es vielleicht schon Ende der Woche tun und hätte den Redenschreiber Ray Price gebeten, eine Rücktrittsrede zu entwerfen. Man könnte aber noch nicht sicher damit rechnen; vielleicht würden seine Familienangehörigen ihm den Entschluß wieder ausreden. Am Nachmittag wurde ich mehrfach aufgefordert, mich öffentlich vom Präsidenten zu distanzieren, was eine Krise ausgelöst hätte; ich weigerte mich, es zu tun.

Gegen 19.00 Uhr rief mich Nixon an, erwähnte aber nicht, was am gleichen Tage geschehen war und die ganze Nation erschütterte. Er sagte mir – in einem Ton, als gingen die Regierungsgeschäfte ihren normalen, routinemäßigen Gang –, daß Israel ihn um langfristige militärische Hilfe gebeten hätte. Er werde dieses Ersuchen ablehnen und jede Lieferung von Rüstungsgütern an Israel einstellen lassen, bis die Israelis einer umfassenden Friedensregelung zugestimmt hätten. Er bedauerte es, dies nicht schon früher getan zu haben. Diesen Fehler werde er jetzt korrigieren. Sein Nachfolger werde ihm dafür dankbar sein. Ich sollte die notwendigen Papiere vorbereiten.

War das die Rache dafür, was ich ihm in unserem letzten Gespräch gesagt hatte? Glaubte Nixon, daß ich wegen meines Glaubens besonders empfindlich darauf reagieren würde, wenn er Israel unter Druck setzte? Oder entsprach diese Maßnahme wirklich seiner seit langem gehegten Überzeugung? Höchstwahrscheinlich war beides richtig. Ich unterrichtete Haig vom Inhalt dieses Gesprächs. Doch Nixon kam nicht darauf zurück. Ich ließ die Papiere ausfertigen, aber er hat sie nicht unterschrieben.

Am nächsten Tage, Mittwoch, dem 7. August, ging ich zuerst für zwei Stunden in mein Büro im Weißen Haus, um Haig und dem Präsidenten zur Verfügung zu stehen. Nixon ließ mich nicht rufen, aber Haig berichtete, daß er (Haig) »Fortschritte« gemacht hätte. Er hatte alte Freunde des Präsidenten, die sich in schweren Zeiten bewährt hatten, gebeten, Nixon offen zu sagen, was ihn im Kongreß erwartete. Am Nachmittag würde der Präsident eine aus führenden republikanischen Abgeordneten – dem Senator Hugh Scott, dem Abgeordneten John Rhodes und dem angesehenen konservativen Senator Barry Goldwater – bestehende Delegation empfangen. Diese Begegnung konnte die Entscheidung bringen.

Obwohl sich die Lage immer mehr zuspitzte, arbeitete ich den ganzen Tag im Außenministerium, zum Teil auch, um den Eindruck zu erwecken, daß die Regierungsgeschäfte ganz normal weitergingen. Ich bat Brent Scowcroft und Larry Eagleburger streng vertraulich, ein sogenanntes »Szenarium« für den Fall zu entwerfen, daß der Präsident zurücktrat. Dazu gehörten die Unterrichtung ausländischer Regierungen und die Reihenfolge, in der es zu geschehen hatte; die Entscheidung, welche Briefe welchen Inhalts geschrieben werden mußten und welche ausländischen Botschafter – wenn überhaupt – von dem neuen Präsidenten empfangen werden müßten. Ich wollte diese Vorschläge Ford zur Genehmigung vorlegen, sobald die Entscheidung gefallen war.

Dann sprach ich mit den Beamten des Außenministeriums, die meine Erklärung zur Entspannungspolitik überarbeiteten, die ich vor dem außenpolitischen Senatsausschuß abgeben wollte. Anschließend hielt ich eine Besprechung über die Zypern-Krise ab und aß dann mit dem stellvertretenden Außenminister, Robert Ingersoll, zu Mittag. Am Nachmittag traf ich mich mit dem jordanischen Premierminister Rifai und dem marokkanischen Außenminister, Dr. Ahmed Laraki. Die Konsultationen über die nächsten Schritte im Nahen Osten hätten kaum unter ungünstigeren Voraussetzungen stattfinden können.

Am Nachmittag um 17.58 Uhr unterbrach ein Anruf Haigs eine Besprechung mit Sisco, Saunders und Atherton über die Lage im Nahen Osten. Haig bat mich, sofort ins Weiße Haus zu kommen. Er nannte keinen Grund, aber das war auch nicht notwendig; offenbar war die Entscheidung gefallen. Als ich ins Ovale Zimmer kam, stand Nixon am Fenster und blickte hinaus in den Rosengarten. Ich kannte dieses Gefühl aus der Zeit, da ich als Kind meine gewohnte Umgebung, in der ich aufgewachsen war, verlassen mußte, um in ein fremdes Land auszuwandern. Man versucht, sich von etwas Vertrautem und Geliebtem zu verabschieden. Man will es sozusagen in sich aufnehmen und es für immer im eigenen Innern bewahren. Doch im Laufe der Zeit geht es unmerklich verloren, weil das bewußte Bemühen zerstört, was man nur spontan besitzen kann. In solchen Augenblicken ist jede Minute kostbar, und doch ist man sich nie so deutlich der Tatsache bewußt, daß die Zeit unerbittlich weitergeht. Jetzt fühlte ich seine Qual, als er mit äußerster Willensanstrengung versuchte, die Augenblicke zu verlängern, während er gleichzeitig darum bemüht war, endlich alles hinter sich zu lassen. Vor allem aber begriff ich, daß ich nicht das geringste tun konnte, den großen Schmerz zu lindern, den dieser einsame Mann empfand.

Als Nixon mich hereinkommen hörte, wandte er sich mir zu. Er schien sehr gefaßt und beinahe gelöst. Er sagte, er hätte beschlossen zurückzutreten. Die republikanischen Politiker hätten seine Befürchtungen bestätigt und ihm gesagt, daß er im Kongreß nicht die Unterstützung bekommen werde, die er brauchte, um den Kampf fortzusetzen. Das Land müßte endlich Ruhe haben. Er könnte unsere Außenpolitik nur retten, wenn er es nicht zur Verfassungskrise kommen ließe. Er würde am folgenden Abend, Donnerstag, dem 8. August, eine Ansprache an die Nation halten. Am Freitagmittag, dem 9. August, werde er offiziell zurücktreten. Er hoffte, ich würde an meinem Posten bleiben und dem neuen Präsidenten helfen, die Außenpolitik fortzusetzen, auf die er selbst so stolz wäre.

Ich spürte, wie ungeheuer schwer es ihm fiel, mir das zu sagen, und ich fürchtete, er würde seine Haltung nicht wahren können. Ich sagte: »Die Geschichte wird Sie freundlicher behandeln als Ihre Zeitgenossen.« Soweit ich mich erinnere, legte ich ihm den Arm auf die Schulter und gab damit die Distanz auf, die uns auf menschlicher Ebene während all dieser Jahre voneinander getrennt hatte. Nixon erwähnt es in seinen Memoiren nicht. Vielleicht irre ich mich auch und habe damals nur den Wunsch gehabt, es zu tun. Vielleicht hat Nixon aber auch nicht zugeben wollen, daß er Trost brauchte. Für ihn wäre es ein Eingeständnis der Schwäche, aber in Wirklichkeit ist es die einzig mögliche menschliche Reaktion. Aber im Grunde kommt es nicht darauf an. Im Augenblick seines Sturzes hatte ich ein starkes menschliches Mitgefühl für Nixon – für die schweren inneren Kämpfe dieser komplexen Persönlichkeit, für seine Ängste, seine Empfindsamkeit, seine großen Hoffnungen, die schließlich an Charakterschwächen scheiterten, von denen er sich nicht befreien konnte und die ihm deshalb zum Verhängnis wurden. Wenn ich ihn in diesem Augenblick nicht umarmt habe, dann habe ich doch das Gefühl gehabt, es tun zu müssen.

Am Abend saß ich mit Nancy, meinen Kindern und meinem guten Freund, dem Leitartikler Joseph Alsop, beim Essen, als gegen 21.00 Uhr das Telefon läutete. Es war Nixon, der sich in Lincolns Wohnzimmer zurückgezogen hatte. Er fragte mich, ob ich sofort herüberkommen könnte. In glücklicheren Tagen hatte ich viele solcher Anrufe bekommen, zum Beispiel an jenem Abend im Jahr 1971, als der Durchbruch in China gelungen war. Doch dies war das Ende und nicht der Beginn eines Abenteuers, und nichts konnte ergreifender sein, als daß Nixon am Ende seiner politischen Laufbahn mit dem Mitarbeiter allein gelassen war, zu dem seine Beziehungen am ambivalentesten waren und der auch noch Zweifel in ihm weckte, während er hoffte, daß dieser Mann sein Werk fortsetzen könnte.

Als ich das Zimmer betrat, saß Nixon in der für ihn charakteristischen Pose zurückgelehnt auf einem braunen Polstersessel, die Beine auf einer Fußbank, einen gelben Notizblock auf dem Schoß – ein letzter Strohhalm im Augenblick der Verzweiflung. Eine Leselampe beleuchtete den Stuhl. Sonst lag das Zimmer im Schatten, und durch die Fenster sah man die Lampen im Park des Weißen Hauses. Der Anblick weckte manche Erinnerung. Ich hatte den Präsidenten hier aufgesucht, als zehntausend aufgebrachte Demonstranten das Weiße Haus umlagerten und gegen unsere Vietnam-Politik protestierten. Oft hatte ich in diesem Zimmer geglaubt, die Aura der Macht mit Händen greifen zu können. Jetzt waren hier Einsamkeit und Stille eingekehrt.

Es gibt mehrere Berichte über unsere Begegnung an diesem Abend. Nach dem einen hatte mich Nixon aus meinem Büro zu sich geholt, um in ganz sachlicher Atmosphäre aktuelle politische Fragen mit mir zu besprechen. Es ist aber auch behauptet worden, daß der Präsident vollständig die Selbstbeherrschung verloren, mit den Fäusten auf den Teppich getrommelt und sich in rasender Wut über sein grausames Schicksal beschwert hätte.[6] Aber diese Schilderungen entsprechen nicht meiner Erinnerung. Mein Besuch beim Präsidenten dauerte fast drei Stunden. Nixon war weder ruhig noch sachlich. Er hat aber auch nicht die

Selbstbeherrschung verloren. Er war verzweifelt, und er hätte es nicht verdient, daß man noch einen Gedanken an ihn verschwendete, wenn es nicht so gewesen wäre. Aber er war nicht außer sich. Seine Erregung war verständlich und natürlicher als die fast übermenschliche Selbstbeherrschung, die ich so gut an ihm kannte. Daß es ihm unter so großen Mühen gelungen war, trotz seines amorphen Charakters sich selbst zu disziplinieren und an die Spitze des Staates zu gelangen, mit geradezu übermenschlicher Energie große Leistungen zu vollbringen, um dann zu scheitern und im Sturz jede menschliche Schwäche und jeden Fehler offenbaren zu müssen – das war ein Schicksal biblischen Ausmaßes. Offenbar wollte es die Gottheit nicht dulden, daß ein Mensch in seiner Vermessenheit glaubte, alles manipulieren zu können. Es war notwendig gewesen, ein Exempel zu statuieren und zu zeigen, wo die Grenzen des menschlich Zumutbaren lagen.

Es war irgendwie verständlich, daß Nixon seinen letzten einsamen Abend im Weißen Haus damit zubrachte, über die Bedeutung all dieser anstrengenden Jahre nachzudenken und zu überlegen, ob und was sie Positives gebracht hatten. Wie würde die Geschichte über ihn urteilen? Hatte er etwas verändert? War das Leben auf dieser Welt sicherer geworden? Er wollte sich mit mir über unsere gemeinsame Arbeit unterhalten und überschüttete mich mit Fragen. Er brauchte menschliches Verständnis in seiner Einsamkeit, ohne glauben zu können, was man ihm sagte, wagte aber auch nicht zu widersprechen.

Worin liegt die Bedeutung eines politischen Lebens? Nach welchen Kriterien beurteilt man die Tendenzen in der Außenpolitik? Auch unter den günstigsten Voraussetzungen ist nichts schwerer zu beurteilen als die Bedeutung dessen, was ein Staatsmann unternimmt. Verglichen mit der Lebenszeit des Menschen ist die Dauer der Geschichte unermeßlich, und die Perspektive des einzelnen ist noch begrenzter. Die hergebrachten Vorstellungen widersprechen oft der geschichtlichen Notwendigkeit, besonders in Perioden großer Umwälzungen. Der Staatsmann leistet nur dann etwas, wenn er die Entwicklungstendenzen richtig beurteilen kann und es ihm gelingt, sie seinen Zwecken dienstbar zu machen. Dazu sind seine Möglichkeiten nicht unbegrenzt. Wenn er sich damit begnügt, mit dem Strom zu schwimmen, wird er bald entbehrlich; wenn er sein Volk überfordert, erleidet er Schiffbruch. Wenn die Politik die Kunst des Möglichen ist, dann liegt die Größe des Staatsmannes darin, alle Möglichkeiten ausgeschöpft zu haben. Große Staatsmänner verfolgen große Ziele, aber sie beurteilen nüchtern die Qualität des Materials, der Menschen und der physischen Mittel, mit denen sie zu arbeiten haben. Mittelmäßige Politiker geben sich damit zufrieden, Schwierigkeiten und Hindernissen auszuweichen. Der Staatsmann ist ein schöpferischer Mensch. Der mittelmäßige Politiker gibt sich mit dem zufrieden, was er vorfindet; er versucht, das Vorhandene zu verbessern, nicht, es zu verwandeln. Der Staatsmann muß ein Idealist und ein Erzieher sein. Das Volk kann sich glücklich schätzen, dessen Führer die Kraft haben, sich dem Schicksal zu stellen, ohne in die Versuchung zu geraten, sich göttliche Vollmachten anzumaßen.

Nixon hat in der Außenpolitik die Bewährungsprobe gegenüber dem Schicksal auf seine Weise bestanden. Er begriff, was in der Welt, in der er lebte, auf dem Spiel stand. Auch wenn er von Emotionen bedrängt wurde, hielt er sich an den Grundsatz, daß die Glaubwürdigkeit der Vereinigten Staaten gewahrt werden mußte, besonders von der politischen Führung. Er kämpfte für die Ehre Amerikas in fernen Dschungeln, in die seine Vorgänger unsere Soldaten geschickt hatten, und war überzeugt, daß wir nicht das Recht hätten, diejenigen im Stich zu lassen, die uns vertrauten. Er glaubte, Millionen von Menschen würden uns verfluchen, wenn wir uns von ihnen abwandten, wie es unsere Kritiker von uns verlangten. Im Gegensatz zu allem, was seit Jahrzehnten gepredigt wurde, beharrte er standhaft auf seiner Überzeugung, daß ein internationales System nicht denkbar wäre, welches China mit einem Viertel der Weltbevölkerung nicht berücksichtigte. Im Gegensatz zu den simpleren Denkkategorien einer früheren Periode erkannte er, daß der Widerstand gegen die kommunistische Aggression eines psychologischen Fundaments bedarf, welches es Amerika erlaubt, eine Friedensstruktur zu verteidigen, innerhalb deren auch unsere Gegner einen Platz haben, wenn sie ihre ehrgeizigen Pläne aufgeben und die Notwendigkeit der Koexistenz anerkennen. Er wußte, daß die demokratischen Industrienationen alles tun müßten, um zu einer neuen Gemeinsamkeit in der Verfolgung ihrer großen Ziele zu finden, und hat das ausgesprochen. Er überwand die alten Haßgefühle der Völker im Nahen Osten und zeigte ihnen auf dem Höhepunkt seiner eigenen Bedrängnis einen Weg zum Frieden, wo es bisher nur Enttäuschung und Ausweglosigkeit gegeben hatte. Und er begann, dem amerikanischen Volk zu zeigen, daß es im internationalen Rahmen eine große Verantwortung hatte und einen Mittelweg finden mußte zwischen Kreuzzugsidee und Isolationismus, zwischen ungehemmten Tatendrang und Naivität.

Als Erzieher hatte Nixon versagt. Er war sich seiner selbst zu wenig sicher, um sein Volk zu inspirieren und ihm zu zeigen, daß es nicht allein auf technische Virtuosität, sondern vor allem auf die Verwirklichung hoher Ziele ankam. Dieser moralischen Herausforderung war er nicht gerecht geworden. Und jetzt mußte er dafür bezahlen, daß er dieser Anforderung nicht genügt hatte.

Schließlich hatte Nixon eine Revolution ausgelöst. 1972 war er mit überwältigender Stimmenmehrheit wiedergewählt worden, und in diesem Wahlkampf war es, soweit das in Amerika überhaupt möglich ist, vor allem um ideologische Fragen gegangen. Milde ausgedrückt, waren weder Nixon noch George McGovern charismatische Persönlichkeiten. Diesmal hatte sich das amerikanische Volk für bestimmte Grundsätze und nicht für eine Person entschieden. Die überwältigende Mehrheit wollte einem gemäßigten konservativen und nicht einem radikalen liberalen Kurs folgen. Aus Gründen, die mit diesen Fragen nichts zu tun hatten und von denen die Menschen, die ihre Stimme für Nixon abgegeben hatten, nichts wissen konnten, war diese Entscheidung jetzt zunichte gemacht, und niemand konnte sagen, welches die Folgen sein würden.

Deshalb konnte das Urteil der Geschichte nicht eindeutig sein. Doch an jenem Abend habe ich meien Vorbehalte nicht geäußert. In den ihm bevorstehenden einsamen Monaten würde Nixon genug davon zu hören bekommen – und am deutlichsten würde seine eigene innere Stimme ihm sagen, wo er versagt hatte. An jenem Abend habe ich mich nicht so philosophisch ausgedrückt wie hier, sondern von unseren gemeinsamen Erinnerungen gesprochen – aber im gleichen Sinne. Ab und zu unterbrach mich Nixon und bot mir etwas zu trinken an wie in glücklicheren Tagen, wenn es einen Anlaß zum Feiern gab. Ich konnte deutlich erkennen, wie sehr ihn die Vorstellung entsetzte, daß er als ehemaliger Präsident in einem regelrechten Strafverfahren vor Gericht gestellt werden könnte. Auch ich konnte mir das nicht vorstellen und sagte ihm, daß, wenn es dazu kommen sollte, ich zurücktreten würde. Ich bin auch heute noch überzeugt, daß ich es getan hätte.

Immer wieder versicherte ich ihm, daß die Geschichte ihn weniger streng beurteilen würde. Seine großen Leistungen würden nicht in Vergessenheit geraten. Aber Nixon ließ sich nicht so leicht trösten. »Es kommt darauf an, wer die Geschichte schreibt«, sagte er immer wieder. In diesen verzweifelten Stunden wurde er sich selbst nicht gerecht. Er hatte mehr geleistet, als er zugeben wollte. Heute nach fast zehn Jahren geht es in der öffentlichen Diskussion bei uns um die gleichen außenpolitischen Probleme, um China, den Nahen Osten, SALT und das strategische Gleichgewicht, die Energiepolitik und neue Initiativen in den Beziehungen zu unseren Verbündeten. Die Lösung dieser Probleme war das Ziel der Politik, die in den jetzt zu Ende gehenden unruhigen Jahren konzipiert worden ist.

Für Nixons eingefleischte Feinde mag das alles nur die rührselige Darstellung eines selbst verschuldeten Unglücks sein, aber ich habe es aus zu großer Nähe miterlebt, um es anders sehen zu können. Am Abend jenes 7. August hat mich die menschliche Tragödie des Präsidenten tief erschüttert, der bei mir den Trost suchte, den ihm niemand geben konnte.

Nachdem wir etwa zwei Stunden im Lincoln-Zimmer zusammengesessen hatten, wollte ich mich kurz vor Mitternacht verabschieden. Nixon begleitete mich zum Lift, und wir gingen durch den langen Korridor, der den vom Präsidenten bewohnten Flügel in zwei Hälften teilt. An der Tür des Lincoln-Schlafzimmers blieb er stehen und forderte mich auf, mit ihm zu beten. Es gab für einen solchen Abend keinen wirklich guten Abschluß, und ich wußte nicht, welche äußeren Zeichen man am Ende dieser stürmischen politischen Laufbahn setzen sollte. So war das Gebet vielleicht nicht die einzige Möglichkeit, aber doch wahrscheinlich eine der besten.

Nixon erinnert sich, er habe mich gebeten, zusammen mit ihm niederzuknien, und ich hätte das auch getan. Ich selbst kann mich nicht mehr genau erinnern, ob ich wirklich niedergekniet bin. Aber darauf kommt es jetzt nicht an. Ich weiß nur, daß ich sehr ergriffen war und nicht recht wußte, wofür ich beten sollte. Aber mir ging ein Vers von Aichylos durch den Kopf, den auch Nixons Intimfeind Robert Kennedy besonders geschätzt hatte:

Schmerz, der nicht vergessen will
fällt in das Herz
wie Wermutstropfen,
bis die Verzweiflung
durch die Gnade eines Gottes
in weise Einsicht sich verwandelt.

Wir blieben noch etwa eine halbe Stunde in Lincolns Schlafzimmer, und dann ging ich in mein Büro im Weißen Haus, wo Scowcroft und Eagleburger auf mich warteten. Eagleburger war vom Außenministerium herübergekommen, um mir zu helfen, wenn ich ihn brauchen sollte. Schon nach wenigen Minuten rief mich Nixon an. Er sagte, ich dürfte sein Verhalten an diesem Abend nicht als Schwäche deuten, und hoffte, ich werde die Zeit in Erinnerung behalten, in der er stark gewesen wäre. Mit welchen Illusionen suchen sich die Menschen zu trösten! Oft hatten mich die Demonstrationen von Nixons Stärke peinlich berührt. An diesem Abend, als er mir seine Seele geöffnet hatte, hatte ich in ihm einen standhaften und aufrechten Menschen gesehen. So sagte ich ihm, daß, wenn ich diesen Abend jemals erwähnen sollte, ich es mit großer Hochachtung vor ihm tun würde. Es wäre für mich eine große Ehre gewesen, den letzten Abend im Weißen Haus mit ihm zusammensein zu dürfen, wo wir so viele Erinnerungen teilten. Sein Verhalten wäre menschlich und würdevoll gewesen.

Am folgenden Morgen, Donnerstag, dem 8. August, wurde aus der Tragödie des Rücktritts eines amerikanischen Präsidenten eine Routineangelegenheit. Als ich ins Weiße Haus kam, sagte mir Haig, Nixon werde Ford um 11.00 Uhr empfangen und ihm offiziell mitteilen, daß er am nächsten Tag zurücktreten werde. Ich arbeitete am Entwurf der Briefe, die der neue Präsident den wichtigsten ausländischen Regierungschefs schicken sollte. Dann prüfte ich noch einmal den Plan, nach dem Ford die in Washington akkreditierten Botschafter in nach Regionen zusammengestellten Gruppen empfangen würde. Wir mußten der Welt jetzt zeigen, daß eine starke Hand die Zügel übernahm. Ich wurde bei meiner Arbeit immer wieder gestört. Einige Kabinettsmitglieder riefen mich an und fragten, ob sie öffentlich erklären sollten, daß sie an ihren Posten bleiben würden. Ich riet ihnen davon ab, denn es durfte nicht der Eindruck entstehen, daß sie den Entscheidungen des neuen Präsidenten vorgriffen. Meine Freunde wollten mir mit guten Ratschlägen helfen, die nach dem Regierungswechsel gegen mich zu erwartenden Angriffe abzuwehren. Aber ich war nicht in der Stimmung, mich mit solchen Problemen zu befassen. Ich hatte schon zwei Regierungswechsel erlebt und wußte, daß der Präsident jetzt über die Neubesetzungen seines Kabinetts keine endgültigen Entscheidungen treffen konnte. Die Regierungsumbildung würde Monate in Anspruch nehmen. Ich hatte keine Lust, diesen aufreibenden Prozeß zweimal mitzumachen. Aber ganz ausweichen konnte ich dieser Sache nicht. Doch dieser Tag stellte andere Anforderungen an uns.

Um 12.30 Uhr kam Vizepräsident Ford zu mir. Er war ruhig und gefaßt. Er sagte, daß er eben beim Präsidenten gewesen wäre, wollte jedoch keine Zeit verlieren, um mir zu sagen, daß ich auf meinem Posten bleiben und ihm »in diesen schwierigen Zeiten beistehen« sollte. Bei solchen Gelegenheiten fielen mir immer nur die banalsten Dinge ein. Vielleicht liegt es auch daran, daß uns die Ausdrucksmöglichkeiten fehlen, außergewöhnlichen Situationen sprachlich gerecht zu werden. Ich sagte, er könnte mit mir rechnen: »Sie wissen, die ganze Welt blickt jetzt auf Sie, Herr Vizepräsident.«

Nixon war immer noch Präsident. Ich war verpflichtet, ihn von meinem Gespräch mit Ford zu unterrichten. Dann besprach ich mit Nixon, was ich tun müßte, um Ford die Regierungsübernahme zu erleichtern und die Fortführung unserer Außenpolitik zu gewährleisten. Nixon schien erfreut darüber, daß ich ihn ins Bild setzte, machte aber einen apathischen Eindruck. Er konnte mir keine konkreten Vorschläge machen.

Um 15.00 Uhr besuchte ich den designierten Präsidenten in seinem Büro im Exekutivgebäude. Ich kannte Gerald Ford schon seit vielen Jahren. Vor mehr als einem Jahrzehnt hatte er als Gast in meinem Seminar über die nationale Sicherheitspolitik in Harvard Vorlesungen gehalten. Seit ich in Washington war, hatte ich ihn regelmäßig über die außenpolitische Lage unterrichtet, zuerst als Fraktionsführer der Republikanischen Partei im Repräsentantenhaus und während der vergangenen neun Monate als Vizepräsidenten. Heute verbindet uns eine so enge Freundschaft, daß es mir schwer fällt zu sagen, was ich damals gegenüber Ford empfunden habe. Er war mir ungeheuer sympathisch, und ich wußte, daß er ein guter und anständiger Mann war. Ich hatte keine Vorstellung davon, wie er sich als Präsident bewähren würde, und er hat es mit Sicherheit auch nicht gewußt. Wieder bat er mich dringend, auf meinem Posten zu bleiben, und betonte, daß wir immer gut miteinander ausgekommen wären. Ich erwiderte, daß es nicht seine Aufgabe wäre, gut mit mir auszukommen, sondern meine, mich ihm anzupassen. Dann sprachen wir über das Szenarium für die Unterrichtung der ausländischen Regierungen und alle Maßnahmen, die geeignet waren, der Welt zu zeigen, daß der neue Präsident die Regierungsgeschäfte fest in der Hand hatte. Ford erklärte sich einverstanden, im Lauf der ersten vierundzwanzig Stunden nach seiner Amtsübernahme alle ausländischen Botschafter zu empfangen. In den Briefen an die ausländischen Regierungschefs nahm er kleine Korrekturen vor, um sie mehr seinem persönlichen Stil anzupassen.

Als ich mich nach anderthalb Stunden von ihm verabschiedete, wurde mir plötzlich bewußt, daß ich seit Jahren nach einem Gespräch mit dem Präsidenten vollkommen gelöst war. Es war unmöglich, mit Nixon zu sprechen, ohne hinterher den Verdacht zu haben, daß er irgendein geheimes Spiel mit einem treiben könnte. Jedenfalls wußte man genau, daß Nixon einem niemals ganz offen gesagt hatte, was er beabsichtigte. Das war zwar interessant, aber auch anstrengend und irgendwie bedrohlich. Bei Ford wußte man, daß er nichts zu verbergen suchte. Hier gab es kein morbides Mißtrauen und keine Komplexe. Wieder dachte ich an die Weisheit der Vorsehung. Gerald Ford war zunächst nicht der Mann gewesen, den sich Nixon als Nachfolger gewünscht hätte. Das war John Connally. Aber in dieser verzweifelten

Lage hätte ich mir niemanden vorstellen können, der besser geeignet wäre, uns in eine nationale Erneuerung zu führen als dieser durch und durch amerikanische politische Führer; seine Integrität war über alle Zweifel erhaben, er strahlte Ruhe und Gelassenheit aus, kannte unsere innen- und außenpolitischen Probleme und Verpflichtungen und war entschlossen und furchtlos.

Am gleichen Abend gab Nixon in einer einfachen, würdigen und unpathetischen Ansprache seinen Rücktritt bekannt. Es war kein Schuldbekenntnis, aber er räumte ein, Fehler gemacht zu haben, für einen so stolzen Mann keine leichte Sache. Während der letzten zehn Minuten der Ansprache im Ovalen Zimmer stand ich hinter den Fernsehkameras. Als er geendet hatte, blieb Nixon einen Augenblick stehen, ordnete seine Papiere und legte die Hand auf die Platte von Wilsons Schreibtisch, bevor er zum letzten Mal das Ovale Zimmer verließ. Ich holte ihn auf dem Durchgang neben dem Rosengarten ein und sagte: »Herr Präsident, nach den meisten Ihrer großen Reden in diesem Raum sind wir gemeinsam zu Ihrem Haus zurückgegangen. Es wäre eine Ehre für mich, wenn ich Sie auch heute abend begleiten dürfte.«

So gingen wir zum letzten Mal nebeneinander den Korridor entlang in die Wohnung des Präsidenten. Aber er hatte alles gesagt, was zu sagen war. Ich versicherte ihm noch einmal, daß die Geschichte ihn freundlicher behandeln werde, und er wiederholte, das hinge davon ab, wer die Geschichte schreiben würde. An der Wohnungstür wartete Julie Nixon-Eisenhower. Sie umarmte ihren Vater, ohne ein Wort zu sagen, und führte ihn hinein.

Als ich in mein Büro kam, wartete Nixons Anwalt, James St. Clair, schon auf mich. Ich wußte nicht, was ihn zu mir geführt hatte. Während der vergangenen Monate hatten wir nur wenige Worte gewechselt. Offenbar brauchte er irgendjemanden, mit dem er sich aussprechen konnte. Er sprach sachlich über die einzelnen Phasen seiner Zusammenarbeit mit Nixon. Der Präsident hatte sogar mit seinem Anwalt nicht offen über alles sprechen können, was ihn bedrückte. Deshalb hatte es St. Clair mit seinem Mandanten ebenso schwer wie der Sonderstaatsanwalt. Jetzt machte er sich offenbar Gedanken darüber, daß er vielleicht manches versäumt haben könnte. Ich beruhigte ihn: »Das war kein Rechtsstreit, es war eine griechische Tragödie. Nixon hat seiner eigenen Natur nicht ausweichen können. Nachdem es einmal angefangen hatte, konnte es nicht anders enden.«

Am nächsten Morgen versammelten sich Nixons Kabinett und alle Mitarbeiter des Weißen Hauses zum letzten Mal im Ostzimmer. Viele von uns erinnerten sich an den Überschwang der Gefühle bei den Feierlichkeiten anläßlich von zwei Amtseinführungen und an die Hoffnungen, die uns erfüllten, als wir hier vereidigt wurden. Um 9.30 Uhr kündigte der militärische Adjudant das Erscheinen des Präsidenten und von Frau Nixon an. Die Militärmusik intonierte das Lied »Hail to the Chief«. Die innere Erregung steigerte sich ins Unerträgliche. Dann hielt Nixon eine Rede, die in ihrer Zusammenhanglosigkeit und Sentimentalität das Gegenstück von dem war, was er am Abend zuvor diszipliniert und beherrscht vor den Fernsehkameras gesagt hatte. Es war einfach zu viel. Es war so, als hätte er sich all diese Jahre im Zaum halten müssen, um jetzt die Dämonen und Traumgebilde zur Schau zu stellen, die ihn bis an diesen Punkt getrieben hatten. Er trug zum ersten Mal in der Öffentlichkeit eine Brille, als wollte er symbolisch jeder Eitelkeit entsagen und brauchte sich nicht mehr darum zu kümmern, welchen Eindruck er machte. Es war erschreckend und schnitt uns ins Herz, aber es war unvermeidlich. Nixon konnte die politische Bühne nicht als der Roboter verlassen, der er bei seinen öffentlichen Auftritten gewesen war. Mir kamen die Tränen, aber ich war zugleich empört, noch einmal durch die Mangel gedreht zu werden und erleben zu müssen, daß Nixon in seinem letzten öffentlichen Auftritt die Zwiespältigkeit seines Charakters vor aller Welt demonstrierte. Als er voller Bewunderung von seiner Mutter sprach, fragte ich mich, warum er seine Frau, Pat, nicht erwähnte, die wahrscheinlich am meisten darunter gelitten hat, daß er jetzt nicht darauf verzichtete, der große Schauspieler zu sein, der er war.

Aber auch diese Stimmung ging vorüber, als wir alle von dem Schmerz ergriffen wurden, unter dem die Menschen auf der Rednertribüne litten. Geschlagen und entehrt war Nixon dennoch Sieger geblieben; er hatte uns aus der Reserve gelockt; nackt standen wir vor diesem elementaren Gefühlsausbruch, und unsere Herzen schlugen dem Mann entgegen, der sich auch noch im Sturz nicht geschlagen geben wollte. Wenige Minuten später stand ich am südlichen Portikus des Weißen Hauses, wo Nixon mit seinen ausländischen Gästen der Menge zugewinkt hatte, die sich hier bei solchen Anlässen versammelte. Über den Rasen bis zum Hubschrauber war ein roter Teppich ausgerollt, und die Ehrenwache präsentierte zum letzten Mal das Gewehr vor dem Präsidenten und Frau Nixon, die in Begleitung des Ehepaars Ford aus dem Weißen Haus kamen. Der künftige Präsident sagte den Nixons am Hubschrauber noch ein paar Worte, die wir nicht hören konnten, und bevor er an Bord ging, wendete sich Nixon ein letztes Mal seinen Mitarbeitern zu. Er hob den Arm, um uns freundlich zuzuwinken, aber diese Geste zeigte deutlicher als alles andere, daß er am Ende seiner psychischen und physischen Reserven war.

Bald war der Hubschrauber nur noch als kleiner Punkt neben dem Washington-Denkmal zu sehen, um dann in Richtung auf den Militärflughafen Andrews aus unseren Augen zu verschwinden. Ford, der neunzig Minuten später in das Präsidentenamt eingeführt werden sollte, ging mit festen Schritten auf das Weiße Haus zu, den Arm um die Schultern seiner Frau gelegt. Noch waren diese beiden Menschen ganz allein. Das übliche Gefolge des Präsidenten hatte sich noch nicht um sie versammelt, und auch die Sicherheitsbeamten waren nirgends zu sehen. Ford wirkte bescheiden und doch zuversichtlich.

Ich atmete auf und fühlte mich von einer schweren Last befreit. Wir hatten die Verfassungskrise überstanden, ohne daß es zu einer Katastrophe gekommen war. Was uns jetzt erwartete, ließ sich mit den Gefahren nicht vergleichen, die der Zusammenbruch der Autorität des Präsidenten heraufbeschworen hatte. Irgendwie war es uns gelungen, die Dynamik unserer Außenpolitik zu bewahren und sie aus dem innenpolitischen Debakel herauszuhalten. Aber ich mußte auch daran denken, daß man nicht ungestraft nihilistischen Ideen nachgeben kann. Noch nie hatte ein Präsident sein Amt unter so schwierigen Voraussetzungen übernehmen müssen. Wir mußten mit schweren Krisen rechnen. Als ich Gerald Ford die Stufen zum Weißen Haus hinaufgehen sah, fand ich plötzlich die Worte für das stille Gebet, die ich vor zwei Tagen in Nixons Gegenwart nicht hatte finden können. Ich betete darum, das Schicksal möge es um unser aller Willen mit diesem guten Mann gnädig meinen und ihm ein starkes Herz schenken, damit Amerika unter seiner Führung den Glauben an sich selbst zurückgewann.

Anhang

Die Bombenangriffe 1973 in Kambodscha

Memorandum für den Historiker des Auswärtigen Amtes von Emory C. Swank, amerikanischer Botschafter bei der Khmer Republik 1970 bis 1973, und Thomas O. Enders, Geschäftsträger der Botschaft in Phnom Penh 1970 bis 1974, vom 10. Oktober 1979.

(Auf dieses Memorandum folgt Akte A: Anweisung 015050 des Auswärtigen Amtes vom 26. Januar 1973;

Akte B: Brief von William N. Harben, Leiter der Politischen Abteilung in Phnom Penh 1972 bis 1973;

Akte C: Brief von John W. Vogt, General a.D. der USAF, Kommandeur der 7. amerikanischen Luftflotte und der US Support Activities Group 1973).

In einem Anfang dieses Jahres erschienenen Buch (*Sideshow: Kissinger, Nixon and the Destruction of Cambodia*, Simon and Schuster, New York 1979), stellt William Shawcross Behauptungen auf und zieht Schlußfolgerungen daraus, welche die Durchführung und die Konsequenzen der 1973 in Kambodscha erfolgten Bombenangriffen und die Rolle, die jeder von uns dabei gespielt hat, in ein falsches Licht rücken. Obwohl das keineswegs die einzigen falschen Tatsachendarstellungen und Interpretationen in dem Buch von Mr. Shawcross sind, haben sie historisch eine besondere Bedeutung, da sie vorgeben, die Hauptgrundlage für seine Schlußfolgerungen über die »Vernichtung von Kambodscha« zu sein.

Shawcross behauptet:

- Die Botschaft in Phnom Penh habe die Bombenangriffe »gebilligt und geleitet«;
- sie sei von dem Berater des Präsidenten für Angelegenheiten der Nationalen Sicherheit, Kissinger, ohne Wissen des Außenministers angewiesen worden, das zu tun;
- die Bombenangriffe wären »wahllos« erfolgt, weil veraltete Karten und keine Luftaufnahmen verwendet worden seien;
- die Leitung der Bombenangriffe wäre nach einer von einem Unterausschuß des Kongresses durchgeführten Untersuchung im April 1973 der kambodschanischen Armee übertragen worden;
- die Bombenangriffe hätten hohe Verluste bei der Zivilbevölkerung zur Folge gehabt.

Keine dieser Behauptungen ist richtig.

1. Behauptung: Daß die Botschaft in Phnom Penh seit Anfang Februar 1973 nicht mehr nur »eine Leitstelle« gewesen ist, »die kambodschanische Anforderungen für Bombenangriffe an die 7. Luftflotte weitergab«, sondern »sich aktiv an dem gesamten Vorgang der Bombenangriffe beteiligt hat, indem sie die Ziele auswählte, sie überwachte, billigte und leitete«.[1]

[1] *Sideshow*, S. 265.

Shawcross nennt für diese Behauptung keine Quelle.

Klarstellung: Die Botschaft hat Luftangriffe weder gebilligt noch geleitet; die Berechtigung dazu hatten nur das Military Assistance Command Vietnam MACV und seine Nachfolgedienststelle, die United States Support Activities Group (USSAG). Die Botschaft nahm nur die Ersuchen von FANK um Luftunterstützung entgegen, wertete sie »entsprechend den verfügbaren Mitteln und der Zeit« aus und gab sie zur Entscheidung an das MACV weiter. Der operative Teil der Instruktionen der Botschaft, die mit dem Kabel Nr. 15 050 des Außenministeriums vom 26. Januar 1973 als geheim/NODIS klassifiziert an Swank geschickt worden waren, lautet:

»Sobald die FANK (Force Armees Nationales Khmeres) ihre offensiven Operationen einstellen, werden auch alle Angriffe der U.S. TACAIR und B-52 in Kambodscha eingestellt. Die RECCE-Luftbrücke, Medevac und andere amerikanische Luftoperationen, die nicht den Abwurf von Sprengmitteln beinhalten, sind erlaubt.

U.S. TACAIR und die B-52-Verbände werden sich bereitstellen, um bestimmte Ziele in Kambodscha zur Unterstützung der FANK-Streitkräfte anzugreifen, wenn die Lage es erfordert. Dazu wird ein einfaches, beschleunigtes Verfahren für die Anforderung, Auswertung und Ausführung zwischen dem amerikanischen Botschafter in Kambodscha und MACV vereinbart werden. Im Wesentlichen wird der amerikanische Botschafter für die Entgegennahme der Anforderungen von Luftunterstützung der GKR (Government of the Khmer Republik – Regierung der Khmer-Republik) verantwortlich sein und dafür, festzustellen, ob solche Anforderungen mit den zur Verfügung stehenden Mitteln und innerhalb der dazu erforderlichen Zeit erfüllt werden können. Der Botschafter wird die Anforderungen an MACV weitergeben, das die Vollmacht hat, Luftangriffe von U.S. TACAIR oder B-52-Verbänden zu genehmigen und zu leiten, falls es die Lage erfordert. Alle nach diesen Richtlinien durchgeführten Luftangriffe sollen ganz bestimmten feindlichen Unternehmen gegen GKR/FANK begegnen. Das Eskortieren von Geleitzügen auf dem Mekong ist erlaubt.«[2]

Entsprechend der Swank am 8. Februar 1973 vom Berater des Präsidenten für Angelegenheiten der nationalen Sicherheit, Kissinger, gegebenen Erklärung war es der Zweck dieser Dispositionen, der unilateralen Erklärung der Vereinigten Staaten über Kambodscha auf der letzten Sitzung der Pariser Friedensgespräche am 23. Januar 1973 Nachdruck zu verleihen. Es war den Vereinigten Staaten nicht gelungen, die Roten Khmer direkt oder indirekt an den Gesprächen zu beteiligen. Angesichts der Tatsache, daß keinerlei Vereinbarungen getroffen worden sind, haben die Vereinigten Staaten angeboten, die Feindseligkeiten in Kambodscha einzustellen, falls die Gegenseite das gleiche täte. Wenn die Roten Khmer angriffen, würden die Regierungsstreitkräfte und die amerikanische 7. Luftflotte darauf reagieren. Die Aufgabe der Botschaft war es, wie Dr. Henry Kissinger Emory C. Swank sagte, dafür zu sorgen, daß eine Reaktion auf derartige Angriffe nicht stärker war, als es für die Bestätigung der unilateralen Erklärung notwendig wäre.

Bei der Befolgung dieser Anweisungen hat die Botschaft nach dem von

[2] Text bei Akte A

den Botschaftsangehörigen James G. Lowenstein und Richard M. Moose angefertigten Bericht für Senator Stuart Symington vom Außenpolitischen Senatsausschuß drei Funktionen erfüllt, zu denen jedoch nicht die Genehmigung oder Überwachung der Luftangriffe gehörten:[3]

»A. *Als Leitstelle zur Weitergabe von Kommunikationen*
Man machte uns mit der Funk- und Telefonleitstelle, der sogenannten ›Area Control‹ im Büro des Luftattachés in der Botschaft bekannt, die von einem vergrößerten, aus amerikanischem Militärpersonal bestehenden Stab betrieben wird, der zeitweilig dem Büro des Verteidigungsattachés zugeteilt wurde. Diese Leitstelle stellt eine Nachrichtenverbindung zwischen dem kambodschanischen Generalstab, der 7. Luftflotte, dem fliegenden Frontkommando, dem Flugzeug des Kontrollzentrums und den Flugzeugen der an der Front eingesetzten amerikanischen Flugüberwachung her.
B. *Als an Ort und Stelle eingesetzter Koordinator von Luftüberwachungsflugzeugen an vorderster Front und fliegenden Kampfverbänden.*
Amerikanische Flugzeuge der Forward Air Control, die täglich dem Luftattaché zur Verfügung gestellt werden und regelmäßig auf dem Flughafen Phnom Penh auftanken, werden von Area Control auf Anforderung des kambodschanischen Generalstabs oder nach den jeweiligen taktischen Erfordernissen in bestimmten Räumen eingesetzt.
C. *Als Überprüfungsstelle für Anforderungen der kambodschanischen Armee oder der 7. Luftflotte von Luftangriffen mit Ausnahme der im östlichen Kambodscha durchgeführten.*
Eine Gruppe von zivilen und militärischen Botschaftsangehörigen prüft jede Anforderung für Angriffe mit Flugzeugen der Typen B-52 und F-111, und der Verteidigungsattaché überprüft die Anforderungen für den Einsatz taktischer Luftstreitkräfte.
Das Ausmaß und die Art und Weise der Beteiligung der Botschaft variieren je nach dem Ort des Einsatzes, der Lufttätigkeit und richten sich danach, ob strategische oder taktische Luftstreitkräfte verwendet werden. Die Botschaft hat verhältnismäßig wenig mit dem Einsatz von Luftstreitkräften im östlichen Drittel von Kambodscha zu tun, wo die kambodschanische Regierung nicht präsent ist. (Dieses Gebiet wird im Rahmen der Luftoperationen als ›Freedom Deal‹ bezeichnet.) Die Rolle der Botschaft im Rahmen der strategischen und taktischen Luftoperationen ist im anderen Teil von Kambodscha viel größer, wo die Streitkräfte der kambodschanischen Regierung einem Feind gegenüberstehen, der jetzt fast ausschließlich aus Aufständischen der kommunistischen Khmer und Nordvietnamesen besteht.«

Die ersten beiden Funktionen – die Kommunikation mit den U.S. Forward Air Controllers, die alle Luftangriffe mit leichten Flugzeugen über Kambodscha für TACAIR prüfen und genehmigen, und ihre Koordinierung – wurden von der Botschaft nur so lange wahrgenommen, bis im Hauptquartier von FANK ein Direct Air Support Center (DASC) geschaffen wurde.

3 *U.S. Air Operations in Cambodia: April 1973*, ein Stabsbericht für die Verwendung des Unterausschusses für U.S. Sicherheitsvereinbarungen und Verpflichtungen im Ausland des Ausschusses für Auswärtige Beziehungen, S. 5

Als das DASC Ende April eingerichtet war, wurden ihm diese Aufgaben der Botschaft übertragen.

Die dritte Aufgabe – die Überprüfung der Anforderungen von Angriffen mit Maschinen der Typen B-52 und F-111 ist während der ganzen Zeit, in der die Bombenangriffe durchgeführt wurden, von der Botschaft übernommen worden. Dazu gehörten die folgenden Schritte:[4]

»Die Botschaft überprüft die Angriffe mit B-52- und F-111-Maschinen außerhalb des Raumes ›Freedom Deal‹. Wenn der kambodschanische Generalstab eine Anforderung vorlegt, dann tut er es auf einem Formblatt, das Angaben über die Art des Zieles, die Rechtfertigung dieses Angriffs und die Bestätigung enthält, daß es in einer bestimmten Entfernung vom Zielgebiet keine befreundeten Streitkräfte, keine Dörfer, Häusergruppen, Häuser, Monumente, Tempel, Pagoden oder Heiligtümer gibt.

Das Büro des Luftattachés vermißt das Ziel und die sogenannte ›box‹, den Raum, innerhalb dessen die Bomben fallen werden, auf einer Karte im Maßstab 1:50 000, welche die genaue Lage aller festen Häuser und Gebäude zeigen soll. Der Luftattaché hat uns berichtet, daß die von der Botschaft verwendeten Karten mehrere Jahre alt seien und der Botschaft keine aus neuerer Zeit stammenden Luftaufnahmen der Zielgebiete zur Verfügung stehen, die es erlauben würden, festzustellen, wo sich neue oder an anderer Stelle neu aufgebaute Dörfer befinden.

Die Anforderungen der kambodschanischen Armee werden von einer täglich zusammentretenden Gruppe von Botschaftsangehörigen mit der Karte verglichen. Den Vorsitz dieser Gruppe hat der stellvertretende Missionschef. Ihre anderen Mitglieder sind der Verteidigungsattaché im Range eines Obersten der Armee, der Chef der für den militärischen Nachschub verantwortlichen Einheit im Range eines Brigadegenerals der Armee, der Berater für militärpolitische Angelegenheiten und der Chef des Nachrichtendienstes der Botschaft.

Diese Gruppe berät darüber, ob ein Angriff das betreffende Ziel den vorgeschriebenen Bestimmungen für den Einsatz entspricht, welchen Nutzen das Ziel für den Gegner hat, ob die Flugsicherheit gewahrt werden kann, und welche politischen Faktoren dabei eine Rolle spielen. Die endgültige Entscheidung liegt nach den für die Arbeit dieser Gruppe festgesetzten Regeln beim stellvertretenden Missionschef. Nach seinem Bericht werden die Entscheidungen praktisch einstimmig getroffen, und etwa 40 Prozent der Anforderungen werden abgelehnt. Der Botschafter selbst nimmt an den Beratungen der Gruppe nicht teil, sondern wird von den Entscheidungen unterrichtet, nachdem sie getroffen worden sind. Nach den für die Arbeit der Gruppe geltenden Regeln erfolgt die Unterrichtung bei besonders schwierigen Entscheidungen vorher. (Dazu ist zu sagen: Swank hat sich nach Mai 1973 an den Beratungen der Gruppe beteiligt; Enders gehörte auch weiterhin dazu.) Die Gruppe gibt ihre Empfehlungen über die Nachrichtenverbindungen der Botschaft dann in der Form einer Mitteilung des Botschafters an den Befehlshaber der 7. Luftflotte weiter. Bei der 7. Luftflotte werden die vorgesehenen Zielgebiete noch einmal darauf überprüft, ob sie den für den Einsatz geltenden Re-

[4] *U.S. Air Operations in Cambodia, April 1973*, S. 5–6

geln entsprechen. Dann wird die Botschaft von der 7. Luftflotte darüber informiert, welche Ziele angegriffen werden sollen, und erhält anschließend einen Bericht über den Erfolg der Operation. Die Botschaft gibt diese Informationen an das Hauptquartier des kambodschanischen Generalstabs weiter.«

2. Behauptung: Daß Dr. Kissinger Swank in Bangkok am 8. Februar 1973 die direkte Anweisung gegeben habe, aus der Botschaft »die Kommandostelle für den neuen Luftkrieg in Kambodscha« zu machen. »Obwohl die allgemeinen Instruktionen in einem Telegramm des Außenministeriums dargelegt waren«, wurde Außenminister Rogers »nicht davon unterrichtet, in welchem Ausmaß seine Untergebenen in Phnom Penh jetzt in den Bombenkrieg verwickelt waren«.[5]

Für diese Behauptung gibt Shawcross keine Quelle an.

Klarstellung: Wir können nicht mit Gewißheit sagen, daß Außenminister Rogers die oben angegebenen Anweisungen an die Botschaft kannte, in denen im einzelnen festgelegt war, wie sich die Botschaft zu verhalten hatte. Nach einer Kopie in den Akten des Außenministeriums sind zwei dienstältere Mitarbeiter des Ministers an der Ausarbeitung dieser Instruktionen beteiligt gewesen (der stellvertretende Außenminister für ostasiatische und pazifische Angelegenheiten, Marshall Green, der für den Entwurf verantwortlich war, und der Unterstaatssekretär für politische Angelegenheiten, U. Alexis Johnson, der den Entwurf genehmigt hat.) Zwei Kopien sind an den Minister weitergeleitet worden. Das Telegramm trägt das Datum des 23. Januar 1973, zwei Wochen vor dem Zusammentreffen Dr. Kissingers mit Swank in Bangkok.

3. Behauptung: Daß die Bombenangriffe von der Botschaft nicht »sorgfältig«[6] und »willkürlich«[7] durchgeführt worden seien, weil es keine neueren Luftaufnahmen von den Zielgebieten gegeben habe und die Ziele auf veralteten Karten großen Maßstabs eingezeichnet wurden, die nicht »zeigen, wo neue Siedlungen lagen, die als Folge der von den Roten Khmer in den von ihnen beherrschten Gebieten erzwungenen massiven Bevölkerungsverschiebungen entstanden waren«.[8] Als Quelle für seine Angaben über Karten und Luftaufnahmen gibt Shawcross den Bericht von Lowenstein und Moose an.[9]

Klarstellung: Alle Angriffe mit Maschinen des Typs B-52 hatten nach genau festgelegten Einsatzregeln zu erfolgen und wurden nach vor dem Angriff hergestellten Luftaufnahmen ausgeführt. Wie oben gesagt, hat sich die Botschaft zu keiner Zeit näher mit taktischen Luftoperationen beschäftigt.

Die Einsatzregeln untersagten die Verwendung von Bomben, wie sie von den B-52 mitgeführt wurden, weniger als einen Kilometer von befreundeten Truppen, Dörfern, Häusergruppen, Häusern, Monumenten, Tempeln, Pagoden oder Heiligtümern entfernt.[10]

5 *Sideshow,* S. 265
6 S. 271.
7 S. 396.
8 S. 271.
9 *U.S. Air Operations in Cambodia, April 1973,* S. 6.
10 Seventh Air Force OPORD 71-17.

General John W. Vogt, der als Befehlshaber der United States Support Activities Group und der 7. Luftflotte für die Bombenangriffe verantwortlich war, erklärt:[11]

»Die Auswahl der Ziele erfolgte in meinem Hauptquartier der United States Support Activities Group in Thailand. Das Personal des Stabes waren ausgebildete Spezialisten aller Teilstreitkräfte (Armee, Flotte, Marineinfanterie und Luftstreitkräfte). Viele von ihnen gehörten schon in Vietnam zu meinem Stab, als ich 1972 die Operation Linebacker leitete. 1973 hatten wir Techniken für die Bestimmung von Zielen entwickelt, die sich ganz besonders auf die Aufklärung und Anwendung von hochtechnischen Sensoren wie Infrarot-Geräten (IR) und Präzisionsradar (SLAR) stützten. Wir verfügten über Luftaufnahmen aus jüngster Zeit von allen Gebieten in Kambodscha, in denen Bombenangriffe durchgeführt wurden. Für diese Ziele der B-52 wurden LORAN-Koordinaten berechnet, und zwar ganz unabhängig von allen Karten. In jedem einzelnen Fall wurden die Angriffe mit den B-52-Maschinen aufgrund der Aufklärungsergebnisse von Sensoren oder Luftaufnahmen geflogen. In allen Fällen wurde über den Zielen vor und nach dem Angriff aufgeklärt. Bei mehreren Gelegenheiten haben wir die Anforderungen von FANK für bestimmte Ziele abgelehnt, weil nach unseren Berechnungen ein Risiko für die Zivilbevölkerung bestand, das wir nicht eingehen wollten.«

Shawcross hat sich augenscheinlich dadurch täuschen lassen, daß der Botschaft solche Luftaufnahmen nicht zur Verfügung standen. Aber das war auch nicht notwendig, denn jedes von FANK angegebene Ziel, das die Botschaft überprüfte, wurde von USSAG aufgrund von Luftaufnahmen noch einmal überprüft, genehmigt oder abgelehnt. Die Herren Lowenstein und Moose haben das Hauptquartier der USSAG im April 1973 besucht. Es läßt sich nicht mehr feststellen, ob man ihnen mitgeteilt hat, daß bei der Zielauswahl durch die USSAG Luftaufnahmen verwendet wurden. Jedenfalls erwähnen sie es in ihrem Bericht nicht, und dieser Umstand scheint die Basis für die Vorwürfe von Shawcross zu sein. Die Aussage des Generals Vogt zu dieser Frage ist ganz eindeutig:
»Die Flugzeuge vom Typ B-52 haben bei ihren Bombenangriffen keine Karten benötigt.«[12]

4. Behauptung: daß »nach der von Moose und Lowenstein im April (1973) durchgeführten Untersuchung die Leitung der Bombenangriffe FANK übertragen wurde«.[13] Dazu gibt Shawcross keine Quelle an.

Klarstellung: FANK hat zu keiner Zeit die Angriffe der B-52, der F-111-Verbände oder der U.S. TACAIR geleitet; das hat nur USSAG getan.[14]

Die einzige Veränderung in den Kommandoverhältnissen erfolgte im April 1973, als eine direkte Nachrichtenverbindung mit dem Hauptquartier von FANK (DASC) hergestellt wurde, und zwar unter Umgehung der Botschaft für die Operationen von TACAIR (siehe Punkt 1 oben). Die Leitung

[11] Brief von Vogt an Enders, 8. Juli 1979, S. 2, Tab. B.
[12] Brief von Vogt an Enders, S. 3.
[13] S. 295 Fn.
[14] *U.S. Air Operations in Cambodia, April 1973,* Bericht über einen Besuch im Hauptquartier der 7. Luftflotte, S. 1.

der Angriffe von B-52- und F-111-Verbänden hatte damit nichts zu tun. Während des ganzen Krieges war die U.S. TACAIR den U.S. Forward Air Controllers und nicht FANK unterstellt.

5. *Behauptung:* Daß die Bombenangriffe zu massiven Verlusten unter der Zivilbevölkerung geführt haben. Shawcross erklärt das zwar nicht direkt und ausdrücklich, aber es läßt sich aus seiner Darstellung entnehmen, und zwar aus seiner oben besprochenen falschen Interpretation der Verwendung von Karten und Luftaufnahmen und aus den drei (und zwar nur drei) Unterlagen, die er für Verluste unter der Zivilbevölkerung vorlegt. Erstens zitiert er den politischen Beamten der Botschaft, William Harben, der gesagt haben soll: »Bei mir begannen Berichte über Massengemetzel einzulaufen. Eines Abends beteiligte sich eine große Zahl von Bauern aus einem Dorf bei Sa'ang an einer Beisetzungsprozession. Sie marschierten dabei direkt in eine ›box‹. Hunderte wurden hingemetzelt«.[15]

Zweitens erwähnt er die Bombenangriffe von Neak Luong am 7. August 1973 (die Stadt wurde damals von Streitkräften der Khmer-Republik gehalten) als Folge des Irrtums eines Bombenschützen. Dazu schreibt er: »Dieser Zwischenfall gibt Anlaß zu der Frage, wie oft solche Irrtümer in Teilen des Landes vorgekommen sind, zu denen Reporter nie haben vordringen können.«[16]

Schließlich schreibt er, kambodschanische Generäle »betrachteten die Verluste unter der Zivilbevölkerung mit Gleichmut«. »Wie sich der Luftattaché Mark Berent erinnert, ›haben sie niemals irgend etwas vorausberechnet. Wir hätten ihnen die Koordinaten des Palastes geben können, und sie hätten ja gesagt‹.«[17]

Klarstellung: Es läßt sich nicht nachweisen, daß es unter der Zivilbevölkerung massive Verluste gegeben hat. Zwei größere Zwischenfälle bei Bombenangriffen mit B-52-Verbänden sind bekanntgeworden, einer bei Sa'ang und der andere bei Neak Loung; sie sind beide von der Botschaft gemeldet und auch von Shawcross erwähnt worden. Der erste ließ sich nicht vermeiden (das Zielgebiet war entsprechend den Einsatzregeln weit genug von Wohngebieten entfernt); den zweiten Zwischenfall mußte die 7. Luftflotte verantworten. Zweifellos hat es auch andere Verluste bei der Zivilbevölkerung gegeben, wenn auch in geringerem Umfang.

Harben, der in *Sideshow* als erbitterter Kritiker der Politik der Vereinigten Staaten (und der Botschaft) dargestellt wird, schreibt über die Verluste:[18]

»Rückblickend halte ich es für wahrscheinlich, daß Zwischenfälle, an denen TACAIR und besonders die Luftstreitkräfte der Khmer beteiligt waren, für Angriffe mit B-52-Bombenflugzeugen gehalten worden sind, da zu der Zeit darüber berichtet wurde, als sich die Öffentlichkeit besonders intensiv mit den letzteren beschäftigt hat ... Im Fall der Tragödie von Sa'ang ... ist es klar, daß die Einsatzregeln beachtet worden sind ... (Was meine Erklärung betrifft, daß) ›bei mir Berichte über Massengemetzel einzulaufen begannen ...‹ so hat Shawcross diese Aussage nicht ganz richtig zitiert. Über den Angriff von Sa'ang habe ich mich ebenso

[15] S. 272.
[16] S. 295.
[17] S. 271
[18] Harben an Enders, Brief vom 22. Juni 1979, Tb. C

ausgedrückt wie mein Informant: ›c'etait un veritable carnage.‹ Shawcross scheint das so niedergeschrieben zu haben, um den Eindruck zu erwecken, daß diese Schilderung auf alle Luftangriffe zutraf, von denen ich gehört hatte. Meine Worte waren aber nur Teil einer Darstellung dieses Zwischenfalles.«

Harben schließt mit den Worten:

»So sind Verluste unter der Zivilbevölkerung unvermeidlich gewesen, aber es waren, und dessen bin ich sicher, viel weniger als Shawcross und andere behaupten. Wären sie so schwer gewesen, dann hätten die Berichte, die ich erhielt, nicht so vage sein dürfen. Außerdem ist es seltsam, daß Shawcross, obwohl Tausende von damals in dem vom Feind besetzten Gebiet lebenden Khmer nach Thailand geflohen und einige sogar nach Europa gegangen sind, sich augenscheinlich nicht darum bemüht hat, sie zu befragen, er aber die Auswirkungen der Bombenangriffe auf sie zu einem Hauptthema seines Buches gemacht hat. Er hat nicht einmal mit So Satto, dem ehemaligen Chef der Luftstreitkräfte der Khmer, gesprochen, wie ich ihm damals geraten habe. Auch hat er sich nicht mit In Tam in Verbindung gesetzt, der täglich mit Dutzenden von Bauern gesprochen hat, die gerade von der anderen Seite herübergekommen waren – und mit Unterhändlern des Gegners, die mit ihm das Problem der Überläufer behandelt haben.«

General Vogt sagt über die Möglichkeit, daß es bei anderen Bombenangriffen ähnliche Irrtümer gegeben haben könnte wie bei Neak Luong:[19]

»Jeder Zwischenfall, der in meinem Hauptquartier bekannt wurde, ist sofort weitergemeldet worden. Der schlimmste war der irrtümliche Bombenangriff mit B-52-Bombenflugzeugen bei Neak Luong. Zur Klarstellung sei gesagt, daß die Maschinen vom Typ B-52 diese veraltete Technik nur bei einer Handvoll von Feindflügen verwendet haben. Die Signalfeuer wurden dort in erster Linie von den F-111 eingesetzt. Die letzteren haben sie während des ganzen Jahres 1973 erfolgreich und ohne einen einzigen Zwischenfall verwendet. Ihre Ausrüstung war allerdings viel besser, denn sie gehörten zu einer viel späteren Generation von Flugzeugen. Nach Neak Luong haben die B-52-Maschinen diese Methode nicht mehr angewendet . . . Praktisch alle Bombenangriffe mit B-52-Bombenflugzeugen wurden genau durch das Kontrollsystem der 7. Luftflotte überwacht. Sie wurden von mit F-4 LORAN ausgerüsteten Pfadfindern in das Zielgebiet geführt. Diese Leitflugzeuge garantierten für eine durch Luftaufnahmen bestätigte Zielgenauigkeit mit einer Toleranz von weniger als 400 Fuß neben dem Ziel.«

Da FANK niemals irgendwelche Angriffe mit B-52-Verbänden geleitet hat (ebensowenig aber auch Angriffe mit F-111-Maschinen oder von TACAIR), ist auch das dritte und letzte Beweisstück von Shawcross – die Aussage eines Luftattachés über die Besorgnis von FANK hinsichtlich der Zivilbevölkerung – in diesem Zusammenhang wertlos.

Hier muß darauf hingewiesen werden, daß alle von B-52-Verbänden angegriffenen Zielgebiete nach dem Angriff ebenso wie vorher fotografiert worden sind. General Vogt verfügte daher nicht nur über den Nachweis für

[19] Brief von Vogt an Enders, S. 1, Tab. C.

jeden Zwischenfall, sondern diese Beweismittel befinden sich auch noch heute in den Archiven der Luftstreitkräfte. Die nach den Angriffen der 7. Luftflotte in Kambodscha aufgenommenen Fotos könnten von einem Spezialisten für fotografische Luftaufklärung geprüft werden, um die hier erfolgte Stellungnahme zu den Verlusten zu bestätigen.

Emora C. Swank
U.S. Botschafter bei der Khmer
Republik, 1970–73 10. 10. 79

Thomas O. Enders
Stellvertretender Missionschef,
Phnom Penh 1970–74 10. 10. 79

Sofort Phnom Penh
Priorität Saigon, Bangkok Priorität, Vientiane Priorität, Frankreich Priorität

Für Botschafter Swank

Betrifft: USAF Einsatz in Kambodscha nach einem Waffenstillstand in Vietnam

Bezug: Phnom Penh 634

1. Einsatz der USAF (der amerikanischen Luftstreitkräfte) in Kambodscha wird sich nach dem Vorschlag für die unilaterale Einstellung der Offensivtätigkeit der Streitkräfte von Fank richten, wobei das Recht auf Selbstverteidigung vorbehalten bleibt. Wir schlagen deher vor, daß die USAF von dem Zeitpunkt an, zu dem Lon Nol diese Maßnahme ergreift, die Angriffe von TACAIR und B-52 einzustellen. Wenn ein Fank-Verband als Folge von Feindtätigkeit in Schwierigkeiten gerät, können wir lokal eingreifen, um notwendige Luftunterstützung zu gewähren, die deutlich den Verteidigungserfordernissen des angegriffenen Verbandes entspricht. Sie können Lon Nol davon unterrichten, daß sich die Tätigkeit der USAF in Kambodscha nach seiner uns gegebenen Erklärung richten wird, daß jedoch die Unterstützung durch amerikanische Luftstreitkräfte »wie notwendig« gewährt werden wird, und zwar in Übereinstimmung mit den folgenden JCS-Anweisungen:

2. Chef JCS hat eben Cinpac, Info Comusmacy, die folgende Anweisung geschickt:

3. Zitat: Zu der Zeit, in der die Fank Offensive einstellen, werden militärische Operationen aller US TACAIR und B-52 Angriffe in Kambodscha eingestellt werden. RECCE, Luftbrücke, MEDEVAC und andere Luftoperationen, die nicht mit dem Abwurf von Sprengmitteln im Zusammenhang stehen, sind erlaubt.

4. Zitat: US TACAIR und B-52-Verbände werden bereitstehen, angegebene Ziele in Kambodscha anzugreifen, um FANK-Streitkräfte zu unterstützen, wenn die Lage es erfordert. Zu diesem Zweck wird ein rasches Anforderungs-Auswertungs-Ausführungsverfahren zwischen US Botschafter Kambodscha und MACV eingerichtet werden. Im wesentlichen wird US Botschafter für Entgegennahme von Anforderungen für Luftunterstützung von GKR und die Auswertung der Anforderungen entsprechend seinen Mitteln und der verfügbaren Zeit verantwortlich sein. Der Botschafter wird

die Anforderungen an MACV weitergeben, das die Vollmacht hat, Luftangriffe von US TACAIR oder B-52 nach den Erfordernissen der Lage auszuwerten und zu leiten. Alle nach diesen Richtlinien geführten Luftangriffe müssen bestimmten feindlichen Unternehmungen gegen GKR/FANK begegnen. Begleitschutz für Mekong-Geleitzüge ist genehmigt. Ende des Zitats.

5. MACV hat ersucht, sobald wie möglich das oben beschriebene Verfahren einzurichten und Chef JCS von vereinbarten Einzelheiten zu unterrichten.

Rogers

Akte B
Botschafter Thomas O. Enders
Amerikanische Botschaft
Ottawa, Kanada 22. Juni 1979

Lieber Tom,

Ich habe kürzlich die Gelegenheit gehabt, das Shawcross-Buch zu lesen. Ihre Fragen setzen voraus, daß ich mehr gewußt habe, als ich wirklich wußte. Über die Bombenangriffe wußte ich kaum mehr als irgendein gebildeter Kambodschaner – zum Beispiel nichts von den Einsatzregeln oder der Tatsache, daß es an der Botschaft einen Ausschuß für die Bewertung der Angriffsziele gegeben hat, dessen Vorsitz Sie hatten.

I Ist der in dem Buch von Mr. Shawcross auf den Seiten 270–272 gegebene Bericht über die Bombenangriffe zutreffend?

Antwort: Ich weiß auch heute noch zu wenig, um zu beurteilen, wie zutreffend der Bericht ist. Die Behauptung, es seien nur Karten im Maßstab 1:50 000 verwendet worden, ist von vorneherein absurd, darüber hinaus kann ich jedoch nichts sagen.

II Von welchen Zwischenfällen mit Verlusten unter der Zivilbevölkerung haben Sie etwas erfahren?

Antwort: Als die B-52-Verbände anfingen, in der Nähe von Phnom Penh anzugreifen, haben mir ausländische Journalisten gesagt, sie hätten von hohen Verlusten unter der Zivilbevölkerung gehört. Einer von ihnen zitierte eine Flüchtlingsfrau, die gesagt hatte, ihr Mann sei getötet worden, und »Blut kam aus seinen Augen und Ohren«. Nach der Beschreibung dieser Frau handelte es sich dabei um einen Angriff mit Maschinen des Typs B-52. Ein zweiter Angriff war angeblich bei Kampong Speu erfolgt, und ein Vertreter des Roten Kreuzes der Khmer erwähnte gegenüber einem Journalisten einen weiteren Angriff. Dann bat In Tam mich zu sich und sagte, viele Zivilisten seien bei Skoun von »B-52« getötet worden. Sie haben das überprüft und gesagt, es müßten Maschinen von TACAIR gewesen sein. Rückblickend halte ich es für wahrscheinlich, daß Zwischenfälle, an denen TACAIR und besonders die Luftstreitkräfte der Khmer beteiligt waren, für solche mit B-52-Bombenflugzeugen gehalten worden sind, als zu der Zeit darüber berichtet wurde, in der sich die Öffentlichkeit besonders intensiv mit den letzteren beschäftigt hat. Vielleicht beziehen sich die oben erwähnten Berichte auf den gleichen Angriff. Etwa um diese Zeit zitierte der Funkspruch eines unserer Grenzposten in Vietnam kambodschanische Flüchtlinge, die gesagt hatten, Hunderte von zur Arbeit zwangsverpflichteten

Bauern in feindlichen Lagern seien von Maschinen des Typs B-52 getötet worden. Daran habe ich gedacht, als ich Shawcross sagte, die meisten Verluste unter der Zivilbevölkerung seien mit Sicherheit dadurch entstanden, daß die Kommunisten Bauern als Träger und Arbeiter in legitimen Zielgebieten eingesetzt hätten. Er hat es vorgezogen, diese meine Aussage nicht zu erwähnen. Von einem anderen Zwischenfall berichtete mir ein demokratischer Parteifunktionär, der als Mathematikprofessor an der Universität lehrte. Er sagte, sein Onkel, der Bürgermeister von Sa'ang bei Phnom Penh, habe ihm mitgeteilt, einige hundert Bauern seien in einer nächtlichen Prozession in ein Zielquadrat der B-52, einige Kilometer von jenem Dorf entfernt, geraten, wo sie einen verstorbenen hochangesehenen Bonzen beerdigen oder verbrennen wollten. Er sagte, sie seien nicht am Tage dorthin gegangen, weil sie fürchteten, ihre Marschkolonne könnte TACAIR zu einem Angriff veranlassen. Ich habe Ihnen das gemeldet, und wenige Tage später wurde der Zwischenfall in der Khmer-Presse erwähnt.

Um die gleiche Zeit veröffentlichte die einzige noch nicht verbotene Khmer-Zeitung – das Organ der Armee – einen Leitartikel, der die Bombenangriffe mit B-52-Maschinen verurteilte und erklärte, wir sollten lieber Nordvietnam und nicht unsere kambodschanischen Verbündeten bombardieren. Ich glaube, dieser Leitartikel erwähnte Verluste unter der Zivilbevölkerung oder gab zu verstehen, daß solche Verluste eingetreten waren.

Damals lernte ich auch Liz Trotta kennen, eine recht wagemutige Fernsehreporterin von NBC, mit der ich an einem Tag beobachtete, wie TACAIR einen am Ostufer des Mekong von der Halbinsel Chrui Changwar zurückgehenden feindlichen Verband mit Bomben angriff. Flüchtlinge auf Sampans, die mit Bettzeug, Möbeln, Fahrrädern und Haustieren beladen waren, strömten uns vom anderen Ufer entgegen und flohen entweder vor den Bombenangriffen, vor dem Feind oder vor beidem.

Liz wollte unbedingt ans andere Ufer hinübergehen, als ein Khmer-Soldat uns sagte, etwa einen Kilometer hinter dem Flußufer bestünde keine Gefahr. Ich begleitete sie und ihr Fernsehteam. Wir folgten den Khmer-Soldaten der Nachhut, die sich langsam nach Süden zurückzogen, und hielten an, um einige Bauern zu befragen, wobei uns ein französisch sprechender Lehrer als Dolmetscher diente. Miss Trotta, die von der Empörung über die Verluste unter der Zivilbevölkerung gehört hatte, fragte sie, ob sie von bestimmten Fällen berichten könnten, in denen Zivilisten getötet worden wären. Nach einigem Hin und Her berichteten sie von drei Personen, die bei den Bombenangriffen in diesem Gebiet umgekommen waren; von einem Bauern, der zu nahe an das Zielgebiet herangekommen war, um sein Vieh herauszuholen, von einem Bonzen und von einem dritten Dorfbewohner. Miss Trotta hielt das für eine relativ geringe Zahl von Opfern, deren Tod unvermeidlich gewesen sei, und nahm sie nicht in ihren Bericht auf. Als sie die Bauern fragte, ob sie etwas gegen die Bombenangriffe einzuwenden hätten, sagten sie, es wäre ihnen gleichgültig, wenn nicht gerade ihr Dorf angegriffen würde. Liz war von dieser Antwort so überrascht, daß sie glaubte, der Lehrer wollte uns mit Regierungspropaganda abspeisen, aber als ich ihn fragte, sagte er ganz offen, er hielte nichts von Lon Nol und all den anderen Politikern.

III Sind sie (die Verluste) bei Angriffen von Verbänden mit B-52 oder TACAIR eingetreten?
Antwort: Dazu kann ich nichts anderes sagen als oben.
IV Wenn es Maschinen vom Typ B-52 waren, wurden die Einsatzregeln eingehalten (d. h. wurden keine Angriffe in einer geringeren Entfernung von Wohngebieten als 1 Kilometer geführt)?
Antwort: Von den Einsatzregeln habe ich erst durch diese Frage erfahren. Jedenfalls habe ich über die Angriffe nicht genügend Einzelheiten in Erfahrung gebracht, um sie beantworten zu können. Im Fall der Tragödie von Sa'ang ist es jedoch klar, *daß* die Einsatzregeln beachtet worden sind.
V Wurden diese Zwischenfälle dadurch verursacht oder wahrscheinlicher gemacht, daß man mehrere Jahre alte Karten verwendet hat oder daß die Botschaft oder die 7. Luftflotte zu wenig Sorgfalt aufgewendet haben?
Antwort: Ich glaube nicht, daß sich die Zwischenfälle auf die Verwendung von alten Karten oder einen Mangel an Sorgfalt zurückführen lassen. Ich glaube, sie waren die Folge von Faktoren, auf die ich in meiner Antwort auf Ihre Frage (VII) unten eingehen werde. Sie sprechen nur von Angriffen mit B-52-Verbänden. Aber ich glaube, um alle Fragen vollständig zu beantworten, muß ich sagen, daß ich die Einsatzregeln für die Angriffe von TACAIR gekannt habe, von denen ich mehr wußte, denn sie ließen sich leichter beobachten. Bei den Stabsbesprechungen habe ich mich davon überzeugt, daß wir sehr sorgfältig darauf geachtet haben, bei den TACAIR-Bombenangriffen Verluste unter der Zivilbevölkerung zu vermeiden, und ich habe angenommen, daß man bei den B-52-Angriffen mit der gleichen Sorgfalt vorgegangen ist. Einmal beklagte sich General Cleland und sagte, der Feind vertraue darauf, daß wir keine Dörfer bombardieren würden, und habe deshalb seine Geschütze in Dörfern am Mekong-Ufer in Stellung gebracht, um unsere Geleitzüge zu beschießen. Ich erinnere mich, daß ich vorgeschlagen habe, man sollte Rauchbomben unter dem Wind neben diesen Stellungen abwerfen, um sie zu blenden. Er antwortete, das »Oberkommando« habe sich das auch schon überlegt, es aber als undurchführbar abgelehnt, denn damit würde auch die Navigation behindert werden. Das mochte zwar für bestimmte Azimute zutreffen; ich habe den Gedanken nicht weiter verfolgt, begegnete aber beim Fortgehen auf der Treppe dem Flottenattaché. Ich sagte ihm, »irgend jemand« hätte den Einsatz von Rauchbomben vorgeschlagen. Er sagte, das sei eine gute Idee – man sollte es ausprobieren. Ich erwiderte, »irgend jemand« hätte sich dagegen ausgesprochen und gesagt, damit würden auch die Navigatoren geblendet. Darüber lachte er nur und erklärte, man habe vor einiger Zeit in einer mondlosen Nacht einen Geleitzug den Fluß heraufgebracht. Gegenüber Shawcross erwähnte ich, daß der Feind in Dörfern Artillerie in Stellung gebracht hatte, damit sie nicht angegriffen würde, aber auch das erwähnt er in seinem Buch nicht.
In meiner Gegenwart ist auch bei einer anderen Gelegenheit von den Einsatzregeln gesprochen worden. Ein Jesuit und Redenschreiber im Weißen Haus besuchte uns und wurde mir aufgehalst. Er war recht interessiert an den Bombenangriffen, und ich lud einen der stellvertretenden Luftattachés zu einem Drink ein, denn ich konnte ihm nichts Näheres darüber sagen. Der Priester erkundigte sich sehr eingehend danach, ob die Einsatzregeln beachtet würden, und tat sogar so, als sei er ein »Feuerfresser«. Er behaup-

tete, in einem totalen Krieg gäbe es keine Neutralen, um den stellvertretenden Luftattaché zu dem Eingeständnis zu provozieren, man sei gelegentlich von den Regeln abgewichen. Der Letztere bestand jedoch darauf, daß bewußte Verletzungen dieser Regeln nur selten vorkämen und keine große Bedeutung hätten. Er wollte nicht mehr sagen, als daß ein Pilot, der aus einer Gruppe von Hütten, die etwas größer wäre, als daß man sie angreifen dürfte, beschossen würde, die Regeln vielleicht etwas großzügiger auslegen könnte. Als der Priester fragte, wie groß eine solche Ansammlung von Hütten sein müßte, wollte ihm der stellvertretende Luftattaché diese Frage nicht beantworten, sondern sagte, solche Angaben könnten dem Feind von großem Nutzen sein.

VI Ist das Ihnen zugeschriebene Zitat richtig? Wenn das der Fall ist, wem haben Sie das gesagt, wann und in welchem Zusammenhang?

Antwort: Es gibt mehrere Zitate, aber ich nehme an, Sie meinen das, nach dem ich gesagt hatte: »Bei mir begannen Berichte über Massengemetzel einzulaufen . . .« Ich glaube, ich habe das 1977 in meinem Haus zu Shawcross gesagt. Wenn ich mich recht erinnere, so hat Shawcross meine Worte nicht ganz richtig wiedergegeben. Über den Angriff von Sa'ang habe ich mich ebenso ausgedrückt wie mein Informant: »C'etait un veritable carnage.« Shawcross scheint das so niedergeschrieben zu haben, weil er den Eindruck erwecken wollte, daß diese Schilderung auf alle Luftangriffe zutraf, von denen ich gehört hatte. Meine Worte waren aber nur Teil einer Darstellung dieses Zwischenfalls. Shawcross zitiert auch andere Äußerungen von mir recht ungenau: Als ich sagte, daß Lon Nol zu der Zeit, als Washington anderswo abgelenkt war, sein diktatorisches Regime wie üblich mit Unterstützung der Armee wieder festigte, hat Shawcross vor dem Wort »Armee« in Anführungszeichen die Worte »United States« gesetzt, während ich die *Khmer*-Armee gemeint hatte. Hätte ich die Armee der Vereinigten Staaten gemeint, dann hätte ich den Ausdruck »Duldung« verwendet, auch wenn man vielleicht glaubt, daß die Drohung des Generals Cleland gegenüber Offizieren, die sich über einen Putsch gegen Lon Nol unterhielten, in diesem Falle werde er die amerikanische Unterstützung aufgeben, mehr als das bedeutet hat. Shawcross sagt außerdem, meine Vorschläge wären »verächtlich« zurückgewiesen worden. Ich habe ein ähnliches Wort nicht verwendet und nicht das Gefühl gehabt, daß Sie oder Coby mich jemals verächtlich behandelt hätten. Mit dem General stand die Sache etwas anders. Shawcross behauptet auch, Beamte in der politischen Abteilung »wie Bill Harben« seien unglücklich über Ihre energische Verfolgung der »Nixon-Doktrin« gewesen. Ich weiß nicht genau, was er damit meint. Ich kann mich an solche Gefühle bei den Mitarbeitern in meiner Abteilung nicht erinnern. Wenn überhaupt, dann empfand ich Ihre etwas energischeren Methoden als eine erfrischende Abwechslung.

VII Haben Sie ein B-52-Zielquadrat auf einer Karte des zentralen Kambodscha angelegt und behauptet, daß hier nirgends Bombenangriffe geführt werden könnten, ohne Verluste bei der Zivilbevölkerung zu verursachen? Ist das auch jetzt noch Ihre Ansicht?

Antwort: Das habe ich getan. Ich habe an den Lagebesprechungen des Luftattachés nicht teilgenommen, aber Journalisten haben mir gesagt, die Botschaft behauptete, es gäbe *keine* Verluste bei der Zivilbevölkerung, und sie habe diese Behauptung ins Lächerliche gezogen. Aus Gründen, die ich noch nennen werde, war ich überzeugt, daß die Durchführung solcher Bombenangriffe ohne *gewisse* Verluste bei der Zivilbevölkerung unmöglich wäre, und fürchtete, die Botschaft könnte damit wieder eine »Glaubwürdigkeitslücke« schaffen. Einer Eingebung des Augenblicks folgend beschloß ich, mir selbst zu demonstrieren, wie leicht feindliche Außenseiter uns als grausam und dumm hinstellen konnten. Ich versuchte, daß maßstabsgerechte Zielquadrat für die B-52-Angriffe auf die Karte in meinem Büro zu übertragen und stellte fest, daß dieses Zielquadrat, wo man es im zentralen Kambodscha auch auflegte, jedesmal ein Dorf einschloß.

Ich hielt es für richtig, diesen Umstand mit irgend jemandem zu besprechen, war aber bisher jedesmal mit General Cleland aneinandergeraten, wenn ich ihm über die Korruption in der Khmer-Armee berichtete. Er hatte sogar verlangt, ich sollte eine Aktennotiz von Carney über Bestechungen an der Front im Zusammenhang mit amerikanischen Munitionslieferungen verbrennen, obwohl ich glaubte, es könnte sogar eine Verletzung von Bundesgesetzen sein, wenn die politische Abteilung solche ihr zur Kenntnis gelangten Informationen unterdrückte. Deshalb überging ich das Militär und verfaßte eine Denkschrift für Paul Gardner, denn die Bezeichnung für seine Abteilung »für Militärpolitik« schien mir anzuzeigen, daß bei ihm eine gewisse Verantwortlichkeit lag.

Aber es war nicht nur die Probe auf der Karte, die mich davon überzeugte, daß Verluste unter der Zivilbevölkerung unvermeidlich wären. Während des größten Teils meiner Dienstzeit hatte ich mich mit Angelegenheiten des internationalen Kommunismus beschäftigt und glaubte, wenn unsere Kriegsanstrengungen durch einen öffentlichen Skandal über Verluste bei der Zivilbevölkerung diskreditiert würden, dann würden die Kommunisten dafür sorgen, daß wir trotz aller Vorsicht auch Zivilisten töteten. Außerdem hatte ich Anfang der 1960er Jahre die ländlichen Gebiete auf Java recht gut kennengelernt und dort erlebt, daß in der Nacht über weite Strecken geführte, geheimnisvolle religiöse Prozessionen stattfanden. Beim Bergsteigen war ich auf kleine, unter Palmen versteckte Dörfer gestoßen, die auf meinen Karten nicht eingezeichnet waren. Diese Leute lebten abseits von jeder Zivilisation und wußten nicht einmal, was Geld war. Sie warfen es auf den Boden, wenn ich Kokosnüsse von ihnen kaufen wollte. Solche Dörfer würden von den »Bombenteppichen« der Angriffe gegen »unbewohnte Gebiete« vernichtet werden. Im Kriege ist das Problem noch schwieriger. Die Menschen, deren Zugtiere eingezogen worden sind und deren Reis beschlagnahmt wurde, gehen in den Dschungel, um dort nach Nahrung zu suchen. Nachts verstecken sie sich an unzugänglichen Orten, um nicht vom Feind dienstverpflichtet zu werden. Oft fliehen sie auch in der Nacht, um sich hinter den Linien der Regierungstruppen in Sicherheit zu bringen. In einigen Berichten, die wir von der anderen Seite erhalten haben, hieß es, daß die Kommunisten die Dorfbewohner nachts in ihre Lager brachten, um sie mit politischen Reden aufzuhetzen. Kein fliegender Verband kann wissen, wo sich solche Leute zu einer bestimmten Zeit aufhalten.

So sind Verluste unter der Zivilbevölkerung unvermeidlich gewesen, aber es waren, und dessen bin ich sicher, viel geringere Verluste, als Shawcross und andere behauptet haben. Wären sie so schwer gewesen, dann hätten die Berichte, die ich erhielt, nicht so vage sein dürfen. Außerdem ist es seltsam, daß Shawcross, obwohl Tausende von damals in dem vom Feind besetzten Gebiet lebenden Khmer nach Thailand geflohen und einige sogar nach Europa gegangen sind, sich augenscheinlich nicht darum bemüht hat, sie zu befragen, er aber die Auswirkungen der Bombenangriffe auf sie zu einem Hauptthema seines Buches gemacht hat. Er hat nicht einmal mit So Satto, dem ehemaligen Chef der Luftstreitkräfte der Khmer, gesprochen, wie ich ihm geraten habe. Auch hat er sich nicht mit In Tam in Verbindung gesetzt, der täglich mit Dutzenden von Bauern gesprochen hat, die gerade von der anderen Seite herübergekommen waren – und mit Unterhändlern des Gegners, die mit ihm das Problem der Überläufer behandelt haben. (Ich vermute im übrigen, daß Shawcross das Französische nicht gut genug beherrscht, um hier gründliche Arbeit leisten zu können.)

Shawcross behauptet, ich sei damals entsetzt gewesen. Ich war nicht entsetzt über die Verluste bei der Zivilbevölkerung, die, wie ich glaube, gering und unvermeidbar waren, sondern von der Tatsache, daß sie vergebens waren, weil man keine energischen Schritte gegen die in der Khmer-Armee herrschende Korruption unternahm, um eine kampfkräftige Truppe aufzubauen und dafür zu sorgen, daß der ehrliche und viel tüchtigere In Tam an die Macht kam, dessen Beliebtheit durch seinen Wahlsieg demonstriert wurde und dessen Kontakte zu den unzufriedenen Elementen beim Gegner die Aussichten auf den Sieg verbessert hätten. Als er mir von seinem Plan erzählte, die Rumdoh-Khmer mit Posten und guter Bezahlung bei FANK für sich zu gewinnen und so zu erreichen, daß die Kommunisten allmählich in die Minderheit gedrängt wurden, die sich in die Cardamoms zurückziehen müßten, um dort isoliert zu werden, hielt ich das für durchführbar, fragte ihn jedoch, wo er sich das notwendige Geld beschaffen wollte. Er antwortete: »Ihre eigenen Leute sagen, wie aus Washington gemeldet wird, daß Lon Nol und seine Offiziere so vielen Mannschaften den Lohn stehlen, daß man damit die ganze Armee der Insurgenten kaufen könnte – und dort beabsichtige ich, mir das Geld zu holen.« Dazu hätte er unserer energischen Unterstützung bedurft – und ich glaubte nicht, der Kongreß könnte protestieren und sich für Leute einsetzen, die amerikanisches Geld und amerikanische Waffen gestohlen hatten.

Durch die Bombenangriffe der B-52-Verbände wurde die Korruption noch schlimmer. Als Cheng Heng von Lon Nol verlangte, gegen korrupte Offiziere vorzugehen, sagte ihm Nol, er sollte sich beruhigen, denn »die amerikanischen B-52 töten täglich tausend Feinde, und der Krieg wird bald vorüber sein«.

Was nun den moralischen Aspekt des Tötens von Zivilisten betrifft, so halte ich es für gerechtfertigt, solche Verluste in Kauf zu nehmen, weil dabei der Versuch unternommen wurde, sie vor einem viel schlimmeren Gemetzel durch die Kommunisten zu bewahren, die in jedem Land viel mehr Menschen liquidiert haben, als bei solchen Zwischenfällen in Kambodscha umgekommen sind. Heute diskutiert man rückblickend über die Bombenangriffe gegen deutsche Vernichtungslager. Wir werden dafür kritisiert, daß wir sie nicht angegriffen haben. Würde Shawcross solche Bombenangriffe mit der Begründung ablehnen, daß dabei »Hunderte« von Nichtkombattanten umgekommen wären? Bei der Invasion in der Normandie haben

wir viele französische Zivilisten getötet. Auf Sizilien haben wir sogar unsere eigenen Truppen bombardiert. Im Zweiten Weltkrieg hat Shawcross' Land eine Politik entwickelt, die sich bewußt gegen die Zivilbevölkerung richtete, und der Schöpfer dieser Politik wurde zum großen Kriegshelden, während unser Land wahrscheinlich das einzige ist, das in den vergangenen Jahrzehnten strenge Einsatzregeln erlassen hat, um Verluste bei der Zivilbevölkerung zu vermeiden oder zu verringern.
Es wird ein nächstes Mal geben, und wenn die Zeit gekommen ist, dann sollten wir, glaube ich, uns intensiver mit den Problemen der Öffentlichkeitsaufklärung und der historischen Zusammenhänge beschäftigen. Wir könnten zum Beispiel vom Feind besetzte Gebiete mit Flugblättern überschütten, in denen wir ganz allgemein unsere Absichten erläutern und die Zivilbevölkerung aufrufen, nachts feindliche Truppenversammlungen zu meiden usw. Trotzdem wird es Verluste bei der Zivilbevölkerung geben, aber wir werden nachweisen können, daß wir an ihre Sicherheit gedacht haben.
Im Rückblick beneide ich Sie nicht um die Rolle, die Sie haben spielen müssen. Ich bin überzeugt, Sie haben das so human wie möglich getan. In dem Papier, das uns zu unserem Dienst verpflichtet, lesen wir, daß wir »die Wünsche des Präsidenten« erfüllen sollen. Wenn die Presse oder die Öffentlichkeit die Folgen unseres Gehorsams für bedauerlich hält, dann sollten sie ihre Aufmerksamkeit den Fehlern des Systems zuwenden, das solche Vorfälle »programmiert«, anstatt nach Sündenböcken zu suchen. In jeder Botschaft wären unter den gleichen Umständen wahrscheinlich Leute der gleichen Art damit beschäftigt gewesen, die gleichen Dinge zu tun oder nicht zu tun.
Mit den besten Grüßen

gez. *Bill* W. K. Harben

Akte C

8. Juli 1979

An den Ehrenwerten
Thomas Ostrom Enders
Botschafter der Vereinigten Staaten von Amerika
100 Wellington Street
Ottawa, Ontario KlP 5Tl

Lieber Tom,

Ich habe mit meiner Antwort gewartet, bis ich das Buch von Shawcross, das Sie mir freundlicherweise geschickt haben, beendet hatte. Meine Stellungnahme zu seinen Behauptungen und die Antworten auf Ihre Fragen sind die folgenden.

Zunächst lassen Sie mich sagen, daß es den Tatsachen vollständig widerspricht, wenn er behauptet, die Bombenangriffe von 1973 seien »willkürlich« erfolgt. Als jemand, der sein Geschwader im Zweiten Weltkrieg über die Küste der Normandie geführt und später bei der Unterstützung alliierter Truppen an der Westfront Ziele bekämpft hat, kann ich Ihnen versichern, daß ich viele Voraussetzungen dafür erfülle, den Einsatz von Bombenflugzeugen zu beurteilen. Ich erkläre ohne Umschweife, daß die Zielgenauigkeit, das Ausmaß der Kontrolle, die Auswertung der angegriffenen Ziele und der hohe Ausbildungsstand der an dem Feldzug in Kambodscha von 1973 beteiligten Besatzungen auf einem ebenso hohen Stand gewesen sind wie bei allen Bombenangriffen im Zweiten Weltkrieg, bei den Unternehmungen »Rolling Thunder« in den Jahren 1965 – 1968 oder bei der Unterstützung der Bodentruppen 1972 in Nord- und Südvietnam.

Es hat bei den Bombenabwürfen einige Zwischenfälle gegeben, aber angesichts ihrer Intensität (die, wie der Verfasser sagt, viel größer war als im Zweiten Weltkrieg) überraschend wenige.

Jeder Zwischenfall, der in meinem Hauptquartier bekannt wurde, ist sofort weitergemeldet worden. Der schlimmste war der irrtümliche Bombenangriff mit B-52-Bombenflugzeugen bei Neak Luong. Zur Klarstellung sei gesagt, daß die Maschinen vom Typ B-52 diese veraltete Technik nur bei einer Handvoll von Feindflügen verwendet haben. Die Richtfeuer wurden dort in erster Linie von den F-111 eingesetzt. Die letzteren haben sie während des ganzen Jahres 1973 erfolgreich und ohne einen einzigen Zwischenfall verwendet. Ihre Ausrüstung war allerdings viel besser, denn sie gehörten zu einer viel späteren Generation von Flugzeugen. Nach Neak Luong haben die B-52-Maschinen diese Methode nicht mehr angewendet, und deshalb ist die Behauptung des Verfassers, »aus dem Zwischenfall ergab sich unvermeidlich die Frage, wie oft solche Irrtümer in Teilen des Landes vorgekommen sind, in welche die Reporter nicht vordringen konnten«, eine unbegründete Spekulation, wie auch vieles andere in seiner Schilderung des Einsatzes unserer Bomberverbände im Jahr 1973.

Praktisch alle Bombenangriffe mit B-52-Bombenflugzeugen wurden genau durch das Kontrollsystem der 7. Luftflotte überwacht. Sie wurden von mit F-4 LORAN ausgerüsteten Pfadfindern in das Zielgebiet geführt. Diese Leitflugzeuge garantierten eine durch Luftaufnahmen bestätigte Zielgenauigkeit mit einer Toleranz von weniger als 400 Fuß von dem Ziel.

Die Auswahl der Ziele erfolgte in meinem Hauptquartier der United States Support Activities Group in Thailand. Das Personal des Stabes waren ausgebildete Spezialisten aller Teilstreitkräfte (Armee, Flotte, Marineinfanterie und Luftstreitkräfte). Viele von ihnen gehörten schon in Vietnam zu meinem Stab, als ich 1972 die Operation Linebacker leitete. 1973 hatten wir Techniken für die Bestimmung von Zielen entwickelt, die sich ganz besonders auf die Aufklärung und Anwendung von hochtechnischen Sensoren wie Infrarotgeräten (IR) und Präzisionsradar (SLAR) stützten. Wir verfügten über Luftaufnahmen aus jüngster Zeit von allen Gebieten in Kambodscha, in denen Bombenangriffe durchgeführt wurden. Für diese Ziele der B-52 wurden LORAN-Koordinaten berechnet, und zwar ganz unabhängig von allen Karten. In jedem einzelnen Fall wurden die Angriffe mit den B-52-Maschinen aufgrund der Aufklärungsergebnisse von Sensoren oder Luftaufnahmen geflogen. In allen Fällen wurde über den Zielen vor und nach dem Angriff aufgeklärt. Bei mehreren Gelegenheiten haben wir die Anforderungen von FANK für bestimmte Ziele abgelehnt, weil nach unseren Berechnungen ein Risiko für die Zivilbevölkerung bestand, das wir nicht eingehen wollten.

Wie Sie sich erinnern werden, hat man uns 1973 immer wieder vorgeworfen, wir bombardierten kambodschanische Dörfer. Mit Ausnahme der sehr wenigen Zwischenfälle haben sich solche Vorwürfe in keinem einzigen Fall bestätigen lassen. Ein bezeichnendes Beispiel ereignete sich im Juni oder Juli 1973, als der stellvertretende Verteidigungsminister für öffentliche Angelegenheiten, Jerry Friedheim, mir einen Brief schrieb, dem der vollständige Text eines Zeitungsartikels von der Ostküste beigefügt war, in dem behauptet wurde, Maschinen vom Typ B-52 hätten zehn kambodschanische Dörfer zerstört oder schwer beschädigt und die Bewohner zur Flucht veranlaßt. Der Reporter behauptete, selbst viele dieser Dorfbewohner interviewt zu haben. Er nannte auch die Namen aller angeblich davon betroffenen Dörfer. Friedheim verlangte die sofortige Stellungnahme zu den Vorwürfen. Ich schickte ein Aufklärungsflugzeug zu jedem Dorf und ließ im Tiefflug Aufnahmen von hervorragender Qualität machen. *In keinem Fall* konnten wir irgendeinen Beweis dafür finden, daß hier B-52-Bomben abgeworfen worden waren (die Form der Krater ist unverkennbar). Die meisten dieser Dörfer zeigten keinerlei Kriegsschäden. Einige näher an der vietnamesischen Grenze gelegene zeigten ein paar durch Artilleriefeuer oder 250-Pfund-Bomben verursachte Schäden (die letzteren wurden nur von den südvietnamesischen Luftstreitkräften verwendet; wir haben sie niemals abgeworfen). Selbst in diesen Fällen waren die Schäden relativ gering und ließen sich gewöhnlich nur an den Rändern der Ortschaften feststellen. Diese harten fotografischen Beweismittel sind sofort mit einer ausführlichen Stellungnahme nach Washington geschickt worden. OSD hat diesen Text nicht dazu benutzt, um die Presseberichte zu dementieren, weil (wie man mir später sagte) »der ganze Vorfall von der Presse nicht mehr aufgegriffen worden war und man die Diskussion nicht wieder aufleben lassen wollte«. Ich fürchte, die Vorwürfe des Verfassers gründen sich zum großen Teil auf solche nicht überprüfte Beweismittel.

Nun zu Ihren spezifischen Fragen:

In welchen Fällen wurden vor der Festsetzung der Zielgebiete Luftaufnahmen gemacht? Antwort: Bei Operationen mit Maschinen des Typs B-52 in *allen* Fällen. TACAIR, das FAC unterstellt war (Forward Air Controller), brauchte keine derartige Aufklärung vor den Angriffen, die Zielgebiete wurden jedoch täglich fotografiert, um genau festzustellen, wo die feindlichen und wo die eigenen Stellungen lagen. Diese Aufnahmen standen den Forward Air Controllers zur Verfügung.

○ Wie oft wurden Luftaufnahmen gemacht? Antwort: Das ist mit der ersten Frage beantwortet worden.

○ Gibt es Hinweise darauf, daß es dort, wo keine Luftaufnahmen gemacht wurden, zu Zwischenfällen gekommen ist, oder daß hier das Risiko für solche Zwischenfälle erheblich größer war? Antwort: Wie oben gesagt, waren Luftaufnahmen des genauen Zielgebiets nur bei den taktischen Verbänden überflüssig. Die genaue Überwachung durch FAC schloß Zwischenfälle von vorneherein aus. Ich kann mich für das ganze Jahr 1973 an keine Zwischenfälle bei TACAIR erinnern.

○ Entsprach Ihre Ausrüstung für die fotografische Luftaufklärung Ihren Bedürfnissen oder reichte sie nicht aus? Antwort: Sie reichte voll aus. Nach Abschluß der Vietnam-Vereinbarungen verfügte ich bei der 7. Luftflotte über RF-4-Ausrüstungen, mit denen ich das Operationsgebiet viel besser abdecken konnte als zu der Zeit, in der wir über ganz Südostasien operierten.

O Welchen Wert hatten nach Ihrer Auffassung die verfügbaren Karten? Hätte man neue und dem gegenwärtigen Zustand entsprechende Karten anfertigen können? Wie lange hätte das gedauert? Antwort: Wie oben gesagt, arbeiteten wir viel mehr mit unmittelbar vor den Angriffen gemachten Luftaufnahmen, mit Präzisionskoordinaten nach dem System LORAN, die aufgrund dieser Aufnahmen erstellt wurden, oder im Fall der Operationen mit Maschinen des Typs F-111 mit Präzisionsradar-Leitstrahltechniken als mit Karten. Die Bombenflugzeuge vom Typ B-52 brauchten für ihren Einsatz gar keine Karten. Bei TACAIR waren gute Karten ein Hilfsmittel für das frühere Auffinden der Ziele durch FAC, aber von da fanden die Piloten ihre Ziele mit Hilfe von Fotos und mit den eigenen Augen. Die FAC hatten den strikten Befehl, keine Dörfer anzugreifen, und sie haben diesen Befehl mit bemerkenswert gutem fachmännischen Können befolgt. Wenngleich also zutreffende Karten den FAC geholfen hätten, die Ziele rascher zu finden, spielten sie beim Bombenabwurf selbst keine Rolle. Die Kartenstelle war verantwortlich für meinen Kartenbedarf und schickte uns die neuesten, die ihr zur Verfügung standen. Diese Karten wurden ständig nach unseren Luftaufnahmen ergänzt. Trotzdem gab es in einigen Gebieten wie in Kambodscha einen Mangel an Karten. Aber ich muß sehr daran zweifeln, daß die sehr komplexe Arbeit des Kartenzeichnens noch mehr hätte beschleunigt werden können.

Noch einige allgemeine Bemerkungen. Ich vermute, Shawcross hatte schon festgelegt, was er schreiben wollte, bevor er die Unterlagen beschaffte und das Buch schrieb. Ich habe zum Beispiel vieles von dem, was ich oben geschildert habe, auch Shawcross gesagt, als ich im Februar 1977 mit ihm über die Bombenangriffe sprach. Er hat es vorgezogen, diese Informationen nicht zu verwenden. Selbst wenn er nicht geglaubt hat, was ich ihm sagte, dann hätte es zu einer objektiven Darstellung gehört, es wenigstens zu erwähnen. Schließlich war ich der Befehlshaber, der die Operationen der Bombenflugzeuge leitete, und hatte Zugang zu viel präziseren Daten als seine Reporter, die nach dem Hörensagen berichteten.

Zu den 1973 in Kambodscha geführten Luftoperationen gibt es eine umfangreiche, beweiskräftige Dokumentation. Mein mündlicher Bericht an das Air Force Research Center an der Air University in Maxwell AFB, Alabama, enthält zum Beispiel eine ausführliche Darstellung der Ereignisse bei den zehn Dörfern, die ich oben erwähnt habe. Leider ist der Bericht als geheim klassifiziert, aber ich bin sicher, daß Teile davon zur Veröffentlichung freigegeben werden könnten, wenn man sich darum bemühte.

Shawcross zitiert meine ihm gegenüber gemachte Äußerung, die Bombenangriffe von 1973 hätten »Phnom Penh dadurch gerettet, daß sechzehntausend feindliche Soldaten dabei getötet wurden«. Dazu gibt es einen interessanten Nebenaspekt. Nachdem in Washington erklärt worden war, alle Bombenangriffe würden am 15. August 1973 eingestellt werden, führte der Gegner eine Reihe von Angriffen mit starken Kräften, um die Stadt einzunehmen, obwohl er wußte, daß dies nach dem 15. August sehr viel leichter sein würde. Warum? Wir haben das erst später feststellen können. Aus erbeuteten Dokumenten ging hervor, daß die Roten Khmer ihren Befehlshabern an der Front den direkten Befehl gegeben hatten, die Stadt vor dem August 1973 einzunehmen, um damit der Welt zu beweisen, daß sie die Vereinigten Staaten demütigen könnten. Mit kaltblütiger Rücksichtslosigkeit gegenüber Menschenleben haben sie ihre Soldaten immer wieder in den Kampf geworfen, und da sie sich nicht mehr im Dschungel tarnen konnten, erlitten sie durch unsere Luftangriffe schwere Verluste. Das hätte uns eine gewisse Vorstellung davon geben müssen, wie dieses Regime nach der Machtergreifung sein eigenes Volk behandeln würde. Der Gegner hat seine Eliteverbände so dezimiert, daß die Einnahme der Stadt nach der Einstellung der Bombenangriffe erst im April 1975 gelang. Hätten wir die kambodschanische Regierung auch weiterhin standhaft unterstützt und ihr unsere Luftstreitkräfte, wie es notwendig gewesen wäre, zur Verfügung gestellt, dann wäre das Land heute in nichtkommunistischen Händen und nicht in denen Nordvietnams. Ich bin nicht stolz darauf, daß sich mein Land aus Vietnam und Kambodscha zurückgezogen hat. Nachdem hier mehr als fünfzigtausend Amerikaner gefallen waren, haben wir den Kampf aufgegeben, obwohl wir die Osteroffensive in Vietnam abgeschlagen hatten. Unsere Luftstreitkräfte hatten Hanoi stark unter Druck gesetzt und die Nordvietnamesen veranlaßt, Bedingungen anzunehmen, nach denen Südvietnam seine Freiheit bewahrt hätte, wenn die Einhaltung dieser Bedingungen durch die glaubhafte Bedrohung mit der Wiederaufnahme der Bombenangriffe erzwungen worden wäre. Wir haben unseren Freunden den Rücken gekehrt, als sie uns ersuchten, den im Januar 1973 gemachten Versprechungen gemäß zu handeln. Ebenso haben wir 1973 in Kambodscha den Streitkräften der Roten Khmer das Rückgrat gebrochen und es dann zugelassen, daß sie sich genügend erholten, um anderthalb Jahre später von neuem anzugreifen, während wir unseren Freunden Munitionslieferungen verweigerten. Die Auswirkungen von Watergate wurden deutlich spürbar.

Noch eine letzte Bemerkung: Shawcross hat sich sehr große Mühe gegeben, die Führung in Kambodscha in ein schlechtes Licht zu setzen. Ich habe alle wichtigen kambodschanischen Generäle persönlich gut gekannt. Da ich auch mit den Militärs in Südvietnam und Laos zusammengearbeitet habe, glaube ich, zutreffende Vergleiche anstellen zu können. Berücksichtigt man ihre beschränkten Mittel und ihre geringe Erfahrung (und das liegt daran, daß Sihanouk sie grundsätzlich nur als Palastwachen einsetzte), dann haben sie bemerkenswerte Qualitäten an den Tag gelegt. Bisher kannten sie nur die Aufgaben des Kompanieführers und mußten innerhalb weniger Monate lernen, Divisionen und noch größere Verbände zu führen. Sie hatten das Zeug, den Gegner zu schlagen, und hätten es getan, wenn wir ihnen nicht den Teppich unter den Füßen fortgezogen hätten.

In Lon Nol, mit dem ich mehrmals zusammengekommen bin und gesprochen habe, fand ich einen Mann, der aufrichtig darum bemüht war, sein Land nicht in die Hände der Kommunisten fallen zu lassen. Ich hoffe, künftige Historiker werden die Tüchtigkeit der kambodschanischen Führer und ihre Vaterlandsliebe in einem besseren Licht darstellen als Shawcross.

Scheuen Sie sich bitte nicht, alles, was ich oben gesagt habe, nach Ihrem

Gutdünken zu verwenden, um der Wahrheit zum Sieg zu verhelfen. Die verzerrte Darstellung der Ereignisse in Kambodscha durch die liberale Presse, zu der Shawcross offensichtlich gehört, bedarf der Richtigstellung.

Mit den besten Wünschen
gez. John

John W. Vogt, General USAF (Ret.)

Anmerkungen

I. Kapitel

1 Siehe H. R. Haldeman und Joseph DiMona, *The Ends of Power,* New York 1978, S. 175–180. Siehe auch X. Kapitel unten.

2 Siehe Henry Kissinger, *Memoiren 1968–73,* München 1979, S. 973, 1253–1256, 1543–1544. Bill Safire hat die Art und Weise, wie das Weiße Haus mit seinem »Kissinger-Problem« fertig wurde, sehr feinfühlig in *Before the Fall: An Inside View of the Pre-Watergate White House,* Garden City 1975, Teil III, 5. Kapitel, behandelt.

3 Safire, *a. a. O.,* S. 170.

II. Kapitel

1 Siehe Henry Kissinger, *Memoiren 1968–73,* München 1979, XXXII. Kapitel, Fn. 3, S. 1606–1607. In einer Note vom 20. Oktober 1972 wiederholte ich die Zusicherungen, die ich Le Duc Tho in unseren Geheimsitzungen gegeben hatte:

»Die Probleme, die sich aus dem Krieg in Vietnam und Kambodscha ergeben, sind eng miteinander verknüpft: Wenn der Krieg in Vietnam beendet ist, gibt es keinen Grund für eine Fortsetzung des Krieges in Kambodscha (27. September).

Wenn das Vietnam-Problem beigelegt ist, wird auch die Kambodscha-Frage mit Sicherheit beigelegt werden; und die Beendigung des Krieges in Vietnam wird eine starke Auswirkung haben, die den Krieg in Kambodscha vielleicht sofort beenden wird (8. Oktober).

Es besteht ein Einverständnis zwischen uns, daß die DRV sich an den Grundsatz halten wird, daß alle ausländischen Streitkräfte einschließlich seiner eigenen die militärischen Aktivitäten in Kambodscha beenden und aus Kambodscha abgezogen werden müssen und nicht wieder dort eindringen dürfen (26. September).

Die DRV wird in Kambodscha den gleichen Grundsätzen folgen wie in Südvietnam und Laos, das heißt, sie wird keine Truppen, Waffen und Kriegsmaterial nach Kambodscha bringen (11. Oktober); und

wie in Artikel 18 (später 23) bestätigt, treten die in diesem Vertrag übernommenen Verpflichtungen an dem Tag der Unterzeichnung in Kraft (11. Oktober).«

2. Siehe Kissinger, *Memoiren 1968–73,* München 1979, S. 1519–1522.

3. Der hierauf bezugnehmende Teil des Artikels 20 der Pariser Vereinbarungen lautet:

a) Die an der Pariser Konferenz über Vietnam beteiligten Parteien werden die Genfer Vereinbarungen über Kambodscha von 1954 und die Genfer Vereinbarungen über Laos von 1962 strikt einhalten, welche die fundamentalen nationalen Rechte der Völker von Kambodscha und Laos anerkennen, d. h. die Unabhängigkeit, Souveränität, Einheit und territoriale Integrität dieser Länder. Die Parteien werden die Neutralität von Kambodscha und Laos achten.

Die an der Pariser Konferenz über Vietnam beteiligten Parteien verpflichten sich, auf die Benutzung des Territoriums von Kambodscha und des Territoriums von Laos in der Absicht, die Souveränität und Sicherheit dieser oder anderer Länder zu schmälern, zu verzichten.

b) Fremde Länder werden alle militärischen Aktivitäten in Kambodscha und Laos beenden und aus diesen beiden Ländern alle Truppen, Militärberater und alles militärische Personal sowie Waffen, Munition und Kriegsmaterial abziehen und davon Abstand nehmen, Truppen, Militärberater und militärisches Personal, Waffen, Munition und Kriegsmaterial wieder in diese beiden Länder zu bringen.

4 Anfang 1973 stellten die Nordvietnamesen den Roten Khmer Militärberater, einige Kampftruppen (besonders zur Bemannung von schweren Geschützen und Raketenlafetten), logistische Unterstützung, militärische Ausrüstung und Versorgungsgüter zur Verfügung. Aussage des zweiten stellvertretenden Verteidigungsministers für internationale Sicherheitsfragen, Dennis J. Doolin, vom 6. Juni 1973 vor dem Ausschuß für Auswärtige Angelegenheiten des U. S. Kongresses; *US Policy and Programs in Cambodia, Hearings before the Subcommittee on Asian and Pacific Affairs of the Committee on Foreign Affairs,* 93. Kongreß, 1. Sitzungsperiode, 1973, S. 85. Andere Zeugen, die daran zweifelten, daß Nordvietnam den Roten Khmer so umfangreiche Unterstützung gewährte, haben diese Aussagen des Verteidigungsministeriums seinerzeit lächerlich gemacht. Die kürzlich veröffentlichten Memoiren des Prinzen Sihanouk bestätigen über jeden Zweifel hinaus, daß die Einschätzung des Verteidigungsministeriums richtig gewesen ist. Siehe Prinz Norodom Sihanouk, *War and Hope: The Case for Cambodia,* New York 1980, S. 14–15, 20–21, 25–27, 71–72.

5 Kissinger, *Memoiren 1968–73,* München 1979, S. 1500.

6 Ebenda, S. 1238–1243.

7 Siehe Quellen bei Martin F. Herz, *The Prestige Press and the Christmas Bombing, 1972: Images and Reality in Vietnam,* Washington 1980, S. 54–60, und Guenther Lewy, *America in Vietnam,* New York 1978, S. 413–414. Siehe auch Kissinger, *Memoiren 1968–73,* München 1979, S. 1543.

8 Harrison E. Salisbury, »Hanoi Premier Tells View, Some in U. S. Detect a Shift«, *New York Times,* 4. Januar 1967. Siehe auch Harrison E. Salisbury, *Behind the Lines: Hanoi,* New York 1967, XVIII. Kapitel.

9 Kissinger, *Memoiren 1968–73,* a. a. O., S. 1174–1175, 1464–1465.

10 Siehe Anmerkung 3 oben.

11 Sihanouk, *War and Hope* a. a. O., S. 21–23, 64–65. Das wird auch bestätigt von einem Dokument der Roten Khmer aus dem Jahr 1978: Democratic Kampuchea, *The Black Block: Facts and Proofs of Vietnam's Acts of Aggression and Annexation against Kampuchea,* Phnom Penh 1978, V. Kapitel, Abschnitt 2 (b).

III. Kapitel

1 Siehe Henry Kissinger, *Memoiren 1968–1973,* München 1979, S. 797–798, 1154–1155.

2 Ross Terrill, *Mao: A Biography,* New York 1980, S. 372.

IV. Kapitel

1 Henry A. Kissinger, »The Viet Nam Negotiations«, *Foreign Affairs,* 47, Nr. 2 (Januar 1969), 211–234.
2 Henry Kissinger, *Memoiren 1969–73,* a. a. O., S. 276–278.
3 Siehe z. B. William Safire, *Before the Fall: An Inside View of the Pre-Watergate White House,* New York 1975, Teil 3, Kapitel 5.
4 Zum Abhörsystem von Präsident Johnson siehe Bill Gulley, Mary Ellen Reese, *Breaking Cover,* New York 1980, S. 77–85.
Zum Abhörsystem von Präsident John F. Kennedy siehe William F. Buckley, Jr., »Observations on Presidential Tapes«, *Washington Star News,* 26. Juli 1973; Victor Lasky, *It Didn't Start with Watergate,* 1977, S. 357.
5 H. R. Haldeman und Joseph DiMona, *The Ends of Power,* New York 1978, Buch VI.
6 Siehe z. B. die Planungen für die Laos-Operation von 1971. Kissinger, *Memoiren 1968–73* a. a. O., S. 1052–1060.
7 Ebenda, S. 1255–1256.
8 Ebenda, S. 274–275.
9 Siehe Robert Dallek, *Franklin Roosevelt and American Foreign Policy, 1932–1945,* New York 1979, S. 224–226, 289–290, 313, 334–336; William Safire, *Before the Fall: An Inside View of the Pre-Watergate White House,* Garden City 1975, S. 166 Fn.; Lasky, *It Didn't Start with Watergate,* S. 161–172, 195–221 und in den Anmerkungen angegebene Quellen; U. S. Congress, Senate, Select Committee to Study Governmental Operations with Respect to Intelligence Activities, *Final Report, Book III: Supplementary Detailed Staff Reports on Intelligence Activities and the Rights of Americans,* 94. Kongreß, 2. Sitzungsperiode, 23. April 1976, »Warrantless FBI Electronic Surveillance«, S. 271–351.
10 Siehe Aussage des Justizministers William B. Saxbe vor dem Außenpolitischen Senatsausschuß, 10. Juli 1974, in U. S., Congress, Senate, Committee on Foreign Relations, *Hearings on the Role of Dr. Henry A. Kissinger in the Wiretapping of Certain Government Officials and Newsmen,* 93. Kongreß, 2. Sitzungsperiode, September 1974, S. 58–59.
11 Siehe besonders die Aussage des ehemaligen Außenministers Dean Rusk vor dem Außenpolitischen Senatsausschuß am 23. Juli 1974, ebenda S. 224–241.
12 Siehe Henry Kissinger, *Memoiren 1968–1973,* München 1979, S. 252–253.
13 Safire, *Before the Fall,* a. a. O., S. 364.
14 Chalmers M. Roberts, »Foreign Policy under a Paralyzed Presidency«, *Foreign Affairs,* 52, Nr. 4, (Juli 1974), S. 675.

V. Kapitel

1 James Reston, »Pompidou Favors U. S.–Europe Talks«, *New York Times,* 14. Dezember 1972.
2 Kissinger, *Memoiren 1968–73,* a. a. O., S. 996–1007.
3 Siehe z. B. »Dr. Kissinger and Europe«, Leitartikel in *Washington Post,* 25. April 1973.
4 Ebenda. Vergleiche die Leitartikel in *New York Times,* 25. April 1973;

Christian Science Monitor, 26. April 1973; *Washington Star-News,* 27. April 1973.

5 Siehe Henry Kissinger, *Memoiren 1968–1973,* München 1979, S. 1007–1021.

VI. Kapitel

1 Interview Nixons mit Garnett D. Horner vom 5. November 1972, veröffentlicht in *Washington Star,* 9. November 1972; Interview von Rogers mit Henry Truwhitt, 5. November 1972.

2 Evans und Novak in *Washington Post,* 1. Februar 1973; Leitartikel in *New York Times,* 3. Februar 1973; Leitartikel in *Baltimore Sun,* 6. Februar 1973; Leitartikel in *Washington Post,* 8. Februar 1973.

3 Siehe Kissinger, *Memoiren 1968–1973,* a. a. O., XXX. Kapitel.

4 Siehe William Safire, *Before the Fall,* a. a. O., Teil 8, 3. Kapitel, »Nixon and the Jews«. Hier wird dieses Thema sehr gründlich behandelt.

5 Siehe Anwar el-Sadat, *In Search of Identity: An Autobiography,* New York 1978, S. 220ff.

6 Siehe Kissinger, *Memoiren 1968–1973,* a. a. O., S. 1321–1323 und Anmerkungen 3 und 4 auf S. 1601–1602.

7 Siehe Sadat, *In Search of Identity,* a. a. O., S. 228–231; Kissinger, *Memoiren 1968–1973,* a. a. O., S. 1373–1375.

8 Siehe *New York Times,* 29., 30. Januar und 1. Februar 1973.

9 Ich habe 1972 versucht, den Israelis diese Idee nahezubringen. Siehe Kissinger, *Memoiren 1968–1973,* a. a. O., S. 1368.

10 Siehe William Beecher, »Israelis Will Buy More Jets in U. S., Total Put at 48«, *New York Times,* 9. April 1973, S. 44–46.

11 »The Battle is Now Inevitable«, Interview Sadats mit Arnaud de Borchgrave, *Newsweek,* 9. April 1973, S. 44–46.

VII. Kapitel

1 Siehe Maurice J. Goldbloom, »Nixon So Far«, *Commentary,* März 1970; 30–31; Norman Podhoretz, »A Note on Vietnamization«, *Commentary,* Mai 1981, 9.

2 Siehe z. B. Norman Podhoretz, »The Present Danger«, *Commentary,* März 1980, 31–32.

3 Siehe Norman Podhoretz, »The Future Danger«, *Commentary,* April 1981, 32.

4 Siehe Henry Kissinger, *Memoiren 1968–1973,* München 1979, z. B. S. 68–81, 141–144, 1328–1334.

5 Siehe z. B. James Burnham, *The Struggle for the World,* Cornwall 1947; Daniel P. Moynihan, »The Politics of Human Rights«, *Commentary,* August 1977; Podhoretz, »The Future Danger«.

6 Eine brillante Analyse findet sich bei Raymond Aron, *In Defence of Decadent Europe,* South Bend 1979; ursprünglich erschienen als »My Defence of Decadent Europe« in *Encounter,* Bd. XLIX, Nr. 3 & 4, September und Oktober 1977.

7 Siehe Kissinger, *Memoiren 1968–1973,* a. a. O., S. 166–172.

8 Ebenda, S. 1345–1347.

9 U. S., Congress, House, Committee on Foreign Affairs, *Tension and De-*

tente: Congressional Perspectives on Soviet-American Relations: Report of a Study Mission to the Soviet Union, 93. Kongreß, 1. Sitzungsperiode, April 1973, S. 11.

10 Die sowjetische Erklärung über die von Auswanderern zu erhebende Gebühr, der Dobrynin am 16. April 1973 zugestimmt hat, lautete wie folgt:

Offizielle Verlautbarung der sowjetischen Regierung

Anträge sowjetischer Bürger, welche die UdSSR zu verlassen wünschen, um ihren dauernden Wohnsitz in anderen Ländern zu nehmen, werden geprüft, und Entscheidungen über solche Anträge werden auf individueller Basis getroffen, und zwar unter Berücksichtigung der konkreten Umstände. In der Regel werden solche Anträge genehmigt. Zum Beispiel im Hinblick auf Personen, die 1972 den Wunsch geäußert haben, nach Israel zu gehen, haben 95,5 Prozent der Antragsteller eine Genehmigung erhalten. Ein ähnliches Verfahren wird auch künftig angewendet werden. (Es sollte zur Kenntnis genommen werden, daß mehr als 2000 Personen, die 1972 die Genehmigung erhalten haben, nach Israel auszureisen, diese Genehmigung nicht wahrgenommen haben.)

Was die Rückzahlung der vom Staat für die Erziehung zur Verfügung gestellten Beträge für Sowjetbürger betrifft, die ihren dauernden Wohnsitz ins Ausland verlegen wollen, so sehen die Verfügung des Präsidiums des Obersten Sowjet der UdSSR vom 3. August 1972 und eine in Übereinstimmung damit vom Ministerrat der UdSSR getroffene Entscheidung vor, daß Sowjetbürger, die die Erlaubnis erhalten, auszuwandern, vollständig von der Rückzahlung der oben genannten Auslagen befreit werden können. Entsprechend haben die sowjetischen Behörden bei der Beurteilung von Anträgen sowjetischer Bürger, die auswandern wollen, das Recht, zu entscheiden, daß von solchen Personen nur staatliche Gebühren erhoben werden, die in solchen Fällen normal sind. Die Behörden lassen sich jetzt von diesem Recht leiten. Infolgedessen sind und werden nur solche normalen und unbedeutenden Gebühren – die auch vor Erlaß der Verfügung vom 3. August 1972 erhoben worden sind – erhoben, und sie werden von jenen Personen eingezogen werden, die die Sowjetunion verlassen, um ihren Wohnsitz in anderen Ländern zu nehmen.

Selbstverständlich gibt es in der UdSSR ebenso wie in anderen Staaten Fälle, und es wird solche Fälle vielleicht auch in der Zukunft geben, in denen Bürger aus Gründen der Staatssicherheit nicht die Erlaubnis erhalten, ins Ausland zu reisen.

In Beantwortung bestimmter zusätzlicher Fragen gibt die sowjetische Regierung die folgende Information:

a. Die obige Erklärung sollte als eine offizielle betrachtet werden.

b. Die Wendung in der Erklärung, »sind und werden nur solche normalen Gebühren – die auch vor Erlaß der Verfügung vom 3. August 1972 erhoben worden sind – erhoben«, ist an keine zeitliche Begrenzung gebunden; jede Interpretation, die von dem Bestehen einer zeitlichen Begrenzung ausgeht, entspricht nicht dem Standpunkt der sowjetischen Regierung.

c. Die Befreiung von der Bedingung, die staatlichen Auslagen für die Erziehung zurückzuerstatten, ist auf der Grundlage der Begrenzungen des Erlasses vom 3. August 1972 und einer nachfolgenden Entscheidung garantiert, die in Abstimmung mit diesem Erlaß des Ministerrates der UdSSR getroffen wurde.

Nach sowjetischer Ansicht macht diese Situation die Notwendigkeit überflüssig, den Erlaß vom 3. August 1972 aufzuheben oder zu widerrufen.

d. Dem Präsidenten und Mitgliedern der Regierung ist es freigestellt, den Inhalt der offiziellen sowjetischen Erklärung und diese zusätzlichen erläuternden Punkte dem Kongreß mitzuteilen.

11 Zu einer genauen Erörterung dieser und anderer Aspekte von SALT I siehe Kissinger, *Memoiren 1968–1973*, a. a. O., besonders XXVIII. Kapitel.

12 Ebenda, S. 1195–1197.

13 Vergleiche McNamaras Situationsbericht vom 24. Februar 1965 mit dem Situationsbericht des Verteidigungsministers Clark Clifford vom 22. Januar 1968, S. 94.

14 Siehe Kissinger, *Memoiren 1968–1973*, a. a. O., S. 1220, 1326–1327.

15 Der schließlich vereinbarte und am 22. Juni 1973 in Washington unterzeichnete Vertragstext lautet:

VEREINBARUNG ZWISCHEN DEN VEREINIGTEN STAATEN VON AMERIKA UND DER UNION DER SOZIALISTISCHEN SOWJETREPUBLIKEN ÜBER DIE VERHINDERUNG EINES KRIEGES MIT KERNWAFFEN

Die Vereinigten Staaten von Amerika und die Union der Sozialistischen Sowjetrepubliken, im folgenden als Parteien bezeichnet,

geleitet von den Zielen, den Weltfrieden und die internationale Sicherheit zu stärken,

im Bewußtsein, daß ein Nuklearkrieg verheerende Folgen für die Menschheit haben würde,

von dem Wunsch ausgehend, Voraussetzungen zu schaffen, unter denen die Gefahr des Ausbruchs eines Nuklearkrieges irgendwo in der Welt verringert und schließlich ausgeschaltet würde,

ausgehend von ihren Verpflichtungen nach der Charta der Vereinten Nationen im Hinblick auf die Aufrechterhaltung des Friedens, auf den Verzicht auf die Drohung mit der Anwendung von Gewalt und auf die Vermeidung des Krieges sowie in Übereinstimmung mit den Vereinbarungen, zu deren Einhaltung sich beide Parteien verpflichtet haben,

ausgehend von den Grundprinzipien der Beziehungen zwischen den Vereinigten Staaten von Amerika und der Union der Sozialistischen Sowjetrepubliken, wie sie am 29. Mai 1972 in Moskau unterzeichnet worden sind,

und bei erneuter Bestätigung, daß die Entwicklung der Beziehungen zwischen den Vereinigten Staaten von Amerika und der Union der Sozialistischen Sowjetrepubliken sich nicht gegen andere Länder und ihre Interessen richten,

sind wie folgt übereingekommen:

Artikel I

Die Vereinigten Staaten und die Sowjetunion stimmen darin überein, daß es ein Ziel ihrer Politik ist, die Gefahr eines Nuklearkrieges und der Verwendung von Kernwaffen zu beseitigen.

Danach stimmen die Parteien darin überein, daß sie sich so verhalten werden, daß die Entwicklung von Situationen, die eine gefährliche Verschärfung ihrer Beziehungen verursachen könnten, verhindert wird, um militärische Konfrontationen zu vermeiden und um den Ausbruch eines nuklearen Krieges zwischen ihnen und zwischen einer der Parteien und anderen Ländern auszuschließen.

Artikel II

Die Parteien vereinbaren in Übereinstimmung mit Artikel I und um das in diesem Artikel genannte Ziel zu erreichen, von der Voraussetzung auszugehen, daß jede Partei sich der Androhung von Gewalt gegen die andere Partei, gegen die Verbündeten der anderen Partei und gegen andere Länder unter solchen Umständen enthalten wird, die den internationalen Frieden und die internationale Sicherheit gefährden könnten. Die Parteien kommen überein, daß sie sich bei der Gestaltung ihrer Außenpolitik und bei ihrem Handeln auf dem Gebiet der internationalen Beziehungen von diesen Überlegungen leiten lassen werden.

Artikel III

Die Parteien verpflichten sich, ihre Beziehungen untereinander und zu anderen Ländern auf eine Weise zu entwickeln, die den Zielen dieser Vereinbarungen entspricht.

Artikel IV

Wenn zu irgendeinem Zeitpunkt die Beziehungen zwischen den Parteien oder zwischen einer Partei und anderen Ländern das Risiko eines nuklearen Konflikts mit sich zu bringen scheinen oder wenn die Beziehungen zwischen Ländern, die an dieser Vereinbarung nicht beteiligt sind, das Risiko eines Nuklearkrieges zwischen den Vereinigten Staaten von Amerika und der Union der Sozialistischen Sowjetrepubliken oder zwischen einer der Parteien und anderen Ländern zu beinhalten scheinen, werden die Vereinigten Staaten und die Sowjetunion in Übereinstimmung mit dieser Vereinbarung sofort dringende Konsultationen miteinander beginnen und jede Anstrengung unternehmen, dieses Risiko auszuschalten.

Artikel V

Jeder Partei soll es freistehen, den Sicherheitsrat der Vereinten Nationen, den Generalsekretär der Vereinten Nationen und die Regierungen verbündeter oder anderer Länder von dem Fortschritt und den Ergebnissen von Konsultationen zu unterrichten, die in Übereinstimmung mit Artikel IV dieser Vereinbarungen geführt worden sind.

Artikel VI

Nichts in dieser Vereinbarung soll beeinflussen oder behindern:

a) das inhärente Recht der individuellen oder kollektiven Selbstverteidigung, wie es von Artikel 51 der Charta der Vereinten Nationen vorgesehen ist,

b) die Bestimmungen der Charta der Vereinten Nationen einschließlich derjenigen, die sich auf die Aufrechterhaltung und Wiederherstellung des internationalen Friedens und der Sicherheit beziehen, und

c) die Verpflichtungen, die jede der beiden Parteien gegenüber ihren Verbündeten oder anderen Ländern in Verträgen, Vereinbarungen und anderen entsprechenden Dokumenten übernommen hat.

Artikel VII

Diese Vereinbarungen sollen für eine unbegrenzte Zeit gültig sein.

Artikel VIII

Diese Vereinbarungen sollen mit ihrer Unterzeichnung in Kraft treten.

Ausgefertigt in Washington am 22. Juni 1973 in zwei Kopien, jeweils in der englischen und russischen Sprache, wobei beide Texte gleich authentisch sind.

FÜR DIE VEREINIGTEN STAATEN VON AMERIKA:	FÜR DIE UNION DER SOZIALISTISCHEN SOWJETREPUBLIKEN:
gez.	gez.
Richard Nixon	L. Breschnew
Präsident der Vereinigten Staaten von Amerika	Generalsekretär des Zentralkomitees der KPdSU

16 Siehe Henry Kissinger, *Memoiren 1968–1973,* München 1979, S. 1295–1302; Richard Nixon, *RN: The Memoirs of Richard Nixon,* New York 1978, S. 613–614.

17 Der Abschnitt des amerikanisch-sowjetischen Kommuniques vom 24. Juni 1973 über den Nahen Osten lautet wie folgt:

Die Parteien haben ihre ernste Sorge über die Lage im Nahen Osten zum Ausdruck gebracht und ihre Meinungen über die Methoden zur Erreichung einer Regelung für den Nahen Osten ausgetauscht.

Jede der Parteien hat ihre Haltung zu diesem Problem erläutert.

Beide Parteien sind übereingekommen, ihre Bemühungen fortzusetzen, im Nahen Osten zu einer möglichst schnellen Regelung zu kommen. Diese Regelung sollte mit den Interessen aller Staaten in dem Gebiet übereinstimmen, ihre Unabhängigkeit und Souveränität bewahren und sollte die legitimen Interessen des palästinensischen Volkes in erforderlicher Weise berücksichtigen.

VIII. Kapitel

1 Siehe II. Kapitel, Anm. 11.

2 Siehe II. Kapitel, Anm. 4.

3 Siehe Spencer Rich, »No Legal Bar is Found to Resuming Warfare«, *Washington Post,* 9. April 1973. Die Denkschrift des Außenministers Rogers über die Rechtmäßigkeit von Luftoperationen findet sich unter Anm. 21 unten.

4 Siehe McGeorge Bundy, »Vietnam, Watergate, and Presidential Powers«, *Foreign Affairs,* Bd. 58, Nr. 2, Winter 1979/80; 397–407.

5 Die dem Präsidenten von Pakistan von Präsident Kennedy gegebenen privaten Zusicherungen werden aufgeführt bei Henry Kissinger, *Memoiren 1968–1973,* a. a. O., S. 949–950 und in Anm. 7, S. 1590. 1963

verpflichtete sich Präsident Kennedy in einem Brief an Kronprinz Faisal von Saudiarabien, diesem Land mit amerikanischen Streitkräften zu Hilfe zu kommen, um es gegen Bedrohungen durch Nassers Ägypten in der Jemen-Krise zu unterstützen. Siehe Christopher J. McMullen, *Resolution of the Yemen Crisis, 1963: A Case Study in Mediation,* Washington 1980, S. 9–10, 13, 20.

6 Zu den zahlreichen öffentlichen Erklärungen, in denen sich die Vereinigten Staaten verpflichtet hatten, Südvietnam zu unterstützen und die Einhaltung der Pariser Vereinbarungen zu erzwingen, gehörten die folgenden:

Ansprache des Präsidenten Nixon an die Nation am 23. Januar 1973:
»Wir werden Südvietnam auch weiterhin im Rahmen der Vereinbarungen helfen und werden die Bemühungen des Volkes von Südvietnam unterstützen, seine Probleme friedlich selbst zu lösen ... Wir werden mit ihnen auch künftig als Freunde im Frieden ebenso zusammenarbeiten, wie wir es als Verbündete im Kriege getan haben ...
Das bedeutet, daß die Bestimmungen der Vereinbarungen genauestens befolgt werden müssen. Wir werden alles tun, was die Vereinbarungen von uns verlangen, und wir werden von den anderen Parteien erwarten, daß sie alles tun, was darin von ihnen verlangt wird. Wir werden auch von anderen interessierten Nationen erwarten, daß sie zur Einhaltung der Vereinbarungen und zur Bewahrung des Friedens beitragen.«

Dr. Kissingers Pressekonferenz am 24. Januar 1973:
Frage: »Wenn ein Friedensvertrag verletzt wird und sich die Internationale Kontrollkommission nicht durchsetzen kann, werden die Vereinigten Staaten je wieder Truppen nach Vietnam schicken?«
Dr. Kissinger: »Ich möchte nicht über hypothetische Situationen spekulieren, von denen wir nicht erwarten, daß sie eintreten werden ...

Der zweite stellvertretende Außenminister William Sullivan im Fernsehprogramm von NBC, »Meet the Press«, am 28. Januar 1973:
Frage: »Es gibt heute auch Meldungen aus Saigon, Herr Botschafter, nach denen die Vereinigten Staaten Saigon offizielle, aber private Zusicherungen gegeben haben, wir würden wieder militärisch intervenieren, falls Hanoi (die Vereinbarungen) schwerwiegend verletzt. Zu was haben wir uns eigentlich verpflichtet? Was würden wir tun, wenn der Waffenstillstand nicht eingehalten wird?«
Sullivan: »Ich werde darüber keine Spekulationen anstellen, Herr Rosenfield. Ich glaube, Sie kennen die Erklärung von Dr. Kissinger über die Methode, nach der gemäß den Vereinbarungen für die Durchsetzung der Bestimmungen gesorgt werden soll. Für uns gibt es keine Beschränkungen, wir wollen aber jetzt nicht über irgendwelche hypothetische Fragen zu dem sprechen, was die Zukunft uns bringen könnte.«

Dr. Kissinger, Interview in der Nachrichtensendung von CBS mit Marvin Kalb, 1. Februar 1973:
Kalb: »Mr. Kissinger, ich glaube, ich wollte erfahren, was wirklich geschieht – und ich finde, danach muß gefragt werden. In der besten

aller möglichen Welten würde der Waffenstillstand eingehalten werden. In der Welt, in der wir leben, besteht die Möglichkeit, daß dies nicht geschieht. Präsident Thieu hat heute abend in einem Interview bei CBS gesagt, er würde nie wieder um eine Unterstützung durch amerikanische Luftstreitkräfte bitten. Und Botschafter Sullivan hat erst am vergangenen Sonntag erklärt, es gäbe keine Beschränkungen – ich glaube, das waren seine Worte – für den Einsatz dieser Luftstreitkräfte. Ist das richtig?«

Dr. Kissinger: »Völkerrechtlich betrachtet trifft das zu.«

Kalb: »Aber innen- und außenpolitisch?«

Dr. Kissinger: »Wir haben das Recht, das zu tun. Abstrakt läßt sich diese Frage aber nur sehr schwer beantworten. Es hängt von dem Ausmaß der Herausforderung, von der Art der Bedrohung und von den Umständen ab, unter denen sie erfolgt; und es wäre äußerst unklug, wenn ein verantwortlicher amerikanischer Beamter in dieser Phase, in der sich der Friede zu konsolidieren beginnt, eine Liste von Umständen aufstellen wollte, unter denen die Vereinigten Staaten etwas tun oder unterlassen würden.

Soweit wir das beurteilen können, werden die Nordvietnamesen in der vorausschaubaren Zukunft nicht in der Lage sein, einen Angriff mit stark überlegenen Kräften gegen den Süden zu führen, auch wenn sie die Vereinbarungen nicht einhalten. Was nach einem oder zwei Jahren geschehen wird, muß nach den dann herrschenden Umständen beurteilt werden.

Mit den meisten Verletzungen des Abkommens, die wir heute voraussehen können, sollten die Südvietnamesen selbst fertig werden.«

Kalb: »Wenn ich Sie richtig verstanden habe, wird es in den nächsten ein bis zwei Jahren nicht notwendig sein, wieder amerikanische Streitkräfte einzusetzen?«

Dr. Kissinger: Marvin, wir haben diesen Krieg nicht beendet, um nach einem Anlaß zu suchen, ihn wieder zu beginnen. Es wäre aber unverantwortlich, wenn wir in diesem Augenblick potentiellen Aggressoren genau sagen wollten, was sie, ohne ein Risiko einzugehen, tun oder nicht tun können.«

Präsident Nixons Pressekonferenz vom 15. März 1973:

»Ich möchte nur sagen: Wir haben die Nordvietnamesen von unserer Sorge wegen dieser Infiltration und darüber unterrichtet, für was wir sie halten: für eine Verletzung des Waffenstillstands und der Friedensvereinbarungen. Wir haben auch gegenüber anderen interessierten Parteien unsere Besorgnis zum Ausdruck gebracht. Und ich möchte nur sagen, daß die Nordvietnamesen angesichts meines Verhaltens während der vergangenen vier Jahre solche Äußerungen der Besorgnis nicht leichtfertig unbeachtet lassen sollten, wenn sie sich auf eine Verletzung beziehen. Das ist alles, was ich dazu sagen werde.«

Unterstaatssekretär für politische Angelegenheiten, William Porter, Rede in Grand Rapids, 21. März 1973:

»Präsident Nixon hat unserer Besorgnis wegen des Einschleusens großer Mengen militärischer Ausrüstung nach Südvietnam durch die

Nortvietnamesen sehr deutlich Ausdruck verliehen. Wenn es so weitergeht, dann könnte dieses Einschleusen ernste Folgen haben. Die Nordvietnamesen sollten die Äußerungen unserer Besorgnis nicht auf die leichte Schulter nehmen.«

Präsident Nixons Ansprache an die Nation, 29. März 1973:

»Auf einigen Gebieten gibt es noch Probleme. Die Bestimmungen der Vereinbarungen, nach denen alle in Indochina Vermißten gemeldet werden sollen, die Laos und Kambodscha betreffenden Vereinbarungen und die Bestimmungen, die eine Infiltration von Nordvietnam nach Südvietnam verbieten, sind nicht befolgt worden. Wir haben die Vereinbarungen eingehalten und werden es tun. Wir werden darauf bestehen, daß sich auch Nordvietnam an die Vereinbarungen hält. Und die Führer Nordvietnams sollten nicht daran zweifeln, welche Konsequenzen sich daraus ergeben werden, wenn sie sich nicht an die Vereinbarungen halten.«

Verteidigungsminister Richardson im Fernsehprogramm der NBC »Meet the Press«, 1. April 1973:

Nessen: »Herr Minister, können Sie sagen, daß die Vereinigten Staaten niemals und unter keinen Umständen wieder militärische Kräfte nach Indochina schicken werden?«

Minister Richardson: »Nein, ich kann keine kategorischen Zusagen machen, Herr Nessen. Offensichtlich kann es in der Zukunft Entwicklungen geben, die sich jetzt nicht voraussehen lassen. Wir hoffen jedoch natürlich, daß das nicht notwendig sein wird.«

Nessen: »Und wenn ich Sie frage, ob die Vereinigten Staaten in Nordvietnam oder in Südvietnam nie wieder Bombenangriffe führen werden, würde Ihre Antwort die gleiche sein?«

Minister Richardson: »Ja, aber wir hoffen und erwarten natürlich, daß die Vereinbarungen über den Waffenstillstand eingehalten werden.«

Nessen: »Präsident Nixon hat Nordvietnam mehrmals gewarnt und gesagt, es sollte sich hinsichtlich der Konsequenzen einer Verletzung des Waffenstillstandsabkommens keinen Zweifeln hingeben. Was meint er damit; welches sind die Konsequenzen?«

Minister Richardson: »Das ist offensichtlich etwas, das man im voraus nicht genau definieren kann, Herr Nessen ...

Sie (die Nordvietnamesen) haben, glaube ich, Veranlassung gehabt, an die Vergangenheit zu denken, um zu erkennen, daß der Präsident bereit gewesen ist, das Notwendige zu tun, um eine auf dem Verhandlungswege erreichte Lösung zustande zu bringen und den Krieg zu beenden.«

Aussage des Verteidigungsministers Richardson vor dem Streitkräfteausschuß des Senats am 2. April 1973:

Frage: »Es gibt heute Berichte aus Südvietnam, nach denen Präsident Thieu von Südvietnam sagt, die Vereinigten Staaten und die südvietnamesische Regierung hätten vereinbart, wenn es zu einer Offensive käme und die Nordvietnamesen ins Land kämen, sollten die Vereinigten Staaten mit ihren Flugzeugen und ihrer Luftunterstützung zurückkommen. Haben wir uns in dieser Weise verpflichtet?«

Minister Richardson: »Das ist ganz einfach die Frage einer sehr großen

Wahrscheinlichkeit. Ich würde nicht versuchen wollen, etwas, was er gesagt hat, zu erweitern oder einzuschränken ...
Natürlich halten wir uns auch weiterhin daran, daß die Waffenstillstandsvereinbarungen nicht nur unterzeichnet worden sind, sondern auch im Interesse aller Parteien liegen und es unser Ziel ist, soweit wie möglich dafür zu sorgen, daß sie eingehalten werden ...
Es ist unsere Aufgabe, die Überlegungen zu stärken, die sie, wie wir meinen, zur Einhaltung der Vereinbarungen veranlassen werden ...
Wenn er (der Präsident) die verfassungsmäßige Vollmacht hatte, den Krieg fortzuführen, während er versuchte, ihn zu beenden, dann ist es nach unserer Ansicht auch natürlich zu sagen, er habe die verfassungsmäßige Vollmacht, alle Schritte zu unternehmen, die jetzt erforderlich sind, um sicherzustellen, daß die Waffenstillstandsvereinbarungen eingehalten werden.«

Verlautbarung der USA und der Regierung von Vietnam (San Clemente), 3. April 1973:

»Beide Präsidenten haben, wenngleich sie anerkennen, daß auf dem Wege zu einer militärischen und politischen Regelung in Südvietnam Fortschritte gemacht worden sind, mit tiefer Besorgnis festgestellt, daß Mannschafen und Waffen in beträchtlicher Menge von Nordvietnam nach Südvietnam in Verletzung der Vereinbarungen zur Beendigung des Krieges eingeschleust worden sind, und sie sind zu dem Schluß gekommen, daß Maßnahmen, welche die Grundlagen der Vereinbarung bedrohen würden, entsprechend energische Reaktionen erforderlich machen würden. Sie haben ihre Überzeugung zum Ausdruck gebracht, daß alle Bestimmungen der Vereinbarungen, insbesondere diejenigen, die militärische Streitkräfte und militärischen Nachschub betreffen, gewissenhaft befolgt werden müssen, wenn der Waffenstillstand gewahrt und die Aussichten auf eine friedliche Regelung gesichert werden sollen. Präsident Nixon hat in diesem Zusammenhang erklärt, daß die Vereinigten Staaten die Verletzung aller Bestimmungen der Vereinbarungen mit tiefer und fortdauernder Besorgnis betrachten ...

Verteidigungsminister Elliot Richardson in einem Interview mit Journalisten vor seinen Aussagen im Unterausschuß für Verteidigungsausgaben des Repräsentantenhauses am 3. April 1973:

Frage: »Herr Minister, unter welchen Voraussetzungen würden wir die Bombenangriffe zur Unterstützung der Südvietnamesen wiederaufnehmen müssen?«

Minister Richardson: »Das wäre eine der Fragen, die sich generell nicht beantworten lassen. Wir können nur abwarten, wie sich die Lage entwickelt, und hoffen, daß diese Entwicklung zu einer vollen und vollständigen Einhaltung der Waffenstillstandsvereinbarungen führt.«

Frage: »Aber ist es möglich, daß wir die Bombenangriffe wiederaufnehmen müssen, um entweder Nordvietnam anzugreifen oder die südvietnamesische Armee zu unterstützen?«

Minister Richardson: »Das können wir gegenwärtig sicher nicht ausschließen.«

Dr. Kissingers Pressekonferenz, 2. Mai 1973:
Frage: »Sie sagen, wenn sich Nordvietnam nicht an seine Verpflichtung hält, einen ehrenhaften Waffenstillstand einzuhalten, würde es eine erneute Konfrontation mit uns riskieren. Könnten Sie etwas deutlicher sagen, was Sie damit meinen?«
Dr. Kissinger: ». . . Was nun die Konfrontation betrifft, so haben wir erklärt, daß wir auf der Einhaltung der Vereinbarungen bestehen werden. Jetzt bemühen wir uns um Gespräche mit den Nordvietnamesen über die Voraussetzungen für eine strikte Einhaltung der Vereinbarungen. Wir haben die Absicht und jeden Anlaß, sicherzustellen, daß die Vereinbarungen von unserer Seite eingehalten werden, und wollen unseren Einfluß überall dort geltend machen, wo es zur strikten Einhaltung der Vereinbarungen beitragen kann.
Aber die Vereinigten Staaten können keine ernstgemeinten Vereinbarungen unterzeichnen und es zulassen, daß ihre wichtigsten Bestimmungen schon nach wenigen Wochen verletzt werden, ohne den Versuch zu machen, darauf hinzuweisen. Zu den besonderen Maßnahmen ist zu sagen: Einige von ihnen sind natürlich selbstverständlich, und wir würden es, wie wir in dem Bericht und auch mehrfach öffentlich erklärt haben, vorziehen, unsere Beziehungen zu den Nordvietnamesen auf eine Normalisierung hin zu entwickeln und einen Prozeß einzuleiten, der sich, wie das bei anderen Prozessen normal ist, beschleunigt.
Die Bedeutung dessen, was ich hier gesagt habe, liegt darin, daß die zwischen uns bestehenden Spannungen sich nicht so rasch abbauen lassen, wie wir es wünschen, wenn die Vereinbarungen nicht beachtet werden.«
Außenpolitischer Bericht des Präsidenten, 3. Mai 1973:
»Wir hoffen, beide Parteien werden es jetzt vorziehen, ihre Ziele mit friedlichen Mitteln und im politischen Wettbewerb zu verfolgen und nicht mit den brutalen und verlustreichen Methoden der Vergangenheit. Sie haben jetzt die Wahl. Wir werden im Hinblick auf die Verletzungen der Vereinbarungen wachsam sein . . .
Hanoi hat im wesentlichen zwei Alternativen. Die erste ist es, die durch die Vietnam-Vereinbarungen entstandene Lage auszunutzen und seine politischen Ziele in Indochina weiter zu verfolgen. In diesem Fall würde (Nordvietnam) auch weiterhin Menschen und Material nach Südvietnam einschleusen, seine Streitkräfte in Laos und Kambodscha belassen und seine Aggression gegen unsere Freunde durch Druck oder einen regulären Angriff fortsetzen. Ein solcher Kurs würde die unter großen Schwierigkeiten erreichten Fortschritte auf dem Wege zum Frieden in Indochina in Gefahr bringen. Das Risiko einer Konfrontation mit uns würde sich erneuern . . . Die zweite Alternative für Nordvietnam liegt darin, seine Ziele auf friedlichem Wege zu verfolgen und es zuzulassen, daß sich die historischen Tendenzen in dieser Region stabilisieren . . .
Die Republik von Vietnam wird in uns einen zuverlässigen Freund finden. Wir werden die Beziehungen zu seiner Regierung als der legitimen Vertretung des südvietnamesischen Volkes aufrechterhalten

und dabei die Anstrengungen der südvietnamesischen Parteien, eine Versöhnung verbeizuführen und die politische Zukunft ihres Landes zu gestalten, unterstützen. Wir werden im Rahmen der Vereinbarungen die militärische Ausrüstung der südvietnamesischen Armee ergänzen. Wir erwarten von unseren Freunden, daß sie die Vereinbarungen einhalten, wie auch wir eine Verletzung durch die Nordvietnamesen oder ihre Verbündeten nicht dulden werden ...
Wir haben Hanoi privat und öffentlich gesagt, daß wir keine Verletzungen der Vereinbarungen dulden werden.«

Dr. Kissingers Pressekonferenz am 13. Juni 1973:

Frage: »Glauben Sie, daß Sie mit der Unterstützung des Dokuments Ihre Arbeit im indochinesischen Raum mehr oder weniger abgeschlossen haben, wo Sie immer noch vor großen Schwierigkeiten stehen, besonders im Hinblick auf Kambodscha?«

Dr. Kissinger: »Die noch ungelösten Probleme in Indochina werden wesentliche diplomatische Bemühungen erforderlich machen, und wir erwarten, damit fortzufahren. Natürlich sind wir immer noch verpflichtet, die Vereinbarungen strikt einzuhalten, und wir werden auch in Zukunft daran interessiert sein.«

Präsident Nixons Botschaft an das Repräsentantenhaus vom 27. Juni 1973, mit der er sich gegen die Einstellung der Bombenangriffe in Indochina ausspricht:

»Eine völlige Einstellung würde den Kommunisten praktisch jeden Anlaß nehmen, zu verhandeln, und damit würden die beiderseitigen diplomatischen Bemühungen, in Kambodscha einen Waffenstillstand herbeizuführen, untergraben. Damit würde die Entwicklung zu einem dauernden Frieden in Indochina, die im vergangenen Januar begonnen und die in dem am 13. Juni in Paris unterzeichneten Vier-Parteien-Kommuniqué neue Impulse erhalten hat, in ihr Gegenteil verkehrt ...
Ein kommunistischer Sieg in Kambodscha würde wiederum das subtile Gleichgewicht ausgehandelter Vereinbarungen, politischer Ausgewogenheit und militärischer Kräfteverhältnisse in Gefahr bringen, von dem der Friede in ganz Südostasien abhängt und auf dem eine Beurteilung der Annehmbarkeit der Vietnam-Vereinbarungen gegründet war.
Schließlich und mit noch ernsteren weltpolitischen Folgen würde das den Vereinigten Staaten durch die Legislative aufgezwungene Hinnehmen kommunistischer Verletzungen der Pariser Vereinbarungen und der Eroberung von Kambodscha durch kommunistische Streitkräfte unsere nationale Verpflichtung nicht nur im Hinblick auf die Friedensregelung in Vietnam, sondern auch hinsichtlich anderer Regelungen oder Vereinbarungen in Frage stellen, die wir mit anderen Nationen erreicht haben oder zu erreichen suchen. Das wäre ein schwerer Schlag gegen die internationale Glaubwürdigkeit der Vereinigten Staaten – ein Schlag, der sich weit über Indochina hinaus fühlbar machen würde.«

Außenminister Kissingers Brief an Senator Kennedy, 25. März 1974:

»Als Signatarmacht der Pariser Vereinbarungen haben sich die Vereinigten Staaten verpflichtet, die Bedingungen zu fördern, die den Waffenstillstand ermöglicht haben, und zwar mit dem Ziel, das Recht des südvietnamesischen Volkes auf Selbstbestimmung durchzusetzen. Ausgehend von diesen Verpflichtungen, stellen wir der Republik von Vietnam auch weiterhin die notwendigen Mittel für die Selbstverteidigung und für die Erhaltung der wirtschaftlichen Lebensfähigkeit zu Verfügung ...

Wir haben ... uns sehr konkret sowohl politisch als auch moralisch verpflichtet.«

Interview mit dem ehemaligen südvietnamesischen Außenminister Tran Van Lam, Saigon, 14. April 1975:

Außenminister Lam erklärte, Präsident Nixon habe versprochen, auf jede große nordvietnamesische Offensive »sofort und energisch zu reagieren«. Aber, so fügte er hinzu, »es wurde keine geheime Vereinbarung unterzeichnet«. –

Es ist interessant, daß Bundys Artikel die Warnungen des Justizministers Richardson nur frei wiedergibt, aber nicht vollständig zitiert. Und er gibt sie in einer irreführenden Weise wieder, denn er behauptet – offensichtlich falsch –, daß sie sich auf die gegenwärtigen Bombenangriffe in Kambodscha und nicht auf eine mögliche neue Intervention in Vietnam als Reaktion auf die Wiederaufnahme nordvietnamesischer Angriffe bezogen hätten. Siehe Bundy, »Vietnam, Watergate and Presidential Powers«, S. 400–401.

7 Godfrey Hodgson, *America in Our Time: From World War II to Nixon,* New York 1976, S. 397.

8 Siehe z. B. Michael Ledeen und William Lewis, *Debacle: The American Failure in Iran,* New York 1981.

9 Stephen T. Hosmer, Konrad Kellen und Brian M. Jenkins, *The Fall of South Vietnam: Statements by Vietnamese Military and Civilian Leaders,* Santa Monica 1978, S. 10–15.

10 Zu dem EC-121-Zwischenfall von 1969 siehe Kissinger, *Memoiren 1968–1973,* a. a. O., S. 338–347.

11 Siehe Kissinger, *Memoiren 1968–1973,* a. a. O., 1076–1077.

12 Das ist die These von William Shawcross, *Sideshow: Kissinger, Nixon, and the Destruction of Cambodia,* New York 1979. Eine Analyse der in diesem Buch enthaltenen Fehler, Taschenspielertricks und irreführenden Dokumentationen findet sich bei Peter W. Rodman, »Sideswipe: Kissinger, Shawcross and the Responsibility for Cambodia«, *The American Spectator,* Bd. 14, Nr. 3 (März 1981). Siehe auch den Meinungsaustausch zwischen Rodman und Shawcross in *The American Spectator,* Bd. 14, Nr. 7 (Juli 1981).

13 Siehe Kenneth M. Quinn, »Political Change in Wartime: The Khmer Krahom Revolution in Southern Cambodia, 1970–1974«, *Naval War College Review,* Frühjahr 1976, S. 8–9.

14 Siehe z. B. Shawcross, *Sideshow* a. a. O., S. 389 und passim.

15 Z. B. Shawcross a. a. O., S. 265.

16 Demokratisches Kampuchea, *The Black Book: Facts and Proofs of Vietnam's Acts of Aggression and Annexation against Kampuchea,* Phnom Penh, 1978, V. Kapitel, Abschnitt 2 (c).

17 François Ponchaud, *Cambodia: Year Zero,* New York 1978, S. 21, 192. Siehe auch S. XIV, 135–136.

18 Quinn, »Political Change in Wartime«, S. 8–19. Shawcross zitiert Ponchaud und Quinn, aber nirgends die Passagen, die seiner These, daß das Verhalten der Vereinigten Staaten die Brutalität der Roten Khmer ausgelöst hätte, direkt widersprechen.

19 »Sihanouk: The Man We May Have to Settle for in Cambodia«, *New York Times,* 12. August 1973.

20 Verschiedene Versionen dieser Aussage des Kongreßabgeordneten O'Neill erscheinen in mehreren Quellen, zum Beispiel Aussagen des Kongreßabgeordneten Giaimo in den Abendnachrichten der Fernsehgesellschaft CBS am 25. Juni 1973; Shawcross, *Sideshow a. a. O.,* S. 285. Kongreßmitglieder haben das Vorrecht, ihre Erklärungen vor der Veröffentlichung in *Congressional Record* zu ergänzen oder umzuschreiben, und diese Aussage erscheint dort nicht.

21 Das verfassungsmäßige Recht des Präsidenten, die Luftoperationen in Kambodscha nach Abschluß der Pariser Vereinbarungen fortzuführen, wird im einzelnen in einer Denkschrift begründet, die Außenminister Rogers dem Außenpolitischen Senatsausschuß am 30. April 1973 vorgelegt hat:

DAS RECHT DES PRÄSIDENTEN, DIE MILITÄRISCHEN OPERATIONEN DER LUFTSTREITKRÄFTE DER VEREINIGTEN STAATEN IN KAMBODSCHA FORTZUFÜHREN

Der Zweck dieser Denkschrift ist es, das verfassungsmäßige Recht des Präsidenten für die Fortführung der Luftoperationen der Vereinigten Staaten in Kambodscha nach dem Abschluß der Vereinbarungen zur Beendigung des Krieges und der Wiederherstellung des Friedens in Vietnam am 27. Januar 1973 und der Beendigung des Abzugs der Streitkräfte der Vereinigten Staaten aus Vietnam sowie der Rückkehr amerikanischer Bürger, die in Indochina gefangengehalten wurden, zu begründen. Die Denkschrift behandelt auch die Hintergründe der Vereinbarungen am 27. Januar und die hinter den verschiedenen Maßnahmen der Vereinigten Staaten stehenden Absichten zur Klärung der Rechtslage.

Über eine Reihe von Jahren haben die Vereinigten Staaten diplomatische und militärische Anstrengungen unternommen, um in Vietnam einen gerechten Frieden herbeizuführen. Diese Anstrengungen haben zur Stärkung der Streitkräfte der Republik von Vietnam für die Selbstverteidigung geführt und ernsthafte Verhandlungen ermöglicht, die in den Vereinbarungen zur Beendigung des Krieges und der Wiederherstellung des Friedens in Vietnam gipfelten, die am 27. Januar 1973 in Paris unterzeichnet worden sind. Diese Vereinbarungen sahen einen Waffenstillstand in Vietnam, die Rückkehr der Gefangenen sowie den Abzug der Streitkräfte der Vereinigten Staaten und ihrer Verbündeten aus Südvietnam innerhalb von sechzig Tagen vor. Die Vereinbarungen verlangten (in Artikel 20) auch den Abzug aller ausländischen Streitkräfte aus Laos und Kambodscha und verpflichteten die Parteien, auf die Verwendung des Territoriums von Kambodscha und Laos und die Beeinträchtigung der Souveränität und Sicherheit anderer Länder zu verzichten, die Neutralität von Kambodscha und Laos zu achten und jede Einmischung in die inneren Angelegenheiten dieser beiden Länder zu vermeiden. Dieser Artikel hat zentrale Bedeutung, denn es läßt sich schon seit langer Zeit erkennen, daß die Konflikte in Laos und Kambodscha in engem Zusammenhang mit dem Konflikt in Vietnam stehen und diese beiden Konflikte so sehr miteinander verknüpft sind, daß man sie als Teile eines einzigen Konflikts betrachten kann.

Als die Vereinbarungen über Vietnam geschlossen wurden, haben die Vereinigten Staaten den Nordvietnamesen klargemacht, daß die Streitkräfte der Khmer-Regierung alle offensiven Operationen einstellen und die sie unterstützenden Luftstreitkräfte der Vereinigten Staaten das gleiche tun würden. Wir haben erklärt, wenn sich die andere Seite ebenso verhielte, würde dadurch in Kambodscha ein *de facto*-Waffenstillstand in Kraft treten. Wir haben aber auch erklärt, wenn die kommunistischen Streitkräfte Angriffe fortführten, würden die Regierungsstreitkräfte und die Luftstreitkräfte der Vereinigten Staaten die notwendigen Gegenmaßnahmen ergreifen und würden in diesem Fall in Kambodscha die erforderlichen Luftangriffe führen, bis ein Waffenstillstand geschlossen werden könnte. Diese Erklärungen gründeten sich auf unsere Überzeugung, daß es für Hanoi notwendig wäre, zu verstehen, daß eine Fortführung der Feindseligkeiten in Kambodscha und Laos nicht in seinem oder in unserem Interesse läge und daß beide Parteien die Bestimmungen des Artikels 20 der Vereinbarungen einhalten müßten.

In jüngster Zeit ist gesagt worden, der Abzug aller Streitkräfte der Vereinigten Staaten aus Südvietnam und die Rückkehr aller amerikanischen Gefangenen hätten eine grundsätzlich neue Lage geschaffen, in welcher der Präsident beim Kongreß eine neue Ermächtigung erwirken müßte, um in Kambodscha Luftangriffe anzuordnen. Genauer gesagt, geht es hier darum, ob das verfassungsmäßige Recht des Präsidenten, in Kambodscha auch weiterhin das zu tun, was die Vereinigten Staaten mit voller Berechtigung bisher dort getan haben, mit dem Abzug der Streitkräfte der Vereinigten Staaten aus Vietnam und der Rückkehr amerikanischer Gefangener aufgehoben wird, obwohl in Kambodscha kein Waffenstillstand erreicht wurde und nordvietnamesische Truppen im Widerspruch zu den klaren Bestimmungen der Vereinbarungen in Kambodscha blieben. Mit anderen Worten, es geht nicht darum, ob der Präsident etwas Neues tun darf, sondern darum, ob er das, was er getan hat, automatisch einstellen muß, und zwar ohne Rücksicht auf die Konsequenzen, obwohl die Vereinbarungen von der anderen Seite nicht eingehalten werden.

Zu den Absichten der Vereinigten Staaten in Südostasien hat es immer gehört, bei der Beendigung des Vietnam-Krieges eine Regelung zu finden, die es dem Volk von Südvietnam erlaubt, das Recht auf Selbstbestimmung auszuüben. Der Präsident hat das bei vielen Gelegenheiten deutlich ausgesprochen; zum Beispiel am 8. Mai 1972, als er die Vorschläge machte, welche die Grundlage für die schließlich erfolgreichen Verhandlungen mit Nordvietnam bildeten. Der Präsi-

dent erklärte, mit unseren militärischen Maßnahmen gegen Vietnam verfolgten wir drei Ziele: Erstens wollten wir verhindern, daß in Südvietnam mit Gewalt eine kommunistische Regierung eingesetzt würde; zweitens wollten wir unsere in Südvietnam verbleibenden Streitkräfte schützen; drittens wollten wir die Entlassung unserer Gefangenen erreichen. Das am 29. Mai 1972 in Moskau vom Präsidenten und Herrn Breschnew gemeinsam herausgegebene Kommuniqué, in dem die Auffassung der Vereinigten Staaten zum Ausdruck kam, besagte, daß Verhandlungen auf der Grundlage der Vorschläge des Präsidenten vom 8. Mai am raschesten und wirksamsten das Ende des militärischen Konflikts herbeiführen und sicherstellen würden, daß die politische Zukunft von Südvietnam vom südvietnamesischen Volk ohne Einmischung von außen selbst entschieden werden könnte. Die kürzlich vom Appellationsgericht der Vereinigten Staaten für den Distrikt von Columbia im Verfahren Mitchell gegen Laird vertretene Auffassung macht deutlich, daß der Präsdent das verfassungsmäßige Recht hat, alle diese Zwecke zu verfolgen. Nach den Worten von Richter Wyzanski hat sich der Präsident richtig verhalten »in dem ernsten Bestreben um die dauerhafte Wahrung der Interessen der Nation, ihrer Verteidigung, ihrer Ehre und ihrer Moral«.
Die am 27. Januar 1973 unterzeichneten Vereinbarungen stellen eine Lösung dar, die diesen Zielen gerecht wird. Ein wesentliches Element in diesen Vereinbarungen ist der Artikel 20, der die grundlegenden Zusammenhänge zwischen den Feindseligkeiten in allen Ländern Indochinas anerkennt und verlangt, daß jede bewaffnete Intervention ausländischer Streitkräfte in Laos und Kambodscha aufgegeben wird. Die Bedeutung dieses Artikels kann nicht überschätzt werden, weil die Fortsetzung von Feindseligkeiten in Laos und Kambodscha und die Gegenwart nordvietnamesischer Truppen dort das Recht der Selbstbestimmung des südvietnamesischen Volkes, das durch die Vereinbarungen garantiert wird, bedroht.
Die Vereinigten Staaten begrüßen es, daß in Laos eine Waffenstillstandsvereinbarung getroffen worden ist. Sie muß von allen Parteien respektiert werden und den sofortigen Abzug ausländischer Streitkräfte zur Folge haben. In Kambodscha ist es noch nicht möglich gewesen, einen Waffenstillstand zu erreichen, und die nordvietnamesischen Streitkräfte sind aus diesem Lande nicht abgezogen worden. In der gegenwärtigen Lage ist es notwendig, daß die Vereinigten Staaten die Streitkräfte der Khmer-Republik mit ihren Luftstreitkräften und materiell unterstützen und damit einen baldigen Waffenstillstand und die Verwirklichung der Bestimmungen des Artikels 20 der Vereinbarungen eher ermöglichen. So stellen die Angriffe der amerikanischen Luftstreitkräfte in Kambodscha nicht einen Beitrag der Vereinigten Staaten zur Verteidigung Kambodschas als solcher dar, sondern sind vielmehr eine bedeutungsvolle Zwischenmaßnahme mit dem Ziel, die Beachtung dieser entscheidenden Bestimmung der Vietnam-Vereinbarungen herbeizuführen.
Würden diese Luftangriffe automatisch zu einem vorher bestimmten Zeitpunkt eingestellt, dann würde das diesen Absichten zuwiderlau-

fen, denn dann müßten die Vereinigten Staaten ihre Streitkräfte vorzeitig aus Südvietnam abziehen, während sie noch versuchten, mit Nordvietnam eine Vereinbarung auszuhandeln. Wäre das in Vietnam geschehen, dann wäre die Vereinbarung vom 27. Januar niemals zustande gekommen. Geschähe es in Kambodscha, dann hätten wir keinen Grund zu glauben, daß sich in Kambodscha ein Waffenstillstand erreichen ließe oder daß Nordvietnam seine Streitkräfte aus Kambodscha abziehen würde. Aus dieser Analyse läßt sich erkennen, daß die einseitige Einstellung unserer amerikanischen Luftangriffe in Kambodscha vor dem Abzug nordvietnamesischer Streitkräfte aus dem Lande den wesentlichen Erfolg der Vereinbarungen vom Januar ebenso unterminieren würde, als wenn die Vereinigten Staaten es unterlassen hätten, die Aufnahme des Artikels 20 in die Vereinbarungen zu verlangen, der den Abzug der Nordvietnamesen aus Laos und Kambodscha fordert. Die Vollmachten des Präsidenten nach Artikel II der Verfassung reichen aus, um so negative Folgen zu verhindern. Es lohnt sich, darauf hinzuweisen, daß der Bericht »Der Kongreß und die Beendigung der Krieges in Vietnam«, der kürzlich von der außenpolitischen Abteilung des Forschungsdienstes des Kongresses für unseren Ausschuß erstellt worden ist, ähnliche Schlüsse zieht und auch im Hinblick auf die verfassungsmäßigen Rechte des Präsidenten die gleiche Auffassung vertritt.

Man muß erkennen, daß Umfang und Anwendung der Vollmachten des Präsidenten nach Artikel II der Verfassung nur selten unumstritten geblieben sind. Nach der Verfassung gibt es im Kriege eine Gewaltenteilung zwischen der Exekutive und der Legislative der Regierung. Der Kongreß hat das Recht, »für die gemeinsame Verteidigung zu sorgen, den Krieg zu erklären, Kaperbriefe auszustellen und Regeln für die Besetzung von Land und Wasser aufzustellen, Armeen einzuberufen und zu versorgen, eine Flotte aufzustellen und zu unterhalten, Bestimmungen für die Führung und Gliederung der Land- und Seestreitkräfte zu erlassen« und »alle Gesetze zu machen, die notwendig und angebracht sein werden, die obengenannten Vollmachten auszuüben . . .« Auf der anderen Seite sieht die Verfassung vor, daß »die Exekutivgewalt von einem Präsidenten ausgeübt werden soll«, daß er »der Oberbefehlshaber des Heeres und der Flotte der Vereinigten Staaten sein soll« und daß »er dafür zu sorgen hat, daß die Gesetze getreulich befolgt werden«. Dem Präsidenten wird außerdem die Vollmacht übertragen, auf Anweisung und mit Zustimmung von zwei Dritteln des Senats Verträge zu schließen, auf Anweisung und mit der Zustimmung des Senats Botschafter zu ernennen und Botschafter sowie andere offizielle Geschäftsträger zu empfangen.

Der Verlauf der Verfassunggebenden Versammlung des Bundes im Jahr 1787 zeigt, daß die Ambivalenzen dieser Gewaltenteilung zwischen dem Präsidenten und dem Kongreß bewußt nicht aufgehoben wurden, weil man erwartete, daß sie sich in der Praxis näher bestimmen lassen würden. Mancher hätte es vielleicht lieber gesehen, wenn die Schöpfer der Verfassung präziser gewesen wären, aber es hat sich erwiesen, daß es sehr weise gewesen ist, zu erkennen, daß man nicht alle Möglichkeiten voraussehen kann und daß man deshalb für das politische Kräftespiel in der Zukunft eine beachtliche Flexibilität ermöglicht hat. Die Verfassung bildet den Rahmen für demokratische Entscheidungen und Handlungen und ist keine Quelle fertiger Antworten für alle Fragen, und darin liegt eine ihrer großen Stärken.

Fraglos soll der Kongreß bei den Entscheidungen über die Verwendung bewaffneter Streitkräfte im Ausland eine wichtige Rolle spielen. Welches ist nun diese Rolle im Hinblick auf die Fortführung des Einsatzes amerikanischer Luftstreitkräfte in Kambodscha? Der Kongreß hat mit dem Präsidenten zusammengearbeitet, um eine Politik der Festigkeit und der Verhandlungsbereitschaft zu ermöglichen, der es gelungen ist, die Vereinbarungen vom 27. Januar zustande zu bringen, und der es jetzt gelingen kann, die Einhaltung dieser Vereinbarungen durchzusetzen. Diese Zusammenarbeit hat sich in den Konsultationen, in der Autorisierung (des Präsidenten durch den Kongreß) und darin bewährt, daß die erforderlichen Mittel vom Repräsentantenhaus zur Verfügung gestellt worden sind. Der Kongreß hat die Vorschläge einiger seiner Mitglieder stets abgelehnt, die Teilnahme des Kongreßes und die Autorisierung dieser Politik dadurch aufzugeben, daß die notwendigen Mittel für Militärausgaben und Auslandshilfe gestrichen würden. Der Kongreß hat außerdem eine Reihe von Bestimmungen – besonders im Hinblick auf Kambodscha – erlassen. Die Politik des Präsidenten in Kambodscha hat diesen Bestimmungen bisher vollständige entsprochen und tut das auch noch jetzt.

Man hat natürlich gehofft, daß die Bestimmungen der am 27. Januar in Paris unterzeichneten Vereinbarungen strikt eingehalten würden, und dazu gehörten auch das sofortige Inkrafttreten eines Waffenstillstands in Laos und Kambodscha und der Abzug ausländischer Truppen aus diesen beiden Ländern. Statt dessen haben jedoch die Kommunisten nach dem Waffenstillstand in Laos eine neue Regierung gebildet und die Entwicklung damit aufgehalten; in Kambodscha haben die Kommunisten die Bemühungen der Khmer-Regierung um einen *de facto*-Waffenstillstand mit einer mit starken Kräften geführten großen Offensive beantwortet. Nordvietnamesische Streitkräfte sind in Laos und Kambodscha geblieben, und die Nordvietnamesen schleusen auch weiterhin durch diese Länder Personal und Kriegsmaterial in die Republik Vietnam ein. Nordvietnamesische Streitkräfte in Kambodscha beteiligen sich auch jetzt noch an den offensiven Operationen der Kommunisten und unterstützen sie.

Die von den Luftstreitkräften der Vereinigten Staaten in Laos geführten Angriffe waren ein wesentliches Element bei der Entscheidung Nordvietnams und seiner laotischen Verbündeten, in Laos einen Waffenstillstand auszuhandeln. Wenn die Luftangriffe der Vereinigten Staaten in Kambodscha trotz der kommunistischen Offensive eingestellt würden, dann hätten die Kommunisten, wenn überhaupt, einen nur geringen Anlaß, in diesem Land eine Waffenstillstand anzustreben, und zweifellos wäre die Versuchung für Nordvietnam sehr groß, seine Truppen und Nachschubwege auf unbestimmte Zeit in Laos und Kambodscha zu belassen. Eine solche Lage widerspräche der von Artikel 20 der Vietnam-Vereinbarungen vorgesehenen und würde die Durchführbarkeit einer Friedensregelung des südvietnamesischen Volkes bedrohen und daher für die Republik von Vietnam und die Vereinigten Staaten unannehmbar sein. Angesichts dieser Tatsachen scheint es klar, daß das Argument, die Verfassung erfordere die sofortige Einstellung von Luftangriffen der Vereinigten Staaten in Kambodscha wegen der Pariser Vereinbarungen, in Wirklichkeit ein Argument dafür ist, daß die Verfassung, die es den Vereinigten Staaten erlaubt hat, eine Friedensvereinbarung auszuhandeln – einen Frieden, der dem südvietnamesischen Volk das Recht der Selbstbestimmung garantiert und dafür sorgt, daß die amerikanischen Gefangenen zurückkehren und die Streitkräfte der Vereinigten Staaten aus Vietnam abgezogen werden – eine Verfassung sei, die einen automatischen selbstzerstörerischen Mechanismus enthält, dessen Ziel es wäre, das zu vernichten, was unter so großen Schwierigkeiten erreicht wurde. Wir stehen jetzt vor weiteren Gesprächen mit den Nordvietnamesen über die Einhaltung der Pariser Vereinbarungen. Wir hoffen, diese Gespräche werden erfolgreich sein und zu einem Waffenstillstand in Kambodscha führen.

Siehe auch die in der Aussage des Senators Barry M. Goldwater vom 10. Mai 1973 enthaltene ausgezeichnete Verfassungsanalyse, die er vor dem Außenpolitischen Ausschuß des Repräsentantenhauses abgegeben hat. U.S., Congress, House, Committee on Foreign Affairs, *U.S. Policy and Programs in Cambodia, Hearings before the Subcommittee on Asian and Pacific Affairs on the House Committee on Foreign Affairs,* 93. Kongreß, 1. Sitzungsperiode, 1973, S. 41–52 und 82.

22 »Mr. Nixon's War Veto«, *Washington Post,* 29. Juni 1973. Ähnliche Kommentare erschienen in der *Baltimore Sun* vom 18. Juni, der *New York Post* vom 26. Juni, der *St. Louis Post Dispatch* vom 7. August und der *Baltimore Sun* vom 14. August 1973.

23 Siehe z. B. Michael Parks, »Soviet Trying to End Feud with Sihanouk«, *Baltimore Sun,* 8. Juli 1973.

24 James Pringle, »Sihanouk Adapts to ›Austere Life‹ «, *Washington Post,* 17. Juli 1973.

25 Mein Brief vom 30. April 1975 an Frau Aase Lionaes vom Kommittee für den Friedensnobelpreis hat den folgenden Wortlaut:

Sehr geehrte Frau Lionaes:

Meine Auszeichnung 1973 durch den Friedensnobelpreis gehört zu den stolzesten Augenblicken in meinem Leben. Gemeinsam mit Millionen von Menschen hoffte ich, daß die Pariser Vereinbarungen endlich Indochina den Frieden bringen würden. Doch es sollte nicht sein; der Frieden, den wir in Verhandlungen suchten, wurde durch Gewalt zerstört.

Weil ich mir der Ehre zutiefst bewußt bin, die mir durch die Nobel-Stiftung widerfuhr, fühle ich mich verpflichtet, den Preis zurückzugeben. Ich füge daher die Nobel-Goldmedaille und das Nobel-Diplom, die mir 1973 so großzügig übergeben wurden, bei.

Wie Sie wissen, gebrauchte ich das Geld, das zum Preis gehört, bereits, ehe ich die finanzielle Zuwendung erhalten hatte, um eine Stiftung zu gründen, die Kindern amerikanischer Soldaten, die in Indochina fielen oder dort vermißt sind, Ausbildungsbeihilfen gewährt. Andere Personen haben inzwischen der Stiftung weitere Beiträge übergeben, und die ersten Ausbildungsbeihilfen werden in Kürze ausgeschrieben werden.

Dennoch glaube ich, daß ich der Nobel-Stiftung Schadenersatz leisten muß oder, falls der Stiftung dies lieber ist, denselben Betrag einer wohltätigen Einrichtung stifte, die der Stiftung genehm ist. Ich bitte Sie, mich die Wünsche der Stiftung in dieser Hinsicht wissen zu lassen, so daß ich ihnen sofort nachkommen kann.

Diesen Brief schreiben zu müssen, ist für mich so schmerzlich, daß ich es kaum ausdrücken kann. Aber die Qualen und Tragödien, die über Millionen von Menschen gekommen sind, die nicht mehr wollten als die Möglichkeit, ihr Leben nach ihren Vorstellungen zu leben, läßt mir keine andere Wahl.

Hochachtungsvoll

(unterschrieben) Henry A. Kissinger

IX. Kapitel

1 US Congress, Senate, Staff, Select Committee to Study Government Operations with Respect to Intelligence Activities, *Covert Action in Chile 1963–1973*, 94. Kongreß, 1. Sitzungsperiode, 1975, S. 2, 28.

2 Henry Kissinger, *Memoiren 1968–1973*, a. a. O., S. 696–698.

3 Régis Debray, *The Chilean Revolution: Conversations with Allende*, New York 1971, S. 119, 118, 82.

4 Siehe Kissinger, *Memoiren 1968–1973*, a. a. O., XVI. Kapitel.

5 Ebenda, XVII. Kapitel.

6 Nathaniel Davis in »US Convert Actions in Chile 1971–73« *Foreign Service Journal*, November und Dezember 1978. Die Zitate sind S. 11 des Dezember-Artikels entnommen.

7 Siehe Davis, a. a. O., November 1978, S. 12–13. William Colby und Peter Forbath, *Honorable Men: My Life in the CIA*, New York 1978, S. 379–382.

8 Davis a. a. O., Dezember 1978, S. 11.

9 *New York Times*, 13. Juni 1972.

10 Paul E. Sigmund, *The Overthrow of Allende and the Politics of Chile, 1964–1976*, Pittsburgh 1977, S. 171.

11 Sigmund, a. a. O., S. 186.

12 Siehe US Congress, Senate, *Covert Actions in Chile 1963–1973*, S. 31.

13 Sigmund a. a. O., S. 215.

14 Es folgt der Teil meines Gesprächs mit Botschafter Nathaniel Davis vom 8. September 1973, in dem es um Chile geht:

Kissinger: Sagen Sie mir, wie es in Chile aussieht.

Botschafter Davis: Nun, die Lage hat sich mit Sicherheit nicht verbessert. Mit der Wirtschaft geht es weiter bergab. Die Polarisierung der politischen Kräfte geht weiter; und jede der drei Teilstreitkräfte hat zu irgendeinem Zeitpunkt eine innere Krise durchgemacht. Deshalb

sind die Allende feindlichen Kräfte in allen drei Teilstreitkräften stärker geworden. Wie Sie wissen, ist General Prats zurückgetreten.
Kissinger: Warum hat er seinen Abschied genommen?
Botschafter Davis: Nun, zum Teil wegen der Ehefrauen der Offiziere von Prats, darunter auch der Frauen vieler seiner Generäle, die seinen Rücktritt gefordert haben. Zum Teil, weil Prats sich den hinter Allende stehenden Kräften in der Regierung angeschlossen hat und irgendwie zu ihrem Werkzeug geworden ist.
Kissinger: Wird es zu einem Putsch kommen?
Botschafter Davis: In Chile kann man nichts ausschließen, aber alles spricht für einen Putsch, obwohl ich Ihnen keinen zeitlichen Rahmen dafür nennen kann.
Kissinger: Ich nehme an, wir werden uns da heraushalten.
Botschafter Davis: Ja. Ich habe alle meine Mitarbeiter strikt angewiesen, wir dürften uns in keiner Weise beteiligen.
Kissinger: Fragen uns die Chilenen nach unserer Meinung?
Botschafter Davis: Ja, gelegentlich schlängeln sie sich heran und erkundigen sich danach, wie wir die Lage beurteilen. Aber wie gesagt, ich habe meinen Mitarbeitern die strikte Anweisung gegeben, sich in keine Gespräche über dieses Thema verwickeln zu lassen.
Kissinger: Kann Allende seine Amtszeit durchstehen?
Botschafter Davis: Seine Chancen dafür werden mit jeder Woche schlechter.
Kissinger: Und was wird geschehen, wenn es dazu kommt? Hat es schon einmal einen Präsidenten gegeben, der zurückgetreten ist?
Botschafter Davis: Ja. 1891 hat es einen ähnlichen Fall gegeben wie diesen. Die Situation läßt sich sogar mit der gegenwärtigen vergleichen.
Kissinger: Gut, aber was wird geschehen, wenn Allende zurücktritt? Wird es zu Neuwahlen kommen?
Botschafter Davis: Wenn er zurücktritt, übernimmt der Senatspräsident das Amt des Staatsoberhaupts. Das ist Frei, aber ich glaube, Sie sollten nicht mit dieser Möglichkeit rechnen. Sollte die Armee die Macht übernehmen, dann werden die Militärs kaum bereit sein, sie so bald wieder aus der Hand zu geben.
Kissinger: Dann würde Chile den gleichen Weg gehen wie Brasilien?
Botschafter Davis: Ja, oder Peru.
Kissinger: Wie würde eine Militärregierung aussehen? Ließe sie sich mit der in Peru oder Brasilien vergleichen?
Botschafter Davis: Sie wäre sehr pro-amerikanisch. Wir haben gute Beziehungen zum chilenischen Militär. Aber Chile hat eine radikale Geschichte, und die Militärs werden nicht den Eindruck erwecken wollen, als liefen sie vor der Geschichte fort, um zum alten konservativen *status quo* zurückzukehren.
Kissinger: Ja, aber Chile wäre unter solchen Umständen doch kein Zentrum für revolutionäre Umtriebe in Lateinamerika, nicht wahr?
Botschafter Davis: Nein.
Kissinger: Was sollten wir dort unternehmen?
Botschafter Davis: Die Dinge entwickeln sich schnell. Unser größtes Problem besteht darin, daß wir uns nicht hineinziehen lassen dürfen.

Wir müssen es den Chilenen überlassen, selbst über ihre Zukunft zu entscheiden.
Kissinger: Glauben Sie, daß Allende gestürzt werden wird?
Botschafter Davis: Ich würde sagen, Allende hat eine Chance von fünfundzwanzig Prozent, bis zum Ende seiner Amtszeit im Jahr 1976 an der Regierung zu bleiben. Ich glaube, es besteht die fünfunddreißig- bis vierzigprozentige Wahrscheinlichkeit, daß es zu einem Umsturz kommt. Die Militärs haben vielleicht eine zwanzig- bis fünfundzwanzigprozentige Chance, an der Regierung beteiligt zu werden, aber in einer Rolle, in der sie die Regierungsmacht in der Hand haben. Es besteht aber, wie ich meine, eine nur sehr geringe Möglichkeit, daß in Chile eine ähnliche Lage entsteht wie auf Kuba.
Kissinger: Nun gut, aber wenn es dazu kommen sollte, von welcher Basis aus würde sich so etwas entwickeln?
Botschafter Davis: Es würde sich daraus entwickeln, daß die Militärs die Nerven verlieren. Ich muß zugeben, daß die Militärs in Chile auch schon früher die Nerven verloren haben.
Kissinger: Wie steht es mit den *carabineros?*
Botschafter Davis: Sie nähern sich in letzter Zeit der Haltung der Militärs. Ihre obersten Führer wollen sich aber immer noch heraushalten.

15 Sigmund, *a. a. O.,* S. 4–5, 244–247, beschäftigt sich mit den einander widersprechenden Berichten und kommt zu dem Schluß, daß »alles, was sich in Erfahrung bringen läßt, auf Selbstmord hindeutet«.

16 Interview mit der Madrider Zeitung *ABC,* 10. Oktober 1973, zitiert in *Facts on File Yearbook 1973,* Bd. XXXIII, S. 872.

X. Kapitel

1 Siehe Henry Kissinger, *Memoiren 1968–73 a. a. O.,* besonders S. 33–44.

2 Siehe z. B. H. R. Haldeman mit Joseph DiMona, *The Ends of Power,* New York 1978, S. 94–97; Bill Gulley mit Mary Ellen Reese, *Breaking Cover,* New York 1980, S. 133, 251.

3 Fred Greenstein und Robert Wright, »Reagan . . . Another Ike?« *Public Opinion,* Bd. 3, Nr. 6 (Dez. 1980/Jan. 1981), S. 52–53. Siehe auch Greenstein & Wright, »The Political Savvy of Dwight Eisenhower«, *Wall Street Journal,* 28. Januar 1981.

4 Haldeman, *a. a. O.,* S. 176–177. Herb Klein behauptet, er habe Ende 1972 nach den Wahlen gehört, wie ich Haldeman fragte, wann ich zum Nachfolger von Rogers ernannt werden würde. Aber aus dem Bericht von Haldeman aus der gleichen Zeit geht klar hervor, daß damals Kenneth Rush als Nachfolger von Rogers vorgesehen war. Siehe Herbert G. Klein, *Making It Perfectly Clear,* Garden City 1980, S. 309–310.

5 Mir ist bekannt, daß Nixon die Sache gegenüber David Frost anders dargestellt hat. Siehe David Frost, *I Gave Them a Sword: Behind the Scenes of the Nixon Interviews,* New York 1978, S. 166–167.

6 Siehe z. B. »The Talk of the Town«, *The New Yorker,* 17. September 1973; William Safire, »Advise and Condone«, *New York Times,* 13. September 1973.

7 Aussage des Justizministers Elliot Richardson vor dem Außenpolitischen Senatsausschuß am 10. September 1973. Siehe Anmerkung 8 un-

ten. Siehe auch Stellungnahme von William Ruckelshaus, ehemals amtierender Direktor des FBI, in der CBS-Fernsehsendung »Face the Nation« am 16. Juni 1974: »Es war nicht seine (Kissingers) Idee, die Abhörvorrichtungen anzubringen; er hat sich nur über die undichten Stellen beschwert.«

8 U. S. Congress, Senate, Committee on Foreign Relations, *Hearings on Dr. Kissinger's Role in Wiretapping Before the Committee on Foreign Relations*, 93. Kongreß, 2. Sitzungsperiode, 29. September 1974, enthält meine Aussage in öffentlichen und Exekutivsitzungen in den Jahren 1973 und 1974.

9 Muskie wird erwähnt in »U. S. Split on Defense Costs, Muskie Told Soviet Premier«, *Washington Star*, 26. Januar 1971.

10 Siehe Kissinger, *Memoiren 1968–73*, München 1979, S. 47–57.

XI. Kapitel

1 Siehe Abba Eban, *An Autobiography*, New York 1977, S. 502. Der damalige Oppositionsführer und heutige Premierminister von Israel, Menachem Begin, hat mir später fälschlich vorgeworfen, ich hätte Zayyats Version von den Ereignissen jenes Morgens übernommen und »automatisch« vorausgesetzt, Israel habe den Krieg mit dem angeblichen Angriff seiner Flottenverbände begonnen. Das ist einfach nicht wahr. Siehe das Interview mit Premierminister Menachem Begin von Israel mit Robert Siegel, »Communiqué«, *The Weekly Report on World Affairs from National Public Radio (NPR)*, 18. Juni 1981.

2 Roberta Wohlstetter, *Pearl Harbor: Warning and Decision*, Stanford 1962.

3 Barton Whaley, *Codeword BARBAROSSA*, Cambridge, Mass. 1973.

4 Sun Tzu, *The Art of War*, übersetzt und mit einer Einführung von Samuel B. Griffith, Oxford 1963, S. 66.

5 Siehe z. B. Commission of Inquiry – Yom Kippur War (The Agranat Commission), *Partial Report*, 2. April 1974, (State of Israel, Government Press Office, Press Bulletin), Abschn. 9–12; Lt. Gen. Haim Bar Lev, »Surprise and the Yom Kippur War«, eine dem Internationalen Symposium zur Untersuchung der militärischen Aspekte des israelisch-arabischen Konflikts vorgelegte Denkschrift, Jerusalem, Oktober 1975, in Louis Williams, Hrsg., *Military Aspects of the Israeli-Arab Conflict*, Tel Aviv 1975, S. 259–265.

6 Eban, *An Autobiography a. a. O.*, S. 496.

7 Siehe Ray S. Cline, »Policy Without Intelligence«, *Foreign Policy*, Nr. 17 (Winter 1974/75), besonders S. 131–133.

8 Anwar el-Sadat, *In Search of Identity*, New York 1977, S. 246.

9 Ebenda, S. 247, 249, 252–254.

10 Siehe *New York Times*, 29. September 1973, S. 1. Siehe auch Claire Sterling, *The Terror Network*, New York 1981, S. 144–145.

11 Siehe Golda Meir, *My Life*, New York 1975, S. 426–427; Moshe Dayan, *Story of My Life*, New York 1976, S. 460–461; »Israel Knew Attack Was Coming, Envoy to the US Asserts«, *New York Times*, 11. Oktober 1973, S. 18; Edward N. Luttwak, »Strategy for a War«, *Washington Star News*, 14. Oktober 1973.

12 Dayan, *Story of My Life a. a. O.,* S. 460; Eban, *An Autobiography,* S. 508–509.
13 Sadat, *In Search of Identity a. a. O.,* S. 252–254.
14 Siehe z. B. Edward N. Luttwak und Walter Laqueur, »Kissinger and the Yom Kippur War«, *Commentary,* September 1974.
15 Siehe *Washington Post,* 15., 16. und 18. Oktober 1973.

XII. Kapitel

1 Die Resolution des UN Sicherheitsrats 338 vom 22. Oktober 1973, deren Text in Moskau ausgearbeitet wurde, hat folgenden Wortlaut:

Der Sicherheitsrat

1. Fordert alle an den gegenwärtigen Kämpfen beteiligten Parteien auf, sofort und nicht später als zwölf Stunden nach dem Augenblick der Annahme dieser Entscheidung in den Stellungen, die sie jetzt einnehmen, jedes Feuer einzustellen und alle militärischen Aktivitäten zu beenden;

2. Fordert die betreffenden Parteien auf, unmittelbar nach der Feuereinstellung mit der Befolgung der Resolution 242 (1967) des Sicherheitsrats in allen ihren Teilen zu beginnen;

3. Beschließt, daß sofort und gleichzeitig mit der Feuereinstellung zwischen den betroffenen Parteien unter den notwendigen Sicherheitsvorkehrungen Verhandlungen aufgenommen werden mit dem Ziel, im Nahen Osten einen gerechten und dauerhaften Frieden herzustellen.

2 Siehe Henry Kissinger, *Memoiren 1968–73,* München 1979, S. 1223 bis 1224. Der Flugkapitän schloß auf einen Computerfehler. J. F. terHorst und Oberst Ralph Albertazzi, *The Flying White House: The Story of Air Force One,* New York 1979, Kapitel 9.

3 Die Resolution 339 vom 23. Oktober lautet wie folgt:

Der Sicherheitsrat

bezugnehmend auf seine Resolution 338 (1973) vom 22. Oktober 1973

1. bestätigt seinen Beschluß über eine sofortige Einstellung jeden Feuers und aller militärischen Aktionen und fordert die Streitkräfte beider Seiten dringend auf, sich auf die Stellungen zurückzuziehen, die sie eingenommen haben, als die Feuereinstellung in Kraft trat;

2. ersucht den Generalsekretär, Maßnahmen für die sofortige Entsendung von Beobachtern der Vereinten Nationen zu ergreifen, welche die Einhaltung der Feuereinstellung zwischen den Streitkräften Israels und der Arabischen Republik von Ägypten überwachen sollen; zu diesem Zweck soll das Personal der Vereinten Nationen verwendet werden, das sich jetzt im Nahen Osten aufhält, in erster Linie das Personal in Kairo.

4 Richard Nixon, *RN: The Memoirs of Richard Nixon,* New York 1978, S. 938.
5 Siehe Kissinger, *Memoiren a. a. O.,* S. 654–672.
6 Siehe US Congress, House, Committee on Foreign Affairs, *Inquiring into the Military Alert Invoked on October 24, 1973,* Report No. 93–970 to Accompany H. Res. 1002, 93. Kongreß, 2. Sitzungsperiode, 1974, wo die

Anweisungen in allgemeiner Form beschrieben sind und der Administration zugestimmt wird, daß entsprechende öffentliche Erklärungen gemacht wurden.

7 Resolution 340 vom 25. Oktober hat folgenden Wortlaut:

Der Sicherheitsrat

erinnert an seine Resolutionen 338 (1973) vom 22. Oktober und 339 (1973) vom 23. Oktober 1973 und stellt mit Bedauern fest, daß wiederholte Verletzungen der Feuereinstellung in Nichtbeachtung der Resolutionen 338 (1973) und 339 (1973) gemeldet worden sind, und entnimmt mit Besorgnis dem Bericht des Generalsekretärs, daß die Militärbeobachter der Vereinten Nationen noch nicht in die Lage versetzt worden sind, sich beiderseits der Feuereinstellungslinie zu postieren. Deshalb

1. verlangt der Sicherheitsrat die sofortige und vollständige Einhaltung der Feuereinstellung und den Rückzug der Parteien auf die Stellungen, die sie am 22. Oktober 1973 um 16.50 Uhr GMT eingenommen haben;

2. ersucht er den Generalsekretär, als sofortige Maßnahme die Zahl der Militärbeobachter der Vereinten Nationen auf beiden Seiten zu vergrößern;

3. beschließt er, sofort eine ihm unterstellte Sicherheitstruppe der Vereinten Nationen aufzustellen, die sich aus Personal zusammensetzt, das den Mitgliedsstaaten der Vereinten Nationen mit Ausnahme der ständigen Mitglieder des Sicherheitsrats angehört, und ersucht den Generalsekretär, innerhalb von vierundzwanzig Stunden zu melden, welche Schritte er zu diesem Zweck unternommen hat;

4. ersucht er den Generalsekretär, den Rat dringlich und laufend davon zu unterrichten, wie weit die vorliegende Resolution sowie die Resolutionen 338 (1973) und 339 (1973) befolgt werden;

5. ersucht er alle Mitgliedsstaaten, den Vereinten Nationen ihre uneingeschränkte Mitarbeit für die Durchsetzung der vorliegenden Resolution sowie der Resolutionen 338 (1973) und 339 (1973) zu gewähren.

XIII. Kapitel

1 Siehe William B. Quandt, *Decade of Decisions: American Policy toward the Arab-Israeli-Conflict, 1967–1976,* Berkeley 1977, S. 251–252; Edward R. F. Sheehan, *The Arabs, Israelis, and Kissinger: A Secret History of American Diplomacy in the Middle East,* New York 1976, passim.

2 Siehe Henry Kissinger, *Memoiren 1968–1973,* München 1979, S. 1321–1323 und Kapitel XXVIII, Anmerkungen 3 und 4, S. 1601–1602.

3. Siehe Richard Valeriani, *Travels with Henry,* Boston 1979, S. 249–251; Marvin und Bernard Kalb, *Kissinger,* Boston 1974, S. 505–506; John P. Wallach, »Mr. K as tourist . . . diplomat . . . negotiator«, *Boston Sunday Herald Adviser,* 16. November 1973, S. A 24.

4 Miles Copeland, *The Game of Nations,* New York 1969, S. 177.

5 Siehe Anwar el-Sadat, *In Search of Identity. An Autobiography,* New York 1977, S. 228–231; Henry Kissinger, *Memoiren 1968–1973,* München 1979, S. 1373–1375.

6 Kalb und Kalb, *Kissinger*, S. 509.
7 Siehe Sheehan, *The Arabs, Israelis, and Kissinger*, S. 51–61.

XIV. Kapitel

1 Siehe Norman Podhoretz, »AWACS: The Ghost of Presidents Past«, *Washington Post*, 26. April 1981, S. C 7.
2 Siehe z.B. Nixons Bericht über Außenpolitik, *U.S. Foreign Policy for the 1970's: Building for Peace*, 25. Februar 1971, Teil I, »The Nixon Doctrine«.

XVI. Kapitel

1 Siehe *Christian Science Monitor*, 26. Oktober 1973.
2 Ebenda, 11. und 30. Oktober 1973.
3 Siehe *New York Times*, 15. Oktober 1973, S. 16.
4 *Christian Science Monitor*, 29. Oktober 1973.
5 Paul Kemezis, »Common Market Said to Resist U.S. on Joint Statement«, *New York Times*, 9. November 1973.
6 Siehe Nan Robertson, »French Criticise U.S.-Soviet Role«, *New York Times*, 13. November 1973.
7 Zitiert bei David Binder, »U.S. and 3 Allies Try to Heal Rift«, *New York Times*, 3. November 1973.
8 Zbiginiew Brzezinski, »The Mideast: Who Won?« *Washington Post*, 21. November 1973.
9 Siehe Ezra Vogel, *Japan as Number One*, Cambridge/Mass. 1979. Siehe auch Chie Nakane, *Japanese Society*, London 1970.
10 Siehe Henry Kissinger, *Memoiren 1968–1973*, München 1979, S. 363–368.
11 Masayoshi Ohira, *Brush Strokes: Moments from My Life*, Tokyo 1979, S. 119–120.
12 Ebenda S. 118.

XVII. Kapitel

1 Der Text der Verlautbarung vom 28. November 1973 der arabischen Konferenz in Algier ist abgedruckt in der *New York Times* vom 29. November 1973.
2 Marvin und Bernard Kalb, *Kissinger*, Boston 1974, S. 520.
3 Ebenda S. 524.
4 Einladungsbrief der Außenminister der Vereinigten Staaten und der UdSSR an den Generalsekretär der UN, Kurt Waldheim, vom 18. Dezember 1973:

Sehr geehrter Herr Generalsekretär!

Am 22. Oktober 1973 nahm der Sicherheitsrat die Resolution 338 an, für die die Sowjetunion und die Vereinigten Staaten gemeinsam verantwortlich zeichnen. Sie fordert Verhandlungen zwischen den Parteien, und zwar mit angemessenem Beistand und in der Absicht, einen gerechten und dauerhaften Frieden im Nahen Osten zu schaffen. Die Sowjetunion und die Vereinigten Staaten sind jetzt über die Bereitschaft der Parteien informiert worden, an einer Friedenskonferenz teilzunehmen, die am 21. Dezember in Genf beginnen soll. Die Kon-

ferenz sollte unter der Schirmherrschaft der Vereinten Nationen einberufen werden.
Die Parteien haben zugestimmt, daß die Sowjetunion und die Vereinigten Staaten gemeinsam den Vorsitz in der Konferenz führen sollen. Außerdem haben die Parteien zugestimmt, daß die Frage weiterer Teilnehmer aus dem Nahen Osten während der ersten Verhandlungsrunde besprochen werden soll.
Wir hoffen, daß Sie es ermöglichen können, an der Eröffnungsrunde der Konferenz teilzunehmen, wo, wie angenommen wird, die betroffenen Regierungen jeweils durch ihre Außenminister und später durch zu diesem Zweck ernannte Repräsentanten im Rang von Botschaftern vertreten sein werden. Außerdem hoffen wir, daß Sie einen Repräsentanten benennen können, der Sie über die Fortschritte der Konferenz vollständig informiert.
Schließlich würden wir es dankbar anerkennen, wenn die Vereinten Nationen angemessene Maßnahmen treffen könnten, um der Konferenz die notwendigen Gelegenheiten zu schaffen.
Wenn Sie, wie wir hoffen, Ihre Teilnahme ermöglichen können, so würden es die gemeinsamen Vorsitzenden, die Sowjetunion und die Vereinigten Staaten, zu schätzen wissen, wenn Sie sich damit einverstanden erklären könnten, sowohl die Konferenz einzuberufen als auch das Präsidium in der Eröffnungsrunde zu übernehmen.
Wir ersuchen Sie, diesen Brief bei den Mitgliedern des Sicherheitsrats zu deren Information umlaufen zu lassen. Wir glauben, daß es dem Präsidenten des Sicherheitsrates dienlich sein könnte, sich informell mit den Mitgliedern zu beraten, in der Absicht, eine förderliche Übereinstimmung im Rat zu erzielen.
Hochachtungsvoll . . .

5 DENKSCHRIFT FÜR DEN PRÄSIDENTEN 19. Dezember 1973
VON: Minister Kissinger
Da wir der Eröffnung der Nahost-Konferenz in Genf am Freitag entgegensehen, könnten Sie meines Erachtens einen Ausblick darauf erwarten, wo wir uns befinden und was wir erreichen wollen. Die Strategie, die wir im Kielwasser des arabisch-israelischen Krieges verfolgt haben, entwickelt sich in etwa nach Plan. Wir haben uns auf die Waffenstillstands- und Verhandlungsformalitäten gestützt, die während meiner Reise nach Moskau vom 20. bis 22. Oktober ausgearbeitet worden sind, um den Waffenstillstand an der israelisch-ägyptischen Front zu festigen und um den Verhandlungsprozeß demnächst in Genf in Gang zu setzen. Der geschichtliche Moment besteht darin, daß zum ersten Mal in einem Vierteljahrhundert Araber und Israelis von Angesicht zu Angesicht miteinander verhandeln werden. Wir haben dies erreicht, indem wir unseren Einfluß in der arabischen Welt erhöhten und den der UdSSR verminderten.
Ägypten, Jordanien und Israel werden teilnehmen. Syrien, in der Geschichte der große Bösewicht im Nahen Osten, hat sich fürs erste entschieden, fernzubleiben.
Waldheim wird anwesend sein und eine beschränkte Aufgabe übernehmen und uns einigen europäischen und nicht auf der Linie lie-

genden Druck von hinten abnehmen, wenn wir israelische Interessen befriedigen.

Die syrische Entscheidung, nicht teilzunehmen, ist für uns sehr befriedigend – ein Glück im Unglück. So vermieden wir nur knapp eine Situation, wo alle drei arabischen Staaten nach Genf kommen, woraufhin Israel, das mitten im Wahlkampf steckt, sich entschieden hätte, nicht zu kommen, weil die Syrer sich hartnäckig weigern, eine Liste der Gefangenen herauszugeben.

Aber Asad bleibt unter dem Druck der Baath-Partei fest bei der Ansicht, daß zuerst ein syrisch-israelischer Waffenstillstand vereinbart werden muß, bevor er an der Konferenz teilnimmt. Wenn er diese Bedingung aufgegeben hätte, würde Israel nicht teilgenommen haben, bis Syrien eine Liste der Kriegsgefangenen übergeben und Besuchen des Roten Kreuzes zugestimmt hätte. Das war nicht zu erwarten. Wenn es Israel gewesen wäre, das man sich hätte weigern sehen, dann hätten unsere ganze Anstrengung und hart erkämpfter Rückgewinn an Vertrauen in der arabischen Welt einen Rückschlag erlitten; die Wahrscheinlichkeit einer Wiederaufnahme des Krieges hätte zugenommen; jede Möglichkeit, das *Öl*embargo zu lockern, wäre entschwunden und weitere Einschränkungen wären erfolgt; und die Möglichkeiten für eine Zunahme des russischen Einflusses in diesem Gebiet wären vergrößert worden.

Unter den gegenwärtigen Umständen können wir 1. uns konzentrieren auf ein Abkommen zwischen Ägypten, Jordanien und Israel; wird 2. die Tatsache, daß in Genf eine Konferenz stattfindet, in den nächsten sechs Wochen dazu beitragen, die Streitkräfte zu entflechten; sorgt die Genfer Konferenz 3. dafür, daß eine gewisse, wenn nicht sogar eine endgültige Abneigung entsteht, die Feindseligkeiten wiederaufzunehmen; 4. sorgt sie dafür, daß Faisal einen Vorwand erhält, um, hoffentlich schon irgendwann im Januar, das *Embargo* aufzuheben.

Aus diesen Gründen sollten wir eine Zeitlang *Asad in seinem eigenen Saft schmoren lassen* und abwarten, bis der arabische Druck und vielleicht auch etwas sowjetischer Druck abgeklungen sind, während er aufmerksam voll Mißtrauen und Argwohn den Entwicklungen in Genf entgegensieht. Wir müssen ihn sorgfältig beobachten und *den Sowjets klarmachen,* daß sie einem weiteren Krieg im Nahen Osten Vorschub leisten, wenn sie Syrien wesentlich unterstützen, und daß ein weiterer Krieg eine ernsthafte Beeinträchtigung unserer Beziehung nach sich ziehen würde. Neuerdings deuten Geheimdiensthinweise auf eine *mögliche Wiederaufnahme der Kämpfe* an der syrisch-israelischen Front hin; wir sollten daher den Russen klarmachen, daß sie, um dies zu verhindern, alle Mittel gegenüber ihrem syrischen Verbündeten anwenden müssen. Wenn es doch dazu kommen sollte, könnte Sadat sich ihm nicht entziehen und Hussein würde unter noch größeren Druck als in der Vergangenheit geraten, sich in entscheidender Weise zu beteiligen. Wir würden wiederum vor dem Gespenst einer sowjetisch-amerikanischen Auseinandersetzung stehen.

Vorsichtig ausgedrückt *glaube ich, daß eine echte Chance für eine ägyptisch-israelische Vereinbarung für eine Entflechtung besteht.* Sadat hat unser Konzept einer Annäherung Schritt für Schritt übernommen. Er hat sich als durch und durch zuverlässig erwiesen – er hat sich entschieden, auf jeden Fall nach Genf zu gehen.

Die Aussichten zwischen Jordanien und Israel sind ebenfalls hoffnungsvoll, da sie sich in dem wechselseitigen Interesse treffen, die radikalen Palästinenser vom Westufer fernzuhalten. Beide scheinen bereit zu sein, Vorstellungen zu erörtern, um Husseins Herrschaft über das Westufer zu stärken, damit radikale Übergriffe isoliert werden können.

Was Syrien betrifft, so wird es möglicherweise später teilnehmen, wenn es mit unserer Hilfe hinter den Kulissen zu Fortschritten bei der Entscheidung über die Kriegsgefangenen und bei einer Vereinbarung über die Richtlinien für eine syrisch-israelische Entflechtung kommt. Auf diese Weise haben wir von allem das beste. Trotz ihrer Nichtteilnahme, ihrer Nichtbereitschaft, mit den Israelis separat zu verhandeln, und ihrem Mißtrauen gegenüber Teillösungen haben sich unsere Beziehungen zu Syrien verbessert. Ein Ergebnis meines Gespräches mit Präsident Asad besteht darin, daß wir in Damaskus bald eine Interessenvertretung einrichten werden. Dadurch werden wir uns besser verständigen können und in der Lage sein, zwischen Israel und Syrien eine effektivere Rolle zu spielen.

Die Funktion der Russen wird erneut geprüft werden. Ich glaube nicht, daß sie sich widersetzen werden, andererseits werden sie auch nicht besonders hilfreich sein. Wir müssen dem starken arabischen Wunsch entgegenkommen, mit uns direkt zu verhandeln; die Araber wünschen Vereinbarungen, die in erster Linie auf amerikanischen Anstrengungen beruhen. Zur gleichen Zeit müssen wir die Russen im Auge behalten und unsere Bemühungen mit den ihrigen soweit wie möglich koordinieren.

Was Israel betrifft, so wird ihm seine reale Situation langsam bewußt. Falls Frau Meirs Labour-Partei ausreichend unterstützt wird, steht endlich die Tür offen. Israel sieht sich unfähig, einen weiteren Zermürbungskrieg auf sich zu nehmen, und zur gleichen Zeit unfähig, einen überwältigenden, entscheidenden Sieg zu erringen. Langsam beginnen sie dieses sehr ungemütliche Faktum zu begreifen. Unter Qualen richten sie sich anscheinend auf ernsthafte Verhandlungen ein. In diesem Zusammenhang ist die Aufrechterhaltung unseres Waffennachschubs über See unabdingbar. Doch ein Sieg der Rechten könnte unsere Friedensbemühungen ernsthaft komplizieren; wir werden es bald wissen.

XVIII. Kapitel

1 Richard Nixon, *RN: The Memoirs of Richard Nixon,* New York 1978, S. 971.

2 Siehe US Congress, Senate, Committee on Armed Service, *Transmittal of Documents from the National Security Council to the Chairman of the Joint Chiefs of Staff, Hearings,* 93. Kongreß, 2. Sitzungsperiode, Teil 1 (6. Februar 1974) und Teil 2 (20./21. Februar 1974).

3 J. F. terHorst und Oberst Ralph Albertazzie, *The Flying White House: The Story of Air Force One*, New York 1979.

4 Über die Erlebnisse der mitreisenden Journalisten siehe Richard Valeriani, *Travels with Henry*, Boston 1979.

5 Die ägyptisch-israelische Vereinbarung über eine Entflechtung der Streitkräfte in Ausführung der Genfer Friedenskonferenz, unterzeichnet am 18. Januar 1974 bei Kilometer 101 durch die Stabschefs von Ägypten (Gamasy) und Israel (Elazar) und bezeugt von UNEF-Befehlshaber Siilasvuo, hat den folgenden Wortlaut:

A. Ägypten und Israel werden den vom UN-Sicherheitsrat geforderten Waffenstillstand zu Land, zur See und in der Luft auf das Genaueste beachten und werden vom Zeitpunkt der Unterzeichnung dieses Dokuments an alle militärischen oder paramilitärischen Handlungen gegeneinander unterlassen.

B. Die militärischen Streitkräfte Ägyptens und Israels werden in Übereinstimmung mit den folgenden Grundsätzen entflochten:

1. Alle ägyptischen Streitkräfte auf der Ostseite des Kanals werden westlich der Linie, die auf der beigefügten Karte als Linie A bezeichnet ist, aufgestellt. Alle israelischen Streitkräfte, einschließlich derjenigen, die westlich des Suez-Kanals und der Bitterseen stehen, werden östlich der Linie aufgestellt, die auf der beigefügten Karte als Linie B bezeichnet ist.

2. Das Gebiet zwischen den ägyptischen und israelischen Linien wird zu einer Zone der Entflechtung, in der die Streitkräfte der Vereinten Nationen (UNEF) stationiert werden. Die UNEF wird weiterhin aus Einheiten der Länder zusammengesetzt werden, die nicht zu den ständigen Mitgliedern des Sicherheitsrats gehören.

3. In dem Gebiet zwischen der ägyptischen Linie und dem Suez-Kanal werden Waffen und Streitkräfte begrenzt.

4. Das Gebiet zwischen der israelischen Linie (Linie B auf der beigefügten Karte) und der Linie, die auf der beigefügten Karte als Linie C bezeichnet wird und die sich entlang des westlichen Fußes der Berge entlangzieht, wo der Gidi- und der Mitla-Paß liegen, werden Waffen und Streitkräfte begrenzt.

5. Die Begrenzungen nach Paragraph 3 und 4 werden von der UNEF beaufsichtigt. Bestehende Verfahren der UNEF einschließlich der Zuteilung ägyptischer und israelischer Verbindungsoffiziere zur UNEF werden beibehalten.

6. Luftstreitkräfte beider Seiten dürfen bis zu ihren jeweiligen Linien unbehindert von der anderen Seite operieren.

C. Die detaillierte Ausführung, wie die Streitkräfte entflochten werden, wird von den militärischen Vertretern Ägyptens und Israels, die sich über die Stufen dieses Vorgangs einigen werden, ausgearbeitet. Diese Vertreter werden sich nicht später als achtundvierzig Stunden nach Unterzeichnung dieser Vereinbarung in dieser Absicht unter dem Schutz der Vereinten Nationen bei Kilometer 101 treffen. Sie werden diese Aufgabe innerhalb von fünf Tagen abschließen. Die Entflechtung wird innerhalb von achtundvierzig Stunden nach Abschluß dieser Arbeit durch die militärischen Vertreter beginnen, un-

ter keinen Umständen später als sieben Tage nach der Unterzeichnung dieser Vereinbarung.
Der Vorgang der Entflechtung wird nicht später als vierzig Tage nach seinem Beginn abgeschlossen sein.
D. Diese Vereinbarung wird von Ägypten und Israel nicht als ein endgültiger Friedensvertrag betrachtet. Sie bildet einen ersten Schritt zu einem endgültigen, gerechten und dauerhaften Frieden, in Übereinstimmung mit den Verfügungen der Resolution 338 des Sicherheitsrats und im Rahmen der Genfer Konferenz.
Für Ägypten: (unterzeichnet) Mohammad Abdel Ghani Al-Gamasi, Generalmajor, Stabschef der Ägyptischen Bewaffneten Streitkräfte
Für Israel: (unterzeichnet) David Elazar, Generalleutnant, Stabschef der Israelischen Verteidigungsstreitkräfte
Zeuge: (unterzeichnet) Ensio P. H. Siilasvuo, Generalleutnant, Stabschef der UNEF

6 Der »Vorschlag der Vereinigten Staaten« über die Begrenzung der Streitkräfte, unterzeichnet von Präsident Sadat und Golda Meir, hat den folgenden Wortlaut:
In der Absicht, die Vereinbarung zwischen Ägypten und Israel zu erleichtern und als Teil dieser Vereinbarung und um die genaue Beachtung der Feuereinstellung zu Land, in der Luft und zur See zu unterstützen und aufrechtzuerhalten, schlagen die Vereinigten Staaten das folgende vor:
1. daß innerhalb der Gebiete begrenzter Bewaffnung und Streitkräfte, die in dieser Vereinbarung bezeichnet sind, sich befinden werden: (a) nicht mehr als acht verstärkte Bataillone der bewaffneten Streitkräfte und dreißig Panzer; (b) keine Artillerie, ausgenommen Panzerabwehrgeschütze, Panzerabwehrraketen, Granatwerfer und sechs Batterien Haubitzen bis zu einem Kaliber von 122 mm (M-3) mit einer Reichweite von nicht mehr als zwölf Kilometer; (c) keine Waffen, die in der Lage sind, Flüge der anderen Partei über deren Streitkräften zu behindern; (d) keine dauerhaften, festen Stellungen für Raketenbasen. Die komplette Streitkraft einer jeden Partei soll siebentausend Mann nicht überschreiten.
2. daß in einer Entfernung von dreißig Kilometern westlich der ägyptischen Linie sowie östlich der israelischen Linie keine Waffen sich innerhalb dieser Gebiete befinden werden, die die andere Linie erreichen können.
3. daß in einer Entfernung von dreißig Kilometern westlich der ägyptischen Linie sowie östlich der israelischen Linie keine Boden-Luft-Raketen sich befinden werden.
4. daß die obige Beschränkung von dem Zeitpunkt an, zu dem die Vereinbarung über das Auseinanderrücken Ägyptens und Israels von den Parteien unterschrieben ist, angewendet und in Übereinstimmung mit dem Zeitplan der Ausführung der zugrunde liegenden Vereinbarung ausgeführt wird.

XIX. Kapitel

1 US Cabinet Task Force on Import Control, *The Oil Import Question: A Report on the Relationship of Oil Imports to the National Security,* Februar 1970, S. 124–125.

2. John M. Blair, *The Control of Oil,* New York 1978, S. 215.

3 Craufurd D. Goodwin (Hg.), *Energy Policy in Perspective: Today's Problems, Yesterday's Solutions,* Washington 1981, Tabelle A-4, S. 694.

4 Siehe z. B. David D. Newsom, »Our Arsenal Must Include Our Values«, *Washington Star,* 2. April 1981. Newsom war Abteilungsleiter im Außenministerium und verantwortlich für die Beziehungen zu Libyen, als Khadhafi die Macht übernahm.

5 Blair, *The Control of Oil,* S. 221.

6 So riet zum Beispiel James E. Akins, Energiefachmann des Weißen Hauses und später Botschafter in Saudi-Arabien, 1973 den Ölgesellschaften mindestens zweimal (einmal während des Oktober-Krieges), Saudi-Arabien zu drängen, seine Ölpolitik mit einer »befriedigenden« Änderung der amerikanischen Politik in der arabisch-israelischen Auseinandersetzung zu verknüpfen. US Congress, Senate, Committee on Foreign Relations, *Multinational Oil Corporations and US Foreign Policy, Report by the Subcommittee on Multinational Corporations,* 93. Kongreß, 2. Sitzungsperiode, 2. Januar 1975, S. 143.

7 Siehe *New York Times,* 23. November 1973.

8 So die lächerliche Behauptung in einem Teil des CBS-Fernsehen-Nachrichtenprogramms *60 Minutes* – »The Kissinger-Shah-Connection« –, die am 4. Mai 1980 gesendet wurde, ebenso in vielen Artikeln von Jack Anderson in der *Washington Post,* z. B. am 5., 10. und 26. Dezember 1979. Vergleiche auch den noch absurderen Bericht von Jean-Jaques Servan-Schreiber, *The World Challenge,* New York 1981, S. 51–56, 65–70.

9 US Senate, *Multinational Oil Corporations and US Foreign Policy,* S. 150; Edith Penrose, »The Development of Crisis«, in Raymond Vernon u. a., »The Oil Crisis: In Perspective«, *Daedalus* 104, Nr. 4, Herbst 1975. Vergleiche auch Mohammed Reza Pahlevi, *Answer to History,* New York 1980, S. 97.

10 Blair, *The Control of Oil,* S. 264.

XX. Kapitel

1 Zitiert bei Daniel Colard, »De la crise de l'énergie au dialogue ›Nord-Sud‹«, *Studia Diplomatica,* Brüssel, 28, 1975: 647; Richard P. Stebbins und Elaine P. Adam (Hg.), *American Foreign Relations 1974: A Documentary Record,* New York 1977, S. 34.

2 Michel Jobert, *Mémoirs d'avenir,* Paris 1974, S. 287; Michel Jobert, *L'Autre regard,* Paris 1976, S. 379.

3 William M. Brown und Herman Kahn, »Why OPEC is vulnerable«, *Fortune,* 14. Juli 1980: Die Preissenkung, gemessen in US-Dollars, betrug fünfundzwanzig Prozent; der tatsächliche Ölpreis fiel in Deutscher Mark um vierzig Prozent, in Yen um fünfzig Prozent. »Außerdem lockte fast jedes OPEC-Land während eines Großteils dieser Fünfjahresperiode mit wesentlichen Abschlägen auf die offiziellen Preise, um seine eigenen Exporte zu erhöhen.«

4 Siehe z. B. den Artikel von Rowland Evans und Robert Novak in der *Washington Post,* 23. März 1974. In einem Brief an den Herausgeber leugnete der französische Botschafter den Preis, *Washington Post,* 26. März 1974.

XXI. Kapitel

1 Moshe Dayan, *Story of my Life,* New York 1976, S. 599.
2 Golda Meir, *My Life,* New York 1975, S. 455.
3 Siehe Richard Valeriani, *Travels with Henry,* Boston 1979, S. 267–269.

XXII. Kapitel

1 Der Schlüsselparagraph des Jackson-Ergänzungsantrags, wie er schließlich in die Trade Act, P. L. 93-618 vom 3. Januar 1975 Eingang fand, lautet folgendermaßen:

SEC. 402. EMIGRATIONSFREIHEIT IM OST-WEST-HANDEL
(a) Um sicherzustellen, daß die Vereinigten Staaten sich weiterhin den fundamentalen Menschenrechten widmen und ohne Rücksicht auf irgendwelche anderen Gesetzesvorkehrungen sollen ab und nach dem Zeitpunkt, zu dem dieses Gesetz in Kraft tritt, Erzeugnisse eines jeden Wirtschaftslandes nicht eine nichtdiskriminierende Behandlung (Behandlung meistbegünstigter Nationen) erfahren, ein solches Land soll an keinem Programm der Vereinigten Staaten teilnehmen, das Kredite oder Kreditgarantien oder Investitionsgarantien gewährt, ob direkt oder indirekt, und der Präsident der Vereinigten Staaten soll keinerlei Wirtschaftsabkommen mit einem solchen Land abschließen, und zwar ab dem Zeitpunkt, zu dem der Präsident entscheidet, daß ein solches Land –
(1) seinen Bürgern das Recht oder die Gelegenheit zu emigrieren verweigert;
(2) mehr als eine normale Gebühr für die Emigration oder für Visen oder andere Dokumente, die für die Emigration benötigt werden, erhebt, für welchen Zweck oder aus welchem Grund auch immer; oder
(3) mehr als eine nominelle Gebühr, Umlage, Abstandssumme, Vergütung oder andere Kosten von irgendeinem Bürger erhebt, weil ein solcher Bürger den Wunsch hat, in das Land seiner Wahl zu emigrieren,
bis zu dem Zeitpunkt, zu dem der Präsident entscheidet, daß dieses Land nicht länger die Paragraphen (1), (2) oder (3) verletzt.

2 Siehe z. B. »Clear It with Everett«, *New York Times,* 3. Juni 1969; Henry Kissinger, *Memoiren 1968–1973,* München 1979, S. 166–172.
3 Siehe Andrei D. Sakharov, *Sakharov Speaks,* New York 1974, S. 211–215.
4 Andrei D. Sakharov, *Progress, Coexistence and Intellectual Freedom,* New York 1968.
5 Paula Stern, Water's Edge: *Domestic Politics and the Making of American Foreign Policy,* Westport 1979, S. 99.
6 Siehe Henry Kissinger, *Memoiren 1968–1973,* München 1979, S. 216–234, 996–1007.
7 Edward R. Fried, Alice M. Rivlin, Charles L. Schultze und Nancy H. Teeters, *Setting National Priorities: The 1974 Budget,* Washington 1973,

339. Ähnliche Argumente wurden von George W. Rathjens und Jack Ruina in »Trident: A Major Weapons Decision«, *Washington Post*, 22. September 1973, vorgebracht.

8 Fried u. a., *Setting National Priorities: The 1974 Budget*, S. 341.

9 Henry Kissinger, *Memoiren 1968–1973*, München 1979, S. 222–228.

10 Erklärung des Verteidigungsministers Harold Brown vor dem Senatsausschuß für Auswärtige Angelegenheiten, 9. Juli 1979, in US Congress, Senate, *Hearings on the Salt II Treaty before the Committee on Foreign Relations*, 96. Kongreß, 1. Sitzungsperiode, Teil 1, S. 111.

11 Henry Kissinger, *Memoiren 1968–1973*, München 1979, S. 144–152.

12 Ebenda Kapitel XIII, Anmerkung 4, S. 1586.

XXIII. Kapitel

1 Siehe *New York Times*, 12. und 17. April 1974.

2 Moshe Dayan, *Story of my Life*, New York 1976, S. 583–589.

3 Die Vereinbarung über die Entflechtung der israelischen und syrischen Streitkräfte, die am 31. Mai 1974 in Genf unterzeichnet wurde, und der »Vorschlag der Vereinigten Staaten« über die Begrenzung der Streitkräfte haben den folgenden Wortlaut:

A. Israel und Syrien werden die Feuereinstellung zu Land, zur See und in der Luft genau beachten und werden sich aller militärischen Aktionen gegeneinander enthalten, und zwar vom Zeitpunkt der Unterzeichnung dieses Dokumentes an, in Ausführung der Resolution 338 des Sicherheitsrates der Vereinten Nationen, datiert vom 22. Oktober 1973.

B. Die militärischen Streitkräfte Israels und Syriens werden in Übereinstimmung mit den folgenden Grundsätzen entflochten:

1. Alle israelischen Militärstreitkräfte werden sich westlich der Linie befinden, die auf der hier beigefügten Karte als Linie A bezeichnet ist, ausgenommen im Gebiet von Quneitra, wo sie westlich der Linie A-1 sein werden.

2. Alle Territorien östlich der Linie A werden sich unter syrischer Verwaltung befinden, und syrische Zivilisten werden in dieses Gebiet zurückkehren.

3. Das Gebiet westlich der Linie A und der Linie, die auf der beigefügten Karte als Linie B bezeichnet ist, wird eine Pufferzone sein. In diesem Gebiet werden die Streitkräfte der Vereinten Nationen zur Beobachtung der Entflechtung aufgestellt, und zwar in Übereinstimmung mit dem Begleitprotokoll.

4. Alle syrischen Militärstreitkräfte werden sich östlich der Linie befinden, die auf der beigefügten Karte als Linie B bezeichnet ist.

5. Es wird dort zwei gleichwertige Gebiete, was die Begrenzung der Waffen und Streitkräfte angeht, geben, eines westlich der Linie A und eines östlich der Linie B, wie sie oben vereinbart sind.

6. Den Luftstreitkräften beider Seiten ist es gestattet, bis zu ihren jeweiligen Linien zu operieren, ohne dabei von der anderen Seite behindert zu werden.

C. In dem Gebiet zwischen der Linie A und der Linie A-1 auf der beigefügten Karte sollen sich keine militärischen Streitkräfte befinden.

D. Diese Vereinbarung und die beigefügte Karte werden von den militärischen Vertretern Israels und Syriens in Genf nicht später als am 31. Mai 1974 unterzeichnet, und zwar innerhalb der Ägyptisch-Israelischen Militärischen Arbeitsgruppe auf der Genfer Friedenskonferenz unter dem Schutz der Vereinten Nationen, nachdem sich dieser Gruppe ein militärischer Vertreter Syriens angeschlossen hat und in Beteiligung von Vertretern der Vereinigten Staaten und der Sowjetunion. Die genaue Skizze einer detaillierten Karte und ein Plan für die Ausführung der Entflechtung der Streitkräfte werden von den militärischen Vertretern Israels und Syriens in der Ägyptisch-Israelischen Militärischen Arbeitsgruppe, die sich über die Schritte dieses Vorgangs einigt, ausgearbeitet. Die oben bezeichnete Militärische Arbeitsgruppe wird in dieser Absicht ihre Arbeit in Genf unter dem Schutz der Vereinten Nationen innerhalb von vierundzwanzig Stunden nach der Unterzeichnung dieser Vereinbarung beginnen. Sie wird ihre Aufgabe innerhalb von fünf Tagen vollenden. Die Entflechtung wird innerhalb von vierundzwanzig Stunden nach Vollendung der Aufgabe durch die Militärische Arbeitsgruppe einsetzen. Der Vorgang der Entflechtung wird nicht später als zwanzig Tage nach seinem Beginn vollendet sein.

E. Die Maßnahmen nach den Paragraphen A, B und C sollen vom Personal der Vereinten Nationen beaufsichtigt werden, die entsprechend dieser Vereinbarung die Streitkräfte der Vereinten Nationen zur Beobachtung der Entflechtung einschließen.

F. Innerhalb von vierundzwanzig Stunden nach Unterzeichnung dieser Vereinbarung in Genf werden alle verwundeten Kriegsgefangenen, die jede Seite von der andern in Gewahrsam hat und wie sie vom ICRC beglaubigt sind, repatriiert. Am Morgen nach Vollendung der Aufgabe der Militärischen Arbeitsgruppe werden alle verbliebenen Kriegsgefangenen repatriiert.

G. Die Leichname aller toten Soldaten, die sich auf der anderen Seite befinden, werden innerhalb von zehn Tagen nach Unterzeichnung dieser Vereinbarung zur Bestattung in ihre jeweilige Heimat überführt.

H. Diese Vereinbarung ist kein Friedensvertrag. Sie ist ein Schritt zu einem gerechten und dauerhaften Frieden auf der Grundlage der Resolution 338 des Sicherheitsrats, datiert vom 22. Oktober 1973.

Für Israel: (unterzeichnet) Generalmajor Herzl Shafir

Für Syrien: (unterzeichnet) Brigadegeneral Hikmat al-Shibabi

Zeuge für die Vereinten Nationen: (unterzeichnet) Ensio Siilasvuo

Vorschlag der Vereinigten Staaten

In der Absicht, die Vereinbarung zwischen Israel und Syrien zu erleichtern und in Ausführung dieser Vereinbarung und um die genaue Beobachtung der Feuereinstellung zu Lande, in der Luft und zur See zu unterstützen und einzuhalten, schlagen die Vereinigten Staaten die folgenden Vorkehrungen vor:

(1) daß das Gebiet der Begrenzung der Waffen und Streitkräfte westlich der Linie A und östlich der Linie B zehn Kilometer tief sein soll. In jedem Gebiet ist, einander entsprechend, das Folgende gestattet:

(a) zwei Brigaden bewaffneter Streitkräfte einschließlich fünfundsiebzig Panzern und sechsunddreißig 122-mm-Artilleriegeschütze von kurzer Reichweite; und (b) die kompletten Streitkräfte einer jeden Partei sollen sechstausend Mann nicht überschreiten. Die Streitkräfte der Vereinten Nationen zur Beobachtung der Entflechtung werden diese Maßnahmen in der Zehn-Kilometer-Zone beaufsichtigen.

(2) daß in dem Gebiet zwischen zehn und zwanzig Kilometer westlich der Linie A und östlich der Linie B: (a) keine Artilleriegeschütze stehen sollen, deren Reichweite zwanzig Kilometer übersteigt; und (b) die Höchstzahl der gestatteten Artilleriegeschütze mit einer Reichweite von nicht mehr als zwanzig Kilometern 162 beträgt; und (c) und Boden-Luft-Raketen nicht näher als fünfundzwanzig Kilometer westlich der Linie A und östlich der Linie B stationiert sind.

(3) Die Beaufsichtigung der Vorkehrungen nach Paragraph 2 oben wird von der U.S.-Luftaufklärung übernommen, die Ergebnisse werden beiden Seiten zur Verfügung gestellt.

4. In der Pufferzone zwischen den Linien A und B werden sich keinerlei militärischen Streitkräfte befinden.

In den Städten und Dörfern dieses Gebietes werde Polizeikräfte stationiert sein, die nach Stärke und Merkmalen denen entsprechen, die in anderen syrischen Städten und Dörfern vergleichbarer Größe stationiert sind.

(5) Die Streitkräfte der Vereinten Nationen zur Beobachtung der Entflechtung werden die Stellungen in der Pufferzone auf dem Mount Hermon übernehmen. In diesem Gebiet darf keine militärische Aufklärung irgendwelcher Art durchgeführt werden.

XXIV. Kapitel

1 Siehe *Baltimore Sun,* 18. Mai 1974; *Miami Herald,* 19. Mai 1974; *Detroit Free Press,* 19. Mai 1974. Die Verfasser waren James McCartney und Saul Friedman.

2 US Congress, Senate, Committee on Foreign Relations, *Hearings on the Role of Dr. Henry A. Kissinger in the Wiretapping of Certain Government Officials and Newsmen,* 93. Kongreß, 2. Sitzungsperiode, 1974 (Ausschußsitzung vom 23. Juli 1974, veröffentlicht am 29. September 1974), S. 227.

3 Nixons Brief an Fulbright, datiert vom 12. Juli 1974, hat folgenden Wortlaut:

Sehr geehrter Herr Vorsitzender,

Ich bin auf Ihren Brief vom 25. Juni aufmerksam gemacht worden, und ich begrüße die Gelegenheit, meine öffentliche Erklärung vom 22. Mai 1973, die in Ihrem Brief zitiert wird, zu bekräftigen und die folgenden Erläuterungen anzufügen.

Ich bin sicher, daß Sie die entscheidende Bedeutung der Geheimhaltung von Verhandlungen mit fremden Ländern einsehen. Ohne geheime Verhandlungen und wirkliche Vertraulichkeit hätten die Vereinigten Staaten keine Feuereinstellung in Südvietnam erreichen, keine Beziehungen zur Volksrepublik China eröffnen oder keinen

Fortschritt bei den SALT-Verhandlungen in unseren Beziehungen zur Sowjetunion erzielen können.

Die Umstände, die zu meiner Entscheidung führten, 1969 die Einführung eines Untersuchungsprogramms anzuordnen, sind detailliert in meiner Erklärung vom 22. Mai erläutert. Ich befahl die Benutzung der denkbar wirkungsvollsten Untersuchungsmaßnahmen, einschließlich des Abhörens, die bestimmte, entscheidend wichtige nationale Sicherheitsprobleme zum Gegenstand hatten. Wo erhärtende Beweise zu Gebote standen, ordnete ich selbst die Überwachung einschließlich des Abhörens bestimmter, wichtiger Personen an.

Ich kenne die Aussage, die Minister Kissinger vor dem Ausschuß diesbezüglich gemacht hat, daß er auf meine Aufforderung hin der Pflicht nachkam, Informationen über Personen zu liefern, die in die von mir aufgestellten Untersuchungskategorien fielen, so daß in jedem Fall eine angemessene und wirkungsvolle Untersuchung durchgeführt werden konnte. Die Aussage ist vollkommen korrekt, und ich möchte mit Bestimmtheit bestätigen, daß Minister Kissinger und andere, die in die verschiedenen Seiten dieser Untersuchung verwikkelt sind, mit meiner besonderen Ermächtigung handelten und meine ausdrücklichen Befehle ausführten.

Hochachtungsvoll,

(unterzeichnet) Richard Nixon

4 Siehe oben, Anmerkung 2.

5 Eine amerikanisch-ägyptische Vereinbarung über die Zusammenarbeit bei der friedlichen Nutzung von Atomenergie wurde am 29. Juni 1981 in Washington unterzeichnet und dem Kongreß unterbreitet. Siehe Barbara Crossette, »U. S. Nuclear Pact with Egypt Gains«, *New York Times,* 13. September 1981.

6 Asads Interview mit Arnaud de Borchgrave, *Newsweek,* 10. Juni 1974.

7 Richard Nixon, *RN: The Memoirs of Richard Nixon,* New York 1978, S. 1015.

8 Henry Kissinger, *Memoiren 1968–1973,* München 1979, S. 1289–1295.

9 Nixon, *RN,* S. 1024.

10 William Safire, »Under the Summit«, *New York Times,* 27. Juni 1974.

11 Henry Kissinger, *Memoiren 1968–1973,* München 1979, Kapitel XXVIII.

12 William G. Hyland, *Soviet-American Relations: A New Cold War?* Santa Monica Mai 1981, S. 26–28.

13 Henry Kissinger, *Memoiren 1968–1973,* München 1979, S. 586.

14 Nixon, *RN,* S. 1030.

15 Siehe ebenso meine Aussage über den SALT-II-Vertrag vor dem Senatsausschuß für Auswärtige Beziehungen, 31. Juli 1979, in US Congress, Senate, *Hearings on the Salt II Treaty before the Committee on Foreign Relations,* 96. Kongreß, 1. Sitzungsperiode, Teil 3, S. 169.

XXV. Kapitel

1 Zu Behauptungen, daß die Kennedys im Wahlfeldzug von 1960 zu dem Mittel des Abhörens gegriffen haben sollen, siehe Victor Lasky, *It Didn't Start with Watergate,* New York 1977, S. 38–45, und die auf S. 418 zitierten Quellen. Über eventuelle Abhörungen im Bereich von Nixons

Wahlfeldzug 1968 siehe James J. Kilpatrick in *Washington Star,* 14. Mai 1974, zitiert ebenda S. 215. Anscheinend informierte J. Edgar Hoover Nixon darüber.

2 Henry Kissinger, *Memoiren 1968–1973,* München 1979, S. 1565–1566.

3 Gerald Ford, *A Time to Heale,* New York 1979, S. 21.

4 Andere Teilnehmner erinnern sich an die Erklärung etwas anders, stimmen aber im Inhalt überein. Siehe Gerald Ford, *A Time to Heal,* S. 21–22; Richard Nixon, *RN: The Memoirs of Richard Nixon,* New York 1978, S. 1066.

5 Carroll Kilpatrick, »Nixon Says He Won't Resign«, *Washington Post,* 7. August 1974.

6 Nixon, *RN,* S. 1076–1077; Bob Woodward und Carl Bernstein, *The Final Days,* New York 1976, S. 422–424.

Danksagung

Der Autor dankt den folgenden Gesellschaften für ihre Erlaubnis, ausgewähltes Material zu zitieren:
© CBS Inc. 1973, 1974, alle Rechte vorbehalten. *CBS Evening News,* ursprünglich am 1. Januar 1973, 4. Juni 1974 und 22. Juni 1974 über CBS Fernsehen.
Foreign Service Journal für Auszüge aus »US Covert Actions in Chile, 1971 – 1973«, Dezember 1978.
NBC News for excerpts from *Meet the Press,* veröffentlicht am 28. Januar und 1. April 1973.
Copyright 1973, by Newsweek, Inc. Alle Rechte vorbehalten. Nachdruck nur mit ausdrücklicher Erlaubnis.
The *New York Times* für Auszüge © 1972, 1973 und 1974, by the New York Times Company. Nachdruck nur mit ausdrücklicher Erlaubnis.
© The Times, London, Mai 1973.
© 1972 United Feature Syndicate, Inc.
Copyright 1980, Universal Press Syndicate. Nachdruck nur mit ausdrücklicher Erlaubnis. Alle Rechte vorbehalten.
Der Autor dankt außerdem dem *Daily Telegraph,* der *Chicago Tribune* und der *Washington Post.*
Die Karten beruhen auf Vorlagen von Carta, Jerusalem, veröffentlicht in Chaim Herzog, *THE WAR of Atonement: October 1973* (London: George Weidenfeld & Nicolson Ltd., 1975; Boston: Little, Brown and Company, 1975).

Karten

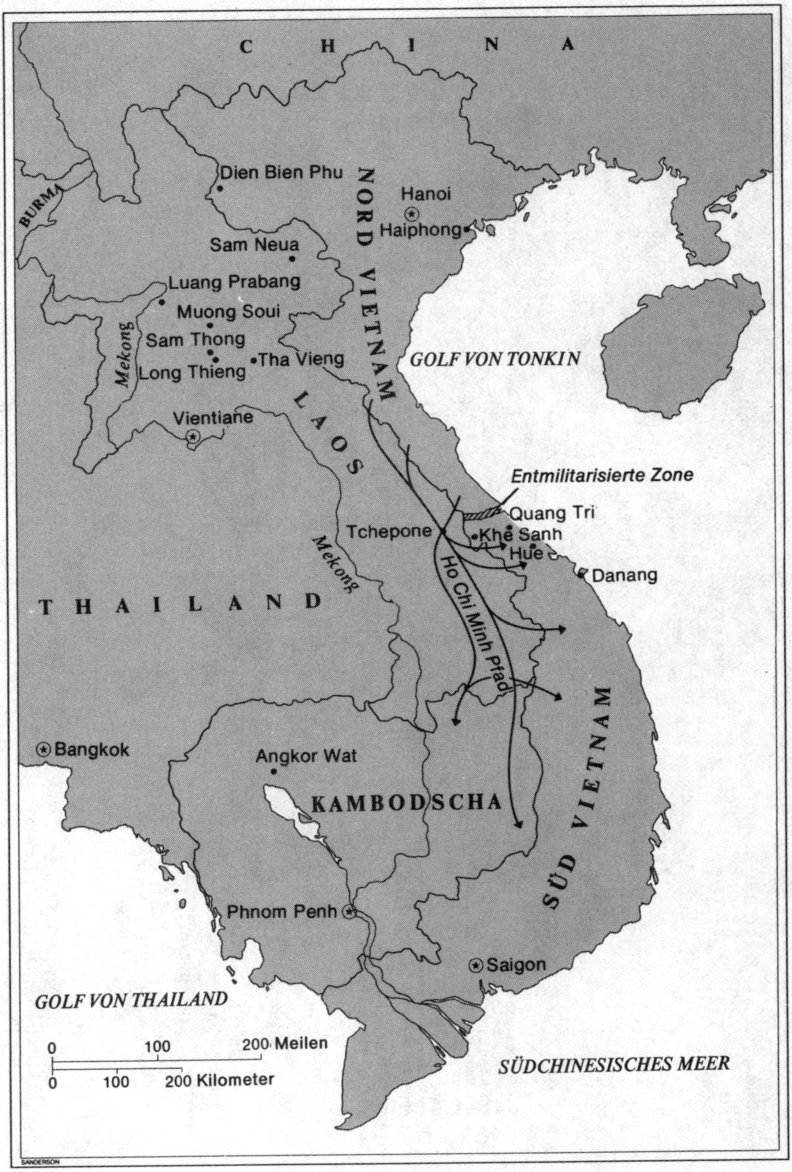

Südostasien 1973

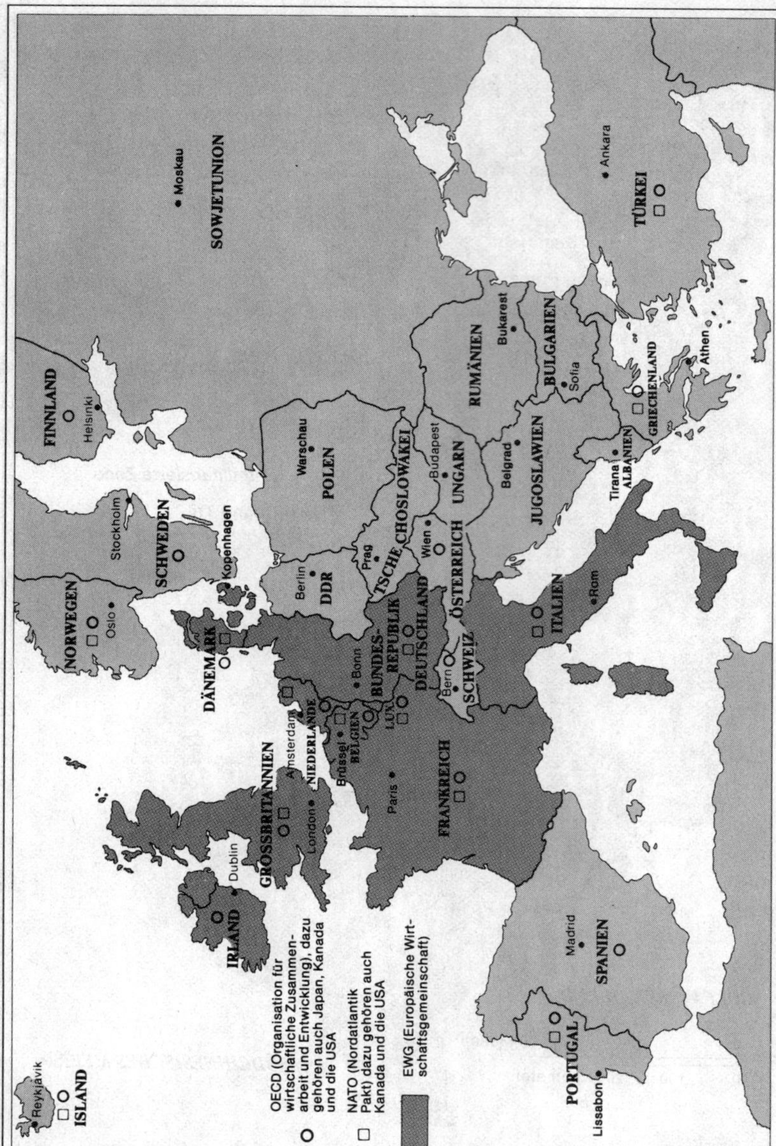

Westeuropa 1973: die NATO, die EG und die OECD

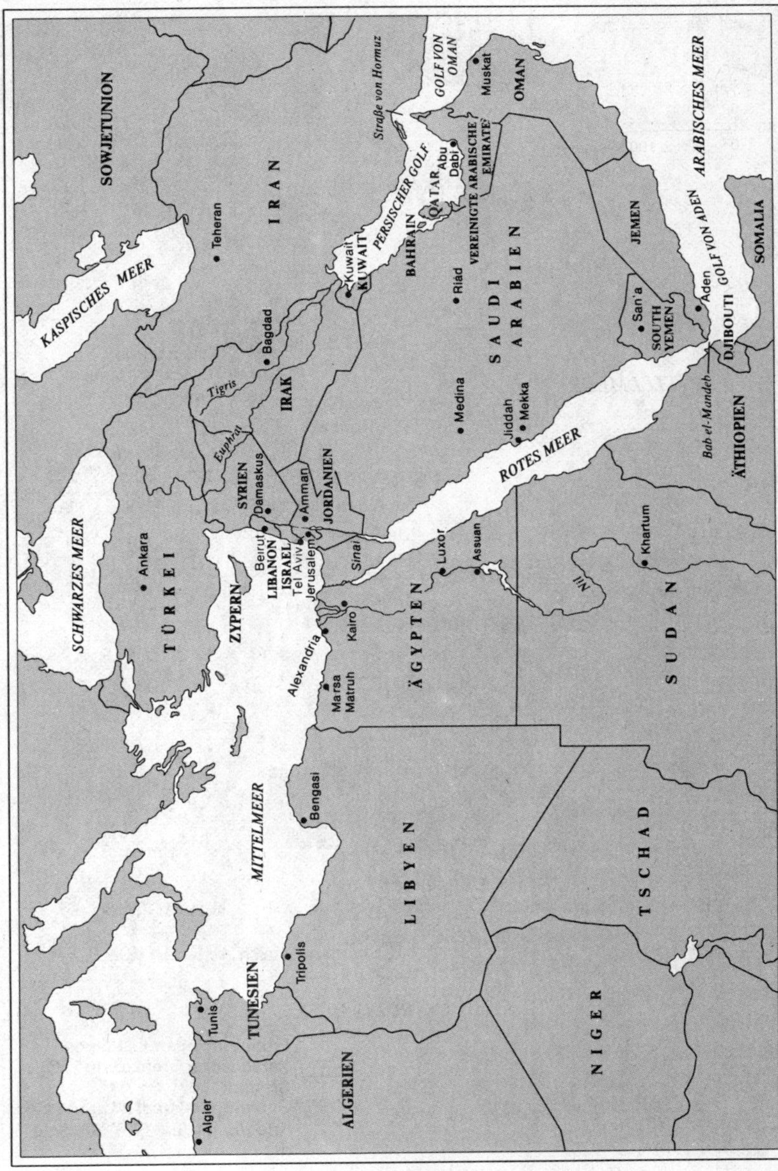

Der Nahe Osten

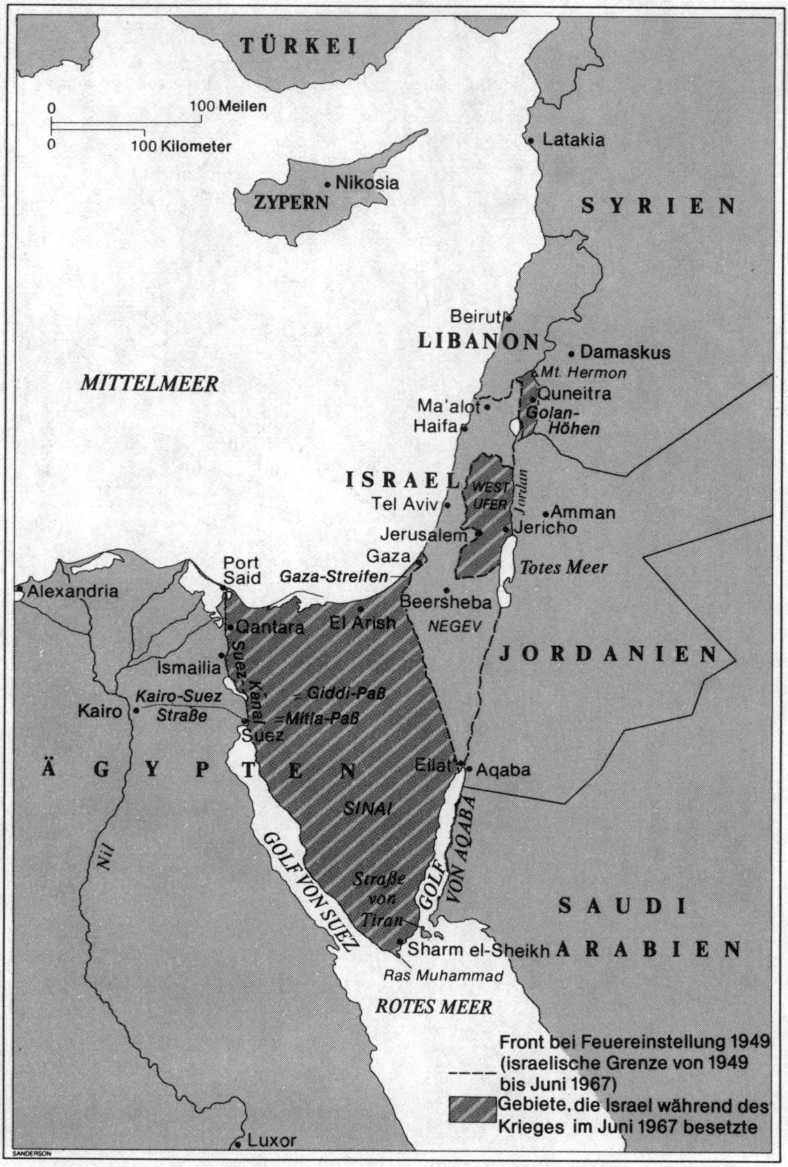

Israel und die Nachbarländer vor dem Oktober-Krieg 1973

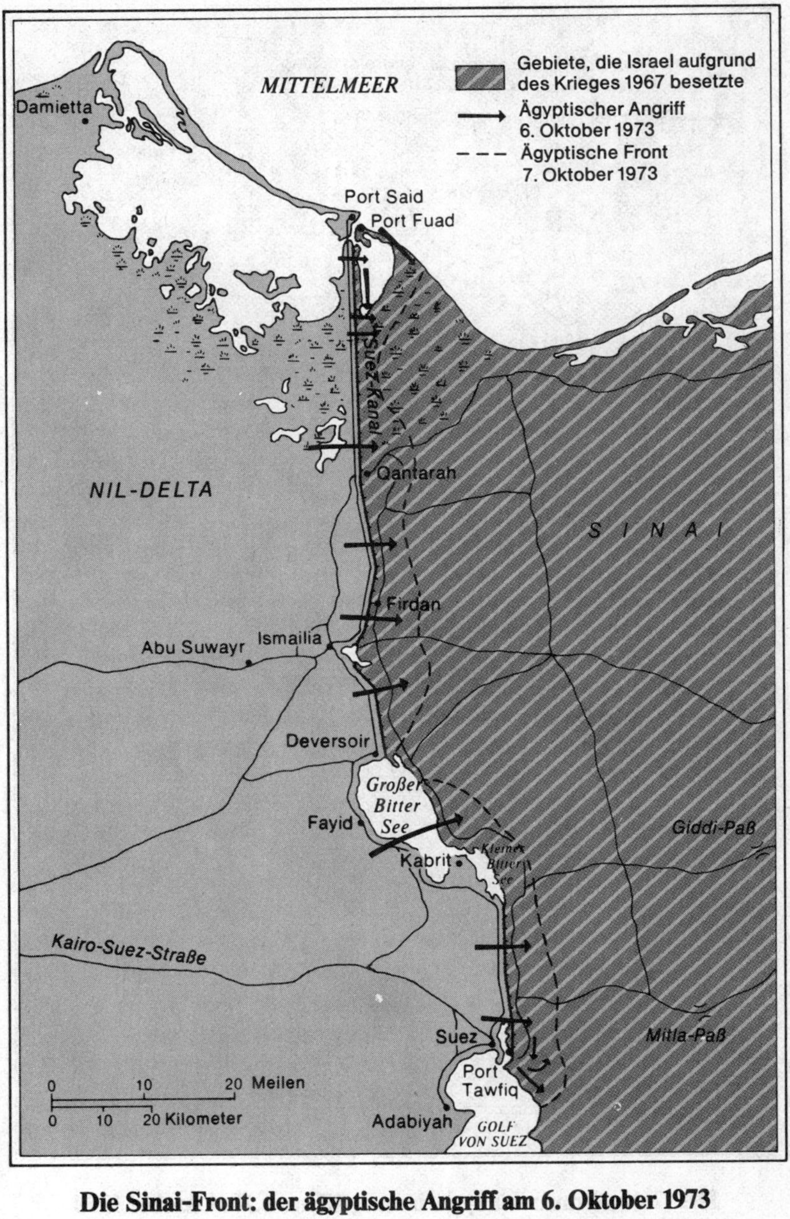

Die Sinai-Front: der ägyptische Angriff am 6. Oktober 1973

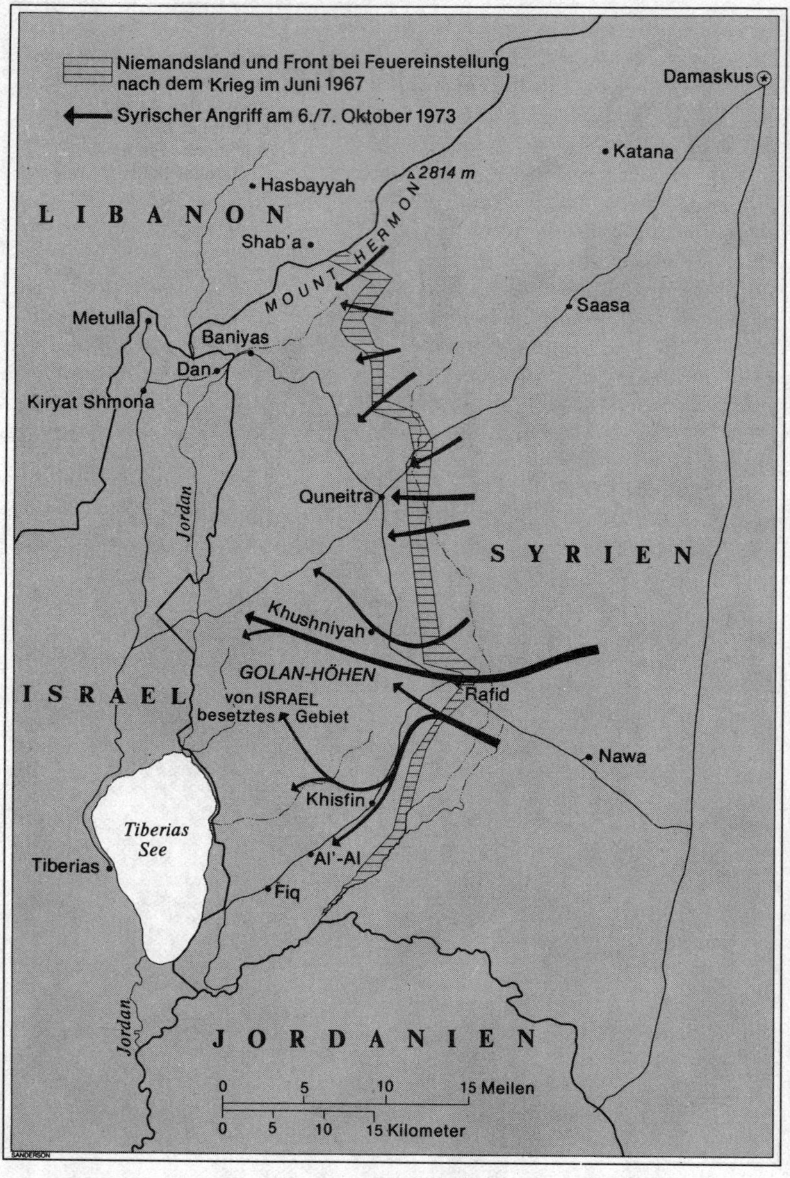

Die Golan-Front: der syrische Angriff am 6./7. Oktober 1973

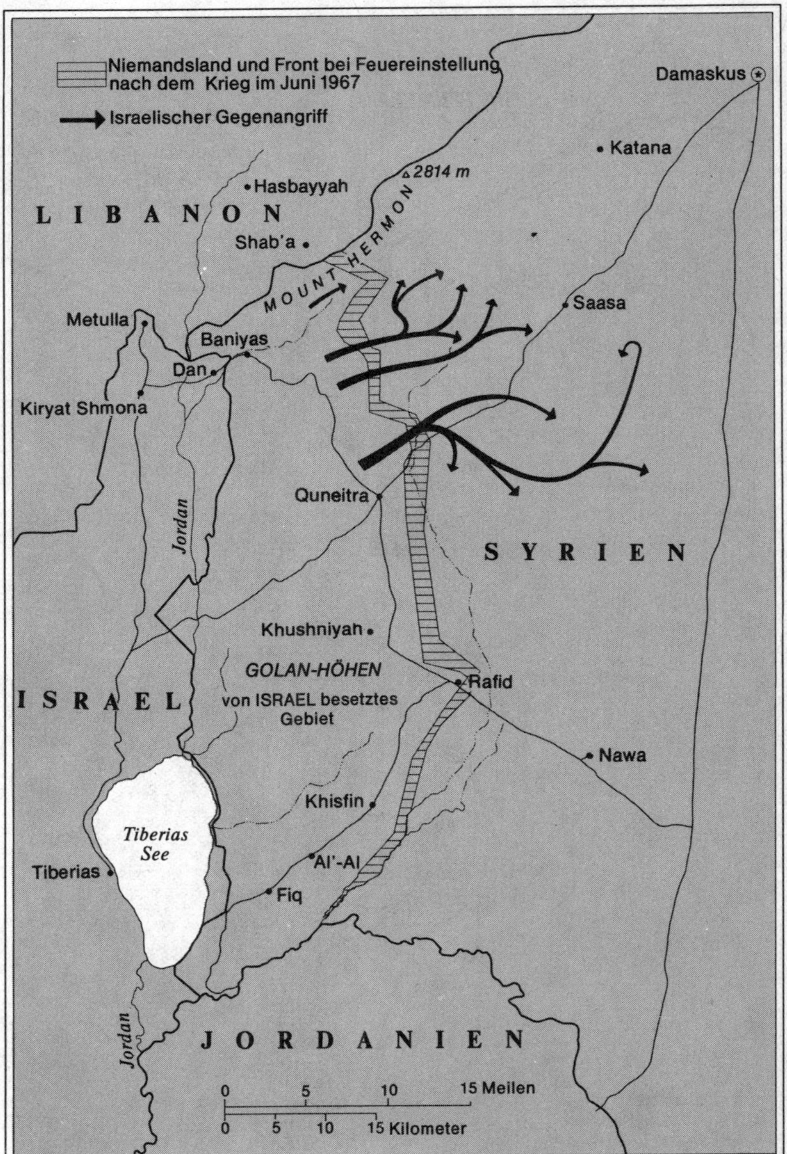

Die Golan-Front: der israelische Gegenangriff

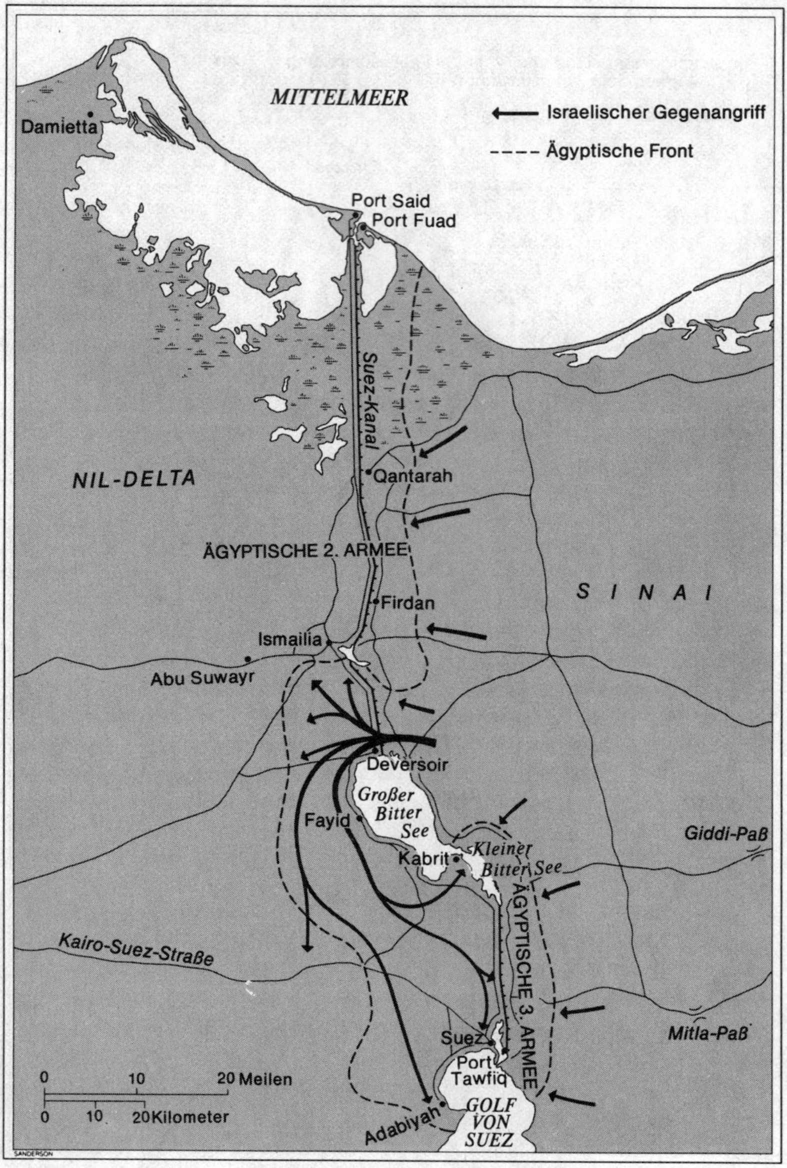

Die Sinai-Front: Kanalüberquerung und Durchbruch der Israeli

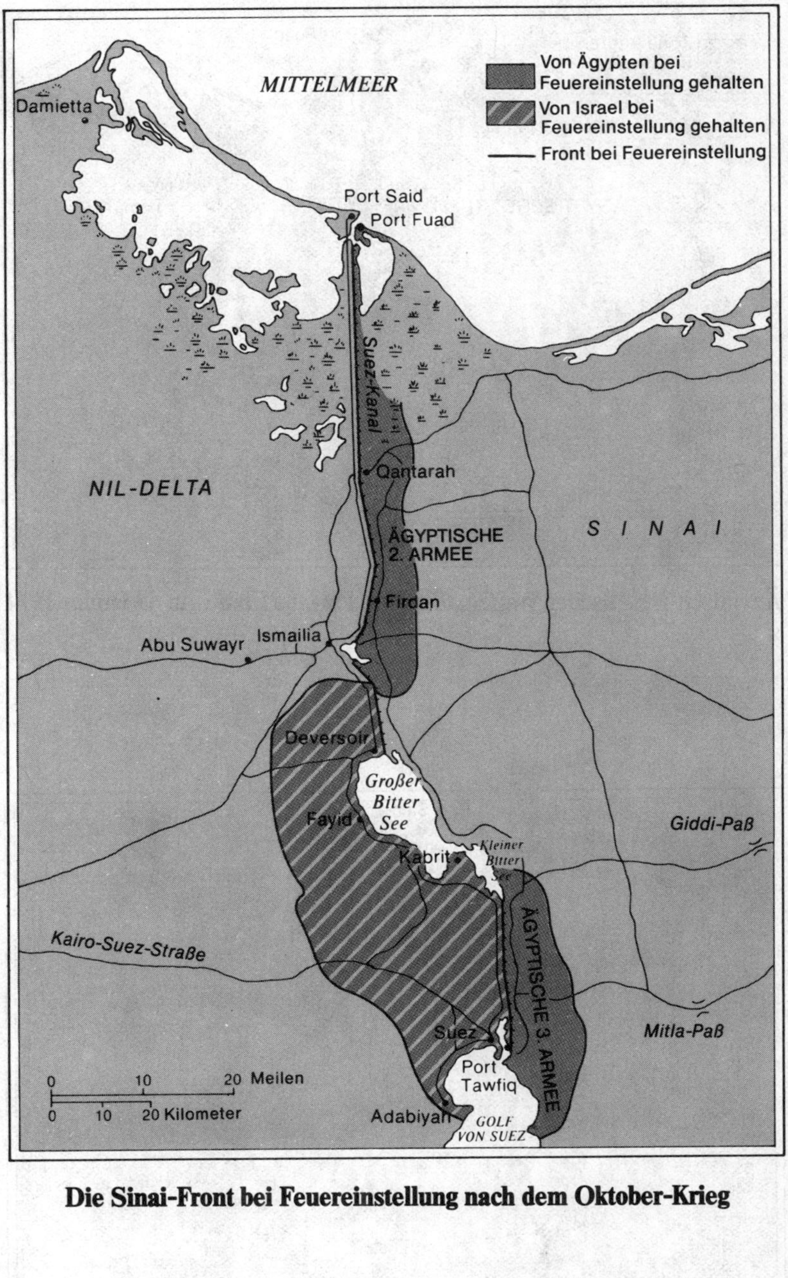

Die Sinai-Front bei Feuereinstellung nach dem Oktober-Krieg

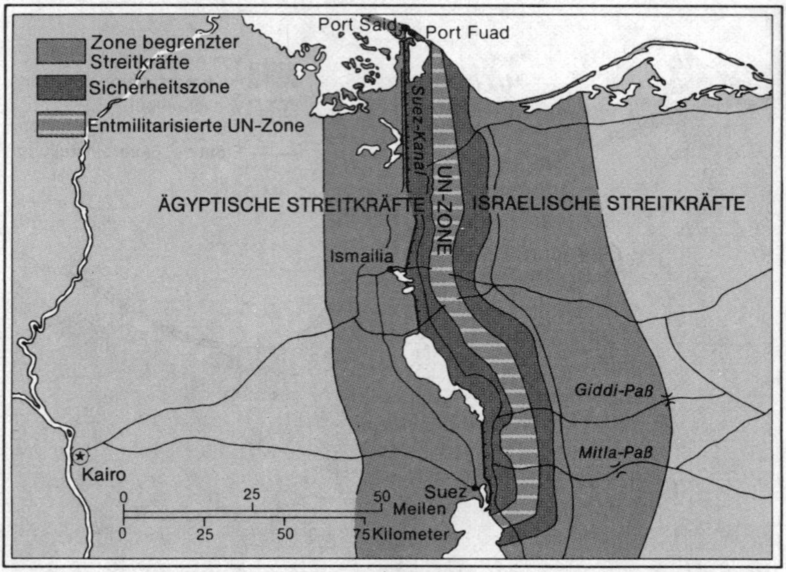

Ägyptisch-israelischer Waffenstillstand: Dayans Plan vom 4. Januar 1974

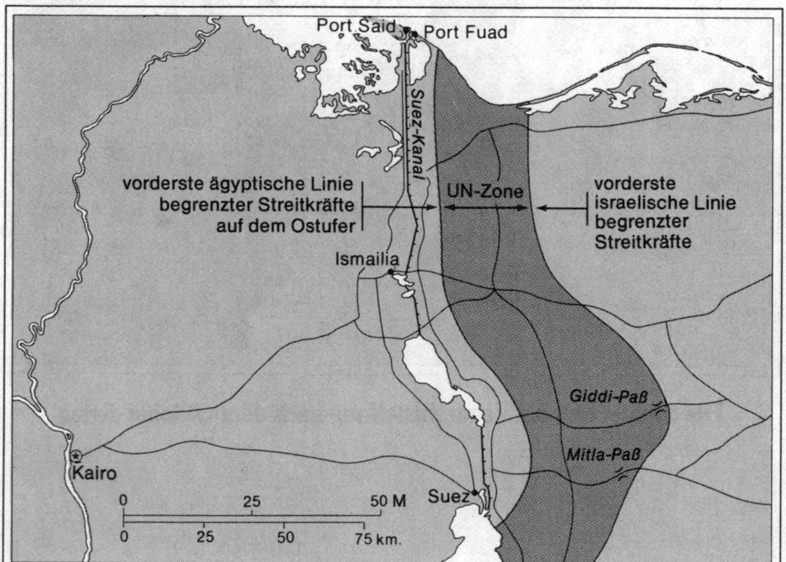

Ägyptisch-israelischer Waffenstillstand: Sadats Entwurf, Dezember 1973

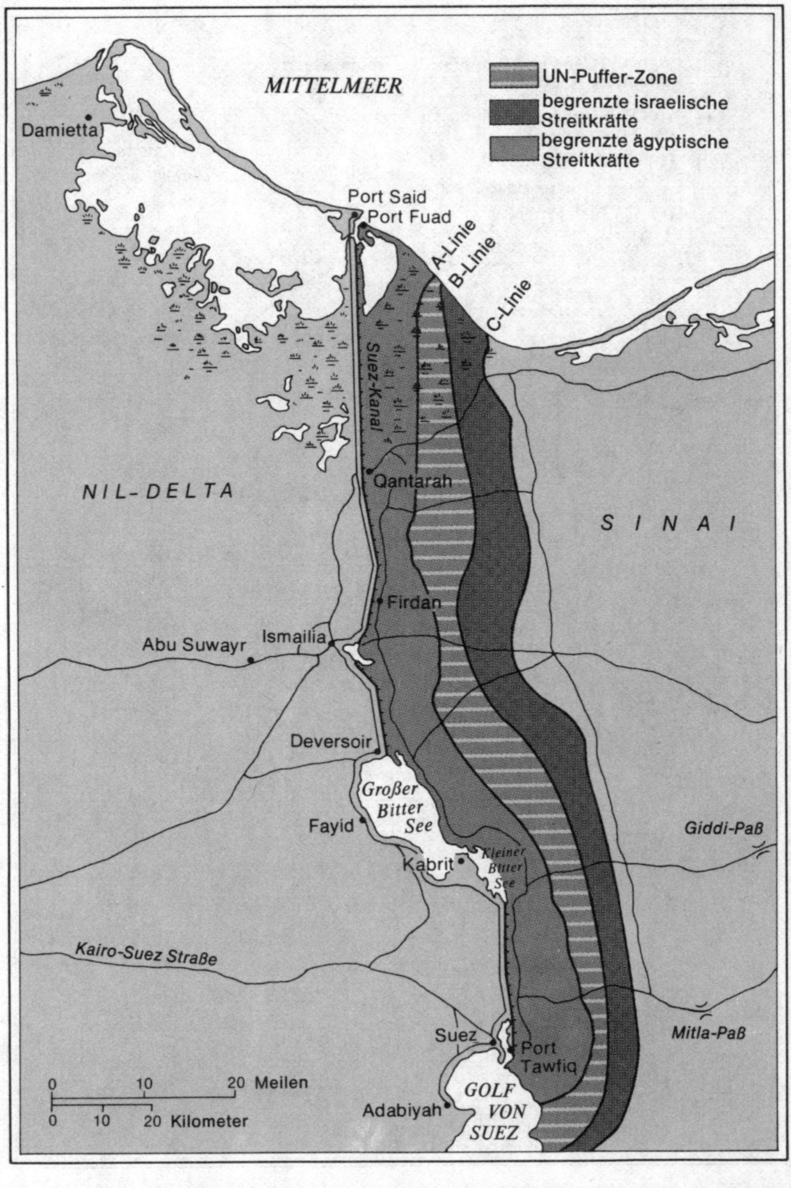

Ägyptisch-israelische Waffenstillstandsvereinbarung vom 18. Januar 1974

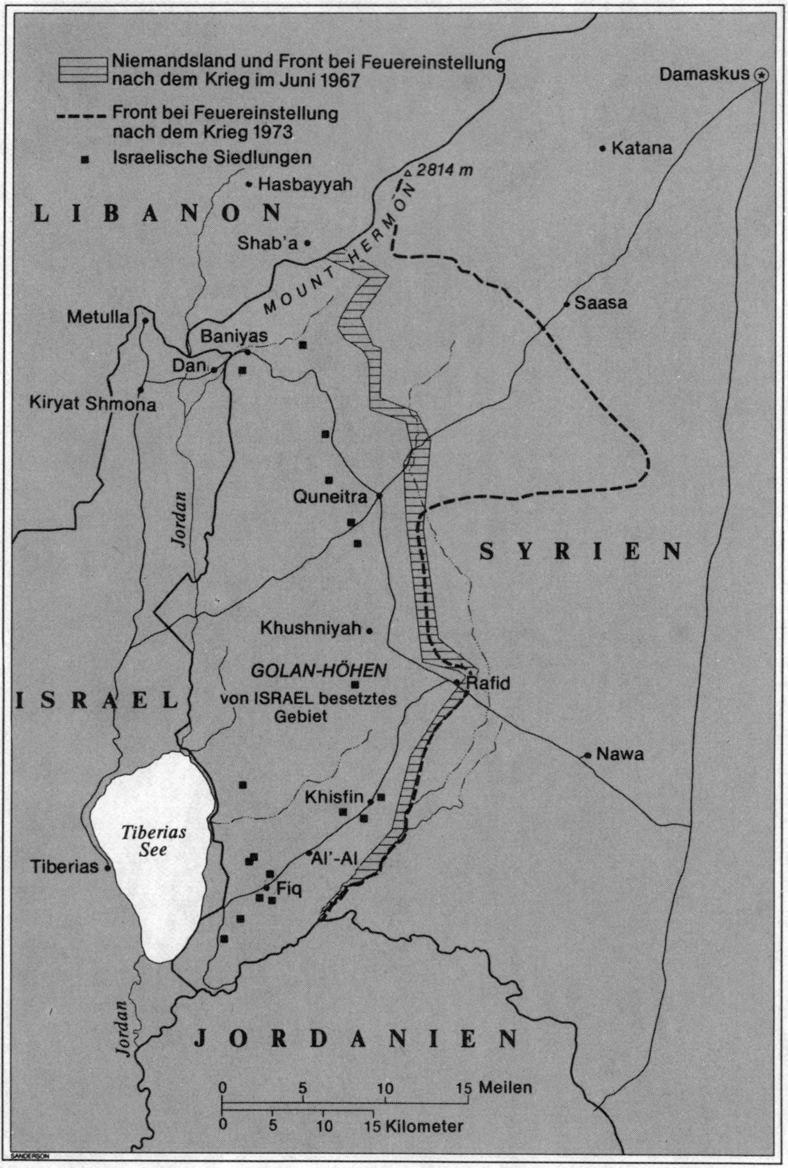

Die Golan-Front bei Feuereinstellung nach dem Oktober-Krieg

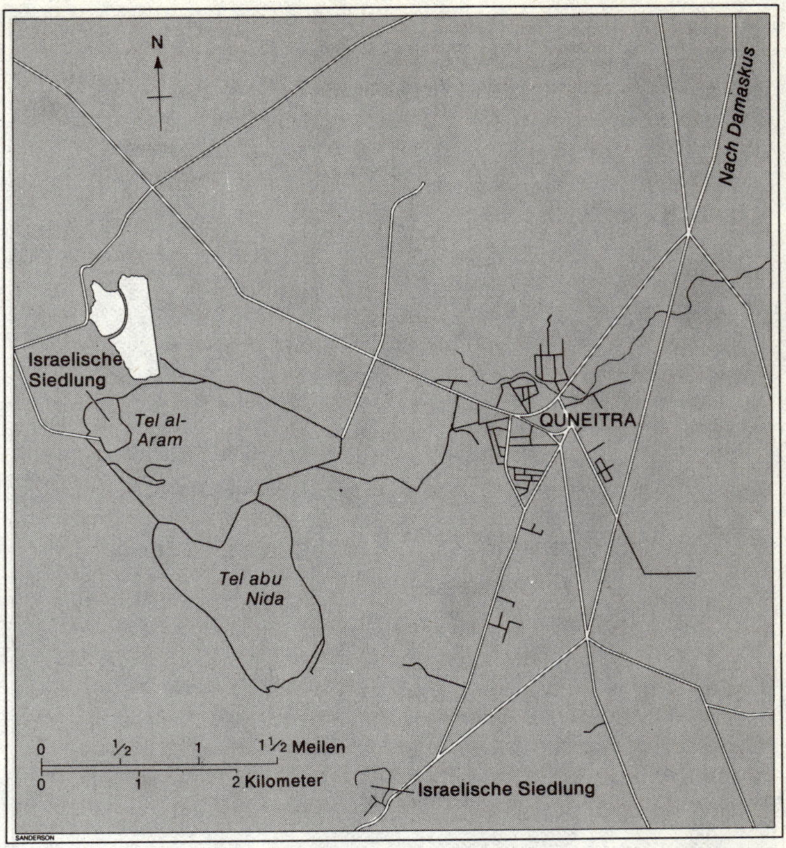

Quneitra und Umgebung

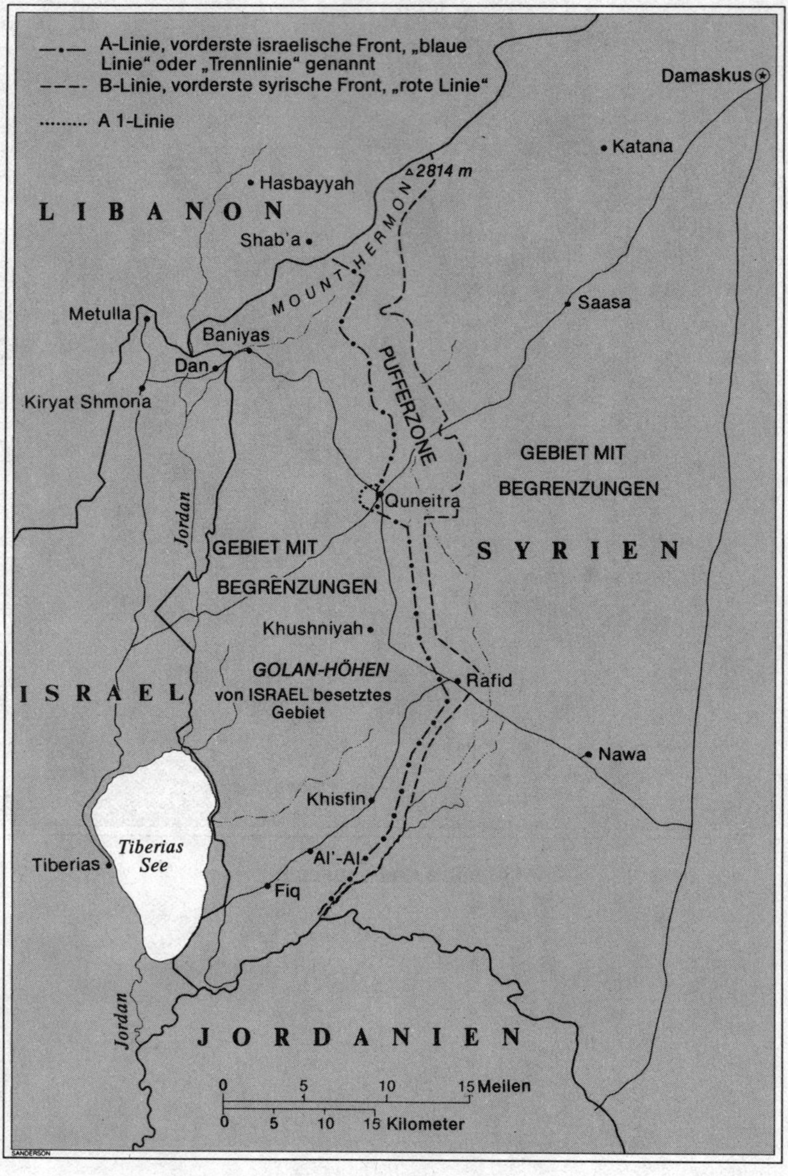

Syrisch-israelische Waffenstillstandsvereinbarung vom 31. Mai 1974

DAS AUFBAUSCHEMA DES AMERIKANISCHEN AUSSENMINISTERIUMS 1973

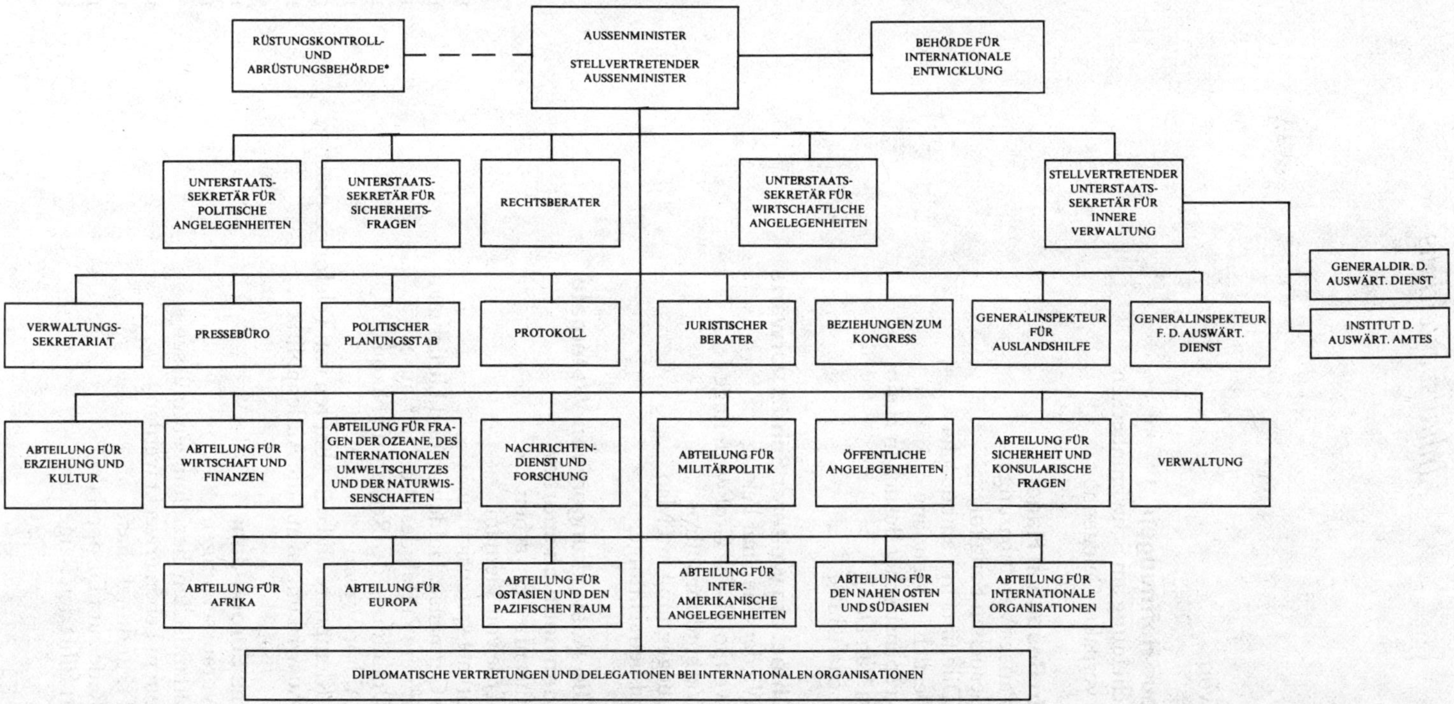

* Eine Sonderbehörde, deren Direktor dem Außenminister untersteht und den Minister sowie den Präsidenten in Fragen der Rüstungskontrolle und Abrüstung berät.

Inhaltsverzeichnis

Karten 1481

Das Register für alle Bände der Memoiren folgt am Schluß des letzten Bandes